JURISPRUDENCE GÉNÉRALE

SUPPLÉMENT AU RÉPERTOIRE

MÉTHODIQUE ET ALPHABÉTIQUE

DE LÉGISLATION,

DE DOCTRINE ET DE JURISPRUDENCE

EN MATIÈRE DE DROIT CIVIL, COMMERCIAL, CRIMINEL, ADMINISTRATIF
DE DROIT DES GENS ET DE DROIT PUBLIC

TOME DIXIÈME

JURISPRUDENCE GÉNÉRALE

SUPPLÉMENT AU RÉPERTOIRE

MÉTHODIQUE ET ALPHABÉTIQUE

DE LÉGISLATION

DE DOCTRINE ET DE JURISPRUDENCE

EN MATIÈRE DE DROIT CIVIL, COMMERCIAL, CRIMINEL, ADMINISTRATIF, DE DROIT DES GENS ET DE DROIT PUBLIC.

DE MM. DALLOZ,

PUBLIÉ SOUS LA DIRECTION DE MM.

GASTON GRIOLET
Docteur en droit

CHARLES VERGÉ
Maître des Requêtes au Conseil d'État

Avec le concours de **M. C. KŒHLER**, Docteur en droit

Et la collaboration de plusieurs magistrats et jurisconsultes.

TOME DIXIÈME

A PARIS

AU BUREAU DE LA JURISPRUDENCE GÉNÉRALE

RUE DE LILLE, N° 19

1892

JURISPRUDENCE GÉNÉRALE

SUPPLÉMENT

AU

RÉPERTOIRE MÉTHODIQUE ET ALPHABÉTIQUE

DE LÉGISLATION, DE DOCTRINE

ET DE JURISPRUDENCE

LOIS.

1. On trouvera au *Rép.* nos 1 et 2 les développements que comporte la notion de la *loi*, qu'un jurisconsulte philosophe a très justement définie : « toute règle à laquelle un être quelconque est assujetti » (de Vareilles-Sommières, *Principes fondamentaux du droit*, p. 3), mais que nous définirons, en nous plaçant uniquement au point de vue du droit positif, le seul à considérer ici : une règle générale édictée ou consacrée par le pouvoir public conformément à la constitution. Tel est du moins le sens que nous donnons dans notre matière au mot *loi*, en l'étendant à un certain nombre d'actes de l'autorité publique que l'on distingue quelquefois des lois proprement dites.

2. L'étude qui va suivre a pour principal objet l'explication du titre préliminaire du code civil ; il y aura lieu toutefois d'en distraire l'art. 5, qui interdit aux juges de statuer par voie de disposition générale et réglementaire sur les causes qui leur sont soumises ; le commentaire de cette disposition appartient au mot *Compétence administrative* (V. *suprà*, hoc v°, nos 155 et suiv.). — Les deux premiers chapitres du *Répertoire*, consacrés à la formation de la loi et aux actes qui ont force de loi comporteront peu de développements, la plupart des questions qui s'y trouvent traitées se rattachant à l'histoire de nos constitutions. — Les règles relatives à la promulgation et à la publication des lois ont été profondément modifiées par des textes qui ont créé sur ce point une nouvelle législation qui se combine avec l'ancienne. — Le principe de la non-rétroactivité des lois a reçu un grand nombre de nouvelles applications et a fait surgir des questions délicates qui n'avaient guère été qu'entrevues auparavant. — Les principes concernant l'interprétation et l'abrogation des lois ainsi que la défense de déroger aux lois d'ordre public ont donné lieu à peu de difficultés. — Il en est autrement de la théorie des statuts : une très large place devra être faite à cette matière qui embrasse la plus grande partie du droit international privé, et a pris un développement considérable de nos jours aussi bien dans la jurisprudence que dans la doctrine.

Les matières réunies sous le mot *lois* sont, comme on le voit, très diverses ; par plusieurs côtés elles touchent à d'autres mots auxquels il faudra souvent se reporter (V. notamment *suprà*, *passim*, vis *Droit constitutionnel*, *Droit naturel et des gens*, et *infrà*, vis *Lois codifiées*, *Lois générales*, *Souveraineté*, *Traités internationaux*; — *Rép.* eisd. vis, *passim*).

Division.

CHAP. 1er. — De la formation de la loi. — Historique. — Législation. — Droit comparé (*Rép.* nos 3 à 23).

3. L'histoire de la législation a été étudiée dans le premier volume du *Répertoire* consacré spécialement à l'histoire du droit; et tout ce qui concerne l'organisation du pouvoir législatif chez les peuples modernes a été examiné *suprà*, v° *Droit constitutionnel*, nos 23 à 41; — *Rép.* eod. v°, nos 69 à 82. On trouvera également au *Rép.* vis *Lois*, nos 3 à 23, et *Droit constitutionnel*, nos 37 à 68, l'analyse des règles qui ont présidé à l'exercice du pouvoir législatif sous les différentes constitutions qui se sont succédé en France depuis 1789 jusqu'à celle du 14 janv. 1852, et *suprà*, v° *Droit constitutionnel*, nos 3 à 22, 64 à 71, l'exposé des principes édictés sur ce sujet par les constitutions postérieures, notamment par celle qui nous régit actuellement.

CHAP. 2. — Des actes qui ont force de loi (*Rép.* nos 24 à 121).

ART. 1er. — *Des actes antérieurs à 1789 qui avaient force de loi et qui l'ont conservée dans leurs dispositions non abrogées* (*Rép.* nos 25 à 49).

4. Cette division embrasse, ainsi qu'on l'a dit au *Rép.* n° 25, les ordonnances, les coutumes, les lois romaines, les arrêts des conseils du roi, les arrêts de règlement des cours souveraines, l'ancienne jurisprudence.

Ces différents actes peuvent encore avoir force de loi aujourd'hui dans leurs dispositions non abrogées; ils peuvent même, mais de plus en plus rarement, être appliqués dans leurs dispositions abrogées, s'il s'agit d'une contestation née sous leur empire. A plus forte raison, l'autorité des lois anciennes subsiste-t-elle encore à notre époque, lorsqu'elles ont été rendues obligatoires en vertu d'une loi spéciale. V. *Rép.* nos 550 et suiv.

ART. 2. — *Des actes ayant force législative intervenus de 1789 à la charte de 1814* (*Rép.* nos 50 à 64).

5. Il s'agit ici de tous les actes ayant force législative, autres que ceux qui ont été faits dans les formes constitutionnelles par les différentes assemblées qui se sont succédé pendant cette période, lesquels sont compris dans le chap. 1er du *Répertoire*. Il est inutile de revenir ici sur ce qui a été dit au *Rép.* nos 50 à 56, en ce qui concerne les décrets de la Convention rendus dans la simple forme de passé à l'ordre du jour et les arrêtés des représentants du peuple en mission. Quant aux décrets inconstitutionnels du Premier Empire et aux avis rendus par le conseil d'Etat pour interpréter les lois, ils donnent lieu, encore à notre époque, les premiers surtout, à de fréquentes décisions judiciaires qu'il est nécessaire de rappeler.

6. On sait que l'empereur Napoléon Ier a rendu un certain nombre de décrets par lesquels il a empiété sur le domaine de la puissance législative. L'art. 21 de la constitution de l'an 8 permettait d'attaquer devant le Sénat les décrets du chef de l'Etat pour inconstitutionnalité dans les dix jours de leur émission; en fait, le Sénat n'usa jamais de ce pouvoir et les décrets inconstitutionnels furent appliqués comme lois de l'Etat tant que dura le régime impérial. Après la chute de l'Empire, on contesta devant les tribunaux la force obligatoire de ces décrets; la plupart des auteurs en proclamaient la nullité (Rey, *Traité de législation*, p. 296; Dupin, *Réquisitoires et plaidoiries*, t. 2, p. 148; Demante, *Revue de droit français et étranger*, t. 7, p. 417; Valette sur Proudhon, *Traité de l'état des personnes*, t. 1, p. 189; Chauveau et Faustin Hélie, *Théorie du code pénal*, t. 2, p. 231).

Mais, ainsi qu'on l'a vu au *Rép.* n° 56, la cour de cassation se prononça, dès l'origine, pour leur validité, en s'appuyant sur ce qu'ils n'avaient pas été attaqués devant la seule autorité qui eût compétence pour les annuler, et une jurisprudence constante leur reconnaît encore aujourd'hui force de loi (V. Civ. rej. 19 déc. 1864, aff. Daudé, D. P. 65. 1. 120). On retrouve dans quelques arrêts des traces de la distinction que certains auteurs avaient proposée, et que l'on a critiquée au *Rép.* n° 57, entre les décrets exécutés avant la charte de 1814 et ceux qui n'avaient pas encore reçu exécution à cette époque (V. notamment : Douai, 15 nov. 1851, relatif à une espèce indiquée *infrà*, n° 8); néanmoins, la jurisprudence n'a jamais consacré formellement cette distinction, et les derniers commentateurs du code civil n'en font même pas mention (Aubry et Rau, *Droit civil français*, t. 1, § 5).

7. Par application de la doctrine admise en jurisprudence, il a été décidé que le décret impérial du 26 déc. 1813, qui établit dans la ville de Toulouse des peseurs publics, a force de loi; qu'on opposerait à tort que ces dispositions sont contraires à la législation générale concernant l'établissement des peseurs publics, l'inconstitutionnalité du décret n'ayant pas été déclarée par le Sénat conformément à l'art. 21 de la constitution du 22 frim. an 8 (Crim. cass. 24 févr. 1855, aff. Galeppe, D. P. 55. 1. 208). — C'est aussi ce qui a été jugé relativement à un décret semblable concernant la ville de Bordeaux (Crim. rej. 25 mars 1854, aff. Constantin, D. P. 54. 5. 568; Bordeaux, 11 mai 1876, aff. Rodes, D. P. 77. 2. 22). Jugé, de même encore, que le décret du 16 févr. 1807, concernant le tarif des frais et dépens, est légal et obligatoire, et, en particulier, que les art. 168 et suiv. de ce décret, en soumettant à une taxe tous les actes des notaires, ont substitué une fixation légale des frais et honoraires au mode admis par l'art. 51 de la loi du 25 vent. an 11, qui laissait aux notaires et aux parties la faculté de les régler à l'amiable et ont, par suite, nécessairement abrogé la disposition de ces articles concernant ces règlements amiables (Req. 12 avr. 1875, aff. Perroud, D. P. 77. 1. 222). Il est à remarquer que le décret du 16 févr. 1807 constitue, en réalité, un règlement fait par le chef du pouvoir exécutif en vertu de la délégation contenue dans l'art. 1042 c. proc. civ., dont il est le complément; mais la cour de cassation, en relevant cette circonstance, n'en affirme pas moins, en même temps, dans son arrêt, le caractère législatif et obligatoire de tous les décrets impériaux (Comp. Req. 2 janv. 1872, aff. Gallais, D. P. 72. 1. 232; Paris, 18 mai 1874, aff. Perroud, D. P. 76. 2. 56; Douai, 21 mai 1875, aff. Tailliez, D. P. 77. 2. 13, et les notes).

Les décrets impériaux n'ont, d'ailleurs, force législative qu'à la condition d'avoir été légalement publiés avant la charte de 1814 par insertion au *Bulletin des lois;* c'est ce qui résulte notamment des arrêts précités. En outre, ainsi qu'on le verra, la jurisprudence n'admet pas la validité des décrets contenant des dispositions contraires aux principes de nos constitutions modernes. Enfin, bien que les décrets impériaux soient considérés comme ayant force de loi, il ne s'ensuit pas qu'ils ne puissent jamais être modifiés par le pouvoir exécutif; il convient de faire, à ce point de vue, une distinction que l'on indiquera *infrà*, n° 24).

8. Comme on l'a dit au *Rép.* n° 62, le règlement du 5 niv. an 8 sur l'organisation du conseil d'Etat, art. 15, chargeait le conseil d'Etat de développer le sens des lois sur le renvoi qui lui était fait par les consuls des questions qui leur avaient été soumises. Les avis du conseil d'Etat donnés en exécution de cette disposition ont toujours joui de la même autorité que les décrets à la condition d'avoir été approuvés par l'empereur. La cour de cassation continue de les appliquer comme de véritables lois; alors même qu'ils auraient introduit, sous forme d'interprétation, des dispositions nouvelles, ils n'en ont pas moins force législative aujourd'hui, le droit de déclarer leur inconstitutionnalité, comme celle des décrets impériaux, n'ayant jamais appartenu qu'au Sénat.

Mais, de même que ces décrets, les avis du conseil d'Etat n'ont force obligatoire qu'autant qu'ils ont été légalement publiés par insertion au *Bulletin des lois*. Ainsi il a été jugé qu'un avis du conseil d'Etat, qui soumet les sociétés d'assurances mutuelles à la nécessité de l'autorisation préalable du Gouvernement, ne peut pas être invoqué parce qu'il n'a pas été inséré au *Bulletin des lois;* que l'envoi fait par le ministre de l'intérieur en 1810 à un préfet de département de l'avis dont il s'agit, et que la connaissance que ce préfet en a donnée, à la même époque, dans une circulaire adressée aux sous-préfets et aux maires de son département ne peut tenir lieu de l'insertion au *Bulletin des lois,* qui est le seul mode légal de publication pour les lois, décrets et actes du Gouvernement d'un intérêt général. — Il a même été jugé que l'insertion au *Bulletin des lois* de cet avis en 1821 n'a pas pu le purger du vice d'inconstitutionnalité qui l'affectait, ni lui imprimer, sans le concours des autres pouvoirs dont la réunion constituait alors la puissance législative, le caractère de légalité qui lui manquait (Douai, 15 nov. 1851, aff. L..., D. P. 54. 2. 115). — Rappelons qu'il faut se garder de confondre les avis du conseil d'Etat, dont il vient d'être parlé, avec les décrets rendus par le même conseil pour l'interprétation de la loi en vertu de la loi du 16 sept. 1807, et dont la validité n'a jamais fait difficulté (*Rép.* n° 462).

ART. 3. — *Des actes ayant force législative intervenus depuis la charte de* 1814 *jusqu'à nos jours* (*Rép.* n°s 65 à 89).

9. On considère sous ce titre certains actes faits par le chef de l'Etat ou par ses délégués aux différents degrés de la hiérarchie administrative, dont les uns constituent de véritables lois et dont les autres, quoique n'en ayant pas tous les caractères, produisent, à plusieurs points de vue, les mêmes effets. On distinguera, pour plus de clarté, les actes du chef de l'Etat qui constituent des lois proprement dites et les actes dits *réglementaires*.

10. Par exception au principe que les lois ne peuvent émaner que des assemblées législatives délibérant dans les formes constitutionnelles, le chef de l'Etat peut se trouver investi, par suite de causes diverses, du droit de faire des actes ayant, comme nous l'avons dit, le caractère de véritables lois. — C'est ainsi que des attributions législatives plus ou moins étendues ont été conférées au chef du pouvoir exécutif relativement aux colonies (*Rép.*, n° 79). Cette observation s'applique, en particulier, à l'Algérie et à nos autres colonies d'Afrique. Ce n'est pas ici le lieu de traiter cette matière (V. *infrà*, v^{is} *Organisation de l'Algérie* et *Organisation des colonies*). Il suffira de dire que, sous l'empire des lois constitutionnelles actuellement en vigueur, la cour de cassation, appelée à statuer sur la légalité d'un décret du 29 août 1874, a décidé que, aujourd'hui encore, pour les matières non traitées et non régies par les lois applicables à l'Algérie, « le président de la République peut, en exécution de l'art. 4 de l'ordonnance du 22 juill. 1834, prendre, sous forme de décret, des mesures ayant un caractère législatif destinées à subvenir aux besoins pressants de l'ordre et de la tranquillité en Algérie, alors d'ailleurs que ces mesures n'ont pas pour effet d'abroger ou de modifier les lois françaises en vigueur dans ce pays » (Crim. cass, 22 mars 1878, aff. Tahar-ben-Aiech, D. P. 80. 1. 287).

On verra d'ailleurs qu'il ne peut pas, même pour l'Algérie, être dérogé à une loi par un décret (Cons. d'Et. 28 févr. 1866, aff. Hachette, 28 mai 1868, aff. Menouillard, cités *infrà*, n° 22 et 23. Trib. confl. 26 juill. 1873, aff. Ahmed-el-Hamon et consorts, D. P. 74. 3. 38).

11. Un autre cas de délégation du pouvoir législatif, faite au profit du chef de l'Etat, résulte de l'art. 3 du sénatus-consulte du 12 juin 1860 (D. P. 60. 4. 68), relatif à la réunion de la Savoie et de Nice à la France, lequel autorisait l'empereur à prendre, jusqu'au 1er janv. 1861, par des décrets ayant force de loi, toutes les mesures nécessaires pour l'introduction du régime français dans les territoires annexés de la Savoie et de l'arrondissement de Nice.

12. En outre, les règles qui déterminent les limites du pouvoir législatif et du pouvoir exécutif s'appliquent aux actes intervenus sous des régimes constitutionnellement organisés; mais à certaines époques, les pouvoirs législatif et exécutif se sont trouvés confondus dans les mêmes mains au profit de gouvernements investis d'une souveraineté de fait, ou bien le pouvoir exécutif régulièrement établi a, en violation de la constitution, posé des actes d'un caractère législatif. Ce dernier cas est notamment celui des décrets du Premier Empire, lesquels, faute d'avoir été déférés au Sénat, sont considérés, ainsi qu'on l'a vu *suprà*, n°s 6 et 7, par une jurisprudence constante, comme ayant force de loi lorsqu'ils ont été légalement publiés. C'est aussi le cas d'une série d'actes, promulgués en 1851 par le prince Louis-Napoléon, président de la République, pendant la période où il a exercé le pouvoir dictatorial. Ces décrets ont eux-mêmes acquis force de loi, le vice d'inconstitutionnalité dont ils étaient atteints ayant été purgé par l'effet de la disposition que le prince-président fit insérer dans l'art. 58 de la constitution du 14 janv. 1852 (D. P. 52. 4. 33). L'usage s'est établi de désigner sous le nom de *décrets-lois* les actes du pouvoir exécutif statuant sur des matières législatives et qui ont acquis ultérieurement force de loi.

13. On peut signaler une application du même principe relativement aux règlements et arrêtés pris par le conseiller d'Etat, administrateur général de la Corse, en vertu des pleins pouvoirs à lui conférés par la loi du 22 frim. an 9 : Une loi du 22 frim. an 9, insérée au *Bulletin officiel,* avait ordonné que l'empire de la constitution serait suspendu jusqu'à la paix maritime, dans les départements du Golo et du Liamone, c'est-à-dire dans l'île de Corse, et dans toutes les îles du territoire français européen, distantes du continent de deux myriamètres et au delà. Le 17 nivôse de la même année, les consuls prirent un arrêté, inséré au *Bulletin officiel* (p. 202), pour déterminer les attributions de l'administrateur général. En vertu de cette délégation, cet administrateur édicta un grand nombre d'arrêtés, notamment en matière d'enregistrement. La paix maritime mit fin aux pouvoirs que la loi du 22 frim. an 9 avait conférés au Gouvernement, mais il fut reconnu que les règlements faits par l'administrateur général avant cette époque avaient force de loi et étaient restés nécessairement en vigueur (Crim. cass. 23 janv. 1875, aff. Costa, D. P. 76. 1. 331). Sur la nécessité d'une abrogation expresse pour enlever force obligatoire à ces arrêtés, V. *suprà*, v^{is} *Corse,* n°s 1 et suiv.; *Enregistrement,* n°s 41 et 1763.

14. L'hypothèse d'actes accomplis par un pouvoir non légalement établi s'est présentée sous le gouvernement de la Défense nationale. Depuis le 4 sept. 1870 jusqu'à la réunion de l'Assemblée nationale, ce gouvernement exerça une souveraineté illimitée. Il promulga ainsi un nombre considérable de décrets dont beaucoup avaient un caractère législatif, mais qui n'avaient pas tous pour objet la défense nationale (Rapport de M. Taillefer, présenté dans la séance du 24 févr. 1872 à l'Assemblée nationale, sur la proposition de revision des décrets du gouvernement de la Défense nationale). Après la reconstitution des pouvoirs publics, des doutes s'élevèrent sur la validité de ces décrets.

La force obligatoire des actes réglementaires n'était guère discutée, les circonstances étant considérées comme suffisantes pour valider les pouvoirs d'administration que le gouvernement de la Défense nationale s'était attribués; mais la légalité des décrets législatifs était, au contraire, fort controversée, surtout relativement à ceux qui étaient étrangers à la défense nationale. L'Assemblée nationale décida de résoudre immédiatement la difficulté. Elle nomma à cet effet une commission de trente membres chargée de reviser tous les décrets ayant un caractère législatif rendus par le gouvernement de la Défense nationale sur des objets étrangers à ladite défense et d'en proposer ensuite l'application ou l'abrogation. Par cette résolution, l'Assemblée nationale excluait de la revision tous les décrets relatifs à la défense nationale et en reconnaissait implicitement l'autorité et la légalité. Mais, le 23 juin, l'Assemblée nationale, revenant sur sa première décision, adopta une résolution ainsi formulée: « Art. 1er. Une commission de quinze membres sera nommée par les bureaux pour rechercher quels sont, parmi les décrets du gouvernement de la Défense nationale, ceux qui ont un caractère législatif et qui ne sont pas encore abrogés, ceux dont le caractère était temporaire et dont l'empire a cessé avec les circonstances qui en ont été la cause et l'occasion. — Art. 2. Cette commission sera chargée de signaler à l'Assemblée et au Gouvernement ceux des décrets législatifs ayant un caractère définitif qu'il serait urgent de rapporter et de modifier ». La revision se trouva ainsi étendue à tous les décrets du gouvernement de la Défense nationale sans distinction. La nouvelle commission nommée par l'Assemblée nationale, après s'être livrée à des recherches approfondies et avoir examiné plus de mille décrets en vue surtout d'en extraire les décrets législatifs, a condensé les résultats de ses travaux dans un important rapport lu à l'Assemblée dans la séance du 24 févr. 1872 (*Journ. off.* du 18 avr. 1872, p. 2617).

Ce rapport classe les décrets du gouvernement de la Défense nationale en quatre catégories : la première comprenant les décrets abrogés, sans distinction entre ceux qui étaient définitifs et ceux qui étaient provisoires ou temporaires ; la seconde, les décrets provisoires ou temporaires dont l'empire a cessé ; la troisième, les décrets signalés comme devant être rapportés ou modifiés; la quatrième enfin, ceux que la commission jugea devoir être conservés dans leur teneur actuelle. Ce rapport si complet n'a jamais été discuté ; il en résulte que la question de la validité des décrets du gouvernement de la Défense nationale n'a pas été législativement résolue, quoique certains auteurs semblent le croire. La difficulté reste, par suite, du ressort de la doctrine et de la jurisprudence. L'examen de cette question appartient au droit constitutionnel. Le système qui prévaut en jurisprudence est celui de la validité. On considère comme valables tous les décrets qui n'ont pas été abrogés. On aurait pu hésiter sur cette solution ; dans une espèce rapportée au *Rép.* n° 102, la cour de cassation avait, en effet, jugé que le gouvernement provisoire nommé par un peuple en insurrection, contre son souverain avant l'établissement d'un gouvernement régulier, doit être réputé n'avoir eu que des pouvoirs d'administration et non la puissance législative ; néanmoins, la cour de cassation a déclaré que les décrets du gouvernement de la Défense nationale ont, même pour les objets qui ne se rapportent pas à la guerre avec l'Allemagne, la force obligatoire qui appartient aux actes d'une autorité acceptée par la nation. Et, loin d'avoir une durée provisoire, limitée à celle de la guerre, ils doivent recevoir leur exécution jusqu'à ce qu'ils aient été législativement rapportés, à moins que le texte ou les circonstances n'aient assigné un terme précis à l'application des dispositions qu'ils renferment. Il en est ainsi spécialement du décret du 13 sept. 1870, qui suspend provisoirement l'exercice du droit de chasse (Crim. cass. 8 juin 1871, aff. Delvallée, D. P. 71. 1. 79).

Il reste peu de chose aujourd'hui de l'œuvre législative du gouvernement de la Défense nationale. Un grand nombre de décrets, inspirés par des nécessités temporaires, ont disparu avec les circonstances qui les avaient provoqués; d'autres ont été formellement abrogés par le législateur. La plupart de ceux qui subsistent sont intervenus en matière de finances et se trouvent ainsi, par la force des choses, mis à l'abri de toute abrogation. Le décret le plus important en matière civile est celui qui a organisé, sur de nouvelles bases, la promulgation et la publication des lois; on en trouvera plus loin le commentaire. Il convient de mentionner aussi le décret des 19-21 sept. 1870, qui abrogea l'art. 75 de la constitution de l'an 8, en vertu duquel les agents du Gouvernement autres que les ministres ne pouvaient être poursuivis, pour des faits relatifs à leurs fonctions, qu'en vertu d'une décision du conseil d'Etat (D. P. 70. 4. 91).

Les décrets du gouvernement de la Défense nationale ont été publiés dans notre *Recueil périodique* où on les a classés en deux séries. La première comprend les décrets émanés du Gouvernement siégeant à Paris (D. P. 70. 4. 1 à 111 et 71. 4. 1 à 9); la seconde, ceux qui ont été rendus par la délégation du gouvernement de la Défense nationale hors de Paris dont le siège a été successivement à Tours et à Bordeaux (D. P. 70. 4. 111 à 136 et 71. 4. 9 à 22). Les pages 11 à 22 du volume de l'année 1871 contiennent les actes de la délégation du Gouvernement depuis son transfert de Tours à Bordeaux.

Le nom de *décrets-lois* est également appliqué aux décrets du gouvernement de la Défense nationale qui ont conservé force de loi.

15. Tous les actes du gouvernement de la Défense nationale n'ont, d'ailleurs, pas force de loi quelles qu'en soient la portée et la nature; il y a lieu de distinguer ceux qui ont un caractère législatif et ceux qui ont un caractère simplement réglementaire. Cette distinction est importante au point de vue de la révocation ou des modifications dont ces actes peuvent être l'objet; il faut, à cet égard, examiner la nature intrinsèque des actes dont il s'agit (V. *infrà*, n° 24). C'est ainsi qu'il a été jugé que le caractère législatif n'appartenait pas à l'acte du 8 févr. 1871, par lequel le gouvernement de la Défense nationale a établi, sur la proposition de celui de ses membres qu'il avait délégué à la mairie de Paris, le tarif de répartition de la contribution mobilière à Paris (Cons. d'Et. 31 juill. 1874, aff. Périac, D. P. 76. 3. 57).

De même encore, la jurisprudence tant de la cour de cassation que du conseil d'Etat a reconnu que des actes promulgués par le gouvernement de la Défense nationale n'équivalent à des lois que dans le cas où le législateur aurait pu seul édicter la mesure prise par décret; dans les autres cas, les actes en question ne constituent que des décrets ou des arrêtés administratifs. Il a été jugé, en ce sens, qu'un arrêté signé par le membre du gouvernement de la Défense nationale de Paris, délégué près l'administration du département de la Seine, non inséré au *Bulletin des lois* et relatif à une mesure de police, rentrant dans les attributions du préfet de la Seine, a le caractère non d'une loi, ni même d'un décret, mais d'un arrêté préfectoral susceptible d'être modifié par un arrêté ultérieur de même nature (Cons. d'Et. 28 mars 1885, aff. Languellier, D. P. 86. 3. 97).

16. Il convient d'ailleurs de remarquer que le pouvoir législatif exercé en fait par le gouvernement de la Défense nationale n'appartenait pas individuellement à chacun de ses membres. Un décret du 20 sept. 1870 (D. P. 70. 4. 92) avait autorisé chaque ministre à signer en ce qui concernait son département toutes nominations et tous actes qui n'étaient pas de nature à être délibérés en conseil du gouvernement. C'était retenir pour ce conseil tous les actes législatifs. Le nombre des membres dont la présence au conseil et dont la signature étaient nécessaires à la validité des délibérations de ce conseil a été fixé successivement à sept (4 oct. 1870, D. P. 70. 4. 95), à six (12 déc. 1870, D. P. 70. 4. 108) et à trois (4 févr. 1871, D. P. 71. 4. 7). Tous les actes de la délégation de Bordeaux portent également les signatures de la majorité des membres de la délégation. A plus forte raison les commissaires extraordinaires de ce Gouvernement n'avaient-ils pas le droit de statuer en matière législative. Par application de ce qui vient d'être dit, la commission provisoire chargée de remplacer le conseil d'Etat, après avoir rappelé qu'il n'appartient qu'à la loi d'autoriser sur terre la prise de tous les objets appartenant à autrui, de répartir le produit des prises ainsi faites et d'établir un tribunal pour les juger, a émis l'avis que le commissaire général de la Défense nationale dans la région du Nord et le membre du gouvernement de la Défense nationale, ministre de l'intérieur et de la guerre, n'avaient pas le pouvoir de faire des actes rentrant dans le domaine législatif; qu'en conséquence, les décisions du conseil des prises qu'ils avaient institué à Lille pour juger les prises faites par l'armée et par les corps auxiliaires, doivent être considérées comme non avenues, et que le conseil d'Etat n'a pas à statuer sur les pourvois formés contre ces décisions (Avis, 27 oct. 1871, 1re espèce, aff. Villard-Painvain, 2e espèce, aff. Devérité; 15 févr. 1872, aff. Dupont, D. P. 72. 3. 94).

Les décrets précités du gouvernement de la Défense nationale prévinrent les difficultés qu'aurait pu faire naître la question de savoir quelles sont les conditions nécessaires à la validité des actes émanés des gouvernements qui, à la suite des révolutions, sous un titre ou sous un autre, prennent la place des institutions disparues. Une difficulté de cette nature se produisit cependant relativement à un décret du général Trochu, du 5 oct. 1870, supprimant l'emploi d'aumônier en chef de l'armée. Ce décret, rendu alors que celui du 4 oct. 1870 n'était pas encore obligatoire, fut déféré au conseil d'Etat; mais cette assemblée décida que le pourvoi devait être rejeté, le général Trochu ayant agi, en faisant ce décret, non comme président du Gouvernement, mais comme chef suprême de l'armée en vertu des pouvoirs militaires qui lui avaient été conférés pour la défense nationale (Cons. d'Et. 8 août 1873, aff. abbé Laine, D. P. 74. 3. 43). La question de principe formulée plus haut se trouva ainsi écartée. Selon nous, à moins d'une délégation expresse, aucun acte émané d'un gouvernement collectif n'est valable s'il ne porte par lui-même la preuve qu'il a été délibéré par la majorité des membres de ce gouvernement. Dans ces moments de trouble social, où tous les pouvoirs sont concentrés entre les mains d'un gouvernement issu des événements, la seule garantie qui reste aux intérêts privés, c'est la responsabilité des membres de ce gouvernement, et il serait très périlleux d'admettre qu'ils pussent s'y soustraire en s'abstenant d'apposer leurs signatures aux actes auxquels ils auraient participé.

17. Les actes réglementaires sont ceux « qui édictent non des prescriptions individuelles et spéciales garanties par des voies de contrainte administrative, mais des dispositions générales garanties par une sanction pénale » (Laferrière, *Traité de la juridiction administrative et du recours contentieux*, t. 1, p. 432). Tels sont, ajoute cet auteur, les règlements de police municipale qu'il appartient aux maires de faire en vertu des lois des 16-25 avril 1790 (t. 11, art. 3) et du 5 avril 1884 (art. 97); les règlements préfectoraux relatifs à la police du domaine public aux autres objets dont la surveillance a été confiée aux administrations de département par la loi du 22 décembre 1789 (sect. 3, art. 2); les règlements faits par les ministres dans les cas rares et spéciaux où ce droit leur est conféré par la loi; les règlements faits par le chef de l'Etat pour assurer l'exécution des lois, soit en vertu d'une délégation spéciale du législateur, soit en vertu des pouvoirs inhérents à la mission du pouvoir exécutif. (Loi constitutionnelle du 25 févr. 1875, art. 3). Ces différents actes, quoique se rapportant tous à l'exercice du pouvoir réglementaire considéré en général, n'offrent pas tous les mêmes caractères.

18. Il importe de considérer à part les règlements d'administration publique, qui sont faits par le Gouvernement en vertu d'une *délégation spéciale* du législateur et pour lesquels la délibération préalable de l'assemblée générale du conseil d'Etat est une condition de légalité, dont l'accomplissement doit être mentionné par ces mots : « Le conseil d'Etat entendu ». Bien que ces règlements émanent de la puissance exécutive, et qu'ils diffèrent par cette origine de la loi proprement dite, ils ont, à tous les autres points de vue, un caractère législatif. Ils ont la même force obligatoire que la loi, « la généralité des dispositions, la réglementation de l'avenir, la sanction pénale (celle de l'art. 471, n° 15, c. pén., à défaut d'une peine différente et d'une juridiction plus élevée, établie par un autre texte de loi) ; comme elle, enfin, ils ne commandent que dans l'intérêt général et sont d'ordre public » (Ducrocq, *Cours de droit administratif*, t. 1, n° 62). Ajoutons qu'ils n'ont pas seulement pour objet d'assurer l'exécution de la loi, mais encore d'en « compléter et d'en développer les dispositions sur des points déterminés » (Laferrière, *op. cit.*, p. 434). De ce qu'ils ont la force obligatoire des lois et les mêmes caractères qu'elles, il s'ensuit qu'il ne peuvent pas être déférés au conseil d'Etat pour excès de pouvoir.

19. Très différents sont les autres actes par lesquels se manifeste l'exercice du pouvoir réglementaire, qu'il s'agisse de décrets rendus par le chef de l'Etat en l'absence d'une délégation spéciale du législateur, de décrets ministériels, d'arrêts municipaux ou préfectoraux. Ces actes, désignés, comme on l'a vu au *Rép.* n° 65, sous des appellations très diverses qui ont varié avec nos différents régimes constitutionnels, sont appelés aujourd'hui décrets, règlements ou arrêtés. La constitution actuelle n'attribue pas expressément au chef du pouvoir exécutif, comme la plupart des constitutions antérieures, le pouvoir de faire les règlements et décrets nécessaires pour l'exécution des lois; l'art. 3 de la loi constitutionnelle du 25 févr. 1875, portant que le président de la République surveille et assure l'exécution des lois, lui reconnaît implicitement ce pouvoir, qui a d'ailleurs toujours appartenu au chef de l'Etat.

20. Il faut distinguer avec soin les actes réglementaires que le président de la République puise le droit de faire dans la mission générale que la constitution lui confie de faire exécuter les lois, et ceux qui ont pour cause une délégation spéciale du législateur. Ces deux classes d'actes n'ont pas, en effet, la même force obligatoire. D'abord il résulte d'arrêts récents de la cour de cassation que la sanction édictée par l'art. 471, § 15 c. pén. n'est applicable qu'aux décrets du pouvoir exécutif agissant en vertu d'une délégation spéciale du législateur; les autres décrets réglementaires que le président de la République édicte en vertu du pouvoir général qu'il tient de la constitution pour faire exécuter les lois sont dépourvus de sanction pénale, à moins qu'ils ne statuent sur des matières de police (Crim. rej. 11 janv. 1879, aff. Peffart et Deschaumes, D. P. 80. 1. 143; Crim. cass. 23 août 1886, aff. Despinassy de Venel, D. P. 87. 1. 505). Ces derniers diffèrent en second lieu de ceux que le chef du pouvoir exécutif édicte en vertu d'une délégation spéciale du législateur en ce qu'il n'est pas nécessaire qu'ils soient rendus en conseil d'Etat. En fait ils sont souvent préparés par le conseil d'Etat, mais cette assemblée n'est consultée que facultativement ; beaucoup de décrets ordinaires sont rendus sans l'intervention du conseil d'Etat sur le rapport d'un ou plusieurs ministres. Enfin, les décrets ordinaires, c'est-à-dire qui ne constituent pas des règlements d'administration publique, sont toujours susceptibles d'être déférés au conseil d'Etat pour excès de pouvoir. Cette règle s'étend, d'ailleurs, même aux décrets qui doivent être rendus dans la forme des règlements d'administration publique, c'est-à-dire le conseil d'Etat entendu.

21. Le recours au conseil d'Etat pour excès de pouvoir et la sanction pénale de l'art. 471, § 15 c. pén. s'appliquent à tous les actes réglementaires faits par l'autorité administrative, sauf, en ce qui concerne la sanction pénale, l'exception mentionnée *suprà*, n° 20 relativement aux décrets rendus par le chef de l'Etat pour faire exécuter les lois. Mais l'art. 471 § 15 c. pén. limitant la sanction qu'il édicte aux règlements *légalement faits* par l'autorité administrative, il en résulte que les tribunaux judiciaires, chargés d'appliquer les règlements, ont le droit de les interpréter et d'apprécier leur légalité. Cette légalité suppose : 1° qu'ils émanent d'une autorité ayant le pouvoir légal de les faire; 2° qu'ils statuent sur des matières confiées par la loi à la viligance de cette autorité. — A ce point de vue, les actes réglementaires diffèrent essentiellement des autres actes administratifs dont il n'appartient pas, en principe, aux tribunaux, d'examiner la légalité (V. *suprà*, v° *Compétence administrative*, n°s 24 et suiv.). On dit même quelquefois qu'ils ne sont pas en réalité des actes administratifs, mais plutôt des actes législatifs, attendu qu'ils présentent les mêmes caractères que la loi dont ils sont le complément (Ducrocq, *op. et loc. cit.*).

Cette notion de l'acte réglementaire convient surtout à ceux que le chef de l'Etat fait en vertu d'une délégation spéciale du législateur : les règlements d'administration publique participent à tous les points de vue, nous l'avons dit, de la nature de l'acte législatif ; mais quoique présentant plusieurs des caractères de la loi, les autres actes réglementaires, de quelque autorité qu'ils émanent, qu'ils soient faits par l'administration centrale ou par les administrations locales, constituent néanmoins des actes administratifs et à raison de la nature du pouvoir qui les établit, et à raison du recours pour excès de pouvoir dont ils peuvent faire l'objet devant le conseil d'Etat. Le droit, conféré aux tribunaux judiciaires, d'en apprécier la légalité, au cas de violation de leur disposition, ne découle pas de la nature de ces actes, « mais des droits qui sont inhérents à l'exercice de la justice pénale et en vertu desquels les tribunaux de répression ont, en principe, plénitude de juridiction sur toutes les demandes et exceptions tendant à l'application ou à la non-application des peines » (Laferrière, *op. cit.*, p. 435). D'ailleurs, comme cet auteur le fait aussi remarquer, l'examen que les tribunaux sont autorisés à faire, au point de vue pénal, de la légalité des règlements administratifs, loin d'être un motif pour assimiler les actes réglementaires aux actes législatifs, est un motif que l'on peut au contraire invoquer pour faire ressortir les différences qui existent entre eux, puisqu'il n'appartient jamais à l'autorité judiciaire d'écarter l'application d'une loi sous prétexte d'inconstitutionnalité.

Il faut distinguer, au surplus, les actes réglementaires des décrets gouvernementaux et des décrets administratifs, qui, statuant sur des intérêts spéciaux et ordinairement individuels, ne présentent pas le caractère général des premiers ; il ne faut pas les confondre non plus avec les actes d'administration et les actes contractuels.

22. L'acte réglementaire ne doit avoir pour objet, avons-nous dit, que l'exécution de la loi (Cons. d'Et. 28 mai 1868, aff. Menouillard, D. P. 71. 3. 87). C'est une règle essentielle, en effet, formulée déjà au *Rép.* n° 66, et confirmée encore depuis par de nombreuses décisions, que les décrets du chef de l'Etat sont sans autorité, comme tous les autres règlements de ses délégués, ajouterons-nous, lorsqu'ils contreviennent à la loi ou la suppléent dans des matières qui sont uniquement dans les attributions du pouvoir législatif. Cette règle est une conséquence du principe de la séparation des deux pouvoirs.

23. Par application de ce principe, on a dit au *Rép.* n° 71, que la compétence des tribunaux ne pouvait être déterminée que par une loi, que le pouvoir exécutif ne peut pas déroger à l'ordre des juridictions. Jugé, en ce sens, que, nonobstant le décret du 2 avr. 1854, dont l'art. 3 attribue, en Algérie, compétence au conseil de préfecture, sauf appel au conseil d'Etat, relativement aux licitations d'immeubles indivis entre d'Etat et des particuliers, il appartient à l'autorité judiciaire de connaître de ces actions, conformément à l'art. 13 de la loi du 16 juin 1851 (D. P. 51. 4. 91), à laquelle le décret précité n'a pas pu déroger (Cons. d'Ét. 28 févr. 1866, aff. Hachette, D. P. 66. 3. 107). Il est à remarquer, dans cette espèce, que la question de savoir si le conseil de préfecture d'Alger avait pu compétemment connaître d'une contestation que le décret du 2 avr. 1854 ne lui avait déférée qu'en se mettant en contradiction avec la loi du 16 juin 1851, fut soulevée d'office dans le conseil d'Etat malgré le silence des parties qui acceptaient la juridiction administrative.

24. Si les décrets ne peuvent pas abroger la loi elle-même, ils peuvent en abroger les dispositions purement réglementaires et qui sont du domaine de l'autorité administrative. Il arrive quelquefois, en effet, que le pouvoir exécutif et le pouvoir législatif se trouvent réunis dans les mêmes mains soit qu'il s'agisse d'une assemblée qui statue elle-même, comme l'a fait la Convention, sur des objets d'administration, soit qu'il s'agisse d'un gouvernement de fait qui exerce toutes les prérogatives de la souveraineté, soit enfin qu'il s'agisse d'un gouvernement régulier sous lequel le chef de l'État a été investi, comme on l'a dit tout à l'heure, par une délégation spéciale, d'attributions législatives. Dans ces différents cas, il ne résulte évidemment pas, de cette confusion totale ou partielle des deux pouvoirs, que tous les actes émanés de l'autorité ou de la personne qui les cumule aient le caractère législatif; il ne s'ensuit pas, en d'autres termes, que cette autorité ou cette personne n'ait fait usage que du pouvoir législatif, il faut examiner la nature intrinsèque de l'acte dont il s'agit et rechercher s'il a pour objet l'exécution d'une loi préexistante ou, au contraire, la promulgation de nouvelles règles ayant un caractère législatif.

Ce principe, déjà formulé au *Rép.* n° 66, a été appliqué aux décrets du Premier Empire; le conseil d'État a reconnu que, bien que ces décrets soient considérés en général comme ayant force de loi, les dispositions purement réglementaires qu'ils contiennent peuvent être modifiées par des actes du pouvoir exécutif. Il en est ainsi, notamment, des décrets des 22 sept. 1807 et 28 janv. 1811, instituant les facteurs à la halle de Paris et déterminant leur organisation et leurs attributions (Cons. d'Et. 30 juill. 1880, aff. Brousse, D. P. 81. 3. 73). Jugé, de même, que les décrets qui ont pu être rendus par l'empereur en vertu de l'art. 3 du sénatus-consulte du 12 juin 1860, relatif à la cession de la Savoie et de Nice à la France, n'ont pas tous le caractère législatif; qu'il faut distinguer entre eux ceux qui ont eu pour objet de prendre les mesures prévues par cet article et ceux qui n'édictent que des mesures d'application des premiers (Cons. d'Et. 22 janv. 1863, aff. Milon, D. P. 63. 3. 2). On a vu *suprà*, n° 15, d'autres applications de la même règle relativement aux décrets promulgués par le gouvernement de la Défense nationale.

25. Les ministres ne possédant pas, en principe, le pouvoir réglementaire, les décisions qui émanent d'eux personnellement n'ont force de loi que dans les matières où la loi leur a accordé expressément un pouvoir de réglementation, comme en matière de tarifs de chemins de fer, par exemple.

26. Les ministres peuvent, d'ailleurs, révoquer, étendre ou modifier les arrêtés pris par leurs subordonnés (*Rép.* n° 83). Jugé ainsi que, si l'autorité supérieure ne peut pas se substituer au maire pour réglementer, dans la commune administrée par celui-ci l'une des matières de police confiées à sa vigilance, elle peut, soit rapporter en son entier un arrêté pris par lui, soit le modifier par la suppression des dispositions qu'elle désapprouve, et que ce droit de rapporter, en tout ou en partie, un arrêté municipal, quoique appartenant au préfet d'après l'art. 11 de la loi du 18 juill. 1837, peut être exercé même par le ministère directement (Crim. cass. 18 juill. 1868, aff. Leplant, D. P. 69. 1. 165).

27. Il a été jugé que les arrêtés par lesquels les préfets désignaient pour leur département, en vertu de l'art. 23 du décret du 17 févr. 1852, les journaux qui devaient recevoir les annonces judiciaires, ne constituaient pas des actes de simple administration, mais présentaient le caractère des arrêtés réglementaires et généraux rendus en exécution et pour l'exécution d'une loi, et que ces actes, participant du caractère des lois, tombaient comme elles sous la juridiction des tribunaux (Civ. cass. 7 déc. 1859, aff. Deschamps, D. P. 60. 1. 30; Trib. Avallon, 21 févr. 1860, aff. Salery, D. P. 61. 1. 12; Rennes, 23 janv. 1862, aff. Deschamps, D. P. 62. 2. 154; Civ. rej. 4 mai 1863, aff. Préfet de l'Yonne, D. P. 63. 1. 318. *Contrà :* Cons. d'Et. 10 mars 1854, aff. Journaux de Loches et de Chinon, D. P. 54. 3. 42; 20 déc. 1860, aff. Sallery, D. P. 61. 3. 12; 18 avr. 1861, aff. Prieur, D. P. 61. 5. 23; Caen, 13 août 1861, aff. *Moniteur du Calvados*, D. P. 62. 2. 166; Cons. d'Et. 26 mai 1864, aff. Dandicolle, D. P. 64. 3. 83). L'art. 23 du décret du 17 février a été remplacé par le décret-loi du 28 déc. 1870 (D. P. 71. 4. 14), aux termes duquel les annonces judiciaires et légales pourront être insérées au choix des parties, dans l'un des journaux publiés en langue française dans le département (V. *infrà*, v^is *Presse* et *Vente publique d'immeubles*).

28. Les circulaires et décisions ministérielles n'ont pas force de loi et ne sont pas obligatoires pour les tribunaux ; elles n'obligent que les fonctionnaires hiérarchiquement soumis au chef de l'administration dont elles émanent, sauf le droit qui appartient aux particuliers d'attaquer les décisions administratives ou judiciaires fondées sur des instructions contraires à la loi (Conclusions de M. le commissaire du Gouvernement Robert, Cons. d'Et. 15 juin 1864, aff. Gaunard, *Rec. Cons. d'Etat*, 1864, p. 573). Cette règle, déjà indiquée au *Rép.* n° 82, n'a jamais été sérieusement contestée (Foucart, *Droit administratif*, t. 1, p. 104; Trolley, *Droit administratif*, t. 1, p. 28; Chauveau, *Compétence administrative*, t. 1, p. 50 ; et *Journ. de droit administratif*, 1865, t. 13, p. 24 et suiv. ; Aubry et Rau, t. 1, p. 11, § 6).

Il a été décidé, en conséquence, que les gardes forestiers domiciliés dans une commune y sont passibles de la prestation en nature pour les chemins vicinaux, leurs fonctions ne constituant point un motif légal d'exemption; qu'il en est de même pour les préposés des douanes, sans qu'il y ait à tenir compte d'une circulaire ministérielle portant que lesdites fonctions doivent donner lieu à l'exemption dont il s'agit (Cons. d'Et. 7 janv. 1869, aff. Lafitte, D. P. 70. 3. 6). De même, en l'absence de toute disposition de loi interdisant aux conseils municipaux de voter les prestations en nature dans le cours de l'année pendant laquelle elles doivent être mises en recouvrement, cette interdiction ne peut résulter d'une décision ministérielle (Cons. d'Et. 7 déc. 1883, aff. Mabille, D. P. 85. 3. 69).

Jugé encore : 1° que le règlement du directeur général des ponts et chaussées, contenant les clauses et conditions générales imposées aux entrepreneurs des travaux publics, n'a pas force de loi (Req. 8 juin 1863, aff. Billotte, D. P. 64. 1. 293) ; — 2° Qu'un arrêté de police, lorsqu'il est légalement pris dans les limites du pouvoir réglementaire, a le caractère d'une véritable loi locale, dont l'autorité subsiste nonobstant toute instruction ou circulaire administrative qui en modifie les dispositions, celle-ci eût-elle été rendue publique (Crim. rej. 23 sept. 1853, aff. Binet, D. P. 54. 5. 376).

29. Il importe, d'ailleurs, de rappeler que l'autorité judiciaire ne peut jamais annuler un acte réglementaire qui lui est soumis; elle a seulement le droit de ne pas l'appliquer, de refuser son concours à l'Administration, qui pourvoit elle-même, si elle le peut légalement, à l'exécution de cet acte. En outre, comme on l'a dit aussi au *Rép.* n° 88, les tribunaux compétents pour statuer sur la légalité des actes réglementaires ne le sont pas pour en apprécier l'utilité ou l'efficacité, dont l'Administration seule est juge. Enfin il est certain que des règlements administratifs, bien qu'ils soient autorisés par une loi, ne sont pas obligatoires dans les dispositions contraires à cette loi. S'il y a dans le règlement des dispositions légales mêlées à des dispositions illégales, chaque disposition doit être appréciée dans sa valeur intrinsèque (Crim. cass. 31 mai 1856, aff. Grangier, D. P. 56. 1. 370; 24 févr. 1858, aff. Anjouvin, D. P. 58. 1. 256; Comp. *suprà*, v° *Compétence administrative*, n°s 281 et suiv.).

30. Il a été décidé que les ordonnances d'exéquatur obtenues par les consuls n'ont pas le caractère de lois ou de règlements (Crim. rej. 23 déc. 1854, aff. Featherstonhaugh, D. P. 59. 1. 185). A plus forte raison, en est-il ainsi de certaines annexes qui sont jointes quelquefois aux ordonnances ou décrets. C'est ainsi que les statuts d'une société anonyme, quoiqu'ils soient approuvés par décret et publiés au *Bulletin des lois*, comme annexe au décret d'autorisation, ne constituent que des conventions privées et n'ont point, par suite, la force obligatoire du décret auquel elles se rattachent; vainement soutiendrait-on que la sanction de l'autorité publique leur imprime le caractère d'une disposition législative (Req. 13 déc. 1852, aff. Comp. *La Ligérienne-Tourangelle*, D. P. 52. 1. 332; 7 avr. 1862, aff. Chemins de fer de Paris à Lyon, D. P. 63. 1. 167).

31. Les cahiers des charges annexés aux lois et décrets de concession de chemin de fer ont, au contraire, force de loi pour et contre les compagnies concessionnaires relativement aux conditions des transports qui leur sont confiés. De même, les tarifs des chemins de fer, revêtus de l'approbation ministérielle, ont force législative et sont, par conséquent, obligatoires aussi pour et contre les compagnies, sans qu'il soit permis ni aux compagnies ni aux tiers traitant avec elles d'y déroger par des conventions particulières (V. *infrà*, v° *Voirie par chemin de fer*; — *Rép.* eod. v°, n° 303).

32. Il en est des décrets ayant le caractère législatif comme des lois proprement dites; ils ne peuvent être modifiés par de simples décrets; c'est ainsi qu'une loi a été jugée nécessaire pour modifier l'art. 7 du décret du 25 mars 1852, qui déclarait que les dispositions de ce décret ne s'appliquaient pas au département de la Seine; le Gouvernement crut avoir le droit de supprimer cette exception par un simple décret, mais, la constitutionnalité de ce décret ayant été attaquée devant le Sénat, il fallut trancher la question législativement, ce qui fit l'objet de l'art. 13 de la loi du 18 juill. 1866 (D. P. 66. 4. 108) et de l'art. 17 de la loi du 24 juill. 1867 (D. P. 67. 4. 89).

ART. 4. — *Des traités* (*Rép.* n°s 90 à 98).

33. Ainsi qu'on l'a dit au *Rép.* n° 90, les traités sont des conventions entre souverains, qui règlent les relations réciproques de deux ou plusieurs Etats. La plupart des questions qui se rapportent à cette matière ne doivent pas trouver leur place ici; les unes ont été examinées précédemment (V. *suprà*, v° *Droit naturel et des gens*, n°s 108 et suiv.; — *Rép.* eod. v°, n°s 178 à 200); les autres sont résolues dans l'étude particulière qui sera consacrée à ce sujet (V. *infrà*, v° *Traité international*). On examinera seulement à qui appartient le droit de faire des traités.

34. Sous la constitution impériale et depuis le sénatus-consulte du 30 déc. 1852, ce pouvoir appartenait au chef de l'Etat, qui pouvait faire toute espèce de traités et régler, sans l'assentiment des Chambres, les questions de tarifs, même dans les traités de commerce (*Rép.* n° 90). Cette règle fut modifiée par le sénatus-consulte du 8 sept. 1869 (D. P. 69. 4. 60), destiné à rétablir en France le régime parlementaire. L'art. 10 déclara que les modifications à apporter aux tarifs douaniers et postaux, par des traités internationaux, ne pourraient à l'avenir avoir force obligatoire qu'en vertu d'une loi. La constitution actuellement en vigueur dispose, en termes beaucoup plus généraux, que les traités de paix, de commerce, les traités qui engagent les finances de l'Etat, ceux qui sont relatifs à l'état des personnes et au droit de propriété des Français à l'étranger, ne sont définitifs qu'après avoir été votés par les deux Chambres (L. 16 juill. 1875, art. 8, D. P. 75. 4. 114).

Malgré les termes formels de cette disposition de la loi constitutionnelle, il est arrivé plusieurs fois que des traités ayant pour objet de placer certains pays peu importants, notamment de la côte d'Afrique, sous le protectorat de la France, et stipulant entre les parties des obligations pécuniaires réciproques, en particulier, des indemnités à payer en échange de droits de douane abandonnés en notre faveur par les chefs indigènes, ont été consentis sans l'intervention des Chambres. C'est ainsi que les choses se sont passées au Sénégal, dans un grand nombre de cas, lors des arrangements conclus avec les rois nègres du pays, qui sont inscrits au budget de la colonie pour des rentes annuelles variant de 500 à 5000 fr., sans que les Chambres aient ratifié ces conventions. — Tout récemment, cette pratique administrative a donné lieu, dans le Parlement, à des débats très vifs, à l'occasion de l'arrangement conclu le 3 oct. 1890 avec le roi du Dahomey. Cet arrangement confirme tous les traités antérieurs intervenus entre la France et ce pays; il établit, en outre, notre protectorat sur Porto-Novo, nous concède la perception des droits de douane dans le port de Kotonou, et contient enfin une disposition ainsi conçue : « A titre de compensation pour l'occupation de Kotonou, il sera versé annuellement par la France une somme qui ne pourra, en aucun cas, dépasser 20 000 fr. ». Le Gouvernement soumit le traité, le 21 nov. 1890, à la Chambre des députés (*Journ. off.* annexe 1023, p. 431). Après un rapport de M. de Lanessan, déposé le 24 févr. 1891 (*Journ. off.*, doc. de la Chambre, annexe 1235, p. 608), une longue discussion s'engagea dans la séance du 28 nov. 1891 (Déb. parl. de la Chambre, p. 2328) sur les avantages et les inconvénients de l'arrangement conclu par le ministre; mais la Chambre, sans examiner la question de droit constitutionnel qui se posait dans cette hypothèse, se borna à refuser sa ratification par un vote ainsi formulé : « La Chambre est d'avis qu'il n'y a pas lieu de ratifier par une loi l'arrangement conclu le 3 oct. 1890 avec le Dahomey et laisse au Gouvernement le soin de donner à cet acte la sanction la plus conforme aux intérêts de la France dans le golfe de Bénin ». La discussion qui aboutit à ce vote laisse entrevoir que la Chambre n'a pas voulu lier le pays par les solennités d'une ratification législative vis-à-vis d'un souverain dont les promesses n'offraient pas les garanties nécessaires. Il n'y a pas lieu d'apprécier ici ce motif, qui est exclusivement de fait; mais, au point de vue du droit, il paraît indiscutable, eu égard aux termes de l'art. 8 de la loi du 16 juill. 1875, que la ratification des Chambres était, malgré l'incertitude de la doctrine émise sur ce point par le ministre, une condition nécessaire de la validité du traité. La circonstance que la rente de 20 000 fr. devait être payée sur le montant des droits de douane à percevoir dans le pays et n'était pas, par suite, destinée à figurer parmi les charges du budget de la métropole, à supposer qu'elle fût exacte, ce qui est contestable en présence des termes de la convention, ne paraît pas de nature à changer la solution. Il convient de remarquer que le précédent traité conclu en 1878 avec le roi Glélé, père de Behanzin, le souverain actuel du Dahomey, n'avait pas été soumis non plus à la sanction des Chambres; il n'imposait pas, d'ailleurs, à la France les mêmes obligations que l'arrangement du 3 oct. 1890.

35. Il est à remarquer que les traités d'alliance ne figurent pas au nombre de ceux qui doivent être soumis à la sanction du Parlement; il en résulte que cette sanction n'est exigée pour des traités de cette nature qu'autant qu'ils engagent les finances de l'Etat. C'est ainsi que le traité de Berlin, du 13 juill. 1878, qui avait pour objet le règlement des questions soulevées en Orient, a été ratifié par le président de la République pendant la prorogation des Chambres et promulgué par décret du 5 sept. 1878 (D. P. 78. 4. 101).

36. Bien que la constitution impériale ne s'expliquât pas sur ce point, nous avions considéré comme un principe de droit public français l'interdiction faite au chef de l'Etat de céder aucune portion du territoire (*Rép.* n° 95). Cette règle est formulée expressément dans la loi du 16 juill. 1875 (D. P. 75. 4. 114), dont l'art. 8 porte que nulle cession, nul échange, nulle adjonction de territoire ne peut avoir lieu qu'en vertu d'une loi.

37. Le droit d'approuver ou de rejeter les traités, qui appartient aux Chambres, n'implique pas, d'ailleurs, celui d'imposer à l'avance au Gouvernement les bases sur lesquelles il devra négocier (V. *suprà*, v° *Droit constitutionnel*, n° 84).

Les règlements des deux Chambres déterminent en termes identiques la procédure parlementaire qui doit être suivie pour l'examen des projets de lois par lesquels le Gouvernement demande l'approbation des traités conclus avec les puissances étrangères (V. *suprà*, v° *Droit constitutionnel*, *ibid.*).

38. Les traités régulièrement consentis et promulgués constituent de véritables lois, comme on l'a dit au *Rép.* n° 90, pour les deux pays entre lesquels ils ont été conclus. — Il a été jugé que la capitulation d'Alger du 25 juill. 1830 a le caractère d'une loi (Civ. rej. 29 mai 1865, aff. Lévy, D. P. 65. 1. 482); d'où il résulte que les tribunaux civils qui ont à en faire l'application à des contestations de pur intérêt privé, sont compétents pour l'interpréter.

Les conditions sous lesquelles les traités deviennent obligatoires pour les citoyens sont les mêmes que pour l'exécution des lois, c'est-à-dire la promulgation et la publication.

39. Si, d'après l'opinion généralement admise, les traités qui règlent l'état des personnes sont, non pas annulés, mais simplement suspendus par l'état de guerre, si par la nature même des choses, ils reprennent leur vigueur par le retour à la paix (*Rép.* v[is] *Lois*, n° 98, et *Traité international*, n° 182), il en est autrement des traités de commerce : l'état de guerre a pour effet, entre les nations belligérantes d'abroger sans retour, et non pas seulement de suspendre, les conventions de commerce antérieurement conclues, en sorte que la remise en vigueur de ces conventions, loin d'être la conséquence nécessaire du rétablissement de la paix, ne peut résulter que de l'expression à nouveau de la volonté des gouvernements (Crim. rej. 23 déc. 1854, aff. Featherstonhaugh, D. P. 59. 1. 185). Ce principe a été appliqué, notamment, dans le traité de paix entre la France et l'Allemagne, ratifié par la loi du 18 mai 1871, art. 11 (D. P. 71. 4. 25).

ART. 5. — *Des lois canoniques* (*Rép.* n° 99).

40. Les difficultés concernant l'autorité que peut encore avoir en France le droit canon ont été exposées *suprà*, v° *Culte*; — *Rép.* eod. v°. On ne reviendra pas ici sur cette matière si ce n'est pour rappeler les vives controverses qui se sont élevées, encore à notre époque, sur la nature des concordats (V. *suprà*, v° *Culte*, n°s 215 et suiv.) et la valeur légale des canons de l'Eglise relativement aux prêtres catholiques (*suprà*, eod. v°, n°s 60 et suiv.). Ainsi qu'on l'a vu *ibid*, n° 60, la question de savoir si l'engagement dans les ordres sacrés constitue un empêchement de mariage reconnu par la loi civile a conduit en dernier lieu la jurisprudence à poser ce principe général, que le concordat ne contient, à la charge du Gouvernement français, aucun engagement de rendre la sanction du droit civil aux prescriptions ou aux interdictions canoniques, que les lois révolutionnaires avaient expressément abrogées ; et que l'obligation imposée au clergé, par les articles organiques, de se maintenir dans les règles consacrées par les canons reçus en France, n'a pas pour corrélation l'engagement, par l'Etat, de faire respecter ces règles dans l'ordre civil (V. Civ. rej. 25 janv. 1888, aff. Houpin, D. P. 88. 1. 97. V. aussi le rapport de M. le conseiller Merville, les conclusions conformes de M. le procureur général Ronjat et les nombreuses autorités citées dans la jurisprudence et dans la doctrine (*suprà*, *loc. cit.*).

ART. 6. — *Des lois émanées d'un gouvernement étranger* (*Rép.* n°s 100 à 111).

41. Ces lois sont obligatoires en France dans plusieurs cas, soit que les traités ou d'autres parties de notre législation leur attribuent expressément cette autorité, soit qu'elles aient pour objet la capacité d'étrangers résidant sur le territoire français, soit enfin par l'effet de la conquête (*Rép.* n° 100). Cette dernière hypothèse, la seule qui ait été rattachée à notre matière dans le *Répertoire*, donne lieu à une série de questions qui appartiennent au droit des gens; aussi a-t-on cru devoir les faire rentrer sous ce mot. Il y a donc lieu de se référer aux solutions données *suprà*, v° *Droit naturel et des gens*, n°s 82 à 94 en ce qui concerne les caractères de l'occupation proprement dite, qu'il ne faut pas confondre avec la conquête, et ses effets, d'une part, quant aux personnes, d'autre part, quant aux biens soit de l'Etat, soit des particuliers.

L'une des conséquences du principe que l'on a posé sur les caractères de l'occupation, c'est qu'elle laisse subsister, en général, la législation du territoire envahi, l'ennemi pouvant seulement, comme exerçant une autorité de fait, prendre certains arrêtés motivés par la nécessité de pourvoir à son existence et à sa sureté (*suprà*, eod. v°, n° 84). L'occupation, qui a simplement pour objet de faciliter les opérations de guerre et de pourvoir à la sécurité des armées de l'envahisseur, peut bien entraîner une suspension de l'action de l'administration locale et même de la justice, mais non de l'autorité de la loi. En ce sens, il a été jugé que les départements occupés, à titre provisoire, par les troupes allemandes, notamment durant la négociation du traité de paix avec l'Allemagne, n'ont pas cessé, spécialement en ce qui concerne l'application des lois de douane, de faire partie du territoire français et d'être régis par la loi française; et cela, même pendant la période de temps durant laquelle l'autorité allemande a procédé, à son profit, à la perception des impôts; que, par suite, la publication préalable d'un avertissement officiel du rétablissement du service de la douane française n'a pas été nécessaire pour justifier la poursuite d'un fait d'introduction de marchandises étrangères effectué en contravention aux lois de douane, dans un département occupé, encore bien que, par l'effet de la tolérance de l'autorité allemande ou de l'impossibilité des agents français de continuer leur service, l'introduction de marchandises semblables eût pu être impunément pratiquée pendant une partie du la durée de l'occupation (Metz, siégeant à Mézières, 29 juill. 1871, aff. Meulemester et Brabant, D. P. 71. 2. 132). — Jugé, de même, que l'occupation d'un département par des troupes ennemies n'a pas pour effet de faire perdre leur empire aux lois civiles et pénales de la France, qui demeurent obligatoires pour les sujets français, sous les sanctions qu'elles édictent, tant qu'elles n'ont pas été l'objet d'abrogations expresses et spéciales commandées par les exigences de la guerre; qu'il en est ainsi, notamment, des lois forestières; en sorte que, dût-on admettre que le droit qu'a l'ennemi, d'après les lois de la guerre, de percevoir les revenus publics dans le territoire occupé, comprend celui de s'emparer des produits des forêts domaniales, le fait, d'un sujet français, de s'être rendu adjudicataire d'une coupe mise en vente à son profit par l'ennemi et de l'avoir exploitée sans autorisation de l'Administration française, n'en constitue pas moins un délit forestier (Nancy, 27 août 1872, aff. Guérin, D. P. 72. 2. 185).

Cette jurisprudence est en harmonie avec le décret du gouvernement de la Défense nationale du 9 févr. 1871, qui, en modifiant les délais de la prescription des délits forestiers dans les départements occupés, a proclamé implicitement que les lois forestières de la France n'ont pas cessé d'y être obligatoires pour les sujets français. Elle s'accorde également avec l'opinion généralement admise, même en Allemagne, par les auteurs qui se sont préoccupés de définir les effets de l'occupation d'un territoire par une armée ennemie. — Voici, notamment, comment s'explique sur ce sujet le jurisconsulte allemand

Bluntschli, dans son *Droit international* codifié : « La conquête temporaire, le fait de mettre un territoire sous la domination physique du vainqueur, n'a pas le pouvoir de créer un droit nouveau. On irait trop loin en admettant que l'occupation du territoire par l'ennemi entraîne la suspension de tout droit public et privé du pays occupé; ce droit continue à subsister pour autant qu'il n'est pas incompatible avec l'ordre de faits amenés par la guerre et n'a pas été expressément abrogé ou suspendu par les autorités militaires, qui doivent, jusqu'au règlement définitif des questions politiques pendantes, n'abroger le droit existant que si des motifs pressants les y contraignent. Le pouvoir militaire provisoire et exceptionnel n'a pas pour mission de modifier les lois du pays. La juridiction civile et pénale suit son cours régulier sur tous les points où les lois militaires n'ont pas modifié la loi existante » (V. une décision semblable de la cour de Nancy, également du 3 août 1872, mentionnée *suprà* v° *Droit naturel et des gens*, n° 88. Comp. Morin *Les lois relatives à la guerre*, t. 1, p. 470, et t. 2, p. 384 et 386; de Martens, édit. Vergé, t. 2, § 280, ainsi que les observations de M. Vergé et celles de Pinheiro-Ferreira qui y sont reproduites).

42. En dehors des arrêtés que l'envahisseur peut prendre pour sa propre sûreté et qu'il fait exécuter, le cas échéant, par les tribunaux militaires, celui-ci peut faire encore certains actes de souveraineté, sous forme réglementaire, en vue de pourvoir à des besoins d'utilité publique. La question de savoir quel est le sort de ces règlements, lorsque le pays cesse d'être occupé est résolue généralement par une distinction. Si l'acte émané de l'envahisseur est nécessaire, ou au moins opportun, et dans l'intérêt bien entendu du pays conquis, tel, en un mot, que le gouvernement légitime de ce pays pourrait être présumé y avoir donné son assentiment, cet acte survit à l'occupation avec tous les effets utiles qu'il a pu produire dans le passé ou qu'il produira dans l'avenir; si, au contraire, ce n'est qu'un acte arbitraire d'oppression et de tyrannie, il est sans valeur et disparaît *ipso facto* par le rétablissement de l'autorité légitime (Vattel, *Droit des gens*, éd. Pradier-Fodéré, liv. 3, ch. 14, § 204; Heffter, *Droit international public*, éd. Geffcken, § 187 et suiv.).

Ces principes ont été appliqués, notamment, aux actes émanés des autorités étrangères au pouvoir desquelles se sont trouvées les colonies françaises, à diverses reprises, pendant les guerres du commencement de ce siècle (*Rép.* v° *Organisation des colonies*, n° 34). Il a été jugé, notamment, que les arrêtés des gouverneurs anglais de la Guadeloupe, des 3 mars 1810 et 14 août 1811, qui ont fondé le bureau de bienfaisance de la Pointe-à-Pitre et lui ont conféré la qualité d'établissement d'utilité publique, sont restés en vigueur après le retour de cette colonie sous la domination française; qu'en conséquence, ledit bureau de bienfaisance est capable de recevoir, avec l'autorisation du Gouvernement, les legs qui lui sont faits (Req. 6 janv. 1873, aff. Beuvarlet, D. P. 73. 1. 115. V. rapport de M. le conseiller Dagallier, *ibid.*).

43. Sauf ces cas, même s'il s'agit d'une occupation ayant le caractère d'une conquête, les pays occupés ne passent définitivement sous l'empire des lois de l'envahisseur qu'à partir du traité qui consacre l'abandon de ces pays au conquérant, en sorte que, lorsque le pays occupé rentre, à la paix, sous l'autorité de son légitime souverain, la domination de celui-ci est réputée, par l'effet rétroactif du traité, n'avoir jamais été interrompue (V. Civ. cass. 7 août 1843, *Rép.* n° 164).

Il a même été décidé qu'un pays ne change pas de législation par cela seul qu'il se trouve placé, par l'effet de la conquête, sous l'autorité d'un nouveau souverain, et que, par conséquent, la législation à laquelle il était soumis auparavant continue de le régir tant qu'elle n'a pas été abrogée par le nouveau gouvernement. Jugé, notamment, que les lois françaises en vigueur dans l'Alsace-Lorraine avant l'annexion de ces provinces à l'Allemagne, ont continué à y être applicables tant qu'elles n'ont pas été formellement abrogées; qu'en particulier, aucune loi n'ayant encore abrogé dans l'Alsace-Lorraine le décret du Gouvernement français qui a établi le cours forcé des billets de la banque de France, un débiteur a pu valablement s'y libérer au moyen de cette monnaie légale (Trib. comm. de Strasbourg, 10 oct. 1871, aff. Banque *Union allemande C.* Lévy. Comp. *Rép.* n° 102-1°).

44. Il ne faut pas, d'ailleurs, confondre les actes émanés d'un souverain étranger qui a conquis ou occupe militairement un territoire avec ceux qu'édictent les chefs d'une insurrection. Cette dernière hypothèse, que nous avions prévue au *Rép.* n°s 102, 110 et suiv., n'est pas régie par les mêmes principes; le sort de ces actes dépourvus de tout caractère obligatoire en eux-mêmes, dépend entièrement de la volonté du souverain légitime, qui peut, après son rétablissement, les annuler ou les valider suivant ce qu'exige l'intérêt public (Grotius, *Droit de la guerre et de la paix*, trad. de Pradier-Fodéré, t. 1, p. 330; Puffendorff, *Droit de la nature et des gens*, liv. 8, ch. 12, § 2 et 3). Jugé, conformément à ce principe, que le gouvernement légal qui triomphe d'une insurrection est seul investi du droit de reconnaître ou d'annuler, autant qu'il le jugera utile pour le bien public, les actes accomplis par les insurgés, et que, l'Assemblée nationale ayant proclamé, par des actes publics, la nullité des actes émanés des agents de la Commune, et spécialement, de ceux relatifs à la perception des impôts (*Journ. off.* du 22 mars et du 11 avr. 1871), les contribuables n'ont pu puiser aucun droit dans ces actes (Civ. cass. 27 nov. 1872, 1re espèce, aff. Crédit foncier; 2e espèce, aff. Comp. de chemin de fer de Paris à Orléans, D. P. 73. 1. 203).

ART. 7. — *De l'usage* (*Rép.* n° 112 à 121).

45. Sous cette dénomination, nous comprenons, comme au *Rép.*, les règles introduites par les mœurs et la tradition, mais non rédigées par écrit, par opposition aux coutumes proprement dites.

L'usage doit-il être compris au nombre des actes qui ont l'autorité de la loi? On s'accorde à reconnaître que l'usage ne peut jamais être invoqué en matière criminelle, soit pour caractériser un délit, soit pour déterminer la nature de la peine (*Rép.* n° 112). — En matière civile, les auteurs distinguent. Les usages auxquels le législateur renvoie formellement ont la même force que la loi, dont ils forment une partie intégrante; on peut citer comme exemples les cas prévus par les art. 593, 663, 671, 674, 1135, 1159, 1160, 1648, 1736, 1748, 1753, 1754, 1757, 1758, 1759, 1762 et 1777.

Dans les différents cas spécifiés par les textes renvoyant aux usages, la violation d'un usage donnerait ouverture à cassation (Demolombe, t. 1, p. 36, n° 32 ; Zachariae, Massé et Vergé, t. 1, § 22, p. 28; Aubry et Rau, t. 1, § 23, p. 43; Baudry-Lacantinerie, *Précis de droit international*, t. 1, p. 28; Bigne de Villeneuve, *Eléments de droit civil*, t. 1, p. 49. Comp. *suprà*, v° *Cassation*, n°s 290 et suiv.). — Il a été jugé que la disposition de l'art. 671 c. civ., qui renvoie aux règlements et aux usages locaux en ce qui concerne la distance à observer pour la plantation des arbres, n'est applicable que pour la détermination de la distance quant aux arbres de haute tige, et ne permet pas de décider par l'usage la question de savoir si les arbres qui, de leur nature, sont de haute tige, peuvent être considérés comme de basse tige, lorsqu'ils sont coupés ou recepés périodiquement (Req. 9 mars 1853, aff. Deschamps, D. P. 53. 1. 201 ; Ch. réun. cass., 25 mai 1853, aff. Berrault, D. P. 53. 1. 200; Comp. Vaudoré, *Répertoire de droit civil*, v° *Plantation*, n°s 29 et suiv. ; Bourguignat, *Traité de droit rural*, n° 318, p. 100).

46. Les usages qui ne sont pas confirmés par la loi, mais qui n'y sont pas contraires n'ont pas force de loi proprement dite. Ils ne peuvent donc ni la compléter, ni la suppléer, ils ne constituent que des éléments d'interprétation soit de la loi elle-même soit de la volonté des parties dans les matières d'intérêt privé. L'opinion contraire, fondée sur l'assentiment tacite de la puissance publique, et qui comptait un certain nombre de partisans à l'époque de la publication du *Répertoire* (*Adde* : Merlin, *Répertoire*, v° *Appel*, sect. 1, § 5; Trolley, *Droit administratif*, t. 1, p. 21), est définitivement repoussée aujourd'hui ; on la considère comme contraire aux nouveaux principes sur lesquels repose notre droit constitutionnel. Ainsi la volonté nationale, qui fait la loi, ne peut se manifester que suivant les conditions déterminées par la constitution; or ces conditions impliquent l'observation de certaines formes en dehors desquelles l'usage s'établit ; celui-ci ne peut donc être invoqué que pour l'interprétation de la loi, et encore, même restreint à cet objet, n'a-t-il que la valeur d'une autorité morale (V. auteurs précités). — C'est avec ce caractère que l'usage a été appliqué dans une espèce où il s'agissait de savoir si l'adopté a le droit de joindre à son nom celui de l'adoptant, accompagné de ses titres nobiliaires. Le tribunal de la Seine a décidé que, s'il est douteux que l'adoption, dont les effets sont loin d'être aussi étendus que ceux de la filiation légitime, emporte transmission des distinctions honorifiques, néanmoins l'usage, qu'il y a lieu de consulter en cette matière spéciale, paraît accorder cet effet à l'adoption, surtout lorsque la volonté formelle de l'adoptant a été de transmettre son titre (Trib. Seine, 13 févr. 1891, aff. Clery-Bretonneau, *Gazette des tribunaux* du 28 févr. 1891).

Quant aux usages contraires à la loi, à plus forte raison n'ont-ils pas force obligatoire ; ce dernier point, du reste, sur lequel nous reviendrons, se rattache à la matière de l'abrogation de la loi.

47. La règle que l'usage ne peut pas être invoqué, même dans le silence de la loi, reçoit exception en matière commerciale ; il est admis que les usages du commerce ont force obligatoire pour tous les points sur lesquels le législateur ne s'est pas expliqué. Cependant, même en matière commerciale, le juge ne pourrait pas s'appuyer sur un usage pour méconnaître les effets que la loi attache à une convention dûment constatée (Civ. cass. 26 mai 1868, aff. Frères Saint, D. P. 68. 1. 471). Spécialement, bien que, d'après l'usage d'un port (dans l'espèce, le port de Dunkerque), les grains venus de l'étranger vendus et mis en bateaux cessent d'être aux risques du vendeur dès qu'ils ont été reconnus et acceptés par l'acheteur, le vendeur n'en reste pas moins responsable, par application des règles du contrat de vente, des vices cachés qui, existant au moment de la remise de ces grains à l'acheteur, en ont amené la détérioration après leur sortie du navire (Req. 30 déc. 1879, aff. Leconte-Dupond, D. P. 80. 1. 108. Conf. Lyon-Caen et Renault, *Précis de droit commercial*, n° 51 ; P. Pont, *Sociétés civiles et commerciales*, t. 2, nos 804 et suiv.).

D'ailleurs, l'usage d'une place de commerce n'est point obligatoire pour une partie étrangère à la localité, lorsque cet usage n'a pas été porté à sa connaissance. Il en est ainsi, notamment, de l'usage qui autoriserait à vendre, comme farine de seigle bonne ordinaire, un mélange de farine de seigle et de farine de froment de troisième qualité (Lyon, 26 janv. 1869, aff. Tarcher, D. P. 74. 5. 538, note).

48. On a indiqué au *Rép.* n° 115 les conditions que l'usage doit réunir pour avoir autorité. « Un usage ne doit être considéré comme existant et obligatoire, disent à ce point de vue MM. Aubry et Rau (t. 1, § 25, p. 44), qu'autant que la pratique ou la façon d'agir qui le constitue est, d'après l'opinion commune, le résultat d'une nécessité juridique (*opinio juris vel necessitatis*). Il faut, de plus, que les faits invoqués pour en établir l'existence soient multiples et uniformes, et qu'ils se soient produits, pendant un certain laps de temps, d'une manière non clandestine et sans désapprobation expresse ou tacite du législateur » (Comp. sur ces différents points : Merlin, *Répertoire* v° *Usage*, § 1er, n° 3 ; Zachariæ, Massé et Vergé, t. 1, § 22, p. 28, Pardessus, *Des servitudes*, t. 2, p. 340 ; Amiens, 21 déc. 1821, *Rép.* v° *Servitude*, n° 641 ; Colmar, 26 nov. 1836 et Req. 9 avr. 1838, *Rép.*, v° *Forêts*, n° 1819 ; Civ. cass. 12 févr. 1861, aff. Leduc, D. P. 61. 1. 120).

49. C'est à la partie qui invoque l'usage à en prouver l'existence. On a dit au *Rép.* n° 117, que la preuve d'un usage ne peut plus se faire aujourd'hui au moyen d'actes de notoriété. — On a soutenu cependant que les magistrats devant lesquels l'une des parties allègue l'existence d'un usage peuvent, sans instruction préalable, trancher la question d'après la notoriété judiciaire, c'est-à-dire d'après la connaissance qu'ils ont personnellement acquise, en qualité de juges, des faits dont on prétend faire résulter l'usage dont il s'agit; mais cette opinion, condamnée déjà par nos anciens auteurs (Loisel, *Institutes coutumières*, liv. 5, tit. 2. règl. 11 et 13 ; Jousse, sur l'art. 1, t. 13, de l'ordonnance de 1667) n'a jamais triomphé en France. Outre qu'il n'existe aucun motif pour dispenser le juge d'ordonner la preuve de l'usage contesté, disent avec raison MM. Aubry et Rau (t. 8, § 749, p. 152, note 4), le caractère variable de l'usage ne permet pas de s'en tenir exclusivement, pour sa constatation, à la notoriété résultant des précédents judiciaires qui pourraient remonter à des époques plus ou moins reculées (Demolombe, t. 29, nos 184 et 185). Jugé que l'ancien usage, consistant à prouver par des actes de notoriété les points ou l'existence d'une coutume qui étaient contestés, a été abrogé par la promulgation du code de procédure civile (Pau, 26 févr. 1890, aff. de Bodosquier, D. P. 91. 2. 115. Comp. Montpellier, 6 févr. 1849, aff. Dalbusquié, D. P. 49. 2. 122).

Les seuls modes de preuve qui puissent être employés sont ceux du droit commun. La preuve de l'usage peut d'ailleurs se faire par témoins (Aubry et Rau, *eod. loc.* ; Demolombe, t. 11, p. 491 ; Bourges, 16 nov. 1830, et Poitiers, 7 janv. 1834, *Rép.* v° *Servitude*, n° 638).

50. Les usage commerciaux peuvent aussi se prouver par des *parères* ou avis de négociant ; mais, comme nous l'avons fait remarquer (*Rép.* n° 118), ces attestations n'obligent pas le juge.

51. Du reste, la question de savoir s'il existe un usage sur tel ou tel point de droit, et quelle est la règle admise par l'usage, est abandonnée à l'appréciation des tribunaux dont les décisions, en pareille matière, ne sont pas soumises à la cour de cassation (V. Aubry et Rau, t. 1, § 25, p. 44). Jugé, en ce sens, que la constatation, en l'absence d'un statut écrit, d'un usage local qui considère comme une vente le fait, de la part d'un membre d'une société fromagère, de livrer à cette société du lait pour être réduit en fromage, est souveraine (Civ. rej. 5 janv. 1855, aff. Benoît, D. P. 55. 1. 85).

Le vœu que nous avions exprimé au *Rép.* n° 114, de voir recueillir et fixer par écrit les usages locaux et règlements particuliers, a reçu aujourd'hui un commencement d'exécution. La loi du 13 juin 1866 (D. P. 66. 4. 67) a régularisé un grand nombre d'usages commerciaux. En outre, de nombreux usages relatifs au droit civil se trouvent aujourd'hui codifiés et transformés en dispositions législatives par suite du vote de différentes lois appartenant au code rural. La promulgation, probablement prochaine, des derniers textes de ce nouveau code, dont les travaux préparatoires remontent à la fin du Second Empire, comblera presque entièrement l'importante lacune que nous avions signalée.

52. Il a été fait abstraction, dans les observations qui précèdent, des anciens usages antérieurs à la promulgation de nos codes, et qui se trouvent atteints par l'abrogation générale embrassant tout l'ancien droit (*Rép.* n° 119). Jugé que les anciens usages contraires au code civil ne sont obligatoires, pour les parties qui ont traité sous ce code, qu'autant qu'elles s'y sont référées dans leurs conventions et leur ont ainsi donné la valeur d'une stipulation conventionnelle ; qu'on dirait vainement que, ces usages étant constamment suivis dans la localité où la convention a été passée, les contractants sont réputés s'y être conformés (Civ. cass. 12 nov. 1856, aff. Dufau, D. P. 56. 1. 398).

Toutefois, les anciens usages subsistent dans certaines matières pour lesquelles le législateur a maintenu exceptionnellement leur autorité. Il en est ainsi, notamment, dans les matières concernant le régime des eaux et la voirie. Jugé, en ce sens, que le préfet ne peut fixer la répartition des eaux d'une rivière non navigable, entre les usiniers et les arrosants, qu'en se conformant aux anciens usages locaux ou règlements (Cons. d'Et. 26 août 1867, aff. Bardot, D. P. 69. 3. 63 ; 18 mars 1868, aff. Rival, D. P. 69. 3. 38 ; 26 janv. 1877, aff. Fritsch D. P. 77. 3. 44 ; 26 déc. 1879, aff. Minarie, D. P. 80. 3. 50 ; 2 févr. 1883, aff. Latil, D. P. 84. 3. 94). — Jugé, de même, que les anciens usages qui mettent dans une ville le premier pavage des rues à la charge des riverains sont applicables aux territoires annexés à cette ville (Cons. d'Et. 10 févr. 1865, aff. Bayeux, et 22 août 1868, aff. Basquin, cités en note, D. P. 72. 3. 36 ; 29 déc. 1870, aff. Duval, D. P. 72. 3. 36 ; 14 nov. 1879, aff. Comp. de l'Entreprise des magasins généraux, D. P. 80. 3. 29 ; 27 avr. 1883, aff. Platier, D. P. 83. 3. 123). — V. *infrà*, v° *Voirie par terre*.

53. En ce qui concerne les effets de l'erreur commune et la portée de la maxime : *Error communis facit jus*, V. *Rép.* n° 121 ; *suprà*, v° *Dispositions entre vifs et testamentaires*, n° 770; — *Rép.* eod. v° n°s 3211 et suiv.; *infrà*, v° *Obligation;* — *Rép.* eod. v° n°s 3059 et suiv.

CHAP. 3. — De la sanction, de la promulgation et de la publication des lois; et de quelle époque elles sont obligatoires (*Rép.* n°s 122 à 181).

54. On réunit sous ce titre trois mots qui ont une signification très différente, bien qu'on continue à les confondre encore souvent aujourd'hui, les deux derniers du moins, même dans les textes législatifs les plus récents; aussi est-il nécessaire d'en préciser à nouveau le sens exact.

La *sanction* est l'adhésion donnée, par le chef de l'Etat, au vote d'une loi par le Parlement; elle constitue essentiellement un acte du pouvoir législatif, se rapportant, par suite, à la formation de la loi, qui reste inachevée et imparfaite tant que cette formalité n'a pas été remplie. — La loi, rendue parfaite par la sanction, devient exécutoire par la *promulgation*, qui est l'acte par lequel le chef de l'Etat atteste au corps social l'existence de la loi et en ordonne l'exécution. Un auteur l'a définie plus simplement « l'acte de naissance de la loi » (Baudry-Lacantinerie, *Précis de droit civil*, t. 1, n° 35, p. 22). — Enfin la *publication* qui ajoute, à la force exécutoire de la loi, la force obligatoire, est, comme on l'a dit au *Rép.* n° 122, le fait qui opère la connaissance de la loi et de sa promulgation.

On ne trouve pas dans toutes les législations la distinction des trois actes que nous venons de définir, c'est ce que l'on constatera en passant en revue les différents systèmes qui sont actuellement en vigueur, relativement à notre matière, chez les peuples étrangers; on examinera ensuite ceux qui ont prévalu en France depuis la promulgation du *Répertoire*.

ART. 1er. — *De la sanction, de la promulgation et de la publication des lois d'après les législations étrangères.*

55. L'étude de ces législations démontre que la sanction est un privilège généralement accordé au chef de l'Etat dans les gouvernements monarchiques et qui ne lui appartient pas, au contraire, sous les constitutions républicaines. Quant à la promulgation et à la publication, elles constituent partout deux formalités nécessaires à l'accomplissement desquelles le caractère de la loi est subordonné; l'*Angleterre* est le seul Etat auquel ne s'applique pas cette observation. Quoique ces deux formalités soient, comme on l'a vu, par leur nature, très distinctes, la terminologie employée pour désigner les différents modes de promulgation et de publication n'est pas partout conforme à cette distinction, sur laquelle règne une certaine confusion à cause de cela. On constate, en outre, que la forme gouvernementale, de laquelle dépend, ainsi que nous l'avons dit tout à l'heure, la nécessité de la sanction, influe aussi beaucoup sur le mode de publication, qui varie suivant qu'il s'agit d'Etats fédératifs ou unitaires et centralisés, la publication s'effectuant au moyen d'un acte unique dans ceux-ci, tandis que, dans ceux-là, elle résulte d'actes multiples et successifs, différence imposée d'ailleurs par la force même des choses.

A raison de la connexité des deux matières, il y a lieu de se reporter *suprà*, v° *Droit constitutionnel*, n°s 23 à 41, pour compléter les explications que nous donnons ici.

56. — I. ALLEMAGNE. — Les divers Etats dont l'ensemble constitue l'Empire d'Allemagne sont régis par un certain nombre de lois uniformes pour les matières réputées *communes* à tout l'Empire. Indépendamment de ces lois générales, chaque Etat est soumis à ses lois particulières pour toutes les matières qui ne rentrent pas dans les affaires communes. Deux assemblées, le *Reichstag* et le *Bundesrath* interviennent, comme on l'a dit *suprà*, v° *Droit constitutionnel*, n° 23), dans la confection des lois communes à tout l'Empire. L'empereur possède un droit de *veto* pour toutes les lois relatives aux impôts, à l'armée et à la marine militaire, en vertu de l'art. 5 de la constitution du 16 avr. 1871. Toutes les lois communes doivent être promulguées et publiées par lui. D'après l'art. 2, la publication se réalise par leur insertion dans le *Bulletin des lois de l'Empire*. S'il n'est pas fixé d'autre point de départ dans la loi publiée, la loi devient obligatoire dans tout l'Empire à compter du quatorzième jour après celui où le numéro du *Bulletin des lois de l'Empire* qui le contient a paru à Berlin (*Ann. de lég. étr.*, 1872, p. 236).

57. Les lois votées par les Chambres ne deviennent parfaites, en Prusse, qu'après la sanction du roi, chargé aussi d'effectuer leur promulgation et leur publication, cette dernière résulte également de leur insertion dans une feuille officielle et de l'expiration d'un délai unique pour tout le royaume (Anthoine de Saint-Joseph, *Concordance entre les codes civils étrangers et le code civil français*, t. 2, p. 207).

Des règles plus ou moins semblables, et ne différant guère que relativement à la longueur du délai à l'expiration duquel la loi acquiert la force obligatoire, sont appliquées dans les autres Etats dépendant de l'Empire d'Allemagne (V. Anthoine de Saint-Joseph, *op. cit.*, t. 2, p. 30, et t. 5, p. 11; Demombynes, *Constitutions européennes*, t. 2, p. 511, 522, 635, 646, 647, 658, 665; Deloynes, *De la publication des lois*, *Revue critique*, 1874, p. 37 et suiv.). Dans quelques-uns de ces Etats, cependant, dont le territoire est relativement peu étendu, les lois deviennent obligatoires aussitôt qu'elles ont été publiées par insertion dans le recueil officiel. Nous citerons comme exemple la Saxe, dont le code civil du 2 janv. 1863, § 1er, porte: « à défaut de dispositions contraires, les lois entrent en vigueur au moment de leur publication » (Deloynes, *op. et loc. cit.*).

58. — II. AUTRICHE-HONGRIE. — Un régime analogue à celui de l'Empire d'Allemagne fonctionne en Autriche-Hongrie. Le pouvoir législatif, pour les affaires communes à l'Empire, appartient, comme on l'a dit *suprà*, v° *Droit constitutionnel*, n° 25) aux délégations et à l'empereur d'Autriche, roi de Hongrie, qui est armé d'un droit de *veto* absolu. Quant aux lois particulières à chacun des deux pays réunis sous l'autorité du même souverain, la sanction de l'empereur d'Autriche est nécessaire pour les lois votées en Autriche, par le *Reichsrath*, qui partage le pouvoir législatif avec l'empereur. De même, le roi de Hongrie a un droit de *veto* absolu sur les lois votées par le parlement transleithan (L. du 21 déc. 1867, du 2 avr. et du 12 mai 1873).

Aux termes de l'art. 3 du code civil autrichien, les lois sont obligatoires immédiatement à partir de leur publication, sans que personne puisse se prévaloir de l'ignorance de la loi (Deloynes, *op. cit.*, p. 44). L'usage était, en Hongrie, de faire la promulgation des lois au sein des deux chambres du Parlement. La loi des 27-31 déc. 1881 a supprimé cette formalité. D'après l'art. 1er de cette loi, toute loi, dès qu'elle a été sanctionnée, est portée à la connaissance du public par l'insertion au *Bulletin des lois*. La date de la sanction royale doit y être indiquée en même temps que le texte de la loi (art. 2). Aux termes de l'art. 4, lorsque la date à laquelle une loi doit entrer en vigueur n'a pas été déterminée dans la loi même, ou que la détermination n'en a pas été confiée au ministère, cette loi devient obligatoire le quinzième jour après sa publication au *Bulletin des lois;* l'indication du jour où le *Bulletin* a été publié est mentionnée à cet effet sur chaque numéro du *Bulletin*. Chaque numéro du *Bulletin* (art. 7) est adressé immédiatement, par les soins de l'Administration, à tous les municipes (*Ann. de lég. étr.* 1882, p. 370).

59. — III. BELGIQUE. — Les lois ne sont parfaites qu'après la sanction du roi; la formule de cette sanction est déterminée par une loi du 28 févr. 1845. L'art. 69 de la constitution belge, en conférant au roi le droit de sanction, ajoute que le roi promulgue aussi les lois. La sanction et la promulgation doivent être publiées avec la loi. L'art. 129 de la constitution porte que les lois ne sont obligatoires qu'après avoir été publiées dans la forme légale. Le mode de publication organisé par l'art. 1er c. civ. a été modifié; le délai gradué suivant les distances a été supprimé. D'après l'art. 2 de la loi du 28 févr. 1845, les lois, immédiatement après leur promulgation, doivent être insérées au *Moniteur* substitué depuis cette époque au *Bulletin des lois*, qui avait l'inconvénient de ne pas paraître tous les jours ni à jour fixe. La publication est consommée, et la loi devient obligatoire dans tout le royaume après un délai fixe de dix jours depuis celui de son insertion au *Moniteur*. On ne compte pas le jour de l'insertion. Ce système d'un délai unique a l'avantage de supprimer les calculs que nécessitait auparavant l'application du délai gradué de l'art. 1er c. civ. Il est, en outre, comme on l'a dit, plus conforme à la nature de la loi; car, puisque la loi « oblige également tous les citoyens, ne faut-il pas qu'elle les oblige tous au même moment » (Laurent, t. 1er, p. 59, n° 20). Le législateur a d'ailleurs le droit de fixer un autre délai à partir duquel la loi obligera tous les citoyens.

60. — IV. Bolivie. — Tout projet de loi sanctionné par les deux Chambres peut être l'objet d'observations de la part du président de la République dans le délai de dix jours à partir de celui où il lui a été remis, mais seulement dans le cas où le ministre du département auquel la loi correspond n'a pas été présent à la discussion. Si le projet n'a pas été l'objet d'observations dans le délai prescrit, il doit être promulgué, et si, pendant ce délai, le Congrès s'est séparé, le président de la République publie dans le *Journal officiel* le message contenant ses observations pour qu'elles soient prises en considération dans la prochaine réunion des Chambres. Les observations de l'exécutif sont adressées à la chambre où le projet a pris son origine, et si celle-ci et l'autre chambre, réunies en Congrès, trouvent ces observations fondées et modifient le projet en conséquence, il est renvoyé à l'exécutif pour être promulgué. Si les deux Chambres déclarent les observations non fondées, à la majorité des deux tiers des membres présents, le président de la République a le devoir de promulguer la loi. S'il s'y refuse, le président du Sénat la promulguera, pour qu'elle ait force de loi (Constitution politique de la Bolivie votée le 14 févr. 1878 et promulguée le 18, sect. 11, art. 70 et 71, *Ann. de lég. étr.*, 1877, p. 764). Ajoutons enfin que, d'après l'art. 72 de la même constitution, lorsqu'il s'agit uniquement de décisions parlementaires de leur compétence, l'approbation des deux Chambres produit ses effets sans la promulgation de l'exécutif; cet acte est accompli par les présidents et les secrétaires.

61. — V. Danemark. — Le roi partage avec les Chambres le droit d'initiative et le pouvoir législatif; les lois ne sont définitives qu'après la sanction du souverain (Loi fondamentale du 7 nov. 1865, sanctionnée le 28 juill. 1866). La loi ne devient obligatoire que par sa publication. Celle-ci, qui s'opérait d'abord par la lecture publique de la loi, faite dans chaque tribunal, et par son inscription immédiate sur un registre public à ce destiné (Deloynes, *op. cit.* p. 41), résulte aujourd'hui, en vertu de la loi du 25 juin 1870, de son insertion au *Bulletin officiel* (*Ann. de lég. étr.*, 1877, p. 607).

62. — VI. Espagne. — D'après la constitution du 30 juin 1876, le droit d'initiative appartient à chacune des deux Chambres et au roi, dont la sanction est nécessaire pour la perfection des lois. Aux termes d'une loi du 28 nov. 1837, les lois deviennent obligatoires dans chaque capitale de province dès qu'elles y sont officiellement publiées, et dans les autres villes de la même province, quatre jours après leur publication au chef-lieu (Deloynes, *op. cit.*, p. 42).

63. — VII. Etats-Unis d'Amérique. — D'après le pacte fédéral (*Rép.* v° *Droit constitutionnel*, n° 76) modifié en 1865, 1868 et 1870 (V. *suprà*, v° *Droit constitutionnel*, n° 28), les lois sont faites par les deux chambres du Congrès qui ont l'une et l'autre le droit d'initiative. Tout projet de loi est, après l'approbation du Congrès, soumis à la signature du président des Etats-Unis. Celui-ci peut, dans les dix jours, opposer son *veto*, c'est-à-dire renvoyer le projet à la chambre qui en a pris l'initiative; cette dernière est tenue d'en délibérer à nouveau. Si elle persiste, à la majorité des deux tiers des voix, dans sa première décision, le projet est transmis à l'autre chambre, qui en délibère à son tour; si elle le maintient aussi par un vote réunissant la majorité des deux tiers des voix, le projet acquiert définitivement force de loi. Tout projet voté par les Chambres a d'ailleurs force législative si le président ne donne pas sa signature ou n'oppose pas son *veto* dans le délai de dix jours (Demombynes, *op. cit.*; t. 2, p. 797).

64. — VIII. Grand-Duché de Luxembourg. — Les propositions de lois émanent du Gouvernement ou de l'initiative parlementaire. Les projets du Gouvernement ne peuvent être soumis au grand-duc, ou présentés à la Chambre qu'après que le conseil d'Etat les a examinés et a donné son avis. En principe, tout projet de loi est soumis à un double vote; un intervalle de trois mois doit s'écouler entre les deux délibérations; toutefois la Chambre a toujours le droit, d'accord avec le conseil d'Etat délibérant en séance publique, de déclarer la loi parfaite après le premier vote. Le grand-duc jouit du droit de sanction et promulgue les lois après qu'il les a approuvées. La publication résulte d'insertions officielles faites dans une feuille spéciale, le *Mémorial du grand-duché de Luxembourg*. Les pouvoirs qui appartiennent au grand-duc peuvent être délégués par lui à son lieutenant-représentant (Constitution du 17 oct. 1868, *Ann. de lég. étr.* 1878, p. 559).

65. — IX. Hollande. — Deux Chambres, dont la seconde a seule l'initiative des lois, concourent avec le roi à l'exercice du pouvoir législatif. Le roi a un droit de *veto* absolu (Hérold, *Etude sur les constitutions*; Rodolphe Dareste, *Etude sur le règlement des chambres néerlandaises*; Laferrière et Batbie, *Les constitutions d'Europe et d'Amérique*, traduction de la loi fondamentale du 30 nov. 1848; *Bulletin de la Société de législation comparée*, 1872, p. 50, et 1876, p. 221; Demombynes, *op. cit.*, t. 1, p. 332). Une loi du 15 mai 1829 décide qu'à défaut de disposition contraire, toute loi sera présumée connue dans tout le royaume vingt jours après sa promulgation au *Journal officiel*. Cette loi consacre donc pour la publication le régime du délai unique, comme en Belgique (Deloynes, *op. cit.*, p. 49).

66. — X. Iles Britanniques. — L'initiative des lois appartient à chacune des deux Chambres concurremment avec le souverain. Les lois doivent être soumises à l'approbation de celui-ci; en fait, la sanction n'est jamais refusée (Demombynes, *op. cit.* t. 1, p. 8). La législation anglaise est la seule qui n'exige pas que la loi soit publiée ni même promulguée pour devenir obligatoire. La loi est parfaite, exécutoire et obligatoire au même instant, par le seul effet de la sanction. Dès ce moment, elle constitue un acte du Parlement. Ce système repose sur la singulière fiction, que chaque Anglais, étant censé avoir concouru à la confection de la loi par l'organe de ses représentants, ne peut pas en ignorer l'existence (Deloynes, *op. cit.* p. 38). La publication immédiate, par les principaux journaux, de tous les bills votés par le Parlement, diminue beaucoup aujourd'hui les dangers de cette fiction légale. D'ailleurs si la force obligatoire de la loi est, en principe, indépendante de toute publication comme de toute promulgation, certaines mesures de publicité rétrospective sont prises par l'Administration; c'est ainsi que tout statut général, local ou même personnel doit être imprimé par l'imprimerie royale pour être porté à la connaissance du public (*Blackstones, Comment on the law of England*, t. 1, p. 185).

67. — XI. Islande. — Les règles sont, en général, les mêmes que dans les autres pays du Nord dont nous venons de parler. Une loi du 7 avr. 1876 a modifié les formes de la promulgation des lois en supprimant aussi la formalité de la lecture publique (*thinglysing*), et en la remplaçant par l'insertion de la loi au *Journal officiel*, après laquelle elle devient obligatoire (*Ann. de lég. étr.*, 1881, p. 545).

68. — XII. Italie. — Les lois sont faites par le roi, le Sénat et la Chambre des députés, qui partagent avec le souverain le droit d'initiative. Le roi a un droit de *veto* absolu sur les projets de lois votés par le Parlement. Ces règles résultent du statut du Piémont du 4 mars 1848, étendu aujourd'hui à toute l'Italie. Quant à la promulgation et à la publication, l'art. 11 du code civil italien est ainsi conçu: « Les lois promulguées par le roi deviennent obligatoires dans tout le royaume le quinzième jour de leur publication, à moins que la loi promulguée n'en dispose autrement. La publication consiste dans l'insertion de la loi au *Recueil officiel des lois et décrets*, et la mention de cette insertion dans la *Gazette officielle* du royaume ». Nous trouvons encore ici le système du délai unique substitué à celui du délai gradué.

69. — XIII. Portugal. — L'initiative des projets de loi appartient au Gouvernement et aux membres de l'une ou de l'autre chambre. Toutefois, la Chambre des députés a seule l'initiative des lois relatives aux impôts et au recrutement de l'armée. Si les votes des deux assemblées législatives ne sont pas d'accord entre eux ou si l'une n'adopte pas les modifications faites par l'autre, les projets de loi sont soumis à une commission mixte composée d'un nombre égal de pairs et députés, et le vote de cette commission sert de base à un nouveau projet de loi. Le roi a la faculté d'accorder ou de refuser sa sanction aux projets de loi qui lui sont présentés; mais il doit faire connaître sa décision pendant les trente jours qui en suivent la présentation (L. 3 mai 1878, *Ann. de lég. étr.* 1879, p. 388).

70. — XIV. République Argentine. — L'art. 2 c. civ., de la République Argentine, obligatoire depuis le 1er janv. 1871, dispose que, faute de désignation spéciale d'un autre délai, la loi est obligatoire, dans la ville où réside le gouvernement national ou provincial, le lendemain de sa publication, et, partout ailleurs, huit jours après sa publication dans la ville capitale de l'Etat ou de la province (Deloynes, *op. cit.*, p. 49).

71. — XV. République du Salvador. — D'après la constitution politique du 4 déc. 1883, l'initiative des lois appartient aux deux Chambres, au président de la République, agissant par l'intermédiaire de ses ministres et à la cour de cassation. Lorsque le pouvoir exécutif voit des inconvénients à sanctionner les projets de loi qui lui sont transmis, il peut, dans les dix jours, les renvoyer à la Chambre dont ils émanent, en indiquant les motifs sur lesquels son refus est fondé. Si, dans le délai susindiqué, il n'a pas exercé cette faculté, ces projets deviennent définitifs et il doit les publier. S'il a, au contraire, renvoyé ce projet, la Chambre peut le prendre de nouveau en considération et le ratifier à la majorité des deux tiers des voix, à charge de le transmettre à l'autre Chambre, pour qu'elle l'adopte aussi à la majorité des deux tiers des voix. Après ce dernier vote confirmant la loi, celle-ci est définitivement transmise au président de la République qui est tenu de la promulguer et de la publier dans le délai de dix jours (Art. 67, 70 et 86 de la constitution, *Ann. de lég. étr.* 1884, p. 919 et suiv.).

72. — XVI. Russie. — Il n'existe pas de parlement en Russie; le pouvoir législatif appartient à l'empereur, qui l'exerce avec le concours de différents conseils recrutés parmi les fonctionnaires (Demombynes, *op. cit.*, t. 1, p. 463). Les lois, qui peuvent être proposées par l'empereur, ou par le Sénat, ou exceptionnellement, en matière religieuse, par le saint synode, ou encore, dans certains cas, par la deuxième section de la chancellerie privée ou les ministres, n'acquièrent leur perfection qu'avec l'approbation du souverain; (art. 51 du *svod;* Demombynes, *op. cit.*, t. 1, p. 466). Elles deviennent obligatoires dans tout l'Empire à partir du jour où la promulgation est effectuée en vertu des ordres de l'empereur. M. Deloynes (*op. cit.*, p. 45) fait remarquer toutefois que certaines mesures doivent être prises pour porter les lois à la connaissance des intéressés. Un système spécial de publicité est organisé dans ce but. « Le Sénat dirigeant est chargé de publier les lois, et dans chaque gouvernement de l'Empire, la publication en est faite par les soins de l'administration gouvernementale ou départementale. Enfin les autorités collégiales ne peuvent appliquer une loi nouvelle qu'à compter du jour où elle leur a été notifiée » (Comp. : Spiridion G. Zézas, *Etudes historiques sur la législation russe ancienne et moderne;* comte Jean Kapnist, *Mode de préparation et de confection des lois*, *Annuaire de la Société de législation comparée*, 1874, p. 422).

73. — XVII. Suède et Norvège. — En Suède, la Diète partage avec le roi le pouvoir législatif et jouit, comme lui, du droit d'initiative. Les projets votés par la Diète sont soumis à l'approbation du roi, qui peut la refuser à la condition de faire connaître à la prochaine session les motifs qui ont déterminé son refus. Le consentement du synode général ou *Kyrkoniöte*, est un acte obligatoire s'il s'agit de lois ecclésiastiques (V. constitution du 6 juin 1809, modifiée par la loi du 22 juin 1866; Demombynes, *op. cit.*, t. 1, p. 87 et suiv.). La promulgation, confondue avec la publication, résulte encore aujourd'hui de la lecture en chaire des documents officiels (*Ann. de lég. étr.*, 1877, p. 607). En Norvège, le droit d'initiative est commun au roi et aux deux chambres qui constituent le *Storthing* ou Parlement (Loi fondamentale des 17 mai et 4 nov. 1814). Le roi n'a qu'un droit de *veto* suspensif. « Lorsqu'un projet de loi a été approuvé, soit successivement par les deux chambres, soit par le *Storthing* réuni, il est présenté au roi ou à la régence afin d'obtenir la sanction du roi. Celui-ci peut opposer son *veto*, et le *Storthing*, alors assemblé, ne peut plus lui présenter la même résolution. Le roi peut encore opposer son *veto* lorsque la résolution lui sera de nouveau présentée par le *Storthing* ordinaire suivant. Mais si le troisième *Storthing* ordinaire persiste et présente encore la même résolution votée par lui sans changement, elle aura force de loi malgré le refus de la sanction royale (Demombynes, *op. cit.*, t. 1, p. 137. V. aussi Batbie, *Droit public et administratif*, 2e éd., t. 3, n° 121; Jules Leclerc, *Notice sur le parlement norvégien*, *Bulletin de la Société de législation comparée*, 1876, p. 270). Jusqu'à ces derniers temps, les lois et décrets se promulguaient en Norvège par proclamation publique (*thinglysing*), conformément à une ancienne coutume qui remonte au moyen âge. Une loi du 1er avr. 1876 a modifié ce système en instituant un *Bulletin des lois* et en disposant que toutes les lois entreront en vigueur dans toute l'étendue du royaume quatre semaines après leur insertion au *Bulletin* (*Ann. de lég. étr.*, 1877, p. 607).

74. — XVIII. Suisse. — Le pouvoir législatif, en matière fédérale, est partagé entre les deux conseils qui constituent l'Assemblée fédérale, et le peuple. Chacun de ces conseils jouit du droit d'initiative, qui appartient aussi, sous certaines conditions, au peuple, investi en outre du privilège du *referendum* (Constitution fédérale du 29 mai 1874; *Ann. de lég. étr.* 1875, p. 445 et suiv.). Aux termes de la loi du 22 déc. 1849, après qu'une loi ou un décret a été voté et adopté par les deux conseils, la chancellerie fédérale pourvoit à l'expédition originale qui est signée par les présidents et secrétaires des deux conseils et communiquée au conseil fédéral pour la publication et la mise à exécution. Les lois, ainsi que les décrets d'une importance générale, sont imprimées dans les trois langues en usage dans le pays et communiquées aux gouvernements cantonaux. Le Conseil fédéral rend les ordonnances nécessaires pour leur mise à exécution. En matière législative, les lois votées par l'Assemblée fédérale, ainsi que les décrets ayant une portée générale sans revêtir cependant un caractère d'urgence, et pour lesquels le *referendum* n'a pas été demandé, sont exécutoires et promulguées seulement après le délai de quatre-vingt-dix jours durant lequel le *referendum* est autorisé. Les décrets spéciaux et urgents, caractères qu'il dépend de l'Assemblée de leur attribuer, sont immédiatement exécutoires (Demombynes, *op. cit.*, t. 1, p. 295 et 297). Ce qu'il y a de particulier dans ce système, c'est que la promulgation est ici précédée d'une première publication destinée à provoquer l'exercice du *referendum.* D'ailleurs les lois et décrets doivent être, après leur promulgation, communiqués aux gouvernements fédéraux.

Les règles adoptées pour la promulgation et la publication des lois cantonales varient avec les différents cantons de la Suisse; nous croyons inutile d'exposer ici ces particularités; bornons-nous à dire que, dans la plupart des cantons, les lois deviennent obligatoires immédiatement après leur publication dans le recueil officiel (Code civil du canton d'Argovie, art. 2; code civil du canton de Lucerne, art. 2; code civil du canton de Soleure, art. 2). Dans quelques autres, cependant, la loi n'acquiert force obligatoire qu'après l'expiration d'un certain délai à partir de l'insertion dans les feuilles administratives. C'est ainsi, par exemple, que, d'après l'art. 2 du code civil du canton du Tessin, qui confond du reste la promulgation avec la publication, la loi est regardée comme promulguée dans tout le canton trois jours après avoir été publiée dans le chef-lieu d'un district et communiquée aux communes (Anthoine de Saint-Joseph, *op. cit.*, t. 4, p. 275; Deloynes, *op. cit.*, p. 48). De même, dans le canton de Neuchâtel, les lois deviennent obligatoires dans tout le canton deux jours après celui de leur publication (Anthoine de Saint-Joseph, *op. cit.*, t. 4, p. 465; Deloynes, *op. cit.*, p. 49).

Tableau chronologique des lois, décrets, etc., sur la promulgation et la publication.

29 oct.-9 nov. 1859. — Décret relatif à l'impression du *Bulletin des lois* (D. P. 59. 4. 93).

4-11 août 1860. — Décret qui fixe la distance légale de Paris à Annecy, chef-lieu du département de la Haute-Savoie (D. P. 60. 4. 132).

21 mai-2 juin 1870. — Décret qui fixe la promulgation des lois (D. P. 70. 4. 43).

15 sept.-5 oct. 1870. — Décret qui substitue le dépôt à la préfecture d'Indre-et-Loire au dépôt légal nécessaire pour la publication des actes officiels (D. P. 70. 4. 111).

1er-19oct. 1870. — Décret créant un *Bulletin des lois* des actes et décrets de la délégation du gouvernement hors de Paris (D. P. 70. 4. 116).

5-11 nov. 1870. — Décret relatif à la promulgation des lois et décrets (D. P. 70. 4. 101).

11-29 nov. 1870. — Décret sur la promulgation des lois et décrets de la délégation du Gouvernement (D. P. 70. 4. 130).

8 févr.-26 mars 1871. — Décret reportant à l'exercice 1871 un reliquat de crédit resté sans emploi au budget du ministère de la justice et ouvrant un nouveau crédit pour la publication du *Bulletin des lois* (D. P. 71. 4. 22).

31 août-3 sept. 1871. — Loi portant que le chef du pouvoir exécutif prendra le titre de président de la République française (art. 2, chargeant le président de la République de promulguer les lois dès qu'elles lui sont transmises par le président de l'Assemblée nationale (D. P. 71. 4. 148).

2-8 sept. 1871. — Décret relatif à la forme de promulgation des lois (D. P. 71. 4. 150).

13-19 mars 1873. — Loi qui règle les attributions des pouvoirs publics et les conditions de la responsabilité ministérielle (art. 2, qui fixe le délai dans lequel les lois doivent être promulguées) (D. P. 73. 4. 29).

11-20 avr. 1873. — Décret qui modifie la forme de promulgation des lois (D. P. 73. 4. 61).

6 mars-7 avr. 1876. — Décret qui élève le chiffre de la distribution gratuite de la partie principale du *Bulletin des lois* (D. P. 76. 4. 94).

6-7 avr.-1876. — Décret qui règle la formule de promulgation des lois (D. P. 76. 4. 94).

24 janv.-24 mars 1884. — Décret qui élève le chiffre de la distribution gratuite de la partie principale du *Bulletin des lois* (D. P. 84. 4. 80).

26 nov. 1886-15 janv. 1887. — Décret portant création d'un *Bulletin officiel du ministère de la guerre*, en remplacement du *Journal militaire officiel* (D. P. 87. 4. 60).

ART. 2. — *De la sanction, de la promulgation et de la publication des lois en France.*

75. Le droit de sanction, qui avait été rétabli au profit de l'empereur par la constitution du 14 janv. 1852, art. 10 (*Rép.* n° 122), n'appartient plus, sous la constitution qui nous régit, au chef de l'État; celui-ci n'intervient dans la formation de la loi que par le droit d'initiative qu'il partage avec les deux Chambres. La loi étant votée par le Parlement, le président de la République est appelé seulement à la promulguer. Toutefois on peut considérer comme un débris du droit de sanction le droit que confère au chef du pouvoir exécutif l'art. 7 de la loi du 16 juill. 1875, aux termes duquel « dans le délai fixé pour la promulgation des lois, le président de la République peut, par un message motivé, demander aux deux Chambres une nouvelle délibération, qui ne peut être refusée ». On a dit *suprà*, v° *Droit constitutionnel*, n° 71, que, dans ce cas, le message motivé, par lequel le chef de l'État provoque une nouvelle délibération, doit être imprimé et distribué; les Chambres se réunissent dans leurs bureaux et nomment une commission, sur le rapport de laquelle la discussion s'engage à nouveau ; si elles maintiennent, après cette nouvelle délibération, leur premier vote, le président est obligé de promulguer la loi. — On rapprochera cette disposition de nos lois constitutionnelles des dispositions de même nature que l'on a constatées dans plusieurs constitutions étrangères d'origine récente, notamment dans celles de la Suède et de la Norvège, des Etats-Unis, de la Bolivie et du Salvador (V. *suprà*, nos 60, 63 et 71). Quoique très différente du droit de sanction, et même du *veto* suspensif proprement dit, cette faculté, sans porter atteinte à la souveraineté des parlements, peut, dans certains cas, empêcher les assemblées de persévérer dans des résolutions violentes, ou dans des mesures insuffisamment méditées, contraires à la fois à l'intérêt public et aux vœux du pays (Règlement du Sénat, art. 76, D. P. 77. 4. 16; règlement de la Chambre des députés, art. 33, D. P. 77. 4. 18).

Il convient aussi de rappeler, dans le même ordre d'idées, que, sous le Second Empire, indépendamment du droit qui lui appartenait de s'opposer à la promulgation des lois dans les cas prévus par l'art. 26 de la constitution, le Sénat fut investi, par un sénatus-consulte du 14 mars 1867, du droit de provoquer par une résolution motivée, avant de se prononcer sur la promulgation d'une loi, une nouvelle délibération du Corps législatif (V. *suprà*, v° *Droit constitutionnel*, n° 9).

76. La disposition contenue dans l'art. 7 de la loi du 16 juill. 1875 peut être invoquée pour confirmer l'opinion qui a été émise *suprà*, v° *Droit constitutionnel*, n° 71, relativement à la question de savoir quelle est aujourd'hui la date de la loi. On a vu que, s'appuyant sur ce que la sanction n'est plus nécessaire, M. Ducrocq a soutenu que la loi doit être considérée comme parfaite dès qu'elle a été votée par les deux Chambres, le rôle du pouvoir législatif étant alors épuisé. En fait, il n'en est pas ainsi; le dernier décret relatif à la forme de la promulgation, celui du 6 avr. 1876 (V. *infrà*, n° 79) n'exige pas que l'acte du président de la République promulguant une loi votée par les Chambres mentionne la date des votes de cette loi, ce qui entraîne cette conséquence, que la seule date que porte la loi est celle de ce décret lui-même. Cette pratique est, d'après l'auteur, en contradiction avec les principes constitutionnels ; puisque le président de la République n'a plus le droit de sanction, la loi est nécessairement complète immédiatement après le dernier vote législatif, qu'il émane de l'une ou de l'autre Chambre. C'est ce qui avait été admis à l'époque de la constitution de 1848, sous l'empire de laquelle la date du dernier vote était indiquée dans le décret de promulgation, qui lui-même ne portait pas de date particulière, afin qu'aucune confusion ne pût se produire relativement à la date de la loi. M. Ducrocq voudrait que l'on revînt à ce régime et que l'on modifiât dans ce but le décret du 6 avr. 1876. — On a répondu à cette argumentation qu'une loi n'est point parfaite tant qu'elle peut être impunément violée, et qu'elle n'a de force coercitive que par la promulgation. Mais, en admettant même que la loi soit scientifiquement et juridiquement parfaite avant d'être exécutoire, il n'est pas absolument exact de dire aujourd'hui que la loi est parfaite dès qu'elle a été votée par celle des deux Chambres qui est appelée à en délibérer la dernière ; cela serait vrai si, comme sous la constitution de 1848, le dernier vote devait être nécessairement suivi de la promulgation. Mais, d'après nos lois constitutionnelles actuelles, le président de la République ayant le droit, avant de promulguer une loi, de provoquer une nouvelle délibération des Chambres, la perfection de la loi reste, après le vote, subordonnée à l'exercice de cette faculté jusqu'au jour où la promulgation a lieu : il est donc exact de dire que la promulgation rend la loi définitive en même temps qu'elle la rend exécutoire. Cette circonstance a échappé aux auteurs qui ont discuté la question ; elle nous paraît déterminante. Tout au plus pourrait-on dire que, lorsque le président de la République a usé du droit qui lui appartient de demander une nouvelle délibération, le vote définitif qui suit cette délibération et qui confirme l'accord des deux Chambres rend la loi parfaite et fixe sa date avant toute promulgation; mais il y aurait un sérieux inconvénient à faire dépendre la date des lois de cette distinction ; le régime actuel, qui donne, dans tous les cas, pour date à la loi celle de la promulgation, nous paraît préférable, à cause de son uniformité qui est très désirable en pareille matière (Comp. Ducrocq, *Revue générale du droit*, 1877, p. 1 et suiv., et *Cours de droit administratif*, 6e éd., t. 1, nos 20, 21, 39, 49 et 190 ; Batbie, *op. cit.*, n° 68 ; *Bulletin de la Société de législation comparée*, 1877, p. 354 ; Demante, *Revue critique*, 1871-1872, p. 129 et suiv.).

77. Comme on l'a vu au *Rép.* n° 127, la constitution de 1848, modifiant sur ce point l'ordonnance de 1816, avait fixé un délai dans lequel la promulgation devait avoir lieu; mais cette utile prescription avait été supprimée par la constitution de 1852 : nos lois constitutionnelles l'ont remise en vigueur. Déjà la loi du 31 août 1871, art. 1 et 2 (D. P. 71. 4. 148), contenait cette disposition : « Le président de la République promulgue les lois *dès qu'elles lui sont transmises* par le président de l'Assemblée nationale ». L'art. 7 de la loi du 16 juill. 1875 est ainsi conçu : « Le président de la République promulgue les lois dans le mois qui suit la transmission, au Gouvernement, de la loi définitivement adoptée. Il doit promulguer dans les trois jours les lois dont la promulgation, par un vote exprès dans l'une et dans l'autre Chambre, aura été déclarée urgente ». On a vu que c'est pendant ce même délai que le président de la République est autorisé à demander aux Chambres une nouvelle délibération. La loi fixe à un mois le délai normal pendant lequel la promulgation doit avoir lieu, et à trois jours le délai spécial au cas de déclaration d'urgence. — Par application de cette dernière règle, le règlement de chaque Chambre porte qu'après le vote d'une loi, la Chambre dont il s'agit, sur la proposition d'un membre, est consultée par le président sur le point de savoir si la loi sera promulguée d'urgence dans les trois jours (Règlement du Sénat, art. 96; règlement de la Chambre des députés, art. 77). Cette déclaration d'urgence ne doit pas être confondue avec celle qui a pour but de simplifier et d'abréger la procédure organisée pour l'examen, la discussion et le vote des projets de loi.

78. On a indiqué au *Rép.* nos 124 et suiv., les différents modes de promulgation et de publication successivement employés depuis l'origine de notre législation jusqu'au décret du 2 déc. 1852, qui était le dernier acte régissant cette matière à l'époque de la rédaction du *Répertoire.* Ainsi qu'on l'a exposé, la promulgation et la publication constituent deux formalités distinctes par leur nature et par leur objet; la promulgation proprement dite consistait uniquement dans l'apposition d'une formule par laquelle le chef de l'Etat, agissant comme pouvoir exécutif, atteste l'existence de la loi et donne l'ordre aux autorités de l'observer et de la faire observer; la publication résulte de certaines présomptions attachées à des faits postérieurs, auxquels le législateur attribue l'effet d'une publicité réelle, quoiqu'elle soit nécessairement fictive, par suite de l'impossibilité de porter la loi à la connaissance de chaque individu personnellement, et de la nécessité, par suite, de remplacer les notifications individuelles par une notification collective (Laurent, *Principes de droit civil*, t. 1, p. 58, n° 17). Mais autant, en théorie pure, c'est-à-dire au point de vue juridique et scientifique, la signification des deux mots *promulgation* et *publication* est nettement définie, autant dans le langage de la plupart des auteurs, conforme en cela au langage ordinaire, ces expressions sont fréquemment confondues et employées l'une pour l'autre. L'Académie ne tombe-t-elle pas elle-même dans cette erreur en confondant le mot *exécutoire* avec le mot *obligatoire*, lorsqu'elle dit : « On ne peut prétendre cause d'ignorance d'une loi qui a été *promulguée* ». Bien plus, cette confusion existe dans un grand nombre de textes législatifs, même les plus récents, qu'il s'agisse de la législation française ou des législations étrangères. En France on la trouve : dans l'art. 9 du décret du 14 frim. an 2 (*Rép.* v° *Droit constitutionnel*, p. 300) ; dans l'art. 1er du décret du 12 vend. an 4 (*Rép.* n° 152) ; dans l'art. 5 de l'arrêté du 25 pluv. an 4 (*Rép.* n° 155) ; dans l'avis du conseil d'Etat du 5 pluv. an 8 (*Rép.* n° 124) ; et, postérieurement au code civil, dans l'art. 1er de l'ordonnance de 1816 (*Rép.* n° 156) ; dans les art. 57 à 59 de la constitution du 4 nov. 1848 (D. P. 48. 4. 202) ; enfin, comme on l'expliquera plus loin, dans les décrets des 15 sept., 5 et 11 nov. 1870, c'est-à-dire même dans les textes qui régissent actuellement la matière.

La jurisprudence de la cour de cassation a reconnu, d'ailleurs, cette confusion, et, refusant d'interpréter ces textes dans leur sens littéral, a toujours donné aux expressions incorrectes du législateur leur véritable signification et fixé, comme nous l'avions nous-même comprise (*Rép.* n° 170), la notion de la promulgation proprement dite. La question, toutefois, fait difficulté dans la doctrine; elle a surtout été discutée à l'occasion des ordonnances des 27 nov. 1816 et 18 janv. 1817. L'art. 1er de l'ordonnance de 1816 porte que « à l'avenir la *promulgation* des lois et ordonnances résultera de leur insertion au *Bulletin officiel* ». Quel est le caractère de cette insertion? Est-ce un mode de promulgation ou un mode de publication de la loi? On a soutenu qu'il ressortait du texte de l'article précité que l'insertion au *Bulletin des lois* était un élément légal et substantiel de la promulgation; qu'on n'avait pas le droit de supposer que les rédacteurs de ce texte avaient fait une confusion entre la promulgation et la publication ; que l'opposition des termes entre l'art. 1er et l'art. 2, particulièrement, prouve que chacune des deux expressions a été employée dans son sens technique. On a dit enfin que cette opinion se trouvait confirmée par le préambule de l'ordonnance, ainsi conçu : « L'art. 1er c. civ. déclare que les lois sont exécutoires en vertu de la promulgation que nous en faisons, et du moment où cette promulgation peut être connue; mais l'article n'ayant point expliqué ce qui constitue la promulgation, il s'est élevé des doutes qui, jusqu'à présent, ont été diversement résolus. Le plus souvent, on a regardé la promulgation comme résultant de la sanction que nous avions donnée aux lois, et on les a exécutées, pour le département de notre résidence, un jour après celui où notre seing avait fixé leur date, et, pour les autres départements, dans le délai déterminé d'après cette époque, par l'arrêté du 25 therm. an 11 (13 juill. 1803). Quelquefois on n'a déduit la promulgation que de l'insertion des lois au *Bulletin* et de son arrivée au chef-lieu de département de notre résidence. C'est l'interprétation, quoique la plus récente, que nous avons jugé à propos d'adopter dans nos ordonnances comme établissant d'avantage la publicité des lois, etc. » (Naquet, *Journal du droit criminel*, 1874, p. 33 et suiv.).

Sans doute, si l'on s'en tenait à la lettre du texte, on serait conduit à adopter cette interprétation ; mais l'induction qu'on veut tirer de cette rédaction est combattue par des preuves qui lui enlèvent toute autorité. Qu'a voulu l'ordonnance? A-t-elle entendu supprimer la formule promulgatoire et la remplacer par l'insertion pure et simple de la loi au *Bulletin officiel?* Personne ne le prétend, et il est incontestable qu'après comme avant 1816, aucune loi n'a pu être et, de fait, n'a été insérée au *Bulletin* sans avoir été préalablement signée et déclarée exécutoire par le chef de l'Etat, sans avoir été régulièrement promulguée (Décr. 12 vend. an 4, art. 1, *Rép.* n° 152; Arr. 25 pluv. an 4, art. 5, *ibid.*, n° 155; Règl. 13 août 1814, art. 3, *ibid.*, n° 124; V. aussi *ibid.*, n° 165). Comment donc serait-il possible de confondre et d'identifier deux formalités qui se succèdent, qui sont séparées par un trait de temps plus ou moins long, et dont la seconde présuppose, en droit et en fait, l'accomplissement de la première? Ce que les auteurs de l'ordonnance ont voulu, c'est, on le sait, donner au délai pendant lequel les citoyens doivent acquérir la connaissance de la loi et se préparer à l'exécuter, un point de départ à la fois certain et notoire. C'est dans ce but, et peu importerait qu'ils l'eussent imparfaitement atteint, qu'ils ont prescrit l'insertion de la loi au *Bulletin officiel*, l'envoi de ce *Bulletin* au ministère de la justice, et la constatation authentique de sa réception. Ces diverses mesures, et spécialement l'insertion au *Bulletin*, qui les domine toutes, constituent donc bien un mode de publication de la loi ; et c'est par une erreur de rédaction et une confusion de mots manifestes que l'art. 1er de l'ordonnance de 1816 a paru dire le contraire. — Le préambule de l'ordonnance, dont on argumente à l'appui du premier système, prouve, précisément, la confusion que le rédacteur a faite entre la promulgation et la publication ; le mode de promulgation adopté a été choisi, est-il dit, « comme établissant davantage la *publicité* des lois ». Ce que l'on peut dire, c'est que, tant que la promulgation n'a pas été insérée au *Bulletin officiel*, elle ne produit pas d'effet, en ce sens qu'elle n'oblige pas; mais la promulgation n'en existe pas moins indépendamment de cette formalité, autrement il faudrait dire aussi que la loi n'existe pas non plus tant qu'elle n'a pas paru au *Bulletin*.

La cour d'Aix, appelée la première à résoudre la difficulté, s'était prononcée pour l'interprétation littérale de l'ordonnance de 1816 (Aix, 24 déc. 1873, aff. Bouscarle et autres, D. P. 74. 1. 185); son arrêt fut cassé par la cour suprême (Civ. cass. 6 févr. 1874, D. P. *ibid.*); à la suite du renvoi prononcé par cet arrêt, la cour de Montpellier jugea comme la cour d'Aix (Montpellier, 27 mars 1874, D. P. 74. 1. 322). La cour de cassation statuant alors toutes chambres réunies a posé définitivement ce principe, que l'insertion au *Bulletin officiel* d'une loi, d'un décret ou d'une ordonnance, n'est pas un élément constitutif de la promulgation, mais un simple mode de publication (Civ. cass. 22 juin 1874, *ibid.* Conf. Aubry et Rau, t. 1, § 26, p. 51, note 10 ; Baudry-Lacantinerie, t. 1, p. 22; de la Bigne de Villeneuve, t. 1. p. 21).

79. La promulgation consiste donc uniquement dans l'apposition d'une formule solennelle, accompagnée de la signature du chef de l'Etat. Cette formule est toujours restée la même dans ses parties essentielles; les seules modifications qu'elle ait subies sont des modifications de détail nécessitées par les changements survenus dans la dénomination et l'organisation du pouvoir exécutif. — La formule de la promulgation était déterminée, à l'époque de la rédaction du *Répertoire*, par le décret du 2 déc. 1852. Postérieurement cette formule a été fixée, d'abord à la fin de l'Empire, par le décret du 21 mai 1870 (D. P. 70. 4. 43); ensuite, depuis l'établissement du régime républicain, par les décrets des 2-8 sept. 1871 (D. P. 71. 4. 150), 11-20 avr. 1873 (D. P. 73. 4. 61); actuellement, c'est le décret du 6 avr. 1876, qui règle la formule de promulgation (1).

80. Les formes de la publication ont, au contraire, subi de nombreuses et importantes variations. Nous n'avons pas à revenir sur les différents systèmes qui précédèrent celui qui était en vigueur quand le *Répertoire* a paru (*Rép.* nos 132 et suiv.). Le mode de publication appliqué à cette époque trouvait ses règles principales formulées dans l'art. 1er c. civ. modifié par les ordonnances des 27 nov. 1816 et 18 janv. 1817 (*Rép.* n° 156); ce régime a duré jusqu'au décret du 5 nov. 1870, qui a institué un nouveau mode de publication fonctionnant encore aujourd'hui, mais avec cette particularité qu'il n'exclut pas l'ancien, lequel subsiste parallèlement et se combine avec lui (2).

81. Le second alinéa de l'art. 1er de ce décret ne contenait d'abord que cette seule disposition : « le *Bulletin des lois* continuera à être publié ». C'est par une rectification insérée au *Journal officiel* du 7 nov. 1870, que fut ajoutée la deuxième disposition : « et l'insertion qui y sera faite des actes non insérés au *Journal officiel* en opérera promulgation ». Le résultat de cette addition faite au texte primitif du décret a été d'instituer deux modes de publication, la publication par insertion au *Journal officiel* et la publication par insertion au *Bulletin des lois.* — Avant d'exposer les règles applicables à ces deux hypothèses, il convient de dire qu'à l'époque où fut rendu le décret du 5 nov. 1870, le gouvernement de la Défense nationale avait été obligé, par suite de l'investissement de Paris, de se faire représenter en province par une délégation qui siégea d'abord à Tours; la délégation de Tours reçut communication du décret, mais elle n'eut pas connaissance de la disposition additionnelle du décret du 5 novembre. Elle promulgua, le 11 novembre, un décret semblable à celui qui avait paru à Paris (D. P. 70. 4. 130) en substituant, pour la publication des lois et décrets, dans les départements, le *Moniteur universel*, au *Journal officiel*, qui ne parvenait plus régulièrement en province, mais sans ajouter que le *Bulletin des lois* continuerait à être publié et que les insertions faites dans ce recueil donneraient force obligatoire aux actes qui ne seraient pas publiés par la voie du *Moniteur universel.* Des difficultés s'élevèrent, par suite, relativement à certains actes émanés de la délégation du gouvernement de la Défense nationale, qui, présentant un caractère législatif, avaient été insérés au *Bulletin des lois* et publiés seulement par extrait dans le *Moniteur universel.* La jurisprudence décida que, d'après le décret du 11 novembre l'insertion au *Moniteur universel* était l'unique instrument de publication des décrets émanés de la délégation, à l'exclusion du *Bulletin des lois.* Jugé, en particulier, que la disposition additionnelle du décret du 5 nov. 1870, qui autorise la promulgation par insertion au *Bulletin des lois*, pour les actes non insérés au *Journal officiel*, ne peut dans aucun cas s'appliquer à des actes d'intérêt public ayant le caractère législatif, cette disposition n'ayant pas d'ailleurs été reproduite par le décret du 11 novembre. La seule publication au *Bulletin* d'un décret de la délégation gouvernementale de Tours, autorisant la ville de Lyon à s'imposer extraordinairement d'une somme de 9 millions pour la défense nationale ne suffit pas pour rendre ce décret obligatoire, alors même qu'il aurait été inséré par extrait dans le *Moniteur universel* (Req. 23 janv. 1873 aff. Guillemann, D. P. 72. 1. 8). Jugé, de même, que la publication au *Moniteur universel*, des actes de la délégation du gouvernement de la Défense nationale étant nécessaire pour donner force légale à ceux de ces actes qui avaient le caractère législatif, une contribution extraordinaire dépassant le maximum fixé par la loi de finances ayant été établie d'office sur une commune par un décret non publié au *Moniteur universel*, les contribuables sont fondés à en demander décharge (Cons. d'Et. 14 févr. 1873, aff. Morel; D. P. 73. 3. 77). Il a été décidé, au contraire, que la promulgation du décret par lequel la délégation du gouvernement de la Défense nationale a autorisé un établissement de bienfaisance, a été valablement faite par l'insertion dudit décret au *Bulletin des lois*, publié dans les départements, l'insertion au *Bulletin des lois* suffisant pour opérer la promulgation sinon des actes ayant le caractère de lois, du moins des actes d'administration publique (Req. 8 avr. 1874, aff. Lautal, D. P. 76. 1. 225).

82. Le décret du 11 nov. 1870 ne faisait pas seulement du *Moniteur universel* l'instrument légal de publication pour tous les actes émanés de la délégation gouvernementale de Tours; il ordonnait, en outre, que tout décret du gouvernement de la Défense nationale édicté à Paris et inséré au *Journal officiel*, fût, immédiatement après son arrivée à Tours, publié dans le *Moniteur universel*, ajoutant que cette publication pour tous les arrondissements de France où le *Journal officiel* ne serait pas parvenu vaudrait « promulgation par ce journal » (Trib. des confl. 11 janv. 1873, 1re espèce, aff. Péju; 2e espèce, aff. Joannon, D. P. 73. 3. 22).

Mentionnons encore deux décrets relatifs à la délégation du gouvernement de la Défense nationale à Tours, l'un des 15 sept.-5 oct. 1870 (D. P. 70. 4. 111) qui substitua le dépôt à la préfecture d'Indre-et-Loire au dépôt légal nécessaire pour la publication des actes officiels, et un autre des 1er-19 oct. 1870 (D. P. 70. 4. 116), créant un bulletin des lois, des actes et décrets de la délégation du Gouvernement hors de Paris.

Le rôle du *Moniteur universel* comme instrument légal de publication prit fin avec la mission de la délégation du gouvernement de la Défense nationale; après le rétablissement des communications entre Paris et les départements, la publication par le *Journal officiel* remplaça partout la publication par le *Moniteur universel*, et le décret du 5 nov. 1870 demeura, par suite, seul applicable.

83. On a vu que l'une des innovations de ce décret, complété par la disposition additionnelle du 7 novembre, fut de créer deux modes de publication, la publication par

---

(1) **6-7 avr. 1876.** — *Décret qui règle la formule de promulgation des lois.*

Le président de la République française, etc.

Art. 1er. A l'avenir, les lois seront promulguées dans la forme suivante :

« Le Sénat et la Chambre des députés ont adopté, le président de la République promulgue la loi dont la teneur suit : (Texte de la loi.) La présente loi, délibérée et adoptée par le Sénat et par la Chambre des députés, sera exécutée comme loi de l'Etat. Fait à... »

(2) **5-11 nov. 1870.** — Décret relatif à la promulgation des lois et décrets.

Le gouvernement de la Défense nationale; — Considérant qu'il importe de prévenir les difficultés que peut faire naître le mode actuel de promulgation des lois et décrets, et d'établir d'une manière certaine l'époque où les actes législatifs sont obligatoires;

Décrète :

Art. 1er. Dorénavant, la promulgation des lois et des décrets résultera de leur insertion au *Journal officiel de la République française*, lequel, à cet égard, remplacera le *Bulletin des lois.*

Le *Bulletin des lois* continuera à être publié, et l'insertion qui y sera faite des actes non insérés au *Journal officiel* en opérera promulgation.

2. Les lois et les décrets seront obligatoires, à Paris, un jour franc après la promulgation, et partout ailleurs dans l'étendue de chaque arrondissement, un jour franc après que le *Journal officiel* qui les contient sera parvenu au chef-lieu de cet arrondissement.

Le Gouvernement, par une disposition spéciale, pourra ordonner l'exécution immédiate d'un décret.

3. Les préfets et sous-préfets prendront les mesures nécessaires pour que les actes législatifs soient imprimés et affichés partout où besoin sera.

4. Les tribunaux et les autorités administratives et militaires pourront, selon les circonstances, accueillir l'exception d'ignorance alléguée par les contrevenants, si la contravention a eu lieu dans le délai de trois jours francs, à partir de la promulgation.

insertion au *Journal officiel* et la publication par insertion au *Bulletin des lois.* Bien qu'on ait prétendu que les règles de la publication sont les mêmes dans ces deux hypothèses, c'est-à-dire quel que soit l'instrument de la publication, notamment en ce qui concerne la longueur du délai après lequel la loi est censée connue et le point de départ de ce délai (Fauvel, *Revue critique*, 1872-1873, p. 734; Adolphe-Faustin Hélie, *Constitution de la France*, p. 1359), il est généralement admis que les règles applicables à notre matière varient au contraire avec l'instrument de la publication; que si la publication a lieu par la voie du *Journal officiel*, il faut suivre les nouvelles dispositions contenues dans le décret du 5 nov. 1870, mais que, si la publication a lieu par insertion au *Bulletin des lois*, il faut se reporter aux anciennes règles telles qu'on les appliquait lorsque le nouveau décret fut promulgué. — Un doute sérieux pouvait, il faut le reconnaître, s'élever à ce sujet. En effet, le décret du 5 nov. 1870 ne s'explique pas sur la question, il dit seulement que le *Bulletin des lois* continuera à être publié, et que l'insertion qui y sera faite, des actes non insérés au *Journal officiel*, en opérera promulgation, sans indiquer après quel délai la loi sera réputée connue dans ce cas; néanmoins il est rationnel de supposer que les auteurs du décret, en maintenant la publication par le *Bulletin des lois*, sans déterminer dans ce cas le délai de la publication, ont entendu maintenir aussi les anciennes règles concernant ce mode de publication (Baudry-Lacantinerie, *Précis de droit civil*, t. 1, n° 41, p. 26; de la Bigne de Villeneuve, *Eléments de droit civil*, t. 1, p. 26; Demante, *Revue critique*, 1871-1872, p. 130; Deloynes, *op. cit.*, p. 54). Nous devons donc adapter nos explications à cette distinction et exposer les règles de la publication d'abord dans le cas où elle est faite par insertion au *Bulletin des lois*, et ensuite dans le cas où elle a lieu par la voie du *Journal officiel*.

84. Une question très importante naît de ce double mode de publication: quels sont les actes qui peuvent être aujourd'hui valablement publiés par leur insertion au *Bulletin des lois?* le décret de 1870 a-t-il entendu mettre le *Bulletin des lois* et le *Journal officiel* sur la même ligne? l'insertion, par suite, peut-elle se faire indistinctement dans l'un ou l'autre de ces deux recueils? La difficulté, que les auteurs ont généralement négligée, ne s'est présentée que deux fois, à notre connaissance, devant les tribunaux. La cour de cassation l'a résolue par une distinction; s'agit-il d'*actes d'intérêt public ayant le caractère de loi*, l'insertion doit avoir lieu nécessairement au *Journal officiel*, s'agit-il, au contraire, d'actes *d'administration publique n'ayant pas le caractère de loi*, la publication peut être faite par le *Bulletin des lois* (Req. 23 janv. 1872 et 8 avr. 1874 cités *suprà*, n° 81).

Cette distinction ne repose que sur une interprétation purement arbitraire du décret du 5 nov. 1870; le paragraphe 2 de l'art. 1er est rédigé dans les termes les plus généraux : « Le *Bulletin des lois* continuera à être publié, et l'insertion qui y sera faite des *actes* non insérés au *Journal officiel* en opérera la promulgation ». Ce mot *actes*, qui tient la place des mots *lois* et *décrets*, mentionnés, dans la disposition précédente, exclut toute distinction. D'ailleurs celle que l'on a proposée n'est pas très précise. La cour dit qu'elle n'est pas applicable aux actes d'intérêt public ayant le caractère de loi. Cela veut-il dire qu'il est des actes ayant le caractère de loi qui ne sont pas d'intérêt public et auxquels la disposition s'appliquerait? Mais quels peuvent être ces actes? La cour veut-elle faire une différence entre les *lois* et les *actes réglementaires* du pouvoir exécutif, les premières ne pouvant jamais être publiées ailleurs qu'au *Journal officiel*, les seconds pouvant faire l'objet d'une publication dans le *Bulletin?* Mais quelle serait la raison d'une pareille différence? Est-ce que les décrets réglementaires ne sont pas, tout aussi bien que les lois, d'intérêt public, et n'exigent-ils pas, comme elles, que l'époque de la publication n'en soit pas incertaine? Faudrait-il enfin mettre sur la même ligne les lois proprement dites et les décrets réglementaires? Il ne resterait plus alors que les décrets d'intérêt local ou d'intérêt particulier pour lesquels la publication au *Bulletin des lois* serait facultative. Mais cette distinction ne s'explique pas davantage. Ajoutons que si les auteurs du décret de 1870 ont cru nécessaire de maintenir le *Bulletin des lois* comme instrument de publication à côté du *Journal officiel*, ce ne peut être, comme le fait observer M. Demante (*Revue pratique*, 1871, p. 129), que parce qu'ils ont craint d'innover trop radicalement, de rompre avec des habitudes acquises et de surcharger les colonnes du *Journal officiel*. Il convient de reconnaître toutefois que l'existence simultanée de deux organes, soumis chacun à des conditions différentes de publicité, pouvant indifféremment servir d'instrument pour la publication des lois, présente de très graves inconvénients. On comprend difficilement que le *Bulletin* dépouillé, d'une manière générale, de son caractère d'instrument de publication des lois et décrets, conserve ce caractère pour partie et à l'égard seulement de certains actes, par cela seul que ces actes n'auraient pas été autrement publiés. Quelles difficultés ce double mode de publication ne peut-il pas engendrer dans certains cas? Appliqué de cette façon, le décret de 1870, loin de réaliser une amélioration législative, créerait un état de choses beaucoup moins satisfaisant que l'ancien; les particuliers, obligés de consulter à la fois et le *Journal officiel* et le *Bulletin des lois* pour connaître tous les actes auxquels ils sont tenus d'obéir, seraient exposés à ne jamais être renseignés. La cour de cassation a voulu parer à ces inconvénients en ne reconnaissant qu'un instrument unique de publication des lois et décrets; en fait, cette interprétation est conforme à la pratique constante de l'Administration, qui publie tous les actes législatifs ou réglementaires au *Journal officiel*, mais, en droit, nous persistons à croire que le décret de 1870 ne comporte pas la distinction faite par la jurisprudence (Delachenal, *Revue catholique des institutions et du droit*, 1876, p. 240 et suiv.; Deloynes, *op. et loc. cit.;* Demante, *op. cit.*, p. 130. — Quoi qu'il en soit, le conseil d'Etat a décidé aussi que, l'insertion au *Journal officiel* constituant seule la promulgation de la loi, dans le cas où le texte publié dans ce journal diffère de celui qui a été publié dans le *Bulletin des lois*, c'est le premier de ces textes qui doit être considéré comme promulgué (Cons. d'Et. 16 janv. 1880, aff. Elect. de Grézillé, D. P. 82. 3. 12).

85. Les règles de la publication par insertion au *Bulletin des lois* n'embrassent pas seulement les actes qui, depuis le décret du 5 nov. 1870, ne sont pas insérés au *Journal officiel*, elles s'appliquent en outre à tous les actes promulgués antérieurement à ce décret, alors que le *Bulletin des lois* était l'unique instrument légal de publication. Ces règles, qu'il est nécessaire de rappeler sommairement pour faire comprendre les nouvelles applications auxquelles elles ont donné lieu, sont principalement contenues, nous l'avons dit, dans l'art. 1er c. civ. et dans les deux ordonnances du 27 nov. 1816 et 18 janv. 1817.

On sait (*Rép.* n° 160) que, sous le code civil, la publication résultait uniquement de l'expiration d'un certain délai à compter de la promulgation de la loi (qui, en vertu de l'art. 37 de la constitution de l'an 8, devait être faite le dixième jour à compter de celui du vote), indépendamment des mesures de publicité qui étaient prescrites pour mieux faire connaître la loi, mais n'étaient pas exigées pour que la loi devînt obligatoire. Ce délai est un délai gradué suivant les distances; l'art. 1er c. civ. déclare que la loi est réputée connue, à Paris, un jour franc après la promulgation, et, dans les départements, après l'expiration du même délai augmenté d'autant de jours qu'il y a de fois dix myriamètres entre la ville où la promulgation aura été faite et le chef-lieu de chaque département. — Comme on l'a expliqué au *Rép.* n° 165, ce système devint particulièrement défectueux après la charte de 1814, par suite du rétablissement du droit de sanction et de l'indétermination de l'époque à laquelle devait être faite la promulgation. L'ordonnance du 27 nov. 1816 décida qu'à l'avenir la promulgation des lois et des ordonnances résulterait de leur insertion au *Bulletin officiel* (art. 1er); et que le délai gradué de l'art. 1er c. civ., après lequel les lois seraient réputées connues et deviendraient obligatoires, courrait du jour où le *Bulletin* serait reçu de l'imprimerie royale par le ministre de la justice, lequel constaterait sur un registre l'époque de la réception (art. 2 et 3). Quant aux lois et ordonnances dont il pourrait être nécessaire de hâter l'exécution, ladite ordonnance porte qu'elles seront censées publiées et seront exécutoires (obligatoires) dans chaque département, du jour où elles seront parvenues au préfet, qui en constatera la réception sur un registre (art. 4).

Ces dispositions n'atteignaient pas le but qu'on s'était proposé : empêcher le délai de courir sans que les citoyens en fussent avertis, puisque le fait d'où elles faisaient dépendre la mise à exécution de la loi, à savoir, pour les cas ordinaires, la réception du *Bulletin officiel* par le ministre de la justice, et, pour des cas urgents, la réception de la loi ou de l'ordonnance par le préfet, demeurait nécessairement ignoré du public et même des autorités autres que le ministre de la justice et les préfets chargés de procurer ou de surveiller l'exécution de la loi ; aussi deux réformes ne tardèrent pas à être apportées à cet état de choses. D'abord, relativement aux lois et ordonnances urgentes, une ordonnance additionnelle du 18 janv. 1817 décida, en régularisant une pratique déjà en vigueur qu'aussitôt après leur réception, le préfet en ordonnerait par arrêté l'impression et l'affichage partout où besoin serait. En second lieu, en ce qui concerne les autres lois et ordonnances, l'usage s'introduisit, comme on l'a dit au *Rép.* n° 167, d'imprimer d'avance à la fin de chaque *Bulletin*, immédiatement au-dessus de la signature du garde des sceaux, la date de leur réception au ministère de la justice. Grâce à ce procédé, suivi depuis le mois d'avril 1818, et à partir du *Bulletin* 205 de la 7e série, le point de départ du délai dont l'accomplissement rend la loi obligatoire se trouva fixé avec certitude, mais porté seulement à la connaissance de ceux qui reçoivent le *Bulletin des lois*. En résumé, d'après ce système, pour qu'une loi soit publiée, et par conséquent obligatoire, il faut : 1° qu'elle ait été insérée au *Bulletin des lois ;* 2° que le *Bulletin* contenant cette loi ait été reçu au ministère de la justice ; 3° que le délai de l'art. 1er c. civ., calculé à partir du moment où ce dernier fait est accompli, soit expiré.

86. Telles sont les règles qui ont été appliquées d'une manière absolue jusqu'au décret du 5 nov. 1870, et qui sont en vigueur encore aujourd'hui pour tous les actes qui ne sont pas publiés par le *Journal officiel*. Elles ont donné lieu à un certain nombre de difficultés, dont quelques-unes s'étaient déjà présentées à l'époque de la rédaction du *Répertoire*. — Parmi ces dernières, mentionnons la question de savoir s'il y a lieu de tenir compte, dans le calcul du délai gradué de l'art. 1er c. civ., des fractions de dizaines de myriamètres, ou s'il faut faire abstraction de toute distance inférieure à cette mesure. Les auteurs se sont divisés sur ce point : plusieurs se sont prononcés en faveur de la première solution (Richelot, *Principes du droit civil*, n° 19, note 5 ; Duvergier sur Toullier, *Droit civil français*, t. 1, n° 73 ; Levasseur, *Portion disponible*, n° 200 ; Crémieux et Balson, *Code des codes*, t. 12, p. 14, note ; Souquet, *Dictionnaire des temps légaux*, v° *Lois*, 337 tableau, 4e col.). Cependant, la plupart des jurisconsultes se sont ralliés à l'opinion contraire que nous avions adoptée comme ayant été implicitement consacrée par un sénatus-consulte du 13 brum. an 13, et aussi comme étant plus conforme au texte de l'art. 1er c. civ., d'après lequel le délai sera augmenté d'autant de jours qu'il y aura « de fois dix myriamètres... » ; or, dans 23, 24 ou même 29 kilomètres, il n'y a pas trois fois dix myriamètres. On a argumenté aussi d'une ordonnance du 7 juill. 1824 (D. P. 55. 1. 261), mais les auteurs l'invoquent dans les deux sens (V. Toullier, *op. cit.*, t. 1, n° 73 ; Maillet de Chassat, *Commentaire du code civil*, t. 1, p. 60 ; Demante, t. 1, n° 4 *bis ;* Valette sur Proudhon, *De l'état des personnes*, t. 1, p. 18 ; Marcadé, *Droit civil français*, sur l'art. 1er, n° 3 ; Ducaurroy, Bonnier et Roustain, *Commentaire du code Napoléon*, t. 1, n° 16 ; Rivière, *Jurisprudence de la cour de cassation*, n° 14 ; Demolombe, t. 1, n° 27 ; Aubry et Rau, t. 1, § 26, p. 49).

C'est aussi l'avis qui a prévalu dans la jurisprudence, malgré deux décisions rendues d'abord en sens contraire : à l'arrêt de la chambre criminelle de la cour de cassation du 16 avr. 1831, rapporté au *Rép.* n° 161, il faut, en effet, en ajouter un autre de la même chambre du 7 mars 1851 (aff. Sancenot, D. P. 51. 1. 277). Mais, postérieurement, il a été jugé que le délai d'un jour après lequel les lois sont exécutoires dans le département de la résidence impériale, n'est augmenté, pour les autres départements, d'un jour par dix myriamètres de distance entre la ville où la promulgation a été faite et le chef-lieu de département, qu'autant que les dix myriamètres sont complets et sans qu'il y ait à tenir compte des fractions ; spécialement, que la loi du 25 mars 1817, qui a étendu aux grandes masses de forêts nationales le nouveau principe de l'inaliénabilité et de la prescriptibilité du domaine de l'Etat, ayant été promulguée le 26 du même mois et exécutoire à Paris le 28, est devenue exécutoire dans le département de la Meuse (dont le chef-lieu est à 25 myriamètres 1 kilomètre de Paris, arrêté du 25 therm. an 11) deux jours après, c'est-à-dire le 30, comme si la distance n'était que de vingt myriamètres. En conséquence, la prescription trentenaire a commencé à courir, en vertu de la loi du 25 mars 1817, dans le département de la Meuse, dès le 30 dudit mois, et elle s'est trouvée accomplie le 30 mars 1847 (Civ. cass. 27 juin 1855, aff. Commune de Montigny-les-Vaucouleurs, D. P. 55. 1. 261. Conf. Metz, 13 févr. 1855, même affaire, D. P. 55. 2. 287, et sur pourvoi, Req. 9 avr. 1856, D. P. 56. 1. 187).

On a dit au *Rép.* n° 161, que, pour prévenir toute incertitude sur la distance de Paris au chef-lieu de chaque département, le Gouvernement avait fait dresser un tableau sanctionné par un arrêté du 25 therm. an 11 ; ce tableau, auquel plusieurs additions ont été faites, a été complété en dernier lieu par un décret du 4-11 août 1860, fixant la distance légale de Paris à Annecy (D. P. 60. 4. 132).

87. La publication des lois et ordonnances, lorsqu'il y a urgence, a donné lieu à une importante question relativement aux formalités dont l'accomplissement est nécessaire en pareil cas. De ce principe que l'insertion au *Bulletin des lois* ne constitue pas la promulgation, mais est un mode de publication, la cour de cassation a conclu que ce mode de publication pouvait être, en certains cas, remplacé par un autre, et elle a considéré que les auteurs des ordonnances de 1816 et 1817 avaient usé de cette faculté en disposant que, pour le cas d'urgence, la loi sera envoyée aux préfets, qui prendront incontinent un arrêté par lequel ils ordonneront qu'elle sera imprimée et affichée partout où besoin sera. Il résulte, en effet, de l'art. 4 de l'ordonnance de 1816 « néanmoins... les lois et ordonnances seront censées publiées et seront exécutoires du jour qu'*elles* seront parvenues aux préfets » que ce qui est envoyé aux préfets, ce n'est pas le numéro du *Bulletin* contenant le texte de la loi urgente, mais bien une expédition manuscrite de cette loi. Cela étant, on cherche vainement à quoi servirait, dans ce système, l'insertion de la loi au *Bulletin officiel*. Autant cette formalité est essentielle pour la publication des lois ordinaires, puisque c'est la réception du *Bulletin* au ministère de la justice qui fait courir le délai de la mise à exécution, autant elle serait superflue pour la publication des lois urgentes, puisque c'est la réception par le préfet de la loi elle-même, et non du numéro du *Bulletin* où elle serait imprimée, qui la rend obligatoire. Au surplus, l'ordonnance de 1817 est venue couper court à toute discussion, en disant formellement dans son préambule, ainsi qu'il a été expliqué plus haut, que les lois et ordonnances dont il est nécessaire de hâter l'exécution doivent être publiées et deviennent obligatoires « avant la publication du *Bulletin des lois officiel* ».

En pareil cas, l'insertion au *Bulletin* est donc une mesure étrangère à la publication de la loi ; et, si elle est encore exigée, du moins pour les lois et ordonnances d'intérêt général, c'est par application, non pas de l'ordonnance de 1816, mais simplement des lois et décrets qui ont organisé le *Bulletin* et pour ne pas laisser de lacune dans cette collection. Il est, d'ailleurs, évident, bien que cela ait été contesté (V. Naquet, *Journal du droit criminel*, 1874, p. 33 et suiv.), que, pour déterminer le sens et la portée de l'ordonnance de 1816, l'interprète peut légitimement interroger les dispositions de l'ordonnance de 1817, publiée deux mois après dans le but déclaré de compléter et de rectifier la première. — Vainement on objecte qu'il n'est pas admissible que le législateur ait voulu, même pour les cas exceptionnels, supprimer une formalité dont l'observation peut se concilier avec l'urgence la plus pressante (Montpellier, 27 mars 1874, aff. Bouscarle, D. P. 74. 1. 322). L'objection n'est fondée ni en droit ni en fait. Elle est inexacte en droit, parce qu'il n'est pas permis de rechercher ce que le législateur aurait pu faire, quand on sait ce qu'il a fait ; et nous avons démontré que, pour la publication des lois urgentes, il a voulu supprimer l'insertion au *Bulletin officiel*. L'objection n'est pas fondée en fait, non seulement parce que, comme il vient d'être dit, cette formalité n'aurait, dans le cas supposé, aucune raison d'être, mais aussi parce que le retard qu'elle occasionnerait serait en contradiction avec le but que le législateur a voulu atteindre. C'est à tort, en effet, qu'on affirme que l'insertion au *Bulletin* ne demande que quelques instants et ne peut pas retarder le moment où la loi sera obligatoire. Cette formalité, plus compliquée qu'on ne paraît le croire, nécessite toujours, au contraire, un délai d'au moins quelques heures, à supposer même qu'elle ne soit retardée par aucun contretemps ou empêchée par aucune éventualité de force majeure. Or, d'une part, il y a des lois et décrets dont l'urgence est telle que leur exécution ne comporte point un pareil délai. Et plus généralement, d'autre part, cette économie de quelques heures, du moins pour le département où siège le Gouvernement et même pour quelques-uns des départements limitrophes, constitue en quelque sorte toute la différence entre la mise à exécution des lois et décrets urgents et celle des lois et décrets ordinaires.

88. Il est incontestable que les délais établis par l'art. 1er c. civ. et par l'art. 3 de l'ordonnance de 1816 ne peuvent pas être supprimés, sans que les citoyens aient été informés du caractère urgent de la loi et de la nécessité d'obéir sans retard à ses commandements. La chambre civile a appliqué ce principe relativement à la publication des lois dans les colonies, dans cinq arrêts de cassation en date du 30 nov. 1864 : aff. Fleurot, aff. Lhuillier-Réaux, aff. Deville, aff. Lamezac et aff. Labourdin (D. P. 65. 1. 189). Il est également certain que la déclaration de l'urgence de la loi doit émaner du chef de l'Etat, puisque tout ce qui concerne la mise à exécution des lois rentre dans les attributions du Gouvernement. L'art. 4 de l'ordonnance de 1816 et l'art. 1er de l'ordonnance de 1817 disent d'ailleurs expressément : « dans les cas et les lieux où nous jugerons convenable de hâter l'exécution des lois et de nos ordonnances ». — Mais par quel moyen et avec quelle forme la volonté du Gouvernement sera-t-elle manifestée ? Faudra-t-il que le chef de l'Etat procède par la voie d'une disposition spéciale annexée à la loi ou au décret dont il veut hâter l'exécution, et publiée avec ce décret ou cette loi ? Ne pourra-t-il pas se borner à adresser l'ordre d'exécution immédiate aux préfets des départements, en chargeant ces fonctionnaires de les porter, au moyen d'arrêtés déclaratifs d'urgence, à la connaissance de leurs administrés ? Ne doit-on pas admettre même que la déclaration de l'urgence résulte implicitement, et sans qu'il soit besoin d'aucun décret ou d'aucun arrêté, de l'accomplissement des mesures de publicité, impression et affichage, prescrites par l'ordonnance de 1817 ? Tels sont les divers systèmes entre lesquels il faut se prononcer. La question s'est présentée à l'occasion d'un décret du 9 août 1870, qui, pendant les troubles qui éclatèrent à Marseille à l'époque de la Commune et l'occupation prolongée de la préfecture par les insurgés, fut simplement inséré au *Bulletin administratif* du département.

Les cours d'Aix et de Montpellier optèrent pour le premier système : « Le chef de l'Etat, dit la première, pouvant seul promulguer les lois, peut seul aussi, par voie de suite, les dispenser de la promulgation (c'est-à-dire de l'insertion au *Bulletin*). Il faudrait donc, pour appliquer utilement l'art. 1er de l'ordonnance de 1817, une manifestation de la volonté souveraine ordonnant la publication d'urgence... Cette publication, faite en dehors d'un ordre formel du souverain, serait d'autant plus dangereuse qu'elle attribuerait à l'initiative du préfet un droit qui n'appartient qu'au chef de l'Etat » (Aix, 24 déc. 1873, aff. Bouscarle, D. P. 74. 1. 185 ; Montpellier 27 mars 1874). — Ce système a le tort de confondre l'ordre d'exécution avec la forme extérieure de cet ordre. L'ordre doit émaner du souverain, c'est incontestable, et il peut assurément être formulé dans une disposition spéciale ajoutée à la loi ou au décret. Il faut même reconnaître que cette manière de procéder, conforme à une pratique à peu près constante et prescrite pour l'avenir par l'art. 2 du décret du 5 nov. 1870, l'emporte sur toute autre par sa clarté et son énergie. Mais était-elle obligatoire sous l'empire des ordonnances de 1816 et 1817, et devait-elle être observée à peine de nullité ? Non, pour deux raisons : d'abord, parce qu'aucun principe ne s'oppose à ce que le Gouvernement emploie, pour divulguer l'ordre d'exécution immédiate, l'organe des préfets, qui sont ses intermédiaires naturels auprès des citoyens dans l'étendue de leur circonscription administrative ; ensuite et surtout, parce que les ordonnances de 1816 et 1817 n'exigent pas qu'il y ait un ordre d'exécution directement adressé aux citoyens par le chef de l'Etat, et font résulter la déclaration d'urgence de l'envoi extraordinaire de la loi aux préfets, disposition qui, dans une matière où tout est de droit strict, doit être considérée comme absolument décisive. Il n'y a pas, d'ailleurs, à craindre, quoi qu'en dise la cour de Montpellier, que les préfets publient comme urgentes des lois qui ne leur auraient point été envoyées comme telles, et s'attribuent ainsi l'initiative qui ne peut appartenir qu'au chef de l'Etat, car de tels empiétements, s'ils venaient par impossible à se produire, seraient immédiatement réprimés par l'autorité supérieure.

89. Mais comment procédera le préfet ? D'après l'ordonnance de 1816, art. 4, il doit constater sur un registre la réception de la loi qui lui est envoyée extraordinairement. De plus, l'ordonnance de 1817, art. 1er, lui enjoint de prendre incontinent un arrêté pour ordonner l'impression et l'affichage de la loi.

La première de ces formalités servait, dans le système adopté par l'ordonnance de 1816, à déterminer le moment où la loi devenait obligatoire. Il semble donc bien qu'elle ait été implicitement abrogée par l'ordonnance de 1817, qui a substitué à cette date celle de la publication effective de la loi par voie d'affichage. En tout cas, dans ce dernier système, la constatation par le préfet de la réception de la loi ne pourrait avoir d'autre objet que de permettre au Gouvernement de vérifier le plus ou moins de diligence que ce fonctionnaire aurait mise à exécuter ses ordres, de telle sorte que l'inobservation de cette formalité, ainsi limitée aux rapports de l'autorité supérieure avec ses agents, demeurerait, à l'égard des tiers, sans influence sur la régularité de la publication de la loi.

90. En ce qui touche la seconde formalité, l'art. 1er de l'ordonnance de 1817 dispose en termes formels et impératifs : « Les préfets *prendront* incontinent un arrêté, etc. ». Il semble bien résulter de ce texte que l'arrêté préfectoral constitue une formalité substantielle, qui doit être observée à peine de nullité de la publication. On comprendrait cependant l'opinion contraire, s'il était vrai que les formalités de la publication proprement dite, impression et affichage, suffisent par elles-mêmes, et indépendamment de l'arrêté prescrit par l'ordonnance, pour faire connaître aux citoyens le caractère urgent de la loi publiée et la nécessité de l'exécuter sans délai. Mais, précisément, ces mesures ne sauraient avoir une telle efficacité, puisque, même dans les cas ordinaires, et pour aider aux effets produits par l'expiration du délai légal, les préfets peuvent toujours faire, et font fréquemment, imprimer et afficher les lois et décrets qui ne présentent aucun caractère d'urgence (L. 30 juin 1790, art. 14 , 12 vend. an 4, art. 11 ; Bouchené Lefer, *Droit public administratif*, p. 355 ; Batbie, *Droit public et administratif*, t. 4, n° 132 ; *Rép.* v° *Organisation administrative*, n° 228). Les formalités de l'impression et de l'affichage n'expriment donc pas, par elles-mêmes, l'urgence de la loi publiée ; elles ne divulguent pas l'ordre d'exécuter immédiatement les dispositions de cette loi et ne peuvent, en conséquence, suppléer à l'arrêté préfectoral que l'ordonnance de 1817 prescrit concurremment avec ces formalités, dans le but manifeste d'informer les citoyens que la loi ainsi publiée est sur-le-champ obligatoire. — Et ceci conduit à faire remarquer qu'il ne servirait de rien que l'arrêté déclaratif de l'urgence eût effectivement été pris, s'il n'avait pas été publié en même temps et dans la même forme que la loi dont il ordonne la publication et l'exécution immédiate. Les arrêtés préfectoraux d'intérêt général n'ont, en effet, d'existence réelle qu'après leur publication (Circ. min. int. 19 déc. 1846, D. P. 47. 3. 23 ; Batbie, *op. cit.*, n° 198 ; V. *infrà*, v° *Règlements administratifs et de police* ; — *Rép.* eod. v°, nos 86 et suiv.). Et le but spécial de l'arrêté dont il est ici parlé exige que sa publication accompagne celle de la loi ou du décret auquel il se rapporte. On peut ajouter que l'insertion d'un décret au *Bulletin administratif* du département établit l'existence de ce décret et nullement celle de l'arrêté préfectoral, puisqu'on insère dans ce *Bulletin* tous les actes législatifs intéressant le département, et non pas seulement ceux pour lesquels une publication exceptionnelle est ordonnée. Enfin l'impression et l'affichage du décret ont pu avoir lieu à la suite d'un ordre émané d'un employé subalterne, et n'impliquent aucunement l'existence d'un arrêté régulièrement pris par le préfet dans les termes que prescrit l'ordonnance de 1817.

C'est, en effet, en ce sens que se prononcèrent sur ce nouveau point les cours d'Aix et de Montpellier dans les deux arrêtés précités; mais cette interprétation a été repoussée par la cour de cassation. Jugé que si, sous l'empire des ordonnances des 27 nov. 1816 et 18 janv. 1817, la mise à exécution immédiate, dans un département, d'une loi, d'un décret ou d'une ordonnance, ne peut avoir lieu qu'en vertu d'un ordre émané du Gouvernement, l'existence de cet ordre est virtuellement attestée par l'insertion de la loi, du décret ou de l'ordonnance, au recueil des actes administratifs de la préfecture et par sa publication suivant le mode prescrit par l'ordonnance de 1817; que l'arrêté que le préfet doit prendre, dans les cas d'urgence, pour ordonner la publication des lois, décrets et ordonnances n'est pas une condition substantielle de cette publication, laquelle consiste simplement dans l'impression et l'affichage de la loi partout où besoin sera; que le fait de l'impression et de l'affichage de la loi suffisent, d'ailleurs, pour établir l'existence de cet arrêté, alors surtout que sa disparition peut être expliquée par des circonstances exceptionnelles, telles que les troubles qui ont éclaté au chef-lieu du département, et l'occupation prolongée de la préfecture par les insurgés (Ch. réun. cass. 22 juin 1874, aff. Bouscarle, D. P. 74. 1. 322, Conf. Crim. cass. 6 févr. 1874, même affaire, D. P. 74. 1. 185).

Le conseil d'Etat, saisi lui-même de la difficulté, a adhéré à la jurisprudence de la cour de cassation. Un arrêt de ce conseil, du 5 juin 1874 (aff. Chérion et consorts, D. P. 75. 3. 57), décide aussi que l'arrêté que le préfet doit prendre, en cas d'urgence, pour ordonner la publication des lois et décrets, n'est pas une condition substantielle de cette publication, laquelle, même avant le décret du 5 nov. 1870, pouvait résulter suffisamment de l'insertion au *Journal officiel*. Il est certain, en effet, que, dès l'instant qu'on peut remplacer l'arrêté du préfet par d'autres formalités, le caractère du *Journal officiel*, même en faisant abstraction du rôle que lui a attribué le décret du 5 nov. 1870, l'affichage de cette feuille dans les communes, le grand nombre de ses lecteurs, font, de l'inscription d'un décret dans ses colonnes, un mode de publication beaucoup plus réel et beaucoup plus efficace que l'insertion au *Bulletin* des actes administratifs d'une préfecture, formalité regardée cependant comme suffisante par la cour de cassation.

Bien plus, il a été décidé que le décret qui a déclaré un département en état de siège peut être considéré comme ayant été publié, bien que le désordre causé par l'invasion dans les archives du département ne permette pas d'indiquer avec précision la forme dans laquelle ce décret a été porté à la connaissance du public, s'il est établi qu'il a reçu une publicité effective et a été suivi de diverses mesures prises en vertu des pouvoirs conférés par l'état de siège (Cons. d'Et. 24 déc. 1875, aff. Busy, D. P. 76. 3. 38).

91. Lorsqu'une loi a été publiée extraordinairement au moyen d'affiches apposées sur divers points d'un département, les habitants des communes où cette publication a eu lieu ne sont pas fondés à se prévaloir de ce que la loi n'aurait pas été publiée dans d'autres localités du département (Ch. réun. cass. 22 juin 1874, cité *suprà*, n° 90). La question de savoir si un décret, envoyé extraordinairement au préfet, a été affiché *partout où besoin sera*, est d'ailleurs résolue souverainement par les juges du fond (Crim. cass. 12 avr. 1861, aff. Vidon-Gris, D. P. 61. 5. 411; Crim. rej. 5 mars 1870, aff. Pozzo di Borgo, D. P. 70. 1. 189).

92. Indiquons, en terminant cette matière, trois décrets qui ont été publiés relativement au *Bulletin des lois*: 1° un décret du 29 oct.-9 nov. 1859 (D. P. 59. 4. 93) relatif à l'impression du *Bulletin des lois*; 2° un décret du 6 mars-7 avr. 1876, qui élève le titre de la distribution gratuite de la partie principale du *Bulletin des lois* (D. P. 76. 4. 94); 3° un décret de même nature du 24 janv.-24 mars 1884 (D. P. 84. 4. 80). Signalons encore un décret du 26 nov. 1886-15 janv. 1887, portant création d'un *Bulletin officiel du ministère de la guerre*, en remplacement du *Journal militaire officiel* (D. P. 87. 4. 60).

93. Il y a lieu d'examiner maintenant d'après quelles règles a lieu la publication, lorsque la promulgation a été rendue publique par insertion au *Journal officiel*, ce qui est le cas, en fait, depuis 1870, pour tous les actes législatifs et réglementaires; il faut, alors, appliquer les dispositions du décret du 5 nov. 1870. On ne reviendra pas ici sur l'erreur de rédaction commise par les auteurs de ce décret, qui ont confondu de nouveau, comme ceux de l'ordonnance de 1816, la publication avec la promulgation, en disposant (art. 1er) que celle-ci résulterait désormais « de l'insertion de la loi au *Journal officiel de la République française* »; on a suffisamment établi que cette insertion, étrangère à la promulgation considérée dans sa nature essentielle, constitue le premier acte de la publication. Aux termes de l'art. 2, « les lois et les décrets seront obligatoires, à Paris, un jour franc après la promulgation (insertion de l'acte au *Journal officiel*), et partout ailleurs, dans l'étendue de chaque arrondissement, un jour franc après que le *Journal officiel* qui les contient sera parvenu au chef-lieu de cet arrondissement ». Indépendamment de la substitution du *Journal officiel* au *Bulletin des lois*, qui, quoique maintenu, cesse, comme on l'a vu *suprà*, n° 84, d'être non seulement l'instrument unique, mais même l'instrument ordinaire de la publication, le décret de 1870 renferme trois innovations principales: suppression du délai gradué de l'art. 1er c. civ. et détermination d'un nouveau délai; changement du point de départ du délai à l'expiration duquel la loi devient obligatoire; substitution de l'arrondissement au département comme unité divisionnaire du territoire français relativement à la publication.

94. D'abord il n'y a plus lieu de tenir compte de la distance kilométrique existant entre la ville où la promulgation est publiée et le chef-lieu de chaque département (Bastia, 30 mars 1876, aff. Moriccio et Pompeani, D. P. 78. 5. 308). La loi devient immédiatement obligatoire, à Paris, un jour franc après l'accomplissement de cette formalité, et partout ailleurs un jour franc après que le *Journal officiel* qui la contient est parvenu au chef-lieu de l'arrondissement. Un *jour franc*... c'est-à-dire qu'un jour entier doit s'intercaler soit entre le jour où l'insertion a lieu, s'il s'agit de Paris, et celui où la loi devient obligatoire, ou entre ce même jour et celui où le *Journal officiel* est parvenu au chef-lieu d'arrondissement, s'il s'agit de la province. A ce dernier point de vue, le décret de 1870 introduit une innovation particulière, qu'on n'a peut-être pas suffisamment remarquée. C'est qu'un délai particulier d'un jour franc commence pour chaque arrondissement (ce qui n'avait pas lieu pour chaque département sous le régime du délai gradué) à partir du jour où le *Journal officiel* parvient au chef-lieu (Fauvel, *op. cit.*, 1872-1873, p. 728).

95. Le décret du 5 nov. 1870 a, en second lieu, changé le point de départ du délai à l'expiration duquel la loi devient obligatoire. D'après l'art. 2 de l'ordonnance de 1816, le délai de publication ne court pas du jour même de l'insertion de la loi au *Bulletin officiel*, mais seulement du jour de la réception, par le ministre de la justice, du *Bulletin* contenant la loi. On a soutenu qu'il fallait incorporer l'art. 2 de l'ordonnance de 1816 au décret de 1870 et décider, par suite, que les nouveaux délais ne commencent à courir qu'après que le *Journal officiel* a été reçu par le ministre de la justice, au moins dans le cas où il s'agit de l'application de la loi à Paris (Fauvel, *op. cit.*, p. 725). Il nous paraît impossible de concilier cette solution avec les termes de l'art. 1er du nouveau décret, qui parle uniquement de l'insertion de la loi au *Journal officiel* et ne fait aucune allusion à la formalité que l'on voudrait rétablir. Ajoutons qu'on ne voit aucun motif de distinguer, à ce point de vue, entre la publication de la loi à Paris et sa publication dans les départements.

Comment est constaté le jour où le *Journal officiel* parvient au chef-lieu de chaque arrondissement? Le décret de 1870 ne s'explique pas sur ce point. On enseigne généralement qu'il faut, pour combler cette lacune, appliquer l'art. 4 de l'ordonnance de 1816, c'est-à-dire que le jour où le *Journal officiel* parvient au chef-lieu de l'arrondissement doit être déterminé au moyen de la constatation faite sur un registre par le sous-préfet. Cependant le décret de 1870 ne contenant aucune disposition à ce sujet, et faisant courir le délai d'un jour franc du jour de l'arrivée du *Journal officiel* au chef-lieu d'arrondissement, et non pas du jour de sa réception par le sous-préfet, peut-être serait-il suffisant que l'arrivée du journal fût officiellement constatée d'une manière quelconque. — On a proposé de considérer les règlements postaux comme des annexes du décret de 1870 en ce qui concerne le transport du *Journal officiel*, et, par conséquent, de déterminer par ces règlements l'arrivée du *Journal officiel* au chef-lieu de chaque arrondissement. Il y a là un mode naturel et authentique de constatation, auquel il est rationnel de recourir dans le silence de la loi. M. Fauvel (*op. cit.*, p. 731) fait remarquer que ce système peut, d'ailleurs, s'appuyer sur des précédents législatifs; que, jusqu'au moment où la présomption organisée par l'art. 1er c. civ. a rendu inutile le témoignage de la poste, c'était ce témoignage qui prouvait la remise du *Bulletin des lois* aux autorités destinataires. Le décret des 14-16 frim. an 2, qui a lui-même institué le *Bulletin des lois* (*Rép.* n° 150), porte, en effet, sect. 1re, art. 7 : « Le *Bulletin des lois* sera envoyé par la poste aux lettres. Le jour du départ et le jour de la réception seront constatés de la même manière que pour les paquets chargés ». De même, un arrêté du 16 vent. an 5, qui détermine « la manière dont le *Bulletin des lois* doit être remis aux fonctionnaires publics », contient les dispositions suivantes : « Art. 1er. Le *Bulletin des lois* sera porté et distribué de la même manière et dans la même forme que les lettres venant de la poste. — Art. 2. Dans toutes les communes de la République où, avec un bureau de poste, il se trouve des autorités ou des fonctionnaires publics auxquels le *Bulletin des lois* est adressé officiellement, il sera remis au facteur ou au distributeur des lettres, par le directeur de la poste, un livre-journal destiné à recevoir les décharges du *Bulletin des lois*. — Art. 3. Ce livre-journal sera porté avec le *Bulletin* chez le fonctionnaire public auquel le *Bulletin* est adressé, et celui-ci, en recevant le *Bulletin*, sera tenu d'écrire sa décharge sur ce livre ».

96. On a vu *suprà*, n° 87, que les ordonnances de 1816 et de 1817 permettent d'accélérer la publication, dans les cas d'urgence. Le décret du 5 nov. 1870 prévoit également cette hypothèse; le dernier paragraphe de l'art. 2 est ainsi conçu : « Le Gouvernement, par une disposition spéciale, pourra ordonner l'exécution immédiate d'un décret ». Il est à remarquer que cette disposition est particulière aux décrets; mais, si le décret de 1870 ne permet au Gouvernement de déroger au droit commun que relativement aux décrets, ce n'est pas à dire qu'il ne soit pas possible d'ordonner aussi l'exécution immédiate d'une loi. Cette injonction ne peut alors émaner que du législateur, car la disposition dont il s'agit est une exception qu'il faut renfermer dans les limites du texte. Mais le droit du législateur ne saurait être contesté; les règles contenues dans le décret de 1870 ont, en effet, un caractère purement législatif; elles n'ont rien de constitutionnel; or, il est de principe que la puissance du législateur est souveraine, en dehors de l'ordre constitutionnel. On ne comprendrait pas, du reste, que ce que le pouvoir exécutif peut faire relativement à un décret fût interdit au pouvoir législatif relativement à une loi; ces deux pouvoirs sont aussi indépendants l'un que l'autre, chacun dans sa sphère.

Par ces mots « exécution immédiate », il faut comprendre que le Gouvernement a le droit de supprimer tout délai et par conséquent, d'ordonner que la loi soit obligatoire le même jour dans toute l'étendue du territoire français dès que l'insertion du décret a eu lieu au *Journal officiel*.

97. La controverse que les ordonnances de 1816 et de 1817 ont fait naître relativement aux formalités qui devaient être remplies pour accélérer la publication des ordonnances au cas d'urgence (V. *suprà*, n° 87), ne peut pas se produire sous l'empire du décret de 1870. L'art. 3 de ce décret n'impose pas aux préfets, comme l'ordonnance de 1817, l'obligation de prendre un arrêté ordonnant que le décret immédiatement obligatoire soit imprimé et affiché partout où besoin sera. L'affichage n'est même pas exigé comme condition préalable à la mise à exécution du décret. On ne peut qu'approuver ce système qui ne subordonne pas la mise en vigueur des décrets à la diligence que les fonctionnaires peuvent apporter à l'accomplissement de leur devoir (Fauvel, *op. cit.*, p. 34).

Toutefois, le décret de 1870 veut que le Gouvernement qui ordonne l'exécution immédiate d'un décret manifeste sa volonté « par une disposition spéciale » insérée dans l'acte promulgué; il serait, en effet, impossible, en l'absence de cette déclaration, de distinguer le cas d'urgence du cas ordinaire.

Nous croyons, d'ailleurs, que l'art. 2 du décret de 1870 ne dispense pas le Gouvernement, même au cas d'urgence, de l'obligation d'insérer l'acte promulgué au *Journal officiel*, quoique, d'après les principes exposés *suprà*, nos 78 et suiv., cette insertion se rapporte à la publication; en effet, la disposition qui confère au Gouvernement le droit d'ordonner l'exécution immédiate d'un décret fait corps avec l'article qui détermine le délai qui doit s'écouler après l'insertion pour que la loi devienne obligatoire; il est donc rationnel de supposer que, dans cette disposition, les auteurs du décret de 1870 ont eu en vue uniquement la suppression de ce délai, tout en maintenant la nécessité de l'insertion prescrite par l'article précédent.

98. Ce que l'on vient de dire, relativement à l'exécution immédiate des décrets ordonnée par le Gouvernement, s'applique nécessairement aussi à l'exécution immédiate des lois ordonnée par le législateur; notamment, celui-ci est tenu de s'expliquer sur ce point par une déclaration spéciale ajoutée au texte de la loi; cette solution s'impose pour les mêmes motifs dans les deux cas.

99. La loi devient obligatoire, à Paris, aussitôt après qu'il s'est écoulé un jour franc depuis l'insertion au *Journal officiel* et, partout ailleurs, aussitôt après que le *Journal officiel* est parvenu au chef-lieu d'arrondissement indépendamment de toute autre formalité destinée à porter la loi à la connaissance des citoyens; néanmoins l'art. 3 du décret de 1870 porte que « les préfets et sous-préfets prendront les mesures nécessaires pour que les actes législatifs soient imprimés et affichés partout où besoin sera ». Cette disposition ne s'applique pas seulement dans le cas où la loi doit, par exception, devenir immédiatement exécutoire, mais dans toute hypothèse sans distinction; l'art. 3 n'est pas, en effet, une dépendance de l'art. 2, mais constitue une disposition principale qui en est complètement isolée; il n'est, d'ailleurs, que la reproduction d'une règle constante, toujours appliquée, et d'après laquelle le Gouvernement a le devoir de faire connaître aux citoyens les commandements ou les défenses auxquels ils sont soumis. Mais ce qu'il est essentiel de rappeler, c'est que la force obligatoire de la loi n'est pas subordonnée à l'observation de ces mesures de publicité; il ne faut pas confondre la publication de fait avec la publication de droit, la seule qu'il y ait à considérer ici. L'art. 3 du décret de 1870 portant que les actes législatifs seront *imprimés* et *affichés*, il ne suffirait pas de les afficher manuscrits (Fauvel, *op. cit.*, 1873-1874, p. 345).

100. Le décret du 5 nov. 1870 statue sur une matière qui appartient essentiellement à l'ordre législatif, puisqu'il modifie les règles de la publication fixées par l'art. 1er du code civil; il était donc, par sa nature, entaché du même vice d'inconstitutionnalité que les ordonnances de 1816 et de 1817, qui n'ont d'ailleurs jamais été attaquées; mais le décret de 1870 se trouve aujourd'hui validé par suite des principes qui ont été exposés (V. *suprà*, n° 14) relativement à la force obligatoire des décrets-lois émanés du gouvernement de la Défense nationale. Le Gouvernement a, d'ailleurs, reconnu formellement la force législative de ce décret (V. Circulaire du ministre de l'intérieur aux préfets, 2 oct. 1871, *Contrôleur de l'enregistrement*, art. 14811).

101. Il ressort de ce que nous avons dit que les mêmes règles s'appliquent aujourd'hui à la publication des lois et à celle des décrets. Il en était déjà ainsi en ce qui concerne le nouveau mode de publication qui fut institué par les ordonnances de 1816 et 1817; comme les lois, les ordonnances d'intérêt général ne devenaient, en principe, obligatoires, dès cette époque, qu'en vertu de leur insertion au *Bulletin des lois* et après l'expiration des délais de publication (*Rép.* n° 169).

102. Il est admis aussi que les dispositions des ordonnances de 1816 et 1817 s'appliquent aux décrets rendus sous la constitution de 1848 ainsi qu'aux décrets du Second

Empire (Aubry et Rau, t. 1, § 27, p. 53). Une controverse s'est élevée, au contraire, relativement aux décrets du Premier Empire. L'avis du conseil d'Etat des 12-25 prairial an 13 (*Rép.* n° 164) a été interprété par certains auteurs comme soumettant les anciens décrets impériaux, au point de vue de la publication, à des règles spéciales. D'après cette opinion, le régime établi par l'art. 1er du code civil n'aurait jamais été applicable aux décrets dont il s'agit, l'avis du conseil d'Etat précité les aurait divisés en deux classes : « Les décrets textuellement insérés au *Bulletin des lois* devenaient obligatoires dans chaque département du jour où le *Bulletin* qui les contenait avait été distribué au chef-lieu, conformément à l'art. 12 de la loi du 12 vend. an 4. Les décrets non insérés au *Bulletin des lois*, et qui n'y étaient indiqués que par leur titre, ne devenaient obligatoires que du jour où ils avaient été portés, par une notification régulière, à la connaissance des personnes qu'ils concernaient » (Aubry et Rau, *op. et loc. cit.*).

La jurisprudence a interprété autrement l'avis du conseil d'Etat des 12-25 prair. an 13; d'après elle, celui-ci distingue simplement entre les décrets d'intérêt général qui doivent être insérés au *Bulletin des lois* et dont la publication s'opère de la même manière que celle des lois proprement dites, et les décrets d'intérêt local ou individuel, qu'il suffit de communiquer aux intéressés. — Jugé, en ce sens, que dès avant l'ordonnance du 27 nov. 1816, le mode de promulgation des lois et décrets était l'insertion au *Bulletin des lois*; que l'avis du conseil d'Etat du 25 prair. an 13 n'avait nullement dérogé à cette règle en ce qui concernait les décrets impériaux; que, par suite, la promulgation d'un décret (dans l'espèce, celui du 13 août 1810, relatif aux brevets d'importation) ne saurait résulter ni de ce qu'il a été imprimé à la suite d'un ouvrage publié par les ordres du ministre de l'intérieur, à titre de simple renseignement, ni de ce qu'il en a été fait mention dans des instructions ministérielles; et que l'exécution que ce décret a reçue n'ayant eu et pu avoir lieu que sous la réserve des droits des tiers et sans garantie du Gouvernement, ne saurait non plus ni suppléer à sa promulgation, ni constituer, au profit des brevetés, un droit acquis contraire à l'art. 9 de la loi de 1791 (Lyon, 30 mars 1855, aff. Désir et Arquiche, D. P. 55. 2. 124; et sur pourvoi, Crim. rej. 13 juill. 1855, D. P. 55. 1. 360; Conf. Civ. cass. 27 août 1856, aff. Ambroise, D. P. 56. 1. 364).

103. Les règles de la publication des lois ne sont, d'ailleurs, applicables qu'aux actes du pouvoir exécutif qui présentent un intérêt général et s'adressent à l'ensemble des citoyens. Il suffit que les autres soient portés d'une manière quelconque à la connaissance de ceux qu'ils intéressent. — Jugé, notamment, que les ordonnances ou décrets rendus spécialement pour une localité ont force de loi, bien que non insérés au *Bulletin*, s'ils ont été publiés dans cette localité et y ont reçu une constante exécution; en particulier, que le décret du 22 avr. 1811, qui règle la perception des droits de pesage, mesurage et jaugeage dans la ville de Bordeaux, bien que n'ayant pas été publié au *Bulletin officiel*, a force de loi (Crim. rej. 25 mars 1854, aff. Constantin, D. P. 54. 5. 568). Jugé, de même, que le décret impérial du 26 déc. 1813, qui établit dans la ville de Toulouse des peseurs publics, a force législative par cela seul qu'il a été publié et affiché dans cette ville, et y a été depuis constamment exécuté (Crim. cass. 24 févr. 1855, aff. Galeppe, D. P. 55. 1. 208).

104. L'ordonnance du 31 déc. 1831 permettait du reste d'insérer par extrait au *Bulletin des lois* certaines ordonnances d'intérêt public ou d'exécution générale ainsi que les ordonnances dont l'objet est local ou individuel (*Rép.* n° 159). Il a été décidé que l'ordonnance du 31 déc. 1835, qui a modifié la division du *Bulletin des lois* (*Rép.*, *ibid.*), n'a pas abrogé cette disposition de l'ordonnance de 1831; que, en conséquence, une ordonnance portant règlement pour l'exploitation de carrières a pu être valablement insérée par extrait au *Bulletin des lois*; qu'en tout cas, l'insertion *in extenso* de cette ordonnance dans le *Bulletin administratif* de la préfecture et sa transmission à tous les maires avec invitation à en assurer l'exécution, suffiraient pour lui donner la force obligatoire (Angers, 25 juill. 1861, aff. Lemarié et Viaux, D. P. 63. 2. 156). Mais il est évident à supposer que l'ordonnance du 31 déc. 1831 soit encore en vigueur, qu'on ne pourrait pas publier une loi par extrait).

105. On a indiqué *suprà*, v° *Commune*, nos 217 et suiv., 467 et suiv., les règles concernant la publication et la modification des arrêtés municipaux. On a vu que ces règles sont déterminées aujourd'hui par les paragraphes 1er et 2 de l'art. 96 de la loi des 5-6 avr. 1884 (D. P. 84. 4. 25), aux termes desquels il y a lieu de distinguer entre les arrêtés réglementaires et les arrêtés individuels, ceux-ci devant être l'objet d'une notification spéciale, les premiers devenant obligatoires dès qu'ils sont portés à la connaissance des intéressés, par voie de publication et d'affiches. On a rapporté *eod. v°*, nos 469 et suiv., un certain nombre de décisions rendues en exécution des dispositions ci-dessus. — Il a encore été jugé, dans le même sens, que l'arrêté municipal concernant certains habitants en particulier, n'est obligatoire à leur égard, à défaut de publication, qu'autant qu'il leur a été régulièrement notifié; et la preuve de cette notification doit être fournie, en cas de dénégation des habitants, par la représentation de l'original de la copie qui a dû être laissée à chacun d'eux; la représentation d'un projet de notification, inscrit sur l'ampliation même de l'arrêté, ne peut y suppléer (Crim. rej. 8 janv. 1859, aff. Loustau, D. P. 59. 1. 328). On trouvera d'autres applications des mêmes principes : *Rép.* vis *Commune*, nos 664 et suiv.; *Règlement administratif*, nos 86 et suiv.

106. Après avoir étudié les différents modes de publication actuellement en vigueur relativement aux lois, décrets, règlements administratifs et, d'une manière générale, à toutes les prescriptions du pouvoir public, il convient d'examiner maintenant certaines questions se rapportant aux effets de la publication. L'effet général de la publication est de rendre la loi obligatoire pour tous les citoyens et même, dans certains cas, pour tous ceux qui se trouvent sur le territoire. Tant que la loi n'a pas été publiée dans les formes légales, elle n'oblige personne (Laurent, t. 1, n° 23; Demolombe, t. 6, nos 30 et suiv.; Aubry et Rau, t. 1, § 26, p. 52, texte et note 15). — Jugé en ce sens que, pour que la loi qui aggrave la peine d'un crime ou d'un délit puisse être appliquée à un accusé ou à un prévenu, il ne suffit pas qu'il soit constaté que le fait a été commis postérieurement à cette loi; il faut encore qu'il soit établi qu'il l'a été à une date où cette loi, étant tenu compte du délai des distances, se trouvait exécutoire dans le lieu où le fait s'est passé (Crim. rej. 3 févr. 1870, aff. Ardilley, D. P. 71. 1. 269).

107. Par exception à la règle que la loi est applicable dès qu'elle a été publiée, il a été jugé que la loi qui met à la charge de l'Etat, des départements et des communes, une dépense qui ne leur incombait pas, d'après la législation antérieure, n'est pas obligatoire du jour de la publication, lorsqu'au moment de cette publication les budgets sont en cours d'exécution et ne contiennent aucun crédit affecté aux dépenses qui seront à leur charge d'après la nouvelle loi (Cons. d'Et. 24 févr. 1870, aff. Hospice de Saint-Lô, D. P. 71. 3. 11). — Cette décision est une conséquence des principes qui régissent la comptabilité publique. En effet, les obligations de l'Etat sont arrêtées annuellement par la loi de finances. Lorsque, dans le cours de l'année, une dépense qui ne rentre dans aucune des prévisions du budget est jugée nécessaire, elle donne lieu à l'ouverture d'un nouveau crédit. Il suit de là que, si une loi pose le principe d'une nouvelle dépense à la charge de l'Etat, sans affecter à cette dépense un nouveau crédit ou sans la rattacher à un des crédits régulièrement ouverts, cette loi doit être considérée comme ayant statué pour l'avenir et non pour l'année dont le budget est en cours d'exécution.

108. Une loi promulguée et publiée suivant les formes constitutionnelles est-elle obligatoire, alors même qu'on prétendrait qu'elle n'a pas été régulièrement votée? L'affirmative paraît résulter d'une décision du conseil d'Etat, aux termes de laquelle la loi du 17 juill. 1819 sur les servitudes militaires a force obligatoire : on opposerait en vain qu'elle n'a pas obtenu, lors du vote dans les assemblées législatives, la majorité exigée par la charte de 1814 (Cons. d'Et. 2 déc. 1854, aff. Massois, D. P. 54. 5. 568).

109. Comment la publication doit-elle être faite lorsque la mise en vigueur d'une loi est subordonnée à un événement futur et incertain qui s'est réalisé? Cette question, neuve en jurisprudence comme en doctrine, s'est présentée, relativement à la loi du 15 janv. 1884 (D. P. 84. 4. 88) rendue pour l'exécution de la convention internationale du 6 mai 1882 sur la police de la pêche dans les mers du Nord. Cette loi, déterminant les pénalités applicables aux faits défendus par le traité international précité, fut promulguée et publiée par insertion au *Journal officiel* du 17 janv. 1884; mais, d'après l'art. 24, son exécution était provisoirement suspendue, tant que les autres puissances, signataires de la convention de 1882, n'auraient pas aussi établi des peines de nature à la sanctionner. L'exécution de la loi restait donc en suspens jusqu'à l'accomplissement de la condition indiquée dans l'art. 24, malgré l'insertion de la loi au *Journal officiel* et l'expiration du délai légal de publication fixé par le décret du 5 nov. 1870. L'événement prévu s'étant réalisé, l'effet de la publication faite à l'origine était-il de rendre la loi immédiatement obligatoire *ipso facto*, sans qu'il fût nécessaire de remplir aucune formalité nouvelle? Personne ne l'a prétendu; mais la difficulté était de savoir quel mode de publication devait être employé pour faire connaître l'arrivée de cet événement.

Une opinion soutint que l'arrivée de la condition fixant le moment à partir duquel la loi devenait obligatoire fixait, par cela même, la date de la loi et était, en conséquence, un élément essentiel de celle-ci, qui devait être publié dans la forme prescrite pour la publication des lois, c'est-à-dire par insertion au *Journal officiel*. La première insertion n'avait compris qu'une partie de la loi, il fallait publier l'autre partie au moyen d'une nouvelle insertion faite dans les mêmes formes et dans le même recueil. — Cette théorie reposait sur une confusion. La circonstance que la mise en vigueur d'une loi est suspendue pendant un certain temps n'empêche évidemment pas cette loi d'être parfaite en elle-même; la date d'une loi n'est pas celle de sa mise à exécution, mais celle de son vote ou de sa promulgation; dès lors, la loi du 15 janv. 1884, ayant été insérée au *Journal officiel*, se trouvait, à l'expiration du délai légal, avoir été complètement publiée dans toutes ces dispositions. L'Administration avait, il est vrai, le devoir de faire connaître aux intéressés le fait qui rendait la loi désormais obligatoire; mais elle pouvait employer pour cela l'un des modes quelconques de publicité auxquels elle a l'habitude de recourir pour informer les tiers de ces prescriptions, c'est-à-dire procéder conformément à l'avis du conseil d'Etat du 25 prairial an 13 par « affiches, notification, ou signification, ou envoi, faits et ordonnés par des fonctionnaires publics chargés de l'exécution ». C'est aussi en ce sens que la question a été résolue par la cour de cassation. Jugé que la condition suspensive à laquelle l'art. 24 de la loi du 15 janv 1884 subordonnait l'application de cette loi ne mettait pas obstacle à sa promulgation et à sa publication; que ladite loi ayant été régulièrement promulguée et publiée avant l'événement de la condition, il a suffi de porter à la connaissance des intéressés, par un des modes quelconques de publication prévus par l'avis du conseil d'Etat du 25 prairial an 13, le fait qui a rendu la loi obligatoire (Crim. rej. 5 nov. 1885) (1).

110. Nous avons dit (*Rép.* n° 128) que les lois promulguées et publiées en France ne sont pas obligatoires de plein droit dans les pays réunis à la France depuis leur promulgation, qu'il faut que ces lois y soient spécialement promulguées. Cette règle reçoit exception relativement aux lois politiques ou constitutionnelles qui deviennent obligatoires, pour les pays réunis, du jour de leur réunion (*Rép.* n° 147). Il est, en effet, de principe, que la réunion d'un nouveau pays à la France a pour effet immédiat de soumettre ce pays à la souveraineté de l'Etat français et, par conséquent, de lui rendre de plein droit applicables toutes les lois françaises de police, de sûreté, de répression, d'exécution forcée, même de compétence (Comp. crim. rej. 17 avr. 1863, aff. Ginhoux D. P. 63. 1. 389).

Les lois promulguées et publiées en France ne sont pas non plus de plein droit exécutoires dans les colonies; elles ne sont obligatoires qu'en vertu d'une promulgation et d'une publication spéciales (*Rép.* n° 164). On trouvera un grand nombre d'applications de cette règle *infrà*, v° *Organisation des colonies*.

Il en est de même en ce qui concerne l'Algérie; un décret spécial de promulgation est nécessaire pour y rendre exécutoires les lois de la métropole. Le principe reçoit exception à l'égard des lois qui ne font qu'apporter de simples modifications à la législation déjà en vigueur dans cette colonie. Il convient d'ajouter que les lois d'intérêt général existant en France à l'époque de la conquête ont été reconnues applicables de plein droit, sans nouvelle promulgation, à l'Algérie par le fait même de la conquête, en vertu du principe mentionné ci-dessus relativement à l'autorité des lois françaises dans les pays réunis à la France. — V. au surplus, sur les règles concernant la promulgation et la publication des actes législatifs en Algérie, *infrà*, v° *Organisation de l'Algérie*; — *Rép.* eod. v°, n°s 808 et suiv.

(1) (Julien.) — LA COUR; — Sur le premier moyen, tiré de la violation des art 1er c. civ., et 1er et suiv. du décret du 5 nov. 1870, en ce qu'il aurait été fait application au prévenu d'une loi qui n'avait pas été régulièrement promulguée et publiée; — Attendu que le prévenu a été poursuivi en vertu des art. 13 et 17 de la loi du 15 janv. 1884, rendue pour l'exécution de la convention internationale du 6 mai 1882, sur la police de la pêche dans les mers du Nord; — Attendu que la loi du 15 janv. 1884 a été régulièrement promulguée et publiée par suite de son insertion dans le *Journal officiel* du 17 du même mois; que, de même, la promulgation et la publication de la convention du 6 mai 1882 ont eu lieu en vertu de l'insertion de ladite convention dans le *Journal officiel* du 11 avr. 1884; — Attendu que si, aux termes de l'art. 24 de la loi du 15 janvier, la mise en vigueur de cette loi devait être suspendue jusqu'au moment où les pénalités nécessaires pour assurer l'exécution de la convention auraient été édictées par toutes les puissances signataires de cet acte, cette condition suspensive, opposée à l'exécution de la loi, ne mettait nullement obstacle à sa promulgation; qu'il en résultait seulement que cette loi ne pourrait être appliquée qu'à l'échéance du terme marqué par la condition et lorsque cette échéance aurait été portée à la connaissance des intéressés; — Attendu que, la loi ayant été régulièrement promulguée et publiée avant l'événement de la condition, la publication spéciale de cette échéance et de la mise en vigueur de la loi a pu être valablement faite en l'absence de toute disposition légale sur ce cas particulier, conformément aux prescriptions générales de l'avis du conseil d'Etat du 25 prair. an 13, c'est-à-dire, « par affiches, notification ou signification, ou envoi, faits et ordonnés par les fonctionnaires publics chargés de l'exécution »; — Et attendu, en fait, qu'il résulte des constatations de l'arrêt attaqué que la mise en vigueur définitive de la loi a été, antérieurement aux faits incriminés, portée à la connaissance des intéressés, dans le sous-arrondissement maritime de Dunkerque, où réside le prévenu, par voie d'affiches apposées par les soins des agents du service maritime chargés de l'exécution de la loi; que ces affiches invitaient même les intéressés à prendre communication de tous les actes se rattachant à cette exécution dans les bureaux des commissaires de l'inscription maritime, des syndics, des gens de mer et des gardes maritimes du sous-gouvernement; qu'il a été régulièrement procédé; — Sur le second moyen, tiré de la violation de l'art. 3 de la loi du 15 janv. 1884, en ce que les infractions relevées à la charge du prévenu auraient été prescrites; — Attendu que les faits incriminés ont été accomplis le 7 août 1884; qu'ils ont été dénoncés les 30, 31 août et 1er septembre de la même année, au commissaire de police de la ville de Maeslins (Hollande) par le patron et les matelots du navire néerlandais qui en avaient été les victimes; que la poursuite n'a été intentée qu'à la date du 24 déc. 1884; que le demandeur soutient, dans cet état des faits, que la prescription lui était acquise; — Mais, attendu que l'art. 3 de la loi du 15 janv. 1884, qui établit la prescription de trois mois pour toutes les infractions à la convention du 6 mai 1882, ne fait courir le délai à cette prescription que du jour où la contravention aura été constatée; qu'il résulte, de la combinaison des art. 4 de la loi et 26 et suiv. de la convention, que la constatation de ces infractions appartient exclusivement aux commandants des bâtiments croiseurs des puissances signataires de ladite convention; — Attendu que cette compétence exceptionnelle, attribuée à un commandant d'un navire étranger ne saurait être étendue à un commissaire de police, ou à tout autre agent de la même nation; qu'il suit de là que la dénonciation des faits incriminés au commissaire de police de la ville de Maeslins n'a pas pu avoir pour effet de faire courir la prescription spéciale édictée par l'art. 3 précité; que la poursuite a été, en conséquence, légalement intentée; — Et attendu, d'ailleurs, que l'arrêt est régulier en la forme, et que les faits sont souverainement constatés, justifient la qualification qu'ils ont reçue et la peine qui a été appliquée;

Rejette, etc.

Du 5 nov. 1885.-Ch. crim.-MM. Ronjat, pr.-Tanon, rap.-Loubers, av. gén., Morillot, av.

111. A partir de quel moment les lois promulguées en France deviennent-elles obligatoires pour les Français qui se trouvent à l'étranger à l'époque de leur promulgation? Les lois françaises ne sont publiées qu'en France. Faut-il en conclure que les lois françaises seront obligatoires pour les Français à l'étranger à partir de leur promulgation? On pourrait être tenté d'invoquer, en ce sens, un arrêt du conseil d'Etat portant que les lois françaises sont exécutoires par le seul fait de leur promulgation dans l'étendue du territoire français et que, par suite, une loi imposant aux créanciers du Trésor certaines formalités, à peine de déchéance, est opposable même aux créanciers résidant dans un pays étranger (Cons. d'Etat 14 nov. 1884, aff. Szaniawski, D. P. 86. 3. 40). Mais telle n'est pas, en réalité, la portée de cette décision rendue contre des étrangers qui prétendaient éluder une déchéance par eux encourue, sous prétexte que la loi d'où elle résultait n'avait pas été publiée dans leur pays; le conseil d'Etat a simplement déclaré que les lois françaises sont obligatoires pour tous ceux qu'elles concernent, Français ou étrangers, résidant en France ou hors de France, bien qu'elles ne soient pas publiées à l'étranger; il ne résout pas la question de savoir à partir de quel moment elles sont obligatoires. — On pourrait encore invoquer l'art. 4 du décret de 1870 aux termes duquel les tribunaux et les autorités administratives et militaires pourront, selon les circonstances, accueillir l'exception d'ignorance alléguée par les contrevenants, si la contravention a eu lieu dans le délai de trois jours francs, à partir de la promulgation », et soutenir que les Français à l'étranger ne peuvent exciper de leur ignorance de la loi promulguée que dans les limites tracées par ce texte. Mais il nous paraît préférable d'écarter, en pareille matière, l'application de tous les textes relatifs à la force obligatoire des lois; car ces textes n'ont été écrits qu'en vue de régler le point de départ de la force obligatoire des lois sur le territoire français; l'art. 1 du code civil ne vise maintenant que le territoire de la France, et, ainsi que l'a dit M. l'avocat général Desjardins, « il est plus difficile d'imaginer que le décret de 1870, remplaçant à certains égards, complétant à d'autres égards l'art. 1, ait résolu, tout en se taisant sur ce point, la question de savoir à quel moment nos lois deviendront obligatoires à l'étranger ». Dès lors, la détermination du moment où la loi promulguée en France devient obligatoire pour les Français qui se trouvent à l'étranger lors de sa promulgation est une question de fait à résoudre d'après les circonstances; les tribunaux puiseront sans doute, dans les textes concernant la force obligatoire des lois en France, des arguments d'analogie, mais ils ne seront pas obligés de les appliquer rigoureusement; ils pourront les écarter, lorsque l'ignorance de la loi alléguée par une partie sera certaine et excusable (V. Demolombe t. 1, n° 29; Chausse, *Revue critique*, 1889, p. 256; Conclusions de M. l'avocat général Desjardins, Civ. rej. 22 juin 1891, aff. Rouet, D. P. 91. 1. 353). Jugé, en ce sens, que l'art. 1 c. civ. ainsi que l'art. 1 du décret du 5 nov. 1870, concernant exclusivement l'exécution et la publication des lois sur le territoire français, sont sans application au cas où il s'agit de déterminer à quelle date une loi, promulguée et publiée en France, doit être réputée connue des Français à l'étranger; que, dans le silence de la loi à cet égard, il appartient aux tribunaux de faire cette détermination d'après les circonstances de la cause, en tenant compte, notamment, du jour de l'arrivée du *Journal officiel* dans le lieu où a été passé l'acte litigieux; et que l'arrêt qui, en usant de ce pouvoir d'appréciation, et quels que soient d'ailleurs ses autres motifs, constate que le *Journal officiel* renfermant la loi sur les marchés à terme, des 28 mars-8 avr. 1885, est arrivé à Constantinople le 18 avr., peut légitimement en conclure que cette loi était connue d'un Français habitant cette ville, quand celui-ci, à la date du 11 mai suivant, a souscrit des billets à ordre en règlement d'opérations de jeu de bourse; que, en conséquence, ledit arrêt écarte à bon droit l'exception de jeu, soulevée par le souscripteur desdits billets à l'appui de son refus de les payer, cette exception ayant été abrogée, en ce qui concerne les opérations de bourse, par ladite loi (Civ. rej. 22 juin 1891.

112. Le nouveau mode de publication créé par le décret du 5 nov. 1870 a sur l'ancien un avantage sérieux, quoiqu'il ne soit pas lui-même parfait. Lorsqu'on appliquait l'ancien système de publication, c'est-à-dire le délai gradué de l'art. 1er du code civil avec la modification résultant des ordonnances de 1816 et 1817, il arrivait qu'une loi qui était obligatoire déjà depuis plusieurs jours dans telle ville de France ne le devenait que longtemps après dans telle autre. Les auteurs du décret de 1870 auraient pu supprimer complètement cet inconvénient et, en s'inspirant de certaines législations étrangères (notamment de l'art. 2 de la loi belge du 28 févr. 1845, V. *suprà*, n° 59), décider que toute loi nouvelle serait, après un certain délai, obligatoire le même jour dans tout le territoire français; on ne peut que regretter, selon nous, que ce système n'ait point prévalu. Aujourd'hui encore, pendant un certain espace de temps après la promulgation d'une loi, les diverses parties de la France se trouvent régies par deux lois différentes; jusqu'à ce que le *Journal officiel* soit parvenu au chef-lieu d'arrondissement le plus éloigné de Paris, il y aura encore deux lois en conflit, tel arrondissement sera soumis à la loi nouvelle, tel autre à la loi ancienne. Il résulte de ce conflit que les mêmes difficultés qui se présentaient autrefois lorsqu'il s'agissait de déterminer à quel moment une loi devait être obligatoire à l'égard de telle personne, peuvent se reproduire encore maintenant.

Plusieurs opinions ont été émises pour résoudre cette difficulté. Les uns veulent que l'on s'attache au domicile. Le mode de publication adopté par notre législation a pour but d'établir une règle fixe, indépendante des circonstances variables qui tiennent à la situation personnelle de tel ou tel individu; le domicile seul, par sa fixité, répond au vœu du législateur. On ajoute que, dans notre droit, un conflit analogue à celui qui s'élève, exceptionnellement, aujourd'hui, existait d'une manière permanente par suite de la diversité des coutumes; or la capacité personnelle de l'individu était toujours déterminée par le statut personnel de son domicile (Pothier, *Introduction générale aux coutumes*, chap. 1). Les autres veulent qu'on ne considère que la résidence. La loi atteint l'individu en quelque lieu qu'il se trouve, même accidentellement. La publication repose aujourd'hui sur cette idée que, lorsque le *Journal officiel* contenant la loi promulguée est arrivé au chef-lieu d'un arrondissement tous ceux qui se trouvent dans cet arrondissement, en ont connaissance un jour après que ce fait a eu lieu, parce qu'ils sont censés lire ce recueil ou au moins les journaux qui en reproduisent la partie officielle; or, si telle est la présomption qui sert de base à la publication, il est irrationnel de faire dépendre l'application de la loi, à l'égard d'un individu, de ce fait que le *Journal officiel* est ou n'est pas arrivé dans un lieu où il est réputé être, mais où, en fait, il n'est pas. S'attacher au domicile, c'est fonder une présomption sur une autre présomption, c'est-à-dire aggraver encore le caractère fictif de la publication légale qu'il faut s'appliquer, au contraire, à rapprocher le plus possible de la publication réelle. C'est l'opinion qu'a adopte M. Fauvel (*op. cit.*, n° 68), quoiqu'il l'appuie sur des motifs différents qui ne nous paraissent pas fortifier sa conclusion. — Le système qui semble avoir prévalu dans la doctrine, relativement à cette question purement théorique, sur laquelle la jurisprudence n'a jamais eu, à notre connaissance, à se prononcer, distingue entre les diverses espèces de lois. Il faut s'attacher à la résidence, s'il s'agit de lois de police et de sûreté, ou bien encore de lois qui règlent la forme des actes, les conditions et les effets des contrats; s'agit-il, au contraire, de lois réelles, c'est-à-dire concernant les biens, par exemple, d'une loi nouvelle sur les servitudes, on ne doit considérer que le domicile; enfin, s'agit-il de lois personnelles, c'est-à-dire réglant l'état et la capacité des personnes, par exemple, d'une loi qui fixe l'âge de la majorité, la loi applicable n'est pas celle du domicile, comme on l'avait admis au *Rép.* n° 176, mais celle du lieu « où le fait se passe, où l'acte se réalise, où la personne elle-même agit » (Demolombe, t. 1, p. 30, n° 31). MM. Aubry et Rau, t. 1, § 26, p. 52, appliquent cette dernière règle à toutes les lois indistinctement, en faisant abstraction, dans tous les cas, de la résidence et du domicile, au moins toutes les fois qu'il ne s'agit pas de lois de police et de sûreté.

113. Si les lois ne sont obligatoires qu'après avoir été publiées, les particuliers qui connaissent une loi avant que la publication en soit accomplie peuvent-ils s'en prévaloir et s'y soumettre volontairement? On a examiné cette question au *Rép.* n° 172 et suiv., et les distinctions que l'on a proposées pour la résoudre ont été généralement admises par les auteurs. Il suffira de rappeler que la connaissance personnelle que des particuliers peuvent avoir d'une loi nouvelle ne les autorise pas, en principe, à s'en prévaloir avant qu'elle ait été régulièrement publiée; tant que la loi n'est pas devenue obligatoire pour la collectivité à laquelle ces individus appartiennent, elle est comme n'existant pas; ceux-ci ne peuvent pas lui communiquer une autorité qu'il n'appartient qu'au législateur lui-même de lui conférer. En vertu du principe de la liberté des conventions, les parties contractantes peuvent s'approprier les dispositions d'une loi nouvelle avant qu'elle soit publiée, comme elles pourraient s'approprier aussi les dispositions d'un simple projet de loi, mais elles ne seraient obligées, en pareil cas, que par l'effet de leur convention et non par l'effet de la loi (Laurent, t. 1, n° 26 et suiv.).

114. Les lois régulièrement publiées sont, d'ailleurs, obligatoires même pour ceux qui n'en connaîtraient pas les dispositions. Cette règle n'est que l'application du principe : « nul n'est censé ignorer la loi » (*nemo jus ignorare censetur*). Il en résulte que personne ne peut prétexter de son ignorance pour s'excuser de l'inobservation de la loi et pour se faire relever des conséquences de son inobservation, qu'il s'agisse de se soustraire à une condamnation en dommages-intérêts, ou bien d'éviter une déchéance, une prescription, une nullité ou une pénalité quelconque (Aubry et Rau, t. 1, § 28, p. 54; Bressoles, *Revue de législation*, t. 17, p. 602 et suiv. et t. 18, p. 58 et suiv.; Pachonnet, *Revue critique*, t. 8, p. 165 et t. 9, p. 178; Fauvel, *op. cit.*, 1873-1874, n° 50).

Le décret du 5 nov. 1870 a apporté une exception à cette règle fondamentale relativement à une certaine catégorie de lois. L'art. 4 de ce décret est, en effet, ainsi conçu : « Les tribunaux et les autorités administratives pourront, selon les circonstances, accueillir l'exception d'ignorance alléguée par les contrevenants, si la contravention a eu lieu dans le délai de trois jours francs, à partir de la promulgation ».

Ainsi, celui qui a violé une loi peut, pendant un certain délai après l'expiration du délai fixé pour la publication, se soustraire aux conséquences de la violation qu'il a commise en prouvant qu'il ignorait l'existence de cette loi. Cette disposition exceptionnelle doit être interprétée restrictivement; aussi est-il nécessaire d'en déterminer avec soin la portée. — Il faut remarquer d'abord que l'exception d'ignorance ne s'applique pas à toutes les lois, quel que soit leur objet, mais uniquement aux lois qui statuent sur une *contravention*. Le mot *contravention* n'est pas synonyme ici d'*infraction*, il doit être entendu dans son sens technique, excluant toute idée de délit et, à plus forte raison, de crime; le législateur a considéré avec raison que les faits qui rentrent dans ces deux catégories d'infractions constituent, par leur nature même, un manquement trop grave envers la société pour que leur auteur puisse être admis à invoquer son ignorance de la loi qui les réprime. Le mot *contravention* a, en outre, un sens exclusivement pénal, excluant également les prescriptions législatives dont la violation ne donne lieu qu'à des réparations purement civiles.

Il faut, en second lieu, que la contravention se soit produite dans le délai de *trois jours francs* à partir de la promulgation de la loi; passé ce délai, le principe que nul n'est censé ignorer la loi recouvre toute son autorité. Le décret de 1870 ne dit pas formellement quel est le point de départ de ce délai, mais on s'accorde pour reconnaître qu'il doit être calculé, non pas à partir de l'insertion de la loi au *Journal officiel* ou au *Bulletin des lois*, mais seulement à partir de l'expiration du délai fixé pour la publication; autrement, le privilège que le législateur a voulu accorder à la bonne foi pourrait se trouver supprimé dans certains cas. C'est donc un nouveau délai de trois jours francs que l'art. 4 permet d'ajouter exceptionnellement à celui qui résulte de l'art. 2.

115. On a vu que le délai ordinaire de la publication, tel qu'il est fixé par l'art. 2, peut être supprimé, en cas d'urgence, « par une disposition spéciale » (V. *suprà*, n° 96). Le Gouvernement, s'il s'agit d'un décret, ou le législateur, s'il s'agit d'une loi, pourraient-ils supprimer aussi, par une disposition formelle, le délai de faveur de l'art. 4? Nous n'hésitons pas à résoudre cette question affirmativement. Si le bénéfice du droit commun peut être retiré quand cela est jugé nécessaire, à plus forte raison en en doit-il être de même d'un privilège; le paragraphe final de l'art. 2, qui permet d'ordonner l'exécution immédiate d'un décret (ou d'une loi) est, d'ailleurs, formulé en termes généraux; enfin cette mesure exceptionnelle ne peut guère s'appliquer qu'à des lois dont la prompte application est exigée par des considérations d'ordre public, or ces considérations peuvent assurément être invoquées pour retirer aux contrevenants le bénéfice de l'art. 4 (Fauvel, *op. cit.*, p. 37).

Mais, de même qu'une disposition spéciale est nécessaire pour supprimer le délai normal de la publication, une disposition spéciale est indispensable aussi pour enlever aux intéressés le droit qui leur appartient de prouver leur ignorance de la loi; cette déchéance ne résulterait pas de ce seul fait que la loi ou le décret aurait été déclaré immédiatement exécutoire. Du reste, le délai ordinaire imparti pour la publication et le délai de faveur de l'art. 4 sont, à notre avis, complètement indépendants; d'où il résulte, qu'on pourrait supprimer le premier en maintenant l'autre et réciproquement (Fauvel, *op. cit.*, p. 39). Enfin le législateur, qui a seul le pouvoir de supprimer le délai de l'art. 2, lorsqu'il s'agit d'une loi, peut seul aussi supprimer le délai de l'art. 4 dans le même cas.

Est-il nécessaire de dire qu'il ne suffit pas au contrevenant d'alléguer sa bonne foi pour se soustraire aux conséquences de l'infraction qu'il a commise? Les tribunaux ne peuvent pas, il est vrai, malgré la rédaction un peu ambiguë du texte, rejeter l'offre que celui-ci fait de prouver son ignorance, mais ils sont appréciateurs souverains des faits invoqués, et peuvent toujours, par suite, décider que l'ignorance prétendue n'est pas établie.

116. Une exception plus générale que celle qui résulte de l'art. 4 du décret de 1870 doit être apportée à la règle que toute loi légalement promulguée et publiée oblige même ceux qui en ignorent l'existence. La force majeure, qui intercepte les communications entre la ville où la promulgation a lieu et certaines parties du territoire français, empêche la loi, quelle qu'elle soit, d'acquérir force obligatoire dans les arrondissements où les circonstances ont empêché le *Journal officiel* de parvenir. Cette exception a toujours été admise comme imposée par la nécessité même, quoiqu'on ait cru pouvoir discuter la question depuis la promulgation du décret de 1870, qui ne s'explique pas sur ce point (Demolombe, t. 1, n° 28; Aubry et Rau, t. 1, § 26, p. 50; Fauvel, *op. cit.*, p. 42).

CHAP. 4. De la rétroactivité des lois (*Rép.* n°s 182 à 384.)

117. Il s'agit ici du conflit qui peut s'élever entre deux lois statuant sur le même objet, l'une ancienne, l'autre nouvelle; l'art. 2 c. civ. tranche ce conflit en décidant que la loi ne dispose que pour l'avenir, qu'elle n'a point d'effet rétroactif, c'est-à-dire qu'elle ne régit pas, en principe, les situations établies et les rapports formés avant sa publication.

ART. 1er. — *Règles générales* (*Rép.* n°s 183 à 205).

118. On a expliqué quel est le fondement du principe de la non-rétroactivité des lois, principe admis par toutes les législations et imposé par la logique autant que par les nécessités de la stabilité sociale (*Rép.* n° 184). L'art. 2 ne formule, toutefois, qu'une règle d'interprétation pour le juge, exprimant cette idée que les tribunaux ne doivent pas, à moins de disposition contraire, appliquer les lois nouvelles au fait accompli avant leur publication; mais cette règle ne lie pas le législateur, qui peut toujours donner un effet rétroactif aux lois qu'il promulgue (*Rép.* n° 186). La puissance législative n'est, en effet, limitée que par la constitution; or la règle que les lois n'ont pas d'effet rétroactif, inscrite dans le code civil, n'a que le caractère d'une loi ordinaire (Demante, t. 1, n° 9 *bis*; Berriat Saint-Prix, *Notes sur le code civil*, t. 1, n° 63; Mourlon, *Répéti-*

tions écrites, t. 1, n° 65; Demolombe, t. 1, n° 67; Baudry-Lacantinerie, t. 1, n° 48; de la Bigne de Villeneuve, t. 1, p. 29; Vigié, t. 1, n° 49; Aubry et Rau, t. 1, § 30, p. 57; Laurent, t. 1, n° 63). Jugé, en ce sens, que le règlement d'administration publique du 19 déc. 1859 (D. P. 59. 4. 90), d'après lequel tous les objets existant dans le commerce sur l'un des territoires annexés à l'ancien rayon d'octroi de Paris, au 1er janv. 1860, jour de cette annexion, sont soumis au tarif de l'octroi de Paris sous déduction des taxes locales déjà acquittées, est légal et obligatoire, même relativement aux objets déjà introduits à cette époque sur le territoire annexé, le principe de la non-rétroactivité de loi n'étant pas une règle constitutionnelle dont la violation doive faire annuler de plein droit la loi ou le règlement entachés du vice de rétroactivité, et obéissance étant due, malgré un tel vice, à cette loi ou à ce règlement, sauf au législateur à aviser (Req. 15 avr. 1863, aff. Alliot, D. P. 63. 1. 400).

Bien entendu le législateur ne doit user du pouvoir de faire des lois rétroactives qu'avec une extrême réserve, que pour des causes majeures, d'intérêt public, et avec tous les ménagements qu'exige l'équité. Le droit qui appartient au législateur de donner aux lois un effet rétroactif est d'ailleurs limité, en ce sens que le législateur, étant lié lui-même par la constitution, ne pourrait pas édicter une loi rétroactive qui enlèverait aux citoyens un droit garanti par la constitution; mais la constitution pouvant être modifiée et même abrogée par le pouvoir constituant, celui-ci pourrait faire ce qui est interdit au pouvoir législatif (Laurent, t. 1, n° 143).

119. Le principe de la non-rétroactivité des lois n'est pas absolu; il y a des lois qui s'appliquent toujours rétroactivement. Il en est ainsi d'abord des lois auxquelles le législateur, usant du droit qu'on vient de lui reconnaître (*suprà*, n° 118), a attribué cet effet par une disposition expresse (*Rép.* n° 186). En outre, il y a des lois qui, à raison de leur nature propre, ou des considérations qui les ont fait établir, échappent à l'application de l'art. 2, même en l'absence de toute manifestation de volonté de la part du législateur.

Telles sont d'abord les lois interprétatives, ayant pour objet d'expliquer et de fixer le sens obscur ou contesté d'une loi antérieure. L'opinion, mentionnée et combattue au *Rép.* n° 188, d'après laquelle la loi interprétative n'a d'effet que pour l'avenir, n'est plus enseignée par aucun auteur aujourd'hui. « Les lois interprétatives, disent avec raison MM. Aubry et Rau (t. 1, § 30, p. 60), ne peuvent rationnellement donner lieu à la question de savoir si elles doivent ou non s'appliquer aux situations établies et aux rapports formés avant leur promulgation. Comme elles ont pour objet de déterminer le sens des lois antérieures, elles forment corps avec ces dernières, et ne sont point à considérer comme des lois nouvelles dans le sens de notre matière ». La loi interprétative n'est, en effet, que la loi ancienne expliquée; aussi est-il inexact de dire que les lois interprétatives rétroagissent, puisque c'est en réalité toujours la même loi que l'on applique (Demolombe, t. 1, n° 66; Laurent, t. 1, n° 148). Le législateur ayant le pouvoir d'attacher un effet rétroactif à une loi nouvelle, peu importe même qu'il s'agisse d'une loi réellement interprétative, ou d'une loi à laquelle le législateur a assigné ce caractère, quoiqu'elle statue en fait par voie de disposition nouvelle (Aubry et Rau, *op. et loc. cit*). — Jugé, par application du même principe, que les lois interprétatives régissent même les faits accomplis avant leur publication, que la règle de la non-rétroactivité des lois, rappelée dans l'art. 4 de la loi du 21 mai 1858 (D. P. 58. 4. 38), d'après lequel les ordres ouverts avant sa promulgation seront régis par les lois antérieures, ne doit pas être étendue aux dispositions de cette loi qui, purement interprétatives, déterminent la portée d'une ancienne disposition dont le sens était controversé (Civ. cass. 29 août 1865, aff. Véron, D. P. 65. 1. 329).

On assimile généralement aux lois interprétatives les lois rectificatives, dont l'objet est de réparer des erreurs commises dans une loi précédente. On a cru devoir distinguer au *Rép.* n° 194, entre le cas où l'erreur rectifiée résulte d'un vice matériel inhérent seulement à la rédaction, et celui où il s'agit d'un vice intrinsèque de la loi. Les auteurs ne prévoient pas cette difficulté, sur laquelle les tribunaux n'ont pas eu à se prononcer, d'ailleurs, depuis la publication du *Répertoire*.

120. La prédominance de l'intérêt général sur les intérêts individuels explique suffisamment pourquoi la règle de la non-rétroactivité des lois ne s'applique pas non plus aux lois politiques, ni, à plus forte raison, aux lois constitutionnelles (*Rép.* n° 193). Il en est ainsi, en particulier, des lois qui règlent la jouissance des droits politiques et les conditions d'aptitude aux emplois publics. L'effet de ces lois est absolu; elles peuvent être invoquées pour retirer aux citoyens des aptitudes ou des immunités dont ils jouissaient antérieurement (Aubry et Rau, t. 1, § 30, p. 62). C'est ainsi que les exemptions accordées par une loi, en matière d'impôts, peuvent être retirées par une autre loi au préjudice de ceux qui avaient compté sur cette immunité (Laurent, t. 1, n° 157). — La jurisprudence belge présente une application de la même doctrine relativement à la loi du 19 déc. 1864, qui enleva aux collecteurs des anciennes fondations le droit de conférer des bourses, pour l'attribuer à d'autres administrateurs (Bruxelles, 7 août 1866, *Pasicrisie belge*, 1866. 2. 309).

121. Le principe de la non-rétroactivité des lois ne s'appliquant pas aux lois politiques et administratives, il a été jugé que les décrets des 22 août et 26 sept. 1860, qui ont rendu exécutoires dans les départements annexés de la Savoie et de l'ancien comté de Nice, non seulement les lois civiles commerciales et de procédure civile de la France, mais aussi les lois françaises sur les attributions des conseils de préfecture, et généralement toutes les dispositions législatives concernant la juridiction administrative, ont eu pour effet de rendre le principe du droit public de la France sur la séparation des pouvoirs et sur la défense faite aux tribunaux de l'ordre judiciaire de s'immiscer dans les affaires de l'ordre administratif, immédiatement applicable dans ces départements même aux causes qui, engagées devant la justice ordinaire avant l'annexion, n'ont été jugées que postérieurement auxdits décrets (Civ. cass. 12 août 1867, aff. Leblanc de Castillon, D. P. 67. 1. 373). — C'est un principe, au contraire, dont la jurisprudence a fait, comme on le verra *infrà*, nos 172 et 176, de nombreuses applications, que l'annexion de territoires ne peut porter atteinte aux droits privés antérieurement acquis.

Il a été décidé aussi que les arrêtés préfectoraux rendus avant la loi de 1837 sur des matières que cette loi a placées dans les attributions du maire ont conservé leur caractère obligatoire depuis cette loi (Civ. rej. 4 janv. 1855, aff. Vanreyschute, D. P. 55. 1. 84).

122. Il faut rattacher au même ordre d'idées la règle d'après laquelle les incapacités prononcées par la loi électorale à raison de certaines condamnations judiciaires s'étendent aussi bien aux condamnations antérieures à la loi qui établit ces incapacités qu'à celles encourues postérieurement. Les lois électorales sont, en effet, des lois d'ordre politique et d'intérêt général. Ainsi, il a été jugé : 1° que la condamnation à plus d'un mois d'emprisonnement pour l'un des trois délits prévus par l'art. 9 de la loi du 31 mai 1850 (D. P. 50. 4. 97) emporte exclusion de la loi électorale, quoiqu'elle soit antérieure à cette loi (Req. 19 août 1850, aff. Hubert, D. P. 50. 5. 187); — 2° Que « les mesures politiques plus ou moins sévères qui retirent le droit de vote à telle classe de condamnés n'ont pour but que d'assurer la sincérité et la loyauté du scrutin en ne conférant la capacité électorale qu'aux citoyens qui ne s'en sont pas rendus indignes par leur conduite antérieure, et qu'on ne saurait voir dans ces prescriptions soit une aggravation, soit un effet rétroactif apporté à la peine qui entraîne l'incapacité » (Douai, 6 févr. 1871, aff. Bouton, *suprà*, v° *Droit politique*, n° 46); — 3° Que la suspension des droits électoraux, prononcée pour cinq ans par l'art. 16 du décret du 2 févr. 1852 contre certains condamnés à plus d'un mois d'emprisonnement, atteint même les individus frappés de condamnations antérieures au décret (Req. 15 avr. 1868, aff. Aucelet, D. P. 71. 5. 123); — 4° Que le décret du 26 févr. 1884, qui décide que la liste électorale pour l'élection du conseil général et des conseils locaux et municipaux des établissements français de l'Inde sera divisée, non plus en deux parties, comme sous l'empire des décrets du 25 janv.

1879 et 12 mars 1880, mais en trois parties, et que les Indiens renonçant à leur statut personnel hindou seraient portés sur la seconde liste, créée spécialement pour eux, non sur la première réservée aux Européens, ne peut être critiqué comme ayant porté atteinte au principe de la non-rétroactivité des lois (Civ. rej. 28 oct. 1885, aff. Canoussamy-Dumont, D. P. 85. 1. 458).

123. On a reproduit au *Rép.* n° 192 cette opinion, admise généralement, que les lois qui intéressent l'ordre public ne sont pas soumises au principe de la non-rétroactivité. Formulée dans ces termes généraux, la règle est vraie et n'est qu'une conséquence de la prédominance de l'intérêt public sur les intérêts privés ; mais la difficulté est de savoir dans quels cas une disposition législative a les caractères d'une loi d'ordre public. Une grande incertitude règne sur ce point dans la doctrine et dans la jurisprudence. Rien n'est moins déterminé, en effet, que ce que l'on appelle l'*ordre public*. On s'accorde généralement sur l'énumération des lois qui intéressent les bonnes mœurs; il n'y a pas de critérium pour les lois d'ordre public. Toutes les tentatives qu'on a faites pour en donner une définition prêtent à la critique (Em. Alglave, *Action du ministère public et théorie des droits d'ordre public en matière civile*, t. 1, p. 572 et suiv.; Lyon-Caen, *Revue critique*, 1875, p. 205 et suiv.). La notion de l'ordre public est essentiellement relative; elle varie selon les milieux et les temps. Une loi peut, d'ailleurs, être inspirée par des motifs d'ordre public et ne pas être d'ordre public. A notre avis, le caractère d'ordre public doit être réservé aux lois qui disposent sur des droits qui n'appartiennent qu'au souverain, comme les lois constitutionnelles, les lois politiques, les lois d'organisation judiciaire, etc. Ces lois régissent indistinctement, en principe, même les situations antérieures à leur promulgation, non pas, comme on le dit quelquefois, parce que l'intérêt public prime le droit des individus, mais parce que, dans les matières qui font l'objet de ces lois, les individus ne peuvent pas invoquer de droits proprement dits, il n'y a que des intérêts particuliers en présence de l'intérêt général. Mais lorsqu'il s'agit de lois purement civiles concernant l'état ou le patrimoine des particuliers, quoique quelques-unes d'entre elles se rattachent à la constitution même de la société, comme les lois relatives au mariage, par exemple, elles ne doivent jamais être appliquées rétroactivement, c'est-à-dire de manière à briser un droit acquis antérieurement à leur promulgation. Partout où se rencontre un droit acquis, la loi doit le respecter ; vainement on se prévaudrait de l'ordre public pour l'atteindre. Sans doute il n'y a pas de droits acquis à l'encontre de l'ordre public ; mais, nous le répétons, les lois dont il s'agit n'ont pas le caractère de lois d'ordre public, et c'est pour cela que le législateur peut se trouver, dans certains cas, en présence non pas de simples intérêts, mais de droits proprement dits (Aubry et Rau, t. 1, § 30, p. 58 ; Laurent, t. 1, n°s 160 et suiv.). — On indiquera dans la suite plusieurs applications que la jurisprudence a faites de cette doctrine, formulée inexactement, toutefois, dans quelques arrêts (V. notamment Lyon, 4 juin 1885, aff. Canavy et Jaquet, D. P. 85. 5. 172). N'était-ce pas, d'ailleurs, le principe dont la jurisprudence s'inspirait déjà lorsqu'elle décidait que la restriction du taux de l'intérêt établie manifestement sous l'influence de considérations d'ordre général et même de morale publique, par la loi du 3 sept. 1807, ne disposait que pour les intérêts qui seraient stipulés à l'avenir (*Rép.* n° 266).

C'est parce qu'il ne peut pas y avoir de droits acquis contre les dispositions ayant pour objet l'ordre public et la sûreté générale, que les règlements émanés de l'autorité administrative, dans les matières de son domaine, saisissent en principe aussi, non seulement les faits à venir, mais même les faits existants au moment de leur promulgation (Jousselin, *Des mots, effet rétroactif et droits acquis, en ce qui concerne l'exercice du pouvoir réglementaire*, *Revue critique*, 1852, p. 180 et suiv.).

124. En dehors des exceptions que l'on vient de parcourir, le principe que la loi ne dispose que pour l'avenir s'impose donc aux tribunaux. Cette règle, très simple à formuler, présente dans l'application de sérieuses difficultés. Qu'est-ce, en effet, que l'avenir et qu'est-ce que le passé par rapport à une loi? — Il y a deux cas dans lesquels l'application de l'art. 2 n'offre aucune complication : c'est ou bien lorsqu'il s'agit d'un fait entièrement consommé avant la loi nouvelle, il est alors certain qu'il demeure uniquement régi par la loi ancienne, ou bien, au contraire, lorsqu'il s'agit d'un fait né seulement depuis la loi nouvelle, auquel cas il est évident aussi qu'il appartient tout entier à cette loi et est complètement soustrait à l'empire de la loi ancienne. Mais la limite entre le passé et l'avenir n'est pas toujours aussi nettement tracée ; souvent, le même fait appartient à la loi ancienne par son origine et à la loi nouvelle par ses effets, ses conséquences; il s'agit de savoir par quelle loi ces effets, ces conséquences doivent être régis. Quelquefois le législateur résout lui-même, par des dispositions particulières, que l'on appelle *dispositions transitoires*, les difficultés qui peuvent résulter du passage de la loi ancienne à la loi nouvelle, c'est-à-dire qu'il détermine dans quelle mesure la loi nouvelle régit le passé.

125. Mais les dispositions transitoires sont rares; le plus souvent le législateur se désintéresse du conflit qui pourra s'élever entre la loi ancienne et la loi nouvelle et abandonne aux tribunaux le soin de le trancher. En principe, ceux-ci devront donner la préférence à la loi nouvelle et l'appliquer même aux situations ou rapports juridiques établis ou formés avant sa publication, car la loi nouvelle devant être présumée meilleure que l'ancienne par cela même qu'elle est nouvelle, la société a intérêt à ce qu'elle s'applique; toutefois, l'intérêt social exige aussi que l'autorité de la loi et la confiance qu'elle doit inspirer à tous ne soient pas ébranlées par la crainte de voir un changement de législation détruire des situations acquises que l'on considérait comme irrévocables et définitives. Cette double considération conduit à distinguer entre les avantages que les particuliers peuvent retirer de l'application de la loi ancienne; tous ne méritent pas la même protection: il y en a qui peuvent être détruits, il y en a d'autres qui doivent être maintenus, sous peine de violer le principe de la non-rétroactivité des lois. — Une formule consacrée depuis longtemps par la doctrine peut servir encore aujourd'hui à exprimer cette distinction; la loi nouvelle peut supprimer les *simples expectatives*, elle ne peut pas porter atteinte aux *droits acquis*. C'est l'idée que l'on a développée au *Rép.* n°s 196 et suiv. en répondant à cette question : à quels caractères généraux distingue-t-on qu'une loi rétroagit? La difficulté est de reconnaître dans quels cas on est en présence d'un droit acquis ou d'une simple expectative. Les derniers auteurs qui ont exposé la théorie de la non-rétroactivité des lois se sont efforcés de déterminer avec précision les caractères distinctifs du droit acquis. Il est difficile de donner une définition qui soit assez large pour embrasser toutes les hypothèses auxquelles s'applique notre règle. En combinant les idées exprimées sur ce point délicat par la doctrine, on peut dire que le droit acquis est celui dont nous sommes déjà investis, qui fait partie de notre patrimoine, qu'un tiers ne peut pas nous enlever et que nous pouvons, en général, transmettre, aliéner : tels sont, par exemple, le droit qui nous appartient sur un bien en vertu d'un contrat, le droit qui résulte d'un testament dont l'auteur est décédé, ou bien encore le droit qui se rapporte à une succession ouverte. Il suffit de rappeler ces exemples parmi ceux indiqués au *Rép.* n°s 199 et suiv.

126. La faculté de pouvoir disposer d'un avantage légal ou conventionnel qui nous appartient, ou de le transmettre, n'est pas une circonstance essentielle et nécessaire, aussi ne l'avons-nous mentionnée que comme un élément qui est ordinairement de la nature du droit acquis; il y a, en effet, des droits qui constituent certainement des droits acquis bien qu'ils ne soient ni aliénables ni transmissibles; il est seulement vrai de dire que la circonstance dont il s'agit contribue à accentuer le caractère du droit acquis et à le faire reconnaître dans les hypothèses où elle se rencontre, en ce sens que nous ne pouvons aliéner et transmettre qu'un bien qui nous appartient. M. Demolombe, auquel cette observation, est empruntée ajoute (t. 1, n° 40) que « lorsqu'un fait s'est accompli sous la loi ancienne, la conséquence dont ce fait a été le principe générateur, la cause efficiente et directe, forme surtout ce que l'on appelle le *droit acquis* ». Cette circonstance pourra aussi servir de critérium, quoique la première règle soit plus explicite. On verra, du reste qu'il y a lieu, dans l'application du principe, de distinguer entre les lois qui ont pour objet l'état et la capacité des personnes et celles qui se rapportent à leur patrimoine, en sous-distinguant, relativement à ces dernières, entre les facultés ou avantages qui dérivent immédiatement de la loi et ceux qui ont pour origine un fait de l'homme (Aubry et Rau, t. 1, § 30, p. 67; Laurent, t. 1, n°s 153 et suiv.; Meyer, *Principes sur les questions transitoires*, p. 15; Baudry-Lacantinerie, t. 1, n° 51; de la Bigne de Villeneuve, t. 1, p. 30; Vigié, t. 1, n° 51).

ART. 2. — *Règles particulières à certaines matières de droit, sur la non-rétroactivité des lois* (*Rép.* n°s 206 à 384).

127. Dans l'application des principes posés *suprà*, n°s 118 et suiv., aux différentes matières de droit, on conservera l'ordre du *Répertoire;* on ajoutera toutefois un paragraphe final dans lequel seront groupés un certain nombre de décisions étrangères aux divisions primitivement adoptées.

§ 1. — Etat et capacité des personnes (*Rép.* n°s 207 à 241).

128. On enseigne généralement que les lois qui ont pour objet l'état des personnes s'appliquent toujours rétroactivement, en ce sens qu'elles saisissent l'individu dès qu'elles sont devenues obligatoires, parce que l'état civil des personnes étant subordonné à l'intérêt public, il est au pouvoir du législateur de le changer ou de le modifier selon les besoins de la société. — Nous avons déjà fait remarquer (*Rép.* n° 208) que cette règle ne doit pas être formulée en termes aussi généraux, sous peine d'engendrer des confusions qu'il importe d'éviter. Il est nécessaire de distinguer avec soin l'état proprement dit et les facultés ou aptitudes qui en sont la conséquence, en d'autres termes, *l'état* proprement dit et la *capacité*.

Quoique les auteurs soient d'accord sur les applications du principe qui régit cette matière, tous ne le formulent pas et surtout ne l'expliquent pas encore aujourd'hui de la même manière, à tel point qu'on pourrait croire qu'ils sont souvent en désaccord et appliquent des règles différentes. L'état des personnes se présente, en effet, comme on l'a dit au *Rép.* n° 209, sous un triple point de vue, selon que l'on considère soit les faits mêmes qui créent la qualité civile, soit les preuves à administrer pour s'en prévaloir, soit enfin les facultés attachées à cette qualité ou les charges qui en résultent. M. Laurent, (t. 1, n° 169), pose en principe que les droits d'état personnel ne constituent jamais des droits acquis, qu'il y a incompatibilité radicale entre la notion du droit acquis et l'état des personnes; le droit acquis suppose, en effet, un droit qui est dans notre patrimoine, un droit dont nous pouvons disposer, or nous ne disposons pas de notre état qui n'est pas dans le commerce et est essentiellement d'ordre public: « conçoit-on que l'on dispose de l'état de majorité, de l'état de femme mariée, qu'on le vende, qu'on le lègue? » D'après MM. Aubry et Rau (t. 1, § 30, p. 67), « les qualités constitutives de l'état des personnes, qu'elles soient de nature à s'établir par un fait pur et simple, ou qu'elles exigent un acte juridique accompagné de certaines conditions, forment des droits acquis dès le moment de la réalisation de ce fait ou de l'accomplissement de cet acte avec toutes les conditions requises par la législation existante ». S'agit-il, au contraire, de la capacité, ces auteurs reconnaissent que « les lois qui règlent la capacité des personnes en matière civile s'appliquent toujours rétroactivement, soit qu'elles élargissent, soit qu'elles restreignent leur capacité telle qu'elle était réglée par la loi ancienne » (Aubry et Rau, t. 1, § 30, p. 63).

Nous croyons aussi que les lois qui ont pour objet l'état des personnes ne sont pas soumises au même principe que celles qui se rapportent à leur capacité, et c'est parce qu'on n'a pas toujours fait cette distinction essentielle que la théorie de la non-rétroactivité des lois offre, chez plusieurs auteurs, une certaine obscurité. L'état et la capacité sont deux choses très différentes : l'état, quoiqu'il ne soit pas dans le commerce, n'en constitue pas moins, comme le disent MM. Aubry et Rau (*loc. cit.* note 20), une sorte de propriété protégée par des actions analogues à celles qu'engendre la propriété proprement dite; c'est ce caractère qui fait que l'état des personnes a l'irrévocabilité d'un droit acquis qui s'impose au respect des juges chargés d'appliquer une loi nouvelle. M. Laurent reconnaît que les tribunaux ne peuvent porter aucune atteinte à l'état des personnes; mais s'il en est ainsi, ce n'est pas, selon lui, parce que cet état a le caractère d'un droit acquis; le droit acquis implique nécessairement l'existence d'une chose qui fait partie du patrimoine et dont on ne peut disposer ; c'est uniquement parce que l'état a pour cause un acte accompli légalement, et que le législateur est tenu, sous peine de détruire son autorité, de respecter les actes faits conformément à ses prescriptions. Si l'état personnel constituait un droit acquis, dit cet auteur, il faudrait en conclure qu'une loi ne pourrait pas le modifier, car le principe de l'inviolabilité de la propriété oblige non seulement le juge mais encore le législateur (Laurent, t. 1, n° 172). Nous admettrions volontiers la conséquence que cet auteur présente comme une objection ; mais, quelle que soit l'interprétation que l'on adopte, que l'immutabilité de l'état des personnes dérive du respect dû aux droits acquis ou ne soit qu'une application de la règle rappelée ci-dessus, la conséquence est la même : les lois nouvelles ne peuvent jamais modifier l'état des personnes.

Une règle toute différente s'applique à la capacité: on peut dire avec certitude que la capacité ne présente aucun des caractères de l'état auquel elle se rattache, mais dont elle est complètement distincte, qu'elle ne peut être considérée à aucun point de vue comme une propriété ni, par suite, comme étant constitutive de droits acquis; la capacité n'est qu'une conséquence, c'est un effet de l'état proprement dit, en ce sens qu'à chaque état correspond une capacité particulière. La capacité consiste dans certaines facultés ou aptitudes qui permettent à un individu de faire tels ou tels actes déterminés; ce sont ces facultés qu'une loi nouvelle peut modifier, même anéantir, malgré la règle de la non-rétroactivité des lois. — Toutefois une distinction s'impose ici entre le cas où la faculté n'a pas encore été exercée et celui où elle s'est manifestée par un acte accompli sous l'empire de la loi ancienne: tout acte fait par une personne capable au moment de sa passation reste valable même après la promulgation d'une loi nouvelle qui retire à cette personne la capacité dont elle jouissait auparavant, de même, réciproquement, que les actes faits par des incapables restent nuls malgré la survenance d'une loi nouvelle qui confère à leur auteur la capacité de les faire dans l'avenir.

129. Les règles que l'on vient de poser sont les mêmes que celles qui ont été développées au *Rép.* n°s 207 et suiv.; elles sont admises par tous les auteurs qui ne diffèrent entre eux, comme nous l'avons dit, que sur la manière de les formuler; elles s'appuient également sur la jurisprudence, quoique les tribunaux aient eu rarement à appliquer le principe de la non-rétroactivité des lois en matière d'état et de capacité, sans doute parce que les solutions qu'on doit donner aux questions que ce sujet comporte ne sont plus depuis longtemps contestées, l'accord s'étant fait sur les principes. Aussi nous bornerons-nous à signaler quelques applications nouvelles provoquées par des lois récentes renvoyant, en ce qui concerne les autres, au *Répertoire*, où notre matière a été traitée avec de grands développements.

130. — I. ÉTAT DE FRANÇAIS OU DE RÉGNICOLE (*Rép.* n°s 210 et 211). — On a vu au *Rép.* n°s 210 et 211, qu'il fallait distinguer entre la qualité de Français et les droits civils qui y sont attachés. En vertu du principe posé ci-dessus, que les qualités constitutives de l'état des personnes engendrent des droits acquis et ne peuvent recevoir aucune atteinte d'une loi nouvelle, ceux qui ont acquis la qualité de Français sous l'empire de la loi ancienne ne peuvent pas en être privés par l'effet d'une loi postérieure qui change les conditions auxquelles est subordonnée l'acquisition de cette qualité. Il en serait autrement des droits civils qui sont attachés à la nationalité française, ceux-ci, comme toutes les facultés qui constituent la capacité, restent soumis à la réglementation souveraine du législateur tant qu'ils n'ont pas donné lieu à des actes dont l'accomplissement les transforme en droits acquis.

La jurisprudence ne présente guère d'applications de ces principes depuis la publication du *Répertoire*, l'esprit des lois nouvelles relatives à l'acquisition de la qualité de Français étant de faciliter cette acquisition en simplifiant ou en supprimant les conditions requises par la législation antérieure. La loi du 26 juin 1889 (D. P. 89. 4. 59), sur la nationalité a cependant fait naître des questions de rétroactivité assez délicates, cette loi n'ayant pas prévu les questions transitoires auxquelles son application devait donner lieu. Deux hypothèses, notamment, ont fait l'objet d'une vive controverse (V. Vincent, *Lois nouvelles*, 1re part., 1884; *La Nationalité*, nos 32, 45 et suiv.; Le Sueur et Eug. Dreyfus, *La Nationalité*, L. du 26 juin 1889, p. 38, 90, 205 et suiv.; Despagnet, *Le Droit*, n° du 19 oct. 1889; Abany, *Loi sur le recrutement*, p. 107; Cogordan, *La Nationalité*, p. 110 et suiv.).

131. Et d'abord on s'est demandé quelle est la situation des individus nés en France, avant la promulgation de la loi, d'un étranger qui lui-même y est né. On sait que, sous l'empire de la loi des 7-12 févr. 1851, modifiée par la loi du 16 déc. 1874 (D. P. 75. 4. 78), les individus nés en France de parents qui eux-mêmes y sont nés étaient Français du jour de leur naissance, mais avec le droit, dans le cours de leur vingt-deuxième année, de réclamer la qualité d'étranger moyennant certaines conditions et l'accomplissement de certaines formalités. La plus importante innovation de la loi du 26 juin 1889 consiste dans la suppression de ce droit d'option. Aujourd'hui, les individus nés en France de parents qui eux-mêmes y sont nés, sont Français de plein droit du jour de leur naissance, sans pouvoir décliner la qualité de Français à leur majorité (V. *suprà*, v° *Droits civils*, n° 46).

On s'est demandé si cette disposition, contraire à l'ancienne doctrine qui faisait dépendre la nationalité de la filiation, est applicable aux individus qui étaient déjà nés au moment de la promulgation de la loi, ou si ceux-ci ont conservé le droit d'option que la loi de 1874 leur réservait. Il y a un cas dans lequel la question de rétroactivité ne peut pas se poser, c'est celui où il s'agit d'individus qui avaient déjà exercé leur droit d'option avant la promulgation de la loi; il est évident que leur nationalité se trouve fixée irrévocablement, et qu'on ne peut pas les priver d'un état qu'ils ont régulièrement acquis en se conformant à la loi (Conf. *infrà*, n° 130). — Quant à ceux qui n'avaient pas encore fixé, à cette époque, leur nationalité par l'exercice du droit d'option, nous croyons qu'ils ont été atteints au contraire par la loi nouvelle et ont perdu pour l'avenir le droit d'option que leur conférait auparavant la loi de 1874. Cette solution nous paraît résulter nécessairement des principes développés ci-dessus. Il ne s'agit pas ici, en effet, de modifier l'état qui appartenait aux intéressés au moment de la promulgation de la loi: quand la loi de 1889 a été promulguée, les individus nés en France de parents nés eux-mêmes dans notre pays avaient, en vertu de la législation alors en vigueur, la qualité de Français par la naissance; il est vrai que la loi de 1874 leur donnait le droit de renoncer à la nationalité française et de réclamer la qualité d'étrangers à leur majorité, mais ce droit n'était pour eux qu'une faculté dont ils n'ont pas usé et que son exercice seul pouvait transformer en droit acquis. On peut, d'ailleurs, argumenter du texte de la loi de 1889 en faveur de cette interprétation; il est à remarquer, en effet, que l'art. 8 de cette loi dit que les individus nés en France de parents étrangers qui eux-mêmes y sont nés « sont » Français, et non pas qu'ils « seront » Français; l'emploi du présent indique que le législateur a eu l'intention d'atteindre immédiatement tous ceux qui n'étaient pas encore devenus étrangers. Cette observation est d'autant plus exacte que la même formule, employée déjà par la loi du 7 févr. 1851 et par celle du 16 déc. 1874, avait été interprétée dans ce sens (de Folleville, *De la naturalisation*, p. 142; Vincent et Penaud, *Dictionnaire de droit international privé*, v° *Nationalité*, n° 47). Enfin la jurisprudence avait elle-même reconnu que les dispositions édictées dans les deux lois précitées étaient applicables aux individus nés antérieurement à leur promulgation (Douai, 18 déc. 1854, aff. Déprés, *suprà*, v° *Droits civils*, n° 48. Conf. Crim. cass. 7 déc. 1883, aff. Gillebert, D. P. 84. 1. 209). Or, comme le font remarquer les rédacteurs des *Lois nouvelles* (année 1889, 1re partie, p. 757), on ne voit pas de raison pour ne pas suivre la même jurisprudence relativement à la loi du 26 juin 1889 (Conf. Despagnet, *Le Droit* du 19 oct. 1889; Chausse, *Revue critique*, 1891, p. 209). — Jugé, toutefois, que, la loi du 26 juin 1889 n'ayant pas d'effet rétroactif, celui qui est né en France de parents étrangers qui eux-mêmes y étaient nés, et qui a atteint sa majorité sous l'empire de la loi ancienne, conserve le droit de réclamer dans l'année la qualité d'étranger. (Trib. civ. de Lille, 1er mai 1890, aff. Willoquet, D. P. 91. 2. 173).

132. Faut-il apporter une exception à la règle pour ceux des individus, nés en France d'étrangers nés eux-mêmes dans notre pays, qui étaient entrés dans l'année de leur majorité lorsque la loi de 1889 a été promulguée? Cette question est plus délicate. On peut soutenir que la loi de 1874 donnant à ces individus le droit d'acquérir la qualité d'étrangers au cours de leur vingt-deuxième année, ce droit se trouvait déjà ouvert pour eux à l'époque de la promulgation de la loi par suite de l'accomplissement du fait qui devait lui donner naissance et avait, dès lors, le caractère d'un droit acquis (*Lois nouvelles*, *eod. loc.*, p. 758). Nous inclinerions pourtant à croire que la loi de 1889 atteint ces individus comme les autres; l'opinion contraire nous paraît être le résultat d'une confusion entre ces deux idées qui doivent être soigneusement distinguées, l'état et la capacité (V. *suprà*, n° 128). Sans doute, les qualités constitutives de l'état des personnes ne peuvent pas leur être enlevées par la survenance d'une loi nouvelle sans qu'il y ait violation du principe de la non-rétroactivité des lois; mais lorsque l'acquisition de ces qualités est subordonnée à l'accomplissement d'un acte juridique exigeant certaines conditions, il n'y a de droit acquis qu'après que cet acte a été réalisé dans les conditions légales (Aubry et Rau, t. 1, § 30, p. 67); le droit d'accomplir l'acte ne constitue qu'une simple faculté que le législateur peut supprimer sans violer la règle de la non-rétroactivité des lois; or telle est bien, semble-t-il, l'hypothèse dont il s'agit ici. La loi de 1874 donnait aux individus nés en France, de parents étrangers qui eux-mêmes y sont nés, la faculté d'acquérir l'état d'étrangers à la condition de remplir certaines formalités dans l'année de leur majorité; la loi de 1889 ayant surpris ces individus alors qu'ils n'avaient pas encore mis cette faculté en exercice, les en a privés sans pour cela porter atteinte à l'état qu'ils tenaient de leur naissance d'après la législation alors en vigueur. Telle est bien l'interprétation qui paraît avoir prévalu dans l'esprit de l'Administration. En transmettant aux maires la circulaire du garde des sceaux du 23 août1889 concernant les déclarations que le juge de paix est chargé de recevoir, le ministre de l'intérieur leur enjoint de ne plus recevoir à l'avenir aucune déclaration de nationalité (Circ. min. int. 5 sept. 1889, *Bull. off. min. int.*, 1889, p. 317).

133. La modification apportée par la loi du 26 juin 1889 à l'art. 10 c. civ. a donné lieu à une autre application du principe de la non-rétroactivité des lois. D'après l'ancien art. 10 c. civ., l'individu né de parents dont l'un avait eu la qualité de Français, pouvait toujours réclamer cette qualité en remplissant les formalités de l'art. 9; la loi du 26 juin 1889 a restreint cette faculté en décidant que les dispositions de l'art. 10 ne pourraient pas être invoquées par celui qui, domicilié en France et appelé sous les drapeaux lors de sa majorité, aurait revendiqué la qualité d'étranger. Il a été jugé que l'individu né en France d'un ex-Français n'encourt pas la déchéance édictée par le nouvel art. 10, *in fine*, bien qu'il ait demandé, à titre de fils d'étranger non naturalisé, à n'être pas soumis aux obligations du recrutement en France, si sa réclamation a eu lieu avant la promulgation de la loi du 26 juin 1889, et, par conséquent, sous l'empire de l'ancienne législation qui n'attachait aucune déchéance à un pareil acte, la solution contraire portant atteinte au principe de la non-rétroactivité des lois (Douai, 9 juill. 1890, aff. Camerlink, D. P. 91. 2. 104).

134. La combinaison du nouvel art. 8, § 4, avec l'ancien art. 9 c. civ. a donné lieu aussi à une question de même nature. L'art. 9 c. civ. permettait à l'enfant né en France d'un étranger d'acquérir la qualité de Français par le bienfait de la loi c'est-à-dire sans remplir les formalités de la naturalisation. L'art. 8, § 4 de la loi du 26 juin 1889 décide, par une extension considérable du *jus soli*, que lorsque l'enfant né en France d'un étranger est, à l'époque de sa majorité, domicilié en France, il est Français de plein droit par naissance, à moins que, dans l'année qui suit sa majorité telle qu'elle est réglée par la loi française, il n'ait décliné la qualité de Français et prouvé qu'il a conservé la nationalité de ses parents par une attestation en due forme de son Gouvernement, et qu'il n'ait, en outre, produit un certificat constatant qu'il a répondu à l'appel sous les drapeaux conformément à la loi militaire de son pays, sauf les exceptions prévues aux traités. Il a été jugé que la disposition de l'art. 8, § 4, c. civ. n'a pas d'effet rétroactif, et qu'en conséquence, l'individu né en France d'un père né à l'étranger, et qui a atteint sa majorité sous l'empire de l'ancien art. 9 c. civ., ne saurait être déclaré Français, parce que, domicilié en France à sa majorité, et n'ayant pas encore dépassé sa vingt-deuxième année au moment de la promulgation de la loi nouvelle, il n'aurait point décliné la qualité de Français (Trib. Lille, 6 mars 1890, aff. François, *Lois nouvelles*, 1890, 2ᵉ part., p. 72; 11 juill. 1890 aff. Baelde, *ibid.*, 1891, 2ᵉ part., p. 37). — Jugé, à plus forte raison, que la loi du 26 juin 1889 sur la nationalité n'ayant pas d'effet rétroactif, l'individu né en France de parents étrangers et domicilié en France lors de sa majorité, mais dont la nationalité étrangère était définitivement fixée, n'est pas devenu Français par l'effet de cette loi (Lyon, 2 avr. 1890, aff. Fraconti, D. P. 90. 2. 262. Comp. *suprà*, nº 130).

135. La loi nouvelle sur la nationalité n'a pas prévu non plus les difficultés qui peuvent se produire relativement à la condition des enfants des individus naturalisés antérieurement à la loi du 26 juin 1889. On sait qu'avant cette loi, on distinguait suivant que les enfants de l'étranger naturalisé étaient mineurs ou majeurs à l'époque de la naturalisation de leur auteur. Les enfants mineurs pouvaient, dans l'année de leur majorité, en se conformant aux dispositions de l'art. 9 c. civ., réclamer la qualité de Français (V. *suprà*, vº *Droits civils*, nºˢ 123 et suiv.). Aux termes de l'art. 12, § 3 c. civ., tel qu'il a été modifié par la loi du 26 juin 1889, ils deviennent Français de plein droit, *ipso facto*, par la naturalisation du père ou de la mère survivant, sauf la faculté qu'on leur réserve de décliner la qualité de Français dans l'année de leur majorité, conformément aux dispositions de l'art. 8, § 4. Cette disposition est-elle applicable aux enfants mineurs issus de parents déjà naturalisés à l'époque de la promulgation de la loi? La jurisprudence n'a pas eu à se prononcer sur cette question, mais elle ne peut pas, selon nous, faire difficulté. L'art. 12, § 3 c. civ. confère aux enfants mineurs de parents naturalisés un avantage qui ne leur enlève aucun droit, puisqu'ils ont la faculté de ne pas l'accepter en optant pour la nationalité étrangère; or la loi ne rétroagit que lorsqu'elle prive ceux auxquels on l'applique d'un droit acquis.

136. L'application de la loi du 26 juin 1889 aux enfants d'étrangers naturalisés peut, au contraire, faire question lorsque ces enfants étaient déjà majeurs à l'époque de la promulgation de la loi. Il est nécessaire de rappeler ici qu'antérieurement à cette loi les enfants majeurs d'un étranger qui se faisait naturaliser pouvaient, à tout âge, réclamer la qualité de Français dans l'année qui suivait la naturalisation de leur auteur. Or l'art. 12, § 3 de la loi du 26 juin 1889 est ainsi conçu : « Deviennent Français les enfants mineurs d'un père ou d'une mère survivant qui se font naturaliser Français, à moins que, dans l'année qui suivra leur majorité, ils ne déclinent cette qualité en se conformant aux dispositions de l'art. 8, § 4 ». Ce texte, qui aurait pu être plus précis, est généralement interprété comme ayant limité le bénéfice de la naturalisation obtenue dans les conditions privilégiées de l'art. 9 aux enfants qui n'ont pas dépassé l'âge déterminé par cet article, c'est-à-dire qui n'ont pas encore accompli leur vingt-deuxième année, les autres ne pouvant désormais devenir Français qu'en remplissant les formalités de la naturalisation ordinaire. On fait remarquer que cette opinion est conforme aux indications fournies par les travaux préparatoires. Dans la première rédaction adoptée par la commission de la Chambre des députés, la question avait été résolue ainsi en termes formels : « Les enfants majeurs pourront même devenir Français, était-il dit, en faisant la déclaration prescrite par l'art. 9, s'ils n'ont pas passé l'âge de vingt-deux ans ». Le rapporteur confirma cette disposition : « Votre commission vous propose de rendre l'art. 9 applicable aux enfants majeurs qui seraient encore dans les délais pour réclamer la qualité de Français ». Il est regrettable que cette disposition n'ait pas été maintenue; mais, comme elle n'a soulevé dans la discussion aucune objection, il est naturel de présumer que le législateur a voulu la consacrer (Vincent, *La loi sur la nationalité, du 26 juin* 1889, nº 135, *Lois nouvelles*, 1889, 1ʳᵉ part., p. 876; Audinet, *Journal du droit international privé*, 1889, p. 203; Cohendy, *Le Droit* du 3 nov. 1889. *Contrà*, Cogordan, *op. cit.*, p. 168). Si le paragraphe 3 de l'art. 12 doit être interprété ainsi, il ne peut être appliqué aux enfants de naturalisés qui étaient déjà majeurs quand la loi du 26 juin 1889 a été promulguée, sans violation du principe de la non-rétroactivité des lois; aussi, à notre avis, ceux-ci sont-ils encore régis par l'ancienne législation et pourront-ils, par suite, quel que soit leur âge, bénéficier encore maintenant des dispositions de l'art. 9.

137. — II. ÉTAT D'ÉTRANGER (*Rép.* nºˢ 212 et 213). — Les droits conférés aux étrangers n'ayant pas d'autre base qu'une concession toujours révocable du législateur français, celui-ci peut à tout moment les leur retirer sans violer le principe de la non-rétroactivité des lois, qui ne s'applique qu'aux droits acquis. Il faut excepter le cas où les étrangers puiseraient les droits dont ils jouissent dans un traité intervenu entre le Gouvernement de leur pays et le nôtre; car ces droits, ayant alors un caractère contractuel, ne pourraient, comme tous les droits de cette nature, recevoir aucune atteinte d'une loi nouvelle.

138. — III. ÉTAT DE MORT CIVILEMENT OU DE CONDAMNÉ PRIVÉ DE CERTAINS DROITS (*Rép.* nºˢ 214 à 215). — Nous avions énoncé comme une vérité évidente que le législateur peut restituer à ces condamnés la plénitude des droits civils (*Rép.* nº 214). C'est ce qu'a fait la loi du 31 mai 1854 (D. P. 54. 4. 91), abolitive de la mort civile, dont l'art. 5 porte que « les effets de la mort civile cessent, pour l'avenir, à l'égard des condamnés actuellement morts civilement, sauf les droits acquis aux tiers ». Il est certain que les morts civilement ne pouvaient pas réclamer contre la rétroactivité d'une loi dont l'effet était d'améliorer leur condition ; il est d'ailleurs de principe que les lois pénales, et la loi du 31 mai 1854 a ce caractère, s'appliquent au passé toutes les fois que leurs dispositions restreignent ou adoucissent les pénalités encourues sous l'empire de la législation antérieure.

Il est à remarquer toutefois que l'art. 5 de la loi du 31 mai 1854 réserve formellement les droits acquis aux tiers, la loi nouvelle ne pouvait pas, en effet, sans violer le principe de la non-rétroactivité des lois, porter atteinte aux droits dont des tiers pouvaient, à l'époque de sa promulgation, se trouver investis en vertu de contrats ou de faits juridiques quelconques accomplis sous l'empire de la loi ancienne.

L'art. 6 de la loi 31 mai 1854 dispose que cette loi n'est pas applicable aux condamnations à la déportation pour crimes commis antérieurement à sa promulgation. Le législateur n'a pas voulu dire, en s'exprimant ainsi, que les condamnés à la déportation antérieurement à cette loi ne bénéficieraient pas des dispositions de celle-ci et resteraient soumis au régime de la mort civile ; il faut se rappeler, pour saisir le sens de ce texte, que la mort civile avait été abolie pour les condamnés à la déportation par une loi antérieure, du 8 juin 1850 (D. P. 50. 4. 129), qui avait substitué à la mort civile un ensemble de pénalités moins étendues que celles qui ont été établies par la loi du 31 mai 1854 ; l'art. 6 signifie donc que les nouvelles déchéances édictées par cette dernière loi n'atteindront pas les condamnés à la déportation pour crimes commis antérieurement à sa promulgation (V. *infrà*, nº 228, et *suprà*, vº *Droits civils* nº 377).

139. — IV. ÉTAT DES ÉPOUX PENDANT LE MARIAGE. (*Rép.* nºˢ 217 à 220). — Les principes posés au *Rép.* nºˢ 217 et suiv., sont conformes à la doctrine des derniers auteurs qui ont écrit sur la matière; ils n'ont d'ailleurs soulevé aucune difficulté en jurisprudence. Il faut donc toujours distinguer entre l'état d'époux, qui résulte du mariage, et la capacité que cet état engendre ; la loi nouvelle ne peut pas changer l'état des époux, elle peut, au contraire, changer leur capacité. Il s'ensuit que les mariages valablement contractés continuent de subsister avec tous leurs effets malgré la survenance d'une loi nouvelle établissant des empêchements qui, s'ils avaient existé antérieurement, auraient formé obstacle à leur validité (Aubry et Rau, t. 1, § 30, p. 67; Laurent, t. 1, nos 173 et suiv.).

Jugé, par application de cette règle, que le mariage contracté par deux sujets sardes, à une époque où la Savoie était encore régie par le code albertin, a pu être annulé, en vertu des dispositions du droit canonique, obligatoires sous l'empire de ce code, en matière de mariage, quoique la demande en eût été formée depuis la réunion de la Savoie à la France et fût appuyée sur une cause de nullité, l'affinité illégitime, que n'admet pas la loi française : « Attendu, dit l'arrêt, que, pour apprécier les conditions de validité d'un acte, spécialement au point de vue de la capacité des parties contractantes, on doit appliquer les prescriptions de la loi veillante à l'époque où l'acte s'est formé; que ce principe, suivant une doctrine ancienne, est essentiellement applicable au mariage; que si la loi postérieure peut subordonner la recevabilité de l'action en nullité de mariage à des conditions nouvelles de délais ou de diligence, dépendant de la volonté des parties, il est impossible de ne pas reconnaître que si de telles exceptions n'ont pas été consacrées par cette loi, un mariage valable ou nul hier est encore valable ou nul aujourd'hui, nonobstant le changement de législation, et que, sous ce rapport, la situation légale des parties, quant à ce mariage, ne peut être modifiée; qu'elle constitue donc par elle-même un droit acquis dont le principe de non-rétroactivité des lois permet, même sous l'empire de la loi nouvelle, de poursuivre la constatation et d'invoquer judiciairement les conséquences » (Chambéry, 7 févr. 1885, aff. de Viry, D. P. 85. 2. 241).

140. C'est une question très discutée que celle de savoir s'il faut reconnaître comme valable en France le second mariage contracté à l'étranger par un Français qui, après s'être fait naturaliser, a triomphé dans une demande en divorce devant les tribunaux de sa nouvelle patrie, alors qu'il est prouvé que la naturalisation est frauduleuse, c'est-à-dire a été obtenue moins en vue d'acquérir une nationalité nouvelle que d'éluder les prohibitions de la loi française. Ce n'est pas ici le lieu d'examiner cette délicate question; mais, à supposer que ce mariage soit nul, comme le décide, en général, la jurisprudence (V. *suprà* v° *Droits civils*, n° 288), on peut se demander si la promulgation de la loi du 27 juill. 1884 (D. P. 84. 4. 97), qui a rétabli le divorce dans notre législation, n'a pas eu pour résultat de faire disparaître, dans certains cas, cette nullité. La question ne présente pas de difficulté dans le cas où le divorce a été obtenu à l'étranger, soit avant, soit depuis la promulgation de la loi de 1884, pour des causes qui ne sont pas reconnues par cette loi; il est certain que, dans ce cas, d'après la doctrine que nous avons développée, *suprà*, *eod. loc.*, le mariage qui a suivi ce divorce reste nul et non avenu, qu'il y a lieu d'appliquer purement et simplement les art. 184 et 187 c. civ., et que, par suite, l'action en nullité peut être exercée soit par les époux eux-mêmes, soit par les parents collatéraux, du vivant des époux, s'ils y ont un intérêt né et actuel. Mais que faut-il décider lorsqu'il s'agit d'un divorce qui a été prononcé à l'étranger pour des causes qui ont été plus tard admises par cette loi? Le mariage célébré postérieurement à ce divorce doit-il aujourd'hui être considéré comme valable; en d'autres termes, la loi du 27 juill. 1884 a-t-elle à cet égard un effet rétroactif? La cour de Rouen a résolu cette question par une distinction très rationnelle. Vis-à-vis des époux, le mariage reste nul, car les lois nouvelles ne sont rétroactives qu'autant qu'elles ne portent pas atteinte aux droits acquis sous l'empire des lois anciennes qu'elles ont remplacées. Or les époux avaient un droit acquis à faire prononcer la nullité dudit mariage avant la loi du 27 juill. 1884; ils conservent donc, malgré la promulgation de cette loi, leur action en nullité. Il n'en est pas de même en ce qui concerne les collatéraux, qui n'avaient pas intérêt à agir en nullité du mariage de leur parent au moment de la promulgation de la loi de 1884; pour eux, il ne saurait plus être question de droit acquis. Les collatéraux n'avaient que de vagues espérances, une simple expectative qui, peut-être, leur aurait permis d'agir dans la suite, mais qui actuellement ne pouvait se manifester par aucune action judiciaire; or nous avons appliqué maintes fois ce principe que les lois nouvelles suppriment les simples expectatives et les empêchent de se transformer plus tard en droit. On objecterait à tort qu'en raison de l'ordre public, les collatéraux avaient un intérêt moral à agir en nullité avant la loi de 1884, et que cet intérêt moral suffisait à créer à leur profit un droit acquis que la loi nouvelle n'a pas pu leur enlever. D'une part, en effet, un intérêt moral ne suffit pas pour permettre aux collatéraux d'agir en nullité du mariage de leur parent; il faut, d'après les termes mêmes de l'art. 187 *in fine*, un intérêt pécuniaire. D'autre part, cet intérêt moral des collatéraux a nécessairement disparu avec l'intérêt d'ordre public qui lui avait donné naissance. Or le législateur de 1884 a estimé que la dissolution du mariage par le divorce n'était plus contraire à l'ordre public français; on ne concevrait donc pas que des collatéraux pussent invoquer cet ordre public pour soutenir que le divorce obtenu à l'étranger pour des causes admises par la loi française est nul et pour demander la nullité du mariage qui l'a suivi (Rouen, 6 avr. 1887, aff. d'Argentré, D. P. 89. 2. 17). Une autre solution devrait, d'ailleurs, être admise vis-à-vis des collatéraux, dans le cas où l'intérêt actuel qui leur permet d'agir en nullité du mariage du vivant des époux aurait pris naissance avant la loi du 27 juill. 1884, alors, en effet, ces collatéraux auraient un droit acquis à la nullité que la loi nouvelle ne pourrait pas leur enlever.

141. Bien que la capacité des époux, de la femme en particulier, soit déterminée, en principe, par la loi nouvelle, sauf la réserve relative à l'irrévocabilité des actes qui ont été accomplis sous l'empire de la législation antérieure, il importe de distinguer la capacité personnelle, qui est une conséquence du mariage lui-même tel que le législateur l'a organisé et les droits qui appartiennent à la femme par rapport à ses biens en vertu de ses conventions matrimoniales; ces derniers échappent, en effet, à l'action du législateur, qui ne peut y porter atteinte en vertu de ce principe, dont on rapportera plus loin de nouvelles applications, que les droits contractuels constituent toujours des droits acquis. Peu importe du reste que ces droits, que certains auteurs appellent *réels* ou *patrimoniaux*, par opposition à ceux qui se rattachent à la capacité personnelle, aient été stipulés expressément par la femme dans son contrat de mariage, ou tacitement par références aux dispositions légales formant, à l'époque de son mariage, le régime matrimonial de droit commun.

Les questions délicates que la substitution du code civil à l'ancien droit avait fait naître, notamment, en ce qui concerne la capacité ou l'incapacité pour la femme d'aliéner ses biens dotaux, ne se sont pas représentées depuis la publication du *Répertoire*; mais l'annexion de la Savoie à la France et la substitution des lois françaises aux lois sardes ont fait surgir une difficulté analogue à celle qui a été examinée au *Rép.* n° 220. L'art. 1540 c. civ. sarde, dans les cas où il permet l'aliénation des immeubles dotaux, ne donne au tribunal que la faculté d'autoriser pareille aliénation jusqu'à concurrence de la moitié de la dot, alors que l'art. 1558 de notre code civil donne au tribunal, dans la même hypothèse, le droit d'autoriser la vente même de la totalité des biens dotaux. Il a été décidé que les pouvoirs de la femme, mariée en Savoie sous l'empire de la loi sarde, sont, quant à l'aliénation de sa dot ou au droit d'hypothéquer ses immeubles dotaux, déterminés par la législation sarde, et que, par suite, le tribunal de première instance ne peut autoriser la femme soumise à cette législation à hypothéquer l'immeuble dotal pour une valeur supérieure à la moitié de la dot. Mais l'art. 1541 du code sarde décidant que, si les circonstances sont tellement urgentes et graves que l'aliénation de toute la dot soit nécessaire, le Sénat pourra autoriser cette aliénation, la cour d'appel, qui remplace ici le Sénat supprimé par l'annexion, peut autoriser l'hypothèque pour une valeur supérieure à la moitié de la dot dans les mêmes cas où celui-ci aurait eu ce pouvoir (Chambéry, 29 oct. 1888, aff. Dame de Ch..., D. P. 90. 2. 31). Cette décision est une application de la distinction que nous avons faite plus haut entre les droits concernant la capacité personnelle des époux, qui se rattachent au régime légal du mariage, par conséquent à l'ordre public, et dépendent de la loi en vigueur au moment de l'acte objet de la contestation, et les droits qui ne se rapportent pas à la capacité proprement dite, abstraction faite du régime des biens, mais à la disponibilité de ceux-ci telle qu'elle se trouve établie par les conventions matrimoniales.

142. — V. ÉTAT D'ÉPOUX DIVORCÉS (*Rép.* n°s 221 à 226). — En rétablissant le divorce aboli par la loi du 8 mai 1816, la loi du 27 juill. 1884 a résolu par des dispositions formelles les principales difficultés que l'application du principe de la non-rétroactivité des lois à la matière eût fait naître si le législateur ne se fût pas expliqué à ce sujet. Trois situations différentes doivent être examinées: 1° celle des époux qui, mariés sous le régime de l'indissolubilité du mariage, n'avaient encore formé aucune demande de séparation de corps avant la promulgation de la loi; 2° celle des époux qui, sans être séparés au moment de cette promulgation, étaient déjà cependant en instance de séparation; 3° celle des époux dont la séparation avait été régulièrement prononcée.

143. La loi du 27 juill. 1884 ne prévoit pas la première hypothèse, mais il suffit de se rapporter aux principes développés au *Rép.* n°s 221 et 222, pour suppléer au silence du législateur. Il est certain que, l'organisation du mariage étant dans le domaine du législateur et se rattachant directement à l'ordre public, les époux mariés sous le régime d'une législation qui prohibait le divorce ne peuvent prétendre qu'ils avaient un droit acquis à l'indissolubilité de leur union; la loi qui autorise le divorce ne brise pas d'ailleurs le lien conjugal, elle accorde seulement aux époux une faculté qu'ils sont libres d'exercer ou de ne pas exercer; il s'agit là moins d'une question d'état que d'une question de capacité. En vain celui des époux contre lequel son conjoint poursuit le divorce objecterait-il que les effets d'un contrat sont déterminés par la loi en vigueur à l'époque où il a eu lieu, puisque les effets du mariage, à la différence de ceux des conventions matrimoniales, sont réglés souverainement par l'autorité du législateur et non pas par la volonté des parties. C'est ainsi que la question avait été résolue par la jurisprudence après la promulgation de la loi du 20 sept. 1792, qui introduisit pour la première fois le divorce en France, et cela sans distinction entre le cas où les faits invoqués à l'appui de la demande en divorce étaient postérieurs et celui où ils étaient antérieurs à cette loi (*Rép.* n° 222). Enfin, la loi du 27 juill. 1884, en accordant aux époux, même déjà séparés avant sa promulgation, le droit de substituer le régime du divorce à celui de la séparation de corps (V. *infrà*, n° 145) prouve jusqu'à l'évidence que le divorce n'a pas été rétabli uniquement en vue de ceux qui contracteraient mariage ultérieurement (Comp. Laurent, t. 1, n° 180).

144. En ce qui concerne les époux qui, sans être séparés à l'époque de la promulgation de la loi, étaient déjà cependant en instance pour obtenir la séparation de corps, l'art. 4, § 4 de la loi du 27 juill. 1884, sous le titre de disposition transitoire, porte que « les instances en séparation de corps pendantes au moment de la promulgation de la présente loi pourront être converties par les demandeurs en instances de divorce. Cette conversion pourra être demandée même en cour d'appel ». Le législateur a considéré avec raison que le demandeur aurait peut-être conclu au divorce s'il en avait eu le droit quand il a engagé son action, et que dès lors il était rationnel de le faire bénéficier immédiatement des dispositions de la nouvelle loi en l'autorisant à transformer sa demande de séparation de corps en demande de divorce. Cette disposition ne présente aucune difficulté, si ce n'est au point de vue de la procédure qui doit être suivie à partir du moment où l'instance est convertie, la loi ayant résolu cette question en posant une règle dont l'application est quelquefois délicate; mais l'examen de cette difficulté n'appartient pas à notre matière (V. *suprà*, v° *Divorce et séparation de corps*, n°s 720 et suiv., 733 et suiv.).

145. Quant aux époux qui se trouvaient déjà séparés quand la loi a été publiée, l'art. 4, § 5, s'exprime ainsi: « Pourront être convertis en jugements de divorce, comme il est dit à l'art. 310, tous jugements de séparation de corps devenus définitifs avant ladite promulgation ». On sait que d'importantes modifications ont été apportées par la loi de 1884 à l'ancien art. 310 du code civil; notamment le droit de demander la conversion, qui n'appartenait, sous l'empire du code civil, qu'au défendeur originaire, a été étendu aux deux parties; en outre, il leur est concédé pour quelque cause que la séparation de corps ait été prononcée. (V. *suprà*, v° *Divorce et séparation de corps* n°s 666 et suiv.). Il était nécessaire que le législateur s'expliquât sur la situation des époux déjà séparés au moment de la promulgation de la loi, car on eût pu soutenir que l'application rigoureuse du principe de la non-rétroactivité des lois obligeait les tribunaux à leur refuser le droit de demander le divorce. « Ils ne l'auraient pas eu *par les voies légales ordinaires*, dit M. Carpentier dans son commentaire de la loi du 27 juill. 1884 (*Lois nouvelles*, 1884, 1re part., p. 353), puisqu'il résulte de l'économie générale de la loi que des époux séparés ne peuvent pas faire abstraction de leur séparation pour parvenir à la dissolution de leur mariage (art. 310). Ils ne l'auraient pas eu davantage *par conversion*, puisque, si l'on avait pensé qu'ils pussent en jouir directement comme tous les autres, il eût été complètement inutile de formuler pour eux la disposition même que nous commentons » (art. 4, 2e al).

Ce dernier argument ne nous paraît pas concluant; le fait que le législateur reconnaît aux époux séparés le droit de convertir leur séparation de corps en divorce n'implique pas nécessairement qu'ils n'eussent pas eu ce droit même dans le silence de la loi; il arrive fréquemment que le législateur, surtout en matière de dispositions transitoires, consacre un droit préexistant. C'est ce qu'il nous paraît avoir fait ici; l'art. 310 modifié par la loi de 1884 portant, en termes généraux, que lorsque la séparation de corps aura duré trois ans, le jugement pourra être converti en jugement de divorce sur la demande formée par l'un des époux, on ne voit pas pourquoi les époux séparés avant la loi de 1884 n'auraient pas pu invoquer cette disposition aussi bien que ceux dont la séparation n'a été prononcée qu'après la publication de cette loi. Si des époux mariés avant le rétablissement du divorce ne sont pas fondés à prétendre qu'ils ont un droit acquis à l'indissolubilité conjugale, si l'un d'eux peut imposer à l'autre, en vertu de la nouvelle loi, le divorce, pourquoi des époux séparés à la même époque ne pourraient-ils pas rompre complètement le lien qu'ils ont déjà relâché, en se conformant aux conditions prescrites par le législateur. En définitive, le droit de conversion constitue une faculté identique au droit de divorcer, ils ne diffèrent entre eux qu'au point de vue de la procédure; donc, si les époux peuvent acquérir le second de ces droits rétroactivement, ils doivent pouvoir de même acquérir le premier. Dans un cas comme dans l'autre, il s'agit d'une extension de la capacité des personnes, et non pas d'une modification légale de leur état. On peut même dire que, si le droit de faire convertir la séparation de corps en divorce est accordé aux époux séparés seulement depuis la nouvelle loi, c'est, à plus forte raison, qu'il doit appartenir à ceux qui se sont séparés antérieurement; car à ceux-ci qui n'ont pas eu le choix entre le divorce et la séparation de corps, on ne peut pas opposer comme aux autres la fin du non-recevoir tirée de la maxime: *Una electa via non datur reditus ad alteram.* Cette question n'a, du reste, qu'un intérêt doctrinal, puisqu'elle est tranchée formellement par l'art. 5, § 4 de la loi.

146. Mais ce qu'il faut remarquer, c'est que les époux déjà séparés à l'époque de la promulgation de la loi ne peuvent demander la conversion de la séparation de corps en divorce qu'après l'expiration du délai fixé par l'art. 310 c. civ., c'est-à-dire qu'après qu'il s'est écoulé trois ans depuis que la séparation de corps a été prononcée. La loi de 1884 n'applique donc pas la même règle aux époux dont la séparation de corps avait déjà eu lieu au moment de sa promulgation et à ceux qui étaient seulement en instance pour l'obtenir. Elle soumet les premiers au stage de trois ans imposé aux époux qui demanderont désormais la séparation de corps et voudront exercer ensuite le droit de conversion, tandis qu'elle autorise les seconds à substituer sans aucun délai, *ipso facto*, le régime du divorce à celui de la séparation de corps. — Cette distinction entre les époux déjà séparés et ceux qui sont en instance de séparation a été critiquée; elle fit l'objet de longues discussions à la Chambre des députés comme au Sénat. La Chambre des députés vota la première un amendement d'après lequel pouvaient être convertis en jugement de divorce, comme il est dit à l'art. 310, et sans attendre le délai de trois ans prescrit par cet article, tous jugements de séparation de corps devenus définitifs avant la promulgation de la loi, pourvu que, dans les trois mois suivants, cette conversion fût demandée par l'époux au profit duquel la séparation aurait été prononcée; on reconnaissait toutefois au tribunal le droit de décider qu'il y avait lieu de surseoir jusqu'à l'expiration du délai de trois ans. Pour justifier cette nouvelle disposition, on disait : lorsque la séparation de corps a été prononcée avant la loi, c'est-à-dire à une époque où le divorce n'existait pas, les époux n'ont pas eu de choix à faire entre les deux modes de rupture; on ne peut donc pas raisonnablement les assujettir au délai de trois ans, qui n'est pas fait pour eux. Le Sénat se prononça d'abord dans le même sens, en décidant, toutefois, que l'époux au profit duquel la séparation de corps a été prononcée aurait une année entière, et non pas seulement trois mois, pour demander la conversion; mais dans la nouvelle rédaction que la commission fit du paragraphe 2 de l'art. 3 lors de la seconde délibération au Sénat, le texte qui avait été adopté fut complètement modifié et remplacé par celui-ci, que l'on vota : « Pourront être convertis en jugements de divorce, comme il est dit à l'art. 310, tous jugements de séparation de corps devenus définitifs avant ladite promulgation ». Après le retour du projet de loi à la Chambre, le rapporteur, M. Letellier, déclara que l'art. 4 ne distinguait pas entre les séparations de corps prononcées antérieurement à la présente loi et celles qui le seront par la suite. « Pour les unes comme pour les autres, il exige que trois ans soient écoulés entre l'époque où le jugement qui les a prononcées a été rendu et le moment de leur conversion possible en divorce. Il n'y a, en effet, ici, aucune raison sérieuse pour établir une distinction ». Le texte voté par le Sénat fut donc maintenu.

Il était important de rappeler les différentes phases par lesquelles a passé le paragraphe 2 de l'art. 4, car la loi était à peine promulguée que des difficultés s'élevèrent sur le sens qu'il fallait donner à ce texte. Le législateur n'a pas pu, disait-on, soumettre à deux régimes différents des époux déjà séparés au moment de la promulgation de la loi et d'autres époux, qui, ayant fait tout ce qu'ils pouvaient pour se placer dans le même état, n'ont pas pu y parvenir par suite des lenteurs de l'action judiciaire, c'est-à-dire d'un fait indépendant de leur volonté. Les tribunaux se prononcèrent, malgré cela, en faveur de l'interprétation que nous avons admise, c'est-à-dire pour l'assimilation des époux séparés avant la promulgation de la loi et des époux dont la séparation serait prononcée postérieurement. La généralité de l'art. 4 ne permet pas de distinguer entre les deux hypothèses; les travaux préparatoires démontrent que, si le législateur a d'abord eu l'intention de faire cette distinction, il y a définitivement renoncé. Enfin quand la séparation de corps a été prononcée, on se trouve en présence d'un fait accompli qui a modifié la situation et la capacité des époux, il peut y avoir des inconvénients à modifier cette situation et cette capacité avant qu'un certain délai soit expiré. Sans doute la loi ne fait pas de la séparation de corps une sorte de stage imposé aux époux avant la rupture définitive qui résulte du divorce; mais, quand les époux se trouvent volontairement ou involontairement soumis à ce régime, la loi veut qu'il ne puisse pas être modifié avant trois ans, dans l'espoir que ce stage contribuera à la réconciliation des époux (Trib. Seine, 16 août 1884, aff. Bachelin, D. P. 84. 5. 161; Trib. Saint-Quentin, 20 août 1884, aff. Phillippot, *ibid.*; Trib. Seine, 28 août 1884, aff. Noël, *ibid.*; Trib. Versailles, 28 août 1884, aff. Taphanel, *ibid.*).

147. De la doctrine que l'on vient de développer et qui ne peut plus recevoir d'application aujourd'hui, il faut retenir ce principe, c'est qu'une loi nouvelle qui établit le divorce ne confère pas aux époux, séparés de corps avant sa promulgation, le droit de substituer immédiatement le divorce à la séparation de corps; le législateur, dont la volonté est souveraine quand il organise la capacité des personnes, peut imposer aux époux séparés qui demandent à divorcer certaines conditions, notamment de délai, quoique, à la différence de ceux qui se sépareront postérieurement, il n'aient pas eu la faculté de choisir entre les deux régimes destinés à faire cesser la vie commune.

148. — VI. État de père ou d'enfant (*Rép.* nos 227 à 232). — L'état résultant de la filiation légitime, adoptive ou naturelle, confère aux père et mère, comme à l'enfant, des droits irrévocables, en ce sens qu'une loi nouvelle ne peut pas modifier l'état de ces personnes tel qu'il a été acquis sous l'empire de la loi ancienne. Cette irrévocabilité est une conséquence du principe posé ci-dessus, et dont nous avons fait l'application relativement au mariage et au divorce. — Cette matière, qui a été suffisamment développée au *Répertoire* n'a, d'ailleurs, soulevé aucune difficulté dans la jurisprudence. Mais ici encore il faut distinguer avec soin l'état et la capacité.

Si l'état acquis aux parents et à leurs enfants demeure irrévocablement fixé et ne peut être atteint par les modifications introduites dans la législation, il n'en est pas de même des prérogatives facultés ou avantages qui sont attachés à cet état; ceux-ci, placés dans le domaine du législateur, restent soumis aux dispositions que celui-ci croit devoir édicter dans l'intérêt général de la famille ou de la société. — Quant à la preuve de la filiation, les modes de preuve sont déterminés, en principe, par la loi ancienne (*Rép.* n° 228). Il est de règle, en effet, que le mode de preuve d'un fait dépend de la loi en vigueur à l'époque à laquelle ce fait s'est accompli. Cette solution, admise par tous les auteurs, en ce qui concerne les enfants légitimes, n'est contestée que relativement aux enfants naturels. M. Laurent (t. 1, n° 190) fait une distinction : s'il s'agit de la reconnaissance volontaire, elle est régie par la loi ancienne; s'il s'agit, au contraire, de la reconnaissance forcée ou judiciaire, l'enfant devra se soumettre aux prescriptions de la loi nouvelle, non seulement quant à la recherche de la paternité, mais aussi quant à la recherche de la maternité. On remarquera qu'en réalité les deux hypothèses que l'on distingue sont régies par le même principe. La reconnaissance volontaire n'est maintenue, en effet, alors même qu'elle ne réunit pas les conditions prescrites par la loi nouvelle, que lorsqu'elle constitue un fait accompli sous l'empire de la loi ancienne, mais il est certain que, si la reconnaissance n'avait pas encore eu lieu, elle ne pourrait intervenir efficacement que dans les formes et moyennant les conditions requises par la loi nouvelle. De même, tant que l'enfant n'a pas exercé l'action tendant à faire reconnaître sa filiation, il ne jouit, d'après l'opinion généralement admise aujourd'hui, que d'une faculté que le législateur n'est pas tenu de respecter; mais si l'enfant a exercé l'action qui lui appartenait et a fait constater judiciairement sa filiation, les prescriptions nouvelles que la législation viendrait à établir ne porteraient aucune atteinte à cette reconnaissance, qui constitue, aussi bien que la reconnaissance volontaire, un fait accompli; l'exercice de la faculté conférée à l'enfant a transformé celle-ci en droit acquis (Aubry et Rau, t. 1, § 30, p. 67; Laurent, *loc. cit.*).

149. — VII. État d'enfant soumis ou non a la puissance paternelle (*Rép.* nos 233 à 238). — La puissance paternelle n'ayant pas été établie dans l'intérêt des parents, mais pour l'utilité sociale, n'engendre jamais, comme on l'a vu au *Rép.* n° 234, de droits acquis. Il en résulte qu'une loi nouvelle, qui modifie les attributs de la puissance paternelle, soit par rapport à la personne de l'enfant, soit par rapport à ses biens, est immédiatement applicable à tous ceux qui se trouvent investis de ce pouvoir. Il en serait de même d'une loi qui supprimerait complètement la puissance paternelle en créant certaines causes de déchéance qui n'existaient pas auparavant.

Une loi récente peut nous fournir une application de ce principe qu'il faut cependant circonscrire. La loi du 24 juill. 1889 (D. P. 89. 4. 15) a déterminé certains faits de nature, les uns, à entraîner de plein droit contre les père et mère et ascendants, à l'égard de leurs enfants et descendants, la déchéance de tous les droits qui se rattachent à la puissance paternelle, les autres, à autoriser seulement les tribunaux à prononcer, suivant les cas, cette déchéance. Qu'il s'agisse de la déchéance légale ou de la déchéance facultative, il est certain que tous ceux qui se placeront à l'avenir dans l'un des cas prévus par cette loi pourront se voir enlever la puissance paternelle, sans qu'ils puissent prétendre qu'ils ont un droit acquis à la conserver. — Ce que nous venons de dire des causes de déchéance de la puissance paternelle, établies par la loi du 24 juill. 1889, est également vrai de celles qui avaient été déjà prévues par les lois des 19 mai 1874 (D. P. 74. 4. 88); 7 déc. 1874 (D. P. 75. 4. 55) et 23 déc. 1874 (D. P. 75. 4. 79) destinées aussi à assurer la protection de l'enfance.

150. — VIII. ÉTAT DE MAJEUR OU DE MINEUR, DE MINEUR EN TUTELLE OU DE MINEUR ÉMANCIPÉ (*Rép.* nos 239 et 240). — Les lois relatives à la majorité, à la minorité, aux aptitudes ou aux incapacités qui en découlent s'appliquent même aux situations antérieures à leur promulgation, sous la réserve seulement de la validité des actes accomplis sous la législation précédente (Aubry et Rau, t. 1, § 30, p. 63; Laurent, t. 1, n° 182). En vertu de ce principe, aujourd'hui incontesté, il a été décidé que les lois sont applicables dès qu'elles ont été promulguées, à la puissance et à l'autorité civile que certaines personnes peuvent avoir sur d'autres, en particulier par rapport à leurs biens; spécialement, que depuis la promulgation de la loi du 27 févr. 1880 (D. P. 80. 4. 52), le tuteur n'a qualité pour recevoir le prix d'un immeuble ayant appartenu au mineur et aliéné avant cette époque, mais non encore payé, qu'en se soumettant aux obligations imposées au tuteur pour l'emploi de ce prix par ladite loi (Req. 7 mars 1881, aff. Desrousseaux, D. P. 81. 1. 348). L'art. 9 de la loi du 27 févr. 1880 déclare formellement, d'ailleurs, que ses dispositions sont applicables aux tutelles antérieurement ouvertes, comme à celles qui s'ouvriront après sa promulgation.

151. — IX. ÉTAT DE MAJEUR INTERDIT OU PLACÉ SOUS LA SURVEILLANCE D'UN CONSEIL JUDICIAIRE (*Rép.* n° 241). — Les lois relatives à ce dernier objet n'ont donné lieu à aucune difficulté depuis la publication du *Répertoire;* les principes que l'on y a formulés, pour résoudre les questions qui se posèrent à ce point de vue après la promulgation du code civil, sont encore ceux que tous les auteurs enseignent aujourd'hui. Après avoir rappelé que la règle, en vertu de laquelle les lois nouvelles sur la capacité saisissent les individus sans égard à la position dans laquelle ils se trouvent, s'applique même au cas où la capacité est déterminée par une décision judiciaire rendue conformément à la loi ancienne, MM. Aubry et Rau (t. 1, § 30, p. 64) approuvent l'opinion d'après laquelle les jugements qui, avant la promulgation du code, avaient prononcé une interdiction pour cause de prodigalité, se sont trouvés, par suite de cette promulgation, virtuellement convertis en simples jugements de nomination de conseil judiciaire. M. Laurent (t. 1, n° 191) enseigne, au contraire, que les principes de la matière conduisent à décider que les prodigues, affranchis de l'interdiction, ne pouvaient se trouver soumis à l'obligation de se faire assister d'un conseil judiciaire que si leurs parents avaient provoqué la nomination de celui-ci.

§ 2. — Des contrats (*Rép.* nos 242 à 307).

152. L'application de la règle de la non-rétroactivité des lois est dominée, en matière de contrats surtout, par la distinction rappelée ci-dessus entre les droits acquis et les simples intérêts ou expectatives. En principe, les avantages qui résultent d'un contrat constituent des droits acquis, qu'une loi nouvelle ne peut ni modifier, ni à plus forte raison, anéantir. — Pour le développement de cette règle, on conservera l'ordre adopté au *Répertoire*, en considérant séparément la validité intrinsèque des contrats, leur mode de preuve, leurs effets, leurs suites, les causes qui peuvent en motiver la rescision, les causes de résolution, de révocation ou de réduction auxquelles ils sont soumis, la confirmation ou ratification qui a pour objet d'en réparer les vices.

153. — I. VALIDITÉ INTRINSÈQUE DES CONTRATS (*Rép.* nos 243 à 247). — La règle posée au *Rép.* n° 243, est toujours applicable. Les conditions de validité des contrats sont exclusivement régies par la loi existante à l'époque de leur formation. Ils restent valables s'ils réunissent les conditions requises par cette loi, malgré les modifications résultant de la loi nouvelle, ils restent nuls dans le cas contraire, encore bien qu'ils satisfassent aux prescriptions actuelles du législateur. C'est, en effet, au moment où elles contractent que les parties peuvent et doivent savoir quelles conditions elles ont à remplir pour que leurs conventions soient valables. « Dès que le contrat est parfait, dit M. Laurent (t. 1, n° 204), le droit qu'il produit entre dans notre domaine, le législateur ni le juge ne peuvent nous en dépouiller » (Comp. Demolombe, t. 1, n° 54; Aubry et Rau, t. 1, § 30, p. 70).

154. Cette doctrine paraît contredite par un arrêt aux termes duquel un contrat de mariage arrêté entre un beau-frère et une belle-sœur, à une époque antérieure à la loi du 16 avr. 1832, alors que ce degré d'affinité était un empêchement absolu au mariage, produit néanmoins tous ses effets, si le mariage s'est réalisé postérieurement à cette loi, en vertu de dispenses accordées par l'autorité supérieure (Paris, 9 févr. 1860, aff. Gandais, D. P. 60. 2. 73). On a critiqué cette solution, dont l'intérêt est d'autant plus grand qu'elle touche à une question plus générale, que nous allons tout à l'heure indiquer. Il est à remarquer d'abord que si l'on dégageait la difficulté de la circonstance qui la complique, si l'on n'avait pas à tenir compte de ce fait, que pendant un certain temps, c'est-à-dire depuis la promulgation du code civil jusqu'à la loi de 1832, le mariage a été complètement impossible entre beau-frère et belle-sœur, on serait naturellement porté à se décider en faveur de la validité du contrat de mariage. Supposons, en effet, que, dans l'état actuel de la législation, un contrat de mariage soit dressé avant que le beau-frère et la belle-sœur qui projettent de s'unir en aient obtenu l'autorisation du chef de l'État; comme l'obstacle au mariage n'est pas insurmontable, et que, la dispense étant une fois accordée, il est présumé n'avoir jamais existé, il ne paraît pas contestable que ce contrat de mariage doive produire tous ses effets. Mais quand le contrat de mariage a été arrêté sous l'empire d'une législation où le mariage était absolument impossible, une difficulté très grave surgit : celle de savoir jusqu'à quel point un acte, subordonné à une condition légalement impossible au moment où il a été conclu, peut devenir valable, si cette impossibilité légale vient à cesser. Or une première considération se présente à l'esprit : c'est qu'en reconnaissant un acte fait sous une condition légalement impossible au moment du contrat comme valable quand l'impossibilité légale vient à cesser, en définitive on donne rétroactivement l'existence à un acte qui a été nul et que les parties ont dû savoir nul dans son principe. L'art. 1172 du code est conçu en termes très absolus : « Toute condition d'une chose prohibée par la loi, dit-il, est nulle et rend nulle la convention qui en dépend ». Sans doute, on oppose à ces termes si clairs, que l'art. 1172, en se plaçant dans l'hypothèse d'une condition illicite, suppose que cette condition illicite continue de subsister au moment où l'on demande la nullité de l'acte ou son exécution. Mais il est facile de répondre que quand la loi détermine les conditions d'existence d'un contrat, d'une obligation, ce n'est pas à une époque ultérieure plus ou moins éloignée qu'elle se réfère, mais au moment où le contrat même est arrêté. La loi ne dit pas « toute condition d'une chose prohibée par la loi *sera* nulle », mais « *est* nulle »; elle parle au présent, non au futur. Reconnaître comme valable un acte nul dans son principe par la seule raison que la condition, d'abord légalement impossible, est devenue réalisable, c'est se mettre en opposition avec ce principe de sens commun : *quod nullum est ab initio non potest tractu temporis convalescere.*

Mais, dira-t-on, le contrat de mariage, dans le cas actuel, n'était pas un acte nul, puisqu'il avait été régulièrement fait; c'était seulement un acte demeuré sans effet faute d'une condition, le mariage, condition à laquelle il était subordonné, et l'on conclut que, le mariage survenant, le contrat devient obligatoire. L'objection se comprendrait s'il s'agissait d'un de ces empêchements que l'autorité peut lever; alors, la prohibition disparaissant, l'empêchement n'a jamais existé. Mais quand il s'agit d'un empêchement absolu, quand cet empêchement n'a disparu que par l'effet d'une loi qui ne pouvait pas, qui ne devait pas, entrer dans les prévisions des parties, l'objection perd toute sa force. En définitive, il y a eu un contrat fait en vue d'un événement que la loi défendait; cet acte se trouvait frappé de nullité à son origine; rien n'a pu lui rendre une force qu'il n'a jamais eue.

Si l'on recherche le principe de ce que nous considérons comme erroné dans l'argumentation de la cour de Paris, peut-être trouvera-t-on que cela tient principalement à ce que cette cour considère trop exclusivement deux époques. Le contrat de mariage, dit-on, était valable en soi; le mariage plus tard a été permis; les époux, en se mariant, ont ratifié un acte subordonné à une condition qui est venue à se réaliser. Mais c'est ne pas tenir compte de l'état de la législation au moment du contrat et ne pas remarquer assez que cet acte ne pouvait pas être valable, puisqu'il était en opposition avec la loi. Quant à la ratification implicite que l'on trouve dans le fait même du mariage, nous répondrons que l'on ne ratifie que les actes entachés d'un vice relatif, non ceux infectés d'un vice absolu (art. 1338 et 1339). Le contrat de mariage, radicalement nul, devait être refait.

La question, du reste, n'est pas absolument nouvelle. Un arrêt de la cour de cassation, rendu sur les conclusions de Merlin, le 3 flor. an 13, a jugé que les conventions matrimoniales arrêtées en vue d'un mariage à contracter avec un religieux à l'époque où cette qualité était un obstacle au mariage, pouvaient être valables si le mariage avait été contracté sous l'empire de la législation qui a aboli les vœux. Mais il importe de remarquer que cette décision, n'avait trait qu'à la validité d'une donation régie non par le code civil, mais par l'ordonnance de 1731; et que, d'ailleurs, il était constaté en fait que les conventions matrimoniales avaient été confirmées, rectifiées et *reprises*, devant l'officier de l'état civil, dans la forme même qui eût été exigée pour un contrat de mariage. Cet arrêt ne pourrait donc pas être invoqué dans l'espèce (V. Merlin, *Répertoire*, v° *Conventions matrimoniales*, § 1).

Vainement la cour de Paris invoque la faveur que le législateur paraît vouloir accorder aux conventions matrimoniales. Il est très vrai que, dans certains cas où la loi annule le mariage même, il lui fait cependant produire tous ses effets civils quand les époux ont été de bonne foi. Dans l'espèce, le mariage des époux Gandais aurait pu produire les siens en ce sens que les époux se seraient trouvés mariés sous le régime de la communauté légale. Mais la question de bonne foi est une question de fait; la difficulté actuelle devait être examinée en dehors de toute question de bonne ou de mauvaise foi de la part des contractants, on ne devait y chercher que la question de droit.

155. Il a été décidé, au contraire, conformément au principe posé *suprà*, n° 153, qu'une société en commandite par actions, constituée en 1856 et dissoute en 1868, n'a pu être régie par la loi du 24 juill. 1867 (Req. 29 mars 1876, aff. Chatin, D. P. 76. 1. 493).

A plus forte raison, les règles de la loi du 4 mars 1889 D. P. 89. 4. 9), sur la liquidation judiciaire, ne sauraient-elles, en l'absence de texte spécial, être appliquées rétroactivement *à la répartition* de sociétés dissoutes antérieurement à cette loi et dont la dissolution peut avoir une cause tout autre que l'état d'insolvabilité (Trib. Seine, 15 janv. 1891, aff. Mayer, *Gazette des tribunaux* du 4 avril).

Jugé encore que la nullité dont étaient frappées les associations pour l'exploitation des charges de courtiers peut être invoquée même sous l'empire d'une législation qui a rapporté l'interdiction de ce mode d'exploitation en rendant libre l'exercice de la profession de courtier (Trib. com. Seine, 23 juill. 1868, aff. Quatraux, D. P. 71. 3. 69).

156. Ce que nous venons de dire, des conditions de validité intrinsèque des contrats, est vrai aussi de leur *forme extrinsèque*. Tout contrat, et plus généralement tout acte juridique, est régi, quant à sa forme extérieure, par la loi sous l'empire de laquelle il a été fait : *Tempus regit actum* (Demolombe, t. 1, p. 58, n° 49; Aubry et Rau, t. 1, § 30, p. 59; Chambéry, 26 juin 1865, *Journal de Grenoble et Chambéry*, 1865, p. 315). Mais faut-il appliquer le même principe aux formalités auxquelles le législateur subordonne la validité de certains actes vis-à-vis des tiers? La question vient de se présenter relativement à la formalité de la transcription. La loi du 23-26 mars 1855 (D. P. 55. 4. 27), en rétablissant la formalité de la transcription, notamment pour tous les actes entre vifs translatifs de propriété immobilière ou de droits réels susceptibles d'hypothèque comme une condition de leur validité vis-à-vis des tiers, avait réglé par une disposition transitoire le sort des actes faits antérieurement à sa promulgation; l'art. 11 déclare, en effet, que les prescriptions de la nouvelle loi ne sont pas applicables « aux actes ayant acquis date certaine et aux jugements rendus avant le 1er janv. 1856 ». Cet article, en consacrant le principe de la non-rétroactivité de la loi de 1855 prévint la difficulté qui aurait pu s'élever sur ce point; mais cette difficulté vient de surgir à l'occasion du décret du 28 août 1862 sur la transcription en matière hypothécaire au Sénégal, dans les établissements de l'Inde et aux îles de Saint-Pierre et Miquelon (D. P. 62. 4. 421). Ce décret, spécial à ces colonies, reproduit la plupart des dispositions de la loi de 1855; en particulier, l'art. 1er soumet à la formalité de la transcription les actes translatifs de propriété et autres mentionnés dans l'art. 1er de la loi de 1855. L'art. 12 porte que « les art. 2, 3, 5, 6 et 11 ci-dessus ne sont pas applicables aux actes ayant acquis date certaine ni aux jugements rendus avant le délai ci-dessus fixé de six mois; leur effet est réglé par la législation sous l'empire de laquelle ils sont intervenus ». Par suite d'une erreur de rédaction, l'art. 1er ne figure pas dans cette énumération de l'art. 12, de telle sorte que les principaux actes auxquels le décret s'applique, c'est-à-dire les actes translatifs de propriété, se trouvaient exclus de la disposition exemptant de la formalité de la transcription tout acte ayant acquis date certaine avant l'expiration du délai de six mois depuis la promulgation. On soutint que l'art. 12, tel qu'il était rédigé, constituait une violation du principe de la non-rétroactivité des lois en ce qu'il enlevait le bénéfice de la législation antérieure, notamment celui d'un arrêté local du 19 avr. 1856, d'après lequel tout acte de vente était opposable aux tiers à la seule condition d'avoir été enregistré. La cour de cassation a jugé, au contraire, que l'art. 12 du décret du 28 août 1862, en omettant de mentionner l'art. 1er dans son texte officiellement publié, et en n'appliquant pas aux actes spécifiés audit article, et ayant acquis date certaine avant l'expiration du délai de six mois, la dispense de la formalité de la transcription, n'a point porté atteinte au principe de la non-rétroactivité des lois (Civ. rej. 20 oct. 1891, aff. Catcherayen et Ramassamy, D. P. 92. 1. 57). La substitution de la transcription prescrite par le décret 28 août 1862, dit la cour, à l'enregistrement sommaire établi par le décret de 1856 « ne constitue qu'une simple formalité, qu'il est toujours au pouvoir du législateur d'instituer pour la sauvegarde et la consolidation des droits ». Cette doctrine est conforme à celle qu'avait enseignée M. Troplong dans son *Commentaire de la loi de 1855 sur la transcription*, n° 346, p. 397 et 398. Nous examinerons *infrà*, n° 171, à l'occasion de la loi du 13 févr. 1889 relative à la renonciation de la femme à son hypothèque légale, une question de même nature que celle que vient de trancher la cour de cassation, et qui nous paraît aujourd'hui résolue, du moins indirectement, par l'arrêt du 20 oct. 1891.

157. — II. FORME PROBANTE DES CONTRATS (*Rép.* n°s 248 à 252). — Les conditions auxquelles le mode de preuve d'un contrat est subordonné sont déterminées non par la loi du temps où s'exerce l'action, mais par celle du temps où le droit des parties a pris naissance. Jugé, en ce sens : 1° que l'admissibilité de la preuve de faits allégués à l'appui d'une demande en nullité d'un mariage contracté sous l'empire de la législation sarde, doit être appréciée d'après la loi en vigueur à cette époque (Chambéry, 7 févr. 1885, aff. de Viry, D. P. 85. 2. 241); — 2° Que c'est d'après les lois en vigueur à l'époque de la naissance que doit être faite la preuve de la filiation légitime. Ainsi, dans l'Etat de la Louisiane, dont la législation, jusqu'en 1855, n'a contenu aucune disposition relative aux constatations des actes de l'état civil, la naissance a pu être établie par un acte de baptême dressé avant 1855 et dont l'exactitude est certifiée par l'autorité locale (Bordeaux, 21 déc. 1886, aff. Justamond, D. P. 87. 2. 163); — 3° Que la foi due aux actes de l'état civil passés en pays étranger doit être appréciée d'après la loi en vigueur à l'époque où ils ont été dressés et ne peut être étendue ou restreinte par une législation nouvelle (Civ. rej. 26 juin 1889, aff. Lathoud, D. P. 91. 1. 129). — Mais il importe de distinguer avec soin l'admissibilité d'une preuve qui rentre dans ce que les jurisconsultes appellent le *decisorium litis*, et la forme dans laquelle cette preuve doit être administrée; la forme de la preuve tient à la procédure et est, par suite, subordonnée à la loi du temps de l'enquête (V. *infrà*, n° 199).

Par application de la règle que l'admissibilité d'un mode de preuve s'apprécie d'après la loi sous l'empire de laquelle a eu lieu le fait ou l'acte qu'il s'agit de prouver, et non d'après la législation en vigueur au moment où la preuve est offerte, il a été jugé que l'acquisition antérieure au code civil d'une servitude de pacage peut encore aujourd'hui se prouver au moyen de simples énonciations d'anciens actes étrangers au propriétaire du fonds asservi et à ses auteurs, si elles sont appuyées d'une longue possession, conformément à cette règle constante de notre ancienne jurisprudence : *In antiquis enunciativa probant etiam contra alios et in prejudicium tertii* (Req. 7 juill. 1874, aff. Hameau de Saint-Leu-Trocourt et Commune de Bray-Lu, D. P. 76. 1. 430).

158. — III. EFFETS DES CONTRATS (*Rép.* n°s 253 à 282). — « Les effets que produisent les contrats, dit M. Laurent (t. 1, n° 207), sont inséparables des conventions, ils en forment l'essence, puisque c'est à raison de ces effets que les parties contractent. Il va donc sans dire que tous les effets des contrats sont régis par la loi qui était en vigueur au moment où ils ont été passés ». Ce principe, posé au *Rép.* n° 253, n'a jamais été contesté par les auteurs, ni par la jurisprudence, la difficulté ne porte que sur ses applications. Les droits contractuels sont, d'ailleurs, à considérer comme acquis, non seulement lorsqu'ils sont déjà ouverts, mais encore lorsqu'ils sont simplement éventuels, c'est-à-dire subordonnés ou attachés à des conditions ou à des faits non encore accomplis. « Les droits de la dernière espèce restent, comme ceux de la première, en dehors de l'atteinte de toute loi nouvelle, alors même que ces conditions ou ces faits ne viennent à se réaliser que postérieurement à sa promulgation » (Aubry et Rau, *op. cit.*, t. 1, § 30, p. 72). Peu importe aussi que les effets contractuels découlent de stipulations expressément faites par les parties ou de dispositions légales édictées en vue de suppléer à leur silence et qu'elles sont présumées avoir adoptées toutes les fois qu'elles n'y ont pas dérogé (*Rép.*, *ibid.*). Les nombreuses lois votées depuis quelques années, notamment en matière civile, vont fournir l'occasion d'appliquer ces principes.

159. Il a été jugé que la loi du 12 janv. 1886 (D. P. 86. 4. 32), qui a proclamé la liberté du taux de l'intérêt en matière commerciale, n'a point d'effet rétroactif, et, par suite, ne peut pas être invoquée pour réclamer le payement d'intérêts usuraires stipulés dans une convention antérieure à la promulgation de cette loi (Besançon, 21 avr. 1886, aff. Lallement, D. P. 86. 2. 268). — Faudrait-il admettre la même solution dans l'hypothèse où un prêt commercial aurait été conclu sous l'empire de la législation précédente à un taux dépassant l'intérêt légal, mais dont l'échéance aurait été fixée à une époque postérieure à la promulgation de la loi de 1886? On s'est demandé si, dans cette hypothèse, le débiteur pourrait se prévaloir de la nullité originaire de la convention pour demander à ne payer d'intérêts, jusqu'à l'échéance, que d'après le taux qui aurait pu être valablement stipulé sous l'empire de la loi du 3 sept. 1807. Les rédacteurs des *Lois nouvelles* (1886, 1re part., p. 33), se prononcent pour la négative. D'après eux, « la proclamation de la liberté du taux de l'intérêt a rétroactivement validé la convention ou tout au moins l'a rendue valide, à compter du jour où cette liberté a commencé à exister. Par suite, le débiteur pourra obtenir, il est vrai, d'être déchargé jusque audit jour de toute la quotité d'intérêts qui dépassait le taux légal; mais la convention, à partir de ce même jour, devra recevoir son plein et entier effet ». On appuie cette opinion sur un arrêt de la cour de Lyon du 12 juin 1818, qui décide dans le même sens la question inverse qui s'était posée lors de la promulgation de la loi de 1807 restreignant la liberté du taux de l'intérêt. « La loi du 3 sept. 1807, qui a fixé le taux de l'intérêt pour l'avenir, est-il dit dans cet arrêt, a succédé à d'autres lois et a saisi les parties du moment de sa publication. Ainsi tous intérêts, pour le règlement desquels aucune convention particulière n'a existé, ont pris cours, depuis la loi du 3 sept. 1807 au taux fixé par cette loi ». Si la promulgation de la loi de 1807 a eu cet effet, n'est-il pas logique d'en conclure inversement que la promulgation de la loi du 12 janv. 1886, qui l'abroge, a validé les stipulations faites en violation des prescriptions de cette loi? Cette interprétation nous paraît contestable. Remarquons d'abord que l'arrêt que l'on invoque ne décide pas que la loi de 1807 régit les conventions antérieures à sa publication, il ne parle que des intérêts « pour le règlement desquels *aucune convention particulière* n'a existé »; or, dans l'hypothèse dont il s'agit, l'obligation de payer les intérêts a son origine dans une convention; cette convention s'étant formée sous l'empire de la loi restrictive de 1807, est régie par cette loi, non seulement quant à ses effets, mais aussi en ce qui concerne les conditions requises pour sa validité en vertu du principe posé ci-dessus; or cette convention était nulle d'après la législation en vigueur à l'époque où elle a été faite, on ne pourrait la valider en vertu de la loi de 1886 qu'en faisant produire à cette loi un effet rétroactif. Ajoutons que la distinction que l'on établit, entre les intérêts courus avant la loi de 1886 et les intérêts courus postérieurement, est arbitraire, car les uns et les autres sont dus en vertu d'une même convention indivisible. En définitive, le droit de faire réduire l'intérêt stipulé nous paraît constituer pour le débiteur un droit acquis protégé par le principe de l'irrévocabilité des conventions. La solution vers laquelle nous inclinons est conforme à la doctrine qui a été développée au *Rép.* n° 293; elle trouve en outre un sérieux point d'appui dans la jurisprudence qui a prévalu relativement à la question qui sera examinée (*infrà*, n° 15).

160. L'art. 1er de la loi du 28 mars 1885 (D. P. 85. 4. 25), mettant fin à la discussion qui s'était engagée sur ce point, reconnait la légalité des marchés à terme sur effets publics et autres et des marchés à livrer sur denrées et marchandises, et décide que nul ne pourra désormais, pour se soustraire aux obligations qui en résultent, se prévaloir de l'art. 1965 c. civ., alors même que ces marchés se résoudraient par le payement d'une simple différence. Cette loi, ne contenant pas non plus de dispositions transitoires, on s'est demandé si elle devait avoir un effet rétroactif. On a déjà rencontré cette question (*suprà*, v° *Bourse de commerce*, n° 73), mais la controverse, qui ne faisait que naître à cette époque, a pris, depuis lors, un développement qui nous oblige à y revenir ici. Pour la résoudre, il importe de distinguer entre les dispositions de la loi de 1885 qui touchent au droit pénal et celles qui touchent au droit civil.

161. En matière pénale, l'art. 2 abroge les art. 421 et 422 c. pén. Il en résulte que désormais les paris sur la hausse et la baisse des *effets publics*, les seuls que frappait la loi pénale, sont licites. Peu importe la date à laquelle des opérations de cette nature ont été conclues ou exécutées : il est de règle universellement admise qu'une loi nouvelle rétroagit quand elle efface une pénalité; ce principe a reçu de nombreuses applications qui seront indiquées *infrà*, n°s 228 et suiv. Les spéculations sur la hausse ou la baisse des effets publics ne sauraient, dès lors, donner lieu à aucune poursuite pénale.

162. En ce qui concerne les dispositions de la loi nouvelle qui touchent aux matières civiles, il convient de rappeler qu'antérieurement à cette loi, les opérations sur la hausse ou la baisse des effets publics pouvaient être annulées par les tribunaux civils, comme ayant une cause illicite, par combinaison des art. 421 et 422 c. pén. et de l'art. 1131 c. civ. La loi du 28 mars 1885 a-t-elle eu pour effet de valider les marchés de cette nature intervenus avant sa promulgation? La négative découle des principes qui ont été développés précédemment. Le caractère délictueux de ces opérations a pu disparaître même pour le passé, mais la sanction civile subsiste. Les parties qui contractaient sous l'empire des art. 421 et 422 c. pén. avaient un droit acquis, au point de vue de leurs intérêts pécuniaires, à invoquer la nullité du contrat; l'abrogation des art. 421 et 422 c. pén. touche, il est vrai, à l'intérêt social, mais ne porte aucune atteinte aux droits privés.

Quant à l'exception de jeu, que la jurisprudence autorisait les parties à invoquer en vertu de l'art. 1965 c. civ. pour les marchés à terme destinés à se régler dans l'intention commune par le payement de simples différences, la question de savoir si elle pouvait être opposée, depuis la loi de 1885 qui la supprime, à l'occasion d'opérations faites antérieurement à sa promulgation, a été diversement résolue aussi bien par les auteurs que par les tribunaux. Pour soutenir que l'art. 1965 n'était plus applicable en aucun cas, les uns prétendaient que la loi de 1885 n'était pas introductive d'un droit nouveau et appartenait à la classe des lois interprétatives qui sont toujours rétroactives; les autres, tout en reconnaissant que la loi de 1885 réalise une innovation législative, motivaient leur conclusion en disant que cette loi avait le caractère d'une loi d'ordre public. La jurisprudence qui décidait que l'exception de jeu pouvait être soulevée d'office par le juge (Lyon, 27 juin 1871, aff. I..., D. P. 71. 2. 152; Paris, 13 mai 1873, aff. Kiki-Attal, D. P. 73. 2. 240) leur fournissait un argument assurément spécieux (M. Genevois, *La nouvelle législation des marchés à terme*, p. 17-19; Conclusions de M. Chenest, avocat général à la cour de Lyon, reproduites en partie dans *La France judiciaire*, 1884-1885, t. 9, 2e part., p. 402-405, note). On a vu que, par deux arrêts des 6 et 19 juin 1885 (*suprà*, v° *Bourse de commerce*, n° 73), la cour de Paris s'était prononcée pour cette interprétation. Elle n'a pas prévalu, tous les arrêts rendus depuis ceux mentionnés *suprà*, *ibid.*, ont refusé de donner à la loi de 1885 un effet rétroactif; la cour de Paris s'est elle-même ralliée à cette jurisprudence que nous ne pouvons qu'approuver, et que la cour de cassation a définitivement fixée. — Il est manifeste, d'abord, que la loi de 1885 n'est pas simplement interprétative de l'art. 1965, mais crée un droit nouveau en opposition avec celui dont cet article était l'expression. L'argument que l'on a tiré du mot « reconnus » employé par cette loi et que l'on a présenté comme un terme s'appliquant au passé n'est pas sérieux; reconnaître est ici synonyme de déclarer. Quant à cette autre considération puisée dans les motifs d'ordre public qui ont pu inspirer le législateur de 1885, nous nous sommes déjà expliqué sur l'abus que l'on fait de cette expression en matière de droits pécuniaires. Sans doute la loi de 1885 se rattache à des considérations d'intérêt général, mais il ne faut pas confondre, ici plus qu'ailleurs, les lois d'intérêt général et les lois d'ordre public. La qualification de loi d'ordre public doit être réservée, avons-nous dit, aux lois traitant d'objets qui tiennent à la constitution de la société; or la loi du 28 mars 1885, qui se borne, en définitive, à confirmer ce principe, élémentaire en droit privé, que les conventions sont obligatoires pour ceux qui les ont librement consenties, est étrangère à cette conception de loi d'ordre public. Nous ne ferons que signaler l'opinion d'après laquelle la loi de 1885 n'avait d'autre effet que de supprimer une exception et, par là même, appartenait aux lois de procédure qui sont par leur nature rétroactives (*Le Messager de Paris*, n° du 27 avr. 1885). Cette opinion repose sur une erreur évidente; le moyen que le défendeur puise dans l'art. 1965 c. civ. tend au rejet de la demande, son admission éteint le droit du créancier, ce n'est donc pas un moyen de procédure, mais une défense au fond. On doit donc tenir pour certain que la loi du 28 mars 1885 laisse les contrats intervenus antérieurement à sa promulgation sous l'empire de l'art. 1965 c. civ. (V. Henri Toulon, *Commentaire de la loi sur les marchés à terme*, p. 29-30; *Lois nouvelles*, 1886, 1re part., p. 70 et 3e part. p. 21; *Annales de droit commercial*, 1886-1887, 2e part., p. 154, note; *suprà*, v° *Bourse de commerce* n° 73; *Le Droit*, des 8-9 mars 1886; Lyon, 27 janv. 1886, aff. Derieux, *La Loi* du 16 mai 1886; Req. 18 avr. 1887, aff. Vidal, liquidateur de la société Lévy-Bing, D. P. 87. 1. 153; Req. 12 juill. 1888, aff. Bizard, D. P. 89. 1. 10). Mais il a été jugé, avec raison, que la reconnaissance d'une dette provenant de jeux de bourse antérieurs à la loi du 28 mars 1885, est valable, quand elle est faite postérieurement à ladite loi, son objet, dans ce cas, étant de consacrer une obligation naturelle qui n'est plus entachée à ce moment d'une nullité radicale (Aix, 21 avr. 1887, aff. Rouet, D. P. 91. 1. 353).

163. La loi du 5 janv. 1883, relative à la responsabilité qui incombe aux colocataires d'un immeuble détruit par un incendie (D. P. 83. 4. 17) a modifié l'art. 1734 c. civ. en substituant ce que l'on a appelé la responsabilité proportionnelle à la responsabilité solidaire dont les locataires étaient tenus vis-à-vis du bailleur. D'après la nouvelle loi, les locataires d'un même immeuble ne sont plus responsables de l'incendie que proportionnellement à la valeur locative de la partie de l'immeuble qu'ils occupent. La question de savoir si cette loi était applicable aux baux passés antérieurement à sa promulgation se posa immédiatement.

Les partisans de la rétroactivité raisonnaient ainsi : L'ancien art. 1734 a paru à tous défectueux et excessif; après qu'on a corrigé ses imperfections et ses vices, il serait illogique et injuste de continuer à l'appliquer au locataire dont le bail a précédé la loi nouvelle, tandis que celui dont le bail est postérieur bénéficierait de dispositions moins dures et plus équitables. Il y aurait inégalité, contradiction et désordre dans les décisions judiciaires qui soumettraient des situations identiques à des règles différentes. Cet argument est évidemment sans valeur, car il pourrait s'appliquer à toute loi nouvelle. La considération tirée de ce que la loi du 5 janv. 1883 serait une loi d'intérêt général et d'ordre public n'a pas plus de force. On a suffisamment insisté, dans les hypothèses précédentes, sur la portée de cet argument pour qu'aucun doute ne puisse s'élever, à ce point de vue, sur le caractère de la loi nouvelle. Non seulement la loi de 1883 n'est pas, à proprement parler, une loi d'ordre public, dans le sens restreint qu'il faut donner à cette expression, mais cette loi n'a même pas été inspirée par des motifs d'ordre public. Le législateur a simplement voulu pourvoir à des intérêts privés. Cela est si vrai que les parties sont libres, encore aujourd'hui, comme elles l'étaient sous l'empire de l'ancien art. 1734, de régler comme elles le veulent la responsabilité qui incombera au preneur en cas d'incendie; il est certain qu'elles pourraient rétablir, à la charge des colocataires, la responsabilité solidaire comme elles pouvaient les en affranchir par des clauses particulières insérées dans le contrat de bail sous l'ancienne législation (Req. 28 janv. 1868, aff. Mounier, D. P. 68. 1. 483); or une loi à laquelle les parties peuvent déroger ne saurait être considérée comme tenant à l'ordre public. La vérité est que l'art. 1734, dans sa nouvelle rédaction comme dans la première, est une disposition purement interprétative de la volonté des parties. Le législateur, se plaçant dans l'hypothèse où les locataires ont négligé de prévoir les conséquences de l'incendie des lieux loués, et de déterminer, avec le propriétaire, dans leur contrat, l'étendue de la responsabilité qui incomberait à chacun d'eux, fixe lui-même, par interprétation de la volonté des parties, cette responsabilité; les dispositions légales qui ont ce caractère et cet objet suppléent au silence des parties sur les effets du contrat et valent comme convention tacite. Cette convention tacite produit identiquement les mêmes effets que la convention expresse; or les effets et les droits résultant de la loi ancienne subsistent, si cette loi a eu effet comme convention tacite. Le silence de la convention, d'une part, et, de l'autre, la loi qui, en prévision de ce silence, indique et déclare la volonté présumée des contractants, produit le même effet que celui que produirait la transcription littérale dans le contrat de l'art. 1734. Si les parties sont censées avoir transcrit cet article, elles n'ont pu le faire que tel qu'il était écrit dans le code au moment du contrat; cette disposition légale règle donc leurs rapports, en vertu du principe que les effets de tout contract sont déterminés par la législation en vigueur à l'époque où il a eu lieu.

164. Deux objections plus spécieuses ont été faites par les partisans de la rétroactivité et méritent d'autant plus d'être examinées qu'elles ont une portée générale pouvant s'étendre à toutes les dispositions législatives de même nature qui pourraient intervenir. Dans un article remarqué, M. Batbie, rapporteur de la commission du Sénat, développe cette idée, que la loi de 1883 doit s'appliquer rétroactivement, parce que la solidarité résultant de l'ancien art. 1734 n'était nullement contractuelle, mais purement légale; établie entre des débiteurs qui pouvaient n'avoir entre eux aucun rapport, qui étaient locataires sans se connaître peut-être, et en tous cas, qui se succédaient et se remplaçaient sans que ces mutations de personnes et cette succession de contrats eussent aucune influence sur le principe; la solidarité découle ici uniquement de la puissance législative, et ne peut pas être rattachée à une convention même présumée (Batbie, *Revue critique de législation*, 1884, p. 738). L'objection serait sérieuse si l'art. 1734, qui instituait la solidarité contre les locataires avait eu le caractère d'une loi impérative comme par exemple, la disposition du code pénal qui prononce la solidarité contre les codélinquants, ou bien encore l'art. 396 c. civ., qui impose la solidarité au second mari de la mère tutrice; mais il n'en est rien, puisque, comme nous l'avons dit, les parties ont toujours eu le droit de déroger à l'art. 1734, et le fait que les locataires ne se connaissent pas et ne peuvent pas être présumés s'être concertés entre eux n'est pas un obstacle à ce que chacun d'eux s'oblige à répondre de la faute des autres vis-à-vis du bailleur.

La seconde objection est puisée dans la cause même que l'on attribue à l'obligation qui incombe aux locataires. « Que si, dit un jugement du tribunal civil de Lyon du 9 janv. 1884 (aff. Mandier, D. P. 84. 3. 104), l'obligation éventuelle d'indemniser le propriétaire, à raison d'un incendie survenu dans son immeuble, au cas de responsabilité de ses locataires, résulte implicitement du contrat de bail, cette obligation ne prend naissance que du jour où, un incendie s'étant déclaré, il y a lieu d'appliquer à l'exécution de cette obligation les principes de la législation alors existante; que, sans doute, à partir de l'existence du contrat de bail jusqu'au jour de la promulgation de la loi nouvelle, Mandier a pu avoir l'espérance que la loi ancienne ne serait pas changée; mais que cette simple espérance ne constituait pas pour lui un droit acquis à réclamer le bénéfice de cette ancienne loi... ». Cette théorie repose sur une erreur juridique. En supposant que l'obligation qui incombe aux locataires, dans le cas prévu par l'art. 1734, soit une obligation seulement éventuelle ou conditionnelle, la conséquence qu'on en tire, c'est-à-dire l'application à cette obligation de la loi en vigueur au moment de l'événement de la condition est contraire aux principes admis en matière de rétroactivité. On a vu qu'on ne doit faire dans cette matière aucune distinction entre l'obligation pure et simple et l'obligation conditionnelle. L'expectative résultant d'un contrat constitue un droit acquis, même si elle dépend d'une condition qui ne se réalise qu'après un changement de législation. Peu importe que l'exercice du droit ait été suspendu par une condition et ne commence que depuis la publication de la loi nouvelle. Par suite de l'effet rétroactif que produit l'accomplissement de la condition, la convention doit être considérée comme si elle avait été pure et simple dès l'origine; en un mot, par suite, le droit est censé avoir été acquis à l'instant même du contrat, et non pas seulement au moment où la condition s'est accomplie.

Pour écarter cette conséquence, il faudrait soutenir que l'obligation qui incombe aux locataires n'a pas sa cause dans le contrat de bail. Il est vrai que si l'incendie ne se produit pas, l'action de l'art. 1734 ne s'exercera pas au profit du propriétaire; mais il n'en résulte pas que ce soit l'incendie qui donne naissance à cette action et soit le fait générateur de l'obligation corrélative du locataire. L'incendie n'engendre par lui-même ni action, ni obligation. Le propriétaire, abstraction faite de l'art. 1734, ne pourrait faire réussir son action qu'en justifiant d'une faute déterminée du locataire en s'appuyant sur une obligation contractuelle expressément ou tacitement contractée par celui-ci; or ce dernier cas est celui que prévoit l'art. 1734, qui n'est autre chose, comme on l'a vu, qu'une convention tacite. L'incendie n'est pas plus la cause de l'obligation du locataire que l'éviction n'est la cause de l'obligation du vendeur; l'incendie n'est qu'une condition, c'est donc la législation contemporaine du contrat qui doit être appliquée.

La controverse que l'on vient d'exposer pourrait se reproduire à l'occasion de la loi du 18 juill. 1889 (D. P. 90. 4. 22) sur le bail à colonat partiaire, dont l'art. 4, § 2, a supprimé, au profit du colon, la disposition de l'art. 1733 c. civ., limitant à trois cas déterminés l'exonération de la responsabilité qui pèse sur le locataire au cas d'incendie.

165. La question qui vient d'être examinée a été diversement résolue à l'origine par les tribunaux et les auteurs. — Il a été jugé que la loi du 5 janv. 1883 modificative de l'art. 1734 c. civ., qui supprime la solidarité entre les locataires responsables de l'incendie de l'immeuble loué, est applicable lors même que les contrats d'assurance et les baux seraient antérieurs à cette loi, si l'incendie est postérieur, sans que cette décision puisse être considérée comme portant atteinte au principe de la non-rétroactivité des lois (Trib. Lyon, 9 janv. 1884, cité *suprà*, n° 163; Trib. Bordeaux, 7 mai 1884, v° *Journal des assurances*, 1884, p. 387. Conf. Batbie, *op. cit.*, p. 737 et suiv.; *Gazette des tribunaux* du 26 mai 1883; Cauvin, *Recueil périodique des assurances*, 1884, p. 59).

L'opinion contraire a fini par prévaloir dans la jurisprudence comme dans la doctrine (Trib. Villefranche, 19 juill. 1883, *Lois nouvelles* 1886, 3e part., p. 104; Trib. Nîmes, 29 déc. 1883, et, sur appel, Nîmes, 15 mars 1884, aff. Paradon-Perié et Cabanis, D. P. 84. 2. 97; Trib. Toulouse, 7 juill. 1884, *Lois nouvelles, ibid.*; Trib. Seine, 2 août 1884, *La Loi* du 18 juin 1885. Conf. Richard et Maucorps, *Responsabilité civile en matière d'incendie*, n° 565; Lalande et Couturier, *Des contrats d'assurances contre l'incendie*, n° 685; Richard, *Journal des assurances*, 1884, p. 65; *Lois nouvelles*, 1886, 3e part., p. 103 et suiv.).

On remarquera que cette solution est conforme à la doctrine développée au *Rép.* n° 269, et d'après laquelle il a été reconnu que les obligations imposées solidairement à tous les héritiers du débiteur par la loi contemporaine du contrat, n'ont pu, par une loi subséquente, être divisées en leur faveur et au préjudice du créancier.

166. On peut concevoir cependant une hypothèse qui est de nature à faire difficulté, c'est celle où l'immeuble incendié se trouverait occupé à la fois par des locataires dont les baux seraient, les uns, antérieurs, les autres, postérieurs à la loi nouvelle. Il suffit, à notre avis, qu'un seul des locataires soit affranchi de la solidarité en vertu de la nouvelle loi, pour que la libération puisse être invoquée par les autres. N'est-ce pas ce qui ressort de l'art. 1285 c. civ., d'après lequel la remise de la solidarité consentie au profit de l'un des codébiteurs solidaires libère, en principe, tous les autres; or le bailleur, en traitant sous l'empire de la loi de 1883, avec un nouveau locataire, sans réserver dans le contrat le droit que lui conférait l'ancien art. 1734, renonce à la solidarité vis-à-vis de ce locataire; les autres, quoique soumis à l'ancienne législation, peuvent se prévaloir de cette renonciation et obtenir ainsi le même avantage que si la loi avait un effet rétroactif. Le bailleur pourrait se prémunir, au moins partiellement, contre ce résultat, en ayant soin de réserver dans le nouveau bail, comme le lui permet l'art. 1283, son action solidaire contre les autres locataires, auquel cas toutefois ceux-ci ne seraient tenus encore solidairement que déduction faite de la valeur de la partie de maison occupée par le locataire dont le bail aurait été passé postérieurement à la loi du 5 janv. 1883, par application de l'art. 1285.

167. La règle de la non-rétroactivité s'applique, non seulement aux droits principaux et accessoires du créancier, mais encore aux sûretés et garanties que lui attribuait la loi sous l'empire de laquelle ils ont pris naissance. Le créancier continue donc à en jouir, conformément à cette loi, malgré la survenance d'une loi nouvelle qui contiendrait à cet égard des dispositions différentes. Il en est notamment ainsi des privilèges et hypothèques attachés à certaines créances (Aubry et Rau, t. 1, § 30, p. 74). On trouve une application de ce principe dans la loi du 19 févr. 1889, relative à la restriction du privilège du bailleur (D. P. 89. 4. 29) dont le paragraphe 2 de l'art. 1er n'est d'ailleurs que la reproduction littérale du paragraphe 2 de l'art. 2 de la loi du 12 févr. 1872 (D. P. 72. 4. 34). La loi du 19 févr. 1889 a décidé que le privilège accordé au bailleur d'un fonds rural par l'art. 2102 c. civ. ne pourrait plus être exercé, même quand le bail a acquis date certaine, que pour les fermages des deux dernières années échues, de l'année courante et d'une année à partir de l'expiration de l'année courante. En vertu du principe que les effets d'un contrat sont régis par la loi en vigueur à l'époque de sa formation, cette restriction ne devait pas s'appliquer aux baux antérieurs à la promulgation de la loi, le bailleur ne pouvant être dépossédé d'un privilège qui lui a été acquis dès l'origine. Il avait été jugé dans le même sens, comme on l'a vu (*Rép.* n° 254), que le nouvel art. 550 c. com. qui a supprimé le privilège du vendeur pour les ventes mobilières faites entre commerçants ne pouvait pas être opposé au vendeur d'un objet mobilier par acte antérieur à la loi du 28 mai 1838, alors même que la faillite aurait été déclarée depuis la promulgation de cette loi. Toutefois le paragraphe 2 de l'art. 1er de la loi de 1889 a fait fléchir le principe de la non-rétroactivité dans une certaine mesure, en disposant que le privilège de l'art. 2102 ne conserverait toute son étendue relativement aux baux antérieurs au 19 févr. 1889, qu'autant que ces baux auraient acquis date certaine avant cette époque. Cette disposition s'explique par la nécessité où se trouvait le législateur de prévenir des collusions qui auraient pu se se produire sans cette limitation, entre le bailleur et le preneur, au préjudice des créanciers chirographaires de celui-ci.

168. La loi du 19 févr. 1889, art. 2, contient une autre disposition très importante, qui n'est plus spéciale au privilège du bailleur, mais qui embrasse tous les créanciers hypothécaires et privilégiés : c'est celle qui permet aux créanciers d'exercer leur droit de préférence sur les indemnités dues à raison de la perte ou de la destruction de la chose grevée. Sous l'empire du code civil, l'indemnité n'était pas substituée légalement à la chose détruite, au point de vue de l'exercice du droit de préférence, le créancier n'y avait droit que s'il avait eu soin de se la faire attribuer par une stipulation particulière suivie de l'accomplissement des formalités nécessaires pour rendre cette cession opposable aux tiers. Aujourd'hui, l'attribution a lieu de plein droit en l'absence de toute délégation. Il nous paraît certain que cette disposition ne saurait avoir d'effet rétroactif, c'est-à-dire que les créanciers hypothécaires ou privilégiés dont les droits ont pris naissance avant la loi de 1889 ne peuvent pas se prévaloir de cette extension de leur droit de préférence. — Cette question, qu'aucun auteur, à notre connaissance, n'a prévue, se posera peut-être néanmoins devant les tribunaux. Il existe, en effet, un précédent dont les partisans de la rétroactivité pourraient argumenter. L'hypothèque légale de la femme d'un commerçant, que le code de commerce restreignait aux seuls immeubles que son mari possédait au jour du mariage, a été étendue, par la loi de 1838, même à ceux qui lui adviendraient postérieurement, à titre gratuit ; immédiatement, la question s'éleva de savoir si la femme d'un commerçant, mariée sous l'empire du code de commerce de 1807, pouvait se prévaloir, dans la faillite de son mari, survenue depuis 1838, de cette extension de son hypothèque. La cour de cassation se prononça par plusieurs arrêts pour l'affirmative et décida que la loi nouvelle conférait à la femme, sur les immeubles acquis à titre gratuit par le mari depuis le mariage, un droit de préférence à l'égard des créanciers chirographaires même antérieurs, sans que l'on pût prétendre que c'était là faire produire à la loi un effet rétroactif (V. arrêts cités *Rép.* v° *Faillite*, n° 1079). Cette interprétation fut, avec raison, vivement critiquée. Il faut remarquer d'ailleurs qu'il s'agissait de l'hypothèque de la femme, c'est-à-dire d'une hypothèque créée et organisée par le législateur. Or la nouvelle disposition de la loi de 1889 embrasse aussi bien les hypothèques conventionnelles que les priviléges et les autres hypothèques ; l'extension du droit de préférence appliquée aux premières serait une violation manifeste du principe d'après lequel les effets d'un contrat sont régis par la loi sous l'empire de laquelle il a été passé aussi bien au regard du débiteur qu'au regard du créancier. L'application de la nouvelle législation aux seules hypothèques légales ou judiciaires et aux priviléges aurait, en réalité, le même caractère, car le débiteur et ceux qui ont traité avec lui en dehors des créanciers privilégiés ou hypothécaires, ont évidemment pris pour base de leurs engagements réciproques l'état de son patrimoine tel qu'il se trouvait constitué d'après la loi alors en vigueur. La loi de 1889 ne saurait donc être appliquée à des actes antérieurs à sa promulgation sans violation du droit du débiteur, qui a entendu se réserver la libre disposition de sa créance éventuelle contre l'assureur, et sans violation aussi du droit de ses créanciers chirographaires, qui se trouveraient dépouillés, sans la volonté du débiteur, d'une partie de leur gage. L'art. 4 de la loi de 1889, porte même que « les dispositions de l'art. 2 ne préjudicieront pas aux droits des intéressés dans le cas où l'indemnité aurait fait l'objet d'une cession éventuelle à un tiers, par acte ayant date certaine au jour où la présente loi sera exécutoire, à la condition toutefois que le transport, s'il n'a pas été notifié antérieurement, en conformité de l'art. 1690 c. civ., le soit au plus tard dans le mois qui suivra ». Cette disposition transitoire a eu pour but d'empêcher le droit des délégataires qui avaient négligé de remplir les formalités nécessaires pour rendre la cession opposable aux tiers, d'être détruit par l'application immédiate de la loi. Loin de donner à la loi un effet rétroactif, cet article en suspend pendant un certain temps l'application au profit des cessionnaires antérieurs à sa promulgation.

169. Le créancier qui a contracté sous l'empire d'une législation qui établissait à son profit une cause de subrogation légale, peut-il invoquer cette subrogation postérieurement à la promulgation d'une loi qui l'a supprimée? La question s'est présentée par suite de la substitution du code français au code sarde après l'annexion de la Savoie à la France. L'art. 2350 c. civ. sarde (aujourd'hui remplacé par le code italien promulgué le 25 juin 1865) est ainsi conçu : « Si un créancier antérieur, ayant une hypothèque générale, obtient le payement de sa créance sur un ou plusieurs immeubles affectés par hypothèque spéciale en faveur d'un autre créancier, celui-ci, s'il est en perte, est de droit subrogé à l'hypothèque générale que le créancier désintéressé avait sur les autres immeubles du débiteur, à l'effet de pouvoir faire inscrire sa créance sur ces immeubles, et être colloqué sur leur prix, mais seulement à la date de l'inscription primitive qu'il avait prise pour sûreté de cette même créance ; les créanciers perdant, par suite de cette subrogation, auront le même droit sur les autres immeubles du débiteur ». Cet article établit un cas de subrogation qui n'est pas reconnu par la loi française, car il ne rentre dans aucune des hypothèses prévues par l'art. 1251 c. civ. La disposition de l'art. 1251-1° notamment ne saurait être étendue au cas prévu par le code sarde, puisqu'elle n'accorde le bénéfice de la subrogation légale qu'à celui qui a payé de ses deniers le créancier qui lui était préférable à raison de ses priviléges ou hypothèques. La difficulté est de savoir à quel moment le créancier, auquel une hypothèque spéciale a été consentie sous l'empire d'une loi qui lui accorde le bénéfice de la subrogation, doit être considéré comme ayant un droit acquis au bénéfice de cette subrogation. Il a été décidé que ce ne pouvait être qu'à l'époque de la collocation de sa créance. Jugé ainsi que la subrogation accordée par la loi sarde au créancier dont l'hypothèque spéciale est primée par une hypothèque générale, ne peut être invoquée sur des immeubles situés en Savoie par celui dont la créance n'a été colloquée que postérieurement à la promulgation du code civil français dans ce pays (Chambéry, 25 mars 1874, aff. Perrin et consorts, et sur pourvoi, Req. 12 mars 1878, D. P. 78. 1. 273).

Nous avons critiqué, en rapportant ces arrêts, cette doctrine comme étant contraire au principe de la non-rétroactivité des lois (D. P. *ibid.*, note). Sans doute, tant que la collocation n'a pas eu lieu, et que, par suite, les droits respectifs des créanciers hypothécaires ne sont pas déterminés, il n'y a pas lieu, pour le créancier à hypothèque spéciale, d'exercer le droit qui lui est accordé par l'art. 2350 c. civ. sarde. Mais il n'en résulte pas que le droit dont il s'agit ne prenne naissance qu'à ce moment : il date en réalité du jour où l'hypothèque a été constituée ; c'est un avantage inhérent à l'hypothèque elle-même et qui a dû être pris en considération par le créancier lors du contrat. Celui-ci, en présence de l'hypothèque générale dont l'immeuble était déjà grevé, n'aurait peut-être pas consenti à traiter avec le débiteur, s'il n'avait pas compté sur le bénéfice de la subrogation. Lui enlever ce bénéfice, ce serait diminuer les sûretés sur la foi desquelles il a contracté, et, par suite, porter atteinte à un droit acquis. Il importe donc peu que la législation ait été changée avant la collocation de la créance garantie par l'hypothèque spéciale ou même avant l'ouverture de l'ordre à la suite duquel la collocation a eu lieu ; il suffirait, pour que la subrogation pût être invoquée, que la constitution de l'hypothèque fût antérieure à ce changement. — On peut invoquer à l'appui de cette opinion l'application qui a été faite du principe de la non-rétroactivité des lois au sujet des dispositions du code civil relatives à l'hypothèque légale de la femme mariée. La cour de cassation a décidé à plusieurs reprises que les dispositions des coutumes relatives au rang et à la constitution de l'hypothèque n'avaient subi aucune modification par suite de l'établissement d'une législation différente. Ainsi, d'après la coutume de Paris, l'hypothèque de la femme prenait rang au jour même du mariage pour le remploi de ses propres aliénés ou des obligations par elle contractées pendant le mariage. La question s'est élevée de savoir si cette règle était restée applicable, après la promulgation du code civil, aux femmes mariées sous l'empire de ladite coutume, ou si la nouvelle règle établie par l'art. 2135, 5° al., c. civ., devait être suivie en ce qui concerne les aliénations et obligations intervenues depuis lors. La cour suprême a consacré la première solution par plusieurs décisions, notamment par les arrêts de cassation des 12 août 1834 et 26 janv. 1836 (*Rép.* v° *Privilèges et hypothèques*, n° 850), en se fondant sur ce que la femme avait acquis dès le jour de son mariage le droit de se prévaloir de son hypothèque à cette date. Elle a condamné par là le système auquel s'étaient attachées les cours d'appel, et qui reposait sur cette idée que le fait donnant lieu à l'exercice de l'hypothèque, c'est-à-dire la vente d'un bien propre de la femme, ou l'engagement contracté par celle-ci, s'était réalisé sous l'empire de la loi nouvelle. Dans l'espèce actuelle, il semble qu'il y avait même raison de décider. Si la femme, dans le cas auquel se réfèrent les arrêts précités, avait eu, dès le jour de son mariage, le droit de faire remonter, le cas échéant, son hypothèque légale à cette même date, de même le créancier dont l'hypothèque avait été constituée à une époque où la loi sarde était en vigueur dans la Savoie, a eu, dès le jour de cette constitution, le droit d'user de la subrogation établie par l'art. 2350 pour le cas où elle lui serait utile; et, ce droit lui étant acquis, un changement survenu postérieurement dans la législation n'a pas dû lui en enlever l'exercice. On peut argumenter aussi, dans le même sens, des solutions rapportées *infrà*, n° 176, relativement au rang et aux conditions d'exercice, sous le code civil, de l'hypothèque légale de la femme mariée sous l'empire de la loi sarde.

170. Une loi récente, du 13 févr. 1889 (D. P. 89. 4. 24) a réglementé les conditions et les effets de la renonciation de la femme mariée à son hypothèque légale sur un immeuble propre du mari ou de la communauté au profit de l'acquéreur de cet immeuble. On s'est demandé si cette loi avait un effet rétroactif. Elle contient deux dispositions principales qu'il convient de distinguer, pour résoudre la question.

Le paragraphe 3 de l'article unique de la loi du 13 févr. 1889 porte qu'en l'absence de stipulation expresse, « la renonciation par la femme à son hypothèque légale ne pourra résulter de son concours à l'acte d'aliénation que si elle stipule soit comme covenderesse, soit comme garante ou caution du mari ». Il résulte de ce texte que le seul fait de l'intervention de la femme à l'aliénation d'un immeuble du mari ou de la communauté ne peut entraîner, en aucun cas, renonciation, à son hypothèque à moins que la femme n'ait consenti formellement à cette renonciation; pour qu'il y ait renonciation, il faut que la femme ait contracté une obligation personnelle envers l'acquéreur. — Cette disposition ne doit pas être appliquée à l'intervention de la femme dans des actes d'aliénation antérieurs à la promulgation de la loi, car elle est introductive d'un droit nouveau. Avant la loi de 1889, en effet, la jurisprudence décidait que la femme qui intervenait dans l'acte d'aliénation devait être considérée nécessairement et par le seul fait de son intervention, comme ayant eu l'intention de renoncer à son hypothèque, à moins qu'elle ne pût justifier d'une cause particulière expliquant par un autre but son intervention (V. notamment Civ. cass. 26 août 1862, aff. Molin et autres, D. P. 62. 1. 344), ce qui n'était du reste que l'application des principes généraux du droit relativement à la manifestation du consentement. La loi de 1889, qui limite les circonstances desquelles résulte la renonciation implicite de la femme à son hypothèque légale, ne saurait donc régir les actes passés avant sa promulgation sans violation du principe que les effets d'un contrat sont déterminés par la loi appliquée à l'époque de sa formation (*Revue du notariat*, 1890, n° 8295; *Encyclopédie du notariat*, v° *Effet rétroactif*, n°s 2 et 5).

171. La loi du 13 févr. 1889, paragraphe 1er, détermine de quelle manière la renonciation de la femme à son hypothèque légale, dans notre hypothèse, doit être portée à la connaissance des tiers. D'après la loi de 1889, il suffit, pour publier la renonciation de la femme à son hypothèque au profit de l'acquéreur, de transcrire l'acte d'aliénation, si la renonciation y est contenue, soit, dans le cas contraire, c'est-à-dire si elle a été consentie par acte distinct, de mentionner la renonciation en marge de la transcription de l'acte d'aliénation. La question de savoir si cette disposition, qui ne touche qu'aux formes de la publicité hypothécaire, a un effet rétroactif, est plus délicate. L'intérêt de la controverse engagée sur ce point a diminué depuis l'arrêt de cassation qui a décidé, contrairement à la décision de la cour de Douai, que, même avant la loi du 13 févr. 1889, la renonciation pure et simple de la femme mariée à son hypothèque légale dans un acte de vente régulièrement transcrit au profit de l'acquéreur d'un immeuble grevé de cette hypothèque, était dispensée de toute formalité autre que celle de la transcription (Civ. cass. 5 mai 1890, aff. Bracq-Moity, Deltour et comp. D. P. 90. 1. 467).

Toutefois, comme le font remarquer avec raison les rédacteurs de la *Revue du notariat*, 1890, n° 8295, la question de rétroactivité peut encore se poser : la cour de cassation n'a, en effet, statué que relativement aux renonciations pures et simples ayant un caractère extinctif, elle déclare, au contraire, expressément que les renonciations translatives, dont l'effet est de subroger l'acquéreur à l'hypothèque de la femme, devaient être publiées, avant la loi de 1889, au moyen de l'inscription requise par l'art. 9 de la loi du 23 mars 1855; or, le paragraphe 5 de la nouvelle loi est rédigé dans des termes qui laissent indécise la question de savoir en quelle forme aujourd'hui la subrogation obtenue par l'acquéreur doit être publiée. Si l'on interprète ce texte comme ayant purement et simplement consacré l'ancien mode de publication par voie d'inscription, aucune difficulté ne naîtra. Si, au contraire, on l'interprète dans son sens littéral, comme, d'après les termes du paragraphe 5, la subrogation doit être rendue publique conformément aux prescriptions du paragraphe 1er, c'est-à-dire au moyen d'une mention de la renonciation subrogative en marge de la transcription de l'acte de vente, il y a lieu de se demander si cette nouvelle formalité est applicable aux renonciations de cette nature antérieures à la promulgation de la loi. Les rédacteurs de la *Revue du notariat* qui prévoient la difficulté (*loc. cit.*), estiment que cette mesure de prudence ne serait pas excessive. — Nous partageons cette opinion. Il est généralement admis, en effet, que l'exercice d'un droit né sous une législation antérieure doit, sans qu'il y ait d'effet rétroactif, être soumis aux formalités prescrites par la loi nouvelle pour la conservation de ce droit. La loi nouvelle peut, sans rétroactivité, imposer ou supprimer la formalité de l'inscription. Jugé notamment que l'inscription prescrite pour la conservation d'un droit hypothécaire étant une formalité que peut modifier une loi nouvelle, quand cette loi dispense d'inscription une hypothèque qui devait auparavant être inscrite, la promulgation de cette loi vaut inscription (Grenoble, 6 juill. 1882, aff. Chapelle, D. P. 83. 2. 89. — Comp. ce qui a été dit *suprà*, n° 156, relativement à la formalité de la transcription, et Civ. rej. 20 oct. 1891, cité *ibid.*).

172. On a dit au *Rép.*, n° 255, que le régime sous lequel les époux ont entendu se marier, en l'absence de stipulation particulière à cet égard, est déterminé par la loi qui était en vigueur à l'époque à laquelle le contrat de mariage a été passé, le mariage eût-il été célébré sous l'empire d'une législation différente, attendu qu'on ne peut pas supposer aux parties l'intention d'adopter un régime autre que celui de la loi contemporaine de leur convention. — Jugé, en ce sens, que le régime paraphernal qui, d'après la loi sarde, constituait le droit commun applicable en l'absence du contrat de mariage, n'a pas cessé de régir les époux mariés en Savoie antérieurement à la réunion de ce pays à la France en 1860, et n'a pu être transformé, à leur égard, en une communauté de biens par l'effet de cette réunion (Lyon, 10 déc. 1891, aff. Veuve Ponnet, *Moniteur judiciaire de Lyon* du 16 février 1892).

Il n'en est pas seulement ainsi de la nature du régime matrimonial proprement dit, la même règle s'étend à tous les effets des conventions matrimoniales. — Jugé, par application de ce principe, que les effets du contrat de mariage étant régis par la loi sous l'empire de laquelle ce contrat a été passé, la femme dont les conventions matrimoniales portant adoption du régime dotal ont été passées en Savoie avant l'annexion de ce pays à la France, reste soumise, depuis cette annexion, à l'obligation imposée à la femme dotale, par l'art. 1551 c. sarde, de faire emploi de sa dot en cas de séparation de biens (Chambéry, 19 juin 1861, aff. Yvroud, D. P. 62. 5. 86, cité *suprà*, v° *Contrat de mariage*, n° 157) Jugé, de même, que, sous l'ancien droit, et notamment sous la coutume de Chaumont, l'acceptation, par la femme commune, du remploi d'un de ses propres fait par le mari, n'étant soumis à aucune forme particulière, et pouvant résulter des circonstances, l'art. 1435 c. civ., qui exige que le remploi soit formellement accepté par la femme, ne saurait être appliqué à l'acceptation d'un remploi accepté tacitement sous l'empire de l'ancien droit, alors même que la communauté ne se serait dissoute que depuis la promulgation du code civil (Req. 15 juill. 1867, aff. Delamotte, D. P. 68. 1. 267, cité *ibid.*, n° 524).

173. Après l'abolition des gains de survie par le code, la question s'était posée de savoir si des époux, mariés sous l'empire d'une coutume qui leur accordait ces avantages, pouvaient encore les réclamer sur les successions ouvertes depuis 1804; l'affirmative avait prévalu, les gains de survie se trouvant acquis aux époux comme ayant été stipulés tacitement (*Rép.* n° 256). Il a été décidé, par application de la même doctrine, que les effets de la séparation de biens sont réglés par la loi en vigueur à l'époque du mariage, et non par la loi existante lors du jugement qui a prononcé cette séparation, et, spécialement, que la séparation de biens prononcée au profit d'une femme mariée sous l'empire de la loi sarde donne ouverture, conformément à la législation sarde, au gain de survie stipulé par cette femme dans son contrat de mariage, quoiqu'elle n'ait été demandée et prononcée que depuis la promulgation en Savoie du code civil et du code de procédure civile français (Req. 14 juill. 1863, aff. Syndic Barral, D. P. 63. 1. 411 cité *suprà*, v° *Contrat de mariage*, n° 157).

174. De même, la question de savoir si la séparation de corps entraîne la révocation des avantages matrimoniaux consentis à l'époux contre lequel elle a été prononcée doit être résolue d'après la loi en vigueur à l'époque du mariage, et non d'après celle existante lors du jugement de séparation; par suite, les donations par contrat de mariage faites à une femme mariée sous l'empire de la législation sarde ne sont pas révoquées par l'effet de la séparation de corps prononcée contre elle depuis que l'annexion de la Savoie l'a soumise au code civil, le code sarde, qui a continué à régir ces donations quant à leur validité, leurs effets et leur révocabilité, n'admettant la révocation des donations entre époux ni par suite de séparation de corps, ni même pour cause d'ingratitude (Chambéry, 26 juin 1869, aff. Dame Vernex, D. P. 69. 2. 154).

175. L'aliénabilité ou l'inaliénabilité de la dot dépend uniquement de la loi qui était en vigueur lorsqu'elle a été constituée. Dans l'ancien ressort du parlement de Grenoble, et notamment dans l'ancienne province du Dauphiné, la femme dotale pouvait, avec le consentement de son mari, ou, à défaut de ce consentement, en lui en réservant l'usufruit, donner ses biens dotaux à ses enfants, même pour autre cause que celle de leur établissement. On a conclu du principe qui régit la matière que la donation, qu'une femme dotale, mariée dans cette province avant la promulgation du code, a faite d'un bien dotal à l'un de ses enfants, même hors des conditions d'un établissement, ne peut être attaquée comme portant atteinte à l'inaliénabilité de la dot, quoique cette donation ait été faite depuis la promulgation du code civil (Req. 20 févr. 1856, aff. Dame Vial, D. P. 56. 1. 211. V. *suprà*, v° *Contrat de mariage*, n° 156). Il faut rapprocher de cette décision un arrêt de la cour de Chambéry, du 29 oct. 1888 (aff. Dame de Ch..., D. P. 90. 2. 231) aux termes duquel les pouvoirs de la femme mariée en Savoie sous l'empire de la loi sarde, quant à l'aliénation de la dot ou au droit d'hypothéquer ses immeubles dotaux, sont déterminés par la législation sarde.

176. La loi en vigueur lors du contrat de mariage détermine irrévocablement le caractère et la nature de l'hypothèque légale de la femme mariée, ainsi que le rang de cette hypothèque. Par suite, lorsqu'une femme mariée sous l'empire du code civil sarde a, conformément à l'art. 2264 de ce code, consenti dans son contrat de mariage, à la réduction de son hypothèque légale sur un immeuble déterminé, le jugement qui, depuis l'annexion de la Savoie à la France, a autorisé, par application de l'art. 1536 du même code, le transfert de cette hypothèque sur un autre immeuble du mari, n'a pu enlever à l'hypothèque ainsi transférée son caractère et sa nature originelle d'hypothèque légale pour la transformer en hypothèque judiciaire, ni, par suite, en changer le rang. En conséquence, cette hypothèque est dispensée d'inscription, conformément à la loi française applicable depuis la réunion de la Savoie à la France, et elle prime les autres hypothèques frappant le même immeuble qui n'ont été inscrites que postérieurement à la date du jugement dont il s'agit (Civ. cass. 2 août 1880, aff. Dame Chapelle, D. P. 80. 1. 377, et, sur renvoi, Grenoble, 6 juill. 1882, D. P. 83. 2. 89).

La cour de cassation a rendu, dans une hypothèse voisine de celle-ci, une décision qui pourrait paraître, à première vue, contraire aux précédentes, mais qui se concilie néanmoins avec elles. L'art. 2270 du code albertin accordait à la femme mariée une hypothèque légale sur les biens de son mari et des ascendants de celui-ci, expressément ou tacitement obligés relativement à la dot; l'art. 2264 du même code l'autorisait à restreindre son hypothèque légale à un seul immeuble, disposition empruntée d'ailleurs à l'art. 2140 c. civ. La femme mariée sous l'empire de cette législation et qui, usant du bénéfice de ces articles, a restreint son hypothèque légale à un immeuble de l'un des ascendants de son mari, hypothèque inscrite du reste dans le délai de trois mois, conformément à l'art. 2270 du code albertin, peut-elle prétendre que le décret du 22 août 1860, par lequel les lois françaises ont été rendues exécutoires en Savoie, où le contrat de mariage avait été dressé, a eu pour effet de détruire cette convention et de replacer *ipso facto* sous le coup de son hypothèque légale tous les immeubles de son mari, affranchis de cette hypothèque par la restriction stipulée, soit au regard des contractants, soit à l'égard des tiers? On objecte, dans le sens de l'affirmative, que, soit d'après le code civil sarde (art. 2234), soit d'après le code civil français (art. 2140), la femme mariée ne peut renoncer d'une façon absolue à son hypothèque légale; que cette défense constitue une disposition d'ordre public; que, par suite, à partir de l'annexion de la Savoie à la France, la femme ne peut se trouver, même en présence d'une convention contraire, dépouillée de toute hypothèque légale, et que, dans l'impossibilité où l'on se trouve, en l'espèce, de désigner un immeuble marital plutôt qu'un autre pour supporter l'hypothèque de la femme, tous les immeubles du mari doivent, par le fait de la promulgation du code français en Savoie, en être grevés. Mais il est facile de répondre à cette objection. La femme mariée sous l'empire de la législation sarde, qui a restreint son hypothèque à un immeuble déterminé de son beau-père, n'est point, par l'effet de l'annexion, dépouillée de cette hypothèque qui frappe toujours l'immeuble auquel elle a été restreinte. Seulement, elle ne peut l'exercer sur les biens de son mari qu'elle avait, par la convention, expressément dégrevés. Or, cette convention conserve, malgré l'annexion, vis-à-vis des parties comme vis-à-vis des tiers, son caractère irrévocable, parce qu'un changement de législation ne peut modifier un contrat librement consenti, ni porter atteinte à des droits acquis. Le code albertin (art. 1515), consacrait d'ailleurs, comme le code civil français (art. 1395), le principe de l'immutabilité des conventions matrimoniales; or, une loi nouvelle ne peut changer les pactes de mariage sans violer la règle de la non-rétroactivité des lois (*Rép.* v° *Privilèges et hypothèques*, n° 630). Jugé en effet que, lorsqu'une femme mariée sous l'empire de la législation sarde a, conformément à cette loi, consenti, dans son contrat de mariage et de l'aveu de son père, la restriction de son hypothèque légale à un immeuble appartenant à son beau-père, expressément ou tacitement obligé pour sa dot, la promulgation du code civil français en Savoie n'a pu porter atteinte à cette stipulation, ni conférer à la femme une hypothèque générale, dispensée d'inscription, sur les biens de son mari qui s'en trouvaient affranchis par la convention; que, en conséquence, la femme ne peut être colloquée dans un ordre ouvert sur les immeubles de son mari non affectés à son hypothèque, avant les créanciers hypothécaires postérieurs à l'annexion de la Savoie à la France (Civ. rej. 23 mai 1883, aff. Davioud, D. P. 83. 1. 381). L'arrêt précité du 2 août 1880 a statué sur une tout autre difficulté que celle dont il s'agit ici. Cet arrêt n'a pas décidé, en effet, la question de savoir si la femme sarde avait acquis, par le fait de l'annexion et l'application de notre code civil, une hypothèque générale sur les biens de son mari, malgré les stipulations contraires de son contrat de mariage, mais seulement celle de savoir si l'hypothèque, telle qu'elle existait au moment de l'annexion était désormais dispensée de la formalité de l'inscription. Il s'agissait, en cette espèce, non d'altérer un droit acquis, mais de modifier une formalité destinée à le garantir, ce qui est bien différent : le fond restait immuable, la forme seule était changée. Au contraire, dans l'espèce actuelle, la question posée touchait au droit hypothécaire lui-même, non aux simples formalités relatives à la conservation de ce droit (V. au surplus les notes sous les arrêts précités des 2 août 1880 et 6 juill. 1882).

Jugé encore que la validité de l'hypothèque légale d'une femme mariée dans le comté de Nice, avant l'annexion de ce comté à la France, doit être appréciée d'après les dispositions du code civil de Sardaigne (Aix, 16 déc. 1869, aff. de Vanoy, D. P. 71. 2. 73).

177. Conformément à une décision rapportée au *Rép.* n° 279, et en vertu du principe que le contrat de mariage est régi par la loi du temps où il a été passé, il a été jugé encore que l'ancien art. 551 c. com., qui restreignait l'hypothèque légale de la femme du commerçant tombé en faillite aux seuls immeubles que celui-ci possédait lors du mariage, n'est pas opposable à la femme qui s'est mariée avant la promulgation du code de commerce; que, par suite, l'hypothèque légale de cette femme s'étend, en vertu des art. 2121 et 2135 c. civ., sur tous les biens de son mari indistinctement, c'est-à-dire même sur ceux qu'il a acquis depuis le mariage (Grenoble, 8 mars 1853, aff. Berquet, D. P. 56. 5. 213). Il en est ainsi, notamment, pour les créances d'indemnité qui ne sont nées que depuis le code de commerce, l'hypothèque légale remontant au jour du mariage et constituant, à partir de la même époque, un droit acquis, à l'abri des effets de toute loi postérieure (Civ. cass. 8 mars 1865, aff. Perrot, D. P. 65. 1. 128).

178. Il est souvent fort difficile de déterminer quelles sont les conséquences des contrats antérieurs à une loi nouvelle qui doivent être régies par cette loi et les conséquences qui restent soumises à l'empire de la loi ancienne. Pour résoudre cette question, nous avions émis l'opinion, partagée alors par des jurisconsultes autorisés, qu'il y avait lieu de distinguer entre les *effets* et les *suites* des contrats. Par *effets*, on entend les conséquences immédiates qui dérivent nécessairement de la nature du contrat et des stipulations expresses ou tacites qu'il renferme, et par *suites*, les conséquences accidentelles et éloignées, les modifications apportées par les événements accessoires aux rapports établis entre les parties et à l'exécution du contrat. Les effets, disions-nous, doivent rester soumis aux prescriptions de la loi ancienne, les suites doivent être régies par la loi nouvelle (*Rép.* n°s 283 et suiv.). Cette distinction, qui peut être rapprochée d'une distinction analogue que l'on rencontre dans les art. 1150 et 1151 c. civ. nous paraît toujours rationnelle et nous persistons à penser qu'elle peut servir à l'interprète dans certains cas. Il convient, toutefois, de reconnaître qu'elle est rejetée comme inutile et même critiquée, à raison des difficultés qu'elle présente dans l'application, par la plupart des jurisconsultes qui ont traité de la rétroactivité depuis la publication du *Répertoire* (Demolombe, t. 1er, n° 57; Laurent, t. 1er, n° 207. V. les observations en note, D. P. 84. 2. 97).

179. — IV. RESCISION DES CONTRATS (*Rép.* n°s 290 et 291). — Il n'y a pas lieu, à notre avis, de distinguer les actions en rescision fondées sur le dol, la violence, l'erreur ou la lésion, des actions en résolution dont il est traité au numéro suivant; les unes et les autres doivent être soumises à la même règle en ce qui concerne la rétroactivité.

180. — V. RÉSOLUTION, RÉVOCATION ET RÉDUCTION DES CONTRATS (*Rép.* n°s 292 à 305). — La loi qui introduit, pour les contrats, de nouvelles causes de résolution s'applique-t-elle à ceux passés sous une loi différente? Au *Répertoire*, on avait résolu cette question par une distinction empruntée à Merlin et admise par plusieurs arrêts: La résolution est-elle subordonnée à un fait antérieur ou à un fait postérieur, que les parties n'ont pu éviter? La nouvelle loi n'est pas applicable. Elle doit s'appliquer, au contraire, si la résolution dérive de faits à la fois postérieurs à la nouvelle loi et dépendant uniquement de la volonté de la partie contre laquelle elle est prononcée. Les auteurs enseignent généralement aujourd'hui qu'il en est des causes de résolution comme des effets des contrats, que la seule loi qui leur est applicable est celle de l'époque à laquelle le contrat a été passé. Il faut en conclure que « lorsqu'un droit dérivant d'une convention est, d'après la loi en vigueur au moment de sa formation, soumis à une condition résolutoire, cette condition produit encore son effet, lors même qu'elle ne s'accomplit que postérieurement à la survenance d'une loi nouvelle qui n'admet plus cette cause de résolution. Réciproquement, on doit décider que les conditions résolutoires établies par une loi nouvelle ne s'appliquent pas aux droits dérivant de conventions antérieures, lors même qu'elles se trouvent attachées à des faits qui ne sont accomplis que depuis sa promulgation » (Aubry et Rau, t. 1er, § 30, p. 72). V. aussi Laurent, t. 1, n° 223.

181. On avait admis au *Rép.* n° 274, contrairement à la jurisprudence, que l'art. 1978 c. civ., qui déclare non résoluble, pour défaut de payement des arrérages, le contrat de rente viagère, ne devait pas être étendu aux contrats passés sous une législation qui autorisait la résolution pour cette cause; mais il nous avait paru que l'art. 1912 c. civ. qui contraint au rachat le débiteur d'une rente constituée en perpétuel, « s'il cesse de remplir ses obligations pendant deux ans », était applicable, au contraire, au débiteur d'une rente ancienne, quoique l'ancienne législation n'admît pas cette cause de déchéance (*Rép.* n° 273).

Cette dernière solution, appuyée sur de nombreux arrêts, est critiquée par les auteurs cités *suprà*, n° 180, comme étant en opposition avec la règle de la non-rétroactivité. « Lorsqu'une rente perpétuelle, disent MM. Aubry et Rau (t. 1er, p. 73, § 30, texte et note 53) est constituée sous une législation d'après laquelle le seul défaut de payement des arrérages n'entraîne pas de plein droit la résolution du contrat, une loi nouvelle ne peut, sans rétroactivité, la soumettre à une pareille résolution, qui modifierait la position respective des parties, telle qu'elle résultait de leurs conventions. Vainement dit-on, pour justifier l'application de l'art. 1912 aux contrats de constitution de rente antérieurs au code civil, que cet article prononce, à raison du retard du débiteur, une pénalité qui doit le frapper par cela même que le retard a eu lieu sous l'empire de ce code. Cette argumentation ne nous paraît pas exacte: la disposition de l'art. 1912 n'a point un caractère impératif et d'ordre public; elle est simplement déclarative de la volonté présumée des parties. Ce qui le prouve, c'est qu'elles peuvent évidemment y déroger par une convention contraire. Or, on ne comprendrait pas qu'une disposition simplement déclarative pût être opposée à des conventions antérieures». Si, ajoute-t-on, la disposition de l'art. 1912 n'a pas un caractère pénal, n'est-il pas contradictoire de la soumettre à une règle différente de celle qu'on applique au pacte commissoire tacite, établi par l'art. 1184, qui, d'après la cour de cassation, ne peut être invoqué à l'occasion de contrats passés à une époque où la loi ne l'admettait qu'autant qu'il avait été expressément stipulé (Conf. Demolombe, t. 1er, n° 35; Laurent, t. 1er, n° 226)? — La jurisprudence incline aujourd'hui vers cette interprétation. Jugé que l'art. 1912 c. civ., suivant lequel le débiteur d'une rente constituée en perpétuel peut être contraint au rachat, s'il cesse de remplir ses obligations pendant deux années, ne s'applique pas aux rentes constituées avant la promulgation du code civil (Rennes, 23 août 1879, aff. des Nétumières, D. P. 81. 2. 158).

182. La loi du 27 déc. 1890 (D. P. 91. 4. 33), sur le contrat de louage et sur les rapports des agents des chemins de fer avec les compagnies, a fait naître une question de rétroactivité qui a reçu une solution conforme à la doctrine développée ci-dessus. La loi du 27 déc. 1890, complétant l'art. 1780 c. civ. porte (art. 1er) que le louage de services fait sans détermination de durée peut toujours cesser par la volonté d'une des parties contractantes, mais que néanmoins la résiliation du contrat par la volonté d'un seul des contractants peut donner lieu à des dommages-intérêts. Cette loi, qui confère à toute personne ayant loué ses services un droit à indemnité en cas de rupture intempestive du contrat, et qui annule toutes les renonciations que les parties pourraient faire à l'avance au droit éventuel de réclamer des dommages-intérêts, a-t-elle un effet rétroactif? La négative nous paraît certaine, mais on peut concevoir deux manières d'appliquer ici la règle de la non-rétroactivité. Faut-il s'attacher à l'époque à laquelle le contrat a été passé, ou à l'époque à laquelle a eu lieu sa rupture? Le rédacteur des *Lois nouvelles*, tout en reconnaissant que la loi du 27 déc. 1890 n'a pas d'effet rétroactif, semble ne considérer que la date de la rupture du contrat : « La loi nouvelle sera applicable toutes les fois qu'un contrat de louage sera rompu postérieurement à sa promulgation, en ce sens que les juges apprécieront sur les bases qu'elle indique le préjudice éprouvé par la partie lésée. Au contraire, les dispositions de la loi seront inapplicables aux ruptures survenues antérieurement » (Schaffhauser, *Lois nouvelles*, 1890, 1re part., p. 394). — Nous ne saurions approuver cette doctrine. A notre avis, l'applicabilité de la loi dépend de la date du contrat en vertu du principe posé ci-dessus et d'après lequel les actions en résolution ou en résiliation sont soumises à la loi qui était en vigueur lorsque le contrat a eu lieu. Jugé, en ce sens, que la loi du 27 déc. 1890 n'a pas d'effet rétroactif, qu'elle ne saurait modifier en rien les clauses d'un contrat de louage de services antérieur à sa promulgation, et, par suite, que le patron est fondé, dans ce cas, à opposer à ses employés un règlement intérieur supprimant tout droit à indemnité, quoique les dispositions de ce règlement soient généralement considérées comme nulles d'après la loi précitée. Les employés engagés postérieurement à la loi sont seuls fondés à en réclamer le bénéfice en cas de brusque renvoi sans motif légitime (Trib. com. Seine, 5 mai 1891, aff. Grollemand, *Gaz. Trib.* des 1-2 juin 1891).

183. — VI. CONFIRMATION OU RATIFICATION TENDANT A RÉPARER LES VICES D'UN CONTRAT (*Rép.* nos 306 et 307). — Il suffit de rappeler que c'est d'après la loi existante au temps de l'acte confirmatif qu'en doivent être réglés la forme et les effets (V. Aix, 21 avr. 1887, aff. Rouet, D. P. 91. 1. 353).

§ 3. — Des quasi-contrats (*Rép.* nos 308 à 313).

184. Il ressort des explications contenues au *Répertoire* que les quasi-contrats sont soumis, dans notre matière, aux mêmes règles que les contrats. — On rattache généralement les servitudes légales à l'idée d'un quasi-contrat; la vérité est qu'elles dérivent de la loi; il est utile de faire cette observation pour déterminer quelle est l'influence d'une loi nouvelle sur les servitudes antérieures. Il ne s'agit, bien entendu, que de servitudes légales; car les servitudes conventionnelles, comme tous les droits irrévocables nés d'une convention, tombent évidemment sous l'application du principe posé au paragraphe précédent, c'est-à-dire qu'elles sont régies par la loi contemporaine du contrat. Les servitudes légales n'ont pas, au contraire, le caractère de droits acquis, mais sont considérées comme de simples facultés, qui, étant entièrement dans le domaine du législateur, peuvent être modifiées, étendues, restreintes ou supprimées par lui (*Rép.* n° 313). Toutefois, lorsque la servitude légale a déjà été exercée à l'époque où intervient la loi nouvelle, elle se transforme de simple faculté en droit acquis dans la mesure de son exercice et s'impose, par suite, au respect du législateur. On peut invoquer, à l'appui de cette distinction très rationnelle, l'autorité de Locré (*Esprit du code civil*, t.7, p.468), qui, dans son commentaire sur l'art. 678, s'exprime en ces termes : « Cet article ne s'applique point aux constructions antérieures à sa publication ». A propos de l'art. 677, qui détermine la hauteur à laquelle doivent être établis les jours de souffrance, la cour de Lyon avait proposé une question. Elle disait : « Jusqu'à présent, les hauteurs exigées par l'art. 677 n'ont pas été parfaitement observées dans le département du Rhône, et, quant à l'art. 677, on y tenait pour maxime que ce principe n'avait son application que lorsque les vues droites portaient sur le jardin ou sur la cour du voisin, et ne s'y appliquaient point lorsqu'elles portaient sur des prés, vignes et autres cultures éloignées des maisons... Les vues actuelles pourront-elles subsister, ou seront-elles comprises dans la prohibition? » Le conseil d'État refusa de prendre en considération la question qui lui était adressée, et Locré a écrit à ce sujet (*op. cit.* p. 465) : « Cette question est résolue par l'art. 2 du code, qui déclare que la loi ne dispose que pour l'avenir et n'a pas d'effet rétroactif ». Cette doctrine est généralement admise (Aubry et Rau, t. 1er, § 30, p. 69), et elle a été consacrée par la jurisprudence. Jugé qu'en matière de servitudes légales, le principe de la non-rétroactivité des lois, inapplicable aux simples facultés qui n'avaient point encore été exercées lors de la promulgation de la loi nouvelle, doit, au contraire, recevoir son application à l'égard des faits légalement accomplis sous l'empire de la loi ancienne ; qu'ainsi le propriétaire qui avait ouvert des jours sur l'héritage voisin, sous l'empire d'une législation qui n'imposait à cet égard aucune limite à son droit, ne peut être obligé de les supprimer en vertu d'une loi nouvelle qui n'autorise ces ouvertures qu'à une distance déterminée; que l'existence de ces jours constitue pour lui un droit acquis qui n'a pu lui être enlevé par une loi postérieure (Aix, 2 déc. 1865, aff. Veuve Filippi, D. P. 66. 2. 13. Comp. *infrà*, n° 187).

185. La loi du 20 août 1881 (D. P. 82. 4. 7), ayant pour objet le titre complémentaire du liv. 1er du code rural, portant modification des articles du code civil relatifs à la mitoyenneté des clôtures, aux plantations et au droit de passage en cas d'enclave, a donné lieu à une nouvelle application de notre principe. L'ancien art. 671 c. civ. fixait la distance à observer pour les plantations, à défaut de règlements particuliers et d'usages constants et reconnus, suivant qu'il s'agissait d'arbres de haute ou de basse tige, et l'ancien art. 672 c. civ. sanctionnait cette règle en accordant au propriétaire voisin le droit de faire arracher les arbres plantés en dehors des distances légales; la cour de cassation décidait, en outre, que la question de savoir si un arbre est de haute ou de basse tige devait être résolue uniquement en tenant compte de l'essence de l'arbre. La loi du 20 août 1881 a supprimé cette distinction. D'après cette loi, un propriétaire peut avoir, à 50 centimètres de l'héritage voisin, un arbre quelconque, même de haute tige, pourvu qu'il soit recepé à la hauteur de deux mètres. — Cette disposition s'applique-t-elle aux plantations faites avant la promulgation de la loi; le propriétaire voisin qui avait le droit de faire arracher, sous l'ancien art. 672, un arbre se trouvant dans les conditions ci-dessus peut-il se prévaloir encore aujourd'hui de cette faculté? Nous n'hésitons pas à répondre négativement à cette question; le droit de faire arracher les arbres plantés en dehors des distances légales constituait une faculté qui, tant qu'elle n'avait pas été exercée, pouvait être, d'après ce qui a été dit ci-dessus, modifiée ou supprimée par le législateur qui l'avait conférée. Il a même été jugé que l'on pouvait appliquer la loi du 20 août 1881, sans pour cela lui faire produire un effet rétroactif, à la solution d'un procès commencé avant sa promulgation (Caen, 25 févr. 1883, aff. Lemarignier, D. P. 84. 2. 215). Cette décision s'explique en fait par cette circonstance, relevée d'ailleurs dans l'arrêt, que le demandeur n'avait aucun intérêt à exiger l'arrachage des arbres, puisque son adversaire aurait pu les replanter immédiatement à la même place et dans les mêmes conditions en vertu de la loi nouvelle; mais on peut contester, en droit, qu'elle soit une rigoureuse application des principes de la non-rétroactivité des lois. Nous avons dit que les facultés légales se transforment en droit acquis dès qu'elles ont été exercées; or il nous semble que, dans l'espèce, la faculté doit être considérée comme exercée, non seulement quand, en exécution de l'ancienne loi, les arbres ont été arrachés, mais aussi quand une action en justice, tendant à les faire enlever, a été intentée. On peut dire que dès ce moment il y a droit acquis au profit du demandeur ; les retards de l'instance et la survenance d'une loi nouvelle ne sauraient modifier la situation; en effet, le jugement à intervenir n'est que déclaratif des droits nés au moment où l'instance a été engagée; les mesures qu'il prescrit n'ont pour but que la sanction de ces droits; le juge doit, pour statuer, sans avoir égard au temps écoulé et aux faits survenus, se placer à la date de l'exploit introductif d'instance et envisager la situation, en droit comme en fait, telle qu'elle se présentait alors. On ne pourrait justifier juridiquement la solution contenue dans l'arrêt précité que par ce motif que la loi du 20 août 1881 ne crée pas, en réalité, un droit nouveau, mais se borne à interpréter la loi ancienne « en repoussant la jurisprudence de la cour de cassation, pour s'en référer à celle, qu'au cours de la discussion, M. Raoul Duval a appelé la jurisprudence des juges de paix, et qui déjà réglait les distances à observer dans les plantations, non d'après l'essence des arbres employés, mais d'après leur hauteur et leur aménagement ». C'est en effet l'opinion exprimée par les rédacteurs des *Lois nouvelles*, auxquels est empruntée cette observation (1882, 1re part. p. 18, L. 20 août 1881).

186. Les modifications apportées aussi par la loi du 20 août 1881 aux dispositions du code civil relatives à la mitoyenneté des clôtures autres que les murs, peuvent donner lieu à une difficulté d'une autre nature et qui paraît plus délicate. La question se pose ainsi : les présomptions de mitoyenneté créées par cette loi, en tant qu'elles diffèrent de celles qui avaient été établies par le code, doivent-elles être étendues aux clôtures qui existaient déjà avant sa promulgation? Le nouvel art. 666 c. civ. applique à toutes les clôtures sans distinction une présomption de mitoyenneté que le code ne formulait expressément que pour les murs, les fossés et les haies, mais que beaucoup d'auteurs généralisaient, à raison de la controverse qui s'était engagée sur ce point; on peut considérer cette disposition de la nouvelle loi comme purement interprétative et comme devant, par suite, être appliquée aux situations même antérieures à sa promulgation. Mais il y a, dans la loi de 1881, une autre disposition qui est certainement introductive d'un droit nouveau; d'après l'ancien art. 666 c. civ., un fossé séparant deux héritages était réputé mitoyen alors même qu'un seul des héritages était en état de clôture; le nouvel art. 666 modifie cette règle et substitue, dans cette hypothèse, une présomption de non-mitoyenneté à la présomption de mitoyenneté. La question de savoir si cette innovation est applicable aux fossés se trouvant dans les conditions indiquées ci-dessus avant la promulgation de la loi est particulièrement embarrassante. D'une part, il s'agit d'une présomption, c'est-à-dire d'un mode de preuve; or on a vu (*Rép.* n° 250) que la question de savoir quel est le mode de preuve admissible pour établir un fait se règle par la loi du temps auquel se rapporte le fait qu'il s'agit de prouver, et non par la loi du temps où la preuve est offerte. D'autre part, la mitoyenneté est considérée par le législateur comme une servitude légale; or les servitudes de cette nature sont dans le domaine du législateur. Ne peut-on donc pas soutenir que « si la loi nouvelle peut ainsi modifier ou supprimer le droit de servitude légale résultant de la loi ancienne, sans porter atteinte à l'art. 2 c. civ., elle doit *à fortiori* pouvoir supprimer ou modifier un mode de preuve relatif à cette servitude légale? » (*Lois nouvelles*, 1882, 1re partie, p. 12, L. 20 août 1881). Cette argumentation est sérieuse; nous hésitons cependant beaucoup à nous prononcer pour l'application immédiate de la loi nouvelle; car quoiqu'il ne s'agisse pas d'une servitude conventionnelle, auquel cas la loi de 1881 ne serait certainement pas applicable, il faut reconnaître que la situation dans laquelle la loi nouvelle trouve les parties est l'œuvre de celles-ci, qui ont dû compter, pour le maintien de leurs droits, sur la présomption que la loi attachait elle-même à cette situation. Les décisions mentionnées *infrà*, n° 187, nous paraissent confirmer cette interprétation.

MM. Aubry et Rau, quoiqu'ils reconnaissent que les facultés légales se transforment en droits acquis lorsqu'elles ont été exercées, enseignent que les servitudes coutumières ou légales cessent pour l'avenir par cela même qu'une loi nouvelle ne les admet plus, « bien que de fait, elles aient été exercées avant sa promulgation pendant un temps plus ou moins long, ou que même elles aient été reconnues comme telles par un jugement » (Aubry et Rau, t. 1, § 30, p. 69, et t. 3, § 238, texte et notes 9 à 11). Cette doctrine paraît contradictoire et n'est pas admise par la jurisprudence, ainsi que le prouvent les décisions rapportées *infrà*, n° 187.

187. Le code civil permet à chacun des voisins de bâtir sur la limite extrême de son héritage, c'est ce qui résulte implicitement des art. 653 et 661. On en tire cette présomption que le propriétaire est censé avoir bâti sur cette limite; dans notre ancien droit, au contraire, le propriétaire devait laisser un certain intervalle entre le fonds voisin et la maison ou le mur qu'il édifiait. Cet espace, destiné notamment à lui permettre de poser des échelles sur son terrain, lorsqu'il y aurait des réparations à faire, était appelé *tour d'échelle;* aussi, à l'inverse de la règle admise dans le droit actuel, le propriétaire était-il présumé s'être conformé à cette prescription et avoir construit, par suite, en dedans de la ligne séparative des héritages. — M. Duranton a fait à cette hypothèse une application très juste du principe de la non-rétroactivité des lois. « Dans les pays où, avant le code, la propriété de l'espace situé au delà d'un mur existait, en vertu d'un statut local ou d'une coutume, comme fondée sur la présomption opposée à celle admise par le code, que le propriétaire d'un bâtiment ou d'un simple mur de clôture ne l'a pas construit joignant immédiatement la ligne séparative, mais, au contraire, a réservé un passage pour y faire les réparations qui deviendraient nécessaires, le mur construit antérieurement au code doit conserver comme accessoire ce même espace dans la mesure déterminée par le statut local ou la coutume » (*Cours de droit français*, 4e éd., t. 5, p. 318-319. Conf. : Demolombe, *Traité des servitudes*, t. 1, n° 422 ; Féraud-Giraud, *Traité des voies rurales, publiques et privées*, 3e édit., n° 802).

Jugé en ce sens que le code civil qui consacre le principe de la non-rétroactivité des lois n'ayant pas porté atteinte aux droits acquis antérieurement à sa promulgation, il est nécessaire, pour constater l'existence de ces droits et déterminer leur étendue, de se reporter à la législation du temps et du lieu où le fait qui leur sert de base s'est accompli ; spécialement que, lorsque le droit dit de *tour d'échelle* est réclamé au sujet d'un mur construit au 18e siècle, le juge doit, même d'office, se reporter au statut local qui régissait à cette époque la construction des murs et les droits qui en dérivaient ; et que la décision manque de base légale, si elle est exclusivement fondée sur les dispositions du code civil (Civ. cass. 29 juill. 1889, aff. de Bodosquier, D. P. 90. 1. 109). Jugé, de même, que le propriétaire d'une construction édifiée sous l'empire de la coutume d'Orléans, qui admettait la servitude légale de tour d'échelle, est en droit de se prévaloir de cette servitude à l'effet de contraindre son voisin à lui donner accès pour la réparation de cette construction (Orléans, 20 déc. 1889, aff. Vallier, D. P. 90. 5. 327). — Ne peut-on pas argumenter de ces arrêts à l'appui de l'opinion émise *suprà*, n° 186, relativement aux innovations apportées par la loi du 20 août 1881 à la présomption de mitoyenneté établie par l'art. 666 c. civ.? Si l'on doit respecter la présomption de propriété qui sert de base à la servitude de tour d'échelle lorsqu'il s'agit d'un mur construit antérieurement au code, ne faut-il pas, de même respecter, la présomption de mitoyenneté de l'ancien art. 666 lorsqu'elle est invoquée à l'occasion d'un fossé se trouvant dans les conditions requises pour son application par cet article, avant la promulgation de la loi? Dans les deux cas, le droit du propriétaire du mur ou du fossé se trouve avoir été conservé par la loi elle-même, qui stipulait pour lui sans qu'il eût aucune formalité à remplir pour l'exercer.

188. D'autres lois plus récentes, faisant aussi partie du nouveau code rural, ont dérogé au principe de la non-rétroactivité des lois en matière de servitudes ; il en est ainsi, en particulier, de la loi du 9 juill. 1889 (D. P. 90. 4. 20), sur les parcours, la vaine pâture, la vente des blés en vert, le ban des vendanges et la durée du louage des domestiques ou ouvriers ruraux. L'art. 1er de cette loi déclare aboli, notamment, d'une manière absolue, le droit de parcours. Non seulement la loi prohibe l'établissement de tout parcours nouveau, mais elle supprime même les parcours déjà existants. (V. *suprà*, v° *Droit rural*, nos 32 et suiv.) Cet effet rétroactif de la loi s'applique aussi bien aux parcours consacrés seulement par la coutume qu'à ceux qui, étant fondés sur un titre, ont le caractère de servitudes conventionnelles. — Cette disposition pourrait être critiquée comme violant le principe que les lois nouvelles ne peuvent pas détruire les droits acquis, si, comme on l'a fait remarquer (*Lois nouvelles*, 1890, 1re part. p. 59), le législateur, lorsqu'il autorisa en 1791 le maintien du parcours ne se fût pas réservé expressément la faculté de le supprimer ultérieurement. La loi du 9 juill. 1889 n'a donc pas enlevé aux intéressés un droit acquis. D'ailleurs cette loi, pour diminuer le préjudice résultant de la rétroactivité, accorde aux communes lésées un droit à indemnité toutes les fois que le parcours a été acquis à titre onéreux.

Les mêmes observations doivent être faites relativement au droit de vaine pâture, supprimé également par l'art. 2

(V. *suprà*, v° *Droit rural*, n°s 36 et suiv.), ainsi qu'au ban de vendanges aboli par l'art. 13 sous certaines réserves qu'il n'y a pas lieu d'examiner ici (V. *suprà*, eod. v°, n° 95).

§ 4. — Des testaments (*Rép.* n°s 314 à 322).

189. Ainsi qu'on l'a dit (*Rép.* n° 314), c'est la loi du temps où le testament a été fait qui en règle la forme ; cette règle n'est qu'une application de la maxime : *Tempus regit actum.* Il en résulte qu'un testament qui n'a pas été fait suivant les formes prescrites à peine de nullité par la loi sous l'empire de laquelle il a été rédigé est nul. quoi qu'il réunisse toutes les conditions de forme exigées par la loi en vigueur à l'époque du décès du testateur (Aubry et Rau, t. 7, p. 94, § 664). On a développé ce principe et indiqué les applications que la jurisprudence en a faites (*Rép.* n°s 314 et 315; *suprà*, v° *Dispositions entre vifs et testamentaires*, n° 612 ; — *Rép.* eod. v°, n°s 2499 à 2505).

190. En ce qui concerne les effets d'une loi nouvelle sur la capacité requise de la part du testateur ou de la part du légataire, il y a lieu de tenir compte des principes relatifs à l'époque qui est à considérer pour régler la capacité de donner et celle de recevoir (*Rép.* v^is 316 à 318 ; *suprà*, v° *Disp. entre vifs et testam.*, n°s 169 à 174 ; — *Rép.* eod. v°, n°s 483 et suiv.; Laurent, t. 1, n°s 236 et suiv.).

191. Quant à la validité intrinsèque des dispositions d'un testament, elle est réglée, avons-nous dit, par la loi du temps où ces dispositions doivent recevoir leur exécution, c'est-à-dire par la loi existante à l'époque du décès du testateur (*Rép.* n° 320). — Jugé que cette règle s'applique, en particulier, à la légalité d'une disposition testamentaire grevée de substitution (Req. 2 mars 1858, aff. Lapie et Henrionnet, D. P. 58. 1. 308). Décidé aussi que le juge français doit, par application de la loi sarde alors en vigueur dans le territoire depuis annexé à la France, déclarer valable la clause d'un testament par lequel le testateur, sarde d'origine, disposant à Nice au profit de sujets sardes, et dont la succession s'est ouverte audit lieu avant l'annexion, a imposé à ses légataires la condition de ne point se marier sans le consentement de leur mère, sous peine d'être privés par celle-ci d'une partie des libéralités qui leur étaient faites dans ledit testament (Req. 22 janv. 1883, aff. Prosper Donaudi, D. P. 83. 1. 147).

§ 5. — Des successions *ab intestat* (*Rep.* n°s 295, 296; 300 à 305; 323 à 334).

192. Les personnes appelées par la loi à recueillir une succession n'ont, tant que cette succession n'est pas ouverte, qu'une simple expectative ; l'ouverture de la succession convertit cette expectative en un droit acquis. Il en résulte que c'est la loi en vigueur à l'époque de cette ouverture qui détermine quels sont ceux qui sont appelés à succéder (Demolombe, t. 13, n° 47 ; Aubry et Rau, t. 1, p. 69, § 30 ; Laurent, t. 1, n°s 238 et suiv.). — Jugé en ce sens que, les successions étant régies, quant à la capacité des personnes habiles à succéder, par la loi en vigueur au moment où elles s'ouvrent, les parents légitimes de la mère d'un enfant naturel n'ont aucun droit sur la succession de celui-ci, si elle s'est ouverte sous le code civil, encore que la mère soit décédée sous l'empire de la loi de brumaire an 2, qui créait un droit de parenté entre l'enfant naturel et les parents de la mère (Req. 6 avr. 1868, aff. Graby et autres, D. P. 69. 1. 301).

193. Inversement, une loi qui créerait de nouveaux héritiers, ou qui augmenterait les droits des héritiers institués par la loi ancienne, s'appliquerait à tous ceux qui auraient intérêt à l'invoquer au moment de sa promulgation. Cette observation s'applique, en particulier, à la loi du 9 mars 1891 (D. P. 91. 4. 17) qui modifie les droits de l'époux sur la succession de son conjoint prédécédé. Les dispositions de cette loi doivent être étendues à tous les époux mariés avant leur promulgation, alors même que ceux-ci auraient fait, dans leur contrat de mariage, pour remédier à l'insuffisance de l'ancienne loi successorale, des stipulations favorables pour le survivant. Indépendamment du principe que les lois successorales s'appliquent à toutes les successions non ouvertes, il faut encore remarquer qu'il ne s'agit pas ici de supprimer des droits acquis, mais d'augmenter des droits éventuels, que les donations par contrat de mariage, s'il en a été fait, s'imputeront sur la part héréditaire de l'époux survivant, enfin que l'époux prémourant peut retirer à son conjoint les nouveaux droits successoraux que la loi confère à celui-ci, s'il estime que le contrat de mariage lui assure des avantages suffisants, puisque la loi du 9 mars 1891 n'attribue pas à l'époux survivant la qualité d'héritier réservataire (*Lois nouvelles*, 1891, 1re part., p. 498 et suiv.; *Commentaire de la loi du* 9 mars 1891, p. 37 et suiv.).

194. On a examiné (*Rép.* n° 295) la question de savoir si un donataire peut, sans rétroactivité, être obligé par une loi nouvelle, s'il veut recueillir sa part d'une succession postérieurement ouverte, à y rapporter les donations faites sous une législation qui le dispensait du rapport. Plus généralement, on peut se demander quelle est l'influence d'une loi nouvelle en ce qui concerne le rapport des libéralités faites antérieurement à sa promulgation, soit que la loi nouvelle soumette au rapport une libéralité qui en était précédemment affranchie, soit, au contraire, qu'elle dispense du rapport une libéralité auquel elle était auparavant soumise. MM. Aubry et Rau (t. 1, § 30, p. 75) appliquent à cette question encore controversée les distinctions suivantes :

Lorsque le défunt a formellement manifesté l'intention de soumettre au rapport, ou d'en dispenser, celui de ses successibles au profit duquel il a disposé, sa volonté doit être suivie, bien qu'une loi nouvelle, sous l'empire de laquelle il vient à décéder, ait établi, sur le rapport, des règles différentes de celles qu'avait consacrées la législation antérieure (Conf. Laurent, t. 1, n°s 245 et suiv.). La cour de cassation qui s'était déjà prononcée en ce sens (*Rép. ibid.*), a maintenu sa jurisprudence. Jugé que l'acte passé en Savoie sous l'empire de la législation sarde, par lequel un père a distribué ses immeubles présents et à venir par égales portions entre ses fils, à la charge par ceux-ci d'acquitter ses dettes et de fournir à chacune de ses filles leur part légimitaire, a eu pour objet et pour effet légal d'assurer, du vivant du donateur à chacun de ses enfants mâles, la part héréditaire qu'il était appelé à recueillir dans la succession *ab intestat*, et d'interdire au donateur d'en disposer autrement (C. civ. des Etats sardes, art. 943, 946, 1067); que, dès lors, ces donations n'ayant pas constitué au profit des donataires un simple avancement d'hoirie, mais une attribution définitive des biens donnés dont leurs sœurs ne pouvaient, en aucun cas, demander la réduction ou le rapport, et leur caractère d'irrévocabilité n'ayant subi aucune atteinte par suite de la promulgation du code civil en Savoie, le rapport n'en peut être exigé après le décès du donateur survenu depuis ladite promulgation (Civ. cass. 16 mars 1880, aff. Dunand, D. P. 80. 1. 201). — Cependant si la loi nouvelle imposait l'obligation du rapport d'une manière impérative et absolue, sans permettre au disposant d'en dispenser le donataire ou le légataire, ainsi que l'avait fait la loi du 17 niv. an 2, elle devrait être appliquée même aux libéralités antérieures à sa promulgation, parce que, dans ce cas, « l'accomplissement de cette obligation forme la condition sous laquelle le successible gratifié par le défunt est admis à prendre part à sa succession » (Aubry et Rau, *loc. cit.*, p. 76, et note 59).

Mais lorsque le défunt n'a point exprimé son intention relativement au rapport, la question de savoir quelle est l'influence d'une loi nouvelle sur les obligations qui incombent de ce chef au successible bénéficiaire doit être résolue différemment suivant qu'il s'agit d'une donation ou d'une disposition testamentaire. L'obligation du rapport, en ce qui concerne les objets donnés entre vifs, se règle d'après la loi en vigueur à l'époque où la donation a été faite; on applique à la donation le principe admis en matière de contrats (V. *suprà*, n°s 158 et suiv.) ; les parties doivent être présumées avoir voulu suivre la loi qui existait à l'époque où elles ont contracté, sauf encore le cas où la loi nouvelle imposerait le rapport d'une manière impérative. Au contraire, lorsqu'il s'agit de libéralités testamentaires, ou, d'une manière plus générale, de libéralités révocables, le rapport est subordonné à la loi en vigueur à l'époque du décès du disposant ; les dispositions de cette nature ne produisant effet qu'à cette époque, il est rationnel de supposer que leur auteur a entendu se référer à cette loi par cela même qu'il n'a pas usé du droit qui lui appartenait d'y déroger (Aubry et Rau, *loc. cit.*, p. 77 et note 61 ; Demolombe, t. 1, n° 49; Laurent, *loc. cit.*).

195. La même question qui vient d'être examinée en ce qui concerne le rapport se présente aussi pour la réduction. D'après quelle loi doit être déterminée la quotité disponible, lorsque la législation a varié entre l'époque où la libéralité a été faite et celle de l'ouverture de la succession? Il est généralement admis aujourd'hui que la quotité disponible est déterminée par la loi qui existait au moment de la donation, s'il s'agit d'une libéralité entre vifs, et par la loi en vigueur à l'époque du décès du disposant, s'il s'agit d'une libéralité testamentaire, c'est-à-dire révocable (Aubry et Rau, t. 1, § 30, p. 77 et 78; Laurent, t. 1, n°s 246 et suiv.). Il n'y a pas à se préoccuper ici de l'intention du disposant, puisque la réduction, à la différence du rapport, dépend uniquement de la volonté du législateur; si une loi nouvelle qui restreint la quotité disponible n'est pas applicable à une donation faite antérieurement à sa promulgation, c'est seulement parce que la donation investit, du jour où elle a lieu, le donataire d'un droit irrévocable.

196. La règle qui vient d'être posée pour les donations a été appliquée aux institutions contractuelles. — Jugé que la quotité disponible, dans les donations de biens à venir faites entre époux par contrat de mariage, est réglée par la loi en vigueur à l'époque de la donation, et non par celle existante lors du décès du donateur; qu'ainsi, lorsque la donation a été faite sous la loi du 17 niv. an 2, la portion dont l'époux donateur a pu disposer, au profit de son conjoint, doit être fixée conformément à cette loi, quoique le donataire soit décédé sous l'empire du code civil (Civ. cass. 16 avr. 1862, aff. Grémillon, D. P. 62. 1. 275).

Décidé, au contraire, que l'étendue de la quotité disponible en matière de libéralités testamentaires est fixée par la loi en vigueur à l'époque du décès du disposant, notamment lorsqu'il s'agit de régler les limites du disponible entre époux et du disponible ordinaire, et non point par la loi sous l'empire de laquelle les libéralités dont la validité est contestée ont été faites (Civ. cass. 2 août 1853, aff. Lamarque, D. P. 53. 1. 300).

197. Toutefois si, en matière de donation entre vifs, l'étendue de la disponibilité doit être déterminée d'après les lois en vigueur au moment où la libéralité a été faite, cette règle ne doit être suivie qu'autant que ces lois sont plus favorables au donataire que celles sous l'empire desquelles le donateur est décédé (Demolombe, t. 1, n°s 49 et suiv.; Laurent, t. 1, n° 244). On avait déjà mentionné (*Rép.* n° 302) une application de cette restriction très rationnelle. « Les héritiers à réserve ne puisent que dans la loi existante au moment de l'ouverture de la succession, le droit de demander la réduction des libéralités faites par le défunt. Ils n'ont jusque-là qu'une simple expectative légale, et non un droit acquis. Ce n'est donc que dans la mesure établie par la loi en vigueur lors du décès de leur auteur, qu'ils sont admis à former leur action en réduction » (Aubry et Rau, t. 1, § 30, p. 77 et note 62). Appliquer la loi en vigueur à l'époque de l'acte, parce que celle-ci est irrévocable, serait retourner contre le donataire le principe de l'irrévocabilité des donations, et faire de la règle de la non-rétroactivité des lois une application contraire au fondement et au but de cette règle.

Jugé, conformément à ce qui précède, que les donations entre vifs faites en dehors des conditions de disponibilité établies par la législation sous l'empire de laquelle elles ont eu lieu, ne peuvent être attaquées par les héritiers du donateur, lorsque ce dernier est mort sous l'empire d'une loi qui autorise de semblables libéralités; spécialement, qu'une donation sous forme de contrat de rente viagère ou de vente à fonds perdu accomplie sous l'empire de la loi du 17 niv. an 2, et contrairement à la disposition de l'art. 26 de cette loi, qui interdisait de faire des actes de cette nature au profit de l'un des héritiers présomptifs sans le consentement des autres, ne peut être arguée de nullité par les héritiers du disposant, lorsque la succession de celui-ci s'est ouverte postérieurement à la loi du 4 germ. an 8, qui a abrogé la disposition précitée de la loi de l'an 2 (Bastia, 22 mai 1854, aff. Orlandi, D. P. 55. 2. 10).

§ 6. — Des actes de procédure (*Rép.* n°s 335 à 352).

198. La question de la rétroactivité ou de la non-rétroactivité des lois en matière de procédure, d'organisation judiciaire et de compétence, a donné lieu, dans le silence de la loi, à de nombreuses divergences parmi les auteurs, depuis la publication du *Répertoire* comme auparavant. La jurisprudence s'est prononcée dans des sens très divers, et n'a pas encore aujourd'hui trouvé sa voie. Pour mettre plus de clarté dans cet exposé, on examinera séparément les lois de procédure et les lois d'organisation judicaire et de compétence.

199. — I. PROCÉDURE. — En ce qui concerne la procédure, il y a lieu de distinguer avec soin, comme on l'a dit au *Rép.* n° 335, ce qui n'appartient qu'à la forme, à l'instruction, en un mot à la procédure proprement dite, de ce qui tient au fond même du droit.

Ce qui se rapporte au second ordre d'idées dépend uniquement de la loi sous l'empire de laquelle s'est accompli le fait d'où dérive l'action ; la règle applicable dans cette hypothèse est la même que celle qui gouverne la forme probante des contrats et leurs effets; il n'y a donc qu'à se référer sur ce point à ce qui a été dit *suprà*, n°s 157 et suiv.

Quant aux formalités extrinsèques, qui ne touchent pas au fond du droit, c'est-à-dire quant aux actes de procédure proprement dits, aucune difficulté ne peut s'élever s'il s'agit d'actes isolés, indépendants les uns des autres, n'ayant pas de lien nécessaire entre eux; il est certain que tous ceux qui ont été réalisés dans les formes prescrites par la loi en vigueur, au moment où ils ont eu lieu, ne recevront aucune atteinte d'une loi qui modifierait ces formes. La maxime *tempus regit actum* s'applique aussi bien aux actes judiciaires qu'aux actes extrajudiciaires. L'embarras ne naît pour l'interprète qu'en ce qui concerne les procédures qui se composent d'une série d'actes, qui doivent s'accomplir successivement, à différents intervalles, mais en se reliant entre eux de manière à former un tout. Suffit-il, dans ce cas, que les premiers actes de la procédure aient été faits sous l'empire de la loi nouvelle, pour que tous les autres qui devront leur succéder soient nécessairement régis par cette même loi? On l'a soutenu (V. *Rép.* n° 336), mais cette opinion n'a pas prévalu et ne devait pas prévaloir. Evidemment les actes déjà faits sont inattaquables, en vertu de ce principe que tout acte régulièrement fait est irrévocable ; mais la loi nouvelle s'étendra aux actes qui sont encore à faire en tant qu'il est possible d'atteindre le résultat final en exécutant ses prescriptions. Si l'on peut considérer, comme formant un ensemble, les différentes parties d'une même procédure commencée en vue d'obtenir la reconnaissance ou la consécration d'un droit, cet ensemble n'est pas nécessairement un tout indivisible. Pour qu'il en fût autrement, il faudrait démontrer que l'application de la loi nouvelle aurait pour effet de détruire un droit acquis; or, si la rétroactivité peut entraîner, dans notre hypothèse, certains préjudices pour la partie qui réclame l'application de la loi ancienne, peut-être plus avantageuse pour elle, et léser ainsi certains intérêts, il est impossible de faire apparaître, pour écarter la loi nouvelle, l'idée de droit acquis. Le but commun des lois de procédure est en effet d'assurer une meilleure administration de la justice. Ce point établi, on ne peut pas admettre, comme principe général, qu'un particulier ait un droit acquis contre l'application immédiate d'une pareille loi. Comment pourrait-on formuler ce droit acquis? Il faut, en effet, prendre ces mots dans leur sens exact et précis, désignant un droit qui concerne la personne ou les biens, un droit réel ou un droit de créance. Si l'on veut sortir de ce sens ordinaire, on tombe dans l'arbitraire et il devient impossible de se former une notion sérieuse du droit acquis.

200. Nous croyons même qu'il faut formuler cette règle en termes généraux et ne pas établir, comme l'ont fait quelques auteurs, de distinction entre les règles de procédure civile et celles d'instruction criminelle. « Les lois de procédure civile et d'instruction criminelle, disent MM. Aubry et Rau (t. 1, § 30, p. 62), s'appliquent à l'instruction et au jugement des affaires auxquelles auraient donné naissance des faits même antérieurs à leur promulgation. Il en est ainsi pour les lois d'instruction criminelle, bien qu'il s'agisse de poursuites commencées avant qu'elles soient devenues obligatoires. Mais les règles de procédure civile établies par les lois anciennes doivent continuer à être observées, même sous l'empire de lois nouvelles, pour le jugement des procès intentés avant leur mise en activité ». Les auteurs précités appuient cette distinction sur plusieurs textes (*loc. cit.* et note 18), notamment sur l'art. 1041 c. proc. civ. qui a excepté, sinon formellement, du moins implicitement, des dispositions du nouveau code, les procès commencés avant sa promulgation. Ils invoquent, dans le même sens, la loi du 21 mai 1858 (D. P. 58. 4. 38), contenant des modifications au code de procédure civile, et dont l'art. 4 porte : « Les ordres ouverts avant la promulgation de la présente loi seront régis par les dispositions des lois antérieures ». Mais on ne peut tirer de ces textes aucun argument en faveur d'une règle générale ; ce sont des solutions particulières, que le législateur, qui a toujours le droit de donner à une loi un effet rétroactif, dût-il briser un droit acquis, comme d'en retarder l'application au profit d'un simple intérêt, a cru bon d'édicter pour éviter aux plaideurs des pertes de temps et d'argent. Le fait même que le législateur a cru nécessaire de soustraire, par une disposition spéciale, les procédures déjà commencées à ses nouvelles prescriptions prouverait plutôt que les lois relatives à la procédure civile sont, de leur nature, rétroactives, et qu'en l'absence d'une déclaration contraire de sa part, les lois précitées auraient été applicables immédiatement même aux instances déjà commencées. D'ailleurs le même art. 4 de la loi du 21 mai 1858 contient dans le second alinéa une disposition contraire à celle qui fait l'objet du premier et sur laquelle se fondent MM. Aubry et Rau ; on y lit, en effet, que « l'art. 692 tel qu'il est modifié par la présente loi, sera appliqué aux poursuites de saisie immobilière, commencées lors de sa promulgation, dans lesquelles l'art. 692 de la loi précédente n'aura pas encore été mis à exécution ». La même règle se trouve formulée dans une loi plus récente. La loi du 18 avr. 1886 (D. P. 86. 4. 27), modifiant la procédure en matière de divorce et de séparation de corps, dispose, dans son art. 7, que la présente loi s'appliquera aux instances de divorce commencées sous l'empire de la loi du 27 juill. 1884 (D. P. 84. 4. 103).

La jurisprudence a appliqué rétroactivement, en particulier, les nouvelles dispositions de la loi du 18 avr. 1886 en matière d'enquête. Il a été jugé que les enquêtes, dans les instances commencées avant la loi du 18 avr. 1886, devaient être faites conformément aux art. 252 et suiv. c. proc. civ., et qu'en particulier, l'enquête, à laquelle le tribunal assistait auparavant, devait être faite par un juge commis (Trib. Seine, 12 juill. 1886 (1); Nancy, 10 mars 1887, aff. Mathieu, *suprà*, v° *Divorce*, n° 421).

201. Il a été jugé également : 1° que la loi du 9 juin 1853 (D. P. 53. 4. 98) qui, dans les déclarations du jury, substitue la majorité simple à la majorité de plus de sept voix, ayant le caractère d'une loi de procédure, est, par suite, applicable même aux procès commencés avant sa promulgation (Civ. rej. 29 juill. 1853, aff. Abrigeon D. P. 53. 5. 129); — 2° Que le décret du 19 sept. 1870 (D. P. 70. 4. 91), qui a supprimé le droit, pour les fonctionnaires publics, de ne pouvoir être poursuivis sans l'autorisation du Gouvernement, est applicable aux faits antérieurs à la promulgation dudit décret (Civ. cass. 22 avr. 1874, aff. Flament, D. P. 75. 1. 434); — 3° Que, les lois de procédure étant obligatoires à dater de leur promulgation et l'expropriation s'opérant par l'effet du jugement, la procédure en règlement des indemnités doit être suivie conformément aux lois en vigueur lors du jugement (Civ. cass. 23 mars 1868, aff. Decroy, D. P. 68. 1. 254).

Il a été décidé, toutefois, dans des termes qui sont en opposition avec ceux des décisions qui précèdent, que les lois de procédure et d'instruction n'ont pas d'effet rétroactif; que, par suite, le juge correctionnel statue à bon droit sur un procès-verbal de saisie de marchandises irrégulièrement introduites en France, bien qu'une loi postérieure, en vigueur au moment du jugement, ne permette plus la saisie dans les mêmes circonstances (Crim. rej. 11 déc. 1863, aff. Dietsch, D. P. 64. 1. 200).

202. Si les lois de procédure s'appliquent, comme on vient de le dire, aux faits antérieurs à leur promulgation, même quand ils ont donné lieu à un commencement d'instance, elles ne peuvent pas être étendues, au contraire, aux instances déjà terminées par un jugement définitif. La loi du 18 avr. 1886 a donné lieu aussi à une application remarquable de cette seconde règle. On s'était demandé si les parties qui avaient obtenu un jugement de divorce antérieurement à la promulgation de la loi de 1886 étaient tenues, comme le prescrivait la loi du 27 juill. 1884, de faire prononcer le divorce par l'officier de l'état civil, ou s'il suffisait qu'elles fissent transcrire le jugement conformément à la loi nouvelle. Une circulaire du garde des sceaux, adressée aux procureurs généraux en date du 22 avr. 1886 (D. P. 86. 4. 32, note 1), trancha la difficulté dans le sens de la première interprétation, en invoquant des motifs qui sont l'expression exacte des principes applicables à la matière. Et, le 1er mai 1886, la préfecture de la Seine adressa une circulaire aux différents maires de Paris, leur enjoignant de prendre les mesures nécessaires pour se conformer aux instructions du ministre de la justice.

L'interprétation judiciaire fut conforme à l'interprétation administrative. Jugé que les dispositions de la loi du 18 avr. 1886 ne sont applicables qu'aux instances qui n'ont pas encore reçu une solution définitive avant la promulgation de cette loi; qu'en conséquence, si le jugement définitif a déjà été rendu à cette époque, il y a lieu de requérir la prononciation du divorce par l'officier de l'état civil conformément à la loi ancienne, réquisition qui ne peut être faite que par le demandeur (Trib. Fontainebleau, 17 nov. 1886, *La Loi*, du 6 déc. 1886. Conf. Vrague et Gode, *Le divorce et la séparation de corps*, 2e édit., t. 2, n° 881).

Jugé même qu'une partie qui, par une décision passée en force de chose jugée, aurait été forclose, en vertu des art. 249 et 252 c. civ., du droit d'ajouter d'autres témoins sur les listes définitivement arrêtées, ainsi que du droit de proposer de nouveaux reproches ne pourrait se prévaloir de la loi nouvelle pour demander à faire entendre de nouveaux griefs (Trib. Bordeaux, 16 mars 1887, *Journal des arrêts de Bordeaux*, 1887, p. 199).

203. D'autre part, le conseil d'Etat a décidé, avec raison, que, le principe de la non-rétroactivité des lois n'étant pas applicable aux lois de procédure, le conseil de préfecture peut prescrire une tierce expertise dans les formes prescrites par l'art. 5 de la loi du 29 déc. 1884 (D. P. 85. 4. 39), bien qu'il ait été procédé à l'expertise antérieurement à la promulgation de cette loi (Cons. d'Et. 19 mars 1886, aff. Castillon, D. P. 87. 3. 84; 19 nov. 1886, aff. Lapoussarie, D. P. 88. 5. 139). — Mais, par application de la règle que les actes de procédure une fois consommés ne peuvent plus être atteints par une loi nouvelle, il a été jugé que le règlement des frais d'une expertise en matière de contributions directes terminée antérieurement à la promulgation de la loi du 29 déc. 1884, doit être opéré, en prenant pour règle, non les dispositions de cette loi, mais celles de l'arrêté du 24 flor. an 8, encore bien que la décision au fond ne fût pas encore intervenue à cette date (Cons. d'Et. 1er juill. 1887, aff. Thomas, D. P. 88, 3. 124).

204. D'ailleurs, si les lois de procédure et d'instruction

---

(1) (C... C. C...) — LE TRIBUNAL; — ... Donne défaut contre C..., faute par lui de n'avoir pas constitué avoué, quoique régulièrement assigné, et pour le profit; — Attendu que, sur la demande de divorce formée par la dame C..., il est intervenu, le 14 janv. 1886, un jugement qui a autorisé la preuve des faits articulés par ladite dame et a renvoyé les parties au 11 février suivant pour être procédé, conformément aux art. 246, 250 et 252 c. civ.; — Attendu que la loi du 18 avr. 1886 dispose qu'en matière d'enquête, les dispositions des art. 252 et suiv. c. proc. civ. seront applicables; — Qu'il y a lieu, dès lors, de nommer un juge pour procéder à l'enquête ordonnée;

Par ces motifs;

Commet M. Blanc, juge, pour procéder auxdites enquête et contre-enquête; dit qu'en cas d'empêchement du juge commis, il sera pourvu à son remplacement par ordonnance du président de cette chambre rendue sur simple requête, tous droits et moyens des parties et dépens réservés, etc...

Du 12 juill. 1886.-Trib. civ. de la Seine.-M. Gréhen, pr.

sont, par leur nature, rétroactives dans les limites indiquées ci-dessus, il faut reconnaître qu'elles ne doivent pas avoir cet effet dans les cas très rares où leur application immédiate serait de nature à porter atteinte à un droit acquis; tel serait, par exemple, le cas où une nouvelle loi de procédure établirait des nullités ou des déchéances qui n'existaient pas auparavant. Ainsi, la loi du 3 mai 1862 (D. P. 62. 4. 43), ayant réduit le délai d'appel de trois mois à deux mois, ne s'est pas appliquée rétroactivement : ceux qui avaient succombé sous l'empire de la loi antérieure ont continué à avoir le droit d'appeler pendant trois mois (V. Aubry et Rau, t. 1, § 30, p. 63 et note 19). Ainsi que le disent ces auteurs, de pareilles dispositions légales tiennent, en effet, plus au fond du droit qu'aux formes de procéder.

Jugé, conformément à cette doctrine, que le délai de l'appel est régi par la législation sous l'empire de laquelle le jugement a été rendu, et non par la loi en vigueur à l'époque de la signification de ce jugement; qu'ainsi, le délai de l'appel à l'égard d'un jugement rendu sous l'empire de l'ancien art. 443 c. proc. civ. est de trois mois, quoique ce jugement n'ait été signifié qu'après la loi du 3 mai 1862 qui a réduit ce délai d'appel à deux mois (Civ. rej. 23 janv. 1865, aff. Rabatel, D. P. 65. 1. 22; Nîmes, 2 déc. 1862, aff. Woislin, *suprà*, v° *Appel civil*, n° 160; Chambéry, 26 juill. 1866, *Journal de Grenoble et de Chambéry*, 1866, p. 347).

Il a été décidé, toutefois, que le délai dans lequel l'appel doit être interjeté n'est déterminé ni par la loi en vigueur au moment où l'instance a été introduite, ni même par celle en vigueur au moment où le jugement a été rendu, mais par celle qui existait lorsque le jugement a été signifié (Dijon, 25 févr. 1863, aff. Vairet, D. P. 63. 2. 100; Paris, 25 févr. 1864, aff. N..., D. P. 64. 5. 13). Mais cette opinion, comme on vient de le voir, n'a pas été admise par la cour de cassation; elle est du reste contraire à celle qui avait été développée au *Rép.* n° 346 et *suprà*, v° *Appel civil*, n° 160; — *Rép.* eod. v°, n° 793.

205. Mais si le droit d'appel, ses délais et les déchéances qui peuvent l'atteindre, sont soumis à la législation sous l'empire de laquelle le jugement de première instance a été rendu, les formalités prescrites pour l'introduction de l'appel sont régies par la loi de procédure en vigueur au moment où cet appel est formé, encore qu'elles soient exigées à peine de nullité de l'exploit d'appel, si le droit d'appel en lui-même n'en est point affecté. Ainsi l'art. 118 c. proc. sarde qui impose à l'appelant de faire notifier le jugement en même temps que l'appel, sous peine de nullité de l'acte d'appel, si déjà cette notification n'a été faite, n'est pas applicable à l'appel introduit sous le code de procédure français, quoique le jugement ait été rendu sous le code de procédure sarde, une telle formalité n'étant qu'une formalité de procédure dont l'omission, loin d'affecter le droit d'appel, implique au contraire que le délai d'appel n'a pas même commencé à courir (Civ. cass. 5 nov. 1862, aff. Coutaz, D. P. 62. 1. 432).

206. Il a été jugé que les délais et formalités de la surenchère sont réglés par la loi de procédure en vigueur au moment où elle s'est produite et non par celle sous l'empire de laquelle a eu lieu l'adjudication frappée de surenchère; qu'ainsi la surenchère formée en Savoie depuis la promulgation du décret du 22 août 1860, qui a déclaré le code de procédure français exécutoire dans ce pays, est soumise à la loi française, quoique l'adjudication ait été prononcée sous la loi sarde, et que le surenchérisseur est tenu notamment, à peine de nullité, d'observer les formes tracées par l'art. 709 c. proc. civ. (Req. 10 mars 1862, aff. Gros-Sonnery, D. P. 62. 1. 535).

207. On a dit que les lois de procédure qui établissent des nullités n'ont pas d'effet rétroactif, parce qu'elles tiennent en réalité au fond du droit, mais il faut qu'il s'agisse d'une nullité proprement dite. La question de savoir par qui peut être demandée la nullité d'un acte se rattache au contraire uniquement à la procédure et dépend, par suite, toujours de la loi nouvelle. Il a été décidé, en ce sens, que lorsqu'une demande en nullité de mariage est portée devant un tribunal français, c'est d'après la loi française que doivent être appréciés les pouvoirs du ministère public en cette matière, quelle que soit d'ailleurs la législation sous l'empire de laquelle le mariage a été célébré; qu'ainsi quoique le mariage fût régi en Savoie par la loi canonique avant l'annexion et que le ministère public n'eût pas, dès lors, qualité, à cette époque, pour provoquer la nullité de ce mariage, son action n'en est pas moins recevable en vertu de la loi française devenue obligatoire pour la Savoie depuis son annexion (Chambéry, 7 févr. 1885, aff. de Viry, D. P. 85. 2. 241). Jugé encore qu'une demande en péremption d'instance doit être instruite et jugée d'après les lois en vigueur à l'instant où elle a été formée, encore que l'instance dont la péremption est demandée ait été engagée sous l'empire d'une législation antérieure (Civ. rej. 24 août 1853, aff. Section de Montruffet, D. P. 53. 1. 272).

208. — II. Organisation judiciaire et compétente. — C'est surtout en matière d'organisation judiciaire et de compétence que la question de la rétroactivité ou de la non-rétroactivité des lois a fait naître des divergences dans la jurisprudence comme dans la doctrine. Lorsque, dans l'intervalle qui s'écoule entre le moment où le fait qui doit donner lieu à une action s'est accompli et celui où est rendu le jugement définitif, il intervient une loi qui investit une autre juridiction de la connaissance du fait dont il s'agit, est-ce le nouveau tribunal qui doit statuer, ou bien est-ce le tribunal qui était compétent à l'origine? Faut-il appliquer aux lois d'organisation judiciaire et de compétence la même règle qu'aux lois de procédure et d'instruction? Faut-il distinguer entre la compétence civile et la compétence criminelle, suivant que le fait dont le tribunal est saisi est un délit ou un contrat, par exemple?

209. Il convient d'écarter d'abord de la discussion l'hypothèse où l'ancienne juridiction compétente a été complètement abolie et remplacée par une autre; il est certain que, dans ce cas, la loi nouvelle doit toujours rétroagir, autrement il faudrait, comme on l'a très bien dit, ce qui n'est pas possible, que l'ancien tribunal se reconstituât et reprit une vie nouvelle pour procéder au jugement des affaires commencées. L'accord est unanime sur ce point. — Cette situation particulière s'est présentée par suite de la suppression des tribunaux d'appel en matière correctionnelle en vertu de la loi du 13 juin 1856 (D. P. 56. 4. 63), et elle a donné lieu à deux arrêts qui confirment notre observation. Jugé qu'un tribunal correctionnel qui, antérieurement à la loi du 13 juin 1856, était compétent pour statuer, comme tribunal supérieur, sur l'appel d'un jugement correctionnel, n'a pu se déclarer compétent pour en connaître depuis la promulgation de cette loi, qui a attribué exclusivement aux cours impériales le droit de statuer sur l'appel des jugements correctionnels, alors qu'au moment de cette promulgation, il n'était intervenu aucun errement définitif sur cet appel, et que seulement des témoins avaient été cités à la requête du ministère public appelant (Crim. cass. 12 sept. 1856, aff. Rullière, D. P. 56. 1. 417; 27 déc. 1856) (1).

210. Abstraction faite de cette hypothèse, les lois de compétence sont-elles, par leur nature, rétroactives? La question a été discutée surtout en matière criminelle, et l'on trouvera un premier exposé de la controverse à ce point de

(1) (Courty C. X...) — La cour; — Vu la loi du 13 juin 1856; — Attendu que cette loi, dont l'objet est de transférer aux cours impériales tous les appels en matière correctionnelle, a eu pour effet de dessaisir immédiatement les tribunaux supérieurs des affaires de cette nature déjà portées devant eux; que, dans cette action instantanée de la loi, ne se rencontre pas la rétroactivité prohibée par l'art. 2 c. civ.; — Qu'il s'agit, en effet, ici, d'une loi de compétence qui, ne touchant pas au fond du droit, doit recevoir aussitôt son exécution, et s'applique à toute poursuite encore pendante et qui n'a reçu aucune décision définitive; qu'autrement une juridiction abolie continuerait de fonctionner, et le but du législateur ne pourrait être que tardivement atteint; — Attendu que la loi du 13 juin, insérée au *Bulletin des lois* le 21 du même mois, était exécutoire à Evreux le 26; que ce même jour, le tribunal correctionnel de cette ville a statué sur l'appel des époux Courty; en quoi il a commis un excès de pouvoir et violé les règles de sa compétence; que le silence des parties et leur consentement à être jugées n'a pu couvrir cette nullité et rendre au tribunal un pouvoir que la loi lui avait enlevé; — Par ces motifs, casse et annule le jugement rendu par le tribunal correctionnel d'Evreux, etc.

Du 27 déc. 1856.-Ch. crim.

vue *Rép.* v° *Compétence criminelle*, n°s 4 et suiv. Mais la difficulté se présente sous le même aspect et dépend, selon nous, des mêmes principes, qu'il s'agisse de la compétence criminelle ou de la compétence civile, et la jurisprudence, comme on le verra, *infrà*, n°s 211 et suiv., ne fait pas de distinction de cette nature.

Un premier système soutient que le principe de la non-rétroactivité ne s'applique pas plus aux lois qui fixent les juridictions et règlent la compétence qu'aux lois de procédure; que les lois de compétence rétroagissent toujours parce qu'elles touchent à l'ordre public, et que, par conséquent, on ne saurait leur opposer de droit acquis; que ces lois s'appliquent non seulement aux faits antérieurs à leur promulgation et dont la justice n'est pas encore saisie, non seulement aux instances commencées et encore en cours, mais même aux instances terminées par un jugement définitif. Indépendamment de l'argument tiré des considérations d'ordre public, on invoque, en ce sens, certains textes qui attribuent formellement aux lois de compétence un effet rétroactif, notamment l'art. 30 de la loi du 18 pluv. an 9 et l'arrêté du 5 fruct. an 9. — Les partisans de ce système se divisent, du reste, et ne poussent pas tous aussi loin les conséquences de la rétroactivité; ils posent en principe que la loi nouvelle doit rétroagir toutes les fois qu'il n'est pas intervenu un jugement définitif; mais les uns entendent par ces mots « jugement définitif » un jugement passé en force de chose jugée, tandis que les autres n'exigent pas cette condition et veulent seulement qu'un jugement sur le fond ait été rendu (V. notamment: Blanche, *Etudes sur le code pénal*, t. 1, n° 38; Trébutien, t. 1. n°s 224 à 226; Morin, *Dictionnaire de droit criminel*, v° *Effet rétroactif*, n° 14; Le Sellyer, t. 1, n° 605; Chauveau et Faustin Hélie, *Théorie du code pénal*, 5e édit., n° 34; Villey, *Précis de droit criminel*, p. 65; Garraud, *Précis de droit criminel*, p. 121. V. aussi les conclusions du procureur général Bertauld, D. P. 82. 1. 135, et les rapports des conseillers Bertrand et Dupré-Lasale, *ibid*).

Le second système enseigne, au contraire, que les lois de compétence ne sont jamais rétroactives, pas plus que les lois touchant au fond du droit. La non-rétroactivité est un principe qui plane sur toute notre législation et doit s'appliquer partout, à moins de dérogation formelle. MM. Hélie et Chauveau ont développé cette opinion dans la première édition de leur *Théorie du code pénal* (t. 1er, p. 42 et suiv.), et ils en ont conclu que la loi ancienne doit, en matière criminelle notamment, être appliquée aux procès entamés sous l'empire d'une loi nouvelle, par cela seul que les faits qui donnent lieu à ces procès sont antérieurs à cette loi.

Un jurisconsulte autorisé distingue entre le cas où la loi nouvelle distrait de la juridiction ordinaire une partie de ses attributions pour en investir un tribunal d'exception, et celui où elle restitue à la juridiction ordinaire une partie de ses attributions qu'une loi antérieure lui avait ôtées. Dans la première hypothèse, la loi ne saurait rétroagir; elle doit rétroagir, au contraire, dans la seconde (Mangin, *Instruction écrite*, t. 2, n°s 178 et 179). Cette distinction nous paraît tout à fait arbitraire.

Nous croyons que les principes de la matière, auxquels il faut remonter, imposent la première solution, c'est-à-dire que les lois en matière d'organisation judiciaire et de compétence doivent rétroagir, parce qu'elles ont, comme les lois de procédure, essentiellement pour objet l'intérêt général; les unes et les autres tendent uniquement à assurer le mieux possible le fonctionnement du pouvoir judiciaire. La non-rétroactivité est fondée sur ce principe qu'une loi nouvelle ne doit pas porter atteinte à des droits antérieurement acquis. C'est dans cette mesure que la loi n'est pas rétroactive, mais dans cette mesure seulement. Il ne faut pas perdre de vue, en effet, que la loi est souveraine et qu'à ce titre, elle ne doit comporter aucune restriction dans son application. La non-rétroactivité constitue une dérogation à cette souveraineté, qui exerce son empire partout où elle ne se trouve pas en face d'un droit acquis. En vain on dirait qu'il y a droit acquis pour les parties, entre lesquelles s'est formé le contrat ou le quasi-contrat judiciaire, à voir l'instance se dénouer dans les conditions où elle s'est liée. Cette formule paraît être plutôt une traduction plus ou moins littérale de l'ancienne règle de droit romain: *ubi acceptum est semel judicium, ibi et finem accipere debet* (L. 30 *De judiciis*, 5, 1), qu'une application rigoureuse de la notion exacte du droit acquis. Nous demanderons comme pour la loi de procédure, *suprà* n° 199, quel serait ici le droit acquis vraiment lésé? Est-ce un droit réel, un droit personnel? Contre qui existe-t-il? Il est impossibl de répondre à ces questions.

211. L'examen des décisions que l'on va rapporter prouvera que la jurisprudence, après avoir oscillé pendant longtemps, tend aujourd'hui de plus en plus à consacrer notre interprétation en matière civile comme en matière criminelle. Jugé: 1° que les lois de compétence saisissent tous les faits qu'elles embrassent, que ces faits soient antérieurs ou postérieurs à leur promulgation; et spécialement, que des tribunaux maritimes commerciaux institués par le décret du 24 mars 1852, pour connaître des délits maritimes, et notamment des voies de fait commises, sans nécessité absolue, par tout capitaine, maître ou patron envers son inférieur, sont compétents, même à l'égard des voies de fait antérieures à sa promulgation (Crim. cass. 5 nov. 1852, aff. Dubourg, D. P. 52. 5. 353); — 2° Que la juridiction militaire, substituée aux tribunaux répressifs ordinaires, par l'effet d'une déclaration d'état de siège, est compétente pour connaître de tous les faits qui se rattachent à cette déclaration d'état de siège, encore qu'ils auraient été commis antérieurement (Crim. rej. 12 juill. 1850, aff. Isery dit Sixième, D. P. 50. 1. 254); — 3° Que les sociétés secrètes doivent, en cas de déclaration d'état de siège, être déférées à la juridiction militaire, encore qu'elles auraient été formées et auraient cessé d'exister avant cette déclaration (Crim. cass. 23 janv. 1852, aff. Lescuyer, D. P. 52. 1. 61); — 4° Que la déclaration d'état de siège, motivée par les nombreux incendies qui ont éclaté dans une colonie, rend justiciables des tribunaux militaires les auteurs de propos séditieux qui présentent le caractère de délits contraires à l'ordre et à la paix publique, bien que ces propos soient antérieurs à la mesure de l'état de siège et qu'ils ne se rattachent pas directement aux incendies qui l'ont rendue nécessaire (Crim. rej. 21 sept. 1850, aff. Castera, D. P. 50. 1. 335. V. au *Rép.* n° 348 plusieurs autres décisions rendues dans des espèces semblables); — 5° Que le principe de la non-rétroactivité des lois ne s'appliquant qu'au fond du droit et les lois de procédure et de compétence étant obligatoires à dater de leur promulgation, la disposition de la loi du 21 juin 1865, art. 48, qui a substitué le jury de la loi du 3 mai 1841 dans les cas qu'elle prévoit, régit les contestations antérieures à sa promulgation (Civ. cass. 23 mars 1868, cité *suprà*, n° 201); — 6° Que les lois relatives à la compétence des tribunaux, comme celles qui sont relatives à la procédure, s'appliquent, à partir de leur promulgation, même aux affaires dont l'instruction était commencée antérieurement; qu'en conséquence, une réclamation formée, en Cochinchine, à une époque où l'autorité compétente pour en connaître était le conseil privé constitué en conseil du contentieux administratif, conformément à l'ordonnance du 9 février 1827, a dû être jugée par le conseil du contentieux organisé conformément aux dispositions du décret du 5 août 1881 promulgué pendant l'instance (Cons. d'Et. 27 févr. 1885, aff. Farinole, D. P. 86. 3. 86); — 7° Que l'abrogation d'une loi pénale a pour conséquence de placer les parties, quant aux mode et condition d'exercice de leur droit, dans une situation autre que par le passé, et de les soumettre *in futurum*, soit pour la procédure et l'instruction, soit pour la compétence, soit même pour la durée de l'action, aux règles nouvelles édictées par le législateur (Trib. corr. de la Seine, 17 août 1881) (1); —

(1) (Contesenne *C.* Patey, gérant du journal *La France*.) — LE TRIBUNAL; — Statuant sur l'exception: — Attendu que les consorts Emile-Gustave et François Contesenne, se portant parties civiles contre le sieur Patey, en sa qualité de gérant du journal *La France*, l'ont cité en police correctionnelle, suivant exploit du 3 de ce mois, pour lui demander pécuniairement réparation du préjudice que leur aurait causé la publication, dans le numéro dudit journal du 29 juillet dernier, d'un article contenant, suivant eux, le double délit de fausse nouvelle et de diffamation; qu'entre le fait incriminé et le commencement de la poursuite, a eu lieu,

8° Que la compétence attribuée au tribunal civil par la loi du 15 juin 1872 (D. P. 72. 4. 112), pour connaître des demandes en délivrance de nouveaux titres au porteur en remplacement de ceux qui ont été détruits, volés ou perdus, s'applique même aux demandes concernant des titres dont la perte est antérieure à ladite loi; et qu'il n'appartient qu'à ce tribunal d'examiner si l'application des dispositions de cette loi peut avoir lieu avec ou sans effet rétroactif (Trib. com. de la Seine, 5 oct. 1872, aff. Mennechy, D. P. 73. 3. 87); — 9° Que les lois nouvelles qui modifient la compétence et la procédure produisent un effet rétroactif, même lorsqu'il s'agit de l'exercice de droits antérieurement acquis; que, par suite, l'action basée sur un prétendu droit acquis antérieurement à l'abrogation du décret du 26 août 1811 par la loi du 26 juin 1889 à l'effet de faire prononcer contre un Français entré sans autorisation au service militaire d'un Etat étranger les peines ou déchéances portées dans ledit décret, doit être intentée, conformément aux règles du droit commun, devant la juridiction ordinaire, et non devant la juridiction exceptionnellement investie par le décret impérial aujourd'hui abrogé (Caen, 17 févr. 1890) (1).

212. Le principe de la rétroactivité des lois de compétence s'applique notamment au cas où le changement d'attributions résulte de modifications apportées aux classifications territoriales ou bien encore de la réunion d'un pays à un autre. Ainsi il a été décidé : 1° que les lois modificatives de compétence deviennent immédiatement applicables aux poursuites en cours d'exécution pour les crimes et délits commis antérieurement; que l'art. 476 c. instr. crim., aux termes duquel la représentation du contumax laisse subsister l'arrêt de renvoi ou l'ordre de mise en jugement, n'est pas applicable quand la juridiction devant laquelle le prévenu avait été renvoyé et jugé par contumace a été supprimée ou abolie, ou a cessé légalement d'être compétente; qu'en conséquence, le conseil de guerre qui a prononcé, en Algérie, une condamnation par contumace pour crime commis dans un territoire militaire, n'est plus compétent pour juger définitivement l'accusé arrêté à une époque où ce territoire était devenu territoire civil (Crim. règl. de jug. 11 déc. 1873, aff. Ahmed-Ould-Djaba, D. P. 74. 1. 181); — 2° Que la juridiction militaire n'a pu régulièrement, en Algérie, à l'égard d'un crime commis par des Arabes en territoire militaire, se saisir de l'instruction et du jugement postérieurement à un décret qui a réuni ce même territoire au territoire civil, la publication de ce décret faisant cesser sa compétence (Crim. règl. de jug. 7 déc. 1865, aff. Miloud, Ould-El-Arbi-Bel-Hadj, D. P. 66. 1. 188); — 3° Que lorsque, par suite d'un acte politique ou d'un traité, une province nouvelle a été réunie au territoire français, les Français antérieurement condamnés par contumace par la justice du pays nouvellement réuni à la France, peuvent être traduits devant la cour d'assises de cette portion de territoire pour y être jugés contradictoirement sans qu'il y ait à leur égard violation du principe que les lois n'ont pas d'effet rétroactif (C. d'ass. de Chambéry, 25 févr. 1863. aff. Falcoz, D. P. 63. 2. 25); — 4° Que les décrets des 22 août et 26 sept. 1860 qui ont rendu exécutoires dans les départements annexés de la Savoie et de l'ancien comté de Nice, non seulement les lois civiles, commerciales et de procédure civile de la France, mais aussi les lois françaises sur les attributions des conseils de préfecture, et généralement, toutes les dispositions législatives concernant la juridiction administrative, ont eu pour effet de rendre le principe du droit public de la France sur la séparation des pouvoirs et sur la défense faite aux tribunaux de l'ordre judiciaire de s'immiscer dans les affaires de l'ordre administratif immédiatement applicable dans ces départements même aux causes qui, engagées devant la justice ordinaire avant l'annexion, n'ont été jugées que postérieurement auxdits décrets; spécialement, que les décrets des 22 août et 26 sept. 1860 ont créé, pour l'autorité judiciaire, saisie avant l'annexion d'une question impliquant interprétation

---

à la date du 30 juillet, la promulgation de la loi nouvelle sur la presse, abrogative de la loi de 1819 et du décret de 1852, visés en ladite citation; que si l'abrogation d'une loi pénale n'a pas pour effet d'enlever, aux parties lésées par un acte accompli sous l'empire de cette loi, leur droit à la réparation du dommage souffert, néanmoins elle a pour conséquence de les placer, quant aux mode et condition d'exercice de ce droit, dans une autre situation que par le passé, et de les soumettre *in futurum*, soit pour la procédure et l'instruction, soit pour la compétence, soit même pour la durée de l'action, aux règles que le législateur, dans l'intérêt public, sans blesser le principe si respectable de la non-rétroactivité des lois, était et doit rester toujours maître de modifier ou de créer; qu'en fait, les consorts Contesenne ayant omis de poursuivre, avant que la loi récemment promulguée ne fût entrée dans sa phase d'exécution, avaient cessé, quand ils ont intenté l'action, d'avoir la faculté, sinon en ce qui concerne le délit prétendu de diffamation dont ils pouvaient demander réparation séparément de l'action publique devant le tribunal de répression, du moins, en ce qui concerne la fausse nouvelle, de signaler comme délit un fait qui, désormais, n'a plus ce caractère, si ce n'est au cas où la publication ou reproduction (art. 27) aura à la fois troublé la paix publique, ce qui, dans l'espèce, n'a pas eu lieu, et aura été faite de mauvaise foi, ce qui, dans la citation, n'est pas indiqué; — Attendu qu'en fait encore, au mépris de la loi nouvelle (art. 60), et à peine de nullité, la citation n'énonce pas, au moins par leur numéro d'ordre, les articles dont l'application pénale serait à faire; qu'ainsi, au point de vue spécial de la diffamation, elle vise, au lieu des art. 18 de la loi de 1819 et 32 de la loi nouvelle qui contiennent les pénalités encourues, les art. 13 et 29 de ces lois, qui définissent le délit; qu'en l'état, conséquemment, en droit comme en fait, tout débat, même à fin purement civile, ne peut s'engager au fond; — Par ces motifs; — Déclare les consorts Contesenne non recevables en leur demande.

Du 17 août 1881. — Trib. corr. de la Seine, 8e ch. — MM. Rabaroust, pr.-Lasserre, subst., c. contr.-Droz et Duhamel, av.

(1) (Veuve Dayer et consorts C. Favrie.) — La cour; — Attendu que la dame Gahéry est décédée le 1er févr. 1883, laissant pour son seul héritier Favrie, son neveu; — Attendu que la veuve Dayer et joints, héritiers du second degré, ont prétendu que Favrie, étant entré sans autorisation au service militaire d'une puissance étrangère, avait perdu sa qualité de Français, et qu'aux termes de l'art. 6, tit. 2, du décret du 26 août 1811, il était privé de tous ses droits civils, et spécialement du droit de succéder; que toutes les successions à lui échues, notamment celle de la veuve Gahéry, doivent être attribuées à ceux qui sont appelés par la loi à les recueillir à son défaut; — Attendu que, pour faire consacrer cette prétention et faire prononcer les déchéances qu'ils prétendent être encourues, la veuve Dayer et joints ont procédé arrière de Favrie par voie de requête adressée à la cour comme en matière de juridiction gracieuse; — Attendu que cette procédure était irrégulière; qu'il n'était pas possible, en effet, sans méconnaître tous les droits de la défense, de demander contre Favrie l'application de pénalités et de déchéance d'une gravité exceptionnelle sans l'appeler devant la justice et le mettre à même de se défendre dans un débat contradictoire; — Mais attendu que Favrie est intervenu volontairement afin de rendre le débat contradictoire; qu'il a régularisé, par son intervention, la procédure par laquelle la cour avait été saisie, et qu'il en a couvert la nullité; — Attendu, d'ailleurs, que cette nullité n'est pas demandée et qu'il n'y a pas lieu de la prononcer d'office; — Sur la caution *judicatum solvi*...; — Sur la compétence : — Attendu qu'il est inutile de rechercher, quant à présent, quelle était la constitutionnalité et la valeur légale du décret du 26 août 1811 et d'examiner la question de savoir si ce décret a conféré aux cours d'appel une juridiction répressive devant laquelle aucune action civile ne peut être intentée après l'extinction de l'action publique; qu'en effet, le décret du 26 août 1811 a été abrogé par la loi du 26 juin 1889 dans toutes ses parties et notamment dans son art. 7; que la loi d'abrogation a irrévocablement dépouillé les cours d'appel de la juridiction exceptionnelle qui leur avait été attribuée par l'art. 7, et rendu par cela même cette juridiction aux tribunaux ordinaires; — Attendu que les lois nouvelles qui modifient la compétence et la procédure produisent un effet rétroactif, même lorsqu'il s'agit de l'exercice de droits antérieurement acquis; qu'en admettant donc, par hypothèse, que la veuve Dayer et joints eussent un droit acquis qui leur permît d'exercer une action quelconque, ils ne pouvaient, depuis la loi de 1889, exercer cette action que conformément aux règles du droit commun, et qu'en aucun cas ils ne pouvaient la porter directement devant la cour en passant par-dessus le premier degré de juridiction; — Vu quant aux dépens l'art. 130 c. proc. civ. : — Par ces motifs; — Sans avoir à statuer sur la nullité de la procédure en vertu de laquelle la cour a été saisie, dit à tort la demande tendant à obtenir de Favrie une caution préalable aux termes de l'art. 165 c. proc. civ.; — Rejette la demande des consorts Dayer comme incompétemment introduite directement devant la cour.

Du 17 févr. 1890.-C. de Caen, 1re ch.-MM. Houyvet 1er pr.-Vaudrus av. gén.-Carel et Laisné-Deshayes av.

d'un acte administratif, l'obligation de se dessaisir, même d'office (Civ. cass. 12 août 1867, aff. Leblanc de Castillon, D. P. 67. 1. 373); — 5° Que, lorsque l'exception de déchéance d'une concession de mine située en Savoie a été proposée dans une instance régie par la loi française, c'est par cette loi que la compétence doit être réglée, bien que l'exception soit fondée sur des faits accomplis sous l'empire de la législation sarde et qu'il soit nécessaire, pour la juger, de faire application de cette législation; qu'en conséquence, alors même que la loi sarde prononcerait la déchéance de plein droit de la concession de mine litigieuse, il appartient à l'autorité administrative française, et non au tribunal civil, de constater les faits desquels résulte cette déchéance et de la déclarer (Civ. cass. 17 mars 1873, aff. Breittmayer, D. P. 73. 1. 471).

213. C'est donc un point aujourd'hui constant en jurisprudence, que les lois qui modifient la compétence des tribunaux régissent les faits antérieurs à leur promulgation, alors même qu'ils auraient été déjà l'objet de poursuites ou de procédures commencées sous l'ancienne législation; la rétroactivité a cependant une limite, mais à quel point de la procédure s'arrêter?

D'après une théorie très accréditée dans la doctrine, la loi nouvelle doit s'appliquer même aux faits antérieurs à sa promulgation, si, au moment de sa mise en vigueur, le procès n'est pas encore commencé; mais une fois l'action intentée, il faut écarter la loi nouvelle et s'en tenir, pour la compétence, à l'application de la loi ancienne et cette solution est proposée aussi bien au civil qu'au criminel. Cette interprétation a été développée par M. le président Bazot (*De la rétroactivité des lois de compétence et de son influence sur le jugement des poursuites commencées*, *Revue critique*, 1872-1873, p. 513; V. aussi : Bertauld, *Cours de code pénal*, p. 179; Aubry et Rau, t. 1, § 30, p. 62; Garsonnet, *Traité de procédure civile*, t. 1, § 149, p. 635). Ainsi il a été jugé que, bien que les lois relatives à la composition des tribunaux s'appliquent, à partir de leur promulgation, aux affaires dont l'instruction était même seulement commencée antérieurement, le juge conserve la connaissance de l'affaire dont il est saisi, nonobstant tout changement arrivé dans les lois sur la compétence; que, en conséquence, un tribunal ne cesse pas d'être compétent pour connaître d'une demande en nullité de vente d'immeubles, bien que, postérieurement à cette demande, le territoire où se trouve l'immeuble litigieux vienne à être placé sous la juridiction d'un autre tribunal (Trib. Constantine, 9 juin 1883, aff. Ben-Ali-Chaouch, D. P. 83. 5. 103).

Une autre opinion veut que la loi nouvelle s'applique, même après que l'action est déjà intentée, lorsque la cause n'est pas encore en état; dans le cas contraire, c'est-à-dire si la cause est en état, on doit continuer à appliquer l'ancienne loi de compétence. Jugé, en ce sens, qu'un décret portant création d'un tribunal de commerce n'a pas pour effet de retirer à la juridiction qui était auparavant compétente le droit de terminer les litiges dont elle était saisie, alors que ces procès étaient déjà en état; que, en particulier, les opérations d'une faillite formant un tout, le tribunal qui a déclaré la faillite reste compétent pour en connaître, à l'exclusion de celui qui a été nouvellement créé, par un décret et dans le nouveau ressort duquel se trouve domicilié le failli, surtout si, au moment de cette création, les créanciers étaient déjà en état d'union (Aix, 18 févr. 1886, aff. Ardisson, D. P. 87. 2. 97). — Dans ce dernier système, on reconnaît que le principe de la non-rétroactivité ne s'applique pas aux lois de procédure et de compétence; qu'en conséquence, lorsqu'une loi nouvelle retire à un tribunal une partie de son ressort, ce tribunal cesse d'être compétent pour les affaires de ce territoire, même si le procès est déjà pendant devant lui. Mais on ajoute que les faits acquis et consommés ne peuvent être atteints par un changement apporté à l'ordre des juridictions et des compétences; or, il y a fait acquis et consommé, le tribunal est définitivement saisi, dès que la cause est en état.

Cette théorie soulève de graves objections. En admettant qu'il puisse être question de droit acquis en cette matière, à quel moment ce droit acquis pourrait-il naître? On ne veut pas qu'il se produise avant la mise en état, sous prétexte qu'auparavant le défendeur pourrait proposer l'incompétence, provenant de l'application de la loi nouvelle. C'est donc, dit-on, au moment où cette incompétence est couverte qu'apparaît aussi le droit acquis. Comme le remarque très justement M. Glasson (Note sur l'arrêt précité du 18 févr. 1886), « on pourrait tout aussi bien reporter l'existence de ce droit au jour de l'assignation; car, à cette époque, le demandeur a valablement assigné le défendeur devant le tribunal, et on pourrait dire que l'ajournement valable a créé pour le demandeur le droit acquis d'être jugé par ce tribunal. Pour que le défendeur pût opposer l'incompétence, il lui faudrait invoquer la loi nouvelle, et on peut précisément soutenir que ce droit ne lui appartient pas parce que l'application de cette loi nouvelle nuirait à un droit acquis au demandeur ». Mais la vérité est qu'il ne peut être question, en cette matière, de droit acquis pour les parties tant que l'instance est en cause. — Aussi la jurisprudence n'a-t-elle adopté ni l'une ni l'autre de ces deux interprétations. Le fait que le tribunal originairement compétent était déjà saisi, le fait même que l'affaire était en état lorsque la loi nouvelle est intervenue, ne suffit pas pour empêcher l'application de celle-ci, la loi nouvelle ne cesse d'être obligatoire que lorsqu'il existe un jugement définitif. Alors seulement apparaissent nettement, de part et d'autre, de véritables droits : pour le gagnant, hypothèque judiciaire, droit de poursuivre l'exécution pendant trente ans; pour le perdant, droit d'appeler ou de prendre une autre voie de recours. — Jugé, notamment, que le tribunal correctionnel qui se trouvait, lors de la promulgation de la loi du 29 juill. 1881, saisi d'une action en diffamation envers un ministre du culte à raison de ses fonctions, ne peut, après que ladite loi a déféré ce délit à la cour d'assises, retenir l'action civile à fin de dommages-intérêts, s'il n'y avait pas encore eu de jugement au fond (Riom, 27 déc. 1881, aff. Evêque de Moulins, D. P. 83. 2. 191).

214. Par jugement définitif, on ne doit pas entendre un jugement passé en force de chose jugée; le jugement est définitif, quoiqu'il puisse être attaqué par une voie de recours ordinaire ou extraordinaire (Crim. rej. 17 mars 1882, aff. Ronanet et Narbonne, D. P. 83. 1. 141). — On doit même, d'après la jurisprudence, considérer comme définitif, en ce qui concerne la question de compétence, le jugement frappé d'appel; et cette interprétation est rationnelle. D'abord, l'appel ne remet en question que les chefs attaqués, et ne saisit la cour qu'à l'égard des parties qui forment le recours ou qui sont mises en cause; tout ce qu'il ne comprend pas reste définitivement jugé. Ensuite le jugement, malgré l'appel, commence à produire ses effets, puisque, dans le cas où la durée de l'emprisonnement prononcé par les premiers juges est réduite sur l'appel du prévenu, la détention subie pendant l'instance d'appel compte pour l'exécution de la peine à partir du jugement, lorsque c'est le ministère public qui a interjeté appel (c. pén. art. 24); puisque, d'autre part, cette durée ne peut pas être dépassée par le juge du second degré, si ce juge n'est saisi que par l'appel du prévenu. La situation n'est donc plus entière en ce qui concerne la compétence, lorsqu'il a été statué sur la poursuite en première instance. — Jugé, en effet, que bien que les lois de compétence en matière criminelle soient immédiatement applicables aux infractions qui leur sont antérieures, la juridiction dont la compétence est supprimé doit cependant rester saisie, lorsque la prévention, jugée en premier ressort, était déjà, au moment où est intervenue la loi nouvelle, soumise au juge du second degré; spécialement, que la loi qui attribue à la cour d'assises la connaissance des délits de presse ne dessaisit pas la juridiction correctionnelle de ceux de ces délits qui, au moment de sa promulgation, se trouvaient déférés au juge d'appel, soit que le juge de première instance ait condamné le prévenu, soit qu'il l'ait acquitté (Crim. cass. 7 juill. 1871, aff. Lapeyre, D. P. 71. 1. 263. Conf. Crim. cass. 12 sept. 1856, cité *suprà*, n° 209; Toulouse, 19 août 1881, aff. Blairet, D. P. 82. 2. 13; Lyon, 24 août 1881, aff. Brac de la Perrière, *ibid*; Dijon, 13 déc. 1881 (1); Crim. rej. 18 févr. 1882, aff. Genay et Dupouy; aff. Périnet, D. P. 82. 1. 135;

(1) (Ponet, gérant du journal *La Comédie politique*, C. Luce-Villard.) — LA COUR; — ... Sur l'action civile : — Considérant

V. les rapports de MM. les conseillers Bertrand et Dupré-Lasale, *ibid.*).

Il a été décidé de même en matière administrative : 1° que la loi du 5 avr. 1884 est applicable, à dater du jour de sa promulgation, dans celles de ses dispositions qui touchent à la compétence et à la procédure ; que, en conséquence, en cas de désaccord existant entre une commune et une fabrique sur la question de savoir si la commune est tenue de pourvoir à l'insuffisance des ressources de la fabrique, il doit être statué par un décret, alors même que le désaccord porte sur des exercices antérieurs à la promulgation de cette loi (Cons. d'Ét. 9 août 1889, aff. Fabrique de Sainte-Blandine, D. P. 91. 3. 29) ; — 2° Qu'un préfet a pu prononcer, en vertu de l'art. 65 de la loi du 5 avr. 1884, la nullité d'une délibération du conseil municipal antérieure à ladite loi (Cons. d'Ét. 11 déc. 1885, aff. Ville de Limoges, D. P. 87. 3. 41).

215. La solution qui a prévalu pourra sans doute, en pratique, produire quelquefois des résultats fâcheux; elle fera tomber des procédures déjà commencées et obligera à renouveler des instances peut-être fort avancées. Mais c'est au législateur à prévoir ces dangers, à rechercher si, eu égard aux circonstances dans lesquelles intervient une loi nouvelle d'organisation judiciaire, de compétence ou de procédure, il y a lieu de la laisser produire un effet rétroactif ou de déroger au droit commun.

§ 7. — Des jugements (*Rép.* n°s 353 à 360).

216. On trouvera au *Répertoire* l'étude des effets de la rétroactivité des lois en ce qui concerne les jugements. Il suffira de rappeler ici que les jugements, participant de la nature des contrats, engendrent, comme ceux-ci, des droits irrévocables, sous la réserve des voies de recours auxquels ils sont soumis, et sont régis, par suite, par les mêmes principes, soit quant à leur forme, soit quant à leur validité, soit enfin quant à leurs effets. On a indiqué au *Répertoire* les conséquences de cette règle qui ne semble pas avoir été contestée depuis la publication de cet ouvrage.

§ 8. — Du mode d'exécution des contrats et jugements (*Rép.* n°s 361 à 364).

217. Les lois relatives aux voies d'exécution forcée ont bien plus pour objet l'intérêt général que l'intérêt particulier des créanciers et des débiteurs, et, comme ceux-ci ne peuvent pas prétendre qu'ils ont un droit acquis à n'être contraints à l'exécution de leurs engagements que par les voies d'exécution autorisées par la loi qui était en vigueur lorsqu'ils ont contracté, on en conclut généralement que les lois de cette nature sont rétroactives en ce sens qu'elles régissent les poursuites faites sous leur empire, alors même que l'obligation dont on réclame l'exécution aurait pris naissance sous la législation antérieure, soit que la loi nouvelle étende les anciennes voies d'exécution, soit qu'elle en établisse de nouvelles (Demolombe, t. 1, n° 59 ; Aubry et Rau, t. 1, § 30, p. 65; Laurent, t. 1, n° 227).

Il en est d'ailleurs, à ce point de vue, des jugements comme des contrats : ce n'est pas la loi du temps où le jugement a été rendu, mais celle du temps de l'exécution qu'il faut appliquer (*Rép.* n° 363).

218. La jurisprudence a appliqué ce principe à la contrainte par corps. On a vu (*Rép.* n° 362) que la contrainte par corps, établie par une loi nouvelle, avait été déclarée applicable à des dettes nées sous l'empire des lois anciennes et pour lesquelles ces lois ne l'autorisaient pas. Il a cependant été jugé que le principe d'après lequel, en matière d'exécution, les règles à suivre sont déterminées, non par les lois existantes à l'époque des conventions et des jugements, mais par celles qui sont en vigueur au moment où ont lieu les poursuites, ne s'applique pas à la contrainte par corps (Req. 26 avr. 1813, aff. David, *Rép.* v° *Contrainte par corps*, n° 395). Mais cet arrêt, comme le font remarquer MM. Aubry et Rau (*loc. cit.*, note 27), est fondé sur un motif spécial tiré de l'interprétation des lois des 24 vent. an 5 et 15 germ. an 6 ; on ne peut donc pas en argumenter contre la règle formulée ci-dessus. On a mentionné toutefois au *Rép. ibid.* une décision semblable dans laquelle ce motif n'est pas invoquée (Civ. rej. 1er avr. 1817, aff. Marshall), mais en faisant remarquer que cette doctrine avait été condamnée expressément par les lois de 1832 et de 1848.

219. De même, les voies d'exécution autorisées par la loi ancienne ne peuvent plus, lors même qu'il s'agit d'obligations contractées sous l'empire de cette loi, être employées après la promulgation d'une loi nouvelle qui les a abolies (Aubry et Rau, *loc. cit.* ; Laurent, t. 1, n° 229). Jugé, en ce sens, que depuis la loi du 17 avr. 1832, un tribunal n'a pas pu valablement prononcer la contrainte par corps en matière commerciale pour une somme au-dessous de 200 fr., quoique la dette eût pris naissance antérieurement à la publication de cette loi (Toulouse, 13 févr. 1835, *Rép.* v° *Contrainte par corps*, n° 498).

220. Il a été décidé que, dans le cas où la contrainte par corps a été prononcée par un jugement antérieur à une loi nouvelle qui l'a abolie ou en a restreint la durée, le créancier peut en commencer ou en continuer l'exercice sous l'empire de cette loi; spécialement, que la contrainte par corps a pu être exercée depuis la loi du 17 avr. 1832, pour une dette commerciale inférieure à 200 fr., résultant de condamnations prononcées antérieurement à cette loi (Paris, 27 avr. 1834, *Rép.* v° *Contrainte par corps*, n° 500). Jugé, de même, que la durée de l'emprisonnement effectué postérieurement à la loi de 1832 en vertu d'un jugement de condamnation antérieur à cette loi doit être réglé d'après la loi ancienne en vigueur au moment où la condamnation a été prononcée (Paris, 29 janv. 1835, *Rép.* n° 515). — MM. Aubry et Rau (t. 1, § 30, p. 66, note 30); considèrent que ces deux dernières décisions sont en contradiction avec le principe de la rétroactivité des lois de procédure. « Ces arrêts fondés sur ce que la contrainte par corps judiciairement prononcée constitue pour le créancier un droit acquis, dont il ne peut être privé par une loi nouvelle ne nous paraissent pas juridiques. La circonstance que la contrainte par corps aurait déjà été décernée ou même exécutée ne saurait infirmer le principe que l'effet des jugements, quant aux voies par lesquelles on en poursuit l'exécution, est nécessairement régi par la loi sous l'empire de laquelle cette exécution doit se poursuivre. En vain invoquerait-on la théorie du contrat judiciaire pour soutenir que la contrainte par corps, une fois prononcée par le juge, constitue pour le créancier un droit acquis de même nature que celui qui résulterait pour lui d'un contrat, puisque les jugements ne sont que déclaratifs de droits préexistants, et que d'ailleurs la contrainte par corps, exclusivement placée dans le domaine de la loi, ne peut former l'objet d'une convention » (V. aussi Laurent, t. 1, n° 229). L'opinion de ces auteurs est conforme à celle de la cour de cassation, qui a décidé, contrairement à l'arrêt précité de la cour de Paris, que la durée de l'emprisonnement fixée par la loi du 17 avr. 1832 s'applique aux condamnations par corps antérieures à sa promulgation (Req. 2 août 1838, *Rép.* v° *Contrainte par corps*, n° 515).

221. Les principes énoncés ci-dessus ont été appliqués par la loi du 22 juill. 1867 (D. P. 67. 4. 75), dont l'art. 19 porte que les dispositions nouvellement édictées seront applicables à tous jugements et cas de contrainte par corps antérieurs à la loi. Comme on l'a dit *suprà*, v° *Contrainte par corps*, n° 151, il a été jugé, par application de cet art. 19, que l'arrêt qui, postérieurement à la promulgation de la loi du 22 juill. 1867, avait confirmé un jugement prononçant la contrainte par corps antérieurement à cette époque, devait être annulé pour violation de ladite loi (Civ. cass. 27 avr. 1870, aff. d'Escrivan, D. P. 70. 1. 258). Jugé,

---

que l'amnistie réserve les droits des tiers; — Considérant qu'il n'y a point de doute sur la compétence de la cour, bien que les délits imputés à Ponet relèvent aujourd'hui de la cour d'assises, puisque, d'une part, au moment où la loi du 29 juill. 1881 était promulguée, les jugements dont est appel étaient prononcés et acquis à la partie civile, et, d'autre part, parce que la nouvelle juridiction n'est pas juge d'appel...

Par ces motifs, etc.

Du 13 déc. 1881.-C. de Dijon.-MM. Julhiet, pr.-Mairet, av. gén.-Pierrot, av.

en outre, que l'effet rétroactif attribué aux dispositions de la loi du 22 juill. 1867 sur la contrainte par corps doit, en ce qui concerne la contrainte encourue par suite d'arrêts ou de jugements contenant des condamnations en faveur de particuliers pour réparations de crimes ou délits, s'interpréter en ce sens qu'il n'arrête pas seulement l'exécution des décisions judiciaires antérieures qui n'ont point encore reçu leur exécution, mais que ces décisions antérieures ont reçu satisfaction lorsque la contrainte a été exercée, sous l'empire de la loi ancienne, pendant une durée qui a atteint la limite de la loi nouvelle (Trib. Seine, 26 juill. 1867, aff. Carpentier, D. P. 68. 3. 8).

§ 9. — Des crimes, délits, contraventions et quasi-délits (*Rép.* nos 365 à 376).

222. Le législateur français, après avoir posé dans l'art. 2 c. civ. le principe de la non-rétroactivité des lois, s'est borné à faire l'application de cette règle aux matières criminelles en édictant l'art. 4 c. pén., d'après lequel « nulle contravention, nul délit, nul crime, ne peut être puni de peines qui n'étaient pas prononcées par la loi avant qu'ils fussent commis » ; et aucune autre disposition de ce code ne consacre d'exception à la règle générale (*Rép.* n° 365). Au contraire, l'art. 2 du nouveau code pénal belge, après avoir reproduit le principe, y ajoute la restriction suivante : « Si la peine établie au temps du jugement diffère de celle qui était portée au temps de l'infraction, la peine la moins forte sera appliquée » (V. Haus, *Principes généraux du droit pénal belge*, 2e éd., t. 1, p. 120 et suiv.). — Mais si le législateur de 1810 n'a pas adopté formellement une disposition semblable, commandée par des raisons d'humanité et par des considérations tirées de l'intérêt même de la société, l'interprétation a suppléé au silence de la loi en faisant résulter la même maxime de divers textes spéciaux antérieurs ou postérieurs à notre code pénal.

223. La première trace de cette règle se trouve dans le dernier article du code pénal de 1791, ainsi conçu : « Pour tout fait antérieur à la publication du présent code, si le fait est qualifié crime par les lois actuellement existantes, et qu'il ne le soit pas par le présent décret, ou si le fait est qualifié crime par le présent code et qu'il ne le soit pas par les lois existantes, l'accusé sera acquitté, sauf à être correctionnellement puni, s'il y échoit ». Une autre application de cette règle est faite par l'avis du conseil d'État du 29 prair. an 7, qui décide que les délits prévus par la loi du 29 niv. an 7, et commis sous son empire, mais non encore jugés, doivent encourir les peines plus douces du code pénal. — On retrouve ce principe dans un arrêté de la consulte extraordinaire des États romains du 19 juill. 1809, et surtout dans le décret du 23 juill. 1810, relatif à la publication du code criminel, lequel est conçu en ces termes : « Si la nature de la peine prononcée par notre nouveau code pénal était moins forte que celle prononcée par le code actuel, les cours et tribunaux appliqueront les peines du nouveau code ». De même, la loi du 16 juin 1850, sur la déportation (D. P. 50. 4. 129), porte (art. 8) qu'elle n'est applicable qu'aux crimes commis postérieurement à sa promulgation. Il est vrai que la déportation existait déjà auparavant dans notre législation, mais elle n'avait alors qu'une existence nominale, étant remplacée, en fait, par la détention à perpétuité; la loi de 1850, qui organisa pour la première fois d'une manière effective la déportation, créa donc une peine nouvelle, plus sévère dans certains cas que l'ancienne, plutôt qu'un nouveau mode d'exécution d'une peine existante. Enfin l'art. 276 c. just. milit. du 9 juin 1857, et l'art. 376 du code de l'armée de mer, du 4 juin 1858, renferment la disposition suivante : « Lorsque les peines déterminées par le présent code sont moins rigoureuses que celles portées par les lois antérieures, elles sont appliquées aux crimes et délits non encore jugés au moment de sa promulgation ».

224. De cet ensemble de dispositions, la doctrine et la jurisprudence, interprétant la pensée du législateur, ont tiré la conclusion, aujourd'hui unanimement reconnue, que le principe renfermé dans ces divers textes est applicable dans tous les cas où la question peut se présenter par suite de la promulgation d'une loi pénale avant le jugement d'une infraction commise sous une loi antérieure plus sévère.

En résumé, deux règles, dont la seconde dérive de la première, dominent cette matière : 1° toute loi qui punit un fait qui n'avait pas été réprimé jusqu'alors, ou qui aggrave une peine précédemment établie, n'est jamais applicable aux faits antérieurs à sa promulgation ; 2° lorsque, dans l'intervalle écoulé entre le jour où l'infraction a été commise et celui où est rendu le jugement définitif, une loi nouvelle a modifié la pénalité, c'est toujours la loi qui prononce la peine la moins sévère qui doit être appliquée (Aubry et Rau, *Droit civil français*, 4e éd., t. 1, § 30, p. 61 ; Chauveau et Faustin Hélie, *Théorie du code pénal*, 6e éd., t. 1, nos 27 et suiv. ; Blanche, *Etudes pratiques sur le code pénal*, t. 1, n° 28 ; Le Sellyer, *Traité de la criminalité et de la pénalité*, 2e éd., t. 1, p. 357 et suiv. Comp. *Rép.* nos 365 et 367 et v° *Peine*, nos 112 et suiv.).

225. Jugé, en vertu de la règle qu'aucune peine ne peut être prononcée pour des faits commis antérieurement à la loi qui les réprime (Comp. *Rép.* n° 366 et suiv.) : 1° que l'individu traduit en police correctionnelle, notamment pour inobservation d'une loi qui se trouve n'être plus en vigueur au jour du jugement, doit être renvoyé de la poursuite; qu'il n'y a pas à distinguer, à cet égard, entre le cas où la loi qui a cessé d'être en vigueur au cours de l'instance a été formellement abrogée, et celui où, édictée à titre temporaire, elle n'a pas été renouvelée à l'expiration du délai fixé; qu'ainsi, en Corse, où le port d'armes avait été interdit en 1863 pour une période de cinq années devant expirer le 10 juin 1868, un fait de port d'armes commis avant cette date était avec raison déclaré non punissable, si les juges ne s'en trouvaient saisis qu'à une époque où la prohibition du port d'armes avait cessé d'exister (Crim. rej. 24 sept. 1868, aff. Tramoni, D. P. 69. 1. 312); — 2° Que la loi du 27 juill. 1872 (D. P. 72. 4. 47) ayant, en supprimant le remplacement, abrogé toutes les dispositions qui le réglementaient, les faits antérieurs de remplacement frauduleux ne peuvent plus, depuis la promulgation de cette loi, être réprimés par application des dispositions abrogées (Crim. rej. 2 août 1873, aff. Meyer, D. P. 73. 1. 385). Il y avait ceci de particulier dans l'hypothèse sur laquelle est intervenu cet arrêt, que la répression se trouvait supprimée pour l'avenir uniquement par la force des choses, et sans que la moralité de l'action s'en trouvât changée, par suite d'une appréciation du législateur qui reconnaît que le fait incriminé ne cause pas à l'ordre public un préjudice sérieux, ou qu'il appartient à un domaine dans lequel la loi n'a pas à intervenir. Le remplacement étant supprimé, il était inutile de maintenir des dispositions prévoyant et punissant le remplacement frauduleux; mais il n'en résultait pas pour cela que la fraude commise pour un remplacement contracté sous l'empire de la loi qui autorisait les remplacements eût cessé d'être une action préjudiciable à autrui et véritablement immorale. A ce dernier point de vue, il semble que le fait devait être considéré comme restant soumis à l'application de la loi qui la réprimait. Mais le juge n'aurait pu faire cette application sans se heurter à une impossibilité légale, car décider ainsi, c'eût été continuer de donner effet à une loi qui n'a plus d'existence ; — 3° Que la loi du 4 juill. 1884, sur le régime des sucres (D. P. 85. 4. 32), et le règlement du 31 juill. 1884 intervenu pour l'exécution de cette loi (D. P. 85. 4. 35), n'ayant pas édicté de pénalités pour les infractions que les fabricants abonnés pouvaient commettre aux prescriptions contenues dans leurs dispositions, la promulgation de la loi du 4 juill. 1887 (D. P. 87. 4. 92) et du décret portant règlement pour son exécution, ne peut justifier l'application de la pénalité établie par cette loi au fait antérieurement commis par un fabricant abonné, d'avoir présenté au coupe-racines des betteraves dont le poids excédant cinq cents kilogrammes n'était pas un multiple de 100 (Crim. cass. 9 mars 1888, aff. Lhote, D. P. 88. 1. 395); — 4° Que l'individu poursuivi pour avoir, sans permission et sans payement préalable des droits, fait peindre une affiche sur un mur, échappe à toute peine s'il établit que l'affiche remonte à une époque antérieure à la mise en vigueur de la loi du 8 juill. 1852 (D. P. 52. 4. 184); mais que cette preuve ne saurait résulter de ce seul fait que la location du mur pour y peindre des affiches aurait, en effet, été consentie par le propriétaire au prévenu plusieurs années avant ladite loi, alors surtout que les énonciations mêmes de l'affiche révèlent qu'elle n'a été rédigée et exécutée qu'à une époque postérieure à la loi (Paris, 5 mai 1870, aff. Gagneux. D. P. 71. 2. 60); — 5° Que la disposition de la loi du 30 mai 1851 (D. P. 51. 4. 82) qui, en cas d'apposition sur une voiture d'une plaque portant un nom faux ou supposé, punit non seulement le propriétaire, mais encore le conducteur de cette voiture, ne s'applique pas aux faits antérieurs à la promulgation de cette loi (Crim. rej. 2 janv. 1852, aff. Chouland et Huré, D. P. 53. 5. 291); — 6° Que la loi du 27 mai 1885, sur la relégation des récidivistes (D. P. 85. 4. 45) n'ayant pas dérogé au droit commun, la relégation ne peut être encourue pour un fait commis antérieurement à sa promulgation bien que la condamnation soit postérieure; d'où il résulte que l'arrêt qui se borne à indiquer, en prononçant la relégation, que les faits délictueux ont été commis depuis moins de trois ans, ne précise pas suffisamment la date du fait incriminé, et, par suite, ne justifie pas sa décision (Crim. cass. 24 déc. 1885, aff. Tuault, D. P. 86. 1. 227; 25 févr. 1886, aff. Femme Duclert, *ibid.*; 25 févr. 1886, aff. Joux, *ibid.*). Il convient de signaler cette particularité, que la loi du 27 mai 1885, quoique promulguée à cette date, n'a cependant été exécutoire, sauf pour une de ses dispositions, qu'à partir de la promulgation du règlement d'administration publique du 26 nov. 1885 (D. P. 85. 4. 86). Dès la promulgation de la loi, le délit de rupture de ban a disparu (art. 19); la peine de la surveillance de la haute police a été remplacée par la défense faite au condamné de paraître dans les lieux à lui désignés par le Gouvernement. Mais, sauf en ce qui concerne la substitution de l'interdiction de résidence à la surveillance de la haute police, l'exécution de la loi du 27 mai 1885, bien que cette loi fût promulguée, est demeurée en suspens jusqu'à la promulgation du règlement du 26 novembre (art. 21). Il est résulté de là qu'on n'a pu appliquer la loi sur la relégation à propos d'un délit commis antérieurement à la promulgation du règlement du 26 novembre, bien que la condamnation fût postérieure à la promulgation de la loi. Ce principe, d'une exactitude juridique incontestable, a été consacré par plusieurs décisions judiciaires (Riom, 30 déc. 1885; Nîmes, 2 janv. 1886; Paris, 18 janv. 1886; Toulouse, 20 janv. 1886; Montpellier, 20 janv. 1886, arrêts cités, D. P. 86. 2. 49 note; Chambéry, 14 janv. 1886, aff. Prax; Crim. cass. 25 mars 1886, aff. Appolit; 8 avr. 1886, aff. Mathon, Allard et veuve Breux; 20 mai 1886, aff. Sautener, Goutenègre et Guillon, arrêts cités D. P. 86. 1. 227, note).

Il a encore été jugé: 1° que le principe de la non-rétroactivité des lois ne permet pas de faire, à l'occasion de délits commis antérieurement à la promulgation d'une loi, application de l'aggravation de peine attachée par cette loi à la récidive, si les conditions de la récidive, telles qu'elles sont déterminées par la législation précédente, ne sont pas remplies; et notamment, que les condamnations prononcées pour délits, inférieures à une année d'emprisonnement, inopérantes au point de vue de la récidive sous l'empire du code pénal, ne peuvent être comptées comme éléments de récidive, bien que la loi nouvelle ne considère pas le taux de la condamnation à l'emprisonnement, si le dernier délit est antérieur à cette loi (Paris, 9 avr. 1891, aff. Gruot; 21 avr. 1891, aff. Broussaud, D. P. 91. 2. 297); — 2° Que, pour qu'une loi qui aggrave la peine d'un crime ou d'un délit puisse être appliquée à un accusé ou prévenu, il ne suffit pas qu'il soit constaté que le fait a été commis postérieurement à cette loi; qu'il faut encore qu'il soit établi qu'il l'a été à une date où cette loi, étant tenu compte du délai des distances, se trouvait devenue exécutoire dans le lieu où le fait s'est passé (Crim. rej. 3 févr. 1870, aff. Ardilley, D. P. 71. 1. 269). Toutefois les condamnations antérieures à la loi nouvelle, lors même qu'elles n'auraient pas compté pour la récidive sous la législation ancienne, forment un coefficient de la récidive par rapport aux infractions commises postérieurement à la promulgation de la loi nouvelle (Amiens, 25 juin 1891, aff. Valois, D. P. 91. 2. 297); — 3° Que l'individu devenu Français par l'annexion de la Savoie, qui a été déclaré coupable de deux vols qualifiés, commis l'un sous l'empire du code sarde, l'autre sous l'empire de la loi française, est illégalement condamné à la peine de la reclusion, s'il se trouve que la déclaration de culpabilité relative au second vol, soit entachée d'irrégularité, et que le premier vol ne soit passible, sous le code sarde, en cas d'admission de circonstances atténuantes, que de la peine de l'emprisonnement (Crim. cass. 6 oct. 1864, aff. Novel, D. P. 65. 5. 252); — 4° Que lorsqu'une circonstance aggravante prévue à la fois par la loi en vigueur au moment où le délit a été commis, et par celle sous l'empire de laquelle il est jugé, se trouve formulée dans cette dernière en des termes moins favorables à l'accusé, c'est dans les termes de la première, et cela à peine de nullité, que la question doit être posée au jury; que, dès lors, est nulle la question par laquelle une cour d'assises française, jugeant un délit de coups et blessures commis en Savoie avant l'annexion, a demandé au jury si les blessures reçues ont occasionné une incapacité de travail de plus de vingt jours, le code sarde ne prévoyant que l'incapacité de trente jours au moins (Crim. cass. 4 janv. 1861, aff. Ailloud, D. P. 61. 1. 141).

226. Mais la cour de cassation a décidé que, lorsque les lois et règlements, par lesquels a été établi un monopole tel que celui de courtiers de marchandises, ont été déclarés abrogés à partir d'une époque ultérieure indiquée par avance, l'individu qui contrevient à leurs dispositions, avant cette époque, n'échappe pas, par le seul effet de la survenance de celle-ci, à l'application de la peine encourue. Les termes de l'abrogation font obstacle, en pareil cas, à ce qu'on accorde au contrevenant le bénéfice du principe de la rétroactivité, en matière pénale, des lois contenant des dispositions favorables. Par suite, les individus maintenus provisoirement en possession du monopole auquel il a été porté atteinte peuvent porter leur action en dommages-intérêts devant le juge de répression (Crim. rej. 7 déc. 1866, aff. Dromocaïti, D. P. 66. 1. 511). Il importe de rappeler que l'abrogation de dispositions pénales ne produit ses effets que relativement à l'action publique; le fait, qui est devenu non punissable, ne cesse pas, quand il est à la fois entaché de fraude et préjudiciable à autrui, d'engager au point de vue civil la responsabilité de son auteur.

Jugé aussi que les amendes prononcées en matière de douanes ayant plutôt le caractère de réparations civiles que celui de peine, il s'ensuit que les amendes encourues, antérieurement à une loi qui a supprimé les contraventions y donnant lieu, n'en doivent pas moins être prononcées par la juridiction correctionnelle, sous l'empire de cette loi, à titre de réparations acquises au Trésor public (Crim. rej. 11 déc. 1863, aff. Dietsch, D. P. 64. 1. 200).

227. Lorsqu'il s'agit d'un délit successif, les faits accomplis depuis la promulgation de la loi, qui punit pour la première fois ce délit, tombent sous son application quoiqu'ils se rattachent à un acte antérieur à cette promulgation. Ainsi la peine d'emprisonnement édictée par la loi du 19 déc. 1850 (D. P. 51. 4. 11) contre le délit d'habitude d'usure est applicable, sans violation du principe de la non-rétroactivité des lois, aux perceptions usuraires postérieures à cette loi, quoique le prêt en vertu duquel elles ont lieu soit antérieur (Crim. rej. 23 déc. 1853) (1). Jugé de même que, pour rendre

(1) (Brunschwig.) — LA COUR; — ... Sur le troisième et dernier moyen, tiré de la fausse application de la peine de l'emprisonnement, en vertu de la loi du 19 déc. 1850, à des prêts usuraires antérieurs à la promulgation de cette loi; — Attendu que le délit d'habitude d'usure ne se compose pas seulement de la stipulation d'intérêts usuraires à l'occasion de prêts faits par son créancier, mais aussi de la perception de ces intérêts; qu'il en résulte que cette perception donne au délit dont il s'agit un caractère spécial et successif; — Qu'elle est donc soumise à l'empire des lois qui ont pour but de réprimer ce genre de délit; d'où il suit qu'en appliquant au créancier, coupable d'avoir continué les perceptions d'intérêts fondées sur les actes constitutifs du délit lui-même, la pénalité de la loi du 19 déc. 1850, l'arrêt attaqué n'a puni que des faits accomplis depuis sa promulgation; et ne lui a pas donné un effet rétroactif, puisqu'il est constaté en fait, par cet arrêt, que le prévenu a perçu ces intérêts usuraires en 1851 et 1853;

Rejette, etc.

Du 23 déc. 1853.-Ch. crim.-MM. le cons. Rives, pr.-Isambert, rap.-Plougoulm, av. gén.-, Lenoël, av.

la loi du 19 déc. 1850 applicable au délit d'habitude d'usure, il suffit qu'un seul des faits servant à constituer le délit se soit accompli sous l'empire de cette loi; que le délit d'habitude d'usure est, en effet, constitué par un ensemble indivisible de faits usuraires successifs (Agen, 19 juill. 1854, aff. Sumin, D. P. 55. 1. 164).

228. La seconde règle, d'après laquelle il faut appliquer les lois nouvelles aux infractions non encore jugées à l'époque de leur promulgation, toutes les fois que les peines qu'elles édictent sont moins rigoureuses que celles qui résultaient des lois antérieures, a aussi été expressément consacrée, à différentes reprises, par le législateur, depuis la publication du *Répertoire*. Aux exemples déjà indiqués *suprà* n° 225, ajoutons encore l'art. 6 de la loi du 31 mai 1854, portant abolition de la mort civile (D. P. 54. 4. 91) aux termes duquel « la présente loi n'est pas applicable à la déportation pour crimes commis antérieurement à sa promulgation ». On a vu (*suprà*, n° 138) que cette disposition avait uniquement pour but de soustraire les condamnés à la déportation pour crimes commis après la promulgation de la loi du 8 juin 1850, et avant la promulgation de la loi du 31 mai 1854, aux incapacités établies par l'art. 3 de la loi de 1854 et de les faire bénéficier de la législation plus favorable qui réglait leur condition aux termes de l'art. 8 de la loi du 8 juin 1850. — Quant à l'application de la loi de 1854 aux condamnés à la déportation pour crimes commis antérieurement à la loi du 8 juin 1850, il suffit de renvoyer à ce qui a été dit à ce point de vue, *suprà, loc. cit.*

229. La jurisprudence, de son côté, a toujours reconnu le droit qui appartient au prévenu de réclamer, jusqu'au jugement, le bénéfice de la loi nouvelle. Jugé: 1° que la disposition nouvelle qui permet d'accorder le bénéfice des circonstances atténuantes à des infractions dont la peine jusque-là avait été déclarée non susceptible d'atténuation, est applicable même aux délits qui, commis antérieurement à sa promulgation, n'ont pas encore été jugés au moment où elle est devenue en vigueur; qu'il en est ainsi spécialement de la disposition de l'art. 15 de la loi du 11 mai 1868 (D. P. 68. 4. 52) qui a rendu applicable aux contraventions de presse l'art. 463 c. pén. (Crim. rej. 17 juill. 1868, aff. Jeanteau, D. P. 69, 1, 120); — 2° Que la publication de fausses nouvelles ne constitue un délit, d'après l'art. 27 de la loi du 29 juill. 1881 (D. P. 81. 4. 65), que lorsque cette publication a troublé la paix publique, et qu'il importe peu que cette publication ait eu lieu sous l'empire de l'ancienne législation sur la presse, celle-ci ayant été remplacée au moment où la décision a été rendue par une disposition législative plus favorable au prévenu (Bourges, 24 nov. 1881, aff. Brulfert, D. P. 83. 2. 189); — 3° Que la loi du 27 mai 1885, qui a supprimé les obligations et formalités imposées par l'art. 44 c. pén. a eu pour conséquence de soustraire à toute répression un individu qui s'était rendu coupable du délit de rupture de ban antérieurement à la promulgation de cette loi (Rennes, 10 juin 1885) (1); — 4° Que les dispositions favorables des lois pénales devant être appliquées même aux faits antérieurs, l'aggravation de peine attachée à la récidive ne peut être prononcée bien que tous les éléments de la récidive se rencontrent d'après la législation antérieure, si des conditions établies par la loi nouvelle, telles que la réitération de l'infraction dans un délai déterminé et l'identité de l'infraction, ne se rencontrent pas (Paris, 6 avr. 1891, aff. Paroche; 9 avril 1891, aff. Gruot, D. P. 91. 2. 297). — Mais il a été décidé que l'aggravation de peine attachée à la récidive est encourue lorsque les conditions de la récidive sont remplies tant au point de vue de la législation nouvelle qu'au point de vue de la législation antérieure (Paris 7 avr. 1891, aff. Lévy; 16 avr. 1891, aff. Durot, D. P. 91. 2. 297),

230. Il n'est pas toujours facile de déterminer si telle peine édictée par une loi nouvelle est plus ou moins grave que celle qui résultait de la loi antérieure. La question peut d'abord se présenter, sans sortir du domaine de l'application des lois françaises, dans le cas de concours d'une pénalité militaire avec une pénalité ordinaire; la décision du point de savoir laquelle des deux est la plus forte et doit, par suite, être seule appliquée, conformément au principe de l'art. 365 c. instr. crim., peut alors d'autant plus embarrasser que cette même détermination entre deux pénalités du droit commun, ne peut pas toujours être faite avec certitude (V. *Rép.* v° *Peine*, n° 130). La question peut naître encore du conflit qui s'élève entre une loi française et une loi étrangère par suite de l'annexion d'un pays à la France; la difficulté devient particulièrement délicate lorsque la peine édictée par la loi étrangère n'existe pas dans notre système pénal. — Cette hypothèse se produisit dans une affaire jugée par un arrêt de la cour de cassation du 28 mars 1861 (Crim. cass. aff. Veuillen, D. P. 61. 1. 186). Il s'agissait d'un fait puni, par la loi sarde, de la relégation, peine qui n'était pas alors classée au nombre des peines établies par la loi française. La cour d'assises s'était prononcée néanmoins pour l'application de cette peine. La cour de cassation jugea sans résoudre la difficulté; mais celle-ci se reproduisit devant elle quelques années après dans les mêmes termes. Comme dans la première espèce, la cour d'assises avait appliqué la peine de la relégation. M. le procureur général Delangle soutint qu'il fallait faire abstraction de la loi étrangère et appliquer la loi française, attendu qu'il est de principe « que les tribunaux français ne peuvent prononcer que les peines édictées par la loi française »; ils n'ont droit ni de faire revivre une pénalité abrogée, ni d'emprunter à une législation étrangère une pénalité qui n'existe point dans la législation française, ni de créer une pénalité nouvelle. M. le procureur général estimait, en conséquence, qu'il y avait lieu de prononcer non pas la peine de la relégation, qui était inexécutable en France, mais la peine du degré inférieur, qui se rapproche le plus de la relégation, c'est-à-dire l'emprisonnement. La cour de cassation, tranchant cette fois la question, décida que la peine de la relégation était implicitement maintenue comme peine française dans le territoire annexé pour la répression des crimes et délits antérieurs à l'annexion. Décidé, en effet, que lorsqu'un fait jugé par un tribunal français a été commis (par exemple, en Savoie, avant l'annexion) sous l'empire d'une loi étrangère prononçant une peine moins grave, mais non classée parmi les peines établies par la loi française, telle que la relégation, ce tribunal n'en doit pas moins, pour conserver à l'accusé reconnu coupable le bénéfice de cette loi, prononcer la peine qu'elle édicte, alors d'ailleurs que ladite peine n'a pas été formellement proscrite de nos codes, et que son exécution ne présente en France aucune impossibilité (Crim. rej. 14 nov. 1868, aff. Fontaine, intérêt de la loi, D. P. 69. 1. 310).

(1) (Meneux). — LA COUR; — Attendu que Meneux (Pierre) est appelant d'un jugement du tribunal correctionnel de Guingamp, du 28 mai 1885, lequel, par application des art. 44, 45, 58, 52, c. pén., l'a condamné pour rupture de ban à quatre mois de prison, et par corps aux frais; — Attendu qu'il est de principe, en matière criminelle, que si, depuis la perpétration du fait, une loi nouvelle a substitué à la pénalité ancienne une pénalité plus douce, ou a entièrement aboli la pénalité, le bénéfice de cette loi est acquis au prévenu dont la condamnation n'est point devenue définitive; — Attendu que Meneux a été poursuivi sous l'inculpation d'avoir, le 27 mai 1885, rompu son ban de surveillance, en quittant, sans autorisation, la ville de Saint-Brieuc, résidence qui lui avait été assignée depuis moins de six mois, délit prévu et puni par les art. 44 et 45, c. pén.; — Attendu qu'aux termes de l'art. 19 de la loi du 27 mai 1885, toutes les obligations et formalités imposées par l'art. 44 c. pén. sont supprimées à partir de la promulgation de cette loi, à la seule exception de celle du paragraphe 1er, ainsi modifié : « La peine de la surveillance de la haute police est supprimée. Elle est remplacée par la défense faite au condamné de paraître dans les lieux dont l'interdiction lui sera signifiée par le Gouvernement avant sa libération »; — Attendu, il est vrai, que l'art. 19 porte dans son dernier paragraphe : « Dans les trois mois qui suivront la promulgation de la présente loi, le Gouvernement signifiera aux condamnés, actuellement soumis à la surveillance de la haute police, les lieux dans lesquels il leur sera interdit de paraître pendant le temps qui restait à courir de cette peine », et qu'on lit dans le rapport présenté au Sénat : « Jusqu'à cette époque, ils resteront sous le coup des obligations que leur impose la surveillance telle qu'elle est réglementée par les lois en vigueur »; mais que cette réserve n'a point été insérée dans la loi, dont le texte est impératif; — Attendu que la loi du 27 mai 1885, publiée dans le *Journal officiel* du 28 mai 1885, est actuellement promulguée dans les départements de l'Ille-et-Vilaine et des Côtes-du-Nord; — Par ces motifs; — Déclare Meneux absous, etc.

Du 10 juin 1885. — C. de Rennes, ch. corr.

231. Lorsque l'infraction a été non seulement commise, mais de plus jugée, antérieurement à la loi nouvelle, cette loi, quoique plus favorable que l'ancienne, ne saurait être appliquée au coupable pour modifier et encore moins annuler la peine encourue, si la condamnation était devenue définitive à l'époque de la promulgation de la nouvelle loi (Le Sellyer, *De la criminalité*, n° 248 ; Demolombe, t. 1, n° 65; Bertauld *Cours de code pénal*, p. 173 et suiv.).

Certains auteurs ont cependant prétendu que la loi nouvelle devait s'appliquer même aux condamnations prononcées antérieurement et ayant acquis l'autorité de la chose jugée (V. notamment : Valette sur Proudhon, *Etat des personnes*, t. 1, p. 36 et suiv.; Circ. min. just. 20 avr. 1848, D. P. 48. 3. 65). — Jugé, en ce sens, que la disposition de la loi du 23 janv. 1874 (D. P. 74. 4. 50), aux termes de laquelle la durée de la surveillance de la haute police ne peut se prolonger au delà de vingt ans, peut être invoquée par l'individu qui, par suite d'une condamnation aux travaux forcés, antérieure à ladite loi, se trouvait soumis à la surveillance de la haute police pour toute sa vie (Aix, 15 mai 1878) (1).

Mais cette décision, critiquée à juste titre comme étant contraire au principe qui régit l'application des lois pénales (Louis Renault, *Etude sur la loi du 23 janvier 1874*, p. 27 et suiv.), est restée isolée dans la jurisprudence, et ne saurait se concilier avec les arrêts cités *infrà*, n° 232. Lorsque la condamnation est prononcée en dernier ressort et passée en force de chose jugée, il n'y a que l'exercice du droit de grâce ou une disposition formelle du législateur qui puisse en faire cesser l'effet ou le modifier (*Rép.* n° 374). Il y a des exemples de ces dispositions exceptionnelles. La loi du 31 mai 1854 en présente un, en particulier. On sait que cette loi n'a pas seulement aboli la mort civile pour l'avenir, elle a même fait cesser les effets de la mort civile encourue par suite de condamnations antérieures (art. 5). Cette réintégration n'a eu lieu, d'ailleurs, que « sauf les droits acquis aux tiers ». On en a conclu que les droits qui s'étaient ouverts par la mort civile d'un individu au profit de ses héritiers, de son conjoint, ou de tierces personnes, ont été maintenus malgré sa réintégration dans la vie civile. « Quant aux droits dont la mort civile avait entraîné l'extinction au détriment du mort civilement, ajoutent MM. Aubry et Rau (t. 1, § 83 *bis*, p. 341), ils sont à considérer comme étant restés éteints, malgré son retour à la vie civile, ou comme ayant été restaurés par suite de ce retour, suivant qu'il est ou non résulté de cette extinction des droits acquis pour les tiers. C'est ainsi que l'usufruit établi par convention ou disposition de dernière volonté une fois éteint par la mort civile de l'usufruitier, n'a point été revivifié par la cessation des effets de cette dernière. C'est ainsi, en sens inverse, que l'usufruit légal attaché à la puissance paternelle a repris son cours à partir du moment où le mort civilement dans la personne duquel il s'était éteint, a recouvré la vie civile. Enfin les contrats que la mort civile de l'une des parties avait résolus n'ont pas repris force obligatoire par suite de sa réintégration dans la vie civile ». La jurisprudence a fait, comme on l'a vu *suprà*, v° *Droits civils*, n° 374, l'application de cette dernière règle au mariage contracté par le mort civilement avant sa condamnation.

232. Une question plus délicate est celle de savoir si le principe, qu'en matière criminelle les lois nouvelles rétroagissent *in mitius*, est applicable au cas où une condamnation n'ayant pas encore acquis un caractère définitif, se trouve frappée d'un recours en cassation. — La jurisprudence a varié sur ce point important. Elle s'est d'abord prononcée pour la négative. Jugé que l'individu, condamné sous l'empire d'une loi encore subsistante, ne peut, à l'occasion de son pourvoi en cassation, réclamer le bénéfice d'un changement de législation survenu durant l'instance ouverte par ce pourvoi (Crim. rej. 12 juin 1863, aff. Dulouis, D. P. 63. 1. 321). — Nous avions critiqué cette doctrine en rapportant l'arrêt qui la consacre. Un changement de législation, disions-nous, qui adoucit ou supprime la peine antérieurement prononcée, fait naître une question d'amnistie, et il semble difficile, à ce point de vue, que l'accusé, dont la condamnation n'est pas encore passée en force de chose jugée, puisse être déclaré non recevable à réclamer le bénéfice de ce changement de législation. Ainsi qu'on l'a rappelé au *Rép.* n° 374, la loi du 25 frim. an 8, art. 19, prévoyant le cas qui se rencontrait dans l'espèce, ordonne, à l'égard des jugements contre lesquels il y a pourvoi, que la cour suprême, si elle les confirme, renvoie devant les tribunaux pour l'application de la peine moindre. Il est à noter que les changements favorables de législation sont généralement assimilés par l'Administration, à des amnisties, pour ce qui concerne la répression, par l'application des amendes encourues, des contraventions aux lois fiscales, modifiées ou abrogées par des lois nouvelles (V. notamment *Rép.* v° *Timbre*, n°s 367 et suiv.). En supposant que les textes dont on déduit le principe que les lois nouvelles rétroagissent quand elles atténuent les peines édictées par les lois antérieures ne fassent point connaître nettement l'intention du législateur relativement à la question, en admettant même que celui-ci n'ait pas songé au cas où l'exécution du jugement de condamnation se trouverait suspendue par un pourvoi à l'époque de la promulgation de la nouvelle loi, le principe de la rétroactivité des lois favorables à l'accusé, étant une fois reconnu, il est permis d'en tirer logiquement la conclusion que le doute, dans l'interprétation de ces dispositions pénales, doit tourner au profit de l'accusé.

Aussi, la cour de cassation est-elle revenue sur sa jurisprudence. Jugé, qu'en cas de concours d'une loi ancienne sous l'empire de laquelle une infraction pénale a été commise et d'une autre loi, promulguée depuis et avant qu'il soit survenu un jugement définitif, on doit appliquer la nouvelle loi si elle édicte une peine moins sévère; qu'il en est ainsi dans le cas où une nouvelle loi, prononçant des peines plus douces que la loi antérieure, est promulguée après la condamnation, mais avant la décision sur le pourvoi contre

(1) (Tauveron.) — LA COUR; — Attendu, en droit, qu'aux termes de l'art. 47 c. pén., les coupables condamnés aux travaux forcés, à la détention et à la reclusion, sont placés de plein droit, après qu'ils auront subi leur peine et pendant toute la vie, sous la surveillance de la haute police; — Attendu qu'en ce qui concerne la durée de cette surveillance, la loi du 23 janv. 1874 a modifié les dispositions de l'article précité; que l'art. 46 de la loi déclare de la manière la plus expresse qu'en aucun cas la durée de la surveillance ne pourra excéder vingt ans; qu'il paraît évident que cette limitation doit s'appliquer aux individus condamnés antérieurement, à la loi de 1874; que le texte de l'art. 46, motivé par des raisons d'équité et de bienveillance, ne laisse aucun doute sur la pensée du législateur; qu'il a voulu qu'en ce qui touche la durée de la surveillance, cette durée ne pût jamais excéder vingt années; que l'art. 47 c. pén. s'est trouvé ainsi en partie abrogé; que dès lors les condamnés à des peines afflictives et infamantes avant la promulgation de la loi de 1874 ne peuvent plus aujourd'hui être poursuivis pour rupture de ban, que, conformément aux dispositions de la loi nouvelle, qui a limité le temps de la surveillance et qui a décidé que ce temps ne pourrait jamais dépasser vingt ans; que cette interprétation, qui est conforme aux principes appliqués en matière pénale, trouve aussi sa justification dans les circulaires de M. le garde des sceaux et du ministre de l'intérieur, relatives à l'exécution de la loi de 1874; que dans ces circulaires il est formellement déclaré que la restriction de la durée de la surveillance devra s'appliquer aux individus condamnés antérieurement; — Attendu, en fait, que Jean Tauveron a été condamné le 14 févr. 1850 par le conseil de guerre de Paris à cinq ans de travaux forcés pour vol de fonds de la solde et de l'ordinaire, dont il était comptable; qu'après avoir subi sa peine, il a été de nouveau condamné pour rupture de ban, coups et blessures et abus de confiance, qu'en tenant compte du temps pendant lequel il a été détenu, il est constant que, le 10 août 1876, vingt années s'étaient écoulées depuis qu'il avait été soumis à la surveillance de la haute police, qu'à partir de cette date, il était en droit, conformément aux principes indiqués ci-dessus, d'invoquer les dispositions de l'art. 46 de la loi de 1874; qu'il n'était plus placé sous la surveillance de la haute police à partir du 10 août 1876; que c'est donc à tort que, le 12 avril dernier, il a été poursuivi sous l'inculpation de rupture de ban devant le tribunal correctionnel de Marseille, et que ce tribunal, par le jugement dont est appel, l'a condamné à six jours de prison; — Réforme et annule le jugement du tribunal correctionnel de Marseille qui a condamné Jean Tauveron à six jours de prison sous l'inculpation de rupture de ban, relaxe Tauveron des poursuites du ministère public, sans dépens.

Du 15 mai 1878.-C. d'Aix, 2e ch.-MM. Lescoudé, pr.-Dupuy, av. gén.-Rouchetti (du barreau de Marseille), av.

l arrêt; que l'art. 19 de la loi du 25 frim. an 8, qui traçait la marche à suivre pour faire profiter les accusés du bénéfice de cette loi, lorsqu'il était déjà intervenu un jugement de condamnation frappé d'un pourvoi en cassation, contient un principe général applicable dans tous les cas où une nouvelle loi, prononçant des peines moins rigoureuses que la loi antérieure, est promulguée avant la décision sur le pourvoi; que, en conséquence, dans le cas où des prévenus, condamnés pour infraction à la loi du 21 mai 1836 sous l'empire du décret du 2 févr. 1852, qui attachait de plein droit à cette condamnation l'interdiction du droit de vote, se sont pourvus en cassation, et où, avant le jugement de leur pourvoi, a été promulguée la loi du 30 nov. 1875 (D. P. 76. 4. 4), qui rend cette interdiction facultative, il y a lieu, pour la cour de cassation qui maintient la déclaration de culpabilité, de renvoyer devant la cour d'appel qui l'a prononcée, afin qu'elle décide si le droit de vote leur sera interdit (Crim. rej. 14 janv. 1876, aff. Delbreil et autres, D. P. 76. 1. 185). Il est à remarquer que cet arrêt s'appuie principalement sur le texte que nous avions invoqué, c'est-à-dire sur l'art. 19 de la loi du 25 frim. an 8. Bien que ce texte soit tout à fait spécial, comme il paraît être le seul qui ait prévu le cas de l'espèce, et que ses dispositions se concilient parfaitement avec l'organisation des juridictions criminelles, la cour de cassation en a généralisé avec raison l'application. De plus, l'arrêt a non seulement basé sur un texte formel le droit du condamné qui s'est pourvu en cassation à réclamer le bénéfice d'une loi moins sévère, promulguée avant l'arrêt de la cour suprême, elle a en même temps réglé la question de compétence et de procédure, qui se présente dans le cas où le pourvoi est rejeté et où il y a lieu de faire fixer, par l'autorité judiciaire, les conséquences de la loi nouvelle relativement à la modification ou à la diminution des pénalités infligées primitivement au condamné. Le renvoi de ce dernier devant le tribunal même qui a prononcé la décision déférée à la cour de cassation est la solution la plus naturelle et la plus logique: les juges, pour lesquels l'arrêt de la cour de cassation est un témoignage de la sagesse avec laquelle ils ont compris et appliqué la loi ancienne, sauront s'incliner devant l'autorité du législateur et prononcer, avec la même impartialité, les pénalités moins sévères édictées par le texte législatif promulgué après leur décision.

La cour de cassation a persévéré dans sa nouvelle jurisprudence et déclaré que les principes qu'elle avait consacrés dans l'arrêt précité sont spécialement applicables en faveur de l'individu condamné à la surveillance de la haute police, sous l'empire des art. 44 et 45 c. pén., alors que la promulgation de la loi du 27 mai 1885, qui a supprimé cette peine, a eu lieu avant l'arrêt que la chambre criminelle a été appelée à rendre sur son pourvoi; que le pourvoi, dans ce cas, doit être rejeté, puisque la peine a été légalement appliquée au moment où la condamnation est intervenue; mais que, conformément à la disposition de l'art. 19 de la loi du 25 frim. an 8, qui contient un principe général applicable à tous les cas semblables, le condamné doit être renvoyé devant la cour qui a rendu la décision attaquée, pour qu'il lui soit fait application de la loi nouvelle, la déclaration de culpabilité étant formellement maintenue (Crim. cass., 19 juin 1885, aff. Blanc; 20 juin 1885, aff. Caritez, D. P. 85. 1. 473).

233. Le principe de la non-rétroactivité de la loi pénale, tel que nous l'avons déterminé, ne s'oppose pas, en général, à l'application des lois qui se bornent à modifier le mode d'exécution des peines (Bertauld, *Cours de code pénal*, p. 174 et 175; Morin, *Répertoire de droit criminel*, 2e éd., vo *Effet rétroactif*, § 4, no 15; Garraud, *Précis de droit criminel*, no 166; Trébutien, *Cours élémentaire de droit criminel*, 2e éd., t. 1, no 219). — Toutefois, comme le remarque M. Morin (*loc. cit.*), « le principe qui domine est que la condition de l'accusé ou du condamné ne doit pas être aggravée, mais qu'il peut être admis à profiter des atténuations introduites par la loi nouvelle »; le changement apporté au mode d'exécution d'une peine, en d'autres termes, ne peut être appliqué, après la condamnation, que « s'il est favorable ou accepté », ou lorsqu'il a des compensations (V. L. 8 juin 1850, art. 8, sur la déportation et L. 16 juin 1875, art. 4, sur l'emprisonnement cellulaire, avec les observations de M. Bouchet, sur cet article, D. P. 76. 4. 9). Mais lorsque la loi nouvelle constitue moins un changement dans le mode d'exécution de la peine qu'une aggravation proprement dite, lorsqu'elle crée une circonstance aggravante nouvelle, tirée soit du lieu où le crime a été commis, soit de la situation de la personne qui s'en est rendue coupable, enfin, et surtout lorsque la loi, au lieu d'étendre la modification qu'elle introduit indistinctement à tous les individus condamnés à la même peine, a été inspirée par une pensée de rigueur, contre une classe seulement de délinquants qu'elle a entendu punir plus sévèrement, le principe de la non-rétroactivité des lois pénales s'oppose à ce que la loi nouvelle s'applique aux faits qui se sont passés antérieurement à son empire, de même qu'il s'opposerait à ce qu'on relevât contre un accusé toute autre circonstance aggravante qui n'était pas incriminée lors du crime. Jugé, en ce sens, que le nouveau mode d'exécution de la peine des travaux forcés, édicté par la loi du 25 déc. 1880 (D. P. 81. 4. 53) contre les détenus condamnés à cette peine, à raison des crimes commis dans les prisons, constitue une aggravation qui ne saurait être appliquée à raison d'un crime commis antérieurement à cette loi (C. d'assises de la Seine, aff. Brell, D. P. 82. 2. 87).

234. Ainsi qu'on l'a dit au *Rép.* no 376, en ce qui concerne les actions civiles résultant des crimes, délits et quasi-délits, c'est la loi du temps où elles ont pris naissance qui doit en régler les effets. Peu importe, d'ailleurs, que l'action en dommages-intérêts ait sa source dans un délit criminel ou dans un simple délit civil ne constituant pas une infraction à la loi pénale; c'est toujours la loi contemporaine du fait donnant droit à indemnité qu'il faut appliquer. — Jugé, en ce sens, que la personne victime d'un délit, commis à force ouverte ou par violence, par des attroupements armés, sur le territoire d'une commune, peut agir, en quelque endroit que le fait ait eu lieu, contre celle-ci en dommages-intérêts dans les termes de l'art. 1er du tit. 4 de la loi du 10 vend. an 4, § 2, malgré l'art. 108, § 2, de la loi du 5 avr. 1884 (D. P. 84. 4. 57), qui décide que la responsabilité édictée par le décret de vendémiaire n'est plus applicable aux communes ne disposant pas de la police, ni à celles qui sont en état de siège (Trib. Lyon, 23 mars 1891, aff. Durand, *Gazette des tribunaux*, 1er juin 1891).

§ 10. — De la prescription (*Rép.* nos 377 à 384).

235. L'application du principe de la non-rétroactivité des lois est subordonnée, en matière de prescription, à une distinction entre le cas où la prescription est déjà accomplie et celui où elle est encore en cours au moment où intervient la loi nouvelle qui en change les conditions ou les effets. La prescription, une fois accomplie, engendre un droit acquis qui ne peut être détruit ni soumis à de nouvelles conditions, par une loi postérieure. La prescription seulement commencée ne forme qu'une simple expectative qui tombe sous l'empire des lois nouvelles sans qu'il y ait rétroactivité. La règle est la même d'ailleurs, qu'il s'agisse de la prescription acquisitive ou de la prescription extinctive. Ce principe, admis par tous les auteurs, ne fait plus depuis longtemps difficulté (Demolombe, t. 1, no 61; Aubry et Rau, t. 1, § 30 p. 69; Laurent, t. 1, nos 232 et suiv.). On a expliqué au *Rép.* no 377, les motifs qui le justifient et la dérogation que les rédacteurs du code civil ont cru devoir y apporter dans l'art. 2281. — Il a été jugé, en particulier, que la prescription doit être régie, quant à sa durée, par la loi sous l'empire de laquelle elle a commencé (Chambéry, 12 févr. 1869, aff. Lemoine, D. P. 71. 2. 118). Les questions concernant l'application des lois nouvelles, prescriptions antérieurement commencées, ont été examinées au *Rép.* vo *Prescription civile* nos 1111 et suiv., *Prescription criminelle*, nos 224 et suiv.; — V. aussi *infrà*, eisd. vis.

De même que le possesseur ou le débiteur peuvent être privés, par une loi nouvelle, de l'expectative que l'usucapion ou la prescription extinctive en cours engendrent à leur profit, de même « la possibilité d'exercer pendant un certain laps de temps une action réelle ou personnelle ne constitue pour le propriétaire ou le créancier qu'une faculté légale dont une loi nouvelle peut, sans rétroactivité, restreindre la durée, mesurée toutefois à partir de sa promulgation » (Aubry et Rau, t. 1, § 30, p. 70).

§ 11. — Matières spéciales.

236. On réunit sous ce titre un certain nombre d'applications du principe de la non-rétroactivité des lois se rattachant à des matières qui ne rentrent sous aucun des chefs précédents. La loi du 27 juill. 1872 sur le recrutement (D. P. 72. 4. 47) a saisi les hommes qui avaient pris part à des tirages antérieurs sans changer les conditions où ils se trouvaient placés. Jugé que l'individu qui, né en France de parents étrangers, a concouru au tirage de la classe 1869 après avoir fait la déclaration prévue par l'art. 9 c. civ., reste, même sous l'empire de la loi du 27 juill. 1872, assujetti aux obligations de service de la classe avec laquelle il a été appelé à prendre part aux opérations du tirage au sort; qu'il ne peut se prévaloir de l'art. 9 de cette loi pour prétendre n'être tenu que des obligations de la classe à laquelle il appartient par son âge (Cons. d'Et. 19 janv. 1877, aff. Rigot, D. P. 77. 3. 45).

237. La disposition de l'art. 9 de la loi du 26 mars 1872 (D. P. 72. 4. 75), qui a supprimé pour l'avenir tant le système de conversion fictive institué par l'art. 7 de la loi du 24 juin 1824 sur l'exercice des fabriques de liqueurs, que le régime des compensations établies par l'art. 5 de la loi du même jour, relatives à la perception des droits sur l'eau-de-vie, ne régit pas les faits accomplis avant sa mise à exécution et sous l'empire de la loi ancienne. En conséquence, le manquant d'alcool constaté par l'inventaire à partir duquel le nouveau régime doit être suivi, est passible immédiatement du droit de consommation sur la quantité convertie en liqueurs d'après les bases posées par la loi ancienne, et non pas du droit de consommation sur le manquant en alcool pur, établi par la loi nouvelle (Civ. cass. 7 déc. 1874, aff. Vignola, D. P. 75. 1. 365).

238. En matière d'outrage commis par la voie de la presse, le droit de réponse est réglé par la loi en vigueur à l'époque où a été publié l'article auquel la réponse a été faite, et non d'après celle sous l'empire de laquelle le droit est exercé. Ainsi l'étendue de la réponse à un article publié sous la loi de 1822 est fixé au maximum établi par cette loi, sans que le plaignant puisse en exiger l'insertion intégrale en payant les frais de l'excédent, bien que la réponse ait été faite après la promulgation de la loi du 27 juill. 1849, dont l'art. 17 autorise cette insertion intégrale (Crim. cass. 8 juill. 1850, aff. de Ségur d'Aguesseau, D. P. 50. 1. 69).

239. La loi du 19 juin 1790 (art. 2) et le décret du 6 fruct. an 2 (art. 1 et 2) portant interdiction des changements de nom et interdiction des surnoms, n'ont point porté atteinte au droit que les possesseurs de fiefs avaient acquis sous l'ancienne législation, de joindre le nom du fief à leur nom de famille (Civ. rej. 10 mars 1862, aff. Durieu de la Carelle, D. P. 62. 1. 219. Conf. Poitiers, 9 juill. 1866, aff. Haward de la Blotterie, D. P. 66. 2. 191).

240. La loi du 9 juin 1853 sur les pensions n'a pas eu pour effet de modifier les droits acquis sous la législation antérieure; spécialement, les dispositions prohibitives du cumul des pensions ne s'appliquent pas rétroactivement aux pensions liquidées avant sa promulgation (Cons. d'Et. 16 nov. 1854, aff. d'Haubersart, D. P. 55. 3. 73. Conf. Cons. d'Et. 4 août 1864, aff. Floucaud de Fourcroy; aff. Belliote et aff. de Geoffroy, D. P. 65. 3. 41). — Par contre, les avantages créés par une loi nouvelle ne peuvent être invoqués par ceux dont le droit à la pension est devenu définitif avant sa promulgation. Jugé, en ce sens, que les dispositions de la loi du 9 juin 1853, qui élèvent le maximum des pensions à accorder à certains fonctionnaires, notamment aux fonctionnaires de l'enregistrement, ne sont pas applicables à ceux qui, n'ayant cessé leurs fonctions que depuis cette loi, auraient cependant accompli, avant le 1er janv. 1854, la durée de services exigée par les lois antérieures, leur pension devant, dans ce cas, être liquidée uniquement d'après les bases fixées par ces mêmes lois (Cons. d'Et. 26 avr. 1855, aff. Frémont, D. P. 55. 3. 64).

241. La question de savoir si le principe de la non-rétroactivité des lois s'applique en matière disciplinaire est très délicate. La cour de cassation, par un arrêt solennel du 9 nov. 1852, l'a tranchée dans le sens de la négative. La première fois que la question lui avait été soumise, le conseil d'Etat ne s'était pas prononcé (V. le texte de l'arrêt du 9 nov. 1852 et nos observations en note d'une décision du conseil d'Etat du 26 mai 1876, aff. Lefèbvre-Duruflé, D. P. 76. 3. 89). Dans une affaire plus récente, le conseil d'Etat avait admis une solution qui, tout en reproduisant une partie des termes de l'arrêt du 9 nov. 1852, indiquait une distinction à faire suivant les hypothèses. Le requérant, exclu de la Légion d'honneur, par application de la loi du 25 juill. 1873 (D. P. 73. 4. 91) et du décret du 14 avr. 1874 (D. P. 74. 4. 75), s'était pourvu contre le décret qui l'avait frappé, en se fondant sur ce que les faits qui lui étaient imputés étaient antérieurs à 1874. Le conseil d'Etat a rejeté le pourvoi, par le motif que, si les faits remontaient à une époque antérieure à la promulgation du décret de 1874, il résultait de l'instruction qu'ils présentaient un caractère successif et que leurs effets s'étaient continués postérieurement au décret précité (Cons. d'Et. 26 janv. 1877, aff. V..., D. P. 77. 3. 38). — Des termes de cette décision, il ressort implicitement que la solution aurait été différente si le fait imputé au légionnaire avait été un fait isolé, qui n'aurait pas eu de conséquences ultérieures sur la conduite et la moralité de celui qui l'avait commis. Enfin, dans un dernier arrêt, le conseil d'Etat, allant plus loin et écartant la distinction précédente, a affirmé d'une manière générale la non-rétroactivité de la loi de 1873 et du décret de 1874 (Cons. d'Et. 13 mai 1881, aff. Brissy, D. P. 82. 3. 97). Le conseil d'Etat s'est mis ainsi en contradiction avec la jurisprudence de la cour de cassation (V. au surplus, *infrà*, v° *Ordres civils et militaires*).

242. Le principe de la non-rétroactivité des lois régit la loi fiscale de la même manière qu'il domine la loi civile et il doit avoir, à l'occasion de la première, toute l'étendue qu'il a par rapport à la seconde. Il suffit de rappeler cette règle, dont on a donné ailleurs un grand nombre d'applications (V. *suprà*, v° *Enregistrement*, n°s 99 à 108 ; — *Rép.* eod. v° n°s 133 à 145). Le législateur a toujours lui-même respecté ce principe depuis la publication du *Répertoire*, sauf dans un seul cas, celui que prévoit l'art. 11 de la loi du 11 juin 1859 (D. P. 59. 4. 34), concernant l'enregistrement provisoire au droit fixe de marchés et traités sous signature privée, réputés actes de commerce (*suprà*, eod. v° n° 99).

Mais il a été décidé que, les lois d'impôt, étant applicables à tous les objets frappés de droits nouveaux du jour où elles sont devenues exécutoires, les fabricants ou débitants de ces objets ne peuvent exciper soit de l'affranchissement antérieur de tout droit, soit de l'acquit de droits précédemment établis, pour prétendre à l'exemption de nouveaux impôts; qu'ainsi, la promulgation de la loi du 4 sept. 1871 (D. P. 71. 4. 79) a rendu exigibles les droits nouveaux imposés sur les allumettes, sans distinction entre celles qui existaient chez les fabricants et celles que possédaient les marchands et débitants; et que les marchands et débitants ne pouvaient exiger le timbrage gratuit des boîtes et paquets d'allumettes existant dans leurs magasins, en vertu des dispositions de l'art. 27 du décret du 27 nov. 1871 que le décret du 29 févr. 1872 a pu modifier sans porter atteinte à aucun droit acquis (Civ. cass. 30 déc. 1873, aff. Peltier, D. P. 74. 1. 379).

CHAP. 5. — Du conflit des lois au point de vue des lieux auxquels elles s'appliquent (*Rép.* n°s 385 à 457).

243. Ce titre, que nous avons cru devoir substituer, comme étant plus exact, à celui qui a été adopté dans le *Répertoire* (*Des lois personnelles et des lois réelles*), représente une matière qui offre une grande analogie avec celle qui a été exposée au chapitre précédent. La théorie de la rétroactivité nous a mis en présence de deux lois, l'une ancienne, l'autre nouvelle, qui entrent en lutte pour se substituer l'une à l'autre ; de même ici, il s'agit d'un concours entre deux lois rivales dont l'une doit primer l'autre ; seulement les deux lois qui se rencontrent, au lieu d'être deux lois françaises, sont, la première, une loi française, et, la seconde, une loi étrangère. Ici le conflit s'élève dans l'espace, là il s'élève dans le temps. Malgré leur similitude, les deux hypothèses diffèrent par ce point essentiel, que, dans la première, la souveraineté de l'Etat n'est pas en cause, tandis qu'elle se trouve engagée dans la seconde.

SECT. 1re. — PROLÉGOMÈNES. — HISTORIQUE. — THÉORIES MODERNES. — DROIT COMPARÉ.

244. Le conflit des lois françaises et des lois étrangères constitue le plus important des trois grands problèmes que le droit international est appelé à résoudre ; on sait que le second a pour objet la condition des étrangers et le troisième la nationalité. Ces trois questions sont étroitement liées ensemble ; la première est, de plus, subordonnée aux deux autres. Pour que le conflit puisse naître, il faut, en effet, d'une part, qu'on ait préalablement déterminé quels sont, d'après notre législation, ceux qui sont Français et ceux qui sont étrangers, et, d'autre part, qu'on ait fixé aussi l'étendue des droits que la loi permet aux étrangers d'exercer en France. On n'a pas à s'occuper ici de ces deux questions préjudicielles, qui ont été étudiées ailleurs (V. *suprà*, v° *Droits civils*, nos 30 et suiv., 130 et suiv. ; — *Rép.* eod. v°, nos 66 et suiv., 178 et suiv.) ; il s'agit uniquement ici du *conflit des lois.*

La difficulté, considérée dans sa plus grande généralité, se présente ainsi : lorsque des étrangers se trouvent intéressés en France ou lorsque des Français se trouvent intéressés en pays étranger à un fait juridique qui concerne leur personne ou leur patrimoine, d'après quelle législation faut-il apprécier ce fait ? faut-il lui appliquer la loi française ou la loi étrangère ? La question peut se compliquer, dans certains cas, par suite de la coexistence de plusieurs lois étrangères qui se trouvent en conflit avec la loi française ; ainsi, un mariage est contracté en France entre un Anglais et une Italienne domiciliés en Allemagne ; quatre législations différentes sont intéressées à la réglementation de ce mariage, quelle est celle qui doit l'emporter sur les autres ?

245. Les conflits de lois étaient très fréquents dans notre ancien droit à cause de la diversité des coutumes ; mais, au lieu de se produire comme aujourd'hui, entre une loi française et une loi étrangère, ils s'élevaient presque toujours entre les différentes coutumes qui régissaient alors le territoire français. L'infinie variété des coutumes avait donné à ce sujet une importance qui parut devoir diminuer beaucoup après l'établissement de l'unité législative. « Susceptible désormais d'une application rare, grâce au bienfait d'une législation uniforme, disait-on au *Rép.* n° 386, cette partie du droit s'offre sous un aspect qui nous invite à restreindre nos développements ». On ne pouvait pas, en effet, prévoir, lorsque nous écrivions ces lignes, l'essor que le droit international allait prendre dans les sociétés modernes par suite du développement du commerce et de la multiplication des moyens de communication. Sous l'influence de cette double cause, la matière des conflits est redevenue, en s'élargissant chaque jour, l'une des plus importantes de la science juridique.

En changeant de terrain, la théorie du conflit des lois n'a pas changé de nature ; les mêmes difficultés que nos anciens jurisconsultes avaient eu à résoudre se sont reproduites à notre époque dans leur nouveau cadre. L'insuffisance des textes qui règlent cette matière dans le code a fait renaître les controverses. On a senti le besoin de reconstituer les anciennes théories, espérant y trouver des solutions. Il était d'autant plus rationnel de demander à l'histoire des informations que si notre ancienne jurisprudence s'était surtout préoccupée du conflit qui s'élevait entre les différentes coutumes du royaume, elle ne s'était pas désintéressée cependant du conflit des lois nationales avec les lois étrangères ; c'est un point qui n'a pas été suffisamment remarqué et sur lequel M. Laurent, comme beaucoup d'autres, a commis une erreur (Laurent, *Le droit civil international*, t. 1, nos 257 et 258). « Il suffit, dit un des auteurs qui ont le mieux étudié le côté historique de notre matière, de parcourir quelques ouvrages de notre littérature juridique pour y recueillir un assez grand nombre de preuves de l'attention que nos rois, nos légistes et nos parlements prêtaient au concours des lois étrangères avec les nôtres » (Lainé, *Introduction au droit international privé*, t. 1, p. 78). Il est à remarquer que les mêmes principes étaient appliqués partout aux deux espèces de conflits ; l'ancienne doctrine peut donc servir de guide encore aujourd'hui, et, par conséquent, il est utile de la reconstituer en éliminant toutes les fausses interprétations dont elle a été l'objet. C'est ce que d'excellents esprits ont entrepris de réaliser à notre époque, et notre étude serait incomplète si nous ne faisions pas connaître le résultat de leurs efforts.

Aux études historiques sont venues s'ajouter des études purement scientifiques ; reconnaissant l'insuffisance, les contradictions et les lacunes de l'ancienne doctrine, qui n'offrait aucun critérium certain pour déterminer l'étendue de la souveraineté des lois nationales, les jurisconsultes modernes ont cherché à résoudre rationnellement le problème ; ils ont proposé différents systèmes indépendants de la tradition et présentant tous un caractère exclusivement scientifique. Leurs conceptions ont créé, dans la doctrine, un courant nouveau, qui va progressant tous les jours, et dont l'action s'est déjà fait sentir dans la législation de plusieurs peuples étrangers. Nous ne devons pas négliger non plus ce nouvel aspect de notre sujet, car, en supposant que les théories modernes dont il s'agit ne puissent pas servir de base aujourd'hui en France à l'interprétation judiciaire, ce qui d'ailleurs est contesté, elles peuvent du moins lui fournir d'utiles indications ; et si elles ne contiennent pas, ajouterons-nous, la solution actuelle au point de vue législatif, il y a de sérieuses raisons de penser qu'elles renferment celle que le législateur de l'avenir est appelé à consacrer. Après avoir rappelé, en nous inspirant des travaux historiques les plus récents, comment les anciens jurisconsultes avaient essayé de résoudre le conflit des lois, et indiqué les nouveaux systèmes scientifiques qu'on cherche à faire prévaloir aujourd'hui, nous ferons connaître les principales règles qui se trouvent actuellement sanctionnées dans notre matière par les législations étrangères. Ce n'est qu'après avoir terminé cet exposé historique, scientifique et législatif, que nous aborderons l'examen des questions particulières que l'application du code civil a soulevées relativement au conflit des lois depuis la publication du *Répertoire.*

246. — I. BIBLIOGRAPHIE. — Peu de matières ont fait l'objet d'un plus grand nombre d'ouvrages, aussi bien à l'étranger qu'en France. — En ce qui concerne les auteurs français, nous citerons parmi les anciens : Bartole, *Commentaire sur la loi I au code, De summa Trinitate*, t. 1 ; Dumoulin, *Opera omnia quæ exstant*, t. 3, p. 557 et suiv. ; d'Argentré, *Commentarii in patrias Britonum leges, seu consuetudines generales antiquissimi ducatus Britanniæ ; Des donations*, art. 208, glose 6 ; Guy-Coquille, *Coutumes du pays et comté de Nivernois, Œuvres*, t. 2, p. 1 et suiv. ; Paul Voet, *De statutis eorumque concursu* ; Jean Voet, *Comm. ad Pandectas, De constitutionibus principum*, I. 4 ; Bouhier, *Observations sur la coutume du duché de Bourgogne*, ch. 21 à 36 : Boullenois, *Traité de la personnalité et de la réalité des lois* ; Froland, *Questions sur les démissions de biens*, quest. 6 ; *Traité de la personnalité et de la réalité des lois, coutumes ou statuts.*

Et parmi les modernes : Ernest Beaumont, *Essai sur la distinction des statuts réel et personnel*, t. 2, 1840 ; Fœlix, *Traité de droit international privé*, 4e éd., par M. Demangeat, 1886 ; Massé, *Le droit commercial dans ses rapports avec le droit des gens et le droit civil*, 3e éd., 1874 ; Renault, *De la succession* ab intestat *des étrangers en France et des Français à l'étranger*, 1875 ; Lyon-Caen, *Etudes de droit international privé maritime*, 1877 et 1882 ; Mailher de Chassat, *Traité des statuts, d'après le droit ancien et le droit moderne, ou du droit international privé*, 1844 ; Barde, *Théorie traditionnelle des statuts ou principes du statut réel et du statut personnel d'après le droit civil français*, 1880 ; Bard, *Précis de droit international, droit pénal et droit privé*, 1883 ; Rougelot de Lioncourt, *Du conflit des lois personnelles françaises et étrangères*, 1883 ; Durand, *Essai de droit international privé*, 1884 ; Duguit, *Du conflit des lois en matière de filiation*, 1885-1886 ; Despagnet, *Précis de droit international privé*, 2e éd., 1891 ; Vincent et Pénaud, *Dictionnaire de droit international privé*, 1887-1888 avec supplément annuel ; Lainé, *Introduction au droit international privé*, 1888 ; Weiss, *Traité élémentaire de droit international privé*, 2e éd., 1890. *Adde :* Arthuys et Demolombe et Surville, t. 1, p. 82 et suiv. ; Aubry et Rau, t. 1, 4e éd., p. 80 et suiv. ; Bertauld, *Questions pratiques et doctrinales du code Napoléon*, t. 1, p. 1 et suiv. ; Pradié-

Fodéré, *Traité de droit international public européen et américain*, t. 3, p. 519 et suiv., et les nombreux recueils périodiques renfermant des documents ou des études sur la matière ; notamment : *Annuaire des législations étrangères ; Bulletin de la société de législation étrangère ; Journal du droit international privé et de la jurisprudence comparée.*

Parmi les auteurs étrangers : de Savigny, *System des heutigen Roemischen Rechts*, 1840-1849 (traduit en français par M. Guenoux), t. 8 ; Waechter, dans *Archiv für civilistisch Praxis*, 1841 et 1842 ; Schaeffner, *Entwickelung des internationalen Privatrechts*, 1841 ; von Bar, *Das internationale Privat- und Strafrecht* ; Vesque de Puttlingen, *Handbuch des in Oesterreich-Ungarn geltenden internationalen Privatrechts* ; Rocco, *Dell' uso e autorita delle legi del Regno delle Due Sicilie considerate nelle relazioni con la persone e col territorio degli stranieri*, 1842 ; Fiore, *Diritto internazionale privato, o principii per risolvere i conflitti tra legislazioni diverse in materia di diritto civile e commerciale*, 2e éd., 1874, traduit en français par M. Pradier-Fodéré, 1875, 3e éd., 1888 ; Esperson, *Le droit international privé dans la législation italienne*, traduit par M. Antoine dans le *Journal du droit international privé*, 1879-1885 ; Burge, *Commentaries on colonial and foreign laws, generally and in their conflict with each other and with the law of England*, 1838 ; Sir Robert Phillimore, *Commentaries upon international law*, t. 4 ; *Private international law or comity*, 4e éd., 1880 ; Westlake, *A treatise on private international law, or the conflict of laws, with principal reference to its pratice in the English and the cognate system of jurisprudence*, 1858, traduit en allemand, par F. de Holtzendorf, 1884 ; Dicey et Emile Stocquart, *Le statut personnel anglais, ou la loi du domicile envisagée comme une branche du droit anglais*, 1887-1888 ; Story, *Commentaries on the conflict of laws*, 1834-1872 ; Wheaton et Lawrence, *Commentaires sur les éléments du droit international*, 1868-1880 ; Wharton, *A treatise on the conflict of laws, on private international law*, 1881 ; *A digest of the international law of the United States*, 1886-1887 ; Dudley Frield, *Draft outlines of on international code*, traduit en français, *Projet d'un code international*, par M. Molin, 1881 ; Merill, *Studies in comparative jurisprudence and the conflict of laws*, 1886 ; Calvo, *Le droit international théorique et pratique*, 4e éd., 1886-1888 ; de Martens, *Le droit international actuel des peuples civilisés*, 1882-1883, traduit en français ; *Traité de droit international*, par Léo, 1883-1886 ; Manuel Torres Campos, *Principios de derecho internacional privado o derecho extraterritorial de Europa y America en sus relaciones con el derecho civil de España*, 1883 ; Olivares, *Elementos de derecho internacional privado*, 1887 ; Brocher, *Nouveau traité de droit international privé, au double point de vue de la théorie et de la pratique*, 1876 ; *Cours de droit international privé suivant les principes consacrés par le droit positif français*, 1882-1885 ; Laurent, *Droit civil international* 1880-1881 ; Asser, *Schets van het internationaal Privaatregt*, 1879, traduit en français : *Eléments de droit international privé, ou du conflit des lois*, par Rivier, 1884.

247. — II. HISTORIQUE. — La matière du conflit des lois a donné naissance, dans notre ancien droit, à une théorie célèbre connue sous le nom de *théorie des statuts*, le mot « statuts » étant employé ici pour désigner les lois à l'état de conflit. Mais on se tromperait beaucoup si l'on prétendait ramener à un système unique les nombreuses règles que les jurisconsultes du passé imaginèrent pour résoudre le difficile problème du conflit des lois. Ces règles découlent de conceptions très diverses qui se trouvent souvent confondues et aboutissent souvent, à cause de cela, à des solutions contradictoires. Les auteurs modernes distinguent généralement trois grandes écoles, qui mirent chacune leur empreinte sur la législation des statuts, l'école italienne, l'école française et l'école hollandaise (Weiss, *Traité de droit international privé*, p. 212 et suiv. ; Lainé, *Introduction au droit international privé*, p. 47 et suiv.). On ne parlera ici que de l'école française, mais en ayant soin de signaler les emprunts qu'elle put faire aux deux autres, dont la première surtout, l'école italienne, exerça sur elle, principalement à l'origine, une considérable influence.

248. Les conflits de coutumes ne se produisirent qu'assez tard en France ; les premiers ouvrages dans lesquels on commence à en parler datent du 13e siècle ; on a remarqué que Beaumanoir n'y fait même pas allusion. L'un des actes les plus anciens, formulant le principe que les immeubles sont régis par la loi de la situation, est un acte de saint Louis de 1249, cité par Boullenois, (*Traité de la personnalité et de la réalité des lois*, t. 1, p. 230). Choppin rapporte aussi dans son *Commentaire de la coutume de Paris* (liv. 2, tit. 1, n° 4) un arrêt de 1312 inséré au registre des enquêtes de la cour, au feuillet 132, et appliquant la même règle.

Il y a lieu de croire que les conflits de lois étaient très rares avant cette époque et la raison s'en trouve dans la constitution de la société dans les temps antérieurs. Ni la société romaine, ni même la société barbare ne paraissent avoir connu ces difficultés, qui durent surgir pour la première fois après la fusion des races et l'établissement de la féodalité. — Les premières règles proposées pour résoudre les conflits de coutumes sont souvent rattachées par nos anciens auteurs au droit romain ; la plupart les exposèrent à l'origine dans le commentaire de la célèbre loi *Cunctos populos*, c'est-à-dire de la constitution des empereurs Gratien, Valentinien et Théodose : *De summa Trinitate et fide catholica*. Il est certain cependant que le droit romain ne nous a rien laissé sur ce sujet. Les étrangers ou *pérégrins* conservaient en général, il est vrai, l'usage des lois de leur pays, non seulement sur leur propre territoire, mais même en dehors de leurs provinces. Mais on ne voit nulle part qu'un conflit se soit jamais élevé entre ces lois et la loi romaine ; les textes qui reconnaissent aux pérégrins l'usage de leurs lois personnelles n'appliquent jamais ce principe dans les rapports de ceux-ci avec les Romains ; il semble bien, par suite, que, dès qu'un citoyen romain se trouvait intéressé dans la question, la loi romaine avait seule autorité. Enfin, après la constitution de Caracalla qui conféra le droit de cité à tous les habitants de l'empire, du moins à tous ceux qui se trouvaient à cette époque soumis à sa domination, ceux-ci se trouvant tous désormais soumis à la même loi personnelle, les conflits de loi durent être encore plus rares qu'auparavant.

249. On a cru trouver le germe de la théorie des statuts dans les lois barbares. Cette opinion a été soutenue récemment encore. La législation barbare, a-t-on dit, est fondée sur le principe de la personnalité des lois. Dans la société franque, tout homme est soumis à la loi de sa race, en d'autres termes, est régi par la loi de la tribu à laquelle il appartient par son origine : le Salien, par la loi salique, le Ripuaire, par la loi ripuaire, l'Alaman, par la loi alamanique, etc. ; c'est ce principe de la personnalité des lois qui, en se combinant plus tard avec celui de la territorialité des coutumes, a engendré la théorie des statuts (Laurent, *op. cit.*, nos 177, 193, 198, 200). — Cette conception est entièrement erronée. Il faut se garder de confondre les lois personnelles des peuples germains avec les statuts personnels des jurisconsultes français. C'est un point qui a été particulièrement mis en lumière par M. Lainé : « La personnalité des lois barbares, dit-il, était intervenue dans le conflit des lois d'un même pays soumis au même pouvoir politique ; la nouvelle personnalité (celle à laquelle se réfèrent les statuts personnels) intervient dans le conflit des lois de plusieurs pays régis par des pouvoirs politiques distincts et indépendants ; l'une s'appliquait à une question de droit interne, l'autre s'applique à une question de droit international » (Lainé, p. 65 et suiv.). La situation à laquelle s'appliquaient les lois barbares, correspond exactement à celle qui est faite aujourd'hui en Algérie aux indigènes arabes et kabyles ; aussi l'Algérie nous présente-t-elle réunies, et fonctionnant parallèlement sans se confondre, les deux espèces de personnalité que nous avons distinguées, celle de l'époque franque et celle de l'époque coutumière. La loi territoriale française s'y trouve, en effet, en présence de la loi personnelle des indigènes, soumis au même pouvoir politique que les Français, et des lois personnelles régissant les étrangers de toute nationalité qui se trouvent dans notre colonie. Dans la première hypothèse, le concours des deux lois ne soulève qu'une difficulté de droit interne ; dans la seconde, au contraire, il donne lieu à une difficulté de droit international, puisqu'il s'agit du conflit de la loi française avec les lois étrangères. Ce rapprochement, que nous empruntons à l'auteur précité, montre, avec évidence, qu'on ne saurait trouver l'origine de la distinction des statuts réels et des statuts personnels dans la personnalité des lois barbares. L'identité des mots a fait croire à l'identité des choses.

250. La réglementation des conflits de lois ne commença qu'à la fin de la période féodale, parce que les faits qui la provoquèrent ne se produisirent qu'à cette époque. La féodalité, en se constituant, donna naissance à une multitude de petits Etats, politiquement indépendants les uns des autres et possédant chacun tous les attributs de la souveraineté, notamment au point de vue législatif et judiciaire. Par suite de cette transformation et de la fusion des races, aux lois personnelles des barbares se substituèrent des coutumes locales dont l'autorité eut les mêmes limites que le territoire dans lequel elles s'étaient formées. C'est ainsi que s'établit la territorialité du droit. Cette territorialité eut, à l'origine, un caractère absolu, en ce sens que la coutume s'appliqua indistinctement à toutes les personnes et à toutes les choses se trouvant sur le territoire régi par elle et ne s'étendit pas au delà. Il en fut ainsi aussi longtemps que les petits Etats féodaux vécurent isolés, ou n'eurent que des rapports de guerre; mais on sentit les inconvénients de ce système législatif lorsque des relations d'une autre nature commencèrent à s'établir d'une seigneurie à l'autre; des conflits de coutumes surgirent alors; l'application du principe de territorialité à certaines hypothèses parut injuste et surtout contraire au commerce. En présence des embarras de la pratique, les jurisconsultes du 13e siècle s'efforcèrent de formuler quelques règles pour résoudre ces difficultés: c'est ainsi que prit naissance la théorie du conflit des lois. — L'histoire de cette théorie présente, en France, deux grandes phases : l'une qui commence à l'époque dont nous venons de parler, et s'étend jusqu'au 16e siècle; l'autre, qui est comprise entre le 16e siècle et la promulgation du code civil.

251. La doctrine qui est professée en France pendant la première période est celle des *glossateurs;* c'est, en réalité, la doctrine italienne. L'Italie fut, en effet, la première à se préoccuper des conflits de lois, qui se produisirent chez elle assez longtemps avant de se présenter chez nous. Alors que la féodalité conservait encore, en France, son organisation primitive, les républiques lombardes, jouissant de l'émancipation politique, avaient leurs institutions et leurs lois propres, entretenaient entre elles, et même avec les pays étrangers, de nombreuses relations. Le développement des acquisitions, des aliénations, des échanges et, plus généralement, des rapports commerciaux entre les sujets de ces divers Etats, amena bientôt des conflits de lois; des collisions se produisirent surtout entre les lois locales. L'Italie était alors le foyer des études juridiques en Europe; les docteurs de ses universités étudièrent ces conflits; ils ne réussirent d'abord qu'à poser quelques règles éparses; l'un d'eux, le plus illustre, Bartole, essaya de les coordonner, et il fut le principal créateur de cette théorie, qu'on a appelée *théorie des statuts*, à cause de son origine, le mot *statut* désignant à cette époque les lois ou coutumes municipales des villes d'Italie.

La théorie *statutaire* n'eut pas uniquement pour fondateurs des jurisconsultes italiens : des jurisconsultes français, qui se trouvaient dans les villes italiennes, concoururent à la former et à l'y développer par leur enseignement; d'autres l'importèrent en France lorsque la question du conflit des coutumes s'y posa. Ses principaux représentants furent : Guillaume Durant (1237-1296); Jacques de Révigny, mort vers 1296; René de Belleperche, mort en 1308; Cinus (1270-1336); Albéric de Rosate, mort en 1354; Jean Fabre; Bartole (1314-1357); Balde (1327-1400); Salicet, mort en 1412; Paul de Castre, mort en 1441; Masuer, mort en 1449; Alexandre (1423-1477); Rochus Curtius, mort en 1495; Chasseneux (1480-1541); Tiraqueau (1480-1558); Dumoulin (1508-1566). Cette doctrine qui, malgré ses origines italiennes, peut être considérée comme la première doctrine française, est caractérisée d'abord par ses attaches avec le droit romain. Les premiers qui l'exposèrent furent des romanistes, qui non seulement en firent, dans leurs ouvrages, comme nous l'avons dit, une annexe du commentaire de la loi *Cunctos populos*, mais s'efforcèrent, en outre, de la placer sous l'autorité des jurisconsultes romains. La glose, employée pour interpréter le *Digeste* est aussi la forme qui servit d'abord pour fixer les solutions proposées relativement au conflit des lois; c'est une des raisons qui ont fait désigner ces solutions sous le nom de système des glossateurs, quoiqu'elles n'aient reçu leur complet développement que sous leurs successeurs.

252. Il est fort difficile, d'ailleurs, de donner une notion précise de la théorie qui se forma à cette époque. C'était une opinion très répandue jusqu'à ces derniers temps que la division des lois en deux grandes classes, les *statuts réels* et les *statuts personnels*, remontait aux bartolistes; il paraît démontré aujourd'hui que cette division, qui constitue l'élément caractéristique de la théorie statutaire proprement dite, a une origine beaucoup plus récente, ou du moins qu'elle n'eut pas au début l'importance qu'elle acquit plus tard sous l'influence de la nouvelle école française. Les ouvrages antérieurs au 16e siècle ne contiennent que des fragments de doctrine, des pierres d'attente disposées avec plus ou moins de méthode et destinées, après bien des transformations, à supporter l'édifice que les jurisconsultes statutaires devaient construire plus tard. « A vrai dire, écrit Laurent, n° 236, les glossateurs n'ont pas de théorie arrêtée ». M. Lainé, p. 113, dit de même que les glossateurs « n'eurent à proprement parler aucun système ». Ce dernier auteur a cependant essayé de synthétiser leurs principales décisions.

La division la plus générale, qui sert de base à leur enseignement, n'est pas la division de toutes les lois en deux classes, mais la distinction des *ordinatoria et des decisoria litis*, en d'autres termes, des règles qui se rapportent à la procédure et des règles qui touchent au fond du droit. Cette distinction, d'abord spéciale aux conventions, se généralisa plus tard. Elle engendra un principe fécond, qui resta désormais acquis et qui constitue encore aujourd'hui l'une des règles essentielles du droit international, c'est que la procédure doit être régie par la loi du lieu où l'instance est engagée. — L'analogie conduisit les glossateurs à formuler cette autre règle, donné d'abord pour les testaments, mais appliquée bientôt à tous les actes juridiques que la forme d'un acte est déterminée par la loi du pays où il a été fait, règle qui est devenue aussi un axiome dans le droit international (Lainé, p. 253 et 254; Weiss, p. 217). — Quant au fond du droit, le système des glossateurs est principalement fondé sur cette idée que la solution du conflit dépend de la nature du fait juridique qui lui donne naissance; cette conception les amena à faire un grand nombre de distinctions, suivant qu'il s'agissait de contrats, de quasi-contrats, de testaments, de conventions matrimoniales, de délits, de choses, de successions, d'état ou de capacité des personnes. L'idée que les conflits doivent recevoir une solution différente, suivant la nature des faits juridiques qui les engendrent, était essentiellement rationnelle; mais la science du droit était encore trop peu avancée pour que cette idée pût être appliquée logiquement à cette époque; il en résulta que les glossateurs aboutirent le plus souvent à des conclusions contradictoires. Quelques règles précieuses sortirent cependant de ces applications; la prédominance de la loi étrangère sur la loi territoriale, en matière d'état et de capacité, quoique discutée dans beaucoup d'hypothèses, commença à s'établir; c'est ainsi que Bartole enseigne que le statut qui permet au fils de famille de tester et celui qui interdit au mari d'instituer sa femme ne sont pas applicables aux étrangers, et qu'il applique le même principe aux incapacités, toutefois en introduisant ici une distinction entre les incapacités *favorables* et les incapacités *odieuses*. — Dès cette époque, on entrevoit la distinction du statut réel et du statut personnel, mais elle ne joue qu'un rôle très restreint; Bartole ne la fait intervenir qu'en matière de successions et propose, pour l'appliquer, un critérium qu'on a, non sans raison, qualifié de puéril, le caractère du statut dépendant, d'après lui, de la disposition des mots, étant personnel, s'il commence par parler de la personne, et réel, s'il mentionne d'abord les biens.

Dumoulin fut le dernier représentant de la doctrine créée par les glossateurs; mais l'enseignement de ce grand jurisconsulte diffère profondément de celui de Bartole; l'évolution est commencée déjà depuis longtemps; aux premières classifications en ont été substituées d'autres, parmi lesquelles il s'en trouve une qui progresse chaque jour et qui devient prédominante : c'est celle qui donnera son nom à la nouvelle école française.

253. Les efforts des jurisconsultes en France avaient tendu jusqu'à cette époque à concilier le principe féodal de la territorialité absolue de la loi avec le principe plus libéral de l'école italienne. Ils étaient ainsi parvenus à faire une certaine place aux lois étrangères dans leur conflit avec les lois locales. Le principe que les coutumes sont réelles, c'est-à-dire territoriales, est encore affirmé par tous les auteurs, par Dumoulin en particulier, mais il a reçu, avec le temps, de nombreuses limitations et perd chaque jour du terrain. Une réaction se produisit au 16e siècle : d'Argentré, jurisconsulte breton (1519-1590), se fit le défenseur de la territorialité et construisit, pour résoudre les conflits de coutumes, une théorie nouvelle, que ses successeurs développèrent, et qui n'est autre que celle que l'on a appelée la théorie statutaire proprement dite.

254. Le trait le plus caractéristique de cette théorie est la division de toutes les lois en deux grandes classes : statuts réels et statuts personnels. Cette distinction, nous l'avons dit, n'était qu'une subdivision dans le système de Bartole, et ne s'appliquait qu'à un groupe de lois; au 16e siècle, elle est générale et domine, par suite, toutes les autres. A dire vrai, d'Argentré n'inventa pas cette classification; plusieurs jurisconsultes lui avaient déjà imprimé, avant lui, le caractère dont nous parlons, mais il la fixa en lui donnant sa formule définitive. — Le problème du conflit des lois étant ramené à rechercher, dans chaque cas particulier, si le statut qu'il s'agit d'appliquer est un statut réel ou un statut personnel, il fallait trouver un critérium pour la résoudre, c'est-à-dire déterminer à quels signes on reconnaîtrait la réalité ou la personnalité d'une loi. C'est ici que la théorie statutaire reçut l'empreinte des idées personnelles de d'Argentré.

Le critérium proposé par Bartole pour un cas particulier, et généralisé dans la suite par quelques praticiens, c'est-à-dire la disposition des mots dans la formule du statut, était abandonné depuis longtemps comme étant arbitraire et puéril; on est d'accord pour ne considérer que l'objet même de chaque statut; le fond doit primer la forme. Le statut est personnel et a autorité même en dehors du territoire de la coutume, s'il concerne la personne; il est, au contraire, réel, et, partant limité au territoire de la coutume dont il fait partie, s'il concerne les biens; mais, dans l'application de cette idée simple, d'Argentré s'efforce toujours de résoudre la question dans le sens de la *réalité*. Son système, exposé dans son *Commentaire de la coutume de Bretagne*, à l'occasion de l'art. 218, peut se résumer dans les propositions suivantes.

En principe, les lois, ne pouvant pas avoir plus d'étendue que la puissance du législateur, sont territoriales; en ce sens, on peut dire que tous les statuts sont réels; certaines lois, toutefois, ne sont pas soumises à ce principe, ce sont celles qui ont pour objet l'état et la capacité des personnes. La réalité se présente donc, dans la théorie de d'Argentré, comme la règle générale, et la personnalité comme l'exception. En outre, la personnalité, comme toute exception, doit être appliquée restrictivement; ce second principe conduit l'auteur à faire plusieurs distinctions qui tendent toutes à restreindre la place faite aux statuts personnels. — La première restriction est relative aux statuts mixtes; il y a un grand nombre de statuts qui se rapportent à la fois aux personnes et aux choses; ces statuts personnels « où se mêlent les choses », ou statuts mixtes, doivent toujours être assimilés aux statuts réels, puisque la territorialité est la règle. — La seconde restriction fut introduite en matière de capacité. Si les lois qui ont pour objet la capacité sont, par leur nature, personnelles, et par suite, extraterritoriales, cela ne doit s'entendre que des lois qui affectent d'une manière générale la capacité des personnes, leur capacité totale; les statuts qui n'établissent que des aptitudes ou des incapacités particulières appartiennent à la classe des statuts réels. Ainsi le statut qui détermine l'âge de la majorité s'appliquera à la personne même en dehors du territoire de la coutume, parce qu'il affecte l'état tout entier; au contraire, le statut qui interdit au mari de faire une libéralité à sa femme, n'édictant qu'une incapacité particulière, est strictement territorial. Cette distinction tout à fait arbitraire est celle qui exprime le mieux le caractère essentiellement réaliste de la doctrine de d'Argentré. En définitive, sont personnelles uniquement les coutumes qui statuent sur la capacité générale de la personne et qui ne produisent aucun effet sur ses biens.

255. Les idées de d'Argentré furent d'abord difficilement acceptées en France : Guy-Coquille, son contemporain, les combattit énergiquement (*Coutumes du pays et comté de Nivernois*, p. 1 et suiv.); elles constituaient un recul de la doctrine qui était depuis longtemps en formation. Elles obtinrent, au contraire, beaucoup de crédit en Hollande, où la question des statuts était alors l'objet d'un grand mouvement d'études. La Hollande était restée très attachée à l'esprit féodal, et possédait une école de jurisconsultes investis d'une grande autorité; la doctrine statutaire était essentiellement conforme à leurs principes juridiques; ils l'adoptèrent et en développèrent toutes les conséquences. Rodenburgh, Paul Voet et Jean Voet, les plus célèbres parmi ces jurisconsultes, fondèrent, au 17e siècle, ce que l'on a appelé l'*école hollandaise*, qui ne créa pas, à proprement parler, une doctrine nouvelle, mais se donna pour mission, à l'exemple de d'Argentré, de faire prévaloir, dans la matière du conflit des lois, le principe de la territorialité. Leur influence contribua en France au succès des idées réalistes de d'Argentré.

Cependant un courant contraire s'établit dans notre pays au siècle suivant. Les jurisconsultes français du 18e siècle, notamment Boullenois, le président Bouhier et l'avocat Froland reprirent la question et élargirent considérablement les exceptions admises à la réalité des coutumes par les premiers statutaires. Boullenois (1680-1762), dans son *Traité de la personnalité et de la réalité des lois, coutumes ou statuts*, contenant quarante-neuf principes, enseigne encore que, toutes les fois qu'il y a doute, le conflit doit être résolu dans le sens de la réalité; mais il n'admet qu'avec des réserves la distinction de d'Argentré entre les statuts qui créent des incapacités générales et ceux qui édictent des incapacités particulières; d'après lui, ces derniers doivent être considérés comme personnels lorsqu'ils concernent la personne, abstraction faite des biens, comme la disposition du sénatus-consulte Velléien, par exemple, sur l'incapacité de la femme. Il se déclare, en outre, contre la théorie des statuts mixtes, voulant que la question soit uniquement résolue, dans tous les cas, d'après l'objet principal du statut et l'intention du législateur. — Le président Bouhier (1673-1746) va plus loin dans la même voie; il pose en principe que, dans le doute, le statut doit être considéré comme personnel : c'est le renversement de la règle qui avait prévalu jusqu'alors; il décide que tout statut qui a pour objet la capacité de la personne suit celle-ci en quelque endroit qu'elle se trouve, qu'il s'agisse de la capacité générale ou d'une capacité particulière. — Enfin Froland, mort en 1746, développe la même doctrine et étend encore le domaine du statut personnel en l'appliquant à la matière des testaments. — Il faudrait citer ici tous les autres jurisconsultes de cette époque qui traitent la même question avec plus ou moins de développements; dans la seconde moitié du 18e siècle, le mouvement d'études provoqué par la doctrine statutaire se ralentit en France; les prédécesseurs immédiats des rédacteurs du code civil ne parlent plus guère de la question qu'incidemment; Pothier lui-même ne s'arrête que sur quelques points particuliers; Merlin lui fait une plus grande place dans son *Répertoire* et dans ses *Questions de droit*.

En définitive, ce sont les idées de Bouhier, de Boullenois et de Froland qui tendent de plus en plus à prévaloir; la division de toutes les lois en statuts réels et en statuts personnels continue de former la base du système, mais la personnalité l'emporte sur la réalité. Toutes les dispositions relatives aux biens sont des statuts réels, à l'exception de celles qui s'appliquent aux meubles, lesquelles sont assimilées aux statuts personnels, les meubles n'ayant pas de situation fixe, indépendante du domicile de leur propriétaire. Telle est la dernière formule de la doctrine française, celle qui était admise par la généralité des auteurs quand fut rédigé le code civil.

256. Cette doctrine a-t-elle été consacrée par le code? La question est discutée aujourd'hui et résolue négativement par certains auteurs (Weiss, p. 270 et suiv.). On fait remarquer, en ce sens, que les rédacteurs du code ont évité d'employer la terminologie adoptée par les jurisconsultes statutaires; les mots *statut réel* et *statut personnel* ne sont pas reproduits dans l'art. 3; l'exclusion de ces termes traditionnels, dit-on, a une signification; d'ailleurs, si le législateur de 1804 avait eu l'intention de transformer en règles législatives la théorie des statuts, il s'en serait expliqué en formulant un certain nombre de propositions que les décisions qu'elle provoquait encore en 1804 dans la doctrine et dans la jurisprudence rendaient nécessaires; or, il ne consacre au conflit des lois qu'un seul article, dont la rédaction n'implique l'adoption d'aucun système déterminé.

Il nous paraît difficile de soutenir cette opinion. Les travaux préparatoires prouvent que le législateur a entendu reproduire dans l'art. 3 les principes fondamentaux de l'ancienne doctrine; c'est ce que déclara formellement le tribun Faure au conseil d'Etat: « L'art. 3 contient les principales bases d'une matière connue, dans le droit, sous le titre de statuts personnels et de statuts réels » (Locré, t. 1, p. 317). Dans son exposé des motifs du titre préliminaire, Portalis s'exprime ainsi: « On a toujours distingué les lois qui sont relatives à l'état et à la capacité des personnes d'avec celles qui règlent la disposition des biens. Les premières sont appelées *personnelles*, et les secondes *réelles* » (Locré, *eod. loc.* p. 304). Ajoutons qu'aucun orateur n'intervint dans la discussion pour faire substituer un autre système à la théorie statutaire. — L'opinion que nous émettons est d'ailleurs celle de tous les commentateurs du code civil. Ce qui est vrai, c'est que les rédacteurs du code se sont bornés à reproduire, dans l'art. 3, les deux principales règles de la théorie des statuts et qu'ils ont laissé, par suite, en dehors de ces deux règles, une grande liberté d'appréciation aux interprètes chargés de statuer sur les nombreuses questions que soulève le conflit des lois. A ce point de vue, les solutions données par nos anciens auteurs sur tous les points qui ne sont pas législativement tranchés, n'ont évidemment pas le caractère de règles obligatoires, mais elles peuvent être d'un grand secours, encore aujourd'hui, dans l'application des principes. On verra (*infrà*, n° 258) que la théorie des statuts est tombée en grand discrédit et qu'elle est destinée probablement à disparaître plus ou moins prochainement des législations de l'Europe; mais n'en subsiste pas moins aujourd'hui.

Ces observations nous engagent à conserver, dans notre nouveau travail, le cadre adopté au *Répertoire*, sauf à tenir compte, dans la mesure où les textes nous en laissent la liberté, des indications fournies par les nouvelles doctrines dont on va donner une analyse sommaire.

257. — III. THÉORIES MODERNES. — La théorie des statuts est attaquée aujourd'hui avec beaucoup de vigueur par la plupart des jurisconsultes. On ne peut pas nier qu'elle réalisa un progrès sur la doctrine de la territorialité absolue des lois qui régnait à l'époque féodale. En faisant prévaloir dans un assez grand nombre de cas, la loi étrangère sur la loi locale; elle a frayé la voie à la première et préparé la place qu'on revendique maintenant pour elle. Mais on ne doit pas attribuer à cette théorie d'autre avantage; elle présente au contraire des défauts essentiels.

On critique d'abord le principe même de la doctrine statutaire qui dérive d'une fausse conception de la souveraineté; le système des statuts est, en effet, construit sur cette idée que les lois sont par leur nature, territoriales les statuts personnels sont considérés par presque tous nos anciens auteurs comme des exceptions que des nécessités pratiques ou des motifs de convenance ont fait apporter à ce principe. Or, c'est l'idée contraire qui est vraie; les lois sont bien plutôt faites pour les personnes que pour les lieux que celles-ci occupent; la souveraineté n'est pas seulement territoriale, elle est aussi et surtout personnelle; les statutaires ont eu le tort de mettre la règle à la place de l'exception (Laurent, n°s 408 et suiv.; Despagnet, n°s 137 et suiv.; Weiss, p. 232 et suiv.; Pasquale Fiore, traduction de Pradié-Fodéré, *Droit international privé*, p. 47 et suiv.; Asser, traduction, de Rivier, *Eléments de droit international privé*, p. 29 et suiv.; Brocher, *Cours de droit international privé*, p. 36 et suiv.).

Le second vice capital de la théorie des statuts est sa trop grande généralité. Nos anciens auteurs eurent tort de croire que toute règle de droit, quelle qu'en soit la nature, est susceptible de rentrer dans la classe des statuts réels ou dans celle des statuts personnels; il en résulta que ces deux termes devinrent synonymes, le premier, de lois territoriales, et le second, de lois extraterritoriales. C'était une confusion d'idées très distinctes et une fausse appréciation de la question. Il y a, en effet, un grand nombre de dispositions législatives qui ne se rapportent à proprement parler ni aux choses, ni aux personnes, comme, par exemple, celles qui sont relatives à la forme des actes, ou qui fixent les effets des contrats. La création des statuts mixtes, qui ne furent d'ailleurs acceptés que par quelques auteurs, était insuffisante et presque inutile.

La distinction des statuts réels et personnels ne reposait elle-même sur aucune base certaine; la plupart des dispositions concernant les personnes, concernent aussi les choses. Faire dépendre le caractère de ces dispositions du point de savoir si c'est la chose ou la personne qui en fait l'objet principal, c'est abandonner la solution du problème aux appréciations arbitraires des tribunaux; d'ailleurs le législateur ne parle des choses qu'au point de vue et dans l'intérêt des personnes que pour déterminer les droits que celles-ci peuvent exercer, de telle sorte que toute les lois quel qu'en soit l'objet, sont en réalité personnelles. L'absence de critérium explique les incohérences que l'on constate dans les explications auxquelles donna lieu l'ancienne distinction.

Pour tous ces motifs, la théorie des statuts est tombée aujourd'hui dans un grand discrédit; presque tous les jurisconsultes modernes la repoussent et proposent, pour la remplacer, de nouveaux systèmes plus scientifiques. Seuls, les jurisconsultes anglais et américains se constituent encore les défenseurs du principe de la réalité des lois; l'application des lois étrangères dans un pays n'a pas d'autre fondement, d'après eux, que des motifs d'intérêt bien entendu, de convenance, de courtoisie internationale, *comitas gentium*. La dernière expression, employée déjà par Paul Voet dans son traité *De statutis eorumque concursu*, sert à caractériser ce système, qui se confond, en réalité, au point de vue du principe sur lequel il repose, avec la doctrine de nos anciens auteurs (Story, *Commentaries on the conflict of laws*, § 20 à 25; Westlake, *A treatise on private international law*, § 402, p. 384; Sir Robert Phillimore, *Commentaries upon international law*, t. 4; *Private international law, or comity;* Wharton, *A treatise on the conflict of laws, or private international law*, p. 712 et 713).

Le système de la *comitas gentium* est non seulement dépourvu de caractère juridique, il est de plus insuffisant. On peut, à la rigueur, faire intervenir, en effet, les convenances internationales pour faire prévaloir la loi étrangère sur la loi locale; mais qui ne voit que la *comitas* est hors de cause et, par conséquent, ne peut plus servir de règle lorsque, ce qui est un cas très fréquent, plusieurs lois étrangères se trouvent engagées dans le conflit?

258. Les jurisconsultes allemands, belges, espagnols, français et italiens rejettent la doctrine de la *comitas* et reconnaissent que l'autorité extraterritoriale des lois étrangères se justifie et ne peut se justifier que par un principe de droit. Mais à quel principe juridique s'attacher pour résoudre les conflits qui se présentent entre les lois rivales? C'est sur ce point que les auteurs se divisent et présentent des systèmes très différents dont voici les principaux. Il est intéressant de les connaître, car ils renferment les éléments de celui qui prévaudra dans la plupart des législations de l'avenir, l'un d'eux a même déjà passé dans le nouveau code italien et les idées communes qui les rapprochent exercent dès maintenant sur la jurisprudence une influence que l'on constate même en France.

D'après une théorie enseignée par Waechter, il faudrait, toutes les fois que le législateur ne s'est pas expliqué sur la question qui fait naître le conflit, rechercher s'il a eu l'intention de faire prédominer la loi locale sur la loi étrangère et pour cela, considérer dans quel esprit est conçue la disposition de la loi locale; dans le doute, le juge appliquerait la *lex fori*, c'est-à-dire la loi du pays où le procès s'est engagé (*Archiv für die civil Praxis*, t. 24 et 25, 1841-1842). On a dit avec raison que cette règle ne résout pas la difficulté.

Une autre opinion enseigne que la solution dépend non pas de l'intention du législateur, mais de la volonté des parties, exprimée ou présumée (Hauss, *De principiis a quibus pendet legum sibi contrariarum auctoritas*). Outre les difficultés et les incertitudes que présente son application, ce système a le grave inconvénient de transformer la loi en une convention et d'autoriser la violation des principes d'ordre public dont le législateur local a le droit d'imposer l'observation même aux étrangers.

Schaeffner propose d'appliquer, dans tous les cas, la *loi du lieu où a pris naissance le rapport juridique* qui engendre le conflit (*Entwickelung des internationalen Privatrechts*). Appliquant ce principe aux différents faits juridiques, l'auteur décide qu'en matière d'état et de capacité, la loi à suivre est celle du domicile; en matière de conventions, celle du lieu où les parties ont contracté; en matière de successions la loi du domicile, parce que les biens sont considérés comme universalité et que le patrimoine est inséparable de la personne. — Ce critérium est aussi imparfait que les précédents, car il y a beaucoup de cas dans lesquels il est impossible de déterminer dans quel lieu le rapport juridique s'est formé. Toute relation de droit, en effet, comme le remarque M. Weiss (p. 240), peut et doit avoir plusieurs termes ayant chacun peut-être un siège différent. Est-ce à son sujet ou à l'objet sur lequel elle porte qu'il faudra s'attacher? M. Schaeffner ne le dit pas.

Un autre juriconsulte allemand, de Savigny, a créé une théorie, à laquelle se sont ralliés beaucoup d'esprits (Pasquale Fiore, p. 73; Despagnet, n° 155; Asser, p. 31). Il n'existe pas, d'après lui, de critérium unique. La détermination du lieu où l'instance s'est engagée ou de celui où le rapport de droit a pris naissance, quoique plus importante que les autres circonstances, n'est pas déterminante; ce qu'il faut considérer, c'est *la nature du fait juridique* qui fait l'objet du conflit. Suivant la nature du rapport de droit, on appliquera tantôt la loi locale, tantôt la loi étrangère, à moins que l'ordre public ne soit intéressé à l'application de la loi locale, auquel cas celle-ci obtiendra toujours la priorité. C'est, d'ailleurs, aussi en examinant la nature du fait juridique qu'on déterminera, au cas de concours entre plusieurs lois étrangères, quelle est celle qui doit l'emporter. En faisant l'application de son principe, de Savigny aboutit aux solutions suivantes: S'agit-il de l'état et de la capacité, c'est la loi du domicile de la personne qu'il faut consulter; s'agit-il des droits sur les biens, des moyens de les acquérir ou d'en disposer, ce sera la loi de la situation sans distinction entre les meubles et les immeubles; s'agit-il enfin d'obligations, ce sera, à moins d'indication d'une volonté contraire, la loi du lieu où elles doivent être exécutées, en ce qui concerne la validité intrinsèque ou les effets de l'obligation, et la loi du lieu où le lien de droit a été contracté, en ce qui concerne les formes extérieures (Savigny, *System des heutigen Roemischen Rechts*, t. 8, § 362, 365 à 369 375 et suiv.). — Ce système repose sur une idée rationnelle, mais il est lui-même très difficile à appliquer; la solution de chaque conflit se trouve, en définitive, abandonnée à l'arbitraire des tribunaux qui se diviseront, comme les jurisconsultes, sur l'appréciation des mêmes faits juridiques. On remarquera que Savigny accorde beaucoup plus d'importance au domicile qu'à la nationalité.

259. Il reste à faire connaître, pour clore cet exposé, une théorie qui jouit d'un grand crédit, enseignée par Laurent en Belgique (*op. cit.*, p. 624 et suiv.), par plusieurs jurisconsultes en France (Durand, *Essai de droit international privé*, p. 240; Weiss, p. 241; Rougelot de Lioncourt, *Du conflit des lois personnelles françaises et étrangères*, p. 18 et suiv.), et, en Italie, par tous les auteurs modernes qui ont écrit sur le droit international (Pasquale Fiore, *Diritto internazionale privato, preliminarii*, t. 4, n°ˢ 26 et 27, p. 39 et 40; Esperson, *Il principio di nazionalita*, p. 31-33; Lomano, *Diritto civile internazionale*, p. 40 et 41; Mancini, *Journal du droit international privé*, t. 1, p. 230). Cette théorie est connue sous le nom de système de la *personnalité du droit*. Ses partisans partent de ce principe, que toutes les lois sont, par leur nature, personnelles, en ce sens qu'elles s'appliquent, quels que soient les faits juridiques qui donnent naissance au conflit, à tous les membres de la nation qui les a faites, en quelque lieu qu'ils se trouvent, et à eux seulement, sauf certaines exceptions. Les motifs pour lesquels les lois qui règlent l'état et la capacité sont nationales, et, à ce titre, personnelles, s'appliquent, en effet, déclare M. Laurent, t. 1, p. 624, à toutes les lois privées. « L'Etat est avant tout, ajoute M. Weiss, p. 241, un *agrégat de personnes*, réunies par un lien contractuel de sujétion commune. Mais, pour qu'il puisse assurer à chacune de ces personnes les garanties et la protection qu'elle a le droit d'attendre de lui, il faut que cet Etat ait un territoire. La puissance s'exerce donc à la fois sur les personnes et sur le sol: mais ces deux éléments sont d'importance très inégale... Le territoire est à l'Etat ce que le domicile est à la personne, il n'est pas plus l'Etat que le domicile n'est la personne. C'est donc par ses sujets et pour ses sujets que l'Etat existe; sa souveraineté territoriale n'est que l'accessoire, que la dépendance de sa souveraineté personnelle ». Cette dernière, qui se manifeste par le droit qui appartient à l'Etat de donner des lois à ses nationaux, ne connaît pas de frontières territoriales. L'exterritorialité de la loi embrasse aussi bien les dispositions relatives à l'état et à la capacité des personnes que celles qui n'ont que les biens pour objet. « La distinction proposée par les statutaires, ajoute le même auteur, entre les lois *personnelles* et les lois *réelles*, est inutile et arbitraire. Toutes les lois, en effet, sont personnelles en ce sens que toutes procèdent plus ou moins de la personne... et se proposent de pourvoir au bien-être et à l'utilité de l'homme, qui est l'objet essentiel de leurs dispositions ». Cette doctrine, d'origine italienne, est fondée sur le *principe de nationalité*, transporté du domaine de la politique dans celui du droit. Il est vrai que ce principe est actuellement violé dans la constitution d'un grand nombres d'Etats et que son application rigoureuse, dans notre matière, aboutirait à l'anarchie; mais on répond à cette objection que le mot nationalité est employé ici comme synonyme d'Etat souverain et indépendant (Laurent, *op. cit.*, p. 642).

L'école de la personnalité du droit apporte trois restrictions à la règle que tout conflit est soumis à la loi personnelle ou nationale de l'intéressé. La première est relative aux lois *d'ordre public international*. De ce principe que tout Etat a le droit de se défendre, il résulte qu'il est autorisé à repousser l'application, sur son territoire, de toute loi étrangère qui porterait atteinte à sa constitution sociale ou politique. Cette restriction, qui correspond à la part faite à la souveraineté territoriale, vis-à-vis de la souveraineté personnelle étrangère, embrasse non seulement les lois pénales de police, d'organisation générale et de procédure, mais aussi celles qui sont relatives à la constitution de la propriété. Restent, en second lieu, en dehors de l'application du principe, les lois concernant la forme des actes, laquelle est toujours déterminée par la législation du lieu où l'acte est passé, en vertu de la maxime *locus regit actum*. Enfin la règle, que toute personne reste soumise à la loi de sa patrie même en pays étranger ne comprend pas non plus les lois qui ne s'imposent pas obligatoirement aux parties, mais celles qui ont seulement pour but de suppléer à leur silence par interprétation de leur volonté. Cette dernière restriction, résultant de ce que l'on appelle l'*autonomie de la volonté*, a surtout son application en matière de testament et de conventions.

Malgré les nombreuses adhésions que la doctrine de la personnalité du droit a obtenues, les progrès qu'elle fait chaque jour dans les esprits et la consécration législative qu'elle a reçue (V. *infrà*, n°ˢ 270, 274) dans deux codes étrangers promulgués récemment, elle rencontre encore aujourd'hui de vives résistances; le plus grave défaut qu'on puisse lui reprocher est de ne pas offrir de critérium certain lorsque les parties entre lesquelles s'élève le conflit invoquent chacune le principe de nationalité pour soumettre le fait juridique qui les intéresse à leur loi personnelle. M. Laurent (t. 1, p. 636), prévoyant cette hypothèse, s'exprime ainsi: « Il se peut que les parties contractantes appartiennent à des nations différentes. Dans ce cas, il faut voir quelle est leur intention, et, si elles ne l'ont pas exprimée, le juge doit chercher quelle a été leur volonté d'après toutes les circonstances de la cause ». C'est remettre en réalité la solution du problème à l'appréciation des tribunaux. Ne serait-ce pas ici le cas d'appliquer la doctrine de Savigny et de décider que, lorsque deux ou plusieurs lois personnelles se trouvent en concours entre elles, la priorité de l'une par rapport à l'autre sera déterminée d'après la nature du fait juridique qui donne naissance au conflit? La difficulté de formuler, dans cette matière, un principe juridique universellement accepté, les divergences qui en résultent dans la jurisprudence des différents pays, surtout la diversité des législations étrangères, prouvent combien il serait nécessaire de fixer par des traités la solution des principaux conflits; jusqu'ici les tentatives faites pour atteindre ce résultat, notamment l'initiative prise en 1861 par le gouvernement italien, et en 1874 par celui des Pays-Bas, n'ont pu aboutir, et il est à prévoir que, pendant longtemps encore, la science devra chercher la solution de ces problèmes en attendant l'œuvre de la diplomatie.

260. — IV. Droit comparé. — L'ancienne doctrine statutaire est encore aujourd'hui la base de la plupart des législations étrangères. Les autres sont dominées par deux principes contraires, celui de la territorialité absolue et celui de la personnalité. Beaucoup d'ailleurs apportent aux doctrines dont elles s'inspirent des tempéraments qui établissent entre elles une certaine unité, non de droit, mais de fait.

261. — 1° *Allemagne.* — La commission chargée d'élaborer un projet de code civil pour l'Empire allemand avait consacré vingt-six articles à la matière du conflit des lois; mais il résulte d'une communication de M. Bufnoir à la Société de législation comparée (*Bulletin*, 1889, p. 148), que ces articles n'ont pas été publiés avec le projet.

Le code civil prussien renferme les dispositions suivantes: « Art. 22. Les lois de l'Etat obligent tous ses membres, sans distinction d'état, de rang ou de sexe. — Art. 23. La qualité et la capacité personnelle d'un individu sont jugées d'après les lois de la juridiction dans le ressort de laquelle il a son domicile réel. — Art. 24. Une simple absence hors de cette juridiction ne change point les droits et les obligations personnels de cet individu, si son intention de choisir un autre domicile n'apparaît avec certitude. — Art. 25. Tant qu'une personne n'a pas de domicile certain, ses droits et ses obligations personnels sont déterminés par le lieu de son origine. — Art. 26. Si le lieu de son origine est inconnu, ou s'il est situé hors du territoire du royaume, on applique les dispositions du *Landrecht* (code civil prussien), ou les lois particulières du lieu de la résidence, suivant la loi qui favorise le plus la validité de la convention. — Art. 34. Les sujets des nations étrangères, qui résident dans un Etat ou y font des affaires, sont jugés d'après les règles précédentes. — Art. 35. Cependant un étranger qui contracte en Prusse, sur des objets qui s'y trouvent, doit être jugé, relativement à sa capacité de contracter, suivant les lois qui favorisent le plus la validité de la convention ». Il résulte de ces règles que le code prussien reconnaît le principe de l'exterritorialité des lois d'état et de capacité, en l'écartant toutefois lorsque son application est de nature à préjudicier aux intérêts purement privés des régnicoles. Le nouveau code de procédure civile de l'Empire applique cette idée dans son art. 53: « Un étranger qui, d'après la loi de son pays, ne possède pas la qualité d'ester en justice, est censé l'avoir, si cette capacité lui compète d'après la loi du tribunal saisi du procès ». — Les immeubles sont régis par la loi du pays où ils sont situés, quelle que soit la nationalité de leurs propriétaires. Les meubles, au contraire, sont soumis à la loi du lieu où leur propriétaire a son domicile; s'il a plusieurs domiciles ou si le domicile est incertain, on applique la *lex rei sitæ.* — En ce qui concerne la forme des actes, on suit la règle *locus regit actum;* cependant il y a lieu de se conformer aux prescriptions de la *lex rei sitæ*, lorsqu'il s'agit d'actes qui ont pour objet d'établir ou de constater un droit réel sur un immeuble.

Il est à remarquer que, bien que reconnaissant la personnalité des lois d'état et de capacité, le législateur prussien renvoie non pas à la loi nationale de l'étranger, mais à celle de son domicile. La prédominance du domicile sur la nationalité est un des caractères du droit germanique. Cette règle n'est cependant pas absolue, ainsi la loi générale sur le change de 1848 (art. 84), porte qu'en principe, « la capacité d'un étranger de s'obliger par lettre de change est appréciée par *la loi de l'Etat auquel il appartient* ». De même, d'après l'art. 53 précité du nouveau code de procédure civile de l'Empire, la capacité requise pour ester en justice est déterminée pour l'étranger, d'après *la loi de son pays.*

Le nouveau code civil saxon (art. 7 et 8) dispose, en termes généraux, que la capacité personnelle d'un étranger doit s'apprécier d'après *la loi de l'Etat auquel il appartient* à moins qu'il n'ait contracté dans le pays même, auquel cas c'est la loi saxonne qui lui est applicable. D'après l'art. 10 du même code, toute chose corporelle mobilière ou immobilière suit la loi du lieu où elle se trouve. (V. sur la législation allemande : de Savigny, t. 8, § 363; Laurent, t. 2, p. 107; Lehr, *Eléments de droit civil germanique*, p. 7 et suiv.; Asser, *Revue de droit international*, 1875, p. 408 ; Esperson, *Journal du droit international privé*, 1880, p. 258; Stoerk, *ibid.*, 1883, p. 8 et 11, note 1).

262. — 2° *Autriche.* — Aux termes du paragraphe 4 du code civil autrichien, « les lois civiles régissent tous les citoyens appartenant aux pays pour lesquels elles ont été promulguées. Les citoyens demeurent ainsi soumis aux lois civiles pour les affaires et les actes conclus hors du territoire de l'Etat, en tant que la capacité d'y concourir est restreinte par ces lois et que ces actes sont destinés à produire des effets légaux dans le territoire de ces pays ». Comme le remarque M. Stoerk (*Journal du droit international privé*, 1880, p. 329 et suiv.), ce paragraphe 4 se rapproche étroitement de l'art. 3, § 3, du code civil français. Il y a cependant entre les deux législations une importante différence : tandis que les Français en pays étranger restent toujours soumis aux lois françaises en ce qui concerne leur état et leur capacité, la loi autrichienne ne s'applique au citoyen séjournant hors du territoire qu'en tant qu'elle restreint sa capacité, et encore seulement s'il s'agit d'actes juridiques destinés à produire des effets légaux en Autriche. Dans tous les autres cas, le sujet autrichien éloigné de sa patrie est régi par la loi du pays étranger où il se trouve.

En ce qui concerne l'autorité des lois autrichiennes vis-à-vis des étrangers, le même code contient les dispositions suivantes : « Art. 34. La capacité personnelle des étrangers relativement aux actes de la vie civile doit, en général, être jugée d'après les lois qui sont en vigueur au lieu du domicile de l'étranger, ou, à défaut d'un domicile réel, d'après les lois auxquelles l'étranger est soumis comme sujet, à moins que les lois n'en aient décidé autrement pour des cas particuliers ». Ce texte n'est pas interprété de la même manière par les jurisconsultes autrichiens. Les uns lui donnent ce sens, que les étrangers en Autriche sont comme les Autrichiens en pays étranger régis par la loi de leur patrie en quelque lieu que soit leur domicile, le législateur n'ayant pas dû consacrer deux systèmes contradictoires pour deux hypothèses identiques. Les autres, dont l'opinion est beaucoup plus conforme au texte, enseignent que, pour l'étranger résidant en Autriche, la loi du domicile est substituée à celle de la nationalité (V. l'exposé de cette controverse par Stoerk, *Journal du droit international privé*, loc. cit.). « Art. 35. Un engagement pris par un étranger en Autriche vis-à-vis d'une personne à laquelle il confère des droits, sans l'obliger elle-même envers lui, sera jugé, soit d'après le présent code, soit d'après la loi à laquelle l'étranger est personnellement soumis, suivant que l'une ou l'autre législation favorise le plus la validité de cet engagement ». Cette disposition apporte au principe de l'exterritorialité des lois relatives à la capacité des étrangers une restriction analogue à celle que nous avons signalée dans le code prussien. « Art. 36. La convention synallagmatique passée en Autriche entre un étranger et un Autrichien sera jugée, sans exception, d'après les dispositions du présent code... ». Cette disposition appartient au même ordre d'idées que la précédente et a pour but aussi de favoriser les régnicoles. Si la règle posée dans l'art. 36 est limitée aux conventions synallagmatiques, c'est que, comme l'explique M. Weiss (*op. cit.*, p. 313), l'art. 35 garantit suffisamment les intérêts autrichiens au cas de convention unilatérale.

Il convient d'ajouter que, d'après le paragraphe 300, les immeubles sont régis par la loi du lieu où ils sont situés et les meubles par la loi personnelle de celui auquel ils appartiennent.

263. — 3° *Suisse.* — L'art. 10 de la loi fédérale du 22 juin 1881, sur la capacité civile, pose le principe suivant : « Les dispositions de la présente loi s'appliquent à tous les ressortissants suisses, soit qu'ils résident en Suisse, soit qu'ils demeurent à l'étranger. La capacité civile des étrangers est régie par le droit du pays auquel ils appartiennent. Toutefois l'étranger qui, d'après le droit suisse, posséderait la capacité civile, s'oblige valablement par les engagements qu'il contracte en Suisse, lors même que cette capacité ne lui appartiendrait pas selon le droit de son pays ». Cette restriction rapproche le système suisse des systèmes allemand et autrichien ; mais il est à remarquer que c'est moins l'intérêt suisse que la loi a voulu protéger que celui des personnes qui résident en Suisse, quelle que soit leur nationalité ; aucune distinction n'est faite, en effet, entre le cas où l'engagement est contracté envers un Suisse et celui où il est souscrit envers un étranger » (V. une étude de M. Alfred Martin, sur la capacité civile au point de vue du droit international privé, selon la législation fédérale suisse, *Journal du droit international privé*, 1883, p. 29 et suiv.). — L'exception ci-dessus a été appliquée, en matière de lettres de change, par le code fédéral des obligations, art. 822. « Toutefois, l'étranger qui, d'après le droit suisse, serait capable de s'obliger par lettre de change, s'oblige valablement de cette façon en Suisse, encore qu'il soit incapable d'après le droit de son pays ».

264. — 4° *Russie.* — La législation varie avec les provinces de l'Empire. — Dans les provinces soumises au *svod*, le principe en vigueur est, d'après M. Lehr (*Eléments de droit civil russe*, p. 6), « le même que celui qui est consacré par l'art. 3 c. civ. français ; l'étranger, en ce qui concerne son statut personnel, peut se prévaloir de sa loi nationale ; pour tout le reste, il est soumis aux lois russes ». — Il en est de même en *Pologne* où le code civil français a conservé son autorité (Lehr, *ibid.* — V. aussi une étude de M. Lipinski sur la situation des étrangers en Pologne, avant et après son partage, *Bulletin de la Société de législation comparée*, 1887, p. 404 et suiv.). — En *Finlande*, quoique la jurisprudence soit peu fixée, les principes généralement admis peuvent se résumer dans les dispositions suivantes : « La capacité personnelle des étrangers, spécialement au point de vue de la majorité ou de la minorité et de la validité de leur mariage, s'apprécie d'après les règles de leur pays d'origine. Mais ils sont soumis à la loi finlandaise, en tout ce qui dépend du statut réel des lois d'ordre public, de police ou de sûreté ; et il en est de même par rapport aux actes juridiques passés par eux en Finlande. Toutefois ce dernier principe comporte diverses exceptions ; ainsi, la succession légitime d'un étranger mort dans ce pays est régie par sa loi nationale en ce qui concerne les meubles ; quant aux immeubles situés en Finlande, la dévolution en est subordonnée aux lois successorales du pays » (Lehr, *op. cit.*, p. 8). Le principe de la territorialité a prévalu, au contraire, dans les provinces baltiques. Il résulte notamment des art. 4 et suiv. de l'introduction du *Privatrecht* que les diverses lois provinciales sont respectivement obligatoires : 1° pour tous les habitants de la province (à l'exception des paysans), sujets russes ou étrangers ; 2° pour tous les immeubles situés dans la province, quel que soit le droit personnel du propriétaire. Des règles analogues sont appliquées en Livonie, en Esthonie et en Courlande (Lehr, *ibid.*).

265. — 5° *Roumanie.* — Les étrangers sont régis par les lois de leur pays pour tout ce qui se rapporte à leur état et à leur capacité, pourvu qu'elles ne soient pas contraires à la morale et à l'ordre public. Cette restriction, que nous n'avons pas toujours mentionnée, existe d'ailleurs dans tous les pays qui reconnaissent l'exterritoralité des lois d'état et de capacité. — L'art. 2 du code civil roumain déclare que tout immeuble possédé par des étrangers est soumis à la loi roumaine ; mais il importe de rapprocher cette disposition de l'art. 7 de la constitution, qui interdit aux étrangers de posséder des immeubles ruraux. En ce qui concerne les biens mobiliers, on distingue entre les meubles considérés individuellement et les meubles considérés comme universalité : les premiers sont assujettis à la loi roumaine ; il y a controverse, pour les seconds, auxquels les uns appliquent la loi personnelle du propriétaire, et les autres la loi roumaine, comme lorsqu'il s'agit d'immeubles, en se fondant sur le principe de l'unité du patrimoine. — Quant à la forme des actes, la règle *locus regit actum* est admise sans difficulté (Comp. Suliotis, *Journal du droit international privé*, 1887, p. 434 et suiv., p. 559 et suiv. ; Basilesco, *Revue générale de droit et sciences politiques*, de Bucharest, t. 1, 1886-1887, p. 107 et suiv.).

266. — 6° *Pays-Bas.* — Le code néerlandais de 1838 n'est qu'une revision du code civil français. L'art. 6 reproduit, en particulier, la disposition de l'art. 3, § 3 : « Les lois concernant les droits, l'état et la capacité des personnes obligent les Néerlandais, même lorsqu'ils se trouvent en pays étranger ». La jurisprudence applique le même principe par réciprocité aux étrangers. La règle *locus regit actum* est consacrée expressément dans l'art. 10 de la loi du 15 mai 1829, renfermant les dispositions générales de la législation néerlandaise (Asser, *Revue de droit international*, 1869, p. 113 et suiv. ; Laurent, *op. cit.*, t. 2, p. 110 et suiv.).

267. — 7° *Espagne.* — Les règles relatives au conflit des lois sont indiquées par la jurisprudence. Elles consacrent, au profit des étrangers, la prédominance de la loi personnelle sur la loi territoriale. La cour de cassation de Madrid, dont la jurisprudence a force de loi, déclare, dans un arrêt du 6 nov. 1867 (*Journal du droit international privé* 1882, p. 405 et suiv.), que « le statut personnel régit tous les actes qui se rapportent, au point de vue civil, à la personne de l'étranger, se soumettant aux lois en vigueur dans le pays dont il est sujet, et décidant, d'accord avec elles, toutes les questions d'aptitude, de capacité et de droits personnels ». La cour appuie ce principe, il est vrai, moins sur des motifs de droit que sur des considérations d'utilité pratique. Un autre arrêt de la même cour, du 27 nov. 1868, décide plus spécialement que « la loi nationale de chaque individu régit ses droits personnels, sa capacité de transmettre par testament ou *ab intestat* et le régime de son mariage ou de sa famille ». — Il ressort de ces solutions que la législation espagnole est une de celles qui sont le plus favorables aux lois étrangères. — On remarquera, en particulier, qu'elle consacre le principe de la personnalité des lois successorales en tant qu'elles ne portent atteinte ni au régime de la propriété, ni aux intérêts politiques ou généraux de l'Etat (*Journal du droit international privé*, loc. cit. ; *Bulletin de la Société de législation comparée*, 1885, p. 351 et suiv.).

268. — 8° *Portugal.* — L'art. 27 du code civil portugais porte que l'état et la capacité civile des étrangers sont régis dans le royaume par leur loi nationale, pourvu qu'elle ne soit pas contraire à l'ordre public. L'art. 14 du projet de code de commerce dispose de même que « la capacité commerciale des Portugais qui contractent des obligations mercantiles en pays étranger, et celle des étrangers qui les contractent sur le territoire portugais, seront réglées par la loi nationale de l'un ou de l'autre, sauf, à l'égard des derniers, quand cette loi sera contraire au droit public portugais ». Toutefois, aux termes de l'art. 12, la femme commerçante étrangère ne peut se prévaloir des privilèges que sa loi nationale attribuerait aux personnes de son sexe (Lehr, *Journal du droit international privé*, 1888, p. 362 et suiv.).

269. — 9° *Suède.* — Le principe de la territorialité de la loi domine en Suède. Les règles suivies en matière de conflit des lois sont toutefois difficiles à préciser, le code suédois ne contenant aucune disposition sur ce point. Nous dirons seulement qu'on applique la loi du lieu où l'acte est passé en ce qui concerne les formalités à observer ; mais on ne paraît pas admettre que les étrangers soient soumis à leurs lois nationales quant à leur état et leur capacité ; il est interdit aux étrangers, notamment, de contracter en Suède des mariages dont les effets légaux seraient en opposition avec le droit suédois. Il en résulte, dit un auteur, que si l'empêchement dirimant du mariage n'existe pas dans les lois du pays que l'étranger regarde comme sa patrie, le mariage est considéré comme nul devant les tribunaux suédois (d'Olivecrona, *Journal du droit international privé*, 1883, p. 343 et suiv.).

270. — 10° *Italie.* — Le nouveau code civil italien est le premier qui ait consacré presque sans restriction le système de la personnalité du droit. C'est actuellement encore la seule législation de l'Europe qui repose sur ce principe. La matière du conflit des lois fait l'objet de six articles dans le code de 1865.

L'état et la capacité des personnes, comme les rapports de famille, sont régis par les lois de la nation à laquelle elles appartiennent (art. 6). Les biens meubles sont soumis à la loi de la nation de leur propriétaire, sauf disposition contraire de la loi du pays où ils se trouvent. Les biens immeubles sont soumis à la loi en vigueur au lieu de leur situation (art. 7). Les successions légitimes et les successions testamentaires, en ce qui concerne soit l'ordre successoral, soit la quotité des droits successoraux et la validité intrinsèque des dispositions, sont réglées par la loi de la nation de celui dont l'hérédité est ouverte, quels que soient la nature des biens et le pays où ils se trouvent (art. 8). Les formes extrinsèques des actes entre vifs et de ceux de dernière volonté suivent la loi du lieu où ils se font. Les disposants ou les contractants ont la liberté de s'en tenir aux formes fixées par leurs lois nationales, pourvu qu'elles soient communes à toutes les parties. La substance et les effets des donations et des dispositions de dernière volonté sont censés réglés par les lois de la nation des disposants. Le fond et les effets des obligations sont censés réglés par les lois du lieu où les actes se sont faits, et si les contractants étrangers sont d'une même nation, ce sera par leurs lois nationales, sauf l'expression d'une autre volonté (art. 9). La compétence et les formes de procédure sont régies par les lois du lieu où est rendu le jugement. Les moyens de preuve des obligations sont déterminés par les lois du lieu où a été rédigé l'acte. Les jugements prononcés par une autorité étrangère en matière civile ont exécution dans le royaume quand ils sont déclarés exécutoires dans les formes établies par le code de procédure civile, sauf les dispositions de conventions internationales. Les modes d'exécution des contrats et des jugements sont régis par les lois du lieu où se poursuit l'instance (art. 10). Les lois pénales, de police et de sûreté publique obligent tous ceux qui sont sur le territoire du royaume (art. 11). Malgré les dispositions des articles précédents, les lois, les actes, les jugements passés en pays étranger, pas plus que les dispositions et les conventions particulières, ne peuvent, en aucun cas, déroger aux lois prohibitives du royaume concernant les personnes, les biens ou les contrats, ni aux lois qui intéressent de quelque manière l'ordre public et les bonnes mœurs (art. 12) (Huc et Orsier, *Le code civil italien*, t. 1, p. 18 et suiv.; Esperson, *Journal du droit international privé*, 1880, p. 248 et suiv.).

271. — 11° *Belgique.* — La matière du conflit des lois est encore régie en Belgique par les dispositions du code civil français qui y font naître les mêmes difficultés que dans notre pays. M. Weiss (p. 302, note 4), s'appuyant sur plusieurs décisions, notamment des cours de Bruxelles et de Liège, dit que la jurisprudence belge, après quelques hésitations, paraît avoir écarté le système qui n'applique la loi personnelle de l'étranger, qu'autant qu'elle n'est pas en opposition avec l'intérêt privé d'un sujet belge. — L'état de choses actuel ne subsistera plus d'ailleurs longtemps. Le comité de revision du code belge ne consacre pas moins de douze articles du titre préliminaire (art. 5 à 14) à notre sujet (V. le texte du projet dans la *Revue de droit international et de législation comparée*, 1880, p. 442 et suiv.). Là encore, c'est le nouveau principe de la personnalité du droit qui triomphe; les dispositions que l'on propose présentent, par suite, une grande analogie avec celles du code italien, mais elles sont plus précises et beaucoup plus complètes; en outre, elles présentent plusieurs particularités importantes. Ainsi, d'après l'art. 5, « les biens *meubles et immeubles* sont soumis à la loi du lieu de leur situation en ce qui concerne les droits réels dont ils peuvent être l'objet. Les droits de créance sont réputés avoir leur situation au domicile du débiteur; toutefois, si ces droits sont représentés par des titres cessibles au moyen de la tradition ou de l'endossement, ils sont censés être au lieu où les titres se trouvent. Lorsque, à raison des changements survenus dans la situation des biens meubles, il y a conflit de législation, la loi de la situation la plus récente est appliquée ». Dans le même ordre d'idées, l'art. 6 dispose que l'application de la loi nationale du défunt ou du disposant, en matière de successions, donations ou testaments, a lieu quels que soient aussi la *nature* des biens et le pays où ils se trouvent. Le projet consacre la règle *locus regit actum;* toutefois, aux termes de l'art. 10, « lorsque la loi qui régit une disposition exige comme condition substantielle que l'acte ait la forme authentique ou la forme olographe, les parties ne peuvent suivre une autre forme, *celle-ci fût-elle autorisée par la loi du lieu où l'acte est fait* ».

272. — 12° *Angleterre* et *Etats-Unis.* — Les législations de ces deux pays ont le même caractère. L'une et l'autre, d'après la jurisprudence et la doctrine des auteurs, découlent du principe de la territorialité absolue des lois. Il est à noter que la doctrine des statuts n'a pas pénétré dans ces deux pays; cette circonstance explique, comme le dit M. Westlake (*A treatise on private international law or the conflict of laws*, § 402, et *Journal du droit international privé*, 1881, p. 312 et suiv.), pourquoi le droit anglo-américain est encore imprégné, dans notre matière principalement, des idées féodales qui étaient en vigueur quand la *common-law* s'est formée. L'état et la capacité des étrangers dépendent, par suite, encore maintenant, de la loi anglaise ou américaine toutes les fois qu'il s'agit d'un fait juridique accompli sur le territoire (Westlake, *op. cit.;* Story, *Commentaries on the conflict of laws*, § 499; Dicey et Stocquart, *Le statut personnel anglais*, art. 21 et suiv.; Laurent, t. 1, p. 544 et suiv.; Durand, p. 231. V. aussi Harrisson, *Journal du droit international privé*, 1880, p. 417 et suiv., p. 533 et suiv.). — En fait, des tempéraments sont apportés dans la pratique, sous l'influence du *comitas gentium* (V. *suprà*, n° 258) à l'application du principe de territorialité; la jurisprudence suit souvent la loi du domicile de l'étranger en matière de mariage, de divorce et lorsque le conflit s'élève à l'occasion de biens mobiliers (Weiss, p. 302).

Certains actes législatifs récents contiennent quelques règles importantes. Ainsi un *act* du Parlement, de 1861 (St. 24 et 25, Vict. c. 114) décide qu'un testament, dans lequel on ne dispose que de biens mobiliers, est tenu pour valable en la forme, si l'on a observé les formalités requises, soit par la loi du lieu où il a été fait, soit par celle du domicile du testateur à l'époque de sa confection, soit par celle de son domicile à l'époque de son décès, ou, si le testament est fait hors du Royaume-Uni par un sujet britannique, par la loi en vigueur à sa date dans la partie de l'Empire britannique où le testateur avait son domicile d'origine (*Revue de droit international*, 1874, p. 388 et suiv.).

273. — 13° *République Argentine.* — Le code civil de la République Argentine voté en 1869 a pour base, au contraire, la doctrine italienne de la personnalité des lois (*Titul. prel.* 1, *De las leyes*, art. 6 à 14).

274. — 14° *Echelles du Levant et de Barbarie.* — Les Européens jouissent, dans les Echelles du Levant et de Barbarie, du privilège de l'*exterritorialité*. L'effet de ce privilège est de les faire considérer dans ces pays comme se trouvant sur le territoire de leur patrie; il en résulte qu'ils échappent complètement à la loi musulmane et sont exclusivement régis par leurs lois nationales, celles-ci fussent-elles contraires aux principes de l'ordre public ottoman. « Cette fiction d'exterritorialité est poussée si loin, dit M. Weiss, p. 315, que quelques auteurs leur refusent le bénéfice de la règle *locus regit actum*, alléguant que pour les Européens, pour les Français notamment, la *lex loci* n'est autre que leur loi personnelle, la loi du pays où ils sont censés demeurer encore » (Féraud-Giraud, *De la juridiction française dans les Echelles du Levant et de Barbarie*, t. 2, p. 102 et 103; Despagnet, n° 348; D. Gatteschi, *Du droit international public et privé en Egypte*, p. 21 et suiv.). Mais cette solution n'est pas admise par la jurisprudence (V. *suprà*, v° *Echelles du Levant*, n° 21).

SECT. 2. — DES DIFFÉRENTES ESPÈCES DE LOIS ENTRE LESQUELLES LE CONFLIT PEUT S'ÉLEVER (*Rép.* n°s 385 à 388).

275. Les règles à suivre pour la solution des conflits qui peuvent s'élever entre les lois françaises et les lois étrangères, variant, d'après le code civil, suivant la nature et l'objet des diverses dispositions législatives, il est nécessaire de distinguer plusieurs espèces de lois. Conservant ici les divisions du *Répertoire*, on considérera successivement les lois personnelles et les lois réelles, les lois relatives à la forme et à l'exécution des actes, les lois qui règlent les effets des contrats et quasi-contrats, enfin les lois de police et de sûreté. — On remarquera que, par ces mots : loi personnelle, nous n'entendons pas désigner toute loi extra-territoriale, pas plus que par ceux-ci : loi réelle, toute loi territoriale; il n'y a pas d'équivalence nécessaire entre ces termes, que l'on a souvent confondus; en fait, ils sont souvent synonymes, mais ils ne s'en rapportent pas moins à deux ordres d'idées très différents; l'une des distinctions est relative à l'étendue d'application de la loi, l'autre se réfère uniquement à son objet. C'est à ce dernier point de vue que nous nous plaçons en parlant des lois réelles et des lois personnelles. Quant aux lois dans lesquelles l'élément réel se mêle à l'élément personnel, et que nos anciens auteurs désignaient quelquefois sous le nom de statuts mixtes, nous avons dit au *Rép.* n° 387, qu'elles ne constituent pas une classe particulière de lois, mais qu'elles rentrent dans la catégorie des lois réelles ou des lois personnelles suivant l'objet principal de leurs dispositions.

Art. 1er. — *Lois personnelles ou statuts personnels* (*Rép.* nos 389 à 408).

276. Les lois personnelles sont celles qui ont pour objet principal et prédominant la condition juridique de la personne considérée en elle-même, ou dans ses rapports de famille, ou même dans ses rapports avec son patrimoine (Aubry et Rau, § 31, p. 82; Demolombe, t. 1, n° 76; Weiss, p. 273). Ce sont, en d'autres termes, les lois qui règlent l'*état* et la *capacité* des personnes. « Telles sont notamment, disent MM. Aubry et Rau (*eod. loc.*), les dispositions qui règlent la jouissance, l'exercice et la privation des droits civils; la majorité et la minorité, l'émancipation, les causes et les effets de l'interdiction, la preuve de la paternité et de la filiation légitime ou naturelle. Telles sont encore les dispositions spécialement relatives à la capacité requise en matière de mariage ou d'adoption et aux modifications que le mariage ou l'adoption apporte à la capacité de la femme mariée ou de l'adopté » (Comp. Asser et Rivier, *Eléments de droit international privé*, p. 46). — L'effet de ces lois, au point de vue de l'étendue de leur application, doit être déterminé soit par rapport aux Français qui se trouvent en pays étranger, soit par rapport aux étrangers qui se trouvent en France.

277. La première hypothèse est prévue par l'art. 3, § 3, c. civ. aux termes duquel « les lois concernant l'état et la capacité des personnes régissent les Français même résidant en pays étranger ». Ainsi le Français, en quelque lieu qu'il aille, est soumis, quant à son état et à sa capacité, non pas à la loi de son domicile, mais à sa loi nationale. Il en résulte, d'une part, que le Français est incapable de faire en pays étranger les actes qu'il ne peut pas accomplir en France, alors même que la législation du pays où il se trouve lui en reconnaîtrait la capacité, et, d'autre part, qu'il ne peut pas non plus invoquer les dispositions d'une loi étrangère pour se soustraire en France aux conséquences d'un acte passé par lui en pays étranger (Aubry et Rau, p. 89). — En vertu de ce principe, appuyé, comme on l'a vu (*suprà*, n° 252), sur une tradition très ancienne, il a été jugé qu'une Française ne perd ni sa nationalité, ni sa capacité civile en entrant dans un couvent d'un pays dont la loi frappe les religieuses de mort civile (Req. 26 févr. 1873, aff. Consorts Lalain, D. P. 73. 1. 208).

La question de savoir si la même règle est applicable aux étrangers en France a toujours, au contraire, été très discutée. On sait que les rédacteurs du code ne se sont pas expliqués sur cette hypothèse; l'art. 3 se borne à déclarer que les lois de police et de sûreté obligent les étrangers en France, comme les Français, et que les immeubles situés en France sont régis par la loi française, quelle que soit la nationalité du possesseur; quant à l'état et à la capacité des étrangers, il n'en est rien dit. — A l'époque de la publication du *Répertoire*, des auteurs autorisés soutenaient que le statut personnel de l'étranger régissait son état et sa capacité en France dans ses rapports avec les autres étrangers exclusivement, et qu'il ne pouvait jamais être invoqué par un étranger dans ses rapports avec un Français. La nationalité, dont tout individu, appartenant à un corps politique, peut se prévaloir en pays étranger, ne va pas jusqu'à lui donner le droit d'invoquer, contre le régnicole avec lequel il contracte, les lois de sa patrie, qui règlent spécialement son âge et sa capacité. « La nationalité, dans son sens le plus étendu, disait-on, ne saurait embrasser l'acte nouveau, l'exercice quelconque d'un droit qui prend naissance sur le sol étranger. Du moment où l'homme contracte, dispose, agit sur ce sol, c'est sous l'empire et les prescriptions de la loi qui régit ce sol... Le Russe, l'Anglais, le Prussien, admis sur le sol français à l'exercice de certains droits civils, à côté du régnicole, devra donc justifier, comme lui, de sa capacité, conformément à la loi française. S'il est majeur à vingt ans dans son pays, il sera mineur en France. Réciproquement, s'il est mineur dans sa patrie, où la majorité est fixée à vingt-cinq ans, et qu'il agisse et contracte comme majeur en France ayant atteint vingt et un ans, il sera non recevable à faire annuler ses obligations devant les tribunaux français pour défaut de capacité » (Mailher de Chassat, *Des statuts*, n° 236. Conf. Odier, *Dissertation sur l'application des lois étrangères qui règlent la capacité de contracter;* Alauzet, *Commentaire du code de commerce*, n° 57, et *De la qualité de Français, de la naturalisation et du statut personnel des étrangers*, p. 180 et suiv.). Cette opinion est abandonnée aujourd'hui; tous les auteurs s'accordent pour reconnaître, comme on l'a admis au *Rép.* nos 390 et suiv., qu'en principe, les lois qui ont pour objet l'état et la capacité des personnes suivent les étrangers en France. Mais si le principe n'est plus contesté, il n'en est pas de même de son application.

278. Il est une restriction qui ne souffre pas difficulté, c'est que les tribunaux français ne peuvent, en aucun cas, appliquer en France les dispositions d'une loi étrangère qui porterait atteinte à l'ordre public. Tout gouvernement puise, dans le droit qu'il a de se défendre, celui de s'opposer à l'application, sur son territoire, des lois qui violeraient les principes politiques, religieux ou sociaux qui servent de base à sa constitution; le droit de l'Etat, se trouvant en conflit avec celui de l'étranger, le prime nécessairement. Cette règle a donné lieu, comme on le verra par la suite, à un grand nombre de décisions judiciaires. Mais il importe de distinguer ici, avec le plus grand soin, l'*ordre public interne*, qui s'impose seulement au respect des nationaux, auquel ceux-ci ne peuvent pas contrevenir par leurs stipulations particulières, et l'*ordre public international*, qui s'impose même dans les rapports des étrangers avec l'Etat. On reviendra sur cette distinction très délicate à l'occasion des lois de police et de sûreté (V. *infrà*, nos 430 et 431).

279. Cette première restriction admise, trois systèmes se trouvent en présence sur l'étendue qu'il faut donner à l'application, en France, du statut personnel étranger.

Suivant le premier système, la loi étrangère doit être appliquée rigoureusement, sans tempérament, dans toutes les hypothèses où l'état et la capacité de l'étranger sont en question. Il a le droit d'être traité en France, au point de vue de son état et de sa capacité, comme la loi veut que le Français le soit à l'étranger, c'est-à-dire en vertu de sa loi personnelle. Le statut personnel détermine donc l'état de majorité ou de minorité d'un étranger; il régit seul la constitution de la tutelle du mineur étranger. Les règles qu'il prescrit sur la délation de la tutelle, sur les droits et les devoirs du tuteur, sur la capacité du mineur, doivent être exclusivement observées. Il importe peu que l'application de ces règles lèse des intérêts français, enlève à des nationaux des droits que la loi française leur reconnaît. L'autorité légale du statut personnel est absolue et s'impose aux Français comme aux étrangers. Toute autre restriction que celle qui est relative au maintien de l'ordre public est arbitraire. On appuie cette interprétation sur les travaux préparatoires : les incidents survenus dans la rédaction de l'art. 3 du code civil (*Rép.* n° 385) prouvent, d'une manière évidente, que l'intention du législateur a été de laisser les étrangers en France sous l'empire de leurs lois personnelles. Il est vrai que cette règle n'est pas formulée expressément dans cet article, mais s'il en est ainsi, c'est probablement parce que le législateur de 1804 a considéré qu'il ne lui appartenait pas de déterminer lui-même à quelles règles seraient soumis en France l'état et la capacité des étrangers, cette détermination ne pouvant être faite que par le législateur dont l'étranger dépend par sa nationalité, ce législateur avait seul qualité pour décider si les régnicoles continueraient à être régis en dehors du royaume par leur loi nationale, ou s'ils seraient régis par la loi de leur domicile ou bien encore par celle du pays dans lequel ils se trouveraient. Les rédacteurs du code ne pouvaient pas résoudre cette question sans méconnaître la souveraineté personnelle de la loi étrangère; c'est sans doute le motif pour lequel ils ont gardé le silence qu'on leur reproche injustement. Une autre solution eût d'ailleurs provoqué, de la part du pays étranger, des mesures de rétorsion désastreuses pour nos nationaux. L'étranger, dont la situation ne diffère pas, en cela, de celle du Français, ne cesse d'être protégé par l'incapacité résultant de son statut personnel que s'il a employé contre le Français des *manœuvres frauduleuses*, sans lesquelles ce dernier n'eût pas contracté, manœuvres qui, d'après M. Fœlix, devraient même être de nature à tomber sous le coup de la loi pénale (Duranton, t. 1, p. 58; Fœlix, *Droit international*, n° 88; Marcadé, sur l'art. 3, n° 5; Soloman, *Essai sur la condition des étrangers*, p. 36 et 37; Pardessus, *Droit commercial*, t. 6, n° 1482; Nouguier, *Des lettres de change*, t. 2, p. 475; Fréminville, *Minorité*, t. 1, n° 4; Massé, *Droit commercial*, 2e éd., t. 1, n° 544; Despagnet, nos 359 et suiv.; Weiss, p. 276 et suiv.; Laurent, *Principes de droit civil*, t. 1, nos 84 et suiv.).

Une autre opinion, quoique reconnaissant que le statut personnel des étrangers les suit en France, en écarte l'application dans tous les cas où la loi étrangère préjudicierait à un intérêt français même privé, *quelles que soient les circonstances dans lesquelles le rapport de droit s'est formé*. Ainsi l'étranger, mineur d'après la loi de son pays et majeur d'après la loi française, qui contracte avec des Français, sera considéré comme majeur, parce qu'il n'y aurait pas de sécurité pour les Français qui ont traité avec lui s'il pouvait se faire restituer contre ses engagements en vertu de lois qu'ils ne connaissent pas. Au contraire, l'étranger majeur d'après la loi de son pays, et mineur d'après le code civil, sera considéré comme majeur dans la même hypothèse (Valette sur Proud'hon, *Traité de l'état des personnes*, t. 1, p. 83 et suiv.; Demangeat, *Histoire de la condition civile des étrangers*, p. 373 et 374; Burge, *Revue étrangère et française*, t. 6, p. 734; Mathieu Bodet, *Revue de droit français et étranger*, t. 13, p. 542).

La jurisprudence, la cour de Paris, notamment, s'était d'abord prononcée pour cette interprétation (*Rép.* nos 398 et 401), mais elle s'en est éloignée plus tard pour se rallier à la dernière théorie, qui domine encore aujourd'hui parmi les auteurs, comme devant les tribunaux. Dans ce système, le fait que l'application de la loi étrangère causerait un préjudice à un intérêt français n'est pas suffisant pour la faire écarter. Pour que le statut personnel de l'étranger fléchisse, il faut encore qu'il soit établi que le Français n'a pas agi avec légèreté et avec *imprudence*. Il n'est pas nécessaire que l'étranger ait employé des manœuvres frauduleuses, comme le veut le premier système; il suffit, dans la plupart des cas, qu'il n'ait pas fait connaître sa nationalité, ou qu'il ait eu toutes les apparences de la capacité. La nature et l'importance de l'obligation consentie, la forme de l'acte qui la constate, le fait que l'étranger est de passage en France ou y réside, au contraire, depuis longtemps, le fait qu'il n'y a contracté qu'accidentellement, ou qu'il y est intervenu dans des cas nombreux se rapportant, par exemple, à un établissement de commerce, et toutes autres circonstances de même nature, influeront nécessairement sur la solution du conflit dont l'appréciation souveraine est ainsi laissée aux tribunaux. En définitive, la seule question qui se pose est celle-ci : le Français a-t-il traité sans imprudence et avec bonne foi? Cette interprétation, consacrée pour la première fois en 1858 par la cour de Paris et par la cour de cassation en 1861 (Paris, 20 févr. 1858, aff. Lizardi; Req. 16 janv. 1861, D. P. 61. 1. 193), a été confirmée, comme on le verra par la suite, par un grand nombre d'arrêts.

Le système le plus rationnel en législation est, à notre avis, celui qui reconnaît sans distinction l'autorité absolue du statut personnel des étrangers en France, sous la réserve des dispositions contraires à l'ordre public international; mais nous ne croyons pas que ce soit celui que les rédacteurs du code ont voulu sanctionner; dans le silence des textes, il nous semble aussi que l'intention du législateur a été de laisser aux tribunaux un pouvoir d'appréciation que ceux-ci peuvent exercer dans les limites déterminées par la jurisprudence dans son dernier état (Demolombe, t. 1, n° 102; Aubry et Rau, § 31, p. 92).

280. Ainsi les étrangers peuvent, sous la réserve des restrictions indiquées *suprà*, nos 278 et 279, se prévaloir en France des lois qui fixent, dans leur pays, leur état et leur capacité. Est-ce à dire pour cela que les tribunaux français devront toujours appliquer aux étrangers, quand aucun obstacle ne s'y oppose en France, leur statut national? C'est là une question fort délicate, qui a soulevé de très vives controverses et qui divise encore aujourd'hui la doctrine et la jurisprudence. Pour faire comprendre dans quels termes la difficulté se présente, il est nécessaire de rappeler que, dans beaucoup de pays, qui ont suivi les errements du droit coutumier, notamment en Allemagne, en Angleterre et aux Etats-Unis, le statut personnel, au lieu d'être déterminé comme en France, ou en Italie et en Belgique, par la *nationalité*, dépend du *domicile*. Si nos tribunaux se trouvent saisis d'un litige concernant l'état ou la capacité d'un Allemand, d'un Anglais ou d'un Américain domicilié en France, devront-ils le résoudre d'après le statut personnel de cet étranger, ou bien devront-ils, au contraire, appliquer la loi française parce que la loi étrangère renvoie à la loi du domicile? On verra que ce conflit s'élève non seulement en ce qui concerne l'état et la capacité, mais encore relativement aux causes de divorce, ainsi qu'en matière de succession, par suite de la diversité des systèmes législatifs admis par les différentes nations; aussi a-t-on généralisé la difficulté en la formulant dans les termes suivants : « Lorsqu'un législateur, devant les tribunaux duquel un litige est porté, attribue à une loi étrangère la solution d'une difficulté, doit-il accepter le renvoi que lui fait la loi étrangère de la mission de résoudre la difficulté? Ou bien encore : Quand un législateur abandonne à une loi étrangère la détermination d'un point de droit, demande-t-il à cette loi de décider quelle loi sera applicable, ou cherche-t-il directement dans cette loi quelle solution doit recevoir le point de droit douteux? » (Labbé, *Du conflit entre la loi nationale du juge saisi et une loi étrangère relativement à la détermination de la loi applicable à la cause*, *Journal du droit international privé*, 1885, p. 10).

Cette question met en jeu le fondement même du droit international privé. On sera disposé à accepter le renvoi ou le retour de la compétence législative à la *lex fori*, si l'on fait du droit international et de l'application extraterritoriale de la loi étrangère une affaire de courtoisie pure ou intéressée; on inclinera, au contraire, vers l'observation de la loi étrangère sans renvoi, si l'on croit que les règles du droit international dérivent des données de la raison et qu'en appliquant la loi étrangère, le juge compétent fait œuvre de soumission nécessaire à un précepte de justice. — Dans la théorie, aujourd'hui bien discréditée, de la *comitas gentium* ou de la courtoisie internationale, chaque Etat est absolument maître chez lui, rien ne peut *à priori* lui imposer le respect de la loi étrangère; si ses tribunaux appliquent, dans certains cas, la loi d'un autre pays, c'est en vertu d'une concession gracieuse ou bénévole inspirée d'ailleurs par l'intérêt bien entendu et par le désir d'assurer à ses nationaux, par voie de réciprocité, l'application de leur propre loi en pays étranger. Dès lors, si la loi étrangère ne retient pas ou ne revendique pas pour elle la décision du point litigieux, il n'y a pas à hésiter : il faut se garder de faire échec à la souveraineté territoriale, la juridiction saisie s'empressera d'appliquer sa propre loi, du moment que le législateur étranger, la déclarant lui-même applicable, ne risque pas de s'offenser et de se plaindre d'un manque d'égards ou d'user de représailles. Mais si l'on pense que les Etats, malgré leur souveraineté, ont un maître commun, la justice (Lainé, *Introduction au droit international privé*, t. 1, 1888, p. 20. Comp. Despagnet, *op. cit.*, p. 21), et qu'en vertu d'un principe supérieur de droit, chaque Etat doit accepter sur son territoire l'application de la loi étrangère à un rapport juridique, quand elle est commandée par la nature de ce rapport, la question change d'aspect : un législateur, le législateur français, par exemple, explicitement ou implicitement, déclare applicable telle loi étrangère, la loi anglaise par exemple, parce qu'il estime qu'en bonne justice cette loi est mieux qualifiée que tout autre pour régir tel rapport de droit; il indique au juge la voie à suivre, la loi dans laquelle doit être directement cherchée la solution, sans se préoccuper de savoir si la loi étrangère admet le même principe sur la détermination de la loi applicable; il désigne la loi qui, d'après sa conviction réfléchie, doit gouverner la capacité de la personne (et notamment trancher la question de légitimation, la dissolubilité du mariage et la dévolution des successions). Comment accepterait-il, de la part du législateur étranger, le renvoi à sa propre législation, qu'il a cru devoir écarter? Il s'est prononcé sur la loi applicable, et il s'en remettrait au législateur étranger du soin de trancher cette difficulté! La loi qui doit être appliquée est connue: il n'y a pas à consulter le législateur étranger sur la détermination de la loi applicable. Ainsi, lorsque le code civil fait implicitement dépendre de leur loi nationale l'état et la capacité des étrangers, et par suite, la légitimation qui peut résulter de leur mariage, il adresse à ses magistrats l'ordre d'appliquer les dispositions de cette loi elle-même sur la majorité, l'aptitude à légitimer, etc., et non telle autre législation, fût-ce la *lex fori*, désignée par la loi nationale de l'étranger pour régler ces différents points de droit. Le législateur du juge saisi peut-il se désintéresser de la solution à intervenir et inspirer une décision de hasard et de rencontre? Ou bien ne doit-il cesser en aucun cas de diriger les juridictions qui relèvent de lui, en leur dictant une décision intelligente, raisonnée, scientifique et découlant d'un principe que lui-même a posé? (V. Labbé, *Journal du droit international privé*, 1885, p. 9-12; Despagnet, *op. cit.*, n° 158).

On prétendrait à tort du reste que l'interprétation contraire a ce grand avantage pratique de ne pas conférer à un même individu un état civil différent dans deux pays; on verra, en effet, en examinant les hypothèses sur lesquelles la jurisprudence a eu à statuer, relativement à cette question, que l'avantage dont on parle est rarement obtenu.

Enfin l'adoption de ce système conduirait à un conflit de législation que l'on a déclaré « à peu près insoluble ». Ce conflit existe et paraît insurmontable dans la jurisprudence française, qui ne reconnaît pas à l'étranger la faculté d'avoir un domicile légal en France sans autorisation du Gouvernement français; il ne se présente pas dans la jurisprudence belge, qui, plus large que la nôtre, admet que l'étranger non autorisé peut avoir en Belgique son domicile légal. En Belgique, rien de plus simple que d'accepter le renvoi de la loi anglaise qui détermine le statut personnel par le domicile, car aux yeux des tribunaux belges, comme pour la jurisprudence anglaise, le domicile s'acquiert par le fait de l'habitation réelle dans un lieu joint à l'intention d'y fixer son principal établissement, sans aucune autorisation gouvernementale. Mais en France, il en est tout autrement: l'étranger, et spécialement l'Anglais, qui n'est pas admis à domicile conformément à l'art. 13 c. civ., ne saurait, d'après notre jurisprudence, avoir de domicile légal en France. Or, aux yeux des tribunaux anglais, l'acquisition d'un domicile ne peut être régie par les principes d'une loi étrangère, et en conséquence, si une personne réside de fait en France avec l'*animus manendi*, « nos tribunaux, dit M. Dicey, la considéreront comme y étant domiciliée, *même dans le cas où elle n'aurait pas satisfait aux conditions de la loi française* » (Dicey et Stocquart, t. 1er, p. 135-136 et p. 99-100. *Contrà*, Westlake, *op. cit.*, 2e édit., § 231, p. 270-291, et *Journal du droit international privé*, 1882, p. 18). En tenant pour constant que la jurisprudence anglaise admet la possibilité d'avoir un domicile en France sans autorisation du Gouvernement français, il paraît difficile de résoudre le conflit: d'un côté, on ne saurait dénier à la souveraineté locale le droit de subordonner à certaines formalités l'acquisition d'un domicile; d'un autre côté, l'Etat auquel appartient l'individu dont le domicile est en cause, pourrait-il confier à un autre Etat quelconque le soin de décider si l'établissement d'un national à l'étranger sera considéré comme un domicile? Des auteurs inclinent à donner la préférence à la loi locale, par cette raison que le domicile s'appuie avant tout sur l'élément territorial (Brocher, *Cours de droit international privé*, t. 1er, p. 251; Chausse, *Revue critique*, 1888, p. 197-198). Ce dernier auteur pense toutefois qu'en fait, si les tribunaux des deux pays étaient saisis de la difficulté, ils appliqueraient probablement chacun leur propre loi, sans rechercher s'il y a des raisons de faire prédominer la loi territoriale ou la loi personnelle. Sans se prononcer sur ce grave conflit auquel, chose bien inattendue, amène le désir des décisions uniformes, il est permis de penser qu'étant donné le point de départ, à savoir la détermination du statut personnel d'un Anglais par la loi anglaise qui s'en réfère au domicile, on devrait suivre logiquement la loi anglaise jusqu'au bout et ne s'attacher qu'à cette loi pour l'acquisition du domicile. Dans tous les cas, il suffit de constater ici à quelles difficultés pratiques aboutit un système qui aurait pour objet de les supprimer toutes et d'assurer l'harmonie parfaite des décisions rendues par les tribunaux de différents pays. Mais nous croyons avoir démontré que ce point de départ est inexact; nous n'avons point, par suite, à tenir compte de la difficulté particulière exposée ci-dessus; nous ne l'avons rappelée que pour en faire état contre l'opinion que nous combattons.

Nous résumerons, avec M. Labbé, la doctrine qui nous paraît la meilleure en ces termes: « Il appartient au législateur, sous l'autorité duquel est placé le juge saisi d'une affaire, de déterminer la loi applicable à la cause. Lorsqu'il a désigné une loi étrangère pour la solution d'une question, le juge n'a plus à demander au législateur étranger quelle est la loi applicable; il le sait. Il n'a plus qu'à emprunter à cette loi la solution de la question du procès. Si l'adoption de cette thèse, dont la portée est très générale, peut conduire les tribunaux d'un pays à des décisions qui seraient le contre-pied de celles que rendraient les juridictions d'un autre Etat, la cause du mal devra être attribuée, non à la thèse elle-même qui n'en est pas responsable, et dont la négation ne ferait pas disparaître une contradiction aussi regrettable, mais à l'état précaire des relations internationales, livrées à la fois à des conflits de lois et à des conflits de systèmes sur les conflits des lois. Ces conflits de systèmes ne cesseront de sévir sur le droit international privé que le jour où des conventions diplomatiques les auront prudemment et habilement écartés. D'ici là, les législateurs de chaque pays ont le devoir d'indiquer nettement la solution qu'ils entendent donner à la question; à ce point de vue, on peut remarquer que la formule adoptée dans le nouveau code italien (art. 6), et celle que l'on trouve dans le projet du nouveau code belge (art. 4) sont conçues en termes ambigus.

281. La jurisprudence française, comme la jurisprudence belge, incline à accepter le renvoi de la loi étrangère à la loi du domicile; plusieurs arrêts se sont même prononcés sur ce point en termes catégoriques, en matière de capacité, notamment (Civ. cass. 24 juin 1878, aff. Ditchl, D. P. 79. 1. 56; 22 fév. 1882, même affaire, D. P. 82. 1. 301; Paris, 23 mars 1888, aff. O'Rorke, D. P. 89. 2. 117; Bruxelles, 14 mai 1881. V. *suprà*, v° *Divorce et séparation de corps*, n° 149; Trib. civ. Bruxelles, 2 mars 1887, aff. J. d'Hainaut, veuve Fano, D. P. 89. 2. 97). — Un grand nombre d'auteurs se sont ralliés aussi à cette interprétation, mais la plupart, sans motiver leur opinion et quelques-uns avec beaucoup d'hésitation. « Nous avouons, dit M. Godefroy (*Du conflit des lois françaises et étrangères relativement à la capacité des étrangers en France*, p. 196), que cette doctrine pourra, dans certains cas, présenter des résultats bizarres; la logique, la rigueur des principes nous forcent à la maintenir en dépit de nos tendances propres. Lorsque la loi française nous dit d'ouvrir le code étranger, il faut l'ouvrir tout à fait. Nous trouvons arbitraire la distinction d'après laquelle il faut consulter la loi étrangère pour y chercher le système applicable dans une question de capacité, ou un système successoral, ou un système matrimonial et ne pas considérer quel principe elle admet quant à la fixation de la loi applicable ». M. Weiss (*op. cit.*, p. 560) énonce la solution sans examiner la difficulté. Il faut « réfléchir que c'est à la loi dont l'étranger dépend par sa nationalité à décider si l'état et la capacité de ce dernier seront régis, en dehors des limites de sa compétence territoriale, par la loi locale ou par la loi personnelle, et, dans ce dernier cas, si c'est la législation nationale ou celle du domicile qui doit jouir de l'exterritorialité » (V. dans le même sens : Dubasty, *Des mariages contractés à l'étranger par des Français*, p. 101 ; Pic, *Du mariage en droit international*, p. 124 ; Vraye et Gode, *Le divorce et la séparation de corps*, p. 417-418 ; Martin, *De la capacité civile au point de vue du droit international privé, selon la législation fédérale suisse*, *Journal du droit international privé*, 1883, p. 31. *Contrà :* Labbé, *Journal du droit international privé*, 1885, p. 10-12 ; Despagnet, n° 158. Comp. *Journal du droit international privé*, 1880, *Questions et solutions pratiques*, p. 186-189 ; Vincent et Pénaud, *Dictionnaire du droit international privé*, 1888, v° *Loi étrangère*, n°s 52-55, p. 506-507 ; V. aussi la note publiée par M. de Boeck, D. P. 89. 2. 97).

282. En supposant que la loi française s'applique à l'étranger, comme le décident la plupart des auteurs et la jurisprudence, au cas de renvoi par la loi étrangère à la loi du domicile, cette hypothèse n'est pas la seule où l'état et la capacité des étrangers soient régis par nos lois, même en l'absence de toute considération d'ordre public. Il en est encore ainsi toutes les fois que l'étranger n'a pas de nationalité, ou se rattache, au contraire, à deux nationalités différentes. En effet, « sa nationalité étant incertaine, il n'a pas, à vrai dire, de loi personnelle qui lui soit propre, et par suite, la souveraineté territoriale de la loi française ne rencontre aucun obstacle à son exercice » (Weiss, p. 282 ; Conf. Laurent, *Principes de droit civil*, t. 1, n° 86, et *Droit civil international*, t. 3 n° 258 ; Féraud-Giraud, *Journal du droit international privé*, 1885, p. 389 et suiv.). Jugé en ce sens que le statut personnel d'un individu qui perd sa nationalité dans un État, sans en acquérir une nouvelle dans un autre est déterminé par la loi du domicile ou même de la simple résidence (C. de Lucques, 8 juin 1880, aff. Samama, *Journal du droit international privé*, 1881, p. 552 et suiv.).

Mais le fait qu'un étranger est établi en France sans esprit de retour, même le fait qu'il a été admis, avec l'autorisation du Gouvernement, à y fixer son domicile, dans les termes de l'art. 13 c. civ., n'empêcherait pas cet étranger d'être régi par sa loi nationale quant à son état et à sa capacité. Nous avons dit que cette solution, rejetée par quelques auteurs, est une conséquence de la doctrine d'après laquelle l'état et la capacité sont régis non par la loi du domicile, mais par la loi nationale (V. *suprà*, v° *Droits civils*, n° 231 ; *Rép.*, eod. v°, n°s 408 et 383 et suiv.). L'art. 13 se borne à conférer aux étrangers les droits dont l'exercice est réservé en principe aux Français, mais il ne porte pas que ces droits seront déterminés d'après la loi française (Aux autorités citées *suprà*, *eod. loc.*, *Adde :* Demolombe, t. 1, n° 266 ; de Fréminville, *De la minorité*, t. 1, p. 11 ; Labbé, *Revue critique*, 1883, *Examen doctrinal*, p. 457 ; Weiss, t. 1, p. 283). — La règle ne souffrirait exception que s'il s'agissait de l'exercice d'un droit inconnu dans la législation du pays de l'étranger ; il est évident alors que, dans le silence de la loi étrangère, l'étranger admis à établir son domicile en France et à y jouir, par suite, du droit dont il s'agit, ne serait tenu de satisfaire qu'aux conditions de capacité déterminées par la loi française (*suprà*, v° *Droits civils*, n° 231).

283. Si l'étranger peut, dans les limites qui viennent d'être indiquées, se prévaloir, devant les tribunaux français, de sa loi nationale, pour tout ce qui touche à son état et à sa capacité, il peut en être autrement lorsqu'il ne s'agit pas d'un étranger d'origine, mais d'un Français qui a changé sa nationalité ; en pareil cas, le Français n'est autorisé à invoquer, en France, le bénéfice du statut personnel étranger qu'autant que la naturalisation qu'il a acquise est valable au regard de la loi française ; or, nous avons vu que la jurisprudence tient la naturalisation pour frauduleuse et partant inefficace lorsqu'elle n'a pas eu pour but d'acquérir une nationalité nouvelle en vue de jouir des droits et de supporter les charges qui y sont attachées, mais uniquement afin d'éluder les dispositions de la loi française ; nous ne reviendrons pas ici sur les controverses que cette hypothèse a fait naître dans la doctrine et la jurisprudence en matière de divorce (V. *suprà*, v° *Droits civils*, n° 288. V. surtout Req. 19 juill. 1875, aff. Ramondenc, D. P. 76. 1. 5 ; Civ. rej. 18 mars 1878, aff. de Beauffremont, D. P. 78. 1. 201).

284. Ces principes posés, on va indiquer les applications qui en ont été faites en passant en revue les différents états qui constituent la condition juridique des personnes. Mais auparavant, une observation importante doit encore être faite. L'application en France du statut personnel de l'étranger ne souffre pas difficulté lorsque le conflit s'élève entre un Français et un étranger ; mais quand il s'agit d'un litige entre deux étrangers, avant de déterminer quelle est la loi applicable, une question préalable se pose, c'est celle de savoir si le tribunal saisi a compétence pour connaître de la question qui donne lieu au conflit. La compétence des tribunaux français, relativement aux questions d'état qui s'élèvent entre étrangers, est très discutée ; nous avons examiné ailleurs cette difficulté (V. *suprà*, v^{is} *Droits civils*, n°s 194 et suiv., et *Divorce et séparation de corps*, n°s 140 et 143). Dans toutes les hypothèses où le conflit va se présenter, nous supposerons que les parties se trouvent dans un des cas où la compétence des tribunaux français est admise.

285. Le premier état que la personne acquiert dans la société se rapporte à la nationalité. Les lois qui règlent la nationalité d'origine dans les différents pays ne s'inspirent pas des mêmes principes : les unes, ainsi qu'on l'a vu *suprà*, v° *Droits civils*, n° 9, font découler la nationalité du seul fait de la naissance sur le territoire, du *jus soli*, d'autres la rattachent, au contraire, exclusivement à la filiation, au *jus sanguinis ;* la plupart la déterminent par la combinaison de ces deux idées ; la diversité de ces systèmes législatifs engendre un grand nombre de conflits ; d'après quelles règles faut-il les résoudre ? — Il ne peut pas être question d'appliquer ici le statut personnel de l'individu dont l'état est en litige, puisque ce statut dépend de la nationalité et que c'est précisément la nationalité qu'il s'agit de déterminer ; aussi on décide généralement que si le conflit surgit devant les tribunaux de l'un des deux pays auxquels la partie en cause peut rattacher sa nationalité, le tribunal saisi devra appliquer la loi du pays au nom duquel il rend la justice, l'individu fût-il domicilié à l'étranger. « Les règles concernant le droit de cité, dit très bien M. Weiss p. 327, le moyen de l'acquérir et de le perdre touchent, en effet, à la vie même et aux intérêts les plus essentiels de l'État ; elles sont *d'ordre public international* et ne sauraient être tenues en échec, à défaut d'une loi nationale incertaine, par la loi du domicile des parties ». — Si, au contraire, la question de nationalité s'élève devant un tribunal étranger aux deux pays intéressés dans le litige, il n'y a plus aucune raison pour appliquer la législation de l'un, plutôt que la législation de l'autre ; toutefois, si la partie en cause a son domicile dans l'un de ces deux pays, le même auteur propose de suivre la loi du domicile, et, au cas contraire, de se prononcer pour la loi dont la détermination se rapproche le plus des règles admises par la nation dont le tribunal saisi relève.

Ce n'est que par des traités ou des conventions diplomatiques que l'on pourra prévenir les difficultés auxquelles donne lieu le conflit des législations relatives à la nationalité d'origine ; des conventions de cette nature sont intervenues déjà entre la France et certains pays pour la réglementation du service militaire ; citons, en particulier, la convention franco-espagnole du 7 janv. 1862, art. 5 (D. P. 62. 4. 31), le traité franco-suisse du 23 juin 1880, art. 3 (D. P. 81. 4. 64), la convention franco-belge du 31 déc. 1891 (*Journ. off.* du 2 janv. 1892, p. 2).

286. Il paraît rationnel d'appliquer aux conflits qui résultent de la diversité des législations concernant les changements de nationalité, ou la naturalisation, les mêmes règles et les mêmes distinctions que celles que nous venons d'indiquer relativement à l'acquisition de la nationalité d'origine (Bluntschli, *Revue de droit international*, 1870, p. 106 et suiv. ; Westlake, *De la naturalisation et de l'expatriation ou du changement de nationalité*, *ibid.*, 1869, p. 102 et suiv.). — Jugé qu'en cas d'acquisition d'une nationalité nouvelle et de perte de l'ancienne, l'acquisition de la nationalité nouvelle est régie uniquement par la loi du pays dans lequel elle est obtenue, et la perte de l'ancienne nationalité est régie par la loi du pays dont la personne dépendait précédemment (C. de Lucques, 8 juin 1880, aff. Samama, *Journal du droit international privé*, p. 552 et suiv.). La nécessité des traités s'impose d'ailleurs, dans cette hypothèse comme dans l'autre (V. le traité franco-suisse du 23 juin 1879, cité *suprà*, n° 285).

287. Le mariage, source de tous les rapports de famille, dépend, en principe, du statut personnel soit qu'il s'agisse des conditions de fond requises pour sa validité, soit qu'il s'agisse de ses effets, c'est-à-dire des droits et des obligations qu'il engendre. C'est, en particulier, une règle admise par tous les auteurs, et mentionnée déjà au *Rép.* n° 392, que la capacité requise pour contracter mariage est déterminée par la loi du pays auquel les futurs époux appartiennent (Demolombe, t. 1, p. 111 ; Aubry et Rau, t. 1, § 31, p. 92; Weiss, *op. cit.*, p. 447; Despagnet, n° 390 ; Esperson, *Journal du droit international privé*, 1880, p. 342; Asser et Rivier, p. 105 ; Laurent, *Principes de droit civil*, n° 89). Les jurisconsultes anglais et américains enseignent, au contraire, que l'aptitude à contracter mariage doit être déterminée par la loi du lieu où celui-ci est célébré ; c'est confondre les conditions de fond avec les conditions de forme (*Revue de droit international*, 1870, p. 53 et suiv., 243 et suiv.).

Si les futurs époux n'ont pas la même nationalité, chacun d'eux doit satisfaire aux prescriptions de sa loi nationale. Bien que, dans certaines législations, la femme acquière par le mariage la nationalité du mari, on n'en doit pas moins examiner sa capacité matrimoniale d'après les lois de sa patrie, car la perte de sa nationalité ne résulte que du mariage contracté (Fiore, *Droit international privé*, n° 87; Weiss, p. 454; Olivi, *Du mariage en droit international privé*, *Revue de droit international*, 1883, p. 221 ; Paris, 28 mai 1880, *Journal du droit international privé*, 1880, p. 300; Trib. Seine, 4 août 1880, *ibid.*, 1880, p. 478).

Il résulte de ce qui vient d'être dit qu'il appartient à la loi personnelle des futurs époux de déterminer à quel âge ils peuvent se marier, quelles sont les personnes dont ils doivent obtenir ou demander le consentement, quelles sont celles qui sont fondées à faire opposition à leur union, quels sont les empêchements qui peuvent y mettre obstacle, sauf, pour les tribunaux, le droit d'exclure les dispositions de la loi étrangère qui seraient contraires à l'ordre public international. — Le principe que nous venons de poser est formulé expressément par l'art. 170 c. civ. relativement aux mariages contractés en pays étrangers entre Français ou entre Français et étrangers. Il a été jugé, conformément à cet article, qu'il faut tenir pour nul le mariage contracté à l'étranger sans le consentement de ses ascendants par un Français auquel ce consentement était nécessaire pour se marier (Rouen, 13 juill. 1880, *Journal du droit international privé*, 1881, p. 256 ; Trib. Seine, 7 juill. 1881, et Paris, 24 févr. 1882, *ibid.*, 1882, p. 308; Trib. Seine, 12 janv. 1884, *ibid.*, 1885, p. 88; 26 avr. 1887, *ibid.*, 1887, p. 476; Besançon, 4 janv. 1888, aff. Jules Veil-Picard et Emma Maucher, D. P. 89. 2. 69). Un jugement du tribunal de la Seine, du 21 déc. 1885 (*ibid.*, 1886, p. 448) a même prononcé la nullité dans un cas où les ascendants de nationalité étrangère ne pouvaient pas, d'après la loi de leur pays, s'opposer au mariage. — Les tribunaux ont déclaré nul, pour le même motif, le mariage célébré à l'étranger, sans dispense du Gouvernement français, entre un beau-frère et une belle-sœur de nationalité française (Trib. Seine, 4 déc. 1873, *Journal du droit international privé*, 1875, p. 21. Comp. *infrà*, v° *Mariage*).

288. La même règle s'applique, comme une conséquence de l'interprétation donnée de l'art. 3, § 3, c. civ., aux mariages contractés par les étrangers en France ; les futurs époux doivent se conformer aux prescriptions de leur statut personnel en tant qu'elles ne violent pas les principes que l'on considère en France comme étant d'ordre public international. La difficulté consiste à déterminer quelles sont les dispositions de la loi étrangère qui ont ce caractère.

En particulier, on suivra la loi nationale de l'étranger pour tout ce qui est relatif au consentement des ascendants, par exemple, et à l'âge requis pour le mariage. C'est ainsi, qu'un Italien, majeur quant au mariage, n'est pas obligé, pour se marier en France, d'obtenir le consentement de ses ascendants ni de leur faire des actes respectueux, cette condition ne lui étant pas imposée par sa loi nationale (Circulaires du garde des sceaux du 26 janv. 1876 et du 16 mars 1883, *Journal du droit international privé*, 1883, p. 221). — Certains auteurs, cependant, enseignent que les dispositions relatives à l'âge de la puberté sont fondées sur des considérations morales et d'ordre public qui doivent faire écarter la loi étrangère lorsqu'elle autorise le mariage, comme la loi espagnole, avant l'âge fixé par la loi française. Cette opinion peut s'appuyer sur certaines circulaires ministérielles qui défendent aux officiers de l'état civil de marier des étrangers avant l'âge fixé par le code civil (*Rép.* v° *Mariage*, n° 50) ; mais on admet plus généralement aujourd'hui qu'il y a lieu, même dans ce cas, de se référer à la loi nationale des parties, attendu que chaque législateur fixe l'âge de la puberté sous l'influence de considérations essentiellement locales et personnelles, qui n'ont d'application qu'aux nationaux; il s'agit seulement d'une règle *d'ordre public interne* (Laurent, *Droit civil international*, t. 4, p. 551 et suiv. ; Weiss, p. 447 ; Despagnet, n° 395, p. 407 ; Fiore, p. 180).

Au contraire, l'étranger engagé dans les liens d'un premier mariage ne pourrait pas, quoique la polygamie fût autorisée par son statut personnel, contracter un second mariage en France même avec une femme de sa nationalité ; de même, un étranger ne saurait être admis à épouser en France une Française, ou même une étrangère, dont il serait parent ou allié au degré auquel la loi française prohibe le mariage, quoique la même prohibition n'existe pas dans son pays ; dans ces deux hypothèses, en effet, la célébration du mariage porterait atteinte à des règles qui sont considérées en France comme *d'ordre public international* (Aubry et Rau, t. 1, § 31, p. 96 ; Laurent, *Principes de droit civil*, t. 1, n° 90; Despagnet, n° 397, p. 411); il n'en serait pas de même des empêchements de mariage que l'art. 348 c. civ. fait résulter de l'adoption ; ces empêchements, qui n'ont qu'un caractère prohibitif, ne semblent pas intéresser l'ordre public de manière à pouvoir être opposés en France aux étrangers (Laurent, *Droit civil international*, t. 4, n° 303 ; Despagnet, *ibid.*).

289. Du reste, comme le fait remarquer ce dernier auteur, si les dispositions de la loi étrangère étaient plus rigoureuses que celles de la loi française, elles devraient être appliquées en tant qu'elles ne seraient pas contraires à l'ordre public international : ainsi, par exemple, les autorités françaises devraient faire respecter la loi étrangère qui prohibe le mariage entre cousins germains (Fiore, *op. cit.*, p. 186). Mais on devrait écarter, comme contraires à l'ordre public international, les lois étrangères qui interdiraient le mariage entre personnes de religion différente ou entre individus qui ne sont pas de la même race (Despagnet, n° 397, p. 412 ; Weiss, *ibid.*, p. 450 ; Olivi, *Du mariage en droit international privé*, *Revue de droit international*, 1883, p. 223 ; Renault, *Revue critique*, 1885, p. 599 ; Aubry et Rau, t. 1, § 31, p. 292 ; Laurent, *Droit civil international*, t. 4, p. 595). Jugé, notamment, que l'interdiction des mariages entre blancs et femmes de couleur, édictée par la loi de la Louisiane, ne peut pas être invoquée en France par un Français de race blanche qui a épousé à la Louisiane une femme de couleur : « Attendu que l'application du statut personnel de l'étranger ne saurait être faite lorsque ce statut personnel viole l'ordre public établi en France ; — Attendu que l'on ne saurait méconnaître que, dans l'état actuel de notre législation, toutes les lois qui tiennent au mariage et à la constitution de la famille touchent à l'ordre public, et que toute restriction à la liberté des mariages fondée sur d'autres empêchements que ceux formellement prévus par nos codes, et basée notamment sur des distinctions de race ou de couleur, doit être regardée comme devant porter atteinte à cet ordre public et social tel qu'il est établi par nos lois constitutionnelles, et ne saurait, à ce point de vue, être sanctionnée en France » (Trib. Pontoise, 6 août 1884, aff. Roger, *Journal du droit international privé*, 1885, p. 296).

290. La loi qui considérerait l'impuissance naturelle du mari comme un empêchement de mariage ne pourrait pas non plus être invoquée en France, à raison des motifs qui ont fait supprimer cet empêchement dans notre législation. Il en serait de même de l'incapacité de contracter mariage dont l'étranger serait atteint par suite de condamnations prononcées par les tribunaux de son pays, toute déchéance de cette nature étant réputée immorale en France depuis l'abolition de la mort civile (Despagnet, n° 397, p. 412). Certains auteurs donnent la même solution en ce qui concerne l'incapacité de contracter mariage qui résulterait d'après la loi étrangère de la prêtrise ou des vœux religieux (Weiss, *loc. cit.*; Laurent, *op. cit.*, t. 4, p. 595. V. en sens contraire Aubry et Rau, *op. cit.*, § 31, p. 92. Comp. *Rép.* n° 391). —

Il a été jugé que l'un des époux ne peut former une demande en nullité de mariage fondée sur une cause de nullité résultant du statut personnel de l'autre époux; qu'ainsi, la femme catholique mariée avec un israélite barbaresque ne peut demander la nullité de son mariage pour ce motif que, d'après son statut, l'israélite barbaresque ne peut épouser une femme catholique (C. de Brescia, 10 oct. 1883) (1).

Du principe que les conditions requises pour contracter mariage sont déterminées par la loi personnelle des époux, il résulte que c'est aussi cette loi qu'il faut appliquer aux actions en nullité de mariage fondées sur l'absence de l'une de ces conditions. La même loi qui détermine la condition à remplir doit déterminer les conséquences de son inaccomplissement. C'est donc la loi nationale des époux qu'il faut consulter pour savoir non seulement si la nullité existe, mais encore quel en est le caractère, qui peut intenter l'action, pendant combien de temps elle peut être exercée, quelles sont les exceptions qui peuvent y être opposées (Brocher, p. 29; Fiore, *Journal du droit international privé*, 1887, p. 46; Weiss, p. 522 et suiv.; Olivi, *Revue de droit international*, 1883, p. 226 et suiv.).

Par application de la règle que l'on vient de poser, on devrait décider qu'un étranger pourra, en vertu de sa loi nationale, exercer en France une action en nullité de mariage pour cause de dol, quoique la loi française ne tienne pas compte ici de ce vice du consentement (Fiore, p. 189). — Il paraît rationnel aussi d'admettre que la question de savoir si un mariage annulé produira des effets en faveur des époux ou de leurs enfants dépend uniquement du statut personnel de ceux-ci: dans cette hypothèse comme dans la précédente, il s'agit d'une question de consentement; or le consentement se rattache à la capacité qui est régie par la loi personnelle (Despagnet, nº 381, p. 395; Weiss, p. 523. *Contrà*, Duguit, *Conflits de législation relatifs à la forme des actes*, p. 77). Jugé que les enfants issus d'un mariage entre étrangers sont fondés, pour établir leur qualité d'enfants légitimes, à réclamer le bénéfice des dispositions de la loi étrangère qui régit ce mariage; spécialement, que lorsqu'un mariage a été célébré, au début de l'occupation française en Algérie, entre Italiens, devant le curé de leur paroisse et dans la forme reconnue par la loi italienne, les enfants peuvent, conformément à cette loi, et à supposer que le mariage soit nul, invoquer la bonne foi qui a présidé à ce mariage et leur possession d'état conforme à leur acte de naissance, pour assurer leur légitimité (Alger, 28 juin 1887, aff. Bozzo, D. P. 89. 2. 78. Conf. Trib. Seine, 15 mars 1883, *Journal du droit international privé*, 1883, p. 392).

291. Toutes les questions qui se rapportent à la séparation de corps rentrent aussi dans le statut personnel, car il s'agit là d'une matière qui tient à l'organisation particulière de la famille dans chaque législation et a pour objet la condition juridique des époux (Demangeat, *Journal du droit international privé*, 1878, p. 453; Lehr, *ibid.*, p. 249; Despagnet, p. 347 et suiv.; Lesenne, *Revue pratique de droit français*, t. 23, p. 505).

C'est, en particulier, la loi nationale des époux qui déterminera si la séparation de corps est possible. Ainsi des époux prussiens ne pourraient pas obtenir en France leur séparation de corps définitive, celle-ci n'étant pas admise par leur législation; mais les tribunaux français pourraient prononcer entre époux étrangers, en vertu des dispositions de leur statut personnel, une séparation de corps temporaire (Laurent, t. 5, p. 116-117; Glasson, *Mariage civil et divorce*, p. 356 et 449; Olivi, *Revue de droit international*, 1883, p. 370). Jugé, par application de ce principe, que les tribunaux suisses peuvent prononcer, pour une durée indéfinie, la séparation de corps de deux époux français domiciliés en Suisse, bien que la durée de la séparation de corps ne puisse, d'après la législation helvétique dépasser deux ans (C. de Genève, 21 janv. 1878, aff. S..., D. P. 79. 1. 145).

C'est, de même, la loi nationale des époux qu'il faudra appliquer, en ce qui concerne les causes pour lesquelles la séparation de corps peut être demandée, sauf aux tribunaux français à ordonner une séparation de fait dans les cas où la loi étrangère n'autorise pas la séparation de corps. Des époux italiens, par exemple, seraient fondés à faire prononcer la séparation de corps pour cause de dissentiment mutuel (c. civ. italien, art. 158).

(1) (Mira Pietra Santa *C.* Joseph-Rachmin-Clément Arbib.) — LA COUR; — Attendu qu'il y a lieu de penser qu'à l'époque de la célébration du mariage de Mira Pietra Santa et de Joseph-Rachmin-Clément Arbib, celui-ci avait la qualité de Français; — Attendu qu'il est constaté dans les documents communiqués à la cour que Joseph est sujet turc, appartenant à la communauté israélite de Tripoli de Barbarie; — Attendu que si le mariage de Mira Pietra Santa n'a pas eu pour effet de lui conférer la nationalité étrangère aux termes de l'art. 14 c. civ., on ne peut contester que, d'après l'art. 13, elle devait suivre la condition de son mari et l'accompagner partout où il viendrait à résider, notamment à Tripoli de Barbarie, son pays d'origine, où dans tout autre lieu situé dans l'Empire ottoman, où il devait être soumis à la législation turco-hébraïque; — Attendu que, cette législation autorisant la polygamie, Mira Pietra Santa aurait pu souffrir de l'inexécution d'une des règles essentielles du mariage, telles qu'elles sont consacrées par l'art. 130 du code italien comme par toutes les lois des peuples civilisés, celle de la fidélité conjugale, et se trouver obligée de partager la condition humiliante de toute autre femme que Arbib aurait pu prendre pour épouse; — Attendu qu'à raison de ces circonstances, l'appelante a formé une demande en nullité de mariage en invoquant la déclaration du rabbin de Tunis, soit parce que son consentement aurait été vicié, soit parce qu'il y aurait eu erreur sur la personne; — Attendu qu'il y a lieu d'examiner si Arbib était capable, d'après son statut personnel, c'est-à-dire d'après les lois turco-hébraïques qui ont autorité à Tripoli de Barbarie, de contracter le mariage qui fait l'objet du litige conformément à l'art. 103 c. civ. comparé à l'art. 6 des dispositions préliminaires; — Attendu que Mira Pietra Santa, qui est tenue de faire la preuve, ne peut invoquer que la déclaration du grand rabbin de Tunis, que celui-ci interrogé sur le point de savoir si un israélite de Tunis, sujet du sultan, se trouvant en Italie et s'y étant marié avec une jeune fille catholique, devant un officier de l'état civil italien, peut invoquer la validité de ce mariage en vertu de la loi hébraïque et si, en conséquence, les deux époux ont la faculté de divorcer et de contracter un nouveau mariage, ou si ce droit n'appartient qu'au mari exclusivement, a répondu, sans s'expliquer sur la validité du mariage contracté entre un israélite tripolitain avec une italienne catholique, que le mariage célébré d'après la législation italienne, n'a pas d'effet; d'où il ressort qu'il n'est pas établi avec certitude que Joseph-Rachmin Arbib manquait des qualités requises par sa loi nationale pour se marier avec Mira Pietra Santa; — Attendu, d'autre part, qu'on se prévaudrait inutilement devant les tribunaux italiens d'une cause de nullité consacrée seulement par le statut personnel du mari; — Attendu qu'il est de principe, en matière de mariage, que chacun des époux ne peut invoquer que les exceptions qui lui sont propres, à moins qu'il ne s'agisse de conditions qui touchent à l'ordre public; qu'on ne saurait admettre que le mariage, qui est nul au regard du mari, qui n'était pas capable de le contracter, l'est aussi, pour ce seul motif, vis-à-vis de la femme; — Mais attendu qu'on soutient que le consentement n'a pas été libre, parce qu'il y aurait eu erreur de la part de Mira Pietra Santa et de ses parents sur la personne d'Arbib, que ceux-ci trompés par des manœuvres frauduleuses, ont cru que Arbib était de nationalité française, alors qu'il était sujet turc israélite de Tripoli, que cette erreur est prévue par le second paragraphe de l'art. 105; que l'interprétation du mot « personne » qui se trouve dans ce texte, a fait naître de graves difficultés, en dehors du cas où l'erreur porte sur l'identité de la personne physique; — Attendu que sans entrer dans les controverses qui se sont élevées sur ce point, les auteurs et les tribunaux s'accordent pour reconnaître qu'il ne s'agit pas seulement ici de la personne physique, mais encore, comme l'a déclaré la cour de cassation dans l'affaire actuelle, de l'ensemble des attributs qui constituent la personnalité civile; — Attendu qu'on peut comprendre facilement la différence essentielle qui existe entre un Français, un Italien ou un sujet de toute autre nation dans laquelle le mariage revêt le caractère d'une institution sacrée, et l'habitant d'un des Etats barbaresques, dans lesquels la polygamie est légalement autorisée, et où la femme, quoique portant le titre d'épouse, ne sert qu'à satisfaire la passion du mari; qu'on conçoit aisément, par suite, que Mira Pietra Santa soutienne, ainsi que ses parents, qu'il y a eu erreur de leur part sur la personne civile d'Arbib de nature à entraîner l'annulation du mariage; — Attendu que, dans l'espèce, la différence de nationalité n'est pas, comme elle l'est le plus souvent, une circonstance secondaire, qu'elle est, au contraire essentielle, qu'elle donnerait lieu, en effet, à l'application d'une loi qui est en contradiction avec celle à laquelle l'appelante a voulu se soumettre et aux principes qui servent de base à la constitution de son pays; — Par ces motifs, etc.

Du 10 oct. 1883.-C. d'appel de Brescia.-MM. Panizza, 1er pr.-Resti-Ferrari, rapp.

Enfin les effets de la séparation de corps dépendent également de la loi nationale des époux; c'est cette loi, notamment, qui fixera la nouvelle capacité de la femme; la loi territoriale ne serait applicable qu'autant que l'ordre public se trouverait intéressé dans la question, comme s'il s'agissait, par exemple, de la répression de l'adultère commis par le mari ou par la femme (Despagnet, *loc. cit.*).

292. Le principe de l'indissolubilité du mariage, admis encore par plusieurs législations, mais abrogé par la plupart, a donné lieu à de nombreux conflits. On était d'accord pour reconnaître, avant la loi du 27 juill. 1884 qui a rétabli le divorce dans notre législation, qu'un étranger ne pouvait pas se prévaloir de son statut personnel pour faire prononcer son divorce en France, l'indissolubilité du lien conjugal constituant, au premier chef, un principe d'ordre public. « Si le divorce est d'ordre privé, dit la cour de Lyon, en ce sens qu'il opère dans la condition civile des époux un changement d'état, et rentre à ce titre dans les lois de statut personnel, il intéresse aussi la morale publique et l'ordre social, et tombe de ce chef sous l'application de la loi territoriale » (Lyon, 23 févr. 1887, aff. Fritsch, D. P. 88. 2. 33). Mais c'était une question très controversée que de savoir si l'étranger légalement divorcé dans son pays pouvait être admis, en vertu de sa loi nationale, à contracter en France un nouveau mariage. Nous nous étions prononcés pour la négative en nous appuyant sur deux arrêts de la cour de Paris rendus en ce sens (*Rép.* n° 395); mais cette solution, critiquée déjà par beaucoup d'auteurs, n'avait point prévalu dans la jurisprudence. La cour de cassation a pensé qu'on ne devait pas assimiler le cas où les tribunaux français sont appelés à prononcer eux-mêmes le divorce et celui où, le divorce ayant été légalement prononcé en pays étranger; on leur demande seulement d'appliquer aux parties les conséquences légales du fait accompli. L'ordre public international n'est plus intéressé dans la seconde hypothèse. Il est inutile de revenir sur cette controverse qui n'a plus aujourd'hui qu'un intérêt rétrospectif (V. Aubry et Rau, t. 5, § 469, p. 130; Bertauld, *Questions doctrinales*, t. 1, p. 29; Demolombe, t. 1, p. 114; Hérisson, *Revue pratique de droit français*, t. 9, p. 466 et suiv.; Weiss, *op. cit.*, p. 451; Esperson, *Journal du droit international privé*, 1880, p. 344; Rougelot de Lioncourt, *Du conflit des lois personnelles françaises et étrangères*, p. 223; Civ. cass. 28 févr. 1860, aff. Bulkley, D. P. 60. 1. 57, et sur renvoi, Orléans, 19 avr. 1860, D. P. 60. 2. 82; Civ. cass. 15 juill. 1878, aff. Plaquet, D. P. 78. 1. 340, et sur renvoi, Amiens, 15 avr. 1880, aff. Plaquet, D. P. 81. 2. 79. — *Contrà :* Mailher de Chassat, *Traité des statuts*, p. 262, n° 127; Demangeat, *Condition civile de l'étranger*, p. 338, et *Revue pratique du droit français*, 1856, t. 1, p. 57; Sapey, *Les étrangers en France*, p. 195; Paris, 4 juill. 1859, aff. Bulkley, D. P. 59. 2. 153; Douai, 8 janv. 1877, aff. Plaquet, D. P. 78. 2. 7).

293. Depuis la loi du 27 juill. 1884, il n'est point contestable que non seulement l'étranger divorcé dans son pays a le droit de se remarier en France, mais encore que tout étranger peut, en vertu de son statut personnel, faire prononcer son divorce en France, la question de compétence des tribunaux français étant toujours réservée (V. *suprà*, v° *Divorce et séparation de corps*, n° 140).

Mais l'étranger qui appartient à un pays dans lequel le divorce n'est pas autorisé pourrait-il, depuis la loi du 27 juill. 1884, obtenir le divorce en France? Il est certain que ce divorce ne produirait aucun effet dans le pays de cet étranger, mais pourrait-il être prononcé valablement au regard de la loi française? Notre jurisprudence n'a pas encore eu à se prononcer sur cette question; les auteurs qui l'ont examinée sont divisés. M. Asser enseigne que « le juge d'un pays où le divorce est admis n'en pourrait pas repousser la demande sous prétexte que, au lieu de la célébration du mariage, ou du premier domicile conjugal, ou dans le pays d'où le mari est originaire, le divorce n'existe pas ou n'est pas prononcé pour le motif que l'on invoque. Dans les pays où ce moyen de dissolution est admis, le législateur a pensé qu'il serait contraire à l'ordre public de maintenir un mariage dont la dissolution est réclamée pour un motif légal. Et en cela, il n'a pas été guidé seulement par l'intérêt personnel des époux, mais il s'est inspiré, avant tout, de considérations qui se rattachent à l'intérêt de la famille, à l'ordre public, aux bonnes mœurs » (Asser, *Eléments de droit international privé*, p. 118-119. Conf. : Bar, *Précis de droit international*, § 92; Barilliet, *Journal du droit international privé*, 1880, p. 352; Bruxelles, 14 mai 1881, *Pasicrisie*, 1882. 1. 62). — D'ailleurs, en supposant que la loi de l'étranger autorise le divorce comme la loi française, il est nécessaire de rappeler ici que les étrangers ne peuvent invoquer que les causes de divorce ou de séparation reconnues par leur loi nationale et, en outre, qu'ils ne peuvent les invoquer qu'autant qu'elles sont conformes aux causes de divorce ou de séparation admises par la loi française (V. *suprà*, v° *Divorce et séparation de corps*, n° 148. *Adde :* Fiore, p. 218; Weiss, p. 540. *Contrà*, Laurent, *Droit civil international*, t. 5, p. 285). — Jugé, conformément à l'opinion de ce dernier auteur, que la rupture du mariage et les causes pour lesquelles cette rupture est poursuivie dérivent du statut personnel des époux; que, par suite, les tribunaux belges doivent accueillir la demande en divorce formée par des étrangers en vertu de causes admises par leur loi personnelle (dans l'espèce, la loi suisse), à moins que des considérations d'ordre public ne s'y opposent (C. de Bruxelles, 17 avr. 1889, aff. Prod'hom, D. P. 92. 2. 46). Il semble bien résulter de cet arrêt qu'il n'est pas nécessaire pour que le divorce demandé en Belgique par un étranger soit prononcé, que la demande soit fondée sur les mêmes causes que celles qui sont admises par la loi belge, mais que « les causes pour lesquelles la rupture (du mariage) est poursuivie » dépendent uniquement de la loi personnelle des époux, la loi locale ne devant intervenir qu'autant que l'ordre public se trouverait violé. Peut-être cette doctrine est-elle plus juridique que celle qui prévaut dans la jurisprudence en France, car, dès l'instant qu'il est reconnu que le divorce dépend du statut personnel, il semble rationnel de se reporter à ce statut, en ce qui concerne les causes pour lesquelles il peut être prononcé et de ne pas admettre d'autre restriction que celle qui est imposée par l'ordre public.

294. Dans les législations qui font dépendre le statut personnel du domicile et non pas de la nationalité, les solutions données ci-dessus doivent être nécessairement modifiées. Ainsi il a été jugé que, le droit anglais déterminant le statut personnel par la loi du domicile, des époux anglais domiciliés en Belgique sont à bon droit déclarés soumis, en ce qui concerne les causes du divorce, à la loi belge (Bruxelles, 14 mai 1881, *suprà*, v° *Divorce et séparation de corps*, n° 148, et sur pourvoi, C. cass. Belgique, 9 mars 1882, aff. Bigwood, *suprà*, v° *Cassation*, n° 294). Ces arrêts, en même temps qu'ils reconnaissent que les causes du divorce rentrent dans le statut personnel, appliquent cet autre principe d'après lequel l'état et la capacité d'un étranger, domicilié dans le pays où s'élève le conflit, sont régis par la loi locale, au cas de renvoi de la loi nationale à la loi du domicile (V. *suprà*, n° 280 et 281).

295. Ce qui est vrai des causes du divorce l'est aussi de ses effets; ceux-ci dépendent également du statut personnel, que le divorce ait été prononcé à l'étranger au profit de Français ou au profit d'étrangers en France (Trib. Nogent-le-Rotrou, 7 juin 1878, *Journal du droit international privé*, 1879, p. 277).

296. Nous croyons, au contraire, que si la loi qui prohibe le divorce dans un pays doit être considérée, dans ce pays, comme une loi d'ordre public international (V. *suprà*, n° 293), la loi qui l'autorise n'a pas le même caractère. Il appartient au législateur local, en vertu de son droit de police, d'imposer aux étrangers les mesures nécessaires pour empêcher les désordres et les abus qui peuvent se produire au domicile conjugal et qui troubleraient la paix publique; il peut, à ce titre, autoriser, par exemple, une séparation de corps, sinon définitive au moins provisoire, entre les époux; mais, ce but atteint, l'ordre public n'exige pas que la loi locale viole le statut personnel des étrangers en leur fournissant les moyens d'user d'un droit que leur législation ne leur reconnaît pas « Le divorce *a vinculo*, entraînant la restitution de la liberté au profit de personnes autrefois mariées, produit un très grand changement d'état. De toutes les raisons déjà produites par nous pour prouver que l'état des personnes doit être réglé, en quelque lieu que ce soit, par la loi nationale, il résulte que c'est seulement d'après cette loi qu'on doit décider d'un si important changement d'état. Nous admettons, par conséquent, que deux conjoints italiens peuvent être séparés en Prusse par des mesures de police ; mais ils ne peuvent, de mariés qu'ils étaient, devenir libres, si ce n'est par la mort de l'un d'eux, selon la disposition de notre loi » (Fiore, *op. cit.*, p. 228. Conf. Weiss, *op. cit.*, p. 539; Chavegrin, *Journal du droit international privé*, 1885, p. 155. Comp. *Rép.* n°s 396-397). — On cite un jugement du tribunal de la Seine comme ayant consacré l'opinion contraire ; mais la vérité est que le tribunal saisi de la question s'est borné à se déclarer incompétent, usant du droit que la jurisprudence reconnaît aux tribunaux français lorsqu'ils sont appelés à statuer sur des questions d'état entre étrangers. Les termes du jugement indiquent, au contraire, que le tribunal ne se reconnaissait pas le droit de juger contrairement aux dispositions du statut personnel des étrangers : « Attendu que la qualité de sujet autrichien étant reconnue en la personne du comte Zamoyski, et la comtesse Zamoyska étant devenue autrichienne par son mariage, le statut personnel des deux époux qui devrait être appliqué dans la cause est la loi civile de l'empire d'Autriche ; — Qu'aux termes de cette loi, telle qu'elle résulte des documents versés au procès, le divorce ne peut jamais être prononcé entre époux appartenant au culte catholique ; — Qu'une semblable disposition serait manifestement inapplicable en France, et qu'un juge français n'en saurait faire état sans violer le principe essentiel du droit public qui consacre l'égalité absolue des citoyens français devant la justice à quelque religion qu'ils appartiennent ; — Attendu que, le comte Zamoyski et la comtesse Zamoyska étant l'un et l'autre catholiques, il convient, pour la dignité de la justice, de décliner la compétence d'un débat où la demanderesse en divorce, ses griefs fussent-ils justifiés au premier chef, ne saurait obtenir les satisfactions qu'elle réclame et que sa loi personnelle lui refuse expressément » (Trib. Seine, 16 juill. 1886, *Journal du droit international privé*, 1886, p. 707).

297. La règle ne recevrait d'exception que s'il s'agissait de faire produire au divorce des effets qui seraient contraires à l'ordre public international. — Il a été jugé, en ce sens, que la femme étrangère qui a divorcé, d'après la loi de son pays, ne peut contracter un nouveau mariage en France qu'après dix mois révolus depuis son divorce, alors même que sa loi nationale lui permet de se remarier aussitôt après, cette prescription des art. 228 et 296 c. civ. étant d'ordre public (V. *suprà*, v° *Divorce et séparation de corps*, n° 559). M. Weiss, p. 541, cite comme autre exemple la disposition de l'art. 298 qui interdit le mariage entre l'époux coupable et son complice.

298. Ce ne sont pas seulement les qualités requises pour contracter mariage qui sont déterminées par le statut personnel ; il en est de même des effets du mariage en tant toujours qu'ils ne sont pas contraires au droit public. — Ce principe n'est cependant pas admis par tous les auteurs. Il en est qui enseignent que les droits et les obligations qui naissent du mariage doivent être régis par la loi du domicile conjugal. C'est la loi du domicile du mari, dit Savigny, qui détermine le droit local du mariage, soumettant ainsi à cette loi unique toute la législation du mariage. Cette opinion n'est qu'une application de la doctrine qui subordonne le statut personnel à la loi du domicile ; le code civil a repoussé cette doctrine. D'autres décident qu'il faut appliquer ici la loi à laquelle les époux ont entendu se soumettre, règle qui est admise, généralement, en effet, comme on le verra, en ce qui concerne les effets des contrats. Mais on répond aux partisans de ce système que le mariage diffère essentiellement des autres contrats, les droits et les obligations qu'il engendre entre les époux ne découlent pas de la volonté des parties, mais sont fixés impérativement par le législateur, de telle sorte qu'il ne peut pas être question d'appliquer ici la loi à laquelle les parties contractantes ont entendu se référer. Il faut écarter aussi la loi du lieu où le mariage a été contracté, car cette loi, dont l'application, fondée sur un fait accidentel, est restreinte à la forme des actes, n'exerce, en principe, aucune influence sur les effets qu'ils produisent. Dès lors, il ne reste plus à appliquer que la loi nationale, dont l'autorité s'impose avec d'autant plus de force que les effets du mariage touchent à la capacité des époux (Fiore, p. 174; Weiss, p. 490; Laurent, *Droit civil international*, t. 5, p. 105 et suiv.). — Mais l'exclusion des lois étrangères contraires au droit public international, diminue beaucoup la portée de la règle que nous venons de poser. Il est certain, par exemple, que le mari étranger ne peut pas se prévaloir, en France, des droits de contrainte ou de répression que son statut personnel lui confère sur la personne de sa femme, et que ne reconnaît pas la loi française ; car les lois qui réglementent ces droits sont des lois de police et d'ordre public (Laurent, *op. cit.* p. 110 ; Weiss, *op. cit.*, p. 492; Despagnet, n° 404.).

299. Un des principaux effets du mariage, d'après le code civil français, est l'incapacité de la femme. Toutes les législations n'admettent pas cette incapacité, et celles qui la consacrent ne lui donnent pas la même étendue ; ce qui est la règle dans un pays est l'exception dans l'autre. Par quelle loi sera déterminée la capacité de la femme française en pays étranger ou de la femme étrangère en France?

Il est évident que, par son objet, la loi qui fixe les droits de la femme mariée vis-à-vis des tiers est une loi personnelle ; mais, en cas de conflit avec la loi territoriale, celle-ci ne doit-elle pas l'emporter? Nous nous étions prononcés pour l'affirmative sous l'influence de cette idée, alors généralement admise, que l'incapacité de la femme, conséquence de la puissance maritale, était fondée sur des considérations d'ordre public (*Rép.* n° 394). — Cette opinion, que la cour de cassation avait aussi adoptée d'abord, est condamnée aujourd'hui par la jurisprudence comme par la plupart des auteurs. L'un d'eux justifie ainsi ce changement de doctrine : « L'organisation de la puissance maritale occupe une place importante dans la constitution de la famille ; mais les détails de sa réglementation ne touchent pas à la morale publique. Les prescriptions des art. 215 et 217 c. civ. ne sont pas des règles qui s'imposent à la conscience humaine ; on en conçoit d'autres, et on se sent disposé à leur reconnaître une valeur morale au moins égale, alors que certaines habitudes d'esprit, ou le préjugé naturel que l'on éprouve pour les lois de sa patrie, empêcheraient de leur reconnaître dès l'abord un caractère de logique et de facilité pratique qu'une vue plus attentive y fait découvrir » (*Journal du droit international privé, Questions et solutions pratiques*, 1880, p. 187). « Soit que l'on considère l'incapacité de la femme mariée comme dérivant de son infériorité naturelle, et, par conséquent, comme une institution destinée à la protéger, soit que l'on y voie la consécration de la suprématie maritale, il est évident qu'elle n'a en vue que des intérêts privés, ou bien ceux du mari, ou bien ceux de la femme. Et c'est le législateur dont les époux relèvent qui est le mieux placé pour déterminer la mesure dans laquelle ces intérêts doivent être protégés. L'Etat français est désintéressé dans la question, la loi française n'a pas qualité pour se substituer à la loi étrangère » (Weiss, p. 493). Il est vrai que la règle de l'incapacité de la femme mariée est d'ordre public en France, en ce sens qu'elle fait partie des dispositions de code auxquels l'art. 6 défend aux particuliers de déroger. Mais de ce que cette règle est *d'ordre public interne*, il n'en résulte pas qu'elle soit *d'ordre public international* ; autrement il faudrait attribuer aussi ce caractère à toutes les lois relatives au mariage (Aubry et Rau, t. 1, p. 83, § 31, note 10 ; Laurent, *Droit civil international*, t. 5, p. 129 et suiv., et *Principes de droit civil*, t. 1, n° 90 ; Despagnet, n° 405 ; Bard, *op. cit.*, p. 224).

Il a été jugé : 1° que, la capacité de la femme mariée dépendant du statut personnel, le sort des actes passés en France sans l'autorisation maritale par une femme portugaise doit être apprécié d'après la loi portugaise, et que, par suite, la femme portugaise séparée de biens ne peut pas disposer de son mobilier, ni surtout s'obliger en dehors des limites et des besoins de l'administration (Paris, 14 nov. 1887, aff. Van der Brouck, D. P. 88. 2. 225) ; — 2° Que, la capacité de la femme étrangère étant régie par sa loi personnelle, une femme mariée à un citoyen suisse du canton du Valais, ne peut s'engager sans l'autorisation de la chambre pupillaire de sa localité, dans les cas et dans les formes où elle est requise par les lois du canton (Chambéry, 9 janv. 1884, aff. Févat, D. P. 85. 2. 279) ; — 3° Qu'une femme mariée sous le régime de la loi anglaise peut invoquer en France l'acte par lequel elle a concédé et transmis à des *trustees* ou fidéicommissaires la propriété de tous ses immeubles pour se garantir, contre la mauvaise administration de son mari (Req. 20 avr. 1869, aff. Synd. Ferguson, D. P. 70. 1. 99); — 4° Que l'exercice de la capacité que la femme étrangère tient de son statut personnel ne peut être considéré comme étant, en France, l'objet d'une interdiction d'ordre public (Paris, 17 déc. 1883, aff. Giusti, D. P. 85. 2. 117); — 5° Que, l'incapacité du sénatus-consulte Velléien existant encore en Espagne, l'acte par lequel la femme espagnole cautionne son mari ne peut produire aucun effet en pays étranger (Trib. civ. Genève, *Semaine judiciaire* du 30 juill. 1888, p. 470. Conf. Bertauld, *op. cit.*, t. 1, p. 51; Laurent, *Droit civil international*, t. 5, p. 150 et suiv.; Weiss, p. 494); — 6° Qu'une femme mariée de nationalité anglaise étant régie, quant à sa capacité, par la loi de son pays, les dispositions de la loi française relatives à l'autorisation maritale ne lui sont pas applicables; spécialement, qu'une Anglaise dont le mari a été frappé d'aliénation mentale, et à laquelle la cour de chancellerie a alloué une pension qui constitue un bien propre, doit être regardée comme étant affranchie de l'autorité maritale d'après les coutumes et les lois anglaises, non seulement en ce qui concerne cette pension, mais encore relativement aux économies qu'elle fait sur ses revenus, aux biens qu'elle achète avec ces deniers sans le concours de son mari; qu'elle peut aliéner les biens dont il s'agit et ester en justice en ce qui les concerne sans l'autorisation de son mari; qu'elle a, en particulier, le droit de former une demande en revendication de chevaux, voitures et harnais saisis chez un tiers auquel elle en avait transporté fictivement la propriété, mais qui n'avaient pas, en réalité, cessé de lui appartenir (Trib. Seine, 6 août 1878, *Gaz. trib.*, 25 sept. 1878; Conf. Trib. Seine, 12 avr. 1882, *Journal du droit international privé*, 1882, p. 619); — 7° Que le cautionnement, stipulé en faveur de son mari, par la femme d'un citoyen de Fribourg, établi dans le canton de Genève, est nul vu le défaut d'autorisation préalable du juge de paix fribourgeois prescrite par la loi de cet Etat, quoique la caution ait obtenu l'assentiment de deux conseillers à elle spécialement désignés par le procureur général de Genève, conformément aux prescriptions de la loi de ce pays (Cour de just. civ. de Genève, 11 juin 1877, *Journal du droit international privé*, 1880, p. 407). Une autre décision de la même cour, du 17 mai 1886, a reconnu, pour les mêmes motifs, que les prescriptions spéciales des lois suisses ne sauraient, en aucun cas, être étendues aux engagements pris en France par des femmes françaises en faveur de leurs maris; en particulier, qu'une femme française qui s'est engagée en France, solidairement avec son mari, à payer une rente viagère à un tiers, ne peut être mise hors de cause sous prétexte que, lors de l'engagement solidaire, elle n'a pas été autorisée par deux conseillers, conformément à la loi genevoise du 30 janv. 1819 (*Journal du droit international privé*, 1889, p. 347); — 8° Que les billets, souscrits par une femme étrangère, sans autorisation maritale, alors que cette autorisation lui était nécessaire pour s'obliger d'après sa loi nationale, doivent être annulés; que cependant elle doit être condamnée à payer la somme dont elle a profité (Trib. Seine, 12 avr. 1882, précité. Comp. *Rép.* v^is *Obligations*, n° 2979-5°, et *Mariage*, n° 942). Mais la femme perdrait le droit d'exciper, vis-à-vis des tiers, de son incapacité, si elle avait eu recours à des manœuvres dolosives en vue de leur persuader qu'elle a obtenu les autorisations exigées par son statut personnel (V. note sur l'arrêt précité de Chambéry, 9 janv. 1884).

300. Contrairement à l'opinion émise au *Rép.* n° 394 *in fine*, on décide généralement aujourd'hui que le fait, pour la femme étrangère, d'avoir été autorisée par le Gouvernement, dans les termes de l'art. 13 c. civ., à fixer son domicile en France, ne modifierait pas les solutions apportées ci-dessus, cette autorisation laissant subsister sa nationalité et le statut personnel qui en dépend (V. *suprà*, v° *Droits civils*, n° 231).

301. Du principe que l'incapacité de la femme mariée est déterminée par sa loi nationale, il résulte qu'il faut se référer à cette loi pour savoir quel est le caractère de la nullité des actes qu'elle a faits, quelles sont les personnes qui peuvent s'en prévaloir, pendant combien de temps elle peut être exercée, quelles sont les fins de non-recevoir que l'adversaire peut opposer (Weiss, p. 495).

302. Non seulement l'obligation, pour la femme, d'obtenir l'autorisation maritale est subordonnée à son statut personnel, mais c'est aussi ce statut qui détermine les formes de l'autorisation lorsqu'elle est nécessaire. Ainsi il a été jugé que, la capacité de la femme étrangère étant réglée par sa loi personnelle, une femme mariée à un Italien peut valablement aliéner ses biens propres, même à titre gratuit, en vertu d'une autorisation générale, conformément aux dispositions de la loi italienne (Paris, 17 déc. 1883, aff. Giusti, D. P. 85. 2. 117).

303. Il peut arriver que les époux changent de nationalité au cours du mariage; quelle loi faut-il suivre, dans ce cas, pour apprécier la capacité de la femme qui a traité avec les tiers? est-ce la loi nationale de la femme à l'époque de la passation de l'acte, ou celle à laquelle la femme était soumise à l'époque de la célébration du mariage? La question a été résolue dans le premier sens par un arrêt de la cour de Milan du 1er févr. 1887 (aff. Mauri Virginia, *Journal du droit international privé*, 1888, p. 425). On peut se demander aussi si le changement de nationalité du mari, alors que la femme conserve la sienne, influe sur la capacité de celle-ci; il faut répondre négativement si l'on admet que la naturalisation de l'un des conjoints ne préjudice pas aux droits de l'autre (Laurent, t. 3, p. 516 et suiv.; Asser et Rivier, p. 105; Weiss, p. 499; V. aussi *suprà*, v° *Droits civils*, n° 68).

304. Les questions de filiation peuvent donner lieu à de nombreux conflits, par suite de la diversité des règles admises dans cette matière par les différentes législations. Nos anciens auteurs s'étaient préoccupés de ces difficultés; tous étaient d'accord pour reconnaître que les lois relatives à la filiation dépendaient du statut personnel (d'Argentré *Brit. Const.*, art. 218, glos. 6, n°s 3, 4, et 7, p. 676 et 677; Tiraqueau, *De nobilitate*, ch. 37, n° 32; Boullenois, *Traité de la personnalité et de la réalité des lois*, t. 1, ch. 2, observation 4 et t. 1, p. 51 et 62; Froland, *Mémoire concernant la nature et la qualité des statuts*, t. 1, § 1 et 2, p. 82 et suiv.; Bouhier, *Les coutumes du duché de Bourgogne*, t. 1, p. 481, ch. 24, n°s 122 et suiv.). Ce dernier auteur résume ainsi la doctrine de notre ancien droit sur ce point: « La première (question) qui se présente est l'état des enfants et leur filiation. On ne disputera pas sans doute aux lois qui ont été faites pour régler la manière de la prouver, et qui ne sont pas toujours uniformes, la qualité de personnelles. Il en faut donc conclure que l'enfant reconnu au lieu du domicile du père et de la mère pour être issu d'eux, et dans les formes prescrites en ce même domicile, doit, sans difficulté, être tenu pour tel dans tous les lieux où il pourra se transporter, qu'il soit légitime ou bâtard. C'est une règle inviolable en fait de question d'état ». — La loi appliquée aux conflits relatifs à la filiation était donc la loi personnelle des parents, c'est-à-dire la loi de leur domicile. La même règle doit être suivie encore aujourd'hui, sauf que la loi personnelle, au lieu d'être déterminée par le domicile, est déterminée par la nationalité.

305. Il en est d'abord ainsi en ce qui concerne la filiation légitime, soit qu'il s'agisse de la filiation paternelle, soit qu'il s'agisse de la filiation maternelle. — La question est cependant controversée.

Certains auteurs objectent que les lois relatives à la filiation ont uniquement pour objet des questions de preuve; toutes les actions qui concernent la filiation, qu'elles soient intentées par l'enfant ou contre lui, tendent à prouver qu'il est ou qu'il n'est pas issu de telles personnes; or, les modes de preuves dépendent de la procédure et, par conséquent, doivent être déterminées par la *lex fori*, en d'autres termes par la loi du tribunal saisi du litige. — Il y a deux réponses à faire à cette objection. D'abord toutes les règles de la filiation ne se rapportent pas à la preuve; il est certain, par exemple, qu'on ne peut pas attribuer ce caractère aux dispositions qui interdisent aux parties de compromettre ou de transiger sur leur état. En second lieu, même en tant qu'il s'agit de règles relatives à la preuve, il faut se garder de faire ici une confusion entre la question de savoir si tel ou tel mode de preuve est recevable et celle de savoir en quelle forme la preuve devra être administrée; ce dernier point seul touche à la procédure et dépend de la *lex fori*. « L'admissibilité de la preuve, au contraire, ne saurait dépendre du lieu plus ou moins fortuit où le procès s'intente. L'exercice d'un droit n'est assuré d'une manière complète que si l'on en peut prouver l'existence en cas de contestation. L'emploi des preuves est inséparable du droit même » (Asser et Rivier, p. 167).

Une autre opinion enseigne que l'on doit appliquer, dans notre matière, le principe d'après lequel la preuve d'un acte est régie par la loi du lieu dans lequel cet acte est intervenu : *Locus regit actum;* or, l'acte d'où découle la filiation est la naissance de l'enfant, donc c'est la loi du pays dans lequel l'enfant est né qu'il faut suivre (Brocher, *Cours de droit international privé*, p. 309 et suiv.). — Le fait de la naissance n'est qu'un des éléments de la filiation, laquelle est un fait complexe qui consiste dans un rapport entre deux personnes dont l'une se prétend issue de l'autre ; ajoutons que les partisans de ce second système donnent à la règle *locus regit actum* une portée trop étendue et font, eux aussi, la même confusion que celle dont on parlait tout à l'heure. La loi du lieu où l'acte est intervenu ne régit que la forme de la preuve ; elle est étrangère, aussi bien que la *lex fori*, à la recevabilité de celle-ci. Comme le dit très bien M. Weiss, p. 547 : « le point de savoir si l'enfant est ou n'est pas légitime se rattache bien évidemment à l'état des personnes; et la législation qui régit cet état doit aussi gouverner l'admissibilité des preuves qui serviront à l'établir ».

La conclusion qui ressort de ce qui précède, c'est que les conflits qui s'élèvent à l'occasion de la filiation doivent être résolus par la loi personnelle, c'est-à-dire par la loi nationale des parties (Despagnet, n°s 426 et suiv.; Weiss, *loc. cit.* ; Duguit, *Du conflit des lois en matière de filiation*, *Journal du droit international privé*, 1885, p. 353 et suiv.; Asser et Rivier, p. 167 et suiv; Aubry et Rau, t. 1, § 31, p. 83; Laurent, t. 5, p. 511 et suiv. Comp. Alexander, *Journal du droit international privé*, 1881, p. 495).

306. La règle que l'on vient de poser est générale. C'est la loi nationale des parties qui déterminera les éléments de la filiation légitime, les modes de preuves qui peuvent être employés pour l'établir, les conditions auxquelles leur emploi est subordonné, le degré de leur force probante; c'est elle aussi qui décidera quelles sont les actions qui peuvent être exercées par l'enfant ou contre l'enfant, dans ses rapports soit avec son père, soit avec sa mère : action en désaveu, en contestation de légitimité, en réclamation d'état, en contestation d'état ou autres, les délais dans lesquels ces actions peuvent être intentées, les personnes qui ont qualité pour les exercer activement et passivement, les fins de non-recevoir qui peuvent être opposées, etc...

307. L'application du principe ne présente pas de difficulté lorsque l'enfant, la femme et le mari ont la même nationalité; mais quelle loi suivre dans le cas contraire, par exemple si, d'une part, l'enfant est Français comme étant né en France de père et mère inconnus, et si, d'autre part, les époux dont il se dit issu sont étrangers. On a prétendu qu'on devait, dans cette hypothèse, appliquer de préférence la loi personnelle de l'enfant, parce que toutes les fois qu'un conflit de droit s'élève entre deux lois personnelles, il faut faire prévaloir celle de la partie dont l'intérêt est le plus directement en cause; or, dit-on, il n'est pas contestable que c'est l'état de l'enfant que la question de filiation, intéresse le plus (Weiss, p. 550. Conf. Despagnet, n° 428; Durand, p. 340). — La plupart des auteurs enseignent, au contraire, que la loi applicable est la loi nationale du mari. La filiation légitime est, en effet, une conséquence du mariage, or c'est la loi personnelle du mari qui régit les effets du mariage au point de vue des rapports des époux avec leurs enfants, donc c'est cette loi qui doit déterminer la filiation, c'est-à-dire décider si les enfants sont censés nés des deux époux (Laurent, t. 5, n° 242, p. 508; Bard, p. 218; Fiore, p. 235; Duguit, *op. cit.*, p. 359. V. aussi Merlin, *Répertoire*, v° *Légitimité*, sect. 4, § 3, n° 3).

308. Mais à quelle époque faut-il se placer pour déterminer la loi personnelle du père lorsque celui-ci a changé de nationalité? On peut distinguer trois époques : celle où l'action est intentée, celle de la naissance de l'enfant et celle de sa conception. On s'accorde pour ne pas tenir compte de la première, il serait peu raisonnable de faire dépendre le statut d'un fait aussi accidentel; mais on peut hésiter entre le moment de la conception et celui de la naissance.

M. Laurent (*op. cit.*, t. 5, n° 243, p. 510) est d'avis de laisser le choix à l'enfant, par application de la maxime: *Infans conceptus pro nato habetur, quoties de commodis agitur;* mais cet adage, qu'aucun texte n'a reproduit d'ailleurs dans notre droit, n'a jamais été invoqué que lorsqu'il s'agissait des droits pécuniaires de l'enfant, or c'est l'état de l'enfant qui est en jeu ici, et l'état ne peut pas dépendre du choix de la personne intéressée.— On peut poser en principe que la loi applicable est celle qui régissait le père à l'époque à laquelle s'est formé le rapport de droit qui donne lieu au conflit; mais quelle est cette époque; les uns se prononcent pour celle de la conception, parce que, dans les rapports du père et de l'enfant, la conception est le fait générateur de la filiation; les autres, dont l'opinion nous paraît préférable, font remarquer que l'enfant simplement conçu n'a qu'une existence fictive, qu'en réalité il n'a pas encore d'individualité, que la naissance est le fait générateur de la filiation aussi bien dans les rapports de l'enfant avec le père que dans les rapports de l'enfant avec la mère; que c'est ce qui résulte notamment de l'art. 314 c. civ., d'après lequel l'enfant né pendant le mariage est légitime bien qu'il ait été conçu auparavant; que, en conséquence, la filiation légitime de l'enfant doit être déterminée par la loi nationale du mari au moment de la naissance (Duguit, *op. cit.*, p. 361).

309. Au contraire, les délais de l'action en désaveu, qui varient suivant les pays, sont toujours déterminés par la loi étrangère ; par conséquent, un père étranger pourrait intenter cette action en France même après l'expiration du délai d'un mois ou de deux mois, fixé par l'art. 316 c. civ., si sa loi nationale, comme la loi italienne et la loi prussienne, par exemple, lui accordaient un délai plus long. L'ordre public international n'est pas intéressé, en effet, dans cette question, On ne saurait, d'ailleurs, invoquer ici la *lex fori*, qui ne s'applique qu'aux formes de la procédure, ni la règle *locus regit actum*, qui ne concerne que les formes instrumentaires des actes juridiques (Weiss, p. 549; Duguit, p. 372; Laurent, *op. cit.*, t. 5, p. 513).

310. Le principe que la filiation légitime de l'enfant dépend uniquement de la loi nationale du mari au moment de la naissance, recevrait exception si l'application de cette loi devait entraîner des conséquences contraires aux règles que l'on considère comme étant d'ordre public en France. Ainsi, la théorie que nous avons admise conduit à décider que les causes de désaveu sont déterminées par la loi personnelle du père néanmoins l'impuissance naturelle, alors même que la loi étrangère lui attribuerait ce caractère, ne pourrait pas être invoquée en France par un étranger; comme une cause de désaveu, attendu que la prohibition que l'art. 313 c. civ. édicte à ce sujet, est fondée sur des considérations de morale publique complètement indépendantes de la nationalité des intéressés (Laurent, *op. cit.*, t. 5, p. 513; Weiss, p. 549. *Contrà*, Duguit, *op. cit.*, p. 371). De même, on ne doit pas mettre au nombre des dispositions d'ordre public international la règle de l'art. 338, portant que l'action en réclamation d'état est imprescriptible à l'égard de l'enfant, ce principe n'ayant été posé par le législateur que dans l'intérêt des familles françaises. Il faut en dire autant de l'art. 322, aux termes duquel la légitimité de l'enfant ne peut pas être attaquée lorsqu'il jouit d'une possession d'état conforme à son acte de naissance; cette disposition est, en effet, le résultat d'une présomption de même nature que toutes celles que le législateur a édictées en matière de filiation; or il n'est pas douteux que ces présomptions dépendent du statut personnel: « Si la *lex loci* n'est pas compétente, dit M. Duguit (*op. cit.*, p. 364), pour déterminer les modes de preuve recevables, elle ne l'est pas davantage pour déterminer leur force probante ».

311. En vertu du principe que les modes de preuve de la filiation légitime sont régis par la loi personnelle du mari, il a été jugé qu'aux Etats-Unis, et notamment dans l'Etat de New-York, où le mariage se prouve par la seule notoriété résultant entre un homme et une femme, de la cohabitation et de la réputation d'époux, la possession constante de l'état d'enfant légitime suffit, à défaut de représentation d'un acte de naissance, pour prouver la filiation de l'enfant issu d'un Français et d'une Américaine qui ont cette notoriété (Paris 20 janv. 1873, aff. Dussance, D. P. 73. 2. 59. Conf. Req. 13 janv. 1857, aff. de Valmy, D. P. 57. 1. 106). Jugé, d'une manière plus générale, que, dans le cas où le père ou la mère sont décédés, après avoir vécu publiquement comme mari et femme, les enfants issus de cette union peuvent, à défaut d'acte de mariage, démontrer leur légitimité en rapportant la preuve d'une possession d'état d'enfants légitimes, non contredite par leurs actes de naissance. Cette règle du code civil, qui tient au statut personnel, est applicable aux Français, alors même qu'ils résident hors de France, et que le mariage présumé du père et de la mère devrait aussi être tenu pour avoir été accompli en pays étranger. Par suite, il n'est pas nécessaire de rechercher si, d'après la législation dudit pays étranger, la célébration du mariage prétendu aurait été entourée de toutes les formalités légales et si cette même législation autorise la reconstitution d'un acte de mariage au moyen de papiers et notes de famille quand il n'y a pas eu de registre de l'état civil. « Attendu, dit l'arrêt, que s'agissant d'une question d'état et de sujets français, quoique résidant en Egypte, c'est vainement que le pourvoi conteste l'application, à leur profit, des principes empruntés au statut personnel français, et prétend en subordonner l'efficacité à la question de savoir si les mêmes modes de preuves sont autorisés par la loi du pays, où, par hypothèse, le mariage aurait été célébré; attendu qu'aucune vérification en ce sens ne s'imposait aux juges..., et qu'à bon droit, ils se sont contentés de se conformer à la loi française, seule chargée de déterminer les conditions de la filiation légitime et les moyens de la prouver pour constituer la famille française avec les droits civils qui en dérivent » (Civ. rej. après délib. en la ch. du cons., 8 juill. 1886, aff. Linant de Bellefonds, D. P. 87. 1. 267).

312. On trouve dans un jugement du tribunal de la Seine une application plus directe et plus topique encore du principe que nous avons formulé à l'occasion des conflits qui peuvent s'élever relativement aux modes de preuve de la filiation. Une action en contestation de légitimité ayant été intentée en France contre une femme de nationalité russe il a été jugé que les demandeurs pouvaient se prévaloir contre elle des listes de recensement de l'Empire russe, qui, d'après la législation de ce pays, laquelle était la loi nationale du prétendu père au moment de la naissance, peuvent servir de preuve dans les contestations relatives à la légitimité de la filiation (Trib. Seine, 14 mars 1879, *Gaz. des Trib.*, 15 mars 1879). En fait, le tribunal a écarté les listes de recensement et ordonné un supplément d'enquête, mais uniquement parce qu'elles ne lui ont paru contenir d'indications suffisantes, et après avoir préalablement reconnu leur autorité.

313. Les règles développées ci-dessus relativement à la filiation légitime s'appliquent aussi à la filiation naturelle; les conflits qui peuvent s'élever à l'occasion de celle-ci dépendent également du statut personnel. C'est donc à la loi étrangère, lorsque la question s'élève entre étrangers, de déterminer d'abord si la preuve de cette filiation est permise, dans quelles conditions, avec quelles restrictions, et, en second lieu, quels modes de preuve peuvent être employés. C'est ainsi que la possession d'état, qui, d'après l'opinion généralement admise, ne peut pas servir, sous l'empire de notre législation, à prouver la paternité ou la maternité naturelles, peut être invoquée utilement par un étranger dont la loi nationale reconnaît ce genre de preuve. Jugé, en ce sens, que lorsqu'un étranger devenu Français a intenté, contre un étranger, une demande en pension alimentaire fondée sur un lien de paternité ou de filiation naturelle qui se serait formé dans le pays d'origine du demandeur, les tribunaux français, compétents pour connaître de cette demande, doivent juger la question de filiation qu'elle soulève incidemment, non d'après la loi française, mais d'après le statut étranger commun aux deux parties et sous l'empire duquel l'obligation a pris naissance (Paris, 2 août 1866, aff. de Civry, D. P. 67. 2. 41).

314. La preuve de la filiation naturelle peut résulter, suivant les législations, soit de la possession d'état, soit d'une reconnaissance volontaire ou judiciaire. On décide généralement que les tribunaux, appelés à décider si ces modes de preuve sont permis, doivent tenir compte à la fois de la loi personnelle de chacune des parties intéressées dans l'acte, lorsqu'elles n'ont pas toutes la même nationalité; qu'ainsi, en particulier, il est nécessaire que « le père, d'une part, et l'enfant de l'autre, soient respectivement capables d'après leur loi personnelle l'un de reconnaître, l'autre d'être reconnu » (Weiss, p. 554). Vainement, dit cet auteur, objecterait-on que la reconnaissance rétroagit et imprime à l'enfant la nationalité du père; car, pour que la reconnaissance rétroagisse et produise cet effet, il faut d'abord qu'elle ait été valablement faite.

315. La même restriction que nous avons faite en matière de filiation légitime s'impose d'ailleurs aussi en matière de filiation naturelle. Les dispositions de lois étrangères cesseraient d'être applicables aux conflits que cette filiation engendre toutes les fois qu'on ne pourrait leur donner effet sans violer l'ordre public international en France. Un étranger, par exemple, ne pourrait pas reconnaître, dans notre pays, un enfant adultérin ou incestueux, alors même que cette reconnaissance serait autorisée par la loi nationale du père et de l'enfant. De même, la recherche de la paternité étant interdite en France par une disposition d'ordre public, l'action qui tendrait à une pareille recherche en vertu d'une loi étrangère devrait être rejetée.

Mais il faut distinguer, avec soin, le cas où un étranger demande aux tribunaux français de consacrer à son profit un état contraire à nos principes d'ordre public, et celui où il s'agit d'un étranger qui, après avoir fait fixer par les tribunaux et d'après les lois de son pays, un état que la loi française ne lui aurait pas reconnu, ne demande à la justice française que d'apprécier les conséquences de cet état ainsi judiciairement déclaré. Le scandale que la loi veut empêcher résulte de la recherche de la paternité et non pas de sa constatation. Cette distinction, faite par la cour de Paris au sujet de la recherche de la paternité, est une heureuse conciliation entre ces deux principes, que l'étranger est régi en France par son statut personnel, et que les tribunaux ne peuvent appliquer en France des lois qui seraient contraires à l'ordre public (Paris, 2 août 1866, cité *suprà*, n° 313; Comp. Weiss, p. 556; Despagnet, n° 434; Laurent, *op. cit.*, t. 5, p. 547; Asser et Rivier, p. 127; Bertauld, *Questions pratiques et doctrinales du code Napoléon*, t. 1, n° 27; Fiore, p. 247, n° 142). C'est pour ce motif qu'on ne considère pas comme étant contraires aux bonnes mœurs, et qu'on déclare, par suite, exécutoires en France, les jugements étrangers qui reconnaissent une paternité naturelle (Pau, 17 janv. 1872, aff. Veuve Etchevest, D. P. 75. 2. 193. Comp. *suprà*, v° *Droits civils*, n° 239). — On remarquera que la distinction faite par les arrêts précités s'harmonise parfaitement avec la jurisprudence qui a prévalu sur la question de savoir si l'étranger légalement divorcé dans son pays peut contracter un nouveau mariage en France (V. *suprà*, n° 292). On ne peut pas plus tenir pour non avenue une paternité régulièrement constatée et en méconnaître les effets légaux, qu'on ne peut dénier à l'étranger divorcé le droit de se remarier en France.

316. Mais pour que les tribunaux puissent appliquer cette distinction, il faut qu'ils n'aient aucune recherche à faire en dehors de l'acte qui constate la paternité naturelle. Jugé, par suite, que la reconnaissance d'un enfant naturel, sous quelque forme que la loi d'un pays étranger permette de la faire, suppose nécessairement un aveu libre et spontané de la paternité; que les tribunaux français ne peuvent l'induire de documents et de faits qui, loin d'établir cette reconnaissance, tendent, au contraire, à y suppléer par la preuve d'une paternité déniée et constitueraient, en réalité, les éléments d'une recherche de paternité (Paris, 2 août 1866, cité *suprà*, n° 313). Le même arrêt décide que les considérations d'ordre public qui ont fait interdire la recherche de la paternité s'opposent à ce qu'un étranger fonde une demande en pension alimentaire, sur la cohabitation des prétendus père et mère naturels à l'époque de la conception du demandeur, alors même que sa loi nationale lui reconnaîtrait ce droit.

317. Une difficulté particulière se présente lorsque l'enfant n'a plus la même nationalité au moment où il intente l'action que celle qu'il avait au moment de sa naissance et que sa nouvelle loi nationale prohibe la recherche de la paternité qu'autorisait au contraire sa loi nationale d'origine. Une opinion enseigne qu'en principe, l'aptitude, pour l'enfant, à rechercher sa paternité naturelle doit être déterminée d'après sa loi nationale d'origine, le changement de nationalité n'ayant pas d'effet rétroactif; le droit de l'enfant dépend de la loi sous l'empire de laquelle le lien de famille s'est formé. « Il n'y a bien évidemment, dit M. Bertauld (*op. cit.*, n° 8), que la loi qui a présidé à la constitution, au développement de la condition civile, à l'organisation de la famille, à la formation de ses liens, qui puisse fixer la qualité de chaque personne; les événements survenus depuis ne peuvent avoir aucune influence à cet égard ». — Il ne suffit pas, à notre avis, que la loi d'origine de l'enfant lui permette d'agir, il faut en outre qu'il y soit autorisé par le nouveau statut personnel qui le régit au moment où il intente l'action; il nous paraît difficile de soutenir que le fait de la naissance de l'enfant sous l'empire d'une loi qui autorise la recherche de la paternité lui donne un droit irrévocable à exercer cette action, malgré le changement de sa nationalité. Il faut distinguer ici deux choses très différentes : la recherche de la paternité et les effets de cette recherche faite antérieurement, en d'autres termes, l'exercice de l'action, et les conséquences de cet exercice. L'enfant ne peut pas rechercher son père lorsque la loi nationale dont il dépend actuellement prohibe cette recherche; il peut, au contraire, se prévaloir, quelles que soient les prescriptions de sa nouvelle loi nationale, des droits qu'il a acquis en vertu de la reconnaissance judiciaire de sa filiation; c'est la distinction qui est appliquée dans l'arrêt de la cour de Paris du 2 août 1866, cité *suprà*, n° 313; la fille naturelle du duc de Brunswick, Allemande d'origine, agissait devant le tribunal français postérieurement à son mariage qui l'avait rendue Française (Comp. Laurent, *op. cit.*, t. 5, p. 551, n° 265; Despagnet, n° 436; *Journal du droit international privé*, 1880, p. 108 et suiv.). La question serait plus délicate si c'étaient les auteurs de l'enfant qui avaient eux-mêmes changé de nationalité depuis sa naissance; nous inclinerions à décider cependant que la même solution devrait être admise, à moins que le changement de nationalité des parents n'eût été déterminé par l'intention frauduleuse de se soustraire aux obligations de leur statut d'origine.

318. Le principe que les étrangers sont régis en France par leur statut national, en ce qui concerne les conséquences de leur état tel qu'il a été antérieurement reconnu par les autorités de leur pays, et, en particulier, relativement à leur filiation, doit être écarté lorsque la constation de ces conséquences serait, par elle-même, immorale et scandaleuse. La jurisprudence reconnaît aux tribunaux, dans les hypothèses de cette nature, un certain pouvoir d'appréciation. Cela ressort très nettement d'un arrêt de la cour de Paris, qui ne fait état de la reconnaissance judiciaire de la paternité naturelle constatée dans un jugement étranger qu'après avoir déclaré que la recherche de cette paternité n'offrait en soi rien d'immoral : « Considérant que la filiation légitime ou naturelle s'établit par les règles du statut personnel; qu'il est impossible d'admettre que l'état des personnes suive les variations de la législation des pays habités par elles, et que, par exemple, l'enfant ou la femme, légitimes d'après les lois de leur pays, puissent cesser de l'être en pays étranger; — Considérant que les tribunaux français ne peuvent qu'accepter l'état civil des étrangers, tel qu'il est déterminé par la loi de leur pays, et que la femme d'Almeida doit être maintenue dans la qualité qui lui a été reconnue par les juges portugais; — Considérant, surabondamment que la recherche de la paternité n'est pas contraire aux règles fondamentales de l'ordre public; qu'elle constitue un droit naturel dont l'exercice a pu être sagement interdit aux nationaux par la loi française; mais qu'il n'existe aucune raison pour imposer une telle règle à la situation des étrangers pour lesquels la législation de leur pays ne l'a point établie; — Considérant qu'ainsi la qualité d'enfant naturel de Pedro de Souza, légalement reconnue, ne peut être contestée à l'intimée, etc. » (Paris, 24 déc. 1866, aff. Camora, *Bull. de la cour de Paris*, 1er janv. 1867). — M. Delsol, analysant la doctrine consacrée par cet arrêt, l'interprète en ce sens, que le devoir des tribunaux n'est pas seulement de constater que la qualité invoquée par l'étranger en France, d'après son statut personnel, ne viole en rien chez nous l'ordre public et les bonnes mœurs, mais encore d'examiner le principe duquel cette qualité dérive. C'est ainsi qu'un enfant issu d'une union incestueuse ou adultérine permise par son statut personnel et légalement constatée par les autorités de son pays, ne pourrait pas invoquer chez nous les droits attachés à la qualité d'enfant légitime, la simple constatation d'une filiation de cette nature étant elle-même contraire à notre ordre public (Delsol, *De l'application du statut personnel de l'étranger en France*, *Revue critique*, 1868, p. 485 et suiv.).

319. Les effets de la reconnaissance volontaire ou judiciaire sont régis par la loi personnelle de son auteur, dont la nationalité se communique à l'enfant à partir du jour où la reconnaissance a eu lieu. Le tribunal de la Seine a appliqué cette règle dans une espèce où l'enfant reconnu par un étranger devenu Français revendiquait le droit d'ajouter au nom de son père les titres nobiliaires que celui-ci avait reçus dans son pays d'origine avant sa naturalisation en France (Trib. Seine, 30 mai 1879, aff. Branicki, *Gazette des tribunaux*, 1er juin 1879). — Il résulte de la même règle qu'un enfant naturel reconnu par un Français en pays étranger ne se rattache par aucun lien de parenté à la famille de celui-ci, et, par suite, ne serait pas recevable à réclamer des aliments aux ascendants de son père, quoique la loi du pays où la reconnaissance a été faite accorde ce droit aux enfants naturels reconnus. Mais, comme le principe que l'enfant naturel n'entre pas dans la famille de ceux qui l'ont reconnu n'a pas le caractère d'un principe d'ordre public international, nous croyons que l'enfant naturel étranger pourrait invoquer en France son statut personnel pour obtenir des aliments de ses ascendants, étrangers comme lui (Laurent, *op. cit.*, t. 5, p. 561, nos 270 et suiv. Comp. Despagnet, n° 439).

320. Il a toujours été admis, dans notre ancien droit comme dans la doctrine moderne, que la légitimation dépend du statut personnel. Les modes, les conditions de forme ou de fond de la légitimation varient avec les législations; les unes la font résulter du mariage régulièrement contracté, précédé ou suivi d'une reconnaissance de l'enfant appelé à en bénéficier; quelques-unes se contentent d'une possession d'état faisant présumer le mariage; d'autres ne reconnaissent que la légitimation conférée par un acte du pouvoir public; il y en a enfin qui autorisent ces différents modes cumulativement. La diversité des législations, dans cette matière, donne lieu à de fréquents conflits.

Ces conflits se sont surtout présentés entre la loi française et la loi anglaise qui diffèrent profondément. Tandis que la loi française fait découler la légitimation de l'enfant naturel simple, dûment reconnu, du mariage subséquent de ses père et mère (c. civ. art. 331), la loi anglaise repousse ce mode de légitimation et n'admet pas que l'enfant naturel puisse être légitimé autrement qu'en vertu d'un *act* spécial du Parlement britannique; telle est du moins la règle reçue en Angleterre et en Irlande, car la loi écossaise a accueilli la légitimation par mariage subséquent (Foote, *A concise treatise on private international jurisprudence*, part 1re, ch. 4, p. 39; Westlake, *Journal du droit international privé*, 1881, p. 317, et *Revue du droit international*, 1881, p. 440-441; Lehr, *Eléments de droit civil anglais*, p. 120-121). — Cela posé, le conflit entre la législation française et la législation anglaise se présentera sous un double aspect : 1° un Français pourra-t-il, en Angleterre, légitimer ses enfants en épousant leur mère, bien que la loi anglaise n'admette pas la légitimation par mariage subséquent? 2° le mariage d'un Anglais en France entraînera-t-il légitimation des enfants naturels qu'il aurait eus de la femme qu'il épouse, si, d'ailleurs, conformément à la loi française, ces enfants ont été reconnus par le père et par la mère au plus tard dans l'acte de mariage et ne sont pas le fruit de l'adultère et de l'inceste? A notre avis, il faut poser ce principe : dans l'un et l'autre cas, la loi applicable est la loi nationale du père lors de la célébration du mariage; si l'enfant a une nationalité différente, il faudra tenir compte aussi de sa loi nationale. Tel est le point de départ : la légitimation est un effet du mariage; or, la loi qui régit les effets du mariage, spécialement quant aux rapports des époux entre eux et avec leurs enfants, est la loi nationale du mari, chef de la famille; en d'autres termes, la légitimation des enfants naturels dépend du statut personnel de celui qui veut opérer cette légitimation et du statut personnel de celui qui doit en bénéficier : il faut, mais il suffit, que les prescriptions de ces deux statuts soient observées; et la loi du pays dans lequel est célébré le mariage n'est point à considérer. L'application de la loi nationale conduit à décider: 1° qu'un Français pourra légitimer ses enfants français en Angleterre, par le fait de son mariage avec leur mère, contracté dans ce pays; 2° qu'en sens inverse, un Anglais ne pourrait, par mariage subséquent, légitimer ses enfants naturels en France, fussent-ils Français.

321. La jurisprudence française a admis, sans difficulté, la première solution. Il a été jugé que la reconnaissance d'un enfant naturel et le mariage subséquent de ses père et mère ont pour effet de légitimer cet enfant, alors même que ces actes ont eu lieu dans un pays (l'Angleterre dans l'espèce) dont la loi n'admet pas la légitimation par mariage, si le père, Français d'origine, n'a pas perdu cette qualité (Bordeaux, 27 août 1877, aff. Courbin, D. P. 78. 2. 193. V. aussi *Journal du droit international privé*, 1878, p. 39). Cette décision est une conséquence nécessaire du principe que l'état de Français en pays étranger est régi par la loi française.

Quant à la seconde solution, elle avait d'abord été rejetée par la cour de Paris, qui avait eu à se prononcer incidemment sur la question (Paris, 3 août 1849, aff. Veuve Lloyd, D. P. 49. 2. 182); puis elle avait été accueillie par la cour de Caen, dont l'arrêt porte que l'enfant naturel, né d'un étranger et d'une Française dans le pays du père, n'est légitimé par le mariage subséquent que ceux-ci y ont contracté, qu'autant que le bénéfice de la légitimation est attaché à ce mariage par la législation à laquelle le père est soumis (Caen, 18 févr. (et non nov.) 1852, aff. Manoury, D. P. 53. 2. 61). On remarquera que, dans cette espèce, le mariage n'avait pas été contracté en France. — Jugé, de même, que les lois qui concernent l'état et la capacité des étrangers les suivant en France, l'étranger qui a fait en France une donation à un Français n'est pas fondé à prétendre que cette donation a été révoquée de plein droit, conformément à l'art. 960 c. civ., par la reconnaissance qu'il a faite depuis, dans l'acte de célébration de son mariage, d'enfants naturels nés de lui et de la femme qu'il a épousée, si la loi de son pays n'admet pas la légitimation des enfants naturels par le mariage subséquent, ce qui est le cas pour le père de nationalité anglaise (Orléans, 17 mai 1856, aff. Scotowe, D. P. 56. 2. 154). Mais cette interprétation a été condamnée par la cour de cassation, qui a décidé, à la suite du pourvoi formé dans cette affaire, que le mariage contracté en France entre un étranger et une Française qui y ont leur domicile matrimonial, entraîne la légitimation de leurs enfants naturels reconnus, alors même que la législation du père étranger n'admettrait pas un tel mode de légitimation; et de ce principe elle a conclu à la révocation, de plein droit, de la donation faite par le père, antérieurement à la naissance des enfants ainsi légitimés (Civ. cass. 23 nov. 1857, D. P. 57. 1. 423). La cour de renvoi s'est prononcée dans le même sens (Bourges, 26 mai 1858, D. P. 58. 2. 178). La question s'est représentée récemment devant la cour de Rouen qui s'est ralliée aussi à la doctrine de la cour de cassation (Rouen, 5 janv. 1887, aff. Joly, D. P. 87. 2. 145). Dans l'espèce sur laquelle a statué ce dernier arrêt, on contestait la validité de la légitimation opérée en France, par mariage subséquent, des enfants qu'un sujet anglais, né d'ailleurs en France, aurait eus en France d'une Française, en alléguant notamment que la légitimation était impossible, l'Anglais étant suivi à l'étranger par la loi de son pays qui défend la légitimation. Il y avait ceci de singulier dans la cause, que, comme le relève l'arrêt de la cour de Rouen, « la contradiction ne naissait pas de la résistance apportée par des sujets anglais revendiquant à leur profit le bénéfice de leur statut personnel, mais du conflit soulevé par un Français contre l'application de la loi de son pays »; mais c'était là une particularité qui ne devait avoir aucune influence sur la solution de la question.

322. La doctrine consacrée par la jurisprudence que l'on vient de rapporter est combattue par tous les auteurs; elle nous paraît, en effet, très contestable.

Lorsqu'un Anglais, père d'un enfant naturel qui lui-même est Français, — cet enfant, par exemple, est né en France et se trouve Français, parce qu'il n'a été reconnu par aucun de ses auteurs, ou bien qu'il n'a encore été rec mère, — contracte mariage avec la mère de cet en an reconnaît, ce mariage n'opère pas légitimation au profit l'enfant. Il en est ainsi pour deux raisons : la première, c'est qu'en se plaçant au point de vue de la loi personnelle du père, qui régit les effets du mariage, le père n'est pas capable de conférer à l'enfant le bénéfice de la légitimation par mariage subséquent; la seconde raison, c'est que les conditions exigées par la loi française pour cette légitimation ne sont pas remplies; la loi française subordonne, en effet, le bénéfice de la légitimation à la reconnaissance préalable de l'enfant; or, son père anglais, de par sa loi nationale qui prohibe aussi bien la reconnaissance volontaire que de la légitimation par mariage subséquent (Lehr, *op. cit.*, p. 120; *Journal du droit international privé*, 1878, p. 10; *Annuaire de législation étrangère*, 1879, p. 49, note 1), n'a pu valablement le reconnaître; donc l'enfant français n'est pas dans les conditions voulues pour être légitimé, d'après sa loi nationale elle-même, qui est la loi française. Sa légitimation est donc inopérante deux fois pour une : elle est impossible à la fois aux yeux de la loi nationale de chacune des parties, aussi bien pour la loi anglaise que pour la loi française elle-même. Au surplus, n'est-il pas contradictoire de décider, d'une part, que le mariage contracté par un de nos nationaux à l'étranger aura pour effet de légitimer les enfants nés antérieurement de lui, pourvu que les conditions de l'art. 331 c. civ. soient remplies, en dépit de la loi étrangère qui repousse la légitimation par mariage subséquent; et, d'autre part, que le même effet sera attaché au mariage contracté en France par un étranger dont la loi nationale proscrit cette mesure réparatrice? Aussi, la presque unanimité des auteurs, tant anciens que récents, s'est-elle prononcée en faveur de l'application de la loi nationale du père au moment de la célébration du mariage, pourvu d'ailleurs que les conditions prescrites par la loi nationale de l'enfant, s'il appartient à une nationalité différente, soient remplies (Bouhier, *Observations sur la coutume de Bourgogne*, chap. 24, nos 123 et 124, *Œuvres*, t. 1, p. 689; Boullenois, *Traité de la personnalité et de la réalité des lois*, t. 1, p. 62-63; Merlin, *Questions de droit*, v° *Légitimation*, t. 9, § 1er, p. 171, édit. de Bruxelles; de Savigny, *System etc.*, t. 8, § 380; Asser et Rivier, p. 125-126; Lehr, *Cas de conflit de législation en matière de légitimation d'un enfant naturel*, *Journal du droit international privé*, 1883, p. 143-145; Laurent, t. 5, nos 275-290, p. 570-605; Brocher, t. 1, n° 44, p. 153, et n° 61, p. 189; Despagnet, nos 441 et suiv.; Weiss, p. 732-735; Duguit, *Journal du droit international privé*, 1886, p. 513 et suiv. *Contrà :* Demangeat, sur Fœlix, t. 1, n° 33, p. 82, note 1 *in fine*).

La cour de cassation, et, après elle, la cour de Rouen, appuient leur solution sur cette raison que le statut personnel d'un étranger ne peut être appliqué en France que si l'application en est compatible avec les principes de l'ordre public français; or, la légitimation d'un enfant français par le mariage subséquent des père et mère est en France d'ordre public. Ainsi il serait contraire à l'ordre public qu'un mariage fût célébré en France, sans entraîner légitimation des enfants antérieurement nés, d'ailleurs reconnus. Cet argument fut développé avec beaucoup de soin et de force dans le pourvoi formé contre l'arrêt de la cour d'Orléans, du 17 mai 1856 (V. Bourges, 26 mai 1858, cité *suprà*, n° 321). La légitimation par mariage subséquent est une institution d'ordre public, comme le principe de la monogamie, comme la prohibition du mariage pour cause de parenté ou d'alliance. Ce caractère résulte nettement, dit-on, des déclarations faites par M. Bigot de Préameneu, lors des travaux préparatoires du code civil. Les principes du droit anglais sont en opposition manifeste avec nos idées et avec nos mœurs. Les appliquer en France, ce serait faire prévaloir une loi inique et antisociale, et sacrifier contre tout droit et contre toute équité les intérêts de la mère et ceux des enfants. La reconnaissance et la légitimation par mariage subséquent ne sont que l'accomplissement d'un devoir, la réparation d'une faute. A ce point de vue, les dispositions de notre code, relatives à la reconnaissance et à la légitimation des enfants naturels rentrent dans la catégorie des lois de police et de sûreté qui, aux termes de l'art. 3-1° c. civ., obligent tous ceux qui habitent le territoire. Admettre qu'un Anglais ne peut pas, par un mariage subséquent contracté en France avec une Française, conférer à ses enfants le bienfait de la légitimation, c'est admettre, en d'autres termes, que les Français ne peuvent pas obtenir, en France, d'un Anglais, la réparation d'une faute, d'un quasi-délit, d'un crime même, car l'enfant peut être le fruit de la séduction et de la violence. — M. Weiss (*op. cit.*, p. 560), a très bien montré la faiblesse de cette objection. « Les enfants naturels sont nombreux en France, dit l'auteur, et si la loi française ne les voit pas avec une faveur extrême, il faut tout au moins reconnaître qu'en organisant leur état et en leur conférant des droits importants, elle ne paraît pas considérer leur existence comme incompatible avec l'ordre social. C'est donc avant tout dans l'intérêt de l'enfant lui-même qu'elle attache au mariage un effet de légitimation; les parents français peuvent l'écarter en s'abstenant de reconnaître leur enfant. Or est-il admissible qu'une loi française, à laquelle la seule volonté de Français a la puissance de déroger, lie des ressortissants étrangers et l'emporte sur les dispositions de leur loi personnelle? *L'ordre public international* est donc hors de cause ». C'est, d'ailleurs, également pour des motifs d'ordre public que la loi anglaise interdit la légitimation par mariage subséquent, que la loi française autorise; la première la considère comme un encouragement au concubinage, la seconde comme la réparation d'une faute; or il n'est pas sans intérêt de remarquer que, d'après la jurisprudence anglaise, le mariage contracté par un Anglais domicilié dans un pays dont la loi admet la légitimation par mariage subséquent a pour effet de légitimer les enfants naturels que cet Anglais a eus antérieurement à cette union, si d'ailleurs cet effet est attribué aussi au mariage par la loi du pays où le père était domicilié lors de la naissance de l'enfant (Westlake, *La doctrine anglaise en matière de droit international privé*, *Journal du droit international privé*, 1881, p. 318). Or si les juges anglais n'invoquent pas l'ordre public pour *repousser* dans ce cas la légitimation, pourquoi des juges français l'invoqueraient-ils pour l'*imposer* aux étrangers? Ce que l'on vient de dire ne prouve-t-il pas qu'il s'agit uniquement là d'une règle d'*ordre public interne?*

323. La cour de cassation ne s'est pas contentée, comme la cour de Rouen, de faire valoir des considérations d'ordre public; elle a eu recours à d'autres arguments pour fortifier sa thèse. Elle a relevé ces circonstances de fait, que le mariage avait été célébré en France, que si le mari était Anglais, la femme était Française, que les époux avaient leur domicile en France : et elle en a tiré cette conséquence, qu'alors même que l'ordre public n'imposerait pas la loi française, celle-ci devrait être appliquée comme « la loi du domicile matrimonial à laquelle les futurs époux sont réputés avoir eu la volonté de se soumettre ». — On est quelque peu surpris d'entendre invoquer la loi du domicile matrimonial pour déterminer le statut qui doit régir la capacité des époux et l'état des enfants : cette loi pourrait, tout au plus, régir les conventions matrimoniales; mais, quant à l'état et à la capacité, ils sont régis par la loi nationale, aux termes de l'art. 3-3° c. civ., qui dispose que « les lois concernant l'état et la capacité des personnes régissent les Français même résidant en pays étranger » et, par une juste et nécessaire réciprocité, les étrangers, même résidant en France. Et, si la loi nationale, non la loi du domicile matrimonial, doit être appliquée aux questions d'état et de capacité, comment peut-on dire qu'il faut se référer à la loi française, à laquelle les futurs époux sont *réputés* avoir eu *la volonté* de se soumettre? La volonté des époux ne saurait être prise en considération, quand il s'agit de leur capacité. L'état est essentiellement *d'ordre public*, et, aux termes de l'art. 6 c. civ., toute convention relative à l'ordre public est inefficace : comment donc les futurs époux auraient-ils le droit de se soumettre à la loi française pour régler les effets du mariage? La légitimation est un effet que la loi française attache au mariage; aux yeux de la loi anglaise, le mariage ne peut avoir un tel effet. La question est de savoir s'il faut appliquer la loi française ou la loi anglaise, si, alors même que les époux auraient *voulu* se soumettre à la loi française, ils l'auraient *pu*.

La cour suprême ajoute que la faveur que méritent la femme et les enfants, en leur qualité de Français, doit faire admettre la légitimation. En ce qui concerne la mère, la loi et la jurisprudence anglaises ne sauraient lui enlever le droit qu'elle tenait de la loi française de légitimer ses enfants par son mariage avec leur père; « autrement la bonne foi de la mère serait trompée, aussi bien que les espérances qu'en consentant au mariage elle avait placées dans les lois de son pays tant pour elle-même que pour ses enfants, lesquels, nés en France, pourront, malgré la reconnaissance du père en l'acte de mariage, réclamer à leur majorité, aux termes de l'art. 9, la qualité de Français... » — Est-il exact de dire que la femme française a droit à la légitimation, quand elle se marie avec un Anglais? Il ne nous le semble pas. D'une part, en effet, la femme, aux yeux de la loi française, par son mariage avec un Anglais, perd la nationalité française (c. civ., art. 12); dès lors, elle ne peut invoquer la disposition de la loi française qui attache au mariage la légitimation. Cet argument a perdu, il est vrai, de sa valeur depuis la modification apportée par la loi des 26-28 juin 1889 (D. P. 89. 4. 59) à l'art. 19 c. civ., dont le nouveau texte porte que la femme française qui épouse un étranger suit la condition de son mari, à moins toutefois que son mariage ne lui confère pas la nationalité de celui-ci, auquel cas elle reste Française (V. *suprà*, v° *Droits civils*, n° 303); mais il faut ajouter, d'autre part, que, quelles que puissent être les espérances de la femme, la légitimation est juridiquement impossible, quand le mari est Anglais : le statut personnel de la femme avant le mariage permet la légitimation; le statut personnel du père oppose à cet acte juridique un obstacle qui ne peut être surmonté que par le changement de nationalité. La femme, si elle veut arriver à la légitimation pour ses enfants, devra obtenir de leur père, non seulement qu'il l'épouse après avoir reconnu les enfants nés de leurs relations antérieures, mais encore qu'il se fasse naturaliser : la réparation de la faute commune est à ce prix.

Ce que la cour de cassation dit des enfants ne saurait faire pencher la balance en leur faveur. « La loi anglaise, dit la cour, ne peut leur enlever le bénéfice de la légitimation ». Mais les enfants naturels ont-ils le droit d'agir en légitimation? Peuvent-ils forcer leurs parents à se marier? Et qu'importe qu'ils puissent réclamer à leur majorité la qualité de Français! Supposons-les Français, dès avant le mariage de leurs parents naturels; s'ensuivra-t-il que leurs père et mère soient Français tous les deux et régis par le statut personnel français? C'est le mariage des père et mère qui légitime, et pour cela il faut qu'ils soient Français : or, dans l'espèce de l'arrêt de la cour de cassation comme dans celle de la cour de Rouen, le père était Anglais, et la mère, Française jusqu'à son mariage, avait perdu cette qualité par le fait même du mariage (Laurent, *op. cit.*, t. 5, p. 584-588).

Si la cour de cassation était de nouveau saisie du débat, elle ne persisterait peut-être pas dans sa première jurisprudence; sans s'arrêter à l'argument plus spécieux que solide tiré de l'ordre public, et encore moins aux autres arguments que, par indulgence sans doute, elle paraît avoir favorablement accueillis, elle affirmerait, dans l'hypothèse spéciale d'un Anglais qui épouse en France une Française, dont il a eu des enfants, la prédominance du statut personnel, qui s'oppose à la légitimation. Ici, l'application de ce statut serait défavorable à l'enfant; dans d'autres cas, elle lui serait avantageuse. On mentionne *infrà*, n° 327, un arrêt du 20 janv. 1879, qui semble bien indiquer que la cour suprême est disposée à revenir sur sa jurisprudence.

324. Un arrêt plus récent (Paris, 23 mars 1888, aff. O'Rorke, D. P. 89. 2. 117) semble, au premier abord, avoir consacré de nouveau cette jurisprudence; mais tel n'est pas, en réalité, le sens de cet arrêt. La cour de Paris décide que, lorsqu'un Anglais qui est domicilié en France y contracte un mariage, il y a lieu d'appliquer le principe de la loi anglaise d'après lequel l'état et la capacité des parties contractantes dépendent de la loi de leur domicile; d'où il résulte que ce mariage est régi par la loi française et entraîne la légitimation des enfants naturels des époux. L'arrêt précité fonde sa décision sur des motifs différents de ceux qui avaient été invoqués jusqu'à présent; il ne rappelle qu'incidemment le principe que la légitimation est d'ordre public; il s'appuie sur cette idée que, d'après la loi anglaise, le mariage est régi, quant à ses conditions de validité et quant à ses effets, par la loi du lieu où les époux sont domiciliés (V. *suprà*, n° 322; Laurent, *op. cit.* t. 1, n° 376 et suiv.); le mariage des Anglais domiciliés en France, étant régi par la loi de leur domicile, c'est-à-dire par la loi française, entraîne nécessairement la légitimation des enfants naturels reconnus par eux conformément à cette loi. Cette décision n'est donc qu'une application de la théorie d'après laquelle la loi territoriale doit être suivie au cas de renvoi à celle-ci par la loi personnelle de l'étranger. — La valeur de cette théorie a été appréciée *suprà*, n° 280; appliquée aux conflits qui se rattachent à la légitimation, elle engendre des complications particulières. A quel moment, en effet, faut-il considérer le domicile qui, suivant qu'il est établi dans tel pays ou dans tel autre, commandera l'observation d'un statut personnel différent? Il n'existe pas moins de trois opinions sur ce point. Les uns décident qu'on doit s'attacher uniquement à la loi du pays où le père était domicilié lors du mariage; d'autres veulent que l'on considère aussi la loi du pays où le père était domicilié lors de la naissance de l'enfant; il en est qui enseignent qu'il ne faut tenir compte que de la loi du domicile que le père avait à cette dernière époque.

La question de la validité de la légitimation, invoquée comme conséquence du mariage contracté par un étranger, s'est présentée devant les tribunaux belges, dans les mêmes conditions que devant la cour de Paris, et elle a été résolue de la même manière par le tribunal de Bruxelles. Jugé que, le droit anglais admettant que l'état des personnes est régi par la loi du domicile, encore qu'il s'agisse d'un simple domicile de fait, il en résulte qu'un enfant naturel est légitimé par le mariage subséquent de son père, Anglais domicilié en Belgique, conformément à la loi belge à laquelle renvoie la législation anglaise, et peut, en conséquence, agir en réduction pour atteinte à la réserve (Trib. civ. Bruxelles, 2 mars 1887, aff. J. d'Hainaut, veuve Fano, D. P. 89. 2. 97).

325. Par exception au principe que la légitimation dépend de la loi nationale du mari considérée à l'époque du mariage, les légitimations qui seraient contraires à l'ordre public seraient non avenues en France, quoiqu'elles fussent autorisées par le statut personnel du mari. Cette restriction s'applique, notamment, aux légitimations concernant des enfants adultérins ou incestueux. Cela ne fait pas difficulté lorsque le mariage destiné à opérer la légitimation a été célébré en France; mais quelques auteurs enseignent que, si la légitimation a eu lieu à l'étranger dans un pays qui l'autorise, l'enfant adultérin ou incestueux, étant en possession de l'état d'enfant légitime, les tribunaux français ne peuvent que constater sa filiation régulièrement acquise (Duguit, *op. cit.*, p. 518). Nous croyons, pour les motifs donnés *suprà*, n° 315, que, de même que la reconnaissance d'un enfant adultérin ou incestueux, valablement faite à l'étranger, est inopérante en France, la légitimation de cet enfant, dans les mêmes conditions, doit être aussi non avenue.

326. La loi nationale du mari régit, d'ailleurs, toutes les conditions constitutives de la légitimation, qu'il faut distinguer soigneusement des formes instrumentaires des actes destinés à la réaliser. La loi française exige, pour que la légitimation ait lieu, que le mariage soit précédé ou accompagné d'une reconnaissance écrite de l'enfant par les époux; d'autres législations donnent le même effet à une reconnaissance postérieure au mariage; quelques-unes même valident la légitimation en l'absence de toute reconnaissance. Il faut considérer non seulement les actes qui opèrent la légitimation, mais encore l'ordre dans lequel ils doivent être accomplis, comme des conditions essentielles qui dépendent uniquement de la loi personnelle.

La jurisprudence a eu à statuer sur ces difficultés, que la cour de Besançon et la cour de Paris ont résolues différemment. D'une part, en effet, il a été jugé que la disposition de l'art. 331 c. civ., d'après lequel il n'y a légitimation par mariage subséquent qu'autant qu'une reconnaissance a eu lieu antérieurement ou au plus tard dans l'acte de mariage, se rattache à la forme de l'acte; que, en conséquence, cette disposition n'est pas obligatoire pour des Français qui se marient dans un pays, comme la Californie, où le mariage des père et mère, joint à la possession d'état des enfants, suffit pour légitimer ceux-ci (Besançon, 25 juill. 1876) (1). Il a été décidé, au contraire, d'autre part, que, si les actes de l'état civil, faits en pays étranger suivant les lois et usages du pays, sont valables en France, les conséquences de ces actes, en tant qu'elles s'appliquent aux questions de filiation, d'état et de capacité, restent soumises à la loi française; que, spécialement, le mariage contracté par un Français, en pays étranger, ne peut avoir pour effet de légitimer les enfants naturels que ce Français a eus de la femme qu'il épouse, qu'autant que ces enfants ont été régulièrement reconnus auparavant, ou au plus tard dans l'acte de mariage (Paris, 2 août 1876, aff. de Terrès, *suprà*, v° *Actes de l'état civil*, n° 89). — En rapportant ce dernier arrêt, les rédacteurs du *Journal du droit international privé* reprochent à la cour de Paris de

(1) (Balmiger C. Dutailly.) — LA COUR; — Considérant, sur l'appel principal, qu'aux termes de l'art. 10 c. civ., Marie Balmiger, enfant naturelle, née en Californie de parents français, est française; que, si la légitimation des enfants naturels en ce qui touche la capacité des personnes, tient au statut personnel, les formes même de cette légitimation sont régies par la loi du pays dans lequel elle intervient, d'après le principe *locus regit actum*; qu'il y a lieu, sous ce rapport, de combiner les règles de la loi française, avec celles de la loi étrangère; que si, pour la validité de la légitimation par mariage, l'art. 331 c. civ., modifiant en cela les anciens principes, exige une reconnaissance, soit préalable, soit au plus tard dans l'acte de mariage, cette disposition, inusitée dans un grand nombre de lois étrangères, se rattache à la forme de l'acte, et non au fond même du droit, sis à la capacité des parties; que, d'après la réponse même des jurisconsultes californiens, invoquée dans le jugement dont est appel, la loi de ce pays ne ferait pas de la reconnaissance préalable ou formelle, lors du mariage, une condition de la validité de la légitimation; qu'au contraire, d'après la même réponse, cette loi se contente d'une adoption dans la famille par les père et mère, même depuis le mariage; qu'il ne s'agit pas manifestement d'une adoption, au sens propre et ordinaire de ce mot, telle que l'entend notre droit français, mais bien d'une simple possession d'état emportant reconnaissance, et qui ressort dans l'espèce, en faveur de Marie Balmiger, de la part de ses père et mère, de tous les documents de la cause, et dont la preuve, dès ce moment acquise, rend inutile l'enquête subsidiairement demandée; que vainement on prétend limiter les effets de cette légitimation à la succession des frères et sœurs de l'enfant légitimé; que, d'une part, les réponses des jurisconsultes précités ne paraissent pas comporter une telle restriction; qu'ils parlent, en effet, spécialement de la succession des frères et sœurs, mais qu'ils ajoutent que les enfants légitimés sont considérés comme étant les frères ou sœurs de l'enfant légitime issu de ce mariage, et peuvent hériter, soit par représentation, soit directement, de leurs frères et sœurs; — Attendu que, dans tous les cas, et en supposant même que ce document renferme une certaine équivoque, comme il s'agit d'une succession ouverte en France, la dévolution dépend essentiellement du statut réel français, qui règle seul les conditions de la transmission des biens héréditaires; que le droit de représenter se rattache à la succession; qu'il est dès lors de statut réel, comme les règles relatives à la quotité disponible, lesquelles sont applicables aux étrangers aussi bien qu'aux nationaux, si la succession s'est ouverte, comme dans l'espèce, en France; que, si le mariage des époux Balmiger à San-Francisco n'a pas été entièrement conforme aux conditions voulues par la loi française, cette omission, dépourvue de toute intention frauduleuse, ne saurait vicier cet acte, dans lequel ont été observées les formalités en vigueur d'après la loi locale, comme l'ont reconnu les premiers juges d'après la réponse des jurisconsultes californiens; qu'il suit de là qu'Antoinette-Eléonore-Marie Balmiger a été privée à tort, par le jugement dont est appel, du droit de représenter sa mère, Marie Dutailly dans la succession de Marie-Anne Dutailly sa tante; qu'il y a lieu, sur ce point, d'accueillir la prétention, soulevée au nom de ladite mineure; — Par ces motifs; — Réforme en ce qui va suivre, la sentence des premiers juges; — Dit que la mineure Antoinette-Marie Balmiger est fondée, comme enfant légitimée par le mariage d'Urbain Balmiger et de Marie Dutailly, célébré le 11 oct. 1859, à San-Francisco, à venir, par représentation, à la succession de Marie-Anne Dutailly, décédée à Fresne-le-Château, en 1871, et ce, au même titre et avec les mêmes droits que Charles Dutailly, Marianne Dutailly et Alexandrine Dutailly, femme Tremblet, etc.

Du 25 juill. 1876.-C. de Besançon, 1re ch.-MM. Loiseau, 1er pr.-Renaud (du barreau de Gray), François et Marquiset, av.

ne pas tenir compte de la règle *locus regit actum* et d'avoir confondu, ce que la cour de Besançon a nettement distingué, les questions de forme des actes et de loi personnelle. « Pourquoi obliger le Français en pays étranger à observer, sous peine de nullité, les prescriptions de forme des art. 331 et 334 c. civ., pour légitimer ou reconnaître son enfant naturel? Ne lui est-il donc pas permis de se marier très légitimement en n'observant que les formes locales? Si, dans ce cas, comme dans bien d'autres, l'observation de la forme étrangère suffit à la validité de l'acte, comment en serait-il différemment en matière de reconnaissance ou de légitimation? » (*Journal du droit international privé*, 1877, p. 233). Nous croyons, au contraire, que la solution la plus juridique est celle de la cour de Paris. L'objection reproduite ci-dessus serait exacte si la règle de l'art. 331 c. civ. n'était qu'une règle de forme; mais cette disposition, qui n'existait pas dans notre ancien droit (Pothier, *Du mariage*, t. 6, p. 192, n° 422), a été introduite dans le code surtout pour empêcher les parties de s'arranger de manière à faire de leur seul gré, sans l'intervention de la justice et les formes prescrites, de véritables adoptions déguisées sous l'apparence d'une légitimation (Valette, *Cours de code civil*, t. 1, p. 419. Conf. Demolombe, *Paternité et filiation*, n° 361, p. 385. V. aussi Fenet, *Travaux préparatoires du code civil*, t. 10, p. 45 et suiv.). Ce motif touche au fond du droit et attribue à la disposition dont s'agit le caractère, non pas d'une règle de forme, mais d'une condition essentielle et constitutive de la légitimation (Duguit, *op. cit.*, p. 520). La règle *locus regit actum* doit intervenir sans doute ici, mais uniquement pour déterminer les formes dans lesquelles le mariage et la reconnaissance doivent être réalisés.

327 En vertu du même principe, il faut décider qu'un enfant naturel est, au contraire, légitimé par le mariage subséquent de ses père et mère espagnols, alors même qu'il n'a été reconnu que postérieurement à ce mariage, en quelque pays que le mariage et la reconnaissance aient eu lieu, la loi espagnole faisant résulter la légitimation de la reconnaissance opérée même après le mariage. Certains auteurs citent, comme ayant consacré cette solution, un arrêt de la cour de Paris confirmé par la cour de cassation. Il faut remarquer que, dans l'espèce qui a fait l'objet de ces arrêts, le mariage et la reconnaissance avaient eu lieu en Espagne; toutefois, ni la cour de Paris, ni la cour de cassation ne fondent leur décision sur cette circonstance (Paris, 30 janv. 1877, aff. Antonelli, et sur pourvoi, Req. 20 janv. 1879, D. P. 79. 1. 107).

328. La doctrine que l'on vient de développer, sur la question de savoir si la nécessité d'une reconnaissance antérieure au mariage tient au fond ou à la forme, est en harmonie avec celle que nous avons soutenue sur une autre question, qui présente avec elle une grande analogie, celle de savoir si l'obligation édictée par l'art. 1394 c. civ., de faire rédiger le contrat de mariage avant la célébration du mariage, dépend de la règle *locus regit actum*. On a vu que la cour de cassation s'est prononcée dans le sens de l'affirmative; et l'on peut penser à cause du lien qui existe entre les deux difficultés, qu'elle interpréterait de la même manière la règle de l'art. 331; nous persistons cependant à penser que les dispositions des art. 1394 et 331 n'ont rien de commun avec la règle *locus regit actum* (Comp. *suprà*, v° *Contrat de mariage*, n° 77).

329. Le principe que les modes et les conditions de la légitimation dépendent du statut personnel conduit à décider que, si un Français ne peut pas être légitimé à l'étranger comme en France, autrement que par le mariage subséquent de ses père et mère, accompagné ou précédé d'une reconnaissance formelle, et, notamment, par rescrit d'un gouvernement étranger (*Rép.* n° 399), la légitimation d'un étranger, d'un Italien ou d'un Russe, par exemple, par rescrit du prince, serait valable en France conformément à la loi nationale des parties. On objecterait en vain que cette légitimation doit être non avenue, tout acte d'un pouvoir exécutif étranger ne pouvant avoir aucun effet sur le territoire français, car, ainsi que le dit M. Duguit (*op. cit.*, p. 524), « le rescrit ne confère la légitimation qu'en vertu de la loi; l'enfant légitimé par rescrit reçoit de la loi son état d'enfant légitimé; en reconnaissant en France la légitimation résultant d'un rescrit, étranger, on applique donc simplement une loi étrangère ». — Une difficulté se présente toutefois relativement à ce dernier mode de légitimation : quelle loi faut-il appliquer si le père et l'enfant, n'ayant pas la même nationalité, relèvent de deux lois dont l'une autorise la légitimation par rescrit et dont l'autre la prohibe? En ce qui concerne la légitimation par mariage subséquent, nous avons décidé que la loi nationale du père est seule à considérer, parce que la légitimation est un effet du mariage (V. *suprà*, n° 320), et que les effets du mariage dépendent de la loi du mari chef de la famille ; ce motif ne peut plus être invoqué au cas de légitimation par rescrit, aussi croyons-nous que, dans cette hypothèse, il faut tenir compte des deux législations, c'est-à-dire que la légitimation n'est possible que si elle est autorisée par la loi du père et par celle de l'enfant (Duguit, *ibid.*).

330. Enfin, quant aux effets de la légitimation, il ne paraît pas douteux qu'ils doivent être régis, comme ses conditions essentielles et constitutives, par la loi nationale du mari, qui règle en principe tous les effets du mariage dans les rapports des époux avec leurs enfants.

331. Les conflits relatifs à l'adoption sont beaucoup moins fréquents que ceux qui se rattachent à la légitimation, et présentent, par suite, moins de difficultés sans doute parce que l'adoption est interdite par plusieurs législations et qu'elle est, en outre, très peu usitée dans les pays où elle est organisée. D'ailleurs, les deux institutions sont dominées par le même principe; comme la légitimation, l'adoption rentre dans le statut personnel, soit qu'il s'agisse de ses conditions, soit qu'il s'agisse de ses effets. Lorsque l'adoptant et l'adopté n'ont pas la même nationalité, il faut d'abord, pour que l'adoption puisse avoir lieu, que la loi personnelle de chacun d'eux en admette le principe : un Anglais, par exemple, ne pourrait pas adopter un Français, l'adoption n'étant pas reconnue en Angleterre.

L'observation que l'on vient de faire ne s'applique pas seulement au principe même de l'adoption; elle s'applique aussi à toutes les conditions de capacité requises pour la validité de ce contrat; il faut que chacune des parties réunisse les conditions exigées par sa loi nationale; en d'autres termes, elles doivent être respectivement capables, l'une d'adopter, l'autre d'être adoptée : c'est ainsi qu'un Italien ne pourrait pas adopter un enfant naturel en France, l'art. 205 c. civ. italien n'admettant pas l'adoption des enfants naturels (Laurent, *op. cit.*, t. 6, p. 76; Weiss, *op. cit.*, p. 565, Asser et Rivier, *op. cit.*, p. 127, note 2).

332. On s'accorde pour reconnaître que les effets de l'adoption sont également déterminés par la loi personnelle des parties; mais la question de savoir par quelle loi ils doivent être régis lorsque l'adoptant et l'adopté n'ont pas la même nationalité est très controversée. — Dans une première opinion, on enseigne qu'en cas de conflit entre la loi personnelle de l'adoptant et celle de l'adopté; il faut appliquer de préférence cette dernière, parce que « l'état juridique de l'adopté est plus directement atteint par l'adoption que celui de l'adoptant » (Weiss, *op. cit.*, p. 566). — D'après un autre système, c'est, au contraire, la loi de l'adoptant qui détermine les effets de l'adoption (Laurent, *op. cit.*, t. 5, p. 78). — M. Fiore se prononce pour une solution intermédiaire ; il croit qu'il faut distinguer. Pour les droits qui découlent de la paternité et de la filiation adoptive, et pour tous les rapports juridiques de l'adopté avec l'adoptant et la famille de celui-ci, on doit appliquer la loi nationale de l'adoptant ; mais, pour régler les droits et les obligations entre l'adopté et sa famille naturelle, on doit appliquer la loi nationale de l'adopté (Fiore, *op. cit.*, p. 272). M. Despagnet approuve cette distinction; d'une part, en effet, dit-il, l'adopté garde sa nationalité, par conséquent, son statut personnel, ses relations de famille, son état juridique; d'autre part, l'adoption étant un contrat, l'adopté accepte la condition que l'adoptant lui offre dans sa propre famille suivant les dispositions de sa loi. Néanmoins, cet auteur est d'avis d'apporter une restriction à cette solution; d'après lui, comme l'état juridique des personnes est réglé par des lois auxquelles il ne peut pas être dérogé par des conventions particulières (art. 6), « les dispositions de la loi de l'adoptant cesseront de s'appliquer quand elles seront en contradiction avec celles de la loi de l'adopté relatives à la situation que ce dernier conserve dans sa famille naturelle. C'est ainsi qu'il faudra suivre la loi nationale de l'adopté lorsque la puissance paternelle est maintenue au père naturel, tandis que, d'après la loi de l'adoptant, elle devrait être attribuée à ce dernier » (Despagnet, n° 454).

Les effets de l'adoption, en ce qui concerne les droits de l'adopté sur la succession de l'adoptant, doivent être déterminés par le principe qui sera posé plus loin, relativement au conflit des lois successorales.

333. Qu'il s'agisse des effets ou des conditions de l'adoption, la loi personnelle étrangère cesse de pouvoir s'appliquer toutes les fois qu'elle est contraire à l'ordre public tel qu'il est déterminé par la loi locale. Cette restriction s'étend au principe même de l'adoption; dans les pays qui l'interdisent, cette prohibition est motivée par des considérations de moralité publique, tirées notamment de la nécessité de fortifier l'institution du mariage; il en résulte que l'adoption ne peut pas avoir lieu dans ces pays, quel que soit le statut personnel de ceux qui veulent y procéder. De même, certaines législations, la loi italienne, en particulier, n'autorisent pas l'adoption des enfants naturels (art. 205 c. italien); comme cette défense a principalement pour but d'empêcher qu'on ne donne, en dehors du mariage, aux enfants naturels les mêmes droits qu'aux enfants légitimes, et, par conséquent, repose sur des motifs de même nature que la précédente, un Français ne pourrait pas adopter, dans les pays où cette prohibition existe, un enfant naturel, fût-il Français comme lui, quoique, d'après la jurisprudence notre législation ne reconnaisse pas cette incapacité.

Il faut attribuer encore le même caractère à la défense d'adopter que certaines lois étrangères édictent contre les prêtres et, plus généralement, contre toutes personnes liées par des vœux de chasteté. Il est certain que cette prohibition constitue une disposition d'ordre moral devant laquelle les lois étrangères doivent s'incliner; mais on peut se demander si cette même prohibition doit être considérée comme contraire à l'ordre public dans les pays qui ne l'admettent pas, de telle sorte qu'un prêtre autrichien, par exemple, quoique frappé de l'incapacité d'adopter par sa loi nationale (art. 179 c. autrichien), serait autorisé à procéder à cet acte en France. L'affirmative est enseignée par plusieurs auteurs. Laurent, *op. cit*, t. 6, p. 68, invoque, pour la justifier, l'idée que la sécularisation de la loi, à laquelle se rattache l'inapplicabilité des incapacités civiles établies par le droit canonique, est un principe de droit constitutionnel dont l'autorité prime celle du statut personnel étranger (Conf. Weiss, *op. cit.*, p. 566). L'opinion contraire est enseignée par Fiore (*op. cit.*, p. 272); d'après cet auteur, en Italie, où les principes constitutionnels sont les mêmes qu'en France l'adoption ne doit être permise à un prêtre étranger que lorsque sa loi nationale ne s'y oppose pas. Cette doctrine nous paraît plus juridique. « On ne peut objecter, dit avec raison M. Despagnet, n° 450, que dans les États où la loi est complètement sécularisée, une pareille disposition (la défense imposée au prêtre d'adopter) est incompatible avec l'ordre public; car il ne s'agit pas ici de l'exercice d'un droit essentiel dont la privation pourrait être considérée comme contraire à la liberté individuelle dans un pays où ne dominent pas les considérations d'ordre religieux, ainsi que le serait, par exemple, la privation du droit de se marier. Un homme peut être dépouillé de la faculté d'adopter sans que ni la morale, ni la bonne organisation sociale aient à en souffrir » (Comp. Demolombe, t. 6, p. 57, n° 54). — Quant à l'aptitude du prêtre à être adopté, toutes les législations l'admettant, aucun conflit ne peut naître à ce sujet.

334. Quel est le caractère des lois qui établissent, entre certaines personnes, une obligation alimentaire? Cette matière se rattache intimement à celles qui précèdent, car l'obligation alimentaire a sa cause, suivant les cas, ou bien dans le mariage ou bien dans la filiation. Les conflits viennent surtout de ce que les différentes législations ne donnent pas la même étendue à cette obligation en ce qui concerne les personnes tenues de la subir ou admises à s'en prévaloir: ici elle n'existe qu'entre ascendants et descendants légitimes; là, elle s'étend aux alliés en ligne directe ; ailleurs, à certains parents collatéraux; plusieurs législations en accordent le bénéfice aux enfants naturels sans leur en imposer la charge.

Une opinion très accréditée enseigne que les dispositions qui organisent, dans un pays, la dette alimentaire doivent être considérées comme étant d'ordre public international, en ce sens du moins que, si la loi locale impose cette obligation à des personnes qui n'en seraient pas tenues d'après leur loi nationale, ces personnes devront s'y soumettre, parce qu'il y a un intérêt général en cause, celui de l'assistance publique, qui ne doit pas souffrir de la parcimonie d'un homme riche vis-à-vis d'un parent ou d'un allié nécessiteux (V. Aubry et Rau, t. 1, § 31, p. 82; Demolombe, t. 1, n° 70; Fiore, p. 205; Weiss, p. 497; Renault, *Revue critique*, 1883, p. 724). Toutefois, le statut personnel recouvrerait son autorité, si la loi étrangère étendait, au lieu de la restreindre, l'obligation alimentaire; c'est ainsi qu'un Italien, par exemple, serait tenu de fournir des aliments à son frère ou à sa sœur en France, quoique notre loi n'impose pas cette obligation aux parents collatéraux, parce que l'intérêt général français, loin de souffrir de cette extension, ne peut qu'en profiter (Weiss, p. 498; Renault, *loc. cit.*). — Cette doctrine nous paraît trop absolue. Sans doute, entre parents en ligne directe, l'obligation alimentaire est fondée sur un principe de droit naturel et se rattache par suite à l'ordre public international, comme le prouvent toutes les législations des peuples civilisés; on peut même attribuer ce caractère à l'obligation alimentaire vis-à-vis des enfants naturels. Mais il n'en est pas de même, à notre avis, de l'obligation alimentaire entre parents collatéraux et entre alliés; la diversité des lois à ce sujet indique qu'il ne s'agit plus là d'une règle de morale universelle, mais simplement d'une règle d'ordre public interne; l'objection tirée de ce que la société locale a intérêt à s'affranchir le plus possible des charges que peut entraîner pour elle la présence d'étrangers indigents ne nous paraît pas suffisante pour faire écarter le principe du respect dû au statut personnel, qui ne doit fléchir qu'en cas d'atteinte portée à l'ordre public international. Nous croyons donc qu'entre parents collatéraux et entre alliés, l'existence de l'obligation alimentaire dépend uniquement de la loi nationale des parties; l'obligation alimentaire constitue un rapport de famille, or les droits de famille sont réglés, en principe, par le statut personnel. Ainsi l'étranger qui n'a pas droit à des aliments d'après sa loi nationale n'en peut pas réclamer en vertu de la loi du pays où il se trouve, de même qu'il n'est pas tenu non plus, en vertu de cette loi, d'en fournir, si le statut de son pays ne l'y oblige pas (Laurent, *op. cit.*, t. 5, p. 192; Olivi, *Du conflit des lois en matière d'obligation alimentaire*, *Revue de droit international*, p. 57 et suiv.).

335. L'application de cette règle ne présente pas de difficulté lorsque la personne qui est tenue de la prestation alimentaire et celle qui y a droit sont soumises à la même loi nationale ; mais quelle loi faut-il appliquer si, n'ayant pas la même nationalité, elles relèvent de deux lois qui règlent différemment l'étendue de l'obligation alimentaire? Un Italien, par exemple, pourra-t-il réclamer à son frère français des aliments en France? Inversement, un gendre américain sera-t-il tenu d'en fournir à sa belle-mère française? Le demandeur fonde sa prétention sur sa loi nationale, le défendeur invoque également la sienne ; laquelle des deux lois faut-il appliquer, celle du débiteur, ou celle du créancier? Nous avions résolu ce conflit en faveur de la loi du débiteur, d'abord parce qu'il nous paraissait rationnel de faire prévaloir en définitive la loi française, et, en second lieu, parce que les étrangers ne peuvent invoquer en France leur statut personnel qu'autant que son application ne préjudicie pas à nos nationaux (*Rép.* n° 392). Ces motifs ne seraient peut-être pas jugés suffisants aujourd'hui; la doctrine de l'intérêt français surtout est fort discréditée. Nous maintenons néanmoins notre solution, que l'on peut justifier autrement. Laurent, t. 5, p. 194, dit avec raison, pour écarter la loi du demandeur : « En principe il n'y a de dette que par un concours de consentement du créancier et du débiteur ; dans l'espèce, ce concours de volonté est remplacé par la loi. Mais la loi italienne peut bien stipuler pour le créancier italien, elle ne peut pas obliger le débiteur français ; pour que celui-ci soit tenu, il faut que la loi française l'y astreigne et tienne lieu de son consentement; or, le code civil ne l'oblige pas à fournir des aliments à son frère; donc il n'y est pas tenu ». — Un auteur qui a fait une étude spéciale du conflit des lois en matière d'obligation alimentaire développe, relativement à notre question, une théorie particulière. Il n'y a pas plus de raison, selon lui, de préférer l'une des lois nationales à l'autre, car la créance et la dette alimentaire sont les deux termes d'un seul et même rapport juridique; mais il faut poser ce principe, que, si le législateur ne peut pas imposer à un étranger, en dehors des cas où l'ordre public international l'exige, une obligation à laquelle celui-ci n'est pas soumis par son statut personnel, il peut, au contraire, lui conférer un droit que ne lui reconnaît pas ce statut, toutes les fois que « l'attribution de ce droit est la conséquence nécessaire et indispensable du devoir corrélatif imposé à un citoyen » (Olivi, *op. cit.*, p. 60).

336. Les lois qui organisent la puissance paternelle font-elles partie du statut personnel ou du statut réel? Cette question, qui était déjà très controversée dans notre ancien droit, a continué d'être discutée sous le code civil. Il est généralement admis aujourd'hui que les règles de la puissance paternelle dépendent du statut personnel. Que la puissance paternelle, en effet, ait sa source dans le mariage, ou ce qui est plus exact au point de vue de notre législation, dans les rapports de paternité et de filiation, elle se rattache à l'organisation de la famille, à l'état et à la capacité des personnes; or, les droits de famille, l'état et la capacité des personnes constituent la matière du statut personnel. C'est donc la loi nationale, en tant que ses prescriptions ne sont pas contraires à l'ordre public universel, qui détermine les personnes appelées à exercer la puissance paternelle, celles qui y sont soumises, les attributs dont elle se compose, les causes qui y mettent fin (Weiss, p. 573; Laurent, *op. cit.*, t. 6, p. 24 et suiv.; Demolombe, t. 1, n° 88; Félix, t. 1, p. 84; Fiore, p. 276; Asser et Rivier, p. 125; Durand, p. 349). — La restriction concernant l'ordre public international aura quelquefois son application lorsqu'il s'agira des droits que la puissance paternelle confère aux parents, d'après certaines législations, sur la personne de leurs enfants. Le droit de correction, tel qu'il est organisé par le code civil, par exemple, avec la faculté accordée au père de faire emprisonner l'enfant, pourra se trouver paralysé dans son exercice par la législation d'un pays qui ne reconnaît pas au père un pouvoir aussi étendu, la liberté des personnes tenant à l'ordre public. Cependant les droits du père et de la mère sur la personne de leurs enfants doivent, en principe, être déterminés par la loi personnelle. Il a été jugé, notamment, que lorsque les parents du mineur sont étrangers, le statut personnel qui les régit, régit également entre leurs mains l'exercice de la puissance paternelle; qu'il n'y a donc pas lieu de rechercher si, dans ces conditions, les tribunaux n'auraient pas à faire usage du pouvoir modérateur qui leur appartient, suivant le droit français, pour empêcher l'abus de la puissance paternelle; qu'il n'y a lieu que d'appliquer la loi étrangère, dans l'espèce le code italien dont l'art. 221 autorise le président du tribunal à retirer l'enfant mineur à ses parents lorsque son intérêt l'exige (Paris, 2 août 1872) (1).

337. Si le Français peut se trouver privé, en pays étranger, du droit de faire détenir son enfant, par application de la loi territoriale qui considère ce droit comme contraire à l'ordre public, faut-il, à l'inverse, autoriser l'étranger à exercer ce droit en France, quoique sa loi nationale ne le lui reconnaisse pas? Nous croyons devoir admettre la négative; la disposition de l'art. 376 c. civ. n'a pas, à notre avis, les caractères d'une loi pénale, ni de police, dans le sens propre du mot; le législateur français a moins eu pour but de sauvegarder l'ordre public, en armant le père de ce pouvoir rigoureux, que de faciliter à celui-ci l'accomplissement de son devoir d'éducation; ce qui le prouve, c'est que l'exercice du droit de détention dépend uniquement de la volonté du père; on ne voit donc pas comment on pourrait se prévaloir ici de l'ordre international public pour écarter le statut personnel de l'étranger (Conf. Weiss, *loc. cit.*).

Au contraire, les dispositions de la loi du 28 juill. 1889, sur la protection des enfants maltraités ou moralement abandonnés (D. P. 90. 4. 15), qui prononce ou autorise, dans un certain nombre de cas, la déchéance de la puissance paternelle, s'imposent à l'étranger en France, quelles que soient, à cet égard, les prescriptions de son statut personnel. Ces dispositions ont, en effet, tous les caractères des lois de police et de sûreté (V. *infrà*, n°s 429 et suiv.).

338. Le principe de la personnalité des lois relatives à la puissance paternelle s'applique-t-il même aux droits qui peuvent appartenir au père ou à la mère sur les biens de l'enfant? L'usufruit institué par l'art. 384 c. civ. dépend-il du statut réel ou du statut personnel? Cette question a toujours été le centre des controverses que la théorie des conflits a provoquées dans notre matière. L'opinion qui paraît l'avoir emporté dans notre ancien droit était celle de la réalité (Boullenois, *Traité de la personnalité et de la réalité des lois*, quest. 20). Plusieurs auteurs l'ont enseignée sous l'empire du code civil et c'est aussi celle que l'on a adoptée au *Rép.* n° 400 (V. les autorités citées *ibid.*; V. aussi Colmet-Daâge, *Revue de droit français et étranger*, 1844, p. 406). — D'autres, tout en admettant, en principe, la même doctrine, n'accordent aux père et mère étrangers la jouissance légale qu'autant que la loi personnelle de leur pays, qui règle leur capacité, leur reconnaît aussi cette prérogative; en d'autres termes, pour que ce droit puisse être invoqué, il faut qu'il y ait concours de la loi personnelle de celui qui le réclame et de la loi du lieu où se trouvent les biens qui en sont grevés (Fœlix, t. 1, p. 151; Bard, p. 236; de Rapetti, *Condition des étrangers*, p. 121). — Un troisième système prétend que la distinction du statut personnel et du statut réel est étrangère aux lois qui règlent les droits des père et mère sur les biens de leurs enfants (Aubry et Rau, t. 1, § 31, p. 85). D'après ces auteurs, la question devrait être uniquement résolue par l'applica-

(1) (Epoux Armandi C. Godart.) — LA COUR; — Considérant que... c'est dans les circonstances exposées ci-dessus que la cour est appelée à juger si la demande des époux Armandi en retrait de la garde de leur fille, est l'exercice légitime ou l'abus de la puissance paternelle; — Qu'au point de vue du droit français, il y aurait à examiner si, dans la cause, les tribunaux n'auraient pas à faire usage du pouvoir modérateur qui doit leur être reconnu pour empêcher que la puissance paternelle qui est par essence une autorité de défense et de protection, ne tourne méchamment contre ses fins; — Mais qu'il faut se placer au point de vue du droit italien, dont les dispositions en cette matière sont larges et précises; — Qu'en effet, Armandi, né à Bologne, est sujet italien, et que la puissance paternelle dont il réclame l'exercice dépend du statut personnel qui régit son état et sa capacité, c'est-à-dire de la loi italienne; — Considérant que la loi applicable se trouve dans l'art. 221 du code promulgué en 1865 pour le royaume d'Italie, lequel article est ainsi conçu : « Lorsque de justes motifs rendent nécessaire que l'enfant soit éloigné de la puissance paternelle, le président du tribunal, sur la demande des parents ou du ministère public, après informations prises sans formalités judiciaires, y pourvoit de la manière la plus convenable, par une ordonnance qui ne doit pas énoncer de motifs »; — Considérant qu'en laissant de côté la procédure qui n'est pas soumise à l'empire du statut personnel, la disposition sur le fond du droit, qui est consacrée par ce texte, appelle la justice à apprécier, sur la demande des parents ou du ministère public, si de justes motifs ne rendent pas nécessaire que la garde de l'enfant mineur soit enlevée à son père ou à sa mère; — Que, selon le droit italien, l'appréciation discrétionnaire du juge s'exerce à cet effet, sans qu'il ait à énoncer dans sa sentence, par des convenances tenant au secret et à la dignité intérieure de la famille, les motifs qui le déterminent; — Considérant que dans la cause, où le ministère public se joint aux conclusions du docteur Godart, il échoit de suivre ces diverses règles relatives à l'exercice de la puissance paternelle, soit celle qui autorise à restreindre cette puissance, soit, autant que les principes de la justice française le permettent, celle qui prescrit au juge de ne pas énoncer les griefs qui servent de motifs à sa décision;

Par ces motifs, faisant droit sur l'appel, interjeté par les époux Armandi, du jugement rendu entre les parties au tribunal de première instance de la Seine, sous la date du 3 févr. 1872; — Confirme ledit jugement; — Dit en conséquence que la mineure Elisa Armandi, continuera d'être confiée aux soins du docteur Godart à qui ses parents en ont, depuis près de dix-huit ans, donné la garde; — Dit que de libres communications devront néanmoins exister entre les père et mère d'Armandi et Elisa Armandi, leur fille; — Dit qu'en cas de difficulté à cet égard, il en sera référé à la cour, qui ordonnera, pour ces communications le mode le plus convenable; — Et condamne les appelants à l'amende et à tous les dépens.

Du 2 août 1872, C.-de Paris, 11e ch.

tion des principes relatifs à la condition juridique des étrangers en France. — Enfin, d'après l'opinion la plus accréditée aujourd'hui, l'usufruit légal relève uniquement du statut personnel, d'où il résulte qu'un Français pourra exercer cet usufruit même sur des biens situés en Angleterre, quoique la loi anglaise ne reconnaisse au père aucun droit de cette nature, mais qu'un Anglais ne pourra pas l'exercer au contraire, même sur des biens situés en France (Demolombe, t. 1, n° 88; Laurent, *op. cit.*, t. 6, p. 36; et *Principes de droit civil français*, t. 1, n° 96; Durand, p. 352; Weiss, p. 573; Demangeat, *Revue pratique*, t. 1, n°s 58 et suiv., et sur Fœlix, *loc. cit.*, Bertauld, t. 1, p. 95; Asser et Rivier, p. 125, note 2; Fiore, p. 286. Comp. *Rép.* v° *Puissance paternelle*, n° 96). Si l'on objecte que la disposition de l'art. 384 a le caractère d'une loi réelle parce qu'elle concerne les biens et que tous les immeubles situés en France sont régis par la loi française (c. civ., art. 3), on répond que toute loi qui affecte les biens n'est pas nécessairement une loi réelle; que la loi, en instituant l'usufruit de l'art. 384, n'a pas eu pour but d'organiser la propriété, mais la puissance paternelle. « C'est à raison de la puissance paternelle que la loi donne l'usufruit au père; c'est une récompense, un bénéfice qu'elle y attache... L'usufruit légal du père ne se conçoit pas sans la puissance paternelle; c'est un droit accessoire, et de quoi dépend-il? d'une puissance qui constitue un *état;* or, peut-il y avoir une autre loi pour l'accessoire que pour le principal? Le texte de l'art. 3 n'est pas décisif. Quand un statut est personnel, les conséquences qui en découlent le sont aussi; or, la puissance paternelle est essentiellement un statut personnel, donc l'usufruit qui y est attaché, comme une dépendance, doit avoir la même nature » (Laurent, *Principes de droit civil français, loc. cit.*).

La dernière interprétation est aussi celle qui a prévalu dans la jurisprudence. Jugé que les questions relatives à la puissance paternelle, et spécialement au droit de jouissance légale des père et mère sur les biens des enfants mineurs, rentrent essentiellement dans le statut personnel (Civ. cass. 14 mars 1877, aff. Ben-Chimol, D. P. 77. 1. 385). — On remarquera que cette solution ne concorde pas, comme on le verra *infrà*, n° 370, avec celle que la cour de cassation a consacrée relativement à une question très voisine de celle-ci, celle de savoir quel est le caractère de la loi qui accorde aux femmes mariées une hypothèque sur les biens de leur mari.

339. Le principe que l'usufruit légal rentre dans le statut personnel une fois admis, on se trouve en présence d'une autre question plus délicate, lorsque le père et l'enfant n'ont pas la même nationalité, et que cet usufruit, consacré par le statut de l'un, n'est pas admis par le statut de l'autre; en pareil cas, auquel des deux faut-il donner la préférence? Doit-on appliquer la loi du père ou celle de l'enfant? On a soutenu qu'il faut appliquer la loi du père parce qu'il s'agit d'un droit établi dans l'intérêt de celui-ci (Laurent, *Droit civil international,* t. 6, p. 43; Fiore, p. 278; Asser et Rivier, p. 125. V. aussi, note, D. P. 77. 1. 385). — Dans une seconde opinion, on estime qu'il faut suivre plutôt la loi de l'enfant. Il est inexact, dit-on, de considérer le droit de jouissance de l'art. 384 comme un droit institué dans l'intérêt du père; l'usufruit légal est une dépendance de la puissance paternelle, qui, dans la théorie du code, très différente de la théorie romaine, a été établie uniquement dans l'intérêt de l'enfant. Les droits que la loi attribue aux parents sur les biens des enfants comme sur leur personne ne sont que des moyens de remplir le devoir d'éducation qui leur incombe; l'usufruit n'est, dans les mains du père, qu'un instrument de protection; or, n'est-il pas rationnel de faire prévaloir la loi de la personne protégée sur celle du son protecteur? N'est-ce pas cette loi que l'on applique lorsqu'il s'agit de savoir à quelle époque l'enfant sera majeur, c'est-à-dire à quelle époque prendra fin la puissance paternelle? Cette solution n'entraîne-t-elle pas l'autre? (Weiss, p. 576; Durand, p. 350; Bard, p. 234).

La jurisprudence s'est divisée sur la question; la cour de cassation s'est prononcée deux fois contre cette dernière opinion, mais, la première fois, pour des motifs qui ont perdu aujourd'hui beaucoup de leur valeur, et, la seconde fois, sans même motiver sa décision. Jugé que la femme française qui a épousé un étranger recouvrant, de plein droit, à partir du décès de son mari, la qualité de Française, lorsqu'elle réside en France ou dans une possession française au moment où elle devient veuve, est investie de plein droit de la tutelle légale et des attributs de la puissance paternelle sur sa fille mineure restée étrangère, bien que la loi personnelle de ladite mineure n'admette ni la tutelle légale, ni l'usufruit légal des père et mère, et ne reconnaisse d'autre tutelle que la tutelle dative (Civ. rej. 13 janv. 1873, aff. Ghezzi et Sgitcowich, D. P. 73. 1. 297). Cet arrêt est fondé sur le principe que la loi étrangère ne doit jamais s'appliquer, lorsqu'elle est de nature à préjudicier à un intérêt français. — Jugé, de même, qu'en cas de conflit entre le statut personnel du père ou de la mère et celui de ses enfants mineurs, ce sont les règles du statut personnel du père ou de la mère qui doivent recevoir leur application : spécialement, qu'une succession israélite venant à s'ouvrir en Algérie, antérieurement au sénatus-consulte du 14 juill. 1865, qui a rendu possible la naturalisation des indigènes, le droit d'usufruit légal appartient à une mère israélite indigène naturalisée française, sur les biens de ses enfants israélites indigènes, dont elle est la tutrice légale, et doit lui être accordé à partir du jour où elle a obtenu personnellement le décret de naturalisation; et qu'il n'y a lieu de tenir compte, à cet égard, du statut personnel hébraïque applicable à ses enfants mineurs non naturalisés, lequel ne reconnaît pas ce droit d'usufruit légal (Civ. cass. 14 mars 1877, cité *suprà*, n° 270. Conf. Bourges, 4 août 1874, *suprà*, v° *Droits civils*). Le tribunal de Mostaganem et la cour d'Alger s'étaient déclarés, au contraire, dans cette affaire, en faveur du statut personnel des enfants (D. P. 72. 1. 385). Le tribunal de la Seine, saisi plus récemment de la même question, l'a résolue comme la cour de cassation, mais en s'appuyant sur ce que l'usufruit légal se rattache à l'ordre public; le tribunal a confondu, selon nous, l'ordre public *national* avec l'ordre public *international* (Trib. Seine, 5 avr. 1884, aff. Homberg, *Journal du droit international privé*, 1884, p. 521).

340. L'arrêt du 14 mars 1877 cité *suprà*, n° 338, tranche une autre difficulté que peut faire naître l'application du principe qu'il consacre : lorsque le statut personnel des parents a été modifié, durant l'exercice de la puissance paternelle, par l'effet d'une naturalisation acquise par eux, cette naturalisation a-t-elle un effet rétroactif, de telle sorte qu'elle puisse modifier, même dans le passé, les conséquences de la puissance paternelle? Pour nous, qui croyons que la puissance paternelle dépend du statut personnel de l'enfant, les droits du père nous paraissent devoir être fixés irrévocablement par la loi nationale de l'enfant à l'époque de sa naissance; mais, dans l'opinion contraire, il y a lieu de distinguer si le mode de naturalisation qui a été appliqué aux parents de l'enfant est de ceux qui opèrent rétroactivement. La cour de cassation s'est inspirée de cette idée, en décidant, dans l'espèce, que le sénatus-consulte du 14 juill. 1865, qui avait conféré la naturalisation aux israélites algériens comme une faveur, ne pouvait pas produire d'effet dans le passé, et qu'en conséquence, la mère tutrice, naturalisée en exécution de ce sénatus-consulte, n'était pas fondée à exercer son usufruit sur une succession ouverte antérieurement.

341. On a recherché au *Rép.* n°s 401 à 403, quelle loi doit régler la majorité et la minorité. Les solutions que nous avons indiquées à ce sujet sont, en général, celles que la jurisprudence applique encore aujourd'hui. Les développements donnés au commencement de cette étude à l'examen de la question de savoir quelle est, d'une manière générale, l'autorité des lois personnelles étrangères en France nous dispensent d'entrer dans les détails de la controverse soulevée par les conflits relatifs à la majorité et à la minorité; ce sont, en effet, ces conflits surtout qui ont été le point de départ des différentes théories exposées relativement à l'application des lois étrangères en France. Il ressort de ce qui a été dit qu'en principe, l'âge de la majorité et la capacité qu'elle confère doivent être déterminés par la loi personnelle, c'est-à-dire par la loi nationale de l'incapable en vertu de l'art. 3 c. civ. Rationnellement, cette règle ne devrait être limitée que par les nécessités de l'ordre public international, qui se trouvera rarement engagé dans l'hypothèse; mais la jurisprudence, comme on l'a vu, *suprà*, n° 279, applique, d'une manière moins libérale, le principe que l'art. 3 ne consacre d'ailleurs que d'une manière implicite. Le statut personnel du mineur étranger doit, d'après elle, céder devant l'intérêt français, non seulement lorsque le mineur a usé de fraude pour dissimuler son état, ce qui ne serait que l'application du droit commun, mais encore toutes les fois que le Français n'a commis aucune imprudence en traitant avec lui.

Ces principes rappelés, il suffira de mentionner ici les applications qui en ont été faites. Il a été jugé que la règle, suivant laquelle on est réputé connaître la capacité de celui avec qui on contracte, ne doit pas être aussi rigoureusement appliquée lorsqu'il s'agit de la capacité d'un étranger contractant en France qu'entre Français; qu'ainsi, les engagements contractés par un étranger, mineur d'après la loi son pays, envers un Français, notamment pour fournitures à lui faites par ce dernier, peuvent être validés alors même que l'étranger n'en aurait profité que pour partie, s'il est établi que le Français a agi sans légèreté, sans imprudence et avec bonne foi, dans l'ignorance de l'extranéité de celui à qui il faisait ces fournitures et dans l'opinion que, majeur suivant la loi française, il était capable de s'obliger (Paris, 18 juill. 1859, aff. Lizardi, et, sur pourvoi, Req. 16 janv. 1861, D. P. 61. 1. 193). — Dans un autre arrêt, au contraire, la cour de Paris, après avoir constaté, en adoptant les motifs des premiers juges, que « de Lizardi est sujet mexicain, que la loi mexicaine fixe la majorité à vingt-cinq ans, et que de Lizardi avait à peine atteint sa vingt-deuxième année quand il a souscrit les lettres de change dont le payement lui est demandé », en conclut que de Lizardi était incapable de s'obliger sans le concours et l'assistance de son tuteur, et, « considérant encore que les appelants doivent s'imputer de ne s'être pas enquis, avec plus de soin, de la condition légale de celui avec lequel ils contractaient », il déclare « nulles et de nul effet les traites et lettres de change composant la prétendue créance de 60 000 fr., dont Aubé ou ayants cause sont porteurs » (Paris, 20 févr. 1858, D. P. *ibid.*). Cette dernière décision ne contredit pas la précédente ; toutes les deux sont une conséquence de la doctrine d'après laquelle les tribunaux doivent appliquer la loi étrangère de l'incapable eu égard aux circonstances, et notamment en tenant compte de la nature, de l'objet et de la cause de l'obligation (V. *suprà*, n° 279). Jugé encore : 1° qu'un étranger domicilié en France ne peut pas opposer aux tiers porteurs de bonne foi l'incapacité de s'obliger résultant de sa loi nationale, et dont il ne serait pas atteint s'il était Français, lorsqu'il est établi que le créancier français n'a commis aucune imprudence eu égard à la nature de l'engagement (Paris, 10 juin 1879, *Gaz. trib.*, 1er août 1879 ; — 2° Qu'un mineur étranger, incapable de s'obliger d'après la loi de son pays, ne peut pas se prévaloir de cette loi pour demander la nullité des engagements qu'il a contractés envers des fournisseurs français, si ceux-ci ont fait preuve de prudence et s'il les a induits en erreur en leur dissimulant sa qualité d'étranger (Paris, 8 févr. 1883, aff. Hartog, D. P. 84. 2. 24); — 3° Que le principe d'après lequel l'étranger résidant en France est régi par la loi de son pays relativement à sa capacité, cesse de s'appliquer, lorsqu'un Français poursuit contre l'étranger l'exécution d'obligations contractées par celui-ci pour ses besoins personnels, s'il résulte des circonstances de la cause que le créancier a agi de bonne foi et sans qu'on puisse lui reprocher aucune imprudence (Trib. Seine, 1er juill. 1886, aff. Gache, *Journal du droit international privé*, 1887, p. 178. Comp. Trib. corr. Seine, 17 mars 1885, *Le Droit* du 11 avr. 1885; Paris, 21 mai 1885, aff. Oppenheim et Esser, D. P. 86. 2. 14).

Un jugement du tribunal de la Seine a appliqué, dans des termes d'une remarquable netteté, la doctrine de la personnalité absolue du statut de la minorité en décidant, sans faire de distinction, que l'étranger qui n'est pas majeur d'après sa loi nationale doit être considéré comme étant encore mineur en France et incapable, par suite, de s'obliger verbalement, quoiqu'il ait accompli sa vingt et unième année, tant qu'il n'a pas atteint l'âge fixé par la loi de son pays, pour la majorité (Trib. Seine, 2 juill. 1878, aff. Dame Pellin-Ferron, *Le Droit*, du 10 août 1878).

342. Quant à l'influence que la loi nationale qui détermine la majorité et la minorité peut exercer sur les biens que la personne possède en pays étranger. On a vu que la distinction proposée entre les actes d'administration et les actes d'aliénation ou de disposition a été repoussée par la plupart des auteurs, et que l'étranger, capable d'aliéner d'après sa loi personnelle, jouit de cette capacité en quelque endroit que soient situés les biens, même immobiliers, qui lui appartiennent (*Rép.* nos 402 et 403). Cette opinion trouvera sa confirmation, dans les principes qui seront développés à l'occasion des statuts réels (V. *infrà*, nos 358 et suiv.).

343. Quelle loi faut-il appliquer aux conflits qui peuvent s'élever relativement à l'organisation et au fonctionnement de la tutelle des mineurs? On s'est borné à examiner au *Rép.* n° 405, quel est le juge compétent pour nommer un tuteur à un enfant étranger, qui se trouve par hasard en France, et qui est domicilié en pays étranger; l'attention des jurisconsultes ne s'était guère alors portée que sur cette hypothèse. Il est nécessaire d'étendre aujourd'hui la difficulté et d'envisager le conflit au point de vue de toutes les règles de la tutelle. D'une manière générale, quelle loi doit régir la tutelle du mineur qui réside ou qui possède des biens en pays étranger? Ce ne saurait être la loi de la résidence, car le fait matériel de l'habitation est une circonstance fortuite qui n'a pas d'influence sur l'état et la capacité; le domicile lui-même, on l'a dit plusieurs fois, n'a pas plus d'effet à ce point de vue. Ce ne saurait être non plus la loi de la situation des biens, quoiqu'un certain nombre des règles de la tutelle aient les biens du mineur pour objet, car il ne suffit pas qu'une loi affecte le patrimoine pour qu'elle ait nécessairement le caractère de statut réel; cette idée, que l'on ne fait que formuler ici sera développée *infrà*, nos 358 et suiv., 377 et suiv. Il suffit de rappeler que, d'après les statutaires eux-mêmes, la nature d'une loi dépend de son objet essentiel, du but principal que le législateur a voulu atteindre en l'édictant; or, en plaçant la question sur ce terrain, les lois de la tutelle se présentent avec un caractère éminemment personnel. « Elles ont pour but, dit un auteur, non de fixer, au mieux des intérêts généraux, la manière d'être des choses, mais d'organiser la protection nécessaire à quelques-uns, aux incapables. Peu importe qu'indirectement elles influent sur la transmission des biens et l'entourent de formalités la rendant plus difficile; ces formalités, instituées pour sauvegarder les mineurs propriétaires ou titulaires de droits réels, apparaissent comme des conséquences de leur incapacité. Elles offrent donc un caractère tout personnel et dépendent de la loi qui s'applique à la personne elle-même » (Chavegrin, *De la tutelle des mineurs en droit international privé*, *Revue critique*, 1883, p. 498). L'application de la *lex rei sitæ* aurait d'ailleurs le très grave inconvénient, lorsque le mineur a des biens dans plusieurs pays, de détruire l'unité du patrimoine et de faire établir autant de tutelles et, par suite, d'administrations différentes, qu'il y a de pays dans lesquels le mineur se trouve propriétaire. L'unité du patrimoine entraîne l'unité de la tutelle (Laurent, *op. cit.*, t. 6, p. 95 et suiv.; Weiss, p. 408; Fiore, p. 295 et suiv.; Asser et Rivier, p. 128; Lehr, *Revue de droit international*, 1884, p. 252).

Ces difficultés se présenteront rarement en France, aussi longtemps que nos tribunaux persisteront à se déclarer incompétents pour connaître des contestations auxquelles peut donner lieu l'organisation de la tutelle d'un étranger qui n'a pas son domicile dans notre pays, et ne se reconnaîtront, en pareil cas, que le droit d'ordonner, d'après la loi française, les mesures conservatoires exigées pour la protection des intérêts de l'incapable (V. Bastia, 8 déc. 1863, aff. Costa, D. P. 64. 2. 1 et *suprà*, v° *Droits civils*, n° 183). Mais cette jurisprudence, motivée surtout par cette idée, que les tribunaux français ne peuvent pas appliquer des lois étrangères qu'ils ne connaissent pas, confirme le principe que la législation de la tutelle dépend du statut national; on peut, en outre, prévoir que la solution de la question de compétence sera, un jour, modifiée, car, de ce qu'un litige se réfère au statut personnel d'un étranger, même non domicilié en France, il ne s'ensuit pas nécessairement que les tribunaux français soient incompétents pour en connaître.

344. Le principe que l'on vient de poser s'appliquera sans difficulté lorsque le mineur et le tuteur ont la même nationalité; mais, s'ils sont régis par deux lois personnelles différentes, faudra-t-il suivre la loi du tuteur ou celle du mineur? Nous n'hésiterons pas à donner la préférence à la loi du mineur, la tutelle étant, dans les législations modernes, un pouvoir de protection institué uniquement dans l'intérêt du mineur; cette solution concorde avec celle que nous avons adoptée dans l'hypothèse où un conflit s'élève relativement à la puissance paternelle entre le statut du père et celui de l'enfant (V. *suprà*, n° 339). « Quelle peut être la raison d'être de la tutelle, dit M. Brocher, p. 351, si ce n'est de suppléer aux incapacités du pupille? N'est-ce pas la personnalité de celui-ci qu'il s'agit de protéger et de compléter en quelque sorte? N'y a-t-il pas là une représentation du pupille conférée par la loi ? Cette loi peut-elle être autre que celle du statut personnel de la personne représentée?... La tutelle concerne-t-elle l'état du tuteur ou celui du pupille?... S'il s'élève un conflit, en ce qui concerne la tutelle, entre la loi personnelle de celui qui se prétend tuteur et celle du pupille, c'est à cette dernière qu'il faut s'arrêter de préférence » (Conf. Laurent, *op. cit.*, t. 6, p. 97; Despagnet, n° 460; Chavegrin, *Revue critique*, 1883, p. 500; Weiss, p. 409; Lehr, *op. cit.* p. 247 et suiv.; Fiore, p. 660; Esperson, *Journal du droit international privé*, 1880, p. 340).

Les décisions qui ont été rapportées en matière de puissance paternelle, et qui ont fait prévaloir le statut des père et mère sur celui de l'enfant, pourraient être invoquées néanmoins à l'appui de l'opinion contraire à celle que nous proposons (Civ. rej. 13 janv. 1873 Bourges, 4 août 1874 et Trib. Seine 5 avr. 1884, cités *suprà*, n° 339. *Contrà :* Trib. Courtrai, 19 mai 1888, *Pandectes belges pér.*, 1888, p. 1254).

345. Le principe que les conflits relatifs à la tutelle doivent être décidés par l'application de la loi nationale du mineur, est un principe général, qui embrasse toute la législation de la tutelle. C'est, par suite, la loi nationale du mineur qui déterminera d'abord si le mineur doit être soumis au régime de la tutelle ou à un autre régime de protection (V. Bastia, 8 déc. 1863, aff. Costa D. P. 64. 2. 1). M. Laurent, *op. cit.*, t. 6, p. 101, mentionne un arrêt de la cour de Bruxelles, qui a fait une application de cette règle à un mineur espagnol, lequel, ayant perdu sa mère, fut placé sous la tutelle de son père, ancien consul d'Espagne, domicilié à Bruxelles, contrairement aux prescriptions de la loi espagnole, d'après laquelle la tutelle ne s'ouvre qu'à la mort du survivant des père et mère. Quelque temps après l'entrée en fonction du père comme tuteur légal, celui-ci assigna les membres du conseil de famille pour voir déclarer que la tutelle de son enfant n'était pas ouverte. Le tribunal de Bruxelles, sans examiner la question de droit international que cette prétention faisait naître, renvoya le père des fins de sa demande pour ce motif que celui-ci avait renoncé par ses agissements à ses droits d'administrateur légal. Mais la cour de Bruxelles, considérant, avec raison, cette renonciation comme ne pouvant produire aucun effet, annula les délibérations du conseil de famille et décida que, d'après la loi espagnole, applicable dans l'espèce, le père était resté investi, au décès de la mère, du droit d'administrer en vertu de la puissance paternelle, la personne et les biens de son enfant mineur (Bruxelles, 29 juill. 1865, *Pasicrisie*, 1866. 2. 57).

C'est de même la loi nationale du mineur qui déterminera le siège de la tutelle, l'autorité compétente pour l'organiser, les personnes qui doivent être appelées pour l'exercer ou la contrôler, les règles d'après lesquelles elle fonctionne une fois organisée, les pouvoirs et les obligations du tuteur, soit par rapport à la personne du pupille, soit par rapport à ses biens, enfin les événements qui entraîneront la cessation de la tutelle.

346. En ce qui concerne le lieu d'ouverture de la tutelle, l'application de la loi nationale de l'incapable pourra donner lieu, dans certains cas, à de sérieuses difficultés, la plupart des lois étrangères plaçant, comme la loi française, le siège de la tutelle au domicile du mineur. « Il ne s'en présentera pas, dit M. Weiss, p. 411, si la loi nationale du mineur et la loi du lieu de son domicile, qui est le siège de la tutelle, ont réglementé de la même manière la protection des incapables. Aucun obstacle matériel n'empêchera, sans doute, qu'un mineur belge, domicilié en France, soit mis en tutelle sur notre territoire conformément au code civil, et *vice versa*. Dans l'un et l'autre pays, on trouve des institutions analogues qui prêteront leur concours à l'établissement de la tutelle de l'étranger, par application de sa loi nationale, des art. 406 et suiv. c. civ., qui sont communs à la France et à la Belgique. Mais si nous supposons un mineur français, domicilié dans un pays où les juges de paix et les conseils de famille sont inconnus, où, par conséquent, il paraît matériellement impossible de satisfaire aux règles énoncées par ces articles, que faudra-t-il décider? » La même difficulté pourrait se produire en France à l'égard d'un mineur suisse, dont la loi confie le contrôle de la tutelle aux autorités municipales et administratives du canton. — On a dit qu'en pareil cas, la force des choses obligeait à organiser la tutelle dans le pays de l'incapable, n'y eût-il pas son domicile; « le siège de l'administration se place alors, en général, dans le lieu où les parents du mineur ont eu leur dernier domicile, avant de quitter le pays » (V. Chavegrin, *Revue critique*, 1883, p. 501. Comp. Despagnet, n° 459; Loiseau, *Des conflits de lois relatifs à la tutelle des mineurs*, p. 167). Cependant, comme ce système a de grands inconvénients pratiques pour le mineur qui, souvent, n'aura plus d'attache avec le pays d'origine de sa famille, et peut s'en trouver très éloigné, une autre opinion, à laquelle M. Chavegrin se rallie lui-même, propose de faire organiser la tutelle dans le pays où le mineur réside, d'après les règles de son statut personnel avec le concours du consul de sa nation. C'est aussi la solution adoptée par M. Weiss (*loc. cit.*), qui fait remarquer que cette mission, attribuée aux consuls, est parfaitement conforme à la nature de leurs fonctions. Ce système, qui a l'avantage d'assurer l'application de la loi nationale du mineur, est usité dans les Echelles du Levant et de Barbarie; il a, de plus, été consacré dans des traités intervenus entre la France et un grand nombre d'Etats étrangers (V. D. P. 62. 4. 34; 624. 118; 67. 4. 129; 78. 4. 32; 80. 4. 13).

347. Certains auteurs dérogent au principe que les règles de la tutelle dépendent uniquement de la loi nationale du mineur en ce qui concerne les causes d'incapacité, d'excuse, d'exclusion ou de destitution du tuteur : l'aptitude du tuteur à gérer la tutelle ne peut, disent-ils, être appréciée rationnellement que d'après la loi nationale du tuteur, laquelle règle sa capacité en général; et il en est de même pour les autres agents qui concourent au fonctionnement de la tutelle, notamment pour les membres du conseil de famille. D'autres restreignent cette exception aux causes d'excuse et de dispense, pour lesquelles les intéressés pourraient invoquer cumulativement leur loi nationale et celle du mineur (Chavegrin, *Revue critique*, 1883, p. 583 ; Loiseau, p. 203). M. Weiss, p. 414, pense, au contraire, que toute distinction doit être écartée, l'organisation et l'administration de la tutelle exigeant une unité inconciliable avec l'application simultanée de deux lois personnelles différentes; et que, puisqu'une seule loi doit être appliquée, il est rationnel de s'attacher pour cette question comme pour toutes les autres à la loi nationale du mineur.

348. On a dit, *suprà*, n° 345 *in fine*, que la loi qui régit l'organisation de la tutelle régit aussi son fonctionnement, et, en particulier, détermine les pouvoirs comme les obligations du tuteur. Cela n'est guère contesté en tant qu'il s'agit des pouvoirs sur la personne du mineur; sauf les restrictions qui, dans certains cas, peuvent résulter de l'ordre public international; il est certain, par exemple, qu'un tuteur ne pourrait pas se prévaloir en France d'une loi étrangère qui lui permettrait d'infliger des châtiments corporels au mineur. — Cela n'est pas contesté davantage même en ce qui concerne les pouvoirs du tuteur sur les biens, si du moins ce sont des biens mobiliers, le statut des meubles étant, en principe, le même, comme nous le verrons plus tard, que celui de la personne. Il a été décidé, en ce sens, que les objets mobiliers recueillis par un mineur du canton de Berne dans la succession de son père ne peuvent pas être aliénés, en pays étranger, par sa mère, tutrice, sans l'autorisation du comité de tutelle établi par la loi de ce canton (Paris, 27 juin 1888, *Le Droit* des 17 et 18 sept. 1888). Jugé, de même, que la vente de meubles appartenant à un mineur italien qui habite la France n'est valable que si elle a été autorisée par la justice, et s'il a été fait emploi du prix en provenant, conformément aux art. 224 et 225 c. civ. ital. (Trib. Marseille, 3 août 1888, cité par Weiss, p. 41, note 3).

La question de savoir par quelle loi doivent être déterminés les pouvoirs du tuteur par rapport aux immeubles que le mineur possède en pays étranger, notamment lorsqu'il s'agit de les aliéner ou de les hypothéquer, est plus controversée. Les partisans du principe d'après lequel tout ce qui touche à la transmission des immeubles dépend du statut réel enseignent qu'il faut consulter, pour résoudre notre question, la loi de la situation des biens, en quelque lieu que l'acte de dispositions soit réalisé. L'opinion qui renvoie encore ici à la loi nationale du mineur, enseignée déjà dans notre ancien droit (Bouhier, ch. 24, n°s 1 et 3), a toujours dominé toutefois dans la doctrine (V. Fœlix et Demangeat, t. 1, n° 89; Laurent, *op. cit.*, t. 6, p. 214 et suiv.; Weiss, p. 417; Fiore, p. 295). N'est-il pas, en effet, évident qu'en fixant les pouvoirs du tuteur et en l'obligeant à se pourvoir, dans plusieurs cas, de certaines autorisations, par exemple pour disposer des immeubles du mineur, le législateur ne s'est pas préoccupé de ces immeubles considérés en eux-mêmes, mais uniquement de la protection qu'il fallait assurer à l'incapable? Or toute règle de protection rentre dans le statut personnel.

349. Rien de plus simple à appliquer que notre théorie lorsque l'aliénation, par exemple, ou la constitution d'hypothèque, a lieu, en dehors du pays de la situation des biens, dans la patrie du mineur; dans ce cas, toutes les conditions de fond ou de forme prescrites pour la validité de l'acte sont fixées par une loi unique, *lex tutelæ*, qui est en même temps la *lex contractus*. Si, au contraire, l'aliénation ou la constitution d'hypothèque sont réalisées dans le lieu où les immeubles sont situés, une distinction s'impose, à notre avis, entre les conditions de capacité et les conditions de pure forme, entre les formes *habilitantes* et les formes *extrinsèques*: les premières seules sont régies par la loi personnelle du mineur, la *lex tutelæ*, les autres dépendent de la loi du lieu où l'acte est accompli, de la *lex contractus*, qui est aussi la *lex rei sitæ*; cette dernière conséquence découle, comme on le verra plus tard, de la règle *locus regit actum*. La difficulté consiste à déterminer quelles sont les conditions, parmi celles dont l'observation est imposée au tuteur, qui constituent des formes habilitantes et celles qui ne sont que de simples formalités. Cette démarcation est très délicate à établir, aussi est-on loin de s'entendre sur ce point.

Tous les auteurs reconnaissent que l'intervention personnelle du tuteur, l'indication des cas dans lesquels l'acte projeté peut avoir lieu, l'autorisation du conseil de famille, et même l'homologation du tribunal sont des conditions de capacité régies par le statut personnel du mineur et qui doivent être remplies au siège de la tutelle, en quelque lieu que les biens soient situés. Il a cependant été jugé que la délibération du conseil de famille qui autorise une aliénation d'immeubles quoique n'ayant pu avoir lieu valablement que dans le pays auquel le mineur appartient par sa nationalité, doit être homologuée par le tribunal étranger dans l'arrondissement duquel les biens se trouvent situés (Verviers, 21 déc. 1876, *Journal du droit international privé*, 1878, p. 520); mais cette décision a été critiquée avec raison (Chavegrin, *Revue critique*, 1880, p. 582).

La détermination de la loi applicable est plus délicate lorsqu'il s'agit des formes dans lesquelles la vente doit avoir lieu; ainsi, la disposition de l'art. 459 c. civ., portant que «la vente se fera publiquement, en présence du subrogé-tuteur, aux enchères, qui seront reçues par un membre du tribunal de première instance ou par un notaire à ce commis, et à la suite de trois affiches apposées par trois dimanches consécutifs, aux lieux accoutumés dans le canton... », est-elle applicable à l'aliénation qu'un mineur français veut faire d'un immeuble qu'il possède en pays étranger, en supposant d'ailleurs que la vente doive s'accomplir au lieu de la situation des biens? On peut soutenir que ces formalités, principalement l'interdiction de la vente à l'amiable, ont pour but de protéger le mineur et que l'organisation de la protection dépend uniquement de la loi personnelle de celui-ci; mais nous croyons, quel que soit le but que le législateur ait en vue, qu'il s'agit uniquement là de conditions de pure forme tombant sous l'application de la loi locale, en vertu de la règle *locus regit actum*: imposer les formalités de l'art. 459 au mineur français dont il s'agit d'aliéner les biens situés en pays étranger serait, dans beaucoup de cas, rendre cette aliénation impossible.

350. Comme on l'a dit *suprà*, n° 345, la même loi qui régit les pouvoirs du tuteur régit aussi ses obligations, soit à l'ouverture de la tutelle, soit pendant la durée de la gestion, soit à l'époque de sa cessation. C'est, en particulier, la loi nationale du mineur qu'il faut consulter pour savoir si le tuteur doit faire inventaire, s'il doit donner caution, dresser état des immeubles, vendre le mobilier ou les établissements de commerce; c'est encore cette même loi qui déterminera l'emploi des économies et des capitaux, les états de situation à fournir au cours de la tutelle, les indemnités ou honoraires que le tuteur peut réclamer. Enfin il en sera de même des causes de cessation de la tutelle et des conséquences qui en résultent au point de vue du compte de tutelle, des traités qui s'y rapportent, des demandes tendant à l'obtenir ou à le faire rectifier, et de leur prescription (V. sur tous ces points, Chavegrin, *Revue critique*, 1880, p. 583 et suiv.; Weiss, p. 420; Loiseau, *Des conflits de lois relatifs à la tutelle*, p. 246; Fiore, p. 306). — Quant à la question de savoir si l'hypothèque légale ou les autres garanties que certaines législations accordent au mineur dépendent aussi de la *lex tutelæ*, on l'examinera dans le paragraphe consacré aux statuts réels (V. *infrà*, n° 370).

351. Tous les auteurs reconnaissent que l'émancipation, comme la tutelle, est du statut personnel; c'est un point sur lequel on s'accordait déjà dans notre ancien droit (V. Froland, *Mémoires sur les statuts*, t. 2, p. 1597; Boullenois, *Traité de la réalité et de la personnalité des statuts*, t. 2, p. 48; Bouhier, *Observations sur la coutume de Bourgogne*, ch. 24, n°s 6 et 9). L'émancipation, en effet, est une modification de la capacité du mineur, qui se trouve placé dans une situation intermédiaire entre celle du majeur et celle du mineur non émancipé; or toute loi qui a pour objet la capacité est une loi personnelle (Laurent, *op. cit.*, t. 6, p. 110 et suiv.; Weiss p. 422 et suiv.; Brocher, p. 361).

Il n'y a pas lieu de faire exception relativement à l'émancipation tacite qui résulte du mariage dans un grand nombre de législations. Il y a même une raison particulière, comme le fait remarquer M. Laurent, *op. cit.*, t. 6, p. 115, pour faire rentrer cette espèce d'émancipation dans le statut personnel, puisque c'est ce statut, comme on l'a vu *suprà*, n°s 287 et suiv., qui régit les effets du mariage. Sans doute, l'émancipation dont nous parlons est d'ordre public en France, en ce sens qu'aucune stipulation ne pourrait empêcher le mineur français de s'en prévaloir; mais il ne s'ensuit pas qu'elle soit *d'ordre public international*: il ne s'agit pas là, en effet, d'une institution fondée sur un principe de morale universelle; en émancipant le mineur qui se marie, le législateur a simplement voulu faciliter à celui-ci l'exercice des droits qui se rattachent à son nouvel état: c'est un bienfait qu'il lui confère et qu'il n'a aucun intérêt à imposer au mineur étranger. Un Anglais qui se marie en France ne sera donc pas émancipé, la loi anglaise ignorant l'émancipation (Phillimore, *Private international law*, p. 385, n° 531); un mineur français sera, au contraire, émancipé de plein droit par le mariage qu'il aura contracté en Angleterre.

Non seulement la loi nationale du mineur déterminera si l'émancipation est ou n'est pas possible, mais elle fixera en outre les conditions habilitantes requises pour sa validité, ainsi que les effets qui en résulteront au point de vue de la personne du mineur ou de son patrimoine.

352. Les principes que nous avons posés relativement à la tutelle des mineurs sont également applicables à la tutelle des interdits, à l'institution du conseil judiciaire et aux autres régimes de protection auxquels peuvent donner lieu les défaillances intellectuelles. Ici encore il s'agit de modifications apportées à la capacité et qui rentrent exclusivement sous l'application du statut personnel, toutes les fois que l'ordre public international n'est pas intéressé dans la question. — Aucune difficulté ne s'est jamais élevée sur ce point lorsqu'il s'est agi d'un étranger frappé d'une incapacité de cette nature dans son pays : il est certain que cette incapacité le suit partout, sauf les tempéraments que la jurisprudence y apporte, dans certains cas, dans l'intérêt de celui qui n'a pas pu connaître cette incapacité. Jugé, en ce sens, que le prodigue, pourvu dans son pays d'un conseil judiciaire, ne peut emprunter en France sans l'assistance de ce conseil (Paris, 21 mai 1885, aff. Oppenheim et Esser, D. P. 86. 2. 14) ; mais que le Français qui, assigné devant un tribunal étranger, a défendu à la demande, sans exciper de l'incapacité d'ester en justice dont il se trouvait frappé par suite d'un jugement rendu en France qui l'a pourvu d'un conseil judiciaire, n'est pas recevable à se prévaloir de cette incapacité pour faire annuler la décision rendue contre lui, alors d'ailleurs que rien n'établit que la partie adverse en ait eu connaissance (Civ. rej. 27 mars 1865, aff. Leblanc de Castillon, D. P. 65. 1. 382). — Cette décision s'explique d'autant mieux qu'il s'agissait d'une incapacité résultant d'un jugement qui plaçait le Français sous l'asssistance d'un conseil judiciaire, c'est-à-dire d'une incapacité que l'étude du statut personnel du Français ne pouvait pas faire connaître à l'étranger, puisqu'elle avait son origine dans une décision particulière. Sans doute, l'étranger ne pourrait pas soutenir d'une manière absolue que le jugement de nomination du conseil judiciaire ne lui est point opposable, comme n'ayant reçu et pu recevoir qu'en France la publicité à laquelle il est soumis (V. *Rép.*, v° *Interdiction-conseil judiciaire*, n° 283). Il est manifeste que l'efficacité de la dation d'un conseil judiciaire par un tribunal français ne dépend, pour tous pays, que de la publicité donnée au jugement, en France. C'est, d'ailleurs, une question fort controversée que celle de savoir si, même en l'absence de publicité, l'incapacité du prodigue n'est pas opposable aux tiers (V. à cet égard, *Rép.*, eod. v°, n°s 204 et suiv.). Mais l'étranger, s'il n'est pas admis à faire considérer comme non publié à son égard le jugement de nomination du conseil, doit, au moins, être protégé contre l'impossibilité où il a pu être en pays étranger, de s'assurer en France de l'existence d'une incapacité tout individuelle, et qu'il était du devoir de l'incapable de lui révéler.

Il a été décidé, de même, qu'un sujet prussien, pourvu d'un conseil judiciaire par les tribunaux de son pays, n'est pas fondé à opposer en France, pour se soustraire au payement d'un billet à ordre qu'il a souscrit, l'incapacité dont il est atteint, à moins qu'il ne puisse prouver que le jugement a été publié en France, si les tiers avec lesquels il a traité sont « de bonne foi et ont confiance à la situation apparente de l'étranger qu'ils ont pu, à bon droit, considérer comme capable de s'engager » (Trib. Seine, 17 mars 1885, *Le Droit*, 11 avr. 1885). Ces décisions seront utilement rapprochées de l'arrêt rendu par la cour de cassation le 16 janv. 1861, à l'occasion d'un mineur étranger, dans l'affaire Lizardi (V. *suprà*, n° 341, et *suprà*, v° *Droits civils*, n° 466. Comp. *Rép.* n° 406).

353. L'application du statut personnel en matière d'interdiction, de dation de conseil judiciaire, etc., est plus délicate, lorsqu'il s'agit d'un étranger qu'aucune décision émanée des tribunaux de son pays n'a encore atteint ; personne ne met en doute que les tribunaux français soient autorisés à prendre, relativement à la personne et aux biens d'un étranger, certaines mesures conservatoires que son état mental rend nécessaires. Mais la question de savoir si un étranger peut être interdit ou pourvu d'un conseil judiciaire en France, est très controversée. Nous n'avons pas à examiner ici cette question, qui a été étudiée ailleurs (V. *suprà*, v° *Droits civils*, n° 195). Mais, en supposant que nos tribunaux soient compétents, la loi qu'ils devraient appliquer est évidemment la loi nationale de l'étranger qu'il s'agit d'interdire ou de pourvoir d'un conseil judiciaire ; à cette loi il appartient, notamment, de déterminer les causes pour lesquelles ces incapacités peuvent être prononcées, les personnes qui ont qualité pour les provoquer, les effets qui en résulteront, etc. Par application de notre principe, la femme française ne sera pas tutrice de plein droit de son mari interdit en Italie, et un Anglais ne pourra pas être pourvu d'un conseil judiciaire en France pour cause de prodigalité (Comp. Seine, 30 juill. 1887, *Le Droit* du 5 août 1887). — Il est inutile d'entrer dans d'autres détails, les principes applicables aux conflits qui peuvent naître dans notre matière étant les mêmes que ceux qui ont été développés, *suprà*, n°s 343 et suiv., en matière de tutelle et d'émancipation (V. Laurent, *op. cit.*, t. 6, p. 134 et suiv. ; Asser et Rivier, n° 60 ; Weiss, p. 429 et suiv. ; Despagnet, p. 382 ; Brocher, t. 1, p. 364 et suiv.).

354. Quant aux incapacités qui peuvent résulter de certaines condamnations pénales, la question de savoir si elles suivent, en pays étranger, la personne de celui qui les a encourues doit se résoudre, d'après M. Weiss, p. 433 et suiv., par la distinction suivante : Si la condamnation a été prononcée par une juridiction à laquelle celui qui en est atteint ne se rattache pas par sa nationalité, les incapacités qui en résultent s'appliqueront dans le pays, par suite du caractère territorial des lois pénales, mais elles ne s'étendront pas au delà du territoire, la souveraineté locale ne pouvant plus exciper de son droit de défense ; au contraire, le coupable a-t-il été frappé par les tribunaux de son pays, la condamnation qu'il a encourue devient un élément de son statut personnel qui se trouve définitivement modifié, de telle sorte que les incapacités qui l'atteignent s'appliqueront même en pays étranger, en tant qu'elles ne seront pas contraires à l'ordre public international (Comp. *suprà*, v° *Droits civils*, n° 344).

355. Enfin l'absence, constituant une modification de l'état et de la capacité, dépend aussi, en principe, du statut personnel : l'individu déclaré absent par le tribunal du lieu de son dernier domicile ou de sa dernière résidence sera considéré comme tel en quelque endroit qu'il aille. Il n'y a pas lieu d'examiner ici si les tribunaux français ont qualité pour déclarer l'absence d'un étranger : la difficulté est la même que celle dont on a parlé relativement à l'interdit (*suprà*, n° 353) ; nous renvoyons à ce qui a été dit sur ce point (V. *suprà*, v^is *Absence*, n° 5, et *Droits civils*, n° 158). Mais en supposant qu'un étranger ait été déclaré absent dans son pays, quelle est la loi qui régira en France les effets de cette déclaration ? En vertu du principe posé ci-dessus, il faut répondre que c'est la loi nationale de l'étranger. On est d'accord pour le reconnaître en tant qu'il s'agit des effets de l'absence relativement à la personne, et sous la réserve des restrictions imposées par l'ordre public international (Laurent, *op. cit.*, t. 6, p. 568 et suiv. ; Brocher, t. 1, p. 260 ; Despagnet, p. 311 et suiv. ; Weiss, p. 400 et suiv. ; Fiore, p. 162 et suiv.). La détermination de la loi applicable aux effets de l'absence en ce qui concerne les biens que l'étranger possède en France fait, au contraire, l'objet d'une vive controverse ; comme cette question se rattache aux conflits relatifs au patrimoine, elle sera exposée dans le paragraphe consacré aux statuts réels. V. *infrà*, n° 387.

356. Il est utile de compléter nos explications par une observation importante, qui s'applique aux statuts réels comme aux statuts personnels, mais plus particulièrement à ceux-ci. L'application du statut de l'étranger n'offre pas de difficulté lorsque ce statut est déterminé par une loi ; mais, dans un assez grand nombre d'hypothèses, notamment en matière de tutelle, d'émancipation, d'interdiction, de nomination de conseil judiciaire, et d'absence, les modifications apportées à l'état et à la capacité de l'étranger résultent d'un acte de l'autorité publique n'ayant pas un caractère législatif, le plus souvent d'un acte du pouvoir judiciaire. Dans tous ces cas une difficulté, signalée ailleurs, mais qu'il est utile de rapprocher de ce qui précède, se présente : les jugements statuant sur l'état et la capacité de l'étranger sont-ils obligatoires, au même titre que la loi, pour les tribunaux ? Ainsi qu'on l'a exposé *suprà*, v° *Droits civils*, n° 246, il est généralement admis que ces jugements ont en France le même effet que dans le pays où ils ont été rendus, sans qu'il soit nécessaire de les faire déclarer exécutoires par les tribunaux français ; il s'agit, en effet, de la constatation d'un fait, que ceux-ci doivent tenir pour existant par cela seul qu'il se trouve régulièrement établi. Le jugement constitutif de l'état est, dans ce cas, un élément du statut personnel de l'étranger, et, participant de la nature de celui-ci, il a la même force obligatoire. Toutefois, comme on l'a vu (*suprà*, *ibid.*), la jurisprudence n'applique ce principe qu'avec des tempéraments. Si le jugement est invoqué, non plus seulement pour justifier de la capacité de l'étranger ou des pouvoirs de ses représentants, mais pour procéder à des actes d'exécution, les règles qui gouvernent l'exécution des jugements étrangers en France redeviennent applicables (Fiore, p. 305 ; Weiss, p. 432, 819 et suiv. ; Bertauld, t. 1, p. 161 ; Laurent, *op. cit.*, t. 6, p. 147 et suiv.).

357. Sur les difficultés concernant le règlement des faillites en droit international, V. *suprà*, vº *Faillites*, nºs 1518 et suiv.

ART. 2. — *Lois réelles ou statuts réels* (*Rép.* nºs 409 à 426).

358. Il ressort des explications données *suprà*, nº 276 et suiv. que les statuts réels se composent des lois qui ont pour objet direct et principal les biens considérés en eux-mêmes ou dans leurs rapports avec les personnes. La question de savoir dans quelle mesure le principe de la souveraineté territoriale est applicable aux lois qui ont cet objet a toujours été très discutée; à l'époque de la rédaction du *Répertoire*, on était d'accord sur la règle qui devait dominer la matière, la controverse ne portait que sur les restrictions qu'il convenait d'apporter à cette règle. Les biens, disait-on, quelle que soit la nationalité de leurs propriétaires, doivent être régis par la loi du lieu où ils sont situés; ce n'est que dans quelques cas très rares que la prédominance de l'élément personnel exige que l'on exclue cette loi des rapports de la personne avec la chose, en d'autres termes, la territorialité des lois réelles est la règle, la personnalité est l'exception. —Depuis lors, l'aspect de la difficulté s'est modifié; la plupart des jurisconsultes qui ont contribué, durant ces trente dernières années, au développement scientifique du droit international, ont attaqué le principe même qui servait de base à l'ancienne doctrine et, renversant la règle, ont dit que la territorialité des lois réelles est l'exception, et que le principe, c'est la personnalité. « Les droits que comprend le patrimoine au point de vue actif, ceux qui le grèvent au point de vue passif, dit M. Weiss (p. 578 et 581), ne peuvent être isolés de la personne. C'est pour elle, nous ne saurions trop le répéter, c'est dans l'intérêt de son bien être, de son développement physique et intellectuel, que la loi leur a donné l'existence. Droits réels, droits personnels, droits intellectuels, sont des attributs et des manifestations de la personnalité. Il est donc naturel d'étendre aux conflits internationaux dont ces divers droits peuvent être la source, les règles générales que nous avons ci-dessus appliquées aux conflits concernant la personne envisagée soit en elle-même, soit dans ses rapports avec la famille dont elle fait partie... Tout droit réel, mobilier ou immobilier, est régi par la loi personnelle de son titulaire, dans la mesure où le permet l'intérêt de l'Etat sur le sol duquel la chose qui en fait l'objet se trouve ». « Les lois se rapportant aux choses, dit dans des termes encore plus explicites M. Fiore, p. 329, doivent se diviser en deux catégories. Quelques-unes servent à conserver le principe politique, économique et constitutionnel de l'Etat et l'organisation générale de la propriété; d'autres pourvoient à l'intérêt privé du propriétaire. Aucun étranger ne peut, en vertu d'actes, de contrats, de dispositions de lois, d'obligations de quelque nature qu'elles soient, déroger au droit public de l'Etat; mais il peut demander que les dispositions de sa loi nationale qui régit ses intérêts privés comme propriétaire, soient appliquées aussi pour tous les biens qu'il possède en pays étranger, pour tout ce qui ne blesse pas l'intérêt de l'Etat et le droit public du lieu dans lequel les choses sont situées ».

359. En réalité, les divergences ne sont pas aussi nombreuses qu'on pourrait d'abord le croire entre cette doctrine et la théorie statutaire; on constatera, en effet, que, dans un grand nombre de cas où les partisans de la territorialité écartent la loi étrangère à raison de son *objet*, celle-ci est exclue aussi par les partisans de la personnalité à raison de son *caractère* qui la rattache à l'ordre public international; c'est surtout, comme on le verra *infrà*, nºs 376 et suiv., en ce qui concerne la transmission des biens, que les deux systèmes se distinguent par des différences profondes. Le terrain de la controverse, en se modifiant, s'est trouvé du reste considérablement étendu, en même temps que les difficultés se multipliaient chaque jour sur les questions particulières. L'accord s'est fait, d'ailleurs, dans la jurisprudence comme dans la doctrine, sur plusieurs points essentiels, qu'il est utile d'indiquer immédiatement, pour circonscrire la discussion. — Il est universellement admis aujourd'hui que la condition juridique des biens considérés en eux-mêmes, abstraction faite des personnes, dépend exclusivement de la loi territoriale. Il en est de même de la détermination des droits réels dont les biens peuvent être l'objet. Les lois qui règlent ces deux matières sont celles qui organisent la propriété; or, la constitution de la propriété est essentiellement d'ordre public. On s'accorde aussi pour reconnaître que les lois qui fixent les conditions du transfert de la propriété, au moins vis-à-vis des tiers, ont le même caractère, soit parce qu'il s'agit encore ici de la réglementation de la propriété, soit parce que le crédit public est intéressé dans la question. — Enfin, on admet généralement encore que la capacité d'acquérir et d'aliéner dépend de loi personnelle des parties ainsi qu'on l'a vu *suprà*, nºs 348 et suiv., à la condition de distinguer avec soin ce qui touche à la capacité de la personne de ce qui se rapporte à l'indisponibilité de la chose, distinction souvent très délicate.

360. La réglementation des modes d'acquérir et de transmettre la propriété et les différents droits réels est le principal siège des controverses qui se sont élevées dans cette matière.

Dans un premier système, on décide que cette réglementation doit être exclusivement l'œuvre de la loi territoriale, quelle que soit la nature mobilière ou immobilière des biens (Marcadé, t. 1, p. 63 et suiv.; Barde, *Théorie traditionnelle des statuts*, p. 99 et suiv.). —Une autre opinion veut que l'on distingue entre les modes d'acquérir à titre particulier et les modes d'acquérir à titre universel. Les premiers sont régis, dans tous les cas, par la loi de la situation du bien; quant aux seconds, cette même loi est encore applicable s'il s'agit d'immeubles, mais s'il s'agit de meubles, la loi territoriale doit s'incliner, soit devant la loi nationale du propriétaire, soit devant celle de son domicile (Demolombe, t. 1, nºs 89 et suiv.; Aubry et Rau, t. 1, § 31, p. 99 et suiv.; Laurent, *op. cit.*, t. 7, p. 165 et suiv., et *Principes de droit civil*, t. 1, nºs 108 et suiv.; Valette sur Proudhon, *De l'état des personnes*, t. 1, p. 97; Demangeat, p. 336 à 339; Rodière, *Revue de législation*, 1850, t. 1, p. 180 et suiv.; Mourlon, *Répétitions écrites*, t. 1, nºs 80 et suiv.; Baudry-Lacantinerie, t. 1, nºs 77 et suiv., Henri et Bigne de Villeneuve, t. 1, p. 39 et suiv.; Vigier, *op. cit.*, t. 1, nº 67). — Un troisième système admet la première distinction et rejette la seconde: la *lex rei sitæ* gouverne les modes d'acquérir à titre particulier, et la loi personnelle, les modes d'acquérir à titre universel, aussi bien pour les immeubles que pour les meubles (Bertauld, *op. cit.*, t. 1, p. 56 et suiv.). — Enfin, d'après une doctrine qui rallie aujourd'hui un très grand nombre d'auteurs, il y aurait lieu d'écarter toute distinction fondée sur la nature des biens et sur le caractère, à titre universel ou à titre particulier, de la transmission; la seule loi applicable, ici comme ailleurs, serait la loi personnelle du propriétaire du bien ou du titulaire du droit, dans les limites où il n'en peut résulter aucune atteinte pour l'ordre public international (Despagnet, nº 553 et suiv.; Weiss, p. 578 et suiv.; Fiore, p. 336 et suiv.; Esperson, *Journal du droit international privé*, 1881, p. 209).

Comme l'intérêt de cette controverse se manifeste surtout à l'occasion de la dévolution des successions *ab intestat* ou testamentaires, qui constituent, à l'exception de la donation de biens à venir, les seuls modes d'acquérir à titre universel reconnus par la loi française, nous renvoyons à cette matière, *infrà* nºs 377 et suiv., la critique des différents systèmes mentionnés ci-dessus. Nous examinerons auparavant les nombreuses questions qui se rattachent aux principes sur lesquels les auteurs sont généralement d'accord avec la jurisprudence.

361. En vertu du principe qu'il appartient à la loi locale de régler elle-même l'organisation de la propriété, et, en particulier, la condition juridique des biens, abstraction faite de la personne de ceux qui les possèdent, il faut considérer comme étant applicables, aussi bien aux étrangers qu'aux nationaux, les dispositions relatives à la classification des biens en meubles et en immeubles; en choses qui sont *in commercio* et *extra commercium* (Comp. *Rép.* nº 409), celles qui déterminent la nature même de la propriété et l'étendue des droits du propriétaire. Ainsi l'art. 544 c. civ. ne reconnaissant qu'une seule espèce de propriété engendrant, en principe, un droit absolu; un étranger ne pourrait pas se prévaloir de sa loi nationale pour appliquer à des biens situés en France la distinction du domaine éminent et du domaine utile, admise encore par certains États allemands (Weiss, p. 589). Ainsi encore l'étranger doit se soumettre à toutes les restrictions que la loi, dans un intérêt général, apporte à l'exercice du droit de propriété, telles que l'expropriation pour cause d'utilité publique, les règles concernant les établissements dangereux, incommodes ou insalubres, les servitudes légales, de quelque nature qu'elles soient, civiles, administratives et militaires, enfin à toutes les lois d'impôt qui grèvent les biens au point de vue de la propriété, de la jouissance et des mutations dont ils peuvent être l'objet. Cette dernière règle, mentionnée déjà au *Rép. loc. cit.*, a reçu un grand nombre d'applications en matière d'enregistrement.

362. Il faut appliquer le même principe à la constitution des droits réels dont les biens peuvent être l'objet, car ce qui est vrai de la propriété doit l'être nécessairement de ses démembrements ; l'organisation des droits réels rentre, en effet, dans l'organisation de la propriété. Non seulement, ainsi qu'on l'a dit au *Rép. ibid.*, un étranger ne pourrait pas exercer sur des biens situés en France des droits qui sont contraires à notre constitution politique, par exemple des droits féodaux, mais il ne pourrait pas exercer un droit réel, même purement civil, qui ne serait pas reconnu par la loi française. Ces règles s'appliquent notamment aux servitudes prédiales et aux servitudes personnelles.

Toutefois il faut distinguer, dans cette matière, les règles qui se rattachent à l'organisation même de la propriété et celles qui, en étant indépendantes, ont leur origine dans un acte volontaire de l'homme; ainsi, quoique les servitudes créées par le fait de l'homme soient réglées, en principe, quant aux droits et obligations qui en découlent, par le titre qui les constitue, il est certain qu'on tiendrait pour non avenue en France toute servitude de cette nature qui serait établie au profit ou à la charge d'une personne, ou qui attribuerait au fonds dominant une prééminence sur le fonds servant, contrairement aux articles 686 et 638 c. civ., dont les dispositions ont le caractère d'ordre public au premier chef (Laurent, *op. cit.*, t. 7, p. 365 et suiv.; Fiore, p. 360; Despagnet, n° 622; Weiss, p. 602). Sauf ces restrictions, l'étendue de la servitude sera déterminée au contraire soit par la convention, soit par le testament.

363. Le principe que la constitution des droits réels dépend de la loi locale entraîne encore cette conséquence que le caractère réel ou personnel d'un droit dépend uniquement de cette loi; par exemple, un étranger qui prend à bail un immeuble situé en France ne pourra pas se prévaloir de sa loi nationale d'après laquelle le droit de jouissance du preneur appartient à la classe des droits réels. Plusieurs auteurs estiment que la disposition de l'art. 1743, qui ne permet pas au bailleur d'expulser le preneur dont le bail a date certaine, n'est pas obligatoire, au contraire, pour les étrangers propriétaires d'immeubles en France si leur législation ne consacre pas cette règle. On peut appuyer cette interprétation sur ce que la loi française permet aux parties de déroger à la règle de l'art. 1743 ; or toute loi à laquelle les nationaux eux-mêmes peuvent déroger ne saurait être considérée comme tenant à l'ordre public international. Si la prohibition édictée par l'article précité n'est qu'une disposition interprétative de volonté, il y a lieu de lui appliquer la règle qui gouverne les conventions, c'est-à-dire de se conformer à la loi que les parties ont eu l'intention de suivre (Laurent, *op. cit.*, t. 7, p. 369; Despagnet, p. 535).

364. En ce qui concerne les servitudes personnelles, il est nécessaire aussi de rechercher quelles sont les règles qui se rattachent à l'ordre public et quelles sont celles qui ne présentent pas ce caractère. Parmi ces dernières, il faut citer celles qui déterminent les droits et les obligations de l'usufruitier; parmi celles-ci, quelques-unes cependant, prescrites dans un intérêt général, dans l'intérêt de l'agriculture notamment, s'imposent à l'étranger, usufruitier d'un immeuble situé en France, comme au Français : telles sont celles qui se rapportent à l'obligation de faire dresser un état des immeubles lors de l'entrée en jouissance, à la durée des baux que l'usufruitier est autorisé à consentir, à l'obligation de contribuer au payement de certaines contributions, sauf les stipulations particulières qui peuvent intervenir sur ce point entre les parties. Il faut en dire autant des dispositions relatives au mode d'acquisition des fruits (Laurent, *op. cit.*, t. 7, p. 411 ; Brocher, t. 1, p. 397; Weiss, p. 606; Despagnet, n° 617).

365. Aux conflits qui peuvent s'élever en matière d'usufruit se rattache la question de savoir si le droit de jouissance que certaines législations accordent aux père et mère sur les biens de leurs enfants dépend du statut réel ou du statut personnel. On a examiné, *suprà*, n° 338, la controverse qui s'est engagée sur ce point et indiqué l'opinion qui a prévalu dans la doctrine et dans la jurisprudence. — Quant à l'usufruit successoral que l'art. 754 c. civ. confère, dans certains cas, aux ascendants privilégiés dans leurs rapports avec les héritiers collatéraux, le statut qui régit cet usufruit est le même que celui qui gouverne la dévolution des successions en général (V. *infrà*, n° 377). Cette observation s'applique aussi à l'usufruit qui appartient à l'époux survivant d'après la loi du 9 mars 1891 (D. P. 91. 4. 17) sur la succession de son conjoint.

366. La possession considérée comme fait juridique, est aussi un droit réel dont la réglementation dépend de la loi locale ; cette loi s'étend même à la simple possession de fait ou détention; la société est, en effet, intéressée à ce que personne ne soit troublé dans sa possession tant qu'il n'est pas prouvé que le possesseur est un usurpateur ; le maintien de l'ordre public, qui serait gravement compromis par la violation de ce principe, est indépendant de la question de nationalité. Par suite, c'est, en particulier, « selon la loi du lieu où l'on veut exercer l'action possessoire qu'on doit décider quelles sont les choses et quels sont les droits qui peuvent en être l'objet, les qualités dont la possession doit être revêtue, le temps de sa durée nécessaire pour servir de base à l'action, les actes extérieurs qui constituent le trouble, et le temps dans lequel l'action possessoire doit être exercée » (Fiore, p. 341). — La même règle s'applique aux autres droits qui résultent de la possession, notamment à l'acquisition des fruits par le possesseur de bonne foi (c. civ. art. 549), au règlement des indemnités entre le propriétaire et le possesseur relativement aux constructions et plantations faites par ce dernier (c. civ. art. 555). Les dispositions qui se rapportent à ces matières ont été édictées surtout pour prévenir des contestations qui troubleraient la société ; elles appartiennent donc aux règles d'ordre public qui s'imposent aux étrangers, quelque théorie que l'on adopte au point de vue de la solution des conflits dont les immeubles peuvent être l'objet (Despagnet, n° 625).

Jugé, en vertu du même principe, que la prescription des droits réels sur les immeubles est régie par la loi du lieu où les immeubles sont situés; spécialement, que la loi française est seule applicable pour déterminer si les habitants d'une commune savoisienne ont acquis, par prescription, une île située sur la rive française d'un fleuve, alors même que la possession aurait commencé à être exercée antérieurement à l'annexion de la Savoie à la France (Lyon, 19 juill. 1877, aff. Habitants de Leschaux, D. P. 78. 2. 254).

367. Il faut encore ranger parmi les lois qui s'appliquent aux étrangers comme aux nationaux celles qui sont relatives à l'organisation des sûretés réelles, que l'on considère leur nature, leur objet, leur étendue ou leurs effets. Les droits réels accessoires sont régis par les mêmes principes que les droits réels principaux dont on vient de parler. Ces droits non seulement se rattachent au régime de la propriété, mais, de plus, ils intéressent le crédit public dont ils constituent les principaux instruments (Aubry et Rau, t. 1, § 31, p. 100; Laurent, *op. cit.*, t. 7, p. 430 et suiv.; Fiore, p. 365 et suiv.; Weiss, p. 614 et suiv.; Despagnet, n° 626 et suiv.; Milhaud, *Principes du droit international privé dans leur application aux privilèges et hypothèques*; Paturet, *Des privilèges et des hypothèques en droit international privé*).

368. Au point de vue de leur nature d'abord, un étranger ne pourrait pas exercer, sur des biens situés en France, d'autres sûretés que celles qui sont reconnues par la loi française; de même, au point de vue des biens qui sont aptes à servir de base à ces sûretés, une hypothèque ne pourrait pas être constituée en France sur un objet mobilier, alors même que les meubles seraient susceptibles d'hypothèques d'après la loi personnelle du constituant. Jugé, en ce sens, que la constitution d'un mort-gage (hypothèque) consentie en Angleterre, conformément à la loi anglaise, au profit de créanciers anglais, sur un navire anglais, appartenant à un sujet anglais, n'était pas opposable aux créanciers français, alors que, d'une part, le propriétaire du navire avait été déclaré en faillite en France, où il avait établi sa résidence habituelle, et que, d'autre part, le navire avait été saisi dans un port français et mis en vente devant un tribunal français, que le droit ainsi consenti ne valait pas comme hypothèque, l'hypothèque sur les meubles n'étant pas admise par la loi française (Req. 19 mars 1872, aff. Craven, D. P. 74. 1. 465). On trouvera *suprà*, v° *Droit maritime*, n°s 540 et suiv., l'exposé de la controverse provoquée par les conflits relatifs aux privilèges et hypothèques maritimes, en particulier la question de savoir de quelle loi dépend la validité d'une hypothèque constituée sur un navire étranger. On y verra que, d'après l'opinion qui domine en jurisprudence, il y a lieu de suivre la *lex rei sitæ*, c'est-à-dire la loi du pays dans les eaux duquel le navire se trouve, de préférence à la loi du pavillon.

369. L'étendue des sûretés que le créancier peut obtenir en France dépend aussi de la loi de la situation du bien grevé; ainsi la convention par laquelle un étranger consentirait, au profit de son débiteur français ou étranger, une hypothèque générale, n'atteindrait pas les immeubles que celui-ci possède en France, la spécialité de l'hypothèque conventionnelle ayant d'ailleurs été établie par notre législation dans un intérêt d'ordre public (Aubry et Rau, *loc. cit.;* Laurent, *op. cit.*, t. 7, p. 493; Weiss, p. 622; Durand, p. 424; Fiore, p. 380).

Enfin, au point de vue des effets que les sûretés réelles peuvent engendrer, la loi locale a le même caractère obligatoire; un créancier, pourvu d'un privilège mobilier, ne pourrait, quelles que soient à cet égard les prescriptions de sa loi nationale, réclamer sur des meubles situés en France un droit de suite qui n'est point reconnu par la loi française.

370. Les causes qui donnent naissance aux sûretés réelles dépendent-elles de la loi de la situation ou de la loi personnelle du créancier ou du débiteur? Cette question ne fait difficulté que pour les hypothèques légales que plusieurs législations accordent à certains incapables, notamment à la femme mariée, au mineur en tutelle et à l'interdit. On l'a examinée en détail au *Rép.* v° *Privilèges et hypothèques*, n°s 868 et suiv.; les systèmes qui divisaient les auteurs à cette époque ont encore aujourd'hui leurs partisans. — Il y a dans cette controverse deux questions très distinctes que l'on a souvent confondues; la première consiste à savoir si l'hypothèque légale fait partie des droits que les étrangers peuvent exercer en France; cette difficulté est étrangère à la matière des conflits, elle se rapporte à celle de la condition juridique des étrangers en France (V. *suprà*, v° *Droits civils*, n°s 131 et suiv.). Cette question résolue dans le sens de l'affirmative, la seconde se présente immédiatement: de quelle loi relèvent l'*attribution* de l'hypothèque légale et son *mode d'exercice?* Ici, il s'agit bien d'une question de conflit, d'une difficulté rentrant dans l'art. 3 et non plus dans l'art. 11, et il n'y a place, en réalité, que pour deux solutions quoique les auteurs continuent à en distinguer trois.

Quelques-uns enseignent que non seulement l'exercice, mais même l'existence de l'hypothèque légale, dépendent de la loi de la situation de l'immeuble, abstraction faite de la nationalité de l'incapable; c'est une conséquence nécessaire, dit-on, du principe que la constitution des sûretés réelles, comme de tous les droits réels en général, rentre dans le domaine de la loi territoriale (V. Brocher, p. 251). MM. Aubry et Rau (t. 1, § 31, p. 87, texte et note 19; § 78, p. 304 et suiv., notes 62 et 63) refusent à l'étranger toute hypothèque légale sur les immeubles que le mari ou le tuteur possèdent en France, en vertu de cette idée que cette hypothèque est un droit civil réservé aux nationaux; mais il est manifeste que, s'ils tranchaient cette question différemment, les appréciations qu'ils formulent sur les causes des hypothèques légales les conduiraient à exclure, quant à l'existence de l'hypothèque, l'application de la loi locale. M. Bertauld, t. 1, n° 135, n'admet pas non plus que la loi étrangère puisse être invoquée pour exercer une hypothèque légale sur des immeubles situés en France, les charges de la propriété qui ne résultent pas de la convention ne pouvant résulter que de la loi française. « Il n'est plus question ici, dit-il, de la portée de la souveraineté individuelle, qui ne varie pas avec la nationalité; c'est la souveraineté sociale qui opère, et la souveraineté sociale française a seule une prise directe sur des immeubles français» (Conf. Laurent, *op. cit.*, t. 7, p. 471, n° 397).

Un grand nombre de jurisconsultes décident, au contraire, aujourd'hui, que la question de savoir si la femme mariée, le mineur ou l'interdit ont droit à une hypothèque légale sur les immeubles que le mari ou le tuteur possèdent en France dépend, en principe, du statut personnel de l'incapable, et cette opinion nous paraît aussi la plus juridique. L'objet principal des art. 2121 et 2135 qui instituent cette hypothèque est, en effet, bien moins de régler la condition juridique des immeubles, que de protéger d'une manière spéciale les intérêts pécuniaires de certains incapables. L'affectation hypothécaire, comme le disent très bien MM. Aubry et Rau, § 31, note 19, t. 1, p. 87, n'est plus ici l'objet direct de la loi, mais seulement un moyen qu'elle emploie pour atteindre le but de protection qu'elle s'est proposée dans l'intérêt de la personne. Si l'hypothèque légale n'est qu'une mesure de protection corrélative d'une loi d'incapacité, il est rationnel d'en conclure qu'elle est régie par le même principe que celui qui détermine la capacité. La même loi qui s'applique au mariage, à la tutelle et à l'interdiction doit s'appliquer à l'hypothèque légale qui en est une dépendance; or on a vu que l'organisation du mariage, de la tutelle et de l'interdiction rentre dans le statut personnel. N'est-il pas contradictoire de refuser aux étrangers incapables le bénéfice de l'hypothèque légale et de reconnaître aux père et mère étrangers le droit de jouissance légale sur les biens que leurs enfants possèdent en France, lorsque cet avantage leur est conféré par leur loi nationale. Le même principe ne doit-il pas régir les deux hypothèses? — On objecte que l'usufruit légal n'intéresse pas les tiers, que cet avantage peut être réclamé par le père sans que l'ordre social soit troublé dans le pays où il demande à l'exercer, tandis qu'il n'en est pas ainsi de l'hypothèque légale des incapables, qui constitue un danger pour les tiers. L'objection est sérieuse et il faut en tenir compte; aussi l'étranger ne doit-il être autorisé, selon nous, à se prévaloir de l'hypothèque légale, dans un pays qui admet cette garantie, qu'autant qu'elle existe aussi d'après sa loi nationale; de même, l'incapable ne pourrait pas réclamer d'hypothèque en vertu de sa loi personnelle dans un pays dont la législation ne consacrerait pas ce privilège. En d'autres termes, l'existence de l'hypothèque est subordonnée au concours de la loi personnelle du créancier et de la loi de la situation de l'immeuble. Cette réserve fait disparaître l'objection tirée de l'intérêt des tiers. Enfin, si l'existence de l'hypothèque légale des incapables dépend en même temps, comme on vient de le dire, du statut personnel et du statut réel, il appartient exclusivement à la loi locale de régler son mode d'exercice, attendu que ce mode d'exercice touche à l'organisation du crédit et à l'ordre public international; c'est ainsi que le double principe de la publicité et de la spécialité serait opposable au Français qui voudrait exercer son hypothèque légale sur des immeubles situés en Italie (Despagnet, n° 640; Weiss, p. 418; Rougelot de Lioncourt, p. 208 et 264; Esperson, *Journal du droit international privé*, 1881, p. 216; Fiore, p. 387 et suiv.; Chavegrin, *Revue critique*, 1883, p. 584 et suiv.).

Cette interprétation, on doit le reconnaître, ne peut pas s'appuyer sur la jurisprudence, qui, sans examiner la question de statut, persiste à considérer l'hypothèque légale comme un droit purement civil refusé, en principe, aux étrangers. La cour de cassation n'a du reste été appelée qu'une seule fois à se prononcer sur la question, qu'elle a résolue contrairement aux conclusions de M. l'avocat général de Raynal, mais conformément à l'opinion qui avait prévalu devant les tribunaux. Jugé que l'hypothèque légale établie par la loi française, en faveur de la femme mariée, sur les immeubles de son mari, est une création du droit civil, et que, par suite, la femme étrangère, mariée hors de France à un étranger, n'a pas d'hypothèque légale sur les biens de son mari situés en France; et qu'il en est ainsi, encore que la loi du pays de cette femme confère, comme la loi française, une hypothèque légale aux femmes mariées, s'il n'existe point de traités étendant le même bénéfice aux femmes françaises (Civ. cass. 20 mai 1862, aff. Seligman, D. P. 62. 1. 201. Conf. Paris, 20 mai 1872, aff. Du Pré, *Journal du droit international privé*, 1874, p. 124; Trib. Versailles, 13 juill. 1877, aff. Beaudelot, *Journal du droit international privé*, 1878, p. 41).

371. Nous avons fait abstraction, dans cette controverse, d'une théorie d'après laquelle l'hypothèque légale de la femme serait une dépendance du régime que les époux ont adopté relativement à leurs biens, et devrait être régie par la même loi (V. Massé, *Droit commercial*, t. 2, n° 831; Bridan, *Revue du notariat*, 1884, n° 6949; Aix, 8 nov. 1875, aff. Abudarham, D. P. 77. 2. 225). Il est évident que l'hypothèque légale, effet du mariage, ne saurait dépendre du régime matrimonial.

372. D'après M. Despagnet, n° 641, les Etats et les établissements publics étrangers pourraient, en vertu des motifs développés ci-dessus, invoquer aussi un droit d'hypothèque sur les biens que leurs agents comptables possèdent en France, lorsque la loi qui les régit établit une hypothèque de cette nature à leur profit; la question nous paraît plus délicate et nous inclinerions vers l'opinion contraire, car il est certain ici que le législateur, en rédigeant l'art. 2121, a eu uniquement en vue l'Etat français et les établissements publics français.

373. Quelle que soit l'opinion que l'on adopte relativement aux hypothèques légales que les étrangers demandent à exercer en France, il faut reconnaître que la constitution des privilèges mobiliers ou immobiliers dépend exclusivement de la loi locale. « C'est la *lex rei sitæ* seule qui décide si l'étranger pourra ou ne pourra pas les invoquer, quelle que soit la loi qui ait présidé à la naissance de l'obligation dont ils dépendent. En effet, tandis que l'hypothèque légale, dépendance du droit de famille, n'est organisée que dans l'intérêt particulier de l'incapable ou de la femme, le privilège, quoique profitant au créancier qui en est investi, est créé avant tout dans un intérêt supérieur, pour assurer le crédit du débiteur, pour empêcher qu'il ne manque des objets les plus nécessaires à la vie, en un mot, pour encourager et faciliter certains services réclamés par l'harmonie sociale. L'étranger pourra donc s'en prévaloir en France, sur les biens appartenant à ses débiteurs, sans distinction de nationalité, alors même que sa loi personnelle ne lui conférerait aucun droit de préférence » (Weiss, p. 617; Conf. Aubry et Rau, § 78, note 62 t. 1 p. 304; Laurent, t. 7, p. 480; Milhaud, p. 193 et suiv.; Paturet, p. 136 et suiv.; Despagnet, p. 594). Inversement il a été décidé que la femme étrangère, à laquelle sa loi nationale attribue un privilège mobilier sur les biens de son mari pour le remboursement de ses reprises, n'est pas fondée à l'opposer aux autres créanciers de son mari dans une distribution par contribution ouverte en France (Trib. Seine, 19 févr. 1889) (1). Jugé, d'une manière plus générale, que l'existence des privilèges et l'ordre dans lequel ils s'exercent sont régis par la législation particulière à chaque Etat (Rouen, 22 juill. 1873, aff. Lanel, D. P. 74. 2. 181; Conf. Marseille, 3 mars 1870, aff. Garelli, D. P. 74. 2. 175; Comp. *suprà*, v° *Droit maritime*, n° 398). — On en doit dire autant de l'hypothèque judiciaire qui, fondée aussi sur des considérations étrangères à la personne du créancier, est destinée à fortifier l'autorité des décisions de la justice en France: un étranger qui a obtenu un jugement d'un tribunal français jouira donc de cette hypothèque sur les immeubles que son débiteur possède en France, alors même que la loi de son pays n'admettrait pas un pareil droit.

La cour de Douai a fait une application intéressante du principe, que la constitution des droits réels dépend de la *lex rei sitæ*, à une espèce dans laquelle un créancier opposait en France à son débiteur, en état de liquidation judiciaire, sur les marchandises appartenant à celui-ci en pays étranger, un droit de rétention qui n'eût pas existé d'après la loi française, mais qui était consacré au contraire par la loi étrangère. La cour a décidé qu'on devait se reporter, pour trancher ce conflit, aux dispositions de la loi du pays dans lequel se trouvaient les marchandises, rien n'indiquant que les parties eussent, en contractant, l'intention d'exclure la règle que les meubles, considérés individuellement, sont régis par la loi de leur situation. Il est à retenir que l'application de cette règle était réclamée, dans l'espèce, relativement à des meubles situés en pays étranger et appartenant à un Français (2).

374. En ce qui concerne les modes d'acquérir, on dis-

---

(1) (Schneider et autres C. Dame Dumas.) — LE TRIBUNAL; — Attendu qu'une contribution a été ouverte au greffe du tribunal civil de la Seine, sur la somme de 22213 fr. 30 déposée à la Caisse des consignations par les sieurs Colac et Grandjean, administrateurs judiciaires de la succession de Joseph Dumas, et représentant la part attribuée dans cette succession au sieur François-Ernest Dumas, fils et héritier du défunt; — Attendu que les collocations privilégiées de la dame François-Ernest Dumas, du sieur Guillaume et du sieur Leroy ont été frappées de contredits; — En ce qui concerne la dame François-Ernest Dumas: — Attendu que la dame François-Ernest Dumas, mariée à un citoyen américain, a été colloquée créancière privilégiée de son mari pour une somme de 47 000 fr. montant de ses reprises, liquidées après séparation de biens par une décision de la quatrième cour du district de la Nouvelle-Orléans du 14 mai 1874; que le privilège mobilier en vertu duquel elle a obtenu cette collocation est attesté par un certificat de coutume des lois de l'Etat de la Louisiane, délivré par le sieur Edmond Kelly, avocat au barreau de New-York, et conseil de la légation des Etats-Unis, en France; — Attendu que le sieur Gillet ès qualités, les sieurs Rouvenat et Lourdel et les sieurs Schneider, Russière et Lachard contestent à la fois la créance de la dame Dumas, par le motif qu'il résulte d'un jugement étranger non rendu exécutoire en France, et son caractère privilégié, comme contraire à la loi française; qu'ils soutiennent en outre que les intérêts compris dans la même collocation pour douze années doivent, conformément encore à la loi française, être réduits à cinq années;

Sur le premier chef: — Attendu qu'un créancier peut produire dans une contribution sans être muni d'un titre exécutoire; qu'il lui suffit de justifier de sa créance;

Sur le second chef: — Attendu que la disposition de l'art. 2193 c. civ., d'après laquelle les biens d'un débiteur sont le gage commun de ses créanciers sauf, les causes légitimes de préférence, régit manifestement les créanciers étrangers comme les créanciers français; que c'est également d'après la loi française que les causes légitimes de préférence doivent être déterminées, quelles que soient la nationalité du créancier et la nature des biens qui en sont l'objet, alors d'ailleurs que les deniers en provenant sont distribués en France; que la législation sur les privilèges et les hypothèques dans ses rapports avec les biens qu'elle concerne, ne touche en rien à l'état et à la capacité des personnes; qu'elle appartient essentiellement aux statuts réels et non aux statuts personnels; que l'unité de législation est surtout nécessaire dans la distribution par voie d'ordre ou de contribution entre créanciers; que la dame Dumas ne peut donc exercer sur les meubles de son mari, au préjudice de ses autres créanciers, pour le remboursement de sa reprise, un privilège non établi par la loi française, à supposer qu'il lui soit alloué par la loi de son pays;

Sur le troisième chef: — Attendu que la prescription acquisitive ou extinctive est régie, pour la première, par la loi du pays où se trouve la chose à l'égard de laquelle elle est invoquée, et, pour la seconde, par la loi du lieu de l'exécution de l'obligation; que la prescription quinquennale opposée par les contestants à la collocation de la dame Dumas, en ce qui concerne les intérêts de sa créance principale, doit donc être accueillie; — Par ces motifs; — Annule la collocation privilégiée de la dame Dumas et dit qu'elle sera maintenue à titre purement chirographaire; réduit aux cinq dernières années les intérêts à elle alloués.

Du 19 févr. 1889.-Trib. civ. de la Seine, 1re ch.-MM. Flandin, pr.-Georgin de Mardigny, subst.-Da, Morillot, Albert Lefebvre, Thoyot et Carraby, av.

(2) (Société *Bremer Woll-Kammerei* C. Marzillier et comp.). — LA COUR; — Attendu que, suivant convention verbale du 15 févr. 1886 la société Marzillier et comp., dont le siège social est à Tourcoing, a expédié à la Société *Bremer Woll-Kammerei*, dont le siège social est à Blumenthal (Hanovre), différents lots de laines brutes que cette dernière s'était engagée à façonner dans des conditions déterminées, puis à expédier ou à livrer, après façon, aux acheteurs qui lui seraient désignés; — Qu'à la suite de l'exécution de cette convention, qui s'est réglée sans difficultés entre les parties par le payement des prix de façon relatifs aux marchandises expédiées, la Société *Bremer Woll-Kammerei* est restée dépositaire dans ses magasins, pour compte des expéditeurs, de certaines quantités de laines diverses, résidus des lots façonnés, d'une valeur totale fixée d'accord commun entre les parties à 6386 fr.; — Attendu qu'indépendamment de cette première convention, il est intervenu, entre les mêmes parties, des opérations sur marché à terme, dont la liquidation a constitué la *Bremer etc.*, créancière de Marzillier et comp. de 9018 fr. 15; — Attendu que, par jugement du 11 oct. 1890, la société Marzillier

tinguera les modes d'acquérir à titre universel et les modes d'acquérir à titre particulier. On s'occupera d'abord de ces derniers, en laissant de côté, pour le moment, les conventions auxquelles s'appliquent des règles spéciales qui seront indiquées plus loin.

Les modes d'acquérir à titre particulier sont, en général, régis par la loi territoriale sans distinction entre les meubles et les immeubles, et sauf les questions de capacité qui rentrent dans le statut personnel. Un étranger ne peut aliéner des biens situés en France qu'à l'aide des moyens de transmission autorisés par la loi française. Serait sans effet, par exemple, la donation de biens à venir ou la substitution faite par un étranger en dehors des cas où des dispositions de cette nature sont autorisées par le code civil, fussent-elles admises par la législation de cet étranger; l'étranger, au contraire, peut disposer des biens qu'il possède en France par tous les modes de disposition reconnus par la loi française, alors même que celui qu'il emploie serait prohibé dans son pays (Aubry et Rau, t. 1, § 31, p. 100 et 101). — Il en est ainsi, en particulier, de la possession dont on a déjà parlé *suprà*, n° 366, de l'occupation réglementée par le code civil. « L'état social ne permet pas que la chasse, la pêche, les trésors, les effets que la mer rejette, les choses perdues, soient, comme dans l'état de nature, au premier occupant » (Treilhard, *Discours*, n° 19, Locré, t. 4, p. 31). Les dispositions qui règlent ce mode d'acquérir ont donc un caractère d'ordre public; elles font partie de l'organisation de la propriété et par suite, s'imposent aux étrangers aussi bien qu'aux nationaux; il en résulte qu'un étranger peut les invoquer en France alors même que la législation de son pays ne reconnaîtrait pas l'occupation (Laurent, *op. cit.*, t. 7, p. 270; Despagnet, n° 612; Weiss, p. 592; Fiore, p. 343).

375. La même observation s'applique à la prescription acquisitive, fondée, elle aussi, sur des considérations d'ordre social, « L'usucapion, dit Laurent, *op. cit.*, t. 7, p. 332, est d'intérêt public, et toute loi établie dans un intérêt social domine les lois personnelles qu'on voudrait lui opposer. Qu'importe que, d'après la loi nationale de l'étranger, propriétaire d'un immeuble situé en France (où la prescription s'accomplit quelquefois par dix ans), le possesseur n'en pût prescrire la propriété que par trente ans? Ce n'est pas au législateur étranger de régler ce qui est de droit social en France, c'est au législateur du territoire. La loi sacrifie le droit du propriétaire au droit du possesseur, parce que le droit du possesseur se confond avec le droit de la société qui ne pourait exister sans la certitude et la stabilité des propriétés ». Il faut en conclure que toutes les règles concernant la prescription, notamment celles qui fixent sa durée, les caractères que la possession doit revêtir, les biens qui peuvent être usucapés, les causes de suspension et d'interruption de la prescription, relèvent exclusivement de la *lex rei sitæ*.

L'application de ce principe peut donner lieu à une difficulté en matière mobilière lorsque, pendant le temps requis pour l'accomplissement de la prescription, la chose a été transportée du lieu où la possession avait commencé dans un autre lieu où elle s'achève; quelle loi faut-il suivre dans ce cas, s'il y a désaccord entre les deux législations qui se trouvent en conflit? Par exemple, en Italie, le propriétaire d'un objet perdu ou volé ne peut le revendiquer entre les mains du tiers détenteur que pendant deux ans; l'art. 2280 c. civ. lui accorde au contraire un délai de trois ans; si l'objet a été acquis en Italie et transféré à un tiers qui l'a apporté en France, la durée de la prescription sera-t-elle fixée par la loi française ou par la loi italienne? On décide généralement que la durée de la prescription doit être déterminée, en pareil cas, par la loi du lieu où la chose se trouve au moment où la revendication se produit, dans l'espèce par la loi française, parce que, du jour où le meuble a été introduit en France, « il a commencé, par une sorte d'interversion, a être possédé suivant la loi française ». On ajoute que, lorsque la chose mobilière est dans un lieu déterminé, toute question relative à son acquisition par prescription

---

et comp. se trouvant en état de cessation de payements a été admise au bénéfice de la liquidation judiciaire; — Que par exploit du 31 du même mois, la société en liquidation, poursuites et diligences de Duvillier, son liquidateur judiciaire définitif, a assigné la *Bremer etc.*, devant le tribunal de commerce de Tourcoing, en restitution des laines détenues par elle en vertu du dépôt susmentionné; — Que la *Bremer etc.*, se refuse à opérer cette restitution se prétendant fondée à exercer sur les laines dont s'agit un droit de rétention pour garantie de la créance de 9018 fr. 15; — Qu'elle invoque à l'appui de sa prétention les art. 313 et 314 du code de commerce allemand, qui régissent le lieu de la situation de la marchandise et qu'elle soutient opposables à la demande dont elle est l'objet; — Attendu qu'aux termes du premier de ces articles, tout commerçant peut, pour garantie des créances échues qu'il a contre un autre commerçant à raison d'actes de commerce, exercer un droit de rétention sur tous les objets mobiliers de son débiteur qui seraient entre ses mains, pourvu qu'il ait acquis la possession de ces objets avec le consentement du débiteur et en vertu d'actes de commerce; — Que si ce même article ajoute que toutefois ce droit cesse si son exercice est incompatible avec l'usage que le créancier doit faire desdits objets, soit en vertu des engagements qu'il a pris, soit en vertu des conditions que le débiteur lui a imposées avant de lui remettre ces objets ou en les lui remettant, l'art. 314, qui le suit, dispose qu'au cas où le débiteur est en faillite ou a cessé ses payements, le droit de rétention peut s'exercer nonobstant toute condition imposée par le débiteur et tout engagement pris par le créancier de disposer des objets d'une manière déterminée, si la circonstance de cessation de payement s'est produite postérieurement au jour où le créancier a acquis la possession ou a pris son engagement; — Attendu qu'en présence des faits ci-dessus exposés, il faut reconnaître que la *Bremer etc.*, se trouve bien dans le cas prévu par les deux articles invoqués par elle en ce que, devant un tribunal allemand, le droit de rétention qu'elle réclame ne pourrait être contesté; — Que l'unique question à résoudre est donc celle de savoir si, en l'espèce, ladite société est recevable à se prévaloir de la loi de son pays devant les tribunaux français; — Attendu que, pour la solution de cette question, il y a lieu tout d'abord de rechercher par quelle législation les parties doivent être présumées avoir eu l'intention de faire régir le contrat en vertu duquel a été constituée la détention qui sert de base au privilège revendiqué; — Que les intimés invoquent comme emportant exclusion nécessaire de la législation étrangère la nationalité de la société Marzillier et comp., qu'il prétendent être française et le lieu où s'est formé le contrat, qu'ils prétendent être Tourcoing; — Mais que ni l'un ni l'autre de ces moyens n'est concluant; — Qu'en admettant que l'être moral de la société Marzillier et comp. puisse être considéré comme français, il faut tenir compte néanmoins de cette circonstance que l'unique gérant en qui cette société se personnifie, le sieur Marzillier est de nationalité allemande, et ne peut, en cette qualité, être, au moment où il a contracté, censé avoir ignoré la loi allemande; — Qu'en admettant également que la convention constitutive du dépôt de la marchandise à Blumenthal ait été formée à Tourcoing, il était entendu que cette convention s'exécuterait en Allemagne; — Que par suite, si la partie stipulant au lieu de la formation de la convention peut être présumée avoir eu principalement en vue la loi française, l'autre partie stipulant au lieu de l'exécution doit être également présumée n'avoir pas entendu renoncer aux droits que la loi de ce lieu lui conférait pour la garantie des risques que cette exécution pouvait entraîner; — Et attendu qu'il est généralement admis en droit français que la fiction de droit qui répute les meubles possédés par un étranger en France comme inhérents à la personne même de leur propriétaire, et par suite comme toujours situés au domicile de celui-ci et régis par la loi de ce domicile, cesse de produire effet toutes les fois que ces meubles sont directement visés par une action qui, s'adressant à eux individuellement et les isolant de la personne de leur propriétaire, vient rompre la relation juridique existant entre eux et le domicile de ce dernier; — Qu'il en est ainsi notamment alors que, sur ces meubles, est prétendu un privilège; — Attendu que, dans ce cas, ces meubles sont, aussi bien que les immeubles de l'étranger, soumis au statut réel et régis par la loi française, c'est-à-dire par la loi du lieu de leur situation; — Attendu qu'il est juste que le même principe s'applique, par réciprocité, aux meubles appartenant à un Français en pays étranger, et que l'on doit admettre comme règle de droit international que les meubles, alors qu'ils sont considérés individuellement sont toujours régis par la loi du lieu de leur situation: *lege rei sitæ*; — Que, par suite, dans tout contrat passé entre Français et étrangers, cette règle de droit doit être présumée sous-entendue s'il ne résulte des circonstances que les parties l'ont exclue. — Par ces motifs; — Appel.

LA COUR, dit mal jugé bien appelé, met le jugement dont est appel à néant, et faisant ce que les premiers juges auraient dû faire, déclare la société Marzillier et comp. et Duvillier es qualité, non recevables et mal fondés en leurs demandes, frais et conclusions, les en déboute.

Du 11 déc. 1891, C. de Douai, 2e chambre.-MM. Lemaire, pr.-Schuler, subst.

intéresse, comme nous l'avons dit, le régime de la propriété et doit être résolue, à cause de cela, d'après la loi territoriale (Weiss, p. 594, Despagnet, n° 649; Fiore, p. 347; Trib. Seine, 17 avr. 1885, aff. duc de Frias, *Le Droit* du 18 avr. 1885).

376. Quant aux conflits qui peuvent s'élever relativement aux conditions requises pour le transfert de la propriété, il paraît rationnel de distinguer suivant qu'il s'agit du transfert de la propriété entre les parties ou vis-à-vis des tiers.

Il n'est pas contestable que les formalités prescrites pour opérer la transmission au regard des tiers doivent être déterminées par la loi de la situation des biens qui sont l'objet du transfert, car ces formalités sont édictées dans l'intérêt du crédit, et se rattachent, par conséquent, à l'ordre public international. Ainsi un étranger ne peut acquérir des immeubles situés en France qu'à la condition de remplir la formalité de la transcription. Pour le même motif, le seul effet de la convention ne rendrait pas un Français propriétaire d'objets mobiliers situés dans un pays où la tradition serait obligatoire pour déplacer la propriété vis-à-vis des tiers. De même, les formalités édictées par les art. 1690, pour la transmission des créances, 2074 et 2076 pour la constitution du gage, s'imposent aux étrangers comme aux Français.

La détermination de la loi applicable au transfert de la propriété dans les rapports des parties fait, au contraire, difficulté; la question se présente surtout à l'occasion de la tradition, exigée encore aujourd'hui par plusieurs législations fidèles aux principes du droit romain. D'après un premier système, dans les rapports des parties comme vis-à-vis des tiers, les formalités à remplir pour devenir propriétaire sont celles qu'exige la loi territoriale, à moins qu'il ne s'agisse d'objets en cours de voyage, auquel cas on suivrait la loi du pays où l'aliénateur a contracté l'obligation de faire la livraison (Fœlix, t. 1, p. 230; Fiore, p. 348). Une autre opinion décide qu'il faut considérer la loi du lieu de destination de l'objet aliéné (Asser, p. 99). Enfin plusieurs auteurs estiment, avec raison, selon nous, que les parties, étant libres de régler comme elles l'entendent les conditions du transfert entre elles, le transfert est lui-même un effet de la convention auquel il faut appliquer la loi qui régit les effets des conventions en général, c'est-à-dire, comme on le verra *infrà*, n°s 409 et suiv., la loi nationale des parties, si elles ont la même nationalité et, dans le cas contraire, la loi du lieu où le contrat s'est formé. Dans les rapports des parties, en effet, l'ordre public, l'intérêt du crédit, n'est plus en cause comme dans la première hypothèse, et on ne comprend pas qu'une règle concernant la nécessité ou l'inutilité de la tradition, qui n'est même pas d'ordre public interne, puisse être considérée comme étant d'ordre public international (Laurent, *op. cit.*, t. 7, p. 350 et suiv.; Despagnet, n° 612).

377. Si l'on est généralement d'accord, comme on vient de le voir, sur la détermination de la loi qui doit régir les modes d'acquérir à titre particulier, il n'en est pas de même relativement aux modes d'acquérir à titre universel. Les conflits qui peuvent s'élever, en ce qui concerne la transmission du patrimoine, considéré comme universalité, sont le siège, on l'a déjà dit, des principales difficultés de notre matière. A l'exception de la donation de biens à venir, qui participe d'ailleurs elle-même de la transmission héréditaire, les successions *ab intestat* ou testamentaires sont les seuls modes d'acquérir à titre universel reconnus dans notre législation; les difficultés qui s'agitent ici ont donc pour objet la dévolution des successions. Les lois qui règlent cette dévolution sont-elles personnelles ou territoriales? Dépendent-elles de la nationalité, du domicile ou de la situation des biens? Les auteurs et la jurisprudence sont encore très divisés sur ce point. Les uns ne considèrent que la situation des biens, sans se préoccuper de leur nature; les autres ne tiennent compte que de la nationalité, s'attachant tantôt à celle du défunt, tantôt à celle des héritiers, et n'appliquent la loi locale que dans quelques cas où l'ordre public international leur paraît intéressé, non pas à raison de la nature du bien, mais du caractère du rapport de droit qui donne lieu au conflit; enfin l'opinion qui prévaut encore aujourd'hui, surtout dans la jurisprudence, donne la préférence à la loi du domicile s'il s'agit de meubles et à celle de la situation s'il s'agit d'immeubles. En définitive, la lutte tend actuellement à se circonscrire entre les deux dernières théories.

La première venait de se produire pour la première fois dans la doctrine, et ne comptait que quelques partisans quand le *Répertoire* fut rédigé; on ne fit guère que la signaler à l'occasion d'un point particulier sur lequel on se prononça contre elle (*Rép.* n° 416). Les progrès que cette opinion a faits parmi les auteurs, depuis cette époque, et la consécration législative qu'elle a obtenue dans plusieurs pays, nous obligent à la considérer avec plus d'attention. Elle se résume dans ce principe que les lois qui règlent la transmission du patrimoine sont personnelles au même degré et par les mêmes motifs que les lois qui ont pour objet l'état et la capacité, d'une manière plus générale, l'organisation de la famille. La souveraineté territoriale ne doit intervenir, pour limiter l'application de celles-ci comme de celles-là, que dans la mesure où l'exigent les nécessités d'ordre public international. Tout d'abord, il faut écarter comme arbitraire la distinction entre les meubles et les immeubles; la matière du conflit consiste dans un fait purement juridique, la transmission du patrimoine: la loi applicable à ce fait doit être nécessairement la même dans tous les cas, quelle que soit la nature mobilière ou immobilière du bien transmis. Cette loi, qui ne doit pas varier, ne peut être que la loi personnelle, que l'on considère l'objet de la transmission, le fondement des lois successorales ou même leur caractère. L'objet transmis est le patrimoine, or le patrimoine est une « entité juridique » complètement distincte des objets qui la constituent et qui se composent de biens et de dettes, de droits actifs et de droits passifs, auxquels il est impossible d'assigner une situation déterminée en tant qu'on les considère comme universalité. Le patrimoine n'est qu'un rapport entre la personne et ses biens. En second lieu, les lois successorales ont pour principal fondement la volonté du *de cujus*, exprimée formellement, dans la succession testamentaire, ou légalement présumée dans la succession *ab intestat;* l'ordre héréditaire repose surtout sur l'ordre des affections du défunt; or n'est-il pas rationnel de décider que le défunt qui n'exprime pas une intention contraire, a entendu soumettre la dévolution de sa succession à la loi de son pays, qu'il connaît, plutôt qu'à celle de la situation de ses biens, qu'il ignorera souvent si ceux-ci se trouvent en pays étranger? Peut-on dire que « l'ordre et la vivacité de ses affections sont subordonnés à l'assiette géographique de son héritage, qu'il préfère tel parent sur l'immeuble situé en Allemagne, dans le cas où la loi allemande appelle ce parent en première ligne; au contraire, qu'il ne lui assigne que le second rang sur le bien situé en France, dans le cas où telle est la disposition de la loi française? » (Weiss, p. 681). — Le caractère des lois successorales conduit à la même solution. Les lois relatives à la dévolution des successions touchent à l'organisation de la famille, qu'elles ont pour but, en général, de fortifier; à ce point de vue, n'est-il pas logique d'appliquer aux rapports héréditaires le même principe qu'aux rapports de famille? On objecte que les successions sont d'ordre public et même politique, puisque le régime constitutionnel, établi dans chaque pays, le caractère aristocratique ou démocratique de la société exercent une influence qu'on ne saurait nier sur les lois héréditaires; cela n'est vrai que de quelques-unes de ces lois, comme celles qui prohibent les substitutions ou qui consacrent l'égalité du partage, par exemple; ces lois sont, en effet, d'ordre public et, à ce titre, applicables aux étrangers comme aux nationaux; mais le principe de la personnalité subsiste pour toutes les autres, qui ne sont pas plus d'ordre public international que les lois relatives à l'organisation de la famille, à la puissance paternelle ou maritale, par exemple. Enfin le système contraire, qui divise l'hérédité en autant de successions qu'il y a de pays où le *de cujus* possède des immeubles, est, en même temps qu'il viole le principe de l'unité du patrimoine, et, par suite, de la succession, une source de difficultés inextricables dans l'application. Le même héritier pourra accepter purement et simplement la succession en France, y renoncer en Belgique et l'accepter sous bénéfice d'inventaire en Italie, suivant la situation des immeubles héréditaires! Et si la part revenant à chacun des héritiers est déterminée différemment par chaque loi locale, comment répartira-t-on entre eux les dettes héréditaires? Comment fixera-t-on les droits des créanciers de la succession?

C'est donc la loi personnelle qui doit régler, en principe, les conflits relatifs à la transmission héréditaire; mais quelle est cette loi personnelle? Sur ce point, les partisans de la personnalité des lois successorales se divisent. Quelques-uns se prononcent pour la loi du domicile du défunt. La succession, dit-on, représente le défunt, elle a fictivement le même domicile que lui, c'est donc la loi du domicile qu'il faut suivre (Bertauld, t. 1, p. 65). La plupart enseignent que c'est, en principe, la loi nationale du *de cujus*, qui doit présider à la dévolution des successions *ab intestat* ou testamentaires. Puisqu'on admet que les rapports héréditaires doivent être soumis au statut personnel à raison de leur analogie avec les rapports de famille, la logique exige qu'on donne la préférence à la loi nationale qui régit ceux-ci (Fœlix, t. 1, p. 141; Weiss, p. 680 et suiv.; Despagnet, n°s 553 et suiv. Antoine, *De la succession légitime et testamentaire en droit international privé*, p. 141; Basilesco, *Du conflit des lois en matière de succession* ab intestat; Renault, *De la succession* ab intestat *des étrangers en France, et des Français à l'étranger, Journal du droit international privé*, 1875, p. 329 et suiv., 422 et suiv.; 1876, p. 15 et suiv.; Fiore, p. 601 et suiv.; Asser et Rivier, p. 136; Esperson, *Journal du droit international privé*, 1881, p. 220 et suiv.; Dubois, *ibid.*, 1875, p. 51-54). — Tous ces auteurs n'appliquent pas, du reste, d'une manière absolue et indistincte aux conflits qui peuvent s'élever en matière de succession, la loi nationale du défunt; cette loi constitue pour eux la loi du droit commun, mais ils admettent que celle-ci doit s'incliner, dans certains cas, tantôt devant la loi nationale des héritiers, s'il s'agit de leur capacité, tantôt devant la loi de la situation du bien, lorsque la disposition qui fait naître le conflit touche à l'ordre public international.

378. On ne poursuivra pas l'étude de cette théorie dans ses applications; il suffit de connaître les principes essentiels sur lesquels elle repose. Scientifiquement, elle paraît fondée; nous la trouvons rationnelle, et au point de vue pratique, préférable à tout autre; mais, malgré les efforts que l'on a faits pour prouver le contraire, elle est, à notre avis, inconciliable avec le système adopté par le code civil, qui a entendu reproduire les principes fondamentaux de la doctrine statutaire. Qu'importe que l'art. 3 parle des *immeubles* et non pas du patrimoine! nos anciens auteurs n'employaient pas d'autre formule et aucun d'eux ne mettait en doute que les lois relatives à la dévolution des successions ne fussent territoriales (Aubry et Rau, t. 1, § 31, p. 99, texte et note 45; Laurent, *Principes de droit civil*, t. 1, n°s 108 et suiv., et *Droit civil international*, t. 6, n°s 130 et suiv.; Brocher, p. 409 et suiv.). Il faut donc s'en tenir à l'opinion traditionnelle; la succession immobilière est régie par la loi de la situation des biens, la succession mobilière par celle du dernier domicile du défunt. C'est ce qui résulte encore aujourd'hui, comme on le verra plus loin, d'une jurisprudence constante. La règle s'applique, d'ailleurs, au point de vue fiscal comme au point de vue civil. — Jugé, en particulier, que lorsqu'un Anglais, marié en Angleterre sans contrat, est décédé en France sans y avoir acquis de domicile légal, la dévolution de sa succession mobilière doit être réglée par la loi anglaise, et, par conséquent, attribuée, pour un tiers, à la veuve et pour le surplus, aux enfants, et que c'est sur ces bases que doivent être liquidés les droits de mutation par décès (Trib. Boulogne, 28 mars 1890, aff. Gillot, *Journal de l'enregistrement*, art. 23557). Nous ne connaissons qu'un seul jugement qui ait consacré, en termes très formels d'ailleurs, le principe de la personnalité des lois héréditaires (Trib. civ. du Havre, 28 août 1872, aff. Myers et Bocket, *Journal du droit international privé*, 1874, p. 18). C'est, en outre, l'interprétation qui a servi de base à cinq conventions internationales conclues par la France, le 11 déc. 1866, avec l'Autriche, art. 11 (D. P. 67. 4. 15); le 19 oct. 1869, avec la Suisse, art. 5 (D. P. 70. 4. 6); le 1er avr. 1874, avec la Russie, art. 10 (D. P. 75. 4. 14); le 18 janv. 1883, avec la Serbie, art. 8 (D. P. 84. 4. 21); le 27 nov. 1886, avec le Mexique, art. 6 (D. P. 88. 4. 35).

379. La distinction faite par la jurisprudence entraîne cette conséquence que la loi française est applicable à la succession mobilière de l'étranger qui a son domicile en France. — Ce point ne fait pas difficulté lorsqu'il s'agit d'un étranger qui a été autorisé par le Gouvernement à fixer son domicile en France en vertu de l'art. 13 c. civ. — Mais si l'étranger n'a qu'un domicile de fait dans notre pays, les tribunaux décident que la loi française ne régit plus, dans ce cas, sa succession mobilière (V. *suprà*, v° *Domicile*, n° 24). On appuie cette opinion sur ce motif que le droit de transmettre sa succession d'après la loi française est un droit civil, qui ne saurait appartenir à un étranger n'ayant point obtenu la jouissance des droits civils en France. — Cette argumentation ne nous paraît pas exacte; l'étranger a le droit de transmettre sa succession à ses héritiers, comme il a le droit de succéder, indépendamment de toute autorisation du Gouvernement; quant à la loi qui doit régler la dévolution de cette succession, elle dépend de la théorie que l'on adopte relativement aux conflits des lois héréditaires; et, si l'on admet que cette dévolution est soumise à la loi du domicile, il faut appliquer la loi française quand l'étranger a son principal établissement, c'est-à-dire son domicile, en France; la jurisprudence a décidé, à diverses reprises, que le domicile non autorisé est attributif de compétence (V. *suprà*, v° *Droits civils*, n° 203). — Cette observation est d'autant plus fondée qu'on décide que la succession mobilière d'un Français qui a transporté son domicile en pays étranger doit être dévolue d'après la législation de ce pays (Req. 21 juin 1865, aff. Gauthier, D. P. 65. 2. 418; Civ. cass. 27 avr. 1868, aff. Jeannin, D. P. 68. 1. 302). — Jugé toutefois que l'enfant, né en France d'un étranger, originaire d'une province momentanément incorporée à la France et depuis séparée, étant étranger, lorsque sa naissance est postérieure à cette séparation, la succession mobilière de cet enfant mineur doit se liquider d'après les lois du pays de son père prédécédé, alors même que, depuis l'époque du mariage, le père, la mère et l'enfant ont eu, jusqu'à leur mort, leur résidence permanente en France (Paris, 29 juill. 1872, aff. Héritiers Morand, D. P. 72. 2. 223). Jugé, plus explicitement encore, que le domicile de fait d'un étranger en France, lors même qu'il s'est prolongé sans esprit de retour, avec jouissance des droits civils et politiques, pendant toute sa vie, ses premières années seulement exceptées, ne suffit pas, s'il n'a pas été établi en vertu d'une autorisation du Gouvernement français, pour attribuer à cet étranger un domicile légal, avec les effets juridiques y attachés, et de nature à soumettre sa succession aux règles établies par la loi française;.... alors même que cet étranger aurait, durant sa minorité, suivi en France sa mère naturelle devenue Française par son mariage avec un Français (Civ. cass. 5 mai 1875, aff. Forgo. D. P. 75. 1. 343. Conf. Req. 22 févr. 1882, aff. Ditchl, D. P. 82. 1. 301).

380. La succession mobilière de l'étranger décédé en France, où il était domicilié, est, par exception, régie par la loi française lorsque la loi de cet étranger renvoie à la loi du domicile pour le règlement de cette succession. Ainsi, la loi bavaroise disposant que les meubles corporels ou incorporels sont régis par la loi de leur situation combinée, en matière de succession, avec la loi du domicile de fait ou résidence habituelle du défunt, la dévolution héréditaire des biens meubles que l'étranger possédait en France doit s'effectuer d'après les règles de la loi française. Décidé, en conséquence, que les parents collatéraux de la mère naturelle de cet étranger sont, conformément à l'art. 766 c. civ., qui leur est alors applicable, sans titre et sans qualité pour réclamer les valeurs mobilières composant, en France, la succession du défunt, bien que, dans leur pays, ils eussent été appelés à cette succession (Civ. cass. 24 juin 1878, aff. Ditchl, D. P. 79. 1. 56, sur renvoi, Toulouse, 22 mai 1880, D. P. 81. 2. 93, et sur nouveau pourvoi, Req. 22 févr. 1882, précité).

381. Le principe, d'après lequel la dévolution de la succession mobilière de l'étranger est régie par la loi de son domicile, en quelque lieu que les meubles qui en dépendent soient situés, n'ayant pas été formulé par le législateur, ne s'impose pas nécessairement aux tribunaux; ceux-ci, d'après la jurisprudence, peuvent l'écarter, notamment, lorsque des Français, concourant dans la succession avec des étrangers, peuvent éprouver un préjudice par suite de l'application de la loi étrangère. Cette dernière restriction, que l'on ne fait que mentionner, se rattache au droit de prélèvement consacré par la loi du 14 juill. 1819 (*Rép.* n° 423 et *ibid.* v° *Succession*, n° 118). Jugé, en effet, que les cohéritiers français ont le droit de prélever, dans la succession d'un étranger, aussi bien sur les meubles que sur les immeubles de cette succession, une portion égale à la valeur des biens situés en pays étranger, et dont ils sont exclus par la loi étrangère (Paris, 14 juill. 1871, aff. Bergold, D. P. 72. 2. 65; Conf. Paris, 6 janv. 1862, aff. Gourié, D. P. 62. 2. 73; Civ. rej. 27 avr. 1868, aff. Jeannion, D. P. 68. 1. 302). — La succession mobilière d'un étranger décédé en France est d'ailleurs, par exception, régie par la loi française lorsqu'il a perdu sa nationalité d'origine sans acquérir une autre nationalité (Toulouse, 22 mai 1880, aff. Ditchl, D. P. 81. 2. 93).

382. C'est donc, pour la succession mobilière, la loi du domicile, et, pour la succession immobilière, la loi de la situation des biens, qui déterminera les causes d'ouverture de la succession, le lieu de cette ouverture, l'ordre des vocations héréditaires, les effets de cette vocation; c'est elle qui décidera s'il faut appliquer le système de la fente entre les deux lignes paternelle et maternelle, s'il y a lieu, au privilège du double lieu, si la représentation est admise et dans quelle mesure. Jugé, à ce dernier point de vue, que la dévolution d'une succession ouverte en France dépendant essentiellement du statut réel français, le droit de représentation est régi par la loi française, alors même qu'il s'agirait d'un enfant né de parents mariés dans un pays dont la législation ne permet pas d'invoquer la représentation (Besançon, 25 juill. 1876, *suprà*, n° 326). — La distinction ci-dessus s'étend aussi aux règles du partage, sauf en ce qui concerne les formalités qui sont déterminées, en principe, par la loi du lieu où le partage est effectué, en vertu de la maxime *locus regit actum* (*Rép.* n° 419).

383. Mais faut-il encore appliquer soit la loi du domicile, soit celle de la situation des biens, même lorsqu'il s'agit d'apprécier la capacité des personnes appelées à succéder? Il semblerait rationnel de décider que la capacité du successible est régie par sa loi personnelle, toute question de capacité étant, par sa nature, une question de statut personnel. — Cette opinion n'est cependant pas celle de la jurisprudence, qui pose en principe que les lois qui règlent la transmission héréditaire se rattachent indistinctement au statut réel *dans toutes leurs parties, même celles qui édictent des incapacités de succéder* (Alger, 17 avr. 1873, aff. Moïse et Jacob Sébaoum, et sur pourvoi, Req. 31 mars 1874, D. P. 74. 1. 299). Dans son rapport sur cette affaire, M. le conseiller Guillemard s'exprimait ainsi devant la cour de cassation : « Toute loi sur les successions ayant pour objet principal et prédominant les choses et non les personnes, constitue uniquement, puisque c'est à ce caractère qu'on les distingue l'une l'autre, non point un statut personnel, mais un statut réel dans toutes les dispositions dont elle se compose, même dans celles qui prononcent des exclusions et des incapacités; de sorte que ces incapacités et ces exclusions changent et varient, naissent et finissent, selon la situation des biens, avec le territoire sur lequel la loi exerce et renferme son empire. Et cela est vrai, non seulement des causes d'exclusion ou d'incapacité qui n'agissent point sur l'état de la personne, comme l'indignité, mais encore de celles qui l'affectent en tout ou partie, comme un manque ou un vice de qualité. C'est qu'en matière héréditaire, en matière de capacité ou de droit de succession, le statut le plus personnel, soit qu'il prohibe ou qu'il exclue, se transforme, par la force des choses, ou, selon l'expression de d'Argentré, par le mélange des choses, et devient un statut réel ». Par application de cette doctrine, il a été décidé par les deux arrêts précités, du 17 avr. 1873 et du 31 mars 1874, que les israélites indigènes de l'Algérie étant soumis à la loi française pour leur statut réel, et notamment pour la dévolution de leur succession, la sœur, malgré l'exclusion prononcée contre elle par la loi hébraïque, qui forme son statut personnel, est autorisée à venir, concurremment avec ses frères, à la succession du frère mort sans postérité. — Jugé, de même, que l'étranger, succédant à un étranger en France, n'a qu'à justifier de la qualité qui le rend apte à succéder d'après la loi française; que peu importe que cette qualité l'écarte dans son pays de la succession (C. de la Martinique, 18 mai 1878) (1).

384. Cette doctrine est applicable à la question de savoir si la prohibition faite à l'enfant naturel, de recueillir au delà d'une certaine qualité, peut être opposée à l'étranger qui prétend à un droit héréditaire plus étendu sur des immeubles situés en France. On s'est prononcé pour la négative au *Rép.* n° 416, en s'appuyant sur cette idée que la prohibition dont il s'agit constitue moins une incapacité proprement dite de la personne qu'une indisponibilité de la chose établie dans l'intérêt de la famille légitime. Mais, dût-on y voir une incapacité personnelle de succéder, cette incapacité, d'après le principe formulé dans les arrêts mentionnés *suprà*, n° 383, atteindrait aussi bien les étrangers que les nationaux. — Il a été décidé, en ce sens, que le partage des immeubles situés en France est régi par la loi française;

(1) (Begg.) — LA COUR; — Attendu que le sieur Fauchier, né à la Grenade et sujet anglais, étant décédé *ab intestat* à Fort-de-France, le 6 août 1876, sans laisser dans la colonie de parents au degré successible, sa succession a été, conformément à la loi, appréhendée par le curateur aux biens vacants; — Attendu que le sieur Thomas Begg, également sujet anglais, s'étant plus tard présenté, a, après acceptation sous bénéfice d'inventaire, réclamé la remise de ladite succession, en sa qualité de collatéral naturel du *de cujus*, mais que cette remise lui a été refusée par le curateur, sur le motif que le droit invoqué n'était pas suffisamment justifié; — Attendu que deux principes distincts doivent présider à la solution du litige; — Attendu, d'une part, que la loi personnelle de l'étranger le suit en France, particulièrement en ce qui concerne son état, sa capacité, sa qualité de majeur ou de mineur, d'enfant légitime ou naturel; que les lois, réglant des matières aussi importantes, ne peuvent être sujettes à des modifications par le seul fait d'un changement de domicile; que ce principe a été spécialement reconnu par le code civil à l'égard des étrangers qui peuvent se trouver en France; — Attendu que c'est encore la loi domiciliaire qui doit être consultée pour décider quelles sont les preuves que l'étranger sera admis à apporter en France à l'appui de sa filiation; qu'il serait absurde de lui imposer les preuves reconnues par le code civil, car, le plus souvent, il ne pourrait se les procurer dans son pays, conformément à la loi française; qu'il est plus rationnel et plus juridique d'admettre que les formes de la preuve que l'on apporte à l'appui de l'état que l'on prétend avoir, doivent être celles prescrites par la loi du lieu où cet état a pris naissance; — Attendu, d'autre part, que la loi de la situation des biens doit seule, à l'exclusion de la loi domiciliaire, être suivie pour la dévolution successorale; que les successions étant, en effet, d'ordre public, ne peuvent être régies que par le droit civil de chaque pays; que, par suite de ce principe qui n'a jamais été contesté, la jurisprudence, d'accord avec la généralité des auteurs, admet que c'est la loi française qui doit régir la dévolution de la succession de l'étranger quant aux biens situés en France; — Attendu, dès lors, que Thomas Begg, qui, aux termes de la loi du 14 juill. 1819, a le droit de succéder de la même manière que le Français, n'a qu'à justifier de la qualité qui le rend apte, d'après notre loi, à appréhender la succession du sieur Fauchier, et qu'on ne peut lui objecter que cette qualité l'écarterait, dans son pays, de cette même succession; — Attendu que Thomas Begg a produit au procès trois extraits des registres de la paroisse de Saint-Georges, île de la Grenade, constatant: 1° à la date du 24 juill. 1789, le baptême de Marie-Julia, fille naturelle de Céleste Simon; 2° à la date du 14 juin 1808, le mariage d'un sieur Begg et de Marie-Julia; 3° le baptême de Thomas Begg, fils de Thomas Begg et de Marie-Julia, né le 25 oct. 1810; — Attendu que ces divers actes, dressés par l'autorité compétente et dans les formes prescrites par la loi anglaise, ont été dûment légalisés et que leur authenticité n'est d'ailleurs pas contestée; — Attendu, il est vrai, que l'acte de baptême de Marie-Julia, dressé en l'absence de Céleste Simon, ne contient qu'une indication de maternité fournie par des tiers; mais qu'une enquête, faite sur les lieux par un magistrat anglais, établit que Marie-Julia a toujours eu la possession d'état d'enfant naturel de Céleste Simon; que celle-ci l'a élevée et n'a jamais cessé de la traiter publiquement comme sa fille; — Attendu qu'on ne saurait exciper de la non-production d'un acte de reconnaissance de Marie-Julia; que ce mode de preuve de filiation naturelle, prescrit par notre législation, ne peut être imposé à Thomas Begg, la reconnaissance des enfants naturels étant formellement interdite par la loi anglaise, qu'il doit suffire de produire, comme il l'a fait, cette preuve dans les conditions déterminées par sa loi personnelle, d'établir matériellement, en un mot, le lien qui unissait Marie-Julia à Céleste Simon;

Par ces motifs, etc.

Du 18 mai 1878.-C. de la Martinique.-MM. Duchassing de Fontbressin, pr.-G. Peux et de la Rougery, av.

que, par suite, l'enfant naturel étranger a le droit de réclamer, dans ces immeubles, la part que lui assurent les art. 756 et suiv. c. civ., alors même que la loi de sa nation lui interdit de prendre aucune part dans la succession de son père et réduit ses droits à des aliments (Pau, 17 janv. 1872, aff. Etchevert, D. P. 75. 2. 193). Jugé de même que, dans une succession ouverte en France, les meubles étant régis par la loi nationale des héritiers du défunt, les meubles laissés par un Italien mort en France doivent être attribués en totalité à ses enfants naturels à défaut de descendants, d'ascendants légitimes et de conjoint (Trib. Lyon, 28 août 1869) (1). Ce jugement offre ceci de particulier qu'il détermine par la nationalité des héritiers, et non pas par le domicile du défunt, la loi applicable à la succession mobilière de l'étranger; mais on remarquera que, dans l'espèce, le domicile et la nationalité des héritiers dépendaient de la même loi. — Jugé encore, par application du même principe, que l'enfant naturel espagnol n'est pas fondé à réclamer, contrairement aux dispositions de sa loi nationale, sur les meubles que son père possédait en France, à son décès, le bénéfice de la réserve légale accordée par l'art. 757 c. civ. aux enfants naturels reconnus (Trib. d'Evreux, 17 août 1881, aff. Cuirana, *Journal du droit international privé*, 1882, p. 194).

385. Il est, d'ailleurs, évident que la loi étrangère ne peut jamais recevoir d'application en France lorsque les règles qu'elle consacre dans notre matière sont contraires à l'ordre public; sur ce point, les partisans du principe de la personnalité des lois héréditaires sont d'accord avec la jurisprudence. Ainsi l'incapacité de succéder, dont le Russe est frappé dans son pays, par suite de son affiliation à un ordre monastique, ne serait pas pour lui une cause d'exclusion en France (Trib. Nice, 9 mars 1863, *Gazette des tribunaux* du 2 avr. 1863). A plus forte raison, un étranger ne pourrait-il pas invoquer, en France, les dispositions de la loi de son pays qui lui attribuent un droit de succession sur les biens de son esclave affranchi (Trib. Tunis, 21 févr. 1889, *La Loi* du 14 mars 1889. Comp. Weiss, p. 693 et suiv.; Despagnet, n° 566; Fiore, p. 609). — Jugé, de même, que le principe de l'égalité des partages tient de si près et si essentiellement à l'ordre public que, dans aucun cas et sous aucun prétexte, il ne peut être atteint en France par les dispositions contraires des coutumes locales étrangères qui tendraient à en suspendre ou à en modifier les effets (Civ. rej. 27 avr. 1868, cité *infrà*, n° 301).

386. Une autre exception au principe que la dévolution de la succession mobilière de l'étranger est régie par la loi étrangère a été indiquée au *Rép.* n° 423; elle est relative au cas de déshérence. — Jugé, conformément à l'opinion adoptée au *Répertoire*, que la disposition qui attribue à l'Etat les successions en déshérence s'applique non seulement à la succession d'un Français, mais à tous les biens même purement mobiliers que possède en France l'étranger qui y décède, sans que le souverain du pays auquel appartenait cet étranger y puisse rien prétendre (Bordeaux, 17 août 1853, aff. Carrara, D. P. 54. 2. 154. Conf. Paris, 11 juin 1861, *Gazette des tribunaux* du 14 juin 1861; Trib. Nantes, 18 avr. 1872, et Rennes, 26 nov. 1873, *Journal du droit international privé*, 1876, p. 105; *Instruction du directeur général des Douanes* du 10 oct. 1878, *ibid.* 1879, p. 321).

387. La même distinction que la jurisprudence applique pour résoudre les conflits auxquels donne lieu la dévolution des successions doit être étendue à ceux qui s'élèvent à l'occasion des effets de l'absence relativement aux biens. On appliquera donc, en particulier, aux immeubles que l'étranger absent possède en France le régime institué par la loi française en ce qui concerne l'envoi en possession provisoire, l'envoi en possession définitive et l'acquisition des fruits, tandis que, pour les biens meubles, on suivra la loi du domicile de l'absent. La dévolution des biens au cas d'absence a, en effet, le même caractère que la dévolution au cas de décès et, par suite, doit être régie rationnellement par le même principe. Les partisans de la personnalité des lois héréditaires règlent, au contraire, les effets de l'absence, relativement au patrimoine, comme relativement à la personne de l'absent, d'après la loi nationale de celui-ci, en réservant seulement l'hypothèse où la loi étrangère porterait atteinte à l'ordre public international (Comp. Demolombe, t. 2, n°s 71 et 82; Laurent, t. 6, p. 568 à 574; Weiss, p. 401 et 402; Fiore, n° 72; Barde, p. 109; Despagnet, n° 378; Olivi, *Revue générale du droit*, 1887, p. 435).

388. Les règles que nous venons de développer concernent aussi bien les successions testamentaires que les successions *ab intestat;* elles s'étendent aussi aux donations, du moins pour tous les points par lesquels celles-ci se rattachent aux successions.

Ici encore, comme en matière de succession *ab intestat*, nous serions disposé à décider que la capacité de disposer doit être déterminée par la loi personnelle du testateur ou donateur, et la capacité de recevoir par la loi personnelle du donataire ou du légataire (V. Bertauld, t. 1, p. 51; Laurent, t. 6, p. 331 et suiv.; Weiss, p. 704; Demangeat sur Fœlix, t. 1, p. 64, note *a* et p. 146; Despagnet, n° 586). Jugé, en ce sens, qu'une femme mariée française peut valablement tester, sans autorisation maritale, dans l'État de Californie où elle réside, quoique, d'après la loi de ce pays, l'autorisation du mari soit nécessaire; que cette incapacité ne saurait être opposée devant les tribunaux français à cette femme à qui le statut personnel auquel elle est soumise permet de tester sans autorisation (Paris, 10 août 1872, aff. Lhote, D. P. 73. 2. 149). Jugé de même que, pour apprécier la validité d'un don manuel fait par une femme mariée étrangère, il faut consulter, non la loi du lieu où la donation a été faite, mais la loi nationale de la femme qui règle seule sa capacité (Trib. Seine, 5 août 1881, aff. Giusti, *Journal du droit international privé*, 1882, p. 617).

Il est à remarquer, toutefois, que la jurisprudence n'a jamais consacré ce principe qu'en matière mobilière, en réservant toujours le cas où la capacité de l'étranger s'exercerait sur des immeubles situés en France. Ainsi il a été décidé que la capacité en matière testamentaire dépend du statut personnel; que, par suite, il n'appartient pas aux tribunaux français d'annuler une disposition testamentaire, nulle, il est vrai, d'après la loi française (un fidéicommis dans l'espèce), mais régulièrement émanée d'un étranger, d'après les lois du pays où a été fait le testament et où s'est ouverte la succession, *si d'ailleurs cette disposition ne porte pas sur les immeubles situés en France* et régis par la loi française (Paris, 7 août 1883, aff. Époux Bocquéraz, *ibid.*, 1884, p. 192). — Jugé aussi que le testament, qu'un étranger domicilié en France a fait en ce pays, devant être régi, au moins en ce qui concerne le mobilier, par la loi française, ce testament est radicalement nul lorsque le bénéfice en doit revenir à des inconnus par l'intermédiaire

(1) (François des Guidi C. Héritiers des Guidi). — Le comte Sébastien des Guidi est décédé à Lyon, en 1863, laissant pour héritiers ses trois neveux: André, François et Nicole des Guidi, de nationalité italienne. André des Guidi est décédé, avant qu'il eût été procédé au partage et à la liquidation de la succession de son oncle, laissant plusieurs enfants mineurs. François et Nicole des Guidi ont contesté la légitimité de ces enfants et prétendu que leurs droits, comme enfants naturels, devaient être réglés d'après la loi française. Le 28 août 1869, jugement du tribunal civil de Lyon, qui statue sur cette prétention dans les termes suivants :

LE TRIBUNAL; — ... Sur la deuxième question; — Attendu que quant aux droits des enfants d'André des Guidi, abstraction faite des effets civils à eux reconnus, en qualité d'enfants légitimes, leur part comme enfants naturels est encore contestée par les demandeurs; — Attendu que, suivant la loi française, ces enfants n'auraient droit qu'à la moitié de la part de leur père, aux termes de l'art. 757 c. civ.; que, suivant la loi italienne, ils auraient droit à la totalité, suivant l'art. 747 du code italien; — Attendu qu'il importe peu de rechercher si la loi qui fixe la part des enfants naturels dans la succession de leur père est un statut personnel; — Qu'en admettant même qu'elle constitue un statut réel, il est constant, en doctrine et en jurisprudence, que le statut réel ne s'applique qu'aux immeubles; — Que les meubles sont régis par la loi de l'ayant droit à ces meubles; — Attendu que le code italien, aux art. 7 et 8, d'accord avec cette doctrine et cette jurisprudence, déclare que les successions mobilières sont régies par la loi du pays des héritiers; — Attendu que le comte Sébastien des Guidi n'a laissé en France que des meubles, qu'il est, dès lors, incontestable que ces biens, conformément à la loi italienne, doivent être attribués tous aux enfants naturels qui, dans la cause, ne sont pas en concurrence avec des enfants légitimes;

Par ces motifs, etc.

Du 28 août 1869.-Trib. civ. de Lyon.

d'un exécuteur ou d'un héritier dont l'institution n'est qu'apparente (Pau, 9 juin 1857, aff. Barrios, D. P. 58. 2. 137). — Mais la loi qui interdit une espèce de convention, par rapport à une classe de biens seulement, afin d'en assurer la conservation dans la même famille, constitue un statut réel qui ne frappe, dès lors, que les biens situés dans le pays soumis à cette législation (Civ. rej. 4 mars 1857, aff. Fraix, D. P. 57. 1. 102).

389. Bien qu'en principe, lorsqu'il s'agit de déterminer les effets immédiats ou médiats du testament, le juge français doive s'attacher à la loi du pays où l'acte a été passé, il doit toujours appliquer la loi française, conformément à la règle du statut réel, si ces effets sont considérés relativement à l'acquisition de droits sur des immeubles situés en France. Toutefois, quand le testament a été passé en pays étranger, il peut y avoir lieu aussi, par interprétation de la volonté présumée du testateur, de s'attacher à la loi nationale de celui-ci (Bordeaux, 5 août 1872, aff. Arcueil, D. P. 73. 2. 149. Comp. Aubry et Rau, t. 1, § 31, p. 106 et 107; Demolombe, t. 1, n°s 105 et suiv.; Weiss, p. 712; Fiore, p. 621). De ce qu'un Français a fait, à l'étranger, un testament suivant la forme authentique locale, il ne s'ensuit pas nécessairement que l'intention du testateur ait été de s'en référer à la loi étrangère. On ne saurait, dès lors, chercher dans la loi étrangère une règle pour l'exécution de ses dispositions testamentaires, ni une base pour l'interprétation de sa volonté (Bordeaux, 17 juill. 1883, aff. Fortieu et Brule, *Journal des arrêts de la cour de Bordeaux*, 1883, p. 2797. Comp. Req. 18 janv. 1888, *Le Droit* du 20 janv. 1888).

390. Il a été décidé encore que la transmission, par voie d'institution contractuelle, de biens immeubles situés en France, est régie par le statut réel français, et non par le statut personnel du disposant; qu'en conséquence, la valeur d'un acte contenant une disposition de cette nature, et la légalité des stipulations qu'il contient doivent être appréciées d'après la loi française, quels que soient la nationalité des intéressés et le lieu où l'acte a été fait; spécialement, que la fille qui, dans son contrat de mariage passé en Italie, a reçu de son père, sujet espagnol, une donation de biens à venir par préciput et hors part, peut, après la mort du donateur, réclamer l'exécution de cette libéralité sur les immeubles que le *de cujus* a reçus en France (Civ. cass. 2 avr. 1884, aff. Antonelli, D. P. 84. 1. 277).

La cour de Paris, dans la même affaire, avait résolu cette question en sens contraire, et décidé, par suite, que, la donation contractuelle étant nulle, d'après la loi espagnole, ne pouvait s'exécuter ni sur les immeubles que le disposant possédait à l'étranger, ni même sur ceux qui lui appartenaient en France (Paris, 12 mars 1881, aff. Avollée, D. P. 81. 2. 139). Nous avions approuvé cette décision, et les motifs que nous faisions valoir pour la justifier sont conformes à l'opinion que l'on vient d'émettre relativement à la loi qui doit régir la capacité de disposer et de recevoir à titre gratuit. Aux termes de la loi espagnole, une fille ne peut recevoir, par contrat entre vifs, de ses père et mère, aucune libéralité avec dispense de rapport à raison de son mariage. Les ascendants n'ont la faculté de disposer en sa faveur que par testament. Quel est le caractère de cette prohibition? C'est évidemment, disions-nous, la création d'une double incapacité : incapacité pour le père de donner, incapacité pour la fille de recevoir entre vifs. Cette incapacité est absolue et n'admet aucun tempérament; elle frappe la personne et non les biens; elle doit donc s'attacher à elle et la suivre partout où elle porte ses pas. Il en est d'elle comme de la capacité de se marier, comme de la puissance paternelle, comme de la majorité, comme des droits de famille et de filiation. On objecte que cette incapacité a pour but de confirmer la loi sur les successions et de conserver les biens de la famille, comme l'incapacité partielle de recevoir à titre gratuit, dont l'art. 908 c. civ. frappe les enfants naturels; cette assimilation est inexacte, car il ne s'agit pas ici d'une prohibition générale de disposer à titre gratuit au profit de la bénéficiaire; celle-ci n'est incapable de recevoir qu'entre vifs, on peut disposer en sa faveur par testament; le but de la prohibition n'est donc pas de conserver les biens dans la famille; le législateur a seulement voulu, dans l'intérêt des fils, empêcher le père de se dépouiller irrévocablement, de son vivant, au profit de ses filles. C'est donc une incapacité véritable qui est créée ici, partant le statut est personnel. Il est vrai qu'il s'agit d'une donation d'immeubles et que les immeubles situés en France sont régis par la loi française, mais il faut réserver les questions de capacité; or la seule question à résoudre, nous le répétons, consiste à savoir si le père peut ou non donner, si la fille peut ou non recevoir. L'interprétation que la cour de cassation a fait prévaloir est d'ailleurs conforme à celle qu'elle a consacrée, relativement aux incapacités de succéder *ab intestat* (V *suprà*, n° 383).

391. Il a été jugé enfin, dans une espèce qui présente de l'analogie avec la précédente, que l'engagement pris par un père de famille étranger, dans le contrat de mariage de son fils né et résidant avec lui en France, de ne faire aucun avantage à ses autres enfants, doit être considéré comme valable par la justice française, quand des Français en réclament le bénéfice, alors même qu'une telle clause serait interdite par la loi personnelle de cet étranger, comme étant contraire à l'ordre public; que, en conséquence, la succession de cet étranger décédé en France doit être partagée également entre sa fille et sa petite-fille née Française venant en représentation du fils prédécédé, nonobstant le testament par lequel ledit étranger, invoquant la loi de son pays d'origine, a déclaré vouloir réduire sa petite-fille à ne recueillir, pour sa part, que le sixième de l'hérédité (Req. 20 févr. 1882, aff. Becker, D. P. 82. 1. 119). Il y avait, pour juger ainsi, des motifs particuliers; la promesse d'égalité avait été faite par un étranger, résidant en France, en faveur de son fils, qui y était né et établi, qui épousait une Française et dont la postérité serait française de droit et le resterait, à moins de répudiation de cette qualité; la présomption qui s'imposait donc était que les parties avaient eu l'intention de soumettre ce contrat au régime du code civil, loi du lieu où l'acte était passé et où il devait recevoir exécution; or, il résulte d'une doctrine constante, comme on le verra *infrà*, n°s 409 et suiv.), que c'est par l'intention présumée des parties que se détermine le statut appelé à régir les obligations contractuelles, statut qui, en général, et en vertu précisément de la volonté tacite des contractants, est celui du lieu où le contrat est formé. Les choses étant ainsi, et la loi française qui valide la promesse d'égalité étant devenue applicable par la volonté même de l'étranger, celui-ci ne pouvait plus, au mépris d'un engagement dont ses petits-enfants français devaient bénéficier (art. 1082, § 2), revenir à la loi successorale de son pays d'origine qui prohibe une telle clause, ni s'armer de cette loi pour réduire la part de son fils ou de la descendance de celui-ci. Assurément, en principe, la loi successorale du pays d'origine de l'étranger qui n'a pas obtenu en France l'autorisation de domicile de l'art. 13 c. civ., doit régir sa succession mobilière, fût-elle pendante, en fait, sur le sol français. Mais il n'en doit être ainsi que lorsqu'il s'agit uniquement de la succession, et non pas quand cette succession est dominée par un contrat valable en France aux liens duquel il ne peut être permis, à aucun titre et sous aucun prétexte d'échapper, au détriment d'intérêts français. — Il est indifférent, d'ailleurs, que le contrat dont il s'agit soit considéré comme contraire à l'ordre public par le statut personnel de l'étranger : les tribunaux français saisis du débat, puisqu'il s'agite sur notre territoire, pour des intérêts français, ont pour mission légale d'assurer, dans les conventions, le respect de l'ordre public en France, et non au delà des frontières, là où ne s'étend pas leur juridiction.

392. Les prohibitions édictées par la loi dans le but d'entraver la *disponibilité* des biens, pour en assurer la conservation aux héritiers du sang, sont rangées aussi dans la classe des statuts réels en ce sens qu'elle s'appliquent aux immeubles situés en France, quelle que soit la nationalité du défunt ou de ses héritiers. C'est un principe que l'on a déjà formulé, au *Rép.* n°s 416 et 417, mais qui est contesté aujourd'hui, au moins dans sa généralité, par plusieurs auteurs. Quelques-uns reconnaissent que la prohibition édictée contre les enfants naturels, par l'art. 908 c. civ., a les caractères d'une disposition d'ordre public international, et que, par suite, un testateur étranger ne pourrait pas léguer à son enfant naturel une part supérieure à celle que la loi française lui attribue dans sa succession; mais ils repoussent cette solution quand il s'agit de la prohibition de disposer établie en faveur des héritiers réservataires (Weiss, p. 707 et 713). D'autres, sans faire cette distinction, posent le principe de la personnalité des lois qui créent des prohibitions de disposer, et s'expriment ainsi pour en justifier l'application à la réserve: « Les lois de réserve n'affectent pas à une destination publique les biens réservés; elles ont principalement pour but, en imposant, dans une large mesure, l'accomplissement d'un devoir alimentaire, de prévenir dans la famille ces déclassements, ces bouleversements, ces disparates de situations, ces cruelles déceptions dont l'effet ordinaire est d'infliger à l'Etat de mauvais citoyens, des artisans de troubles, incessamment surexcités par des besoins hors de proportion avec leurs ressources. Les lois, sous ce rapport, sont tout à la fois la consécration d'une dette naturelle et une garantie politique; elles satisfont à un intérêt privé, et, si l'on veut, à un intérêt public, mais en concentrant leur pensée et leur protection sur les nationaux. Que leur importent les vicissitudes de la destinée des familles étrangères, domiciliées loin d'elles, et qu'elles n'ont aucun titre pour gouverner ou pour secourir » (Bertauld, t. 1, p. 69)?

La jurisprudence a toujours consacré l'opinion contraire, qui s'impose comme une conséquence nécessaire du principe de la territorialité des lois successorales en matière immobilière. C'est ainsi qu'il a été jugé : 1° que les droits de propriété et autres droits réels, réclamés par des étrangers sur des immeubles situés en France, sont soumis à la loi française, alors surtout qu'il s'agit de réclamations pouvant porter atteinte aux principes d'ordre public sur la réserve; que, en conséquence, les droits respectifs des héritiers réservataires d'un citoyen des Etats-Unis et de sa veuve, tous citoyens des Etats-Unis, sur un immeuble situé en France, doivent être réglés suivant les dispositions du code civil français, alors même que les époux se sont mariés, sans contrat de mariage, dans un Etat de l'Union américaine, et doivent être réputés avoir pris les dispositions du code de cet Etat pour règle de leur association conjugale; que, spécialement, bien que la législation de cet Etat (dans l'espèce, l'Etat de Virginie) crée au profit de la femme un douaire d'un tiers de la fortune du mari, douaire qui peut être augmenté sans restriction, soit par contrat entre vifs, soit par testament, la veuve cependant n'a pas le droit de réclamer sur l'immeuble français, à l'encontre des héritiers réservataires ou de leurs ayants cause, l'exercice du douaire élevé par le testament de son mari à la moitié de ses biens meubles et immeubles; que ce testament n'a d'effet que dans la mesure de la portion disponible fixée par l'art. 1094 c. civ. (Civ. rej. 4 avr. 1881, aff. Veuve John Lesieur, D. P. 81. 1. 381); — 2° Que le caractère d'un statut réel appartenant à toute loi qui limite la disponibilité des biens pour en assurer la conservation aux héritiers du sang, l'art. 1186 du code sarde, qui défend aux époux de se faire des libéralités pendant le mariage, si ce n'est par acte de dernière volonté et dans la forme prescrite pour ces actes, est une loi réelle, qui ne peut être invoquée pour faire tomber une donation entre vifs, faite par un sujet sarde à son conjoint, de biens situés en France (Civ. rej. 4 mars 1857, cité *suprà*, n° 388); — 3° Que l'action formée par les héritiers d'un étranger dont la succession s'est ouverte en pays étranger, à fin d'annulation, comme déguisées, ou de réduction, comme excessives, de libéralités faites par le défunt au profit de son conjoint, est de la compétence des tribunaux français et non de celle du tribunal du lieu de l'ouverture de la succession, lorsque ces libéralités ont pour objet des immeubles situés en France, la disposition qui les renferme étant alors régie par la loi française. Mais la même action sort de la compétence des tribunaux français, en ce qui concerne les valeurs mobilières comprises dans les libéralités attaquées, les meubles, même se trouvant en France, étant, sauf le cas prévu par l'art. 2 de la loi du 14 juill. 1819, réputés situés dans le pays étranger où s'est ouverte la succession, et la contestation devant alors être soumise aux juges et à la législation de ce pays (Civ. cass. 22 mars 1865, aff. Mawrocordato et Rosetti, D. P. 65. 1. 127).

393. Ce qu'on vient de dire de la réduction est également vrai de la révocation des donations et du rapport. D'une part, il a été jugé que le testament qu'un Français naturalisé Américain a fait dans la Louisiane doit, conformément à la législation de cet Etat, être déclaré caduc pour cause de survenance d'enfants légitimes au testateur, alors que ce lieu est celui de la situation des biens et du domicile du testateur (Bordeaux, 5 août 1872, cité *suprà*, n° 389). — Il a été décidé, d'autre part, que les dispositions d'une loi étrangère, d'après laquelle la femme qui accepte un legs à elle fait par son mari perd le droit de réclamer ses apports, n'est pas applicable à la femme dont le contrat de mariage est régi par cette loi, lorsque le mari, étant Français, est décédé en France, en l'état d'un testament écrit en France (Civ. cass. 16 août 1869, aff. Veuve Vibert, D. P. 69. 1. 463). La loi américaine, qu'on voulait appliquer dans l'espèce, dispose que la femme perd le droit de réclamer ses apports en acceptant un legs de son mari, sans doute parce qu'on suppose que la chose léguée a été donnée par le mari en payement des apports de la femme. C'est une présomption semblable à celle que la loi française a voulu prescrire en déclarant que le legs fait au créancier ne doit pas être censé fait en compensation de sa créance, ni le legs fait au domestique en compensation de ses gages, et une présomption de même nature aussi que celle qui sert de base au rapport imposé aux héritiers qui ne peuvent pas se prévaloir d'une clause préciputaire. Or si tel est le caractère de la disposition dont il s'agit, elle se rattache au régime des successions et des testaments; c'est, en réalité, un effet des dispositions testamentaires déterminé par la loi. Le legs fait par le mari à la femme est censé fait en compensation de ses apports matrimoniaux. Dès lors, cette disposition n'est pas applicable dans les cas où la succession et le testament du *de cujus* sont régis par la loi française et non par la loi américaine.

394. Il paraît rationnel de décider, par réciprocité, quoique la jurisprudence ne se soit pas encore prononcée formellement sur ce point, que la dévolution par succession et le partage des immeubles qu'un Français possédait en pays étranger, de même que les modes de disposition qu'il a employés relativement à ces immeubles, et les restrictions auxquelles se trouve soumis son droit de disposition en ce qui les concerne, doivent être réglés par la loi du pays dans lequel ils sont situés (Aubry et Rau, t. 1, § 31, p. 102. Comp. *Rép.* n° 418 et Civ. cass. 19 nov. 1873, aff. Chacati frères, D. P. 74. 1. 151).

395. En ce qui concerne les droits de mutation qui peuvent être perçus sur les meubles ou les immeubles, ainsi qu'on l'a dit au *Rép.* n° 426, la loi qui fixe ces droits, soit au point de vue de leur exigibilité, soit au point de vue de leur *quantum*, est celle de la situation des biens.

L'application de cette règle ne présente aucune difficulté relativement aux immeubles et aux meubles corporels; quant aux créances, actions, obligations et autres valeurs incorporelles qui n'ont pas d'assiette matérielle, des lois spéciales leur assignent une situation fictive. Sans entrer ici dans des développements qui ont été présentés ailleurs, bornons-nous à dire, relativement aux droits de mutation par décès, que les valeurs dont il s'agit sont passibles de ces droits tels qu'ils sont établis par la loi française, d'abord lorsque le débiteur a son domicile en France, et, en second lieu, lorsque, payables en pays étranger, elles font partie d'une succession régie par la loi française, c'est-à-dire, d'après la jurisprudence, se rapportant à une personne qui avait son domicile en France (V. *suprà*, v° *Enregistrement*, n°s 1729 et suiv.; 2264 et suiv.). — Aux décisions mentionnées *ibid.*, il y a lieu d'ajouter un arrêt de la cour de cassation du 13 juill. 1869, aux termes duquel, la succession mobilière d'un étranger domicilié et mort à l'étranger est régie, quant à la dévolution, par la loi de son pays, sans distinction des meubles ayant leur situation en France et des meubles existant à l'étranger; d'où il résulte que, lorsqu'il dépend d'une semblable succession une créance qui, due et hypothéquée en France, y a par suite une situation fictive et y est passible des droits de mutation par décès, la dévolution de cette créance doit être réglée, pour la perception de l'impôt, d'après la loi du pays où la succession s'est ouverte et non d'après la loi française, l'impôt de mutation par décès, applicable comme droit réel à toutes les valeurs qui ont une situation réelle ou fictive en France, quels que soient le domicile et les qualités des personnes entre lesquelles s'opère la mutation, ne pouvant être perçu que conformément aux droits des parties, et, par conséquent, suivant le degré de parenté et l'ordre de succession établis par la loi qui règle la dévolution des biens entre les héritiers (Civ. rej. 13 juill. 1869, aff. Sauvaigne, D. P. 70. 1. 131). Jugé aussi, en vertu des principes énoncés ci-dessus, qu'un fonds de commerce situé en France est soumis au droit de mutation dont la loi du 28 févr. 1872 frappe les fonds de commerce français, alors même que les propriétaires sont étrangers, et que la maison de commerce est située à l'étranger (en Suisse dans l'espèce) (Req. 9 nov. 1891, aff. Société Veil-Picard et comp. *Gazette des tribunaux*, 14 nov. 1891). La cour de cassation a rendu aussi, chambres réunies, un important arrêt déclarant que l'art. 4 de la loi du 22 frim. an 7, qui assujettit au droit proportionnel toute transmission de propriété, d'usufruit ou de jouissance de biens meubles, est conçu en termes généraux et absolus et ne distingue pas entre les meubles, selon qu'ils sont situés en France ou à l'étranger (Civ. rej. 17 déc. 1890, aff. Messimy, D. P. 91. 1. 126).

ART. 3. — *Lois relatives à la forme et à l'exécution des actes* (*Rép.* nos 427 à 440).

396. C'est une règle très ancienne qu'un acte fait dans la forme prescrite par la loi du lieu où il est intervenu est valable en quelque endroit qu'il soit ultérieurement invoqué; c'est l'idée qu'exprime l'adage *locus regit actum.* Mais il importe, ainsi qu'on l'a fait remarquer au *Rép.*, nos 427 et suiv., de ne pas confondre les formalités instrumentaires, destinées à constater l'existence de l'acte et à en assurer la preuve, avec les conditions requises pour sa validité intrinsèque; la règle *locus regit actum* ne s'applique, en effet, qu'aux premières. — Bien que l'on soit d'accord sur le principe énoncé ci-dessus, son application a fait naître plusieurs questions délicates qui divisent encore aujourd'hui les jurisconsultes. Avant de les examiner, il est utile d'insister sur ce point que la règle *locus regit actum* ne repose pas, contrairement à l'opinion de nos anciens auteurs, sur l'idée d'une soumission tacite de l'étranger à la législation des lois où il agit; elle a pour fondement d'abord ce motif que les formalités requises pour la validité d'un acte sont toujours déterminées par des considérations essentiellement locales, qui font que telle prescription nécessaire ici ne l'est plus là; en second lieu, et surtout, cette considération que les parties seraient souvent dans l'impossibilité de remplir, en pays étranger, les formalités édictées par leur loi nationale.

397. Une première difficulté se présente en ce qui concerne les actes auxquels s'applique la règle ci-dessus énoncée. D'une part, certains auteurs, argumentant du principal motif qui justifie la règle *locus regit actum*, ont prétendu qu'elle est étrangère aux actes sous seing privé, attendu que rien n'empêche les parties de se conformer, pour ces actes, aux prescriptions de leur loi nationale (Du Caurroy, Bonnier et Roustain, *Droit civil*, t. 1, p. 15 et suiv.; Duguit, *Des conflits de législation relatifs à la forme des actes civils*, p. 54 et suiv.; Lacanal, *Revue générale du droit*, 1884, p. 400). Mais la tradition, par laquelle il faut interpréter la règle, n'a jamais admis cette restriction. D'ailleurs, les personnes qui sont en pays étranger, surtout celles qui y résident depuis longtemps, ignoreront souvent le formalisme, quelquefois compliqué, établi par leur loi nationale pour les actes sous seing privé et ne trouveront pas, pour les renseigner, les auxiliaires qu'elles auraient pu consulter dans leur pays; il est donc juste et rationnel de les autoriser à se prévaloir de la règle *locus regit actum.* On doit, par conséquent, tenir pour valables les actes sous seing privé faits à l'étranger sans l'accomplissement des formalités prescrites par les art. 1325 et 1326 c. civ., si ces formalités ne sont pas exigées par la loi locale. De même, la jurisprudence a validé, avec raison, l'endossement d'un effet de commerce effectué à l'étranger dans les formes prescrites par la loi étrangère quoiqu'il fût irrégulier d'après la loi française, soit parce que l'endossement était en blanc (Paris, 12 avr. 1850, aff. Castigue, D. P. 50. 2. 148), soit parce qu'il n'avait pas été daté (Paris, 14 déc. 1888, aff. Regnard, D. P. 90. 2. 60). — Jugé de même qu'un billet à ordre, ou promesse de payer, souscrit en Angleterre, est régulier, bien que le souscripteur qui ne l'a pas écrit de sa main, n'ait pas fait précéder sa signature d'un bon ou approuvé, avec indication de la somme énoncée dans le billet (c. comm. art. 188), ou quoique ce billet ait été déclaré payable à l'ordre du souscripteur, sans indication de celui au profit duquel il était souscrit, si, d'ailleurs, il est devenu complet par voie d'endossement, ou bien encore quoique l'endossement ait été fait en blanc (*Rép.* 18 août 1856, aff. Wieldon, D. P. 57. 1. 39).

398. D'autre part, des jurisconsultes très autorisés enseignent que la règle *locus regit actum* ne s'applique pas aux actes authentiques, en ce sens du moins que la question de savoir si un acte doit être fait en la forme authentique ne dépend pas de la loi où l'acte est fait, mais uniquement de la loi nationale des parties. L'authenticité, dit-on, n'est pas, à proprement parler, une condition de forme, une simple formalité instrumentaire, mais bien un élément intrinsèque de l'acte, une condition de sa validité ou plutôt de son existence. L'authenticité est exigée, en effet, pour assurer la liberté et la plénitude du consentement; elle participe donc de la nature de celui-ci et, par conséquent, dépend de la loi nationale qui règle la capacité en général. Sans doute, la règle *locus regit actum* aura encore à intervenir ici, mais uniquement pour fixer les formes dans lesquelles l'authenticité sera réalisée (Laurent, t. 1, p. 155; t. 6, p. 651 à 662, et *Principes de droit civil*, t. 1, n° 99; Bertauld, t. 1, n° 154; Duguit, p. 112 et suiv., et *Journal du droit international privé*, 1880, p. 385). — L'opinion contraire a toutefois prévalu dans la doctrine et dans la jurisprudence. En réalité, il est difficile de ne pas voir, dans l'authenticité, une forme de l'acte; l'officier public n'est pas appelé à compléter la capacité de la partie contractante, mais à recevoir ses déclarations et à en assurer la preuve. On prétendrait à tort que la règle *locus regit actum* doit être restreinte à la mesure de la nécessité, et que la condition de l'authenticité pouvant toujours être remplie en pays étranger, il n'y a pas de motif pour autoriser le Français qui s'y trouve à s'en affranchir; car il peut se faire qu'il n'y ait pas, dans le pays, d'officier public compétent ou que les officiers publics compétents refusent leur ministère aux Français à raison de leur extranéité (Demolombe, t. 1, p. 121; Aubry et Rau, t. 1, § 31, p. 109, note 70; Weiss, p. 253; Despagnet, n° 331; Fiore, p. 489; Req. 13 janv. 1857, aff. De Valmy, D. P. 57. 1. 106; Paris 20 janv. 1873, aff. Dussauce, D. P. 73. 2. 59; Comp *Rép.* n° 429).

Les arrêts cités ci-dessus ont appliqué cette doctrine au mariage; mais bien qu'il y ait un texte particulier pour le mariage, l'art. 170 c. civ., cet article, à raison des termes dans lesquels il est formulé, serait insuffisant pour justifier cette jurisprudence si celle-ci ne pouvait pas s'appuyer en outre sur le principe plus général que nous invoquons et dont l'art. 170 n'est qu'une conséquence (V. *infrà*, v° *Mariage*). La cour de cassation a, d'ailleurs, reconnu de nouveau la validité d'un contrat de mariage fait à l'étranger par acte sous seing privé (Req. 18 avr. 1865, aff. Stiepowitch, D. P. 65. 1. 342. Conf. Req. 12 juin 1855, aff. Renac, D. P. 55. 1. 389). — Remarquons qu'on considère comme une règle de forme, soumise à l'empire de la règle *locus regit actum*, la règle concernant l'époque à laquelle le contrat de mariage doit être rédigé (V. *suprà*, v° *Contrat de mariage*, n° 77). C'est aussi la loi du pays où l'acte a été rédigé qu'il faut consulter pour savoir si cet acte a ou n'a pas les caractères d'un acte authentique.

399. On a enseigné au *Rép.* n° 430, que la règle *locus regit actum* n'est pas obligatoire mais facultative, c'est-à-dire que l'étranger peut, au lieu de se conformer aux prescriptions de la loi locale, remplir les formalités exigées par sa loi nationale, si aucun obstacle ne s'oppose, dans le pays où il se trouve, à leur accomplissement; la règle dont il s'agit constitue une faveur à laquelle l'étranger peut renoncer (Aubry et Rau, t. 1, § 31, p. 111, texte et note 79; Laurent, *Principes de droit civil*, t. 1, n° 100, p. 159 et 160; Durand, p. 247; Weiss, p. 256; Despagnet, n° 341; de Bar, *Journal du droit international privé*, 1887, p. 698; Desjardins, *Traité de droit commercial maritime*, t. 1, p. 175; Douai, 13 janv. 1887, aff. de Selby, D. P. 87. 2. 121 et la note de M. de Bœck, *ibid.*).

Il a été jugé cependant qu'un testament olographe fait

par un étranger en France, et dont l'exécution est demandée devant les tribunaux français, ne peut être déclaré valable qu'autant qu'il réunit toutes les conditions de formes reconnues essentielles dans la législation française, quel que soit, à cet égard, l'état de la législation du pays auquel appartient le testateur; que, par suite, on doit déclarer nul un testament fait dans ces circonstances s'il n'est pas écrit en entier de la main du testateur ou s'il n'est pas daté (Req. 9 mars 1853, aff. Browing, D. P. 53. 1. 217). Jugé, de même, que, si les tribunaux français doivent, par application de la règle *locus regit actum*, déclarer valable le testament olographe fait en France par un étranger, et en maintenir l'exécution dans toutes les dispositions qui ne sont pas prohibées par la loi française, au contraire, en vertu de cette même maxime, ils ne doivent accorder aucun effet au testament fait en France par un étranger dans une forme non reconnue par la loi française, pas même l'effet de révoquer, conformément à l'intention formelle qui y serait exprimée, le testament antérieur que cet étranger aurait fait dans une forme autorisée en France (Paris, 21 juin 1850, aff. Mendès, D. P. 52. 2. 145). — Il est à remarquer que, dans cette espèce, la cour de Paris n'a pas établi formellement que le testament dont elle a refusé de reconnaître la validité, tout en étant fait en une forme non autorisée par la loi française, était rédigé suivant les formes usitées dans le pays auquel appartenait le testateur; la question n'en reste pas moins la même, comme nous l'avons dit, en rapportant cet arrêt, car si la cour admettait l'interprétation à laquelle nous nous sommes ralliés, elle n'aurait pas dû prononcer la nullité du testament sans exiger la preuve que les formes suivies dans le pays de cet étranger n'avaient pas été observées.

400. M. Weiss enseigne, p. 256, que l'accomplissement des formalités prescrites par la loi locale serait obligatoire s'il s'agissait d'un acte passé par deux personnes de nationalité différente, car alors, « comme il n'y a pas de raison, dit-il, pour régir les formes de cet acte par la législation nationale de l'une, plutôt que par celle de l'autre, la règle *locus regit actum* devient impérative, et il faut nécessairement recourir aux formes instituées par le droit local ». Cette conclusion a été critiquée; on a prétendu que, même dans cette hypothèse, la règle *locus regit actum* conserve son caractère facultatif (Chrétien, *De la lettre de change en droit international privé*, n° 32).

On a conclu, du caractère facultatif de la règle *locus regit actum*, que lorsque l'acte doit produire ses effets dans un autre pays que celui où il est passé, il est loisible aux parties de suivre les formes établies par la loi du pays où l'acte doit être exécuté (Despagnet, n° 342).

401. Ainsi qu'on l'a vu *suprà*, n° 274, c'est une question discutée que de savoir si la fiction d'exterritorialité admise au profit des Français qui résident dans les Echelles du Levant et de Barbarie doit aller jusqu'à faire fléchir, quant à la forme des actes, la règle *locus regit actum*. La cour de cassation s'est prononcée pour la négative et a jugé notamment que le contrat de mariage d'un Français résidant à Constantinople peut être valablement passé par acte sous seing privé, conformément à la législation du pays; qu'il n'est pas besoin qu'il soit dressé dans la forme authentique devant le chancelier de France (Req. 18 avr. 1865, cité *suprà*, n° 398).

402. Il est admis généralement que les étrangers ne peuvent pas se prévaloir de la règle *locus regit actum* lorsque leur loi nationale ne reconnaît pas cette règle, cette prohibition ne pouvant s'expliquer que par des motifs d'ordre public (Weiss, p. 255; Despagnet, n° 337; de Bar, *Journal du droit international privé*, 1887, p. 698).

403. La règle *locus regit actum* est-elle applicable lorsqu'un Français s'est transporté en pays étranger uniquement pour se soustraire à l'accomplissement des formalités prescrites par la loi française? Les auteurs sont divisés sur ce point. Quelques-uns, invoquant le principe *fraus omnia corrumpit*, et ce fait, que la règle dont il s'agit n'est plus justifiée, dans ce cas, par sa nécessité, répondent négativement (Aubry et Rau, t. 1, § 31, p. 113; Laurent, t. 2, p. 432). D'autres repoussent cette restriction, attendu que la règle *locus regit actum* a pour objet de prévenir les conflits qui pourraient s'élever relativement à la forme des actes; or, on substituerait une difficulté à une autre, si l'on autorisait les tribunaux à rechercher l'intention des parties qui passent des actes en pays étranger (Weiss, p. 257; Asser et Rivier, p. 62). Enfin une opinion intermédiaire veut que l'on considère l'acte fait à l'étranger comme s'il avait été accompli en France, et qu'il ne soit déclaré nul que s'il y a eu omission d'une formalité prescrite à peine de nullité par la loi française (Despagnet, n° 336).

404. Ainsi qu'on l'a dit au *Rép.* n° 431, les règles concernant la force probante des actes dépendant, comme celles qui sont relatives aux formalités extrinsèques, de la loi du lieu où les actes ont été passés, il n'y a pas à tenir compte de la loi du lieu où l'exécution de l'acte est poursuivie (Massé, *Droit commercial*, t. 2, n° 770; Bonnier, *Traité des preuves*, t. 2, n° 933; Fiore, n° 319; Aubry et Rau, t. 1, § 31, p. 112); on ne doit pas apporter d'exception à ce principe dans le cas où il s'agit de l'application des dispositions du code civil sur l'admissibilité de la preuve testimoniale, ces dispositions n'intéressant pas l'ordre public. Jugé, en ce sens, que le contrat passé à l'étranger, entre personnes de nationalités différentes, est régi, quant à sa forme et à son mode de preuve, par la loi du pays où il a été conclu; que, en conséquence, la preuve de l'existence d'une convention passée en Angleterre, entre un Français et un Anglais, peut être établie par témoins, bien que cette convention porte sur un objet dont la valeur excède 150 fr., la loi anglaise autorisant, à la différence du code civil, l'emploi de la preuve testimoniale en pareille circonstance (Civ. cass. 24 août 1880, aff. Benton, D. P. 80. 1. 447). Jugé, de même, que la législation du lieu où un acte a été passé régit cet acte, quant à sa forme, à ses conditions fondamentales et à son mode de preuve; et, spécialement, que le contrat intervenu dans une possession anglaise, entre une compagnie de transport et un Français, pour le transport en France de ce dernier et de ses bagages, est soumis au statut anglais, et non à la loi du lieu de destination, c'est-à-dire à la loi française, en ce qui concerne, notamment, la question de savoir si les mentions inscrites sur le bulletin délivré au voyageur, à l'effet d'affranchir la compagnie de toute responsabilité au cas de perte des bagages transportés, est obligatoire pour ce voyageur, même en l'absence d'une acceptation expresse (Civ. cass. 23 févr. 1864, aff. Comp. péninsulaire et orientale de Londres, D. P. 64. 1. 166).

C'est également à la loi étrangère de déterminer si un acte rédigé dans le pays régi par cette loi et dans les formes prescrites par cette loi fait preuve de ses énonciations jusqu'à inscription de faux ou seulement jusqu'à preuve contraire. Toutefois, il paraît rationnel d'admettre que les règles auxquelles le code civil subordonne la date certaine des actes sous seing privé, étant motivées par l'intérêt des tiers auxquels ils peuvent être opposés, et, par suite, se rattachant à l'intérêt général du crédit, un acte sous seing privé rédigé à l'étranger ne fait foi de sa date en France que s'il satisfait aux conditions prescrites par l'art. 1328 c. civ. (Weiss, p. 625; Duguit, p. 124).

405. La règle *locus regit actum* s'applique aussi aux actes de procédure, en ce sens que, si tout ce qui tombe au fond du droit, *litis decisoria*, se règle par la loi du lieu du contrat, ou par celle de la situation, ou enfin par la loi que les parties ont manifesté l'intention de suivre, les formalités de procédure *judiciorum ordinatoria*, dépendent toujours, au contraire, de la loi du lieu où le procès est engagé (*Rép.* n° 405). Les formes de procédure, en effet, sont établies dans l'intérêt de la bonne administration de la justice, c'est-à-dire dans un intérêt d'ordre public; or les lois d'ordre public sont des lois essentiellement territoriales, que les tribunaux doivent toujours appliquer à l'exclusion de toute loi étrangère. Ajoutons que les formalités à observer pour introduire et pour diriger une action devant la justice ainsi que les règles à suivre, par l'autorité judiciaire, pour rendre une décision, ne peuvent tirer leur sanction que de la loi du territoire. En ce qui concerne l'application de cette distinction entre les formalités *ordinatoires* et celles dites *décisoires*, nous renvoyons au *Rép.* n° 436, où l'on a donné plusieurs exemples qui peuvent guider encore aujourd'hui l'interprète.

Jugé, conformément à ce qui précède, que la commission rogatoire donnée à un juge étranger doit être exécutée selon les formes du pays dans lequel il y est procédé;

qu'ainsi la commission rogatoire adressée par un tribunal à un juge espagnol est valablement exécutée, bien que la partie n'ait pas été citée pour assister à l'enquête, la loi espagnole n'exigeant pas cette citation pour les enquêtes faites sur commission rogatoire (Metz, 29 avr. 1861, aff. Samities et Ornat, D. P. 62. 2. 75). L'instruction ministérielle que le garde des sceaux est dans l'usage d'envoyer aux procureurs généraux en leur transmettant les commissions rogatoires adressées par un tribunal étranger à un tribunal français, et dont l'arrêt cité ci-dessus contient un extrait, porte que « l'on doit, en général, suivre les lois et la procédure du royaume sur le cas dont est question pour l'exécution des commissions rogatoires ». M. Fœlix, qui donne le texte entier de ladite circulaire, fait observer que cette proposition est trop générale; cet auteur applique ici la distinction rappelée plus haut entre les dispositions *decisoriæ litis* et les dispositions *ordinatoriæ litis*. Quant aux premières, le juge commis « doit interroger et entendre les témoins et les parties sur tous les faits articulés dans la commission rogatoire et qui tendent à établir une convention, à moins d'une prohibition expresse contenue dans la loi de son pays, comme, par exemple, si cette loi déclarait contraire à l'ordre public et aux bonnes mœurs la convention dont il s'agit d'établir l'existence; dans le cas où cette loi interdit la preuve testimoniale du fait dont il s'agit, le juge du domicile des témoins les entendra néanmoins sur ces faits, lorsque la loi du lieu où les faits se sont passés admet ledit genre de preuve, conformément aux principes sur les dispositions *decisoriæ litis*. De même, il doit, en recevant le serment des témoins ou des parties, leur imposer la formule établie par les lois du lieu où siège le juge rédacteur de la commission rogatoire, en employant toutes les mesures nécessaires pour arriver à l'application de cette formule. Enfin, en ce qui concerne les dispositions *ordinatoriæ litis*, c'est-à-dire le mode d'appeler les témoins et les parties devant lui, les formes de la rédaction du procès-verbal, etc., le juge doit observer les lois de son territoire » (V. Fœlix, *op. cit.*, t. 1, n° 246).

Une circulaire adressée par le garde des sceaux, le 10 janv. 1892, aux procureurs généraux, relativement à l'exécution des commissions rogatoires en matière civile et commerciale envoyées par les autorités judiciaires étrangères aux tribunaux français, après avoir rappelé que ces réquisitions doivent, par leur objet même et envisagées suivant notre législation, rentrer dans les fonctions et dans la compétence du tribunal français, dispose qu'en principe, le juge français doit, pour l'exécution du mandat judiciaire étranger, se conformer aux prescriptions de la loi française; cette règle est une conséquence du principe, dit le ministre, d'après lequel la forme des actes est régie par la loi du pays où ils sont passés. Cependant les juges français sont autorisés à suivre certaines formes indiquées par la loi étrangère, « lorsque les magistrats étrangers en expriment le désir, toutes les fois du moins que leur demande n'est pas en contradiction avec nos lois et nos usages judiciaires. L'exécution des commissions rogatoires soulève parfois, en effet, des questions de fond à l'égard desquelles l'application de la loi étrangère peut être considérée comme juridiquement nécessaire. Il en est ainsi, notamment, en ce qui concerne le serment déféré à l'une des parties. Il paraît rationnel qu'il soit prêté suivant la formule prescrite par la loi étrangère, lorsque la réquisition du tribunal étranger contient une mention expresse sur ce point ». Le ministre déclare, d'ailleurs, que ce sont là des questions qu'il appartient aux tribunaux de trancher « conformément à leur propre appréciation, en s'attachant, dans le silence de la loi française, aux principes généraux du droit » (V. le texte de cette circulaire, *Gazette des tribunaux*, 15 janv. 1892).

406. La règle que les formes de procédure sont régies par la loi du lieu où l'action est exercée s'applique à l'assignation; une citation doit, pour être valable, être signifiée et rédigée conformément à la loi du lieu où siège le tribunal qui est saisi du litige, sans distinguer si elle est signifiée à la simple requête du demandeur, ou si elle ne doit l'être qu'en vertu d'une autorisation accordée par le juge; par suite, est valable la citation donnée en France par un Anglais à un Français devant le juge anglais, dans les délais de la loi anglaise et par le clerc du *solicitor* (Paris, 17 févr. 1888, aff. Halphen et comp. Mège-Mourier, D. P. 90. 2. 5). Est valable, de même, l'exploit d'assignation donné en France par un Français devant la cour de l'Echiquier, dans les formes prescrites par la procédure anglaise (Toulouse, 29 janv. 1872, aff. Denton et Hall, *solicitors*, D. P. 72. 2. 236).

Cependant, on a soulevé, contre cette doctrine, une objection spéciale à la forme de l'assignation. Au moment où l'assignation est lancée, a-t-on dit, l'instance n'est pas encore liée entre les parties; les plaideurs ne sont pas encore devant le juge, et le point de savoir s'il y a une *lex fori* applicable à la procédure est subordonné à la validité de l'acte introductif d'instance. Dès lors, pour apprécier la validité de cet acte, il faut appliquer la règle *locus regit actum*, et décider, en conséquence, que les formes de l'assignation sont régies par la loi du lieu où elle est signifiée, dans l'espèce, par la loi française (Rennes, 26 déc. 1879, aff. Fitch-Kemps, liquidateur de la *General Floating Docks Company limited*, D. P. 80. 2. 52. — Cette objection comporte deux réponses qui paraissent également concluantes. C'est d'abord que la règle *locus regit actum* ne concerne que les actes qui sont accomplis en dehors d'une instance : deux étrangers se trouvent en France et veulent y passer un contrat; la règle *locus regit actum* s'appliquera aux formes de ce contrat, parce qu'on pense à juste titre que lesdits étrangers seront mieux à même de connaître la loi française que leur propre loi qui est ignorée en France. La règle *locus regit actum* présente ainsi des avantages lorsqu'on l'applique aux contrats. Mais elle n'aurait que des inconvénients si on l'appliquait aux formes de la procédure, et notamment à l'assignation; le demandeur qui introduit une instance contre un Français devant un tribunal étranger devrait, en effet, s'enquérir au préalable des formes et des délais prescrits par la loi française; il s'exposerait ainsi à des frais et à des embarras de toute sorte, et cette manière de procéder serait directement contraire au but pour lequel la règle *locus regit actum* a été établie. D'autre part, la loi française démontre elle-même que la règle *locus regit actum* ne doit pas être appliquée aux formes de l'assignation, non plus qu'aux autres formes de la procédure. Les art. 69-9° et 73 c. proc. civ., se sont préoccupés des moyens de faire parvenir aux personnes, françaises ou étrangères, domiciliées ou résidant à l'étranger, les assignations lancées contre elles devant les tribunaux français : or, aux termes desdits articles, les formes et les délais de ces assignations sont exclusivement régis par la loi française, c'est-à-dire par la loi du tribunal devant lequel l'instance est introduite. M. Weiss, que l'on a cité comme étant partisan du premier système, reconnaît lui-même, dans la seconde édition de son ouvrage, p. 805, que si, en théorie, les raisons sur lesquelles on appuie ce système sont très sérieuses et méritent la plus grande considération, l'application de la règle *locus regit actum* aurait, dans la pratique, de grands inconvénients.

407. En ce qui concerne l'autorité et le mode d'exécution des jugements étrangers, V. v° *Droits civils*, n°s 416 et suiv., et *suprà*, eod. v°, n°s 236 et suiv. — Jugé, en outre, que, si, en principe, les tribunaux français chargés de rendre exécutoire un jugement étranger, ne peuvent ajouter aucune condamnation nouvelle à celles qui sont contenues dans ce jugement, ils peuvent déduire d'un jugement étranger les conséquences nécessaires pour qu'il reçoive sa pleine exécution en France. Jugé spécialement que, lorsqu'une condamnation prononcée par un tribunal étranger entraîne de plein droit, d'après la législation étrangère, les intérêts à un taux déterminé, le tribunal français, chargé de la rendre exécutoire, n'outrepasse pas ses pouvoirs en liquidant le montant de ces intérêts, dont le recouvrement ne pourrait être fait en France sans cette décision; qu'en liquidant ces intérêts, le tribunal français n'ajoute aucune condamnation nouvelle à celles du jugement anglais dont il ne fait qu'assurer l'exécution, conformément à la loi du pays où il a été rendu (Paris, 6 mars 1888, aff. Halphen et Comp. Mège-Mourier, D. P. 90. 2. 4. V. cependant, *contrà*, Trib. Versailles, 17 août 1883, aff. Walker, *Journal du droit international privé*, 1885, p. 87).

Le mode d'exécution de tous les actes juridiques en général se règle, d'ailleurs, comme on l'a dit au *Rép.* n° 438, par la loi du lieu où on les exécute.

408. On a dit aussi (*Rép.* n° 440), que c'est la loi de la situation qui détermine les formes à observer lorsqu'il s'agit de vendre certains biens judiciairement. Il a été jugé, en conséquence de ce principe, que la disposition de l'art. 742 c. proc. civ., qui déclare nulle toute convention dérogatoire aux règles de la saisie immobilière, ne peut pas être étendue aux immeubles situés en pays étrangers; que, par suite, est valable la vente aux enchères d'un immeuble situé en Egypte, devant la chancellerie du consulat français, lorsqu'elle a eu lieu en exécution d'une convention formelle intervenue entre les parties pour le cas de non-payement des sommes empruntées (Civ. cass. 19 nov. 1873, aff. Chacati frères, D. P. 74. 1. 151).

ART. 4. — *Lois qui règlent l'effet des contrats et quasi-contrats* (*Rép.* n°s 441 à 447).

409. Quelle loi faut-il appliquer aux contrats, soit au point de vue de leur formation, en ce qui concerne les conditions intrinsèques requises pour leur validité, soit au point de vue de leurs effets, notamment en ce qui concerne les obligations qui en résultent? On fait abstraction ici des questions qui se rapportent à la capacité des parties ainsi qu'aux formes instrumentaires de l'acte, ces questions ayant été étudiées *suprà*, n°s 341, 342, 396 et suiv. — Comme le remarque M. Laurent, *Droit civil international*, t. 7, n° 427, les conventions, considérées au point de vue auquel nous nous plaçons, ne rentrent pas dans la théorie des statuts réels ou personnels ; c'est pour cela que nous avons eu soin de les en détacher. La législation des contrats est, en principe, l'œuvre des parties; cette règle, formulée expressément par l'art. 1134 c. civ., est aussi vraie en droit international qu'en droit civil, le conflit entre deux souverainetés rivales qui s'imposent n'existe donc pas ici comme en matière de lois réelles et de lois personnelles. Il appartient aux parties contractantes de déterminer elles-mêmes la loi qu'elles veulent suivre; c'est l'idée que l'on exprime aujourd'hui en disant que la loi qui régit les conventions découle de l'*autonomie de la volonté*. Il résulte de ce principe que la loi applicable aux conventions est celle que les parties ont choisie, que ce soit leur loi nationale ou une loi étrangère, peu importe ; dans ce dernier cas, le juge chargé de faire exécuter cette loi n'abdique pas devant une souveraineté étrangère, car la loi qu'il applique ne vaut pas ici comme loi étrangère, mais uniquement comme convention (Laurent, *op. cit.*, t. 2, n° 213 *bis* et t. 7, n°s 428 et suiv.; Weiss, p. 628; Despagnet, n°s 468 et suiv.; Fiore, p. 398).

410. Aucune difficulté ne se présentera si les parties se sont expliquées relativement à la loi à laquelle elles entendaient soumettre le contrat; mais il est rare qu'elles prennent cette précaution. En l'absence de déclaration expresse des parties, si la convention donne lieu à un litige, le tribunal devra rechercher, dans les faits et les circonstances de la cause, quelle a été l'intention des contractants et appliquer la loi que ceux-ci ont tacitement choisie. La volonté tacite a, en effet, la même force que la volonté déclarée. — Par application de cette règle, il a été jugé : 1° que l'emploi des formules anglaises dans la rédaction d'un contrat de charte-partie n'est pas une circonstance suffisante pour décider que les parties ont voulu se référer à la loi du pays dont elles ont employé la langue (C. de Hambourg, 6 sept. 1866, aff. Ardois, *Journal du droit international privé*, 1877, p. 360). Le tribunal de commerce de Hambourg avait statué en sens contraire, dans cette affaire, par un jugement du 17 oct. 1865, mentionné *ibid.*, mais sa décision est critiquée par les rédacteurs du *Journal du droit international privé*, qui disent avec raison que la langue dans laquelle un acte a été rédigé est seulement un indice pouvant servir à découvrir l'intention des parties, mais que lui seul est insuffisant pour fixer la législation du contrat; — 2° Que les parties qui se sont adressées à un agent consulaire étranger pour arrêter leurs conventions manifestent la volonté de soumettre ces conventions à la loi du pays que cet agent représente (Bruxelles, 13 mars 1885, *Revue internationale du droit maritime*, 1885-1886, p. 393); — 3° Qu'un particulier qui traite avec un Etat étranger soumet virtuellement les effets du contrat à la loi de cet Etat; en particulier, que tout Etat qui contracte avec un Français est censé adopter ses propres lois pour règles de ce contrat, et que, par suite, les tribunaux français sont tenus de les appliquer, pourvu qu'elles ne portent pas atteinte à l'ordre public (Trib. Seine 3 mars 1875, *Le Droit*, du 4 mars 1875).

411. Mais quelle loi faudra-t-il appliquer s'il est impossible de découvrir, dans les circonstances de l'espèce, l'intention des parties? En l'absence de volonté manifestée expressément ou tacitement, la plupart des auteurs distinguent suivant que les parties ont la même nationalité ou une nationalité différente. Le contrat a-t-il eu lieu entre parties ayant la même nationalité, on décide, en quelque lieu qu'il soit intervenu, qu'il faut appliquer la loi personnelle des parties; c'est évidemment celle qu'elles connaissent le mieux, et à laquelle, par suite, elles ont dû se référer, ou qu'elles auraient, dans tous les cas, vraisemblablement choisie, en supposant qu'elles n'aient point prévu la difficulté. Toutefois, comme il s'agit uniquement ici d'une question d'interprétation de volonté, le juge pourra appliquer la loi du domicile des parties de préférence à leur loi personnelle, si celles-ci vivent depuis longtemps éloignées de leur patrie, et ont transporté, dans le pays où le contrat a eu lieu, le siège de leurs affaires (Weiss, p. 631 ; Despagnet, n° 470; Fiore, p. 400; Laurent, *op. cit.*, t. 7, p. 851 et suiv.; Aubry et Rau, t. 1, § 31, p. 107, note 65; Massé, t. 1, p. 501 ; Pardessus, *Cours de droit commercial*, t. 5; n° 1492; Demangeat, p. 343 et suiv.; Picard, *Journal du droit international privé*, 1881, p. 474, note 1; Bossion, *Du conflit des lois en ce qui concerne la substance des obligations conventionnelles*, p. 185 et suiv. ; Asser et Rivier, p. 75; Renault, *Revue critique*, 1884, p. 728. — La jurisprudence est conforme à cette interprétation. Ainsi il a été décidé que la règle *locus regit actum* reçoit exception, lorsque l'acte a été passé à l'étranger par des personnes appartenant à la même nationalité, et que les circonstances de la cause permettent de présumer que ces personnes ont voulu se soumettre aux lois de leur pays; spécialement, lorsque les souscripteurs et le bénéficiaire d'un billet à ordre souscrit à l'étranger par des Français à un Français étaient, dès le moment de sa souscription, animés de l'esprit de retour dans leur pays, que la plupart d'entre eux y sont rentrés depuis, et que les intérêts ont été payés en France, on doit présumer que les contractants ont eu l'intention de se soumettre à la loi française pour l'exécution de l'acte qu'ils souscrivaient, plutôt qu'à la loi du pays où il a été souscrit. (Besançon, 11 janv. 1883, aff. Casimir Vorbe, D. P. 83. 2. 211; et sur pourvoi, Req. 19 mai 1884, D. P. 84. 1. 286). Dans l'espèce, l'application de la loi française ne pouvait guère faire doute, puisque les circonstances de la cause concouraient avec la nationalité commune des parties pour placer le contrat sous l'empire de cette loi. — Jugé, d'une manière plus explicite, que le contrat passé à l'étranger par deux Français, qui n'y étaient pas domiciliés sans esprit de retour, est régi par la loi française, en l'absence de toute stipulation contraire des parties (Trib. com. Marseille, 25 oct. 1880, aff. Bourcier *Journal du droit international privé*, 1881, p. 258. Comp. Trib. Tunis 2 nov. 1888, *La Loi* du 7 déc. 1888).

412. Si le contrat est intervenu entre personnes qui n'ont pas la même nationalité, la règle posée ci-dessus ne peut plus s'appliquer; car il n'y a aucune raison pour s'attacher à la nationalité de l'une des parties plutôt qu'à celle de l'autre ; les auteurs sont très divisés sur la détermination de la loi qui doit régir le contrat dans cette hypothèse.

Dans un premier système, on décide qu'il faut se référer à la loi de la situation des biens qui font l'objet de la convention, surtout si ce sont des immeubles. La jurisprudence applique cette solution lorsqu'il s'agit d'apprécier, relativement aux biens situés en France, la validité du contrat quant au genre de dispositions qu'il renferme ou aux choses qui en forment l'objet, parce que la difficulté intéresse le régime de la propriété en France ; la prééminence de la loi française s'impose à ce double point de vue, alors même que les parties auraient manifesté l'intention de se placer sous l'empire de la loi étrangère (Req. 20 févr. 1882, aff. Époux Becker, D. P. 82. 1. 119; Comp. Paris, 10 févr. 1887, *Le Droit* du 30 août 1887. V. aussi en ce sens Aubry et Rau, t. 1, § 31, p. 105). — Mais, en admettant que cette doctrine restreinte dans ces limites, soit exacte, on ne saurait faire dépendre de la loi de la situation des biens, les effets du contrat sous tous autres rapports et notamment en ce qui concerne le lien d'obligation qui en résulte. Ces effets sont ceux que les parties ont voulu faire produire à la convention : or, les biens pouvant se trouver dans un pays où les parties ne sont jamais allées et dont elles ne connaissent pas la législation, on ne peut pas supposer qu'elles aient eu l'intention de régler les effets de leurs engagements par la loi de ce pays. L'opinion qui s'attache à la situation des biens pour résoudre le conflit qui se présente dans notre hypothèse ne peut être considérée que comme une extension irrationnelle de l'ancienne théorie statutaire.

D'après une autre doctrine, la loi applicable serait celle du lieu où le contrat doit s'exécuter, *lex loci solutionis* (Savigny, t. 8, § 372, p. 244). Que cette loi doive être suivie pour apprécier certaines questions qui touchent à l'exécution du contrat, nous l'admettons; mais il n'y a aucune raison pour l'étendre à celles qui se rattachent à sa formation et aux effets immédiats ou même médiats que le contrat doit produire : souvent l'une des parties au moins ignorera la loi du lieu de l'exécution.

Un troisième système veut que l'on accorde la préférence à la loi du débiteur, parce que « c'est l'obligation passive qui modifie vraiment l'état de la personne en restreignant la liberté naturelle c'est donc la loi de l'obligé qui doit régir cette modification »; d'ailleurs, il est de principe (c. civ. art. 1162), que, dans le doute, la convention s'interprète en faveur de celui qui s'est obligé (Demante, *Cours analytique du code civil*, 2e éd., t. 1, n° 10 *bis*-V, p. 55; Durand, p. 419; Bar, t. 2, p. 13). — Parmi les partisans de cette interprétation, quelques-uns, reconnaissant que, dans les contrats synallagmatiques, chacune des parties joue à la fois le rôle de créancier et de débiteur, la restreignent aux contrats unilatéraux; certains même ne l'admettent que pour les contrats unilatéraux à titre gratuit (V. Fœlix, t. 1, p. 159 et 227; Bossion, p. 195 et suiv.).

Enfin, l'opinion qui tend de plus en plus à prévaloir, dans la doctrine comme dans la jurisprudence, enseigne que la loi applicable aux contrats, quand les parties n'ont pas manifesté leur volonté et qu'elles sont de nationalité différente, est la loi du pays dans lequel la convention est intervenue, *lex loci contractus*. Cette loi a l'avantage de mettre les parties sur un pied d'égalité, de ne pas favoriser l'une au détriment de l'autre; c'est un motif suffisant pour supposer qu'elles ont entendu se placer sous son autorité. Cette doctrine peut, d'ailleurs, s'appuyer sur l'art. 1159 c. civ., aux termes duquel « ce qui est obscur s'interprète par ce qui est d'usage dans le pays où le contrat est passé » (Demolombe, t. 1, n° 105; Aubry et Rau, t. 1, § 31, p. 106; Laurent, *op. cit.*, t. 7, p. 435 et suiv.; Massé, t. 1, n° 599; Weiss, p. 632; Despagnet, nos 470 et 483, p. 485; Brocher, t. 2, p. 76; Asser et Rivier, p. 72; Lyon-Caen et Renault, *Précis de droit commercial*, t. 2, n° 2000; Bossion, p. 90 et suiv.; Fiore, p. 405 et suiv.; Picard, *Journal du droit international privé*, 1881, p. 474). — La cour de cassation a formulé ce principe dans les termes les plus généraux, en décidant, comme nous l'avons vu, que la législation du lieu où un acte a été passé régit cet acte non seulement quant à sa forme et à son mode de preuve, mais aussi quant à ses conditions fondamentales (Civ. cass. 23 févr. 1864. V. *suprà*, n° 404; Conf. Req. 18 déc. 1872 (1); Civ. cass. 4 juin 1878, aff. Caucion, D. P. 78. 1. 368).

Il a été jugé, en particulier, en vertu du même principe : 1° que le jet de marchandises, chargées à bord d'un navire étranger en vertu d'un affrètement contracté à l'étranger entre étrangers, est régi par la loi étrangère, et que c'est d'après cette législation que doivent être interprétées, à ce sujet, les clauses du connaissement, bien que le bâtiment ait ensuite opéré son débarquement dans un port français, et que le débat auquel l'avarie donne lieu soit porté devant les tribunaux français (Req. 24 juin 1884, aff.

(1) (*Banque de l'Allemagne du Nord C.* Franchebois.) — En 1869, le sieur Franchebois a déclaré à l'agent de la *Banque de l'Allemagne du Nord*, à Besançon, qu'il voulait contracter une assurance sur la vie au profit de sa femme et de ses enfants. Sa demande, transmise au siège social de la banque, à Berlin, fut accueillie; en conséquence, il lui fut délivré une police aux termes de laquelle la banque s'engageait à payer, à son décès, 20 000 fr. à ses ayants droit. Le sieur Franchebois étant mort le 1er mars 1871, le tribunal de Besançon a, sur la demande de sa veuve en exécution du contrat d'assurances, rendu, le 21 nov. 1871, le jugement suivant : — « Attendu que, sans contester l'existence du traité intervenu entre elle et Franchebois, le 19 oct. 1869, et le droit de la demanderesse à la somme qu'elle réclame par suite du décès de son mari, arrivé le 1er mars 1871, la banque d'Allemagne refuse de payer cette somme, en soutenant que Franchebois a renoncé au bénéfice de ce traité, en n'acquittant pas à leur échéance les primes mensuelles, depuis le 1er avr. 1870 jusqu'au jour de sa mort; — Que la demanderesse, de son côté, demande acte de ce qu'elle est prête à payer immédiatement, en son domicile, à Besançon, l'intégralité de ces primes qu'elle a, au surplus, offertes en temps utile à l'agent de la banque, qui les a refusées, quoiqu'il ait toujours fait toucher celles antérieures à son domicile; — Qu'il y a donc lieu de rechercher tout d'abord si ces primes étaient quérables ou portables, si la déchéance a été encourue, si une mise en demeure régulière n'était pas nécessaire, enfin, si la banque a pu substituer arbitrairement des conditions nouvelles et plus onéreuses à celles résultant du contrat ou du droit commun; — Que, dans le cas particulier, la police règle bien le mode et les échéances de payement, mais est complètement muette sur le lieu où il doit être effectué; — Que les parties restent, dès lors, placées sous l'empire du droit commun, qui veut qu'il ait lieu, dans ce cas, au domicile du débiteur (c. civ. art. 1247), et qui subordonne l'effet de la clause pénale insérée dans le contrat à la mise en demeure de ce débiteur (c. civ. art. 1230); — Qu'en fait la banque d'Allemagne, qui avait un agent à Besançon, a toujours fait toucher les primes au domicile des assurés jusqu'au 1er avr. 1870, jour où celui-ci a cru devoir se retirer; — Que la compagnie est en faute de ne pas l'avoir remplacé, et que les difficultés qui se sont élevées entre elle et lui ne peuvent préjudicier aux assurés et surtout l'autoriser à changer arbitrairement les conditions du traité qui était la loi des parties et à leur imposer la charge de payer les primes à l'étranger, ce qui était difficile, sinon impossible, à raison des événements qui ont immédiatement surgi; — Qu'elle ne peut invoquer, comme mise en demeure, la lettre datée de Zurich, du 28 avr. 1870, qui engageait Franchebois à verser ses primes arriérées à la succursale de cette ville, avec promesse que les quittances envoyées de Berlin à Zurich lui seraient renvoyées après l'encaissement de ses espèces; qu'en effet, cette mise en demeure était contraire aux prescriptions de l'art. 1247 c. civ., qui seul régissait alors les parties, enfin, à l'usage suivi jusque-là de présenter les quittances et de toucher les primes à domicile; mais que, d'un autre côté, cette lettre était sans signature et devait inspirer d'autant moins de confiance qu'on n'ignorait pas les malversations qui venaient de motiver une poursuite criminelle et l'arrestation des principaux agents de cette succursale; qu'enfin, au lieu de présenter une quittance à domicile, on exigeait tout d'abord l'envoi des espèces aux risques et périls de l'assuré, qui devait supporter tous les frais de cet envoi, et qui n'avait à espérer qu'après leur encaissement une quittance qui pouvait ne pas être envoyée; et, par suite, l'exposer à payer deux fois ou à encourir une déchéance; que Franchebois s'est donc refusé, avec raison, à cette aggravation de charges, et que la banque est seule en faute, pour avoir fait l'économie du traitement d'un agent au préjudice de ses assurés, et que son exception doit, dès lors, être rejetée; — Attendu, d'un autre côté, que la demanderesse justifie l'extrême justesse de sa demande et que rien ne démontre qu'il y ait eu, de la part de son mari, fausse déclaration lors de la conclusion du traité; — Par ces motifs, etc.; — Appel, mais, le 6 mars 1872, arrêt de la cour de Besançon, qui confirme par adoption des motifs des premiers juges.

Pourvoi en cassation par la *Banque de l'Allemagne du Nord*, pour violation de la règle *locus regit actum*, et fausse application des art. 1230 et 1247 c. civ.

LA COUR; — Sur le moyen unique, tiré de la violation de la règle *locus regit actum* et de la fausse application des art. 1230 et 1247 c. civ.: — Attendu qu'il résulte des énonciations des qualités, tant du jugement que de l'arrêt attaqué, et des motifs de ces décisions, qu'il n'a pas été contesté, devant les juges du fait, que le traité, intervenu entre la demanderesse en cassation et Franchebois, avait été passé à Besançon; et que, par suite, son interprétation et son exécution devaient être régies par la loi française; — Que la demanderesse soutient pour la première fois, devant la cour de cassation, que le traité a été passé à Berlin, et que, suivant la maxime *locus regit actum*, ce contrat doit être régi par la loi prussienne; — Que cette prétention repose sur une allégation contraire aux faits souverainement constatés par les juges du fond; qu'elle est nouvelle; — Que, par suite, le moyen de cassation est non recevable; — Rejette, etc.

Du 18 déc. 1872.-Ch. req.-MM. de Raynal, pr.-Dumon, rap.-Reverchon, av. gén., c. conf.-Brugnon, av.

Brigonnot, D. P. 85. 1. 137); 2° — Que, le contrat d'affrètement et la charte-partie qui le constate étant régis par la loi du lieu où ils sont intervenus, au point de vue de leurs conditions fondamentales notamment, celui qui se plaint de la rupture de ce contrat, conclu en Angleterre, ne peut pas invoquer le bénéfice de la clause pénale fixant l'indemnité au montant du fret, les usages anglais ne lui reconnaissant dans ce cas que le droit de réclamer une indemnité (Trib. comm. Caen, 7 sept. 1883, aff. Lamy, *Journal du droit international privé*, 1884, p. 282); — 3° Que, si un contrat d'assurance maritime a été conclu et signé en pays étranger, il y a lieu de consulter les règles de la loi étrangère pour l'interprétation de ce contrat, surtout lorsque les parties ont exclu formellement une des dispositions de cette loi (Trib. com. Havre, 7 févr. 1887, aff. De Bur et comp. *ibid.*, 1887, p. 744).

413. L'application du principe que les contrats sont régis, dans les limites ci-dessus indiquées, par la loi du lieu où ils ont été passés, présente dans certains cas de sérieuses difficultés.

Il est évident d'abord que le lieu où se forme la convention n'est pas celui où l'acte qui la constate est rédigé. On l'a soutenu cependant. « Le lieu du contrat, dit M. Massé (t. 1, p. 463), est celui où l'acte matériel qui contient la convention des parties a été rédigé et signé. Cette énonciation se justifie d'elle-même : le lieu où est intervenu le consentement réciproque des parties, où elles se sont liées, est le lieu du contrat d'après le sens logique et grammatical ». Mais cette opinion résulte d'une confusion de deux ordres d'idées très différents : la formation du contrat et la preuve. L'acte écrit a pour but d'assurer la preuve de la convention, qui existe avant d'être constatée (Laurent, *op. cit.*, t. 7, p. 533). — Un doute peut toutefois s'élever relativement au lieu du contrat, lorsqu'il s'agit de conventions que la loi soumet à des formalités particulières, comme les ventes d'immeubles appartenant à un mineur, par exemple, pour lesquelles le tuteur doit obtenir l'homologation du tribunal (c. civ. art. 458 et 467) : le lieu du contrat est-il celui où la vente a été faite par le tuteur, ou bien celui où l'homologation a été donnée ? C'est à tort, selon nous, qu'on a résolu la question dans ce dernier sens (V. Fœlix, t. 1, p. 245). L'homologation est une formalité complémentaire qui se rapporte plutôt à l'exécution du contrat qu'à sa formation ; ainsi qu'on l'a dit, l'homologation ne crée pas le contrat, elle se borne à le consacrer ; d'ailleurs, n'est-il pas rationnel de supposer que les parties ont entendu suivre la loi du pays où elles se sont rencontrées et où elles ont discuté les clauses de l'acte, plutôt que celle du lieu où siège le tribunal ? (Laurent, *op. cit.*, t. 7, p. 535 ; Weiss, p. 633 ; Despagnet, n° 475 ; Boission, p. 198).

414. Si le contrat a été conclu entre absents, par correspondance, par exemple, la détermination de la loi qui doit le régir dépend de la question, très controversée encore aujourd'hui, de savoir à quel moment le lien de droit se trouve formé entre les parties dans les conventions de cette nature (V. *infrà*, v° *Obligation*). — Dans le système d'après lequel le contrat n'est formé qu'après que l'offrant a eu connaissance de l'acceptation de l'autre partie, c'est la loi du pays d'où l'offre émane et où parvient l'acceptation qui régit le contrat (V. Laurent, *op. cit.*, t. 7, p. 536 et suiv. ; Fiore, p. 400 ; Esperson, *Il principio di nazionalità*, p. 139. — *Contrà* : Weiss, p. 634 ; Despagnet, n° 476 ; Brocher, t. 2, p. 80 ; Asser et Rivier, p. 76 ; Trib. Dunkerque, 27 mars 1885, et Douai 10 nov. 1885, *Revue internationale du droit maritime*, 1885-1886, p. 360).

415. Lorsque l'une des parties a traité par mandataire, la *lex loci contractus* est celle du lieu où le mandataire s'est acquitté de sa mission, le mandant étant considéré comme présent à l'acte dans la personne du mandataire ; cette règle s'applique en particulier aux contrats passés en pays étranger par les commis-voyageurs d'un négociant français, sauf la question, que nous n'avons pas à examiner ici, relative aux pouvoirs que ce dernier a entendu conférer à ses représentants (Despagnet, n° 477 ; Weiss, p. 635 ; Fiore, p. 410).

416. Il a été jugé que, dans une convention faite en pleine mer, relativement au remorquage, entre les capitaines de deux navires de pavillons différents, la loi qui régit les obligations des parties est celle du lieu d'exécution, c'est-à-dire du pays où le navire est conduit (Trib. Messine, 15 janv. 1887, *Revue internationale du droit maritime*, 1887-1888, p. 766) ; il est évident, en effet, que dans cette hypothèse on ne peut plus appliquer la *lex loci contractus*.

417. Le principe d'après lequel le contrat est soumis à la loi du lieu où il est intervenu comporte, d'ailleurs, certaines restrictions. Il n'est pas douteux que cette loi est celle qui régit la formation du contrat, la substance du lien juridique qui le constitu , ses conditions intrinsèques, la nature des obligations qu'il engendre et même aussi ses effets. Toutefois, à ce dernier point de vue, il importe de ne pas confondre les effets qui découlent de la formation du contrat avec ceux qui naissent seulement de son exécution ; car, si les premiers dépendent de la *lex loci contractus*, les seconds dépendent, au contraire, de la *lex loci solutionis* ; la difficulté consiste à séparer ce qui touche à la formation du contrat de ce qui se rapporte à son exécution. — Certains auteurs ont proposé de distinguer les *effets* proprement dits des *suites* ; par effets, on entend les droits et les obligations inhérents au contrat, et par suites, les conséquences qui ne sont pas inhérentes au contrat, mais résultent d'événements postérieurs (Fœlix, t. 1, p. 247 et suiv.). Cette formule, qui ne résout pas la difficulté et qu'on a appliquée aussi, comme on l'a vu *suprà* n° 178, à la matière de la rétroactivité des lois, est, ainsi que le remarque Laurent (*op. cit.*, p. 552), très subtile et d'une application très difficile ; aussi nous croyons que le mieux est de distinguer, d'une part, la formation du contrat, et, d'autre part, son exécution.

D'après M. Weiss, p. 640 et suiv., il faut rattacher à l'exécution de l'obligation, et, par suite, déterminer par la loi du pays où elle se poursuivra « les règles qui sont relatives à la délivrance et à la réception de l'objet dû, au mode dans lequel le payement pourra se faire, aux espèces dans lesquelles il pourra être effectué, aux offres réelles et à la consignation, à l'obligation de donner quittance, à la demeure du débiteur, aux intérêts moratoires et aux dommages-intérêts qu'il doit en cas de retard ou d'inexécution » ; au contraire, c'est la *lex loci contractus* qui « mesurera l'étendue de l'obligation dont le débiteur est tenu, qui déterminera le caractère civil ou naturel de cette obligation, qui décidera si elle est soumise à une condition suspensive ou résolutoire, expresse ou tacite, si le contrat qui lui a donné naissance est annulable pour erreur, violence ou dol, ou rescindable pour cause de lésion, si son objet est indivisible, s'il existe un lien de solidarité entre les divers obligés ; c'est elle aussi qui fixera, en l'absence d'une stipulation formelle, le taux des intérêts dont l'obligation sera productive, pourvu que le taux n'excède pas le maximum établi par la *lex fori* » (Comp. Despagnet, n°s 496 et suiv. ; Asser et Rivier, n° 33 ; Brocher, t. 2, n° 206 ; Laurent, *loc. cit.* ; Esperson, p. 146, n° 39 ; Lomonaco, *Diritto civile internazionale*, p. 159 et suiv. ; Massé, t. 1, p. 498, n°s 598 et 599 ; Thaller, *Annales de droit commercial*, 1886-1887, t. 1, p. 315 ; Chausse, *Revue critique*, 1886, p. 693).

418. Indépendamment de la restriction relative à l'exécution du contrat, l'application de la *lex loci contractus* comporte une autre limitation plus générale, à laquelle est soumise toute loi étrangère : la loi du lieu du contrat cesse d'être obligatoire toutes les fois qu'elle porte atteinte aux principes d'ordre public dans le pays où on l'invoque. Il est évident, par exemple, qu'une convention, conclue en pays étranger relativement au commerce des esclaves, n'aurait aucun effet en France. De même, les tribunaux français devraient annuler la stipulation du pacte commissoire dans un contrat de nantissement, ou bien encore une convention portant sur une succession non ouverte, quoique ces actes concernent des étrangers et soient intervenus dans un pays où la loi en admet la validité (Aubry et Rau, t. 1, § 31, p. 106 ; Bertauld, t. 1, p. 37 ; Fiore, p. 449 ; Asser et Rivier, p. 77). — C'est par application du même principe qu'on ne pourrait pas poursuivre en France le payement de billets d'une loterie étrangère, alors même que l'obligation aurait été contractée dans un pays qui reconnaît son efficacité (Douai, 6 août 1883, aff. *Crédit populaire*, *Journal du droit international privé*, 1884, p. 190). La jurisprudence belge s'est prononcée dans le même sens sur ce point, en décidant, d'une manière générale, que l'obligation résultant d'une convention prohibée par la loi belge, notamment de la participation à une loterie non autorisée, est nulle, quel que soit le pays où elle ait pris naissance, et où elle doive s'exécuter (Bruxelles, 27 mai 1886, aff. *Caisse générale des familles*, *op. cit.*, 1888, p. 838). — On enseignait aussi, avant la loi du 28 mars 1885, sur les marchés à terme (D. P. 85. 4. 25), que l'étranger, débiteur d'un Français, pouvait opposer en France l'exception de jeu fondée sur l'art. 1965 c. civ., quoique la loi du pays où la dette avait été contractée en reconnût la légitimité; il en serait de même encore aujourd'hui dans les cas où cette exception subsiste (Bertauld, t. 1, p. 37; Laurent, t. 8, p. 170 et suiv.; Asser et Rivier, p. 77; Despagnet, n° 486; Weiss, p. 638; Fiore, p. 450).

419. C'est une question controversée, au contraire, que de savoir si les stipulations d'intérêts, faites à l'étranger contrairement aux prohibitions de la loi française, peuvent recevoir exécution en France. La question ne peut plus se poser aujourd'hui qu'en matière civile, la loi du 12 janv. 1886 (D. P. 86. 4. 32) ayant supprimé la limitation du taux de l'intérêt conventionnel en matière commerciale.

Un grand nombre d'auteurs estiment que les tribunaux français doivent repousser toute demande d'intérêts supérieurs au taux légal fixé par la loi française, en s'appuyant notamment sur ce que l'usure est un délit réprimé par la loi: or il est de principe que toute loi ayant un caractère pénal est d'ordre public international (Weiss, p. 639; Demangeat sur Fœlix, t. 1, p. 252, note *a*; Laurent, t. 8, p. 291; Bertauld, t. 1, p. 38). — La jurisprudence est depuis longtemps fixée en sens contraire (V. Paris, 21 juill. 1860, aff. Rousselet. *Gaz. des trib.* du 11 août 1860; Conf. Req. 10 juin 1857, aff. Darb, D. P. 59. 1. 194; Bordeaux, 22 août 1865, aff. Chaubin et Desmaries, D. P. 66. 2. 223; Bastia, 19 mars 1866, aff. Croce, D. P. 66. 2. 222; Chambéry, 12 févr. 1869, aff. Lemoine, D. P. 71. 2. 118; 19 févr. 1875, aff. François, D. P. 76. 2. 236; Lyon, 3 août 1876, aff. Grizard-Delaroue, *Journal du droit international privé*, 1877, p. 356; Trib. Seine, 12 mai 1885, aff. Levois *ibid.*, 1885, p. 305). La cour de Bastia, dans l'arrêt précité du 19 mars 1866, formule ainsi le principal motif sur lequel elle fonde sa décision; « Attendu que... la faculté de percevoir un intérêt quelconque étant une fois admise, il est tout naturel que, pour fixer le taux de l'intérêt, chaque pays tienne compte de sa situation en fait de commerce et de crédit, de l'abondance et de la rareté du numéraire, des risques du créancier, des avantages que le débiteur peut retirer de la somme empruntée, en un mot de tout ce qui influe d'ordinaire sur le prix de l'argent; d'où il suit que la loi, en semblable matière, ne peut avoir que le caractère d'un règlement spécial dont les dispositions varient selon les lieux et les circonstances, et ne s'élève jamais à la hauteur d'un de ces principes de morale absolue, devant lesquels toutes les nations civilisées s'inclinent avec respect... » (Conf. Aubry et Rau, t. 4, § 369, p. 606; Brocher, t. 2, p. 248; Despagnet, n° 488 et suiv.; Massé, t. 1, n° 616).

420. On est d'accord pour reconnaître qu'une convention qui aurait pour objet de favoriser la fraude envers le fisc français, fût-elle valable d'après la loi du lieu où elle est intervenue, ne peut pas produire d'effet en France; mais plusieurs jurisconsultes se prononcent, au contraire, pour la validité d'une convention qui serait faite en fraude des droits du fisc étranger, notamment de celle qui aurait pour objet des opérations de contrebande à l'étranger, eût-elle été passée dans le pays même dont il s'agit d'éluder les lois (Aubry et Rau, t. 1, § 3, p. 106; Pardessus, *Cours de droit commercial*, t. 5, n° 1492; Massé, t. 1, n° 568. M. Laurent (t. 8, p. 174 et suiv.) combat cette opinion qui lui paraît immorale (V. Conf. Weiss, p. 638; Despagnet, p. 487; Brocher, p. 365; Fiore, p. 452; Bossion, p. 313 et suiv.).

421. Lorsqu'il s'agit d'apprécier la validité ou les effets d'un acte juridique qui se compose de plusieurs conventions s'enchaînant dans un ordre successif, il faut encore appliquer le même principe que celui que nous avons posé pour tous les contrats en général, à chacune des conventions en lesquelles l'acte dont il s'agit se décompose. Il en est ainsi, en particulier, de la lettre de change; chacune des obligations qui en découlent est régie par la loi du lieu où elle a été contractée: les obligations qui naissent entre le tireur et le porteur, par la loi du lieu où la lettre a été émise; les obligations du tiré, par la loi du pays où il a accepté le mandat que lui donne le tireur; de même, celle des endosseurs successifs, par la loi du lieu où chaque endossement a été réalisé. Les applications de ce principe ont été développées *suprà*, v° *Effets de commerce*, n°s 389 et suiv.

422. Certains actes, comme les billets à ordre, par exemple, ont un caractère civil d'après certaines législations, et commercial suivant d'autres; si un conflit s'élève à ce point de vue, quelle loi faut-il appliquer pour déterminer la nature de l'acte? Il semblerait rationnel de décider que le caractère de l'acte, doit être celui que lui attribue la loi du pays où il est intervenu. Cependant ce principe doit se concilier avec la règle que les lois sur la compétence sont essentiellement territoriales, un tribunal ne pouvant être compétent que dans les cas prévus par la loi qui l'a institué; aussi croyons-nous que, si un acte est commercial d'après la *lex loci contractus*, les tribunaux civils devront néanmoins en connaître en France, sauf à tenir compte, quant à ses effets, des dispositions de la loi étrangère qui a présidé à sa formation.

Il a été jugé, par application de ce principe, que les lois relatives à l'organisation judiciaire et à la compétence, faisant partie intégrante du droit public des nations, on ne saurait, dans le but de soustraire à la juridiction consulaire un acte passé en pays étranger, alléguer le caractère civil que la loi étrangère attribue à cet acte; qu'en conséquence, le législateur belge (L. 15 déc. 1872, art. 2, et L. 25 mars 1872, art. 12) ayant décidé que le billet à ordre sera dans tous les cas réputé acte de commerce et de la compétence des tribunaux consulaires, ces tribunaux sont compétents pour connaître d'un billet à ordre souscrit à Paris: c'est à tort que le souscripteur prétendrait que ce billet est régi par la loi française; qu'il a, d'après cette loi, le caractère d'acte civil et que, par suite, le juge commercial belge est incompétent (Gand, 11 janv. 1890, aff. Baudichon, D. P. 90. 2. 353. — V. la note de M. de Boeck, D. P. *ibid.*).

Il faut remarquer que cet arrêt n'a statué que sur la question de compétence; il n'a pas résolu la question de savoir à quelle règle on doit s'attacher pour trancher d'une manière générale les conflit relatifs à la nature civile ou commerciale d'un acte juridique. Cette difficulté ne se présente pas seulement relativement à la compétence des tribunaux appelés à connaître de l'acte; elle peut se produire à d'autres points de vue, notamment en ce qui concerne les modes de preuve; suivant que l'acte sera considéré comme civil ou commercial, la preuve testimoniale, par exemple, pourra se trouver proscrite ou autorisée. Des auteurs ont posé en principe, en réservant seulement la question de compétence, que, pour déterminer le caractère civil ou commercial d'un acte, il faut toujours se reporter à la loi du pays où il a été fait; si d'après cette loi l'acte est commercial, il conserve ce caractère et en a les effets partout où l'exécution en est poursuivie (Asser et Rivier, § 90-92; de Bar, p. 698; Surville et Arthuys, *Droit international privé*, n° 446, p. 479-480). Cette doctrine a été attaquée avec beaucoup de force par MM. Lyon-Caen et Renault, *Traité de droit commercial*, 2e édit., t. 1, p. 164), qui s'expriment ainsi: « On doit reconnaître que la règle générale invoquée est inexacte. Cette règle ne conduit, en réalité, à aucune conséquence pratique. Le principe à poser est, au contraire, que toutes les fois que la question de savoir si un acte passé en pays étranger est commercial se présente en France, on doit, pour trancher, consulter la loi française, sans se préoccuper de la loi du pays où l'acte est intervenu. Cela provient soit de ce que l'intérêt pratique de la distinction des actes de commerce et des actes civils tient à l'ordre public, soit de ce que des actes positifs exigent l'application de la loi française. Sans doute, à certains points de vue, il faudra tenir compte de la loi étrangère, mais cela ne dépend pas de la règle que la nature civile ou commerciale assignée à l'acte par la législation du pays où il est passé devrait lui être reconnue ailleurs ». — Nous croyons que la question examinée ici n'est pas susceptible d'une solution générale; les tribunaux n'auront jamais à décider théoriquement si tel acte sur lequel ils ont à statuer est civil ou commercial; la détermination du caractère de l'acte sera toujours liée à une autre question plus spéciale, question de compétence ou de preuve, par exemple, laquelle sera résolue conformément aux principes généraux qui régissent les conflits des lois et dominent les matières civiles aussi bien que les matières commerciales. C'est ainsi que, si l'on demande à prouver par témoins l'existence d'un acte passé à l'étranger, en s'appuyant sur ce que la loi étrangère le considère comme un acte de commerce, la preuve testimoniale pourra être admise en France où l'acte est considéré comme civil, non pas parce qu'il appartient à la *lex loci contractus* de déterminer le caractère de l'acte, mais par application de la règle *locus regit actum*, qui s'étend aux modes de preuve comme aux formes instrumentaires de l'acte (V. *suprà*, n° 404).

423. C'est encore par la loi du lieu où le contrat a été passé que doivent être déterminées les causes d'extinction des obligations qu'il a engendrées (*Rép.* n° 443). Toutefois, la question de savoir s'il faut étendre cette règle à la prescription libératoire est encore aujourd'hui une des plus controversées de la matière, aussi bien dans la jurisprudence que dans la doctrine. Pothier (*Traité de la prescription*, n° 251) décidait que les conditions et le délai de la prescription en matière d'action personnelle étaient régis par la loi du domicile du créancier. Ce système n'a pas été soutenu par les auteurs modernes, qui hésitent entre les solutions suivantes :

Les uns se prononcent pour la loi du lieu où l'obligation a été contractée. Il n'y a pas de raison, disent-ils, pour distinguer entre la prescription et les autres modes d'extinction des obligations. Lorsque les parties ne se sont pas expliquées sur ce point, n'est-il pas rationnel de supposer que leur intention a été que l'action résultant du contrat eût la durée fixée par la loi du pays où cette action a pris naissance? (Demangeat, *Histoire de la condition civile des étrangers*, p. 358 ; Laurent, t. 8, p. 360; Asser et Rivier, p. 84 ; Fiore, p. 464 ; Despagnet, n° 505 ; Flandin, *Journal du droit international privé*, 1881, p. 230 et suiv. ; Consultation de M. Ch. Ballot avec adhésion de MM. Demangeat, Plocque et de Vatismesnil, *Revue pratique de droit français*, 1859, t. 8, p. 333 et suiv. ; Renault, *Revue critique*, 1882, p. 723 et suiv.). Jugé, en ce sens, que la prescription de cinq ans a son fondement dans une stipulation tacite et nécessaire du contrat, et par conséquent, doit être régie par la loi du lieu où il a été passé (Chambéry, 12 févr. 1869, aff. Lemoine, D. P. 71. 2. 118; Lyon, 17 mars 1881, aff. Comp. espagnole *Le Cabotage*, D. P. 82. 2. 198. Comp. Bruxelles, 13 mars. 1885, aff. Stevis et cons., D. P. 85. 2. 256). — Ce système implique l'idée que les parties peuvent déroger, dans leurs conventions, aux règles qui gouvernent la prescription, notamment se soumettre, pour la durée de la prescription, par exemple, à l'application d'une législation étrangère. C'est ce qui a été admis par l'arrêt précité de la cour de Lyon du 17 mars 1881. Mais cette conception de la prescription n'est pas admise par tous les auteurs. « La durée et les conditions de la prescription, dit M. Bertauld, p. 116, ne sont pas dans le domaine de la convention »; il est difficile, en effet, de ne pas reconnaître que l'organisation de la prescription se rattache, dans chaque pays, à l'ordre public; aussi M. Weiss, p. 645, tout en décidant que la prescription est soumise à la loi *lex loci contractus*, déclare qu'il faudrait suivre de préférence la *lex fori*, si le délai fixé par cette dernière était plus court que celui qui est déterminé par la première.

D'autres enseignent qu'il faut s'attacher à la loi du lieu de l'exécution de l'obligation (Troplong, *Traité de la prescription*, n° 38; Massé, t. 1, p. 559 ; Picard, *Journal du droit international privé*, 1881, p. 476; Lehr, *Revue de droit international*, 1881, p. 516, et *Revue judiciaire*, 1882, t. 1, p. 106 et suiv.). Le tribunal de la Seine a consacré cette interprétation par un jugement longuement motivé (Trib. Seine, 2 juin 1881, *Journal du droit international privé*, 1881, p. 234).

Dans un troisième système, on décide que la prescription extinctive dépend du statut personnel. Jugé, en conséquence, qu'il y a lieu d'appliquer, en Belgique, à un prêt à la grosse, fait en Grèce, sur un navire grec et entre sujets grecs, la prescription quinquennale établie par le code civil grec, et non la prescription triennale de l'art. 235 de la loi belge du 21 août 1879, alors même que la prescription est opposée devant les tribunaux belges, dans un ordre ouvert à la suite de la vente sur saisie, opérée en Belgique, du navire grec qui servait de garantie à la créance (Bruxelles, 13 mars 1885, arrêt précité).

D'après une quatrième opinion, la prescription extinctive doit être régie par la loi du lieu de la poursuite, *lex fori* (Martin, *Revue de droit international*, 1887, p. 280; Huber, *Traité du conflit des lois*, n° 7). Un jugement du tribunal de la Seine a admis cette solution. D'après ce jugement, la prescription libératoire des obligations doit être régie par la loi du lieu où l'action est exercée par le créancier, attendu qu'elle constitue une protection que la loi, dans un intérêt général, accorde au débiteur; par suite, un étranger assigné par un autre étranger devant un tribunal français, en payement de dépenses d'hôtellerie faites à l'étranger, est autorisé à lui opposer l'exception de prescription résultant de l'art. 2271 c. civ.; alors même que la loi du demandeur et du défendeur ne reconnaîtraient pas cette courte prescription (Trib. Seine, 28 nov. 1891, aff. Wehrle, *Gaz. trib.*, 7-8 déc. 1891. Conf. C. d'appel de Bois-le-Duc, 21 mars 1882) (1). Enfin, d'après un cinquième système, exposé au *Rép.* n° 444, et qui semble prévaloir dans la jurisprudence, les conflits relatifs à la prescription doivent être tranchés par la loi du domicile du débiteur (Civ. cass. 11 janv. 1869, aff. Albrecht, D. P. 69. 1. 135). Cet arrêt applique cette interprétation à la prescription établie au profit des commissionnaires de transport (Conf. Besançon, 11 janv. 1883, aff. Casimir Vorbe, et, sur pourvoi, Req. 19 mai 1884, D. P. 84. 1. 286). Selon M. Bertauld (t. 1, p. 116), on ne doit suivre la loi du domicile qu'autant que ce domicile est le lieu du jugement. — Le changement de domicile du débiteur fait naître une difficulté; la loi qui régit la prescription est-elle celle du domicile actuel ou celle du domicile que le débiteur avait à l'époque du contrat? Ce point est controversé aussi. M. Pardessus (*op. cit.*, n° 1495) adopte la première solution, afin d'empêcher le débiteur

---

(1) (De Behr, veuve Lehembre *C.* Clément). — LA COUR; — Attendu que l'action intentée par exploit du 17 août 1877 a été introduite primitivement par la dame Behr, femme Lehembre, appelante, et son mari, agissant tant en son nom que pour autoriser son épouse; qu'après le décès du sieur Lehembre, l'instance a été reprise devant le tribunal par sa veuve, tant en son propre nom qu'en qualité de tutrice de ses enfants mineurs; que cette action tend à obtenir payement de la moitié d'une somme de 9 544 fr. 15, qui a été attribuée à l'appelante dans le partage de la succession du sieur S. de Behr, décédé à Tilff (Belgique), aux termes d'un acte de liquidation et partage passé à Liège, le 17 août 1872, entre la dame Behr, et les intimés, ses cohéritiers; — Que la réclamation dont il s'agit est fondée sur ce que la somme ainsi attribuée à l'appelante consistait en cinq créances, dont trois étaient déjà éteintes lors du partage, par suite de payements antérieurs, la quatrième n'existait pas réellement, et la cinquième serait irrecouvrable par suite de l'insolvabilité du débiteur, le sieur Béco, domicilié à Esueux (Belgique), laquelle remontait à une époque antérieure au partage; — Attendu que, relativement à cette dernière créance, les intimés opposent la prescription entre copartageants, qui s'accomplit par le laps de trois ans aux termes de l'art. 1131 c. civ. hollandais; — Que, suivant l'appelante, cette disposition ne serait pas applicable, la prescription applicable étant celle de cinq ans, qu'édicte l'art. 886 c. civ. français, en vigueur en Belgique; que le tribunal de Maestricht par son jugement du 27 mai 1880 a accueilli le moyen tiré de la prescription et déclaré, dans cette mesure, la demande non recevable; — En ce qui concerne la prescription du recours en garantie fondé sur l'insolvabilité du sieur Béco : — Attendu que, ainsi que l'a décidé le tribunal, la prescription libératoire invoquée par un défendeur domicilié en Hollande est régie par la loi hollandaise, et qu'il importe peu que, dans l'espèce, l'acte de liquidation et partage intervenu entre les parties ait été passé à l'étranger, au lieu de l'ouverture de la succession; qu'en effet, la prescription atteint, non pas le droit lui-même, mais l'action par laquelle on peut le faire valoir; que les conditions dans lesquelles l'autorité publique sanctionne les droits invoqués sont subordonnées aux règles établies par la même autorité; qu'il en est surtout ainsi en ce qui concerne les prescriptions qu'elle édicte pour assurer les situations acquises et pour mettre les particuliers à l'abri de réclamations mal fondées ou caduques ; — Par ces motifs, confirme.

Du 21 mars 1882.-C. d'appel de Bois-le-Duc.-MM. F. van der Ducs de Ville-Bois, pr.-F. van Meeuwees, av. gén.

de changer, en déplaçant son domicile, les conditions de la prescription à laquelle il est soumis. On s'était prononcé au *Rép.* nº 445, pour la loi du domicile du débiteur au moment où l'action est introduite; c'est en ce sens que la cour de cassation a résolu elle-même la difficulté (Civ. rej. 28 juill. 1884, aff. Vergez, D. P. 85. 1. 300). D'après M. Bertauld, *loc. cit.*, lorsque le débiteur change de domicile, il faudrait combiner, pour les conditions et surtout pour le délai de la prescription, les lois des divers domiciles du débiteur, de telle sorte que le temps écoulé sous l'empire de chacune de ces lois ne serait compté que conformément à cette loi. L'opinion que nous adoptons supprime les complications de ce système.

Les divergences qui existent entre la plupart des systèmes exposés ci-dessus sont plus apparentes que réelles : trois d'entre eux se confondent le plus souvent dans l'application : le lieu du domicile du débiteur est presque toujours le même, en effet que celui où le payement doit se faire et que celui de la poursuite.

424. Il existe un contrat qui, au point de vue de sa validité intrinsèque et de ses effets, est régi par des principes particuliers, c'est le contrat de mariage. La question de savoir quelle loi il faut appliquer aux conventions matrimoniales, soit que les époux aient fait un contrat de mariage, soit qu'ils n'en aient pas fait, qu'il s'agisse d'ailleurs de Français ou d'étrangers, a été examinée au *Rép.* vº *Contrat de mariage*, nºˢ 524 et suiv., et *suprà*, eod. vº, nºˢ 40 et suiv. Conformément aux principes posés dans cette matière, il a été jugé encore depuis la rédaction du *Supplément*, que la règle de l'art. 1393 c. civ., suivant laquelle les époux doivent être considérés comme mariés sous le régime de la communauté, ne s'applique pas aux étrangers qui se sont mariés en France sans contrat; qu'il faut, à leur égard, rechercher pour le règlement de leurs intérêts civils, leur intention, d'après les diverses circonstances dans lesquelles le mariage a été contracté; que, par suite, si les époux ont manifesté, en se mariant, la volonté de suivre les prescriptions de leur statut personnel, les tribunaux doivent décider qu'ils sont soumis au régime de droit commun établi par leur loi nationale (Trib. Seine, 8 janv. 1891, *Gaz. trib.* du 11 mars 1891. Conf. deux arrêts de la cour de Paris du 12 juill. 1890, *Gaz. trib.* des 29 août et 21 sept. 1890). Il a été décidé, dans le même sens, que le Français n'étant pas, en ce qui concerne ses conventions matrimoniales, suivi hors de France par son statut personnel, n'y est plus soumis à la disposition de l'art. 1393 c. civ., qu'en conséquence, s'il s'est marié à l'étranger avec une étrangère, le régime national des époux est déterminé uniquement, par l'intention qui paraît avoir été le leur à l'époque de la célébration de leur mariage; en particulier, que le Français marié en Italie avec une Italienne sans avoir fait de contrat de mariage, peut être considéré comme ayant entendu adopter le régime matrimonial de droit commun tel qu'il est fixé par la loi italienne, c'est-à-dire la séparation de biens et non le régime de la communauté légale établi par la loi française (Req. 9 mars 1891, aff. Favier, D. P. 91. 1. 460).

425. La loi qui régit les effets des conventions matrimoniales s'applique aux biens des époux, quelle que soit leur nature et en quelque lieu qu'ils soient situés. Cette règle ne donne lieu à aucune difficulté pour les biens mobiliers. Jugé, en particulier, que les époux étrangers qui viennent s'établir en France sont fondés à y invoquer, en ce qui concerne leur capacité et l'aliénalibilité de leurs biens, les règles du statut matrimonial sous lequel ils se sont mariés, pourvu qu'elles ne soient pas contraires à la loi française; et que ces règles ont la même force que si elles eussent été inscrites comme conventions matrimoniales dans un contrat en forme; spécialement, que la femme mariée sous la loi écossaise peut opposer aux créanciers de son mari en France, le caractère paraphernal que cette loi attribue aux objets mobiliers d'utilité ou d'ornement servant à son usage (parmi lesquels on ne doit pas comprendre, toutefois, les étoffes non confectionnées) (Trib. Boulogne-sur-Mer, 11 févr. 1854, aff. W... A., D. P. 54. 3. 37).

Mais certains auteurs n'appliquent pas cette solution d'une manière aussi absolue aux immeubles qu'aux meubles, notamment en ce qui concerne l'inaliénabilité qui est souvent la conséquence du régime dotal. Il est certain que des époux, quelle que soit leur loi matrimoniale, ne pourraient pas se prévaloir de l'inaliénabilité dotale dans un pays qui prohiberait cette inaliénabilité comme étant contraire à l'ordre public (Demolombe, t. 2, nºˢ 85 et 86, Despagnet, nº 522; Weiss, p. 516; Brocher, t. 2, nº 187). — On est allé jusqu'à prétendre, ainsi qu'on l'a dit au *Rép*, nº 412, que, l'inaliénabilité dotale se rattachant au statut réel, les immeubles dotaux qu'une femme possède en France, où la législation consacre cette inaliénabilité, sont inaliénables, quelles que soient, à cet égard, les dispositions du régime matrimonial auquel les époux sont soumis. Cette opinion est aujourd'hui vivement critiquée par presque tous les auteurs, comme étant contraire au principe généralement considéré comme le fondement de l'inaliénabilité dotale; cette inaliénabilité n'a pas, en effet, pour cause, dans l'opinion dominante, une indisponibilité réelle dont la loi frappe les immeubles dotaux dans un intérêt général; elle dérive uniquement de l'incapacité personnelle de la femme, et par suite, est complètement indépendante de la loi de la situation des biens (V. *suprà*, vº *Contrat de mariage*, nº 1229). D'ailleurs, comme le fait remarquer M. Weiss, l'inaliénabilité dotale, qui n'est même pas une règle d'ordre public interne, puisque les époux peuvent l'exclure du régime dotal d'après la loi française (c. civ. art. 1557), ne saurait être considérée comme une règle d'ordre public international (Guillouard, *Traité du contrat de mariage*, t. 4, p. 155 et suiv.; Labbé, *Revue critique*, 1856, p. 5; Valette, *Mélanges*, t. 1, p. 514 et suiv.; Colmet de Santerre, sur Demante, t. 6, p. 497, nº 232 *bis*; Barde, p. 95; Laurent, t. 5, p. 475; Despagnet, *loc. cit.*; Comp. *suprà*, vº *Contrat de mariage*, nº 1229. V. aussi Trib. Seine, 20 août 1884, *France judiciaire*, 1884, 2ᵉ part., p. 90).

426. Les obligations ne résultent pas seulement des contrats; elles ont d'autres sources; elles peuvent provenir notamment de quasi-contrats, comme celles qu'engendrent la gestion d'affaire et le payement de l'indu, par exemple; quelle loi faut-il appliquer pour résoudre les conflits auxquels peuvent donner lieu des engagements de cette nature? Bien qu'on ne puisse plus ici se prévaloir de la volonté présumée des parties, puisque le concours des consentements fait défaut, on applique généralement aux quasi-contrats les mêmes règles qu'aux contrats, à raison de l'analogie que le législateur a lui-même reconnue entre ces deux espèces d'actes juridiques. Les conflits qui les concernent doivent être résolus non pas par la loi, à laquelle les parties ont eu l'intention de se soumettre, mais par celle qu'elles auraient vraisemblablement choisie si leur attention avait pu se porter sur cette question; or, il est rationnel de présumer que cette loi aurait été la loi personnelle des parties si elles ont la même nationalité, et, dans le cas contraire, celle du lieu où est intervenu le fait générateur des obligations qui leur incombent. Telle est la doctrine qui est enseignée aujourd'hui par la plupart des auteurs (Laurent, t. 8, p. 6 et suiv.; Weiss, p. 645 et suiv.; Despagnet, nº 509; Massé, t. 2, nº 160; Fœlix, t. 2, p. 259; Asser et Rivier, p. 86 et suiv.; Bard, p. 271; Picard, *Journal du droit international privé*, 1881, p. 483 et suiv. Comp. *Rép.* nº 446). — Jugé, en ce sens, que l'armateur du navire abordeur, actionné par le propriétaire du navire abordé, comme responsable de la faute du capitaine, auteur du sinistre, doit être, bien qu'assigné devant la juridiction française, jugé d'après la loi étrangère qui est celle du *mandat;* que, dès lors, le juge ayant déclaré que la loi de l'armateur étranger ne lui conférait pas le droit de se libérer par l'abandon du navire, mais qu'elle fixait seulement la limite supérieure de son obligation à huit livres par tonneau de jauge, c'est avec raison que l'arrêt, objet du pourvoi, a décidé que l'abandon du navire abordeur était impossible et que l'armateur payerait le dommage, sauf à lui à se libérer en payant le forfait légal de huit livres par tonneau de jauge (Civ. rej. 4 nov. 1891, aff. Wilson, D. P. 92, 1ʳᵉ partie).

427. S'il s'agit d'obligations ayant leur cause dans un délit ou dans un quasi-délit, il faut faire complètement abstraction de la nationalité des parties et appliquer, dans tous les cas, la loi du lieu où le fait dommageable s'est produit, car c'est ici la législation qui crée l'obligation en considération de l'atteinte portée à l'ordre public local, et il est évident que la réparation ne peut être déterminée que par la loi du pays dans lequel l'ordre général a été violé. Il en est ainsi, que le fait dommageable ait eu lieu en France ou en pays étranger. — M. Weiss, p. 647, est d'avis toutefois, pour le dernier cas, qu'on doit tenir compte, l'ordre public français n'étant plus intéressé, de la loi commune au créancier et au débiteur, la loi du lieu où s'est produit le fait générateur de l'obligation ne devant s'appliquer que si les parties n'ont pas la même nationalité, comme en matière de contrats et de quasi-contrats (Comp. Brocher, t. 2, p. 143 ; Laurent, t. 8, p. 21 et suiv. ; Despagnet, n°s 510 et suiv. ; Asser et Rivier, p. 112 ; Esperson, *Journal du droit international privé*, 1882, p. 287 et suiv.). Jugé, en ce sens, que lorsqu'une demande en dommages-intérêts intentée par un étranger contre un Français, devant la justice française, est fondée sur un quasi-délit qui aurait été l'œuvre du défendeur à l'étranger, spécialement sur la saisie du navire indûment opérée et prolongée, ladite demande doit être jugée, par les juges français, d'après la loi du lieu où s'est produit le fait générateur de l'obligation prétendue ; et que les juges français, ont donné satisfaction à cette exigence, du moment où, indépendamment d'autres considérations, ils ont affirmé, par une appréciation qui est souveraine, que le Français défendeur ne rapportait la preuve d'aucune disposition de la loi étrangère l'affranchissant de la responsabilité par lui encourue, d'après un principe universellement reconnu, à raison de la saisie téméraire, injuste et prolongée, dont il avait frappé le navire du demandeur (Civ. rej. 16 mai 1888, aff. Comp. d'assurances *La Baloise*, D. P. 88. 1. 305).

428. Quant aux obligations provenant directement de la loi, comme celles qui concernent le tuteur ou les propriétaires voisins, par exemple, on peut dire, d'une manière générale, qu'elles sont déterminées par la loi qui régit le fait auquel le législateur les rattache (Despagnet, n° 507; Laurent, *op. cit.*, t. 8, p. 20).

ART. 5. — *Des lois de police et de sûreté qui obligent les étrangers* (*Rép.* n°s 448 à 457).

429. L'autorité de ces lois est essentiellement territoriale; elles s'appliquent à tous ceux qui sont, en France, étrangers ou nationaux. Cette règle, formulée dans l'art. 3 c. civ., n'a jamais fait difficulté; mais quels sont les caractères distinctifs des lois de police et de sûreté? Il est impossible de déterminer, à ce point de vue, un critérium certain; ainsi qu'on l'a dit au *Rép.* n° 450, c'est aux magistrats à juger, par l'appréciation du trouble qui résulterait de son infraction, si telle disposition constitue une loi de police et de sûreté. — Ce qui n'est pas douteux, c'est que le mot loi doit être pris ici, comme le dit M. Laurent (*Principes de droit civil*, n° 105), dans sa plus large acception, et qu'il comprend non seulement les actes du pouvoir législatif, mais aussi les règlements administratifs de toute nature. Il ne faut pas restreindre non plus aux lois pénales les lois dont il s'agit ; par lois de police et de sûreté, il faut entendre toutes celles qui ont pour objet la sûreté des personnes, le respect des propriétés, et, d'une manière plus générale, le maintien du bon ordre dans la société. Cette formule embrasse, notamment, en plus des lois pénales, les lois constitutionnelles, les lois politiques, en particulier celles qui sont relatives à la liberté individuelle, à la liberté de la presse, du droit de réunion et enfin toutes les lois de droit civil qui ont pour but l'ordre public. Il importe toutefois de distinguer ici l'ordre public *international* de l'ordre public *interne* dont les dispositions ne concernent que les nationaux. Nous avons indiqué un grand nombre d'applications de cette distinction délicate qui domine toute la matière du conflit des lois; la démarcation entre les deux ordres publics est d'autant plus difficile à préciser qu'elle est essentiellement variable suivant les époques et le degré de civilisation des sociétés (V. Laurent, *Droit civil international*, t. 2, n°s 185 et suiv. ; Durand, p. 246 ; Despagnet, n° 22 ; Brocher, t. 1, p. 106 et suiv. ; Aubry et Rau, t. 2, § 31, p. 81 ; Asser et Rivier, p. 59 ; Weiss, p. 246; Olivi, *Revue de droit international*, 1883, p. 57 ; Fiore, p. 57 et suiv. ; Esperson, *Journal du droit international privé*, 1880, p. 253 et suiv.).

430. C'est en vertu des principes posés ci-dessus qu'il a été jugé que la loi du 15 juin 1872, sur les titres au porteur volés ou perdus (D. P. 72. 4. 112), est une loi de police et de sûreté, qui s'applique à la négociation ou à la transmission de ces titres, sans distinguer entre celles qui se font en France et celles qui ont lieu à l'étranger (Req. 13 févr. 1884, 1re espèce, aff. Cahen d'Anvers et comp., D. P. 84. 1. 265 ; Trib. Seine, 17 nov. 1890, *Gazette des tribunaux*, 16 janv. 1891 ; 13 nov. 1891, *ibid.*, 2 déc. 1891). Il a été décidé aussi que la loi du 28 mars 1882, sur l'enseignement primaire obligatoire (D. P. 82. 4. 64), a le même caractère et régit, par suite, les étrangers comme les Français. « Tout Etat, est-il dit dans le jugement qui consacre cette solution, a le droit de veiller à sa conservation et de prendre toutes les mesures nécessaires pour atteindre ce but; il peut donc imposer aux parents, même étrangers, qui lui demandent l'hospitalité, ce qu'il juge indispensable ou utile au développement de l'intelligence des enfants et de leur moralité, pour arracher ces enfants à cette pépinière de vagabonds et de misérables qui jettent le trouble dans la société et vont tôt ou tard peupler les prisons ou les bagnes ». En conséquence, il paraît impossible de nier que la loi sur l'instruction primaire obligatoire n'ait une grande affinité avec les lois de police et de sûreté, en prenant ces expressions dans le sens large (Trib. simple police de Ressons-sur-Matz (Oise), 13 juill. 1883, *Moniteur des juges de paix*, 1883, p. 358 ; V. aussi Trib. simple police, de Céret, 28 févr. 1883, *ibid.*, 1883, p. 201; Conf. Laurent, *op. cit.*, t. 5, p. 175 et suiv. ; Despagnet, n° 406 et *Journal du droit international privé*, 1889, p. 212). — Comp. Convention du 14 déc. 1887 entre la France et la Suisse, en vue d'assurer la fréquentation des écoles primaires par les enfants de l'un des pays résidant sur le territoire de l'autre (D. P. 88. 4. 46). — C'est, à notre avis, donner un sens trop étendu aux mots lois de police et de sûreté, que de faire rentrer dans ces lois la loi du 28 mars 1882 ; il nous semble que l'organisation de l'enseignement en France dépend plutôt de l'ordre public interne que de l'ordre public international. M. Weiss, p. 497, fait d'ailleurs remarquer que la doctrine exposée ci-dessus ne paraît pas avoir prévalu dans la pratique.

431. En recherchant quelles sont les lois qui doivent régir l'exercice des droits appartenant aux étrangers en France, soit relativement à leur état et à leur capacité, soit relativement à leur patrimoine, on a toujours supposé qu'il s'agissait de personnes physiques. Les mêmes principes s'appliquent-ils aux personnes morales? La question est complexe. — On peut se demander d'abord si les collectivités étrangères investies de la personnalité civile à l'étranger jouissent aussi de cette personnalité en France, et, en supposant cette première question résolue affirmativement, si c'est à la loi étrangère, ou à la loi française qu'il appartient de déterminer les droits que ces collectivités légalement reconnues peuvent exercer dans notre pays. Nous ferons abstraction ici des sociétés commerciales qui sont soumises à des règles particulières résultant de lois ou de traités (V. *Rép.* v° *Sociétés*, n°s 15, 88 et suiv.). — Ce cas réservé, la première question a été résolue *suprà*, v° *Dispositions entre vifs et testamentaires*, n° 108 ; on a posé en principe que les établissements publics étrangers peuvent se prévaloir en France de la personnalité civile qui leur est accordée à l'étranger, notamment en ce qui concerne la capacité d'acquérir à titre gratuit ; cela revient à dire, pour employer une formule plus générale, qu'il appartient à la loi du pays dans lequel elles ont pris naissance de décider si les collectivités qui invoquent en France la personnalité juridique, réunissent les conditions à l'accomplissement desquelles est subordonnée la constitution de cette personnalité. C'est, d'ailleurs, aux établissements étrangers à justifier de leur existence légale d'après la loi étrangère, lorsqu'ils revendiquent un droit en France, la personnalité, qui est une exception au droit commun, ne devant pas être présumée (Trib. Seine, 17 avr. 1885, *Journal du droit international privé*, 1886, p. 593).

Mais, l'existence légale des collectivités étrangères étant déterminée par l'application du principe que nous venons de poser, on se trouve en présence de la seconde question : quelle est la loi qui doit régir leur capacité, leurs droits et leurs obligations? A notre avis, la seconde difficulté est tranchée par la solution donnée à la première. Si l'on admet que les personnes morales étrangères légalement constituées conservent leur individualité en France, elles doivent être régies, en France, comme les personnes physiques, par leur statut personnel; c'est donc la loi étrangère, qui a présidé à leur formation, qui fixera l'étendue de leur capacité, les limites de leurs droits et de leurs obligations, sauf les restrictions relatives à l'ordre public international. — M. Laurent, *op. cit.*, t. 4, n° 133, enseigne, au contraire, que la capacité des corporations étrangères rentre dans le statut réel, et que, par suite, l'exercice des droits qui peuvent leur appartenir dépend uniquement de la loi territoriale; mais cette solution est une conséquence de la doctrine de cet auteur, qui ne reconnaît pas la personnalité des établissements étrangers. Seuls, d'après lui, les gouvernements étrangers ont une existence légale, comme puissance indépendante. « Par elles-mêmes, les corporations n'existent pas à l'étranger, bien qu'elles aient une existence légale là où elles ont été créées. Elles n'existent que si elles ont été reconnues par la loi du pays où elles veulent exercer un droit; si c'est la loi territoriale qui leur donne l'existence à l'étranger, c'est aussi cette loi qui détermine l'étendue des droits qu'elle leur reconnaît. Ces droits forment, par conséquent, un statut réel. L'intérêt social est engagé dans le débat. Cela est décisif. C'est donc la loi du pays où les corporations étrangères agissent qui définira et limitera leurs droits; ce qui aboutit à la conclusion que les corporations étrangères jouissent des droits qui sont reconnus aux corporations analogues du pays » (Comp. Laurent, *Principes de droit civil*, t. 1, n° 306, t. 11, n° 196, et t. 30, n° 254). — M. Weiss, p. 722, a très bien démontré que cette théorie est le résultat d'une confusion. Sans doute la corporation étrangère ne peut agir en France qu'à la condition de faire connaître son existence; c'est en cela que la personne morale diffère de la personne physique; mais « cette reconnaissance, qui lui est nécessaire pour qu'elle puisse exercer ses droits sur un territoire étranger, ne la crée pas, ne lui donne ni une personnalité qui lui était déjà acquise, ni une nationalité nouvelle; elle se borne à lui permettre d'exercer ses droits loin du lieu de sa naissance ». Il est vrai que, d'après l'art. 1er de la loi du 30 mai 1857 (D. P. 57. 4. 75), les sociétés étrangères visées par cette loi sont admises à exercer leurs droits en France; « en se conformant aux lois de l'Empire », mais on aurait tort de conclure de ce texte que les établissements étrangers ne peuvent jamais se prévaloir chez nous des lois du pays dans lequel ils se sont constitués. D'abord, nous avons déjà dit que les sociétés commerciales sont soumises à des règles spéciales; en second lieu, les expressions de la loi de 1857 sont interprétées généralement comme ayant un sens restreint, c'est-à-dire comme se référant uniquement aux lois d'ordre public et à celles qu'une disposition formelle du législateur a déclarées applicables aux sociétés étrangères (Weiss, p. 721 et suiv.; Conf. Fœlix, t. 1. p. 65; Brocher, t. 1, p. 195; Bard, p. 197; Esperson, *Journal du droit international privé*, 1880, p. 338). — V. une application intéressante du principe de la personnalité des lois qui régissent les personnes morales dans un arrêt de la cour de cassation de Belgique du 26 déc. 1876, *Pasicrisie*, 1877. 1. 54.

Ce principe reçoit, d'ailleurs, exception, non seulement pour les sociétés, mais pour toutes les personnes morales sans distinction, lorsque des considérations d'ordre public international mettent obstacle à l'application de la loi étrangère ou imposent l'observation de la loi locale. C'est pour ce motif que les personnes morales étrangères ne peuvent, comme on l'a dit (*suprà*, v° *Dispositions entre vifs et testamentaires*, n° 108) recevoir des dons ou legs portant sur des biens situés en France qu'avec l'autorisation du Gouvernement français, conformément à l'art. 910 c. civ., dont les prescriptions sont d'ordre public international, quelles que soient sur ce point les dispositions de la législation étrangère; mais nous croyons que si ces personnes sont également soumises à l'autorisation administrative dans leur pays, elles doivent, en même temps, justifier de cette autorisation, en vertu du principe que leur capacité dépend de leur statut personnel. — La jurisprudence décide que l'art. 910 est opposable même aux souverains étrangers appelés à recueillir des biens situés en France; une application de ce principe a été faite récemment au Saint-Siège. Jugé que, si le Saint-Siège ou la Papauté est reconnu par la France comme Etat étranger, et comme constituant, par suite, une personne morale capable de s'engager, d'acquérir et de recevoir par des traités, et à plus forte raison par des contrats ou actes du droit civil, il ne peut cependant exercer cette capacité en France qu'avec l'autorisation du Gouvernement français (Trib. Montdidier, 4 févr. 1892, aff. Comte de Colbert Turgis, *Gaz. des trib.* 7 févr. 1892; Comp. Trib. Nancy, 14 déc. 1887, *Journal du droit international privé*, 1888, p. 324).

CHAP. 6. — De l'interprétation des lois

(*Rép.* nos 458 à 520).

432. On distingue généralement l'interprétation par voie d'autorité et l'interprétation par voie de doctrine, à laquelle se rattache celle qui est donnée par les tribunaux (*Rép.* n° 458). Il est plus exact de dire que l'interprétation des lois est ou *privée* ou *publique* : la première est celle qui est fournie par les jurisconsultes en dehors de tout mandat officiel; la seconde émane de tout pouvoir constitutionnellement investi du droit d'interpréter la loi d'une manière obligatoire, soit pour certaines personnes, soit pour la généralité des citoyens. L'interprétation publique se divise en interprétation législative et interprétation judiciaire (Aubry et Rau, t. 1, § 38, p. 124). Il ne sera question ici que de l'interprétation publique; et encore, en ce qui la concerne, il suffira de mentionner quelques décisions dans lesquelles les tribunaux ont appliqué les règles qui ont été exposées au *Répertoire*.

433. Il n'y a rien à ajouter aux explications données au *Rép.* nos 459 et suiv. au sujet de l'interprétation législative, si ce n'est pour faire remarquer que la jurisprudence a confirmé d'une manière formelle l'opinion que nous avons émise relativement à la question de savoir s'il peut y avoir encore aujourd'hui des lois interprétatives (*Rép.* n° 467). — La loi des 21-29 mai 1858, contenant des modifications au code de procédure civile (D. P. 58. 4. 38), déclare dans l'art. 4, consacré aux dispositions transitoires, que les ordres ouverts avant la promulgation de la présente loi seront régis par les dispositions des lois antérieures, et que le nouvel art. 692 c. proc. civ. sera appliqué aux poursuites de saisie immobilière prononcées lors de sa promulgation dans lesquelles cet article, tel qu'il était conçu lors de sa première rédaction, n'aurait pas encore été mis à exécution. Malgré la généralité de ce texte, il a été reconnu que le principe qu'il édicte ne s'appliquait pas à toutes les dispositions de la loi, qu'il y avait dans la loi de 1838 des dispositions introductives d'un droit nouveau et des dispositions purement interprétatives, et que celles-ci devaient s'appliquer même aux ordres déjà ouverts à l'époque de la promulgation de la loi. Jugé, en conséquence, que l'art. 762 de la loi du 21 mai 1858, d'après lequel le délai des jugements rendus en matière d'ordre court à partir de la signification de ces jugements à avoué, s'applique même aux ordres ouverts sous l'empire de l'ancien art. 763 c. proc. civ., époque à laquelle ce point de départ du délai était controversé (Civ. cass. 29 août 1865, aff. Véron, D. P. 65. 1. 329). — Comp. relativement à l'effet des lois interprétatives, *suprà*, n° 104.

Le droit de provoquer une loi d'interprétation n'est d'ailleurs, plus aussi restreint qu'à l'époque de la publication du *Répertoire*; il est évident que ce droit appartient à toute personne ayant l'initiative des lois. Sous la constitution de 1852 cette initiative, ainsi qu'on l'a dit au *Rép.* n° 468, n'appartenait qu'à l'empereur; mais la constitution de 1875, art. 3, l'a attribuée au président de la République concurremment avec les membres des deux Chambres (V. *suprà*, v° *Droit constitutionnel*, n° 64).

434. Pour ce qui a trait à l'interprétation des actes administratifs (V. *Rép.* nos 469, 474 et suiv., et *suprà*, v° *Compétence administrative*, nos 327 et suiv.).

435. Ainsi qu'on l'a fait observer au *Rép.* n° 470, l'interprétation d'un acte administratif ne peut être requise qu'en vertu de motifs sérieux. Il a été jugé, en conséquence, que l'interprétation d'un décret portant concession ou affectation d'un immeuble précédemment réuni au domaine national, ne peut être demandée au conseil d'Etat que relativement au point sur lequel il existe une contestation entre les concessionnaires et l'administration des Domaines ; qu'elle ne peut être étendue d'avance aux points qui seraient simplement, d'après l'appréciation des parties, susceptibles de faire difficulté dans l'avenir (Cons. d'Ét. 22 juin 1854, aff. Ursulines de Redon, D. P. 55. 3. 4. V. au surplus, *suprà*, v° *Compétence administrative*, n° 333).

436. Sur le droit, pour les tribunaux, d'apprécier la légalité des actes réglementaires (V. *Rép.* n° 475 et *suprà*, v° *Compétence administrative*, n°s 27 et 295). Sur leur droit à l'égard des actes d'administration proprement dits (V. *Rép.* n° 477 et *suprà*, v° *Compétence administrative*, n°s 54 et suiv., 209 et suiv., 283 et suiv.).

437. On a examiné au *Rép.* n° 517, si, lorsqu'il y a erreur matérielle dans l'impression d'une loi légalement publiée, les tribunaux peuvent rectifier cette erreur et faire prévaloir l'esprit de la loi sur la lettre et sur la généralité de ses termes. Dans quels cas, plus généralement, peuvent-ils considérer qu'une erreur ou lacune existe dans un texte et qu'il leur est permis de les réparer? Les erreurs de cette nature sont nombreuses ; indépendamment de celles dont il sera parlé *infrà*, n°s 438 et suiv., on peut encore citer l'art. 213 du code de commerce, dans lequel est écrit le mot « le tiers saisi », au lieu du « débiteur saisi »; l'art. 50 de la loi du 3 mai 1841, qui écrit « le magistrat directeur » au lieu de « l'expropriant »; l'art. 477 c. pén., qui renvoie par erreur à l'art. 476, au lieu de renvoyer à l'art. 475-5°. Dans ses conclusions, relatives à une espèce dans laquelle la question n'était pas posée, M. l'avocat général Paul Fabre a développé ce principe que, les lois n'étant pas plus que les conventions à l'abri des erreurs de mots et de chiffres, le juge a les mêmes pouvoirs d'interprétation pour les unes et pour les autres. Après avoir cité les cas rappelés ci-dessus, il terminait en disant : « Vous n'hésitez pas à rechercher, dans ces cas, la vraie pensée du législateur; et vous mettez à la place ou à côté de ce qu'il a mis ce qu'il a entendu mettre; c'est là interpréter et non refaire la loi » (D. P. 66. 1. 109).

438. Le principe ainsi posé semble trop général dans sa formule. L'importante question dont il s'agit ici s'est présentée plusieurs fois en jurisprudence; récemment encore, la cour de cassation a été appelée à la résoudre dans deux hypothèses différentes, en matière civile et en matière pénale (V. *infrà*, n° 438). La distinction suivante ressort de la doctrine qui a prévalu dans ses arrêts : s'il s'agit d'une erreur matérielle, rendant une disposition de loi inconciliable avec celle à laquelle elle renvoie par l'indication d'un numéro d'article, le juge peut rechercher et dire à quel article cette disposition se réfère réellement. Ainsi le décret du 28 août 1862 sur la transcription en matière hypothécaire au Sénégal, dans les établissements de l'Inde et aux îles de Saint-Pierre et de Miquelon (D. P. 62. 4. 121), porte, art. 8, que « l'*action résolutoire* établie par l'art. 1634, ne peut être exercée, après l'extinction du privilège du vendeur, au préjudice des tiers qui se sont conformés aux lois pour les conserver ». L'erreur matérielle est évidente : l'action résolutoire n'est pas établie par l'art. 1634, qui ne s'occupe que du règlement de certaines impenses faites par un acquéreur sur son immeuble, mais bien par l'art. 1654. Un tribunal n'excéderait certainement pas ses pouvoirs en appliquant les dispositions de l'art. 1654 au cas prévu à l'art. 8. — Dans cet ordre d'idées, la cour de cassation a jugé, par deux arrêts des 14 déc. 1832 (*Rép.* v° *Jeu-pari*, n° 101) et 7 juill. 1854 (aff. Favié, D. P. 55. 5. 266), que l'art. 477 c. pén., prononçant la confiscation des appareils des jeux de hasard tenus sur la voie publique, doit être entendu comme se référant à l'art. 475-5°, qui punit ceux qui ont établi ou tenu dans les rues, chemins, places ou lieux publics, des jeux de loterie ou d'autres jeux de hasard, cet article étant le seul qui relève cette contravention, et non à l'art. 476, qui ne vise que la peine d'emprisonnement à appliquer aux charretiers, rouliers, etc., en contravention.

439. Mais la question peut se présenter dans des cas où le texte d'une loi invoquée, bien que paraissant être entaché d'erreur dans la citation d'un article, ou présenter une lacune dans l'énumération d'articles qu'il relève, a pourtant un sens propre et peut recevoir, tel qu'il est rédigé, une application juridique; dans une telle hypothèse, le tribunal peut-il corriger le numérotage de l'article indiqué ou ajouter à l'énumération un article qui n'y figure pas, et juger la question litigieuse en visant le texte qu'il a rectifié ou ajouté? La chambre criminelle et la chambre civile de la cour de cassation, saisies presque en même temps de cette difficulté, l'ont résolue négativement, conformément à la doctrine soutenue au *Rép.* n° 517.

Dans la première affaire, il s'agissait de savoir si l'art. 60 de la loi du 29 juill. 1881 sur la presse (D. P. 81. 4. 86), qui porte que « sont applicables au cas de poursuite et de condamnation les dispositions de l'art. 48 de la présente loi » emporte, pour le ministère public, l'obligation, en matière de diffamations ou d'injures poursuivies devant les tribunaux correctionels, de rédiger le réquisitoire introductif de la procédure dans les formes prescrites par l'art. 48 précité ou si, au contraire, il suffit qu'il se conforme aux prescriptions du code d'instruction criminelle. On prétendait qu'en se référant à l'art. 48 de la loi de 1881, l'art. 60 avait commis une erreur matérielle qu'il était dans les pouvoirs du juge de corriger. M. le conseiller Sallantin affirma dans son rapport qu'un pareil droit n'appartient au juge que lorsqu'il y a certitude qu'une erreur s'est glissée dans le texte, et il s'appliqua à démontrer que l'historique des textes et les variantes qu'ils avaient subies ne permettaient pas d'acquérir cette certitude. Partageant elle-même cette opinion, la cour de cassation a jugé que l'art. 60 ne contenait pas d'erreur matérielle dans sa référence à l'art. 48, et que, d'ailleurs, cette référence n'était point inconciliable avec les prescriptions de la loi en matière correctionnelle (Crim. cass. 13 juin 1891, aff. Plumeau, D. P. 92. 1. 77).

La même doctrine a été consacrée par la cour de cassation à l'occasion du décret du 28 août 1862 cité *suprà*, n° 437, qui a étendu à certaines colonies, en particulier aux établissements de l'Inde, les dispositions de la loi du 23 mars 1855 (D. P. 55. 4. 27) sur la transcription, et qui, déclarant que la formalité de la transcription ne s'appliquerait pas aux actes ayant acquis date certaine dans le délai imparti pour l'exécution de la nouvelle législation, a omis de mentionner, dans l'art. 12, énumérant ces actes, les actes compris dans l'art. 1er. On pouvait invoquer de nombreux motifs pour affirmer que l'auteur du décret de 1862 n'avait pas voulu placer les actes énoncés en l'art. 1er dans une situation plus défavorable que ceux relevés dans l'art. 2; l'erreur était même attestée par une lettre ministérielle qui la signalait au gouverneur, et l'invitait à la réparer. Néanmoins la chambre civile a jugé que, si l'on pouvait croire à une lacune dans le texte de l'art. 12, il ne s'agissait pas, pour la combler, de corriger une simple erreur matérielle, et que le rétablissement de l'art. 1er dans l'énumération de l'art. 12 aurait une portée juridique et même législative qu'il n'appartenait pas au juge de lui donner par la rectification d'un texte erroné (Civ. rej. 20 oct. 1891, aff. Catcherayen et Ramassamy, D. P. 92. 1. 57).

440. Il a été jugé que, lorsqu'une différence existe entre le texte d'une loi publiée au *Bulletin des lois* et celui inséré au *Moniteur*, les tribunaux doivent donner la préférence au premier pour interpréter cette loi, alors même que celle-ci serait antérieure à l'ordonnance du 27 nov. 1816, d'après laquelle la promulgation des lois devait résulter à l'avenir de leur insertion au *Bulletin des lois;* que cette règle est applicable, notamment, à la loi du 22 frim. an 7 sur l'enregistrement, dont l'art. 9, d'après le texte au *Bulletin*, prescrit, relativement aux actes translatifs de propriété comprenant des meubles et des immeubles, qu'un prix particulier soit stipulé pour les meubles, et qu'ils soient désignés et estimés article par article, le droit devant être perçu sur la totalité du prix, au taux réglé pour les immeubles, au cas d'inobservation de ces prescriptions, tandis que, d'après le texte du *Moniteur* qui a substitué la conjonction *ou* à la conjonction *et*, une seule des deux conditions mentionnées est nécessaire (Trib. Seine, 21 juill. 1866, aff. Bienaimé, *suprà*, v° *Enregistrement*, n° 1587). Mais, ainsi que le fait remarquer M. Demante (*Principes de l'enregistrement*, t. 1, p. 281, n° 268, note 1), depuis le décret-loi du 5 nov. 1870, le texte du *Journal officiel* l'emporterait aujourd'hui sur celui du *Bulletin des lois*, quoique ces deux recueils constituent l'un et l'autre, comme on l'a vu *suprà*, n° 80, un instrument légal de publication.

441. Les lois spéciales, est-il dit au *Rép.* n° 501, doivent s'entendre d'après le système qui leur est propre. Elle sont censées ne se référer aux lois générales que dans les points qu'elles ne règlent ni expressément, ni implicitement. La cour de cassation formule la même doctrine dans un de ses arrêts, aux termes duquel « les règles générales contenues dans la loi commune s'appliquent aux matières spéciales, lorsqu'il y a parité de raison et lorsqu'on ne trouve à leur égard, dans la loi spéciale, ni dérogation expresse, ni inconciliabilité (Civ. cass. 9 juin 1856, aff. Dramard, D. P. 56. 1. 233).

442. Il résulte des explications qui ont été données *suprà*, nos 276 et suiv. que les tribunaux français peuvent être appelés fréquemment à appliquer les lois étrangères ; c'est une question très conversée que de savoir quel est le devoir du juge en pareil cas. La difficulté est double : il s'agit de savoir, en effet, d'abord à qui incombe l'obligation de prouver l'existence des dispositions de la loi étrangère que l'on invoque dans le litige et en second lieu, quels moyens pourront être employés pour administrer cette preuve.

443. Le premier point surtout divise la doctrine et la jurisprudence. D'après la majorité des auteurs, le juge serait strictement obligé, toutes les fois qu'une loi étrangère est invoquée devant lui, d'appliquer d'office cette loi et, en cas de doute, de s'enquérir lui-même de ses dispositions. « Du moment, que le législateur français a pensé qu'il convenait de tenir compte, dans l'appréciation de tel ou tel rapport juridique, des prescriptions d'une loi étrangère, le juge doit entrer dans ses vues et ne saurait, sans manquer à son devoir, appliquer à ce rapport les dispositions de sa propre loi » (Weiss, p. 295 et suiv.; Conf. Brocher, t. 1, p. 154; Laurent, t. 2, nos 262 et suiv.; Despagnet, n° 24; Asser et Rivier, p. 32 et suiv.; Bar, § 32). — D'après la jurisprudence, au contraire, le juge français n'a pas à s'enquérir des dispositions de la loi étrangère; c'est à la partie qui l'invoque à en fournir la preuve; sinon le juge ne devra pas l'appliquer. Jugé, notamment : 1° que celui qui invoque devant un tribunal français un acte de l'état civil étranger est tenu de prouver que cet acte réunit les conditions de validité requises par la loi étrangère (Chambéry, 23 févr. 1885, aff. Lathoud, *Journal du droit international privé*, 1885, p. 665); — 2° Que celui qui prétend que la prescription avait déjà commencé à courir à son profit en vertu de la loi de son pays est tenu de prouver son allégation (Trib. Seine, 18 juill. 1885, aff. Hamida et consorts, *ibid.*, 1886, p. 202, et, sur appel, Paris, 26 janv. 1886, *ibid.*, 1888 p. 390); — 3° Que lorsque les parties sont en désaccord sur le point de savoir à partir de quelle époque doivent courir les intérêts d'une somme d'argent léguée par un testateur anglais, le juge français doit appliquer la loi française et allouer les intérêts à partir de la demande seulement, s'il y a doute, c'est-à-dire s'il n'est pas suffisamment justifié que, dans les circonstances spéciales de la cause, la législation anglaise veuille qu'ils soient dus de plein droit et sans mise en demeure (Pau, 1re ch., 14 févr. 1882, aff. Fouché *C.* Werner.-MM. Daguilhon, 1er pr.-Lanabère, av. gén.-Buffe et de Villars, av. — V. aussi Bordeaux, 1er mars 1889, aff. Simon, D. P. 90. 2. 89). Plusieurs auteurs se sont prononcés dans le même sens (Demangeat sur Fœlix, t. 1, p. 220 note *a*, Rougelot de Lioncourt, p. 46); c'est d'ailleurs la doctrine qui avait été enseignée au *Rép.* n° 520, et *ibid.*, v° *Mariage*, n° 388 (V. aussi dans le même sens, pour la jurisprudence allemande : Tribunal suprême d'Allemagne, 14 févr. 1871, *Journal du droit international privé*, 1874, p. 80; pour la jurisprudence anglaise, Westlake, *La doctrine anglaise en matière de droit international privé*, *ibid.*, 1882, p. 23; pour la jurisprudence des Etats-Unis d'Amérique, Cour d'appel de New-York, 6 mars 1883, *ibid.*, 1884, p. 428; et enfin, pour la jurisprudence belge, Trib. d'Anvers, 14 nov. 1878, *Pasicrisie belge*, 79. 3. 164. V. aussi sur la question D. P. 90. 2. 89, note).

444. Cette première question étant résolue, il s'en pose une seconde, celle de savoir quels sont les moyens de preuve que les parties pourront invoquer pour établir les dispositions de la loi étrangère. Il est certain que les enquêtes par *turbes* auxquelles on avait recours dans l'ancien droit pour trancher des difficultés de même nature au cas de conflit entre plusieurs coutumes, ne sauraient être admises aujourd'hui puisqu'elles ont été supprimées par l'ordonnance de 1667 (*Rép.*, v° *Enquête*, n° 14). — Quant aux actes de notoriété, usités autrefois aussi en pareil cas, et qui consistaient dans des attestations données par l'officier de justice ou par des avocats ou praticiens du siège sur un usage local, ou sur quelque point de droit, ils sont eux-mêmes abolis aujourd'hui par l'art. 1041 c. proc. civ.; et il a été jugé, notamment, qu'un acte de notoriété ne peut être admis par un tribunal à l'effet de prouver un point de notre ancienne jurisprudence (*Rép.*, v° *Acte de notoriété*, nos 3 et 4). Mais les actes de notoriété sont-ils encore prohibés, lorsqu'il s'agit de savoir quelles sont les dispositions d'une loi étrangère qui est invoquée devant les tribunaux français? Au premier abord, on serait tenté de résoudre la question par l'affirmative: car l'art. 1041 c. proc. civ. abroge formellement les lois, coutumes et usages antérieurs. Et d'autre part, on pourrait citer en ce sens un arrêt de la cour de Rennes, du 3 déc. 1834 (*Rép.*, v° *Droits civils*, n° 570-1°), qui rejette, comme étant sans valeur, un acte de notoriété délivré à un Français par un notaire et des négociants anglais. A notre avis, cependant, l'opinion contraire est préférable. Il est vrai que l'art. 1041 est formel. Mais il faut remarquer que nous sommes ici dans une matière toute spéciale, que très vraisemblablement les rédacteurs du code de procédure n'ont pas prévue, et à laquelle, dès lors, il n'y a pas lieu d'appliquer strictement les règles qu'ils ont édictées relativement aux modes de preuve. Quant à l'arrêt de la cour de Rennes, son autorité doit être ici écartée : l'acte de notoriété qui était produit dans l'espèce avait, en effet, pour objet, non pas la preuve de la loi étrangère, mais la preuve d'une naturalisation acquise en pays étranger, ce qui est tout différent.

445. En résumé, la règle qui doit être suivie en cette matière semble être la suivante : Il faut que la partie qui invoque la loi étrangère en prouve la teneur; mais elle peut faire cette preuve par tous moyens : les tribunaux ont, à cet égard, le pouvoir souverain d'appréciation qui appartient aux juges du fait. — Les modes de preuve les plus ordinaires consistent dans les textes officiels des lois étrangères, dans des certificats délivrés par les autorités publiques ou par les hommes de loi du pays dont on invoque la législation. On pourra aussi consulter les décisions de la jurisprudence étrangère (Weiss, p. 296, Laurent, *Droit civil international*, t. 2, nos 262 et suiv.; Asser et Rivier, p. 34 et suiv.; Despagnet, *loc. cit.*). Ce dernier auteur fait remarquer avec raison que l'aveu et le serment, qui se résument dans une transaction et excluent tout contrôle de la part du juge, ne sont pas des modes de preuve que l'on puisse employer ici. Il a été jugé, par l'arrêt de la cour de Bordeaux du 1er mars 1889, cité *suprà*, n° 441, qu'il ne suffit pas à celui qui invoque devant les tribunaux français les dispositions d'une loi étrangère dont il réclame l'application, pour prouver la teneur de cette loi, de produire une copie manuscrite dont rien n'établit l'origine et ne garantit l'authenticité. (V. sur cette question les résolutions votées par l'institut de droit international aux fins de l'institution d'un « comité international permanent pour faciliter aux gouvernements et aux citoyens de chaque pays la connaissance des lois actuellement en vigueur » (*Revue de droit international*, 1887, p. 180, et *Annuaire de législation comparée*, 1888, p. 305 et suiv.).

446. A la question qui vient d'être examinée se rattache celle de savoir si la violation des lois étrangères par les tribunaux français peut constituer un moyen de cassation (V. *suprà*, v° *Cassation*, n° 293 et suiv.).

447. La disposition de l'art. 4, qui appartient aussi à la matière de l'interprétation des lois, a fait l'objet d'explications particulières au *Rép.* v° *Déni de justice* et *suprà*, eod. v°.

448. L'art. 5 c. civ. interdit aux tribunaux de statuer par voie réglementaire; les développements que comporte cette règle ont été donnés au *Rép.* n° 482 et surtout *suprà*, v° *Compétence administrative*, nos 155 et suiv.; *Rép.* eod. v°, nos 71 et suiv. Il a été jugé encore : 1° qu'un tribunal ne peut pas, en dehors des faits accomplis, ordonner qu'à l'avenir une compagnie de chemin de fer sera tenue de délivrer au destinataire, deux heures après l'arrivée des trains, les marchandises à lui adressées en gare, sous peine de payer une certaine somme par chaque refus (Paris, 4 mai 1866, aff. Roux, D. P. 66. 2. 115); — 2° Que les règlements et usages d'un tribunal ne sauraient porter que sur le régime et la discipline de ses audiences et de ses rôles ;

qu'ils ne peuvent créer des règles de procédure ni constituer des déchéances et des fins de non-recevoir ; qu'ainsi l'inobservation des règlements et usages d'un tribunal de commerce, d'après lesquels l'exception d'incompétence *ratione personæ*, doit être produite à l'appel de la cause et mentionnée sur le plumitif, ne peut entraîner contre le défendeur déchéance du droit d'élever cette exception (Lyon, 1er mars 1877, aff. Pierrard, D. P. 79. 2. 204); — 3° Mais que, lorsqu'un arrêt appelé à déterminer, d'après les titres respectivement produits, l'étendue et le mode d'exercice des droits de dépaissance réclamés par les habitants d'une commune sur la propriété d'un tiers, a déclaré, sur la demande et conformément aux conclusions de ce dernier, que « ceux des habitants qui introduisaient dans les pâturages assujettis des bestiaux étrangers à la commune seraient déchus de leurs droits de dépaissance », le juge ne peut refuser d'appliquer la déchéance ainsi prononcée sous prétexte qu'elle présenterait les caractères des dispositions générales et réglementaires prohibées par l'art. 5 civ. (Civ. cass. 11 nov. 1872, aff. Mourgues, D. P. 72. 1. 445).

449. Les règles usuelles d'interprétation des lois ont été suffisamment développées au *Rép.* n° 490 pour qu'il soit inutile d'y revenir. Il suffira de mentionner une décision qui est une application exceptionnelle de la règle posée au *Rép.* n° 508, suivant laquelle, lorsque le dispositif d'une loi est général, il convient rarement d'argumenter de ses motifs pour la restreindre aux cas que ces motifs désignent expressément; il a été jugé que, lorsqu'un décret pris d'urgence et par suite d'événements de guerre annonce, dans ses considérants, l'intention de ses auteurs de venir en aide à une situation particulière clairement définie, la disposition qu'il édicte, bien que conçue en termes généraux, doit être réputée limitée à la situation indiquée; qu'ainsi la suspension provisoire de la perception des droits d'entrée et d'octroi aux portes de Paris, que le décret du gouvernement de la Défense nationale du 9 sept. 1870 déclarait édicter en vue de faciliter aux populations des communes du département de la Seine l'entrée immédiate des denrées et marchandises qu'il était alors urgent de soustraire aux approches de l'ennemi, n'a pu profiter à des négociants qui, possédant en dehors de Paris des vins et alcools, étaient autorisés à les introduire, sans payement immédiat des droits, sous la condition d'user de la faculté d'entrepôt; que, par suite, le négociant qui, sans prendre d'expédition et sans permettre aux employés de l'octroi de vérifier les quantités transportées, a fait conduire à son domicile des alcools introduits pour son compte dans Paris depuis ce décret, a été à bon droit poursuivi pour contravention aux art. 24 et 46 de la loi du 28 avr. 1816 (Trib. corr. de la Seine, 23 déc. 1870, aff. Dufaut, D. P. 70. 3. 119).

CHAP. 7. — Des lois d'ordre public auxquelles on ne peut déroger par convention (*Rép.* nos 521 à 524).

450. Les derniers commentateurs du code civil reconnaissent que ni la législation, ni la doctrine ne fournissent encore aujourd'hui de critérium permettant de déterminer, avec certitude, quelles sont les lois que l'on peut considérer comme étant d'ordre public, et qu'il est impossible de donner une énumération complète de toutes les dispositions législatives auxquelles il est interdit de déroger par application de l'art. 6 (Aubry et Rau, t. 1, § 36, p. 117 ; Laurent, t. 1, nos 46 et suiv.). Ce que l'on peut dire de plus général à ce point de vue, c'est que la plupart des auteurs s'accordent pour faire rentrer dans la classe des lois d'ordre public : 1° toutes les lois constitutionnelles, administratives, pénales et de police; — 2° Toutes les lois d'impôt, notamment celles relatives à l'enregistrement; on trouvera plusieurs décisions en ce sens rapportées *suprà*, v° *Enregistrement*, nos 2931 et suiv.; — 3° Les lois qui règlent l'ordre des juridictions, du moins lorsqu'il s'agit de dérogations aux règles de la compétence *ratione materiæ* (Req. 14 févr. 1866, aff. de Chatillon. D. P. 66. 1. 447). Est valable toutefois la convention attribuant compétence à un tribunal étranger; ainsi il a été jugé que la clause d'un tarif international réglant les rapports d'une compagnie de chemins de fer français avec une compagnie anglaise et stipulant qu'au cas d'accident, retard ou perte, le dommage devra toujours être réglé au lieu de destination, et s'il y a litige, devant le tribunal de ce lieu n'est pas contraire à l'ordre public (Civ. cass. 13 août 1879, aff. Chemins de fer de l'Ouest, D. P. 80. 1. 85. *Contrà*, Paris, 11 juin 1877, cassé par l'arrêt précité du 13 août 1879); — 4° Les lois qui règlent l'état et la capacité des personnes : c'est ainsi qu'il ne peut être apporté aucune modification ou restriction conventionnelle à la capacité légale de la femme mariée, en dehors des cas prévus par la loi ; est nulle, par suite, et doit être réputée non avenue, la clause d'un contrat de mariage stipulant d'une façon absolue que la femme ne pourra pas s'obliger envers les tiers, même avec l'autorisation du mari ou de justice (Civ. cass. 22 déc. 1879, aff. Deboisse et Pinguet, D. P. 80. 1. 112, *Contrà :* Paris, 17 nov. 1875, cassé par l'arrêt précité du 22 déc. 1879, D. P. 78. 2. 81). — Quant aux lois qui règlent les rapports des personnes avec les choses, ou la condition des biens considérés en eux-mêmes, elles doivent aussi être considérées comme se rapportant à l'ordre public lorsqu'il résulte du but auquel elles tendent qu'elles ont été édictées dans un intérêt général. Il est impossible de mentionner ici les nombreuses décisions qui ont consacré ce principe, dont l'application s'étend à toutes les matières juridiques. Nous ferons la même observation en ce qui concerne les lois qui intéressent les bonnes mœurs (V. notamment *Rép.* v° *Contrat de mariage*, nos 80 à 85, et *suprà*, *ibid.*, nos 8 à 29 ; *Rép.* v° *Dispositions entre vifs et testamentaires*, nos 88 à 189, et *suprà*, *ibid.*, nos 21 à 71 ; *Rép.* v° *Obligation*, nos 1121 à 1145). Comp. aussi ce qui a été dit *suprà*, n° 429, relativement à la distinction de l'ordre public *interne* et de l'ordre public *international*.

CHAP. 8. — De l'abrogation des lois. — Abrogation expresse et tacite (*Rép.* nos 525 à 562).

451. Ainsi qu'on l'a dit au *Rép.*, n° 525, le droit d'abroger les dispositions légales, réglementaires ou administratives appartient au pouvoir, qui a droit de les édicter. Jugé, en conséquence, qu'un règlement d'administration publique, rendu en vertu d'une délégation contenue dans une loi, ne peut être modifié que par un décret rendu dans les mêmes formes (Cons. d'Etat. 30 mai 1884, aff. Mercier, D. P. 85. 3. 107; 6 janv. 1888, aff. Salle, D. P. 89. 3. 37; 21 déc. 1888, aff. Bonnefoy, D. P. 90. 3. 20; Req. 4 avr. 1887, aff. Tatessault, D. P. 88. 1. 406); que, par suite : 1° l'art. 22 du règlement d'administration publique du 9 nov. 1853, aux termes duquel le traitement normal des fonctionnaires des colonies, servant de base à la liquidation de la pension, est fixé d'après le traitement de l'emploi correspondant qui lui est assimilé en France, doit recevoir son application, nonobstant les dispositions contraires d'un décret ultérieur, rendu sans avis préalable du conseil d'Etat (Arrêts précités des 30 mai 1884 et 21 déc, 1888); — — 2° Qu'un règlement d'administration fait en vertu d'une loi ne peut être modifié par un décret rendu sans avis du conseil d'Etat, bien que ce décret porte, mais à tort, la mention : « le conseil d'Etat entendu » (Arrêt précité du 6 janv. 1888. Comp. *suprà*, v° *Conseil d'Etat*, n° 47).

Si une loi ordinaire ne peut être abrogée que par une autre loi, à plus forte raison, une loi constitutionnelle ne peut-elle être modifiée par un acte du pouvoir exécutif, même par un décret rendu en forme de règlement d'administration publique (Cons. d'Et. 28 févr. 1866, D. P. 66. 3. 107).

452. On a examiné au *Rép.* nos 528 et suiv., la question de savoir si l'usage ou la désuétude peuvent avoir pour effet d'abroger une loi. M. Demante (*Cours analytique*, t. 1, introduction, n° 20), est d'avis que « l'abrogation peut avoir lieu par le seul effet de la coutume; car la coutume, lorsqu'elle réunit les conditions requises, a la même force que la loi » ; toutefois, ajoute-t-il, cette proposition ne doit être admise qu'avec une extrême réserve. MM. Aubry et Rau, t. 1, § 29, p. 56, estiment, conformément à l'opinion adoptée au *Rép.* n° 531, que l'usage contraire ou la désuétude par non usage ne peuvent avoir pour effet d'abroger la loi. — Cette dernière solution est aujourd'hui consacrée par la jurisprudence (V. Paris, 1er mai 1848, aff. Dubois, D. P. 49. 2. 79; 30 juill. 1853 aff. Synd. Granier de Venzac, D. P. 54. 2.

70; Civ. cass. 11 juill. 1855, aff. Giovanetti et Raffi, D. P. 56. 1. 9; Crim. cass. 3 nov. 1859, aff. Casanova, D. P. 59. 5. 366). Jugé, en conséquence : 1° que les usages, quels qu'ils soient, d'une localité, ne peuvent autoriser une dérogation à une loi générale, particulièrement à une mesure de police édictée par les auteurs du code pénal pour des motifs d'ordre et d'intérêt public; que, par suite, est nul le jugement qui prend en considération les usages locaux pour s'abstenir de réprimer une contravention à une mesure de ce genre (Crim. cass. 30 mars 1861, aff. Guérin, D. P. 61. 5. 291); — 2° Que les usages du commerce, qui peuvent être invoqués dans le silence de la loi ou de la convention, ne sauraient autoriser le juge à méconnaître les effets que la loi attache à une convention dûment constatée (Civ. cass, 26 mai 1868, et Req. 30 déc. 1879, cités *suprà*, n° 47); — 3° Que les attestations ou actes de notoriété connus sous le nom de parères, et admis autrefois dans le ressort du Parlement de Toulouse comme pouvant justifier certains actes par la seule autorité de la pratique commerciale, ne peuvent être invoqués contre les dispositions précises de la loi (Montpellier, 7 févr. 1849, aff. Dalbusquié, D. P. 49. 2. 123).

453. Le règlement qui prescrit l'observation plus exacte de certaines des prohibitions édictées par un arrêté antérieur n'a pas pour effet, relativement aux prohibitions qu'il ne rappelle pas, d'en opérer l'abrogation. Ainsi, dans une commune où un arrêté défend d'une manière générale et absolue, aux habitants de jeter par les fenêtres des eaux ménagères ou autres, si un règlement d'instruction vient appeler l'attention des agents de police seulement sur les dispositions relatives au jet des eaux ménagères, on ne doit pas le considérer comme restreignant, pour l'avenir, la prohibition à ces dernières eaux (Crim. cass. 18 août 1854, aff. Femme Durand, D. P. 55. 1. 126. Comp. : Crim. rej. 28 avr. 1854, aff. Marquet, D. P. 54. 1. 215; Crim. cass. 15 sept. 1854, aff. d'Ecquevilley, D. P. 54. 1. 375).

454. Décidé encore : 1° qu'une loi ou un décret ne cessant d'être en vigueur que lorsqu'il sont abrogés par une nouvelle loi ou un nouveau décret, et non par le seul fait que les circonstances au milieu ou en vue desquelles ils ont été rendus cessent d'exister, il en résulte que la disposition du décret du 5 mars 1859 qui a établi une taxe spéciale, dite des quatre amarres, pour le pilotage des navires accédant à un point déterminé du port de Paimbœuf, n'ayant été abrogée par aucune loi ni par aucun décret, est encore applicable aujourd'hui, bien que la construction d'un quai vertical ait simplifié dans ce port la manœuvre spéciale dite des quatre amarres, à laquelle les pilotes sont employés (Req. 4 avr. 1887, aff. Tatessault, D. P. 88. 1. 406); — 2° Que les règlements de police dont l'exécution a été momentanément suspendue par une commotion politique ou tout autre événement imprévu, ne peuvent être considérés comme abrogés par désuétude, par le motif que les administrés n'auraient pas été rappelés à cette exécution; que la désuétude ne saurait jamais résulter de la négligence ou de l'impuissance d'agir de la part du ministère public, ni de la désobéissance des assujettis, mais seulement de faits indépendants de la volonté des parties intéressées, comme la cessation des causes qui avaient motivé les règlements (Crim. cass. 18 déc. 1848, aff. Pélissier, D. P. 51. 5. 462). — Ce dernier arrêt semble admettre que les dispositions légales sont abrogées lorsque leurs motifs ont cessé d'exister; cette solution compte pour partisan M. Demante (*op. cit.*, t. 1, introduction, n° 20), d'après lequel toutefois elle ne doit être admise qu'avec une extrême réserve. MM. Aubry et Rau, t. 1, § 29, p. 56, estiment, au contraire, avec la cour de cassation (Arrêt précité du 4 avr. 1887), que « la loi ne perd pas sa force obligatoire par cela seul que les circonstances au milieu ou en vue desquelles elle a été faite ont cessé d'exister » (Comp. *Rép.* n° 545).

455. Il a encore été jugé, dans le même sens, que l'arrêté municipal qui fait défense de transporter des cuirs verts à travers une ville, conserve sa force obligatoire après la cessation de l'épidémie à l'époque de laquelle il avait été pris, si l'ensemble de ses motifs permet de croire qu'il avait en vue, non pas seulement une situation passagère, mais aussi l'intérêt permanent de la salubrité publique. L'abrogation d'un pareil arrêté ne résulte pas non plus de son défaut d'exécution pendant un temps plus ou moins long, ni de la tolérance plus ou moins prolongée d'un usage dérogatoire à sa prohibition (Crim. cass. 5 juill. 1873, aff. Gille et Dein, D. P. 74. 1. 42. Conf. : Crim. cass. 19 sept. 1856; aff. Porcher et Guillemet, D. P. 56. 1. 419; 17 janv. 1868, aff. Prat, D. P. 68. 1. 363). De même, il a été décidé aussi que, un règlement de police ne pouvant, comme une loi, être abrogé qu'en vertu de dispositions supprimant celles existantes, ou de dispositions inconciliables avec celles-ci, et nullement par la désuétude dans laquelle il serait tombé, doit être déclaré nul le jugement qui subordonne la répression de la contravention au résultat d'une enquête ordonnée sur le point de savoir si le règlement auquel il a été contrevenu n'est pas tombé en désuétude par suite de la tolérance d'habitudes contraires (Crim. cass. 8 janv. 1864, aff. Dru et autres, D. P. 66. 5. 402. V. aussi Crim. rej. 28 août 1858, aff. Leray, D. P. 58. 1. 473).

Table sommaire

des matières contenues dans le Supplément et le Répertoire.

(Les chiffres précédés de la lettre *S* renvoient au Supplément; les chiffres précédés de la lettre *R* renvoient au Répertoire.)

Table chronologique des Lois, Arrêts, etc.

LOIS CODIFIÉES, LOIS GÉNÉRALES.

1. On a indiqué au *Rép.* n° 5 les principales lois qui, postérieurement à la promulgation du code civil, en ont expliqué ou modifié certaines dispositions. A ces lois on doit ajouter: 1° la loi du 23 mars 1855 sur la transcription en matière hypothécaire (D. P. 55. 4. 27); 2° la loi du 2 août 1868, qui a abrogé l'art. 1781 c. civ. (D. P. 68. 4. 119); 3° la loi du 12 févr. 1872, qui a modifié l'art. 2102 c. civ. en matière de faillite (D. P. 72. 4. 34); 4° la loi du 27 févr. 1880, relative à l'aliénation des valeurs mobilières appartenant aux mineurs et aux interdits et à la conversion de ces mêmes valeurs en titres au porteur (D. P. 80. 4. 47); 5° les lois du 20 août 1881, relatives au code rural et concernant les chemins ruraux, les chemins et sentiers d'exploitation, la mitoyenneté des clôtures, les plantations et les droits de passage en cas d'enclave (D. P. 82. 4. 7); 6° la loi du 5 janv. 1883, qui a modifié l'art. 1734 c. civ. relatif aux risques locatifs (D. P. 83. 4. 17); 7° la loi du 27 juill. 1884, qui a rétabli le divorce (D. P. 84. 4. 97), et celle du 18 avr. 1886 sur la procédure en matière de divorce et de séparation de corps (D. P. 86. 4. 27); 8° la loi du 2 août 1884 sur le code rural, relative aux vices rédhibitoires dans les ventes et échanges d'animaux domestiques (D. P. 84. 4, 121); 9° la loi du 28 mars 1885 sur les marchés à terme (D. P. 85. 4. 25); 10° la loi du 13 févr. 1889, portant modification de l'art. 9 de la loi du 23 mars 1855 en ce qui concerne l'hypothèque légale de la femme (D. P. 89. 4. 24); 11° la loi du 19 févr. 1889 relative à la restriction du privilège du bailleur rural et à l'attribution des indemnités dues par suite d'assurances (D. P. 89. 4. 29); 12° la loi du 4 avr. 1889 sur le code rural, concernant les animaux employés à l'exploitation des propriétés rurales (D. P. 89. 4. 34); 13° la loi du 18 avr. 1889, ayant pour objet de compléter les dispositions de l'art. 1953 c. civ. (D. P. 89. 4. 47); 14° la loi du 20 juin 1889 sur la nationalité (D. P. 89. 4. 59); 15° la loi du 9 juill. 1889, relative au code rural et concernant la durée du louage des domestiques et ouvriers ruraux (D. P. 90. 4. 20); 16° la loi du 18 juill. 1889 sur le code rural, concernant le bail à colonat partiaire (D. P. 90. 4. 22); 17° la loi du 27 déc. 1890 sur le contrat de louage et sur les rapports des agents des chemins de fer avec les compagnies (D. P. 91. 4. 33); 18° la loi du 9 mars 1891 modifiant les droits de l'époux sur la succession de son conjoint prédécédé (D. P. 91. 4. 17).

2. Le code de procédure civile a également subi de nombreuses modifications résultant des lois mentionnées au *Rép.* n° 7, et des suivantes : 1° loi du 23 mars 1855, portant abrogation des art. 834 et 835 c. proc. civ. (D. P. 55. 4. 27); 2° loi du 26 mars 1855, portant modification de l'art. 781 (D. P. 55. 4. 34); 3° loi du 21 mai 1858, portant modification des art. 692, 696, 717, 749 à 779 et 838 (D. P. 58. 4. 38) ; 4° loi du 3 mai 1862, portant modification des art. 73, 443, 445, 446, 483, 484, 485, 486 et 1033 (D. P. 62. 4. 43); 5° loi du 8 mars 1882, portant modification de l'art. 69, § 9, c. proc. civ. (D. P. 82. 4. 57); 6° loi du 2 juin 1882, portant modification de l'art. 693 c. proc. civ. (D. P. 82. 4. 30); 7° loi du 18 avr. 1886, portant abrogation de l'art. 881 c. proc. civ. (D. P. 86. 4. 31).

3. Le nombre des lois qui ont modifié les dispositions du code de commerce, sous l'empire de nécessités nouvelles nées de transformations économiques de la société, est considérable; ce sont, outre celles qui ont été énumérées au *Rép.* n° 8 : 1° la loi du 14 juin 1854, qui a modifié l'art. 377 c. com. (D. P. 54. 4. 113); 2° la loi du 17 juill. 1856, qui a abrogé les art. 51 à 63 et modifié l'art. 631 (D. P. 56. 4. 113); 3° la loi du 17 juill. 1856, qui a modifié l'art. 541 (D. P. 56. 4. 114); 4° la loi du 3 mai 1862, qui a modifié les art. 160, 166, 373, 375 et 645 (D. P. 62. 4. 43); 5° la loi du 2 juill. 1862, qui a modifié les art. 74, 75 et 90 (D. P. 62. 4. 71); 6° la loi du 6 mai 1863, qui a modifié les art. 27 et 28 (D. P. 63. 4. 52); 7° la loi du 23 mai 1863, qui a modifié les art. 91 à 95 (D. P. 63. 4. 73); 8° la loi du 23 juill. 1867, qui a abrogé les art. 42 à 46 (D. P. 67. 4. 122); 9° la loi du 21 déc. 1871 sur les tribunaux de commerce, qui a modifié les art. 618 à 621 (D. P. 72. 4. 3); 10° la loi du 12 févr. 1872, qui a modifié les art. 450 et 550 (D. P. 72. 4. 15); 11° la loi du 10 déc. 1874, qui a abrogé le paragraphe 9 de l'art. 191 et le paragraphe 7 de l'art. 192, ajouté un paragraphe à l'art. 191 et modifié l'art. 223 (D P. 75. 4. 64); 12° la loi du 26 janv. 1877, qui a réglé les pourvois en cassation en matière d'élection aux tribunaux de commerce (D. P. 77. 4. 30); 13° la loi du 5 déc. 1876, qui a modifié les art. 620 et 626 c. com. (D. P. 77. 4. 13); 14° la loi du 8 déc. 1883, relative à l'élection des membres des tribunaux de commerce (D. P. 84. 4. 96); 15° la loi du 16 juill. 1885, qui a abrogé les art. 191 § 9, 192 § 7, 201, 202, 203, 204, 205, 206 et 207 (D. P. 86. 4. 17); 16° la loi du 12 août 1885, qui a modifié les art. 216, 258, 262, 263, 265, 315, 334, 347, et abrogé les art. 259, 318 et 386 c. com. (D. P. 86. 4. 22); 17° la loi du 4 mars 1889, qui a modifié la législation des faillites (D. P. 89. 4. 9); 18° la loi du 4 avr. 1890 sur la liquidation judiciaire (D. P. 90. 4. 105); 19° la loi du 18 juill. 1889 sur les tribunaux de commerce (D. P. 90. 4. 57).

4. Le code d'instruction criminelle, revisé, comme on l'a vu, en 1832 (*Rép.* n° 11), paraît devoir être l'objet, dans un avenir peu éloigné, d'une nouvelle revision. Mais, depuis la publication du *Répertoire*, un très grand nombre des dispositions qu'il renferme ont été modifiées par les lois suivantes : 1° loi du 9 juin 1853, portant modification des art. 341, 347 et 352 c. instr. crim. (D. P. 53. 4. 98); 2° loi du 10 juin 1853, portant modification des art. 299 et 301 (D. P. 53. 4. 113); 3° loi du 21 mars 1855, portant modification de l'art. 253 (D. P. 55. 4. 26); 4° loi du 13 juin 1856, portant modification des art. 189, 201, 202, 204, 207 à 216, et abrogation de l'art. 200 (D. P. 56. 4. 63); 5° loi du 17 juill. 1856, portant modification des art. 55, 56, 61, 104, 114, 127 à 130, 132 à 135, 218, 219, 229 à 233, 239 (D. P. 56. 4. 123); 6° loi du 14 juill. 1865, portant modification des art. 91, 94, 113 à 124, 206, 613 (D. P. 65. 4. 145); 7° loi du 27 juin 1866, portant abrogation et remplacement des art. 5, 6, 7 et 87 (D. P. 66. 4. 75); 8° loi du 27 janv. 1873, portant modification des art. 138, 144 et 178 c. instr. crim. et abrogation des art. 139, 140, 166 à 171 (D. P. 73. 4. 21); 9° loi du 28 juin 1877, portant modification des art. 420 et 421 (D. P. 77. 4. 51); 10° loi du 19 juin 1881, portant modification de l'art. 336 (D. P. 82. 4. 20); 11° loi du 14 août 1885, supprimant les art. 630, 631 et 632 et modifiant les art. 621, 623, 624, 638, 629, 633 et 634 c. inst. crim. (D. P. 85. 4. 64).

5. Le code pénal a été successivement modifié par les lois indiquées au *Rép.* n° 13, et par : 1° la loi du 10 juin 1853, qui a modifié les art. 86 et 87 (D. P. 53. 4. 111); 2° la loi du 30 mai 1854, qui a modifié l'art. 70 et abrogé l'art. 72 (D. P. 54. 4. 90); 3° la loi du 31 mai 1854, qui a abrogé l'art. 18 (D. P. 54. 4. 91); 4° la loi du 5 mai 1855, qui a abrogé les art. 318 et 475 n° 6 (D. P. 55. 4. 64); 5° la loi du 28 mai 1858, qui a modifié l'art. 259 (D. P. 58. 4. 58); 6° la loi du 13 mai 1863, qui a abrogé et remplacé les art. 57, 58, 132 à 135, 138, 142, 143, 149, 153 à 161, 164, 174, 177, 179, 222 à 225, 228, 230, 238, 241, 251, 279, 305 à 312, 320, 330, 331, 333, 345, 361 à 364, 366, 382, 385, 387, 389, 399, 400, 405, 408, 423, 434, 437, 443, 463 (D. P. 63. 4. 79) ; 7° la loi du 26 juill. 1873, qui a ajouté un paragraphe à l'art. 401 (D. P. 73. 4. 94) ; 8° la loi du 21 mars 1884, qui a abrogé l'art. 416 c. pén. et déclaré les art. 291 à 294 du même code non applicables aux syndicats professionnels (D. P. 84. 4. 129) ; 9° la loi du 28 mars 1885, qui a abrogé les art. 421 et 422 (D. P. 85. 4. 25) ; 10° la loi du 27 mai 1885, qui a supprimé la peine de la surveillance de la haute police (D. P. 85. 4. 45) ; 11° la loi du 26 mars 1891 sur l'atténuation des peines (D. P. 91. 4. 24).

6. On peut ajouter aux cinq grands codes et au code forestier, publié en 1827 (*Rép.* n° 14), le code de justice militaire pour l'armée de terre du 9 juin 1857 (D. P. 57. 4. 115), et le code de justice militaire pour l'armée de mer du 4 juin 1858 (D. P. 58. 4. 90).

Table sommaire

des matières contenues dans le Supplément et le Répertoire.

(Les chiffres précédés de la lettre *S* renvoient au Supplément; les chiffres précédés de la lettre *R* renvoient au Répertoire.)

Table chronologique des Lois, Arrêts, etc.

LOTERIE.

Division.

---

§ 1er. — Historique et législation des loteries. — Droit comparé (*Rép.* nos 2 à 11).

1. La loi du 21 mai 1836, qui a été rapportée au *Rép.* n° 10, et qui interdit les loteries de toute espèce, n'a pas cessé d'être en vigueur. Mais plusieurs dérogations ont été apportées au principe général de cette loi par diverses dispositions législatives qui ont autorisé l'émission de valeurs à lots.

Le décret-loi du 28 avr. 1852 (D. P. 52. 4. 102) avait réservé au chef du gouvernement, en conseil d'Etat, l'approbation des statuts du Crédit foncier, lesquels devaient indiquer « le mode de remboursement des lettres de gage *avec primes ou sans primes* ». En exécution de cette disposition, l'art. 83 des statuts du Crédit foncier, approuvés par un décret du 16 août 1857, porte qu'il peut être attribué aux obligations, avec l'autorisation du Gouvernement, des lots et primes payables au moment du remboursement. De nombreuses émissions d'obligations ont été faites dans ces conditions.

Plusieurs lois ont également autorisé la Ville de Paris à contracter des emprunts avec lots (V. notamment L. 12 juill. 1865, D. P. 65. 4. 113 ; L. 6 sept. 1871, D. P. 71. 4. 157).

Enfin la même autorisation a été accordée à la compagnie du canal maritime de Suez par la loi du 4 juill. 1868 (D. P. 68. 4. 84), et à la compagnie du canal interocéanique de Panama par la loi du 8 juin 1888 (D. P. 88. 4. 32). — A l'occasion de ces deux dernières, les adversaires des projets présentés ont fait observer que les motifs de haute moralité qui ont inspiré la loi de 1836 s'opposaient à ce qu'il y fût apporté aucune dérogation. Mais ces objections ont été combattues en 1868 par M. Vuitry, président du conseil d'Etat (D. P. 68. 4. 85, col. 3), et en 1888 par M. Bozérian, rapporteur de la loi du Sénat (D. P. 88. 4. 32, col. 1) ; ces orateurs ont insisté sur l'intérêt exceptionnel qui s'attachait aux entreprises auxquelles il s'agissait d'accorder le privilège d'émettre des valeurs à lots ; ils ont ajouté, qu'à la différence de ce qui se passait pour les loteries ordinaires, les porteurs de ces obligations avaient droit au remboursement de leur capital, et qu'il ne serait, par conséquent, pas exact de dire que, comme dans les loteries, le gain de l'un était fait exclusivement de la perte des autres. Mais cette dernière distinction n'a pas été admise par la jurisprudence qui, ainsi qu'on le verra plus loin (n° 14), n'a jamais hésité à considérer comme une loterie la création d'obligations à primes dont le bénéfice est subordonné aux résultats d'un tirage au sort.

2. Les législations des principales nations de l'Europe en matière de loterie ont été résumées au *Rép.* (n° 11). Elles ont subi, depuis cette époque, plusieurs modifications.

3. *Allemagne.* — L'institution des loteries d'Etat n'a pas cessé d'exister en Allemagne, où elle est, pour les Etats et les villes, un moyen de se procurer les capitaux dont ils ont besoin ; elle existe non seulement dans la Saxe et à Hambourg, mais en Prusse. C'est ainsi qu'ont été recueillies les sommes nécessaires à l'achèvement de la cathédrale de Cologne. L'art. 286 du code pénal allemand (*Ann. de lég. étr.*, 1872, p. 155) punit d'un emprisonnement qui peut aller jusqu'à deux ans et d'une amende qui peut s'élever jusqu'à 1000 thalers l'organisation de loteries publiques non autorisées. Une loi prussienne du 29 juill. 1885 (*Ann. de lég. étr.*, 1886, p. 142) punit de peines moins sévères la participation à des loteries non prussiennes. — En *Bavière*, une loi du 28 févr. 1880 (*Ann. de lég. étr.*, 1881, p. 150) punit d'une amende de 1 à 150 marks, ou des arrêts, la vente de billets ou l'annonce publique d'une loterie non autorisée.

4. *Autriche-Hongrie.* — En Autriche, une loi du 30 juin 1878 (*Ann. de lég. étr.*, 1879, p. 227) interdit les ventes de valeurs à lots dont le prix se paye par portions successives. En Hongrie, une loi de 1879 (*Ann. de lég. étr.*, 1880, p. 315) a établi un impôt sur les gains de la loterie.

5. *Italie.* — La loi du 27 sept. 1863 a maintenu, à titre provisoire, la loterie d'Etat, qui a été réorganisée par un décret du 10 avr. 1881 (*Ann. de lég. étr.*, 1882, p. 376). En dehors de la loterie d'Etat, les loteries sont interdites. La loi du

19 juill. 1880 et le règlement du 21 novembre suivant (*Ann. de lég. étr.*, 1881, p. 320) ont déterminé les exceptions à cette prohibition: elles embrassent les loteries de bienfaisance et les emprunts communaux et provinciaux à primes, légalement autorisés.

6. *Belgique.* — Les art. 7 et 9 de la loi du 31 déc. 1851, modifiée par celle du 30 déc. 1867, donnent aux autorités locales ou au gouvernement, suivant les cas, le droit d'autoriser les loteries exclusivement destinées à des actes de piété et de bienfaisance, à l'encouragement de l'industrie ou des arts ou à tout autre but d'utilité publique. Le gouvernement peut également autoriser des opérations relatives aux entreprises financières constituées avec primes ou opérant des remboursements par la voie du sort. Les mêmes dispositions se retrouvent dans la loi du 15 févr. 1882 du grand-duché du Luxembourg (*Ann. de lég. étr.*, 1883, p. 767).

7. *Pays-Bas.* — La loterie d'Etat, constituée en 1812, a été maintenue par la loi du 21 juill. 1885 (*Ann. de lég. étr.*, 1886, p. 386). La loi du 20 juin 1870 (*Ann. de lég. étr.*, 1872, p. 365) a abrogé les prohibitions de la loi de 1814 relatives à la publication des loteries étrangères et particulières.

8. *Suède.* — Une ordonnance du 6 août 1881 (*Ann. de lég. étr.*, 1882, p. 651) interdit les loteries et la vente des billets de loteries suédoises et étrangères.

9. *Grèce.* — Une loi du 30 déc. 1887 (*Ann. de lég. étr.*, 1889, p. 880) interdit les loteries.

10. *Etats-Unis.* — La législation de plusieurs États de l'Union renferme à l'égard des loteries de rigoureuses prohibitions. Elles sont notamment expressément interdites par la constitution de la Californie de 1879 (*Ann. de lég. étr.*, 1880, p. 850) et par celle de la Louisiane de la même année (*Ann. de lég. étr.*, 1880, p. 828). Au contraire, la constitution de l'Etat de Nevada, amendée en 1889, permet aux Chambres d'autoriser une loterie d'Etat (*Ann. de lég. étr.*, 1890, p. 918).

11. *Brésil.* — Les lois du 30 oct. 1882 et du 3 sept. 1884 interdisent les loteries étrangères (*Ann. de lég. étr.*, 1883, p. 1056, et 1885, p. 870-881).

12. *République Argentine.* — Une loi du 23 sept. 1885 (*Ann. de lég. étr.*, 1886, p. 727) interdit les loteries. Elles punit de six mois à un an de prison et de 500 à 1000 piastres d'amende l'importation des billets de loterie, et de trois à six mois d'arrêts et d'une amende de 25 à 300 piastres la vente de ces billets.

§ 2. — Loteries prohibées, peines, colportage, publications (*Rép.* nos 12 à 28).

13. On a dit au *Rép.* n° 12, que l'art. 2 de la loi du 21 mai 1836 punit toute entreprise de loterie isolée ou accidentelle, principale ou accessoire, sous quelque forme ou sous quelque nom qu'elle se cache. La jurisprudence a décidé, par de nombreux arrêts, que toute vente ou opération licite en elle-même est réputée loterie et interdite comme telle, dès qu'il s'y joint un gain acquis par la voie du sort (Crim. rej. 14 janv. 1876, aff. Delbrut, D. P. 76. 1. 185). Il en est ainsi, notamment, en l'absence d'une loi spéciale, de tout emprunt offert au public avec primes ou lots destinés à faire naître l'espérance d'un gain acquis par la voie du sort (Même arrêt), et il importe peu que les lots ou primes soient l'objet principal de l'opération ou qu'ils n'en soient que l'accessoire (Même arrêt). Il a été décidé, en ce sens, qu'une combinaison financière, d'après laquelle une ville étrangère emprunte contre émission d'obligations ne produisant pas d'intérêt annuel, mais remboursables par la voie du tirage au sort avec des primes plus ou moins élevées, est une véritable loterie; et que, dès lors, une compagnie industrielle ne peut concourir à l'émission de ces obligations en France sans contrevenir à l'art. 2 de la loi du 21 mai 1836 (Paris, 25 mars 1870, aff. de Fontbouillant, D. P. 70. 2. 165).

14. Mais la loi n'interdit que les opérations où la voie du sort est la condition de l'acquisition du gain, et non celles où, le gain étant déjà acquis, le sort ne doit que fixer le terme où il sera payé, par exemple les primes de remboursement des obligations émises par les compagnies de chemins de fer (Arrêt précité, du 14 janv. 1876). Relativement à la différence entre les obligations ordinaires avec primes et les emprunts des compagnies de chemins de fer, V. les conclusions de M. l'avocat général de Raynal, cité par M. Bûchère (*Traité des valeurs mobilières*, n° 446).

On a fait observer toutefois que le principe qui vient d'être formulé ne devrait peut-être pas être admis sans restriction, et que l'émission d'obligations toutes remboursables avec des primes égales pourrait constituer une loterie si la durée des remboursements était répartie sur un temps trop considérable, par exemple sur plusieurs centaines d'années. La loi belge du 18 mai 1873 sur les sociétés (art. 68) a pris à cet égard de sages précautions, en déterminant un minimum d'intérêt pour les obligations émises par les sociétés anonymes (V. Vavasseur, *La loi belge du 18 mai 1873, comparée à la loi française du 24 juill. 1867*, p. 25).

15. L'administrateur d'un journal qui, pour déterminer des abonnements, offre comme prime à ses abonnés de les faire participer aux chances d'un tirage au sort portant sur des billets de places de théâtre pour des premières représentations se rend coupable du délit de création de loterie non autorisée (Paris, 13 févr. 1883, aff. Simonnet, D. P. 84. 2. 224). Il en est de même des administrateurs d'un journal qui, dans le but d'augmenter sa vogue et son tirage, offrent aux acheteurs de cette feuille l'appât d'une prime de 100 fr. dont le hasard déterminerait chaque jour l'attribution, soit que l'attribution de la prime doive avoir lieu par voie de tirage au sort, soit qu'elle doive résulter d'une combinaison mathématique ayant pour base le chiffre des exemplaires tirés, rapproché du chiffre aléatoire des exemplaires invendus, soit qu'elle doive être faite par le conseil d'administration du journal qui indiquerait au hasard un des numéros mis en vente (Lyon, 7 mai 1884, aff. Albert, D. P. 85. 1. 271 et sur pourvoi Crim. rej. 9 janv. 1885, D. P. 86. 1. 183).

16. Comme on l'a vu au *Rép.* n° 13, l'interdiction sans réserve des bénéfices dus au hasard ne saurait porter atteinte aux compagnies d'assurances, puisque les bénéfices des assurances ne sont point fondés sur l'appât du jeu ni sur le gain d'une loterie, mais sur un sacrifice qui laisse tous les assurés sans autre chance que celle de conserver ce qu'ils possèdent. Mais une question délicate s'est élevée à l'occasion d'une combinaison particulière imaginée il y a quelques années par une compagnie d'assurances pour la répartition de ses bénéfices, et qui consistait à former chaque année, au moyen des excédents de prime dont elle pouvait disposer, un certain nombre de lots qui devaient faire l'objet d'un tirage au sort entre les assurés. Quoique les statuts dans lesquels était indiquée cette combinaison eussent reçu l'approbation du Gouvernement, la légalité, en a été contestée et l'on a prétendu qu'elle constituait une infraction à la loi du 21 mai 1836 (V. en ce sens Alfred de Courcy, *Assurance et loterie*, p. 10 et suiv. *Contrà*, Herbault, *Traité des assurances sur la vie*, nos 171 et 172). — Nous avons exprimé ailleurs (V. *suprà*, v° *Assurances terrestres*, n° 299) l'opinion qu'une combinaison semblable est des plus fâcheuses, parce qu'elle tend à fausser la notion vraie de l'assurance, mais qu'elle ne saurait être considérée comme illégale. En effet, ainsi que l'a soutenu M. Léveillé, professeur à la faculté du droit de Paris, dans une note jointe à une brochure publiée sur cette question (*Réponse à la brochure de M. de Courcy*), dans l'assurance sur la vie, le droit de l'assuré peut être assimilé à une simple créance à terme, et il en résulte que, dans cette hypothèse comme en matière d'emprunt, le sort désigne seulement l'époque où la créance devient exigible.

17. On a dit *suprà*, n° 1, que, par dérogation aux prohibitions générales de la loi du 21 mai 1836, certaines villes et certaines compagnies financières ont été légalement autorisées à émettre des obligations offrant au public des chances de lots acquis par la voie du sort; mais les lois qui ont accordé des autorisations semblables ont rigoureusement déterminé les conditions auxquelles est subordonné le droit de créer ou de vendre ces valeurs, et notamment la valeur du titre, le revenu qui y est attaché, l'importance des lots, le nombre des tirages et le taux du remboursement. En conséquence, toute modification à l'une ou l'autre de ces conditions essentielles constitue une opération aléatoire nouvelle qui tombe sous les prohibitions de la loi. Ainsi il y a création d'une loterie prohibée, dont l'annonce ou l'offre au public constitue une infraction à la loi du 21 mai 1836, soit dans l'émission de billets contenant cession au porteur des chances de lots attachées à des obligations remboursables qui ont été régulièrement créées par une compagnie financière, surtout si la cession est limitée à un seul tirage et ne comprend qu'une fraction de ces chances (Crim. rej. 10 févr. 1866, aff. Couttet, D. P. 66. 1. 281);... soit même dans l'émission par un spéculateur de certificats représentant des coupures, par lui établies, d'obligations du même genre, bien que ces coupures donnent droit à une part proportionnelle du revenu aussi bien que des chances de lots si, par ce moyen, l'appât d'une chance de lots est transporté à des placements de capitaux inférieurs à ceux qu'a eus en vue la loi ou le décret qui a autorisé l'emprunt au moyen d'obligations donnant droit à ces chances (Crim. rej. 24 mars 1866, aff. Millaud, D. P. 66. 1. 281);... soit encore, au cas où la compagnie a été autorisée à établir elle-même des coupures de ces obligations, dans le fait, par un spéculateur, d'émettre des titres représentant des fractions de ces coupures, et de créer ainsi des coupures inférieures à celles qui ont été autorisées (Crim. rej. 4 mai 1866, aff. Détaille, D. P. 66. 1. 281. V. Conf. Chauveau et Faustin Hélie, *Théorie du code pénal*, 5e éd., t. 5, no 2334; Buchère, *Traité des valeurs mobilières*, nos 301 et 471).

18. Il a été décidé, dans le même sens, que le directeur d'un journal qui, pour déterminer des abonnements, offre comme prime à ses abonnés de les faire participer aux chances du tirage d'une obligation d'un emprunt autorisé, remboursable avec lot, se rend coupable des délits de création et d'annonce d'une *sous-loterie* non autorisée (Trib. corr. Seine, 18 janv. 1877, aff. Pourcin, D. P. 77. 3. 110). Dans l'espèce, l'opération annoncée équivalait à la création d'un nombre déterminé de petites coupures d'un titre remboursable avec chances de lot, et à l'offre de ces coupures en primes d'abonnement: ce qui constituait incontestablement l'établissement d'une loterie.

19. La jurisprudence a fait de nombreuses applications, dans des espèces différentes, des principes qui viennent d'être énoncés. Elle a décidé, notamment, qu'il y a création d'une loterie prohibée: 1° lorsque des coupures d'obligations du Crédit foncier ou d'obligations de la Ville de Paris sont vendues moyennant un prix payable en trente-six termes mensuels ne donnant droit, jusqu'au payement final, qu'aux lots que pourraient gagner les titres vendus, l'intérêt annuel attaché à chacun des titres devant demeurer acquis au vendeur jusqu'à la libération définitive de l'acheteur; et lorsque, pour grossir l'*alea* légalement attaché à la valeur remboursable au pair par voie de tirage au sort, le vendeur s'oblige à payer à l'acquéreur une prime dans le cas où, avant sa libération complète, le numéro du titre viendrait à remboursement (Crim. cass. 8 juill. 1882, aff. Lamarre, D. P. 83. 1. 89, et sur renvoi, Besançon, 30 nov. 1882, 83. 2. 32); — 2° Lorsque les titres sont divisés et les payements fractionnés et qu'il est stipulé, d'une part, que l'acheteur ne recevra qu'une promesse de vente et ne connaîtra le numéro de son titre que cent trois jours après le premier versement, de telle sorte que si, avant cette époque, le titre sortait avec un lot, ce serait l'agence qui en profiterait seule, et, d'autre part, que, si l'acheteur laissait passer deux échéances sans payer, le titre serait vendu (Limoges, 1er mai 1884, aff. Cazeaux, D. P. 84. 2. 175.); — 3° Lorsque des obligations et des coupures d'obligations à lots de la Ville de Paris ou des coupures d'obligations à lots du Crédit foncier sont offertes et vendues au public moyennant un prix fractionné en termes s'échelonnant de mois en mois sur une période de plus de deux ans, avec stipulation, soit que les titres ne seront délivrés qu'après le dernier versement, munis seulement des coupons à échoir, soit que si, avant le payement intégral, le titre sortait au tirage sans être favorisé d'un lot, il serait remplacé par un autre titre (Crim. rej. 31 janv. 1885, aff. Schlosser, D. P. 86. 1. 182); — 4° Lorsqu'il est stipulé que l'acheteur n'aura droit à aucun lot depuis l'achat du titre jusqu'à la notification qui lui sera faite du numéro de ce titre (Nancy, 1er avr. 1886, aff. Léger, D. P. 86. 2. 231); — 5° Ou lorsque l'acheteur peut à volonté s'affranchir du payement du prix de la valeur achetée, en acquérant seulement, par le versement d'un terme, droit à une chance de lots (Même arrêt); — 6° Ou lorsque le vendeur stipule au profit de l'acheteur ou de ses héritiers une prime supplémentaire non déterminée par la loi ou le décret qui a autorisé l'émission des valeurs à lots (Même arrêt); — 7° Lorsque le titre authentique et définitif, dont le numéro est indiqué au souscripteur après le premier ou le second versement, ne doit lui être délivré qu'après le payement du dernier terme, alors surtout que le titre dont le numéro est indiqué ne se trouve pas en fait dans la possession du vendeur qui ne peut se le faire délivrer à lui-même que sous certaines conditions, et lorsque les intérêts représentés par les coupons restés attachés au titre authentique continuent à être touchés par le vendeur ou le détenteur de ces titres, alors même qu'en fait et par suite de conventions particulières, le montant de ces coupons serait porté à chaque échéance au crédit de l'acheteur ou déduit du versement mensuel à effectuer par celui-ci (Nancy 1er déc. 1886, aff. Faurie, D. P. 87. 2. 137); — 8° Lorsque, des obligations du Crédit foncier ayant été vendues moyennant un acompte immédiat et des versements mensuels, il est stipulé que le vendeur ne fera connaître à l'acheteur le numéro des titres qu'après le versement du premier terme mensuel, le droit aux chances de gain se trouvant par suite de cette stipulation séparé pendant un certain temps de chacun des titres vendus (Crim. rej. 9 déc. 1887, aff. Meittredy, D. P. 88. 1. 491).

20. Dans toutes les espèces dans lesquelles sont intervenus les arrêts qui viennent d'être cités, les entreprises ou agences, qui mettaient en circulation dans le public des titres de lots autorisés par des lois spéciales, avaient modifié les conditions essentielles sous lesquelles avaient été permises la création et la vente de ces titres, et notamment celles qui concernaient le taux d'émission des titres et celui du remboursement, l'intérêt annuel, la valeur des lots et le nombre des tirages. Ces modifications avaient pour effet de substituer aux opérations aléatoires qui avaient été exception nellement autorisées des opérations aléatoires nouvelles, tombant sous l'application des art. 1, 2 et 3 de la loi du 21 mai 1836 et 410 c. pén. — Mais il n'en est plus de même lorsqu'il est simplement stipulé que le payement de l'obligation à lots dont l'émission a été régulièrement autorisée sera fractionné en plusieurs termes, le premier versement devant avoir lieu comptant et les autres devant être échelonnés de mois en mois sur une période plus ou moins longue Le fractionnement du payement ne touche, en effet, à aucune des conditions essentielles fixées par la loi d'autorisation, et, lorsque tout en étant divisé le prix du titre reste intégralement dû, l'opération peut conserver le caractère d'un placement et se recommander à certains égards comme un stimulant à l'épargne. Il a été décidé, en conséquence, que la vente d'une obligation à lots du Crédit foncier, moyennant une somme payée comptant et des versements mensuels jusqu'à complément du prix, ne tombe pas sous le coup de la loi du 21 mai 1836 ni de l'art. 410 c. pén. (Crim. rej. 29 janv. 1887, aff. Leger, D. P. 87. 1. 463, et 8 juin 1888, aff. Renaud, D. P. 88. 1. 489).

21. La question devient plus délicate lorsque la réunion de la somme payée comptant et des acomptes qui doivent être successivement versés représente une somme plus élevée que la valeur de l'obligation telle qu'elle ressort du cours de la Bourse. On a soutenu qu'en pareil cas il y a une modification de la valeur du titre, que la majoration du prix fait exposer par l'acheteur un enjeu différent de celui qui ressort du cours officiel des titres auxquels sont attachées les chances de gain, et que cela doit suffire pour constituer une opération aléatoire prohibée (Mack, *De la négociation à crédit des valeurs à lots*, p. 87. V. conf. Paris, 23 nov. 1882, aff. Kircheisen, D. P. 83. 2. 32). — Mais cette interprétation a été repoussée, avec raison, par la jurisprudence, qui n'a pas admis qu'il fût possible de considérer, en matière de lots spécialement, la valeur nominale du titre comme devant en constituer le prix. Ce sont, en effet, les chances attachées à la propriété des titres à lots qui motivent l'élévation de leur prix, et, si le cours de la Bourse peut donner l'indication de ce que devrait être le prix réel du titre d'après l'opinion commune, ce cours lui-même est purement conventionnel. Nul ne peut empêcher l'acheteur d'estimer très haut les chances de gain qu'il peut avoir, et la loi de 1836 ne contient à cet égard aucun principe restrictif. Les partisans de l'opinion contraire ont prétendu, il est vrai, que la vente à crédit de valeurs à lots n'est qu'un prêt déguisé, que les payements faits par l'acheteur ne sont que la restitution d'une avance, et que, l'affaire étant civile, et non commerciale, le bénéfice à retirer par le vendeur de l'opération, par la majoration du prix au-dessus du cours de la Bourse, ne doit pas dépasser le taux légal de l'intérêt du capital dont il fait l'avance. Mais on ne saurait s'arrêter à cette objection qui, si elle était fondée, pourrait être généralisée et étendue à toutes les ventes à crédit; en effet, ainsi que le constate un arrêt de la chambre criminelle (Crim. rej. 8 juin 1888, aff. Renaud, D. P. 88. 1. 489), la majoration du prix représente non seulement pour le vendeur l'intérêt de ses avances, mais encore la compensation des risques inhérents à des opérations de cette nature; et il est absolument impossible de distinguer avec certitude ces deux éléments dans le prix stipulé.

22. Il a été décidé, en conséquence, que la vente d'une obligation à lots, moyennant un prix payable par acomptes successifs, n'est prohibée par aucune disposition légale, alors même que la réunion de ces acomptes représente une somme plus élevée que la valeur de l'obligation d'après le cours de la Bourse (Orléans, 20 avr. 1886, aff. Branchet, D. P. 88. 1. 489, note 1 ; Crim. rej. 8 juin 1888, aff. Renaud, D. P. 88. 1. 489 ; Civ. cass. 11 déc. 1888, aff. Lasne, D. P. 89. 1. 239 ; Orléans, 15 mars 1887, aff. Michel, D. P. 88. 5. 302) ; et qu'il en est ainsi même dans le cas où la majoration du prix dépasse l'intérêt à 5 pour 100 du capital avancé par le vendeur (Arrêt précité du 8 juin 1888. Conf. Rousseau, *De la vente à crédit des valeurs à lots*, p. 64 et suiv.).

Il importe peu qu'il ait été stipulé que « l'intérêt du titre sera payé, impôts déduits, au domicile de l'acheteur par le vendeur qui en diminuera le montant sur le mandat mensuel y correspondant », cette clause, dont le but est d'éviter une circulation inutile de coupons, n'ayant pas pour résultat de réserver au vendeur l'intérêt attaché au titre et de le séparer des chances du gain résultant des tirages (Arrêt précité du 15 mars 1887).

23. Au nombre des combinaisons licites auxquelles ont donné lieu les traités concernant la vente des valeurs à lots figure la rétention du titre par le vendeur, à titre de gage, jusqu'au payement intégral du prix. Toutefois cette rétention n'est légitime qu'à la condition que le vendeur fasse immédiatement connaître à l'acheteur le numéro du titre qui lui est attribué. Cette condition est nécessaire, en effet, pour qu'il n'y ait pas altération d'un des éléments essentiels de l'autorisation, à savoir l'attribution immédiate à l'acheteur des droits qu'il acquiert à la propriété du titre et des chances que les tirages lui réservent : or cette attribution ne s'opère que par l'indication du numéro du titre vendu. Si, au contraire, le numéro du titre ne devait être révélé à l'acheteur qu'au bout d'un temps plus ou moins long, par exemple après le payement d'un certain nombre de mensualités, l'opération ne constituerait plus la loterie telle que la loi l'a autorisée, mais une nouvelle opération aléatoire dans laquelle le droit aux coupons et aux lots serait, pendant un certain temps, séparé du titre, et qui tomberait sous l'application de la loi de 1836 (Crim. rej. 9 déc. 1887, aff. Meiffrédy, D. P. 88. 1. 491) ; il n'y a pas infraction à cette loi, lorsque le numéro des titres vendus est délivré à l'acheteur immédiatement ou dans un délai moral (Crim. rej. 29 juin 1887, aff. Léger, D. P. 87. 1. 463 ; 8 juin 1888, aff. Renaud, D. P. 88. 1. 489). — Il appartient, d'ailleurs, au juge du fond d'apprécier souverainement si le vendeur d'une valeur à lots n'a pas excédé le délai moral auquel il a droit pour cette délivrance (Arrêt précité du 8 juin 1888). Il a été décidé, notamment, que ce délai n'était pas dépassé lorsque, la vente ayant été opérée le 1er du mois, l'acheteur recevait le 5 le certificat indicatif du numéro du titre qui lui avait été attribué (Même arrêt).

24. On a dit au *Rép.* n° 18, que les infractions à la loi du 21 mai 1836 sont toutes matérielles. Ainsi, l'infraction punie par l'art. 4, § 2, de cette loi existe à la seule condition que, par un moyen de publication quelconque, le prévenu ait fait connaître volontairement une loterie interdite, sans qu'il y ait lieu de se préoccuper de sa bonne ou mauvaise foi, ni du but de l'annonce, ni de sa moralité (Crim. rej. 14 janv. 1876, aff. Delbreil, D. P. 76. 1. 185 ; Lyon, 7 mai 1884, aff. Albert, D. P. 85. 2. 271. Conf. Chauveau et Faustin Hélie, *op. cit.*, t. 5, n° 2332). Spécialement, il y a lieu d'appliquer cette disposition au gérant d'un journal qui a fait connaître en France l'existence d'emprunts émis par des villes ou puissances étrangères, avec primes ou lots acquis par la voie du sort, en publiant dans sa feuille les numéros des obligations gagnant les lots attachés à ces emprunts (Arrêt précité du 14 janv. 1876). Il a été décidé, dans le même sens, que l'infraction punie par la loi du 21 mai 1836 et l'art. 410 c. pén. résulte du seul fait d'avoir offert au public des valeurs à lots dont les chances ont été sciemment modifiées, sans qu'il y ait lieu de se préoccuper de la bonne foi prétendue de l'agent de publication ou de distribution (Nancy, 1er avr. 1886, aff. Léger, D. P. 86. 2. 231).

25. La loi du 21 mai 1836 ne punit pas seulement le fait d'avoir vendu des valeurs assimilées à des billets de loterie : elle défend aussi, sous les peines portées par l'art. 410 c. pén., le fait de les offrir ou mettre en vente (Crim. rej. 9 déc. 1887, aff. Meiffrédy, D. P. 88. 1. 491). Par suite, le tribunal de l'arrondissement où de telles valeurs ont été offertes en contravention à cette loi est compétent pour connaître de la poursuite, bien que la vente n'en soit devenue parfaite que par la ratification du vendeur donnée dans un autre arrondissement (Même arrêt).

§ 3. — Loteries de bienfaisance. — Autorisation (*Rép.* n°s 29 à 35).

26. On a vu au *Rép.* n° 29, que l'art. 5 de la loi du 21 mai 1836, excepte de la prohibition portée par les art. 1 et 2 les loteries d'objets mobiliers exclusivement destinées à des actes de bienfaisance ou à l'encouragement des arts, lorsqu'elles ont été autorisées dans les formes déterminées par les règlements d'administration publique. L'autorisation ainsi donnée à l'établissement d'une loterie n'a pas pour effet de placer sous la garantie du Gouvernement les opérations auxquelles donne lieu l'administration de cette loterie, et de rendre l'État responsable de ces opérations (Cons. d'Ét. 15 mai 1856, aff. Langlois, D. P. 57. 3. 2).

27. Le porteur de bonne foi d'un billet délivré par les agents d'une loterie légalement autorisée peut être considéré comme ayant droit au lot correspondant à son billet, alors même que ce billet ne serait pas celui qui a été détaché de la souche restée dans les registres de la loterie, si des statuts souverainement appréciés il résulte que la validité du billet n'a pas été subordonnée à la condition qu'il s'adapterait à une souche dont il aurait été détaché. Il en est surtout ainsi lorsque la souche n'est pas représentée (Req. 21 déc. 1853, aff. Oudiné, D. P. 54. 5. 472) ; et une telle décision, prise dans les limites de la mission judiciaire des tribunaux ordinaires, ne peut être attaquée comme méconnaissant l'autorité des actes administratifs portant organisation de la loterie, et qui ont déterminé notamment le modèle de ses billets (Même arrêt).

28. Lorsqu'après le tirage d'une loterie, il est représenté plusieurs billets portant un même numéro gagnant, la prime est due en totalité à chacun des porteurs de ces billets semblables. L'administration de la loterie peut donc être condamnée à payer au porteur du billet double la valeur du lot délivré en nature à un autre gagnant. On objecterait vainement que ce porteur ne devrait, en tous cas, obtenir que des dommages-intérêts calculés, en vertu de l'art. 1382 c. civ., d'après le préjudice qu'il a réellement souffert (Paris, 18 mars 1853, aff. Oudiné, D. P. 53. 2. 133, et sur pourvoi Req. 21 déc. 1853, D. P. 54. 5. 472).

§ 4. — Poursuites à exercer contre les délinquants. — Compétence (*Rép.* n°s 36 à 39).

29. S'il appartient à l'autorité administrative d'interpréter l'acte administratif qui a autorisé une loterie et réglé les conditions de cette autorisation, les contestations qui s'élèvent entre la loterie légalement constituée et son gérant, soit sur les comptes de gestion, soit sur le règlement des autres intérêts respectifs, ne sont pas de la compétence de la juridiction administrative (Cons. d'Et. 15 mai 1856, aff. Langlois, D. P. 57. 3. 2). Il en est de même, ainsi qu'on l'a vu (*suprà*, n° 27) des contestations relatives aux droits des porteurs de billets de loterie et à la validité de ces billets.

Table sommaire

des matières contenues dans le Supplément et le Répertoire.

(Les chiffres précédés de la lettre *S* renvoient au Supplément; les chiffres précédés de la lettre *R* renvoient au Répertoire.)

Table chronologique des Lois, Arrêts, etc.

LOUAGE.

Division.

SECT. 6. — Obligations respectives du propriétaire, du fermier sortant et du fermier entrant (n° 413).

CHAP. 6. — Du louage des meubles (n° 423).

CHAP. 1er. — Historique et législation. — Droit comparé (*Rép.* nos 5 à 20).

1. — LÉGISLATION. — Ce sont toujours les dispositions du code civil qui forment le fond de la législation en matière de louage. Cependant, depuis la publication au *Répertoire* du traité du *Louage*, plusieurs textes législatifs ont consacré, sur divers points, des principes nouveaux. Nous citerons :

1° *La loi du* 23 *mars* 1855 sur la transcription en matière hypothécaire qui, dans son art. 2, soumet à la formalité de la transcription d'une part « les baux d'une durée de plus de dix-huit années » d'autre part, « tout acte ou jugement constatant, même pour bail de moindre durée, quittance ou cession d'une somme équivalente à trois années de loyers ou fermages non échus » (V. D. P. 55. 4. 27 et *infrà*, v° *Transcription hypothécaire;* — *Rép.* eod. v°, nos 328 et suiv.).

2° *La loi du* 2 *mai* 1855, qui a étendu la compétence des juges de paix en matière de payement de loyers ou fermages (D. P. 55. 4. 52). V. *suprà*, v° *Compétence civile des tribunaux de paix*, n° 1.

3° *La loi du* 12 *févr.* 1872, modificative des art. 450 et 550 c. com. qui a restreint, en cas de faillite du locataire, les droits antérieurement reconnus au bailleur (D. P. 72. 4. 34). V. *suprà*, v° *Faillites et banqueroutes*, nos 1114 et suiv.

4° *La loi du* 5 *janv.* 1883, qui modifie l'art. 1734 c. civ. relatif à la répartition des risques locatifs en cas de pluralité de locataires (1).

5° *La loi du* 19 *févr.* 1889, relative à la restriction du privilège du bailleur d'un fonds rural et à l'attribution des indemnités dues par suite d'assurances (2).

2. Il y a lieu de mentionner, en outre, diverses dispositions, d'un caractère temporaire motivées par les événements de 1870-1871 et qui, aujourd'hui abrogées, ne présentent plus qu'un intérêt historique, savoir :

1° *Le décret des* 7-14 *sept.* 1870, déclarant l'art. 1244, § 2, c. civ. applicable, pendant la durée de la guerre, à toute contestation entre locataires et propriétaires relative au payement des loyers et aux poursuites ou exécutions en toute matière, et par suite, conférant aux tribunaux, selon les circonstances, le pouvoir d'accorder délai et de suspendre toute exécution ou poursuite (D. P. 70. 4. 87).

2° *Le décret des* 30 *sept.*-3 *oct.* 1870, accordant un délai de trois mois aux locataires habitant le département de la Seine et aux locataires en garni pour le payement de leurs loyers courants ou arriérés (D. P. 70. 4. 94).

3° *Le décret des* 9-12 *oct.* 1870, accordant notamment au juge, en cas de sortie des lieux après congé, le pouvoir d'autoriser suivant les circonstances l'enlèvement de tout ou partie du mobilier nonobstant le non-payement des loyers échus, prorogeant l'effet des congés, et autorisant l'occupation des locaux vacants (D. P. 70. 4. 95).

4° *Le décret du* 3 *janv.* 1871, accordant un nouveau délai de trois mois pour le payement des loyers aux locataires habitant le département de la Seine qui déclareraient être dans la nécessité d'y recourir, avec attribution de compétence provisoire au juge de paix pour les litiges de quelque valeur que ce soit en matière de payement de loyers (D. P. 71. 4. 1).

5° *La loi du* 21 *avr.* 1871, créant des jurys spéciaux pour statuer sur les contestations entre propriétaires et locataires du département de la Seine pour les loyers du 1er oct. 1870 au 1er avr. 1871, et attribuant à ces jurys le pouvoir d'accorder des réductions ou délais (D. P. 71. 4. 47).

6° *La loi du* 6 *janv.* 1872, portant que les jurys spéciaux cesseront de se réunir après le 31 mars 1872 et prescrivant des mesures pour terminer les affaires en cours ou pour assurer le jugement des affaires nouvelles dont la connaissance eût dû appartenir aux jurys spéciaux (D. P. 72. 4. 7).

3. DROIT COMPARÉ. — Parmi les œuvres législatives les plus récentes concernant le louage, on mentionnera tout d'abord les codifications de diverses législations étrangères : code civil roumain de 1864 (art. 1410 à 1469); code civil italien de 1865 (art. 1568 à 1669); code civil du bas Canada de 1866 (art. 1600 à 1665); code civil portugais de 1867 (art. 1595 à 1635); code fédéral suisse des obligations, de 1881 (art. 274 à 320); code civil espagnol de 1889 (art. 1542 à 1582). De plus, dans divers pays, des lois spéciales ont réglementé, sur des points particuliers, la matière du louage.

4. *Allemagne.* — Dans le projet de code civil pour l'Empire d'Allemagne, les art. 503 à 548 sont relatifs au contrat de louage (V. à cet égard l'étude de M. Raymond Saleilles, sur « les sources de l'obligation dans le projet de code civil pour l'Empire d'Allemagne » (*Bulletin de la société de législation comparée*, 1888-1889, p. 583). Parmi les dispositions intéressantes de ce projet on peut mentionner celle qui confère à l'acquéreur le droit d'expulser le preneur, et, en ce qui concerne le bail à ferme, celle qui refuse au preneur toute remise de fermages au cas de perte fortuite des fruits.

Il convient de signaler aussi, en ce qui concerne spécialement la ville libre de Lubeck, une loi du 20 avr. 1887 sur les garanties accordées au bailleur (*Annuaire de législation étrangère*, 1888, p. 375, et, en ce qui concerne la ville libre de Hambourg, une loi du 16 mai 1888 sur le payement et la garantie des loyers (*Annuaire de législation étrangère*, 1889, p. 395).

5. *Belgique.* — Une loi récente du 9 août 1887 a simplifié la procédure en matière d'expulsion des locataires de maisons ou appartements, lorsque le loyer n'excède pas 150 fr. par an dans les communes de moins de 5000 habitants, et 300 fr. dans les autres (V. notice et analyse de cette loi dans l'*Annuaire de législation étrangère*, 1888 p. 596).

Dans l'avant-projet de revision du code civil belge, rédigé par M. Laurent, les art. 1747 à 1839 sont relatifs au contrat de louage. L'art. 1754, écartant l'application des

---

(1) Loi des 5-7 janv. 1883, qui modifie l'art. 1734 du c. civ., relatif aux risques locatifs.

Art. 1er. L'art. 1734 c. civ. est modifié ainsi qu'il suit : S'il y a plusieurs locataires, tous sont responsables de l'incendie proportionnellement à la valeur locative de la partie de l'immeuble qu'ils occupent; — A moins qu'ils ne prouvent que l'incendie a commencé dans l'habitation de l'un d'eux, auquel cas celui-là seul en est tenu; — Ou que quelques-uns ne prouvent que l'incendie n'a pu commencer chez eux, auquel cas ceux-là n'en sont pas tenus.

2. Les dispositions de la présente loi sont applicables aux colonies de la Martinique, de la Guadeloupe et de la Réunion.

(2) Loi des 19-20 févr. 1889, relative à la restriction du privilège du bailleur d'un fonds rural et à l'attribution des indemnités dues par suite d'assurances.

Art. 1er. Le privilège accordé au bailleur d'un fonds rural par l'art. 2102 c. civ. ne peut être exercé, même quand le bail a acquis date certaine, que pour les fermages des deux dernières années échues, de l'année courante, et d'une année à partir de l'expiration de l'année courante, ainsi que pour tout ce qui concerne l'exécution du bail et pour les dommages-intérêts qui pourront lui être accordés par les tribunaux; — La disposition contenue dans le paragraphe précédent ne s'applique pas aux baux ayant acquis date certaine avant la promulgation de la présente loi.

2. Les indemnités dues par suite d'assurances contre l'incendie, contre la grêle, contre la mortalité des bestiaux ou les autres risques, sont attribuées, sans qu'il y ait besoin de délégation expresse, aux créanciers privilégiés ou hypothécaires suivant leur rang. — Néanmoins les payements faits de bonne foi avant opposition sont valables.

3. Il en est de même des indemnités dues en cas de sinistre par le locataire ou par le voisin, par application des art. 1733 et 1382 c. civ. En cas d'assurance du risque locatif ou du recours du voisin, l'assuré ou ses ayants droit ne pourront toucher tout ou partie de l'indemnité sans que le propriétaire de l'objet loué, le voisin ou le tiers subrogé à leurs droits, aient été désintéressés des conséquences du sinistre.

4. Les dispositions de l'art. 2 ne préjudicieront pas aux droits des intéressés dans le cas où l'indemnité aurait fait l'objet d'une cession éventuelle à un tiers, par acte ayant date certaine au jour où la présente loi sera exécutoire, à la condition, toutefois, que le transport, s'il n'a pas été notifié antérieurement, en conformité de l'art. 1690 c. civ., le soit au plus tard dans le mois qui suivra

principes des art. 1715 et 1716 c. civ., dispose : « les règles générales sur les preuves s'appliquent au louage ». Aux termes de l'art. 1781, « quand le bailleur ne remplit pas ses obligations, le juge peut autoriser le preneur à suspendre le payement du prix ». L'art. 1794 supprime, en cas d'incendie, la responsabilité solidaire des divers preneurs, et établit en principe une responsabilité proportionnelle. D'après l'art. 1814, « le preneur a le droit de faire des constructions et des plantations nécessaires ou utiles à sa jouissance, à condition qu'il use de la chose louée suivant sa destination »; d'après l'art. 1815, « si les travaux constituent un abus de jouissance, le bailleur peut s'y opposer et en demander la suppression immédiate ».

6. *Canada (Bas)*. — Le code civil du bas Canada s'inspire, en général, des mêmes principes que le code civil français. Il renferme toutefois diverses dispositions spéciales. L'art. 1608 dispose que « ceux qui occupent des héritages par simple tolérance du propriétaire, sans bail, sont réputés locataires et tenus de payer la valeur annuelle de tels héritages ». L'art. 1631, sur la responsabilité en matière d'incendie, admet la responsabilité proportionnelle telle que devait la consacrer plus tard la loi française du 5 janv. 1883 : « s'il y a deux ou plusieurs locataires de différentes parties de la même propriété, chacun est responsable de l'incendie dans la proportion de son loyer relativement au loyer de la totalité de la propriété; à moins qu'il ne soit établi que l'incendie a commencé dans l'habitation de l'un d'eux, auquel cas celui-ci en est seul tenu ; ou que quelques-uns ne prouvent que l'incendie n'a pu commencer chez eux, auquel cas ils n'en sont pas tenus ».

7. *Espagne*. — Le nouveau code civil espagnol s'inspire en général, dans la matière du louage, des mêmes principes que le code civil français. On y trouve cependant, sur des points de détail, un assez grand nombre de solutions divergentes (V. *Traduction du code civil espagnol*, par M. Levé). Ainsi, d'après l'art. 1547, à la différence de l'art. 1716 du code français, lorsque l'exécution du bail verbal « sera commencée et qu'on ne pourra faire la preuve du prix convenu, le preneur rendra au bailleur la chose louée en tenant compte du prix à fixer pour le temps de sa jouissance ». — L'art. 1549 dispose, sans distinction de durée, que « au respect des tiers, les locations d'immeubles n'auront d'effet que si elles sont dûment inscrites sur le registre de la propriété ». — L'art. 1551, en cas de sous-location, décide explicitement que « le sous-locataire sera obligé, vis-à-vis du bailleur, à tous les actes relatifs à l'usage et à la conservation de la chose louée, en la forme convenue entre le bailleur et le preneur ». — L'art. 1559 oblige le preneur, au cours du bail, à dénoncer au bailleur « la nécessité des réparations » incombant au bailleur et « nécessaires pour conserver la chose en état de servir à l'usage auquel elle est destinée ». — Aux termes de l'art. 1571, contrairement à l'art. 1743 c. civ. français, « l'acheteur d'un fonds loué a droit d'exiger que le bail prenne fin au moment où se conclut la vente, sauf toute convention contraire et les dispositions de la loi hypothécaire » et sous réserve du droit pour le preneur d'exiger « qu'on lui laisse recueillir les fruits de la récolte de l'année courante et que le vendeur l'indemnise du dommage et du préjudice qui lui est causé ». — L'art. 1581, en ce qui concerne les baux des fonds urbains, dispose que « s'il n'y a pas de terme fixé, le louage est censé fait pour quatre ans si on a fixé le loyer à l'année, pour un mois quand il est au mois, pour un jour quand il est au jour ».

8. *Grande-Bretagne*. — L'*act* du 7 sept. 1880 confère à tout possesseur de terres, « comme conséquence inséparable de son droit de possession », le droit de tuer et capturer sur ses terres les lièvres et les lapins et prononce la nullité de toute convention destinée à faire échec à la disposition précitée (V. *Annuaire de législ. étrang.*, 1881, p. 32). Un *act* du 24 mars 1880, spécial à l'Ecosse, a supprimé le droit d'hypothèque du bailleur à raison des fermages à lui dus et a abrégé en revanche les délais à l'expiration desquels le bailleur peut poursuivre son locataire (*Annuaire de législ. étrang.*, 1881 p. 11).

9. *Hongrie*. — Une loi sur la tutelle et la curatelle, votée en 1877 (L. XX), pose certaines règles applicables aux baux d'immeubles ruraux : d'après l'art. 108, « le contrat de bail ne doit pas s'étendre au delà de l'époque à laquelle l'âge du mineur lui fera acquérir la majorité... Les clauses du bail doivent être exactement déterminées au moment de la location... » (V. *Annuaire de législ. étrang.*, 1878, p. 234).

10. *Indes anglaises*. — Signalons seulement le *Punjab Tenancy act* qui réglemente, notamment, le payement des fermages.

11. *Italie*. — Les principes du code civil italien sont à peu près les mêmes que ceux du code civil français. Sont à mentionner toutefois : l'art. 1571, qui limite à trente ans la durée des baux d'immeubles, à moins qu'il ne s'agisse de louage de maison pour habitation ou de baux de terrains incultes loués pour être défrichés et mis en culture; — l'art. 1580 qui limite à vingt jours la durée des réparations que le preneur, en principe, est tenu de subir sans indemnité; — l'art. 1589, qui autorise le preneur à prouver, pour s'exonérer de la responsabilité en cas d'incendie, qu'il a apporté dans sa jouissance « la diligence qu'un père de famille soigneux a coutume d'exercer »; — l'art. 1590 qui édicte, en principe, contre chacun des colocataires d'une maison une responsabilité proportionnelle à la « valeur de la partie qu'il occupe »; — l'art. 1598, qui dispose : « quoique le preneur n'ait pas d'acte public ou d'acte sous seing privé ayant date certaine, si sa possession est antérieure à la vente, l'acheteur est tenu de le laisser en jouissance pendant tout le temps pour lequel sont censés faits les baux sans détermination de terme; dans le cas où l'acheteur veut congédier le preneur à l'expiration du temps susmentionné, il est en outre tenu de l'avertir dans le délai établi par la coutume du lieu pour les dénonciations de congé ».

12. *Suisse*. — Le code fédéral des obligations, de 1881, traite avec assez de détail la matière du louage de choses. Les principes adoptés diffèrent, sur certains points, des principes du code civil français. Ainsi, en ce qui concerne le bail à loyer, l'art. 275, après avoir posé en principe que le bail à loyer n'est soumis à aucune forme spéciale, ajoute que « lorsque la chose louée est un immeuble et que les clauses arrêtées par les parties dérogent au présent code, sans y avoir été expressément réservées, la forme écrite est nécessaire pour lesdites clauses »; — l'art. 281, en cas d'aliénation de la chose louée au cours du bail, refuse en principe au preneur « le droit d'exiger du tiers détenteur la continuation du bail à moins que celui-ci ne s'y soit obligé ». D'après l'art. 287 « lorsque, durant le bail, le preneur est en retard pour le payement d'un terme échu, le bailleur peut lui assigner un délai de trente jours si le bail est d'un semestre ou plus, et un délai de six jours, si le bail est de moindre durée, en lui signifiant qu'à défaut de payement le bail sera résilié à l'expiration du délai... ». En ce qui concerne les baux à ferme, l'art. 312 permet au bailleur d'assigner au preneur en retard pour le payement du fermage un délai de soixante jours avec menace de résiliation faute de payement dans le délai. L'art. 314 contient, en ce qui concerne le bail à ferme, une disposition analogue à celle de l'art. 281 concernant le bail à loyer.

13. — Bibliographie. — La matière du louage a été traitée, depuis la publication du *Répertoire*, dans les ouvrages généraux sur l'ensemble du droit civil, tels que : Aubry et Rau, *Cours de droit civil français*, 4e éd., t. 4, § 361 et suiv., 1871 ; Laurent, *Principes de droit civil français*, t. 25, 1877 ; Guillouard, *Traité du contrat de louage*, 3e éd., 1891 ; Demante et Colmet de Santerre, *Cours analytique de code civil*, 2e éd., t. 7, 1887, nos 155 et suiv. Nous citerons également la troisième édition du *Commentaire des titres de l'échange et du louage*, de Troplong, 1859 ; et la 7e édition, de l'*Explication du code civil*, de Marcadé, t. 6, p. 433, 1875).

Des ouvrages spéciaux ont, en outre, été publiés sur ce sujet, notamment : Gouraincourt, *Traité des baux à ferme*, 1885; Agnel, *Code manuel des propriétaires et des locataires de maisons*, 7e éd., 1887 ; Couturier, *Code des locations*, 2e éd., 1890 ; Le Pelletier, *Code pratique des usages de Paris*, 1890 ; Masselin, *Nouvelle jurisprudence et traité pratique sur les locations*, 1880-1888; Albert Richard et Maucorps, *Traité de la responsabilité civile en matière d'incendie, comprenant l'exposé des règles générales concernant la responsabilité des propriétaires, locataires, fermiers, voisins*, Paris, 1883.

Enfin un grand nombre de questions intéressantes concernant le louage ont été traitées dans des articles de revues :

Revue critique de législation et de jurisprudence : Marcadé, « De la preuve du bail verbal » 1852, p. 189; Rodière, « Suffit-il, pour que le fermier ait droit à la remise sur le prix de son bail aux termes de l'art. 1769 c. civ., que le cas fortuit ait enlevé la moitié du produit net de la récolte? Ne faut-il pas qu'il ait enlevé au moins la moitié de la récolte brute? », 1855, 1er sem., p. 135; Arthur Desjardins, « Les « travaux de voirie publique et les droits des locataires », 1864, 2e sem., p. 32; Tiercelin, « Du caractère de l'obligation du locataire en matière de louage d'immeubles et du droit du locateur en cas de faillite », 1867, 1er sem., p. 37; Batbie, « De la loi du 5 janv. 1883, sur les risques locatifs », 1884, p. 736; Marc Sauzet, « De la responsabilité des locataires envers le bailleur, au cas d'incendie, d'après le nouvel art. 1734 c. civ. », 1885, p. 166; Dramard, « Responsabilité des colocataires, de la preuve du commencement de l'incendie, théorie de l'art. 1734 du code civil », 1887, p. 240; Pascaud, « Des droits du bailleur agissant en vertu de son privilège et du tiers acquéreur de bonne foi sur les meubles garnissant la ferme ou la maison », 1887, p. 720.

Revue pratique de droit français : Merville, « De l'assurance soit contre le risque locatif, soit contre le recours des voisins, en cas de faillite ou de déconfiture de l'assuré », 1862, t. 13, p. 529; Paul Jozon, « De la nature du droit du preneur » 1865, t. 20, p. 358; Mourlon, « Lettre de M. Mourlon à M. Albert Desjardins, agrégé à la faculté de droit de Paris, sur la question de savoir quelle est, quant aux loyers à échoir, la nature du droit du locateur, et ce que le créancier peut faire ou demander au cas où le locataire tombe en faillite », 1867, t. 23, p. 385; Feitu, « De la personnalité du droit du preneur », 1870, t. 30, p. 385; Grivel, « Des constructions élevées par un locataire sur le terrain loué », 1873, t. 35, p. 289; Giraud, « Une nouvelle explication de l'art. 1743 du code civil », 1880, t. 47, p. 492; Robinet de Cléry, « De la participation des fermiers à l'exercice de l'action possessoire », 1882, t. 52, p. 193.

CHAP. 2. — Notions générales. — Caractère du louage (*Rép.* nos 20 à 34).

14. L'art. 1709 c. civ. définit le louage de choses « un contrat par lequel l'une des parties s'oblige à faire jouir l'autre d'une chose pendant un certain temps, et moyennant un certain prix que celle-ci s'oblige de lui payer ». En principe, la jouissance conférée au preneur comprend toute l'utilité que peut procurer la chose louée, la transmission de jouissance du bailleur au preneur étant complète. Toutefois, si l'abandon intégral de la jouissance par le bailleur est de la nature du louage, elle n'est pas de son essence (Laurent, *Principes de droit civil français*, t. 25, n° 2). Ainsi il a été jugé : 1° que la convention par laquelle l'une des parties, propriétaire d'un moulin, met ce moulin à la disposition de l'autre partie, afin que celle-ci y fasse battre des marcs d'olives lui appartenant, a pu, par appréciation de la volonté des contractants, être qualifiée de bail à loyer, bien que le propriétaire ait laissé dans son moulin diverses marchandises à raison desquelles il y avait accès (Req. 30 janv. 1856, aff. Paul Bernard, D. P. 56. 1. 458); — 2° Que la convention par laquelle les propriétaires d'une usine, en consentant à recevoir dans leurs bâtiments des marchandises appartenant à un tiers, se réservent la jouissance des parties du bâtiment qui seraient inoccupées, n'en constitue pas moins un bail, une telle stipulation n'ayant « rien d'incompatible avec l'essence du bail à loyer »; qu'il importerait peu même que la clef du bâtiment fût restée entre les mains des propriétaires, s'il était constaté qu'elle n'en demeurait pas moins à la disposition permanente du preneur (Civ. rej. 23 janv. 1884, aff. Boilet, D. P. 84. 1. 254).

15. On a indiqué au *Rép.* n° 20 la principale différence qui sépare la vente du louage : « L'effet du louage est de conférer simplement au preneur la jouissance de la chose louée, tandis que l'effet de la vente est de conférer à l'acquéreur la propriété même de la chose vendue ». Il en résulte que les choses dont on ne peut faire usage sans les consommer, comme le blé, le vin, peuvent être vendues, mais non louées. Le plus souvent, il est facile de discerner si la convention intervenue constitue une vente ou un louage. Il est cependant des cas où la détermination du caractère de la convention présente quelque difficulté. C'est lorsque la convention attribue à l'une des parties les produits ou les fruits d'une chose appartenant à l'autre partie. Y a-t-il, dans ce cas, louage de la chose? Y a-t-il, au contraire, vente des produits ou des fruits?

16. En ce qui concerne les produits non susceptibles de se renouveler périodiquement, comme leur exploitation ne se conçoit pas sans une diminution ou altération du fonds qui les porte, la cour de cassation considère le contrat par lequel le propriétaire en concède, moyennant un prix, la jouissance à un tiers comme une vente des produits et non comme un louage du fonds. Elle a reconnu le caractère de vente : 1° à une convention par laquelle le concessionnaire d'une mine déclarait céder, pour un temps déterminé, à des tiers, le droit d'expédier et de vendre le minerai de fer dont ils feraient l'extraction et celui qui existerait sur le carreau, « attendu que ces stipulations ne transféraient pas seulement la simple jouissance de la chose ainsi cédée à temps, qu'elles transmettaient réellement... la propriété des parties de minerai déjà séparées du sol de la mine ou qui en seraient séparées à l'avenir..., que ces parties, qui étaient l'objet direct et principal de la convention et qui, une fois retirées du sol, ne pouvaient se reproduire, diminuaient la masse de la mine exploitée et devaient même finir par l'épuiser entièrement au moyen de la durée de l'exploitation, si elle se continuait pendant un temps suffisant pour produire cet effet... » (Civ. cass. 5 mars 1855, aff. Anglès, D. P. 55. 1. 123); — 2° A une convention par laquelle une compagnie de mines amodiait pour un certain temps à un tiers « l'exploitation des diverses couches de charbon de terre » qui pouvaient exister en un lieu déterminé, attendu que ce contrat « n'avait pas pour objet de transférer seulement pour un temps la jouissance de la chose cédée, mais qu'il transmettait réellement la propriété des charbons de terre que l'acquéreur avait le droit d'enlever pendant le laps de temps fixé par la convention, puisque l'extraction de ces charbons, qui ne pouvaient plus se reproduire, diminuait la masse des matières que la mine contenait et pouvait, après un temps plus ou moins long, l'anéantir entièrement » (Civ. cass. 6 mars 1855, aff. Merle de Bourg, D. P. 55. 1. 83); — 3° A la convention portant cession, pour un certain nombre d'années, du droit d'extraire les produits d'une mine « attendu que le bail d'une mine consiste pour le preneur dans le droit d'extraire et de vendre les matières de cette mine, que l'extraction altère nécessairement la substance de la mine qui ne se reproduit plus; qu'une pareille convention constitue réellement un contrat de vente, et non un contrat de louage qui permet au preneur de jouir des fruits de l'immeuble loué, fruits qui se reproduisent annuellement » (Req. 28 janv. 1857, aff. Société de Caronte, D. P. 57. 1. 391); — 4° Au contrat par lequel le propriétaire d'un terrain cède le droit d'en extraire du kaolin moyennant une redevance fixe par tonne (Civ. cass. 4 août 1886, aff. Société des kaolins de Bretagne, D. P. 87. 1. 36. V. aussi *suprà*, v° *Enregistrement*, nos 1391 et suiv.). Une solution analogue a été rendue par arrêt de la cour de Liège du 21 mai 1859 (aff. Wilgot, *Pasicrisie*, 1860. 2. 72).

Signalons, en sens contraire, un arrêt de la cour de Paris du 24 juin 1885 (aff. Comp. des forges de Châtillon et autres, D. P. 87. 1. 79). Comp., en ce qui concerne les carrières, Trib. civ. de Gap, 20 nov. 1888 (aff. Brunet, D. P. 90. 3. 103).

La jurisprudence de la cour de cassation, en ce qui concerne les mines et carrières, est combattue par M. Guillouard (t. 1, nos 13 et suiv.) : D'une part, dit cet auteur, certains produits, quoique non susceptibles de se reproduire périodiquement, doivent être assimilés aux fruits; la preuve en est fournie par les art. 598 et 1403 qui reconnaissent à l'usufruitier ou à la communauté le droit de jouir des produits des mines et carrières ouvertes avant la naissance de l'usufruit ou avant le mariage; d'autre part, la circonstance que les produits non susceptibles de se reproduire sont sujets à s'épuiser ne saurait rendre inadmissible le louage du fonds d'où on les tire, car certains objets qui donnent des produits périodiques et qui sont susceptibles d'être loués, tels que les animaux, les vignes, les prairies artificielles s'usent, et cessent de porter leurs fruits au bout d'un certain temps. — Peut-être y aura-t-il lieu de distinguer, selon que le prix du droit d'exploiter une mine, carrière, etc., est fixé à tant par an, ou à tant par tonne extraite, pour considérer la cession du droit à l'exploitation, dans le premier cas comme un louage de la mine, carrière etc., dans le second, comme une vente des produits assujettis à une taxe déterminée non d'après le temps de l'exploitation, mais d'après les quantités extraites (Comp. *infrà*, n° 17).

17. En ce qui concerne les fruits périodiques, dont l'exploitation constitue l'usage normal du fonds et qui, d'autre part, sont susceptibles d'être envisagés comme produits distincts, faut-il voir dans la convention par laquelle le propriétaire du fonds les concède, moyennant un prix, à un tiers, un contrat de louage du fonds ou bien un contrat de vente des fruits?

On a signalé au *Rép.* n° 22, l'opinion de Pothier distinguant suivant que la jouissance a été cédée pour un temps n'excédant pas neuf ans ou pour plus de neuf années : dans le premier cas, le contrat serait présumé être un louage; dans le second, il serait présumé être une vente si le prix consiste en une somme unique, un bail à rente s'il consiste en annuités. — La durée assignée par le contrat aux effets de la convention ne saurait ici avoir d'influence sur la nature de la convention: le transport de jouissance ne peut, quand il se prolonge plus de neuf ans, se transformer en un transport de propriété. Inversement, une vente de produits ne peut se transformer en un contrat de louage par cela seul qu'elle est limitée à une période de neuf ans (V. Laurent, t. 25 n° 4).

Le mode de fixation du prix fournirait-il un critérium, le contrat étant une vente si la cession est consentie pour un prix unique, un louage si elle est consentie moyennant un nombre d'annuités égal au nombre des années de jouissance? Nous estimons avec M. Laurent, *loc. cit.*, que le mode de fixation du prix ne saurait à lui seul être un critérium sûr. Mais il peut y avoir là un élément d'appréciation dont il est permis au juge de tenir compte. C'est ce que semble bien décider un arrêt de la chambre des requêtes du 30 mars 1868 (aff. Didier-Sequier, D. P. 68. 1. 417).

Lorsqu'il s'agit de produits nécessitant un travail de culture, la détermination de la partie à qui incombent les frais de culture peut entrer comme élément dans la fixation du caractère du contrat, vente si les frais de culture sont à la charge du propriétaire, louage s'ils sont à la charge du cessionnaire (*Rép.* n° 21).

18. Mais le critérium le plus sûr pour la généralité des cas doit, à notre avis, être cherché dans l'étendue des droits conférés au cessionnaire sur la chose. Le cessionnaire a-t-il, avec la jouissance des produits, la jouissance même de la chose, il y a louage. A-t-il, au contraire, seulement droit aux produits ou à certains produits déterminés, la jouissance de la chose et des autres produits restant réservée au cédant, il y a vente (*Rép.* n° 23). M. Guillouard adopte cette opinion et la formule dans les termes suivants (*Traité du contrat de louage*, t. 1, n° 8): « Le droit de jouir de tous les produits du sol est-il transféré au cessionnaire? S'il lui est transféré, le contrat est un bail; si, au contraire, le cessionnaire n'a acquis que le droit de percevoir chaque année une certaine catégorie de produits, des herbes, des bois, etc., et que le propriétaire ait conservé le droit de jouir de tous les autres produits du sol, le contrat n'est qu'une vente de fruits ».

C'est en ce sens qu'est fixée la jurisprudence de la cour de cassation. Ainsi il a été jugé qu'il y a vente, et non louage : 1° lorsque le propriétaire d'un fonds de terre, qui vend à un tiers « toutes les feuilles que produiront, pendant sept années, les mûriers plantés et à planter sur ses terres », reste en possession de son champ; que « l'acheteur n'a aucuns soins de culture à prendre pour préparer la récolte » (Req. 30 mars 1868, aff. Didier-Sequier, D. P. 68. 1. 417, *suprà*, n° 17); L'arrêt relève, en outre, cette circonstance que, dans l'espèce, le prix était fixée en bloc, au lieu de l'être en annuité, ainsi qu'il est naturel et d'usage de le faire pour les fermages qui représentent les fruits annuels; — 2° Lorsque, s'agissant d'un bois aménagé en coupes réglées, la jouissance concédée « est limitée, chaque année, à la coupe en exploitation, sans pouvoir s'étendre aux parties déjà exploitées, ni à celles qui ne sont pas encore exploitables »; et que le cessionnaire ne peut réclamer « aucune diminution de fermage pour les places vagues et vides » (Req. 23 mars 1870, aff. d'Hardivilliers, D. P. 70. 5. 166); — 3° Lorsque, dans une adjudication pour l'exploitation de l'alfa, les clauses de l'adjudication « excluent expressément du bénéfice conféré à l'adjudicataire tous les droits inhérents à la propriété et à la jouissance du sol, lesquels droits sont formellement réservés aux propriétaires du fonds; qu'il est stipulé... que ces derniers conservent la faculté de louer à des tiers les enclaves cultivées et même le droit de récolter par eux-mêmes autant d'alfa qu'ils voudront pour en disposer comme bon leur semblera ». En effet, « il résulte de ces diverses clauses », ajoute l'arrêt, « que l'adjudicataire n'avait aucun droit quelconque sur le sol et que ce qui lui appartenait uniquement, c'était le droit de récolter pendant quelques mois de l'année un produit particulier de la terre dont la jouissance et l'usage direct continueraient d'appartenir exclusivement aux propriétaires. » (Civ. cass. 5 mai 1875 aff. Pujage, D. P. 75. 1. 368); — 4° Lorsque le propriétaire de terres plantées de chênes-lièges et de chênes zéens concède à un tiers « le produit de l'écorce des chênes-lièges et la coupe des chênes zéens existant sur ces terres, avec stipulation expresse que les propriétaires se réservent la jouissance du sol, soit pour y habiter, soit pour le cultiver ou y faire paître leurs troupeaux ». Il résultait, en effet, de ces diverses clauses que le cessionnaire n'avait aucun droit quelconque sur le sol et que ce qui lui appartenait uniquement, c'était le droit de récolter, pendant un certain nombre d'années, un produit particulier de la terre dont la jouissance et l'usage direct continueraient d'appartenir exclusivement aux propriétaires. Une convention ainsi restreinte n'avait pas le caractère de louage, qui, selon l'art. 1709 c. civ., a essentiellement pour objet de transporter la jouissance d'une chose pendant un certain temps, mais..... elle constituait une vente mobilière » (Req. 25 janv. 1886, aff. Sgraire-ben-Hassein-ben-Otsman, D. P. 86. 1. 441).

Inversement, on a reconnu le caractère de contrat de louage : 1° à une adjudication conférant « le droit d'extraire les truffes » dans certaines parties d'une forêt communale, le contrat comportant « pour le preneur la jouissance des parties de la forêt où se trouvent les cépées truffières », puisque « toutes les fois qu'une coupe de bois est mise en vente dans une forêt dont le propriétaire a déjà affermé la fouille des truffes, les cépées truffières sont comptées et réservées »: et que, « pour assurer au preneur cette jouissance exclusive des parties du sol forestier qui sont susceptibles de produire la truffe, le contrat lui donne la faculté de nommer un ou plusieurs gardes particuliers » (Nîmes, 26 févr. 1883, aff. Malavard, D. P. 84. 2. 214); — 2° A un traité portant concession à une compagnie de chemins de fer « d'une certaine quantité d'eau à dériver » d'un aqueduc alimenté par une source voisine, ce traité étant un « véritable contrat de bail, puisqu'il porte sur la jouissance et non sur la propriété de la source, que cette jouissance est elle-même limitée à une durée déterminée, et qu'elle donne lieu à une redevance annuelle » (Montpellier, 21 déc. 1883, aff. Lacombe et Saint-Michel, D. P. 86. 1. 198). Observons que, saisie du pourvoi contre cet arrêt, la cour de cassation a réservé son opinion sur le caractère juridique de la convention intervenue (Req. 15 juin 1885, D. P. 86. 1. 198).

19. Au reste, c'est par l'examen des diverses clauses du contrat que doit être déterminé, dans chaque espèce, le caractère juridique de la convention. La qualification que lui auraient donnée les parties peut servir d'indication, mais elle ne saurait prévaloir contre la réalité des faits (V. *Rép.* n° 25; Req. 23 mars 1870, et 25 janv. 1886, D. P. 86. 1. 441, cités *suprà*, n° 18. *Adde* : Civ. cass. 5 et 6 mars 1855, cités *suprà*, n° 16).

20. On a signalé au *Rép.* n° 26, les principales différences qui séparent le louage de l'usufruit. « La constitution d'usufruit », a-t-on dit, « démembre la propriété et crée sur la tête de l'usufruitier un droit réel, *jus in re*... qui suit la chose en quelques mains qu'elle passe..., tandis que le bail, sans entamer la propriété de la chose, confère simplement au preneur un droit personnel, *jus ad rem*, contre le bailleur... ». La doctrine de la personnalité du droit du preneur, que nous indiquions déjà au *Répertoire* comme la doctrine dominante, a depuis lors été admise par les auteurs les plus considérables et consacrée par la cour de cassation (V. notamment Req. 6 mars 1861, aff. Syndic Vollot, D. P. 61. 1. 417) : « Attendu que le bail n'opère aucun démembrement de la propriété, qui reste entière entre les mains du bailleur...; qu'à la différence de l'emphytéote et de l'usufruitier, le preneur n'a pas une possession qui lui soit propre et personnelle; qu'il possède pour le propriétaire, dont il est, sous ce rapport, le représentant et le mandataire, et auquel seul sa possession profite; — Attendu que, sous l'empire de l'ancienne législation, le caractère purement personnel et mobilier du droit que le bail confère au preneur n'a jamais été mis en question, ainsi que l'atteste un de ses plus sûrs et de ses plus fidèles interprètes, et que, dans le silence qu'il a gardé à cet égard, il est impossible d'admettre que le code civil, en reproduisant la définition que Pothier donne du bail, ait entendu transformer la nature de ce contrat, pour en changer et en modifier les effets... » (V. dans le même sens, Civ. cass. 21 févr. 1865, aff. Courtivron, D. P. 65. 1. 132. V. d'ailleurs, *infrà*, n°s 282 et suiv.).

21. Il convient également, d'après la jurisprudence bien établie de la cour de cassation, de distinguer le bail ordinaire de l'emphytéose, à laquelle la cour de cassation reconnaît le caractère de droit réel (Civ. cass. 26 avr. 1853, aff. Jacquinot, D. P. 53. 1. 145; Req. 6 mars 1861, aff. Syndic Vollot, D. P. 61. 1. 417; Civ. rej. 11 nov. 1861, aff. Hamelin, D. P. 61. 1. 444; 26 janv. 1864; aff. Dolient de Bellegarde, D. P. 64. 1. 83; Req. 22 juin 1885, aff. Hospices de Roubaix, D. P. 86. 1. 268). — Au contraire, M. Guillouard, t. 1, n° 10, ne distingue point l'emphytéose du bail ordinaire. M. Laurent, t. 8, n°s 340 et suiv., déclare inutile de prendre parti dans la controverse, une loi du 10 janv. 1824 ayant maintenu dans la législation belge l'emphytéose avec les caractères essentiels qu'elle avait dans l'ancien droit. — Sur la détermination des caractères juridiques de l'emphytéose, V. *infrà*, v° *Louage emphytéotique*. V. aussi *suprà*, v° *Enregistrement*, n°s 1612 et suiv.

22. On a dit au *Rép.* n° 32, que le contrat de bail, malgré des analogies, devait être distingué du contrat de superficie. L'arrêt de la chambre des requêtes du 6 mars 1861, (aff. Syndic Vollot, D. P. 61. 1. 417), consacre la distinction : « Le droit de superficie et le droit d'usufruit sont, comme l'emphytéose, des droits réels qui se détachent de l'immeuble lui-même, et constituent, au profit de celui auquel ils sont conférés, une véritable propriété dont il a la libre disposition ».

CHAP. 3. — Règles communes aux baux des maisons et des biens ruraux (*Rép.* n°s 34 à 595).

SECT. 1re. — CONDITIONS REQUISES POUR LA VALIDITÉ DU BAIL (*Rép.* n°s 34 à 112).

ART. 1er. — *Choses qui peuvent être l'objet d'un bail* (*Rép.* n°s 35 à 55).

23. On a montré au *Rép.* n°s 35 et suiv., que, malgré la généralité des termes de l'art. 1713 c. civ., certaines choses ne sauraient faire l'objet d'un contrat de louage.

Ce sont d'abord les choses hors du commerce (églises, cimetières, chemins publics, rues, places, marchés, etc.). Cependant, ajoutions-nous, quant aux choses qui ne sont hors du commerce qu'à raison de l'usage auquel elles sont destinées, le louage en est possible, soit en tout, soit en partie, lorsqu'il est compatible avec la destination de la chose. Ainsi les communes peuvent louer notamment des places dans les marchés, et même certains emplacements sur les rivières et ports publics. La location des chaises et bancs dans les églises est également permise.

24. En ce qui concerne les locations de places dans les marchés, souvent établis sur des emplacements faisant partie du domaine public, V. la loi du 5 avr. 1884, art. 133-6° (D. P. 84. 4. 25). Le contentieux de ces locations appartient, suivant des distinctions que nous n'avons pas à formuler ici, tantôt à l'autorité administrative, tantôt à l'autorité judiciaire (Req. 5 août 1869, aff. Deboos, D. P. 69. 1. 492; Commission faisant fonction de conseil d'État, 3 avr. 1872, aff. Jugeat, D. P. 73. 3. 5; Trib. des confl. 28 mars 1874, aff. Jamet, D. P. 75. 3. 14; Cons. d'Ét. 17 avr. 1891. aff. Commune de Saint-Justin, *La Loi*, du 23 avr. 1891. V. *suprà*, v° *Commune*, n°s 366 et suiv.).

25. Quant aux locations d'emplacements sur les rivières ports et quais fluviaux, V. la loi du 5 avr. 1884, art. 133-7°, et *suprà*, v° *Commune*, n°s 369 et suiv. En ce qui concerne le droit d'attache perçu par la ville de Rouen sur les navires stationnant dans son port, une divergence de doctrine s'est produite entre la cour de cassation d'une part et le conseil d'État d'autre part, la cour de cassation considérant le droit d'attache comme un droit de location de place sur rivière, le conseil d'État le considérant comme la rémunération d'un travail public sous forme de péage (Civ. cass. 7 déc. 1887, aff. Ville de Rouen, D. P. 88. 1. 153; Cons. d'Ét. 20 mars 1891, aff. Ville de Rouen, *Gazette des tribunaux*, des 12-13 avr. 1891).

26. Sur les locations de chaises et bancs dans les églises (Décr. 30 déc. 1809, art. 68 et suiv.); V. Req. 20 janv. 1879, aff. Daniaud (D. P. 79. 1. 152), et *suprà*, v° *Culte*, n°s 499 et suiv.

27. Quant aux concessions de terrains dans les cimetières, dont le caractère juridique est d'ailleurs fort controversé, nous renvoyons aux développements donnés *suprà*, v° *Culte*, n°s 934 et suiv. (V. aussi Guillouard, *op. cit.*, t. 1, n°s 15 et suiv.).

28. Par application du même principe, il faut décider que « les terrains dépendant de fortifications sont susceptibles d'être loués, parce que, bien que placés hors du commerce quant à la propriété, la location n'en est pas incompatible avec leur destination » (Aubry et Rau, t. 4, § 364, note 9).

29. Les choses qui se consomment par l'usage ne peuvent non plus, en principe, être l'objet d'un contrat de bail (*Rép.* n° 38; Aubry et Rau, t. 4, § 364-2°; Laurent, t. 25, n° 63; Guillouard, t. 1, n° 69). Nous ajoutions au *Rép.* n° 39 que, si les choses fongibles ne peuvent être louées isolément, on admet généralement qu'elles peuvent se trouver accessoirement comprises dans le louage d'un immeuble auquel elles sont attachées pour servir à son exploitation.

Cette dérogation au principe s'applique sans difficulté à celles des choses mobilières, affectées au service de l'exploitation d'un fonds, qui ont le caractère d'immeubles par destination (Laurent, t. 25, n° 63). Mais que faut-il décider quant aux autres accessoires destinés à l'exploitation du fonds? Un arrêt de la cour de cassation, du 7 avr. 1857, a décidé que les approvisionnements de matières premières d'une usine, ou les marchandises en cours de fabrication, doivent être considérés comme compris à titre d'accessoires dans la location de l'usine (Civ. rej. 7 avr. 1857, aff. Syndic Leclerc, D. P. 57. 1. 171). « Attendu, porte cet arrêt, que si, en principe, les choses fongibles, à raison même de leur nature, ne peuvent pas être l'objet d'un contrat de louage, rien ne s'oppose cependant à ce que, accessoirement au bail d'un fonds rural ou d'un établissement industriel, les choses fongibles nécessaires à leur exploitation soient abandonnées au preneur, à la condition de les rendre en même nature et quantité à la fin de sa jouissance, ou leur valeur suivant estimation; que telle est même la disposition formelle de l'art. 1778 c. civ. qui oblige le fermier sortant à laisser les pailles et engrais de l'année, s'il les a reçus lors de son entrée en jouissance; qu'une pareille convention, accessoire et condition du bail, participe, à ce titre, au privilège créé par la loi, en termes généraux, pour tout ce qui concerne l'exécution de ce bail; d'où il suit qu'en jugeant, par application de ces principes, que Villette et comp. avaient pu comprendre, dans le bail de l'usine dite des Pompes hydrauliques françaises, les marchandises brutes ou en cours de fabrication qui devaient y recevoir leur dernier perfectionnement, l'arrêt attaqué n'a violé aucune loi... » D'après M. Laurent, t. 25, n° 63, il faudrait distinguer « les instruments sans lesquels l'usine ne peut marcher, les charbons par exemple, et les matières destinées à être transformées, fabriquées; celles-ci forment l'objet d'un commerce, le fabricant les achète pour les transformer et les revendre après la fabrication, elles ont donc une existence indépendante de l'usine et partant, n'en peuvent être considérées comme les accessoires »; d'après lui, il y aurait achat pour revendre. Au contraire, M. Guillouard, t. 1, n° 70, approuve la doctrine de l'arrêt de 1857. En tous cas, les marchandises fabriquées ne sauraient être considérées « comme un accessoire nécessaire au roulement » de l'usine; par suite, ces marchandises ne sauraient être considérées comme comprises dans le bail de l'usine (Arrêt précité du 7 avr. 1857. V. aussi Laurent, t. 25, n° 63).

30. Nul ne peut prendre à bail sa propre chose (*Rép.* n° 54). La cour de cassation de Belgique a eu à faire l'application de ce principe dans un arrêt du 4 mars 1847 (aff. Dewolf, *Pasicrisie*, 1848. 1. 43), mentionné par M. Laurent, t. 25, n° 61. Cet arrêt décide que la partie jouissant d'un droit d'emphytéose sur une chose ne saurait valablement prendre cette chose à bail (V. aussi C. Bruxelles, 14 févr. 1859, aff. Ville d'Anvers, *Pasicrisie*, 1859. 2. 165).

Mais il ne faudrait pas exagérer la portée du principe: ainsi il a été jugé que le bail d'un immeuble indivis peut valablement être consenti par les copropriétaires à l'un d'eux (Rennes, 9 janv. 1858, aff. Decouvrant, D. P. 58. 2. 213). Cette solution est approuvée par M. Guillouard, t. 1, n° 55.

Sur le droit du nu-propriétaire de prendre à loyer la chose dont il a la nue propriété, V. *Rép.* n° 54.

31. Le droit de vaine pâture, dans les cas où les lois du 9 juill. 1889 (D. P. 90. 4. 20) et 22 juill. 1890 (D. P. 90. 4. 115) en autorisent le maintien, ne saurait davantage être donné à bail. Ainsi il a été jugé que le maire d'une commune ne peut valablement consentir à un tiers la location de la vaine pâture des chemins et des biens communaux de la localité, même pour la portion excédant les besoins de sa population (Paris, 9 août 1860, aff. Dramard, D. P. 61. 2. 55). « Considérant, porte l'arrêt, que le droit de vaine pâture, qui consiste dans la faculté, pour les habitants ou exploitants d'une commune, d'envoyer leurs bestiaux sur les fonds non clos les uns des autres, après l'enlèvement des récoltes, ou lorsque ces fonds sont en jachères ou en friche, est une servitude d'un genre spécial qui, considérée comme droit de jouissance commune et résultant du consentement tacite de tous les intéressés, est à la fois active et passive, pour et contre chacun des propriétaires et exploitants de ces fonds; que cette servitude doit être limitée à l'usage personnel que chacun d'eux en peut faire, d'après la proportion déterminée par le conseil municipal, et que nul des copartiicipants ne peut aliéner sa part de jouissance par voie de vente ou de location; que la commune, considérée comme personne privée, n'a pas plus de droit qu'aucun de ses habitants, quant à la vaine pâture des fonds qui lui appartiennent et qui sont soumis aux mêmes servitudes générales que ceux des particuliers; qu'il en est de même de ses chemins qui, après la récolte des herbes dont la loi de 1836 attribue la propriété aux communes, doivent, cette récolte faite, rentrer sous le régime de vaine pâture ci-dessus exposé, sauf les restrictions qu'il appartient au maire d'y apporter dans l'intérêt de la circulation; — Considérant que, au point de vue administratif, la commune représentée par son maire, ne saurait davantage, sans méconnaître la nature du droit de vaine pâture et sans le détourner de son objet, disposer en faveur d'un ou de plusieurs de ses habitants, à titre gratuit ou onéreux, de la portion de vaine pâture de son territoire excédant les besoins de sa population; qu'en effet, la portion des habitants exploitants ou chefs de famille, qui s'abstiennent de ce droit doit accroître à ceux qui en usent; et que, d'autre part, à défaut par ces derniers de se prévaloir de cet accroissement, cette double abstention doit profiter au principe de la liberté des héritages, auquel le législateur de 1791, uniquement par respect pour la tradition, a permis que la vaine pâture fît exception dans les localités ou ce droit existait depuis un temps immémorial ». Il avait été jugé précédemment que l'affermage du droit de vaine pâture par une commune ne saurait priver les habitants du droit d'envoyer paître leurs bestiaux sur les terrains soumis au droit de vaine pâture » (Crim. rej. 25 mars 1859, aff. Egely, D. P. 60. 5. 407. V. conf. Crim. rej. 28 juin 1861, *Bull. crim.*, 1861, p. 233). D'autre part, l'art. 10 de la loi des 9-10 juill. 1889 dispose expressément que « le droit de vaine pâture doit être exercé directement par les ayants droit et ne peut être cédé à personne ».

32. « Il ne suffit pas, a-t-on dit au *Rép.* n° 49, que l'usage de la chose que l'on veut louer soit possible, il faut encore qu'il n'ait rien de contraire aux bonnes mœurs ». La jurisprudence a eu l'occasion d'appliquer ce principe au cas de location de locaux destinés à servir de maison de prostitution (Caen, 29 juill. 1874, aff. Mary, D. P. 75. 2. 127). D'après cet arrêt, « les conventions contraires aux bonnes mœurs sont absolument nulles; elles entachent de turpitude ceux qui les concluent et... ces derniers sont indignes d'être écoutés par la justice, soit qu'ils se présentent devant elle pour en obtenir l'exécution ou la réalisation, soit qu'ils réclament des restitutions ou répétitions de sommes versées ou d'objets mobiliers. Dans tous les cas de turpitude commune à chacune des parties contractantes, ajoute l'arrêt, il s'élève contre leurs demandes respectives une fin de non-recevoir d'ordre public, au moyen de laquelle les tribunaux doivent les repousser d'office, par application de la maxime: *nemo suam turpitudinem allegans auditur*;... il serait, en effet, aussi contraire à la morale qu'à la dignité de la magistrature, que celle-ci laissât, en matière civile, discuter, dans son prétoire, sur le sens, la portée et les effets des pactes honteux que la conscience publique flétrit, et qu'elle intervînt ainsi entre des individus auxquels la justice ne doit aucune protection;... au contraire, en refusant à chacun de ceux qui ont participé à de pareilles conventions tout accès devant les tribunaux à l'effet d'obtenir quoi que ce soit, exécution, résiliation ou répétition, on les livre à la discrétion l'un de l'autre; on les abandonne, sans aucun recours, aux conséquences de leur déloyauté réciproque; on leur enlève toute sécurité et on arrête ainsi, par crainte de pertes pécuniaires, la plupart de ceux qui seraient tentés de former de semblables contrats ». La cour de Caen en conclut, dans l'espèce, que la bailleresse serait sans droit à obtenir soit la restitution du mobilier qu'elle avait livré à ses locataires, soit la résiliation du bail à raison de la destination des immeubles qui en faisaient l'objet, son seul droit serait d'exercer l'action en revendication de l'immeuble, « en se basant uniquement sur son titre de propriété ». Cette décision est contraire à la doctrine émise au *Rép.* (n° 50), d'après laquelle le contrat serait valable, si la destination était connue des parties et mentionnée dans l'acte. Mais elle est approuvée par M. Guillouard, t. 1, n° 72 (Conf. Bourges, 13 juin 1889, aff. Keller et Doré, D. P. 89. 5. 329; Comp. *infrà*, v° *Obligation;* — *Rép.* eod. v°, n°s 628 et suiv.).

33. En terminant l'énumération des choses qui ne peuvent faire l'objet d'un contrat de louage, signalons la prohibition temporaire de location qui frappe pendant cinq ans les terrains dépendant des cimetières désaffectés (Décr. 23 prair. an 12, art. 8 et 9; Av. Cons. d'Ét. 13 niv. an 13. V. *suprà*, v° *Culte*, n° 916. V. aussi Béquet, *Répertoire du droit administratif*, v° *Commune*, n° 3278).

34. On a dit au *Rép.* n° 48, que les bois peuvent être affermés lorsqu'ils ont été mis en coupe réglée; ajoutons: ou du moins lorsque l'acte de bail lui-même les soumet à un aménagement. Il est parfois assez délicat de distinguer la location d'un bois de la vente des produits de ce bois (V. Req. 23 mars 1870, aff. d'Hardivilliers, D. P. 70. 5. 166; Req. 25 janv. 1886, aff. Sgraire-ben-Hassein-ben-Otsman, D. P. 86. 1. 441 cités, *suprà*, n° 18).

35. Il est admis que le concessionnaire d'une mine peut conférer à un tiers, moyennant un prix, le droit d'exploiter la mine, à la condition, d'après la jurisprudence de la cour de cassation, que l'amodiation s'applique à la totalité de la concession (V. Civ. cass. 4 juin 1844, *Rép.* v° *Mines*, n° 77; Féraud-Giraud, *Code des mines et mineurs*, n° 51). L'amodiation partielle d'une mine, en effet, suivant cette jurisprudence est, en principe, prohibée, comme la vente partielle, sauf « autorisation préalable du Gouvernement, donnée dans les mêmes formes que la concession » (L. 21 avr. 1810, art. 7; Arrêt précité du 4 juin 1844; Civ. cass. 26 nov. 1845, D. P. 46. 1. 20; Aguillon, *Législation des mines*, t. 1, n° 237; Féraud-Giraud, *op. cit.*, n° 53.

V. aussi *infrà*, v° *Mines; — Rép.* eod. v°, n° 77). Mais quel est le caractère du contrat dans les cas où l'amodiation est possible? Y a-t-il louage de la mine ou vente des produits de la mine? On a vu *suprà*, n° 16, que d'après la jurisprudence de la cour de cassation, le contrat, par lequel le concessionnaire d'une mine cède temporairement à un tiers le droit d'exploiter la mine, constitue une vente des produits de cette mine.

36. Le droit de chasse, a-t-on dit au *Rép.* n° 46, peut faire l'objet d'un louage distinct de l'affermage du fonds. M. Guillouard, t. 1, n° 71, se prononce dans le même sens.

D'après l'opinon la plus générale, en effet, le droit de chasse appartient, en principe, au bailleur, l'attribution de ce droit au fermier pouvant seulement résulter des stipulations du bail ou, suivant une opinion, de circonstances spéciales de fait équivalentes (Crim. rej. 5 avr. 1866, aff. Philip, D. P. 66. 1. 411). V. *suprà*, v° *Chasse*, n°s 124 et suiv. Une proposition de loi adoptée par le Sénat et actuellement soumise à la Chambre des députés, dans son art. 2, réserve expressément au bailleur le droit de chasse, à moins de convention contraire (*Journ. off.* mai 1887, annexe n° 1326, p. 1202. V. *suprà*, v° *Chasse*, n°s 6 et 124).

37. Pour la location du droit de pêche, V. *infrà*, v° *Pêche; — Rép.* eod. v°, n° 14. Signalons ici seulement un arrêt de la cour de Rouen du 7 déc. 1878, aff. Latham, D. P. 80. 2. 75-76, décidant que le bail à ferme d'un fonds riverain d'un cours d'eau non navigable ni flottable n'emporte pas attribution du droit de pêche au fermier.

38. En ce qui concerne la location des biens du domaine privé de l'Etat, V. *suprà*, v° *Domaine de l'Etat*, n°s 10 et 15 et *infrà*, v° *Louage administratif*.

39. On a dit au *Rép.* n° 55, que, d'après l'opinion générale, le bail de la chose d'autrui est nul, en principe, au regard du véritable propriétaire, mais qu'il crée, entre le bailleur et le preneur, un lien d'obligation, en vertu duquel le bailleur est tenu d'exécuter ses engagements ou de payer des dommages-intérêts. Nous ajoutions que le preneur n'est pas tenu d'attendre, pour agir contre son bailleur, d'avoir été troublé dans sa jouissance. Telle est aussi l'opinion de M. Laurent, « le louage de la chose d'autrui étant nul, dit-il, le preneur peut agir en nullité, avant toute éviction, à charge de prouver que le bailleur n'est pas propriétaire de la chose louée, et n'a, du reste, aucune qualité pour la donner à bail » (Laurent, t. 25, n° 56). M. Guillouard, t. 1, n°s 51 et suiv. se prononce, au contraire, dans le sens de la validité de la location de la chose d'autrui, un semblable contrat renfermant virtuellement, d'après lui, une promesse de portefort de la part du bailleur. — L'opinion de cet auteur paraît reposer sur une présomption d'intention que rien ne justifie. D'ailleurs, M. Guillouard apporte à son principe une exception, notamment dans le cas où le preneur de bonne foi « doit établir, dans les lieux loués, une usine et y faire des travaux d'installation importants ». « En effet, dit-il, l'intention évidente du preneur, intention qu'il faut rechercher, n'a pas été de faire ces dépenses considérables pour un fonds dont il pourrait être évincé d'un jour à l'autre ». Cette exception nous paraît condamner le système : car tout preneur a le droit d'être assuré que, pendant le laps de temps qu'il a stipulé, il ne sera point troublé dans sa jouissance.

40. En cas de propriété indivise, un des copropriétaires peut-il donner à bail la chose indivise? Nous ne le pensons point : au regard de chacun des propriétaires la chose indivise, quant à la part de ses copropriétaires, est chose d'autrui. C'est la solution qui a été consacrée notamment par un arrêt de la cour de Bruxelles du 4 août 1852 (1) et par un arrêt de la cour de Liège du 29 mai 1869 (2). V. dans le même sens Laurent, t. 25, n° 44, cet auteur, fidèle à sa doctrine sur la nullité du louage de la chose d'autrui, donne au preneur lui-même, le droit d'agir en nullité. D'après M. Guillouard, t. 1, n° 54, au contraire, « le bail de la chose indivise est valable *entre le bailleur et le preneur*, tant que les autres communistes n'en provoquent pas la nullité ».

ART. 2.— *Capacité des personnes* (*Rép.* n°s 56 à 77).

41. Les solutions de notre droit, quant à la capacité des parties, procèdent de ce principe général que le louage n'est en lui-même qu'un acte d'administration, soit « de la part du locateur qui par ce moyen fait produire à sa chose tous les revenus dont elle est susceptible », soit « de la part du preneur qui emploie une partie de ses revenus pour se procurer une habitation ou des terres qu'il cultivera » (Guillouard, t. 1, n° 44. Conf. *Rép.* n° 50; Laurent, t. 25, n° 43; Aubry et Rau, t. 4, § 364).

Par suite, ne peuvent passer de baux les personnes qui, frappées d'une incapacité absolue de contracter, ne peuvent faire même des actes d'administration (mineur, interdit) (V. *Rép.* v[is] *Minorité*, n°s 475 et suiv. et *Interdiction*, n° 169). Inversement, ont capacité de passer des baux les personnes qui, bien que ne jouissant pas de la plénitude de capacité, ont cependant le pouvoir de faire les actes d'administration. C'est pour ce motif que la femme séparée de biens ou celle qui, sans être séparée, a l'administration de ses biens en vertu d'une clause de son contrat de mariage, le mineur émancipé, la personne pourvue d'un conseil judiciaire, peuvent louer leurs biens personnels sans autorisation du mari, du curateur ou du conseil judiciaire. C'est par ce motif encore que les administrateurs du bien d'autrui, le tuteur, le mari suivant le régime matrimonial, l'envoyé en possession provisoire des biens de l'absent, peuvent donner à bail les biens du mineur, de l'interdit, de la femme mariée, de l'absent.

42. Mais si les incapables investis du pouvoir d'administrer leurs biens peuvent passer des baux, la loi ne leur reconnaît pas cependant, en général, pleine liberté quant à la fixation de la durée de ces baux. D'autre part, le code civil limite également, à cet égard, les pouvoirs des administrateurs du bien d'autrui.

La femme mariée qui a l'administration de ses biens personnels, soit qu'une clause de son contrat de mariage lui ait réservé cette administration, soit qu'elle soit séparée de biens en vertu de son contrat de mariage ou en vertu d'un jugement, soit qu'il s'agisse de biens paraphernaux, ne peut, disait-on au *Rép.* n° 57, passer de baux pour plus de neuf ans (V. dans le même sens Laurent, t. 25, n° 47; Guillouard, t. 1, n° 59, et, spécialement en ce qui concerne la femme séparée de biens, Aubry et Rau, t. 4, § 364). — Par application de ce principe, il a été jugé que la femme séparée de corps et de biens ne peut, sans l'autorisation de son mari, consentir un bail d'une durée illimitée ne devant finir qu'à la volonté du preneur (Paris, 24 déc. 1859, aff. Baudouin, D. P. 60. 5. 350). Quant au mineur émancipé, l'art. 481 c. civ. fixe une limite de neuf ans à la durée des baux par lui consentis (V. *Rép.* n° 59).

43. La personne pourvue d'un conseil judiciaire peut-elle passer, sans l'assistance de son conseil, des baux de plus

(1) (Wilmet C. Hazard.) — LA COUR; — Attendu que, d'après le droit commun et le sentiment des meilleurs auteurs, le propriétaire indivis ne peut consentir valablement un bail de la chose indivise, sans le consentement du copropriétaire et que, s'il l'a louée en effet de cette manière, le copropriétaire peut faire annuler le bail pour le tout; — Attendu que les intimés savaient bien qu'Alexis Mercier ne tenait qu'en usufruit la moitié de la ferme par eux reprise à louage;

Attendu, dès lors, qu'ils sont censés s'être volontairement soumis à cesser leur jouissance comme preneurs à l'expiration du droit de l'usufruitier; d'où il suit qu'ils ne peuvent forcer l'appelante de continuer le bail, d'après la maxime : *Quem de evictione tenet actio eumdem agentem repellit exceptio*, invoquée par eux.

Du 4 août 1852.-C. de Bruxelles, 3e ch.

(2) Hostir C. Grandry.) — LA COUR; — Attendu que l'intimé puisait, dans sa qualité de copropriétaire de l'immeuble loué, le droit de faire prononcer la nullité du bail consenti sans sa participation; — Que l'acquisition qu'il a faite postérieurement, de la part indivise appartenant au bailleur dans le même immeuble, ne lui a pas enlevé ce droit qui est resté entier à cet égard; — Que le principe inscrit dans l'art. 1743 c. civ. ne peut lui être opposé par l'appelant, puisqu'il ne se prévaut pas de sa qualité d'acquéreur de la part indivise du bailleur, mais d'un droit distinct antérieur à cette acquisition, qui lui avait été directement transmis par un tiers et à raison duquel il n'était nullement l'ayant cause du bailleur; — Par ces motifs et ceux du premier juge ;... — Confirme le jugement au fond.

Du 29 mai 1869.-C. de Liège, 2e ch.

de neuf ans? On s'est prononcé au *Rép*, n° 59, dans le sens de la négative. Telle est aussi l'opinion de M. Guillouard, t. 1, n° 58. MM. Aubry et Rau, t. 4, § 364, se prononcent, au contraire, pour l'affirmative. — Il a été jugé que la personne pourvue d'un conseil judiciaire ne peut consentir un bail pour une durée de douze années (Toulouse, 23 août 1855, aff. Duclos, D. P. 55. 2. 328). Cette doctrine a été implicitement consacrée par la cour de cassation qui l'a appliquée même à un bail passé par le prodigue pendant l'instance en dation de conseil judiciaire (Req. 14 juill. 1875, aff. Canestrier, D. P. 76. 1. 202). Dans l'espèce de cet arrêt, la cour de cassation a décidé que les juges du fait avaient pu prononcer la nullité d'un bail de quinze années, « attendu qu'un bail de cette durée avait le caractère d'un acte d'aliénation et pouvait être annulé en vertu de l'art. 513 c. civ., et par le motif qu'il résultait, en outre, des constatations de l'arrêt, que le bail avait été souscrit dans des conditions très préjudicielles au prodigue, que le preneur connaissait l'instance engagée en dation du conseil judiciaire, qu'il connaissait également et favorisait les habitudes de prodigalité du bailleur et qu'il avait profité des entraînements de ce dernier pour réaliser des gains illicites et faire fraude d'avance à la chose qui allait être jugée » (V. *suprà*, v^is *Interdiction*, *Conseil judiciaire*, n°s 250, 258).

44. Les art. 1429 et 1430 c. civ. fixent l'étendue des pouvoirs du mari, sous le régime de la communauté légale, quant à la location des biens personnels de la femme et quant aux époques de renouvellement des baux : le mari ne peut faire des baux qui soient obligatoires pour la femme, après la dissolution de la communauté, pour une durée de plus de neuf ans; les renouvellements de baux consentis plus de trois ans avant l'expiration du bail courant, s'il s'agit de biens ruraux, plus de deux ans avant l'expiration du bail courant s'il s'agit de maisons, ne sont point opposables à la femme après la dissolution de la communauté, à moins que l'exécution du nouveau bail n'ait commencé avant la dissolution de la communauté (V. *suprà*, v° *Contrat de mariage*, n°s 491 et suiv.). Ajoutons que, d'après M. Laurent, t. 25, n° 51, les principes des art. 1429 et 1430 doivent s'appliquer, en dehors du régime de communauté, aux autres régimes dans lesquels le mari a l'administration légale des biens de sa femme : régime sans communauté, régime dotal quant aux biens dotaux (V. *suprà*, v° *Contrat de mariage*, n° 1178).

Les règles concernant la durée et le renouvellement des baux des biens appartenant aux femmes mariées, a-t-on dit au *Rép*. n° 58, s'appliquent exactement aux baux des biens des mineurs et des interdits (V. sur ce point, *infrà*, v° *Minorité-tutelle*; — *Rép*. eod. v°, n°s 475 et suiv.).

45. L'envoyé en possession provisoire des biens de l'absent, qui peut certainement passer des baux, est-il soumis aux restrictions des art. 1429 et 1430? M. Laurent, t. 25, n° 49, se prononce pour l'affirmative. MM. Aubry et Rau enseignent, au contraire, la négative (t. 4, § 364-1°, et t. 1, § 153). V. dans le même sens : Demolombe, *op. cit.*, t. 2, n° 105. Comp. *suprà*, v° *Absence*, n° 29 ; — *Rép*. eod. v°, n° 295. — Quant aux baux passés par l'envoyé en possession définitive, ils sont sans conteste, quelle qu'en soit la durée, opposables à l'absent en cas de retour (c. civ. art. 132) (V. Laurent, t. 25, n° 45).

46. Aux termes de l'art. 31 de la loi du 30 juin 1838 sur les aliénés, les administrateurs provisoires des personnes non interdites placées dans les asiles d'aliénés ne peuvent passer pour ces personnes de baux d'une durée excédant trois ans. Le projet de loi déposé par le Gouvernement et discuté en deuxième délibération par le Sénat, en 1887, conférait à l'administrateur provisoire le droit de consentir les baux de neuf ans avec une autorisation spéciale du président du tribunal (Art. 45 du projet, *Journ. off.*, févr. 1883, annexe n° 37, doc. parl., p. 259 et suiv. V. *suprà*, v° *Aliéné*, n°s 3 et 114). Le texte définitivement voté par le Sénat (art. 51) substitue à l'autorisation du président du tribunal l'autorisation de la commission de surveillance (*Journ. off.*, févr. 1887, déb. parl. 1887, Sénat, p. 172).

47. On a dit au *Rép*. n° 61, que si l'usufruitier peut passer des baux opposables au nu-propriétaire après la cessation de l'usufruit, c'est à la condition de se conformer, soit pour la durée des baux, soit pour les époques de leur renouvellement, aux règles établies pour le mari à l'égard des biens de la femme (c. civ. art. 595). Il a été jugé qu'il y avait lieu de valider un bail passé par un usufruitier dans un âge très avancé, dès lors que l'usufruitier s'était conformé, pour la durée du bail, aux règles de la loi, que le prix ne pouvait point être argué de vileté, et qu'on ne pouvait relever aucune stipulation de nature à préjudicier aux nu-propriétaires lors de la cessation de l'usufruit (Douai, 6 juin 1854, aff. Gay, D. P. 55. 2. 253). Il faut, en effet, dans l'application de l'art. 595 c. civ., réserver les cas de fraude : *fraus omnia corrumpit*. Ainsi il a été jugé : 1° qu'il y avait lieu d'annuler un bail de neuf ans consenti par un usufruitier à son fils pour un prix notablement inférieur à la valeur locative du fonds, en vue de favoriser le preneur au détriment des nu-propriétaires et dans des conditions de nature à lui faciliter l'acquisition du fonds (Orléans, 31 déc. 1868) (1); — 2° Qu'il y avait lieu d'annuler un bail de neuf ans passé par un usufruitier à une époque voisine de son décès, pour un prix évidemment inférieur à la valeur réelle de la chose louée, en vue d'avantager le preneur au préjudice du nu-propriétaire surtout si le preneur avait été complice de ces agissements de l'usufruitier (Caen, 23 juin 1874, aff. Dubost, D. P. 75,

(1) (Lebigue C. Robert). — Le tribunal civil d'Orléans a rendu, le 18 août 1868, le jugement suivant : — « Considérant que le rapport d'experts établit que la valeur locative des dépendances de la Motte-Verger est en moyenne, nette d'impôts, de 35 fr. par 42 ares 21 cent. et de 50 fr. en cas de location parcellaire; — Que, par le bail du 21 nov. 1866, ladite ferme du Verger a été louée par Lebigue père à son fils, moyennant un prix de 20 fr. seulement par chaque quantité de 42 ares 21 cent.; — Que le fermage ainsi convenu entre les parties doit donc être tenu pour notablement inférieur à celui que le bailleur pouvait obtenir, surtout si l'on considère que, par la clause sixième de l'actif, il conférait au preneur la faculté insolite de sous-louer en détail, tout ou partie des terres de la ferme; — Que si, procédant de ce premier élément, la vileté du fermage, on étudie de près les conditions et les circonstances dans lesquelles il a été consenti, on est forcé de reconnaître que le bail dont s'agit avait pour but, et devait avoir pour effet, d'assurer un avantage important à Lebigue fils, au détriment des nu-propriétaires; — Considérant que cette préoccupation de favoriser son fils, facilement explicable par l'âge et l'état de santé de cet usufruitier de soixante-six ans, déjà malade, ou tout au moins souffrant, convalescent, disent plusieurs témoins, se trahit encore par l'empressement qui préside au contrat du 21 nov. 1866 ; — Considérant que, dans les circonstances de la cause, les sieurs Lebigue, quelle que soit d'ailleurs leur bonne réputation, ne sauraient se retrancher derrière les art. 595 et 1429 c. civ; — Que s'ils ont respecté la lettre de ces articles, ils étaient trop intelligents et trop expérimentés pour n'avoir pas compris que la combinaison qu'ils venaient d'arrêter aurait infailliblement pour résultat, non seulement de procurer à Lebigue fils une jouissance très avantageuse de la Motte-Verger, mais encore de déprécier la valeur vénale des conquêts de la communauté, d'en entraver la licitation, et de donner à Lebigue fils la presque certitude de ne pas laisser aux mains d'un étranger les biens à liciter entre lui et les nu-propriétaires, de la part desquels il n'avait pas à redouter de concurrence sérieuse; — Qu'en résumé donc, il ressort de l'enquête et de l'expertise que, lors de la conclusion du bail du 21 nov. 1866, les parties, l'une d'elles tout au moins, prévoyaient la possibilité d'une cessation plus ou moins prochaine de l'usufruit de Lebigue-Robert; — Que, dans le but principal de conserver une sorte de mainmise sur la belle ferme que le père de famille avait formée, et d'en empêcher le morcellement, elles ont oublié la réserve particulière que leur imposait leur situation et leur qualité, méconnu les obligations étroites de l'usufruitier et concerté entre elles des stipulations constituant tout à la fois une libéralité au profit de Lebigue fils, et un préjudice pour les demandeurs, ce qui autorise ces derniers non pas seulement à réclamer des dommages-intérêts contre l'ayant cause de l'usufruitier, mais à exiger l'annulation immédiate de l'acte passé en fraude de leurs droits ;

Par ces motifs;

Annule comme fait en fraude des droits des nu-propriétaires le bail consenti par Lebigue-Robert à son fils, etc. ». — Appel par le sieur Lebigue fils.

LA COUR; — Adoptant les motifs des premiers juges; — Confirme, etc.

Du 31 déc. 1868.-C. d'Orléans.-MM. Mantellier, pr.-Boullé, av. gén.-de Massy et Dubec, av.

2. 212). Un arrêt de la cour de Poitiers, du 29 avr. 1863 (1) a décidé que la vileté du prix n'est pas, à elle seule, une cause de nullité du bail, alors qu'en dehors de l'intention bienveillante de l'usufruitier envers le preneur, aucun fait de dol ou de fraude n'est articulé. L'arrêt ajoute, au surplus, qu'en exécutant volontairement le bail après la cessation de l'usufruit, les nu-propriétaires se sont rendus non recevables à en contester la validité.

En principe, le nu-propriétaire ne peut, avant la fin de l'usufruit, critiquer les baux passés par l'usufruitier. Il faudrait cependant, d'après un arrêt (Poitiers, 22 mars 1881, aff. Bégusseau, D. P. 81. 2. 150), faire exception à cette règle lorsque les clauses du bail, en dépréciant la nue propriété, causent un préjudice actuel au nu-propriétaire.

48. A propos de la distinction entre les baux de neuf ans et au-dessous et les baux de plus de neuf ans, il convient de remarquer que les uns et les autres ont, dans notre droit moderne, le caractère d'actes d'administration; la distinction que faisait l'ancien droit entre les premiers, qui constituaient des actes d'administration, et les seconds, qui constituaient des actes de disposition, n'est plus aujourd'hui admise.

La limitation de durée s'explique par un autre motif d'ordre pratique. « Ce n'est ... pas, dit M. Guillouard, t. 1, n° 47, parce que le bail de plus de neuf ans renfermerait la concession d'un droit réel qu'il est défendu à ceux qui n'ont que le pouvoir d'administrer, et voici, à notre avis, le motif vrai de cette prohibition: très souvent ce qui fait la valeur d'un immeuble pour l'acheteur, c'est la jouissance personnelle qu'il aura de cet immeuble, la faculté d'habiter la maison ou de cultiver la terre qu'il va acheter et si la jouissance de l'immeuble est conférée pour de longues années à un tiers, cette circonstance éloignera beaucoup d'acheteurs et, par suite, diminuera la valeur vénale de l'immeuble. Dès lors la loi ne doit pas permettre, à ceux qui n'ont pas la capacité, d'aliéner des baux trop longs, qui déprécieraient la valeur de leurs biens, souvent sans équivalent; les baux de plus de neuf ans ne sont plus des actes d'aliénation, mais ce sont des actes graves pouvant compromettre la fortune de ceux qui les font; et c'est avec raison que le code exige une capacité complète pour les consentir » (Conf. Aubry et Rau, t. 4, § 364, note 1; Laurent, t. 25, n° 43).

49. Les limitations apportées par les art. 1429 et 1430 c. civ. à la capacité de certaines personnes quant à la passation des baux s'appliquent-elles aux demandes de résiliation? Nous ne le pensons pas (V. conf. Laurent, t. 25, n° 54). Il a été jugé, en ce sens, que le mari peut consentir une résiliation éventuelle du bail d'un immeuble de sa femme, ayant encore plus de quatorze ans de durée (Paris, 26 avr. 1850, aff. Crepet, D. P. 51. 2. 180).

50. Le bail de la chose d'autrui, on l'a vu *suprà*, n° 39, est nul en principe au regard du propriétaire. D'après M. Troplong, il faudrait cependant, ainsi qu'on l'a dit au *Rép.* n° 55, réserver le cas où le bailleur aurait un titre apparent de nature à induire en erreur le preneur: dans ce cas, le bail serait opposable au propriétaire pour toute sa durée même supérieure à neuf ans. Tel est aussi notre sentiment; l'application de ces principes doit se faire à l'héritier apparent et au possesseur de bonne foi. M. Laurent, t. 25, n° 57, au contraire, se prononce pour la nullité des baux passés, soit par l'héritier apparent, soit par le possesseur de bonne foi. M. Guillouard, t. 1, n° 56, admet la validité des baux, mais seulement dans les limites tracées par les art. 1429 et 1430 c. civ.

51. On a admis au *Rép.* n° 66, que les baux passés par le propriétaire sous condition résolutoire, antérieurement à l'événement de la condition, sont valables et opposables au nouveau propriétaire. M. Guillouard, t. 1, n°s 49 et 50, se prononce dans le même sens, et il applique cette solution aux baux passés par le grevé de substitution. Suivant Demolombe (*Traité des donations*, t. 5, n° 566), les baux passés par le grevé seraient opposables à l'appelé lors même qu'ils seraient faits pour plus de neuf ans, sauf le cas de fraude et

(1) (Blanchard et autres C. Morisson.) — Le tribunal des Sables-d'Olonne a rendu, le 12 juin 1862, le jugement suivant: — « Attendu que la demande est repoussée tout à la fois par les faits et par le droit; — Qu'en effet, en droit, aux termes de l'art. 595 c. civ., l'usufruitier peut, non seulement jouir par lui-même comme le propriétaire, mais donner à ferme à un autre, ou même vendre et céder ses droits à titre gratuit; et que les baux qu'il passe sont obligatoires, non seulement pendant la durée de son usufruit, mais encore après que son droit a cessé d'exister, lorsqu'il s'est conformé, pour les époques de renouvellement et pour la durée du bail, aux règles établies pour le mari, à l'égard des biens de la femme, dans les limites des art. 1429 et 1430 c. civ.; — Attendu que, dans l'espèce, Bossis, en affermant pour neuf ans aux époux Morisson les immeubles dont il avait l'usufruit, n'a donc fait qu'user de son droit, tout en se conformant aux prescriptions légales; — Attendu que vainement les demandeurs allèguent-ils, à l'appui de leur demande en nullité de bail, des moyens vagues de dol et de fraude, basés notamment sur la vileté du prix; — Attendu qu'indépendamment de ce que le dol ne se présume pas, d'après les dispositions de l'art. 1116 c. civ., il ne peut être une cause de nullité de la convention que lorsque les manœuvres pratiquées par l'une des parties sont telles qu'il est évident que sans ces manœuvres, l'autre partie n'aurait pas contracté; — Attendu que ces circonstances ne se rencontrent pas dans la cause et que même aucun fait sérieux de dol et de fraude n'est articulé, que les faits dont on offre la preuve n'ont aucun caractère de pertinence, puisqu'ils ne tendraient qu'à prouver les dispositions bienveillantes de Bossis envers les époux Morisson et le désir de leur venir en aide, notamment en leur affermant à bas prix les immeubles dont il pouvait leur céder la jouissance gratuitement; — Que ce point de fait est reconnu sans qu'il soit besoin d'ordonner une enquête à cet égard, puisque Bossis, après avoir élevé chez lui Françoise Guérin, qui lui servait de domestique, l'avait mariée avec François-Louis Morisson; — Attendu néanmoins que, tout en admettant que les immeubles dont il s'agit aient été affermés au-dessous de leur valeur réelle et en reconnaissant que Bossis a voulu avantager les preneurs, il est cependant certain que ce bail à ferme a été sérieux, puisque la première annuité de fermage a été payée au bailleur, entre les mains du mandataire qu'il avait désigné, par les époux Morisson qui déjà avaient payé les frais et honoraires de l'acte notarié et qui ont continué à exploiter comme fermiers les immeubles à eux loués, sous les auspices et la surveillance de Bossis qui n'avait jamais cessé de les aider de ses conseils et même de sa bourse; — Attendu qu'il est constant, en doctrine et en jurisprudence, que le seul fait de la vileté du prix ne serait pas suffisant pour faire présumer le dol caractérisé, ni à plus forte raison pour faire annuler le bail consenti par l'usufruitier, la lésion d'ailleurs, dans le cas de bail, n'ayant pas été prévue par la loi, comme dans le cas de vente; — Attendu que tout concourt à démontrer, dans la cause, l'entière bonne foi des preneurs, auxquels on ne saurait imputer aucune espèce de manœuvre ou machination pour tromper ou circonvenir le sieur Bossis, qu'ils n'ont fait qu'accepter les offres de leur bienfaiteur qui, malgré son grand âge et ses infirmités, ne soupçonnait pas encore sa fin prochaine, et qui, dans l'intérêt des preneurs dont il recevait par réciprocité les soins et les services, consentait à faire un sacrifice personnel sur les avantages pouvant résulter de son usufruit; — Attendu enfin que tous les faits articulés par les demandeurs, soit dans leurs conclusions principales, soit dans leurs conclusions subsidiaires, pour justifier le dol et la fraude, sont vagues, non pertinents et inadmissibles; qu'il n'y a donc lieu d'en ordonner la preuve; — Attendu d'ailleurs que, tout d'abord, ce bail a tellement semblé sérieux aux héritiers de la femme Bossis qu'ils l'ont volontairement exécuté eux-mêmes; — Qu'en effet deux des demandeurs, les sieurs Dronay et Blanchard, depuis le décès de Bossis, ont pris de Morisson, pour les cultiver à moitié fruits, comme colons partiaires, les vignes dont il était fermier, et que, par suite de leurs conventions particulières, Morisson seul a fourni les engrais nécessaires pour fumer ces vignes; qu'en outre Bossis, ses héritiers et ceux de la femme Bossis, n'ont point fait d'inventaire et se sont entendus pour faire vendre, par le ministère de Me Fournaise, le mobilier de la communauté; qu'enfin ils ont tous formellement reconnu la validité du bail consenti aux époux Morisson et ont exécuté ce bail en leur laissant, en qualité de fermiers, les foins, pailles, chaumes et fumiers qui se trouveraient sur les lieux et en leur laissant encore aussi la moitié des bestiaux, du vin et du blé provenant de la dernière récolte recueillie sur la ferme, au lieu de se partager toutes ces valeurs comme le surplus du mobilier; — Attendu que, par suite de cette exécution volontaire qui est abandonnée à la souveraine appréciation des juges, les demandeurs seraient donc, aux termes de l'art. 1338 c. civ. non recevables, dans tous les cas, à attaquer de nullité le bail dont s'agit, sauf à eux de prouver, s'il y a lieu, le vice de leur consentement ». — Appel.

La cour; — Adoptant les motifs, etc.; — Confirme, etc.

Du 29 avr. 1863.-C. de Poitiers.-MM. de Sèze 1er pr.-Gast 1er av. gén.-Ernoult, Bourbeau et Lepetit av.

sous réserve de l'application des règles de la transcription. — M. Laurent t. 25, n° 45, distingue: Les baux de neuf ans et au-dessous seraient opposables au substitué : à son avis, par l'effet de l'ouverture de la substitution, le droit des appelés « n'est pas effacé, sauf que les actes de disposition tombent »; quant aux baux de plus de neuf ans, ils ne seraient pas opposables au substitué, parce qu'ils revêtiraient le caractère d'actes de disposition, en ce sens du moins qu'ils excèdent les pouvoirs de l'administrateur qui n'est pas propriétaire incommutable. Quoi qu'il en soit, il a été jugé que le droit de critiquer la durée du bail « n'appartient qu'aux appelés à la substitution et qu'il ne peut être exercé aussi longtemps que ladite substitution n'est pas ouverte » (Douai, 18 mars 1852, aff. Monet, D. P. 53. 2. 20).

52. D'après l'opinion émise au *Rép.* n° 66, en cas de surenchère, les baux passés par le premier acquéreur sont également opposables au second acquéreur. Il en serait différemment, d'après un arrêt de la cour d'Orléans, s'il était établi que le bail, quoique fait de bonne foi, devait avoir pour effet, en raison de sa longue durée et du peu d'importance de la parcelle qui en faisait l'objet, de rendre illusoire l'exercice du droit de surenchère (Orléans, 10 janv. 1860, aff. Milliet, D. P. 60. 5. 374).

53. On a signalé au *Rép.* n° 71, l'incapacité spéciale de passer des baux qui, en matière de saisie immobilière, frappe le saisi à dater du commandement (C. proc. civ. art. 684; V. aussi *Rép.* v° *Vente publique d'immeubles*, n°s 727 et suiv). — Un arrêt de la cour d'Aix a annulé un bail, même passé quelques jours avant la saisie, alors que sa durée de quinze ans, la vileté de son prix, quittancé par avance, le rendaient suspect (Aix, 22 juill. 1872, aff. Lavie et Lemarchand, D. P. 73. 5. 334-335).

54. Sur la question de savoir si les créanciers ont le droit, en vertu de l'art. 1166 c. civ., de louer ou affermer les immeubles de leur débiteur, V. *infrà*, v° *Obligation*; — *Rép.* eod. v°, n°s 903 et 904.

55. En ce qui concerne la capacité de prendre à bail, nous n'avons que de brèves observations à ajouter aux explications données au *Rép.* n° 77. — On a rapporté l'opinion de M. Troplong (*Traité de l'échange et du louage*, t. 1, sur l'art. 1718, n° 149) d'après lequel la femme mariée, même non séparée de biens, aurait qualité, en l'absence du mari, pour prendre en location le logement nécessaire à l'habitation de la famille. M. Guillouard, t. 1, n° 59, se prononce dans le même sens.

Ceux à qui il a été donné un conseil judiciaire, a-t-on dit au *Rép. ibid.*, ont le droit de prendre à bail sans l'assistance de ce conseil. Il faut ajouter que l'acte devrait être annulé si le bail excédait les ressources ou les besoins du prodigue : dans ce cas, le bailleur ne saurait même être autorisé à se faire payer les termes échus sous prétexte que le prodigue aurait profité de la location; c'est ce qui a été décidé par la cour de cassation dans une espèce ou les juges du fait avaient constaté que « la location... était excessive et de nature à entraîner une diminution » des ressources du prodigue (Civ. cass. 2 déc. 1885, aff. Deveria, D. P. 86. 1. 128. V. Guillouard, t. 1, n° 59).

56. Aux termes de l'art. 1596 c. civ., « ne peuvent se rendre adjudicataires:... les mandataires, des biens qu'ils sont chargés de vendre, les administrateurs, de ceux des communes ou établissements publics confiés à leurs soins, les officiers publics, des biens nationaux dont les ventes se font par leur ministère ». La prohibition s'applique-t-elle également à la prise en location de ces biens? Nous ne le pensons pas, les incapacités sont en effet, de droit strict (V. conf. Laurent, t. 25, n° 42. *Contrà*, Aubry et Rau, t. 4, § 364).

Sur la disposition de l'article 450, qui interdit au tuteur de prendre à ferme les biens du mineur, « à moins que le conseil de famille n'ait autorisé le subrogé tuteur à lui en passer bail ». V. *infrà*, v° *Minorité*.

ART. 3. — *Consentement* (*Rép.* n°s 78 à 87).

57. Le consentement des parties est une condition essentielle de l'existence du contrat de louage. Ce consentement doit porter sur la nature du contrat et sur ses éléments : l'objet, le prix, la durée. La cour de Douai a fait une application intéressante de ce principe, en ce qui concerne la durée du contrat, dans un arrêt du 5 août 1852 (aff. Lamotte, D. P. 53. 2. 176). Elle constate que les parties « ont toujours été en dissidence relativement à la durée du bail, l'appelant prétendant que cette durée ne devait être que d'une année ..., l'intimé voulant au contraire qu'elle fût de trois, six, ou neuf années, que ni l'une ni l'autre des parties ne justifie sa prétention ». Elle en conclut « qu'en cet état et du moment qu'il est constant que, loin de garder le silence sur la durée du bail et de s'en référer sous ce rapport aux principes qui régissent les baux faits sans écrit, les parties s'en sont expliquées sans parvenir à s'accorder, il s'ensuit que le contrat est demeuré imparfait ». — L'existence et la suffisance du consentement sont d'ailleurs souverainement appréciées par les juges du fait. La cour de cassation l'a décidé, notamment, pour le cas d'insuffisance du consentement provenant de l'affaiblissement de l'intelligence (Civ. rej. 5 juin 1882, aff. Jaillet, D. P. 83. 1. 173).

58. Dans quelques hypothèses exceptionnelles la loi, substituant son autorité au consentement du bailleur, admet la location forcée.

L'une de ces exceptions concerne les douanes. D'après les dispositions combinées des lois des 31 oct.-5 nov. 1790, 6-22 août 1791, tit. 13, art. 4, et des arrêtés des 29 frim. et 9 prair. an 6, l'administration des Douanes est autorisée à occuper d'office, sans le consentement du propriétaire et sur la simple autorisation du maire ou du préfet, à titre de locataire, les locaux nécessaires à l'installation des bureaux de recettes et au logement des employés (V. *suprà*, v° *Douanes*, n°s 155 et 156; — *Rép.* eod. v°, n°s 182 et suiv.). Le conseil d'Etat a même décidé que ce droit ne saurait être entravé par la location que le propriétaire aurait précédemment consentie des locaux (Cons. d'Et. 4 avr. 1861, aff. Olliveau, D. P. 61. 3. 75).

L'autre exception est relative aux bâtiments des halles et marchés. Les anciens propriétaires de halles maintenus dans leur droit de propriété des bâtiments par la loi des 15-28 mars 1790 peuvent être mis en demeure, par les municipalités, d'opter entre la location ou la vente à la commune desdits bâtiments. A ce droit des municipalités correspond, d'ailleurs, le droit des propriétaires d'obliger les municipalités à acheter ou à prendre à loyer les bâtiments (Instruction de l'Assemblée nationale concernant les fonctions des assemblées administratives des 12-20 août 1790, chap. 3, art. 2. V. *suprà*, v° *Halles*, n° 29; — *Rép.* eod. v°, n°s 33 et suiv).

59. Comme on l'a dit au *Rép.* n° 80, la promesse de bail vaut bail, lorsque les deux parties s'engagent réciproquement. Il en serait différemment s'il apparaissait, par suite de l'obscurité de certaines clauses, que l'acte qualifié promesse de bail ne constitue « qu'un projet essentiellement provisoire, ne devant recevoir son exécution qu'autant qu'il serait suivi d'un acte de bail ferme et régulier contenant toutes les stipulations nécessaires à son existence légale » (Req. 12 nov. 1889, aff. Alexandre, D. P. 90. 1. 33). Dans cette mesure, la cour de cassation a reconnu aux juges du fait un pouvoir souverain d'appréciation. (V. aussi *Rép.* n° 81).

60. On s'est expliqué au *Rép.* n° 84 sur la portée qu'il convient, en matière de louage, d'attribuer à la dation d'arrhes. Nous avons émis l'avis que les arrhes ont pour effet, dans tous les cas, de donner à chacune des parties le droit de se désister ; savoir, celui qui les a données, en les abandonnant et celui qui les a reçues, en restituant le double, les arrhes devant être considérées comme un acompte si le contrat reçoit son exécution. — D'après M. Laurent, t. 25, n° 41, la portée des dations d'arrhes se résout en une question d'espèce, du domaine des juges du fait. La dation d'arrhes, en effet, peut avoir une triple signification : elle peut constituer un moyen de dédit, un acompte, ou une preuve de la perfection du contrat. Ainsi il a été jugé, d'une part, qu'on ne saurait envisager comme moyen de dédit, mais seulement comme preuve de la perfection du contrat, une remise d'arrhes hors de proportion, par la modicité du chiffre, avec le loyer, alors surtout que le preneur, déjà en possession, à titre de sous-location, du fonds loué, ne peut être présumé avoir voulu se réserver le temps d'étudier les avantages ou les inconvénients de l'opération (Dijon, 15 janv. 1845, aff.

Hugonot, D. P. 45. 2. 109). Il a été jugé, d'autre part, que la remise par le preneur d'une somme de 25 fr. avait le caractère de payement d'acompte, et non de dation d'arrhes (Douai, 5 août 1852, aff. Lamotte, D. P. 53. 2. 176).

D'après M. Guillouard, t. 1er, n° 42, la dation d'arrhes constituerait en principe, et sauf circonstances spéciales, plutôt un payement qu'un moyen de dédit.

61. On a dit au *Rép.* n° 86, que le denier à Dieu est le signe que l'engagement réciproque a été contracté, sauf pour les parties la faculté de se dédire dans les vingt-quatre heures. Toutefois, il a été jugé que la remise du denier à Dieu « ne prouve pas l'existence de la location, mais seulement qu'elle a été à l'état de projet entre les parties » (Trib. civ. de la Seine, 7e ch., 10 déc. 1881, aff. Grangé Sainte-Beuve, D. P. 83. 3. 15). — Un jugement du tribunal de paix du 1er arrondissement de Paris, du 22 déc. 1871 (aff. Frère, D. P. 71. 3. 91) a d'ailleurs décidé que, même après le délai de vingt-quatre heures, le denier à Dieu doit être restitué par le concierge, lorsque le propriétaire refuse de « reconnaître les conditions faites » par ledit concierge.

ART. 4. — *Durée du bail* (*Rép.* nos 88 à 92).

62. Le consentement des parties, a-t-on dit *suprà*, n° 57, doit porter, notamment, sur la durée du contrat. Mais il n'est point nécessaire que la durée soit expressément stipulée dans l'acte, si l'ensemble des stipulations du bail permet de la fixer (Guillouard, t. 1, n° 35). Ainsi il a été jugé « qu'il n'est pas nécessaire que la durée ait été littéralement écrite dans le bail ; qu'elle peut s'induire du rapprochement et de la combinaison des diverses clauses et des conditions stipulées ; que, dans ce cas, le juge a le droit, comme en toute espèce d'actes, de rechercher l'intention des parties et de fixer en conséquence la durée du bail » (Req. 12 août 1858, aff. Hauët, D. P. 58. 1. 369); et que les tribunaux peuvent, pour fixer la durée du bail par interprétation de la convention, consulter l'usage des lieux et, par exemple, assigner au bail, conformément à cet usage, une durée de trois, six ou neuf années, au choix respectif des parties (Même arrêt. Comp. Req. 6 nov. 1860, aff. Maillard, D. P. 61. 1. 170).

63. Au reste, les parties, dans notre droit moderne, ne seraient pas libres de consentir un bail perpétuel; le louage est aujourd'hui essentiellement temporaire. Mais on ne saurait considérer un bail comme perpétuel, par cela seul qu'à l'expiration d'un certain délai, il devrait continuer de plein droit jusqu'au jour où le locataire (dans l'espèce, une ville), serait devenu, soit à l'amiable, soit par expropriation pour cause d'utilité publique, propriétaire de la maison louée ou seulement de la partie qui doit disparaître par suite de l'élargissement d'une rue, (Riom, 26 juill. 1887, aff. Démartin, D. P. 89. 2. 87). — Dans un ordre d'idées voisin, la cour d'Aix a considéré comme valable la clause d'un contrat de louage fait pour un temps indéterminé, par laquelle le bailleur se réservait le droit de mettre fin au bail dès qu'il le jugerait convenable, en reprenant possession des lieux loués, alors surtout que l'absence d'un terme fixe dans le contrat s'expliquait par les circonstances et que la location avait duré tout le temps que les parties avaient dû raisonnablement prévoir (Aix, 14 févr. 1872, aff. Abyssi, D. P. 73. 2. 93). De même, la cour de Paris a admis la validité d'une clause de bail portant que le bailleur s'interdit, sous certaines conditions, de donner congé au locataire (Paris, 4 juin 1859, aff. Gaibrois, D. P. 59. 2. 116; Comp. Paris, 24 août 1865, aff. Guettard, *infrà*, n° 372).

Sur la question de savoir si les baux héréditaires sont admis dans notre droit, V. *infrà*, v° *Louage héréditaire*; — *Rép.* eod. v°.

ART. 5. — *Prix du bail* (*Rép.* nos 93 à 112).

64. Il ne peut, en principe, y avoir de bail sans un prix convenu pour la jouissance de la chose louée. A défaut de prix, a-t-on dit au *Rép.* n° 93, il y aurait prêt à usage ou commodat; ajoutons que, suivant les cas, le contrat pourrait aussi constituer un mandat. Ainsi, il a été jugé que la convention par laquelle les propriétaires d'un immeuble en cèdent la jouissance temporaire moyennant le payement du prix des sous-locations et sous la déduction d'une retenue au profit du preneur, constitue un mandat de gestion d'immeuble révocable à volonté et non un contrat de bail, « attendu qu'on ne saurait voir là la fixation d'un prix certain déterminé ; que ce prix, en effet, est subordonné à cette condition qu'il y aura des sous-locations et que, s'il n'y en avait pas, le prétendu prix de location serait réduit à rien; qu'il est impossible d'admettre qu'un locataire général puisse ne pas être astreint personnellement et dans tous les cas au payement d'un prix fixe... » ; que le preneur « n'est, en réalité, qu'un régisseur ordinaire d'immeubles, chargé de remettre aux bailleurs le prix des loyers, sous la déduction, à son profit, d'un salaire déterminé » (Lyon, 11 déc. 1868, aff. Rabusson, D. P. 71. 2. 168).

65. La rescision pour lésion n'est pas admise en matière de louage (*Rép.* n° 96). C'est là un principe constant. La cour de Douai en a fait application dans un arrêt du 24 juill. 1865 (aff. Dewailly, D. P. 66. 2. 29). M. Guillouard (t. 1, n° 64) applique, comme on l'a fait au *Rép.* n° 97, ce principe même aux baux passés par l'usufruitier. Il en est de même des baux de biens de mineurs consentis par le tuteur. V. *infrà*, v° *Minorité* ; — *Rép.* eod. v°, n° 477.

66. On a envisagé au *Rép.* nos 101 et suiv., l'hypothèse où, les parties ayant remis la fixation du prix à l'arbitrage d'un tiers, ce tiers ne pourrait ou ne voudrait fixer le montant du loyer, et l'on a indiqué les diverses solutions admises à ce sujet par les auteurs. M. Guillouard, t. 1, n° 65, estime, en principe, qu'à défaut de fixation par le tiers convenu, on ne saurait avoir recours à des experts nommés par justice et que, faute de prix, le contrat serait inexistant. Cet auteur fait, toutefois, exception pour le cas où l'intention des parties aurait été de maintenir le contrat « même si le tiers désigné refusait la mission qu'on lui a donnée : dans ce cas, les parties devraient s'entendre pour le choix d'un autre arbitre, sinon cet arbitre serait nommé par les tribunaux ».

67. Il est deux hypothèses exceptionnelles où le loyer peut être fixé en dehors de tout consentement des parties. Ces deux exceptions sont relatives, l'une à la location par les municipalités des bâtiments des halles appartenant à des particuliers, l'autre à la location, par l'administration des Douanes, de certains locaux nécessaires à l'installation du service.

En ce qui concerne les halles, lorsque, dans les cas de location prévus par la loi des 15-28 mars 1790 et l'instruction des 12-20 août 1790 (V. *suprà*, n° 58), les propriétaires ne peuvent se mettre d'accord avec les municipalités relativement au chiffre du loyer, le loyer est fixé par le conseil de préfecture, conformément à l'avis du conseil d'Etat du 20 juillet 1836, (V. *Rép.*, v° *Halles, foires et marchés*, nos 33 et suiv. V. aussi Arsène Périer, *Traité de l'organisation et de la compétence des conseils de préfecture*, t. 2, nos 576 et suiv.; Laferrière, *Traité de la juridiction administrative*, t. 1, p. 321 ; Cons. d'Et. 21 août 1840, aff. Prince de Luxembourg, *Rec. Cons. d'Etat*, 1840, p. 327).

Quant à l'exception relative à la matière des douanes, on a déjà signalé *suprà*, n° 58, les dispositions de la loi des 6-22 août 1791 et des arrêtés des 29 frim. et 9 prair. an 6, aux termes desquels l'Administration est autorisée à établir, en cas de nécessité, dans les maisons particulières, les bureaux et les logements des préposés. D'après l'art. 4 du titre 13 de la loi des 6-22 août 1791, le loyer devait être calculé « sur le pied des baux » ; à défaut de baux, le loyer, devait être fixé par les directoires de département, sur l'avis d'experts convenus entre la Régie des douanes et les propriétaires, ou nommés d'office. Il semble que ce soit aujourd'hui au conseil de préfecture qu'il appartienne de fixer le chiffre du loyer (V. *suprà*, v° *Douanes*, nos 155 et suiv; — *Rép.* eod. v°, nos 182 et suiv. — V. aussi Cons. d'Et. 4 avr. 1861, aff. Olliveau, D. P. 61. 3. 75).

SECT. 2. — FORME ET PREUVE DU BAIL. — INTERPRÉTATION DES CLAUSES DU BAIL (*Rép.* nos 113 à 147).

ART. 1er. — *Forme et preuve du bail* (*Rép.* nos 113 à 147).

68. « Le louage, a-t-on dit au *Rép.* n° 113, est un contrat purement consensuel » : il n'est, en principe, soumis à aucune forme particulière. Dès lors, le contrat peut être formé tacitement. Ainsi la Chambre des requêtes a admis que l'accèptation d'une promesse de prorogation de bail peut être tacite (Req. 15 avr. 1874, aff. Louvard de Pontlevoy, D. P. 75. 1. 356).

69. Observons dès maintenant que, dans la détermination des effets du contrat de louage, bien que le contrat conserve son caractère consensuel, il faut aujourd'hui tenir compte des dispositions de la loi du 23 mars 1855 sur la transcription en matière hypothécaire (D. P. 55. 4. 27). D'après l'art. 2 de cette loi, doivent être transcrits les baux de biens immobiliers « d'une durée de plus de dix-huit années ». L'art. 3 établit la sanction : à défaut de transcription, les baux ne peuvent être opposés aux tiers qui ont acquis des droits sur l'immeuble et qui les ont conservés en se conformant aux lois. — Sur la portée de la loi du 23 mars 1855 en matière de louage, V. *infrà*, v° *Transcription hypothécaire ;* — *Rép.* eod. v°, n°s 328 et suiv.

La nécessité de la transcription pour les baux de plus de dix-huit ans n'influe d'ailleurs en rien sur le mode de constatation du consentement. A la différence de la loi hypothécaire belge (L. 16 déc. 1851, art. 1 et 2), la loi du 23 mars 1855 n'exige pas, en effet, que les contrats soumis à la transcription soient constatés par acte authentique, ni par acte reconnu devant notaire ou en justice (*Rép.* v° *Transcription hypothécaire*, n° 51).

70. Les principes généraux du droit sur le serment, l'aveu, la preuve littérale s'appliquent en matière de louage.

En ce qui concerne le serment, l'art. 1715 l'autorise formellement; M. Demante, t. 7, n° 162, estime même que l'art. 1715 ne rend pas seulement admissible le serment décisoire, mais permet encore au juge de déférer le serment, par dérogation au droit commun, non pas, il est vrai, à celui qui affirme, mais à celui qui nie le bail. Mais l'opinion de M. Demante est restée isolée ; l'art. 1715 est considéré, avec raison, comme une application du droit commun et comme ne visant que le serment décisoire (V. Colmet de Santerre, t. 7, n° 162 *bis*, VII; Laurent, t. 25, n° 72).

Quant à l'aveu, il convient de distinguer, conformément au droit commun, d'une part l'aveu extrajudiciaire, qui ne peut être admis, lorsqu'il est purement verbal, que dans les cas où la preuve testimoniale est recevable (V. à cet égard, *infrà*, n°s 73 et suiv.); d'autre part, l'aveu judiciaire, qui est admis en toutes matières (V. Laurent, t. 25, n° 72). — Aucune difficulté ne peut s'élever en ce qui concerne l'aveu judiciaire spontané. Mais l'aveu pourrait-il être provoqué par un interrogatoire sur faits et articles? Au *Rép.* n° 125, on a admis l'affirmative, qui a été consacrée par deux arrêts de la cour de cassation (Civ. cass. 12 janv. 1864, aff. Lévêque, D. P. 64. 1. 142, et Req. 26 janv. 1885, aff. Heuzey, D. P. 85. 1. 234). Dans ce dernier arrêt, la cour déclare que « en matière de bail, comme en toute autre, l'aveu est une preuve admissible et complète »; et consacrant l'application qu'avaient faite les juges du fond de la procédure de l'interrogatoire sur faits et articles, elle décide qu'il y a lieu d'appliquer l'art. 330 c. proc. civ., qui permet au juge de tenir le fait pour avéré si la partie interrogée sur faits et articles ne comparaît pas ou refuse de répondre (V. rapport de M. le conseiller Lepelletier sur cet arrêt, D. P. 85. *ibid.*). Cet arrêt applique l'art. 330 c. proc. civ., à la preuve d'un congé ; il en serait de même pour la preuve d'un bail. Parmi les cours d'appel, la cour de Caen s'est formellement prononcée contre l'admission de cette procédure en matière de bail (Caen, 21 mai 1875) (1). La cour de Paris, dans un arrêt du 8 mai 1862 (aff. Dominé, D. P. 62. 2. 113), s'était montrée moins hostile à l'admissibilité de l'interrogatoire sur faits et articles. MM. Aubry et Rau (t. 4, § 364), Laurent (t. 25, n° 72), Guillouard (t. 1, n° 76 et suiv.), se prononcent dans le sens de l'admissibilité de la procédure d'interrogatoire sur faits et articles. — Il importe d'ailleurs de ne pas exagérer la portée de la jurisprudence de la cour de cassation en cette matière. L'interrogatoire ne peut utilement procéder qu'autant qu'il aboutit à un aveu formel et complet du bail. Mais les résultats de l'interrogatoire sur faits et articles ne sauraient, d'après la jurisprudence, être utilement invoqués à titre de présomption, non plus que comme commencement de preuve par écrit (Arrêts précités du 8 mai 1862 et du 12 janv. 1864).

71. Le bail, a-t-on dit (*Rép.* n° 116), peut être contracté par lettres missives. M. Laurent, t. 25, n° 66, fait remarquer fort justement à cet égard que, si les lettres missives sont admises à faire preuve, bien que ne satisfaisant pas aux exigences de la loi sur la rédaction en double des actes sous seing privé, c'est que « ce n'est pas à titre d'*actes* qu'on les invoque », mais « à titre de preuve littérale de l'aveu de la partie qui nie soit l'existence du bail, soit son exécution. » — Quant à la question de savoir à quel moment précis le contrat de louage par correspondance est conclu, V. *infrà*, v° *Obligation ;* — *Rép.* eod. v°, n°s 98 et suiv.

72. Lorsque le bail est fait par acte sous seing privé, l'écrit doit être rédigé en double original (c. civ. art. 1325). Il a été jugé que l'acte qui constate un contrat de bail est dénué de force probante à l'égard du bailleur, lorsque le double dont celui-ci est en possession ne porte ni sa signature, ni celle de l'un des preneurs. Il importerait peu que l'autre double remplît les conditions exigées par la loi quant à la signature des parties et à la mention du nombre des originaux (Poitiers, 14 août 1878, aff. Drapeau, D. P. 79. 2. 33).

S'il n'avait été fait qu'un seul original, le bail devrait-il être considéré comme fait sans écrit? L'affirmative a été admise par un jugement du tribunal de Bruxelles du 18 avr. 1874 (2) (Conf. Colmet de Santerre, t. 7, n° 162 *bis*, II).

---

(1) (Calanville C. Defrance.) — LA COUR; — ... Attendu qu'il faut... décider que le tribunal n'était pas autorisé à ordonner un interrogatoire sur faits et articles ayant pour but de provoquer l'aveu de la partie autrement que par un délatif de serment; que c'est ce qui résulte des termes restrictifs de l'art. 1715 c. civ. portant textuellement ce qui suit : le serment peut seulement être déféré à la partie qui nie le bail; — Attendu que cette disposition si nette n'aurait pas eu de raison d'être, si elle ne proscrivait pas toute autre procédure, puisque le serment décisoire peut être déféré sur quelque espèce de contestation que ce soit (c. civ. art. 1357); — Attendu qu'on objecterait vainement que l'art. 324 c. proc. civ. autorise l'interrogatoire en toute matière; — Attendu que c'est là une disposition générale, laquelle comporte les exceptions qui peuvent résulter d'un texte spécial, d'où il suit que c'est à ce texte spécial qu'il faut se rattacher ; — Attendu qu'on dirait encore inutilement que l'interrogatoire peut amener un aveu de la partie, aveu formel et complet, et que la procédure se justifierait par ce résultat; — Attendu que le législateur a dû se placer à un point de vue plus pratique et statuer en considération de ce qui arrive le plus souvent; — Attendu que les interrogatoires, s'ils étaient autorisés, ne mettraient pas fin aux procès ; qu'au contraire ils serviraient à les alimenter, en fournissant des éléments aux discussions et cela quand le législateur s'est proposé d'éviter de longues contestations, dans une matière souvent très urgente; attendu que l'on comprend dès lors comment l'art. 1715, procédant par voie limitative, a circonscrit dans le serment seul la possibilité de la preuve; — Attendu qu'il suit de là que le jugement du 22 janv. 1874 doit être réformé en ce qu'il a ordonné, à tort, l'interrogatoire de Calanville. — Par ces motifs; — La cour, sans avoir égard à la fin de non-recevoir proposée contre l'appel du jugement du 22 janv. 1874 réforme ledit jugement, etc.

Du 21 mai 1875.-C. de Caen, 2e ch.-MM. Collas cons. f. f. pr.-Tardif de Moindrey, av. gén.-Carel et Delise, av.

(2) (Van Assche C. Van Overstraeten.) — LE TRIBUNAL; — Attendu que l'action a pour objet de contraindre Van Overstraeten, défendeur, à délaisser certaines pièces de terre, sises à Merchtem, et appartenant aux membres de la famille Van Assche, demandeurs; — Attendu que Van Overstraeten résiste à cette demande en se fondant sur ce que feu le curé Aelbrecht, auteur commun des parties, lui aurait, sous la date du 25 juin 1869, donné à bail les pièces de terre dont s'agit, et ce, pour un terme de vingt-cinq années, au loyer annuel de 100 fr. par hectare; — Attendu qu'il produit comme preuve de cette location certain document daté du 25 juin 1869, signé Aelbrecht et enregistré à Bruxelles le 22 déc. 1871, vol. 164, fol. 116, par le receveur Derasse au droit de 113 fr. 88 cent.; — Attendu qu'il est constant au procès que cet acte n'a été fait qu'en un seul original, circonstance qui ressort tant des enquêtes que de l'interrogatoire sur faits et articles subi par Van Overstraeten; — Attendu qu'incomplet dans la forme, il ne constitue pas preuve complète de la convention qui s'y trouve relatée; — Attendu que les demandeurs articulent sans contradiction que le bail de vingt-cinq ans dont s'agit dans ce document n'a encore reçu aucun commencement d'exécution; — Attendu qu'ils déclarent s'opposer,

— M. Laurent, t. 25, n° 70, se prononce au contraire pour la négative : l'acte irrégulier vaudrait comme commencement de preuve par écrit (Comp. Paris, 8 mai 1862, aff. Dominé, D. P. 62. 2. 113). En tous cas, la partie qui a exécuté le bail ne pourrait opposer le défaut de mention des doubles (Amiens, 23 juill. 1874, aff. Moreau, D. P. 76. 2. 201).

73. A la différence du serment, de l'aveu, de la preuve littérale, la preuve testimoniale n'est admise, en matière de louage, qu'avec de grandes restrictions, du moins en ce qui concerne les immeubles (Pour les meubles, V. *infrà*, n° 424). Il importe à cet égard de distinguer suivant que le contrat de bail a ou non reçu un commencement d'exécution.

74. — I. LE BAIL N'A REÇU AUCUN COMMENCEMENT D'EXÉCUTION. — On a vu au *Rép.* n° 121 qu'aux termes de l'art. 1715 c. civ. « si le bail fait sans écrit n'a encore reçu aucune exécution et que l'une des parties le nie, la preuve ne peut être reçue par témoins, quelque modique qu'en soit le prix et quoiqu'on allègue qu'il y a eu des arrhes données ». — La preuve testimoniale serait-elle admissible s'il y avait un commencement de preuve par écrit? On a signalé au *Rép.* n° 126, la controverse qui s'est élevée à cet égard. L'accord ne s'est point encore fait dans la doctrine. MM. Aubry et Rau, t. 4, § 364, Colmet de Santerre, t. 7, n° 162 *bis*, IV, et Laurent, t. 25, n° 74, notamment, se prononcent pour la recevabilité de la preuve testimoniale. M. Guillouard, au contraire, t. 1, n° 78, estime, conformément à l'opinion exprimée au *Rép.* n° 126, que, malgré le commencement de preuve par écrit, la preuve testimoniale ne peut être admise.

La jurisprudence française, après des hésitations, est aujourd'hui fixée dans le sens du rejet de la preuve testimoniale. Un arrêt de la chambre des requêtes du 1er août 1867 (aff. Pigeaux, D. P. 73. 5. 301), avait décidé que l'art. 1715 « ne déroge pas à l'art. 1347 qui, statuant en vue des contrats en général, autorise la preuve testimoniale, quelle que soit l'importance de la convention lorsque cette preuve peut s'étayer d'un commencement de preuve par écrit; que l'art. 1347 est conçu en termes généraux qui s'appliquent à tous les contrats, et que, pour en refuser le bénéfice au bail, il faudrait une disposition expresse qui n'existe pas ». Mais, plus récemment, la chambre civile, par deux arrêts (Civ. rej. 19 févr. 1873, aff. Chapelle, D. P. 74. 1. 265 et Civ. cass. 26 nov. 1873) (1), s'est très nettement prononcée contre l'admissibilité de la preuve testimoniale en matière de bail, même au cas où il y aurait un commencement de preuve par écrit. Divers arrêts de cour d'appel se sont aussi prononcés dans le même sens (Paris, 8 mai 1862, aff. Dominé, D. P. 62. 2. 113; Rennes, 2 mai 1871, aff. Langlais, D. P. 73. 5. 302; Pau, 5 août 1873 (2). *Contrà*, Nancy, 3 août 1871, aff. Mailhard, D. P. 72. 2. 150). — Un arrêt de la cour de Paris du 20 mai 1858 (aff. Denis, D. P. 59. 2. 39), a décidé que la preuve du bail verbal peut résulter d'une clause insérée dans un acte notarié intervenu entre le bailleur et un tiers, et par laquelle ce bailleur a chargé le tiers de l'exécution du bail. Par suite, l'arrêt décide que les juges peuvent ordonner un compulsoire, à l'effet de faire délivrer au preneur, par le notaire rédacteur de l'acte, un extrait relatif à la clause contenant la preuve dont il s'agit.

La cour de cassation de Belgique, dans ses arrêts les plus récents, relatifs d'ailleurs à des questions d'inscriptions sur les listes électorales, s'est bornée à poser le prin-

---

en invoquant l'art. 1715 c. civ., à ce que Van Overstraeten complète, au moyen de témoignages et de présomptions, le commencement de preuve qu'il prétend puiser dans l'acte du 25 juin 1869; — Attendu que le mérite de ce soutènement doit être examiné tout d'abord; — Attendu que l'art. 1715 c. civ., s'occupant des baux qui n'ont reçu encore aucune exécution, n'admet pour ces baux que deux modes de preuve, la preuve par écrit et la preuve par délation de serment, et qu'il proscrit en termes généraux et absolus la preuve testimoniale, quelque modique que soit le prix du bail; — Attendu que si l'art. 1347 permet, en thèse générale, de prouver par témoins les conventions dont l'objet dépasse 150 fr. il est certain que la preuve qu'il autorise conserve le caractère et la valeur d'une preuve testimoniale proprement dite, ainsi que le démontre la rubrique de la section 2, chap. 6, du titre dans lequel il figure; — Attendu dès lors qu'en repoussant la preuve par témoins de baux qui n'ont pas encore reçu un commencement d'exécution, l'art. 1715 a nécessairement dérogé à l'art. 1347 en même temps qu'à l'art. 1341; — Attendu que, pour écarter cette interprétation, le défendeur objecte que l'art. 1715 concerne exclusivement les baux faits sans écrit, et qu'il s'agit, dans l'espèce, d'un bail à l'appui duquel il existe un acte écrit; — Attendu que l'art. 1714 divise les baux, au point de vue de la preuve, en deux catégories, les baux écrits et les baux verbaux ou baux faits sans écrit; — Attendu que le sens de ces termes est défini par la loi elle-même; — Attendu, en effet, qu'aux termes de l'art. 1325 les actes sous seing privé qui contiennent des conventions synallagmatiques ne sont pas valables lorsqu'ils ne sont pas faits en double; — Attendu qu'un bail à l'appui duquel on invoque, comme dans l'espèce, un acte qui, aux termes de la loi, n'est pas valable, ne saurait être considéré comme un bail fait par écrit, c'est-à-dire prouvé par écrit, et qu'il doit être, au contraire, assimilé aux baux faits sans écrit; — Attendu qu'il suit de ces considérations que l'art. 1715 est applicable en la cause actuelle et que la preuve par témoins ou par présomptions doit être rejetée, etc.

Du 18 avr. 1874.-Trib. civ. de Bruxelles, 3e ch.-MM. Giron pr.-Wenseleers et Desmedt, av.

(1) (Moreau C. Julien.) — LA COUR; — Vu l'art. 1715 c. civ. ainsi conçu : « Si le bail fait sans écrit n'a encore reçu aucune exécution, et que l'une des parties le nie, la preuve ne peut être reçue par témoins, quelque modique qu'en soit le prix : le serment peut seulement être déféré à celui qui nie le bail »; — Attendu que, pour autoriser la preuve par témoins de l'existence de la convention de bail alléguée par les sieurs Julien, l'arrêt attaqué s'est uniquement fondé sur ce que l'écrit du 2 mai 1872 rendait vraisemblable cette convention, et constituait un commencement de preuve par écrit, conformément à l'art. 1347 c. civ.; — Mais, attendu qu'aux termes de l'art. 1715 du même code, la preuve d'un bail fait sans écrit, qui n'a encore reçu aucune exécution, ne peut être faite par témoins, quelque modique qu'en soit le prix, et que le serment peut seulement être déféré à celui qui le nie; — Attendu, qu'en pareille matière, l'existence d'un commencement de preuve par écrit ne peut autoriser l'administration de la preuve testimoniale; — Que l'art. 1347 c. civ., qui se réfère aux matières ordinaires pour lesquelles la preuve par témoins est admissible jusqu'à 150 fr. ne s'applique pas au contrat de bail pour lequel l'art. 1715 interdit absolument cette preuve, même au-dessus de 150 fr., et dispose expressément que le serment pourra seul être déféré à la partie qui nie la convention; — Qu'en jugeant le contraire, l'arrêt attaqué a fait une fausse application de l'art. 1347 et violé l'art. 1715 c. civ.; — Casse, etc.

Du 26 nov. 1873.-Ch. civ.-MM. Devienne, 1er pr.-Greffier, rap.-Charrins, av. gén., c. conf.-Mimerel et de Saint-Malo, av.

(2) (Cazaux C. Dunogués.) — LA COUR; — Attendu que les termes de l'art. 1715 c. civ., comme les motifs qui l'ont fait édicter, prohibent d'une manière absolue la preuve testimoniale en matière de bail, quand la convention n'a pas reçu un commencement d'exécution; — Que peu importe, en ce cas, la valeur de la chose en litige ou l'existence d'un commencement de preuve par écrit, l'art. 1715 réglant la preuve des baux par une disposition spéciale et indépendante des art. 1341 et 1347; que peu importe encore qu'il y ait contestation sur l'existence même du contrat de bail verbal ou seulement sur certaines clauses de ce contrat, touchant soit au prix, soit à la durée du bail; que, dans ces cas, les art. 1716, 1736, 1758 et 1774 ont prescrit des règles particulières, et, par une innovation qu'attestent les travaux préliminaires du code, exclu la preuve par témoins; — Et attendu qu'en fait Dunogués allègue l'existence d'un bail verbal fait pour une durée de cinq ans; que Cazaux, sans dénier l'existence du bail, conteste la fixation d'une durée quelconque; que Dunogués n'a point de titre; qu'il est irrecevable, d'après les principes ci-dessus énoncés, à prouver la durée du bail par témoins, même avec un commencement de preuve par écrit; qu'il n'a pas, du reste, ce commencement de preuve écrit; que la lettre du 17 nov. n'émane pas de Cazaux; que celle du 1er mars 1873 est complètement étrangère au point litigieux, et ne saurait, par conséquent, rendre vraisemblables les allégations de Dunogués sur ce point; que, sous aucun rapport donc, les présomptions ou preuves offertes par ce dernier, relativement à la durée du bail, ne sont admissibles, et que Dunogués doit être débouté de sa demande tendant uniquement, d'après l'assignation introductive d'instance et les conclusions d'audience, à ce que Cazaux soit condamné à passer acte d'un bail fait pour une période de cinq ans, moyennant un prix de 450 fr.: — Par ces motifs, statuant sur l'appel interjeté par Cazaux envers le jugement du tribunal civil de Dax, du 19 mars 1873, et le réformant, déboute Dunogués de sa demande.

Du 5 août 1873.-C. de Pau, 1re ch.-MM. Daguilhon, pr.-Lespinasse, 1er av. gén.-Soulé et Forest, av.

cipe de la prohibition de la preuve testimoniale, sans s'expliquer sur l'admissibilité de cette preuve en cas de commencement de preuve par écrit. Nous citerons seulement : C. cass. de Belgique, 2e ch., 12 juin 1882, aff. Hennin, *Pasicrisie*, 1882. 1. 301 ; 24 mars 1890 aff. Cammaert, *ibid.*, 1890. 1. 125. Un arrêt de la même cour, du 19 mars 1888, a rejeté le pourvoi formé contre un arrêt de la cour de Bruxelles du 13 févr. 1888, qui, pour écarter la preuve testimoniale d'un bail de plus de 150 fr., s'était fondé, non sur l'art. 1715 c. civ., mais sur l'art. 1341 c. civ. (C. cass. de Belgique, 19 mars 1888, aff. Classens, *Pasicrisie belge*, 88. 1. 124). Parmi les arrêts des cours d'appel de Belgique, on peut citer deux arrêts de la cour de Liège, l'un du 31 janv. 1872 (1); admettant la preuve testimoniale quand il y a commencement de preuve par écrit, l'autre du 21 janv. 1874 (2) proscrivant d'une manière absolue cette preuve, même au cas de commencement de preuve par écrit.

75. Dans notre opinion, au cas où le bail est fait sans écrit, ce n'est pas seulement l'existence du bail, ce sont les conditions de prix, de durée, d'entrée en jouissance etc., que l'art. 1715 interdit de prouver par témoins (V. Pau 5 août 1873, aff. Cazaux, *suprà*, n° 74). Dans le système qui admet la recevabilité de la preuve testimoniale lorsqu'il y a commencement de preuve par écrit, la preuve par témoins ne serait admise que sur les points sur lesquels porterait le commencement de preuve par écrit. D'après M. Laurent, t. 25, n° 74 *bis*, si l'écrit rend « seulement probable le fait qu'un bail a été consenti, sans s'expliquer sur la durée du louage ni sur le prix », le demandeur, faute de prouver le bail dans tous ses éléments, devrait être débouté de sa demande. MM. Aubry et Rau, t. 4, § 364, enseignent au contraire que, dans une semblable hypothèse... « le prix devrait être déterminé conformément à l'art. 1716 ; et, quant à la durée du bail, elle serait réglée de la même manière que dans les baux dont le temps n'a pas été fixé ».

76. On a dit au *Rép.* n° 144, que les règles exceptionnelles découlant de l'art. 1715 c. civ. ne s'appliquent pas au cas où il s'agit d'établir l'existence de modifications apportées à un bail qui se trouve en cours d'exécution M. Guillouard, t. 1, n° 79, se prononce dans le même sens en ce qui concerne les dérogations à un bail écrit : « ces dérogations, dit-il, pourront être prouvées par témoins ou par présomptions avec un commencement de preuve par écrit, conformément à l'art. 1347 ». (Conf. Caen, 15 nov. 1859, aff. Barbey, *Jurisprudence des cours de Rouen et de Caen*, 1860, 2e part. p. 248). Cette doctrine a été consacrée par un arrêt de la chambre des requêtes, du 20 août 1877 (aff. Chaix, D. P. 78. 1. 299).

77. La prohibition de la preuve testimoniale, a-t-on dit au *Rép.* n° 127, s'applique au congé verbal comme au bail lui-même (V. *infrà*, nos 368 et suiv.). — Que faut-il décider quant à la preuve de la résiliation? V. sur ce point *infrà*, nos 300 et suiv. Observons seulement ici que, d'après un arrêt de la cour de cassation, si la résiliation du bail ne peut être prouvée par témoins, du moins, lorsque le fait de la résiliation n'est pas contesté, la preuve des conditions sous lesquelles elle a été consentie est soumise aux règles du droit commun; par conséquent, la preuve peut être faite par témoins avec un commencement de preuve par écrit, quand la valeur du bail dépasse 150 fr. (Req. 18 nov. 1861, aff. Coze, D. P. 62. 1. 121).

78. — II. LE BAIL A REÇU UN COMMENCEMENT D'EXÉCUTION. — L'art. 1716 c. civ., comme on l'a vu au *Rép.* n° 136, organise le mode de preuve du prix. Le prix se prouve avant tout par les quittances ; s'il n'existe pas de quittances, le propriétaire sera cru sur son serment, à moins que le locataire ne préfère demander l'estimation par experts. M. Laurent, t. 25, n° 78, est d'avis que, si le preneur refusait de montrer ses quittances, le bailleur, privé de la preuve littérale par le dol du preneur, devrait être cru sur son serment, sans que le preneur fût admis à demander l'expertise. — Il a été jugé que « l'art. 1716 ne comporte nullement la nécessité légale du serment quand le locateur qui a consenti ce bail est mort; que les héritiers ne sont pas tenus de prêter le serment à sa place (Req. 13 mars 1867, aff. Clément, D. P. 67. 1. 175). Dans ce cas, les juges ne sont pas astreints à ordonner l'expertise. L'arrêt précité du 13 mars 1867 ajoute en effet : « Quand il n'y a pas lieu de recourir au serment mentionné dans l'art. 1716, les tribunaux sont les maîtres d'ordonner une expertise ou de n'allouer, pour prix du bail, que la somme justifiée par le demandeur », c'est-à-dire de n'allouer que la somme reconnue par le preneur, le surplus de la demande restant dénué de preuve.

En ce qui concerne la disposition finale de l'art. 1716, qui met les frais d'expertise à la charge du preneur, lorsque l'estimation excède le prix qu'il a déclaré, on a signalé au *Rép.* n° 137, l'opinion de M. Duvergier, d'après laquelle le locataire pourrait se soustraire à l'application de la disposition dont il s'agit, en se bornant purement et simplement à demander l'expertise sans déclarer aucun prix.

---

(1) (Wauthier C. Martin.) — LA COUR ; — ... Attendu que les appelants prétendent à tort que l'art. 1715 c. civ. repousse le commencement de preuve par écrit pour un bail semblable à celui dont il est ici question ; — Attendu, en effet, que cet article n'a d'autre but que de rejeter d'une manière absolue la preuve testimoniale prise isolément, dans le cas tout spécial et restrictif qu'il prévoit ; qu'il modifie l'art. 1341 en ce sens que la preuve testimoniale ne sera pas admise lorsqu'il s'agira d'un bail sans écrit qui n'aura encore reçu aucune exécution, alors même que la somme serait inférieure à 150 fr., auquel cas le serment pourra seulement être déféré à celui qui nie le bail; qu'il ne déroge en aucune façon à l'art. 1347 qui s'occupe d'un genre de preuve différent et qui s'applique en général à tous les contrats quelle que soit d'ailleurs la valeur des conventions; que, pour qu'il y eût dérogation aux principes généraux énoncés dans ce dernier article, il faudrait un texte formel que l'on ne trouve pas dans l'art. 1715 précité ; — Attendu qu'il constate, en outre, des mêmes documents de la cause, qu'il existe des présomptions graves, précises et concordantes en faveur du soutènement de Martin... — Attendu que, du rapprochement de ces présomptions avec le commencement de preuve par écrit susmentionné, résulte la preuve de la convention verbale qui a fait l'objet de l'action intentée aux appelants par Martin ;... — Par ces motifs, confirme...

Du 31 janv. 1872.-C. de Liège, 1re ch.-MM. Fabry, Bury, Robert av.

(2) (Simonis C. Fortemps.) — Le 17 mai 1873, jugement du tribunal de Liège, dont extrait suit : — « ... Attendu que l'art. 1715 c. civ. dispose : « Si le bail fait sans écrit n'a encore reçu « aucune exécution, et que l'une des parties le nie, la preuve ne « peut être reçue par témoins, quelque modique qu'en soit le prix « et quoiqu'on allègue qu'il y ait eu des arrhes données. Le serment peut seulement être déféré à celui qui nie le bail »; que ces termes sont clairs et excluent, dans l'espèce par eux visée, la preuve testimoniale, sans distinguer le cas où il n'existe pas un commencement de preuve par écrit; — Attendu que les travaux préparatoires à l'adoption de l'art. 1715 c. civ. révèlent, autant que son texte, la ferme volonté du législateur d'y proscrire toute preuve par témoins... (suivent des extraits des travaux préparatoires) ; — Attendu que les précédentes citations établissent bien que le législateur de l'an 12, prévoyant et redoutant la facilité avec laquelle de nombreux procès surgiraient chaque jour à propos de locations d'immeubles et surtout de locations minimes, a jugé que l'intérêt public, principalement l'intérêt des classes peu fortunées, commandait d'abord qu'il fût mis une entrave à la naissance de ces procès, ensuite que ceux venant à se produire fussent promptement jugés; — Attendu encore, d'après lesdites citations, que pour atteindre son double but, le même législateur, créant une dérogation « aux règles générales et de droit commun » sur la matière de la preuve testimoniale des conventions civiles, a « proscrit indéfiniment » dans l'espèce de l'art. 1715 c. civ. la preuve testimoniale, et a, en cette espèce, voulu que l'on considérât « comme non avenu » tout bail non complètement prouvé par un écrit ou par l'aveu de la partie qui l'avait nié jusque-là ; — Attendu que « les règles générales et de droit commun » sur la matière de la preuve testimoniale des conventions civiles sont notamment contenues en l'art. 1347, non moins qu'en l'art. 1341 c. civ. ; que le demandeur prétend donc à tort restreindre à ce dernier article la dérogation apportée à ces règles par l'art. 1715 ; que, s'il en était autrement, celui-ci n'aurait réalisé que bien imparfaitement le but de ses auteurs, puisqu'il n'empêcherait certes pas de se produire quantité de ces trop longues contestations qu'ils craignaient et dont ils ont entendu, dans une pensée d'intérêt général, « tarir la source » autant que possible : — Par ces motifs, le tribunal déclare le demandeur non recevable en son offre de preuve ».

Appel par Simonis.

LA COUR ; — Adoptant les motifs des premiers juges...; — Confirme.

Du 21 janv. 1874.-C. de Liège, 2e ch.-MM. Ruys, pr.-Déjardin, Bury et Neujean, av.

M. Laurent, t. 25, n° 82, ne partage point cette opinion qui, à son avis, « aboutit à éluder la loi ». — M. Colmet de Santerre, t. 7, n° 162 *bis*, x, estime que la disposition relative aux frais d'expertise n'est « que l'application du principe en vertu duquel la partie qui succombe est condamnée aux dépens », et que les dépens, devraient être supportés proportionnellement par les deux parties, au cas où l'expertise « fixerait un prix qui ne serait exactement ni celui déclaré par le bailleur, ni celui déclaré par le preneur ». Mais M. Laurent, t. 25, n° 82, considère cette solution comme incompatible avec le texte de l'art. 1716 (Conf. *Rép.* n° 137). De l'art. 1716 c. civ., il faut conclure que la preuve testimoniale ne saurait être admise pour établir le prix du bail. — D'après MM. Aubry et Rau, t. 4, § 364, et Laurent, t. 25, n° 79, la preuve testimoniale serait cependant admissible, s'il y avait un commencement de preuve par écrit. M. Guillouard, t. 1, n° 79, au contraire, écarte dans tous les cas la preuve testimoniale.

79. L'art. 1716 ne règle que la question de prix. Comment la durée et les autres conditions du bail seront-elles prouvées? Suivant l'opinion émise au *Rép.* n° 140, la question doit être résolue par l'application du droit commun, tel qu'il résulte de la combinaison des art. 1341 et suiv. c. civ.; ainsi, si la valeur du bail n'excède pas 150 fr., la preuve testimoniale pure et simple doit être admise; si la valeur du bail est supérieure à cette somme, la preuve testimoniale n'est admissible qu'autant qu'il existe un commencement de preuve par écrit. C'est en ce sens que se prononce M. Laurent, t. 25, n°s 83 et suiv. — MM. Aubry et Rau, t. 4, § 364, Colmet de Santerre, t. 7, n° 162 *bis*, v et xi, et M. Guillouard, t. 1, n°s 82 et 83, admettent aussi la preuve testimoniale dans les termes du droit commun en ce qui concerne les conditions autres que la durée; mais la durée du bail, d'après eux, devrait être déterminée par les dispositions des art. 1736, 1758 et 1774 c. civ. Nous estimons, avec M. Laurent, qu'on ne saurait appliquer les dispositions de ces articles à une hypothèse pour laquelle elles n'ont pas été faites. « Dans le cas de l'art. 1716, dit M. Laurent, t. 25, n° 83, les parties ont fixé verbalement la durée du bail, il s'agit de savoir comment se fera la preuve de cette convention. Dans le cas des art. 1736, 1758 et 1774, les parties n'ont fait aucune convention sur la durée du bail; la loi la règle d'après leur intention probable. Or, il ne peut plus être question de volonté probable lorsque les parties ont déclaré leur volonté. En d'autres termes, la difficulté dans le bail verbal de l'art. 1716 est une difficulté de preuve; tandis que, dans les baux sans écrit des art. 1736, 1758 et 1774, il n'y a rien à prouver puisque rien n'a été convenu : la difficulté concerne l'intention des parties contractantes; elles sont censées, en général, s'en être rapportées à l'usage des lieux ».

La tendance de la jurisprudence française la plus récente paraît être, en ce qui concerne la fixation de la durée des baux non écrits, de se référer aux usages locaux, par application des art. 1736, 1758, 1774. Ainsi il a été jugé que la durée d'un bail verbal ne peut jamais être prouvée par témoins, même à l'aide d'un commencement de preuve par écrit, encore bien que ce bail ait reçu un commencement d'exécution; que c'est uniquement d'après les usages locaux que doit être déterminée la durée d'un tel bail (Metz, 10 avr. 1856, aff. Douant. D. P. 57. 2. 55; Bordeaux, 23 janv. 1878, aff. Fouchier, D. P. 79. 2. 118; Toulouse, 17 août 1882, aff. Laffite, D. P. 84. 2. 140). Toutefois il a été jugé que la durée d'un bail verbal qui a reçu un commencement d'exécution peut être prouvée par témoins, quand même sa valeur dépasserait 150 fr., s'il y a un commencement de preuve par écrit; que, dès lors, il était permis aux juges de s'attacher aux présomptions tirées des circonstances de la cause et des conditions (l'état de guerre) dans lesquelles le bail avait été conclu (Nancy, 3 août 1871, aff. Maillard, D. P. 72. 2. 150). La cour de Caen a admis également que la durée du bail qui a reçu un commencement d'exécution peut être prouvée par témoins ou présomptions lorsqu'il y a un commencement de preuve par écrit (Caen, 3 janv. 1860) (1). — La cour de cassation de Belgique, par plusieurs arrêts, s'est prononcée contre l'admission des modes de preuve de droit commun (C. cass. de Belgique, 13 mai 1878 (2); 24 juin 1878, aff. de Pauw, 8 juill. 1878,

(1) (Davy C. Béchet.) — LA COUR; — Considérant que Postel, en vendant à Davy, le 1er oct. 1855, sa terre de la Haute-Graffardière, avait stipulé dans le contrat de vente que l'acquéreur souffrirait la jouissance verbale du sieur Béchet, dont il toucherait les fermages à échoir; — Que cette clause du contrat de vente prouve qu'il existait un bail verbal que l'acquéreur devait respecter et dont il ne s'agit plus que de fixer la durée; — Qu'en l'absence de dispositions expresses dans le contrat, la preuve de l'époque où devait cesser le bail de Béchet peut être faite par témoins ou par présomptions, s'il existe un commencement de preuve par écrit; — Que l'art. 1715 c. civ. qui prohibe la preuve par témoins d'un bail fait sans écrit, dont l'existence est niée et qui n'a point reçu d'exécution, ne peut recevoir d'application, parce qu'il ne s'agit pas de prouver l'existence du bail verbal allégué par Béchet, mais seulement d'en fixer la durée; que d'ailleurs ce bail aurait été exécuté, puisque, pendant plus d'une année depuis qu'il était devenu acquéreur, Davy a reçu les fermages dus par Béchet et profité des faisances; — Considérant que, dans son interrogatoire sur faits et articles, Davy reconnaît que Postel, son vendeur, lui a dit, avant de passer le contrat de vente, qu'il avait un bail écrit de la terre dont il allait devenir acquéreur; qu'il y a dans cette reconnaissance, rapprochée de la clause du contrat de vente qui oblige l'acquéreur à souffrir la jouissance verbale du sieur Béchet, au moins une présomption qu'il existait un bail et par conséquent un commencement de preuve par écrit suffisant pour autoriser Postel à prouver par témoins quelle devait en être la durée, cette durée ayant dû être nécessairement fixée par les clauses du bail; — Qu'il est invraisemblable que Davy, avant d'acquérir, ne se soit pas informé, ainsi qu'il l'a prétendu dans son interrogatoire si la terre qu'il achetait était louée et qu'il n'ait pas pris connaissance des conditions du bail; que tout dans la cause porte à penser que si dans le contrat de vente, on s'est borné à obliger l'acquéreur à souffrir la jouissance verbale de Béchet, c'était parce que le bail maintenant produit par Béchet, et qui n'a été soumis à l'enregistrement que le 30 déc. 1857, ne pouvait être mentionné dans l'acte authentique contenant la vente, mais que ce bail était parfaitement connu de Davy, ainsi que le prouve l'exécution qui lui a été donnée sans réclamation jusqu'au mois de mars 1857;

Que les premiers juges ont donc fait une juste application des principes du droit aux faits de la cause et que l'on doit confirmer leur décision, sans qu'il y ait lieu pour la cour de s'occuper des conclusions subsidiaires prises tant par Postel que par Béchet; — Par ces motifs; — Confirme, etc.

Du 3 janv. 1860.-C. de Caen, 4e ch.-MM. Daigremont-Saint-Manvieux pr.-Février av. gén.;-Paris et Leblond, av.

(2) (Morré C. Janssens et Kerstens.) — LA COUR; — ... Sur le second moyen, violation de l'art. 1736 c. civ. en ce que, d'après l'usage d'Anvers, non dénié par les arrêts attaqués, le bail sans écrit d'une maison étant réputé, de droit, fait pour une année, il n'y avait pas lieu à ordonner ou admettre d'enquête sur sa durée;... — Considérant que l'art. 1341 dispose qu'il n'est reçu aucune preuve par témoins lorsqu'il s'agit de choses excédant la somme ou valeur de 150 fr.; — Que l'art. 1715, étendant encore la prohibition dudit art. 1341, défend, de la manière la plus absolue, de recevoir la preuve par témoins d'un bail sans écrit qui n'a reçu encore aucune exécution, quelque modique qu'en soit le prix; — Considérant que cette disposition, fondée, d'après les travaux préparatoires, sur les inconvénients et les dangers de la preuve testimoniale en matière de louage, est générale et s'applique, dans la pensée du législateur, à la contestation sur la durée tout comme à la contestation sur le prix du bail verbal en cours d'exécution; — Que, pour la contestation sur le prix, cela résulte de l'art. 1716 qui prohibe toute preuve autre que le serment ou l'expertise; — Que, pour la contestation sur la durée, cela résulte de l'art. 1736 qui ne permet de donner congé qu'en observant les délais fixés par l'usage des lieux, ce qui implique nécessairement la durée du bail, puisque le congé ne peut s'établir avec ses conséquences légales que sur cette durée même; de l'art. 1757 qui fixe la durée du bail des meubles d'une maison en se référant à la durée ordinaire du bail des maisons, selon l'usage des lieux; de l'art. 1759 qui détermine, en cas de tacite reconduction, la durée du bail pour le terme fixé par l'usage des lieux; de l'art. 1774 qui fixe la durée pour les biens ruraux au temps nécessaire pour recueillir les fruits; — Que cela résulte enfin de la disposition de l'art. 1133 qui veut, dans les conventions, que l'on recherche l'intention des parties dans les principes de l'équité, de l'usage des lieux, et des règles générales de la loi, d'après la nature de l'obligation; — Considérant qu'il suit de ce qui précède que l'arrêt interlocutoire dénoncé, en admettant la preuve par témoins de la durée du bail verbal dont il s'agit, a contrevenu à l'art. 1736 c. civ.;... — Par ces motifs, casse, etc.

Du 13 mai 1878.-C. cass. de Belgique, 2e ch.-MM. de Longé pr.-Pardon, rap.-Mélot, av. gén.

aff. Liévin, *Pasicrisie belge*, 1878. 1. 339 ; 15 juill. 1878) (1). Un arrêt de la cour de Bruxelles, du 27 juill. 1863, s'est au contraire nettement prononcé pour l'admissibilité de la preuve testimoniale au cas où il y a un commencement de preuve par écrit (Bruxelles, 27 juill. 1863 (2) V. dans le même sens Bruxelles, 3e ch., 10 avr. 1863, aff. Huwart, *Pasicrisie belge*, 1863. 2. 335). De même, pour l'admission de la preuve par présomptions, V. Bruxelles, 1re ch., 13 janv. 1863, aff. Petitjean, *Pasicrisie belge*, 1863. 2. 281.

80. L'art. 1716 c. civ. suppose que l'exécution du bail a commencé. Mais comment doit être établi le commencement d'exécution? Un point qui paraît certain, c'est qu'il peut être établi par l'aveu. Ainsi la cour de cassation a décidé que la preuve du commencement d'exécution peut résulter d'une lettre écrite par le preneur au bailleur, à laquelle les juges du fait, par une appréciation souveraine, ont reconnu le caractère d'aveu (Req. 5 mars 1856, aff. Raullot, D. P. 56. 1. 146). L'aveu pourrait, d'ailleurs, à notre avis, être provoqué par un interrogatoire sur faits et articles.

Le commencement d'exécution pourrait-il être prouvé par témoins? On a signalé au *Rép.* n° 128, la controverse qui s'est élevée sur ce point. Les auteurs les plus récents, MM. Aubry et Rau, t. 4, § 364, Laurent, t. 25, n° 87, Guillouard, t. 1, n° 84, sont d'accord pour écarter dans ce cas la preuve par témoins (V. toutefois, Colmet de Santerre, t. 7, n° 162 *bis*, VI). La jurisprudence de la cour de cassation est, d'ailleurs, établie dans le sens du rejet de la preuve testimoniale (V. outre les arrêts déjà cités : Civ. cass. 14 janv. 1840, *Rép.* n° 131; Req. 3 janv. 1848, *Rép.* n° 130; Civ. cass., 12 janv. 1864, aff. Levêque, D. P. 64. 1. 142 ; et 25 août 1884, aff. Bastard, D. P. 85. 1. 172. V. dans le même sens, Lyon, 22 nov. 1854, aff. Mérieux, D. P. 56. 2. 166). — La cour de Bruxelles a également décidé qu'on ne pouvait établir l'exécution contestée d'un bail au moyen de la preuve testimoniale (Bruxelles, 30 mars 1863, aff. Baudoux, *Pasicrisie*, 1863. 2. 177. Comp. Bruxelles, 15 févr. 1858, aff. Prince de Chimay, *ibid.*, 1858. 2. 266). Rappelons, d'ailleurs, que l'arrêt de la chambre des requêtes du 3 janv. 1848 (aff. Dupont, D. P. 48. 1. 28, cité au *Rép.* n° 130), formule, en ce qui concerne la prohibition de la preuve testimoniale, une judicieuse distinction qui limite la portée de cette prohibition. S'il n'est pas permis de prouver par témoins, contre le preneur qui les nie, les faits d'exécution du bail, il serait du moins possible d'établir par témoins, contre lui, que les lieux ont été occupés par usurpation, violence ou voie de fait, à l'effet d'obtenir une indemnité conformément à l'art. 549 c. civ.

Cette jurisprudence ne fait, d'ailleurs, pas obstacle à ce que, au cas où des conventions verbales ont été modifiées par de nouvelles conventions verbales suivies d'exécution, la preuve de ces conventions nouvelles soit établie par de simples présomptions tirées des faits et circonstances de la cause. Spécialement, la circonstance que des lieux loués verbalement pour servir de café ont été, depuis longtemps, au vu et su du bailleur, et quelquefois avec son concours, exploités non seulement comme café, mais aussi comme restaurant, que cette double destination a été, annoncée au public par une enseigne, et qu'il a été fait des travaux d'appropriation qui ne s'expliquent que par l'exercice de la profession de restaurateur, a pu être considérée comme établissant la preuve d'une modification dans le contrat primitif qui ne permet au bailleur, ni de s'opposer à la continuation de l'exploitation de l'établissement comme café, ni de réclamer des dommages-intérêts à raison de cette exploitation: que c'est là une appréciation souveraine de la part des juges du fait (Req. 29 avr. 1857, aff. Herbelin, D. P. 57. 1. 191). — Sur l'impossibilité de prouver par témoins contre et outre le contenu du bail écrit, V. Paris, 23 févr. 1884, *infrà*, n° 173.

81. En ce qui concerne la forme des baux des biens de l'Etat, des départements, des communes, des établissements publics, V. *infrà*, v° *Louage administratif*.

ART. 2. — *Interprétation des clauses du bail* (*Rép.* nos 87 et 147).

82. Le bail, a-t-on dit au *Rép.* nos 87 et 147, s'il est obscur, s'interprète contre le bailleur en faveur du preneur (art. 1602). M. Guillouard, t. 1, n° 85, repousse cette opinion absolue et se prononce pour l'application du droit commun, d'après lequel la convention s'interprète contre celui qui a stipulé et en faveur de celui qui a contracté l'obligation (c. civ. art. 1162). En conséquence il propose « d'interpréter les clauses obscures en faveur du bailleur ou du preneur, suivant que la clause est constitutive d'une obligation à la charge du bailleur ou à celle du preneur » (V. aussi M. Laurent, t. 25, n° 99). D'ailleurs, les juges du fait jouissent, en principe, pour l'interprétation des clauses des baux, d'un pouvoir souverain d'appréciation qui échappe au contrôle de la cour de cassation. (V. notamment, Req. 27 mai 1872, aff. Valecourt et Duquesnay, D. P. 72. 1. 403; 22 mai 1882, aff. Ville de Dieppe, D. P. 82. 1. 320; 3 janv. 1883, aff. Harding, D. P. 83. 1. 415). L'interprétation des juges du fait ne tomberait sous la censure de la cour de cassation que si, sous prétexte d'interpréter la convention, ils en avaient dénaturé le texte et le sens évident (V. notamment Civ. cass. 15 avr. 1872, aff. Veuve Foucauld et Coulombe, D. P. 72. 1. 176. Comp. *infrà*, v° *Obligation*; — *Rép.* eod. v°, nos 849 et suiv.).

(1) (Van de Wyngaert C. Baudet.) — LA COUR; — ... Considérant que les parties sont d'accord qu'il s'agit, dans l'espèce, d'un bail fait sans écrit; — Que la durée du bail est, dans ce cas, d'après les art. 1715, 1716, 1736, 1737 et 1759 combinés, déterminée par l'usage des lieux, et que la preuve testimoniale pour établir que les parties ont dérogé à cet usage ne peut être reçue; — Que cette prohibition est d'ordre public et que le moyen de droit qui en découle peut être présenté à toutes les phases de la procédure et suppléé d'office par les tribunaux; — Considérant que l'arrêt dénoncé, en faisant état des dépositions des témoins entendus en exécution de la décision de la députation permanente d'Anvers, pour en induire que la maison occupée par Van de Wyngaert était louée au mois et, par suite, pour ordonner la radiation du nom de Van de Wyngaert, a contrevenu aux dispositions indiquées à l'appui du pourvoi ;... — Par ces motifs, casse...

Du 15 juill. 1878.-C. cass. de Belgique, 2e ch.-MM. de Longé, pr.-Pardon, rap.-Mesdach de ter Kiele, 1er av. gén., c. conf.

(2) (Schœnmaeker C. Petre). — LA COUR; — Attendu que, de la police d'assurance du 17 mars 1862, signée par l'appelant, et du congé signifié le 15 oct. 1862, il appert formellement qu'un bail verbal des deux magasins dont il s'agit a été, en effet, concédé à l'intimé; — Quant aux conditions de ce bail, attendu qu'il en existe au procès un commencement de preuve par écrit résultant de l'interrogatoire de l'appelant en date du 30 déc. 1862 et des autres documents de la cause; que, notamment, quant à la durée de la jouissance concédée, la police précitée signale l'occupation par l'intimé des magasins et relate l'acte d'assurance dont le locataire a, de son côté, fait couvrir les marchandises y déposées, en indiquant la portée et le numéro d'ordre de cet acte; — Attendu que l'aveu, ainsi contenu dans la police de l'appelant, de la connaissance de l'occupation de l'intimé et de la durée de son contrat d'assurance qui couvre et au delà le terme prétendu du bail, est un acte émané de l'appelant qui rend vraisemblable le fait allégué de la durée dudit bail; qu'il constitue donc un commencement de preuve par écrit qui rend admissible la preuve testimoniale aux termes de l'art. 1347 c. civ... ; — Attendu qu'aucune des dispositions du titre du louage ne s'oppose à l'admission de cette preuve; — Attendu que si, dans des vues de célérité et d'économie, le code civil a proscrit d'une manière absolue, par son art. 1715, la preuve testimoniale d'un bail sans écrit et qui n'a point encore reçu un commencement d'exécution, il n'a pas étendu au delà ces prescriptions dérogatoires au droit commun ; d'où il suit que tout rentre dans les règles générales dès que le bail a reçu un commencement d'exécution et ne peut plus par suite être sérieusement contesté; — Attendu que, pour dénier ce retour au droit commun, on argumente vainement des art. 1736 et 1716 c. civ. ; — Attendu, en effet, que l'art. 1736 n'a eu en vue que de faire appel aux usages locaux pour régler la durée des baux en cas de silence des parties à cet égard, mais que c'est abuser de son texte que d'y voir l'intention de substituer forcément l'usage aux conventions contraires et formelles des parties, par le seul motif que ces conventions sont faites sans écrit, qu'en effet le bail est un contrat consensuel qui s'établit aussi valablement par la parole que par l'écrit; que les dispositions convenues y font la loi des parties et que toute la différence qu'il peut y avoir entre le contrat verbal et le contrat écrit se réduit à une question de preuve en cas de dissentiment.

Du 27 juill. 1863.-C. de Bruxelles, 1re ch.-MM. de Smeth aîné, Mersman et de Gronckel, av.

SECT. 3. — OBLIGATIONS DU BAILLEUR
(*Rép.* nos 148 à 266).

83. Les obligations du bailleur ont leur fondement dans le consentement qu'il a donné au bail. Il va de soi, dès lors, qu'une partie ne peut être tenue des obligations d'un bail, qu'autant qu'elle y a figuré en qualité de partie contractante. Ainsi la commune, qui n'est intervenue au bail que pour surveiller et approuver la prescription d'intérêt public à la satisfaction de laquelle la location était destinée à pourvoir, ne se trouve, par suite de cette intervention, ni personnellement obligée par le bail, ni garante de son exécution (Civ. rej. 10 juill. 1867, aff. Pauchon, D. P. 67. 1. 277).

ART. 1er. — *Délivrance de la chose au preneur*
(*Rép.* nos 149 à 168).

84. Le bailleur est tenu de délivrer la chose louée « en bon état de réparations de toute espèce » (c. civ. art. 1720) Mais le locataire peut dispenser le bailleur de remettre la chose en état. La dispense pourrait être expresse ou tacite; ainsi le preneur qui a déclaré accepter les lieux dans l'état où ils sont, et les bien connaître, a pu, par interprétation de cette clause et de l'exécution qu'elle a reçue entre les parties, être réputé avoir renoncé à exiger du locateur des travaux d'appropriation, et notamment la construction, dans une cuisine où se trouvait un fourneau portatif, d'un tuyau d'évaporation de la fumée (Req. 27 janv. 1858, aff. Mignaud, D. P. 58. 1. 158). L'entrée en jouissance du locataire et son silence prolongé pendant quelque temps pourraient d'ailleurs, d'après M. Guillouard, t. 1, n° 94, être interprétés comme une renonciation au droit d'exiger la remise en état. Mais la cour de Caen, par un arrêt du 30 août 1862 (1), a refusé de donner une semblable interprétation à une simple prise de possession, même accompagnée de la rédaction d'un état des lieux.

85. Sous prétexte de réparations, le preneur ne saurait, d'ailleurs, exiger la réfection de l'immeuble loué. Il a été jugé, dans cet ordre d'idées, que le locataire d'une maison n'est pas fondé à exiger du propriétaire des réparations s'appliquant uniquement à des dégradations antérieures à l'entrée en jouissance, provenant de l'état de vétusté et non aggravées depuis (Paris, 24 août 1854, aff. Sacrez, D. P. 56. 2. 166). Toutefois, d'après un arrêt de la cour de Caen, le propriétaire qui loue son moulin sans réserves est tenu de mettre en état de fonctionner les piles dont il se compose, alors même qu'il prouverait que, depuis dix ans qu'il l'exploite, une seule de ces piles a marché (Caen, 3 août 1848, aff. Porcher, D. P. 49. 2. 12).

86. L'obligation de délivrer la chose louée, a-t-on dit au *Rép.* n° 149, s'étend à ses accessoires. Ainsi il a été jugé : 1° qu'à défaut de clause prohibitive, la location d'un appartement emportait pour le preneur le droit de faire pénétrer dans la cour de la maison, même après minuit, les voitures des invités venant à ses soirées (Paris, 8 janv. 1856, aff. Blavoyer, D. P. 56. 2. 75); — 2° Que la location d'une boutique avec dépendances, pour l'établissement d une charcuterie, obligeait le bailleur à faire construire, dans les locaux loués, une cheminée indispensable pour l'exercice de la profession (Caen, 25 août 1875) (2); — 3° Que le bailleur était tenu de munir d'appareils de chauffage les lieux qu'il donnait en location (Paris, 10 avr. 1875, aff. Hunnebelle, D. P. 76. 1. 307). Qu'en tous cas, cette appréciation, fondée sur les circonstances de la cause, ne saurait tomber sous le contrôle de la cour de cassation (Req. 28 déc. 1875, même affaire, D. P. 76. 1. 307).

87. Si l'abandon de la jouissance des lieux loués par le bailleur est une des conséquences essentielles du bail à loyer, il n'est pas cependant nécessaire que cet abandon soit complet. Ainsi une convention a pu être considérée comme un louage, bien que le locateur n'eût pas abandonné d'une manière complète la jouissance des lieux loués spécialement la convention par laquelle l'une des parties, propriétaire d'un moulin, met ce moulin à la disposition de l'autre partie, afin que celle-ci y fasse battre des marcs d'olives lui appartenant, a pu, par appréciation de la volonté des contractants, être qualifiée de bail à loyer, bien que le propriétaire eût laissé dans son moulin diverses marchandises à raison desquelles il y avait accès, et que ce fût à l'aide de ses ouvriers que le battage des marcs d'olives se trouvait opéré (Req. 30 janv. 1856, aff. Paul Bernard, D. P. 56. 1. 458). On comprend très bien, en effet, que le locateur puisse se réserver la jouissance d'un certain emplacement, sans que le caractère du contrat de louage en soit dénaturé.

Sur le cas où le bailleur s'est réservé un pavillon de chasse contigu à la maison du fermier, V. Rouen, 25 août 1857 aff. Cauchois (D. P. 59. 2. 27). Il a été décidé, à cet égard, que la réserve ne pouvait être considérée comme tellement personnelle au bailleur, que le bénéfice ne pût en être concédé à un tiers locataire du droit de chasse, dès lors que la position du fermier n'était pas aggravée par la substitution de ce tiers au propriétaire lui-même.

88. On a dit au *Rép.*, n° 165, que si des obstacles étaient opposés par des tiers à la mise en possession du preneur, même par simple voie de fait, le bailleur serait tenu de les faire disparaître (Conf. Aubry et Rau, t. 4, § 366; Laurent, t. 25, n° 105; Guillouard, t. 1, n° 89). Ajoutons qu'en vertu du principe de la liberté des conventions, l'insertion d'une clause contraire dans le bail serait licite. Il a été jugé que le preneur qui, aux termes de son bail doit poursuivre son entrée en jouissance à ses risques et périls sans pouvoir mettre en cause son bailleur, peut former contre le précédent fermier, qui prétend se maintenir dans les lieux une action à fin d'expulsion, comme subrogé à l'action du bailleur; que peu importe, au point de vue de la recevabilité de cette action, qu'il ne puisse appeler le bailleur dans l'instance, les art. 1726 et 1727 c. civ. n'exigeant nécessairement l'appel en cause du bailleur « que dans le cas où l'auteur du trouble apporté à la jouissance du fermier excipe d'un droit de propriété ou d'un droit réel sur la chose louée » (Req. 9 févr. 1875, aff. Thivolle, D. P. 76. 1. 27).

89. On a indiqué au *Rép.*, nos 154 et suiv., quels sont les droits du preneur au cas où le bailleur n'exécute pas son obligation de livrer la chose louée. En principe, le preneur a, à son choix, soit une action pour contraindre le bailleur à lui faire la délivrance de la chose louée (action *ex conducto*), soit une action en résolution du contrat avec dommages-intérêts.

90. L'action *ex conducto* est-elle personnelle, réelle ou

(1) (Lechesne C. Renouf et Drieu.) — LA COUR; — ... Considérant... que les intimés soutiennent... que Lechesne est non recevable à demander la résiliation du bail, parce qu'il serait entré en jouissance de la maison louée et on aurait fait dresser un état sans réclamation; qu'une prise de possession, alors que le locataire n'avait pas d'autre habitation, et un simple procès-verbal constatant l'état des lieux ne peuvent être considérés comme une renonciation au droit que consacrent les art. 1719 et 1720 c. civ.; que cette renonciation ne se présume pas et que, si elle peut quelquefois résulter des circonstances, elles ne se rencontrent pas dans l'affaire soumise à la cour; qu'il est donc juste de déclarer résilié le bail verbal consenti par Renouf à Lechesne, à partir du jour où il a mis Renouf en demeure de faire les réparations c'est-à-dire à partir du 24 avr. 1861;...

Par ces motifs;

Infirme le jugement dont est appel et faisant droit... déclare la sous-location verbale consentie par Renouf à Lechesne, résiliée à dater du 24 avr. 1861...

Du 30 août 1862.-C. de Caen, 2e ch.-MM. Daigremont-Saint-Manvieux, pr.-Dupray de la Mahérie, subst. proc. gén.-Bertauld, Trébutien et Tiphaigne, av.

(2) (Leboisne C. Girard.) — LA COUR; — Attendu que Leboisne, en louant à Girard une boutique avec des dépendances, pour l'établissement d'une charcuterie, s'obligeait, par cela même, à faire construire dans les lieux loués une cheminée indispensable pour l'exercice de cette profession ; qu'il ressort, d'ailleurs, de l'état des lieux arrêté entre le bailleur et le locataire, au mois de juin 1871, qu'une cheminée avait été faite, aux frais de Leboisne, dans l'appartement à usage de cave ou de cellier, mais que cette cheminée n'ayant pas une lance particulière, comme l'exige un arrêté pris par l'autorité municipale de Falaise, l'usage en a été interdit par cette autorité; qu'il suit de là que Leboisne, en sa qualité de bailleur, obligé à faire jouir le preneur, est tenu de faire reconstruire cette cheminée conformément aux prescriptions de l'autorité municipale; — Par ces motifs, etc.

Du 25 août 1875.-C. de Caen, 1re ch.-MM. Champin, 1er pr.-Leblond et Carrel, av.

mixte? La question a été posée au *Rép.*, n° 155, où l'on a cité plusieurs arrêts de cours d'appel qui se sont prononcés dans le sens de la personnalité. C'est en ce sens que la jurisprudence est maintenant fixée. L'opinion dominante en jurisprudence est que, dans tous les cas, l'action *ex conducto*, qu'elle ait pour objet la délivrance de la chose, l'exécution par le bailleur de réparations, ou la garantie du trouble apporté par lui à la jouissance du preneur, a les caractères d'une action personnelle et mobilière (Civ. cass. 21 févr. 1865, aff. Courtivron, D. P. 65. 1. 132; Lyon, 1er juill. 1881, aff. Guinet et comp., D. P. 82. 2. 231). — La jurisprudence en conclut que l'action *ex conducto* doit, en principe, être portée devant le tribunal du domicile du défendeur par application de l'art. 59 c. proc. civ. (arrêts précités du 21 févr. 1865 et du 1er juill. 1881). Jugé toutefois : 1° que l'action du propriétaire en résiliation du bail, à laquelle est jointe une demande en expulsion des lieux et en réparation des dégradations qui y ont été commises est, sinon une action réelle, au moins une action mixte, dont, par suite, le propriétaire peut saisir le tribunal de la situation de l'immeuble donné à bail, tout aussi bien que celui du domicile du locataire (Paris, 10 févr. 1853, aff. Delannoy, D. P. 53. 2. 156); — 2° Que la demande qui a pour objet l'exécution d'un bail et, subsidiairement seulement, des dommages-intérêts est mixte et peut être portée devant le tribunal de la situation des lieux loués (Paris 12 mars 1858, aff. Collet, D. P. 58. 2. 131).

Mentionnons ici l'exception apportée au principe de la compétence personnelle par les dispositions combinées des art. 3 c. proc. civ. et 4 de la loi du 25 mai 1838, en ce qui concerne les « indemnités réclamées par le locataire ou fermier pour non-jouissance provenant du fait du propriétaire, lorsque le droit à une indemnité n'est pas contesté » : ces actions sont portées devant « le juge de la situation de l'objet litigieux » (V. arrêts précités, du 21 févr. 1865 et du 1er juill. 1881. — V. aussi *infrà*, n° 283 et suiv., *suprà* vis *Action*, n° 8 et 9, et *Compétence civile des tribunaux de paix*, n° 92).

91. De l'indivisibilité de l'action *ex conducto*, on a conclu (*Rép.* n° 158) que la chose louée ne peut être délivrée partiellement dans le cas où le bailleur est décédé et a laissé plusieurs héritiers; l'un de ces héritiers, a-t-on ajouté, ne serait donc point admis à offrir sa part indivise ou même celle qu'il aurait reçue en partage, et il pourrait être poursuivi pour le tout, sauf son recours contre ses cohéritiers. — Mais l'obligation du bailleur deviendrait divisible, si, à défaut d'exécution en nature, elle se résolvait en une dette de dommages-intérêts. Par suite, chaque héritier ne serait tenu de la dette que pour sa part et portion (V. Civ. cass. 15 déc. 1880, aff. Vandelet, D. P. 81. 1. 37).

92. Il va de soi que, lorsque le locateur est dans l'impossibilité de délivrer la chose louée, soit parce qu'elle ne lui appartient point, soit par toute autre cause, le locataire ne peut que poursuivre la résiliation du bail. La résiliation devrait, d'ailleurs, être prononcée avec dommages-intérêts, à moins que l'impossibilité de délivrer ne résultât d'un cas fortuit ou de force majeure (*Rép.* nos 160, 164).

93. En ce qui concerne la quotité des dommages-intérêts, V. *Rép.* nos 161 et 162 et *ibid.*, v° *Obligation*, n° 789.

94. Si la chose louée n'est pas en bon état de réparations au moment de la livraison, le preneur a, en principe, une action pour faire condamner le bailleur à remettre la chose en état. Le preneur pourrait même être autorisé à faire lui-même les réparations aux frais du bailleur (Laurent, t. 25, n° 109). — Ajoutons qu'au cas où le défaut de livraison de la chose en bon état aurait causé un préjudice au preneur, le bailleur, s'il était en faute, pourrait, en outre, être condamné à des dommages-intérêts. Cette allocation de dommages-intérêts ne serait d'ailleurs subordonnée à aucune mise en demeure préalable (Civ. rej. 16 mars 1853, aff. Ville d'Antibes, D. P. 53. 1. 100; 15 déc. 1880, aff. Vandelet, D. P. 81. 1. 37. Comp. Pau, 17 mai 1865) (1). Si, au contraire, le mauvais état de la chose, par suite d'un accident survenu entre la conclusion du contrat et la délivrance de la chose, ne pouvait être imputé au bailleur, la demande de dommages-intérêts devrait être rejetée. Ainsi il a été jugé que l'action du fermier contre son bailleur, à raison d'un incendie qui, entre le jour du bail et celui de l'entrée en jouissance, a détruit, sur une certaine étendue des terres louées, les chaumes et les herbes sèches, doit être rejetée, s'il est constaté que l'incendie ne provient pas du fait du bailleur, qui n'en est, à aucun titre, responsable (Req. 12 mai 1885, aff. Raccurt, D. P. 86. 1. 236).

95. Le preneur pourrait-il, sans mise en demeure préalable, retenir une partie des loyers correspondant à la moins-value locative résultant du défaut de réparations? M. Laurent, t. 25, n° 109, ne l'admet pas; ce serait, dit-il, permettre au preneur de se faire justice lui-même (V. aussi Douai, 7 mai 1856 (2). Comp. Paris, 4 juill. 1868, aff. Flachenacker,

(1) (Dupeyrat C. Couret.) — La cour ; — Attendu que Dupeyrat s'était engagé à creuser un puits sur le domaine affermé; qu'il n'a jamais rempli cette obligation et que les preneurs ont dû envoyer chercher à de grandes distances l'eau nécessaire à l'exploitation; qu'on objecte vainement que, pour pouvoir réclamer une indemnité, le preneur aurait dû mettre le bailleur en demeure, conformément à l'art. 1146 c. civ.; qu'il ne s'agissait pas d'une obligation ordinaire de faire; que la chose promise par le contrat était au nombre de celles qui avaient servi à déterminer le prix du bail; que ce prix eût été vraisemblablement moindre si le bailleur ne s'était pas engagé à procurer au preneur l'avantage qui devait résulter du creusement du puits; que ce prix, cependant, a été payé en entier; que la réclamation actuelle du preneur est donc moins une demande en dommages-intérêts qu'en restitution d'une part du prix proportionnelle à la privation qu'il a éprouvée; — Par ces motifs, confirme, etc.

Du 17 mai 1865.-C. de Pau, ch. civ.-MM. de Romeuf, 1er pr.-Lespinasse, 1er av. gén., c. conf.-Forest et Sorel, av.

(2) (Lagache C. Griset.) — La cour ; — En ce qui touche l'appel principal : — Attendu qu'aux termes du bail du 18 avr. 1853, le défaut de payement des loyers échus ne devait entraîner la résiliation qu'autant que la volonté des bailleurs aurait été, à cet égard, notifiée aux preneurs; — Attendu que les appelants, locataires de la ferme de Brunembert, n'ayant pas acquitté, au terme indiqué, un semestre de fermages, une saisie-gagerie, dont le procès-verbal constate leur refus de payer, a d'abord été pratiquée, en vertu d'ordonnance du juge; qu'ils ont été ensuite actionnés en justice, par les intimés, en résolution du contrat; — Que ces derniers ont ainsi, par leur assignation, manifesté de la manière la plus explicite l'intention de profiter du droit que leur conférait le bail; — Attendu que les appelants n'ont point excipé du défaut de mise en demeure ou d'une interpellation préalable; qu'ils se sont défendus, au fond, en alléguant qu'ils étaient eux-mêmes créanciers d'une somme supérieure, et qu'afin d'échapper à l'expulsion par eux encourue, ils se sont prévalus d'une compensation qu'ils prétendaient opposer à divers titres, et notamment pour inexécution de la part des intimés de certains travaux de réparation dans la ferme; — Attendu que si, d'après les principes qui régissent le contrat de louage, et conformément aux art. 1719 et 1720 c. civ., le bailleur est tenu de délivrer et d'entretenir la chose en état de servir à l'usage pour lequel elle a été louée, l'application de ces règles doit être renfermée dans de justes limites et ne saurait, par une extension abusive, devenir, pour le preneur, un moyen d'éluder ses propres engagements; — Qu'on n'a jamais articulé qu'au moment de sa location la ferme de Brunemberg fût dans un état tel qu'il pût en résulter, pour les locataires, une entrave à leur jouissance; qu'en prenant possession des lieux, après l'ancien fermier, et en continuant la culture, les appelants n'ont fait constater ni alors, ni depuis, les dégradations qu'ils semblent n'avoir signalées plus tard qu'afin de se soustraire aux conséquences de l'inexécution de leurs obligations; qu'en effet, il leur était loisible de mettre légalement les bailleurs en demeure de faire droit à leurs plaintes, si elles avaient un fondement assez grave, ou un véritable caractère d'urgence, et s'ils éprouvaient, dans leur exploitation, un préjudice réel et sérieux; — Que ces réclamations, produites depuis et reconventionnellement en justice, constituaient une demande distincte, plus ou moins contestable et ne portant sur aucun chiffre déterminé; qu'il était, dès lors, interdit aux appelants de puiser dans ces éléments litigieux le droit d'opposer une compensation avec une créance résultant d'un titre reconnu, certaine, liquide et exigible; — Qu'il importe peu que, par suite d'une visite ultérieure des lieux loués, et avec l'assentiment même des bailleurs, certaines réparations accessoires aient été jugées utiles; que ces modifications, n'affectant pas sensiblement l'ensemble de la jouissance, ne pouvaient paralyser l'exercice du droit, réservé par la convention même aux propriétaires, de congédier les preneurs, faute de payement de leurs fermages; — Qu'ainsi les premiers juges ont fait une juste application des principes consacrés par les art. 1134, 1139 et 1291 c. civ., lorsque, sans s'arrêter à une compensation inopposable, et sanctionnant la convention qui était la loi des parties,

D. P. 68. 2. 247). MM. Aubry et Rau, t. 4, § 366, et Guillouard, t. 1, n° 101, se prononcent, au contraire, pour l'affirmative. « Du moment, dit ce dernier auteur, où le bailleur n'accomplit pas son obligation de livrer la chose en bon état de réparations, le preneur n'est pas obligé d'exécuter son obligation corrélative de payer les loyers, au moins dans la mesure où il ne jouit pas » (V. Amiens, 22 déc. 1887, aff. Worms, D. P. 90. 1. 121; Comp. Pau, 17 mai 1865, aff. Dupeyrat, *suprà*, n° 94; Orléans, 20 janv. 1888, aff. Maupoint; 8 août 1888, aff. Lemaignen, D. P. 89. 2. 247).

96. Le retard dans la délivrance, a-t-on dit au *Rép.* n° 163, autoriserait le preneur à demander au bailleur des dommages-intérêts, et même, dans certains cas, à poursuivre la résolution du bail. En ce qui concerne les dommages-intérêts, qui ne sont dus, d'ailleurs, qu'autant que le retard est imputable au bailleur, MM. Laurent, t. 25, n° 106, et Guillouard, t. 1, n° 100, enseignent, contrairement à l'opinion que nous avons émise, qu'ils seraient dus indépendamment de toute mise en demeure. Il a été jugé que, l'obligation, pour le locataire, de payer les loyers, étant corrélative à l'obligation du bailleur de délivrer les lieux loués au terme convenu, le retard dans la délivrance entraîne une diminution de loyers correspondant à la privation de jouissance qui en est résultée, et que le locataire peut opposer en compensation au cessionnaire des loyers la créance qu'il a contre le bailleur (Amiens, 22 déc. 1887, et sur pourvoi, Req. 4 févr. 1889, aff. Worms, D. P. 90. 1. 121).

97. On a examiné au *Rép.* n°s 167 et 168, comment le conflit doit être réglé au cas où le locateur a loué la même chose à deux personnes différentes. Nous avons dit que l'antériorité de mise en possession prévaut, dans l'opinion dominante, sur l'antériorité du titre, ce qui est la conséquence naturelle du caractère personnel généralement reconnu au droit du preneur (V. *infrà*, n° 283). Si, au contraire, on admettait que le droit du preneur est un droit réel, il faudrait décider que la préférence serait déterminée par la date des baux et, pour les baux de plus de dix-huit ans, par l'ordre des transcriptions, conformément aux principes de la loi du 23 mars 1855 (Comp. Laurent, t. 25, n° 128; Colmet de Santerre, t. 7, n° 198 *bis;* Guillouard, t. 1, n° 23. V. aussi Civ. rej. 19 mai 1857, aff. Séguin, D. P. 57. 1. 367). MM. Aubry et Rau, t. 4, § 365, p. 472, estiment, toutefois, bien qu'ils considèrent le droit du preneur comme personnel et mobilier, que la priorité est toujours due à l'antériorité du titre ayant date certaine, sans qu'il y ait à distinguer selon que l'un des preneurs a ou non pris possession des lieux loués. Si aucun des deux locataires n'a été mis en possession, il faut s'attacher, d'après M. Laurent, t. 2, n° 129, à la priorité du contrat. MM. Colmet de Santerre, t. 7, n° 198 *bis*, et Guillouard, *loc. cit.*, enseignent, au contraire, que « les deux preneurs ont... un droit égal à la chose louée » et que, « comme ils ne peuvent en jouir simultanément, le droit au bail sera licité et le prix à provenir de la licitation partagé également entre les deux preneurs ». — La jurisprudence des cours d'appel paraît s'attacher, à défaut de prise de possession, à la priorité de date (Rouen, 15 mars 1869, aff. Laracque, D. P. 71. 2. 78; Lyon, 30 juill. 1881, aff. Côte, D. P. 82. 2. 232; Comp. Civ. rej. 19 mai 1857, aff. Séguin, D. P. 57. 1. 367). Un arrêt de la cour de Douai décide que « entre deux locataires d'une même chose en vertu de baux ayant la même date certaine, la priorité, en l'absence de toute autre circonstance décisive, doit être accordée à celui qui a pris possession de la chose, surtout lorsque cette prise de possession a eu lieu, comme dans l'espèce, sans protestation immédiate de la part du contestant » (Douai, 3 août 1870, aff. Lemaître, D. P. 71. 2. 115).

ART. 2. — *Entretien de la chose louée, de manière que le preneur puisse en jouir* (*Rép.* n°s 169 à 184).

98. L'art. 1720 c. civ. précise les obligations qui incombent au bailleur en ce qui concerne l'entretien de la chose louée : le bailleur doit faire à la chose louée toutes les *réparations* qui peuvent devenir *nécessaires*, autres que les réparations locatives. S'il est tenu de faire les travaux de réparations, il n'est pas obligé de faire les travaux de reconstruction, même partielle (Aubry et Rau, t. 4, § 366 ; Laurent, t. 25, n° 111 ; Guillouard, t. 1, n°s 106 et 107 ; Paris, 27 juill. 1850, aff. Granger, D. P. 51. 2. 141). — D'autre part, il n'est pas tenu de faire les travaux d'amélioration ou d'entretien, qui ne tendent qu'à rendre l'usage de la chose plus agréable et plus commode (*Rép.* n° 170). Un arrêt de la cour de Rouen l'a décidé en ce qui concerne la réfection des peintures, le blanchiment des plafonds, le remplacement des papiers de tenture, lorsque ces travaux ne sont nécessités « par aucun fait imputable au propriétaire », et surtout lorsqu'ils sont demandés « peu de temps après un état de lieux qui suppose que les lieux loués n'avaient besoin d'aucune de ces réparations » (Rouen, 8 févr. 1853, aff. Rossel, D. P. 53. 2. 111).

Mais la charge des *réparations nécessaires* incombe au bailleur, qu'elles soient nécessitées par un cas fortuit ou par la vétusté. Ainsi l'arrêt précité du 8 févr. 1853 a considéré comme étant à la charge du bailleur « les travaux nécessaires pour empêcher les cheminées de fumer et pour rétablir des lambris ayant dépéri par vétusté ». De même, il a été jugé que les réparations qui doivent être faites à la roue hydraulique d'un moulin incombent au propriétaire, lorsqu'elles sont considérables et nécessitées par la vétusté et l'usage que le propriétaire en a fait lui-même pendant plusieurs années avant le bail (Civ. rej. 3 janv. 1877, aff. Ducombs, D. P. 77. 1. 103). D'autre part, il a été jugé que les grosses réparations nécessitées par un tremblement de terre sont à la charge du bailleur (Alger, 10 juill. 1868, aff. Echallié, D. P. 69. 2. 29).

99. En cas de refus du bailleur de faire les réparations nécessaires, le preneur, a-t-on dit au *Rép.* n° 172, peut le faire condamner en justice à les exécuter dans un délai fixé; faute d'exécution dans le délai, le locataire est autorisé à faire lui-même les réparations, et à en retenir le montant sur les loyers par lui dus. — Le locataire pourrait-il se passer de l'autorisation de justice? M. Laurent, t. 25, n° 112, se prononce, en principe, pour la négative. M. Guillouard, t. 1, n° 108, estime que le preneur agira sagement en se faisant autoriser par justice. « Nous recommandons d'autant plus cette voie, ajoute-t-il, qu'il y a une procédure très courte qui permet au preneur de faire faire rapidement les travaux qui lui sont nécessaires, la procédure du référé : le juge pourra nommer des experts en référé pour constater la nécessité des travaux et même, en cas d'extrême urgence, autoriser les experts à faire faire immédiatement les travaux qu'ils jugeraient indispensables au risque de qui il appartiendra » (V. de Belleyme, *Ordonnances sur requêtes et sur référés* 3e éd., t. 2, p. 163-165). — Mais, si le preneur avait agi sans autorisation, M. Guillouard ne lui refuserait pas le droit de se faire rembourser les sommes qu'il aurait dépensées, à la charge de prouver que les travaux étaient nécessaires et que la dépense n'est pas excessive (V. dans le même sens : Aubry et Rau, t. 4, § 366). Un jugement du tribunal de Marseille du 6 janv. 1871 (aff. Murillon, D. P. 73. 2. 127) a autorisé un sous-locataire, faute par le locataire principal d'exécuter des réparations, à les faire faire aux frais de ce dernier et à retenir le montant de la dépense sur les premiers loyers à acquitter, et ce, nonobstant une cession de loyers consentie par le sous-locataire à un tiers.

---

ils ont prononcé la résiliation du bail, en condamnant les fermiers au payement des sommes dont ils étaient redevables;... — Par ces motifs, confirme le jugement en ce qui touche la résiliation du bail, la sortie de la ferme et les condamnations pécuniaires prononcées contre les appelants au profit des intimés; — Infirme, au contraire, au chef qui annule la saisie-gagerie pratiquée le 3 novembre dernier, en vertu d'une ordonnance du président du tribunal, déclare cette saisie valable et la maintient pour être, à défaut de payement, convertie en saisie-exécution; — Infirme également en ce qui concerne les dommages-intérêts fixés à 150 fr. et alloués aux époux Lagache; décharge les époux Griset de cette condamnation, etc.

Du 7 mai 1856.-C. de Douai.-MM. de Moulon, pr.-Dupont, av. gén.-Jules Leroy et Duhem, av.

Il a encore été jugé que le bailleur, étant tenu d'entretenir la chose louée en état de servir à l'usage pour lequel elle a été louée, le bailleur d'un théâtre doit supporter les frais des travaux prescrits par une ordonnance de police dans un but de sécurité, et que le locataire qui a pris l'initiative de ces travaux peut exercer contre son bailleur l'action *negotiorum gestorum* (Paris, 17 déc. 1885, aff. Deslandes et Bertrand, *Gaz. des trib.* du 18 déc. 1885).

100. Le preneur aurait, aussi, suivant les cas, conformément au droit commun, le droit de demander la résolution du bail. L'art. 1741 c. civ., faisant application au contrat de louage des principes de l'art. 1184 c. civ., dispose, en effet que le louage se résout « par le défaut respectif du bailleur et du preneur de remplir leurs engagements ». Toutefois, l'art. 1741 n'imposant pas aux tribunaux « l'obligation de prononcer la résolution du bail dans tous les cas où il y a défaut, par l'une des parties, de satisfaire à ses engagements... il appartient au juge d'apprécier la gravité des infractions commises et de décider s'il y a lieu à résiliation » (Civ. rej. 18 janv. 1869, aff. Meyssonnier et Coquerel, D. P. 69. 1. 112). — Le preneur pourrait-il se refuser au payement de ses fermages jusqu'à ce que le bailleur ait fait exécuter les travaux de reconstruction et de réparation de bâtiments qu'il aurait pris à sa charge? V. *infrà*, n° 188.

101. L'obligation, pour le bailleur, d'entretenir la chose louée en bon état de réparations n'est point de l'essence du contrat de louage. En vertu du principe de la liberté des conventions, les parties peuvent mettre à la charge du preneur l'obligation de faire les réparations.

Il appartient, d'ailleurs, au juge du fond d'interpréter souverainement les clauses d'un bail relatives au payement des réparations dont l'immeuble peut être susceptible (Req. 22 mai 1882, aff. Ville de Dieppe, D. P. 82. 1. 320. Conf. Civ. rej. 2 janv. 1884, aff. Laroche de la Besse, D. P. 84. 1. 298). Ainsi il a été décidé, par interprétation des clauses des baux : 1° que, nonobstant une clause mettant à la charge du preneur les réparations à venir, le bailleur devait supporter la dépense d'une réparation faite depuis le commencement du bail, alors qu'elle n'était que la continuation et la reprise d'un travail commencé et suspendu avant l'entrée en jouissance (Rouen, 18 juill. 1881, et, sur pourvoi, Req. 22 mai 1882, aff. Ville de Dieppe, D. P. 82. 1. 320); — 2° Que, dans un bail ne laissant à la charge du bailleur que les grosses réparations, les mots *grosses réparations* n'avaient pas le même sens que dans l'art. 606 c. civ. en matière d'usufruit; que les mots *grosses réparations* comprenaient tous les travaux à effectuer, autres toutefois que ceux d'entretien, quelle qu'en fût d'ailleurs la nature; attendu que, dans le bail, « les mots grosses réparations ne sont pas isolés; qu'ils suivent immédiatement ceux qui déterminent les réparations dont les preneurs seront chargés; qu'il résulte du rapprochement de ces termes, compris dans la même clause, que tout l'entretien sera à la charge des preneurs, mais que, s'ils sont chargés de tout ce qui est entretien, ils ne devront rien de plus; que les bailleurs sont donc chargés de tout le reste » (Agen, 16 juin 1880, aff. Consorts Laroche de la Besse, D. P. 84. 1. 298); — 3° Que le locataire qui, aux termes de son contrat, n'était tenu que des travaux de réparation et d'entretien, et non des travaux de construction, ne pouvait être astreint à supporter les frais de construction de plusieurs cabinets d'aisance dont l'établissement était imposé au propriétaire par l'autorité administrative, alors surtout qu'ils étaient indispensables pour que le preneur pût continuer, dans l'immeuble loué, l'exercice de sa profession de loueur en garni en vue de laquelle le bail avait été conclu; que le propriétaire ne pouvait se dispenser de l'obligation qui lui était imposée en offrant de résilier purement et simplement le bail (Paris, 5 nov. 1887, aff. Brunet, D. P. 88. 2. 219). Mais le même arrêt a décidé que les frais d'établissement d'une soupape automatique dans un cabinet d'aisance, en exécution d'une prescription administrative, devaient être supportés par le même preneur, lorsque le bail mettait à la charge de ce dernier les innovations ou réparations, concernant la salubrité des fosses d'aisances, prescrites par l'autorité administrative.

A propos des événements de la guerre de 1870-1871, il a été jugé qu'un propriétaire était tenu des réparations nécessitées par l'occupation ennemie, spécialement de la réfection d'un hangar, bien que le bail mît à la charge du preneur toutes les grosses réparations à faire à ce hangar, même celles résultant de cas fortuits, une telle disposition ne pouvant s'appliquer « qu'aux cas fortuits ordinaires, que les parties ont pu prévoir, et nullement aux cas fortuits extraordinaires se produisant dans des conditions telles qu'ils devaient nécessairement échapper aux prévisions du contrat ». L'arrêt a condamné, en outre, le bailleur à des dommages-intérêts pour le retard par lui apporté dans l'exécution des réparations (Nancy, 7 juin 1873, aff. Millet, D. P. 74. 2. 159). Mais, comme l'immeuble loué avait été mis à la disposition de l'armée ennemie par l'entremise d'un délégué de la commune, le même arrêt réservait au propriétaire un recours contre la commune, pour le prix des réparations et le montant des réductions de loyer qu'il avait dû nécessairement subir.

102. Le bailleur qui est tenu de faire les réparations quand le preneur l'exige, pourrait-il les faire contre la volonté du preneur, lorsque ce dernier aime mieux subir la diminution de jouissance résultant des dégradations que la gêne et l'incommodité qu'entraînerait l'exécution des réparations? La loi, a-t-on dit au *Rép.* n° 175, fait une distinction suivant que les réparations sont ou non urgentes.

Si elles ne sont pas urgentes, c'est-à-dire si elles peuvent être différées jusqu'à la fin du bail, le preneur, qui a le droit de les exiger, n'est pas obligé de les subir contre sa volonté. Ainsi un arrêt de la cour d'Angers a admis implicitement que le locataire a droit de réclamer une indemnité du bailleur, pour le dommage que lui ont causé les travaux de reconstruction d'un mur mitoyen, lorsque l'urgence n'en est pas démontrée; qu'il en est ainsi, par exemple, dans le cas où, faute d'avoir été prévenu des travaux exécutés dans la maison où il exerce un commerce, il n'a pu prendre les mesures nécessaires pour préserver les marchandises de l'atteinte de la poussière et de l'humidité (Angers, 4 août 1847, aff. Houdoyer, D. P. 47. 2. 195). Jugé aussi qu'un bailleur engage sa responsabilité en faisant exécuter dans les lieux loués des réparations non urgentes qui ont causé une incommodité aux locataires (Req. 16 nov. 1886) (1).

Mais il a été décidé que le locataire n'est pas fondé à refuser le payement des loyers échus, par le motif qu'il aurait été privé, pendant un certain temps, de la jouissance de partie des lieux loués, et qu'il aurait formé, de ce chef, contre son bailleur, une demande en dommages-intérêts, non encore jugée, alors qu'il y a eu continuation de jouissance pour la plus grande partie des lieux loués (Paris, 4 juill. 1868, aff. Flachenacker, D. P. 68. 2. 247.

Si, au contraire, les réparations sont urgentes, le preneur doit, en principe, les subir. Mais aux termes de la disposition de l'art. 1724 c. civ., reproduite au *Rép.* n° 176, si les réparations ont une durée de plus de quarante jours, le preneur a droit à une diminution de loyers proportionnelle au temps et à la partie de la chose louée dont il a

(1) (Roman C. Michel.) — LA COUR ; — Sur le premier moyen tiré de la violation des art. 1382 et 1724 c. civ. : — Attendu qu'aux termes de l'art. 1719 c. civ. le bailleur est obligé, par la nature du contrat de louage et sans qu'il soit besoin d'aucune stipulation particulière, de faire, pendant la durée du bail, jouir paisiblement le preneur de la chose louée; — Attendu qu'il résulte des constatations du jugement attaqué que le bailleur Roman, au cours d'un bail par lui consenti aux consorts Michel, a fait exécuter des réparations à la maison dans laquelle ils occupaient tout au moins un appartement; que ces réparations faites aux murs de l'appartement lui-même, n'étaient pas urgentes et qu'elles ont causé une incommodité aux locataires; — Attendu que le jugement a ainsi établi, d'une part, l'existence d'un trouble apporté par la faute de Roman à la jouissance paisible qu'il devait procurer aux consorts Michel, d'autre part, pour ceux-ci, un préjudice résultant de cette faute; — D'où il suit que l'allocation des dommages-intérêts prononcés en faveur de la dame Michel a une base juridique et que le jugement n'a pas violé les articles de loi susvisés; — Sur le deuxième moyen (manque en fait); — Rejette.

Du 16 nov. 1886.-Ch. Req.-MM. Bedarrides, pr.-Talandier, rap.-Chévrier, av.-gén., c. conf.-Lelièvre av.

été privé. Un arrêt de la cour de Paris, du 24 nov. 1864 (1) a décidé que, même si les réparations duraient moins de quarante jours, le preneur pouvait obtenir des dommages-intérêts, à la charge de prouver le préjudice qu'il aurait subi, l'art. 1724 n'ayant d'autre portée, d'après cet arrêt, que d'établir une présomption légale de préjudice pour le cas où la durée des travaux excède quarante jours. Nous estimons, avec M. Guillouard, t. 1, n° 111, que la doctrine de cet arrêt, contraire aux précédents de l'ancien droit, ne saurait être acceptée. Mais il faudrait toutefois réserver le cas où le preneur pourrait établir, indépendamment du fait des travaux, une faute caractérisée à la charge du bailleur: cette faute, distincte de l'exécution même des travaux, donnerait, conformément au droit commun, ouverture à une action en dommages-intérêts (Guillouard *ibid*). — Au cas où les travaux durent plus de quarante jours, nous avons admis que l'indemnité doit être calculée à partir du commencement des travaux. Telle est aussi l'opinion de MM. Laurent, t. 25, n° 140; Colmet de Santerre, t. 7, n° 170 *bis*, II et III, et Guillouard, t. 1, n° 112.

Le preneur a, d'ailleurs, en tout cas, le droit de demander la résiliation lorsque les travaux, quelle qu'en doive être la durée, ont pour effet de rendre les lieux loués inhabitables (art. 1724, *Rép.* n° 176).

103. L'obligation de supporter les réparations n'incombe au preneur qu'en ce qui concerne les réparations « exigées par la chose louée et dans son intérêt », et non en ce qui concerne les réparations nécessitées par les travaux du voisin. — Sur la garantie qui, en pareil cas, incombe au bailleur, V. *infrà*, n° 155.

ART. 3. — *Obligation de faire jouir paisiblement le preneur* (*Rép.* n°s 185 à 266).

104. Le bailleur, aux termes de l'art. 1719 c. civ., est tenu de faire jouir paisiblement le preneur de la chose louée. Observons, avec un arrêt de la chambre des requêtes du 27 mars 1876 (aff. Blanchet, D. P. 76. 1. 263), que la jouissance dont le bailleur est garant envers le preneur est « la jouissance légale de la chose et non une jouissance illimitée et abusive ». — L'obligation de faire jouir paisiblement le preneur, avons-nous dit au *Rép.* n° 185, impose au bailleur une triple garantie: 1° garantie des vices cachés de la chose louée, qui en empêchent l'usage; 2° garantie de la perte totale ou partielle de la chose; 3° garantie de tout trouble, soit de la part du bailleur, soit de la part des tiers.

§ 1er. — Garantie des vices ou défauts de la chose louée qui en empêchent l'usage (*Rép.* n°s 186 à 197).

105. Le bailleur est garant des vices qui empêchent l'usage de la chose. Serait-il garant des vices qui en rendraient seulement l'usage moins commode? La négative a été admise au *Rép.* n° 187. Telle est aussi l'opinion de MM. Aubry et Rau, t. 4, § 366, et Guillouard, t. 1, n° 117. M. Laurent, au contraire, se prononce pour l'affirmative, t. 25, n° 115. — L'impossibilité d'usage doit, d'ailleurs, s'entendre d'une manière assez large. Il a été jugé que le locataire d'une maison est fondé à demander la résiliation du bail, lorsque la cheminée de la cuisine fume au point de rendre l'usage de cette cuisine à peu près impossible, et que les moyens d'éviter la fumée ne pourraient être employés sans faire courir un danger imminent d'incendie (Bordeaux, 25 août 1870, aff. Trimoulet. D. P. 73. 2. 157). Il a été jugé aussi que la présence de punaises dans une maison « constitue un vice caché qui permet au preneur d'invoquer l'art. 1721 c. civ. et l'autorise à demander la résiliation du bail » (Bordeaux, 29 mai 1879 (2); Caen, 13 juill. 1885, aff. Martine, *Recueil de Caen*, 1885, p. 176).

La cour de Paris a jugé, au cas de location de bâtiments pour usine, que les infiltrations souterraines d'eau déterminant un arrêt complet des machines constituent, lorsqu'elles tiennent à la nature du sol, un vice inhérent à la chose, donnant lieu à l'application, non de l'art. 1722, mais de l'art. 1721 c. civ. (Paris, 6 mai 1891) (3).

Il a été jugé encore que le bailleur est responsable de

---

(1) (Deplaye C. Beuzell et Heumann.) — LA COUR; — ...Considérant en droit que, si l'art. 1724 fixe à quarante jours la durée des réparations urgentes que le preneur est obligé de souffrir, il n'en faut pas conclure qu'aucune indemnité ne soit due au preneur pour des réparations qui durent moins de quarante jours; que, dans ce cas, la présomption légale du préjudice ne peut, à la vérité, être invoquée par le locataire, mais que c'est là la seule conséquence de la disposition contenue en l'art. 1724, et que, si le locataire rapporte la preuve qu'il a souffert un dommage par suite des réparations effectuées, quelle qu'en ait été la durée, il est fondé, dans les termes du droit commun, à réclamer la réparation du préjudice qui lui a été causé par le fait du propriétaire. — Adoptant, d'ailleurs, en ce qui touche l'existence et l'appréciation du préjudice allégué par les intimés, les motifs qui ont déterminé les premiers juges; — Confirme.

Du 24 nov. 1864.-C. de Paris, 3e ch.-MM. Barbier, pr.-Colmet-Daâge et Allou, av.

(2) (Darriet C. Divielle.) — Le tribunal civil de Bordeaux a rendu, le 30 avr. 1878, le jugement suivant : — Attendu que, par un bail enregistré, Darriet a loué à Divielle, pour trois années entières et consécutives, le deuxième étage au-dessus de l'entresol, une portion de cave et une chambre de débarras au troisième étage, le tout dans la maison située à Bordeaux, cours des Fossés, n° 80; qu'il est établi par les documents de la cause que Divielle a pris possession des lieux loués à partir du 22 oct. 1877; que, dans ces conditions, le locataire demande la résiliation du bail à lui consenti par deux motifs : 1° parce que les appartements dont la location lui a été souscrite sont infestés de punaises, en une si grande quantité que l'habitation est devenue intolérable; 2° parce que le rez-de-chaussée, qui, au moment de la signature du bail et de l'entrée en jouissance, était loué à un marchand de chaussures, a été converti en café, qu'il y a donc lieu de rechercher si, par les deux faits ci-dessus relatés, la jouissance du preneur a reçu un trouble suffisant pour ouvrir à son profit le droit de résiliation; — Attendu, sur le premier grief, qu'il est démontré par le rapport de l'expert Bouluguet, ayant opéré avec l'assistance du sieur Paulliac, que dans les locaux loués à Divielle se trouvent des punaises; que l'introduction de ces insectes dans les appartements n'est pas due au fait du locataire actuel; que ce point a été établi par les constatations de ces experts d'une façon certaine; que, de ce qui précède, il résulte que la responsabilité du bailleur est engagée, soit que les punaises proviennent des étages inférieurs, soit que, laissées dans les appartements des locataires antérieurs à Divielle, elles aient survécu aux travaux d'appropriation qui ont précédé l'entrée en jouissance du preneur actuel, puisque, dans l'une comme dans l'autre hypothèse, la jouissance garantie par le locateur au locataire subit une atteinte qui constitue un trouble dont le bailleur est tenu, et dont la cessation incombe à ce dernier; qu'il reste seulement à rechercher si ce trouble revêt, dans l'espèce, un caractère de gravité suffisant pour produire la résolution du contrat; — Attendu que l'expert, s'appuyant sur l'avis conforme du sieur Paulliac, est d'avis que, avec les circonstances atmosphériques au moment des constatations, le nombre des punaises trouvées et celui des œufs non encore éclos sont suffisants pour pouvoir affirmer que de ce chef le locataire doit éprouver un trouble très sensible dans la jouissance à laquelle il a droit, et que ce trouble grandira certainement au fur et à mesure qu'arriveront les chaleurs de l'été; qu'il y a lieu également de remarquer que, mis en demeure à deux reprises différentes, de faire les travaux nécessaires pour assurer au preneur une jouissance conforme au droit, Darriet n'a tenu aucun compte de cette double injonction, et que, même aujourd'hui, il n'offre nullement de faire faire les travaux nécessaires pour amener la cessation du trouble; d'où il suit qu'une situation pareille et juridiquement constatée est de nature à constituer une cause de résiliation du bail;... — Par ces motifs; — Prononce au profit de Divielle la résiliation du bail...

Sur l'appel interjeté par Darriet, arrêt de la cour de Bordeaux :

LA COUR; — Adoptant les motifs des premiers juges; — Confirme.

Du 29 mai 1879.-C. de Bordeaux, 2e ch.-MM. Bourgade pr.-Brochon et Bernard. av.

(3) (Lombard C. Tarin.) — LA COUR; — Considérant que Tarin a, par acte du 25 févr. 1881, reçu Rousselet, enregistré, donné à bail à Lombard une tuilerie et ses dépendances, sises à Monthéramey, que la durée dudit bail a été, par acte passé devant le même notaire, le 2 déc. 1883, enregistré, prolongée de douze années; — Considérant qu'en mars 1889 les eaux ont envahi, par des infiltrations souterraines, diverses parties de l'usine et ont déterminé, dans son fonctionnement, un arrêt complet et prolongé; — Qu'il résulte de toutes les circonstances de la cause et des documents produits à la cour que cette invasion des eaux n'était pas un cas fortuit; qu'en effet, depuis plusieurs années, des infiltrations plus ou moins importantes s'étaient déjà produites et

l'inondation des caves des preneurs par suite d'un orage, alors que l'inondation a pour cause l'insuffisance d'une canalisation annexe des locaux loués, sauf recours du bailleur contre la Ville (Aix, 6 avr. 1870, aff. Sec, D. P. 71. 2. 146).

106. Le bailleur est garant, non seulement des vices antérieurs au commencement du bail (Req. 21 juill. 1880, aff. Ducombs, D. P. 81. 1. 102), mais encore, a-t-on dit au *Rép.* n° 193, des vices ou défauts postérieurs. Spécialement la cour de Paris a admis que la diminution du jour, résultant de constructions élevées, pendant la durée du bail, par le voisin, doit être rangée parmi les vices ou défauts de la chose louée dont le bailleur est garant envers le preneur (Paris, 13 juin 1849, aff. Clerc, D. P. 49. 2. 212). — Mais le bailleur ne serait pas responsable des vices postérieurs au commencement du bail, s'ils provenaient de travaux et modifications faits, sans sa participation, par le preneur. Ainsi le bailleur n'est pas responsable de la chute d'un plafond qui n'existait pas au moment de la conclusion du bail, et qui a été construit postérieurement par le locataire, à ses frais, suivant l'engagement qu'il en avait pris, alors que ladite construction a été faite sans la participation ni l'intervention du propriétaire, et que l'écroulement est dû à un vice de construction et non à un vice du sol (Req. 25 juin 1872, aff. Lulx de Lamotte, D. P. 73. 1. 415). En effet, à l'égard des vices de construction, il faut distinguer: le bailleur répond des constructions existant au moment de la conclusion du bail, puisqu'elles font partie de la chose louée; il répond également des constructions qu'il a fait élever à ses risques et périls pendant le cours du bail, soit en vertu d'une clause de l'acte, soit par suite d'un accord postérieur entre lui et le locataire; mais sa responsabilité ne s'étend pas aux constructions que le locataire a faites à ses risques et périls et à ses frais, soit qu'elles lui aient été imposées, soit qu'elles aient été faites par lui spontanément, avec la permission du propriétaire. Le locataire subit seul la perte que le vice de ses constructions a entraînée pour lui, sauf son recours contre les entrepreneurs qu'il a choisis. Nous supposons, d'ailleurs, que le bailleur est resté complètement étranger aux travaux entrepris par le locataire; en y participant d'une façon ou d'une autre, il les rendrait siens et en prendrait par suite la responsabilité. (Comp. Paris, 7 févr. 1877, aff. Affre de Saint-Rome, D. P. 77. 2. 88).

107. Aux termes de l'art. 1721 c. civ., le bailleur est garant des vices de la chose louée, quand même il ne les aurait pas connus lors du bail. On s'est demandé au *Rép.* n° 191 si, dans le cas où le bailleur aurait ignoré le vice, la garantie ne devrait pas être moins étendue qu'au cas où il l'aurait connu, le preneur n'ayant droit, dans le premier cas, qu'à la réduction du loyer, tandis que, dans le second cas, il lui serait dû, en outre, des dommages-intérêts. La jurisprudence, maintenant définitivement fixée, écarte toute distinction et admet que le preneur, au cas où le bailleur a ignoré les vices ou défauts de la chose louée, peut réclamer l'indemnité des pertes et dommages que ces vices ont pu causer (Req. 29 janv. 1872, aff. Maupetit, D. P. 72. 1. 123; 21 janv. 1873, aff. Ringuet, D. P. 73. 1. 263; Bastia, 7 mars 1854, aff. Bourgeois, D. P. 54. 2. 117; Paris, 5 déc. 1872, aff. Trèves, D. P. 73. 2. 233; Aix, 5 janv. 1877, aff. Robert, D. P. 78. 2. 94. V. dans le même sens Aubry et Rau, t. 4, § 366; Laurent, t. 25, n° 122; Guillouard, t. 1, n°s 119, 123, 124 et 125. — *Contrà*, Gand, 30 janv. 1874, aff. Vanderheyden, *Pasicrisie*, 1874. 2. 155) (1). M. Guillouard fait, d'ailleurs, observer avec raison que, dans l'opinion qui a triomphé en jurisprudence, le bailleur de bonne foi ne devrait être tenu « que des dommages-intérêts qui ont été prévus ou qu'on a pu prévoir lors du contrat, par application de l'art. 1150 c. civ. » (V. *infrà*, v° *Obligation*; — *Rép.* eod. v°, n°s 789 et suiv.).

108. Comme on l'a dit au *Rép.* n° 197, le bailleur n'est pas garant des vices qui étaient apparents lors du contrat et que le preneur a connus ou qu'il a pu apercevoir par l'inspection qu'il a faite de la chose louée. Il en faut dire autant des défauts naturels de la chose louée pourvu qu'ils soient notoires, lors même qu'ils ne seraient pas apparents. Telle est, sur l'un et l'autre point, l'opinion de M. Guillouard, t. 1, n°s 121 et 122. — M. Laurent, t. 25, n° 116, n'accepte point sans tempéraments cette opinion. « Pothier, écrit-il, dit que le bailleur n'est pas tenu des vices que le preneur a connus ou qu'il a dû connaître. Cela nous paraît trop absolu. Comment savoir quels sont les vices que le preneur a dû connaître? C'est une présomption que le juge lui oppose: ne faudrait-il pas une loi pour cela? Il en est même ainsi des vices apparents. Quoiqu'ils soient apparents, il se peut que le preneur ne les ait pas connus, et, dans le silence de la loi, on ne peut pas présumer qu'il les a connus, par cela seul qu'ils sont apparents. La question est donc de fait plutôt que de droit. Il est certain que le preneur peut renoncer à la garantie: quand y a-t-il renonciation? D'abord il faut que le preneur ait connu le vice, puis il doit manifester la volonté de renoncer au droit que le vice lui donne; cela se peut faire tacitement, le juge peut donc décider en fait que le preneur a loué la chose sachant qu'elle était viciée et en renonçant à la garantie; mais il ne peut pas décider que la garantie cesse d'être due par cela seul que les vices sont apparents ». Mais M. Laurent, t. 25, n° 117, admet que le bailleur ne doit pas garantie pour les inconvénients ou défauts naturels de la chose qui sont de notoriété publique (V. aussi Aubry et Rau, t. 4, § 366).

On a cité au *Rép.*, *ibid.*, un arrêt décidant que le bailleur ne devait point garantie au preneur pour l'inondation des caves en temps de crue dans un quartier où cet inconvénient se produit d'une manière constante lors des débordements du fleuve (Paris, 29 janv. 1849, aff. Bourbevelle, D. P. 49. 5. 272). Il a été jugé encore: 1° que le locataire ne peut obtenir ni indemnité, ni résiliation du bail, à raison des avaries causées à des marchandises par l'humidité des magasins loués, alors que cet inconvénient était apparent et notoirement inhérent au quartier dans lequel ces magasins étaient situés (Lyon, 6 juin 1873, aff. Renaud, D. P. 74. 2. 108); — 2° Qu'il n'y a pas lieu de résilier un bail d'une maison d'habitation pour cause d'humidité des lieux loués, alors que cette humidité « était suffisamment apparente pour être connue et appréciée » du locataire lors de la conclusion du bail (Paris, 3 juill. 1882) (1). Mais il a été décidé qu'il

---

que, si l'intensité de l'inondation s'est accrue en mars 1889, sa cause était ancienne et tenait à la nature même du terrain; — Qu'il s'agissait bien là d'un vice inhérent à la chose louée; que, d'ailleurs, la défectuosité, n'a pu être connue du locataire avant le bail; — Que, dans ce cas, c'est l'art. 1721, et non l'art. 1722 c. civ., qui devait recevoir son application; qu'il était d'autant plus du devoir de Tarin, propriétaire, de remédier à cet état de choses qu'il a reçu de Lombard de nombreux avertissements, notamment en 1886 et 1887; qu'il n'est pas douteux, au surplus, qu'il était possible de faire cesser ledit état de choses; — Qu'il résulte de tout ce qui précède qu'il y a lieu d'allouer à Lombard, en outre des condamnations prononcées par les premiers juges, des dommages-intérêts en réparation du préjudice éprouvé par lui; que la cour possède les éléments suffisants pour fixer ces dommages-intérêts à 11 000 francs;

Par ces motifs;

Met l'appellation et ce dont est appel à néant;

Emendant, décharge Lombard des dispositions qui lui font grief; statuant à nouveau, condamne Tarin à payer à Lombard en outre des condamnations prononcées par les premiers juges, la somme de 11 000 francs à titre de dommages-intérêts.

Du 6 mai 1891.-C. de Paris, 6e ch.-MM. Calary, pr.-Thibierge, subst. proc. gén.-Fréminet et Vallé, av.

(1) (Jeaubin C. Guendelach.) — LA COUR; — Considérant que le bailleur ne doit pas au preneur la garantie des vices apparents, dont ce dernier a connu ou pu connaître l'existence; que telle est l'interprétation de l'art. 1721 c. civ., consacrée par la jurisprudence; — Considérant, en fait, qu'il résulte des documents de la cause, et notamment du rapport de l'expert, que l'humidité dont se plaint l'intimée, et qui a motivé à son profit la résiliation du bail, était suffisamment apparente pour être connue et appréciée par elle au moment où le bail a été conclu; — Considérant que c'est en présence de certains dégâts causés par l'humidité que, dans le bail du 30 mars 1878, enregistré, il est stipulé au profit de la locataire « que les papiers qui ne sont pas en bon état devront être remplacés, et que les plafonds devront être mis en bon état également »; que c'est donc, ainsi que le constate l'expert, avant toute réparation que la location a été conclue; — Considérant que la locataire, ayant pu ainsi se rendre compte de la situation des lieux loués, des conditions de construction de l'habitation qu'elle allait occuper, elle ne peut s'affranchir des

y a lieu à résiliation du bail si, malgré l'existence d'indices d'humidité, le locataire n'avait pu se rendre compte de la gravité de l'inconvénient; qu'en pareil cas le vice de la chose louée peut être considéré comme n'étant pas suffisamment apparent pour écarter l'application de l'art. 1721 (Trib. de Lyon, 4 mai 1865, aff. Jouvène, D. P. 65. 3. 95). Il résulte encore d'un arrêt de la cour de Caen que le bailleur ne devrait pas garantie à raison de l'envahissement par les rats des locaux loués, si l'incursion des rats avait pour cause la situation des lieux, le voisinage d'un abreuvoir, d'un cours d'eau et si le propriétaire avait pris toutes les mesures auxquelles il était tenu pour l'empêcher (Caen, 3 juill. 1885) (1).

§ 2. — Garantie de la perte totale ou partielle de la chose louée (*Rép.* nos 198 à 222).

109. Le bailleur est garant de la perte totale ou partielle de la chose louée survenue par son fait ou sa faute. Le preneur peut obtenir soit la résiliation du bail, soit une diminution de loyer, et même des dommages-intérêts (V. *Rép.* n° 205; Guillouard, t. 1er, n° 386). Si, au contraire, la perte totale ou partielle résulte d'un événement fortuit ou de force majeure, le bailleur ne doit pas de dommages-intérêts (c. civ. art. 1722). Si la perte est totale, le bail est résilié de plein droit; si la perte est partielle, le preneur peut, suivant les circonstances, obtenir soit une diminution de loyers, soit la résiliation du bail.

Par application de ces principes, il a été jugé que la démolition d'un immeuble, ordonnée par l'autorité compétente, pour cause de péril imminent, constitue un cas de force majeure, à raison duquel le locataire ne peut exercer contre son bailleur aucun recours en garantie, alors du moins que la vétusté qui a motivé cette démolition n'est pas le résultat d'une faute imputable au propriétaire; qu'il en est ainsi spécialement lorsque, à raison de servitudes de voirie grevant l'immeuble, le propriétaire a été empêché, par le fait de l'autorité supérieure, de faire les réparations nécessaires à la conservation dudit immeuble, qui, déjà au moment où il a été loué, était dans le cas de tomber ou d'être détruit (Req. 31 déc. 1878, aff. Biron, D. P. 79. 1. 300). Mais, en règle générale, la démolition d'une maison ordonnée par l'autorité pour cause de vétusté n'a pas le caractère de cas fortuit; « il y a seulement déclaration, de la part de l'autorité, d'un fait préexistant que le propriétaire a pu prévoir et qui ne peut, dès lors, constituer un cas fortuit ou de force majeure » (Req. 12 mars 1851, aff. Bassemont, D. P. 54. 5. 474). En tous cas, le locataire serait « autorisé à demander, pour indemnité de privation de jouissance, une diminution proportionnelle du prix » ou la restitution « de la partie de ce prix payée d'avance ». Civ. cass. 8 août 1855, aff. Valentin, D. P. 55. 1. 336. — Il a été jugé, d'autre part, que la démolition d'une maison, par application d'un plan d'alignement, constitue un cas de force majeure; lorsque le propriétaire de la maison n'a pas provoqué par son fait l'action de l'Administration (Trib. civ. Marseille, 23 juin 1869; et sur appel, Aix, 7 mars 1870, aff. Bernheim et Filliat, D. P. 71. 2. 253). « Si la vétusté de l'édifice, dit très exactement le jugement précité, est le motif originaire et direct qui appelle l'intervention de l'autorité, laquelle, par mesure de sûreté, ordonne la destruction de la maison, ou encore, si le propriétaire entreprend volontairement des travaux qui donnent lieu à l'autorité d'user d'un droit d'alignement entraînant la démolition du bâtiment, dans ces cas, le vice propre de la chose ou le fait volontaire du propriétaire étant la cause essentielle de la destruction, le bailleur doit garantie au locataire; mais si une mesure d'utilité publique impose cette démolition, ou si le fait légitime d'autrui donne occasion à l'autorité d'appliquer un alignement qui nécessite cette destruction, dans ces cas, quel que soit l'état plus ou moins durable de l'édifice, pourvu que, lors de la survenance de ces faits, il eût pu rester debout à l'aide des moyens indiqués par l'art, c'est une force majeure qui l'atteint, le supprime, et le propriétaire est exempt de garantie envers le locataire, qui doit, comme lui, supporter le cas fortuit ». Décidé encore, en ce sens, que la démolition d'une maison, quand elle est ordonnée par l'autorité, à la fois pour cause de vétusté et d'alignement, équivaut, pour le propriétaire qui s'est vu refuser l'autorisation de la réparer, à la perte de son immeuble par cas fortuit, en ce sens que les baux par lui passés se trouvent résiliés de plein droit sans indemnité (Paris, 8 juill. 1852, aff. Siraudin, D. P. 53. 2. 188).

110. Il convient d'assimiler au cas de perte totale le cas où la chose, bien que subsistant au moins partiellement, ne peut plus remplir sa destination. Ainsi il a été jugé : 1° que la destruction des vignobles par le phylloxera constitue une perte totale de la chose louée, qui autorise le preneur à demander soit la résiliation du bail, soit, du moins, une réduction de fermage (Aix, 27 mai 1875) (2); Trib. civ. de Marseille, 29 août 1873, aff. Long, D. P. 74. 5. 320), alors même qu'il a pris à sa charge la

---

obligations qu'elle a contractées, par la simple constatation de la gravité des inconvénients qu'elle a pu prévoir; — Considérant, au surplus, que la clause du bail qui lui donne la faculté de le résilier moyennant l'abandon au propriétaire de 2.500 fr., montant de six mois de loyer d'avance, n'est point étrangère à sa détermination de conclure, malgré le vice apparent qu'elle invoque à l'encontre du propriétaire; — Infirme; — Déclare la veuve Guendelach mal fondée en sa demande en résiliation.

Du 3 juill. 1882.-C. de Paris, 2e ch.-MM. Ducreux, pr.-Cammartin, av.-gén., Devin et Debocq, av.

(1) (Porée *C.* Lochet.) — Le tribunal civil d'Avranches a rendu le 13 mars 1885, le jugement suivant : — « Sur la question d'indemnité réclamée par la veuve Lochet pour perte de marchandise et de clientèle : — Attendu que si, comme le soutient le sieur Porée, l'invasion des rats dont se plaint la veuve Lochet doit être attribuée à un cas de force majeure, il ne saurait être contesté qu'il ne serait dû par lui aucune indemnité; qu'il convient donc de rechercher si cette invasion doit être le résultat d'un cas fortuit ou si, au contraire, elle ne serait pas la conséquence d'une faute imputable au sieur Porée; — Attendu qu'il résulte des constatations faites par les experts en leur procès-verbal, en date du 12 nov. 1884, que la présence des rats dans la maison habitée par la veuve Lochet a pour cause : 1° le voisinage de la rivière du Boscq et d'un abreuvoir; 2° le genre de commerce exercé par la veuve Lochet chez laquelle ces animaux trouvent en abondance la nourriture qui leur convient; 3° enfin le mauvais état dans lequel se trouve la maison appartenant au sieur Porée par suite du défaut ou de l'insuffisance des réparations auxquelles il était tenu en sa qualité de propriétaire; — Attendu que, si les deux premières causes signalées sont le résultat soit d'un cas fortuit, soit de circonstances étrangères à la volonté du sieur Porée, il ne saurait être sérieusement contesté que la troisième n'est que la conséquence d'une faute qui lui est personnelle et qui, dès lors, doit engager sa responsabilité...; — Dit et juge que la part dans les pertes mise à la charge du sieur Porée sera fixée aux deux tiers ... ». — Appel par Porée.

La cour; — ... Adoptant les motifs des premiers juges; — Attendu que l'appel a rendu nécessaire la fixation de nouveaux délais pour l'exécution des travaux...; — Par ces motifs..., confirme le jugement; dit que les travaux indiqués seront commencés dans le délai de vingt jours à partir de la prononciation du présent arrêt et sous la même contrainte, dans les termes du jugement; dit encore que ces travaux, ainsi que ceux consentis par Porée, seront exécutés dans le délai d'un mois à partir du jour où ils auront été commencés...

Du 3 juill. 1885-C. de Caen, 2e-ch.-MM. Tiphaigne, pr.-Mirande, av.-gén., c. conf.-Tillaye et Coqueret, av.

(2) (Arduin *C.* Long.) — Le 28 oct. 1874, jugement du tribunal civil de Marseille ainsi conçu : — Sur les conclusions principales des demandeurs à fin de diminution de fermage; — Attendu qu'aux termes de l'art. 1722 c. civ., le preneur peut, en cas de perte partielle par cas fortuits de la chose louée, demander, suivant les circonstances, ou une diminution de prix, ou même la résiliation du bail; — Attendu que le domaine affermé aux frères Long comprenait des parcelles soumises à divers modes de culture et un vignoble important; — Que le droit du preneur avait donc pour objet le produit de ces parcelles et de ce vignoble, produit qui constituait la récolte d'un domaine loué; — Attendu que la destruction presque complète du vignoble dont il s'agit, causée, d'après les constatations de l'expertise et les autres documents du procès, par le phylloxera, porte évidemment, non pas sur la récolte ou, en d'autres termes, sur les fruits de la chose louée, mais sur cette chose elle-même, puisque le vignoble détruit en grande partie était, non pas un simple produit destiné à devenir la propriété des fermiers, mais bien la chose productive restée la propriété du bailleur; — Qu'ainsi, la perte dont se plaignent les sieurs Long tombe sous l'application de l'art. 1722 c. civ. précité, et non sous celle des art. 1769

perte des récoltes par cas fortuits prévus ou imprévus (Arrêt et jugement précités des 27 mai 1875 et 29 août 1873); — 2° Que la clause accordant au locataire d'une usine une remise partielle de loyer en cas de destruction totale peut être invoquée lorsqu'un incendie a mis hors de service les machines motrices et les appareils nécessaires à la fabrication, bien qu'une partie des bâtiments compris dans la location aient été épargnés par le feu; qu'en tous cas il y a là de la part des juges du fait une décision souveraine échappant au contrôle de la cour de cassation (Req. 19 juill. 1876, aff. Syndic Bayard de la Vingterie, D. P. 77. 1. 365); — 3° Qu'il y a lieu de considérer comme totale la perte d'une maison, par suite d'incendie, lorsque « les parties non entièrement détruites ne satisfont plus dans des proportions suffisantes à l'objet et aux conditions du bail portant sur l'immeuble tout entier »; que, par suite, le bail de cette maison a été résilié de plein droit (Limoges, 5 janv. 1887, aff. Lapeyroux, D. P. 88. 2. 167); — 4° Que le retranchement d'une partie de maison sujette à reculement constitue la perte totale de la chose louée, lorsque, d'une part, la maison louée se trouve réduite, par suite de la mise à l'alignement, à une superficie tellement exiguë qu'il est indispensable d'en changer d'une manière complète toutes les dispositions, pour qu'elle devienne habitable et susceptible de location, et que, d'autre part, par suite de la mise à l'alignement des maisons contiguës, la reconstruction des murs mitoyens est devenue nécessaire (Bordeaux, 4 janv. 1854, aff. Letellier, D. P. 55. 2. 60). La cour en conclut que le locataire ne saurait, au mépris d'une clause stipulant la résiliation du bail en cas d'expropriation, exiger le maintien dudit bail, en déclarant se contenter du rétablissement de la maison dans son ancien état, sauf la reconstruction de la façade à l'alignement; car une telle prétention tendrait à obliger le propriétaire à réédifier une vieille maison dans des conditions contraires à toutes les règles de l'art, sur un emplacement réduit de près de moitié en superficie, et cela pour lui faciliter le moyen de continuer son bail; — 5° Qu'au contraire, la résiliation du bail d'une usine pour cause de destruction, par cas fortuit, de la chose louée, ne peut être demandée par le locataire, lorsque la force motrice, objet principal du bail, et les engins qui doivent la procurer n'ont pas été détruits, mais n'ont subi que des avaries assez rapidement réparées, qu'un bâtiment, accessoire de la location, bien que gravement endommagé, a été sans trop de retard complètement réparé et qu'enfin le bailleur offre de faire disparaître, dans un bref délai, l'obstacle apporté à la jouissance du preneur sur une partie des lieux loués (dans l'espèce, l'ensablement d'une prairie par suite d'inondation) (Req. 16 mai 1877, aff. Sirven frères, D. P. 79. 1. 164).

111. La perte de la chose louée, a-t-on dit au *Rép.* n° 199, emporte la résolution du bail, alors même que la perte serait imputable au locataire (V. conf. Metz, 25 juill. 1855, aff. Oger, D. P. 56. 2. 212). De même, il a été jugé qu'au cas de destruction par incendie de la partie principale de la chose louée, le bail est résilié bien que le preneur soit responsable de l'incendie; que, par suite, le bailleur ne peut réclamer le payement des loyers échus postérieurement à l'incendie, sauf son droit à des dommages-intérêts; que même, en pareil cas, le locataire ne peut être tenu de payer, à titre de dommages-intérêts, le montant des loyers à échoir jusqu'à la fin du bail, sauf l'application de l'art. 1733 (Paris, 1er avr. 1868, aff. Richard et Houllier, D. P. 68. 2. 85). Un arrêt de la cour de Riom a également écarté toute distinction entre le cas où la perte serait imputable au preneur et le cas où elle ne lui serait pas imputable (Riom, 24 août 1868) (1).

112. La résiliation ne pourrait être prononcée si le cas fortuit allégué avait détruit non la chose louée elle-même, mais seulement des aménagements faits par le preneur de son plein gré et dans son intérêt exclusif (V. Toulouse, 25 mars 1876, aff. Sirven, D. P. 79. 1. 164-165). En effet, le preneur, libre à cet égard de toute obligation, pour employer les expressions de l'arrêt précité, ne peut, par des aménagements effectués dans son intérêt exclusif et de son plein gré, augmenter les risques ou la responsabilité du bailleur;

---

et 1770, qui ne concernent que le cas de perte de la récolte ou des fruits, et qu'elle ne rentre pas davantage dans les prévisions de la clause du bail par laquelle les sieurs Long frères se sont chargés de tous les cas fortuits prévus ou imprévus, conformément à l'art. 1773 c. civ., lequel est également étranger au cas de perte totale ou partielle de la chose louée et ne se réfère qu'aux dommages dont s'occupe l'art. 1769; — Par ces motifs; — Statuant sur cette demande en diminution de fermage: — La déclare bien fondée; — Appel.

LA COUR; — Sur la demande principale en réduction de fermage; — Adoptant les motifs des premiers juges; — Confirme, etc.

Du 27 mai 1875.-C. d'Aix, 2e ch.-MM. Féraud-Giraud.-pr. Sergent, av. gén.-Paul Rigaud et Pascal Roux, av.

(1) (Synd. Hardy C. de Bourbon). — Le 16 janv. 1868, jugement du tribunal de Cusset, ainsi conçu: « En ce qui touche la production des sieurs de Bourbon au passif de la faillite, sur les créances privilégiées: — Attendu qu'aux termes de l'art. 2102 c. civ., le locateur a un privilège, pour le payement de ses loyers et pour ce qui concerne l'exécution du bail, sur le prix de tout ce qui garnit la maison louée; que la généralité de ces expressions embrasse évidemment les marchandises qui, dans bien des cas, constituent le seul gage sérieux du propriétaire; — Que les sieurs de Bourbon sont donc bien fondés à réclamer privilège, pour les créances dérivant de leur bail, tant sur les meubles que sur les marchandises garnissant la filature des Grivats; — Attendu toutefois qu'ils ne sauraient être admis à se porter créanciers de la totalité des loyers échus ou à échoir jusqu'à l'expiration de leur bail, bien qu'il ait date certaine, mais simplement du montant des loyers courus jusqu'au 12 août 1867, date de l'incendie qui a détruit l'usine louée dans la partie essentielle, en entraînant par suite la résiliation dudit bail en conformité des dispositions de l'art. 1741 c. civ.; — Que cet article ne distingue pas et ne pouvait pas distinguer entre les causes imputables au preneur et celles qui ne le sont pas, sauf, dans la première hypothèse, le droit du bailleur d'exiger des dommages-intérêts; qu'il était en effet, matériellement impossible de supposer la continuation de la jouissance d'une chose qui avait cessé d'exister; — Attendu, dès lors, qu'il est dû, de ce chef, aux sieurs de Bourbon, pour un terme non payé sur l'année finissant le 1er mars 1867, la somme de 8333 fr. 33 cent., plus celle de 7083 fr. 32 cent. pour loyers courus depuis cette époque jusqu'au 12 juin, soit au total la somme de 15 416 fr. 65 cent. — Sur les créances non privilégiées; — Attendu qu'il est hors de doute qu'au cas où les sieurs de Bourbon ne seraient pas intégralement payés de leurs créances privilégiées sur le prix des objets grevés de leurs privilèges, ils devront venir au marc le franc pour l'excédent avec les autres créanciers sur le surplus de l'actif de la faillite; — Qu'il n'en est pas de même de leur prétention tendant à se faire admettre au passif de ladite faillite pour le montant à déterminer par toutes voies de droit de tous préjudices et dommages éprouvés par eux par suite de l'incendie, autres que ceux couverts par les compagnies d'assurances, notamment de la dépréciation subie soit par la partie non brûlée des bâtiments, soit par le matériel industriel et les moteurs non atteints par le feu et qui, se trouvant aujourd'hui sans emploi utile, ont perdu, disent-ils, la moitié de leur valeur; — Attendu, en effet, que la seule obligation du preneur consiste à remettre à fin de bail les lieux loués dans l'état où il les a reçus; — Qu'on ne saurait cependant, dans l'espèce, exiger des syndics la reconstruction à neuf de l'usine des Grivats, dont la conséquence serait de faire profiter les sieurs de Bourbon d'une amélioration à laquelle ils n'auraient aucun droit; — Que la combinaison de ces deux règles amène donc à conclure que les dommages-intérêts dus par le sieur Hardy doivent être égaux à la valeur de la reconstruction à neuf des bâtiments incendiés, sauf déduction faite de la différence du neuf au vieux; — Qu'il convient, en outre, d'y ajouter une indemnité pour privation de jouissance pendant le temps nécessaire à la reconstruction et à la relocation de l'usine; — Mais qu'il est évident que les sieurs de Bourbon ne peuvent exiger un dédommagement quelconque pour la dépréciation subie, faute d'emploi utile, par les bâtiments et moteurs non atteints par le feu, puisqu'en recevant somme suffisante pour reconstruire leur usine dans le même état, et préférant s'en dispenser, ils ont à s'imputer ce résultat; — Et attendu que, par suite de la garantie du risque locatif incombant aux compagnies d'assurances, la prime qu'elles auraient à payer aux sieurs de Bourbon devra représenter, non la valeur réelle et vénale de leur filature, mais bien le montant de la dépense nécessaire pour sa reconstruction, diminuée de la valeur du neuf au vieux; — Attendu, dès lors, qu'il n'y a plus qu'à confier à l'expert le soin de déterminer le *quantum* de l'indemnité pour privation de jouissance pendant la reconstruction et la relocation; — Par ces motifs, etc.

Appel par les syndics, etc.

LA COUR; — Adoptant les motifs des premiers juges; — Confirme.

Du 24 août 1868.-C. de Riom.

« pour appliquer l'art. 1722 c. civ., il ne faut considérer que la chose que le bailleur devait fournir et rechercher si cette chose a péri en tout ou en partie ».

113. Au cas de perte partielle, le preneur, a-t-on dit au *Rép.* n° 202, peut demander soit la résiliation du bail, soit une diminution de prix. Le preneur pourrait-il rétracter son option, et, après avoir opté pour la résiliation du bail, prétendre au contraire maintenir le bail primitif? La cour de Paris par un arrêt du 6 juin 1888 (aff. Société Paul Dupont, D. P. 89. 1. 9), semble avoir admis la négative; d'après cet arrêt, la déclaration d'option vaudrait en elle-même, serait définitive et lierait le preneur, bien qu'elle n'ait pas été l'objet d'une acceptation formulée par le bailleur. Saisie d'un pourvoi contre cet arrêt, la cour de cassation a évité de se prononcer sur la force obligatoire, au regard du preneur, de la déclaration d'option avant l'acceptation du bailleur; se fondant sur ce que, d'après les constatations mêmes de l'arrêt, l'offre de résiliation avait été acceptée par le bailleur avant le moment où le preneur avait voulu revenir sur son option, elle en a conclu que le bail primitif avait été résolu par l'intention commune et l'accord des volontés des parties : « Attendu, poursuit l'arrêt, que, dans ces circonstances, les articles de loi susvisés n'ont point été violés, et qu'il est sans intérêt de rechercher si, en droit, l'option de Paul Dupont a été définitive et irrévocable dès l'origine, ou si elle avait besoin, pour le devenir, de l'acceptation de Dreyfus, puisque cette acceptation est intervenue avant le moment où il est constaté que Dupont a voulu revenir sur son option » (Req. 9 janv. 1889, D. P. *ibid.*).

114. D'ailleurs, ainsi qu'on l'a vu au *Rép.* n° 201, il peut se faire que la perte ne soit pas assez importante pour que la résiliation du bail puisse être prononcée. Les tribunaux jouissent à cet égard d'un pouvoir d'appréciation (Conf. Guillouard, t. 1, n° 397); c'est ce qui a été admis notamment par deux arrêts de la cour de Caen des 13 juill. et 14 déc. 1871 (1), et par un arrêt de la cour de Paris du 9 juin 1874 (aff. Rebours et autres, D. P. 77. 2. 52).

115. Pour donner lieu à l'application de l'art. 1722 c. civ., il ne suffirait pas qu'il y eût eu, par suite d'événements de force majeure, diminution dans les produits ou l'agrément de la chose louée. Ainsi il a été jugé : 1° que l'adjudicataire des droits de place dans les rues, marchés et foires d'une ville n'est pas fondé à demander une diminution du prix du bail à raison de la diminution de produits que la guerre lui a fait subir, si l'ennemi n'a pas directement porté atteinte au droit affermé, en interdisant la tenue des foires et marchés, et alors surtout que la perte alléguée n'équivaut pas à la moitié d'une année de produits (Req. 21 janv. 1874, aff. Hilaire, D. P. 74. 1. 170); — 2° Que la simple diminution, par suite d'événements de guerre (dans l'espèce, le siège de Paris), des avantages d'agrément, de commodité ou de sécurité sur lesquels le locataire avait compté au moment du bail, n'équivaut pas à une destruction partielle des lieux loués, et ne saurait, dès lors, justifier sa prétention à une réduction de prix (Paris, 26 mars 1872, aff. Deviers, D. P. 72. 2. 118).

Il faut donc que la perte porte sur la chose elle-même; il importe, en effet, de ne pas confondre l'obstacle apporté à la jouissance, qui donne ouverture à l'art. 1722, et la diminution des avantages de cette jouissance, qui ne permet pas d'invoquer cet article. L'arrêt de la cour de Rouen, déféré sans succès à la cour de cassation dans l'affaire Hilaire précitée (D. P. 74. 1. 170) précise avec une grande netteté la distinction : « Attendu, porte l'arrêt, que, d'après l'art. 1722 c. civ., le preneur ne peut demander une diminution du prix du bail qu'autant que la chose louée a été en partie détruite; que ce principe s'applique incontestablement à la location des droits incorporels et que, dès lors, pour que la réclamation du locataire puisse être accueillie, il faut que ce droit ait péri partiellement; qu'en pareille matière, on doit se garder de confondre le droit considéré en lui-même dans sa substance avec les produits qu'il est susceptible de donner; qu'il suffit, pour que l'action soit dite à tort, que le droit n'ait subi aucune altération et ait pu être librement exercé; qu'il importe peu qu'il y ait eu quelque diminution dans les produits; qu'à moins de stipulation particulière, le locateur ne les garantit pas, puisque la loi ne met à sa charge que la destruction même de la chose; que, sans doute, ils subissent l'influence favorable ou contraire des événements, mais que ce sont là des chances aléatoires que consent à courir le locataire ».

116. Les cas fortuits peuvent être extrêmement variés. L'un des plus fréquents est l'incendie (Nancy, 9 août 1849, aff. Gentil, D. P. 50. 2. 92). Il a été jugé, spécialement, que le locataire privé, par suite d'un incendie, de la jouissance d'une partie des lieux loués, peut demander une diminution de loyer, alors même que le bailleur a consacré à des reconstructions une somme supérieure à l'indemnité touchée de la compagnie d'assurances (Rouen, 12 avr. 1870, aff. Tressy, D. P. 72. 2. 23). On peut citer encore, comme exemple de cas fortuit, le tremblement de terre : en cas de destruction même partielle, le locataire peut demander soit la résiliation du bail, soit une diminution de loyer (Alger, 10 juill. 1868, aff. Echallié, D. P. 69. 2. 29). Le même arrêt a décidé que, en ce qui concerne ceux des bâtiments qui ont été seulement endommagés par le tremblement de terre, le locataire pouvait contraindre le propriétaire à faire les réparations nécessaires pour remettre les lieux en état.

De même, il a été jugé que la démolition d'une partie de maison sujette à reculement, par ordre de l'autorité publique, comme conséquence de la mise à l'alignement des deux maisons voisines, constitue une destruction partielle par force majeure ou cas fortuit, dans le sens de l'art. 1722 c. civ., alors même que cette destruction aurait aussi pour cause la vétusté de l'édifice; que, en conséquence, le locataire ne peut obtenir qu'une diminution de loyer ou la résiliation du bail; qu'à la différence du cas où la démolition aurait eu pour unique cause la vétusté de l'édifice démoli, il ne peut exiger du bailleur la reconstruction de locaux de même dimension que ceux dont il jouissait avant cette démolition (Req. 10 févr. 1864, aff. Nicolas, D. P. 64. 1. 234).

117. Les faits de guerre sont, au premier chef, des cas fortuits ou de force majeure. Ainsi, il a été jugé : 1° que le négociant auquel des sacs ont été loués ne doit plus le prix

(1) (De Silly C. de Pommereu.) — Le 13 juill. 1871, la cour de Caen a ordonné une expertise par un arrêt ainsi motivé : — « Attendu que l'inondation prolongée qui sert de base à la demande en résiliation de de Silly a été ordonnée et exécutée par l'autorité publique, dans l'intérêt de la défense nationale; — Qu'elle ne constituait pas, dès lors, une voie de fait, dans le sens de l'art. 1725 c. civ., puisque l'autorité publique avait le droit de la pratiquer et qu'elle a été un événement de force majeure, puisque de Silly était dans l'impossibilité absolue de s'y opposer; — Mais attendu que, suivant les art. 1722 et 1741, même code, la résiliation d'un bail n'est obligatoire pour les tribunaux qu'autant que la chose louée est détruite en totalité; que, lorsqu'elle n'est détruite qu'en partie, il leur appartient, selon les circonstances, de prononcer la résiliation ou d'accorder au fermier une diminution de prix... ». — Après le dépôt du rapport des experts, la cour de Caen a statué au fond ainsi qu'il suit :

LA COUR; — ... Attendu qu'il résulte du rapport des experts commis par l'arrêt interlocutoire du 13 juill. 1871, que la moitié seulement de la contenance des herbages affermés par de Pommereu à de Silly... a été inondée par les ordres de l'autorité publique au mois de septembre 1870; que cette inondation a duré six mois et que le dommage qu'elle a causé auxdits herbages a déjà notablement diminué, qu'il s'amoindrira de jour en jour et qu'il cessera complètement au commencement de l'année 1874; que ce dommage, réparti sur quatre années, ne s'élèvera en totalité qu'à 5719 fr. 58 cent., somme équivalente à une année de fermages; qu'enfin le bail susdaté ne doit finir qu'au 25 déc. 1878; d'où il suit qu'il n'y a pas perte totale de la chose louée, mais simplement altération partielle de sa substance; que cette altération partielle n'est pas assez grave et qu'elle n'aura pas une durée assez longue pour mettre obstacle à l'exploitation de de Silly; qu'il n'y a pas lieu dès lors de prononcer la résiliation du bail de 1868; — Attendu enfin que, sauf le cas prévu par l'art. 1725, le bailleur est obligé de faire jouir le preneur pour avoir droit aux fermages stipulés dans le bail et que, lorsqu'il est dans l'impossibilité de remplir cette obligation, les fermages n'ont plus de cause; — Par ces motifs;

Infirme le jugement rendu par le tribunal civil de Saint-Lô le 10 mars 1871.

Du 14 déc. 1871.-C. de Caen, 2e ch.-MM. Champin, pr.-Lanfranc de Panthou, av. gén.-Carel et Toutain, av.

de location à partir du jour où, en vertu d'une réquisition préfectorale, les céréales qu'ils contenaient, et, par suite, les sacs eux-mêmes, ont été retirés des docks où ils étaient déposés et ont été mis à la disposition du ministre de la guerre (Angers, 12 janv. 1872, aff. Goulette, D. P. 72. 2. 38); — 2° Que le locataire qui, dans une ville assiégée, s'est trouvé obligé, par suite de bombardement, de quitter momentanément les lieux qu'il occupait est fondé à soutenir que l'interruption de jouissance par lui subie est due à un événement de force majeure, et à demander, par suite, une diminution proportionnelle de loyer, comme dans le cas de destruction partielle de la chose louée (Trib. de paix du 7e arrondissement de Paris, 27 janv. 1871, aff. Carayon, D. P. 71. 3. 6. Conf. Trib. de paix de Sèvres, 29 juill. 1871, aff. Barbeau C. Foullon-M. Cranney, juge; Trib. Seine, ch. des vacat., 29 sept. 1871, aff. Casino C. Lebaudy-MM. Person, pr.-Haussmann, subst.-Lenté et Durrieux, av.); — 3° Que l'exploitant d'un café-concert dont l'établissement a été mis en réquisition pendant la guerre de 1870-1871, pour servir à un dépôt d'approvisionnements établi dans la prévision d'un siège, est fondé à demander, en raison de ces circonstances « amenées par l'état de guerre et le danger présumé de l'investissement de Lyon », par application de l'art. 1722, une réduction de son loyer, proportionnelle à la durée de la privation de jouissance que l'autorité lui a fait supporter, alors surtout qu'il déclare subroger le propriétaire, aux risques et périls de celui-ci, dans le recours qu'il pourrait exercer contre qui de droit, à raison de l'occupation temporaire de l'établissement (Trib. de Lyon, 25 mars 1871, aff. Guillet, D. P. 71. 5. 245); — 4° Que l'entrepreneur de spectacles dans une ville assiégée qui s'est vu forcé, par un arrêté du Gouvernement ordonnant la fermeture des théâtres, de cesser ses représentations, est fondé à soutenir que le bail s'est trouvé résilié, de plein droit, à partir dudit arrêté, alors surtout que le bailleur a reconnu la cessation de la jouissance du preneur, en fondant, d'accord avec lui, pour utiliser les lieux loués, une ambulance dans le théâtre (Paris, 23 déc. 1871, aff. Masson, D. P. 71. 2. 225); — 5° Que le batelier auquel un bateau a été loué, moyennant un prix déterminé, pour l'exercice de son industrie, est fondé, dans le cas où, au cours de ses transports, la circulation du bateau a été entravée par le fait de l'ennemi, à réclamer une diminution du loyer proportionnelle au temps pendant lequel il n'a pu jouir de la chose louée (Trib. de Nantes, 21 oct. 1871, aff. Dufour-Lebleu, D. P. 73. 3. 40); — 6° Que de même dans le cas où le patron d'un bateau a loué son embarcation et ses services, pendant un temps déterminé, pour transporter par canaux des marchandises à une destination indiquée, la destruction, par événement de guerre, des écluses et du chemin de halage des canaux, qui a immobilisé le bateau et rendu impossible le transport, a pour effet de dégager le propriétaire des marchandises de l'obligation de payer la portion du loyer correspondant au temps durant lequel le contrat n'a pu recevoir son exécution (Nancy, 3 juin 1871, aff. Darquet, D. P. 71. 2. 236). Les juges du fait ont pu le décider ainsi, alors même que le locataire du bateau se serait réservé de résilier la convention dans le cas de guerre ou de révolution, et n'aurait pas usé de cette faculté, s'ils ont jugé que cette réserve a été stipulée, non en prévision d'une force majeure proprement dite, telle que la destruction des voies de navigation, mais seulement d'événements pouvant faire naître des risques et paralyser l'industrie des entrepreneurs de transports (Même arrêt). Même si le bateau du patron a été utilisé pour le logement des marchandises, et s'il est resté lui-même, tout en gardant la cargaison, à la disposition de l'entrepreneur de transports pour reprendre le voyage dès que la navigation serait rétablie, les juges du fait ont pu décider qu'il a droit à une portion du loyer couru pendant le chômage forcé, et fixer cette portion à la moitié. En tous cas, l'importance de cette jouissance partielle est évaluée souverainement par les juges du fait (Même arrêt, et sur pourvoi, Req. 9 déc. 1872, D. P. 73. 1. 103).

Il a été jugé encore que le fait de guerre et le décret du 15 sept. 1870, qui a suspendu l'exercice du droit de chasse constituaient des événements de force majeure et que, dès lors, le locataire d'un droit de chasse ne pouvait être tenu de payer son prix pour la saison de chasse 1870-1871 (Paris, 1er mai 1875, aff. Aguado, D. P. 75. 2. 204; Comp. Trib. civ. Douai, 20 déc. 1871, aff. Pillon de Saint-Philbert, D. P. 71. 3. 111; Trib. civ. Lyon, 31 janv. 1872, aff. Dupasquier. D. P. 72. 3. 6. — V. en outre *suprà*, v° *Chasse*, n° 490). Mais il a été décidé, d'autre part, que l'entrepreneur de spectacles dont le théâtre était situé dans une ville qui, durant la guerre de 1870, a été préservée des approches de l'ennemi, ne pouvait, alors que ses représentations avaient été interrompues durant quelques jours à peine, prétendre qu'il y avait eu force majeure justifiant son refus de payer le loyer dû au propriétaire du théâtre (Trib. Lyon, 1er févr. 1871, aff. Terme, D. P. 71. 3. 103). — Jugé encore que le locataire ne doit pas les loyers courus pendant le temps où les événements de la guerre ont rendu sa jouissance impossible,... ni le prix des travaux de réparation et des frais de culture qui ont eu pour cause les dégâts ou violences commis par l'ennemi, mais qu'il reste chargé vis-à-vis de l'État de la totalité des contributions personnelle et mobilière et de l'impôt des portes et fenêtres (Paris 5 avr. 1873, aff. Ducel, D. P. 74. 5. 314).

Signalons ici la disposition de l'art. 5 de la loi du 21 avr. 1871 (D. P. 71. 4. 47) spéciale à la ville de Paris et au département de la Seine, qui autorisait, au cas de location ayant un caractère industriel ou commercial, les jurys spéciaux créés par l'art. 1er de la même loi à accorder, suivant les cas, des réductions de loyers proportionnelles au temps pendant lequel les locataires avaient subi, par suite des événements du siège, une privation ou une diminution dans la jouissance industrielle ou commerciale prévue par les parties.

118. Il ne faut pas confondre, a-t-on dit au *Rép.* n° 211, l'empêchement de jouissance proprement dit, provenant du cas fortuit, avec l'abstention volontaire du preneur en raison des dangers auxquels il pourrait être exposé dans sa jouissance : dans le second cas, il n'y a pas force majeure; les craintes plus ou moins fondées, que peut éprouver le preneur ne sont pas une cause suffisante pour l'affranchir des engagements qu'il a librement contractés. On réservait toutefois le cas où le danger imminent viendrait de la chose elle-même. — Il a été jugé à l'occasion des événements de la guerre de 1870-1871, que si le locataire ne doit aucun loyer pour le temps pendant lequel il a été dépossédé des lieux loués par suite de l'invasion ennemie (Paris, 5 avr. 1873, aff. Ducel, D. P. 74. 5. 314; Nancy, 7 juin. 1873, aff. Millet, D. P. 74. 2. 159), et que, s'il peut réclamer au bailleur la remise totale ou partielle des loyers pendant le temps qu'ont duré les réparations rendues nécessaires par les dégâts de l'ennemi (Nancy, 7 juin 1873, précité; Paris, 28 août 1873, aff. Bouffard, D. P. 74. 2. 159), il reste débiteur des loyers courus pendant cette occupation, s'il a volontairement quitté les lieux, alors que les habitants restés dans la commune n'ont pas été expulsés par l'ennemi et n'ont couru aucun péril entraînant privation de jouissance (Arrêt précité du 28 août 1873. — V. dans le même sens, Orléans, 14 juil. 1871, *infrà*, n° 175).

119. Conformément à l'opinion émise au *Rép.* n° 212, il a été décidé que l'impossibilité de jouir des lieux loués ne peut être invoquée comme cause de résiliation du contrat de louage, lorsqu'elle résulte, non d'un fait dont le caractère de généralité créerait, à l'encontre de tous, un obstacle absolu, mais d'une situation particulière et personnelle à celui qui prétend s'en prévaloir (Trib. de la Seine, 20 sept. 1871, aff. Grabowski, D. P. 72. 3. 56. Conf. Trib. du Havre, 10 oct. 1870. aff. Faul C. Breteau; - M. Lemarcis, pr.). Ainsi il a été jugé, au sujet de la location à Paris, par un Allemand, d'un appartement meublé pour une époque qui s'est trouvée correspondre avec celle du siège de cette ville par les armées allemandes, que l'impossibilité où était le preneur de résider à Paris durant le siège, à raison de sa nationalité, ne saurait avoir pour effet de le dégager des obligations de son bail (Jugement précité du 20 sept. 1871). De même, il a été décidé que le locataire d'un immeuble situé sur le territoire annexé à l'Allemagne après la guerre de 1870-1871, qui a été expulsé de ce territoire à raison de son option pour la nationalité française, n'était point fondé à réclamer, pour ce motif, la résiliation de son bail (Paris, 30 déc. 1873, aff. de Péridon, D. P. 75. 5. 276-277).

120. Doit-on considérer comme un événement fortuit ou

de force majeure le refus ou le retrait d'autorisation administrative lorsque cette autorisation est nécessaire pour l'exploitation des locaux loués? L'affirmative a été admise par un arrêt de la cour de Rouen du 19 juin 1874, en ce qui concerne la réouverture d'une salle de bal public (aff. Veuve Prévot, D. P. 75. 2. 191). Mais la chambre des requêtes a décidé que lorsqu'un terrain a été loué pour l'établissement d'un tir à la carabine de précision, et qu'il est intervenu postérieurement un arrêté municipal interdisant l'exploitation de ce tir, la résiliation du bail ne peut être demandée lorsque le bailleur n'avait garanti aux preneurs « ni qu'ils obtiendraient pour l'installation de leur établissement ni qu'ils conserveraient pendant toute la durée du bail, l'autorisation sans laquelle cet établissement ne pouvait exister », et lorsque, d'ailleurs, le preneur a, par son fait, modifié les conditions dans lesquelles se faisait l'exploitation de la chose louée (Req. 14 avr. 1874, aff. Henry, D. P. 75. 1. 203).

121. On a cité au *Rép.* n° 217-5° un arrêt de la cour de Nîmes du 1er juin 1839 décidant que le bénéfice des dispositions des art. 1769 et 1722 c. civ. ne peut être demandé par le fermier d'un pont dont les recettes ont considérablement baissé par suite des gués nombreux formés de tous points dans la rivière, réduite à un état de dessiccation presque complet, par suite de la rareté des pluies pendant une année. Mais, depuis, il a été jugé que l'exécution, par les habitants d'une commune, de travaux ayant pour résultat permanent de rendre inutile, et par suite entièrement improductif, le pont à péage formant l'objet d'un bail à ferme, constitue un cas de force majeure de nature à entraîner la résiliation du bail (Req. 13 nov. 1871, aff. Grulet, D. P. 72. 1. 175).

122. On ne saurait, d'ailleurs, ranger dans la catégorie des cas fortuits ou de force majeure les risques des entreprises commerciales ou industrielles du preneur. Ainsi il a été jugé : 1° en ce qui concerne le bail d'un débit de tabac, que le fait de l'Administration d'avoir élevé le prix des tabacs qu'elle livre aux débitants, tout en maintenant au même taux le prix auquel ces tabacs doivent être vendus aux consommateurs, ne donne point lieu à la résiliation du bail, ni à une diminution de prix, dès lors qu'il est décidé, en fait, que le bailleur n'avait pas garanti que le tabac serait toujours livré aux mêmes conditions par la Régie (Req. 5 mars 1850, aff. Goujon, D. P. 50. 1. 168) ; — 2° En ce qui concerne le bail d'un théâtre, que l'on ne saurait considérer comme perte provenant d'un cas fortuit le préjudice qui aurait pu résulter, pour le locataire, d'une discussion au conseil communal signalant les dangers que présentait le théâtre en cas d'incendie, et de l'alarme répandue dans le public par le rapprochement de cette révélation avec une catastrophe survenue dans le théâtre d'une autre ville (Liège, 10 févr. 1883, aff. Delheid, D. P. 84. 2. 63). — A plus forte raison, le locataire ne pourrait-il se fonder, pour demander la résiliation du bail, sur ce qu'une mesure administrative, sans porter atteinte à sa jouissance, a enlevé à sa location la plus grande partie de son utilité. Jugé que l'acte administratif qui a proclamé en Algérie la liberté de la boulangerie et dispensé les boulangers de l'obligation de faire, à l'avenir, les approvisionnements dont le dépôt était précédemment ordonné dans un magasin général, n'était pas un cas de force majeure ayant pour effet de résilier le bail que les boulangers avaient passé pour le bâtiment affecté à l'usage de magasin général (Civ. cass. 10 juill. 1867, aff. Pauchon, D. P. 67. 1. 277).

123. Lorsque, en cas de perte partielle, le preneur opte pour la continuation du bail, avec diminution de loyer, peut-il exiger que le bailleur fasse à l'immeuble les réparations nécessaires pour remettre les lieux en état? La question se pose notamment lorsque, la perte partielle provenant d'un incendie ou de l'expropriation, le bailleur a touché soit une indemnité d'assurance soit une indemnité d'expropriation. On a signalé au *Rép.* n° 204 la controverse qui s'est élevée à cet égard. MM. Laurent, t. 25, n° 405, Guillouard, t. 1, n° 394, n'admettent pas que le bailleur soit tenu de faire des réparations à l'immeuble, même lorsqu'il touche une indemnité. Il a été jugé qu'en cas de destruction partielle, par cas fortuit, de la chose louée, le preneur, qui a opté pour la continuation du bail, ne peut exiger du bailleur la reconstruction de la partie détruite; que, par suite, le preneur qui a été autorisé par ordonnance de référé à exécuter les travaux au compte de qui de droit ne peut réclamer au bailleur le remboursement de ce qu'il a payé pour cet objet (Paris, 27 juill. 1850, aff. Granger, D. P. 51. 2. 141). — Un autre arrêt paraît incliner vers une solution contraire pour le cas où le propriétaire « recevrait, par voie d'indemnité, l'équivalent de la perte qu'il aurait faite, et se trouverait ainsi en mesure de remettre le preneur au même et semblable état où il était auparavant » (Douai, 31 mai 1852, aff. Destombes, D. P. 53. 2. 226). En tout cas, il a été jugé que, lorsque le bail concerne une usine qui, devant être l'objet pour le preneur de dépenses considérables, a été pour ce motif louée pour un temps très long, réductible à la seule volonté du preneur, l'obligation, pour le propriétaire, d'affecter l'indemnité à la reconstruction du local devait être considérée comme étant dans l'esprit de la convention (Poitiers, 6 mai 1863, aff. Longeau, D. P. 64. 2. 223). D'ailleurs, l'obligation d'employer l'indemnité due par la compagnie au rétablissement des lieux pourrait valablement être stipulée dans le bail. Même cette obligation pourrait, suivant les circonstances, résulter implicitement de ce que l'assurance faite au nom du propriétaire serait mise par le bail à la charge du locataire.

Quant au point de départ de la diminution de loyers, il a été jugé qu'il appartient aux juges du fait, lorsqu'une réduction du prix d'un bail est demandée pour cause de diminution de jouissance, de décider que l'indemnité de non-jouissance ne courra qu'à partir du jour de la demande, au cas où il n'est pas justifié que les causes motivant la diminution de loyers aient existé auparavant (Req. 15 déc. 1869) (1).

Il est bien évident que, si le bailleur faisait volontairement les réparations nécessaires pour remettre les lieux en état et si le preneur acceptait d'occuper à nouveau les locaux sans protestation ni réserve, il y aurait là un accord de volontés qui rendrait le preneur non recevable à demander la résiliation du bail (Paris 7 mars 1874, aff. Lagogué, D. P. 76. 1. 81). Sur pourvoi, la cour de cassation a décidé que les juges du fait avaient pu puiser dans des « présomptions précises, graves et concordantes, résultant des documents et circonstances de la cause » la preuve que le bailleur « avait rempli toutes les obligations qui lui incombaient » à ce titre (Req. 2 mars 1875, aff. Lagogué, D. P. *ibid.*).

§ 3. — Garantie de tout trouble, soit de la part du bailleur, soit de la part des tiers (*Rép.* nos 223 à 266).

124. Le bailleur, avant tout, est tenu de n'apporter par lui-même aucun trouble à la jouissance du preneur. Il a été jugé spécialement, sous l'empire de la loi du 18 nov. 1814, relative à la célébration des fêtes et dimanches, que, au cas où la location de magasins entraînait accessoirement pour le locataire, le droit à l'usage de la cour qui y donne accès, le préposé du bailleur ne pouvait, sans apporter un trouble à la jouissance du preneur, empêcher un dimanche les voitures et les ouvriers du preneur de circuler dans la cour ni s'opposer au déchargement des voitures arrivées la veille, même en soutenant que ce travail constituait une contravention de police prévue et punie par la loi du 18 nov. 1814 (Trib. civ. de Dunkerque, 20 mars 1874) (2).

(1) (Franck C. Mongie.) — LA COUR; — Attendu que, pour ne faire partir l'indemnité de non-jouissance que du jour de la demande, les juges du fond déclarent, d'une part, avoir les éléments nécessaires pour fixer le point de départ de cette diminution de jouissance, et, d'autre part, qu'il n'est pas justifié que les causes qui la motivent aient existé avant la demande; que ces motifs, consistant en appréciations pour lesquelles le juge du fait était investi d'un pouvoir souverain, satisfont aux prescriptions de l'art. 7 de la loi du 20 avr. 1810; — Rejette, etc.

Du 15 déc. 1869.-Ch. req.-MM. Bonjean, pr.-Dagallier, rapp.-Charrins, av.-gén., c. conf. Chambareaud, av

(2) (Dewael C. Berthelot-Derode.) — LE TRIBUNAL; — Attendu que Berthelot-Derode a loué verbalement, au mois et sans restrictions, à Dewael, des magasins pour y déposer des grains; que cette location entraînait accessoirement l'usage de la cour donnant accès à ces magasins; qu'en sa qualité de bailleur, Berthelot-Derode était tenu de faire et laisser jouir paisiblement

125. Aux termes de l'art. 1723 c. civ., le bailleur ne peut, pendant la durée du bail, changer la forme de la chose louée (*Rép.* n° 227). La prohibition de modifier la chose louée est-elle absolue ou comporte-t-elle quelques tempéraments? Cette question, comme on l'a vu au *Rép. ibid.*, a été diversement résolue. MM. Aubry et Rau, t. 4, p. 477, § 366, texte et note 12, se prononcent pour l'interdiction absolue de tout changement de forme par le bailleur, « lors même qu'il aurait le plus grand intérêt à le faire et que les changements qu'il se propose d'exécuter ne causeraient aucun dommage réel au preneur ». MM. Laurent, t. 25, nos 143 et 144, et Guillouard, t. 1, n° 130, n'acceptent point cette opinion radicale et enseignent que le changement fait par le bailleur devrait être autorisé si, d'un côté, il ne contrevenait en rien à une clause expresse du bail et si, de l'autre, il ne causait aucun préjudice au preneur. C'est également ce que décide un arrêt de la cour de cassation (Req. 8 nov. 1859, aff. Lavault, D. P. 59. 1. 446). — Il a été jugé, à propos de modifications apportées par le bailleur dans les conditions d'entrée de la maison où le preneur occupe un appartement et dans l'emplacement d'une loge de concierge, que « le locataire ne peut se plaindre des changements apportés par le bailleur à la chose louée qu'autant qu'il en résulte pour lui un trouble ou un préjudice quelconque et que la jouissance en devient moins complète ou moins commode; et qu'en cette matière, comme en toute autre, l'action du preneur doit reposer sur un intérêt réel et sérieux » (Paris, 12 janv. 1856, aff. Bouthemard, D. P. 56. 2. 83). V. encore *suprà*, v° *Chasse*, n° 1344.

126. Le bailleur est responsable du trouble qui proviendrait de travaux ou modifications exécutés par lui dans la maison voisine. Ainsi il a été jugé: 1° que la responsabilité du bailleur est engagée vis-à-vis du locataire dont il trouble la jouissance par des travaux exécutés dans une maison contiguë, lorsque ces travaux, qui ont duré six mois, ont transformé en chantier une partie de la cour commune aux deux maisons (Req. 19 juin 1882, aff. Gripon, D. P. 83. 1. 336); — 2° Que le propriétaire d'une maison ne peut, contre le gré de son locataire, exhausser notamment un corps de logis situé en face de l'appartement de ce dernier, alors que cette innovation entraînerait une diminution notable de lumière pour quelques-unes des pièces louées, déjà éclairées d'une manière insuffisante (Lyon, 10 août 1855, aff. Tramoy, D. P. 55. 2. 359); — 3° Qu'un bailleur ne saurait, postérieurement au commencement du bail, établir dans la maison louée un grand nombre d'écuries à titre de spéculation, pour les louer à des personnes étrangères à la maison et Aix, 21 janv. 1864) (1); — 4° Que l'ayant cause du bailleur, lors même qu'il s'est rendu acquéreur d'un immeuble contigu à l'immeuble loué, doit respecter les servitudes existant antérieurement au profit du fonds loué, si l'existence de ces servitudes importe au preneur; que spécialement, il ne peut pratiquer dans un mur des vues droites de nature à nuire à la jouissance du preneur, bien que la servitude grevant le fonds voisin soit éteinte par confusion (Paris, 13 janv. 1847, aff. Collin, D. P. 47. 2. 62; V. *Rép.* n° 233).

127. Le changement de destination d'un bâtiment attenant à la maison louée peut également constituer, suivant les cas, un trouble à la jouissance du preneur; spécialement, la cour de Rouen a décidé qu'un bailleur ne pouvait convertir en porcherie un bâtiment désigné dans le bail comme écurie, si cette transformation aggravait les inconvénients du voisinage pour le locataire (Rouen, 28 juin 1878, aff. Mareux, D. P. 79. 2. 239). Il importerait toutefois de ne point généraliser la solution de cet arrêt et de n'en pas conclure d'une manière absolue que le bailleur ne peut disposer des lieux demeurés en dehors de la location et les affecter à une autre destination, lorsque le bail les désigne par une simple énonciation n'impliquant pas une forme ou un usage particulier. Pour obliger le bailleur à les maintenir dans leur destination primitive, il faudrait, ce semble, en principe, une stipulation expresse et spéciale. Tel paraît être aussi le sentiment de M. Guillouard, t. 1, n° 133.

128. L'introduction dans l'immeuble loué d'industries incommodes, insalubres, dangereuses ou immorales, constituerait également un trouble à la jouissance, abstraction faite de toute modification matérielle de la chose. Jugé, en conséquence : 1° que le propriétaire qui impose à son locataire, par une clause du bail, l'obligation d'habiter bourgeoisement, prend implicitement, vis-à-vis de lui, l'engagement de ne louer les autres locaux de sa maison que pour être habités de la même manière; que, dès lors, la location postérieure d'une partie de la maison pour l'installation d'un hôtel garni est de nature, comme constituant une violation de cet engagement, à motiver, de la part du locataire, une action en cessation du trouble apporté à sa

---

Dewael de la chose à lui louée, et de ses accessoires; que l'entrée en jouissance avait eu lieu rapidement le 2 décembre dernier; que, le dimanche suivant, Berthelot-Derode, par l'entremise de son préposé, apportait un trouble à la jouissance de Dewael, en empêchant les voitures et les ouvriers de celui-ci de circuler dans la cour, et en s'opposant au déchargement de voitures arrivées la veille; — Attendu que Berthelot-Derode soutient qu'il était en droit de s'opposer à un travail public extérieur, qui constituait une contravention de police, prévue et punie par la loi du 18 nov. 1814, relative à la célébration des fêtes et dimanches; — Attendu qu'en supposant que les voitures et ouvriers de Dewael eussent commis cette contravention, Berthelot-Derode, comme tout autre tiers, ne pouvait que dénoncer le fait à la police locale; qu'il ne lui appartenait pas d'exercer des mesures répressives que la police elle-même n'eût pas employées, puisqu'elle se serait bornée à dresser procès-verbal contre les contrevenants; que, d'ailleurs, Berthelot-Derode ne pouvait encourir aucune responsabilité pénale ou civile, et qu'il ne pouvait se rendre juge de la question de savoir si les travaux effectués par les ouvriers de Dewael étaient permis ou prohibés par la loi de 1814, d'autant plus qu'il avait abandonné sans réserves son droit de jouissance sur les magasins loués et leurs accessoires; — Attendu que Berthelot-Derode était d'autant moins fondé à troubler Dewael dans cette jouissance, que les travaux auxquels voulaient se livrer les ouvriers de celui-ci étaient des travaux autorisés par l'art. 7, § 7, de la loi du 18 nov. 1814; qu'en effet, il s'agissait de décharger un navire naufragé le 30 novembre précédent, d'enlever les grains composant le chargement, de les déposer dans des magasins et de les remuer sans cesse, le tout avec la plus grande rapidité; que le sauvetage et la conservation de ces grains constituaient donc des travaux urgents, nécessités par la force majeure et, par cela même, autorisés par la loi de 1814; que Berthelot-Derode ou son préposé n'ignorait pas l'urgence de ces travaux; — Attendu que Berthelot-Derode, en troublant ainsi Dewael dans la jouissance des lieux loués, a causé à ce dernier un préjudice qui doit être réparé; que ce préjudice consiste non seulement dans le remboursement du salaire que Dewael a dû payer aux voituriers et ouvriers pour la journée du dimanche 7 décembre et pour location de magasins provisoires, mais encore dans la dépréciation des grains avariés par l'eau de mer, et qui sont restés pendant plus de vingt-quatre heures sans être remués; que le tribunal possède les éléments nécessaires pour évaluer ces causes de dommages-intérêts;

Par ces motifs;

Condamne Berthelot-Derode à payer à Dewael la somme de 800 fr., à titre de dommages-intérêts, etc.

Du 20 mars 1874.-Trib. civ. de Dunkerque.-MM. Doë de Maindreville, pr.-Pelletreau, proc. de la Rép.-Lefebvre et de Lesdain, av.

(1) (Bernex C. Lyon.) — LA COUR;... — Sur l'établissement d'écuries au rez-de-chaussée de la maison : — Attendu qu'il est constaté par le jugement que, lors de la location faite par Bernex à Lyon, il n'existait qu'une écurie dans cette maison; que même, devant la cour, les parties ont reconnu qu'il n'en existait point et que le tribunal avait commis une erreur à cet égard; — Attendu qu'on ne saurait disconvenir que de pareils établissements entraînent pour les locataires d'une maison des inconvénients graves et nombreux, surtout lorsque, comme dans l'espèce, le propriétaire, par spéculation crée dans sa maison un grand nombre d'écuries qu'il loue à des personnes étrangères à la maison; que cet usage illimité que le propriétaire peut faire de son immeuble est contraire à ce principe que le propriétaire ne peut rien faire qui nuise à la jouissance des locataires; — Que cependant le jugement a trop limité le droit du propriétaire en l'autorisant à conserver seulement l'écurie qui existait, dit-il, au moment de la location; que chaque locataire a évidemment droit d'avoir son écurie dans la maison, et qu'il convient de défendre à Bernex d'en établir à titre de spéculation, et pour les louer à d'autres qu'à ses locataires; — Dit que Bernex ne pourra établir des écuries dans sa maison que pour son usage et celui des autres locataires des appartements de la maison, et qu'il lui est défendu de les louer à des étrangers à cette maison, etc...

Du 21 janv. 1864.-C. d'Aix, 2e ch.;-MM. Marquézy, pr.;-Lescouvé, av. gén.;-Bessat et Lyon, av.

jouissance, sous contrainte de dommages-intérêts pouvant consister en une diminution de loyer (Paris, 10 févr. 1869, aff. Rouen des Mallets, D. P. 71. 2. 194); — 2° Que le locataire d'un étage d'une maison habitée bourgeoisement a le droit de demander la résiliation de son bail avec dommages-intérêts, à raison de la location postérieure d'un autre étage à un cercle (Riom, 12 avr. 1869) (1); — 3° Que la substitution faite par le bailleur, dans la maison louée, d'un restaurant à un cercle qui devait, aux termes d'une clause du bail de cet établissement, « être tenu de la manière la plus honorable » et n'être accessible qu'aux seules personnes en faisant partie, peut être considérée comme une modification essentielle donnant lieu à résiliation avec dommages-intérêts au profit d'un autre locataire qui, à raison des habitudes paisibles de sa famille, de sa position sociale, de ses relations, de l'importance de son loyer, ne saurait s'accommoder de l'état de choses nouveau (Paris, 19 juill. 1856, aff. Lefébure, D. P. 56. 2. 229); — 4° Que le locataire d'un étage d'une maison peut se plaindre de la location faite ultérieurement, pour usage de café, d'autres locaux de la maison occupés auparavant par une débitante de tabac et un marchand d'outils d'horlogerie (Caen, 10 juin 1862, (2); — 5° Que la substitution par le bailleur, dans la maison louée, d'un café à un magasin de chaussures précédemment établi, constitue un trouble de nature à entraîner la résiliation du contrat (Bordeaux, 29 mai 1879) (3); — 6° Que l'installation, dans une maison habitée bourgeoisement, d'une école d'enfants, constitue un trouble dont le preneur est autorisé à demander la suppression (Trib. de Lyon, 25 janv. 1881) (4). — Mais il a été jugé, d'autre part, que le propriétaire ne peut être

---

(1) (Nouheu C. Ville de Brioude.) — LA COUR; — Attendu qu'en vertu d'un bail authentique en date du 20 déc. 1863, Nouheu était devenu pour trois, six ou neuf années, à partir du 1er janv. 1864, locataire du second étage d'une maison sise à Brioude, place Lafayette et appartenant à cette ville, lorsque, par un autre bail consenti verbalement le 28 juin 1868, l'administration de la même ville a loué, à partir du 1er juillet suivant, tout le premier étage, ainsi que le rez-de-chaussée de ladite maison au cercle dit de l'*Union*, qui compte plus de quatre-vingts sociétaires; — Attendu que l'établissement de ce cercle dans la maison dont il s'agit est pour l'appelant une cause continuelle de trouble résultant du passage incessant des membres du cercle ou de ses gens de service dans l'escalier commun, du bruit d'une réunion qui se prolonge souvent à une heure très avancée de la nuit, des jeux de billard et autres auxquels on s'y livre, des conversations bruyantes et plus ou moins libres qui peuvent s'y engager; — Attendu que les inconvénients résultant d'un tel voisinage s'aggravent surtout relativement à la situation de famille de Nouheu qui est marié et père de plusieurs jeunes filles; — Attendu qu'aux termes de l'art. 1719 c. civ., le bailleur est obligé par la nature du contrat, et sans qu'il soit besoin d'aucune stipulation particulière, de faire jouir paisiblement le preneur de la chose louée pendant la durée du bail; — Que la location qui a été faite par la ville de Brioude au cercle de l'*Union* a troublé gravement celle antérieure qu'elle avait consentie à Nouheu; — Attendu qu'il ne peut y avoir lieu ni, les membres du cercle n'étant pas en cause, de porter atteinte aux effets de leur bail, ni, la seconde période triennale du bail de Nouheu devant expirer dans quelques mois, d'ordonner dans la disposition des lieux un changement qui entraînerait des dépenses hors de proportion avec le peu de durée que la jouissance de l'appelant doit encore avoir, mais qu'à défaut du bailleur de remplir l'obligation susénoncée, ledit Nouheu est en droit de demander et d'obtenir la résiliation du bail; — Que de cette situation, ainsi que du trouble apporté à sa jouissance depuis le 1er juill. 1868, est résulté un préjudice pour lequel il lui est dû une indemnité; — Par ces motifs, etc.
Du 12 avr. 1869.-C. de Riom, 1re ch.-MM. Moisson, 1er pr.-Moreau, av. gén.-Salvy et Houy, av.

(2) (Vincent C. Marie et Veuve Lecointe.) — LA COUR; ... — Au fond: — Considérant qu'au moment de la location faite par la veuve Lecointe à Marie, la partie de maison actuellement occupée par les consorts Vincent l'était par une débitante de tabac au rez-de-chaussée et par un marchand d'outils d'horlogerie au premier étage; qu'à cette époque les époux Marie n'étaient exposés à rencontrer dans l'escalier commun que la débitante de tabac, allant au troisième étage dans les chambres qui servaient à son habitation personnelle et les quelques horlogers qui venaient s'approvisionner chez le marchand du premier étage; — Qu'ils ne pouvaient même prévoir l'établissement d'un billard et d'un café dans cette partie de maison qui n'y était pas propre et qui ne l'est devenue que par suite de nouvelles constructions, qu'il est évident que, par suite de cet établissement imprévu, ils rencontrent non seulement dans le jour mais jusqu'à une heure assez avancée de la nuit, un beaucoup plus grand nombre d'individus allant et venant dans l'escalier et nécessairement beaucoup plus bruyants et plus désagréables, sous bien des rapports, que ceux qu'ils rencontraient précédemment; — Que, dès lors, leur jouissance est loin d'être aussi paisible qu'elle l'était auparavant et qu'ils sont en droit d'invoquer contre la dame Lecointe les dispositions de l'art. 1719 c. civ.;... — Par ces motifs, la cour autorise Marie à retenir actuellement sur ses loyers, et ce à partir du jour de la demande et bien entendu tant que durera le trouble apporté à sa jouissance par le passage dont il s'agit, une somme de 200 fr...
Du 10 juin 1862.-C. de Caen, 4e ch.-MM. Binard, pr.-Jardin, av. gén.-Carel, Paris Trébutien, av.

(3) (Darriet C. Divielle.) — Le tribunal civil de Bordeaux a rendu, le 30 avr. 1878, le jugement dont extrait suit: — «... Attendu sur le second grief qu'il appert des écrits du procès que, postérieurement à la location consentie à Divielle, Darriet a remplacé par un café le magasin de chaussures précédemment établi au rez-de-chaussée; qu'il est incontestable que l'établissement d'un café dans un immeuble en dénature le mode de jouissance et cause aux locataires antérieurs à cette habitation un trouble dans la jouissance à laquelle ils ont droit, et que ce trouble est de nature à provoquer la résiliation du contrat; — Attendu que les deux griefs ci-dessus énoncés, envisagés, soit séparément, soit dans leur l'ensemble, justifient la demande en résiliation formulée par Divielle, et qu'il y a lieu de la prononcer à son profit; — Attendu, sur la demande en dommages-intérêts, qu'il est indubitable que la résiliation, dans les conditions où elle intervient, cause à Divielle un préjudice dont Darriet lui doit réparation; que le tribunal possède les éléments nécessaires pour fixer l'étendue de ce préjudice, et qu'il y a lieu, de ce chef, d'allouer à Divielle une somme de 300 fr.; — Par ces motifs, prononce au profit de Divielle la résiliation du bail; le condamne, à titre de dommages-intérêts, etc. ». Appel interjeté par Darriet.
LA COUR; — Adoptant les motifs des premiers juges; — Confirme.
Du 29 mai 1879.-C. de Bordeaux, 2e ch.-MM. Bourgade, pr.-Brochon et Bernard, av.

(4) (Randin C. Neyron). — LE TRIBUNAL; — Attendu que Randin, locataire de la veuve Neyron, au prix annuel de 600 fr., suivant bail enregistré du 5 févr. 1878, demande à celle-ci la suppression d'une école installée dans sa maison depuis le 1er novembre dernier; — Attendu que cette demande introduite par voie de référé a été renvoyée à l'audience; — Attendu que la demande de Randin se fonde sur l'art. 1719, § 3; qu'il soutient que, la maison Neyron étant destinée à être habitée bourgeoisement, la présence de nombreux enfants qui fréquentent l'école est une cause de trouble pour les locataires; — Attendu qu'il est justifié que, dès avant l'entrée de l'école dans la maison, Randin avait protesté contre son admission; que, dix jours après son entrée, Randin et d'autres locataires de la même maison demandaient tout au moins que l'escalier principal fût interdit aux enfants, et que leur passage se fît au moyen de l'escalier de service, ce qui, paraît-il, n'a pu avoir lieu; — Attendu que les dispositions de la maison Neyron, desservie par deux escaliers dont l'un de service, la qualité des locataires qui l'occupent, les clauses même de ses baux qui interdisent à tous ses locataires de rien déposer dans l'escalier et la cour, d'y secouer des tapis, d'avoir des chiens, machines, rouets ni rien qui puisse incommoder les locataires, suffisent à démontrer la destination bourgeoise de cette maison; — Attendu qu'il reste à examiner si la présence de l'école en question est de nature à troubler ou gêner la jouissance des locataires dans cette condition; — Attendu qu'il n'est pas douteux que la circulation quotidienne et répétée quatre fois par jour de plus de cent enfants dans l'escalier principal constitue un embarras pour la circulation des locataires de la maison; que, malgré la surveillance la plus active, il n'est pas possible que cette circulation exceptionnelle n'apporte du dehors de la boue et ne soit une cause de bruit de nature à troubler la paisible jouissance des locataires d'une maison bourgeoise; que le régisseur l'a lui-même si bien compris que pour rassurer ses locataires qui exprimaient leurs craintes d'un pareil voisinage, il assurait n'avoir loué qu'à titre d'essai et pour une année seulement; — Qu'ainsi la veuve Neyron doit être tenue de supprimer la cause du trouble apporté par elle à la jouissance paisible de ses locataires; — Attendu toutefois qu'il y a lieu de lui impartir le délai indispensable pour provoquer la résiliation du bail, soit jusqu'au plus prochain terme en usage pour les locations, c'est-à-dire jusqu'au 24 juin prochain; qu'à raison des inconvénients pour Randin de ce voisinage jusqu'au jour où il cessera, il y a lieu de lui allouer une indemnité sous forme de diminution de ses loyers, soit pour une somme de 300 fr. et d'assurer la cessation du trouble; — Par ces motifs, dit que la veuve Neyron sera tenue, d'ici au 24 juin prochain, de supprimer l'école de filles par elle installée dans sa

considéré comme troublant la jouissance de son locataire, par cela qu'il laisse sous-louer garnis et meublés d'autres appartements de la même maison qu'il a loués postérieurement au bail de ce locataire, et qui, auparavant, étaient habités bourgeoisement, s'il n'y a à cet égard aucune interdiction dans le bail, et si le locataire ne justifie d'aucun préjudice ou inconvénient, quant à la sûreté, à la tranquillité et à la bonne tenue de la maison, résultant de ce nouveau mode de location; qu'en conséquence, ce locataire ne peut exiger que le propriétaire fasse cesser les sous-locations (Paris, 11 août 1854, aff. Selve, D. P. 56. 2. 68). Toutefois l'arrêt lui reconnaît le droit d'obtenir la suppression des écriteaux ou écussons apposés à l'extérieur de la maison, et ayant pour objet d'indiquer la location des appartements meublés, cet affichage étant de nature à lui causer un trouble en permettant à tout étranger de s'introduire dans la maison sous prétexte de visiter les appartements meublés, ou en facilitant des locations passagères et de courte durée à des personnes de moralité douteuse.

129. Le propriétaire qui a donné à bail une partie de sa maison pour l'exploitation d'un commerce ou d'une industrie déterminée conserve-t-il le droit d'en louer une autre partie pour une exploitation similaire? — Il est certain que, si le bailleur, en louant une partie de sa maison pour l'exercice d'un commerce ou d'une industrie déterminés, s'est interdit, par une clause du bail, de louer d'autres parties de la maison pour l'exercice du même commerce ou de la même industrie ou de commerces ou industries similaires, la clause est obligatoire (V. Aubry et Rau. t. 4, § 364-3° *a;* Laurent, t. 25, n° 132; Guillouard, t. 1er, n° 140; Paris, 20 févr. 1872, aff. Comp. des omnibus et bourrières, D. P. 74. 2. 22; Paris, 15 juill. 1872, aff. Chauchard-Hériot; 8 juill. 1873, aff. Carrau, D. P. 77. 5. 282-283).

Mais, à défaut de clauses formelles, que faut-il décider? La doctrine est divisée sur la question. MM Aubry et Rau (*loc. cit.*) distinguent : l'affectation des lieux loués à une industrie déterminée résulte-t-elle d'un aménagement des lieux antérieur au bail, en vue de cette industrie, le bailleur ne pourrait « créer dans le voisinage un établissement rival »; l'affectation des locaux résulte-t-elle de la simple énonciation dans le bail que le preneur se propose d'y établir telle industrie déterminée, le bailleur aurait la faculté « de louer une autre partie de la même maison pour l'exercice d'une industrie similaire, sauf intention contraire des parties, appréciée tant d'après les clauses du bail que d'après les circonstances dans lesquelles il a été conclu. M. Laurent (t. 25, nos 132 et suiv.) écarte cette distinction et admet, en principe, que le bailleur, après avoir donné à bail certains locaux pour l'exploitation d'un commerce ou d'une industrie déterminés, conserve le droit de louer à un autre locataire d'autres locaux de la même maison pour l'exploitation d'un commerce ou d'une industrie similaires, sauf volonté contraire, exprimée par les parties ou du moins déduite de faits précis relevés par elles. M. Guillouard (t. 1, nos 136 et suiv.), au contraire, estime que « du moment où un propriétaire a loué un immeuble pour l'exercice d'une profession industrielle ou commerciale, il doit en garantir le paisible exercice et, comme conséquence, ne pas y introduire une industrie rivale ».

130. Quant à la jurisprudence, la plus grande diversité s'est manifestée dans les décisions des cours d'appel. Les arrêts suivants paraissent admettre la doctrine soutenue par M. Guillouard. Il a été jugé : 1° que l'obligation d'entretenir la chose louée en état et d'en faire jouir paisiblement le preneur emporte « pour le propriétaire d'une maison ayant plus d'un magasin, l'interdiction de louer un de ces magasins à un négociant exerçant la même industrie que le locataire d'un autre magasin, alors que précédemment le propriétaire a passé bail à ce dernier, dont la profession lui était connue » (Trib. civ. Nîmes, 10 sept. 1855, et par adoption, partielle de motifs, Nîmes, 31 déc. 1855, aff. Daudet-Queyrety, D. P. 57. 2. 125); — 2° Que le principal locataire qui a donné à bail une boutique dans laquelle a été installée une crémerie ne peut laisser, plusieurs mois plus tard, s'établir dans une autre boutique de la même maison, par lui louée à un autre locataire, un commerce analogue (Paris, 4 mars 1858, aff. Barbot, D. P. 60. 2. 185); — 3° Que le propriétaire d'une maison, après avoir loué à un photographe pour y exercer sa profession un appartement au quatrième étage et avoir ultérieurement concédé à son locataire le droit d'établir sous la porte cochère de la maison une exposition permanente de ses produits, ne pouvait louer le premier étage à un autre locataire, avec permission expresse de sous-louer à un photographe (Paris, 29 mars 1860, aff. Lamazou, D. P. 60. 2. 185); — 4° Que, de même, le preneur auquel des locaux ont été loués pour l'exercice de la profession de photographe est fondé à se plaindre de la location ultérieure d'autres locaux de la même maison à des marchands d'appareils photographiques et artistes photographes (Paris, 12 mars 1863) (1); — 5° Que le bailleur, qui a loué un magasin dans lequel la locataire avait annoncé devoir exercer la profession de modiste, ne pouvait louer ultérieurement une autre partie de la même maison à une autre modiste; « qu'il suffit que le propriétaire ait eu une connaissance positive de la profession du second preneur pour que sa faute soit constituée et qu'il ait ainsi porté le préjudice moral renfermé dans les prescriptions de l'art. 1719 c. civ., tout aussi bien que le préjudice matériel » (Trib. civ. Castres, 22 juill. 1863, et, par adoption de motifs, Toulouse, 14 mars 1864, aff. Lescure, D. P. 65. 2. 56).

131. Il a été jugé encore que la garantie est due dans le cas même où les deux industries similaires sont exploi-

---

maison, rue Saint-Jean 34; qu'à défaut par elle de l'avoir fait dans ce délai, les parties reviendront à l'audience sur simple acte d'avoué à avoué pour fixer les nouveaux dommages; — Dit que pour le préjudice passé et jusqu'au 24 juin prochain, elle est condamnée à payer à Randin la somme de 300 fr.

Du 25 janv. 1881 Trib.-civ. de Lyon, 2e ch.-M. Faye, pr.

(1) (Wulff C. Avenet et Millet.) — LA COUR ; — En ce qui touche les conclusions principales de Wulff; — A l'égard d'Avenet; — Considérant qu'aux termes de l'art. 1719 c. civ. le bailleur est tenu de faire jouir paisiblement le preneur de la chose louée pendant toute la durée du bail; que cette obligation s'étend non seulement à l'habitation proprement dite du preneur, mais encore à tous les accessoires de sa jouissance, particulièrement à l'industrie qu'il exerce dans les lieux loués et dans lesquels le bailleur ne doit pas permettre qu'il lui soit fait concurrence; — Considérant que, suivant bail sous seing privé en date du 30 janv. 1859, enregistré, Avenet a loué à Wulff, pour six ou douze années au choix du preneur, à partir du 1er avr. 1859, un logement au troisième étage dans une maison sise à Paris, boulevard Saint-Martin 45 et rue Meslay 37; — Considérant que, dans ledit acte, Wulff a pris la qualité d'artiste photographe; qu'il a exprimé l'intention d'exercer son industrie dans les lieux loués, et que le bailleur lui accordé le droit de mettre sur chaque grille du côté du boulevard un tableau d'épreuves photographiques; — Considérant que, postérieurement à ce bail, Avenet a loué, dans la même maison un appartement sur le boulevard à Millet et Auzou, fabricants d'appareils de photographie et artistes photographes; — Que ces derniers exercent dans les lieux par eux loués, depuis le mois d'avril 1861, le commerce d'instruments de photographie et l'industrie d'artistes photographes; — Qu'ils ont apposé sur l'un des côtés de la grille ouvrant sur le boulevard un tableau d'épreuves photographiques; — Que ces faits constituent une concurrence dont Wulff est fondé à réclamer la discontinuation avec dommages-intérêts; que la cour a les éléments suffisants pour apprécier l'importance du préjudice par lui souffert; — Considérant qu'Avenet oppose vainement qu'il s'est réservé le droit de faire surélever la maison dont il est principal locataire et qu'il a été stipulé avec Wulff que, dans le cas d'exhaussement de constructions nuisibles et rendant le travail de photographie impossible, Wulff aurait le droit de résilier son bail et de réclamer une indemnité de 500 fr. seulement; — Que les constructions faites par Avenet en exécution de cette clause ne rendent pas l'exercice de la profession de photographie impossible dans les lieux occupés par Wulff; — Que la stipulation ci-dessus rappelée constitue d'ailleurs pour Wulff un droit personnel et facultatif; — Considérant toutefois que Wulff ne saurait ainsi qu'il le prétend, exiger l'expulsion de Millet et que le droit qui lui appartient se borne à empêcher Millet de lui faire, dans la maison qu'il habite, une concurrence préjudiciable...

Met l'appellation et le jugement dont est appel au néant, émendant, ordonne que, dans la quinzaine de la signification du présent arrêt, Avenet sera tenu de faire cesser le trouble dont se plaint Wulff, en empêchant Millet et Auzou d'exercer, dans la maison boulevard Saint-Martin n° 45, l'industrie d'artistes photographes.

Du 12 mars 1863.-C. de Paris, 2e ch.-MM. Anspach, pr.-Laurier Fauvel, Cliquet, av.

tées dans deux immeubles distincts, appartenant au même propriétaire, si ce sont deux maisons contiguës, ayant des entrées et des cours à peu près communes, et entre lesquelles la confusion est presque inévitable (Paris, 8 juill. 1861, aff. Piche, D. P. 61. 2. 198. V. dans le même sens Bordeaux, 2 août 1860, aff. Martel, D. P. 61. 5. 294).

132. D'ailleurs, le bailleur ne pourrait pas davantage, dans cette opinion, faire lui-même concurrence à son locataire. Décidé en ce sens : 1° que le bailleur qui a loué, à une entreprise de transport, des bateaux expressément destinés à un service déterminé, ne saurait établir ultérieurement un service de bateaux concurrent : que le bailleur, dans les circonstances de la cause, « est censé... s'être interdit l'exercice d'une industrie similaire laquelle porterait évidemment atteinte à la paisible jouissance du preneur et que c'est là pour lui une obligation, qui, bien que non exprimée, résulte des suites que l'équité et l'usage doivent faire donner au contrat de bail d'après sa nature » (Lyon, 3 déc. 1864) (1) ; — 2° Que le bailleur qui, après avoir loué un établissement industriel, par exemple une boulangerie, et vendu à son locataire le matériel de cet établissement, installe dans le voisinage, à une distance de deux cents mètres environ, une industrie similaire, contrevient à ses obligations de bailleur, même en l'absence d'une clause spéciale qui lui interdise l'exercice de cette industrie (Bordeaux, 7 nov. 1873, aff. Faugère, D. P. 74. 2. 136).

133. D'autre arrêts, au contraire, admettent, en principe, que la liberté du propriétaire n'est pas restreinte par la location qu'il a faite, sauf volonté contraire des parties ressortant soit des termes explicites du contrat, soit des faits contemporains dudit contrat et manifestant cette commune intention, et aussi sous réserve du cas de fraude. Jugé, en ce sens : 1° que le propriétaire qui a loué une partie de sa maison à un commerçant n'en conserve pas moins la faculté d'admettre dans le surplus de l'immeuble un second preneur exerçant une industrie similaire ou identique à l'industrie exploitée par le premier preneur, alors que celui-ci n'a pas stipulé à son profit le privilège d'exercice exclusif de son industrie, et n'a pas même fait connaître au bailleur le commerce qu'il avait l'intention d'exploiter dans les lieux par lui loués (Paris, 8 mai 1862, aff. Raymot, D. P. 62. 2. 109) ; — 2° Que le bailleur qui a loué un local pour l'exercice du commerce des meubles n'en conserve pas moins, en l'absence d'une clause prohibitive, le droit de louer un autre local, dans la même maison, pour l'exercice de la même profession... ; alors surtout que le quartier et la rue dans lesquels est située cette maison sont affectés par l'usage à ce genre d'industrie et qu'il n'est argué d'aucun accord frauduleux entre le bailleur et le deuxième preneur (Bordeaux, 17 avr. 1863, aff. Robillard, D. P. 63. 2. 191) ; — 3° Que le locataire exploitant un débit de boissons ou un commerce de marchand de vins traiteur ne peut s'opposer à ce que le propriétaire introduise dans la même maison des personnes exerçant une profession semblable ou analogue, à moins qu'il ne résulte des clauses du bail ou de quelques circonstances spéciales que le bailleur s'est interdit ce droit (Rennes, 8 mai 1863, aff. Gaillard, D. P. 64. 2. 156 ; Paris, 3e ch., 12 mars 1864, aff. Oberhausen, D. P. 64. 2. 156) ; — 4° Que le propriétaire, qui a loué une boutique pour l'exercice d'un commerce d'épicerie, ne saurait être inquiété par son locataire à raison de l'ouverture ultérieure, par un autre locataire de la même maison, d'un commerce de vente au détail de café et chicorée, lorsque aucune fraude ne peut être relevée contre lui et qu'il n'a point garanti l'épicier contre la concurrence d'autres locataires, la vente qu'il aurait faite à l'épicier, lors de son entrée en jouissance, de quelques objets mobiliers laissés par le précédent locataire, ne pouvant, à elle seule, emporter interdiction de louer désormais les autres locaux de la maison pour une industrie semblable ou similaire (Paris, 15 juin 1864, aff. Francfort, D. P. 64. 2. 203) ; — 5° Que même l'insertion dans un bail d'une clause interdisant au preneur d'ajouter ou de substituer à son commerce un commerce semblable à ceux établis dans la maison n'implique pas, en faveur du locataire qui s'y est soumis sans convention de réciprocité, le droit de s'opposer aux locations qui seraient de nature à lui faire à lui-même la concurrence qu'il a pris l'engagement de ne pas faire à ses colocataires (Paris, 29 août 1867, aff. de Joest, D. P. 68. 2. 37) ; — 6° Qu'en l'absence de toute convention restrictive de son droit, le bailleur, qui a loué une partie de sa maison pour l'exercice du commerce d'épiceries, comestibles et vins à emporter, peut en louer ultérieurement une autre partie à un autre locataire pour un commerce de légumes secs, conserves alimentaires et fromages de toute espèce, encore bien qu'il en résulte une concurrence pour le premier locataire, l'art. 1719 c. civ. n'ayant « pour but que de garantir au preneur la jouissance paisible de la chose louée », mais laissant entière « la disposition de l'art. 544 du même code aux termes duquel le propriétaire a le droit de disposer de sa propriété comme bon lui semble, à la charge de n'en point faire un usage prohibé par les lois et règlements » (Paris, 16 janv. 1874, aff. Aubry, D. P. 77. 2. 229).

134. Des décisions analogues ont consacré le droit du bailleur dans des espèces où les deux boutiques louées successivement à des commerçants exerçant des industries similaires, au lieu d'être situées dans la même maison, dépendaient de deux maisons contiguës appartenant au même propriétaire (Paris, 19 janv. 1865, aff. Carrière, D. P. 65. 2. 172 ; Metz, 26 nov. 1868, aff. Bourbon, D. P. 69. 2. 44). V. aussi Paris, 5 juill. 1864, aff. Maget, D. P. 65. 2. 56). — D'autre part, il a été décidé, par appréciation des stipulations du contrat de bail, que le bailleur qui, en louant les bâtiments de l'auberge qu'il exploitait auparavant, a cédé à son locataire « tout le matériel et les provisions qu'elle renfermait » et... « s'y est réservé une habitation,... annonçait implicitement » par là « l'intention de renoncer à son ancienne industrie », que, par suite, loin d'avoir à craindre une concurrence de sa part, le preneur devait, au contraire, compter sur son installation et sa présence dans l'établissement pour y retenir son ancienne clientèle, que « dès lors, en ouvrant à proximité de cet établissement un autre du même genre », le bailleur a manqué à ses obligations (Dijon, 5 mai 1875 (2).

(1) (Salmon et comp. *C.* Plasson et comp.) — LA COUR ; — Considérant que, d'après l'art. 1719 c. civ., le bailleur est tenu d'entretenir la chose en état de servir à l'usage pour lequel elle a été louée et d'en faire jouir paisiblement le preneur pendant la durée du bail ; et que, suivant l'art. 1135 du même code, les conventions obligent non seulement à ce qui est exprimé, mais encore à toutes les suites que l'équité ou l'usage donne à l'obligation d'après sa nature ; — Considérant que Salmon et comp. ont loué à la Compagnie lyonnaise des Omnibus, représentée aujourd'hui par Plasson et comp., deux bateaux à vapeur appelés *Les Guêpes*, au prix de 36 000 fr. par année, avec la spécification que les bateaux devaient être employés à un service de trajet sur la Saône entre le quai Saint-Antoine et le port de Vaise ; — Considérant que les circonstances qui ont entouré la formation du contrat font connaître clairement la véritable intention des parties contractantes ; — Que la Compagnie lyonnaise des Omnibus se procurait ainsi un matériel de transport par la voie de la navigation fluviale, afin de préserver ses intérêts menacés par l'établissement du service de navigation des bateaux, *Les Mouches*, sur le même fleuve et de soutenir une concurrence utile contre ces derniers bateaux ; — Considérant que la perspective des avantages qu'elle avait à attendre de l'emploi, dans ce but, des deux bateaux *Les Guêpes* par elle loués avait pu seule la déterminer à convenir d'un prix de location aussi considérable que celui de 36 000 fr. et que, dans la pensée commune des parties contractantes, ce prix répondait à l'usage exprès et tout spécial pour lequel le matériel avait été loué ; — Considérant que Salmon et comp. ne peuvent diminuer, pour le preneur, l'usage formellement entendu de la chose louée qui a servi de base à la détermination du prix du bail ; que ce résultat arriverait si, par une concurrence inattendue faite sur la Saône, à l'aide de nouveaux bateaux, contre ceux remis à leur locataire, Salmon et comp. pouvaient venir aujourd'hui détruire en partie les avantages que celui-ci a dû espérer de sa location ; que le bailleur est censé, en pareil cas, s'être interdit l'exercice d'une industrie similaire, par laquelle il porterait évidemment atteinte à la paisible jouissance du preneur, et que c'est là pour lui une obligation qui, bien que non exprimée, résulte des suites que l'équité et l'usage doivent faire donner au contrat de bail d'après sa nature ; — Par ces motifs, confirme...

Du 3 déc. 1864.-C. de Lyon, 1re ch.-MM. Gilardin, 1er pr.-Thévenin, 1er av. gén., c. conf.-Pine-Desgranges et Bonnet, av.

(2) (Marchal *C.* Raclot.) — LA COUR ; — Considérant que l'appelant exploitait à Langres, à l'enseigne du *Mouton blanc*, une auberge qu'il a, le 24 fév. 1874, par acte reçu à cette date,

135. Un arrêt de la cour de Grenoble du 26 juin 1866 (1), paraît se rattacher au système proposé par MM. Aubry et Rau. Aux termes de cet arrêt, le propriétaire qui, après avoir loué une partie de sa maison affectée à un café, donne à bail, pour y établir également un fonds de café, l'autre partie de l'immeuble, apporte à la jouissance du premier locataire un trouble dont celui-ci est autorisé à exiger la cessation, sous peine de dommages-intérêts.

136. Quant à la jurisprudence de la cour de cassation, après quelques hésitations, elle a été fixée par un arrêt de la chambre civile du 6 nov. 1867, qui pose nettement les principes (aff. Haquin, D. P. 68. 1. 129). D'après cette jurisprudence, le propriétaire, qui a loué une partie de sa maison pour l'exercice d'une industrie déterminée, conserve le droit d'en louer une autre partie pour une exploitation similaire, à moins qu'il ne résulte des termes du bail ou des faits contemporains de ce bail, que le pouvoir dont il s'agit lui a été enlevé, et sauf aussi le cas où la location rivale serait le résultat d'une fraude concertée dans le but de favoriser une concurrence déloyale. Ainsi il a été jugé que, lorsque, d'après les déclarations des juges du fait, les bailleurs, en louant une partie de leur maison pour servir comme café-restaurant se sont, d'après la commune intention des parties, révélée par le fait même de la passation du bail et par les « circonstances qui l'ont entouré », interdit de louer, pour le même usage, l'autre partie de leur maison qui n'avait été jusque-là et qui ne devait être à l'avenir qu'un café chantant, les bailleurs ont pu, à bon droit, être condamnés à faire cesser l'exploitation comme café-restaurant du café chantant établi dans le même immeuble (Req. 18 mai 1868, aff. Gayet et Beaujeu, D. P. 69. 1. 374). — La chambre des requêtes, dans un précédent arrêt du 1er déc. 1863 (aff. André, D. P. 64. 1. 160) avait décidé que, dans le cas où la chose louée est une usine, le bailleur ne peut élever contre l'industrie du preneur une concurrence inattendue qui amoindrisse les profits que ce dernier a pu légitimement espérer de l'exécution de son bail. Le même arrêt ajoutait, d'ailleurs, que cette concurrence cesse d'être un fait illicite dont puisse se plaindre le preneur, quand elle existait avant le bail, au su du locataire, et quand le bail, sainement interprété, fait présumer que les parties n'ont pas entendu déroger à l'ancien état de choses, ni promettre ou stipuler la cessation de l'industrie rivale connue du nouveau preneur (Comp. Req. 29 janv. 1868, aff. Lapiolle, D. P. 68. 1. 213, et arrêt précité Req. 18 mai 1868 aff. Gayet et Beaujeu, D. P. 69. 1. 374).

137. Les juges du fait jouissent, pour l'interprétation des clauses du bail, d'où l'on prétend faire ressortir l'interdiction pour le bailleur d'introduire dans l'immeuble loué un commerce ou une industrie similaires à ceux du preneur, d'un pouvoir souverain d'appréciation, à la condition toutefois, conformément au droit commun, de ne point dénaturer le sens d'une clause claire et précise. Il a été jugé : 1° que « l'interdiction de sous-louer à un café ou cercle » avait pu, par interprétation de la volonté des parties, être considérée comme comprenant l'interdiction de sous-louer à un restaurateur (Req. 7 nov. 1853, aff. Chalanqui, D. P. 54. 1. 396) ; — 2° Que les juges peuvent déduire l'interdiction de location pour l'installation d'une industrie rivale de ce fait que la commune intention des parties était évidemment qu'en échange des sacrifices qu'il faisait, le preneur pût jouir paisiblement des lieux loués, sans avoir à craindre d'être troublé par l'établissement, à sa porte, d'une concurrence ruineuse (Req. 8 juill. 1850, aff. Lavenue, D. P. 50. 1. 307) ; — 3° Qu'il appartient aux juges du fait de décider que la disposition du bail interdisant au preneur de faire dans les lieux loués un commerce autre que celui désigné par ce bail, n'emporte pas interdiction, pour le bailleur, de louer une autre partie de la même maison pour l'exercice d'une industrie similaire, le droit de disposition du bailleur ne recevant aucune atteinte d'une restriction simplement apportée au droit du preneur; et que le preneur ne saurait non plus exciper de l'engagement pris par les auteurs du locataire qui a créé l'industrie similaire, de ne pas exploiter un commerce autre que celui pour lequel ils avaient loué, et qui différait complètement du commerce litigieux, cet engagement ne pouvant être invoqué que par le bailleur, et ne conférant aucun droit aux autres locataires qui n'y ont pas été parties (Arrêt précité Req. 29 janv. 1868, aff. Lapiolle, D. P. 68. 1. 213).

138. La jurisprudence a eu maintes fois l'occasion d'appliquer ou d'interpréter des clauses par lesquelles le bailleur, en louant une partie de son immeuble pour un commerce ou une industrie déterminés, s'est interdit le droit d'introduire, dans les autres locaux dépendant du même immeuble, une industrie ou un commerce analogue ou semblable. Il a été décidé : 1° que le bailleur qui a loué un local pour l'exploitation du commerce de limonadier, en s'engageant à n'admettre, dans sa maison, aucun autre locataire exerçant la même profession, est responsable vis-à-vis de son locataire s'il loue ultérieurement une autre boutique de la même maison à un crémier qui, n'ayant point été prévenu par son bailleur de l'engagement souscrit, vend, dans les lieux loués, des objets de consommation, tels que café et liqueurs, en concurrence avec le premier locataire (Paris, 8 nov. 1856, aff. Bonnet, D. P. 60. 2. 185) ; — 2° Que le bailleur qui a loué un magasin à une marchande de modes, en s'engageant « à ne louer aucun magasin dans la même maison à des personnes faisant le commerce des modes, lingerie, etc. » est responsable, vis-à-vis de sa locataire, s'il loue ultérieurement un autre magasin à une autre commerçante, annonçant sur la devanture de sa boutique un commerce de « modes de Paris, coiffures, plumes, rubans, chapeaux de paille et nouveautés ».

Me Massenot, notaire à Dampierre, louée à l'intimé pour trois, six, neuf ou douze ans, avec défense d'en changer la destination : — Que quelques mois après, à la suite de difficultés survenues entre l'intimé et lui, il a ouvert un établissement de même genre qui fait au premier une concurrence d'autant plus préjudiciable qu'il est situé à proximité de celui-ci, sur le passage des voyageurs formant son ancienne clientèle; — Que l'appelant ne s'est point, il est vrai, personnellement interdit une exploitation de l'espèce lors du bail par lui passé avec l'intimé, mais que, sans qu'il soit besoin de rechercher si cette interdiction n'est pas la conséquence naturelle et légale de la garantie qui lui est imposée comme bailleur par l'art. 1719, c. civ., il résulte des stipulations même énoncées au contrat de bail précité qu'elle était dans la commune intention des parties; — Que l'appelant, en effet, n'a pas seulement loué à l'intimé son auberge du *Mouton blanc*, qu'il lui a en même temps cédé tout le matériel et les provisions qu'elle renfermait; que de plus, il s'y est réservé une habitation; — Qu'en traitant dans ces conditions, il annonçait implicitement l'intention de renoncer à son ancienne industrie, et que, loin d'avoir à craindre une concurrence de sa part, l'intimé devait, au contraire, compter sur son installation et sa présence dans l'établissement pour y retenir son ancienne clientèle; — Que c'est avec raison, dès lors, que les premiers juges ont déclaré qu'en ouvrant, à proximité de cet établissement, un autre du même genre, l'appelant contrevient aux conventions arrêtées entre l'intimé et lui; — Qu'ils ont bien, d'ailleurs, apprécié l'importance du préjudice causé et que leur décision doit être confirmée; — Par ces motifs, statuant sur l'appel émis par Marchal du jugement rendu par le tribunal de commerce de Langres le 7 déc. 1874, met ladite appellation à néant, ordonne, en conséquence, que ce dont est appel sortira son plein et entier effet.

Du 5 mai 1875.-C. de Dijon, 1re ch.-MM. Elie, pr.-Poux-Franklin, av.-gén.-Frémiet et Massin, av.

(1) (Finot C. Varnavant.) — LA COUR; — Attendu que la dame Chauvin, épouse Varnavant, après avoir loué le 19 juill. 1859 aux consorts Finot, pour le prix annuel de 320 fr., une partie de sa maison affectée à un café, a loué, en 1865, l'autre partie de cette maison, occupée jusqu'alors par un magasin d'épicerie, à un sieur Besson pour y établir un fonds de café qui est en cours d'exploitation; — Attendu qu'en introduisant dans leur maison un second locataire exerçant la même industrie que les consorts Finot, les bailleurs ont apporté un véritable trouble à leur jouissance; que les appelants étaient fondés, dès lors, à se pourvoir devant les tribunaux pour que les mariés Varnavant fussent tenus de faire cesser ce trouble ou, s'ils ne le pouvaient, qu'ils fussent condamnés à des dommages-intérêts, l'obligation de faire devant se résoudre pour le débiteur en dommages-intérêts, en cas d'inexécution de sa part, par application de l'art. 1142 c. civ.; — Faisant droit à l'appel, réforme le jugement du tribunal de Bourgoin du 21 déc. 1865; ordonne que les époux Varnavant seront tenus de faire cesser le trouble apporté à la jouissance des consorts Finot, etc.

Du 26 juin 1866.-C. de Grenoble, 1re ch.-MM. Bonafous, 1er pr.-Lion, subst.-Arnaud et Michel Ladichère, av.

Qu'il importe peu que, dans le bail consenti à la seconde locataire, celle-ci se soit obligée à ne pas faire concurrence à la première locataire, puisque, par cela seul que le bailleur l'autorisait à annoncer au public son commerce de marchande de modes, il contrevenait à la clause prohibitive exprimée dans le premier bail; que le bailleur s'est rendu ainsi passible de dommages-intérêts vis-à-vis de la première locataire pour le tort qui devait résulter pour elle de la concurrence de l'autre locataire pendant toute la durée de son bail (Lyon, 19 mars 1857, aff. Paul, D. P. 60. 2. 185); — 3° Que, au cas où il résulte du bail et de la commune intention des parties que les bailleurs doivent garantir à leur locataire la complète et paisible jouissance des lieux à lui loués pour l'exercice de sa profession de marchand de vins, et spécialement qu'ils doivent le garantir de la concurrence qui lui serait faite postérieurement par un autre locataire; les bailleurs sont tenus de faire cesser le trouble apporté à la jouissance de ce locataire par un épicier, locataire ultérieur d'une autre boutique de la même maison, qui, malgré l'interdiction de faire concurrence au marchand de vins, fait cependant un grand débit de vin, sinon consommé sur place, du moins emporté à domicile (Paris, 5 nov. 1859, aff. Michaud, D. P. 60. 2. 185); — 4° Que la compagnie propriétaire de l'immeuble du grand hôtel du Louvre qui avait loué, d'une part, de vastes locaux aux propriétaires des Grands Magasins du Louvre et, d'autre part, une boutique sur la rue de Rivoli à une autre locataire tenant un commerce de chemiserie et nouveautés pour hommes, avec interdiction de louer dans l'hôtel à aucun marchand fabriquant ou vendant des objets de chemiserie pour hommes, et des cols, cravates et nouveautés pour hommes, n'était point garante de l'ouverture ultérieure, par les Grands Magasins du Louvre d'un rayon de lingerie pour hommes avec montre sur la rue de Rivoli, les magasins du Louvre étant établis dans les lieux avant l'autre locataire, et celle-ci ayant dû le savoir et apprécier quelle concurrence elle aurait à supporter et à craindre du genre de commerce exercé par cette maison; que ladite compagnie n'avait donc pas manqué à ses engagements, qui ne devaient être considérés que comme ayant été pris pour l'avenir; que ces engagements ne s'appliquaient qu'à l'interdiction de louer à un commerce spécial de lingerie et nouveautés pour hommes, et non à un commerce comme celui des magasins du Louvre, qui embrasse dans sa généralité toutes les branches de la toilette pour hommes et pour femmes; que d'ailleurs cette généralité même du commerce de la maison des magasins du Louvre empêchait qu'il n'y eût une véritable concurrence pour le commerce tout spécial de chemiserie et nouveautés pour hommes, les clients qui s'adressent à l'un n'étant généralement pas les mêmes que ceux qui s'adressent à l'autre (Paris, 22 déc. 1859, aff. Berthet, D. P. 60. 2. 185); — 5° Que, lorsqu'un propriétaire, en louant certains locaux pour usage de débit de tabac avec estaminet, s'est interdit de louer pour estaminet d'autre sparties de son immeuble, le locataire principal du surplus de l'immeuble ne contrevient pas à la prohibition en louant ultérieurement soit à un marchand de vins traiteur, soit à un liquoriste soit à un épicier crémier, ces diverses professions, malgré quelques similitudes avec celle de maître d'estaminet, en étant néanmoins distinctes (Paris, 17 nov. 1860, aff. Fourré, D. P. 61. 2. 32); — 6° Qu'on doit voir une violation de la clause prohibitive insérée au bail consenti à un marchand épicier, dans le fait d'admettre un second locataire pour exercer le commerce de thés, cafés, chocolats et liqueurs à emporter, en un mot tout ce qui concerne la partie dite spécialité de cafés (Paris, 12 mars 1864, aff. Gaudaire, D. P. 64. 2. 156); — 7° Que le bailleur qui, en louant un appartement à un photographe, s'est obligé envers son locataire à empêcher tout autre locataire d'apposer des tableaux photographiques sur la maison, engage sa responsabilité en tolérant l'exposition permanente et quasi publique de cartes photographiques par le sous-locataire d'un autre appartement de la même maison (Paris, 22 avr. 1864, aff. Millaud, D. P. 65. 2. 59); — 8° Que le propriétaire qui, en louant à un individu le local nécessaire pour l'exploitation du commerce de marchand de vins logeur en garni, s'est interdit de louer à une autre personne exerçant la même profession, conserve le droit de louer un local indépendant du premier pour l'établissement d'un café-restaurant, et que, dans ce cas, le second locataire n'excède pas son droit en vendant, conformément à un usage généralement admis dans l'exploitation des cafés-restaurants, du vin en bouteille à consommer sur place, même en dehors des repas, alors qu'il s'est abstenu de vendre du vin soit à la mesure, soit pour être emporté et consommé au dehors (Paris, 11 juin 1864, aff. Martin, D. P. 64. 2. 203); — 9° Que l'engagement pris envers un sous-locataire exerçant la profession d'épicier, de ne louer aucune autre partie du même immeuble pour l'exercice de la même profession n'autorise pas le sous-locataire à se plaindre qu'un autre locataire du même immeuble vende des œufs et des fruits, la vente de ces objets ne rentrant pas naturellement dans le commerce de l'épicerie proprement dite, mais constituant un commerce distinct de celui de l'épicier et n'ayant pas, dès lors, été comprise dans la garantie stipulée (Trib. civ. de Lyon, 10 avr. 1869, aff. Dezols, D. P. 71. 3. 23); — 10° Que, au cas où les bailleurs avaient successivement fait construire sur leur terrain plusieurs maisons contiguës la clause par laquelle ils s'étaient engagés envers un locataire de la maison construite la première, exerçant la profession d'épicier à ne pas louer « les autres boutiques de *leur propriété* à des marchands épiciers » devait, d'après les circonstances de la cause, s'étendre non pas seulement de la maison où le preneur exerçait son commerce, mais encore de toutes les autres maisons que les bailleurs devaient construire sur leur terrain (Paris, 24 avr. 1879) (1); — 12° Que le bailleur qui, en louant divers locaux destinés au commerce de bonneterie, chemises, cravates et ganterie, s'est interdit de louer

(1) (Henriquet *C.* Chimène.) — Le 11 août 1877, jugement du tribunal civil de la Seine ainsi conçu : — « Attendu qu'aux termes de l'art. 1162 c. civ., toute clause ambiguë s'interprète dans le doute contre celui qui a stipulé; — Que, dans la cause, Henriquet, en stipulant à son profit l'exercice privilégié du commerce d'épicerie dans les lieux loués, n'a pas fait spécifier d'une manière claire et précise que cette interdiction s'étendait non seulement à la maison dont dépend la boutique par lui louée, mais encore aux autres maisons appartenant alors à ses bailleurs et contiguës à celle-ci; — Que le mot de propriété énoncé dans la clause doit, à défaut d'autres indications plus précises, s'interpréter dans le sens de maison et ne porter que sur une seule maison; — Par ces motifs, etc. » — Appel par Henriquet.

La cour ; — Considérant que Henriquet, exerçant le commerce d'épiceries, vins, liqueurs et comestibles, dans une boutique située rue Lebon, 15, à lui louée, suivant bail sous seing privé du 14 juill. 1869, invoque la clause du bail par laquelle Chimène frères s'étaient formellement interdit de louer les autres boutiques de leur propriété à un marchand épicier, et demande qu'ils soient tenus de faire cesser le commerce d'épicerie établi dans deux de ces boutiques au mépris de cette interdiction, et de réparer le préjudice à lui causé par cette concurrence; — Considérant que, pour repousser ladite demande formée contre Chimène frères, anciens propriétaires, et Orlhac, propriétaire actuel, les premiers juges se sont fondés, en premier lieu, sur la règle d'interprétation des contrats, posée dans l'art. 1162 c. civ., et d'après laquelle, dans le doute, la convention s'interprète contre celui qui a stipulé, et en faveur de celui qui a contracté l'obligation; en second lieu, sur ce que le nom de « propriété », énoncé dans la clause du bail, doit, à défaut d'autres indications plus précises, s'interpréter dans le sens de « maison », et ne peut porter que sur une seule maison; — Considérant que les frères Chimène, obligés à assurer à Henriquet l'exercice privilégié de son industrie dans leur propriété, ne sauraient, dans l'espèce, réclamer le bénéfice de cette règle d'interprétation, le sens de la clause litigieuse étant dégagé de toute équivoque, et l'interdiction stipulée au profit de Henriquet devant, d'après l'intention commune des parties et les circonstances de la cause, s'étendre à l'ensemble des constructions que Chimène frères se proposaient d'élever sur leur propriété de la rue Lebon; — Qu'aux termes du bail, la location a pour objet les « lieux ci-après désignés dépendant d'une maison située rue Lebon, non encore numérotée » ; que, s'interdisant de louer les autres boutiques de leur propriété à un marchand épicier, les bailleurs ont manifestement eu en vue toutes les boutiques dont ils projetaient la construction, puisque dans la maison déjà construite, dont Henriquet devenait locataire, et en dehors des lieux par lui occupés, il n'existait qu'une seule boutique à laquelle ne pouvait s'appliquer l'expression générale employée dans le bail; — Considérant que le bail emprunte sa véritable signification à cette circonstance que la première rédaction énonçant la réserve de louer les autres boutiques de la maison à des marchands de vin et liqueurs, a été remplacée par la sui-

aucune partie de la même maison à une personne exerçant le même commerce, est responsable du dommage que cause à son locataire la sous-location faite par un autre de ses locataires pour l'établissement d'un magasin de confections comprenant la vente de chemises, cravates et ganterie, sauf son recours contre l'auteur de la sous-location, à qui son bail interdisait de sous-louer à des personnes exerçant un commerce semblable à ceux qui seraient déjà exercés dans la maison lors des sous-locations (Paris, 20 févr. 1872, aff. Comp. des omnibus et bourrières, D. P. 74. 2. 22). Comp. Lyon, 24 juin 1875 aff. veuve Jullien, D. P. 77. 2. 49; — 13° Que, lorsqu'un principal locataire a donné à bail des locaux séparés à un épicier débitant de vins et liqueurs d'une part, à un marchand de bois et charbon d'autre part, et a « clairement exprimé dans les actes de location qu'il était interdit à ces locataires d'exercer d'autres commerces que ceux y exprimés », l'épicier est fondé à se plaindre que le marchand de bois ait contrevenu à ces conventions « en vendant du vin à emporter » (Paris, 26 juill. 1879 (1). V. aussi Paris, 8 juill. 1873, aff. Carrau; 15 juill. 1872, aff. Chauchard-Hériot, D. P. 77. 5. 282).

139. Au cas, où le bailleur s'étant obligé à ne pas introduire dans les lieux loués une industrie rivale ou un commerce rival, aurait contrevenu à son obligation, le locataire lésé pourrait certainement agir contre lui à l'effet d'obtenir soit la résiliation du bail, soit une diminution de loyers et dans l'un et l'autre cas, des dommages-intérêts. Pourrait-il aussi agir directement contre le locataire concurrent, à l'effet notamment d'obtenir son expulsion? La solution de la question dépend de la nature juridique qu'il convient de reconnaître au droit du preneur. Si le preneur a un droit réel sur la chose, il peut, à charge de justifier, dans les formes de la loi, de la priorité de son droit, agir directement contre le locataire concurrent. S'il n'a qu'un droit personnel il peut agir seulement contre son bailleur (V. *infrà*, nos 282 et suiv).

---

vante, revêtue de la signature des parties : « De leur côté, MM. Chimène s'interdisent de louer les autres boutiques de leur propriété à des marchands épiciers, mais ils se réservent de louer à des marchands de vin », d'où résulte la preuve certaine que les signataires du bail ont entendu soumettre à l'interdiction stipulée toutes les boutiques dépendant des maisons à construire sur leur propriété, et non l'unique boutique existant dans la maison contiguë, déjà construite en juillet 1869, et occupée par Henriquet dès le mois d'octobre suivant; — En ce qui touche la demande de Henriquet en dommages-intérêts; — Considérant que la concurrence suscitée à Henriquet par Chimène frères et Orlhac lui a causé un préjudice dont il lui est dû réparation, et que la cour, d'après les éléments d'appréciation qu'elle possède, fixe à 2000 fr.; — Par ces motifs; — Infirme; — Et, statuant à nouveau, dit et ordonne que, dans les huit jours de la signification du présent arrêt, Chimène frères et Orlhac seront tenus conjointement et solidairement de faire cesser le commerce d'épicerie dont s'agit, etc.

Du 24 avr. 1879.-C. Paris.-M. Puget, pr.

(1) (Payen C. Mézy et Rain.) — Le 1er févr. 1878, jugement du tribunal civil de la Seine ainsi conçu : — « Attendu que, suivant acte notarié, en date du 10 avr. 1874, Payen a sous-loué, des époux Rain, une maison, sise à Paris, avenue des Ternes, 11; qu'aux termes de ce bail, la location a été faite pour exercer dans les lieux le commerce d'épiceries vins et comestibles, et qu'une clause spéciale a été insérée pour obliger le sieur et la dame Rain à ne louer aucune autre boutique dépendant des maisons portant les nos 11, 13 et 15, dont ils sont locataires principaux, à des personnes exerçant le même commerce que le sieur et la dame Payen; — Attendu que les époux Rain ont loué divers lieux, dépendant de la maison avenue des Ternes, aux consorts Mézy, pour y exercer le commerce de charbonnier et marchand de bois; que Payen se plaint de la concurrence que lui ferait Mézy en vendant des vins, liqueurs et vinaigre; que, de ce chef, il a assigné Rain pour faire cesser cette concurrence déloyale et afin d'obtenir 5 000 fr. de dommages intérêts; — Attendu que Rain a appelé en cause les époux Mézy pour voir dire qu'ils prendraient son fait et cause et seraient tenus de le garantir et indemniser de toutes les condamnations pouvant intervenir; qu'avant tout, il conclut à sa mise hors de cause, parce qu'aucun reproche ne saurait lui être adressé, et que le siège de la concurrence par Mézy se trouverait situé avenue des Ternes, 9, c'est-à-dire dans une maison dont le sieur Rain n'est pas principal locataire; — Attendu que Mézy a conclu au rejet de l'action en garantie formulée à son encontre par Rain; que, dans le cours de l'instance déjà engagée entre Payen, Rain et Mézy, Payen a introduit une nouvelle action directe contre Mézy; qu'il y a donc lieu, en présence de ces diverses demandes connexes, de les joindre toutes et de statuer par un seul et même jugement; — Relativement à la demande principale de Payen contre les époux Rain : — Attendu que Payen est fondé à invoquer le bénéfice tutélaire du bail par lequel Rain a pris l'obligation de lui assurer et garantir dans son magasin de l'avenue des Ternes, 11, la libre et complète exploitation de son commerce, que les époux Rain auraient dû, le jour où Payen leur signalait des actes de concurrence imputables au sieur Mézy, les faire cesser; qu'en effet, Rain qui est principal loataire de divers immeubles portant sur l'avenue des Ternes, les nos 11, 13 et 15, dont la cour est commune aux nos 11 et 15, a loué une boutique au sieur Mézy; que ce sieur Mézy, se disant charbonnier, marchand de bois, débite journellement du vin, du vinaigre et des liqueurs, c'est-à-dire des marchandises de nature diverse qui n'étaient aucunement comprises dans l'indication de sa profession particulière, laquelle doit être restreinte dans les termes de la location qui lui a été consentie; — Attendu que deux procès-verbaux de constat établissent l'habitude permanente contractée par Mézy d'exploiter le commerce de vins et liqueurs, au préjudice de Payen, dont l'industrie a été paralysée, et qui est en droit de réclamer des dommages-intérêts; — Relativement à l'exception opposée par les époux Rain à Payen et à leur demande en garantie contre Mézy : — Attendu qu'ils sont sans droit pour décliner la responsabilité d'actes qu'ils ont pris l'engagement de ne pas laisser s'accomplir; qu'ils allèguent en vain être exempts de tous reproches personnels, alors que la responsabilité des agissements de Mézy leur incombe; que c'est en effet dans la boutique louée à Mézy, dans la maison attenant au magasin de Payen, que s'accomplissent les faits quotidiens de concurrence que le bail avait pour but d'interdire; — Mais attendu qu'ils invoquent avec raison leur recours en garantie contre Mézy; qu'en louant à ce dernier un atelier au fond de la cour, ils ont pris soin de spécifier que cette location était faite pour y exercer un commerce particulier limité, celui de charbonnier et marchand de bois; que Mézy, en contrevenant aux clauses de son bail, doit subir les conséquences de son infraction et rendre indemnes les époux Rain; — En ce qui touche Mézy : — Attendu qu'il est inhabile à prétendre que les conventions du bail à lui consenties seraient muettes au sujet de la profession à exercer, et, en tous cas, sur les interdictions; que la désignation indicative d'un commerce annoncé implique l'exclusion de toute industrie qui aurait été sans doute repoussée par le bailleur qui n'a cru ou voulu louer qu'à un marchand de bois et charbons; — Attendu qu'il importe peu que la plupart des marchands de charbons soient dans l'usage de combiner leur commerce apparent avec celui de débitants de vins et liqueurs; que Mézy aurait dû prévenir les époux Rain des prétentions qu'il n'a d'ailleurs manifestées que plusieurs mois après son entrée en jouissance; qu'en outre, Mézy avait tellement conscience que son commerce était illicite, qu'il a essayé de soutenir qu'il ne l'exerçait pas avenue des Ternes, no 11, ni 15, mais bien dans une cave ou dépendance de cette même avenue, sise au no 9; que ce fait prouve la mauvaise foi, car cette cave ne servait que de dépôt, et les vins et liqueurs se débitaient au no 15 de l'avenue, c'est-à-dire au fond de la cour de la maison où Payen exploite son industrie;

« En ce qui touche l'action directe intentée par Payen contre Mezy; — Attendu qu'il n'existe aucun lien de droit entre Payen et Mézy; que Payen était donc sans qualité pour assigner ledit Mézy ». — Appel.

LA COUR; — Considérant que les époux Rain, principaux locataires de trois maisons contiguës sises avenue des Ternes, 11, 13 et 15, ont donné à bail, dans ces maisons, des locaux séparés aux époux Payen, épiciers et débitants de vins et de liqueurs, et aux époux Mézy, marchands de bois et charbons, et qu'ils ont clairement exprimé, dans les actes de location, qu'il était interdit à ces locataires d'exercer d'autres commerces que ceux y exprimés; que néanmoins les époux Mézy, marchands de bois et charbons, ont commis une infraction à ces conventions en vendant du vin à emporter et ont, par ce fait, causé aux époux Payen un préjudice pour lequel ceux-ci sont fondés à demander une réparation; que c'est à bon droit que les époux Payen se sont adressés de ce chef aux époux Rain avec lesquels seuls ils avaient contracté, sauf le recours des époux Rain contre les époux Mézy; mais que c'est à tort qu'incidemment, et dans le cours de cette instance, les époux Payen ont élevé la prétention d'agir directement contre les époux Mézy; — Adoptant, sur les faits et sur le point de droit, les motifs des premiers juges qui répondent suffisamment aux prétentions renouvelées devant la cour; — Par ces motifs, etc.

Du 26 juill. 1879.-C. de Paris, 4e ch.-MM. Senart, pr.-Boyer et Carré av.

140. Il va de soi que, sauf volonté contraire des contractants, le bailleur n'a pas à répondre d'une concurrence qui existait déjà notoirement avant ledit bail (Req. 1er déc. 1863, aff. André, D. P. 64. 1. 160). C'est ce qui avait déjà été jugé par un arrêt de la cour de Paris du 14 nov. 1860 (aff. Lépicier, D. P. 61. 2. 18).

Le bailleur serait également dégagé de toute responsabilité, si le preneur avait renoncé au bénéfice de la clause de son bail interdisant au bailleur toute location à un commerce concurrent. Cette renonciation peut être prouvée par des présomptions tirées des circonstances de la cause à condition qu'il existe un commencement de preuve par écrit de cette renonciation. Spécialement cette présomption de renonciation peut être admise lorsque le preneur a, sans protester, souffert durant un certain temps l'établissement et l'exploitation de l'industrie prohibée, si d'ailleurs il résulte de sa correspondance qu'il a consenti à subir la concurrence du nouveau locataire tant en considération de la qualité de celui-ci (son gendre), qu'à raison d'une demande de prolongation de bail (Req. 15 mars 1869, aff. Carreau, D. P. 70. 1. 107). — Si la prohibition de location à une industrie similaire résultait, non de l'une des stipulations du bail, mais des circonstances, lesquelles peuvent suppléer à une interdiction écrite (V. Req. 18 mai 1868, aff. Gayet et Beaujeu, D. P. 69. 1. 374, et la note), la renonciation à cette interdiction pourrait, au contraire, être établie à l'aide d'une appréciation de volonté également empruntée aux faits de la cause, sans qu'il fût besoin de preuve écrite ni de commencement de preuve par écrit, car il ne s'agirait plus alors de prouver contre le *contenu à un acte*.

141. Le bailleur qui s'est engagé envers son preneur à ne point admettre dans la même maison un locataire exerçant la même industrie que lui doit-il répondre de la concurrence résultant non du fait d'un nouveau locataire, mais de l'extension du commerce d'un locataire plus ancien? L'affirmative a été jugée notamment par un arrêt de la cour de Paris du 14 mai 1859 (aff. Michaux, D. P. 59. 2. 140). Toutefois, comme le locataire plus ancien, à défaut de restriction ou limitation dans son bail, n'avait fait qu'user d'un droit incontestable « en donnant à son industrie une extension naturelle et facile à prévoir », il a été jugé que ce locataire devait être maintenu dans le libre exercice de son industrie, et que l'obligation du bailleur devait se résoudre en dommages-intérêts. — A plus forte raison, le bailleur serait-il responsable, s'il s'était expressément engagé envers le preneur à s'opposer à toute tentative du locataire antérieur pour étendre son commerce à des objets non compris dans sa profession. Ainsi il a été jugé que le propriétaire qui, en louant à un marchand de bouillon une boutique et dépendances lui a fait connaître qu'il existait déjà dans la maison une boutique louée à un crémier, et s'est engagé à faire restreindre le commerce de ce dernier dans le cas où il s'écarterait de la vente des objets rentrant dans sa profession, est responsable envers le nouveau locataire du trouble que lui cause le successeur du crémier en vendant du bouillon et des viandes cuites, ces objets ne rentrant pas dans le commerce de crémier (Paris, 12 mars 1864, aff. Boulay, D. P. 64. 2. 156). Dans ce cas, l'extension donnée par le premier locataire à son commerce étant abusive, il a été jugé que le bailleur était tenu de faire réduire à ses limites premières le commerce litigieux, dans un délai fixé.

Un arrêt de la cour de Paris du 26 janv. 1864 (aff. Biesta, D. P. 64. 2. 40) a décidé que, lorsqu'un propriétaire « a eu le soin d'insérer dans les conventions intervenues entre lui et ses derniers locataires des stipulations expresses, protectrices des droits des preneurs antérieurs, il ne saurait être responsable de la concurrence faite à ceux-ci au mépris de ces stipulations; que dans ce cas... il n'y a aucune faute personnelle à reprocher au propriétaire, et que le trouble apporté à la jouissance du locataire le plus ancien constitue une simple voie de fait dont la réparation ne peut être poursuivie que contre son auteur ». Mais cette décision paraît être restée isolée, et d'autres arrêts ont décidé que le bailleur est responsable du dommage causé au locataire par l'introduction d'une profession rivale dans l'immeuble, alors même que, dans les baux passés entre lui et les autres preneurs, il aurait inséré une clause formelle interdisant les faits de concurrence dont se plaint le premier locataire, sauf, dans ce cas, son recours en garantie contre le locataire qui, au mépris de cette interdiction, a sous-loué à l'auteur de la concurrence (V. notamment, Paris, 22 avr. 1864, aff. Millaud, D. P. 65. 2. 59; Paris, 20 févr. 1872, aff. Bourrières et Laurent, D. P. 74. 2. 22. V. encore Paris, 5 nov. 1859, aff. Michaud, D. P. 60. 2. 185).

142. La jurisprudence a eu à statuer encore sur d'autres cas de trouble à la jouissance du preneur. Ainsi il a été jugé : 1° que les procédés vexatoires d'un concierge envers les locataires et envers les personnes qui leur rendent visite constituent un trouble à la paisible jouissance des appartements loués, que, par suite, le propriétaire qui soutient son concierge contre les plaintes justifiées des locataires est passible envers eux de dommages-intérêts (Bordeaux, 7 févr. 1871, aff. Dumias, D. P. 71. 2. 124); — 2° Que le preneur a le droit d'exiger du bailleur le renvoi des concierges, lorsque ceux-ci troublent sa jouissance par leurs procédés ou agissements vexatoires (Paris, 30 avr. 1878) (1), spécialement lorsqu'il est établi que les concierges ont

(1) (Gaches *C.* Auger et de Vatimesnil.) — Le 10 août 1877, jugement du tribunal civil de la Seine dont extrait suit : — « Attendu que les époux Gaches, locataires, se plaignent de certains procédés et de certains agissements des époux Auger, concierges de la maison, et qu'ils demandent en conséquence que de Vatimesnil, propriétaire, soit tenu de les expulser sous peine de 50 fr. par chaque jour de retard; qu'ils demandent, en outre, tant contre de Vatimesnil que contre les époux Auger une condamnation en 6 000 fr. de dommages-intérêts ; — Attendu que, reconnaissant que les griefs qu'ils formulent ne sont pas établis en l'état ils demandent à être autorisés à en faire la preuve; que, dans ce but, ils articulent quatorze faits, qu'il s'agit d'examiner si ces faits sont pertinents et admissibles; — Attendu, d'abord, que la plupart de ces faits manquent de précision en eux-mêmes et quant à l'époque où ils se seraient passés ; que d'autres et les seuls graves, notamment ceux relatifs à des lettres retardées ou supprimées, articulés sous les n°s 11, 12 et 13, ont déjà fait l'objet d'une plainte adressée à M. le procureur de la République, à laquelle il n'a pu être donné aucune suite, parce que, après renseignements soigneusement pris, elle n'a pu être justifiée ; — Que la persistance regrettable de l'accusation sur ce point n'en augmente pas la vraisemblance et rend plus que suspectes sur d'autres points les allégations des époux Gaches; que ceux-ci paraissent, d'après une lettre par eux adressée au parquet, avoir été inspirés par le désir d'essayer de prendre, devant la justice civile, une revanche de leur échec auprès de la justice répressive, bien plus que par la pensée de revendiquer un droit légitime et respectable; que d'autres faits sont sans gravité et ne pourraient être la base sérieuse d'une action quelconque; que tous ces faits d'ailleurs, fussent-ils prouvés, ne pourraient légitimer la demande des époux Gaches tendant à faire ordonner que le propriétaire expulse les concierges; que le droit des époux Gaches ne saurait s'étendre jusque-là ; que, tout au plus, ils auraient pu, en demandant la résiliation du bail, la subordonner à la sortie des concierges, et faire, du maintien de ceux-ci, une cause légale de résiliation; mais que, telle qu'elle est formulée, leur demande est inadmissible, et qu'à ce point de vue les faits qui en seraient le fondement manquent de pertinence; qu'il est vrai qu'ils demandent, en outre, des dommages-intérêts, et qu'à cet égard la pertinence des faits doit être réglée par d'autres considérations ; — Qu'indépendamment de celles qui ont été indiquées plus haut, il faut ajouter que les faits restant à établir, en dehors de ceux qui sont d'ores et déjà démentis, n'ont aucune portée sérieuse; qu'ils se réduisent à des taquineries et à des propos de concierges, qui ne sauraient justifier, en aucun cas, la demande en dommages-intérêts, parce qu'ils n'auraient pu occasionner aucun préjudice appréciable; qu'ainsi, à tous les points de vue, il y a lieu de rejeter la double demande des époux Gaches, ainsi que l'offre de preuve par eux proposée, etc. ». — Appel par les époux Gaches.

LA COUR; —... En ce qui touche la demande des appelants en expulsion de concierges : — Considérant qu'aux termes de l'art. 1719 c. civ., le bailleur est tenu, pendant la durée du bail, de faire jouir paisiblement le preneur de la chose louée; que, quand cette jouissance est gênée par des obstacles de quelque nature qu'ils puissent être, le preneur a le droit, s'il est au pouvoir du bailleur d'écarter ces obstacles, de lui demander de le faire, et de le rappeler ainsi à l'exécution du contrat; qu'il n'est pas réduit, pour obtenir justice, à demander la résiliation de ce contrat, au risque de perdre tous les avantages naissant pour lui de son exécution; que la demande en expulsion formée par la dame Gaches était donc recevable, à la condition qu'elle prouvât: 1° que sa jouissance était troublée; 2° qu'elle l'était par le fait

« systématiquement employé des moyens vexatoires » pour nuire au preneur, et « l'entraver dans l'exercice de sa profession de médecin soit en lui remettant tardivement les lettres de ceux de ses clients qui l'appelaient près d'eux, soit en faisant des réponses évasives ou inexactes à ceux qui se présentaient en personne à son domicile », soit en retenant pendant plusieurs jours des dépêches officielles émanant de l'administration publique à laquelle le locataire était attaché (Paris, 29 juill. 1881 (1). V. encore Paris, 20 juill. 1889, aff. Robin, D. P. 90. 2. 112 et Trib. Seine, 27 janv. 1886, aff. Steele, *Le Droit*, du 11 mars 1886). Le preneur pourrait même obtenir la résiliation de son bail avec dommages-intérêts (Lyon, 21 déc. 1887, aff. D..., *La Loi*, du 8 mars 1888). Jugé encore que, d'après l'usage de Paris, le propriétaire est tenu d'entretenir un concierge et de faire ouvrir la porte à toute heure tant aux locataires qu'aux personnes qui les fréquentent, spécialement lorsque les allées et venues pendant la nuit sont la conséquence de la profession ou de l'exploitation en vue de laquelle les lieux ont été loués; et que le propriétaire, qui donne à bail une partie de sa maison pour y tenir un cercle, ne peut refuser de faire ouvrir la porte la nuit, alors qu'il n'est point allégué que les habitudes de ce cercle aient rien de contraire aux règlements de police ou au régime ordinaire de ce genre d'établissements (Paris, 6 mai 1885, aff. Cadot, *La Loi*, du 20 juin 1885).

143. En ce qui concerne le préjudice causé au preneur par le gibier existant sur le domaine, V. *suprà*, v° *Chasse*, n°s 1403 et suiv. Quant aux obstacles apportés par le bailleur à l'exercice du droit de chasse qu'il a affermé sur son fonds, V. *suprà*, v° *Chasse*, n°s 462 et suiv.

144. L'obligation pour le bailleur de n'apporter aucun trouble à la jouissance de son locataire incombe à l'Etat à raison des baux qu'il a consentis, aussi bien qu'à tout autre bailleur. Ainsi il a été jugé que l'Etat, qui avait donné à bail un cantonnement de pêche et qui, postérieurement au bail, avait fait construire un barrage permanent, en aval de ce cantonnement, de façon à empêcher complètement la remonte du poisson de mer, dans un endroit où il est de notoriété publique qu'il est le principal produit de la pêche, avait contrevenu au paragraphe 3 de l'art. 1719 c. civ.; qu'en conséquence, le preneur avait droit à une indemnité (Agen, 17 févr. 1848, aff. Dunoyer, D. P. 50. 2. 23). Cet arrêt a décidé qu'en pareil cas, le montant de l'indemnité ne pouvant être fixé qu'à la fin du bail, à raison des changements qui, pendant sa durée, pourraient être apportés au barrage et faciliter la remonte du poisson de mer, le preneur pouvait être provisoirement dispensé de payer une partie, et, par exemple, la moitié du prix du bail, s'il était constant que, pour les termes échus comme pour le terme courant, il éprouvait un préjudice certain. — Jugé encore que l'Etat, qui a affermé le droit de chasse dans une forêt domaniale, est responsable du trouble résultant pour le preneur de l'exécution par ordre de l'autorité militaire, de manœuvres et exercices dans la forêt louée (Req. 23 juin 1887, aff. Jacquinot, D. P. 89. 1. 72). Il importe peu que les faits dont est résulté le trouble relèvent d'un département ministériel autre que celui qui a été représenté au contrat; l'Etat bailleur ne saurait se distinguer de l'Etat auteur du trouble. Dès lors, il ne saurait y avoir lieu à l'application de l'art. 1725 c. civ., exonérant le bailleur de la responsabilité des voies de fait commises par des tiers.

145. Le bailleur, a-t-on dit au *Rép.* n° 236, bien que pendant la durée du bail l'usage et la jouissance de la chose appartiennent exclusivement au preneur, a, dans certain cas, le droit d'entrer dans les lieux loués ou d'y envoyer d'autres personnes. On a cité le cas d'introduction dans les lieux loués en vue d'une nouvelle location à l'expiration du bail en cours. Il a été jugé, à cet égard, que le locataire est passible de dommages-intérêts lorsqu'il a abandonné la maison louée sans rendre les clefs et sans prendre les mesures nécessaires pour que la maison pût être visitée par les amateurs en vue d'une nouvelle location (Paris, 28 août 1873, aff. Bouffard, D. P. 74. 2. 159). — Mais il y aurait trouble à la jouissance du preneur commerçant, si le bailleur, près de deux ans avant l'expiration du bail, faisait apposer le long des lieux loués un écriteau les désignant comme locaux à louer, alors que, faute d'indication de date d'entrée en jouissance, l'apposition de l'écriteau paraît indiquer au public que les locaux sont déjà à louer ou seront à louer pour le prochain terme, portant ainsi une grave atteinte au crédit commercial du preneur (Paris, 4 juill. 1857) (2).

des époux Auger; — Qu'à la vérité, elle n'a point encore fourni cette preuve, mais qu'elle a demandé subsidiairement à la faire; et qu'elle a articulé comme propres à l'établir un certain nombre de faits dont la précision et la pertinence sont incontestables, et qui ont été à tort écartés par les premiers juges; — Par ces motifs, donne acte aux appelants de ce qu'ils autorisent et offrent de prouver les faits contenus aux numéros, etc.; — Dit que cette preuve sera faite, etc.

Du 30 avr. 1878.-C. de Paris, 1re ch.-MM. le conseiller doyen Camuzat-Busseroles, pr.-Onfroy de Bréville, av. gén.-Lenté, Martini et de Corny, av.

(1) (Crestey C. Horliac et Houssoit.) — LA COUR; — Statuant par un seul et même arrêt tant sur l'appel principal interjeté par les époux Horliac, d'un jugement rendu par le tribunal civil de la Seine, le 8 déc. 1880, que sur les appels principal et incident de Crestey, et l'appel incident des époux Houssoit, relevés contre ledit jugement; — Sur les appels principal et incident de Crestey : — Considérant que les faits allégués par Crestey sont complètement établis par l'enquête à laquelle il a été procédé; qu'il en résulte que les époux Horliac, concierges de la maison où il occupe un appartement comme locataire, et qui appartient aux époux Houssoit, ont systématiquement employé des moyens vexatoires pour lui nuire et l'entraver dans l'exercice de sa profession de médecin, soit en lui remettant tardivement les lettres de ceux de ses clients qui l'appelaient près d'eux, soit en faisant des réponses évasives ou inexactes à ceux qui se présentaient en personne à son domicile; qu'il a été constaté que des dépêches officielles, émanant de l'administration publique à laquelle il est attaché, ont été indûment conservées par les époux Horliac pendant plusieurs jours; que ces faits se sont fréquemment reproduits, et qu'indépendamment du préjudice qu'ils ont causé à Crestey, ils sont de nature à lui imposer des craintes légitimes pour l'avenir; qu'il n'apparaît pas, en effet, que les époux Houssoit aient pris des mesures propres à prévenir le retour de ces abus; que le locataire a incontestablement le droit d'exiger que les concierges préposés par le propriétaire à la garde de sa maison ne troublent pas celui-ci dans l'exercice de sa profession, alors surtout qu'ils ont été pleinement informés de la nature de cette profession et des inconvénients qu'elle peut entraîner; que les époux Houssoit ont commis la double faute de ne pas astreindre leurs concierges à l'accomplissement de leur service, et surtout de ne pas mettre fin aux actes qui ont motivé les plaintes de Crestey; qu'en présence de la gravité de ces actes et de la résistance passive des époux Houssoit, il y a lieu d'ordonner que, dans le délai et à peine des dommages-intérêts qui seront déterminés par le dispositif du présent arrêt, ils seront tenus d'expulser les époux Horliac de leur maison; — Sur les appels principal et incident desdits époux Horliac et des époux Houssoit : — Considérant que c'est avec raison que le tribunal, en reconnaissant le préjudice souffert par Crestey, a fixé à 1 000 fr. le chiffre des dommages-intérêts qui devaient lui être alloués et a condamné les époux Horliac à lui payer cette somme à ce titre; qu'il y avait lieu également, par application des dispositions de l'art. 1384, c. civ., de condamner les époux Houssoit comme civilement responsables des faits et gestes de leurs préposés et du dommage causé par eux dans les fonctions auxquelles ils étaient employés; — Par ces motifs; — Infirme, etc...

Du 29 juill. 1881.-C. de Paris, 5e ch.-MM. Descoutures, pr.-Mariage, av.-gén.-Charles Lenté, Laroche et Jumin, av.

(2) (Delisle C. Fauvel et Guillou.) — Le tribunal civil de la Seine a rendu le jugement suivant : — « Attendu que, suivant l'art. 1719 c. civ., le bailleur est obligé de faire jouir paisiblement le preneur pendant la durée du bail; — Attendu que pour le locataire qui, par sa profession, est en rapport avec le public, la jouissance paisible ne consiste pas seulement dans la possession matérielle et actuelle de la chose louée, mais aussi dans l'opinion que le locataire a les moyens nécessaires pour l'exercice de son état; — Attendu qu'au nombre des moyens nécessaires à une industrie est, en première ligne, la possession d'un local sans laquelle l'industrie n'est pas possible et que si, par un fait quelconque, le public est conduit à croire que le local manque ou va manquer à l'industrie et que ce fait procède du propriétaire du local, il y a trouble à la jouissance paisible due par le bailleur au preneur; — Attendu, en fait, que Delisle est locataire de lieux dont la jouissance ne finit que le 1er oct. 1858; — Attendu qu'il n'est pas dénié par Guillou et Fauvel, propriétaires de la maison dont dépendent ces lieux, qu'en 1856 ils ont fait poser un écriteau portant ces mots : *A louer, magasin avec grand appartement*, et, en janvier 1857, un écriteau beaucoup plus

146. Nous pouvons ajouter dès maintenant que le bailleur, à notre avis, jouit, même sans stipulation dans le bail, du droit de chasse sur les terres affermées, à charge, bien entendu, de réparer le dommage qu'il causerait aux récoltes du fermier. La jurisprudence de la cour de cassation apporte à ce droit du bailleur une restriction qui en limite singulièrement la portée ; d'après cette jurisprudence, l'interdiction de passage sur les terres chargées de récoltes ensemencées ou seulement préparées, édictée par les art. 471, n° 13, et 475, n° 9, c. pén., serait applicable au bailleur en ce qui concerne les terres par lui affermées, « Attendu, porte un arrêt de la chambre criminelle de la cour de cassation du 9 mai 1884 (aff. Jullien, D. P. 84. 5. 53), que le propriétaire d'un bien rural par lui affermé ne peut avoir le droit de passer sur les champs préparés ou ensemencés qu'autant qu'il a stipulé ce droit dans le bail ; que ce droit de passage n'est pas une conséquence de la réserve du droit de chasse ». La cour décide, par suite, que le bailleur, « en affermant l'exploitation de sa propriété..., avait par cela même, à défaut d'une stipulation contraire, aliéné, à partir de l'entrée en jouissance du fermier, le droit de passage sur les terres ensemencées ou chargées de récoltes » (V. dans le même sens, Crim. rej. 2 avr. 1881, aff. Pillon de Saint-Philbert et Plaisant, D. P. 81. 1. 279. V. aussi Crim. cass. 29 févr. 1884, aff. Moreau, *suprà*, v° *Chasse*, n° 924 en note).

147. On a dit au *Rép.* n° 235 que, si le bailleur ne peut dans le bail stipuler d'une manière générale qu'il ne sera tenu à aucune garantie envers le preneur à raison de ses faits personnels, il pourrait du moins limiter, à l'égard de certains actes déterminés, l'étendue de la garantie et se réserver certaines facultés qui, dans le silence du bail, lui seraient interdites. Aux exemples cités au *Répertoire*, ajoutons avec M. Guillouard (t. 1er, n° 144) que le bailleur pourrait stipuler « le droit de modifier telle ou telle partie des lieux loués, d'abattre un mur, de démolir une partie de maison, de bâtir ou de planter dans telle pièce de terre ». Serait même valable la stipulation par laquelle le preneur s'interdirait à l'égard du bailleur, sous peine de résiliation, toute contestation qui serait reconnue mal fondée par un jugement confirmé sur appel (Req. 23 juin 1873, aff. Boitelet, D. P. 74. 1. 218). « Cette stipulation, en effet, ne diminue aucune des obligations du bailleur, ni le droit du preneur d'en exiger l'accomplissement... ; elle n'a pour but que de protéger la tranquillité du bailleur contre les tracasseries qui pourraient le menacer ». Au contraire, « on doit considérer comme nulle la stipulation par laquelle le preneur renonce à exercer contre le bailleur, pendant le cours du bail, aucune action quelconque, devant quelque juridiction que ce soit, pour quelque cause que ce puisse être, le contrat de bail imposant au bailleur comme au preneur des obligations essentielles placées sous la garantie des tribunaux » (Même arrêt. Conf. Req. 19 janv. 1863, aff. Cohen-Scali, D. P. 63. 1. 248). Par suite, le preneur conserve, malgré une telle clause, le droit de former une action en résolution du bail, faute par le bailleur d'entretenir la chose louée en état d'habitation (Arrêt précité du 19 janv. 1863).

148. Relativement au trouble apporté à la jouissance du preneur par un tiers, il importe de faire plusieurs distinctions et d'envisager successivement les troubles de fait, les troubles de droit et les dommages causés par le fait du propriétaire voisin.

149. — A. *Troubles de fait.* — L'art. 1725 c. civ. dispose que le bailleur n'est pas tenu de garantir le preneur du trouble que des tiers apportent, par des voies de fait, à sa jouissance, sans prétendre d'ailleurs aucun droit sur la chose louée, sauf au preneur à les poursuivre en son nom personnel (*Rép.* n° 238. V. Paris, 16 mars 1860, aff. Duménil, D. P. 60. 5. 225). — Décidé que l'action tendant à faire cesser le trouble de fait apporté à la jouissance d'un immeuble par les dégradations commises sur le mur mitoyen et imputables au propriétaire voisin est une action personnelle et non une action réelle immobilière, et qu'elle peut être intentée par le locataire de cet immeuble (Civ. rej. 28 août 1877, aff. Saussine, D. P. 78. 1. 213).

Il a été jugé que la disposition de l'art. 1725 est inapplicable lorsque le preneur se plaint d'un trouble apporté à sa jouissance par un de ses colocataires qui prétend avoir agi en conformité de son bail; que, par suite, l'action du preneur dans ce cas peut être dirigée, non contre le colocataire, mais contre le bailleur (Req. 16 nov. 1881, aff. Boor-Petit, D. P. 82. 1. 121). Le locataire qui occupait le premier étage se plaignait qu'un de ses colocataires, occupant le rez-de-chaussée et le deuxième étage, avait troublé sa jouissance, d'une part en brûlant dans sa cheminée du rez-de-chaussée des chiffons et des détritus de jardin et en ouvrant sa fenêtre de manière que la fumée se répandît à l'étage supérieur, d'autre part en secouant ses tapis au second étage et en faisant tomber les cendres sur les fleurs du demandeur placées sur une galerie dépendant de son logement. L'arrêt se fonde sur ce que, si l'art. 1725 affranchit le bailleur de toute garantie pour le trouble que les tiers apportent par leurs voies de fait à la jouissance du preneur, sans prétendre d'ailleurs aucun droit sur la chose louée, c'est parce que ces voies de fait émanent de personnes qui lui sont étrangères, et qu'à raison de leur nature, elles ne sauraient être considérées comme pouvant constituer l'exercice d'un droit qu'il aurait conféré. En dehors de ces cas, le principe de l'art. 1719 c. civ. reprend son empire (V. la note sur cet arrêt, et le rapport de M. le conseiller Petit, D. P. *ibid.*). — Décidé, de même, que le locataire qui trouble, par une voie de fait, la jouissance d'un autre locataire n'étant pas un tiers dans le sens de l'art. 1725 c. civ., le locataire troublé a action contre le bailleur commun en cessation du trouble, sauf à ce dernier à mettre en cause l'auteur du trouble, pour faire décider s'il a ou non excédé le droit que lui conférait le contrat de bail (Req. 17 juin 1890, aff. Vion, D. P. 91. 1. 324. Comp. Guillouard, t. 1, n° 165). L'arrêt précité de la chambre des requêtes, il importe de le remarquer, a soin de relever que « le propriétaire actionné... en réparation du dommage... n'avait pas mis en cause le locataire auteur du trouble, et qu'ainsi le tribunal avait été mis dans l'impossibilité de savoir si ce dernier ne prétendait pas exercer un droit ». — Par application du même principe, il a été jugé : 1° que l'action du preneur, à raison du trouble résultant pour lui des réunions tenues chez le locataire voisin, ne rentre pas sous l'application de l'art. 1725 c. civ., lorsque ces réunions, par leur nature, ne sont pour le voisin que l'exercice d'un droit et « ne deviennent un trouble sérieux... qu'à cause de la mauvaise disposition de la maison » (Caen, 1er mai 1868) (1); — 2° Que le locataire est fondé à réclamer la suppression d'une marquise établie par un bouti-

---

grand, portant ces mots : *Vaste magasin avec grand appartement à louer ;* — Que le dernier de ces écriteaux, tous placés au milieu des enseignes des divers négociants demeurant dans la maison, l'a été sur le pilastre de la porte cochère qui sépare cette porte du magasin situé sur la rue, loué à Delisle, et s'appliquait évidemment aux lieux loués par ce dernier ; — Attendu que l'annonce faite par de semblables écriteaux, sans indication d'époque d'entrée en jouissance, impliquait que les lieux étaient à louer, ou dès à présent, ou au moins pour le terme prochain, et que, conséquemment, les droits de l'occupant avaient cessé ou allaient cesser à une époque très prochaine; — Attendu que, par là, Guillou et Fauvel ont diminué gravement les avantages que Delisle devait se promettre de sa location, lesquels avantages devaient se continuer avec une égale sécurité depuis le commencement jusqu'au terme de la jouissance; — Attendu que réparation est due à Delisle du préjudice à lui causé, et que le tribunal a les éléments nécessaires pour l'apprécier; — Par ces motifs; — Condamne Guillou et Fauvel à payer à Delisle 600 fr. à titre de dommages-intérêts ». — Appel principal par Delisle, appel incident par Fauvel et Guillou.

LA COUR ; — En ce qui touche l'appel principal de Delisle : — Adoptant les motifs des premiers juges; — Mais considérant que les dommages-intérêts alloués par eux à Delisle sont loin d'être une réparation suffisante du préjudice par lui éprouvé; ... met l'appellation et ce dont est appel au néant, en ce que les premiers juges ont accordé à Delisle une somme de 600 fr. seulement à titre de dommages-intérêts; émendant et statuant au principal, condamne Guillou et Fauvel à payer à Delisle, en sus de la somme de 600 fr. dont la condamnation est déjà contre eux prononcée, la somme de 5 400 fr. à titre de supplément de dommages-intérêts, etc.

Du 4 juill. 1857.-C. de Paris, 3e ch.-MM. Partarieu-Lafosse, pr.-Crémieux et Desboudets, av.

(1) (Leboulanger C. Rivey.) — LA COUR; — Sur la première question : — Attendu que le trouble dont Rivey se plaint ne

quier au-dessous de l'appartement qu'il occupe, si cette marquise, par sa dimension et son agencement, apporte une modification sensible à l'état des lieux (Trib. civ. Seine, 29 nov. 1887, aff. Société fermière du Grand-Hôtel, *La Loi*, du 30 mai 1887 ; V. aussi Lyon, 15 juin 1888, aff. Galy, *France judiciaire*, 1889. 2. 43). — Toutefois, un arrêt de la cour de Paris, du 13 août 1875 (1) a refusé d'appliquer l'art. 1725 c. civ., même au cas où le trouble du preneur avait pour cause la négligence dûment constatée d'un autre locataire ou de ses employés qui avaient, par cette négligence, laissé déborder une fontaine.

150. En ce qui concerne l'exercice des actions possessoires par le preneur, V. *suprà*, v° *Action possessoire*, n° 145.

151. — B. *Troubles de droit.* — Le bailleur est, en principe, responsable du trouble de droit, lorsqu'il en résulte une perte ou une diminution de jouissance pour le preneur.

On a vu, au *Rép.* n° 244, qu'il y a trouble de droit, notamment, lorsque le preneur est cité en justice pour se voir condamner au délaissement de la chose. Dans un ordre d'idées voisin, il a été jugé que l'action en suppression de nom d'un établissement industriel pouvait, à raison des circonstances, constituer un trouble de droit donnant ouverture à la garantie au profit du preneur; spécialement que, lorsqu'un entrepreneur de bals et concerts a pris en location, pour y exercer son industrie, un local, un mobilier industriel, une enseigne et un nom dont la notoriété assure aux lieux loués un accroissement de valeur industrielle, la revendication légitime des propriétaires du nom interrompant la possession de ce nom qui a été concédée au preneur et sur laquelle il a dû compter jusqu'à la fin du bail, constitue un trouble à la jouissance des lieux loués; que, par suite, le preneur a droit à une diminution de loyer (Paris, 29 juill. 1879, aff. Héritiers Valentino, D. P. 80. 2. 102). L'arrêt déclare que l'enseigne, considérée par les parties comme un élément de succès et un gage de prospérité, est devenue l'objet même de la location consentie au preneur qui, étant tenu de rendre à la fin du bail le fonds industriel tel qu'il l'a reçu, a droit à tous les avantages qui ont déterminé la location de l'établissement. Cette garantie, ajoute l'arrêt, est due par le bailleur au preneur, bien que le nom n'ait été ni cédé ni aliéné par ceux auxquels il appartient, alors que, par un fait même étranger aux parties, le nom attaché à l'établissement sert à l'individualiser et à l'accréditer.

---

provient pas d'une voie de fait commise par un tiers, dans le sens de l'art. 1725, c. civ.; qu'en effet Henry, en réunissant quelques personnes dans sa maison, une ou plusieurs fois la semaine et en prolongeant les soirées jusqu'à une heure avancée, use d'un droit; qu'il n'exerce que des actes ordinaires, lesquels ne deviennent un trouble sérieux pour Rivey qu'à cause de la mauvaise disposition de la maison; d'où il suit que ce dernier n'avait pas d'action à intenter contre ledit Henry, et qu'il ne pouvait s'adresser qu'à son bailleur, lequel seul est garant aux termes de l'art. 1721, c. civ., des défauts de la chose louée; — Attendu, dès lors, que la fin de non-recevoir proposée par Leboulanger est inadmissible. — Sur la deuxième question : — Attendu, en droit que les art. 1719-n° 3 et 1721 c. civ., doivent être rapprochés l'un de l'autre et combinés ensemble, parce que leurs dispositions ont le même objet, qui est d'assurer au preneur la jouissance paisible de la chose louée; — Que les expressions des deux textes précités sont aussi générales que possible, puisqu'elles imposent au bailleur l'obligation stricte de faire jouir paisiblement le preneur et de le garantir contre tous les vices ou défauts de la chose louée qui en empêchent l'usage; — Que, sans doute, ce serait en méconnaître le sens et en exagérer la portée que de rendre le bailleur responsable du moindre trouble et de défauts sans conséquences graves; mais que les tribunaux ont un pouvoir souverain d'appréciation dans chacune des espèces qui leur sont soumises, et que, lorsqu'il est démontré que le but que le locataire voulait et devait légitimement atteindre, en contractant est manqué par des causes inhérentes à l'immeuble lui-même, il y a lieu de prononcer la résiliation du contrat; — Attendu, en fait, qu'il est reconnu par Leboulanger, et d'ailleurs établi par le rapport d'experts, que la maison occupée par Rivey et Henry avait été construite en vue d'un locataire unique; qu'en changeant la destination de cette maison et en la divisant en deux logements séparés, Leboulanger devait exécuter les travaux nécessaires pour empêcher que le moindre bruit fait dans la chambre de l'un fût entendu dans celle de l'autre; ou bien, s'il voulait s'affranchir de la responsabilité d'un inconvénient aussi grave, il aurait dû insérer dans les baux une stipulation précise de non-garantie; qu'il n'a pris ni l'une ni l'autre de ces précautions, et qu'il en résulte que le logement de Rivey est véritablement inhabitable pour lui et pour sa jeune femme; qu'en effet, le rapport des experts énonce que le déplacement des meubles quelconques, le plus léger mouvement, les émissions de voix ordinaires sont entendus d'une chambre à l'autre, et que, pourvu que l'on élève la voix, la conversation se transmet dans la pièce voisine; — Qu'en présence de faits aussi graves, la jouissance paisible à laquelle Rivey avait droit n'existe pas, et que la partie de la maison qu'il occupe a un défaut qui en empêche l'usage; d'où il suit que le jugement dont est appel doit être confirmé; — Confirme, etc.

Du 1er mai 1868.-C. de Caen, 2e ch.-MM. Champin, pr.-Roussel-Bonneterre, av. gén.-G. Le Valois et Néel, av.

(1) (Heu *C.* Roblin.) — Le 25 mars 1874, le tribunal civil de la Seine a rendu le jugement suivant : — « Attendu, en droit, que le principe de responsabilité écrit dans l'art. 1719 c. civ., contre le bailleur en cas de trouble à la jouissance paisible du preneur, n'est pas tellement absolu qu'il ne fléchisse devant une disposition spéciale de la loi; — Attendu que l'art. 1725 contient une exception à ce principe, lorsque le locataire est troublé par la voie de fait d'un tiers, c'est-à-dire par une cause que celui-ci aurait pu éviter; — Attendu que pour interpréter sainement ce dernier article, il suffit de ne pas confondre le trouble, ne supposant de la part de l'auteur aucune prétention à un droit sur la chose louée, et celui résultant d'une prétention, soit à la propriété, soit à la jouissance, soit même à une servitude sur cette chose; — Que le bailleur doit garantie pour le dernier cas, mais que, pour le trouble de fait, celui-là seul par la faute duquel il est arrivé, en est responsable, sans que le preneur ait une action directe contre le locateur; — Que telle est la conséquence de la règle générale posée dans l'art. 1382 c. civ., et reproduite dans l'art. 1725, en atténuation du principe de l'art. 1719, et expliquée, en outre, par les art. 1726 et 1727; — Attendu, en fait, qu'il résulte de deux rapports des experts nommés par justice que le dommage de la privation de jouissance dont se plaint le demandeur provient d'infiltrations se produisant à l'étage supérieur à celui qu'il habite et occupé par la dame de Vercors; — Qu'il a été constaté, en effet, que ces infiltrations avaient leur source dans une fontaine que la dame de Vercors ou ses employés avaient eu la négligence de laisser déborder, et qu'il était urgent de refaire le plafond à ses frais; — Attendu qu'il ressort également des constatations opérées, notamment par l'expert Rivière, que cette réfection n'a pas eu lieu, et que ce défaut de réfection a aggravé le dommage; — Qu'il est conclu dans ce rapport, comme dans le premier rédigé par Dommey, architecte, que c'est à la dame de Vercors à supporter la charge des indemnités et des travaux; — Attendu qu'en présence des principes plus haut établis, cette appréciation est rationnelle et doit être admise; — Attendu qu'il y a lieu, en conséquence, de rejeter les conclusions prises contre Roblin, propriétaire de l'immeuble, parce qu'il n'existe dans l'espèce aucun lien de droit entre lui et le locataire troublé, mais qu'il échet de retenir celles formulées contre la dame de Vercors; — Attendu, à cet égard, que prenant en considération l'usage de la pièce où les infiltrations se sont produites et les autres documents du procès, le tribunal estime que 500 fr. seront une réparation suffisante du dommage éprouvé; — Par ces motifs, etc. ». — Appel principal par Heu, appel éventuel par Roblin contre la dame de Vercors.

La cour; — Sur l'appel principal : — Considérant que la cause du dommage occasionné à Heu, locataire d'un appartement dans la maison dont Roblin est propriétaire, est imputable, il est vrai, à la veuve de Vercors, locataire d'un autre appartement situé dans la même maison; mais que le trouble apporté à la jouissance de Heu par les infiltrations et détériorations occasionnées par la faute de la veuve de Vercors ne peut être considéré comme le résultat d'une voie de fait commise par un tiers dans le sens de l'art. 1725 c. civ., mais bien comme la conséquence d'un acte qui s'attaque directement à la substance de la chose louée, et qui en détruit ou modifie la jouissance d'une façon préjudiciable au locataire que le propriétaire bailleur est obligé, par la nature du contrat, de tenir clos et couvert, et de faire jouir paisiblement, pendant toute la durée du bail, de la chose qu'il lui a louée; d'où il suit que, dans l'espèce, c'est l'art. 1719 du code qui était applicable, et qui obligeait Roblin à garantir Heu du trouble que celui-ci subissait dans sa jouissance; — Sur l'appel éventuel de Roblin contre la veuve de Vercors : — Considérant que Roblin, obligé par sa qualité de bailleur vis-à-vis de Heu à garantir et indemniser ce dernier du dommage qui lui a été causé, est fondé à se retourner lui-même contre la veuve de Vercors, auteur direct du trouble, à l'effet de se faire indemniser par elle de toutes les conséquences des condamnations qui vont être prononcées contre lui au profit de Heu; — Infirme, etc.

Du 13 août 1875.-C. de Paris, 7e ch.-MM. de la Faulotte, pr.-Fromageot et Demange, av.

152. On a dit au *Rép.* nº 249, que l'exercice d'une simple servitude par un voisin pourrait donner au preneur le droit de réclamer une indemnité si cette servitude n'était point apparente et ne lui avait pas été déclarée lors du bail. Il a été jugé que l'action intentée par le locataire d'une carrière contre le locataire voisin exploitant une autre partie de la même carrière à l'effet de le contraindre à souffrir l'exercice d'une servitude prétendue par le premier sur une galerie souterraine servant de chemin d'exploitation au second tombe sous l'application de l'art. 1727 c. civ.; que, dès lors, le locataire assigné peut exiger sa mise hors de cause, en nommant la personne pour laquelle il possédait (Poitiers, 2 déc. 1879, aff. Dècle, D. P. 80. 2. 96). — Par interprétation des clauses d'un bail, il a été décidé que le bailleur, qui avait autorisé le preneur à élever des bâtiments sur le terrain loué, devait faire cesser le trouble dont le preneur était menacé au sujet des jours par lui ouverts dans ces bâtiments sur la propriété voisine (Civ. rej. 22 mai 1878, aff. Leriche, D. P. 78. 1. 484).

153. Le preneur qui a le droit, suivant les circonstances, d'obtenir soit une diminution du prix soit la résiliation même du bail, pourrait-il en outre obtenir des dommages-intérêts? MM. Laurent (t. 25, nº 168) et Guillouard (t. 1, nº 168) se prononcent pour l'affirmative, tel est aussi notre avis. — Quant au calcul des dommages-intérêts, V. *infrà*, vº *Obligation*; — *Rép.* eod vº, nºs 789 et suiv.

154. Il a été jugé que le preneur, troublé par un autre preneur, qui prétend avoir droit à la chose louée en vertu d'un bail antérieur, est recevable à diriger l'action en cessation du trouble dont il se plaint contre l'auteur même de ce trouble; qu'il a le droit, mais non l'obligation de former son action contre le bailleur (Req. 15 juin 1858, aff. Séry, D. P. 58. 1. 453. Comp. *suprà*, nº 149).

En ce qui concerne le droit du bailleur d'agir directement contre l'auteur du trouble, V. Chambéry, 14 mai 1870, aff. Tournier, D. P. 71. 2. 32, et la note.

155. — C. *Dommages causés par le fait du propriétaire voisin.* — Ces dommages peuvent résulter soit de l'abus, soit de l'exercice même légitime des droits du voisin. Le bailleur, tenu de faire jouir le preneur, en est-il responsable? La jurisprudence admet, en principe, le droit du preneur à la garantie. Mais il y a des divergences entre les arrêts quant à l'étendue de cette garantie. On a cité au *Rép.* nº 249, un arrêt de la cour de Paris du 19 juill. 1848 (aff. Jeannette, D. P. 48. 2. 168) qui fait entrer dans le calcul de l'indemnité la perte subie par le preneur dans l'exercice de sa profession (V. conf. Trib. civ. Seine, du 19 juin 1862 et, sur appel, Paris, 30 déc. 1864) (1). Il a été jugé, au contraire, que la garantie du bailleur ne comprend pas la réparation du préjudice résultant de la perte de la clientèle, et que le preneur a droit seulement à une diminution de loyer et à la réparation du préjudice matériel qu'il aurait souffert (Aix, 4 mai 1863) (2). D'autres arrêts ont décidé que le preneur ne pouvait exiger qu'une

(1) (Dubois *C.* de Gerson et Chavignot.) — Le 19 juin 1862, jugement du tribunal civil de la Seine allouant des dommages-intérêts aux locataires, à raison du préjudice par eux éprouvé « tant au point de vue de leur jouissance personnelle que de leur jouissance industrielle et commerciale ». — Appel.

LA COUR; — En ce qui touche le chef de l'appel relatif aux indemnités des locataires: — Considérant que ces indemnités sont dues par les héritiers de Gerson auxdits locataires pour trouble apporté à leur jouissance, et comme conséquence de l'obligation à laquelle est soumis tout bailleur par la nature du contrat de faire jouir paisiblement le preneur de la chose à lui louée.

Du 30 déc. 1864.-C. de Paris, 5e ch.-MM. Filhon, pr.-Dupré-Lasale, av. gén., c. conf.-Andral, Josseau, Elie Paillet, av.

(2) (Baude *C.* Rolland et autres.) — Le 26 juin 1862, le tribunal civil de Marseille a rendu le jugement suivant: — « Attendu, en fait, que le sieur Baude, propriétaire de la maison Allées de Meilhan, 28, contiguë à celle nº 26, a fait procéder à la démolition et à la reconstruction de son immeuble; — Attendu que, conformément à un rapport d'experts amiablement nommés par Baude et les époux Rolland, propriétaires de la maison nº 26, le mur mitoyen, quoique suffisant pour les immeubles existants, a dû être démoli et reconstruit dans l'intérêt du sieur Baude, et pour être mis en état de supporter la surcharge résultant de l'exhaussement de la maison à construire; — Attendu que la démolition a commencé en novembre 1861 et que la reconstruction du mur mitoyen n'a été terminée qu'en avril 1862, ainsi que le constate le rapport de l'expert Lieutier, nommé par ordonnance de référé du 24 oct. 1861 pour indiquer toutes les précautions à prendre et surveiller l'exécution des travaux; — Attendu que, dans son rapport du 23 avr. 1862, l'expert constate que l'intérieur de la maison, nº 26, n'était pas en bon état de réparation, que le magasin et le premier étage n'étaient point occupés, mais que le deuxième et troisième étages l'étaient par la demoiselle Guillebaud...; — Attendu que la demoiselle Guillebaud, sous-locataire de Breissan (locataire principal de la maison des époux Rolland), suivant un bail enregistré qui a pris naissance le 29 sept. 1861 et doit finir à pareil jour de la présente année, a formé contre son bailleur une demande en dommages-intérêts, basée sur les dégâts, la privation de jouissance et le préjudice causé à son industrie de logeuse en garni, par le fait de la reconstruction du mur mitoyen qu'elle a dû subir; que, d'autre part, Breissan, en faisant refluer cette demande contre les époux Rolland et Baude, y ajoute, de son chef, une demande en dommages-intérêts, et qu'enfin les époux Rolland concluent contre Baude, par voie de garantie, comme auteur du dommage souffert par leurs locataires; — Attendu, en ce qui touche la demande de la demoiselle Guillebaud, qu'elle réclame la réparation du préjudice matériel causé à son mobilier par l'obligation où elle s'est trouvée de le transporter dans un autre local, et à elle-même par la nécessité où elle a été de quitter les lieux pendant un mois et d'indemniser des sous-locataires qui n'ont pu continuer leur location; — Que ces diverses causes de préjudice doivent lui faire allouer une somme de 300 fr. contre son bailleur, sauf le recours de celui-ci; qu'en outre, son bail ne comprenant que la période d'une année qui finit le 29 septembre prochain, elle a été, en réalité, privée de la jouissance des lieux loués pendant toute la durée du bail, puisque les reconstructions et réparations qui en étaient la suite n'étaient pas encore entièrement terminées le 23 avril, jour de la clôture du rapport de l'expert Lieutier, et que, pendant toute la durée de la saison d'hiver, elle a été privée de l'usage de ses cheminées et obligée de réduire son habitation à l'usage d'une petite chambre et d'une pièce aux mansardes, de telle sorte qu'elle n'a pas eu, pendant la durée de son bail, la jouissance utile des lieux loués, d'où il suit qu'elle ne peut être tenue d'en payer le loyer; — Mais attendu en ce qui touche la réparation du préjudice qu'elle prétend avoir souffert par la perte de sa clientèle et des bénéfices qu'elle aurait pu faire sur la location des chambres garnies, et de la nourriture de ses pensionnaires, qu'à cet égard, en écartant même l'exagération de la demande, il ne peut y être fait droit, qu'elle est sans action contre Baude et ne peut exciper d'aucune faute à l'encontre de son bailleur; que celui-ci ne pourrait être tenu de l'indemniser que s'il se trouvait dans le cas prévu par l'art. 1721 c. civ., tandis que c'est en vertu du dernier paragraphe de l'art. 1724 et de l'art. 1726 du même code qu'elle est fondée à demander la réparation des dégâts et du préjudice souffert, ainsi que la résiliation du bail ou une diminution proportionnelle sur les loyers; que, dans l'espèce, cette diminution doit être d'une année de loyer, ce qui absorbe le montant total de la location, mais que la privation de jouissance ne provenant pas d'un vice de la chose, puisque le mur mitoyen était apte à sa destination première, aucune indemnité ne lui est due par le bailleur pour les causes susénoncées; — Attendu que Breissan, locataire des époux Rolland, suivant convention privée de 1859 enregistrée, est fondé à invoquer les mêmes principes contre le bailleur, mais sans pouvoir réclamer contre eux autre chose que la diminution proportionnelle des loyers qui doit être, pour lui comme pour la demoiselle Guillebaud, d'une année de loyer, puisqu'il se trouve, par le fait d'un tiers, privé de la faculté de pouvoir jouir des lieux d'une manière utile pendant une année; mais qu'il ne peut rien prétendre au delà en réparation de la perte que lui cause le défaut de sous-location pendant la présente année; qu'il n'est en droit d'exiger en sus, à titre de garantie, que les 300 fr. qu'il doit payer à la demoiselle Guillebaud en réparation du préjudice matériel qu'elle a souffert; — Attendu, quant à la demande en garantie des époux Rolland contre Baude..., que..., dans l'espèce, toute indemnité à raison des bénéfices présumés des locataires ou sous-locataires étant écartée, la garantie des époux Rolland doit être admise pour les 300 fr. représentant les dégâts et dommages soufferts par la demoiselle Guillebaud, et les 3000 fr. prix du loyer d'une année dont Breissan, locataire de la maison desdits époux Rolland, est exonéré, puisque les travaux de reconstruction du mur mitoyen ont occasionné une diminution de jouissance correspondant à une année de loyer; — Par ces motifs, condamne Breissan à payer à la demoiselle Guillebaud 300 fr. en réparation des dommages matériels qu'elle a soufferts et déboute celui-ci de sa demande en payement de deux semestres de loyer de la présente année, décharge la demoiselle Guillebaud du payement dudit loyer; en ce qui touche les époux Rolland, les condame à payer à Breissan la somme de 3000 fr. qu'il leur a comptée pour le payement de deux semestres de loyer de la présente année; et en outre à le

réduction proportionnelle de loyer (Paris, 15 déc. 1875, aff. Drigou, D. P. 76. 2. 1; Trib. de Lyon, 13 mars 1885 (1); ... Ou la résiliation du bail, si les lieux occupés sont devenus impropres à l'industrie qu'y exerçait le locataire (Rennes, 12 août 1864) (2). — Comp. Guillouard, n°s 173, 180 et suiv. — Ce dernier auteur applique ici la distinction faite par l'art. 1724. Si la durée des travaux faits par le propriétaire voisin n'excédait pas quarante jours, le bailleur, suivant lui, ne serait tenu à aucune garantie; il en serait autrement dans le cas où les travaux dureraient plus de quarante jours ou rendraient inhabitables les lieux loués. Mais, ainsi qu'on l'a dit *suprà*, n° 103, cette distinction n'a été établie par la loi que pour le cas où les travaux sont exécutés par le bailleur; elle est étrangère à l'hypothèse où l'auteur des travaux est un tiers. Jugé, en ce sens, que l'art. 1724, al. 1er c. civ., qui dans le cas où la chose louée a besoin de réparations urgentes qui ne peuvent être différées jusqu'à la fin du bail, oblige le preneur à les souffrir, quelque incommodité qu'elles lui causent, n'est pas applicable aux travaux exécutés par le voisin en vertu d'une servitude légale ou conventionnelle, ou de tout autre droit, tel que la reconstruction d'un mur mitoyen; qu'en conséquence, si les travaux sont de nature à troubler gravement et pour longtemps la jouissance du locataire, il a le droit de demander la résiliation du bail, (Paris, 14 avr. 1862, aff. Rivière, D. P. 62. 2. 155).

En ce qui concerne le droit d'action du preneur contre le voisin, V. Paris, 14 févr. 1873 précité; 3 août 1873, aff. Télenne, D. P. 76. 2. 5 et *infrà*, v° *Servitudes*.

156. Le bailleur répond-il du trouble causé à la jouissance du preneur par le fait de l'Administration ou, au contraire, les actes de l'Administration constituent-ils, au regard du preneur, des voies de fait à raison desquelles le bailleur ne saurait être tenu à garantie? Il importe, à cet égard, de faire des distinctions.

Si l'acte administratif est illégal, il constitue manifestement une voie de fait rentrant dans les termes de l'art. 1725 (Aubry et Rau, t. 4, § 366, p. 479; Laurent, t. 25, n° 148; Guillouard, t. 1er, n° 147). — Bien que l'acte en lui-même fût légal, il y aurait encore voie de fait si l'Administration s'était rendue coupable d'abus dans l'exécution. Ainsi il a été jugé « que lorsque la maison tenue en location... n'était pas de droit atteinte par les nécessités de la démolition et n'avait été endommagée que par le résultat accidentel des actes de l'entrepreneur » de travaux publics, « ou de ses agents », il y avait « simple voie de fait » ouvrant une action contre l'auteur du trouble, et non contre le bailleur (Req. 16 mai 1866, aff. Mareschal, D. P. 66. 1.

---

relever et garantir en principal, intérêts et frais de la condamnation à la somme de 300 fr. prononcée contre lui au profit de la demoiselle Guillebaud en réparation des dommages qu'elle a soufferts; — Enfin condamne Baude à relever et garantir les époux Rolland. — Sur l'appel interjeté par le sieur Baude, arrêt de la cour d'Aix du 4 mai 1863 ainsi conçu :

La cour; — Attendu que les principes généraux du droit n'obligent à la réparation d'un dommage que lorsque ce dommage est le résultat d'une faute; — Attendu que le copropriétaire d'un mur mitoyen qui le fait exhausser, même dans son intérêt exclusif, use du droit que lui accordent les art. 658 et 659 c. civ.; — Attendu que l'exercice de ce droit ne peut le soumettre à d'autres obligations que celles qui sont mentionnées auxdits articles, pourvu qu'il exécute les travaux avec activité et qu'il prenne toutes les précautions possibles pour atténuer les incommodités et les dommages pouvant résulter de la reconstruction; — Attendu que la rigueur apparente de ces principes s'explique par la copropriété du mur mitoyen et par la réciprocité des droits et des devoirs existant pour les copropriétaires; — Attendu qu'il résulte du rapport de l'expert Lieutier que Baude a pris toutes les précautions que la situation des lieux demandait et qu'il n'a mis aucune négligence dans l'exécution des travaux; — Attendu que, la demande des locataires envers le propriétaire étant régie par les principes des baux à loyer, celui-ci ne saurait profiter de l'exonération de garantie qui va être prononcée au profit de Baude, par l'application d'autres principes; — Emendant, exonère Baude de la condamnation à titre de garantie, qui avait été prononcée contre lui, pour le surplus, confirme, etc.

Du 4 mai 1863.-C. d'Aix,-MM. Rigaud, 1er pr.-de Gabrielli, av. gén.-Pascal-Roux, Arnaud, Fenouillot de Falbaire et de Seranon, av.

(1) (Gaudien C. Million.) — Le tribunal; — Sur la demande principale; — Attendu que la demoiselle Gaudien a été troublée dans la jouissance des lieux qui lui avaient été loués par la dame veuve Million par la reconstruction du mur mitoyen entre la maison Million et la propriété voisine; — Que les travaux dont elle a souffert ne sont pas de la nature de ceux que le preneur doit subir sans indemnité, mais qu'ils ne sauraient constituer, au profit de la demoiselle Gaudien, la dame Million ayant été obligée de les subir elle-même à titre de servitude, un droit à des dommages-intérêts, mais seulement un droit à la décharge d'une portion du prix de bail correspondant à la privation de jouissance causée; — Sur la demande en garantie; — Attendu qu'en démolissant et en reconstruisant le mur mitoyen entre eux et la dame veuve Million, Gay-Bayard et consorts ont usé d'un droit; — Que l'exercice de ce droit, quelque trouble qu'il ait apporté à la jouissance du voisin ou de son locataire, ne peut motiver aucune action en réparation, alors qu'aucune faute n'est relevée dans l'exécution des travaux entrepris; — Par ces motifs; — Condamne la dame veuve Million à payer à la demoiselle Gaudien la somme de 45 fr., portion du bail correspondant à la privation de jouissance soufferte par la demoiselle Gaudien; — Rejette la demande en garantie comme mal fondée et condamne la veuve Million en tous les dépens.

Du 13 mars 1885.-Trib. civ. de Lyon.-M. Avril vice-pr.

(2) (Joyau C. Salardière.) — La cour; — Considérant qu'usant du droit que lui donnent les art. 658 et 659 c. civ., le sieur Cheneau se propose de faire exhausser le mur mitoyen qui sépare sa propriété de celle de la dame Joyau; qu'il résulte d'un rapport d'experts, en date du 9 juin 1860, dûment enregistré et déposé, que les constructions du sieur Cheneau, qui doivent s'élever à une grande hauteur, en privant d'air et de lumière la maison de la dame Joyau, la rendront impropre à l'industrie qu'y exerce le sieur Salardière, locataire actuel, et le mettront dans la nécessité de demander la résiliation de son bail; qu'en demandant cette résiliation, qui est acceptée, le sieur Salardière demande en même temps, une indemnité que la dame Joyau refuse et prétend ne pas devoir; — Considérant que la maison actuellement occupée par le sieur Salardière est en bon état de réparation et d'entretien; que la dame Joyau est complètement étrangère au fait qui, d'après les rapports des experts, rend la résiliation nécessaire; que ce fait se produit sans sa participation, sans qu'il lui soit possible d'y mettre obstacle; qu'il est contraire à ses intérêts et qu'elle en éprouvera un préjudice plus grave que celui dont le sieur Salardière lui demande réparation; — Qu'en effet, si celui-ci supporte momentanément la gêne et le dommage que causent toujours un déménagement et le déplacement d'une industrie, la dame Joyau subira une perte bien autrement grave en voyant sa propriété privée d'air et de lumière, se déprécier d'une manière permanente et diminuer de valeur dans une proportion considérable; — Considérant que, d'après les dispositions de l'art. 1382 c. civ. qui pose la règle générale en matière de responsabilité, la personne qui éprouve un dommage n'en peut demander réparation qu'à celui qui l'a fait, et en même temps par la faute duquel il est arrivé; que le dommage dont se plaint le sieur Salardière n'est imputable ni au fait, ni surtout à la faute de la dame Joyau, puisqu'il est constaté et reconnu qu'il résulte uniquement de travaux entrepris par le voisin, et dont elle est elle-même obligée de subir les conséquences préjudiciables; — Considérant que les dispositions spéciales du code civil qui règle les rapports du bailleur au locataire ne sont pas plus favorables aux prétentions du sieur Salardière; — Que l'art. 1719, en obligeant le bailleur de faire jouir paisiblement le preneur pendant la durée du bail, ne lui impose cette obligation que dans les limites du possible, qu'en vertu des art. 1722 et 1724, seuls applicables par analogie au procès actuel, si par cas fortuit la chose louée périt en partie, ou si des réparations nécessaires urgentes, devant avoir une longue durée, rendent inhabitable la maison du preneur, il peut faire prononcer la résiliation du bail, mais « sans indemnité » dit en termes formels l'art. 1722, et si l'art. 1724 ne répète pas les mêmes expressions comme il prévoit un cas analogue, on doit en faire application d'après les mêmes principes; — Que, dans toutes ces circonstances et celles de même nature, le bailleur et le locataire subissent en commun les conséquences d'événements fortuits, de force majeure, qui, d'après l'art. 1148 c. civ. ne peuvent jamais servir de base à une action en responsabilité; — Que la demande du sieur Salardière ne serait fondée que s'il prouvait, ce qu'il n'a pas fait, que la résiliation a été rendue nécessaire par une faute imputable à la dame Joyau;

Infirme le jugement du tribunal civil de Nantes du 14 janv. 1864;

Dit que la dame Joyau ne doit aucune indemnité, à raison de la résiliation de son bail, rendue nécessaire uniquement par les constructions du sieur Cheneau, etc.

Du 12 août 1864.-C. de Rennes, 2e ch.-MM. Androuin, pr.-Bidard, Grivart et Eon, av.

376). V. aussi Paris, 4 août 1871) (1). Si, au contraire, l'acte administratif d'où résulte le trouble est légal et a été régulièrement accompli, le bailleur doit-il garantie au preneur? Oui, en principe, sauf, en cas d'expropriation, l'application des règles spéciales de la loi du 3 mai 1841. L'acte administratif, en effet, ne saurait, dès lors qu'il est légal et régulièrement accompli, être considéré comme une voie de fait. Par suite l'art. 1725 c. civ. étant inapplicable, le principe de l'art. 1719 c. civ. reprend son empire; le bailleur doit garantir la jouissance du preneur. L'obligation de garantie s'applique notamment aux troubles provenant de l'exécution par l'Administration de travaux de voirie. Ainsi il a été jugé : 1° que le bailleur est tenu de garantir le preneur du trouble résultant de travaux exécutés sur la voie publique, qui, en abaissant cette voie, ont eu pour effet de rendre les lieux loués impropres à leur destination; qu'en conséquence, le preneur peut exiger du bailleur l'exécution des travaux prescrits pour rendre les lieux loués propres à leur destination, sans être obligé de s'adresser à l'Administration, de laquelle provient le trouble qu'il a souffert (Req. 17 août 1859, aff. Ardouin, D. P. 59.1. 437); — 2° Que le bailleur doit garantie au preneur, à raison du trouble de jouissance résultant des travaux de raccordement du sol d'une rue avec celui d'une voie nouvelle (Trib. Seine, 24 juin 1854, aff. Friang, D. P. 57. 3. 35); — 3° Que le bailleur doit garantie aux preneurs à raison de l'envahissement des eaux dans les maisons louées, provoqué par la construction de remblais qu'une ville a fait établir sur son propre terrain (Aix, 24 mars 1865) (2); — 4° Que le preneur (dans l'espèce un sous-locataire), a une action en garantie contre son bailleur locataire direct, dans le cas où les caves des bâtiments loués sont inondées par l'effet de remblais exécutés par une compagnie de chemin de fer sur des terrains voisins qui lui appartiennent (Lyon, 19 nov. 1865, aff. Deplace, D. P. 66. 2. 241); — 5° Que les travaux, de voirie qui, par l'abaissement du sol de la rue, rendent l'immeuble loué impropre à l'usage auquel il était destiné constituent un cas de force majeure à raison duquel le locataire peut demander la résiliation de son bail (Paris, 11 janv. 1866, aff. Baudier, D. P. 66. 2. 243); — 6° Que, dans le cas où les travaux entrepris par l'Administration pour l'établissement d'un chemin ont eu pour effet de détourner pendant un certain temps l'eau qui alimentait le moulin loué, le preneur sous-locataire peut agir en garantie contre son bailleur, qui, à son tour, a une action récursoire contre le propriétaire (Dijon, 12 déc. 1866, aff. Labonde, D. P. 66. 2. 241); — 7° Qu'il y a lieu à résiliation du bail au profit du preneur au cas où l'Administration a apporté un trouble à sa jouissance par la construction d'une chaussée en remblai comme conséquence d'une rectification de route (Dijon, 30 janv. 1867, aff. Dormoy, D. P. 67. 2. 68); — 8° Qu'au cas où les travaux d'exhaussement de la chaussée d'une voie publique ont eu pour résultat d'amener des inondations dans une propriété riveraine, le locataire troublé a action contre le propriétaire, responsable à son égard de ces actes de l'autorité administrative (Paris, 7 févr. 1868, aff. Loche, D. P. 68. 2. 88); — 9° Que le preneur a le droit de recourir contre le bailleur à raison du trouble apporté à sa jouissance par l'Administration dans le cas où, par suite de l'abaissement du trottoir, la maison ne peut plus déverser ses eaux ménagères sur la voie publique, mais reçoit au contraire les eaux qui proviennent de la rue (Aix, 9 mai 1868, aff.Rigaud, D. P. 70. 2. 116). Le même arrêt décide qu'il en est autrement en ce qui concerne les modifications ayant simplement pour résultat de masquer en partie la vue de la maison et des enseignes; que « ce n'est point là un changement qui affecte directement l'immeuble »; — 10° Que le bailleur doit garantir au preneur, à raison de l'exhaussement du quai devant les lieux loués, qui a rendu l'accès de ceux-ci difficile pour les piétons, impossible pour les voitures, et fait refluer sur l'habitation du preneur une humidité incommode (Paris, 18 août 1870, aff. Dclarasse, D. P. 70. 2. 231). — L'action du preneur, dans cette affaire, a été déclarée recevable, bien qu'il eût formé déjà devant le conseil de préfecture une action en indemnité contre l'Administration, à raison du dommage causé à son industrie par l'exécution des travaux. Ces deux actions, en effet, ne sauraient se confondre, car l'une est plus étendue que l'autre (V. la note sur l'arrêt précité).

(1) (Vaugeler et Simonin C. de Ribes.) — Le 8 déc. 1869, le tribunal civil de la Seine a rendu le jugement suivant : — « Attendu que le bailleur doit, il est vrai, faire jouir paisiblement le preneur pendant toute la durée du bail, mais qu'il n'est pas tenu de le garantir du trouble apporté à sa jouissance par voies de fait des tiers; — Et attendu qu'il est constant que les caves de Vaugeler et Simonin ont été inondées par suite de la rupture du tuyau d'une fontaine publique et de l'accumulation des eaux ménagères et des eaux provenant des usines du voisinage pendant l'exécution de travaux d'égout exécutés sur la voie publique par la Ville de Paris; qu'il a été constaté, par l'expert commis par le tribunal, que les murs de la maison du comte de Ribes étaient en bon état, et qu'ils n'ont pas eu besoin de réfection, même après les infiltrations qui ont eu lieu; que le trouble a été le fait de la Ville de Paris; qu'il n'a été que momentané et que le comte de Ribes ne saurait en être responsable ». — Sur l'appel des sieurs Vaugeler et Simonin.

LA COUR; — Considérant qu'en fait aucune faute n'est imputable au bailleur; que les murs de sa maison étaient régulièrement construits et solides; que l'inondation dont les appelants ont souffert provient uniquement, non de travaux exécutées par la Ville de Paris sur la voie publique, dans les conditions et les limites de son droit de voirie, mais d'un manque de précaution ou d'une faute de ses agents dans la direction de ces mêmes travaux; — Considérant qu'au moment où s'est produite cette faute, a commencé la voie de fait par un tiers définie par les termes de l'art. 1725 c. civ.; — Que la Ville ayant excédé son droit, c'était elle aussi que les appelants avaient à poursuivre en leur nom personnel; — Adoptant au surplus les motifs des premiers juges; — Confirme, etc.

Du 4 août 1871.-C. de Paris, 5e ch.-MM. Alexandre, pr.-de Thevenard, subst., c. conf.-Guiard et Nicolet, av.

(2) (Jouve C. Arnaud et Jaume.) — Le 1er août 1864, le tribunal civil de Marseille a rendu le jugement suivant : — « Attendu qu'il est constaté, par l'expert nommé par ordonnance de référé du 16 oct. 1863, que, dans la nuit du 11 au 12 du même mois, les eaux pluviales ne pouvant plus trouver leur écoulement vers la mer par suite des remblais opérés par la Ville de Marseille sur les terrain environnants les maisons occupées par les demandeurs, elles ont pénétré dans l'intérieur desdites maisons et se sont élevées jusqu'à 1 mètre 50 cent. environ; — Attendu que ce fait a causé un préjudice grave aux sieurs Arnaud et Jaume, locataires des époux Jouve, auxquels ils demandent la réparation du préjudice qu'ils ont souffert et qui est en partie constaté par le rapport d'expert; — Attendu que les défendeurs se fondent sur la disposition de l'art. 1725 c. civ. repoussant la recevabilité de l'action de leur locataire à leur égard; — Attendu que les obligations générales du bailleur qui naissent du contrat de bail sont spécifiées dans les art. 1719 et 1728 du même code; — Attendu que l'art. 1721 étend encore la garantie du bailleur à tous les vices de la chose louée qui en empêchent l'usage et l'oblige à indemniser le preneur s'il en résulte quelque perte; — Attendu que l'art. 1725 contient une exception qui déroge, dans les cas déterminés, aux règles générales de responsabilité établies par les articles précédents; — Attendu que cette exception n'a lieu qu'à la double condition qu'il s'agisse du trouble que des tiers apportent par voie de fait à la jouissance du preneur et que ces tiers ne prétendent aucun droit sur la chose; — Attendu qu'il suit de là qu'il faut d'abord qu'il y ait voie de fait, et ensuite qu'aucune action foncière ne puisse naître relativement aux droits du propriétaire de l'immeuble; — Attendu que la voie de fait est un acte de violence commis sans droit ni titre qui ne peut être prévu ni empêché par le bailleur; mais que dans l'espèce il s'agit non d'une voie de fait, mais d'un acte de voirie ou de propriété dont la Ville de Marseille est l'auteur, de travaux pratiqués sur son terrain et, par conséquent, avec un droit certain ou apparent, sauf la responsabilité que l'exercice de ce droit peut lui faire encourir vis-à-vis des tiers; — Qu'ainsi le fait qui a causé le dommage dont la réparation est demandée n'est point une voie de fait dans le sens de la loi, et peut d'ailleurs donner ouverture à une action en dommages-intérêts qui résulte des droits fonciers du propriétaire de l'immeuble, et que ce propriétaire a seul qualité pour poursuivre; d'où la conséquence que les parties ne se trouvent point dans l'exception de l'art. 1725 et rentrent sous l'empire des principes généraux de la matière, dont il doit être fait application; — Attendu, quant au chiffre des dommages-intérêts, etc.; — Par ces motifs, déclare les demandeurs recevables et fondés dans leur action en dommages-intérêts contre les époux Jouve, leurs bailleurs, etc. — Sur l'appel des époux Jouve, arrêt de la cour d'Aix.

LA COUR; — Adoptant ces motifs...; — Confirme.

Du 24 mars 1865.-C. d'Aix, 4e ch.-MM Marquézy, pr.-Desjardins, av. gén.-Roux et Tassy, av.

La pose de fils télégraphiques sur la maison louée donnerait également ouverture à la garantie au profit du preneur. C'est ce qui a été jugé au sujet d'une maison affectée à l'usage d'annexe d'hôtel garni (Angers, 25 juill. 1855, aff. Budan, D. P. 56. 2. 25). — Il en serait de même de la mise en interdit, par la commission des logements insalubres, de certaines parties de la maison louée, conformément à la loi du 13 avr. 1850 (D. P. 50. 4. 74) (Paris, 23 juin 1885) (1).

157. Lorsqu'un immeuble a été loué en vue de la fondation d'un établissement dangereux, insalubre ou incommode, le refus ou le retrait de l'autorisation administrative donne-t-il ouverture à l'action en garantie du preneur? M. Guillouard (t. 1, n° 152), qui examine la question, propose des distinctions. — Il importe avant tout, suivant lui, de consulter l'intention des parties telle qu'elle résulte du bail. Si l'obtention ou le maintien de l'autorisation a été une des conditions du bail, le bail doit être résilié. Si, au contraire, le preneur s'est chargé, à ses risques et périls, de s'assurer l'autorisation, le bail doit être maintenu. Dans le silence du bail, M. Guillouard admettrait, en thèse générale, que le refus ou le retrait d'autorisation donnerait ouverture à l'action en résiliation de la part du preneur. « Toutefois, ajoute-t-il, pour que notre théorie soit applicable, il faut que l'acte administratif ait rendu impossible l'exercice de l'industrie pour laquelle l'immeuble était loué; s'il n'avait fait que le rendre plus difficile, il n'y aurait pas là une cause de résiliation du bail, mais seulement un inconvénient sur lequel le preneur a dû compter et dont il ne peut rendre le bailleur responsable ». C'est ce que paraît admettre, au moins dans ses motifs et pour l'application d'une clause d'un bail, un jugement du tribunal de commerce de Rouen du 28 févr. 1879, confirmé avec adoption de motifs par arrêt de la cour de Rouen, du 20 juill. 1880 (2).

(1) Levaut C. Baduel.) — Le tribunal civil de la Seine a rendu le jugement suivant : — « Attendu que Levaut, locataire d'une boutique et dépendance dans une maison sise à Paris, rue des Saints-Pères, 18, demande 2000 fr. de dommages-intérêts et une diminution de loyer de 1000 fr. par an, en se fondant sur ce qu'un arrêté du conseil de préfecture, en date du 28 janv. 1881, ayant interdit comme habitation de jour et de nuit les pièces de l'entresol éclairées sur le passage de porte cochère et faisant partie de sa location, il serait ainsi privé de deux chambres et de deux cabinets servant à l'habitation de cinq personnes; — Attendu que le demandeur occupe les lieux en vertu de la cession à lui consentie par les époux Bigot, suivant acte sous seings privés du 18 janv. 1880, enregistré du droit au bail desdits lieux et du fonds de commerce de crémerie qu'ils y exploitaient; — Attendu que les lieux loués aux époux Bigot comprenaient, à partir du 1er janv. 1878, outre le rez-de-chaussée, un entresol composé de deux chambres sur la rue, dont une à cheminée, une chambre éclairée sur le passage de porte cochère, une autre éclairée sur l'escalier et de deux petits cabinets de débarras; — Que par ledit bail le loyer des époux Bigot a été porté de 1800 fr. à 2000 fr. et que, quelque défectueuses que fussent, au point de vue de l'habitation de nuit, les deux pièces éclairées comme il vient d'être dit, il n'est pas douteux que la possibilité d'y faire coucher les personnes employées dans la crémerie n'ait été prise en considération dans la fixation du prix du bail; — Attendu que l'interdiction prononcée par le conseil de préfecture enlève à Levaut cette possibilité; — Attendu que l'art. 1722 c. civ. permet au locataire de demander une diminution de loyer quand la chose louée est détruite en partie par cas fortuit; — Qu'il en est de même, d'après la doctrine et la jurisprudence, au cas d'une diminution de jouissance résultant d'un cas fortuit, encore bien qu'il n'y ait pas destruction matérielle de partie de la chose louée; — Attendu que tel est le cas dans l'espèce; — Que le défendeur l'a compris lui-même lorsque, dans sa requête au conseil de préfecture tendant au retrait de l'interdiction prononcée par ledit conseil, il a fait valoir que cette mesure entraînerait la résiliation des baux par lui consentis et lui causerait ainsi un grand préjudice; — Attendu qu'il y a lieu de fixer la réduction du loyer à 400 fr. par an; — Que les effets de cette réduction doivent avoir lieu rétroactivement à partir du 16 sept. 1881, date à laquelle les locaux interdits ont cessé de servir à l'habitation de nuit; mais qu'il n'y a lieu, aux termes de l'art. 1722 c. civ. ci-dessus cité, d'accorder des dommages-intérêts autres que ceux résultant de ladite réduction de loyer; — Par ces motifs, dit que le loyer de Levaut sera réduit de 400 fr. par an, dit que cette réduction produira ses effets rétroactivement à partir du 16 sept. 1881 ». — Appel par Levaut.

LA COUR; — Adoptant les motifs des premiers juges; — Confirme le jugement dont est appel, etc.

Du 23 juin 1885.-C. de Paris, 5e ch.-MM. Villetard de Laguérie, pr.-Bernard, av. gén.-Lalli et A. Rendu, av.

(2) (Louvet-Renaux C. Desmarais frères.) — Le 28 févr. 1879, jugement du tribunal de commerce de Rouen, ainsi conçu : — « Attendu que la demande de Louvet-Renaux se compose des deux chefs suivants : 1° déclarer résiliées les conventions verbales intervenues entre les parties le 24 févr. 1876; 2° condamner Desmarais frères en 116300 fr. à titre de dommages-intérêts en raison de cette résiliation; — Sur la résiliation des conventions: — Attendu que Desmarais frères consentent à ce que les conventions soient résolues; qu'il y a lieu, en conséquence, de la prononcer du commun accord des parties, à compter du 5 déc. 1878, date de l'assignation qui saisit le tribunal; — Sur les dommages-intérêts: — Attendu qu'il résulte des renseignements fournis au tribunal que, le 24 févr. 1876, Desmarais frères passaient verbalement avec Louvet-Renaux une double convention ayant pour objet d'une part la location de caves situées à Croisset, près Rouen, d'autre part, un contrat de commission conférant au demandeur, pour les départements de Normandie, la vente des produits des défendeurs; — Que ces conventions reçurent leur exécution jusqu'en avril 1878, sans soulever aucune difficulté entre les parties sur leur interprétation; — Que, le 26 janv. 1878, un incendie ayant éclaté dans une des caves du Croisset, occupée par MM. Deutsch et ses fils, et les voisins se plaignant que leurs puits étaient empoisonnés par l'infiltration du pétrole, l'Administration préfectorale s'émut de cet état de choses et, après enquête, prit, à la date du 25 avr. 1878, un arrêté prescrivant l'exécution de certains travaux destinés à empêcher l'infiltration des huiles et leur projection au dehors en cas d'incendie; — Que Desmarais frères, auxquels cet arrêté était signifié le 27 avril, prévenaient immédiatement Louvet-Renaux qu'ils considéraient les travaux ordonnés en raison de leur importance comme constituant en réalité un retrait de l'autorisation d'entrepôt, qui était la base essentielle de leurs conventions réciproques et leur raison d'être; que, dans ces conditions, ils se voyaient dans l'impossibilité de donner suite à leurs relations; — Attendu que tout le débat se réduit donc à rechercher si la prétention de Desmarais frères est justifiée soit par les conventions elles-mêmes, soit par leur esprit, soit par un cas de force majeure; — Attendu qu'il résulte des explications fournies au tribunal que Desmarais frères étaient tenus de prendre les caves et maisons à eux louées dans l'état où elles se trouvaient et de les rendre dans le même état sans pouvoir réclamer aucuns changements, travaux ou réparations, quels qu'ils fussent; — Qu'ils s'obligeaient à faire à leurs frais toutes les réparations locatives et même les grosses réparations qui seraient causées par leur fait; — Qu'ils pourraient emmagasiner dans les caves les marchandises à leur convenance, mais sous leur responsabilité et à charge de répondre seuls de tous dommages, quels qu'ils fussent, aussi bien envers le bailleur qu'envers les voisins et l'Administration; — Qu'ils satisferaient à toutes les charges et obligations de ville et de police et notamment aux règlements concernant les marchandises qu'ils se proposaient d'emmagasiner dans les caves; — Qu'il était convenu en outre : que la cave n° 7 était déclaré autorisée par les Administrations préfectorale et des douanes et reçue comme entrepôt réel; — Que Louvet-Renaux déléguait à Desmarais frères, avec les avantages et charges pouvant en découler, tous ses droits à l'entrepôt réel; — Que les conventions n'intervenaient qu'en raison de la libre et entière jouissance de l'entrepôt réel dans la cave n° 7; — Qu'il était prévu enfin les deux cas de résiliation suivants : 1° pour le cas où, en dehors du fait des défendeurs, l'autorisation préfectorale ou celle de la douane serait retirée; 2° dans le cas où l'abaissement des droits de douane sur le pétrole raffiné rendrait l'industrie du raffinage onéreuse en France; — Attendu qu'il résulte très clairement, de cet ensemble de conditions, que Louvet-Renaux n'était tenu à aucuns travaux, de quelque nature qu'ils puissent être; — Que sa seule obligation consistait à remettre les caves dans l'état où elles se trouvaient; — Que les conventions recevraient leur exécution tant que l'autorisation d'entrepôt réel ne serait pas retirée ou que les motifs de résiliation prévus ne se seraient pas réalisés; — Que toutes les autres charges dérivant de la nature du contrat incombaient à Desmarais frères; — Attendu que si le fait de travaux à exécuter aux caves pour satisfaire aux ordonnances de l'Administration n'a pas été spécialement mis à la charge de Desmarais frères, cette condition ressort clairement de l'esprit général des conventions; — Qu'il n'est pas douteux que Desmarais frères auraient eu soin de prévoir le cas parmi les motifs de résiliation, si telle avait été leur intention; — Que du reste l'exécution que les défendeurs ont donnée aux conventions le prouve surabondamment; — Qu'ils reconnaissent, en effet, avoir, lors de leur entrée en jouissance, fait faire certains travaux..., qu'il est justifié..., que postérieurement au commencement de l'enquête ordonnée par l'Administration préfectorale et alors qu'ils ne pouvaient pas ignorer que cette

Au cas où le trouble apporté à la jouissance du preneur par l'Administration a pour cause un fait personnel au preneur, il va de soi que le bailleur ne devrait pas garantie (Guillouard, t. 1er n° 151). Ainsi, il a été jugé que le preneur qui a loué une maison « pour y tenir hôtel garni et commerce de vin », n'est pas fondé à réclamer une diminution de loyer à raison de « l'injonction à lui faite par l'autorité compétente de réduire le nombre des habitants dans son garni » et à raison de « l'interdiction prononcée par cette autorité contre vingt-huit chambres ou cabinets pour l'habitation de jour et de nuit », alors que le bailleur, « resté étranger aux voies et moyens » suivant lesquels le preneur ou ses auteurs ont « organisé l'exploitation de leur double industrie dans les locaux loués », ne leur a garanti, « ni le nombre des sous-locataires qu'on y pourrait loger, ni la possibilité d'affecter utilement chacune des parties de l'immeuble à des logements », et alors que le preneur « a eu toute latitude pour disposer l'immeuble suivant ses convenances, et, connaissant les obligations de sa profession..., a dû tenir compte des nécessités de l'hygiène et prévoir l'éventualité d'une interdiction administrative, s'il exerçait son industrie dans des conditions reconnues insalubres » (Paris, 5 nov. 1887, aff. Brunet, D. P. 88. 2. 219).

158. Le preneur troublé dans sa jouissance par les actes de l'Administration peut, en vertu de l'action en garantie contre son bailleur, obtenir soit la résiliation de son bail, soit une diminution de loyer. Il a même été jugé que le preneur peut exiger du bailleur les réparations nécessaires pour la remise en état des lieux loués (Req. 17 août 1859, aff. Ardoin, D. P. 59. 1. 437), au moins quand le dommage est passager et réparable (Paris, 18 août 1870, aff. Delarasse, D. P. 70. 2. 231). Mais, en principe, le bailleur n'est pas tenu à des dommages-intérêts (Paris, 11 janv. 1866, aff. Baudier, D. P. 66. 2. 243 ; Dijon, 30 janv. 1867, aff. Dormoy, D. P. 67. 2. 68. *Contrà:* Lyon, 19 nov. 1865, aff. Deplace, D. P. 66. 2. 242 ; Dijon, 12 déc. 1866, aff. Labonde, D. P. 66. 2. 241 ; Trib. Seine, 24 juin 1854, aff. Friang, D. P. 57. 3. 35 ; Aix, 24 mars 1865, aff. Jouve, *suprà*, n° 156). En tous cas, le bailleur devrait certainement des dommages-intérêts, s'il avait, par son fait ou sa négligence, provoqué l'acte administratif. Ainsi il a été jugé que le propriétaire d'une maison, qui a provoqué lui-même et dans son intérêt le nivellement de la rue où est située cette maison, fût-ce conjointement avec d'autres propriétaires de la même rue, est tenu d'indemniser son locataire du préjudice à lui causé par ce nivellement, encore bien que les travaux aient été ordonnés et exécutés par l'autorité municipale (Paris, 15 juill. 1857, aff. Covlet, D. P. 57. 2. 151. V. aussi Req. 12 mars 1851, aff. Bassemont, D. P. 54. 5. 474 ; Aix, 7 mars 1870, aff. Bernheim et Filliat, D. P. 71. 2. 253).

159. En cas de trouble apporté à sa jouissance par le fait de l'Administration, le preneur, en dehors de l'action en garantie contre son bailleur, a contre l'Administration une action en réparation du dommage causé. Jugé que cette action doit être exercée directement par le preneur et que le bailleur n'a pas qualité à cet égard pour représenter son locataire (Cons. d'Et. 24 janv. 1861, aff. Carré, D. P. 61. 5. 505 ; 7 mars 1861, aff. de la Grange, D. P. 61. 3. 27. V. toutefois Aix, 24 mars 1865, *suprà*, n° 156). — Ajoutons que, tandis que l'action en garantie contre le bailleur est de la compétence judiciaire (Paris, 15 juill. 1857, aff. Covlet, D. P. 57. 2. 151 ; et 24 nov. 1858) (1), l'action directe contre l'Administration est de la compétence administrative (Paris, 1er déc. 1864) (2).

160. Au cas d'expropriation, les rapports du bailleur et du preneur sont réglés en principe par les dispositions de la loi du 3 mai 1841. Aux termes des dispositions combinées des art. 21 et 39, dans la huitaine de la notification de l'extrait du jugement d'expropriation, « le propriétaire est tenu d'appeler et de faire connaître à l'Administration les fermiers, locataires... » et « le jury prononce des indemnités distinctes en faveur des parties qui les réclament à des titres différents, comme propriétaires, fermiers, locataires... ». Faute d'avoir fait connaître dans les délais le fermier, locataire, etc., le propriétaire reste « seul chargé envers eux des indemnités que ces derniers pourront réclamer » (V. au surplus, à cet égard, *suprà*, v° *Expropriation*, nos 244 et suiv., 640 et suiv.). Observons seulement : 1° que le jugement d'expropriation ou la cession amiable qui intervient après une déclaration d'utilité publique donnent ouverture au droit à indemnité du locataire, encore que l'expropriant s'engage à maintenir les baux jusqu'à leur expiration, dès lors qu'il n'est point intervenu un contrat nouveau faisant revivre le bail du consentement de toutes les parties (Civ. rej. 2 août 1865, aff. Fleury ; 2 août 1865, aff. Astorgue,

---

Administration se proposait d'ordonner certains travaux, Desmarais frères s'offraient d'eux-mêmes à faire faire quelques travaux pour rendre le sol des caves étanche et empêcher les projections ; — De sorte qu'il faut reconnaître que, si Desmarais frères ont refusé d'exécuter l'arrêté préfectoral, ce n'est point qu'ils ne crussent pas que ces travaux ne fussent à leur charge, mais uniquement parce que leur importance dépassait le bénéfice qu'ils pouvaient espérer retirer de l'emploi des caves pendant le temps que les conventions avaient encore à courir ; — Attendu que l'appréciation de Desmarais frères, quant à l'opportunité des travaux, parfaitement justifiée en ce qui concerne leur intérêt personnel, ne saurait constituer un argument de droit en leur faveur qu'autant qu'ils établiraient que l'arrêté préfectoral constitue un cas de force majeure ou qu'il équivaut en réalité à un retrait d'autorisation ; — Attendu que le fait du prince ne saurait avoir le caractère du cas fortuit ou de force majeure et exonérer le débiteur qui ne remplit pas son obligation, conformément aux dispositions de l'art. 1148 c. civ., qu'autant que le fait allégué met le débiteur dans l'impossibilité matérielle de satisfaire aux engagements qu'il a contractés ; — Qu'on ne saurait donner ce caractère à un arrêté préfectoral qu'il était dans la nature même des choses de prévoir comme possible, alors qu'il n'a d'autre portée que de rendre l'exécution plus difficile et plus onéreuse ; — Attendu que Desmarais frères ne justifient pas que l'autorisation accordée à Louvet-Renaux ait été retirée ; que fût-il même justifié qu'elle leur a été enlevée, il ne saurait résulter de ce fait aucun argument en leur faveur, puisque ce retrait n'aurait été amené que par leur refus de se conformer aux prescriptions d'un arrêté dont les conséquences étaient à leur charge ; — Attendu que, dans ces conditions, il y a lieu de dire que, la résiliation des conventions a été amenée par le refus, injustifiable en droit, de Desmarais frères, de procéder aux travaux ordonnés, et que ce refus donne ouverture contre eux à des dommages-intérêts ; — Attendu que la demande de Louvet-Renaux se subdivise en deux parties principales... ; — Par ces motifs, le tribunal, sans s'arrêter aux plus amples demandes et conclusions des parties, qu'il rejette, en tant que de besoin, comme autant non recevables que mal fondées ; — Déclare résiliées, par le fait et la faute de Desmarais frères, les conventions du 24 févr. 1876, fixe au 5 déc. 1878 l'époque de la résiliation ; — Condamne Desmarais frères à payer à Louvet-Renaux la somme de 12 000 fr. à titre de dommages-intérêts avec intérêts de droit, — Sur l'appel principal de Louvet-Renaux et l'appel incident de Desmarais frères, arrêt de la cour de Rouen ainsi conçu :

La cour ; — Adoptant les motifs des premiers juges ; — Par ces motifs ; — Met lesdites appellations à néant, ordonne que ce dont est appel sortira effet...

Du 20 juill. 1880.-C. de Rouen, 1re ch.-MM. Neveu-Lemaire, 1er pr.-Marais subst. du proc. gén.-Ducoté et Marais, av.

(1) (Ardoin C. Chemin de fer de Lyon.) — La cour ; — En ce qui touche la compétence : — Considérant qu'il s'agit, dans l'espèce, non d'une demande d'indemnité à régler par l'autorité administrative, mais de l'action d'un locataire contre le propriétaire à l'effet de se faire maintenir dans la libre possession et jouissance de la chose louée ; — Au fond..., confirme.

Du 24 nov. 1858.-C. de Paris, 2e ch.-MM. Legorrec, pr.-Moreau, av. gén.-Mathieu et Péronne, av.

(2) (Mareschal C. Lanche, Ville de Paris et autres.) — Le 5 juin 1863, jugement du tribunal de la Seine ainsi conçu : — « En ce qui touche les actions respectivement dirigées par Mareschal (locataire) contre la Ville, par Lanche et Mabile (bailleurs) contre la Ville, et celle de la Ville contre Leboucher (entrepreneur des travaux) ; — Attendu que les travaux dont s'agit, soit qu'on les considère comme personnels à l'entrepreneur, soit qu'ils doivent être attribués à l'Administration elle-même, ont le caractère de travaux publics ; qu'ainsi c'est aux tribunaux administratifs seuls qu'il appartient d'en apprécier les conséquences ;

Par ces motifs, se déclare incompétent en ce qui concerne l'action de Mareschal contre la Ville de Paris... » — Sur l'appel de Mareschal :

La cour ; — Adoptant les motifs des premiers juges, confirme...

Du 1er déc. 1864.-C. de Paris, 4e ch.-MM. Tardif, pr.-Descoutures, av. gén.-de Jouy, Andral, de Chégoin av.

D. P. 65. 1. 256); — 2° Qu'en cas d'expropriation partielle, le preneur peut exiger de son bailleur une diminution de loyers proportionnelle (Civ. cass. 8 août 1855, aff. Valentin, D. P. 55. 1. 336).

SECT. 4. — OBLIGATIONS DU PRENEUR (*Rép.* nos 267 à 347).

ART. 1er. — *Obligation d'user de la chose suivant sa destination* (*Rép.* nos 268 à 283).

161. Cette obligation du preneur est formulée dans l'art. 1728 c. civ. L'art. 1729 indique la sanction : « Si le preneur emploie la chose louée à un autre usage que celui auquel elle a été destinée, ou dont il puisse résulter un dommage pour le bailleur, celui-ci peut, suivant les circonstances, faire résilier le bail ». — On a combattu au *Rép.* n° 269, l'opinion de Duranton, d'après laquelle, pour donner ouverture à l'action du bailleur; il faudrait, à la fois, que le preneur eût modifié la destination de la chose et que le changement fût préjudiciable au bailleur; et l'on a soutenu que l'art. 1729 donnant une sanction aux obligations du preneur inscrites dans l'art. 1728 « a voulu précisément désigner les deux espèces de jouissance abusive c'est-à-dire le cas où le preneur change la destination de la chose et le cas où, sans changer sa destination, il n'en jouit pas cependant en bon père de famille ». Le bailleur aurait donc le droit de demander la résiliation, d'une part, au cas où le preneur changerait la destination de la chose, lors même que ce changement ne causerait aucun préjudice au bailleur, d'autre part, au cas où le preneur, sans changer la destination, n'userait pas de la chose en bon père de famille. Telle est aussi l'opinion de MM. Laurent, t. 25, n° 263, et Guillouard, t. 1, nos 200 et 201. MM. Aubry et Rau, t. 4, § 367, p. 482, qui admettent la résiliation soit au cas d'abus de jouissance, soit au cas de changement de destination, exigent dans les deux cas qu'il y ait préjudice pour le bailleur.

162. La destination de la chose, on l'a vu au *Rép.* n° 272, peut être déterminée, notamment, par le bail. Ainsi jugé, en ce qui concerne l'exercice du commerce de marchand de grains, par un arrêt de la cour de Douai du 18 août 1864 (1).

163. L'interdiction de changer la destination de la chose peut, d'ailleurs, être formellement exprimée dans le bail. Il a été jugé : 1° que, lorsque dans le bail des locaux destinés à l'exploitation d'un établissement de café-brasserie, il a été expressément stipulé que cet établissement « devait exclure tous chants, toutes danses, toutes représentations scéniques, toutes singularités pouvant servir de motif à des réunions de public exceptionnelles, enfin toutes circonstances autres que celles de l'exploitation d'un café ordinaire », l'ouverture d'une communication avec un établissement voisin destiné à des bals publics, à des représentations de musique et de théâtre « pour ne faire de l'ensemble des lieux qu'un même établissement », constitue une violation du bail donnant au bailleur le droit d'exiger la suppression de la communication (Lyon, 23 nov. 1866, aff. Frèrejean, D. P. 67. 5. 262); — 2° Que, lorsqu'un bail dispose « que les lieux loués ne pourront servir qu'à un établissement de gymnastique et d'hydrothérapie », le preneur contrevient aux stipulations de son contrat en ouvrant son établissement aux réunions de la Société des gens de lettres, « la réunion d'une société en vertu d'autorisation de la police et sous la surveillance de celle-ci » ne pouvant être assimilée « à une réunion ordinaire des amis de celui qui la reçoit » (Paris, 23 janv. 1869, aff. Paz, D. P. 69. 2. 193); — 3° Que, dans le cas où le bail stipule que la location est faite pour l'habitation personnelle du preneur et interdit l'exercice, dans l'appartement donné en location, d'industries de nature à incommoder ou troubler les autres locataires, le sous-locataire outrepasse ses droits en affectant les lieux loués à des réunions électorales, se prolongeant jusqu'à une heure très avancée de la nuit; qu'en conséquence, le propriétaire est fondé à demander la résiliation du bail et l'expulsion du sous-locataire (Trib. de Lyon, 27 août 1873, aff. Ravier et Dessaigne, D. P. 73. 3. 88); — 4° Que le preneur, lorsque son bail lui interdit « l'exercice de toute autre profession que celle de marchand de vins au détail » ne peut y adjoindre le commerce des huîtres (Paris, 4 juill. 1888) (2). — Mais il a été jugé : 1° que le preneur pouvait, dans le silence de son bail, affecter à l'emmagasinage du guano les magasins par lui loués qui avaient jusque-là servi principalement à loger des céréales et des farines, sauf à lui à prendre, lors de l'expiration du bail, les mesures de désinfection nécessaires (Trib. com. de

(1) (Demol C. Trochand.) — Le tribunal civil de Dunkerque a rendu le jugement suivant : — « Considérant que, depuis le 1er oct. 1855, Demol occupe la partie sud d'une maison à deux demeures, sise à Dunkerque, place Napoléon, dont la partie nord-est est habitée par les demoiselles Trochand, propriétaires de cette maison, et que ledit Demol y a exercé exclusivement le commerce de marchand de grains, qualité qu'il avait prise dans l'acte de bail que lui avaient accordé les demoiselles Trochand; — Considérant que Demol a obtenu un nouveau bail aux mêmes conditions que le premier, à la date du 26 avril dernier, y prenant encore la qualité de marchand de grains; — Considérant que les demoiselles Trochand, au moment de la passation du premier bail, occupaient une cave et vendaient tout à la fois des fruits du pays, des figues, des raisins, etc., et n'avaient acheté la maison dont elles devaient occuper la partie nord que pour y exercer le commerce d'épiceries, ce qu'elles ont fait aussitôt que les travaux à faire pour établir leur magasin ont été terminés, c'est-à-dire trois mois après l'entrée en jouissance du bail accordé à Demol qui ne pouvait ignorer les intentions de ses bailleresses; — Considérant que Demol a paisiblement exercé son commerce de grains jusqu'au moment où il a obtenu un nouveau bail, mais qu'aussitôt après il a ajouté à sa vente de grains celle des épiceries et selon les demanderesses demoiselles Trochand, leur a fait une concurrence qui leur occasionne un préjudice considérable; que par suite et aux termes des art. 1728 et 1729 c. civ. elles demandent qu'il soit fait défense à Demol de faire dans cette partie de maison qui ne lui a été loué que pour la vente des grains, le commerce d'épiceries qu'elles exercent dans l'autre partie; — Considérant qu'aux termes des articles invoqués, le preneur doit occuper les lieux loués seulement pour l'usage pour lequel ils ont été destinés, selon les intentions des parties contractantes; qu'il est évident qu'il résulte des faits de la cause que, si les demanderesses avaient pu croire, aussi bien au moment de la passation du premier que du second bail, que Demol aurait voulu exercer la profession d'épicier, ce qu'elles faisaient ou allaient faire et ce que Demol ne pouvait ignorer, elles ne lui auraient pas accordé bail pour s'exposer volontairement à une concurrence nécessairement nuisible; — Considérant que ce qui vient corroborer cette pensée, c'est que Demol n'a manifesté son intention de vendre des épiceries qu'après avoir obtenu, en sa qualité de marchand de grains, un nouveau bail des demoiselles Trochand; que, dès lors, il a réellement changé la destination de la chose louée et fait une concurrence nuisible au commerce des demanderesses; — Considérant que les demoiselles Trochand n'établissent pas quant à présent un dommage dont on puisse déterminer la hauteur; — Fait défense à Demol d'exercer dans la partie de maison qu'il occupe, contiguë à celle des demoiselles Trochand le commerce des épiceries, etc. ». — Appel par Demol.

LA COUR; — Adoptant les motifs des premiers juges; — Confirme, etc.

Du 18 août 1864.-C. de Douai, 2e ch.-MM. Danel, pr.-Preux, av. gén.-Lemaire et Coquelin av.

(2) (Boulnois C. Guillard.) — LA COUR; — Attendu que le bail sous seings privés, en date du 20 janv. 1885, consenti par les consorts Boulnois, interdit au preneur l'exercice de toute autre profession que celle de marchand de vins au détail; — Que Guillard reconnaît qu'il a adjoint comme accessoire d'usage à ce commerce celui de la vente des huîtres; qu'il prétend y avoir été autorisé par ses bailleurs dès avant la fin du bail et qu'il offre d'en faire la preuve; — Attendu que le bail, en spécifiant le genre exclusif de commerce que le preneur devait exploiter, lui a interdit toute autre profession; — Qu'en conséquence, Guillard ne peut exercer le commerce d'huîtres, lequel n'a aucun caractère commun avec son débit au détail; — Que la tolérance que les bailleurs lui ont accordée ne lui a conféré aucun droit contraire à son bail dont les consorts Boulnois sont fondés à faire respecter l'exécution; — Attendu que l'articulation produite par Guillard ne s'applique qu'à des faits ou reconnus ou antérieurs au bail; que la preuve n'en est pas admissible en ce qu'elle tendrait à modifier un acte formel qui ne laisse place à aucune interprétation; — Par ces motifs; — Dit et ordonne que, dans la quinzaine de la signification du présent jugement, Guillard sera tenu de cesser le commerce de la vente des huîtres, etc....

Du 4 juill. 1888.-C. de Paris, 6e ch.-M. Colette de Baudicourt, pr.

Nantes, 29 juin 1870, aff. Wilson, D. P. 70. 3. 118); — 2° Que, en l'absence de toute stipulation contraire, le locataire d'un terrain dans lequel se trouve situé un puits peut se servir de l'eau de ce puits non seulement pour l'arrosage du terrain loué, mais encore pour l'arrosage d'un terrain contigu que lui a loué un autre propriétaire, alors que le bailleur ne justifie pas que cet usage lui est préjudiciable, et alors qu'un précédent locataire a agi de même (Paris, 6 avr. 1886, aff. Driancourt, D. P. 88. 2. 117).

Il appartient, d'ailleurs, aux juges du fait de constater souverainement l'usage auquel le preneur emploie la chose louée (Req. 7 nov. 1882, aff. Jubert, D. P. 83. 1. 382), spécialement, de constater que le preneur exerçait, dans les lieux loués, le commerce, non de marchand de vins en gros, mais de marchand de vins au détail (Même arrêt).

164. On s'est demandé au *Rép.* n° 278, si le preneur qui exerce dans la maison louée une profession commerciale et industrielle peut, sans manquer à ses obligations, fermer l'établissement et abandonner les lieux avant l'expiration du bail, soit pour aller s'établir ailleurs, soit pour cesser entièrement l'exercice de sa profession. On a dit qu'il y avait lieu de distinguer suivant que l'achalandage préexistait à l'entrée en jouissance du preneur, ou, au contraire, avait été créé et amené par lui : dans le premier cas, le bailleur aurait le droit de se plaindre de la fermeture anticipée de l'établissement; dans le second cas, le preneur aurait toute liberté pour cesser son exploitation ou la transporter ailleurs.

La jurisprudence paraît admettre cette distinction. Ainsi il a été jugé, d'une part : 1° que le cessionnaire d'un fonds de commerce qui est en même temps locataire de la maison dans laquelle ce fonds est exploité, ainsi que de l'enseigne et de l'achalandage, ne peut, avant l'expiration du bail, à peine de résiliation de ce contrat et de dommages-intérêts, transporter son habitation et son établissement dans une maison voisine, où il vend ses marchandises sur factures portant le titre de la maison louée, et cela au préjudice du bailleur auquel le fonds de commerce doit faire retour (Poitiers, 28 juin 1854, aff. Goût-Lachapelle, D. P. 55. 2. 95) ; — 2° Que les preneurs d'une boutique désignée dans le bail « comme boutique de marchand épicier et dans laquelle le commerce d'épicerie était exercé depuis longtemps » ont contrevenu à leurs obligations en fermant ladite boutique avant la fin du bail et « en la convertissant en lieu de dépôt de marchandises et de débarras » (Paris, 6 déc. 1888) (1). — Il a été décidé d'autre part: 1° que le preneur qui a loué une maison pour y établir un hôtel meublé, et qui même s'est engagé à n'y pas faire d'autre commerce, peut néanmoins cesser son exploitation avant la fin du bail et la transférer ailleurs, si la clientèle, au lieu d'être attachée au local, y a été créée et amenée par lui (Bordeaux, 22 août 1860, aff. Veuve Johnston, D. P. 61. 2. 6); — 2° Que le preneur, qui a ouvert dans les lieux loués une officine de pharmacien, peut, avant la fin du bail, transporter ailleurs l'établissement qu'il a créé (Limoges, 11 févr. 1889, aff. Chastaing, D. P. 90. 1. 344).

Jugé cependant que les preneurs, antérieurement cessionnaires d'un fonds de commerce exploité dans les lieux loués par le bailleur pouvaient, au cours du bail, transporter leur établissement dans une maison voisine et sous-louer les locaux par eux pris à bail à des personnes n'exerçant aucune profession (Orléans, 19 mai 1865) (2).

165. Il semble bien, en tous cas, ainsi qu'on l'a indiqué

---

(1) (Gay et Maucarré.) — LA COUR; — Considérant que le propriétaire d'un fonds de commerce est toujours libre de le déplacer et de le transporter où bon lui semble, avec la clientèle qui y est attachée; que les époux Gay et Maucarré n'ont donc fait qu'user de leurs droits, en déplaçant le fonds de commerce d'épicerie qu'ils avaient acquis de Rassart fils, à qui son père l'avait constitué en dot; — Considérant, toutefois, que l'exercice de ce droit devait être concilié par eux avec leurs obligations comme preneurs vis-à-vis du propriétaire des lieux où s'exerçait leur commerce avant son déplacement; — Qu'ils étaient tenus de conserver aux lieux loués, jusqu'à la fin du bail, la destination en vue de laquelle il avait été passé; — Considérant qu'en fait ce bail comprenait une boutique, désignée comme boutique de marchand épicier, et dans laquelle le commerce d'épicerie était exercé depuis longtemps; que les preneurs, acquéreurs du fonds, l'ont prise en location, pour y continuer l'exploitation de ce fonds encore bien qu'il n'ait été rien spécifié à cet égard; — Considérant qu'en fermant cette boutique avant la fin du bail et en la convertissant en lieu de dépôt de marchandises et de débarras, lesdits preneurs ont manqué à leurs obligations et justifié la demande en résiliation introduite contre eux; qu'ils ont causé par leurs agissements aux bailleurs un préjudice dont réparation est due à ceux-ci; mais qu'il y a lieu de fixer le montant de cette réparation à la somme de 1000 fr. seulement pour toute indemnité comprenant les frais de remise en état des lieux et de réparations locatives; — Par ces motifs; — Ordonne que ce dont est appel sortira son plein et entier effet, réduit toutefois à la somme de 1000 fr. le montant des condamnations prononcées à titre de dommages-intérêts contre les appelants.

Du 6 déc.-1888.-C. de Paris, 6e ch.-MM. Collette de Baudicourt, pr.-Duval, subst.-Morillot, Ledebt, av.

(2) (Bodin C. Foussin.) — LA COUR; — Considérant que, par conventions verbales reconnues par les parties et intervenues au cours du mois de juin 1860, le sieur Foussin a vendu aux époux Bodin, moyennant un prix de 3000 fr., le fonds de boulangerie qu'il exploitait à Blois, faubourg de Vienne, rue Croix-Boissée, n° 11, ensemble l'achalandage qui y était attaché ainsi que les meubles et ustensiles qui en faisaient partie, pour par les acquéreurs en disposer en toute propriété et jouissance, le sieur Foussin s'interdisant de former aucun établissement du genre de celui qu'il venait de céder dans un rayon de 4 kil. de la ville de Blois; — Considérant que, postérieurement, par un acte sous seing privé enregistré, en date du 17 juill. 1860, le sieur Foussin a loué pour dix-huit années consécutives à partir du 24 juin 1860 aux époux Bodin la maison qu'il occupait et où se trouvait l'établissement de boulangerie cédé précédemment et que les époux Bodin exploitaient déjà; que, par ce même acte, les locataires avaient le droit de sous-louer en totalité ou en partie; — Considérant qu'après avoir exercé pendant quatre ans leur industrie dans cette maison, les époux Bodin l'ont transférée dans une maison voisine et ont sous-loué celle qu'ils tenaient à loyer de Foussin à des personnes n'exerçant aucune profession; — Que Foussin prétend que, par ce changement, les époux Bodin ont contrevenu aux dispositions de l'art. 1728 c. civ.; qu'ils n'usent pas de la chose louée suivant la destination qui lui a été donnée par le bail, ou suivant celle présumée par les circonstances, et qu'ils doivent être contraints à exploiter leur industrie de boulangerie dans la maison qu'il leur a louée; — Considérant que, par le bail du 17 juill. 1860, Foussin n'a pas loué aux époux Bodin une maison avec un fonds de boulangerie qui devrait être conservé par les preneurs et rendu ultérieurement par eux au locateur; qu'il ne leur a pas imposé l'obligation de maintenir dans cette maison ni le fonds de boulangerie qu'il leur avait cédé ni tout autre; que le bail comprend uniquement la maison et porte même que l'établissement de boulangerie a été cédé antérieurement; — Considérant que, par la cession intervenue au mois de juin, Foussin avait aliéné d'une manière complète et absolue son fonds de boulangerie ainsi que l'achalandage qui y était attaché, et en était désormais dessaisi; que les époux Bodin en étaient devenus les propriétaires exclusifs avec le droit incontestable de l'exploiter où et comme ils le voudraient, comme aussi de ne pas l'exploiter ou de l'exercer dans une maison autre que celle de Foussin qu'ils n'avaient pas encore louée et qu'ils pouvaient ne pas louer, d'en disposer en un mot ainsi que bon leur semblerait dans la plénitude des droits de propriété qui leur avaient été abandonnés, sans réserve aucune de la part du vendeur; — Considérant que, par cette cession, le fonds de boulangerie et l'achalandage avaient été détachés de la maison et formaient désormais une chose distincte et séparée appartenant aux époux Bodin, tandis que la maison restait la propriété de Foussin; — Que, dans cette situation, ce dernier pouvait bien, en louant la maison, la désigner comme celle où se trouvait l'établissement de boulangerie qu'il avait cédé, mais ne pouvait pas entendre imposer à la chose louée une destination qui était inhérente à une industrie et à un achalandage vendus antérieurement, à rattacher à une location les avantages d'un fonds de commerce et d'une clientèle qui ne lui appartenaient plus; qu'à la fin de leur bail, les époux Bodin ne pouvaient être tenus de rendre au locateur un fonds de boulangerie qu'ils lui avaient acheté, qui leur appartenait et qui ne dépendait plus de la maison dont la location était postérieure à la cession; qu'ils étaient tenus vis-à-vis de Foussin des conditions de la location de la maison, mais restaient libres de faire du fonds de boulangerie ce que bon leur semblerait; — D'où il suit que les époux Bodin, en transférant dans une maison voisine l'établissement de boulangerie qu'ils avaient acheté de Foussin et en sous-louant à des personnes n'exerçant aucune profession la maison que ce dernier leur avait louée, n'ont fait qu'user du droit résultant pour eux de la cession du fonds de commerce et de l'achalandage et de la faculté de sous-louer reconnue par leur bail; — Infirme le jugement rendu par le tribunal civil de Blois, le 24 janv. 1865, etc.

Du 19 mai 1865.-C. d'Orléans, 1re ch.-MM. Dubois (d'Angers), 1er pr.-Leroy et Johannet, av.

au *Rép.* n° 278, que la prohibition de changer la destination de la chose ne s'oppose pas à ce que le preneur, locataire d'une boutique destinée à l'exercice d'un commerce de détail, établisse dans une autre rue un commerce de gros et aille lui-même habiter au siège de cet établissement, si d'ailleurs il continue, par l'intermédiaire d'un commis, l'exploitation de son commerce de détail. Le locateur se plaindrait à tort de la moindre activité de ce dernier commerce, s'il est prouvé qu'il est « fait d'une manière réelle et sérieuse » (Nancy, 26 févr. 1846, aff. Janot, D. P. 46. 2. 117). — Mais il y aurait violation des obligations du bail, si, au mépris des clauses imposant au preneur de « tenir la maison louée constamment en état de magasin » et d'y vendre jusqu'à « l'expiration du bail de façon à ne pas changer la nature de la location », les représentants du preneur, après le décès de celui-ci, laissaient le magasin loué « se désachalander dans une certaine mesure au profit de leur propre magasin... situé à quelques mètres de distance de celui qu'ils tenaient à bail », cessant d'entretenir dans le magasin loué un assortiment des marchandises les plus usuelles et restreignant de plus en plus le personnel chargé de la vente (Orléans, 27 févr. 1889) (1).

166. Le preneur, en l'absence d'une prohibition dans le bail, peut-il installer, sans l'autorisation du propriétaire, l'éclairage au gaz dans les lieux loués? Oui, en principe, à notre avis. Telle est aussi l'opinion de M. Guillouard, t. 1, n° 290 : « Dans l'état de nos habitudes sociales, écrit cet auteur, il faut reconnaître au preneur, d'une manière générale, le droit d'introduire dans la maison louée l'éclairage au gaz. Il faut, d'après les art. 1156 et 1157, interpréter les contrats d'après la commune intention des parties et d'après les habitudes du lieu où le contrat est passé. Or l'usage du gaz, comme procédé d'éclairage et de chauffage, est entré dans nos mœurs et tend à y entrer tous les jours davantage » (V. conf. Laurent, t. 25, n° 255). — A défaut, dans le bail, d'une clause restrictive des droits du preneur, nous n'admettrions d'exception, que pour le cas où, s'agissant d'un immeuble loué partiellement, l'installation de l'éclairage au gaz exigerait, dans la partie de l'immeuble restée en dehors de la location, des travaux considérables auxquels le bailleur serait en droit de s'opposer. D'après MM. Aubry et Rau, t. 4, § 367, p. 482, « le locataire d'une maison d'habitation, et même celui d'un établissement industriel ou d'un magasin, ne peuvent y introduire l'éclairage au gaz, à moins que, d'après l'usage constant de la localité, le bailleur ne doive être présumé y avoir tacitement consenti ».

Un arrêt de la cour de Paris du 22 déc. 1851 (aff. Jefford, D. P. 52. 2. 233) avait décidé qu'à moins d'une réserve expresse, le locataire ne pouvait, sans le consentement du propriétaire, introduire dans les lieux loués, même pour l'utilité de l'industrie qu'il avait déclaré vouloir y exploiter, le système de l'éclairage au gaz, alors que ce mode d'éclairage n'était point essentiel pour l'exercice de sa profession ; que, dès lors, la déclaration du preneur qu'il louait pour l'exploitation d'un restaurant ne le dispensait pas, s'il voulait éclairer au gaz les lieux loués, d'en faire l'objet d'une stipulation expresse au bail ; et que la circonstance que les lieux loués avaient été autrefois éclairés au gaz n'autorisait point le locataire à y établir, sans le consentement du propriétaire, ce mode d'éclairage, s'il ne faisait point partie de l'état de choses existant au moment de l'entrée en jouissance. Un arrêt de la même cour du 29 nov. 1862 (aff. Bouchy, D. P. 62. 2. 208), tout en refusant d'admettre que le locataire ait « le droit absolu de faire pénétrer le gaz dans les lieux à lui loués, même sans le consentement du propriétaire », a jugé que le bailleur ne pouvait exiger la suppression d'appareils à gaz lorsqu'il résultait des circonstances de la cause qu'il avait, « sinon expressément, du moins tacitement, autorisé les locataires de la boutique... à user du gaz, comme en usent la plupart des locataires du même quartier », et lorsque, d'ailleurs, il n'était pas justifié que les travaux exécutés eussent porté atteinte à la solidité de la maison. — Mais, si le bail renfermait une clause interdisant au preneur de faire aucun changement tant à l'intérieur qu'à l'extérieur de la maison sans le consentement du propriétaire, les juges du fait pourraient en conclure que le preneur ne peut installer dans les lieux loués un système d'éclairage au gaz (Paris, 22 déc. 1864) (2).

167. La solution donnée *suprà*, n° 166, pour l'installation de l'éclairage au gaz serait également applicable en ce qui concerne l'installation dans les lieux loués soit de l'éclairage électrique, soit du téléphone.

168. Quant à l'établissement par le preneur d'une machine à vapeur dans les lieux loués, la question, en dehors du cas où il y a consentement exprès ou tacite du bailleur, peut sembler devoir faire plus de difficulté. Nous admettons cependant que le preneur, qui a loué des locaux pour l'exercice d'une industrie, a le droit d'y établir une machine à vapeur, à la condition toutefois que cette machine ne compromette point la solidité de l'immeuble, et ne trouble point gravement la jouissance des personnes habitant soit les autres parties de l'immeuble, soit les maisons voisines (V. en ce sens Guillouard, t. 1er, n° 292; V. aussi Laurent, t. 25, n° 254). MM. Aubry et Rau, t. 4, § 367, p. 482 admettent, au contraire, que « le locataire d'un atelier ne peut, en général, substituer une machine à vapeur au moteur précédemment employé ».

La jurisprudence des cours d'appel s'était d'abord prononcée contre l'admission des machines à vapeur. Ainsi il a été jugé : 1° que le locataire exploitant dans les lieux loués un établissement de teinturerie de crêpes ne peut

(1) (Brizard C. Cochet.) — LA COUR ; — Attendu qu'aux termes du bail du 24 sept. 1874, Brizard père devait tenir la maison louée constamment en état de magasin et y vendre jusqu'à l'expiration du bail de façon à ne pas changer la nature de la location; qu'il devait, en outre, conformément à l'art. 1728 c. civ., user de la chose louée en bon père de famille, c'est-à-dire avec le soin et la diligence qu'un négociant apporte communément à la gestion de son commerce; qu'il résulte des enquêtes que, depuis le décès de Brizard père, arrivé en mai 1884, le magasin de nouveautés loué par Cochet n'a pas été administré par les représentants de Brizard avec la diligence du bon père de famille, et qu'ils l'ont laissé se désachalander dans une certaine mesure au profit de leur propre magasin de nouveautés situé à quelques mètres de distance de celui qu'ils tenaient à bail; que les premiers juges ont constaté, à juste titre, qu'on avait cessé d'entretenir dans le magasin Cochet un assortiment de marchandises les plus usuelles et que le personnel chargé de la vente avait été de plus en plus restreint; — Que la demande en dommages-intérêts formée par Cochet est donc bien fondée en principe, mais qu'elle a été notablement exagérée en présence des constatations des enquêtes sur l'étendue du préjudice causé et que les sommes allouées par le tribunal à divers titres ne sauraient être maintenues, etc.; — Attendu qu'il est établi que, par suite de la mauvaise gestion du magasin de nouveautés de Cochet, il n'a pu le relouer en profitant de toute l'augmentation de loyer sur laquelle il pouvait compter à raison de la progression, etc.

Du 27 févr. 1889.-C. d'Orléans.-MM. Dubec, 1er pr.-Desplanches et Johanet, av.

(2) (Millet C. Lavocat.) — Le tribunal civil de Troyes a rendu, le 18 août 1863, le jugement suivant : — « Attendu qu'il a été formellement stipulé par le bail sous signatures privées du 5 mai 1855, non enregistré, entre Tuffier et la demoiselle Lavocat que les preneurs ne pourraient faire aucun changement tant à l'intérieur qu'à l'extérieur de la maison sans le consentement du bailleur, sous peine de tous frais et dommages-intérêts ; — Que les travaux faits par Tuffier constituent le changement défendu par le bail;

« Ordonne que Tuffier sera tenu de cesser ou de faire cesser tous travaux et d'enlever tous conduits et appareils ayant pour objet l'éclairage au gaz et de rétablir les lieux dans leur état primitif, etc. ».

Sur l'appel de Millet, qui a pris fait et cause pour Tuffier, son sous-locataire.

LA COUR; — Considérant que l'appelant soutient vainement que les travaux qu'il a fait exécuter pour l'installation de l'éclairage au gaz dans son magasin ne constituent pas un changement à l'immeuble dont il est locataire; — Qu'en effet, il est manifeste que cette installation n'a eu lieu qu'au moyen de percements et de pose de tuyaux qui constituent évidemment une modification de l'état tant intérieur qu'extérieur de la propriété de la demoiselle Lavocat; — Qu'en conséquence, la clause invoquée par l'intimée s'applique, par la généralité de ses termes, aux travaux exécutés par Millet pour introduire le gaz dans les lieux; — Adoptant, au surplus, les motifs des premiers juges; — Confirme, etc.

Du 22 déc. 1864.-C. de Paris, 3e ch.-MM. Barbier, pr.-Roussel, av. gén.-Rivière et Saglier, av.

sans le consentement du propriétaire, substituer, au procédé anciennement en usage, des appareils nouveaux à vapeur (Lyon, 26 janv. 1847, aff. Bricaut, D. P. 52. 2. 233). L'arrêt déclare que, « ni la faveur qui s'attache aux progrès de l'industrie ni l'intérêt qu'un propriétaire doit porter à la prospérité de l'établissement commercial exploité dans le local qu'il a loué, ne sauraient être des motifs suffisants pour permettre au preneur de remplacer, sans le consentement du bailleur, des procédés simples et ordinaires par des appareils ou machines qui ajoutent des chances de danger tellement sérieuses que la prévoyance administrative non seulement entoure l'autorisation accordée de conditions qui obligent à exécuter des changements dans l'état des lieux, mais laisse en perspective un sinistre possible »; — 2° Que la clause d'un bail autorisant le preneur à faire dans les lieux loués tous les changements et constructions qu'il jugerait utiles, sous la restriction toutefois qu'ils ne pourront porter préjudice à la propriété ne confère pas au locataire le droit d'y placer une machine à vapeur; et que, par suite, celui-ci peut être contraint de supprimer celle qu'il y a établie sans l'agrément du bailleur, encore bien qu'il se soit pourvu à cet effet d'une autorisation administrative (Lyon, 6 janv, 1852, aff. Gonin, D. P. 53. 2. 79). — Mais les arrêts les plus récents admettent que le preneur peut, sans le consentement du propriétaire, établir dans les lieux loués une machine à vapeur, à la condition toutefois qu'il n'en résulte aucun préjudice soit pour le propriétaire, soit pour les autres locataires, soit pour la maison elle-même. Ainsi il a été jugé : 1° que le locataire exerçant dans les lieux loués la profession d'imprimeur peut y installer une machine à vapeur; que le bailleur devait s'attendre, en effet, « à ce que son locataire profiterait de toutes les découvertes tendant à exploiter utilement son imprimerie, et notamment de celles qui étaient déjà en usage dans plusieurs villes, et, en conséquence, pourrait faire usage de la machine à vapeur dont il s'agit; qu'il est impossible d'admettre que, de son côté, un locataire, en souscrivant, pour un prix qui paraît élevé, un bail de vingt années, surtout dans un établissement de cette importance, dont il a eu soin de prendre à sa charge toute la location, se soit condamné à rester au-dessous du progrès général, et exposé ainsi à ne pouvoir soutenir la concurrence; que, dans l'espèce particulière » cela était « d'autant moins admissible, que le caractère entreprenant » et les habitudes du preneur, déjà imprimeur depuis plusieurs années lorsqu'il devint locataire de l'immeuble, « étaient suffisamment connus de tous comme ceux d'un homme qui ne devait rien négliger pour donner de l'extension à ses affaires, en voie constante d'accroissement »; que, dès lors, et en l'absence de tout préjudice, le preneur n'avait usé de la chose qu'en bon père de famille et suivant la destination qui lui avait été donnée par le bail (Dijon, 3 déc. 1860, aff. Nicolas, D. P. 61. 2. 181); — 2° Qu'un industriel peut, en principe, installer dans le sous-sol des lieux loués une machine à vapeur classée dans la troisième catégorie par le décret du 25 janv. 1865, « alors surtout que son industrie (d'orfèvre) pouvait faire supposer qu'il recourrait à l'emploi de la vapeur » (Paris, 8 nov. 1866, aff. Lefebvre, D. P. 66. 2. 227). L'arrêt ajoute que, « par suite des progrès de l'industrie, la machine à vapeur a été substituée dans beaucoup d'ateliers d'orfèvrerie à la roue mue par les bras de l'homme, et que défendre d'une manière absolue l'emploi de ce nouveau moteur, en dehors de tout inconvénient ou de tout danger constaté, soit pour les autres locataires, soit pour la solidité de la maison elle-même, serait porter à l'industrie des entraves préjudiciables, sans motif justifié et sans intérêt appréciable ». Le jugement, confirmé sur appel par adoption de motifs, ordonnait, d'ailleurs, une expertise à l'effet de vérifier si la machine dont il s'agit n'offrait ni danger, ni inconvénients sérieux soit pour l'immeuble lui-même, soit pour les autres locataires. — 3° Que, dans un établissement de moulinage de coton, le preneur peut introduire une machine à vapeur de la troisième catégorie, alors qu'il n'est point justifié que cette machine présente, soit pour les locataires, soit pour la maison, des dangers ni des inconvénients appréciables, et alors que, au contraire, son installation offre « toutes les garanties suffisantes contre le danger d'incendie que son fonctionnement peut amener » (Lyon, 28 févr. 1877) (1).

169. On a dit au *Rép.* n° 279 que, à moins d'interdiction formelle dans le bail, l'obligation pour le preneur d'user de la chose suivant sa destination ne saurait l'empêcher de faire dans les locaux loués de légères modifications qu'il pourra supprimer à la fin du bail; qu'au contraire « il n'aurait pas le droit de percer les gros murs, d'y pratiquer des ouvertures, enfin de faire des travaux ou des innovations qui nuisissent à la solidité des bâtiments... ». — Il a été jugé que le preneur ne saurait pratiquer des ouvertures dans le mur mitoyen qui sépare la maison louée de la maison contiguë, lors même qu'il serait propriétaire de cette dernière ; que le bailleur est fondé à exiger la suppression desdites ouvertures, que son droit à cet égard est absolu et indépendant des résultats de l'expertise qui aurait été ordonnée à l'effet de vérifier si ces travaux peuvent « entraîner quelque inconvénient pour la solidité de l'édifice, soit dans le présent soit dans l'avenir », ou apporter un préjudice quelconque au bailleur (Paris, 2 nov. 1887) (2).

(1) (Armery *C.* Trouvé.) — LA COUR; — Considérant que la dame Armery, locataire, depuis plusieurs années, du premier étage de la maison Trouvé, cours d'Herbouville, 37, a substitué, en 1876, une machine à vapeur à la machine à bras qui avait, jusqu'alors, fait mouvoir son moulinage de coton; — Considérant que la veuve Trouvé demande la suppression de cette machine, dont elle considère l'établissement comme une violation de l'obligation générale imposée au locataire par l'art. 1728 c. civ., d'user de la chose louée en bon père de famille et suivant sa destination, et comme une infraction aux clauses spéciales du bail qui lie les parties; — Considérant qu'il est constant, en fait, que la machine à vapour de la dame Armery est classée dans la troisième catégorie par le décret du 25 janv. 1865, et qu'elle se trouve au nombre des machines à vapeur qui peuvent être établies dans les maisons habitées, après une simple déclaration faite à l'autorité administrative; — Considérant que, par suite des progrès de l'industrie, les machines à vapeur ont été substituées, dans un grand nombre d'ateliers, à la roue mue par les bras de l'homme, et qu'on ne saurait admettre que la dame Armery a renoncé à employer ce nouveau moteur et a voulu ainsi s'exposer à ne pouvoir soutenir la concurrence; — Considérant que la veuve Trouvé ne justifie nullement que la machine à vapeur dont elle demande la suppression, présente, soit pour ses locataires, soit pour sa maison, des dangers ou des inconvénients appréciables; qu'ainsi elle n'est pas fondée à prétendre que la dame Armery a violé les obligations qui lui sont imposées par les art. 1728 et 1729 c. civ.; — Considérant que la veuve Trouvé se prévaut, en second lieu, des clauses spéciales du bail qui interdisent à la dame Armery toute industrie pouvant augmenter les risques d'incendie, et soutient que l'introduction d'une machine à vapeur dans sa maison offre un danger évident d'incendie et une cause de crainte continuelle pour les locataires, mais qu'on ne saurait admettre, sans porter à l'industrie des entraves préjudiciables, une prétention formulée en termes si absolus, et qu'il appartient aux tribunaux d'apprécier si le danger d'incendie dont se plaint le propriétaire existe réellement et quelle est son importance; — Considérant qu'il résulte des débats de l'audience et de tous les éléments versés au procès, que la machine à vapeur de la dame Armery est de la force seulement d'un tiers de cheval-vapeur; qu'elle est établie dans la cuisine qui est séparée par un briquetage de l'atelier de moulinage et qu'elle présente par suite moins de danger d'incendie que le poêle qui se trouvait placé auparavant dans l'atelier au milieu de matières premières très inflammables; d'où il suit que les dispositions adoptées pour l'installation de la machine à vapour de la dame Armery offrent toutes les garanties suffisantes contre le danger d'incendie que son fonctionnement peut amener; — Qu'ainsi, la demande de la veuve Trouvé n'est justifiée ni par les clauses spéciales du bail, ni par les termes de la loi, et qu'elle doit être rejetée; — Par ces motifs, etc.

Du 28 févr. 1877.-C. de Lyon, 1er ch.-MM. Millevoye, 1er pr.-de Vauplane, subst.-De Villeneuve et Pine-Desgranges, av.

(2) (Lainé et Charpentier *C.* Goret.) — Le tribunal civil de Mantes a rendu, le 15 janv. 1886, un jugement dont extrait suit : — « ... Attendu que le seul point à examiner est celui de savoir si Goret n'a pas excédé les droits que lui donnait sa qualité de preneur et les obligations qui en ressortent en perçant un gros mur pour établir un passage entre les deux propriétés: — Attendu qu'il est évident que le locataire ne peut percer des gros murs, ni faire des ouvertures pouvant nuire à la solidité des bâtiments, soit dans le présent, soit dans l'avenir; qu'il s'ensuit que, si les ouvertures n'entraînent, au contraire, aucun inconvénient de cette nature, et que s'il n'en doit résulter aucun préjudice pour le propriétaire, il ne peut y avoir d'action de la part de ce

170. Conformément à ce qui a été dit au *Rép.* n° 281, il a été jugé que les tribunaux, tout en reconnaissant qu'il y a eu changement dans la destination des lieux loués, peuvent refuser de prononcer la résiliation du bail, demandée par le bailleur, et se borner à ordonner le rétablissement des lieux dans leur état primitif. (Civ. rej. 17 févr. 1873, aff. Sales, D. P. 73. 1. 372).

171. En ce qui concerne la résiliation du bail, il a été jugé qu'elle pouvait être prononcée pour abus de jouissance du preneur, à partir du jour de la demande, nonobstant l'expropriation pour cause d'utilité publique de l'immeuble loué survenue dans l intervalle de la demande au jugement de résiliation, si, devant le jury, le propriétaire avait réservé son droit à la résiliation et fait fixer une indemnité éventuelle au profit des locataires pour le cas où le bail ne serait pas résilié (Req. 7 nov. 1882, aff. Jubert, D. P. 83. 1. 382).

172. L'obligation pour le preneur de jouir de la chose louée conformément à sa destination s'applique au cas de location d'héritages ruraux, comme au cas de location de maisons (*Rép.* n° 282). Par application de ce principe, il a été jugé, notamment, que le locataire d'un terrain loué pour la culture n'a pas le droit de le convertir en sablière (Paris, 26 nov. 1872, aff. Faure, D. P. 73. 2. 112).

Le bailleur peut, d'ailleurs, insérer dans le bail des clauses interdisant expressément au preneur telles ou telles modifications de l'héritage loué : l'interprétation de ces conventions appartient aux juges du fait dans les termes du droit commun. Jugé que, dans un bail à ferme ne contenant pas la prohibition de défricher, la défense d'enlever les bois debout n'impliquait pas l'interdiction de les abattre pour les soins de la culture, et qu'une semblable interprétation des clauses du bail rentrait « dans le domaine souverain » des juges du fait (Req. 27 mai 1872, aff. Valcourt, D. P. 72. 1. 403).

173. A l'obligation de respecter la destination de la chose louée correspond, pour le preneur, le droit de jouir de la chose conformément à sa destination et à l'usage. Ainsi il a été jugé que, si en principe et, en l'absence de conventions particulières les portes des maisons doivent être fermées à une heure peu avancée de la nuit », cependant les propriétaires ont à tenir compte de la coutume locale et des nécessités de chaque profession ; que, par suite, un locataire ne saurait, dans un quartier commerçant, exiger de son bailleur, contrairement à ce qui paraît être la pratique des autres propriétaires du quartier, la fermeture de la porte à huit heures du soir, attendu que « pour un immeuble occupé par des marchands, dans un endroit très fréquenté le soir, la fermeture de la porte dès huit heures serait un fait tout à fait anormal et vexatoire pour des intérêts » que le bailleur est obligé de respecter (Paris, 23 févr. 1884 (1). Comp. Grenoble, 8 mai 1882, aff. Cercle du Palais à Montélimar, D. P. 83. 2. 94). — Mais il a été décidé qu'un locataire n'est pas fondé à se prévaloir de ce que son bail l'autorise spécialement à exercer dans les lieux loués une industrie (dans l'espèce un établissement de bains) comportant, lors de la signature du bail, un écoulement d'eau sur la voie publique, pour prétendre mettre à la charge du propriétaire l'exécution de mesures nouvelles de police prescrivant un mode d'écoulement des eaux différent; que vainement il soutiendrait que c'est là un trouble à sa jouissance dont le propriétaire doit le garantir; et que, dans le cas où ces nouvelles prescriptions rendraient impossible la continuation de l'exploitation, le locataire aurait seulement le droit de demander la résiliation du bail pour cause de force majeure (Trib. civ. Lyon, 27 avr. 1860, aff. Rey, D. P. 62. 3. 6).

Les parties sont, d'ailleurs, maîtresses de faire, en ce qui concerne les droits ou les obligations du preneur, telles conventions qu'il leur convient, sous réserve des principes d'ordre public. — Il a été jugé, spécialement, que la clause d'un bail portant que, « la maison n'ayant pas de concierge, le preneur est tenu de faire ouvrir la porte d'entrée par ses domestiques », doit s'entendre seulement en ce sens que le propriétaire est dispensé d'établir un concierge pour le service de la porte, et que le preneur sera obligé de la faire ouvrir lui-même pour son usage personnel, mais n'a pas pour effet de soumettre le preneur à l'obligation de faire ouvrir la porte, soit au propriétaire habitant la maison, soit aux personnes venant chez celui-ci (Trib. Seine, 11 avr. 1857, aff. Pécourt, D. P. 57. 3. 88).

174. Indépendamment des droits qu'il tient du bail, le preneur peut, bien entendu, exercer, relativement à la chose louée, les droits personnels dont il peut être investi à un autre titre. Ainsi il a été jugé que l'arrêté préfectoral portant qu'il sera placé près de l'une des usines établies sur un canal un repère destiné à en indiquer le niveau d'une manière invariable, et qui restera toujours accessible « soit aux fonctionnaires, soit aux particuliers intéressés à vérifier la hauteur des eaux », peut être invoqué, dans l'intérêt des usines situées en aval, même par les locataires de ces usines, lesquels ont, dès lors, le droit de réclamer en justice, pour accéder au repère, un passage sur la propriété du maître de l'usine, chargé de l'établir (Req. 21 avr. 1863, aff. Renouard, D. P. 64. 1. 288).

---

dernier; que seulement, aux termes de la loi, le preneur est obligé, à la fin de son bail, de rétablir les choses dans leur état primitif; — Attendu qu'il résulte de ce principe qu'il y a lieu de nommer des experts à l'effet de rechercher si l'ouverture faite par Goret peut entraîner quelque inconvénient pour la solidité de l'édifice, soit dans le présent, soit dans l'avenir, ou porter un préjudice quelconque au propriétaire; qu'il y a lieu d'examiner spécialement si la porte placée dans l'ouverture pratiquée par Goret a été établie suivant les règles de l'art et de manière à écarter tout danger d'écroulement ou simplement d'éboulement de la partie supérieure du mur; — Par ces motifs, avant faire droit, en ce qui touche la porte ouverte dans le mur mitoyen, dit que par experts, que les parties désigneront, les lieux litigieux seront vus et visités afin de répondre aux questions ci-dessus posées, etc. ». — Appel par Lainé et Charpentier.

LA COUR; — Considérant que Goret, locataire d'une maison sise à Limetz, appartenant par indivis aux appelantes, a pratiqué dans le mur mitoyen séparant ladite maison de celle qui lui est contiguë, et dont il est propriétaire, des ouvertures établissant une communication entre les deux immeubles; — Considérant que les dames Lainé et Charpentier sont fondées à exiger la suppression desdites ouvertures faites sans leur consentement; que leur droit est absolu; et que l'exercice n'en peut dépendre des résultats de l'expertise ordonnée à tort par les premiers juges; — Considérant que, par le fait de Goret, les appelantes ont éprouvé un préjudice dont il leur est dû réparation ; — Par ces motifs met à néant les jugements dont est appel; — Ordonne que Goret sera tenu de supprimer les ouvertures qu'il a indûment pratiquées dans le mur mitoyen;

Condamne Goret, etc.

Du 2 nov. 1887.-C. de Paris, 2e ch.-MM. le conseiller de Thevenard, pr.-Harel, av. gén.-Crochard et Haussmann, (du barreau de Versailles, av.

(1) (Rousseau C. Dirodde.) — LA COUR; — Considérant que les conventions, en vertu desquelles l'intimé jouit comme locataire, d'une partie de la maison de l'appelant, ne contiennent aucune convention relative à l'heure à laquelle doit être fermée la porte de ladite maison; qu'aux termes de l'art. 1341 c. civ., il n'est reçu aucune preuve par témoins contre le contenu des actes; que, par conséquent c'est à tort et sans droit que l'intimé prétend établir au moyen d'une enquête, que, d'après des accords tacites fondés sur un usage prolongé, ladite porte doit être fermée dès huit heures du soir; — Considérant que les errements suivis à cet égard par le concierge n'ont jamais pu constituer un droit acquis pour l'intimé, ni faire obstacle à ce que l'appelant modifiât un pareil régime pour satisfaire aux convenances d'autres locataires; que les faits admis en preuve par le tribunal ne sont point concluants; — Considérant que la matière étant disposée à recevoir une solution définitive, il y a lieu de statuer sur le fond du litige, en vertu de l'art. 473 c. proc. civ.; — Considérant qu'en l'absence de conventions particulières, les portes des maisons doivent être fermées à une heure peu avancée de la nuit, ainsi que l'exige la sécurité des habitants; que toutefois les propriétaires ont à tenir compte de la contenue locale et des nécessités de chaque profession; que, pour un immeuble occupé par des marchands, dans un endroit très fréquenté le soir, comme la rue Coquillière, la fermeture de la porte dès huit heures serait un fait tout à fait anormal et vexatoire pour les intérêts que l'appelant est obligé de respecter; — Considérant qu'il n'est justifié d'aucun abus de la part de l'appelant, dont les habitudes, en ce qui concerne le point litigieux, ne paraissent point différer de celles des autres propriétaires de ce quartier central et commerçant; — Infirme; évoquant le fond; — Déclare Rousseau mal fondé dans sa demande, l'en déboute, etc.

Du 23 févr. 1884.-C. de Paris, 3e ch.-MM. Cotelle, pr.-Decraigne et Bertin, av.

ART. 2. — *Obligation de jouir en bon père de famille* (*Rép.* nos 284 à 303).

175. Le preneur doit jouir et user de la chose louée comme un bon père de famille userait de la sienne propre.

Il a été jugé que le preneur qui laisserait les lieux loués inoccupés manquerait à cette obligation (Douai, 8 févr. 1854, aff. Boissière, D. P. 55. 2. 2). — D'après un arrêt de la cour de Paris du 28 août 1873 (aff. Bouffard, D. P. 74. 2. 159), si le preneur n'est pas tenu d'habiter les lieux loués, du moins doit-il prendre les mesures nécessaires pour empêcher la détérioration de l'immeuble. — Jugé encore que le locataire qui, fuyant devant l'invasion ennemie, avait quitté les lieux loués avant l'arrivée des troupes allemandes, était partiellement responsable des dégradations commises, ces dégradations devant être en partie attribuées à son absence (Orléans, 14 juill. 1871) (1).

Mais la responsabilité du preneur ne serait pas engagée s'il s'était éloigné de l'immeuble loué « conformément aux investigations de l'autorité française, et pour se soustraire à un péril sérieux et imminent » (Paris 5 avr. 1873, aff. Ducel, D. P. 74. 5. 314).

176. L'apposition, par le preneur commerçant, d'enseignes à l'extérieur des lieux loués constitue-t-elle, à défaut de stipulation dans le bail à cet égard, un abus de jouissance? Non, en principe. Mais l'enseigne ne pourrait être prolongée au-devant des locaux occupés par d'autres locataires, sans leur consentement. Ainsi, il a été jugé que le locataire d'une boutique « ne pouvait disposer pour son enseigne que de l'espace qui se trouvait entre la partie supérieure de l'ouverture de son magasin et le niveau du plancher » des locaux occupés par le locataire du premier étage; que, par suite, lorsque l'enseigne du rez-de-chaussée couvrait « tout l'espace entre cette ouverture et l'accoudoir des fenêtres » du premier étage, le locataire de la boutique ne pouvait se plaindre que le locataire du premier étage, en suspendant à cet accoudoir des objets de son commerce, couvrît en partie les lettres de son enseigne (Pau, 5 févr. 1858, aff. Lacabanne, D. P 58. 2. 135). — Il appartient d'ailleurs aux juges du fait d'apprécier, dans chaque espèce, suivant les circonstances, si l'apposition d'enseignes, d'écriteaux de plaques indicatives constitue ou non un abus de jouissance, de même qu'il leur appartient d'interpréter les clauses des baux par lesquelles les parties auraient réglé leurs droits à cet égard. Ainsi, dans une espèce où le bailleur, sans contester le droit de son locataire « de placer soit au bas de l'escalier, soit près de la sonnette de son appartement, des inscriptions ayant pour but de faciliter l'accès de son magasin et d'éviter toute confusion avec les appartements des autres locataires », se bornait à critiquer la forme des inscriptions posées, il a été décidé que les juges du fait avaient pu, par une appréciation souveraine des faits, déclarer que la forme de l'enseigne, étant nécessitée par la disposition même des lieux et par les besoins de son commerce le locataire ne paraissait pas avoir excédé ses droits (Req. 23 juin 1868) (2). Il a été jugé encore : 1° que des locataires, autorisés par leur bail « à mettre des plaques avec inscriptions indiquant leur industrie et leur raison sociale », n'excédent pas leurs droits en mettant une plaque au-dessus d'une porte d'entrée et au-dessus d'une croisée, et que, les énonciations qui figuraient sur les panneaux se bornant à indiquer l'industrie des preneurs et leur mode d'exploitation, il n'y a pas lieu d'en ordonner la suppression (Bordeaux, 21 août 1874) (3); — 2° Qu'un

(1) (Hatton C. Adobet.) — LA COUR; — En ce qui touche les réparations : — Considérant que, des faits établis au procès, il résulte qu'Adobet a quitté les lieux loués avant même l'arrivée de l'armée prussienne et qu'une partie des dégradations commises doivent être attribuées à son absence; qu'il doit, dès lors, en égard aux circonstances de la cause, supporter une part plus forte que celle fixée par les premiers juges dans les réparations de ces dommages, et que, d'ailleurs, les propriétaires réitèrent l'offre qu'ils ont faite de supporter par moitié les frais de ces réparations.

En ce qui touche le payement des loyers : — Considérant qu'Adobet offre de payer le prorata de son loyer jusqu'au 4 déc. 1870, et qu'il ne s'agit, dès lors, que des loyers échus depuis cette dernière époque; qu'à cet égard, il est démontré qu'Adobet pouvait rester dans une partie de son appartement; que si les Prussiens se sont emparés de quelques pièces du rez-de-chaussée, celles qui lui étaient louées aux premier et deuxième étages n'ont pas été occupées par eux et sont restées à sa disposition; qu'il ne peut donc imputer qu'à lui-même le défaut de jouissance résultant de son départ de la maison; qu'il n'en a pas été expulsé, et que, si la présence des Prussiens pouvait lui occasionner une gêne plus ou moins grave, sa position de locataire lui imposait l'obligation de la supporter, et qu'il ne peut en résulter à son profit une diminution quelconque du prix de son loyer;

Quant aux loyers courus depuis l'évacuation de la ville par les Prussiens, pendant le temps nécessaire pour les réparations : — Considérant que, si ces réparations peuvent nuire à la jouissance complète de l'immeuble loué, elles ne sont pas de nature à la supprimer, et que, si leur importance va jusqu'à porter préjudice à l'industrie d'Adobet, celui-ci ne peut l'imputer qu'à son absence; — Par ces motifs, etc.

Du 14 juill. 1871.-C. d'Orléans.-MM. Duboys (d'Angers), 1er pr.-Boullé, av. gén.-Johannet et Desplanches, av.

(2) (Pizzera C. Gaillardon.) — Le tribunal civil de Mâcon a rendu le 3 avr. 1886 le jugement suivant : — « Attendu que la forme d'annonces dont s'est servie la dame Gaillardon est nécessitée par la disposition même des lieux et par les besoins de son commerce; qu'elle ne paraît pas avoir excédé ses droits de locataire; — Attendu que, soit les locataires de la maison Pizzera, soit le copropriétaire du mur mitoyen, s'accordent à reconnaître que les annonces, affiches ou enseignes, loin de nuire à qui que ce soit, facilitent au public et à la clientèle de la dame Gaillardon l'accès de son domicile retiré, tandis qu'avant l'apposition de ces inscriptions, ils étaient souvent dérangés par les personnes qui se rendaient chez la dame Gaillardon; — Attendu que la dame Pizzera ayant cru pouvoir d'elle-même effacer la deuxième inscription au deuxième étage, à côté de la sonnette de la dame Gaillardon, a porté un préjudice à cette dernière, et que réparation lui est due pour le fait de suppression de cette enseigne; — Par ces motifs, etc. ». — Sur l'appel de la dame Pizzera, la cour de Dijon a confirmé ce jugement, le 18 févr. 1866, en ces termes : — « Adoptant les motifs des premiers juges; — Et considérant d'ailleurs que ce dont est appel ne statuait que sur l'état présent des choses, sans rien préjudicier pour l'avenir en ce qui concerne plus spécialement l'imposte au-dessus de la porte de l'escalier, dans le cas où un autre locataire aurait à réclamer une part de la surface de cette imposte pour le besoin de ses indications personnelles ». — Pourvoi en cassation par la dame Pizzera.

LA COUR; — Sur le moyen unique tiré de la violation de l'art. 544 c. civ., et de la fausse application de l'art. 1382 même code : — Attendu que, devant les juges du fond, la demanderesse en cassation ne méconnaissait pas le droit, pour la locataire, de placer, soit au bas de l'escalier, soit près de la sonnette de son appartement, des inscriptions ayant pour but de faciliter l'accès de son magasin et d'éviter toute confusion avec les appartements des autres locataires; qu'elle se bornait à critiquer la forme de ces inscriptions ; — Que, sur ce débat, l'arrêt attaqué a déclaré, en appréciant souverainement les faits, que la forme de l'enseigne placée par la défenderesse éventuelle était nécessitée par la disposition même des lieux et par les besoins de son commerce, et que la femme Gaillardon ne paraissait pas avoir excédé ses droits de locataire; — Que vainement la demanderesse reproche à la défenderesse éventuelle d'avoir porté atteinte aux droits des autres locataires; qu'en effet, d'une part, l'arrêt attaqué déclare que les autres locataires s'accordent à reconnaître que les annonces, affiches et enseignes de la femme Gaillardon, loin de nuire à qui ce soit, facilitent au public et à la clientèle de cette commerçante l'accès de son domicile retiré, tandis qu'avant l'apposition de ces inscriptions ils étaient souvent dérangés par les personnes qui se rendaient chez la défenderesse éventuelle; que, d'un autre côté, l'arrêt ajoute qu'il est statué sur l'état présent des choses sans rien préjudicier pour l'avenir, dans le cas où quelque autre locataire aurait à réclamer une part de la surface de l'imposte pour le besoin de ses indications personnelles; — Qu'en déclarant, dans ces circonstances, la demanderesse en cassation mal fondée à réclamer la suppression des inscriptions placées par la défenderesse éventuelle et en la condamnant à des dommages-intérêts, pour avoir, à tort et sans droit, effacé l'une de ces inscriptions, l'arrêt attaqué n'a ni violé l'art. 544 c. civ., ni faussement appliqué l'art. 1382, même code; — Rejette, etc.

Du 23 juin 1868.-Ch. req.-MM. Bonjean, pr.- Dumon, rapp.- P. Fabre, av. gén., c. conf.-Duboy, av.

(3) (Moine C. Sorbé.) — LA COUR; — Sur l'appel principal : — Attendu que Moine et comp. sont autorisés par le bail à mettre des plaques avec inscriptions indiquant leur industrie et leur raison sociale; — Qu'ils n'ont pas excédé leurs droits en mettant au-dessus de la porte d'entrée donnant sur le cours du Jardin-Public, et au-dessus de la croisée donnant sur le pan coupé, une

preneur commerçant, sur le point de quitter les lieux loués, pouvait annoncer son changement de domicile au moyen d'une bande en calicot tendue sur la façade de la maison, surtout lorsque le bailleur avait usé du même procédé pour annoncer que sa maison était à louer (Paris, 21 août 1882, aff. Guyot de Villeneuve, *Gaz. des trib.* du 28 oct. 1882).

177. A moins de convention contraire, le locataire ne pourrait user du droit de poser des affiches-réclames à l'extérieur des lieux loués qu'au profit de l'industrie qu'il y exerce, et non au profit d'une industrie étrangère (Trib. civ. Bordeaux, 11 févr. 1891) (1).

178. Lorsque le preneur manque à l'obligation qui lui est imposée de jouir en bon père de famille, lorsque, par sa faute ou sa négligence, la chose louée est dégradée ou détériorée, le bailleur peut, suivant les circonstances ou la gravité des cas, demander soit la réparation des dégradations, soit des dommages-intérêts, soit la résiliation du bail, soit à la fois la réparation des dégradations et des dommages-intérêts, ou la résiliation avec dommages-intérêts.

Si l'abus de jouissance est matériellement réparable pendant la durée du bail, les tribunaux ne doivent pas prononcer immédiatement la résiliation, ni condamner immédiatement le preneur à des dommages-intérêts, à moins qu'il n'y ait préjudice actuel. Ils doivent se borner à ordonner qu'il soit mis fin à l'abus de jouissance, la condamnation à des dommages-intérêts ne devant intervenir, s'il y a lieu, qu'à la fin du bail (V. Laurent, t. 25, n° 265; Guillouard, t. 1, n° 203; *Rép.* n° 303). Jugé que, jusqu'à l'expiration du bail, le bailleur est non recevable à exercer une action en dommages-intérêts contre le preneur pour détérioration de la chose louée (Nîmes, 22 mai 1855, aff. Aurant, D. P. 55. 5. 276); que, spécialement, le bailleur d'un bien rural ne saurait, avant l'expiration du bail, obtenir, contre son locataire, des dommages-intérêts à raison du mauvais état de culture des terres affermées; attendu que, « tant que le fermier continue à jouir, il peut réparer, par sa bonne culture, son intelligence, son industrie, les dégradations constatées dans le cours du bail » et que « si à l'expiration de la jouissance, les terres se trouvent dans l'état où il doit les rendre d'après les clauses du bail ou les usages du pays, ou si, au moins, les dégradations sont devenues moins considérables, alors le propriétaire n'aura droit à aucune indemnité ou n'aura droit qu'à une indemnité moindre, puisqu'il n'aura éprouvé aucun préjudice ou qu'il n'en aura éprouvé qu'un moins grave que celui qui avait été constaté dans le cours du bail » (Caen, 6 juin 1857, aff. Tillard, D. P. 58. 2. 87). Mais la cour de cassation a déclaré « qu'il serait exagéré de prétendre que toute action du propriétaire contre le fermier, pour inexécution des clauses du contrat, est non recevable, comme prématurée, lorsqu'elle est formée pendant le cours du bail; qu'il est évident, au contraire, que le propriétaire peut intenter son action dès qu'il y a infraction, de la part du fermier, aux obligations qu'il a contractées par son bail, et sans qu'il soit tenu d'attendre la fin de sa jouissance, si d'ailleurs il en éprouve quelque dommage » (Req. 20 déc. 1858, aff. Delahays, D. P. 59. 1. 136; V. aussi Rennes, 9 juin 1864) (2). En tous cas, le bailleur aurait le droit de faire constater immédiatement les dégradations résultant de l'abus de jouissance, pour se créer un titre en vue de l'action qu'il pourrait ultérieurement intenter contre ce locataire (Laurent, t. 25, n° 267; Guillouard, t. 1, n° 204; Paris, 20 mars 1835, aff. Magu, D. P. 46. 2. 29; arrêt précité du 6 juin 1857. Comp. *infrà*, n° 387).

Dans le cas, au contraire, où le dommage causé par l'abus

---

plaque portant ces mots : « Soieries de Lyon »; — Que c'est donc à tort que les premiers juges ont ordonné leur suppression; — Attendu que Sorbé renonce à exiger l'exécution du jugement en ce qui concerne l'inscription, sur la porte d'entrée, de ces mots : « Entrée du comptoir »; — Qu'il n'est justifié d'aucun dommage appréciable; qu'il y a lieu seulement d'impartir à Moine un délai pour exécuter le changement du store; — Sur l'appel incident : — Attendu qu'il est constant, en fait, que Moine et comp. ont fait disparaître les inscriptions qui se trouvaient sur les volets; qu'ils déclarent, à l'audience, être prêts à supprimer sur le store de la fenêtre sise sur le cours du Trente-Juillet, les indications qui s'y trouvent actuellement, et à le remplacer, par un store uni; — Attendu que les énonciations qui figurent sur les panneaux se bornent à indiquer l'industrie de Moine et comp. et son mode d'exploitation; qu'il n'y a donc pas lieu d'ordonner leur suppression en tout ou en partie; — Par ces motifs, dit que c'est à tort que les premiers juges ont ordonné la suppression des plaques surmontant la porte et la croisée de la maison Sorbé, et portant les mots : « Soieries de Lyon »; autorise Moine et comp. à les conserver; leur donne acte de ce que Sorbé consent à ce qu'ils maintiennent sur leur porte les mots: « Entrée du comptoir »; donne acte à Sorbé de l'engagement pris par Moine et comp. de substituer au store actuel un store ne portant ni inscription ni emblème, de la suppression déjà opérée par eux des incriptions sur les volets, etc.

Du 21 août 1874.-C. de Bordeaux.-MM. le cons. Lacaze, pr.-Fabre de la Bénodière, av. gén.-Trarieux et de Sèze, av.

(1) (Mindermann C. Marteq-Ferbos.) — LE TRIBUNAL; — Attendu que le sieur Marteq-Ferbos, locataire du rez-de-chaussée et du premier étage d'une maison appartenant au sieur Mindermann, a traité avec une agence de publicité, pour l'apposition, sur les murailles de l'immeuble qu'il occupe, de grandes affiches du *Cacao Van Houten;* — Que le sieur Marteq-Ferbos, dont le bail est entièrement muet relativement à l'apposition des enseignes et affiches, prétend, il est vrai, avoir été autorisé par le sieur Mindermann, mais ne justifie pas de l'autorisation prétendue; — Qu'il est d'usage et de principe que le locataire a le droit d'apposer une enseigne sur le devant de l'immeuble qu'il occupe, pour annoncer son commerce ou son industrie; que ces enseignes, à moins de conventions particulières et stipulées, ne doivent pas, suivant les usages reçus dans la ville de Bordeaux, dépasser la hauteur qui sépare les plafonds de l'étage inférieur du plancher du premier étage ou la hauteur du balcon s'il en existe dans l'appartement loué par le locataire; — Que, dans aucun cas, et à moins de conventions expresses, le locataire n'a le droit d'annoncer une industrie qui n'est pas la sienne et de tirer profit des murailles qui restent, dans leur entier, sous la jouissance et dépendance du propriétaire; — Que ce principe a été consacré par l'art. 17, § 3, de la loi du 29 juill. 1881 et par les arrêts de la cour de cassation (Crim. rej. 20 janv. 1883, D. 1884. 1. 138); — Que le sieur Mindermann est donc en droit de demander l'enlèvement de ces affiches; — Sur la demande en dommages-intérêts, attendu que si, en principe, le propriétaire doit attendre la fin du bail pour réclamer l'indemnité relative aux dommages causés à l'immeuble loué, il ne saurait en être ainsi si le locataire a étendu abusivement sa jouissance au delà de ses droits; que, dans ce cas, le propriétaire est fondé à réclamer immédiatement l'indemnité qui peut lui être due; que le tribunal a des éléments suffisants pour apprécier le préjudice causé et qu'il n'y a lieu par conséquent de recourir à une expertise; — Par ces motifs, autorise le sieur Mindermann à faire enlever les affiches *Cacao Van Houten* apposées sur son immeuble; condamne le sieur Marteq-Ferbos à lui payer la somme de 100 fr. à titre de dommages-intérêts.

Du 11 févr. 1891.-Trib. civ. de Bordeaux, 2e ch.-M. de Bussac, pr.

(2) (Du Breignon C. Puel.) — Le 8 févr. 1864, jugement du tribunal de Saint-Brieuc, ainsi conçu : — « Considérant qu'il est reconnu au procès que les défendeurs ont joui comme fermiers de la métairie de la Baudronnière, en la commune de Saint-Aaron, pendant les neuf années qui se sont écoulées du 29 sept. 1853 au 29 sept. 1862; qu'ils étaient tenus : 1° de réparer les fossés et de les rendre en bon état de défense; 2° de remplacer les pommiers tombés de manière à en entretenir au mois 400 sur la métairie; 3° de défricher au moins 9 hectares de terre, à raison d'un hectare par an; — Considérant que si, par acte authentique du 25 sept. 1862, au rapport de Me Crouel, notaire à Lamballe, la veuve Puel a obtenu un nouveau bail de ladite ferme pour les années 1863 et 1864, les clauses de cet acte n'impliquent, de la part de la demanderesse, ni dispense des obligations antérieures, ni atermoiement pour leur exécution; — Que s'il résulte des documents que la dame veuve du Breignon s'est montrée disposée à faire des concessions à la défenderesse, en vue de prévisions qui ne se sont point réalisées, on ne saurait en induire qu'elle ait renoncé à ses droits; — Considérant que, dans l'état des faits, il y a lieu de recourir aux éclaircissements d'une expertise; — Par ces motifs, etc. ». — Appel de la dame Puel.

LA COUR; — Considérant qu'il n'est pas établi que l'intimée ait renoncé aux droits que lui conférait le bail authentique du 25 sept. 1862; que, dans tous les cas, cette renonciation aurait été subordonnée à des conditions qui, d'après les affirmations de l'intimée, ne se seraient pas accomplies; qu'il importait dès lors de vérifier les allégations des parties, et que, pour y parvenir, le tribunal a eu de justes motifs d'ordonner une expertise; — Considérant qu'il ne suffit pas au fermier de mettre les lieux loués en bon état pour l'époque de la sortie; qu'il doit les entretenir constamment, et que le propriétaire a droit d'exiger qu'ils soient maintenus pendant toute la durée du bail; que, par conséquent, lorsqu'elle a fait notifier son ajournement du 18 août

de jouissance est définitif, le bailleur a le droit d'en demander immédiatement réparation et le tribunal doit prononcer, suivant la gravité des cas, soit une condamnation à des dommages-intérêts, soit la résiliation (Laurent, t. 25, n° 264; Guillouard, t. 1, n° 205; Gand, 3 févr. 1870) (1).

179. Conformément au droit commun, le bailleur, en cas d'urgence, pourrait se pourvoir en référé pour faire cesser l'abus de jouissance du preneur. Ainsi il a été jugé que, lorsque le cessionnaire du bail d'un hôtel meublé introduit dans les lieux loués des femmes de mauvaise vie, le juge des référés peut autoriser le bailleur à les expulser même *manu militari* (Paris, 27 août 1878 (2); V. dans le même sens Paris, 8 févr. 1883, aff. Legros, D. P. 84. 2. 32. V. au surplus, *infrà*, v° *Référé*; — *Rép.* eod. v° n°s 97 et suiv.).

180. L'action en indemnité du bailleur contre le preneur pour abus de jouissance se prescrit par trente ans, conformément au droit commun (Grenoble, 6 mai 1854, aff. Millet, D. P. 56. 2. 124).

181. L'abus de jouissance du preneur peut être une cause de préjudice soit pour les autres locataires du même immeuble, soit pour des tiers. Le preneur est certainement responsable de ce dommage. Mais le bailleur devrait-il garantie? M. Guillouard (t. 1, n° 192), distingue. S'il s'agit d'autres locataires, le bailleur « est garant vis-à-vis d'eux, sauf son recours contre le locataire auteur du dommage. En effet, il doit leur garantir la paisible possession de la chose louée et il manquerait à son obligation s'il introduisait dans la maison un locataire qui viendrait troubler leur jouissance, et contre lequel peut-être, à raison de son insolvabilité, toute action en indemnité serait sans résultat ». S'il s'agit de tiers, propriétaires voisins, par exemple, le bailleur n'est point responsable du trouble que leur cause l'abus de jouissance du preneur. — Jugé toutefois que, si le propriétaire ne peut, en principe, être responsable de l'usage abusif que des locataires peuvent faire de sa propriété, cette responsabilité peut être invoquée contre lui lorsque c'est sciemment qu'il a introduit dans ses bâtiments l'industrie dont l'exercice cause le dommage; spécialement, que le bailleur qui a loué des locaux à des piqueuses de gants travaillant à la machine est responsable des conséquences du trouble apporté par le fonctionnement des machines à la jouissance des voisins; et qu'en pareil cas le voisin qui éprouve le dommage a une action solidaire contre le bailleur et les preneurs. (Trib. civ. Chambéry, 13 mai 1885, aff. Bersolaz, *Gaz.*

1863, l'intimée était fondée à se plaindre des contraventions qu'elle signalait et à demander qu'elles fussent immédiatement constatées; que, par conséquent, on ne peut retarder l'expertise qui a pour but de vérifier des griefs dont l'intimée peut demander la réparation, sans attendre la fin du bail; — Par ces motifs, et adoptant au surplus ceux des premiers juges; — Confirme, etc.

Du 9 juin 1864.-C. de Rennes, 2e ch.-MM. Audrouin, pr.-Yzopt, subst.-Viet du Bourg (du barreau de Saint-Brieuc) et Joubaire, av.

(1) (De Wolff *C.* Caut.) — La cour; — Attendu que l'abus de jouissance, le manquement au devoir de jouir en bon père de famille de la chose louée, n'entraine pas nécessairement la résiliation du contrat de bail; qu'il résulte clairement des art. 1729 et 1766 c. civ. que le bailleur, au préjudice duquel il a lieu, peut seulement demander la résiliation, et que, par conséquent, le juge peut, suivant les circonstances, la lui refuser; que pour se décider, le magistrat doit prendre en considération l'importance du bail dont on provoque la résolution et la gravité du dommage causé au fonds loué; que si la chose louée est d'une grande valeur, et si le dommage qui lui est causé est relativement insignifiant, le juge peut et doit rejeter la demande en résiliation; qu'en effet, en l'admettant, il imposerait au preneur une peine hors de toute proportion avec la gravité de sa faute, et pourrait, dans certains cas, le ruiner, alors que l'équité n'exige rigoureusement que la réparation du dommage qu'il a causé au propriétaire; — Attendu que la résiliation du bail entraînerait, pour la famille Caut, un tort considérable et tout à fait hors de proportion avec le dommage que le quasi-délit du père Caut a causé aux appelants; — Qu'en effet, ce dommage consiste dans la destruction des racines principales de sept peupliers du Canada croissant sur la limite d'une des parcelles louées;... mais qu'il est évident qu'un pareil dommage est peu important, et qu'il sera complètement réparé par le payement de la somme allouée par le premier juge; qu'il faut bien reconnaître que l'on frapperait d'une peine injuste et disproportionnée les intimés, si l'on prononçait contre eux la résiliation du bail important dont le maintien est nécessaire à l'exploitation de leur ferme, et ce pour une faute qui est celle de leur auteur et qui n'a eu pour le bailleur aucune conséquence grave; — Par ces motifs, etc.

Du 3 févr. 1870.-C. de Gand.-1re ch.-MM. Dremont, av. gén., c. conf.-Cruyt et Seghers, av.

(2) (Puisoye et Bouquet *C.* Bétalioulou.) — Le président des référés du tribunal civil de la Seine a rendu, le 23 juill. 1878, l'ordonnance suivante : « Nous, président; — Attendu que, des renseignements par nous pris, il résulte que Puisoye, locataire de Bétalioulou, et la femme Bouquet, qui se trouverait à ses lieu et place, exploitent, dans la maison du demandeur, un hôtel meublé, à Paris, rue Dauphine, n° 13, dans de telles conditions de scandale et de trouble pour les autres locataires de l'immeuble, qu'ils ne sauraient être plus longtemps tolérés; qu'il y a urgence à faire cesser l'abus dont se plaignent ceux-ci et qui porte atteinte à leur paisible jouissance; — Autorisons Bétalioulou à expulser, même avec l'assistance du commissaire de police, Puisoye et la femme Bouquet de la maison dont s'agit après séquestration des objets mobiliers leur appartenant, qui s'y trouvent, pour répondre des loyers et autres charges locatives, et à reprendre possession des lieux par eux occupés; ce qui sera exécutoire par provision, nonobstant appel ». — Appel par le sieur Puisoye et la femme Bouquet.

La cour; — Considérant que Puisoye, locataire, en vertu d'un bail authentique du 10 janv. 1878, de partie d'une maison située à Paris, rue Dauphine, 13, et affectée, pour cette partie, à l'exploitation d'un hôtel meublé, a cédé ledit bail avec le fonds à la dame Bouquet, par acte du 18 janv. 1878; — Considérant que, sur la demande du propriétaire, le juge des référés, sans même prononcer le renvoi des parties au principal, a ordonné l'expulsion de Puisoye et de la dame Bouquet, la séquestration des objets mobiliers leur appartenant, et autorisé le propriétaire à reprendre possession des lieux par eux occupés; qu'il importe de constater que le propriétaire ne concluait pas à l'expulsion de Puisoye, mais demandait seulement que l'ordonnance fût déclarée commune avec lui : — Considérant que l'enquête, provoquée par le juge des référés, sur la situation morale et matérielle du garni de la dame Bouquet était un moyen d'information régulièrement indiqué à ce magistrat par les attributions officielles du commissaire de police, lequel, chargé par l'administration de la surveillance des garnis, avait qualité pour y procéder; que le juge des référés, ayant le droit de requérir ladite enquête, avait, par suite, celui de motiver sa décision sur les renseignements qu'elle avait produits; — Considérant qu'il est constant, en fait, que la dame Bouquet a introduit dans les lieux loués des femmes de mauvaise vie qui donnent aux familles habitant la même maison le spectacle de leur prostitution, manifestée dans la rue même par des provocations adressées aux passants; qu'elle a ainsi commis un grave abus de jouissance et contrevenu à l'obligation que lui impose l'art. 1728 c. civ. de jouir des lieux en bon père de famille; — Considérant que le scandale résultant de la manière dont la dame Bouquet exploite son établissement rendait urgentes, dans l'intérêt de l'ordre public et des bonnes mœurs, certaines mesures propres à le faire cesser, à prévenir la déconsidération de la maison, et à donner une satisfaction légitime aux plaintes des autres locataires; — Considérant toutefois que l'urgence à bon droit reconnue par le juge des référés ne pouvait étendre sa compétence jusqu'aux mesures par lui édictées, entraînant implicitement la résiliation du bail et de nature à ruiner les droits de la dame Bouquet sur le fonds à elle vendu, et à lui causer un préjudice peut-être irréparable; — Considérant que tel est, en effet, le caractère de l'expulsion ordonnée, de la séquestration des objets mobiliers et de la remise immédiate des lieux en la possession du propriétaire; — Considérant qu'il suffit, quant à présent, pour ramener l'exploitation du garni de la dame Bouquet aux conditions de décence qu'elle a méconnues, d'autoriser le propriétaire à expulser les femmes qui pourraient encore s'y trouver, sauf à la juridiction des référés à ordonner telles nouvelles mesures qui seraient jugées nécessaires si le scandale se reproduisait;

Par ces motifs;

Dit que le juge des référés était compétent, à raison de l'urgence, pour statuer sur les mesures commandées par l'ordre public et les bonnes mœurs; — Dit qu'il a excédé sa compétence en ordonnant : 1° l'expulsion de Puisoye et de la dame Bouquet; 2° la séquestration du mobilier; 3° la reprise de possession immédiate des lieux par le propriétaire; — Dit qu'il a statué sur ce qui ne lui était pas demandé en ordonnant l'expulsion de Puisoye; — Emendant, autorise Bétalioulou à expulser, même avec l'assistance du commissaire de police et de la force armée, si besoin est, toutes femmes de mœurs suspectes qui pourraient se trouver dans le garni de la dame Bouquet; dit que, dans le cas où de nouveaux faits scandaleux viendraient à se produire, il sera fait droit, etc.

Du 27 août 1878.-C. de Paris, 2e ch.-MM. Puget, pr.-Hémar, av. gén.-Gatineau et Albert Lefèvre, av.

des trib. 28 juin 1885). — Le bailleur ne serait pas davantage responsable envers les tiers des conséquences de l'imprudence commise par le fermier dans l'exécution de prestations qu'il se serait engagé à faire au profit de son bailleur comme condition du bail. Spécialement, il a été jugé que dans le cas où le preneur, qui s'est « soumis, comme condition du bail, à faire sans indemnité tous les transports dont le maître aurait besoin » a, par son imprudence, blessé un tiers dans l'exécution d'un charroi, le bailleur, qui n'a eu aucune part à la direction ou à la surveillance du charroi, ne saurait être responsable, envers la victime de l'accident, des conséquences de l'imprudence du fermier (Grenoble, 19 juin 1866, aff. Lanfrey, D. P. 66. 2. 196).

182. Si le préjudice dont se plaint le tiers, ne résultait pas d'un abus de jouissance du preneur, mais de l'usage même de la chose conformément à sa destination, le locataire, condamné comme auteur direct du dommage, aurait un recours en garantie contre le bailleur (Req. 3 déc. 1872, aff. Balitrand, D. P. 73. 1. 294). — Par application de ce principe il a été décidé, dans l'espèce jugée par le jugement du tribunal de Chambéry du 13 mai 1885, cité *suprà*, n° 181, que le preneur, condamné solidairement à réparer le préjudice causé au voisin, avait un recours en garantie contre le bailleur.

183. Une responsabilité spéciale pèse sur le bailleur, lorsque, dans les locaux loués, la Régie découvre un dépôt clandestin d'allumettes. Il a été jugé que, « si le propriétaire tenu par une présomption légale de fraude peut être exonéré des poursuites soit au cas de force majeure, dûment constatée, soit au cas où il prouve, même par témoins, qu'il s'est dessaisi par un bail sincère de la jouissance des lieux, c'est à la condition, dans ce dernier cas, que par une désignation exacte de son locataire, il mette la Régie en mesure d'exercer des poursuites utiles et efficaces contre le véritable auteur de la fraude » (Crim. cass. 21 déc. 1888, aff. Bouvier, D. P. 89. 1. 176).

ART. 3. — *Obligation de payer le prix* (*Rép.* n°s 304 à 339).

184. Cette obligation est corrélative de l'obligation du bailleur de faire jouir le preneur de la chose louée. Il n'en faut pas conclure, cependant, que le plus léger trouble dans la jouissance du preneur doive avoir comme conséquence pour le bailleur une diminution de loyer. Ainsi il a été jugé que le locataire n'est pas fondé à refuser le payement des loyers échus par le motif qu'il aurait été privé, pendant un certain temps, de la jouissance de partie des lieux loués, et qu'il aurait formé de ce chef, contre son bailleur, une demande en dommages-intérêts non encore jugée, alors qu'il y a eu continuation de jouissance pour la plus grande partie des lieux loués (Paris, 4 juill. 1868, aff. Flachenacker, D. P. 68. 2. 247). — Mais il a été jugé, d'autre part, que lorsque l'individu chargé de remplir, dans une maison, les fonctions de concierge, ne peut s'acquitter de son office, par suite de la position de sa loge qui est placée dans une maison voisine et de laquelle il ne peut surveiller l'entrée principale de la maison à laquelle il est attaché, les locataires sont fondés à retenir sur leurs termes de loyer la partie du prix afférente aux gages du concierge (Lyon, 5 juin 1852, aff. Landrau, D. P. 52. 2. 234). La doctrine de cet arrêt nous paraît surtout s'expliquer par les circonstances de l'espèce (mode spécial de fixation du prix) Comp. *suprà* n° 95, et note D. P. 90. 1. 121.

185. On a exposé au *Rép.* n°s 304 et suiv. les règles qui régissent le payement du loyer. — En ce qui concerne la question de la validité des payements faits au propriétaire apparent par le preneur de bonne foi, V. *infrà*, v° *Obligation*; — *Rép.* eod. v°, n°s 1733 et suiv.

186. Le payement doit, en principe, et à défaut de convention spéciale, être effectué au domicile du locataire. Si, depuis la conclusion du contrat, le locataire avait changé de domicile, le payement devrait-il être fait à l'ancien domicile ou au domicile actuel du locataire? Nous estimons que le payement devrait s'effectuer au domicile actuel du locataire, conformément à la disposition générale de l'art. 1247 c. civ. (V. en ce sens, Guillouard, t. 1, n° 219). — Le bail peut stipuler que les fermages seront payables au domicile du bailleur. Nous avons admis (*Rép.* n° 320) que, dans ce cas, si le bailleur changeait de domicile, le locataire ne serait pas obligé d'effectuer le payement au nouveau domicile du bailleur. Tel est aussi l'avis de MM. Laurent, t. 25, n° 238 et Guillouard, t. 1, n° 220.

187. Il se peut que le preneur paye par anticipation plusieurs termes de loyer. On s'est demandé au *Rép.* n° 321 si ces payements seraient opposables aux créanciers du bailleur ou aux acquéreurs de l'immeuble et dans quelle mesure ils leur seraient opposables. Aujourd'hui, il importe, pour la solution de ces questions, de tenir compte des dispositions de la loi du 23 mars 1855 sur la transcription en matière hypothécaire. L'art. 2 de cette loi soumet à la formalité de la transcription les actes ou jugements constatant « quittance ou cession d'une somme équivalente à trois années de loyers ou fermages non échus ». L'art. 3 indique la sanction : « Jusqu'à la transcription, les droits résultant des actes et jugements énoncés aux articles précédents ne peuvent être opposés aux tiers qui ont des droits sur l'immeuble et qui les ont conservés en se conformant aux lois ». — Pour ce qui concerne les cessions anticipées de loyers, V. *infrà*, v° *Transcription hypothécaire*; — *Rép.* eod. v°, n°s 346 et suiv., 647 et suiv. — Sur la durée de la prescription applicable au cas où il s'agit de loyers prétendus payés d'avance, V. *infrà*, v° *Prescription*.

188. Le preneur pourrait-il se refuser au payement du loyer ou fermage par le motif que le bailleur n'exécuterait pas lui-même ses obligations? M. Guillouard (t. 1, n° 222), se prononce dans le sens de l'affirmative, notamment au cas où le bailleur se refuserait à « effectuer à l'immeuble loué les réparations qui y sont nécessaires », et au cas où « le preneur est troublé dans sa jouissance ». D'après la cour de cassation, la solution de la question dépendrait de l'appréciation souveraine des circonstances de la cause par les juges du fait : elle a jugé que, « dans un contrat synallagmatique, l'inexécution, par l'une des parties, de quelques-uns de ses engagements n'affranchit pas nécessairement l'autre de toutes ses obligations, qu'il appartient aux juges de décider, d'après les circonstances, si cette inexécution est assez grave pour entraîner un pareil résultat » (Req. 5 janv. 1876, aff. Willot, D. P. 76. 1. 267). En conséquence, elle a admis, dans une espèce où le bailleur, après s'être engagé envers le preneur à exécuter certains travaux dans un délai fixé par le contrat de bail, ne les avait pas exécutés, que les juges du fait avaient pu décider, sans violer aucune loi, que le payement des fermages n'était pas subordonné, dans l'intention des parties, à la confection de ces travaux et que le bailleur avait, nonobstant leur inexécution, le droit d'exiger ce payement (Même arrêt). De même, il a été jugé que le locataire n'est pas fondé à refuser le payement des loyers échus par le motif qu'il aurait été privé pendant un certain temps d'une partie des lieux loués et qu'il aurait formé de ce chef, contre son bailleur, une demande en dommages-intérêts non encore jugée, alors qu'il y a eu continuation de jouissance pour la plus grande partie des lieux loués (Paris, 4 juill. 1868, aff. Flachenacker, D. P. 68. 2. 247).

Décidé, au contraire : 1° que « dans un bail à longues années, les jouissances, bien que successives », formant un « ensemble d'années plus ou moins favorables, d'un profit plus ou moins inégal, ensemble dans lequel le preneur ne saurait être troublé, même involontairement, par un fait imputable au propriétaire, sans être relevé lui-même, par ce fait même, de la rigueur de ses propres obligations », il en résulte que « là où, par une circonstance imprévue dont la cause et les conséquences sont encore incertaines, le cours régulier de la jouissance se trouve interrompu, il est de toute justice que les droits rigoureux du propriétaire restent aussi suspendus jusqu'à ce qu'il soit reconnu si l'interruption est de son fait ou de celui du preneur » (Dijon, 28 déc. 1857) (1); — 2° Que le preneur peut se prévaloir de l'inexécution par le bailleur de ses obligations pour

(1) (Bouillod C. Vaudet.) — Le sieur Vaudet, locataire d'un moulin appartenant au sieur Bouillod, a refusé de payer deux termes échus de ses fermages par le motif que la rupture de l'arbre l'avait empêché de jouir dudit moulin. Des poursuites

résister à la demande en payement de loyers formée contre lui par le bailleur ou par ses créanciers hypothécaires (Paris, 9 juill. 1887, aff. Isambert, *France judiciaire*, t. 11, p. 346); — 3° Que, l'obligation, pour le preneur, de payer son loyer étant corrélative de celle qui incombe au bailleur de procurer au locataire une jouissance utile et paisible de la chose louée, « du moment où le trouble apporté à la jouissance est constaté, tant que la réduction résultant au profit du locataire n'aura pas été réglée, le payement du loyer ne peut être exigé », en vertu de la clause résolutoire expresse, « puisque le quantum restant dû sur ce loyer demeure indéterminé ou qu'il peut être même incertain si le loyer tout entier ne sera pas absorbé » (Orléans, 20 avr. 1888, aff. Epoux Maupoint, D. P. 89. 2. 247. V. aussi Orléans, 8 août 1888, aff. Lemaignon, D. P. 89. 2. 247; — 4° Que l'obligation, imposée par l'art. 1728 c. civ. au preneur, de payer le prix, étant corrélative à l'obligation de délivrance dont le bailleur est tenu aux termes de l'art. 1719, si la chose n'est délivrée qu'en partie par la faute du bailleur, le preneur a droit, par ce seul fait, à une diminution proportionnelle du loyer, sans avoir besoin de mettre le bailleur en demeure de faire la délivrance dans les conditions prévues par le bail; une mise en demeure n'est nécessaire que pour faire courir à son profit les dommages-intérêts auxquels il peut avoir droit, si la réduction du loyer ne suffit pas pour l'indemniser du préjudice résultant de la privation d'une partie de la chose louée (Douai, 24 mars 1847 (1). Comp. Req. 29 nov. 1832, *Rép.* v° *Obligation*, n° 2648-1°).

Il a été jugé qu'il y aurait compensation, si, par suite du bail, le bailleur et le preneur se trouvaient réciproquement créanciers l'un de l'autre pour sommes également liquides et exigibles au moment du prononcé de la décision de justice (Req. 4 févr. 1889, aff. Worms, D. P. 90. 1. 121). Mais il a été décidé que le preneur ne serait pas fondé, avant la fin de son bail, à opposer au bailleur la compensation des termes de loyers échus avec les impenses par lui faites sur l'immeuble loué (Aix, 16 janv. 1871, aff. Perruca, D. P. 72. 2. 27).

189. Le payement, a-t-on dit au *Rép.* n° 312, doit être fait de la manière réglée par les clauses du bail, c'est-à-dire soit en numéraire, soit en denrées, soit en toute autre chose convenue entre les parties. Ainsi, en cas de location du droit de chasse, les parties peuvent stipuler que le prix sera payable en gibier (V. *suprà*, v° *Chasse*, n°s 465, 475).

190. Pour la preuve du payement, il y a lieu d'appliquer les règles générales du droit. Il a été jugé que le payement de sommes dues à titre de loyers ne peut, lorsque ces sommes sont supérieures à 150 fr., être établi par simples présomptions, s'il n'est point justifié d'un commencement de preuve par écrit (Civ. cass. 18 juill. 1854, aff. Legrand, D. P. 54. 1. 311); que, spécialement, le sous-locataire qui a versé entre les mains du bailleur primitif le loyer dû pour l'un des termes de l'année reste tenu, vis-à-vis de

---

ayant été exercées contre lui en vertu du bail passé par acte authentique, une instance s'est engagée devant le tribunal civil de Chalon-sur-Saône, qui, par jugement du 17 mars 1857, tout en ordonnant la continuation des poursuites, a nommé des experts à l'effet de déterminer la cause de la rupture de l'arbre; — Appel principal par le sieur Bouillod et appel incident par le sieur Vaudet.

LA COUR; — Au fond : — Considérant qu'il est d'accord entre les parties que la disposition du jugement ordonnant une expertise sur le point de savoir à qui doit être imputée la rupture de l'arbre doit être maintenue, le fait du mécanicien devant être, au regard du fermier, comme le fait du propriétaire, sauf la garantie de ce dernier contre son mécanicien; — Considérant que la rupture de l'arbre dont il s'agit a eu lieu le 23 nov. 1856, lorsque la première des neuf années de jouissance du fermier, du 11 nov. 1855 au 11 nov. 1856, était écoulée, mais lorsque le premier semestre du fermage, échu le 24 juin de la même année 1856, n'était pas encore payé, et que le deuxième semestre, payable seulement le 25 décembre suivant, n'était pas encore échu; — Considérant que, se prévalant de l'art. 10 du bail susdit, par lequel il est expressément convenu *qu'en cas de non-payement des fermages à leur échéance, le bail sera résilié de plein droit, si bon semble au bailleur, un mois après commandement qui resterait infructueux pendant ce temps.* Bouillod, après commandement en date du 7 janv. 1857, auquel il a été formé opposition par Vaudet le 28 du même mois, a conclu le 17 mars suivant, par devant le tribunal, en débouté de ladite opposition et de plus à la résiliation du bail; — Considérant que les deux questions de continuation des contraintes et de résiliation du bail se rattachant aux mêmes faits et aux mêmes principes; que la prétention de Bouillod est fondée, selon lui, sur ce que, alors même que la rupture de l'arbre du moulin pourrait donner lieu contre lui, en faveur du fermier, à des dommages-intérêts quelconques, ces dommages-intérêts, incertains et non liquidés, pour un fait qui ne s'est produit que le 23 nov. 1856, ne pourraient légalement se compenser avec des fermages d'une année échue dès le 11 du même mois; — Et qu'il s'agit dans la cause non point de l'application des principes de la compensation entre deux dettes étrangères l'une à l'autre, suivant l'art. 1291 c. civ. mais des obligations corrélatives d'un propriétaire et de son fermier en fait de bail; à savoir l'obligation pour l'un de payer exactement ses fermages, c'est-à-dire le prix de la jouissance, et l'obligation pour l'autre de procurer et assurer la jouissance pleine et entière et continue; que dans un bail à longues années, les jouissances, bien que successives, forment un ensemble d'années plus ou moins favorables, d'un profit plus ou moins inégal, ensemble dans lequel le preneur ne saurait être troublé, même involontairement, par un fait imputable au propriétaire, sans être relevé lui-même, par ce fait même, de la rigueur de ses propres obligations; que la régularité des payements et la régularité de la jouissance tiennent donc essentiellement l'un à l'autre, et que là où, par une circonstance imprévue, dont la cause et les conséquences sont encore incertaines, le cours régulier de la jouissance se trouve interrompu, il est de toute justice que les droits rigoureux du propriétaire restent aussi suspendus, jusqu'à ce qu'il soit reconnu si l'interruption est de son fait ou de celui du preneur; que ce dernier d'ailleurs avait, dès le 6 mars, avant le jugement, fait offres, depuis réalisées, d'une somme de 500 fr. pour fermage de terres dépendant de l'usine; — Par ces motifs, faisant droit à l'appel incident, ordonne qu'il sera sursis à la continuation des poursuites ainsi qu'à statuer sur la résiliation du bail jusqu'après la décision à intervenir sur l'expertise ordonnée, etc.

Du 28 déc. 1857.-C. de Dijon, ch. corr.-MM. Legoux, pr.-Massin, av. gén.

(1) (Verschave C. Gardien.) — LA COUR; — Attendu que l'engagement qu'ont pris les époux Gardien envers Verschave de faire ajouter à leur papeterie un bâtiment à usage de magasin et de faire à la fontaine du moulin tous les travaux nécessaires pour augmenter le volume d'eau à fournir aux pompes, est une des conditions moyennant lesquelles cette usine a été prise à bail par ledit Verschave, le 15 nov. 1845, au loyer annuel de 4000 fr. payables à raison de 1000 fr. par trimestre; — Que si aucun délai n'a été fixé pour l'exécution de ces travaux, l'intention commune des parties a été qu'ils fussent entrepris aussitôt que la bonne saison le permettrait, et qu'ils fussent menés à la fin sans interruption; — Que c'est ce qui résulte de la nature même des conventions verbales intervenues entre les parties et du commencement d'exécution que ces conventions ont reçu de la part des époux Gardien; — Attendu que, ces derniers n'ayant pas donné suite à ces travaux, Verschave s'est refusé au payement intégral du loyer, en se fondant sur ce que la chose louée ne lui avait pas été délivrée telle qu'elle avait été promise; — Que, pour repousser cette prétention, les époux Gardien se prévalent de ce que Verschave ne les a point mis en demeure d'exécuter les travaux dont il s'agit; mais que l'obligation que l'art. 1728 c. civ. impose au preneur de payer le prix du bail aux termes convenus, est corrélative à celle que l'art. 1719 du même code impose au bailleur de délivrer la chose louée; que si la chose n'est délivrée qu'en partie par la faute du bailleur, le preneur a droit, par ce seul fait, à une diminution proportionnelle du loyer; — Qu'une mise en demeure n'est nécessaire que pour faire courir à son profit les dommages-intérêts auxquels il peut avoir droit, si la réduction du loyer ne suffit pas pour l'indemniser du préjudice résultant de la privation de la chose louée; — Attendu que, le 19 sept. 1846, Verschave a reconventionnellement demandé à être autorisé par justice à effectuer, aux frais des époux Gardien, les travaux qu'ils n'exécutaient pas, et a conclu à ce qu'ils fussent condamnés à des dommages-intérêts; — Que cette demande reconventionnelle constitue une véritable mise en demeure; — Par ces motifs, dit que, par experts, les lieux litigieux seront vus et visités à l'effet de déterminer à quelle diminution de loyer Verschave a droit par chaque mois écoulé depuis l'époque à laquelle ces travaux auraient dû être effectués, par défaut de délivrance de magasin; enfin, à quels dommages-intérêts il pourrait aussi prétendre par mois, pour réparation du préjudice qu'il aurait éprouvé depuis le 19 sept. 1846, à raison de l'inexécution des travaux, etc.

Du 24 mars 1847.-C. de Douai, 1re ch.-M. Leroux de Bretagne, pr. p. p.-M. Demeyer, av. gén.-MM. Tallen et Dumon, av.

son propre bailleur, de prouver par écrit, ou avec un commencement de preuve par écrit, qu'il a versé, entre les mains de ce dernier, le montant des loyers antérieurs dont le taux dépasse 150 fr. ; qu'il n'est pas admis en cas pareil à invoquer, comme preuve de ce versement, la présomption tirée du payement fait au bailleur primitif d'un terme de loyer postérieur aux termes réclamés (Même arrêt). Mais il a été décidé que les quittances peuvent servir de commencement de preuve par écrit; que, dès lors, si une quittance constate le payement des derniers termes d'un fermage, les juges du fond peuvent en induire la libération du fermier pour les termes précédents, et que leur appréciation à cet égard ne tombe pas sous le contrôle de la cour de cassation (Req. 27 févr. 1882, aff. de Maupassant, D. P. 82. 1. 414).

191. On a signalé au *Rép.* n° 305 diverses garanties que la loi met à la disposition du bailleur pour assurer le payement du loyer: exercice du privilège de l'art. 2102, action en résiliation. On mentionnait aussi l'emploi de la contrainte par corps dans les termes de l'art. 2062 c. civ: la loi du 22 juill. 1867 (D. P. 67. 4. 75) a supprimé la contrainte par corps en matière civile et commerciale (V. *suprà*, v° *Contrainte par corps*, n°s 7 et suiv.).

192. La loi du 19 févr. 1889, spéciale aux locations d'immeubles ruraux (D. P. 89. 4. 29 et *suprà*, n° 1, restreint, en ce qui concerne les baux même ayant date certaine, le privilège du bailleur à la garantie des fermages des deux dernières années échues, de l'année courante, et d'une année à partir de l'expiration de l'année courante, et à la garantie des sommes dues par le preneur tant à raison de l'exécution du bail qu'à titre de dommages-intérêts. Mais, aux termes de l'art. 1er, la législation antérieure reste applicable aux baux ayant acquis date certaine avant la promulgation de la loi.

D'autre part, d'après l'art. 2 de la loi, désormais sont *ipso facto* affectées au payement des créances privilégiées ou hypothécaires « les indemnités dues par suite d'assurances contre l'incendie, contre la grêle, contre la mortalité des bestiaux et les autres risques », sous réserve, tant des payements faits de bonne foi avant opposition que des cessions par acte ayant date certaine avant la mise à exécution de la loi nouvelle, à la condition que le transport, s'il n'a pas été notifié antérieurement, ait été notifié au plus tard dans le mois suivant.

Enfin l'art. 3 affecte également *ipso facto* au payement des créances privilégiées ou hypothécaires les indemnités dues en cas de sinistre par le locataire ou le voisin, par application des art. 1733 et 1382 c. civ. L'article ajoute : « en cas d'assurance du risque locatif ou du recours du voisin, l'assuré ou ses ayants droit ne pourront toucher tout ou partie de l'indemnité sans que le propriétaire de l'objet loué, le voisin ou le tiers subrogé à leurs droits aient été désintéressés des conséquences du sinistre ».

193. L'art. 819. c. proc. civ. confère aux « propriétaires et principaux locataires de maisons ou biens ruraux » le droit de former saisie-gagerie. Il a été jugé que l'observation des formalités des art. 819 et suiv. est obligatoire; « qu'aucun texte de loi ne reconnaît au propriétaire qui n'est point payé du loyer qui lui est dû le droit de mettre, sans aucune formalité judiciaire ou extrajudiciaire, la main sur les meubles de son locataire et de les conserver comme un gage réel de sa créance; que les art. 819 et suiv. c. proc. civ. l'autorisent seulement, soit qu'il y ait un bail, soit qu'il n'y en ait pas, à faire saisir-gager, pour les loyers échus, le mobilier du locataire un jour après commandement, et sans permission du juge, ou même à faire opérer cette saisie-gagerie sans aucun délai en vertu de cette permission; que la saisie-gagerie ainsi opérée et validée, il peut faire procéder à la vente des objets saisis et exercer le privilège établi par l'art. 2101 c. civ. sur le prix qu'elle aura produit »; que, dès lors, un tribunal ne saurait autoriser des bailleurs à détenir et conserver, sans l'accomplissement des formalités des art. 819 et suiv., le mobilier du preneur jusqu'à parfait payement de ce qu'il devait (Civ. cass. 14 mars 1883, aff. Thomas, D. P. 83. 1. 338). — Jugé, d'ailleurs, que la saisie-gagerie n'est pas réservée exclusivement aux bailleurs porteurs de baux sous seings privés, mais que les bailleurs même porteurs de baux notariés peuvent y recourir, sans être tenus de procéder par voie de saisie-exécution (Paris, 25 mai 1867) (1).

194. On a exposé au *Rép.* n°s 331 et suiv. les principales règles auxquelles est soumise l'action résolutoire du bailleur. Souvent les parties, ne se contentant pas de l'application du droit commun, insèrent dans leurs conventions une clause portant qu'à défaut de payement du loyer le bail sera résilié de plein droit. On examinera *infrà*, n°s 304 et suiv., la portée de ces clauses, ainsi que les difficultés auxquelles peut donner lieu la résolution pour défaut de payement des loyers. — En ce qui concerne la compétence au point de vue des actions en résolution pour défaut de payement des loyers, V. *suprà*, v° *Compétence civile des tribunaux de paix*, n°s 35 et suiv. Signalons seulement la compétence spéciale du juge des référés pour ordonner l'expulsion du locataire (V. au surplus, *infrà*, v° *Référé*, et *Rép.* eod. v°, n°s 97 et suiv. Comp. *suprà*, n° 179). — En ce qui concerne la prescription quinquennale des loyers et fermages, V. *infrà*, v° *Prescription*, et *Rép.* eod. v°, n°s 1064 et suiv.

195. En cas de faillite du preneur, les droits du bailleur subissent de graves modifications. V. sur ce point, *suprà*, v° *Faillite*, n°s 1108, 1114 et suiv.

196. Les frais du contrat de bail, frais de papier timbré, honoraires du notaire en cas de bail notarié, droit d'enregistrement, droits de transcription, si le bail est fait pour une durée de plus de dix-huit ans, sont-ils à la charge du preneur? M. Guillouard (t. 1, n° 229), se prononce pour l'affirmative, par analogie de ce qui est décidé, en matière de vente, par l'art. 1593 c. civ. (V. conf. Laurent, t. 25, n° 244).

197. Sur la validité des clauses par lesquelles le bailleur s'interdit, soit lors du bail, soit postérieurement, d'augmenter le prix de la location, V. Paris, 4 juin 1859, aff. Gaibrois, D. P. 59. 2. 116; 24 août 1865 (2).

198. Il y a lieu de signaler ici diverses dispositions

(1) (Sabastia C. Constantin.) — LA COUR; — En ce qui touche la saisie-gagerie : — Considérant qu'aux termes de l'art. 819 c. proc. civ., le propriétaire peut faire saisir-gager les effets et meubles de son locataire, et que la loi ne distingue pas entre les baux sous seings privés et ceux notariés; que Sabastia ne peut se plaindre de ce que les époux Constantin, subrogés dans les droits du propriétaire, ont mieux aimé suivre les formes de la saisie-gagerie que celles de la saisie exécutoire qui pouvaient leur appartenir en raison du bail notarié de Sabastia; qu'ainsi la procédure est régulière...

Du 25 mai 1867.-C. de Paris, 4e ch.-MM. de Boissieu, cons. f. f. pr.-Genreau, av. gén.-Raveton et Bréulier, av.

(2) (Guettard C. de Baylen.) — LA COUR; — Attendu que de Baylen occupe un appartement situé au deuxième étage d'une maison sise à Paris, rue de la Victoire, n° 8, appartenant aux défendeurs, moyennant le prix annuel de 2000 fr. et qu'il demande la nullité du congé qui lui a été donné suivant exploit du 30 déc. 1864, en s'appuyant sur un acte en date du 18 avril 1857, dans lequel Guettard père, auteur des défendeurs, prend vis-à-vis de lui l'engagement de le conserver à titre de locataire, tant qu'il lui semblera convenable, sans lui faire subir aucune augmentation, tout en réservant à de Baylen le droit de donner congé en prévenant dans les délais d'usage; — Attendu que les héritiers Guettard soutiennent : 1° que cet acte est nul, n'ayant pas été fait en double original conformément aux dispositions de l'art. 1325 c. civ.; 2° qu'en le supposant valable, il ne pourrait avoir aucun effet comme contrat de louage, parce qu'il ne contient aucune stipulation sur la durée de la location; 3° enfin que, dans la pensée des parties, Guettard père n'a entendu s'engager que pour sa vie, sans lier ses héritiers ou successeurs; — Mais attendu que l'écrit dont s'agit ne contient pas de convention synallagmatique; qu'il ne contient pas, en effet, un bail; que les conventions de la location avaient été réglées antérieurement, et que Guettard père, dans cet acte, contracte en renonçant, pendant la vie de son locataire, au droit, qu'il tenait de la convention, de faire cesser la location à toute époque; — Attendu que les parties l'avaient compris ellesmêmes ainsi, puisque l'acte est rédigé sous la forme d'une déclaration faite par Guettard, et ne porte pas la signature de M. de Baylen; — Attendu, d'un autre côté, que les héritiers Guettard ne sont pas recevables à invoquer la nullité dont ils arguent, puisque, depuis 1857, la convention a reçu son exécution; — Attendu, d'ailleurs, que l'acte du 18 avr. 1857 doit être

législatives d'un caractère transitoire se rattachant aux événements de 1870-1871. Un décret du gouvernement de la Défense nationale, des 7-14 sept. 1870 (D. P. 70. 4. 87), avait déclaré applicable, pendant la durée de la guerre, le paragraphe 2 de l'art. 1244 c. civ. à toutes contestations entre locataires et propriétaires relativement « au payement des loyers et aux poursuites ou exécutions en toute matière ». Les tribunaux étaient autorisés, suivant les circonstances, à accorder délai et à suspendre toute exécution ou poursuite. —Un décret des 30 sept.-3 oct. 1870 (D. P. 70. 4. 94), spécial au département de la Seine, accorda un délai de trois mois pour le payement du terme d'octobre et de ceux des termes précédents non encore acquittés, aux locataires qui déclareraient « être dans la nécessité d'y recourir ». Le même délai était accordé « aux locataires en garni pour tout payement de loyer courant ou en retard ». — Un nouveau décret des 3-10 janv. 1871 (D. P. 71. 4. 1) accorda, pour le payement du terme de janvier et des termes antérieurs, un nouveau délai de trois mois aux locataires habitant le département de la Seine qui se trouveraient « dans la nécessité d'y recourir ». — Enfin une loi des 21 avr.-9 mai 1871 (D. P. 71. 4. 47) régularisant cet état provisoire, institua dans chaque quartier de Paris et dans chaque canton du département de la Seine un ou plusieurs jurys spéciaux, composés « de propriétaires et de locataires sous la présidence du juge de paix ou de l'un de ses suppléants ou d'une autre personne désignée par le président du tribunal civil », à l'effet de statuer « sommairement, comme amiable compositeur, d'une manière définitive et sans appel, sur toutes les contestations entre propriétaires et locataires, relatives aux loyers restant dus pour les termes échus du 1er oct. 1870 jusqu'au 1er avr. 1871 ». Ces jurys étaient investis du droit d'accorder des réductions de loyers proportionnelles à la durée de la privation de jouissance. Ils étaient autorisés à tenir compte de la diminution de jouissance industrielle ou commerciale. En outre, ils pouvaient limiter l'exercice du privilège du bailleur à « une partie déterminée et suffisante du mobilier garnissant les lieux loués et servant de gage spécial à sa créance ». L'art 8 de cette loi était ainsi conçu : « Dans le cas où le département de la Seine, qui y est d'avance autorisé, consentirait à payer à tous les propriétaires de logements, dont le prix annuel est de 600 fr. ou moins, le tiers de ce qui leur restera dû par les locataires sur les termes échus en octobre 1870, janvier et avril 1871, sous la double condition que les propriétaires donneront quittance définitive du surplus et maintiendront leurs locataires en possession pour le terme d'avril à juillet prochain, l'Etat participera pour un tiers à ces payements, sans que cette participation puisse dépasser 10 millions de francs. Les locataires qui auront profité du bénéfice du paragraphe précédent devront acquitter exactement le montant du terme de juillet 1871 à son échéance, sous peine d'expulsion sans congé préalable et sur simple ordre du juge de paix. Les propriétaires ou les locataires, qui feraient de fausses déclarations dans le but d'obtenir ou de faire obtenir une indemnité supérieure à celle à laquelle les propriétaires auront droit, seront poursuivis devant les tribunaux correctionnels et passibles des peines portées à l'art. 405 c. pén. L'art. 463 c. pén. sera applicable. Les propriétaires qui n'accepteraient pas ce règlement devront porter leurs réclamations devant les jurys spéciaux, conformément aux articles précédents » (1).

La loi du 21 avr. 1871 a donné lieu à de nombreux arrêts de la cour de cassation. Il paraît inutile d'analyser en détail ces arrêts, rendus sur l'application d'une loi transitoire depuis longtemps abrogée. Il suffira d'indiquer quelques-unes des solutions les plus importantes. Il a été jugé : 1° qu'il appartenait au jury spécial d'apprécier souverainement en fait si le locataire avait été privé matériellement de la jouissance des lieux loués (Civ. rej. 13 janv. 1872, aff. Lefebvre, D. P. 72. 1. 50), ou si la location avait un caractère industriel et commercial (Civ. rej. 5 févr. 1872, aff. Veuve Chenet, *ibid.*); — 2° Que le jury était fondé à faire porter la réduction de prix sur tous les éléments constitutifs du loyer et notamment sur les charges accessoires imposées au locataire à titre d'indemnité pour constructions nouvelles faites aux termes du bail par le propriétaire (Civ. 7 mai 1872, aff. Collas, D. P. 72. 5. 302); — 3° Que la disposition des art. 4 et 5 de la loi du 21 avr. 1871, qui autorisait le jury spécial à accorder aux locataires des réductions sur les termes arriérés, s'appliquait aux locations ayant pour objet des terrains non bâtis (Civ. cass. 29 janv. 1872, aff. Comp. des asphaltes du Val-de-Travers, D. P. 72. 1. 38; Civ. cass. 31 juill. 1872, aff. Lapelle, D. P. 72. 5. 300); — 4° Mais que, la compétence du jury spécial étant limitée aux contestations entre propriétaires et locataires au sujet des loyers restant dus pour les termes échus du 1er oct. 1870 au 1er avr. 1871, le jury spécial était incompétent pour statuer à l'égard de la caution du locataire (Civ. cass. 31 janv. 1872, aff. Veuve Dédicourt et Gasteau, D. P. 72. 1. 39); ... Ou sur une demande en remboursement de six mois de loyer payés d'avance (Civ. rej. 11 mars 1872, aff. Richard, D. P. 72. 1. 39). — V., au surplus, sur l'interprétation des dispositions de la loi du 21 avr. 1871, Vavasseur, *Commentaire de la loi sur les loyers*.

L'institution des jurys spéciaux fut supprimée par la loi des 6-11 janv. 1872 (D. P. 72. 4. 7) à dater du 31 mars 1872. L'art. 4 portait que les affaires dont la connaissance avait été attribuée aux jurys spéciaux seraient, à partir de cette époque, « jugées, selon les règles édictées par la loi du 21 avr. 1871, par les juges de paix... ». L'art. 1er créait, d'autre part, une péremption spéciale d'un mois à partir de la promulgation de la loi « pour toute action portée ou engagée devant les jurys spéciaux ». Si pendant ce délai les poursuites étaient continuées, la péremption devait courir à partir du dernier acte de procédure. — Par application de la loi du 6 janv. 1872, il a été jugé que l'attribution conférée aux juges de paix pour statuer à la place du jury sur les contestations prévues par la loi du 21 avr. 1871 était limitée aux affaires qui, introduites sous l'empire de cette dernière loi, étaient encore pendantes au moment de la publication de la loi du 6 janv. 1872, et qu'en conséquence, était entachée d'un excès de pouvoir la sentence du juge de paix qui appliquait la loi du 21 avr. 1871 à une action intentée postérieurement au 11 janvier, date de la publication de la loi du 6 janv. 1872 (Civ. cass. 17 févr. 1873, aff. Liermain, D. P. 73. 1. 59).

ART. 4. — *Obligation de restituer la chose en l'état où le preneur l'a reçue* (*Rép.* n°s 340 à 347).

199. Le preneur, a-t-on dit au *Rép.* n° 340, doit rendre les lieux en bon état, ou au moins dans l'état où ils étaient quand sa jouissance a commencé. Si donc des dégradations ont été faites, il doit les réparer, à moins qu'elles ne soient le résultat de la vétusté ou de la force majeure. — Le preneur ne serait pas cependant tenu de remplacer ou remettre à neuf ce qui, malgré l'entretien convenable, a été détérioré par le simple usage normal et légitime de la chose louée (Laurent, t. 25, n° 270; Guillouard, t. 1, n° 242). C'est ce qui a été décidé, même dans une espèce où une clause du bail stipulait que le preneur payerait « les dépen-

---

au moins considéré comme un commencement de preuve par écrit, émané de Guettard père, qui, corroboré par les présomptions ressortant des circonstances de la cause, établit la preuve du contrat dont de Baylen demande aujourd'hui l'application; — Attendu enfin qu'il ne saurait exister aucun doute sur l'interprétation à donner à l'engagement de Guettard père, et que, dans l'intention commune des parties, le propriétaire voulait assurer à son locataire la jouissance viagère de l'appartement qu'il occupait, comme compensation de l'augmentation de loyer qu'il lui avait imposée; — Déclare nul le congé signifié par les défendeurs; dit que de Baylen continuera à jouir tant qu'il le jugera convenable de l'appartement ci-dessus indiqué, moyennant le loyer annuel de 2000 fr. ». — Appel par le sieur Guettard.

LA COUR; — Adoptant les motifs des premiers juges : — Confirme, etc.

Du 24 août 1865.-C. de Paris, 2e ch.-MM. Guillemard, pr.- Chéron et Hubbard, av.

(1) Il paraît intéressant de signaler ici, à titre de document historique, un décret de la Commune de Paris, du 29 mars 1871, portant remise générale des termes d'octobre 1870, janvier et avril 1871 (V. le texte D. P. 71. 4. 50, note 4 *a*).

ses d'entretien de l'immeuble telles qu'elles sont mises à la charge de l'usufruitier sous la sect. 2e du tit. 3 du liv. 2 c. civ. » (Civ. rej. 7 nov. 1865. aff. Crosnier, D. P. 66. 1. 262). Il a été jugé, dans cette espèce, que le locataire d'une salle de spectacle « ne pourrait être tenu de la réfection entière des peintures, tentures et tapisseries qu'autant qu'il serait établi que c'est par sa faute et par un abus de jouissance que cette réfection est devenue nécessaire » (Même arrêt). En ce qui concerne les dessous du théâtre, si leur mauvais état provenait de vices de construction, leur réfection, bien évidemment, serait à la charge du bailleur (Même arrêt).

200. Il serait superflu d'insister sur l'intérêt que présente, pour le preneur, la confection d'un état des lieux. Observons, avec M. Guillouard (t. 1, n° 239), que, si le bailleur se refusait à faire dresser l'état des lieux, le preneur serait en droit de l'y contraindre. Le bailleur serait armé d'un droit analogue au cas assez rare où le preneur lui opposerait un semblable refus. — Devant quelle juridiction la demande à fin d'état des lieux devrait-elle être portée? MM. Agnel et Carré (*Code manuel des propriétaires et locataires*, 6e édit., n° 148) se prononcent pour la compétence du juge de paix, qui, d'après la loi du 25 mai 1838, connaît sans appel jusqu'à la valeur de 100 fr., et à charge d'appel à quelque valeur que la demande puisse s'élever, des actions relatives aux réparations locatives des maisons ou fermes. Nous estimons, au contraire, que c'est aux tribunaux de première instance qu'il appartiendrait de statuer sur les demandes à fin d'état de lieux, conformément au droit commun, la compétence des juges de paix ne pouvant, à raison de son caractère exceptionnel, être étendue à des cas non prévus par la loi (V. Guillouard, t. 1, n° 240).

201. Lorsqu'il n'a pas été fait d'état de lieux, l'art. 1731 c. civ. dispose que « le preneur est présumé les avoir reçus en bon état de réparations locatives et doit les rendre tels, sauf la preuve contraire ». On a admis au *Rép.* n° 342, contrairement à l'opinion de Delvincourt, que cette preuve contraire peut, dans tous les cas et quelle que soit la valeur du litige, être faite par témoins. MM. Laurent (t. 25, n° 273) et Guillouard (t. 1, n° 245) se prononcent dans le même sens.

202. Suivant l'opinion émise au *Rép.* n° 341, la présomption de l'art. 1731 c. civ. ne s'applique qu'aux réparations locatives et non aux réparations de gros entretien; pour les dégradations dont la réparation, à raison de leur nature, incomberait au bailleur, c'est à lui qu'il appartient, en cas d'allégation contraire du preneur, de prouver qu'elles n'existaient pas à la date de l'entrée en jouissance du preneur. Tel est aussi l'avis de M. Laurent (t. 25, n° 272). MM. Guillouard (t. 1, n° 244) et Colmet de Santerre (t. 7, n° 178 *bis*) estiment que le preneur doit être présumé avoir reçu la chose en bon état de réparations de toute espèce. C'est là, croyons-nous, donner à la disposition exceptionnelle de l'art. 1731 une portée que ne comporte point son texte restrictif. Jugé, en tout cas, que le bailleur ne pourrait se prévaloir de la présomption de l'art. 1731, si le vice dont il se plaint constituait un vice caché que le preneur ne pouvait point constater avant son entrée en jouissance ; spécialement « que les contestations qui s'élèvent entre le bailleur et le locataire, par rapport à l'existence de punaises dans les lieux loués, ne rentrent dans aucun des cas prévus par les art. 1731 et 1732 c. civ. ; qu'en effet, il s'agit, dans ces articles, de dégradations apparentes que le locataire a pu et dû voir avant son entrée en jouissance, et qu'il devait faire constater, voulant être exonéré de toute responsabilité par rapport à elles ; mais que la constatation de l'existence de punaises dans une maison serait très difficile et souvent même impossible à faire pour le locataire avant son entrée en jouissance; qu'aucun texte de loi n'établit contre lui une présomption de faute résultant du seul fait de l'existence de punaises, pendant la durée du bail, dans la maison louée; que le bailleur qui s'en plaint ne peut baser son action que sur l'art. 1382 c. civ., et que c'est à lui, comme demandeur, qu'incombe l'obligation de prouver que son locataire a introduit dans les lieux loués ces insectes malfaisants » (Caen, 25 févr. 1871, aff. Dossin, D. P. 72. 2. 150).

203. Si, en principe, le locataire a, aux termes des art. 1730 et 1732 c. civ., l'obligation de rendre les lieux en bon état à l'expiration du bail, et si l'inexécution de cette obligation peut donner ouverture à une demande en dommages-intérêts, il n'est pas douteux non plus que le bailleur puisse renoncer au droit de poursuivre contre son locataire l'exécution de cette obligation. — La renonciation peut, d'ailleurs, être tacite. Ainsi il a été jugé que le propriétaire qui a vendu une maison, dans l'état où elle se trouvait, au sous-locataire accepté par lui, sans réserver son droit, soit aux réparations locatives, soit à une indemnité pour retard dans la remise des lieux, pouvait, par une appréciation de circonstances, être réputé avoir renoncé à toute action à raison du bail, et que, dès lors, son locataire direct était dégagé de tout engagement personnel de ce chef envers le bailleur (Req. 17 août 1880, aff. Dumas, D. P. 81. 1. 116).

204. On a vu au *Rép.* n° 293 qu'aux termes de l'art. 1735 c. civ., le preneur « est tenu des dégradations et des pertes qui arrivent par le fait des personnes de sa maison ou de ses sous-locataires ». M. Laurent (t. 25, n° 275) critique la rigueur de cette disposition. Mais M. Guillouard (t. 1, n° 247) estime que cette critique n'est pas fondée : « le bailleur ne peut exercer le moindre contrôle, ni sur le choix des domestiques, ni sur la manière dont ils s'acquittent de leurs services; comment donc pourrait-il utilement, lorsqu'un dommage est causé, venir discuter avec le preneur, soit l'imprudence ordinaire de l'auteur du dommage, soit l'imprudence spéciale qui a occasionné ce dommage? Aussi croyons-nous, ajoute cet auteur, qu'en dehors du motif d'utilité publique donné par Pothier, l'inégalité de situation que le système contraire ferait au bailleur suffirait à légitimer la solution de l'art. 1735 et de notre ancien droit ». — En ce qui concerne spécialement la responsabilité incombant au preneur en cas d'incendie causé par le fait des personnes visées par l'art. 1735, V. *infrà*, nos 218 et 221.

205. Tenu de restituer la chose, le preneur devrait tenir compte au bailleur de la différence existant entre la contenance des terres de la ferme constatée à la sortie et celle énoncée dans l'état des lieux dressé lors de son entrée en jouissance, à moins que ce déficit n'ait eu pour cause la force majeure ou des anticipations par lui dénoncées au propriétaire (V. Nancy, 5 août 1865, aff. Husson, D. P. 70. 2. 53). Cet arrêt décide d'ailleurs « qu'on ne saurait admettre comme pouvant opérer une compensation les légers excédents qui se rencontrent sur d'autres parcelles; que, s'ils proviennent d'anticipations commises par le fermier ou s'ils existaient réellement au moment de son entrée en jouissance, ces excédents, dans l'un ou l'autre cas, ne sauraient devenir une cause juridique de compensation ». — Dans un ordre d'idées voisin, il a été jugé que, lorsque les prises d'eau concédées ultérieurement au locataire d'une usine par le Gouvernement ont été par avance comprises dans le bail, les bailleurs doivent, à l'expiration du bail, rentrer en possession de ces prises d'eau, aussi bien que des constructions, canaux et aqueducs dont l'usine se compose; que la décision des juges du fait « sur le sens d'un acte passé entre des particuliers et sur l'intention qui animait les parties signataires de cet acte » rentre, au reste, « dans la compétence souveraine des juges du fond » (Req. 6 juill. 1868, aff. Talabot, D.P. 69. 1. 101).

206. Si, à la fin du bail, le preneur ne peut restituer la chose louée, parce qu'elle n'existe plus, il est obligé d'en payer la valeur, à moins qu'il ne prouve qu'elle a péri soit par vétusté, soit par cas fortuit ou force majeure et sans qu'aucune faute puisse lui être reprochée (*Rép.* n° 346 — Comp. pour le cas où la perte est le résultat de la guerre : Paris, 23 août 1872, aff. Doivret, D. P. 73. 2. 235).

Un arrêt de la chambre civile du 26 mai 1868 (aff. Frères Saint, D. P. 68. 1. 471) a fait application de ces principes au cas de location de sacs. Un certain nombre de sacs ayant été perdus pendant la durée de la location, le preneur prétendait compenser la valeur des sacs avec une partie du loyer qu'il avait payé : il invoquait un prétendu usage de la place du Havre, relatif au « règlement des sacs remis en location et non rendus » d'après lequel le preneur payerait une année de location et rembourserait au propriétaire des sacs loués leur valeur primitive. Mais la cour de cassation décida « qu'aux termes des art. 1728 et 1732 c. civ., le locataire est tenu de payer le loyer convenu pour toute la durée de sa jouissance, et que si, à la fin du bail, il ne peut restituer la chose louée, il doit, en outre, en payer la valeur, à moins qu'il ne prouve qu'elle a péri sans qu'aucune faute puisse lui être imputée; que, si les usages du commerce peuvent être invoqués dans le silence de la loi ou de la convention, ils ne peuvent autoriser le juge à méconnaître les effets que la loi attache à une convention dûment constatée ». Il convient de remarquer qu'au cas de perte de la chose louée, le loyer est dû jusqu'au jour où le bail a pris fin par la perte de la chose. Le locataire ne peut donc obtenir la répétition du loyer déjà payé qu'en prouvant que la chose a péri avant l'époque où il a cessé de payer le loyer, en sorte que les payements postérieurs ont été sans cause. Mais, dans l'espèce de l'arrêt du 26 mai 1868, cette preuve n'avait été ni administrée ni même offerte. En fait, il est presque toujours impossible au commerçant qui loue un grand nombre de sacs, d'indiquer à quelle époque certains de ces sacs ont été perdus. La perte n'est d'ordinaire constatée que lors des règlements définitifs. De là, si l'on veut éviter le résultat évidemment peu équitable de l'application des règles ordinaires, la nécessité d'une convention spéciale pour limiter les loyers dus à raison des sacs non représentés. — Il a été jugé que le bailleur d'objets mobiliers, prêtés par le preneur à des tiers, peut les revendiquer dans les mains de ceux-ci, sans qu'ils puissent lui opposer ni une compensation, à raison de leurs créances de sommes d'argent contre le preneur, ni un prétendu droit de rétention (Civ. cass. 29 janv. 1877, aff. Saints, D. P. 77. 1. 280).

Sect 5. — Payement des contributions et acquittement des autres charges publiques (*Rép.* n°s 348 à 361).

207. L'impôt foncier, a-t-on dit au *Rép.* n° 348, est, en principe, à la charge du bailleur. — Il a été jugé que l'acte qualifié contrat de bail, par lequel le preneur est investi du droit de démolir les constructions existant sur le terrain loué, à la charge d'en édifier d'autres d'une valeur déterminée qui seraient considérées comme ayant toujours été la propriété du bailleur, constitue un contrat de louage, qui investit le preneur de la jouissance et non de la propriété de ces constructions (V. *infrà* n° 319); qu'en conséquence c'était au bailleur qu'incombe, pour le tout, le surcroît de contributions foncières mises par le décret du 16 mars 1848 à la charge du propriétaire seul (Civ. cass. 8 juill. 1851 aff. Javal D. P. 51. 1. 198); qu'il en devait être ainsi dans l'espèce, nonobstant la clause du bail stipulant que le preneur se chargeait des impôts de toute nature dont les immeubles loués pourraient être passibles, même de ceux à la charge du propriétaire, dès lors que le décret du 16 mars 1848 (D. P. 48. 4. 50) imposait le surcroît de la contribution foncière au « propriétaire seul, nonobstant toute stipulation contraire dans les baux et conventions » (Même arrêt). — Décidé aussi que l'impôt foncier afférent à des constructions élevées par le locataire sur le terrain loué et qui, à l'expiration du bail, doivent rester au bailleur sans indemnité, est, en l'absence de convention contraire, à la charge de ce dernier, alors surtout que, par l'effet de l'état des lieux, dressé immédiatement après leur achèvement, il est propriétaire, dès à présent, de ces constructions (Paris 15 déc. 1865, aff. Lauridan, D. P. 66. 5. 287). Mais si les machines et appareils établis dans une usine par le locataire, bien que fixés et boulonnés sur pierre ou maçonnerie, devaient rester la propriété du preneur pendant la durée du bail, il y aurait lieu à l'établissement d'une cote spéciale au nom du locataire (V. Cons. d'Et. 23 juin 1882, aff. Binet-Lefèvre, D. P. 84. 3. 10; 8 février 1884, aff. Runel, *Rec. Cons. d'État*. p. 112; Comp. *infrà*, n°s 318 et suiv. — V. aussi *suprà*, v° *Impôts directs*, n° 67).

208. L'impôt des portes et fenêtres, au contraire, est en principe à la charge du locataire, sauf le droit de l'Administration d'en poursuivre le recouvrement directement contre le bailleur. Si le bailleur a acquitté directement l'impôt, il a un recours contre le locataire (V. *Rép.* n° 352 et *suprà*, v° *Impôts directs*, n° 164).

Mais si, en principe, l'impôt des portes et fenêtres est à la charge du preneur, les parties peuvent déroger expressément ou implicitement à ce principe; les juges du fait constatent souverainement ces dérogations (V. *suprà*, v° *Impôts directs*, n° 165).

Il arrive parfois que les villes donnent en location, à des commerçants ou industriels, pour l'exercice de leur commerce ou industrie, des locaux disponibles dépendant de bâtiments affectés à des services publics. Il a été jugé que ces locaux ne sauraient bénéficier de l'exemption de la contribution des portes et fenêtres accordée aux locaux affectés à un service public; que, spécialement, c'était avec raison que la Ville de Paris avait été imposée et maintenue à ladite contribution, d'une part à raison des locaux dépendant de son entrepôt de Bercy et loués par elle à des commerçants, d'autre part à raison des locaux compris dans l'enceinte de l'abattoir municipal de la Villette et par elle loués à des industriels qui s'y livraient à la préparation des issues des animaux abattus (Cons. d'Et. 29 avr. 1887, aff. Ville de Paris, et 4 nov. 1887, aff. Ville de Paris, D. P. 88. 3. 79. Comp. *suprà*, v° *Impôts directs*, n° 158).

209. On a dit (*Rép.* n° 353) que les emprunts forcés ou les contributions extraordinaires établis dans les temps de calamités publiques doivent être supportés exclusivement par le propriétaire, encore que le preneur se soit expressément engagé par le bail à payer les impôts existants ou qui pourraient être établis à l'avenir. La cour de Bourges a eu l'occasion de faire l'application de ce principe à la suite des événements de 1870-1871 : elle a jugé que le fermier chargé de payer les impôts, en sus de son prix, n'était pas tenu de payer les centimes additionnels votés par le conseil général pour faits de guerre (Bourges, 29 nov. 1871, aff. Matisse, D. P. 72. 5. 304).

210. La contribution personnelle et mobilière n'est due, en principe, que par le preneur et ne peut être exigée que contre lui (*Rép.* n° 357). On a pu juger cependant, au cas d'une maison louée, en totalité meublée, que, dans les rapports du locataire avec le bailleur, la charge de la contribution personnelle et mobilière incombait au bailleur, alors que, d'une part, le bail stipulait que les impositions, de quelque nature qu'elles fussent, seraient à la charge du propriétaire, et alors que, d'autre part, de semblables clauses, en cas de locations pour peu de durée d'appartements meublés, sont conformes à l'usage et répondent complètement aux nécessités de la situation (Paris, 17 nov. 1875, *suprà*, v° *Impôts directs*, n° 88).

211. Quant à la charge du logement des gens de guerre, V. *infrà*, v° *Organisation militaire*; — *Rép.* eod. v°, n°s 692 et suiv.

En ce qui concerne l'obligation de balayage, V. *suprà*, v° *Commune*, n°s 386 et suiv., 610 et suiv.

Sect. 6. — De l'incendie et de la responsabilité qu'il entraîne (*Rép.* n°s 362 à 421).

212. Notre législation, sous l'empire du code civil de 1804, s'inspirait, en ce qui concerne la responsabilité du preneur en cas d'incendie, des deux principes suivants :

1° Principe de la responsabilité *de plano* du locataire art. 1733;

2° En cas de pluralité de locataires, principe de la responsabilité solidaire des divers locataires art. 1734.

La loi du 5 janv. 1883 (D. P. 83. 4. 17 et *suprà*, n° 1) est venue apporter des modifications aux règles antérieures: le principe de la responsabilité *de plano* du locataire subsiste; mais, au principe de la responsabilité solidaire en cas de pluralité de locataires, la loi du 5 janv. 1883 a substitué celui de la responsabilité proportionnelle. D'autre part, une loi du 19 févr. 1889 (D. P. 89. 4. 29 et *suprà*, n° 1) attribue, notamment, au bailleur un droit de priorité sur l'indemnité d'assurance due au locataire pour risque locatif.

213. Aux termes de l'art. 1733 c. civ., le preneur « répond de l'incendie, à moins qu'il ne prouve que l'incendie est arrivé par cas fortuit ou force majeure ou par vice de construction, ou que le feu a été communiqué par une maison voisine » (V. *Rép.* n° 364). Des difficultés s'élèvent sur la nature de la preuve à fournir par le preneur qui invoque, à sa décharge, un cas fortuit.

Dans une première opinion, pour dégager sa responsabilité, il devrait établir, par une preuve directe et positive, le fait précis constitutif du cas fortuit. A l'arrêt de la cour de Paris du 4 juill. 1835, cité *Rép.* n° 370, on peut ajouter en ce sens un arrêt de la cour de Bourges du 2 mars 1881 (aff. Carrier et *Compagnie d'assurance mutuelle du département de l'Indre*, D. P. 81. 2. 111). Dans l'espèce de cet arrêt, les compagnies d'assurances, au nom du preneur, n'attribuaient l'incendie qui avait consumé un bâtiment de ferme « ni à un vice de construction, ni à la communication d'une maison voisine », elles l'attribuaient « à un cas fortuit ou de force majeure », et elles offraient de prouver, « non pas directement et positivement, quel est ce cas fortuit ou de force majeure, mais indirectement et par induction, que l'incendie » ne pouvait « être imputé qu'à cette cause, attendu qu'aucune faute ne pourrait être relevée et précisée à la charge du preneur ». La cour a jugé que « l'offre de preuve ainsi formulée ne saurait être accueillie, que son admission impliquerait l'obligation, pour le bailleur, de rechercher et d'établir la faute du preneur, et que la consécration de cette théorie aurait pour conséquence de retourner les rôles et de détruire la présomption inscrite contre le preneur dans l'art. 1733, présomption que justifient les considérations les plus graves de fait et de droit et des raisons d'ordre public ».

D'après une seconde opinion, diamétralement opposée, il suffit que le preneur établisse qu'il n'a commis aucune faute. On a signalé au *Répertoire* un arrêt de la cour de Rouen du 16 janv. 1845 (aff. Andrieu, D. P. 45. 2. 172), d'après lequel « par cela même que le preneur établit d'une manière incontestable par les circonstances qu'il n'est pas en faute, il prouve, indirectement mais nécessairement, que l'incendie doit être attribué à l'une des causes énoncées dans l'art. 1733...; là s'arrêtent les exigences de la loi et... il n'importe pas que le preneur prouve que c'est à telle cause plutôt qu'à telle autre que doit être attribué l'incendie, pourvu que cette cause soit l'une de celles qui sont énoncées dans l'article précité ».

Dans un troisième système, consacré par la généralité des arrêts, on soutient qu'il n'est pas nécessaire que le preneur établisse par une preuve directe et positive le fait précis constitutif du cas fortuit; mais il ne suffit pas non plus qu'il justifie de l'absence de faute à sa charge ou à la charge des personnes dont il répond; il faut qu'il établisse d'une manière péremptoire l'impossibilité d'admettre une autre cause que le cas fortuit ou la force majeure, de telle sorte que, de la preuve faite résulte nécessairement l'existence d'un cas fortuit ou de force majeure, bien que la nature exacte en reste ignorée ou incomplètement reconnue (V. Req. 14 nov. 1853, aff. Département de l'Isère, D. P. 54. 1. 56; 20 avr. 1859, aff. Félix, D. P. 59. 1. 318; 11 janv. 1870, aff. Zichitelli, D. P. 70. 1. 256. V. aussi Civ. cass. 16 août 1882, aff. Durand, D. P. 83. 1. 213; 30 août 1882, aff. Levavasseur, D. P. 83. 1. 213). — Jugé encore: 1° que, si la loi n'oblige pas rigoureusement les locataires à prouver l'événement du cas fortuit, « ils doivent au moins justifier que l'incendie est arrivé sans qu'aucune faute puisse leur être imputable » (Paris, 29 nov. 1852, aff. Compagnies d'assurances *L'Aigle* et *Le Palladium*, D. P. 54. 2. 166); — 2° « Que le locataire, prouvant qu'il est impossible que l'incendie soit arrivé par son fait ou sa faute ou par le fait ou la faute des personnes dont il répond, fournit par cela même la preuve indirecte que l'incendie doit nécessairement être attribué à une des causes qui le déchargent de toute responsabilité » (Metz, 21 déc. 1854, aff. Bédoré, D. P. 55. 2. 197): — 3° Que, s'il est vrai que les cas d'exception énumérés dans l'art. 1733 ne sont pas limitatifs, et que le preneur est admis à prouver par un argument négatif que le feu n'a pu prendre par sa faute, il n'est pas moins vrai que, pour détruire la présomption de la loi, les faits articulés à l'appui de cet argument doivent clairement établir la preuve de cette impossibilité; que, spécialement, il ne suffirait pas de prouver que le feu aurait pris dans un grenier à fourrage, privé de fenêtre et de volets, peu élevé au-dessus du sol, et qu'on pouvait facilement atteindre du dehors; qu'il aurait été mis par malveillance; que plusieurs incendies auraient eu lieu dans la même nuit; que des gens suspects auraient rôdé autour de la maison; qu'un homme aurait été vu prenant la fuite au moment où le feu éclatait; qu'enfin les habitants de la localité seraient unanimes pour attribuer le sinistre à la main d'un malfaiteur (Chambéry, 10 avr. 1867, aff. Rettier, D. P. 67. 2. 89); — 4° Mais que la preuve du cas fortuit pourrait résulter de ce que « l'incendie... a éclaté vers dix heures du soir, alors que le fermier était en voyage, et qu'il a été allumé simultanément sur deux points distants de plus de 160 mètres l'un de l'autre; qu'il a mis en mouvement l'action publique et qu'il est devenu notoire qu'il avait pour cause la perpétration d'un fait délictueux, encore bien que l'auteur n'ait pu en être découvert et soit demeuré inconnu » (Rouen, 12 avr. 1870, aff. Tressy, D. P. 72. 2. 23); — 5° Qu'au contraire, il ne suffirait pas d'établir que « les premiers jets de flamme auraient été vus du dehors sur le toit en chaume » d'un hangar; ni d'établir « qu'on pouvait atteindre ce toit avec la main », attendu que ces faits « pourraient bien, s'ils étaient établis fournir des inductions » en faveur du locataire, mais « qu'ils ne constitueraient pas la preuve de l'impossibilité, absolue que le feu ait été mis par son imprudence ou celle des personnes dont il doit répondre », le feu pouvant provenir de l'imprudence d'ouvriers qui auraient fumé contre le hangar le long du chemin public » (Caen 15 juin 1872) (1). — 6° Que le preneur étant tenu non seulement « d'établir la possibilité d'attribuer l'incendie à la cause particulière qu'il lui assigne », mais encore « la nécessité même de rattacher le sinistre à cette cause et l'impossibilité qu'il ait été occasionné par un fait ou une faute quelconque imputable à lui-même ou aux personnes dont il doit répondre », il y a lieu, quand les faits acquis au procès établissent tout au plus « la possibilité... d'attribuer le sinistre... à un cas fortuit se combinant avec un vice de construction », d'autoriser un supplément de preuve par témoins à l'effet d'établir que

(1) (Guillot C. Hettier.) — La cour; — Attendu que l'art. 1733 c. civ. élève, contre le locataire des bâtiments incendiés, une présomption de faute qui ne cesse qu'autant qu'il prouve que l'incendie est arrivé par cas fortuit ou force majeure, ou vice de construction, ou que le feu a été communiqué par une maison voisine; — Qu'à la vérité, il n'est pas tenu d'établir directement le fait précis qui a causé le sinistre; qu'il lui suffit de justifier, par une réunion de circonstances graves et concordantes, qu'il est impossible que le feu ait été mis par lui ou par les personnes dont il doit répondre, parce que, de cette impossibilité clairement constatée, résulte la preuve nécessaire, quoique indirecte, que l'incendie est dû à l'une des causes indiquées dans l'art. 1733 précité; mais que, pour que le locataire soit exonéré de la responsabilité édictée contre lui, il faut que les faits qu'il prouve soient de telle nature que, par leur ensemble, ils démontrent péremptoirement que le sinistre ne peut pas provenir de lui, ni de ses parents ou préposés; — Que vainement objectera-t-on que ce sera souvent le réduire à l'impossible; — Qu'en effet, le législateur a cru devoir, dans un intérêt public, aussi bien que dans l'intérêt du bailleur, imposer au locataire la plus grande vigilance, afin d'éviter les incendies, qui sont toujours un dommage pour la société; qu'il a pensé ne pouvoir atteindre ce but qu'en faisant peser sur le preneur une lourde responsabilité; et que, quelque rigoureuses que puissent être, dans certains cas, les conséquences de l'art. 1733, il n'appartient pas aux tribunaux, dont l'unique mission est d'appliquer la loi, de les modifier; — Attendu que les divers faits articulés par Guillot tant en première instance qu'en appel, pourraient bien, s'ils étaient établis, fournir des inductions en sa faveur, mais qu'ils ne constitueraient pas la preuve de l'impossibilité absolue que le feu ait été mis par son imprudence ou celle des personnes dont il doit répondre; — Qu'ainsi, de ce que les premiers jets de flamme auraient été vus du dehors sur le toit en chaume du hangar, du côté du chemin vicinal, à l'angle sud dudit toit, et de ce qu'on pouvait atteindre à ce toit avec la main, il ne résulterait pas la preuve que le feu n'aurait pas commencé dans l'intérieur du bâtiment, puisque les personnes qui ont aperçu ces premiers jets étaient en dehors de la cour de Guillot et qu'elles ne pouvaient voir ce qui se passait sous le hangar; qu'il n'en résulterait pas non plus la certitude que le feu n'aurait pas été mis par l'imprudence d'ouvriers de Guillot qui auraient fumé contre le hangar le long du chemin public; — Qu'ainsi encore, l'encombrement du hangar par des charrettes ne peut pas avoir été assez complet pour avoir empêché toute entrée de personnes de la ferme sous ce hangar; — Que de même aussi, la nécessité d'accéder sous le hangar par le chemin public ne serait pas une preuve que les gens de la ferme ne sont pas allés sous ce hangar dans la soirée où le feu a éclaté; — Qu'enfin l'expression de l'opinion publique et la

« l'incendie... devrait effectivement être attribué à cette cause » (Nancy, 21 mai 1873) (1); — 7° Que, s'il est de jurisprudence que le cas fortuit ou la force majeure peuvent être indirectement prouvés en pareil cas, c'est à la condition que les faits dont on demande à faire la preuve, étant établis, il en résulte, comme conséquence forcée, que l'incendie ne peut être attribué à une autre cause (Amiens, 10 avr. 1877, aff. Hellin, D. P. 78. 5. 310); — 8° Que la responsabilité du locataire est dégagée, si, bien que quelques doutes subsistent sur la cause véritable du sinistre, « il est du moins démontré qu'on ne peut l'attribuer qu'à un cas fortuit ou de force majeure » (Dijon, 26 mars 1879, aff. Sarre, D. P. 79. 2. 148); — 9° Que si, en droit, le preneur n'est pas obligé de prouver directement le cas fortuit ou le fait criminel, et s'il lui suffit de démontrer que l'incendie ne peut nécessairement être attribué à d'autres causes, il doit, à tout le moins, établir que le sinistre n'a pas pu provenir de son fait ou des personnes dont il répond »; que, par suite, lorsqu'à cet égard aucune justification n'a été ni faite ni tentée, et qu'il ressort simplement des circonstances que la cause de l'incendie reste absolument inconnue, sans qu'on sache comment et pourquoi il a été déterminé, le preneur ne saurait se prévaloir des causes d'exonération prévues dans le paragraphe 2 de l'art. 1733 (Toulouse, 19 févr. 1885, aff. Société civile du Moulin du Château-Narbonnais, D. P. 85. 2. 137); — 10° Que, pour s'exonérer de la responsabilité édictée par l'art. 1733 c. civ., le fermier n'est pas tenu de prouver, d'une façon déterminée, quelle est la cause de l'incendie; qu'il lui suffit de démontrer que le sinistre a eu nécessairement pour cause un cas de force majeure ou un cas fortuit; spécialement, que le sinistre dont s'agit est dû à la malveillance d'un tiers étranger à la ferme, quoique l'auteur ne soit pas connu (Amiens, 6 janv. 1886, aff. Marie, D. P. 87. 2. 152); — 11° Qu'il ne suffit pas au fermier, pour écarter la présomption de faute que la loi fait peser sur lui en cas d'incendie, d'établir qu'il ne procède pas d'un fait qui lui soit imputable; qu'il doit prouver soit le cas fortuit, soit l'impossibilité de toute faute de sa part; spécialement, qu'il ne lui suffirait pas d'exciper d'une ordonnance de non-lieu rendue au profit d'un de ses parents accusé d'avoir allumé l'incendie et atteint d'aliénation mentale, l'ordonnance de non-lieu n'étant ni explicite ni péremptoire, et, d'autre part, les décisions des juridictions d'instruction n'ayant aucune influence au civil, « lors même qu'elles déclarent d'une manière précise qu'il n'existe pas de charges contre l'inculpé, parce qu'elles n'ont pas le caractère de l'irrévocabilité » (Orléans, 4 déc. 1886, aff. Compagnie d'assurances *L'Orléanaise*, D. P. 88. 2. 63); — 12° Que le cas fortuit ou la force majeure sont suffisamment, quoique indirectement, justifiés par l'impossibilité où le preneur « s'est trouvé de donner à la maison occupée par l'ennemi les soins et la surveillance auxquels il était obligé comme locataire, et qui sont la base des présomptions rigoureuses de l'art. 1733 c. civ. » (Besançon, 2 juin 1873, aff. Holtz, D. P. 73. 2. 136).

214. Bien entendu, et à plus forte raison, le locataire serait exonéré de toute responsabilité, s'il établissait directement que l'incendie a eu pour cause un cas de force majeure, par exemple, que des personnes étrangères ayant allumé du feu dans un chemin public près des bâtiments loués, des flammèches emportées par le vent sont tombées sur la paille et sur le fourrage d'une grange, et les ont embrasés, et que l'incendie s'est propagé rapidement malgré les efforts du locataire et de sa famille (Trib. civ. de Chambéry, 23 avr. 1884, aff. Bétemps, D. P. 86. 2. 1).

215. Le preneur pourrait-il, pour s'exonérer de la responsabilité de l'art. 1733, alléguer qu'il était absent des lieux loués, lorsque l'incendie a commencé? Nous avons subordonné l'exonération du preneur à la condition que l'absence soit exclusive de faute (*Rép.* n° 379). M. Guillouard (t. 1, n° 271) distingue : « Ce mode de défense, dit-il, qui devra réussir s'il s'agit d'une maison de campagne que, d'après le bail ou d'après les usages, le locataire ne doit habiter qu'une partie de l'année, sera insuffisant pour une maison que le locataire doit toujours habiter ». — Jugé que le locataire n'est pas exonéré de la responsabilité de l'incendie survenu la nuit dans l'immeuble loué, par ce fait qu'il quitte cet immeuble à la chute du jour, et que, tout en conservant la clef de certaines parties amodiées par lui, il abandonne la clef de la cour et des bâtiments au concierge, préposé du propriétaire, alors que cet état de choses ne résulte pas d'une convention formelle ayant pour effet de suspendre son droit de jouissance, et, par suite, de le dispenser de la surveillance des lieux loués (Civ. cass. 26 mai 1884, aff. de Forcade, D. P. 85. 1. 209). — Mais les parties pourraient stipuler dans le bail que la présomption ne sera pas applicable au preneur dans le cas où un incendie éclaterait pendant son absence : cette stipulation équivaut, en effet, à une dispense de l'obligation de surveillance qui pèse sur tout locataire en général et résulte de la loi du contrat.

216. Relativement aux baux consentis par un usufruitier, il a été jugé que « l'usufruitier peut invoquer contre ses locataires les dispositions de l'art. 1733 c. civ. » (Lyon, 29 juill. 1880, aff. Bertrand, Chaboud, demoiselle Moiret, D. P. 81. 2. 70). Le même arrêt décide, d'autre part, que « le nu-propriétaire ne peut invoquer contre les locataires les dispositions de l'art. 1733 c. civ. », que, « l'usufruitier ayant le droit de louer sans le concours ni l'intervention du nu-propriétaire, les baux qu'il passe en sa qualité ne sauraient créer aucune obligation entre ce dernier et les locataires pendant toute la durée de l'usufruit »; que, toute-

---

notoriété ne sont pas des preuves juridiques auxquelles la justice doive s'arrêter; d'où il suit qu'il y a lieu, en infirmant en ce chef le jugement dont est appel, de décider que Hettier, qui n'a aucune preuve à faire, est bien fondé dans sa demande reconventionnelle; — Infirme, etc.

Du 15 juin 1872.-C. de Caen, 2e ch.-MM. Champin, pr.-Laufranc de Pauthon, av. gén.-Gallot et Paris, av.

(1) (Nikel C. Lambertye.) — La cour; — Attendu qu'il est de principe que le locataire d'un édifice incendié est tenu, pour échapper à la responsabilité légale et à la présomption de faute que fait peser sur lui l'art. 1733 c. civ., de prouver que l'incendie est arrivé par l'une des causes énumérées dans cet article; que, sans doute, la loi n'exigeant pas la démonstration directe et pour ainsi dire tangible du fait qui doit l'exonérer, le locataire pourra en administrer la preuve d'une manière indirecte et même par induction; mais il ne suffira pas d'établir la *possibilité* d'attribuer l'incendie à la cause particulière qu'il lui assigne; il devra démontrer la *nécessité* même de rattacher le sinistre à cette cause et l'impossibilité qu'il ait été occasionné par un fait, ou une faute quelconque imputable à lui-même ou aux personnes dont il doit répondre; — Attendu que Nikel a toujours prétendu et soutient encore que l'incendie du 1er mars 1871 a été occasionné par le concours de deux causes, d'un vice de construction et d'un cas fortuit consistant dans la présence d'une poutrelle faisant parement à l'intérieur d'une cheminée, à laquelle les troupes allemandes auraient mis le feu quelque temps avant l'incendie de la maison louée par l'intimé à l'appelant; — Attendu que, dans l'état actuel de la procédure et en présence des seuls résultats des enquêtes et des documents de la cause, l'appelant n'a pas administré d'une manière suffisante, soit directement, soit même par voie d'induction, la preuve par lui offerte et que lui impose la loi; que, de l'ensemble des faits et circonstances par lui invoqués, on pourrait tout au plus conclure à la possibilité, mais non pas à la nécessité d'attribuer le sinistre du 1er mars à un cas fortuit se combinant avec un vice de construction; — Mais attendu que la cause offre dès à présent certains indices et de sérieuses présomptions tendant à établir que l'incendie dont s'agit devait effectivement être attribué à cette cause; — Attendu qu'en présence de ces indices, il est déjà permis, sinon d'induire, tout au moins de conjecturer que l'incendie pourrait effectivement avoir été occasionné par les causes très précises que lui assigne l'appelant; — Que la justice a, dans cette occurrence, non pas seulement le droit, mais l'impérieux devoir de pousser plus loin ses investigations et de chercher partout les lumières qui lui manquent encore; que la cour souveraine appréciatrice, en fait, des causes du sinistre du 1er mars, pourrait ordonner d'office de nouvelles enquêtes (c. proc. civ. art. 254) après celles auxquelles il a déjà été procédé devant le premier degré de juridiction; — Qu'elle peut donc aussi, et à plus forte raison, admettre encore l'appelant à la preuve des faits articulés dans ses conclusions subsidiaires, si elle leur reconnait un caractère pertinent et relevant qui en rende la preuve admissible; — Attendu que, prises dans leur ensemble, et rapprochées des indices et présomptions fournis par les documents déjà versés au procès, les articulations de l'appelant sont insuffisamment concluantes; — Par ces motifs, avant faire droit et sans rien préjuger, autorise l'appelant à prouver par témoins, etc.

Du 21 mai 1873.-C. de Nancy, 2e ch. civ. tempor.-MM. Briard, pr.-Besval et Boulangé, av.

fois, « le nu-propriétaire ne saurait être dépourvu de toute action contre les locataires que l'usufruitier a placés dans l'immeuble; que, s'il ne peut invoquer une obligation personnelle dérivant d'un contrat, il peut certainement leur demander compte du dommage qu'aurait causé à sa chose leur faute ou leur quasi-délit en vertu des art. 1382, 1383 et 1384 c. civ.; mais qu'il est alors obligé de prouver le délit, la négligence ou l'imprudence commise par les locataires, et qui aurait engagé leur responsabilité ».

En ce qui concerne les rapports de l'usufruitier avec le nu-propriétaire, suffit-il à l'usufruitier, pour dégager sa responsabilité, d'établir que l'immeuble a péri par incendie, ou doit-il, en outre, prouver que l'incendie s'est produit sans sa faute? La chambre des requêtes a décidé que, « si la chose vient à périr, les règles du droit commun édictées par les art. 1147, 1148, 1302 et 1315 c. civ. l'obligent, comme tout débiteur de corps certain, à justifier que le fait par lequel il se prétend libéré provient d'une cause étrangère qui ne lui est pas imputable »; que par suite, en cas d'incendie de l'immeuble grevé d'usufruit, l'usufruitier demeure responsable, dès lors que les juges du fait constatent qu'il « ne fait pas la preuve que cet incendie ait eu lieu sans sa faute » (Req. 4 juill. 1887, aff. Pestel, D. P. 87. 1. 321. — *Contrà:* Lyon, 19 nov. 1852, aff. Roux, D. P. 53. 2. 83; Bruxelles, 2 nov. 1868, aff. Favreau, *Journal des assurances*, t. 20, 1869, p. 681).

217. Si le bâtiment incendié appartient par indivis à deux personnes, et que chacune d'elles ait cédé son droit de jouissance à un locataire distinct, chacun de ces locataires n'en serait pas moins responsable vis-à-vis de son bailleur dans les termes de l'art. 1733 c. civ. (Bourges, 24 janv. 1883, aff. Midrouillet, D. P. 83. 2. 232). Seulement, il semble que sa responsabilité devrait être limitée à la part indivise que son bailleur possède dans la propriété de la maison. Le copropriétaire dont il n'est pas l'ayant cause, et vis-à-vis duquel il n'est tenu à aucune obligation contractuelle, ne saurait agir contre lui qu'à la condition de prouver que l'incendie est le résultat de son fait.

218. Le locataire, en vertu de la règle édictée par l'art. 1735 (V. *suprà*, n° 204) est responsable de l'incendie causé par le fait de ses domestiques; et sa responsabilité, plus étendue que la responsabilité ordinaire du commettant à raison des fautes de son préposé (c. civ. art. 1384), s'étend même au cas où l'incendie a été allumé par la malveillance du domestique. C'est ce qu'a décidé la cour de cassation par arrêt du 24 janv. 1883 (aff. Compagnie d'assurance *La Nation* D. P. 83. 1. 153). M. le conseiller Delise, chargé du rapport sur le pourvoi, a démontré en ces termes que l'art. 1735 ne se rattache nullement à la disposition générale de l'art. 1384, mais repose sur des bases toutes différentes : « C'est le fait d'un choix imprudent pour une fonction déterminée, qui, dans l'art. 1384, est la cause de la responsabilité. En matière de louage, et pour garantir plus énergiquement l'intérêt du bailleur, l'art. 1735 attache la présomption d'imprudence au fait de l'introduction par le preneur dans la maison louée des personnes dont l'acte a occasionné la perte ou la dégradation de l'immeuble. Il forme par conséquent, en matière de louage, une règle indépendante et distincte de celle de l'art. 1384 » (V. Paris, 7 févr. 1880, aff. Fortin, D. P. 81. 2. 7. *Adde*, Paris, 30 mars 1868, aff. Grison, *Jurisprudence générale des assurances terrestres*, 2e part., p. 346).

Il y a lieu de remarquer que la doctrine de l'arrêt précité de la cour de cassation du 24 janv. 1883 se concilie parfaitement avec un arrêt postérieur de la même cour, du 3 mars 1884, en apparence contraire. Dans ce dernier arrêt (Req. 3 mars 1884, aff. Panet, D. P. 85. 1. 63), la cour, appliquant purement et simplement l'art. 1384, décide que des maîtres ne sont pas responsables de l'incendie allumé volontairement par leur domestique, dès lors que celui-ci n'a pas agi dans l'exercice de ses fonctions; mais, dans cette dernière espèce, il s'agissait de la responsabilité du maître non pas à l'égard d'un bailleur, mais à l'égard du propriétaire de la maison voisine : l'art. 1735 était inapplicable, puisqu'il ne s'agissait pas des rapports entre preneur et bailleur (V. *infrà*, n° 232).

219. La responsabilité du locataire subsiste au cas de sous-location; le locataire principal est responsable, envers le propriétaire, de l'incendie survenu dans les lieux objets de la sous-location par la faute du sous-locataire. (V. *Rép.* n° 366; Orléans, 7 janv. 1888, aff. Thomas Venot, D. P. 88. 2. 295). C'est là encore une application de l'art. 1735 (V. *suprà*, n° 204). — Cette responsabilité s'étend-elle même au cas où l'incendie a été allumé *volontairement* par le sous-locataire? La question a été résolue négativement par un jugement du tribunal civil de Saint-Flour du 30 oct. 1890 (aff. Fabre, D. P. 91. 3. 95). Aux termes de ce jugement, le locataire principal, responsable des dégradations ou de la perte de l'immeuble loué, occasionnées par la négligence ou la faute des sous-locataires, ne saurait l'être, en principe, de leur crime qui n'entre point dans les prévisions ordinaires et doit être assimilé au cas fortuit, par suite, il doit être admis à faire la preuve que le sous-locataire, par le fait duquel l'immeuble a été incendié, a volontairement et criminellement allumé le feu; cette règle ne pourrait souffrir d'exception que si les antécédents, les crimes déjà commis ou l'état mental du sous-locataire constituaient, à la charge du locataire principal, une présomption de faute. Mais sur l'appel de cette décision, il a été jugé, au contraire, que le locataire est responsable de l'incendie, aux termes de l'art. 1735, alors même que le sinistre est le résultat d'un crime commis par le sous-locataire (Riom, 11 août 1891, aff. Fabre, D. P. 1892, 2e part.). Cette solution concorde avec celle qui a été admise pour le cas où l'auteur de l'incendie est un domestique du locataire (V. *suprà*, n° 218).

220. On a dit au *Rép.* n° 366, que la présomption de faute établie par l'art. 1733, contre le locataire au profit du propriétaire, s'applique contre le sous-locataire au profit du locataire. Il a été jugé, conformément à cette doctrine, que « le fermier ou locataire principal a contre ses sous-fermiers ou sous-locataires, lorsque la responsabilité de l'incendie leur est légalement imputable, une action directe en réparation des dommages causés aux locaux, objets du sous-bail »; qu'en effet « le contrat de sous-location est un véritable bail; qu'à ce titre, il soumet le sous-preneur envers le preneur principal, aux mêmes obligations dont celui-ci est tenu envers le propriétaire, spécialement en ce qui concerne l'obligation de veiller à la conservation de la chose donnée à bail; que, par suite, le fermier principal tient de son sous-bail des droits personnels indépendants de ceux du propriétaire, et qui lui ouvrent une action directe contre celui auquel il a transmis la détention de la chose » (Riom, 19 nov. 1884, aff. Carté, D. P. 86. 2. 1. — V. aussi Lyon, 26 déc. 1882, aff. Durnerin, D. P. 83. 2. 209).

221. Le sous-locataire, tenu envers le sous-bailleur, est-il également responsable envers le bailleur principal? Il est incontestable que le bailleur peut agir du chef de son locataire contre le sous-locataire, en vertu de l'art. 1166 c. civ. Mais a-t-il une action directe? Cette question se rattache à celle de savoir si, en général, le bailleur peut poursuivre par voie d'action directe, contre le sous-preneur, l'exécution des obligations du bail (V. sur ce point *infrà*, n° 254). On se bornera ici à relater les solutions consacrées en ce qui concerne spécialement l'incendie. — Contrairement aux arrêts de la cour de Paris des 12 févr. et 18 juin 1851, mentionnés au *Rép.* n° 366, la jurisprudence tend à refuser au bailleur principal l'action directe contre le sous-preneur en cas d'incendie. Ainsi il a été jugé : 1° que « le propriétaire, qui n'a contracté qu'avec les locataires principaux, a ces derniers seuls pour obligés personnels et directs; que, dès lors, il ne peut former que contre eux l'action directe et solidaire résultant de l'art. 1734 c. civ.; que, lorsqu'il poursuit un sous-locataire sans avoir traité avec lui, il exerce les droits du locataire principal, son débiteur; que si, dans le cas des art. 1753 c. civ. et 820 c. proc. civ., la loi ouvre au propriétaire un recours direct, elle n'établit à son profit, par les limites mêmes où elle circonscrit ce recours, qu'une subrogation spéciale aux droits du locataire principal » (Besançon, 11 mai 1854, aff. Court et Gaillard, D. P. 83. 2. 209, note); — 2° Qu'en droit, la présomption de faute édictée par l'art. 1733 n'a d'autre fondement que l'obligation conventionnelle de conserver et de rendre la chose louée, qu'il suit de là que cette obligation ne peut exister que vis-à-vis de ceux qui l'ont contractée, et seulement encore en faveur de ceux à l'égard desquels elle a été contractée ou de leurs ayants cause ; que telle n'est point la situation qui existe entre le bailleur ordinaire et un sous-locataire ; que la sous-location n'établit aucun rapport direct du sous-locataire au bailleur et ne crée l'obligation conventionnelle de restituer et de rendre la chose qu'entre le sous-locataire et le preneur principal » (Poitiers, 24 janv. 1889, aff. Millet et Poivert, D. P. 90. 2. 97). — V. au surplus la note de M. Ch. Dupuis, D. P. 90. 2. 97.

222. L'art. 1733 c. civ. exonère le locataire de la responsabilité de l'incendie s'il prouve que le feu a été communiqué par une maison voisine. On a dit au *Rép.* n° 376, que, dans le cas même où l'incendie a été communiqué par la maison voisine, le locataire ne cesse pas d'être responsable envers le propriétaire, si c'est par sa faute que la communication s'est produite, soit qu'il ait commis quelque imprudence sans laquelle l'incendie lui-même n'aurait point eu lieu, soit que, cet incendie s'étant déclaré par une cause quelconque dans la maison voisine, il ait négligé les précautions nécessaires pour protéger la maison louée.

Conformément à cette doctrine, il a été jugé que « si, aux termes de l'art. 1733, la preuve de la communication du feu par une maison voisine décharge le locataire du risque locatif, c'est qu'en ce cas la loi présume que l'incendie ne peut être imputé au locataire, pas plus que lorsqu'il a éclaté par cas fortuit, force majeure ou vice de construction ; mais que cette présomption cède à la preuve que la maison voisine a été elle-même incendiée par un fait du locataire, accompli dans l'exercice de son droit de jouissance des lieux loués et assurés, auxquels elle n'a fait que transmettre le feu que ce fait de jouissance locative leur avait communiqué »; que spécialement, lorsque l'incendie a « commencé dans une charrette de foin laissée par le locataire sur la voie publique » et a gagné, avant d'atteindre les bâtiments compris dans le bail, un autre bâtiment dont le preneur n'avait la jouissance que provisoirement et à titre de tolérance, on ne saurait assimiler cette situation de fait à la communication du feu par une maison voisine ; que, par suite, le locataire ne saurait être exonéré de la responsabilité de l'incendie (Req. 30 janv. 1854, aff. Renaudeau et de la Villarmois, D. P. 54. 1. 95). — M. le conseiller Nachet, dans son rapport sur le pourvoi (D. P. *ibid.*) n'hésitait pas à étendre la disposition de l'art. 1733 aux locaux non compris dans le bail, mais dont le locataire aurait reçu néanmoins du bailleur la jouissance provisoire. Il s'exprimait ainsi : « lorsque le propriétaire accorde à son locataire, postérieurement au bail, la jouissance d'un objet nouveau, cette jouissance est évidemment une annexe de celle des objets de la location ; qu'il y ait ou qu'il n'y ait pas de prix stipulé, c'est à raison de la jouissance principale, et comme une sorte de dépendance de celle-ci, qu'elle est concédée. Elle existe sous les mêmes conditions de soins et de responsabilité pour cet objet que pour ceux compris au bail. L'art. 1733, ainsi qu'avec juste raison le fait remarquer M. le premier président Troplong (*Du louage*, n° 364), n'est pas une exception, comme certains jurisconsultes et un assez grand nombre d'arrêts l'ont à tort supposé ; il est, au contraire, un corollaire des principes généraux. Quelle est la position du preneur ? Celle du débiteur qui, au moment de l'expiration du bail, doit rendre au bailleur la chose qui lui a été confiée, et doit la rendre dans l'état où il l'a reçue. Il suit de là que si, au moment du payement, il la lui remet dégradée ou presque anéantie, il ne remplit pas son obligation, à moins qu'il ne prouve des faits d'excuse qui l'en exonèrent. Le preneur ne pourrait donc ici, pour s'affranchir des conséquences de l'incendie, soutenir qu'il a été communiqué aux bâtiments loués par un bâtiment voisin, puisque ce bâtiment était occupé par lui comme locataire, et que, pour ce bâtiment, comme pour ceux positivement compris au bail, il était soumis, d'une part, à la présomption qui impute l'incendie à la faute du locataire : *incendium fit plerumque culpâ inhabitantium*, d'une autre, à la règle générale et commune à tous les débiteurs obligés de rendre la chose telle qu'ils l'ont reçue ; et qu'il ne peut se soustraire à cette obligation qu'en prouvant le cas fortuit, la force majeure ou la faute d'un tiers dont il ne serait pas responsable ».

Décidé encore que le locataire d'un immeuble atteint par un incendie dont la cause est demeurée inconnue ne peut s'exonérer de sa responsabilité légale, vis-à-vis du propriétaire de cet immeuble, en alléguant que le feu a été communiqué par une maison voisine, alors que cette maison a été construite par lui sur un terrain qu'il avait pris en location, et que les deux immeubles ont été, par son fait, réunis pour la jouissance dans un ensemble indivisible (Civ. rej. 28 nov. 1881, aff. Compagnie d'assurance *Le Nord*, D. P. 82. 1. 217).

223. Comme on l'a vu au *Rép.* n° 377, le bailleur pourrait lui-même être déclaré responsable de l'incendie envers ses locataires, si l'incendie était le résultat d'un vice de construction qui pût lui être imputé (Conf. Req. 23 juin 1874) (1). Il en serait de même, si l'incendie avait pour cause l'inaccomplissement par le bailleur d'une obligation qu'il aurait assumée. Il a été jugé que, lorsque le propriétaire s'est chargé du ramonage de la maison, le locataire ne saurait être déclaré responsable de l'incendie survenu faute de ramonage (Req. 11 mars 1889) (2). — Mais, d'après un arrêt de la cour de Nancy du 3 mars 1849 (aff. Gaspard, D. P. 50. 2. 100), le locataire ne pourrait se prévaloir de la faute de son bailleur et lui réclamer la valeur de son mobilier incendié, si ce sinistre était dû également et d'une manière principale à sa propre imprudence.

224. On s'est demandé au *Rép.* n° 383, si l'application de l'art. 1733 serait modifiée par cette circonstance que le propriétaire habitait lui-même la maison incendiée. Depuis la publication du *Répertoire*, la jurisprudence a dégagé les principes d'après lesquels la question devait être résolue ; mais la loi du 5 janv. 1883 a apporté un élément de discussion nouveau, dont il faut tenir compte. Il importe donc de distinguer la période antérieure à l'application de la loi de 1883 et la période postérieure.

225. — I. Régime antérieur a la loi du 5 janv. 1883. — Le bailleur pouvait invoquer la disposition de l'art. 1733, mais à la condition de prouver, ou que le feu avait pris dans

---

(1) (Narboni C. Comp. *La Paternelle.*) — La cour ; ... Sur le deuxième moyen, pris de la fausse application des art. 1336 et 1721 c. civ. : — Attendu que, d'après l'art. 1721 c. civ., s'il résulte des vices ou défauts de la chose louée quelque perte pour le preneur, le bailleur est tenu de l'indemniser ; — Que cette disposition est générale et s'applique au cas où le bailleur ignorait l'existence du vice de la chose, comme à celui où il en avait connaissance ; — Que l'arrêt attaqué décide, en fait, qu'il résulte des déclarations recueillies dans l'enquête et des constatations relevées par les premiers juges, que l'incendie de la maison dont Séror était locataire est dû à un vice de construction imputable à Narboni, propriétaire de ladite maison ; qu'en condamnant ce dernier, dans ces circonstances, à réparer le préjudice éprouvé par Séror, la cour d'Alger a fait une juste application de l'art. 1721 ci-dessus visé, et qu'il devient superflu de rechercher si l'art. 1386 du même code a été invoqué en outre avec raison à l'appui de la décision ;... — Rejette, etc.

Du 23 juin 1874.-Ch. req.-MM. de Reynal, pr.-Goujet, rap.-Reverchon, av. gén., c. conf.-Duboy, av.

(2) (*Société d'assurances mutuelles contre l'incendie C.* Gauthey.) — La cour ; — Sur le premier et le second moyen réunis, le premier pris de la violation des art. 7 de la loi du 20 avr. 1810, 1341, 1347, 1252, 1728, 1733, 1734 c. civ., le second pris de la violation des art. 1134, 1142, 1315 c. civ. ; — Attendu qu'en fait il est souverainement constaté par le jugement attaqué : 1° qu'en louant son immeuble à Gauthey, le propriétaire représenté par la compagnie demanderesse en cassation, s'est réservé le ramonage ; 2° que le feu de cheminée qui s'est produit dans la partie louée a eu pour cause le défaut de ramonage ; — Attendu que, sauf les cas d'exception prévus par la loi, les parties ne peuvent répondre que de leur faute personnelle ; — Attendu que, par suite, en déclarant dans les circonstances de la cause, que le locataire déchargé de l'obligation de ramonage ne pouvait être rendu responsable de l'incendie occasionné par une faute qui lui est étrangère, aucune autre faute, d'ailleurs, n'ayant été prouvée à sa charge, le jugement n'a violé aucun des articles visés au pourvoi et a fait une juste application des principes du droit commun ; — Qu'il a été satisfait aux prescriptions de l'art. 7 de la loi du 20 avr. 1810 ; — Par ces motifs, rejette.

Du 11 mars 1889.-Ch. des req.-MM. Bédarrides, pr.-Delise, rap.-Chévrier, av. gén., c. conf.-Mimerel, av.

la partie des lieux occupée par son locataire, ou du moins que l'incendie n'avait pu commencer dans la partie des locaux qu'il occupait lui-même. On a rapporté au *Rép.* n° 383 un arrêt de la cour de Lyon du 17 janv. 1834, aux termes duquel la présomption légale de l'art. 1733 c. civ. pouvait être invoquée par le propriétaire, encore bien qu'il eût habité une partie de la maison incendiée, pourvu toutefois qu'il fût constant que le feu avait commencé dans l'habitation du preneur. Depuis lors, cette doctrine a été admise par la cour de cassation qui a jugé : 1° que l'art. 1733 était inopposable au locataire, dès lors que le propriétaire, occupant une partie des lieux loués, ne prouvait pas « que le feu n'avait pas pris d'abord, ni pu prendre dans l'une des parties du bâtiment ouvertes à son libre accès et restées spécialement confiées à ses soins » (Civ. rej. 20 nov. 1855, aff. Cavalier, D. P. 55. 1. 457) ; — 2° Que le bailleur, quand il occupe lui-même une partie de l'immeuble loué, ne peut, en cas d'incendie, invoquer contre le preneur la disposition de l'art. 1733, à moins qu'il ne prouve, conformément à l'art. 1734 (§ 2 et 3) que le feu n'a pas commencé dans la partie occupée par lui (Req. 29 juill. 1885, aff. Lion, D. P. 86. 1. 374). En effet, la présomption créée par l'art. 1733 implique l'impossibilité pour le propriétaire de surveiller la conservation de sa chose, et surtout celle de faire remonter jusqu'à lui la cause de l'accident. Or, quand ce propriétaire est au nombre des habitants, il arrive, d'une part, qu'il peut exercer cette surveillance, constater les causes de l'incendie, et, d'autre part, que le feu a pu prendre dans le local qu'il s'était réservé. Il y aurait donc injustice, en cas pareil, à faire tomber sur les locataires la responsabilité d'une faute qui est réputée commune à celui par lequel la faute est invoquée. Cette présomption de faute, qui pèse sur le propriétaire comme sur les locataires, il est obligé de la détruire, quant à lui; c'est-à-dire qu'il doit prouver que l'incendie dont on ignore le foyer n'a pu commencer chez lui. C'est la preuve à l'aide de laquelle il se fût mis, s'il n'avait été que locataire, à l'abri de l'action en responsabilité du propriétaire, parce qu'alors la présomption de l'art. 1733 ne s'étendrait pas à lui. Il faut aussi qu'il se dégage de la même présomption pour exercer cette même action en qualité de propriétaire. En d'autres termes, soit qu'il s'agisse d'échapper à l'action, soit qu'il s'agisse de l'intenter, il faut, avant tout, n'être pas soi-même présumé en faute (V. aussi Civ. cass. 15 mars 1876, aff. Dejean, D. P. 76. 1. 153).

Dans cette opinion, si le bénéfice de l'art. 1733 c. civ. est refusé au propriétaire qui ne commence pas par se décharger de la présomption de faute que son occupation de la maison incendiée fait peser sur lui, cet article lui deviendra utile quand il aura établi qu'il n'est point en faute, et qu'ainsi le feu n'a pu prendre que chez ses locataires. En effet, ainsi que le fait observer un arrêt de la cour de Toulouse du 7 juill. 1843, cité au *Rép.* n° 383, tandis qu'en général il ne suffit pas de prouver que le feu a pris dans un lieu pour que celui qui l'habite en doive répondre, si l'on ne justifie pas en même temps qu'il provient de sa faute, il suffira au propriétaire de prouver que l'incendie a pris naissance dans les locaux occupés par ses locataires, pour que ceux-ci soient tenus de la réparation du préjudice (V. dans le sens de la doctrine de la cour de cassation, Grenoble, 20 août 1866, aff. Dervieux, D. P. 66. 5. 287; Paris, 2 déc. 1872, aff. Compagnie *Le Soleil*, D. P. 74. 5. 318; 20 mai 1872, aff. Feugier, D. P. 74. 2. 215).

Il importerait peu que le bailleur occupant une partie de la maison louée fût absent au moment de l'incendie (Dijon, 8 janv. 1880) (1). — Il importerait même peu, d'après un arrêt de la cour de Toulouse, du 26 nov. 1880 (2), que le bailleur n'habitât pas d'ordinaire « les pièces qu'il avait gardées à son usage » s'il y venait souvent et avait même dans un galetas et dans un chai « soit du fourrage, soit une assez grande quantité de bois ».

Décidé également : 1° que l'usufruitier qui a, aussi bien

---

(1) (Comp. d'assur. terr. *Le Soleil C.* Guillemin.) — Le 14 mai 1879, le tribunal civil de Semur a rendu un jugement ainsi conçu : — « Considérant, en droit, que les art. 1733 et 1734 s'appliquent au cas où les bâtiments incendiés sont occupés par un ou plusieurs locataires; que c'est pour ce cas seulement que les articles ont établi une présomption de faute, en vertu de laquelle la responsabilité de l'incendie pèse de droit sur les locataires au profit du propriétaire; qu'une telle présomption, dérogative au droit commun, n'existe plus lorsque le propriétaire occupe lui-même une partie de la maison; qu'il est alors membre d'une communauté dans laquelle sa propre responsabilité le prive du bénéfice résultant du principe écrit dans les art. 1733 et 1734, à moins qu'il ne prouve que l'incendie n'a pas commencé dans les lieux habités par lui; — Considérant, en fait, que dans le bail par elle consenti au sieur Guillemin, la veuve Regnault s'est réservé une petite écurie joignant la grange amodiée à Guillemin; qu'elle avait dans cette écurie du foin et de la paille et qu'elle y plaçait son cheval toutes les fois qu'elle venait à Brianny; que cette écurie a été incendiée avec la grange; que, dans ces circonstances, l'action intentée par la Compagnie est mal fondée; — Considérant que l'instance a causé un certain préjudice au défendeur; — Par ces motifs, etc. ». — Appel par la compagnie *Le Soleil*, laquelle offre de prouver que le propriétaire était absent au moment de l'incendie.

LA COUR; — Attendu qu'il ne résulte d'aucun des documents du procès que l'incendie ait eu son point de départ dans la partie des bâtiments affermée à Guillemin; — Attendu qu'il n'est point établi davantage que cet incendie n'ait pu prendre naissance dans la partie de ces bâtiments réservée par le bail de la dame Regnault, propriétaire; que le fait articulé par la Compagnie appelante, alors même qu'il serait justifié par une enquête, n'exclurait point nécessairement cette possibilité et doit être rejeté comme non pertinent; — Adoptant, au surplus les motifs des premiers juges; — Par ces motifs; — Sans s'arrêter aux conclusions tant principales que subsidiaires de la Compagnie; — Confirme.

Du 8 janv. 1880.-C. de Dijon, 1re ch.-MM. Cantel, pr.-Cardot, av. gén., c. conf.-Lombard et Ally, av.

(2) (Ferrières *C.* Comp. d'assur. terrestres *Le Soleil.*) — LA COUR; — Attendu qu'il est établi et non contesté que Mézamat s'était réservé une partie de la maison, dont le reste était loué à Ferrières; que sans doute Mézamat n'habitait pas d'ordinaire les pièces qu'il avait gardées à son usage, mais qu'il y venait souvent, traversait même l'étable de Ferrières, et qu'il avait dans le galetas et dans le chai, soit du fourrage, soit une assez grande quantité de bois; — Attendu qu'en cet état de choses, Mézamat, ou la compagnie *Le Soleil*, subrogée à ses droits, ne peut se prévaloir contre Ferrières de la présomption de faute établie par l'art. 1733 c. civ. qu'à la condition préalable de prouver que l'incendie du 14 déc. 1878 n'a pas pris dans la partie réservée par le propriétaire; qu'à cet égard, la compagnie *Le Soleil* ne s'est pas méprise; qu'aussi a-t-elle offert la preuve que le feu avait pris chez Ferrières, et soutient-elle, par son appel incident devant la cour, que cette preuve a été rapportée; — Attendu que, si certaines présomptions et les vraisemblances autorisent à penser que le feu a pris plutôt chez Ferrières que chez Mézamat, la preuve juridique de ce fait n'est nullement établie par les enquêtes; que le point sur lequel le feu a pris est resté absolument inconnu, et que tous les témoins sont d'accord pour déclarer qu'ils ne peuvent dire si le feu a commencé chez Mézamat ou chez Ferrières; que les enquêtes faisant défaut à la Compagnie, celle-ci a vainement essayé de soutenir que cette preuve résultait des termes de l'expertise, et que, par sa présence à cette expertise, Ferrières en avait reconnu l'exactitude et accepté toutes les conclusions; qu'en effet, l'expertise était faite sur compromis passé entre Mézamat et la Compagnie dans leur intérêt exclusif, et pour arriver entre eux au règlement de l'indemnité; que Ferrières n'y était pas représenté par un expert de son choix; qu'il était un assistant, et qu'enfin il avait déclaré n'y venir que sous l'expresse réserve de tous ses droits; que telle était bien la signification donnée à ce concours par toutes les parties, puisque, malgré l'aveu ou contrat qu'on en voudrait faire résulter aujourd'hui, la Compagnie n'a cru pouvoir engager son action que sur l'offre de preuve dont le résultat ne lui est pas favorable; qu'il est d'ailleurs juste de reconnaître que les experts se bornent à une simple affirmation, sans indiquer les sources où ils auraient puisé cette conviction que le feu avait pris chez Ferrières, et que les experts n'ont pas été appelés à l'enquête pour combler la lacune essentielle de leur rapport; qu'il n'y a donc pas lieu de s'arrêter à ce moyen nouveau; — Attendu que le propriétaire occupant une partie de la maison incendiée, et auquel fait défaut la présomption édictée par l'art. 1733, ne saurait exciper des dispositions de l'art. 1734 pour se faire considérer comme un colocataire et obtenir, à ce titre, du preneur une contribution à la perte subie; que l'art. 1734 règle uniquement la situation des locataires à l'égard du propriétaire; qu'il déclare appliquer aux divers locataires d'une maison, et ce avec une clause de solidarité, la présomption établie par l'art. 1733 contre l'unique preneur, mais qu'il ne

que le propriétaire de la maison incendiée, le droit de se prévaloir, à l'encontre de son locataire, des dispositions de l'art. 1733 c. civ. (V. *suprà*, n° 216) est tenu, au cas où il occupe lui-même une partie de la maison incendiée, de rapporter la preuve que l'incendie n'a pas commencé dans les lieux occupés par lui (Même arrêt); — 2° Que, au cas de sous-location, le locataire principal doit prouver, « pour obtenir contre ses sous-locataires une action identique à celle du propriétaire à son encontre, que le feu n'a pas éclaté chez lui, locataire principal » (Lyon, 26 déc. 1882, aff. Durnerin, D. P. 83. 2. 209).

226. D'après la cour de cassation, le bailleur, dès lors qu'il n'habitait pas les lieux loués, pouvait, sans restriction, se prévaloir de la disposition de l'art. 1733, lors même qu'il aurait eu dans l'immeuble loué « la libre disposition... d'un appartement... dont il avait les clefs, qu'il faisait visiter et dans lequel, pour divers motifs, il introduisait des ouvriers » (Civ. cass. 20 oct. 1885, aff. Gueniffey, D. P. 86. 1. 374). Il a été jugé également qu'il importait peu qu'un « grenier, situé sous le toit longeant tout le bâtiment » loué, fût occupé « par le propriétaire ou par le concierge son représentant » (Civ. cass. 26 mai 1884, aff. de Forcade, D. P. 85.1.209); ou que le bailleur se fût réservé le droit de faire surveiller les lieux par un gardien de son choix, ayant à cet effet la faculté d'y entrer (Paris, 29 nov. 1852, aff. Compagnies d'assurances *L'Aigle* et *Le Palladium*, D. P. 54. 2. 169); ou que, au cas de location d'un moulin, le bailleur se fût réservé la faculté de s'introduire dans le moulin, pour y exercer sa surveillance, s'il était constant, d'une part, que cette faculté n'avait pour objet que d'assurer la conservation de l'immeuble, et que, d'autre part, le bailleur n'en avait jamais usé que dans un but de sécurité commune, sans faire acte de possesseur ou détenteur (Toulouse, 19 févr. 1885, aff. Société civile du Moulin du Château-Narbonnais, D. P. 85. 2. 137).

Mais il a été décidé, d'autre part, au cas de location d'un abattoir, que, s'il résultait des conditions du bail qu'après la fermeture de l'abattoir cet établissement devait être complétement évacué par les locataires ou leurs ouvriers, et les clefs des locaux remises au concierge préposé par l'autorité municipale, cette obligation, privant les locataires de toute surveillance de nuit sur les lieux loués, les affranchissait de la responsabilité, dans le cas où l'incendie avait commencé après la fermeture de l'établissement (Metz, 31 mars 1870, aff. Gendarme, D. P. 71. 2. 51). D'après le même arrêt, c'était à la commune propriétaire, ou aux compagnies d'assurances subrogées dans ses droits, qu'il incombait de faire la preuve que l'incendie avait commencé avant la fermeture de l'établissement, et non pas aux locataires de prouver qu'il avait commencé après cette fermeture.

227. — II. Régime de la loi de 1883. — Les principes antérieurement admis demeurent certainement applicables, soit lorsqu'il est établi que l'incendie a commencé dans la partie occupée pas le locataire, soit lorsqu'il est établi qu'il a commencé chez le bailleur : dans le premier cas, le locataire est responsable dans les termes de l'art. 1733 ; dans le second cas, le bailleur n'a point de recours à exercer contre son locataire (Guillouard, t. 1, n° 273).

228. Mais si l'on ignore où l'incendie a commencé, le bailleur ne peut-il encore, comme avant la loi de 1883, exercer son recours qu'à la condition d'établir que l'incendie n'a ni commencé ni pu commencer dans la partie des locaux qu'il occupe? — Dans une première opinion, on a soutenu que la loi du 5 janv. 1883 avait innové sur ce point, et que le propriétaire pourrait exercer l'action des art. 1733 et 1734 contre les locataires « pour la partie de maison occupée par eux, sans avoir à prouver que l'incendie n'a pas pris naissance dans la portion qu'il habite » (Guillouard, t. 1, n° 273). « En effet, dit M. Guillouard (*loc. cit.*), la loi nouvelle a substitué à l'ancien principe de la responsabilité solidaire entre locataires le principe nouveau et plus juste de la responsabilité divisée : chacun est responsable de l'incendie, proportionnellement à la valeur de la partie de maison qu'il occupe. Mais ce principe nouveau devait conduire à traiter le bailleur, pour la portion de maison qu'il occupe, comme un locataire, et c'est ce que l'on a fait. — Le rapporteur de la commission du Sénat indique que le projet de la commission tranche la question de la responsabilité des locataires, lorsque le propriétaire habite la maison. « La part de maison occupée par le propriétaire, dit-il, est assimilée à la part qu'occuperait un autre locataire ». Et le texte de l'art 1734, voté en première lecture par le Sénat, portait ce qui suit: « Si une maison est habitée par plusieurs locataires, tous sont responsables de l'incendie, ainsi que le bailleur, si celui-ci y habite également, et chacun en proportion de la valeur de la partie qu'il occupe ». Il est vrai que, dans la seconde délibération, le passage relatif à la présence du bailleur dans la maison louée a disparu, mais M. Batbie a déclaré que cette supression ne modifiait en rien le sens du premier vote : « Nous n'avons pas eu, en faisant ce changement, dit-il, la pensée de modifier le sens de la première délibération. Nous avons voulu seulement reproduire, autant que possible, le code civil, etc... ». Du moment où la portée du premier vote n'est pas changée, il en résulte que le propriétaire qui habite la maison doit être traité comme un locataire de plus : il peut donc exercer son recours contre ses locataires, sans avoir aucune preuve à faire; mais il devra défalquer de l'indemnité à laquelle il a droit « la part proportionnelle dont il est lui-même responsable, eu égard à l'importance de la partie de maison qu'il occupe ». Comp. Demante et Colmet de Santerre, *Cours analytique de code civil*, 2° édit., t. 7, n° 180 *bis*, xii.

229. Dans une seconde opinion, adoptée par la jurisprudence des cours d'appel, la loi du 5 janv. 1883 n'aurait apporté aucune modification aux principes antérieurs en ce qui concerne la solution de cette question. Ainsi il a été jugé : 1° qu'il résulte « de la discussion de la loi du 5 janv. 1883 modifiant l'art. 1734 c. civ. que le législateur n'a rien innové en ce qui touche l'art. 1733 du même code et qu'il est de jurisprudence constante que le bailleur qui occupe lui-même une partie de son immeuble loué ne peut, en cas d'incendie, invoquer contre le preneur, la présomption de l'art. 1733, à moins qu'il ne prouve, conformément à l'art. 1734, que le feu n'a pas commencé dans la partie occupée par lui » (Riom, 21 mai 1886, aff. Batisse, D. P. 87. 2. 67); — 2° Que « la présomption légale de faute en vertu de laquelle la responsabilité de l'incendie d'une maison pèse également sur les divers locataires cesse d'exister, lorsque le propriétaire occupe lui-même une partie de cette maison; que, dans ce cas, en effet, le propriétaire est en mesure d'exercer une surveillance efficace et que l'incendie peut d'ailleurs avoir été causé par son fait aussi bien que par celui des locataires; qu'il ne peut, par suite, invoquer le bénéfice des dispositions de l'art. 1733 c. civ., qu'autant qu'il établit, conformément aux dispositions de l'art. 1734, que le feu n'a pas commencé dans la partie occupée par lui...; que la loi du 5 janv. 1883 n'a apporté aucune modification à ces principes; qu'elle a eu uniquement pour but de substituer à la responsabilité solidaire de tous les locataires une responsabilité limitée, proportionnelle à la valeur locative de la partie de l'immeuble qu'ils occupent; que le droit du propriétaire n'a été l'objet d'aucune autre innovation, ni dans son essence, ni dans les conditions de son exercice; qu'on ne saurait admettre, dans le silence des textes, que le législateur ait entendu donner une base nouvelle à la responsabilité des locataires, et les obliger, même alors que le propriétaire habite l'immeuble, à lui payer une

---

déroge nullement aux règles générales, quant aux rapports des locataires entre eux; que l'un de ceux-ci ne pourrait agir contre un autre en réparation du dommage causé par l'incendie qu'à la double condition de prouver que l'incendie vient de chez celui qu'il actionne et qu'il est le résultat de sa faute; que, par suite, et en considérant même le propriétaire comme un colocataire, la compagnie *Le Soleil* n'en serait pas plus avancée, puisqu'elle ne prouve ni l'incendie allumé chez Ferrières, ni la faute de ce dernier; que c'est donc à tort que le jugement a divisé par moitié le montant de la perte entre la compagnie *Le Soleil* et Ferrières; — Par ces motifs; — Réforme le jugement du tribunal de Castelsarrazin, du 12 mai 1880; relaxe Ferrières de toutes demandes, fins et conclusions contre lui prises, l'exonère des condamnations prononcées; — Ce faisant, casse et annule la saisie-arrêt pratiquée à son préjudice entre les mains de la compagnie *La Confiance*.

Du 26 nov. 1880.-C. de Toulouse, 3° ch.-MM. Desarnault, pr.-Liège-d'Iray, av. gén.-Pujos et Albert, av.

indemnité représentative de la part qu'ils occupent, s'ils ne prouvent pas que l'incendie n'a pas commencé chez eux » (Bordeaux, 11 mai 1888, aff. Couloumy, D. P. 90. 2. 87); — 3° « Qu'il est de doctrine et de jurisprudence certaines que la seule modification apportée à l'art. 1734 c. civ. par la loi du 5 janv. 1883 a été la substitution du principe de la responsabilité proportionnelle des locataires à celui de leur responsabilité solidaire; qu'aujourd'hui, comme antérieurement à la loi de 1883, le bailleur, quand il occupe lui-même une partie de l'immeuble loué, ne peut, en cas d'incendie, ni invoquer contre les preneurs la disposition de l'art. 1733, à moins qu'il ne prouve que le feu n'a pas commencé dans la partie occupée par lui, ni demander, lorsqu'il est dans l'impuissance d'administrer cette preuve, à ne supporter le dommage causé que proportionnellement à la valeur locative de la partie de l'immeuble par lui occupée » (Rennes, 15 févr. 1889, aff. Ménard, Bodet et autres, D. P. 90. 2. 97. Conf. Toulouse, 7 févr. 1888, aff. Meynadier et autres; Poitiers, 24 janv. 1889, aff. Millet et Poivert, D. P. 90. 2. 97);... Et qu'il en est de même du sous-bailleur à l'égard de ses sous-locataires, le sous-bailleur étant, en principe, un véritable bailleur vis-à-vis de ceux-ci (Arrêts précités des 7 févr. 1888 et 24 janv. 1889).

Ce second système paraît préférable. En ce qui concerne l'argument tiré des travaux préparatoires, on conçoit assez difficilement qu'une solution nouvelle puisse résulter d'un membre de phrase qui, après avoir figuré dans un projet de loi, n'a pas trouvé place dans la rédaction définitive. Quels que puissent être les motifs qui en ont déterminé la suppression, toujours est-il que le passage invoqué n'existe pas dans la loi; l'innovation qui en était, dit-on, la conséquence n'a donc pas été consacrée. Est-il vrai, d'ailleurs, que ce passage ait eu, dans la pensée de la commission du Sénat, la portée qu'on lui attribue? Les explications fournies par le rapporteur, lors de la première délibération, n'indiquent nullement que l'addition proposée dût avoir pour résultat de dispenser le bailleur de la preuve à laquelle il était antérieurement assujetti. Peut-être a-t-on voulu dire simplement que le propriétaire, lorsqu'il a un recours à exercer, ne pourrait désormais exiger la réparation du dommage que déduction faite de la part qui lui incomberait comme habitant lui-même une partie de la maison. Ainsi entendue, la disposition n'était sans doute pas d'une grande utilité; car du moment que chaque locataire ne répondait que de la portion par lui occupée, il allait de soi que le propriétaire devait supporter la part du dommage afférente aux locaux qu'il aurait réservés à son usage. Aussi est-ce pour cela précisément qu'elle a été supprimée. C'est ce que le rapporteur, M. Batbie a fort bien expliqué au cours de la seconde délibération: « Nous n'avons pas maintenu, a-t-il dit, ce qui était relatif au cas où le propriétaire habite la maison louée. Cette mention *nous a paru inutile*. Puisque chaque locataire n'est tenu que d'une part d'indemnité proportionnelle à la valeur locative de la portion qu'il occupe, il était superflu d'ajouter que le propriétaire n'aurait pas de recours pour la portion qu'il habite ». Au contraire, cette addition n'eût pas été inutile, si elle avait dû entraîner cette conséquence que le propriétaire ne serait plus obligé, pour exercer son recours, de prouver que le feu avait dû prendre dans la partie de l'édifice occupée par les locataires, puisqu'elle aurait consacré une solution contraire à celle qui était précédemment admise par la jurisprudence. Le système soutenu par M. Guillouard nous paraît, d'ailleurs, contraire à l'esprit qui a présidé à l'adoption de la loi du 5 janv. 1883; le législateur a, en effet, clairement exprimé, au cours des travaux préparatoires, l'intention de s'écarter le moins possible des règles admises antérieurement et de maintenir toutes celles qui ne seraient pas incompatibles avec l'innovation qu'il consacrait. Or la solution admise par la jurisprudence n'a rien de contraire aux nouvelles dispositions introduites dans l'art. 1734: de ce que chaque locataire ne répond plus de l'incendie qu'en proportion de la valeur des locaux faisant l'objet de son bail, il ne résulte pas nécessairement que le bailleur puisse exercer son recours sans être tenu d'établir préalablement que l'incendie n'a pu commencer chez lui; et l'on doit, dès lors, admettre qu'il est tenu, aujourd'hui comme autrefois, de fournir cette preuve. — Mais il a été décidé, sous l'empire de la loi de 1883, que, si le propriétaire d'un immeuble peut, en cas d'incendie, être assimilé à un locataire pour les appartements qu'il occupe, il en est autrement en ce qui concerne les appartements vacants, et que la seule possession des clés d'un appartement vacant est insuffisante pour le faire considérer comme un locataire et constituer une communauté de jouissance (Orléans, 10 mai 1890, aff. Moreau et Barrault, D. P. 91. 2. 230). Conf. de Lalande et Couturier, n° 719, et *suprà*, n°s 211 et suiv.

230. On a dit au *Rép.* n° 384 que, si le feu avait pris dans une partie de la maison restée commune entre le propriétaire et le locataire, l'art. 1733 ne serait pas applicable. C'est ce qui a été jugé, notamment, par un arrêt de la cour de Lyon du 18 janv. 1861 (aff. Girin, D. P. 61. 2. 182). Mais il a été décidé qu'il en serait autrement, si l'incendie avait commencé dans un escalier commun entre l'immeuble loué et un immeuble contigu, ce dernier fût-il habité par son propriétaire même (Limoges, 9 juin 1877, aff. de Voyon, D. P. 78. 2. 33).

231. Il peut se faire que, par suite d'un règlement de jouissance sous forme de bail entre copropriétaires par indivis d'un immeuble, l'un des copropriétaires assume la qualité de preneur au regard de ses copropriétaires. Il a été jugé que, dans ce cas, « le copropriétaire qui va jouir seul de la chose commune et en avoir la détention exclusive peut se soumettre, vis-à-vis des autres copropriétaires, aux obligations du contrat de louage et notamment à celles de l'art. 1733... »; que, « lorsqu'il l'a fait,... il ne saurait être admis, en excipant de sa qualité de copropriétaire, à se soustraire à la responsabilité de cet article... » (Orléans, 7 janv. 1888, aff. Thomas Venot et *La Rouennaise*, D. P. 88. 2. 295). Mais dans cette hypothèse, il ne devrait supporter qu'une fraction d'indemnité proportionnelle aux droits de propriété des autres copropriétaires (Même arrêt).

232. Comme on l'a établi au *Rép.* n° 387, la disposition de l'art. 1733, étant exceptionnelle, ne doit pas être étendue en dehors des rapports entre bailleur et preneur. C'est ainsi qu'elle ne saurait être invoquée par les propriétaires voisins dont les immeubles ont été atteints par l'incendie, soit contre le locataire lui-même, soit contre le propriétaire de la maison où le feu s'est déclaré (*Rép. ibid.* et n° 388). Jugé, en ce sens: 1° que le propriétaire voisin qui poursuit la réparation du préjudice qu'un incendie lui a occasionné ne peut invoquer la responsabilité du locataire chez lequel le feu a commencé qu'à la condition de prouver une faute personnelle à sa charge (Paris, 16 déc. 1889, aff. Dallemagne, D. P. 90. 2. 264); — 2° « Que lorsqu'un propriétaire voit sa maison dévorée par un incendie provenant de la maison voisine, il ne peut obtenir la réparation du préjudice qu'il subit que par application des art. 1382 et 1383, en prouvant lui-même la faute de celui ou de ceux à qui il attribue l'incendie », qu'en effet « le voisin répond seulement de sa faute prouvée et non de sa faute présumée », qu'il « ne suffirait pas d'établir que le feu a commencé chez lui », qu'il est « nécessaire de démontrer que la maison a été détruite par la négligence ou l'imprudence du voisin, et de justifier ainsi de la cause qui a produit le désastre » (Agen, 13 mars 1866, aff. Laroche, D. P. 66. 2. 92).

La cour de cassation a expressément consacré cette doctrine en décidant que « la présomption de faute établie au cas d'incendie par les art. 1733 et 1734 c. civ. n'a lieu que contre les locataires et en faveur du propriétaire de la maison louée; mais que l'action de celui dont la maison a été endommagée par suite ou à l'occasion de l'incendie qui a commencé chez le voisin, est réglée par les dispositions générales des art. 1382 et 1383 c. civ.); — Que, dans ce dernier cas, il ne suffit donc pas au propriétaire qui a souffert de l'incendie et qui demande la réparation du dommage de prouver que le feu a pris chez son voisin, qu'il doit établir de plus que l'incendie a été causé par la faute, la négligence ou l'imprudence de celui-ci » (Civ. cass. 22 oct. 1889, aff. Berthod D. P. 90. 1. 122). — Il a d'ailleurs été décidé que, lorsqu'un locataire a été déclaré responsable d'un incendie au regard du propriétaire, en vertu de la présomption légale édictée par l'art. 1733 c. civ., la condamnation de ce locataire ne met point obstacle à l'action qu'un voisin peut exercer contre le propriétaire pour obtenir la réparation du préjudice qu'il a souffert à raison du même incendie, par suite de fautes personnelles à ce propriétaire (dans l'espèce, par suite de l'absence de toute précaution contre les dangers multiples d'incendie que présentait une maison très ancienne, construite en charpentes et platras, et par suite de la négligence du concierge, préposé du propriétaire) (Arrêt précité du 16 déc. 1889). — V. au surplus, en ce qui concerne la responsabilité entre propriétaires voisins, *infrà*, v° *Responsabilité*; — *Rép.* eod. v° n°s 217 et suiv.

La présomption légale établie par l'art. 1733 ne saurait davantage être invoquée par le locataire à l'encontre du bailleur qui habite une partie de la maison louée; ce dernier ne peut être responsable vis-à-vis du preneur que dans les termes du droit commun, c'est-à-dire à la condition qu'il soit prouvé que l'incendie a été causé par sa faute (Civ. cass. 7 mai 1855, aff. Guignes de Maizod, D. P. 55. 1. 165; Riom, 30 mai 1881, aff. Boillet, D. P. 82. 2. 38). Et il en est ainsi quand bien même il serait reconnu que c'est dans la portion de l'immeuble occupée par le bailleur que l'incendie a pris naissance (Arrêt précité du 7 mai 1855).

Par application du même principe, il a été décidé : 1° que le nu-propriétaire ne peut invoquer la présomption de l'art. 1733 contre le locataire de l'usufruitier; il peut seulement le poursuivre en réparation du dommage causé par l'incendie, en prouvant que le sinistre a été causé par sa faute ou son imprudence (Lyon, 29 juill. 1880, aff. Comp. d'assurances *Helvetia*, D. P. 81. 2. 71). ; — 2° Que la présomption de l'art. 1733 n'est pas opposable au mari sous le régime dotal ; qu'il ne répond pas de plein droit de la perte des immeubles dotaux par suite d'incendie (Lyon, 19 nov. 1852, aff. Roux, D. P. 53. 2. 83); — 3° Que la présomption légale de l'art. 1733 c. civ. ne pourrait être invoquée contre un simple occupant, habitant un immeuble non en qualité de sous-locataire, mais comme membre de la famille du locataire; qu'à son égard il y aurait seulement lieu à la responsabilité de l'art. 1382 c. civ. (Poitiers 24 janv. 1889, aff. Millet et Poivert, D. P. 90. 2. 97).

233. Si, en dehors du contrat de bail, l'art. 1733 est inapplicable, l'obligation de prouver que l'incendie a été le résultat d'un cas fortuit peut incomber à une personne autre qu'un locataire, en vertu de la règle générale qui oblige le débiteur, en cas de perte de la chose due, à prouver le cas fortuit qu'il allègue. C'est ainsi qu'il a été jugé que la personne qui, s'étant chargée de faire des réparations dans un immeuble dont elle n'était pas locataire, a pris possession des lieux et en a seule eu la garde pendant la durée des travaux, est responsable, vis-à-vis du propriétaire, de l'incendie qui a détruit l'immeuble, si elle ne prouve pas que le sinistre a eu lieu sans sa faute (Req. 13 nov. 1878, aff. de Mortemart, D. P. 79. 1. 447).

234. Sur la question de savoir si les dispositions de l'art. 1733 sont applicables en ce qui concerne le louage de meubles, V. *infrà*, n° 425.

235. Il a été jugé que la disposition de l'art. 1733 n'est pas opposable à l'État, soit dans le cas d'incendie de bâtiments mis gratuitement à sa disposition pour le logement des troupes (Cons. d'Et. 7 juill. 1853, aff. Compagnie *Le Phénix*, D. P. 54. 3. 35),... soit dans le cas d'incendie d'une maison prise en location par l'administration départementale pour y loger la gendarmerie, l'État ne pouvant être, dans ce cas, considéré comme sous-locataire (Req. 14 nov. 1853, aff. Département de l'Isère, D. P. 54. 1. 56).

236. Malgré les termes de l'art. 1733 c. civ., le locataire serait responsable, envers le propriétaire, de l'incendie qui a éclate dans les lieux loués, alors même qu'il justifierait être dans l'un des cas d'irresponsabilité déterminés par l'art. 1733 c. civ., s'il avait changé la destination habituelle des lieux loués, en leur donnant une destination nouvelle les exposant à des dangers exceptionnels d'incendie, si, par exemple, il avait transformé en magasin à fourrages une maison louée comme maison d'habitation (Bastia, 4 juill. 1866, aff. Campana et Olmeta, D. P. 68. 2. 77). Il en est ainsi surtout lorsque ce changement de destination était formellement interdit par le bail ou subordonné à l'obligation pour le locataire de faire, au profit du propriétaire, une assurance qui n'a point eu lieu (Même arrêt). L'arrêt décide que, fût-il vrai que les locataires fussent « matériellement et personnellement étrangers aux circonstances qui ont été la cause dernière de l'incendie, la double et grave faute qu'ils ont commise lorsqu'ils ont rempli la maison de fourrages, contrairement à sa destination et sans recourir à aucune des mesures dictées par la prudence la plus vulgaire, ne leur permettrait pas de profiter du cas d'exception, s'il existe, parce que, très certainement, le cas fortuit ou la force majeure, tel qu'il a eu lieu d'après les Olmeta, n'eût pas occasionné l'incendie, si la maison avait conservé son caractère de simple logement destiné à l'habitation exclusive des locataires, puisque, en supposant que le feu eût été introduit par hasard ou par malveillance, il est certain, aux yeux de la cour, qu'il se fût éteint de lui-même, s'il n'eût pas rencontré, dès le début, une quantité considérable de matières propres à en faciliter le progrès » (Même arrêt).

237. La disposition de l'art. 1733 c. civ. n'est pas d'ordre public. Le bailleur pourrait donc renoncer à s'en prévaloir (Req. 28 janv. 1868, aff. Mounier, D. P. 68. 1. 483). — La renonciation pourrait, d'ailleurs, être tacite. Mais il a été jugé que la clause d'un bail qui impose au preneur l'obligation d'assurer l'immeuble loué et de payer les primes d'assurance pour le compte du propriétaire, n'implique, de la part de celui-ci, aucune renonciation à ses droits, et ne le prive pas du recours que lui accorde, en cas d'incendie, l'art. 1733 c. civ.; qu'il en est ainsi surtout lorsque la même clause porte que le locataire, tout en cédant au bailleur sa créance éventuelle contre l'assureur, restera tenu de ses obligations en cas d'insuffisance de l'indemnité (Toulouse, 19 févr. 1885, aff. Société civile du Moulin du Château-Narbonnais, D. P. 85. 2. 137. V. anal. Bordeaux, 28 nov. 1854, aff. Delas, D. P. 55. 2. 189; Metz, 21 déc. 1854, aff. Bédoré, D. P. 55. 2. 197. V. aussi Caen, 29 janv. 1889, *Recueil de Rouen et de Caen*, 2e part., p. 81; Comp. L. 19 févr. 1889, D. P. 89. 4. 29, et *suprà*, n° 1). — De même, il a été jugé que l'offre du bailleur de prouver que l'incendie a pris naissance chez tel de ses locataires n'emportait pas, de sa part, renonciation au bénéfice de la présomption de l'art. 1733 c. civ. (Lyon, 1er mars 1877) (1).

238. Depuis la publication du *Répertoire*, la loi du 5 janv. 1883, modifiant l'art. 1734 c. civ., a réglé à nouveau la question de la responsabilité au cas d'incendie lorsque plusieurs locataires habitaient la maison détruite ou endommagée par le feu. L'art. 1734 c. civ. (ancien) disposait : « S'il y a plusieurs locataires, tous sont solidairement responsables de l'incendie — à moins qu'ils ne prouvent que l'incendie a commencé dans l'habitation de l'un d'eux, auquel

---

(1) (Bassereau et la *Compagnie générale C.* Drevon.) — LA COUR; — Attendu qu'aux termes des art. 1733 et 1734 c. civ. le locataire répond de l'incendie, à moins qu'il ne prouve certaines causes d'exonération énumérées dans ces articles; — Qu'ainsi, c'est au locataire qu'il appartient de détruire, par une preuve contraire, la présomption de faute créée par la loi et la responsabilité qui en est la suite; — Que, néanmoins, dans l'espèce, le propriétaire a cru devoir assumer lui-même l'obligation de la preuve; que, sur sa demande, il a été admis à établir par témoins que l'incendie avait pris son origine chez le locataire qu'il indiquait ;

Considérant que cette intervention de procédure ne change pas le principe fondamental des articles précités ; qu'elle n'a pas pu avoir pour conséquence légale de transporter, à la charge du propriétaire, la preuve mise par la loi à celle du locataire, ni de transférer la responsabilité de l'un à l'autre, à défaut de cette preuve; — Considérant que les enquêtes auxquelles il a été procédé et le rapport de l'expert chargé de constater l'état des lieux, n'ont pas établi la cause ni le lieu d'origine du sinistre; que l'examen de ces documents laisse subsister trois hypothèses également plausibles; — Que l'incendie peut avoir débuté soit dans le local occupé par Drevon comme locataire de Bassereau, soit dans les appartements situés au-dessus de ce local, soit dans l'usine contiguë dont Drevon est propriétaire; — Qu'en l'état, on doit revenir au principe posé par la loi et décider que le locataire, ne prouvant aucun des cas d'exception indiqués aux art. 1733 et 1734 c. civ., il est tenu de l'incendie en vertu de la solidarité prononcée par le dernier des articles;

Par ces motifs, etc.

Du 1er mars 1877.-C. de Lyon, 1re ch.-M. Baudrier, pr.

cas celui-là seul en est tenu, ou que quelques-uns ne prouvent que l'incendie n'a pu commencer chez eux, auquel cas ceux-là n'en sont pas tenus ». Le principe de la solidarité entre les locataires avait depuis longtemps soulevé de vives réclamations auxquelles nous nous étions associés (*Rép.* n° 407). Le législateur a fait droit à ces justes réclamations et la loi du 5 janv. 1883 (D. P. 83. 4. 17, et *suprà*, n° 1) a modifié, dans les termes suivants, la disposition de l'art. 1734 : « Art. 1er. L'art. 1734 c. civ. est modifié ainsi qu'il suit : « S'il y a « plusieurs locataires, tous sont responsables de l'incendie « proportionnellement à la valeur locative de la partie de l'im- « meuble qu'ils occupent, — à moins qu'ils ne prouvent que l'in- « cendie a commencé dans l'habitation de l'un d'eux, auquel « cas celui-là seul en est tenu ; ou que quelques-uns ne prou- « vent que l'incendie n'a pu commencer chez eux, auquel cas « ceux-là n'en sont pas tenus ». Ainsi, substitution de la responsabilité proportionnelle à la responsabilité solidaire en cas de pluralité de locataires, telle est la réforme réalisée par la loi du 5 janv. 1883 (Pour l'historique de la loi, V. D. P. 83. 4. 17, et Guillouard, t. 1, nos 255 et suiv.). L'art. 1734 nouveau, comme l'ancien texte d'ailleurs, prévoit trois hypothèses : 1° on ignore chez quel locataire l'incendie a pris naissance ; 2° il est prouvé que l'incendie a commencé chez l'un d'eux ; 3° certains locataires prouvent que l'incendie n'a pas pu commencer chez eux.

239. La première hypothèse ne donne matière à aucune difficulté sérieuse : les divers locataires sont responsables, chacun à proportion de la valeur locative des locaux qu'il occupe ; ajoutons que, en pareil cas, les divers locataires de l'étage où le feu a pris seraient « tenus, comme avant la loi de 1883, d'indemniser le bailleur de la totalité du dommage causé par l'incendie, à quelque partie de l'immeuble qu'il se soit étendu » (Civ. cass. 4 juin 1889, aff. Barrault, Moreau et Compagnie d'assurances *Le Phenix*, D. P. 90. 1. 351). Il a été décidé, en effet, par le même arrêt que, « en cas d'incendie, le preneur, aux termes des art. 1733 et 1734, répond, vis-à-vis du bailleur, de l'incendie lui-même, et de toutes les conséquences par rapport à la totalité du bâtiment incendié, quand même il n'en avait reçu à bail qu'une partie ;... que cette responsabilité anormale, fondée à la fois sur une présomption de faute et sur le danger des incendies, n'aurait pu prendre fin que par l'abrogation des articles de loi qui l'ont établie ; que, loin que la loi du 5 janv. 1883 ait ainsi procédé, elle a, au contraire, laissé subsister sans aucune modification l'art. 1733 qui pose le principe de la responsabilité spéciale ci-dessus définie, et que, dans l'art. 1734, elle a uniquement modifié le premier paragraphe, en substituant une obligation proportionnelle et divise à une obligation solidaire » (Comp. sur renvoi, Orléans, 10 mai 1890, aff. Moreau et Berrault, D. P. 91. 2. 231).

On remarquera que l'art. 1734 nouveau tranche explicitement la question, controversée sous l'empire du code civil, de savoir sur quelle base doit être répartie entre les divers colocataires la responsabilité collective de l'incendie. Avant la loi de 1883, un arrêt de la cour de Colmar, du 2 févr. 1870, aff. Rodé (D. P. 71. 2. 100) avait décidé que la répartition devait se faire par parts viriles, et non pas proportionnellement à l'importance des loyers respectifs.

240. La deuxième hypothèse, au contraire, a soulevé de graves difficultés. L'art. 1734 c. civ. dispose que, si l'incendie a commencé dans l'habitation de l'un des locataires « celui-là seul en est tenu ». On s'est demandé si, dans ce cas, le locataire était tenu de la valeur intégrale de la maison ou seulement d'une indemnité proportionnelle à la valeur locative de la portion de maison qu'il occupe. — Il est un cas où, d'après M. Guillouard, t. 1, n° 277, la responsabilité intégrale du locataire devrait être admise sans difficulté, c'est le cas où il est établi que l'incendie s'est produit par la faute du locataire. « Il est bien évident, dans ce cas, écrit M. Guillouard, que la responsabilité du locataire sera intégrale, car il doit réparer toutes les conséquences de la faute qu'il a commise, et cette faute a entraîné la destruction totale de la maison ».

Si aucune faute n'est établie contre le locataire chez qui le feu a commencé, on soutient, dans une première opinion, que le locataire n'est tenu que d'une indemnité proportionnelle à la valeur locative des locaux qu'il occupe. Dans ce système, on raisonne de la manière suivante. Le principe, qui servait autrefois de base à la responsabilité du locataire, a été abandonné ; cette responsabilité n'a plus pour fondement une présomption de faute ; elle n'est plus que la conséquence de cette règle générale, édictée par l'art. 1302 c. civ., que la perte de l'objet dû est à la charge du débiteur, lorsque celui-ci ne peut établir qu'elle est le résultat d'un cas fortuit. En conséquence de cette règle, le locataire qui n'occupe qu'une partie de l'immeuble, et qui n'est tenu, en vertu de son contrat de bail, qu'à la restitution de cette partie, ne saurait être responsable du surplus, à moins que l'on ne prouve, non pas seulement que l'incendie a commencé chez lui, mais, d'une façon directe et précise, qu'il est dû à une faute dont ce locataire est tenu de répondre aux termes de l'art. 1382 c. civ. Cette opinion est enseignée par MM. Guillouard, t. 1, n° 277 ; Vavasseur, *Journal des assurances*, 1883, p. 161, etc. M. de Lalande *Traité théorique et pratique du contrat d'assurance contre l'incendie*, nos 659 et suiv. se rallie à cette opinion qu'il croit, bien que contraire aux principes, commandée par les travaux préparatoires de la loi de 1883. — Dans une seconde opinion on décide, au contraire, que, depuis la loi de 1883 comme avant, le locataire chez qui l'incendie a commencé est responsable pour le tout de la perte de l'immeuble qu'il occupe. Cette opinion a été admise par la jurisprudence de la cour de cassation. Ainsi il a été jugé : 1° que « le locataire chez qui le feu a pris, seul responsable de l'incendie s'il ne parvient pas à écarter la présomption légale de faute qui pèse sur lui, est tenu de la totalité du préjudice » ; qu'en effet le paragraphe 2 de l'art. 1734, modifié par la loi du 5 janv. 1883, n'est que la reproduction textuelle du paragraphe 2 de l'ancien article ; qu'aux termes de ce paragraphe, lorsque la maison est occupée par plusieurs locataires, s'il est prouvé que l'incendie a commencé dans l'habitation de l'un d'eux, celui-là seul en « est tenu » ; que ces termes sont clairs et formels ;... que c'est ainsi que, sous l'empire du code civil, le paragraphe 2 a toujours été entendu ;... qu'il résulte des travaux préparatoires que les modifications que le législateur a voulu introduire dans l'ancien art. 1734 ont porté exclusivement sur les paragraphes premier et troisième de cet article » (Req. 5 avr. 1887, aff. *L'Urbaine*, D. P. 87. 1. 329 ; V. en outre le rapport de M. conseiller Delis, *ibid* ; — 2° Que « si le nouvel art. 1734 c. civ. a modifié la responsabilité des colocataires en cas d'incendie, en supprimant entre eux toute solidarité et en ne les rendant responsables qu'à proportion de la valeur locative de la partie de l'immeuble par eux occupée, il n'a pas étendu au delà la réforme de l'ancienne loi ; qu'il n'a point privé le bailleur du droit de réclamer aux locataires qui seront reconnus responsables la totalité du dommage causé par l'incendie, à quelque partie de l'immeuble que ce soit » (Civ. rej. 4 juin 1889, aff. Alibert, D. P. 90. 1. 351). V. M. Batbie, *Revue critique*, t. 13, 1884, p. 736 et suiv. Dans le même sens, Toulouse, 19 févr. 1885, (aff. Société civile du Moulin du Château-Narbonnais, D. P. 85. 2. 137).

241. Il peut arriver que certains des colocataires, sans établir chez qui l'incendie a commencé, prouvent du moins qu'il n'a pas pu commencer chez eux ; aux termes de l'art. 1734 nouveau, ceux des locataires qui prouvent que l'incendie n'a pu commencer chez eux ne sont pas responsables. Mais, dans cette hypothèse, la part de responsabilité dont ils se trouvent affranchis se reporte-t-elle sur les autres colocataires? Cette question se rattache très étroitement à celle que nous venons d'examiner. La cour de cassation l'a tranchée par application des mêmes principes. Elle a décidé que la part de responsabilité des locataires qui ont prouvé que l'incendie n'avait pas pu commencer dans la partie des locaux occupés par eux ne saurait rester à la charge du bailleur mais doit se reporter sur les autres colocataires (Civ. cass. 4 juin 1889, aff. Barraud, Moreau et Compagnie d'assurance *Le Phénix*, D. P. 90. 1. 351. Conf. sur renvoi, Orléans, 10 mai 1890, D. P. 91. 2. 230).

242. Sur la question de savoir si la loi du 5 janv. 1883 a eu un effet rétroactif, V. *suprà*, v° *Lois*, nos 163 et suiv.

243. Quelle est l'étendue de la responsabilité du locataire au regard du bailleur? L'indemnité, a-t-on dit au *Rép.* n° 418, doit être équivalente à tout le dommage éprouvé par ce dernier, mais le preneur ne saurait être condamné à reconstruire la maison brûlée. Ainsi jugé en ce qui concerne la reconstruction (Paris, 1er avr. 1868, aff. Richard et Houllier, D. P. 68. 2. 85); ainsi jugé encore, nonobstant la clause générale du bail imposant au preneur l'obligation d'entretenir les lieux loués en bon état de réparations locatives, et de les rendre à l'expiration du bail conformes à l'état qui en devait être dressé (Metz, 25 juill. 1855, aff. Oger, D. P. 56. 2. 212). D'ailleurs, il a été décidé que « le recours du propriétaire contre le locataire en cas d'incendie... ne peut s'exercer qu'à raison des dommages éprouvés par l'immeuble », et qu'il « ne peut s'étendre aux meubles et objets mobiliers garnissant l'immeuble incendié, à moins que le locataire n'ait commis une faute qui le rende responsable dans le sens de l'art. 1382 c. civ... » (Nîmes, 15 mars 1884, aff. *Compagnie continentale*, D. P. 84. 2. 97. V. Guillouard, t. 1, n° 273).

244. L'indemnité pour reconstruction de l'immeuble devant être la représentation du préjudice, doit être calculée d'après l'état du bâtiment lors de l'incendie, et non d'après sa valeur à l'état de réfection complète (Riom, 24 août 1868, *suprà*, n° 111). Ajoutons que si, après l'incendie, quelques parties de la chose incendiée subsistaient, on devrait tenir compte de leur valeur dans le calcul de l'indemnité. La cour de cassation a décidé, en conséquence, qu'il « appartenait aux juges du fond d'apprécier la consistance et la valeur des constructions et matériaux restant après l'incendie... afin d'en faire l'imputation sur la somme totale représentant les dommages dus au défendeur éventuel ». Pour faire cette évaluation, les juges du fait pourront prendre en considération « l'état de dégradation et de délabrement des parties du bâtiment subsistantes, l'impossibilité d'en tirer un parti utile dans leur condition actuelle et la nécessité, pour le bailleur, de dépenser des sommes considérables en travaux de vidange, de déblai, de démolition, de réparations et de constructions nouvelles pour reconstituer les bâtiments en un corps d'usine de nature et valeur égales » (Req. 24 nov. 1879, aff. de Ribes, D. P. 80. 1. 385).

245. A l'indemnité de reconstruction devrait s'ajouter, ainsi qu'on l'a indiqué au *Rép.* n° 418, une indemnité représentative de la perte de loyers pendant le temps nécessaire à la reconstruction et à la relocation de l'immeuble. L'appréciation de cette indemnité rentre dans les pouvoirs souverains des juges du fait (Arrêt du 24 nov. 1879, cité *suprà*, n° 244). — Jugé encore que le bailleur, indemnisé de la perte matérielle de la chose louée, en cas d'incendie de cette chose, par la réception du montant de l'assurance que le preneur a faite de ses risques locatifs, conserve le droit de réclamer des dommages-intérêts contre le même preneur, à raison du préjudice distinct résultant du défaut de jouissance de sa chose pendant le temps nécessaire à la reconstruction (Req. 9 nov. 1869, aff. Poulain et Perrot, D. P. 70. 1. 213. V. aussi Rouen, 29 juill. 1874, aff. Lehucher *Recueil de Rouen et de Caen*, 1875, 1re part., p. 159).

246. Des développements qui précèdent il résulte que, dans notre droit, une lourde responsabilité pèse sur le preneur en cas d'incendie. Le mécanisme des assurances lui permet, dans son intérêt, d'alléger cette responsabilité. Le preneur peut se faire assurer contre le risque locatif ou le recours des voisins (V. *suprà*, v° *Assurances terrestres*, nos 94 et 95).

La loi du 19 févr. 1889 (D. P. 89. 4. 29 et *suprà*, n° 1) a étendu au profit du bailleur les effets utiles du contrat d'assurance. Antérieurement, l'indemnité d'assurance du risque locatif n'était pas, d'après la jurisprudence, de plein droit attribuée au bailleur. En principe, cette indemnité, représentative des primes payées, entrait dans le patrimoine du preneur, libre de toute affectation au payement des indemnités d'incendie et formait, à l'égal de ses autres, biens, le gage commun de tous ses créanciers (V. *suprà*, v° *Assurances terrestres*, nos 210 et suiv.). Sans doute, le bailleur pouvait se faire céder par le preneur le bénéfice de l'indemnité d'assurance ; mais cette cession devait être expressément stipulée. La loi du 19 févr. 1889 attribue de plein droit au bailleur l'indemnité d'assurance; elle dispose, en effet, dans son art. 3, qu'en cas d'assurance du risque locatif, l'assuré ou ses ayants droit ne pourront toucher tout ou partie de l'indemnité sans que le propriétaire de l'objet loué ou le tiers subrogé ait été désintéressé des conséquences du sinistre. Le même article attribue directement au voisin ou au tiers subrogé l'indemnité d'assurance pour le recours des voisins. — Quant au texte de l'art. 3, on se bornera à faire observer, avec M. Guillouard, t. 1, n° 277, que s'il parle du « propriétaire » de l'objet loué, cette expression ne doit pas être restrictivement entendue dans son sens littéral. La disposition de l'art. 3 doit s'entendre du bailleur quel qu'il soit, usufruitier, locataire principal, etc. (V. déclaration de M. Lacombe au Sénat, séance du 6 mars 1888, *Journ. off.* du 7 mars).

En outre, et en vertu de la même loi, le bailleur peut bénéficier, le cas échéant, de la disposition de l'art. 2, qui attribue « aux créanciers privilégiés ou hypothécaires suivant leur rang les indemnités dues par suite d'assurances contre l'incendie, contre la grêle, contre la mortalité des bestiaux ou autres risques », sous réserve toutefois des payements faits de bonne foi avant opposition et des cessions antérieures à la mise à exécution de la loi nouvelle et dûment régularisées dans les termes de l'art. 4.

247. Ajoutons, en terminant, que le preneur serait responsable non seulement de l'incendie, mais encore de l'explosion qui en serait la conséquence. Ainsi il a été jugé que le locataire était responsable de l'explosion qui s'était produite dans une cave renfermant des huiles de pétrole et de schiste, et qui provenait de l'accumulation des gaz, par suite de l'incendie (Bordeaux, 18 août 1868) (1).

SECT. 7. — DU DROIT DE CÉDER LE BAIL OU DE SOUS-LOUER (*Rép.* nos 422 à 471).

248. Le preneur a le droit de sous-louer ou de céder son bail, si cette faculté ne lui a pas été interdite (c. civ. art. 1717) (V. *Rép.* n° 422). Il a été jugé, par application de cette règle : 1° qu'en l'absence de convention contraire, le droit de sous-louer s'applique aussi bien aux appartements meublés qu'aux appartements non meublés (Paris, 20 juin

(1) (Uhart et Compagnie *La Providence C.* Alexandre et Compagnie *La Nationale.*) — Le 2 avr. 1868, jugement du tribunal civil de Bordeaux ainsi conçu : — « Attendu que les documents et renseignements produits au procès établissent d'une manière suffisante que, le 9 août dernier, vers sept heures du soir, par le fait d'un ouvrier du sieur Uhart, un incendie éclata dans les dépendances d'un appartement loué à Uhart, dans la maison que possède à Bordeaux le sieur Alexandre, à l'angle du cours Napoléon et de la rue Sainte-Eulalie; — Que l'incendie se manifesta dans une cave où le locataire entretenait des récipients pleins d'huile de schiste et de pétrole, et qui servait en même temps d'atelier de lampisterie; — Que, dès les premiers moments, Uhart et les personnes accourues pour lui porter secours pensèrent que le meilleur moyen d'arrêter l'incendie consistait à le concentrer dans la cave où il avait pris naissance, et qu'ils s'efforcèrent de fermer toutes les issues; — Que bientôt les sapeurs-pompiers arrivèrent sur les lieux avec des pompes, et, pendant une heure environ, projetèrent dans cette cave une grande quantité d'eau, d'abord par un conduit ménagé dans le sol pour verser les huiles du magasin dans les récipients placés à la cave, ensuite par l'ouverture de cette même cave donnant sur la rue Sainte-Eulalie; — Que tout danger imminent paraissait écarté; qu'on espérait s'être rendu maître du feu; qu'on n'apercevait plus au foyer d'incendie qu'une épaisse fumée, quand les officiers des sapeurs-pompiers, redoutant les périls que pouvait amener une trop grande agglomération de gaz, désirant faire examiner l'état du foyer de l'incendie et faire diriger avec plus de précision le jet des pompes, ordonnèrent, malgré les efforts et la résistance de Uhart et des siens, de pénétrer dans la cave; — Que la porte de cette cave donnant dans l'intérieur de la maison fut ouverte ; qu'on se procura une échelle pour pénétrer en même temps par l'ouverture donnant sur la rue Sainte-Eulalie; — Qu'après plusieurs tentatives infructueuses, des pompiers dévoués pénétraient avec toutes les précautions d'usage, les uns par la porte de la cave, les autres par l'ouverture de la rue Sainte-Eulalie, quand une effroyable explosion éclata tout à coup, disloqua la maison, tua et blessa un grand nombre de ceux qui travaillaient à éteindre le feu, et fit de cet incendie, qui jusqu'alors avait paru peu inquiétant, un véritable malheur public; — Attendu que, les faits étant ainsi précisés, les questions que présente le procès deviennent faciles à résoudre; qu'il en résulte nettement que l'explosion s'est produite au cours de l'incendie, et que, si elle en constitue la phase la plus dommageable, elle en est certainement une partie intégrante; —

1861, aff. Duparc, D. P. 62. 2. 65. V. conf. Guillouard, t. 1, n° 321. Comp. note sous l'arrêt précité, D. P. 62. 2. 65); — 2° Que la transformation d'une société en commandite en société anonyme, survenue pendant la durée d'un bail consenti à ladite société (dans l'espèce, pour l'exploitation d'une forêt de chênes-lièges), équivaut à une cession de bail faite par le preneur à un tiers; que, par suite, cette transformation n'autorise pas le bailleur à demander la résolution du contrat, alors qu'une pareille cession n'était pas interdite à la société, et que les obligations contractées par celle-ci continuent, d'ailleurs, à être fidèlement exécutées (Civ. rej. 10 janv. 1881, aff. Sgraire-ben-Hassen, D. P. 81. 1. 119); — 3° Que le fermier contre lequel a été formée une demande en résiliation de bail pour défaut de nantissement de la ferme et déconfiture conserve néanmoins, tant que la résiliation n'a pas été prononcée par jugement ayant acquis force de jugée, le droit de céder son bail, alors que le cessionnaire offre de remplir toutes les conditions du bail, et que, d'ailleurs, il présente, par sa fortune, toute garantie au propriétaire (Caen, 23 mai 1857, aff. Lemétayer et Véron, D. P. 58. 2. 86); — 4° Que la clause d'un bail par laquelle le propriétaire s'est interdit de louer d'autres portions de son immeuble à d'autres personnes exerçant la même profession que le preneur (celle de médecin, dans l'espèce), n'est pas opposable aux autres locataires, qui demeurent libres de sous-louer à ces personnes, à moins qu'ils n'aient formellement accepté l'interdiction imposée au propriétaire (Lyon, 24 juin 1875, aff. Jullien, D. P. 77. 2. 49).

249. Les auteurs ne sont pas d'accord sur le sens de l'expression « céder son bail », employée par l'art. 1717 c. civ. Les uns estiment que par cession de bail, le législateur entend la sous-location totale des lieux loués, tandis que lorsqu'il parle de sous-louer il songe à la sous-location partielle (V. Colmet de Santerre, t. 7, n° 163 *bis*, II; Laurent, t. 25, n°s 187 et suiv.); les autres pensent, conformément à l'opinion exprimée au *Rép.* n°s 422 et suiv., que la cession du bail et la sous-location sont deux contrats différents dont l'un présente les caractères d'une vente, et l'autre, les caractères d'un louage (V. Aubry et Rau, t. 4, § 368, p. 492 et suiv.; Guillouard, t. 1, n°s 311 et suiv.). Comme tous s'accordent, d'ailleurs, à reconnaître que la vente des droits nés du bail au profit du preneur est licite, la divergence ne porte que sur l'interprétation à donner au mot « cession de bail » employé par les parties. Mais cette question d'interprétation ne peut être soulevée que si l'intention des parties ne ressort pas nettement de leur convention; si leur intention est claire, peu importent les expressions par elles employées; s'il est certain qu'elles ont voulu faire une sous-location, peu importe qu'elles aient parlé de cession; et, si elles ont voulu réaliser une cession, vente des droits nés du bail, peu importe qu'elles parlent de sous-location (V. Laurent, t. 25, n° 189; Guillouard, t. 1, n° 319; Aubry et Rau, t. 4, p. 492, § 368, note 18).

250. On a indiqué au *Rép.* n° 423, les principales différences qui séparent la cession de bail de la sous-location, et qui ne sont que des conséquences de la différence de caractère des deux contrats. Nous nous bornerons ici à relever deux autres applications des règles de la vente à la cession et du louage à la sous-location : 1° le cédant vendant ses droits tels qu'ils sont n'a pas besoin de stipuler que les clauses dérogatoires au droit commun insérées dans son bail seront opposables au cessionnaire; celui-ci y est de plein droit soumis et peut, à son tour, s'en prévaloir (Comp. *infrà*, n°s 261 et 264); le sous-locataire ne peut, au contraire, invoquer ces clauses ou se les voir opposer qu'en vertu d'une stipulation formelle; car ses droits et ses obligations découlent du sous-bail et non du bail primitif, auquel il reste étranger ; si le bailleur originaire le contraignait à l'observation d'une clause imposée au preneur par la raison que ce dernier n'avait pu conférer sur la chose louée plus de droits qu'il n'en avait lui-même, le sous-locataire aurait du moins la ressource d'une action en garantie contre le sous-bailleur (V. Aubry et Rau, t. 4, § 368, p. 493; Guillouard, t. 1, n° 316; Laurent, t. 25, n° 194); — 2° La sous-location n'a pas besoin d'être signifiée au bailleur primitif; au contraire, pour être opposable aux tiers, la cession de bail doit lui être signifiée (V. Guillouard, t. 1, n°s 317 et 346; Laurent, t. 25, n° 209). Jugé que la cession d'un droit au bail est une cession de créance qui ne devient opposable aux tiers que par l'accomplissement des formalités prescrites

---

Qu'on ne peut, dès lors, isoler l'explosion de l'incendie avec lequel elle se confond, pour en faire un événement distinct et indépendant; que les compagnies d'assurances, par conséquent, ne peuvent se soustraire au payement des indemnités dues à leurs assurés, sous le prétexte que les polices d'assurances exceptent des risques assurés les dégâts occasionnés par les trombes, l'ouragan, la tempête, les explosions ou détonations quelconques, la foudre, etc.; — Que les compagnies d'assurances paraissent, du reste, avoir reconnu elles-mêmes ce point incontestable au débat : la Compagnie *La Nationale*, par les développements donnés à ses conclusions dans les plaidoiries; la Compagnie *La Providence*, en payant la totalité des pertes éprouvées par Uhart; — Attendu qu'il résulte également de ces faits l'inutilité, en l'état du procès, de rechercher si l'explosion a été amenée par le fait de ceux qui, au début, en fermant les ouvertures de la cave, ont concentré dans cette cave des gaz explosibles, ou par le fait de ceux qui, plus tard, ont ouvert les fermetures pour donner issue à ces gaz, et enfin si l'explosion s'est présentée et eût pu se produire indépendamment de ces deux actes; — Que le débat étant circonscrit, d'une part, entre le propriétaire et la compagnie d'assurances à laquelle il était assuré contre les risques d'incendie, d'autre part, entre le locataire et la compagnie d'assurances à laquelle ce locataire était assuré pour les risques locatifs, quelle que soit la solution donnée sur la cause à laquelle doit être attribuée l'explosion, cette solution ne modifierait en rien leurs obligations respectives; — Qu'en effet, la responsabilité spéciale du locataire envers le propriétaire, au cas d'incendie, réglée par les art. 1733 et 1734 c. civ., se détermine uniquement, aux termes de ces articles, par le lieu où le feu a commencé; qu'étant certain que l'incendie a été allumé dans la cave louée à Uhart, par le fait d'un de ses ouvriers, Uhart est responsable envers le propriétaire, quels que soient les événements ultérieurs; — Attendu que Uhart, responsable de l'incendie, est responsable de toutes ses suites envers le propriétaire, et par conséquent de l'explosion amenée par l'incendie et qui en est une partie intégrante; — Qu'il serait oiseux de rechercher les causes occasionnelles qui ont pu contribuer à cette explosion, notamment si elle peut être imputée à la faute des sauveteurs, puisque la loi, en établissant cette responsabilité spéciale au locataire envers le propriétaire, ne fait aucune distinction entre les pertes qui proviennent de l'action directe du feu et celles qui sont la suite de secours bien ou mal entendus, bien ou mal dirigés, avec le concours ou contre le gré des locataires; — Que là où la loi ne distingue pas, il n'est permis d'établir aucune distinction; que le locataire est responsable envers le propriétaire de la totalité de la perte; — Que le locataire, sans doute, suivant les principes généraux du droit, peut avoir un recours contre ceux qui, par leur faute, auront aggravé sa responsabilité et lui auront ainsi occasionné un dommage; mais qu'envers le propriétaire, sa responsabilité n'en peut être ni effacée ni amoindrie; — Attendu que l'expertise fixe à 33 078 fr. 29 cent., au cas de démolition de l'immeuble, la totalité de la perte résultant du sinistre; que la démolition ayant été ordonnée, c'est à ce chiffre qu'il y a lieu d'évaluer le dommage; — Par ces motifs, etc. ». — Appel par le sieur Uhart et la Compagnie *La Providence*.

LA COUR; — Attendu que l'incendie allumé, le 9 août 1867, dans la maison d'Alexandre, est le fait d'un ouvrier dont Uhart, locataire, se trouve responsable; que, de plus, cet incendie est la cause première et prédominante des événements qui l'ont suivi, et notamment de l'explosion qui s'y rattache par une conséquence directe; — Attendu, en effet, que, sans l'incendie, les gaz produits par l'huile de schiste et de pétrole échauffée, n'auraient pas été accumulés et concentrés dans la cave; que les pompiers n'auraient pas été appelés sur les lieux, et qu'après les premiers secours donnés, la question ne serait pas née de savoir s'ils n'avaient qu'à se retirer, en abandonnant à elle-même cette cave, avec les principes de danger qu'elle pouvait recéler, ou bien s'ils devaient s'assurer que tout risque était en effet conjuré; — Attendu qu'en admettant que le parti adopté par les pompiers, dans des conjonctures difficiles et aux périls de leurs jours, doive être, au point de vue scientifique, considéré comme une erreur qui aurait eu pour résultat de déterminer l'explosion, il est évident, d'une part, que cette erreur ne saurait leur être imputée à faute engageant leur responsabilité, et, d'autre part, au contraire, que la responsabilité en remonte à l'auteur de la faute originaire qui les aurait mis dans le cas de commettre celle qui leur est reprochée; — Adoptant, au surplus, tant sur les conclusions principales que sur les conclusions subsidiaires des appelants, les motifs des premiers juges en ce qu'ils n'ont pas de contraire à ceux qui précèdent;

Confirme, etc.

Du 18 août 1868.-C. de Bordeaux, 2e ch.-MM. Dégrange-Touzin, pr.-Maitrejean, av. gén.-Brochon, Schroder, Lafon et Vaucher, av.

par l'art. 1690 c. civ.; que, dans ce cas, le débiteur cédé, auquel la signification doit être faite, est le propriétaire de l'immeuble loué; que la signification à un sous-locataire de cet immeuble est insuffisante pour conserver tous les droits du cessionnaire (Paris, 24 janv. 1873, aff. Crinon, D. P. 74. 2. 140; Comp. la note *ibid.*).

Sous d'autres rapports, la cession de bail et la sous-location doivent être assimilées. Il en est ainsi, notamment, en ce qui concerne l'application de l'art. 1735. c. civ. Décidé, en conséquence, que la règle d'après laquelle le locataire est responsable des dégradations ou de la perte de l'immeuble loué lorsqu'elles sont imputables au sous-locataire, soit qu'il y ait eu imprudence ou négligence de la part de celui-ci, soit même qu'il se soit rendu coupable d'un crime, est applicable au cas où le dommage a été causé par un cessionnaire du droit au bail (Riom, 11 août 1891, aff. Fabre. D. P. 92, 2e part.).

251. Ainsi qu'on l'a dit au *Rép.* n° 427, la cession de bail ou la sous-location laissent subsister, à la charge du preneur primitif, les obligations dérivant de son contrat avec le bailleur originaire. Le preneur primitif ne peut être déchargé de ses obligations que du consentement du bailleur originaire, c'est-à-dire par l'effet d'une novation qui ne saurait se présumer (V. Aubry et Rau, t. 4, § 368, p. 494; Guillouard, t. 1, n° 335; Laurent, t. 25, n° 208; Lyon, 30 juin 1887, aff. Caïn et Bourdin, D. P. 88. 2. 59). Jugé, en conséquence : 1° que le preneur primitif peut être actionné, à raison de l'inexécution des obligations résultant du bail, bien qu'il ait sous-loué avec le consentement formel du bailleur (Aix, 10 févr. 1871, aff. Cony et Albessard, D. P. 72. 2. 71); — 2° Que le preneur originaire qui a cédé son bail ne reste pas moins tenu de ses obligations, aucune novation n'ayant pu résulter de l'engagement auquel le cessionnaire s'est trouvé soumis, ni des quittances qui lui ont été délivrées (Paris, 11 févr. 1879, aff. Reignard, D. P. 79. 2. 135); — 3° Que le preneur principal, même après la sous-location ou la cession de son bail, demeure tenu envers le bailleur, à moins d'une dérogation expresse ou implicite écrite dans le bail ou d'une novation postérieurement consentie; et que le preneur principal, autorisé à céder le bail à l'acheteur de son fonds de commerce, reste tenu envers le bailleur, à titre de débiteur direct, et non comme simple caution de son cessionnaire (Paris, 10 juill. 1875, aff. Mangnier, D. P. 78. 2. 105. Comp. *infrà*, v° *Obligation*; — *Rép.* eod. v°, n°s 2500 et suiv.).

252. La sous-location laisse subsister non seulement les obligations, mais aussi les droits du preneur primitif, vis-à-vis du bailleur originaire; ainsi le preneur primitif, tenu envers le sous-locataire des réparations à la charge du propriétaire, conserve le droit d'exiger ces réparations de son bailleur. — Dans le cas de cession de bail, M. Laurent, t. 25, n° 208, estime que le preneur originaire, toujours tenu de ses obligations de locataire, est dépouillé de tout droit contre son bailleur; il en résulte que le preneur ne pourrait pas exiger du bailleur originaire les réparations à sa charge. M. Guillouard, t. 1, n° 335, regarde cette solution comme inacceptable, « car, dit-il, elle conduirait, en fait, à ce résultat de mettre le cédant à la merci d'une entente qui s'établirait facilement entre le bailleur et le cessionnaire; l'un ne ferait pas de réparations, l'autre n'en demanderait pas, et, à la fin du bail, le propriétaire demanderait au locataire principal des réparations locatives, qui seraient d'autant plus lourdes que les réparations à la charge du propriétaire n'auraient pas été faites pendant toute la durée du bail ». Le même auteur, *loc. cit.*, pense que « du moment que le cédant reste tenu de faire les réparations locatives dans ses rapports avec le bailleur, il conserve le droit d'exiger que le bailleur fasse les réparations à sa charge; ce qui est transmis au cessionnaire, ajoute-t-il, c'est la jouissance de la chose louée, mais quant au droit de la faire mettre en état par le bailleur, nous croyons que ce droit appartient au cédant et au cessionnaire, car ils y ont intérêt l'un et l'autre ».

253. Plusieurs difficultés ont été soulevées à l'occasion des droits et obligations du cessionnaire ou du sous-locataire vis-à-vis du bailleur originaire. M. Laurent, t. 25, n°s 209 et suiv., estime que le cessionnaire peut exercer contre le bailleur originaire « tous les droits qui appartenaient au preneur, c'est-à-dire les droits qui résultent de l'obligation de faire jouir », mais qu'il ne peut être poursuivi qu'indirectement par le bailleur exerçant les droits du cédant en vertu de l'art. 1166 c. civ.; le cessionnaire, dans cette opinion, se trouve investi des droits du cédant, ce qui justifie, de sa part, une action directe contre le bailleur; mais il ne saurait être tenu des obligations de son cédant, par la raison que les obligations ne sont pas susceptibles d'être transmises par voie de cession. Dans l'opinion dominante, au contraire, on décide que la cession ne transmet au cessionnaire les droits du cédant que sous la réserve de l'accomplissement des obligations corrélatives à ces droits; on fait observer que, s'il est impossible de se libérer d'une obligation en la mettant à la charge d'un tiers, rien ne s'oppose à ce qu'on transmette à un tiers le soin d'exécuter une obligation dont on reste tenu et qu'il est inadmissible que le cessionnaire puisse revendiquer les avantages du bail sans supporter les charges qui en sont la contre-partie (V. *Rép.* n° 429; Aubry et Rau, t. 4, § 368, p. 493; Guillouard, t. 1, n° 340). — Il a été jugé, en ce sens, que le cessionnaire, par acte sous seing privé, d'un bail authentique, peut être poursuivi, par la voie parée, en vertu de ce bail, quoiqu'il n'y ait point été partie, s'il s'en est approprié tous les effets, en signifiant sa cession au bailleur; que, dès lors, le bailleur a le droit, en cas de retard dans le payement des loyers, non seulement de faire opérer sur les meubles garnissant les lieux loués la saisie-gagerie autorisée par l'art. 819 c. proc. civ., mais encore de les frapper de saisie-exécution, en vertu de la formule exécutoire contenue dans le bail cédé (Req. 4 nov. 1863, aff. Larbaud, D. P. 64. 1. 38); — 2° Que le bailleur a contre le cessionnaire une action directe, lorsqu'il l'a agréé, a reçu déjà de lui des payements et lui a donné quittance (Paris, 26 févr. 1873, aff. Weltz, D. P. 77. 5. 287. V. en outre les arrêts cités *infrà*, n° 264).

254. En ce qui concerne la sous-location, on discute le point de savoir si le bailleur originaire a une action directe contre le sous-locataire. La solution de cette question présente un intérêt pratique considérable, au cas d'insolvabilité du locataire primitif; si le bailleur originaire a une action directe contre le sous-locataire, il n'a pas à subir le concours des autres créanciers du premier locataire; à défaut d'action directe, il ne pourrait agir qu'en vertu de l'art. 1166 c. civ., et devrait partager, avec les autres créanciers du locataire primitif, le produit de l'action exercée au nom de ce dernier. On a eu occasion de signaler, *suprà*, n° 219, les solutions données par la jurisprudence sur cette question, à propos de la responsabilité du sous-locataire en cas d'incendie; mais le cas d'incendie n'est pas le seul où la question se pose et il y a lieu d'envisager ici cette question dans son ensemble. Plusieurs systèmes sont en présence.

Dans une première opinion, on soutient que le bailleur originaire, étant resté complètement étranger à la sous-location, contrat nouveau productif d'obligations réciproques entre le sous-locateur et le sous-locataire, ne saurait exercer aucune action directe contre le sous-locataire qui n'a contracté aucun engagement envers lui. L'art. 1753 c. civ., dit-on, en déclarant « le sous-locataire tenu envers le propriétaire jusqu'à concurrence du prix de sa sous-location dont il peut être débiteur *au moment de la saisie* », n'a pas pour effet de conférer au bailleur originaire une action personnelle contre le sous-locataire; il ne fait que régler et limiter l'exercice du privilège du bailleur sur les meubles garnissant les lieux loués qui appartiennent au sous-locataire; il restreint le droit, pour le bailleur, de saisir-gager les meubles du sous-locataire à la mesure du prix dont ce sous-locataire se trouve débiteur, envers le sous-bailleur, à l'époque de la saisie; il ne déroge donc pas au droit commun et n'étend pas les droits du bailleur. « Il est vrai que, dans les limites ainsi déterminées, le bailleur sera préféré aux autres créanciers; mais ce n'est pas parce qu'il a une action directe, c'est parce qu'il a une créance privilégiée » (Laurent, t. 25, n°s 200 et suiv. Conf. Poitiers, 12 mars 1851, sous Civ. cass. 24 janv. 1853, aff. de Courcelles, D. P. 53. 1. 124. V. aussi Besançon, 11 mai 1854, aff. Court et Gaillard, D. P. 83. 2. 209, note).

D'après un second système, le bailleur n'a pas contre le sous-locataire d'action directe; mais la créance du sous-bailleur contre le sous-preneur est affectée par privilège à la garantie de ses droits. Grâce à ce privilège sur la créance du sous-bailleur, il évite le concours des autres créanciers de celui-ci ; mais, comme il n'exerce que les droits du sous-bailleur, il est exposé à subir les exceptions que le sous-locataire peut opposer à ce dernier (V. Labbé, *Des privilèges spéciaux sur les créances*, *Revue critique*, 1872, p. 572 ; Demante et Colmet de Santerre, t. 7, n° 201). De ce que, aux termes mêmes de l'art. 1753 c. civ., le sous-locataire se libère et échappe à toute poursuite de la part du locateur primitif, en payant son loyer au terme normal « même par anticipation en vertu d'une clause spéciale et dans tous les cas sans fraude », M. Labbé, *loc. cit.*, conclut « qu'il n'a que ce sous-locateur pour véritable créancier », et que l'art. 1753, en déclarant le sous-locataire tenu envers le bailleur jusqu'à concurrence de ce qu'il doit au sous-bailleur, n'a pu faire qu'une chose, affecter d'un privilège au profit du bailleur la créance résultant de la sous-location. — Les conséquences de ce système se recommandent, au point de vue pratique, par leur équité ; mais on objecte que les privilèges ne peuvent résulter que d'un texte précis, et que l'art. 1753 n'exprime pas nettement s'il établit un privilège sur la créance du sous-bailleur ; de plus, M. Labbé, *loc. cit.*, p. 669, étend à toutes les obligations nées du bail la solution donnée par l'art. 1753 en ce qui concerne la dette des loyers, or si l'art. 1753 créait un privilège, ce privilège, dit-on, ne devrait pas être étendu en dehors du cas prévu par le texte qui lui donne naissance.

L'opinion dominante, en doctrine et en jurisprudence, attribue au bailleur une action directe contre le sous-locataire, au moins en ce qui concerne la créance de loyers visée par l'art. 1753 c. civ.; le sous-locataire, dit-on, n'est pas tenu seulement de subir l'exercice du privilège du bailleur sur ses meubles, il est tenu personnellement sur tous ses biens, envers le bailleur, dans la mesure où il doit au sous-bailleur (*Rép.* n°s 429, 436, 437, 441. V. Aubry et Rau, t. 4, § 368, p. 493 ; Demolombe, *Traité des contrats*, t. 2, n° 135 ; Larombière, *Théorie et pratique des obligations*, 2e éd., t. 2, art. 1148, n° 12, p. 17 ; Guillouard, t. 1, n° 339; Paris, 7 févr. 1877, aff. Goutal, D. P. 78. 2. 105 ; Lyon, 30 juin 1887, aff. Caïn et Bourdin, D. P. 88. 2. 59). Il a été jugé, en ce sens : 1° que le propriétaire a contre le sous-locataire, jusqu'à concurrence du prix dû par ce dernier à raison de la sous-location, une créance personnelle et directe qu'il peut exercer non pas seulement par voie de saisie-gagerie, sur les meubles placés par ce sous-locataire dans les lieux loués, mais encore sur tous ses autres biens et par les voies ordinaires, notamment au moyen d'une saisie-arrêt (Civ. cass. 24 janv. 1853, précité ; Req. 8 nov. 1882, aff. Cheilus, D. P. 83. 1. 305) ; — 2° Que, lorsque le propriétaire, exerçant contre le sous-locataire l'action directe et personnelle que la loi lui confère, lui fait, avant l'échéance du terme, défense d'en verser le montant en d'autres mains que les siennes, le sous-locataire ne peut lui opposer, à titre de compensation, le fait de fournitures, antérieurement livrées au locataire, le montant des loyers réclamés ne s'étant pas trouvé exigible en même temps que le prix desdites fournitures, et n'ayant pu, en conséquence, se compenser avec lui (Civ. cass. 2 juill. 1873, aff. Marçais, D. P. 73. 1. 412).

255. Certains auteurs vont plus loin et accordent au bailleur une action directe contre le sous-locataire, non seulement dans le cas prévu par l'art. 1753, mais dans tous les cas où le bailleur peut élever des prétentions à raison d'obligations issues du contrat de sous-location, notamment au cas de responsabilité par suite d'incendie, ou d'indemnité pour dégradation causées à l'immeuble loué. On a dit, pour justifier l'action directe ainsi généralisée, que le contrat de sous-location établit un lien entre le bailleur originaire et le sous-locataire, que le bailleur originaire est représenté par le sous-bailleur investi d'un mandat tacite à l'effet de sous-louer, par cela seul que son bail ne lui interdit pas cette faculté (V. Aubry et Rau, t. 4, § 368, p. 493 ; Guillouard, t. 1, n° 339). Il est difficile cependant de considérer le sous-bailleur comme un mandataire, car, à la différence du mandataire qui agit pour le compte et dans l'intérêt du mandant, le sous-bailleur agit si bien pour son propre compte et dans son propre intérêt que, s'il sous-loue à un prix supérieur au prix auquel il a loué, il profite seul de la différence, de même qu'il est seul à en souffrir s'il sous-loue à un prix inférieur à celui de sa location. Aussi plusieurs auteurs et arrêts, tout en attribuant au bailleur une action directe contre le sous-locataire au cas prévu par l'art. 1753 c. civ., considèrent la disposition de cet article comme une mesure exceptionnelle, et refusent d'étendre l'action directe aux hypothèses non prévues par la loi (V. en ce sens : Larombière, art. 1148, n° 12 ; Lyon, 26 déc. 1882, aff. Durnerin, D. P. 83. 2. 209 ; Toulouse, 7 févr. 1888, aff. Maynadier et autres, D. P. 90. 2. 97. Comp. *suprà*, n° 219, et la note de M. Ch. Dupuis, D. P. 90. 2. 97).

256. MM. Aubry et Rau, t. 4, § 368, p. 493 et Guillouard, t. 1, n°s 337 et suiv., accordent également une action directe au sous-locataire contre le bailleur originaire à raison des obligations contractées par celui-ci envers le preneur primitif. M. Laurent, t. 25, n° 200, estime, au contraire, conformément à la solution donnée au *Rép.* n° 429, que le sous-locataire ne peut agir contre le bailleur originaire que du chef du sous-bailleur, en vertu de l'art. 1166 c. civ. Jugé en ce sens : 1° que l'action en diminution du prix (à raison du trouble causé dans la jouissance par l'exécution de travaux publics) ne peut être intentée contre le propriétaire que par le locataire principal ; que le droit du sous-locataire se borne à intervenir dans l'instance (Aix, 9 mai 1886, aff. Rigaud, D. P. 70. 2. 116) ; — 2° Que la résolution d'un sous-bail à raison d'un prétendu trouble apporté à la jouissance du sous-locataire ne peut être poursuivie par celui-ci que contre le locataire principal, si le propriétaire est resté étranger à la sous-location ; que, par suite, nonobstant ce trouble, et tant que la résolution n'est pas prononcée en justice, le sous-locataire reste tenu par le sous-bail vis-à-vis du propriétaire, qui peut exercer contre lui les droits que lui confèrent les art. 1753 c. civ. et 820 c. proc. civ. (Req. 8 nov. 1882, aff. Cheilus, D. P. 83. 1. 305). — Mais il a été décidé que, si le sous-locataire a le droit d'exercer contre le sous-bailleur, de qui il tient son bail, toutes les actions qui peuvent résulter du contrat de sous-location, il ne peut exercer que contre le propriétaire celles qui dérivent d'un fait personnel de ce dernier, et auquel le sous-bailleur est resté étranger ; spécialement, que le sous-locataire ne peut agir que contre le propriétaire en responsabilité du préjudice résultant des réparations faites à son immeuble par ce propriétaire, réparations auxquelles le sous-bailleur est resté étranger (Req. 31 juill. 1878, aff. Robert, *suprà*, v° *Chose jugée*, n° 82).

257. Le preneur, ainsi qu'on l'a dit au *Rép.* n° 433, n'a pas le droit, en se substituant un tiers dans la jouissance de la chose, d'empirer la situation du bailleur (V. conf. Guillouard, t. 1, n° 321). Il a été décidé, en conséquence : 1° que le locataire d'une maison n'a pas le droit de se substituer des sous-locataires dont la possession est une aggravation de gêne pour les autres locataires, et expose le propriétaire à des recours ruineux (Req. 1er juill. 1872, aff. Denain, D. P. 75. 5. 275) ; — 2° Que le preneur d'un appartement meublé ne saurait se substituer un locataire qui ne présenterait pas, par sa position et ses habitudes sociales, les garanties d'ordre et de soins qu'il pouvait présenter lui-même, et que comportent la nature et l'importance de la location (Paris, 20 juin 1861, aff. Duparc, D. P. 62. 2. 65, motifs) ; — 3° Qu'un propriétaire est toujours recevable (sauf à justifier qu'il y est fondé) à critiquer l'occupation des lieux lui appartenant, et dans lesquels il trouve des sous-locataires qui s'y sont introduits avec ou sans son approbation (Bordeaux, 30 juill. 1868, sous Req. 28 juin 1869, aff. Biteau, D. P. 71. 1. 223) ; — 4° Qu'un locataire ne peut se prévaloir de l'absence d'interdiction de sous-louer pour sous-louer son appartement par fractions ou en garni; qu'il ne peut changer ainsi la destination de la chose louée sans le consentement du propriétaire (Paris, 5 mars 1864) (1) ; — 5° Qu'un locataire dont la location est bour-

(1) (Urbain C. Pignatelli.) — Le 1er août 1863, le tribunal civil de la Seine a rendu le jugement suivant : — « Attendu que la faculté de sous-louer son appartement en garni, en le subdivisant en plusieurs fractions, ne résulte pas implicitement de

geoise ne peut, même dans une maison consacrée dans son ensemble à des professions industrielles, sous-louer au propriétaire d'un bureau de placement qui occupait un autre étage de la maison, mais auquel le propriétaire de cette maison ne voulait pas renouveler bail, à cause des inconvénients de sa profession et des plaintes des autres locataires (Paris, 18 janv. 1872) (1).

258. Les payements faits sans fraude et sans anticipation par le sous-locataire au sous-bailleur sont opposables au bailleur originaire (V. *Rép.* nos 438 et suiv.). Il a été jugé que les juges du fond ne méconnaissent aucun des principes qui régissent le contrat de bail, lorsqu'ils décident, par une appréciation souveraine des faits et documents de la cause, que certaines personnes qui ont occupé un immeuble n'étaient pas des agents intermédiaires du locataire principal, soumis comme tels à toutes les stipulations du bail originaire, mais bien de véritables sous-locataires, fondés, en cette qualité, à se prévaloir, à l'égard du propriétaire, des payements de loyer par eux effectués sans fraude entre les mains du locataire principal (Civ. rej. 2 avr. 1873, aff. Lepage-Moutier, D. P. 73. 1. 373).— Sur le mode de preuve de la libération du sous-locataire. V. *suprà*, no 190.

259. On a examiné au *Rép.* no 443, la controverse qui s'est élevée sur le point de savoir si la résiliation du bail principal entraîne la disparition des sous-locations consenties par le preneur originaire. La doctrine et la jurisprudence s'accordent aujourd'hui à reconnaître, conformément à l'opinion soutenue au *Répertoire*, que les droits des sous-locataires ne sauraient survivre à l'extinction des droits du sous-bailleur (V. Aubry et Rau, t. 4, § 369, p. 498; Guillouard, t. 1, no 345; Larombière, t. 2, art. 1165, no 17, p. 140 (édit. 1885); Laurent, t. 25, no 386; *Rép.* no 455). Décidé : 1o que le bailleur qui rentre en possession des lieux loués, en vertu d'un congé régulièrement donné au preneur, ne peut être condamné à aucune indemnité envers le sous-locataire, à raison du préjudice résultant pour ce dernier, soit de son expulsion, soit des ensemencements et travaux par lui faits, alors d'ailleurs qu'il n'est point constaté que le bailleur ait tiré profit desdits travaux et ensemencements (Civ. cass. 21 juill. 1873, aff. Laye, D. P. 74. 1. 24); — 2o Que, lorsqu'il a été convenu, par une clause expresse du bail, qu'à défaut de payement d'un seul terme de loyer et après un commandement de payer resté sans effet, la location serait résiliée de plein droit, le bailleur est fondé à invoquer cette clause résolutoire vis-à-vis du sous-locataire (Paris, 10 févr. 1888, aff. Macé, D. P. 89. 2. 234); que, de même, le principal locataire est fondé à exercer des poursuites, en vertu de cette clause, contre le sous-locataire auquel elle est applicable, lorsque, ayant payé les loyers dus au propriétaire, il se trouve subrogé aux droits de celui-ci (Paris, 24 févr. 1888, aff. André, D. P. 89. 2. 234); — 3o Que l'arrêt appelé à statuer, dans un cas de résiliation du bail principal, sur la demande en dommages-intérêts formée par les sous-locataires contre le propriétaire, ne viole pas la règle qui veut que les sous-locations finissent avec la location principale, lorsque, après avoir indiqué, dans ses motifs, l'expulsion des sous-locataires sans congé préalable comme une des causes du préjudice par eux éprouvé, il ne reproduit pas cette circonstance dans son dispositif où sont énumérés les éléments de préjudice qui doivent être pris en considération pour fixer le taux des dommages-intérêts à allouer aux sous-locataires (Civ. rej. 2 avr. 1873, aff. Lepage-Moutier, D. P. 73. 1. 373).

260. Décidé, encore, que le sous-locataire, bien qu'il n'ait pas été mis en cause dans l'instance introduite contre le preneur originaire à raison de l'inexécution des obligations résultant du bail, n'est pas recevable à critiquer comme irrégulière l'instance dans laquelle il n'a pas figuré, et ne peut se soustraire aux conséquences qui en résultent (Aix, 10 févr. 1871, aff. Cony et Albessard, D. P. 72. 2. 71. Conf. *Rép.* no 447).

261. Jugé également que, lorsqu'un bail, consenti avant la guerre de 1870, puis cédé par le locataire, a été résolu de plein droit, faute par celui-ci de payer ses termes à l'échéance réglée par le jury spécial des loyers, le propriétaire, pour rentrer en possession des lieux, n'a eu besoin, aux termes de l'art. 7 de la loi du 21 avr. 1871, que d'une simple ordonnance de référé, aussi bien vis-à-vis du cessionnaire du bail que du cédant; que le cessionnaire, n'ayant pas plus de droits que le cédant, ne peut soutenir que la sentence du jury, à laquelle il n'a pas été partie, ne lui est pas opposable (Req. 27 mai 1873, aff. Summer, D. P. 73. 1. 335).

---

l'absence d'interdiction de sous-louer; que ce genre d'usage, qui entraîne, notamment, l'intervention de la police, l'annonce au moyen d'affiches d'une couleur spéciale, l'introduction dans la maison de personnes pouvant se renouveler constamment, sans offrir souvent les mêmes garanties de tranquillité et de moralité que le locataire ayant un domicile fixe, doit être considéré comme changeant la destination de la chose louée ; que le locataire ne peut donc l'exercer à moins d'avoir fait une convention spéciale à cet égard avec son propriétaire; — Attendu que la femme Urbain ne justifie d'aucun consentement de Pignatelli; que, de son côté, Pignatelli ne justifie d'aucun préjudice; — Par ces motifs, fait défense aux époux Urbain de faire occuper les lieux à eux loués comme logements en garni, etc. ». — Appel par les époux Urbain.

LA COUR; — Adoptant les motifs des premiers juges; — Confirme.

Du 5 mars 1864.-C. de Paris, 4e ch.-MM. Tardif, pr.-Porché et Lacau, av.

(1) (Denain C. Bastard.) — Le 21 déc. 1869, jugement du tribunal de la Seine, ainsi conçu : — « Attendu que la maison Bastard, sise rue Vauvilliers, 9, près des Halles, est occupée au rez-de-chaussée par un café-brasserie, un épicier, un cordonnier; dans la cour par un marchand de papier et un fumiste, et aux divers étages, par plusieurs petits industriels et ouvriers; — Attendu qu'il existait au premier étage un bureau de placement pour le personnel nécessaire aux restaurateurs, limonadiers, pâtissiers et maîtres d'hôtels, lorsque, par un bail, sous seing privé du 28 déc. 1867, la demoiselle Denain, qui demeurait depuis de longues années dans la maison, a loué le deuxième étage au prix de 1500 fr. par an, avec faculté de sous-louer, en restant garante du montant des loyers; que, de fait, elle a occupé cet appartement avec son beau-frère Marie, qui, au vu et au su du propriétaire, avait un cabinet d'affaires, et est mort au mois de nov. 1866; — Attendu que le propriétaire ne voulant pas renouveler bail aux locataires du premier étage, qui arrivaient à fin de bail à cause des inconvénients de leur profession et des plaintes des autres locataires, la demoiselle Denain a consenti à leur sous-louer son appartement, moyennant un bénéfice annuel de 1500 fr., pour le temps que son bail aurait à courir; que ce bail allait être réalisé, quand Bastard a fait signifier par huissier, le 18 janv. 1869, tant à la demoiselle Denain qu'aux sieurs Poiret et Caillot, que, si la sous-location était effectuée, il se pourvoirait devant les tribunaux pour en faire prononcer la nullité; que, par suite de cette défense, Poiret et Caillot ont fait connaître, le 22 janvier, à la demoiselle Denain, qu'ils ne pouvaient traiter avec elle de la cession de son bail; — Attendu que cette signification a empêché l'exercice d'un droit, s'il est reconnu exister, et causé un préjudice dont le principe existe dans le fait même de cette signification; — Attendu que la demoiselle Denain avait la faculté de louer à qui que ce soit; qu'en sous-louant à Poiret et Caillot pour continuer dans les lieux d'exploitation d'un bureau de placement, elle n'apportait pas de changement exposant le propriétaire et les locataires à des inconvénients, à des incommodités, à des désagréments même de tous les jours, et de tous les instants qui n'existaient pas auparavant; que si l'on considère dans quel quartier la maison est située, comme elle est occupée par des industries diverses, attirant un grand nombre de personnes de toutes classes, que l'appartement de la demoiselle Denain servait à un cabinet d'affaires, que le bureau de placement existait au premier étage depuis plusieurs années, on ne peut dire qu'il serait résulté de la sous-location plus de dégradation aux lieux et plus d'inconvénients que par le passé; — Attendu qu'il n'est pas établi que la demoiselle Denain aurait elle-même porté des plaintes au propriétaire sur les inconvénients de l'existence du bureau de placement; qu'il lui est donc dû des dommages-intérêts pour la perte du bénéfice qu'elle pouvait réaliser, etc. ». — Appel par le sieur Bastard.

LA COUR; — Considérant que la fille Denain avait sans doute la faculté de sous-louer les locaux qu'elle tenait à bail, mais cela, dans les termes du droit commun, et notamment en maintenant lesdits lieux dans leur destination actuelle; que si la maison du bailleur est consacrée dans son ensemble à des professions industrielles, la location de l'intimée est bourgeoise; qu'elle aurait excédé son droit en se substituant des sous-locataires dont la profession était une aggravation de gêne et de promiscuité pour les autres locataires, et exposait le propriétaire à des recours coûteux; — Considérant, par suite, que Bastard a agi dans l'exercice de son droit; que les défenses signifiées à sa requête, le 13 janv. 1869, n'ont pu être, pour l'intimée, la cause d'un préjudice dont elle puisse demander la réparation, etc.

Du 18 janv. 1872.-C. de Paris.

262. Si le cessionnaire d'un bail succède, au moins dans l'opinion dominante (V. *suprà*, nos 250 et 253), aux droits et obligations du cédant vis-à-vis du bailleur, il ne s'ensuit pas qu'il soit tenu, en l'absence d'une clause spéciale, de respecter les sous-locations consenties par son cédant. Il a été jugé que le cessionnaire d'un fonds de commerce qui a acquis, en même temps que le fonds, le droit au bail des lieux occupés par le cédant, ne peut être réputé, par cela seul, avoir succédé aux engagements que ce dernier avait contractés par une sous-location consentie contrairement aux clauses du bail principal; qu'en tout cas, les juges du fond ont un pouvoir souverain pour déclarer, d'après les clauses de l'acte de vente, que le cessionnaire ne s'est pas engagé à faire valoir la sous-location consentie (Req. 27 févr. 1877, aff. Fouché, D.P. 78. 1. 108; Guillouard, t. 1, n° 334).

263. Le sous-locataire évincé par la faute du sous-bailleur a droit de demander à celui-ci des dommages-intérêts. Mais il a été décidé : 1° que le juge peut, dans l'appréciation des dommages-intérêts dus par le preneur au sous-locataire évincé, refuser de tenir compte des dépenses d'installation faites par ce dernier alors que le danger d'éviction devenait imminent (Req. 27 févr. 1877, aff. Fouché, D. P. 78. 1. 108); — 2° Qu'il appartient aux juges du fond, appelés à déterminer les dommages-intérêts dus par le preneur au sous-locataire évincé, de réduire la quotité de ces dommages en raison des circonstances, et, notamment, de ce fait que le préjudice allégué provenait, en partie, de la précipitation et de l'obstination du sous-locataire à entreprendre des travaux d'aménagement malgré l'opposition du propriétaire (Req. 3 août 1876, aff. Godcheau, D. P. 77. 1. 216).

264. Lorsque le bail a fait l'objet de plusieurs cessions ou sous-locations successives, le bailleur peut-il exercer des poursuites contre chacun des cessionnaires ou sous-locataires qui se sont succédé? Il est évident que, dans le système qui refuse au bailleur toute action directe, soit contre le cessionnaire, soit contre le sous-locataire, qui rejette tout privilège du bailleur sur la créance du sous-bailleur, et ne voit dans l'art. 1753 c. civ. qu'une restriction au privilège du bailleur sur les meubles garnissant les lieux loués (V. *suprà*, n° 254) le bailleur n'a d'autres droits que ceux qu'il tient de son bail contre le preneur originaire, l'exercice de son privilège sur les meubles même appartenant au sous-locataire, dans la mesure autorisée par l'art. 1753 c. civ., et l'exercice des droits et actions du preneur primitif dans les limites prescrites par l'art. 1166 c. civ.

Dans une deuxième opinion, le bailleur, bien qu'il n'ait d'action directe que contre le preneur originaire, peut cependant poursuivre, à son profit exclusif, tous les cessionnaires ou sous-locataires successifs, y compris celui qui occupe les lieux loués. « Le bailleur primitif peut les mettre tous en cause, dit M. Labbé, et requérir une condamnation contre chacun, parce qu'en agissant contre son preneur direct, *Secundus*, il suscite un recours de ce preneur contre le sous-locataire ou cessionnaire immédiat, *Tertius*, et qu'il a le privilège d'exercer ce recours à son profit exclusif (V. *suprà*, n° 254). Les recours se répercutent; ils naissent comme des contre-coups successifs à la suite d'un premier choc; tous doivent servir à la satisfaction du premier bailleur. Il est créancier de son locataire direct, lequel est créancier du premier sous-locataire ou cessionnaire, lequel est créancier du second sous-locataire ou cessionnaire, et ainsi de suite jusqu'à celui qui occupe les lieux. Il agit de son chef contre son preneur immédiat, du chef de celui-ci contre le premier sous-preneur, du chef des deux précédents contre le second sous-preneur, etc. Les condamnations doivent être prononcées dans cet ordre, après examen de ce que chacun doit, au profit de chaque créancier, avec attribution privilégiée à l'avantage du propriétaire demandeur. Car le bailleur a privilège sur la créance de son locataire contre le premier sous-locataire ou cessionnaire, lequel a privilège sur la créance du premier sous-locataire ou cessionnaire contre le second. Le propriétaire bailleur a la faculté de suivre la chaîne jusqu'au dernier anneau; il peut aussi s'arrêter à un anneau intermédiaire. Il va plus ou moins loin dans cette voie des recours successifs, qui s'engendrent et qui doivent lui profiter à l'exclusion des autres créanciers des locataires » (*Revue critique*, 1876, p. 666). — Le bailleur originaire, dans ce système, ne perd son droit de recours que contre les cessionnaires ou sous-locataires qui, en cédant ou sous-louant à leur tour, se sont fait décharger, soit par le bailleur primitif, soit par leur cédant, de toute obligation ultérieure (V. Labbé, *ibid.*, 1876, p. 667).

Un troisième système accorde au bailleur originaire une action directe contre tous les cessionnaires : la cession de bail transmet au cessionnaire, en même temps que tous les droits, toutes les obligations du cédant envers le bailleur; et, de même que la première cession n'a pu libérer le cédant de ses obligations envers le bailleur, de même les cessions ultérieures ne peuvent décharger les cessionnaires successifs, devenus cédants à leur tour, des obligations qu'ils ont assumées en acceptant le bail (V. D. P. 77. 1. 57 note; Trib. Seine, 21 déc. 1874, *Le Droit*, 20 janv. 1875).

Enfin, la solution qui prévaut en jurisprudence consiste à accorder au bailleur une action directe contre le preneur originaire et contre le cessionnaire en jouissance au moment où il agit, mais à la lui refuser contre les cessionnaires intermédiaires. On allègue, pour justifier cette solution, que, si l'engagement du preneur originaire a été contracté pour toute la durée du bail, il en est autrement des obligations du cessionnaire envers le bailleur, qui disparaîtraient, sans aucun doute, s'il résiliait son engagement avec le cédant; elles ne sont que la contre-partie des droits que le cessionnaire a acquis contre le bailleur; du moment qu'il transmet ces droits à un cessionnaire subséquent, ses obligations n'ont plus de raison d'être; elles doivent cesser. Le bailleur ne peut plus agir contre lui, si ce n'est du chef du preneur, en vertu de l'art. 1166 c. civ. (V. Guillouard, t. 1, n° 348; Paris, 29 févr. 1876, aff. Monier, D. P. 77. 2. 224, motifs). Jugé, en ce sens : 1° que, dans le cas de plusieurs cessions de bail successives, le bailleur n'a pour obligés que le preneur originaire et le cessionnaire actuel, les cessionnaires intermédiaires n'étant tenus envers lui que pendant le temps de leur jouissance et se libérant de leurs obligations quand ils se dessaisissent, à leur tour, au profit d'un sous-cessionnaire (Civ. rej. 19 juin 1876, aff. Lacroix, D. P. 77. 1. 57); — 2° Que le bailleur qui a loué une maison, avec faculté pour le locataire de sous-louer en restant garant du prix des loyers, n'a d'action que contre ce locataire et contre le dernier occupant; qu'il n'a pas d'action contre les cessionnaires intermédiaires du droit au bail, lesquels n'ont de relations qu'entre eux jusqu'à concurrence de la durée de leur jouissance; qu'il ne peut invoquer l'art. 1166 c. civ., pour exercer les droits du preneur originaire, que contre le cessionnaire immédiat et, par suite, débiteur direct de celui-ci, mais non contre les cessionnaires ultérieurs (Paris, 7 févr. 1877, aff. Goutal, D. P. 78. 2. 105); — 3° Que, dans le cas où un bail a été l'objet de plusieurs cessions successives, le dernier cessionnaire qui occupe actuellement les lieux est directement obligé envers le propriétaire à l'exécution du contrat (motifs); qu'au contraire, le bailleur n'a pas d'action directe contre le cessionnaire intermédiaire qui a lui-même cédé ses droits; mais qu'il peut exercer contre ce cessionnaire l'action dont celui-ci est tenu envers le locataire primitif, avec lequel il a été traité (Paris, 11 févr. 1879, aff. Reignard, D. P. 79. 2. 135); — 4° Que le bailleur n'a pas d'action directe contre les cessionnaires intermédiaires qui ne sont tenus vis-à-vis de lui que des obligations résultant de leur jouissance des lieux, pendant le temps qu'ils les occupent; qu'il n'a pas non plus contre eux tous l'action indirecte résultant de l'art. 1166 c. civ.; qu'il ne pourrait exercer cette action que contre le premier cessionnaire et serait soumis à toutes les exceptions que celui-ci pourrait opposer au locataire primitif; que le bailleur dont le locataire, au mépris de la prohibition contenue dans le bail, a cédé ce bail à des tiers, peut, à raison de ce fait, demander des dommages-intérêts au preneur primitif, mais non aux intermédiaires qui ont cessé de jouir des lieux loués et se sont acquittés de toutes les charges de la location (Lyon, 30 juin 1887, aff. Caïn et Bourdin, D. P. 88. 2. 59).

265. Il a été jugé que l'engagement pris dans un contrat de bail de garantir au bailleur, en cas de cession, le payement des loyers, solidairement avec le cessionnaire, est une obligation exclusivement personnelle au preneur originaire qui l'a contractée; que, en conséquence, il n'est pas opposable, à moins de lui avoir été expressément imposé, au cessionnaire qui cède à son tour le bail à un nouveau cessionnaire (Paris, 29 févr. 1876, aff. Monier, D. P. 77. 2. 224).

266. Décidé que le preneur qui a payé des loyers au bailleur, en l'acquit de son cessionnaire tenu de le garantir, a contre celui-ci une action en remboursement, et qu'il peut en même temps exercer contre le cessionnaire de son cessionnaire l'action qui appartient à ce dernier; qu'il a, contre son cessionnaire et contre le cessionnaire de celui-ci, sinon une action solidaire, du moins une action *in solidum* pour la totalité des sommes par lui versées en l'acquit de tous les deux dans les mains du propriétaire (Paris, 28 juin 1876, aff. François et Arnoult, D. P. 78. 2. 105).

267. Ainsi qu'on l'a dit au *Rép.* nos 451 et suiv., la faculté de céder le bail ou de sous-louer peut être interdite au preneur, et cette interdiction est toujours de rigueur. — On considère généralement, en doctrine et en jurisprudence, comme équivalant à l'interdiction, la clause portant que le preneur ne pourra sous-louer ou céder son bail qu'avec le consentement écrit du bailleur (V. *Rép.* nos 454, 475; Aubry et Rau, t. 4, § 368, p. 491; Guillouard, t. 1, nos 325 et suiv.; Comp. Laurent, t. 25, n° 218). Jugé que la clause du bail qui ne permet au locataire de sous-louer qu'avec le consentement par écrit du bailleur équivaut à l'interdiction de sous-louer; qu'en ce cas, le droit du bailleur de repousser le sous-locataire qui lui est présenté est absolu; que les juges ne peuvent substituer une disposition de justice à une convention librement intervenue entre les parties (Paris, 6 janv. 1880, aff. Turgis, D. P. 81. 2. 80; Grenoble, 20 mai 1881, aff. Lemale, D. P. 82. 2. 24); et qu'il n'y a pas lieu de rechercher l'usage du pays où le contrat a été passé, une telle stipulation ne rentrant pas dans les espèces pour lesquelles le code civil renvoie à l'usage des lieux (Arrêt précité du 20 mai 1881). — Décidé, toutefois, en sens contraire, que la clause aux termes de laquelle le locataire ne pourra sous-louer qu'avec le consentement écrit du bailleur n'équivaut pas à la prohibition de sous-louer, et que, dans le cas d'un refus systématique de la part du bailleur, d'accepter un sous-locataire, il appartient aux tribunaux d'apprécier les causes de ce refus et d'ordonner, s'il ne repose pas sur des motifs sérieux et légitimes, qu'il sera passé outre (Grenoble, 7 août 1866 (1) Comp. *infrà*, nos 268 et suiv.).

268. Les auteurs s'accordent moins sur le sens à donner à la clause portant que le preneur ne pourra sous-louer qu'à des « personnes agréées par le bailleur ». Dans un premier système, on considère cette clause comme autorisant les tribunaux à imposer au bailleur un sous-locataire qu'il refuse d'accepter, si ce sous-locataire présente toutes les garanties désirables de « solvabilité et de convenance » (V. Aubry et Rau, t. 4, § 368, p. 491; *Rép.* n° 454-2°). Jugé, en ce sens, que la stipulation qui soumet le droit de céder le bail ou de sous-louer à l'agrément du propriétaire constitue une convention légale et obligatoire, mais que l'exercice de la faculté réservée au propriétaire ne saurait dépendre de son pur caprice; qu'il doit s'appuyer sur des motifs sérieux et légitimes (Colmar, 12 avr. 1864, aff. Krafft, D. P. 65. 2. 32). Jugé encore que la clause portant que le preneur aura le droit de rétrocéder le bail, à la condition de présenter le sous-locataire au bailleur et de le faire agréer par lui, ne permet pas au bailleur de repousser le sous-locataire sans motifs sérieux et légitimes, alors que les lieux donnés à bail servent à l'exploitation d'un fonds de commerce (dans l'espèce, un café) qui ne peut être utilement cédé sans le droit au bail (Rouen, 24 janv. 1881, aff. Huvé, D. P. 83. 2. 71). — Ce dernier arrêt, toutefois, paraît admettre qu'en dehors des circonstances spéciales qu'il relève et qui étaient de nature à révéler l'intention des parties, il n'y aurait aucune distinction à faire entre l'interdiction de sous-louer sans le consentement et celle de sous-louer sans l'agrément du bailleur, et que les deux clauses devraient être interprétées dans le sens de l'interdiction absolue de sous-louer.

Cette assimilation des deux clauses est admise dans une seconde opinion, qui les interprète toutes deux comme entraînant le droit, pour le bailleur, de refuser tout sous-locataire, sans être tenu de donner les raisons de son refus. On allègue, à l'appui de cette solution, que l'agrément que s'est réservé le bailleur n'aurait aucune utilité s'il pouvait lui être imposé par justice; qu'il peut être parfois délicat d'indiquer les motifs du refus d'agrément, et qu'il est naturel de penser que le bailleur a entendu se soustraire à l'obligation d'indiquer ces motifs en stipulant qu'il subordonnait la faculté de sous-louer à la condition que le sous-locataire ne pourrait entrer en possession qu'après avoir été agréé par lui (V. Guillouard, t. 1, n° 326. Comp. Laurent, t. 25, n° 218). — Il a été décidé que, lorsqu'une clause de bail porte que le preneur ne pourra sous-louer qu'à des personnes agréées par le bailleur, le juge du fond se livre à une appréciation qui est souveraine et qui ne dénature pas le contrat, en entendant cette clause dans le sens que le bailleur a voulu se réserver, exclusivement et sans recours possible à la justice, le droit d'agréer les personnes proposées comme sous-locataires par le preneur; que l'arrêt qui, dans

(1) (Rigaud C. Josserand.) — Le 17 mai 1866, jugement du tribunal de Grenoble, ainsi conçu : — « Attendu que, par bail du 15 juin 1864, Rigaud a loué à Josseraud, maître gantier à Grenoble, un appartement situé au quatrième étage de la maison Grand'Rue, n° 8, au prix de 300 fr. l'an, pour une période de six ans, avec clause de repentir, à l'expiration des trois premières années, à condition que le preneur *ne pourrait sous-louer sans le consentement écrit du propriétaire*; — Attendu que Josserand, après avoir vainement essayé de s'entendre avec Rigaud sur le choix d'un sous-locataire, a mis à sa place un sieur Guettat, gantier, et que, ayant lui-même vidé les lieux, il a été l'objet d'une saisie-revendication opérée sur ses meubles par Rigaud, qui l'a fait assigner pour entendre prononcer la résiliation du bail et la validité de la saisie; qu'il y a lieu, pour le tribunal, d'examiner si Josserand a pu valablement, malgré les clauses de son bail, sous-louer, et si c'est à bon droit que la saisie-revendication a été pratiquée; — Attendu que, s'il résulte du bail verbal que Josserand ne pouvait sous-louer qu'avec le consentement écrit du propriétaire, cette clause ne saurait s'entendre dans le sens absolu que le locataire ne pouvait sous-louer quel que fût le sous-locataire présenté, et que la seule opposition du bailleur, n'importe le motif, suffirait pour empêcher la sous-location; que si la clause sus-énoncée devait être ainsi interprétée, elle serait l'équivalent de la prohibition complète de sous-louer; qu'enfin il ne dépendrait plus que du propriétaire d'annihiler et rendre illusoire cette autorisation en refusant systématiquement tous les sous-locataires qui seraient offerts; qu'ainsi le bénéfice et l'exécution d'une stipulation consentie et acceptée par les contractants ne dépendraient plus que du bon plaisir de l'une des parties; que telle n'est pas l'interprétation qui doit être donnée à leurs accords; que leur convention exigeant le consentement, même écrit, du propriétaire de sous-louer doit avoir un sens pratique, qui lui ferait complètement défaut s'il était décidé que le propriétaire pût, à son gré, et même sans motifs, repousser péremptoirement tout sous-locataire; qu'il appartient aux tribunaux, dans le cas d'un refus systématique d'apprécier les causes de ce refus, et d'ordonner, s'il ne repose sur des motifs sérieux et légitimes, qu'il soit passé outre; — Attendu que, dans l'espèce, Josserand, après avoir en vain proposé à Rigaud plusieurs locataires, a mis à son lieu et place Guettat, exerçant une profession identique à la sienne; que si Rigaud refuse de l'accepter et critique ce choix sous le rapport de la solvabilité, cette objection tombe d'elle-même en présence de l'offre faite par Josserand de payer, non seulement tous les termes échus, mais même ceux à échoir jusqu'à l'expiration du terme de repentir stipulé entre les parties; que Rigaud, n'ayant aucune raison sérieuse et légitime pour s'opposer à la sous-location, ne saurait être fondé dans sa demande en résiliation et dommages; — Attendu, quant à la validité de la saisie-revendication, que Josserand avait offert, avant qu'elle fût pratiquée, et qu'il offre encore, de payer immédiatement tous les termes échus et à échoir, que si Rigaud prétend que ces offres étaient insuffisantes parce que, à la suite de dégradations ou autres causes, le locataire pourrait être sujet à des dommages à l'expiration du bail, cette prétention est de sa part excessive, puisqu'il sera payé à cette époque intégralement du prix du bail, et que la valeur des meubles du second locataire pourra faire amplement face à toutes les éventualités de dommage; que, dès lors, il y a lieu de déclarer nulle la saisie-revendication pratiquée par Rigaud contre Josserand;

« Par ces motifs, etc. ».

Appel par le sieur Rigaud.

LA COUR; — Adoptant les motifs des premiers juges, etc.; — Confirme.

Du 7 août 1866.-C. de Grenoble, 1re ch.-MM. Bonafous, 1er pr.-Roë, 1er av. gén.; A. Arnaud et V. Arnaud, av.

ces conditions, prescrit au preneur de mettre fin aux sous-locations consenties par lui, malgré le refus du bailleur, ne tombe pas sous le contrôle de la cour de cassation (Req. 7 févr. 1888, aff. Béguin, D. P. 88. 1. 364). Jugé encore que la prohibition de céder un bail à moins que le cessionnaire ne convienne au bailleur est de rigueur et doit être entendue en ce sens que ce dernier a le droit personnel et absolu de ne point agréer le cessionnaire proposé (Douai, 7 déc. 1881, aff. Desfontaines, D. P. 84. 5. 320).

269. Au surplus, ainsi qu'on l'a fait remarquer (D. P. 88. 1. 164, note), il est difficile de poser des règles absolues en ce qui concerne l'interprétation des clauses sus-indiquées, car il s'agit, en réalité, de rechercher quelle a été l'intention des parties; et les circonstances de la cause peuvent déterminer cette intention, mieux qu'une formule à laquelle les parties ont pu s'arrêter sans en mesurer exactement la portée (Req. 7 févr. 1888 et Rouen 24 janv. 1881, cités *suprà*, n° 268).

270. Ainsi qu'on l'a dit au *Rép.* n°s 457 et suiv., lorsque le preneur a sous-loué au mépris de l'interdiction contenue dans le bail, le bailleur peut demander en justice la résolution du contrat; mais les juges saisis d'une telle demande, ne sont pas tenus de la prononcer; ils peuvent, par application de l'art. 1184 c. civ., accorder au preneur un délai pour rentrer en possession des lieux loués et se conformer aux prescriptions de son bail (V. Aubry et Rau, t. 4, § 368, p. 492; Guillouard, t. 1, n° 332; Laurent, t. 25, n° 229; V. sur les applications *Rép.* n°s 461 et suiv.). Jugé, en ce sens, que, si la clause d'un bail prohibitive d'un sous-bail est de rigueur, il résulte de là que son exécution doit toujours être strictement assurée, mais qu'il ne s'ensuit pas que l'infraction entraîne nécessairement et dans tous les cas la résiliation de ce bail; qu'en pareil cas, les juges peuvent, suivant les circonstances, prononcer la résiliation ou accorder simplement des dommages-intérêts au bailleur (Besançon, 8 juin 1854, aff. Baudot et Chavanis, D. P. 55. 2. 255). Mais il a été décidé que le bailleur a le droit de se prévaloir de la prohibition de sous-louer pour faire résilier le bail, alors même que les sous-locataires ont renoncé à la sous-location et vidé les lieux loués depuis l'introduction de l'instance (Rennes, 8 mai 1858 (1). Comp. *Rép.* n°s 465, 466).

271. Les tribunaux n'ont, au contraire, aucune faculté d'appréciation et doivent nécessairement prononcer la résolution lorsque le bail stipule que l'infraction à la clause prohibitive emportera résolution de plein droit (*Rép.* n° 467; Aubry et Rau, t. 4, § 368, p. 492; Guillouard, t. 1, n° 332; Laurent, t. 25, n° 230). Jugé que, lorsque le preneur a contrevenu à la clause du bail aux termes de laquelle il ne pouvait sous-louer sans que le bail cessât de plein droit au gré du bailleur manifesté par un simple exploit de mise en demeure pour constater l'infraction, les tribunaux ne peuvent refuser de reconnaître la résolution opérée, encore bien que la sous-location ait cessé avant l'exploit introductif d'instance (Bruxelles, 4 déc. 1858, aff. Broekx, *Pasicrisie*, 1859. 2. 51; 27 mars 1866, aff. Boyen, *ibid.*, 1867. 2. 41).

272. On a examiné au *Rép.* n°s 468 et suiv., les cas dans lesquels se produit l'infraction à la prohibition de céder ou de sous-louer. Ainsi qu'on l'a dit au n° 469, l'interdiction doit être strictement restreinte aux hypothèses comprises dans les termes où elle a été formulée. Aussi les auteurs s'accordent-ils à reconnaître que le preneur n'enfreint pas l'interdiction stipulée lorsqu'il cesse d'habiter les lieux loués et les fait occuper par un homme à ses gages, chargé de les garder (*Rép.* n° 469; Aubry et Rau, t. 4, § 368, p. 491; Guillouard, t. 1, n° 328; Laurent, t. 25, n° 221).

273. MM. Aubry et Rau, t. 4, § 368, p. 491 et Guillouard t. 1, n° 328, décident encore, conformément à l'opinion adoptée au *Rép.* n° 470, que le preneur peut, malgré l'interdiction de sous-louer, accorder la jouissance gratuite des lieux loués à un ami; « ce n'est pas là, dit M. Guillouard, *loc. cit.*, une sous-location ou une cession de bail, mais une libéralité qui ne peut être que très exceptionnelle, et qui n'est pas entrée dans la prévision des parties, quand elles ont prohibé la sous-location ou la cession ».

274. Il a été jugé que l'interdiction de sous-louer, imposée à une société, dans le bail qui lui a été consenti, emporte prohibition, pour cette société, de se substituer, dans les lieux loués, une société nouvelle; et que l'on doit considérer comme une société nouvelle celle formée entre plusieurs seulement des anciens associés, avec engagement de liquider à forfait la société dissoute, bien que cette seconde société continue le commerce exploité par la première (Civ. cass. 2 févr. 1859, aff. Mouren, D. P. 59. 1. 80; Conf. Lyon, 7 avr. 1859, aff. Griffon, D. P. 59. 2. 159; Civ. rej. 10 janv. 1881, cité *suprà*, n° 248 (motifs); Guillouard, t. 1, n° 330; Laurent, t. 25, n° 223). — Mais l'interdiction de sous-louer stipulée par le bailleur, dans un bail consenti à plusieurs preneurs entre lesquels existait une société au moment du bail, n'entraîne pas prohibition, pour les preneurs, de substituer à cette société une société nouvelle composée de quelques-uns des membres de l'ancienne, sans adjonction de nouveaux associés, si le bail leur a été consenti personnellement et non pas en tant que société (Civ. rej. 13 mars 1860, aff. Geneste, D. P. 60. 1. 113; Conf. Laurent, t. 25, n° 224).

275. Décidé que le preneur enfreint la défense qui lui a été faite, dans le bail, de sous-louer ou de céder sa location, lorsqu'il contracte avec un tiers une association pour l'exploitation de l'immeuble affermé, alors surtout qu'il quitte le lieu de la situation de cet immeuble pour aller exercer une industrie dans un lieu éloigné; et qu'une telle infraction autorise le bailleur à demander la résiliation du bail (Douai, 6 juin 1855, aff. Laude, D. P. 56. 2. 37; Comp. *Rép.* n°s 455 et 471).

276. Jugé encore : 1° qu'un bail conférant au preneur la faculté de sous-louer peut, quoique aucune restriction n'y ait été énoncée, être interprété, à l'aide de documents écrits émanés du preneur lui-même, en ce sens que le preneur ne pourrait user de son droit de sous-location pour une industrie déterminée dont un autre locataire s'était, dans un bail antérieur, assuré l'exercice exclusif : que ce n'est pas là violer la règle qui prohibe la preuve par témoins ou par présomptions contre et outre le contenu aux actes; que cette limitation de la faculté de sous-louer peut s'induire notamment de ce que le preneur, en sous-louant, a imposé à son sous-locataire l'obligation de ne faire que le commerce désigné dans le sous-bail, et a suffisamment annoncé par là qu'il connaissait la clause d'interdiction existant au profit du colocataire; que, en conséquence, s'il arrive que le

(1) (Robert C. Futrier) — LA COUR; — Considérant que, dans le bail sous seings privés du 28 janv. 1854, dûment enregistré, il a été formellement stipulé que les preneurs ne pourraient sous-louer ni céder leur droit audit bail, en tout ou en partie, sans le consentement exprès et par écrit du bailleur; — Considérant que, nonobstant cette prohibition formelle et précise, les preneurs ont, sans autorisation préalable, consenti diverses sous-locations pour une ou plusieurs années, soit verbalement, soit par écrit; — Considérant que, si cette infraction aux clauses du bail n'en entraîne pas la résiliation *ipso facto* et de plein droit, le bailleur a le droit incontestable de s'en plaindre et de faire résilier le contrat par les tribunaux; — Considérant que, sans qu'il soit besoin de rechercher les motifs de cette défense faite aux preneurs, il suffit qu'elle ait été volontairement acceptée par eux, pour qu'ils eussent dû la respecter; — Considérant que la preuve des sous-locations prohibées résulte à suffire de l'aveu, au moins implicite, des preneurs et de la constatation qui en a été faite par les premiers juges; — Considérant que si, depuis l'instance engagée et le jugement rendu, les sous-locataires ont renoncé à la sous-location et vidé de leur personne les lieux loués, cette circonstance ne fait pas disparaître la violation de la loi du contrat, et ne rend pas le bailleur inhabile à s'en prévaloir; — Considérant qu'on ne peut pas lui opposer davantage le consentement qu'il aurait donné à une des sous-locations, puisque le consentement, accordé pour un cas spécial et dans une forme restreinte, n'autoriserait pas à lui donner une extension abusive; — Considérant, d'un autre côté, que la profession de cabaretier ou aubergiste, exercée par les preneurs, en leur imposant l'obligation d'admettre temporairement des étrangers dans la maison louée et d'y recevoir des voyageurs et même des pensionnaires, ne pouvait leur donner la faculté d'en sous-louer une partie plus ou moins considérable, pour des années entières, à des personnes qui s'y établissaient à demeure pour y fixer leur ménage et l'exercice de leur industrie; — Par ces motifs, dit bien jugé, mal appelé; — Met l'appellation au néant, etc. ».

Du 8 mai 1858.-C. de Rennes, 2e ch.-MM. Marsabiau, pr.-Denis et Bodin, av.

commerce pour lequel le preneur a sous-loué présente précisément les caractères de l'industrie interdite en faveur de son colocataire, c'est le preneur qui doit supporter définitivement les dommages-intérêts que le colocataire a obtenus contre son bailleur, par le jugement d'expulsion du sous-locataire intervenu sur la demande de ce colocataire, en vertu de l'interdiction stipulée dans son bail (Req. 18 juill. 1865, aff. Poyet, D. P. 66. 1. 31); — 2° Que, lorsque le locataire à qui une clause du bail interdit de sous-louer sans le consentement du propriétaire a fait agréer par celui-ci un sous-locataire, s'il arrive que ce dernier sous-loue à son tour, mais sans se munir de l'autorisation du propriétaire, à une personne dont il connaît la profession (celle de directeur de maison de santé), et sachant bien qu'elle doit exercer cette profession dans les lieux loués dont elle changera ainsi la destination, la responsabilité de ce changement tombe exclusivement à la charge du premier sous-locataire ; et que c'est à tort qu'on prétendrait faire résulter une faute, contre le second sous-locataire, de ce qu'il ne s'est pas fait lui-même agréer par le propriétaire de la maison louée ; que, par suite, le second sous-locataire, en cas de résiliation, sur la demande du propriétaire, du sous-bail qui lui a été consenti par le sous-locataire immédiat, est fondé à recourir contre celui-ci et à le faire condamner à des dommages-intérêts (Lyon, 23 déc. 1854, aff. Moussier, D. P. 55. 5. 278).

277. L'interdiction de sous-louer, formulée en termes généraux, met-elle obstacle à la sous-location partielle? MM. Aubry et Rau, t. 4, § 368, p. 490, admettent l'affirmative. M. Guillouard, t. 1, n° 323, est également d'avis que la prohibition doit s'appliquer aussi bien aux sous-locations partielles qu'à la sous-location générale ; « sinon, dit-il, où s'arrêter? Le locataire pourrait sous-louer les trois quarts, les quatre cinquièmes de la chose à diverses personnes, et pourvu qu'il en gardât une partie, ces locations partielles seraient valables, ce qui serait manifestement contraire à la volonté du bailleur ». — Au surplus, cette question d'interprétation ne peut se poser que si les circonstances de la cause ne suffisent pas à révéler l'intention des parties : c'est cette intention qui doit déterminer la portée de la clause (V. *Rép.* n° 472 ; Guillouard, *loc. cit.* ; Laurent, t. 25, n° 217).

278. Lorsque la clause d'interdiction de sous-louer porte que le preneur ne pourra sous-louer qu'avec le consentement écrit du bailleur, on considère généralement la condition de l'écriture comme n'ayant trait qu'à la preuve du consentement du bailleur; et l'on admet que l'approbation même tacite, mais dûment constatée du bailleur, suffit à valider les sous-locations (V. *Rép.* n°s 475, 476 ; Guillouard, t. 1, n° 327 ; Laurent, t. 25, n° 232). Jugé, en ce sens : 1° que le consentement par écrit que le preneur doit, aux termes de son bail, obtenir du bailleur, pour exercer la faculté de sous-louer, résulte suffisamment du fait, par le bailleur, d'avoir reçu plusieurs termes de loyer des mains du sous-locataire, et de lui en avoir donné quittance sans protestation ; et que le consentement donné par le bailleur à une sous-location, après qu'elle a eu lieu, est valable, alors même que le bail exigerait qu'il fût préalable, le bailleur étant réputé avoir renoncé à cette partie de la clause de son bail, en approuvant la sous-location postérieurement à l'époque où elle a été faite (Req. 28 juin 1859, aff. Parody, D. P. 59. 1. 459); — 2° Que le gérant d'une maison a, en l'absence de convention contraire, le droit de consentir, pour le propriétaire, aux sous-locations passées par les locataires, et que son consentement suffit pour la validité de ces sous-locations, encore bien que le bail principal passé par lui ne dût, d'après une de ses clauses, devenir définitif que par l'approbation du propriétaire ; que peu importe également que ce consentement n'ait pas été donné par écrit, comme l'exigeait le bail principal, si le juge reconnaît que l'écriture n'a été indiquée dans ce bail que comme mode de preuve et non comme élément essentiel de l'engagement (Lyon, 3 juin 1857, aff. Dumont, D. P. 58. 2. 52); — 3° Que la substitution d'un tiers au preneur dans la jouissance de la chose louée, bien qu'elle se soit opérée sans le consentement exprès et par écrit du bailleur, exigé par le contrat de bail, a néanmoins pour effet d'imposer à ce tiers toutes les obligations résultant dudit contrat, lorsqu'il résulte des circonstances que le bailleur a tacitement approuvé la substitution dont il s'agit (Req. 23 mai 1870, aff. Galoppe et Chailley, D. P. 72. 1. 90) ; — 4° Que le juge du fait peut, sans violer l'art. 1341 c. civ., déclarer qu'il résulte des circonstances et des agissements des parties au cours de l'exécution d'un acte, que l'une d'elles a renoncé au bénéfice d'une clause de cet acte, et spécialement au bénéfice de la clause d'un bail écrit qui interdit au locataire de sous-louer sans le consentement par écrit du bailleur (Civ. rej. 23 mars 1870, aff. Herbemont, D. P. 71. 1. 235), et que la renonciation du bailleur au bénéfice de cette clause peut notamment résulter de ce qu'il a laissé plusieurs sous-locataires se succéder dans les lieux sans protestation et de ce qu'il a eu de nombreux rapports avec eux (Paris, 28 nov. 1868, même affaire, D. P. *ibid.*); — 5° Que le propriétaire qui, ayant connu la sous-location consentie par son locataire, l'a tacitement acceptée, ne peut plus invoquer, pour en faire déclarer la nullité, la clause qui défendait de sous-louer sans sa permission par écrit, sauf son droit de demander la résiliation, si le sous-locataire ne se conforme pas aux conditions du bail (Trib. civ. Lyon, 27 août 1873, aff. Ravier et Dessaigne, D. P. 73. 3. 87). — Mais il a été décidé que la circonstance que la sous-location a été connue et tolérée du bailleur est irrelevante dans le cas où la volonté formelle des parties a subordonné toute sous-location au consentement écrit du bailleur (Bruxelles, 4 déc. 1858, aff. Brœkx, *Pasicrisie*, 1859. 2. 51. Conf. Rennes, 22 févr. 1830, aff. Potennec, *Rép.* n° 457-2° ; Laurent, t. 25, n° 232). Le silence du bailleur ne suffit pas ; il faut que sa volonté de renoncer à la clause prohibitive résulte d'un fait impliquant qu'il approuve la sous-location (Comp. Chambéry, 1er juin 1887, aff. Lagrin, D. P. 82. 2. 38).

Jugé encore : 1° que, si la stipulation, qui soumet le droit de céder le bail ou de sous-louer à l'agrément du propriétaire, constitue une convention légale et obligatoire, l'approbation, même tacite, donnée par le propriétaire à la sous-location, le rend toutefois non recevable à en contester la validité (Colmar, 12 avr. 1864, aff. Krafft, D. P. 65. 2. 32) ; — 2° Que, dans le cas où la faculté de sous-louer a été expressément réservée au locataire, sous la condition d'obtenir l'agrément du bailleur (sans que cet agrément dût être donné par écrit), le consentement tacite du bailleur suffit ; et que ce consentement peut résulter de ce que le propriétaire connaissait le sous-locataire, qu'il n'a pu ignorer son installation dans la maison et qu'il lui a laissé occuper les lieux loués pendant un certain temps sans opposition (Arrêt précité du 1er juin 1887).

279. Mais le consentement donné par le bailleur à une sous-location n'emporte renonciation à la clause prohibitive que pour la sous-location approuvée ; il n'empêche pas le bailleur d'invoquer la clause prohibitive en cas de nouvelle sous-location contractée sans son assentiment (Guillouard, t. 1, n° 331 ; Rennes, 8 mai 1858, aff. Robert, *suprà*, n° 270).

280. Le bailleur qui s'est fait payer des loyers à échoir, en usant du privilège de l'art. 2102 c. civ., ne peut invoquer la clause d'interdiction pour empêcher les créanciers du preneur de relouer pour la période dont il a touché par avance les loyers (V. *Rép.* n° 477 ; *suprà*, v° *Faillite*, n° 1123 ; *infrà*, v° *Privilèges et hypothèques* ; *Rép.* eod. v°, n° 276 ; Aubry et Rau, t. 4, § 368, p. 492 ; Guillouard, t. 1, n° 329 ; Laurent, t. 25, n° 225 ; Req. 28 déc. 1858, aff. Berthet, D. P. 59. 1. 63, motifs).

281. L'interdiction de sous-louer emporte prohibition de céder le bail (*Rép.* n° 478 ; Aubry et Rau, t. 4, § 368, p. 490 ; Colmet de Santerre, t. 7, n° 163 *bis*, III ; Guillouard, t. 1, n° 324 ; Laurent, t. 25, n° 215).

De même, suivant l'opinion générale, l'interdiction de céder le bail entraîne ordinairement interdiction de sous-louer en totalité (Aubry et Rau ; Guilllouard, *loc. cit.* ; Laurent, t. 25, n° 216 ; Comp. *Rép.* n° 479). — MM. Guillouard et Colmet de Santerre, *loc. cit.*, estiment que l'interdiction de céder le bail met obstacle également aux sous-locations partielles ; MM. Aubry et Rau, t. 4, § 368, p. 490, et Laurent, *loc. cit.*, pensent, au contraire, que cette interdiction n'entraîne pas, par elle-même, prohibition de sous-louer pour partie (Comp. *Rép.* n°s 479 et suiv.). La cour de Bruxelles a décidé que la défense de céder le droit au bail n'implique pas défense de sous-louer et surtout de sous-louer pour partie (Bruxelles, 13 août 1866, aff. Delier, D. P. 66. 2. 382). Au surplus, ainsi qu'on l'a fait observer au *Rép.* n° 479, l'interprétation de ces clauses est toujours une question de fait, sujette à solutions diverses suivant les circonstances; car il s'agit, avant tout, de rechercher l'intention des parties.

SECT. 8. — EFFETS DE LA VENTE DE L'IMMEUBLE LOUÉ OU AFFERMÉ (*Rép.* n°s 482 à 524).

282. On a examiné au *Rép.* n° 486 la controverse qui s'est élevée sur le point de savoir si l'art. 1743 c. civ. a changé la nature du droit du preneur et en a fait un droit réel. L'opinion de M. Troplong, qui accorde au preneur un droit réel, a été adoptée par MM. Jozon, *Revue pratique*, 1865, t. 20, p. 358 et suiv., et Rozy, *ibid.*, 1865, t. 20, p. 468 et suiv. On a invoqué, en sa faveur, outre les arguments exposés au *Rép.* n° 486, la disposition de l'art. 684 c. proc. civ., aux termes de laquelle le bail d'un immeuble saisi ne peut être annulé que s'il n'a pas acquis date certaine avant le commandement préalable à la saisie; si le preneur n'avait pas un droit réel, a-t-on dit, son bail ne pourrait pas être maintenu, car le maintien du bail lui fait une situation préférable à celle des autres créanciers obligés de souffrir une diminution de leurs créances par suite de l'insolvabilité de leur débiteur. — Les partisans du droit réel reconnaissent, d'ailleurs, que le preneur a aussi un droit personnel; mais, ils font dériver de l'existence des deux droits des conséquences différentes: les uns accordent au preneur le droit d'exiger du tiers acquéreur l'exécution des obligations contractées par le bailleur en se prévalant de son droit réel, auxquels ils attribuent les mêmes effets que s'il était personnel (V. Troplong, t. 2, n° 507). Les autres estiment que le preneur n'a de droit personnel que contre le bailleur, et ne peut exercer contre les tiers, notamment contre le tiers acheteur, qu'un droit réel; que, par suite, il peut exiger de ce tiers acheteur qu'il le laisse jouir, mais non qu'il le fasse jouir (V. Jozon, *Revue pratique*, 1865, t. 20, p. 370).

Il a été jugé, dans le sens de cette théorie: 1° que l'art. 1743 c. civ. a abrogé complètement la loi *emptorem* (L. 9 c. *De loc. et cond.*) et attribué au droit du preneur une réalité spéciale qui, sans constituer un droit réel absolu ou un démembrement de la propriété, survit à l'aliénation de la chose louée et la suit dans les mains de l'acquéreur (Chambéry, 28 nov. 1862, aff. Billet, D. P. 63. 2. 67); — 2° Que, sous l'empire du code civil, le preneur dont le bail a date certaine est investi d'un droit réel qui s'applique, non seulement à la jouissance même des lieux loués, mais encore aux avantages accessoires stipulés dans ce bail, et qui lui permet d'agir directement contre tous ceux qui, n'ayant sur la chose qu'un titre postérieur au sien, voudraient s'en prévaloir pour nuire à ses droits; que, spécialement, le locataire qui, dans son bail, a stipulé que nulle partie de la maison ne serait louée à une personne exerçant le même commerce ou la même industrie, que lui a le droit, en cas de contravention à cette clause, de demander l'expulsion du locataire qui lui fait ainsi une indue concurrence (Paris, 24 juin 1858, aff. Villemont, D. P. 59. 2. 217; 29 mars 1860, aff. Lamazou, D. P. 60. 2. 185; 8 juill. 1861, aff. Piche, D. P. 61. 2. 198; 12 mars 1863, aff. Wulff, *suprà*, n° 130; Conf. Rozy, *Revue pratique*, 1865, t. 20, p. 470; Jozon, *ibid.*, 1865, t. 20, p. 359); Et le premier locataire qui a commencé par actionner le propriétaire en cessation du trouble, ne s'est pas rendu par là non recevable à agir ultérieurement contre le second locataire en résiliation de son bail, alors d'ailleurs que, dans la première instance, il n'a pris aucunes conclusions contre ce second locataire, appelé en garantie par le propriétaire (Arrêt précité du 24 juin 1858). — Jugé encore: 1° que l'action du preneur contre le bailleur en exécution de réparations aux immeubles affermés est une action mixte, et non une action purement personnelle; que, en conséquence, elle peut être portée, au choix du preneur, devant le tribunal du domicile du bailleur, ou devant celui de la situation des immeubles (Rouen, 30 juill. 1855, aff. Acheray, D. P. 57. 2. 33); — 2° Que « le contrat de louage confère au preneur, sinon un droit réel proprement dit, du moins un droit mixte participant à la fois du droit personnel et du droit réel, et autorisant le preneur à agir directement de son chef, contre les auteurs, quels qu'ils soient, du trouble apporté à sa jouissance, contre le bailleur ou ceux auxquels ce dernier a transmis, soit à titre onéreux, soit à titre gratuit, l'immeuble loué, aussi bien que contre d'autres locataires ayant un titre postérieur » (Trib. civ. de la Seine, 23 nov. 1885, aff. Veuve Guillot et Lévy).

283. La plupart des auteurs estiment, au contraire, que le droit du preneur est un droit purement personnel, que l'art. 1743 c. civ. n'a point modifié sa nature traditionnelle. A l'argument tiré de l'art. 684 c. proc. civ. en faveur du droit réel, les partisans de l'opinion dominante répondent que la disposition de cet article n'est pas nouvelle, qu'elle existait déjà dans l'ancien droit, qu'elle s'y conciliait fort bien avec le droit personnel du bailleur: qu'elle se justifie par l'intérêt des créanciers eux-mêmes à qui il est plus avantageux de respecter le bail que de voir le preneur expulsé venir concourir avec eux au marc le franc sur l'actif du bailleur, à raison des dommages-intérêts à lui dus par suite de son expulsion; enfin que l'art. 684 c. proc. civ. n'a d'utilité et de raison d'être que si le droit du preneur est personnel; que, si ce droit était réel, sa disposition serait une conséquence nécessaire de la réalité du droit et par suite inutile à formuler dans un texte spécial. — Pour établir le caractère personnel du droit du preneur, on invoque, outre la tradition et les arguments reproduits au *Rép.* n° 486, l'art. 1727 c. civ., aux termes duquel le preneur cité en justice pour se voir condamner au délaissement de la totalité ou de partie de la chose doit appeler le bailleur en garantie, et doit être mis hors d'instance, s'il l'exige, en nommant le bailleur pour lequel il possède. Si, dit-on, le preneur avait un droit réel, il ne serait pas contraint d'appeler en cause son bailleur; il pourrait se défendre seul; et, d'autre part, il ne pourrait se faire mettre lui-même hors de cause, car lui seul aurait qualité pour faire valoir ce droit.

La loi du 23 mars 1855, qui assujettit certains baux à la formalité de la transcription, aurait pu être invoquée en faveur du système de la réalité; mais les auteurs de cette loi ont pris soin de prévenir une telle conclusion; M. Debelleyme, rapporteur de la commission du Corps législatif, a dit, en effet, dans son rapport, que « pour faire atteindre complètement à la loi son but, qui est de révéler d'une manière utile et pratique l'état vénal de la propriété », il fallait « assujettir (à la transcription) tous les actes tels que les baux à longs termes et les quittances anticipées de plusieurs années de loyer, qui, sans constituer des droits réels, imposent cependant à la propriété des charges qui sont de nature à en altérer sensiblement la valeur (V. D. P. 55. 4. 30, n° 27). La loi de 1855 est ainsi venue fournir un argument de plus en faveur de la personnalité du droit du preneur (V. en ce sens Aubry et Rau, t. 4, § 365, p. 571; Colmet de Santerre, t. 7, n°s 198 *bis*, XIII et suiv.; Guillouard, t. 1, n°s 26, 27, 28 et suiv.; Laurent, t. 25, n°s 9 et suiv.; Championnière et Rigaud, t. 4, n° 3032; Valette, *Privilèges et hypothèques*, t. 1, p. 195; Rodière et Pont, *Traité du contrat de mariage*, 2e éd. t. 1, n° 392; Demolombe, *Cours de code civil*, t. 9, n°s 492-493; Flandin, *Traité de la transcription*, t. 1, n° 196; Mourlon, *Revue pratique*, 1870, t. 29, p. 193 et suiv.; Grenoble, 4 janv. 1860, aff. Vollot, D. P. 60. 2. 190; Req. 6 mars 1861, même affaire, D. P. 61. 1. 418; Civ. cass. 21 févr. 1865, aff. Courtivron, D. P. 65. 1. 133; Lyon, 1er juill. 1881, aff. Guinet, D. P. 82. 2. 231; V. aussi *suprà*, n° 90; *Adde* Req. 21 avr. 1863, aff. Renouard, D. P. 64. 1. 288).

284. Le tiers acquéreur obligé, aux termes de l'art. 1743, de respecter le bail authentique ou ayant date certaine, doit respecter également les conventions additionnelles au bail, pourvu que ces conventions se réfèrent directement au louage dont elles constituent des conditions, et qu'elles aient aussi date certaine; il ne serait pas tenu de respecter les conventions qui, bien que liées dans une certaine mesure au bail, présenteraient néanmoins les caractères d'un contrat distinct (V. Guillouard, t. 1, n° 361; Renault, note sur Dijon, 11 févr. 1874. Comp. Paris, 24 juin 1858, cité *suprà*, n° 282, Jozon, *Revue pratique*, 1865, t. 20, p. 359; Rozy, *ibid.*, p. 470) — Jugé que la clause d'un bail portant que le bailleur s'interdit, sous certaines conditions, de donner congé au locataire est valable et peut être opposée à l'acquéreur de l'immeuble dont les lieux loués font partie (Paris, 4 juin

1859, aff. Gaibrois, D. P. 59. 2. 116). Comp. les arrêts cités *infrà*, n° 285.

285. Mais le tiers acquéreur est-il tenu d'exécuter les obligations du bailleur? Nous avons signalé *suprà*, n° 282, les divergences qui se sont produites, à cet égard, parmi les partisans du droit réel. Les auteurs qui refusent au preneur le droit réel sont également divisés.

D'après les uns, l'art. 1743 ne fait qu'étendre au cas où le propriétaire a concédé sur son bien un simple droit personnel de jouissance la maxime : *Nemo plus juris in alium transferre potest quam ipse haberet*, dont l'application était autrefois limitée au cas de concession successive de droits réels par la même personne. Le successeur particulier, dit-on à l'appui de cette opinion, ne peut être tenu des engagements de son auteur : et il serait inadmissible que l'acquéreur pût être contraint d'accomplir les obligations du bailleur au cas même où il renoncerait à exiger du preneur le payement des loyers (V. Aubry et Rau, t. 4, § 369, texte et note 31, p. 501).

Dans l'opinion dominante, au contraire, on considère l'acquéreur comme obligé d'entretenir le bail, et, par suite, d'exécuter les obligations du bailleur. On fait observer que la clause contraignant l'acquéreur à entretenir le bail était licite dans l'ancien droit, qu'elle était même sous-entendue dans les aliénations des biens du fisc, et qu'il est naturel d'interpréter l'art. 1743 en ce sens que le législateur sous-entend aujourd'hui cette clause dans toutes les ventes : l'acquéreur, se trouvant subrogé aux droits et obligations du bailleur, ne peut, même en renonçant à la créance des loyers, se libérer des obligations dérivant du bail. Ce résultat, dit-on, n'a rien de choquant, et il serait beaucoup plus regrettable que le preneur fût obligé, le cas échéant, de s'adresser au bailleur primitif, peut-être insolvable, pour obtenir des réparations parfois considérables autant que nécessaires, que l'acquéreur serait en droit de lui refuser s'il ne succédait aux obligations du bailleur ; sans doute, à défaut de ces réparations, le preneur pourrait refuser de payer ses loyers ou fermages; mais il n'en est pas moins vrai que le bail ne recevrait plus son exécution, ce qui paraît contraire à l'intention du législateur (V. Colmet de Santerre, t. 7, n°s 189 *bis*, II, et 198 *bis*, XVIII et XIX ; Guillouard, t. 1, n° 369 ; Laurent, t. 25, n° 392; Mourlon, *Revue pratique*, 1870, t. 29, p. 217 et suiv.; Feitu, *ibid.*, 1870, t. 30, p. 406; Renault, note sur Dijon, 11 févr. 1874 ; Rouen, 15 mars 1869, aff. Laroque D. P. 71. 2. 78). — Jugé que l'acquéreur est tenu d'exécuter toutes les obligations du bail, et même les engagements résultant des conventions intimement liées au bail qui forment avec lui un tout indivisible ; spécialement, que lorsque le propriétaire d'une mine de schiste a donné à bail un emplacement pour y établir une usine, en s'engageant à fournir au preneur du schiste de sa mine à un prix déterminé, et en consentant que la vente du schiste remplace le prix du loyer, l'acquéreur de la mine et de l'emplacement est tenu d'exécuter également les conventions relatives à l'occupation du terrain et à la vente du schiste (Dijon, 11 févr. 1874) (1). Mais il a été décidé que la stipulation par laquelle, postérieurement et contrairement aux clauses d'un bail, le bailleur s'engage, en cas de résiliation de ce bail par le preneur, à rembourser à celui-ci les dépenses faites par lui pour grosses réparations et reconstructions dans l'immeuble loué, peut être considérée, par une interprétation souveraine des faits et de l'intention des parties, comme constituant une obligation personnelle du bailleur, qui ne saurait tomber à la charge de l'acquéreur ultérieur de l'immeuble (Req. 10 janv. 1882, aff. Berland. D. P. 83. 1. 55, motifs).

286. Si l'acquéreur ne succède pas aux droits du bailleur, soit que celui-ci ait touché les loyers par anticipation, soit qu'il ait cédé à un tiers les loyers à échoir, M. Mourlon (*Revue pratique*, 1870, t. 29, p. 220) estime qu'il est tenu, néanmoins, d'exécuter les obligations nées du bail. Cette

(1) (Alexandre Baret et Pouillevet C. Seguin.) — Le 25 avr. 1871, est intervenu entre les sieurs Hubinet de Soubise et Seguin, un traité par lequel le sieur Hubinet autorisait le sieur Seguin à établir une nouvelle usine sur l'emplacement de celle qu'il possédait à Cordesse, et promettait de lui fournir du schiste bitumineux provenant de la mine dont il était concessionnaire, au prix de 4 fr. 25 cent. le mètre cube cassé. Il était stipulé, en outre, que si l'exploitation de la mine de schiste par le sieur Hubinet venait à être suspendue, le sieur Seguin pourrait extraire lui-même le schiste dont il aurait besoin pour la marche de son usine, moyennant une redevance de 1 fr. par mètre cube extrait. Le bail devait avoir une durée de dix-huit ans. Aucun prix n'était stipulé, l'avantage résultant de la fourniture du schiste devait en tenir lieu au bailleur. L'acte du 25 avr. 1871 a été enregistré et transcrit. Quelque temps après, des poursuites en expropriation forcée ont été exercées contre le sieur Hubinet de Soubise, et l'usine de Cordesse ainsi que la concession de la mine de schiste ont été adjugées aux sieurs Baret et Pouillevet. Ceux-ci ont refusé d'exécuter la convention intervenue entre les sieurs Hubinet et Seguin, prétendant qu'elle ne leur était pas opposable. Le 18 nov. 1873, jugement du tribunal civil d'Autun ainsi conçu : — « Attendu que les parties ont considéré leur contrat comme un bail et lui ont assuré une durée de dix-huit ans ; — Attendu que ce traité a, non seulement date certaine antérieure à l'adjudication de l'usine de Cordesse, mais qu'il a été inséré au cahier des charges dressé pour parvenir à la vente, avec réserve, il est vrai, aux futurs adjudicataires, d'invoquer contre lui tous moyens de droit, à leurs risques et périls; — Attendu qu'Alexandre Baret et Pouillevet, aujourd'hui propriétaires de l'usine, refusent d'exécuter cette convention, qu'ils soutiennent que les obligations qu'elle a pu créer à la charge d'Hubinet sont personnelles à ce dernier et n'ont pu se transmettre à l'adjudicataire; qu'elles ne constituent pas un bail proprement dit, mais une vente et une prestation d'objets mobiliers à tant la mesure; que la location pendant dix-huit ans de l'emplacement de l'usine à construire est tellement l'accessoire de ce marché, que le prix n'en est pas même déterminé, mais bien remplacé par les avantages de la fourniture de schiste; que l'obligation de cette fourniture ne peut donc ni rentrer sous l'application de l'art. 1743 c. civ., ni créer au profit de Seguin un droit réel sur l'immeuble vendu ; — Mais attendu, sur le moyen tiré de la nature du contrat, que la convention du 25 avr. 1871 constitue véritablement un bail, que, non seulement les parties l'ont ainsi considérée et voulue, mais qu'elle est telle par sa nature propre et juridique; que cela n'est point douteux en ce qui concerne la location de l'emplacement affecté à la construction de l'usine dont le loyer est remplacé par le prix de la vente du schiste; — Attendu que, sans examiner si ce second élément du contrat est en soi et au fond une vente ou un bail, et en le considérant même comme une vente, cette condition qui fixe le prix du bail se lie essentiellement au bail de l'emplacement concédé et forme avec lui un tout indivisible, sans qu'il soit possible de distinguer lequel de ces deux éléments est l'accessoire de l'autre; que l'on est forcé d'admettre que si, d'une part, l'usine ne peut avoir d'utilité qu'autant qu'elle est approvisionnée du schiste sans lequel elle ne pourrait fonctionner, la matière minérale ne peut, d'autre part, profiter à l'exploitant ou à l'acheteur qu'au moyen de l'usine qu'elle doit alimenter et qui la transforme en produits industriels; que, dès lors, le contrat ne peut être scindé contre la volonté des parties, contre le but qu'elles se sont proposé; que le caractère et la nature du bail étant reconnus dans l'un de ses éléments essentiels, il doit être considéré comme ayant dans son ensemble la nature du bail; — Attendu qu'il résulte de ce qui précède que l'art. 1743 c. civ. étant applicable au traité du 25 avr. 1871, Alexandre Baret et Pouillevet étaient tenus de l'exécuter; — Par ces motifs, dit que, dans la quinzaine de la signification du présent jugement, Alexandre Baret et Pouillevet seront tenus d'exécuter la convention du 25 avr. 1871, et de livrer à Seguin 16 mètres cubes de schiste par vingt-quatre heures pour l'alimentation de son usine » — Appel par les adjudicataires.

LA COUR; — Adoptant les motifs des premiers juges ; — Et considérant, en outre, qu'en stipulant que, dans le cas d'un arrêt quelconque de l'exploitation d'Hubinet, Seguin aurait le droit de faire extraire lui-même du schiste pour le besoin de son usine, en payant à Hubinet un droit de concession de 1 fr. par mètre extrait, les parties n'ont eu en vue que de sauvegarder les intérêts de Seguin contre toutes éventualités qui pouvaient, en arrêtant l'exploitation, mettre obstacle aux fournitures de schiste qu'Hubinet s'était engagé à lui faire; — Mais, soit qu'il usât ou qu'il n'usât pas de la faculté qui lui était ainsi réservée, Seguin n'en conservait pas moins le droit de réclamer l'exécution de l'engagement d'Hubinet, dans le cas où, l'obstacle venant à cesser, la reprise des travaux par ce dernier serait devenue possible; — Qu'on ne saurait, en effet, admettre qu'il ait renoncé à ce droit en échange d'une simple faculté qui lui était concédée éventuellement; qu'une telle interprétation de la convention ne serait pas moins contraire à ses termes qu'à l'intention des parties; — Que ce droit, Seguin serait incontestablement fondé à l'exercer contre Hubinet lui-même, si celui-ci, revenu à meilleure fortune, avait repris l'exploitation de sa schistière; qu'il n'est pas moins fondé à s'en prévaloir contre les appelants tenus, en leur qualité d'adjudicataires, d'exécuter toutes les obligations du bail et qui ne sauraient s'en dégager sous le prétexte qu'ils n'ont repris ni songent à reprendre l'exploitation dont il s'agit; — Par ces motifs, confirme, etc....

Du 11 févr. 1874.-C. de Dijon.

solution est, d'ailleurs, la conséquence logique du système adopté par M. Mourlon : l'acquéreur est, en vertu de l'art. 1743, obligé d'entretenir le bail; il succède aux droits et obligations du bailleur tels qu'ils sont; si les droits du bailleur ont déjà été épuisés, il paye, en conséquence, son acquisition, et la contre-partie des charges qu'il s'engage à supporter consiste dans une diminution de son prix d'achat.

287. Conformément à l'opinion soutenue au *Rép.* n° 487, les auteurs et la jurisprudence s'accordent aujourd'hui à reconnaître au preneur le droit d'exiger de l'acquéreur le maintien du bail, alors même qu'il n'était pas encore entré en possession des lieux loués à l'époque de la vente (V. Aubry et Rau, t. 4, § 369, texte et note 33, p. 501; Guillouard, t. 1, n° 367; Laurent, t. 25, n° 393; Chambéry, 28 nov. 1862, aff. Billet, D. P. 63. 2. 67; Rouen, 15 mars 1869, aff. Laracque, D. P. 71. 2. 78. Comp. Colmet de Santerre, t. 7, n° 189 *bis*, v. — V. cependant, en sens contraire : Feitu, *De la personnalité du droit du preneur*, *Revue pratique*, 1870, t. 30, p. 408).

288. La disposition de l'art. 1743, d'après laquelle le bail doit être respecté par l'acquéreur, s'applique à l'adjudicataire sur saisie aussi bien qu'à l'acheteur sur vente volontaire (V. *Rép.* n° 504; Guillouard, t. 1, n° 360; Montpellier, 14 déc. 1870, aff. Vaysset, D. P. 72. 5. 293; Dijon, 11 févr. 1874, *suprà*, n° 285).

289. L'obligation de respecter le bail s'applique-t-elle à tout successeur à titre particulier du bailleur, donataire, légataire, etc...? Nous avons admis au *Rép.* n° 489, qu'il n'y a aucune différence à faire, à cet égard, entre l'acheteur et tout autre successeur particulier. Tel est également l'avis de M. Colmet de Santerre, t. 7, n° 189 *bis*, III (V. dans le même sens, Aubry et Rau, t. 4, § 365, note 7, p. 471 et § 369, note 32, p. 501; Paris, 24 juin 1858, aff. Villemont, D. P. 59. 2. 217. Comp. toutefois Laurent, t. 25, n° 24).

290. Sur la question de savoir comment doit se régler le conflit entre deux locataires qui ont loué la même chose de la même personne, V. *Rép.* n°s 167, 168, 490 et *suprà*, n° 97.

291. L'acquéreur n'est tenu de respecter le bail que si ce dernier a date certaine antérieure à la vente; cette condition de l'art. 1743 n'est qu'une application de la règle qui exige qu'un acte ait date certaine pour être opposable aux tiers (Colmet de Santerre, t. 7, n° 189 *bis*, IV; Guillouard, t. 1, n° 362; Laurent, t. 25, n° 388). « En droit, dit M. Guillouard, *loc. cit.*, l'acquéreur est un tiers, et en fait il serait bien exposé s'il était à la merci des baux que le vendeur pourrait faire au lendemain de l'acte de vente, en les antidatant ». — Il a été jugé que le preneur qui veut invoquer le bénéfice de l'art. 1743 doit produire un bail qui ait une date certaine antérieure à la vente, et qu'il ne remplit pas cette obligation s'il n'invoque qu'un acte ayant acquis date certaine le même jour que celui où a été consentie la vente (Douai, 15 févr. 1865 (1); Conf. Guillouard, t. 1, n° 362).

MM. Aubry et Rau, t. 4, § 370, p. 502, pensent que le preneur pourrait exiger de l'acquéreur le maintien du bail dépourvu de date certaine, s'il établissait que cet acquéreur avait eu connaissance de l'existence du bail, de sa durée, et su que le vendeur ne s'était pas réservé la faculté de résiliation pour le cas d'aliénation. M. Guillouard, t. 1, n° 393, estime, au contraire, qu'à défaut de date certaine, le preneur ne peut exiger le maintien du bail même connu de l'acquéreur. « L'art. 1743, dit-il, autorise l'acquéreur à expulser le preneur dont le bail n'a pas date certaine, par un argument *a contrario*, décisif lorsqu'il s'agit d'un texte d'exception. De plus, l'acquéreur auquel on prouve qu'il connaissait à la fois le bail et l'absence du droit de résiliation pour le cas de vente, répondra qu'il a compté que le vendeur négocierait avec le preneur pour obtenir son départ, et que, dans tous les cas, s'il n'avait pas traité avec lui à l'avance, il l'indemniserait après » (V. dans le même sens, Laurent, t. 25, n° 390).

292. On a soutenu au *Rép.* n° 494 que l'acquéreur, s'il n'est pas obligé de respecter les baux sans date certaine lorsqu'il n'a pas pris l'engagement de les maintenir, ne peut cependant pas procéder à l'expulsion immédiate du locataire entré en possession. Cette solution prévaut dans la doctrine; on allègue, en sa faveur, outre les arguments exposés au *Répertoire*: 1° l'opinion de Pothier déclarant, à une époque où l'acquéreur n'était point tenu, à défaut de convention, d'entretenir le bail, que cet acquéreur devait au moins laisser jouir le fermier ou locataire pendant l'année courante; — 2° L'art. 1748 c. civ., aux termes duquel l'acquéreur qui veut user de la faculté, réservée par un bail ayant date certaine, d'expulser le locataire ou fermier en cas de vente, est tenu d'avertir le locataire au temps d'avance usité dans le lieu pour les congés, et le fermier de biens ruraux au moins un an d'avance (V. Aubry et Rau, t. 4, § 369, p. 502; Colmet de Santerre, t. 7, n° 196 *bis*, III; Guillouard, t. 1, n° 365). — On décide, en conséquence, conformément à la solution donnée au *Rép.* n° 494, que l'acquéreur doit donner congé dans les délais fixés par l'usage des lieux, s'il s'agit de maisons (Aubry et Rau, Colmet de Santerre, Guillouard, *loc. cit.*), et, s'il s'agit de biens ruraux, attendre que le preneur ait recueilli tous les fruits de l'héritage affermé (Aubry et Rau, Colmet de Santerre, *loc. cit.*). — M. Laurent, t. 25, n° 389, accorde, au contraire, à l'acqué-

(1) (Decourtray C. Delanne.) — LA COUR; — Attendu que, sous l'ancien droit, si le bailleur vendait la chose louée, l'acquéreur avait, dans tous les cas, le droit d'expulser le preneur; — Que le code civil n'a apporté à ce principe qu'une modification édictée par l'art. 1743; — Que, suivant cet article, si le bailleur vend la chose louée, l'acquéreur ne peut expulser le fermier ou locataire qui a un bail authentique ou dont la date est certaine; — Que le fermier qui veut invoquer le bénéfice de l'exception, consacrée par l'art. 1743, doit produire un bail qui ait une date certaine antérieure à la vente; — Qu'il ne remplit pas cette obligation s'il n'invoque qu'un acte ayant acquis date certaine le jour même que celui où a été consentie la vente; — Que l'acquéreur, au regard du preneur, est un tiers, qu'il a par suite le droit de repousser tous actes qui n'ont pas acquis date certaine antérieurement à son titre de vente, et ce, par les modes indiqués par l'art. 1328 c. civ.; — Attendu que, dans l'espèce, Charles Decourtray n'invoque qu'un acte de bail qui aurait acquis date certaine le jour même où la vente consentie au profit de Delanne, aurait également eu date certaine; — Que cet acte ne peut être utilement opposé à Delanne; — Que ce dernier, qui n'était tenu de respecter la prétention mal fondée de Charles Decourtray, a pu se mettre immédiatement en possession de la chose vendue; qu'il ne peut, par suite, invoquer contre son vendeur ou contre ses représentants l'inexécution des obligations imposées à tout vendeur de livrer la chose vendue à l'acquéreur; — Que Charles Decourtray n'est pas mieux fondé à soutenir qu'il avait le droit de conserver la jouissance de l'immeuble, objet du litige, jusqu'à la fin de l'année 1864, en invoquant les dispositions de l'art. 1774 c. civ.; — Qu'il résulte de la combinaison des art. 1743, 1748 et 1750, que si, dans le cas de réserve du droit d'expulser le fermier porteur d'un bail authentique ou ayant date certaine, l'acquéreur doit avertir le fermier de biens ruraux au moins un an à l'avance, il en est autrement lorsque le preneur ne produit pas un bail authentique ou ayant date certaine; — Que, dans ce cas, l'acquéreur a le droit d'expulser immédiatement tout possesseur à titre précaire de l'immeuble vendu, sans être tenu d'aucuns dommages-intérêts, aux termes de l'art. 1750 c. civ.; — Que le premier qui peut souffrir de cette expulsion n'a qu'une action contre son bailleur pour obtenir la réparation du préjudice qu'il éprouve; — Que si, dans des circonstances exceptionnelles, des motifs d'équité peuvent déterminer le juge à apporter un tempérament à cette règle rigoureuse, ce n'est, comme l'indiquait Pothier dans son traité du contrat de louage, n° 297, que lorsque le dommage éprouvé par le preneur est considérable et lorsque l'acquéreur n'a pas un pressant besoin de l'immeuble acheté; — Que, dans l'espèce, Delanne avait un besoin pressant de l'immeuble acquis qui devait mettre en communication son établissement industriel avec le canal navigable; — Que le preneur, privé d'un champ de trèfle de 23 ares, éprouvait un préjudice peu considérable; que d'ailleurs ce dernier pouvait exercer une action en garantie contre son bailleur dans les limites prévues par l'acte qu'il invoque; — Attendu qu'il résulte de ces faits et de ces principes que Delanne, qui pouvait se mettre immédiatement en possession de l'immeuble vendu, est mal fondé dans l'action en dommages-intérêts contre les représentants de son vendeur, la seule qu'il ait intentée; — Que Charles Decourtray, qui doit être reconnu sans droit à conserver le champ dont il s'agit au procès, ne prend aucunes conclusions en garantie contre les représentants de François Decourtray; — Met le jugement dont est appel au néant; déclare Delanne mal fondé dans ses demandes, fins et conclusions contre la dame veuve Decourtray; dit que c'est sans droit ni qualité que Charles Decourtray a fait déclarer à Delanne qu'il entendait conserver le bénéfice du prétendu bail dont il s'agit, etc.

Du 15 févr. 1865.-C. de Douai, 1re ch.-MM. Dumon, 1er pr.-Morcette, 1er av. gén.-Pellieux, Martin et Dupont, av.

reur le droit d'expulsion immédiate. « Entre l'acquéreur et le preneur, dit-il, il n'y a aucun lien; l'acquéreur trouve les lieux occupés par un détenteur qui, à son égard, est sans droit; il a le droit absolu de le faire déguerpir... qu'importe qu'il y ait un bail? Cela regarde les parties contractantes. L'acquéreur n'est pas lié par ce bail, on ne peut pas le lui opposer; il est à son égard comme s'il n'existait pas. Donc, il ne se trouve pas dans la situation où un congé doit être signifié. A vrai dire, la seule raison que l'on puisse donner est une considération d'équité. C'est le motif que Pothier alléguait, mais cette raison « n'est plus applicable sous l'empire du code. Nous ne connaissons plus d'obligations fondées sur la charité, il faut que la loi les sanctionne ; le droit l'emporte sur toute considération d'équité ».

Il a été jugé: 1° que le preneur qui n'excipe ni d'un bail authentique, ni même d'un bail écrit, peut être expulsé sans congé préalable par l'acquéreur, alors même qu'il est en possession des lieux; que le preneur n'a droit d'exiger un congé préalable qu'autant que l'expulsion procède en vertu d'une réserve insérée dans le bail écrit; que, néanmoins, il appartient aux juges de modérer, suivant l'exigence des cas, le préjudice qui peut résulter pour le preneur d'une expulsion trop soudaine, et, par exemple, de surseoir pendant trois mois l'exécution de l'arrêt ordonnant l'expulsion, à charge pour le preneur de payer, à titre d'indemnité, pendant ce délai, le prix du bail par lui allégué (Montpellier, 4 mars 1867, aff. Duclerc, D. P. 67. 5. 263); — 2° Qu'il résulte de la combinaison des art. 1748 et 1750, que si, dans le cas de réserve du droit d'expulser le fermier porteur d'un bail ayant date certaine, l'acquéreur doit avertir le fermier au moins un an d'avance, l'acquéreur a, au contraire, le droit d'expulser immédiatement le preneur qui ne peut produire un bail ayant date certaine; que si, dans des circonstances exceptionnelles, des motifs d'équité peuvent déterminer le juge à apporter un tempérament à cette règle rigoureuse, ce n'est que lorsque le dommage éprouvé par le preneur est considérable et lorsque l'acquéreur n'a pas un pressant besoin de l'immeuble loué (Douai, 15 fév. 1865, aff. Decourtray, *suprà*, n° 291. Comp. arrêts cités *Rép.* n°s 495 et 496).

293. Décidé encore que, lorsque, dans la vente d'un fonds de terre, il n'a été fait aucune mention d'un bail consenti par le vendeur au profit d'un fermier n'exploitant pas lui-même et n'habitant pas le domaine, l'acquéreur n'a pu être tenu de donner congé avant de se mettre en possession, alors que ce bail, passé par acte sous seing privé, n'a reçu date certaine par l'enregistrement qu'à une époque postérieure à la vente; que, par suite, le fermier n'est pas fondé à invoquer ce bail pour réclamer les récoltes qui ont été coupées et engrangées par le nouveau propriétaire (Riom, 5 juill. 1858, aff. Vergne, D. P. 58. 2. 219).

294. Ainsi qu'on l'a dit au *Rép.* n° 507, l'acquéreur n'est pas tenu de respecter le bail, lorsque le bailleur s'est réservé la faculté de résiliation au cas de vente. Cette clause de résiliation n'autorise pas le preneur à renoncer au bail, elle ne peut être invoquée que par l'acquéreur; il en serait autrement si la clause, au lieu de réserver la faculté d'expulsion à l'acquéreur, portait que le bail serait résilié de plein droit en cas de vente (V. *Rép.* n° 512; Colmet de Santerre, t. 7, n° 196 *bis*, I; Guillouard, t. 1, n° 370; Laurent, t. 25, n° 394).

295. On a soutenu, au *Rép.* n° 510, que l'acquéreur peut expulser le preneur lorsque la faculté de résiliation a été réservée dans le bail, sans qu'il soit nécessaire que cette faculté ait été reproduite dans l'acte de vente. Cette solution est admise aujourd'hui par les auteurs. On allègue, pour la justifier, soit que, la clause de résiliation ayant été stipulée par le bailleur tant dans son intérêt personnel que dans celui de l'acquéreur, ce dernier peut l'invoquer sans que le bénéfice lui en soit formellement transféré, par application de l'art. 1121 c. civ.; soit que l'acquéreur succède à tous les droits que son vendeur pouvait avoir relativement à la chose vendue, et, par suite, à la faculté d'expulsion qui augmente la valeur de cette chose (Aubry et Rau, t. 4, § 369, p. 502; Guillouard, t. 1, n° 371; Laurent, t. 25, n° 395).

296. Le preneur, malgré la réserve insérée au bail, de la faculté de résiliation, peut invoquer la clause de l'acte de vente qui oblige l'acquéreur à entretenir le bail (V. *Rép.* n° 511). Mais si le bail ne contenait point de réserve de la faculté d'expulsion, il ne pourrait pas se voir opposer la clause de l'acte de vente qui autoriserait l'acquéreur à méconnaître le bail; car, s'il lui est permis de revendiquer le bénéfice d'une stipulation faite par le bailleur tant dans l'intérêt personnel de ce dernier que dans l'intérêt du locataire, il est évident qu'il ne peut « être dessaisi du droit que la loi lui assure, par le résultat de stipulations conclues, en arrière de lui, entre l'acquéreur et le vendeur » (Rouen, 15 mars 1869, aff. Laracque, D. P. 71. 2. 78. Conf. Mourlon, *Revue pratique*, 1870, t. 29, p. 221).

297. MM. Colmet de Santerre, t. 7, n° 196 *bis*, II, et Guillouard, t. 1, n° 375, pensent, conformément à l'avis exprimé au *Rép.* n° 513, que le preneur, sur qui pèse la menace de la faculté d'expulsion, a droit de mettre l'acquéreur en demeure de se prononcer sur le parti qu'il entend prendre à son égard, sur le maintien ou sur la résiliation du bail. — A défaut de cette mise en demeure, à quelle époque l'acquéreur doit-il être considéré comme ayant renoncé à la faculté d'expulsion? La loi n'ayant rien dit à cet égard, on ne peut imposer à l'acquéreur un délai pour faire connaître sa volonté; mais les auteurs considèrent qu'il doit prendre parti promptement, et que la renonciation à la faculté de résiliation doit s'induire du silence gardé durant un certain temps, surtout de la réception sans réserve des loyers (V. Colmet de Santerre, Guillouard, *loc. cit.*; Laurent, t. 25, n° 396 *bis*. Comp. toutefois *Rép.* n° 513).

298. L'art. 1751 c. civ. refuse à l'acquéreur, à pacte de rachat la faculté d'expulser le preneur, tant qu'il n'est pas devenu propriétaire incommutable par l'expiration du délai fixé pour le réméré (V. *Rép.* n° 522). Les auteurs les plus récents s'accordent à reconnaître, conformément à l'opinion soutenue au *Rép.* n° 523, que cette disposition ne s'applique qu'au cas où le bail à date certaine dont peut se prévaloir le preneur contient faculté d'expulsion pour l'acquéreur, mais non au cas où le preneur n'a qu'un bail dépourvu de date certaine; le bail sans date certaine étant suspect d'antidate et de fraude, on décide qu'il ne saurait être opposé même à l'acheteur à réméré (V. Aubry et Rau, t. 4, § 357, note 28, p. 412; Colmet de Santerre, t. 7, n° 198 *bis*, I; Guillouard, t. 1, n° 372. Comp. Laurent, t. 25, n° 396).

SECT. 9. — FIN DU BAIL (*Rép.* n°s 525 à 555).

299. On a indiqué au *Rép.* n° 525, les causes de cessation du bail. — La mort du preneur, ainsi qu'on l'a dit, au *Rép.*, *ibid.*, n'est pas une cause de cessation du bail. M. Laurent, t. 25, n° 318, paraît admettre cependant que, si la location avait été déterminée par la considération de la personne du locataire, la mort de celui-ci entraînerait résiliation du bail; Mais cette opinion est combattue par M. Guillouard, t. 1, n° 351; d'après cet auteur, « à moins d'une clause du bail permettant aux juges de décider que les parties ont entendu apporter une exception à l'art. 1122 et limiter à la vie du preneur la durée du bail, les juges devront décider que le contrat ne finira qu'à l'expiration du temps fixé, quelque favorables que soient les circonstances. En effet, ajoute M. Guillouard, si l'on entrait dans cette voie, il y aurait presque autant d'exceptions à la règle de l'art. 1742 que de cas d'application : dans le bail d'usine, de ferme, de maison appropriée à la profession personnelle du preneur, de chasse, ... et dans beaucoup d'autres, si on ne consultait que les circonstances de la cause et la volonté présumée des parties, on devrait dire que le bail finira par la mort du preneur. Mais si une clause spéciale ne permet pas cette interprétation, nous croyons qu'elle violerait la règle des art. 1122 et 1742, qui est écrite dans des termes trop absolus pour comporter ces exceptions ». — Jugé qu'une cession de bail consentie en même temps qu'un projet de cession d'office ministériel au profit d'un candidat aux fonctions d'avoué n'est pas résolue par la mort de ce dernier, survenue avant qu'il eût été agréé par le Gouvernement, alors que la cession de bail n'avait pas été subordonnée à la condition de sa nomination à ces fonctions (Trib. civ. de Grenoble, 27 juill. 1869 (1). Comp. *infrà*, nº 428).

300. Le consentement mutuel des parties peut mettre fin au bail. Mais on discute la question de savoir quels modes de preuve sont admissibles pour établir le consentement des parties à la résiliation du bail. La preuve par témoins est-elle admissible, conformément aux règles du droit commun, ou bien l'art. 1715, qui prohibe la preuve testimoniale lorsqu'il s'agit de l'existence du bail, doit-il s'appliquer en ce qui concerne sa résiliation?

Dans une première opinion, on décide que la preuve par témoins doit être reçue conformément aux règles du droit commun posées dans les art. 1341 et 1347. L'art. 1715, dit-on, est une disposition exceptionnelle et rigoureuse, dont la portée doit être restreinte au cas expressément visé par ses termes ; d'ailleurs, les motifs qui l'ont dictée ne s'appliquent pas au cas de résiliation ; en prohibant la preuve par témoins d'un bail fait sans écrit et n'ayant reçu aucune exécution, la loi a voulu prévenir les contestations qui se seraient fréquemment élevées sur le point de savoir s'il y avait eu ou non bail verbal; lorsque le bail a été exécuté, puis résilié, ces difficultés ne sont plus à craindre (V. Aubry et Rau, t. 4, § 369, p. 500; Laurent, t. 25, nº 352. V. aussi Bordeaux, 3 mai 1872, aff. Chassaigne, D. P. 73. 2, 60; Rouen, 20 août 1881, aff. Cheilus, D. P. 83. 1. 305).

D'après une seconde opinion, l'art. 1715 doit être appliqué aussi bien en ce qui concerne la dissolution du louage qu'en ce qui concerne sa formation. On fait observer que les auteurs appliquent généralement l'art. 1715 à la preuve du congé, c'est-à-dire à la preuve de la fin du bail par la volonté de l'une des parties (V. *infrà*, nº 368), et qu'il n'y a pas de raison d'exiger une preuve plus difficile de la cessation de bail, lorsque cette cessation a lieu par la volonté d'une des parties, que dans le cas où elle résulte de leur consentement mutuel. En outre, dit-on, l'admission de la preuve testimoniale aurait, lors de la dissolution aussi bien que lors de la formation du bail, les inconvénients que le législateur a voulu prévenir : l'incertitude des parties pendant de longues enquêtes, et, par suite, pendant ce temps, la négligence ou l'absence de culture (V. Guillouard, t. 1, nº 381. Rapport de M. le conseiller Lepelletier, sous Req. 16 janv. 1885, D. P. 85. 1. 234; Caen, 12 nov. 1883, aff. Heuzey, D. P. 85. 1. 234; Orléans, 8 janv. 1886, aff. Davenat, D. P. 87. 1. 447. *Adde :* Req. 18 nov. 1861, aff. Coze, D. P. 62. 1. 121).

Il a été jugé : 1º que la résiliation verbale d'un bail peut être prouvée par présomptions alors même qu'il s'agit d'un loyer supérieur à 150 fr., s'il existe un commencement de preuve par écrit; mais que les présomptions de résiliation résultant de la remise des clefs au bailleur par le locataire appelé à l'armée et de l'enlèvement public de son mobilier, appuyées de l'existence d'une quittance pour supplément de loyer depuis le dernier terme jusqu'au jour de la prétendue résiliation, peuvent être détruites par d'autres circonstances de la cause, et notamment par le refus du locataire de produire la quittance du dernier terme sur laquelle le propriétaire prétend avoir écrit les conditions d'une résiliation éventuelle (Bordeaux, 3 mai 1872, aff. Chassaigne, D. P. 73. 2. 60); — 2º Que la résiliation verbale d'un bail ne peut, pas plus que le bail lui-même, être prouvée par témoins ou par présomptions alors du moins qu'elle n'a pas reçu de commencement d'exécution et qu'il n'existe pas de commencement de preuve par écrit (Orléans, 8 janv. 1886, aff. Davenat, D. P. 87. 1. 447); — 3º Qu'il résulte de l'art. 1715 que, soit pour un bail, soit pour une résiliation qui produit les mêmes effets en sens inverse, la preuve par témoins ou les présomptions, ne peuvent être admises, même avec un commencement de preuve par écrit (Caen, 12 nov. 1883, aff. Heuzey, D. P. 85. 1. 234) ; — 4º Que la résiliation verbale d'un bail ne peut être prouvée par témoins, même avec un commencement de preuve par écrit, au moins lorsqu'elle n'a reçu aucune exécution (Sol. impl.); mais que, lorsque l'existence de cette résiliation n'est pas contestée ou régulièrement établie, la preuve des conditions sous lesquelles elle a été consentie est soumise aux règles du droit commun; et que, par conséquent, elle peut être faite par témoins avec un commencement de preuve par écrit, quand la valeur du bail dépasse 150 fr. (Req. 18 nov. 1861, aff. Coze, D. P. 62. 1. 121. Comp. *Rép.* nº 526 et *suprà*, nºs 73 et suiv.).

301. Lorsque les parties dressent un écrit pour constater la résiliation du bail par consentement mutuel, cet écrit doit être fait en double par application de l'art. 1325: chaque partie doit avoir une preuve entre les mains (V. Guillouard, t. 1, nº 382; Laurent, t. 25, nº 353). « Mais, ajoute M. Laurent, *loc. cit.*, un acte n'est pas nécessaire ; le bail n'est pas un contrat solennel, et la résiliation n'est soumise à aucune solennité. Or, on peut prouver un contrat par l'aveu des parties, donc par lettres; et, en ce sens, on peut aussi prouver par lettres le concours de consentement qui a pour objet de résoudre le contrat de bail » (Conf. Gand, 11 janv. 1853, aff. Hamelrath, *Pasicrisie*, 1853. 2. 145. Comp. *Rép.* nº 526-1º; Rouen, 20 août 1881, aff. Cheilus, D. P. 83. 1. 305).

302. La jurisprudence admet encore que le consentement mutuel des parties à la résiliation peut être tacite, et que la preuve de cette résiliation résulte suffisamment des circonstances d'où l'on peut induire avec certitude la volonté des parties (Conf. Guillouard, t. 1, nº 383). — Jugé, en ce sens : 1º que l'acceptation d'une offre de résiliation peut être tacite, et spécialement que, lorsqu'un commandement à fin de payement de loyers arriérés, portant que, faute de payement dans un délai déterminé, la résiliation du bail sera poursuivie, a été suivi de la signification par le preneur de sa renonciation immédiate à ce bail, la saisie faite par le bailleur, sans attendre l'époque fixée, emporte acceptation de cette renonciation et ne permet plus au preneur de la rétracter ultérieurement (Req. 20 janv. 1862, aff. Dupin, D. P. 62. 1. 364) ; — 2º Que la résiliation du bail, à la suite du défaut de payement des loyers, peut résulter de circonstances de nature à prouver que le bailleur a considéré le bail comme ayant pris fin, alors même qu'il a été convenu que le bail ne serait résilié de plein droit, à défaut de payement, que quinze jours après un commandement de payer resté infructueux et énonçant l'intention du bailleur de se prévaloir de la résiliation ; qu'ainsi les juges du fond peuvent considérer le bail comme ayant cessé, par cela seul que le bailleur a saisi et fait vendre les meubles du locataire qui, tombé en déconfiture, avait abandonné les lieux et cessé son exploitation, bien que la demande en résiliation ne se soit produite que plus tard; et ils décident, dès lors, à bon droit, que, les loyers cessant

---

(1) (Vallier *C.* Chapel et autres.) — LE TRIBUNAL ; — Attendu que, le 15 novembre dernier, les héritiers Chapel ont verbalement subrogé le sieur Feys au bénéfice du bail verbal qu'ils tenaient du sieur Vallier, d'un appartement situé place Saint-André, au prix de 800 fr. par an, et que la demande du sieur Vallier n'est point contestée par les héritiers Chapel ; — Attendu que les héritiers Feys se prévalent de ce qu'il y a eu le même jour un projet de cession de l'étude d'avoué du sieur Chapel père avec le sieur Feys, projet qui n'a pu recevoir aucune exécution par suite du décès du sieur Feys avant qu'il eût été agréé par le Gouvernement, pour soutenir que la cession d'office et la subrogation de bail étaient inséparables dans l'intention des parties et que l'impossibilité d'exécuter l'une doit entraîner la résiliation de l'autre;

Attendu qu'il s'agit de deux traités distincts, débattus séparément, et que celui relatif à la cession de bail n'était point subordonné pour sa validité à l'acceptation du Gouvernement; que cette subrogation a été consentie purement et simplement, sans aucune condition; — Attendu qu'il n'importe pas que le sieur Feys puisse n'avoir été déterminé à prendre la suite du bail qu'à raison de ce qu'il espérait devenir avoué à Grenoble, parce que l'erreur sur le but que s'est proposé l'une des parties, à la différence de l'erreur sur la cause du contrat, ne vicie point son consentement et n'empêche pas qu'il soit certain que le sieur Feys a accepté de remplacer les héritiers Chapel dans le logement du sieur Vallier, quelle que fût la destination qu'il dût lui donner ; que les héritiers Chapel sont à cet égard dans la même situation qu'un étranger de qui le sieur Feys aurait loué un appartement ou acheté des meubles, et à l'égard duquel les héritiers du sieur Feys ne pourraient cesser de remplir ses engagements, par cela seul que les projets même connus de ce tiers ne pourraient se réaliser ; qu'il ne pourrait en être autrement qu'autant que le sieur Feys aurait subordonné la subrogation du bail à la condition de sa nomination aux fonctions d'avoué ; — Par ces motifs, etc.

Du 27 juill. 1869.-Trib. civ. de Grenoble.

d'être dus à partir de la saisie pratiquée par le bailleur, c'est la date de cette saisie et non celle de la demande en résiliation formée plus tard qui sert de point de départ au délai de relocation auquel s'applique l'indemnité visée par l'art. 1760 c. civ. (Req. 25 mai 1870, aff. Comtet, D. P. 71. 1. 14). — Mais il a été décidé qu'on ne saurait considérer comme une offre de résiliation le congé donné par le preneur d'un bail de six, neuf ou douze années, au bout de la troisième année, par inadvertance et par suite d'une confusion dans les dates d'expiration des périodes de location; que, par suite, l'acceptation de ce congé par le bailleur ne saurait entraîner la résiliation du bail, alors surtout qu'elle se produit tardivement et que le bailleur avait d'abord considéré comme non avenu le congé inefficace aux termes mêmes du bail auquel il se référait (Orléans, 13 janv. 1877) (1).

ART. 1er. — *Expiration de la durée du bail* (*Rép.* nos 527 à 530).

303. Lorsqu'il a été fait pour une durée déterminée, le bail cesse à l'expiration du temps fixé (V. les explications données à ce sujet *Rép.* nos 527 et suiv.). S'il a été consenti avec la clause que le preneur resterait dans les lieux loués tant qu'il lui plairait ou tant que l'immeuble subsisterait, on doit le considérer comme conclu pour la vie du preneur, sauf droit pour celui-ci, dans le premier cas, de donner congé (V. Aubry et Rau, t. 4, § 369, note 16, p. 498; Guillouard, t. 1. n° 408; Laurent, t. 25, n° 317; Paris, 4 juin 1859, aff. Gaibrois, D. P. 59. 2. 116).

ART. 2. — *Evénement de la condition résolutoire* (*Rép.* nos 531 à 544).

304. Le bail peut être soumis à une condition résolutoire; mais l'événement de cette condition n'a point d'effet rétroactif; elle ne remet pas les choses au même point que si le bail n'avait jamais eu lieu (V. *Rép.* n° 531). — Jugé : 1° que, le bail étant un contrat dont l'exécution est successive, la condition résolutoire opère moins une résolution qu'une cessation du contrat, et ne peut avoir d'effet que pour l'avenir; que, en conséquence, le juge du fond décide à bon droit que les effets d'un sous-bail ne prendront fin qu'à la date assignée, d'après les circonstances de la cause, à sa résolution, et non pas au jour, soit de l'engagement contracté par le sous-locataire, soit de l'événement qui a donné lieu à la résolution, soit même de la demande tendant à la faire prononcer (Req. 8 nov. 1882, aff. Cheilus, D. P. 83. 1. 305); — 2° Que, en matière de bail, la résiliation n'opérant que pour l'avenir, les stipulations faites par les parties en vue de la cessation du bail doivent recevoir leur exécution, nonobstant les effets de la résiliation; spécialement, que le preneur par la faute duquel la résiliation du bail est prononcée, et qui s'était engagé à abandonner, à la fin du bail, les constructions et améliorations par lui faites sur l'immeuble, ne peut pas même réclamer du bailleur la valeur d'une portion de ces constructions et améliorations proportionnelle au temps qui restait à courir jusqu'à l'expiration de la location (Req. 23 juin 1873, aff. Boitelet, D. P. 74. 1. 218).

305. Il a été décidé que la convention portant qu'un bail pourra être résilié dans une hypothèse déterminée, en prévenant six mois à l'avance, doit être entendue en ce sens que les six mois courent à partir de la signification du congé, et non à partir du prochain terme, quoique l'usage des lieux soit que les congés ordinaires ne peuvent avoir effet qu'à partir de l'époque de ce terme (Aix, 28 déc. 1870, aff. Dussère et Audibert, D. P. 72. 2. 56. Comp. *Rép.* n° 532 et *infrà*, n° 362).

306. Les baux de trois, six ou neuf années doivent être considérés comme faits pour neuf ans, avec faculté, pour les parties, de résilier après chacune des deux premières périodes triennales (*Rép.* n° 533; Laurent, t. 25, n° 316). — Lorsqu'un bail a été consenti pour trois, six, neuf années sans qu'il ait été déclaré si ce serait à la volonté réciproque des parties ou à la volonté exclusive de l'une d'elles, on doit l'interpréter dans le sens d'une parfaite égalité entre le bailleur et le preneur; ainsi, le bailleur peut, aussi bien que le preneur, donner congé à l'expiration de chacune des périodes triennales (Paris, 19 janv. 1864, aff. Deshayes, D. P. 64. 2. 44. Conf. Laurent, t. 25, n° 316. V. aussi *Rép.* nos 535, 536). — Sur la forme dans laquelle les parties doivent faire connaître leur volonté de résilier, V. *Rép.* nos 533, 673 et 696 et *infrà*, nos 367 et suiv.

307. L'événement de la condition résolutoire n'emporte pas résiliation de plein droit, à moins qu'il n'ait été stipulé expressément qu'il aurait cet effet (V. *Rép.* n° 540). A moins de clause spéciale, la résolution doit être demandée en justice, et les tribunaux ont alors un pouvoir d'appréciation (V. *infrà*, n° 311) qui leur fait, au contraire, défaut lorsque la résolution doit, aux termes de la convention des parties, s'opérer de plein droit (*Rép.* nos 336 et 540; Aubry et Rau, t. 4, § 369, p. 496; Guillouard, t. 1, nos 440, 441; Laurent, t. 25, nos 363-371; Bruxelles, 1er août 1865, aff. Van Raemdonk, *Pasicrisie*, 1866. 2. 218). — Jugé : 1° que la clause d'un bail, portant qu'à défaut de payement d'un seul terme de loyer, ce bail sera résilié de plein droit, après un commandement non suivi de payement dans un certain délai, et sans autre formalité, est licite et ne permet pas aux juges d'accorder au débiteur les délais prévus par les art. 1184 et 1244 c. civ. (Civ. cass. 2 juill. 1860, aff. de Paraza, D. P. 60. 1. 284 et, sur renvoi, Orléans, 9 nov. 1860, D. P. 61. 2. 54. Conf. Bordeaux, 1er juin 1864; Paris, 11 févr. 1874, aff. Henniaux, D. P. 75. 2. 145; Liège, 22 janv. 1859, aff. Laurent, *Pasicrisie*, 1859, 2. 214); — 2° Que la clause d'un bail authentique portant que ce bail sera résilié de plein droit à défaut de payement d'un seul terme de loyer, constaté par une mise en demeure restée infructueuse, est non seulement licite et obligatoire, mais

(1) (Brocherioux C. Duchesne.) — LA COUR; — Attendu que, suivant bail sous seings privés en date du 6 avr. 1872, enregistré, Duchesne a loué à Brocherioux le premier étage d'une maison sise à Tours, rue du Commerce, pour six, neuf ou douze années, qui ont commencé à courir le 24 juin 1873; Que, le 24 déc. 1875, Brocherioux, preneur, a, par exploit d'huissier, déclaré à Duchesne, bailleur, qu'il entendait faire cesser l'effet du bail susdaté à l'expiration de la première période de trois années, c'est-à-dire le 24 juin 1876, et qu'il donnait en conséquence congé pour ladite époque; — Qu'après plusieurs mois écoulés, Duchesne, par exploit du 16 juin 1876, notifia à Brocherioux qu'il acceptait le congé signifié par ce dernier le 24 décembre précédent, et lui fit sommation de vider les lieux le 24 juin; que, sur le refus de Brocherioux d'obtempérer à cette sommation, il l'a assigné aux mêmes fins devant le tribunal de Tours, qui a fait droit à sa demande; — Attendu que le bail stipulé pour une durée de six, neuf ou douze ans, n'ouvrait pas faculté de résiliation à l'expiration de la troisième année; — Qu'en donnant congé pour cette date, Brocherioux sortait des limites tracées par le contrat et se prévalait prématurément d'un droit créé par ce contrat pour l'avenir, mais qui n'était pas né; — Que les termes mêmes de son exploit de notification de congé, visant l'expiration d'une période de trois années que le bail n'avait pas prévue, constituaient un non-sens, le rendaient inefficace et lui enlevaient toute portée juridique; — Qu'une telle notification, demeurant sans effet quant à l'exécution de la convention dont elle méconnaissait l'économie, était, d'autre part, impuissante à produire effet contre elle, alors qu'elle reposait sur une interprétation des clauses de cette convention, erronée, il est vrai, mais exclusive de la pensée d'y déroger, et ne pouvait, par suite, revêtir le caractère d'une offre de résolution ou pollicitation que les premiers juges lui ont mal à propos attribué; — Que ce caractère lui appartient d'autant moins que, des documents de la cause, il ressort que cette notification de congé faite intempestivement par Brocherioux à l'expiration de la troisième année du bail, qui n'était pas une époque déterminée de résiliation, n'a été, de la part du preneur, que le résultat d'une inadvertance et d'une confusion dans les dates d'expiration des périodes de la location; — Que le bailleur l'avait ainsi jugé, et que, loin d'y voir une offre de résiliation du contrat et un lien de droit dont il aurait entendu tirer avantage, il l'avait, au contraire, repoussée au début, manifestant d'ailleurs par ses actes, ses paroles et son attitude, par l'absence notamment de toute recherche d'un nouveau locataire, par la tardiveté de son acceptation du congé de Brocherioux, laquelle serait de nature à la rendre suspecte de mauvaise foi, qu'il n'avait fait aucun cas de ce congé et le tenait pour non avenu; — Par ces motifs, met l'appellation et ce dont est appel à néant, etc.

Du 13 janv. 1877.-C. d'Orléans.-MM. Mantellier, pr.-Dubec et Desplanches, av.

encore exclusive du droit, pour le juge, d'accorder aucun sursis ou délai de grâce, quand même le preneur offrirait de mettre à sa place un sous-locataire solvable qui payerait comptant une somme presque suffisante pour désintéresser le bailleur et laisserait dans les lieux loués les meubles qui les garnissent (Nancy, 16 avr. 1877, aff. Burgaux, D. P. 79. 2. 205. Comp. *Rép.* n° 337).

308. Les parties peuvent renoncer expressément ou tacitement au bénéfice de la clause résolutoire ; mais une telle renonciation ne se présume pas et ne peut résulter que de faits non susceptibles d'être interprétés dans un autre sens que la renonciation (V. Guillouard, t. 1, n° 442; Laurent, t. 25, n°s 372-374; Nancy, 16 avr. 1877, aff. Burgaux, D. P. 79. 2. 205. Comp. *Rép.* n° 542). — M. Guillouard, *loc. cit.*, estime que la renonciation tacite « peut résulter, par exemple, de la réception des fermages par le bailleur après que la résolution est encourue en vertu du contrat ». Il y a lieu, à cet égard, de faire une distinction selon qu'il s'agit de la réception de fermages (ou loyers) dus au jour de l'événement de la clause résolutoire ou de fermages ou loyers afférant à des échéances postérieures. Lorsque le bailleur a manifesté l'intention de se prévaloir de la clause résolutoire, il ne cesse pas d'avoir droit de recevoir les loyers ou fermages courus jusqu'à la résiliation, et par suite la réception de ces loyers ou fermages, même sans aucune réserve, n'implique pas de sa part intention de renoncer au bénéfice de la résiliation (V. Laurent, t. 25, n° 373; Liège, 20 juill. 1864, aff. Fabrion, *Pasicrisie*, 1865, 2. 42. Comp. Nancy, 16 avr. 1877, précité). On ne peut, au contraire, expliquer que par la volonté de renoncer à la clause résolutoire la réception régulière des loyers et fermages qui représentent le prix d'une jouissance tolérée par le bailleur après l'événement de la condition résolutoire (V. Laurent, t. 25, n° 374).

309. Il a été jugé que la clause d'un bail, portant que la résiliation aura lieu de plein droit, moyennant indemnité, si, avant le terme fixé pour sa durée, le preneur, fonctionnaire public, reçoit un changement de résidence, s'applique au cas où ce fonctionnaire, provisoirement autorisé à habiter une commune autre que le chef-lieu de sa circonscription, reçoit, sans d'ailleurs changer de fonctions, l'ordre de transférer son habitation dans ce chef-lieu (Douai, 1er mars 1879, aff. Clarisse, D. P. 80. 2. 20).

310. Jugé encore : 1° que l'arrêt qui, par appréciation des clauses d'un bail, de l'intention des parties contractantes et des circonstances de fait soumises à l'examen des juges du fond, déclare un bailleur non recevable à se prévaloir d'une clause de résolution stipulée en sa faveur, par le motif qu'il s'est refusé à faire procéder à la mise en état des lieux loués et aux réparations auxquelles il s'était obligé, échappe au contrôle de la cour de cassation (Req. 3 janv. 1883, aff. Harding, D. P. 83. 1. 415); — 2° Que, l'obligation pour le preneur de payer son loyer étant corrélative à celle qui incombe au bailleur de procurer au locataire une jouissance utile et paisible de la chose louée, le pacte commissoire, contenu dans un bail et portant résiliation de plein droit à défaut de payement d'un seul terme de loyer et après un certain délai à partir d'un commandement de payer resté infructueux, demeure sans application quand il y a compte à faire entre les parties (Orléans, 20 avr. 1888, aff. Maupoint ; 8 août 1888, aff. Lemaignen, D. P. 89. 2. 247);... soit à raison d'un trouble apporté à la jouissance du preneur, et dont le bailleur doit l'indemniser, et ce tant que la réduction de loyer résultant de ce fait n'a pas été réglée (Arrêt précité du 20 avr. 1888)... soit à raison de travaux indispensables incombant au bailleur, dont le preneur réclame l'exécution, et ce tant que le montant de ces travaux n'a pas été déterminé (Arrêt précité du 8 août 1888). Comp. *suprà*, n° 188.

ART. 3. — *Inexécution des engagements respectifs* (*Rép.* n°s 545 à 555).

311. Ainsi qu'on l'a dit au *Rép.* n°s 545 et 546, les juges saisis d'une demande en résolution fondée sur l'inexécution des obligations soit du bailleur, soit du preneur, ne sont pas tenus de prononcer immédiatement la résiliation du bail ; ils peuvent accorder un délai à la partie qui a omis de remplir ses engagements, et ils ont, en tout cas, un pouvoir discrétionnaire pour apprécier si l'inexécution est ou suffisamment grave pour entraîner la résiliation (V. Aubry et Rau, t. 4, § 369, p. 496 ; Guillouard, t. 1, n° 438 ; Laurent, t. 25, n°s 361 et 362). — Jugé que l'art. 1741 c. civ., combiné avec l'art. 1184 dont il est un corollaire, n'impose pas aux tribunaux l'obligation de prononcer la résiliation du bail dans tous les cas où il y a défaut, par l'une des parties, de satisfaire à ses engagements ; qu'il appartient au juge d'apprécier la gravité des infractions commises et de décider s'il y a lieu à résiliation (Civ. rej. 18 janv. 1869, aff. Meyssonnier et Coquerel, D. P. 69. 1. 112. Comp. *Rép.* n° 334).

312. La résolution prononcée pour inexécution des engagements a pour effet de remettre les choses dans le même état que si le bail n'avait jamais existé, sauf à tenir compte toutefois de l'exécution qu'il a reçu en fait jusqu'à l'époque de la résiliation (V. Guillouard, t. 1, n° 445). Jugé, en conséquence : 1° que les frais d'un bail résolu par la faute du bailleur sont à bon droit mis à la charge de ce bailleur, proportionnellement à la durée qu'avait encore le bail au moment de sa résolution, quoique l'acte les ait mis à la charge exclusive du preneur (Req. 19 janv. 1863, aff. Cohen-Scali, D. P. 63. 1. 248) ; — 2° Que les loyers d'un bail, stipulés payables d'avance, par chaque période déterminée, et, par exemple par mois, sont dus, en cas de résolution du bail par la faute du bailleur, jusqu'au jour seulement de la résolution, et non pour toute la période alors commencée (Même arrêt).

313. Il a été décidé que le jugement qui, sur les conclusions à fin de résiliation d'un bail au cas de non-payement immédiat de la somme réclamée par le bailleur pour loyers échus, loyers dont le chiffre était contesté à tort par le preneur, déclare le bail résilié « à défaut de payement immédiat des loyers dus », doit être interprété en ce sens qu'il prononce une résiliation pure et simple, sans terme ni condition, et aux effets de laquelle le preneur ne peut dès lors se soustraire par des offres faites soit lors de la signification du jugement, soit même avant cette signification (Civ. rej. 11 janv. 1865, aff. Martinez, D. P. 65. 1. 11 ; Conf. Guillouard, t. 1, 445 ; Comp. toutefois la note *ibid.*).

314. Les parties peuvent renoncer à se prévaloir de l'inexécution de telle ou telle clause du bail, à l'effet de demander la résiliation ; mais leur renonciation ne saurait se présumer (V. *suprà*, n° 308). Aussi a-t-il été jugé qu'à défaut d'une dérogation spéciale et expresse apportée aux clauses d'un bail, l'inexécution, même prolongée, d'une de ces clauses ne saurait être considérée comme une renonciation à s'en prévaloir par celui au profit duquel elle a été stipulée (Grenoble, 8 mai 1882, aff. Cercle du Palais à Montélimart, D. P. 83. 2. 94).

315. On a examiné au *Rép.* n° 550, la question de savoir si la faillite entraîne résiliation du bail. Nous avons consacré à cette question (*suprà*, v° *Faillite*, n°s 1116 et suiv.) des développements assez étendus pour nous dispenser de la traiter ici. — Il suffira de mentionner la loi du 12 févr. 1872 (V. le texte de cette loi *suprà*, v° *Faillite*, n° 1114 et D. P. 72. 4. 34), d'où il résulte nettement que la faillite n'est pas, par elle-même, une cause de résiliation du bail, et qu'elle n'autorise pas le bailleur à exiger par anticipation le payement des loyers à échoir, ou, à défaut de ce payement anticipé, la résiliation, s'il lui est donné des garanties suffisantes pour assurer le payement à l'échéance (V. Guillouard, t. 1, n°s 354 et suiv., et *suprà*, v° *Faillite*, n°s 1116 et suiv.). Cette double solution est évidemment applicable au cas de déconfiture du preneur (V. Guillouard, t. 1, n° 358).

316. La demande en résolution pour inexécution des obligations n'a pas besoin, d'après l'opinion dominante, d'être précédée d'une mise en demeure adressée à la partie qui est en faute. L'art. 1184, c. civ., dit-on, n'exige point cette condition, et l'art. 1146 c. civ., qui exige une mise en demeure préalable, ne visant que des demandes en dommages-intérêts, ne saurait, en aucune manière, être appliqué aux demandes en résolution (V. Guillouard, t. 1, n° 439; Laurent, t. 25, n° 358; V. en outre *infrà* v° *Obligation*. V. toutefois, en sens contraire, *Rép.* n°s 336 et 553; Liège, 20 mars 1869, aff. de Monténeva, *Pasicrisie*, 1869. 2, 246. Comp. Douai, 24 mars 1847, aff. Verschave, *suprà*, n° 188. V. aussi *suprà*, n°s 94 et suiv.).

317. Lorsque la partie qui demande la résiliation pour inexécution des obligations nées du bail invoque de simples faits à l'appui de sa prétention, ces faits peuvent être établis par tous les moyens de preuve, même par témoins et par présomptions (V. Guillouard, t. 1, n° 443 ; Req. 2 mars 1875, aff. Lagogué, D. P. 76. 1. 87). — Jugé que l'arrêt qui repousse la demande d'un locataire en résiliation du bail, par le motif qu'à la suite de dommages causés à l'immeuble par des événements de force majeure, le bailleur a fait, en présence du preneur, constater l'état des lieux et exécuter les travaux de réfection, et que le preneur a repris possession de l'immeuble sans protestation ni réserve, doit être considéré comme fondé non sur une présomption légale, mais sur des présomptions graves, précises et concordantes, résultant des documents de la cause et admissibles dans l'espèce, où la demande était basée sur de purs faits susceptibles d'être établis ou contestés par tous les genres de preuve (Même arrêt); qu'il appartient, d'ailleurs, au juge saisi, en pareil cas, d'une demande en résiliation d'un bail, d'apprécier s'il y a lieu de procéder à une vérification des lieux et à une expertise (Même arrêt).

SECT. 10. — IMPENSES ET AMÉLIORATIONS FAITES PAR LE PRENEUR (*Rép.* n°s 556 à 663).

318. Le preneur a droit au remboursement des impenses nécessaires qu'il a faites pour la conservation de la chose louée, sans même en avoir donné avis au bailleur (V. *Rép.* n° 557; Guillouard, t. 1, n° 296).

319. Quant aux dépenses seulement utiles ou de pur agrément, les auteurs sont loin de s'accorder sur les droits que peut prétendre le preneur qui les a faites. Les principales difficultés s'élèvent au sujet des plantations et constructions faites par le preneur. Ces plantations et constructions deviennent-elles la propriété du bailleur ou appartiennent-elles au preneur? Celui-ci peut-il en disposer à sa guise, soit au cours du bail, soit lors de sa dissolution, ou bien le bailleur a-t-il droit de s'opposer à leur enlèvement et de les garder moyennant indemnité? Trois opinions divisent la doctrine; quant à la jurisprudence, il est souvent difficile de la rattacher à tel ou tel système, car elle ne paraît pas suivre des principes très fermes.

D'après un premier système, le bailleur devient, par droit d'accession, propriétaire des constructions et plantations, du jour où le preneur a construit ou planté. Il s'ensuit qu'au cours du bail, le bailleur peut s'opposer à l'enlèvement de ces constructions ou plantations, et qu'à l'expiration du bail, il jouit du droit d'option conféré par l'art. 555 au propriétaire vis-à-vis du possesseur de mauvaise foi, c'est-à-dire exiger l'enlèvement, ou conserver les ouvrages en remboursant le prix des matériaux et de la main d'œuvre. Au cours du bail, il est vrai, le preneur a le droit de modifier les améliorations par lui réalisées, de même qu'il avait le droit de modifier, dans l'intérêt de son industrie, l'immeuble loué ; mais il ne peut pas supprimer purement et simplement les constructions qu'il a élevées; s'il les détruit, il doit les remplacer. On donne pour raison de ce système les dispositions de l'art. 551, aux termes duquel « tout ce qui s'unit et s'incorpore à la chose appartient au propriétaire », et de l'art. 551, § 1er, d'après lequel, « lorsque les plantations, constructions et ouvrages ont été faits par un tiers et avec ses matériaux, le propriétaire du fonds a droit ou de les retenir ou d'obliger ce tiers à les enlever. On considère le droit d'accession comme un droit absolu, et on applique au preneur le traitement édicté à l'égard du tiers de mauvaise foi, par le motif qu'il n'ignorait pas qu'il construisait sur le terrain d'autrui, et qu'il ne peut, par suite, prétendre au traitement privilégié du possesseur qui se croyait véritable propriétaire (V. Guillouard, t. 1, n°s 296 et suiv.). — Il a été jugé, en ce sens : 1° que les constructions élevées par le preneur sur le terrain loué appartiennent, en principe, au propriétaire du sol, en vertu du droit d'accession, et ne sont point, en conséquence, susceptibles d'être grevées d'hypothèque du chef du preneur (Trib. civ. de la Seine, 17 févr. 1870, aff. Maige, D. P. 71. 3. 33; Req. 27 mai 1873, aff. Pigeory, D. P. 73. 1. 410; Paris, 4 nov. 1886, aff. Mouchet, D. P. 88. 2. 4. Conf. Guillouard, t. 1, n° 297) ; qu'il n'en serait autrement que s'il résultait des circonstances, et spécialement des clauses du contrat de bail, que le propriétaire du sol a renoncé au droit d'accession et reconnu au locataire la propriété des constructions qui avaient été ou qui seraient par lui édifiées (Arrêts précités des 27 mai 1873, et 4 nov. 1886); que, par suite, le preneur est investi d'un simple droit de jouissance, et non d'un droit immobilier susceptible d'hypothèque, sur les constructions par lui élevées: soit qu'il les ait faites en exécution d'une clause du bail qui l'obligeait à construire, dans le délai d'un an, des ouvrages déterminés devant appartenir, à l'expiration du bail, aux bailleurs, sans indemnité de leur part et conformément à l'état qui serait dressé aussitôt après l'achèvement des constructions et leur acceptation par les bailleurs (Arrêt précité du 27 mai 1873. Conf. Paris, 18 déc. 1871) (1); soit qu'il y ait procédé de son plein gré, alors que le bailleur s'était expressément réservé de rentrer en possession de la chose louée, sans aucune indemnité pour les constructions qui auraient pu y être édifiées, soit à l'expiration du bail, soit même, en cas d'expulsion anticipée pour défaut de payement des loyers, à quelque moment que ladite expulsion fût prononcée (Arrêt précité du 4 nov. 1886); — 2° Que le droit, donné par le contrat de bail au preneur, de faire des constructions sur l'immeuble loué ne peut être considéré comme lui attribuant un droit de propriété quelconque, partielle ou éventuelle, sur lesdites constructions; que le droit de détruire ces constructions pendant les vingt-six premières années du bail et l'obligation de les conserver pendant les dix dernières années sont des conventions accessoires et secondaires qui ne sauraient dénaturer l'objet principal du contrat, ni impliquer aucune attribution au preneur d'un droit de propriété sur lesdites constructions (Civ. cass. 8 juill. 1851, aff. Javal, D. P. 51. 1. 198. V. conf. Guillouard, t. 1, n° 297); — 3° Que le locataire qui a construit sur le terrain à lui loué n'est possesseur qu'à titre précaire des constructions comme du terrain, et, par suite, n'a pas l'action possessoire pour empêcher le propriétaire de le troubler dans la jouissance de ces constructions (Trib. civ. Troyes, 11 déc. 1868,

(1) (Raousset-Boulbon C. Pigeory.) — Le 27 nov. 1869, le tribunal civil de la Seine a rendu le jugement suivant : « Attendu que si, en principe, le droit au bail d'un terrain considéré isolément est purement mobilier, et, par suite, non susceptible d'hypothèque, il n'en saurait être de même lorsque, le propriétaire d'un terrain ayant permis au preneur de bâtir pour son propre compte sur ledit terrain, le droit au bail et à la propriété des constructions appartient au locataire ; que cette réunion dans la même main constitue un démembrement de propriété et forme un ensemble immobilier susceptible d'hypothèque ; que, par suite, un ordre peut être valablement ouvert sur le prix total d'adjudication ; — Dit qu'il sera procédé par le juge-commissaire aux opérations de l'ordre sur le prix d'adjudication et du droit au bail et des constructions élevées sur le boulevard Saint-Germain ». — Appel.

LA COUR ; — Considérant que le bail d'un terrain est un droit incorporel purement mobilier et non susceptible d'hypothèque ; — Que ce caractère ne change pas, par la faculté ou l'obligation d'élever des constructions sur le terrain loué ; — Que, lorsque ces constructions imposées au locataire comme condition expresse de son bail doivent, en fin dudit bail, demeurer sans indemnité la propriété exclusive du bailleur, il est vrai de dire qu'étant, vu leur édification, incorporées au sol, elles en font désormais partie intégrante par droit d'accession, mais que si, dans ce cas spécial, elles forment, avec le terrain loué, un ensemble immobilier susceptible d'hypothèque, c'est seulement au profit du bailleur qui en a acquis la propriété définitive, et non au profit du locataire qui n'en a retenu que la simple jouissance pendant la durée du bail; — Qu'une pareille jouissance, quelque qualification qu'on veuille lui attribuer, ne saurait, dans l'état présent de notre législation, conférer au locataire un droit immobilier, ni, par conséquent, à ses créanciers personnels, un droit quelconque d'hypothèque ; — Considérant que, dans les circonstances visées au jugement dont est appel, c'est sans droit que Pigeory, créancier de Raousset-Boulbon, d'Ivernois, créancier de Raousset-Boulbon et de Gérault, ont pris inscription d'hypothèque et pratiqué des saisies réelles sur le droit au bail et les constructions dont s'agit; — Considérant, dès lors, qu'à tort les premiers juges ont validé l'hypothèque de Pigeory et ordonné qu'il serait colloqué par voie d'ordre sur la totalité du prix de l'adjudication ; — Par ces motifs, etc.

Du 18 déc. 1871.-C. de Paris, 2e ch.

aff. Bertourelle, D. P. 71. 1. 172. Comp. Civ. rej. 7 avr. 1862 ; Paris 30 mai 1864; 23 févr. 1872. cités *infrà*, n° 322).

Suivant une seconde opinion, le droit d'accession ne peut être exercé par le bailleur que « sur l'état de choses existant à la fin du bail ». Au cours de la location, le preneur a le droit d'enlever les constructions ou plantations qu'il a faites ; le bailleur ne peut s'y opposer ; à la fin du bail, au contraire, le bailleur peut, à son choix, exiger l'enlèvement des ouvrages ou demander leur conservation contre remboursement intégral du prix des matériaux et de la main d'œuvre (V. Aubry et Rau, t. 2, § 204, texte et note 22, p. 262, et t. 4, § 365, p. 371. Conf. rapport de M. le conseiller Guillemaud, sous Req. 8 mai 1877, D. P. 77. 1. 308. Comp. *Rép.* n°s 559 et 560 ; Demolombe, *Traité de la distinction des biens et de la propriété*, t. 1, n° 693). « L'opinion que nous avons adoptée, disent MM. Aubry et Rau, t 2, § 204, note 22, p. 262, se fonde sur ce que, le preneur ne pouvant être considéré comme un tiers possesseur soit de bonne foi, soit de mauvaise foi, les dispositions de l'art. 555 ne lui sont pas directement applicables. Et si nous soumettons le bailleur qui opte pour la conservation des travaux à l'obligation de rembourser intégralement la valeur des matériaux et le prix de la main-d'œuvre, c'est parce que nous lui reconnaissons aussi la faculté de demander la suppression de ces mêmes travaux, ce qui le place dans une situation analogue à celle où se trouve, d'après l'art. 555, le propriétaire du sol vis-à-vis d'un possesseur de mauvaise foi ». — Jugé : 1° qu'en admettant que la disposition de l'art. 555 c. civ. soit conciliable avec les principes spéciaux qui régissent le bail, et que le propriétaire puisse exercer, dans toute sa rigueur, à l'encontre de son fermier, le droit que lui donne cet article de retenir les constructions élevées par un tiers sur son fonds, sous la seule condition de rembourser la valeur des matériaux et le prix de la main-d'œuvre, ce droit ne s'ouvre pour lui qu'au jour où cesse le bail et sur l'état de choses existant à cette époque ; que, jusqu'à l'expiration du bail, le preneur peut disposer à son gré des ouvrages par lui faits ; qu'ainsi, le preneur d'une usine qui y a fait construire, pour l'exploitation de son industrie, un mécanisme auquel ses conditions d'adhérence au sol donneraient même le caractère d'un immeuble par nature, conserve, durant tout le cours du bail, le pouvoir de déplacer et de modifier ce mécanisme ; que, dès lors, le bailleur n'est pas fondé, au cas de suppression, pendant la durée du bail, du mécanisme dont il s'agit, à en exiger le rétablissement, en déclarant sa volonté de le conserver, à la cessation du bail, à charge d'indemnité (Req. 22 nov. 1864, aff. Loiseau, D. P. 65. 1. 111) ; — 2° Que, si le propriétaire peut, au moment où le contrat de louage touche à sa fin, s'opposer, en vertu de l'art. 555 c. civ., à l'enlèvement des constructions ou plantations faites par le preneur, en offrant de payer la valeur des travaux et le prix de la main-d'œuvre, il doit déclarer, avant l'expiration du bail, son intention de retenir les additions qui ont augmenté la chose ; sinon, le preneur qui n'est obligé, par le contrat de louage, qu'à rétablir l'immeuble tel qu'il l'a reçu, reste libre de disposer des ouvrages qu'il y a créés et que le bailleur, soit à dessein, soit par incurie, ne demande point à conserver (Req. 8 mai 1877, précité); — 3° Que, s'il est vrai que le propriétaire d'un terrain peut revendiquer la propriété des bâtiments édifiés sur ce terrain par un tiers, et spécialement par son locataire, ce droit n'existe pour lui qu'à certaines conditions et à l'état d'une simple faculté à laquelle il peut renoncer ; que, par suite, le locataire a un droit de propriété tout au moins éventuel, sur le bâtiment par lui construit et peut conférer sur ce bâtiment une hypothèque valable mais résoluble comme son droit lui-même (Lyon, 14 août 1868, aff. Reverdel, D. P. 71. 3. 33, en note. Comp. Orléans, 19 avr. 1866, aff. Botto, D. P. 66. 2. 94 ; Paris, 30 mai 1864, précité ; Lyon, 18 mars 1871, aff. Turgo, D. P. 71. 2. 191, et, sur pourvoi, Req. 13 févr. 1872, D. P. 72. 1. 256 ; Paris, 15 juill. 1872, *infrà*, n° 322, V. au surplus, *infrà*, v^is *Propriété* et *Privilèges et hypothèques ; — Rép.* v° *Privilèges et hypothèques*, n° 789).

Enfin, dans une troisième opinion, l'art. 555 est étranger aux rapports du bailleur et du preneur et ses dispositions ne doivent pas être appliquées par analogie. L'art. 555 suppose des constructions élevées sur le terrain d'autrui, sans droit, par un tiers qu'aucun lien de droit n'unissait au propriétaire. La situation est tout autre entre bailleur et preneur : le preneur a le droit d'élever des constructions pour les besoins de sa jouissance, en vertu du contrat qui le lie au bailleur ; il n'y a donc aucune analogie à établir entre des hypothèses aussi différentes. Le preneur qui a agi dans les limites de son droit et qui n'est tenu, en vertu du contrat de louage, que de rendre les lieux loués dans l'état où il les a pris, a le droit le plus absolu de disposer des constructions ou plantations par lui faites, tant à l'époque où finit le bail que pendant sa durée. Le bailleur ne peut donc conserver ces constructions ou plantations, contre le gré du preneur, en lui remboursant simplement le prix des matériaux et de la main-d'œuvre (Laurent, t. 25, n°s 177 et suiv. Comp. Req. 22 nov. 1864, précité). Jugé que les règles sur l'accession édictées dans l'art. 555 c. civ. ne régissent point les ouvrages et constructions faits par le locataire sur l'immeuble loué, ouvrages dont le sort doit être réglé uniquement par les conventions du bail ; que, en conséquence, le bailleur dont l'édifice a été incendié ne peut se prévaloir de ces règles pour réclamer du preneur la valeur des objets mobiliers qui, par le fait de ce dernier, ont été incorporés à l'immeuble ; que cette réclamation ne pourrait être fondée que si, d'une part, il avait été formellement stipulé qu'à l'expiration du contrat le bailleur resterait propriétaire des meubles immobilisés, et s'il apparaissait, d'autre part, que, dans cette stipulation, les parties avaient eu en vue toute cause quelconque de cessation du bail, et notamment l'incendie des lieux loués (Toulouse, 19 févr. 1885, aff. Société civile du Moulin du Château-Narbonnais, D. P. 85. 2. 137).

320. Il a été jugé, encore, que, lorsque des constructions ont été faites par le preneur sur la chose louée, le propriétaire est tenu, à l'expiration du bail, ou de les laisser enlever, sauf à exiger le rétablissement des lieux dans leur ancien état, ou de rembourser au preneur le prix des matériaux et de la main-d'œuvre, s'il préfère conserver ces constructions, conformément aux dispositions de l'art. 555 c. civ., applicable au locataire, véritable tiers à l'égard du propriétaire, lorsqu'il a fait des constructions sur le terrain de ce dernier sans son consentement et en dehors des stipulations du bail (Req. 1er juill. 1851, aff. Casimir Périer, D. P. 51. 1. 249).

Décidé aussi que l'adjudicataire d'un immeuble rural sur lequel le fermier a, sans une autorisation expresse du précédent propriétaire, élevé des constructions au cours du bail et avant l'adjudication, a le droit, lorsque le cahier des charges porte vente de tous les immeubles composant la ferme, sans aucune exception ni réserve, de s'opposer, à la fin du bail, à l'enlèvement et à la vente des constructions, sans avoir à payer aucune indemnité au fermier ; que l'ancien propriétaire, en confondant ces constructions avec les biens vendus et en les faisant comprendre dans l'adjudication, sans opposition ni réserve de la part du preneur, doit être réputé avoir exercé l'option qui lui était ouverte par l'art. 555 c. civ. ; que, en conséquence, à partir de l'adjudication, le preneur, s'il a droit à une indemnité, ne peut agir en payement de cette indemnité que contre le vendeur ; que la clause que l'adjudicataire fera son affaire du bail, à ses risques et périls, et sera subrogé, par le fait de l'adjudication, aux droits et obligations du vendeur, doit être interprétée comme ayant pour unique objet de protéger le vendeur contre tous recours relatifs à la jouissance du fermier postérieurement à l'adjudication ; qu'elle ne soumet pas, dès lors, l'adjudicataire à l'obligation de payer l'indemnité que le vendeur aurait due au fermier, s'il avait lui-même opté pour la conservation des constructions (Paris, 30 avr. 1877, aff. Salmon, D. P. 79. 2. 77. Comp. Cologne, 14 mars 1853, aff. Milz, D. P. 53. 5. 381 ; et, en sens contraire, Civ. rej. 23 mai 1860, aff de Gaudechart, D. P. 60. 1. 384 ; V. au surplus, *infrà*, v° *Propriété*).

321. En tout cas, le preneur, tenu de rendre les lieux loués en leur état primitif, peut être forcé d'enlever les ouvrages qu'il a faits, et ne saurait, par suite, exiger du bailleur une indemnité à raison de la plus-value donnée à la chose louée par les constructions qu'il y a édifiées (V. *Rép.*

nos 558, 562, vo *Propriété*, no 457, et auteurs cités *suprà*, no 320). Jugé : 1o que l'art. 555, § 3, c. civ., d'après lequel le possesseur d'un fonds qui en est évincé par le propriétaire ne peut, s'il est de bonne foi, être contraint d'enlever les constructions qu'il a édifiées sur ce fonds, ne doit pas être étendu au preneur sans bail écrit qui est expulsé par un acquéreur, en vertu de l'art. 1750 c. civ. ; que, en conséquence, l acquéreur a le droit d'exiger l'enlèvement de ces constructions, conformément au paragraphe 1er du même art 555 (Req 17 janv. 1870, aff. Bonnat, D P. 70. 1. 293) ; — 2o Que si, à la fin du bail, le preneur a la faculté d'enlever, pourvu qu'il n'en résulte pas de dégradations, les ouvrages qu'il a ajoutés à la chose louée, il n'est point fondé à réclamer une indemnité au bailleur à raison de la plus-value que les améliorations faites par lui ont pu donner à cette chose ; qu'il ne doit pas, en effet, être assimilé au possesseur de bonne foi qui a fait des constructions ou plantations sur l'immeuble dont il se croyait propriétaire (Bordeaux, 4 mars 1856, aff. Joubert, D. P. 56. 2. 206).

322. Lorsque les travaux faits par le locataire l'ont été en exécution d'une clause du bail ou d'un contrat postérieur, les droits respectifs du bailleur et du preneur sont réglés par les conventions intervenues entre eux (V. Aubry et Rau, t. 2, § 204. p. 262) ; il en est de même lorsque le bail ou une convention postérieure, sans rendre obligatoire pour le preneur la construction d'ouvrages, a déterminé les droits qui appartiendraient aux parties sur les ouvrages qui viendraient à être édifiés; si ces conventions ne sont pas suffisamment explicites, il y a lieu de les interpréter. — Il a été jugé : 1o que le preneur d'un immeuble avec lequel il a été stipulé que toutes les dépenses faites sur cet immeuble au delà d'une certaine somme resteront à sa charge sans que le bailleur, qui profitera des travaux, soit tenu à aucune restitution ni indemnité, ne peut réclamer d'indemnité pour cet excédent de dépenses, même en alléguant qu'il s'agit de travaux qui, à raison de leur importance, sortaient des prévisions du contrat, alors qu'aucune convention spéciale n'est intervenue relativement à ces travaux (Req. 1er août 1859, aff. Dechanet, D. P. 59. 1. 353); — 2o Que la règle suivant laquelle les constructions élevées sur le terrain d'autrui sont réputées appartenir au propriétaire de ce terrain, même quand elles ont été faites par un tiers et à ses frais, cesse de recevoir son application en cas de renonciation du propriétaire du sol au bénéfice de son droit d'accession, et notamment à l'égard du locataire qui, en vertu du bail, bâtit sur le terrain loué, avec faculté d'enlèvement, à l'expiration de ce bail ; que les constructions sont alors la propriété du locataire qui les a élevées; que, par suite, le droit du locataire sur ces constructions est immobilier et peut, dès lors, être l'objet d'une saisie immobilière; qu'en tout cas, l'arrêt qui a validé cette saisie ne peut être attaqué devant la cour de cassation, sous prétexte que le preneur n'aurait, sur les constructions saisies, qu'un droit de jouissance purement mobilier, et susceptible seulement de saisie-exécution, si, devant les juges du fond, la nullité de la saisie a été demandée, non par ce motif, mais parce que le droit du preneur, qu'on ne contestait pas être un véritable droit de propriété, n'en serait pas moins mobilier, comme ayant pour objet des constructions destinées à être démolies; que la saisie des constructions élevées par un preneur sur le terrain loué comprend nécessairement celle de la jouissance de ce terrain, et que, par suite, le preneur n'a pas intérêt à soulever devant la cour de cassation la question de savoir si cette jouissance a pu être saisie séparément des constructions dans la forme des saisies immobilières (Civ. rej. 7 avr. 1862, aff. Ménard, D. P. 62. 1. 281 ; V. également Paris, 30 mai 1864, aff. Lamadou, D. P. 66. 2. 174) ; — 3o Que les constructions que le preneur a élevées sur le terrain loué, en vertu d'une clause du contrat de bail qui l'y autorise et lui en attribue la propriété, peuvent, malgré le caractère temporaire et résoluble du droit ainsi conféré, être hypothéquées par le locataire, et que, en pareil cas, le droit au bail, formant l'accessoire des constructions, se trouve nécessairement compris dans la même affectation hypothécaire (Paris, 23 févr. 1872, aff. Chevreau, Nicole et autres, D. P. 74. 2. 21); que la même solution s'applique au cas où le bail d'un terrain stipulait faculté pour le preneur d'y élever des constructions qu'il serait tenu d'enlever à la fin du bail (Paris, 15 juill. 1872) (1), ou au cas où le bail d'un terrain contenait déclaration par le propriétaire qu'il consentait à reprendre, lors de son expiration, au prix à fixer par experts, les constructions que les preneurs étaient expressément autorisés à élever avec leurs matériaux et à leurs frais sur ledit terrain (Paris, 30 mai 1864, précité; Comp. Trib. civ. Seine, 17 févr. 1870; Paris, 18 déc. 1871; Req. 27 mai 1873; Paris, 4 nov. 1886, cités *suprà*, no 319; Comp. encore Orléans 19 avr. 1866; Lyon, 18 mars 1871 cités *ibid.*); — 4o Que, dans le cas où le locataire a élevé, au cours du bail, des bâtiments nouveaux sur le terrain à lui loué, l'augmentation d'impôt foncier à laquelle donne lieu l'existence de ces bâtiments est à la charge du propriétaire, s'il s'en est réservé la reprise à l'expiration du contrat de location. à moins qu'une clause spéciale ne l'ait mise à la charge du locataire (Trib. civ. de la Seine, 26 nov. 1872, aff. Noyelle et Martin, D. P. 73. 3. 104; Comp. Paris, 15 déc. 1865, aff. Lauridan, D P. 66. 5. 287; Comp. également Paris, 4 oct. 1848, cité *Rép.* no 354; Civ. cass. 8 juill. 1851, cité *suprà*, no 319; Req. 6 juill. 1868, cité *suprà*, no 205). V. au surplus *infrà*, vis : *Propriété*; *Rép.* eod. vo, no 455 ; — *Privilèges et hypothèques*; *Rép.* eod. vo, no 789; — *Vente publique d'immeubles; Rép.* eod. vo, no 58).

323. Décidé encore que, lorsque le bail porte que les améliorations faites par le preneur dans les lieux loués resteront au bailleur à la fin de la location, il peut être décidé, d'après l'intention des parties, et eu égard à la nature de ces améliorations, que celles-ci sont devenues la propriété du bailleur, quoique le bail ait pris fin par suite d'un incendie qui les a détruites. (Req. 24 nov. 1879, aff. de Ribes, D. P. 80. 1. 385).

324. Le preneur qui a réalisé dans les lieux loués des améliorations ou des embellissements non susceptibles d'être enlevés, peut-il les détruire, à charge de rétablir les lieux dans leur état primitif, si le bailleur refuse de lui accorder une indemnité? Il est certain que le preneur ne peut contraindre, en pareil cas, le bailleur au payement d'aucune indemnité. On admet, dans l'opinion la plus répandue, que le bailleur a droit de profiter des améliorations et embellissements, et que le preneur ne peut les faire disparaître. On invoque, à l'appui de cette solution, la maxime : *Malitiis non est indulgendum;* le preneur, dit-on, n'a pas le droit de détruire ce qu'il a fait, dans l'unique but de nuire au propriétaire (V. *Rép.* no 561 ; Guillouard, t. 1, no 296 ; Demolombe, *Traité de la distinction des biens et de la propriété*, t. 1, nos 689 et 693). Il a été décidé, en ce sens,

(1) (Marinot C. Place.) — LA COUR ; — Considérant que, suivant acte reçu Bouvery, notaire à Paris, le 10 févr. 1868, les époux Place ont fait bail aux époux Marinot, pour un temps qui doit expirer le 1er déc. 1882, d'un terrain sis à Paris, rue des Fossés Saint-Marcel, avec faculté pour les preneurs d'y élever des constructions qu'ils seraient tenus d'enlever à la fin du bail ; — Considérant que les époux Marinot ont affecté hypothécairement les constructions par eux édifiées sur ce terrain à la sûreté et garantie de leur obligation vis-à-vis de Beaumont et de Buot, ladite obligation résultant d'un acte authentique, passé le 10 févr. 1868, devant le même notaire, sous la caution solidaire des époux Place, qui consentent aux mêmes hypothèques sur le terrain leur appartenant; — Considérant qu'aux termes de trois quittances notariées, des 2 avr. 1870, 2 août suivant et 1er févr. 1871, Buot et Beaumont ont subrogé les époux Place dans tous leurs droits et actions contre les époux Marinot, et, notamment, dans l'effet des inscriptions prises à leur profit contre ces derniers, le 20 févr. 1868; — Considérant que, dans les conditions qui viennent d'être expliquées, les époux Place ont, sur les constructions dont s'agit au procès, un droit d'hypothèque régulièrement assis et, conséquemment, ont pu valablement pratiquer une saisie immobilière sur lesdites constructions, l'édifice élevé par un locataire, à ses frais, sur le terrain à lui loué, du consentement du propriétaire du sol, étant un immeuble qui appartient au locataire jusqu'à l'expiration du bail ; — Considérant que le droit au bail, sans lequel l'exploitation des constructions ne saurait avoir lieu d'une manière utile, participe de leur nature immobilière, se lie étroitement avec elles, en est un accessoire inséparable, doit suivre leur sort, et, dès lors, a pu être aussi l'objet de la saisie des époux Place pour la durée jusqu'au 1er oct. 1882;

Par ces motifs, confirme le jugement du tribunal de la Seine du 7 déc. 1871.

Du 15 juill. 1872.-C. de Paris, 4e ch.-MM. Pasquier, pr.-Buffard, av. gén.-Betolaud et Bertout, av.

que le locataire d'un appartement peut, à la fin du bail, emporter tous les agencements qui, après avoir été détachés, conservent une certaine valeur et peuvent être utilisés ailleurs; mais qu'il ne peut forcer le bailleur à l'indemniser pour les embellissements qu'il a faits à l'appartement, et, spécialement, pour des peintures qui ne peuvent pas être transportées, comme les peintures à fresque; qu'il n'a pas même le droit de détruire ces peintures, en remettant les lieux dans l'état où ils étaient auparavant, nul ne pouvant « faire le mal d'autrui sans intérêt pour soi-même » (Lyon, 13 janv. 1875, aff. Dumont, D. P. 77. 2. 64). — Dans une seconde opinion, on reconnaît, au contraire, au preneur, le droit de détruire ce qu'il a fait, à la condition de remettre les lieux dans leur état primitif; la seule obligation qui lui incombe à la fin du bail, dit-on, consiste à remettre les lieux dans l'état où il les a pris; le bailleur ne peut donc élever la prétention de bénéficier des améliorations réalisées par le preneur; celui-ci ne peut forcer le bailleur à lui donner indemnité, mais il peut l'y amener indirectement si le bailleur a intérêt à conserver les améliorations ou embellissements. Le droit de destruction est, pour le preneur, le seul moyen de se prémunir contre la spéculation que le bailleur pourrait faire à ses dépens en refusant de lui renouveler bail aux mêmes conditions, à raison de l'augmentation de valeur donnée aux lieux loués par les améliorations réalisées (V. Laurent, t. 25, n° 185; Trib. civ. de Lyon, 11 mai 1874, infirmé par l'arrêt précité du 13 janv. 1875, D. P. 77. 2. 64).

325. Il a été décidé que le père qui est à la fois fermier et tuteur de son enfant a droit au remboursement des impenses nécessaires ou utiles faites par lui dans le domaine de son pupille, s'il est constaté qu'en faisant ces impenses, il n'agissait pas comme un fermier ordinaire, mais comme étant le père du propriétaire et dans l'intérêt de celui-ci (Req. 22 mars 1875, aff. Gardette, D. P. 75. 1. 488).

326. Jugé encore que le propriétaire qui a loué son terrain avec promesse de vente et qui a autorisé le preneur à bâtir, tout en stipulant que les constructions lui resteraient à la fin du bail sans indemnité, pour le cas où le locataire n'userait pas, dans le délai convenu, de la faculté d'acquérir le terrain, est déchu du bénéfice de cette clause spéciale, lorsque c'est par sa faute que le locataire a été mis dans l'impossibilité de réaliser cet achat. (Req. 16 juill. 1890, aff. Lemaire, D. P. 91. 1. 49. Comp. *infrà*, v° *Obligation*; — *Rép.* eod. v°, n°s 1241 et suiv.); que le fait d'avoir élevé, sur le terrain loué, des constructions dont profite le propriétaire, constitue, en pareil cas, de la part du preneur une gestion d'affaires, et que le propriétaire est tenu de lui rembourser les dépenses utiles, quoique ce résultat ne soit pas entré dans les prévisions des parties (Même arrêt. Comp. la note de M. Planiol sur cette décision D. P. *ibid.*).

327. En ce qui concerne les solutions données, en matière d'enregistrement, à propos des constructions élevées par le locataire, V. *suprà*, v° *Enregistrement*, n°s 1401 et suiv. — V. encore, sur certaines applications de la question que nous venons d'exposer, *infrà*, v^is *Propriété* et *Privilèges et hypothèques*.

SECT. 11. — DE LA TACITE RECONDUCTION (*Rép.* n°s 564 à 595).

328. Ainsi qu'on l'a dit au *Rép.* n° 566, la tacite reconduction n'est pas la continuation de l'ancien bail, mais un nouveau bail formé par le consentement tacite des parties; d'où il suit qu'elle ne peut avoir lieu qu'autant que le bailleur et le preneur ont capacité pour donner un consentement valable (V. *Rép.* n° 567; Guillouard, t. 1, n° 412; Laurent, t. 25, n° 336). Il en résulte encore que la tacite reconduction ne se produit qu'entre personnes ayant réellement consenti au nouveau contrat; ainsi, au cas où le bail primitif aurait été passé à plusieurs preneurs solidaires, si l'un d'entre eux seulement reste et est laissé en possession des lieux loués, la tacite reconduction ne peut se former qu'avec lui (V. *Rép.* n° 570; Guillouard, t. 1, n° 413; Laurent t. 25, n° 335). — Jugé, en ce sens, que l'obligation solidaire de la femme pour le payement du prix du bail consenti aux deux époux, ne s'applique pas à la continuation du bail opérée par tacite reconduction, cette continuation étant réputée le fait exclusif du mari. (Caen, 21 mars 1859, aff. de Lignerolles, D. P. 59. 2. 163)

329. Le fait que le preneur reste et est laissé en possession des lieux loués indique la volonté des deux parties de renouveler la location; c'est pourquoi ce fait entraîne tacite reconduction; la loi n'a pas fixé la durée que doit avoir la nouvelle possession pour produire ce résultat, parce que la volonté des parties pourra, selon les circonstances, résulter d'une possession plus ou moins prolongée. (V. *Rép.* n° 571; Aubry et Rau, t. 4, § 369, p. 499; Colmet de Santerre, t. 7, n° 184 *bis*; Guillouard, t. 1, n° 411; Laurent, t. 25, n° 338).

330. Mais la tacite reconduction ne peut résulter que d'une possession prolongée à titre de preneur, ce qui suppose, chez l'occupant, l'intention de jouir en vertu d'un nouveau bail et chez le bailleur le consentement à laisser jouir l'occupant à ce titre. (V. Guillouard, t. 1, n° 410; Laurent, t. 25, n° 337). — Jugé, en ce sens, que la tacite reconduction, étant fondée sur la présomption que les parties ont voulu former entre elles un nouveau bail aux mêmes conditions que le précédent, ne peut avoir lieu lorsque le fermier ou locataire ne s'est maintenu dans l'héritage que contre le gré du locateur (Req. 9 févr. 1875, aff. Thivolle, D. P. 76. 1. 27).

331. Un congé donné soit par le bailleur, soit par le preneur, met ordinairement obstacle à la tacite reconduction (V. *Rép.* n°s 573 et suiv.; Aubry et Rau, t. 4, § 369, p. 499; Colmet de Santerre t. 7, n° 185 *bis*, I; Guillouard, t. 1, n°s 416, 417; Laurent, t. 25, n° 339). — Jugé : 1° que le propriétaire auquel son locataire a donné un congé régulier ne peut pas invoquer la tacite reconduction contre ce locataire qui s'est trouvé, par suite du siège de Paris, dans l'impossibilité de déménager au terme convenu (Paris, 13 mars 1872 aff. Motteron, D. P. 73. 5. 303); — 2° Que la tacite reconduction ne peut avoir lieu quand la volonté des parties de mettre fin au bail est nettement exprimée et que, si l'occupation est continuée par l'une des parties, après le congé donné et accepté, les conséquences en doivent être réglées par une convention nouvelle ou, à défaut, par justice; que l'ancien bail ne peut revivre par l'effet de la réclamation par le bailleur de l'exécution de ce bail et de la déclaration qu'il regardera le silence du preneur comme un acquiescement, alors qu'en fait les parties n'ont point tenu pour reprises les anciennes conventions et ont recommencé des négociations pour l'établissement d'un nouveau traité (Lyon, 23 juill. 1874) (1).

332. Mais l'obstacle mis à la tacite reconduction par un congé n'est pas absolu; si, postérieurement à cet acte, l'oc-

---

(1) (Chemin de fer de Paris-Lyon-Méditerranée C. Chemin de fer de Belleville à Beaujeu). — LA COUR; — Attendu qu'il est constant au procès que, le 14 juin 1870, la compagnie du chemin de fer de Belleville à Beaujeu, usant de la faculté qui lui était réservée par l'art. 18 du traité du 1er sept. 1869, passé avec la compagnie Paris-Lyon-Méditerranée, a notifié à celle-ci que ce traité, relatif à l'usage commun de la gare de Belleville, cesserait d'avoir son effet dans un an, soit le 14 juin 1871; — Attendu que la compagnie Paris-Lyon-Méditerranée a expressément accepté cette dénonciation dudit traité; — Attendu que, dans de telles circonstances, et aux termes du droit, les règles de la tacite reconduction ne peuvent point recevoir application; — Attendu que la tacite reconduction suppose un consentement réciproque des parties à continuer l'exécution des conventions antérieures pendant un temps indéterminé; — Qu'il n'en est plus ainsi quand la volonté des parties d'y mettre fin est nettement exprimée, et que si, après l'expression de cette volonté, l'occupation est continuée par l'une des parties, c'est sur de nouvelles bases réglées par une convention nouvelle ou, à défaut, par justice, que les conséquences de cette acceptation doivent être déterminées; — Attendu, il est vrai, que, par une lettre du 8 novembre, même année, et après les poursuites entre les deux compagnies, celle de Paris-Lyon-Méditerranée a protesté contre la continuation de l'occupation par la compagnie de Belleville, réclamé l'exécution pure et simple du traité, et déclaré qu'elle regardera le silence comme un acquiescement à cette réclamation; — Mais, attendu qu'il n'a pas été au pouvoir de la compagnie Paris Lyon-Méditerranée de redonner, par sa seule volonté, une vie nouvelle à une convention abolie par la volonté des deux parties; — Et attendu qu'en fait, après cette lettre, les parties n'ont pas tenu pour reprises les anciennes conventions, et qu'elles ont recommencé les négociations pour l'établissement d'un nouveau traité;

Confirme, etc.

Du 23 juill. 1874.-C. de Lyon, 2e ch.-MM. Onofrio, pr.-Flouest, av. gén.-Bonnet et Brosset, av.

cupation du preneur continue dans des circonstances telles que la volonté de renouveler bail ne soit douteuse chez aucune des deux parties, leur consentement tacite emporte tacite reconduction (V. *Rép.* nos 578, 580; Aubry et Rau, t. 4, § 369, note 22, p. 499; Guillouard, t. 1, n° 417; Laurent, t. 25, n° 342; Paris, 5 avr. 1850, aff. Rosaz, D. P. 50. 2. 157; Comp. Lyon, 23 juill. 1874, *suprà*, n° 331. — Si la possession du preneur continue, malgré le congé, sans qu'on doive en induire tacite reconduction, le bailleur a droit, à raison de cette jouissance indue, à une indemnité calculée d'après le préjudice qu'il souffre (V. Guillouard, t. 1, n° 425; Laurent, t 25, n° 341 et *infrà*, n° 376).

333. Ainsi qu'on l'a dit au *Rép.* nos 579 et 580, les parties peuvent stipuler dans le bail que, malgré leur silence, lors de son expiration, il n'y aura pas tacite reconduction. Mais elles peuvent renoncer à cette clause, et la tacite reconduction se produira néanmoins, si la prolongation de possession du preneur a lieu dans des conditions qui supposent nécessairement l'intention de renouveler bail. (V. Aubry et Rau, t. 4, § 369, note 22, p. 499; Guillouard, t. 1, n° 415; Laurent, t. 25, n° 343; Liège, 5 mars 1870, aff. Hennequin, *Pasicrisie*, 1870. 2. 144).

334. La relocation faite par le bailleur à une autre personne ou la location d'un nouvel immeuble par le preneur et, d'une manière générale, tout acte excluant chez l'une des parties l'intention de renouveler bail, empêchent la tacite reconduction de se produire. M. Colmet de Santerre, t. 7, n° 185 *bis*, II, pense toutefois, « en présence de l'art. 1739 et du droit qu'il confère à chaque partie de croire à la tacite reconduction, que ces faits ne feraient obstacle à la continuation du premier bail qu'autant qu'ils auraient été connus de la partie à qui on les oppose ». MM. Guillouard, t. 1, n° 418, et Laurent, t. 25, n° 344, estiment, au contraire, que le consentement des parties est nécessaire à la tacite reconduction; « que celle-ci ne s'opère pas parce que l'une des parties y croit », mais parce que la conduite des deux parties révèle leur consentement; que, dès lors, elle ne peut avoir lieu quand une partie a manifesté nettement, bien qu'à l'insu de l'autre, son intention de n'y pas consentir.

335. Le bail résultant de la tacite reconduction est censé fait aux mêmes conditions que celui auquel il succède (V. *Rép.* n° 584; Aubry et Rau, t. 4, § 369, p. 499; Guillouard, t. 1, n° 419; Laurent, t. 25, n° 345). — Jugé, en conséquence : 1° que la clause d'un bail portant que la résiliation aura lieu de plein droit si, avant le terme fixé pour sa durée, le preneur fonctionnaire public, obtient un changement de résidence, doit être censée retenue et conservée dans le bail par tacite reconduction qui s'est opéré depuis l'expiration du bail écrit (Rouen, 11 janv. 1849, aff. Belhomme D. P. 50. 2. 114); — 2° Que le bail opéré par tacite reconduction est censé consenti aux mêmes conditions que le premier tant en ce qui concerne le prix qu'en ce qui concerne les obligations respectives du bailleur et du preneur; spécialement, que le contrat intervenu entre la compagnie générale des Téléphones et un de ses abonnés, et renouvelé par l'effet d'une tacite reconduction prévue par les parties, doit être continué aux conditions de prix primitivement stipulées, alors même que, antérieurement à ce renouvellement tacite, les tarifs ont été élevés par un arrêté ministériel; qu'un arrêté de cette nature n'a ni le caractère ni la portée du fait du prince et ne saurait avoir pour effet de faire considérer rétroactivement comme contraire à l'ordre public le consentement donné par la compagnie aux conditions du traité primitif; que la compagnie ne saurait davantage se prévaloir des dispositions de l'art. 8 du contrat d'abonnement, aux termes duquel l'abonné est tenu de se conformer à tous décrets, arrêtés, ordonnances et règlements quelconques sans qu'en aucun cas il puisse, à raison du trouble apporté par eux à sa jouissance, demander soit la résiliation du contrat, soit la diminution de sa redevance, ladite clause ayant en vue non l'hypothèse d'une élévation du tarif, mais les mesures de police et de sûreté publique que l'autorité croirait utile de prendre (Paris, 21 avr. 1887, aff. Suzor, D. P. 88. 2. 227); — 3° Que la tacite reconduction, résultant de ce que le preneur, en vertu d'un bail par écrit, a continué sa jouissance après l'expiration du bail, sans opposition de la part du bailleur, peut être considérée comme existante même au cas où le preneur aurait obtenu du bailleur une diminution dans le prix de son bail, si cette diminution, modique et sans importance réelle, ne peut être considérée comme un changement essentiel aux conditions du bail; que, par suite, le preneur est fondé, en vertu de cette tacite reconduction, à faire comprendre dans sa location, une cour et un jardin, dont la jouissance devait, selon l'une des clauses du bail objet de la tacite reconduction, lui être délivrée à la fin de celle du preneur qui les détenait lors de ce bail, et à poursuivre contre ce locataire, à l'époque désignée, le délaissement des lieux ainsi compris dans sa location (Req. 15 juin 1858, aff. Léry, D. P. 58. 1. 453. Comp. *infrà*, n° 336).

336. Mais le bail formé par tacite reconduction n'a pas la même durée que le bail primitif. C'est ce qu'exprime, en termes peu nets, il est vrai, l'art. 1738 en disposant que « l'effet de la tacite reconduction est réglé par l'article relatif aux locations faites sans écrit ». Mais la portée de la loi n'est pas douteuse si l'on rapproche de l'art. 1738, d'une part, l'art. 1736, auquel s'applique le renvoi, d'autre part, l'art. 1759 aux termes duquel « si le locataire d'une maison ou d'un appartement continue sa jouissance après l'expiration du bail par écrit, sans opposition de la part du bailleur, il sera censé les occuper aux mêmes conditions, pour le terme fixé par l'usage des lieux, et ne pourra plus en sortir ni en être expulsé qu'après un congé donné suivant le délai fixé par l'usage des lieux » et l'art. 1776 portant que « si, à l'expiration des baux ruraux écrits, le preneur reste et est laissé en possession, il s'opère un nouveau bail dont l'effet est réglé par l'art. 1774 »; l'art. 1774 ne statue que sur la durée des baux sans écrit; le seul *effet* de la tacite reconduction réglé par les dispositions concernant les baux sans écrit est donc la durée à lui assigner (V. *Rép.* n° 586; Exposé des motifs au Corps législatif par M. Galli, n° 20, *Rép.* n° 19; Aubry et Rau, t. 4, § 369, p. 499; Guillouard, t. 1, n° 419; Laurent, t. 25, nos 348 et 349).

337. Ainsi qu'on l'a dit au *Rép.* nos 588 et 589, les cautions et hypothèques qui garantissaient le bail primitif ne garantissent point le bail formé par tacite reconduction (Conf. Aubry et Rau, t. 4, § 369, p. 499; Colmet de Santerre, t. 7, n° 186 *bis*; Guillouard, t. 1, n° 421; Laurent, t. 25, n° 347). Nous inclinerions à penser également que la solidarité stipulée dans le bail primitif est sans application à la tacite reconduction formée entre le bailleur et les preneurs primitifs, parce que, aux termes de l'art. 1202 c. civ., la solidarité ne peut être tacite; elle doit être expressément stipulée (V. en ce sens Laurent, t 25, n° 347. Comp. *Rép.* n° 592). M. Guillouard, t. 1, n° 422 estime, au contraire, que la solidarité continuera d'exister; « la solidarité, dit-il, n'est point une sûreté, mais une condition de l'ancien bail qui régit le nouveau. On objecte qu'elle n'a pas été expressément stipulée; mais elle l'a été dans l'ancien bail, et si le raisonnement que nous combattons était vrai, il faudrait rejeter la plupart des conditions de ce bail, qui n'existent qu'à la condition d'être formellement stipulées ».

338. Quant à la contrainte par corps dont on a parlé au *Rép.* n° 592, il ne peut pas même être question de l'appliquer à la tacite reconduction depuis que la loi du 22 juill. 1867 l'a abolie en matière civile (V. D. P. 67. 4. 75 et *suprà*, v° *Contrainte par corps*).

339. Conformément à la solution donnée au *Rép.* n° 594, les auteurs décident que la tacite reconduction ne s'applique qu'au cas où le bail primitif a été fait pour une durée déterminée, mais qu'elle ne peut trouver place, lorsque le bail primitif était fait sans terme fixe; en pareil cas, en effet, ce bail ne prend fin que par un congé; tant qu'aucun congé n'a été donné, le bail originaire continue et il ne peut être question d'un nouveau bail. Tous les baux à ferme doivent être considérés comme faits pour une durée déterminée, puisque, à défaut de conventions, l'art. 1774 c. civ. fixe leur durée; mais il n'en est pas de même des baux à loyer, qui n'ont de terme fixe qu'en vertu d'une convention spéciale et qui, à défaut de stipulation précise, ne finissent que par un congé (V. Guillouard, t. 1, nos 406 et 407, Laurent, t. 25, nos 331 et 332).

CHAP. 4. — Règles particulières aux baux à loyer (*Rép.* nos 596 à 731).

340. Nous n'avons rien à ajouter aux explications, d'un caractère général, données au *Rép.* nos 596 et suiv. — En ce qui concerne l'installation, par le locataire, de l'éclairage au gaz ou de machines à vapeur, dont il a été question au *Rép.* n° 600, V. *suprà*, n°s 166 et suiv.

SECT. 1re. — OBLIGATION DE GARNIR DE MEUBLES LES LIEUX LOUÉS (*Rép.* n°s 601 à 613).

341. Le locataire doit garnir les lieux loués de meubles suffisants, sur lesquels puisse s'exercer le privilège du bailleur (V. *Rép.* n°s 601 et suiv.). D'après M. Colmet de Santerre, t. 7, n° 200 *bis*, I, quelque solution que l'on adopte sur la question de savoir si les meubles « dont l'existence dans les lieux loués ne se manifeste pas d'une façon apparente pour tous », tels que pierreries et argenterie, sont ou non soumis au privilège du bailleur, on n'en peut faire état lorsqu'il s'agit de décider si le locataire a garni de meubles suffisants; par la raison que « introduire dans les lieux loués des objets qui ont peut-être une grande valeur, mais qui peuvent être déplacés à l'insu du propriétaire, ce n'est pas donner à celui-ci des sûretés » suffisantes pour sa garantie. La plupart des auteurs estiment, au contraire, que tous les meubles sujets au privilège du bailleur doivent être compris parmi ceux qui doivent être considérés comme garnissant les lieux loués (*Rép.* n° 603; Aubry et Rau, t. 4, § 370, p. 504; Laurent, t. 25, n° 423). — Sur le point de savoir quels meubles sont soumis à l'exercice du privilège du bailleur, V. *infrà*, v° *Privilèges et hypothèques*; — *Rép.* eod. v° n°s 239 et suiv.

342. On a examiné au *Rép.* n°s 604 et suiv., quelle doit être la valeur des meubles garnissant les lieux loués par rapport aux loyers à garantir. Des divergences notables existent, à cet égard, entre les auteurs. M. Laurent, t. 25, n° 424, impose au locataire l'obligation de garnir de meubles suffisants pour répondre de tous les loyers à échoir; tel est, à son avis, le sens de l'art 1752, aux termes duquel meubles ou sûretés doivent être capables de répondre du loyer, c'est-à-dire de tous les loyers; si les meubles sont insuffisants pour garantir tous les termes à échoir, le locataire doit fournir une autre sûreté au bailleur. Cette opinion trop rigoureuse est restée isolée. MM. Aubry et Rau, t. 4, § 370, p. 504, et Colmet de Santerre, t. 7, n° 200 *bis*, II, reconnaissent aux tribunaux un pouvoir discrétionnaire à l'effet de décider si le locataire a ou non suffisamment garni les lieux loués. « Ce dernier, ajoutent MM. Aubry et Rau, *loc. cit.*, doit cependant, en général, être considéré comme ayant satisfait à cette obligation, lorsqu'il a meublé les localités louées suivant sa condition ou la destination de ces localités » (Conf. *Rép.* n°s 606 et 607). D'après M. Guillouard, t. 2, n°s 461 et 462, les tribunaux devraient d'abord tenir compte de l'usage local, de la profession du locataire et de la destination de la chose louée, et, s'ils ne pouvaient trouver dans ces éléments des motifs de décision, « suivre l'usage du Parlement de Paris et exiger que le mobilier réponde d'une année de loyers, des frais de saisie et de vente » (Comp. *Rép.* n° 605).

343. Conformément à l'opinion soutenue au *Rép.* n° 609, MM. Guillouard, t. 2, n° 465, et Laurent, t. 25, n° 425, reconnaissent au locataire le droit d'enlever une partie de son mobilier, lorsque la partie qu'il laisse est encore suffisante pour répondre des loyers (Comp. Paris, 21 avr. 1886, cité *infrà*, n° 345).

344. Aux termes de l'art. 1752, le locataire qui ne garnit pas les lieux loués de meubles suffisants peut être expulsé (*Rép.* n° 612). M. Guillouard, t. 2, n° 467, pense que cette expulsion peut être prononcée par le juge des référés (V. sur cette question, *Rép.* n° 612; et *infrà*, v° *Référé*; — *Rép.* eod. v° n°s 98 et suiv.).

345. Il a été jugé: 1° que l'obligation imposée au locataire de garnir les lieux loués de meubles suffisants emporte, comme conséquence nécessaire, celle de n'enlever les meubles apportés à cette fin qu'à la condition de les remplacer; que, en conséquence, au cas de décès d'un négociant dont la succession n'a été acceptée que sous bénéfice d'inventaire, le bailleur de la maison, siège du négoce, peut obtenir que les marchandises garnissant les lieux loués ne soient enlevées par l'héritier bénéficiaire qu'autant que ses droits sur le prix à provenir de la vente soient sauvegardés par l'intervention d'un séquestre judiciaire (Paris, 21 avr. 1886, aff. Barbizet, D. P. 87. 2. 52); — 2° Que si l'art. 1752 c. civ. autorise le bailleur à expulser le locataire qui ne garnit pas la maison de meubles suffisants, il ne lui impose pas cette seule voie pour sauvegarder ses intérêts, et ne lui interdit pas de solliciter une mesure conservatoire; spécialement, que le propriétaire d'un immeuble loué pour l'exercice d'un commerce, bien qu'il ne puisse s'opposer à l'enlèvement des marchandises au fur et à mesure de leur vente, peut demander en référé la nomination d'un séquestre, chargé de contrôler les ventes et d'affecter les rentrées, jusqu'à due concurrence, à l'exécution du bail, lorsque le locataire a manifesté d'une façon non équivoque (dans l'espèce, par des annonces et par une déclaration formelle), son intention de ne pas remplacer par d'autres les marchandises vendues (Paris, 15 avr. 1885, aff. Desportes, D. P. 86. 2. 127. Comp. *suprà*, v° *Dépôt-sequestre* n°s 82 et suiv., 91 et suiv., et *infrà*, v° *Référé*).

SECT. 2. — PAYEMENT DU PRIX AUX TERMES CONVENUS (*Rép.* n°s 614 à 615).

346. Ainsi qu'on l'a dit au *Rép.* n° 615, les termes de payement viennent à échéance, à Paris, les 1er janvier, 1er avril, 1er juillet, 1er octobre; mais l'exigibilité des loyers est reportée par l'usage au huit des mêmes mois pour les loyers inférieurs à 400 fr., et au quinze pour les loyers supérieurs à 400 fr. par an (V. Le Pelletier, *Code pratique des usages de Paris*, p. 88).

En ce qui concerne la preuve du payement, il a été jugé que le locataire qui, aux termes du bail, s'est obligé à verser à son bailleur, à première réquisition, le montant de six mois de loyer d'avance, doit, lorsqu'il allègue avoir fait ce payement, fournir la preuve de sa libération (Civ. rej. 1er déc. 1891, aff. Chavaudret, D. P. 92. 1. 66).

Aux termes du même arrêt, lorsqu'un bail a imposé au preneur l'obligation de payer une somme, à titre de loyer d'avance, sans qu'aucune date d'exigibilité ait été fixée, le bailleur reste le maître de demander son payement à l'époque qu'il juge utile pendant la durée de la location; et les juges du fait peuvent, dans ces circonstances, décider que le montant des loyers a pu n'être réclamé qu'à l'époque de la jouissance effective du preneur pendant les six derniers mois de la dernière période du bail, et écarter ainsi, sans violer l'art. 2277 c. civ., l'exception tirée de la prescription quinquennale.

SECT. 3. — DES RÉPARATIONS LOCATIVES (*Rép.* n° 616 à 670).

347. Les réparations à la charge du locataire sont les réparations de menu entretien (*Rép.* n° 617). Lorsqu'une clause du bail stipule en termes généraux que le locataire entretiendra de réparations les lieux loués, on doit l'entendre en ce sens que le locataire ne supportera que les réparations locatives, car telle est l'intention probable des parties. (*Rép.* n° 667; Guillouard, t. 1, n° 210 et t. 2, n° 469; Laurent, t. 25, n° 429). — Il a été décidé : 1° que les juges du fond apprécient souverainement, pour déterminer la part que le bailleur et le preneur doivent respectivement supporter dans les travaux de réparation d'un immeuble loué, si la convention met, d'après la commune intention des parties, ces réparations à la charge du bailleur ou à celle du preneur. (Civ. rej. 2 janv 1884, aff. Laroche de la Besse, D. P. 84. 1. 298); — 2° que les mots « grosses réparations », employés dans un bail à loyer, n'y ont pas le sens limité qu'ils comportent en matière d'usufruit, les situations du nu-propriétaire et du bailleur étant différentes; et que les bailleurs qui ont pris à leur charge les grosses réparations sont tenus d'effectuer tous les travaux, autres toutefois que ceux d'entretien, quelle qu'en soit la nature (Agen, 16 juin 1880, même affaire, D. P. 84. 1. 298. Conf. Guillouard, t. 2, n° 469, Comp. *Rép.* n° 617-2° et Laurent, t. 25 n° 429).

348. Les réparations locatives ne sont pas à la charge du locataire, du moins en règle générale, lorsqu'elles ont pour cause la vétusté, la force majeure, un vice de la matière; ou un défaut de construction; mais c'est au locataire à faire la preuve du fait à raison duquel il prétend être exonéré de ces réparations. (V. *Rép.* n° 620; Guillouard, t. 2, n° 468; Laurent, t. 25, n°s 427 et 429). — Il a été jugé que le locataire n'est pas tenu de faire les réparations nécessitées par un vice de construction non apparent dans un moulin, alors même qu'il a pris à sa charge toutes les réparations (Liège, 19 mars 1864) (1).

349. Les explications données au *Rép.* nos 621 et suiv. nous dispensent d'examiner longuement quelles sont les réparations locatives incombant comme telles au preneur; nous nous bornerons à revenir brièvement sur quelques points au sujet desquels des doutes se sont élevés.

350 M. Guillouard, t. 2, n° 473, estime, contrairement à l'opinion énoncée au *Rép.* n° 629, que l'art. 1754 c. civ. ne parlant que des pavés et carreaux des chambres le locataire « n'est pas tenu, en principe, des réparations partielles au pavage des cuisines et offices ».

351. Le même auteur décide, au contraire, conformément à l'opinion soutenue au *Rép.* nos 647 et 648, que le locataire doit réparer les dommages causés par le passage des voitures aux bornes et barrières situées dans les cours, ou aux auges destinées à abreuver les chevaux (V. Guillouard, t. 2, n° 479).

352. En ce qui concerne l'entretien du jardin, on a soutenu au *Rép.* n° 649, que « la mort des arbres ou arbrisseaux, lorsqu'il n'est pas établi qu'elle ait pour cause la négligence ou l'imprudence du locataire, est un événement de force majeure dont il ne doit pas être responsable ». D'après M. Guillouard, t. 2, n° 481, au contraire, « en principe, le locataire est tenu de rendre le même nombre d'arbres et d'arbrisseaux qu'il a reçus, et la présomption est que ceux qui manquent sont morts par la faute ou la négligence du locataire ou de ses gens. Mais si le locataire prouve que l'arbrisseau est mort naturellement, il n'est pas tenu de le remplacer : aucun texte, en effet, ne lui en impose l'obligation, et il reste, dès lors, sous l'empire de la règle générale qui laisse à la charge du bailleur les réparations nécessitées par vétusté ou force majeure ».

353. Conformément à la solution adoptée au *Rép.* n° 653, MM. Aubry et Rau, t. 4, § 370, p. 504, et Guillouard, t. 2, n° 484, décident que les réparations locatives des lieux dont la jouissance est commune à plusieurs locataires sont à la charge du bailleur. Celui-ci peut, toutefois, s'en exonérer s'il parvient à établir qu'un des locataires est l'auteur du dommage (V. *Rép.* n° 653; Guillouard, *loc. cit.*).

354. Il a été jugé que, s'il est d'usage qu'en matière de baux d'usines hydrauliques, la prisée, c'est-à-dire l'ensemble des mouvements livrés avec l'usine, devienne la propriété du preneur qui les paye, et qu'il ait le droit de s'en faire rembourser à son tour la valeur à la fin du bail, il ne s'ensuit pas que le preneur puisse exiger du bailleur le remboursement du prix d'un autre mécanisme beaucoup plus coûteux qu'il a substitué à cette prisée; spécialement, que le locataire d'un moulin qui a, sans nécessité, substitué un nouveau mécanisme à l'ancien, ne peut exiger du propriétaire l'excédent de valeur de ce nouveau mécanisme sur le premier. En vain il prétendrait que cette nécessité résulte du besoin de soutenir la concurrence avec d'autres usines, ou alléguerait un usage local soumettant le bailleur à recevoir, à la fin du bail, la prisée du moulin avec tous les changements et augmentations que le preneur

(1) (Grisard C. Harnal.) — LA COUR; — Attendu que par acte reçu de maître Bernard, notaire à Montégnée, le 2 déc. 1858, l'intimé a pris en location de l'appelant, pour le terme de six ou neuf ans, prenant cours le 15 mars 1859, différents immeubles consistant : 1° dans un moulin à farine, avec dépendances et instruments d'exploitation; 2° dans une maison avec bâtiments d'exploitation et 18 hect. 60 cent. de jardin, vergers et terres labourables, moyennant un fermage annuel de 5000 fr. payable anticipativement; qu'il fut stipulé qu'avant l'entrée en jouissance, il serait dressé un état des lieux destiné à vérifier l'état général de l'exploitation ainsi que la situation du moulin, et que toutes réparations, de quelque nature qu'elles pussent être, réputées grosses réparations ou seulement locatives, seraient pour le compte du preneur : — Attendu que, le 10 nov. 1861, l'arbre du moulin, avec les ailes et les engrenages qui y sont fixés, est tombé sur le sol, entraînant dans sa chute une partie du toit et du balcon du bâtiment contenant le moulin; que l'appelant ayant notifié à l'intimé un commandement de payer la somme de 2500 fr. restant due sur l'année échue anticipativement le 15 mars 1861, celui-ci y a formé opposition, et, par assignation du 20 févr. 1862, a demandé la résiliation du bail à partir du 15 mars suivant, et la condamnation de l'appelant à 5000 fr. de dommages-intérêts; — Qu'il y a lieu de rechercher si cette demande est fondée, en tout ou en partie; — Attendu qu'il résulte de l'expertise à laquelle il a été procédé en exécution d'un jugement interlocutoire du 29 mars 1862, que la chute de l'arbre du moulin doit être attribuée, non à un cas fortuit mais à un vice de construction; qu'il a été, en effet, constaté que le couvercle ou collet en fer, destiné à maintenir le bouton ou pivot de l'arbre et celui ci même, n'était fixé à la poutre sur laquelle le bouton tournait, qu'au moyen de broches en fer de forme carrée, surmontées au-dessus du collet d'un écrou, et enchâssées dans des trous circulaires mais laissant, dans les côtés, des vides que l'on avait remplis par des chevilles en bois; qu'une de ces broches s'étant détachée et ayant été poussée en haut sous le poids et le rapide mouvement du moulin, le collet s'était soulevé, et que l'arbre, cessant d'être maintenu, était tombé; — Attendu que l'intimé a posé en fait vrai, sans contradiction ni offre de preuve contraire, que l'état des lieux, dressé en exécution du bail, ne faisait aucune description ni de l'arbre du moulin ni des attaches du collet; que l'appelant ne peut donc se fonder sur cet état ni sur l'art. 1730 c. civ. pour faire admettre la présomption que, lors de l'entrée en jouissance de l'intimé, le collet recouvrant le bouton était maintenu par des boulons, ainsi qu'il le prétend, sans en offrir la preuve; que l'intimé a dégagé sa responsabilité en établissant, au moyen de l'expertise, l'existence du vice de construction, rien ne permettant de supposer qu'il aurait changé ou modifié les appareils de manière à faire naître l'accident; qu'il ne reste donc qu'à rechercher si, en présence des stipulations du bail, l'appelant peut être considéré comme déchargé des obligations que les art. 1719, 1720 et 1721 du code imposent à tout bailleur; — Attendu que l'appelant oppose en vain que le vice constaté par les experts était apparent; que s'il est aujourd'hui manifeste que les broches en fer, servant à fixer le collet, n'adhéraient pas suffisamment à la poutre sur laquelle tournait le pivot, ce défaut n'était ni visible ni reconnaissable avant le soulèvement du collet, qui seul l'a mis à découvert et rendu apparent; que les broches étant garnies d'écrous à leur extrémité supérieure, l'intimé dont l'attention d'ailleurs n'était pas portée sur ce point par l'état des lieux, devait naturellement croire qu'elles formaient des attaches solides et convenables; qu'il ne lui eût été possible de constater qu'en dessous du collet elles étaient retenues par de simples chevilles en bois, qu'en démontant cette partie du mécanisme, opération difficile et plus ou moins dangereuse; que l'absence des boulons en dessous de la poutre, du côté opposé aux écrous, ne peut suffire pour faire envisager le vice comme apparent; car il n'est pas démontré que des broches carrées en fer, garnies de barbes, si elles avaient fortement adhéré à la poutre même, au lieu de chevilles, n'auraient pu être fixées avec une solidité suffisante pour maintenir le collet; qu'on ne peut donc pas dire que l'intimé a pu et dû reconnaître l'existence du vice, et qu'il suit de là que l'appelant restait soumis à un droit de garantie qui l'oblige à réparer les conséquences de l'accident, conformément à l'art. 1721 c. civ.; — Attendu qu'aucune clause du bail ne l'a dégrevé de cette obligation; que l'art. 9, qui refuse au preneur toute indemnité pour les pertes qu'il pourrait éprouver par suite de cas *prévus ou fortuits*, suit et précède d'autres dispositions exclusivement relatives aux terres louées; qu'il se rapporte, par ses termes, aux pertes dont fait mention l'art. 1773 dudit code, rangé sous la section qui contient les règles particulières aux baux à ferme, et qu'il concerne spécialement les fruits; qu'on ne pourrait, sans donner à cette clause une portée étrangère à la pensée des contractants, l'étendre aux vices de construction cachés; qu'y eût-il même doute à cet égard, c'est contre l'appelant qu'il devrait être interprété d'après l'art. 1162 du code; qu'on ne peut davantage prétendre que l'intimé ayant pris à sa charge toutes les réparations, c'était à lui de rétablir les lieux; car en supposant que les dégâts, résultés de l'accident dussent être considérés comme nécessitant une grosse réparation seulement, et non une véritable reconstruction, encore l'intimé serait en droit de soutenir que l'obligation, écrite dans le bail, de faire les réparations, quelles qu'elles puissent être, grosses ou locatives, ne doit s'entendre que de celles provenant de la vétusté ou de l'usage de la chose, et n'implique pas la charge de supporter toutes pertes, quelle qu'en puisse être la cause, provînt-elle même d'un vice caché de la chose louée qui en empêcherait l'usage;.. — Par ces motifs, statuant sur les appels respectifs, et émandant le jugement *a quo*, dit pour droit que l'appelant était tenu de réparer le moulin après l'accident du 10 nov. 1861, et que, faute de l'avoir fait, il est tenu d'indemniser l'intimé, fixe cette indemnité à 1500 fr. annuellement à courir depuis la date ci-dessus jusqu'au 15 mars 1865; condamne l'intimé à payer les termes de fermage échus, sous la déduction de cette indemnité, avec les intérêts légaux depuis le 18 mars 1863, sur les termes antérieurement échus; dit les demandes respectives des parties non fondées pour le surplus, etc.

Du 19 mars 1864.-C. de Liège, 2e ch.

aurait trouvé bon d'y faire; qu'un tel usage ne pourrait déroger aux règles dérivant soit de la nature du contrat de louage, soit de la convention des parties, et obliger le bailleur à payer des innovations faites sur sa propre chose sans son consentement (Orléans, 20 avr. 1849, aff. Lefranc, D. P. 50. 2. 1; Conf. Guillouard, t. 2, n° 485; V. *Rép.* n°s 655 et 656). D'autre part, le propriétaire du moulin ne pourrait demander aucune indemnité au locataire qui lui abandonne le nouveau mécanisme à la place de l'ancien, qui avait moins de valeur (Orléans, 20 avr. 1849, précité).

355. L'usage de faire estimer le matériel à l'entrée du locataire pour faire tenir compte au preneur de la plus-value ou au bailleur de la moins-value du matériel à la fin du bail, n'existe qu'à l'égard des moulins. Mais souvent les parties font des conventions analogues lorsqu'elles passent bail d'une usine dont le matériel doit faire l'objet de réparations fréquentes; le bail porte alors le nom de bail à la prisée, et les règles suivies en ce qui concerne les moulins doivent être appliquées (V. Guillouard, t. 2, n° 486). — Il a été décidé que le preneur d'un établissement industriel et du matériel attaché à l'exploitation de ce fonds, ne peut souffrir ni profiter des fluctuations de valeur que le matériel a subies pendant le cours du bail, lorsqu'elles sont indépendantes de son fait et de sa volonté; qu'ici s'applique la règle *res perit aut crescit domino* (Req. 1er août 1859, aff. Dechanet, D. P. 59. 1. 353).

356. Jugé encore que le locataire qui s'est rendu adjudicataire, sur folle enchère, de l'immeuble loué, est fondé à réclamer du bailleur, conformément aux stipulations du bail (à la prisée), une indemnité pour la plus-value qui résulte des améliorations par lui opérées antérieurement à l'adjudication, le bail prenant fin, dans ce cas, au moment même de l'adjudication, par l'effet de la confusion des qualités de propriétaire et de locataire dans la personne de l'adjudicataire (Poitiers, sous Civ. rej. 10 nov. 1868, aff. Colin, D. P. 68. 4. 475. Comp. toutefois la note D. P. *ibid.*). Cette décision échappe, du moins, à la censure de la cour de cassation, alors qu'elle est fondée sur une appréciation des conventions et de l'intention des parties résultant notamment de ce que, antérieurement à l'adjudication, le bailleur avait reconnu qu'il devait tenir compte au locataire de certaines réparations auxquelles se trouvait liée la plus-value réclamée par le locataire postérieurement à l'adjudication (Arrêt précité du 10 nov. 1868).

357. Sur la question de savoir si l'obligation du balayage des rues incombe au propriétaire ou au locataire. V. *suprà*, v^is *Contravention*, n° 66, et *Commune*, n°s 610 et suiv.; *Adde*, Guillouard, t. 2, n°s 491 et 492.

SECT. 4. — DURÉE DU BAIL ET NÉCESSITÉ DU CONGÉ (*Rép.* n°s 671 à 716).

358. Le congé doit être donné par le bailleur, et si l'immeuble a plusieurs copropriétaires, par tous ses copropriétaires ou par leur mandataire (*Rép.* n°s 677 et 678). — Il doit être donné à tous les preneurs. Il suffit toutefois, s'il y a plusieurs preneurs solidaires, de le signifier à l'un d'eux (Paris, 18 avr. 1857 (1). Conf. Aubry et Rau, t. 4, § 369, p. 500; Guillouard, t. 1, n° 433; Laurent, t. 25, n° 329), alors surtout que celui-ci occupait seul les lieux loués, payait les loyers et recevait les quittances (Paris, 18 avr. 1857 précité).

359. Le congé doit être donné dans le délai fixé par l'usage des lieux (*Rép.* n° 671). Ainsi qu'on l'a dit au *Rép.* n° 680, d'après les usages de Paris, le congé doit être donné au moins six semaines d'avance pour les logements dont le prix n'excède pas 400 fr.; au moins trois d'avance pour ceux dont le prix excède 400 fr.; au moins six mois d'avance lorsqu'il s'agit d'une maison entière (Paris, 5 avr. 1850, aff. Rosaz, D. P. 50. 2. 157; Colmet de Santerre, t. 7, n° 183 *bis*, IV; Guillouard, t. 2, n° 496), d'un corps de logis (Paris, 22 juill. 1857, aff. Duchêne, D. P. 57. 2. 169), ou d'une boutique ouvrant sur la rue, quel que soit le chiffre du loyer (Paris, 22 juill. 1857, précité; 17 déc. 1872, aff. Desautels, D. P. 73. 5. 303; Guillouard, t. 2, n° 496).

Des difficultés se sont élevées au sujet du délai applicable aux boutiques qui ne donnent pas sur la rue. Il a été jugé qu'à Paris la nécessité de donner congé six mois à l'avance n'existe que pour les locations d'une maison entière, d'un corps de logis ou d'une boutique donnant sur la rue; qu'en conséquence, c'est dans le délai ordinaire de trois mois que doit être donné le congé d'un appartement, même à usage de magasin; que, s'il y a lieu néanmoins, en quelques circonstances, d'assimiler, pour le terme du congé, la location d'un magasin destiné au commerce à celle d'une boutique, il est nécessaire du moins que le local occupé par ce magasin ait reçu à l'avance et par la volonté du propriétaire cette destination spéciale (Paris, 22 juill. 1857 précité). On allègue, en faveur du terme de trois mois pour le congé des boutiques ou magasins ne donnant pas sur rue, des usages anciens et le cahier dressé en 1852 par les juges de paix de Paris pour constater les usages locaux en vigueur, cahier aux termes duquel le délai du congé serait de trois mois seulement pour les magasins ou boutiques « n'ouvrant que sur une cour privée et non sur une rue, passage public ou cour marchande ayant libre accès au public (V. en ce sens : Duvergier, t. 2, n° 39; Troplong, t. 1, n° 407; Agnel, n° 855, p. 499, note 1, et p. 502, note 1; Conf. Paris, 22 juin 1842, cité *Rép.* n° 680). — Dans une seconde opinion, on exige le délai de six mois pour le congé de tous les locaux loués à usage de boutique; on en donne pour motif que, quelle que soit la situation de ces locaux, le propriétaire et le locataire éprouveront les mêmes difficultés à trouver l'un un nouveau locataire, l'autre un nouveau local, et que le délai doit, par suite, être le même (V. Guillouard, t. 2, n° 497; Paris, 21 nov. 1863, aff. Ardoin, D. P. 64. 5. 234).

360. Conformément à la solution donnée au *Rép.* n° 683, M. Guillouard, t. 2, n° 497, estime que, dans le cas où le bailleur doit donner congé six mois d'avance à son locataire à raison de la qualité de celui-ci (juge de paix, instituteur, etc., *Rép.* n° 682), le locataire est astreint, de son côté, à observer le même délai.

361. Jugé que le bail sans écrit, passé sous l'empire d'un usage qui, d'une part, assigne aux locations verbales une durée d'un an, et, d'autre part, exige que, pour ces locations, le congé soit donné au moins six mois à l'avance, peut prendre fin même au milieu d'une année, par l'effet d'un congé notifié avant l'expiration du semestre précédent (Req. 29 déc. 1880, aff. Roussille, D. P. 81. 1. 345); et qu'il appartient aux juges du fond de constater souverainement, à cet égard, l'usage local (Même arrêt; Conf. *Rép.* n° 686).

362. Ainsi qu'on l'a dit au *Rép.* n° 687, le congé ne peut être donné que pour un terme d'usage (Conf. Colmet de Santerre, t. 7, n° 183 *bis*, V; Guillouard, t. 1, n° 435 et t. 2, n° 497; Paris, 5 avr. 1850, aff. Rosaz, D. P. 50. 2. 157). Il a été jugé, toutefois, que la convention portant qu'un bail pourra être résilié, dans certaines hypothèses déterminées, en prévenant six mois à l'avance, doit être entendue en ce sens que les six mois courent à partir de la signification du congé, et non à partir du prochain terme, quoique l'usage des lieux soit que les congés ordinaires ne peuvent avoir d'effet qu'à partir de l'époque de ce terme (Aix, 20 août 1870, aff. Dussère et Audibert, D. P. 72. 2. 56).

363. Quoique l'usage accorde au locataire un délai de huit ou de quinze jours pour quitter les lieux loués, le congé ne doit pas moins être signifié au plus tard six semaines, trois ou six mois avant l'expiration du terme qui précède la sortie des

(1) (Lebars et Lecolant C. Boillau). — Le 3 avr. 1857, le tribunal civil de la Seine a rendu le jugement suivant : — « Attendu que le congé a été donné en temps utile; — Attendu qu'il suffisait, pour sa régularité, qu'il fût signifié à l'un des preneurs solidaires; — Qu'on doit le décider ainsi par application des principes généraux qui régissent la matière de la solidarité, et par analogie des art. 1206 et 1207 c. civ.; — Attendu, d'ailleurs, en fait, que Lebars occupait seul les lieux loués; — Déclare le congé régulier; etc. » — Appel par les sieurs Lebars et Lecolant.

LA COUR. — Considérant qu'il est constant que Lebars occupait seul les lieux loués, payait les loyers et recevait les quittances; d'où il suit qu'en fait comme en droit, les actes à lui signifiés obligeaient Lecolant, son colocataire, aussi bien que lui-même; — Adoptant, au surplus, les motifs des premiers juges;

Par ces motifs;

Confirme.

Du 18 avr. 1857.-C. de Paris, 4e ch.-MM. de Vergès, pr.-Bertrand, Taillet et Freslon, av.

lieux, sans qu'il puisse être tenu compte de ces huit ou quinze jours pour le calcul des délais (*Rép.* n° 690; Conf. Guillouard, t. 2, n° 498).

364. Le congé tardivement donné pour un terme vaut-il pour le terme suivant? L'affirmative est admise par MM. Guillouard, t. 1, n° 435 et Agnel, n° 898. La volonté de mettre fin au bail, dit M. Guillouard, *loc. cit.*, est certaine, et si l'une des parties veut y mettre fin pour un terme, à plus forte raison le veut-elle pour le terme suivant. Cette conclusion n'est pas toujours exacte; la partie qui a cru, par erreur, donner un congé valable pour tel terme, octobre par exemple, peut fort bien ne pas vouloir cesser la location au terme de janvier, à cause des difficultés plus grandes de relouer ou de trouver un autre logement à cette époque où les mutations sont moins fréquentes; aussi, au cas de refus du congé tardif, il nous semble que ce congé devrait être considéré comme nul et non avenu (Comp. Duvergier, t. 2, n° 66; Troplong, n° 419). — Il a été jugé : 1° que le congé donné pour une époque plus rapprochée que celle fixée par l'usage a effet pour l'époque réglée par l'usage (Paris, 5 avr. 1850, aff. Rosaz, D. P. 50. 2. 157); — 2° Que lorsqu'un locataire donne tardivement congé en priant le bailleur d'accepter ce congé pour le terme le plus prochain, le non-consentement du bailleur n'empêche pas le congé d'être valable pour le terme suivant (Trib. civ. de la Seine, 20 oct. 1871) (1).

365. Il a été jugé que l'arrêté d'expulsion et l'investissement de Paris en 1870 ont constitué, pour le locataire étranger, un cas de force majeure qui le relevait de la déchéance encourue pour tardiveté de congé et le rendait recevable à signifier ce congé après l'époque fixée par le bail, alors qu'il justifiait de démarches faites pendant le siège pour arriver à cette signification au jour convenu, et que l'occupation forcée pendant l'insurrection des lieux précédemment tenus aux termes du bail, ne l'obligeait plus qu'à titre de location verbale et pour le temps fixé par l'usage (Paris, 29 avr. 1872, aff. Pastor, D. P. 72. 2. 145). — Décidé, au contraire, que le locataire qui a volontairement quitté Paris avant le siège n'a pu donner congé à son propriétaire qu'en observant le délai fixé par leurs conventions verbales, malgré l'impossibilité où l'investissement l'a mis de signifier ce congé à l'époque indiquée (Paris, 17 janv. 1872, aff. d'Angre, D. P. 72. 2. 145. V. conf., sur ces deux solutions, Guillouard, t. 1, n° 436. Comp. *suprà*, v° *Force majeure* n°s 2 et suiv., 16 et suiv.).

366. On a indiqué au *Rép.* n° 692, les divergences qui se sont produites sur le point de savoir si l'art. 1736 c. civ. a abrogé les usages locaux relatifs à la durée des baux sans terme fixe, et a rendu en tout cas le congé nécessaire pour mettre fin aux baux dont les parties n'ont pas fixé la durée. Il existe encore des dissentiments sur la question d'abrogation des usages : M. Laurent, t. 25, n°s 323 et suiv., soutient que le code civil n'assigne pas, en tous cas, une durée illimitée aux baux à loyer sans terme fixe; ces baux, à son avis, ont une durée déterminée par les usages locaux, lorsque ces usages se prononcent à cet égard (arg. art. 1757, 1759) (V. en ce sens, note, D. P. 81. 1. 345). On admet généralement, au contraire, que les usages locaux n'ont d'influence que sur les délais des congés, non sur la durée des baux, et que les baux sans terme fixe ont une durée indéfinie (V. Colmet de Santerre, t. 7, n° 183 *bis*, III et VI; Guillouard, t. 1, n° 407). Les dissentiments qui subsistent sont, en tout cas, de médiocre importance; car tous les auteurs s'accordent à reconnaître que les baux sans durée déterminée par les parties ne cessent pas de plein droit et ne peuvent prendre fin que par un congé (Colmet de Santerre, et Guillouard, *loc. cit.*; Laurent, t. 25, n° 325).

367. Le congé n'est soumis à aucune forme. Il peut être donné par lettre missive (*Rép.* n° 696; Conf. Aubry et Rau, t. 4, § 369, p. 500; Guillouard, t. 1, n° 430; Laurent, t. 25, n° 328; Trib. civ. de la Seine, 20 oct. 1871, *suprà*, n° 364, et 25 mars 1886, aff. Wafelaer, D. P. 86. 3. 72), ou même verbalement, aussi bien que par huissier (*Rép.* n° 696; Aubry et Rau, *loc. cit.*, Colmet de Santerre, t. 7, n° 183 *bis*, VII; Guillouard, t. 1, n° 430; Laurent, t. 25, n° 327). — Jugé que le congé donné par le bailleur au preneur est valable, quelle qu'en soit la forme, par cela seul qu'il est incontestablement parvenu en temps utile aux mains ou à la connaissance de ce preneur; qu'ainsi, lorsque le congé est donné par exploit d'huissier, la nullité de l'exploit, notamment pour incapacité de l'huissier, laisse tout son effet au congé dont la remise au preneur est constante et, par exemple, résulte de l'aveu même de ce dernier (Req. 3 mai 1865 (et non 1863), aff. Lefranc, D. P. 65. 1. 429).

368. Mais des difficultés s'élèvent en ce qui concerne la preuve du congé. Faut-il appliquer en matière de congé la règle formulée par l'art. 1715, au sujet du bail verbal, et exclure la preuve par témoins? Non, d'après M. Colmet de Santerre, t. 7, n° 183 *bis*, VII : la disposition de l'art. 1715 est une exception, une dérogation au droit commun de l'art. 1341; elle ne peut être étendue en dehors de ces termes; peut-être le silence de la loi à l'égard des congés est-il le résultat d'un oubli que l'interprète, en tout cas, ne saurait réparer; peut-être est-il voulu; il existe, en effet, une différence entre le bail verbal et le congé verbal. « Lorsque la convention est faite par les parties, celles-ci, dans la ferveur d'un premier accord, ne prévoient pas que cet accord pourra cesser, elles ne voient pas l'utilité de rédiger un écrit; il faut que la loi les contraigne à être prudentes malgré elles; mais lorsqu'il s'agit du congé, l'entente entre les deux parties n'est plus si cordiale; d'elles-mêmes elles songent à prendre des précautions, et la loi n'a pas besoin de déroger à ses règles générales pour obtenir par une sanction rigoureuse la rédaction d'un écrit. En un mot, permettre de prouver par témoins la convention de bail dans les termes de l'art. 1341, c'était rendre très nombreux les contrats purement verbaux, et, par suite, les procédures d'enquête, tandis que permettre de prouver par témoins les congés, ce n'est pas multiplier le nombre des congés verbaux, les parties étant toujours averties par l'état de leurs relations réciproques que la prudence demande la préconstitution d'une preuve de ce congé » (V. conf. Laurent, t. 25, n° 327). — On répond, dans une seconde opinion, que les congés verbaux ne sont pas rares, et que la preuve testimoniale présente les mêmes inconvénients à la fin du bail qu'au commencement; que le législateur, ne voulant pas tolérer ces inconvénients en ce qui concerne la formation du bail, n'a pu les autoriser lors de sa cessation; qu'il est, d'ailleurs, logique de soumettre la preuve de la dissolution d'un contrat aux mêmes règles que la preuve de la formation de ce contrat; on en conclut que l'art. 1715 est applicable aux congés et doit faire écarter la preuve par témoins (V. *Rép.* n° 696; Aubry et Rau, t. 4, § 369, p. 500; Guillouard, t. 1, n° 431). Il a été décidé, en ce sens, qu'il n'est pas permis aux parties de soumettre leurs conventions à un mode de preuve que repousse la loi, par exemple, de stipuler l'admissibilité de la preuve testimoniale hors des cas où elle est autorisée par la loi, notamment en matière de bail et de congé (Caen, 30 avr. 1860, aff. Vallée, D. P. 61. 2. 56).

369. Sur la question de savoir si la preuve testimoniale du congé serait admissible au cas où il existerait un commencement de preuve par écrit, V. *Rép.* n° 697, et *suprà*, n°s 73 et suiv.

---

(1) (Mennessier *C.* Berry.) — Le sieur Berry a, le 30 sept. 1871, donné congé par lettre, pour le 15 octobre suivant, au sieur Mennessier son bailleur, d'un logement à lui loué au prix de 600 fr. par an. Le bailleur n'ayant pas accepté ce congé tardif, a lui-même donné congé par huissier au sieur Berry, le 31 mars 1871 pour le terme de juillet suivant et lui a demandé payement des quatre termes d'octobre 1870, janvier, avril et juillet 1871.

Le tribunal; — Attendu que la lettre adressée par Berry à Mennessier, le 30 sept. 1870, exprime à la fois l'intention de donner congé et la prière que ce congé soit accepté pour le 15 octobre suivant; — Attendu que le non-consentement de Mennessier d'obtempérer à cette prière, n'a pas empêché le congé d'être valable pour l'époque de droit, c'est-à-dire, pour le 1er janv. 1871, et que les circonstances malheureuses dans lesquelles Paris s'est alors trouvé, sont un motif de plus d'admettre cette interprétation;

Attendu, en conséquence, que deux termes seulement peuvent être demandés par Mennessier, celui de juillet à octobre 1870, et celui d'octobre 1870 à janvier 1871; — Par ces motifs, etc.

Du 20 oct. 1871.-Trib. civ. de la Seine, ch. des vacat.-MM. Boselli, pr.-Robert, subst.-Pinchon et Chenal, av.

370. On a soutenu que le congé donné par acte sous seing privé doit être fait en double original (V. Bioche, *Dictionnaire de procédure*, v° *Congé*, n° 28, et les auteurs cités au *Rép.* n° 698). Mais la plupart des auteurs décident, conformément à la solution donnée au *Rép.* n° 698, que le congé est valable bien qu'il n'en existe qu'un seul original: le congé, en effet, n'est pas une convention synallagmatique, mais un acte unilatéral; s'il y a intérêt à dresser un double original, c'est au point de vue de la preuve, mais non au point de vue de la validité du congé (V. Colmet de Santerre, t. 7, n° 183 *bis*, IX; Guillouard, t. 1, n°s 428, 429; Laurent, t. 25, n° 328).

371. Il a été jugé que le congé est un acte unilatéral qui n'est pas subordonné à l'acceptation du propriétaire (Trib. civ. de la Seine, 20 oct. 1871, aff. Mennessier, *suprà*, n° 364. 25 mars 1886, aff. Walfelaer, D. P. 86. 3. 72; Conf. *Rép.* n° 700; Aubry et Rau, t. 4. § 369, p. 500. V. encore Paris, 18 avr. 1857, aff. Lebars, *suprà* n° 358; qu'il suffit, en conséquence, pour la validité du congé, que la notification en soit faite au propriétaire avant le terme fixé par le contrat de bail (Jugement précité du 25 mars 1886); que, si le propriétaire est absent de son domicile, le locataire n'est tenu qu'à la notification à domicile, et que cette notification suffit, surtout alors que toutes les mesures sont prises pour qu'elle touche la personne, par exemple, lorsque le congé a été donné par lettre recommandée à la poste (Même jugement).

372. Décidé encore que le bailleur peut renoncer au droit de donner congé à son locataire, et que cette renonciation unilatérale, opposable à ses héritiers, n'est pas astreinte à la formalité du double original (Paris, 24 août 1865, *suprà*, n° 197; Conf. Guillouard, t, 1, n° 437. Comp. *suprà*, n° 63).

373. Ainsi qu'on l'a soutenu au *Rép.* n° 715, le bail d'un appartement meublé est censé fait à l'année, au mois ou au jour, lorsque le prix en est fixé à tant par an, par mois ou par jour. Ce n'est qu'à défaut d'une telle fixation du prix que la durée du bail devrait être déterminée par l'usage des lieux (art. 1758). Lorsque le prix a été fixé à tant par an, par mois ou par jour, le bail, ayant une durée déterminée, prend fin de plein droit sans qu'il soit nécessaire de donner congé (V. Colmet de Santerre, t. 7, n° 207 *bis*; Guillouard, t. 2, n° 505; Laurent. t. 25, n° 431). — Décidé que, lorsqu'il est stipulé, dans le sous-bail verbal d'un appartement meublé loué à tant par an, que le sous-locataire quittera l'appartement à l'époque où cessera le bail principal, le bailleur n'est pas tenu de donner congé au sous-locataire, encore bien que celui-ci ait continué sa jouissance par tacite reconduction (Trib. civ. de Saint-Gaudens, 22 août 1881, aff. Abadie, D. P. 85. 5. 296).

374. Lorsque le prix a été fixé à tant par an, par mois ou par jour, les parties peuvent-elles néanmoins prétendre que le bail n'est pas fait à l'année, au mois ou au jour? Oui, sans doute, si elles ont fait une convention expresse à cet égard; mais à défaut d'une convention expresse, il y a des difficultés, selon M. Colmet de Santerre, t. 7. n° 207 *bis*, III; les parties qui ont fait un écrit pour constater le bail à tant par an, par mois ou par jour, ont dû y constater toutes leurs conventions, et ne peuvent être admises à alléguer qu'elles ont voulu donner au bail une durée autre que celle fixée par l'art. 1758; ce serait, de leur part, prétendre prouver outre le contenu à l'acte, ce qui est interdit par l'art. 1341. — Il a été jugé, au contraire, que la présomption de l'art. 1758 peut être combattue par des preuves contraires, tirées de l'intention des parties, de l'usage des lieux ou des circonstances (Req. 6 nov. 1860, aff. Maillard, D. P. 61. 1. 70. Comp. Laurent, t 25, n° 431).

375. Les dispositions de l'art. 1758 ne doivent pas être appliquées à la location d'un hôtel garni, car elles ne visent que les appartements meublés, et, comme elles sont exceptionnelles, elles ne doivent pas être étendues. La location d'un hôtel garni impliquant, d'ailleurs, une pensée de spéculation, se fait pour un temps plus long que celle des appartements meublés. (V. Guillouard, t. 2, n° 506; Laurent, t. 25, n° 432). Il a été jugé que la présomption d'après laquelle le bail d'un appartement meublé est censé fait à l'année, quand il a été fait à tant par an, n'est pas applicable au bail d'un hôtel garni que le preneur a loué pour l'exploiter; que la durée de ce bail doit être réglée d'après l'intention des parties, d'après l'usage des lieux et les circonstances, et qu'elle peut, par exemple, être fixée à six années (Req. 6 nov. 1860, aff. Maillard, D. P. 61. 1. 170. — V. toutefois la note sur cet arrêt, D. P. *ibid.*).

Sect. 5. — De la tacite reconduction. (*Rép.* n°s 717 à 725).

376. Ainsi qu'on l'a dit au *Rép.* n°s 718 et 719, la tacite reconduction ne peut résulter du seul fait du silence gardé, avant l'expiration du bail, par les parties, sur sa continuation; elle ne résulte que de la possession continuée durant un temps laissé à l'appréciation des juges (Conf. Guillouard t. 2, n°s 502 et 503).

La tacite reconduction supposant le commun accord du bailleur et du preneur, le congé donné par l'un d'eux y met généralement obstacle (V. *Rép.* n° 719 et *suprà* n° 331). Toutefois, si, malgré le congé, la possession du locataire continue dans des conditions qui supposent chez les deux parties la volonté de renouveler la location, on doit reconnaître qu'il y a tacite reconduction (V. *suprà*, n° 332), mais non continuation de l'ancien bail, car celui-ci a pris fin par le congé (V. Guillouard, t. 1, n° 424; Laurent, t. 25, n° 350; Paris, 5 avril 1850, aff. Rosaz, D. P. 50. 2. 157).

Le preneur qui reste en possession, contre le gré du bailleur, est tenu d'indemniser ce dernier à raison de son indue possession. (V. *suprà*, n° 332). Il a été jugé, en conséquence, que le locataire d'un établissement industriel qui, après l'expiration du bail, en garde indûment la possession, doit tenir compte au bailleur, non des produits industriels de cet établissement, mais des loyers courus pendant toute la durée de son indue possession; qu'il peut, en outre, être condamné à des dommages-intérêts, et que l'appréciation du chiffre de ces dommages-intérêts échappe à la censure de la cour de cassation (Civ. rej. 7 avr. 1857 aff. Leclerc, D. P. 57. 1. 171; Conf. Req. 3 août 1876, aff. Godchau, D. P. 77. 1. 216).

377. Le bail résultant de la tacite reconduction ne prend fin que par un congé donné dans les délais fixés par l'usage des lieux (V. *Rép.* n°s 721. 722; Guillouard, t. 2, n° 504). Jugé que si, après le congé donné, pour un bail comprenant plusieurs périodes (trois, six et neuf ans), et après l'expiration d'une période, le locataire continue à occuper les lieux, il y a tacite reconduction régie, pour toutes autres conditions que celles du prix et de la nature des lieux loués, non par les stipulations du bail originaire mais par l'usage des locations verbales (Paris, 5 avr. 1850, aff Rosaz, D. P 50. 2. 157. Comp. *Rép.* n°s 723 et suiv., et *suprà*, n°s 335 et suiv.).

Sect. 6. — Indemnité due au bailleur en cas de résiliation par la faute du locataire (*Rép.* n° 726).

378. Lorsque le bail est résilié par la faute du locataire, celui-ci doit, aux termes de l'art. 1760, payer le prix du bail pendant le temps nécessaire à la relocation, sans préjudice de dommages-intérêts s'il y a lieu. On considère que le temps nécessaire à la relocation est ordinairement le temps « que l'usage des lieux laisse au propriétaire pour trouver un nouveau locataire » (V. *Rép.* n° 726; Aubry et Rau, t. 4, § 370. p. 504), c'est-à-dire « le temps qui, d'après l'usage des lieux, doit s'écouler entre le congé et la fin du bail » (Colmet de Santerre, t. 7, n° 209 *bis*). « Il ne faut pas cependant ériger cette formule en règle, ajoute ce dernier auteur, *loc. cit.*; les tribunaux qui prononcent une condamnation à des dommages-intérêts pourraient prendre en considération des circonstances particulières qui rendraient plus difficile la relocation, et, de ce chef, prononcer une condamnation à payer les loyers pendant un temps plus long que le délai des congés. Souvent même, par une convention, les parties ont augmenté le délai ordinaire des congés, et les juges devraient accepter cette convention comme la fixation du temps reconnu nécessaire pour trouver un nouveau locataire » (V. conf. Guillouard, t. 2, n°s 507 et suiv.; Laurent, t. 25, n° 379). — Il a été jugé: 1° que l'art. 1760 c. civ., d'après lequel le locataire, en cas de résiliation du bail par sa faute, est tenu d'en payer le prix pendant le temps nécessaire à la relocation, doit s'entendre en ce sens que le locataire devra payer les loyers pendant un certain temps jugé nécessaire à la relocation et dont la nature de la chose louée et les circonstances détermineront la durée, mais non point jusqu'au jour où la relocation sera effectivement opérée (Bordeaux, 19 mai 1849, aff. Amic, D. P. 50. 2. 15); — 2° Que le locataire par la faute de qui le bail est résilié n'est pas astreint à payer le prix du bail pendant tout le temps que le propriétaire n'a pas reloué, mais seulement pendant le temps nécessaire à la relocation, et que, par suite, on peut considérer comme conforme à la loi l'arrêt qui a condamné le locataire au payement des loyers pendant le délai fixé pour les congés par l'usage des lieux (Req. 1er juill. 1851, aff. Casimir Périer, D. P. 51. 1. 249); — 3° Que les juges du fond, en cas de résiliation d'un bail par suite d'un incendie dont le preneur est déclaré responsable, apprécient souverainement l'intervalle de temps pendant lequel le preneur doit payer les loyers au bailleur pour l'indemniser du défaut de relocation; qu'ainsi, les juges peuvent, sans violer l'art. 1760 c. civ., fixer à trois années de loyers l'indemnité due, de ce chef, au bailleur, en considération tant de la continuation de l'occupation des lieux par le preneur, sans aucune offre d'indemnité au bailleur, que de l'impuissance où ce dernier a été mis par les prétentions du preneur de relouer l'immeuble ayant fait l'objet du bail (Req. 24 nov. 1879, aff. de Ribes, D. P. 80. 1. 385); — 4° Qu'une relocation, faite après expulsion du locataire et acceptée par celui-ci, entraîne la résiliation du bail; mais que le locataire expulsé doit des dommages-intérêts en réparation du préjudice causé au bailleur par la différence entre le prix de la location primitive et le prix de la relocation (Paris, 10 juill. 1875, aff. Mangnier, D. P. 78. 2. 105).

Mais il a été décidé que le bailleur qui a fait expulser le preneur et a reloué les lieux est mal fondé à réclamer au preneur le payement des termes de loyers postérieurs à l'expulsion (Paris, 17 mai 1876, aff. Aubriet, D. P. 78. 2. 181). Lorsque le bailleur a reloué immédiatement et au même prix, il est impossible d'admettre son action en indemnité pour relocation, car le préjudice, élément indispensable pour qu'il y ait lieu à indemnité, fait alors défaut (V. *Rép.* n° 726; Guillouard, t. 2, n° 509). Toutefois le fait de la relocation, après fixation de l'indemnité, dans un délai plus bref que le délai couvert par celle-ci, n'autoriserait pas le locataire à en refuser le payement, parce que l'indemnité, lorsqu'elle est allouée, est fixée à forfait, et que l'ancien locataire sur qui ne pèsent plus les pertes d'une relocation tardive ne peut prétendre profiter de la promptitude avec laquelle la relocation s'est effectuée (V. Guillouard, t. 2, n° 509).

379. M. Guillouard, t. 2, n° 510, estime « qu'au lieu de demander une indemnité fixée à forfait, le bailleur peut demander que le droit au bail soit vendu aux enchères publiques, et le preneur condamné à lui tenir compte de la différence entre le prix de la vente et le montant du bail originaire ». Cette solution nous paraît peu conforme aux prescriptions de l'art 1760, qui reconnaît au bailleur le droit d'obtenir des dommages-intérêts, mais ne l'autorise pas à engager, sous prétexte de déterminer avec plus d'exactitude le montant du préjudice souffert, une procédure onéreuse pour le locataire expulsé. La mise aux enchères du droit au bail occasionnerait des frais qui retomberaient, en définitive, à la charge du locataire, en outre, elle pourrait aboutir à une relocation à bas prix très coûteuse pour lui; il y a, en effet, des circonstances où il est plus avantageux d'attendre pour relouer, que de relouer immédiatement à tout prix. La cour d'Aix a autorisé, cependant, le bailleur à mettre aux enchères le droit au bail, mais en en donnant des motifs que désapprouve M. Guillouard. Aux termes de l'arrêt du 6 mars 1867) (1), le bailleur qui a droit d'obtenir la résiliation pour inexécution du bail, par exemple pour défaut de garnir suffisamment les lieux loués, peut, s'il le préfère, exiger la continuation du bail et exercer, en vertu de l'art. 1166, la faculté qui appartient à son locataire, de sous-louer les lieux occupés par ce dernier; or, cette sous-location offre le plus de garantie possible lorsqu'elle est effectuée par la voie de vente aux enchères publiques. M. Guillouard, t. 2, n° 526, refuse, au contraire, au bailleur, le droit de sous-louer aux risques du preneur (V. *Rép.* n° 756 et *infrà*, n° 389), et plusieurs arrêts dénient aux créanciers le droit de se prévaloir de l'art. 1166 à l'effet de sous-louer les lieux occupés par leur débiteur (V. *infrà*, v° *Obligation*; — Comp. *Rép.* eod. v°, n° 903).

SECT. 7. — DU DROIT QU'AVAIT AUTREFOIS LE PROPRIÉTAIRE DE RÉSOUDRE LE BAIL POUR HABITER LUI-MÊME SA MAISON (*Rép.* n°s 727 à 731).

380. Ainsi qu'on l'a dit au *Rép.* n° 727, le bailleur n'a plus aujourd'hui le droit de résoudre le bail pour venir ha-

(1) (Foa et Ebrard C. Chappon). — Un jugement du tribunal de Marseille rendu par défaut le 20 août 1866, a condamné le sieur Foa, locataire, et le sieur Ebrard, sa caution, à payer au sieur Chappon, bailleur, la somme de 2240 fr. pour loyers échus, le même jugement a validé la saisie-gagerie pratiquée par le bailleur sur les meubles qui se trouvaient dans les lieux loués, ordonné la vente de ces meubles, et, à défaut par les sieurs Foa et Ebrard de garnir, dans la huitaine de la vente, les lieux de meubles suffisants pour répondre des loyers, autorisé le sieur Chappon à relouer l'immeuble à leurs risques et périls. Sur l'opposition des sieurs Foa et Ebrard, a été rendu, le 30 oct. 1856, un jugement contradictoire ainsi conçu : « — Attendu que Foa et Ebrard contestent la légalité des mesures ordonnées par le jugement de défaut précité; qu'ils reconnaissent que le semestre de loyer dû à Chappon par Foa comme locataire et par Ebrard comme caution n'a point été payé; mais que, d'après eux, il s'ensuit seulement que, dans le cas où, par suite de la vente du mobilier garnissant les lieux, il n'y aurait plus garantie suffisante pour le bailleur, ce dernier aurait le droit de résilier le contrat avec dommages-intérêts consistant dans le montant d'un semestre; — Attendu qu'aux termes de l'art. 1184 c. civ., dans le cas où l'une des deux parties ne satisfait point à ses engagements pris dans un contrat synallagmatique, la partie envers laquelle l'engagement n'a point été exécuté a le choix ou de forcer l'autre à l'exécution de la convention lorsqu'elle est possible, ou d'en demander la résolution avec dommages-intérêts; — Que cette opposition est réservée à celui envers qui l'obligation n'a point été exécutée, ce qui est de toute justice, car il ne peut dépendre de la partie qui manque à son engagement de s'affranchir arbitrairement de l'obligation qu'elle avait contractée même en se soumettant à des dommages-intérêts; — Attendu qu'il est évident que, dans une location, le bailleur peut avoir intérêt à ce que la location s'exécute jusqu'à son terme; que son contrat lui assure cette position qui peut être bien préférable à une résiliation, même avec des dommages-intérêts, qui l'expose à ne pas trouver de locataires dans des conditions aussi avantageuses, soit par rapport au genre d'exploitation, soit par rapport à la durée du bail ou aux taux du loyer; — Attendu que l'art. 1752 c. civ. n'est point une dérogation à l'art. 1184 qui pose la règle générale pour tous les contrats; que l'art. 1752 ouvre seulement une faculté au bailleur, qui peut, s'il le préfère, faire expulser son locataire manquant aux obligations du contrat; mais qu'il ne s'ensuit nullement que le bailleur soit privé, s'il le préfère, du droit de forcer le locataire à l'exécution de la convention, qui est tout à fait possible; — Attendu qu'en effet, cette exécution doit résulter des mesures adoptées par la justice; que, si le locataire ne peut plus par lui-même occuper les lieux, parce qu'il se trouve hors d'état de les garnir du mobilier suffisant, la sous-location offre le moyen naturel et facile de pourvoir à cette situation; que cette sous-location est tout à fait dans la nature du contrat de louage, et que c'est un des moyens usuels de son exécution; que, de même que le locataire lui-même pouvait sous-louer, l'exercice de cette faculté appartient aux créanciers de ce locataire qui, aux termes de l'art. 1166, peuvent exercer tous les droits et actions de leurs débiteurs, à l'exception de ceux qui seraient attachés exclusivement à leur personne; — Attendu, au surplus, que la modification requise aux dispositions du jugement de défaut, et qui consiste en ce que cette sous-location devra être affectée par la voie de la vente aux enchères publiques, aux formes de droit, du sous-bail de cet immeuble, obvie à toute espèce d'inconvénient et présente la garantie la plus assurée pour la conservation des droits de toutes les parties; — Attendu que si, généralement, quand un locataire manque à ses obligations, le tribunal résilie le contrat, en accordant au bailleur des dommages-intérêts assez souvent fixés au montant d'un semestre, c'est que le bailleur lui-même, désireux d'écarter un locataire qui ne le satisfait point, opte pour cette résiliation et la requiert lui-même; mais que cela ne saurait faire loi; — Par ces motifs, etc. ».

Appel par les sieurs Foa et Ebrard.

LA COUR; — Adoptant les motifs, etc.; — Confirme.

Du 6 mars 1867.-C. d'Aix.-MM. Mouret Saint-Donat, pr.-de Bonnecorse, subst., c. contr.-de Séranon et Bessat, av.

biter lui-même sa maison, si ce n'est en vertu d'une convention spéciale, et à charge, en pareil cas, de donner congé dans les délais fixés par l'usage des lieux. — On a examiné au *Rép.* n° 728 la question de savoir si la résolution du bail, poursuivie en vertu d'une stipulation spéciale, entraînait à la charge du bailleur des dommages-intérêts à payer au locataire. Les auteurs s'accordent aujourd'hui à reconnaître qu'il n'y a pas lieu d'étendre, en pareil cas, la disposition exceptionnelle de l'art. 1744, et qu'aucuns dommages-intérêts ne sont dus par le bailleur qui ne fait qu'user de son droit (V. Aubry et Rau, t. 4, § 370, note 7, p. 505; Guillouard, t. 2, n° 512; Laurent, t. 25, n° 433; Conf. *Rép.* n° 728).

CHAP. 5. — Règles particulières aux baux à ferme
(*Rép.* n°s 732 à 866).

SECT. 1re. — OBLIGATIONS DU BAILLEUR, ET SPÉCIALEMENT OBLIGATION DE GARANTIR LA CONTENANCE PORTÉE AU CONTRAT (*Rép.* n°s 734 à 740).

381. Aux termes de l'art. 1765 c. civ. « si, dans un bail à ferme, on donne aux lieux loués une contenance moindre ou plus grande que celle qu'ils ont réellement, il n'y a lieu à augmentation ou diminution de prix pour le fermier que dans les cas et suivant les règles exprimées au titre de la vente » (V. *Rép.* n° 737). Les auteurs sont actuellement d'accord pour décider, conformément à la solution donnée au *Rép.* n° 738, que toutes les règles édictées, en matière de vente, en ce qui concerne les erreurs de contenance, doivent recevoir leur application, en matière de bail à ferme; que, par suite, lorsque la contenance réelle est supérieure à la contenance indiquée au bail, dans la mesure indiquée par les art. 1618 et 1620 (V. *Rép.* n° 740 et *infrà*, v° *Vente*;— *Rép.* eod v°, n°s 741 et suiv.), le fermier peut se désister du contrat, s'il n'aime mieux souffrir l'augmentation du prix (V. Aubry et Rau, t. 4, § 371, p. 505; Guillouard, t. 2, n° 536; Laurent, t. 25, n° 445). Mais il a été jugé que les parties peuvent valablement déroger, tant en matière de louage qu'en matière de vente, à la disposition de l'art. 1619 c. civ., qui ne donne ouverture à l'action en augmentation ou en diminution du prix de la vente ou des fermages, qu'autant que la différence en plus ou en moins est d'un vingtième; spécialement, que le preneur peut régulièrement stipuler que la garantie aura lieu, quelque minime que soit le déficit, et que cette stipulation autorise un recours de sa part contre le bailleur, alors même que la différence en moins est inférieure à un vingtième (Alger, 28 déc. 1889, aff. Sens-Olive, D. P. 91. 1. 267. V. au surplus *infrà*, v° *Vente*; — *Rép.* eod. v°, n°s 715 et suiv., 739 et suiv.).

382. De ce que toutes les règles édictées au cas de vente à l'égard des erreurs de contenance doivent être appliquées en matière de baux à ferme, il résulte que l'action en supplément de prix, de la part du bailleur, et celle en résiliation ou en diminution de prix, de la part du preneur, doivent être intentées, à peine de déchéance, dans l'année à compter du jour du contrat (V. *Rép.* n° 739; Aubry et Rau, t. 4, § 371, p. 505; Guillouard, t. 2, n° 537; Laurent, t. 25, n° 445). Jugé que les règles tracées au titre de la vente, qui régissent les droits et les obligations des parties, à raison d'un déficit ou d'un excédent de contenance des fonds donnés à ferme doivent être appliquées dans leur entier, et, notamment, pour la durée de l'action, aussi bien que pour les cas où elle est ouverte; que, par suite, la déchéance prononcée par l'art. 1622 c. civ. contre l'action en supplément du prix de la vente, de la part du vendeur, et contre l'action en diminution du prix ou en résiliation du contrat, de la part de l'acquéreur, lorsqu'elle n'est pas intentée dans l'année à compter du jour du contrat, s'applique à l'action en supplément ou en diminution du prix du fermage (Req. 2 févr. 1891, aff. Sens-Olive, D. P. 91. 1. 267); et que l'arrêt qui relate l'objet et les conditions d'un bail, ainsi que la clause relative à la garantie de contenance portant qu'en cas de différence en plus ou en moins il y aurait lieu à une augmentation ou à une diminution des fermages, qui discute les conséquences de cette stipulation, et qui déclare que l'instance n'a pour objet, dans les conditions où elle s'est engagée, qu'une demande en diminution de prix pour déficit dans la contenance, répond suffisamment à la partie d'un chef des conclusions du demandeur dans laquelle il soutenait que la clause précitée indiquait l'intention commune et formelle des contractants de subordonner le montant du prix de location à un mesurage subséquent (Même arrêt).

SECT. 2. — OBLIGATIONS GÉNÉRALES DU FERMIER D'APRÈS L'ART. 1766 C. CIV. — PEINE ATTACHÉE A LEUR INFRACTION (*Rép.* n°s 741 à 774).

383. Le fermier est tenu de garnir l'immeuble loué de bestiaux et ustensiles nécessaires à l'exploitation (*Rép.* n°s 742 et 743). On discute toutefois sur la portée et l'étendue de cette obligation. Dans une première opinion, on considère qu'elle a pour objet d'assurer la bonne culture des terres, et qu'elle est suffisamment remplie lorsque les bestiaux et ustensiles du fermier suffisent aux besoins de l'exploitation sans qu'il soit nécessaire qu'ils représentent une valeur suffisante pour garantir le payement des fermages (V. *Rép.* n° 742; Conf. Aubry et Rau, t. 4, § 371, note 2, p. 506). — Dans une seconde opinion, on estime que l'obligation de garnir est plus étendue et qu'elle a pour but, non seulement d'assurer l'exploitation, mais encore de procurer au bailleur, avec les récoltes, un gage suffisant pour l'exercice de son privilège; d'où il suit que le bailleur peut exiger du fermier qu'il garnisse la ferme de bestiaux et ustensiles d'une valeur suffisante pour assurer le payement des fermages aussi bien que la culture des terres (V. Guillouard, t. 2, n° 516; Laurent, t. 25, n° 435).

384. Le fermier doit cultiver en bon père de famille (V. *Rép.* n°s 745 et suiv.; Guillouard, t. 2, n°s 518 et suiv.; Laurent, t. 25, n°s 436 et suiv.). Il ne doit pas divertir les pailles et fumiers (V. *Rép.* n° 746; Guillouard, t. 2, n° 519; Laurent, t. 25, n° 438). — Il a été jugé que, lorsque le fermier s'est obligé, par son bail, à faire consommer toutes les pailles dans la ferme, ses créanciers ne sauraient les faire saisir, le saisi ne pouvant être regardé comme en étant propriétaire (Douai, 12 avr. 1848, aff. Druard, D. P. 50. 2. 201. Conf. Guillouard, t. 2, n° 549. Comp. Req 9 déc. 1873, cité *infrà*, n° 407, et Civ. cass. 30 (et non 16) août 1882, aff. Levavasseur, D. P. 83. 1. 213, cité *suprà*, v° *Biens*, n° 27).

385. Les progrès réalisés dans les modes de culture font considérer aujourd'hui le dessolement ou dessaisonnement comme parfaitement licite (*Rép.* n° 751). La seule question qui se pose encore est de savoir si le fermier peut dessoler alors qu'une clause formelle de son bail le lui interdit. Suivant M. Guillouard, t 2, n° 521, « la clause aura sa portée, en ce sens que le fermier devra, à sa sortie de la ferme, rendre la terre dans l'état d'assolement où il l'aura reçue; mais, pendant la durée de son bail, il pourra, malgré son bail, employer les procédés de culture nouveaux et perfectionnés que l'usage a introduits, à condition que le sol n'en soit pas épuisé, et qu'il lui restitue, par des engrais plus abondants et la rotation des cultures, les sucs qu'il lui enlève... La clause, en effet, n'a qu'un but : empêcher l'épuisement de la terre, et du moment où il est établi et, à vrai dire, notoire dans l'état des connaissances agricoles, que les procédés de culture du fermier ne l'épuisent pas plus que le système des jachères, le bail est respecté par l'emploi d'un procédé équivalent à celui qu'il imposait » (Conf. Orléans, 21 juill. 1877) (1). D'après M. Laurent, t. 25, n° 439, le fermier doit respecter la clause prohibitive du dessolement, mais l'infraction ne peut donner lieu à dommages-intérêts envers le bailleur que si celui-ci peut établir un préjudice par lui

---

(1) (Camus C. Batteux et Lambertye.) — Le 12 déc. 1876, le tribunal de Blois a rendu le jugement suivant : — « Attendu que les dépendances de la ferme du Noyer sont d'environ 193 hectares; que le bail consenti le 5 août 1852 aux époux Batteux ne mentionne ni l'état des terres, ni le détail de l'assolement, et que les demandeurs ne signalent pas les terres qui auraient été dessaisonnées; que les deux seuls faits admis en preuve portent : le premier, sur le dessaisonnement pendant plusieurs années de toutes les terres de la métairie; le second sur des faits de surcharge s'appliquant à 25 pièces de terre désignées

souffert. « Or, le dessolement n'est préjudiciable que lorsque le fermier épuise les terres, c'est-à-dire quand il leur fait produire des fruits sans leur donner des engrais ; mais s'il proportionne les engrais à la production, le propriétaire ne souffrira aucun préjudice, et sans préjudice, la condamnation aux dommages-intérêts devient impossible » (Laurent, *loc. cit.* Comp. *Rép.* nos 751 et 752).

386. Lorsque le fermier ne remplit pas ses obligations, le bailleur peut demander la résiliation du bail, avec dommages-intérêts. Mais les tribunaux, auxquels l'art. 1766 reconnaît, d'ailleurs, un droit d'appréciation très étendu, ne doivent la prononcer que si l'inexécution de ces obligations est une cause de préjudice pour le bailleur (V. *Rép.* n° 761; Guillouard, t. 2, n° 525; Laurent, t. 25, n° 440; Gand, 17 janv. 1883, aff. de Thiébault de Bœsinghe, D. P. 84. 2. 92).

387. Il a été jugé que le propriétaire peut, pendant la durée du bail, faire constater le mauvais état de la culture et l'inexécution des obligations du fermier, à l'effet, soit de demander, s'il y a lieu, la résiliation du bail, soit de préparer une base à la fixation ultérieure de l'indemnité, mais qu'il ne peut, dans ce dernier cas, réclamer aucune indemnité pour abus de jouissance avant la fin du bail (Caen, 6 juin 1857, aff. Tillard, D. P. 58. 2. 87). Ces solutions sont approuvées par M. Guillouard, t. 2, n° 527, au moins dans le cas où, comme dans l'espèce de l'arrêt précité de la cour de Caen, le préjudice résultant des fautes du fermier est susceptible d'être réparé avant la fin du bail. Le même auteur, *loc. cit.*, décide, au contraire, que des dommages-intérêts pourraient être immédiatement accordés si le préjudice causé était irréparable (V. conf. Trib. civ. d'Yvetot, 12 févr. 1858, aff. Delahays, D. P. 59. 1. 136). — Jugé encore que le propriétaire peut actionner le fermier, même pendant le cours du bail, pour inexécution des clauses du contrat, mais qu'il n'a ce droit qu'autant que l'infraction lui cause quelque préjudice; et que, par suite, l'action est prématurée quand elle est fondée sur des faits de négligence dans la culture qui ne sont pas de nature à compromettre la chose louée ni à faire souffrir un dommage au propriétaire (Req. 20 déc. 1858, aff. Delahays, D. P. 59. 1. 136. Comp. Rouen, 11 mars 1847, aff. Védie, D. P. 50. 2. 64, cité *Rép.* n° 749. V. au surplus *Rép.* n° 303 et *suprà*, n° 178).

388. Aux termes d'un arrêt, la saisie et la vente du mobilier et de tous les instruments d'exploitation du fermier suffisent pour autoriser le propriétaire à demander la résiliation du bail à ferme, encore bien que le fermier, hors d'état d'exploiter par lui-même, offrirait de faire continuer l'exploitation par autrui (Douai, 12 janv. 1850, aff. Deswarte, D. P. 51. 2. 121). La cour de Douai déclare « qu'il n'est pas indifférent, pour le bailleur, que les biens par lui loués soient cultivés par le preneur lui-même et à l'aide de moyens à lui propres... ou qu'ils le soient par des mains et à l'aide de moyens étrangers ». — Mais le fermier contre lequel la résiliation du bail est poursuivie, pour inexécution de ses obligations, ne perd pas nécessairement le droit de céder son bail (V. Caen, 23 mai 1857, cité *suprà*, n° 248-3°. Comp. Rouen, 11 mars 1847, cité *suprà*, n° 387).

389. On a dit, au *Rép.* n° 756, que le bailleur ne peut, en cas d'inexécution du bail par le fermier, être autorisé à sous-louer aux risques de ce dernier. M. Guillouard, t. 2, n° 526, admet cette solution; il estime, toutefois, que le bailleur, après avoir obtenu résiliation du bail, est fondé à demander, au lieu d'une indemnité fixée à forfait pour représenter le prix du fermage pendant le temps nécessaire à la relocation, la mise aux enchères du droit au bail pour le temps qui restait à courir, et condamnation, à la charge du fermier expulsé, de la différence entre le prix du nouveau bail et celui de l'ancien. Nous pensons, au contraire, que le bailleur n'a droit qu'à une indemnité de relocation fixée à forfait d'après le temps jugé nécessaire pour relouer, sans préjudice des dommages-intérêts qui pourraient être dus pour abus de jouissance (V. Laurent, t. 25, n° 442, et *suprà*, n° 379).

390. Le fermier doit faire valoir les terres qu'il a louées, sans en changer la destination (V. *Rép.* nos 757 et 758; Guillouard, t. 2, n° 522; Laurent, t. 25, n° 437). Mais il a été jugé que l'arrêt qui décide que, dans un bail à ferme ne contenant pas la prohibition de défricher, la défense *d'enlever* n'implique pas l'interdiction d'abattre les bois debout pour les soins de la culture, ne renferme qu'une interprétation des clauses du bail rentrant dans les limites de son pouvoir souverain (Req. 27 mai 1872, aff. Valcourt et Duquesnay, D. P. 72. 1. 403).

391. On a dit au *Rép.* n° 759 que l'obligation d'engranger, dans les lieux à ce destinés, s'appliquait au colon partiaire aussi bien qu'au fermier. En est-il de même aujourd'hui, sous l'empire de la loi du 18 juill. 1889, sur le code rural (*Bail à colonat partiaire*)? V. sur ce point, v° *Louage à colonage partiaire*, n° 15.

392. Le fermier est obligé d'avertir le propriétaire des usurpations commises sur le fonds loué (V. *Rép.* nos 263 et suiv., 760). Faute, par lui, de remplir cette obligation, il doit indemniser le bailleur « de tout le préjudice que le défaut de dénonciation lui cause » (Guillouard, t. 2, n° 534).

393. La loi n'ayant pas déterminé les réparations locatives à la charge du fermier, il y a lieu de consulter, à cet égard, les usages locaux. « Il est vrai, remarque M. Guillouard, t. 2, n° 531, que l'art. 1754 ne renvoie aux usages locaux, en matière de réparations locatives, que pour les baux à loyer; mais cette règle doit être étendue aux baux à ferme, et il y en a un motif péremptoire : c'est que le code n'indique pas quelles sont les réparations locatives à la charge du fermier, et, si on ne consultait pas les usages locaux, on ne saurait quelle règle suivre ». — On a signalé au *Rép.* n° 769, les divergences qui se sont produites entre les auteurs sur le point de savoir si le curage des cours d'eau et l'entretien des digues sont à la charge du bailleur ou du fermier. M. Guillouard, t. 2, n° 530, estime que ces opérations doivent être considérées comme réparations locatives, « la périodicité du curage, dit-il, les frais relativement minimes qu'il entraîne, l'avantage que le fermier retire, pour la culture, des boues qui en proviennent, tout concourt pour le mettre à la charge du fermier. Il doit en être de même de l'entretien des digues ou levées qui bordent les cours d'eau, entretien qui est nécessaire pour prévenir les infiltrations »

et attenancées; — Attendu que les terres ayant été vendues à Camus dans l'état d'assolement où les avaient reçues les époux Bière, cédants de Batteux, les deux griefs se trouvent confondus en un seul, consistant à prétendre que les époux Batteux ont, par un dessaisonnement abusif, épuisé les terres de la métairie du Noyer; — Attendu que les nouveaux procédés de culture, et notamment l'introduction des prairies artificielles permanentes, de la pomme de terre et des raves fourragères, ont modifié dans un sens avantageux à la production, sans appauvrissement du sol, l'ancien mode d'assolement triennal; que cette modification dont l'opportunité n'est plus contestée, s'est faite d'accord entre les propriétaires et les fermiers; qu'il a été notamment convenu entre les parties contractantes du bail de 1852, dont Batteux est devenu cessionnaire, que le preneur était astreint à laisser à sa sortie douze hectares de sainfoin et luzerne; — Attendu que, si les formules des anciens baux sont toujours conservées en ce qu'elles prescrivent l'assolement triennal, elles ne peuvent s'entendre aujourd'hui qu'en ce sens que les dérogations qu'y apportent les fermiers ne sauraient être que temporaires, et que leurs efforts doivent toujours tendre à ramener les terres à cet assolement, pour les rendre à leur sortie dans l'état où ils les ont reçues; d'où, pour eux, après défrichement des prairies artificielles, la nécessité de les cultiver deux années et quelquefois trois années de suite en avoine, à la condition de rendre à la terre par des fumures suffisantes ses principes fertilisants; que c'est là, de la part du fermier, une question de mesure et de discernement; — Attendu que onze témoins de la contre-enquête, tous propriétaires et fermiers cultivant dans le même canton, déclarent que Batteux n'a pas dépassé la mesure, et n'a fait que suivre les usages du pays; que les témoins de l'enquête et de la contre-enquête déclarent que ses terres étaient toujours façonnées en temps convenable; qu'il fumait beaucoup, et était très bien monté en bestiaux, etc.; — Que c'est donc à tort que Camus attribue aux prétendues surcharges de Batteux la diminution de ses premières récoltes : — Par ces motifs, déclare les époux Camus mal fondés dans leur demande ».

Appel.

LA COUR; — Adoptant les motifs des premiers juges; — Confirme.

Du 21 juill. 1877.-C. d'Orléans, 1re ch.-MM. de Loture, pr.-Foucquetau, av. gén.-Johanet, Dubec et Desplanches, av.

— (V. au surplus, en ce qui concerne les réparations locatives à la charge du fermier, *Rép.* nos 767 et suiv.).

SECT. 3. — INDEMNITÉ DUE AU FERMIER EN CAS DE PERTE DE RÉCOLTES (*Rép.* nos 775 à 824).

394. Les art. 1769 et suiv. c. civ. consacrent, au profit du fermier, le droit à une remise totale ou partielle de son fermage dans le cas où les récoltes d'une année ont péri, par cas fortuit, en totalité ou au moins pour moitié. La controverse indiquée au *Rép* n° 775, quant au fondement de ces dispositions, continue à diviser les auteurs. La plupart, il est vrai, adoptent l'opinion soutenue au *Répertoire*, et considèrent le droit du fermier à la remise de tout ou partie de fermage comme la conséquence naturelle des principes du contrat de louage et de l'impossibilité où s'est trouvé le fermier de recueillir les fruits en vue desquels il a loué (V. Aubry et Rau, t. 4, § 371, note 4, p. 506; Colmet de Santerre, t. 7, n° 219 *bis*, I; Thiry, *Revue pratique*, 1862, t. 14, p. 215 et suiv.). M. Laurent, t. 25, n° 455, s'il n'approuve pas cette doctrine, estime cependant qu'elle a été admise par les rédacteurs du code, pour qui « le droit du fermier à une indemnité est une conséquence de l'obligation que le bailleur contracte de faire jouir le preneur». M. Guillouard, t. 2, n° 559, déclare, au contraire, que « si l'on s'en tenait aux principes rigoureux du droit, le fermier ne pourrait demander aucune remise du prix de la location »; qu'il n'a droit, en vertu de son contrat, qu'à la jouissance du fonds loué, que le cas fortuit qui détruit ses récoltes n'empêche pas qu'il n'ait eu la jouissance du fonds; enfin que des considérations d'équité et d'intérêt agricoles ont pu seules déterminer le législateur à exonérer le fermier de la perte de fruits qui, avant d'être récoltés, étaient sa propriété et devraient par suite, en droit strict, demeurer à ses risques.

395. Lorsque le bail n'est fait que pour une année, le fermier a droit à remise proportionnelle de son fermage quand la moitié au moins de la récolte a péri, par cas fortuit (V. *Rép.* nos 778 et suiv.). Mais d'après quelle base décider s'il y a eu perte de la moitié? Faut-il prendre en considération la *quantité* ou la *valeur* des fruits? En d'autres termes, doit-on déclarer qu'il y a perte de moitié dès que la quantité récoltée ne dépasse pas moitié d'une récolte ordinaire, ou seulement lorsque la valeur des fruits recueillis n'est pas supérieure à la moitié de la valeur d'une récolte ordinaire? — D'après M. Colmet de Santerre, t. 7, n° 219 *bis*, v, « pour que le fermier ait droit à une remise, il faut : 1° que la récolte d'une certaine année n'atteigne pas en quantité la moitié d'une récolte ordinaire; 2° que la valeur vénale de cette récolte inférieure aux récoltes ordinaires, n'atteigne pas la moitié de la valeur vénale d'une récolte ordinaire quant à la quantité et au prix des denrées ». Dans cette opinion, le droit à remise ne peut, dit-on, être ouvert que s'il y a perte de moitié au moins en quantité; l'art. 1770 exige, en effet, perte de totalité ou moitié au moins des fruits, ce qui ne peut s'entendre que d'une perte en quantité; de plus, le bailleur peut être considéré comme ayant garanti que la terre produirait une certaine quantité de fruits, non comme ayant garanti que ces fruits se vendraient un certain prix. Mais d'autre part, la remise du fermage, aux termes mêmes de l'art. 1769, n'est qu'une indemnité; or l'indemnité suppose un dommage dont elle est la réparation; si l'augmentation de valeur des fruits recueillis compense le préjudice résultant de la diminution de quantité, il n'y a pas lieu à indemnité, il n'y a pas lieu à remise de fermage (V. Colmet de Santerre, t. 7, nos 219 *bis*, II et suiv.).

La plupart des auteurs estiment, au contraire, conformément à l'opinion soutenue au *Rép.* n° 780, que l'art. 1770 exige une seule condition pour qu'il y ait lieu à remise proportionnelle du fermage, la perte en quantité de la moitié au moins de la récolte (V. Aubry et Rau, t. 4, § 371, p. 507; Guillouard, t. 2, n° 569; Laurent, t. 25, n° 457; Thiry, *Revue pratique*, 1862, t. 14, p. 212 et suiv.). M. Thiry, *loc. cit.*, p. 215, déclare, en outre, que « si une remise est attribuée au fermier, ce n'est pas à titre d'indemnité ou réparation, c'est uniquement *parce qu'il ne doit pas* cette partie du fermage qui correspond à la portion de récolte qui a péri; c'est parce que, à l'égard de cette partie du fermage, le payement qu'il ferait serait sans cause. Le bailleur est tenu de faire jouir le preneur, c'est-à-dire de lui procurer la possibilité de recueillir les fruits. Si la récolte périt, le propriétaire n'accomplit pas son obligation », et, comme le fermier ne paye que pour avoir cette jouissance, et qu'il ne l'a pas, du moins pour partie, il s'ensuit qu'il ne doit point payer la portion du fermage qui correspond à la portion de jouissance qu'il n'a point obtenue ».

396. Le fermier a droit à remise proportionnelle du fermage lorsque la perte de moitié au moins de la récolte a lieu par cas fortuit, sans qu'il y ait à distinguer s'il s'agit d'un cas fortuit ordinaire ou extraordinaire (V. *Rép.* nos 789 et suiv. ; Guillouard, t. 2, n° 563 ; Laurent, t. 25, n° 458). Il a été jugé : 1° que la perte, par l'effet de la sécheresse et des ravages du ver blanc, de plus de la moitié des récoltes, est une perte par cas fortuit qui donne au fermier droit à une remise proportionnelle du prix de son bail (Paris, 22 juin 1872, aff. Varoquier, D. P. 71. 2. 233); — 2° Que le procès-verbal d'adjudication par lequel un particulier a acquis d'une commune le droit exclusif d'extraire les truffes dans une forêt pour plusieurs années, moyennant un prix annuel, constitue un bail à ferme et non un contrat aléatoire; qu'il importe peu que la terre à laquelle s'applique le contrat ne soit point soumise à une culture spéciale, et que la récolte prévue ne doive sa reproduction qu'aux forces seules de la nature; que, en conséquence, l'adjudicataire peut demander une remise du prix de sa location, lorsque la moitié au moins d'une récolte lui a été enlevée par un cas fortuit; et que l'excessive sécheresse, bien qu'elle ne soit pas énoncée dans l'énumération des cas fortuits faite par l'art. 1773 c. civ., doit être considérée comme un événement contraire aux prévisions du contrat, que le preneur n'a pu empêcher, et doit être rangée, par suite, parmi les cas qui donnent lieu à remise du prix du bail (Nîmes, 26 févr. 1883, aff Malavaud, D. P. 83. 2. 214. V. encore Alger, 8 avr. 1868, aff. Andriot et Paris, *infrà*, n° 403).

397. M. Guillouard, t. 2, n° 564, estime, que « la destruction de récoltes par un fait de guerre, constitue non pas une simple perte de récoltes donnant lieu à l'application des art. 1769 et suiv., mais une privation de jouissance dont le bailleur est garant, aux termes de l'art. 1719-3°. — Les ravages de la guerre dit-il, n'enlèvent pas seulement la récolte au fermier; ils le privent temporairement de la chose louée; pendant qu'un parti ennemi tient la campagne, ou pendant que l'on se bat sur les champs mêmes qui sont loués au fermier, celui-ci ne jouit plus de sa ferme, et il a le droit de ne plus payer de fermages dans la mesure de sa non-jouissance », alors même que le préjudice souffert n'atteindrait pas la moitié d'une récolte ordinaire. — Dans l'opinion dominante, on considère, au contraire, les événements de guerre comme des cas de force majeure donnant lieu à application des art. 1769 et suiv. (V. Ballot, *Des effets de la guerre sur le louage et la propriété*, p. 38-4°. Paris, 13 mai 1873, aff. Bonnevie, D. P. 73. 2. 201, et *infrà*, n° 407).

398. Lorsque le bail est fait pour plusieurs années, le droit du fermier à une réduction de prix ne s'ouvre qu'au cas où la récolte d'une année est inférieure à la moitié de la récolte d'une année moyenne, et à la condition que les récoltes précédentes ne l'aient pas indemnisé de cette perte. Quand le droit à réduction s'est ouvert, la remise n'est pas immédiatement fixée, on attend la fin du bail et, à cette époque, on calcule, en faisant compensation de toutes les années de jouissance, la réduction à allouer, s'il y a lieu (V. *Rép.* nos 793 et suiv.; Aubry et Rau, t. 4, § 271, p. 507; Guillouard, t. 2, nos 572 et suiv.; Laurent, t. 25, nos 459, 460).

On a signalé au *Rép.* n° 795, la controverse qui s'est élevée sur le point de savoir si les années mauvaises dont le produit est cependant supérieur à la moitié d'une récolte ordinaire doivent entrer en ligne de compte pour décider si le fermier se trouve indemnisé de la perte résultant d'une récolte inférieure à la moitié d'une récolte moyenne. L'accord s'est établi dans la doctrine; on reconnaît aujourd'hui, conformément à l'opinion soutenue au *Répertoire* que le texte de l'art. 1769 exige que l'on tienne compte de toutes les années bonnes ou mauvaises pour déterminer s'il y a ou non un excédent de nature à compenser la perte dont se prévaut le fermier (V. Aubry et Rau, t. 4, § 371, note 6. p. 507; Colmet de Santerre, t. 7, nº 219 *bis*, VII; Guillouard, t. 2, nº 576; Laurent, t. 25, nº 461).

399. On a soutenu au *Rép.* nº 796 que le fermier ne peut obtenir une réduction de fermage qu'autant que le calcul de compensation opéré entre toutes les années du bail laisse apparaître une perte au moins égale à la moitié d'une récolte moyenne. Cette opinion, toutefois, n'est pas admise par les auteurs les plus récents; on considère actuellement que la perte de moitié au moins d'une récolte moyenne dans une seule année est le fait nécessaire pour ouvrir le droit à la réduction de fermage; mais que, ce droit une fois ouvert, il y a lieu à remise proportionnelle quand le compte de compensation de toutes les années se solde par une perte à la charge du fermier, quelle qu'en soit l'étendue, fût-elle seulement du quart, ou d'une fraction moindre encore, d'une récolte ordinaire (V. Aubry et Rau, t. 4, § 371, note 7, p. 507; Colmet de Santerre, t. 7, nº 219 *bis*, VII; Guillouard, t. 2, nº 577; Laurent, t. 25, nº 462).

400. Doit-on, pour le calcul de compensation des diverses années, considérer les quotités ou les valeurs des différentes récoltes? D'après M. Colmet de Santerre, t. 7, nº 219 *bis*, VI, il faut établir le calcul d'après la valeur des récoltes; la compensation ne serait, à son avis, que nominale si elle prétendait « établir l'équilibre entre un hectolitre de blé à 18 francs et un hectolitre à 40 fr. ». La plupart des auteurs adoptent, au contraire, l'opinion soutenue au *Rép.* nº 798, et décident qu'on doit établir le calcul d'après la quotité des fruits recueillis chaque année (V. Aubry et Rau, t. 4, § 371, p. 508; Guillouard, t. 2, nº 574; Laurent, t. 25, nº 461; Thiry, *Revue pratique*, 1862, t. 14, p. 220).

401. Ainsi qu'on l'a dit au *Rép.* nº 804, le fermier qui a contracté une assurance contre les cas fortuits n'est pas privé du droit à la réduction du fermage dans les cas prévus par les art. 1769 et 1770 (Conf. Aubry et Rau, t. 4, § 371, p. 509; Guillouard, t. 2, nº 590; Laurent, t. 25, nº 469). Cette solution n'est qu'une application du principe que les conventions ne profitent pas aux tiers; le bailleur, étranger au contrat d'assurances passé entre l'assureur et son fermier ne peut s'en prévaloir pour modifier à son profit les règles du contrat de louage; il ne peut prétendre que l'indemnité due par l'assureur représente les récoltes qui ont péri (Comp. *suprà*, vº *Assurances terrestres*, nºs 207 et suiv.). — Nous devons toutefois signaler ici le point de vue nouveau auquel s'est placé le législateur dans la loi du 19 févr. 1889 (D. P. 89. 4. 29) en attribuant de plein droit, aux créanciers privilégiés et hypothécaires, le montant des indemnités dues par suite d'assurances contre l'incendie, la grêle, la mortalité des bestiaux et autres risques, et en statuant qu'en cas « d'assurance du risque locatif ou du recours du voisin, l'assuré ou ses ayants droit ne pourront toucher tout ou partie de l'indemnité sans que le propriétaire de l'objet loué, le voisin ou le tiers subrogé à leurs droits aient été désintéressés des conséquences du sinistre » (V. *infrà*, vº *Privilèges et hypothèques*). Dans les cas prévus par la loi précitée du 19 févr. 1889, l'indemnité d'assurances prend en quelque sorte la place de la valeur dont elle répare la perte; mais on ne saurait introduire cette solution nouvelle dans notre matière, qui est restée en dehors des préoccupations du législateur de 1889.

402. Lorsque le bail prend fin par la volonté des parties avant le terme fixé dans le contrat, la réduction de fermage est réglée immédiatement, en tenant compte seulement des années écoulées (V. *Rép.* nº 806; Guillouard, t. 2, nº 579). Si le bail est résolu par la faute du fermier, ce dernier est déchu, d'après M. Guillouard, t. 2, nº 579, de tout droit à remise de fermage. « Le droit du fermier à l'indemnité, dit M. Guillouard, *loc. cit.*, était conditionnel, subordonné à cette circonstance qu'il n'y aurait pas de compensation dans les années postérieures. Or cette condition ne peut pas se réaliser par le fait du fermier, et le bailleur a le droit de dire qu'il ne doit pas une indemnité qui peut-être n'aurait jamais été acquise au fermier, s'il avait continué de remplir ses obligations ». L'art. 1769 est d'ailleurs très favorable à cette solution, lorsqu'il décide que « l'estimation de la remise ne peut avoir lieu qu'à la fin du bail ». Le fermier a, par son fait, rendu impossible ce mode de calcul imposé par la loi; il n'a donc droit à aucune indemnité ».

403. On a soutenu au *Rép.* nºs 809 et 810, que le fermier peut, à toute époque, recourir à tous les moyens de preuve pour établir la perte qu'il a subie. La preuve pourra en fait, être difficile, si le fermier n'a eu soin de faire dûment constater, au moment même, le préjudice par lui souffert; mais, en droit, tous les modes de preuve sont admissibles. Telle est l'opinion qui prévaut en doctrine et en jurisprudence (V. Guillouard, t. 2, nº 571; Laurent, t. 25, nº 463). Jugé, en ce sens: 1º que, l'art. 1769 ne déterminant point de délai spécial dans lequel le fermier doit faire procéder à la constatation des cas fortuits, il n'y a point forclusion contre lui, à quelque époque qu'il réclame, mais qu'il appartient au juge d'apprécier la pertinence et l'admissibilité des faits (Alger. 8 avr. 1868) (1); — 2º Que la perte par cas fortuit alléguée par le fermier peut être prouvée même par témoins, et plusieurs années après l'enlèvement des récoltes (Paris, 22 juin 1872, aff. Varoquier, D. P. 72. 2. 233).

404. On a examiné au *Rép.* nº 813, les divers cas dans lesquels cesse le droit du fermier à la réduction du fermage malgré la perte de plus de moitié d'une récolte. Ainsi qu'on l'a dit *ibid.*, le fermier ne peut prétendre aucune remise lorsque la perte des fruits a eu lieu après qu'ils ont été séparés de la terre, par cas fortuit ordinaire ou extraordinaire (Conf. Aubry et Rau, t. 4, § 371, p. 508; Laurent, t. 25, nº 465).

405. L'art. 1771 ajoute que le bailleur doit néanmoins subir sa part de la perte lorsqu'il a loué à colonage partiaire, bien que la perte soit postérieure à la séparation des fruits du sol, à moins cependant que le preneur ne fût en demeure de lui délivrer sa portion de récolte (V. *Rép.* nº 814). Ces dispositions doivent encore être intégralement appliquées. La loi du 18 juill. 1889 (D. P. 89. 4. 22), dispose, dans son

(1) (Andriot et Paris C. Orban.) — LA COUR; — Attendu, en droit, qu'aux termes de l'art. 1769 c. civ. le fermier peut demander une remise du prix de location lorsque, pendant la durée d'un bail fait pour plusieurs années, la totalité ou la moitié de la récolte lui a été enlevée par des cas fortuits, et que, de plus, il n'a pas été indemnisé par les récoltes précédentes, sauf à ne faire estimation de cette remise qu'à la fin du bail, auquel temps il se fait une compensation de toutes les années de jouissance; que, dans ce cas, le juge peut provisoirement dispenser le fermier de payer une partie de son prix, à raison de la perte soufferte; — Attendu que, de quelques-unes des dispositions de cet article, il semblerait résulter que c'est au moment même où les événements de force majeure viennent à se réaliser que le fermier doit les faire constater, parce que c'est à ce moment que les traces du dommage sont apparentes et peuvent être saisies; que, si le fait d'un dommage peut rester gravé dans la mémoire des habitants d'une contrée, il y a toujours difficulté et souvent impossibilité de constater d'une manière exacte et certaine, après plusieurs années, les pertes particulières subies par tel ou tel fermier; — Attendu, cependant, qu'il est de doctrine et de jurisprudence que l'art. 1769, ne déterminant point de délai spécial dans lequel le fermier doit faire procéder à la constatation des cas fortuits, il n'y a point forclusion contre lui, à quelque époque du bail qu'il réclame; mais, qu'en même temps, il est de principe que c'est là un point laissé à l'arbitrage du juge, qui a le droit d'apprécier la pertinence et l'admissibilité des faits; — Attendu en fait que, par la demande datée du 23 août 1867, Andriot et Paris, fermiers d'Orban depuis 1859, ont prétendu avoir, pendant les cinq premières années, 1860-1864, subi des pertes dont ils ne précisent suffisamment ni la cause ni la nature; qu'ils n'articulent aucun cas fortuit; que la vileté du prix des grains n'est point une cause légale de réduction et que, du reste, si les prix des grains étaient bas aux époques indiquées, la quantité aurait été considérable; — Attendu que, pour l'année 1867, Andriot et Paris articulent un fait, à savoir : la sécheresse extraordinaire; que ce fait, dans les conditions où il s'est produit en Algérie, doit être considéré comme un cas fortuit; — Qu'Andriot et Paris ont réclamé à l'époque des récoltes et avant de payer leur prix de ferme; que, sous tous les rapports, ils doivent être admis à prouver la perte par eux subie dans le cours de ladite année 1867; — Attendu que, dans cette situation et par application des dispositions de l'art. 1769, il y a lieu de les dispenser provisoirement de payer une partie de leur prix que la cour fixe à 1.500 fr.; — Par ces motifs;

Emendant, etc.

Du 8 avr. 1868.-Cour d'Alger, 1re ch.-MM. Pierrey, 1er pr.-Durand, av. gén.-Barberet et Bouriaud, av.

art. 9, que « si, dans le cours de la jouissance du colon, la totalité ou une partie de la récolte est enlevée par cas fortuit, il n'a pas d'indemnité à réclamer du bailleur; chacun d'eux supporte sa portion correspondante dans la perte commune ». Cette disposition n'est que la consécration législative d'une solution qui ne pouvait faire doute, étant donné le caractère du bail à colonage partiaire, et dont l'art. 1771 était, d'ailleurs, l'application ; le bailleur dont le droit se borne au partage de fruits supporte toujours sa part dans les pertes, et on ne peut lui demander plus. — La loi de 1889 ne reproduit pas la disposition finale de l'art. 1771 concernant la responsabilité du colon mis en demeure de livrer, et l'art. 13 de cette loi, qui énumère les articles du titre du louage applicables au colonage partiaire ne mentionne pas l'art. 1771; mais, en mettant la perte survenue par cas fortuit à la charge du colon mis en demeure de livrer la portion du bailleur, l'art. 1771 ne faisait qu'appliquer le droit commun formulé par l'art. 1138; alors même qu'on voudrait voir dans l'art. 13 de la loi de 1889 une abrogation implicite des dispositions du titre du louage, non mentionnées en cet article, on devrait néanmoins rendre le colon mis en demeure de livrer responsable de la perte de la portion du bailleur, à moins qu'il n'établisse que cette portion eût également péri entre les mains du bailleur si elle lui eût été livrée antérieurement.

406. Le fermier n'a pas droit à réduction du fermage lorsque la cause du dommage était existante et connue à l'époque où le bail a été passé (V. *Rép.* nos 817 et suiv.). D'après M. Guillouard, t. 2, n° 582, le droit à réduction cesse par cela seul que la cause de dommage était généralement connue lors de la formation du bail, alors même que le fermier l'aurait ignorée; M. Laurent, t. 25, n° 467, estime, au contraire, que la déchéance n'est encourue par le fermier que s'il a eu effectivement connaissance de la cause de la perte (Comp. *Rép.* n° 818; Demante et Colmet de Santerre, t. 7, n° 221 et 221 *bis*).

407. Le fermier peut renoncer au droit d'obtenir une remise de fermages, en se chargeant, par une clause expresse du bail, des cas fortuits (V. *Rép.* nos 822 et suiv.). Mais la clause qui met à sa charge les cas fortuits ne s'entend que des cas fortuits ordinaires, tels que grêle, feu du ciel, gelée, coulure, non des cas fortuits extraordinaires, tels que ravages de guerre ou inondation tout à fait anormale. Pour que le fermier supporte les cas fortuits extraordinaires, il faut qu'il ait expressément accepté la charge de tous les cas fortuits prévus ou imprévus: il n'y a pas, du reste, de termes sacramentels pour une stipulation de ce genre; il faut et il suffit que la volonté de supporter les cas fortuits quelconques soit nettement exprimée (V. *Rép.* n° 823; Guillouard, t. 2, nos 584 et suiv.; Laurent, t. 25, n° 468). — Il a été jugé: 1° que le preneur qui, s'étant chargé des cas fortuits pouvant occasionner la perte des récoltes, a perdu les pailles avec les récoltes, ne peut exiger du bailleur l'imputation sur le prix du fermage des frais par lui déboursés pour refaire l'empaillement, en se fondant sur ce que les pailles étant, aux termes du bail, affectées exclusivement au service de l'immeuble, sont immeubles par destination et, par suite, aux risques du propriétaire; que les pailles rentrées avec la moisson sont une partie de la récolte, et que, en conséquence, dans l'espèce, elles étaient au risque du preneur (Req. 9 déc. 1873, aff. Dabout, D. P. 74. 1. 439); que le preneur qui s'est chargé des cas fortuits et imprévus n'est pas fondé à soutenir qu'il n'a pu prévoir le cas d'une invasion; qu'on peut lui opposer l'art. 1773, § 2, c. civ., qui, dans une pareille stipulation, comprend les ravages de la guerre (Même arrêt); — 2° Que le preneur qui, par suite de l'occupation, par l'ennemi, de l'immeuble loué, a perdu une partie de la récolte, a droit à une diminution de fermage; mais qu'il en est autrement de celui qui, par une clause expresse du bail, s'est engagé à ne prétendre à aucune indemnité ni diminution de fermage, pour cause de grêle, incendie, inondations et autres cas fortuits, prévus ou imprévus (Paris, 13 mai 1873, aff. Bonnevie, D. P. 73. 2. 201). — Mais le fermier a droit à une diminution de prix, encore qu'il se soit chargé des cas fortuits, lorsqu'il se plaint non d'une perte de récoltes mais d'une altération du fonds loué équivalant à la perte partielle de la chose louée, en invoquant non plus les art. 1769 et 1770, mais l'art. 1722 c. civ. (V. Guillouard, t. 2, n° 562; Aix, 27 mai 1875, aff. Arduin, *suprà*, n° 110; Caen, 14 déc. 1871, aff. De Silly, *suprà*, n° 114).

SECT. 4. — DURÉE DES BAUX A FERME (*Rép.* nos 825 à 832).

408. Le bail à ferme dont les parties n'ont pas déterminé la durée est censé fait pour le temps nécessaire au preneur afin de recueillir tous les fruits de l'immeuble loué (V. *Rép.* n° 825). — Il a été jugé que le bail sans écrit de terres assolées est réputé fait pour autant d'années qu'il y a de soles, alors même qu'il serait d'usage, dans la localité où a été fait le bail, de rebouler les jachères, c'est-à-dire d'y cultiver des plantes oléagineuses; qu'on objecterait vainement que la substitution du reboulage à la jachère morte est destructive de l'assolement, cette substitution, due au progrès de l'agriculture, laissant subsister, sans préjudice pour le propriétaire, la rotation habituelle des récoltes de chacune des soles ou saisons (Req. 16 août 1853, aff. Poderin, D. P. 54. 1. 83. Conf. Guillouard, t. 2, n° 594; Laurent, t. 25, n° 470).

409. Lorsqu'un bois taillis aménagé a été loué seul et que la durée du bail n'a pas été fixée, les auteurs s'accordent à reconnaître, conformément à l'opinion émise au *Rép.* n° 828, que le bail doit durer le temps nécessaire pour que le locataire puisse recueillir le bénéfice de toutes les coupes qui marquent les divisions du bois (V. Colmet de Santerre, t. 7, n° 224 *bis*, IV ; Guillouard, t. 2, n° 596 ; Laurent, t. 25, n° 472).

410. Lorsque des biens de nature différente, terres, prés, bois, etc., sont affermés ensemble, la durée du bail est la même pour ces divers biens, et c'est celle de la culture la plus longue, au moins lorsque les biens dont la location doit être la plus longue forment l'objet principal du bail. Si ces biens ne forment qu'un accessoire, le bail n'a, pour le tout, que la durée plus courte afférente au corps de biens principal. Ainsi, dans le bail d'une ferme de grande étendue et d'un bois de peu d'importance, la durée serait déterminée par le temps fixé pour la location des terres arables (V. *Rép.* nos 828 et 829; Colmet de Santerre, t. 7, n° 224 *bis*, III ; Guillouard, t. 2, n° 595 ; Laurent, t. 25, nos 471 et 472).

411. Bien que le bail à ferme ne contienne pas de clause expresse sur sa durée, celle-ci peut être fixée contrairement aux présomptions de l'art. 1774, si la volonté des parties n'est pas douteuse (V. sur les modes de preuve admissibles *suprà*, n° 79). Mais il ne suffirait pas, pour écarter l'application de l'art. 1774, d'invoquer un usage contraire (V. Laurent, t. 25, nos 473 et 474).

SECT. 5. — BAIL DE TACITE RECONDUCTION (*Rép.* nos 833 à 847).

412. Les explications données au *Répertoire* en ce qui concerne la tacite reconduction des baux à ferme dispensent de revenir sur cette matière. On se bornera à mentionner, sur un point spécial, l'opinion de M. Guillouard, qui approuve la solution donnée au *Rép.* n° 842 pour le cas où le fermier, après expiration de son bail, a labouré et ensemencé les terres dans des conditions excluant la tacite reconduction. M. Guillouard, t. 2, n° 601, estime qu'en pareil cas, le fermier a droit au remboursement des dépenses par lui faites, si les travaux qu'il a exécutés sont « des travaux nécessaires qui auraient dû être faits par le bailleur ou par le fermier entrant ».

SECT. 6. — OBLIGATIONS RESPECTIVES DU PROPRIÉTAIRE, DU FERMIER SORTANT ET DU FERMIER ENTRANT (*Rép.* nos 848 à 866).

413. Aux termes de l'art. 1777 c. civ., le fermier sortant doit laisser au fermier entrant les logements et autres facilités nécessaires pour les travaux de l'année suivante, et le fermier entrant doit procurer à celui qui sort les logements convenables et autres facilités pour la consommation des fourrages et pour les récoltes restant à faire (V. *Rép.* n° 851). Il a été jugé, en conséquence, que le fermier entrant ne peut obtenir l'expulsion immédiate du fermier sortant de tout le corps de ferme sans aucune facilité pour achever les travaux de la dernière récolte, alors que, s'il ne reste plus à l'ancien fermier de récolte à faire, il lui reste encore à battre une grande quantité de blé et d'avoine (Amiens, 5 avr. 1876) (1).

414. Ainsi qu'on l'a dit au *Rép.* n° 856, le fermier sortant doit laisser les pailles et engrais de l'année sans indemnité, lorsqu'il les a reçues, lors de son entrée en jouissance, et, s'il ne les a pas reçues à cette époque, le propriétaire peut les retenir en en payant la valeur. — L'obligation imposée au fermier sortant de laisser à son successeur les pailles et engrais de l'année n'est pas éteinte par la perte de ces pailles et engrais résultant d'un incendie dont la responsabilité légale pèse sur lui, en vertu de l'art. 1733 c. civ. (Nancy, 14 févr. 1867, aff. de Curel et Haut, D. P. 70. 2. 52; Conf. Civ. cass. 30 août 1882, aff. Levasseur, D. P. 83. 1. 213; Guillouard, t. 2, n° 547). Elle disparaît, au contraire, lorsque les pailles ont été détruites par un cas fortuit, tel que la grêle, dont le fermier n'est point responsable; et il a été décidé qu'en pareil cas, si le fermier a contracté une assurance contre la grêle applicable aux grains et aux pailles, le propriétaire ne peut prétendre au bénéfice de l'indemnité due par l'assureur (Paris, 6 déc. 1877 (2). Conf. Guillouard, t. 2, n° 548. Comp. ce qui a été dit *suprà*, n° 401).

(1) (Turlin C. Batteux.) — La cour; — Considérant que le bail fait à Turlin par adjudication du 3 juin 1856 expirait par la récolte 1875; que Turlin devait, d'après les termes formels du contrat, remettre les terres au 11 nov. 1874 pour la sole de jachères, et au 25 oct. 1875 pour le surplus; qu'il n'est stipulé aucune époque précise pour la remise du corps de ferme, mais que, d'après l'usage et les précédents, cette époque devait être celle du 11 nov. 1875; — Considérant qu'à partir de cette date cessait la jouissance de Turlin; qu'il était tenu de remettre alors à son successeur « toutes les pailles et tous les fourrages de la dernière récolte qui n'avaient point été consommés et les fumiers de l'avant-dernière, lors même qu'il ne les aurait pas reçus de son prédécesseur », puisque telles sont les obligations que l'art. 4 du contrat lui impose textuellement pour l'époque de la fin du bail; — Considérant que, malgré cette clause, Turlin a élevé la prétention de continuer à faire la consommation des pailles et fourrages jusqu'au 23 avr. 1876, comme si le bail eût dû continuer jusqu'à cette date; qu'en cela il méconnaissait le sens vrai du contrat, confondant les facilités que la loi et l'usage accordent au fermier sortant après que son bail est terminé, avec les droits résultant de la jouissance fermière pendant le cours du bail; qu'avec raison, par conséquent, les premiers juges ont accueilli sur ce point les prétentions contraires de Batteux, fermier entrant; — Mais, considérant que Batteux a demandé et que les premiers juges lui ont accordé l'expulsion immédiate de Turlin de tout le corps de ferme, sans laisser au fermier sortant les facilités que la loi lui accorde pour achever les travaux de sa dernière récolte; qu'à la vérité le jugement porte qu'il n'y avait plus de récolte à faire, mais qu'il est constant au procès qu'il restait encore à battre plus de 16 000 bottes de blé et d'avoine; — Considérant que Turlin avait, pour les travaux qui restaient ainsi à effectuer afin de réaliser sa dernière récolte, droit à une partie des locaux de la ferme, à titre de facilités et comme exception aux conséquences absolues de l'expiration du bail; que ce droit, écrit dans la loi, est même rappelé dans les contrats qui régissent les parties, puisque le bail de Batteux porte, comme celui de Turlin, que l'entrée en jouissance doit avoir lieu conformément à l'article 1777 et aux usages du pays; — Considérant que, par une conséquence naturelle de ces facilités écrites dans la loi et le contrat, Turlin avait droit de faire consommer le peu de paille et fourrages de la ferme par les animaux qui lui étaient nécessaires, et que par suite, il était autorisé à conserver dans la ferme pour les travaux susdits; qu'à cet égard et dans cette mesure, il y avait aussi, pour les pailles et fourrages, exception aux conséquences de l'expiration du bail; que la prétention de Batteux devait donc être repoussée en ce qu'elle avait de trop absolu; — Par ces motifs; — Met le jugement (de Soissons) dont est appel au néant en ce qu'il a ordonné la remise par Turlin, dans la huitaine, de tous les bâtiments de la ferme, ainsi que des pailles et fourrages non consommés, sans aucune exception; émendant, dit que Turlin a droit de conserver, après l'expiration du bail et au plus tard jusqu'au 23 avril 1876, les locaux nécessaires à l'achèvement des travaux de la dernière récolte, ainsi que de faire consommer les pailles et fourrages de la ferme, par les bestiaux nécessaires à cet achèvement; déclare Batteux non recevable et mal fondé dans sa demande en ce qu'elle tend à priver Turlin des droits ainsi limités; — Confirme quant au surplus, etc.

Du 5 avril 1876.-C. Amiens, 1re ch.-MM. Saudbreuil, 1er pr. Babled, av. gén.-Goblet et Dauphin, av.

(2) (Roze C. Amy et Beccard.) — Le tribunal civil de Provins a rendu le jugement suivant : — « Attendu qu'il n'est pas contesté que, lors de leur entrée en jouissance de la ferme de Beaupré, le 1er mars 1866, en vertu du bail notarié du 13 déc. 1862, les époux Arbeaux, aux droits desquels se trouve le sieur Roze, ont reçu les pailles de la dernière récolte de blé faite en 1866 par leur prédécesseur, ensemble tous les pâtis, fumiers et engrais se trouvant à cette époque dans ladite ferme; — Que, dès lors, Roze devait laisser dans la ferme de Beaupré, lors de sa sortie, le 1er mars 1875, les pailles et engrais de la dernière année, et, notamment, les pailles de la dernière récolte de blé à faire en ladite année 1875; — Que cette obligation lui était imposée par le bail précité, et par une disposition formelle de la loi (c. civ., art. 1778); — Que l'usage exige que le fermier sortant laisse les pailles de la dernière récolte de blé entières et intactes, et que ce même usage lui prescrit un mode de battage de nature à ne point nuire soit au propriétaire, soit au fermier entrant; — Que Roze ne méconnaît pas ces obligations, que seulement il prétend avoir été dans l'impossibilité de les remplir parce que, le 9 juin 1875, ses récoltes sur pied ont été ravagées par la grêle; que ce cas fortuit ou de force majeure l'a affranchi de ses obligations (c. civ., art. 1148); — Attendu que les pailles, pâtis et fumiers d'une ferme sont, au regard du propriétaire, des immeubles par destination; — Que, lors même que le propriétaire n'exploite pas cette ferme par lui-même, mais par un fermier, les pailles et pâtis ne perdent pas ce caractère, qu'ils restent la chose du propriétaire à ce point que le fermier ne peut en rien divertir ni détourner; qu'on ne peut les saisir sur ce dernier, que les pailles soient pendantes par racines ou qu'elles soient engrangées dans les bâtiments de la ferme; — Que, lorsqu'un propriétaire, louant sa ferme, livre au preneur les pailles, pâtis, fumiers et engrais de l'année dans laquelle il entre, les pailles de la récolte de blé qui suit son entrée, c'est en quelque sorte un dépôt qu'il lui confie pour la bonne tenue et l'amendement des terres dans l'intérêt de la chose louée et aussi dans l'intérêt de l'exploitant lui-même; — Que, par suite, le fermier doit restituer ce dépôt *sui generis*, dépôt qui est représenté par les engrais de la dernière année, les pailles de la dernière récolte; — Qu'aux termes de l'art. 1934, c. civ., le dépositaire auquel une chose a été enlevée par une force majeure et qui a reçu quelque chose à la place doit restituer ce qu'il a reçu en échange; — Que, par argument et par analogie, un fermier dont les pailles ont été détruites par la grêle doit restituer au propriétaire ce qu'il a reçu en échange des pailles qu'il avait l'obligation étroite de représenter; — Attendu qu'il est constant que Roze avait assuré ses récoltes, pailles et grains pour toute la durée de sa jouissance à la *Société d'assurances mutuelles contre la grêle*, particulière au département de Seine-et-Marne; — Attendu que la plupart des sociétés d'assurances à primes contre la grêle consentent à assurer les grains, sans assurer en même temps la paille; — Qu'il en est autrement pour la *Compagnie d'assurances mutuelles de Seine-et-Marne*, en ce sens que c'est seulement pour la dernière récolte à faire par le fermier sortant qu'on peut assurer le grain sans assurer la paille; — Qu'elle a dû adopter cette règle parce que, parmi les fermiers, les uns ne veulent pas assurer les pailles de la dernière récolte dont ils n'auraient à profiter en rien, et que les autres désirent s'assurer pour s'éviter toutes difficultés, tous recours des propriétaires et pour se garantir de toutes pertes, dépens et dommages-intérêts; — Que Roze a cru devoir faire assurer les pailles de la dernière récolte, pailles qu'il avait l'obligation de laisser entières et intactes, dont il ne pouvait en rien disposer; — Que, s'il l'a fait, c'est dans l'intention de pouvoir restituer à ses propriétaires ce qu'il devait leur rendre ou l'équivalent, de s'épargner des recours et des difficultés, peut-être de se prémunir contre la portée et les conséquences de la clause du bail relative aux cas fortuits, clause qu'il pouvait croire inquiétante pour lui; qu'en un mot il a pensé que, dans son propre intérêt, il était sage d'assurer la chose du propriétaire; — Attendu que les parties sont d'accord pour reconnaître que l'indemnité fixée et allouée à Roze par la compagnie d'assurances, à raison de la perte des pailles accrues sur les terres de la ferme de Beaupré, s'élève à la somme de 1 635 fr. 20 cent., sur laquelle il a déjà touché celle de 734 fr. 45 cent.; — Que Roze est tenu de faire raison à ses propriétaires du montant de cette indemnité, et ce, dans les termes dans lesquels elle est due par la compagnie d'assurance; qu'il retiendrait cette indemnité *sine causâ*; — Qu'il serait contraire à l'équité qu'il pût conserver et s'approprier une somme représentant la valeur de la chose d'autrui; — Qu'alors le sinistre qui l'a atteint, non seulement ne serait pas pour lui la cause d'une perte, mais serait l'occasion d'un bénéfice assez important; — Qu'il s'enrichirait ainsi aux dépens d'autrui, et qu'on arriverait à ce singulier résultat qu'après avoir reçu les pailles et engrais d'une ferme, un fermier sortant, non seulement ne laisserait rien en échange à sa sortie, mais encore conserverait la valeur représentative de ce qu'il devrait laisser; — Attendu que vainement on oppose aux demandeurs, plutôt à titre de considération qu'à titre de fin de non-recevoir, qu'il n'est pas autrement et positivement formulé dans les conclusions

415. Le fermier sortant ne remplirait pas exactement l'obligation de laisser les pailles et engrais de l'année s'il convertissait toutes ses pailles en fumier et enfouissait tout le fumier dans le sol. La loi veut, en effet, assurer l'exploitation du fermier entrant, et celle-ci se trouverait compromise s'il ne restait plus de pailles pour les bestiaux, ni d'engrais pour les cultures incombant au fermier entrant (V. Guillouard, t. 2, n° 550 ; Laurent, t. 25, n°s 440 et 450). A l'inverse, le fermier sortant n'est tenu de délivrer les pailles de l'année que sous déduction de celles qui étaient nécessaires à la consommation de ses bestiaux jusqu'au jour de sa sortie (V. Laurent, t. 25, n° 449), et même de celles dont il peut avoir besoin, après cette époque, pour les animaux affectés aux travaux restant à faire dans les limites autorisées par l'art. 1777. — Jugé : 1° que le droit qui appartient au fermier sortant de se servir des pailles et engrais de la dernière année pour les besoins de son bétail et des cultures lui restant à faire est limité par son obligation de laisser au fermier entrant les pailles et engrais nécessaires à l'exploitation de la ferme, et, dès lors, n'en autorise pas l'emploi total : que c'est aux juges, en cas de contestation, à opérer entre les deux fermiers et en proportion de leurs besoins respectifs, la répartition qui devient alors nécessaire (Nancy, 14 févr. 1867, aff. de Curel et Haut, D. P. 70. 2. 52) ; — 2° Que le fermier obligé, par son bail, à remettre à son successeur, à l'expiration dudit bail, toutes les pailles et tous les fourrages de la dernière récolte, ne peut prétendre continuer à faire la consommation des pailles et fourrages après l'époque fixée pour la fin du bail et jusqu'à celle où doivent cesser pour lui les facilités accordées par l'art. 1777 et l'usage des lieux pour les travaux restant à faire ; mais qu'il a le droit de faire consommer le peu de pailles et fourrages de la ferme nécessaires aux animaux dont il a besoin et que, par suite, il est autorisé à conserver dans la ferme pour les travaux susdits (Amiens, 5 avr. 1876, aff. Turlin, *suprà*, n° 413).

416. Il a été décidé, conformément à l'opinion émise au *Rép.* n° 858, que le fermier qui s'est obligé, dans son bail, à convertir en fumier, pour l'utilité des terres affermées, toutes les pailles de ses récoltes, et à laisser à son successeur tous les fumiers et pailles qui se trouveraient dans la ferme, est tenu, à sa sortie, de laisser au fermier entrant, sans indemnité, tous les fumiers et pailles de la dernière année, alors même qu'il n'en aurait point reçu, à son entrée dans la ferme (Douai, 4 juin, 1849, aff. Mouton, D. P. 52. 2. 98). — Mais il a été jugé : 1° que l'obligation du fermier de convertir ses pailles en fumier pour fournir aux engrais des terres affermées n'entraîne point renonciation à l'indemnité qui lui est due pour l'abandon au fermier entrant du fumier de la dernière année, s'il ne l'a pas reçu lui-même à son entrée dans la ferme; que cette renonciation, lorsqu'elle est dans l'intention des parties, doit faire l'objet d'une clause formelle et expresse du bail, ou au moins résulter de quelque stipulation inconciliable avec l'exercice du droit du fermier (Douai, 19 juill. 1850, aff. de Béthune-Hesdigneul, D.P. 52. 2. 68. Conf. Guillouard, t. 2, n° 554 ; Laurent, t. 25, n° 452 ; Pont, *Revue critique*, 1851, t. 1, p. 193-197) ; — 2° Que le fermier qui, par une clause de son bail, s'est engagé à convertir ses pailles en fumier, et à laisser à sa sortie une certaine quantité de pailles ou toutes les pailles qui se trouveraient sur la ferme, n'est pas cependant obligé de laisser, sans indemnité, au fermier entrant, les pailles de la dernière récolte, s'il n'a pas reçu lui-même les pailles à son entrée dans la ferme (Metz, 18 juill. 1861, aff. Daune, D. P. 62. 2. 70; V. dans le même sens : Rouen, 7 oct. 1864 (1); Douai, 30 déc. 1880, aff. Pontfort, D. P. 81. 2. 240. Comp. Laurent, t. 25, n° 452).

---

posées, que le sieur Opoix, nouveau fermier entrant, aurait transigé ou traité avec Roze, relativement aux pailles de la dernière récolte ainsi détruites par la grêle; — Que rien dans les agissements du sieur Opoix ne révèle un pareil traité, une pareille transaction; que ce dernier a bien pu se régler avec le fermier sortant sur certains points relatifs à la culture et à l'exploitation, mais que l'on ne voit pas qu'il se soit réglé relativement aux pailles de la dernière récolte; — Que, l'eût-il fait, il était sans droit ni qualité pour le faire; qu'il n'aurait pu sans mandat aliéner un droit aussi important pour le propriétaire de la ferme; — Par ces motifs, dit que Roze est débiteur envers les demandeurs du montant de l'indemnité à lui allouée pour les causes susénoncées; — Le condamne à leur payer, dès à présent, la somme de 723 fr. 45 c., qu'il a déjà touchée à la *Compagnie d'assurances mutuelles de Seine-et-Marne*, contre la grêle, avec les intérêts d'icelle à partir du jour de la demande; — Et quant aux 911 fr. 75 c. de surplus; — Autorise les demandeurs à les toucher directement, quand le moment sera venu, de la compagnie d'assurance, qui sera tenu de leur verser ladite somme en l'acquit et décharge de Roze, quoi faisant elle sera valablement quitte et libérée; — Subroge à cet effet les demandeurs dans tous les droits de Roze ». — Appel par le sieur Roze.

LA COUR; — Considérant qu'il est constant que Roze, fermier sortant de la ferme de Beaupré, appartenant aux époux Amy et aux époux Beccard, a rempli les obligations de son bail en laissant au fermier entrant, en 1875, les pailles qui provenaient de la récolte de l'année; — Que la difficulté qui est soumise à la justice est de savoir si l'indemnité due à Roze, par suite de son assurance contre la grêle, de ses récoltes et pailles avariées par le sinistre du 9 juin 1875, doit être attribuée au propriétaire, comme représentant la détérioration des pailles laissées et la perte qu'en éprouve la ferme; — Considérant que le bail du 13 déc. 1862, qui fait la loi des parties, n'impose au fermier que l'obligation de laisser les pailles de la récolte telles qu'elles se produiront; — Qu'il ne prévoit ni le remplacement desdites pailles, en cas de perte, ni la quantité qui devra être livrée; — Qu'il ne dit point que le fermier devra faire une assurance, soit contre l'incendie, soit contre la grêle, à l'effet de répondre du payement des fermages ou de faire face au dommage qui pourrait résulter d'un sinistre vis-à-vis du propriétaire; que ce n'est donc point dans les termes du bail qu'on doit chercher le principe de l'action intentée contre les sieurs Amy et Beccard; — Considérant qu'il n'est pas possible de le trouver dans le droit à l'indemnité résultant du préjudice causé au propriétaire, et que l'assurance devrait couvrir, en vertu de la gestion d'affaire que le fermier aurait pratiquée pour le compte de ses bailleurs; — Qu'en effet, Roze, en passant contrat avec la société d'assurance, a agi pour lui-même; qu'il a voulu faire et a fait une convention qui le mettait à l'abri de la perte de récoltes qui lui appartenaient et qui périssaient pour lui; — Que si, dans la police, il prend, pour fixer la prime, la valeur tant des récoltes que des pailles, c'est par l'exigence de la société, dans un but de garantie plus efficace; — Que seul, il a versé les primes qui garantissaient son droit à l'indemnité; — Qu'il n'est pas exact de dire qu'il s'enrichirait aux dépens d'autrui, puisqu'en l'absence de toute police, les propriétaires n'ont aucun droit sur l'assurance de leur chef, et que son droit procède non de son titre de fermier, mais du contrat spécial qu'il a fait; — Considérant enfin que, si l'on pouvait prétendre que l'assurance portait sur la chose d'autrui, la difficulté ne s'agiterait régulièrement qu'entre l'assureur et l'assuré et non entre l'assuré et le propriétaire de la chose; — Que, dès lors, c'est à tort que les premiers juges ont déclaré Roze débiteur envers les époux Amy et les époux Beccard de l'indemnité à lui allouée; — Par ces motifs, infirme, etc.

Du 6 déc. 1877.-C. de Paris, 4e ch.-MM. Rohault de Fleury, pr.-Harel, subst.-Blavot et Dehaut, av.

(1) (Julien C. Leroy.) — Le 20 août 1864, jugement du tribunal civil de Rouen, ainsi conçu : — « Attendu qu'il résulte de l'art. 1778 c. civ. que le fermier sortant doit laisser les pailles et engrais de l'année, s'il les a reçus lors de son entrée en jouissance, et que, quand même il ne les aurait pas reçus, le propriétaire peut les retenir suivant l'estimation; — Attendu que Julien allègue et Leroy ne méconnaît pas que, lors du bail fait en 1852, il a été convenu que le preneur convertirait les pailles en fumier pour l'engrais des terres, sans pouvoir en distraire ou vendre aucune partie, et qu'il laisserait à la fin du bail toutes celles qui se trouveraient sur la ferme sans s'expliquer sur le point de savoir si le fermier aurait droit ou non à une indemnité; — Qu'il est enfin reconnu entre les parties que, lors de son entrée en jouissance, Leroy a trouvé la ferme dénantie de pailles; que le précédent fermier ne lui avait laissé que mille bottes de blé et cinq cents bottes d'avoine, qu'il reconnaît devoir laisser sur la ferme en la quittant; — Attendu que, dans cet état de choses, il est certain que Leroy doit, à la fin de son bail maintenant expiré, laisser sur la ferme toutes les pailles qui s'y trouvaient, mais qu'on ne verrait pas pourquoi il ne pourrait pas réclamer du propriétaire la valeur de ces pailles, suivant l'estimation conformément à l'art. 1778; — Attendu qu'en principe toutes les récoltes excrues pendant la durée du bail appartiennent au fermier; que s'il en est autrement pour la dernière année, c'est seulement dans le cas où le fermier les a reçues lors de son entrée en jouissance; que, dans ce cas en effet, ayant reçu du propriétaire des pailles au commencement du bail, il est juste qu'il le lui rende à la fin, mais que lorsqu'il n'en a pas reçu, elles lui appartiennent si bien que l'art. 1778 ne donne au propriétaire le droit de les retenir qu'en en payant la valeur suivant l'estimation; que c'est là une sorte d'expropriation, moyennant indemnité, autorisée par la loi dans l'intérêt de l'agriculture, pour que les terres ne soient pas privées des engrais nécessaires à

417. Jugé, d'autre part, que le fermier sortant ne peut se prévaloir de la clause de son bail, portant « que le preneur enlèvera les pailles à sa sortie, n'en ayant pas trouvé à son entrée dans la ferme », pour refuser au propriétaire le droit de retenir ces pailles en en payant l'estimation, une telle clause n'emportant point renonciation du bailleur au droit qu'il tient de l'art. 1778, de racheter ces pailles au fermier sortant (Rouen, 4 juill. 1881 (1). Conf. Guillouard, t. 2, n° 553).

418. Lorsque le bailleur a vendu en détail, au cours du bail, une partie des biens affermés, le droit aux pailles et engrais appartient-il aux divers acquéreurs dans une mesure proportionnelle à leurs acquisitions, ou appartient-il exclusivement au bailleur? Dans une première opinion, on soutient que les divers acquéreurs ont droit de demander chacun leur part de pailles et engrais ; le but de l'art. 1778, dit-on, est d'assurer aux terres les engrais dont elles ont besoin, et il est utile que les acquéreurs profitent des engrais que leur terre a produits, qu'ils ne soient pas réduits à en acheter d'autres qu'ils ne pourraient peut-être se procurer que difficilement ; en outre, les pailles et fumiers sont les accessoires des terres vendues (arg. art. 524, 1778, 1615); il s'ensuit qu'il y a lieu de les répartir entre les divers acquéreurs « proportionnellement à l'étendue des terres comprises dans chaque lot et à l'état de culture de ces terres » (V. Guillouard, t. 2, 3e éd., n° 552-1). D'après M. Leudière (*Revue pratique*, 1868, t. 25, p. 500 et suiv.), les fumiers doivent être distribués proportionnellement à la contenance des terres de valeur égale, et les pailles attribuées aux propriétaires des lots sur lesquels elles ont poussé. — Dans une seconde opinion, à laquelle s'était d'abord arrêté M. Guillouard, t. 2, n° 552, on décide que les pailles et fumiers doivent être attribués en entier au bailleur. On allègue que l'art. 524 ne les répute immeubles par destination que quand ils sont placés pour le service et l'exploitation du fonds, ce qui exclut toute répartition entre les parcelles vendues au détail; que l'art. 1778 ne parle que des droits du bailleur, et que sa disposition exceptionnelle ne saurait être étendue aux acquéreurs de parcelles détachées (V. Proudhon, *Domaine de propriété*, t, 1, n° 138). Jugé, en ce sens: 1° que la clause d'un bail à ferme, qui impose au preneur l'obligation de rendre au propriétaire, à l'expiration du bail, les pailles de la dernière récolte et les fumiers alors existants, ne peut, au cas de vente en détail du domaine affermé, et dans le silence du cahier des charges, être invoquée par les acquéreurs pour chacune des parcelles vendues, et que le bailleur conserve, dès lors, le droit d'en réclamer exclusivement le bénéfice; qu'en conséquence, le preneur est obligé à une restitution intégrale envers le bailleur, quoiqu'il se soit rendu acquéreur d'une portion du domaine; et qu'il n'a pas le droit de retenir, proportionnellement à la partie de l'immeuble par lui acquise, les pailles et fumiers ainsi réservés au bailleur (Dijon, 16 déc. 1867, aff. Laurent, D. P. 68. 2. 63) ; — 2° Que, si le droit aux pailles et engrais dus par le fermier sortant peut être invoqué par les héritiers ou acquéreurs d'une quote-part de la ferme, il ne peut l'être par l'acquéreur à titre particulier d'une pièce de terre détachée de la ferme (Caen, 7 mars 1883) (2).

419. L'art. 1778 doit recevoir son application à la fin du bail, qu'il cesse par l'expiration de sa durée normale, ou par tout autre motif (V. Guillouard, t. 2, n° 546). Mais il a été décidé que la clause d'un bail portant que le fermier, tenu de faire consommer sur place les pailles et fourrages, laisserait sans indemnité, sur les biens affermés, à l'expiration de sa jouissance, ce qui resterait à consommer, a pu être interprétée en ce sens qu'elle ne doit s'appliquer qu'au cas où le bail prendrait fin par l'expiration du temps fixé pour sa durée, et non au cas de résiliation pour inexécution des obligations du preneur ; et que, dans ce dernier cas, le fermier ou ses créanciers, étant fondés à faire consommer à leur profit, les pailles et fourrages non encore consommés à l'époque de la résiliation, les juges, après avoir constaté l'existence du droit de consommation dont il s'agit, ont pu, suivant l'usage des lieux, le convertir en une attribution au fermier ou à ses représentants d'une quantité de pailles et

---

leur exploitation; qu'on ne peut, dès lors, facilement admettre que le fermier, propriétaire des pailles de la dernière année, les abandonne en renonçant à l'indemnité à laquelle il a droit; qu'une pareille renonciation n'ayant pas été convenue, on ne peut la supposer; qu'on le peut d'autant moins, dans la circonstance, que l'obligation doit plutôt s'interpréter en faveur de Leroy, qui a contracté l'obligation, qu'en faveur de Julien qui a stipulé (art. 1162 c. civ.) ; — Par ces motifs, etc. ». — Appel par le sieur Julien.

LA COUR; — Adoptant les motifs des premiers juges; — Confirme, etc.

Du 7 oct. 1864.-C. de Rouen, ch. vac.-MM. Boivin-Champeaux, pr.-Martin, av. gén.-Justin et Ducôté, av.

(1) (Dumont C. Letellier.) — LA COUR; — Attendu qu'aux termes de l'art. 1778, c. civ., le fermier sortant doit laisser les pailles et engrais de l'année, s'il les a reçus lors de son entrée en jouissance; et, quand même il ne les aurait pas reçus, que le propriétaire peut les retenir suivant l'estimation; que, le 9 oct. 1880, Letellier, propriétaire à Claville-Motteville, a fait signifier à Dumont, dont le bail expire le 29 septembre prochain, qu'il entendait user de la faculté que la loi lui donne, mais que Dumont lui oppose les termes du bail portant : « Que le preneur enlèvera les pailles à sa sortie, n'en ayant pas trouvé à son entrée dans la ferme » ; — Attendu que cette clause constate à la vérité le droit de l'appelant sur les pailles, droit nécessaire à établir dans son intérêt; mais qu'elle ne renferme aucune renonciation, de la part du bailleur, à la faculté concédée à tout propriétaire en faveur de l'agriculture ; que les pailles sont considérées par le législateur comme un accessoire inhérent au domaine et en faisant partie, que le fermier est obligé d'abandonner pour cause d'utilité publique; que nul n'est censé renoncer à son droit, et qu'on ne trouve dans la clause invoquée nulle expression émanant de l'intimé qui puisse déroger aux prescriptions du code; que ce n'est pas avec plus de raison que Dumont objecte à Letellier que celui-ci n'a fait aucune réserve; que le bailleur n'avait point à stipuler dans le contrat une réserve que la loi s'était chargée de faire pour lui; qu'il n'y a donc pas lieu de s'arrêter au refus de Dumont; — Par ces motifs; — Confirme.

Du 4 juill. 1881.-C. de Rouen, 1re ch.-MM. Neveu-Lemaire, 1er pr.-Chrétien, av. gén.-Gosset et Ducoté, av.

(2) (De Champagne C. Chalot et de Montessuy.) — LA COUR; — Attendu que le marquis de Champagne était propriétaire d'une ferme contenant 54 hectares, située à Gouvix, et comprenant par extension divers immeubles situés à Bretteville-sur-Laize, à une distance d'environ deux kilomètres; — Attendu que, le 6 mai 1874, il a vendu à Gaugain, représenté aujourd'hui par les époux Chalot, deux pièces, l'une dite l'herbage de Corneville, contenant 3 hectares, l'autre en labour, dite la pièce des Tailles d'Ifs, contenant 7 hectares; — Attendu que, le 6 mai 1873, le marquis de Champagne a vendu à la dame de Montessuy deux autres immeubles en labour, l'un dit Letourneux, contenant 3 hectares 8 ares, l'autre dit Lecupley, contenant 2 hectares 53 ares, lesquels étaient également réunis au domaine de Gouvix; — Attendu qu'il a été stipulé dans ces divers actes de vente que les acquéreurs auraient la jouissance, par la perception des fermages, jusqu'au 29 sept. 1880, époque à laquelle devait expirer le bail de l'ensemble du domaine; — Attendu qu'il n'a été rien stipulé en ce qui concerne les pailles; — Attendu que les époux Chalot et la dame de Montessuy ont réclamé, les premiers sous une contrainte de 2000 fr., et la dame de Montessuy sous une contrainte de 1200 fr., la remise des pailles de blé, orge et avoine, provenant de la récolte de 1880, sur les portions de terres par eux acquises; — Attendu que les pailles sont immeubles par destination, lorsque le propriétaire d'un fonds les a destinées au service et à l'exploitation de ce fonds; — Attendu qu'on doit considérer comme le fonds, auquel les pailles sont attachées, l'ensemble du domaine et du corps de ferme considéré comme unité collective; que tous ceux qui, comme héritiers ou acquéreurs, ont droit à une quote-part de l'ensemble, ont droit à une quote part égale dans les pailles; mais qu'il en est autrement de la vente d'un corps certain faite à titre particulier, telle que la vente d'une pièce de terre désignée et détachée de l'ensemble; que l'acquéreur ne peut, dans ce cas, prétendre aux pailles de la récolte de la dernière année; qu'en effet, ces pailles ne sont pas, dans l'intention du propriétaire, spécialement destinées à l'immeuble sur lequel elles sont excrues, mais qu'elles sont, au contraire, destinées à être employées pour les besoins de l'ensemble de l'exploitation; — Attendu que la ferme dite de Gouvix n'a point été vendue en détail; qu'elle n'a subi que des retranchements relativement peu importants, qui ont été compensés par des augmentations à peu près égales; qu'elle a continué à être louée, sous le même nom, à un seul fermier;

Par ces motifs; — Infirme, etc.

Du 7 mars 1883.-C. de Caen, 1re ch.-MM. Houyvet, 1er pr.-Lerebours-Pigeonnier, av. gén.-Lanfranc de Panthou et Desruisseaux, av.

fourrages représentative de la valeur de ce droit (Req. 29 avr. 1863, aff. Brossin de Méré, D. P. 64. 1. 290).

420. Le fermier qui a droit à indemnité pour ses pailles et fumiers peut-il invoquer, à leur égard, un droit de rétention? Oui, dit M. Guillouard, t. 2, n° 556 ; le fermier obligé de laisser ses pailles et fumiers au bailleur, contre indemnité, subit une expropriation dont il doit être préalablement indemnisé ; il serait illogique d'exiger qu'il accomplisse son obligation alors que le bailleur ne s'acquitte pas de la sienne; il doit donc conserver la possession des pailles et fumiers, tant qu'il n'en a pas touché le prix; « il gardera la clef de la grange où les pailles sont ramassées, et la possession légale plus ou moins facile à défendre » des fumiers de la dernière année. M. Laurent, t. 25, n° 454, est d'avis contraire: « la rétention, dit-il, est une sorte de privilège, et il n'y a point de privilège sans loi ». Quand la loi veut accorder le droit de rétention au fermier, elle le déclare expressément, comme elle le fait dans l'art. 1749 ; on ne saurait étendre ce droit aux cas non prévus par le texte.

421. Le fermier ne peut prétendre à aucune indemnité sous le prétexte qu'il aurait mis dans les terres une quantité exceptionnelle de fumier leur donnant une plus-value, alors même que son bail se trouverait résilié avant le terme de son expiration normale; en donnant à la terre des engrais, le fermier n'a fait que remplir son obligation de jouir en bon père de famille, et il serait, d'ailleurs, à peu près impossible d'évaluer, après la récolte par lui faite, le profit que le propriétaire aurait à retirer de l'excédent d'engrais employé l'année précédente par son fermier (V. Guillouard, t. 2, n° 555; Laurent, t. 25, n° 453). Jugé que le fermier sortant n'a droit à aucune indemnité pour frais de marnage, lorsque la nature du terrain et l'usage constant du pays font considérer la marne comme indispensable pour la culture (Douai, 31 août 1877) (1).

422. Mais lorsque le fermier a fait des labours et ensemencements pour une récolte dont la fin du bail ne lui permet pas de recueillir le bénéfice, il a droit à une indemnité fondée sur ce que le propriétaire n'a pas droit de s'enrichir à ses dépens; il devra, en conséquence, être remboursé de ses dépenses, en tant du moins qu'elles sont utiles (V. Guillouard, t. 2, n° 606. Comp. Laurent, t. 25, n° 453. Comp. également *suprà*, n° 412). Jugé que le fermier, qui a cultivé et ensemencé des terres qu'il devait, à la fin du bail, laisser en jachères, ne peut prétendre faire la récolte de ces terres après l'expiration du bail; qu'il a seulement droit à répétition des frais de semences et semailles contre celui qui a profité des fruits (Bruxelles, 7 août 1852, aff. de Wolf, *Pasicrisie*, 1854. 2. 174. Conf. Guillouard, t. 2, n° 606).

CHAP. 6. — Du louage des meubles
(*Rép.* n°s 867 à 881).

423. M. Guillouard, t. 2, n°s 674 et suiv., estime que celui qui, comme l'usufruitier ou le mari, n'a qu'un droit de jouissance ou d'administration sur les meubles appartenant à autrui, ne peut louer ces meubles, même pour une durée inférieure à neuf ans, au moins lorsqu'ils sont sujets à se détériorer par l'usage. Toutefois, il en serait autrement si la destination des meubles ou la profession de celui qui en a la jouissance étaient de nature à en rendre la location en quelque sorte nécessaire, comme s'il s'agissait de mobilier et linge d'hôtel, matériel de théâtre, livres de cabinet de lecture, etc. — Les meubles qui, comme les glaces, ne sont pas sujets à se détériorer par l'usage peuvent être plus facilement considérés comme susceptibles d'être loués par celui qui en a seulement la jouissance et l'administration. Mais, dans le cas même où il en admet la location, M. Guillouard, t. 2, n° 676, décide que cette location doit prendre fin lors de la cessation des pouvoirs de l'administrateur qui les a donnés à bail, alors même qu'elle se produirait avant le terme assigné au bail dans le contrat, et quoique celui-ci eût été fait pour neuf ans au plus; un délai, toutefois, devrait être accordé au locataire pour opérer la remise des meubles (Comp. *Rép.* n° 867. V. aussi *infrà*, v° *Usufruit*).

424. Ainsi qu'on l'a dit au *Rép.* n° 869, la preuve du bail de meubles se fait conformément au droit commun; les dispositions des art. 1715 et 1716 sont, en pareil cas, inapplicables (V. Colmet de Santerre, t. 7, n° 206 *bis*, III; Guillouard, t. 2, n° 677 ; Laurent, t. 25, n° 90).

425. Les règles générales applicables au louage des immeubles le sont également à celui des meubles, autant qu'elles sont compatibles avec la nature des choses (Civ. cass. 16 août 1882, aff. Durand, D. P. 83. 1. 213; Conf. *Rép.* n°s 867, 870 et suiv.; Guillouard, t. 2, n°s 671, 678 et suiv.). — Jugé, notamment, que la présomption légale de faute édictée par l'art. 1733 c. civ., s'applique indistinctement au bail de meubles et au bail d'immeubles et que, dès lors, le locataire de meubles n'est exonéré de toute responsabilité que s'il prouve que l'incendie est arrivé par cas fortuit, vice de construction, force majeure, ou a été communiqué par une maison voisine (Arrêt précité du 16 août 1882). Décidé, au contraire, que la présomption légale de faute établie par l'art. 1733 c. civ. ne peut être invoquée que dans le cas d'incendie d'un immeuble et ne s'applique pas aux rapports du locataire d'un mobilier industriel vis-à-vis du propriétaire de ce mobilier ou de la compagnie subrogée aux droits de ce dernier; que, en conséquence, ce locataire peut être admis à prouver, en dehors des moyens de justification prévus par l'art. 1733 c. civ., que le mobilier a péri sans sa faute (Rouen, 8 déc. 1879, cassé par l'arrêt précité du 16 août 1882, D. P. 81. 2. 64. Conf. Rouen, 28 janv. 1880) (2). Les auteurs considèrent généralement l'art. 1733 c. civ. comme applicable au louage de meubles (V. Guillouard, t. 1, n° 275; t. 2, n° 680; Esmein, note sous Civ. cass. 16 août 1882. Conf. Lyon, 7 mars 1840, *Rép.* v° *Responsabilité*, n° 201. Comp. Aubry et Rau, t. 4, § 367, p. 487); mais tous n'admettent point les

(1) (Vankempen C. Galamé.) — La cour; — Attendu qu'il résulte des divers documents du procès qu'il est d'usage constant, dans la commune d'Arnèke, de répandre de la marne sur les terres en labour; — Qu'eu égard à la nature du terrain, la marne est indispensable pour la culture et pour la production du sol; — Attendu que tout preneur est tenu d'user de la terre louée en bon père de famille et suivant la destination qui lui a été donnée par le bail ou suivant celle présumée d'après les circonstances; — Attendu qu'en répandant de la marne sur les terres à labour, par elle tenues à bail de la demoiselle Vankempen, la dame Galamé n'a fait que remplir une des obligations essentielles lui incombant en vertu des dispositions des art. 1728 et 1766, c. civ.; — Attendu qu'en l'absence de toute constatation contradictoire au moment de la location, la dame Galamé est présumée avoir reçu les terres en bon état de culture; — Qu'elle doit, dès lors, les rendre en bon état ; — Attendu que les conditions de marnage dans lesquelles se trouvent les terres remises par la veuve Galamé sont celles d'une culture ordinaire; — Qu'à tort, les premiers juges ont donc accordé à la dame Galamé une indemnité de 1913 fr. pour marne répandue sur les terres de la demoiselle Vankempen, y compris frais de transport et de main-d'œuvre ; — Par ces motifs, etc.

Du 31 août 1877.-C. de Douai, 2e ch. civ.-MM. Duhem, pr.-Masceaux, av. gén.-Dubois et Allaert, av.

(2) (Durand C. Compagnie d'assurances terrestres *Le Monde*.) — La cour; — Attendu que, par arrêt en date du 8 déc. 1879, la cour, statuant sur l'appel de Durand contre un jugement du tribunal de commerce de Rouen qui l'a condamné à payer à la compagnie d'assurances *Le Monde* la somme de 25 982 fr. 60 cent. avec intérêts de droit, a autorisé l'appelant à prouver par témoins : 1°...; 2°...; 3°... etc.; que, pour apprécier la portée de ces enquêtes et contre-enquêtes, il importe de bien préciser la situation en fait des deux parties et les conséquences qui en résultent au point de vue de la loi; — Attendu que Riberprey, propriétaire d'un mobilier industriel à Darnetal, a donné en location à Durand le matériel et l'outillage qui en dépendaient; que, dans la nuit du 1er au 2 avr. 1875, tout a été détruit par un incendie; que la compagnie *Le Monde*, à laquelle était assuré Riberprey, ayant payé la somme de 25 982 fr. 60 cent. pour règlement du sinistre, s'est retournée contre Durand, locataire, et lui a demandé, en vertu de la subrogation résultant de la police d'assurance, le remboursement de la somme par elle déboursée; que, pour juger la valeur de cette prétention, il faut déterminer quels sont, à l'égard de Durand les droits de Riberprey; — Attendu que, dans le débat soumis actuellement à la cour, il ne s'agit pas d'un propriétaire d'immeubles invoquant contre son locataire des dispositions spéciales de l'art. 1733 c. civ., mais d'un propriétaire qui « a

conséquences que tire de cette application l'arrêt précité du 16 août 1882 (V. sur l'interprétation de l'art. 1733 et les difficultés qu'elle soulève *suprà*, nos 212 et suiv.). M. Esmein, *loc. cit.*, estime même que, si l'on admet que l'art. 1733 impose au locataire l'obligation de prouver, pour dégager sa responsabilité, l'un des faits expressément visés par le texte de cet article, cette disposition doit être considérée comme exceptionnelle, contraire au droit commun et, dès lors, restreinte au louage d'immeubles; que du moins, elle ne peut être appliquée aux meubles que s'ils sont placés à demeure dans un immeuble, comme le mobilier d'un appartement ou d'une usine, auquel cas, leur situation étant la même que celle de l'immeuble, ils doivent être soumis à la même règle (Comp. Aubry et Rau, *loc. cit.*).

426. Le locataire de meubles peut se charger des cas fortuits; mais il faut, pour lui imposer cette responsabilité, une stipulation expresse. Il ne suffirait pas que la chose louée eût été estimée dans le contrat (V. *Rép.* n° 873 ; Guillouard, t. 2, n° 680). Ainsi que le fait justement observer ce dernier auteur, « cette estimation peut s'expliquer par d autres motifs, par exemple, par le désir de déterminer la responsabilité du preneur au cas où la chose périrait par sa faute ».

427. Il a été jugé : 1° que le batelier auquel un bateau a été loué, moyennant un prix déterminé, pour l'exercice de son industrie, est fondé, dans le cas où, au cours de ses transports, la circulation du bateau a été entravée par le fait de l'ennemi, à réclamer une diminution de loyer proportionnelle au temps pendant lequel il n'a pu jouir de la chose louée (Trib. civ. de Nantes, 21 oct. 1871, aff. Dufour-Lebleu, D. P. 73. 3. 40) ; — 2° Que le propriétaire de marchandises qu'un marinier s'était engagé à transporter par eau a pu, bien qu'un événement de force majeure ait fait obstacle à ce transport, être condamné néanmoins à payer au marinier une partie du prix, si le logement des marchandises à bord du navire loué pour le transport a procuré audit propriétaire une jouissance partielle, dont l'importance est évaluée souverainement par le juge du fait (Req. 9 déc. 1872, aff. Darquet, D. P. 73. 1. 103 ; V. conf. Nancy, 3 juin 1871, même affaire, D. P. 71. 2. 236).

428. Le louage de meubles finit à l'expiration du temps pour lequel il a été consenti. — Décidé que la location de voiture faite à un médecin pour une période déterminée n'est pas résolue par son décès avant le terme fixé, s'il n'est pas établi que les parties aient entendu restreindre les effets de la convention aux besoins de la profession du médecin ; que, par suite, le refus des héritiers d'exécuter la convention autorise le loueur à en demander la résiliation avec dommages-intérêts (Paris, 14 avr. 1869) (1).

429. Lorsque la durée de la location n'a pas été fixée par la convention des parties, on considère, pour la déterminer, soit les circonstances de nature à révéler l'intention des contractants, soit le laps de temps choisi pour mesurer le prix (V. *Rép.* n° 877, Guillouard, t. 2, n° 681).

430. La loi ne fixe la durée de la location de meubles que dans le cas prévu par l'art. 1757, c'est-à-dire lorsqu'il s'agit de meubles fournis « pour garnir une maison entière, un corps de logis entier, une boutique ou tous autres appartements ». Le bail doit alors avoir la durée ordinaire des baux des maisons, corps de logis, boutiques ou appartements, selon l'usage des lieux (V. *Rép.* n° 878).

Lorsque la durée du bail d'immeuble dont le bail de meubles est, pour ainsi dire, l'accessoire a été fixée par les parties, quelle doit être la durée du bail de meubles? D'après M. Colmet de Santerre, t. 7, n° 206, IV, la durée du bail de meubles reste régie par l'art. 1757 c. civ. ; elle a toujours une durée indéfinie avec faculté de congé aux époques et délais réglés par l'usage ; le propriétaire de meubles, même averti de la durée de la location, ne saurait être présumé avoir dérogé à la règle de l'art. 1757 : « C'est une présomption qui n'est pas dans la loi et dont le fondement manquerait même en raison, car on peut très bien avoir pris à bail une maison pour neuf ans et des meubles pour un temps indéfini, jusqu'à l'époque où on achèterait un mobilier ». M. Guillouard, t. 2, n° 683 pense, au contraire, que l'art. 1757 ne s'applique qu'au cas où le preneur n'a pas fait connaître au bailleur de meubles la durée de sa location immobilière, et que, si le locataire a averti le bailleur de meubles de la durée de cette location, la durée des deux baux doit être la même, « car le bailleur de meubles a dû croire que le locataire de l'appartement n'entendait pas faire un déménagement au cours du bail » (Comp. *Rép.* n° 878).

431. MM. Guillouard, t. 2, n° 684 et Colmet de Santerre, t. 7, n° 206 *bis*, IV, s'accordent à reconnaître l'art. 1757 applicable à la location de meubles faite par le propriétaire habitant sa maison (Comp. *Rép.* n° 879).

432. Lorsque la location de meubles se prolonge au delà du temps fixé, chacune des parties demeure libre de la faire cesser à son gré (V. *Rép.* n° 881 ; Guillouard, t. 2, n° 685).

---

loué un matériel et un outillage industriel », c'est-à-dire des « objets mobiliers »; que Ruberprey n'est alors qu'un créancier d'un corps certain que Durand, son débiteur, est tenu de rendre ou représenter, et que l'obligation devra être considérée comme éteinte si le débiteur prouve que la chose a été détruite sans sa faute, par cas fortuit, ou qu'elle eût également péri si elle avait été entre les mains de son créancier (c. civ. art. 1302); — Attendu qu'il résulte des dispositions de Beauchin, Marquant, Cuen, Balay et Bataille (3e, 4e, 5e, 6e et 8e témoins de l'enquête), que (la cour établit qu'aucune imprudence ou négligence n'est imputable au locataire; qu'il n'avait pas modifié l'agencement des lieux, etc.); — Attendu que Durand avait pris toutes les précautions commandées par la prudence pour combattre l'incendie; qu'ainsi il avait fait placer dans l'atelier des caisses ou réservoirs pleins d'eau (Piette, 7e témoin de l'enquête); que la contre-enquête, loin de détruire les faits établis par l'enquête, les a, au contraire, confirmés, puisque le témoin Thouronde déclare que l'installation créée par Riberprey a été de tous points conservée par Durand son locataire; que, par suite, Riberprey n'est nullement fondé à demander à Durand le prix d'un matériel qui eût également péri s'il eût fonctionné pour son compte, dans la nuit du 1er au 2 avr. 1875; que la compagnie *Le Monde*, représentant Riberprey, ne saurait avoir plus de droits qu'il n'en aurait eu lui-même ; — Par ces motifs, etc.

Du 28 janv. 1880.-C. de Rouen, 1re ch.-MM. Neveu-Lemaire, 1er pr.-Gaultier de Ferrière, av. gén.-Hommais et Frère, av.

(1) (Simon *C.* Goblet.) — Le 16 juin 1868, jugement du tribunal civil de la Seine, ainsi conçu : — « Attendu que, s'il résulte d'un acte sous seings privés, enregistré, que Mathias Goblet a loué à Simon père, docteur en médecine, pour trois années, de mars 1867 à mars 1870, moyennant 650 fr. par mois, une calèche et un coupé avec l'équipement nécessaire, se chargeant en outre de lui fournir un cocher, il n'est aucunement établi que les parties aient entendu restreindre l'application de cette convention au service du docteur Simon comme médecin, qu'il n'eût pas eu le droit de se servir de la voiture et des chevaux loués pour un usage étranger à sa profession, et que, dans le cas où il eût renoncé à l'exercice de la médecine, ladite convention eût cessé de lier les deux parties; — Attendu qu'il ne résulte, ni de la nature du contrat, ni d'aucune mention de l'acte, que les parties n'y aient pas stipulé pour leurs héritiers en même temps que pour elles-mêmes; — Attendu que, soit au point de vue du louage d'ouvrage, la location consentie pour une durée déterminée n'a pu être résolue par le décès de Simon père avant l'expiration de cette durée; — Attendu que Simon fils, seul héritier de son père, s'étant refusé à l'exécution de la convention, Mathias Goblet est fondé à en demander la résiliation avec dommages-intérêts; — Attendu toutefois que la somme réclamée est exagérée, et qu'il y a lieu, tout en lui tenant compte des dépenses par lui faites en vue de la convention et de la perte des bénéfices qu'il devait espérer, d'avoir égard à la facilité pour lui de trouver dans d'autres locataires une compensation au moins partielle; — Que, dans ces circonstances, il y a lieu de fixer à 3000 fr. la réparation du préjudice par lui éprouvé; — Attendu que Simon offre de payer 650 fr. pour un mois de loyer antérieur commencé du vivant de Simon père et qu'il y a lieu de lui donner acte de cette offre;

« Par ces motifs, etc. ».

Appel par le sieur Simon.

LA COUR ; — Adoptant les motifs des premiers juges ; Confirme, etc.

Du 14 avr. 1869.-C. de Paris, 4e ch.-MM. Metzinger, pr.-Thomas, subst.-Renault et Theis, av.

Table sommaire

des matières contenues dans le Supplément et le Répertoire.

(Les chiffres précédés de la lettre *S* renvoient au Supplément; les chiffres précédés de la lettre *R* renvoient au Répertoire.)

Table des articles du code civil.

Table chronologique des Lois, Arrêts, etc.

7 juin. Nancy. 101 c., 118 c.
23 juin. Req. 147 c., 304 c.
2 juill. Civ. 254 c.
8 juill. Paris. 129 c., 138 c.
21 juill. Civ. 259 c.
3 août. Paris. 155 c.
5 août. Pau. 74, 75 c.
27 août. Trib. Lyon. 163 c., 278 c.
28 août. Paris 118 c., 145 c., 175 c.
29 août. Trib. civ. Marseille. 110 c.
7 nov. Bordeaux. 132 c.
26 nov. Civ. 74.
9 déc. Req. 384 c., 407 c.
30 déc. Paris. 119 c.

1874

16 janv. Paris. 133 c.
21 janv. Req. 115 c.
21 janv. Liège. 74.
30 janv. Gand. 107 c.
11 févr. Dijon. 284 c., 285 c., 288 c.
11 févr. Paris. 307 c.
7 mars. Paris. 123 c.
20 mars. Trib. civ. Dunkerque 124.
28 mars. Trib. des conflits. 24 c.
14 avr. Req. 120 c.
15 avr. Req. 68 c.
18 avr. Trib. Bruxelles. 72.
11 mai. Trib. civ. Lyon. 324 c.
9 juin. Paris. 114 c.
19 juin. Rouen. 120 c.
23 juin. Req. 223.
23 juin. Caen. 47 c.
23 juill. Amiens. 72 c.
23 juill. Lyon. 331, 332 c.
29 juill. Caen. 32 c.
29 juill. Rouen. 245 c.
21 août. Bordeaux. 176.
21 déc. Trib. Seine. 264 c.

1875

13 janv. Lyon. 324 c.
9 févr. Req. 88 c., 330 c.
2 mars. Req. 123 c., 317 c.
22 mars. Req. 325 c.
10 avr. Paris. 86 c.
1er mai. Paris. 117 c.
5 mai. Civ. 18 c.
5 mai. Dijon. 135.
21 mai. Caen. 70.
27 mai. Aix. 110, 407 c.
24 juin. Lyon. 138 c., 248 c.
10 juill. Paris. 251 c., 378 c.
14 juill. Req. 43 c.
13 août Paris. 149.
25 août. Caen. 86.
17 nov. Paris. 210 c.
15 déc. Paris. 155 c.
28 déc. Req. 86 c.

1876

5 janv. Req. 188 c.
29 févr. Paris. 264 c., 265 c.
15 mars. Civ. 225 c.
25 mars. Toulouse. 112 c.
27 mars. Req. 104 c.
5 avr. Amiens. 413, 415 c.
17 mai. Paris. 378 c.
19 juin. Civ. 264 c.
28 juin. Paris. 266 c.
19 juill. Req. 110 c.
3 août. Req. 263 c., 376 c.

1877

3 janv. Civ. 98 c.
5 janv. Aix. 107 c.
13 janv. Orléans. 302.
29 janv. Civ. 206 c.
7 févr. Paris. 106 c., 254 c., 264 c.
27 févr. Req. 262 c., 263 c.
28 févr. Lyon. 168
1er mars. Lyon. 237.
10 avr. Amiens. 213 c.
16 avr. Nancy. 307 c., 308 c.
30 avr. Paris. 320 c.
8 mai. Req. 319 c.
16 mai. Req. 110 c.
9 juin. Limoges. 230 c.
21 juill. Orléans. 385.
20 août. Req. 76 c.
28 août Civ. 149 c.
31 août. Douai. 421 c.
6 déc. Paris. 414.

1878

23 janv. Bordeaux. 79 c.
30 avr. Paris. 142.
13 mai. C. cass. Belgique. 79.
22 mai. Civ. 152 c.
24 juin. C. cass. Belgique. 79 c.
28 juin. Rouen. 127 c.
8 juill. C. cass. Belgique. 79 c.
15 juill. C. cass. Belgique. 79.
31 juill. Req. 256 c.
14 août. Poitiers. 72 c.
27 août. Paris. 179.
13 nov. Req. 233 c.
7 déc. Rouen. 37 c.
31 déc. Req. 109 c.

1879

20 janv. Req. 26 c.
11 févr. Paris. 251 c., 264 c.
28 févr. Trib. com. Rouen. 157 c.
1er mars. Douai. 309 c.
26 mars. Dijon. 213 c.
24 avr. Paris. 138.
29 mai. Bordeaux. 105, 128.
26 juill. Paris. 138.
29 juill. Paris. 151 c.
24 nov. Req. 244 c., 245 c., 323 c., 378 c.
2 déc. Poitiers. 152 c.
8 déc. Rouen. 425 c.

1880

6 janv. Paris. 267 c
8 janv. Dijon. 225.
28 janv. Rouen. 425.
7 févr. Paris. 218 c.
16 juin. Agen. 101 c., 347 c.
20 juill. Rouen. 157.
21 juill. Req. 106 c.
29 juill. Lyon. 216 c., 232 c.
17 août. Req. 203 c.
26 nov. Toulouse. 225.
15 déc. Civ. 91 c., 94 c.
29 déc. Req. 361 c.
30 déc. Douai. 416 c.

1881

10 janv. Civ. 248 c., 274 c.
24 janv. Rouen. 268 c., 269 c.
25 janv. Trib. Lyon. 128.
2 mars. Bourges. 213 c.
22 mars. Poitiers. 47 c.
2 avr. Crim 146 c.
20 mai. Grenoble. 267 c.
30 mai. Riom. 232 c.
1er juill. Lyon. 90 c. 283 c.
4 juill. Rouen 417.
18 juill. Rouen. 101 c.
29 juill. Paris. 142
30 juill. Lyon. 97 c.
20 août. Rouen. 300 c., 301 c.
22 août. Trib. civ. Saint-Gaudens. 373 c.
16 nov. Req. 149 c.
28 nov. Civ. 222 c.
7 déc. Douai. 268 c.
10 déc. Trib. Seine, 61 c.

1882

10 janv. Req. 285 c.
27 févr. Req. 190 c.
8 mai. Grenoble. 173 c., 314 c.
22 mai. Req. 82 c., 101 c.
5 juin. Civ. 57 c.
12 juin. C. cass. Belg. 74 c.
19 juin. Req. 126 c.
23 juin. Cons. d'Et. 207 c.
3 juill. Paris. 108
16 août. Civ. 213 c. 425 c.
17 août. Toulouse. 79 c.
21 août. Paris. 176.
30 août. Civ. 213 c., 414 c.
30 (et non 16) août Civ. 384 c.
7 nov. Req. 163 c., 171 c.
8 nov. Req. 254 c., 256 c., 304 c.
26 déc. Lyon. 220 c., 225 c., 255 c.

1883

3 janv. Req. 82 c., 310 c.
5 janv. Loi. 1, 6 c., 13 c., 212 c., 224 c., 225 c., 227 c., 228 c., 229 c., 238 c., 239 c., 240 c., 242 c.
17 janv. Gand. 386 c.
24 janv. Req. 218 c.
24 janv. Bourges. 217 c.
8 févr. Paris. 179 c.
10 févr. Liège. 122 c.
26 févr. Nîmes. 18 c., 396 c.
7 mars. Caen. 418.
14 mars. Civ. 193 c.
12 nov. Caen. 300 c.
21 déc. Montpellier 18 c.

1884

2 janv. Civ. 101 c., 347 c.
23 janv. Civ. 14 c.
8 févr. Cons. d'Et. 207 c.
23 févr. Paris. 80 c., 173.
29 févr. Crim. 146 c.
3 mars. Req. 218 c.
15 mars. Nîmes. 243 c.
5 avr. Loi. 24 c., 25 c.
23 avr. Trib. civ. de Chambéry. 214 c.
9 mai. Crim. 146 c.
26 mai. Civ. 215 c., 226 c.
25 août. Civ. 80 c.
19 nov. Riom. 220 c.

1885

16 janv. Req. 300 c.
26 janv. Req. 70 c.
19 févr. Toulouse. 213 c., 226 c., 237 c., 240 c., 319 c.
13 mars. Trib. de Lyon. 155.
15 avr. Paris. 345 c.
6 mai. Paris. 142.
12 mai. Req. 94 c.
13 mai. Trib. civ. Chambéry. 181 c., 182.
15 juin. Req. 18 c.
22 juin. Req. 21 c.
23 juin. Paris. 156.
24 juin. Paris. 16 c.
3 juill. Caen. 108.
13 juill. Caen. 105 c.
29 juill. Req. 225 c.
20 oct. Civ. 226 c.
23 nov. Trib. civ. Seine. 282 c.
2 déc. Civ. 55 c.
17 déc. Paris, 99 c.

1886

6 janv. Amiens. 213 c.
8 janv. Orléans. 300 c.
25 janv Req. 18 c., 19 c., 34 c.
27 janv. Trib. Seine. 142 c.
25 mars. Trib. civ. Seine. 367 c., 371 c.
6 avr. Paris. 163 c.
21 avr. Paris. 343 c., 345 c.
9 mai. Aix. 256 c.
21 mai. Riom. 229 c.
4 août. Civ. 16 c.
4 nov. Paris. 319 c., 322 c.
16 nov. Req. 102.
4 déc. Orléans. 213 c.

1887

5 janv. Limoges. 110 c.
5 avr. Req. 240 c.
21 avr. Paris. 335 c.
29 avr. Cons. d'Et. 208 c.
1er juin. Chambéry. 278 c.
23 juin. Req. 144 c.
30 juin. Lyon. 251 c., 254 c., 264 c.
4 juill. Req. 216 c.
9 juill. Paris. 188 c.
26 juill. Riom. 63 c.
2 nov. Paris. 169.
4 nov. Cons. d'Et. 208 c.
5 nov. Paris. 101 c., 157 c.
29 nov. Trib. civ. Seine. 149 c.
7 déc. Civ. 25 c.
21 déc. Lyon. 142 c.
22 déc. Amiens. 95 c., 96 c.

1888

7 janv. Orléans. 219 c., 231 c.
20 janv. Orléans. 95 c.
7 févr. Req. 268 c. 269 c.
7 févr. Toulouse. 229 c., 255 c.
10 févr. Paris. 259 c.
13 févr. Bruxelles. 74 c.
24 févr. Paris. 259 c.
19 mars. C. cass. Belgique. 74 c.
20 avr. Orléans. 188 c., 310 c.
11 mai. Bordeaux. 229 c.
6 juin. Paris. 113 c.
15 juin. Lyon. 149 c.
4 juill. Paris. 163.
8 août. Orléans. 95 c., 188 c., 310 c.
20 nov. Trib. civ. Gap. 16 c.
6 déc. Paris. 164.
21 déc. Crim. 183 c.

1889

9 janv. Req. 113 c.
24 janv. Poitiers. 221 c., 229 c., 232 c.
29 janv. Caen. 237 c.
4 févr. Req. 96 c., 188 c.
11 févr. Limoges. 164 c.
15 févr. Rennes. 229 c.
19 févr. Loi. 1, 192 c., 212 c., 237 c., 246 c., 401 c.
27 févr. Orléans. 165.
11 mars. Req. 223.
4 juin. Civ. 239 c., 240 c., 241 c.
13 juin. Bourges. 32 c.
9 juill. Loi. 31 c.
18 juill. Loi. 391 c., 405 c.
20 juill. Paris. 142 c.
22 oct. Civ. 232 c.
12 nov. Req. 59 c.
16 déc. Paris. 232 c.
26 déc. Alger. 381 c.

1890

15 mars. Loi. 58 c.
24 mars. C. cass. Belg. 74 c.
10 mai. Orléans. 229 c., 239 c., 241 c.
17 juin. Req. 149 c.
16 juill. Req. 326 c.
22 juill. Loi. 31 c.
30 oct. Trib. Saint-Flour 219 c.

1891

2 févr. Req. 352 c.
11 févr. Bordeaux. 177.
20 mars. Cons. d'Et 25 c.
17 avr. Cons. d'Et. 24 c.
6 mai. Paris. 105
11 août. Riom. 219 c., 250 c.
1er déc. Civ. 346 c

1892

19 févr. Loi. 246 c.

LOUAGE A CHEPTEL.

1. Les explications qui suivent n'ont trait qu'au cheptel simple et au cheptel de fer, et correspondent, par suite, à l'art. 2 et au paragraphe 1er de l'art. 4 du *Répertoire*, les matières traitées dans les autres divisions n'exigeant aucune explication nouvelle.

Division.

Art. 1. — Du cheptel simple (no 2).
Art. 2. — Du cheptel de fer (no 10).

ART. 1er. — *Du cheptel simple* (*Rép.* nos 11 à 60).

2. On a vu au *Rép.* no 14 que les auteurs étaient divisés sur la question de savoir quel est, des deux contrats de louage et de société, celui qui domine dans le cheptel simple. Aux opinions déjà citées sur ce point, nous ajouterons celle de M. Guillouard, qui estime que le contrat principal est ici un bail, l'association au profit et à la perte n'étant qu'un supplément du prix du bail (*Traité du contrat de louage*, 3e éd., t. 2, no 915); et celle de MM. Aubry et Rau qui reproduisent l'opinion de Pothier aux termes de laquelle le cheptel simple est un contrat d'une nature mixte, participant à la fois du contrat de société et du louage (*Droit civil français*, t. 4, § 376 et note 1).

3. Relativement à l'interdiction, faite au preneur par l'art. 1812, de disposer des animaux faisant partie du cheptel, il a été jugé que la contravention à cette prohibition de la part du preneur constituait le délit d'abus de confiance (Dijon, 18 juin 1879 aff. Lugy, D. P. 80. 2. 65; Crim. rej. 20 août 1880, aff. Jouan, D. P. 81. 1. 286). — Il en serait autrement s'il avait été convenu dans le contrat que le preneur aurait la faculté de vendre les animaux sans le consentement du bailleur, et à la charge de les remplacer: faute d'accomplir cette dernière obligation, le preneur manquerait à la loi du contrat, mais il ne commettrait pas d'abus de confiance, la vente par lui consentie étant autorisée par le contrat (Caen, 28 août 1878, aff. Accart, D. P. 80. 2. 65).

4. Dans le cas d'aliénation faite au mépris de l'art. 1812, si l'acquéreur était de bonne foi, le bailleur ne pourrait revendiquer, même dans les trois ans, les animaux contre lui; on ne se trouve pas ici, en effet, dans l'hypothèse du paragraphe 2 de l'art. 2279, qui ne s'applique qu'aux meubles volés, et non à ceux qui ont été soustraits au pouvoir du propriétaire par suite d'un abus de confiance (Aubry et Rau, t. 4, § 376, texte et note 7; Laurent, *Principes de droit civil*, t. 26, no 98; Guillouard, t. 2, no 925).

5. En ce qui concerne la disposition de l'art. 1812, qui interdit également au bailleur de disposer des animaux donnés à cheptel sans le consentement du preneur, on décide généralement que cette prohibition ne s'oppose pas à ce que les créanciers du bailleur saisissent et vendent le cheptel, mais à la condition d'obliger l'adjudicataire à entretenir le bail jusqu'à son expiration (Aubry et Rau, t. 4, § 376, texte et note 8 ; Guillouard, t. 2, n° 926).

6. En cas de refus, sans motifs légitimes, par l'une des parties, de consentir à la vente, devenue nécessaire, d'un ou plusieurs animaux, l'autre partie pourrait-elle s'adresser aux tribunaux pour l'y contraindre ? On s'est prononcé au *Rép.* n° 38, pour l'affirmative qui est encore admise aujourd'hui dans la doctrine (Aubry et Rau, t. 4, § 376, texte et note 6 ; Guillouard, t. 2, n° 927), à l'exception de Laurent (t. 26, n° 101) qui adopte sur ce point l'opinion déjà citée de Troplong.

7. On a expliqué au *Rép.* n°s 24 et suiv., la portée de l'art. 1811, lequel prohibe formellement certaines clauses qui imposeraient au cheptelier des charges trop onéreuses. Le seul point qui soit encore sérieusement controversé sur ce texte consiste à savoir s'il ne prohibe pas implicitement la clause par laquelle le bailleur se réserverait une partie des laitages, du fumier et du travail des animaux. Les auteurs sont partagés sur ce point (V. dans le sens de la prohibition : Aubry et Rau, t. 4, § 376, texte et note 3 ; Guillouard, t. 2, n° 931. — *Contrà :* Colmet de Santerre, t. 7, n° 265 *bis*, p. 377 ; Laurent, t. 26, n° 96).

8. Quant à la durée du cheptel, il y a lieu de remarquer que l'art. 1815, aux termes duquel, à défaut de convention, le cheptel est censé fait pour trois ans, se trouve modifié aujourd'hui pour le cas spécial où un bail à cheptel se trouverait conclu accessoirement à un contrat de colonage partiaire. En effet, la disposition de l'art. 1774 c. civ. d'après lequel le bail sans écrit des terres labourables était censé réglé par la durée des assolements, n'étant plus applicable en pareil cas, depuis la loi du 18 juill. 1889 (V. *infrà*, v° *Louage à colonage partiaire*, n° 24), l'art. 1815, qui repose précisément sur l'idée d'un assolement triennal, se trouve virtuellement supprimé aussi, l'accessoire suivant le principal et la cessation de jouissance du fonds par le colon partiaire entraînant comme conséquence la cessation de celle relative au cheptel (V. Rapport au Sénat de M. Peaudecerf, annexes, Sénat 1889, p. 356 et suiv.; Guillouard, t. 2, n°s 633, xxx, et 933, i).

9. Lorsque, après l'expiration de la durée légale ou conventionnelle du cheptel, le preneur reste et est laissé en possession, on admet sans contestation qu'il s'opère entre les parties une tacite reconduction, conformément aux principes généraux du louage. Mais les auteurs ne sont pas d'accord sur la durée du nouveau bail dans ce cas, les uns admettant que cette durée doit principalement être déterminée d'après les usages locaux (Aubry et Rau, t. 4, § 376, texte et note 11), les autres estimant que cette durée sera toujours de trois ans, quels que soient les usages locaux ou la durée du bail primitif (Laurent, t. 26, n° 106 ; Guillouard, t. 11, n° 934).

ART. 2. — *Du cheptel de fer* (*Rép.* n°s 71 à 87).

10. On a vu au *Rép.* n°s 71 et suiv., que le cheptel de fer se distingue du cheptel simple par plusieurs caractères, dont le plus remarquable est relatif à la question des risques qui incombent toujours au fermier, sans distinction entre la perte totale et partielle. L'art. 1825 n'admet de dérogation à cette règle qu'au seul cas de convention contraire, et la cour de cassation, interprétant strictement ce texte, a même décidé que les animaux livrés à un fermier à titre de cheptel de fer périssent pour le preneur, en vertu de l'art. 1825, malgré l'existence d'un usage contraire qui ne met la perte de ces animaux à la charge du preneur que dans une certaine proportion, alors qu'il n'est pas établi que les parties aient entendu suivre cet usage (Civ. cass. 12 nov. 1856, aff. Dufau, D. P. 56. 1. 395).

11. Une deuxième différence entre ce contrat et celui de cheptel simple semble bien résulter de l'art. 1821, d'après lequel le fermier est tenu seulement, à la fin du bail, de laisser des bestiaux d'une valeur égale au prix de l'estimation de ceux qu'il aura reçus ; d'après ce texte, le preneur pourrait, sans commettre un abus de confiance comme au cas de cheptel simple. (V. *suprà* n° 3), vendre une partie des animaux du cheptel ; le bailleur aurait seulement le droit, s'il ne les remplaçait pas par d'autres, de demander contre lui la résolution du contrat pour inexécution des conditions (En ce sens : Aubry et Rau, t. 4, § 376, texte et note 15 ; Guillouard, t. 2, n° 943 *Adde :* Trib. de Chambéry, 14 déc. 1883, *Le Droit*, 4 juin 1884). — M. Laurent invoque en sens contraire l'art. 1822, d'après lequel l'estimation du cheptel donné au fermier ne lui en transfère pas la propriété ; et il en conclut (t. 26, n° 118), que ce dernier ne pourrait pas disposer même des animaux devenus vieux ou impropres à son service (V. dans le même sens Bourges, 17 déc. 1868, aff. Joussaume, D. P. 69. 2. 47). Mais M. Guillouard (*op. et loc. cit.*) répond avec raison que les articles 1821 et 1822 peuvent très bien se concilier, si l'on admet que le fermier, sans devenir propriétaire du cheptel, a néanmoins le droit d'en disposer comme administrateur, dans l'intérêt du propriétaire et dans le sien propre.

12. Les animaux confiés à titre de cheptel de fer sont, suivant l'expression du tribun Mouricault, censés enchaînés à la ferme ; de là cette conséquence, tirée par la jurisprudence, que ce cheptel donné au fermier ne pourra être saisi désormais qu'avec l'immeuble et qu'il se trouvera d'autre part nécessairement compris dans la saisie et l'adjudication du domaine, bien qu'il n'ait pas été expressément désigné dans le procès-verbal de saisie (Riom, 12 janv. 1878) (1).

---

(1) (Paran C. Marsal.) — LA COUR ; — Attendu qu'il est de principe que les accessoires d'un immeuble, réputés eux-mêmes immeubles par destination, suivent toujours cet immeuble lorsqu'il est vendu sans qu'il soit besoin d'une mention spéciale pour que ces accessoires fassent partie de la vente ; que c'est par suite de ce principe que les objets que la loi déclare immeubles par destination ne peuvent, aux termes de l'art. 592 c. proc. civ., être frappés de saisie-exécution ; qu'ils sont, conformément à l'art. 1064 c. civ., compris virtuellement dans les donations entre vifs et testaments ; que lorsqu'une donation entre vifs porte à la fois sur des immeubles et sur des meubles, il est admis, sans contestation, que l'état estimatif prescrit par l'art. 948 c. civ. pour les meubles, n'est pas nécessaire pour les accessoires réputés immeubles ; qu'il est également admis que l'hypothèque imposée sur un immeuble frappe de droit et sans qu'il soit besoin d'une stipulation particulière, sur les accessoires réputés immeubles ; que c'est enfin par suite du même principe, qu'aux termes de l'art. 1615 c. civ. l'obligation de délivrer la chose comprend ses accessoires et tout ce qui a été destiné à son usage perpétuel, et que, suivant l'art. 1692, même code, la vente ou la cession d'une créance, comprend aussi ses accessoires ; — Attendu que les accessoires réputés immeubles, n'étant pas un objet distinct et séparé de l'immeuble, il s'ensuit que la saisie et l'adjudication d'un immeuble entraînent de droit, et sans stipulation spéciale, la saisie et l'adjudication de ses accessoires ; que l'on comprend, dès lors, pourquoi le législateur, après avoir énuméré dans l'art. 675 c. proc. civ. les formalités nécessaires pour la saisie des immeubles réels, a gardé le silence sur les immeubles par destination ; qu'on objecte vainement que le saisi, étant dépouillé forcément, ne saurait être assimilé au vendeur volontaire ; que l'intérêt qui s'attache au saisi ne peut aller jusqu'à faire créer des formalités qui n'ont pas été prévues par la loi ; qu'en matière d'expropriation, c'est la justice qui vend pour le débiteur, sous les conditions déterminées par le code de procédure civile, de telle sorte que l'expropriation produit les mêmes effets que la vente volontaire, et que l'adjudicataire a droit, comme tout autre acquéreur, de se faire délivrer, à moins de clauses contraires, la chose vendue et ses accessoires ; — Attendu, d'ailleurs, que loin d'avoir dérogé à ces principes par une convention quelconque, il résulte, au contraire, des faits de la cause, que les parties intéressées ont entendu s'y soumettre expressément, notamment en ce qui concerne le cheptel, attaché à l'exploitation du domaine ; que les biens expropriés sur Marsal et adjugés aux frères Paran, d'une étendue de 144 hectares environ, au lieu d'être fractionnés, ont été mis en vente en un seul lot et désignés dans le cahier des charges comme composant un corps de domaine, ce qui impliquait nécessairement une exploitation agricole et l'existence d'un cheptel qui en était l'indispensable élément ; qu'il est mentionné dans le cahier des charges que certains immeubles forment la réserve du propriétaire ; qu'on ajoute que les autres immeubles sont affermés à un nommé Gil, suivant un bail reçu Me de la Solaine, sous sa date ; qu'enfin, dans le même document, qui est la loi des parties, on lit textuellement que l'adjudicataire devra respecter le bail, s'il le trouve régulier, percevoir le montant des

13. Le fonds du cheptel n'étant pas la propriété du preneur, ses créanciers ne peuvent évidemment le saisir comme tel. Mais on a admis, au *Rép.* n° 79, que si le troupeau, dans son état actuel, présentait un excédent de valeur sur ce qui a été fourni au preneur au commencement du bail, les créanciers pourraient saisir cet excédent, qui est la propriété de leur débiteur. Telle est également l'opinion de MM. Aubry et Rau, t. 4, § 376, texte et note 16, et de M. Guillouard, t. 2, n° 943.

14. L'art. 1826 dispose qu'à la fin du bail le fermier doit laisser un cheptel d'une valeur égale à celui qu'il a reçu. Il profite donc de l'augmentation de valeur comme il subit la perte. Par application de cette disposition, conçue en termes généraux, il a été jugé qu'à l'expiration du cheptel de fer, la plus-value qui provient de circonstances accidentelles (telles que la cherté du bétail pour une cause quelconque) appartient au fermier, aussi bien que celle produite par ses soins et améliorations (Lyon, 11 juin 1874) (1).

---

fermages jusqu'à l'expiration dudit bail et ne pourra se mettre en possession que des immeubles formant la réserve ; — Attendu que le bail, porté ainsi à la connaissance des enchérisseurs, leur révélait l'existence du cheptel et en faisait connaître le détail ; cheptel vif, 5703 fr. et cheptel mort, composé de soixante-trois articles énumérés et non estimés ; que l'obligation imposée à l'adjudicataire de respecter un bail qui devait durer plus de quatre ans encore impliquait bien que le cheptel était compris dans l'adjudication ; qu'il en était surtout ainsi de l'obligation de percevoir, en guise de produit, les fermages pendant la même période, ces fermages représentant en effet, non seulement le revenu des immeubles, mais encore du cheptel qui servait à leur exploitation ; — Attendu que les premiers juges ont pensé, il est vrai, que les frères Paran ne s'étaient jamais considérés comme propriétaires du cheptel, et qu'ils ont puisé leur conviction dans cette circonstance qu'après avoir résilié avec le fermier Gil le bail du domaine de Puy-Françoy, ils avaient consenti à le laisser en possession du cheptel jusqu'au 25 déc. 1876, époque de l'expiration réelle du bail ; que cette convention, loin d'indiquer que les frères Paran ne prétendaient aucun droit sur le cheptel, témoigne au contraire qu'ils en usaient comme de leur chose propre, en le laissant aux mains de Gil pendant quatre ans pour l'indemniser de la perte que lui faisait éprouver la résiliation ; qu'on pourrait avec plus de raison soutenir que Marsal ne s'est pas lui-même considéré comme propriétaire du cheptel, puisqu'il n'a fait aucun dire au cahier des charges pour protester contre la clause qui allouait à l'adjudicataire la totalité des fermages ; — Attendu, d'ailleurs, que les illusions que les parties ont pu se faire sur leurs droits respectifs ne sauraient prévaloir contre l'autorité des principes, l'évidence des faits et la rigueur juridique des conséquences qui en découlent, etc.

Du 12 janv. 1878.-C. de Riom, 2e ch.-MM. Lacarrière, pr.-de Doubet, av. gén.-Godemet et Allary, av.

(1) (Rivet C. Passerat de la Chapelle.) — LA COUR ; — Attendu qu'aux termes d'un acte public, reçu Me Merle, notaire à Saint-Trivier-sur-Moigans, Passerat de la Chapelle a remis, à titre de bail à ferme, à Pierre-Joseph Rivet, un domaine dit du Saix, sis à Bouligneux ; — Que cet acte porte la clause suivante : — « Le preneur laissera à sa sortie le cheptel et les semences attachés à l'exploitation, tels que le tout a été établi entre le bailleur et Gabriel Rivet père » ; — Attendu que précédemment et à la date du 14 nov. 1850, c'est-à-dire à l'entrée au domaine de Rivet père, le cheptel livré par le propriétaire et composé de vingt-six bêtes, avait été estimé par un expert amiablement choisi, tête par tête, et évalué à la somme totale de 1660 fr. ; — Que Pierre-Joseph Rivet fils, successeur de son père au domaine de Saix, a pris le cheptel sur cette estimation ; — Attendu que le 11 nov. 1871, à l'expiration de son bail, le cheptel laissé par lui a été estimé de nouveau par expert et porté à la somme de 3740 fr. ; — Qu'ainsi sa plus-value représentait sur l'estimation de 1850, acceptée en 1858 par les parties, une différence de 2080 fr. ; — Attendu que la dame veuve Passerat de la Chapelle, propriétaire actuelle, soutient, au principal, que cette différence doit lui être exclusivement attribuée comme un accessoire de son droit de propriété au cheptel, sous la déduction, néanmoins, d'une somme de 586 fr. due aux améliorations et soins qu'aurait apportés son fermier à l'engraissement du bétail qui lui avait été confié ; — Attendu que Pierre-Joseph Rivet prétend avoir le droit de bénéficier seul de l'intégrité de la plus-value de 2080 fr., et qu'il en réclame le payement ;... — Attendu que, si le fermier à cheptel de fer est, en vertu de l'art. 1825, tenu, contrairement au droit commun, de la perte totale du cheptel qui lui a été remis par son propriétaire, même lorsque cette perte vient d'un cas de force majeure ou d'un cas fortuit, et que, s'il doit, aux termes de l'art. 1826, répondre de la moins-value et en laisser un, à sa sortie, de valeur pareille à celui qu'il a reçu, par une compensation équitable et juste, la loi lui en a attribué l'excédent ou la plus-value ; — Attendu que, dans cette convention particulière qui comporte un *alea* pouvant être favorable ou défavorable à l'un ou à l'autre des contractants, le législateur n'a fait aucune distinction entre la plus-value apportée au cheptel par les soins ou les améliorations du fermier, et celle qui proviendrait de circonstances accidentelles, telles que la cherté du bétail pour une cause quelconque ; — Attendu que si l'estimation par tête et par âge oblige Rivet à rendre un même nombre de bêtes du même âge, elle ne lui enlève pas son droit à être payé en argent de l'excédent de valeur qu'il laisse à l'expiration de son bail ; — Par ces motifs ; — Condamne la dame Passerat de la Chapelle à payer à Pierre-Joseph Rivet fils la somme de 2080 fr., avec intérêts de droit du jour de la demande.

Du 11 juin 1874.-C. de Lyon, 2e ch.-MM. Onofrio, pr.-Flouest, av. gén.-Pérouse et Dulac, av.

Table sommaire

des matières contenues dans le Supplément et le Répertoire.

(Les chiffres précédés de la lettre *S* renvoient au Supplément ; les chiffres précédés de la lettre *R* renvoient au Répertoire.)

Table chronologique des Lois, Arrêts, etc.

LOUAGE A COLONAGE PARTIAIRE.

1. Le colonage partiaire, ou métayage, il y a peu d'années encore, était généralement considéré comme un mode d'exploitation inférieur à celui du fermage. On lui reprochait de favoriser l'esprit de routine chez le cultivateur qui, à raison du partage des fruits de la récolte avec le propriétaire, ne peut jamais songer à réaliser des bénéfices sérieux, et, par suite, ne s'intéresse pas autant que le fermier aux améliorations à apporter à la terre par la culture ; de son côté le propriétaire, disait-on, n'est guère tenté non plus de faire de grandes dépenses pour améliorer une terre dont les produits ne lui appartiennent qu'en partie ; au lieu du revenu fixe que lui assure le fermage, il est soumis ici aux chances bonnes et mauvaises des récoltes annuelles. De plus, le partage des fruits avec le métayer exige, de la part du propriétaire, une surveillance incessante et coûteuse (V. Guillouard, t. 2, n° 608). — Mais la crise agricole qui a sévi sur la France, particulièrement en ces dernières années, a révélé l'exagération de ces critiques : car, tandis que dans les pays où les fermages sont en vigueur, la valeur de la terre et son revenu baissaient dans des proportions inquiétantes, ils restaient à peu près les mêmes dans les pays de métayage (V. *Le métayage en Bourbonnais*, par M. Le Garidel, étude publiée dans *La Réforme sociale*, 2e sem. 1884, p. 222). De tout temps, d'ailleurs, les partisans du métayage ont fait valoir ses avantages moraux et sociaux : il favorise l'esprit de famille ; il assure aux tenanciers, sinon de grands bénéfices, au moins une grande sécurité, un état stable supérieur à celui du fermier ; il crée une communauté d'intérêts entre le propriétaire et le métayer ; enfin, au point de vue économique même, il est le moyen d'améliorer les mauvaises terres sans immobiliser de gros capitaux (V. H. Baudrillart, *Revue des Deux Mondes*, 1er oct. 1885 ; L. Rerolle, *Du métayage*, 1888, p. 234 et suiv., 455 et suiv. ; Le Garidel, *op. cit.* ; Albert Le Play, *La Réforme sociale*, 1886, 1er sem., p. 407). — Ces diverses considérations n'ont pas été sans influence sur l'élaboration, dans le projet de code rural dont la réalisation se poursuit depuis 1881 au Parlement, d'un nouveau fragment du livre 1er du code rural, le titre 4, ayant pour objet le bail à colonat partiaire, et qui a formé la loi du 18 juill. 1889 (1).

Le code civil faisait seulement allusion à ce contrat dans six articles, savoir : les art. 1763 et 1764 qui interdisent au métayer de sous-louer le fonds à lui loué, et les art. 1827 à 1830 qui traitent du cheptel donné au colon partiaire. La loi nouvelle se compose de treize articles, qui ont pour objet, non de régler dans ses moindres détails un contrat qui se présente, suivant les lieux et les usages, sous les aspects les plus différents, mais d'en déterminer les règles essentielles, et de mettre fin, sur certains points importants, aux controverses antérieures. C'est cette loi dont nous devons étudier les dispositions, en les rapprochant des solutions données par la doctrine et la jurisprudence sous l'empire du code civil.

2. — I. NATURE DU CONTRAT. — La première question qui se posait, antérieurement à la loi nouvelle, sur le contrat de colonage partiaire, était celle de savoir quelle est la nature de ce contrat. Etait-ce un cas particulier de louage, ou une forme de la société, ou enfin un contrat mixte, d'une nature spéciale? Le code civil n'ayant pas tracé les règles générales de ce contrat, il fallait bien se prononcer sur sa nature juridique pour lui appliquer, suivant l'opinion adoptée, les règles soit du louage, soit de la société. De la solution de cette question dépendaient notamment les questions de savoir si l'on devait appliquer à la preuve de ce contrat les règles du droit commun, ou les art. 1714 et 1715; si le propriétaire devait être ici assimilé, quant à l'obligation de garantie, au bailleur dans le bail à ferme; si au cas d'incendie de la chose louée, l'art. 1733 était applicable; si les art. 1774 et 1775 relatifs à la durée du bail sans écrit régissaient également le contrat de colonage partiaire. Or à cet égard, trois systèmes ont été proposés dans la doctrine.

Suivant une première opinion, soutenue par MM. Troplong, Duranton et Delvincourt, et adoptée au *Rép.* n° 3, le colonage partiaire est avant tout une association. On invoquait en ce sens les travaux préparatoires (Exposé des motifs, Fenet, t. 14, p. 317) ; on ajoutait que les deux caractères essentiels du bail, l'obligation de payer un prix, et la jouissance exclusive de la chose par le preneur, n'existent pas dans ce contrat. Un certain nombre d'arrêts, dont un tout récent de la cour suprême, se sont également prononcés en ce sens (V. notamment, Bordeaux, 28 juin 1854, aff. Lamit, D. P. 54. 2. 272; Grenoble, 20 mars 1863, aff. Jouvenet, D. P. 63. 5. 237 ; Civ. rej. 21 oct. 1889, aff. Marchand, D. P. 90. 1. 124).

Suivant une deuxième théorie, beaucoup plus accréditée dans la doctrine, le colonage serait une sorte de louage de choses ; ses règles essentielles ne sont nullement incompatibles avec celles du louage, le code n'exigeant nulle part que le prix du bail soit payé en argent ; et, par contre, elles sont incompatibles avec celles de la société, puisque, contrairement à l'art. 1855 c. civ., le bailleur n'est ici exposé à aucune perte, quels que soient les résultats de la culture :

---

(1) 18-19 juill. 1889. — *Loi sur le code rural.* (Titre 4. — *Bail à colonat partiaire, Journ. off.* du 18 juill. 1889; *Bull.*, n° 21045).

Art. 1er. Le bail à colonat partiaire ou métayage est le contrat par lequel le possesseur d'un héritage rural le remet pour un certain temps à un preneur qui s'engage à le cultiver sous la condition d'en partager les produits avec le bailleur.

2. Les fruits et produits se partagent par moitié, s'il n'y a stipulation ou usage contraire.

3. Le bailleur est tenu à la délivrance et à la garantie des objets compris au bail. Il doit faire aux bâtiments toutes les réparations qui peuvent devenir nécessaires; toutefois les réparations locatives ou de menu entretien qui ne sont occasionnées ni par la vétusté, ni par force majeure, demeurent, à moins de stipulation ou d'usage contraire, à la charge du colon.

4. Le preneur est tenu d'user de la chose louée en bon père de famille, en suivant la destination qui lui a été donnée par le bail; il est également tenu des obligations spécifiées pour le fermier par les art. 1730, 1731 et 1768 c. civ.; il répond de l'incendie, des dégradations et des pertes arrivées pendant la durée du bail, à moins qu'il ne prouve qu'il a veillé à la garde et à la conservation de la chose en bon père de famille; — Il doit se servir des bâtiments d'exploitation qui existent dans les héritages qui lui sont confiés, et résider dans ceux qui sont affectés à l'habitation.

5. Le bailleur a la surveillance des travaux, et la direction générale de l'exploitation soit pour le mode de culture, soit pour l'achat et la vente des bestiaux. L'exercice de ce droit est déterminé, quant à son étendue, par la convention ou, à défaut de convention, par l'usage des lieux; les droits de chasse et de pêche restent au propriétaire.

6. La mort du bailleur de la métairie ne résout pas le bail à colonat ; — Ce bail est résolu par la mort du preneur; la jouissance des héritiers cesse à l'époque consacrée par l'usage des lieux pour l'expiration des baux annuels.

7. S'il a été convenu qu'en cas de vente l'acquéreur pourrait résilier, cette résiliation ne peut avoir lieu qu'à la charge par l'acquéreur de donner congé suivant l'usage des lieux ; — Dans ce cas, comme dans celui qui est prévu par le dernier paragraphe de l'article précédent, le colon a droit à une indemnité pour les impenses extraordinaires qu'il a faites, jusqu'à concurrence du profit qu'il aurait pu en tirer pendant la durée de son bail; la résiliation en cas de vente est régie, au surplus, par les art. 1743, 1749, 1750 et 1751 c. civ.

8. Si, pendant la durée du bail, les objets qui y sont compris sont détruits en totalité par cas fortuit, le bail est résilié de plein droit. S'ils ne sont détruits qu'en partie, le bailleur peut se refuser à faire les réparations et les dépenses nécessaires pour les remplacer ou les rétablir. Le preneur et le bailleur peuvent, dans ce cas, suivant les circonstances, demander la résiliation ; — Si la résiliation est prononcée à la requête du bailleur, le juge appréciera l'indemnité qui pourrait être due au preneur conformément au deuxième paragraphe de l'art. 7 de la présente loi.

9. Si, dans le cours de la jouissance du colon, la totalité ou une partie de la récolte est enlevée par cas fortuit, il n'a pas d'indemnité à réclamer du bailleur. Chacun d'eux supporte sa portion correspondante dans la perte commune.

10. Le bailleur exerce le privilège de l'art. 2102 c. civ. sur les meubles, effets, bestiaux, et portions de récolte appartenant au colon, pour le payement du reliquat du compte à rendre par celui-ci.

11. Chacune des parties peut demander le règlement annuel du compte d'exploitation.

12. Le juge de paix prononce sur les difficultés relatives aux articles du compte, lorsque les obligations résultant du contrat ne sont pas contestées, sans appel lorsque l'objet de la contes- [illegible] se pas le taux de sa compétence générale en tation ne dépass[illegible] charge d'appel à quelque somme qu'il dernier ressort, et à [illegible] statue sur le vu des registres des puisse s'élever; — Le juge [illegible] la preuve testimoniale s'il le parties; il peut même admettre [illegible] du bail à colonat partiaire juge convenable; toute action résultan[illegible] sortie du colon. se prescrit par cinq ans, à partir de la sor[illegible] de louage,

13. Les dispositions de la section 1re du titre [illegible] clusi- contenues dans l'art. 1718, et dans les art. 1736 à 1741 incl[illegible] vement, et celles de la section 3 du même titre, contenues dans les art. 1766, 1777 et 1778, sont applicables aux baux à colonat partiaire. Ces baux sont en outre régis, pour le surplus, par l'usage des lieux.

le colon partiaire peut s'y ruiner, tandis que le bailleur n'est jamais exposé qu'à une diminution de la part de fruits qui lui revient. On ajoute que les art. 1763 et 1764 du code qualifient de « bail » cette convention, et que ces textes sont d'ailleurs placés au titre du louage (V. en ce sens, Aubry et Rau, *Droit civil français*, t. 4, § 371, texte et note 16 ; Colmet de Santerre, *Cours analytique*, t. 7, nos 213 et 213 *bis*, I et II ; Laurent, *Principes de droit civil*, t. 25, n° 477; Guillouard, *Traité du contrat de louage*, t. 2, n° 614 ; Nîmes, 14 août 1850, aff. Comp. *Le Palladium*, D. P. 51. 2. 144; Angers, 13 mai 1868, aff. M..., D. P. 71. 2. 176 ; Civ. cass. 8 févr. 1875, aff. Gouyon, D. P. 75. 1. 169 ; Riom, 19 nov. 1884, aff. Comp. *L'Aigle*, D. P. 86. 2. 1 et note de M. Dubois ; Civ. cass. 30 mai 1888, *France judiciaire*, 1888, 2e part., p. 343).

Enfin, suivant quelques auteurs, le colonage partiaire serait un contrat innommé, se gouvernant d'après des principes propres, et participant à la fois du louage et de la société (V. en ce sens Marcadé, sur l'art. 1763 ; Bourguignat, *Droit rural*, n° 508 ; Rerolle, *op. cit.*, p. 287 et suiv. ; Latreille, *Revue critique*, 1864, t. 25, p. 392 et suiv. — Il faut reconnaître que ce système, bien que plus conforme peut-être au véritable caractère de fait du contrat, avait l'inconvénient sérieux de laisser aux juges un pouvoir arbitraire d'appréciation en dehors des hypothèses où le contrat de colonage se trouvait expressément visé par le code civil.

3. C'est néanmoins cette dernière doctrine qui a prévalu auprès du législateur de 1889, ainsi qu'il résulte des travaux préparatoires de la loi nouvelle. Voici, à cet égard, les déclarations de M. Clément, rapporteur de la loi au Sénat : « Il nous a paru impossible, d'une part, d'affirmer d'une manière absolue que le colonat partiaire n'est qu'une société ; d'autre part, il nous a paru impossible de dire également que ce contrat n'est qu'un bail ordinaire. Nous avons indiqué dans le rapport et nous avons appliqué dans le projet de loi ce double principe que, par certains côtés, le bail à colonage partiaire est un louage, et que, par d'autres côtés, il participe de la société. Nous avons appliqué les règles de l'un et de l'autre contrat suivant les cas divers qui se présentaient. Nous avons par là, je crois, fait cesser les contestations qui s'étaient élevées et qui n'avaient pour but que d'arriver à des résultats pratiques. Les questions que soulevait cette dualité de principes ont été tranchées par le projet de loi ; c'est même là son utilité principale » (Rapport à la Chambre des députés, annexes, séance du 14 juin 1888, p. 27).

Il n'est pas certain néanmoins, malgré ces déclarations, que toute controverse soit définitivement éteinte sur ce point, et plusieurs jurisconsultes soutiennent encore aujourd'hui que la loi de 1889, en codifiant dans ses règles principales le contrat de colonage partiaire, n'en a pas modifié pour cela la nature juridique, et qu'il reste, après comme avant cette loi, un véritable contrat de louage (V. M. Planiol, *Revue critique*, 1890, p. 342; Guillouard, t. 2, n° 633 *bis*, III). Dans ce système, on devra, sur tous les points qui n'ont pas été expressément réglés par la loi nouvelle, s'en référer aux règles du louage.

4. L'art. 1er de la loi du 18 juill. 1889 définit en ces termes le contrat dont il s'agit : « Le bail à colonat partiaire ou métayage est le contrat par lequel le possesseur d'un héritage rural le remet pour un certain temps à un preneur qui s'engage à le cultiver sous la condition d'en partager les produits avec le bailleur ». — Cette définition donne lieu à plusieurs remarques. Tout d'abord, sur les observations de la commission de la Chambre des députés, on a substitué dans la rédaction définitive les mots « possesseur d'un héritage » et « bailleur » au mot « propriétaire », contenu dans le projet. — « Si l'on eût maintenu dans la rédaction ce dernier mot, dit le rapport de M. Million, on aurait pu mettre en doute la légalité d'un grand nombre de contrats où le bailleur n'est pas propriétaire, où il est usufruitier ou fermier général d'une grande propriété qu'il fait cultiver par des métayers. Le fait de la superposition du métayage et du fermage sur un même terrain est en effet assez fréquent ». D'autre part, la commission du Sénat a fait insérer dans l'article les mots « pour un certain temps », afin de rappeler le principe posé par la loi du 18 déc. 1790, qui a prohibé pour l'avenir le contrat de location perpétuelle et de mettre ainsi l'art. 1er d'accord avec l'art. 1709 c. civ. qui s'exprime dans les mêmes termes à l'égard du louage de choses (*Journ. off.* du 15 juin 1880, Sénat).

5. Relativement aux choses qui peuvent être données à colonage, l'art. 1er est très bref. D'après ses termes, les « héritages ruraux » seuls sont susceptibles de faire l'objet de ce bail ; mais que faut-il entendre exactement par cette expression « héritage rural » ? Il n'est pas douteux qu'elle n'exclue, conformément à l'opinion déjà admise sur ce point au *Rép.* n° 7, la concession d'une mine ou d'une carrière faite sous la condition d'un partage des produits entre le preneur et le bailleur. — Mais en résulte-t-il également qu'on ne pourrait donner à colonage un lac, un étang, ou tout autre héritage dont les fruits se perçoivent sans travail ? La question était controversée sous l'empire du code civil. Dans une première opinion, on soutenait qu'un étang ou un lac ne peut faire l'objet d'un bail à colonage partiaire, par ce motif que l'industrie du preneur, qui est un élément essentiel du colonage partiaire, ne se rencontrait pas dans un tel contrat (V. en ce sens : Méplain, *Traité du bail à portion de fruits*, n° 50). L'opinion contraire était plus généralement admise ; on faisait observer en ce dernier sens que l'industrie du preneur s'applique aussi bien, quoique d'une manière différente, à l'exploitation de l'étang qu'à la culture d'une terre, et cela par la surveillance destinée à prévenir le vol du poisson, par l'usage réfléchi de la pêche, le repeuplement de l'étang, etc. (V. en ce sens, Guillouard, t. 2, n° 615 ; Rerolle, *op. cit.*, p. 301). — Nous croyons qu'aujourd'hui la question est tranchée dans le sens de la première opinion, par l'art. 1er de la loi qui, en visant expressément « un héritage rural », et parlant ensuite de l'obligation du preneur de le « cultiver », exclut, par là même, tout bien qui n'éveille pas l'idée d'une exploitation agricole. Au surplus, M. Guillouard, dans sa troisième édition, a modifié en ce sens sa première opinion (t. 2, n° 633, VII).

6. L'art. 2 de la loi nouvelle consacre formellement la règle qui donne au colonage partiaire sa physionomie propre, celle du partage des fruits et produits par moitié entre le preneur et le bailleur, s'il n'y a stipulation ou usage contraire. A ce sujet, on a signalé au *Rép.* n° 21, l'usage consistant à stipuler dans le bail que le métayer payera une certaine somme d'argent, désignée sous des noms divers : impôts, menus suffrages, droits de cour, charges de culture, qui représente principalement la part du métayer dans l'impôt foncier. Lors de la première délibération au Sénat, M. Foucher de Careil a demandé qu'on prohibât cette clause dans l'art. 2, et qu'on supprimât également toute stipulation ayant pour objet de déroger à la règle du partage des fruits par moitié. Mais M. Clément, rapporteur, répondit qu'il n'était pas possible que le législateur proscrivît des clauses parfaitement licites, et qui, d'ailleurs, se justifient par les conditions particulières de la culture dans certaines régions où, à raison du peu de soin qu'exige cette culture, le partage par moitié créerait une véritable inégalité de situation entre le propriétaire et le métayer au profit de ce dernier (Séance du 31 mai 1880, *Journ. off.* du 1er juin). — La loi réserve également le cas où existeraient, dans la région où est conclu le bail, des usages contraires à la règle du partage par moitié ; dans le silence des parties, celles-ci doivent être censées s'être référées à ces usages locaux.

7. Relativement à la preuve du contrat de colonage partiaire, les opinions étaient divisées avant la loi de 1889, les auteurs qui voyaient dans ce contrat une véritable société estimant qu'il était soumis à cet égard à l'art. 1834 c. civ. lequel n'est d'ailleurs que l'application du droit commun en matière de preuve (V. en ce sens *Rép.* n° 8), et ceux qui, au contraire, appliquaient à ce contrat les règles générales du louage, décidant qu'il devait être régi, quant à sa preuve, par les règles exceptionnelles des art. 1715 et 1716 c. civ. (Guillouard, t. 2, n° 616). Il semble bien résulter de l'ensemble des dispositions de la loi nouvelle que ce contrat est désormais soumis, quant à sa preuve, au droit commun des art. 1341 et suiv. c. civ. En effet, les art. 4, 7 et 13 de la loi indiquent quels sont les articles du louage qui sont applicables au colonage partiaire, et les art. 1715 et 1716 c. civ. n'y figurent pas.

8. — II. Obligations du bailleur. — L'art. 3 détermine les principales obligations du bailleur. Il l'oblige notamment à faire aux bâtiments toutes les réparations qui peuvent devenir nécessaires, à l'exception des réparations locatives ou de menu entretien qui restent, en principe, à la charge du preneur. Mais, sur ce dernier point également, la loi réserve formellement le cas de stipulation ou d'usage contraire; en effet, comme l'a fait observer M. Clément dans son rapport, il est beaucoup de pays où l'usage ne met à la charge des métayers que les menues réparations de la portion des bâtiments qui est consacrée à leur habitation; ils ne contribuent, en ce qui concerne les bâtiments d'exploitation, à aucune réparation, de quelque nature qu'elle soit.

9. L'impôt foncier reste évidemment, en principe, à la charge du bailleur. C'est ce qui résulte implicitement de la discussion rappelée *suprà*, n° 6, et à la suite de laquelle on a maintenu la validité des clauses qui imposent exceptionnellement au preneur la prestation d'une certaine somme en argent, représentative de sa part dans l'impôt foncier (Guillouard, t. 2, n° 633, IX).

10. On admettait généralement, sous l'empire de la législation antérieure, que, contrairement à ce qui a lieu dans le bail ordinaire, le bailleur à colonage partiaire peut s'immiscer, dans une certaine mesure, dans la direction de la culture, notamment donner des ordres au métayer pour l'exploitation de l'héritage; et on en donnait ce motif que le bailleur est intéressé directement à la bonne exploitation dont le résultat est de lui attribuer une part de fruits plus considérable (V. *Rép.* n° 13). L'art. 5 de la loi de 1889 consacre formellement ce droit de direction du bailleur, et M. Million, dans son rapport à la Chambre des députés, (Annexe au procès-verbal de la séance du 14 juin 1888, p. 35) justifie cette disposition par les mêmes motifs.

Le paragraphe 2 du même article reconnaît le droit de chasse et de pêche au propriétaire, à qui, d'ailleurs, ils n'avaient jamais été contestés en cas de bail à colonat partiaire.

11. — III. Obligations du preneur. — L'art. 4 de la loi consacre les obligations du preneur, qui sont au nombre de quatre principales:

1° Il est tenu d'user de la chose louée en bon père de famille, en suivant la destination qui lui a été donnée par le bail. Il convient de remarquer, à cet égard, que l'art. 1728 c. civ. qui consacre la même règle pour le bail à ferme, contient cette addition: « ou suivant celle présumée d'après les circonstances, à défaut de convention ». Il résulte des travaux préparatoires de la loi de 1889 que c'est à dessein que cette addition a été retranchée dans l'art. 4, § 1er, et pour bien marquer le caractère plus étroit de l'obligation du colon partiaire de conserver au bien loué sa destination (Rapport Million; Chambre des députés, séance du 14 juin 1888, annexes, p. 32).

12. 2° Par le renvoi aux art. 1730, 1731 et 1768 c. civ., l'art. 4 rend également applicables au colon partiaire les règles concernant la rédaction d'un état des lieux, ainsi que l'obligation d'avertir le bailleur des usurpations qui pourraient être commises sur le fonds. — Il convient d'ajouter que l'art. 13 mentionne également comme applicable au colon partiaire les obligations énoncées aux art. 1766, 1777 et 1778 c. civ., relativement à la culture et à l'aménagement des terres, et à la restitution des biens par le colon sortant.

13. 3° L'art. 4, § 2, en décidant que le colon partiaire répond de l'incendie, des dégradations et des pertes arrivées pendant la durée du bail, à moins qu'il ne prouve qu'il a veillé à la garde et à la conservation de la chose en bon père de famille, tranche une des plus vives controverses antérieures sur la matière. Pour le cas notamment où un incendie détruit la métairie, la responsabilité du preneur était appréciée de diverses façons. Dans un premier système on décidait que le contrat de colonage partiaire, étant un contrat de société, la responsabilité légale de l'incendie, telle qu'elle est édictée par l'art. 1733 contre le preneur à ferme ou à loyer, n'était pas applicable au colon partiaire, et qu'en pareil cas, la preuve de la responsabilité de ce dernier devait incomber au bailleur, conformément à l'art. 1382 (V. en ce sens les arrêts cités au *Rép.* n° 23). — Mais la grande majorité des auteurs et des arrêts s'étaient au contraire prononcés dans le sens de l'application de l'art. 1733, et cette opinion était adoptée même par des auteurs qui refusaient de voir dans le colonage partiaire un contrat de louage. On faisait remarquer, en ce sens, que l'art. 1733 n'édicte pas, en matière de louage, une règle spéciale concernant la responsabilité du preneur à bail, qu'il n'établit pas contre lui une présomption de faute, mais qu'il n'est au contraire que l'application de la règle générale de l'art. 1302, aux termes de laquelle tout débiteur d'un corps certain doit prouver le cas fortuit qu'il allègue et justifier que ce cas fortuit n'est pas arrivé par sa faute. Or, disait-on, le colon est, comme le locataire, débiteur d'un corps certain; il doit donc, comme lui, faire la preuve du cas fortuit qu'il allègue. En cas d'incendie spécialement, il ne suffit pas qu'il prouve le fait de l'incendie, car l'incendie n'est pas en lui-même un cas fortuit, mais le résultat d'une cause qui peut avoir son origine, tantôt dans un événement fortuit, tantôt dans une faute imputable au débiteur; il devra donc prouver, pour obtenir sa libération, que l'incendie provient d'une cause qui ne lui est pas imputable (V. en ce sens, Aubry et Rau, t. 4, § 371, texte et note 18; Laurent, t. 25, n° 479; Guillouard, t. 2, n° 625; Rerolle, *op. cit.*, p. 381; Nîmes, 14 août 1850, aff. Comp. *Le Palladium*, D. P. 51. 2. 144).

14. L'art. 4 de la loi nouvelle semble bien, d'après ses termes, consacrer cette dernière doctrine. Et cependant, si l'on se réfère aux travaux préparatoires, on voit que les rédacteurs de la loi ont eu la pensée qu'ils apportaient, dans cet article, une exception à l'art. 1733. M. Clément dit, en effet, dans son rapport: « L'attention de la commission a été attirée surtout par la divergence des décisions des tribunaux sur la responsabilité des colons en cas d'incendie: les uns lui appliquent purement et simplement l'art. 1733 c. civ. qui déclare le locataire responsable de l'incendie dans les termes les plus rigoureux, les autres se refusent, au contraire, à le soumettre aux dispositions de cet article. C'est à cette dernière jurisprudence que la commission s'est ralliée. On ne doit donc pas imposer au colon la responsabilité exceptionnellement rigoureuse encourue par le locataire. Il faut revenir, en ce qui le concerne, aux principes du droit commun, en lui laissant, en cas d'incendie, tous les moyens de preuve de nature à dégager sa responsabilité » (Rapport au Sénat, 7 mai 1880, annexe, p. 18-19). Mais cette déclaration du rapporteur est certainement erronée en ce qu'elle considère comme universellement admis que l'art 1733 contient une disposition dérogatoire au droit commun en ce qui concerne la responsabilité du locataire. Tandis, en effet, que, dans l'opinion de quelques auteurs (Marcadé, *Explication du code civil*, t. 1, art. 1733-4; Aubry et Rau, t. 4, § 367, texte et notes 20, 21 et 22), l'art. 1733 exigerait, pour la décharge du locataire, la preuve positive de l'un des trois faits énoncés dans son texte, c'est-à-dire la force majeure, le vice de construction, ou la communication du feu par la maison voisine, la doctrine la plus généralement suivie par les auteurs et la jurisprudence enseigne, au contraire, que l'énumération de l'art. 1733 n'est pas limitative, et que le locataire est déchargé de toute responsabilité du moment qu'il a établi d'une manière quelconque que l'incendie ne lui est point imputable (V. *suprà*, v° *Louage*, n° 213). L'art. 1733 n'est, on le voit, dans ce système, qu'une application pure et simple de la règle de l'art. 1302.

Nous concluons donc, avec M. Guillouard, t. 2, n° 633, XVII, que les auteurs de la loi du 18 juill. 1889 se sont mépris sur la portée de l'art. 1733, et qu'en croyant voter une disposition qui déroge, pour la matière du colonage partiaire à la règle établie pour le louage, en cas d'incendie, par l'art. 1733, ils se sont bornés à reproduire les dispositions de ce texte, sinon dans ses termes mêmes, au moins dans son esprit.

15. 4° Enfin, l'art. 4, § 3, consacre une obligation plus spécialement imposée au colon partiaire, celle de « se servir des bâtiments d'exploitation qui existent dans les héritages qui lui sont confiés, et de résider dans ceux qui sont affectés à l'habitation ». Cette règle est à la fois une garantie de la régularité du partage des fruits et de la conservation des bâtiments (Rapports de MM. Clément et Million). — Il y a lieu de remarquer à cet égard qu'en ce qui concerne l'obligation de se servir des bâtiments d'exploitation, l'art. 4, § 3, de la loi, n'est que la reproduction, en termes un peu différents, de l'art. 1767 c. civ. qui oblige le preneur d'un bien rural à engranger dans les lieux à ce destinés d'après le bail.

Cette observation suffit à montrer que l'art. 13 de la loi, lorsqu'il renvoie expressément à l'art. 1766 c. civ. sans mentionner l'art. 1767, n'a pas entendu pour cela soustraire le colon partiaire à l'obligation d'engranger qui se trouve implicitement imposée par l'art. 4, § 3, de la même loi.

16. On admettait généralement, sous l'empire du code civil, que le bailleur, dans le contrat de colonage partiaire, avait le privilège de l'art. 2102-1°, pour garantie de l'exécution des obligations du métayer (Aubry et Rau, t. 4, § 371, texte et note 19; Laurent, t. 25, n° 480; Guillouard, t. 2, n° 629 : Rerolle, *op. cit.*, p. 395), et cette opinion, qui pouvait paraître contestable aux yeux de ceux qui voyaient dans ce contrat un contrat de société, avait trouvé sa consécration dans la loi du 25 mai 1838, sur les justices de paix. En effet, l'art. 2 de cette loi reconnaissait au propriétaire le droit d'exercer une saisie-gagerie contre le colon; or cette saisie a pour but d'assurer l'exécution du privilège du bailleur; c'est donc que le bailleur à colonage avait un privilège. La loi nouvelle a d'ailleurs supprimé toute espèce de doute sur ce point en consacrant formellement ce privilège dans son art. 10, aux termes duquel le bailleur exerce le privilège de l'art. 2102 c. civ. sur les meubles, effets, bestiaux et portion de récolte appartenant au colon, pour le payement du reliquat du compte à rendre par celui-ci. — Le privilège garantit, notamment, le payement des charges de culture, lorsqu'elles ont été stipulées au contrat, ainsi que le remboursement des avances faites au colon pour les besoins de l'exploitation. Ces besoins exigent qu'un compte soit toujours ouvert entre les parties, comme le supposent les termes mêmes de l'art. 10.

17. — IV. Règlement du compte. — L'art. 11 édicte, relativement à ce compte, un certain nombre de règles qui montrent l'importance que la loi y a attachée. — En premier lieu, d'après le paragraphe 1er, chacune des parties peut demander le règlement annuel du compte d'exploitation.

En second lieu, en cas de litige portant sur les éléments de ce compte, une procédure simple et économique est organisée par le paragraphe 2; le juge de paix est toujours compétent sur les difficultés relatives aux articles du compte, au moins lorsque les obligations résultant du contrat ne sont pas contestées, avec cette seule distinction qu'il juge sans appel lorsque l'objet de la contestation ne dépasse pas le taux de sa compétence générale en dernier ressort, et à charge d'appel au-dessus de ce taux, à quelque somme que l'intérêt du litige puisse s'élever. Cette dernière règle consacre une extension considérable de la compétence des juges de paix. La loi du 25 mai 1838, en effet, ne leur donne compétence, à charge d'appel, que si la demande ne dépasse pas 200 fr. lorsqu'il s'agit d'une action ordinaire purement personnelle; et, en matière de baux, que si le prix de la location n'excède pas 400 fr.

Une autre dérogation au droit commun est consacrée par le paragraphe 3, relatif aux modes de preuve, admis pour le règlement du compte. Le juge, y est-il dit, statue sur le vu des registres des parties ; il peut même admettre la preuve testimoniale, s'il le juge convenable. Le rapporteur à la Chambre des députés, M. Million, a expliqué cette dérogation par l'impossibilité d'exiger que les parties se procurent une preuve écrite de chacun des éléments d'un compte qui se renouvelle sans cesse. Il faut ajouter que, d'après la déclaration formelle du rapporteur, cette facilité d'admettre le mode de preuve qu'il jugera le plus utile à la manifestation de la vérité n'est pas limitée au juge de paix, mais suit le litige devant le juge d'appel, et que les tribunaux civils pourront avoir, pour les instances qui leur seront soumises, les mêmes facilités d'instruction que les juges de paix (Annexe au procès-verbal de la séance du 14 juin 1888, p. 47).

18. — V. Prescription. — Aux termes de l'art. 12 de la nouvelle loi, toutes les actions résultant du bail à colonat partiaire se prescrivent par cinq ans à partir de la sortie du colon. Cette disposition est venue combler une lacune regrettable de la législation antérieure. L'art. 2277 c. civ., en effet, ne soumettait à la prescription quinquennale que les loyers des maisons et le prix de ferme des biens ruraux, et, en présence de ces termes limitatifs, on était obligé d'admettre que la prescription de trente ans restait seule applicable en matière de bail à portion de fruits. — Ainsi que l'a fait remarquer M. Clément dans son rapport, l'art. 12 diffère, en deux points, de la disposition de l'art. 2277 pour le bail à ferme : d'abord, à la différence de ce dernier texte, il n'établit pas une prescription spéciale pour chaque annuité ; c'est à partir de la sortie du colon que la prescription qu'il crée commence à courir; ensuite, tandis que la prescription de l'art. 2277 s'applique seulement à la dette annuelle des loyers et fermages, celle-ci s'étend à toutes les actions quelconques qui peuvent naître du contrat de métayage (Rapport au Sénat, annexe au procès-verbal de la séance du 7 mai 1880, p. 30).

19. — VI. Dissolution du contrat de colonage partiaire. — Aux termes de l'art. 19 de la loi nouvelle, les dispositions des art. 1736 à 1741 inclus du code civil sont applicables aux baux à colonat partiaire. Ces dispositions sont relatives à l'expiration du bail par l'effet du terme, au congé, à la tacite reconduction, à la résolution par la perte de la chose louée et par l'inexécution des engagements respectifs du bailleur et du preneur. Il y a lieu de compléter ces règles par les dispositions de l'art. 8, relatif à la perte partielle, de l'art. 6, relatif à la mort du preneur ou du bailleur, enfin de l'art. 7 qui vise l'hypothèse où une clause du contrat a réservé la faculté de résiliation au profit de l'acquéreur éventuel du fonds.

20. Aux termes de l'art. 8, en cas de perte partielle des objets compris dans le bail, le preneur et le bailleur peuvent, suivant les circonstances, demander la résiliation ; d'autre part, le colon partiaire ne peut exiger du bailleur que celui-ci fasse les réparations et les dépenses nécessaires pour les remplacer ou les rétablir. Cette double disposition appelle quelques observations. En premier lieu, sur le droit de résiliation, il y a lieu de remarquer qu'en vertu de l'art. 8, ce droit appartient aussi bien au bailleur qu'au preneur, tandis que, dans le bail à ferme, il n'appartient, d'après l'art. 1722, qu'au preneur seul. Cette différence s'explique par la nature particulière du bail à colonat partiaire et son analogie avec la société. Tandis que le propriétaire dont la ferme est à moitié détruite n'a aucun intérêt à demander la résolution du contrat, du moment qu'il continue à toucher intégralement le prix du fermage, dans le colonage partiaire, au contraire, il souffre nécessairement, en commun avec le métayer, de tout amoindrissement de la métairie, qui entraîne pour lui, comme pour le métayer, une diminution dans sa part des fruits de la récolte. Leur intérêt à l'un et à l'autre étant identique, il fallait leur accorder le même droit (V. Rerolle, *op. cit.*, p. 420). — Pour une raison analogue, il était impossible de donner au preneur, dans la même hypothèse de perte partielle, le choix que donne l'art. 1722 c. civ. au fermier entre la résiliation et une diminution du prix du bail. Il ne peut être question de diminution du prix du bail, alors que le profit et la perte sont communs entre les parties.

L'art. 8, § 2, ajoute que, si la résiliation est prononcée à la requête du bailleur, il pourra y avoir lieu à indemnité au profit du preneur. Il est possible, en effet, que ce dernier ait fait, en vue d'améliorer le fonds, des dépenses extraordinaires, dont l'équité commande de lui tenir compte. C'est au juge qu'il appartiendra, dans ce cas, d'apprécier l'indemnité due au preneur.

Enfin l'art. 8, nous l'avons dit, refuse au colon qui voudrait rester en possession le droit d'exiger du bailleur que celui-ci fasse les réparations et les dépenses nécessaires pour remplacer et rétablir les choses détruites : « Le rétablissement ou la réparation, a dit M. Clément, pourraient, en effet, entraîner le propriétaire dans des frais disproportionnés avec l'intérêt qu'il peut avoir à la continuation du bail à colonat (Rapport au Sénat, annexe au procès-verbal de la séance du 14 juin 1888, p. 43).

21. Relativement à la résolution du contrat par la mort de l'une des parties, l'art. 6 dispose en ces termes : « La mort du bailleur de la métairie ne résout pas le bail à colonat. Ce bail est résolu par la mort du preneur ; la jouissance des héritiers cesse à l'époque consacrée par l'usage des lieux pour l'expiration des baux annuels ». Cette disposition tranche une question très controversée sous l'empire du code civil : celle de savoir si la mort du colon mettait fin au bail à métairie.

Dans une première opinion, on appliquait purement et simplement la règle de l'art. 1742 c. civ. d'après lequel le contrat de louage n'est résolu ni par la mort du preneur, ni par celle du bailleur (Laurent, t. 25, n° 483; Guillouard, t. 2, n° 632; Aubry et Rau, t. 4, p. 511, § 371, texte et note 20). Toutefois, certains partisans de cette doctrine accordaient au propriétaire le droit de demander la résiliation du bail si les héritiers du colon ne présentaient pas les conditions désirables pour sa bonne exécution.

Une autre opinion adoptée au *Rép.* n° 37, admettait que la mort du colon, à l'exclusion de celle du bailleur, mettait fin au contrat de colonage partiaire. Pour justifier cette solution, les uns s'appuyaient sur l'art. 1865-3° c. civ., aux termes duquel la société se dissout par la mort de l'un des associés; et, s'ils restreignaient l'application de ce texte au seul cas de décès du métayer, sans l'étendre au cas de mort du propriétaire, c'était par le motif que l'*intuitus personæ*, qui est la raison d'être de cette disposition, n'existe ici que par rapport au colon, dont l'habileté et l'honnêteté jouent un très grand rôle dans le choix que le propriétaire fait de lui, tandis qu'il importe peu au colon que le fonds appartienne à telle personne plutôt qu'à telle autre. La plupart se fondaient sur la différence qui existe, à cet égard, entre les deux contrats de bail à ferme et de métayage, le fermier promettant seulement son argent, ce qui rend presque nulle à son égard la considération de la personne, tandis que le métayer promet avant tout son travail et son industrie personnelle; ils argumentaient de l'art. 1763 c. civ., qui défend au colon de sous-louer, précisément en raison de l'*intuitus personæ* qui préside au choix du colon par le propriétaire (Latreille, *Revue critique*, t. 24, p. 394; Rerolle, *op. cit.*, p. 426).

C'est le second système qui a définitivement triomphé auprès du législateur de 1889, malgré de vives attaques de M. de Gavardie (Sénat, séance du 14 juin 1889, *Journ. off.* du 15 juin 1889), et ce sont les considérations invoquées par la majorité des partisans de cette doctrine qui l'ont fait prévaloir (Rapport de M. Clément au Sénat, annexe au procès-verbal de la séance du 7 mai 1880, p. 22-23). — M. Guillouard, dans sa dernière édition (t. 2, n° 633, XXVIII), critique cette disposition de la loi de 1889, et regrette qu'on n'ait pas adopté, en cette matière, la règle de l'art. 1742, en y apportant toutefois l'exception déjà proposée par Guy-Coquille (quest. 206), qui admettait la résolution du bail au cas unique où le métayer laisserait à son décès une veuve et des enfants mineurs, pour lesquels la continuation du bail pourrait constituer une charge au-dessus de leurs forces.

22. L'art. 6 apporte lui-même à sa disposition un tempérament d'équité, en décidant que la jouissance des héritiers du preneur décédé cesse à l'époque consacrée par l'usage des lieux pour l'expiration des baux annuels. Il eût été rigoureux, en effet, de permettre l'expulsion des héritiers au milieu d'une année culturale. La commission du Sénat a même refusé, sur ce point, de consacrer la distinction admise par le projet du Gouvernement qui portait : « sauf au propriétaire à demander que la jouissance des héritiers cesse immédiatement, s'il a juste sujet de craindre une mauvaise exploitation ou des dégradations». M. Clément a fait justement observer qu'en cas de mauvaise exploitation par les héritiers, le propriétaire aurait toujours la ressource de demander contre eux, dès avant l'expiration du terme d'usage, la résiliation pour inexécution des conditions, aux termes des art. 1741 et 1764 c. civ.

23. Ce n'est pas seulement dans le cas de mort du preneur que le contrat cesse avant l'époque fixée pour sa durée; il cesse également lorsque l'acheteur de la métairie donne congé en vertu d'une clause de résiliation insérée au bail à colonat partiaire écrit et ayant date certaine. On a voulu, par cette disposition, appliquer purement et simplement au bail à colonat partiaire les règles posées pour le bail à ferme par les art. 1743, 1749, 1750 et 1751 c. civ. auxquels, d'ailleurs, l'art. 7 renvoie expressément. — L'acquéreur qui use dans ce cas de la faculté de résilier doit donner congé au colon en se conformant à l'usage des lieux; il y a là une règle moins rigoureuse que celle de l'art. 1748, § 2, qui exige que le fermier de biens ruraux soit averti par l'acquéreur au moins un an à l'avance.

L'art. 7, § 2, comme les art. 1744 et suivants du code civil, consacre le droit du preneur ainsi expulsé à une indemnité pour les impenses extraordinaires qu'il a pu faire. M. Clément a fait observer, avec raison, que, pour l'évaluation de cette indemnité, il eût été impossible de reproduire la règle de l'art. 1746 c. civ., aux termes duquel l'indemnité due au fermier expulsé par l'acquéreur, quand elle n'a pas été réglée par la convention, est du tiers du prix du bail, pour tout le temps qui reste à courir. Le colon, en effet, d'une part, ne paye pas de prix, et, d'autre part, n'est astreint, ni aux mêmes avances, ni aux mêmes risques que le fermier. Il fallait donc recourir, dans tous les cas, à une évaluation. Cette évaluation aura pour base, non pas le coût des impenses extraordinaires du colon, mais le profit qu'il aurait pu en tirer pendant la durée fixée pour le bail. (Rapport de M. Clément, Annexe au procès-verbal de la séance du 7 mai 1880, p. 24-26.) — Aux termes du même article 7, le droit à une indemnité, évaluée sur les mêmes bases, appartient également aux héritiers du preneur dans le cas de l'art. 6, § 2.

24. Les art. 1774 et 1776 du code civil, relatifs à la durée des baux faits sans écrit et des tacites reconductions, sont aujourd'hui inapplicables au bail à colonat partiaire, ainsi qu'il résulte des travaux préparatoires et de la suppression, dans l'art. 13 de la loi, du renvoi à ces articles qui s'y trouvait formulé dans le projet, primitivement voté par le Sénat. Il résulte, notamment, de cette suppression qu'en cas de bail sans écrit ayant pour objet la culture d'un fonds soumis à la pratique des assolements, la résiliation du bail ne sera plus subordonnée à l'expiration de la période d'assolement en cours (V. sur ce point, Rapport de M. Peaudecerf au Sénat, annexe au procès-verbal de la séance du 28 juin 1889, p. 7-8). — On a vu *suprà* (v° *Bail à cheptel*, n° 8) que cette suppression a eu pour conséquence nécessaire la modification de l'art. 1815 c. civ. pour le cas spécial où un bail à cheptel se trouverait conclu accessoirement à un contrat de colonage partiaire.

Table sommaire

des matières contenues dans le Supplément et le Répertoire.

(Les chiffres précédés de la lettre *S* renvoient au Supplément; les chiffres précédés de la lettre *R* renvoient au Répertoire.)

Table des articles de la loi du 18 juillet 1889.

Table chronologique des Lois, Arrêts, etc.

LOUAGE A COMPLANT ET A CHAMPART.

On a examiné au *Rép.* nos 4 et 5, la question de savoir si le bail à complant est ou non translatif de propriété. La question, comme on l'a vu, ne paraît pas susceptible d'être résolue d'une façon générale; la solution dépend, dans chaque cas particulier, des clauses du contrat ou de l'usage des lieux. Toutefois, un jugement (Trib. Fontenay-le-Comte, aff. Des Nouhes, 9 mars 1866), déjà cité *suprà*, vo *Compétence civile des juges de paix*, no 42) se prononce en principe, et dans des termes absolus, sur la nature du droit que confère au preneur le bail à complant : « Le complant, dit ce jugement, est un contrat *sui generis*, qui n'a de commun avec le bail à ferme que le nom, il en diffère complètement sur des points essentiels et fondamentaux, notamment : 1o en ce que sa durée est illimitée; 2o en ce qu'il ne confère au bailleur aucune action personnelle contre le complanteur, qui n'est tenu que comme détenteur du terrain complanté, et qui peut toujours, à son gré, sans le consentement du bailleur, s'exonérer de la redevance en cédant le terrain à titre onéreux ou gratuit; 3o en ce qu'en fait, sinon en droit, le complant est aux mains du complanteur susceptible d'être hypothéqué ou saisi immobilièrement, et qu'il paye comme immeuble les droits de mutation. Le complant, même considéré comme non translatif de propriété, constitue donc une sorte de copropriété et, en tout cas, il offre tous les caractères d'un droit réel reposant sur un immeuble ». — V. au contraire, dans le sens de la rétention par le bailleur du droit de propriété : Hérold, *Revue pratique*, t. 3, p. 364. V. au surplus sur le bail à complant et le champart, *infrà*, vo *Propriété féodale ; — Rép.* eod. vo nos 200 et suiv., 226 et suiv.

LOUAGE ADMINISTRATIF.

Division

§ 1. — Baux des biens appartenant à l'Etat (no 1).
§ 2. — Baux des biens des communes et des départements (no 6).
§ 3. — Baux des biens des établissements publics (no 9).

---

§ 1er. — Baux des biens appartenant à l'Etat (*Rép.* nos 2 à 21).

1. La jurisprudence a constamment consacré ce principe, énoncé au *Rép.* no 16, que l'interprétation des baux administratifs des biens de l'État, aussi bien que leur application et leur exécution, est de la compétence de l'autorité judiciaire. Les difficultés auxquelles peut donner lieu cette interprétation ne sont de la compétence de l'autorité administrative que dans le cas où la connaissance lui en a été réservée par une loi spéciale (Cons. d'Et. 12 mai 1853, aff. Bérenguier, D. P. 54. 3. 66). Spécialement, c'est aux tribunaux civils qu'il appartient d'interpréter, en cas de contestation, les baux à ferme du droit d'écorçage des chênes-lièges, dans les forêts domaniales, et à décider, par exemple, si certains arbres sont ou non compris dans le traité passé avec l'Administration (Même arrêt).

2. Il a été décidé, dans le même sens, qu'il appartient à l'autorité judiciaire : 1o de connaître des contestations qui s'élèvent entre l'Etat et le fermier d'une île située dans une rivière navigable au sujet du sens et de la portée des clauses du bail (Cons. d'Et. 14 août 1865, aff. Dubourg, D. P. 68. 3. 54); — 2o De statuer sur les difficultés auxquelles peut donner lieu (notamment en Algérie) l'exécution des baux passés pour la location des biens dépendant du domaine de l'Etat, et spécialement pour la location des droits de pêche et de chasse dans les biens domaniaux (Cons. d'Et. 19 févr. 1868, aff. Portalupi, D. P. 69. 3. 1. V. conf. Serrigny, *Traité de l'organisation et de la compétence administrative*, 2e éd., t. 2, no 1083; Batbie, *Droit public et administratif*, t. 7, p. 444). Il importe peu que le bail ait stipulé que les contestations seraient jugées administrativement, les conventions des parties ne pouvant déroger à l'ordre des juridictions (Mêmes arrêts. V. conf. Dufour, *Droit administratif*, 2e éd., t. 3, no 12 et t. 5, no 92 et *suprà*, vo *Compétence administrative*, no 240).

3. L'acte par lequel le ministre des finances proroge amiablement, au profit du fermier alors en jouissance, le bail de la pêche d'un lac appartenant à l'État constitue un contrat de droit civil, et, dès lors, il n'appartient qu'à l'autorité judiciaire de prononcer sur les droits que cet acte a pu conférer audit fermier (Cons. d'Et. 12 janv. 1870, aff. Morel, D. P. 70. 3. 58). En conséquence, un tiers n'est pas recevable à attaquer devant le conseil d'Etat, par la voie du recours pour excès de pouvoirs, la décision par laquelle le ministre a refusé de mettre en adjudication le bail de la pêche de ce lac (Même arrêt).

4. Les tribunaux civils sont également compétents pour connaître d'une demande en résiliation formée contre l'Etat par le fermier de la pêche dans un cours d'eau navigable ou flottable (Trib. confl. 11 déc. 1875, aff. Maisonnabe, D. P. 76. 3. 39) ou par l'adjudicataire du droit de chasse dans une forêt domaniale (Cons. d'Et. 29 nov. 1884, aff. Jacquinot, D. P. 85. 3. 50). Il leur appartient aussi, en vertu du même principe, de statuer sur une demande en indemnité formée contre le ministre des travaux publics par l'adjudicataire d'un droit de pêche, à raison du préjudice que lui auraient causé, pendant le siège de Paris, un arrêté du ministre du commerce portant réquisition du poisson se trouvant dans son cantonnement, et la liberté absolue laissée à la pêche à partir de cet arrêté (Cons. d'Et. 29 mai 1874, aff. Duval, D. P. 75. 3. 47. V. *suprà*, vo *Compétence administrative*, no 240).

5. On a dit au *Rép.* no 18, que, par dérogation à la règle qui vient d'être énoncée, le conseil de préfecture est compétent pour connaître des questions relatives à la résiliation des baux des eaux minérales appartenant à l'Etat. Les applications de ce principe ont été exposées précédemment (V. *suprà*, vo *Eaux minérales et thermales*, no 88).

§ 2. — Baux des biens des communes et des départements (*Rép.* nos 22 à 24).

6. Conformément à l'ordre adopté au *Rép.* no 22, les questions relatives aux *baux des communes* ont été traitées vo *Commune*, nos 1234, et suiv. On exposera vo *Octroi*, les dispositions spécialement applicables aux contestations qui s'élèvent entre les communes et les fermiers des octrois sur le sens des baux.

7. L'art. 7 de la loi du 28 juill. 1860 (D. P. 60. 4. 114), relative à la mise en valeur des marais et des terres incultes appartenant aux communes, porte que, dans le cas de refus ou d'abstention d'un conseil municipal mis en demeure de mettre en valeur des marais ou terres incultes appartenant à la commune, un décret rendu en conseil d'État pourra ordonner que ces marais ou terrains seront affermés. Dans ce cas, la location sera faite aux enchères, à la charge par l'adjudicataire d'opérer la mise en valeur desdits marais ou terrains : la durée du bail ne pourra excéder vingt-sept ans.

8. L'art. 46 de la loi du 10 août 1871 (D. P. 71. 1. 107) donne au conseil général le droit de statuer définitivement sur les baux des biens donnés ou pris à ferme ou à loyer par le département, quelle qu'en soit la durée.

§ 3. — Baux des biens des établissements publics (*Rép.* nos 25 à 43).

9. Sur le point de savoir quels sont les établissements compris sous la dénomination d'*établissements publics*, V. *suprà*, v° *Etablissement public*, n° 2.

10. On a rapporté au *Rép.* n° 25 les dispositions légales relatives aux baux des biens des hospices. L'art. 8 de la loi du 7 août 1851 (D. P. 51. 4. 154) donne aux commissions des hospices le pouvoir de régler par leurs délibérations les conditions des baux et fermes de ces biens, lorsque leur durée n'excède pas dix-huit ans pour les biens ruraux et neuf pour les autres. Toute délibération prise sur cet objet est exécutoire, si elle n'a pas été annulée par le préfet, trente jours après la notification officielle. Il a été décidé, par application de cette disposition, que la location du droit de chasse sur les biens d'un hospice est parfaite non pas seulement à dater de la signature du bail, mais bien dès que les propositions du locataire ont été acceptées par la commission administrative de l'hospice, qui a capacité pour régler les conditions des baux et dont les délibérations sont immédiatement exécutoires, sous la réserve du droit qui appartient au préfet d'annuler la délibération dans le délai de trente jours (Rouen, 22 févr. 1878, aff. F..., D. P. 80. 2. 164).

11. Il ne semble pas, toutefois, que l'art. 8 de la loi du 7 août 1851 ait porté atteinte à la prescription de l'art. 1er du décret du 12 août 1807 qui exige, comme on l'a vu (*Rép.* n° 26), que les baux à ferme des biens des hospices soient faits aux enchères. Mais il est admis par la jurisprudence que ce dernier article n'a d'autre but que d'établir des garanties dans l'intérêt des hospices, et que, dès lors, un particulier n'est pas recevable à déférer au conseil d'État, pour excès de pouvoirs, l'arrêté par lequel un préfet a approuvé un bail fait à l'amiable par la commission administrative (Cons. d'Ét. 14 juill. 1876, aff. Dumortier, D. P. 76. 3. 100).

Table sommaire

des matières contenues dans le Supplément et le Répertoire.

(Les chiffres précédés de la lettre *S* renvoient au Supplément ; les chiffres précédés de la lettre *R* renvoient au Répertoire.)

Table chronologique des Lois, Arrêts, etc.

LOUAGE A DOMAINE CONGÉABLE.

1. Le bail à domaine congéable, toujours usité dans certaines parties de l'ancienne Bretagne, est, ainsi qu'on l'a dit au *Rép.* n° 1, la concession d'un fonds pour un temps déterminé, moyennant une redevance annuelle et avec faculté pour le bailleur de congédier, en payant au preneur la valeur des édifices et superfices. Le bailleur conserve donc la propriété du fonds, tandis que le preneur a, sur les édifices et superfices, un droit de propriété résoluble. On s'accorde à reconnaître dans la doctrine, qu'ainsi analysé, ce contrat, bien que n'étant pas expressément visé par le code civil, n'a rien d'inconciliable avec les principes de notre droit. C'est un contrat mélangé de louage et de vente, et où le louage domine (V. Colmet de Santerre, *Cours analytique*, t. 2, n° 378 *bis*, VII ; Guillouard, *Traité du contrat de louage*, t. 2, n° 638. V. aussi : Rapport de M. de Carné à la société d'Economie sociale, séance du 25 mai 1887, *Réforme sociale*, 1887, p. 433 et suiv.).

2. Conformément à la jurisprudence rapportée au *Rép.* n° 5, il a été de nouveau jugé que les preneurs ou domaniers à bail congéable, qui s'étaient rachetés du congément en vertu de la loi du 27 août 1792, étaient demeurés, depuis la loi du 9 brum. an 6, abrogative de la précédente, propriétaires incommutables du domaine (Civ. cass. 24 janv. 1840, aff. Lecloarec et aff. Le Bellec, D. P. 49. 1. 75 ; 1er juin 1853, aff. Piclet, D. P. 53. 1. 192; 5 juill. 1853, aff. Quemeneur, D. P. 53. 1. 294).

3. Sur la forme et les conditions du bail à domaine congéable, V. *Rép.* nos 9 et suiv.

4. Ainsi qu'on l'a vu au *Rép.* n° 14, les héritiers du domaine qui ont partagé entre eux les édifices et superficies, sont obligés solidairement au payement des redevances. De même, lorsque la tenure a été consentie à plusieurs colons, le bailleur a contre eux une action solidaire (Aulanier, *Traité du domaine congéable*, n° 84 ; Baudoin, *Institutions convenancières*, n° 61 ; de Villeneuve, *Du domaine congéable*, 1883, n° 98. — Jugé, à cet égard, que l'obligation qui pèse sur plusieurs colons auxquels une tenure a été concédée indivisément à titre de bail à domaine congéable, de fournir la déclaration convenancière relative à la convenance dont ils sont débiteurs solidaires, est tout à la fois solidaire et indivisible, et conserve ce double caractère encore que la tenue ait été divisée entre ces colons ou leur acquéreurs (Civ. rej. 30 août 1852, aff. Descoquets, D. P. 52. 1. 276). Mais aux termes d'un autre arrêt, le jugement passé en force de chose jugée, qui déclare que les tenanciers à domaine congéable sont restés vis-à-vis du propriétaire foncier dans les liens de la tenure convenancière dont ils prétendaient être affranchis par suite de rachat, ne peut être opposé à leurs cotenanciers non parties à ce jugement, et rendre ces derniers non recevables à soutenir qu'ils sont devenus propriétaires incommutables, en vertu du même rachat, l'indivisibilité de la tenure entre les tenanciers devant rester sans effet à l'encontre des détenteurs, qui allèguent précisément qu'à l'époque du jugement ils n'étaient plus tenanciers (Civ. cass. 5 juill. 1853, aff. Quemeneur, D. P. 53. 1. 294, cité *suprà*, n° 2).

5. Relativement aux droits du bailleur ou du propriétaire foncier, on a vu au *Rép.* nos 18 et 20, qu'en premier lieu il conserve le droit à la jouissance des bois dits *fonciers*, et qu'en second lieu il peut renvoyer le colon ou le domanier, à l'expiration du temps fixé, au moyen du *congément* ou congé. — Au sujet de ce dernier droit, la cour de cassation a décidé que la faculté de congément n'est point de l'essence du bail à domaine congéable, l'ancien droit ayant toujours admis la renonciation à cette faculté, et l'art. 13 du décret du 7 juin 1791 ayant formellement autorisé les parties à faire à l'avenir des concessions de bail à domaine congéable sous telles conditions qu'elles jugeraient à propos, notamment sur la durée desdits baux (Req. 5 mars 1851, D. P. 51. 1. 86; V. aussi, en ce sens, Guillouard, t. 2, n° 650. — *Contrà :* de Villeneuve, *op. cit.*, nos 52 et suiv. ; R. Le Cerf, *Etude sur le domaine congéable*, 1872, p. 24). V. au surplus, sur l'époque à laquelle peut être donné le congément et sur le mode d'exercice de ce droit, *Rép.* nos 23 et suiv.

6. L'effet du bail à domaine congéable étant de transférer au preneur ou domanier la propriété des édifices et superficies, il en résulte qu'il a le droit de les aliéner, et qu'il peut également les hypothéquer, puisqu'ils sont, aux termes de l'art. 9 du décret du 7 juin 1791, considérés comme immeubles vis-à-vis de tout le monde, sauf du propriétaire foncier. Seulement, l'aliénation ou l'hypothèque seront résolues si le propriétaire use de la faculté de congément (V. Paul Pont, *Des privilèges et hypothèques*, t. 1, n° 392; Guillouard, t. 2, n° 664; de Villeneuve, *op. cit.*, nos 204 et 257; Le Cerf, *op. cit.*, p. 43 et 162).

7. On a vu au *Rép.* n° 19, que le droit du domanier de faire sur le fonds des améliorations doit être limité à celles qui ne rendraient pas l'exercice du droit de congément trop onéreux pour le propriétaire foncier. Cette restriction est généralement admise dans la doctrine (V. Guillouard, t. 2, n° 695; Le Cerf, *op. cit.*, p. 210 et suiv.).

8. Une question discutée, au contraire, est celle de savoir si le domanier peut défricher des landes ou des bois et dessécher des marais. Parmi les auteurs qui ont traité spécialement cette question, les uns lui accordent ce droit sans distinction, par ce motif que l'origine du domaine congéable montre précisément dans ce contrat un moyen, pour le propriétaire du sol, de faire mettre en valeur des terres incultes, à l'aide d'avances que le preneur fera à sa place (Baudouin, *Institutions convenancières*, t. 1, n° 308; Aulanier, *Traité du domaine congéable*, n° 321; Guillouard, t. 2, n° 666). D'autres, se prévalant des variations que présentaient les anciens usages ou usements de la Bretagne sur ce point, estiment que ce droit doit être accordé ou refusé au domanier suivant que l'on se trouve dans le ressort de l'un ou de l'autre des usements anciens (En ce sens, Le Cerf, *op. cit.*, p. 221 et suiv. ; de Villeneuve, *op. cit.*, n° 161). — Il a été jugé que, dans le ressort de l'ancien usement de Rohan, les frais de premier défrichement des terres labourables et des prairies ne sont pas compris parmi les améliorations dont la valeur doit être remboursée au domanier, lors du congément (Req. 7 mai 1851, aff. de Coetmeur, D. P. 51. 1. 276).

9. On a vu au *Rép.* n° 28, que, contrairement à la règle suivie par l'ancien droit, l'art. 11 du décret du 7 juin 1791 a donné au domanier le droit de se retirer à la fin du bail en demandant le remboursement des édifices et superfices, droit qui est comme la contre-partie de celui du propriétaire d'exercer le congément. — A ce sujet, s'est posée la question de savoir si le domanier pouvait renoncer à tout jamais, pour l'avenir, à cette faculté de demander le remboursement. La cour de Rennes, dans un arrêt du 10 août 1835, rapporté au *Rép.* n° 33, s'est prononcée dans le sens de l'affirmative, et telle est également l'opinion de M. Guillouard, t. 2, n° 669 (V. aussi en ce sens : Le Cerf, *op. cit.*, p. 243; de Villeneuve, p. 361). Suivant une deuxième opinion, une telle renonciation est nulle, comme contraire aux principes du droit commun, en ce qu'elle met le colon dans une position servile vis-à-vis du propriétaire foncier, et crée une prééminence du fonds sur les édifices (Carré, *Traité du domaine congéable*, p. 188 et suiv.). Enfin, Aulanier, *op. cit.*, n° 358, admet un système intermédiaire : à son avis, la renonciation indéfinie au droit de demander le remboursement est contraire à l'esprit de la loi ; mais la renonciation serait valable si elle était temporaire ; l'effet de cette renonciation doit être limité à trente ans.

10. On a vu au *Rép.* n° 34, que la tacite reconduction a lieu en matière de bail à domaine congéable, et que, dans ce cas, le nouveau bail est réputé continuer pour deux ou trois années, suivant les usages du pays. A ce sujet, s'est posée récemment, devant la jurisprudence, la question de savoir si les commissions qui sont souvent stipulées du domanier, en sus de la rente convenancière, dans la baillée expirée, sont dues à nouveau au cas de renouvellement du bail par l'effet de la tacite reconduction. La cour de Rennes a décidé (21 nov. 1889, aff. Clech, D. P. 90. 2. 120) que, si la commission représente, jusqu'à un certain point, le prix donné par le colon pour obtenir l'assurance de n'être point congédié pendant une période déterminée, elle a également le caractère d'un supplément de la rente convenancière, ayant trait à la jouissance elle-même, et qu'en conséquence, en cas de tacite reconduction, la commission qui avait été stipulée dans la baillée expirée est due par le domanier proportionnellement à la durée de la reconduction.

Table sommaire

des matières contenues dans le Supplément et le Répertoire.

(Les chiffres précédés de la lettre *S* renvoient au Supplément; les chiffres précédés de la lettre *R* renvoient au Répertoire.)

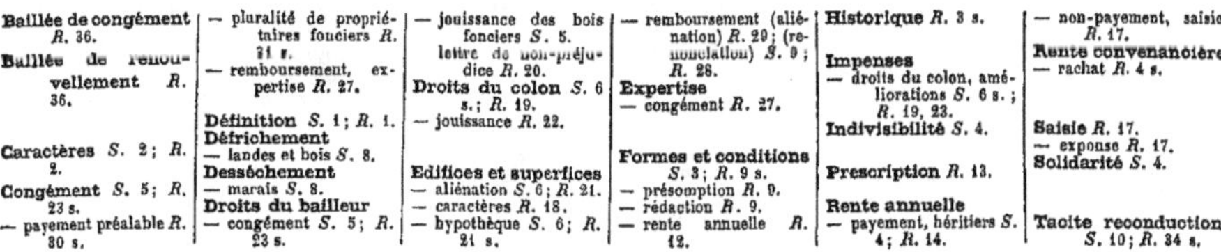

Table chronologique des Lois, Arrêts, etc.

LOUAGE A LOCATAIRIE PERPÉTUELLE.

1. Ainsi qu'on l'a exposé au *Rép.* n° 3, l'ancien bail à locatairie perpétuelle a été déclaré rachetable par les lois de la période intermédiaire, et, sous l'empire du code civil, il doit être considéré, ainsi que tous les baux perpétuels, comme une constitution de rente foncière, rachetable aux termes de l'art. 530 (Aubry et Rau, *Droit civil français*, t. 2, § 224; Guillouard, *Traité du contrat de louage*, t. 1, n° 36; Colmet de Santerre, *Cours analytique*, t. 2, n° 378 *bis*, IV).

2. On doit d'ailleurs, dans le silence de la loi sur les règles spéciales qui régissent cette sorte de contrat, lui appliquer les dispositions du code civil qui ne sont pas incompatibles avec son caractère.

Par application de ce principe, il a été jugé que, conformément à l'art. 1184 c. civ., le simple retard dans le payement des arrérages de la rente foncière due par le locataire n'emporte pas de plein droit, contre celui-ci, la résolution du contrat, et que les juges peuvent lui accorder un délai, alors surtout que la condition résolutoire n'a pas été formellement stipulée dans l'acte (Nîmes, 25 mai 1852, aff. Rousseau, D. P. 55. 2. 262); mais que, d'autre part, la déconfiture du preneur n'autorise pas le bailleur à faire prononcer la déchéance du terme conformément aux articles 1188 et 1913 c. civ., le propre du bail à locatairie perpétuelle étant de n'avoir aucun terme pour l'exigibilité du capital (Même arrêt).

Jugé, également, que le droit de mouture stipulé au profit du bailleur, dans un contrat de locatairie perpétuelle antérieur à 1789, constitue, non pas un droit réel temporaire analogue à ceux d'usufruit ou d'usage, mais un simple droit de créance qui, à ce titre, se transmet activement et passivement aux héritiers des parties; qu'une pareille redevance n'ayant rien de contraire aux lois actuelles, les héritiers du preneur peuvent être contraints de la servir sous peine de dommages-intérêts (Agen, 24 mai 1876, aff. Bessières, D. P. 79. 5. 265).

Table sommaire

des matières contenues dans le Supplément et le Répertoire.

(Les chiffres précédés de la lettre *S* renvoient au Supplément; les chiffres précédés de la lettre *R* renvoient au Répertoire.)

Table chronologique des Lois, Arrêts, etc.

LOUAGE A NOURRITURE DE PERSONNES. — Sur les différences qui existent entre ce contrat et le contrat de rente viagère, V. *infrà*, v° *Rente viagère*; — *Rép.* eod. v°, n° 7.

LOUAGE D'OUVRAGE ET D'INDUSTRIE.

Division.

SECT. 1re. — HISTORIQUE ET LÉGISLATION. — LÉGISLATION COMPARÉE.

1. — I. HISTORIQUE ET LÉGISLATION. — Indépendamment des dispositions législatives réglant les rapports spéciaux entre patrons et ouvriers, dispositions dont l'étude trouvera sa place *infrà*, v° *Travail*, la matière du louage d'ouvrage et d'industrie a été modifiée, depuis la publication du *Répertoire*, par la loi du 27 déc. 1890 (D. P. 91. 4. 33), *sur le contrat de louage et les rapports des agents des chemins de fer avec les compagnies*, qui complète l'art. 1780 c. civ., en réglant la question des dommages-intérêts en cas de cessation du contrat de louage de service fait sans détermination de durée (1). Outre cette loi importante, il y a lieu de signaler encore la loi du 2 août 1868 (D. P. 68. 4. 119), qui a abrogé l'art. 1781 c. civ.; puis l'art. 15 de la loi du 9 juill. 1889 (D. P. 90. 4. 20) qui règle, dans le silence de la convention, la durée du louage des domestiques et ouvriers ruraux.

En dehors de ces dispositions législatives, notre matière reste régie par les textes, insuffisants à beaucoup d'égards, du liv. 3, tit. 8, c. civ. (V. notamment à ce sujet : *Le code civil et la question ouvrière*, par M. Glasson).

2. — II. LÉGISLATION COMPARÉE. — La plupart des législations étrangères renferment, à la différence de notre code civil, des dispositions assez étendues sur la matière du louage de services, et cela indépendamment des lois nombreuses qui ont réglé plus spécialement les rapports multiples résultant du contrat du louage entre patrons et ouvriers, et dont on trouvera également l'analyse *infrà*, v° *Travail*.

3. — 1° *Allemagne*. — Presque toutes les législations d'Allemagne contiennent, sur le louage de services, des dispositions beaucoup plus détaillées que notre code civil. Voici, à cet égard, les principes généralement admis dans le droit allemand : l'étendue des services dus par le domestique est délimitée, tantôt par une convention expresse, tantôt par l'usage des lieux. Il est généralement admis que le domestique doit ses services non seulement au maître et à sa famille, mais encore à leurs hôtes de passage dans la maison. En cas de maladie ordinaire, la règle est que le

---

(1) **27-28 déc. 1890.** — *Loi sur le contrat de louage et sur les rapports des agents de chemins de fer avec les compagnies* (*Journ. off.* du 28 déc. 1890).

Art. 1er. L'art. 1780 c. civ. est complété comme il suit :

« Le louage de service, fait sans détermination de durée, peut toujours cesser par la volonté d'une des parties contractantes. Néanmoins la résiliation du contrat par la volonté d'un seul des contractants peut donner lieu à des dommages-intérêts.

« Pour la fixation de l'indemnité à allouer, le cas échéant, il est tenu compte des usages, de la nature des services engagés, du temps écoulé, des retenues opérées et des versements effectués en vue d'une pension de retraite, et, en général, de toutes les circonstances qui peuvent justifier l'existence et déterminer l'étendue du préjudice causé.

« Les parties ne peuvent renoncer à l'avance au droit éventuel de demander des dommages-intérêts en vertu des dispositions ci-dessus.

« Les contestations auxquelles pourra donner lieu l'application

maître fasse donner à son domestique les soins nécessaires, soit dans sa maison, soit dans un établissement hospitalier. Il est de principe, comme dans la législation française, que les domestiques et ouvriers ne peuvent engager leurs services qu'à temps ou pour une entreprise déterminée. La règle que consacrait l'art. 1781 du code civil français, abrogé par la loi du 10 août 1868, n'existe pas dans les législations allemandes. — Quant au louage d'ouvrage par suite de devis ou marchés, il est soumis en Allemagne à des règles identiques à celles que pose notre code civil (V. au surplus, sur tous ces points, Lehr, *Eléments de droit civil germanique*, p. 210 et suiv.).

4. — 2° *Angleterre*. — Les contrats de louage de services doivent, aux termes du *Statute of frauds* § 4 (St. 29, Car. II, c. 3) être rédigés par écrit, lorsqu'ils sont conclus pour plus d'une année; si cette prescription n'a pas été observée, le contrat est nul, et non pas seulement réductible à la durée d'un an. Lorsque l'engagement de services est contracté pour une durée indéfinie, un écrit n'est pas nécessaire; dans ce cas, congé peut être donné de part et d'autre, à toute époque et sans indemnité, à la charge d'observer les délais d'usage; le délai est d'un mois pour le congé donné à un domestique. Si ce délai n'est pas observé, le maître est tenu de payer au domestique un mois de gages en sus, plus une indemnité d'entretien pendant le même temps. Le domestique peut, d'ailleurs, être congédié dans ces conditions, même s'il est engagé à l'année. Toutefois, pour les serviteurs ruraux, la location à l'année ne peut être résiliée avant l'expiration de ce terme; à moins d'inconduite, elle ne prend fin qu'au bout de l'année, moyennant un avertissement conforme à l'usage local. Dans le cas d'engagement pour un temps déterminé, l'avertissement préalable n'est plus nécessaire pour mettre fin au contrat à l'expiration du terme convenu. Mais si, ce terme expiré, le domestique continue ses services sans opposition de la part du maître, il se forme, par tacite reconduction, un nouvel engagement dont la durée est réputée fixée à une année, lorsque l'engagement précédent dépassait ce terme, et est limitée à celle du précédent, lorsque celui-ci ne dépassait pas un an. Le serviteur est délié de son engagement par la mort du maître; mais s'il use de son droit de se retirer, il ne peut réclamer aucune indemnité à raison du nombre de jours qui restaient à courir. Lorsque c'est, au contraire, le domestique qui meurt, la jurisprudence anglaise admet, pour ce cas, une solution rigoureuse, en refusant aux héritiers du domestique, lorsque les gages de ce dernier étaient payables à la fin de l'année et qu'il est décédé au cours de l'année, le droit de réclamer la portion de gages afférente au temps pendant lequel a duré son service.

L'action en payement de gages arriérés se prescrit par six ans à partir de l'échéance. La jurisprudence admet que, lorsqu'une personne est au service d'un de ses proches parents, elle n'a, en général, d'action pour le payement de ses gages que si elle peut produire un contrat exprès; on présume, au cas contraire, que cette personne a entendu engager ses services gratuitement et par charité. A raison de l'intérêt qu'a le maître à ne pas être privé des services de son domestique, on lui reconnaît qualité pour prendre les fait et cause de ce dernier et l'assister dans toute action en justice contre un tiers. Si, d'autre part, un tiers engage ou retient le serviteur d'autrui, le maître ainsi abandonné peut poursuivre en dommages-intérêts le domestique et son nouveau maître, à moins que ce dernier ne prouve sa bonne foi.

5. — 3° *Autriche*. — Le code civil autrichien traite, dans ses art. 1151 à 1163, des contrats de louage de services à titre onéreux. Il contient, notamment, au sujet du salaire qui, d'après l'art. 1151, est un des éléments essentiels du contrat, les dispositions suivantes : Toute personne qui commande un travail ou un ouvrage est présumée avoir consenti à un salaire proportionné. Lorsque le salaire n'a été fixé ni par la convention ni par une loi, il est déterminé par le juge. Il peut y avoir lieu à une réduction proportionnelle du salaire lorsque l'ouvrage commandé ne répond pas aux conditions stipulées. — En général, le salaire n'est dû qu'après l'achèvement de l'ouvrage; mais, si le travail est exécuté suivant certaines divisions du temps ou de l'ouvrage, ou s'il exige des avances dont celui qui a reçu la commande ne se soit pas chargé, ce dernier est en droit de demander, avant que l'ouvrage ait été achevé ou le travail entièrement accompli, une part du salaire proportionnée aux services ou à l'ouvrage, ainsi que le remboursement des avances faites (art. 1152, 1153, 1156). — Sur la question des risques, l'art. 1157 décide que, lorsque la matière préparée pour la confection d'un ouvrage, ou l'ouvrage lui-même, a péri par pur accident, en partie ou en totalité, c'est le propriétaire de la matière ou de l'ouvrage qui supporte le dommage. Mais, si l'auteur de la commande a fourni une matière évidemment impropre à un emploi convenable, l'ouvrier est responsable du dommage, quand il n'en a pas prévenu l'auteur de la commande, et que l'ouvrage se trouve manqué par cette cause. — D'après l'art. 1160, les ouvriers qui ont été engagés pour un temps déterminé ou jusqu'à l'achèvement d'un ouvrage déterminé, ne peuvent, sans motif légitime, ni abandonner l'ouvrage, ni être congédiés avant le temps fixé ou avant l'achèvement de l'ouvrage,

6. — 4° *Espagne*. — Le code civil de 1888 contient dans ses art. 1583 et suiv., relativement au louage des domestiques et ouvriers et au contrat de devis ou marchés, des dispositions assez semblables à celles de notre code civil. L'art. 1584 reproduit même la disposition de notre art. 1781, abrogé aujourd'hui par la loi du 2 août 1868.

7. — 5° *Italie*. — Le code civil de 1865 reproduit, à peu près textuellement, dans ses art. 1627 à 1646 (liv. 3, tit. 9), les dispositions de notre code civil sur le louage d'ouvrage et d'industrie. La disposition de l'art. 1781, d'après lequel le maître était cru sur son affirmation pour la quotité des gages, pour le payement du salaire de l'année échue etc., abrogée chez nous par la loi du 2 août 1868, ne se retrouve pas dans le code italien. — Il y a lieu de signaler, relativement à la responsabilité décennale des architectes et entrepreneurs, la disposition particulière de l'art. 1639, § 2, aux termes duquel l'action en indemnité pour un vice de construction qui s'est manifesté dans les dix ans de l'achèvement de l'ouvrage, doit être intentée dans les deux ans du jour où s'est réalisé le vice.

8. — 6° *Russie*. — La loi russe (Code civil, édit. de 1887, V. Ernest Lehr, *Eléments de droit civil russe*, 1890, t. 2, p. 268 et suiv.) contient, sur le louage de services en général, et spécialement sur le louage des domestiques et ouvriers, des dispositions fort étendues, dont nous signalons ici les plus importantes : Les enfants mineurs et les femmes mariées ne peuvent être donnés en louage par leurs parents ou maris qu'avec leur propre consentement, sauf le droit pour les parents de mettre leurs enfants en apprentissage pour un temps déterminé. La durée du contrat est fixée par les parties d'un commun accord, mais on ne peut engager ses services pour plus de cinq ans. Cette dernière règle n'est appliquée par la jurisprudence qu'aux personnes de classe inférieure, telles que domestiques et ouvriers, qu'on ne juge pas capables, comme celles d'une classe plus relevée, de garantir par elles-mêmes leur indépendance personnelle. — Le contrat de louage de services doit, en principe, être consigné par écrit, mais le louage des domestiques et ouvriers peut avoir lieu verbalement. — Le maître est tenu de traiter avec justice et douceur ses serviteurs et ouvriers, de n'exiger d'eux que le travail convenu, de les payer exactement, et de les entretenir convenablement dans les cas où il y est obligé. De leur côté, ces derniers sont tenus à la fidélité et au respect, tant envers le maître lui-même qu'envers sa famille; il leur est défendu d'accepter ou d'exécuter, à l'insu du maître, du travail pour autrui. Le maître ne répond des offenses ou dommages dont son serviteur est l'auteur, qu'autant que le mal résulte de ses ordres; au cas contraire, le serviteur peut seul être recherché. — Il est interdit à celui qui a engagé ses services de quitter le maître avant l'époque convenue, et au maître de le renvoyer avant la même époque.

des paragraphes précédents, lorsqu'elles seront portées devant les tribunaux civils et devant les cours d'appel, seront instruites comme affaires sommaires et jugées d'urgence ».

2. Dans le délai d'une année, les compagnies et administrations de chemins de fer devront soumettre à l'homologation ministérielle les statuts et règlements de leurs caisses de retraites et de secours.

Le maître qui, sans motif légal, alors même que le serviteur lui serait devenu inutile, le congédie avant le terme fixé, lui doit ses gages jusqu'à l'arrivée de ce terme. — Le louage de services des employés de commerce est spécialement régi par les art. 3 à 38 c. com., qui contiennent à cet égard des dispositions très intéressantes, dont on trouvera l'exposé dans l'ouvrage précité de M. Lehr, p. 282 et suiv. — Le code civil russe consacre un chapitre au contrat qu'il dénomme : *contrat de livraisons et fournitures* ou *contrat d'entreprise*, et qui correspond à notre contrat de devis et marchés (V. également sur ce point, E. Lehr, *op. cit.* p. 287 et suiv.).

9. — 7° *Suisse*. — Le code fédéral des obligations, de 1881, consacre deux titres entiers, les titres 11 et 12, au louage de services et au louage d'ouvrage (V. *Annuaire de législation étrangère*, 1882, p. 546 et suiv.). Le premier de ces titres, relatif au louage de services (art. 337 à 349), contient en substance les dispositions suivantes: Le louage de services est un contrat par lequel l'une des parties s'oblige envers l'autre à certains services personnels, moyennant une rémunération. Cette définition s'applique non seulement aux engagements des domestiques, ouvriers ou employés, mais encore aux travaux qui supposent des connaissances professionnelles, des talents artistiques ou une culture scientifique, et qui s'exécutent moyennant le payement d'honoraires convenus expressément ou tacitement. Dans tous les cas, même à défaut de stipulation expresse, une rémunération est due par celui qui s'est fait promettre les services, lorsque, eu égard aux circonstances, il ne pouvait les supposer gratuits. D'ailleurs, hors les cas où la convention ou l'usage prescrit un payement anticipé, la rémunération n'est due qu'après les services rendus. Si l'engagement est à long terme, la rémunération ne cesse pas d'être due par l'effet d'un empêchement de courte durée, s'il n'est pas imputable à celui qui a promis ses services, tel que maladie, service militaire ou autre. — Si le domestique vit chez son maître et qu'il y contracte une maladie passagère et sans sa faute, le maître doit lui procurer, à ses frais, les soins et les secours médicaux nécessaires. — Quand la durée du contrat est indéterminée, chacune des parties peut renoncer au contrat en observant les délais fixés par la loi ou par l'usage; à défaut de loi ou d'usage, le contrat peut être résilié à la fin de chacun des trimestres de l'année civile, moyennant un congé donné au moins six semaines à l'avance. Quand il s'agit d'ouvriers ou de domestiques, les deux premières semaines sont considérées comme un temps d'essai. — De même que notre art. 1780, § 1er, l'art. 345 du code fédéral décide qu'on ne peut engager ses services qu'à temps. L'engagement perpétuel est résiliable en tout temps et sans indemnité, moyennant un avertissement donné six mois à l'avance. Le contrat de louage de services finit par la mort de celui qui a engagé ses services; il ne finit pas par la mort du maître, à moins que le contrat n'ait été conclu essentiellement en considération de la personne. — Le titre 12 (art. 350 et 351), relatif au louage d'ouvrage par suite de devis et marchés, contient des règles analogues à celles édictées par nos art. 1779, 1787, 1797 et 1799.

SECT. 2. — NOTIONS GÉNÉRALES (*Rép.* nos 3 à 14).

10. La définition du *louage d'ouvrage*, entendu *lato sensu*, comprend deux espèces bien distinctes : le *louage de services*, par lequel une personne met son travail au service d'une autre pour une certaine durée; le louage *d'ouvrage proprement dit*, par lequel une des parties s'engage, vis-à-vis de l'autre, à exécuter une œuvre ou une entreprise déterminée (Aubry et Rau, *Droit civil français*, t. 4, § 371 *bis*, p. 512; Colmet de Santerre, *Cours analytique*, t. 7, n° 229; Guillouard, *Traité du contrat de louage*, t. 2, n° 686).

11. Dans tout louage de services ou d'ouvrage, il faut un prix, lequel est appelé plus particulièrement *salaire* dans le louage de services, où il s'apprécie généralement d'après la durée du travail ou du service rendu, tandis qu'il mérite plus exactement sa dénomination de *prix* dans le louage où il est généralement calculé sur la valeur réelle de l'ouvrage fourni. — Ce prix ou salaire doit être, en principe, payé en argent; toutefois si, accessoirement au prix en argent, certaines prestations en nature avaient été stipulées, le contrat n'en conserverait pas moins son caractère de louage de services ou d'ouvrage. C'est ce qui a été jugé, notamment, à l'égard des gardes particuliers, qui ne cessent pas d'être soumis aux règles du contrat de louage d'ouvrage, bien qu'ils aient souvent un logement gratuit et la jouissance gratuite d'un jardin (Angers, 13 mai 1868, aff. Bertrand, D. P. 71. 2. 176). Rappelons seulement, à cet égard, qu'il est question actuellement, en France, de décider par une loi, à l'exemple de plusieurs législations étrangères, que les salaires des ouvriers ne pourront être effectués qu'en argent.

12. Le prix ou salaire doit être sérieux; mais il n'est pas cependant nécessaire qu'il soit en rapport exact avec la valeur des services rendus ou de l'ouvrage effectué. C'est ainsi qu'il a été jugé que la vileté du prix n'est pas, en matière de louage d'ouvrage, une cause de résiliation du contrat (Civ. cass. 12 déc. 1853, aff. Aron, Hesse et Mathieu, D. P. 54. 1. 20).

Les tribunaux ne pourraient, d'autre part, sans violer l'art. 1134 c. civ., annuler la convention qui a déterminé le montant du salaire, sous prétexte que le salaire convenu ne serait pas la juste rémunération du travail (Civ. cass. 20 déc. 1852, aff. Hébert, D. P. 53. 1. 95). Mais, s'il est constant que les parties ont entendu contracter un véritable louage de services ou d'ouvrage, et que néanmoins aucun salaire ou prix ne se trouve déterminé par la convention, il appartient aux juges de le fixer eux-mêmes, en tenant compte tant de la nature et de l'importance du travail fourni, que de l'usage (Lyon, 4 mai 1865, aff. Guindrand, D. P. 66. 2. 165; Dijon, 26 mars 1874, aff. Pain, D. P. 76. 2. 203).

13. Indépendamment du prix du salaire convenu, les ouvriers ou gens de travail reçoivent souvent des rémunérations supplémentaires ou *gratifications*. — Il a été jugé que la gratification, n'étant, de la part du patron envers son commis, qu'un acte de générosité ou la rémunération facultative d'un service, ne peut être réclamée devant les tribunaux, à moins qu'elle n'ait été l'objet d'une promesse antérieure (Besançon, 17 nov. 1874, aff. Perrichon, D. P. 77. 2. 198). — Il en est de même des primes qui, dans certaines circonstances, sont allouées par un patron à ses ouvriers. Décidé que lorsque l'avis réglementaire par lequel un chef d'industrie promet une prime à ceux de ses ouvriers qui auront exécuté leur travail dans certaines circonstances déterminées, ajoute que la prime demeurera toujours facultative, le patron ne peut être contraint à payer la prime qu'il refuse à un ouvrier en usant de la faculté qu'il s'est ainsi réservée, sous le prétexte, que, d'une part, l'ouvrier a effectué son travail dans les conditions prescrites, et que, d'autre part, il a toujours précédemment reçu la prime dans les mêmes conditions (Civ. cass. 15 avr. 1872, aff. Veuve Foucauld, D. P. 72. 1. 176).

14. Si, d'après la convention des parties, aucun prix ne devait être payé, le contrat serait, non un louage, mais un mandat. Mais comme, d'autre part, il n'est pas de l'essence du mandat d'être gratuit, on a agité fréquemment dans la doctrine et la jurisprudence la question de savoir à quel signe général il est possible de distinguer le louage de services ou d'ouvrage du mandat salarié. La controverse qui existait, et qui existe encore, sur ce point a été exposée au *Rép.* n° 5; mais, tandis que tout son intérêt se restreignait alors à la question, plus théorique que pratique, de la nature juridique du contrat par lequel le médecin, le professeur, l'avocat, et, en général, tous ceux qui exercent des professions dites libérales, promettent leurs services, il s'est étendu depuis à des questions plus pratiques et qui se sont présentées fréquemment devant les tribunaux. C'est ainsi que, entre l'ouvrier et le patron, il existe souvent, notamment dans les grandes compagnies industrielles ou commerciales, des agents intermédiaires, dont la qualité n'est pas encore nettement définie au point de vue qui nous occupe : tels sont les agents des compagnies d'assurances, ou encore certains employés chargés, dans les compagnies de chemins de fer, d'un rôle de surveillance administrative. Le contrat qui lie ces personnes à la compagnie qui les emploie est-il un mandat ou un louage de services? — Selon qu'on adopte l'une ou l'autre de ces solutions, on aboutit à des conséquences différentes dans la pratique. Pour n'en indiquer ici qu'une seule, la jurisprudence admet qu'en matière de louage de services la responsabilité du patron, à raison des accidents arrivés à ses ouvriers au cours de leur engagement, est régie par l'art. 1382 c. civ., et que, par suite, c'est à l'ouvrier de prouver, s'il veut obtenir une indemnité, la faute du patron; en matière de mandat, au contraire, l'art. 2000 c. civ., commande une solution contraire : du moment que l'accident est survenu à l'occasion du mandat donné, le mandant ne peut échapper au payement d'une indemnité qu'en prouvant que cet accident est dû à la négligence du mandataire. La cour de cassation, dans cette dernière hypothèse, a admis le louage de services et écarté le mandat (Civ. cass. 24 janv. 1882, aff. Choulet, D. P. 82. 1. 65).

Quant à la doctrine, elle est divisée sur la question de principe. Parmi les auteurs, les uns estiment que la différence entre le louage de services et le mandat tient uniquement à la nature des services rendus : ceux-ci sont-ils purement matériels ou mécaniques, ils sont régis par les règles du louage de services; sont-ils, au contraire, plutôt intellectuels que matériels, ils sont régis par les principes du mandat (V. en ce sens, Marcadé, *Explication du code civil*, t. 6, p. 518; Championnier et Rigaud, *Droits d'enregistrement*, t. 2, p. 426, nos 1480 et suiv.). Dans une autre opinion, qui compte aujourd'hui plus de partisans que la précédente, il y a mandat, lorsqu'une personne, chargée d'accomplir un acte pour autrui, agit au nom de cette personne et comme son représentant. C'est la représentation d'autrui qui distingue essentiellement le mandat salarié du louage de service (V. en ce sens, Aubry et Rau, t. 4, § 371, note 1, p. 512; Pont, *Petits Contrats*, t. 1er, n° 821 et suiv. ; *Principes de droit civil*, t. 27, n° 338; Guillouard, t. 2, n° 696).

On devrait logiquement conclure de ce dernier système, que l'avocat, le médecin et le professeur, qui n'ont pas qualité pour obliger leur client ou leur élève envers des tiers ni obliger les tiers envers lui, sont, non des mandataires, ainsi qu'on les qualifie dans la première opinion, mais des locateurs de services, et, d'autre part, que les agents d'assurances, chargés de représenter leur compagnie vis-à-vis des tiers, sont des mandataires et non des locateurs de services. Et cependant, cette double conséquence est repoussée par certains partisans de cette doctrine. C'est ainsi, en premier lieu, que MM. Aubry et Rau enseignent que les actes dépendant d'une profession littéraire, scientifique ou artistique ne peuvent, directement et en eux-mêmes, former l'objet d'un engagement civilement obligatoire; que, par suite, lors même qu'une rémunération serait stipulée, la promesse de pareils actes ne saurait être considérée comme un louage de services; et qu'elle ne peut non plus être considérée comme un mandat, même si elle est faite gratuitement, faute du pouvoir de représenter (*op. et loc. cit.*). C'est ainsi, en second lieu, que M. Guillouard écarte également la conséquence signalée à l'égard des agents des compagnies d'assurances, par ce motif que, bien que l'agent d'assurances soit chargé de représenter la compagnie vis-à-vis des tiers, c'est cependant le caractère de louage de services qui domine dans le contrat par lequel il est lié à la compagnie (*op. cit.*, n° 722). — On peut ajouter, en faveur de cette dernière opinion, qu'il n'y a rien d'incompatible dans la réunion sur la même tête de ces qualités de mandataire et de locateur de services, les règles du mandat pouvant être appliquées aux actes par lesquels l'agent d'assurances a contracté avec les tiers comme représentant de la compagnie, et ses rapports personnels avec cette même compagnie devant rester régis par les règles du louage de services (V. en ce sens : Colmet de Santerre, t. 8, n° 204 *bis*, XI). Il est impossible, d'ailleurs, à cet égard, de ne pas voir un véritable louage de services dans cette clause, devenue de style, du contrat intervenu entre la compagnie d'assurances et son agent, par laquelle ce dernier s'interdit la faculté de représenter d'autres compagnies pendant toute la durée du contrat, sans l'autorisation expresse de la compagnie contractante. — Remarquons enfin que, dans l'opinion contraire, on devrait certainement déclarer inapplicable aux agents d'assurances la nouvelle loi du 27 déc. 1890 (V. *suprà*, n° 1), qui complète l'art. 1780 c. civ., alors cependant que les motifs qui ont fait édicter les dispositions de faveur de cette loi, et notamment le paragraphe 4 (nullité de toute renonciation anticipée au droit de demander des dommages-intérêts en vertu des dispositions qui précèdent), s'appliquent tout aussi bien aux agents d'assurances qu'aux employés de commerce et aux commis (*Contrà* : Req. 9 juill. 1885, aff. Lexa, D. P. 86. 1. 310).

15. Le contrat de louage de services présente, parfois aussi, des analogies avec le contrat de société. C'est ainsi qu'un patron accorde parfois à des commis ou à des ouvriers une part dans les bénéfices. Il est cependant reconnu en doctrine et en jurisprudence que la participation aux bénéfices ne transforme pas en société le contrat qui lie le commis ou l'ouvrier au patron, et que celui-ci, notamment, conserve toute indépendance dans la direction des affaires, ainsi que le droit de congédiement. La seule modification apportée au contrat est relative à la forme du salaire, qui devient, dans une certaine, mesure aléatoire et variable au lieu de rester fixe. En outre, la participation aux bénéfices entraîne au profit du participant, au moins dans l'opinion dominante, un droit dont ne jouissent évidemment pas ceux qui louent leurs services moyennant un salaire fixe; celui d'obtenir la communication des livres, registres et papiers de la maison, à l'effet de vérifier l'exactitude du chiffre des bénéfices : ce droit a été maintes fois reconnu au commis intéressé d'une maison de commerce (V. Rouen, 17 févr. 1851, aff. Varquin, D. P. 54. 5. 479 ; Lyon, 12 juill. 1865, aff. Muller et Jougnet, D. P. 66. 2. 58 ; Bordeaux, 30 janv. 1872, aff. Tissendié, D. P. 73. 5. 309 ; Req. 3 janv. 1877, aff. Vagniez-Fiquet, D. P. 77. 1. 112. V. aussi Lyon-Caen et Renault, *Traité de droit commercial*, 1889. t. 1, n° 291 *bis*, p. 272). — V. au surplus, sur la nature juridique et les effets de la participation aux bénéfices : *Compte rendu des séances du congrès international de la participation aux bénéfices* (exposition de 1889), rapport de M. le conseiller Gonse.

16. Enfin on verra également (*infrà*, n° 59) que le contrat de louage d'ouvrage, lorsque l'ouvrier chargé de faire un certain travail fournit aussi la matière, présente des analogies avec la vente, qu'il constitue même, d'après la jurisprudence et la plupart des auteurs, une véritable vente.

SECT. 3. — LOUAGE DES DOMESTIQUES ET OUVRIERS (*Rép.* nos 15 à 69).

§ 1er. — Ce qu'on entend par domestique et ouvrier (*Rép.* nos 15 à 18).

17. Bien que le mot *domestique* ait, dans le langage actuel, un sens très restreint, et que le législateur n'ait sans doute pas voulu lui attribuer la signification beaucoup plus étendue qu'il avait autrefois (V. *Rép.* n° 16), il n'est pas douteux que les règles contenues dans la section 3 du titre du *Louage* ne doivent s'appliquer à diverses catégories de personnes auxquelles cette qualification n'est pas donnée habituellement, par exemple aux jardiniers, aux employés de commerce, aux précepteurs, aux artistes dramatiques, etc... (V. Guillouard, t. 2, n° 698). — Il en est de même des concierges. Ainsi il a été décidé que le concierge d'une maison est un homme de services à gages, et ne saurait être assimilé à un locataire; qu'en conséquence, il peut être congédié par le propriétaire à volonté, et sans qu'il soit besoin d'un congé donné dans les délais fixés pour la relocation des appartements (Trib. de paix de Paris, 2e arrond., 25 déc. 1870, aff. Mahaut, D. P. 70. 3. 120).

§ 2. — Conditions de validité du contrat.

18. Il faut, pour la validité du contrat de louage de services, que la partie qui engage ses services ait capacité à cet effet. Ainsi le mineur non émancipé ne peut louer ses services sans l'autorisation de son père, s'il est placé sous la puissance paternelle, ou de son tuteur, s'il est en tutelle (Demolombe, *Cours de code civil*, t. 7, n° 799 ; Guillouard, t. 2, n° 702). — Pour la femme mariée, on admet généralement aussi qu'elle ne peut engager ses services sans autorisation, soit de son mari, soit de justice (Guillouard, *loc. cit.* V. aussi *infrà*, v° *Mariage*). Mais il y a doute sur le point de savoir si la justice pourrait ici suppléer l'autorisation maritale; la question s'est posée notamment dans l'hypothèse d'un engagement théâtral; elle sera examinée *infrà*, v° *Théâtre*.

§ 3. — Durée de l'engagement (*Rép.* n°s 21 à 30).

19. L'art. 1780 ancien c. civ., relatif à la durée du contrat de louage de services, contenait cette seule disposition : « On ne peut engager ses services qu'à temps ou pour une entreprise déterminée ». Cette règle fondamentale n'a pas subi de modifications dans la législation actuelle; mais la loi du 27 déc. 1890 (D. P. 91. 4. 33 et *suprà*, n° 1) a complété l'art. 1780 par une série de dispositions se référant au contrat de louage de services conclu sans détermination de durée, réglant le mode de résolution de ce contrat ainsi que la question des indemnités auxquelles elle peut donner naissance. L'étude des dispositions de cette loi devant trouver sa place naturelle sous la rubrique « fin et résolution du contrat » (V. *infrà*, n°s 27 et suiv.), on se bornera ici à compléter les développements donnée au *Rép.*, n°s 21 et suiv., sur la règle de l'art. 1780, § 1er, qui prohibe toute convention par laquelle une personne louerait ses services pour toute la durée de sa vie.

20. L'art. 1780, § 1er, bien que placé sous la rubrique du louage des domestiques et ouvriers, a incontestablement une portée générale, et doit être appliqué, en raison même du but de cette disposition, qui est de protéger la liberté naturelle de l'homme, à toutes personnes engageant leurs services à quelque titre que ce soit (Colmet de Santerre, t. 7, p. 334). La jurisprudence confirme cette interprétation : c'est ainsi que l'art. 1780 a été appliqué au contrat d'engagement qui lie un employé vis-à-vis d'une administration (Metz, 26 juill. 1856, aff. Gilbert, D. P. 58. 2. 87);... aux obligations contractées par un éditeur envers un imprimeur (Paris, 19 déc. 1866, aff. Plon, D. P. 68. 2. 156). — Décidé aussi que la clause par laquelle une personne aliène le profit de son travail jusqu'à la fin de sa vie est nulle, et que l'insertion, dans un contrat de vente, d'une clause par laquelle le vendeur prend un semblable engagement a pour effet d'entraîner la nullité de cette vente, alors même que l'acheteur renoncerait à s'en prévaloir (Lyon, 19 déc. 1867, aff. Trambellan, D. P. 69. 2. 30).

21. La portée générale de l'art. 1780, § 1er, étant ainsi déterminée quant aux personnes auxquelles il s'applique, on doit se demander quelle est la portée exacte de la prohibition qu'il contient. A cet égard, on a cité au *Rép.* n° 21, un arrêt de la cour de Douai du 2 févr. 1852, qui a refusé de considérer comme un engagement perpétuel de services, l'obligation contractée par une personne de vivre et de demeurer avec une autre personne et de lui donner, à elle et à son ménage, sa vie durant, tous les soins nécessaires : engager ses services tout le temps de la vie de celui avec qui l'on contracte, ce n'est pas, dit cet arrêt, contrevenir à l'art. 1780. Depuis lors, cette question a été résolue en sens divers par la jurisprudence et les auteurs. La cour de Lyon, par un arrêt du 4 mai 1865 (aff. Guindrand, D. P. 66. 2. 165), a, au contraire, déclaré nulle la convention par laquelle une personne s'oblige à donner tout son temps et à consacrer sa vie aux soins exigés par l'âge et l'état de maladie d'une autre personne. — Il est difficile d'admettre sans distinction cette dernière solution : si, en effet, la personne envers laquelle on a pris un tel engagement est beaucoup plus âgée que l'obligé, l'engagement, devant nécessairement prendre fin au décès de cette personne, ne saurait être considéré comme équivalent à un louage de services perpétuel. Cette observation a conduit certains auteurs à proposer une distinction : si la personne qui s'est engagée est plus âgée que l'autre, l'engagement devra être considéré comme équivalant à un engagement perpétuel, et dès lors frappé de nullité. Si, au contraire, une personne jeune s'est engagée envers une personne âgée pour toute la vie de cette dernière, l'engagement pourra être considéré comme contracté à temps, bien que pour une durée indéterminée. Il y a là une question d'appréciation pour les juges du fait, de sorte qu'on ne peut affirmer *à priori* que le contrat tombe sous le coup de l'art. 1780, § 1er (V. dans le sens de cette distinction : Massé et Vergé, sur Zachariæ, t. 4, § 707, note 4; Colmet de Santerre, t. 7, n° 230 *bis*, IV; Laurent, t. 25, n° 496; Guillouard, *op. cit.* n° 711).

Une distinction semblable est faite par la doctrine au cas d'engagement contracté pour une durée déterminée. Il est possible qu'une personne, sans être formellement engagée pour toute sa vie, ait cependant promis ses services pour une durée telle qu'il soit à peu près certain que sa vie ne s'étendra pas jusque-là; par exemple, c'est une personne de quarante ans qui s'engage pour une durée de soixante ans. On décide généralement que, dans ce dernier cas, l'engagement cache une violation de l'art. 1780 § 1er (Aux auteurs déjà cités en ce sens au *Rép.* n° 22, *Adde:* Aubry et Rau, t. 4, § 372, p. 513; Colmet de Santerre, t. 7, n° 230 *bis*, III).

22. Au surplus, l'esprit qui a dicté la disposition de l'art. 1780, § 1er, autorise son extension au cas où, sans promettre des services proprement dits, une personne s'engagerait seulement au profit d'une autre à ne jamais louer ses services, sa vie durant, à toute autre personne. C'est ainsi qu'il a été jugé que l'engagement que prend un employé de ne jamais, en aucun temps et en aucun lieu, servir ou s'associer, directement ou indirectement, dans un autre établissement ayant le même objet, est illicite, et doit être annulé (Metz, 26 juill. 1856, aff. Gilbert, D. P. 58. 2. 87; Civ. rej. 11 mai 1848, aff. Gilbert, D. P. 58. 1. 219). Mais un tel engagement serait valable, au contraire, si l'employé s'était interdit seulement d'exercer un genre de commerce dans un certain rayon, ou encore pour un temps limité, une clause de ce genre ne portant pas atteinte à la liberté du travail, dans le sens de l'art. 1780 c. civ. (V. en ce sens Guillouard, *op. cit.*, n° 733; Douai, 31 août 1864, aff. Mascaux, D. P. 64. 2. 225; Civ. cass. 24 janv. 1866, aff. Martinet, D. P. 66. 1. 81, et 6 août 1878, aff. Thibault, D. P. 79. 1. 400; Bordeaux, 22 août 1883, aff. Bounaud, D. P. 84. 2. 225). Ces arrêts ont décidé, en conséquence, que la violation par l'employé d'un tel engagement le rendait passible de dommages-intérêts pour le préjudice causé à son patron par ses agissements, ainsi que d'une contrainte assez élevée pour chaque contravention à cette clause dans l'avenir.

Conformément au principe que l'on vient de poser, il faudrait déclarer nulle, aux termes de l'art. 1780, la clause usitée dans certaines compagnies, et portant que l'employé dont les fonctions ont pris fin régulièrement à l'expiration de son temps de services sera tenu de restituer, au cas où il engagerait ses services à une autre compagnie, les sommes qu'il aurait touchées, à titre de pension de retraite, de la caisse de prévoyance de sa compagnie. Cette clause, en effet, enchaîne d'une manière absolue pour l'avenir la liberté de travail du promettant. Cependant la cour de cassation a consacré l'effet de la clause en question et décidé que l'employé qui l'avait violée devait être condamné à restituer les sommes ainsi reçues, en se fondant sur ce que l'engagement, quoique nul aux termes de l'art. 1780, était la cause juridique de la réception des sommes provenant de la caisse de prévoyance, et qu'en conséquence le contrat devait être annulé tout entier en vertu de l'art. 1172 c. civ. (Req. 2 mai 1883, aff. Spicrenaël, D. P. 83. 1. 168. Comp. *suprà*, v° *Industrie et commerce*, n° 107).

23. Quant à la sanction de la prohibition édictée par l'art. 1780, § 1er, on a vu au *Rép.* n°s 23 et suiv., que la question de savoir si la violation de cet article entraînait une nullité absolue ou simplement relative, était discutée par les auteurs. Mais, à l'exception de Troplong (t. 3, p. 856) et de Larombière (*Traité des obligations*, t. 1, p. 335, n° 30), qui enseignent que la contravention à l'art. 1780, § 1er, n'engendre qu'une nullité relative, que l'obligé seul peut invoquer, les auteurs admettent aujourd'hui que l'engagement perpétuel de services est frappé d'une nullité absolue, le vice de la convention ne tenant pas ici au consentement des parties, mais au caractère illicite de l'engagement qui en fait l'objet (Aubry et Rau, t. 4, § 372, note 1; Colmet de Santerre, t. 7, n° 230 *bis*, v; Laurent, t. 25, n° 493; Guillouard, n° 712). Il s'ensuit que la personne qui s'est engagée et demande la nullité de l'engagement ne saurait être tenue de payer de ce chef aucuns dommages-intérêts. Elle n'a fait, en effet, qu'user de son droit en ne respectant pas une convention illicite (Lyon, 4 mai 1865, aff. Guindrand, D. P. 66. 2. 165). Toutefois si, pendant la durée de ses services, cette personne avait reçu, en raison même de cet engagement, des profits exceptionnels, elle serait tenue de restituer la partie de ces profits excédant le juste salaire de son travail et représentant ainsi la promesse qu'elle ne veut plus observer (Metz, 26 juill.

1856, cité *suprà*, n° 20). Par contre, malgré la nullité du contrat, il pourrait lui être alloué, suivant les circonstances, une indemnité plus élevée que les gages convenus, à raison de son déplacement, de la situation qu'elle a laissée pour venir donner ses services à son nouveau maître, etc. (Civ. rej. 28 juin 1888, aff. Loré, D. P. 88. 1. 296).

24. Une application intéressante des principes ci-dessus établis a été faite par la jurisprudence dans l'hypothèse suivante : un éditeur s'engage envers un imprimeur à ne faire imprimer et réimprimer certains ouvrages que par cet imprimeur, sur clichés. Un tel engagement n'est-il pas nul comme constituant un louage de services perpétuel? La cour de Paris ne l'a pas pensé, et, avec raison, semble-t-il, par ce double motif, que l'obligation de l'éditeur se trouve ici essentiellement limitée dans sa durée, et par la durée des clichés eux-mêmes qui ne peuvent fournir un usage indéfini, et par l'intérêt de l'éditeur à ne pas reproduire des œuvres tombées dans l'oubli (Paris, 19 déc. 1866, aff. Plon, cité *suprà*, n° 18).

§ 4. — Contestations entre le maître et ses domestiques ou ouvriers (*Rép.* n°s 31 à 47).

25. Relativement à la preuve du contrat de louage de services, la loi du 2 août 1868 a apporté une modification profonde aux règles du code civil sur ce point. Aux termes de l'art. 1781 ancien, en cas de contestation entre le maître et ses domestiques ou ouvriers, le maître était cru sur son affirmation pour la quotité des gages, pour le payement du salaire de l'année échue et pour les acomptes donnés sur l'année courante. Cette règle, empruntée à la jurisprudence des parlements et du Châtelet de Paris, était inspirée par le désir du législateur de prévenir des procès nombreux résultant de l'habitude constante où l'on est de ne pas rédiger par écrit ces sortes de contrats, et en même temps aussi de faciliter l'engagement des domestiques et ouvriers qui, généralement (ce qui était vrai du moins à cette époque), sont dépourvus d'instruction et ne savent ni lire ni écrire. Mais, de nombreuses réclamations s'étant élevées contre un texte qui consacrait une si grave dérogation au droit commun, le Gouvernement présenta en 1868 un projet de loi qui, voté à une grande majorité au Corps législatif et au Sénat, est devenu la loi du 2 août 1868, contenant abrogation pure et simple de l'art. 1781 c. civ. (D. P. 68. 4. 119). — Par suite de cette abrogation, dont l'opportunité a été et est encore vivement contestée dans une partie de la doctrine (V. Peaucellier, *Revue critique*, 1869, p. 513-528; Colmet de Santerre, t. 7, n°s 232 *bis*, III, et 232 *bis*, x; Guillouard, *Traité du louage*, t. 2, n° 706), les règles ordinaires sur la preuve sont aujourd'hui applicables à toutes les contestations qui peuvent s'élever entre les maîtres et les domestiques ou ouvriers, que la convention de louage de services ait été ou non constatée par écrit (V. Trib. d'Amiens, 1er juill. 1881, *France judiciaire*, 1880-81, p. 599; Trib. Seine, 2 août 1888, *ibid.*, 1888. 2. 371).

26. La compétence en matière de louage de services peut appartenir, selon les cas, à des juridictions très diverses. C'est ainsi tout d'abord que les conseils de prud'hommes, sont compétents à l'effet de concilier ou de juger les différends qui divisent les fabricants et les ouvriers (V., notamment, sur cette compétence spéciale : Sarrasin, *Code pratique des prud'hommes*, 1880 ; Marc Sauzet, *La juridiction des conseils de prud'hommes*, 1889; et *infrà*, v° *Prud'homme*). — D'autre part, aux termes de la loi du 25 mai 1838, art. 5, les juges de paix connaissent, sans appel jusqu'à la valeur de cent francs, et à charge d'appel, à quelque valeur que la demande puisse s'élever, des contestations relatives aux engagements respectifs des gens de travail au jour, au mois et à l'année, et de ceux qui les emploient; des maîtres et de leurs ouvriers ou apprentis, sans néanmoins qu'il soit dérogé aux lois et règlements relatifs à la juridiction des prud'hommes.

Quant aux contestations qui s'élèvent entre les patrons commerçants et leurs commis ou serviteurs, elles rentrent, suivant la doctrine qui a prévalu, dans la compétence des tribunaux de commerce, sans qu'il y ait à distinguer suivant que l'action est intentée par le patron contre son commis ou serviteur, ou par celui-ci contre le patron (V. *suprà*, v° *Compétence commerciale*, n°s 61 et 62). Cette solution n'est pas applicable, d'après l'opinion qui a prévalu, aux actions intentées contre les artistes dramatiques par leur directeur, lesquelles sont de la compétence des tribunaux civils (V. *suprà*, eod. v°, n° 30, et v° *Acte de commerce*, n°s 257 et suiv.). Elle ne s'applique non plus ni aux ouvriers et apprentis du patron commerçant, qui relèvent de la juridiction des conseils de prud'hommes, ni à ses serviteurs, pour lesquels la loi de 1838, dans son art. 5, dérogeant sur ce point à l'art. 634-1° c. com., a établi la compétence des juges de paix (V. *suprà*, v° *Compétence civile des juges de paix*, n°s 63 et suiv.).

Enfin le juge des référés a parfois compétence en notre matière, à l'effet, par exemple, de prononcer l'expulsion du domestique ou serviteur à gage que le maître aurait congédié en vertu du droit qu'il tient de l'art. 1780 c. civ.; encore faut-il que cette mesure se justifie par le caractère d'urgence (c. proc. civ. art. 806). Cette dernière condition remplie, le juge des référés est compétent, quels que soient d'ailleurs les motifs de résistance du serviteur ou de l'employé congédié; le juge n'a donc à se préoccuper ni de l'indemnité qui peut être due, ni des engagements synallagmatiques qui peuvent être intervenus, ni des contestations soulevées sur l'interprétation de ceux-ci : il doit, sur ces questions, renvoyer les parties à se pourvoir devant la juridiction compétente. Il peut seulement, tout en ordonnant l'expulsion immédiate de l'employé congédié, exiger du maître, au cas où celui-ci n'aurait pas une solvabilité notoire, la consignation d'une somme suffisante pour répondre à la demande ultérieure d'indemnité de l'employé (Bordeaux, 23 août 1867, aff. Chaigneau, D. P. 67. 5. 359 ; Paris, 1er févr. 1873, aff. Rouget, D. P. 76. 2. 163).

§ 5. — Fin et résolution du contrat (*Rép.* n°s 48 à 69).

27. Le louage de services, ainsi qu'il a été dit au *Rép.* n°s 48 et suiv., finit ou se résout : 1° par l'expiration du temps pour lequel il a été contracté ; 2° par le défaut respectif des parties de remplir leurs engagements ; 3° par la mort de la partie qui a loué ses services ; 4° par son incapacité physique et morale de remplir son service ou de faire le travail qui lui a été confié ; 5° par tout événement de force majeure qui mettrait obstacle à l'exécution de l'entreprise pour laquelle ses services ont été loués.

28. — I. EXPIRATION DU TEMPS CONVENU (*Rép.* n°s 49 à 54). — On a vu que l'art. 1780, § 1er, c. civ., prohibe tout engagement de services à perpétuité. Mais, cette hypothèse même mise à part, deux cas peuvent se présenter : 1° la durée de l'engagement est expressément ou implicitement déterminée par le contrat, ou elle est fixée par l'usage; 2° aucune durée précise n'est assignée à l'engagement, soit par la convention, soit par l'usage.

29. Lorsque la durée de l'engagement a été formellement déterminée dans le contrat, ou que sa fixation en résulte implicitement, l'engagement ayant été contracté en vue d'une entreprise déterminée, cet engagement ne prend fin, en principe, que par l'expiration du terme ou de l'entreprise convenus. Toutefois, dans ce cas même, le défaut par l'une des parties de remplir ses engagements autorise l'autre partie à demander, avant l'expiration du délai, la résolution du contrat, avec dommages-intérêts, conformément au principe général de l'art. 1184 c. civ. (Paris, 21 juin 1883, aff. Société marbrière d'Avesnes, D. P. 85. 2. 46). — Mais cette résolution doit, aux termes du même article, être demandée en justice, et il a été jugé, en conséquence, qu'un patron n'a pas le droit de renvoyer arbitrairement l'employé dont il est mécontent, quand il existe entre eux un contrat réglant les conditions et la durée du service, l'appréciation des griefs allégués appartenant, dans ce cas, au tribunal (Paris, 1er févr. 1873, aff. Souliac, D. P. 73. 2. 166).

30. La même règle est applicable au louage de services dont la durée est déterminée par l'usage des lieux. C'est ainsi qu'en matière de louage de services contracté par des domestiques ou ouvriers pour l'exploitation d'un fonds rural, il a été jugé que, ces domestiques ou ouvriers étant censés loués pour une année, le maître ne pouvait, à moins d'avoir de justes sujets de plainte, les expulser avant l'expiration de l'année, à moins de dommages-intérêts (Bordeaux, 3 juin

1867, aff. Priollaud, D. P. 68. 5. 279). Cette jurisprudence a d'ailleurs été consacrée législativement par la loi du 6 juill. 1889 (D. P. 90. 4. 20), dont l'art. 15 est ainsi conçu : « La durée du louage des domestiques et des ouvriers ruraux est, sauf preuve d'une convention contraire, réglée suivant l'usage des lieux ». Selon le rapporteur de la loi au Sénat, cette disposition a eu pour but d'empêcher les contestations souvent difficiles à résoudre quand le juge se trouve en présence d'affirmations contraires des parties intéressées, contestations qui se reproduisent avec une fréquence toute particulière en cette matière (Rapport au Sénat, par M. Marens, *Journal officiel*, mars 1878, p. 2611).

31. Il y aura lieu parfois de combiner le principe précédent avec la règle, généralement admise dans la doctrine, suivant laquelle la tacite reconduction a lieu pour le louage d'ouvrage et de services comme pour le louage ordinaire. Si donc les parties continuaient, après l'expiration du délai stipulé ou du délai d'usage, l'une à donner, l'autre à recevoir les services qui ont fait l'objet du contrat primitif, ce contrat continuerait par tacite reconduction, aux mêmes conditions que le contrat primitif et pour la même durée (Guillouard, t. 2, n° 731). — Mais la tacite reconduction suppose nécessairement une continuité et une prolongation non interrompue de services. Cette règle a été appliquée dans une espèce où un commis, après avoir quitté son patron, était rentré à son service au bout d'un an : il a été jugé que, dans ces circonstances, le contrat primitif n'était pas redevenu de plein droit la loi des parties, et qu'en conséquence, le patron n'était pas fondé, à la suite d'une nouvelle rupture, à se prévaloir d'une clause de l'ancien contrat qui interdisait au commis, sous peine de dommages-intérêts, d'exercer un commerce similaire ou de prendre un intérêt dans une maison rivale (Req. 30 juin 1874) (1).

32. Lorsque aucune durée précise n'a été assignée à l'engagement, soit par la convention, soit par l'usage, il est de principe que le contrat peut toujours prendre fin par la volonté d'une seule des parties contractantes. Cette règle, qui constitue une véritable dérogation à l'art. 1134, § 2, c. civ., aux termes duquel les conventions légalement formées ne peuvent être révoquées que du consentement mutuel des parties contractantes, était consacrée, dès avant la loi du 27 déc. 1890 (D. P. 91. 4. 33) qui l'a formulée en termes exprès, par une jurisprudence constante (V. notamment : Civ. cass. 10 mai 1875, aff. Raunot, D. P. 75. 1. 198 et la note; 10 mai 1876, aff. Mauquat, D. P. 76. 1. 424; Alger, 4 juin 1877, aff. Godefroy, D. P. 78. 2. 16; Pau, 9 janv. 1878, aff. Loussert, D. P. 79. 2. 180; Civ. cass. 4 août 1879, aff. Bornens, D. P. 80. 1. 272; Req. 2 mai 1881, aff. Rouen, D. P. 82. 1. 164; Toulouse, 24 juin 1882, aff. Royer, D. P. 84. 2. 140. Conf. Aubry et Rau, t. 4). Une telle dérogation aux principes se justifie suffisamment par ce motif que, si le contrat de louage de services sans détermination de durée ne devait prendre fin que du consentement mutuel des parties, chacune d'elles pouvant ainsi en prolonger indéfiniment la durée par son refus de résilier, il en résulterait, par le fait, de la part de celui qui a promis ses services, un engagement perpétuel, contrairement à la prohibition formelle de l'art. 1780, § 1er, c. civ. — La résiliation volontaire étant de droit en cas d'engagement sans durée déterminée, peu importe dès lors que cette faculté de résilier ait été ou non expressément convenue entre les parties. Et, au cas où elle ferait l'objet d'une clause expresse, il n'y aurait point lieu d'annuler cette clause comme contenant une condition potestative contrairement aux art. 1171 et 1174 c. civ. (Lyon, 6 févr. 1857, aff. Halanzier, D. P. 57. 2. 220).

33. En principe l'employé a évidemment droit à son salaire jusqu'au moment où ses fonctions prennent fin par la volonté du maître. Il pourrait, toutefois, en être autrement si l'employé avait cessé volontairement de remplir son emploi avant la résiliation du contrat; en effet, le salaire ou traitement n'est dû à celui qui a loué ses services qu'autant que les services ont été effectifs et dans la proportion du temps qu'a duré le travail. Jugé, en ce sens, que l'agent des chemins de fer, qui refuse de remplir l'emploi auquel il a été nommé et qui, pour ce fait, est révoqué par la compagnie, n'a pas droit au traitement afférent audit emploi pendant la période comprise entre son refus de service et le jour de sa révocation (Civ. cass. 13 janv. 1892, aff. Lavergne, D. P. 92. 1. 157).

Inversement, à partir du moment où le contrat a été résilié par la volonté du maître, le serviteur n'a plus droit au salaire qui lui était dû en échange de ses services. Mais il peut arriver que certaines rémunérations distinctes de ce salaire, et qui n'étaient pas encore exigibles, lui restent acquises, alors que son renvoi n'est justifié par aucun grief sérieux. Ainsi il a été jugé que la convention, par laquelle une domestique au service de deux époux doit, si, au décès du survivant d'eux, elle a toujours fidèlement rempli ses obligations et se trouve encore à ce moment au service dudit survivant, recevoir, à titre de rémunération en sus de ses gages, une certaine somme à la charge des deux successions, ne peut être résiliée à la volonté du maître, et est obligatoire pour celui-ci, tant qu'il n'a pas de graves motifs de renvoyer sa domestique (Paris, 23 déc. 1872, aff. Desjeux, D. P. 73. 2. 90).

34. La faculté, pour chacune des parties contractantes, de

(1) (John Arthur C. Castigan.) — Le sieur John Arthur a intenté contre le sieur Castigan, son ancien commis, une action en dommages-intérêts fondée sur ce que ce dernier avait, contrairement à une clause du traité conclu entre les parties, prêté son concours à un établissement similaire au sien. Le 7 août 1872, jugement du tribunal de commerce de la Seine ainsi conçu : — « Attendu qu'à l'appui de ses prétentions, John Arthur invoque un contrat intervenu entre lui et le défendeur en 1857; qu'aux termes de l'art. 3 dudit contrat, Castigan s'est interdit, pendant sept années, à partir du jour de sa sortie de la maison, le droit de s'établir dans Paris, dans le même genre de commerce ou d'industrie, ou de prendre à aucun titre, directement ou indirectement, un intérêt dans une maison de commerce analogue à celle de John Arthur, même d'entrer dans une maison de ce genre en qualité de commis, employé ou autre à peine de 25 000 fr. de dommages-intérêts fixés à forfait; — Mais attendu qu'il résulte des documents soumis au tribunal, et notamment d'une lettre datée d'avril 1864, écrite par un commis de John Arthur à Castigan, que ce dernier, au cours de 1863, avait quitté John Arthur pour entrer dans une maison anglaise; que, par suite, le contrat dont s'agit avait été résilié; que la lettre susvisée avait pour but de rappeler le défendeur chez son ancien patron, chez lequel Castigan était en effet rentré, mais sans qu'il ait été stipulé que le contrat annulé redevenait la loi des parties; qu'en cet état, Castigan, ayant de nouveau quitté John Arthur en prêtant, en 1870, son concours à un établissement de même nature que son patron, mais plus de sept années après l'existence du contrat primitif, n'a pu donner ouverture contre lui aux réclamations qui lui sont faites; qu'en conséquence il y a lieu de déclarer John Arthur mal fondé dans toutes ses demandes, fins et conclusions ». — Appel;

Le 28 avr. 1873, arrêt de la cour de Paris qui confirme en adoptant les motifs des premiers juges. — Pourvoi en cassation par le sieur John Arthur pour violation des art. 1134, 1738 c. civ. en ce que l'arrêt attaqué a refusé de donner effet à une convention parfaitement légale, et considéré comme ayant pris fin, par la date qui y était fixée, le traité stipulé entre son patron et son commis, bien que ce traité eût été renouvelé par l'effet de la tacite reconduction.

LA COUR; — Sur le moyen unique, pris de la violation des art. 1134 et 1738 c. civ. et 7 de la loi du 20 avr. 1810; — Que John Arthur soutenait dans ses conclusions d'appel que les conventions intervenues en 1857 entre lui et Castigan, et contenant une clause pénale de 25 000 fr. dont il réclamait l'application, avaient repris toute leur force lorsque Castigan était rentré à son agence en 1864, après l'avoir quittée en 1863; qu'il invoquait, pour l'établir, la commune intention des parties, et leur consentement tacite et certain; — Attendu que le jugement du tribunal de commerce de la Seine que la cour d'appel de Paris a confirmé, par adoption pure et simple de motifs, répond à ces conclusions et en justifie le rejet; qu'il déclare, en effet, d'une part que la sortie de l'agence de Castigan en 1863 a entraîné l'annulation des conventions de 1857, et, d'autre part, qu'aucune stipulation ne les a fait revivre à sa rentrée en 1864; — Attendu que, dans ces circonstances, l'arrêt attaqué n'a pu violer, ni l'art. 1134 c. civ. puisqu'il n'y a pas eu de contrat, ni l'art. 1738 du même code, puisque, en admettant l'application par analogie aux commis, Castigan n'est pas resté chez John Arthur à l'expiration de son premier engagement, et qu'il n'y a pas continué son emploi sans interruption; — Attendu, d'ailleurs, que l'arrêt a satisfait aux prescriptions de l'art. 7 de la loi du 20 avr. 1810; — Rejette, etc.

Du 30 juin 1874.-Ch. req.-MM. de Raynal, pr.-Petit, rapp.-Babinet, av. gén. c. conf.-Christophe, av.

résilier à volonté le contrat dont la durée n'a pas été fixée, suppose évidemment qu'il n'est intervenu entre les parties aucune clause expresse ou tacite subordonnant cette faculté à l'accomplissement préalable de certaines formalités, telles que celle de se prévenir réciproquement un certain temps à l'avance. A cette occasion, s'est posée devant la jurisprudence la question suivante : lorsque le règlement intérieur d'une compagnie contient une clause lui prescrivant de ne congédier ses agents, engagés sans détermination de durée, qu'après un ou deux avertissements, sauf le cas de faute grave pouvant motiver un renvoi immédiat, l'employé congédié sans avertissement peut-il se prévaloir de cette clause pour réclamer des dommages-intérêts? La jurisprudence fait à cet égard une distinction qui nous paraît très raisonnable : ou la clause en question a été une condition au moins tacite de l'engagement de l'agent, qui la connaissait au moment de se lier et a même été déterminé à contracter dans l'espoir de profiter d'une stipulation aussi favorable : dans ce cas, le maître ou patron ne peut s'abstenir de remplir la formalité préalable de l'avertissement sans s'exposer à des dommages-intérêts pour inexécution de son engagement (V. Pau, 9 janv. 1878, aff. Loussert, D. P. 79. 2. 180. — *Contrà :* Lespinasse, *Revue critique*, 1879, p. 85 et suiv.); ou bien il s'agit d'un règlement purement intérieur, ne concernant que l'administration elle-même, qui se réserve de le modifier à son gré suivant les nécessités du service, et il est établi en fait que les employés n'ont pas reçu connaissance de cette clause à titre d'engagement pris à leur égard : dans ce cas, la compagnie ne saurait encourir de dommages-intérêts par le seul fait d'avoir congédié ses employés sans accomplir cette formalité préalable (V. Req. 2 mai 1881, aff. Rouen, D. P. 82. 1. 164, et la note).

Indépendamment même de toute clause expresse ou tacite sur ce point, la résiliation du contrat par la volonté d'une seule des parties contractantes peut donner lieu, dans certains cas, à des dommages-intérêts à la charge de cette partie. A cet égard, la loi du 28 déc. 1890 contient, dans ses paragraphes 2 et 3, des dispositions formelles. Mais, pour bien en comprendre la portée, ainsi que les difficultés auxquelles elles peuvent donner naissance, il est nécessaire de présenter un rapide exposé des décisions de la jurisprudence antérieure sur ce point, d'autant plus que la loi nouvelle n'a vraisemblablement fait à cet égard, ainsi qu'on le verra *infrà*, nos 45 et suiv., que compléter et coordonner cette jurisprudence.

35. Il est une première hypothèse dans laquelle la jurisprudence n'a pas hésité à reconnaître que la résiliation du contrat, était passible de dommages-intérêts. C'est celle où la rupture brusque du contrat par l'une des parties est contraire à l'usage. L'usage exige souvent, en effet, que la partie qui veut rompre le contrat, formé sans détermination de durée, prévienne l'autre partie un certain temps à l'avance; faute d'observer ce délai, qu'on appelle *délai de congé*, elle doit indemniser l'autre partie du préjudice que lui cause cette brusque résiliation. L'usage varie, nécessairement, en pareille matière, suivant la nature de la profession et le lieu de la résidence des parties. C'est ainsi, par exemple, qu'il est d'usage constant à Paris, et dans presque toute la France, de prévenir les domestiques attachés à la personne huit jours à l'avance en cas de renvoi; réciproquement, le domestique qui veut quitter son service doit prévenir son maître dans le même délai; l'indemnité, en cas d'inobservation de ce délai, doit donc représenter le salaire de huit jours. Pour les serviteurs d'un ordre plus élevé, pour les employés et les commis, les tribunaux allouent, en cas de brusque renvoi, le traitement d'un mois, de deux ou trois mois, et même d'un an, suivant l'importance de l'emploi et la difficulté qui peut exister d'en retrouver un semblable (Civ. rej. 8 févr. 1859, aff. Académie impériale de musique, D. P. 59. 1. 57; Lyon, 3 févr. 1872, aff. Maire de Roanne, D. P. 73. 2. 33; Besançon, 27 mai 1874, aff. Veuve Bolle, D. P. 76. 2. 72; Alger, 4 juin 1877, aff. Godefroy, D. P. 78. 2. 16).

L'application de ces usages a, dans certaines hypothèses, soulevé des difficultés que la jurisprudence a été appelée à résoudre. Aussi, il a été jugé : 1° que les conditions de la résiliation du louage des services d'un garçon de café ne sont pas celles établies d'une manière générale pour les commis de maisons de commerce; que, dès lors, ils peuvent, du moins dans les villes où il n'existe pas d'usage contraire, recevoir congé sans avis préalable et sans qu'il y ait lieu de ce chef à des dommages-intérêts, usage qui s'explique, d'ailleurs, par la très grande facilité avec laquelle ils trouvent à se replacer dans des conditions semblables (Trib. com. Marseille, 18 janv. 1871, aff. Esmengeaud, D. P. 73. 3. 16); — 2° Que le simple placier dont la rétribution consiste, non dans des appointements fixes, mais en commissions d'un chiffre convenu sur les affaires apportées par lui à la maison qui emploie ses services, n'est pas au nombre des commis qui ne peuvent se retirer qu'après un congé donné un certain temps à l'avance; et que, par suite, la brusque cessation de ses relations avec ladite maison ne donne pas à celle-ci le droit de réclamer des dommages-intérêts, s'il n'y avait pas engagement réciproque de se prévenir d'avance (Paris, 15 févr. 1873, aff. Jourdan, D. P. 73. 2. 143).

36. Des usages locaux peuvent, à l'égard de certaines professions, consacrer des règles spéciales en ce qui concerne la cessation du contrat de louage de services. Ces règles font loi, en général, entre les parties. Ainsi, par exemple, il a été jugé que l'usage d'après lequel, dans une localité, un ouvrier ne peut travailler pour un patron autre que celui qui l'emploie, qu'après avoir fait une *pièce de congé*, n'est pas contraire à la liberté du travail, et, par suite, est obligatoire (Req. 26 mai 1856, aff. Roman, D. P. 56. 1. 245).

37. Dans certains cas, l'application de la règle a pu présenter plus de difficultés, à raison de la nature spéciale des rapports résultant de l'engagement. C'est ainsi, en premier lieu, que la question s'est posée de savoir si les collaborateurs, attachés à la rédaction d'un journal ou recueil périodique, devaient être assimilés, au point de vue qui nous occupe, aux commis et employés, et si, en cas d'engagement de leur part sans durée déterminée, le propriétaire ou directeur du journal ne pourrait pas les congédier brusquement et sans être tenu de ce chef à des dommages-intérêts. La raison spéciale de douter en cette hypothèse tient à cette circonstance, mise en lumière dans les considérants d'un arrêt de la cour de cassation (Civ. cass. 31 août 1864, aff. Delamarre *C.* Schmidt, D. P. 64. 1. 372; 24 janv. 1865, aff. Delamarre *C.* Joncières, D. P. 65. 1. 40), qu'un journal ou écrit périodique est une œuvre qui engage la responsabilité de son propriétaire, soit vis-à-vis de ses abonnés ou actionnaires, soit vis-à-vis de la société et du Gouvernement; et qu'une telle responsabilité implique, par une réciprocité nécessaire, une entière liberté dans le choix des auxiliaires qu'il emploie; d'où il suit qu'il doit pouvoir les congédier d'un jour à l'autre sans être tenu de dommages-intérêts. Toutefois, nonobstant ces raisons, la jurisprudence a généralement décidé que le droit de congé ne pouvait être admis, même dans ce cas, qu'à la charge de tenir compte au rédacteur congédié du délai nécessaire pour trouver un nouvel emploi dans la presse, au moyen d'une indemnité calculée sur ce délai (Orléans, 4 août 1865, aff. Delamarre *C.* Joncières, D. P. 65. 2. 128; Civ. rej. 19 août 1867, même affaire, D. P. 67. 1. 372; Bordeaux, 18 nov. 1872, aff. Lapouyade, D. P. 73. 2. 106; Toulouse, 24 juin 1882, aff. Royer, D. P. 84. 2. 140).

38. Une difficulté analogue a été soulevée au sujet des employés de mairie, secrétaires, chefs de division, architectes voyers et, plus généralement, de toutes personnes pourvues d'un emploi communal. On s'est demandé si la convention intervenue, entre ces employés et l'administration municipale, lors de leur entrée au service de la commune, avait le caractère d'un louage de service et si la rupture de ce contrat pouvait donner lieu à des dommages-intérêts dont la fixation appartiendrait aux tribunaux civils. La question a été examinée *suprà*, v° *Commune*, n° 238. On a vu que la jurisprudence l'avait diversement résolue, mais que la négative a été consacrée par les décisions les plus récentes du tribunal des conflits (*Adde*, dans le même sens : Cons. d'Ét., 13 déc. 1889, aff. Cadot, D. P. 91. 3. 41; 28 mars 1890, aff. Drancey, D. P. 91. 5. 334).

Dans le même ordre d'idées, il a été jugé, au contraire, que les caisses d'épargne, n'ayant point le caractère d'administrations publiques, mais constituant des établissements privés, sont, en conséquence, tenues d'observer les délais de congé d'usage en cas de renvoi de leurs employés (Dijon, 11 janv. 1882) (1).

39. Quelle que soit, d'ailleurs, l'importance des usages en pareille matière, il avait toujours été admis en jurisprudence, avant la loi du 27 déc. 1890, que les parties étaient libres d'y déroger par la convention. C'est ainsi que la cour suprême a constamment reconnu la validité de la clause par laquelle un patron et ses ouvriers se réservent réciproquement la faculté de se dégager des liens du contrat, sans être tenus d'observer les usages locaux concernant les congés à donner. Et elle a décidé que, en conséquence d'une telle clause, le patron peut renvoyer un ouvrier sans être tenu d'en donner les motifs et de payer l'indemnité d'usage (Civ. cass. 7 août 1877, aff. Girard, D. P. 78. 1. 384; 4 août 1879, aff. Bornens, D. P. 80. 1. 272; 11 mai 1886, aff. Houel et Picard, D. P. 87. 1. 30).

40. Pour terminer sur cette question d'usage, il convient de mentionner une décision du conseil des prud'hommes de Saint-Etienne du 30 janv. 1869 (aff. Théolier et comp., D. P. 70. 3. 38), aux termes de laquelle l'exercice du droit de coalition ne dispense pas l'ouvrier, qui veut quitter l'atelier auquel il est attaché, d'en avertir d'avance son patron, dans les localités où cet avertissement est d'usage; faute d'accomplir cette formalité préalable, il doit être passible de dommages-intérêts au profit du patron. Cette décision est fort juridique; car l'exercice d'un droit, si légitime qu'il soit, tel que le droit de coalition, ne saurait justifier la violation de contrats librement formés et sur la régulière exécution desquels les deux parties ont dû également compter. Or, d'après l'art. 1135 c. civ., les conventions obligent non seulement à ce qui est exprimé, mais encore à toutes les suites que l'équité, l'*usage* et la loi donnent à l'obligation d'après sa nature.

41. En dehors des hypothèses où la résiliation brusque du contrat est contraire, soit aux conditions expresses ou tacites de l'engagement, soit à l'usage, la jurisprudence a constamment admis une troisième source de dommages-intérêts. Mais, sur l'appréciation exacte de cette dernière cause d'indemnité, il s'en faut qu'elle présente la même unité de doctrine que pour les hypothèses précédentes.

A l'origine, la cour de cassation et les cours d'appel étaient généralement d'accord pour admettre que toute résiliation du contrat faite, « à contretemps, trop brusquement », peut, en dehors de tout usage, « d'après les circonstances, la nature des services engagés, les habitudes professionnelles des contractants, les conditions nécessaires à leur industrie », motiver une condamnation à des dommages-intérêts (Civ. rej. 8 févr. 1859, aff. Académie de musique, D. P. 59. 1. 57). Certains arrêts, précisant cette doctrine, accordent des dommages-intérêts contre l'auteur de la résiliation dans le cas où cette résiliation a eu lieu « sans motifs légitimes », c'est-à-dire sans de justes sujets de plainte de sa part, sans que l'autre partie ait positivement démérité (Paris, 12 févr. et 16 mars 1858, aff. Langlois, D. P. 58. 2. 215; Rouen, 9 févr. 1859, aff. Guillot et cons. D. P. 61. 2. 52; Civ. rej. 25 juin 1860, aff. C..., D. P. 60. 1. 286; Paris, 16 févr. 1863, aff. Delamarre, D. P. 63. 2. 127; 9 mai 1865, aff. Trône, D. P. 65. 2. 106; 2 août 1872, aff. Charton, D. P. 74. 5. 322; 17 août 1872, aff. Tournier, D. P. 73. 5. 310; 11 janv. 1887, aff. Bourgeois, D. P. 88. 2. 22). Pour autoriser ainsi l'employé ou ouvrier congédié, même au cas où la convention et l'usage ont été respectés par l'auteur de la rupture, à discuter les motifs de son renvoi, les arrêts précités se fondent pour la plupart sur l'art. 1135 c. civ., aux termes duquel la convention oblige à toutes les suites que comportent, non seulement l'usage et la loi, mais encore l'équité; or, l'équité, en pareille matière, exige qu'un employé ou ouvrier ne soit pas brusquement congédié, alors que rien, dans sa conduite ou dans son travail, ne justifie une pareille mesure. — Mais dans deux arrêts du 5 févr. 1872 (aff. Falcoz et aff. Catrin, D. P. 73. 1. 63) la chambre civile de la cour de cassation répudie cette jurisprudence, en se fondant sur ce que nul n'est en faute et passible de dommages-intérêts s'il n'a fait qu'user de son droit, et qu'il est de principe que le louage de services, sans détermination de durée, peut toujours cesser par la libre volonté de l'un ou de l'autre des contractants, à la condition toutefois d'observer les délais de congé commandés par l'usage, ainsi que les autres conditions expresses ou tacites de l'engagement. En vertu de ce principe, l'arrêt de la cour suprême casse un jugement du tribunal de commerce de Chambéry qui, sans constater de la part de la compagnie à laquelle l'employé était attaché aucune infraction à ces conditions ni aucune faute, l'avait néanmoins condamnée à payer à l'employé une indemnité, en se fondant uniquement sur ce « qu'il ne peut être facultatif à une compagnie de chemins de fer de renvoyer ses employés sans indemnité et sans motifs légitimes ». Cette nouvelle formule de la cour suprême, qui refuse à l'employé congédié la faculté de discuter les motifs de son renvoi, et ne lui donne droit à indemnité, sauf usage et convention contraires, qu'à la condition par lui de prouver la faute, faute délictuelle, au sens de l'art. 1382 c. civ., du maître ou patron, se retrouve définitivement consacrée dans tous ses arrêts postérieurs (Civ. cass. 28 avr. 1874, aff. Michotey, D. P. 74. 1. 304; 10 mai 1875, aff. Ronot, D. P. 75. 1. 198; 10 mai 1876, aff. Mauquat, D. P. 76. 1. 424; 4 août 1879, aff. Bornens, D. P. 80. 1. 272; Req. 2 mai 1881, aff. Rouen, D. P. 82. 1. 164; 17 mai 1887, aff. Cordier, D. P. 87. 1. 410. *Adde :* Riom, 24 juill. 1890, aff. Laval, D. P. 91. 2. 236). Tous ces arrêts cassent, pour violation de l'art. 1382 c. civ., des décisions de cours d'appel qui accordaient une indemnité à l'employé congédié, en se fondant sur ce que le renvoi n'avait pas été déterminé par des motifs suffisants.

42. Avant de rechercher si, et dans quelle mesure, la loi du 27 déc. 1890 a pu modifier cette jurisprudence, il importe d'observer que, dans les contrats intervenus entre certaines compagnies, notamment les compagnies de chemins de fer, et leurs employés ou ouvriers, la question que l'on vient d'examiner se compliquait d'un élément nouveau. Il existe en effet, la plupart du temps, dans ces compagnies, au profit des employés et ouvriers, une caisse de retraites, alimentée au moyen de retenues exercées sur les appointements et salaires de ces derniers. Dès lors, se posait la question de savoir si, en cas de congé donné par la compagnie à l'un de ses employés avant l'époque où s'ouvrait pour celui-ci le droit à la retraite, les retenues opérées sur ses appointements restaient acquises à la compagnie ou devaient au

(1) (Caisse d'épargne de Semur C. Perrot.) — Le 24 mars 1881, jugement du tribunal de Dijon, ainsi conçu : — Considérant que nul grief n'est relevé contre la gestion de Perrot; que son service de surveillance et de comptabilité n'est l'objet d'aucune critique; que, brusquement congédié sans motif plausible, le 5 déc. 1879, il lui était dû une indemnité pour lui permettre de vivre en attendant qu'il trouvât une position en rapport avec ses aptitudes professionnelles; que les directeurs de la Caisse d'épargne l'ont compris et lui ont offert, à titre de dédommagement, quatre mois de traitement; — Considérant que cette indemnité est insuffisante dans les conditions où se trouve Perrot, limité par sa spécialité et les ressources locales pour trouver à bref délai un emploi remplaçant fructueusement et convenablement celui qu'on lui enlevait; — Considérant qu'en cette occurence il paraît équitable de lui allouer six mois de traitement, soit 700 fr. à titre d'indemnité, etc. » — Appel par la Caisse d'épargne de Semur.

La cour; — Attendu que, si le louage de service sans durée déterminée peut toujours cesser à la volonté de l'une des parties, c'est à charge d'observer les délais de congé établis soit par les usages, soit par les conditions expresses ou tacites du contrat; — Attendu que la Caisse d'épargne de Semur n'a point les caractères d'une administration publique, mais constitue un établissement purement privé; qu'il est d'usage entre particuliers que les employés dont le salaire est fixé non à tant par journée de travail, mais au mois, ne puissent être renvoyés sans motifs sérieux qu'à condition d'être prévenus à l'avance afin qu'ils aient le temps de trouver un autre emploi; — Attendu que cette obligation était une des conditions tacites du contrat de louage de services existant entre la Caisse d'épargne de Semur et le sieur Perrot; — Attendu que les administrateurs de la Caisse d'épargne ont d'ailleurs connu l'existence de cette obligation, ainsi que cela est établi par leur correspondance avec Perrot; — Attendu que les premiers juges ont fait une équitable appréciation de l'indemnité due à l'intimé; — Par ces motifs, et adoptant au surplus ceux exprimés au jugement; — Confirme, etc.

Du 11 janv. 1882.-C. de Dijon, 1re ch.-MM. Cautel, 1er pr.-Vèzes, av. gén.-Cunisset et Nourissat, av.

contraire être restituées à l'employé congédié. En fait, le règlement des compagnies contient toujours à cet égard une clause portant que les retenues faites sur les appointements sont acquises à la caisse des retraites du jour où elles ont été opérées, et ne sont sujettes à aucune répétition de la part de l'employé, sans aucune distinction entre les causes de révocation. Une telle clause est-elle licite et obligatoire pour les employés de la compagnie ? D'après les principes posés ci-dessus, on ne saurait répondre qu'affirmativement. Néanmoins, antérieurement à la loi nouvelle, un grand nombre de tribunaux et de cours d'appel, se fondant principalement sur cette idée d'équité qu'il ne saurait être facultatif pour une compagnie d'encaisser pendant plusieurs années des retenues destinées à la pension de retraite d'un employé, et de les conserver après l'avoir renvoyé brusquement et sans motifs, n'hésitaient pas, au mépris de la clause en question, à condamner, dans les hypothèses de ce genre, la compagnie, soit à restituer le montant des retenues opérées, soit à payer une certaine somme à l'employé congédié, à titre de dommages-intérêts. Mais ces arrêts, sur le pourvoi des compagnies, ont été régulièrement cassés par la cour suprême, pour violation formelle de l'art. 1134 c. civ. (Civ. cass. 5 août 1873, aff. Remlinger et aff. Génin, D. P. 74. 1. 65 ; 28 avr. 1874, aff. Michotey, D. P. 74. 1. 304 ; 4 août 1879, aff. Bornens, D. P. 80. 1. 272; Paris, 11 janv. 1887, aff. Bourgeois, D. P. 88. 2. 22).

43. La loi du 27 déc. 1890 a, en réalité, une portée plus générale que son titre ne semblerait l'indiquer. Elle ne concerne pas seulement, en effet, les rapports entre les compagnies de chemins de fer et leurs agents (il s'agissait exclusivement de ces rapports dans les propositions de loi déposés en 1874, 1878 et 1882 à l'Assemblée nationale et à la Chambre des députés. — V. sur les transformations successives qu'ont subies les projets, D. P. 91. 4. 33), mais vise d'une façon générale, du moins dans son article 1er portant modification de l'art. 1780 c. civ., les relations entre tous ouvriers et patrons liés par un contrat de travail, et, plus généralement, entre toutes personnes ayant contracté un louage de services *sans détermination de durée.*

44. Il n'y a pas à revenir ici sur le principe, posé en tête de la loi nouvelle, aux termes duquel le louage de service, fait sans détermination de durée, peut toujours cesser par la volonté d'une des parties contractantes. Ce principe, sans être expressément formulé dans le code civil, avait toujours été regardé comme incontestable par la doctrine et la jurisprudence antérieures, et personne, soit au Sénat, soit à la Chambre des députés, lors de l'élaboration de la loi nouvelle, n'a songé à en dénier la légitimité. En somme, l'objet principal, sinon unique, de la loi est de consacrer législativement le principe du droit à des dommages-intérêts, à certaines conditions déterminées, au profit de la victime d'une brusque rupture du contrat de louage de services sans détermination de durée; c'est à ce point de vue que l'on doit se placer pour rechercher si, et dans quelle mesure, la loi du 27 déc. 1890 a innové.

A cet égard, ainsi qu'on l'a fait justement remarquer (V. à ce sujet l'étude de M. Marc Sauzet, publiée dans les *Annales de droit commercial français, étranger et international*, année 1891, nos 2 et 3), le texte nouveau est malheureusement assez obscur et énigmatique, dans sa disposition principale tout au moins. Le paragraphe 2 de l'art. 1er de la loi déclare sans doute explicitement que « la résiliation du contrat par la volonté d'un seul des contractants peut donner lieu à des dommages-intérêts » ; mais il garde le silence sur le principe même, sur la cause en vertu de laquelle les dommages-intérêts peuvent être dus. Quant au paragraphe 3, il énumère seulement un certain nombre de circonstances dont les juges devront tenir compte pour la fixation et le calcul de l'indemnité à allouer *le cas échéant;* il ne s'explique pas davantage sur la cause même qui peut justifier l'attribution de cette indemnité. Or, ainsi qu'on l'a pu voir par les solutions contradictoires de la jurisprudence de la cour de cassation et des cours d'appel (*suprà*, n° 41), il est très important de savoir si l'obligation aux dommages-intérêts à la charge de l'auteur de la rupture du contrat peut naître, en dehors de toute clause expresse ou tacite, de l'usage ou du seul fait que la rupture a eu lieu *sans motifs légitimes de sa part*, ce qui serait la consécration de la doctrine de la plupart des arrêts de cours d'appel antérieurs, ou si, au contraire, la victime de la rupture n'aura droit à indemnité qu'en prouvant la faute de l'autre partie, auquel cas la loi nouvelle ne ferait que confirmer la jurisprudence antérieure de la cour suprême.

45. Les travaux préparatoires sont fort confus et même contradictoires sur ce point. Si l'on devait s'en référer exclusivement à l'assertion du premier rapporteur du projet de loi au Sénat en 1885, on serait porté à croire que la loi nouvelle a voulu consacrer purement et simplement la jurisprudence antérieure de la cour suprême. M. Cuvinot, en effet, après avoir exposé l'état antérieur de cette jurisprudence, concluait en ces termes : « Ce que votre commission vous propose, c'est de consacrer par un texte de loi les décisions de la jurisprudence » (Doc. parlem., Sénat, 25 juin 1885, annexes, p. 260, col. 3, et p. 261). Mais, entre cette époque et celle du vote définitif de la loi, une autre doctrine paraît se faire jour, et il semble résulter, au contraire, des discours des principaux auteurs ou partisans du projet de loi, que l'on entend répudier cette jurisprudence. Voici, en effet, comment s'exprimait M. Léon Renault, à la séance du Sénat du 25 nov. 1890 : « Que veulent dire ces mots : *peut donner lieu à des dommages-intérêts?* Ils ne peuvent avoir qu'une seule signification : c'est qu'il y aura lieu à des dommages-intérêts si la rupture du contrat, voulue par une seule des parties contractantes, n'est pas appuyée de motifs légitimes; car, en dehors de cette interprétation, il n'y en a pas d'autre que la raison puisse concevoir, que la conscience puisse supporter. C'est une innovation dont la portée est considérable ; car, dorénavant, dans la matière du louage d'ouvrage et d'industrie, le pouvoir de chacune des parties de rompre le contrat est subordonné à l'existence de motifs légitimes. Qui est-ce qui sera appréciateur de l'existence de ces motifs légitimes? Ce sera la justice du pays ». Et d'autres orateurs, notamment M. Tolain, qui avaient d'abord vivement combattu cette théorie comme « dangereuse » et propre à « créer l'antagonisme et le conflit entre le travail et le capital », finissent par s'y rallier, et par admettre avec M. Léon Renault que l'art. 1780 nouveau obligera désormais celui qui rompt le contrat à justifier de motifs légitimes pour échapper aux dommages-intérêts (Sénat, séances des 25 nov. 1890, *Journ., off.* p. 1075, col. 2 *in fine*, et 4 déc. 1890, p. 1131, col. 3, *ibid.*, p. 1123, col. 3).

46. Malgré le doute que peuvent faire naître, dans l'esprit de l'interprète, des assertions aussi contradictoires, M. Sauzet, dans son étude déjà citée sur le nouvel art. 1780 c. civ., estime que la loi nouvelle ne fait que consacrer purement et simplement la doctrine de la cour suprême, selon laquelle l'ouvrier ou employé congédié doit prouver la faute du patron, conformément à l'art. 1382 c. civ., pour avoir droit à indemnité. Suivant cet auteur, il ne faudrait pas tirer des assertions précitées de MM. Tolain et Renault au Sénat un argument décisif en faveur de l'abandon de cette jurisprudence, ces assertions se trouvant en contradiction formelle avec d'autres passages des travaux préparatoires, et surtout avec les déclarations de M. Poincarré, rapporteur du projet à la Chambre (*Journ. off.*, 29 déc. 1888. p. 813, col. 1). A vrai dire, les rédacteurs de la loi ne se sont pas particulièrement préoccupés de rattacher l'art. 1780 à un principe général de droit. Après avoir consacré, dans le paragraphe 1er, le principe de la résiliation *ad nutum*, ils ont songé que, en dehors même des cas où cette résiliation opérée brusquement engage la responsabilité contractuelle de son auteur, par suite de la violation, soit d'une clause expresse ou tacite du contrat, soit de l'usage, l'exercice de ce droit de résiliation par l'une des parties pouvait être abusif, et c'est pourquoi ils ont voulu tempérer l'exercice d'un droit qu'ils croyaient bon, indispensable, de proclamer, par l'éventualité d'une réparation du préjudice pouvant en résulter, laissant d'ailleurs aux tribunaux le soin d'apprécier les circonstances de nature à impliquer la faute, l'abus du droit. Recherchant ensuite quels peuvent être les éléments constitutifs de la faute en pareille matière, M. Sauzet estime que, s'agissant ici de l'exercice d'un droit consacré par la loi, la faute ne peut consister que dans l'intention de nuire, de causer un dommage à la partie contre laquelle est exercée la résiliation (*op. cit.*, n° 30)

Tout en partageant pleinement l'opinion de M. Sauzet sur la portée du nouvel art. 1780, quant au principe même du droit à l'indemnité, nous croyons cependant que cette dernière formule, qui fait consister la faute dans la seule intention de causer un dommage, est un peu trop restrictive, en présence de la tendance si manifeste des auteurs de la loi à améliorer le sort des employés et ouvriers congédiés. En fait, il est extrêmement rare qu'un patron renvoie un ouvrier uniquement dans l'intention de lui nuire; or, si étendu que soit le pouvoir d'appréciation des tribunaux, ils ne pourraient, dans ce système, rechercher la base d'une condamnation à des dommages-intérêts en dehors de cet élément intentionnel. M. Sauzet reconnaît implicitement lui-même combien la portée du principe se trouve par là réduite, lorsque, examinant l'hypothèse du renvoi par le patron d'un ouvrier, renvoi motivé sur ce que cet ouvrier ferait partie d'un syndicat, il se refuse à admettre dans ce cas le droit de l'ouvrier à des dommages-intérêts, parce que « la seule circonstance que le congé donné à l'ouvrier est motivé sur son affiliation à un syndicat, ne suffit pas pour révéler l'intention de nuire qui mettrait le patron en faute ». Or précisément, un projet de loi déposé à la Chambre le 4 mars 1886 par M. Bovier-Lapierre et ayant pour objet d'ériger en délit l'atteinte à la liberté des syndicats professionnels, n'a été définitivement rejeté par le Sénat, dans ses séances des 18, 19 et 23 juin 1891, que parce qu'on a estimé qu'une telle loi serait inutile, en présence du pouvoir donné aux tribunaux par le nouvel art. 1780 c. civ. Il nous paraît donc plus conforme à l'intention du législateur de ne pas enfermer la notion de l'abus dans une formule étroite, le souci des rédacteurs de la loi ayant été précisément d'éviter les formules en cette matière. Les juges pourraient, suivant nous, voir les éléments d'une faute dans des circonstances n'impliquant pas nécessairement l'intention de nuire, par exemple dans le fait, par un patron, de congédier brusquement et sans raison un employé auquel il aurait laissé espérer une situation stable dans sa maison, et qui aurait, sur la foi de ses promesses verbales, renoncé à une situation avantageuse dans une autre maison, et cela bien que l'intention de nuire à l'employé ne fût pas constatée dans l'espèce. Il est certain que, dans une pareille hypothèse et dans toutes celles de ce genre, il y a quelque chose de plus que l'absence de motifs légitimes de renvoi, et cela suffit, croyons-nous, pour concilier ici l'attribution de dommages-intérêts avec le principe général du droit de résiliation *ad nutum*. Remarquons, au surplus, que cette doctrine de M. Sauzet, qui fonde le droit à l'indemnité en cas de résiliation sur l'idée de faute aux termes de l'art. 1382, trouvera difficilement crédit auprès de ceux qui, comme MM. Aubry et Rau (t. 4, § 374, texte et note 21), Laurent, t. 26, n° 27, et Guillouard (t. 2, n° 843) estiment que l'art. 1382 c. civ. est étranger à la matière des contrats, et qu'il ne peut jamais être invoqué par un contractant contre l'autre. Dans cette opinion, on sera naturellement porté, en présence surtout de la confusion des travaux préparatoires sur ce point, à interpréter l'art. 1780 nouveau en ce sens que le droit à l'indemnité s'ouvrira toutes les fois que la résiliation du contrat sera contraire à l'équité, aux termes de l'art. 1135 c. civ.; et cette interprétation conduit, comme on l'a vu, à admettre la faculté, pour l'employé congédié, de discuter les motifs de son renvoi.

47. Il est, d'ailleurs, actuellement difficile de prévoir, en présence des termes ambigus du nouvel art. 1780, dans quel sens se prononcera définitivement la jurisprudence sur le principe même du droit à l'indemnité en cas de rupture *ad nutum* du contrat. Parmi les quelques décisions récentes que l'on peut relever aujourd'hui sur ce point, les unes se prononcent pour le maintien de la doctrine antérieure de la cour suprême, les autres pour la doctrine qui fonde le droit à l'indemnité sur l'absence des motifs légitimes de rupture. Dans le premier sens, un jugement du tribunal de commerce de Lille du 26 mai 1891, rendu sur l'appel d'une décision du conseil des prud'hommes de cette ville (aff. Poret, D. P. 91. 3. 86), décide « que, pour qu'il puisse y avoir lieu à l'application de la loi du 27 déc. 1890, il faut que l'ouvrier, victime d'une rupture dont l'auteur a, d'ailleurs, respecté la convention et l'usage, établisse d'une façon nette et précise que, dans les conditions où le congé a été donné, le patron a commis *un abus*, auquel cas le tribunal aurait à apprécier l'étendue du préjudice, en tenant compte des diverses circonstances énumérées dans ladite loi ». — Dans le sens contraire, il y a lieu de citer deux jugements du tribunal de commerce de la Seine, dont l'un admet le droit à une indemnité pour l'ouvrier congédié par cela seul qu'il a été renvoyé brusquement et sans motifs (9 mai 1891, aff. Boulangé, D. P. 91. 3. 86), et l'autre fonde également le même droit sur ce que le patron, auteur de la rupture, ne justifie pas de motifs suffisants pour expliquer le brusque congédiement de son employé (5 mai 1891, aff. Richardot, D. P. 91. 3. 386).

48. Quoi qu'il en soit du principe sur lequel est fondé le droit à une indemnité en cas de résiliation du louage de services, le paragraphe 3 de l'art. 1er de la loi nouvelle énumère un certain nombre de circonstances dont les juges, une fois ce droit admis en principe, auront à tenir compte pour l'évaluation des dommages-intérêts. Ce sont : 1° les *usages*. M. Poincarré disait, dans son rapport à la Chambre (29 déc. 1888, Doc. parlem., annexes, p. 814, col. 2) : « Les tribunaux devront tenir compte des usages. C'est en réalité le seul élément qu'ils retiennent aujourd'hui. Il est insuffisant, mais nécessaire; nous le mettons en première ligne ». On a vu, *suprà*, nos 35 et suiv., le rôle prédominant de l'usage en cette matière. Ajoutons que l'usage même est le plus souvent déterminé ici à l'aide du deuxième élément de fixation indiqué par l'art. 1er, § 3; — 2° La *nature des services engagés*. On conçoit, en effet, que l'indemnité varie en proportion de la difficulté du travail, de la valeur de l'employé, du genre d'industrie, d'art ou de commerce; — 3° Le *temps écoulé*: « Un employé qui est resté longtemps au service de quelqu'un, qui a consacré plusieurs années de sa vie à un établissement industriel, agricole ou commercial, a plus de droits, s'il est congédié, à la bienveillance de la justice qu'un employé nouveau qui n'avait pas encore l'espoir d'avoir acquis une situation définitive » (Rapport précité de M. Poincarré); — 4° Les *retenues opérées et les versements effectués en vue d'une pension de retraite*. Cette dernière disposition est particulièrement remarquable, en ce qu'elle tranche, dans le sens le plus favorable aux employés et ouvriers, une question qui était antérieurement résolue contre eux par la jurisprudence de la cour de cassation (V. *suprà*, n° 42). Il semble même résulter des travaux préparatoires, que, à la différence des autres éléments soumis à l'appréciation des juges pour la détermination du *quantum* de l'indemnité, celui-ci n'implique pas la preuve préalable d'une faute du patron, le droit à l'indemnité devant s'ouvrir de ce chef par le seul fait de la rupture du contrat, sauf au patron à prouver qu'il avait de justes motifs de renvoi (V. en ce sens : Sauzet, *op. cit.*, n° 12, note 1 et n° 31, note); et cette indemnité sera calculée d'après le total des retenues opérées et des versements effectués en vue de la pension de retraite. On a considéré dans la discussion au Sénat qu'il s'agissait ici moins d'une indemnité proprement dite que d'une restitution de sommes dont le versement par l'employé ou ouvrier devait être subordonné à la condition qu'il jouirait effectivement de la pension de retraite. Il faut remarquer, à ce propos, que les deux expressions « retenues opérées » et « versements effectués » ne se confondent pas, la première s'appliquant aux sommes prélevées par le patron sur le salaire de ses ouvriers en vertu de la convention même, tandis que la seconde vise plus spécialement les versements effectués, soit par le patron, soit par les ouvriers, en vue de la pension de retraite, mais en dehors de toute retenue sur les salaires (V. sur tous ces points : Rapport de M. Cuvinot au Sénat, 10 juill. 1890, annexes, t. 30, p. 197; Sénat, séance du 20 févr. 1888, *Journ. off.* p. 171 et 172). — V. au surplus, *infrà*, v° *Travail*.

49. Le paragraphe 4 contient également une disposition nouvelle de la plus haute importance. Antérieurement à la loi du 27 déc. 1890, un grand nombre de patrons, particulièrement les grandes compagnies industrielles ou commerciales, avaient coutume d'insérer, soit dans les contrats d'engagements individuels, soit dans les règlements généraux d'atelier, une clause expresse portant que ces compagnies auraient le droit absolu de renvoi *ad nutum*, sans être tenues à aucune indemnité de ce chef. On a vu *suprà*, nos 41 et 42.

des exemples de cette clause dans les règlements des compagnies de chemins de fer. Les compagnies d'assurances inséraient aussi constamment une stipulation semblable dans les traités qu'elles passaient avec leurs agents; et la jurisprudence reconnaissait dans cette clause une convention d'ordre privé, parfaitement licite, et qui devait, en conséquence, faire la loi des parties (V. en ce sens Grenoble, 15 mai 1872, *Journal des assurances*, 1872, p. 277; Agen, 12 août 1881, *ibid.*, 1882, p. 9; Caen, 5 juin 1882, *Recueil de Caen*, 1882, p. 231).

Le législateur de 1890, estimant qu'une telle clause, devenue de style et imposée à l'ouvrier ou employé comme condition *sine quâ non* de son admission, aurait en réalité pour effet de rendre inutiles les dispositions protectrices qu'il venait d'édicter, a ajouté à ces dispositions un quatrième alinéa portant simplement : *les parties ne peuvent renoncer à l'avance au droit éventuel de demander des dommages-intérêts en vertu des dispositions ci-dessus.* Mais ce n'est pas sans une vive opposition que l'adoption de ce texte a été admise au Sénat : MM. Lacombe et Buffet l'ont vivement combattue en invoquant principalement la liberté des conventions, ainsi que la nécessité où allaient désormais se trouver les compagnies de recourir au contrat de louage de services à durée déterminée pour éviter l'application de cette disposition, qui est spéciale, comme la loi du 27 déc. 1890 tout entière, au louage de services sans durée déterminée (V. Sénat, séance du 28 nov. 1890, *Journ. off.* p. 1096 et suiv.).

De ces deux objections, la seconde n'est guère sérieuse ; car, ainsi que le fait observer M. Sauzet (*op. cit.*, n° 41), il n'est pas probable que beaucoup de patrons se résignent, dans l'unique but de se soustraire au payement éventuel d'une indemnité souvent minime, à enchaîner leur liberté dans les liens d'un contrat qu'ils ne pourraient librement résilier suivant leurs convenances. — Quant à la première objection, tirée du principe de la liberté des conventions, M. Sauzet (*op. cit.*, n° 38) estime qu'elle tombe nécessairement si l'on admet que le fondement même du droit à l'indemnité repose sur l'art. 1382 c. civ., c'est-à-dire sur l'idée de faute : il est certain, en effet, que l'on ne peut pas renoncer par avance au droit à des dommages-intérêts pouvant résulter de l'art. 1382 c. civ. Cette explication conduirait logiquement à écarter l'application du paragraphe 4 dans le cas où le droit à des dommages-intérêts serait fondé, non sur une faute de l'auteur de la résiliation, mais sur la violation, par ce dernier, d'un usage relatif aux délais de congé, puisque les principes généraux du droit ne s'opposent nullement à ce que les parties dérogent à l'usage dans leurs conventions. Tel est bien aussi le point de vue auquel s'est placé un jugement du tribunal de commerce de Lille du 26 mai 1891 (aff. Porret, D. P. 91. 3. 88) qui reconnaît comme valable, même depuis la loi du 27 déc. 1890, le règlement d'atelier aux termes duquel le patron et les ouvriers peuvent mettre fin au contrat *ad nutum*, sans être tenus d'observer les délais d'usage (Comp. dans le même sens : Civ. cass. 11 mai 1886, aff. Houel, D. P. 87. 1. 30). Mais d'autres décisions, se fondant sur la généralité des termes du paragraphe 4, qui ne fait aucune distinction, se sont refusées à sanctionner cette même clause (Trib. de paix de Reims, 6 juin 1891, aff. Nicot, D. P. 91. 3. 87; Cons. des prud. de Lille, 8 mai 1891, aff. Porret, D. P. 91. 3. 87). Dans ce système, il est vrai de dire que l'art. 1780, § 4, constitue, en tant qu'il prohibe toute renonciation anticipée au bénéfice des délais de congé, une véritable dérogation au droit commun. — Ajoutons, d'ailleurs, que, dût-on donner à la disposition du paragraphe 4 cette portée générale, elle ne proscrit en tout cas que les renonciations faites à l'avance; le droit à l'indemnité, une fois ouvert, pourrait certainement faire l'objet d'une renonciation valable (Sauzet, *op. cit.*, n° 38).

50. Aux termes du paragraphe 5 de la loi nouvelle, les contestations auxquelles peut donner lieu l'application des dispositions précédentes, lorsqu'elles seront portées devant les tribunaux civils ou devant les cours d'appel, seront inscrites comme affaires sommaires et jugées d'urgence. — Il faut remarquer, à ce sujet, que, dans un grand nombre de cas, les demandes d'indemnité pour cause de résiliation du contrat sont portées devant la juridiction spéciale des conseils de prud'hommes ; il en ainsi, partout où cette juridiction est organisée, lorsqu'il s'agit de louage de services entre justiciables de ces conseils. Or, le législateur a voulu que, dans les cas où les parties ne peuvent recourir à cette juridiction, elles jouissent du moins, devant les tribunaux de droit commun, du bienfait d'une solution rapide et économique.

Il peut se faire que le procès soit du ressort d'une justice de paix ou d'un tribunal de commerce. Malgré le silence du paragraphe 5 sur ce point, il est certain que la loi n'a pas entendu exclure ici la compétence de ces juridictions lorsqu'elle existe ; ce silence s'explique uniquement par ce fait que les affaires, portées devant ces tribunaux jouissent déjà en vertu du droit commun, des avantages accordés par le paragraphe 5.

51. — II. Inexécution des engagements résultant du contrat (*Rép.* n°s 55 à 64). — Ainsi qu'on l'a dit au *Rép.* n° 55, le louage de services, comme tout autre contrat, est résolu, en vertu des principes généraux, faute par l'une ou par l'autre des parties de remplir ses engagements. Peu importe, d'ailleurs, à cet égard, que la durée du louage de services soit ou non limitée par la convention ; seulement, dans le cas où le contrat détermine la durée de l'engagement, non seulement la partie qui manque à ses obligations ne peut réclamer aucuns dommages-intérêts à raison de la rupture (Paris, 10 mai 1887, aff. Rihal, D. P. 88. 2. 76), mais elle est tenue ellemême d'indemniser l'autre partie, victime de la violation du contrat (Paris, 24 févr. 1860, aff. Guin, D. P. 60. 2. 84 ; Bordeaux, 3 juin 1867, aff. Priollaud, D. P. 68. 5. 279). — Il faut même ajouter que, conformément aux principes qui régissent les obligations de faire, s'il apparaît aux juges que le contrat puisse être exécuté malgré le mauvais vouloir de la partie qui se refuse sans motifs à son exécution, ceux-ci devront, au lieu de prononcer la résiliation avec dommages-intérêts, ordonner l'exécution du contrat selon sa forme et teneur ; c'est ainsi que la cour de Paris a jugé que le gérant d'un fonds de vin, contre lequel il n'était articulé aucun grief sérieux, devait être réintégré dans son emploi (Paris, 1er févr. 1873, aff. Souliac, D. P. 73. 2. 166).

52. La seule inexécution de ses engagements par l'une des parties suffit, d'ailleurs, quelque légitime qu'en soit le motif, et sauf, bien entendu, le cas de force majeure, à justifier l'allocation de dommages-intérêts à l'autre partie. C'est ainsi que le domestique ou l'ouvrier, engagé pour une durée déterminée, ne pourrait quitter son service même pour des motifs honnêtes, par exemple pour se marier, pour aller assister ses père et mère, ou pour contracter un engagement volontaire (*Rép.* n° 62; Aubry et Rau, t. 4, § 372, p. 514; Guillouard, t. 2, n° 729). Il a été jugé également qu'une actrice, non mariée, actionnée en dommages-intérêts pour inexécution de l'engagement contracté par elle envers un directeur de théâtre, n'est pas fondée à opposer son état de grossesse comme cause d'empêchement légitime (Trib. com. Seine, 2 janv. 1857, aff. Marzi, D. P. 58. 3. 56). Mais il est bien entendu que les tribunaux devraient, dans les cas les plus favorables, se montrer moins rigoureux dans la fixation du montant des dommages-intérêts.

53. — III. Force majeure (*Rép.* n°s 68 et 69). — La force majeure est une cause de résiliation du contrat sans dommages-intérêts. Mais, pour qu'il y ait véritablement *force majeure*, au sens juridique du mot, il faut que l'événement qui motive la rupture de l'engagement par l'une des parties ne lui soit en rien imputable, qu'il n'y ait ni faute ni négligence de sa part. Il a été jugé : 1° qu'un commerçant qui congédie ses employés ne peut se dérober à l'obligation de les indemniser par ce seul motif qu'il aurait éprouvé des pertes dans son commerce (Aix, 13 mai 1872, aff. de Tournadre, D. P. 74. 1. 420); cette circonstance lui est en effet imputable dans une certaine mesure ; — 2° Que le contrat de louage d'ouvrage n'est pas résolu par l'incendie des ateliers du maître dans lesquels l'ouvrage était exécuté, alors que ces ateliers étaient assurés, et que l'indemnité due par la compagnie d'assurances pour la réparation du sinistre permettait au maître de reprendre l'exploitation et écartait ainsi l'allégation de force majeure (Paris, 10 mai 1854, aff. Société Malen, D. P. 55. 2. 15). Même décision dans une espèce où un fabricant, sous l'empire des préoccupations que lui causait l'invasion ennemie, avait fermé, puis rouvert successivement ses ateliers, contracté de nouveaux engagements avec ses employés, et n'avait songé que plus tard à invoquer le fait de guerre pour se délier de ses nouveaux engagements (Nancy, 14 juill. 1871, cité *suprà*, v° *Force majeure*, n° 18). — Au contraire, il y a véritablement force majeure dans l'hypothèse où un fabricant se voit enlever par l'état de guerre, soit la possibilité de s'approvisionner de matières premières, soit tout débouché pour ses produits (Arrêt précité, du 14 juill. 1871). Il a été décidé également, dans cet ordre d'idées, qu'une compagnie de chemins de fer ne doit à l'employé, que sa qualité d'étranger a mis sous le coup d'un arrêté d'expulsion, ni indemnité à raison de son renvoi, ni la réintégration dans son emploi après la conclusion de la paix (Rouen, 8 juin 1872, aff. Busch, D. P. 74. 5. 322).

54. Pour terminer ce qui concerne la fin ou la résolution du contrat de louage de services, il convient de signaler l'usage qui accorde au serviteur ou à l'ouvrier le droit de demander un certificat à son maître ou patron, dont il quitte le service. Ce droit a été expressément consacré par l'art. 3 de la loi du 2 juill. 1890, ayant pour objet d'abroger les dispositions relatives aux livrets d'ouvriers (V. *infrà*, v° *Travail*). Cet article, bien qu'inséré dans une loi spécialement relative aux rapports entre les chefs d'industrie et leurs ouvriers, a une portée générale, et régit sans distinction tous les contrats de louage de service; les termes dans lesquels il est conçu ne laissent aucun doute à cet égard : « Toute personne, dit-il, qui engage ses services peut, à l'expiration du contrat, exiger de celui à qui elle les a loués, sous peine de dommages-intérêts, un certificat contenant exclusivement la date de son entrée, celle de sa sortie et l'espèce de travail auquel elle a été employée; le certificat est exempt de timbre et d'enregistrement ». — Antérieurement à la loi précitée, des difficultés s'étaient élevées sur la nature du certificat qui pouvait être exigé; il avait été jugé que, à moins de clause contraire dans l'engagement, le serviteur ou ouvrier sortant n'était en droit d'exiger de son maître ou patron qu'un certificat constatant ses services et son congé d'acquit d'engagement, mais non un certificat de probité et de moralité avec l'opinion personnelle du maître ou patron sur lui (Chambéry, 21 juin 1878, aff. Clerc, D. P. 79. 2. 207). Cette solution est confirmée par l'art. 3 de la loi du 2 juill. 1890, dont on vient de rapporter le texte, et d'après lequel celui à qui les services ont été loués n'est tenu de constater dans le certificat que la durée de ces services et leur nature.

SECT. 4. — DES VOITURIERS PAR TERRE ET PAR EAU (*Rép.* n°s 70 à 84).

55. V. *suprà*, v° *Commissionnaire*, n°s 93 et suiv.

SECT. 5. — DES DEVIS ET MARCHÉS (*Rép.* n°s 85 à 183).

56. Il est nécessaire, pour la clarté des développements que nous aurons à donner sur cette matière, qui a fait l'objet, depuis la publication du *Répertoire*, d'un fort grand nombre de décisions intéressantes de jurisprudence, de distinguer avec soin les dispositions qui régissent les devis et marchés en général de celles qui s'appliquent plus particulièrement aux devis et marchés relatifs à la construction des édifices. Nous aurons donc à étudier successivement les règles de la loi à ce double point de vue : 1° des devis et marchés en général; 2° des devis et marchés relatifs à la construction des édifices.

§ 1er. — Des devis et marchés en général.

57. — I. CARACTÈRES ET CONDITIONS ESSENTIELLES DU CONTRAT DE DEVIS ET MARCHÉS (*Rép.* n°s 85 à 91). — On rappellera tout d'abord ce qui a été dit au *Rép.* n° 85, sur la différence essentielle qui sépare ce contrat du contrat de louage de services dont nous venons d'étudier les règles : tandis que, dans cette dernière espèce de louage, l'ouvrier, employé ou domestique loue simplement son travail, qui doit lui être payé à raison de sa durée, dans le contrat de devis et marchés, l'entrepreneur d'ouvrage s'oblige à confectionner l'ouvrage pour en être payé à raison de la valeur de cet ouvrage. Cette distinction essentielle dans la nature même des deux contrats explique tout naturellement les différences qui les séparent dans leurs effets : 1° au point de vue des risques : tandis que celui qui loue simplement ses services, lorsqu'une chose lui est confiée par le maître, ne supporte jamais les risques de cette chose en cas de perte fortuite, et que même son salaire lui reste dû nonobstant cette perte, l'entrepreneur d'ouvrage, au contraire, supporte les risques jusqu'à la réception de l'ouvrage, soit pour la valeur de la matière, si c'est lui qui la fournit, soit tout au moins pour son salaire, si la matière est fournie par le maître; — 2° Au point de vue de la prescription de l'action en payement, qui est fixée à six mois par l'art. 2271 c. civ. pour le salaire des ouvriers et gens de service, tandis qu'elle est de trente ans pour les sommes dues aux entrepreneurs d'ouvrages, conformément à l'art. 2262 c. civ., aucun texte ne la limitant ici à une durée moindre.

58. Des devis et marchés, ainsi désignés par la rubrique de notre section, la loi rapproche, dans l'art. 1711 c. civ., les *prix faits*. Il n'y a point lieu, au point de vue des règles générales de la matière, de distinguer ici ces expressions. Néanmoins on peut caractériser les nuances qui les séparent par les définitions suivantes : On entend généralement par *devis* un état détaillé des travaux qu'il faut faire pour exécuter un certain ouvrage, et du prix qu'il en doit coûter. L'expression *marché* désigne plus spécialement la convention qui règle les conditions du louage d'ouvrage, et le mot *prix fait*, ou plus généralement *forfait*, implique l'idée d'un marché déterminant d'une manière invariable le prix de l'ouvrage. Dans la pratique, on oppose souvent le *marché à forfait*, au marché dit *par série de prix* qui, à la différence du premier, détermine non pas le prix total de l'ouvrage à faire, mais un prix invariable pour chacune des matières qui doivent entrer dans la confection de l'ouvrage, le prix total devant varier suivant la quantité de ces matières. On verra *infrà*, n° 89, que cette dernière distinction présente de l'intérêt à certains points de vue.

59. Le contrat qui, d'une manière générale, a pour objet la confection d'un ouvrage, présente un caractère différent suivant que l'ouvrier ne s'engage à fournir que son travail ou son industrie, ou qu'il s'engage à fournir également la matière. Tout le monde est d'accord que, dans le premier cas, il y a un louage pur et simple.

Sur la nature juridique exacte du contrat dans le second cas, on a vu au *Rép.* n° 88, que les auteurs étaient partagés : les uns admettant la solution qui avait prévalu dans le droit romain, et suivant laquelle ce contrat ne serait autre chose qu'une vente ayant pour objet la chose même façonnée par l'ouvrier avec sa matière, d'autres soutenant au contraire que ce contrat est un louage et non une vente, dans le cas même où l'ouvrier fournit la matière; d'autres enfin enseignant que la convention dont il s'agit participe à la fois de la vente et du louage. La doctrine actuelle incline généralement aujourd'hui vers l'opinion qui voit dans cette sorte de contrat une véritable vente (En ce sens : Colmet de Santerre, t. 7, n° 241 *bis*, I; Laurent, *Principes de droit civil français*, t. 26, n° 5; Guillouard, *Traité du contrat de louage*, t. 2, n°s 772 et suiv.; Baudry-Lacantinerie, *Précis de droit civil*, 2e éd., t. 3, n° 730). MM. Aubry et Rau (*Cours de droit civil*, 4e éd., t. 4, § 374, texte et note 2) proposent une opinion intermédiaire, suivant laquelle, jusqu'au moment de la réception de l'ouvrage, les rapports des parties seraient principalement régis par les règles du louage, tandis qu'à partir de ce moment, ce seraient les règles de la vente qui deviendraient applicables. — La jurisprudence s'est prononcée jusqu'à ce jour dans le sens de la première opinion, celle qui considère le contrat dont il s'agit comme constituant une véritable vente (Rennes, 24 janv. 1870, aff. Synd. Barnès, D. P. 71. 2. 140; Civ. rej. 20 mars 1872, aff. Leverrier et Aubry, D. P. 72. 1. 140; Req. 22 juill. 1874, aff. Naud et Comp., D. P. 75. 1. 303; Gand, 16 janv. 1886, aff. Odent, D. P. 87. 2. 157). Cette doctrine est conforme à la tradition du droit romain et de l'ancien droit, ainsi qu'aux travaux préparatoires (V. Frenet, t. 14, p. 335 et 279).

60. Ce serait une erreur de croire, ainsi qu'on l'a dit quelquefois, que la question ne présente qu'un intérêt purement théorique. Sans doute, au point de vue des risques, l'art. 1788 c. civ. soumet cette espèce de contrat aux règles qui régissent la vente conditionnelle, dans laquelle la chose vendue est aux risques du vendeur tant que la condition n'est pas accomplie. A cet égard, il importe peu que le contrat soit une vente ou un louage. On verra toutefois, en étudiant l'art. 1788, que la question peut présenter un certain intérêt lorsqu'il s'agit de déterminer le moment précis où la condition, dont l'arrivée met la chose aux risques du maître, est réputée accomplie (V. *infrà*, n° 67). — Mais, à d'autres points de vue, la question présente un intérêt certain. Si l'entreprise d'ouvrage est une vente lorsque l'ouvrier fournit à la fois son travail et la matière, il ne faut pas hésiter à appliquer ici les règles de la vente sur la garantie des vices cachés de la chose vendue, et à décider que, contrairement au cas où il ne fournit que son travail, il ne sera pas quitte envers le maître par la réception de l'ouvrage, mais restera tenu de la garantie pendant un certain temps, conformément à l'art. 1648 c. civ. — Enfin, dans la doctrine de la vente, on devrait également repousser ici l'application de certains textes, tels que les art. 1792, 1794, 1795 et 1796 c. civ., dont les dispositions dérogent aux règles ordinaires de la vente. Or on verra que les partisans même de cette doctrine reculent pour la plupart devant ces dernières conséquences. Aussi croyons-nous plus exact de décider que le contrat par lequel l'entrepreneur fournit également son travail et la matière, bien que constituant une vente en principe, est cependant une vente d'une nature particulière, régie à certains égards par les règles du louage d'ouvrage.

61. Quoi qu'il en soit, dans l'opinion même qui voit dans le contrat de l'art. 1788 une véritable vente, il faut, pour qu'il en soit ainsi, que l'ouvrier fournisse, outre son travail, sinon la matière tout entière, au moins la matière principale qui doit entrer dans la composition de l'ouvrage. Conformément à ce principe, la cour suprême a décidé qu'il y a louage d'industrie, et non pas vente, dans le contrat par lequel un entrepreneur se charge d'élever, même avec ses matériaux, une construction sur un terrain appartenant au propriétaire pour le compte duquel il construit, par ce motif, déjà donné par Pothier (*Traité du louage*, n° 394), que le terrain fourni par le propriétaire pour y construire la maison est ce qu'il y a de principal dans une maison, *cum ædificium solo cedat*. Elle en a conclu que l'art. 1652, c. civ. d'après lequel l'acheteur doit l'intérêt du prix de la vente lorsque la chose vendue et livrée produit des fruits ou autres revenus, est inapplicable en pareil cas (Civ. cass., 20 févr. 1883, aff. Société du Moulin de Bazacle, D. P. 84. 1. 32).

62. On a vu que le prix, dans le contrat de louage d'ouvrage, est tantôt déterminé à l'avance et d'une manière invariable par les parties, tantôt fixé seulement après l'achèvement du travail, suivant la quantité et la qualité des matériaux employés ou mis en œuvre. Dans les deux cas, le payement de ce prix entre les mains de l'entrepreneur de l'ouvrage se trouve garanti, sous certaines conditions, par l'exercice d'un droit de rétention sur la chose. Pour l'ouvrier qui fournit seulement son travail sur la matière qui lui est confiée, ce droit de retenir la chose jusqu'au payement du prix trouve sa source dans le principe, généralement reconnu dans la doctrine, suivant lequel le droit de rétention existe toutes les fois qu'il y a *debitum cum re junctum*, c'est-à-dire, que le détenteur se trouve être créancier à raison de dépenses nécessaires ou utiles faites sur la chose même dont la restitution lui est demandée (Glasson, *Droit de rétention*, p. 58 et suiv. ; Nicolas, *Droit de rétention*, n° 139 et suiv. Conf. Aubry et Rau, t. 3, § 256 *bis*, p. 116, dont la doctrine, quoique plus restrictive du droit de rétention, reconnaît également l'existence de ce droit dans notre hypothèse). Pour l'ouvrier qui fournit à la fois son travail et la matière, le droit de rétention se fonde, soit sur le principe précédent, pour ceux qui considèrent le contrat comme un louage, soit plus simplement sur l'art. 1612 c. civ. pour ceux qui voient dans ce contrat une vente. (Guillouard, *Traité du louage*, t. 2, n° 776).

63. L'étendue de ce droit se trouve déterminée par la règle suivant laquelle toute sûreté réelle, tout droit constitué à titre de garantie est indivisible (arg. art. 2114 c. civ.); ce qui conduit à cette conclusion que le droit de rétention appartient à l'ouvrier sur l'ensemble des objets jusqu'au payement intégral du prix, et que, s'il avait livré une partie du travail sans exiger la portion du prix qui y correspond, il aurait néanmoins le droit de retenir le surplus des marchandises jusqu'au payement du prix total. De même, le droit de rétention, au cas où des objets ont été remis par le maître pour être façonnés, s'exerce aussi bien sur ceux de ces objets qui n'ont pas encore été façonnés par l'ouvrier que sur les autres. C'est ce qui a été jugé avec raison par un arrêt de la cour de Lyon (25 mars 1871, aff. Cavaniol), infirmant un jugement du tribunal de commerce de la même ville, qui, confondant le droit de rétention fondé sur les analogies des art. 1749, 1948, etc., c. civ., avec un droit de privilège qui reposerait sur l'idée d'une amélioration faite, d'une plus-value procurée, avait décidé que ce droit ne pouvait ici s'exercer que sur les matériaux déjà façonnés par l'ouvrier, et non sur la matière non encore façonnée qui resterait entre ses mains. Cette doctrine a été justement condamnée par la cour d'appel: la loi ne concède de privilège, en matière de meubles, qu'à celui qui a fait des dépenses pour leur conservation, et non à celui qui les a façonnés et améliorés à ses dépens (V. Aubry et Rau, t. 3, § 261, texte et note 53; Paul Pont, *Privilèges et hypothèques*, t. 1er, nos 141 et 142).

Toutefois, la solution précédente, basée sur la nature indivisible du droit de rétention, ne saurait plus s'appliquer s'il ne s'agissait pas d'une seule et même convention, mais de plusieurs opérations distinctes successivement renouvelées. C'est ainsi qu'un ouvrier ne serait pas admis à l'exercice du droit de rétention sur des marchandises qu'il détient encore, à raison de ce qui lui est dû sur des marchandises déjà terminées et livrées en vertu d'un contrat précédent (Glasson, *Droit de rétention*, p. 134; Guillouard, *Traité du louage*, t. 2, n° 777, p. 347).

64. Une exception remarquable aux règles précédentes se présente dans le cas où celui qui prétend exercer le droit de rétention se trouve créancier à raison d'un service public à lui confié. C'est ainsi qu'il a été jugé (Paris, 14 déc. 1869, aff. Sénèque, D. P. 71. 2. 83) que l'architecte d'un département, auquel est signifié un arrêté de révocation, n'a pas, comme l'architecte d'un particulier, un droit de rétention, jusqu'au parfait payement de ses honoraires, sur les plans et devis qu'il a dressés dans l'exercice de ses fonctions. Cette décision se fonde sur ce que, en acceptant de remplir une fonction publique, l'architecte s'est implicitement soumis à toutes les obligations que ce service lui impose, et que la première de ces obligations est de ne pas mettre obstacle au fonctionnement régulier d'un service public en retenant des pièces qu'il s'est obligé de remettre.

65. Ainsi qu'on l'a dit, au *Rép.* n° 91, les devis et marchés ne sont assujettis à aucune forme spéciale; ils seraient valables lors même qu'ils ne seraient constatés par aucun écrit. Toutefois, la preuve serait très difficile à faire dans ce dernier cas, la preuve dans le contrat de louage d'industrie étant soumise aux règles générales de l'art. 1341 c. civ. C'est ainsi que la jurisprudence a rejeté, faute de justification suffisante, la demande en payement formée contre un propriétaire qui, reconnaissant que des travaux avaient été exécutés sur son terrain, soutenait, dans un premier cas, qu'ils avaient été faits par l'ordre de son locataire, dans un second, qu'ils l'avaient été par l'ordre d'un entrepreneur principal dans les mains duquel il affirmait s'être libéré (Civ. cass. 25 août 1862, aff. Villain, D. P. 62. 1. 345; 19 janv. 1874, aff. Bounardel, D. P. 74. 1. 141).

66. — II. De la responsabilité dans le contrat de devis et marchés (*Rép.* nos 92 à 131). — Pour apprécier les motifs et l'étendue de cette responsabilité, il faut distinguer avec les art. 1788 et 1789 c. civ., suivant que celui qui s'était chargé de faire l'ouvrage devait ou non fournir la matière. Dans le premier cas, les risques de la perte de la chose sont pour l'ouvrier, qui perd à la fois la matière et le prix de son travail. D'après l'opinion générale, qui, ainsi qu'on l'a vu *suprà*, n° 59, considère le contrat de l'art. 1788 comme une vente d'objet confectionné, on justifie la solution de la loi à l'aide des principes de la vente conditionnelle : l'acheteur n'est lié qu'autant que l'objet est confectionné; c'est l'achèvement de l'ouvrage qui est l'événement futur et incertain duquel dépend son obligation. Il est donc acheteur sous condition suspensive; or aux termes de l'art. 1585, les risques sont pour le vendeur jusqu'à l'arrivée de la condition (Colmet de Santerre, t. 7, n° 241 *bis*, II et III; Laurent, t. 26, n° 6; Guillouard, *op. cit.*, n° 781).

Cette disposition, ainsi expliquée, s'applique-t-elle aux entrepreneurs à forfait, comme aux ouvriers? On l'a contesté, au moins dans un cas spécial, celui où il s'agit d'entreprises et constructions à élever sur le sol d'autrui avec les matériaux fournis par l'entrepreneur (V. *infrà*, n° 81).

67. Une conséquence de cette doctrine, c'est que, si l'ouvrage ne peut être livré par l'ouvrier et demeure inachevé, celui qui a commandé le travail ne peut en revendiquer les parties déjà exécutées; car l'ouvrier n'est pas dessaisi de la propriété avant l'achèvement de l'ouvrage. Cette question a une grande importance pratique dans l'hypothèse où l'ouvrier tombe en faillite au cours de son travail, et elle s'est posée, avec un intérêt tout particulier, dans le cas de construction de navires. Elle a été examinée *suprà* v° *Droit maritime*, n°s 95 et suiv. Ainsi qu'on l'a vu *ibid.*, n°s 97 et 98, elle a été diversement résolue par la jurisprudence; mais les arrêts les plus récents ont rejeté la prétention de l'armateur qui soutenait, pour réclamer la propriété du navire en cours de construction, qu'au fur et à mesure que les pièces du navire avaient été posées sur le chantier, elles étaient devenues sa propriété. Ces arrêts considèrent, avec raison selon nous, que dans notre hypothèse, il n'y a entre les parties qu'une obligation unique, indivisible *obligatione*, l'obligation de livrer un navire, et que l'armateur ne devient acquéreur qu'après avoir reçu le navire construit.

68. Passons maintenant à l'hypothèse visée par l'art. 1789 c. civ., celle où l'ouvrier fournit seulement son travail ou son industrie. On a montré, au *Rép.* n° 125, en quoi la règle admise par le code civil relativement à la responsabilité de l'ouvrier dans ce cas, est différente de celle du droit romain qui mettait ici la perte entière, c'est-à-dire tant celle de la matière que celle de la main-d'œuvre, à la charge exclusive du maître; que, dans notre droit, si la perte de la matière est à la charge du maître qui l'a confiée, en vertu de la règle *res perit domino*, l'ouvrier de son côté supporte en principe la perte de la main-d'œuvre, puisqu'il ne peut réclamer le salaire afférent au travail qu'il avait fourni sur la chose périe (art. 1790). Mais ces deux règles subissent l'une et l'autre une exception: d'une part, aux termes de l'art. 1789, la perte de la matière est mise à la charge de l'ouvrier lorsque celui-ci était en faute. D'autre part, aux termes de l'art. 1790, la perte de la main-d'œuvre peut être mise à la charge du maître, lorsque la chose a péri par le vice de la matière.

69. De ces deux exceptions la première, celle qui met les risques à la charge de l'ouvrier en cas de faute de sa part, soulève une question très importante. A qui incombe la charge de la preuve? Est-ce au maître à prouver la faute de l'ouvrier pour obtenir des dommages-intérêts; est-ce au contraire à l'ouvrier d'établir, pour être exonéré, que la perte a eu lieu sans aucune faute de sa part? Si l'on applique ici les principes du droit commun, la solution ne saurait être douteuse: débiteur d'un corps certain en vertu de la remise qui lui en a été faite, l'ouvrier à façon ne peut se prétendre libéré qu'en prouvant que la chose a péri sans sa faute. Cela résulte de la combinaison des art. 1302 et 1315 c. civ., dont l'art. 1789 n'est évidemment qu'une application. Si l'art. 1789 s'est formellement exprimé sur ce point, c'est dans le but de spécifier que, tout en étant choses fongibles par leur nature, les marchandises confiées à un ouvrier pour être façonnées devaient, par suite de l'obligation mise à sa charge de restituer ces marchandises mêmes, être considérées comme un corps certain, à la différence du cas prévu par l'art. 1788, où la chose étant fournie par l'ouvrier peut être remplacée par une chose semblable en cas de perte et est, par conséquent, aux risques de l'ouvrier. Mais l'art. 1789 tranche uniquement une question de risques, il est muet sur la question de preuve qui doit, en conséquence, être résolue par le principe de l'art. 1315, aux termes duquel, c'est à celui qui se prétend libéré à justifier le fait qui a produit l'extinction de son obligation (V. Colmet de Santerre, t. 7, n° 243 *bis*, I; Aubry et Rau, t. 4, § 308-3°, p. 104; Guillouard, *Traité du louage*, t. 2, n° 787; Laurent, t. 26, n° 9; Lyon, 14 mai 1849, aff. Ricard, D. P. 52. 2. 75; 26 févr. 1855, aff. Chavanne, D. P. 56. 2. 34; Grenoble, 18 juin 1869, aff. Jouvin, D. P. 70. 2. 149).

70. Si nous insistons sur ce point, qui n'est pas contesté dans la doctrine, c'est que la cour suprême paraît avoir méconnu le principe qui, selon tous les auteurs, sert de base à la disposition de l'art. 1789. Par un arrêt du 22 avr. 1872 (aff. Charnaux, D. P. 73. 1. 119), la chambre des requêtes, rompant avec la tradition ancienne et constante de sa jurisprudence (V. Req. 14 juin 1827, *Rép.* v° *Louage*, n° 402; Civ. cass. 1er août 1866, aff. Faillite Claverie, D. P. 66. 1. 331 et 3 mars 1869, aff. Leseigneur, D. P. 69. 1. 334), dans une espèce où il s'agissait de sacs de blé remis à un meunier pour être transformés en farine, et détruits chez le meunier par un incendie, décidait que l'action en responsabilité du propriétaire des blés devait être rejetée s'il ne prouvait pas la faute du meunier. C'était repousser nettement la doctrine suivant laquelle l'art. 1789 n'est qu'une application de l'art. 1302; et cette déclaration de principe de l'arrêt de 1872 était d'autant plus remarquable qu'elle était en fait inutile dans la cause, les juges du fond ayant constaté que le défendeur à l'action en dommages-intérêts avait fait tout ce qu'il était humainement possible de faire pour éviter l'incendie: d'où il résultait qu'il devait échapper à tous dommages-intérêts par la seule application de l'art. 1302, sans qu'il fût nécessaire, pour arriver à ce résultat, de s'appuyer sur ce que le demandeur en indemnité n'avait pas fait la preuve d'une faute imputable à son adversaire. Mais, dans ses plus récents arrêts sur la question, la cour suprême est revenue à la doctrine antérieure à l'arrêt de 1872, et elle décide maintenant, conformément à la doctrine des auteurs, que l'art. 1789 ne touche point à la question de preuve, laquelle doit être résolue d'après les principes généraux du droit; que, par suite, l'ouvrier n'est libéré de l'obligation de restituer ce qu'il a reçu qu'à la charge de prouver que la perte de la chose ne provient pas de son fait (V. en ce sens, Douai, 27 janv. 1880, aff. Lebègue-Devivaise, D. P. 81. 2. 155; Civ. rej. 21 mars 1882, aff. Paul Demoulin, D. P. 82. 1. 361; Req. 19 mai 1886, aff. Wallior, D. P. 86. 1. 409, avec le rapport de M. le conseiller Cotelle, et les conclusions de M. l'avocat général Chevrier).

71. Mais la question de la charge de la preuve tranchée, il reste à élucider un point délicat: que doit exactement prouver l'ouvrier pour être libéré? Il doit prouver que la perte de la chose a été occasionnée par un cas fortuit ou de force majeure, cela n'est pas douteux. Mais, ce cas fortuit une fois établi, doit-il prouver encore qu'il n'a été précédé ni accompagné d'aucun fait impliquant une faute de sa part? Ou cette dernière preuve est-elle à la charge du demandeur en indemnité? Pour prendre un exemple, l'ouvrier est-il déchargé par cela même qu'il a établi que la perte de la chose résultait d'une inondation, ou du feu du ciel, ou d'un incendie ou d'un vol, sauf au demandeur en indemnité à établir, à son tour, que ces faits ont été précédés ou accompagnés d'une négligence de sa part? « Le débiteur qui allègue un cas fortuit, disent à cet égard MM. Aubry et Rau (t. 4, § 308-3°, p. 104), doit le prouver; mais il lui suffit, pour se décharger de toute responsabilité, de rapporter cette preuve. Si le créancier prétendait que le fait invoqué par le débiteur pour sa justification a été accompagné de quelque faute imputable à ce dernier, ce serait à lui à prouver son allégation (t. 4, § 308-3°, p. 104). Et M. Colmet de Santerre reproduit la même doctrine (t. 7, n° 353 *bis*, I, et t. 5, n° 258). Selon cet auteur, il suffit au débiteur de prouver un certain fait qui a les caractères apparents d'un cas fortuit; la présomption tourne alors en sa faveur, et si le créancier allègue que cet événement a été causé par le fait ou la faute du débiteur, c'est lui qui doit faire la preuve de cette nouvelle allégation.

Voici comment on peut expliquer cette dernière doctrine, qui paraît, au premier abord, contredire celle qui est formulée par les mêmes auteurs sur le principe même de l'art. 1789: parmi les divers événements autres que la destruction ou l'endommagement de la chose par le débiteur lui-même, il en est qui, comme le feu du ciel, une inondation, une invasion ennemie, écartent *à priori* l'idée d'une faute imputable au débiteur; les événements de cette nature, il lui suffira de les établir pour être déchargé. Pour qu'il puisse être tenu de dommages-intérêts dans cette hypothèse, il faudrait que le créancier prouvât à son tour que la perte résultant de ces événements eût pu être évitée sans la négligence du débiteur. D'autres événements au contraire, quoiqu'en apparence purement fortuits, sont si peu exclusifs de l'idée de faute du débiteur que, le plus souvent, dans la réalité des faits, ils sont dus à sa négligence : tels sont l'incendie, le vol de la chose par un tiers. Le plus souvent ces événements proviennent d'un défaut de surveillance ou de précautions de sa part. Dans ces hypothèses, il ne lui suffira pas, pour être libéré, d'établir le fait même de l'incendie, du vol. Il devra prouver, par exemple, qu'il n'avait négligé aucune des précautions d'usage pour éviter l'incendie, ou que le feu a été communiqué du dehors, ou que le vol a été commis dans des circontances excluant toute négligence de sa part. C'est à l'aide de cette distinction, fondée tout à la fois sur l'équité et sur la nature même des choses, que l'on concilie dans cette doctrine le système des art. 1302 et 1315 c. civ. qui obligent le débiteur à prouver l'absence de toute faute de sa part en cas d'inexécution, avec un texte placé dans la matière du bail à cheptel, l'art. 1808 c. civ., qui met à la charge du débiteur la preuve du cas fortuit, et à la charge du créancier la preuve de la faute du débiteur. Cet article suppose précisément, dit-on, que le débiteur a établi un certain fait qui a toutes les apparences du cas fortuit, c'est-à-dire qui écarte *à priori* l'idée d'une faute de sa part. Dès lors, il a satisfait à l'obligation de l'art. 1315; et c'est au créancier, s'il veut à son tour combattre cette présomption, à faire la preuve précise d'une faute de la part du débiteur.

Il a été décidé que, lorsque la chose confiée à l'ouvrier a péri dans un incendie, l'ouvrier est libéré s'il établit que l'incendie a commencé au dehors sans qu'il ait à prouver, en outre, qu'au commencement de l'incendie, il a fait tout ce qui était humainement possible pour en arrêter les progrès (Civ. cass. 3 mars 1869, aff. Leseigneur, D. P. 69. 1. 334).

72. L'ouvrier est responsable de la perte de la chose à lui confiée, alors même que cette perte a eu lieu sans sa faute, si elle est le résultat de la négligence des personnes qu'il emploie. Il a été jugé, en ce sens, que la personne à qui un objet (une œuvre d'art, dans l'espèce) a été confié pour être réparé est responsable, vis-à-vis du propriétaire, de la perte de cet objet causée par la négligence de la personne qu'elle s'était substituée pour l'accomplissement du travail commandé (Paris, 28 juill. 1885, aff. Dujay, D. P. 86. 2. 246). Cette solution peut s'appuyer, par analogie, sur l'art. 1994 c. civ. aux termes duquel le mandataire répond de celui qu'il s'est substitué dans la gestion quand il n'a pas reçu le pouvoir de se substituer quelqu'un (V. *infrà*, v° *Mandat*).

73. On a vu *suprà*, n° 69, qu'en principe, l'ouvrier à façon, s'il n'est pas tenu du cas fortuit qui a détruit la chose, perd du moins le salaire correspondant à son travail. Une exception est apportée à cette règle par l'art. 1790 dans le cas où la chose a péri par le vice de la matière. Il est juste, en effet, dans ce dernier cas, que le maître, qui a commis la faute grave de donner de mauvais matériaux à l'ouvrier, subisse la perte tout entière, de la chose et du salaire. Plusieurs auteurs admettent cependant ici une restriction pour le cas où l'ouvrier aurait connu le vice de ces matériaux au moment où il les a reçus, ou même aurait dû le connaître à raison de son expérience professionnelle (Aubry et Rau, t. 4, § 374, texte et note 8; Guillouard, t. 2, n° 790). On maintient, dans ce dernier cas, la règle qui met la perte du salaire à la charge de l'ouvrier.

74. — III. PERTE DE LA CHOSE APRÈS LA LIVRAISON (*Rép.* n°s 132 à 159). — D'après l'art. 1788 c. civ., c'est la livraison de l'ouvrage qui déplace les risques de la chose dans le cas où l'ouvrier fournit à la fois son travail et la matière; d'après l'art. 1790, c'est par la réception de l'ouvrage que l'ouvrier est affranchi de toute responsabilité, lorsqu'il ne fournit que son travail. Faut-il conclure de là à une différence entre les deux espèces de louage quant à la détermination du moment précis où les risques se déplacent, différence qui s'expliquerait en ce que, dans l'hypothèse de l'art. 1788, il y a vente et non pas louage? C'est ce qui semble résulter d'un arrêt (Gand, 16 janv. 1886, aff. Nicaise et Delcuve, D. P. 87. 2. 157) qui décide que le contrat par lequel un entrepreneur s'engage à fournir non seulement du travail, mais encore la matière, constitue un contrat de vente, et que, dès lors, la propriété est transmise dès que l'ouvrage est achevé et livré au lieu convenu, bien qu'il n'ait pas encore été reçu par le maître. Il suffit en effet, dit la cour, pour qu'une vente soit parfaite, que les parties soient d'accord sur la chose et le prix; il n'est pas nécessaire de plus ici, comme dans une vente à l'essai ou une vente de choses à goûter, que la chose vendue soit agréée par l'acheteur. — Cette doctrine ne nous paraît pas exacte, et nous pensons, avec la majorité des auteurs, que c'est la réception ou la vérification de l'ouvrage qui déplace les risques, aussi bien dans le cas de l'art. 1788 que dans celui de l'art. 1789. Il résulte nettement des travaux préparatoires sur l'art. 1788 (Fenet, t. 14, p. 340) que le législateur a entendu par livraison, dans ce texte, la tradition fictive résultant de la vérification contradictoire de l'ouvrage et qui constitue à partir de ce moment l'ouvrier possesseur pour l'acheteur (V. en ce sens Colmet de Santerre t. 7, n° 241 *bis*, III; Guillouard, t. 2, n° 791). Ajoutons que, si l'entreprise d'ouvrage de l'art. 1788 constitue une vente, c'est une vente conditionnelle, et la condition, telle qu'elle résulte ici de l'intention des parties, est évidemment, non le fait de l'achèvement et de la tradition réelle de l'ouvrage, mais le fait de sa réception et de sa vérification par le maître. Le caractère de vente attribué au contrat n'empêche pas qu'à certains égards il participe du louage d'ouvrage, et qu'en conséquence on ne puisse admettre la libération complète de l'ouvrier avant que la bonne qualité de son travail ait été constatée légalement.

75. Si la réception de l'ouvrage est nécessaire, elle est suffisante, d'autre part, pour que la perte totale incombe au propriétaire; si donc l'ouvrage a été reçu, sans être encore livré au maître, celui-ci supporte néanmoins les risques de la perte. Et la circonstance d'où résultera la preuve de la réception de l'ouvrage peut être appréciée souverainement par les juges du fond (Req. 4 janv. 1888, aff. Eckersley, D. P. 89. 1. 211).

76. S'il s'agit d'un ouvrage à plusieurs pièces ou à la mesure, l'art. 1791 c. civ. décide que la vérification peut s'en faire par parties. D'où il résulte que, dans ce cas, chacune des parties de l'ouvrage passe aux risques du maître au fur et à mesure de leur vérification. — L'article ajoute que cette vérification est censée faite pour toutes les parties payées, si le maître paye l'ouvrier en proportion de l'ouvrage fait. De là, il faut conclure que le payement de simples acomptes, au cours du travail, sans corrélation avec les parties terminées, n'équivaudrait pas à la réception; car un tel payement n'implique de la part du maître aucune idée d'acceptation immédiate de l'ouvrage (V. Aubry et Rau, t. 4, § 374, texte et note 8; Guillouard, t. 2, n° 792).

77. La réception ou la vérification du travail ne déplace pas seulement les risques en cas de perte de la chose; elle affranchit désormais l'ouvrier de toute responsabilité ultérieure à raison des vices apparents ou même cachés de la chose, du moins lorsqu'il s'agit de meubles (car, pour les immeubles l'art. 1792 édicte une règle spéciale dont nous aurons à déterminer la portée. V. *infrà*, n° 106). — Toutefois, même à l'égard des meubles, on a contesté, dans la doctrine, que l'ouvrier fût affranchi, par la réception de l'ouvrage, de la responsabilité des vices cachés. Des auteurs, tout en reconnaissant qu'il est impossible d'admettre ici une action en garantie recevable dans le délai de trente ans, conformément au droit commun, ce qui serait une inconséquence dans le système de la loi, qui a voulu se montrer plus rigoureuse à l'égard des constructeurs d'immeubles en édictant la règle de la responsabilité décennale, proposent de fixer la durée de l'action en garantie dans notre hypothèse à un « bref délai » que les tribunaux arbitreraient dans chaque affaire, par application ou par analogie de l'art. 1648 en matière de vices rédhibitoires (V. en ce sens: Aubry et Rau, t. 4, § 374, p. 528). D'autres interprètes repoussent ce système en faisant remarquer le caractère exorbitant de ce pouvoir attribué au juge, et qui, par conséquent, ne doit pas être étendu en dehors de la vente (V. en ce sens Laurent, t. 26, n° 16; Guillouard, t. 2, n° 793). Pour nous, qui voyons dans notre contrat tantôt une vente, tantôt un louage d'ouvrage, suivant que l'ouvrier fournit ou non la matière, nous admettons l'application de l'art. 1648 c. civ. dans l'hypothèse de l'art. 1788, et nous la repoussons au contraire dans celle de l'art. 1789. Toutefois, dans ce dernier cas même, il faut admettre que si l'ouvrier avait usé de dol pour empêcher la découverte des défectuosités de l'ouvrage, il resterait tenu après la vérification de l'ouvrage, nul ne pouvant se soustraire à la responsabilité de son dol. La loi n'ayant pas fixé ici de délai spécial, l'action en garantie devrait durer trente ans aux termes du droit commun (Guillouard, t. 2, n° 794).

78. — IV. FIN ET RÉSOLUTION DU CONTRAT DE DEVIS ET MARCHÉS (*Rép.* n°s 160 à 183). — On a vu au *Rép.* n°s 160 et suiv., qu'indépendamment des causes générales qui mettent fin à tout contrat, le louage d'ouvrage prend fin : 1° par la volonté du maître (art. 1794) ; 2° par la mort de l'ouvrier (art. 1795).

1° Sur la première cause d'extinction, la *volonté du maître* (*Rép.* n°s 161 à 169), il n'y a que peu de chose à ajouter aux explications déjà données au *Répertoire* sur ce point. Signalons seulement, dans la doctrine actuelle, deux tendances opposées sur l'interprétation de l'art. 1794. Parmi les auteurs, les uns décident que ce texte, qui ne s'applique littéralement qu'au marché à forfait, doit être entendu restrictivement, et cela d'autant plus qu'il édicte une règle exceptionnelle (V. en ce sens, Laurent, t. 26, n° 18) ; les autres pensent, au contraire, qu'il faut étendre la solution de l'article à l'hypothèse d'un marché à la mesure, à la pièce ou à la série de prix, et cela pour le motif, déjà donné au *Rép.* n° 166, que les raisons de décider sont les mêmes dans les deux cas (V. en ce sens, Guillouard, t. 2, n° 804 ; Colmet de Santerre, t. 7, n° 247 *bis*, I). D'autre part, on a vu au *Rép.* n° 168, que Troplong, s'appuyant sur le caractère spécial du contrat par lequel l'ouvrier fournit à la fois son travail et la matière, refusait de lui appliquer l'art. 1794 c. civ., et se prononçait pour l'application à cette hypothèse des règles de la vente. — Aujourd'hui, on se prononce, au contraire pour l'application de l'art. 1794, même dans l'opinion qui considère le contrat en question comme une vente (Aubry et Rau, t. 4, § 374, texte et note 11 ; Guillouard, t. 2, n° 805 ; Frémy-Ligneville et Perriquet, *Traité de la législation des bâtiments*, t. 1er, n° 47 ; Civ. rej. 27 avr. 1870, aff. Boyer, D. P. 71. 1. 286). On dit, dans cette opinion, qui nous paraît préférable, que la règle de l'art. 1794 est une règle d'équité, très utile au maître qui n'est peut-être plus en situation de faire achever l'ouvrage commencé, et qui ne nuit point à l'ouvrier, puisqu'il a droit à être complètement indemnisé ; que cette considération n'a pas moins de force dans le cas de l'art. 1788 que dans celui de l'art. 1789 ; qu'enfin il s'agit bien ici d'une vente, mais d'une vente d'une nature spéciale, dont il faut chercher les règles dans le contrat qui s'en rapproche le plus, le louage d'ouvrage.

79. 2° Relativement à la seconde cause d'extinction, *la mort de l'ouvrier, architecte ou entrepreneur* (*Rép.* n°s 170 à 181), signalons seulement la même controverse que ci-dessus, sur le point de savoir si l'art. 1795, qui vise cette hypothèse, est applicable à l'ouvrier qui fournit non seulement son travail, mais encore la matière ; les interprètes modernes s'accordent d'ailleurs encore sur ce point, quoique pour des motifs différents, à condamner l'opinion de Troplong, qui rejetait ici l'application de l'art. 1795 (V. Laurent, t. 26, n° 21 ; Guillouard, t. 2, n° 800 ; Aubry et Rau, t. 4, § 374, p. 528).

On a vu au *Rép.* n° 176 que, lorsque le contrat se trouve résolu par cette cause, le propriétaire est tenu, aux termes de l'art. 1796, de payer aux héritiers de l'ouvrier la valeur des travaux faits et celle des matériaux préparés, lorsqu'ils peuvent lui être utiles. La doctrine est d'accord pour reconnaître que l'utilité des travaux doit être appréciée, non pas en elle-même, mais par rapport à la construction projetée, et qu'un travail de luxe, commencé par l'ouvrier, devrait être remboursé aux héritiers, par cela seul que ce travail rentrait dans le plan général de l'édifice (Laurent, t. 26, n° 24 ; Colmet de Santerre, t. 7, n° 249 *bis*, I ; Guillouard, t. 2, n° 801).

80. En dehors de ces deux causes qui mettent fin, d'une manière exceptionnelle, au contrat de louage d'ouvrage, on rentre dans le droit commun. C'est ainsi, comme on l'a vu au *Rép.* n° 183, que la faillite de l'entrepreneur n'anéantit pas le contrat ; la masse des créanciers du failli se substitue à lui dans son obligation, et est tenue en conséquence, de faire achever l'ouvrage, soit par un tiers, soit par le failli lui-même, et de payer en outre des dommages-intérêt, au maître, au cas où l'interruption du travail lui aurait causé un préjudice (Rennes, 24 janv. 1870, aff. Syndic Barnès, D. P. 70. 2. 140).

§ 2. — Des devis et marchés relatifs à la construction des édifices.

81. — I. NATURE DE CES MARCHÉS ET OBLIGATIONS QUI EN DÉCOULENT. — Les dispositions des art. 1788 à 1790 régissent-elles les marchés relatifs à la construction des édifices? La question a fait difficulté. On a indiqué au *Rép.* n° 127 la raison qui a fait douter que les articles précités soient applicables à cette hypothèse : on peut objecter que les matériaux, au fur et à mesure de leur emploi, deviennent par accession la propriété du maître du sol, et que, par conséquent, s'ils viennent à périr, la perte semble devoir être supportée par ce dernier. Cette interprétation restrictive des art. 1788 et suiv. a, depuis la publication du *Répertoire*, été adoptée par la cour de cassation. Deux arrêts de la chambre des requêtes, le premier du 13 août 1860 (aff. Clet et Talabot, D. P. 61. 1. 105), et le second du 19 juill. 1870 (aff. Jangot, D. P. 72. 1. 18) ont décidé que les art. 1788, 1789 et 1790 ne s'appliquent pas aux entreprises de constructions à élever sur le sol d'un propriétaire avec les matériaux fournis par l'entrepreneur ; ils en donnent ce seul motif, qu'une telle extension est contraire à la fois et au texte et à l'esprit de ces dispositions, qui ne concernent que les ouvrages restant, jusqu'à leur livraison effective ou offerte, à la disposition de l'ouvrier. Et ils en tirent cette double conséquence, que la construction est aux risques du propriétaire avant même que la livraison en ait été faite ou offerte, et que l'obligation pour le propriétaire d'en payer le prix naît dès que la construction est achevée, quoiqu'elle n'ait été encore ni vérifiée ni acceptée. — Cette doctrine ne nous paraît pas exacte. Le texte des art. 1788, 1789 et 1790 ne laisse nullement soupçonner l'intention du législateur d'en restreindre l'application aux ouvrages mobiliers, et, si les art. 1794, 1795 et 1796 c. civ. s'appliquent, de l'aveu même de la jurisprudence, aux entreprises de construction, il n'y a aucune raison pour n'en pas dire autant des art. 1788 et suiv. Au reste, un arrêt postérieur de la cour de cassation (Req. 4 janv. 1888, aff. Eckersley, D. P. 89. 1. 211), reconnaît dans l'hypothèse spéciale qui nous occupe, un contrat de louage d'industrie, et lui applique en conséquence les règles générales du louage d'industrie, revenant ainsi sur sa jurisprudence antérieure. Les auteurs se prononcent, généralement en ce dernier sens (Aubry et Rau, t. 4, p. 527 ; Lepage, *Lois des bâtiments*, t. 2, p. 75). Toutefois, M. Guillouard, après avoir admis que l'entreprise de construction sur le terrain d'autrui est un louage d'industrie (t. 2, n° 775), paraît décider plus loin (n° 814) que ce même contrat constitue une vente, et approuve l'arrêt précité du 19 juill. 1870. A notre avis, le point de savoir s'il y a ici vente ou louage d'industrie ne doit influer en rien sur la solution de la question actuelle, si l'on admet avec nous (*suprà*, n° 74) que, dans l'intention présumée des parties, la condition qui suspend la perfection du contrat est, aussi bien en cas de vente qu'en cas de louage, non pas l'achèvement de l'ouvrage, mais sa réception ou sa vérification par le maître.

82. Le contrat d'entreprise de construction crée à la charge de l'entrepreneur et à la charge du propriétaire des obligations réciproques.

1° *Obligations de l'entrepreneur* (*Rép.* n°s 93 à 98). Ainsi qu'on l'a dit au *Rép.* n° 95, la principale obligation de l'entrepreneur est d'achever les travaux à l'époque où ils doivent être terminés. Le plus souvent cette époque aura été fixée par le marché, qui déterminera en même temps le montant des dommages-intérêts dus, à raison de tel chiffre par chaque jour de retard. Si le contrat est muet sur ce dernier point, les tribunaux auront à calculer les dommages-intérêts d'après le préjudice causé, la perte de loyers, l'inexécution de baux promis, etc. (Frémy-Ligneville et Perriquet, *op. cit.*, t. 1, n° 12 ; Guillouard, t. 2, n° 816).

— Toutefois, pour que les dommages-intérêts soient dus par l'entrepreneur, il faut que le retard lui soit imputable. Deux arrêts de la cour de cassation ont jugé, en conséquence, le premier, que l'entrepreneur ne doit aucuns dommages-intérêts si le retard provient d'un changement apporté en cours d'exécution par le propriétaire (Civ. cass. 27 févr. 1888, aff. Lamart, D. P. 89. 1. 31), et il faut assimiler à cette hypothèse toutes celles où le retard est indépendant de la volonté de l'entrepreneur ; le second, que, si le retard provient en partie de sa faute et en partie du cas fortuit, il ne devra réparation du préjudice causé que dans la mesure où ce préjudice lui était imputable (Civ. cass. 29 juin 1853, aff. Conseil d'administration du pont de Viviers, D. P. 54. 1. 288).

83. La seconde obligation de l'entrepreneur est d'exécuter les travaux à lui confiés suivant les règles de l'art. En conséquence, lorsque des malfaçons dans la construction sont constatées, il est tenu de procéder immédiatement aux réfections nécessaires pour les faire disparaître et pour rendre à l'ouvrage toutes les qualités que comporte une bonne exécution des travaux. Cette obligation se distingue de celle qui peut naître des vices cachés venant à se manifester ultérieurement dans la période décennale, et dont l'entrepreneur serait responsable dans les termes des art. 1792 et 2270 c. civ. — Par application de ces principes, la cour suprême a cassé un arrêt de la cour d'Aix du 23 oct. 1888, qui, tout en constatant la défectuosité d'une construction lors de la vérification des travaux, s'était borné à ordonner la réfection des désordres partiels qui s'étaient manifestés extérieurement dans la bâtisse, sans enjoindre à l'entrepreneur d'exécuter des ouvrages propres à faire disparaître la cause même du préjudice (Civ. cass. 3 déc. 1890, aff. Rambaud, D. P. 91. 1. 151).

84. — 2° *Obligations du propriétaire* (*Rép.* n°s 99 à 115). — La première obligation du propriétaire, ainsi qu'on l'a dit au *Rép.* n° 99, c'est de payer exactement le prix du marché. A cet égard, il s'élève un certain nombre de questions sur lesquelles il y a lieu de compléter les développements déjà donnés au *Rép.* n° 102 et suiv. et qui sont relatives tant aux honoraires dus aux architectes qu'aux augmentations de prix réclamées par l'entrepreneur, à raison de difficultés d'exécution ou d'événements non prévus lors de la signature du contrat.

Suivant un usage généralement adopté, et d'après un avis du conseil des bâtiments civils du 12 pluv. an 8, les honoraires des architectes qui ont fait les plans et devis, surveillé les travaux et reçu les ouvrages exécutés pour le compte des communes et établissements publics, sont, à moins de conventions contraires, de 5 pour 100 du montant des mémoires à régler par eux pour les constructions. L'avis du 12 pluv. an 8 s'est également longtemps appliqué aux règlements des honoraires des architectes ayant exécuté des travaux pour le ministère de l'intérieur; mais cet avis, qui n'avait jamais eu force de loi, a cessé d'être l'unique règle de la matière. Les architectes employés par le ministère reçoivent, tantôt un traitement fixe, tantôt des honoraires déterminés à l'avance, tantôt un traitement fixe combiné avec des remises proportionnelles (Albert-Christophle, *Traité des travaux publics*, n° 641). Et même, en ce qui concerne les travaux publics exécutés pour des communes ou des établissements publics, outre qu'il y a des architectes des départements ou des communes qui ont un traitement fixe, il est de règle, depuis une circulaire ministérielle du 9 sept. 1865 (D. P. 66. 3. 21), que l'allocation aux architectes, pour leurs honoraires, de 5 pour 100 du prix des travaux, doit être limitée aux dépenses faites conformément aux prévisions du devis; pour celles faites en excédent, il doit être stipulé, aux termes de cette même circulaire, que les honoraires seront fixés à un taux moindre, et même ne pourront plus être réclamés au delà d'une certaine quotité. Lorsque la direction des travaux impose à l'architecte des déplacements continus, le taux de 5 pour 100 peut être augmenté ; mais l'initiative sur ce point appartient aux corps municipaux qui peuvent se décider suivant les circonstances (V. *infrà*, v° *Travaux publics*).

Au reste, il a été jugé fréquemment que l'avis du conseil des bâtiments civils du 12 pluv. an 8 ne concerne pas les travaux exécutés pour le compte des particuliers, et qu'en conséquence, les tribunaux doivent régler les honoraires dus à un architecte pour travaux particuliers, à défaut de convention, comme ceux de tout mandat ou de tout louage d'industrie, eu égard aux travaux opérés (Req. 27 mars 1876, aff. Granet, D. P. 77. 1. 16; Lyon, 31 mars 1881, aff. Boutin, D. P. 82. 2. 144; Paris, 6 déc. 1883, aff. Reboul, D. P. 85. 2. 207; Req. 18 avr. 1888, aff. Ballière, D. P. 88. 1. 343). Les juges doivent tenir compte, à cet égard, soit des usages particuliers de la contrée où l'édifice est construit, soit du caractère exceptionnel de la construction. Ainsi, on admet généralement que les travaux de réparation à des constructions déjà existantes comportent des honoraires supérieurs à 5 pour 100, à raison de la difficulté spéciale de ce genre de travaux (Frémy-Ligneville et Perriquet, *op. cit.*, t. 1, n° 211). Au contraire, il a été jugé que l'architecte, chargé par un propriétaire de la construction d'une cité ouvrière composée d'un certain nombre de maisons d'un modèle identique, ou presque identique, n'avait pas droit, pour chacune de ces maisons, au salaire de 5 pour 100 (Paris, 29 déc. 1859, aff. Epoux Cazeaux, D. P. 60. 2. 37). — Jugé que, à défaut de convention contraire, la rémunération de 5 pour 100, due à un architecte par le propriétaire sur le prix des travaux, doit être calculée non sur le montant du devis, mais sur celui des travaux réellement exécutés à forfait par les entrepreneurs (Paris, 6 déc. 1883, précité). Toutefois, on ne doit pas déduire de ces honoraires la remise proportionnelle consentie à l'architecte par les entrepreneurs sur le montant de leurs fournitures pour le rémunérer de ses plans détaillés, si le propriétaire a connu et approuvé cette remise en signant le cahier des charges (Même arrêt).

85. Lorsque les plans et projets de l'architecte n'ont pas été exécutés, il a certainement droit néanmoins, en principe, à des honoraires (Cons. d'Et. 18 déc. 1856, aff. Dewarlez, D. P. 57. 3. 49). Mais on ne s'accorde pas sur le point de savoir si ces honoraires doivent être ou non proportionnels à l'importance des travaux qui devaient être exécutés. MM. Frémy-Ligneville et Perriquet (*op. cit.*, t. 1, n° 211) estiment que, les émoluments proportionnels étant accordés à raison de la responsabilité de l'architecte, il est juste de ne lui donner qu'un prix fixe lorsque sa responsabilité n'existe pas par suite de la non-exécution de ses plans. Selon M. Guillouard, au contraire (t. 2, n° 826), les émoluments proportionnels sont basés sur le degré d'importance des travaux, et le travail de l'architecte pour l'exécution des plans et devis étant plus considérable lorsque les constructions à faire sont plus importantes, il est équitable de mesurer ses honoraires à cette importance, alors même que ses plans resteraient inexécutés.

86. Il arrive quelquefois que les marchés stipulent une prime au profit de l'architecte pour le cas où les travaux seraient achevés à une certaine époque. Il a été jugé que cette prime ne constituait pas un supplément d'honoraires, mais un bénéfice tout spécial, qui n'est acquis à l'architecte que si les travaux sont terminés dans le délai fixé. S'ils sont retardés, même par un événement de force majeure, l'architecte perd tout droit à la prime, quoique dans ce cas les honoraires lui restent dus (Aix, 13 mai 1872, aff. Comp. des Canaux, D. P. 74. 1. 420). — V. sur le droit de rétention de l'architecte pour le payement de ses honoraires, *suprà*, n° 64.

87. Il appartient à l'architecte de justifier du chiffre des honoraires qu'il réclame (c. civ., art. 1315). Par application de cette règle, il a été jugé que, lorsqu'un architecte se borne à demander l'homologation d'un rapport d'experts fixant le chiffre de ses honoraires, sans fournir à cet égard aucune justification, le juge peut refuser d'admettre ce chiffre par le motif que, les experts ayant déclaré ne pas avoir pris connaissance des travaux pour lesquels l'architecte réclamait des honoraires, leur appréciation devenait purement arbitraire, et réduire la somme demandée aux offres du propriétaire, puisque c'est seulement dans cette limite que la demande s'est trouvée justifiée (Civ. rej. 19 mai 1890, aff. Bourdier, D. P. 91. 1. 281). — Jugé aussi que le chiffre des honoraires dus à un architecte, notamment pour travaux supplémentaires, peut être réservé jusqu'au règlement amiable ou judiciaire à intervenir entre le propriétaire et les entrepreneurs, lorsque les malfaçons qui ont nécessité les travaux supplémentaires ont eu pour cause l'incurie et le défaut de surveillance de l'architecte (Même arrêt).

88. Relativement aux augmentations de prix qui peuvent être dues à raison des changements ou augmentations survenus au cours des travaux, on a examiné au *Rép.* n°s 102 et suiv., les questions principales que soulève l'art. 1793 c. civ. qui règle ce point spécial. L'exception apportée par cet article *in fine* au principe que l'entrepreneur d'un travail à forfait ne peut rien demander pour augmentation de la main-d'œuvre ou des matériaux, doit être interprétée restrictivement; il a été jugé, en conséquence, que l'entrepreneur ne peut demander un supplément de prix pour le seul motif qu'une épidémie a enlevé une partie de ses ouvriers et rendu les travaux plus onéreux en retardant leur l'achèvement (Req. 19 juin 1877, aff. Clausse frères, D. P. 77. 1. 500).

89. D'autre part, le texte de l'art. 1793 suppose deux conditions réunies : 1° qu'il y a eu *marché à forfait*; 2° que ce marché a été fait d'après un plan arrêté et convenu avec le propriétaire du sol. Lorsque ces deux conditions coexistent, aucune augmentation de prix ne peut être réclamée, si ce n'est en vertu d'une dérogation écrite conformément audit article (V. à titre d'exemple : Req. 4 janv. 1870, aff. Pierrejean, D. P. 70. 1. 246; 5 mars 1871, aff. Tanneveau, D. P. 72. 1. 359). En l'absence de l'une ou de l'autre de ces deux conditions, l'art. 1793 est inapplicable, et l'entrepreneur pourrait obtenir une augmentation de prix, sans avoir d'autre preuve à faire que celle du consentement du propriétaire, conformément au droit commun, et notamment à l'aide d'un commencement de preuve par écrit, complété par des présomptions (Aubry et Rau, t. 4, § 374 et note 38; Guillouard, t. 2, n° 884; Req. 6 mars 1860, aff. Lossouarn, D. P. 60. 1. 266; 13 août 1860, aff. Clet, D. P. 61. 1. 105). Il en est ainsi, notamment, lorsque le marché, au lieu d'être à forfait, est à *la série de prix* (V. *suprà*, n° 58) ou encore si, sans être à la série de prix, il ne présente pas tous les caractères d'un marché à forfait.

La cour de cassation reconnaît, d'ailleurs, le pouvoir souverain des juges du fond sur le point de savoir si un marché de travaux constitue ou non un forfait (Arrêt précité du 13 août 1860; Req. 20 mai 1824, cité au *Rép.* n° 109; 28 mai 1873, aff. Magniet, D. P. 73. 1. 415). — La même cour, conformément à la doctrine des auteurs sur ce point, a également décidé que l'art. 1793 est inapplicable lorsque les parties, tout en stipulant le forfait, y ont ajouté des clauses qui en modifient le caractère et les effets: par exemple, lorsque le propriétaire s'est réservé la faculté d'apporter, aux plans et devis arrêtés, les changements qu'il jugerait convenables, pendant l'exécution des travaux surveillés par lui en sa double qualité de propriétaire et d'architecte (Req. 6 mars 1860, précité; Civ. rej. 10 mars 1880, aff. Chadebec, D. P. 80. 1. 386; Req. 16 janv. 1882, aff. Thuilleux, D. P. 82. 1. 423. V. aussi Aubry et Rau, t. 4, § 374, p. 535; Guillouard, t. 2, n° 886).

90. L'art. 1793 c. civ. ne serait pas applicable si, bien que le marché fût conclu à forfait, il n'existait pas de plan arrêté entre les parties au moment de la rédaction du marché. Le plan est, en effet, de l'essence même du contrat; sans lui la convention serait absolument indéterminée. Par plan arrêté et convenu, on doit entendre une détermination exacte des constructions à entreprendre et qui soit de nature à permettre à l'entrepreneur de se rendre compte de l'ouvrage à exécuter (Masselin, *Responsabilité des architectes*, p. 178-179). — Mais faut-il appliquer au plan la disposition de la loi qui exige un écrit pour prouver le consentement du propriétaire à l'augmentation ou au changement des constructions; ou doit-on admettre d'autres moyens de preuve à l'effet d'établir qu'un certain plan a été arrêté et convenu entre les parties? La doctrine est divisée à cet égard; parmi les auteurs, les uns exigent un plan rédigé par écrit (Aubry et Rau, t. 4, § 374 et note 36; Frémy-Ligneville et Perriquet, *op. cit.*, t. 1, n° 11 *in fine*); les autres pensent que le plan, comme la convention de forfait elle-même, peuvent être établis par les moyens de preuve ordinaires (Guillouard, t. 2, n° 887). La jurisprudence est en ce dernier sens, et un arrêt a décidé, notamment, que, lorsqu'un acte sous seings privés a été rédigé par les parties pour constater la convention même du forfait, cet acte constitue un commencement de preuve par écrit à l'aide duquel le propriétaire peut prouver par témoins ou par présomptions qu'un certain plan a été arrêté entre les parties, sans que l'appréciation de ces présomptions tombe sous le contrôle de la cour de cassation (Req. 27 févr. 1882, aff. Lefèvre, D. P. 83. 1. 207. V. aussi Req. 13 août 1860, aff. Chemin de fer du Dauphiné, D. P. 61. 1. 105).

91. L'art. 1793 c. civ., ainsi qu'on l'a dit au *Rép.* n° 110, ne s'applique qu'aux marchés passés avec le propriétaire du sol; il ne s'applique pas aux marchés passés entre l'entrepreneur principal et les sous-traitants ou ouvriers qui se chargent d'exécuter à forfait certaines parties du travail. Les termes restrictifs de l'art. 1793 sur ce point s'expliquent, d'ailleurs, fort bien par ce motif que l'entrepreneur est suffisamment protégé, à la différence du propriétaire, par son expérience professionnelle, contre les surprises qui peuvent résulter de l'augmentation de prix de la main-d'œuvre ou des matériaux (Guillouard, t. 2, n° 888). — Il a été jugé, en conséquence, que les changements apportés aux sous-traités verbaux intervenus entre l'entrepreneur principal et ces ouvriers peuvent être convenus verbalement, comme ces sous-traités eux-mêmes, et que l'absence d'une autorisation écrite n'est pas dès lors un obstacle à la réclamation d'un supplément de prix (Req. 3 août 1868, aff. Balutet, D. P. 69. 1. 228).

92. Mais c'est surtout en matière de travaux publics, et spécialement à l'occasion des grandes entreprises de terrassements relatives à la construction des chemins de fer, que la jurisprudence a eu le plus souvent à se prononcer sur le point de savoir si l'art. 1793 était ou non applicable. Ici, plus qu'en toute autre matière, les juges ont à tenir compte, bien plus de l'intention des parties, telle qu'elle résulte de l'interprétation du contrat, que de la qualification du marché. Il arrive souvent, en effet, que le marché, bien que qualifié à forfait, n'est pas un véritable forfait au sens de l'art. 1793. Il en est ainsi, notamment, lorsque, bien qu'il ait été stipulé un prix unique par mètre cube de déblais, ou par mètre courant d'ouverture de tranchée ou de souterrain, il résulte de l'intention des parties qu'elles ont eu en vue les déblais ou tranchées à opérer, non dans des terrains de nature quelconque, mais dans des terrains d'une nature particulière. Cette intention peut résulter soit du texte même du traité, soit même de certaines indications relatives à la classification des déblais, tant dans le texte même que dans les documents qui l'ont précédé ou préparé. D'autre part, le marché sur série de prix n'est pas exclusif du forfait; car, dans chaque série, il peut y avoir et il y a souvent un forfait, par exemple si le prix a été fixé à tant le mètre cube pour les terrains non rocheux, et à tant pour les roches, et qu'il résulte de l'intention des parties que le prix de chaque série a été fixé aléatoirement et quelle que soit la nature des terrains ou des roches extraites.

93. C'est par application de ces principes qu'il a été jugé, d'une part, qu'il était dû un supplément de prix, si, des sondages préliminaires ayant été opérés pour déterminer la fixation du prix, les terrains rencontrés par l'entrepreneur diffèrent essentiellement de ceux qu'avaient fait prévoir les sondages (Paris, 13 mai 1865, aff. Langlois, et Rouen, 29 janv. 1868, aff. Strackmann, D. P. 74. 2. 182; Civ. rej. 23 juin 1873, aff. Chemin de fer de l'Est, D. P. 74. 1. 332; Alger, 24 janv. 1878, aff. Chemin de fer du Tlélat à Sidi-bel-Abbès, D. P. 79. 2. 190); si le régalage des terres présente des difficultés exceptionnelles qui ne permettent pas de le considérer comme compris dans le forfait (Req. 18 déc. 1866, aff. de Kerveguen, D. P. 67. 1. 427), s'il y a des erreurs de métré ou des omissions dans le devis (Cons. d'Et. 31 mars 1882, aff. Pijolet, D. P. 82. 3. 92). — Mais, dans ces différents cas, les réclamations de l'entrepreneur pour travaux imprévus ne peuvent être admises lorsqu'il n'est plus possible de constater la réalité, les causes et le montant du dommage que celui-ci prétend être résulté pour lui de l'exécution de ces travaux; les constatations doivent donc être faites dans le cours de l'entreprise, au moment même où les difficultés se produisent (Arrêt précité d'Alger, 24 janv. 1878. V. aussi Chatignier et Barry, *Commentaire des clauses et conditions générales*, 8e éd., p. 95 et suiv., et *infrà*, v° *Travaux publics*).

94. Mais, d'autre part, il a été jugé qu'il n'y a point lieu à l'allocation d'un prix nouveau lorsque l'entrepreneur, au moment où il a traité, pouvait facilement se rendre compte de la nature des terrains à extraire (Paris, 30 juin 1866, aff. Saint-Salvi, D. P. 74. 2. 182; Nîmes, 27 mars 1873, aff. Magniet et Monghéal, D. P. 74. 1. 330; Cons. d'Et. 14 janv. 1881, aff. Rouxel, D. P. 82. 3. 31); ou lorsque, le prix ayant été fixé à raison des déblais de toute nature, et la compagnie n'ayant fourni aucune donnée sur les difficultés de l'entreprise, l'entrepreneur a reconnu dans le traité même que les documents dont il lui a été donné connaissance lui ont été communiqués à titre de simples renseignements et ne pouvaient engager en rien la compagnie (Alger, 25 mars 1878, aff. Chemin de fer de l'Est algérien, D. P. 79. 2. 192. Comp. Bordeaux, 25 févr. 1867, aff. Clément et Girard, D. P. 74. 2. 183).

95. — II. De l'action directe des ouvriers (*Rép.* n°s 116 à 121). — Ainsi qu'on l'a enseigné au *Rép.* n° 116, l'action que la loi, dans l'art. 1798 c. civ., accorde aux ouvriers employés par un entrepreneur contre le propriétaire, n'est pas seulement une application de l'art. 1166 c. civ.; ils agissent, non pas en vertu du droit de créance de l'entrepreneur, mais en invoquant un droit propre et personnel; en conséquence, leur action a pour effet, non pas de faire rentrer les sommes dues à l'entrepreneur dans la caisse de ce dernier, mais de les leur faire attribuer à eux-mêmes. La doctrine et la jurisprudence sont aujourd'hui fixées en ce sens (Aubry et Rau, t. 4, § 374 et note 42; Laurent, t. 26, n° 76; Colmet de Santerre, t. 7, n° 251 *bis;* Guillouard, t. 2, n° 898. V. aussi Trib. Seine, 31 août 1866, aff. Delarfeux, D. P. 71. 5. 250).

96. Faut-il aller plus loin encore, et reconnaître, au droit de l'art. 1798 c. civ., tous les effets d'un véritable privilège? La principale conséquence de cette dernière doctrine, soutenue par M. Labbé, *Revue critique*, 1876, p. 571 et suiv., serait la suivante : l'entrepreneur ne pourrait pas, en cédant sa créance, nuire au droit des ouvriers, et la créance cédée resterait frappée du privilège entre les mains du cessionnaire. M. Labbé appuie sa théorie, d'une part, sur les motifs qui justifient l'action spéciale de l'art. 1798 : les ouvriers ont, par leur travail, fait naître la créance de l'entrepreneur; sans eux, le propriétaire ne devrait aucun prix. Il est donc juste que les sommes dues à l'entrepreneur leur soient affectées par privilège de préférence à tous autres créanciers de ce dernier, ceux-ci ne pouvant se faire payer qu'après désintéressement complet des ouvriers. D'autre part, M. Labbé invoque un argument d'analogie tiré de l'art. 3 du décret du 26 pluv. an 2, lequel confère aux ouvriers et fournisseurs de matériaux des entrepreneurs qui ont exécuté des travaux pour le compte de l'Etat, un droit analogue que personne n'hésite à qualifier de véritable privilège, à raison des termes mêmes de cette loi.

97. Mais la jurisprudence décide au contraire, et avec raison, suivant nous, que l'action de l'art. 1798 c. civ. n'est pas fondée sur un privilège; il est de principe, en effet, que les privilèges ne peuvent résulter que de textes formels. Or il résulte bien, sans doute, de l'ensemble des dispositions du décret du 26 pluv. an 2, qu'en matière de travaux publics, seuls parmi les créanciers de l'entrepreneur, les ouvriers peuvent s'approprier, avant la réception des travaux, les sommes dues à l'entrepreneur, et qu'après la réception des travaux ils passeront avant les autres créanciers pour ce qui leur restera dû, ce qui constitue à leur profit un véritable privilège. Mais par contre, cette conséquence ne ressort nullement des termes de l'art. 1798 à l'égard des ouvriers créanciers d'un entrepreneur de travaux privés; et cette différence s'explique fort bien par la faveur spéciale que le législateur a voulu accorder à ceux qui travaillent pour le compte de l'Etat (V. en ce sens, Guillouard, t. 2, n° 897; Montpellier, 22 août 1850, aff. Durand, D. P. 54. 2. 103; Besançon, 16 juin 1863, aff. Faillet et Bâtisse, D. P. 63. 2. 103; Paris, 12 avr. 1866, aff. Guesneau, D. P. 66. 5. 291). — Conformément à cette interprétation restrictive du décret du 26 pluv. an 2, il a été jugé que le privilège établi par ce décret au profit seulement des ouvriers et fournisseurs des entrepreneurs des travaux de l'Etat, ne peut être invoqué par les ouvriers et fournisseurs des entrepreneurs de travaux exécutés pour les départements, les communes et les établissements publics, lesquels jouissent seulement du bénéfice de l'action directe de l'art. 1798 c. civ. (V. pour les travaux communaux. Civ. rej. 12 août 1862, aff. Jolly, D. P. 62. 1. 349; pour les travaux départementaux : Req. 9 août 1859, aff. Marionnaud, D. P. 59. 1. 454; Grenoble, 7 févr. 1868, aff. Delacour, D. P. 69. 2. 103). Mais il convient d'ajouter, à cet égard, qu'une loi des 25-29 juill. 1891 (D. P. 91. 4. 68), a étendu les dispositions du 26 pluv. an 2 à tous les travaux publics; de sorte que l'art. 1798 c. civ. n'est plus aujourd'hui applicable qu'aux travaux exécutés pour le compte exclusif des particuliers.

98. Si l'action directe de l'art. 1798 n'est pas un privilège, elle a du moins pour effet de substituer immédiatement l'ouvrier au maître, de dessaisir ce dernier et d'empêcher toute cession ultérieure des sommes redues par le propriétaire. — Elle s'applique à l'intégralité de ce qui est dû pour l'exécution générale de l'entreprise, lors même que l'ouvrier qui l'exerce n'aurait concouru qu'à une portion limitée de l'œuvre ou à une certaine catégorie de travaux (Besançon, 16 juin 1863, aff. Faillet et Bâtisse, D. P. 63. 2. 103). — D'autre part, l'action directe peut être exercée par les ouvriers, même pour ce qui excède la somme à laquelle le prix des travaux avait été fixé entre le propriétaire et l'architecte (Paris, 7 juill. 1855, aff. Gilbert, D. P. 56. 2. 6). Cette solution, toutefois, suppose qu'il n'y avait pas eu entre le propriétaire et l'architecte un marché à forfait dans le sens de l'art. 1793, c. civ. (V. la note sur l'arrêt précité).

99. Une autre conséquence importante du caractère personnel et direct de l'action des ouvriers, c'est qu'en cas de faillite de l'entrepreneur, ils peuvent donner suite à l'action qu'ils avaient préalablement formée contre le propriétaire, sans être tenus de produire à la faillite; car ce n'est pas le droit du failli qu'ils exercent, mais un droit propre, opposable à la masse des créanciers ordinaires (Besançon, 16 juin 1863, cité *suprà*, n°s 97 et 98; Trib. Seine, 31 août 1866, aff. Delarfeux, D. P. 71. 5. 250). Eussent-ils même commencé à produire à la faillite, ils ne sont pas pour cela non recevables à exercer ensuite l'action directe pour recouvrer par elle le solde de leur créance; la renonciation à un droit ne se présume pas, et le fait par eux d'avoir produit à la faillite n'implique nullement abandon volontaire de l'action directe (Paris, 17 août 1863, aff. Tabouret, D. P. 63. 2. 150).

100. De ce que l'art. 1798 c. civ. n'accorde d'action aux ouvriers que jusqu'à concurrence de ce dont le maître se trouve débiteur vis-à-vis de l'entrepreneur au moment où leur action est intentée, il résulte que certaines fins de non-recevoir peuvent être opposées à cette action et en paralyser l'effet, en tout ou en partie. C'est ainsi, en premier lieu, comme on l'a dit au *Rép.* n° 118, que le maître est fondé à opposer aux ouvriers tous les payements par lui faits de bonne foi à l'entrepreneur (Poitiers, 9 juill. 1863, aff. Lebec, D. P. 63. 2. 151), et cela, alors même que la quittance qui ferait foi de ces payements serait sous seing privé et n'aurait pas date certaine (Trib. de paix d'Agen, 28 sept. 1859, aff. Tourbat, D. P. 71. 5. 250). Il a même été décidé qu'une quittance remise par l'entrepreneur au propriétaire, même postérieurement à l'action des ouvriers, pouvait mettre obstacle au succès de cette action, s'il était constaté que cette quittance avait pour but de prouver non le payement actuel, mais la libération antérieure au moyen des acomptes versés par le propriétaire (Req. 16 déc. 1873) (1).

Les ouvriers ne pourraient pas non plus, selon nous, con-

(1) (Gisclon *C.* Debord et Dumay.) — Le 24 févr. 1870, le sieur Gisclon a introduit contre les sieurs Dumay et Debord une demande en payement d'une somme de 2000 fr. qu'il prétendait lui être due à raison de travaux exécutés par lui pour le compte du sieur Dumay, entrepreneur, dans la propriété du sieur Debord. Le 26 février, Dumay a délivré à Debord, moyennant le payement d'une somme de 168 fr., une quittance notariée pour solde du prix des travaux exécutés; et Debord s'est prévalu ensuite de cette quittance pour prétendre ne rien devoir ni au sieur Gisclon ni au sieur Dumay. Gisclon a objecté que la quittance du 26 février

clure à la non-validité à leur égard des payements anticipés ou acomptes remis à l'entrepreneur avant l'exécution complète des travaux. En effet, la loi n'interdit pas ici, comme elle le fait dans l'art. 1753, les payements anticipés; s'il en était autrement, la fin de non-recevoir dont nous parlons perdrait la plus grande partie de ses applications, l'usage des payements par acomptes étant général dans les entreprises de construction, et se justifiant par l'impossibilité où se trouverait souvent l'entrepreneur de faire lui-même toutes les avances nécessaires aux frais de construction (En ce sens, Frémy-Ligneville et Perriquet, *op. cit.*, t. 1, n° 229; Guillouard, t. 2, n° 905).

101. Une deuxième fin de non-recevoir opposée à l'action des ouvriers, et dont il a été question au *Rép.* n° 119, résulte du fait du transport consenti de bonne foi par l'entrepreneur, antérieurement à l'introduction de l'action des ouvriers, de tout ou partie de sa créance contre le propriétaire. Ce transport, dûment signifié a, en effet, pour résultat de dessaisir, l'entrepreneur au profit de son cessionnaire; le propriétaire devient dès ce moment débiteur vis-à-vis de ce dernier seul, et l'art. 1798, qui ne donne l'action directe aux ouvriers que sur les sommes dues encore à l'entrepreneur, ne trouve plus son application (Req. 18 janv. 1854, aff. Febvre, D. P. 54. 1. 121; Trib. Seine, 14 juill. 1858, aff. Guérin, D. P. 71. 5. 251; Douai, 20 avr. 1861, aff. Behagle, D. P. *ibid.*; 11 juin 1861, aff. Foucher, D. P. 61. 1. 262; Poitiers, 9 juill. 1863, aff. Lebec, D. P. 63. 2. 151; Paris, 17 août 1863, aff. Tabouret, D. P. 63. 2. 150; Paris, 14 déc. 1865, aff. Germain, D. P. 66. 2. 22; Grenoble, 7 févr. 1868, aff. Delacour, D. P. 69. 2. 103; Lyon, 19 déc. 1878, aff. Panissod, D. P. 80. 1. 180). Et il en est ainsi, lors même que la cession aurait eu lieu avant l'achèvement des travaux (Req. 18 janv. 1854, précité). Mais la solution serait différente si, par une interprétation souveraine de la volonté des parties, le juge du fait constatait que la cession n'a eu pour objet que le solde de la créance de l'entrepreneur, après le payement des ouvriers et des fournisseurs (Req. 11 août 1879, aff. Panissod, D. P. 80. 1. 180).

Cette dernière conséquence du caractère restrictif qu'il faut attribuer à la disposition de l'art. 1798 est assurément très rigoureuse; car, en vertu du principe que les droits sur des choses futures peuvent être cédés par anticipation (art. 1130), l'entrepreneur peut paralyser complètement l'action directe des ouvriers au moyen d'une cession de sa créance éventuelle faite dès le début des travaux; aussi certains arrêts l'ont-ils repoussée (Montpellier, 24 déc. 1852, aff. Rambaud, D. P. 54. 2. 103; Paris, 27 août 1853, aff. Cepré, D. P. 54. 2. 104). Mais le texte formel de l'art. 1798 ne permet pas d'échapper à cette conséquence. — Observons toutefois que, dans le cas de cession anticipée, la signification du transport, faite par le cessionnaire en conformité de l'art. 1690 c. civ., n'opérera en sa faveur saisine complète que pour les sommes dont, à ce moment, l'entrepreneur se trouvera déjà créancier éventuel, comme afférentes à des travaux déterminés qu'il avait reçu l'ordre d'exécuter (V. Aubry et Rau, t. 4, § 359, texte et note 8); et que, d'autre part, la rigueur de la règle peut être encore atténuée par l'application du principe que les créanciers du cédant, c'est-à-dire ici les ouvriers, peuvent, jusqu'à la signification du transport, frapper de saisie-arrêt la créance cédée (Aubry et Rau, t. 4, § 359 *bis*, texte et notes 33 et 34; Lyon, 18 déc. 1878, aff. Syndic Guinet, D. P. 79. 2. 113).

102. Une troisième fin de non-recevoir contre l'action directe des ouvriers peut résulter de ce que des saisies-arrêts seraient pratiquées entre les mains du propriétaire par d'autres créanciers de l'entrepreneur avant l'introduction de l'action par les ouvriers. Toutefois, cette solution est contestée dans la doctrine suivant laquelle le jugement de validité d'une saisie-arrêt n'a d'autre effet que de faire rentrer les sommes saisies-arrêtées dans le patrimoine du débiteur; au contraire, elle doit être admise si l'on reconnaît au jugement de validité l'effet d'approprier le saisissant (V. *infrà*, v° *Saisie-arrêt*). C'est en ce dernier sens que s'est prononcée, en général, la jurisprudence (Poitiers, 9 juill. 1863, aff. Lebec, D. P. 63. 2. 151; Paris, 12 avr. 1866, aff. Guesneau, D. P. 66. 5. 291; *Contrà*, Bordeaux, 8 juill. 1862) (1).

---

ne lui était pas opposable, attendu qu'elle était le résultat d'un concert frauduleux. Le 10 mars 1870, jugement du tribunal de Limoges, qui rejette la demande de Gisclon, en se fondant sur ce que la quittance pour solde émanée du sieur Dumay mettait Debord à l'abri de toute réclamation à raison des travaux qu'il avait commandés. Sur l'appel du sieur Gisclon, la cour de Limoges a, par arrêt du 17 déc. 1870, confirmé la décision des premiers juges.

Pourvoi en cassation par le sieur Gisclon, pour violation des art. 1165, 1166, 1319, 1798 c. civ., et de l'art. 7 de la loi du 20 avr. 1810, en ce que l'arrêt attaqué a refusé d'accueillir la réclamation du demandeur, ouvrier attaché à un entrepreneur, contre le maître pour le compte duquel les travaux ont été exécutés, sous prétexte qu'au moment où le demandeur a intenté son action, le sieur Debord avait reçu bonne et valable quittance de son entrepreneur, alors qu'il résulte, au contraire, des constatations mêmes et de l'authenticité de l'acte produit que la date de la quittance pour solde dressée en la forme authentique le 26 févr. 1870 est postérieure de deux jours à l'introduction de la demande; en ce que, dans tous les cas, l'arrêt se trouve basé, à ce point de vue, sur des motifs contradictoires et insuffisants; en ce qu'enfin l'arrêt a négligé de s'expliquer sur le reproche de dol et de fraude dont la quittance du 26 février et le payement qu'elle constate ont été l'objet de la part du demandeur.

La cour; — Sur le moyen tiré de la violation des art. 1165, 1166, 1319 et 1798 c. civ., ainsi que l'art. 7 de la loi du 20 avr. 1810: — Attendu que l'arrêt attaqué constate en fait que, le 23 févr. 1870, quand Gisclon faisait connaître ses prétentions à Debord, ce dernier avait payé tout ce qu'il devait à Dumay; ce qui implique que la quittance notariée du 26 février était destinée à prouver, non pas un payement actuellement fait par Debord, mais sa libération complète au moyen des acomptes par lui payés antérieurement; — Attendu que, cela étant, l'arrêt attaqué n'a violé aucun des textes de loi invoqués; — Rejette, etc.

Du 16 déc. 1873.-Ch. req.-MM. de Raynal, pr.-Demangeat, rap.-Reverchon, av. gén., c. conf.-Nivard, av.

(1) (Syndic Lalanne et Veuve Pélissier *C.* Pouyanne.) — La cour; — Sur l'appel de Chaigneau, syndic de la faillite Lalanne: — Attendu que, si ce serait aller trop loin que de dire, avec les premiers juges, que l'action directe donnée par l'art. 1798 c. civ. aux ouvriers employés à la construction d'un bâtiment fait à l'entreprise contre celui pour lequel les ouvrages ont été faits, appartient aussi bien au sous-traitant qu'au simple ouvrier, parce que c'est ce dernier que la loi a eu principalement en vue, ainsi qu'il résulte des dénominations de métiers énumérés dans l'article, néanmoins on doit reconnaître que, par cela seul qu'un ouvrier aurait tout à la fois fourni au propriétaire du bâtiment les matières de son industrie en même temps que sa propre main-d'œuvre, il ne serait pas exclu de l'application du texte précité; qu'en effet, il aurait toujours contribué par son travail manuel à la construction de l'ouvrage, et que c'est là le motif de la loi pour lui donner l'action directe; — Attendu qu'il résulte des documents du procès, que Pouyanne a exécuté des travaux de serrurerie pour 1672 fr. dans la maison que Lalanne avait entreprise à forfait pour la dame Pélissier, et que ce n'est pas seulement comme fournisseur des matériaux propres à la confection de ces travaux, mais encore comme metteur en œuvre et pour leur adaptation à la maison construite, qu'il y a travaillé; qu'ainsi il avait contre la dame Pélissier, pour laquelle ces ouvrages ont été faits, l'action directe dont il a usé à son égard;

En ce qui concerne l'appel de la dame Pélissier: — Attendu que c'est avec raison que les premiers juges lui ont dénié le droit de se prévaloir contre Pouyanne de l'existence de saisies-arrêts pratiquées sur elle par des créanciers de Lalanne; — Attendu, en effet, que ce n'est pas comme débitrice personnelle, et en vertu de l'action directe que lui confère l'art. 1798, que Pouyanne lui demande à elle-même le payement de ses travaux; qu'elle ne saurait donc se retrancher, pour échapper à cette action, dans la position du tiers saisi, qui n'est nullement la sienne par rapport à Pouyanne; qu'il importerait même peu que, comme elle le prétend, il y eût, depuis le jugement, de nouvelles saisies-arrêts faites entre ses mains par des créanciers de Lalanne ayant aussi travaillé à la maison de la dame Pélissier; que ces créanciers, en effet, ayant le choix entre deux actions, l'une directe contre elle, l'autre contre Lalanne, auraient à s'imputer d'avoir opté pour cette dernière en saisissant ce qui peut être dû à leur débiteur par la dame Pélissier, au lieu de s'adresser à celle-ci personnellement, et n'auraient pu, par leur manière de procéder, porter atteinte aux résultats utiles pour Pouyanne de la voie qu'il a prise; que l'appelante payera celui-ci avec d'autant plus de sécurité que ce n'est pas la dette de Lalanne, mais la sienne propre, qu'elle acquittait, ce que les saisies-arrêts ne pouvaient ni ne devaient l'empêcher de faire, et ce dont les saisissants ne sauraient être admis à se plaindre;

Confirme, etc.

Du 8 juill. 1862.-C. de Bordeaux, 1re ch.-MM. Boscheron, pr.-Peyrot, av. gén.-Goubeau et Vaucher, av.

103. L'action directe établie par l'art. 1798 s'applique exclusivement aux créances existant au profit de l'entrepreneur contre le maître de l'ouvrage. Elle ne saurait être invoquée en dehors de cette hypothèse. C'est ainsi qu'il a été jugé que, dans le cas où l'adjudicataire de travaux publics a été évincé pour inexécution du cahier des charges, les ouvriers qui avaient traité avec lui ne peuvent exercer ladite action sur la somme due à leur débiteur pour prix de la nouvelle adjudication dont les mêmes travaux ont été l'objet (Civ. rej. 12 août 1862, aff. Jolly, D. P. 63. 1. 349 et la note).

104. On a dit au *Rép.* n° 120, que l'art. 1798, par ses termes mêmes, ne pourrait profiter à d'autres qu'aux ouvriers dont le travail manuel a aidé à la construction de l'ouvrage. Il résulte de là, en premier lieu, que l'action directe n'appartient pas à ceux qui ont simplement fourni les matériaux (Bordeaux, 30 nov. 1858, aff. Marionnaud, D. P. 60. 2. 32; Besançon, 16 juin 1863, aff. Fayet et Bâtisse, D. P. 63. 2. 103; Poitiers, 9 juill. 1863, aff. Lebec, D. P. 63. 2. 151; Req. 12 févr. 1866, aff. Lebec et Houette, D. P. 66. 1. 57; 28 janv. 1880, aff. Chevron, D. P. 80. 1. 254; Aubry et Rau, t. 4, § 374, texte et note 47; Laurent, t. 26, n° 76; Frémy-Ligneville et Perriquet, t. 1er, n° 223; Guillouard, t. 2, n° 901). Mais elle appartiendrait à l'ouvrier qui, tout en fournissant les matériaux, a loué principalement son travail manuel, la fourniture des matériaux n'étant que l'accessoire de ce travail (Aubry et Rau, *op. et loc. cit.*; Montpellier, 24 déc. 1852, aff. Rambaud, D. P. 54. 2. 103). — Le bénéfice de l'art. 1798 peut également être invoqué par les maîtres-ouvriers qui ont sous-traité partie des travaux de construction d'une ligne de chemin de fer; ils ont donc contre la compagnie une action directe en payement de leurs travaux (Trib. com. Nantes, 9 janv. 1861, aff. Montjarret, D. P. 71. 5. 249). Même solution à l'égard du maître-ouvrier ou chef d'atelier qui, ayant sous-traité pour une partie de l'œuvre, se fait aider dans l'exécution par d'autres ouvriers dont il dirige le travail (Trib. Seine, 31 août 1866, aff. Delarfeux, D. P. 71. 5. 252); ... de celui qui ne fournit pas les matériaux, mais les transporte, car il s'agit alors d'un travail purement manuel (Bordeaux, 31 mars 1854, aff. Pascal, D. P. 57. 2. 35).

En deuxième lieu, l'art. 1798 ne saurait être invoqué que par les ouvriers proprement dits, travaillant à la tâche ou à la journée, ou se faisant aider par des auxiliaires dans leur travail personnel comme les *tâcherons*, mais sans aucune pensée de spéculation commerciale (Aix, 9 août 1877, aff. Picard, D. P. 79. 5. 267). Il ne serait donc pas applicable aux sous-entrepreneurs qui traitent à prix convenu de la matière, de l'industrie et de la main-d'œuvre, dans le but de spéculer sur l'exécution des travaux (Req. 12 févr. 1866, précité; Paris, 27 juill. 1867, aff. Syndic Benassy, D. P. 67. 2. 167; Civ. cass. 11 nov. 1867, aff. Syndic Billette, D. P. 67. 1. 444; Req. 14 juill. 1868, aff. Allemand, D. P. 71. 5. 251; Lyon, 18 déc. 1878, aff. Syndic Guivet, D. P. 79. 2. 113; Req. 28 janv. 1880, précité);... ni aux commis de l'entrepreneur (Besançon, 16 juin 1863, précité).

105. Les principes ci-dessus posés, relativement à l'objet de l'action directe et aux personnes qui ont le droit de l'exercer, peuvent se trouver modifiés par l'effet de la convention intervenue entre le propriétaire et l'entrepreneur. Il est fréquemment stipulé, en effet, dans les grandes entreprises, notamment celles de construction de chemins de fer, que l'entrepreneur ne pourra prendre de sous-traitants, et que, s'il en prend, il devra payer directement le prix des matériaux par eux fournis et le salaire des ouvriers qu'ils auront employés. C'est ainsi, spécialement, qu'en matière de travaux publics, l'art. 9 du cahier des clauses et conditions générales du 16 nov. 1866, interdit à l'entrepreneur de céder à des sous-traitants, sans le consentement de l'Administration, une ou plusieurs parties de son entreprise, et porte que « dans tous les cas, il demeure personnellement responsable tant envers l'Administration qu'envers les ouvriers et les tiers ». — Une telle clause est susceptible de deux interprétations différentes, suivant l'intention des parties. Cette stipulation peut avoir été faite dans l'intérêt seul de la compagnie concessionnaire, auquel cas l'art. 1798 conserve son application normale (Req. 31 juill. 1867, aff. Comond, D. P. 68. 1. 25; 28 janv. 1880, aff. Chevron, D. P. 80. 1. 254; Paris, 14 nov. 1881, aff. Civet, D. P. 82. 2. 181); mais il est possible aussi, et c'est l'interprétation consacrée pour l'art. 9 du cahier des charges de 1866, que l'on ait voulu étendre le bénéfice de cette stipulation aux ouvriers et fournisseurs des sous-traitants. Dans ce dernier cas, la jurisprudence valide la clause en se fondant sur l'art. 1121 c. civ., et elle en conclut que le bénéfice en peut être invoqué par tous ceux au profit desquels elle a été faite, notamment par les fournisseurs de matériaux, qui y trouvent ainsi l'avantage de pouvoir agir directement contre l'entrepreneur principal (Civ. cass. 7 févr. 1866, aff. Jouanny et aff. Cesson, D. P. 66. 1. 83; Req. 2 janv. 1867, aff. Fouilloux et autres, D. P. 67. 1. 108; 28 janv. 1868, aff. Picard et Lebreton, D. P. 68. 1. 108; Civ. rej. 5 mars 1872, aff. Berthezène, D. P. 72. 1. 439; Req. 13 juill. 1886, aff. Bergerolles, D. P. 86. 1. 305; 13 mars 1889, aff. Vernaudon, D. P. 90. 1. 317; Poitiers, 20 juin 1889, aff. Gau, et 2 déc. 1889, aff. Leps, D. P. 90. 2. 159). — Il résulte encore de la clause en question cette autre conséquence que les ouvriers et fournisseurs peuvent rendre inefficace la cession que ferait l'entrepreneur de sa créance, par leur acceptation en temps utile du bénéfice de la stipulation faite à leur profit. Mais quand pourra-t-on dire que l'acceptation a été faite en temps utile? Un arrêt (Lyon, 18 déc. 1878, aff. Syndic Guivet, D. P. 79. 2. 113) décide que l'acceptation doit, pour rendre la clause opposable au cessionnaire, intervenir avant la signification de la cession. Cette doctrine ne nous paraît pas exacte, et nous pensons au contraire que, si l'on applique en cette matière les principes de la stipulation pour autrui, on doit décider que l'acceptation de la clause par les bénéficiaires, à quelque époque qu'elle intervienne, a pour effet de rendre la cession inefficace à leur égard. En effet, d'après l'art. 1121, l'acceptation peut intervenir utilement tant que la clause n'a pas été révoquée par le stipulant, c'est-à-dire, dans notre espèce, par le concessionnaire des travaux. La révocation ne saurait émaner du promettant seul, de l'entrepreneur, qui, d'ailleurs, s'il vient à céder le prix de travaux à faire, ne transmet à son cessionnaire que les droits dont il est investi par son titre.

Ajoutons que les solutions ci-dessus sont inapplicables lorsque aucune clause n'interdit à l'entrepreneur d'avoir des sous-traitants : en pareil cas les ouvriers ou fournisseurs du sous-traitant n'ont d'action contre l'entrepreneur, soit en vertu de l'art. 1798 c. civ., soit en vertu du décret du 28 pluv. an 8, relatif aux travaux exécutés pour le compte de l'Etat, que jusqu'à concurrence de la somme qu'il pouvait devoir au sous-traitant (Civ. cass. 27 avr. 1863, aff. Gouy, D. P. 63. 1. 187).

106. — III. RÈGLES SPÉCIALES SUR LA RESPONSABILITÉ DES ARCHITECTES ET ENTREPRENEURS (*Rép.* nos 123 à 159). — On a vu qu'en règle générale, la responsabilité de l'ouvrier cesse dès le moment où les travaux ont été terminés et reçus par le maître. La loi apporte, dans l'art. 1792 c. civ., une exception considérable à cette règle, en prolongeant de dix ans la responsabilité des entrepreneurs ou architectes, à raison de certains travaux par eux faits ou dirigés. — Sur la portée de cette exception au droit commun, dont on a donné les motifs au *Rép.* n° 136, la doctrine et la jurisprudence sont loin de s'accorder. Les difficultés d'interprétation de l'art. 1792 proviennent pour la plupart de la nécessité de concilier ce texte avec celui de l'art. 2270 c. civ. qui, traitant de la prescription de l'action en garantie dirigée contre l'architecte ou entrepreneur, semble étendre considérablement la portée de la responsabilité édictée par le premier. En effet, l'art. 1792 exige quatre conditions pour qu'il y ait responsabilité : 1° qu'il s'agisse d'un édifice; 2° d'un édifice construit à prix faits; 3° que l'architecte ait non seulement dirigé, mais construit les travaux; 4° que l'édifice ait péri en tout ou en partie. Au contraire, l'art. 2270, plus sévère pour l'architecte ou l'entrepreneur, semble étendre le principe de la responsabilité décennale : 1° à tous les gros ouvrages; 2° pour toutes espèces de malfaçons, qu'il en résulte ou non perte totale ou partielle; 3° pour le cas même où l'architecte aurait simplement dirigé les travaux.

107. Pour concilier ces deux textes, trois doctrines ont été émises. Suivant une première doctrine, qui est celle de MM. Aubry et Rau (t. 4, § 374, p. 529), et de la jurisprudence de la cour de cassation (Req. 1er déc. 1868, aff. Barbaroux de Mégy, D. P. 72. 1. 65; 26 nov. 1873, aff. Desmercières et Daufresne, D. P. 75. 1. 20; Civ. rej. 24 nov. 1875, aff. Barbaroux de Mégy, D. P. 77. 1. 30), les deux art. 1792 et 2270 ont chacun une sphère d'application bien distincte. La responsabilité de l'architecte ou entrepreneur ne procède pas du même principe dans l'une et l'autre hypothèse. S'agit-il du cas prévu par l'art. 1792, vice de construction proprement dit d'un édifice à prix fait ayant entraîné perte totale ou partielle de l'édifice, par le seul fait de l'événement survenu dans les dix ans, l'architecte ou entrepreneur est réputé en faute, et, en conséquence, est responsable de la perte, sans que le propriétaire ait aucune preuve à faire contre lui; il ne pourrait se soustraire à cette responsabilité qu'en prouvant que la perte de l'édifice ne lui est pas imputable. S'agit-il au contraire de malfaçons commises dans la construction ou la direction de tous autres gros ouvrages, cas prévu par l'art. 2270, l'architecte ou entrepreneur n'est pas alors présumé en faute, et c'est au propriétaire qui prétend le rendre responsable, à prouver le vice de construction ou la faute qu'il lui impute.

Cette doctrine se fonde sur la rédaction différente des deux textes, combinée avec cette idée qu'une présomption légale de faute, telle que celle qui résulte de l'art. 1792, ne peut et ne doit, pas plus que toute autre présomption légale, être étendue à des hypothèses autres que celle pour laquelle elle a été établie (Aubry et Rau, t. 4, § 374, note 18). Mais ceux qui la soutiennent ne se placent pas tous au même point de vue pour en expliquer les résultats; et, tandis que la jurisprudence précitée explique ce renversement de la charge de la preuve, dans l'hypothèse de l'art. 2270, par cette idée que la responsabilité de l'architecte est alors seulement une responsabilité délictuelle qui s'apprécie d'après les règles des art. 1382 et 1383 c. civ. (Req. 15 juin 1863, aff. Millon et Guillaume, D. P. 63. 1. 421; 1er déc. 1868, précité), d'autres, notamment MM. Aubry et Rau, estiment que l'art. 2270 déroge à l'art. 1792 uniquement sur la question de preuve, sans toucher à la nature de la responsabilité de l'architecte, qui reste une responsabilité contractuelle (*op. et loc. cit.*, § 374-2°, texte et notes 21 et 28).

108. Suivant une deuxième opinion, les deux hypothèses des art. 1792 et 2270 ne seraient nullement soumises à des règles distinctes, l'art. 2270 ne faisant que compléter et interpréter l'art. 1792: la responsabilité de l'architecte ou entrepreneur serait, dans tous les cas prévus par ces deux textes, une responsabilité contractuelle, lui imposant sans distinction l'obligation, pour être libéré, de prouver le cas fortuit exclusif de la faute (V. en ce sens : Marcadé, sur l'art. 1792, t. 1; Frémy-Ligneville et Perriquet, *op. cit.*, t. 1, nos 159 et 160).

109. Enfin une troisième doctrine, soutenue principalement par MM. Laurent, t. 26, nos 23-31, Colmet de Santerre, t. 7, n° 245 *bis*, et Guillouard, t. 2, n° 839, admet, comme la précédente, que l'art. 2270 n'est que le développement, le complément de l'art. 1792, et que la responsabilité prévue par ces deux textes est de même nature; mais, d'après elle, l'art. 1792, pas plus que l'art. 2270, ne créerait contre l'architecte ou entrepreneur une présomption de faute. Dans tous les cas, ce serait au propriétaire à faire la preuve du vice de construction, du vice du plan ou du vice du sol ayant amené la perte ou la détérioration de la construction. Cette doctrine se fonde sur ce que l'art. 1792 soumet expressément la responsabilité de l'architecte ou de l'entrepreneur à la double condition: 1° que l'édifice ait péri; 2° qu'il ait péri par le vice de la construction ou par le vice du sol. Or, d'après les principes du droit commun, c'est au propriétaire, demandeur en responsabilité, à faire la preuve des faits qui constituent cette responsabilité, autrement dit, de l'existence de ces deux conditions. Ce principe posé, on ajoute, en ce qui concerne spécialement l'art. 2270, que le législateur n'a pu avoir la pensée de modifier, dans le titre relatif à la *prescription*, les règles du *louage d'ouvrage ;* que l'art. 2270 n'a qu'un but, fixer la durée de l'action en garantie, mais qu'il n'en règle pas les conditions, qui sont réglées par l'art. 1792 seul.

110. Quelle que soit d'ailleurs la doctrine que l'on adopte sur le mode de concilier les art. 1792 et 2270, il faut reconnaître en tous cas, que la responsabilité décennale de l'architecte ou de l'entrepreneur ne saurait être encourue à raison de travaux qui ne constituent pas au moins de gros ouvrages, aux termes de l'art. 2270; et que, quant aux menus ouvrages, même de construction, leur réception élève une fin de non-recevoir contre toute réclamation ultérieure, conformément au droit commun. Aux décisions de la jurisprudence déjà citées en ce sens au *Rép.* n° 139, on peut ajouter un certain nombre d'arrêts qui ont jugé : 1° que la construction d'un puits doit être considérée comme gros ouvrage et tombe par suite sous l'application des art. 1792 et 2270 (Dijon, 13 mai 1862, aff. de Tournon, D. P. 62. 2. 138); — 2° Que l'on ne saurait, au contraire, considérer comme un gros ouvrage la pose d'une devanture de boutique et d'un appareil de fermeture (Amiens, 29 mai 1871, aff. Delignières, D. P. 71. 2. 171); — 3° Que les défectuosités dans la couverture d'un bâtiment, provenant de la mauvaise qualité des tuiles, lorsque du moins elles n'affectent pas la solidité du bâtiment, ne tombent pas sous l'application des art. 1792 et 2270 (Cons. d'Et. 14 avr. 1864, aff. Daru et Boré, D. P. 64. 3. 97; 4 mai 1870, aff. Massin, D. P. 71. 3. 63; 18 mai 1888, aff. Gilbert, D. P. 89. 5. 299). — Il a été décidé aussi que la responsabilité décennale des architectes et entrepreneurs, édictée par les art. 1792 et 2270 c. civ., s'applique à l'entrepreneur qui s'est chargé de construire à forfait une usine fonctionnant au moyen d'une machine hydraulique, soit que les vices de construction affectent l'usine dans son ensemble, soit même qu'ils affectent seulement l'appareil hydraulique (Req. 10 mai 1869, aff. Billeray, D. P. 71. 1. 109). En serait-il de même si la machine seule avait été construite? Il a été jugé que la responsabilité spéciale mise par l'art. 1792 à la charge du constructeur d'un édifice n'était pas applicable en pareil cas (Angers, 23 août 1877, aff. Veuve Grélé, D. P. 78. 2. 45). Mais n'y avait-il pas lieu à l'application de l'art. 2270? En d'autres termes une machine hydraulique ne doit-elle pas être rangée parmi les gros ouvrages dont parle cet article? — V. dans le sens de l'affirmative, la note jointe à l'arrêt précité.

Contrairement à cette distinction entre les gros et les menus ouvrages, qui seule permet de limiter le champ d'application des art. 1792 et 2270, un arrêt, resté isolé, a admis que la responsabilité de l'entrepreneur et de l'architecte, à raison du vice de l'édifice, s'applique à la construction de toute espèce d'ouvrages où celui qui les a entrepris a fourni à la fois son travail, son industrie et la matière (Rennes, 20 avr. 1875, aff. de Langle, D. P. 77. 2. 172).

111. Le principe même de la responsabilité étant admis, dans cette mesure, il importe de préciser, d'une part, la nature des faits qui peuvent engager cette responsabilité, et, d'autre part, quelles personnes encourent cette responsabilité et dans quelles proportions. Les faits de nature à engager la responsabilité de l'architecte ou entrepreneur sont : 1° le *vice de construction*, littéralement prévu par l'art. 1792. Il peut résulter, soit du mauvais choix des matériaux, soit de la trop grande faiblesse de dimensions qui a pu nuire à la solidité de l'édifice. Rappelons à cet égard que, dans le système de la jurisprudence (V. *suprà*, n° 107), lorsqu'il s'agit d'un édifice construit à prix fait, qui a péri totalement ou partiellement, le vice de construction est toujours présumé; — 2° Le *vice du plan*, lequel entraîne la responsabilité de l'architecte qui l'a dressé en vertu, non de l'art. 1792, mais de l'art. 2270, et, en conséquence, à la charge, pour le propriétaire, dans le système de la jurisprudence, de prouver la faute de l'architecte. Encore faudrait-il, pour se trouver dans la sphère directe d'application de l'art. 2270, que l'architecte ne se soit pas borné à fournir le plan, mais qu'il ait également dirigé les travaux. Sa responsabilité n'est, d'ailleurs, pas douteuse lorsque ces deux circonstances se trouvent réunies (V. *Rép.* n° 138; Bordeaux, 21 avr. 1864, aff. Richon, D. P. 65. 2. 39); — 3° Le *vice du sol*; les connaissances spéciales que doit posséder l'architecte lui font un devoir d'étudier le sol sur lequel il a été appelé à construire, telle est la raison de la disposition, au premier abord un peu rigoureuse, de l'art. 1792 (Cons. d'Ét. 17 déc. 1886, aff. Fabrique de l'église paroissiale de Lanhouarneau, D. P. 88. 3. 27; Civ. cass. 6 févr. 1888, aff. Jauffret frères, D. P. 88. 1. 201). — Toutefois, plusieurs auteurs admettent ici une restriction à la responsabilité de l'architecte ou entrepreneur, en faisant cesser cette responsabilité au cas où il serait établi qu'on ne pouvait prévoir, lors de la construction, les vices du sol qui ont amené la chute de l'édifice; si, par exemple, par une circonstance naturelle ou accidentelle, le terrain se trouvait excavé au-dessous des couches jusqu'auxquelles on creuse ordinairement pour les fondations, et sans qu'il y ait lieu de penser que l'architecte et l'entrepreneur aient pu en avoir connaissance (V. Gourlier, *Dictionnaire de l'industrie*, v° *Responsabilité;* Frémy-Ligneville et Perriquet, *op. cit.*, t. 1er, n° 107; Guillouard, t. 2, n° 844); — 4° *Inobservation des règlements relatifs aux constructions*. Par exemple, l'architecte a établi un mur en dehors de l'alignement, ou élevé une construction au delà de la hauteur réglementaire. Tous les auteurs admettent ici le principe de la responsabilité; mais, tandis que les uns font rentrer ce cas sous l'application des art. 1792 et 2270 (Troplong, t. 3, n° 1014; Guillouard, t. 2, n° 845), d'autres, comme MM. Aubry et Rau (t. 4, § 374, texte et note 32), estiment que ces articles doivent être écartés, par ce motif que le délai de dix années qu'ils consacrent ne concerne que la garantie de la bonne exécution et de la solidité des travaux, et qu'il s'agit ici d'un fait dommageable étranger à cette garantie, et dont la réparation peut être poursuivie pendant trente ans, conformément à l'art. 2262.

Au reste, la responsabilité de l'architecte ou de l'entrepreneur n'est pas limitée au cas spécialement prévu par l'art. 1792, c'est-à-dire à la destruction totale ou partielle de l'édifice construit; qu'elle s'étend à toutes les conséquences dommageables qui sont de sa part le résultat d'une faute caractérisée, et, spécialement, aux dégradations qui peuvent résulter pour les maisons voisines, de l'exécution des travaux (Bordeaux, 21 avr. 1864, aff. Richon, D. P. 65. 1. 39).

112. Quelles personnes encourent la responsabilité décennale et dans quelles proportions? L'architecte, en premier lieu, soit d'après l'art. 1792, soit d'après l'art. 2270, dans la mesure de la part pour laquelle il a pu contribuer à la réalisation des défectuosités survenues dans la construction. C'est ainsi que, lorsqu'il a à la fois dressé le plan, dirigé et reçu les travaux, il répond à la fois et des vices du plan par lui dressé, et du vice du sol, et de la mauvaise qualité des matériaux, et des infractions aux lois de police et de voisinage (Caen, 2 juin 1886, *Recueil des arrêts de Caen*, 1886, p. 101)... sauf, aux tribunaux à apprécier alors, ainsi qu'on le verra *infrà*, nos 114 et 118, dans quelle mesure sa responsabilité peut être partagée avec l'entrepreneur ou même avec le propriétaire. — Lorsqu'il n'a fait que dresser les plans ou devis, sans diriger et recevoir les travaux, il n'est au contraire responsable que des vices du plan qu'il a dressé (Req. 5 févr. 1872, aff. Brasqui, D. P. 72. 1. 246). D'autre part, il arrive parfois que l'architecte soit chargé d'exécuter les plans dressés par un autre. On admet généralement qu'alors la responsabilité comprend non seulement l'exécution des travaux, mais encore les vices du plan, qu'il s'est approprié en se chargeant de le faire exécuter (Frémy-Ligneville et Perriquet, *op. cit.*, t. 1, nos 96 et 101; Guillouard, t. 2, n° 851).

113. L'entrepreneur est également responsable, aux termes soit de l'art. 1792, soit de l'art. 2270; mais sa responsabilité varie nécessairement suivant qu'il a traité directement avec le propriétaire, ou qu'il n'a fait qu'exécuter les travaux sous la direction d'un architecte. Dans le premier cas, sa responsabilité est entière; mais elle se restreint, toutefois, aux fautes que ses connaissances professionnelles lui permettaient d'éviter. Il sera responsable, par exemple, s'il s'agit de malfaçons ou de l'emploi de matériaux de mauvaise qualité. Il ne saurait l'être des défectuosités que les connaissances spéciales et approfondies d'un architecte pourraient seules faire éviter. Le propriétaire serait alors en faute de s'être adressé directement à l'entrepreneur pour des travaux qui exigeaient l'intervention d'un architecte (Guillouard, t. 2, n° 853).

La responsabilité de l'entrepreneur subsiste, d'ailleurs, alors même que les travaux dont il s'est chargé sortiraient de sa spécialité. Ainsi, il a été décidé que l'entrepreneur de maçonnerie qui a construit un four, dont le tirage a été reconnu insuffisant, n'est pas fondé à décliner la garantie de ce vice, sous le prétexte que la construction d'un four rentre dans la spécialité de la fumisterie (Trib. com. Seine, 4 sept. 1862, aff. Synd. Nivet frères, D. P. 63. 3. 80).

114. Lorsque, ainsi qu'il arrive le plus souvent, un architecte et un entrepreneur ont contribué l'un et l'autre à l'érection d'un édifice, le premier par ses plans, le second par l'exécution de ces plans, il y a lieu de se demander dans quelle mesure l'un et l'autre sont responsables. — En principe, il faut décider que l'architecte n'est alors tenu que des dommages qui ont pu résulter des vices du plan, et l'entrepreneur de ceux qui ont été occasionnés par l'exécution défectueuse des travaux ou par l'emploi de mauvais matériaux. C'est ainsi que le conseil d'État a admis la responsabilité de l'architecte seul dans une espèce où les poutres et les solives avaient fléchi par suite de l'insuffisance des dimensions données au devis (11 mai 1854, aff. Morellet, D. P. 54. 3. 61. *Adde:* Rennes, 9 avr. 1870, aff. Perraudeau, D. P. 72. 2. 110); et que la chambre des requêtes a décidé que l'entrepreneur était seul responsable des malfaçons commises, lorsque l'architecte n'était chargé que de fournir le plan et de recevoir les travaux sans être appelé à les surveiller (Req. 5 févr. 1872, aff. Brasqui, D. P. 72. 1. 246). Il en est différemment lorsque l'architecte a été chargé de diriger et de surveiller les travaux, et qu'il dépendait de lui, par une surveillance plus étroite, d'empêcher le dommage causé par l'entrepreneur (Cons. d'Ét. 19 juill. 1871, aff. Commune de Vic-en-Bigorre, D. P. 72. 3. 45). Il a été également décidé que l'architecte est responsable de la totalité du dommage causé par les travaux dont il avait la direction, alors même que le dommage provient du fait de l'entrepreneur, s'il dépendait de lui, architecte, de l'empêcher par une surveillance plus exacte (Req. 25 mars 1874, aff. Contansin, D. P. 74. 1. 285). — Toutefois, dans ces deux dernières hypothèses, l'entrepreneur doit finalement supporter seul, dans ses rapports avec l'architecte, les conséquences d'un dommage qui lui est imputable (Cons. d'Ét. 7 juill. 1853, aff. Mouniot, D. P. 54. 3. 9; 3 mars 1854, aff. Morellet, D. P. 54. 3. 61; 12 juill. 1855, aff. Bouillaut, D. P. 56. 3. 6); ce n'est que vis-à-vis du propriétaire que l'architecte est alors responsable, pour défaut de surveillance (Lyon, 26 mai 1883, aff. Époux Fleury-Boisson, D. P. 84. 2. 132).

Il peut arriver enfin qu'il y ait faute commune à l'architecte et à l'entrepreneur : par exemple si, l'architecte ayant commis une faute dans la rédaction du plan, l'entrepreneur, s'apercevant de cette faute, exécute néanmoins le plan sans observation. Il a été jugé que, dans ce cas, l'indemnité allouée au propriétaire devait être répartie entre l'architecte et l'entrepreneur proportionnellement à leur responsabilité respective (Cons. d'Ét. 16 juin 1882, aff. Commune de Bona, D. P. 83. 3. 123).

115. La question s'élève de savoir si, dans ces diverses circonstances, il peut intervenir contre l'architecte et l'entrepreneur une condamnation solidaire. La jurisprudence l'admet, dans le cas du moins où, suivant sa doctrine, on se trouve dans la sphère d'application de l'art. 2270. On a vu en effet (*suprà*, n° 107) qu'elle fonde alors la responsabilité de l'architecte et de l'entrepreneur sur l'art. 1382. Or le préjudice causé par la réunion de plusieurs délits civils ou quasi-délits doit, lorsque le résultat en est indivisible, être solidairement réparti entre leurs auteurs, bien qu'il n'ait existé entre eux ni concert ni même communauté d'intérêts (Req. 25 mars 1874, cité *suprà*, n° 114. *Adde* : Req. 1er déc. 1868 aff. Patriarche, D. P. 69. 1. 131; Civ. rej. 30 juin 1869, aff. Ferret, D. P. 69. 1. 336; Lyon, 26 mai 1883, aff. Époux Fleury-Boisson, D. P. 84. 2. 132). Mais l'application de cette règle suppose que le résultat de la faute commune est indivisible, circonstance qui résulterait, aux termes de l'arrêt de 1874, de ce qu'un seul et unique dégât causé à la propriété d'autrui par le fait d'une construction, serait imputable à la fois et à la négligence du constructeur et au défaut de surveillance de l'architecte.

116. Lorsque, au contraire, la responsabilité de l'architecte et celle de l'entrepreneur portent l'une et l'autre sur des vices distincts, il n'y a plus aucun motif, ni en vertu de la loi, ni à raison de la nature de l'œuvre accomplie, d'établir la solidarité entre eux. C'est ainsi que la chambre des requêtes a décidé « que l'architecte ne peut se prévaloir de la transaction intervenue entre le propriétaire et l'entrepreneur, en vue d'exonérer celui-ci des malfaçons qui lui étaient imputables, quand les juges du fond déclarent, par une appréciation souveraine, que les fautes commises par cet architecte lui étaient exclusives et personnelles, et ne se confondaient nullement avec celles reprochées à l'entrepreneur, lesquelles seules avaient fait l'objet de la transaction » (Req. 2 juill. 1888, aff. Consorts Parent, D. P. 89. 1. 158).

117. D'ailleurs, ces règles de répartition de dommages-intérêts ne sont pas absolues; en réalité, les juges se déterminent souvent d'après les circonstances particulières de l'espèce. C'est ainsi que, dans un cas où il s'agissait d'un vice de construction, imputable en principe à la défectuosité du plan dressé par l'architecte, le conseil d'État, estimant que l'entrepreneur, en exécutant un travail dont il connaissait d'une manière certaine les conditions défectueuses, avait gravement engagé sa responsabilité, a décidé que l'entrepreneur et l'architecte supporteraient chacun la moitié des frais, sans solidarité entre eux (Cons. d'Et. 19 juill. 1871, aff. Commune de Vic-en-Bigorre, D. P. 72. 3. 45). Un arrêt antérieur du conseil d'État avait prononcé, dans des circonstances analogues, la condamnation subsidiaire de l'architecte en cas d'insolvabilité de l'entrepreneur (Cons. d'Et. 9 mars 1854, aff. Morellet, D. P. 54. 3. 61). — Enfin il est certaines circonstances où le dommage causé par le fait de l'entrepreneur a été jugé imputable à l'architecte seul. C'est ce qu'a décidé la cour de Lyon (6 juin 1874, aff. Corroyer et Perrin, D. P. 75. 2. 119) pour le cas où un entrepreneur, agissant sous la direction de l'architecte, avait employé des matériaux étrangers à sa pratique habituelle.

Il a été jugé, d'ailleurs, que les tribunaux usent d'un pouvoir souverain lorsqu'ils répartissent entre l'architecte et les entrepreneurs, suivant le degré de faute imputable à chacun, les dommages-intérêts alloués au propriétaire et consistant tant en une somme d'argent à payer que dans la réfection des travaux mal exécutés (Civ. rej. 19 mai 1890, aff. Bourdeix, D. P. 91. 1. 231).

118. Ainsi qu'on l'a vu au *Rép.* n° 144-1°, la responsabilité de l'architecte ou de l'entrepreneur, telle qu'elle résulte de l'art. 1792 ou de l'art. 2270 c. civ. ne serait nullement dégagée, ni par le fait d'avoir prévenu le propriétaire des vices du sol et des dangers de la construction (Bastia, 7 mars 1854, aff. Bourgeois, D. P. 54. 2. 117, ni par la circonstance que la construction aurait été faite sur un plan présenté par le propriétaire, d'après ses indications, et avec des matériaux par lui fournis (Paris, 9 juin 1853, aff. Mallard, D. P. 55. 2. 321; Bordeaux. 21 avr. 1864, aff. Richon, D. P. 65. 2. 39; Paris, 15 mars 1863, aff. C... C. Dupont, D. P. 63. 5. 239, et 25 févr. 1868, aff. Lucas, D. P. 68. 2. 160; Lyon, 6 juin 1874, aff. Corroyer et Perrin, D. P. 75. 2. 119; Civ. cass. 23 oct. 1888; aff. Dubois, D. P. 89. 1. 90; Req. 16 juill. 1889, aff. Tissier, D. P. 90. 1. 488) ... ni par le fait que le propriétaire se serait plus ou moins immiscé dans les travaux confiés à l'entrepreneur. Décidé qu'en pareil cas, le propriétaire, déclaré responsable des dégradations causées à la maison voisine par suite d'un vice de construction de sa propre maison, n'en a pas moins son recours contre l'entrepreneur (Metz, 30 nov. 1865, aff. Haas, D. P. 66. 5. 294). L'idée qui a inspiré ces diverses décisions de la jurisprudence, c'est que l'architecte ou l'entrepreneur a le devoir étroit, en raison de ses connaissances spéciales et des obligations particulières qu'elles lui créent, de résister au propriétaire, quand celui-ci veut lui imposer un mode de construction vicieux ou lui propose des matériaux défectueux. — Toutefois, quelques arrêts ont admis, en cas de faute commune constatée, l'obligation pour le propriétaire de contribuer avec l'architecte aux dépenses nécessitées par les réparations (Req. 8 déc. 1852, aff. Perret D. P. 54. 5. 653; 1er déc. 1868, aff. Barbaroux de Mégy, D. P. 72. 1. 65; Cons. d'Et. 12 nov. 1886, aff. Havard, D. P. 88. 3. 27).

119. Il importe au surplus de remarquer que, dans les différents cas où la responsabilité de l'architecte ou de l'entrepreneur est engagée, il ne peut être condamné ni à remettre les lieux dans leur état primitif, ni même, s'il s'agit d'un vice partiel, à reconstruire entièrement les parties défectueuses, mais seulement à exécuter les réparations reconnues suffisantes pour faire disparaître le vice signalé (Cons. d'Et. 12 juill. 1855, aff. Léaune et Sévenier, D. P. 56. 3. 6; Lyon, 6 juin 1879, aff. Falconnet; *France judiciaire*, 1879-80, p. 121).

120. La question de savoir si la responsabilité décennale édictée par les art. 1792 et 2270 c. civ. s'applique aux entrepreneurs de travaux publics est résolue par une jurisprudence constante du conseil d'État, dans le sens de l'affirmative (Cons. d'Et. 21 juill. 1853, aff. Hérit. Bouillaut, D. P. 54. 3. 75; 12 juill. 1855, aff. Bouillaut, D. P. 56. 3. 6; 10 janv. 1867. aff. Commune de Velleclaire, D. P. 68. 3. 12; 13 mai 1887, aff. Clair, D. P. 88. 3. 60). V. *infrà*, v° *Travaux publics*.

121. A côté de l'architecte et de l'entrepreneur général des travaux, peuvent se rencontrer des entrepreneurs particuliers et des sous-traitants. Quelle est l'étendue de leur responsabilité? — Quant aux entrepreneurs particuliers, c'est-à-dire ceux avec qui le propriétaire a traité directement pour la construction de la charpente, pour l'établissement de la couverture ou pour toute autre entreprise partielle, leur responsabilité, aux termes de l'art. 1799 c. civ., est absolument la même que celle de l'entrepreneur général, à cette différence près qu'ils ne sauraient évidemment être responsables que dans la limite des travaux qu'ils ont exécutés (Civ. rej. 24 juin 1874, aff. Lulx de Lamotte, D. P. 76. 1. 398).

Quant aux *sous-traitants*, c'est-à-dire ceux qui traitent pour l'exécution de certains travaux, non avec le propriétaire, mais avec l'entrepreneur général, ils ne sont pas responsables, tout le monde le reconnaît, vis-à-vis du propriétaire, puisqu'ils n'ont pas traité avec lui. Mais sont-ils responsables vis-à-vis de l'entrepreneur général aux termes des art. 1792 et 2270? A cet égard, il s'est produit deux opinions en sens contraire. D'après MM. Frémy-Ligneville et Perriquet (*op. cit.*, t. 1er, n° 141), il faut répondre affirmativement, par la raison que les sous-traitants sont entrepreneurs dans la partie qu'ils traitent, et que l'art. 1799 leur est applicable, sinon dans ses termes mêmes, au moins dans son esprit et par analogie de motifs. M. Guillouard soutient au contraire (t. 2, n° 862) que l'entrepreneur général n'a point l'action des art. 1792 et 2270 vis-à-vis des sous-traitants, en invoquant les termes formels des art. 1792 et 1799 qui ne s'appliquent qu'à l'entrepreneur général et aux entrepreneurs particuliers traitant directement avec le propriétaire. La jurisprudence de la cour de cassation est en ce sens (Req. 12 févr, 1868, aff. Colin, D. P. 68. 1. 502).

122. Il est incontestable, aussi, que les ouvriers employés à la tâche ou à la journée par le propriétaire ne sont pas soumis à la garantie des art. 1792 et 2270. La doctrine et la jurisprudence sont absolument d'accord sur ce point (Civ. rej. 24 juin 1874, aff. Lulx de Lamotte, D. P. 76. 1. 398; 20 janv. 1880, aff. Brunier, D. P. 80. 1. 252; Aubry et Rau, t. 4, § 374, texte et note 33; Laurent, t. 26, nos 36 et 37; Frémy-Ligneville et Perriquet, *op. cit.*, t. 1, nos 142 et 143; Guillouard, t. 2, n° 863).

123. Enfin il a été jugé, avec raison, que la personne qui a fourni des ouvriers et des matériaux pour le compte d'un architecte à un propriétaire, sans s'immiscer dans les accords intervenus entre l'architecte et le propriétaire, et sans agir comme entrepreneur ou comme ouvrier à la tâche, ne peut être déclarée responsable des malfaçons commises dans les constructions, ni des fausses manœuvres des ouvriers (Req. 20 janv. 1880, aff. Brunier, D. P. 80. 1. 252).

124. Il peut arriver que l'architecte soit responsable, non seulement en vertu des art. 1792 et 2270 c. civ., mais encore à un autre titre, par exemple, en qualité de vendeur. — Décidé que l'architecte qui a vendu un ouvrage (une digue, dans l'espèce), qu'il a construit sur son terrain avec de mauvais matériaux et dans des conditions défectueuses, est responsable à la fois comme vendeur et comme architecte (Req. 9 févr. 1874, aff. Pigeory, D. P. 77. 5. 288).

125. Quelles personnes ont qualité pour intenter l'action en responsabilité? Il faut répondre qu'en principe l'action appartient à la personne qui a traité avec l'architecte ou l'entrepreneur. Aucune difficulté sur ce point, lorsque cette personne est encore propriétaire de l'édifice au moment où se manifeste le vice de construction. Mais si, dans l'intervalle, elle a vendu l'immeuble à un tiers, lequel du vendeur ou de l'acheteur aura droit à l'action? Ou bien faut-il décider que ce droit appartient à l'un et à l'autre?

Nous croyons cette dernière opinion préférable. L'acheteur, d'abord, étant l'ayant cause du vendeur pour tous les droits qui sont attachés à l'immeuble vendu et en constituent des accessoires, lui succède dans toutes ses actions, même mobilières, ayant pour objet la poursuite de ces droits. En conséquence, l'action en responsabilité de l'art. 1792 doit passer de plein droit du vendeur à l'acheteur, indépendamment de toute cession faite par le premier au second (C. cass. Belgique, 8 juill. 1886, aff. Hénin, D. P. 88. 2. 5). Et il en serait ainsi, alors même qu'il serait intervenu entre l'acheteur et son vendeur une clause de non-garantie de la vente (Rennes, 9 avr. 1870, aff. Perraudeau, D. P. 72. 2. 110). — Quant au vendeur, qui seul a traité avec l'entrepreneur, il nous paraît avoir également qualité pour agir, à la seule condition qu'il y ait intérêt; et cet intérêt se manifestera lorsque son acheteur agira en garantie contre lui en vertu de l'art. 1643 c. civ., qui déclare le vendeur tenu des vices cachés de la chose vendue, quand même il ne les aurait pas connus (Req. 4 janv. 1888, aff. Eckersley, D. P. 89. 1. 211). Cet arrêt décide même, d'une manière un peu trop absolue, suivant nous, que « la partie envers laquelle une obligation d'édifier des constructions à forfait a été directement contractée et qui est seule intervenue au contrat, a seule qualité pour actionner l'entrepreneur ».

126. — IV. Règles relatives au délai de la garantie et de l'action en responsabilité. — L'art. 1792 c. civ. limite à dix ans la responsabilité de l'architecte ou de l'entrepreneur, mais sans préciser le point de départ de ce délai de dix ans. On est d'accord aujourd'hui, en doctrine et en jurisprudence, pour décider que le point de départ du délai pendant lequel la garantie est due par l'architecte ou l'entrepreneur, est la date, non pas de l'achèvement même de la construction, mais de la vérification des travaux ou de la mise en demeure du propriétaire qui aurait négligé de faire procéder à cette vérification. Telle est la solution qui a été admise au *Rép.* n° 152, et elle se justifie, comme on l'a vu, par cette idée qu'il serait ordinairement difficile d'indiquer le moment précis où les constructions ont été terminées, et que, relativement au propriétaire, l'ouvrage n'est censé achevé que du jour où il a été vérifié et reçu (V. en ce sens Aubry et Rau, t. 4, § 374, p. 533; Colmet de Santerre, t. 7, n° 245 *bis*, iv). — La réception de l'ouvrage résulte soit d'un procès-verbal ou autre acte équivalent, soit de la prise de possession effective des biens (Req. 24 janv. 1876, aff. Thomas, D. P. 76. 1. 262; Paris, 12 mai 1874, aff. Mordan, D. P. 74. 2. 172). Lorsqu'il n'existe ni procès-verbal de la réception des travaux, ni preuve de la date de l'occupation de la maison par le propriétaire, le point de départ du délai peut, suivant ce dernier arrêt, être fixé au jour du règlement du mémoire de l'entrepreneur par l'architecte.

127. Le délai de dix ans, dont il est parlé dans les art. 1792 et 2270, constituant un temps d'épreuve de la bonne exécution des travaux et de la solidité de la construction, il en résulte que le propriétaire ou l'entrepreneur est complètement déchargé après l'expiration de ce délai, si, pendant cette période, il ne s'est manifesté aucun vice de nature à engager sa responsabilité. La minorité même du propriétaire ne prolongerait pas ce délai (Paris, 20 juin 1857, aff. de Ruty, D. P. 58. 2. 88; Aubry et Rau, t. 4, § 374, texte et note 29; Laurent, t. 26, n° 61; Guillouard, t. 2, n° 871).

128. De ce que le laps de dix ans ne constitue pas un véritable délai de prescription, mais un temps d'épreuve de la bonne exécution des travaux, il résulte également que le délai pendant laquelle la garantie est due peut être augmenté au gré des parties contractantes, l'art. 2220 c. civ., qui défend de renoncer à l'avance à la prescription, ne s'applique pas ici (V. Cons. d'Et. 3 janv. 1881, aff. Ville de La Fère, D. P. 82. 3. 119). — Le délai peut également se trouver augmenté dans la circonstance spéciale où l'entrepreneur aurait usé de moyens frauduleux pour empêcher que les vices de construction ou les malfaçons ne se révèlent pendant sa durée (Paris, 25 mai 1881, aff. Lalou, *France judiciaire*, 1880-81, p. 586).

129. Si la construction vient à périr ou que des détériorations s'y manifestent avant l'expiration des dix années de garantie, l'action en dommages-intérêts naît immédiatement au profit du propriétaire. Une véritable difficulté s'élève ici, relativement à la fixation de la durée pendant laquelle peut être intentée cette action. Trois opinions distinctes se sont produites sur ce point.

Suivant la première, qui est celle de la majorité des auteurs et qui a été adoptée par quelque arrêts, l'action en responsabilité, lorsqu'elle a pris naissance dans les dix ans de la réception des travaux, dure trente ans, et ces trente ans commencent à courir du jour où le droit à l'indemnité est né, c'est-à-dire du jour de la perte. On dit, dans ce système, que la loi, ayant deux points à régler : 1° celui de la durée de la garantie due par l'architecte ou l'entrepreneur ; 2° celui de la durée de l'action intentée à l'occasion d'un vice qui s'est manifesté dans le délai de garantie, a réglé le premier point par l'art. 1792 qui traite de responsabilité, et par l'art. 2270 qui se réfère à la garantie. L'un et l'autre de ces textes ont donc pour but de déterminer l'étendue de l'obligation du constructeur, et non pas de statuer sur la durée de l'action à intenter quand un sinistre est arrivé. Dès lors, ce dernier point reste soumis à la règle commune suivant laquelle les actions se prescrivent par trente ans; en conséquence, si le vice de construction s'est manifesté dans le délai de dix ans, le droit à l'action est né immédiatement et il ne s'éteindra que trente ans après que le vice s'est manifesté (En ce sens : Aubry et Rau, t. 4, § 374, texte et note 30; Colmet de Santerre, t. 7, n° 245 *bis*, viii et ix; Laurent, *Principes de droit civil*, 2° éd., t. 26, n° 59, p. 72. V. aussi Civ. cass. 5 août 1879, aff de Béarn, D. P. 80. 1. 17, avec les observations de M. l'avocat général Desjardins).

130. Suivant une deuxième opinion, la disposition des art. 1792 et 2270 a trait à la fois, et à la durée de la garantie due par l'architecte ou entrepreneur, et à la durée de l'action en responsabilité intentée contre eux ; le délai est de dix ans dans les deux cas, et le point de départ du délai est le même : c'est le jour de la réception des travaux. En conséquence, on décide, dans cette opinion, que, au bout de dix ans après la réception des travaux, l'architecte ne peut plus être inquiété, et cela lors même que le vice de construction se serait révélé avant l'expiration du délai, si l'action n'a pas été intentée pendant cette période.— Cette deuxième doctrine, adoptée déjà, ainsi qu'on l'a vu au *Rép.* n° 155, par un arrêt de la cour de Paris du 15 nov. 1836, et reproduite depuis par un certain nombre de décisions (Paris, 17 févr. 1853, aff. Vavin, D. P. 53. 2. 133; 20 juin 1857, aff. de Ruty, D. P. 58. 2. 88; Cons. d'Et. 7 janv. 1858, aff. Lircuit et Bernasse, D. P. 58. 3. 46; Bourges, 14 mai 1884, aff. Wlache, D. P. 84. 2. 216), a été répudiée par l'arrêt de la chambre civile du 5 août 1879, cité *suprà*, n° 129. Mais la cour d'Amiens, saisie par le renvoi, n'ayant pas suivi la doctrine de l'arrêt de la chambre civile (16 mars 1880, aff. Parent, D. P. 80. 2. 227), un arrêt rendu sur le nouveau pourvoi par la cour de cassation, toutes chambres réunies, a condamné définitivement cette dernière doctrine, et décidé que l'action en responsabilité, comme la garantie mise à la charge de l'architecte ou entrepreneur par les art. 1792 et 2270 c. civ., s'éteignent l'une et l'autre par un délai unique de dix ans, commençant à courir du jour même de la réception des travaux (Ch. réun. rej. 2 août 1882, aff. de Béarn, D. P. 83. 1. 5).

Ce n'est pas dans les considérants de l'arrêt qu'on peut rechercher les motifs de cette décision solennelle, car ils ne font guère qu'affirmer une doctrine plutôt qu'ils n'en démontrent le bien fondé. Ces motifs se rencontrent dans les conclusions de M. le procureur général Barbier, d'où il ressort que la conviction de la cour suprême a été déterminée par ce double fait : 1° que la doctrine qui fixe uniformément à dix ans la durée de la garantie et celle de l'action en responsabilité était celle de l'ancien droit, notamment celle de Pithou et de Brodeau, et qu'elle était consacrée également par la pratique constante du Châtelet de Paris ; 2° qu'il résulte des travaux préparatoires que les rédacteurs du code n'ont pas voulu innover. « Le droit commun, dit M. Bigot-Préameneu dans l'exposé des motifs, qui exige dix ans pour cette prescription, a été maintenu ». — Toutefois, cette doctrine, qui peut-être se justifie au point de vue pratique par la nécessité de diminuer les procès et d'en abréger la durée, laisse toujours subsister, en droit pur, cette grave objection, que, dans notre hypothèse, si le vice se manifeste seulement dans les derniers jours du délai de dix années, l'action en responsabilité naîtra à un moment où le propriétaire n'aura vraisemblablement plus le temps de l'intenter, et cela contrairement à la règle formelle de l'art. 2257 ; *actio non nata non prescribitur*. Pour faire échec à ce principe capital en matière de prescription, il fallait des textes plus explicites que ceux des art. 1792 et 2270 qui, nous l'avons dit, ne visent expressément que la durée de la garantie, sans s'occuper de la durée de l'action en garantie.

131. Il ne faudrait pas étendre la règle de l'art. 2270 ainsi interprété, au delà de ses termes; et il faut décider que lorsque l'action en responsabilité est intentée contre l'architecte ou l'entrepreneur, non par le propriétaire, mais par un voisin, la durée de la prescription sera de trente ans, qui ne commenceront à courir que du jour de l'accident, conformément au droit commun de l'art. 2257, qu'en outre, l'architecte ou entrepreneur sera responsable à quelque époque que l'accident se produise, même après dix ans depuis la réception des travaux. L'art. 1792 ne règle, en effet, que les rapports du propriétaire et de l'architecte ; il ne peut établir de forclusion contre le voisin, qui reste soumis au droit commun (Guillouard, t. 2, n° 874).

Table sommaire

des matières contenues dans le Supplément et le Répertoire.

(Les chiffres précédés de la lettre *S* renvoient au Supplément; les chiffres précédés de la lettre *R* renvoient au Répertoire.)

Table des articles du code civil.

Table chronologique des Lois, Arrêts, etc.

LOUAGE EMPHYTÉOTIQUE.

1. On a vu au *Rép.*, n° 3, que de graves divergences s'étaient élevées entre la jurisprudence et une partie de la doctrine sur le point de savoir si le contrat d'emphytéose a été maintenu par le code civil, sinon avec tous les caractères qu'il présentait dans l'ancien droit, au moins avec ceux de ces caractères qui ne sont pas incompatibles avec les lois abrogatives de la période intermédiaire.

C'est ainsi que, abstraction faite de la question de durée du bail emphytéotique, durée qui a été expressément réduite à quatre-vingt-dix-neuf ans au maximum par la loi du 18 déc. 1790, on discutait et on discute encore aujourd'hui la question de savoir si l'emphytéote a conservé, dans notre législation actuelle, soit le domaine utile que lui reconnaissait l'ancien droit, soit même seulement un droit réel sur l'immeuble donné à bail. On a vu que, dans l'opinion de Demolombe (t. 9, nos 489 à 491), opinion qui a été adoptée également par Valette (*Priviléges et hypothèques*, t. 1, p. 191 et suiv.), Aubry et Rau (*Droit civil français*, t. 2, § 224 *bis*, p. 446 à 456) et, plus récemment encore, par M. Guillouard (*Traité du contrat de louage*, t. 1, n° 10), l'emphytéote ne serait plus, sous l'empire du code civil, qu'un preneur comme un autre, à moins qu'on n'ait inséré spécialement dans le bail des clauses étendant les limites de son droit, et lui donnant, par exemple, un droit de superficie temporaire ou une servitude personnelle.

Cette opinion s'appuie en substance sur les considérations suivantes : La nature du droit d'emphytéose, à laquelle la loi du 18 déc. 1790 n'avait rien changé, s'est trouvée, au contraire, considérablement modifiée par les lois du 9 mess. an 3 et du 11 brum. an 7. En rangeant ce droit parmi les objets susceptibles d'hypothèque, sous la dénomination d'usufruit, ou de jouissance à titre d'emphytéose, les rédacteurs de ces lois ont manifesté l'intention de supprimer l'ancienne distinction entre le domaine direct et le domaine utile avec translation de ce dernier au profit de l'emphytéote, et de conserver seulement à celui-ci un droit réel de jouissance sur la chose d'autrui. Mais ce droit réel de jouissance lui-même, n'a-t-il pas été supprimé postérieurement par le code civil? Oui, selon cette doctrine. En effet, les art. 526, 543, 2118 et 2204, dont l'objet est d'énumérer, d'une manière limitative, les immeubles incorporels, les droits réels qui forment des démembrements de la propriété, ainsi que les biens susceptibles d'hypothèque et de saisie immobilière, ne faisant aucune mention de la jouissance à titre d'emphytéose, refusent par cela même à cette jouissance le caractère de droit réel immobilier, susceptible d'hypothèque et d'expropriation forcée. D'où l'on conclut que, lorsque la jouissance d'un immeuble a été cédée pour un temps seulement, fût-ce même à titre d'emphytéose, le contrat est régi, à défaut de toute clause spéciale contraire, par les règles du louage, et la jouissance du preneur ne constitue, en conséquence, qu'un droit personnel et mobilier, qui n'est pas susceptible d'hypothèque, et qui ne peut former l'objet d'une action possessoire.

2. On a vu au *Rép.* nos 3 et suiv. que la jurisprudence, ainsi qu'une autre partie de la doctrine, se prononçait au contraire dans le sens du maintien, dans la législation actuelle, et malgré le silence du code civil, du droit réel d'emphytéose qui resterait soumis aux règles de l'ancien droit non expressément abrogées par les lois de la période intermédiaire (V. notamment Civ. rej. 26 avr. 1853, aff. Jacquinot, D. P. 53. 1. 145; Req. 9 janv. 1854, aff. Henry, D. P. 54. 1. 118; Civ. rej. 24 août 1857, aff. Chemin de fer d'Orléans, D. P. 57. 1. 326. V. aussi Demante et Colmet de Santerre, *Cours analytique*, t. 2, n° 378 *bis*, IV; Laurent, *Principes de droit civil*, t. 13, nos 340 et suiv.; Pépin Le Halleur, *Histoire de l'emphytéose*, p. 328 et suiv.). On dit, en faveur de cette opinion, que, loin d'être proscrite par les lois de la Révolution, l'emphytéose a été expressément maintenue pour le passé et autorisée pour l'avenir par l'art. 1er, tit. 1er, de la loi du 18 déc. 1790, sous la seule condition ne pas excéder une durée de quatre-vingt-dix-neuf ans; que, si elle ne se trouve ni régie, ni même rappelée par aucune des dispositions du code civil, on doit induire de ce silence, non que le principe formulé par la loi du 18 déc. 1790 aurait été abrogé, mais que l'emphytéose reste, en ce qui concerne sa nature et ses effets légaux, soumise aux règles non abrogées de l'ancien droit; qu'elle est d'ailleurs implicitement permise par la disposition générale de l'art. 543 c. civ., laquelle autorise à conférer sur les biens ou un droit de propriété, ou un droit de jouissance, sans déterminer ni restreindre les conditions ou l'étendue du droit qui pourrait être concédé.

3. Il reste seulement, dans cette doctrine, qui est aujourd'hui consacrée par une jurisprudence constante, à déterminer exactement quels sont les caractères essentiels et distinctifs de l'emphytéose. D'après la cour de cassation, (Civ. cass. 26 avr. 1853, aff. Jacquinot, D. P. 53. 1. 145; Civ. rej., 24 août 1857, aff. Chemin de fer d'Orléans, D. P. 57. 1. 326), les caractères essentiels de l'emphytéose se manifestent dans un bail ayant pour objet la concession d'un terrain, pendant un long temps, et pour but l'amélioration de ce terrain, à l'effet, par le preneur, d'en jouir d'une manière absolue, moyennant une modique redevance. Ainsi, charge d'améliorer, payement d'une redevance dont la modicité s'explique par l'existence de cette charge, longue jouissance et droit de disposition presque absolu, sans lesquels de sérieux travaux d'amélioration de l'immeuble concédé seraient impossibles : tels sont les traits distinctifs que l'emphytéose a conservés sous notre législation, d'après la jurisprudence de la cour suprême. Toutefois un arrêt postérieur de la chambre civile (Civ. rej. 11 nov. 1861, aff. Hamelin, D. P. 61. 1. 444) modifie légèrement les termes de cette définition, en considérant la modicité de la redevance comme le caractère le plus ordinaire, mais non essentiel, de l'emphytéose.

4. Conformément à cette doctrine, il a été jugé qu'un bail, même consenti pour quatre-vingt-dix-neuf ans, constitue un bail ordinaire et non une emphytéose, si le propriétaire s'est réservé l'exercice de toutes les actions relatives à la propriété de l'immeuble loué, si le taux du loyer annuel est en rapport avec le prix de cet immeuble, et enfin si la valeur des améliorations doit être remboursée au preneur à l'expiration du bail. Il n'importe dès lors, en pareil cas, que le preneur ait été chargé de suivre à ses risques et périls les actions concernant la jouissance de la chose louée, de payer l'impôt foncier, d'entretenir les baux existants, de faire les grosses réparations, avec faculté de démolir, enfin de subir, sans diminution de loyer ni résiliation de bail, la destruction partielle de cette chose, de semblables clauses n'étant pas inconciliables avec un bail ordinaire (Civ. rej. 24 août 1857, cité *suprà*, n°s 2 et 3). Jugé également qu'un bail de quatre-vingt-dix-neuf ans doit, malgré sa longue durée, être considéré comme un bail à long terme, et non comme une emphytéose, lorsqu'il résulte du contrat, qualifié location : 1° que le preneur ne peut disposer du terrain qui fait l'objet de cette location que conformément au droit commun établi au titre du contrat de louage, et qu'ainsi il ne lui est pas permis d'hypothéquer ce terrain, alors que les hypothèques créées par le bailleur devront, au contraire, recevoir leur effet ; 2° que la faculté de sous-location est elle-même limitée, à raison de l'obligation imposée au preneur de ne sous-louer qu'à un certain taux ; 3° que la redevance, quoique modérée, n'est pas une redevance modique ; 4° qu'enfin, il n'y a pas, pour le preneur, obligation de construire (Civ. rej. 11 nov. 1861, cité *suprà*, n° 3). Décidé, dans le même sens, que le bail d'un immeuble ne peut être qualifié de bail emphytéotique, quelque longue qu'en soit la durée, et quoique le preneur ait contracté l'obligation d'élever à ses frais, sur la chose louée, des constructions devant revenir au bailleur à l'expiration du temps fixé, s'il est interdit à ce preneur de sous-louer sans l'autorisation du bailleur, l'emphytéose étant un droit réel qui constitue une véritable propriété dont la libre disposition est de l'essence du bail emphytéotique (Grenoble, 4 janv. 1860, aff. Synd. Vallot, D. P. 60. 2. 190, et sur pourvoi, Req. 6 mars 1861, D. P. 61. 1. 418).

5. Par contre, et conformément à la même doctrine, il a été jugé : 1° que le bail d'un terrain communal en nature de pâturage, pour une durée de quatre-vingts ans, moyennant une redevance modique, à la charge d'effectuer des constructions, plantations, défrichements et autres améliorations devant rester au bailleur à l'expiration du bail, et sous l'obligation par le preneur de supporter toutes les charges de la propriété, constitue un bail emphytéotique (Civ. cass. 26 avr. 1853, aff. Jacquinot, D. P. 53. 1. 145) ; — 2° Que la concession faite par une commune à un particulier, en vertu d'une ordonnance royale, de la jouissance d'un étang, a pu être considérée, quoique qualifiée de bail à ferme, comme une concession emphytéotique, lorsque la volonté d'opérer le démembrement de la propriété résulte de l'ensemble des clauses de l'acte de concession, souverainement interprétées par les juges du fait (Req. 9 janv. 1854, aff. Henry, D. P. 54. 1. 118) ; — 3° Qu'un bail dans lequel se rencontrent les conditions ordinaires de l'emphytéose, à savoir la longue durée du bail, la modicité de la redevance et l'obligation pour le preneur d'opérer certaines améliorations, avec l'engagement de laisser au bailleur, à l'expiration du bail, toutes les constructions qu'il aura édifiées sur l'immeuble concédé, peut être qualifié de bail emphytéotique, quoique le bailleur se soit réservé l'exercice des actions intéressant la propriété, s'il ne résulte pas de cette réserve qu'il ait entendu priver le preneur des droits utiles de propriété, dont la transmission est de l'essence de l'emphytéose (Civ. rej. 26 janv. 1864, aff. Dorient de Bellegarde, D. P. 64. 1. 83).

6. Il résulte de la doctrine posée par ces divers arrêts que l'emphytéose, ainsi qu'on l'a dit au *Rép.* n° 9, est, de sa nature, immobilière, et partant, susceptible soit d'hypothèque (Civ. rej. 26 janv. 1864, cité *suprà*, n° 5), soit de saisie immobilière (Civ. rej. 11 nov. 1861, aff. Hamelin, D. P. 61. 1. 444), soit de complainte. Cette solution, toutefois, est contestée, pour l'hypothèque, par M. Colmet de Santerre qui, tout en reconnaissant avec la jurisprudence l'existence, dans notre droit actuel, du droit réel d'emphytéose, estime néanmoins que ce droit n'est pas susceptible d'hypothèque; et cet auteur fonde son opinion sur le silence de l'art. 2118 c. civ., qui, dans son énumération limitative, ne comprend pas l'emphytéose au nombre des biens susceptibles d'être hypothéqués. Ce silence, d'après M. Colmet de Santerre, s'expliquerait, d'ailleurs, par les craintes politiques et économiques qu'inspirait aux auteurs du code civil le contrat d'emphytéose, et qui, bien qu'insuffisantes pour le faire prohiber complètement, ont cependant suffi pour déterminer le législateur à en atténuer les effets, en privant les emphytéotes de la faculté de faire de leur droit un instrument de crédit (V. Colmet de Santerre, t. 9, n° 78 *bis*, VII). — Enfin, à raison également de sa nature immobilière, le droit d'emphytéose n'est pas, comme le droit du preneur dans le contrat de louage ordinaire, susceptible d'être donné en gage (Req. 6 mars 1861, aff. Synd. Vollot, D. P. 61. 1. 417).

7. Dans une espèce où la question s'élevait de savoir si le possesseur d'un fonds le détenait à titre de propriétaire ou en qualité d'emphytéote, il a été jugé que la preuve de la possession précaire d'un fonds détenu à titre d'emphytéose peut, à défaut de titres, résulter, soit de ce fait que les biens dont les détenteurs se prétendent propriétaires ont fait partie de biens nationaux, soit d'un arrêté préfectoral faisant remise aux détenteurs, à titre d'emphytéose, de redevances par eux dues, pour les indemniser des pertes qu'ils ont éprouvées, soit du payement de ces mêmes redevances entre les mains du receveur des hospices, ayants cause de l'État; que, par suite, les juges peuvent voir dans ces circonstances une reconnaissance du droit de propriété en faveur des adversaires des détenteurs de ces biens (Angers, 21 août 1851, aff. Lefort, D. P. 52. 2. 17).

8. Relativement à la durée de l'emphytéose, on a dit au *Rép.* n° 15, que le décret du 29 déc. 1790 qui prohibe pour l'avenir, dans son art. 1er, l'emphytéose perpétuelle, avait eu pour seul effet de transformer en bail à rente un bail emphytéotique fait postérieurement à ce décret, et par suite de rendre la redevance rachetable, malgré toute stipulation contraire. — La même solution doit être donnée à l'égard de l'emphytéose perpétuelle consentie avant la Révolution. La cour de cassation en a tiré, notamment, cette conséquence, qu'un acte de concession ayant été fait en 1666 par un seigneur aux habitants d'une commune à titre d'emphytéose perpétuelle, en supposant même qu'il ne fût pas entaché de féodalité et participât dans une certaine mesure aux droits de propriété privée de ce seigneur, les redevances dues à ce titre par les concessionnaires étaient devenues rachetables et par conséquent prescriptibles (Civ. rej. 24 mars 1875, aff. Comte de Darnius, D. P. 75. 1. 197).

Il a été jugé aussi (Comp. *Rép.* n° 16) que le bail emphytéotique fait à trois générations ne s'éteint pas par le décès de l'aîné des enfants mâles de la famille de la troisième génération : il faut que tous les membres de cette génération aient cessé d'exister (Angers, 21 août 1851, aff. Lefort, D. P. 52. 2. 17).

9. Les principes consacrés par la jurisprudence en ce qui concerne les obligations et les droits résultant de l'emphytéose ont été exposés au *Rép.* nos 17 et suiv. — Par application de la règle que l'emphytéote doit jouir en bon père de famille de manière à rendre à la fin de sa jouissance le domaine, sinon amélioré, comme le veut l'esprit du contrat, du moins en aussi bon état qu'il l'a reçu, il a été jugé que celui à qui un terrain a été donné en emphytéose n'a pas le droit d'extraire l'argile renfermée dans le sol, alors même que l'extraction devrait être restreinte à la quantité d'argile nécessaire pour des constructions qu'il se propose d'élever sur ce terrain (Douai, 9 mars 1854, aff. Fontaine, D. P. 54. 5. 480).

10. Les constructions élevées par l'emphytéote en vertu d'une clause du bail appartiennent au propriétaire du fonds qui, après l'expiration du bail, peut les conserver sans avoir à payer aucune indemnité. C'est ce qui a été jugé par un arrêt de la cour de Douai du 8 févr. 1878 (V. *infrà*, no 13). Le même arrêt écarte l'application de la coutume flamande, qui consacrait une solution différente.

11. Les constructions élevées pendant la durée de l'emphytéose devant plus tard devenir la propriété du bailleur, l'emphytéote n'a évidemment pas le droit de les détruire; mais il n'en est ainsi que des constructions que le bail lui imposait l'obligation d'édifier ; il est libre d'enlever, pendant la durée de la jouissance, celles qu'il aurait faites volontairement. Cette distinction, qui était admise dans l'ancien droit (V. Merlin, *Répertoire*, vo *Emphytéose*, § 1, no 5), résulte également d'un arrêt aux termes duquel, dans le louage emphytéotique, le preneur conserve, à moins de conventions contraires, la propriété entière des constructions qu'il élève volontairement sur le fonds et a le droit de les enlever pendant le bail, à la condition de ne pas dégrader l'héritage (Req. 22 juin 1885, aff. Hospices de Roubaix, D. P. 86. 1. 268). Et la clause suivant laquelle le bailleur, à l'expiration du bail, aura la faculté de reprendre les bâtisses alors existantes, sur un pied d'évaluation déterminé, peut être interprété en ce sens qu'elle n'apporte aucun obstacle au droit du preneur de faire disparaître les constructions pendant le bail, et ne doit sortir à effet que sur celles qui n'auront pas été enlevées avant le terme dudit bail (Même arrêt). — Décidé encore que, si le fonds donné en emphytéose, et par suite les constructions, sont, pendant le bail, l'objet d'une expropriation pour cause d'utilité publique, cette expropriation, qui met fin aux droits du bailleur et du preneur, saisit ces droits dans leur consistance actuelle; qu'en conséquence, le bailleur, en recevant l'indemnité relative au fonds, ne peut toucher aucune part de celle afférente aux constructions; c'est au preneur seul que cette dernière indemnité doit être intégralement attribuée (Même arrêt).

12. L'emphytéote a-t-il le droit de louer le fonds? L'affirmative ne paraît pas douteuse; il a, en effet, sans restriction, la jouissance du domaine utile : or la dation à bail est un mode de jouissance, puisque le prix de location représente les fruits de l'immeuble loué. Il a été jugé que la défense faite au preneur, dans le bail emphytéotique d'un immeuble, de céder, transporter, aliéner ou hypothéquer son droit au bail, n'emporte pas interdiction de louer pour une période de six ou neuf ans. Cette location ne constitue point un abus de jouissance susceptible d'entraîner la déchéance de l'emphytéose, s'il n'en résulte aucun préjudice pour le bailleur (Bruxelles, 15 juill. 1882, aff. Blaivie, D. P. 83. 2. 102. — V. aussi dans le même sens : Bruxelles, 6 janv. 1873, *Pasicrisie belge*, 1873, 2e part., p. 61).

13. Relativement enfin à la cessation du bail emphytéotique, dont les causes ont été développées au *Rép.* nos 29 et suiv., il a été jugé que l'emphytéose finit de plein droit à l'expiration du temps pour lequel elle a été constituée, et que la tacite reconduction n'a pas lieu en cette matière (Douai, 8 févr. 1878) (1). Le motif en est, suivant l'arrêt, et ainsi qu'on l'a dit au *Rép.* no 29, qu'il s'agit ici d'un démembrement trop grave de la propriété pour qu'on étende jusqu'à lui le renouvellement tacite dont le propriétaire n'éprouve, dans les baux ordinaires, presque aucune incommodité.

14. Il convient d'ajouter, relativement au contrat d'emphytéose, en général, que les controverses actuellement pendantes entre la doctrine et la jurisprudence sur l'existence et la nature juridique de ce contrat, ainsi que les difficultés pratiques auxquelles donne lieu, dans le système de la jurisprudence, le silence de la loi sur les règles spéciales qui y sont applicables, sont vraisemblablement appelées à prendre fin dans un avenir très rapproché, un projet de loi sur le bail emphytéotique (titre 5 du nouveau code rural) ayant été adopté par le Sénat dans ses séances des 27 janv. et 28 févr. 1882, et étant actuellement soumis, à la Chambre, à l'examen d'une commission. Aux termes de ce projet de loi, rédigé en quatorze articles, le bail emphytéotique de biens immeubles confère au preneur un droit réel susceptible d'hypothèque et pouvant être cédé et saisi immobilièrement. Ce bail doit être consenti pour plus de dix-huit années et ne peut dépasser quatre-vingt-dix-neuf ans; il ne peut se prolonger par tacite reconduction (art. 1er). Il exige, de la part de celui qui le contracte, la capacité d'aliéner (art. 2). Le preneur ne peut demander la réduction de la redevance pour cause de perte partielle du fonds, ni pour cause de stérilité ou de privation de toute récolte à la suite de cas fortuits (art. 4). Le bailleur peut demander la résolution de l'emphytéose : 1° à défaut de payement de deux années de redevance; 2° pour inexécution des conditions du contrat ou détériorations graves commises par le preneur sur le fonds (art. 5). Ce dernier ne peut se soustraire à ses obligations par le déguerpissement (art. 6); il ne peut opérer

(1) (Wils-Bécuve *C.* Vandenbourgædre.) — La cour ; — Considérant que l'emphytéose finit de plein droit à l'expiration du temps pour lequel elle a été accordée; que la tacite reconduction ne saurait être appliquée en pareille matière, puisqu'il s'agit d'un démembrement trop grave de la propriété pour qu'on étende jusqu'à lui la rénovation tacite dont le propriétaire n'éprouve dans les baux ordinaires, presque aucune incommodité; que, par conséquent, il n'y a pas lieu d'appliquer pour la nécessité du congé, la coutume de Bergues, qui, du reste, ne prévoyait que les locations ordinaires; que, cependant, en présence de l'ignorance que la défenderesse a pu avoir du titre de 1777, il y a lieu de lui accorder un délai pour effectuer sa sortie; — En ce qui touche l'indemnité pour les constructions élevées sur les fonds emphytéosés : — Considérant que, d'après les coutumes flamandes, les constructions élevées par le preneur sur l'héritage emphytéosé pouvaient, dans le cas de silence du contrat, être reprises par le propriétaire en payant seulement les matériaux comme s'ils gisaient par terre; — Considérant que ce principe ne saurait être appliqué dans l'espèce puisque le contrat, loin d'être silencieux, renferme une stipulation expresse; qu'en effet, le bail emphytéotique du 15 déc. 1777 contient cette clause : « Par-dessus le preneur sera tenu de bâtir sur le fonds ici vendu une maison convenable, sous peine de résiliation de bail et de dommages-intérêts en cas de refus » ; qu'évidemment, en érigeant des constructions, le preneur n'a fait que se libérer de l'obligation qui lui avait été imposée par l'acte qu'il venait de souscrire; qu'aujourd'hui, s'il vivait encore, il ne pourrait réclamer une indemnité pour l'accomplissement d'une obligation qu'il devait exécuter; que son successeur, c'est-à-dire la défenderesse n'a pas plus de droit que lui; que, de plus, les dommages-intérêts que le preneur pourrait devoir en cas de non-construction d'une maison convenable sont exclusifs de toute indemnité qu'il aurait pu réclamer pour avoir rempli son obligation; — Considérant qu'abstraction faite de la clause ci-dessus rappelée, le contrat d'emphytéose a pour but l'amélioration de l'héritage donné en jouissance, que c'est donc se conformer à l'esprit de ce contrat que de faire retourner cet héritage au propriétaire ou à ses ayants cause avec les améliorations opérées par le preneur; qu'à l'expiration du terme, dit Merlin, le preneur ou les ayants cause ne peuvent ni démolir les bâtiments, ni en emporter les matériaux, ni en répéter les impenses; que le preneur trouve une compensation à cet abandon dans la longue jouissance qui lui avait été accordée moyennant une redevance modique; que, dans l'espèce, si on considère la valeur locative de la maison, elle est de beaucoup supérieure au canon emphytéotique de 8 fr. ; qu'il résulte donc que la défenderesse est obligée de livrer au propriétaire, et sans indemnité, les améliorations qu'elle s'était formellement engagée à faire, lors de la constitution de l'emphytéose par l'organe du preneur primitif, son auteur; — Par ces motifs, etc.

Du 8 févr. 1878.-C. de Douai, 2e ch.-MM. Bottin, pr.-Grévin, av. gén.-de Beaulieu et Legrand, av.

dans le fonds aucun changement qui en diminue la valeur, et n'a droit à aucune indemnité pour améliorations (art. 7); il est tenu de toutes les charges de l'héritage, des réparations de toute nature aux constructions (art. 8). Il peut acquérir au profit du fonds des servitudes actives, et le grever, par titre, de servitudes passives, pour un temps qui n'excédera pas la durée du bail, et à charge d'avertir le propriétaire (art. 9); il a seul les droits de chasse et de pêche, et exerce, à l'égard des mines et carrières, tous les droits de l'usufruitier (art. 12).

Table sommaire

des matières contenues dans le Supplément et le Répertoire.

(Les chiffres précédés de la lettre *S* renvoient au Supplément; les chiffres précédés de la lettre *R* renvoient au Répertoire.)

Table chronologique des Lois, Arrêts, etc.

LOUAGE HÉRÉDITAIRE.

On a examiné au *Répertoire* la grave question qui s'était élevée sur la nature des baux héréditaires dans notre droit actuel. Un bail contracté de telle sorte que la jouissance consentie au preneur durera aussi longtemps qu'il aura des représentants en ligne directe, doit-il être ou non considéré comme transférant la propriété au preneur, et comme présentant ce caractère de perpétuité que prohibent nos lois nouvelles? On a vu au *Rép.* n° 2, que la question avait reçu successivement, de la jurisprudence de la cour suprême, deux solutions contraires. Depuis l'arrêt de rejet du 16 juin 1852 (D. P. 52. 1. 285), la question semble définitivement jugée en ce sens qu'une telle convention constitue un bail perpétuel, qui se confond avec l'emphytéose, et qui, ne pouvant être valable comme bail, doit être traité comme une constitution de rente foncière, et à ce titre, est toujours rachetable (V. également, en ce sens, Guillouard, *Contrat de louage*, t. 1, n° 39. — *Contrà :* Aubry et Rau, *Droit civil français*, t. 2, § 224, texte et note 15).

Conformément à cette doctrine, il a été jugé que les baux héréditaires usités dans l'ancienne province du Luxembourg étaient de même nature que les baux à locatairie perpétuelle; que, par suite, les rentes dues en vertu de tels baux ont un caractère mobilier, aux termes de l'art. 529 c. civ., et tombent dès lors dans la communauté contractée par le bailleur (Metz, 22 juill. 1856, aff. Giraud, D. P. 57. 5. 207).

LOUVETERIE. — V. *Chasse*, n°s 1450 et suiv., 1532 et suiv.; 1608 et suiv.; — *Rép.* eod. v°, n°s 501 et suiv.

LYCÉE.—V. *infrà, Organisation de l'instruction publique;* — *Rép.* cod. v°, n°s 265 et suiv.

MACHINES A VAPEUR.

1. — I. Législation. — On a indiqué au *Rép.*, n° 2, les premiers règlements sur les appareils et bateaux à vapeur. La loi du 21 juill. 1856 (D. P. 56. 4. 118) a attaché à ces dispositions réglementaires des sanctions pénales, et puni d'amende ou d'emprisonnement: 1° les contraventions relatives à la vente des appareils à vapeur; 2° les contraventions relatives à l'usage des appareils à vapeur établis ailleurs que sur les bateaux; 3° les contraventions relatives aux bateaux à vapeur et aux appareils à vapeur placés sur ces bateaux.

2. Les dispositions, reproduites au *Rép.* n° 2, de l'ordonnance du 22 mai 1843, relatives aux machines et chaudières à vapeur, autres que celles qui sont placées sur les bateaux, constituaient un progrès réel sur les règlements antérieurs. Mais les progrès de l'industrie de la construction des machines et la généralisation de l'emploi de la vapeur firent sentir la nécessité de modifier profondément cette réglementation et de dégager l'industrie d'entraves devenues inutiles.

Un décret du 25 janv. 1865 (D. P. 65. 4. 13), précédé d'un rapport de M. Béhic, ministre de l'agriculture, du commerce et des travaux publics, rapporta l'ordonnance du 22 mai 1843 et lui substitua un système de réglementation destiné, suivant les expressions du rapport, « à ouvrir pour l'industrie une ère de liberté et de progrès, tout en satisfaisant, dans la mesure du nécessaire, à ce qu'exige la sûreté publique ». Tandis que l'ordonnance de 1843 réglementait en quelque sorte toutes les pièces d'une machine à vapeur et les soumettait aux mêmes épreuves, le nouveau règlement maintenait l'épreuve pour les chaudières, mais la supprimait pour les cylindres et autres pièces accessoires; de plus, il réduisait l'épreuve au double de la pression effective de la vapeur dans la chaudière, tandis qu'elle était précédemment triple de cette pression, et en outre, au delà d'une pression de six atmosphères, il admettait que la charge d'épreuve ne dépassât dans aucun cas le double de cette pression. Quant à l'exécution même de la chaudière, à la nature et à la qualité des matériaux employés, à l'épaisseur des parois, elles étaient laissées désormais à la disposition du constructeur, sous sa responsabilité. Les machines elles-mêmes, que l'ordonnance de 1843 rangeait parmi les établissements incommodes et insalubres, étaient désormais dispensées de l'autorisation préalable. Il suffisait d'une simple déclaration faite au préfet du département, et chacun était libre d'établir chez soi une machine à vapeur, en se conformant aux conditions prescrites par le règlement. Les conditions mêmes imposées d'une manière générale aux propriétaires d'appareils à vapeur apportaient de notables adoucissements à la situation antérieure.

Ces dispositions ne concernaient, comme l'ordonnance de 1843, que les chaudières autres que celles qui sont placées sur des bateaux. « Pour ces dernières, disait le rapport, il pourra y avoir lieu sans doute de modifier en quelques points les règlements actuels, mais à raison de la destination principale des bateaux à vapeur, qui est le transport des personnes, et de la gravité des accidents dont par là même, ils peuvent être le théâtre, il est impossible de ne pas les astreindre à des mesures de précaution spéciales ».

3. Le décret du 25 janv. 1865 a lui-même été abrogé et remplacé par celui du 30 avr. 1880 (D. P. 81. 4. 55), relatif aux générateurs à vapeur autres que ceux qui sont placés à bord des bateaux. Les générateurs et récipients de vapeur et d'eau fonctionnant à haute température peuvent être mis en service après une simple déclaration au préfet (art. 12 et 13). La circulation des machines locomotives a lieu dans les conditions déterminées par des règlements spéciaux (art. 29). Toute chaudière doit subir une épreuve hydraulique supérieure à la pression effective qui ne doit pas être dépassée dans le service. La surcharge d'épreuve par centimètre carré est égale à la pression effective, sans jamais être inférieure à un demi-kilogramme ni supérieure à six kilogrammes (art. 2 et 4). La même épreuve est imposée aux récipients d'une capacité de plus de cent litres; toutefois la surcharge d'épreuve doit être, dans tous les cas, égale à la moitié du maximum de pression à laquelle doit fonctionner l'appareil, sans pouvoir excéder quatre kilogrammes par centimètre carré (art. 31). Le renouvellement de l'épreuve peut être exigé lorsque la chaudière ayant déjà servi est l'objet d'une nouvelle installation, lorsqu'elle a subi une réparation notable, lorsqu'elle est remise en service après un chômage prolongé, ou lorsqu'il y a lieu, par l'ingénieur des mines, à raison des conditions dans lesquelles elle fonctionne, d'en suspecter la solidité. En aucun cas, l'intervalle entre deux épreuves consécutives ne doit être supérieur à dix années (art. 3). Chaque chaudière doit être munie de divers appareils de sûreté déterminés par le règlement (art. 6 à 11). Il en est de même des récipients (art. 32). Les chaudières fixes sont divisées en trois catégories, dont chacune est assujettie à des conditions d'emplacement spéciales, dans le but de protéger les maisons d'habitation et le personnel travaillant dans les étages des ateliers (art. 14 à 21).

4. Les dispositions du décret du 30 avr. 1880 ont été complétées par un décret du 29 juin 1886 (D. P. 87. 4. 61), qui prescrit, dans le cas où plusieurs générateurs de vapeur, placés à demeure, sont groupés sur une conduite générale de vapeur en nombre tel que le produit caractéristique dépasse 1800, de répartir ces générateurs par séries correspondant chacune à un produit au plus égal à ce nombre, et de munir chaque série d'un clapet automatique d'arrêt disposé de façon à éviter, en cas d'explosion, le déversement de la vapeur des séries restées intactes. — Le délai de six mois imparti par ce décret aux propriétaires de chaudières existant antérieurement a été prorogé jusqu'au 31 déc. 1887, par un décret du 22 déc. 1886 (D. P. 87. 4. 62).

5. La surveillance des appareils à vapeur est spécialement confiée aux ingénieurs des mines et aux agents placés sous leurs ordres. Aux termes d'un décret du 23 févr. 1882 (D. P. 83. 4. 19), les ingénieurs et agents ont droit, pour les diverses épreuves des appareils à vapeur prévues par le décret du 30 avr. 1880, aux rémunérations prévues pour la première épreuve desdits appareils par les art. 2, § 4, et 3 des décrets du 10 mai 1854 (D. P. 54. 4. 89). — La surveillance confiée aux ingénieurs des mines est facilitée, dans une large mesure, par le concours d'associations régionales de propriétaires d'appareils à vapeur, qui font visiter ces appareils par un personnel d'ingénieurs spéciaux et d'inspecteurs d'une compétence éprouvée. Plusieurs de ces associations ont été reconnues comme établissements d'utilité publique. Les certificats de celles qui sont agréées par le ministre peuvent suffire pour exonérer les chaudières et récipients des épreuves officielles, dans le cas où elles sont facultatives. (V. sur ces associations, tant en France qu'à l'étranger, une étude de M. Aguillon, *Annales des mines*, 1880, et un rapport de M. Compère au congrès des accidents du travail de 1889, *Rapports au congrès*, p. 315).

6. Un décret du 9 avr. 1883 (D. P. 83. 4. 99) a abrogé et remplacé l'ordonnance du 22 mai 1843, rapportée au *Rép.* n° 3, en ce qui concerne les bateaux à vapeur qui naviguent sur les fleuves, rivières, canaux, lacs ou étangs d'eau douce. Aucun bateau à vapeur ne peut être mis en service sans un permis de navigation délivré par le préfet. Aucune chaudière à vapeur destinée à la navigation fluviale ne peut être mise en service si elle n'a subi une double épreuve, l'une chez le constructeur par le service de la surveillance des appareils à vapeur du département, l'autre à bord par les soins de la commission de surveillance. Les récipients placés à bord des bateaux sont soumis aux mêmes épreuves. Le règlement détermine les appareils de sûreté dont doivent être pourvus les chaudières et récipients. La surveillance administrative des bateaux à vapeur est confiée à des commissions instituées par le ministre des travaux publics dans les départements où existent des services de bateaux à vapeur, et composées de trois membres au moins et de sept au plus, choisis parmi les ingénieurs des mines, les ingénieurs des ponts et chaussées et autres personnes recommandées par leur compétence.

7. Quant à la navigation maritime à vapeur, elle continue à être régie par l'ordonnance du 17 janv. 1846, mentionnée au *Rép.* n° 3, et dont les prescriptions sont beaucoup plus rigoureuses que celles des décrets du 30 avr. 1880 et du 9 avr. 1883. Toutefois, une circulaire ministérielle du 10 août 1880 donne aux préfets la faculté d'autoriser des dérogations qui assimilent presque dans la pratique le régime des bateaux à vapeur destinés à la navigation maritime au régime de ceux qui sont employés à la navigation fluviale, (V. Olry, *Rapport au congrès des accidents du travail de* 1889, p. 256 et suiv. V. également Delaunay-Belleville, *Lois et règlements concernant les chaudières à vapeur*.

8. — II. Législation étrangère. — 1° *Allemagne*. — L'ordonnance sur l'industrie pour la confédération de l'Allemagne du Nord, du 21 juin 1869, soumet l'installation des chaudières à vapeur à l'obligation de l'autorisation préalable. Elle a été complétée par un arrêté du Conseil fédéral du 29 mai 1871, qui contient des prescriptions rigoureuses au sujet de la construction des chaudières et des appareils de sûreté dont elles doivent être munies. Une inspection périodique des appareils à vapeur existe en Prusse, dans le grand-duché de Bade, en Bavière, en Saxe et dans le Wurtemberg. — L'Alsace-Lorraine est soumise à une ordonnance du 3 nov. 1884, applicable à toutes les chaudières; elles peuvent être installées à la suite d'une simple déclaration, sauf celles à installer dans les mines et sur les bateaux, pour lesquelles une autorisation est nécessaire; elles sont placées sous la surveillance des fonctionnaires des mines et soumises à des épreuves et à des visites périodiques; toutefois les chaudières dont les propriétaires font partie d'associations autorisées peuvent être exemptées de la surveillance officielle. La loi française du 21 juill. 1856 est restée en vigueur (Olry, *Rapport* précité, p. 262).

9. — 2° *Autriche-Hongrie*. — L'ordonnance sur l'industrie du 20 déc. 1859 assujettit en Autriche les installations d'appareils à vapeur à l'autorisation préalable. Les chaudières sont soumises à des épreuves et à des inspections périodiques par la loi du 7 juill. 1871 et l'ordonnance du 1er oct. 1875. Les inspections peuvent être faites par les agents d'associations autorisées. Le régime de l'autorisation préalable existe également en Hongrie : l'ordonnance du 11 févr. 1854, qui a établi ce régime, a soumis la construction des chaudières à des prescriptions sévères, et a organisé des inspections périodiques (Olry, *Rapport* précité, p. 264).

10. — 3° *Belgique*. — Aux termes de l'arrêté royal du 28 mai 1884, les machines à chaudières employées à demeure ne peuvent être installées qu'en vertu d'une autorisation délivrée après enquête. L'arrêté détermine les conditions de construction et les appareils de sûreté dont les chaudières doivent être pourvues (Olry, *Rapport* précité, p. 265).

11. — 4° *États-Unis*. — La législation fédérale ne contient aucune disposition relative aux chaudières fixes ou mobiles fonctionnant à terre, et les règlements qui existent en cette matière dans les différents Etats présentent la plus grande diversité. Mais une loi relative aux chaudières de navigation, qui fait partie des statuts des Etats-Unis, soumet ces chaudières à une réglementatation et à une surveillance très rigoureuses. Elles doivent être visitées avant d'être mises en service et ensuite une fois au moins par an par un corps d'inspecteurs techniques; elles sont soumises à des épreuves hydrauliques et doivent être munies d'appareils de sûreté déterminés. (Olry, *Rapport* précité, p. 276).

12. — 5° *Grande-Bretagne.* — L'installation et l'emploi des chaudières à vapeur fonctionnant à terre sont entièrement libres, sauf les prescriptions spéciales aux chaudières employées par les compagnies de chemins de fer et à celles qui dépendent des mines. Les chaudières des bateaux à vapeur servant au transport des voyageurs sont, au contraire, soumises par la loi du 10 août 1854 à une réglementation très minutieuse : ces navires sont placés sous la surveillance du *Board of trade*, qui ne leur délivre un certificat de navigabilité qu'après que des inspecteurs se sont assurés que toutes les conditions de sécurité sont remplies. Les règlements du *Board of trade* contiennent des prescriptions sévères au sujet de la construction des générateurs. Les chaudières des bateaux qui ne servent pas à transporter des voyageurs ne sont soumises qu'à l'obligation de posséder une soupape de sûreté qui ne puisse être surchargée en service (Olry, *Rapport* précité, p. 268).

13. — 6° *Italie.* — Les chaudières à vapeur employées dans les chemins de fer et dans la navigation sont seules en Italie l'objet d'une réglementation d'ensemble. Quant aux chaudières industrielles, elles ne sont soumises à aucune réglementation sauf en Toscane, en Lombardie et en Vénétie où subsistent encore d'anciens règlements à peu près tombés en désuétude dans la pratique (Olry, *Rapport* précité, p. 270).

14. — 7° *Pays-Bas.* — Une autorisation qui n'est accordée qu'après une épreuve hydraulique et une inspection des appareils de sûreté est exigée par la loi du 28 mai 1869 et l'arrêté du 24 sept. suivant pour l'installation des chaudières de toute nature; une visite périodique est faite par un corps spécial d'inspecteurs chargés d'assurer l'exécution de la loi (Olry, *Rapport* précité, p. 27).

15. — III CHAUDIÈRES A VAPEUR AUTRES QUE CELLES QUI SONT PLACÉES A BORD DES BATEAUX. — Aux termes de l'art. 12 du décret du 30 avr. 1880, toute chaudière à vapeur destinée à être employée à demeure ne peut être mise en service qu'après une déclaration, adressée par celui qui fait usage du générateur, au préfet du département. Cette déclaration préalable, destinée à faire connaître l'origine de la chaudière, sa forme, sa capacité, sa surface de chauffe, l'usage auquel elle est destinée, et à faciliter ainsi l'exercice de la surveillance administrative, est exigée toutes les fois qu'une chaudière nouvelle est mise en service. Il en est ainsi, alors même qu'une machine à vapeur est déjà installée chez celui qui veut faire usage de la nouvelle chaudière, et que cette dernière remplace une ancienne chaudière pour laquelle toutes les formalités exigées par les lois et règlements ont été remplies (Limoges, 5 mai 1887, aff. Perussault, D. P. 89. 2. 183).

16. La contravention qui résulte du défaut de déclaration d'une chaudière à vapeur est une contravention successive qui n'existe pas seulement au moment de l'installation de la chaudière non déclarée, mais qui se renouvelle à chaque mise en service de cette chaudière (Arrêt précité du 5 mai 1887).

17. D'après le même arrêt, cette contravention est punie des peines édictées par l'art. 471, § 15, c. pén., et non de celles qu'édictait l'art. 4 de la loi du 21 juill. 1856. Il semble difficile, en effet, de trouver dans la loi du 21 juill. 1856 la sanction pénale de l'obligation de la déclaration préalable imposée par l'art. 12 du décret du 30 avr. 1880 à celui qui fait usage d'un générateur à vapeur. L'art. 4 de cette loi punissait d'une amende de 25 à 500 fr. quiconque avait fait usage d'un appareil à vapeur sans être muni de l'autorisation exigée par les règlements d'administration publique. Mais l'autorisation exigée par l'ordonnance du 22 mai 1834 a cessé de l'être depuis le décret du 25 janv. 1865, qui n'a plus imposé aux propriétaires des machines que l'obligation d'une simple déclaration : ce régime de la déclaration préalable a été maintenu (V. *suprà*, n° 3), par le décret du 30 avr. 1880, qui a rapporté le décret de 1865, et qui porte, dans son art. 37, que « les contraventions au présent règlement sont constatées, poursuivies et réprimées conformément aux lois ». La contravention résultant du défaut de déclaration d'une chaudière à vapeur ne pourrait donc aujourd'hui tomber sous l'application des dispositions de la loi de 1856 qui réprimaient le défaut d'autorisation. Cette loi a eu pour but non de réglementer les chaudières à vapeur, mais de donner une sanction pénale aux règlements sur la matière. Par suite, les sanctions qu'elle attachait à des dispositions réglementaires aujourd'hui abrogées demeurent sans application. — Il a toutefois été jugé, en sens contraire, mais à tort selon nous, que le propriétaire d'une chaudière qui, après y avoir fait sur place des réparations notables, en fait usage sans en avoir donné avis au préfet, encourt les pénalités édictées par l'art. 3, § 2, de la loi du 21 juill. 1856, bien que le fait dont il s'agit ait cessé de constituer une contravention depuis l'abrogation de l'ordonnance du 22 mai 1843 par le décret du 25 janv. 1865 (Trib. corr. Clermont, 17 août 1876) (1).

18. Dans le cas de mise en fonctionnement d'une machine à vapeur (neuve ou réparée) avant les vérifications ou épreuves réglementaires, la responsabilité pénale que la loi du 21 juill. 1856 édicte contre le chef d'industrie n'exclut pas, lorsque cette machine dépend d'un établissement donné en location, la responsabilité pénale du propriétaire (Lyon, 23 mars 1868, aff. Romain, D. P. 71. 2. 91).

19. Le locataire d'un établissement pourvu d'une machine à vapeur, qui fait usage de cette machine après réparations sans qu'elle ait au préalable subi les épreuves réglementaires, est, en cas d'accident, passible de poursuites comme s'étant associé à la contravention commise par le propriétaire, alors même que, d'après le bail, le propriétaire serait seul chargé des réparations (Trib. de Lyon, 20 févr. 1868, aff. Romain, D. P. 71. 2. 91).

20. Une question controversée est celle de savoir si tout individu dont la propriété est voisine d'une machine à vapeur a le droit d'exiger la stricte exécution des mesures préventives édictées par les règlements sur la matière dans l'intérêt du voisinage, sans être obligé à prouver l'existence d'un dommage autre que celui auquel l'exposerait l'inobservation de la disposition réglementaire. Cette question a été résolue en faveur des voisins, sous l'empire du décret du 25 janv. 1865, à l'occasion de l'art. 19 de ce décret qui imposait aux propriétaires de chaudières à vapeur l'obligation de se munir d'appareils brûlant la fumée des foyers (Civ. cass. 15 juin 1874, aff. Aubin, D. P. 74. 1. 335; Caen, 24 août 1875, D. P. 76. 2. 240 et sur pourvoi, Civ. rej. 7 nov. 1876, D. P. 76. 1. 490; Caen, 22 févr. 1877) (2);

(1) (Min. pub. *C.* Desjardins.) — Le 17 août 1876, jugement du tribunal correctionnel de Clermont ainsi conçu : — « Attendu que la disposition du paragraphe 2 de l'art. 3 de la loi du 21 juill. 1856 n'est pas abrogée par la loi de 1865; que le rapport présenté à l'occasion de cette dernière loi n'indique en aucune manière l'abrogation de ce paragraphe; qu'en conséquence, toute personne qui fait usage d'une machine ou chaudière, à laquelle des réparations notables ont été faites sur place, reste soumise aux dispositions de cet article; qu'on ne saurait admettre que la loi de 1865 ait exempté de toute garantie les réparations notables faites au domicile du propriétaire; — Attendu que, de l'instruction, des rapports des ingénieurs et des débats, il résulte que Desjardins a fait faire des réparations notables à une chaudière existant dans son usine, à Gannes, qu'il l'a mise en œuvre et qu'il en a fait usage en novembre 1875, sans en avoir donné avis à M. le préfet et sans qu'elle ait été soumise à la pression d'épreuve comme le lui prescrivait la loi; — Qu'il y a là la contravention prévue et punie par le paragraphe 2 de l'art. 3 de la loi du 21 juill. 1856;... — Par ces motifs, condamne Desjardins à 100 fr. d'amende, etc. ».

Du 17 août 1876.-Trib. corr. de Clermont (Oise).-MM. Scoté, pr.-Brière, juge-suppléant faisant fonct. de minist. publ., c. conf.-Boucher, av.

(2) (De Fontenay *C.* Pompey et syndic Messager.) — LA COUR; — Attendu que Louvel de Fontenay conclut à ce que les époux Messager et Pompey soient condamnés conjointement et solidairement, sous une contrainte de 10 fr. par chaque jour de retard à compter de l'arrêt à intervenir, à munir le foyer de la machine à vapeur qui a donné lieu au litige d'appareils d'une efficacité suffisante pour brûler la fumée, quelle que soit la nature du combustible employé; — Attendu que cette condamnation doit être prononcée conjointement et solidairement contre Pompey et les époux Messager; — Que Pompey est, en effet, le

Et il a été jugé qu'en pareil cas, le propriétaire voisin peut actionner solidairement le locataire de l'usine et le bailleur, propriétaire de celle-ci, sauf le recours qui peut appartenir au locataire contre le bailleur, si c'est par le fait de ce dernier que les prescriptions dudit décret n'ont pu être observées (Arrêt précité du 22 févr. 1877).

21. — IV. CHAUDIÈRES A VAPEUR PLACÉES A BORD DES BATEAUX. — L'art. 8 de la loi du 21 juill. 1856 punit d'une amende de 100 à 2000 fr. tout propriétaire ou chef d'entreprise qui a fait naviguer un bateau à vapeur sans un permis de navigation délivré par l'autorité administrative, conformément aux règlements d'administration publique. Cette sanction pénale est attachée à l'art. 2 du décret du 9 avr. 1883, qui concerne les bateaux à vapeur servant à la navigation fluviale et à l'art. 2 de l'ordonnance du 17 janv. 1846, relative aux bateaux à vapeur destinés au service de la navigation maritime. — Mais la disposition de l'art. 8 de la loi de 1856, motivée par les dangers particuliers que peut présenter la navigation à vapeur, n'est pas applicable à un navire à voiles muni d'un appareil à vapeur pour relever les filets de pêche (Crim. rej. 29 oct. 1885, aff. Levacher, D. P. 86. 1. 280).

22. Aux termes de l'art. 15 du décret du 9 avr. 1883, lorsqu'une chaudière à vapeur destinée à la navigation fluviale a été éprouvée avec succès, il y est apposé un timbre indiquant en kilogrammes par centimètre carré la pression effective que la vapeur ne doit pas dépasser. — Sous l'empire de l'ordonnance du 23 mai 1843 qui contenait des dispositions analogues, il a été décidé que la vérification des chaudières d'un bateau à vapeur et l'apposition sur ces chaudières du timbre indiquant leur degré de tension intérieure, faites par l'Administration, ne mettent pas obstacle à ce que, pour l'appréciation des intérêts privés débattus entre le propriétaire du bateau et le constructeur de la machine (au sujet du payement des travaux ordonnés par celui-ci), les juges ordonnent une vérification nouvelle de l'état des chaudières, surtout si, depuis, l'Administration elle-même a ordonné que le degré de tension indiqué par le timbre serait abaissé (Req. 9 févr. 1857, aff. Cavé, D. P. 57. 1. 259).

23. Plusieurs articles du décret du 9 avr. 1883 reconnaissent aux préfets le droit de prendre des arrêtés relatifs à la police des bateaux à vapeur. Les contraventions aux prescriptions de ces arrêtés, qui ont uniquement pour but la police des bateaux à vapeur, ne constituent pas des contraventions de grande voirie et, par conséquent, les conseils de préfecture sont incompétents pour connaître de ces infractions (Cons. d'Ét. 19 juill. 1854, aff. Lambert Gaussent, D. P. 55. 3. 11).

---

détenteur et propriétaire actuel de la machine à vapeur; — Qu'il résulte de l'art. 19 du décret du 25 janv. 1865 que le foyer des chaudières de toute catégorie doit brûler sa fumée; qu'un délai de six mois est accordé pour l'exécution de la disposition qui précède aux propriétaires de chaudières auxquels l'obligation de brûler leur fumée n'a point été imposée par l'acte d'autorisation; — Que cet article du décret est impératif, n'admet point d'exception, et que nul ne peut se soustraire à son application, pas plus qu'il ne pourrait éluder les dispositions des art. 674 et suiv. c. civ.; — Qu'il n'est pas nécessaire qu'il soit préalablement justifié d'un préjudice causé; que c'est une mesure préventive, prise dans l'intérêt des propriétés voisines; — Que les époux Messager ont été appelés au procès par Pompey, pour lui porter garantie du trouble causé à sa jouissance de l'établissement à usage de confiserie par lui loué; — Que c'est, en effet, par le fait des époux Messager que Pompey n'a pu jouir de son laboratoire, puisque la seule cheminée dont il aurait pu se servir a été bouchée par suite de l'exécution d'un jugement rendu en faveur de Louvel de Fontenay contre Messager, fait dont ce dernier s'était bien gardé de prévenir Pompey; — Que les époux Messager, dans l'acte du 13 sept. 1875, qui n'est pas seulement un acte de vente, mais aussi une promesse de bail, ont inséré la clause suivante : « Les époux Messager garantissent au preneur la libre et paisible jouissance de tout ce qui est relatif à l'exploitation de l'établissement cédé et acceptent à leur charge toute revendication des voisins contre le désagrément qu'entraîne le laboratoire, déclarant avoir demandé par *commodo* et *incommodo* la permission d'établir la machine à vapeur »; — Qu'il résulte de cette clause que les époux Messager, en louant à Pompey un établissement à usage de confiserie, se sont formellement obligés de le faire jouir paisiblement, pendant la durée du bail, de cet établissement, conformément aux principes proclamés dans les art. 1709, 1719, 1720 et 1721 c. civ.; — Qu'ils lui doivent donc garantie contre les obstacles provenant, par leur fait, du défaut de jouissance de la chose louée; — Que Pompey, en entrant dans le laboratoire, y a vu deux cheminées qu'il a cru pouvoir utiliser; que l'une a été bouchée par le fait de Messager, et que l'autre n'avait pas un tirage suffisant pour s'en servir; — Que c'est donc par le fait des époux Messager que Pompey a été privé de la possibilité d'user de la machine à vapeur; — Attendu que Pompey demande à être indemnisé du préjudice par lui éprouvé, et à ce qu'il lui soit alloué une somme de 2500 fr. en l'autorisant à la retenir sur ses loyers; — Que la somme de 2500 fr. accordée à Pompey par les premiers juges, pour le préjudice causé, ne paraît pas exagérée; — Que Pompey demande qu'il lui soit accordé recours et récompense, contre les époux Messager, de toutes les condamnations qui pourraient être prononcées contre lui; — Qu'il paraît juste de faire droit à cette demande, puisque c'est par le fait et la faute des époux Messager que ces condamnations sont prononcées contre Pompey;

Par ces motifs; — Condamne conjointement et solidairement les époux Messager et le sieur Pompey à munir, dans le délai d'un mois à partir de la prononciation dudit arrêt, le foyer de la machine à vapeur ayant donné lieu au litige, d'appareils d'une efficacité suffisante pour brûler la fumée, quelle que soit la nature du combustible employé; condamne le sieur Pompey, pour tous dommages-intérêts, à 50 fr. envers Louvel de Fontenay; condamne les époux Messager, le syndic de la faillite Messager, et Pompey, conjointement et solidairement, aux dépens envers Louvel de Fontenay; dit et juge que la faillite Messager et les époux Messager, doivent porter garantie à Pompey du trouble apporté à la jouissance de l'établissement à usage de confiserie dont il a été privé; accorde recours et récompense à Pompey, contre la faillite Messager et les époux Messager, de la condamnation prononcée contre lui au profit de Louvel de Fontenay, et de toutes autres condamnations prononcées contre lui, en principal, intérêts et frais, etc.

Du 22 févr. 1877.-C. de Caen, 2e ch.-MM. le cons. Hobey, pr.-Détourbet, subst.-Desruisseaux, Jouen et Leblond, av.

Table sommaire

des matières contenues dans le Supplément et le Répertoire.

(Les chiffres précédés de la lettre *S* renvoient au Supplément; les chiffres précédés de la lettre *R* renvoient au Répertoire.)

Table chronologique des Lois, Arrêts, etc.

1843. 22 mai. Ordon. 2 c., 6 c., 17 c., 18 c.
—23 mai. Ordon. 22 c.
1846. 17 janv. Ordon. 7 c., 21 c.
1854. 10 mai. Décr. 5 c.
—19 juill. Cons. d'Ét. 23 c.
1856. 21 juill. Loi. 1 c., 9 c., 17 c., 18 c., 21 c.
1857. 9 févr. Req. 22 c.
1865. 25 janv. Décr. 2 c., 3 c., 17 c., 20 c.
1868. 20 févr. Trib. Lyon. 19 c.
—23 mars. Lyon. 18 c.
1874. 15 juin. Civ. 20 c.
1875. 24 août. Caen. 20 c.
1876. 17 août. Trib. corr. Clermont (Oise) 17.
—7 nov. Civ. 20 c.
1877. 22 févr. Caen. 20.
1880. 30 avr. Décr. 3 c., 4 c., 5 c., 7 c., 15 c., 17 c.
—10 août. Circ. min. 7 c.
1882. 23 févr. Décr. 5 c.
1883. 9 avr. Décr. 6 c., 7 c., 21 c., 22 c., 23 c.
1885. 20 oct. Crim. 21 c.
1886. 29 juin. Décr. 4 c.
—22 déc. Décr. 4 c.
1887. 5 mai. Limoges. 15 c., 16 c.

MADAGASCAR. — V. *Organisation des colonies; — Rép.* v° *Douanes*, n° 731.

MAGASINAGE (DROITS DE). — V. *Douanes*, nos 50, 99, 295; *Voirie par chemin de fer; — Rép.* v° *Voirie par chemin de fer*, nos 310 et suiv., 491.

MAGASINS GÉNÉRAUX. — V. *Enregistrement*, nos 23, 549, 720, 1979; *Industrie et commerce*, n° 56; *Warrants*.

MAGNÉTISME. — V. *Médecine; Obligations; Vol et escroquerie; — Rép.* vis *Médecine*, n° 52; *Obligations* n° 344; *Vol et escroquerie*, nos 807 et suiv.

MAINLEVÉE. — V. *Enregistrement*, nos 174 et suiv.; 254, 307 et suiv., 523 et suiv., 627; *Notaire; Obligations; Privilèges et hypothèques; — Rép.*, outre les mots qui y sont cités, V. *Enregistrement*, nos 458 et suiv., 957; *Notaire*, n° 405; *Obligations*, nos 56 et 309; *Privilèges et hypothèques* nos 1737, 2468 et suiv., 2665 et suiv., 2719, 2752, 2782.

MAINMORTE. — V. *suprà*, v° *Enregistrement*, nos 1772, 2001; *Propriété féodale; Substitution; Succession; — Rép.* vis *Enregistrement*, n° 3664; *Propriété féodale*, nos 89 et suiv., 106 et suiv., 450 et suiv.; *Succession*, n° 16.

MAIRE. — V. notamment *Commune*, nos 62 et suiv., 117 et suiv., 135 et suiv., 203 et suiv.; *Compétence administrative*; nos 82 et suiv., 134 et 428; *Conseil d'État*, nos 99, 129, 146, 152, 211 et 410; *Culte*, nos 95 et suiv., 175, 452, 467, 477 et suiv., 840 et suiv.; *Droit politique*, nos 13, 94 et suiv., 118, 127 et suiv., 131, 141, 158, 273 et suiv., 299, 320, 414, 561, 598; *Enregistrement*, nos 35 et 2762; *Exploit*, nos 89 et suiv.; *Expropriation publique*, nos 354 et suiv.; *Fonctionnaire*, nos 14 et suiv.; *Forfaiture*, n° 19; *Garde champêtre*, nos 5 et suiv.; *Hospices-hôpitaux*, n° 272; *Huissier*, n° 3; *Manufactures et établissements dangereux et insalubres; Mines; Obligations; Octroi; Presse-outrage; Régime forestier; Responsabilité; Théâtre-spectacle; Travaux publics; Ville de Paris; Voirie; — Rép.* outre les renvois qui y sont indiqués, *Forêts*, nos 142 et suiv., et 1013; *Mines*, nos 386 et suiv.; *Obligations*, nos 3034, 5086; *Octroi*, nos 242, 313, 378 et suiv., 408; *Responsabilité*, nos 175, 279 et suiv., 667 et suiv.; *Théâtre-spectacle*, nos 52 et suiv.; *Travaux publics*, nos 1065 et suiv.; *Ville de Paris*, nos 7 et suiv., 31 et suiv.; *Voirie par terre*, nos 370, 1064 et suiv., 1163 et suiv., 2335.

MAISON D'ARRÊT, DE CORRECTION, DE JUSTICE. — V. *infrà*, v° *Prisons et bagnes; — Rép.* eod. v°, nos 17, 39 et suiv.

MAISON DE JEU. — V. *suprà*, *Jeu-pari*, nos 59 et suiv. 242, 313, 378 et suiv., 408; *Responsabilité; Société; Vol et escroquerie; — Rép.* vis *Jeu-pari*, nos 65 et suiv.; *Louage*, nos 234 et 276; *Société*, n° 155.

MAISON DE PRÊT. — V. *Monts-de-piété; Prêt sur gages; — Rép.* vis *Monts-de-piété*, n° 15, et *Prêt sur gages*, passim.

MAISON DE SANTÉ. — V. *suprà*, v° *Aliénés*, n° 33; *Commune*, n° 748; *Médecine; Responsabilité; — Rép.* vis *Aliénés*, n° 76; *Commune*, n° 1206; *Médecine*, n° 34; *Responsabilité*, nos 197 et 219.

MAISON DE TOLÉRANCE. — V. *Commune*, nos 665 et suiv.; *Louage*, n° 32; *Obligations; Prostitution; Responsabilité; Vente; — Rép.* vis *Commune*, n° 1080; *Louage*, nos 50, 225, 273 et suiv.; *Obligations*, n° 647; *Prostitution*, passim.

MAITRE DE POSTE. — V. *Obligations; Postes et télégraphes; Voirie; Voiture-voiture publique; — Rép.* vis *Obligations*, nos 469 et 575; *Postes*, nos 4 et suiv., 149 et suiv., 155 et suiv.; *Voirie par chemin de fer*, n° 557; *Voiture-voiture publique*, nos 371 et suiv., 403 et suiv., 431 et suiv., 454 et suiv.

MAJORAT.

Division.

§ 1er. — Historique et législation (*Rép.* nos 2 à 8).

1. Depuis les lois des 12 mai 1835 et 17 janv. 1849, qui ont prohibé pour l'avenir toute institution de majorats et restreint les effets des majorats de biens particuliers, les seuls documents législatifs qu'on puisse signaler en cette matière sont les lois qui ont autorisé à titre exceptionnel l'aliénation de biens formant des majorats. Telles sont : 1° la loi du 9 juill. 1852 (D. P. 52. 4. 182), qui a autorisé le duc de Bellune à déléguer pendant vingt et un ans les revenus de son majorat jusqu'à concurrence de la somme de 11 250 fr., sous la condition qu'il justifierait, dans les trois mois, qu'il avait libéré son majorat de toute créance privilégiée et qu'il l'avait reconstitué dans son intégrité au moyen du remplacement de la rente de 3375 fr. 5 pour 100, aliénée en vertu de la loi du 9 mai 1849, par une rente correspondante au taux de 4 1/2 pour 100; 2° la loi du 10 juin 1853 (D. P. 53. 4. 119), qui a autorisé le duc de Padoue à céder à la compagnie du chemin de fer d'Orléans un hôtel faisant partie du majorat constitué en faveur du général duc de Padoue son père, moyennant un prix déterminé et sous la condition qu'il serait fait emploi de ce prix en rentes ou immeubles devant entrer en remplacement des biens aliénés dans la composition du majorat; 3° la loi du 17 juill. 1856, (D. P. 56. 4. 117), qui a autorisé le duc de Rovigo à aliéner jusqu'à concurrence de 2500 fr. de rente, l'inscription 4 1/2 pour 100 faisant partie du majorat constitué en faveur de son père par décrets des 23 sept. 1807 et 10 mars 1808, sous la condition de reconstituer au moyen de versements annuels la rente ainsi aliénée.

§ 2. — Constitution des majorats; biens; formes (*Rép.* nos 9 à 12).

2. Les décrets, ordonnances et lettres patentes qui constituent et règlent un majorat ne sont pas des actes administratifs proprement dits, mais ont le caractère de concessions gracieuses de l'autorité souveraine, qui doivent produire tous les effets attachés à ces actes par l'autorité dont ils émanent tant qu'ils n'ont pas été rapportés ou modifiés par elle (Civ. rej. 25 avr. 1860. aff. Roux, D. P. 60. 1. 230). Les tribunaux doivent notamment ordonner l'exécution, selon leur forme et teneur, des actes portant institution d'un majorat, et ne sont pas tenus de surseoir à leur décision jusqu'à ce qu'il ait été statué par l'autorité administrative sur les moyens de nullité ou les questions d'interprétation proposés par l'une des parties et tirés, par exemple, les premiers, de l'absence de publicité régulière ou de la tardivité des lettres patentes délivrées au titulaire du majorat, et les secondes de l'existence, malgré le silence des actes, d'une prétendue condition de retour à la famille du titulaire, en cas de décès sans enfants mâles, du tiers auquel le majorat a été déclaré transmissible, si ce dernier mourait sans laisser lui-même de postérité masculine (Même arrêt).

3. Ainsi qu'on l'a vu au *Rép.* n° 10, l'art. 1ᵉʳ du décret du 17 mai 1809 permettait à la femme mariée de constituer en majorat, en faveur de son mari et de leurs enfants communs, les biens à elle propres. La constitution d'un majorat, dans les termes de cette disposition, n'avait ni les caractères ni les effets d'une simple donation de la part de la femme envers son mari ; elle ne dessaisissait la femme de son droit de propriété qu'éventuellement et sous la condition de l'existence d'enfants communs appelés à recueillir le majorat au décès du titulaire ; cette condition venant à défaillir et le majorat s'éteignant par le décès du mari, les biens affectés par la femme au majorat restaient libres dans son patrimoine, et elle pouvait, en conséquence, en disposer en prévision de cette éventualité et sous la réserve du droit de son mari jusqu'à l'extinction du majorat sur la tête de celui-ci. Par suite, dans le cas où le titulaire décédait sans enfants issus du mariage, la femme était réputée avoir toujours été propriétaire des biens affectés au majorat, et la donation qu'elle en avait faite devait être réputée valable (Civ. rej. 6 févr. 1861, aff. de Saint-Martin, D. P. 61. 1. 173).

4. On a indiqué au *Rép.* n° 12, les formalités exigées pour la constitution d'un majorat *sur demande*. Lorsque ces formalités avaient été remplies, les lettres patentes qui conféraient le titre demandé et autorisaient la création du majorat présentaient, en ce qui concernait les propriétés majoratisées, un état immuable de leur nature, de leur importance, de leur situation ; et cet état, dont la publicité se confondait avec celle des lettres patentes elles-mêmes, ne pouvait recevoir de modification qu'à la condition de formalités et de sanctions semblables à celles qui en avaient entouré l'affectation première ; il en résultait que tout immeuble qui s'y trouvait mentionné entrait dans la constitution du majorat, à la condition toutefois qu'il appartînt à l'impétrant, et que tout immeuble qui n'avait pas été inscrit dans les lettres patentes demeurait propriété libre (Riom, 13 juin 1866, aff. Girot de Langlade, D. P. 69. 1. 375).

Il a été décidé, par application de ces principes, que des immeubles qui, lors de la fondation d'un majorat, n'appartenaient pas au titulaire, n'ont pu être valablement compris dans ce majorat, et que dans le cas où le titulaire les aurait postérieurement acquis, ils n'auraient pu être déclarés bien majoratisés qu'avec un nouvel accomplissement des formalités prescrites par la législation du majorat (Même arrêt et, sur pourvoi, Req. 2 mars 1868, D. P. 69. 1. 375). Et l'irrégularité du titre constitutif ne saurait être couverte par les lettres patentes qui, depuis l'acquisition, ont reproduit l'énumération des biens désignés dans les premières lettres patentes, si elles ont eu simplement pour objet de confirmer au profit du titulaire le titre attaché au majorat ou d'en autoriser la transmission à des tiers ; ... ou si l'énonciation qu'elles reproduisent a eu lieu après le décès du titulaire primitif et à l'insu de ses héritiers. Par suite, ces immeubles, de condition libre aux mains du titulaire primitif du majorat, appartiennent à ses héritiers, et non pas au successeur au majorat (Mêmes arrêts).

§ 3. — Transmission des majorats (*Rép.* nᵒˢ 13 à 21).

5. Conformément à ce qui a été exposé au *Rép.* n° 17, aux termes de l'art. 40 du décret du 1ᵉʳ mars 1808 et de l'art. 4 de l'ordonnance du 13 août 1824, la constitution d'un majorat implique, comme conséquence, le droit, pour l'appelé, de retenir les biens constitués jusqu'à concurrence de la quotité disponible cumulée avec sa part dans la réserve, et cette conséquence produit, sous ce rapport, les mêmes effets que produirait une clause expresse de préciput et hors part. Mais elle n'est admissible qu'autant que le majorat, demeurant dans les conditions où il a été autorisé, continue de subsister au décès du fondateur (Req. 8 mai 1867, aff. de Chazelles, D. P. 67. 1. 309). Par suite, si ce majorat est annulé par le Gouvernement pour insuffisance des biens qui le composent, et à raison, par exemple, de la réduction qu'il a subie pour parfaire la réserve des héritiers non appelés, ces biens rentrent dans la succession du fondateur, et doivent être partagés entre tous ses enfants conformément au droit commun (Même arrêt). Il en est ainsi, encore que le majorat dont il s'agit ait été l'objet d'une mention dans le contrat de mariage de l'appelé, une telle mention n'équivalant pas à une donation par préciput (Même arrêt).

6. Si l'art. 40 du décret du 1ᵉʳ mars 1808 consacre l'inaliénabilité des biens dont se compose le majorat, on a dit, au *Rép.* n° 17, qu'il dispose non moins expressément que, dans le cas où les enfants puînés du fondateur ne seront pas remplis de leur réserve, ils pourront en demander le complément sur les biens donnés par le père pour la formation du majorat. Lorsqu'il est reconnu qu'un majorat dépendant d'une succession subira nécessairement un retranchement pour le complément de la réserve des cohéritiers du majoratair, ces cohéritiers sont réputés copropriétaires indivis des biens affectés au majorat et peuvent dès lors obtenir, sur les revenus de ces biens, une provision pendant la durée de l'indivision (Req. 8 mai 1865, aff. de Chazelles, D. P. 65. 1. 375). Et ils ont, en leur qualité de copropriétaires, le droit de demander directement aux fermiers des mêmes biens le payement de la provision à eux allouée, sans qu'il soit besoin, ni d'une délégation que rend inutile leur droit de copropriété, ni d'une saisie-arrêt qui ne serait nécessaire que s'ils agissaient comme créanciers, et sans violation, dès lors, de la règle qui déclare insaisissables les revenus d'un majorat (Même arrêt).

§ 4. — Droits des veuves (*Rép.* nᵒˢ 22 à 25).

7. On a vu au *Rép.* n° 22, que les veuves des titulaires non remariées, ou remariées avec permission du roi, avaient, sur les biens affectés au majorat, selon le décret du 1ᵉʳ mars 1808, (art. 48 et 49) droit à une pension qui devait être du tiers ou de la moitié du revenu, suivant que le majorat subsistait, ou qu'il était éteint ou transféré hors de la famille. — Il a été décidé que, lorsqu'un majorat est transmis au second degré après le fondateur, la pension que doit le nouveau titulaire à la veuve du précédent doit avoir pour base invariable le revenu du majorat, tel qu'il existait à la mort de ce dernier, et non dépendre annuellement de la fixation des produits des biens majoratisés (Rennes, 4 janv. 1875, aff. De la Moussaye, D. P. 76. 2. 186). On doit comprendre dans la fixation du revenu les charrois que les fermiers sont tenus de faire en vertu de leurs baux pour l'utilité personnelle du propriétaire, et l'exploitation des biens soit affermés par lui à partage de fruits, soit exploités par lui personnellement ; il en est de même des coupes qui auraient pu être faites et ne l'ont pas été pendant la jouissance du premier titulaire du majorat, et du produit des étangs et des viviers (Même arrêt). Les intérêts des sommes dues pour ces divers chefs par le second titulaire du majorat à la veuve du premier ne courent ni du jour où elle a adressé au garde des sceaux sa demande de pension, ni du jour de la sommation, mais du jour de la demande en justice (Même arrêt).

8. Un décret du 3 mars 1860, rendu sur l'avis du conseil du sceau des titres, a admis une assimilation fort contestable entre la situation de la femme séparée de corps et celle de la veuve, réglée, ainsi qu'on l'a vu au *Rép.* n° 22, par les art. 48, 49 et 50 du décret du 1ᵉʳ mars 1808, et il a, en conséquence de cette assimilation, autorisé une femme séparée de corps à toucher une pension sur les revenus du majorat de son mari. Le recours formé devant le conseil d'Etat par le mari contre ce décret a été rejeté comme tardif (Cons. d'Et. 11 juin 1868, aff. Coppens, D. P. 75. 3. 27). En exécution dudit décret, le ministre des finances a scindé la rente sur l'Etat qui formait le majorat, et a ordonné l'inscription d'un titre au nom de la femme. Le conseil d'Etat a décidé qu'en agissant ainsi le ministre des finances n'avait commis aucune faute pouvant engager la responsabilité du Trésor, et qu'il n'aurait pu refuser d'exécuter le décret précité, sous prétexte qu'il portait atteinte au principe de l'insaisissabilité des rentes et des majorats (Cons. d'Et. 13 mars 1874, aff. Coppens, D. P. 75. 3. 27).

§ 5. — Administration des majorats. — Fruits. — Aliénation. — Remploi. — Surveillance (*Rép.* nos 26 à 34).

9. Ainsi qu'on l'a vu au *Rép.*, n° 27, aux termes de l'art. 53 du décret du 1er mars 1808, lorsqu'il devient nécessaire de faire à un édifice, composant un majorat de propre mouvement, des réparations considérables et excédant la moitié des revenus de cet immeuble, il ne peut y être pourvu que par le souverain en conseil d'État, sur la demande du titulaire et sur l'avis du conseil du sceau des titres. Cette disposition est générale ; la procédure exceptionnelle qu'elle prescrit a pour but, d'un côté, d'assurer au titulaire d'un majorat la permanence de revenus suffisants pour soutenir la dignité de son rang ; de l'autre, de conserver dans leur intégrité les propriétés dont se compose la dotation et que le décès du titulaire sans postérité mâle fait rentrer dans le domaine de l'Etat (Req. 3 déc. 1877, aff. Trèves, D. P. 79. 1. 479). Lorsque, au lieu de recourir à cette voie légale, un locataire d'un immeuble faisant partie d'un majorat de propre mouvement fait exécuter sur cet immeuble, après s'être fait autoriser par une ordonnance de référé, de grosses réparations pour une somme supérieure à la moitié des revenus annuels, il n'a, à l'extinction du majorat, aucun recours contre l'Etat, pour se faire rembourser les sommes ainsi dépensées (Même arrêt).

§ 6. — Actions relatives aux majorats. — Compétence (*Rép.* nos 35 à 37).

10. On a examiné au *Rép.* n° 36, à quelle autorité il appartient de prononcer sur les contestations que font naître les majorats. L'art. 5 de la loi du 4 mai 1809 réserve au conseil d'État la connaissance et le jugement des contestations qui ont pour objet l'interprétation des clauses relatives à l'étendue et à la valeur d'un majorat. — C'est également à la juridiction administrative qu'il appartient de décider si un majorat se trouve éteint ou annulé (Civ. rej. 12 janv. 1853, aff. de Charentais, D. P. 53. 1. 21). Jugé, en conséquence, que les tribunaux civils saisis de l'action formée par des enfants réservataires, en réduction d'une donation faite à l'un d'eux à titre de majorat, doivent, après avoir prononcé cette réduction, se déclarer incompétents pour statuer sur la question de savoir si la dotation du majorat est devenue incomplète, et si, en conséquence, ce majorat a cessé d'exister ; sauf, s'il y a lieu, à revenir devant eux pour faire fixer le sort des biens donnés, en cas d'annulation du majorat par l'autorité compétente (Arrêt précité du 12 janv. 1853).

11. Mais l'art. 5 de la loi de 1809 maintient la compétence des tribunaux ordinaires pour toutes autres contestations (Req. 29 mars 1853, aff. Terray, D. P. 54. 1. 403). Ces tribunaux sont donc compétents pour connaître des questions relatives à la dotation comprise dans un majorat, lorsque la solution en est puisée, non dans l'interprétation à donner au décret constitutif d'un majorat, mais aux règles du droit commun combinées avec la législation spéciale à cette matière (Req. 2 mars 1868, aff. Girot de Langlade, D. P. 69. 1. 375). Ainsi la question de savoir si des immeubles compris dans l'état indicatif des biens destinés à composer un majorat doivent, lorsqu'ils n'appartenaient pas à l'instituant, lors de la fondation du majorat, et ne sont devenus sa propriété que postérieurement, être considérés comme des biens majoratisés ou des biens libres, est de la compétence de l'autorité judiciaire et non de celle de l'autorité administrative (Même arrêt).

12. De même, les tribunaux civils sont compétents pour connaître des questions de propriété dont peuvent être l'objet les biens compris dans un majorat, et notamment de la demande formée par un tiers, à fin de distraction d'un bien que ce tiers soutient n'avoir pu faire partie du majorat, comme étant sa propriété et non celle de l'instituant, une telle action intéressant seulement la consistance du majorat et n'en impliquant pas nécessairement l'annulation (V. *suprà*, n° 10 ; Req. 25 avr. 1864, aff. de Chamoy, D. P. 64. 1. 414). Et l'action doit être réputée formée par un tiers, même dans le cas où elle est intentée par le fils aîné de l'instituant, devenu bénéficiaire du majorat, ou par ses représentants, soutenant que le bien à distraire du majorat était la propriété de leur auteur, et non celle de l'instituant (Même arrêt).

13. Il a été décidé, dans le même sens, que c'est à l'autorité judiciaire qu'il appartient de fixer, dans une instance en partage de succession, la quotité disponible, eu égard à la valeur du majorat (Req. 29 mars 1853, aff. Terray, D. P. 54. 1. 403) ; — 2° Que les tribunaux civils qui déclarent que la dotation attachée à un majorat est réductible, pour atteinte à la réserve des enfants non appelés, peuvent, en prévision de l'annulation ultérieure de ce majorat par l'autorité administrative pour insuffisance de dotation, déterminer hypothétiquement les conséquences de cette annulation dans les opérations du partage, sans être tenus de surseoir jusqu'à ce qu'elle ait été prononcée, et notamment qu'ils ont le droit d'ordonner le rapport à la succession du fondateur du majorat des biens comprenant ce majorat pour le cas où il serait annulé (Nîmes, 22 févr. 1866, aff. de Chazelles, D. P. 67. 1. 309).

§ 7. — Annulation et extinction des majorats (*Rép.* nos 38 à 42).

14. — V. *Rép.* nos 38 et suiv.

Table sommaire

des matières contenues dans le Supplément et le Répertoire.

(Les chiffres précédés de la lettre *S* renvoient au Supplément ; les chiffres précédés de la lettre *R* renvoient au Répertoire.)

Table chronologique des Lois, Arrêts, etc.

MAJORITÉ. V. *Domicile*, nos 28 et 71; *Lois*, nos 150 et 341; *Mariage; Obligations; Substitution, Succession;* — *Rép.* outre les renvois qui y sont indiqués, V. *Mariage*, nos 96 et suiv.; *Minorité*, passim, *Substitution*, nos 28 et 36.

En ce qui concerne la majorité en matière électorale, V. *suprà*, vo *Droits politiques*, nos 334, 369, 380 et suiv., 400 et suiv.

MANDAT.

Division.

CHAP. 1er. — Historique. — Législation. — Droit comparé (*Rép.* nos 2 à 6).

1. — I. HISTORIQUE. — Depuis la publication du *Répertoire*, aucun acte législatif n'est venu modifier le code civil en ce qui concerne le contrat de *Mandat*. Tous les textes relatifs à la matière sont donc encore contenus dans les quatre chapitres du livre 3, tit. 3, du code civil (art. 1984 à 2010). Pour l'étude de ce contrat, ce sont principalement les traités généraux sur le droit civil qu'il faut consulter, et notamment ceux de MM. Aubry et Rau, *Cours de droit civil français*, 4e éd., Paris, 1871, vol. 4, § 410 à 417, p. 634 à 655; Paul Pont, *Des petits contrats*, Paris, 1863, vol. 1, nos 791 à 1185, p. 401 à 626; Laurent, *Droit civil français*, 3e éd., Paris-Bruxelles, 1878, vol. 27, nos 332 à 526, et vol. 28, nos 1 à 116; Colmet de Santerre, *Cours analytique du code civil*, Paris, 1884, vol. 8, nos 200 à 235; Baudry Lacantinerie, *Précis de droit civil*, t. 3, 2e éd., nos 905 à 940. Il y a lieu d'y ajouter les traités spéciaux de MM. Clamageran, *Du louage d'industrie et du mandat de la commission*, 1856, Domenget, Paris, 1862, vingt et un vol. in-8, *Du mandat de la commission et de la gestion d'affaires*, t. 1, nos 1 à 696, et surtout celui de M. Paul Pont, *Commentaire-traité des petits contrats*, t. 1, nos 791 à 1185.

2. — II. DROIT COMPARÉ. — Le code de *Saxe*, voté le 2 janv. 1863 et en vigueur depuis le 1er mars 1865, contient sur le mandat un certain nombre de dispositions intéressantes. La définition qu'il donne de ce contrat dans son art. 1295 est empruntée au droit romain; il en résulte en effet que le mandataire ne représente pas le mandat, et qu'il se charge de gérer les affaires du mandant conformément à la volonté de celui-ci. L'art. 1297 consacre la théorie du mandat tacite. Il admet en effet que quand une personne a sciemment laissé gérer ses affaires par une autre, sans protester, elle est tenue vis-à-vis d'elle comme le serait un mandant. L'art. 1300 du même code déclare que le mandat peut être conféré dans l'intérêt du mandant d'un tiers ou du mandataire; dans ce dernier cas, le mandat devient un conseil. Or, d'après l'article suivant, la personne qui donne un conseil ou une recommandation n'est tenue de réparer le préjudice qui en peut résulter que dans le cas où elle s'y est engagée, ou bien si elle a agi dans l'exercice de sa profession. L'art. 1302 consacre les responsabilités respectives du mandant et du mandataire, les art. 1303 et 1304 posent les règles relatives à la conduite que doit tenir le mandataire quand, par suite des circonstances, il est obligé de s'écarter des ordres qu'il a reçus du mandant; l'art. 1306 énumère enfin les cas où le mandat doit être donné expressément: cette énumération a beaucoup d'analogies avec celle qu'on rencontre dans le paragraphe 2 de l'art. 1993 de notre code civil.

De même que dans notre droit, il est permis au mandataire de se substituer un tiers pour accomplir le mandat. S'il a été autorisé par le mandant à opérer cette substitution, il n'est responsable que du choix de la personne qu'il se substitue; si, au contraire, il agit à l'insu du mandant, il est responsable de la gestion du mandataire substitué.

Le mandat prend fin par la révocation du mandataire par le mandant, et à partir du moment où cette révocation est notifiée au mandataire; encore faut-il, pour éviter tout préjudice, que le mandataire termine les affaires urgentes en cours d'exécution. La révocation du mandataire peut être tacite, notamment quand le mandant exécute lui-même le mandat ou choisit un autre mandataire. L'art. 1322 reproduit notre art. 2007, relatif à la renonciation du mandataire au mandat. — Comme dans notre droit, le mandat cesse par la mort du mandataire et par la mort du mandant. Cependant, d'après l'art. 1324, le mandat peut continuer après la mort du mandant, si la convention le porte, ou s'il a été donné conjointement par le mandant et ses héritiers. Il est permis enfin, d'après l'art. 1325, de convenir que les héritiers du mandataire achèveront l'œuvre de leur auteur. Ils y seront également obligés si leur intervention est, vu l'urgence des affaires qui font l'objet du mandat, susceptible d'éviter un préjudice au mandant.

3. Le code civil *italien*, voté le 25 juin 1865 et promulgué le 1er janv. 1866, renferme quatre chapitres sur le mandat. Le premier de ces chapitres est la reproduction à peu près identique du chapitre 1er de notre code. Toutefois la définition du mandat donnée par le code italien est plus exacte que celle de notre art. 1984; elle indique clairement que le mandat est un contrat, et non un acte. Puisant des enseignements dans la jurisprudence de nos cours et tribunaux, le législateur italien déclare formellement que le mandat peut être tacite. L'art. 1744 contient une disposition que l'on chercherait vainement dans notre code et que l'on rencontre aussi dans le code du *Chili;* il est ainsi conçu : « Lorsque le mandataire agit en son nom, le mandant n'a pas d'action contre ceux avec lesquels le mandataire a contracté, et ces derniers n'ont pas d'actions contre le mandant. Dans ce cas, le mandataire est directement tenu envers la personne avec laquelle il a contracté, comme si l'affaire lui était personnelle ».

Les chapitres 2, 3 et 4 sont empruntés textuellement à notre code. L'art. 1757 en diffère cependant en ce qu'il indique, parmi les différentes manières dont le mandat prend fin, l'interdiction partielle du mandataire et du mandant quand le mandat a pour objet des actes qu'il ne pourrait faire directement sans l'assistance de son curateur; le prodigue ne peut donc accepter tous les mandats (*Code civil italien et code Napoléon, étude de législation comparée*, de Th. Huc, traduction de Joseph Orsin, Paris, Cotillon, 1868, p. 362, tit. 11, *Du mandat*, art. 1737 à 1765).

4. Le code fédéral *suisse* des obligations adopté par le Conseil fédéral le 10 juin 1881, et par le Conseil national, le 14 juin 1881, exécutoire à partir du 1er janv. 1883, a aussi beaucoup d'analogie avec le code français. Le titre 14, *Du mandat*, contient trente articles. Tout en imposant aux tribunaux certaines règles d'interprétation, le législateur suisse leur laisse cependant une assez grande latitude. Après avoir défini le mandat, l'art. 392 ajoute : « Il n'est dû de rémunération, provision, honoraires au mandataire, que si l'usage ou la convention lui en assure ». L'art. 393 dispose que le mandat est réputé accepté, à moins d'un refus immédiat, quand il se rapporte à des affaires pour la gestion desquelles le mandataire a une qualité officielle, lorsqu'il rentre dans l'exercice de sa profession, ou enfin lorsqu'il a pour objet des affaires pour lesquelles le mandataire a publiquement offert des services. Cette disposition se retrouve presque textuellement dans le code saxon (V. *suprà*, n° 2). A défaut de stipulation expresse l'étendue du mandat est déterminée par la nature de l'affaire à laquelle il se rapporte. D'après l'art. 395, le mandataire, ayant reçu des instructions précises, ne peut s'en écarter qu'autant que les circonstances le mettent dans l'impossibilité de prendre l'avis du mandant, et permettent d'admettre que celui-ci aurait autorisé la dérogation, s'il avait connu les faits nouveaux nécessitant la modification. L'art. 399 prévoit le cas où un mandataire acquiert des créances en son propre nom, mais pour le compte du mandant; ces créances deviennent la propriété du mandant, dès qu'il a accompli toutes ses obligations vis-à-vis du mandataire. Il peut, dès lors, faire valoir ses droits contre la masse des créanciers, si le mandataire tombe en faillite, et il lui est loisible de revendiquer aussi contre la masse le mobilier acquis par le mandataire en son propre nom, mais pour son compte (à lui mandant) sauf aux créanciers de la faillite à faire valoir le droit de rétention compétant au mandataire.

5. Le code civil *espagnol*, promulgué le 24 juill. 1889, renferme, au titre *Du mandat*, plusieurs dispositions intéressantes. L'art. 1711, après avoir dit que, à défaut de convention contraire, on suppose que le mandat est gratuit, ajoute : « Nonobstant, si le mandataire a pour occupation de rendre des services de l'espèce à laquelle le mandat se rapporte, l'obligation de payer est présumée ». Aux termes de l'art. 1714, le mandataire ne peut outrepasser les termes du mandat. « On ne considère pas, dit l'art. 1715, les termes du mandat comme dépassés, lorsque la chose a été accomplie d'une manière plus avantageuse pour le mandant que celle qu'il avait indiquée ». L'art. 1717 porte : « Lorsque le mandataire agit en son propre nom, le mandant n'a pas d'action contre les personnes avec lesquelles le mandataire a contracté, ni ces personnes contre lui. Dans ce cas, le mandataire est personnellement obligé au profit de la personne avec laquelle il a contracté, comme si l'affaire lui était personnelle. On excepte le cas où il s'agit de choses propres au mandant. La disposition de cet article ne préjudicie pas aux actions entre le mandant et le mandataire ». Le mandant, dit l'art. 1728, al. 1, doit verser par avance, au mandataire qui le demande les sommes nécessaires à l'exécution du mandat... ». L'art. 1730 permet au mandataire de retenir en gage les choses qui font l'objet du mandat jusqu'à ce que le mandant lui ait remboursé ses avances et payé l'indemnité à laquelle il a droit à raison des dommages qu'il a éprouvés dans l'exécution du mandat.

CHAP. 2. — Caractères du mandat. — Ses affinités avec divers actes. — Prête-nom. — Modalités (*Rép.* n°s 7 à 30).

6. On a remarqué au *Rép.*, n° 1, que le législateur distingue, dans l'art. 1984 c. civ., l'*acte* du *contrat de mandat*. Il donne la définition de l'acte ou de la *procuration*, et non celle du contrat. Par suite de cette lacune, les caractères propres et distinctifs du mandat sont restés insuffisamment déterminés. « C'est pour n'avoir pas saisi nettement ces caractères que la plupart des auteurs ont confondu avec le mandat des conventions d'une nature toute différente, et que, d'un autre côté, on a considéré les notaires comme étant les mandataires des parties qui ont recours à leur ministère » (Aubry et Rau, t. 4, § 410, note 2, p. 634). M. Laurent, t. 27, § 332, va plus loin, et reproche au législateur de confondre la procuration avec le contrat de mandat. Ce reproche n'est pas fondé, car le second paragraphe de l'art. 1984 porte : « Le contrat ne se forme que par l'acceptation du mandataire », ce qui prouve bien que la distinction entre la procuration et le mandat ne lui a point échappé.

7. La question de savoir quels sont les caractères distinctifs du mandat n'a pas cessé de diviser les auteurs. Certains, conformément à la définition de Pothier, ne voient dans le mandat qu'un contrat par lequel l'une des parties donne mission à l'autre de gérer, à sa place, une ou plusieurs affaires, sans que cette mission implique la représentation du mandant par le mandataire (V. notamment Troplong, *Du mandat*, art. 1984, n°s 8 et suiv.; Domenget, t. 1, n°s 1 et suiv.; Colmet de Santerre, t. 8, n° 401. V. aussi *Rép.* n° 25). — Suivant d'autres, le trait caractéristique du mandat consiste en ce que le mandataire a le pouvoir d'agir *au nom* du mandant, de le représenter juridiquement; c'est l'opinion qui prévaut parmi les auteurs les plus récents (V. Paul Pont, t. 1, n°s 798 et 826 et suiv.; Aubry et Rau, t. 4, § 410, p. 634, texte et note 2; Laurent, t. 27, n°s 334). Elle se fonde sur les termes de l'art. 1984 c. civ., d'après lequel le mandat est un acte par lequel « une personne donne à une autre le pouvoir de faire quelque chose pour le mandant et en son nom ». Ces mots *en son nom* impliquent, dit-on, que le mandataire doit *représenter* le mandant, dans le système contraire ils n'auraient aucun sens. M. Laurent trouve un autre argument dans l'art. 1990 c. civ. « L'art. 1990 c. civ., dit-il, porte que des incapables, des femmes mariées et des mineurs émancipés peuvent être choisis pour mandataires. Voilà une anomalie inexplicable. Si le mandataire n'est pas le représentant du mandant, la loi dérogerait sans raison à une règle fondamentale de notre droit, celle qui déclare les femmes et les mineurs incapables de contracter (c. civ. art. 1124). La disposition s'explique au contraire parfaitement, dans le système de la représentation. Qu'importe l'incapacité du mandataire! Ce n'est pas lui qui agit, qui parle, qui contracte, c'est le mandant. C'est le mandant qui doit être capable, le mandataire n'est qu'un instrument ». D'ailleurs, ajoute-t-on dans ce système, les travaux préparatoires du code civil fournissent la preuve que les expressions contenues dans l'art. 1984 ont été employées à dessein par le législateur. On lit, en effet, dans le rapport du tribun Tarrible (*Rép.* n° 15, p. 627) : « Relativement au tiers, le mandataire ne traite pas de ses propres intérêts ; il ne contracte aucune obligation personnelle ; il fait l'affaire de son commettant, d'après les intentions tracées dans le mandat, il n'est que le simple organe de ce même commettant, qui demeure seul obligé envers les tiers pour la transaction passée en son nom, lorsqu'elle est conforme au vœu qu'il a exprimé. Le commettant ne peut être soumis, dans le choix de son mandataire, à d'autre règle qu'à celle de sa confiance. Il est absolument indifférent à la tierce personne avec laquelle on doit traiter que le mandataire ait ou n'ait pas la capacité de contracter. Tout ce qui importe à cette personne, c'est d'observer si les intentions du commettant, manifestées dans le mandat, se raccordent avec ses propres vues, et de veiller à ce qu'elles soient ponctuellement exécutées. Que le mandat ait été donné à un mineur ou à un majeur, à une femme mariée ou à un homme jouissant de la plénitude de ses droits civils la personne du mandataire disparaît comme un échafaudage devenu inutile après la construction de l'édifice ; et la transaction relativement au commettant seul intéressé a toute la solidité dont elle est susceptible ».

Enfin, si l'on objecte que les contrats de commission et de command sont des mandats et que cependant le commissionnaire et le commandé s'engagent personnellement, on répond que si le commissionnaire et le commandé s'engagent personnellement. ce n'est pas à titre de mandataires, mais parce qu'ils y sont obligés, le premier par l'art. 94 c. com., le second par l'art. 707 c. proc. civ. La commission et la déclaration de command sont en effet des contrats spéciaux qui diffèrent précisément du mandat en ce que celui qui les exécute s'oblige personnellement et ne représente pas son commettant, tandis que le mandataire représente le mandant *qui mandat, ipse fecisse videtur* (V. Pont, *Petits Contrats*, t. 1, n° 827).

8. Telle est également la doctrine qui semble prévaloir dans la jurisprudence ; elle est affirmée, notamment, dans un arrêt de la cour de cassation, aux termes duquel le caractère essentiel du contrat de mandat consiste dans le pouvoir donné au mandataire de représenter le mandant ; dès lors, ne peut être considéré comme mandataire soit d'une compagnie de chemins de fer, soit d'un chef de gare, l'employé de cette compagnie qui, ayant avisé le chef de gare d'un vol de marchandises, reçoit, de la part de ce dernier, ordre de l'aider à arrêter et à conduire le délinquant au commissariat de police ; en exécutant cet ordre, l'employé n'agit point, en effet, au nom du chef de gare ou de la compagnie ; il accomplit un louage de services dont il est tenu comme employé de la compagnie, préposé à la reconnaissance des arrivages; il se conforme en outre à un devoir civique prescrit à tout citoyen (iv. rej. 14 avr. 1886, aff. Tudury, D. P. 86. 1. 220). « Attendu, en droit, dit la cour, qu'aux termes de l'art. 1984 c. civ., le mandat est un acte par lequel une personne donne à une autre le pouvoir de faire quelque chose pour le mandant et en son nom ; *qu'ainsi, le caractère essentiel de ce contrat consiste dans le pouvoir donné au mandataire de représenter le mandant;* que ce caractère ne se rencontre pas dans l'espèce, puisque le chef de gare s'est borné à réclamer le concours de son subordonné à un acte qu'il accomplissait en sa qualité de représentant de la compagnie ». Ce système repose sur une base juridique très solide. Il a, en outre, l'avantage d'empêcher toute confusion entre le mandat et les autres contrats.

9. On a vu au *Rép.* n° 12 qu'il ne fallait pas assimiler le *conseil* au mandat. L'homme qui exerce une profession libérale, l'avocat, le médecin, le notaire, accomplit les actes qui en dépendent *en son propre nom*, et nullement au nom et comme représentant de ceux qui doivent en profiter (Aubry et Rau, § 371 *bis*, note 2. V. aussi, Laurent, t. 27, n° 333 *in fine*, p. 375). — Ce n'est pas à dire, toutefois, qu'un officier ministériel, un notaire, par exemple, ne sera jamais le mandataire de ses clients. Il pourra le devenir quand, au lieu de se renfermer dans son ministère, il se chargera d'agir au nom de ses clients et se fera leur intermédiaire (Sur la responsabilité à laquelle il sera soumis en pareil cas, V. *infrà*, v^is *Notaire* et *Responsabilité*).

Quant à l'avoué, la mission dont il est chargé à ce titre constitue par elle-même un véritable mandat (V. *suprà*, v° *Avoué*, n° 3 et suiv.) Ce mandat peut être étendu, par une convention spéciale, à des actes qui ne rentrent pas dans l'exercice de ses fonctions. Il a été jugé qu'un officier ministériel, et notamment un avoué, peut, sans déroger à son caractère, accepter un mandat en dehors de ses fonctions, mais s'y rattachant par les connaissances spéciales que le mandat exige, qu'il a droit alors à une rémunération ainsi qu'au remboursement de ses frais et avances, quand il s'est loyalement acquitté de sa mission (Montpellier, 27 juin 1855, aff. Paloc, D. P. 56. 2. 21).

10. Le mandat offre de grandes analogies avec plusieurs autres contrats; ainsi, au *Rép.* n°s 16 et 17 on l'a rapproché du *cautionnement* et du *dépôt*. Aux différences qui ont été signalées, on peut ajouter que la caution et le dépositaire ne représentent jamais le débiteur principal ni le déposant tandis que, suivant la doctrine généralement admise aujourd'hui (V. *suprà*, n° 7), le mandataire représente le mandant. Cette différence permet de distinguer toujours facilement le mandat soit du dépôt, soit du cautionnement.

11. Le mandat, lorsqu'il est donné dans l'intérêt du mandant et du mandataire, présente aussi certaines analogies avec le contrat de *société*. Malgré les différences que l'on a indiquées au *Rép.* n° 18, la confusion sera quelquefois possible, ces différences étant surtout théoriques. D'autre part, le critérium que fournit le principe de la représentation du mandataire par le mandant fait ici défaut, car l'associé, aussi, peut représenter son coassocié. La seule ressource sera, comme l'enseigne M. Pont, *Sociétés civiles*, n° 88, de rechercher quelle a été la commune intention des parties. Il y aura société lorsque l'*affectio societatis* ressortira soit du contrat lui-même, soit des circonstances de la cause. Il en sera ainsi, par exemple, dans le cas où deux négociants auront stipulé que l'un d'eux fera des achats de marchandises destinées à être expédiées à l'autre qui se charge de les revendre, avec partage des bénéfices et des pertes ; une pareille convention constitue une association en participation, et non un contrat de mandat ou de commission ;... alors surtout que les associés ont respectivement renoncé à tout droit de commission pour les achats et les ventes faisant l'objet de leur association (Civ. cass. 4 juin 1860, aff. Desmarais, D. P. 60. 1. 267). « Au contraire, ajoute M. Paul Pont, il n'y a rien qui révèle l'*affectio societatis*, c'est-à-dire la pensée de s'unir en société, dans une convention par laquelle le titulaire d'un bureau de tabac, ne voulant pas le gérer par lui-même, en confie la gestion à un tiers pendant un certain temps moyennant une part dans les bénéfices, et même avec la charge par le tiers de faire l'avance des fonds nécessaires pour l'exploitation du bureau ». Une telle convention constitue donc un mandat « salarié, et non une société en participation ». C'est en effet ce qu'a décidé un arrêt de la cour de Bordeaux en date du 7 juin 1836, rapporté au *Rép.* n° 18-2°.

M. Pont (*op. cit.*, n° 86) rappelle ensuite le cas prévu par Ulpien (L. 44. Dig. *Pro socio*, et L. 13 *Prescriptis verbis*) : « Je charge une personne de vendre mes pierres précieuses et je conviens avec elle que, si elle vend dix, cette somme me sera remise en entier, et qu'elle gardera au contraire pour elle-même tout ce qui excédera dans le cas où elle obtiendrait un prix plus élevé ». Ulpien écartait ici toute idée de mandat, parce que la stipulation d'un salaire l'excluait en droit romain ; mais il ajoutait que cette convention ne pouvait être considérée comme société que : *si animo contrahendæ societatis id actum esset*. M. Pont, pour la même raison, estime qu'il n'y aura société que si la volonté des parties est formellement exprimée ou résulte clairement des circonstances de fait, sinon, il y a mandat (Conf. Pardessus, *Droit commercial*, 6e éd., t. 3, n° 969 ; Bédarride, *Des sociétés*, n° 14).

12. Le contrat de *louage d'ouvrage* est un de ceux avec lesquels le mandat a le plus d'affinités; la comparaison entre ces deux espèces de conventions, a été faite au *Rép.* v° *Louage d'ouvrage et d'industrie* n° 5. V. aussi *suprà*, eod. v°, n° 14.

13. La question de savoir si une convention constitue un mandat ou un contrat d'une autre nature s'est aussi posée dans d'autres hypothèses. Ainsi il a été jugé : 1° que la cession, par un propriétaire tréfoncier, de ses droits aux redevances dues par le concessionnaire d'une mine ne constitue pas une vente, mais un mandat, si les expressions de *vente-cession* et *transport*, contenues dans cet acte, sont contredites par les expressions finales portant autorisation pour le cessionnaire d'exercer au nom des cédants toutes actions en payement des redevances et d'agir comme s'il était lui-même propriétaire, et si l'on ne peut voir un prix de vente dans le salaire dû pour le recouvrement de ses redevances (Paris, 13 févr. 1875, aff. Vidal ès noms D. P. 77. 2. 143); — 2° Que le tiers qui a pris en son nom une souscription d'actions de société faite par une autre personne, en reconnaissant qu'une partie des actions dont il est détenteur est la propriété du souscripteur primitif, ne peut être réputé mandataire du propriétaire de ces actions, quant aux opérations qui peuvent être la suite de la souscription, et n'a pas le pouvoir de l'obliger (Rennes, 30 juin 1879, aff. Arnous-Rivière, D. P. 82. 1. 36); — 3° Que les rapports existant entre les associations annuelles formées entre les appelés d'une même classe ou leurs parents, en vue d'alléger les charges imposées par la loi du recrutement, et l'agence constituée dans le but de provoquer ces associations, de traiter avec les adhérents, d'assurer l'exécution des engagements par eux contractés, ainsi que l'équitable répartition de la masse commune et le payement des dividendes aux intéressés, ne se renferment pas dans les limites d'un simple mandat; car il en résulte, au profit de l'agence elle-même, des droits qu'il lui appartient de faire valoir, non seulement à titre de mandataire, mais en son nom personnel, contre les adhérents, à l'effet de les contraindre à l'exécution de leurs engagements (Civ. cass. 10 avr. 1883, aff. Pigerre, D. P. 84. 1. 12. *Adde*, dans le même sens, Civ. rej. 16 avr. 1856, aff. Touron et aff. Saint-André, D. P. 56. 1. 153).

14. Le mandat tacite, dont la validité est admise ainsi qu'on le verra *infrà*, n°s 70 et suiv., présente avec le contrat de gestion d'affaires de grandes analogies. On les a indiquées au *Rép.* n° 25. Toullier a soutenu qu'il n'existait entre ces deux contrats que des différences théoriques, et qu'il importait peu que l'exécution des jugements fût poursuivie par l'*actio negotiorum gestorum* ou par l'*actio mandate*. M. Pont a sans peine démontré que c'était là une erreur grave (*Traité des petits contrats*, t. 1, n° 846). « S'il y a, dit-il, mandat tacite dans la circonstance donnée, le mandataire aura le droit d'exiger le remboursement des débours faits en exécution du mandat, même des débours inutiles (art. 1999), tandis que, s'il y a simplement gestion d'affaires, le gérant n'aura droit qu'aux dépenses utiles; dans le premier cas, le mandat finira par la mort du mandant et le mandataire ne sera tenu d'achever l'affaire qu'autant qu'il y aura péril en la demeure (art. 1991), tandis que dans le second cas, le gérant devra toujours, nonobstant la mort du propriétaire ou du maître, continuer l'affaire commencée jusqu'à ce que l'héritier ait pu en prendre la direction (art. 1373) ». Nous ajouterons que le mandataire tacite représente le mandant comme le mandataire exprès, tandis que le gérant d'affaires ne représente jamais le maître de l'affaire.

15. On a vu au *Rép.* n° 26, qu'à la différence du mandataire, le prête-nom est obligé personnellement vis-à-vis des tiers. « Si le caractère et les effets du mandat, disent MM. Aubry et Rau, t. 4, § 410, p. 635, sont en général indépendants de la forme extérieure sous laquelle il a été conféré, les rapports du mandant et du mandataire avec les tiers sont cependant profondément modifiés, lorsque le mandat se produit sous la forme d'une vente, d'une cession, ou d'un acte par lequel le mandat investit en apparence le mandataire de tous les droits de propriétaire ou de maître de l'affaire. Dans ce cas, le mandataire qui devient ce qu'on appelle un prête-nom, agissant *nomine proprio*, se trouve personnellement engagé vis-à-vis des tiers, qui n'ont aucune action directe à exercer contre le mandant. Réciproquement, c'est envers le prête-nom seul que les tiers se trouvent obligés; il est indifférent, sous ce double rapport, que ces derniers aient connu ou non la véritable qualité de celui avec lequel ils ont traité. D'un autre côté, le mandant ne peut, au regard des tiers, critiquer les actes passés par le prête-nom, sous le prétexte qu'il aurait dépassé les limites de ses pouvoirs, à moins toutefois qu'ils n'aient obtenu connaissance de l'objet et de l'étendue de son mandat. » M. Paul Pont, t. 1, n°s 1078-1079, enseigne aussi que les rapports du prête-nom et de son mandant sont les mêmes que ceux du mandataire ordinaire et du mandant; il n'y a que leurs rapports avec les tiers qui diffèrent. M. Domenget, t. 1, n° 40, fait la même distinction; mais, comme il assimile, d'un autre côté le prête-nom au *commandé* et qu'il considère le contrat de command comme un véritable mandat, on ne voit pas quel peut être, dans son système, la portée de la distinction.

Conformément à cette doctrine, il a été jugé : 1° que le prête-nom est un mandataire *sui generis*, qui, à l'égard des tiers avec lesquels il traite en son nom, est personnellement investi des droits et soumis aux obligations nées du contrat formé avec eux, alors même que ces tiers auraient eu connaissance de sa qualité de prête-nom. Par suite, la résolution du contrat, pour inexécution, par exemple, des obligations contractées par le prête-nom, doit être poursuivie et est valablement prononcée contre ce prête-nom, sans mise en cause du mandant (Req. 25 janv. 1864, aff. Richaud. D. P. 64. 1. 282; 2° Que le *prête-nom*, à la différence du mandataire, est obligé personnellement vis-à-vis des tiers : notamment, le souscripteur d'actions d'une société anonyme est tenu des obligations qui lui incombent en cette qualité, bien qu'il ne soit qu'un prête-nom (Toulouse, 18 janv. 1887, aff. Durban, D. P. 87. 2. 131.

16. La validité des actes faits par l'intermédiaire d'un prête-nom est, d'ailleurs, admise sans difficulté par la jurisprudence. Ainsi il a été décidé : 1° que les poursuites faites sans fraude par un prête-nom sont valables et doivent profiter au véritable ayant droit, qui peut, en tout état de cause, intervenir dans l'instance pour s'y faire substituer au poursuivant; et spécialement, que le cédant qui produit dans un ordre pour le cessionnaire, est réputé son mandataire tacite (Poitiers, 17 août 1854, aff. Bernard, D. P. 55. 5. 280); — 2° Qu'il est permis à un propriétaire de conférer à un prête-nom, au moyen d'une vente simulée, un mandat *sui generis* en vertu duquel celui qui en est investi peut faire, en son propre nom et dans l'intérêt du véritable propriétaire, tous les actes conservatoires que les circonstances peuvent rendre nécessaires. Ainsi l'acquéreur d'un animal domestique qui provoque l'expertise et intente l'action rédhibitoire conserve par là les droits du véritable propriétaire de cet animal contre son vendeur, pourvu que l'assignation soit reportée à ce dernier dans les délais voulus (Caen, 24 mars 1862, aff. Nathan, D. P. 63. 2. 182).

17. Pour que les actes faits par l'intermédiaire soient valables, il faut, cela va de soi, qu'ils soient faits sans fraude (V. *Rép.* n° 27). Lorsque, en effet, la constitution du mandat simulé n'a d'autre but que de paralyser l'exercice du droit des tiers ou la violation de la loi, elle ne saurait être tolérée. Aussi a-t-il été jugé que la constitution d'un prête-nom ou d'un mandataire agissant en son propre nom, en vertu d'un titre apparent, mais dans l'intérêt du mandant, n'est valable qu'autant qu'elle n'a pas pour objet de causer un préjudice aux tiers. En conséquence, lorsqu'il est prouvé que la cession d'une créance n'est qu'apparente et a eu pour objet de soustraire le créancier aux compensations que le débiteur pouvait lui opposer, les juges peuvent refuser de tenir compte de cette cession et condamner le prête-nom à la restitution des sommes dont il a reçu l'indu payement (Req. 5 avr. 1880, aff. Arbey, D. P. 81. 1. 13). — D'autre part, aux termes d'un jugement du tribunal de Toulouse du 17 déc. 1888 (aff. Cousturier, D. P. 90. 2. 185), le prête-nom n'est pas personnellement obligé, lorsque la partie adverse a traité directement avec le véritable maître de l'affaire, et que l'intervention du prête-nom n'a été qu'un moyen de donner une apparence régulière à un contrat illicite. Mais, suivant l'arrêt rendu sur l'appel de ce jugement, le prête-nom qui a participé à un acte illicite d'où il est résulté un préjudice sérieux pour les tiers, élève une prétention immorale et ne doit pas être écouté lorsqu'il cherche à se dégager du contrat et à s'exonérer des conséquences de sa faute en faisant apparaître sa fausse qualité (Toulouse, 3 déc. 1889, même affaire, D. P. 90. 2. 185). M. Planiol, dans ses observations sur cet arrêt (D. P. *ibid.*), distingue deux hypothèses : la personne qui se sert du prête-nom peut avoir voulu cacher sa personnalité à la personne avec laquelle elle traite; ce but qui, en principe, est licite, ne peut être atteint que si l'interposition de personne reste ignorée de l'autre partie : il faut donc admettre que le prête-nom sera seul tenu vis-à-vis du tiers. Mais l'emploi du prête-nom a pu avoir pour objet de couvrir une dissimulation faite d'un commun accord, afin de donner à un contrat nul une apparence de vie. En pareil cas, il n'y a aucune raison pour que le contrat ne produise pas ses effets à l'égard du véritable intéressé, qui est connu de la partie adverse, qui même aura peut-être, comme dans l'espèce jugée par la cour de Toulouse, débattu avec celle-ci les conditions du contrat, et le prête-nom, ainsi que l'ont admis les premiers juges, dans la même affaire, doit être mis hors de cause.

Mais il a été jugé que, dans les actions en nullité d'actes d'aliénation faits à un incapable par personne interposée, le demandeur peut maintenir en cause la personne interposée ou prête-nom, à l'effet d'obtenir contre elle un titre, pour la contraindre au délaissement de la chose revendiquée et à la restitution des fruits (Req. 15 déc. 1856, aff. Rochouse, D. P. 57. 1. 97).

18. On a vu au *Rép.* n° 29 que celui qui agit par l'intermédiaire d'un prête-nom peut toujours se mettre au lieu et place de ce dernier. « Le prête-nom, disent à ce sujet MM. Aubry et Rau (t. 4, § 410, p. 636), n'étant au fond qu'un mandataire, ses pouvoirs cessent par toutes les causes qui mettent fin au mandat, et notamment par le décès du mandant. D'où la conséquence que les tiers qui, ayant eu connaissance du décès du mandant et de la véritable qualité du prête-nom, auraient malgré cela traité avec ce dernier, ne seraient pas admis à opposer aux héritiers du mandant les actes ainsi passés. Quant aux actes conclus antérieurement, les effets en restent réglés au regard des tiers, même après le décès du mandant, comme si le prête-nom avait été le véritable maître de l'affaire ». Cette doctrine a été consacrée par un arrêt (Req. 9 févr. 1848, aff. Charlet, cité au *Rép.* n° 460).

19. S'il est vrai, ainsi qu'on l'a dit au *Rép.* n° 26, que le mandant ne peut sous aucun prétexte attaquer les actes passés par le prête-nom fussent-ils passés après que le mandat a pris fin, il ne faudrait pas aller jusqu'à dire que ces actes sont valables, même quand les tiers avec lesquels ils ont été passés sont de mauvaise foi. Pour que ces actes soient valables, dit M. Paul Pont, t. 1, n° 1079, « il faut que les tiers avec lesquels le prête-nom a traité aient été de bonne foi, c'est-à-dire qu'ils aient ignoré la qualité du prête-nom, et qu'ils l'aient pris pour le maître de l'affaire; en sorte que les actes faits restent sans valeur quand ils ont été accomplis après l'expiration des pouvoirs du mandataire » (V. aussi Aubry et Rau, t. 4, § 410, p. 436).

20. On a vu au *Rép.* n° 20, que c'est au juge du fond qu'il appartient, en tenant compte des faits, des circonstances de la cause et de la volonté des parties, de décider si l'on se trouve en présence d'un mandat ou de tout autre contrat. Il a été jugé : 1° que la déclaration du juge du fait, qu'un mandat résulte des circonstances de la cause, est souveraine (Civ. rej. 7 déc. 1852, aff. Manager, D. P. 53. 1. 35); — 2° Que l'arrêt qui décide que la convention intervenue entre le propriétaire et le révélateur d'une créance, par laquelle ce dernier se charge du recouvrement moyennant une part déterminée des sommes à recouvrer, constitue, non une cession de créance, mais un mandat salarié, échappe à la censure de la cour de cassation (Req. 12 janv. 1863, aff. Picque, D. P. 63. 1. 302); — 3° Que l'interprétation donnée par les juges du fait à un contrat, et de laquelle il résulte que l'une des parties ne s'est pas engagée comme simple mandataire, mais en son nom personnel, est souveraine et échappe à la censure de la cour de cassation (La Martinique, 28 févr. 1872, aff. Savon, D. P. 72. 2. 222); — 4° Que les juges du fond sont souverains pour décider, par appréciation des faits et circonstances, qu'un habitant qui a livré des fournitures à l'ennemi n'a agi que comme mandataire ou *negotiorum gestor* de la commune (Req. 31 mars 1873, aff. Commune de Vandresse, D. P. 74. 1. 269); — 5° Que les juges du fond ont un pouvoir souverain pour décider, par appréciation des actes et des circonstances de la cause, qu'une convention constitue non une cession de créance, mais un mandat salarié (Req. 28 févr. 1877, aff. Cherubi-Bacrie, D. P. 78. 1. 78).

21. On s'est souvent demandé si un clerc de notaire était le mandataire de son patron; nous ne croyons pas qu'on puisse résoudre cette question en termes généraux. C'est une question de fait. La plupart du temps, un clerc agit dans l'étude de son patron comme un simple employé ou préposé, il loue en réalité ses services moyennant une certaine rétribution. Ainsi il a été jugé : 1° que le clerc de notaire n'agit pas, en principe, comme mandataire de son patron ; qu'en tout cas, il ne peut, après un temps plus ou moins long, surtout après sa sortie de l'étude, être poursuivi, en cette qualité, par une action en reddition de comptes (Douai, 17 août 1871, aff. Barré, D. P. 72, 2. 74); — 2° Qu'en thèse générale, les clercs de notaire, n'étant que les préposés de leur patron, chargés des affaires qui leur sont confiées par lui, ainsi que de l'ensemble du mouvement matériel de l'étude, leur responsabilité personnelle doit se démontrer par les circonstances de fait se référant aux actes qui leur sont opposés (Besançon, 5 mars 1874, aff. Chiffert, D. P. 76. 5. 294). — Toutefois, aux termes d'un arrêt de la cour de Nancy, du 5 août 1871 (aff. Jullien, D. P. 72. 2. 77), le premier clerc d'un notaire est son mandataire et peut l'obliger pour tous les actes où la présence de l'officier ministériel n'est pas une condition essentielle de leur validité.

22. Un clerc de notaire, qui peut être en bien des circonstances le mandataire de son patron, peut aussi devenir celui des clients du notaire. — Il a été décidé qu'un clerc de notaire qui, dans un acte reçu par son patron, a consenti à se constituer mandataire de l'une des parties doit, comme toute autre personne, accomplir son mandat sous peine de dommages-intérêts, et, notamment, remettre le prix au vendeur, lorsqu'il s'est dit son mandataire, alors d'ailleurs qu'il n'a pas déclaré recevoir cette somme pour le compte de son patron (Metz, 15 janv. 1856, aff. Abt, D. P. 56. 2. 135).

CHAP. 3. — Des choses qui peuvent être l'objet du mandat. — Objet licite et certain. — Intérêt du mandant ou des tiers. — Instance judiciaire par procureur (*Rép.* nos 31 à 56).

23. On a vu au *Rép.* n° 31 que pour qu'une chose puisse faire l'objet du mandat il faut : 1° qu'elle soit à faire; 2° qu'elle soit licite; 3° qu'elle ait un objet certain; 4° qu'elle puisse être faite par le mandataire; 5° qu'elle soit dans l'intérêt du mandant ou d'un tiers et non pas seulement dans celui du mandataire.

24. — 1° *Il faut que la chose soit à faire.* — On a exposé au *Rép.* n° 32 qu'il ne saurait y avoir mandat si l'affaire dont on confie la gestion est déjà consommée. Tous les auteurs sont d'accord sur ce point (V. Aubry et Rau, t. 4, § 411, p. 640; Paul Pont, t. 1, nos 809 et 810; Laurent, t. 27, n° 401). Ils ajoutent que toute espèce d'acte à accomplir ne saurait faire l'objet d'un contrat de mandat; il faut que l'acte à accomplir soit un acte juridique (V. notamment Pont, *loc. cit.;* Clamageran, *op. cit.* n° 309).

25. — 2° *Il faut que l'affaire soit licite* (*Rép.* nos 33 à 36). — Cette règle est l'application d'un principe général en matière de contrats. — On a dit au *Rép.* n° 34 que le mandat donné par un débiteur à un créancier hypothécaire de faire vendre l'immeuble hypothéqué par devant notaire, après l'observation de certaines formalités, doit être considéré comme illicite. Ce mandat est, en effet, contraire aux dispositions de l'art. 742 c. proc. civ. qui prohibe la clause dite de *voie parée*, en vertu de laquelle le débiteur donne au créancier le mandat irrévocable de vendre sans formalités de justice les immeubles affectés à la garantie de la dette, et renonce ainsi aux garanties que la loi avait voulu lui ménager. Mais cette prohibition ne vise que l'hypothèse où la clause dont il s'agit est insérée dans une convention antérieure à l'exigibilité de la dette; elle ne saurait s'étendre au cas où le créancier et le débiteur s'entendent, après l'échéance, pour faire vendre l'immeuble à l'effet d'acquitter la dette dont il forme le gage. Rien ne leur interdit, en effet, de chercher à éviter les frais de la saisie immobilière en vendant à l'amiable des biens affectés à la sûreté des créanciers. Ce n'est pas enchaîner le débiteur, c'est au contraire servir ses intérêts et même ceux des créanciers en cas de saisie. Il a été jugé, en ce sens : 1° qu'un débiteur peut valablement donner à un tiers, dans l'intérêt de son créancier, mandat de vendre ses immeubles sans formalités de justice : si ce mandat a été donné après l'exigibilité de la dette, au moment convenu pour la vente des immeubles et dans le but unique d'éviter les frais de saisie immobilière, on ne saurait y voir une transgression de l'art. 742 c. proc. civ. qui proscrit la clause de *voie parée* (Orléans, 21 juill. 1883, aff. Houy, D. P. 85. 2. 20); — 2° Que l'art. 742 c. proc. civ. qui frappe de nullité les conventions permettant au créancier impayé à l'échéance de faire vendre les immeubles de son débiteur sans remplir les formalités de la saisie immobilière, ne prohibe les stipulations de cette nature qu'autant qu'elles ont été faites dans l'acte d'obligation et avant l'échéance de la dette; qu'il n'y a donc pas lieu d'annuler, par application de cet article, le mandat par lequel le débiteur a conféré à son créancier le pouvoir de vendre ses immeubles à l'amiable, lorsque ce mandat n'a été conféré que longtemps après l'acte d'obligation (Bordeaux, 27 avr. 1885, aff. Nebut, D. P. 86. 2. 263).

26. On a dit au *Rép.* n° 36 que si toute action est refusée au mandataire qui a accepté un mandat dont l'objet est illicite, cela n'est vrai qu'autant qu'il a eu connaissance de l'acte illicite dont il se rendrait complice; telle est également l'opinion de M. Paul Pont (t. 1, n° 816, *in fine*).

27. — 3° *Il faut que l'affaire ne consiste pas dans quelque chose d'indéterminé.* — Conformément à la doctrine exposée au *Rép.*, n° 37, M. Pont (*loc. cit.*, n° 815) enseigne que « si le mandataire avait pu, à l'aide de quelques circonstances, connaître la pensée du mandant, bien que sa volonté ne fût pas nettement précisée, il n'y aurait pas lieu de dire que le mandat est incertain ».

28. — 4° *Il faut que la chose soit de nature à pouvoir être faite par le mandataire.* — On a vu au *Rép.*, n°s 38 à 51, comment il fallait entendre cette règle. Non seulement la chose à faire doit être matériellement possible pour le mandataire, mais encore il faut que la loi permette de la lui confier. — On a dit au *Rép.* n° 45 qu'on ne pouvait ni tester ni se marier par procuration (Comp. *suprà*, v° *Acte de l'état civil*, n° 51). La seconde partie de cette proposition est controversée. Contrairement à l'arrêt de la cour de Bastia du 2 avr. 1849, cité *ibid.*, quelques auteurs admettent la validité du mariage contracté par mandataire. Sans prendre parti sur la question de savoir si un maire doit ou non refuser la célébration d'un mariage contracté dans de telles conditions, M. Pont estime que le juge ne pourrait l'annuler si le fait s'était produit (t. 1, n° 811). MM. Laurent (t. 27, n° 401) et Aubry et Rau (t. 5, § 466, note 9) enseignent que l'officier de l'état civil devrait refuser son ministère aux personnes qui voudraient se marier par mandataire. Ces derniers auteurs ajoutent (§ 467, note 23) que le mariage par mandataire est contraire à l'esprit et à la lettre de notre loi. Mais, comme il n'existe pas de disposition textuelle qui le prohibe, il n'appartient pas au juge d'en prononcer l'annulation (V. aussi *infrà*, v° *Mariage*).

29. D'après l'art. 877 c. proc. civ., les époux, en cas de demande en séparation de corps, sont tenus de comparaître en personne devant le président du tribunal. Il en est de même en matière de divorce. L'art. 1er de la loi du 18 avr. 1886 (D. P. 86. 4. 27) sur la procédure en matière de divorce et de séparation de corps, modifiant l'art. 238 c. civ., exige la comparution personnelle des parties (V. *suprà*, v° *Divorce et séparation de corps*, n° 196).

Enfin l'art. 121 c. proc. civ. exige encore que le serment soit fait par les parties *en personne* et à l'audience (V. *infrà*, v° *Serment*).

30. Ce que nous avons dit au *Rép.*, n°s 46 et suiv., sur la maxime : *Nul en France, excepté le roi, ne plaide par procureur*, laquelle est toujours en vigueur, a été complété *suprà*, v° *Action*, n°s 46 à 69.

31. — 5° *La chose ne doit pas concerner le seul intérêt du mandataire* (*Rép.* n°s 52 à 56). — On a vu au *Rép.* n° 53, qu'il n'est pas nécessaire que la chose qui fait l'objet du mandat soit dans le seul intérêt du mandant. Rien ne s'oppose d'abord à ce que le mandat soit donné dans l'intérêt commun du mandant et du mandataire. De même, nous avons admis avec Troplong, qu'il peut être donné dans l'intérêt exclusif d'un tiers, parce qu'alors le mandant devient le *negotiorum gestor* du véritable intéressé (*Rép. ibid.*). M. Paul Pont (t. 1, § 819, p. 411) combat cette opinion. D'après lui, le mandat conféré dans l'intérêt exclusif d'un tiers serait inefficace, parce que le mandant n'en pourrait réclamer l'exécution, l'intérêt étant la mesure des actions. En effet, dès que le mandant est *negotiorum gestor* des affaires du tiers, il est intéressé, et alors le mandat n'est plus donné dans l'intérêt exclusif du tiers. Telle est également l'opinion de M. Laurent (t. 17, n° 405 *in fine*). — V. aussi, dans le même sens, Domenget *Du mandat*, t. 1, n°s 70 et 85.

32. M. Pont, *loc. cit.*, enseigne, conformément à la doctrine exposée au *Rép.*, n° 54, que le mandat ne peut être donné dans l'intérêt exclusif du mandataire, ou du moins que l'acte ainsi fait ne serait pas un mandat, à vrai dire; ce serait un conseil, une recommandation. — Quant au mandataire que l'on désigne par l'expression empruntée au droit romain de *procurator in rem suam*, le mandat dont il est investi ne lui est pas donné seulement dans son intérêt mais aussi, comme on l'a dit au *Rép.*, n° 54, dans celui du mandant; c'est ce qui en explique la validité (Conf. Troplong, n° 37).

CHAP. 4. — Des personnes qui peuvent donner ou recevoir un mandat (*Rép.* n°s 54 à 65).

33. Le législateur ne s'occupe dans l'art. 1990 c. civ. que de la capacité nécessaire au mandataire. Il ne dit rien de celle du mandant, parce qu'il s'en réfère aux principes généraux posés au titre des obligations (*Rép.* n°s 57 à 59. MM. Aubry et Rau (t. 4, § 411, p. 639) résument ainsi la question : « La capacité requise pour pouvoir conférer un mandat se détermine d'après la nature de l'affaire qui en forme l'objet. Si cette affaire consiste dans un acte d'administration, le mandat pourra être conféré par toute personne ayant l'administration de sa fortune, par exemple, par un mineur émancipé (Comp. *Rép.* n° 61). C'est une application de cette maxime de droit : *Nemo plus juris conferre potest quam ipse habet.*

34. On a dit encore (*Rép.* n° 57) que le mandat peut être donné soit par la loi, soit par la justice, aussi bien que par un particulier. Un exemple de mandat conféré par la justice est fourni par un arrêt aux termes duquel il appartient aux tribunaux de pourvoir à la conservation des intérêts dont la garde n'est confiée à personne. Spécialement, lorsque, dans l'acte autorisant une société à émettre des obligations garanties hypothécairement, il a été stipulé que les obligataires seraient représentés par un mandataire assisté d'un comité de contrôle, et que la société est tombée en faillite sans que le mandataire désigné ait acquis qualité, à défaut de constitution du comité de contrôle, c'est à la justice qu'il appartient, même sur la demande d'un seul des obligataires, de sauvegarder les droits de tous les autres, par la nomination d'un représentant ayant les pouvoirs que devait avoir le mandataire aux termes de l'acte portant création des obligations (Bruxelles, 27 mars 1880, aff. Vandamne; Douai, 20 janv. 1881, aff. Hansens, D. P. 82. 2. 21). — Mais les tribunaux ne doivent user de cette faculté qu'avec la plus extrême réserve, et dans le cas seulement où un intérêt pressant commanderait cette mesure. En général, ils ne sauraient imposer un mandataire aux parties pour l'exercice de leurs droits. Ainsi il a été décidé, spécialement, que le jugement qui ordonne le partage d'une succession ne peut, sans le consentement de tous les héritiers, prescrire que les titres et dossiers de procédure dépendant de cette succession seront remis à un huissier pour qu'il poursuive les recouvrements pendant les opérations et jusqu'à l'achèvement du partage (Riom, 11 avr. 1856, aff. Buy, D. P. 57. 2. 22).

35. M. Laurent (t. 27, n° 400) se demande si un mandat nul dans son principe, comme étant donné par un mandant incapable, peut devenir valable par la bonne foi de ceux qui l'exécutent. Nous avons répondu, implicitement, à cette question (*Rép.* n° 58), en établissant que c'était à l'époque où le mandat était donné qu'il fallait se placer pour apprécier la capacité du mandant. La raison de douter, pour M. Laurent, serait dans les art. 2008 et 2009 c. civ « Si le mandataire, dit-il (*loc. cit.*), ignore la mort du mandant ou l'une des autres causes qui font cesser le mandat, ce qu'il a fait dans cette ignorance est valide; et, dans ce cas, les engagements du mandataire sont exécutés à l'égard des tiers qui sont de bonne foi ». La cour de cassation a déclaré que l'analogie n'existait pas; les art. 2008 et 2009 supposent un mandat primitivement valable, mais qui a pris fin, tandis que, dans le cas qui nous occupe, il n'y a jamais eu de mandat, puisqu'il était nul dans son principe. Elle a décidé, en conséquence, que le mandataire auquel un failli a donné mandat, après la déclaration de faillite, de faire un acte relatif à la disposition d'une partie de son actif, est responsable du préjudice causé par cet acte à la faillite de son mandant, alors même qu'en acceptant le mandat, il ignorait l'existence de cette faillite: ici ne s'applique pas l'art. 2008 c.civ. Ainsi, le mandataire, qui, en vertu d'un mandat postérieur à la déclaration de faillite de son mandant, a touché une somme due à ce dernier, et lui en a versé le montant, doit tenir compte de cette somme à la masse de la faillite, sans qu'il lui soit permis d'exciper de l'ignorance où il était de l'incapacité de son mandant, lors de la constitution du mandat (Req. 14 janv. 1862, aff. Godefroy. D. P. 62. 1. 168).

36. Un mandat peut être confié aux mineurs émancipés et aux femmes mariées, sans qu'il soit pour cela dérogé aux règles générales relatives aux obligations des mineurs, ou à celles des femmes mariées, inscrites soit au titre des obligations, soit à celui du contrat de mariage. Telle est la disposition expresse de l'art. 1990 c. civ. — Il ne faut pas, on l'a dit au *Rép.* n° 63, conclure de cet article, par argument *à contrario*, que le mineur non émancipé est incapable de recevoir un mandat (V. dans le même sens : Aubry et Rau, t. 4, § 411, note 10; Pont, *Petits Contrats*, t. 1, n° 965 ; Laurent, t. 27, n° 398). Il a été jugé, à cet égard, que, s'il résulte de l'art. 1990 c. civ. que le mineur non émancipé est incapable d'être investi d'un mandat, c'est seulement en ce sens qu'il ne peut être soumis aux obligations que le contrat impose au mandataire, soit vis-à-vis du mandant, soit vis-à-vis des tiers; mais cette disposition ne fait point obstacle à ce qu'un mineur non émancipé, en exécutant le mandat à lui conféré, oblige envers les tiers le mandant seul (Rouen, 27 févr. 1855, aff. Beaudon, D. P. 56. 2. 275).

37. Le mari, a-t-on dit au *Rép.* n° 64, peut s'opposer à ce que sa femme reçoive ou exécute un mandat. Cela est incontestable; mais, si elle passe outre, pourra-t-on demander la nullité du mandat ? « La négative, dit M. Laurent (t. 27, n° 399), nous paraît certaine, elle est écrite dans la loi ; l'art. 1990 permet aux femmes mariées d'accepter un mandat sans autorisation maritale ; la femme agit donc légalement en acceptant le mandat sans y être autorisée. Ceci n'est pas une violation de la puissance maritale, au moins en ce qui concerne l'incapacité de la femme mariée. Qu'est-ce que l'incapacité de la femme mariée ? Elle ne peut faire aucun acte juridique sans y être autorisée. Cette autorisation est requise pour sauvegarder les droits de la femme et ceux de toute la famille ; or l'acceptation du mandat ne compromet aucunement ces intérêts, puisque la femme n'encourt aucune espèce de responsabilité. Le mari n'a donc ni droit ni intérêt à s'opposer à l'acceptation du mandat... Il peut lui défendre de l'accepter, mais cette défense n'a rien de commun avec l'incapacité de la femme mariée ni avec l'autorisation maritale... ».

CHAP. 5. — Du mandat gratuit et salarié

(*Rép.* nos 66 à 75).

38. La gratuité n'est plus aujourd'hui de l'essence, mais seulement de la nature, du contrat de mandat (*Rép.* n° 66). « Le mandat est gratuit, dit l'art. 1986 c. civ., s'il n'y a convention contraire ». Comment faut-il entendre cette règle? Doit-on en conclure qu'il ne pourra jamais exister de salaire sans convention précise à ce sujet? Assurément non. Ainsi que l'enseigne M. Laurent (t. 27, n° 341), « la loi n'exige pas cette condition, elle se contente d'une convention, d'un concours de consentement : or il est de principe que le consentement peut être tacite; donc une convention tacite suffit pour qu'il soit dû un salaire au mandataire ».

Quand y a-t-il convention tacite? Cette question, qui est de pur fait, est laissée à l'appréciation des tribunaux. L'appréciation du caractère salarié d'un mandat, dit un arrêt, est souveraine de la part des juges du fait et échappe, dès lors, au contrôle de la cour de cassation (c. civ. art. 1986) (Req. 23 nov. 1858, aff. Dumez, D. P. 59. 1. 131). Jugé, notamment, que le mandat donné à un notaire, par l'une des parties qui ont figuré dans l'acte où ce notaire a, par suite de ce mandat, agi à la fois comme notaire et comme mandataire, a pu être envisagé comme un mandat salarié, quoique le salaire n'ait point été payé par le mandant, mais par l'autre partie, si celle-ci en a versé le montant au nom du mandant, et en vertu d'une clause de l'acte notarié qui la déclarait tenue de tous les frais de cet acte (Req. 14 janv. 1856, aff. Bardout, D. P. 56. 1. 456).

39. Au reste, la gratuité du mandat devant être présumée, il en résulte que, lorsque aucun salaire n'a été expressément convenu, les tribunaux ne peuvent en allouer un qu'autant que les circonstances ne permettent pas de supposer que la gratuité du mandat ait été dans l'intention des parties (Bordeaux, 29 juin 1852, aff. Pelleport, D. P. 53. 2. 188). Ainsi, les bons offices accordés gratuitement, mais dans l'espoir de figurer au nombre de ses légataires, à un parent qui ne s'est engagé à aucune récompense, ne peuvent, au cas où l'événement n'a pas répondu à cette attente, donner droit à une indemnité quelconque sur sa succession (Même arrêt). Dans l'espèce, la gratuité du mandat devait se présumer. « Les liens de parenté ou d'amitié, dit M. Laurent (t. 27, n° 346), qui existent entre le mandant et le mandataire impliquent le plus souvent la gratuité du mandat; pour mieux dire, c'est une circonstance qui milite contre la prétention du mandataire à un salaire ». Décidé, de même, que la constatation des soins donnés à un défunt par une personne qui vivait d'une vie commune avec lui ne peut faire naître à la charge de sa succession une obligation rémunératoire qu'autant qu'il serait établi que ces soins ne devaient pas être des soins gratuits (Req. 1er mars 1881, aff. Veuve Lecomte, D. P. 81. 1. 480). Et la preuve de cette absence de gratuité, condition essentielle de la créance, incombe à la partie qui réclame le payement de sa prétendue créance (Même arrêt). — Au reste, il ne faut pas conclure de là que le mandat entre parents ou entre amis soit nécessairement gratuit. La solution de la question dépend toujours des circonstances du fait.

40. Si, en principe, la gratuité se présume, il en est autrement lorsque le mandat est confié à des personnes qui s'occupent par état ou par profession des affaires d'autrui, comme les avoués, les huissiers, les notaires, les avocats, etc. (*Rép.* n° 68 ; Paul Pont, n° 886, p. 452 ; Laurent, t. 27, n° 342, p. 386 ; Aubry et Rau, t. 4, § 410, p. 635, note 8). Il a été décidé, en ce sens, que l'avoué, chargé d'affaires en dehors de son ministère officiel, doit être réputé exercer plutôt sa profession que faire acte d'ami envers son client ; et que, par suite, un salaire, proportionné à son travail, peut lui être accordé par le juge, en vertu des principes sur le louage d'industrie, et sans violation de la règle que le mandat est gratuit, s'il n'y a convention contraire (Req. 5 janv. 1869, aff. Triaire-Brun, D. P. 69. 1. 127. V. aussi Montpellier, 27 juin 1855, aff. Paloc, D. P. 56. 2. 21). — Il a été jugé, toutefois, que le principe de la gratuité du mandat s'applique aux notaires comme à tous autres mandataires; qu'en conséquence, un notaire ne peut réclamer des honoraires à raison d'un mandat qu'il a accompli, pour le compte d'un de ses clients, qu'à la condition de prouver que ces honoraires lui ont été promis expressément ou tacitement (Req. 1er déc. 1891, aff. Maligne, D. P. 92. 1. 209. — V. la note sur cet arrêt, D. P. *ibid.*).

La même présomption s'impose quand il s'agit d'agents de change, de courtiers, de syndics de faillite, d'arbitres de commerce (*Rép.* n° 71 ; Comp. Paris. 28 juin 1875, aff. Deleuze, D. P. 80. 5. 241).

Il en est de même en ce qui concerne les séquestres (Comp. *suprà*, v° *Dépôt-séquestre*, n° 14). — Jugé, à cet égard, qu'il n'existe pas d'usages pour le règlement des honoraires des séquestres; que des usages existants n'auraient d'ailleurs aucune force légale; que le séquestre administrateur n'est qu'un mandataire salarié dont la rémunération doit être appréciée et fixée par les tribunaux suivant l'importance des sommes dont il a eu le maniement, les difficultés qu'il a rencontrées dans l'exécution de sa mission et les responsabilités auxquelles il a été exposé (Lyon, 7 mai 1890, aff. Jean-Jean, D. P. 91. 5. 337).

41. Un grand nombre de décisions judiciaires, tout en consacrant le droit des agents d'affaires à un salaire, réduisent la demande de ces derniers, souvent enclins à exagérer l'importance de leurs services. Il n'est pas douteux que les tribunaux aient la faculté d'opérer ces réductions, et même de rejeter toute demande de salaire quand il n'y a pas eu de convention à cet égard. Mais, lorsque le salaire a été stipulé, convenu entre les parties, le juge a-t-il encore le pouvoir de le diminuer, de le proportionner à la nature de l'affaire et aux soins qu'elle comporte? On a enseigné l'affirmative au *Rép.*, n° 75, et on a soutenu que le salaire pouvait être réduit même en cas de clause contraire. M. Paul Pont (t. 1, n° 1109) partage cet avis et il ajoute que « le droit d'appréciation laissé aux tribunaux sur ce point leur appartient non seulement quand le mandat a été conféré ouvertement, mais encore quand il s'est dissimulé sous la forme d'un autre contrat ».

42. Cette solution ne soulève aucune difficulté, dans le cas où le résultat cherché n'a pas été obtenu uniquement par les seuls soins de l'agent d'affaires. C'est ainsi qu'il a été décidé : 1° que le salaire stipulé par un agent d'affaires, comme rémunération des peines et soins à prendre dans l'exécution d'un mandat ayant pour objet la poursuite d'une instance judiciaire, est susceptible de réduction, quand il est constaté que le litige s'est terminé au moyen d'une transaction arrêtée en dehors de l'entremise de cet agent d'affaires, même en appel seulement, et après un jugement qui avait donné gain de cause au mandant (Civ. rej. 9 mai 1866, aff. Darrieux, D. P. 66. 1. 246) ; — 2° Que la rémunération stipulée par un agent d'affaires est susceptible de réduction, lorsqu'il n'est pas prouvé que la conclusion de l'affaire soit uniquement due à son entremise (Paris, 9 juin 1869, aff. Sarrat, D. P. 70. 2. 6) ; — 3° Que l'agent d'affaires qui s'est borné à fournir à un acquéreur l'indication d'un fonds de commerce à vendre a droit à une rémunération, alors même que la vente du fonds s'est faite en dehors de toute autre coopération de sa part; mais que cette rémunération ne saurait s'élever au taux de la commission que l'usage alloue à l'intermédiaire sur le prix en cas de vente, et peut être fixée par le juge (Paris, 8 mars 1882, aff. Dauvergne, D. P. 83. 2. 244).

Il n'y a pas de difficulté non plus lorsque le salaire n'avait été promis que pour le cas où l'affaire, objet du mandat, serait conclue; aucun salaire n'est dû si cette affaire reste à l'état de projet. C'est l'application pure et simple de l'art. 1134 c. civ. Jugé, en ce sens, que l'agent d'affaires qui a stipulé pour rémunération de ses peines et soins, dans la négociation de la vente d'un fonds de commerce, une commission payable après la réalisation de l'affaire, ne peut prétendre, dans le cas où cette réalisation n'a pas eu lieu, se faire rémunérer de ses démarches, d'après les principes du mandat ; et que, par suite, les juges peuvent, en cas pareil, sur la seule preuve de la non-réalisation de l'affaire, lui refuser toute rétribution (Req. 15 déc. 1856, aff. Mehl, D. P. 57. 1. 170).

Il n'est pas douteux, d'autre part, que les tribunaux puissent réduire la rémunération stipulée, dans telle circonstance spéciale, si cette réduction paraît conforme à l'intention des parties. Ainsi il a été décidé que la commission du commis voyageur peut être réduite, d'après la volonté présumée des parties, pour des factures dont le prix est réglé en traites à termes (Req. 24 juin 1872, aff. Laurent, D. P. 75. 1. 21).

Jugé aussi que les commissions de tant pour 100 sur les affaires traitées par un commis voyageur ne lui sont dues que sur le montant des factures *intégralement* payées, et non sur le chiffre des affaires qui ont occasionné une perte au négociant; qu'en conséquence, ces commissions ne peuvent être réclamées sur des acomptes inférieurs à la moitié du montant des factures, reçues par le négociant, le surplus n'ayant pu être recouvré (Bordeaux, 12 mars 1889, D. P. 90. 2. 16).

On peut ajouter enfin le cas où le mandataire aurait commis une faute dans l'accomplissement de son mandat. Jugé, en ce sens, que la commission du commis voyageur peut être réduite, relativement aux ventes faites à des acheteurs d'une solvabilité douteuse (Arrêt précité du 24 juin 1872).

43. Mais, en dehors de ces hypothèses dans lesquelles les décisions de la jurisprudence ne peuvent soulever aucune objection, de nombreux arrêts ont admis que le salaire stipulé peut être réduit par la seule raison qu'il est excessif. Ainsi il a été jugé : 1° que la cession faite à un individu chargé de faire procéder à une liquidation de succession d'une portion de cette succession, à raison de ses soins et démarches, devant être considérée comme la simple rémunération d'un mandat d'agent d'affaires et non comme une vente de secret concernant une succession encore inconnue, ou comme un contrat aléatoire, s'il est établi qu'il n'y avait ni secret ni aléa, les juges peuvent, sans tenir compte de la convention, fixer à raison des circonstances le salaire dû à l'agent d'affaires (Req. 7 févr. 1855, aff. Navoit, D. P. 55. 1. 205; Req. 18 avr. 1855, aff. Trannoy, *ibid.*) ; — 2° Que les honoraires d'un agent d'affaires, bien que convenus avec la partie à laquelle ils sont réclamés, peuvent être réduits par le juge si le chiffre lui en paraît excessif, les principes ordinaires touchant l'exécution des conventions ne s'appliquant pas ici (Paris, 12 janv. 1856, aff. Trécul, D. P. 56. 2. 175); — 3° Que le salaire stipulé par un mandataire peut être réduit, quand il est déclaré hors de proportion avec la nature de l'affaire à l'occasion de laquelle il a été fixé, et avec les soins que comportait cette affaire (Req. 1er juill. 1856, aff. Chéramy, D. P. 56. 1. 464) ; qu'il peut l'être, notamment, sur la demande des créanciers du mandant tombé en faillite. Ainsi, celui qui a éteint de ses deniers une créance existant contre un tiers, moyennant le payement d'une somme inférieure à cette créance, ne peut s'en faire attribuer par le débiteur le montant intégral, s'il est reconnu qu'il a agi non comme cessionnaire de la créance, mais en qualité de mandataire du débiteur, et que la différence entre la somme par lui payée (1 600 fr.) et celle représentant la créance (6 700) ne constituerait qu'un salaire exagéré que ce mandataire aurait obtenu en abusant de l'incurie de son mandant (Même arrêt); — 4° Que les tribunaux ont un pouvoir discrétionnaire pour réduire le salaire des agents d'affaires dans le cas même où il a été librement et volontairement stipulé entre les parties (Req. 12 janv. 1863, aff. Pique, D. P. 63. 1. 302); — 5° Que les tribunaux ont le droit de réduire le salaire stipulé par un mandataire, lorsqu'il est hors de proportion avec le service rendu (Civ. rej. 29 janv. 1867, aff. Poitevin; Paris, 21 juin 1871, aff. Leroy, D. P. 71. 2. 189, et sur pourvoi, Req. 8 avr. 1872, D. P. 73. 1. 259). Ainsi, une commission de 90 000 fr. perçue pour la négociation d'un emprunt de 500 000 fr. a été considérée comme excessive, et réduite à 4 000 fr. (Arrêt précité du 29 janv. 1867). Il est à remarquer que, dans cette affaire, l'exagération du salaire stipulé n'a pas été la seule raison de décider : l'arrêt s'est fondé sur ce que le mandant s'était trouvé sous l'empire d'une contrainte morale exclusive de toute idée de consentement. Aux termes du même arrêt, le mandataire qui a perçu de mauvaise foi un salaire exorbitant, dont la restitution partielle a été ordonnée, peut être condamné aux intérêts de la somme à restituer, à partir du payement, et non pas seulement à partir de la demande en justice. Dans l'espèce sur laquelle ont statué les arrêts des 21 juin 1871 et 8 avr. 1872, précités, la réduction a été prononcée contre un agent d'affaires qui s'était chargé de procurer un emprunt moyennant une rémunération composée d'une somme proportionnelle au montant du prêt et d'une prestation annuelle pendant toute la durée de ce prêt. D'après les mêmes arrêts, les tribunaux peuvent ordonner la restitution des sommes payées par le mandant, s'il n'est pas établi que ce dernier a connu, à l'époque du payement, le vice de son obligation; — 6° Que l'honoraire promis à un agent d'affaires, notamment pour faire reconnaître les droits d'un enfant naturel sur la succession de sa mère, peut, alors qu'il a été consenti avant l'exécution du mandat, être revisé par le juge et évalué d'après l'importance réelle des soins donnés à l'accomplissement de ce mandat; et qu'il y a lieu, pour cette fixation, de tenir compte à l'agent d'affaires des avances d'argent qu'il a faites et des pertes qu'il risquait en cas de solution défavorable du procès qu'il a dû soutenir (Trib. civ. Seine, 26 janv. 1870, aff. G. de S..., D. P. 71. 3. 22), — 7° Que le mandataire n'a droit à la rémunération qu'il a stipulée qu'à la condition d'avoir rendu le service promis, et dans la juste mesure de l'utilité de ce service et du travail qu'il lui a coûté; qu'en conséquence, la rémunération, convenue pour un mandat au moment où il est donné et avant qu'il ait reçu aucune exécution, est toujours susceptible d'être appréciée et revisée par le juge (Paris, 3 avr. 1873, aff. Coudert, D. P. 73. 2. 199). Tel est le cas où un agent d'affaires s'est chargé de procurer l'achat d'un immeuble, moyennant une rémunération composée d'un *quantum* sur un prix déterminé et d'un partage de bénéfices sur l'excédent de ce prix (Même arrêt); — 8° Que lorsqu'une somme a été stipulée à titre d'indemnité d'honoraires et démarches dans l'exécution d'un mandat, par exemple pour le cas où la vente d'un fonds de commerce serait effectuée directement par le mandant sans l'intermédiaire du mandataire, les juges peuvent décider, en vertu du pouvoir de contrôle et de revision qui leur appartient, que l'allocation d'une somme inférieure constitue une rémunération suffisante (Civ. rej. 13 mai 1884, aff. Cabaret, D. P. 85. 1. 21); — 9° Que la clause par laquelle le vendeur d'un fonds de commerce s'est engagé à payer, à l'agent qui a négocié la vente, une commission payable seulement sur les premières sommes versées par l'acquéreur, ne décharge pas le vendeur du payement de la commission dans le cas où l'acheteur n'a point soldé son prix ; cette clause ne doit être interprétée que comme une facilité accordée au vendeur (Paris, 9 juin 1887, aff. Beleurgey de Raymond, D. P. 88. 2. 280). Mais les tribunaux ont un pouvoir discrétionnaire pour réduire le taux de cette commission et la fixer proportionnellement aux services rendus, dans le cas même où elle a été librement stipulée entre les parties (Même arrêt. — V. encore Req. 24 févr. 1891, aff. Winter, D. P. 91. 5. 336).

On trouve cependant quelques décisions en sens contraire. C'est ainsi qu'il a été jugé : 1° que le salaire librement convenu entre le mandataire et son mandant, et spécialement entre un agent d'affaires et son commettant, n'est pas sujet à réduction lorsque le mandat a été pleinement rempli et que le mandant en a retiré tout ce qu'il était en droit d'en attendre (Paris, 27 juin 1863, aff. Aubert, D. P. 63. 2. 164); — 2° Que la cession stipulée, sans fraude, par un agent d'affaires, d'une somme déterminée à prendre dans une succession, non seulement à titre d'honoraires, mais comme prix de l'avantage résultant, pour les héritiers, de la révélation de cette succession, et comme remboursement d'avances d'un procès à engager et à soutenir aux risques et périls du stipulant, est valable et non susceptible de réduction (Civ. rej. 7 mai 1866, Même affaire, D. P. 66. 1. 247). Dans tous les cas il a été décidé que, si le salaire stipulé par les agents d'affaires peut être réduit par le juge lorsqu'il paraît excessif, il cesse d'en être ainsi dans le cas où, le mandat ayant pris fin, le compte dans lequel figurait ce salaire a été rendu et approuvé, et où le reliquat dû par l'agent d'affaires a été versé aux mains du mandant (Bordeaux, 1er avr. 1857, aff. Jasseau, D. P. 57. 2. 122).

44. La solution qui a prévalu dans la jurisprudence est vivement combattue par plusieurs auteurs récents. « On ne saurait, disent MM. Aubry et Rau (t. 4, § 414, p. 649, note 9), reconnaître aux tribunaux le pouvoir de réduire le salaire promis, sous le seul prétexte qu'il serait excessif. Il en est ainsi en principe, même pour le mandat conféré à un agent d'affaires, à supposer d'ailleurs que le salaire ait été consenti en pleine liberté et connaissance de cause, et qu'il n'y ait à reprocher au mandataire ni réticence coupable, ni manœuvre dolosive à un degré quelconque ». Et, après avoir constaté que la jurisprudence paraît fixée en sens contraire, les mêmes auteurs ajoutent : « Cette jurisprudence nous paraît contraire au principe de la liberté des conventions et à la disposition du premier alinéa de l'art. 1134 » (V. aussi : Demolombe, *Revue de législation*, 1846, t. 2, p. 445; Domenget, *op. cit.*, t. 1, p. 152; Laurent, t. 27, n° 347). « La convention, dit ce dernier auteur, fait la loi des parties, quelque excessif que paraisse le salaire : les parties l'ont voulu, cela est ainsi. Ces conventions, qui sont une loi pour les parties, sont aussi une loi pour le juge dont la mission est de faire exécuter les contrats et non de les modifier ».

Cette opinion repose assurément sur les raisons les plus sérieuses; cependant la doctrine contraire nous paraît toujours soutenable. Le juge, dit-on (V. notamment Laurent, *loc. cit.*), ne peut modifier un contrat que quand il y est autorisé par la loi, comme dans le cas de l'art. 1244 c. civ. qui lui permet d'accorder des délais modérés aux débiteurs, à raison de leur situation même. C'est une exception et l'exception confirme la règle. Mais ne peut-on pas se demander si l'on ne se trouve pas précisément en présence d'une exception? Le mandat est un contrat d'une nature particulière. La gratuité est de sa nature, sinon de son essence. Sans doute, la stipulation d'un salaire ne lui fait pas perdre ses caractères propres; mais, pour que le contrat reste un mandat, il faut que le salaire soit proportionné au service rendu. Donc, lorsque les juges se trouvent en présence de conventions qualifiées mandat et qui en présentent tous les caractères; que, d'autre part, les parties ont stipulé un salaire exagéré, hors de proportion avec le service rendu par le mandataire, ne doit-on pas dire que, s'appuyant sur les termes mêmes de l'art. 1986 c. civ., sur la tradition qui faisait du mandat, en droit romain et en droit français, un contrat essentiellement gratuit, les juges ont la faculté de réduire le salaire excessif stipulé par le mandataire ?

CHAP. 6. — De l'étendue du mandat
(*Rép.* nos 76 à 143).

45. L'art. 1987 c. civ. est ainsi conçu : « Le mandat est ou spécial et pour une affaire ou certaines affaires seulement, ou général et pour toutes les affaires du mandant ». On a dit (*Rép.* n° 76) que tout mandat général embrasse toutes les affaires du mandant ; un tel mandat existe lorsque le mandataire est autorisé à faire toutes les affaires prévues ou imprévues qui se rattachent à la fonction qui lui a été conférée, alors même que cette fonction n'aurait qu'un objet, celui de faire le commerce, par exemple, à la place du mandant. Telle est aussi l'opinion de M. Paul Pont (t. 1er, n° 894, p. 456). M. Domenget va plus loin encore : « Il faut entendre, dit-il, l'art. 1987 en ce sens que la généralité consiste dans l'étendue du mandat relativement à la chose à gérer et non dans le nombre des choses qui sont l'objet de cette gestion ». Aussi voit-il un mandat général dans le fait de charger un individu de gérer une maison de commerce. C'est aller certainement trop loin, il n'y a là qu'un mandat spécial.

MM. Laurent (t. 27, n° 406) et Aubry et Rau (t. 4, § 412, p. 640) n'admettent pas cette interprétation : « Le mandat est général, disent ces derniers, lorsque, d'une part, il embrasse toutes les affaires du mandant, et que, d'autre part, il confère au mandataire le pouvoir de faire, au nom et pour le compte de ce dernier, tous les actes juridiques susceptibles d'être accomplis par un mandataire ».

§ 1er. — Du mandat général. — Ses limites (*Rép.* nos 77 à 101).

46. Aux termes de l'art. 1988, le mandat conçu en termes généraux ne donne au mandataire que le pouvoir de faire des actes d'administration (*Rép.* n° 78). On a examiné en détail au *Rép.*, nos 78 et suiv., quels sont les actes qui doivent être considérés comme des actes d'administration, et rentrent, comme tels, dans les pouvoirs du mandataire constitué en termes généraux. C'est un point sur lequel il n'y a pas lieu de revenir. On signalera seulement les décisions suivantes qui se réfèrent à la même question. Il a été jugé : 1° que le mandat général n'implique pas pouvoir de faire des souscriptions d'actions et de faire des versements sur les actions souscrites, alors que les fonds nécessaires pour opérer les versements ne peuvent être obtenus que par voie de vente ou d'emprunt (Bruxelles, 26 mai et 23 juill. 1884, aff. du Crédit provincial de Belgique, D. P. 86. 2. 185); — 2° Que le mandataire à l'effet de gérer et administrer, même de transiger et compromettre, n'a pas qualité pour renoncer, au nom de son mandant, à l'exercice d'un droit de passage sur une place publique, en reconnaissant que l'exercice de ce droit n'est, de la part de la commune, qu'une concession volontaire et de complaisance : ce n'est plus là administrer, c'est aliéner (Rouen, 26 janv. 1853, aff. Parrain, D. P. 54. 2. 36).

§ 2. — Du mandat spécial. — Ses limites. — Commis voyageurs
(*Rép.* nos 102 à 143).

47. Ainsi qu'on l'a vu au *Rép.*, nos 102 et 103, le mandat spécial peut avoir pour objet, non pas seulement une ou plusieurs affaires en particulier, mais encore tous les actes rentrant dans telle ou telle catégorie déterminée. En pareil cas, une procuration générale contenant pouvoir de faire cette espèce d'actes est suffisante. C'est ainsi que le mandataire ayant pouvoir d'hypothéquer tous les biens du mandant ne sera pas tenu d'exhiber une procuration spéciale toutes les fois qu'il s'agira de consentir à une hypothèque sur un de ces biens (*Rép.* n° 103). Telle est aussi l'opinion de MM. Aubry et Rau (t. 4, § 412, p. 641) et Pont (t. 1, n° 901).

48. Toutes les fois qu'un mandat a pour objet des opérations qui ne constituent pas de simples actes d'administration, la question pourra s'élever de savoir si ce mandat est *général* ou *spécial*, car de la solution de cette question dépend la validité du mandat. Dans le premier cas, il sera nul, dans le second cas, il sera valable. Il a été jugé, à cet égard, que la procuration donnée par une femme à son mari de faire en son nom une donation par contrat de mariage à l'enfant commun, doit être considérée comme une procuration spéciale et est, dès lors, valable, encore bien qu'il soit dit que le mari aura le pouvoir de faire au nom de sa femme toutes les donations immobilières en propriété ou en usufruit seulement, par préciput et hors part, avec dispense de rapport, ou en avancement d'hoirie, avec ou sans réserve, et de faire tout ce qu'il jugera utile dans les circonstances non prévues (Dijon, 19 févr. 1862) (1).

49. Un mandat spécial est nécessaire pour emprunter, car ce n'est point là un acte d'administration. D'après ce qui a été dit *suprà*, n° 27, le mandant peut conférer au mandataire le pouvoir de contracter des *emprunts*, d'une façon générale. Il a été jugé, en effet, que le mandat d'emprunter constitue un mandat spécial, bien que le nombre des emprunts que le mandataire est autorisé à contracter ne soit pas limité; qu'en conséquence, le mandant ne peut demander la nullité des emprunts faits par le mandataire (la femme du mandant), en vertu d'un tel mandat, sous prétexte qu'il ne serait pas un mandat spécial et dès lors, n'embrasserait que de simples actes d'administration (Civ. rej. 6 déc. 1858, aff. Dupontavice, D. P. 59. 1. 75). De même, le mandat d'emprunter est valable en principe, bien que l'acte n'exprime pas le chiffre de la somme jusqu'à concurrence de laquelle les emprunts pourront être contractés (Req. 6 févr. 1861, aff. Dupontavice, D. P. 61. 1. 366).

Cette solution s'applique sans difficulté au cas où le mandat a été donné à une femme mariée par son mari, et c'est précisément à cette hypothèse que se réfère l'arrêt précité. Mais il en serait autrement dans le cas où le mandat serait donné par la femme. La question, en effet, doit alors être résolue non d'après les règles contenues par les art. 1987 et 1988, mais d'après celles qui déterminent les conditions que doit remplir l'autorisation maritale. Ces règles sont posées dans les art. 223 et 1538, qui prohibent toute autorisation générale pour tout ce qui excède l'administration et exige pour chaque acte une autorisation spéciale. C'est ce qui a été dit au *Rép.* n° 88. Il en résulte, comme l'enseignent MM. Aubry et Rau (t. 4, § 412, p. 641), que le mandat d'emprunter, conféré par la femme soit à son mari, soit à un tiers, avec l'autorisation du mari, n'est pas valable s'il ne contient aucune limitation de somme. C'est, d'ailleurs, ce que décide un arrêt de la chambre des requêtes du 4 mai 1868 (aff. Vanel, D. P. 71. 1. 246). — V. au surplus, *infrà*, v° *Mariage*. On peut remarquer, toutefois, que cet arrêt relève en même temps d'autres circonstances, qui auraient suffi pour justifier la décision, notamment l'âge avancé et la faiblesse de la femme qui la rendaient incapable de contracter en pleine connaissance de cause.

50. Ainsi qu'on l'a dit au *Rép.*, n° 110, il résulte, de la règle posée dans l'art. 1989, que le mandat spécial doit nécessairement être restreint dans les limites qui lui ont été assignées; on ne saurait l'étendre à une affaire autre que celle qu'il a spécialement pour objet. — Il a été jugé, notamment : 1° que le mandat de recevoir le remboursement d'une créance ne confère pas au mandataire le pouvoir

(1) (Héritiers L... C. L...) — LA COUR; — Considérant que le principe de l'autorisation exigée par la loi en ce qui concerne la femme mariée, de son mari ou de la justice, pour la validité de ses engagements, repose sur la nécessité d'assurer les effets de la puissance maritale, de sauvegarder les intérêts de la femme et de surveiller ceux de la communauté dont le mari est le chef; que cette règle est d'ordre public et absolue; — Considérant que la procuration donnée par la dame L... mère à son mari, le 3 janv. 1837, par devant G... notaire à Saint-Julien-de-Gray, ayant été reçue en l'absence du sieur L... père, alors à Lyon, ainsi que l'acte le mentionne, et sans qu'il apparaisse d'aucun écrit antérieur de sa part à l'effet d'autoriser sa femme à lui donner les pouvoirs qui y étaient contenus, un tel mandat était frappé de nullité et ne pouvait rendre valable la donation préciputaire à faire par L... père au nom de sa femme à L... leur fils, à l'occasion du mariage que celui devait contracter avec la demoiselle L..., et qui était un des objets de ce contrat; — Considérant néanmoins qu'une telle procuration n'était pas un acte définitif de sa nature, équivalant à la donation elle-même, que l'art. 217 c. civ. interdit à la femme de faire sans le concours de son mari, mais un préliminaire obligé pour consommer cette libéralité sans la présence de la dame L... mère; que jusqu'à la conclusion du contrat de mariage passé à Rive-de-Gier le 5 février de la même année, ladite procuration était donc une pièce sans valeur, dont personne, à défaut d'intérêt, n'aurait été reçu à demander la nullité; — Considérant qu'aucun texte de loi n'exige que la procuration de la femme et l'acte du mari qui autorise celle-ci à la donner procèdent d'un titre unique et inséparable, mais seulement d'un concours réciproque de la volonté de chacun des époux, suivant la part différente qu'ils ont à prendre; qu'il est généralement admis que l'autorisation du mari pour le mandat à donner par la femme n'est pas nécessaire et qu'il n'existe aucune raison sérieuse qui s'oppose à ce qu'il approuve, quand il en est temps encore, celui qui d'avance a été donné par sa femme seule; d'où il suit que L... père a pu, le contrat de Paul L... son fils n'étant pas encore accompli, adhérer à la procuration que sa femme lui avait donnée, et que cette adhésion de sa part, qui n'est autre chose que l'autorisation même qui lui manquait, pouvait résulter, à défaut de l'écriture, d'actes ayant la même force ou vertu; — Considérant, en fait, que la comparution volontaire de L... père, au contrat de Paul L..., son fils, avec la demoiselle L.. reçu le 5 févr. 1837, pour y stipuler ainsi que cet acte le porte : « A cause de la constitution de dot qu'il fera à son fils, et encore au nom et comme mandataire de dame B..., son épouse, aux termes d'une procuration déposée aux minutes de G.., du 31 janvier précédent », procuration dont il était porteur, et qui a été mise en œuvre lors des constitutions dotales et donation par préciput qu'il a faites, comme fondé de pouvoir de sa femme, à Paul L..., constituait de sa part l'adhésion la plus énergique comme mari à cet acte, et en a réparé le vice; que s'il n'eût pas entendu qu'il en fût ainsi, il se serait gardé de l'accomplir, ce que faisant par la donation même qui lui a fait produire ses effets, sa volonté s'est rencontrée avec celle de sa femme, en même temps qu'il a usé en pleine liberté et à temps utile de son autorité de chef pour protéger celle-ci contre des engagements irréfléchis, base unique du principe de l'autorisation maritale; — Qu'ainsi, c'est avec raison que les premiers juges ont repoussé la demande en nullité formée à cet égard; — Considérant, en ce qui touche le vice de généralité invoqué contre cette procuration donnée par la dame L..., mère, à son mari, au lieu du mandat spécial exigé par l'art. 1538 c. civ., pour l'aliénation des biens des femmes pendant le mariage, que ladite procuration n'était point générale dans le sens légal du mot, mais spécialement relative à une affaire déterminée; que cette affaire était le mariage de Paul L..., fils des époux L..., avec la demoiselle L..., la constitution dotale à faire à celui-ci, soit en avancement d'hoirie, soit par préciput, et tout ce qui pouvait se rapporter au règlement des intérêts, de manière que le contrat de mariage, une fois conclu, la procuration était remplie, sans qu'il y restât pour agir au delà, le germe d'aucun engagement ultérieur et indéfini que la loi, dans l'intérêt des femmes a sagement proscrit; — Considérant que vainement on se prévaut, par l'abus qu'il pouvait en faire, de l'étendue des pouvoirs ainsi donnés par la dame L... à son mari pour y trouver un caractère de généralité; que cette objection est sans valeur et tombe devant le principe, que l'on ne conteste pas, que rien n'eût empêché que la dame L... ne donnât à son mari le pouvoir de disposer de tous ses biens en faveur de son fils, sauf le cas de réduction après sa mort de la quotité indisponible, du moment, comme on vient de le dire, que le but et la nature d'un tel mandat se seraient référés aux constitutions et donations pour cause de mariage sans pouvoir s'étendre au delà; — Considérant, d'ailleurs, qu'une procuration, pour être valable, n'a pas besoin de déterminer une à une toutes les clauses de l'acte que le mandataire est chargé d'accomplir, ce qui serait contraire à la nature et aux avantages du mandat, qui fait que le mandataire est mis au lieu et place du mandant dans le cercle des pouvoirs qui lui sont donnés par ce dernier, de manière que sa personne et sa volonté y soient en même temps représentées comme s'il eût contracté lui-même; — D'où il suit que la procuration, en vertu de laquelle L... père s'est engagé au nom de sa femme, était conforme, quant à la spécialité des pouvoirs, au vœu de la loi, d'après les principes ci-dessus énoncés, et dont les premiers juges ont fait une juste application à la cause; — Confirme, etc.

Du 19 févr. 1862.-C. de Dijon.

de faire remise au débiteur d'une partie de cette créance. (Req. 24 juin 1867, aff. De la Villegontier, D. P. 88. 1. 29). Mais un tel mandat peut être considéré comme autorisant le mandataire à recevoir un remboursement partiel, et, dès lors, la convention par laquelle le mandataire a, sans pouvoirs spéciaux, donné au débiteur d'une rente une quittance intégrale du capital de cette rente, contre un rachat fait à un taux inférieur à celui stipulé dans le contrat constitutif, libère le débiteur jusqu'à concurrence de la somme payée (Même arrêt. V. la note, *ibid.*); — 2° Que le mandat donné à un avoué, de poursuivre en justice le recouvrement d'une créance hypothécaire, constitue un simple mandat *ad litem* qui emporte obligation de remplir les formalités prescrites pour la régularité de la procédure, mais n'impose pas à cet avoué l'obligation de faire, sous sa responsabilité, les actes conservatoires de la créance, et, notamment, d'en renouveler l'inscription hypothécaire (Req. 23 nov. 1857, aff. Gibert, D. P. 58. 1. 173). Et le mandat *ad litem*, donné à un avoué, a pu, par une appréciation souveraine de circonstances, qui échappe au contrôle de la cour de cassation, être déclaré n'avoir été accompagné ni expressément ni tacitement du mandat de renouveler l'inscription hypothécaire de la créance qui faisait l'objet du procès (Même arrêt).

51. On a traité spécialement au *Rép.*, nos 138 et suiv., du mandat que reçoivent les *commis voyageurs.* On a étudié notamment nos 139 à 142 la question très controversée de savoir si les marchés conclus par l'intermédiaire de commis voyageurs, sans pouvoir spécial, sont obligatoires pour les maisons de commerce qu'ils représentent. Il résulte d'un certain nombre de décisions rapportées au n° 139 qu'une maison de commerce est dans tous les cas tenue des engagements contractés en son nom par ses commis voyageurs. Cette solution extrême et trop rigoureuse doit être abandonnée. D'autres arrêts ont décidé, au contraire, que le contrat conclu par le commis voyageur ne devenait parfait que par l'acceptation de la maison de commerce ou l'exécution des ordres (V. *Rép.* nos 140 et 141).

52. Ainsi qu'on l'a dit au *Rép.*, n° 141, ce n'est pas dans ces termes absolus que la question peut être tranchée. Il faut chercher la solution dans les habitudes du commerce, dans les usages propres aux différentes places, dans la nature des contrats très variables qui interviennent entre les commis voyageurs et leurs maisons. Elle variera donc nécessairement suivant les espèces. Telle est également l'opinion de M. Domenget (t. 1, n° 123). « Les relations habituelles qui ont existé entre le mandant et le mandataire, dit cet auteur, servent souvent à faire apprécier l'étendue de la procuration. Les circonstances dans lesquelles le pouvoir a été donné sont également utiles à consulter; il en est de même de la nature de la fonction qu'exerce le mandataire. C'est ainsi qu'à l'égard des commis voyageurs, on apprécie leur capacité d'après les termes du mandat qu'ils ont reçu, d'après la nature des opérations qui leur ont été précédemment confiées par leur commettant, et aussi d'après les usages du commerce ». C'est ce que font aussi remarquer MM. Troplong, *Mandat*, n° 327 et Pardessus, *Droit commercial*, t. 2, n° 561.

53. La jurisprudence postérieure au *Répertoire* paraît admettre les distinctions qui servent de base à cette doctrine. Il a été jugé : 1° qu'en admettant qu'en principe les commis voyageurs doivent être considérés comme ayant des pouvoirs généraux qui leur permettent de conclure directement des marchés définitifs et d'obliger ainsi leurs commettants, cette règle ne serait pas applicable aux placiers (Besançon, 4 mai 1880, aff. Dolques D. P. 81. 2. 85; 10 janv. 1881, 2e espèce, aff. Palloc, D. P. *ibid.*). Ceux-ci, à défaut de procuration spéciale ou de circonstances graves qui la fassent présumer, n'ont d'autre mission que de proposer à leurs mandants des marchés qui ne deviennent définitifs que par la ratification de ces derniers (Mêmes arrêts); alors surtout que le commettant a pris le soin de faire imprimer en marge de chaque feuille de son papier de correspondance que tous engagements doivent être confirmés directement par la maison (Besançon, 4 mai 1880, précité; *Adde* : Poitiers, 8 juin 1854, aff. Patrier, D. P. 55. 3. 97; Trib. comm. Nantes, 30 août 1865, aff. Godefroy, D. P. 65. 3. 80); — 2° Qu'à défaut d'une procuration spéciale ou de circonstances graves qui la font présumer, le représentant de commerce n'a pas le pouvoir de conclure définitivement des marchés sans la ratification de son commettant (Aix, 12 avr. 1872, aff. Augier, D. P. 73. 5. 314).

D'autre part, il a été décidé : 1° que les marchés passés dans une localité au nom d'une maison de commerce, par une personne qui en est le représentant reconnu, peuvent, d'après les règles et habitudes du commerce, être déclarés valables et obligatoires, pour cette maison, malgré l'absence d'un pouvoir spécial (Req. 16 août 1860, aff. Robert de Massy, D. P. 60. 1. 493). Et il n'importe que ce mandataire ait conclu le marché, notamment une vente de marchandises, après avoir fait connaître à la maison qu'il représentait les prix qui lui étaient proposés, et reçu l'avis de ne pas les accepter, si cette correspondance est demeurée inconnue du tiers auquel la vente a été faite (Même arrêt); — 2° Que le représentant d'une maison de commerce, accrédité sur une place comme chargé des marchés de cette maison, la lie définitivement par lui-même à l'égard des tiers sans qu'il justifie d'un pouvoir spécial suffisant, dont la représentation, à chaque affaire, entraverait la rapidité des opérations (Montpellier, 3 juill. 1885) (1); — 3° Que l'agent ou le représentant d'une maison de commerce, chargé de la vente des marchandises de cette maison, n'outrepasse pas ses pouvoirs en prenant, envers un acheteur avec lequel il passe un marché, l'engagement de ne vendre dans la localité aucune marchandise similaire, tant que le marché ne sera pas complètement exécuté; et cet engagement lie la maison de commerce qui, en cas d'inobservation, peut voir prononcer contre elle la résolution du marché et une condamnation à des dommages-intérêts. Il en est surtout ainsi lorsque, d'une part, dans les traités anté-

---

(1) (Dupuy C. Limousy.) — La cour; — Attendu que Dupuy et fils, afin de se soustraire à l'exécution d'un marché pour eux passé à Olouzac le 10 août 1884, les obligeant à livrer à terme cinq cents balles luzerne à Limousy, et dont le cours à l'époque fixée pour la délivrance s'était élevé à 9 fr. 10 cent. les 100 kilog., soutiennent que Rouquette, leur représentant, d'après l'usage à Olouzac en matière de fourrages, et d'après le mandat limité qu'il avait reçu d'eux, n'avait le droit de lier ses commettants que sauf ratification; — Attendu que le contraire des affirmations de Dupuy et fils est résulté de l'enquête à laquelle il a été procédé par les premiers juges; qu'il a de plus été établi ce fait mis en preuve que, le 1er septembre, après avoir conféré à Carcassonne avec Dupuy et fils, Limousy avait déclaré à plusieurs personnes, que ses vendeurs venaient de lui confirmer expressément leur promesse d'exécuter le marché; — Attendu, enfin, que Dupuy et fils ont laissé sans réponse la lettre à eux écrite, le 7 septembre, et recommandée à la poste, rappelant expressément les conventions confirmées à Carcassonne, et demandant sur ce point une réponse confirmée par le prochain courrier : — Attendu que Dupuy et fils, qui n'avaient jamais écrit à Limousy pour protester contre le marché par lui invoqué, ont laissé sans réponse la lettre expresse et recommandée par ce dernier; qu'en matière de commerce, l'absence de réponse à une lettre écrite à l'occasion de relations d'affaires entamées doit être réputée valoir comme consentement. — Attendu que, dans l'intérêt de Dupuy et fils on a invoqué une jurisprudence d'après laquelle un commis voyageur ne peut lier son commettant que sous condition de ratification; mais outre que cette jurisprudence générale, relative aux commis voyageurs, n'est admise que sauf exception, une jurisprudence non moins générale établit aussi sauf exception confirmant la règle, que le représentant d'une maison de commerce, accrédité sur une place comme chargé des marchés de cette maison, la lie définitivement par lui-même, à l'égard des tiers, sans qu'il justifie d'un pouvoir spécial suffisant, dont la représentation à chaque affaire entraverait la rapidité des opérations; — Attendu que c'est surtout en matière de marchés à livrer, sujets aux variations de la hausse et de la baisse, que l'usage du commerce a fait de cette dérogation aux exigences du droit civil, une condition de sécurité ; — Attendu que le représentant agit en vertu de sa propre initiative, pour son propre compte, sous sa responsabilité particulière, de lui-même et pour son commettant de qui il est une personnification distincte; le commis voyageur au contraire, simple employé sous la dépendance de son patron, rétribué surtout par appointements fixes, n'est que l'instrument des volontés de celui-ci, et ne peut, par suite, rien conclure sans lui en référer; que le représentant ne diffère, en effet, du commissionnaire, agissant sous le nom de son commettant, qu'en ce qu'il n'intervient pas comme ce dernier dans l'exécution des marchés; — Par ces motifs, etc.

Du 3 juill. 1885.-C. de Montpellier.-M. Guibert, pr.

rieurs passés par le même agent pour le compte de la même maison, des stipulations analogues ont déjà été insérées sans protestation de la part de cette dernière; lorsque, d'autre part, la maison de commerce a accédé à la convention en procédant à une livraison partielle de la marchandise, et en assignant l'acheteur afin qu'il ait à prendre livraison du surplus (Bordeaux, 26 avr. 1887, aff. Ter Horst et comp., D. P. 88. 2. 297).

54. De l'ensemble de ces décisions, on peut tirer la conclusion suivante : le commis voyageur est tantôt un simple placier, inhabile à engager la maison qu'il représente, tantôt un mandataire, chargé de traiter en son nom et capable de l'engager, tenant ce pouvoir soit d'une procuration expresse, soit d'un mandat tacite résultant des circonstances de la cause, des règles et des usages du commerce, des habitudes enfin des places sur lesquelles il opère. Dans l'hypothèse, assez rare, où il serait impossible de déterminer par les circonstances de la cause ou les usages commerciaux l'étendue du mandat d'un commis voyageur, il paraîtrait sage de le considérer, toujours à défaut de mandat exprès ou de mandat tacite, comme un simple placier, dans l'impossibilité d'engager la maison pour laquelle il voyage. Un pareil mandat ne peut se présumer.

55. Sur la question de savoir quel est le tribunal compétent pour statuer sur les litiges soulevés à la suite d'affaires traitées par les commis voyageurs (V. *Rép.* n° 141, *in fine*, et *suprà*, v° *Compétence commerciale*, n° 153 et suiv.).

CHAP. 7. — De la forme et de la preuve du mandat authentique, sous seing privé, verbal, tacite (*Rép.* n°s 144 à 178).

56. On a exposé au *Rép.* n° 144 que le mandat est un contrat du droit des gens pour la validité duquel le consentement des parties suffit. L'emploi de termes sacramentels n'est prescrit par aucun texte de loi. Aussi a-t-il été jugé que la loi n'a prescrit aucune expression sacramentelle pour conférer le mandat exprès d'hypothéquer ; que, par suite, la clause d'un acte de société qui attribue au gérant non seulement des pouvoirs d'administration, mais encore le droit de traiter tout ce qui serait relatif à la marche des affaires et à l'établissement de la société, peut être interprétée comme conférant au gérant la faculté d'hypothéquer les immeubles sociaux à la garantie d'un emprunt fait au nom de la société (Req. 8 nov. 1869, aff. Jouard, D. P. 71. 1. 195).

57. — 1° *Mandat authentique* (*Rép.* n°s 146 à 151). — On a indiqué, au *Rép.* n° 146 et suiv., les différents cas où le mandat doit être conféré par acte authentique. Parmi les cas où la procuration doit être donnée en minute, nous avons cité l'acceptation d'une donation (c. civ. art. 933). Cette exigence de la loi doit être restreinte au cas prévu ; la procuration *pour donner* sera valablement faite en brevet seulement. C'est l'opinion généralement adoptée par la doctrine (Laurent, t. 27, n° 445; Domenget, t. 1, n° 94). Cependant M. Paul Pont soutient (t. 1, n° 864) qu'il n'y a pas de raison sérieuse pour s'écarter en pareil cas de la règle générale et que, par conséquent la procuration pourrait être valablement rédigée en brevet, dans le cas même où elle a pour objet l'acceptation d'une donation. Mais cette opinion ne paraît pas devoir être admise, en présence du texte formel de l'art. 933 c. civ. L'art. 20 de la loi du 25 vent. an 11 dispense, il est vrai, les notaires de faire les procurations en minutes. Mais ce texte ne saurait prévaloir contre l'art. 933 c. civ. rédigé postérieurement et qui apporte une exception à la règle générale.

58. On s'est demandé au *Rép.*, n° 150, si, en dehors des cas prévus par la loi, une procuration sous seing privé est toujours suffisante, même lorsqu'il s'agit d'actes assujettis eux-mêmes à la forme authentique ? Nous avons répondu affirmativement en nous appuyant sur les termes mêmes de l'art. 1985 c. civ. et sur l'opinion d'un certain nombre d'auteurs. Mais nous avons dû faire connaître que l'opinion contraire avait aussi des partisans, et qu'elle se défendait par des arguments très sérieux. Elle s'appuie surtout sur le texte de l'art. 2 de la loi du 21 juin 1843 qui fournit l'énumération des actes pour lesquels la présence réelle du notaire en second ou de deux témoins est exigée, et qui soumet à la même formalité les procurations *nécessaires* pour consentir ces divers actes. — Cette dernière opinion est aujourd'hui généralement suivie en doctrine et en jurisprudence. « Il faut distinguer, dit M. Laurent, t. 27, n° 445, les contrats solennels des contrats non solennels. Si une procuration est donnée pour faire un contrat non solennel, la solution n'est pas douteuse, l'écrit ne sert que de preuve et la loi admet indifféremment comme preuve littérale les actes sous seing privé et les actes authentiques. Il n'en est pas de même des contrats solennels. La solennité étant requise pour l'existence du contrat, tous ses éléments doivent être constatés authentiquement ; sinon, il n'y a pas de consentement et partant pas de contrat » (V. dans le même sens : Paul Pont, t. 1, n° 865-866 ; Aubry et Rau, t. 4, § 411, n° 1, *in fine ;* Domenget, t. 1, n° 98).

Il a été jugé également, dans ce sens, que le mandat de consentir à une donation au nom du donateur doit, comme l'acte de donation lui-même, et à peine de nullité, être revêtu de la forme authentique, et lorsque l'acceptation d'une donation par un acte authentique séparé, postérieur à la libéralité, n'a pas été notifiée au donateur, la preuve établissant que celui-ci a connu cette acceptation ne peut résulter que d'un acte authentique. De même la déclaration faite au nom du donateur, qu'il a connu l'acceptation, doit être faite par un fondé de pouvoir, muni d'une procuration spéciale et authentique. Ces formalités sont substantielles et prescrites à peine de nullité (Gand, 27 févr. 1883, aff. Ville d'Yseghem, D. P. 85. 2. 53).

59. D'après la jurisprudence la plus récente, la procuration donnée pour hypothéquer doit être rédigée dans la forme authentique, comme l'acte constitutif de l'hypothèque, à peine de nullité de celle-ci. Ainsi il a été décidé: 1° qu'une hypothèque ne peut être valablement consentie par un mandataire du débiteur en vertu d'un pouvoir sous seing privé; ce pouvoir doit toujours être rédigé dans la forme authentique, comme l'acte constitutif de l'hypothèque lui-même (Req. 15 nov. 1880, aff. Trésor public, D. P. 81. 1. 118); — 2° Que le délégué du conseil d'administration d'une société anonyme ne peut, à peine de nullité, conférer une hypothèque sur les immeubles sociaux que s'il est muni d'un pouvoir authentique à cet effet (Req. 27 juin 1881 aff. Société civile des bons hypothécaires des forges de Liverdun, D. P. 82. 1. 175); — 3° Que le pouvoir d'hypothéquer des immeubles appartenant à une société anonyme ne peut résulter, au profit d'un administrateur, de l'acte sous seing privé constatant la délibération qui aurait été prise en ce sens par le conseil d'administration ; car, un pareil mandat devant être exprès, on ne saurait l'induire implicitement de la délibération de l'assemblée générale des actionnaires qui a nommé cet administrateur conformément aux statuts (Civ. cass. 29 juin 1881, aff. Faillite de la Société des thermes d'Enghien, D. P. 82. 1. 106, et sur renvoi, Orléans, 11 mai 1882, D. P. 83. 5. 288).

60. — 2° *Mandat sous seing privé* (*Rép.* n°s 152 à 154). — Ainsi qu'on l'a vu au *Rép.* n° 153, le mandat sous seing privé n'est assujetti à aucune forme; il peut être conféré notamment, par simple lettre missive. De même, il a été décidé que le mandat peut être donné même par télégramme, le mot *lettre* de l'art. 1985 c. civ. comprenant tout écrit quelconque adressé à un tiers (Alger, 7 avr. 1884, aff. Clément, D. P. 85. 2. 189). On a objecté qu'un télégramme, n'étant ni écrit ni signé par l'expéditeur, ne pouvait servir de preuve. Les appareils télégraphiques ne transmettent, il est vrai, qu'une copie de l'original. Mais, qu'importe, si cette copie est l'exacte reproduction de cet original ? Il n'y a donc pas de motifs sérieux pour refuser au télégramme la force probante que l'on a accordée sans difficulté à la lettre missive (V. *suprà*, v° *Lettre missive*, n° 2).

61. Le mandat est un contrat synallagmatique imparfait, qu'il y ait ou non stipulation de salaire. Aussi n'est-il pas soumis à la règle de l'art. 1325 c. civ. quand il est conféré par acte sous seing privé (*Rép.* n° 155). L'art. 1325 n'exige la formule du double que pour « les actes sous seing privé contenant des conventions synallagmatiques » (Conf. Domenget, t. 1. n° 102; Baudry-Lacantinerie, t. 3, n° 913.) — V. toutefois, en sens contraire, Laurent, t. 27, n° 446. Suivant cet auteur, la rédaction de l'acte en double original serait nécessaire, alors du moins qu'il s'agit d'un mandat salarié.

L'art. 1326 c. civ. ne s'applique pas non plus au mandat, et notamment à une procuration à l'effet d'emprunter une somme d'argent (Req. 6 févr. 1861, aff. Dupontavice, D. P. 61. 1. 366). Par suite, il n'est pas besoin que cette procuration, lorsqu'elle n'a point été écrite de la main du mandant, renferme le *bon* ou *approuvé* prescrit par l'art. 1326. En tous cas, ces mots sont, lorsqu'il s'agit d'un mandat de faire des emprunts illimités suffisamment remplacés par ceux-ci : *bon pour procuration* (Même arrêt).

62. — 3° *Mandat verbal* (*Rép.* n°s 156 à 166). — On a dit (*Rép.* n° 158) que, lorsque le mandat a été donné verbalement ou par gestes, on ne peut le prouver par témoins que dans les cas où la preuve testimoniale est admissible, d'après les règles tracées au titre *Des contrats et obligations conventionnelles :* ainsi, lorsque le mandat a un objet dont la valeur dépasse 150 fr., il ne peut être prouvé par témoins, si ce n'est en matière commerciale, ou s'il existe un commencement de preuve par écrit. Cette règle s'applique à l'égard des tiers aussi bien qu'entre les parties elles-mêmes (*Rép.* n° 160).

Il a été jugé, conformément à cette doctrine : 1° que la preuve du mandat ne peut, même de la part des tiers, être faite par témoins ou à l'aide de présomptions, que lorsqu'il s'agit d'une somme inférieure à 150 fr. (Civ. cass. 7 mars 1860, aff. de Malart, D. P. 60. 1. 114). Ainsi, le débiteur qui a payé à un tiers, qu'il supposait être mandataire du créancier, une somme supérieure à 150 fr., n'est admis à établir l'existence du mandat, s'il est dénié, que par écrit ou avec un commencement de preuve par écrit (Même arrêt). Il en est de même du mandat verbal de vendre une coupe de bois que l'acquéreur prétend, malgré les dénégations du propriétaire, avoir été conféré par ce dernier à son homme d'affaires (Bordeaux, 10 juin 1872, aff. Bénac, D. P. 73. 5. 355). — 2° Que le mandat donné par un mari à sa femme, à l'effet de l'obliger lui-même comme caution d'un tiers, en écrivant et en signant de son nom une lettre contenant cet engagement, ne peut être admis par le juge, alors qu'il s'agit d'une somme supérieure à 150 fr., sur de simples présomptions sans preuve écrite ni commencement de preuve par écrit (Civ. cass. 1er août 1870, aff. Raux, D. P. 70. 1. 357); — 3° Que le mandat verbal peut être prouvé par témoins ou à l'aide de présomptions, lorsqu'il existe un commencement de preuve par écrit (Req. 4 mai 1874, aff. Pradier, D. P. 74. 1. 489). — Mais il a été décidé que le fait, par un notaire, d'avoir spontanément engagé un client à faire un prêt hypothécaire d'une somme déposée entre les mains de ce notaire, et de lui avoir donné à tort l'assurance que les biens de l'emprunteur offraient toute garantie, constitue, non un mandat, dont la preuve ne peut être fournie par témoin, si l'intérêt excède 150 fr., mais des démarches ou agissements susceptibles d'être prouvés par témoins, dans le but, par exemple, d'établir la responsabilité de ce notaire (Bordeaux, 20 juin, 1853, aff. Marquet, D. P. 54. 2. 113.)

Au reste, quand le mandat a été donné par écrit, le juge peut, sans violer la règle qui en interdit la preuve par témoins ou présomptions alors que le litige excède 150 fr., décider que le mandataire désigné dans l'acte n'était qu'un prête-nom; il lui appartient, notamment, de déclarer que la procuration minutée, par laquelle le premier clerc d'un notaire est constitué mandataire était, en réalité, donnée au notaire lui-même (Req. 28 mai 1888, aff. D. P. 89. 1. 187).

63. Quant aux circonstances d'où peut résulter le commencement de preuve par écrit en pareille matière, il a été jugé : 1° que si la stipulation, d'après laquelle un payement doit être effectué dans l'étude d'un notaire, ne confère pas, par elle-même, à ce notaire le pouvoir de recevoir et de donner quittance, elle peut du moins être un commencement de preuve par écrit du mandat que le créancier aurait donné à cet effet au notaire (Metz, 23 févr. 1864, aff. Laurent, D. P. 64. 2. 220); — 2° Que le commencement de preuve par écrit de l'existence du mandat donné à un notaire de faire le nécessaire pour assurer l'efficacité d'une hypothèque consentie devant lui, peut être puisé dans les réponses que ce notaire, lors de la comparution d'une des parties à l'audience, a faites dans un interrogatoire régulièrement constaté, pourvu que les juges le fassent résulter des seules réponses de ce notaire, et non de celles d'une autre partie (Req. 22 août 1864, aff. Dusfour, D. P. 65. 1. 63); — 3° Qu'il appartient au juge du fond d'apprécier souverainement si, d'après leur contexte et d'après les circonstances de la cause, les actes invoqués comme constituant un commencement de preuve par écrit d'un mandat, rendent vraisemblable l'existence de ce mandat (Req. 23 avr. 1877, aff. Duchamp, D. P. 77. 1. 399. V. aussi Req. 5 mai 1879, aff. Lebourg de Lépine, D. P. 79. 1. 463).

64. D'après un arrêt (Dijon, 14 mai 1868, aff. Montailleur, D. P. 69. 1. 515), la preuve du mandat pourrait résulter de la notoriété publique, à l'effet, notamment, d'opérer un bornage entre propriétés contiguës. Mais cette proposition, qui n'est énoncée qu'incidemment dans l'arrêt, et sans que la question paraisse avoir été débattue devant le juge, ne saurait être prise à la lettre. La notoriété publique n'est pas, en principe, un mode de preuve légale (V. *infrà*, v° *Preuve*), et il n'y a pas de raison pour déroger à cette règle en matière de mandat.

65. L'existence du mandat peut, comme celle de toute autre convention, être établie par l'aveu du mandant ou du mandataire (V. Req. 21 déc. 1885, aff. Cornan, D. P. 86. 1. 254; 5 mai 1879, aff. Lebourg de Lépine, D. P. 79. 1. 463). Jugé que la preuve d'un mandat est régulièrement faite, même dans un cas où l'importance du litige exclut les simples présomptions, lorsqu'elle résulte de ce fait, reconnu par toutes les parties, que le mandant avait remis au mandataire (dans l'espèce, un notaire), un blanc-seing portant, avec sa signature, les mots *bon pour* 10 000 fr., afin de lui procurer un prêt de pareille somme (Req. 11 juill. 1883, aff. Faillite Batard, D. P. 84. 1. 151). — Mais l'existence d'un mandat verbal, à l'effet de remettre à un tiers des valeurs au porteur après la mort du mandant, n'est pas suffisamment établie, lorsqu'elle se fonde uniquement sur la déclaration de ce mandataire, et que, de cette déclaration, il résulte qu'il n'a pas reçu les valeurs des mains du mandant, mais les a, le jour de la mort de celui-ci, retirées de sa caisse, sans son ordre ou son assentiment (Paris, 7 août 1872, aff. Grandjean, D. P. 74. 1. 481). Et cette décision, fondée sur une appréciation de fait, échappe à la censure de la cour de cassation (Req. 6 août 1873, même affaire, D. P. 74. 1. 481).

66. Conformément aux principes généraux sur la preuve en matière commerciale, le mandat peut, en cette matière, être établi par témoins ou par de simples présomptions, alors même que son objet aurait une valeur supérieure à 150 fr. (*Rép.* n° 159).

Il a été jugé, en ce sens : 1° que la preuve que le tiers qui a payé les intérêts d'une lettre de change a agi en qualité de mandataire du tireur peut être faite à l'aide de simples présomptions, conformément aux principes généraux sur la preuve en matière commerciale (Req. 15 juill. 1875, aff. Moliné, D. P. 77. 1. 323); — 2° Que l'existence d'un mandat conféré par un mari à sa femme, à l'effet d'accepter une lettre de change, peut, en matière commerciale, être établie à l'aide de simples présomptions, dont il appartient aux juges du fond d'apprécier souverainement la valeur (Req. 16 mai 1881, aff. Crouset, D. P. 83. 1. 24); — 3° Qu'en matière commerciale, l'existence du mandat peut être établie, non seulement par titres, mais par les livres, la correspondance ou les circonstances de la cause (Bruxelles, 26 mai et 23 juill. 1884, aff. Société du Crédit provincial de Belgique, D. P. 86. 2. 185. *Adde*, dans le même sens, Req. 29 avr. 1889, aff. Tandonnet, D. P. 91. 5. 336).

67. Lorsque l'existence du mandat est établie suivant les règles ordinaires de la preuve des obligations conventionnelles, il appartient aux tribunaux d'en apprécier l'étendue et d'en fixer les limites d'après les circonstances de la cause et la nature de l'affaire. Leur décision, à cet égard, échappe au contrôle de la cour de cassation (Comp. *Rép.* n° 169). La jurisprudence s'est prononcée en ce sens par de nombreux arrêts (V. notamment Req. 19 juill. 1854, aff. Bertoty, D. P. 55. 1. 25; Req. 20 mars 1876 aff. Excousseau, D. P. 76. 1. 328; Civ. rej. 26 nov. 1878 (1); 8 nov. 1881, aff. Bouluguet, D. P. 82. 1. 224; 11 juill. 1883,

(1) Société algérienne C. Rodé.) — LA COUR; — Sur le premier moyen, pris de la violation des statuts de la société demanderesse,

aff. Faillite Batard, D. P. 84. 1. 151; 5 juill. 1887, aff. Dumas, D. P. 87. 1. 325).

Décidé spécialement : 1° qu'il appartient aux juges de constater, par une appréciation souveraine des circonstances et des intentions, qu'en remettant à son mandataire général un blanc-seing à l'effet de lui procurer un prêt, et en le laissant maître d'user de sa signature comme il l'entendrait dans ce but, le mandant a compris dans ce mandat le pouvoir de substituer au besoin un créancier à un autre, pourvu qu'il ne dût à l'un ou à l'autre que la même somme (Req. 11 juill. 1883, arrêt précité); — 2° Que le juge du fond peut décider que le mandat donné à une commission, par des souscripteurs, de recueillir des dons promis et de procéder à la construction d'une église, contient en même temps le mandat de gérer cette église une fois ouverte au culte, jusqu'à ce qu'elle devienne communale et soit administrée par une fabrique légalement constituée ; et que, comme conséquence de ce mandat, cette commission peut valablement, au regard des souscripteurs-mandants, établir une taxe sur les objets que ceux-ci apporteraient dans l'église, et faire enlever de cette église des chaises qu'un des souscripteurs de l'édifice veut y installer et maintenir, sans acquitter la rétribution commune (Req. 5 juill. 1887, aff. Dumas, précité); — 3° Que le mandat général, donné à un héritier par ses cohéritiers, de gérer et administrer les biens de la succession situés dans une colonie française, et « de faire tous engagements avec les planteurs de cannes et toutes acquisitions de champs de cannes », a pu, par interprétation de ces dernières expressions, rapprochées des habitudes du pays et des convenances des parties, être déclaré comprendre le pouvoir de faire des acquisitions d'immeubles, et, par exemple, de terrains d'habitation, sans qu'une telle décision, qui repose sur une constatation souveraine d'intention, tombe sous le contrôle de la cour de cassation (Req. 5 janv. 1863, aff. Noël, D. P. 63. 1. 177)... Surtout lorsqu'il est constaté que ces acquisitions ont été faites au vu et au su des mandants, que les terres acquises ont été réunies au domaine constituant l'hérédité, qu'elles ont été exploitées en commun, et que tous les héritiers ont profité de leurs produits, ces diverses circonstances suffisant pour établir la ratification des actes du mandataire (Même arrêt). Et les acquisitions dont il s'agit, quoiqu'elles aient été faites par le mandataire en son nom, ont pu, par une appréciation également souveraine des circonstances qui les ont ainsi accompagnées et suivies, être considérées comme ayant eu lieu en réalité pour le compte des mandants (Même arrêt).

68. De même, lorsque l'existence d'un mandat est régulièrement établie, son étendue peut être prouvée par témoins (Req. 6 août 1855, aff. Blanc, D. P. 55. 1. 418),... ou par des présomptions ou des témoignages oraux (Montpellier, 8 juill. 1862) (1). — Jugé, de même, en matière commerciale, que l'étendue du mandat peut être prouvée au moyen des livres, de la correspondance et des circonstances de la cause (Bruxelles, 26 mai et 23 juill. 1884, aff. Société du Crédit provincial de Belgique, D. P. 86. 2. 185). On a vu, d'ailleurs (*suprà*, n° 66), qu'en cette matière, les mêmes modes de preuve peuvent être employés pour établir l'existence même du mandat.

69. On a exposé au *Rép.* n° 167 la controverse qui s'est élevée sur le point de savoir si le mandat, sous l'empire du code civil, peut être tacite. Les auteurs sont d'accord aujourd'hui pour admettre l'affirmative. M. Paul Pont (t. 1, n° 847, p. 433) résume ainsi la théorie du code civil : « Si le mandat tacite subsiste encore sous le code napoléon, sans que notre art. 1985 y fasse obstacle, c'est seulement en tant qu'il résulte soit de la situation respective des parties, soit de faits précis ou de circonstances impliquant nettement l'idée que celui qui agit au nom

---

des art. 1988 et 1989 c. civ., et 7 de la loi du 20 avr. 1810 : — Attendu qu'il résulte expressément de l'arrêt attaqué que, devant les juges du fond, la Société forestière algérienne n'a point nié que Rodé fût son mandataire en Algérie, à l'effet de diriger l'exploitation de la forêt des Beni-Salah, l'un des objets de l'entreprise sociale, qu'elle a seulement prétendu que les pouvoirs de Rodé n'allaient pas jusqu'à engager la société au sujet des opérations multiples relevées dans les comptes que Toche frères ont présentés aux experts; — Attendu que l'existence d'un mandat de gestion confié à Rodé étant ainsi avouée par la demanderesse, et les limites de ce mandat ne se trouvant fixées par aucun acte écrit, les juges du fond, en les déterminant d'après les circonstances de la cause, ont usé de leur pouvoir souverain d'appréciation et n'ont violé aucune loi; — Attendu, il est vrai, que, d'après la demanderesse, qui invoque à cet égard l'art. 28 de ses statuts, les pouvoirs de Rodé n'auraient pu résulter que d'une résolution du conseil d'administration délibérée au moins par quatre votants, et que le pourvoi reproche à l'arrêt attaqué de ne contenir à ce sujet aucune constatation ; — Mais attendu que l'objection, n'ayant pas été présentée devant la cour d'Alger, qui, par conséquent, n'a pas été mise en demeure de la confirmer ou démentir en fait, se trouve non recevable devant la cour de cassation; que, par le même motif, l'art. 7 de la loi du 20 avr. 1810 n'a pas été violé;

Rejette, etc.

Du 26 nov. 1878.-Ch. civ.-MM. Mercier, 1er pr.-Merville, rap.-Desjardins, av. gén., c. contr.-Chambareaud et Mazeau, av.

(1) (Sirat C. Delord.) — LA COUR; — Attendu qu'il ne s'élève aucun débat devant la cour sur le point de savoir si la créance de la dame Sirat sur le prix de ses biens adjugés au sieur Fraisse est ou non perdue par la faute de ceux qui devaient veiller à sa conservation ; mais qu'il s'agit de savoir si cette perte doit être attribuée à la négligence de Me Delord aîné et dans quelle mesure elle doit lui être attribuée ; — Attendu que le mandat donné à Me Delord de représenter l'appelante dans l'ordre ouvert pour la distribution du prix de ses biens adjugés au sieur Fraisse, ne peut être contesté, car il dérive des relations antérieures établies par la procédure en séparation de biens, en autorisation d'emprunter, en autorisation de vendre, etc., et notamment par les actes et par les lettres et notes écrites par Me Delord, soit avant la procédure d'ordre, soit pendant que la procédure suivait son cours ; — Que, du reste, l'intimé lui-même ne dénie pas qu'il s'est considéré comme chargé des intérêts de l'appelante jusqu'au jour où les intérêts de celle-ci ont été en opposition avec ceux des clients que ledit Delord représentait dans le même ordre ; — Qu'il s'agit donc de savoir en quoi consistait le mandat dont Me Delord s'était chargé, et si ses obligations ont cessé par la remise des titres de la dame Sirat en d'autres mains; — Attendu que si la dame Sirat n'a pas donné à Delord le mandat spécial de prendre inscription sur les biens de Fraisse, ce qui supposerait plus de connaissance des affaires que n'en comportent son sexe et sa position sociale, elle lui a évidemment donné, en lui laissant ses titres, le mandat de la représenter dans la distribution du prix de ses biens et de sauvegarder ses intérêts; — Qu'en sa qualité de débiteur exproprié, la dame Sirat ne pouvait donner à Delord le mandat de procéder à tel ou tel acte attribué à ses fonctions, puisque son intérêt et le rôle qu'elle avait à remplir n'en prescrivaient aucun ; qu'elle a dû nécessairement lui donner le mandat de veiller à la conservation de ses droits ; — Qu'en présence des relations antérieures et des actes émanés de Delord aîné, l'existence et l'étendue d'un pareil mandat ne sont pas contestables ; — Que, si la preuve du mandat ne peut résulter que d'actes écrits, quand il est déjà établi, son étendue peut être justifiée par les témoignages oraux et par les présomptions qui ont pour point d'appui le mandat lui-même ; — Que l'étendue du mandat est justifiée, dans l'espèce, par les circonstances les plus pressantes, et notamment par ce fait qu'au moment où les intérêts de la dame Sirat ont été en opposition avec ceux des autres clients de Delord aîné, celui-ci a pu, sans consulter ladite dame, faire occuper pour elle, dans la procédure d'ordre, Lucien Delord, son frère, qui lui était inconnu ; — Que l'ignorance dans laquelle la dame Sirat a été laissée touchant cette substitution est démontrée au besoin par la lettre qui lui a été adressée par Lucien Delord le 6 sept. 1853 ; — Attendu que si, en substituant arbitrairement son frère quand les intérêts de la dame Sirat exigeaient qu'elle prît un rôle actif, Delord aîné a donné la mesure du mandat dont il était investi, il ne s'est pas déchargé par cette substitution de la responsabilité qui était attachée à son mandat, car il a continué à diriger la dame Sirat par ses conseils, comme l'attestent les notes sorties de son étude, et il n'allègue l'existence d'aucune communication et d'aucun fait desquels on puisse induire que la dame Sirat a accepté la substitution d'un frère à l'autre dans le mandat général dont elle a investi Delord aîné, par suite de la confiance entière et exclusive qu'elle avait en lui ; — Attendu que, placé dans cette situation de mandataire chargé de veiller à la conservation des droits de la dame Sirat dans la distribution du prix de ses biens adjugés au sieur Fraisse, Delord aîné a négligé l'accomplissement de ce mandat en n'assurant pas, par une inscription hypothécaire contre Fraisse, le capital de la rente viagère servie à la mère de la dame Sirat, etc...

Par ces motifs, etc.

Du 8 juill. 1862.-C. de Montpellier, 1re ch.-MM. Goriaud de la Baume, pr.-Gouazé, p. av. gén.-Redarès et Bertrand, av.

d'une autre personne est investi du pouvoir d'agir ; mais, en présence de l'art. 1372, il ne serait plus vrai de dire, sous le code napoléon, que *sola patientia inducit mandatum*. En un mot, le code napoléon n'a pas supprimé par l'art. 1985 tous les mandats tacites, mais, par l'art. 1372, il a proscrit l'application particulière que le droit romain faisait, dans un cas spécial, de la théorie du mandat tacite, à la gestion d'affaires. En sorte, qu'en définitive, il appartient aux juges de décider en fait, si une personne dont on a pris en main l'affaire, est censée avoir donné au préalable, le pouvoir, sans lequel il n'y aurait pas contrat de mandat, mais que, devant ce droit d'appréciation, une limite est posée, que les juges ne doivent pas franchir, celle de l'art. 1372 » (V. dans le même sens, Domenget, t. 1, n° 116; Aubry et Rau, t. 4, § 411, p. 637, note 2; Larombière, *Théorie et pratique des obligations*, t. 5, p. 567, n° 13).

Ainsi qu'on l'a vu, au *Rép. ibid.*, Troplong a soutenu, malgré les termes de l'art. 1372, que le simple silence du maître suffit en certain cas pour emporter mandat. M. Laurent (t. 27, n° 384) enseigne également, comme Troplong, que l'art. 1372, n'a pas la portée qu'on lui attribue, et que la maxime *sola patientia inducit mandatum* trouve encore son application dans notre droit. D'après cet auteur, il y a lieu de distinguer : lorsque la gestion d'affaires commence au vu et au su du maître de l'affaire, il y aura mandat ; lorsque, au contraire, le gérant d'affaires aura, pendant un certain temps, agi à l'insu du maître, la connaissance que celui-ci viendrait à avoir de la gestion ne pourrait transformer le contrat de gestion d'affaires, déjà né, en un contrat de mandat. Telle serait la seule portée de l'art. 1372 c. civ. Mais cette distinction paraît difficile à concilier avec le texte de l'art. 1372 : « Lorsque volontairement on gère l'affaire d'autrui, soit que le propriétaire connaisse la gestion, soit qu'il l'ignore, celui qui gère contracte l'engagement tacite de continuer la gestion ». Cette rédaction ne laisse pas de place à la distinction proposée par Troplong et M. Laurent. Celui qui intervient dans l'intérêt d'autrui et gère ses affaires sans l'opposition du maître n'est pas un mandataire, mais un gérant d'affaires. La maxime *semper qui non prohibet aliquem, pro se intervenire mandare creditur* n'est plus exacte aujourd'hui.

La validité du mandat tacite est également admise par la jurisprudence. Ainsi il a été décidé : 1° que les juges peuvent induire des circonstances qui ont précédé, accompagné un acte de prêt que, dans la pensée des parties, le notaire qui a reçu cet acte avait mandat de recevoir le remboursement (Douai, 29 nov. 1862, aff. Prévost, D. P. 63. 2. 41); — 2° Que la femme qui participe activement à l'exploitation du fonds de commerce de son mari, qui signe habituellement et notoirement pour lui des billets, reçus, ou autres titres, doit être considérée comme investie d'un mandat tacite qui oblige le mari, dans une certaine mesure, au payement des billets qu'elle a écrits et signés du nom de celui-ci (Paris, 4 juin 1869, aff. Cotté, D. P. 70. 2. 62); — 3° Qu'un négociant est engagé par le cautionnement donné par sa femme dans une lettre écrite en la forme habituelle de la correspondance commerciale et transcrite sur le livre de copies de lettres de la maison, alors qu'il avait notoirement et depuis longtemps délégué sa signature à sa femme (Civ. rej. 28 août 1872, aff. Bouteloup, D. P. 72. 1. 396); — 4° Que la stipulation d'après laquelle un payement doit avoir lieu en l'étude d'un notaire ne confère pas nécessairement à celui-ci le mandat de recevoir et de donner quittance, mais que l'interprétation souveraine, faite par les juges du fond, des clauses de l'acte, des faits et circonstances de la cause, des actes d'exécution et de la commune intention des parties, peut donner à cette clause la portée d'un mandat tacite à l'effet de recevoir payement (Req. 22 nov. 1876, aff. de Lacoste, D. P. 77. 1. 150); — 5° Que, dans le cas où il est constaté par le juge du fond que la signature d'une partie, figurant au bas d'un acte sous seing privé, y a été apposée par un tiers avec l'assentiment de cette partie, et que celle-ci s'est constamment conformée depuis à la clause contenue dans l'acte sous seing privé, ces circonstances suffisent pour établir l'existence d'un mandat tacite (Req. 24 avr. 1882, aff. Nollet, D. P. 82. 1. 288); — 6° Que, lors de la passation d'un contrat de vente, si le prix n'est pas versé en espèces, la remise au notaire d'une voie pour le montant du prix de cette vente, souscrit par l'acquéreur au vendeur, implique le mandat tacite, pour le notaire, de toucher de l'acheteur le montant du prix de vente (Bruxelles, 28 mai 1883, aff. Demesmacker, D. P. 85. 2. 45). — Il a été jugé, toutefois, en sens contraire, que le code civil ne reconnaît pas le mandat tacite, qui était admis en droit romain; qu'on ne peut, en conséquence, faire la preuve de l'existence d'un mandat en se fondant sur des faits accomplis, à plus forte raison sur la notoriété; que l'existence d'un mandat tacite ne peut surtout être invoquée à l'appui d'une aliénation consentie par le non-propriétaire. Mais cette décision est isolée (Metz, 10 janv. 1867, aff. Puricelli, D. P. 67. 2. 14).

70. Le mandat tacite est, d'ailleurs, soumis, au point de vue de la preuve, aux même règles que le mandat verbal (*Rép.* n° 178). Il a été jugé à cet effet : 1° que la preuve d'un mandat, donné par une femme mariée à un tiers, de requérir l'inscription de son hypothèque légale ne résulte pas de ce fait unique que la femme n'a point protesté contre l'inscription, alors que rien ne prouve qu'elle en ait eu connaissance (Civ. cass. 4 août 1874, aff. Guillos, D. P. 75. 1. 163); — 2° Que la preuve du mandat tacite, en matière civile, ne peut être faite par témoins ou à l'aide de présomptions qu'autant qu'il s'agit d'une somme n'excédant pas 150 fr., ou qu'il existe un commencement de preuve littérale (Civ. cass. 29 déc. 1875, aff. Maljean, D. P. 76. 1. 149). Ainsi la notorité publique ne saurait autoriser le juge à décider qu'un créancier avait donné à un notaire le mandat tacite de toucher le montant d'une créance excédant 150 fr., à raison de ce qu'il aurait chargé ce notaire de liquider une succession dont elle faisait partie et d'opérer les recouvrements que comportait cette liquidation (Même arrêt). Par suite, le débiteur ne peut invoquer comme libératoire envers le créancier le payement de la dette opéré entre les mains du notaire, bien que l'acte de prêt ait stipulé que le remboursement aurait lieu en l'étude de ce notaire (Même arrêt). Mais le mandat tacite, conféré à un notaire par un emprunteur, de conserver en ses mains l'argent versé par le prêteur peut être établi par l'aveu des parties, les reconnaissances et les engagements des emprunteurs rapprochés des faits de la cause, quand, la somme étant supérieure à 150 fr. il est possible de trouver dans les énonciations du contrat un commencement de preuve par écrit (Req. 15 mars 1886, aff. Charrel, D. P. 87. 1. 28).

71. Relativement aux pouvoirs des juges du fond, en cette matière, il a été jugé, notamment : 1° que les juges du fond sont souverains pour décider, par appréciation des faits et circonstances, qu'un habitant qui a livré des fournitures à l'ennemi n'a agi que comme mandataire ou comme *negotiorum gestor* de la commune (Req. 31 mars 1873, aff. Commune de Vandresse, D. P. 74. 1. 269) ; — 2° Qu'il appartient aux juges du fait de décider souverainement, d'après les circonstances, que l'existence d'un mandat verbal n'est pas suffisamment établie par une déclaration émanée du prétendu mandataire; il en est ainsi, notamment, lorsque le demandeur fonde sur l'existence d'un mandat verbal une demande en remise de valeurs qui devaient lui être délivrées par le prétendu mandataire, après le décès du mandant (Req. 6 août 1873, aff. Grandjean, D. P. 74. 1. 481) ; — 3° Que la décision des juges du fond qui constate, d'après les faits de la cause, l'existence d'un mandat tacite accepté par un notaire, à l'effet d'opérer la transcription d'un acte de cession, et le condamne à réparer le dommage résultant de l'inaccomplissement de cette formalité n'est pas soumise au contrôle de la cour de cassation (Req. 18 août 1873, aff. Champion, D. P. 74. 1. 224); — 4° Que les juges du fond apprécient souverainement si la preuve d'un mandat exprès ou tacite a été produite et si les faits articulés sont concluants (Civ. rej. 8 juill. 1874, aff. Chatillon, D. P. 74. 1. 335).

CHAP. 8. — De l'acceptation du mandat
(*Rép.* nos 179 à 186).

72. Aux termes de l'art. 1985 l'acceptation du mandat peut n'être « que tacite et résulter de l'exécution qui lui a été donnée par le mandataire ». L'exécution du mandat n'est, d'ailleurs, pas le seul mode d'acceptation tacite qu'admette la loi (*Rép.* n° 184). Telle est l'opinion de M. Laurent: « Il n'y a aucune raison, dit-il (t. 27, n° 393), de restreindre l'acceptation tacite au cas prévu par l'art. 1985, et il n'y a pas de restriction dans les termes de la loi. L'acceptation tacite d'un mandat est une question de fait, qui doit être abandonnée à l'appréciation du juge, et que la loi aurait tort de définir, tout dépendant des circonstances de la cause ».

CHAP. 9. — Des obligations du mandataire à l'égard du mandant (*Rép.* n°s 187 à 302).

§ 1er. — Exécution du mandat (*Rép.* n°s 188 à 212).

73. Le mandat doit être accompli tel qu'il a été donné (*Rép.* n° 190). M. Laurent ajoute : *et accepté* (t. 27, n° 459). En d'autres termes, le mandataire ne peut dépasser les limites du mandat (*Rép.* n°s 191 et 395). Il ne peut l'accomplir par équipollents, alors même qu'il substituerait à la chose demandée une chose meilleure. Jugé, en ce sens, que l'entrepreneur de transports qui, sans y être autorisé par l'expéditeur, substitue au moyen de transport indiqué par celui-ci (un navire à voile) un autre moyen même plus avantageux (un bateau à vapeur), est responsable de la perte des marchandises arrivée pendant le trajet par suite de l'échouement du bateau, parce que, aux termes de l'art. 1989 c. civ., le mandataire ne peut rien faire au delà de ce qui est porté dans son mandat (Rouen, 8 déc. 1856, aff. Deloys, D. P. 57. 2. 96).

74. Lorsque l'exécution n'a pas eu lieu conformément aux prescriptions du mandat, il appartient aux tribunaux de ramener l'opération aux conditions dans lesquelles elle devait être faite. Il en est ainsi, par exemple, dans le cas où le mandataire chargé d'éteindre, par voie de rachat, des créances existant contre son mandant, s'est fait céder personnellement l'une de ces créances. La cession qui lui a été consentie sous le nom d'un tiers, peut, dès lors, être annulée, quoique le débiteur l'ait acceptée par acte authentique et ait constitué une hypothèque au profit du cessionnaire apparent : la cession, en ce cas, est réputée faite en exécution du mandat, et, dès lors, la créance ainsi rachetée doit être déclarée éteinte, sous l'unique obligation pour le mandant de tenir compte à son mandataire de la somme employée à ce rachat (Req. 10 mars 1869, aff. Talfer et Nobécourt, D. P. 70. 1. 107). — Mais le mandant ne saurait se plaindre de ce que le mandat aurait subi, dans son exécution, une modification sans importance, et qui n'était de nature à lui causer aucun préjudice. Ainsi il a été jugé que lorsqu'une procuration a été donnée à l'un des clercs d'un notaire à l'effet de passer une quittance, il importe peu que cette quittance ait été signée par un autre clerc, si, en réalité, le véritable mandataire était le notaire lui-même (Grenoble, 28 juill. 1865, aff. Mariés Chantre, D. P. 65. 2. 205). En l'espèce, en effet, il n'y avait aucun intérêt pour le mandant à ce que la quittance fût signée par un clerc plutôt que par un autre.

75. Ainsi qu'on l'a vu au *Rép.*, n° 193, l'inexécution du mandat ne donne lieu à des dommages-intérêts qu'autant qu'elle a été préjudiciable au mandant : c'est en ce sens que doit être interprété l'art. 1991. Et il ne suffirait pas d'un préjudice purement éventuel. Un arrêt rendu en ce sens a été rapporté au *Rép.* n° 194-1°. Telle est également la doctrine enseignée par M. Laurent, n° 465.

76. La preuve de l'exécution du mandat est soumise aux règles ordinaires en matière de preuve. Elle ne peut être faite que par écrit, alors que l'objet du mandat a une valeur excédant 150 fr. et que le mandataire a pu se procurer une preuve écrite de l'exécution. Il en serait ainsi, par exemple, si cette exécution consistait dans l'envoi par la poste d'une somme d'argent ou d'une valeur de banque, puisque l'envoi peut être fait par lettre chargée ou recommandée. Mais cette solution cesserait d'être applicable, s'il avait été entendu, expressément ou tacitement, entre les parties, que l'envoi pouvait avoir lieu par la poste sans chargement ni recommandation. En pareil cas, l'exécution du mandat pourrait être prouvée au moyen de simples présomptions (Civ. cass. 7 févr. 1881, aff. Evrard, D. P. 81. 1. 196).

§ 2. — Responsabilité du mandataire (*Rép.* n°s 213 à 233).

77. Ainsi qu'on l'a vu au *Rép.*, n° 218, la responsabilité du mandataire est plus ou moins étendue, suivant que le mandat est salarié ou gratuit.

Dans le premier cas, le mandataire est, comme le dit M. Laurent, t. 27, n° 475, « tenu de la faute dont tout débiteur est tenu », c'est-à-dire de la faute légère *in abstracto*, d'après la terminologie traditionnelle ; il doit apporter à l'exécution du mandat les soins d'un père de famille (c. civ. art. 1137). Un arrêt (Dijon, 17 avr. 1873, aff. Perrault, D. P. 76. 2. 167) semble lui imposer une responsabilité plus rigoureuse, alors du moins qu'il n'a pas reçu d'instructions spéciales sur le mode d'accomplissement de sa mission. « Cette latitude, dit-il, laissée au mandataire, lui imposait peut-être l'obligation plus étroite de donner ses soins les plus vigilants à l'affaire qui lui était confiée, et il n'y à nulle difficulté à admettre, en principe, que le mandant était en droit d'exiger de lui toute la prudence du père de famille le plus diligent ». M. Laurent (*loc. cit.*) critique cette décision, d'après laquelle le mandataire répondrait de la *faute la plus légère*; « le code, dit-il, ignore cette faute, il n'exige jamais les soins du père de famille le plus diligent ».

78. En ce qui concerne le mandat gratuit, la loi s'exprime avec moins de précision ; elle se borne à dire (c. civ. art. 1992) qu' « en pareil cas la responsabilité relative aux fautes est appliquée moins rigoureusement ». On s'est demandé quelle était exactement la mesure à laquelle le législateur entendait soumettre l'appréciation de la faute commise par le mandataire non salarié. Suivant quelques auteurs, il s'agirait de la faute *in concreto* (Troplong, n° 933; Massé et Vergé, sur Zachariæ, t. 5, p. 41, note 3; Mourlon, *Répétitions écrites*, 5e éd., t. 3, p. 441). Mais cette opinion ne paraît pas exacte. Comme le dit avec raison M. Paul Pont (t. 1, n° 991) rien n'indique, dans le texte de la loi, que le point de comparaison ne doive pas être toujours le type abstrait du bon père de famille. Tout ce qu'on peut y voir, c'est la pensée de laisser au juge un pouvoir discrétionnaire à la faveur duquel il pourra, vis-à-vis du mandataire gratuit, proportionner la sévérité aux circonstances. (V. aussi Laurent, t. 27, n° 475). — La jurisprudence ne paraît pas avoir eu l'occasion de se prononcer à ce sujet. On peut citer seulement un arrêt de la cour de cassation qui déclare, en termes généraux, que la gratuité du mandat ne fait pas obstacle à l'application des règles sur la responsabilité du mandataire (Req. 3 juin 1856, aff. Burnet, D. P. 56. 1. 426).

79. On s'est demandé au *Rép.*, n° 224, si la question de savoir si le mandataire a, ou non, commis une faute de nature à engager sa responsabilité, est de celles qu'il appartient aux tribunaux de trancher souverainement. Nous n'y reviendrons pas ici. C'est là, en effet, une question qui se pose, d'une façon générale, dans tous les cas où une personne peut avoir à répondre de ses actes envers autrui, et qui n'a rien de spécial au mandat ; elle a été examinée *suprà*, v° *Cassation*, n°s 394 et suiv.

80. Ainsi qu'on l'a dit au *Rép.*, n° 225, les circonstances par suite desquelles la responsabilité du mandataire peut être mise en cause sont d'une extrême diversité ; on en a cité, *ibid.*, n°s 225 et suiv., de nombreux exemples. De nouvelles applications de la règle posée dans l'art. 1992 sont fournies, par la jurisprudence postérieure au *Répertoire*. Il a été jugé, notamment, d'une part : 1° que l'agent de change qui, dans le mandat à lui donné de vendre un titre de rente, a été autorisé à verser le produit de la vente, pour sa décharge, au crédit d'un confrère d'une autre place, par l'entremise duquel l'ordre lui a été transmis, engage sa responsabilité s'il continue à user de cette faculté, alors que, à sa connaissance, la solvabilité de cet agent de change était devenue douteuse (Trib. comm. Nantes, 29 juin 1859, aff. de Faymoreau, D. P. 59. 3. 71) ; — 2° Que si un voyageur de commerce ne peut garantir à ses mandants un chiffre donné d'affaires, il est responsable, comme tout mandataire salarié, des insuccès qui doivent être attribués non aux circonstances dans lesquelles il s'est trouvé, mais à son inconduite et à sa négligence (Rennes, 12 juin 1866) (1) ; — 3° Que le mandataire qui, chargé de présenter une traite à l'acceptation, ou de la faire protester en cas de refus, apporte dans l'exécution de ce mandat, en donnant au porteur l'assurance de la parfaite solvabilité du tiré, un retard dont le résultat a été un refus d'acceptation motivé sur ce que, dans l'intervalle, le tiré a accepté d'autres traites fournies sur lui par le même tireur, peut être déclaré responsable du non-payement de cette traite et condamné à en rembourser le montant à son mandant (Req. 9 janv. 1867, aff. Massy, D. P. 67. 1. 104) ; — 4° Que, dans le cas où le montant d'une traite a été abusivement touché par un tiers, par suite du détournement de la lettre qui la contenait, l'expéditeur de la lettre doit être déclaré responsable si, mandataire salarié, il a rendu possible ce détournement en négligeant la formalité de la recommandation, en jetant sa lettre dans une boîte placée dans des conditions qui n'offraient pas une suffisante sécurité, et en n'adressant pas, avant l'échéance, un avis nouveau, destiné à provoquer, au cas de non-réception de la lettre, une opposition entre les mains du tiré; vainement l'expéditeur opposerait qu'il a déjà plusieurs fois employé ce mode d'envoi de valeurs sans que le mandant ait réclamé (Aix, 25 nov. 1869, aff. Banque de France, D. P. 71. 2. 26); — 5° Que, de même, le mandataire est responsable envers le mandant de la perte d'une lettre contenant un bon de la Banque de France, lorsqu'il a déposé cette lettre dans une boîte supplémentaire, alors surtout que cette boîte ouvrait sur la rue ;... et lorsqu'il n'a point avisé le mandant de cet envoi au moyen d'une lettre séparée (Aix, 18 juin 1869, aff. Delaroche, et sur pourvoi, Req. 10 août 1870, D. P. 71. 1. 332) ; — 6° Que le mandataire est tenu de rembourser au mandant le prix des ventes qu'il a conclues, s'il n'établit pas, d'une part, que le montant n'en a pas été versé entre ses mains, et, d'autre part, qu'il a fait les diligences nécessaires pour le recouvrer (Civ. cass. 25 nov. 1873, aff. Royer, D. P. 74. 1. 66) ; — 7° Que le mandataire salarié qui vend, à un prix très inférieur à leur valeur réelle, des marchandises à lui confiées par un tiers pour être vendues, est responsable de la perte subie par le propriétaire, encore bien que celui-ci n'ait pas fixé le prix auquel les marchandises devaient être vendues (Req. 28 févr. 1881, aff. Sérigiers, D. P. 81. 1. 344) ; — 8° Qu'un mandataire qui, chargé de renouveler une inscription hypothécaire, a eu le tort de changer l'élection de domicile, à l'insu de ses mandants, peut légalement être déclaré responsable du préjudice éprouvé par lesdits commettants, auxquels ne sont pas parvenues des sommations de produire qui leur étaient destinées (Req. 13 déc. 1881, aff. Jacquier, D. P. 82. 1. 222); — 9° Que le directeur d'une agence de placement établie à Paris, qui, après s'être constitué intermédiaire entre le patron, qui demandait un employé avec apport intéressé, et ceux qui recherchent un emploi de cette nature, donne à un tiers, habitant la province, des renseignements inexacts, incomplets et faux sur la situation commerciale dudit patron et sur sa solvabilité, engage sa propre responsabilité (Paris, 17 juill. 1885, aff. Coitteux, D. P. 85. 2. 238) ; ... surtout si, ayant stipulé pour lui-même une remise à raison du placement, il avait un intérêt personnel à déterminer ce tiers à prendre l'emploi indiqué (Même arrêt). En conséquence, il doit être tenu, dans le cas où le patron vient à disparaître et à faire faillite peu de temps après le placement, de réparer le préjudice causé par sa faute à l'employé, en lui remboursant le montant du cautionnement versé et perdu, ainsi que la commission qu'il avait perçue lui-même (Même arrêt). De son côté, l'employé est tenu de le subroger, sans garantie, dans tous ses droits contre le patron failli, notamment dans l'effet de sa production à la faillite (Même arrêt); — 10° Que le mandataire est réputé avoir commis une faute lourde dont il est responsable envers le mandant lorsque, chargé de transmettre à une société tontinière des pièces qui devaient être remises à cette société dans un certain délai, sous peine de déchéance, pour le mandant, de toute participation aux bénéfices acquis dans la société, il s'est substitué, même de l'aveu du mandant, un tiers qui, faute de surveillance de sa part, n'a pas accompli le mandat en temps utile. Et il a pu être soumis à la responsabilité qui pèse sur le mandataire salarié, quoique aucune convention de salaire n'ait eu lieu, s'il résulte des circonstances qu'il y avait de sa part un fait d'agent d'affaires devant nécessairement amener sa rémunération (Req. 26 nov. 1860, aff. Carbonnier, D. P. 61. 1. 496); — 11° Que l'agent de change qui a vendu des titres nominatifs en vertu d'une procuration en blanc qu'il a reçue, avec les titres, d'un intermédiaire, mais qu'il a remplie à son nom, est ainsi devenu le mandataire direct du propriétaire des titres; et, en conséquence, s'il remet le produit de la vente à l'intermédiaire, il engage sa responsabilité envers le vendeur, alors d'ailleurs que l'intermédiaire n'avait pas reçu le pouvoir de recevoir le produit de la vente (Orléans, 9 juin 1870, aff. Mahou, D. P. 70. 2. 225).

Il a été décidé, d'autre part : 1° que le mandataire qui, chargé de vendre des marchandises au comptant, mais sans qu'il ait été stipulé que la vente aurait lieu sous sa garantie personnelle, n'est pas responsable, lorsqu'il a effectivement vendu au comptant, du non-payement du prix, si ce défaut de payement est le résultat d'événements qu'il n'a pu prévoir, par exemple, d'une insolvabilité de l'acheteur subitement révélée, et en présence de laquelle le mandataire a cru agir au mieux des intérêts de son mandant en acceptant, après livraison, des billets depuis impayés : le mandataire, en ce cas, ne peut être déclaré responsable, ni pour infraction à son mandat qu'il a, au contraire, exécuté en stipulant expressément un payement comptant, ni par application des art. 1991 et 1992 c. civ., en l'absence de toute constatation de faute (Req. 19 juill. 1864, aff. Laporte, D. P. 64. 1. 481) ; — 2° Que les compagnies industrielles étant dans l'usage d'exiger la remise plusieurs jours à l'avance, eu égard à l'impossibilité d'une vérification immédiate, des coupons au porteur dont le payement leur est demandé à un jour voisin de l'échéance, le fait d'un mandataire d'avoir, dans ces conditions, effectué contre récépissé le dépôt des coupons qu'il était chargé d'encaisser, ne constitue ni une faute, ni une imprudence (Nancy, 24 févr. 1869, aff. Koller, D. P. 69. 2. 196). Par suite, dans le cas où, nonobstant une suspension de payements, des employés de la compagnie ont indûment frappé les coupons ainsi présentés d'une estampille attestant le payement de tout ou partie du montant des coupons, le mandataire ne peut être tenu, ni de transmettre des fonds qu'il justifie, à l'aide de ses récépissés, n'avoir pas reçus, ni de répondre d'un abus qui est, quant à lui, un fait de force majeure ou un cas fortuit (Même arrêt); — 3° Que les risques d'expédition d'une valeur de banque sont à la charge du destinataire, s'il est établi que l'expéditeur s'est conformé, sans commettre aucune faute, au mandat qui lui avait été confié ; que, spécialement, le banquier qui a adressé un chèque à son client par la poste, sous pli fermé, non chargé ni recommandé, n'est pas responsable de la perte de ce chèque, alors que ce mode d'envoi, conforme à l'usage, a été précédemment accepté et pratiqué par le destinataire (Req. 7 févr. 1881, aff. Evrard, D. P. 81. 1. 196); — 4° Que l'architecte appelé à régler, pour un propriétaire, les mémoires d'un entrepreneur, ne commet pas, dans ses évaluations, une faute caractérisée, susceptible de le faire condamner à des dommages-intérêts vis-à-vis de son mandant, quand lesdites évaluations ne diffèrent de celles ultérieurement faites par les experts nommés en justice, que pour une somme

---

(1) (Créial C. Picard). — LA COUR; — Considérant que, dans les voyages qu'il a faits pour placer les produits de la fabrique de Créial, Picard a montré une négligence telle qu'il a fallu les faire recommencer par un autre voyageur qui, dans une saison moins favorable, a obtenu les résultats qu'on était en droit d'attendre de la mission confiée à Picard ; — Considérant que si un voyageur de commerce ne peut garantir à ses mandants un chiffre donné d'affaires, il est responsable, comme tout mandataire salarié, des insuccès qui doivent être attribués, non aux circonstances dans lesquelles il s'est trouvé, mais à son inconduite et à sa négligence; — Considérant que la cour a les éléments nécessaires pour fixer le chiffre des dommages-intérêts dus de ce chef à Créial;

Par ces motifs, etc.

Du 12 juin 1866. — C. de Rennes, 1re ch.-MM. Camescasse, 1er pr.-Grivart et Roux-Lavergne, av.

peu élevée relativement à l'importance des travaux exécutés (Req. 11 nov. 1885, aff. Coustenoble, D. P. 86. 1. 39).

81. D'après un arrêt, l'art. 1992 c. civ. ne pourrait atteindre que le mandataire qui a mission d'agir pour son mandant et de l'engager vis-à-vis des tiers; il est inapplicable au mandataire qui n'est chargé que de surveiller un agent essentiellement responsable par lui-même, et, spécialement, il serait inapplicable aux membres des conseils de surveillance des sociétés en commandite (Poitiers, 20 août 1859, aff. *La Vinicole de Saintes*, D. P. 59. 2. 212). Cette théorie paraît contestable. Que l'art. 1992 c. civ. soit inapplicable aux membres du conseil de surveillance d'une société en commandite, on peut l'admettre. Ce qui paraît exact, tout au moins, c'est que les dispositions de cet article doivent être combinées avec celles de la loi spéciale qui détermine leurs attributions et leur responsabilité (V. *infrà*, v° *Société*). Mais est-il vrai de dire, d'une façon générale, que l'art. 1992 ne peut atteindre le mandataire qui n'est chargé que de surveiller un agent responsable par lui-même? Si celui qui a accepté un mandat de surveillance néglige de le remplir, il manque à son engagement, il commet une faute envers son mandant; et si de cette faute il est résulté un préjudice pour ce dernier, on ne voit pas en vertu de quel principe le mandataire serait dispensé de le réparer. Peu importe que l'agent sur lequel la surveillance devait s'exercer soit lui-même responsable : il est possible que sa responsabilité soit inefficace pour mettre le mandant à l'abri de tout dommage.

82. Il est, d'ailleurs, constant que le mandataire ne peut être condamné à des dommages-intérêts, à raison de la faute qu'il a commise, qu'autant que cette faute a causé un préjudice au mandant (Req. 8 déc. 1884, aff. Thévenod, D. P. 85. 1. 463). C'est l'application d'un principe général en matière de responsabilité (V. *infrà*, v° *Responsabilité*). Il a été jugé en ce sens : 1° qu'un banquier qui a reçu d'un client un mandat de reporter à la fin d'un mois la liquidation d'une opération de bourse qu'il avait faite pour lui, et qui, avant l'époque fixée, vend les valeurs qu'elle comprenait, peut être déclaré non responsable de la perte provenant de cette vente, s'il est constaté qu'il n'en est résulté aucun préjudice pour son mandant (Req. 18 avr. 1877, aff. Audousset, D. P. 78. 1. 10); — 2° Que l'avoué qui, dans un ordre amiable, où il représentait une partie, a omis de la faire colloquer pour une créance arrivant en rang utile, ne doit pas être condamné à des dommages-intérêts, s'il a obtenu, dans ce même ordre amiable, collocation en faveur de son client pour une créance plus élevée qui n'aurait pu être admise simultanément avec la première (Arrêt précité du 8 déc. 1884). Et l'arrêt qui décide que les autres intéressés dans l'ordre amiable n'auraient pas admis, n'y étant point obligés, la collocation simultanée des deux créances dont il s'agit, se livre à l'appréciation d'une question de fait et d'intention qui rentre dans le pouvoir souverain du juge du fond (Même arrêt).

83. Il est de règle aussi que le mandataire n'est responsable des fautes qu'il commet dans l'exécution du mandat qu'envers le mandant (c. civ. art. 1165, 1191) (Civ. cass. 27 juill. 1869, aff. Thomassin, D. P. 69. 1. 350). Spécialement, l'huissier, chargé par le porteur d'une lettre de change d'en recouvrer le montant contre le tiré et sa caution, n'est pas responsable envers le tireur de la faute qu'il a commise en n'exerçant pas des poursuites assez rigoureuses contre le tiré et contre la caution du tiré (Même arrêt).

84. On a expliqué au *Rép.*, n° 208, que le principe en vertu duquel le mandataire ne peut être admis à compenser les pertes qu'il a fait subir au mandant avec les bénéfices que sa gestion aurait pu lui procurer, doit être limité au cas où le mandataire était chargé de deux ou plusieurs mandats distincts. S'il n'était chargé que d'un seul mandat, comprenant des opérations diverses, sa gestion doit être considérée dans son ensemble, et il ne doit être déclaré débiteur ou créancier que du reliquat de son compte. — Il a été jugé en ce sens : 1° que le mandataire peut compenser les sommes reçues pour le compte du mandant avec ses dépenses d'administration régulièrement justifiées (Req. 5 mai 1873, aff. Bonniau, D. P. 73. 1. 438); — 2° Que lorsqu'une action en responsabilité est intentée par le mandant contre le mandataire, en raison de fautes prétendues commises par celui-ci, l'accomplissement du mandat doit être apprécié dans son ensemble; et s'il est reconnu que les intérêts du mandant ont souffert sur un point, mais que, par compensation, sur un autre point le mandataire lui a fait réaliser un bénéfice exceptionnel, celui-ci n'est passible d'aucune condamnation en dommages-intérêts (Req. 11 nov. 1885, aff. Coustenoble, D. P. 86. 1. 39). Spécialement, l'architecte qui, chargé de rédiger une série de prix pour la mise en adjudication de travaux, a donné, d'une part, une estimation trop élevée à un article, et d'autre part, une estimation trop réduite à un autre article, doit être considéré comme n'ayant causé aucun préjudice à son mandant, dans l'accomplissement de l'ensemble du mandat, et ne saurait dès lors être tenu d'aucune réparation pécuniaire (Même arrêt).

85. Le mandant qui a ratifié les actes accomplis par le mandataire n'est plus admis à les critiquer. Aussi a-t-il été jugé que le mandant qui a ratifié, même tacitement, sans aucune protestations ni réserves, ce qui a été fait en son nom, n'est plus recevable à réclamer une indemnité contre son mandataire, à raison des retards et changements apportés à l'exécution du mandat (Civ. cass. 9 mai 1853, aff. Andrieu, D. P. 53. 1. 293). Mais le mandataire ne saurait, pour se soustraire à la responsabilité qui lui incombe, invoquer la ratification résultant d'un acte auquel il n'aurait pas pris part. C'est ce qui résulte d'un arrêt aux termes duquel un mandataire peut être poursuivi par le mandant comme ayant excédé son mandat, alors même que le mandant, actionné par les tiers avec lesquels le mandataire avait traité, aurait ratifié les actes de ce dernier (Req. 28 mars 1855, aff. Bunel, D. P. 55. 1. 165).

§ 3. — Reddition de compte (*Rép.* n°s 234 à 265).

86. L'obligation de rendre compte, ainsi qu'on l'a exposé au *Rép.* n°s 234 et 235, est inhérente au mandat et incombe à tout mandataire. Cependant la question a fait difficulté à l'égard de certains mandataires, notamment de la femme mariée. — On a cité au *Rép.* n° 236-2°, un arrêt de la cour d'Agen, du 16 juill. 1833, qui impose sans restriction, à la femme ayant reçu procuration de son mari, l'obligation de rendre compte. Des arrêts postérieurs, sans exonérer complètement la femme de cette obligation, la dispensent de rendre un compte détaillé et dans les formes rigoureuses du droit commun. Il a été décidé, en effet : 1° que la femme, obligée par l'état de démence de son mari, non encore interdit ni même pourvu d'un administrateur provisoire, à prendre la direction de l'administration domestique, n'est point tenue, comme le serait un mandataire ordinaire, de fournir, après l'interdiction prononcée, au tuteur nommé à l'interdiction, un compte détaillé, appuyé de pièces justificatives (précautions qu'excluent la mutuelle confiance des époux et la nature même de l'administration confiée à la femme), d'une somme qu'elle a reçue de son mari, ou pour le compte de ce dernier, et destinée à pourvoir aux besoins communs : il suffit qu'elle justifie, d'une manière satisfaisante, du bon emploi de cette somme (Bordeaux, 14 juin 1853, aff. Chabrier, D. P. 54. 2. 39); — 2° Que la femme mariée, qui a reçu de son mari le mandat d'administrer des biens à elle propres, peut être considérée comme ayant rendu suffisamment compte de ce mandat, par cela seul qu'il est constaté que, en état de séparation de fait, elle a consommé les revenus et intérêts des biens dont il s'agit, pour ses besoins et ceux d'un enfant laissé à sa charge, sans en accumuler aucune portion à son profit exclusif et au détriment de son mari. Par suite, elle n'est pas tenue, après la séparation de biens, de restituer à son mari la moitié des revenus et intérêts ainsi consommés, sous prétexte qu'elle n'en rendrait et n'en pourrait pas rendre un compte détaillé avec les pièces justificatives (Req. 25 nov. 1868, aff. Dame Gaultier, D. P. 69. 1. 148).

La question est délicate. M. Laurent (t. 27, n° 500) estime que la femme mariée est tenue de rendre compte comme tout autre mandataire (V. aussi Pont, t. 1, n° 1013). Cette doctrine paraît bien rigoureuse. Dans tous les cas, s'il s'agit d'une femme commune qui a reçu mandat de son mari, l'obligation de rendre compte ne saurait, semble-t-il, lui être imposée. Jugé, en ce sens, que le mari ne peut contraindre sa femme à lui rendre compte en justice de l'exécution du mandat qu'il lui a donné pour gérer certaines affaires de la communauté, alors d'ailleurs qu'il ne prouve ou n'offre de prouver aucun fait d'abus de ce mandat, de nature à donner lieu à une action en récompense au profit de la communauté (Orléans, 5 janv. 1859, aff. Vallée, D. P. 59. 2. 17). Cet arrêt, après avoir posé en principe que l'obligation de rendre compte n'est que de la nature du mandat et non de son essence, et que la règle doit, dès lors, recevoir exception toutes les fois qu'il y est dérogé par la loi ou par la volonté des parties, ajoute que le mari qui donne mandat à sa femme commune en biens, ne peut avoir contre elle d'autres actions que celles que lui a données la loi au titre *Du contrat de mariage* et *Des droits respectifs des époux*. L'art. 1388 c. civ. interdit aux époux de déroger d'une façon quelconque aux droits résultant de la puissance maritale sur la femme où à ceux qui appartiennent au mari comme chef de la communauté. Le mari ne peut se décharger de la responsabilité qui pèse sur lui en la faisant passer par un mandat sur la tête de sa femme. Il conserve seul l'administration des biens de la communauté et en a toujours la responsabilité, qu'il donne ou non mandat à sa femme. On peut même dire qu'au fond il n'y a pas de mandat, en pareil cas, parce que la femme commune ne peut représenter son mari, et l'obliger juridiquement. Le caractère essentiel du mandat ne se retrouve pas dans cette hypothèse. En gérant les affaires de la communauté, la femme agit autant pour elle-même que pour son mari. Elle n'a rien de commun avec le mandataire ordinaire, qui puise dans la procuration le droit de gérer une chose qui lui est étrangère. — Il a été jugé, également, dans ce sens, que la femme qui a reçu pendant le mariage une procuration de son mari pour gérer les affaires de la communauté ne peut être poursuivie en reddition de compte comme un mandataire ordinaire ; elle n'est soumise, en raison de ce mandat, qu'à l'action *de in rem verso*, jusqu'à concurrence du profit personnel dont la preuve est faite contre elle (Besançon, 18 nov. 1862, aff. Brégand, D. P. 62. 2. 212).

87. Les rapports de parenté ou d'affection existant entre le mandant et le mandataire ne peuvent évidemment exonérer celui-ci de l'obligation de rendre compte. Mais, ainsi qu'on l'a vu au *Rép.*, n° 245, les tribunaux peuvent avoir égard à ces rapports dans l'appréciation des moyens justificatifs produits par le mandataire à l'appui de son compte de gestion. Décidé, en ce sens, qu'un mandataire peut, en considération de ses relations d'intimité avec le mandant, être autorisé à prouver sa libération sans l'observation des formes rigoureuses du droit, et à l'aide des faits et circonstances de la cause, appréciés souverainement par les juges du fond (Req. 9 juin 1865, aff. de Clinchamps, D. P. 65. 1. 160).

88. On a examiné au *Rép.*, n° 237, la question de savoir si le mandant a le droit de dispenser le mandataire de l'obligation de rendre compte, et l'on a rapporté des arrêts qui ont admis la validité d'une pareille clause. Tel est également l'avis de M. Pont, t. 1, n° 1003 : « Si les règles constitutives du mandat, dit-il, accordent au mandant une action en reddition de compte contre le mandataire, elles ne défendent en aucune manière aux parties de convenir que ce dernier sera dispensé de rendre compte. Il se peut que, dans telles ou telles situations, la clause blesse l'ordre public ou les bonnes mœurs, et, dans ce cas, elle serait nécessairement réputée non écrite; mais en elle-même, elle n'est certainement ni illicite, ni immorale : c'est pourquoi elle doit, en principe, être maintenue et validée. A plus forte raison pourra-t-on stipuler avec effet une clause qui, sans affranchir le mandataire de son obligation d'une manière absolue, l'autoriserait néanmoins à présenter son compte en bloc ou le dispenserait de produire, en rendant son compte, les pièces susceptibles d'en justifier les éléments ».

M. Laurent (t. 27, n° 496) combat cette doctrine; il admet, comme Troplong, que la dispense de rendre compte pourrait valoir dans le cas seulement où les parties ont l'intention de faire une libéralité, mais non un mandat. « Bien que libres de faire les conventions qu'elles jugent convenables, elles (les parties) ne peuvent pas, dit-il, déroger à l'essence des conventions qu'elles contractent; de même qu'elles ne pourraient pas faire une vente sans objet ou sans prix, elles ne pourraient point faire un mandat sans obligations imposées au mandataire. Or, il n'y a pas obligation de rendre compte de sa gestion. Il y a encore un autre motif de le décider ainsi. Le compte est la base de l'action qui appartient au mandant contre le mandataire, pour inexécution du mandat ou pour fautes commises dans la gestion : dispenser le mandataire de rendre compte, c'est l'affranchir de toute responsabilité ; c'est donc lui permettre de se rendre coupable impunément des fautes les plus graves, même de dol : une pareille convention serait nulle comme contraire aux bonnes mœurs et à l'ordre public ». — L'opinion de M. Laurent nous paraît exagérée. En quoi serait-il contraire aux bonnes mœurs et à l'ordre public de dispenser de rendre compte le parent, l'ami, que l'on a choisi comme mandataire et dans lequel on a la plus entière confiance ? Tout ce que l'on peut dire, c'est que dans certains cas la dispense dont il s'agit transformera le mandat en libéralité et que, dans d'autres cas, elle aura pour effet de dispenser le mandataire de fournir un compte détaillé avec pièces à l'appui (Comp. Bruxelles, 15 juill. 1817, *Rép.* n° 237).

89. Ainsi qu'on l'a dit au *Rép.*, n° 239, c'est au mandant seul que le mandataire doit rendre compte. Il a été jugé que l'ecclésiastique préposé par ses fonctions à la réception des dons et offrandes faits à la fabrique d'une église doit être considéré comme le mandataire, non des donateurs, mais de la fabrique elle-même ; dès lors, c'est à la fabrique qu'il doit rendre compte des sommes qu'il a reçues à ce titre (Paris, 16 déc. 1864, aff. Laurichesse, D. P. 66. 2. 191).

90. On a vu au *Rép.*, n° 242, qu'aucune règle spéciale n'a été édictée par le législateur pour la reddition du compte. Un compte judiciaire accompagné de l'accomplissement des formalités prescrites au titre 4 du livre 5 du code de procédure civile ne peut être exigé, à moins, toutefois, qu'une stipulation contraire ne soit intervenue. « Dans la pratique, dit M. Domenget, *op. cit.*, n° 288, le compte du mandataire se fait au moyen d'un inventaire, ayant un chapitre de recettes et un chapitre de dépenses, appuyés l'un et l'autre par des pièces justificatives ». — Il appartient, d'ailleurs, aux tribunaux, ainsi qu'on l'a dit au *Rép.* n° 249, d'apprécier souverainement les moyens justificatifs invoqués à l'appui du compte (V. dans le même sens, Domenget, *loc. cit.*). Cette appréciation peut les conduire à déclarer que les moyens sont insuffisants, et même qu'ils font preuve contre le mandataire. Ainsi il a été jugé que le compte présenté par un mandataire à son mandant, bien qu'il ne soit qu'un simple projet à l'égard de celui-ci tant qu'il n'a pas reçu son approbation, n'en fait pas moins preuve contre le mandataire des sommes qui y sont portées (Req. 23 mai 1881, aff. Patron, D. P. 82. 1. 87).

91. En principe, le mandataire qui ne fait pas figurer dans son compte des sommes d'argent ou des valeurs qu'il était chargé de recouvrer, n'est pas tenu de prouver qu'il ne les a pas touchées. C'est au mandant qui prétend qu'elles ont été recouvrées par son mandataire, et que, par suite, ce dernier en est débiteur envers lui, à faire la preuve de son allégation (V. *Rép.* n° 252). — Il a été jugé, toutefois, que le commis appointé d'un percepteur des contributions qui, chargé, en cette qualité, de percevoir les contributions des mains des redevables, et d'en opérer le versement à la recette particulière, s'est constitué comptable envers son mandant de la totalité de ce qui devait être perçu des contribuables, conformément aux rôles, est tenu de faire figurer dans son compte toutes les sommes dont il ne prouve pas le non-recouvrement (Civ. rej. 22 févr. 1854, aff. Hanne, D. P. 54. 1. 113). Cette décision s'explique par la nature particulière du mandat dont il s'agissait dans l'espèce : ce mandat avait pour objet le recouvrement de contributions directes, et il était constaté, en fait, que le percepteur obligé, vis-à-vis du Trésor public, de prouver la réalité des non-valeurs, avait assujetti le mandataire à lui fournir la même preuve.

Le mandant est, en général, soumis aux règles ordinaires, en ce qui concerne la preuve qui lui incombe à l'encontre du mandataire; il ne peut donc recourir à la preuve testimoniale ou aux présomptions que dans les cas où ces modes de preuves sont autorisés par le droit commun. Jugé, à cet égard, que le mandant ou ses représentants sont recevables à prouver par témoins que le mandataire a dissimulé une partie du prix d'une vente effectuée par lui en exécution du mandat ; qu'il s'agit là d'un fait de dol ou de fraude, et même d'un délit, dont le mandant, demeuré étranger à l'acte de vente, n'a pu se procurer la preuve écrite (Civ. cass. 6 août 1889, aff. Descombes, D. P. 90. 1. 183). Il n'est pas douteux, en effet, que la preuve testimoniale puisse être employée pour établir un fait délictueux commis à l'occasion d'un contrat, si ce contrat n'est pas intervenu entre l'auteur du délit ou du quasi-délit et la personne lésée (V. *infrà*, v° *Obligations*).

92. Le commis placier chargé, moyennant une commission, de vendre des marchandises pour le compte d'un commerçant, doit, comme tout mandataire, fournir le compte de sa gestion, c'est-à-dire des opérations qu'il a faites pour son commettant. Ce n'est pas à celui-ci à lui fournir ce compte (Req. 26 déc. 1866, aff. Angot, D. P. 67. 1. 303).

93. La reddition de compte est sans objet lorsqu'il est établi que le mandataire n'a rien conservé de ce qu'il pouvait devoir au mandant par suite de l'exécution du mandat. Un arrêt (Req. 11 janv. 1843) rapporté au *Rép.* v° *Compte*, n° 39, a jugé, en ce sens, qu'un mandataire avait pu, dès lors qu'il était libéré, être dispensé de rendre un compte, sans que l'arrêt qui l'avait ainsi décidé encourût la censure de la cour de cassation. Décidé de même que l'arrêt qui rejette la réclamation, formée contre un mandataire, du prix d'une vente opérée par un mandant actuellement décédé admet implicitement que, si le mandataire a touché ce prix, il a aussi exécuté le mandat qui en réglait l'emploi, de sorte qu'il n'en doit plus aucun compte; et que cette décision échappe au contrôle de la cour suprême (C. cass. de Belgique 2 juin 1887, aff. de Gilissen, D. P. 89. 2. 39).

94. Que doit contenir le compte? Comme on l'a exposé au *Rép.* n°s 250 et suiv., il doit contenir tout ce que le mandataire a reçu en vertu de la procuration, quand même ce qu'il aurait reçu n'était pas dû au mandant. C'est le texte même de l'art. 1993 c. civ. — M. Laurent (t. 27, n° 502) fait remarquer que c'est là une application du principe de la représentation, qui domine dans le mandat. Ce que le mandataire reçoit, il le reçoit, non pour lui et en son nom, mais pour le mandant et au nom de celui-ci; il n'est que l'intermédiaire par lequel les fonds passent pour être remis au mandant. Ainsi les sommes reçues par un mandataire, d'une personne qui s'en croyait débitrice et qui les lui a ainsi payées sciemment, c'est-à-dire en se trompant seulement sur l'existence ou l'étendue de la dette, mais non sur le chiffre réel de la somme versée, doivent être remises au mandant, parce qu'elles ont été payées et reçues en vertu de la procuration. Lorsqu'au contraire il s'agit d'un versement dépassant celui que le débiteur avait la volonté de faire, l'excédent n'est plus réputé payé au mandataire en exécution du mandat. Spécialement, le mandataire qui, chargé de recouvrements, par exemple comme garçon de recettes, a reçu de l'un des débiteurs, et par suite d'une erreur purement matérielle de celui-ci, une somme plus forte que la somme due, n'est pas tenu envers son mandant de cet excédent, qu'il est réputé avoir touché en dehors de sa procuration: il a seul droit à l'excédent dont il s'agit, à défaut de réclamations dans les délais de la loi, et sauf dépôt à la Caisse des consignations jusqu'à l'expiration de ces délais (Req. 10 juin 1868, aff. Aron, D. P. 69. 1. 318).

95. On a dit encore (*Rép.* n° 259) que le mandataire assujetti à rendre compte peut compenser et retenir, sur les sommes dont il se trouve détenteur, le montant constaté des avances et déboursés auxquels l'exécution du mandat a donné lieu. — Jugé que le mandataire peut compenser les sommes reçues pour le compte du mandant avec ses dépenses d'administration régulièrement justifiées (Req. 5 mai 1873, aff. Bonniau, D. P. 73. 1. 438). Il a même été décidé que le mandataire dont les avances sont, aux termes de l'art. 2001, productives d'intérêts à partir du jour où elles ont eu lieu, est admis à imputer sur les intérêts d'abord et sur le capital ensuite, c'est-à-dire à compenser par *échelettes*, les sommes par lui reçues pour le compte de son mandant, au fur et à mesure des recouvrements qu'il en a faits: on dirait vainement que la balance des sommes respectivement dues par le mandant et par le mandataire ne doit être établie qu'à la fin du compte (Req. 23 nov. 1858 aff. Dumer, D. P. 59. 1. 131). On a expliqué, dans la note jointe à cet arrêt, en quoi le compte par *échelette* diffère de celui dans lequel les sommes inscrites au crédit et au débit de chaque partie sont compensées *en bloc* lors du règlement définitif, ou à des époques périodiques déterminées, et l'on a établi que ce mode de procéder est parfaitement régulier, alors du moins, que les divers éléments du compte sont constamment exigibles et liquidés.

§ 4. — Intérêts des sommes reçues (*Rép.* n°s 266 à 279).

96. L'art. 1996 c. civ. dispose que le mandataire doit l'intérêt des sommes qu'il a employées à son usage à dater de cet emploi (*Rép.* n° 266). M. Laurent fait justement observer, n° 506, que le mandataire qui emploie à son usage les sommes confiées viole ses engagements; c'est pour cela que la loi l'oblige à payer les intérêts de plein droit sans demande judiciaire et sans sommation. — La jurisprudence a fait de nombreuses applications de ce principe. Il a été jugé: 1° que le mandataire qui, chargé par la justice de répartir entre des créanciers opposants des deniers par lui touchés au nom du débiteur, en a employé une partie à son profit, est tenu envers ce dernier des intérêts de la somme dont il a ainsi profité, quels que soient les termes de son mandat, et alors même, notamment, qu'il devrait être considéré comme le mandataire plûtôt des créanciers qu'il avait mission de payer que du débiteur pour le compte duquel les payements étaient effectués (Civ. rej. 19 déc. 1853, aff. Marais, D. P. 54. 1. 25); — 2° Que, dans un compte de liquidation et de mandat, le mandataire doit les intérêts des sommes employées à son usage, de même que le mandant doit les intérêts des avances faites par le mandataire (Civ. rej. 28 mai 1872, aff. Sigaudy, D. P. 72. 1. 247); — 3° Que le mandataire doit compte des intérêts des sommes perçues par lui, pour le compte du mandant, et qu'il a placées en son propre nom (Paris, 16 déc. 1864, aff. Laurichesse, D. P. 66. 2. 191. Comp. *Rép.* n° 267). — Mais il a été jugé que le mandataire (dans l'espèce, le liquidateur d'une société commerciale) ne peut être condamné au remboursement des intérêts des sommes qu'il a recouvrées, s'il n'est pas établi qu'il a employé ces sommes à son profit (Civ. cass. 5 nov. 1873, aff. Maiffredy, D. P. 73. 1. 454).

97. On a dit au *Rép.*, n° 271, que, la mauvaise foi ne se présumant pas, c'est au mandant qui, du reste, est demandeur, à prouver que le mandataire a employé à son usage personnel les sommes qu'il a touchées pour lui, et à fixer l'époque de leur emploi (Conf. Massé et Vergé, sur Zachariæ, t. 5, § 763, note 16; Domenget, t. 1, n° 361; Pont, *op. cit.*, n° 1043). — M. Laurent (t. 27, n° 509) enseigne que le mandant ne peut être obligé d'établir que le mandataire a fait des deniers tel ou tel emploi déterminé; il lui suffirait de démontrer que les deniers ont tourné au profit de ce dernier (V. en ce sens, Gand, 29 juill. 1875, *Pasicrisie belge*, 1875. 2. 368).

98. Il est également admis, en général, que le mandant est tenu de fournir la preuve du moment où a eu lieu l'emploi. C'est ce que décide, notamment, l'arrêt de la cour de Douai du 6 janv. 1849, cité au *Rép.* n° 271. — M. Laurent (t. 27, n° 509) critique cette décision. « La preuve précise, dit-il, est le plus souvent impossible, quoique l'emploi soit constant; le juge doit donc, quant à l'époque de l'emploi, se contenter de présomptions. Les présomptions sont admises en cette matière, puisque le mandant, étranger à l'emploi, n'a pu s'en procurer une preuve littérale ». — Il a été décidé, en tout cas, que si le mandant est dans l'impossibilité d'établir l'époque de l'emploi indûment fait par le mandataire, le mandataire à la charge duquel est constaté un déficit, impliquant l'emploi à son profit des sommes non représentées, peut être déclaré passible des intérêts de ces sommes à partir du jour où a cessé sa gestion; on objecterait vainement qu'à défaut de cette preuve le mandataire ne doit les intérêts de toute somme, même employée à son profit, qu'à dater de sa mise en demeure (Req. 3 mai 1865, aff. Hertz, D. P. 65. 1. 379-380).

99. Une autre règle est formulée dans l'art. 1991: le mandataire ne doit les intérêts du reliquat qu'à partir de la mise en demeure (Req. 6 déc. 1880, aff. Escudié, D. P. 81. 1. 312). On a vu au *Rép.*, n° 276, que la mise en demeure peut résulter non seulement d'une demande en justice, mais encore de tous les actes énumérés par l'art. 1139

c. civ., c'est-à-dire d'une simple sommation, ou de tout autre acte équivalent. Il faut ajouter, avec MM. Laurent (t. 27, n° 512) et Paul Pont (*op. cit.*, n° 1049), que cette mise en demeure peut résulter de la correspondance, lorsqu'il s'agit d'un mandat commercial.

100. On a dit également au *Rép.*, n° 278, que la mise en demeure n'est possible que si elle a pour but le payement du reliquat dû par le mandataire, ce qui suppose ce compte apuré et le reliquat fixé. Il a été jugé que la demande en reddition de compte, formée par un mandant contre son mandataire, ne constitue pas une mise en demeure suffisante pour faire courir, conformément à l'art. 1996 c. civ., les intérêts des sommes dont le mandataire a été, sur cette demande, déclaré reliquataire (Req. 20 avr. 1863, aff. Guigou, D. P. 64. 1. 40).

101. Faut-il conclure de là que le mandant, pour avoir droit aux intérêts, doit nécessairement attendre que le compte soit rendu et le reliquat déterminé? M. Laurent ne le pense pas « L'art. 1996, dit-il (t. 27, n° 513), déroge au droit commun en ce sens qu'il donne au mandant un moyen facile d'obtenir les intérêts, sans recourir à une demande judiciaire: c'est une sommation ou une simple reconnaissance du débiteur; mais si le mandataire ne rend pas son compte, et s'il est cependant certain que le mandataire devra un reliquat, pourquoi le mandant ne pourrait-il pas agir en justice et demander les intérêts du reliquat que le mandataire sera condamné à payer? Le texte ni l'esprit de la loi n'y font obstacle ». — Cette doctrine peut s'appuyer sur un arrêt de la cour de cassation, aux termes duquel la demande en restitution et en dommages-intérêts, formée par le mandant à raison des erreurs et omissions relevées dans le compte du mandataire, fait courir les intérêts des sommes dues par celui-ci, bien que cette demande ait été suivie d'un compte judiciaire dont le résultat a été de réduire les prétentions primitives du demandeur (Civ. cass. 25 nov. 1873, aff. Royer, D. P. 74. 1. 66). M. Laurent, commentant cet arrêt, n° 514, s'exprime en ces termes: « Il s'agissait uniquement, dans l'espèce soumise à la cour suprême, de savoir si la demande, telle qu'elle était formulée, constituait une mise en demeure. L'affirmative n'était guère douteuse: en effet, la demande avait pour objet la somme à laquelle le mandant évaluait le reliquat, en se fondant sur les erreurs ou omissions du compte présenté par le régisseur; l'action impliquait donc une demande judiciaire du reliquat; or une demande en justice équivaut certes à une sommation. Il est vrai qu'à la suite des contestations du mandataire, il fut procédé à une demande en justice, et les débats aboutirent à une réduction notable des prétentions du demandeur; mais, dit la cour de cassation, le reliquat n'en est pas moins l'apurement de la demande originaire avec laquelle il se confond. Cela est très juste; car, réduire le chiffre d'une demande, ce n'est pas en altérer la nature ni le caractère, la demande restait donc une réclamation du reliquat. Or, la demande judiciaire du reliquat est une mise en demeure du mandataire; partant, l'art. 1996 c. civ. était applicable ».

102. Il a encore été jugé, dans le même ordre d'idées, que la disposition de l'art. 1996 c. civ., d'après laquelle le mandataire ne doit l'intérêt des sommes non employées à son usage qu'après une mise en demeure de payer le reliquat dont il a été préalablement constitué débiteur, ne s'applique qu'au cas où les parties ont procédé au règlement de leur situation par voie de reddition de compte, dans les termes des art. 527 et suiv. c. proc. civ. (Civ. cass. 21 août 1872, aff. Masson, D. P. 73. 1. 113). En conséquence, lorsque le mandant a agi par voie de saisie-arrêt et de demande en payement du solde dont il se prétendait créancier, les intérêts courent à son profit, conformément au droit commun, à partir du jour de la demande (Même arrêt). Et cette demande doit s'entendre, non de l'exploit de saisie-arrêt qui ne touche que le tiers saisi, mais seulement de l'assignation en payement signifiée au mandataire avec la dénonciation de la saisie (Même arrêt). Mais cet arrêt nous a paru sujet à critique (V. la note, D. P. *ibid.*).

103. La citation en conciliation suffirait-elle pour faire courir les intérêts du reliquat dû par le mandataire? La question a été posée devant la cour de cassation, qui ne l'a pas résolue et s'est bornée à déclarer que, si l'existence de la citation n'est pas certaine, les intérêts du reliquat ne courent qu'à partir de la demande en justice (Req. 6 déc. 1880, aff. Escudié, D. P. 81. 1. 312). L'affirmative ne paraît pas douteuse, à la condition toutefois que la citation ait pour objet, non pas une reddition de compte, mais la demande en payement du reliquat.

104. Lorsque le mandataire n'est pas poursuivi en vertu des obligations que lui impose le mandat, l'art. 1996 n'est pas applicable; si donc il a touché des sommes en dehors de son mandat, il en doit les intérêts du jour où il les a touchées, s'il est de mauvaise foi, et du jour de la demande seulement, s'il est de bonne foi. Ainsi il a été jugé que le mandataire, condamné à restituer les sommes qu'il a reçues par erreur au delà du salaire stipulé à son profit, ne doit les intérêts de cet excédent que du jour de la demande en restitution (Req. 19 juill. 1875, aff. Bouyer, D. P. 76. 1. 278).

105. Enfin, il n'est pas permis aux tribunaux, sous prétexte d'équité, de fixer arbitrairement le point de départ des intérêts. Jugé que le point de départ des intérêts dus par un mandataire judiciaire (dans l'espèce, un cohéritier administrateur de la succession) ne saurait être fixé, sous prétexte d'équité, à une date arbitraire, qui n'est ni celle d'un emploi de fonds fait par ce mandataire à son profit, ni celle d'une demande en justice, ni celle d'une mise en demeure à lui signifiée pour les sommes dont il est reliquataire (Civ. cass. 11 juill. 1883, aff. Rigaud, D. P. 83. 1. 444).

§ 5. — De la substitution d'un mandataire (*Rép.* n°s 280 à 292).

106. La question de savoir si un mandataire est autorisé à se substituer un tiers dans l'accomplissement de son mandat, alors que la convention est muette à cet égard, est très controversée. On a fait connaître au *Rép.*, n° 280, les divergences qui se sont produites dans la doctrine à ce sujet. M. Laurent, t. 27, n°s 482 à 486, résout la difficulté par l'art. 1237 c. civ., aux termes duquel « l'obligation de faire ne peut être acquittée par un tiers contre le gré du créancier, lorsque ce dernier a intérêt à ce qu'elle soit remplie par le débiteur lui-même ». Il faut, suivant lui, distinguer le cas où le mandant a intérêt à ce que le mandataire agisse lui-même et le cas où, au contraire, son intérêt exige que le mandat soit exécuté, même lorsque le mandataire est empêché. Dans cette dernière hypothèse, la substitution serait autorisée; elle ne le serait pas dans la première (V. aussi Domenget, t. 1, n° 313).

Ce système ne nous paraît pas exact. Il n'y a aucun argument d'analogie à tirer de l'art. 1237 c. civ., qui suppose un créancier ayant exprimé sa volonté formelle de voir l'obligation remplie par le débiteur lui-même, et non par un autre. Ces mots: « l'obligation de faire ne peut être acquittée par un tiers contre *le gré du créancier* » font allusion à l'hypothèse où le créancier aura soit directement, soit implicitement, fait connaître sa volonté à cet égard; tandis que l'art. 1994 vise précisément dans le premier paragraphe le cas où le contrat est muet sur la substitution. Nous persistons dans l'opinion émise au *Rép.*, n° 280, d'après laquelle le mandataire a, dans tous les cas, le droit de se substituer quelqu'un pour l'accomplissement du mandat, sauf la responsabilité qui peut lui incomber de ce chef (dans les cas prévus par l'art. 1994). Tel est également l'avis de MM. Paul Pont (t. 1er, n° 1016) et Aubry et Rau (t. 4, n° 4, § 413, et note 14). A l'appui de cette thèse, on peut invoquer les travaux préparatoires, du code civil; il a été dit, notamment, par M. Treilhard, que « si le mandataire est autorisé à se substituer quelqu'un, il ne peut cependant, par la substitution, se décharger du mandat ». — Depuis l'arrêt de Caen (19 nov. 1836), cité au *Rép. ibid.*, la jurisprudence ne paraît pas avoir eu à se prononcer sur la question. M. Laurent cite cependant un arrêt de la cour de Gand, du 26 mai 1851 (aff. Coppé, *Pasicrisie belge*, 1851. 2. 318), qui a décidé, d'une manière absolue, que le mandataire ne peut se décharger sur un autre des devoirs qui n'étaient confiés qu'à lui personnellement.

107. Dans le cas où le mandataire s'est substitué un tiers sans y être autorisé sa responsabilité subsiste dans toute son étendue, l'art. 1994 le dit formellement (*Rép.* n° 280. Conf. Montpellier, 8 juill. 1862, *suprà*, n° 68). — Lorsque, au contraire, par le contrat, le mandataire est autorisé à se substituer telle personne désignée, il n'est plus responsable des actes du substitué; le substitué désigné par le mandant devient son mandataire direct. Cependant la substitution ne décharge pas absolument le mandataire de toute responsabilité; celui-ci, en effet, on l'a dit au *Rép.* n° 284, pourrait être déclaré responsable si, par exemple, ayant appris que le substitué était mis dans l'impossibilité d'accomplir son mandat, il n'avait pas fait connaître cette circonstance au mandant. (Conf. P. Pont, t. 1, n° 1020).

La jurisprudence semble étendre cette responsabilité au cas où le mandataire primitif, à raison des circonstances, reste obligé à un devoir de surveillance sur le substitué. C'est ainsi qu'il a été jugé que le mandataire autorisé à se substituer un tiers pour l'exécution du mandat demeure responsable de l'accomplissement de ce mandat, quand il est déclaré personnellement en faute pour n'en avoir pas surveillé l'exécution, alors même que le tiers substitué prendrait son fait et cause, la responsabilité à laquelle il est soumis reposant sur une garantie simple, née de l'acceptation du mandat, et dont ce tiers ne peut le décharger (Req. 26 nov. 1860, aff. Carbonnier, D. P. 61. 1. 496). Et le mandataire substitué peut n'être condamné à supporter qu'une partie de la condamnation principale prononcée contre le mandataire originaire, par appréciation de leurs fautes respectives, sans que cette mesure de la responsabilité de chacun d'eux tombe sous le contrôle de la cour de cassation (Même arrêt). Tel ne serait pas, suivant M. Laurent, t. 27, n° 489, *in fine*, le véritable sens de cet arrêt. « Si, dans l'espèce, dit-il, le mandataire a été déclaré responsable vis-à-vis du mandant, c'est parce que le mandataire substitué avait laissé le mandataire primitif dans l'ignorance absolue de son acceptation, de sorte que ce dernier devait rester seul mandataire et accomplir seul les obligations résultant du mandat ». Mais cette interprétation spécieuse doit être repoussée. La cour de cassation n'a certainement pas considéré le contrat comme ne s'étant pas formé, puisqu'elle a condamné, vis-à-vis du mandant, non seulement le mandataire primitif, mais encore le mandataire substitué. L'arrêt déclare d'ailleurs, expressément, que, dans l'espèce, la substitution ne pouvait exonérer le mandataire de la responsabilité, parce qu'il y avait eu de sa part faute personnelle, résultant des faits constatés par le jugement attaqué; ce jugement constate que le mandataire avait commis une faute en ne rappelant pas au substitué ses obligations, notamment celle d'agir dans un délai de rigueur, ce qui impliquait bien qu'il était tenu à une surveillance active. — Il a été décidé, dans le même sens, que le mandataire, autorisé à se substituer un tiers pour l'exécution du mandat qui lui a été confié, demeure responsable des fautes commises par le substitué, quand il est déclaré personnellement en faute pour n'avoir pas exercé une surveillance suffisante (Req. 23 avr. 1872, aff. Cazelles, D. P. 72. 1. 411). Le mandant et le mandataire peuvent, d'ailleurs, être condamnés à supporter, chacun pour partie, les condamnations prononcées en faveur d'un tiers, contre la personne que le mandataire primitif a été autorisé à se substituer dans l'accomplissement du mandat, s'ils ont, l'un et l'autre, commis des fautes assez graves pour engager leur responsabilité (Même arrêt).

108. Comme on l'a vu au *Rép.* n° 290, la personne que le mandataire s'est substituée est tenue *directement* envers le mandant (Conf. Civ. rej. 22 mars 1875, aff. Lefèvre, D. P. 75. 1. 204). Jugé spécialement : 1° que l'agent de change de Paris qui, ayant reçu d'un agent de change de province des actions nominatives appartenant à un tiers, avec un transfert en blanc, les a négociées, en certifiant sa signature, peut être actionné en payement du prix par le propriétaire desdites actions (Arrêt précité du 22 mars 1875); — 2° Que le mandataire (dans l'espèce, un agent de change) substitué par son correspondant pour l'aliénation de valeurs dotales est personnellement tenu, vis-à-vis de la femme dotale, des conséquences du défaut d'un emploi qu'il aurait dû surveiller, sauf le recours qui lui appartient contre le mandataire originaire, son mandant (Rouen, 7 avr. 1886, aff. Letel et Seligmann, D. P. 88. 2. 46).

Le mandataire substitué étant tenu directement envers le mandant, il en résulte qu'il ne peut opposer à celui-ci les moyens de compensation qu'il eût pu opposer au substituant, lorsqu'il sait qu'il a agi pour le compte du mandant et non pour le compte du substituant (Req. 20 avr. 1859, aff. Magnin, D. P. 59. 1. 263; Orléans 9 juin 1870, aff. Mahou, D. P. 70. 2. 225). Spécialement, l'agent de change, mandataire substitué, ne peut opposer au vendeur des titres la compensation qui se serait opérée, pour le produit de la vente, entre lui-même et l'intermédiaire mandataire substituant (Arrêt précité du 9 juin 1870; Paris, 14 juill. 1869, aff. Febvret, D. P. 70. 2. 40).

109. Une autre conséquence du même principe, c'est que le tiers que le mandataire s'est substitué pour l'exécution du mandat est directement comptable envers le mandant, et qu'il ne peut, dès lors, se soustraire au recours de ce dernier, en réglant avec le substituant les conséquences de l'opération dont il a été chargé. La jurisprudence a appliqué ce principe à l'hypothèse où un agent de change de Paris a été chargé, par un agent de change de province, de vendre des titres nominatifs confiés à celui-ci par un tiers. Elle a décidé que l'agent de change de Paris ne pouvait se prétendre libéré envers le tiers par le fait d'avoir porté, dans son compte courant avec l'agent de change, son correspondant, au crédit de ce dernier, les titres dont il s'agissait (V. notamment Civ. rej. 22 mars 1875, cité *suprà*, n° 108).

Mais il a été décidé que l'agent de change qui a été chargé de vendre des valeurs nominatives par un tiers, auquel le propriétaire avait donné mandat à cet effet, et qui a tenu compte à ce tiers du prix de vente, est à l'abri de toute action de la part du propriétaire, alors que celui-ci a reçu sans protestation le compte de son mandataire, dans lequel cette négociation se trouvait mentionnée (Civ. rej. 4 août 1879, aff. De Clervaux, D. P. 80. 1. 59). Cette décision n'est nullement contraire à la jurisprudence précitée; elle s'explique par cette circonstance particulière que le mandant, en acceptant sans réserve la compte de son mandataire, avait implicitement renoncé à exercer ses droits contre le substitué. Il en est, d'ailleurs, autrement, d'après le même arrêt, lorsque le tiers, sur l'ordre duquel les valeurs nominatives ont été vendues, n'était que simple dépositaire de ces valeurs : en ce cas, l'agent de change qui a fait la vente peut être condamné à en rembourser le prix au propriétaire, alors même qu'il aurait agi de bonne foi, et qu'il aurait déjà effectué ce remboursement entre les mains du dépositaire; mais il ne saurait être actionné en restitution des titres eux-mêmes, ou de leur valeur à l'époque de la demande.

La règle ci-dessus posée n'est pas non plus contredite par un arrêt (Lyon, 7 déc. 1859, aff. Paillon, D. P. 60, 2. 8) portant que le mandataire substitué ne doit compte que du mandat à lui donné par le mandataire substituant, et non pas du mandat donné à ce dernier par le mandant primitif; qu'ainsi l'agent de change qui reçoit d'un confrère l'ordre de vendre certains titres et d'en acheter d'autres a le droit de compenser, dans le compte courant qu'il adresse à son mandant, à la suite de cette double opération, le prix provenant de la vente avec le prix qu'il a dû payer pour l'achat, alors qu'en fait il ignorait le nom du propriétaire des titres vendus; et que cette compensation le met à l'abri de toute réclamation de la part de ce dernier. — Dans l'espèce sur laquelle a statué cet arrêt, il n'y avait pas, à proprement parler, de substitution, mais deux mandats : un mandat donné par le mandant à un agent de change, un autre donné par cet agent de change à un de ses confrères. Il résultait effectivement des faits de la cause que le second agent de change avait toujours ignoré le mandat primitif. — Il a été décidé toujours dans le même sens que, lorsque des valeurs au porteur, confiées à un agent de change, ont été envoyées par lui à un agent de change d'une autre ville, dans le but d'éteindre indistinctement toutes ses dettes envers ce dernier, le propriétaire n'est fondé à revendiquer ni ces valeurs, ni leur prix, passé en compte courant au crédit de l'expéditeur, contre l'agent de change qui a vendu les valeurs, et qui n'en connaissait pas le propriétaire (Civ. rej. 23 févr. 1874, aff. Verdat du Tremblay D. P. 74. 1. 389). Peu importe, à cet égard, que la plupart des articles du compte courant existant entre les deux agents de change aient eu pour origine des dettes provenant de jeux de bourse, alors que toutes les sommes encaissées par l'agent de change créancier et vendeur l'étaient dans le but d'éteindre toutes les dettes de l'autre et de son consentement

(Rouen, 13 avr. 1870, même affaire, D. P. *ibid.*). Il s'agissait, dans cette espèce, de valeurs au porteur, et l'on comprend, dès lors, que l'agent de change auquel les titres avaient été envoyés par son confrère fût demeuré dans l'ignorance du mandat primitif et du nom du véritable propriétaire de ces valeurs. On a objecté, il est vrai, que l'agent de change qui reçoit des titres dans de pareilles conditions, ne peut ignorer qu'ils appartiennent à un tiers; mais l'objection n'est pas exacte en fait, car les titres peuvent appartenir à l'agent de change expéditeur lui-même. Dans tous les cas, le vendeur ignore à qui les titres appartiennent; or, pour que la substitution s'opère, il faut que le mandat primitif soit connu du substitué. — Toutefois, il ne faudrait pas conclure de ce qui précède que la substitution ne peut jamais se produire quand il s'agit de titres au porteur : la preuve qu'il y a eu substitution, et non un double mandat, pourra être tirée de la correspondance, des présomptions fournies par les circonstances de la cause, etc.; en d'autres termes, elle pourra être faite à l'aide de tous les modes de justification admis par la loi.

110. M. Pont (*op. cit.*, n° 102), après avoir étudié les rapports du mandant avec le substituant et le substitué, traite des relations : 1° entre le mandant et les tiers qui ont traité avec le substitué; 2° et 3° entre le mandataire substituant, d'une part, et d'autre part, le mandataire substitué et les tiers qui ont traité avec ce dernier; 4° entre le substitué et les tiers avec lesquels il contracte.

111. 1° Les rapports entre le mandant et les tiers qui ont traité avec le substitué sont exactement les mêmes que ceux qui existent entre le mandant et les tiers ayant traité avec le mandataire substituant. « Que si le substitué, dit M. Pont *loc. cit.*, avait agi au nom du substituant, c'est ce dernier alors qui aurait le rôle de mandant à l'égard des tiers. Et le mandant primitif, qui n'a pas été nommé dans l'opération, bien que cette opération ait été faite au fond pour son compte, sera dans une position semblable à celle du commettant proprement dit, vis-à-vis des tiers avec lesquels le commissionnaire aurait traité. Or, le commissionnaire agit en son propre nom, on le sait, à la différence du mandataire, qui agit au nom du mandant, tous deux, d'ailleurs, agissant pour le compte soit du commettant, soit du mandant ».

112. 2° Entre le mandataire et le substitué la situation est la même que celle qui existe entre le mandant et le mandataire.

113. 3° Quant aux rapports entre le mandataire et les tiers qui ont traité avec le substitué, il faut distinguer : Si la substitution a eu lieu au nom du mandant, le mandataire originaire n'existe plus en ce qui concerne les tiers. Il a été jugé, en conséquence, que le mandataire qui s'est substitué un autre mandataire cesse d'avoir qualité pour agir en vertu du mandat, et notamment pour recevoir les sommes d'argent à provenir de l'opération (une vente) dont il était chargé (Req. 7 déc. 1857, aff. Guiet, D. P. 58. 1. 111). Les tiers ne peuvent donc opposer au mandant les payements qu'ils ont faits à ce mandataire originaire, malgré la connaissance qu'ils avaient de l'existence d'un nouveau mandataire (Même arrêt). — Si la substitution est faite au nom du mandataire lui-même, ce dernier, dit M. Paul Pont, n° 1029, « transforme par là son rôle de mandataire en celui de commissionnaire, d'où il suit qu'il est obligé personnellement et a pour obligés les tiers avec qui le substitué a traité ». Il serait plus simple de dire qu'il n'y a plus substitution, mais en réalité deux mandats distincts.

114. 4° Enfin les rapports entre le substitué et les tiers avec lesquels il a traité sont les mêmes que ceux qui existent entre tout mandataire et les tiers.

§ 6. — De la solidarité entre les mandataires (*Rép.* n°s 293 à 302).

115. L'art. 1995 c. civ. déroge à la pratique du droit romain et confirme les dispositions de l'art. 1202, du même code, d'où il résulte que la solidarité ne se présume pas et doit toujours être stipulée (*Rép.* n° 293). Il a été dit cependant, au *Rép.* n° 297, que, dans certains cas, bien que la solidarité n'ait pas été expressément stipulée, elle est néanmoins prononcée par les tribunaux, notamment au cas de quasi-délit ou bien lorsque les parties ont clairement manifesté l'intention que les comandataires fussent tenus solidairement. M. Laurent (t. 27, n°s 469 et 470) combat cette théorie et soutient, en s'appuyant sur le texte de la loi, qu'il ne peut y avoir solidarité entre les mandataires en l'absence de stipulation.

Il a été jugé que la règle d'après laquelle il n'y a pas solidarité entre les comandataires reçoit exception lorsque le dommage, dont les comandataires doivent la réparation, est le résultat d'une faute commune et concertée, et provient, par exemple, de faits de prélèvement de sommes d'argent que l'un d'eux a commis à la connaissance de l'autre, qui les a facilités : ce dernier peut alors être condamné solidairement, avec son comandataire, aux restitutions dues au mandant (Req. 3 mai 1865, aff. Hertz, cité *suprà*, n° 98).

CHAP. 10. — Des obligations du mandataire à l'égard des tiers (*Rép.* n°s 303 à 317).

116. Aux termes de l'art. 1997 c. civ., « le mandataire qui a donné à la partie avec laquelle il contracte en cette qualité une suffisante connaissance de ses pouvoirs n'est tenu d'aucune garantie pour ce qui a été fait au delà, s'il ne s'y est personnellement soumis ». Ainsi quand le mandat est connu de toutes parties, c'est le mandant seul qui est engagé. Jugé, par application de ce principe : 1° que le chef d'un corps franc formé en vue de la guerre de 1870, qui a commandé des uniformes pour les hommes de ce corps et s'est engagé à remettre aux tailleurs les bons nécessaires pour recouvrer sur la ville le payement de ces fournitures, ne peut être considéré comme obligé personnellement, alors surtout que ceux-ci n'ont pu se méprendre sur sa qualité d'intermédiaire de l'administration publique (Trib. de Lyon. 8 févr. 1871, aff. Veyret, D. P. 71. 3. 69); — 2° Que le président du conseil d'administration d'une société qui, sans pouvoirs suffisants, a promis une prorogation de bail à un locataire de la société, n'est pas responsable du préjudice résultant pour ce dernier de son expulsion à la fin du bail primitif, si ce locataire connaissait le défaut de pouvoirs du promettant, et s'il a sollicité de la société une prorogation de bail en dissimulant celle qui lui avait été promise (Civ. rej. 9 juill. 1872, aff. de Chavanon, D. P. 72. 1. 404).

117. Au contraire, si les tiers n'ont pas eu connaissance du mandat, le mandataire est obligé envers eux. Décidé, spécialement : 1° que l'agent d'un banquier qui a reçu des titres à lui remis par un client de ce banquier et donné sa signature sans la faire précéder d'une indication de procuration ou de mandat, est tenu personnellement à la restitution envers le client, sauf son recours contre son mandant (Rouen, 10 juin 1872, aff. Lepelletier, D. P. 74. 2. 83); — 2° Que le mandataire qui a traité en son nom personnel pour le compte de son mandant devient débiteur direct et personnel des tiers envers lesquels il s'oblige (Civ. rej. 8 mai 1872, aff. Leprestre, D. P. 72. 1. 348).

118. Au reste, le mandataire ne perd pas sa qualité ni les droits qui en dérivent, parce qu'il se sera personnellement engagé envers les tiers, sans leur faire connaître le mandant pour le compte duquel il agit. Il conserve donc le droit d'exercer contre le mandant les actions résultant du mandat. Et lorsque le mandant s'est expressément engagé à garantir le mandataire des engagements que celui-ci contracterait personnellement pour son compte, le juge du fait peut, par une appréciation souveraine des faits et de cette convention spéciale, décider que le mandant est tenu de fournir immédiatement la garantie stipulée par le mandataire, bien que l'engagement contracté par celui-ci ne soit pas encore exigible (Civ. 8 mai 1872, cité *suprà*, n° 117).

119. On comprend, par ce qui précède, de quelle importance il est pour les tiers qui traitent avec un mandataire de connaître exactement l'étendue de son mandat; de là, le droit qui leur appartient d'exiger la production du contrat (*Rép.* n° 304). Il a été jugé, en ce sens, que le débiteur qui paye entre les mains d'un mandataire de son créancier, est fondé à exiger que le mandataire lui justifie de sa qualité par une procuration en minute, ou par une procuration en brevet qui lui soit remise (Orléans, 19 nov. 1859, aff. Lubineau, D. P. 61. 5. 301).

120. Le mandataire qui a fait connaître sa qualité et ses pouvoirs n'est tenu personnellement, vis-à-vis des tiers, que des actes qu'il a faits en dehors de son mandat. « Sa responsabilité consiste, dit M. Laurent (t. 28, n° 45) à être personnellement obligé, ce qui est très logique ».

Au reste, on l'a dit (*Rép.* n° 314), il peut se présenter des hypothèses où le mandataire, quoique s'étant renfermé dans les limites de son mandat, s'est personnellement obligé ; et son intention à cet égard peut résulter des circonstances de la cause. Il a été jugé, en ce sens, qu'un mandataire peut être condamné personnellement envers les tiers auxquels ses actes ont causé un préjudice, quand il résulte des faits de la cause que les actes qui lui sont reprochés avaient un caractère personnel (Civ. rej. 5 nov. 1877, aff. Dejean, D. P. 80. 1. 79). Il y a là, d'ailleurs, une question de fait qui échappe à la censure de la cour suprême (Même arrêt). Jugé également que l'arrêt qui, interprétant la volonté des parties, a décidé qu'un mandataire s'est personnellement soumis envers les tiers à la garantie de l'exécution des contrats par lui passés avec eux au nom du mandant est souverain et échappe, en conséquence, à la censure de la cour de cassation (Req. 20 nov. 1871, aff. Giquel, D. P. 72. 1. 187 ; 28 févr. 1872, aff. Savon, D. P. 72. 1. 223; 26 avr. 1876, aff. Pierre, D. P. 76. 1. 492).

121. Dans tous les cas, il va de soi que le mandataire est personnellement responsable envers les tiers des délits ou quasi-délits qu'il a commis dans l'accomplissement du mandat (Paris, 14 avr. 1883, aff. De Mare et autres, D. P. 84. 2. 123; Civ. rej. 25 juin 1889, aff. Mer, D. P. 90. 1. 151). Mais il n'en est ainsi, bien entendu, qu'autant que les juges du fond constatent, à la charge du mandataire, des faits suffisants pour constituer les éléments juridiques d'une faute (Civ. cass. 19 févr. 1890, aff. Pérignon, D. P. 90. 1. 241).

CHAP. 11. — Des obligations du mandant à l'égard du mandataire (*Rép.* n°s 318 à 382).

§ 1er. — Payement des avances et salaire du mandataire (*Rép.* n°s 319 à 348).

122. L'art. 1999 c. civ. indique les deux principales obligations du mandant vis-à-vis du mandataire : il doit rembourser à celui-ci les frais et avances qu'il a faits pour l'exécution du mandat et lui payer ses salaires. « Rien n'est plus équitable, comme le fait remarquer M. Paul Pont (n° 1086). D'un côté, le mandataire, qui rend un bon office, n'y doit pas être tenu du sien ; d'un autre côté, le mandant, puisqu'il a tout le profit de l'opération faite pour lui et en son nom, en doit supporter les charges et les frais ».

Mais ce ne sont que les sommes réellement employées qui doivent être remboursées, le mandataire ne doit pas tirer profit du mandat. Décidé, par application de cette règle, que le mandataire qui a payé, pour le compte de son mandant, des droits de douane, avec les titres d'un emprunt fait par un gouvernement étranger, ne peut porter dans son compte le montant de ces titres que jusqu'à concurrence de la valeur qu'ils avaient au moment du payement, quoique l'administration des Douanes les eût reçus pour leur valeur nominale, alors supérieure à leur valeur réelle (Req. 15 mars 1854, aff. Figueroa, D. P. 54. 1. 363). Il en est surtout ainsi quand ce mandataire a, en même temps, la qualité d'associé en participation. Et le mandant n'est pas davantage obligé de tenir compte, en cas pareil, à son mandataire, des droits de douane, tels que droits extraordinaires de subsides de guerre, dont le mode de payement employé par ce dernier a procuré l'exemption (Même arrêt).

123. Le mandataire doit-il être rendu indemne même au cas où le mandat aurait un objet illicite et, par suite, serait nul (V. *suprà*, n° 26). — Si le mandataire était resté dans l'ignorance de l'illégalité du mandat exécuté, il serait trop rigoureux de lui refuser tout recours. La cour de cassation a décidé, en ce sens, que la partie qui a donné l'ordre d'acheter des valeurs de bourse ne peut se refuser au remboursement des avances faites par son mandataire, par le seul motif que la négociation de ces valeurs étant prohibée par la loi, le mandat serait nul comme portant sur un objet illicite ; elle est tenue d'établir, en outre, que le vice allégué était apparent ou connu du mandataire (Civ. rej. 16 juin 1885, aff. Roges, D. P. 86. 1. 153).

124. Quand il n'y a aucune faute imputable au mandataire, le mandant ne peut ni se dispenser de lui rembourser les avances qu'il a faites et de lui payer le salaire promis, quand bien même l'affaire n'aurait pas réussi, ni faire réduire le montant des frais et avances sous prétexte qu'ils pourraient être moindres. Telle est la disposition de l'art. 1999. On a dit, au *Rép.* n° 326, comment il fallait entendre cet article. Le législateur a voulu, en formulant cette règle, que le mandant ne fût pas trop facilement admis à discuter les dépenses et les débours faits par le mandataire. Cependant si ces dépenses étaient excessives, le mandant serait autorisé à les faire réduire, car l'excès même de la dépense constituerait le mandataire en faute (Comp. Laurent, t. 28, n° 9). — Il a été jugé qu'il appartient aux juges du fond de fixer souverainement, d'après les clauses du contrat, les frais dont le remboursement est dû au mandataire en cas d'insuccès de ses démarches (Req. 5 août 1880, aff. Augé, D. P. 81. 1. 166).

125. L'action de mandataire doit, d'ailleurs, être rejetée s'il n'est pas établi que les avances aient été réellement faites. Décidé, à cet égard, que le juge peut repousser la réclamation du mandataire tendant au remboursement d'avances qu'il prétend avoir faites pour le compte du mandant et consistant notamment en gratifications allouées à des employés, en se fondant tant sur l'irrégularité des mentions contenues dans les livres de comptes, relativement aux dites avances, que sur le long silence gardé à ce sujet par le mandataire (Civ. cass. 25 nov. 1873, aff. Royer, D. P. 74. 1. 61).

126. Toujours en vertu du même article, le mandant est obligé de payer au mandataire un salaire, lorsqu'il lui en a promis un, ou, comme le décide la jurisprudence (V. *suprà*, n°s 39, 40), quand il résulte des circonstances que, dans l'intention des parties, le mandat ne devait pas être gratuit. Il doit ce salaire, alors même que l'affaire n'aurait pas réussi, à moins toutefois qu'il y ait eu faute de la part du mandataire.

Nous n'ajouterons rien à ce qui a été dit au *Rép.* n°s 341 à 348, sur les cas où le mandataire peut être privé de son salaire. Mais il est une question fort complexe sur laquelle la doctrine et la jurisprudence sont en désaccord; c'est celle de savoir si le mandant peut demander la réduction du salaire, sous prétexte qu'il serait excessif. Elle a été examinée *suprà*, n°s 43 et 44.

127. Suivant la doctrine admise au *Rép.* n° 259, le mandataire jouit du droit de rétention pour le remboursement de ses avances. Telle est également l'opinion de MM. Aubry et Rau, t. 3, § 256 *bis*, p. 116. M. Paul Pont, *op. cit.*, t. 2, n° 1298, *in fine*, est d'un avis contraire. Suivant cet auteur, le droit de rétention doit être refusé au créancier toutes les fois qu'il ne lui est pas accordé par un texte formel. C'est un droit réel, et si, comme on l'admet généralement, il était opposable à tout le monde, ce serait un droit aussi important que les privilèges et les hypothèques; le législateur n'aurait donc pas manqué de le réglementer (Conf. Baudry-Lacantinerie, *Précis de droit civil*, 2e éd., t. 3, n°s 1053 et suiv.; Colmet de Santerre, *Cours analytique du code civil*, t. 9, n°s 5 *bis*, II, et suiv.).

La jurisprudence n'est pas fixée sur ce point. Des arrêts, dans l'un et l'autre sens, ont été cités au *Rép.* n°s 259 et suiv. Depuis lors, la jurisprudence s'est prononcée plutôt dans le sens de l'affirmative. Plusieurs arrêts ont, en effet, décidé que le mandataire a un droit de rétention sur les objets qui lui ont été confiés pour l'exécution de son mandat, jusqu'au payement de ce qui lui est dû à raison de ce mandat (Civ. rej. 17 janv. 1866, aff. Silvestre, D. P. 66. 1. 76; Dijon, 27 janv. 1887, aff. Bourguignon, D. P. 87. 2. 166. — V. aussi Civ. cass. 29 nov. 1871, aff. Clerjeau, D. P. 71. 1. 209). Mais ce droit de rétention ne confère pas au mandataire la faculté d'exiger la restitution, sous prétexte d'un compte à faire, des pièces dont il s'est dessaisi (Metz, 27 avr. 1869, aff. Goutant. D. P. 71. 2. 186).

La question s'est présentée spécialement, à l'égard des officiers ministériels tels que les avoués, les huissiers, les notaires : on s'est demandé s'ils ont le droit de retenir, jusqu'au payement de ce qui leur est dû, les pièces relatives aux affaires dont ils ont été chargés (V. *suprà*, vis *Avoué*, n°s 20 et 55, *Huissier*, n° 20, et *infrà*, v° *Notaire*. — V. aussi, en ce qui concerne les agents d'affaires, *suprà*, n° 125, et sur le droit de rétention du mandataire en général, *infrà*, v° *Rétention*).

128. Ainsi qu'on l'a vu au *Rép.* n° 338, l'action du mandataire contre le mandant, en payement de ses avances et de son salaire, se prescrit en principe par trente ans. Quant au point de départ de cette prescription, il a été jugé que la prescription des actions qui naissent d'un mandat ne commence à courir que du jour de l'expiration du mandat, ou au moins du dernier acte de gestion ; ainsi la prescription ne peut être invoquée ni par le mandataire, ni contre lui pour les sommes qu'il a reçues ou les avances qu'il a faites plus de trente ans avant l'action en compte, s'il s'est écoulé moins de trente ans depuis le dernier acte de gestion (Dijon, 2 janv. 1866, aff. Epoux Jouesmes, D. P. 66. 2. 30).

§ 2. — Obligation du mandant de payer l'intérêt des avances (*Rép.* nos 349 à 363).

129. On a examiné au *Rép.* nos 349 à 354 ce qu'il fallait entendre par avances. C'est une question de fait que les tribunaux ont à apprécier. Il a été jugé, notamment, à cet égard, que l'administrateur d'une succession chargé, dans son compte de recettes, des intérêts des sommes par lui reçues, à compter du jour de la réception, a droit aux intérêts des sommes par lui payées pour le compte de la succession, à partir du jour du payement, de tels payements constituant de véritables avances dans le sens de l'art. 2001 (Civ. cass. 4 févr. 1852, aff. Boutarel, D. P. 54. 5. 446).

130. On a vu au *Rép.* n° 357 que la jurisprudence avait négativement résolu la question de savoir si les avoués et les notaires ont droit aux intérêts des avances qu'ils font à leurs clients. Il a été décidé, depuis, dans le même sens, que le mandat donné à l'avoué qui occupe en cette qualité est un mandat d'une nature particulière, auquel ne s'applique pas la disposition de l'art. 2001 c. civ. ; que, par suite, l'avoué n'a pas droit à l'intérêt des avances par lui faites pour son client du jour desdites avances (Douai, 29 déc. 1852, aff. Leroy, D. P. 53. 5. 297; Req. 14 janv. 1868, aff. Millart; D. P. 68. 1. 130). — MM. Laurent (t. 28, n° 16) et Pont (t. 1, n° 1111) combattent cette jurisprudence, comme contraire au texte de l'art. 2001 c. civ. « L'avoué, dit ce dernier auteur, *loc. cit.*, est un véritable mandataire, il représente une partie ; les frais dont il débourse le montant pour les besoins de la procédure constituent donc bien des avances dans le sens de l'art. 2001, avances à raison desquelles il n'y a pas de motifs pour refuser au mandataire le bénéfice de notre article ».

Mais, si les sommes dues à un avoué pour frais et émoluments ne sont pas de plein droit productives d'intérêts, les intérêts de ces sommes doivent du moins être alloués du jour de la demande (Arrêts précités du 29 déc. 1852 et 14 janv. 1868; Civ. cass. 21 août 1872, aff. Masson, D. P. 73. 1. 113).

§ 3. — Indemnité pour pertes faites par le mandataire (*Rép.* nos 364 à 372).

131. Comme on l'a vu au *Rép.*, nos 364 à 372, l'art. 2000 c. civ. a tranché l'ancienne controverse qui s'était élevée en droit romain et dans notre ancien droit sur le point de savoir si le mandant devait indemniser le mandataire des pertes qu'il a éprouvées non pas seulement *à cause* du mandat, mais aussi *à l'occasion* de ce mandat. Le législateur a décidé que le mandant devait indemniser le mandataire des pertes qu'il a faites à l'occasion du mandat, à moins qu'il n'y ait eu faute ou négligence de la part du mandataire ayant entraîné cette perte. Ce n'est plus qu'une question de fait, laissée à l'appréciation des tribunaux. — Dans le sens de l'arrêt (Paris, 14 août 1852) cité au *Rép.* n° 364, il a été jugé que celui qui, préposé à un travail (la surveillance du chargement d'un navire), sauve, au péril de sa vie, un homme placé sous ses ordres qui allait être victime de sa propre imprudence, et est blessé lui-même au cours de cet acte de dévouement, est recevable à se prévaloir, pour réclamer des dommages-intérêts, du contrat de mandat intervenu entre lui et son commettant, l'acte de dévouement qu'il a accompli se rattachant à l'exécution de ce mandat et pouvant devenir, par suite, le principe d'une obligation (Aix, 23 oct. 1889, aff. Lota, D. P. 90. 2. 301).

§ 4. — Solidarité entre les mandants (*Rép.* nos 373 à 382).

132. On a dit au *Rép.* n° 380 que la solidarité peut exister dans quelque forme que le mandat ait été donné, expressément ou tacitement. Il a été jugé, en ce sens, que les créanciers au nom desquels un procès a été suivi par le mandataire de l'un d'eux sont tous solidairement obligés envers ce mandataire, lorsque le mandat leur est devenu commun par l'effet de leur participation à des actes qui en impliquent forcément l'existence (Req. 7 févr. 1866, aff. Bouyer, D. P. 66. 1. 259).

133. Le mandataire peut renoncer au bénéfice de la solidarité dont les mandants sont tenus envers lui. Mais cette renonciation ne doit pas se présumer ; il faut que la volonté du mandataire à cet égard soit clairement établie. C'est ainsi qu'il a été jugé qu'un mandataire ne peut être privé de l'action solidaire qu'il a contre ses comandants, sous prétexte qu'il aurait entendu limiter son recours à l'une des parties, si cette renonciation à la solidarité ne résulte que de simples présomptions (Civ. cass. 9 avr. 1850, aff. Thomassin, D. P. 50. 1. 124).

134. Comme conséquence du principe de la solidarité des mandants, il a été jugé que, dans un mandat donné pour une affaire commune, tous les mandants étant à l'égard du mandataire tenus solidairement des suites du mandat, chacun d'eux se trouve, dans les demandes judiciaires d'indemnités relatives à la gestion, le contradicteur légitime du mandataire et le représentant nécessaire de ses consorts, en tant qu'ils n'ont point d'exception personnelle à opposer à la demande (Civ. cass. 15 janv. 1873, aff. Baisier, D. P. 73. 1. 249). En conséquence, lorsque le mandataire, actionné en reddition de compte, a interjeté appel du jugement statuant sur ce compte, contre quelques-uns seulement des mandants, tous les autres, qu'ils aient figuré ou non en première instance aux fins de déclaration de jugement commun, doivent être admis à profiter de cet appel principal, et de l'appel incident que leur consort aurait fondé sur des moyens communs de défense, sans qu'on puisse leur opposer ni déchéance, ni exception de chose jugée (Même arrêt). Et l'on ne pourrait pas davantage leur opposer les dispositions de l'art. 466 c. proc. civ., cet article n'étant applicable qu'aux tiers (Même arrêt).

135. MM. Pont, t. 1, n° 1129, et Laurent, t. 28, n° 41, enseignent avec raison que l'art. 2002 c. civ. ne s'applique pas aux mandataires légaux. « La négative, dit M. Laurent, *loc. cit.*, résulte du texte et de l'esprit de la loi. Du texte : l'art. 2002 suppose qu'un mandataire est constitué par plusieurs personnes, ce qui implique un mandat conventionnel. L'esprit de la loi est en harmonie avec le texte. Nous avons dit que la solidarité que l'art. 2002 établit est à tous égards exceptionnelle ; or, des dispositions exorbitantes du droit commun ne s'étendent pas, alors même qu'il y aurait analogie complète. Et cette identité de motifs n'existe même pas quand un mandat est légal. Ceux qui, ayant des intérêts communs, constituent un mandataire savent quelle sera la conséquence de leur mandat; ils peuvent, au besoin, déroger à la loi et stipuler qu'ils ne seront pas tenus solidairement ». — Les mêmes auteurs (Pont, t. 1. n° 1127; Laurent, t. 28, n° 40) font encore remarquer que l'art. 2002 ne s'applique pas aux syndics en cas de faillite, parce que les syndics ne représentent pas les créanciers individuellement, mais la masse qui délibère et décide à la majorité ; il serait injuste, dans ce cas, que la minorité fût tenue de l'action solidaire. Il n'est pas douteux que la même solution doive être suivie en ce qui concerne les liquidateurs judiciaires.

CHAP. 12. — Des obligations du mandant à l'égard des tiers. — Ratification (*Rép.* nos 383 à 417).

136. Toutes les questions que l'on aura à examiner dans ce chapitre seront subordonnées à l'application du principe posé au chap. 2, *suprà*, nos 7 et 8. « Le mandataire représente le mandant au nom et pour le compte duquel il agit ». Pour savoir dans quelle mesure le mandant peut être tenu vis-à-vis des tiers, il faut donc rechercher si le mandataire n'a pas excédé les bornes du mandat, et s'il a traité au nom du mandataire ou en son nom personnel.

137. — I. DES ACTES FAITS PAR LE MANDATAIRE DANS LA LIMITE DE SES POUVOIRS QUAND IL A TRAITÉ AU NOM DU MANDANT. — Dans ce cas, le mandant seul est tenu ; c'est un point qui ne peut soulever aucune difficulté. « La jurisprudence, dit M. Laurent, t. 28, n° 51, consacre ce principe, et l'on peut s'étonner qu'elle ait été appelée à le consacrer, puisque la loi le dit (c. civ. art. 1998), et cela est de l'essence du mandat ». M. Laurent, cite notamment (*eod. loc.*) un arrêt (Liège, 31 déc. 1851, aff. de Cesve, *Pasicrisie belge*, 1852. 2. 223) aux termes duquel l'acheteur, ayant versé un prix de vente aux mains d'un notaire, qui avait reçu le mandat de vendre, est libéré, et que le mandant vendeur ne peut, pour se faire payer, s'adresser à l'acheteur C'est, en effet, l'application du principe que le fait du mandataire est le fait du mandant.

138. Une conséquence importante du même principe, c'est que l'art. 1328 c. civ. ne s'applique pas au mandataire, parce que celui-ci ne peut être considéré comme un tiers vis-à-vis du mandant, avec la personne duquel il se confond. Ainsi les actes qui ont date certaine à l'égard du mandataire ont, par cela même, date certaine à l'égard du mandant (*Rép.* n° 402; C. cass. Belgique, 16 mars 1846, *Pasicrisie belge*, 1847. 1. 79). — Mais il a été jugé que, si les actes sous seing privé consentis par un mandataire légal (un tuteur, par exemple) ou conventionnel, n'ont pas besoin, pour pouvoir être opposés à celui au nom duquel ils ont été faits, d'avoir obtenu date certaine par l'un des moyens indiqués dans l'art. 1328 c. civ., il appartient du moins aux tribunaux d'apprécier, d'après les circonstances de la cause, si ces actes ont réellement eu lieu à la date qu'ils portent, ou s'ils n'ont été faits qu'après coup et dans un esprit de fraude (Caen, 29 déc. 1855, aff. Angée, D. P. 56. 2. 291). La doctrine de cet arrêt est absolument juridique : les tribunaux ont toujours le droit d'examiner s'il n'y a pas eu fraude et si l'acte a bien été fait à la date qu'il porte ; et s'il n'y a pas de raison pour appliquer plus sévèrement la loi à l'égard du mandant qu'à l'égard de toute autre partie contractante.

139. On a dit également au *Rép.* n° 402, que l'art. 1321 ne s'applique pas au mandataire et que la contre-lettre signée par lui est opposable au mandant. Telle est l'opinion de MM. Laurent, t. 28, n° 53, et Paul Pont, t. 1er, n° 1063. Mais ces auteurs font remarquer, avec raison, qu'il ne faudrait pas généraliser cette règle et dire que toutes les contre-lettres passées par le mandataire lieront le mandant; il faut, bien entendu, pour qu'il en soit ainsi, que la passation des contre-lettres rentre dans les pouvoirs du mandataire.

140. Comme on l'a dit au *Rép.* n° 387, les tiers qui ont traité de bonne foi et directement avec le mandataire dans les limites du mandat peuvent agir contre le mandant, qui ne saurait lui opposer la faute, le dol, ou la fraude du mandataire (Conf. Laurent, t. 28, n° 54; Paul Pont, t. 1, n° 1061 ; Domenget, t. 1, n° 403). En ce sens, il a été jugé qu'un mandant est tenu vis-à-vis des tiers des actes de son mandataire, alors même que celui-ci a commis des fautes de gestion si, d'ailleurs, les limites du mandat n'ont pas été dépassées et si les tiers sont restés étrangers aux fautes du mandataire (Req. 20 janv. 1880, aff. Brunier, D. P. 80. 1. 252). — Décidé aussi que le mandataire chargé de faire tout ce qui sera utile à la bonne direction d'une entreprise commerciale n'excède pas ses pouvoirs et engage valablement son mandant en acceptant une traite qui a pour cause des fournitures faites par un tiers à l'entreprise ; qu'en conséquence, le mandant ne peut se dégager de ses obligations envers le tiers porteur en alléguant que la traite était sans cause et n'a été acceptée par son mandataire que par une complaisance coupable envers le tireur; qu'en admettant même qu'il y eût abus dans l'exercice du mandat et que l'acceptation de la traite fût nulle, le mandant serait encore responsable envers le tiers porteur à raison de la faute qu'il a commise en choisissant un représentant incapable ou infidèle (Nancy, 25 févr. 1890, D. P. 90. 2. 347). MM. Laurent (t. 28, n° 55) et Aubry et Rau (t. 4. p. 650 § 415) enseignent « que ce principe doit être appliqué même au cas où une condamnation a été prononcée contre le mandataire en cette qualité ; une pareille condamnation est exécutoire contre le mandant. C'est ce qu'a également décidé un arrêt de la cour de Bordeaux du 11 juill. 1866 (1).

141. — II. DES ACTES FAITS PAR LE MANDATAIRE AU NOM DU MANDANT, MAIS EN DEHORS DES LIMITES DE SES POUVOIRS. — Ces actes, disent MM. Aubry et Rau (§ 415-2°, note 5, p. 651) et avec eux tous les auteurs, sont nuls, et le mandant n'a pas besoin de les attaquer par voie de nullité ; ils sont à son égard *res inter alios acta*. La doctrine et la jurisprudence sont d'accord sur ce point. (V. *Rép.* n° 395.) Ainsi il a été jugé que l'acte consenti par un mandataire en dehors des limites de son mandat n'est point seulement nul, mais doit être considéré comme non existant, et que, par suite, le mandant n'a pas besoin de demander la nullité d'un tel acte dans le délai de dix ans (C. d'appel de Savoie, 8 juill. 1854, aff. Gonnet, D. P. 55. 2. 242). Lorsqu'un mandataire a vendu pour un prix unique divers biens du mandant dont il n'avait mandat d'aliéner qu'une partie, la non-existence de la vente, quant aux biens qu'il n'était pas autorisé à aliéner, entraîne la nullité de celle du surplus ; toutefois, le mandant est tenu de demander cette nullité dans le délai de dix ans, à la différence de ce qui a lieu pour les biens que le mandataire n'était pas autorisé à vendre (Même arrêt).

142. Mais, pour que cette règle soit applicable, il faut évidemment que le mandant n'ait rien fait qui soit de nature à tromper les tiers. Si le mandant a mal placé sa confiance, et s'il a donné aux tiers qui l'ignorent des pouvoirs apparents suffisants pour traiter une affaire, il sera tenu vis-à-vis des tiers. C'est ce qu'enseignent MM. Laurent (t. 28, n° 57) et Paul Pont (n° 1064). Il a été jugé en ce sens : 1° que le mandant qui a mal placé sa confiance est engagé par les actes que le mandataire a faits au delà des limites du mandat, alors que les pouvoirs apparents qu'il a donnés au mandataire ont contribué à tromper les tiers de bonne foi (Req. 14 juin 1875) (2). Ainsi, le commerçant qui a établi dans une succursale de sa maison un directeur avec pouvoir d'encaisser les sommes payées par les clients, et lui a remis,

---

(1) (Péreire *C.* Syndic Guérin et Sabariat.) — LA COUR ; — Attendu que, si Viriot figure en nom dans la sentence, et si la condamnation est prononcée contre lui, c'est en la qualité de mandataire de Péreire, qu'il a prise dans le compromis; — Qu'il est de principe que, lorsque le mandataire agit en cette qualité dans un contrat, et qu'il fait connaître son mandant, il ne s'oblige pas personnellement; que c'est le mandant qui a réellement contracté par son entremise, qui est seul obligé, et que, par suite, l'acte, s'il est authentique, est exécutoire contre lui, comme s'il y eût comparu en personne; — Que la maxime que « nul en France ne plaide par procureur » ne s'oppose pas à ce que ce principe reçoive son application au cas d'une action judiciaire, qui est une sorte de contrat; qu'elle doit être entendue en ce sens que, pour intenter ou soutenir une action, il faut que le maître de cette action figure en nom dans l'instance et le jugement qui la termine; qu'il en résulte manifestement que le procureur ne peut intenter l'action ou y défendre en son nom personnel, comme il ne pourrait contracter en son nom pour un tiers, mais non pas qu'il lui soit interdit d'agir pour et au nom de son mandant; — Que ce dernier est réellement présent dans l'instance, et qu'elle est intentée ou soutenue en son nom, ainsi que cela est exigé, lorsque le procureur déclare agir en cette qualité, et qu'il fait connaître le nom de celui qui agit par son entremise, soit qu'il le place avant ou après le sien ; — Que, dans ce cas, l'action est reconnue régulière par la jurisprudence; que la condamnation qui intervient, si elle est prononcée contre le mandataire sans la qualité en laquelle il est instancié, ne peut l'atteindre personnellement, pas plus que l'obligation qu'il consent en la même qualité; qu'elle ne touche que le mandant qu'il représente; qu'elle a, par conséquent, l'autorité de la chose jugée, et qu'elle est exécutoire contre ce dernier ainsi et de même que le contrat consenti en son nom par le mandataire; — Que, dès lors, la condamnation prononcée dans la sentence contre Viriot mais *en sa qualité de fondé de pouvoir* de M. Emile Pereire en laquelle il est instancié, est exécutoire contre ce dernier, contre lequel elle a été réellement prononcée; que, par conséquent, Menguin, comme syndic de la faillite Guérin et Sabariat, bénéficiaires de cette condamnation, a pu en poursuivre l'exécution contre lui ; — Par ces motifs, etc.

Du 11 juill. 1866.-C. de Bordeaux, 2e ch.-MM. Gellibert, pr.-de La Rouverade, subst.-Schroder et Laroze, av.

(2) (Pilon *C.* Descapt.) — Le 13 mai 1873, jugement du tribunal de Dijon ainsi conçu : — « Attendu qu'Abel Pilon, en

à cet effet, des traites imprimées portant leurs deux noms, avec autorisation de tirer ces traites sur les clients, est obligé de désintéresser les banquiers qui ont escompté au directeur les traites tirées par lui à son ordre et revenues impayées, alors même qu'il aurait été convenu entre le commerçant et son directeur, à l'insu des tiers, que les traites ne seraient endossées qu'à l'ordre du commerçant (Même arrêt). En concluant de l'ensemble des circonstances de la cause que les tiers étaient fondés à croire que le directeur de la succursale avait pouvoir de faire escompter les traites, les juges du fond se livrent à une appréciation souveraine, qui échappe à la censure de la cour de cassation (Même arrêt); — 2° Que le mandant est responsable des engagements contractés par son mandataire hors des limites de son mandat, quand les instructions qui restreignent les pouvoirs par lui donnés n'ont pu être connues des tiers avec qui le mandataire a contracté (Civ. rej. 11 avr. 1876, aff. de Beaumont, D. P. 79. 1. 164). Ainsi, le commanditaire qui a garanti l'emprunt fait par le gérant de la société, mais en recommandant à celui-ci de ne livrer l'acte de garantie qu'autant que de pareils engagements seraient pris par les autres commanditaires, est néanmoins tenu personnellement envers le prêteur, qui n'a pas connu ces instructions, et à qui l'acte de garantie, ne contenant aucune clause qui en subordonnât la validité à l'engagement général des commanditaires, a été remis (Même arrêt); — 3° Que la règle que le mandant n'est pas tenu de ce qui a pu être fait au delà du mandat, n'est pas applicable au cas où il a imprudemment confié au mandataire un blanc-seing dont celui-ci a abusé pour contracter vis-à-vis d'un tiers de bonne foi des engagements excédant la limite de ses pouvoirs; il doit alors supporter les conséquences de l'imprudence qu'il a commise (Req. 13 févr. 1883, aff. Marius Olive, D. P. 84. 1. 80. *Adde :* Req. 29 déc. 1890, aff. Bassot, D. P. 91.1.464; Paris, 25 mars 1892, aff. Armand, D. P. 92, 2e partie).

143. La question de savoir si le mandataire a agi dans les limites de ses pouvoirs ou a excédé son mandat est une pure question de fait laissée à l'appréciation des tribunaux. Il a été décidé à cet égard : 1° que l'agent ou le représentant d'une maison de commerce chargé de la vente des marchandises de cette maison n'outrepasse pas ses pouvoirs en prenant, envers un acheteur avec lequel il passe un marché, l'engagement de ne vendre dans la localité aucune marchandise similaire, tant que le marché ne sera pas complètement exécuté (Bordeaux, 26 avr. 1887, aff. Ter Horst, D. P. 88. 2. 297). Et cet engagement lie la maison de commerce, qui, en cas d'inobservation, peut voir prononcer contre elle la résolution du marché et une condamnation à des dommages-intérêts (Même arrêt). Il en est surtout ainsi lorsque, d'une part, dans des traités antérieurs passés par le même agent pour le compte de la même maison, des stipulations analogues ont été déjà insérées sans protestation de la part de cette dernière; lorsque, d'autre part, la maison de commerce a accédé à la convention en procédant à une livraison partielle de la marchandise et en assignant l'acheteur afin qu'il ait à prendre livraison du surplus (Même arrêt); — 2° Que les juges du fond déclarent souverainement, d'après les documents de la cause, que le mandataire chargé de consentir, au nom du mandant, un engagement (par exemple un cautionnement) dans des conditions déterminées, a outrepassé ses pouvoirs, et que le mandant n'a pas entendu ratifier ce que le mandataire a fait au delà du mandat (Req. 22 mars 1880, aff. Jager, D. P. 80. 1. 326). Et la disposition par laquelle ils prononcent, en conséquence d'une telle appréciation, la nullité de l'acte consenti par le mandataire échappe elle-même au contrôle de la cour de cassation (Même arrêt. Comp. en ce sens *Rép.* n° 143 et *ibid.*, v° *Cassation*, n° 1060).

144. — III. Des cas où le mandataire agit en son propre nom. — Le mandataire qui agit *proprio nomine*, et non *procuratorio nomine*, est seul engagé vis-à-vis des tiers; ceux-ci n'ont pas d'action contre le mandant, lequel, réciproquement, n'en a pas contre eux (*Rép.* n° 389). Cependant, aux termes d'un arrêt (Req. 17 nov. 1856, aff. Burrel, D. P. 57. 1. 58), les actes faits par un mandataire, dans les limites de son mandat, obligent le mandant, alors même que le mandataire a agi en son nom personnel. Mais cette décision paraît isolée. Dans tous les cas, il n'en est ainsi, et d'après le même arrêt, qu'autant que la qualité de mandataire est établie; la déclaration de cette qualité est abandonnée à l'appréciation souveraine des juges du fait. Spécialement, l'arrêt qui décide, d'après la correspondance des parties, et tous les faits et circonstances du procès, que celui qui a traité en son nom personnel, pour une construction de machines, était non le *mandataire*, mais le *fournisseur* de la personne à laquelle ces machines devaient être livrées, et qu'en conséquence, la convention relative à cette construction l'oblige seul, échappe à la censure de la cour de cassation (Même arrêt).

145. Il a, d'ailleurs, été jugé, avec raison, que le mandataire oblige son mandant même envers les tiers avec lesquels il traite en son nom personnel, lorsque le mandat lui a été conféré dans une convention commune avec ces tiers et pour l'exécution de cette convention (Req. 4 nov. 1863, aff. Gautherin, D. P. 64. 1. 35). Et le mandant est tenu envers ces tiers, même des obligations contractées en dehors des limites du mandat, s'il les a ratifiées, la ratification ayant alors la même force que si elle s'appliquait à des actes faits

---

établissant à Dijon un dépôt de livres, a fourni à Dessapt des imprimés pour traites portant, avec la vignette de la maison principale, ce titre : *Abel Pilon, éditeur à Paris; succursale de Dijon, Dessapt, rue Longepierre*, et du papier à lettre avec cet en-tête : *Abel Pilon, libraire-éditeur à Paris; succursale à Dijon, J.-M. Dessapt, directeur*; — Que Pilon reconnaît à la barre que Dessapt était autorisé à faire des traites sur les clients, sous réserve, il est vrai, de les endosser à l'ordre dudit Pilon; — Qu'il ressort des documents de la cause que Dessapt correspondait avec Gaulin-Dunoyer et comp., en faisant usage des imprimés précités; — Qu'il ne pouvait venir à l'esprit des tiers, et notamment de Gaulin-Dunoyer et comp., de se faire représenter un pouvoir déjà suffisamment justifié par ces imprimés, ni de rechercher dans les termes du mandat particulier qui pouvait exister entre Pilon et Dessapt si ce dernier, dans l'exercice de son emploi de directeur, se conformait en tous points aux termes de son mandat, quant à l'usage à faire des traites ainsi créées; — Que la position de Dessapt était connue de Pilon, qui avait exigé de lui un cautionnement de 10 000 fr.; — Que Pilon aurait dû s'assurer de sa moralité avant de lui confier des pouvoirs et des imprimés dont il pouvait abuser vis-à-vis des tiers; — Qu'en conférant à Dessapt la gérance de sa succursale, Pilon s'est rendu responsable des engagements dudit Dessapt relatifs à cette gérance; — Que le chiffre des opérations qui ont eu lieu entre Dessapt et Gaulin ne dépasse pas l'importance des besoins probables de la succursale; — Par ces motifs, condamne Abel Pilon à payer à Gaulin-Dunoyer et comp. la somme de 7 240 fr. 30 c., valeur au 4 avr. 1873, avec les intérêts tels que de droit ». — Appel et, le 25 févr. 1874, arrêt de la cour de Dijon, qui confirme le jugement dans les termes suivants : « — Adoptant les motifs des premiers juges : — Considérant au surplus que si le mandant n'est pas tenu de ce qui a pu être fait au delà du mandat, c'est à la condition que, par les pouvoirs apparents qu'il a donnés, il n'a point contribué lui-même à tromper les tiers de bonne foi; que s'il est intervenu entre Pilon et Dessapt une convention secrète limitant les pouvoirs de ce dernier dans un cas déterminé, elle n'a pu obliger les banquiers, qui n'ont traité qu'à vue des nombreux imprimés l'accréditant publiquement comme directeur de la succursale et mandataire de Pilon; que rien ne pouvait faire suspecter la sincérité ou la restriction de ses pouvoirs, alors qu'il était autorisé à toucher le prix des souscriptions, payé comptant; que si le mandant a mal placé sa confiance, il ne peut rejeter cette responsabilité sur autrui, pas plus que les conséquences du dol ou de la fraude pratiqué par son mandataire; — Par ces motifs, statuant sur l'appel interjeté par Abel Pilon du jugement rendu par le tribunal de commerce de Dijon, confirme ». — Pourvoi en cassation.

La cour; — Sur le moyen unique du pourvoi, tiré de la violation de l'art. 1998 c. civ., et de l'art. 7 de la loi du 20 avril 1810 : — Attendu que c'est d'après les circonstances de la cause que la cour d'appel a déterminé l'étendue du mandat commercial confié par Pilon à Dessapt; qu'en induisant de l'ensemble de ces circonstances que les tiers avaient dû croire Dessapt autorisé à faire escompter les traites dont s'agit au procès, les juges du fond ont fait une appréciation souveraine qui ne saurait tomber sous le contrôle de la cour de cassation; — Qu'ils n'ont tiré des faits ainsi constatés que les conséquences légales qui en découlent, et que, par suite, ils n'ont point violé l'art. 1998 c. civ., — Attendu que la décision contient des motifs explicites sur tous les chefs de conclusions; — Rejette, etc.

Du 14 juin 1875.-Ch. req.-MM. de Raynal, pr.-Cuniac, rap.-Babinet, av. gén., c. conf.-Debrou, av.

par le mandataire au nom de son mandant (Même arrêt). Spécialement, lorsqu'un banquier, en ouvrant un crédit à un commerçant, a, dans l'acte passé entre lui et le crédité, désigné un mandataire pour la réalisation du crédit, il est responsable vis-à-vis du crédité du mode d'exécution donné à la convention par ce mandataire, et, par exemple, de la qualité loyale et marchande des marchandises livrées au crédité, encore que, d'une part, le mandataire ait fait cette livraison en son nom personnel, sa qualité de mandataire résultant d'une convention commune avec le crédité, et que, d'autre part, le crédit n'ait été ouvert qu'en espèces et non en marchandises, si l'opération a été ratifiée par le mandant, sa ratification ayant alors pour objet un acte réputé fait en son nom (Même arrêt).

146. Les tiers ne sont pas dépourvus d'actions contre le mandant, lorsque le mandataire a traité avec eux en son nom personnel. Ils n'ont sans doute pas contre lui d'action directe, mais ils peuvent, ainsi qu'on l'a dit au *Rép.* n° 316, agir contre lui par voie indirecte. Ils peuvent notamment se faire céder les droits qu'a le mandataire contre le mandant et les exercer à sa place. C'est ce qu'enseignent aussi MM. Pont (t. 1, n° 1060), Laurent (t. 28, n°s 62 et 63), Aubry et Rau (t. 4, § 415-3° *in fine*). « Les actes faits par le mandataire en son propre nom, disent ces derniers auteurs, quoique pour l'exécution du mandat, sont par eux-mêmes étrangers au mandant. Celui-ci est toutefois autorisé à se faire judiciairement subroger aux droits et actions naissant de pareils actes, et peut, d'un autre côté, être contraint, par les tiers créanciers qui exercent les droits du mandataire, à remplir les engagements qui en résultent ».

147. Une question plus délicate est celle de savoir si, lorsque le mandant a profité de l'acte fait par le mandataire en son propre nom, les tiers peuvent exercer contre lui l'action *de in rem verso*. La raison de douter est qu'il n'existe aucun lien de droit entre le mandant et le tiers avec qui le mandataire a traité. Cette question a été cependant résolue affirmativement par la jurisprudence. Il a été jugé: 1° que, bien qu'un mandataire ait traité en son nom personnel avec un tiers, sans lui faire connaître son mandat, ce tiers a néanmoins une action contre le mandant à raison de la négociation, si elle a profité à ce dernier. Et il peut exercer cette action concurremment avec celle qui lui appartient contre l'obligé direct (Paris, 6 août 1850, aff. Galiera, D. P. 54. 5. 483) ; — 2° Que le tiers de bonne foi, à qui des ordres ont été transmis par un mandataire, peut, sans être tenu de justifier des termes du mandat, agir directement contre le mandant qui a profité de l'exécution de ces ordres;... sauf au tribunal à réserver au mandant ses droits et actions contre le mandataire qui aurait outrepassé ses pouvoirs (Req. 5 mai 1879, aff. Lebourg de Lepine, D. P. 79. 1. 463).

148. Aux termes de l'art. 1998, le mandant est tenu de ce qui a pu être fait même au delà du mandat s'il l'a ratifié expressément ou tacitement. Par application de cette règle, il a été jugé : 1° que la subrogation consentie, sans pouvoir, en faveur d'un tiers par un huissier qui a reçu seulement un mandat de recevoir le payement d'une dette, est valable si le mandant a ratifié l'opération (Civ. rej. 7 avr. 1858, aff. Modo, D. P. 58. 1. 156); — 2° Qu'une souscription d'actions reçue par le mandataire d'une société, depuis tombée en faillite, ne peut être déclarée nulle, pour défaut de pouvoir du mandataire, si le mandant a ratifié l'acte passé par le mandataire. La ratification ayant un effet rétroactif, la convention est parfaite du moment où elle a été consentie (Civ. rej. 14 mars 1860, aff. Roure, D. P. 60. 1. 258); — 3° Que la souscription d'actions dans une société est valable et obligatoire pour le souscripteur, bien que formée entre les mains d'un mandataire dont les pouvoirs ne seraient pas justifiés, alors que la société, en poursuivant l'exécution du contrat, a par cela même accepté et ratifié les opérations faites en son nom par son agent (Civ. cass. 12 nov. 1867, aff. Crouillebois, D. P. 67. 1. 408).

149. MM. Pont, t. 1, n° 1071, et Laurent, t. 28, n° 65, font remarquer qu'il faut se garder de confondre la ratification dont parle l'art. 1998 c. civ. avec la ratification ou mieux la confirmation de l'art. 1338 c. civ. Ratifier, dans le sens de l'art. 1998 c. civ., c'est consentir, en approuvant l'acte que le mandataire a fait sans pouvoir, et le consentement intervenant postérieument à l'acte a la même force que s'il était intervenu avant cet acte : *Ratihabitio mandato æquiparatur* (*Rép.* n° 404). Cette ratification est faite par le mandant, qui est un tiers par rapport aux contractants, tandis que la confirmation n'intervient qu'entre les parties contractantes et ne peut être faite que par l'une d'elles. Elle a pour but de couvrir un vice d'une convention antérieurement signée.

150. Il y a une autre différence: la confirmation ou ratification de l'art. 1338 est assujettie par cet article à des formes et à des énonciations spéciales qui doivent être observées à peine de nullité. La ratification de l'art. 1998 n'est pas soumise à ces formalités (*Rép.* n° 405), car, ainsi que le dit M. Laurent (*loc. cit.*), « ces formes supposent l'existence d'un vice qui doit être effacé et d'une action en nullité à laquelle la partie intéressée renonce. Or, en cas de ratification, il n'y a ni vice ni action en nullité. C'est un simple consentement; il suffit donc que le mandant déclare, dans l'acte, qu'il approuve, qu'il consent, qu'il ratifie, pour que l'acte de ratification soit valable comme preuve littérale ».

Cette dernière règle, déjà formulée très nettement dans un arrêt (Civ. cass. 26 déc. 1815), rapporté au *Rép.* n° 405-1°, a été depuis consacrée par la jurisprudence. Ainsi il a été jugé: 1° que la ratification d'un engagement contracté par un tiers sans mandat n'est soumise à aucune forme; il suffit qu'elle résulte de faits ou d'actes accusant une volonté certaine d'approuver cet engagement (Req. 11 nov. 1879, aff. Dame Mandroux, D. P. 80. 1. 421). Spécialement, les juges peuvent, par une appréciation souveraine des documents et des circonstances de la cause, décider que la ratification par une femme mariée d'un règlement de compte consenti en son nom par son mari, se portant fort pour elle, résulte soit du pouvoir qu'elle a donné à un tiers de contracter un emprunt, et d'employer les fonds empruntés au payement des sommes dues en vertu du règlement dont il s'agit (Même arrêt)..., soit d'un acte postérieur par lequel le mandataire de la femme a réalisé cet emprunt dans des termes identiques à ceux de la procuration (Même arrêt); — 2° Que la ratification des actes accomplis par un mandataire en dehors de son mandat n'est pas assujettie aux formes et conditions exigées par l'art. 1338 c. civ., et peut résulter de tous actes ou circonstances annonçant, de la part du mandant, une volonté certaine d'approuver ce que le mandataire a fait au delà de ses pouvoirs (Req. 13 juin 1883, aff. d'Hauterive, D. P. 84. 1. 232). Spécialement, lorsqu'un agent de change a, sans une mise en demeure régulière, exécuté en bourse les valeurs pour lesquelles un client s'était fait reporter par lui, ce client se rend non recevable à se prévaloir de cette irrégularité en y acquiesçant après qu'elle a été consommée, et, par exemple, en s'abstenant de protester sur l'avis qui lui a été donné de son accomplissement, et en l'acceptant, au contraire, par des actes et déclarations successives (Même arrêt. — *Adde*, dans le même sens, Lyon, 6 juill. 1889, aff. Cuny-Ravet, D. P. 90. 2. 113).

151. M. Laurent, t. 28, n° 68, critique d'une manière générale la théorie de la ratification. « Il est de principe, dit-il, qu'on ne peut pas confirmer les actes inexistants: on ne confirme pas le néant. Or, l'acte que le mandant ratifie existe en ce sens qu'il réunit les conditions requises pour les conventions entre le mandataire et le tiers; mais cet acte n'a point d'existence à l'égard du mandant parce qu'il n'a pas été représenté, puisque l'on suppose que le mandataire a dépassé les bornes de son mandat. Le mandant consent après coup, c'est ce consentement qui valide l'acte à son égard » (Comp. *infrà*, n° 158). — Mais cette opinion est, semble-t-il, restée isolée.

152. La ratification est-elle possible dans le cas où il n'a existé aucun mandat? Cette hypothèse ne résulte pas des termes de l'art. 1998 c. civ., qui prévoit seulement le cas où le mandataire a excédé les limites de ses pouvoirs. Il semble donc que la ratification, dans la pensée de la loi, suppose l'existence d'un mandat. M. Laurent cite en ce sens un arrêt de la cour de Gand, du 30 janv. 1835, (*Pasicrisie belge*, 1835. 2. 38), décidant que l'achat fait pour le compte d'un propriétaire, par un tiers qui n'avait reçu de lui aucun mandat, est nul et *ne peut être ratifié*. Mais, suivant lui, cette doctrine ne saurait s'expliquer. « Dans le cas, dit-il (t. 28, n° 69), où le mandataire a excédé ses pouvoirs, sans s'obliger lui-même, il n'y a aucune convention, faute de consentement, pas plus que dans le cas où une personne traite avec une autre sans pouvoir aucun. Dans l'un et l'autre cas, le contrat ne s'est pas formé, faute de consentement, et il ne peut se former que par un nouveau consentement du tiers, concourant avec le consentement de celui qui n'avait point donné de pouvoir ». Toutefois, en présence des termes de l'art. 1998, la ratification ne paraît pas possible dans le cas où il n'y a point eu de mandat; et c'est ce que reconnaît M. Laurent. — M. Paul Pont, toutefois, est d'un avis contraire. « Rien ne s'oppose, dit-il t. 1, n° 1073, à ce que la ratification vienne s'appliquer à des actes faits par une personne qui n'avait aucun mandat de celui au nom de qui elle a agi. La ratification alors aura de l'utilité, surtout quand les actes consentis ne pourraient pas se soutenir à titre de gestion d'affaires. Mais, même dans le cas où les actes seraient susceptibles de valoir à ce dernier titre, la ratification ne serait pas absolument inutile, elle aurait effet dans la mesure des différences existant entre le quasi-contrat de gestion d'affaires et le mandat ». M. Pont, n° 1072, admet également la possibilité de la ratification dans le cas où il s'agit d'un mandat nul.

153. La ratification, dit l'art. 1998, peut être expresse ou tacite. Elle est expresse, on l'a dit au *Rép.* n° 405, quand elle est faite soit par écrit, soit verbalement en présence de témoins (dans des affaires comportant ce mode de preuve). Conf. Pont, t 1, n° 1074.

154. On s'est demandé si le silence du mandant suffisait pour emporter ratification tacite des actes faits par le mandataire en dehors de son mandat. On a vu que, suivant Troplong, dont l'opinion a été citée au *Rép.* n° 408, « le silence n'est caractéristique qu'autant que celui qui le garde a été touché de quelque acte que lui imposait la nécessité de s'expliquer ». Nous avons combattu cette opinion et admis, avec Delamarre et Lepoitvin, qu'en cette matière le fait domine et qu'il fallait laisser les tribunaux juges souverains (Conf. Laurent, t. 28, n° 71; Domenget, t. 1, n° 425. V. aussi Pont, n° 1074).

155. La jurisprudence décide que le silence du mandant suffit pour emporter ratification, mais à la condition, bien entendu, qu'il soit établi, par les faits et circonstances de la cause, que le mandant a eu une parfaite connaissance des actes à ratifier. Il a été jugé : 1° que le mandat donné à un officier ministériel, pour accomplir un acte de ses fonctions, n'étant soumis à aucune forme particulière, la preuve de l'existence d'un tel mandat peut résulter de cela seul que la partie dans l'intérêt de laquelle l'acte a été fait, en ayant eu connaissance, l'a approuvé ou ratifié, même tacitement (Grenoble, 3 déc. 1855, aff. Chauvin, D. P. 56. 2. 278). Et, par exemple, il suffit qu'une partie, instruite successivement du projet formé par d'autres parties, ayant le même intérêt qu'elle, d'intenter, en leur nom et au sien, une demande contre un tiers, et de la réalisation de ce projet, n'ait fait entendre ni plainte ni réclamation, soit envers ses coïntéressés, soit envers l'huissier qui a signifié l'assignation, pour que cet huissier doive être considéré comme ayant agi en vertu d'un mandat de cette partie, et pour que celle-ci ne soit pas, dès lors, fondée à le désavouer (Même arrêt); — 2° Que le mandant peut être considéré comme ayant ratifié l'acte accompli par le mandataire, en dehors de son mandat, par le silence qu'il a gardé après avoir eu connaissance de cet acte (Req. 4 juin 1872, aff. De la Chataigneraie, D. P. 72. 1. 441); — 3° Que si, en principe, le silence d'une partie à qui une proposition a été faite n'équivaut pas à un acquiescement de sa part, il ne saurait en être ainsi quand il s'agit de personnes qui sont déjà en relations d'affaires et liées entre elles par des rapports de mandant à mandataire (Pau, 9 déc. 1874) (1); — 4° Que lorsqu'un négociant a donné mandat à son commis voyageur de faire des offres de marchandises qu'il se réservait de ratifier, sa ratification doit intervenir dans un délai normal, et doit être considérée comme tacite, s'il n'a pas notifié son intention contraire après un certain temps (dans l'espèce, un délai de deux mois) (Alger, 18 févr. 1884, aff. Leroy, D. P. 85. 2.260). Il en est ainsi, spécialement, dans le cas où il s'agit de marchandises d'une nature particulière, et où le refus opposé par le commettant intervient trop tardivement pour permettre à l'acquéreur de faire des commandes ailleurs (Même arrêt).

156. Au reste, quelles que soient les circonstances d'où l'on prétende faire résulter la ratification, il est toujours nécessaire que le mandant ait agi en connaissance de cause. Ainsi il a été jugé : 1° que la ratification tacite par le mandant des actes que le mandataire avait accomplis, soit en dehors de son mandat, soit en vertu d'un mandat nul, ne peut exister qu'autant que le mandant a eu connaissance de ces actes (Req. 27 juill. 1863, aff. Lerestif, D. P. 63. 1. 460). Spécialement, le membre d'une société en liquidation qui a donné à l'un de ses anciens coassociés un pouvoir en vertu duquel celui-ci a fait des actes en opposition avec les droits régulièrement conférés au liquidateur de la même société, et notamment, a reçu divers payements rentrant dans les attributions exclusives de ce liquidateur, peut demander

(1) (Laffitte). — LA COUR. — Attendu que, dans le courant de l'année 1873, une association d'armement maritime fut formée à Bayonne, dans le but de réorganiser une ligne de steamers entre cette ville et Anvers; que Laffitte adhéra aux statuts de cette société dont le fonctionnement fut assuré au moyen de deux bateaux, *La Ville de Bayonne* et *La Suzanne;* qu'un sinistre ayant mis *La Ville de Bayonne* hors d'état de continuer son service, la vente de *La Suzanne* s'imposa comme une nécessité au gérant de la société; que cet état de choses fut porté, par une circulaire du 5 mai 1874, à la connaissance de tous les associés qui furent invités à donner leur avis par le retour du courrier sur le projet de vente de *La Suzanne*, avec mention que leur silence serait considéré comme un acquiescement; que quatre jours plus tard, il est vrai, mais alors que l'acquiescement était déjà tacitement donné par le silence de tous les associés, sauf un, une nouvelle circulaire fit connaître que le refus du principal intéressé, M. Landré n'avait pas permis de donner suite au projet de vente; qu'ultérieurement cependant, M. Landré ayant retiré son opposition, la vente fut effectuée sans nouvel avis par les soins du commissaire gérant au profit d'un acheteur espagnol, Alarcan y Carcal, qui, ayant demandé, conformément aux lois de son pays et à l'engagement pris d'ailleurs par les vendeurs, la ratification de tous les intéressés portés sur l'acte de francisation de *La Suzanne*, l'obtint de tous, à l'exception de Laffitte; que le refus de ce dernier détermina Alarcan à laisser *La Suzanne* à l'ancre dans le port de Bayonne et à assigner ses vendeurs devant le tribunal de commerce pour s'entendre condamner à rapporter la ratification par eux promise et à réparer le préjudice résultant du chômage du bateau par eux vendu; que cette assignation avait été précédée d'une sommation qui avait été communiquée à Laffitte, lequel avait été en même temps informé que la ratification qui lui était demandée dans l'unique but de satisfaire aux règlements espagnols et d'éviter une indemnité de chômage, ne serait pas considérée comme une approbation des actes des commissaires gérants, dont il resterait libre de critiquer l'administration et dont la responsabilité demeurait engagée vis-à-vis de lui; que c'est en cet état de faits que les commissaires gérants ont été condamnés à payer à Alarcan 250 fr. par jour de dommages-intérêts, et Laffitte à relever et garantir lesdits commissaires de cette condamnation; — Attendu que nul n'a interjeté appel contre Alarcan qui n'est plus en cause devant la cour; — Attendu qu'en admettant que les statuts sociaux acceptés par Laffitte ne donnassent pas aux commissaires gérants le pouvoir de vendre *La Suzanne*, sans consulter tous les intéressés, il est établi qu'ils ont été tous consultés et que tous, notamment Laffitte, ont adhéré au projet de vente; et il n'est pas admissible, en effet, que Laffitte n'ait pas reçu les circulaires qui lui ont été adressées; qu'il y a, à cet égard, un ensemble de présomptions suffisant pour faire preuve; que, d'un autre côté, si, en règle générale, le silence d'une partie à qui une proposition est faite n'équivaut pas à un acquiescement de sa part, il ne saurait en être ainsi quand il s'agit de personnes qui, comme dans l'espèce, sont déjà en relations d'affaires et liées entre elles par des rapports de mandant à mandataire; que la seconde circulaire, dont le but était principalement de porter à la connaissance des associés l'opposition d'un seul d'entre eux, et qui ne dégageait d'ailleurs la responsabilité que de deux des commissaires, n'empêchait pas l'acquiescement antérieurement donné de subsister; et que, lorsque l'opposition qui seule empêchait la vente a été levée, les commissaires gérants ont dû se croire suffisamment autorisés à afficher cette vente, sans en référer de nouveau à leurs coassociés, avec d'autant plus de raison qu'une notoriété incontestable tenait nécessairement ceux-ci au courant de ce qui se faisait à ce sujet; — Attendu que, dans ces circonstances, c'est à bon droit que les premiers juges ont déclaré que Laffitte, ayant autorisé la vente, ne pouvait se refuser à la ratifier...

Par ces motifs, etc.

Du 9 déc. 1874.-C. Pau, ch. civ.-MM. Daguilhon, 1er pr.-Lespinasse, 1er av. gén.-Forest et Guichenne, av.

la nullité de ces actes, malgré le silence qu'il a gardé pendant un certain temps à la suite des actes dont il s'agit, s'il est constaté qu'il n'en a eu connaissance qu'au moment où il en a poursuivi l'annulation (Même arrêt); — 2° Que le débiteur pour lequel un mandataire fait un payement irrégulier ne peut être réputé l'avoir ratifié qu'autant qu'il a fait en connaissance de cause les prétendus actes de ratification qu'on lui oppose (Req. 15 févr. 1876, aff. Noailles, D. P. 76. 1. 246).

157. La ratification tacite peut résulter de faits et circonstances très divers, dont l'appréciation est abandonnée à la prudence des tribunaux (*Rép.* n°s 412 et suiv.; Aubry et Rau, t. 4, § 415-2°). Il a été jugé, notamment: 1° qu'il appartient aux juges du fait de déclarer souverainement que l'approbation, donnée par le mandant aux comptes d'une maison de banque avec laquelle le mandataire a fait en son nom une série d'opérations, n'emporte pas de sa part ratification de la gestion du mandataire en ce qui touche lesdites opérations (Civ. cass. 25 nov. 1873, aff. Royer, D. P. 74. 1. 66, cité *suprà*, n° 101); — 2° Que la décision par laquelle les juges du fond déclarent qu'il résulte des termes d'une correspondance et des circonstances de la cause que le contrat conclu par un mandataire a été ratifié ne cesse d'être souveraine que si elle dénature le sens clair et positif des termes de la convention (Req. 11 juill. 1876, aff. Parazols, D. P. 77. 1. 176); en conséquence, la cour de cassation ne peut pas contrôler une telle appréciation, lorsque le demandeur ne produit pas devant elle les documents qu'il prétend avoir été dénaturés (Même arrêt); — 3° Que le juge peut valablement décider que des négociations opérées sur *certaines valeurs*, par un agent de change, doivent être portées au compte du client, bien que celui-ci conteste que ces négociations fussent comprises dans le mandat qu'il avait donné, si elles ont été de sa part l'objet d'une ratification tacite, démontrée par les circonstances de la cause (Req. 21 déc. 1885, aff. Corman, D. P. 86. 1. 254. V. aussi *suprà*, v° *Cassation*, n°s 370-11° et 15°).

158. La ratification, a-t-on dit encore au *Rép.* n° 415, a un effet rétroactif. D'où la conséquence, ainsi que le fait remarquer M. Pont, n° 1075, que la perte arrivée avant la ratification reste à la charge du mandant, et que celui-ci doit au mandataire les intérêts de ses avances à partir du jour où il les a faites. — M. Laurent, t. 28, n° 74, combat cette opinion. On est d'accord, dit en substance cet auteur, pour déclarer que la ratification ne rétroagit pas à l'égard des tiers; qu'elle ne peut les priver, par exemple, du droit qu'ils auraient acquis à la nullité d'un acte avant qu'elle fût couverte. Pourquoi aurait-elle cet effet à l'égard du mandataire? Il n'y a pas d'argument d'analogie à tirer de l'art. 1338 c. civ. On connaît les différences qui existent entre la confirmation de l'art. 1338 et la ratification de l'art. 1998 c. civ. En outre, la rédaction de ces deux articles ne présente aucune analogie. Dans le premier, le législateur dit, implicitement, que la confirmation rétroagit, tandis que dans l'autre il garde un silence absolu. « L'obligation confirmée, ajoute M. Laurent, *loc. cit.*, existait avant la confirmation; elle produisait tous les effets d'une obligation valable, puisque la partie qui avait le droit d'en demander l'annulation n'avait pas agi; or, par la confirmation, elle renonce au droit d'agir en nullité; dès lors l'obligation devient pleinement valable, en ce sens qu'elle continue à produire ses effets, sans qu'elle puisse être annulée à raison du vice qui l'entache; ce vice est effacé, l'obligation est considérée comme valable dès le principe, sauf les droits des tiers ». Il en est autrement à l'égard de la ratification du mandat. Quand un mandataire agit en dehors de ses pouvoirs, il ne se forme aucune convention, il n'y a rien. Il ne peut y avoir de contrat sans consentement; et alors, pourquoi, puisque le code ne le dit pas, lorsque la ratification intervient, faire remonter ses effets jusqu'au jour où le mandataire aura fait des actes ignorés du mandant. « La rétroactivité, ajoute encore M. Laurent, serait une véritable fiction, puisqu'il y aurait une convention à un moment où il n'y avait pas de consentement; or il n'y a point de fiction sans loi ».

L'argumentation de M. Laurent repose, en somme, sur cette seule circonstance que le législateur n'a rien dit expressément dans l'art. 1998 c. civ. au sujet de l'effet rétroactif de la ratification. Mais, s'il ne l'a pas dit expressément, ne l'a-t-il pas dit implicitement. Que serait-ce, en effet, qu'une ratification qui n'aurait pas d'effet rétroactif? On ne le comprend guère, surtout si l'on admet, ce qui est naturel, que cet effet rétroactif ne peut pas préjudicier aux tiers. On a peine à concevoir l'idée d'un acte juridique nul, qui deviendrait valable par le fait d'une ratification, et dont les effets ne pourraient se produire qu'à partir du moment où le consentement nécessaire à cet acte viendrait à se produire. L'acte, nul pendant un certain temps, deviendrait valable à un moment peut-être où il n'aurait plus d'effet à produire. Il est vrai que le principe même de la ratification est combattu par M. Laurent (V. *suprà*, n° 151). — Il a été jugé, dans le sens de la doctrine généralement admise, que la ratification expresse ou tacite, rétroagissant au jour de l'engagement, a pour effet de substituer l'obligation du commettant à celle du préposé, dans toutes les conditions où celle-ci est intervenue, notamment en ce qui concerne le lieu où l'engagement a été formé (Alger, 18 févr. 1884, aff. Leroy, D. P. 85. 2. 260).

159. L'effet rétroactif attaché à la ratification a pour effet de mettre le mandataire à l'abri de toute action en dommages-intérêts de la part du mandant. Jugé, en ce sens, que le mandant qui a ratifié, même tacitement, sans aucunes protestations ni réserves, ce qui a été fait en son nom, n'est plus recevable à réclamer une indemnité contre son mandataire, à raison des retards et changements apportés à l'exécution du mandat (Civ. cass. 9 mai 1853, aff. Andrieu, D. P. 53. 1. 293). Spécialement, lorsqu'un receveur général, chargé d'acheter des rentes sur l'État à une date déterminée, n'a fait cet achat que plus tard et à un taux plus élevé, il n'est pas tenu de la différence, si son mandant, averti de l'inexécution de la première commission, lui en a donné une nouvelle, sans réserver ses droits à raison de l'inaccomplissement de la première, et si, suivant ce qu'a déclaré le juge du fait, il s'induit des rapports qui ont continué d'exister entre eux qu'il y a eu ratification (Même arrêt).

160. Enfin on doit admettre, avec M. Laurent, t. 28, n° 73, que la ratification intervenue en faveur des tiers ne prive pas le mandant de ses actions vis-à-vis du mandataire. Ce qui se passe entre le mandant et les tiers est, pour le mandataire, *res inter alios acta*. Il a été décidé, en ce sens, qu'un mandataire peut être poursuivi par le mandant comme ayant excédé son mandat, alors même que le mandant, actionné par les tiers avec lesquels le mandataire avait traité, aurait ratifié les actes de ce dernier (Req. 28 mars 1855, Bunel, D. P. 55. 1. 165).

CHAP. 13. — De la fin du mandat
(*Rép.* n°s 418 à 496).

§ 1er. — Arrivée du terme ou de la condition. — Fin de l'affaire
(*Rép.* n°s 419 à 422).

161. Lorsqu'un délai a été stipulé pour l'exécution du mandat, l'expiration de ce délai met fin, en principe, aux pouvoirs du mandataire. Toutefois, il a été jugé, que la stipulation d'un délai, pour l'exécution d'un mandat, est réputée faite dans l'intérêt du mandataire, et que, dès lors, les actes du mandataire, même postérieurs à l'expiration de ce délai, obligent le mandant, faute par celui-ci d'avoir révoqué le mandat, alors surtout qu'il s'agit d'une opération commune au mandant et au mandataire, opération que le mandataire avait le droit d'achever après le délai convenu (Bastia, 19 déc. 1865, aff. Sigaudy, D. P. 67. 1. 345).

162. Ainsi qu'on l'a exposé au *Rép.* n° 422, la consommation de l'affaire met fin au mandat. Jugé, à cet égard, qu'il appartient aux juges du fond d'apprécier souverainement, d'après les termes de la convention et l'intention des parties, si le mandat, donné pour la gestion d'une affaire spéciale, a pris fin par la consommation de cette affaire (Req. 5 août 1880, aff. Augé, D. P. 81. 1. 166).

§ 2. — Révocation du mandat (*Rép*, n°s 423 à 450).

163. Aux termes de l'art. 2003 c. civ., le « mandat finit par la révocation du mandataire », l'art. 2004 ajoute: « le mandant peut révoquer le mandat quand bon lui semble ».

Le mandataire, en principe, ne peut demander compte des motifs pour lesquels ses pouvoirs lui sont retirés. — Il a été décidé, toutefois, qu'en cas de divulgation de ces motifs par le mandant, le mandataire est recevable à en critiquer la justesse devant les tribunaux, et à réclamer des dommages-intérêts pour le tort que lui avaient causé, au point de vue de sa réputation ou autrement, les allégations injurieuses qui y seraient contenues (Rouen, 16 juin 1853, aff. Salles, D. P. 53. 2. 158).

164. La règle est la même, que le mandat soit *gratuit* ou *salarié*. On a dit au *Rép.* n° 424 que la promesse du salaire n'est pas un obstacle à la révocation du mandat. « La stipulation d'un salaire, soit fixe, soit proportionnel, disent MM. Aubry et Rau, t. 4, § 416, p. 652, ne peut faire considérer le mandat comme donné dans l'intérêt du mandataire » (Conf. Paul Pont, t. 1, n° 1160; Domenget, t. 1, n° 570).

Il a été décidé en ce sens: 1° que le mandat *salarié* peut, comme le mandat *gratuit*, être révoqué à la volonté du mandant et sans indemnité (Grenoble, 13 juin 1864, aff. Wable, D. P. 64. 2. 207) ; — 2° Qu'aux termes de l'art. 2004, dont la disposition s'applique au mandat salarié comme au mandat gratuit, le mandant peut révoquer, quand bon lui semble, le mandat par lui donné et que la révocation du mandat, quels qu'en soient les motifs, ne peut l'exposer à des dommages-intérêts (Req. 9 juill. 1885, aff. Lexa, D. P. 86. 1. 310). — Jugé aussi que la fonction d'agent principal d'une société d'assurances, rétribuée par une remise sur le montant des assurances réalisées, constitue un contrat de mandat, alors qu'elle n'est pas limitée dans sa durée et que le travail et le temps de l'agent ne lui sont pas exclusivement consacrés; qu'en conséquence, à défaut de stipulation formelle ou implicite entre la compagnie et l'agent, ce dernier n'a pas droit à une indemnité par le seul fait de sa révocation ;... alors surtout que la société a contre son agent des motifs légitimes de révocation, et que, d'ailleurs, les termes de la circulaire annonçant le remplacement de l'agent ne sont pas de nature à nuire à sa considération (Rouen, 17 mai 1871, aff. Desrousseaux, D. P. 73. 2. 176).

165. Les parties peuvent-elles déroger à la règle édictée par l'art. 2004, et convenir que le mandat ne sera pas révocable ? La négative a été jugée par un arrêt de la Martinique, du 14 déc. 1870 (aff. Savon, D. P. 72. 1. 223). Aux termes de cet arrêt, la révocabilité du mandat est de l'essence de ce contrat ; en conséquence, le pouvoir donné par une personne à une autre, avec stipulation qu'il sera irrévocable pendant les cinq premières années, n'est pas un simple mandat. Mais cette doctrine ne paraît pas exacte : ce qui le prouve, c'est que, dans certains cas, on s'accorde à considérer le mandat comme révocable de plein droit, indépendamment de toute stipulation (V. *infrà*, n°s 169 et suiv.). Aussi, a-t-il été jugé que les parties sont libres de déroger à la révocabilité du mandat..., ou de stipuler une indemnité en cas de révocation (Req. 8 avr. 1857, aff. Pfeiffer, D. P. 58. 1. 134; Grenoble, 13 juin 1864, cité *suprà*, n° 164). Le mandataire, dit également un arrêt de la chambre des requêtes du 9 juill. 1885 (aff. Lexa, cité *suprà*, n° 164), peut renoncer à ce droit (celui de révoquer le mandat) ou en soumettre l'exercice à des conditions déterminées. On lit dans un autre arrêt (Rouen, 17 mai 1871, aff. Desrousseaux également cité *suprà*, *ibid.*) que la loi n'interdit pas de modifier les conditions du mandat et de stipuler, par exemple, que le mandataire ne sera révoqué que pour des causes spécifiées et moyennant indemnité. Enfin, aux termes d'un arrêt de la cour de cassation de Belgique du 26 févr. 1885 (aff. Reumont, D. P. 86. 2. 257), si le mandant peut révoquer la procuration quand bon lui semble, aucune loi ne lui interdit de renoncer à cette faculté, qui n'est nullement de l'essence du contrat de mandat. Et les parties, d'après le même arrêt, peuvent aussi stipuler une clause pénale pour le cas de révocation par le mandant.

166. Il n'est pas nécessaire que cette dérogation soit expresse ; elle peut résulter, soit de la nature spéciale du mandat révoqué, soit de l'esprit des conventions qui y sont jointes (Arrêts cités *suprà*, n° 165). Ainsi, lorsque des remises proportionnelles ont été accordées à un agent d'assurances, en rémunération de ses soins et de son dévouement, les juges ont pu conclure de cette circonstance qu'il a été dans l'intention des parties que cet agent, à moins qu'il ne commît des faits de malversation, conservât son emploi jusqu'à la complète rémunération de ses services. Jugé, par suite, que cet agent ne peut être congédié, sans motif légitime, qu'à charge de dommages-intérêts de la part de la compagnie (Req. 8 avr. 1857, cité *suprà*, n° 165).

167. Mais il faut que la dérogation à la révocabilité du mandat résulte clairement des conventions ; ainsi, un agent d'assurances rétribué moyennant un droit de commission tant sur les primes nouvelles des assurances par lui faites que sur les primes des assurances antérieures à sa nomination, a pu être révoqué sans indemnité, surtout quand il a dû connaître la révocabilité du mandat par les instructions de la compagnie, et qu'en fait il n'a éprouvé, par l'effet de la révocation, aucun préjudice dans sa considération et dans sa fortune (Grenoble, 13 juin 1864, aff. Wable, cité *suprà*, n°s 164 et 165. — V. aussi Rouen, 17 mai 1871, aff. Desrousseaux, cité *suprà*, n°s 164 et 165). Décidé, de même, qu'au cas où il a été stipulé, entre une compagnie d'assurances et son préposé, que le mandant pourra révoquer, quand bon lui semblera et sans indemnité, le mandat par lui donné, le mandataire ne peut prétendre à des dommages-intérêts à raison de sa révocation, si ce n'est dans le cas où la compagnie aurait commis une faute dans l'exercice du droit qui lui était ainsi réservé par la convention (Besançon, 14 mars 1888, D. P. 89. 2. 148, aff. Compagnie *La France*). Il a été décidé, d'ailleurs (et il ne pouvait y avoir de difficulté dans cette hypothèse), qu'une compagnie d'assurances est libre de congédier un de ses agents sans indemnité, alors qu'il a touché une suffisante rémunération de ses services (Grenoble, 13 mai 1874, aff. Trouilleux, D. P. 73. 5. 313).

Le mandataire ne peut, d'autre part, se prévaloir de la stipulation portant qu'une indemnité lui serait acquise en cas de révocation de mandat, lorsque cette révocation est rendue nécessaire par une faute imputable au mandataire; le mandant, en ce cas, n'est pas lié par la promesse d'indemnité. Spécialement, celui qui a été nommé directeur d'une compagnie d'assurances, avec promesse d'une somme déterminée en cas de révocation, peut être révoqué sans indemnité, si, en fait, dans la négociation d'un traité de réassurance générale par la compagnie, à la suite et à l'occasion duquel a eu lieu sa nomination, il a agi de manière à se procurer en particulier un avantage caché, et si ce contrat a été formé sous des conditions telles que l'annulation a dû en être prononcée, en raison de ce qu'il donnait seulement à la société réassurante des charges, sans aucune chance de gain (Civ. rej. 19 nov. 1889, aff. Roux, D. P. 90. 1. 295).

168. La jurisprudence ne s'est pas bornée à admettre que le mandataire pouvait, en cas de révocation, avoir droit à une indemnité en vertu d'une convention expresse ou tacite. Plusieurs arrêts lui ont reconnu ce droit, même en l'absence de toute convention, par cela seul qu'il avait été révoqué brusquement et sans motif légitime. Ainsi, il a été jugé: 1° que, bien que le mandat soit révocable de sa nature et que le mandant puisse toujours user de la faculté de révocation, même à l'égard d'un mandataire salarié, ce dernier peut cependant avoir droit à des dommages-intérêts, si la révocation a eu lieu d'une manière intempestive, sans cause légitime, et de façon à lui causer un préjudice (Req. 10 juill. 1865, *suprà*, v° *Droits civils*, n° 213); — 2° Que l'agent d'assurances, mandataire de la compagnie, a le droit de réclamer à celle-ci des dommages-intérêts, si elle le révoque brusquement, sans motifs sérieux, alors même que sa révocation est la conséquence de la suppression de l'agence (Toulouse, 16 nov. 1887, aff. Compagnie d'assurances *Le Progrès national*, D. P. 88. 2. 1 61). Mais il ne peut exercer un droit de rétention sur les archives de la compagnie jusqu'à ce qu'elle l'ait indemnisé (Même arrêt); — 3° Que le mandant ne peut, même en l'absence de toute stipulation restrictive de son droit de révocation, user de ce droit d'une manière intempestive, qui causerait au mandataire un dommage injuste (Motif, Req. 9 juill. 1885, aff. Lexa, cité *suprà*, n°s 164 et 165). Il a même été décidé qu'une compagnie d'assurances doit des dommages-intérêts à l'agent qu'elle révoque sans avis préalable et sans motifs graves, alors même qu'elle se serait réservé formellement la faculté de révoquer le mandat (Dijon, 8 mars 1880) (1). Mais cette décision nous paraît difficile à justifier, car elle ne tient aucun compte des stipulations intervenues.

169. Ainsi qu'on l'a fait remarquer *suprà*, n° 165, la révocation est si peu de l'essence du mandat qu'il y a des mandats qui sont irrévocables. Tel est celui qui est donné à la fois dans l'intérêt du mandataire et dans celui du mandant (Pont, t. 1, n° 1159; Laurent, t. 28, n° 104; Aubry et Rau, t. 4, § 416; Req. 6 janv. 1873, aff. Balestrini, D. P. 73. 1. 116; Bordeaux, 27 avr. 1885, aff. Nebut, D. P. 86. 2. 263). Jugé, en conséquence, que le débiteur ne peut révoquer le mandat, qu'il a donné à ses créanciers hypothécaires, de faire procéder à la vente amiable de ses immeubles, dans le double but d'obtenir des délais et d'éviter les frais qu'auraient entraînés les formalités de la saisie immobilière (Arrêt précité du 27 avr. 1885). — Décidé, de même, que le mandat conféré dans l'intérêt des mandants et du mandataire ne peut être révoqué par la volonté de l'une ou même de la majorité des parties intéressées, mais seulement de leur consentement mutuel, ou pour une cause légitime reconnue en justice, ou enfin suivant les clauses et conditions spécifiées par le contrat (Civ. cass. 13 mai 1885, aff. Fiat, D. P. 85. 1. 350). Spécialement, lorsque des copropriétaires ont confié à l'un d'entre eux l'administration de leurs biens indivis, il n'appartient pas à ces copropriétaires de révoquer leur mandataire de ses fonctions par une décision prise à la majorité des voix. Une pareille mesure ne saurait être validée sous le prétexte que le communiste ainsi révoqué n'avait aucun intérêt réel et sensible à conserver son mandat (Même arrêt). Et il appartient aux juges du fond d'apprécier souverainement si le mandat a été donné à la fois dans l'intérêt du mandant et du mandataire (Req. 6 janv. 1873, aff. Balestrini, précité).

170. Le mandat est également irrévocable, lorsqu'il a été donné dans l'intérêt du mandant et d'un tiers. — Jugé, en ce sens, que le mandat donné à un tiers dans l'intérêt du mandant et de ses créanciers, et accepté par ceux-ci, ne peut être révoqué par le mandant sans l'autorisation de ses créanciers (Orléans, 31 juill. 1883, aff. Houy, D. P. 85. 2. 20).

171. Enfin, on s'accorde à reconnaître que, quand le mandat n'est que la condition ou la suite d'une convention synallagmatique, il n'est pas révocable à la volonté du mandant seul (*Rép.* n° 428; Aubry et Rau, t. 4, § 416; Pont, t. 1, § 1159). Il a été jugé, en ce sens, que le mandat cesse d'être révocable lorsqu'il est la condition, la suite ou le mode d'exécution d'un contrat synallagmatique avec lequel il forme un tout indivisible (Pau, 26 nov. 1873, aff. Latour, D. P. 74. 5. 327). Tel est le mandat, donné par tous les copartageants à l'un d'entre eux, de faire l'emploi d'une somme destinée à subvenir à certains services communs (Même arrêt).

172. On peut citer encore comme un cas de mandat irrévocable, celui du mandat donné au tiré par le tireur d'une lettre de change. Dans ce cas, comme le dit un arrêt, « il y a obligation prise par le tireur envers le preneur et les porteurs successifs, au profit de qui a été donné le mandat, de faire payer le montant de la lettre par le tiré, et, par conséquent, renonciation, dans l'intérêt des porteurs au droit de révocation qui, en règle générale, appartient à tout mandant » (Civ. rej. 14 janv. 1880, aff. Liquidation Lachaussée, D. P. 80. 1. 158). Mais, cette hypothèse exceptée, le mandat, donné à un tiers, de payer une somme pour le compte du mandant, est, comme tout autre mandat, essentiellement révocable (Même arrêt). Et il y a lieu de considérer, non comme une lettre de change, mais comme une simple lettre de crédit, le titre par lequel un banquier charge son correspondant, dans un autre lieu, de tenir, à partir de telle date, une certaine somme à la disposition du porteur, « d'ordre et pour compte de lui-même », alors qu'il n'y a pas eu de valeur fournie par le bénéficiaire de ce titre, lequel ne contient effectivement aucune mention à cet égard; dès lors, le mandat qui en résulte est essentiellement révocable, et le droit de révocation qui appartient au souscripteur du titre ne peut être entravé par un payement fait avant la date fixée (Même arrêt). Et le mandataire qui a payé avant cette date n'a aucun recours contre le mandant, si celui-ci vient à exercer son droit de révocation en temps utile (Même arrêt).

173. Il n'y a pas de formes sacramentelles pour la révocation du mandat. Elle peut être expresse ou tacite (*Rép.* n° 430). Le législateur, dans l'art. 2006 c. civ., donne un exemple de révocation tacite (*Rép.* n°s 435 à 442). Il appartient, d'ailleurs, aux juges du fond d'apprécier les faits d'où l'on prétend faire résulter la révocation tacite d'un mandat (Req. 25 juin 1872, aff. Dutour, D. P. 74. 1. 38).

174. En principe, le mandataire reste assujetti aux obligations dérivant du mandat, tant qu'il n'a pas eu connaissance de sa révocation. Mais le mandant, s'il a négligé de la notifier, ne saurait tirer profit de cette négligence, et il ne peut rendre le mandataire responsable du préjudice que lui cause l'inexécution du mandat, alors que ce préjudice provient de son inaction et de sa négligence (Req. 25 juin 1872, cité *suprà*, n° 173).

175. Une fois la révocation portée à sa connaissance, le mandataire « doit s'abstenir désormais de tous actes d'exécution sous peine de dommages-intérêts envers le mandant auquel ces actes porteraient préjudice » (*Rép.* n° 445). Mais il a été jugé que le mandataire a qualité, même après la révocation du mandat, pour recevoir le montant d'un billet souscrit en son nom personnel pendant la durée du mandat, et payable entre ses mains, par l'acquéreur d'un immeuble appartenant pour partie au mandant et au mandataire (Req. 5 mai 1873, aff. Bonniau, D. P. 73. 1. 438).

176. L'art. 2005 c. civ. dispose que « la révocation notifiée au seul mandataire ne peut être opposée aux tiers qui ont traité dans l'ignorance de cette révocation, sauf au man-

(1) (Comp. d'ass. *L'Union C.* Badet). — Le 8 août 1879, jugement du tribunal de commerce de Dijon, ainsi conçu : — « Attendu que, le 10 oct. 1878, la compagnie d'assurances *L'Union* autorisait Joly à prendre le titre de sous-inspecteur, attaché à l'agence de Badet fils, à Dijon, et qu'en cette qualité, il avait droit à un traitement annuel fixe de 1200 fr., payable annuellement, avec effet rétroactif du 1er juin; — Attendu qu'en nommant Joly sous-inspecteur, la compagnie *L'Union* se réservait le droit de maintenir ou de supprimer dans l'avenir le titre et le traitement y affecté, mais sans déterminer que cette clause pourrait avoir un effet immédiat; — Attendu, dès lors, qu'en mettant fin brusquement au mandat de Joly, la compagnie *L'Union* a causé à ce dernier un préjudice dont elle lui doit réparation; — Attendu toutefois que les avances faites par Badet à Joly, déduction faite de ses appointements jusqu'au 1er juin 1879, s'élèvent à la somme de 1362 fr. 25; que ce chiffre n'est pas contesté par Joly; — Attendu que la demande en dommages-intérêts est justifiée par le préjudice qu'a causé à Joly le retrait subit de son traitement; mais que celle de 1000 fr. représentant ses appointements de janvier à mai est mal fondée, vu que les appointements lui ont été soldés; — Attendu que la demande reconventionnelle n'est justifiée que pour la somme de 1362 fr. 25 acquise à Badet, en raison de ses avances, mais que celle de la compagnie *L'Union* n'est pas justifiée; — Attendu que les trois parties succombent également dans leurs prétentions; Par ces motifs, etc. ». — Appel par la compagnie *L'Union*.

La cour; — Considérant qu'il était expressément convenu entre Badet et Joly que leur traité particulier prendrait fin par le retrait, de la part de la compagnie *L'Union*, du mandat qu'elle avait donné à Joly; qu'ayant été révoqué par *L'Union* le 1er juin 1879, Joly est sans droit pour réclamer des dommages-intérêts à raison de la résiliation du traité particulier que cette révocation avait entraînée; — Considérant que la compagnie *L'Union* avait donné à Joly une commission de sous-inspecteur pour un temps indéterminé; qu'elle s'était seulement réservé le droit de la supprimer quand elle le jugerait utile, mais que ni les termes de cette réserve, ni la nature du contrat dans lequel elle avait été insérée, ne l'autorisaient à révoquer son agent sans avertissement préalable; — Qu'elle n'établit pas qu'elle ait eu à lui imputer des torts assez graves pour justifier une mesure aussi rigoureuse, et que c'est dès lors avec raison que les premiers juges ont décidé qu'elle était tenue de l'indemniser du préjudice que lui a causé le brusque retrait de son traitement; que, toutefois, le chiffre des dommages-intérêts qui lui ont été alloués doit être réduit de moitié, puisqu'il n'y a pas d'appel de Joly contre *L'Union*, et qu'il est reconnu que Badet n'est tenu envers lui à aucune réparation pour la résiliation de son traité particulier; — Par ces motifs, etc.

Du 8 mars 1880.-C. de Dijon, 3e ch.-MM. Julhiet, pr.-Lebon, av. gén.

dant son recours contre le mandataire » (*Rép.* n°s 446 et suiv.). — Par application de cette règle, il a été jugé : 1° que la révocation des pouvoirs, conférés au gérant d'une société civile, à l'effet d'obliger la société et de souscrire des effets pour son compte, n'est pas opposable aux tiers, lorsque, loin d'avoir été portée à leur connaissance, elle leur a été cachée, et qu'elle résulte, par exemple, d'une délibération restée secrète, qui portait dissolution de la société avec nomination du même gérant comme liquidateur investi d'un mandat nouveau plus limité que le mandat primitif (Req. 27 nov. 1861, aff. Lehec, D. P. 62. 1. 483). En conséquence, les billets souscrits par ce gérant, en vertu du mandat primitif et au profit de tiers qui en ignoraient la révocation, sont obligatoires pour la société (Même arrêt) ; — 2° Que la révocation du mandataire avec lequel des tiers avaient l'habitude de traiter ne peut être opposée aux tiers qui ont continué de bonne foi leurs opérations par l'intermédiaire du même mandataire, dans l'ignorance du retrait de ses pouvoirs, encore que l'acte de révocation, déposé dans l'étude d'un notaire, ait été publié dans un journal d'annonces (*Les Affiches parisiennes*), mais sans qu'aucun avis en ait été, d'après l'usage, adressé au commerce, et alors surtout qu'il s'agit d'opérations faites au su et vu du mandant, contre lequel, par exemple, des traites tirées sur lui, par suite de ces opérations, ont été protestées en parlant à sa personne (Bordeaux, 2 juin 1869, aff. Sichel, D. P. 70. 2. 220) ; — 3° Que les traites signées par l'intermédiaire d'un mandataire, pour l'exécution d'opérations faites avec des tiers de bonne foi, doivent être soldées par le mandant qui ne les a pas prévenus de la révocation antérieure du mandat (Req. 23 mai 1870, même affaire, D. P. 72. 5. 310).

177. Le retrait par le mandant, après révocation du mandat, de la procuration remise au mandataire suivant les exigences de l'art. 2004, constitue d'ordinaire une mesure suffisante pour que la révocation puisse être opposée aux tiers. Ils sont présumés connaître cette révocation parce qu'ils doivent, s'ils sont prudents, exiger, avant de traiter avec le mandataire, la production de la procuration. Ce retrait de la procuration ne constitue cependant contre eux qu'une présomption, et lorsqu'il résultera des circonstances de la cause que les tiers n'avaient pu connaître la révocation du mandat, qu'ils avaient de bonnes raisons, au contraire, de penser que le mandat n'était pas révoqué, le mandant restera lié vis-à-vis d'eux. Il en sera ainsi, notamment, lorsque le tiers qui traite avec le mandataire savait que ce dernier avait reçu la mission toute spéciale de ne traiter qu'avec lui, et non avec une autre personne ; il ne commet alors aucune faute en n'exigeant pas du mandataire qu'il produise la procuration ; c'est, au contraire, le mandant qui en a commis une en ne lui faisant pas connaître la révocation. — Il a été jugé, en ce sens, que la révocation du mandat n'est pas opposable au tiers qui a traité avec le mandataire dans l'ignorance de cette révocation, encore qu'elle ait été suivie du retrait de l'acte renfermant la procuration, lorsque le mandant pouvait avertir ce tiers de l'extinction des pouvoirs de son mandataire (Req. 3 févr. 1869, aff. Lebœuf, D. P. 70. 1. 71). Et il en est ainsi encore que, s'agissant, par exemple, d'un mandat pour compromettre, il ait été stipulé au compromis passé après révocation du mandat que la procuration serait remise aux arbitres (Même arrêt). Dans ce dernier cas, le défaut de production de l'acte de procuration peut être suppléé par la décision qui valide, à l'égard du tiers, la procuration révoquée (Même arrêt).

§ 3. — Mort naturelle ou civile du mandant (*Rép.* n°s 451 à 471).

178. Le décès du mandant met fin au mandat de plein droit ; il n'est pas nécessaire que la nouvelle de ce décès soit notifiée au mandataire ; il suffit qu'il en ait eu connaissance. Dès ce moment, il doit s'abstenir de tous actes de gestion de mandat (*Rép.* n° 462). — Ceux qu'il avait faits dans l'ignorance du décès sont valables, aux termes de l'art. 2008. Mais c'est à lui qu'incombe l'obligation de prouver son ignorance. Jugé en ce sens que l'art. 2008 c. civ., qui valide ce que le mandataire a fait dans l'ignorance du décès du mandant, ne s'applique qu'au cas de preuve formelle que ce décès était ignoré du mandataire ; cette ignorance ne se présume pas (Civ. cass. 25 avr. 1864, aff. Ceccaldi, D. P. 64. 1. 182). Ainsi des conclusions posées par un avoué, substituant un de ses confrères, en vertu de la procuration de ce dernier, sont nulles, si l'avoué substitué était décédé au moment où elles ont été prises, sans que celui qui le représentait prouve formellement qu'il n'avait pas connaissance de ce décès : ce n'est pas à la partie qui allègue cette connaissance à en faire la preuve (Même arrêt).

179. La règle de l'art. 2008 a une portée générale. Ainsi il a été décidé que cet article s'applique aussi bien aux actes de procédure qu'aux conventions (Rouen, 19 janv. 1853, aff. Innocent, D. P. 54. 2. 254). Spécialement, est valable une saisie-arrêt faite à la requête d'un individu décédé et par ordre du mandataire de ce dernier, lequel ignorait le décès du mandant (Même arrêt. — V. aussi Paris, 22 févr. 1870, aff. d'Argence, et *suprà*, v° *Exploit*, n° 39). De même, l'appel interjeté par un mandataire après le décès du mandant, mais dans l'ignorance de ce décès, est valable (Lyon, 28 mai 1869, aff. de Noël, D. P. 70. 2. 71).

Décidé aussi que la disposition de l'art. 2008 c. civ., qui déclare valable ce que le mandataire fait dans l'ignorance de la mort du mandant ou de l'une des causes qui ont fait cesser le mandat, est générale et absolue, et s'applique, sans distinction, à tous les actes faits de bonne foi par le mandataire, soit qu'il ait stipulé, soit qu'il ait promis pour son mandant (Civ. cass. 5 août 1874, aff. Synd. de la Caisse d'escompte de Moulins, D. P. 75. 1. 105). En conséquence, l'employé et fondé de pouvoirs d'un banquier a pu valablement recevoir des valeurs et les porter en compte courant pour son mandant, bien que, au moment de la réception desdites valeurs, le banquier fût, depuis trois jours, parti sans esprit de retour, si on ignorait encore, à ce moment, la véritable cause de son départ (Même arrêt).

180. A plus forte raison, le décès du mandant ne fait-il pas cesser les effets du mandat à l'égard des tiers de bonne foi, restés dans l'ignorance de ce décès. Telle est la disposition de l'art. 2009 c. civ. — Il a été jugé que le décès du mandant ne fait pas cesser les effets du mandat à l'égard d'un tiers qui n'a pas eu connaissance de ce décès, et que cette règle s'applique notamment au cas où un arrêté de conseil de préfecture est signifié au mandataire ayant pouvoir de recevoir toutes communications relatives à l'affaire (Cons. d'Et. 3 déc. 1880, aff. Arnaud, D. P. 82. 3. 13).

181. On a émis, au *Rép.* n° 455, l'opinion que le mandat survit au décès du mandant si telle a été la volonté des parties. Cette doctrine est aussi enseignée par M. Paul (t. 1, n° 1145). « La disposition de la loi, dit-il, qui attache un effet révocatoire à la mort du mandant étant le résultat de l'interprétation faite par le législateur de la volonté présumée des parties, il s'ensuit que le mandat doit subsister, après le décès du mandant, toutes les fois qu'il apparaît nettement que, dans la pensée des parties, le décès n'en doit pas empêcher l'exécution. Cette intention peut être manifestée par une convention expresse et formelle ; elle peut aussi s'induire de la nature même de l'affaire, par exemple, si cette affaire ne peut ou ne doit être accomplie ou achevée qu'après le décès du mandant ». — Il a été jugé : 1° que le mandat ne prend pas fin par le décès du mandant pour les faits qui doivent être accomplis après sa mort ; les héritiers (non réservataires ou non frustrés de leur réserve) n'ont d'action en restitution, à raison des valeurs, et, par exemple, d'un billet remis après son décès à un tiers au nom duquel le mandant l'avait écrit, ni contre le mandataire qui a fait cette remise, ni contre le tiers (Amiens, 16 nov. 1852, aff. Thelu, D. P. 54. 2. 255) ; — 2° Que le mandataire a droit au remboursement des avances et frais qu'il a faits pour l'exécution du mandat, alors même que ces avances auraient été effectuées postérieurement au décès du mandant, s'il est établi qu'elles ont eu lieu dans l'intérêt de ce dernier, comme une suite nécessaire du mandat dont l'exécution avait commencé avant cet événement ; et, à cet égard, l'appréciation des juges du fond est souveraine (Civ. rej. 6 août 1889, aff. Descombes, D. P. 90. 1. 183) ; — 3° Que le mandat ne finit pas par la mort du mandant, au cas de volonté contraire exprimée par le mandant ou s'induisant de l'objet du mandat, et que, spécialement, le mandat de vendre des immeubles, pour en faire servir le prix au remboursement d'avances faites par le mandataire, doit se prolonger jusqu'à l'entière libération du mandant et, par conséquent, n'est pas éteint par le décès de ce dernier (Req. 22 mai 1860, aff. Goirand, D. P. 60. 1. 448); — 4° Que la règle qui veut que le mandat prenne fin par la mort du mandant est sans application, lorsqu'il appert une volonté contraire de sa part; et que cette volonté, qui peut résulter de l'objet du mandat ou du but que le mandant a eu en vue, est souverainement appréciée par les juges du fond (C. cass. Belgique, 2 juin 1887, aff. de Gilissen, D. P. 89. 2. 39). — Décidé aussi que le décès du mandant n'emporte pas extinction du mandat, lorsque celui-ci a été donné dans une forme qui en rend la révocation impossible, et, par exemple, sous la forme d'une donation déguisée (Arrêt précité du 22 mai 1860).

182. Néanmoins, suivant M. Laurent, la question ne serait pas sans difficulté, parce qu'on ne peut représenter le mandant alors qu'il a cessé de vivre. Cet auteur distingue entre l'hypothèse où le mandataire aurait commencé l'exécution du mandat avant la mort du mandant et celle où il aurait reçu le mandat de n'agir qu'après sa mort seulement. Dans le premier cas, le mandant transmet à ses héritiers le mandat en l'état avec les obligations et les droits qui en découlent. Ceux-ci n'auront pas à se plaindre, parce qu'ils conserveront le droit de révoquer le mandataire comme ils le jugeront convenable (t. 28, n° 85). La situation est différente, lorsqu'il s'agit d'une opération à exécuter après la mort du mandant. En pareil cas, ce n'est pas le défunt, mais ses héritiers, qui seraient représentés par le mandataire; or, dit M. Laurent, t. 28, n° 88, le défunt peut-il lier ses héritiers par un contrat qui ne le liait pas lui-même? Un contrat ne se forme que par concours de consentements. Or, au moment du décès, le mandant ne peut plus consentir, et les héritiers ne consentent pas; dès lors, le contrat ne peut pas se former. Dira-t-on que le mandat s'est formé pendant la vie du mandant? Non, car le mandant n'a pas entendu s'obliger, puisque le mandat ne doit commencer qu'à sa mort; il entend donc obliger ses héritiers, sans que lui-même le soit; or cela est impossible, puisque les héritiers ne sont obligés que comme successeurs universels du défunt. — Cette argumentation est assurément logique; toutefois, est-il exact de dire que les héritiers du mandant seront nécessairement liés par le mandat dont l'exécution doit avoir lieu après le décès de leur auteur? On ne voit pas pourquoi ils n'auraient pas, comme continuateurs de la personne du défunt, le droit de révocation qui appartiendrait à ce dernier lui-même, s'il vivait encore. Il semble que ce droit ne saurait leur être refusé, alors surtout qu'ils établissent que cette révocation présente un intérêt sérieux, soit pour eux-mêmes, soit pour la mémoire du défunt. Jugé, en ce sens, qu'en admettant qu'un auteur ait, avant son décès, donné mandat à un tiers (son frère, dans l'espèce) de publier des écrits politiques à l'époque et suivant le mode qu'il jugerait convenables, il appartient au fils, qui est en même temps seul héritier du défunt, de protéger la mémoire de son père contre une publication inopportune, et de s'opposer à ce qu'il soit fait de ce mandat posthume un usage contraire aux intentions du mandant (Paris, 1er déc. 1876, aff. Le Camus de Wailly, D. P. 78. 2. 73).

183. On a vu au *Rép.* n° 458, que, lorsqu'un mandataire ou un tiers est intéressé au mandat, le décès du mandant ne suffit pas pour mettre fin au contrat. Il a été jugé en ce sens que le mandat donné dans l'intérêt du mandataire aussi bien que dans l'intérêt du mandant n'est pas révoqué par le décès de ce dernier; et, par suite, lorsqu'un débiteur a remis à sa caution, par voie d'endossement en blanc, des valeurs destinées à permettre à cette caution de faire face à l'obligation résultant du cautionnement, la caution peut négocier à son profit, même après le décès du débiteur, les valeurs qui ont été l'objet d'un tel endossement, et qu'elle n'est pas tenue de les rapporter à la succession bénéficiaire du défunt (Req. 22 janv. 1868, aff. Huet, D. P. 68. 1. 168).

184. Aux termes de l'art. 2003 c. civ., la mort civile, de même que la mort naturelle, mettait fin au mandat (*Rép.* n° 464). Cette disposition n'a plus d'application depuis l'abolition de la mort civile (L. 31 mai 1854, D. P. 54. 4. 91). Mais les peines qui emportaient autrefois mort civile entraînent aujourd'hui l'interdiction légale qui, de même que l'interdiction judiciaire, est une cause de cessation du mandat (V. *infrà*, n° 187).

§ 4. — Absence du mandant (*Rép.* n° 472).

185. — V. ce qui est dit au *Répertoire*.

§ 5. — Cessation des pouvoirs du mandant (*Rép.* nos 473 à 475).

186. — V. *Rép.* nos 473 et suiv.

§ 6. — Changement d'état du mandant (*Rép.* nos 476 et 477).

187. Aux termes de l'art. 2003 c. civ., le mandat finit par l'interdiction du mandant (*Rép.*, n° 476). — Mais, pour que le mandat prenne fin, il ne suffit pas que des doutes plus ou moins sérieux puissent s'élever sur l'état d'esprit du mandant: il faut que son interdiction ait été prononcée (Aix, 19 nov. 1889, D. P. 90. 2. 156).

188. On a dit, au *Rép.* n° 476, qu'il fallait assimiler à l'interdiction tous les changements d'état qui peuvent se produire dans la personne juridique du mandant. Le mandat finit, disent MM. Aubry et Rau (t. 4, § 417-5°, p. 654), « par le changement d'état de l'un ou de l'autre (du mandant ou du mandataire) si, par suite de ce changement, ils deviennent incapables de conférer un mandat de même nature, ou de s'obliger par l'acceptation d'un mandat ». « L'art. 2003, ajoutent-ils, note 15, ne parle expressément que de l'interdiction, mais sa disposition s'applique par identité de raisons, sous la restriction indiquée au texte, à tout changement d'état par suite duquel une personne perd, en tout ou en partie, l'exercice de ses droits » (Conf. Pont, t. 1, n° 1147).

M. Laurent, t. 28, n° 91, est d'un avis opposé. Suivant lui, il n'y a pas d'assimilation à faire entre l'interdiction et les autres changements d'état, et il faut conclure du silence de la loi en ce qui concerne les autres changements d'état, que le législateur n'a pas voulu qu'ils missent fin au mandat. Ainsi, le changement d'état de la femme qui se marie n'aurait d'autre effet que d'obliger le mandataire à rendre compte au mari, au lieu de rendre compte à la femme. — Cette opinion ne paraît pas fondée. Il n'y a rien à conclure du silence du législateur, qui a suivi à cet égard la doctrine de Pothier. Or, ce jurisconsulte enseignait que tout changement d'état mettait fin au mandat. En outre, on peut remarquer que la loi ne mentionne point, parmi les causes de cessation du mandat, l'arrivée du terme ou de la condition, et que, cependant, personne n'a songé à conclure de son silence que ces deux causes ne mettaient pas fin au mandat.

§ 7. — Faillite ou déconfiture du mandant (*Rép.* nos 478 et 479).

189. Aux termes de l'art. 2003 c. civ. le mandat cesse par la déconfiture du mandant. On a dit, au *Rép.* n° 478, qu'il fallait assimiler à la déconfiture l'état de faillite: tous les auteurs sont d'accord sur ce point (V. Aubry et Rau, t. 4, § 417, n° 4; Domenget, t. 1er, nos 605-606; Pont, t. 1er, nos 1148 et 1149). M. Laurent, t. 28, n° 92, va plus loin: suivant lui, le législateur aurait commis une erreur dans l'art. 2003; ce qu'il dit de la déconfiture ne pourrait s'appliquer qu'à la faillite, parce que la déconfiture n'entraîne pas le dessaisissement des biens du débiteur. Cet auteur appuie son opinion sur un passage du rapporteur Tarrible, au Tribunat, portant que « la déconfiture du mandant met fin au mandat, parce que le désordre de ses affaires a entraîné la subversion générale de sa fortune; tout ce qu'il possédait a passé dans les mains de ses créanciers » (Rapport 24, Locret, t. 7, p. 383). Mais il est possible que Tarrible, dans son rapport, ait dépassé la pensée de la commission et employé une expression impropre; et l'argument ne paraît pas suffisant pour décider le contraire de ce qui est écrit dans la loi, c'est-à-dire que le mandat finit par la faillite, et non par la déconfiture du mandant.

190. Tout ce que l'on vient de dire de la faillite et de la déconfiture s'appliquerait à la liquidation judiciaire, instituée par la loi du 4 mars 1889 (D. P. 89. 4. 9), qui, mieux encore que la faillite, doit être assimilée à la déconfiture du débiteur. Elle n'emporte pas le complet dessaisissement des biens et elle ne frappe pas le liquidé d'incapacités personnelles. Celui-ci ne peut néanmoins rien faire sans l'assistance des liquidateurs. Les motifs donnés par Tarrible peuvent ici être très justement invoqués.

191. Lorsque le mandat est donné dans l'intérêt du mandant et du mandataire, ou du mandant et d'un tiers, la faillite, la déconfiture ou la liquidation judiciaire n'y mettent pas fin. Tous les auteurs sont d'accord pour reconnaître que le mandat *in rem suam* n'est pas éteint par la faillite du mandataire. — Il a été jugé, en ce sens, que le mandat conféré à un tiers, à l'effet de faire un emploi déterminé de fonds appartenant au mandant, n'est pas révoqué par la faillite de celui-ci, lorsqu'il fait partie d'un ensemble de conventions conclues de bonne foi entre les parties, et que le droit des syndics se borne à veiller à ce que ce mandat soit exécuté suivant les termes du contrat (Civ. rej. 31 juill. 1872, aff. Syndics Tranchant, D. P. 72. 1. 300).

§ 8. — Renonciation du mandataire au mandat (*Rép.* nos 480 à 487).

192. L'art. 2007, § 1o, c. civ. consacre en principe, pour le mandataire, le droit de renoncer au mandat, sous la condition de notifier au mandant sa renonciation. Cette faculté est, d'ailleurs, subordonnée à la condition que la renonciation ne cause aucun préjudice au mandant. Ce n'est là que l'application du droit commun ; mais l'article ajoute, et c'est là une disposition exceptionnelle, que le mandant, alors même que la renonciation lui serait préjudiciable, ne pourra réclamer des dommages-intérêts si le mandataire se trouvait « dans l'impossibilité de continuer le mandat sans en éprouver lui-même un préjudice considérable ».

Suivant M. Laurent, t. 28, no 107, « cette disposition est une de celles qui ne s'expliquent que par la gratuité du mandat. La loi, dit-il, suppose que le mandataire rend un service gratuit ; dans ce cas, l'équité demande que le mandataire puisse renoncer au mandat, si l'exécution devait lui causer un préjudice considérable, bien que, de son côté, le mandant éprouve un préjudice de l'inexécution du mandat. Mais, si le mandat est salarié, on ne voit pas pourquoi le mandataire pourrait impunément manquer à ses engagements, plutôt que l'acheteur ou le preneur ». — Cette doctrine, bien qu'elle repose sur des considérations spécieuses, ne paraît pas admissible, en présence des termes généraux de l'article, qui ne fait aucune distinction suivant que le mandat est salarié ou gratuit.

193. Le préjudice auquel l'exécution du mandat exposerait le mandataire est-il la seule cause qui autorise, de la part de ce dernier, une renonciation même préjudiciable au mandant? Suivant la doctrine enseignée au *Rép.* nos 483 et 484, l'art. 2007 c. civ. n'est pas limitatif à cet égard ; et la responsabilité du mandataire serait à couvert toutes les fois qu'il existerait une *juste cause* de renonciation. — Suivant M. Pont, t. 1er, no 1167, cette solution est peut-être trop absolue, et la question devrait être résolue d'après les circonstances. « Le législateur, dit-il, a agi prudemment en s'en tenant à donner un exemple. C'est par l'appréciation des circonstances que les tribunaux, en se guidant sur cet exemple, seront amenés à voir si le mandataire est ou non dans l'impossibilité de gérer pour le mandant, et, en conséquence, s'ils peuvent ou non autoriser une renonciation sans indemnité. La règle à suivre, en toute hypothèse, sera de rechercher si le mandataire qui renonce doit ou non être considéré comme étant en faute ». M. Laurent, t. 28, no 108, restreint ici encore la faculté de renonciation au cas où le mandat est gratuit. Lorsque le mandat est salarié, il n'admet d'autre cause de renonciation que l'impossibilité physique d'exécuter le contrat.

194. Il a été jugé que le mandataire qui a renoncé au mandat, en dehors des conditions auxquelles cette renonciation est subordonnée par l'art. 2007 c. civ., ne peut échapper à la responsabilité qui lui incombe de ce chef, sous le prétexte que le mandant ne se serait pas strictement acquitté de toutes ses obligations envers lui (Req. 7. juill. 1870, aff. Chollet, D. P. 71. 1. 168).

§ 9. — Mort naturelle ou civile du mandataire (*Rép.* nos 488 à 491).

195. Le mandat ayant pris fin par la mort du mandataire, les héritiers de celui-ci sont tenus de cesser toute opération, à moins qu'il n'y ait péril en la demeure (*Rép.* no 489). Dans ce cas, ils agissent plutôt comme gérants d'affaires que comme mandataires. — Il a été jugé que l'exécution donnée à un mandat, après la mort du mandataire, par ses héritiers, est obligatoire pour le mandant qui en a eu connaissance et y a donné son consentement, surtout quand le mandat avait pour objet une affaire commune au mandataire et au mandant, et, par exemple, la liquidation d'une société ayant existé entre eux (Req. 21 mai 1867, aff. Sigaudy, D. P. 67. 1. 345).

§ 10. — Changement d'état du mandataire (*Rép.* no 492).

196. V. ce qui est dit sur ce point au *Répertoire*.

§ 11. — Faillite ou déconfiture du mandataire (*Rép.* nos 493 à 496).

197. Il n'est pas douteux que la liquidation judiciaire, comme la faillite ou la déconfiture du mandataire, mette fin au mandat (L. 4 mars 1889, D. P. 89. 4. 9).

198. On a enseigné, au *Rép.* no 493, que le mandant seul pouvait se prévaloir de la nullité des actes faits par le mandataire après sa faillite. Cette solution n'est pas contraire au principe que le mandat cesse de plein droit par la faillite du mandataire. C'est ce que fait remarquer M. Laurent, t. 28, no 94 : « La loi elle-même, dit-il, valide les actes que le mandataire a faits dans l'ignorance de la cause qui a fait cesser le mandat ; et elle dispose que les engagements sont exécutés à l'égard des tiers qui sont de bonne foi (art. 2008 et 2009). La loi tient donc compte des circonstances de la cause, ce qui exclut la nullité de plein droit ».

CHAP. 14. — De la compétence (*Rép.* nos 497 et 498).

199. La question de savoir quelle est la juridiction compétente pour statuer sur les contestations relatives au mandat en matière commerciale (*Rép.* no 497) a été examinée en détail *suprà*, Vo *Acte de commerce*, nos 406 et suiv.

Table sommaire

des matières contenues dans le Supplément et le Répertoire.

(Les chiffres précédés de la lettre *S* renvoient au Supplément ; les chiffres précédés de la lettre *R* renvoient au Répertoire.)

Table des articles du code civil.

Table chronologique des Lois, Arrêts, etc.

19 déc. Civ. 96 c.

1854

22 févr. Civ. 91 c.
15 mars. Req. 122 c.
31 mai. Loi. 184 c.
8 juin. Poitiers. 53 c.
8 juill. C. d'appel de Savoie. 141 c.
19 juill. Req. 67 c.
17 août. Poitiers. 16 c.

1855

7 févr. Req. 43 c.
27 févr. Rouen. 36 c.
28 mars. Req. 85 c., 160 c.
18 avr. Req. 43 c.
27 juin. Montpellier. 9 c., 40 c.
6 août. Req. 67 c.
3 déc. Grenoble. 155 c.
29 déc. Caen. 138 c.

1856

12 janv. Paris. 43 c.
14 janv. Req. 38 c.
15 janv. Metz. 22 c.
11 avr. Riom. 34 c.
16 avr. Civ. 13 c.
3 juin. Req. 78 c.
1er juill. Req. 43 c.
17 nov. Req. 144 c.
8 déc. Rouen. 73 c.
15 déc. Req. 17 c., 42 c.

1857

1er avr. Bordeaux. 43 c.
8 avr. Req. 165 c., 166.
23 nov. Req. 50 c.
7 déc. Req. 113 c.

1858

7 avr. Civ. 148 c.
23 nov. Req. 38 c., 95 c.
6 déc. Civ. 49 c.

1859

5 janv. Orléans. 86 c.
20 avr. Req. 108 c.
29 juin. Trib. com. Nantes. 80 c.
20 août. Poitiers. 81 c.
19 nov. Orléans. 119 c.
7 déc. Lyon. 109 c.

1860

7 mars. Civ. 62 c.
14 mars. Civ. 148 c.
22 mai. Req. 181 c.
4 juin. Civ. 11 c.
16 août. Req. 58 c.
26 nov. Req. 80 c., 107 c.

1861

6 févr. Req. 49 c., 61 c.
27 nov. Req. 176 c.

1862

14 janv. Req. 35 c.
19 févr. Dijon. 48.
24 mars. Caen. 16 c.
8 juill. Montpellier. 68, 107 c.
18 nov. Besançon. 86 c.
29 nov. Douai. 69 c.

1863

5 janv. Req. 67 c.
12 janv. Req. 20 c., 43 c.
20 avr. Req. 100 c.
27 juin. Paris. 44 c.
27 juill. Req. 156 c.
4 nov. Req. 145 c.

1864

25 janv. Req. 15 c.
23 févr. Metz. 63 c.
25 avr. Civ. 178 c.
13 juin. Grenoble. 164 c., 165 c., 167 c.
19 juill. Req. 80 c.
22 août. Req. 63 c.
16 déc. Paris. 89 c., 96 c.

1865

3 mai. Req. 98 c., 115 c.
9 juin. Req. 87 c.
10 juill. Req. 168 c.
28 juill. Grenoble. 74 c.
30 août. Trib. com. Nantes. 53 c.
19 déc. Bastia. 161 c.

1866

2 janv. Dijon. 128 c.
17 janv. Civ. 127 c.
7 févr. Req. 132 c.
7 mai. Civ. 43 c.
9 mai. Civ. 42 c.
12 juin. Rennes. 80.
11 juill. Bordeaux. 140.
26 déc. Req. 92 c.

1867

9 janv. Req. 80 c.
10 janv. Metz. 69 c.
29 janv. Civ. 43 c.
21 mai. Req. 195 c.
24 juin. Req. 50 c.
12 nov. Civ. 148 c.

1868

14 janv. Req. 130 c.
22 janv. Req. 183 c.
4 mai. Req. 49 c.
14 mai. Dijon. 64 c.
10 juin. Req. 94 c.
25 nov. Req. 86 c.

1869

5 janv. Req. 40 c.
3 févr. Req. 177 c.
24 févr. Nancy. 80 c.
10 mars. Req. 74 c.
27 avr. Metz. 127 c.
28 mai. Lyon. 179 c.
2 juin. Bordeaux. 176 c.
4 juin. Paris. 69 c.
9 juin. Paris. 42 c.
18 juin. Aix. 80 c.
14 juill. Paris. 108 c.
27 juill. Civ. 83 c.
8 nov. Req. 56 c.
25 nov. Aix. 80 c.

1870

26 janv. Trib. civ. Seine. 43 c.
22 févr. Paris. 179 c.
13 avr. Rouen. 109 c.
23 mai. Req. 176 c.
9 juin. Orléans. 80 c., 108 c.
7 juill. Req. 194 c.
1er août. Civ. 62 c.
10 août. Req. 80 c.
14 déc. La Martinique 165 c.

1871

8 févr. Trib. de Lyon. 116 c.
17 mai. Rouen. 164 c., 165 c., 167 c.
21 juin. Paris. 43 c.
5 août. Nancy. 21 c.
17 août. Douai. 21 c.
20 nov. Req. 120 c.
29 nov. Civ. 127 c.

1872

28 févr. Req. 120 c.
28 févr. La Martinique. 20 c.
8 avr. Req. 43 c.
12 avr. Aix. 53 c.
23 avr. Req. 107 c.
8 mai. Civ. 117 c., 118 c.
28 mai. Civ. 96 c.
4 juin Req. 155 c.
10 juin. Bordeaux. 62 c.
10 juin. Rouen. 117 c.
24 juin. Req. 42 c.
25 juin. Req. 173 c., 174 c.
9 juill. Civ. 116 c.
31 juill. Civ. 191 c.
7 août. Paris. 65 c.
21 août. Civ. 102 c., 130 c.
28 août. Civ. 69 c.

1873

6 janv. Req. 169 c.
15 janv. Civ. 134 c.
31 mars. Req. 20 c., 71 c.
3 avr. Paris. 43 c.
17 avr. Dijon. 77 c.
5 mai. Req. 84 c., 95 c., 175 c.
6 août. Req. 65 c., 71 c.
18 août. Req. 71 c.
5 nov. Civ. 96 c.
25 nov. Civ. 80 c., 85 c., 101 c., 125 c., 157 c.
26 nov. Pau. 171 c.

1874

23 févr. Civ. 109 c.
5 mars. Besançon. 21 c.
4 mai. Req. 62 c.
13 mai. Grenoble. 167 c.
8 juill. Civ. 71 c.
4 août. Civ. 70 c.
5 août. Civ. 179 c.
9 déc. Pau. 155.

1875

13 févr. Paris. 13 c.
22 mars. Civ. 108 c., 109 c.
14 juin. Req. 142.
28 juin. Paris. 40 c.
15 juill. Req. 66 c.
19 juill. Req. 104 c.
29 juill. Gand. 97 c.
20 déc. Civ. 75 c.

1876

15 févr. Req. 156 c.
20 mars. Req. 67 c.
11 avr. Civ. 142 c.
26 avr. Req. 120 c.
11 juill. Req. 157 c.
22 nov. Req. 69 c.
1er déc. Paris. 182 c.

1877

28 févr. Req. 20 c.
18 avr. Req. 82 c.
23 avr. Req. 63 c.
5 nov. Civ. 120 c.

1878

26 nov. Civ. 67.

1879

5 mai. Req. 68 c., 65 c., 147 c.
30 juin. Rennes. 13 c.
4 août. Civ. 109 c.
11 nov. Req. 150 c.

1880

14 janv. Civ. 172 c.
20 janv. Req. 140 c.
8 mars. Dijon. 168.
22 mars. Req. 143 c.
27 mars. Bruxelles. 34 c.
5 avr. Req. 17 c.
4 mai. Besançon. 53 c.
5 août. Req. 124 c., 162 c.
15 nov. Req. 59 c.
3 déc. Cons. d'Ét. 180 c.
6 déc. Req. 99 c., 108 c.

1881

10 janv. Besançon. 53 c.
20 janv. Douai. 34 c.
7 févr. Req. 80 c.
7 févr. Civ. 76 c.
28 févr. Req. 80 c.
1er mars. Req. 39 c.
16 mai. Req. 66 c.
23 mai. Req. 90 c.
27 juin. Req. 59 c.
29 juin. Civ. 59 c.
6 août. Civ. 91 c.
8 nov. Civ. 67 c.
13 déc. Req. 80 c.

1882

8 mars. Paris. 42 c.
24 avr. Req. 69 c.
11 mai. Orléans. 59 c.

1883

13 févr. Req. 142 c.
27 févr. Gand. 58 c.
10 avr. Civ. 18 c.
14 avr. Paris. 121 c.
28 mai. Bruxelles. 69 c.
13 juin. Req. 150 c.
11 juill. Req. 65 c., 67 c.
11 juill. Civ. 67 c., 105 c.
21 juill. Orléans. 25 c.
31 juill. Orléans. 170 c.

1884

18 févr. Alger. 155 c., 158 c.
7 avr. Alger. 60 c.
13 mai. Civ. 43 c.
26 mai. Bruxelles. 46 c., 66 c., 68 c.
23 juill. Bruxelles. 46 c., 66 c., 68 c.
8 déc. Req. 82 c.

1885

26 févr. C. cass. Belgique. 165 c.
27 avr. Bordeaux. 25 c., 169 c.
13 mai. Civ. 169 c.
16 juin. Civ. 123 c.
3 juill. Montpellier. 53.
9 juill. Req. 164 c., 165 c., 168 c.
17 juill. Paris. 80 c.
11 nov. Req. 80 c., 84 c.
21 déc. Req. 65 c., 157 c.

1886

15 mars. Req. 70 c.
7 avr. Rouen. 108 c.
14 avr. Civ. 8 c.
18 avr. Loi. 29 c.

1887

18 janv. Toulouse. 15 c.
27 janv. Dijon. 127 c.
26 avr. Bordeaux. 53 c., 143 c.
2 juin. C. cass. de Belgique. 93 c. 181 c.
9 juin. Paris. 43 c.
5 juill. Civ. 67 c.
16 nov. Toulouse. 168 c.

1888

14 mars. Besançon. 167 c.
28 mai. Req. 62 c.
17 déc. Toulouse. 17 c.

1889

4 mars. Loi. 190 c., 197 c.
12 mars. Bordeaux 42 c.
29 avr. Req. 66 c.
25 juin. Civ. 121 c.
6 juill. Lyon. 150 c.
6 août. Civ. 91 c., 181 c.
23 oct. Aix. 131 c.
19 nov. Civ. 167 c.
19 nov. Aix. 187 c.
3 déc. Toulouse. 17 c.

1890

19 févr. Civ. 121 c.
25 févr. Nancy. 140 c.
7 mai. Lyon. 40 c.
29 déc. Req. 142 c.

1891

24 févr. Req. 48 c.
1er déc. Req. 40 c.

1892

25 mars. Paris. 142 c.

MANDAT D'AMENER. — V. *infrà*, v° *Procédure criminelle*; — *Rép.* v° *Instruction criminelle*, n°s 357 et suiv., 601 et suiv., 658 et suiv., 1158.

MANDAT D'ARRÊT. — V. *infrà*, v° *Procédure criminelle*; — *Rép.* v° *Instruction criminelle*, n°s 600 et suiv., 634 et suiv., 658 et suiv., 687 et suiv.

MANDAT DE COMPARUTION. — V. *infrà*, v° *Procédure criminelle*; — *Rép.* v° *Instruction criminelle*, n°s 601 et suiv., 658 et suiv.

MANDAT DE DÉPOT. — V. *infrà*, v° *Procédure criminelle*; — *Rép.* v° *Instruction criminelle*, n°s 320, 601 et suiv., 658 et suiv., 677, 692 et suiv., 976.

MANŒUVRES ÉLECTORALES. — V. *suprà*, v° *Droit politique*, n° 567; — *Rép.* eod. v°, n° 997.

MANŒUVRES FRAUDULEUSES. — V. *suprà*, v^is *Abus de confiance*, n°s 28, 162 et 172; *Droit politique*, n°s 272, 571 et suiv.; *Obligations; Vol et Escroquerie*; — *Rép.* v^is *Droit politique*, n°s 1000 et suiv.; *Vol et Escroquerie*, n°s 745 et suiv., 788.

MANUFACTURES, FABRIQUES ET ATELIERS DANGEREUX, INSALUBRES OU INCOMMODES.

Division.

CHAP. 1er. — Historique et législation. — Droit comparé (*Rép.* nos 2 à 14).

1. — I. HISTORIQUE ET LÉGISLATION (*Rép.* nos 2 à 13). — Depuis la publication du *Répertoire*, la législation qui régit les établissements dangereux, insalubres ou incommodes n'a pas subi de modifications; mais, comme on le verra plus loin, le nombre des industries soumises à ce régime s'est considérablement accru. Indépendamment des décrets qui ont modifié la nomenclature des établissements classés, il convient de mentionner le décret du 9 févr. 1867 (D. P. 67. 4. 31), portant règlement sur les établissements d'éclairage et de chauffage par le gaz, qui a modifié les dispositions de l'ordonnance du 27 janv. 1846 citée au *Rép.* n° 8, et les décrets successifs qui ont réglementé la fabrication, l'emmagasinage et la vente en gros et au détail du pétrole et de ses dérivés. La matière est aujourd'hui réglée par le décret du 19 mai 1873 (D. P. 73. 4. 69) modifié depuis, dans quelques-unes de ses dispositions, par les décrets des 12 juill. 1884 (D. P. 84. 4. 136), 20 mars 1885 (D. P. 85. 4. 80), et 5 mars 1887 (D. P. 87. 4. 74). Nous devons également citer la loi du 8 mars 1875, relative à la poudre dynamite (D. P. 75. 4. 97) et les décrets des 24 août 1875 (D. P. 76. 4. 49) et 28 oct. 1882 (D. P. 83. 4. 56), sur la conservation, la vente et le transport de la dynamite; enfin, une circulaire du ministre de l'intérieur, du 23 mars 1892 (*Bull. off. min. int.*, p. 58) qui soumet les dépôts de dynamite et autres explosifs à de nouvelles mesures de surveillance et de préservation.

2. Un décret du 24 mars 1858 (D. P. 58. 4. 28) a rendu exécutoires en Algérie le décret du 15 oct. 1810, les ordonnances des 14 janv. 1815, 15 avr. 1838 et 20 mai 1843 et le décret du 25 mars 1852, sous la réserve des dispositions suivantes : les autorisations des établissements de 1re classe sont accordées par le gouverneur général, celles des établissements de 2e classe en territoire civil par les préfets, en territoire militaire par les généraux commandant les divisions, celles de 3e classe en territoire civil par les sous-préfets, en territoire militaire par les commandants de subdivision. Un décret du 17 nov. 1860 (D. P. 60. 4. 159) a également rendu exécutoires le décret du 15 oct. 1810, l'ordonnance du 14 janv. 1815 et le décret du 25 mars 1852 dans les départements annexés de la Savoie, de la Haute-Savoie et des Alpes-Maritimes. Mais l'art. 2 de ce décret porte que les établissements insalubres, dangereux ou incommodes qui étaient en activité dans ces départements au moment de l'annexion continueront à être exploités librement, sauf recours par qui de droit aux tribunaux compétents pour l'indemnité des dommages qu'ils peuvent causer aux propriétés voisines et sauf l'application, le cas échéant, de l'art. 12 du décret du 15 oct. 1810.

TABLEAU DE LA LÉGISLATION RELATIVE AUX ÉTABLISSEMENTS DANGEREUX, INSALUBRES OU INCOMMODES.

19 févr.-17 mars 1853. — Décret impérial qui range des fabriques dans les deux premières classes des établissements insalubres ou incommodes (D. P. 53. 4. 16.)

24 mars-17 avr. 1858. — Décret qui rend exécutoires en Algérie les décrets et ordonnances concernant les établissements insalubres (D. P. 58. 4. 28).

17-22 nov. 1860. — Décret relatif à l'exécution dans les départements de la Savoie, de la Haute-Savoie et des Alpes-Maritimes, des règlements sur les établissements classés comme insalubres, dangereux ou incommodes (D. P. 60. 4. 159).

21 mai-21 juin 1862. — Décret impérial qui range dans la seconde classe des établissements dangereux, insalubres ou incommodes les ateliers où le battage des tapis est exercé en grand (D. P. 62. 4. 54).

26 août-22 sept. 1865. — Décret impérial qui range dans la seconde classe des établissements réputés insalubres ou incommodes les fabriques de chlorures alcalins ou eaux de javelle (*Bulletin des lois*, n° 13660).

18 avr.-12 mai 1866. — Décret impérial portant règlement pour l'exploitation des dépôts et magasins d'huiles minérales ou autres hydrocarbures (D. P. 66. 4. 40).

31 déc. 1866.-23 janv. 1867. — Décret impérial concernant les établissements réputés insalubres, dangereux ou incommodes, et auquel est annexé le tableau par ordre alphabétique des établissements classés (D. P. 67. 4. 25).

9-27 févr. 1867. — Décret portant règlement sur les établissements d'éclairage et de chauffage par le gaz (D. P. 67. 4. 31).

27 janv.-1er févr. 1872. — Décret relatif à la fabrication, à l'emmagasinage et à la vente en gros et au détail du pétrole et de ses dérivés (D. P. 72. 4. 22).

31 janv.-23 févr. 1872. — Décret portant que les établissements compris dans le tableau y annexé ne pourront être créés qu'après l'accomplissement des formalités exigées pour les ateliers insalubres, dangereux et incommodes (D. P. 72. 4. 23).

19-24 mai 1873. — Décret relatif à la fabrication, à l'emmagasinage et à la vente en gros et au détail du pétrole et de ses dérivés (D. P. 73. 4. 69).

8 mars-8 avr. 1875. — Loi relative à la poudre dynamite (D. P. 75. 4. 97).

24-25 août 1875. — Décret portant règlement d'administration publique pour l'exécution de la loi du 8 mars 1875 relative à la poudre dynamite (D. P. 76. 4. 49).

7-9 mai 1878. — Décret qui modifie la nomenclature des établissements dangereux, insalubres et incommodes (D. P. 79. 4. 2).

22-24 avr. 1879. — Décret qui complète la nomenclature des établissements dangereux, insalubres ou incommodes (D. P. 82. 4. 55).

26 févr.-1er mars 1881. — Décret qui complète la nomenclature des établissements insalubres, dangereux ou incommodes (D. P. 82. 4. 55).

28-29 oct. 1882. — Décret concernant la vente et le transport de la dynamite (D. P. 83. 4. 56).

20-22 juin 1883. — Décret qui complète et modifie la nomenclature des établissements insalubres, dangereux ou incommodes (D. P. 84. 4. 4).

12-22 juill. 1884. — Décret concernant la vente au détail des huiles de pétrole et de schiste, essences et autres hydrocarbures (D. P. 84. 4. 136).

20-21 mars 1885. — Décret portant modification aux art. 9, 10, 11, 12 et 13 du décret du 19 mai 1873 (D. P. 85. 4. 80.)

3-12 mai 1886. — Décret qui fixe la nomenclature des établissements dangereux, insalubres ou incommodes (D. P. 87. 4. 32).

5-8 mars 1887. — Décret qui modifie les art. 10 et 12 du décret du 19 mai 1873 (D. P. 87. 4. 74).

5-12 mai 1888. — Décret qui complète la nomenclature donnée par le décret du 3 mai 1886 (D. P. 88. 4. 45).

15-23 mars 1890. — Décret qui complète la nomenclature donnée par les décrets des 5 mai 1888 et 15 mars 1890 (D. P. 91. 4. 87).

26 janv. 1892. — Décret qui complète la nomenclature contenue dans les décrets des 3 mai 1886, 5 mai 1888 et 15 mars 1890 (*Journ. off.* du 29 janvier).

3. — II. DROIT COMPARÉ. — On a vu au *Rép.* n° 14, qu'en *Angleterre* les établissements dangereux et insalubres ne sont pas soumis au régime de l'autorisation préalable. Des lois spéciales se bornent à édicter certaines prescriptions, soit pour faire cesser des émanations délétères (*Alcali works regulation act*, de 1863, 16-17 Vict. ch. 124), soit pour ordonner que la fumée soit brûlée (19-20 Vict. ch. 107), soit pour interdire de construire des maisons à une distance déterminée des usines susceptibles de faire explosion; d'autres arment l'administration municipale de certains pouvoirs généraux. Toutefois, par dérogation au principe général, les abattoirs ne peuvent être établis sans une autorisation délivrée dans les *quarter sessions* des juges de paix et renouvelable chaque année (7 et 8 Vict. ch. 87). Le même *act* (ch. 84) impose la nécessité d'une autorisation pour les fondeurs de suifs et fabricants de savon. V. Block, *Dictionnaire de l'administration française*, v° *Etablissements dangereux*, p. 907. Nous citerons également un *act* du 27 mai 1878 (*factory and work shop act*) qui prescrit certaines mesures sanitaires et certaines mesures de sécurité, et un *act* du 25 août 1883 qui ne permet d'établir une fabrique de blanc de céruse que lorsque l'autorité administrative a délivré un certificat constatant que les conditions hygiéniques requises par cette loi ont été observées.

4. En *Autriche*, la loi du 20 déc. 1859 exige également l'autorisation préalable de l'administration pour la création d'établissements de cette nature, cette loi a été complétée par celle du 15 mars 1883. En *Hongrie*, un régime analogue a été institué par les art. 25 et suiv. de la loi du 21 mai 1884 (*Ann. de législ. étrang.* 1885, p. 337).

5. Un arrêté royal du 29 janv. 1863 soumet en *Belgique* à l'autorisation préalable les établissements qui sont énumérés dans cet arrêté, et qui sont divisés en deux classes. Les établissements de 1re classe sont autorisés par la députation permanente du conseil provincial, le collège des bourgmestres et échevins préalablement entendu; ceux de 2e classe sont autorisés par le collège des bourgmestres et échevins (*Block, op. et loc. cit.*).

6. Dans l'*Empire allemand*, la loi du 21 juin 1869 interdit de créer des établissements dangereux, incommodes ou insalubres sans une autorisation administrative. L'art. 16 de cette loi énumère les établissements pour la création desquels cette autorisation est exigée. La loi du 13 déc. 1872 sur l'organisation des cercles dans les provinces de Prusse, Brandebourg, Poméranie, Posen, Silésie et Saxe, donne au comité du cercle (*Kreisausschuss*) le droit de statuer définitivement sur la création ou la modification de ces établissements (*Annuaire de législation étrangère* 1873, p. 325). Le même régime a été étendu à quelques industries nouvelles par la loi du 26 juill. 1876 (*Ann. de législ. étrang.* 1877, p. 254). On doit ajouter que la loi d'assurance contre les accidents, du 6 juill. 1884, porte que les inspecteurs doivent examiner et approuver, s'il y a lieu, les conditions d'installation des établissements industriels

7. En *Italie*, la loi du 20 mars 1865 (art. 88), attribue à la députation provinciale le droit de déclarer si une fabrique ou manufacture doit être considérée comme insalubre, dangereuse ou incommode. Cette déclaration, approuvée par le préfet a pour effet d'interdire la création et même l'exploitation de la fabrique. Cette décision est susceptible de recours par la voie hiérarchique. (Block, *op. et loc. cit.*).

8. Une loi fédérale du 23 mars 1877 place en *Suisse* les établissements industriels sous un régime particulièrement rigoureux. Aucune fabrique ne peut être ouverte sans l'autorisation expresse du gouvernement. Cette autorisation est également exigée pour la mise à exécution des règlements intérieurs des fabriques. Si, pendant l'exploitation d'une fabrique, on s'aperçoit qu'elle présente des inconvénients pour la santé et la vie des ouvriers ou de la population avoisinante, l'autorité doit faire cesser cet état de choses en fixant à cet effet un délai péremptoire ou, si les circonstances l'exigent, en suspendant l'autorisation d'exploiter (*Ann. de législ. étrang.* 1878, p. 587).

CHAP. 2. — Classification des établissements insalubres (*Rép.* nos 15 à 17).

9. On a indiqué au *Rép.* (p. 8, note 2) la nomenclature des établissements dangereux, incommodes et insalubres, telle qu'elle avait été fixée par le tableau officiel publié en 1837. Plusieurs décrets successifs ont modifié cette nomenclature qui a été en dernier lieu fixée par le décret du 3 mai 1886. Nous reproduisons ci-dessous le texte de ce décret (1),

---

(1) **3-12 mai 1886.** — *Décret qui fixe la nomenclature des établissements dangereux, insalubres ou incommodes.*

LE PRÉSIDENT DE LA RÉPUBLIQUE FRANÇAISE, etc.

Art. 1er. La nomenclature et la division en trois classes des établissements insalubres, dangereux ou incommodes sont fixées conformément au tableau annexé au présent décret.

2. Les décrets en date des 31 déc. 1866, 31 janv. 1872, 7 mai 1878, 22 avr. 1879, 26 févr. 1881 et 20 juin 1883, sont rapportés.

3. Le ministre du commerce et de l'industrie, etc.

NOMENCLATURE DES ÉTABLISSEMENTS INSALUBRES, DANGEREUX OU INCOMMODES.

Tableau de classement par ordre alphabétique.

ABATTOIRS PUBLICS (V. aussi Tueries). — Odeur et altération des eaux. — 1re cl.

ABSINTHE (V. Distilleries).

ACIDE ARSÉNIQUE (Fabrication de l') au moyen de l'acide arsénieux et de l'acide azotique :
 1° Quand les produits nitreux ne sont pas absorbés. — Vapeurs nuisibles. — 1re cl.
 2° Quand ils sont absorbés. — Vapeurs nuisibles. — 2e cl.

ACIDE CHLORHYDRIQUE (Production de l') par décomposition des chlorures de magnésium, d'aluminium et autres :
 1° Quand l'acide n'est pas condensé. — Emanations nuisibles. — 1re cl.
 2° Quand l'acide est condensé. — Emanations accidentelles. — 2e cl.

ACIDE FLUORHYDRIQUE (Fabrication de l'). — Emanations nuisibles. — 2e cl.

ACIDE LACTIQUE (Fabrique de l'). — Odeur. — 2e cl.

ACIDE MURIATIQUE (V. acide chlorhydrique).

ACIDE NITRIQUE (Fabrication de l'). — Emanations nuisibles. — 3e cl.

ACIDE OXALIQUE (Fabrication de l') :
 1° Par l'acide nitrique :
  a. Sans destruction des gaz nuisibles. — Fumée — 1re cl.
  b. Avec destruction des gaz nuisibles. — Fumée accidentelle. — 3e cl.
 2° Par la sciure de bois et la potasse. — Fumée. — 2e cl.

ACIDE PICRIQUE (Fabrication de l') :
 1° Quand les gaz nuisibles ne sont pas brûlés. — Vapeurs nuisibles. — 1re cl.
 2° Avec destruction des gaz nuisibles. — Vapeurs nuisibles. — 3e cl.

ACIDE PYROLIGNEUX (Fabrication de l') :
 1° Quand les produits gazeux ne sont pas brûlés. — Fumée et odeur. — 2e cl.
 2° Quand les produits gazeux sont brûlés. — Fumée et odeur. — 3e cl.

ACIDE PYROLIGNEUX (Purification de l'). — Odeur. — 2e cl.

ACIDE SALICYLIQUE (Fabrication de l') au moyen de l'acide phénique. — Odeur. — 2e cl.

ACIDE STÉARIQUE (Fabrication de l'):
 1° Par distillation. — Odeur et danger d'incendie. — 1re cl.
 2° Par saponification. — Odeur et danger d'incendie. — 2e cl.

ACIDE SULFURIQUE (Fabrication de l') :
 1° Par combustion du soufre et des pyrites. — Emanations nuisibles. — 1re cl.
 2° De Nordhausen, par décomposition du sulfate de fer. — Emanations nuisibles. — 1re cl.

ACIDE URIQUE (V. Murexide).

ACIER (Fabrication de l'). — Fumée. — 3e cl.

AFFINAGE de l'or et de l'argent par les acides. — Emanations nuisibles. — 1re cl.

AFFINAGE des métaux au fourneau (V. Grillage des minerais).

AGGLOMÉRÉS ou briquettes de houille (Fabrication des) :
 1° Au brai gras. — Odeur et danger d'incendie. — 2e cl.
 2° Au brai sec. — Odeur. — 3e cl.

ALBUMINE (Fabrication de l') au moyen du sérum frais du sang. — 3e cl.

ALCALI VOLATIL (V. Ammoniaque).

ALCOOL (Rectification de l'). — Danger d'incendie. — 2e cl.

ALCOOLS autres que de vin, sans travail de rectification. — Altération des eaux. — 3e cl.

ALCOOLS (Distillerie agricole d'). — Altération des eaux. — 3e cl.

ALDEHYDE (Fabrication de l'). — Danger d'incendie. — 1re cl.

ALIZARINE ARTIFICIELLE (Fabrication de l') au moyen de l'anthracène. — Odeur et danger d'incendie. — 2e cl.

ALLUMETTES CHIMIQUES (Dépôt d') :
 1° En quantités au-dessus de 25 mètres cubes. — Danger d'incendie. — 2e cl.
 2° De 5 à 25 mètres cubes. — Danger d'incendie. — 3e cl.

ALLUMETTES CHIMIQUES (Fabrication des). — Danger d'explosion ou d'incendie. — 1re cl.

ALUN (V. Sulfate de fer, d'alumine, etc.).

AMIDON GRILLÉ (Fabrication de l'). — Odeur. — 3e cl.

AMIDONNERIES :
 1° Par fermentation. — Odeur, émanations nuisibles et altération des eaux. — 1re cl.
 2° Par séparation du gluten et sans fermentation. — Altération des eaux. — 2e cl.

AMMONIAQUE (Fabrication en grand de l') par la décomposition des sels ammoniacaux. — Odeur. — 3e cl.

AMORCES FULMINANTES (Fabrication des). — Danger d'explosion. — 1re cl.

AMORCES FULMINANTES pour pistolets d'enfants (Fabrication d'). — Danger d'explosion. — 2e cl.

ANILINE (V. Nitrobenzine).

ARCANSONS ou résines de pin. (V. Résines, etc.).

ARGENTURE des glaces avec application de vernis aux hydrocarbures. — Odeur et danger d'incendie. — 2e cl.

ARGENTURE sur métaux (V. Dorure et argenture).

ARSÉNIATE de potasse (Fabrication de l') au moyen du salpêtre :
 1° Quand les vapeurs ne sont pas absorbées. — Emanations nuisibles. — 1re cl.

2° Quand les vapeurs sont absorbées. — Emanations accidentelles. — 2e cl.

ARTIFICES (Fabrication des pièces d'). — Danger d'incendie et d'explosion. — 1re cl.

ASPHALTES, bitumes, brais et matières bitumineuses solides (Dépôts d'). — Odeur, danger d'incendie. — 3e cl.

ASPHALTES et bitumes (Travail des) à feu nu. — Odeur, danger d'incendie. — 2e cl.

ATELIERS de construction de machines et wagons (V. Machines et wagons).

BACHES IMPERMÉABLES (Fabrication des) :

1° Avec cuisson des huiles. — Danger d'incendie. — 1re cl.

2° Sans cuisson des huiles. — Danger d'incendie, — 2e cl.

BAINS et boues provenant du dérochage des métaux (Traitement des) :

1° Si les vapeurs ne sont pas condensées. — Vapeurs nuisibles. — 1re cl.

2° Si les vapeurs sont condensées. — Vapeurs accidentelles. — 2e cl.

BALEINE (Travail des fanons de) (V. Fanons de baleine).

BARYTE caustique par décomposition du nitrate (Fabrication de la) :

1° Si les vapeurs ne sont ni condensées, ni détruites. — Vapeurs nuisibles. — 1re cl.

2° Si les vapeurs sont condensées ou détruites. — Vapeurs accidentelles. — 2e cl.

BARYTE (Décoloration du sulfate de) au moyen de l'acide chlorhydrique à vases ouverts. — Emanations nuisibles. — 2e cl.

BATTAGE, cardage et épuration des laines, crins et plumes de litterie. — Odeur et poussière. — 3e cl.

BATTAGE des cuirs à l'aide de marteaux. — Bruit et ébranlement. — 3e cl.

BATTAGE des tapis en grand. — Bruit et poussière. — 2e cl.

BATTAGE et lavage (Ateliers spéciaux pour le) des fils de laine, bourres et déchets de filature de laine et de soie dans les villes. — Bruit et poussière. — 3e cl.

BATTEURS d'or et d'argent. — Bruit. — 3e cl.

BATTOIR à écorces dans les villes. — Bruit et poussière. — 3e cl.

BENZINE (Fabrication et dépôts de) (V. Huiles de pétrole, de schiste, etc.).

BENZINE (Dérivés de la) (V. Nitrobenzine).

BETTERAVES (Dépôts de pulpe de) humides destinées à la vente. — Odeur, émanations. — 3e cl.

BITUMES (Fabrication et dépôts de) (V. Asphaltes).

BLANC de plomb. (V. Céruse.)

BLANC de zinc (Fabrication de) par la combustion du métal. — Fumées métalliques. — 3e cl.

BLANCHIMENT :

1° Des fils, des toiles et de la pâte à papier par le chlore. — Odeur, émanations nuisibles. — 2e cl.

2° Des fils et tissus de lin, de chanvre et de coton par les chlorures (hypochlorites) alcalins. — Odeur, altération des eaux. — 3e cl.

3° Des fils et tissus de laine et de soie par l'acide sulfureux. — Emanations nuisibles. — 2e cl.

BLANCHIMENT des fils et tissus de laine et de soie par l'acide sulfureux en dissolution dans l'eau. — Emanations accidentelles. — 3e cl.

BLEU de Prusse (Fabrication du) (V. Cyanure de potassium).

BLEU d'outremer (Fabrication du) :

1° Lorsque les gaz ne sont pas condensés. — Emanations nuisibles. — 1re cl.

2° Lorsque les gaz sont condensés. — Emanations accidentelles. — 2e cl.

BOCARDS à minerais ou à crasses. — Bruit. — 3e cl.

BOUES et immondices (Dépôts de) et voiries. — Odeur. — 1re cl.

BOUGIES de paraffine et autres d'origine minérale (Moulage des). — Odeur, danger d'incendie. — 3e cl.

BOUGIES et autres objets en cire et en acide stéarique. — Danger d'incendie. — 3e cl.

BOUILLON de bière (Distillation de) (V. Distilleries).

BOULES au glucose caramélisé pour usage culinaire (Fabrication des). — Odeur. — 3e cl.

BOURRES. (V. Battage et lavage des fils de laine, bourres, etc.)

BOUTONNIERS et autres emboutisseurs de métaux par moyens mécaniques. — Bruit. — 3e cl.

BOYAUDERIES. (Travail des boyaux frais pour tous usages). — Odeur, émanations nuisibles. — 1re cl.

BOYAUX et pieds d'animaux abattus (Dépôts de) (V. Chairs, débris, etc.)

BOYAUX salés, destinés au commerce de la charcuterie (Dépôts de). — Odeur. — 2e cl.

BRASSERIES. — Odeur. — 3e cl.

BRIQUETERIES avec fours non fumivores. — Fumée. — 3e cl.

BRIQUETERIES flamandes. — Fumée. — 2e cl.

BRIQUETTES ou agglomérés de houille (V. Agglomérés).

BRULERIES des galons et tissus d'or ou d'argent (V. Galons).

BUANDERIES. — Altération des eaux. — 3e cl.

CAFÉ (Torréfaction en grand du). — Odeur et fumée. — 3e cl.

CAILLETTES et caillons pour la confection des fromages (V. Chairs, débris, etc.).

CAILLOUX (Fours pour la calcination des). — Fumée. — 3e cl.

CALORIGÈNE (Dépôts de) et mélanges de ce genre. — Danger d'incendie. — 2e cl.

CARBONISATION des matières animales en général. — Odeur. — 1re cl.

CARBONISATION du bois :

1° A l'air libre dans des établissements permanents et autre part qu'en forêt. — Odeur et fumée. — 2e cl.

2° En vase clos :

Avec dégagement dans l'air des produits gazeux de la distillation. — Odeur et fumée. — 2e cl.

Avec combustion des produits gazeux de la distillation — Odeur et fumée. — 3e cl.

CAOUTCHOUC (Application des enduits du). — Danger d'incendie. — 2e cl.

CAOUTCHOUC (Travail du) avec emploi d'huiles essentielles ou de sulfure de carbone. — Odeur, danger d'incendie. — 2e cl.

CARDAGE des laines, etc. (V. Battage.)

CARTONNIERS. — Odeur. — 3e cl.

CELLULOÏD et produits nitrés analogues, bruts ou travaillés (Dépôts et magasins de vente en gros de). — Danger d'incendie. — 3e cl.

CELLULOÏD et produits nitrés analogues (Ateliers de façonnage de). — Danger d'incendie. — 2e cl.

CELLULOÏD et produits nitrés analogues (Fabrication de). — Vapeurs nuisibles, danger d'incendie. — 1re cl.

CENDRES d'orfèvre (Traitement des) par le plomb. — Fumées métalliques. — 3e cl.

CENDRES gravelées :

1° Avec dégagement de la fumée au dehors. — Fumée et odeur. — 1re cl.

2° Avec combustion ou condensation des fumées. — Fumée et odeur. — 2e cl.

CÉRUSE ou blanc de plomb (Fabrication de la). — Emanations nuisibles. — 3e cl.

CHAIRS, débris et issues (Dépôt de) provenant de l'abatage des animaux. — Odeur. — 1re cl.

CHAMOISERIES. — Odeur. — 2e cl.

CHANDELLES (Fabrication des). — Odeur, danger d'incendie. — 3e cl.

CHANTIERS de bois à brûler dans les villes. — Emanations nuisibles, danger d'incendie. — 3e cl.

CHANVRE (Teillage et rouissage du) en grand (V. Teillage ou Rouissage).

CHANVRE imperméable. (V. Feutre goudronné.)

CHAPEAUX de feutre (Fabrication de). — Odeur et poussière. — ce cl.

CHAPEAUX de soie ou autres préparés au moyen d'un verni (Fabrication de). — Danger d'incendie. — 2e cl.

CHARBON animal (Fabrication ou revivification du) (V. Carbonisation des matières animales).

CHARBON de bois dans les villes (Dépôt ou magasin de). — Danger d'incendie. — 3e cl.

CHARBONS agglomérés (V. Agglomérés).

CHARBON de terre (V. Houille et Coke).

CHAUDRONNERIE et serrurerie (Ateliers de) employant des marteaux à la main, dans les villes et centres de population de 2000 âmes et au-dessus :

1° Ayant de 4 à 10 étaux ou enclumes ou de 8 à 20 ouvriers. — Bruit. — 3e cl.

2° Ayant plus de 10 étaux ou enclumes ou plus de 20 ouvriers. — Bruit. — 2e cl.

CHAUDRONNERIES (V. Forges et Chaudronneries).

CHAUX (Fours à) :

1° Permanents. — Fumée, poussière. — 2e cl.

2° Ne travaillant pas plus d'un mois par an. — Fumée, poussière. — 3e cl.

CHICORÉE (Torréfaction en grand de la). — Odeur et fumée. — 3e cl.

CHIENS (Infirmerie de). — Odeur et bruit. — 1re cl.

CHIFFONS (Dépôt de). — Odeur. — 3e cl.

CHIFFONS (Traitement des) par la vapeur de l'acide chlorhydrique :

1° Quand l'acide n'est pas condensé. — Emanations nuisibles. — 1re cl.

2° Quand l'acide est condensé. — Emanations accidentelles. — 3e cl.

CHLORE (Fabrication du). — Odeur. — 2e cl.

CHLORURE de chaux (Fabrication du) :

1° En grand. — Odeur. — 2e cl.

2° Dans les ateliers fabriquant au plus 300 kilog. par jour. — Odeur. — 3e cl.

CHLORURES alcalins, eau de javelle (Fabrication des). — Odeur. — 2e cl.

CHLORURES de soufre (Fabrication des). — Vapeurs nuisibles. — 1re cl.
CHOUCROUTE (Ateliers de fabrication de la). — Odeur. — 3e cl.
CHROMATE de potasse (Fabrication du). — Odeur. — 3e cl.
CHRYSALIDES (Ateliers pour l'extraction des parties soyeuses des). — Odeur. — 1re cl.
CIMENT (Four à) :
1° Permanents. — Fumée, poussière. — 2e cl.
2° Ne travaillant pas plus d'un mois par an. — Fumée poussière. — 3e cl.
CIRE à cacheter (Fabrication de la). — Danger d'incendie. — 3e cl.
COCHENILLE ammoniacale (Fabrication de la). — Odeur. — 3e cl.
COCONS :
1° Traitement des frisons de cocons. — Altération des eaux. — 2e cl.
2° Filature de cocons (V. Filature).
COKE (Fabrication du) :
1° En plein air ou en fours non fumivores. — Fumée et poussière. — 1re cl.
2° En fours fumivores. — Poussière. — 2e cl.
COLLE forte (Fabrication de la). — Odeur, altération des eaux. — 1re cl.
COLLODION (Fabrication du). — Danger d'explosion ou d'incendie. — 1re cl.
COMBUSTION des plantes marines dans les établissements permanents. — Odeur et fumée. — 1re cl.
CONSTRUCTION (Ateliers de). — V. Machines et wagons.
CORDES à instruments en boyaux (Fabrication de) (V. Boyauderies).
CORNES et sabots (Aplatissement des) :
1° Avec macération. — Odeur et altération des eaux. — 2e cl.
2° Sans macération. — Odeur. — 3e cl.
CORROIERIES. — Odeur. — 2e cl.
COTON et coton gras (Blanchisserie des déchets de). — Altération des eaux. — 3e cl.
CRAYONS de graphite pour éclairage électrique (Fabrication des). — Bruit et fumée. — 2e cl.
CRETONS (Fabrication de). — Odeur et danger d'incendie. — 1re cl.
CRINS (Teinture des) (V. Teintureries).
CRINS et soies de porc (V. Soies de porc).
CRISTAUX (Fabrication de) (V. Verreries, etc.).
CUIRS (Battage des) (V. Battage).
CUIRS vernis (Fabrication de). — Odeur et danger d'incendie. — 1re cl.
CUIRS verts et peaux fraîches (Dépôts de). — Odeur. — 2e cl.
CUIVRE (Dérochage du) par les acides. — Odeur, émanations nuisibles. — 3e cl.
CUIVRE (Fonte du) (V. Fonderies de cuivre, etc.).
CYANURE de potassium et bleu de Prusse (Fabrication de) :
1° Par la calcination directe des matières animales avec la potasse. — Odeur. — 1re cl.
2° Par l'emploi des matières préalablement carbonisées en vases clos. — Odeur. — 2e cl.
CYANURE rouge de potassium ou prussiate rouge de potasse. — Emanations nuisibles. — 3e cl.
DÉBRIS d'animaux (Dépôts de) (V. Chairs, etc.).
DÉCHETS de laine (Dégraissage des) (V. Peaux, étoffes, etc.).
DÉCHETS de matières filamenteuses (Dépôts de) en grand dans les villes. — Danger d'incendie. — 3e cl.
DÉCHETS des filatures de lin, de chanvre et de jute (Lavage et séchage en grand des). — Odeur, altération des eaux. — 2e cl.
DÉGRAS ou huile épaisse à l'usage des chamoiseurs et corroyeurs (Fabrication de). — Odeur, danger d'incendie. — 1re cl.
DÉROCHAGE du cuivre. (V. Cuivre.)
DISTILLERIES en général, eaux-de-vie, genièvre, kirsch, absinthe et autres liqueurs alcooliques. — Danger d'incendie. — 3e cl.
DORURE et argenture sur métaux. — Emanations nuisibles. — 3e cl.
DYNAMITE (Fabrique et dépôts de) (Régime spécial. Loi du 8 mars 1875 et décrets des 24 août 1875 et 28 oct. 1882).
EAU de javelle (Fabrication d') (V. Chlorures alcalins).
EAUX-DE-VIE (V. Distilleries).
EAU FORTE (V. Acide nitrique).
EAUX grasses (Extraction, pour la fabrication du savon et autres usages, des huiles contenues dans les) :
1° En vases ouverts. — Odeur, danger d'incendie. — 1re cl.
2° En vase clos. — Odeur, danger d'incendie. — 2e cl.
EAU OXYGÉNÉE (Fabrique d') (V. Baryte caustique).
EAUX SAVONNEUSES des fabriques (V. Huiles extraites des débris d'animaux).
ECHAUDOIRS :
1° Pour la préparation industrielle des débris d'animaux. — Odeur. — 1re cl.
2° Pour la préparation des parties d'animaux propres à l'alimentation. — Odeur. — 3e cl.
ECORCES (Battoir à) (V. Battoir).
EMAIL (Application de l') sur les métaux. — Fumée. — 3e cl.
EMAUX (Fabrication d') avec fours non fumivores. — Fumée. — 3e cl.
ENCRES d'imprimerie (Fabrication des) :
1° Avec cuisson d'huile à feu nu. — Odeur et danger d'incendie. — 1re cl.
2° Sans cuisson d'huile à feu nu. — Odeur et danger d'incendie. — 2e cl.
ENGRAIS (Dépôts d') au moyen des matières provenant de vidanges ou de débris d'animaux :
1° Non préparés ou en magasin non couvert. — Odeur. — 1re cl.
2° Desséchés ou désinfectés et en magasin couvert, quand la quantité excède 25 000 kilogrammes. — Odeur. — 2e cl.
3° Les mêmes, quand la quantité est inférieure à 25 000 kilogrammes. — Odeur. — 3e cl.
ENGRAIS (Fabrication des) au moyen des matières animales. — Odeur. — 1re cl.
ENGRAISSEMENT des volailles dans les villes (Etablissement pour l'). — Odeur. — 3e cl.
EPAILLAGE des laines et draps (par la voie humide). — Danger d'incendie. — 3e cl.
EPONGES (Lavage et séchage des). — Odeur et altération des eaux. — 3e cl.
EPURATION des laines, etc. (V. Battage.)
EQUARISSAGE des animaux (Atelier d'). — Odeur, émanations nuisibles. — 1re cl.
ETAMAGE des glaces (Ateliers d'). — Emanations nuisibles. — 3e cl.
ETHER (Dépôts d') :
1° Si la quantité emmagasinée est, même temporairement, de 1 000 litres ou plus. — Danger d'incendie et d'explosion. — 1re cl.
2° Si la quantité, supérieure à 100 litres, n'atteint pas 1 000 litres. — Danger d'incendie et d'explosion. — 2e cl.
ETHER (Fabrication de l'). — Danger d'incendie et d'explosion. — 1re cl.
ETOFFES (Dégraissage des) (V. Peaux, étoffes, etc.).
ETOUPES (Transformation en) des cordages hors de service, goudronnés ou non. — Danger d'incendie. — 3e cl.
ETOUPILLES (Fabrication d') avec matières explosives. — Danger d'explosion et d'incendie. — 1re cl.
FAÏENCE (Fabrique de) :
1° Avec fours non fumivores. — Fumée. — 2e cl.
2° Avec fours fumivores. — Fumée accidentelle. — 3e cl.
FANONS de baleine (Travail des). — Emanations incommodes. — 3e cl.
FÉCULERIES. — Odeur, altération des eaux. — 3e cl.
FER (Dérochage du). — Vapeurs nuisibles. — 3e cl.
FER (Galvanisation du). — Vapeurs nuisibles. — 3e cl.
FER-BLANC (Fabrication du). — Fumée. — 3e cl.
FEUTRE GOUDRONNÉ (Fabrication du). — Odeur, danger d'incendie. — 2e cl.
FEUTRES et visières vernis (Fabrication de). — Odeur, danger d'incendie. — 1re cl.
FILATURE des cocons (Ateliers dans lesquels la) s'opère en grand, c'est-à-dire employant au moins six tours. — Odeur, altération des eaux. — 3e cl.
FONDERIES de cuivre, laiton et bronze. — Fumées métalliques. — 3e cl.
FONDERIES en deuxième fusion. — Fumée. — 3e cl.
FONTE et laminage du plomb, du zinc et du cuivre. — Bruit, fumée. — 3e cl.
FORGES et chaudronneries de grosses œuvres employant des marteaux mécaniques. — Fumée, bruit. — 2e cl.
FORMES en tôle pour raffinerie (V. Tôles vernies).
FOURNEAUX (Hauts). — Fumée et poussière. — 2e cl.
FOURS à plâtre et fours à chaux (V. Plâtre, Chaux).
FROMAGES (Dépôts de) dans les villes. — Odeur. — 3e cl.
FULMINATE de mercure (Fabrication du) (Régime spécial. Ordonnance du 30 oct. 1836). — Danger d'explosion et d'incendie. — 1re cl.
GALIPOTS ou résines de pin (V. Résines).
GALONS et tissus d'or et d'argent (Brûlerie en grand des) dans les villes. — Odeur. — 2e cl.
GAZ (Goudrons des usines à) (V. Goudrons).
GAZ d'éclairage et de chauffage (Fabrication du) :
1° Pour l'usage public (Régime spécial. Décret du 9 févr. 1867). — Odeur, danger d'incendie. — 2e cl.
2° Pour l'usage particulier. — Odeur, danger d'incendie. — 3e cl.
GAZOMÈTRES pour l'usage particulier, non attenant aux usines de fabrication. — Odeur, danger d'incendie. — 3e cl.
GÉLATINE alimentaire et gélatines provenant de peaux blanches et de peaux fraîches non tannées (Fabrication de). — Odeur. — 3e cl.
GÉNÉRATEURS à vapeur (Régime spécial, Décret du 30 avr. 1880).
GENIÈVRE (V. Distilleries).

GLACE (V. Réfrigération).
GLACES (Etamage des) (V. Etamage).
GLYCÉRINE (Distillation de la). — Odeur. — 3e cl.
GLYCÉRINE (Extraction de la) des eaux de savonnerie ou de stéarinerie. — Odeur. — 2e cl.
GOUDRONS et brais végétaux d'origines diverses (Elaboration des). — Odeur, danger d'incendie. — 1re cl.
GOUDRONS et matières bitumeuses fluides (Dépôts de). — Odeur, danger d'incendie. — 2e cl.
GOUDRONS (Traitement des) dans les usines à gaz où ils se produisent. — Odeur, danger d'incendie. — 2e cl.
GOUDRONS (Usines spéciales pour l'élaboration des) d'origines diverses. — Odeur, danger d'incendie. — 1re cl.
GRAISSES à feu nu (Fonte des). — Odeur, danger d'incendie. — 1re cl.
GRAISSES de cuisines (Traitement des). — Odeur. — 1re cl.
GRAISSES et suifs (Refonte des). — Odeur. — 3e cl.
GRAISSES pour voitures (Fabrication des). — Odeur, danger d'incendie. — 1re cl.
GRAVURE chimique sur verre, avec application de vernis aux hydrocarbures. — Odeur, danger d'incendie. — 2e cl.
GRILLAGE des minerais sulfureux. — Fumée, émanations nuisibles. — 1re cl.
GUANO (Dépôt de) :
1° Quand l'approvisionnement excède 25 000 kilogrammes. — Odeur. — 1re cl.
2° Pour la vente au détail. — Odeur. — 3e cl.
HARENGS (Saurage des). — Odeur. — 3e cl.
HONGROIERIES. — Odeur. — 3e cl.
HOUILLE (Agglomérés de) (V. Agglomérés).
HUILE de Bergues (Fabrique d') (V. Dégras).
HUILE de pied de bœuf (Fabrication d') :
1° Avec emploi de matières en putréfactions. — Odeur. — 1re cl.
2° Quand les matières employées ne sont pas putréfiées. — Odeur. — 2e cl.
HUILE épaisse ou dégras (V. Dégras).
HUILERIES ou moulins à huiles. — Odeur, danger d'incendie. — 3e cl.
HUILES de pétrole, de schiste et de goudron, essences et autres hydrocarbures employés pour l'éclairage, le chauffage, la fabrication des couleurs et vernis, le dégraissage des étoffes et autres usages (Fabrication, distillation, travail en grand et dépôts d') (Régime spécial. Décrets des 19 mai 1873, 12 juill. 1884 et 20 mars 1885).
HUILES de poisson (Fabrique d'). — Odeur, danger d'incendie. — 1re cl.
HUILES de résine (Fabrication d'). — Odeur, danger d'incendie. — 1re cl.
HUILES de ressence (Fabrication d'). — Odeur, altération des eaux. — 2e cl.
HUILES (Epuration des). — Odeur, danger d'incendie. — 3e cl.
HUILES essentielles ou essences de térébenthine, d'aspic et autres (V. Huiles de pétroie, de schiste, etc.).
HUILES et autres corps gras extraits des débris de matières animales (Extraction des). — Odeur, danger d'incendie. — 1re cl.
HUILES extraites des schistes bitumineux (V. Huiles de pétrole, de schiste, etc.).
HUILES lourdes créosotées (Injection des bois à l'aide des):
Ateliers opérant en grand et d'une manière permanente. — Odeur, danger d'incendie. — 2e cl.
HUILES (Mélange à chaud ou cuisson des) :
1° En vases ouverts. — Odeur, danger d'incendie. — 1re cl.
2° En vases clos. — Odeur, danger d'incendie. — 2e cl.
HUILES OXYDÉES par exposition à l'air (Fabrication et emploi d') :
1° Avec cuisson préalable. — Odeur, danger d'incendie. — 1re cl.
2° Sans cuisson. — Odeur, danger d'incendie, 2e cl.
HUILES ROUSSES (Fabrication d') par extraction des cretons et débris de graisse à haute température. — Odeur, danger d'incendie. — 1re cl.
IMPRESSION sur étoffes (V. Toiles peintes).
JUTE (Teillage du) (V. Teillage).
KIRSCH (V. Distilleries).
LAINE (V. Battage et lavage des fils de laine, etc.).
LAITERIES en grand dans les villes. — Odeur. — 2e cl.
LARD (Atelier à enfumer le). — Odeur et fumée. — 3e cl.
LAVAGE des cocons (V. Cocons).
LAVAGE et séchage des éponges (V. Eponges).
LAVOIRS à houille. — Altération des eaux. — 3e cl.
LAVOIRS à laine. — Altération des eaux. — 3e cl.
LAVOIRS à minerais en communication avec des cours d'eau. — Altération des eaux. — 3e cl.
LESSIVES alcalines des papeteries (Incinération des). — Fumée, odeur et émanations nuisibles. — 2e cl.

LIES DE VIN (Incinération des) :
1° Avec dégagement de la fumée au dehors. — Odeur. — 1re cl.
2° Avec combustion ou condensation de fumées. — Odeur. — 2e cl.
LIES DE VIN (Séchage des). — Odeur. — 2e cl.
LIGNITES (Incinération des). — Fumée, émanations nuisibles. — 1re cl.
LIN (Rouissage du) (V. Rouissage).
LIN (Teillage en grand du) (V. Teillage).
LIQUIDES pour l'éclairage (Dépôts de) au moyen de l'alcool et des huiles essentielles. — Danger d'incendie et d'explosion. — 2e cl.
LIQUEURS alcooliques (V. Distilleries).
LITHARGE (Fabrication de la). — Poussière nuisible. — 3e cl.
MACHINES et wagons (Ateliers de construction de). — Bruit, fumée. — 2e cl.
MACHINES à vapeur (V. Générateurs).
MALTERIES. — Altération des eaux. — 3e cl.
MARCS ou charrées de soude (Exploitation des), en vue d'en extraire le soufre, soit libre, soit combiné. — Odeur, émanations nuisibles. — 1re cl.
MAROQUINERIES. — Odeur. — 3e cl.
MASSICOT (Fabrication du). — Emanations nuisibles. — 3e cl.
MATIÈRES colorantes (Fabrication des) au moyen de l'aniline et la nitrobenzine. — Odeur, émanations nuisibles. — 3e cl.
MÈCHES de sûreté pour mineurs (Fabrication des):
1° Quand la quantité manipulée ou conservée dépasse 100 kilogrammes de poudre ordinaire. — Danger d'incendie ou d'explosion. — 1re cl.
2° Quand la quantité manipulée ou conservée est inférieure à 100 kilogrammes de poudre ordinaire. — Danger d'incendie ou d'explosion. — 2e cl.
MÉGISSERIES. — Odeur. — 3e cl.
MÉNAGERIES. — Danger des animaux. — 1re cl.
MÉTAUX (Ateliers de) pour construction de machines et appareils (V. Machines).
MINIUM (Fabrication du). — Emanations nuisibles. — 3e cl.
MIROIRS métalliques (Fabrique de) et autres ateliers employant des moutons:
1° Où on emploie des marteaux ne pesant pas plus de 25 kilogrammes et n'ayant que 1 mètre au plus de longueur de chute. — Bruit et ébranlement. — 3e cl.
2° Où on emploie des marteaux ne pesant pas plus de 25 kilogrammes et ayant plus de 1 mètre de longueur de chute. — Bruit et ébranlement. — 2e cl.
3° Où on emploie des marteaux d'un poids supérieur à 25 kilogrammes, quelle que soit la longueur de chute. — Bruit et ébranlement. — 2e cl.
MORUES (Sécheries des). — Odeur. — 2e cl.
MOULINS à broyer le plâtre, la chaux, les cailloux et les pouzzolanes. — Poussière. — 3e cl.
MOULINS à huile (V. Huileries).
MOUTONS (Ateliers employant des). V. Miroirs métalliques.
MUREXIDE (Fabrication de la) en vases clos par la réaction de l'acide azotique et de l'acide urique du guano. — Emanations nuisibles. — 2e cl.
NITRATE de méthyle (Fabrique de). — Danger d'explosion. — 1re cl.
NITRATES métalliques obtenus par l'action directe des acides (Fabrication des):
1° Si les vapeurs ne sont pas condensées. — Vapeurs nuisibles. — 1re cl.
2° Si les vapeurs sont condensées. — Vapeurs accidentelles, — 2e cl.
NITROBENZINE, aniline et matière dérivant de la benzine (Fabrication de). — Odeur, émanations nuisibles et danger d'incendie. — 2e cl.
NOIR de fumée (Fabrication du) par la distillation de la houille, des goudrons, bitumes, etc. — Fumée, odeur. — 2e cl.
NOIR des raffineries et des sucreries (Revivification du). — Emanations nuisibles, odeur. — 2e cl.
NOIR d'ivoire et noir animal (Distillation des os ou fabrication du):
1° Lorsqu'on n'y brûle pas les gaz. — Odeur. — 1re cl.
2° Lorsque les gaz sont brûlés. — Odeur. — 2e cl.
NOIR MINÉRAL (Fabrication du) par le broyage des résidus de la distillation des schistes bitumineux. — Odeur et poussière. — 3e cl.
OIGNONS (Dessication des) dans les villes. — Odeur. — 2e cl.
OLIVES (Confiserie des). — Altération des eaux. — 3e cl.
OLIVES (Tourteaux d') (V. Tourteaux).
ORSEILLE (Fabrication de l'):
1° En vases ouverts. — Odeur. — 1re cl.
2° A vases clos et employant de l'ammoniaque à l'exclusion de l'urine. — Odeur. — 3e cl.
OS (Torréfaction des) pour engrais:
1° Lorsque les gaz ne sont pas brûlés. — Odeur et danger d'incendie. — 1re cl.
2° Lorsque les gaz sont brûlés. — Odeur et danger d'incendie. — 2e cl.

Os d'animaux (Calcination des) (V. Carbonisation des matières animales).
Os frais (Dépôts d') en grand. — Odeur, émanations nuisibles. — 1re cl.
Os secs (Dépôts d') en grand. — Odeur. — 3e cl.
Ouates (Fabrication des). — Poussière et danger d'incendie. — 3e cl.
Papier (Fabrication du). — Danger d'incendie. — 3e cl.
Parcheminerie. — Odeur. — 3e cl.
Pate à papier (Préparation de la) au moyen de la paille et autres matières combustibles. — Altération des eaux. — 2e cl.
Peaux de lièvres et de lapins (V. Secrétage).
Peaux de moutons (Séchage des). — Odeur. — 3e cl.
Peaux, étoffes et déchets de laine (Dégraissage des) par les huiles de pétrole et autres hydrocarbures. — Odeur et danger d'incendie. — 1re cl.
Peaux fraîches (V. Cuirs verts).
Peaux (Lustrage et apprêtage des). — Odeur et poussière. — 3e cl.
Peaux (Planage et séchage des). — Odeur. — 2e cl.
Peaux salées et non séchées (Dépôts de). — Odeur. — 3e cl.
Peaux sèches (Dépôts de) conservées à l'aide de produits odorants. — Odeur. — 3e cl.
Perchlorure de fer par dissolution de peroxyde de fer (Fabrication de). — Emanations nuisibles. — 3e cl.
Pétrole (V. Huiles de pétrole, etc.).
Phosphate de chaux (Ateliers pour l'extraction et le lavage du). — Altération des eaux. — 3e cl.
Phosphore (Fabrication du). — Danger d'incendie. — 1re cl.
Pilerie mécanique des drogues. — Bruit et poussière. — 3e cl.
Pipes à fumer (Fabrication des):
1o Avec fours non fumivores. — Fumée. — 2e cl.
2o Avec fours fumivores. — Fumée accidentelle. — 3e cl.
Plantes marines (V. Combustion des plantes marines).
Platine (Fabrication du). — Emanations nuisibles. — 2e cl.
Platre (Fours à):
1o Permanents. — Fumée et poussière. — 2e cl.
2o Ne travaillant pas plus d'un mois. — Fumée et poussière. — 3e cl.
Plomb (Fonte et laminage du) (V. Fonte).
Poêliers fournalistes, poêles et fourneaux en faïence et terre cuite (V. Faïence).
Poils de lièvre et de lapin (V. Secrétage).
Poissons salés (Dépôts de). — Odeur incommode. — 2e cl.
Porcelaines (Fabrication de la):
1o Avec fours non fumivores. — 2e cl.
2o Avec fours fumivores. — Fumée accidentelle. — 3e cl.
Porcheries comprenant plus de six animaux adultes:
1o Lorsqu'elles ne sont point l'accessoire d'un établissement agricole. — Odeur, bruit. — 2e cl.
2o Lorsque, dépendant d'un établissement agricole, elles sont situées dans les agglomérations urbaines de 5,000 âmes et au-dessus. — Odeur, bruit. — 2e cl.
Potasse (Fabrication de la) par calcination des résidus de mélasse. — Fumée et odeur. — 2e cl.
Poteries de terre (Fabrication de) avec fours non fumivores. — Fumée. — 3e cl.
Poudres et matières fulminantes (Fabrication de) (V. aussi Fulminate de mercure). — Danger d'explosion et d'incendie. — 1re cl.
Poudrette (Dépôts de) (V. Engrais).
Poudrette (Fabrication de) et autres engrais au moyen de matières animales. — Odeur et altération des eaux. — 1re cl.
Pouzzolane artificielle (Fours à). — Fumée. — 3e cl.
Protochlorure d'étain ou sel d'étain (Fabrication du). — Emanations nuisibles. — 2e cl.
Prussiate de potasse (V. Cyanure de potassium).
Pulpes de betteraves (V. Betteraves).
Pulpes de pommes de terre (V. Féculeries).
Raffineries et fabriques de sucre. — Fumée et odeur. — 2e cl.
Réfrigération (Appareils de):
1o Par l'acide sulfureux. — Emanations nuisibles. — 2e cl.
2o Par l'ammoniaque. — Odeur. — 3e cl.
3o Par l'éther ou autres liquides volatils et combustibles. — Danger d'explosion et d'incendie. — 3e cl.
Résines, galipots et arcansons (Travail en grand pour la fonte et l'épuration des). — Odeur, danger d'incendie. — 1re cl.
Rogues (Dépôts de salaisons liquides sous le nom de). — Odeur. — 2e cl.
Rouge de Prusse et d'Angleterre. — Emanations nuisibles. — 1re cl.
Rouissage en grand du chanvre et du lin. — Emanations nuisibles et altération des eaux. — 1re cl.
Rouissage en grand du chanvre et du lin par l'action des acides, de l'eau chaude et de la vapeur. — Emanations nuisibles et altération des eaux. — 2e cl.
Sabots (Ateliers à enfumer les) par la combustion de la corne ou d'autres matières animales dans les villes. — Odeur et fumée. — 1re cl.
Salaison et préparation des viandes. — Odeur. — 3e cl.
Salaisons (Ateliers pour les) et le saurage des poissons. — Odeur. — 2e cl.
Salaisons (Dépôts de) dans les villes. — Odeur. — 3e cl.
Sang:
1o Ateliers pour la séparation de la fibrine, de l'albumine, etc. — Odeur. — 1re cl.
2o (Dépôts de) pour la fabrication du bleu de Prusse et autres industries. — Odeur. — 1re cl.
3o (Fabrique de poudre de) pour la clarification des vins. — Odeur. — 1re cl.
Sardines (Fabrique de conserves de) dans les villes. — Odeur. — 2e cl.
Saucissons (Fabrication en grand de). — Odeur. — 2e cl.
Saurage des harengs (V. Harengs).
Savonneries. — Odeur. — 3e cl.
Schistes bitumineux (V. Huiles de pétrole, de schistes, etc.).
Scieries mécaniques et établissements où l'on travaille le bois à l'aide de machines à vapeur ou à feu. — Danger d'incendie. — 3e cl.
Séchage des éponges (V. Eponges).
Sécheries des morues (V. Morues).
Secrétage des peaux ou poils de lièvre ou de lapin. — Odeur. — 2e cl.
Sel ammoniac et sulfate d'ammoniaque (Fabrication des) par l'emploi des matières animales:
1o Comme établissement principal. — Odeur, émanations nuisibles. — 1re cl.
2o Comme annexe d'un dépôt d'engrais provenant de vidanges ou de débris d'animaux précédemment autorisé. — Odeur et émanations nuisibles. — 2e cl.
Sel ammoniac et sulfate d'ammoniaque extraits des eaux d'épuration du gaz (Fabrique spéciale de). — Odeur. — 2e cl.
Sel de soude (Fabrication du) avec le sulfate de soude. — Fumée, émanations nuisibles. — 3e cl.
Sel d'étain (V. Protochlorure d'étain).
Serrurerie (Ateliers de) (V. Chaudronnerie et serrurerie).
Sinapismes (Fabrication des) à l'aide des hydrocarbures:
1o Sans distillation. — Odeur. — 2e cl.
2o Avec distillation. — Odeur et danger d'incendie. — 1re cl.
Sirops de fécule et glucose (Fabrication des). — Odeur. — 3e cl.
Soie. (V. Filature des cocons.)
Soies de porcs (Préparation des):
1o Par fermentation. — Odeur. — 1re cl.
2o Sans fermentation. — Odeur et poussière. — 3e cl.
Soude (V. Sulfate de soude.)
Soudes brutes (Dépôts de résidus provenant du lessivage des). — Odeur, émanations nuisibles. — 1re cl.
Soudes brutes de varech (Fabrication des) dans les établissements permanents. — Odeur et fumée. — 1re cl.
Soufre (Fusion ou distillation du). — Emanations nuisibles, danger d'incendie. — 2e cl.
Soufre (Lustrage au) des imitations de chapeaux de paille. — Poussière nuisible. — 3e cl.
Soufre (Pulvérisation et blutage du). — Poussière, danger d'incendie. — 3e cl.
Sucre (V. Raffineries et fabriques de sucre).
Suif brun (Fabrication du). — Odeur, danger d'incendie. — 1re cl.
Suif en branches (Fonderie de):
1o A feu nu. — Odeur, danger d'incendie. — 1re cl.
2o Au bain-marie ou à la vapeur. — Odeur. — 2e cl.
Suif d'os (Fabrication du). — Odeur, altération des eaux, danger d'incendie. — 1re cl.
Sulfate de baryte (Décoloration du) (V. Baryte).
Sulfate de cuivre (Fabrication du) au moyen du grillage des pyrites. — Emanations nuisibles et fumée. — 1re cl.
Sulfate de fer, d'alumine et alun (Fabrication du) par le lavage des terres pyriteuses et alumineuses grillées. — Fumée et altération des eaux. — 3e cl.
Sulfate de mercure (Fabrication du):
1o Quand les vapeurs ne sont pas absorbées. — Emanations nuisibles. — 1re cl.
2o Quand les vapeurs sont absorbées. — Emanations moindres. — 2e cl.
Sulfate de peroxyde de fer (Fabrication du) par le sulfate de protoxyde de fer et l'acide nitrique (nitro-sulfate de fer). — Emanations nuisibles. — 2e cl.
Sulfate de protoxyde de fer ou couperose verte par l'action de l'acide sulfurique sur la ferraille (Fabrication en grand du). — Fumée, émanations nuisibles. — 3e cl.
Sulfate de soude (Fabrication du) par la décomposition du sel marin par l'acide sulfurique:
1o Sans condensation de l'acide chlorhydrique. — Emanations nuisibles. — 1re cl.

ainsi que celui des décrets des 5 mai 1888 (1) et 15 mars 1890 (2) qui l'ont complété. Il y a lieu d'y ajouter encore un décret plus récent, du 26 janv. 1892 (*Journ. off.* du 29 janv.), qui ajoute à la nomenclature des industries comprises dans la 2e classe, la trituration des composés du cuivre et la trituration du liège, et à celle des établissements de 3e classe les râperies annexées aux fabriques de sucre.

CHAP. 3. — Des ateliers de première classe

(*Rép.* nos 18 à 58).

10. Conformément à ce qui a été exposé au *Rép.* (no 18), tout établissement insalubre de première classe doit, aux termes de l'art. 1er du decret du 15 oct. 1810, être éloigné des habitations particulières (Cons. d'Et. 19 fevr. 1873, aff.

2o Avec condensation complète de l'acide chlorhydrique. — Emanations nuisibles. — 2e cl.

SULFURE d'arsenic (Fabrication du), à la condition que les vapeurs seront condensées. — Odeur, émanations nuisibles. — 2e cl.

SULFURE de carbone (Dépôts de) (Suivent le régime des huiles de pétrole).

SULFURE de carbone (Fabrication du). — Odeur, danger d'incendie. — 1re cl.

SULFURE de carbone (Manufactures dans lesquelles on emploie en grand le). — Danger d'incendie. — 1re cl.

SULFURE de sodium (Fabrication du). — Odeur. — 2e cl.

SULFURES métalliques (V. Grillage des minerais sulfureux).

SUPERPHOSPHATE de chaux et de potasse (Fabrication du). — Emanations nuisibles. — 2e cl.

TABAC (Incinération des côtes de). — Odeur et fumée. — 1re cl.

TABACS (Manufacture de). — Odeur et poussière. — 2e cl.

TABATIÈRES en carton (Fabrication des). — Odeur et danger d'incendie. — 3e cl.

TAFFETAS et toiles vernis ou cirés (Fabrication de). — Odeur et danger d'incendie. — 1re cl.

TAN (Moulins à). — Bruit et poussière. — 3e cl.

TANNÉE humide (Incinération de la). — Fumée et odeur. — 2e cl.

TANNERIES. — Odeur. — 2e cl.

TAPIS (Battage en grand des) (V. Battage).

TEILLAGE du lin, du chanvre et du jute en grand. — Poussière et bruit. — 2e cl.

TEINTURERIES. — Odeur et altération des eaux. — 3e cl.

TEINTURERIES de peaux. — Odeur. — 3e cl.

TÉRÉBENTHINE (Distillation et travail en grand de la) (V. Huiles de pétrole, de schiste, etc.).

TERRES émaillées (Fabrication de) :
1o Avec fours non fumivores. — Fumée. — 2e cl.
2o Avec fours fumivores. — Fumée accidentelle. — 3e cl.

TERRES pyriteuses et alumineuse (Grillage des). — Fumée, émanations nuisibles. — 1re cl.

TISSUS d'or et d'argent (Brûlerie en grand des) (V. Galons).

TOILES (Blanchiment des) (V. Blanchiment).

TOILES cirées (V. Taffetas et toiles vernies).

TOILES grasses pour emballage, tissus, cordes goudronnées, papiers goudronnés, cartons et tuyaux bitumés (Fabrique de) :
1o Travail à chaud. — Odeur, danger d'incendie. — 2e cl.
2o Travail à froid. — Odeur, danger d'incendie. — 3e cl.

TOILES peintes (Fabrique de). — Odeur. — 3e cl.

TOILES vernies (Fabrique de) (V. Taffetas et toiles vernies).

TÔLES et métaux vernis. — Odeur, danger d'incendie. — 3e cl.

TONNELLERIES en grand, opérant sur des fûts imprégnés de matières grasses et putrescibles. — Bruit, odeur et fumée. — 2e cl.

TORCHES résineuses (Fabrication de). — Odeur et danger du feu. — 2e cl.

TOURBE (Carbonisation de la) :
1o A vases ouverts. — Odeur et fumée. — 1re cl.
2o En vases clos. — Odeur. — 2e cl.

TOURTEAUX d'olives (Traitements des) par le sulfure de carbonne. — Danger d'incendie. — 1re cl.

TRÉFILERIES. — Bruit et fumée. 3e cl.

TRIPERIES annexes des abattoirs. — Odeur et altération des eaux. 1re cl.

TUERIES d'animaux (V. aussi Abattoirs publics). — Danger des animaux et odeur. — 2e cl.

TUILERIES avec fours non fumivores. — Fumée. — 3e cl.

TUILES métalliques (Trempage au goudron des). — Emanations nuisibles, danger d'incendie. — 2e cl.

TUYAUX de drainage (Fabrique de). — Fumée. — 3e cl.

URATE (Fabrique d') (V. Engrais) [Fabrication des].

VACHERIES dans les villes de plus de 5 000 habitants. — Odeur et écoulement des urines. — 3e cl.

VARECH (V. Soudes de varech).

VERDET ou vert-de-gris (Fabrication du) au moyen de l'acide pyroligneux. — Odeur. — 3e cl.

VERNIS à l'esprit-de-vin (Fabrique de). — Odeur et danger d'incendie. — 2e cl.

VERNIS (Ateliers où l'on applique le) sur les cuirs, feutres, taffetas, toiles, chapeaux (V. ces mots).

VERNIS GRAS (Fabrique de). — Odeur et danger d'incendie. — 1re cl.

VERNIS (V. Argenture des glaces).

VERRERIES, cristalleries et manufactures de glaces :
1o Avec fours non fumivores. — Fumée et danger d'incendie. — 2e cl.
2o Avec fours fumivores. — Danger d'incendie. — 3e cl.

VESSIES nettoyées et débarrassées de toute substance membraneuse (Ateliers pour le gonflement et le séchage des). — Odeur. — 2e cl.

VIANDES (Salaison des) (V. Salaisons).

VISIÈRES vernies (Fabrique de) (V. Feutres et visières).

VOIRIE (V. Boues et immondices).

VOLAILLES (Engraissement des) (V. Engraissement).

WAGONS (Construction de) (V. Machines et wagons).

(1) **5-12 mai 1888.** — *Décret relatif aux établissements dangereux et insalubres.*

Art. 1er. La nomenclature des établissements insalubres, dangereux ou incommodes contenue dans le tableau annexé au décret du 3 mai 1886 est complétée ainsi qu'il suit :

FABRIQUES ET DÉPÔTS DE CARTOUCHES DE GUERRE destinées à l'exportation. — Danger d'explosion et d'incendie. — 1re cl.

2. Les demandeurs devront justifier au préalable d'une autorisation spéciale du ministre de la guerre.

3. Le ministre du commerce et de l'industrie est chargé, etc.

(2) **15-23 mars 1890.** — *Décret portant ce qui suit :*

Art. 1er. La nomenclature des établissements insalubres, dangereux et incommodes, contenue dans les tableaux annexés aux décrets des 3 mai 1886, 2 et 5 mai 1888 est complétée et modifiée conformément aux tableaux A et B annexés au présent décret.

TABLEAU A. — ADDITION AUX NOMENCLATURES ANNEXÉES AUX DÉCRETS DES 3 MAI 1886 ET 5 MAI 1888.

CAOUTCHOUCS factices ou caoutchoucs des huiles (Fabrication des).
A froid. — Odeur. — 2e cl.
A chaud. — Odeur et danger d'incendie. — 1re cl.

CELLULOÏD et produits nitrés analogues :
1o Dépôts et magasins de vente en gros de produits travaillés — Danger d'incendie. — 3e cl.
2o Dépôts et magasins de vente renfermant des produits bruts, quand l'approvisionnement en produits de cette nature ne dépasse pas 800 kilogr. — Danger d'incendie. — 3e cl. — Quand l'approvisionnement dépasse 800 kilogr. — Danger d'incendie. — 2e cl.

CHLORURE DE PLOMB (Fonderie de). — Emanations nuisibles. — 2e cl.

ENGRAIS ET INSECTICIDES à base de goudron ou de résidus d'épuration du gaz (Fabrication d') :
A l'air libre. — Odeur et danger d'incendie. — 1re cl.
En vase clos. — Odeur et danger d'incendie. — 2e cl.

GRILLAGE DES MINERAIS SULFUREUX quand les gaz sont condensés et que le minerai ne renferme pas d'arsenic. — Fumée, émanations nuisibles — 2e cl.

GRAISSES (Fonte aux acides des). — Odeur et altération des eaux. — 2e cl.

MINERAIS DE MÉTAUX PRÉCIEUX (Traitement des). — Emanations nuisibles. — 3e cl.

PORCHERIES comprenant plus de six animaux ayant cessé d'être allaités :
1o Lorsqu'elles ne sont pas l'accessoire d'un établissement agricole. — Odeur, bruit. — 2e cl.
2o Lorsque, dépendant d'un établissement agricole, elles sont situées dans des agglomérations urbaines de 5000 âmes et au-dessus. — Odeur, bruit. — 2e cl.

POUDRE DE MINE comprimée (Fabrication de cartouches de). — Danger d'explosion ou d'incendie. — 1re cl.

TABLEAU B. — ARTICLES A SUPPRIMER DANS LA NOMENCLATURE DU DÉCRET DU 3 MAI 1886.

CELLULOÏD et produits nitrés analogues, bruts ou travaillés (Dépôts et magasins de vente en gros). — Danger d'incendie. — 3e cl.

PORCHERIES comprenant plus de six animaux adultes :
1o Lorsqu'elles ne sont pas l'accessoire d'un établissement agricole. — Odeur, bruit. — 2e cl.
2o Lorsque, dépendant d'un établissement agricole, elles sont situées dans des agglomérations urbaines de 5000 âmes et au-dessus. — Odeur, bruit. — 2e cl.

Girard, D. P. 75. 3. 111; 22 déc. 1876, aff. Rafin, D. P. 77. 3. 25; 19 janv. 1877, aff. Grandjon, D. P. 77. 3. 35; 13 juill. 1877, aff. Vallée, D. P. 77. 5. 291). Le conseil d'Etat a souvent refusé d'autoriser des établissements de cette nature en se fondant sur le seul fait de la proximité d'habitations (Cons. d'Et. 27 août 1854, aff. Figueroa, D. P. 77. 3. 25, note 3). Mais il est à peu près impossible de déterminer la distance à laquelle les établissements de 1re classe doivent être des habitations particulières. En effet, ainsi que le faisait observer le rapport annexé au décret de 1810, une manufacture peut, quoique très rapprochée des maisons, être placée de manière à n'incommoder personne, tandis qu'une autre, qui est à une distance considérable peut, par sa situation sur une hauteur, les couvrir de vapeurs infectes qui en rendront le séjour insupportable.

11. Le conseil d'Etat s'est constamment inspiré de ce principe. C'est ainsi qu'il a autorisé, moyennant de nombreuses conditions, une verrerie située à 40 mètres seulement des habitations (Cons. d'Et. 16 déc. 1858, aff. Coron, D. P. 77. 3. 25, note 3). La même autorisation a été accordée: 1° à une porcherie (alors classée comme établissement de 1re classe) qui se trouvait située à une distance de 28 mètres d'une habitation, lorsque, à raison de son aménagement perfectionné et des dispositions prises dans l'intérêt de la salubrité publique, elle ne présentait pas pour cette habitation des inconvénients de nature à motiver un refus (Cons. d'Et. 5 mai 1882, aff. Beaudoin) D. P. 84. 3. 10); — 2° A une porcherie située à moins de 100 mètres de quelques maisons d'habitations, lorsque son éloignement de toute agglomération d'habitants, les conditions dans lesquelles elle devait être établie et le nombre restreint des animaux qui devaient y être entretenus présentaient des garanties suffisantes pour la salubrité publique (Cons. d'Et. 9 févr. 1883, aff. Huet, D. P. 84. 2, 96). A plus forte raison, en doit-il être de même de l'établissement d'une porcherie devant contenir un nombre d'animaux limité à vingt-huit, à 200 mètres des pensionnats dont elle dépend et à 500 mètres de l'agglomération d'une commune, sous les conditions indiquées par le comité consultatif des arts et manufactures (Cons. d'Et. 28 mars 1884, aff. Houlès, D. P. 85. 5. 308), et de l'établissement d'une porcherie et d'un atelier d'équarrissage à 500 mètres de l'habitation la plus rapprochée (Cons. d'Et. 30 nov. 1883, aff. Houette, D. P. 85. 3. 52). — L'autorisation a été également accordée à une fabrique d'huile de pied de bœuf, alors qu'il était reconnu que cet établissement, suffisamment éloigné de toute agglomération d'habitations, était placé dans une localité où existaient déjà plusieurs établissements industriels de première classe (Cons. d'Et., 27 déc. 1889, aff. Chausac, D. P. 91. 3. 59). Cette dernière circonstance avait déjà été prise en considération relativement à des établissements de seconde classe (V. Cons. d'Et., 30 mai 1884, aff. Déon, cité *infrà*, n° 53).

12. Au contraire, le conseil d'Etat a décidé qu'il n'y avait pas lieu d'autoriser: 1° une porcherie au centre d'une population agglomérée et à 23 mètres de l'habitation la plus rapprochée (Cons. d'Et. 15 janv. 1886, aff. Goisbault, D. P. 87. 5, 279); — 2° Un abattoir situé à 47 mètres d'une habitation, alors que la disposition des lieux ne permettait pas d'en assurer la salubrité en tout temps, et que, d'ailleurs, cet établissement pouvait être créé sans inconvénient sur un autre emplacement (Cons. d'Et. 30 juin 1882, aff. Flayelle, D. P. 84. 3. 10); — 3° Un abattoir public à 35 mètres du jardin et 60 mètres de la maison d'un pensionnat (Cons. d'Et. 12 mai 1869, aff. Buron, D. P. 77. 3. 25, note 3); — 4° Un dépôt de fosses mobiles avec fabrique d'engrais à 100 mètres d'une habitation (Cons. d'Et. 23 juill. 1857, aff. Berger, *ibid.*), et à moins de 300 mètres de deux villages (Cons. d'Et. 10 mars 1865, aff, Priou, *ibid.*); — 5° Une fabrique d'engrais à joindre à un atelier d'équarrissage à 900 mètres de Pithiviers (Cons. d'Et. 20 juin 1867, aff. Barberon, *ibid.*), à 300 mètres de la ville de Caen (Cons. d'Et. 5 août 1868, aff. Lebrun, *ibid.*), à 300 mètres d'habitations et à 600 mètres d'écoles normales (Cons. d'Et. 6 août 1875, aff. Marlet, D. P. 75. 5, 284); — 6° Un dépôt de vidanges, pour être employées comme engrais, à moins de 500 mètres de nombreuses habitations, parmi lesquelles un pensionnat de jeunes filles (Cons. d'Et. 22 déc. 1876, aff. Rafin, D, P. 77. 3. 25); — 7° Une fabrique d'engrais située à 150 mètres d'un certain nombre d'habitations particulières et produisant des exhalaisons de nature à incommoder les voisins et à nuire à la salubrité publique (Cons. d'Et. 27 juin 1879, aff. Blanchard, D. P. 80. 5. 243); — 8° Un dépôt d'engrais non préparés provenant de vidanges à moins de 500 mètres de nombreuses propriétés particulières, à raison des inconvénients que présentent pour les voisins les odeurs qui s'en exhalent et la nature des manipulations qui s'y opèrent (Cons. d'Et. 6 mai 1881, aff. De Robion, D. P. 82. 5. 275); — 9° Des dépôts de boues, immondices et vidanges à moins de 200 mètres de nombreuses propriétés particulières (Cons. d'Et. 27 mai 1887, aff. Coural. D. P. 88. 5. 313); — 10° Une fabrique de colle forte qui devait se trouver à 300 mètres de quelques maisons et à 400 mètres d'un faubourg de Limoges sur les bords d'une rivière en amont de la ville, dans une vallée étroite, bordée de coteaux élevés où les vents régnants avaient la même direction que le cours de la rivière et pouvaient amener sur la ville les vapeurs de l'usine, tandis que les eaux seraient déversées dans la rivière qu'elles corrompraient au préjudice des industries établies le long de cette rivière (Cons. d'Et. 20 juill. 1877, aff. Gibus, D. P. 77. 5. 292); — 11° Un atelier où se préparait le sang pour le service des raffineries par la séparation de la fibrine, dans un quartier habité par une population très dense, alors que les procédés de fabrication employés devaient avoir pour conséquence d'imprégner le sol d'un liquide putrescible dont la décomposition remplissait l'air de vapeurs nauséabondes et malsaines (Cons. d'Et. 8 juin 1888, aff. Bourgeois, D. P. 89. 5. 303); — 12° Un dépôt de boues à une faible distance d'un fort (150 mètres) et de nombreuses habitations (90 à 200 mètres) pour lesquelles il présenterait des inconvénients graves (Cons. d'Et. 20 fév. 1888, aff. Dieudonnat, D. P. 87. 3. 48); — 13° Un dépotoir de vidanges avec fabrication de poudrette à moins de 200 mètres de certaines habitations et dans des conditions insuffisantes pour sauvegarder la santé publique (Cons. d'Et. 29 juill. 1887, aff. Ducrozet, D. P. 88. 3. 115); — 14° Une fabrique de poudrette et de sulfate d'ammoniaque, alors qu'il résultait d'une expertise à laquelle il avait été procédé que l'installation de l'usine ne permettait pas que toutes les buées provenant de la dessiccation des matières ou produites par les eaux résiduaires fussent attirées par les ventilateurs dans les foyers pour y être brûlées, ce qui entraînait des émanations nuisibles à la salubrité publique; qu'un fleuve (dans l'espèce, la Seine à l'aval de Paris) était corrompu par les eaux sortant de la fabrique et déversées à une température élevée, et qu'enfin l'enlèvement des poudrettes dégageait des gaz infects présentant de graves inconvénients pour le voisinage (Cons. d'Et. 4 avr. 1884, aff. Compagnie parisienne de vidanges et engrais, D. P. 85. 5. 308).

Il a même été décidé que, dans le cas où une fabrique d'engrais avec dépôt de vidanges a donné lieu à des plaintes nombreuses et réitérées, et qu'à raison des odeurs qui s'en exhalent et de la nature des manipulations qui s'y opèrent, elle présente de graves inconvénients, c'est avec raison que le préfet refuse d'en autoriser l'exploitation, quoiqu'elle soit située à une distance considérable des agglomérations d'habitants (dans l'espèce, 800 mètres de la commune d'Aubervilliers, sur le territoire de laquelle existent de nombreux établissements offrant les mêmes inconvénients et à 1500 mètres de la commune de Saint-Denis) (Cons. d'Et. 4 déc. 1885, aff. Compagnie départementale des vidanges et engrais, D. P. 87. 5. 278).

13. Une protection spéciale est due aux localités où les habitants des grandes villes peuvent trouver un air salubre et des conditions de séjour agréable. Aussi le conseil d'Etat a-t-il décidé qu'il n'y a pas lieu d'autoriser une fabrique de sels ammoniacaux avec un dépôt de liquides provenant de vidanges, lorsque cette fabrique, située à une faible distance de nombreuses habitations particulières et du bois de Vincennes aurait été de nature à compromettre la salubrité publique (Cons. d'Et. 11 juin 1880, aff. Sintier, D. P. 82. 3. 109). Mais la gêne pouvant résulter, pour les habitants d'un quartier occupé exclusivement par des maisons de plaisance, de la présence et de la circulation des ouvriers, et la dépréciation qui peut atteindre les immeubles du quartier par suite de l'existence d'établissements industriels, ne sont pas des inconvénients de nature à faire refuser l'autorisation d'une manufacture (Cons. d'Et. 20 mai 1881, aff. Bridault, D. P. 82. 3. 109).

14. En règle générale, l'Administration n'est tenue que d'apprécier si, dans chaque cas déterminé, étant donnés les procédés employés et la situation particulière de l'établissement, l'éloignement des habitations est suffisant pour qu'il n'en résulte pour ces habitations aucun préjudice au point de vue de la salubrité ou de la sécurité (Porée et Livache, *Manufactures et ateliers dangereux*, p. 197. Comp. Avisse, *Industries dangereuses et insalubres*, t. 1, p. 101). Toutefois, dans certains cas, elle doit faire observer des règles spéciales qui prescrivent un minimum d'éloignement. Ainsi le décret du 19 mai 1873 (art. 5-3°, D. P. 73. 4. 70), concernant les magasins qui contiennent des hydrocarbures, dispose que la plus petite distance de l'enceinte aux maisons d'habitation ou bâtiments quelconques appartenant à des tiers ne pourra être inférieure à 50 mètres pour les magasins de première classe.

15. La question de savoir si un établissement doit être rangé dans la première classe des établissements insalubres donne lieu quelquefois à d'assez sérieuses difficultés. Il a été décidé que l'on ne doit pas ranger les dépôts de fumier de cheval dans la catégorie des dépôts d'engrais au moyen de matières provenant de vidanges, qui figurent parmi les établissements de première classe (Cons. d'Et. 12 févr. 1875, aff. Compagnie générale des omnibus, D. P. 75. 5. 284).

Les dépôts de boues et immondices qui, à raison de l'odeur répandue, ont été compris par le décret du 3 mai 1886 dans la première classe des établissements insalubres, rentrent dans cette catégorie et sont soumis à l'autorisation préalable de l'Administration, alors même que ces boues et immondices ne sont pas déversées sur le sol, mais amenées en un lieu déterminé par des voitures où elles sont manipulées et transbordées sur d'autres voitures (Crim. rej. 22 nov. 1889, aff. Delalande Sacristain, D. P. 90 1. 404). Il est clair, en effet, que ce travail de manipulation et de transbordement des boues et immondices ne peut qu'ajouter aux inconvénients résultant de leur accumulation.

§ 1er. — De la demande et de l'instruction (*Rép.* nos 19 à 22).

16. On a indiqué, au *Rép.* n° 22, les modifications apportées par le décret du 25 mars 1852 à la procédure instituée par le décret de 1810 pour les demandes d'autorisation des établissements de première classe. MM. Porée et Livache (*op. cit.*, p. 84) font observer avec raison que, en faisant descendre du chef de l'Etat aux préfets le droit d'autorisation et en conservant d'ailleurs toutes les formes d'instruction, le décret de 1852 a assuré aux parties une plus grande sécurité. En effet, l'instruction subsiste avec toutes les formalités prescrites par le décret de 1810; en outre les tiers peuvent former opposition devant le conseil de préfecture contre l'arrêté du préfet, avec droit d'appel devant le conseil d'Etat; et, pour l'industriel dont la demande a été repoussée, un recours est ouvert devant le conseil d'Etat.

17. Parmi les formalités prescrites par l'art. 3 du décret de 1810, figure l'affichage de la demande dans toutes les communes à 5 kilomètres de rayon. Cet affichage est prescrit à peine de nullité (Cons. d'Et. 22 août 1853, aff. d'Anglade, D. P. 73. 3. 60, note 1 ; 9 avr. 1873, aff. Barbe, D. P. 73. 3. 60). Mais les irrégularités constatées dans l'affichage sont couvertes si elles n'ont pu exercer aucune influence sur la décision, et s'il est démontré que les opposants ont appris par l'enquête les véritables opérations qui doivent s'effectuer dans l'usine (Cons. d'Et. 28 mars 1862, aff. Mossière, D. P. 62. 3. 78 ; 11 juin 1880, aff. Sintier, D. P. 82. 3. 109; 27 déc. 1889, aff. Chausac, D. P. 91. 3. 59). Décidé que le fait qu'une opération n'a pas été expressément désignée dans la demande ne fait pas obstacle à ce qu'elle soit comprise dans l'arrêté d'autorisation, alors qu'elle n'est pas distincte d'une de celles qui font l'objet de cette demande et qui ont été mentionnées dans les affiches placardées à l'enquête (Arrêt précité du 27 déc. 1889. Conf. Porée et Livache, *op. cit.*, p. 98 ; Dufour et Tambour, *Etablissements insalubres*, p. 36).

De même que l'affichage, l'enquête est prescrite à peine de nullité (Cons. d'Et. 6 mars 1854. aff. Perrache, D. P. 54. 3. 1 ; 19 nov. 1886, aff. Touchard, D. P. 88. 3. 30), elle peut ne durer qu'un seul jour (Cons. d'Et. 7 mai 1875, aff. Blanjot, *Rec. Cons. d'Etat*, p. 420);... ou même quelques heures (Cons. d'Et. 26 janv. 1860, aff. Godel, *Rec. Cons. d'Etat*, p. 65).

18. Aux termes d'une circulaire du ministre de l'agriculture et du commerce du 11 mai 1862 (D. P. 63. 3. 85), tout acte d'autorisation d'établissement insalubre ou incommode doit être déposé en copie aux archives de la commune de la situation, et il doit en être donné communication à toute personne intéressée qui en fera la demande. Cette mesure a pour but de permettre aux intéressés d'exercer en connaissance de cause un contrôle sérieux sur l'inexécution des conditions imposées par l'acte d'autorisation.

§ 2. — Des oppositions et des recours (*Rép.* nos 23 à 37).

19. On a vu au *Rép.* n° 32, que les manufactures ne doivent rencontrer d'autre obstacle à leur formation que des motifs d'intérêt général, tels que le danger de ces établissements pour les propriétés voisines. L'administration commettrait un véritable détournement de pouvoirs si elle refusait d'autoriser un établissement classé en se fondant sur des considérations d'un autre ordre. Ainsi ce serait à tort que l'autorisation serait refusée par le motif que l'emplacement étant trop petit, l'industriel serait amené à empiéter sur le chemin de halage et à le rendre impraticable par ses dépôts de produits et de matériaux (Cons. d'Et. 14 févr. 1856, aff. Rabutteau, D. P. 85. 3. 52, note 1). On ne saurait admettre davantage un refus fondé sur les inconvénients que pourrait présenter la consommation des produits de l'établissement (Cons. d'Et. 30 nov. 1883, aff. Houette, D. P. 85. 3. 52).

20. Les autorisations en cette matière étant accordées en considération de la nature de l'industrie qui en fait l'objet et de la situation des lieux, et aucune disposition du décret de 1810 n'exigeant que le pétitionnaire soit propriétaire du terrain en vue duquel l'autorisation est sollicitée, le fait qu'il aurait cessé d'être propriétaire postérieurement à sa demande ne peut avoir pour effet de rendre cette demande sans objet (Cons. d'Et. 1er déc. 1882, aff. de Gunzbourg, D. P. 84. 5. 329).

21. Aux termes de l'art. 4 du décret de 1810, le préfet est tenu de prendre l'avis du conseil de préfecture lorsqu'il y a des oppositions à une demande d'autorisation d'un établissement de première classe. On s'est demandé si le décret de 1852 n'avait pas implicitement abrogé cette disposition, puisque, depuis ce décret, les tiers peuvent attaquer l'arrêté d'autorisation devant le conseil de préfecture et que ce conseil pourrait se trouver ainsi appelé, dans la même affaire, à donner un avis et à rendre une décision contentieuse. Contrairement à l'opinion exprimée au *Rép.* n° 34, il est admis aujourd'hui que l'art. 4 du décret de 1810 n'a pas cessé d'être en vigueur, et que, ainsi que l'indiquait le ministre dans une circulaire interprétative du décret de 1852, le conseil de préfecture doit être consulté comme par le passé sur les oppositions qui se produiraient dans le cours de l'instruction, tout en conservant sa juridiction pour le cas où les opposants croiraient devoir y recourir après la décision d'autorisation (Porée et Livache, *op. cit.*, p. 104). C'est en ce sens que s'est prononcée la jurisprudence du conseil d'Etat (Cons. d'Et. 6 août 1861, aff. Brisset, *Rec. Cons. d'Etat*, p. 664).

22. Indépendamment de l'avis du conseil de préfecture dans les conditions où il est exigé par l'art. 4 du décret de 1810, le préfet prend soin généralement de s'entourer des lumières des hommes compétents; il consulte notamment les conseils d'hygiène et de salubrité établis dans chaque arrondissement par un arrêté du chef du pouvoir exécutif du 18 déc. 1848 (D. P. 49. 4. 25).

A Paris, le conseil d'hygiène et de salubrité, qui existe depuis le 6 juill. 1802, a été réorganisé par un décret du 15 déc. 1851 (D. P. 52. 4. 23) et complété par un décret du 7 juill. 1880 (D. P. 81. 4. 63) qui a réglé l'organisation des conseils d'hygiène des arrondissements de Sceaux et de Saint-Denis. Un comité consultatif d'hygiène publique a été également institué près du ministère du commerce et est appelé à donner son avis sur les questions concernant les ateliers insalubres ; les attributions et la composition de ce comité ont été fixées par un décret du 7 oct. 1879 (D. P. 80. 4. 91).

23. D'après une opinion énoncée au *Rép.* nº 37, les dispositions du décret du 25 mars 1852 n'étant pas applicables au département de la Seine, aux termes de l'art. 7 de ce décret, il n'appartiendrait pas au préfet de police de statuer sur les demandes d'autorisation des établissements de première classe, comme les préfets des départements. Mais il est à remarquer que l'art. 7 du décret de 1852 ne déclare les dispositions de ce décret inapplicables au département de la Seine qu'en ce qui concerne l'administration départementale *proprement dite*, et il a toujours été reconnu que le préfet de police jouissait dans la limite de ses attributions, de toutes les prérogatives que ledit décret a conférées aux préfets des départements. D'ailleurs, depuis la publication du *Répertoire*, le décret du 25 mars 1852 a été déclaré applicable à l'administration du département de la Seine par l'art. 13 de la loi du 18 juill. 1866, et à l'administration de la Ville de Paris par l'art. 17 de la loi du 24 juill. 1867. Les pouvoirs du préfet de police en cette matière sont donc au-dessus de toute contestation, tant à Paris que dans les communes du département de la Seine et dans celles de Saint-Cloud, Sèvres, Meudon et Enghien qui sont placées sous sa juridiction.

24. On a dit au *Rép.* nº 35, que le recours formé par l'industriel contre la décision du préfet qui lui a refusé l'autorisation, ou lui a imposé des conditions qu'il juge désavantageuses, doit être porté devant le conseil d'État, et que les tiers qui veulent attaquer un arrêté d'autorisation doivent s'adresser au conseil de préfecture. L'art. 6 du décret de 1852 semblait, à la vérité, réserver d'une manière générale aux parties le droit de poursuivre devant les ministres compétents l'annulation ou la réformation de tous les actes des préfets qui seraient contraires aux lois et règlements ou donneraient lieu aux réclamations des parties intéressées, et l'on s'est demandé s'il n'en résultait pas que le recours des parties intéressées contre l'arrêté des préfets devrait être formé devant le ministre du commerce, mais cette interprétation; repoussée, le 15 déc. 1852, par une circulaire ministérielle, a été condamnée par la jurisprudence du conseil d'Etat, qui a décidé que la disposition de l'art. 6 du décret de 1852 n'avait rien innové aux voies de recours établies par le décret de 1810, qu'en conséquence le ministre ne pourrait, sans excéder ses pouvoirs, annuler sur le recours d'un tiers intéressé, un arrêté d'autorisation d'un établissement de première ou deuxième classe pris par un préfet, et que le conseil de préfecture était seul compétent pour connaître des oppositions formées à cet arrêté (Cons. d'Et. 29 déc. 1858, aff. Féry, D. P. 59. 3. 76; 8 août 1865, aff. Ballouhey, *Rec. Cons. d'Etat,* p. 748; 14 mars 1867, aff. Michaux, *ibid.*, p. 282). — Il a été décidé, dans le même sens et par les mêmes motifs, que le ministre du commerce n'a pas compétence pour modifier, sur la demande de l'impétrant, les conditions auxquelles le préfet a subordonné l'autorisation d'établir une manufacture dangereuse, incommode ou insalubre de seconde classe, et que c'est devant le conseil d'Etat que l'industriel doit se pourvoir (Cons. d'Et. 3 déc. 1875, aff. Six, D. P. 76. 3. 52). A plus forte raison n'appartiendrait-il pas au ministre de l'intérieur de statuer sur la réclamation dirigée contre un arrêté préfectoral rendu en cette matière (Cons. d'Et. 27 nov. 1885, aff. Société générale des abattoirs municipaux de France (D. P. 87. 3. 37).

25. C'est, comme on vient de le dire (*suprà*, nº 24), devant le conseil de préfecture que doivent être portées les oppositions aux arrêtés préfectoraux portant autorisation de créer des établissements insalubres de première classe (dès lors, ces arrêtés ne peuvent être déférés directement au conseil d'Etat pour excès de pouvoirs) (Cons. d'Et. 25 févr. 1876, aff. Dubuys d'Argis, D. P. 76. 3. 49) ou de deuxième classe (Cons. d'Et. 14 janv. 1876, aff. Regnault, D. P. 76. 3. 49). Toutefois, la question a été controversée et la jurisprudence ne s'est fixée en ce sens qu'après d'assez longues hésitations. Un arrêt du 6 mai 1853 (aff. Perrache, D. P. 54. 3. 1) avait explicitement admis le recours direct devant le conseil d'Etat contre un arrêté d'autorisation, en présence de conclusions formelles tendant à faire déclarer que l'opposition ne pouvait être formée que devant le conseil de préfecture. Le conseil d'Etat avait également statué au fond, sans se prononcer sur la question de recevabilité, sur un pourvoi dirigé contre un arrêté d'autorisation pour inobservation des formalités légales (Cons. d'Et. 28 mars 1862, aff. Monnier, D. P. 63. 3. 76). Il a, depuis, décidé, en sens contraire, qu'un voisin, devant porter devant le conseil de préfecture son opposition à l'arrêté d'autorisation n'est pas recevable à l'attaquer directement devant le conseil d'Etat pour excès de pouvoir (Cons. d'Et. 5 août 1848, aff. Delmas, D. P. 69. 3. 61). C'est en ce sens que se sont prononcés les arrêts précités du 14 janv. et du 25 févr. 1876 et que la jurisprudence paraît définitivement fixée. Ce n'est d'ailleurs, qu'une application d'une doctrine aujourd'hui consacrée par le conseil d'Etat et qui peut se résumer ainsi : le recours pour excès de pouvoir est recevable quand une autre juridiction ne peut être saisie qu'indirectement par une poursuite; il ne l'est pas lorsqu'il existe un recours parallèle et direct (V. *suprà*, vº *Conseil d'Etat*, nºs 128 et suiv.).

26. Le conseil de préfecture est compétent pour statuer sur l'opposition d'un voisin à un arrêté préfectoral autorisant un établissement de première classe, lorsque l'opposant se fonde, notamment, sur l'insuffisance des mesures prescrites par cet arrêté, encore bien qu'il allègue en même temps que l'industriel ne se conforme pas aux conditions qui lui sont imposées par le même arrêté (Cons. d'Et. 29 juill. 1887, aff. Ducrozet, D. P. 88. 3. 115). Mais le conseil de préfecture ne pourrait examiner cette dernière question sans sortir des attributions que la loi lui confère. Lorsqu'un industriel ne se conforme pas aux conditions de l'autorisation qui lui a été accordée, il peut, comme on le verra plus loin, être condamné pour contravention par l'autorité judiciaire; ou bien le préfet peut prendre un arrêté à l'effet d'assurer l'exécution des conditions prescrites, sauf recours de l'industriel, par la voie contentieuse, devant le ministre et devant le conseil d'Etat (Cons. d'Et. 14 déc. 1883, aff. Thuasin, D. P. 85. 3. 51).

27. L'Etat ne peut être considéré comme partie en cause dans les instances engagées sur les oppositions formées contre les autorisations d'établissements insalubres; en conséquence, les frais d'une expertise ordonnée en cette matière par le conseil de préfecture ne peuvent être mis à la charge de l'Administration et doivent être supportés par la partie qui succombe (Cons. d'Et. 29 juill. 1887, aff. Ducrozet, D. P. 88. 3. 115).

28. Tout intéressé qui juge que l'arrêté d'autorisation d'un établissement insalubre lui fait grief est recevable à faire opposition à cet arrêté devant le conseil de préfecture, qu'il ait ou non protesté dans les enquêtes (Porée et Livache, *op. cit.*, p. 156). — Les locataires d'une propriété dans laquelle un individu demande à former un établissement insalubre ont, aussi bien que le propriétaire lui-même, qualité pour former opposition (Cons. d'Et. 27 mars 1856, aff. Savaresse, D. P. 56. 3. 60). En effet, la législation sur les établissements insalubres n'est pas destinée seulement à protéger les propriétaires et les intérêts pécuniaires: elle est destinée à protéger la salubrité publique, et la santé des locataires doit être prise en considération.

29. La loi ne soumet à aucun délai l'opposition des tiers à l'arrêté préfectoral qui a autorisé un établissement insalubre (Cons. d'Et. 11 août 1859, aff. Duboul, D. P. 60. 3. 43). Suivant M. Dufour (*Droit administratif*, t. 2, nº 518), « la loi a voulu ménager au voisinage la ressource de réclamer à tout instant contre des inconvénients que leur nature même ne permet guère de prévoir et de prévenir avec quelque certitude ». — Cette doctrine absolue n'a pas été acceptée sans quelques tempéraments par la jurisprudence. Ainsi il est admis que l'opposition est non recevable de la part du tiers qui a acquiescé, ne fût-ce que virtuellement, à l'arrêté d'autorisation (Arrêt précité du 11 août 1859, sol. impl.). Mais on ne saurait faire résulter cet acquiescement du fait d'avoir actionné en dommages-intérêts devant les tribunaux le propriétaire de l'établissement autorisé (Même arrêt). En dehors même de tout acquiescement, il a paru difficile de laisser indéfiniment le fabricant sous la menace d'une opposition de la part des tiers intéressés; diverses solutions ont été proposées pour le mettre à l'abri des actions qui viendraient à se produire. Un premier système voudrait qu'en dénonçant aux voisins son autorisation, le fabricant pût leur fixer un délai au delà duquel ils ne seraient plus recevables à porter leur opposition devant le conseil de préfecture (Serrigny, *Organisation et compétence administrative*, t. 2, n° 864). Mais on objecte, d'une part, qu'il ne suffirait pas d'appeler les voisins qui ont protesté dans l'enquête, et qu'à moins d'appeler tous ceux qui auraient pu protester, le fabricant ne serait jamais assuré de ne plus rencontrer d'adversaires; on fait remarquer, d'autre part, qu'on ne voit pas en vertu de quel texte l'industriel pourrait saisir le conseil de préfecture (Porée et Livache, *op. cit.*, p. 158). — Suivant un second système, que propose également M. Serrigny, les voisins qui ont vu construire l'usine et n'ont présenté leurs oppositions qu'après la construction des travaux devraient être déclarés non recevables. Cette solution a été combattue comme trop absolue et l'on a répondu que l'opposant, alors surtout qu'il n'a pas réclamé dans l'enquête, est fondé à expliquer son retard par ce motif que c'est l'événement seul qui lui a démontré les inconvénients dont il se plaint et par suite l'intérêt qu'il a à réclamer.

Sans admettre complètement cette solution, le conseil d'Etat semble cependant s'en être rapproché en décidant que l'opposition formée contre l'arrêté qui a autorisé un établissement insalubre n'est plus recevable, lorsqu'elle est de beaucoup postérieure (dans l'espèce, de plus de trois ans) à la mise en activité de cet établissement, sauf le droit du Gouvernement de provoquer la suppression de l'établissement par un décret du conseil d'Etat, s'il présentait de graves inconvénients pour la salubrité publique, la culture ou l'intérêt général (Cons. d'Et. 11 mars 1862, aff. Commune de Puteaux, D. P. 63. 3. 73). D'après cet arrêt, il en est ainsi alors même que l'opposition est formée à l'occasion d'un incendie qui a détruit l'établissement, et pour empêcher qu'il ne soit reconstruit. D'après une note qui accompagne cette décision dans le *Recueil des arrêts du conseil d'Etat*, le conseil d'Etat a pensé que, si la loi ne fixe aucun délai pour former opposition, il y a du moins un certain délai moral, certaines circonstances après lesquelles la réclamation des intéressés n'est plus recevable. L'exécution de l'arrêté d'autorisation, quelque importante que soit cette circonstance, ne suffirait pas à elle toute seule pour rendre l'opposition non recevable; mais si, à cette exécution, il se joint d'autres circonstances de fait, telles que le silence des intéressés, avant et après l'arrêté d'autorisation, une exploitation paisible de l'établissement, un long délai écoulé à partir du jour où les opérations ont commencé dans l'usine, les propriétaires sont censés avoir abandonné le droit qu'ils avaient de former opposition, et on peut leur appliquer cette maxime : *qui videt et patitur tacite consentire videtur*. En résumé, la recevabilité de l'opposition serait, suivant l'arrêtiste, une question de fait et d'appréciation dont la solution appartiendrait au conseil de préfecture, sauf recours au conseil d'Etat. — On peut soutenir que le conseil d'Etat a voulu consacrer une théorie moins vague et plus juridique. Le rapport qu'il établit entre les dispositions des art. 7 et 12 du décret du 15 oct. 1810 autorise à penser qu'il a entendu décider qu'après la mise en activité de l'usine il ne peut plus être question d'*opposition*, puisqu'on est en présence d'une manufacture légalement établie et non plus simplement projetée, mais de *suppression*, et que la suppression ne peut plus être ordonnée que par un décret et dans un intérêt général; les tiers n'auraient plus ainsi que l'action en dommages-intérêts devant les tribunaux.

30. Les voisins d'un établissement insalubre sont recevables à intervenir devant le conseil de préfecture dans l'instance en opposition formée par d'autres particuliers contre l'arrêté qui a autorisé cet établissement (Cons. d'Et. 12 juill. 1882, aff. Tellié, D. P. 84. 5. 330). Leur intervention est également recevable devant le conseil d'Etat (Cons. d'Et. 24 juin 1870, aff. Vedlès, D. P. 71. 3. 105). — Mais les tiers qui n'ont pas formé opposition devant le conseil de préfecture contre l'arrêté d'autorisation ne sont pas recevables à déférer au conseil d'Etat l'arrêté par lequel le conseil de préfecture a rejeté l'opposition formée par d'autres voisins (Cons. d'Et. 5 août 1887, aff. Sanjot, D. P. 88. 5. 312).

§ 3. — Révocation d'autorisation. — Suspension. — Changement d'emplacement (*Rép.* n°s 38 à 52).

31. On a dit au *Rép.* n° 38 que l'Administration exerce toujours un droit de surveillance sur les établissements de première classe. Pour faciliter cette surveillance, il a été créé dans certains départements un service d'inspection des établissements classés (Porée et Livache, *op. cit.*, p. 58). Dans le département de la Seine, le fonctionnement de ce service a été fixé par un arrêt préfectoral du 20 déc. 1881 (*ibid.*).

32. L'autorisation donnée par un préfet à un établissement insalubre, après l'accomplissement des formalités légales, est définitivement acquise et ne peut être retirée par le préfet avant qu'aucun inconvénient se soit manifesté et sous prétexte de l'insuffisance des conditions imposées (Cons. d'Et. 16 juill. 1857, aff. Boizet, D. P. 58. 3. 26). Toutefois l'Administration peut, comme on l'a vu au *Rép.* n°s 40 et suiv., ordonner la fermeture d'un établissement classé, en cas d'inexécution des conditions mises à l'autorisation ; mais lorsqu'il s'agit d'un établissement de première classe, cette fermeture ne peut être ordonnée qu'à titre provisoire, sauf à faire prononcer la suppression de l'établissement dans les formes prescrites par l'art. 12 du décret du 15 oct. 1810 (Cons. d'Et. 26 janv. 1860, aff. Mazars, *Rec. Cons. d'Etat*, p. 63 ; 28 janv. 1864, aff. Delmas, D. P. 64. 3. 17 ; 17 janv. 1873, aff. Pujos, D. P. 73. 3. 60. V. en sens contraire, Paris, 21 juin 1883, aff. Dauvilliers, D. P. 85. 2. 5, et Dufour, *Traité de droit administratif*, t. 2, n° 70). — La fermeture provisoire de l'établissement est, dans ce cas, une mesure qu'il appartient à l'Administration de prendre en vertu de ses pouvoirs de police, tandis que le retrait définitif de l'autorisation, avec interdiction de reprendre l'exploitation même dans les conditions qui avaient été antérieurement autorisées, constituerait une véritable pénalité et presque une confiscation.

33. C'est au préfet qu'il appartient d'ordonner la fermeture provisoire d'un établissement de première classe, sous l'autorité du ministre du commerce, soit pour cause de changements non autorisés dans la nature de l'industrie, soit pour cause d'inexécution des conditions prescrites (Arrêts du 28 janv. 1864 et du 17 janv. 1873, cités *suprà*, n° 32; 12 mars 1880, aff. Bras, D. P. 80. 3. 116). Les conseils de préfecture ont en cette matière une compétence limitée : ils ne sont appelés à connaître que des oppositions formées par les tiers aux arrêtés d'autorisation. Ils ne pourraient donc, sans excéder les limites de leur compétence, statuer sur une demande de fermeture formée par un tiers, à raison de l'inexécution des conditions imposées par l'arrêté d'autorisation (Cons. d'Et. 13 juill. 1860, aff. Dulac, D. P. 60. 3. 49).

34. L'industriel qui prétend n'avoir commis aucune infraction aux conditions imposées, de nature à motiver la fermeture de son établissement, peut se pourvoir devant le ministre du commerce contre l'arrêté préfectoral qui a ordonné la mesure ; mais il n'est pas recevable à porter directement sa demande devant le conseil d'Etat (Cons. d'Et. 5 janv. 1854, aff. Joye, D. P. 54. 3. 27; 12 mars 1880, aff. Bros, D. P. 80. 3. 116).

35. Le préfet, qui peut ordonner la fermeture provisoire d'un établissement de première classe pour inexécution des conditions auxquelles a été subordonnée l'autorisation, peut également interdire l'écoulement dans un fleuve des eaux résiduaires d'une usine, lorsque les conditions prescrites pour la désinfection de ces eaux n'ont pas été observées (Cons. d'Et. 4 mai 1888. aff. Lesage, D. P. 89. 3. 79). Il peut, à plus forte raison, prendre un nouvel arrêté pour régler l'exécution exacte des conditions imposées (Cons. d'Et. 14 déc. 1883, aff. Thuasne, D. P. 85. 3. 51). Le recours contre un arrêté préfectoral de cette nature semble devoir, conformément à la jurisprudence ci-dessus mentionnée, être porté devant le ministre et non directement devant le conseil d'Etat. Toutefois, l'arrêt précité du 14 déc. 1883 a statué sur le recours dont le conseil d'Etat avait été directement saisi, sans que la question de compétence ait été soulevée.

Peut-être le conseil d'Etat a-t-il estimé que, dans l'espèce, en présentant ses observations sur le pourvoi, le ministre s'était approprié l'acte du préfet.

36. Le préfet ne peut, en autorisant un établissement insalubre, se réserver le droit, en cas de plaintes de voisins, de révoquer cette autorisation (Cons. d'Et. 3 juill. 1861, aff. Monnet, D. P. 61. 3. 54). Mais il peut se réserver le droit d'imposer ultérieurement les conditions que réclamerait l'intérêt public, sauf à l'exploitant à soutenir, le cas échéant, devant l'autorité compétente, que cet intérêt n'exige pas les conditions qui lui seraient ainsi imposées (Cons. d'Et. 7 mai 1875, aff. Blanjot, D. P. 76. 3. 12; 4 mai 1888, aff. Lesage, D. P. 89. 3. 79). Dans le cas de contestations sur la nécessité des mesures prescrites par le préfet en vertu des réserves contenues dans l'arrêté d'autorisation, le recours de l'industriel doit être porté directement devant le conseil d'Etat par la voie contentieuse (Arrêt précité du 4 mai 1888). En dehors de réserves semblables, le préfet ne pourrait, sans excès de pouvoir, aggraver par un arrêté ultérieur les conditions imposées par l'arrêté d'autorisation (Cons. d'Et. 17 janv. 1868, aff. Martin, D. P. 69. 3. 60).

37. Lorsque le conseil d'Etat, en autorisant un établissement de première classe, a décidé que tout essai de procédés nouveaux autres que ceux décrits dans son arrêt devra être autorisé par le préfet de police, les permissions accordées par ce fonctionnaire, en vertu de cette clause, ne peuvent autoriser une modification définitive des conditions prescrites par le conseil d'Etat (Cons. d'Et. 16 nov. 1883, aff. Bernadot, D. P. 85. 3. 50). Par suite, le préfet de police agit dans l'exercice de ses pouvoirs de police en retirant la permission par lui accordée à titre d'essai, et en prenant les mesures nécessaires pour assurer l'exécution des conditions imposées par la décision du conseil d'Etat qui forme le titre légal de l'établissement (Même arrêt).

38. Le conseil d'Etat a reconnu aux préfets, par plusieurs arrêts, le droit de n'accorder qu'une autorisation limitée, lorsqu'il s'agit d'une industrie nouvelle dont l'expérience n'a pas encore fait connaître les inconvénients d'une manière précise (Cons. d'Et. 3 juill. 1861, aff. Monnet, D. P. 61. 3. 54; 13 déc. 1866, aff. Champchevrier, D. P. 68. 3. 66; 19 févr. 1875, aff. Beaudet, D. P. 76. 5. 296). Une fois le délai expiré, le préfet peut ordonner, s'il le juge nécessaire, la fermeture de l'établissement (Cons. d'Et. 5 mai 1864, aff. Groumetty, D. P. 64. 3. 98), ou subordonner une autorisation nouvelle aux conditions dont la pratique a fait reconnaître l'utilité (Cons. d'Et. 7 févr. 1873, aff. Bourgeois, D. P. 77. 3. 35, note 3). Mais la jurisprudence n'admet pas qu'une autorisation soit limitée en vue d'une considération étrangère aux inconvénients qui peuvent résulter de l'existence de l'établissement (Cons. d'Et. 22 avr. 1868, aff. Martin D. P. 69. 3. 60). Il a été également décidé qu'un préfet excéderait ses pouvoirs en ordonnant, même après l'expiration du délai, la fermeture de l'établissement dans le but de ménager les intérêts pécuniaires de l'Etat qui se trouverait ainsi dispensé de recourir à l'expropriation (Cons. d'Et. 26 nov. 1875, aff. Laumonnier Carriol, D. P. 76. 3. 41). Suivant MM. Porée et Livache (*op. cit.*, p. 115), un préfet commettrait également un excès de pouvoir, s'il n'accordait qu'une autorisation limitée dans sa durée à un établissement employant des procédés connus et non des moyens nouveaux.

Dans tous les cas, lorsqu'un industriel ne s'est pas pourvu en temps utile contre la disposition d'un arrêté qui a limité à un certain nombre d'années la durée de l'autorisation qui lui a été accordée, il n'est pas recevable, à l'expiration du délai, à soutenir que cette disposition est nulle, et que, par suite, il n'est pas tenu de se pourvoir d'une nouvelle autorisation (Cons. d'Et. 19 janv. 1877, aff. Grandjon, *Rec. Cons. d'Etat*, p. 73).

39. Lorsque l'autorisation n'a été accordée que pour un temps limité et qu'à l'expiration de ce temps l'Administration fait fermer l'établissement, le conseil de préfecture est incompétent pour connaître de la demande d'indemnité que l'industriel croit pouvoir former contre l'Etat, et il n'appartient qu'au ministre du commerce, sauf recours au conseil d'Etat, de statuer sur cette demande (Cons. d'Et. 5 mai 1864, aff. Groumatty, D. P. 64. 3. 98). L'usage que l'Administration a fait, en pareil cas, de ses pouvoirs de police, ne peut donner lieu à l'allocation d'une indemnité (Même arrêt).

40. Comme on l'a vu, au *Rép.* n° 45, l'art. 12 du décret du 15 oct. 1810 autorise la suppression des établissements de première classe, par décret rendu en conseil d'Etat, dans le cas de grave inconvénient pour la salubrité publique, la culture et l'intérêt général. Le décret doit être rendu après avoir entendu la police locale, pris l'avis des préfets et reçu la défense des manufacturiers. Bien que le texte de l'art. 12, qui se rattache à l'art. 11 relatif aux établissements antérieurs à la publication du décret de 1810, semble ne se référer qu'à ces établissements, nous avons dit qu'on s'accorde à en étendre l'application à tous les établissements de première classe, quelle que soit la date de leur création. C'est en ce sens que se sont prononcés la plupart des auteurs (V. Dufour, *Droit administratif*, t. 1, n° 70; Serrigny, *Compétence administrative*, t. 3, p. 52; Bourguignat, *Législation appliquée aux établissements insalubres*, t. 1, n° 86).

La jurisprudence nous paraît avoir implicitement consacré cette doctrine. C'est ce qui ressort notamment d'un arrêt du conseil d'Etat du 3 juill. 1861 (aff. Monnet, D. P. 61. 3. 54) qui décide que, lorsque l'autorisation a été régulièrement accordée et que les conditions auxquelles elle a été soumise sont remplies, elle ne peut être retirée par l'Administration que dans le cas et avec les formes prévues par l'art. 12 du décret du 15 oct. 1810. Cet arrêt prévoit en effet l'application de l'art. 12, non pas à un établissement antérieur au décret de 1810, mais à un établissement autorisé dans les formes prescrites par ce décret (Comp. Cons. d'Et. 21 déc. 1837, aff. Masteaux, *Rép.* n° 52). Quelques auteurs ont soutenu toutefois que les établissements de première classe existant en 1810 peuvent seuls être supprimés, dans certaines circonstances, par un décret rendu en conseil d'Etat, conformément aux prescriptions de l'art. 12 (V. Lemarois, *Ateliers insalubres*, n° 88; Porée et Livache, *op. cit.*, p. 478 et suiv.). Comme ces auteurs reconnaissent d'autre part que l'expropriation de la fabrique dont l'exploitation constituerait un danger public ne pourrait avoir lieu dans les formes et conditions déterminées par la loi du 3 mai 1841, il en résulterait que, dans leur système, l'Administration se trouverait désarmée en face d'un établissement de cette nature.

41. On s'est demandé si le décret du 25 mars 1852, en chargeant les préfets d'autoriser les établissements de première classe, ne leur avait pas implicitement conféré le droit de les supprimer, et s'ils n'étaient pas, par suite, investis du droit que l'art. 12 du décret de 1810 avait réservé au conseil d'Etat. Cette interprétation, qui avait été adoptée au *Rép.* n° 50, n'a pas prévalu. Dans une circulaire du 15 déc. 1852, le ministre des travaux publics déclarait formellement que le décret du 25 mars 1852 n'avait décentralisé que les demandes en autorisation et que ses motifs ne pouvaient s'appliquer à des instances qui, se présentant très rarement, n'offraient pas un caractère d'urgence et pouvaient entraîner une sorte d'expropriation (D. P. 73. 3. 60, note 2). La jurisprudence du conseil d'Etat s'est constamment prononcée en ce sens (Cons. d'Et. 5 janv. 1854, aff. Joye Denis, D. P. 54. 3. 27; 26 avr. 1855, aff. Depax, D. P. 55. 3. 60; 20 juin 1867, aff. Barberon, *Rec. Cons. d'Etat*, p. 581; 17 janv. 1873, aff. Pujos, D. P. 73. 3. 60). Cette opinion est également enseignée par presque tous les auteurs (V. conf. Dufour, *op. cit.*, n° 709; Bourguignat, *op. cit.*, t. 1, n° 86; Serrigny, *Compétence administrative*, t. 3, n° 1157; Batbie, *Droit public et administratif*, t. 5, p. 578; Le Marois, *op. cit.*, n° 88; Porée et Livache, *op. cit.*, p. 479).

C'est au préfet, en pareil cas, que doit être adressée par les tiers la demande en suppression d'un établissement dangereux, car c'est à lui seul qu'il appartient de prendre l'initiative d'une semblable mesure. Au refus du préfet, la partie lésée peut s'adresser au ministre; mais le refus du ministre de donner suite à une demande de suppression d'un établissement de première classe ne peut être l'objet d'un recours pour excès de pouvoir (Cons. d'Et. 25 févr. 1876, aff. Duboys d'Angers, D. P. 76. 3. 49).

42. On a vu, au *Rép.* n° 46, qu'aux termes de l'art. 13 du décret de 1810, les établissements antérieurs à la publication de ce décret, qui ont été transférés dans un autre emplacement et ceux qui ont subi une interruption de six mois dans leurs travaux, sont déchus du bénéfice de l'autorisation qu'ils tiennent de l'art. 11. Suivant une opinion adoptée au *Rép.* n° 46, et enseignée par MM. Dufour et Tambour (*Droit administratif*, t. 2, p. 115), l'application de cet article, qui ne vise textuellement que les établissements antérieurs à 1810, doit être étendue à ceux qui sont postérieurs à cette date. Mais cette opinion est combattue par MM. Porée et Livache, p. 66 et suiv. qui soutiennent que le texte de l'art. 13 repousse une pareille extension. Suivant ces auteurs, la translation d'un établissement insalubre régulièrement autorisé ne peut avoir lieu sans une autorisation nouvelle, non en vertu de l'art. 13, mais parce que cette translation d'un établissement dans un emplacement autre que celui en vue duquel l'autorisation a été accordée est en fait, en réalité, un établissement nouveau. Quant à l'interruption de six mois dans l'exploitation d'un établissement autorisé, les mêmes auteurs estiment, contrairement à l'opinion généralement suivie, qu'elle ne fait pas perdre à l'industriel le bénéfice de l'autorisation accordée; et ils prétendent qu'en dehors d'un arrêt du 3 mars 1825, rapporté au *Rép.* n° 46, la jurisprudence n'a pas expressément condamné leur interprétation. Un seul cas, d'après eux, fait tomber l'autorisation, c'est la *cessation* absolue de l'industrie.

Il est, d'ailleurs, certain que l'autorisation, étant accordée en vue de la localité où l'établissement doit être formé et des conditions dans lesquelles il doit être établi et non en considération de la personne qui l'a obtenue, ne cesse pas d'avoir effet lorsque l'industriel auquel elle a été accordée s'est substitué un acquéreur ou un locataire. Elle subsiste au profit de ce dernier, à charge par lui de se maintenir dans le périmètre déterminé par l'Administration et d'observer toutes les conditions qui ont été régulièrement imposées (Crim. rej. 27 déc. 1855, aff. Bretault-Biblon, D. P. 56. 1. 160).

43. La décision administrative qui permet, sous certaines conditions, d'ajouter un nouvel atelier à un établissement insalubre doit être considérée comme confirmant d'une manière implicite et suffisante l'existence de cet établissement, en ce sens qu'une interruption d'exploitation antérieure à ladite décision ne peut motiver, de la part du préfet, un arrêté de fermeture (Cons. d'Et. 18 mai 1854, aff. Jalabert, D. P. 54. 3. 75).

44. On a examiné, au *Rép.* n° 32, les droits qui appartiennent à l'autorité municipale à l'égard des établissements insalubres qui n'ont pas été régulièrement autorisés. Le pouvoir conféré aux préfets d'autoriser et de réglementer ces établissements ne fait pas obstacle au droit de l'autorité municipale de prendre, à l'égard de ces établissements comme de toute autre habitation, les mesures de police commandées par l'intérêt des habitants, sauf le droit de réformation de l'autorité supérieure dans le cas où ces mesures gêneraient le fonctionnement régulier desdits établissements, tels qu'ils ont été autorisés (Crim. cass. 15 mars 1861, aff. Hennecart, D. P. 62. 1. 54; 30 mars 1861, aff. Bourneuf, D. P. 61. 5. 302; 1er août 1862, aff. Blanchard, D. P. 63. 1. 153; Crim. rej. 1er août 1862, aff. Renard-Robert, D. P. 63. 1. 153; Crim. cass. 7 févr. 1863. aff. Blanchard, D. P. 63. 1. 153; Crim. rej. 13 févr. 1874, aff. Aupoix, D. P. 75. 5. 281; 3 févr. 1877, aff. Déchoyal, D. P. 78. 1. 46; Crim. cass. 4 févr. 1881, aff. Douine, D. P. 81. 1. 231; 16 août 1884, aff. Claude Bernard, D. P. 85. 1. 221). Ainsi l'autorisation d'exploiter une teinturerie ne donne pas à celui qui l'a obtenue le droit d'écouler les résidus infects de sa fabrique sur la voie publique ou dans le lit des canaux et ruisseaux traversant une ville, au mépris d'un règlement municipal prohibant les écoulements de ce genre (Arrêts précités du 30 mars 1861, et du 4 févr. 1881); et le propriétaire de cette teinturerie est tenu d'observer le règlement dont il s'agit, alors même qu'un arrêté préfectoral, antérieur et particulièrement applicable aux teinturiers, s'est borné à interdire, pendant certaines heures de la journée, le déversement des résidus de cuves, l'autorité municipale ayant le droit de régler les points sur lesquels l'arrêté préfectoral n'a pas statué (Arrêt précité du 4 févr. 1881). De même, le propriétaire d'une tannerie autorisée n'a pas le droit de faire laver dans un cours d'eau des peaux répandant une odeur nuisible ou infecte ni de jeter des ponts volants sur ces cours d'eau, contrairement aux prescriptions formelles d'un règlement municipal dont la légalité a été reconnue par l'autorité judiciaire (Arrêts précités du 13 févr. 1874, et du 3 févr. 1877); et il ne peut se fonder ni sur l'acte d'autorisation ni sur le long usage pour refuser d'obéir à ces mesures prises par l'autorité municipale dans un but de salubrité (Mêmes arrêts).

45. Non seulement les établissements insalubres régulièrement autorisés restent soumis aux règlements généraux de police municipale; mais le maire a le droit d'imposer aux établissements autorisés des conditions spéciales, quand elles sont justifiées par l'intérêt de la salubrité ou de la tranquillité publique et n'ont pas pour but de réglementer l'exercice d'une industrie (Arrêts cités *suprà*, n° 44 du 1er août 1862 et du 16 août 1884). Ainsi il a été décidé qu'un maire pouvait imposer au propriétaire d'une tannerie autorisée l'obligation de construire dans sa propriété une cuve-réservoir en maçonnerie pour recevoir toutes les eaux de son établissements, de curer cette cuve le plus souvent possible, d'en enlever en vases clos les matières déposées, et de couvrir le ruisseau par un dallage à la sortie de l'établissement usqu'à un aqueduc voisin (Arrêt précité du 1er août 1862). Il a été également jugé que l'arrêté pris par un maire pour la fermeture d'une infirmerie de chiens non autorisée est légal et obligatoire, bien qu'un tel établissement soit rangé, par le décret du 31 déc. 1866, dans la première classe des établissements insalubres (Arrêt précité du 16 août 1884). Mais si, sur la poursuite dirigée pour contravention à cet arrêté, l'inculpé soutient que la réunion de chiens entretenus dans son domicile ne constitue pas une infirmerie, et ne rentre pas dans la catégorie des établissements incommodes ou insalubres, le juge de police doit surseoir à statuer jusqu'à ce que cette question ait été préjudiciellement résolue par l'autorité administrative (Même arrêt. Comp. Civ. cass. 25 nov. 1880, aff. Degome, D. P. 81. 1. 140).

46. L'autorisation accordée à un industriel d'exploiter un établissement insalubre, à la condition de décharger les eaux provenant de sa fabrication dans un égout déterminé, ne fait pas obstacle à ce que l'autorité chargée de la police de la voirie refuse à cet industriel l'autorisation d'exécuter sous la voie publique les travaux nécessaires pour projeter les eaux dans cet égout (Cons. d'Et. 27 juin 1884, aff. Trié, D. P. 85. 3. 122).

47. L'autorité municipale ne pourrait, sans empiéter sur les droits de l'administration supérieure, modifier ou aggraver les conditions d'établissement et d'exploitation imposées à un établissement insalubre par l'acte d'autorisation (Comp. *suprà*, n° 44); Crim. cass. 1er juin 1855, aff. Coquille, D. P. 55. 1. 300). Elle ne peut, à cet égard, que solliciter de l'administration supérieure les mesures qu'elle estime être nécessaires. Il ne lui appartient pas davantage d'ordonner la suppression d'un établissement non classé parmi les établissements insalubres (Crim. rej. 15 juin 1883, aff. Gardair, D. P. 84. 1. 431).

48. L'arrêté de police par lequel le maire interdit sur le territoire de la commune certains établissements rentrant dans la catégorie de ceux soumis aux règlements relatifs aux établissements insalubres, ne fait pas obstacle à ce que l'Administration, usant des pouvoirs qui lui sont conférés par ces règlements, accorde l'autorisation d'exploiter un établissement de cette nature (Cons. d'Et. 10 févr. 1888, aff. Dioudonnat, D. P. 89. 3. 48).

§ 4. — De certains établissements spéciaux et des règlements auxquels ils sont soumis (*Rép.* nos 53 à 58).

49. Ainsi qu'on l'a dit, au *Rép.* n° 57, les règles qui régissent les manufactures incommodes et insalubres ne sont pas applicables aux établissements créés par l'Administration, en vertu d'un acte du pouvoir exécutif, pour pourvoir à un service public (V. conf. Dufour, *op. cit.*, t. 2, p. 607). C'est ce qui a été décidé, notamment, pour l'établissement connu sous le nom de Voirie de Bondy et créé en vertu d'une ordonnance royale du 9 juin 1817 (Cons. d'Et. 2 août 1870, aff. Pigny, D. P. 72. 3. 24). Il en est ainsi, spécialement, des établissements de l'Etat dont l'existence intéresse la sûreté et la défense du territoire, tels que les poudreries (Cons. d'Et. 10 févr. 1882, aff. Smith, D. P. 83. 3. 63; 4 janv. 1878, aff. Berninet, D. P. 78. 3. 82).

Il n'a pas été dérogé à cette règle par la loi du 8 mars 1875 sur la fabrication de la dynamite (V. *suprà*, n° 1; Cons. d'Et. 17 mai 1878, aff. Bouveret, D. P. 78. 3. 82). Si les établissements ainsi exploités par l'Etat causent un dommage à des particuliers, ceux-ci ont droit à une indemnité (Arrêt précité du 17 mai 1878). Mais l'éventualité des préjudices qui pourraient être causés aux propriétés voisines d'une poudrerie de l'Etat par les explosions qui se produiraient dans cet établissement ne constitue pas un dommage de nature à donner lieu à indemnité (Arrêts précités des 4 janv. 1878 et 10 févr. 1882).

CHAP. 4. — Des établissements de deuxième classe (*Rép.* n°s 59 à 116).

50. Ainsi que nous l'avons dit au *Rép.* n° 61, les établissements de deuxième classe sont, comme les autres établissements insalubres, soumis, pour leur formation, à une autorisation préalable qui n'est accordée qu'après l'accomplissement de formalités à peu près identiques à celles qui sont exigées pour les établissements de première classe.

En fixant la nomenclature et la division en trois classes des établissements insalubles, dangereux ou incommodes, le décret du 3 mai 1886 range dans la seconde classe, d'une façon générale et absolue, les tueries d'animaux, en raison du danger que présentent les animaux qui y sont conduits, et de l'odeur que répandent ces établissements. Il ne fait aucune distinction, et les motifs qui en ont dicté les dispositions s'appliquent aussi bien lorsqu'il s'agit d'abattoirs privés que lorsqu'il s'agit d'abattoirs publics. Il n'a créé, d'autre part, aucune exception en faveur des tueries d'une importance secondaire ou de celles qui sont l'accessoire d'un commerce de boucher; il appartient au préfet seul d'autoriser les unes et les autres (Crim. cass. 22 févr. 1890, aff. Pasquet, D. P. 91. 1. 47).

§ 1er. — Formalités, mode de la demande, autorisation (*Rép.* n°s 62 à 70).

51. Les formalités exigées pour la création des établissements de deuxième classe sont indiquées dans l'art. 7 du décret du 15 oct. 1810 (*Rép.* n° 62). Lorsqu'un particulier auquel a été refusée l'autorisation de créer un établissement insalubre de première classe, et qui s'est pourvu devant le conseil d'Etat contre cette décision, demande, en cours d'instruction, à introduire des modifications par suite desquelles l'établissement devrait être rangé dans la deuxième classe, cette demande constitue une demande nouvelle sur laquelle il doit être statué dans les formes édictées pour les établissements de cette classe par le décret du 15 oct. 1810, et sur laquelle, par suite, il n'appartient pas au conseil d'Etat de statuer directement (Cons. d'Et. 19 févr. 1875, aff. Girard, D. P. 75. 3. 111; 22 déc. 1876, aff. Rafin, D. P. 77. 3. 25; 8 juin 1888, aff. Bourgeois, D. P. 89. 5. 304). De même, lorsqu'un industriel, après que l'autorisation d'exploiter un établissement de première classe lui a été refusée, forme une demande nouvelle à l'effet d'établir dans le même local une manufacture de seconde classe, le préfet doit, avant de statuer, faire procéder à nouveau aux mesures d'instruction prescrites par le décret de 1810 (Cons. d'Et. 19 nov. 1886, aff. Touchard, D. P. 88. 3. 30).

52. L'art. 7 du décret de 1810 exige que, avant de statuer sur une demande en autorisation d'un établissement de deuxième classe, le préfet fasse procéder à une enquête. L'industriel est recevable à se fonder sur l'omission de cette enquête pour obtenir l'annulation de l'arrêté qui a rejeté sa demande (Cons. d'Et. 19 nov. 1886, aff. Touchard, D. P. 88. 3. 30). Mais, ainsi qu'on l'a vu au *Rép.* n° 68, le conseil de préfecture n'étant appelé à donner son avis sur la demande d'autorisation d'une manufacture insalubre que lorsqu'il s'agit d'un établissement de première classe, aucune nullité ne peut être tirée de ce que le préfet a autorisé, sans l'avis de ce conseil, un établissement insalubre de deuxième classe (Cons. d'Et. 28 mars 1862, aff. Mosnèse, D. P. 63. 3. 75).

§ 2. — Refus. — Motifs de refus et d'opposition. — Suspension. — Suppression (*Rép.* n°s 71 à 99).

53. On a vu au *Rép.* n° 74, que, si l'agglomération de plusieurs usines sur un point déterminé devait devenir une cause d'insalubrité pour le voisinage, les industriels qui demanderaient à être autorisés à augmenter le nombre des usines seraient exposés à un refus. Mais il en est autrement lorsqu'il s'agit non d'une cause d'insalubrité, mais simplement d'une cause de gêne pour les habitations voisines. En pareil cas, la jurisprudence admet que les autorisations doivent être accordées avec facilité dans les localités déjà affectées à l'industrie. Ainsi il a été décidé qu'une usine pour le secrétage des peaux ou poils de lapins et de lièvres, établissement de deuxième classe, peut être autorisée dans un faubourg où existent déjà plusieurs établissements de la même classe, à la charge, par l'industriel, de se conformer aux conditions qui lui sont prescrites pour que ses opérations ne puissent incommoder les voisins ni leur causer des dommages (Cons. d'Et. 30 mai 1884, aff. Déon, D. P. 85 3. 125).

54. On a dit (*Rép.* n° 75) que les établissements de la deuxième classe ne doivent pas être nécessairement éloignés des habitations. Il a été décidé, en ce sens : 1° qu'un établissement de cette classe où se pratique l'aplatissement des cornes avec macération peut être autorisé au milieu d'une population agglomérée lorsqu'il est destiné uniquement à traiter les cornes de tête à l'exclusion des sabots et ergots, et moyennant les conditions nécessaires pour assurer la ventilation des ateliers et la conduite des eaux à l'égout par des conduits souterrains (Cons. d'Et. 18 mai 1888, aff. Noë, D.P. 89. 5. 305); — 2° Qu'une tuerie de pigeons, qui rentre dans la catégorie des tueries d'animaux rangées dans la deuxième classe des établissements insalubres à raison des inconvénients pouvant résulter des mauvaises odeurs et de l'altération des eaux, peut être autorisée, bien qu'elle ne soit pas à une distance considérable des habitations, moyennant des conditions tendant à assurer le lavage fréquent des locaux, l'enlèvement des produits accessoires dans des vases fermés hermétiquement et l'écoulement souterrain des eaux de lavage, et, en outre, à la charge pour l'industriel de se soumettre, à quelque époque que ce soit, aux mesures qui seront jugées nécessaires dans l'intérêt de la salubrité. (Cons. d'Et. 20 avr. 1888, aff. Dhoste, D. P. 89. 5. 305); — 3° Qu'il y a lieu d'autoriser une usine dans laquelle il n'est fait emploi de fourneaux à reverbère que pour une opération non susceptible d'être assimilée à l'affinage et, par exemple, pour le traitement des crasses de plomb, les fourneaux employés dans cette usine, autorisée comme établissement de deuxième classe, ne présentant pas pour les propriétés et habitations voisines des inconvénients assez graves pour en motiver l'interdiction (Cons. d'Et. 18 mars 1858, aff. de Roux, D. P. 58. 3. 67).

55. Toutefois, si l'éloignement des habitations n'est pas imposé, à titre de règle générale, aux établissements insalubres rangés dans la deuxième classe, la jurisprudence admet que ces établissements ne peuvent être autorisés que lorsqu'on a acquis la certitude que leur création ne pourra pas gravement incommoder les propriétaires voisins, et elle tient compte des inconvénients plus ou moins graves qu'ils peuvent présenter. C'est ainsi que le conseil d'Etat a décidé qu'il n'y avait pas lieu d'autoriser dans le voisinage immédiat de plusieurs habitations la fabrication du sulfo-cyanure d'ammonium ou de potassium (Cons. d'Et. 1er déc. 1882, aff. de Gunzbourg, D. P. 84. 5. 332);... mais qu'au contraire, la transformation du sulfo-cyanure de potassium en cyano-ferrure de potassium, au moyen de la fonte ou du fer pulvérisé, pouvait être autorisée, sans inconvénient, à proximité des habitations, à la condition qu'il ne serait pas produit de fer réduit chimiquement et que le sulfure de fer réduit serait exporté sans aucun traitement préalable (Même arrêt).

Il a été également décidé : 1° qu'une fabrique d'eau de javelle ne peut être autorisée dans le voisinage immédiat de nombreuses habitations, lorsque, à raison des opérations qui y sont pratiquées, elle présente de sérieux inconvénients pour les propriétaires voisins (Cons. d'Et. 6 août 1886, aff. Baratte, D. P. 88. 3. 14); — 2° Que l'autorisation d'exploiter une fonderie de suifs en branches à la vapeur doit être refusée lorsque, à raison des opérations qui y seraient pratiquées et de sa situation sur un boulevard et sous la direction des vents régnant sur la ville, l'établissement projeté présenterait de graves inconvénients pour les propriétés voisines (Cons. d'Et. 17 févr. 1882, aff. Guesnard Grivel, D. P. 84. 5. 331); — 3° Qu'il en doit être ainsi, alors même que la fonderie projetée serait à une assez grande distance des maisons les plus rapprochées, si les opérations qui y sont pratiquées présentent des inconvénients à raison de la proximité d'un établissement thermal (Cons. d'Et. 15 juill. 1887, aff. Fratissier Bellot, D. P. 88. 3. 123); — 4° Que les ateliers où s'opère l'injection des bois à l'aide des huiles lourdes créosotées ne peuvent être autorisés lorsqu'ils doivent présenter de graves inconvénients pour les propriétés voisines (Cons. d'Et. 9 avr. 1886, aff. Carel, D. P. 87. 5. 279); — 5° Qu'une tuerie ne doit pas être autorisée au centre de l'agglomération d'une ville et dans un local où les animaux ne peuvent accéder que par un passage commun à plusieurs maisons (Cons. d'Et. 6 mai 1853, aff. Marot, *Rec. Cons. d'Etat*, p. 498; 7 janv. 1864, aff. Jeane, *ibid.*, p. 8; 23 janv. 1885, aff. Gauthier, D. P. 86. 3. 82). Mais un établissement de ce genre peut être autorisé près de la place publique et des principaux édifices d'une ville, à raison du peu d'importance de l'établissement et de sa situation au fond d'une cour le séparant de la voie publique et au milieu de jardins (Cons. d'Et. 11 févr. 1876, aff. Chevillon, D. P. 86. 3, 82, note 2); et, à plus forte raison, moyennant certaines dispositions propres à assurer la salubrité de l'établissement, lorsqu'il est situé en rase campagne et à une distance de 40 mètres d'une route (Cons. d'Et., 7 août 1886, aff. Barlangue, D. P. 87. 5. 274)...; ou lorsque, en raison de l'éloignement des habitations, cet établissement ne peut présenter d'inconvénients pour le voisinage et que, d'ailleurs, aucune opposition ne s'est produite dans l'enquête (Cons. d'Et., 7 mars 1890, aff. Eyquard, D. P. 91. 3. 90); — 6° Que l'autorisation de continuer l'exploitation d'un four à plâtre permanent ne peut être accordée que sous la condition de n'employer comme combustible que du bois et du coke, lorsqu'il est établi que les briquettes de houille et de goudron précédemment employées étaient une cause d'inconvénients pour les maisons d'habitation situées à proximité (Cons. d'Et. 9 janv. 1885, aff. Aubin et Hennocque, D. P. 86. 5. 282).

56. Il résulte même d'un arrêt (Cons. d'Et. 19 déc. 1884, aff. Kremer, D. P. 86. 3. 70) que l'autorisation d'exploiter un établissement de seconde classe (dans l'espèce, une amidonnerie de maïs sans fermentation) peut être refusée, bien que l'emplacement ne soit pas dans le voisinage immédiat des habitations, lorsque cet emplacement est directement en dessous et en face d'une promenade publique très fréquentée et entourée de maisons de plaisance.

57. On a dit, au *Rép.* n° 94, qu'en accordant l'autorisation, l'Administration peut y mettre toutes les conditions qu'elle juge convenable dans l'intérêt de la salubrité et de la sécurité publique. Elle peut également se réserver le droit d'imposer ultérieurement les conditions dont l'utilité viendrait à être démontrée (Cons. d'Et. 2 déc. 1853, aff. Debolo, D. P. 54. 3. 19; Crim. cass. 3 août 1866, aff. Aymet, D. P. 66. 1. 460). — La clause de l'arrêté d'autorisation qui rappelle les règlements de police auxquels une industrie serait tenue de se conformer ne constitue pas une condition de cette autorisation susceptible d'être annulée par le conseil d'Etat, la mention de ces règlements n'ayant aucun effet légal et ne pouvant aggraver ni modifier la situation de l'industriel dans le cas où il serait poursuivi, pour y avoir contrevenu, devant l'autorité judiciaire (Cons. d'Et. 3 déc. 1875, aff. Mazé-Launay, D. P. 76. 3. 46).

58. On a vu, au *Rép.* n° 81-3°, que l'Administration peut soumettre un four à chaux voisin de vignobles à un chômage d'un mois, qui sera déterminé par le maire à chacune des époques de floraison et de vendanges. Dans de plus récents arrêts, le conseil d'Etat a lui même fixé le chômage à la période comprise entre le 1er juin (Cons. d'Et. 1er août 1867, aff. Rossignol, *Rec. Cons. d'Etat*, p. 724) ou le 15 juill. (Cons. d'Et., 5 déc. 1866, aff. Foussemagne, *ibid.*, p. 1088) et le 15 octobre. Mais il a été décidé qu'il n'y avait pas lieu d'interdire, pendant l'époque de la floraison, l'exploitation d'un établissemment pour l'incinération des varechs (Cons. d'Et. 3 déc. 1875, aff. Mazé Launay, D. P. 76. 3. 46).

§ 3. — Opposition-recours (*Rép.* nos 100 à 110).

59. Conformément à ce qui a été exposé au *Rép.* n° 101, l'industriel auquel le préfet refuse l'autorisation d'établir ou de déplacer une manufacture insalubre de deuxième classe ne peut se pourvoir que par le recours direct au conseil d'Etat (Cons. d'Et. 2 déc. 1853, aff. Débolo, D. P. 54. 3. 19). Il serait non recevable à se pourvoir par voie d'opposition devant le conseil de préfecture, cette dernière voie n'étant ouverte qu'aux tiers (Même arrêt). Le ministre du commerce serait également incompétent, ainsi que nous l'avons dit *suprà*, n° 24, pour modifier, sur la demande de l'impétrant, les conditions auxquelles le préfet a subordonné l'autorisation d'établir un établissement de deuxième classe, et c'est devant le conseil d'Etat que l'industriel doit former son recours (Cons. d'Et. 3 déc. 1875, aff. Six, D. P. 76. 3. 52). Cette règle de compétence doit être étendue au cas où le préfet, en vertu d'un droit qu'il prétend s'être réservé dans l'acte d'autorisation, impose certaines conditions nouvelles à un établissement existant (Cons. d'Et. 8 août 1882, aff. Société du gaz de Limoges, D. P. 84. 3. 27).

60. Quant au propriétaire du terrain sur lequel un industriel se propose de fonder un établissement insalubre de seconde classe, il n'a pas qualité pour déférer au conseil d'Etat un arrêté préfectoral refusant d'autoriser cet établissement (Cons. d'Et. 19 déc. 1884, aff. Kremer, D. P. 86. 3. 70). Mais il a un intérêt suffisant à ce que l'autorisation soit accordée, pour être admis à intervenir dans l'instance (Cons. d'Et. 24 juin 1870, aff. Vedlès, D. P. 71. 3. 105).

Au contraire, les propriétaires voisins sont non recevables, pour défaut d'intérêt, à intervenir devant le conseil d'Etat pour conclure en faveur de l'autorisation réclamée (Cons. d'Et. 13 janv. 1859, aff. Valin, D. P. 59. 3. 76). Mais on a vu, au *Rép.* n° 107, que le droit d'intervenir pour demander le maintien du refus a été reconnu aux intéressés par une jurisprudence constante (Cons. d'Et. 30 août 1847, aff. Charavay, D. P. 48. 3. 52; 10 mars 1854, aff. Haueis, D. P. 54. 3. 43, et arrêt précité du 24 juin 1870. Comp. *suprà*, n° 30).

On doit comprendre, parmi les intéressés dont l'intervention est recevable, la commune sur le territoire de laquelle on demande à établir la manufacture insalubre (Cons. d'Et. 13 janv. 1853, aff. Nicolle Hervieu, D. P. 53. 3. 39).

61. L'opposition des tiers à un arrêté d'autorisation d'un établissement de seconde classe doit, ainsi que nous l'avons dit au *Rép.* n° 104 (V. aussi *suprà*, n° 24), être portée devant le conseil de préfecture, et non devant le ministre du commerce (Cons. d'Et. 29 déc. 1858, aff. Féry, D. P. 59. 3. 76). Au contraire, ce n'est pas au conseil de préfecture, mais au préfet, sous l'autorité du ministre du commerce et sauf recours au conseil d'Etat, qu'il appartient de prononcer sur la demande de fermeture d'un atelier de cette nature, à raison de l'inexécution des conditions prescrites (Cons. d'Et. 5 août 1868, aff. Delmas, D. P. 69. 3. 61. Conf. Ducrocq, *Cours de droit administratif*, 3e éd. n° 188; Batbie, *Cours de droit public et administratif*, t. 5, n° 515).

62. Les tiers qui n'ont pas formé opposition devant le conseil de préfecture contre un arrêté préfectoral autorisant un établissement de deuxième classe ne sont pas recevables à attaquer l'arrêté par lequel le conseil de préfecture a rejeté l'opposition d'autres réclamants (Cons. d'Et. 5 août 1868, aff. Delmas, D. P. 69. 3. 61).

63. Lorsque le conseil d'Etat reconnait qu'il y a lieu d'accorder une autorisation refusée par le préfet, moyennant certaines conditions d'exploitation et d'aménagement, il peut, suivant que l'instruction est plus ou moins complète, renvoyer les parties devant le préfet (Cons. d'Et. 15 avr. 1868, aff. Reinig, D P. 71. 3. 105, note 2), ou statuer immédiatement (Cons. d'Et. 10 mars 1854, aff. Haueis, D. P. 54. 3. 43). — La régularité de ce second mode de procéder qui, ainsi qu'on l'a vu au *Rép.* n° 110, avait d'abord donné lieu à quelques critiques, n'est plus contestée. Dans le cas où le pétitionnaire, dans le cours de l'instance devant le conseil d'État, apporte à sa demande des changements assez considérables pour qu'elle soit considérée comme demande nouvelle, il doit être procédé à une enquête et aux autres formalités prescrites par la loi (Cons. d'Et. 24 juin 1870, aff. Vedlès, D. P. 71. 3. 105). Mais rien ne s'oppose à ce qu'au lieu de renvoyer l'affaire devant le préfet, le conseil d'Etat en retienne la décision; dans ce cas, l'accomplissement des formalités préalables peut être prescrit par ordonnance du président de la section du contentieux (Même arrêt).

§ 4. — Etablissements spéciaux: 1° usines à gaz hydrogène; 2° machines à vapeur (*Rép.* n°s 111 à 116).

64. Les ordonnances des 20 août 1824 et 27 janv. 1846, citées au *Rép.* n°s 110 et 113, avaient classé les usines à gaz dans la deuxième classe des établissements dangereux, insalubres ou incommodes, et les avaient, en outre, assujetties à un certain nombre de conditions spéciales. La même classification a été maintenue par le décret du 3 mai 1886 (*suprà*, n° 9).

Un décret du 9 févr. 1867 (D. P. 67. 4. 31), expressément maintenu en vigueur par celui du 3 mai 1886, avait apporté au régime de l'ordonnance de 1846 diverses modifications suggérées par l'expérience. L'art. 2 du décret de 1867 retire à l'Administration l'appréciation de la distance à exiger entre l'usine et les maisons voisines et dispose que les ateliers de fabrication et les gazomètres devront être à la distance de 30 mètres au moins des maisons d'habitation. — La nature des dangers qui peuvent résulter des usines à gaz oblige à y soustraire les habitations même isolées; mais il ne faudrait pas ajouter aux rigueurs du règlement en qualifiant d'habitation toute construction où des hommes peuvent séjourner accidentellement. Aussi le conseil d'Etat a-t-il décidé qu'un propriétaire ne peut s'opposer à l'établissement d'un gazomètre à moins de 30 mètres d'un bâtiment lui appartenant qu'autant que ce bâtiment, par ses dimensions et ses dispositions, peut être considéré comme une maison d'habitation (Cons. d'Et. 16 janv. 1880, aff. Delacourcelle, D. P. 80. 3. 68).

65. A la suite du décret du 9 févr. 1867, une circulaire du ministre du commerce et des travaux publics du 28 du même mois (V. Porée et Livache, *op. cit.*, p. 587) a rappelé que les dispositions de ce décret ne concernent pas les établissements existants. C'est ce qu'a reconnu formellement le conseil d'Etat par un arrêt du 8 août 1882 (aff. Leblanc, D. P. 84. 3. 27). Mais cette règle doit s'appliquer dans la mesure admise par la jurisprudence pour l'interprétation de l'art. 11 du décret de 1810, c'est-à-dire que les établissements ne peuvent invoquer le bénéfice de la non-rétroactivité qu'autant qu'ils restent dans les conditions où ils se trouvaient antérieurement. Aussi le fabricant qui veut établir de nouveaux gazomètres sur un emplacement où il n'existait auparavant aucun ouvrage analogue, est-il tenu de se pourvoir d'une autorisation nouvelle et de se conformer aux conditions prescrites par le décret précité, notamment en ce qui concerne la distance des habitations (Arrêt précité du 8 août 1882).

66. Pour les fabriques de gaz établies postérieurement au décret du 9 févr. 1867, les prescriptions de l'art. 9 de ce décret, relatives à l'écoulement des eaux après qu'elles ont été traitées pour en extraire les sels ammoniacaux, sont obligatoires de plein droit, même dans le silence de l'arrêté préfectoral d'autorisation. Ces prescriptions, ainsi qu'on vient de le voir (n° 65), n'ont pas d'effet rétroactif. Toutefois le préfet, usant du droit réservé à l'autorité locale par l'acte d'autorisation, peut enjoindre au propriétaire de l'usine à gaz d'exécuter les travaux nécessaires pour rendre inoffensif l'écoulement des eaux perdues de sa fabrication de sulfate d'ammoniaque, dont l'écoulement sur la voie publique présente de sérieux inconvénients pour la santé publique (Cons. d'Et. 8 août 1882, aff. Société du gaz de Limoges, D. P. 84. 3. 27). Le préfet peut également, dans un intérêt de salubrité publique, enjoindre à un industriel autorisé à distiller de la houille et à produire du gaz, de procéder à l'exécution d'un aqueduc destiné à faire cesser l'écoulement à ciel ouvert des eaux de l'établissement, et, faute par lui de se conformer à cette injonction, lui interdire de continuer à fabriquer dans son usine à gaz de l'ammoniaque et du goudron (Crim. rej. 29 janv. 1885, aff. Duclou du Teillot, D. P. 86. 1. 43).

67. Il a été décidé qu'il y avait lieu d'accorder à un établissement de fabrication du gaz l'autorisation de remplacer un gazomètre devenu insuffisant par un gazomètre plus considérable, alors que, à raison des perfectionnements apportés dans l'outillage cette modification n'est pas de nature à modifier la situation des propriétés du voisinage construites d'ailleurs, pour la plupart, postérieurement à l'établissement dont il s'agit (Cons. d'Et. 25 nov. 1887, aff. Compagnie du gaz de Lyon, D. P. 89. 3. 4).

68. L'établissement d'un dépôt des cokes provenant de la fabrication du gaz et destinés à être vendus ne fait, en aucune façon, partie de l'exploitation de l'usine; en conséquence, un fabricant de gaz n'a besoin d'aucune autorisation administrative pour construire, en dehors du périmètre de son usine, un hangar devant servir de dépôt aux cokes provenant de sa fabrication (Cons. d'Et. 25 nov. 1887, aff. Compagnie du gaz de Lyon, cité *suprà*, n° 67).

69. Conformément à la méthode adoptée au *Rép.* n° 116, les règles spéciales auxquelles sont soumises les machines à vapeur ont été exposées précédemment v° *Machines à vapeur*.

CHAP. 5. — Des établissements de troisième classe (*Rép.* n°s 117 à 139).

§ 1er. — De l'autorisation et des autorités compétentes pour l'accorder (*Rép.* n°s 120 à 122).

70. On a vu au *Rép.* n° 120, que, en règle générale il appartient aux sous-préfets de statuer sur les demandes d'autorisation des établissements de troisième classe. Ce pouvoir est exercé par le préfet dans l'arrondissement chef-lieu (*Rép. ibid.* Conf. Cons. d'Et. 22 août 1868, aff. Champavert, *Rec. Cons. d'Etat*, p. 958). Mais le préfet ne pourrait, sans excéder ses pouvoirs, statuer sur une demande en autorisation d'un établissement situé dans un autre arrondissement de son département (Cons. d'Et. 21 mai 1847, aff. Henry, *Rec. Cons. d'Etat*, p. 306).

71. Un sous-préfet excède ses pouvoirs, en subordonnant à une autorisation préalable l'exploitation d'un appareil distillatoire ambulant destiné à la fabrication des marcs de raisins et de piquette, un appareil de cette nature ne rentrant pas dans la catégorie des distilleries comprises dans la troisième classe des établissements insalubres (Cons. d'Et. 27 juill. 1883, aff. Marty, D. P. 83. 3. 35). Toutefois l'Administration ne resterait pas désarmée, et les pouvoirs généraux de police qui lui sont conférés pour assurer la sécurité publique lui permettraient d'intervenir par voie de règlement, si le mode de fonctionnement de la distillerie présentait des dangers, ou si l'emplacement où elle est établie était menaçant pour les propriétés voisines.

§ 2. — Du recours et des oppositions (*Rép.* n°s 123 à 138).

72. Ainsi qu'on l'a vu au *Rép.* n° 123, il résulte des termes de l'art. 8 du décret de 1810 que le recours contre l'arrêté qui statue sur une demande d'autorisation d'un établissement de troisième classe doit être porté devant le conseil de préfecture, soit que ce recours soit formé par l'industriel, soit qu'il soit formé par un tiers intéressé. L'industriel serait non recevable à se pourvoir, soit directement devant le conseil d'Etat, soit devant le préfet ou devant le ministre (Porée et Livache, *op. cit.*, p. 184. V. conf.: Cons. d'Et. 20 juill. 1867, aff. de Rancé, *Rec. Cons. d'Etat* p. 679; 22 août 1868, aff. Champavert, *Rec. Cons. d'Etat* p. 958). Le conseil de préfecture est compétent non seulement pour connaître du recours formé par l'industriel contre l'arrêté qui lui refuse l'autorisation de créer un établissement de trosième classe, mais aussi pour connaître du recours de l'industriel contre l'arrêté qui, en cours d'exploitation, lui impose des conditions nouvelles (Cons. d'Et. 24 févr. 1859, aff. Prévost, D. P. 60. 3. 19; 16 janv. 1862, aff. Selle, *Rec. Cons. d'Etat*, p. 29).

73. Les règles exposées précédemment au sujet des recours dirigés par les tiers contre les arrêtés autorisant des établissements de première et de seconde classe (V. *suprà*, n°s 25 et suiv., 61 et suiv.) sont également applicables en ce qui concerne les établissements de troisième classe. Ainsi une commune qui n'a pas été partie devant le conseil de préfecture n'est pas recevable à déférer au conseil d'Etat l'arrêté accordant l'autorisation d'établir une manufacture dangereuse ou insalubre de troisième classe (Cons. d'Et. 16 avr. 1886, aff. Ville de Clichy, D. P. 87. 3. 100). V. *suprà*, nos 30 et 62. — Décidé aussi que l'arrêté par lequel le préfet, statuant sur le renvoi du conseil de préfecture, a complété les conditions d'autorisation d'un établissement insalubre de troisième classe, n'est pas susceptible d'être déféré directement au conseil d'Etat pour excès de pouvoir (Cons. d'Et. 16 janv. 1891, aff. Tschupp, *Rec. Cons. d'Etat*, p. 1). Comp. *suprà*, n° 25.

74. Lorsqu'un établissement renferme deux industries appartenant à des classes différentes et qui sont dépendantes l'une de l'autre, le recours contre l'arrêté rendu à l'égard de cet établissement doit être fait dans les formes prescrites pour celle des industries qui appartient à la classe la plus élevée, quelle que soit l'importance de cette industrie dans l'établissement (Cons. d'Et. 18 janv. 1851, aff. Braine. *Rec. Cons. d'Etat*, p. 36 ; 8 déc. 1853, aff. de Morel, *ibid.*, p. 1026; 7 mai 1875, aff. Blanjot, *ibid.*, p. 420). Mais si les industries sont distinctes l'une de l'autre et qu'il ait été statué pour chacune d'elles par des arrêtés différents, il y a lieu de former un double pourvoi devant les juridictions compétentes (Cons. d'Et. 26 déc. 1856, aff. Lemaire, *Rec. Cons. d'Etat*, p. 725. V. conf. Porée et Livache, *op. cit.*, p. 186 et suiv.).

§ 3. — Matières spéciales, petits appareils à gaz (*Rép.* n° 139).

75. Le décret du 3 mai 1886 (V. *suprà*, n° 9) range dans la troisième classe des établissements dangereux, incommodes ou insalubres, les établissements de fabrication de gaz pour l'usage particulier et les gazomètres pour l'usage particulier non attenant aux usines de fabrication.

Le décret du 19 mai 1873 (D. P. 73. 4. 69) range, suivant certaines distinctions, les locaux où le pétrole est fabriqué, emmagasiné et vendu, dans les trois classes des établissements dangereux, incommodes ou insalubres, et il a édicté, pour chacune de ces catégories, quelques dispositions spéciales : ainsi l'art. 5 fixe la distance des habitations à 50 mètres pour la première classe, à 4 mètres pour la seconde. Aucune condition de distance n'est exigée pour les entrepôts de la troisième classe; il appartient seulement à l'Administration de prescrire, dans chaque affaire, les précautions qui peuvent être nécessaires, à raison, notamment, de la plus ou moins grande quantité des matières emmagasinées. Les entrepôts où ces matières ne subissent ni transbordement ni manipulation d'aucune sorte sont rangés dans la troisième classe, quelle que soit la quantité de ces matières qui doivent y être déposées. En conséquence, il y a lieu d'annuler l'arrêté par lequel le préfet, considérant à tort qu'il s'agissait d'un établissement de la première classe, a refusé d'autoriser cet entrepôt, en se fondant uniquement sur ce qu'il n'était pas situé à la distance des habitations exigée pour les entrepôts de pétrole rangés dans cette classe (Cons. d'Et. 21 juin 1889, aff. Lesourd, D. P. 91. 3. 14). En pareil cas, le conseil d'Etat, après avoir annulé l'arrêté préfectoral, ne peut prononcer au fond sur la demande d'autorisation, mais doit renvoyer l'affaire devant le préfet pour y être statué après l'accomplissement des formalités prescrites pour les établissements de troisième classe (Même arrêt).

CHAP. 6. — Dispositions communes aux trois classes d'ateliers insalubres, dangereux ou incommodes (*Rép.* nos 140 à 200).

§ 1er. — Rétroactivité, interruption, translation, suppression (*Rép.* nos 140 à 168).

76. Aux termes de l'art. 11 du décret du 15 oct. 1810, les dispositions de ce décret n'ont pas eu d'effet rétroactif; en conséquence, tous les établissements en activité à cette date ont dû continuer à être exploités librement. Nous avons dit (*Rép.* n° 140) que cette règle s'applique aux établissements non mentionnés dans ce décret, mais dont le classement est prononcé ultérieurement. Ainsi une manufacture fondée postérieurement au décret de 1810, mais antérieurement à un décret qui l'a classée parmi les établissements insalubres, peut continuer à être exploitée sans autorisation (Cons. d'Et. 28 janv. 1887, aff. Pral, D. P. 88. 3. 54). Il a été décidé, également, qu'un règlement qui impose à certains établissements des conditions qui, antérieurement, n'étaient pas exigées, est inapplicable aux établissements autorisés avant la date de ce règlement (Cons. d'Et. 8 août 1882, aff. Leblanc, D. P. 84. 3. 27).

77. On a examiné, au *Rép.* n° 143, la question de savoir en quoi consiste le droit acquis que reconnaît l'art. 11 du décret de 1810 aux fabricants dont les établissements existaient au moment de la publication de ce décret. Suivant une opinion soutenue en 1879 devant le comité des arts et manufactures par MM. de Lavenay et Aimé Girard, les expressions de l'art. 11 « continueront à être exploités librement » doivent s'interpréter ainsi : « continueront à être exploités sans qu'il soit besoin d'autorisation »; mais, pour l'avenir, les établissements antérieurs à 1810 sont assimilés aux établissements classés postérieurement et soumis aux mêmes règles, et, par conséquent, l'Administration a le droit de leur imposer les conditions nouvelles qu'elle juge utiles dans l'intérêt de la salubrité publique.

Ainsi qu'on l'a dit au *Rép.* n° 143, cette opinion n'a pas été admise par la jurisprudence, qui a pris ces mots « exploités librement » dans leur acception la plus large; et il a été constamment décidé qu'un préfet ne peut, sans excès de pouvoir, prescrire des mesures de nature à modifier les conditions d'exploitation d'une usine établie sur le même emplacement avant 1810 et dont l'exploitation n'a jamais été interrompue pendant plus de six mois et n'a subi aucune modification préjudiciable (Cons. d'Et. 17 janv. 1868, aff. Villemain, D. P. 69. 3. 60; 9 août 1880, aff. Lemercier, D. P. 82. 3. 4; 12 févr. 1886, aff. Boulot, D. P. 87. 3. 75. V. conf. Porée et Livache, *op. cit.*, p. 399). Décidé aussi que le préfet, saisi de la demande en autorisation d'exploiter un établissement annexe à un autre établissement antérieur à 1810, mais distinct de celui-ci, ne peut subordonner son autorisation à la condition que l'industriel prendra des mesures de nature à modifier les conditions d'exploitation de l'ancien établissement (Cons. d'Et. 23 mai 1890, aff. Haste-Faure, D. P. 92. 3. 4).

Cette solution, justifiée par le respect des droits acquis, n'a pas pour conséquence de laisser sans protection les intérêts privés des voisins, sous le rapport de la sécurité et de la salubrité publique. La jurisprudence reconnaît en effet, d'une part, que l'autorisation administrative accordée à une usine ne fait pas obstacle à ce que l'autorité municipale prenne les mesures de police exigées par l'intérêt public, à la condition toutefois de ne pas modifier les conditions d'exploitation (V. *suprà*, n° 44); et, d'autre part, que, sous les mêmes réserves, l'autorité judiciaire peut condamner l'usinier à des dommages-intérêts à l'égard des tiers et prescrire les mesures nécessaires pour prévenir le retour des faits dommageables (V. *infrà*, n° 83).

78. On a vu au *Rép.* n° 144, que la question de savoir si une usine est antérieure à 1810 est du ressort de la compétence administrative. Par suite, lorsqu'un industriel, poursuivi pour exploitation non autorisée d'une manufacture insalubre, soutient que, à raison de l'antériorité de son existence, cette manufacture n'est pas soumise au décret du 15 oct. 1810, il y a lieu de surseoir pour que la situation alléguée soit préalablement vérifiée et appréciée par l'autorité administrative (Crim. cass. 9 nov. 1860, aff. Couvreur, D. P. 61. 1. 48 ; 17 juill. 1863, aff. Fleury, D. P. 64. 1. 45 ; 2 janv. 1879, aff. Roche, D. P. 79. 1. 381 ; Cons. d'Et. 9 août 1880, aff. Lemercier, sol. implic., D. P. 82. 3. 4).

Il en est de même, comme on l'a vu au *Rép.* n° 156, lorsque le point controversé entre les parties est de savoir si l'établissement originairement autorisé a perdu son privilège par une interruption de six mois dans ses travaux, conformément à l'art. 13 du décret de 1810 (V. *infrà*, n° 80), (Arrêt précité du 2 janv. 1879). Par suite, le juge de police, saisi de la poursuite, ne peut, sans excès de pouvoir, ordonner une enquête à l'effet de résoudre ces questions préjudicielles, et en retenir ainsi la connaissance (Mêmes arrêts).

79. Ainsi que nous l'avons dit, au *Rép.* n° 145, c'est au préfet qu'il appartient de statuer sur ces questions préjudicielles (Cons. d'Et. 9 août 1880, aff. Lemercier, D. P. 82. 3. 4), et le recours de la partie lésée contre sa décision doit être porté, non devant le conseil de préfecture, mais devant le ministre du commerce, sauf pourvoi au conseil d'Etat (Même arrêt).

80. L'art. 13 du décret de 1810 prévoit, comme nous l'avons dit, au *Rép.* n° 143, la translation d'un établissement insalubre, antérieur à la publication de ce décret, dans un autre emplacement, ou une interruption de six mois dans les travaux de cet établissement. Dans l'un et l'autre cas, les établissements maintenus par l'art. 11 cessent de jouir de l'avantage que leur confère cet article, et ils ne peuvent être remis en activité qu'après avoir obtenu, s'il y a lieu, une nouvelle autorisation.

On a vu *suprà*, n° 42, que, pour les établissements postérieurs au décret de 1810 comme pour les établissements antérieurs, la translation dans un autre emplacement entraîne la déchéance de l'autorisation, soit qu'elle ait été faite dans un lieu éloigné, soit qu'elle ait eu lieu à peu de distance de l'ancien établissement (Cons. d'Et. 12 déc. 1861, aff. Couvreur, *Rec. Cons. d'Etat*, p. 877); ... soit même qu'il s'agisse d'un déplacement partiel et opéré en dedans des limites du terrain occupé par l'établissement insalubre (Cons. d'Et. 6 mai 1853, aff. Perrache, D. P. 54. 3. 1; 25 févr. 1876, aff. Vedlès, D. P. 76. 3. 69). Le changement d'emplacement ne peut avoir lieu, en pareil cas, qu'après l'accomplissement des formalités prescrites pour l'autorisation d'un nouvel établissement (Mêmes arrêts). Dès lors, le conseil d'Etat ne peut être saisi, par la voie d'une demande en interprétation du décret d'autorisation, de conclusions tendant à faire décider que le changement projeté ne diminuera aucunement les garanties assurées aux voisins par ledit décret (Arrêt précité du 25 févr. 1876).

81. L'interruption de l'exploitation pendant six mois est, comme la translation de l'établissement, un motif pour demander une nouvelle autorisation (*Rép.* n° 151). L'interruption visée par l'art. 13 doit s'entendre d'une cessation complète de l'exploitation pendant six mois, qu'elle provienne du fait de l'industriel ou d'un accident (Porée et Livache, *op. cit.*, p. 500. V. conf. Cons. d'Et. 21 avr. 1848, aff. Sabla, *Rec. Cons. d'Etat*, p. 185).

La preuve de l'interruption doit, comme on l'a vu (*Rép.* n° 154), être faite par ceux qui poursuivent la fermeture de l'établissement. La jurisprudence se montre rigoureuse à l'égard de cette preuve; elle veut qu'elle soit concluante et absolue et elle la fait résulter d'ordinaire d'une instruction ou d'une enquête (V. Cons. d'Et. 8 sept. 1861, aff. Anne, *Rec. Cons. d'Etat*, p. 809). Conformément à ce qui a été exposé au *Rép.* n° 156, le conseil de préfecture est incompétent pour ordonner la suppression d'un établissement antérieur à 1810, pour cause d'interruption de travaux pendant six mois (Cons. d'Et. 20 juill. 1867, aff. de Fieux, D. P. 68. 3. 36). C'est au préfet, sauf recours au ministre, qu'il appartient de statuer en cette matière; mais la décision par laquelle le préfet ou le ministre refuse d'ordonner cette suppression n'est pas susceptible d'être déférée au conseil d'Etat par la voie contentieuse (Cons. d'Et. 18 mai 1870, aff. De Fieux, *Rec. Cons. d'Etat*, p. 593; 25 févr. 1876, aff. Duboys d'Angers, D. P. 76. 3. 49).

82. On a examiné au *Rép.* n° 161, la question de savoir si le droit de suppression dont l'Administration est armée par l'art. 12 du décret de 1810 à l'égard des établissements de première classe existe également à l'égard des établissements de deuxième et de troisième classe. Il a été décidé, conformément à l'opinion que nous avons adoptée, que l'art. 12 ne permet de supprimer, en cas de graves inconvénients, que les fabriques et ateliers de première classe (Cons. d'Et. 21 juill. 1858, aff. Méros, *Rec. Cons. d'Etat*, p. 533).

§ 2. — Dommages-intérêts et autres droits des tiers lésés (*Rép.* n°s 169 à 182).

83. On a vu au *Rép.* n° 169, que l'art. 11 du décret de 1810, en maintenant les établissements existants lors de sa promulgation, ajoute : « sauf les dommages dont pourront être passibles les entrepreneurs des établissements qui préjudicient aux propriétés de leurs voisins ». Cette disposition, ainsi que nous l'avons dit, n'est pas exclusivement applicable aux établissements antérieurs à 1810, et le propriétaire d'un établissement insalubre est responsable du dommage causé aux propriétés voisines par cet établissement, alors même qu'une autorisation régulière a été donnée par l'autorité compétente. Ce principe, contesté autrefois (V. Duvergier, *Revue française et étrangère*, 1843, p. 425 et suiv.), est depuis longtemps consacré par l'unanimité des auteurs et par la jurisprudence (V. conf. : Demolombe, *Cours de code civil*, t. 12, n° 653; Larombière, *Traité des obligations*, t. 7, p. 544; Aubry et Rau, *Cours de droit civil*, 4e éd., t. 2, § 194, p. 197; D. Massé, *Droit commercial*, 2e éd., t. 2, n° 889 ; Laurent, *Principes de droit civil*, t. 6, p. 194; Sourdat, *Traité de la responsabilité*, 2e éd., t. 2, n° 1474; Cormenin, *Quest. de droit administratif*, t. 2, p. 277 ; Serrigny, *Traité de la compétence administrative*, t. 3, n°s 1172 et suiv.; Foucart, *Eléments de droit public et administratif*, t. 1, p. 384 ; Batbie, *Droit public et administratif*, t. 5, n°s 512 et suiv.; Ducrocq, *Cours de droit administratif*, 5e édit., p. 1, n° 364; Porée et Livache, *op. cit.*, p. 418; Civ. cass. 28 févr. 1848, aff. Rivoire, D. P. 48. 1. 122; Req. 20 févr. 1849, aff. Derosne, D. P. 49. 1. 148; 8 mai 1850, aff. Cartier, D. P. 54. 5. 655 ; Bordeaux, 7 août 1872, aff. Vergnol, D. P. 74. 5. 328; Civ. cass. 26 mars 1873, aff. Sénac, D. P. 73. 1. 353; Req. 14 juill. 1875, aff. Taraud, D. P. 76. 1. 447; Dijon, 6 mars 1877, aff. Godard, D. P. 78. 2. 250; Req. 11 juin 1877, aff. Decroix, D. P. 78. 1. 409; 18 nov. 1884, aff. Demouy, D. P. 85. 1. 71 ; Lyon, 10 mars 1886, aff. *Union mutuelle*, D. P. 87. 2. 23).

L'allocation de dommages-intérêts au profit du voisin d'un établissement insalubre, jusqu'à ce qu'il ait obtenu la réparation du préjudice à lui causé, n'emporte pas constitution d'une servitude légale à son détriment et au profit de cet établissement (Req. 21 mars 1870, aff. Sénac, D. P. 71. 1. 167).

84. Conformément à ce qui a été exposé, au *Rép.* n° 173, la compétence des tribunaux civils pour connaître d'une demande en dommages-intérêts formée par des tiers lésés contre le propriétaire d'un établissement insalubre régulièrement autorisé est aujourd'hui hors de toute contestation (V. les arrêts cités *suprà*, n° 83, et spécialement ceux du 7 août 1872, et des 6 mars et 11 juin 1877). — Suivant M. Larombière (*op.* et *loc. cit.*), les tribunaux civils, compétents pour prononcer contre l'industriel une condamnation à des dommages-intérêts, ne pourraient, sans empiéter sur les droits de l'Administration, prescrire les travaux qu'ils jugent nécessaires pour faire disparaître les causes du dommage (V. conf. Porée et Livache, *op. cit.*, p. 467 et suiv.). Mais cette doctrine absolue n'a pas été consacrée par la jurisprudence. Plusieurs arrêts décident que les tribunaux ordinaires sont compétents, non seulement pour accorder aux tiers des dommages-intérêts à raison du préjudice éprouvé et même une indemnité quotidienne jusqu'à cessation de ce préjudice (Arrêt du 6 mars 1877, cité *suprà*, n° 83), mais pour prescrire les mesures propres à en éviter le retour, pourvu que ces mesures ne soient pas contraires à celles que l'Administration a ordonnées dans un intérêt général, et qu'elles ne rendent pas impossible l'exercice de l'industrie de l'usinier (Arrêts des 7 août 1872, 26 mars 1873, 11 juin 1877 et 18 nov. 1884, cités *ibid.*).

A plus forte raison, le juge civil, saisi d'une contestation entre le locataire d'un immeuble dans lequel il exploite un établissement insalubre et le propriétaire de cet immeuble, n'empiète-t-il pas sur le domaine de l'autorité administrative lorsque, pour réprimer les abus de jouissance du locataire, il prescrit les mesures mêmes que l'Administration avait déjà ordonnées dans l'intérêt de la salubrité publique et comme condition de l'autorisation accordée à l'établissement insalubre (Civ. rej. 17 févr. 1873, aff. Salles, D. P. 73. 1. 372).

85. Mais, ainsi qu'on l'a dit au *Rép.* n° 174, les tribunaux civils ne sont pas compétents pour connaître de la demande formée par un tiers et tendant à la suppression d'un établissement classé (Agen, 7 févr. 1855, aff. Albareil, D. P. 55. 2. 302; Bordeaux, 29 août 1872, aff. Vallat, D. P. 74. 5. 328 ; Dijon, 6 mars 1877, aff. Godard, D. P. 78. 2. 250). Ils ne pourraient pas davantage prescrire des modifications au mode de fonctionnement établi par l'acte d'autorisation (Arrêt précité du 6 mars 1877). Cette règle n'est toutefois plus applicable lorsque le réclamant invoque une convention ou un droit réel qui ne peuvent se concilier avec l'établissement autorisé par l'Administration. L'autorité judiciaire doit, dans cette hypothèse, assurer le respect de la convention ou du droit qu'on invoque devant elle; il lui appartient de prescrire telles modifications qu'elle juge nécessaires, ou même d'ordonner la suppression de l'établissement (V. conf. concl. de M. l'avocat général Reverchon, D. P. 73. 1. 378, et Req. 10 juill. 1876, aff. de Patton, D. P. 76. 1. 478). Il n'y a là rien de contraire au principe de la séparation des pouvoirs. En effet, lorsque les tribunaux civils ordonnent ces modifications ou cette suppression, ils n'annulent pas l'acte administratif et ne se mettent pas en contradiction avec ses dispositions; la permission, n'ayant été accordée que sous réserve des droits des tiers, ne peut produire effet que dans les limites où les travaux et l'établissement autorisé se concilient avec ces droits; c'est l'autorité judiciaire qui doit déterminer ces limites et régler le conflit qui s'élève entre la faculté accordée au permissionnaire et les droits préexistants des tiers (V. Lamache, *Revue générale d'administration*, 1878, t. 2, p. 523 et suiv.).

86. On a examiné au *Rép.* n° 176, la question de savoir pour quels dommages les tiers peuvent avoir droit à une réparation. Elle a été, comme on l'a vu *ibid.*, diversement résolue.

Dans un premier système, on soutient que l'industriel est responsable envers le voisin du dommage matériel, mais qu'il ne doit rien pour le dommage moral. Nous avons dit au *Rép.* n° 176 et suiv., que cette distinction, faite par deux anciens arrêts du conseil d'Etat, ne saurait être admise; en effet, l'art. 1382 c. civ., en employant ces expressions « tout fait de l'homme qui cause un *dommage* » a entendu parler du dommage moral aussi bien que du dommage matériel, l'un et l'autre de ces dommages portant, d'ailleurs, également atteinte à la propriété.

Suivant un autre système, plus généralement suivi (V. les auteurs cités *suprà*, n° 83), la réparation est due non seulement pour les dommages matériels, mais pour les dommages moraux, c'est-à-dire pour la dépréciation foncière que font subir aux héritages voisins les inconvénients de l'établissement autorisé. La cour de cassation a décidé, en ce sens, qu'il serait aussi contraire à la raison qu'à la loi de ne pas considérer comme une cause de dommage et de réparation, la dépréciation et la moins-value résultant pour les propriétés voisines de l'exploitation d'un établissement insalubre, et que cette cause de perte doit être placée sur la même ligne que le préjudice matériel (Req. 8 mai 1850, aff. Cartier, D. P. 54. 5. 655). Par suite, plusieurs arrêts ont déclaré les propriétaires d'établissements classés responsables de la dépréciation causée aux maisons voisines soit par le bruit du travail de leurs ateliers (Req. 20 févr. 1849, aff. Derosne, D. P. 49. 1. 118), soit par la fumée de la houille employée aux besoins de leur fabrication (Req. 14 juill. 1875, aff. Tharaud, D. P. 76. 1. 447), alors que ces inconvénients excédaient les obligations ordinaires du voisinage (Comp. Paris, 18 mai 1860, aff. Robin, D. P. 60. 2. 146).

Suivant MM. Porée et Livache (*op. cit.* p. 44), il résulte de cette jurisprudence qu'il y a lieu à indemnité tant pour le dommage matériel que pour le dommage moral qui en est la conséquence, lorsqu'il est établi que le dommage matériel causé au voisin excède les obligations ordinaires du voisinage; mais ils soutiennent que des dommages-intérêts ne peuvent être accordés : 1° si le demandeur allègue seulement un dommage moral, tel que la dépréciation causée par le seul voisinage de l'usine; 2° si, alléguant à la fois un dommage moral et un dommage matériel, il n'établit pas que le dommage matériel excède les obligations ordinaires du voisinage.

87. Dans le cas même où le demandeur n'allègue qu'un dommage matériel, il a été décidé que le propriétaire de l'établissement ne peut être condamné à des dommages-intérêts, si l'inconvénient allégué (l'odeur, par exemple) n'excède pas la mesure des obligations ordinaires du voisinage (Agen, 7 févr. 1855, aff. Albareil, D. P. 55. 2. 302). Il appartient aux tribunaux d'apprécier en fait si les inconvénients allégués excèdent les obligations ordinaires du voisinage, en tenant compte de la gravité de ces inconvénients, de leur durée, du milieu dans lequel ils se sont produits (Comp. Lyon, 10 mars 1886, aff. *Union mutuelle* D. P. 87. 2. 23). Leur pouvoir d'appréciation à cet égard est absolu (Porée et Livache, *op. cit.*, p. 441).

88. Lorsque les inconvénients de l'établissement excèdent la mesure des obligations ordinaires du voisinage, le tribunal doit accorder au tiers lésé la représentation du préjudice matériel et moral qu'il a éprouvé dans le passé. La jurisprudence admet, en outre, qu'il peut lui être accordé une indemnité représentant le dommage qu'il doit subir à l'avenir, à la condition toutefois qu'il s'agisse d'une dépréciation *certaine et forcée* (Porée et Livache, *op. cit.*, p. 458. Comp. Demolombe, *Traité des servitudes*, t. 2, p. 155). C'est en vertu de ce principe qu'il a été décidé que des dommages-intérêts pourraient être accordés aux propriétaires voisins d'un établissement insalubre jusqu'à la cessation du préjudice qu'ils éprouvaient (Req. 21 mars 1870, aff. Sénac, D. P. 71. 1. 167; Dijon, 6 mars 1877, aff. Godard, D. P. 78. 2. 250. V. *suprà*, n°s 83 et 84).

Quant au dommage éventuel, il ne peut, dans aucun cas, servir de base à une condamnation à des dommages-intérêts (Demolombe, *ibid.*, t. 2, p. 139; Sourdat, *Traité de la responsabilité*, n° 45; Larombière, *Théorie et pratique des obligations*, t. 7, p. 570). Tel serait, par exemple, le danger d'incendie ou d'explosion résultant de la proximité de l'établissement. Suivant M. Demolombe (*op. et loc. cit.*), cette simple possibilité d'un préjudice a été appréciée par l'autorité administrative, dont c'était précisément la mission (V. conf. Douai, 16 août 1856, aff. Haueis, D. P. 57. 2. 71. *Contrà*, Bordeaux, 29 août 1872, aff. Vallat, D. P. 74. 5. 328).

§ 3. — Des contraventions. — Compétence judiciaire (*Rép.* n°s 183 à 192).

89. On a vu au *Rép.* n° 183, qu'on peut contrevenir de deux manières aux règlements concernant les établissements dangereux, insalubres ou incommodes : 1° en établissant un atelier de ce genre sans autorisation; 2° en ne se conformant pas aux conditions de l'autorisation; et que l'industriel qui commet l'une ou l'autre de ces infractions aux règlements sur la matière se rend passible des peines de simple police, aux termes de l'art. 471, § 15 c. pén.

Il y a contravention aux dispositions des décrets et ordonnances concernant les établissements classés comme insalubres par cela seul que, sans avoir accompli les formalités exigées par ces décrets et règlements et avoir reçu l'autorisation d'ouvrir un semblable établissement, on se livre à des opérations qui ne peuvent avoir lieu que dans des établissements autorisés après enquête *de commodo et incommodo* (Crim. cass. 19 nov. 1857, aff. Ducros, D. P. 58. 1. 44). Et de telles opérations ne sauraient être excusées ni par le motif qu'il n'existerait pas, sur le terrain où elles ont eu lieu, soit des bâtiments spéciaux, soit un outillage, ni sous le prétexte que l'administration les aurait tolérées ou autorisées verbalement (Même arrêt).

90. Il a été décidé, par application des principes qui viennent d'être énoncés : 1° que le propriétaire d'un établissement créé pour l'affinage de l'or et de l'argent ne peut, alors que l'autorisation qu'il a obtenue ne mentionne que le procédé du fourneau à vent, substituer à ce procédé, sans une nouvelle autorisation, celui de l'affinage par l'acide sulfurique, et que cette substitution non autorisée constitue une contravention passible des peines de simple police (Crim. cass. 16 déc. 1859, aff. Blanc, D. P. 59. 5. 251); — 2° Que l'industriel qui joint à un commerce d'épicerie, sans autorisation, une fabrique de chandelles, qu'il exploite seulement dans l'intérêt de ce commerce, tombe également sous l'application de l'art. 478, § 15 c. pén. comme ayant ouvert un établissement insalubre sans l'observation des formalités prescrites (Crim. cass. 26 janv. 1861, aff. Lelièvre, D. P. 61. 1. 89); — 3° Qu'il en est de même de l'industriel qui, autorisé à transférer dans un autre emplacement sa manufacture insalubre, y a ajouté, dans le local nouveau, une autre industrie distincte de la première (par exemple, a joint une boyauderie à une fabrication de cordes à instruments) (Crim. cass. 20 nov. 1863, aff. Garnier, D. P. 64. 1. 48); —

4° Que l'industriel qui a été autorisé à établir une fabrique d'engrais au moyen de matières animales ne peut, à défaut d'une nouvelle autorisation, fabriquer du sulfate d'ammoniaque, sans encourir les peines prononcées par l'art. 471, § 15 c. pén. (Crim. rej. 1er mai 1880, aff. Ricard, D. P. 80. 1. 440); — 5° Qu'il en est de même du particulier qui a établi sans autorisation, dans la cour de sa maison, un dépôt de matières provenant de la vidange des latrines et des animaux et répandant une odeur incommode et insalubre, alors même que ces matières auraient déjà été préparées à l'aide de substances désinfectantes (Crim. cass. 17 déc. 1864, aff. Priou, D. P. 65. 1. 194).

91. Le juge de police doit se borner à examiner s'il y a eu exercice sans autorisation d'une industrie soumise au régime de l'autorisation préalable (Porée et Livache, *op. cit.*, p. 546). Il ne lui appartient pas de se substituer au pouvoir administratif et de se rendre l'arbitre de la convenance ou du danger d'un établissement dont la surveillance et le maintien sortent de ses attributions (Crim. cass. 16 déc. 1859 cité *suprà*, n° 90). Il ne pourrait donc, sans excéder ses pouvoirs, prononcer l'acquittement de l'inculpé par le motif que le procédé employé par lui sans autorisation n'offrirait pas plus d'inconvénients que le procédé autorisé (Même arrêt);... ou par le motif que l'ouverture de l'établissement non autorisé n'aurait causé aucun préjudice à la santé publique (Crim. cass. 26 janv. 1861 cité *suprà*, n° 90);... ou par le motif que l'addition à une manufacture autorisée d'une industrie distincte sans autorisation nouvelle ne constituerait ni une aggravation d'insalubrité ni la création d'un établissement nouveau (Crim. cass. 20 nov. 1863 cité *suprà*, n° 90).

92. On a dit au *Rép.* n° 186, qu'il y a contravention non seulement lorsqu'il y a infraction aux actes d'autorisation, mais encore lorsqu'il y a infraction aux arrêtés municipaux pris à l'égard des établissements non autorisés. Mais ces règlements cessent d'être légaux et obligatoires lorsqu'ils ne se bornent pas à réglementer l'exercice d'industries non classées, mais qu'ils en interdisent la création ou l'exploitation. Il a été jugé spécialement qu'on doit considérer comme illégal et non obligatoire l'arrêté par lequel un maire ordonne la suppression d'un dépôt de marchandises constituant un établissement commercial non classé au nombre des établissements insalubres (Crim. rej. 15 juin 1883, aff. Douine, D. P. 84. 1. 431), et un arrêté par lequel un maire avait ordonné le transport au dehors de la ville d'un dépôt de cocons non compris dans la nomenclature des établissements classés (Crim. cass. 17 avr. 1886, aff. Cavallier, D. P. 86. 1. 425). De même, l'autorité municipale, à laquelle il appartient de réglementer les heures de travail des professions bruyantes, pour empêcher l'incommodité du travail de nuit, ne peut sans excès de pouvoir, soumettre l'exercice de ces professions, relativement au travail de jour, à des conditions incompatibles avec la liberté de l'industrie, et spécialement à des mesures permanentes touchant au mode suivant lequel les ateliers dans lesquels s'exercent ces professions doivent être édifiés et fermés (Crim. cass. 29 juill. 1858, aff. Mouquet, D. P. 58. 1. 294; 28 févr. 1867, aff. Blanc, D. P. 67. 1. 511).

93. Quant aux établissements classés, l'arrêté qui les autorise ne peut avoir pour effet de les affranchir de l'obligation d'observer les règlements municipaux antérieurs et, spécialement, ceux qui prohibent le déversement des eaux provenant des usines et fabriques soit sur les chemins vicinaux (Crim. cass. 16 avr. 1858, aff. Simon, D. P. 65. 5. 260), soit sur la voie publique (Crim. rej. 30 mars 1861, aff. Bourneuf, D. P. 61. 5. 303), soit dans la rivière ou autres cours d'eau (Crim. cass. 10 juin 1864, aff. Lesourd, D. P. 65. 5. 260; 4 févr. 1881, aff. Douine D. P. 81. 1. 231); et cette infraction ne cesse pas d'être punissable, parce que les eaux que l'usinier a laissé s'écouler n'ont subi aucune altération dans l'usine (Arrêt précité du 10 juin 1864. Comp. *suprà*, n° 44).

94. On a dit au *Rép.* n° 188, que, lorsqu'il y a inexécution des conditions mises à l'autorisation, cette inexécution constitue, comme l'ouverture sans autorisation, une contravention qui rentre dans la compétence des tribunaux de simple police. Ainsi, lorsqu'un arrêté préfectoral a autorisé une société à exploiter une industrie sous certaines conditions, il appartient au tribunal de simple police de constater que ces conditions n'ont pas été remplies; et, lorsqu'il le fait au vu des procès-verbaux, sans se livrer à l'interprétation d'aucun acte administratif et sans apprécier les travaux prescrits par l'Administration ni en indiquer d'autres, on ne peut lui reprocher de n'avoir pas sursis et d'avoir violé, en statuant, le principe de la séparation des pouvoirs (Crim. rej. 8 mars 1883, aff. Compagnie parisienne des vidanges, D. P. 84. 1. 428).

95. La condition, imposée dans l'arrêté autorisant une buanderie, de conduire les eaux souterrainement jusqu'à l'égout le plus voisin, doit être considérée comme obligatoire sous la sanction édictée par l'art. 471, § 15, c. pén. (Crim. rej. 21 juill. 1870, aff. Roustan, D. P. 72. 5. 311). Il en est de même de la disposition qui, dans un arrêté autorisant une manufacture d'épuration de pétrole, porte que des caniveaux en brique seront pratiqués dans le sol pour recueillir les égouttures ainsi que les résidus goudronneux, « s'il s'en produit ». Cette disposition ayant un caractère impératif, en ce qu'elle tend à rendre d'avance impossibles les inconvénients auxquels elle avait pour objet de pourvoir, son inobservation ne saurait être excusée sous prétexte qu'au jour du procès-verbal il n'y aurait encore eu ni égouttures, ni résidus goudronneux (Crim. cass. 10 juin 1864, aff. Lesourd, D. P. 65. 5. 259).

96. On a dit au *Rép.* n° 189 que, toutes les fois que la contravention se renouvelle, il peut y avoir lieu à une nouvelle poursuite et que, par conséquent, le tribunal doit prononcer de nouvelles condamnations. En conséquence, l'exploitation illégale d'un établissement insalubre peut, nonobstant l'obtention d'un premier jugement d'acquittement par l'industriel qui l'a entreprise, être l'objet de nouvelles poursuites pour la continuation qui en a été faite dans les mêmes conditions; en pareil cas, il n'y a chose jugée que pour l'exploitation antérieure à la première poursuite (Crim. cass. 17 déc. 1864 cité *suprà*, n° 90). Dans le cas où la contravention résulte du fait de l'exploitation irrégulière, chaque opération constitue une contravention, et la prescription de la contravention ne court que des derniers faits d'exploitation, et non du jour de la création de l'établissement (Arrêt précité du 17 déc. 1864; 16 nov. 1883, aff. Darnault, *Bull. crim.* n° 259).

97. Lorsque l'exploitant d'une manufacture insalubre est poursuivi pour infraction aux prescriptions administratives qui lui ont été imposées, le tribunal de police est compétent pour rechercher si ces prescriptions ont été légalement édictées (Crim. cass. 3 août 1866, aff. Aymes (motifs), D. P. 66. 1. 460). Mais il ne l'est pas pour apprécier les inconvénients résultant de la difficulté plus ou moins grande de leur exécution, et il ne peut, dès lors, prononcer l'acquittement du prévenu en considération de ces inconvénients, s'ils ne vont pas jusqu'à constituer un obstacle de force majeure (Même arrêt).

98. C'est à l'autorité administrative qu'il appartient exclusivement de décider si un établissement est insalubre ou incommode et s'il est susceptible d'être compris dans une des classes déterminées par les décrets et ordonnances (Crim. cass. 25 nov. 1880, aff. Cazal, D. P. 81. 1. 141). Le juge de répression doit donc surseoir à statuer jusqu'à ce que cette question, soulevée par l'industriel poursuivi, ait été préalablement tranchée par l'autorité administrative (Même arrêt et Crim. cass. 7 août 1868, aff. Digne, D. P. 69. 1. 165; Crim. rej. 21 août 1874, aff. Allios et Marchal, D. P. 76. 1. 89. V. conf. Faustin Hélie, *Instr. crim.*, t. 6, nos 2697 et suiv.; Serrigny, *Compétence administrative*, t. 3, n° 1180).

Toutefois, lorsque l'autorité administrative a décidé que la fabrique appartenait à la première classe des établissements insalubres, la solution donnée à tort à cette question par le juge de police n'est pas de nature à vicier son jugement, si elle est conforme à la décision de l'autorité compétente (Arrêt précité du 21 août 1874). Le juge de répression doit également surseoir jusqu'à la décision de l'autorité administrative, lorsque le prévenu objecte pour sa défense que son établissement a perdu, par l'effet de modifications, son caractère d'établissement insalubre et se trouve dans des conditions qui rendent l'autorisation inutile (Crim. cass. 16 juin 1854, aff. Fagneux, D. P. 54. 4. 626).

99. Il a été décidé, en vertu des mêmes principes, que

lorsqu'un arrêté préfectoral a déclaré illégale l'existence d'une fabrique d'allumettes chimiques, à défaut d'autorisation administrative, le tribunal de police saisie d'une poursuite contre l'industriel convaincu d'avoir établi cette fabrique, excède ses pouvoirs, en prononçant un acquittement fondé sur ce que le prévenu n'emploie pas dans sa fabrication des matières détonantes et fulminantes (Crim. rej. 21 août 1874, aff. Allios et Marchal, D. P. 76. 1. 89; Crim. cass. 21 août 1874, aff. Siron, D. P. 76. 5. 295; Crim. rej. 21 août 1874, aff. Feybesse, D. P. 76. 1. 42; Ch. réun. cass. 22 juin 1875, même affaire, D. P. 76. 1. 43). De même, le tribunal de police, saisi d'une contravention à un arrêté préfectoral qui déclare illégale, comme étant exploitée sans autorisation, une fabrique d'allumettes chimiques, ne peut surseoir à statuer jusqu'à ce qu'il ait été prononcé par l'autorité administrative supérieure sur le recours formé contre cet arrêté (Crim. cass. 21 août 1874) (1). En effet, ce recours n'est pas suspensif, et la contravention régulièrement constatée doit être réprimée, quelle que soit l'issue du recours (Crim. cass. 17 déc. 1864, aff. Priou, D. P. 66. 1. 366; Crim. rej. 12 mai 1865, aff. Jullien, *ibid.*).

100. Le jugement qui sursoit à statuer sur la question de savoir si l'établissement est ou non soumis à la nécessité d'une autorisation, doit fixer un délai dans lequel la partie qui a élevé l'exception est tenue de saisir la juridiction compétente (Crim. cass. 25 nov. 1880, D. P. 81. 1. 140). Si, dans le délai imparti, la question préjudicielle n'est pas tranchée par l'autorité compétente, le tribunal doit passer outre, conformément à l'art. 182 c. for.

101. Conformément à ce qui a été exposé au *Rép.* n° 192, le tribunal devant lequel un industriel est poursuivi pour avoir, sans autorisation préalable, ouvert une fabrique classée parmi les établissements insalubres ou incommodes ne peut, s'il reconnaît l'existence de la contravention, s'abstenir de faire droit aux conclusions du ministère public tendant à la fermeture de la fabrique non autorisée (Crim. cass. 26 mars 1868. aff. Haas, D. P. 69. 1. 115; 13 févr. 1885, aff. Luquet, D. P. 85. 1. 480) et renvoyer à l'autorité administrative la connaissance de ce chef de la poursuite (Arrêt précité du 13 févr. 1885). En effet, la suppression de l'établissement non autorisé représente la réparation du dommage occasionné par la contravention, et le tribunal de simple police est tenu, aux termes de l'art. 161 c. instr. crim., de statuer sur les demandes en restitution et en dommages-intérêts par le jugement même qui prononce la peine (V. conf. Bourguignat, *Etablissements industriels*, t. 1, p. 125).

Mais le tribunal correctionnel, saisi de l'appel d'une condamnation de simple police réprimant le fait de construction d'un établissement insalubre sans autorisation préalable de l'Administration, refuse avec raison de maintenir, accessoirement à la prononciation de l'amende, l'injonction de supprimer l'établissement objet des poursuites, si, à l'audience, le prévenu représente l'autorisation dont il avait négligé de se munir (Crim. rej. 24 nov. 1871, aff. Cabantous, D. P. 72. 1. 43). La circonstance que, depuis le jugement, l'autorisation aurait été retirée par un nouvel arrêté, ne pouvant vicier rétroactivement le jugement, ne saurait être invoquée à l'appui du pourvoi formé contre cette décision (Même arrêt).

102. On s'est demandé si le juge qui constate la contravention et prononce l'amende peut aller jusqu'à ordonner, à titre de dommages-intérêts, la démolition de l'établissement, alors, par exemple, qu'il s'agit d'un établissement insalubre ouvert sans que les formalités aient été remplies. Cette question nous paraît devoir être résolue; négativement en effet, la contravention ne résulte pas du fait de la construction, mais bien du chef de l'exploitation : or, ainsi qu'on l'a fait très justement observer, la mission du juge est uniquement de réprimer l'infraction à l'obligation de se munir d'une autorisation. On ajoute d'ailleurs, avec raison, que les partisans de l'opinion contraire ne seraient pas fondés à invoquer l'art. 151 c. for. qui ordonne la démolition des fours à chaux, briqueteries et tuileries établis sans l'autorisation du Gouvernement dans l'intérieur et à moins d'un kilomètre des forêts. Cet article ne doit pas être étendu à d'autres cas que celui qu'il prévoit expressément, et ce serait aller trop loin que de faire rentrer sous la rubrique « dommages intérêts » le droit d'ordonner la démolition (Porée et Livache, *op. cit.* p. 561).

§ 4. — Des établissements non classés (*Rép.* n°s 193 à 200).

103. On a vu au *Rép.* n° 193 que l'art. 5 de l'ordonnance du 14 janv. 1815 prévoit l'hypothèse où un établissement nouveau, non compris dans la nomenclature, mais cependant de nature à y être placé viendrait à être créé. Dans ce cas, les préfets sont autorisés à faire suspendre la formation ou l'exercice de ces établissements; ils peuvent accorder l'autorisation pour tous ceux qu'ils jugent devoir appartenir aux deux dernières classes de la nomenclature, en remplissant les formalités prescrites par le décret du 15 oct. 1810, sauf, dans les deux cas, à en rendre compte au ministre du commerce.

Le caractère de nouveauté de certaines industries ne peut donner lieu à aucune difficulté. C'est ainsi qu'on a considéré à diverses époques comme susceptibles d'être placés dans la nomenclature, bien que n'y figurant pas, les usines pour la fabrication du gaz d'éclairage, lors des débuts de cette industrie, les ateliers pour le façonnage du celluloïd, à l'époque de la découverte de cette substance, les établissements dans lesquels on fabrique les crayons pour l'éclairage électrique (Porée et Livache, *op. cit.* p. 215). Il en a été de même de l'industrie de la grosse chaudronnerie en fer et en cuivre, appliquée à la fabrication des chaudières à vapeur, qu'aucun texte n'avait rangée parmi les industries insalubres (Cons. d'Et. 26 avr. 1855, aff. Jacob, D. P. 55. 3. 59).

104. Dans certains cas, la question a paru plus délicate. Le conseil d'Etat a décidé que la faculté attribuée au ministre du commerce par l'art. 5 de l'ordonnance de 1815 pouvait s'exercer à l'égard d'une industrie qui, bien qu'elle ressemblât à une industrie déjà classée, n'était cependant pas encore dénommée dans les nomenclatures établies et constituait ainsi une industrie nouvelle (Cons. d'Et. 8 mars 1866, aff. Yvose, D. P. 67. 3. 1); qu'ainsi le ministre avait pu classer provisoirement dans la deuxième classe, à titre d'industrie nouvelle, la fabrication des bâches imperméables, qu'on soutiendrait à tort être implicitement et suffisamment comprise dans la fabrication des toiles cirées, industrie rangée dans la première classe (Même arrêt).

(1) (Pariset.) — La cour ; — Vu le décret du 15 oct. 1810, art. 1er, le décret du 25 mars 1852, art. 2; — Vu l'ordonnance du 25 juin 1823 et le décret du 31 déc. 1866; — Vu également l'art. 471, n° 15, c. pén., et l'art. 161, c. instr. crim.; — Sur le moyen tiré de ce que le tribunal de simple police, saisi d'une contravention à un arrêté administratif légalement pris par l'autorité compétente, a sursis à statuer sur la prévention, par le motif que le prévenu justifiait d'un recours par lui formé devant le conseil d'Etat contre cette décision: — Attendu que, par arrêté en date du 10 avr. 1874, le préfet de l'Oise a déclaré illégale, comme étant exploitée sans autorisation, la fabrique d'allumettes chimiques de Pariset, à Saintines (Oise), et qu'un procès-verbal de la gendarmerie dressé le 28 dudit mois d'avril, en exécution de l'arrêté précité, a constaté que Pariset se trouvait en état de contravention; — Attendu que, cité devant le tribunal de police Pariset a excipé, pour sa défense, de la prétendue nullité de l'arrêté préfectoral du 10 avr. 1874, et demandé qu'en tous cas, il fût sursis à statuer sur la prévention, jusqu'à ce que l'autorité administrative supérieure eût prononcé sur le recours exercé par le demandeur; que le tribunal de police a déclaré surseoir à statuer sur la contravention jusqu'à ce qu'il ait été prononcé par le conseil d'Etat, saisi du recours contre l'arrêté préfectoral; — Attendu que l'arrêté du 10 avril 1874 a été légalement pris par le préfet dans les limites des attributions qui lui sont conférées par le décret du 25 mars 1852; — Attendu qu'il est de règle, pour les tribunaux comme pour les parties, que, sauf les exceptions particulièrement spécifiées par la loi, le recours administratif n'est pas suspensif, et que les arrêtés légalement pris sont exécutoires, tant qu'ils n'ont pas été régulièrement réformés; — Attendu, en conséquence, que le tribunal de police a considéré à tort le recours dont il était justifié comme constituant une question préjudicielle, et que, en subordonnant le jugement de la contravention poursuivie au jugement de ce recours, il a violé, en ne les appliquant pas, l'art. 471, n° 15, c. pén., et l'art. 161, c. instr. crim.; — Casse le jugement rendu par le tribunal de simple police du canton de Crépy-en-Valois, le 24 juin 1874, etc.

Du 21 août 1874.-Ch. crim.-MM. de Carnières, pr.-Baudouin, rap.-Bédarrides, av. gén.-Barême, av.

Dans son avis sur l'affaire à l'occasion de laquelle est intervenu l'arrêt précité du 8 mars 1866, le ministre du commerce s'est exprimé dans les termes suivants : « Il est hors de doute qu'il n'appartient pas à l'Administration de modifier le classement des industries dénommées aux nomenclatures annexées aux décrets et ordonnances sur la matière et de substituer ainsi sa propre décision à celle des pouvoirs souverains. Mais on ne saurait lui contester le droit que lui confère l'art. 5 de l'ordonnance de 1815, de classer provisoirement toute industrie nouvelle qui, n'ayant pas été comprise dans les nomenclatures précédentes, est cependant de nature à y être placé. Ce droit de classement, l'administration l'a exercé toutes les fois qu'elle a pu s'assurer que les procédés de fabrication que l'on se proposait d'employer constituaient réellement l'application d'un nouvel élément industriel, et cette interprétation de l'art. 5 paraît d'autant plus rationnelle que, si l'Administration ne devait exercer cette faculté de classer provisoirement que lorsqu'il s'agit d'une industrie absolument nouvelle, la disposition de cet article serait presque sans application, en ce sens que, rigoureusement parlant, une industrie n'est jamais absolument nouvelle. On ne saurait méconnaître que les transformations que la science apporte chaque jour dans les procédés de fabrication ou dans les agents chimiques employés doivent faire considérer comme nouvelle une industrie qui, par des moyens de fabrication inconnus juqu'alors, n'offre plus les mêmes inconvénients, ou dont on a retranché, comme dans l'espèce, les opérations les plus graves que l'on avait en vue dans les nomenclatures primitives. C'est dans ce sens que l'Administration use depuis longtemps de la faculté de classement qui lui est accordée par l'art. 5 ». Il semble que le conseil d'État, dans l'arrêt précité, n'a pas complètement adopté la doctrine développée dans l'avis ministériel, et qu'il n'a pas admis que l'on doive considérer comme nouvelle toute industrie qui, nominativement comprise dans les classements précédents, aurait seulement changé ses procédés de fabrication ou modifié ses opérations. L'arrêt se borne à constater que l'industrie dont il s'agissait dans l'espèce n'était pas classée jusqu'à ce jour et qu'ainsi elle constituait une industrie nouvelle (Comp. Cons. d'Et., 17 mai 1851, aff. Henry et Millot, *Rec. Cons. d'Etat*, p. 355). Les fabriques de bâches imperméables sont aujourd'hui classées dans la première ou dans la seconde classe, suivant que la fabrication s'opère avec ou sans cuisson des huiles (V. Décr. 3 mai 1886, *suprà*, n° 9).

105. MM. Porée et Livache (*op. cit.* p. 21 estiment qu'une industrie peut être considérée comme nouvelle : 1° lorsqu'elle était complètement inconnue jusqu'alors; 2° lorsque, connue à l'étranger, elle n'a jamais été exercée en France; 3° lorsque, d'abord exercée dans des conditions déterminées, elle s'est transformée par des procédés de fabrication constituant réellement l'application d'un nouvel élément industriel; 4° lorsque, exercée autrefois sur une très-petite échelle et alors inoffensive, elle a pris un développement considérable, tel qu'on ne pouvait le prévoir, et est devenue, à cause de ce développement même, incommode, dangereuse ou insalubre. Un atelier ou dépôt faisant partie nécessaire et intégrante d'un établissement classé ne saurait être l'objet d'un arrêt de classement provisoire ayant pour conséquence de restreindre l'effet de l'autorisation antérieurement accordée à l'ensemble de l'établissement. Ainsi, antérieurement au décret du 22 avr. 1879 qui a classé comme établissements de troisième classe les dépôts de pulpes des betteraves humides destinées à la vente, un dépôt de cette nature, faisant partie d'une fabrique de sucre antérieurement autorisée, n'a pu être classé provisoirement comme établissement de troisième classe (Cons. d'Et. 26 juill 1878, aff. Aubineau, D. P. 79. 3. 77).

106. L'art. 5 de l'ordonnance du 14 janv. 1815, qui accorde aux préfets le droit de prononcer la suspension des établissements non classés, mais qui seraient susceptibles de l'être, ne subordonne pas l'exercice de ce droit à l'obligation d'une instruction préalable. Le refus de faire usage de ce droit est un acte d'administration non susceptible d'être attaqué par la voie contentieuse (Cons. d'Et. 12 févr. 1875, aff. Japuis, D. P. 75. 5. 284).

107. L'ordonnance de 1815 ne fait aucune distinction, en ce qui concerne la suspension, entre les classes dans lesquelles les établissements seraient susceptibles d'être rangées. Mais, ainsi qu'on l'a vu au *Rép.* n° 197, elle n'accorde pas aux préfets le droit de classer provisoirement les ateliers qu'ils jugent susceptibles de rentrer dans la première classe.

Suivant MM. Dufour et Tambour (*Traité pratique des ateliers insalubres*, p. 143), le décret du 25 mars 1852 aurait fait virtuellement disparaître cette restriction et donné aux préfets le droit de classer provisoirement les établissements qui leur paraissent se rattacher à la première classe, comme ils ont le droit d'autoriser les établissements de première classe. Cette opinion, qui avait été adoptée au *Rép.* n° 197, a été combattue par de très sérieux arguments. Le ministre du commerce, dans une circulaire du 15 déc. 1852 interprétative du décret du 25 mars, donnait aux préfets les instructions suivantes : « Pour ce qui concerne les établissements nouveaux qui, n'ayant pas été classés, vous sembleraient de nature à être rangés dans la première classe, vous n'aurez point à en déterminer le classement, même provisoire; mais vous en référerez à mon ministère, afin que la mesure puisse être l'objet d'un décret, vous bornant à suspendre au besoin la formation ou l'exploitation de l'usine ». Cette interprétation est approuvée par MM. Porée et Livache (*op. cit.* p. 222) et par M. Serrigny (*op. cit.* t. 3, n° 1168). « Autre chose, dit ce dernier auteur, est de permettre au préfet d'autoriser un établissement classé, autre chose est de le classer. Dans le premier cas, la règle est écrite dans les décrets de classification; il ne s'agit que d'en faire l'application à un fait spécial. Dans le deuxième cas, la règle n'existe pas, il faut la créer. Rien, dans la législation, n'autorise le préfet à le faire, même provisoirement, et ici le provisoire aurait de graves inconvénients en ce qu'il entraînerait des dépenses qui pourraient être en pure perte ». Cette opinion paraît avoir été implicitement adoptée par le conseil d'Etat (Cons. d'Et. 26 avr. 1855, aff. Jacob, D. P. 55. 3. 59).

108. L'arrêté de classement n'étant qu'une mesure provisoire soumise au contrôle de l'autorité supérieure, c'est devant le ministre seul que doivent être portées les réclamations contre cet arrêté. Toutefois, si l'industriel soutenait que son établissement n'était pas nouveau ou qu'il était déjà classé et que, par suite, le préfet a pris l'arrêté de classement contrairement à son droit, le recours contre cet arrêté devrait être porté directement devant le conseil d'Etat, pour excès de pouvoir (Porée et Livache, *op. cit.*, p. 227. Comp. arrêts cités *suprà*, n°s 103 et suiv., des 26 avr. 1855, 8 mars 1866, et 26 juill. 1878).

Table sommaire

des matières contenues dans le Supplément et le Répertoire.

(Les chiffres précédés de la lettre *S* renvoient au Supplément; les chiffres précédés de la lettre *R* renvoient au Répertoire.)

Table chronologique des Lois, Arrêts, etc.

21 juill. Cons. d'Et. 82 c.
29 juill. Crim. 92 c.
16 déc. Cons. d'Et. 11 c.
29 déc. Cons. d'Et. 24 c., 61 c.

1859

13 janv. Cons. d'Et. 60 c.
24 févr. Cons. d'Et. 72 c.
11 août. Cons. d'Et. 29 c.
16 déc. Crim. 90 c., 91 c.

1860

26 janv. Cons. d'Et. 17 c., 32 c.
18 mai. Paris. 86 c.
13 juill. Cons. d'Et. 33 c.
9 nov. Crim. 78 c.
17 nov. Décr. 2 c.

1861

26 janv. Crim. 90 c., 91 c.
15 mars. Crim. 44 c.
30 mars. Crim. 44 c., 93 c.
3 juill. Cons. d'Et. 36 c., 38 c., 40 c.
6 août. Cons. d'Et. 21 c.
8 sept. Cons. d'Et. 81 c.
12 déc. Cons. d'Et. 80 c.

1862

16 janv. Cons. d'Et. 72 c.
11 mars. Cons. d'Et. 29 c.
28 mars. Cons. d'Et. 17 c., 25 c., 52 c.
11 mai. Circ. min. agr. et com. 18 c.
1er août. Crim. 44 c., 45 c.

1863

7 févr. Crim. 44 c.
17 juill. Crim. 78 c.
20 nov. Crim. 90 c., 91 c.

1864

7 janv. Cons. d'Et. 55 c.
28 janv. Cons. d'Et. 32 c.
5 mai. Cons. d'Et. 38 c., 39 c.
10 juin. Crim. 93 c., 95 c.
17 déc. Crim. 90 c., 96 c., 99 c.

1865

10 mars. Cons. d'Et. 12 c.
12 mars. Crim. 99 c.

1866

8 mars. Cons. d'Et. 104 c., 108 c.
18 juill. Loi. 23 c., 97 c.
3 août. Crim. 57 c., 97 c.
5 déc. Cons. d'Et. 58 c.
15 déc. Cons. d'Et. 37 c.
31 déc. Décr. 45 c.

1867

9 févr. Décr. 1 c., 64 c., 65 c., 66 c.
28 févr. Crim. 92 c.
14 mars. Cons. d'Et. 24 c.
20 juin. Cons. d'Et. 12 c., 41 c., 81 c.
24 juill. Loi. 23 c.
1er août. Cons. d'Et. 58 c.

1868

17 janv. Cons. d'Et. 36 c., 77 c.
25 mars. Crim. 101 c.
15 avr. Cons. d'Et. 63 c.
22 avr. Cons. d'Et. 38 c.
5 août. Cons. d'Et. 12 c., 61 c., 62 c.
7 août. Crim. 98 c.
22 août. Cons. d'Et. 70 c., 72 c.

1869

12 mai. Cons. d'Et. 12 c.

1870

21 mars. Req. 84 c., 88 c.
18 mai. Cons d'Et. 81 c.
24 juin. Cons. d'Et. 30 c., 60 c., 63 c.
21 juill. Crim. 95 c.
2 août. Cons. d'Et. 49 c.

1871

24 nov. Crim. 101 c.

1872

7 août. Bordeaux. 83 c., 84 c.
29 août. Bordeaux. 85 c., 88 c.

1873

17 janv. Cons. d'Et. 32 c., 41 c.
7 févr. Cons. d'Et. 38 c.
17 févr. Civ. 84 c.
19 févr. Cons. d'Et. 10 c.
26 mars. Civ. 83 c., 84 c.
9 avr. Cons. d'Et. 17 c.
19 mai. Décr. 1 c., 14 c., 75 c.

1874

13 févr. Crim. 44 c.
21 août. Civ. 98 c.
21 août. Crim. 98 c., 99.

1875

12 févr. Cons. d'Et. 15 c., 106 c.
19 févr. Cons. d'Et. 38 c., 51 c.
8 mars. Loi. 1 c., 49 c.
7 mai. Cons. d'Et. 17 c., 36 c., 74 c.
22 juin. Ch. réun. 99 c.
14 juill. Req. 83 c., 86 c.
6 août. Cons. d'Et. 12 c.
24 août. Décr. 1 c.
26 nov. Cons. d'Et. 38 c.
3 déc. Cons. d'Et. 24 c., 57 c., 58 c., 59 c.

1876

14 janv. Cons. d'Et. 25 c.
11 févr. Cons. d'Et. 55 c.
25 févr. Cons. d'Et. 25 c., 41 c., 80 c., 81 c.
10 juill. Req. 85 c.
22 déc. Cons. d'Et. 10 c., 12 c., 51 c.

1877

19 janv. Cons. d'Et. 10 c., 38 c.
3 févr. Crim. 44 c.
6 mars. Dijon. 83 c., 84 c., 85 c., 88 c.
11 juin. Req. 83 c., 84 c.
13 juill. Cons. d'Et. 10 c.
20 juill. Cons. d'Et. 12 c.

1878

4 janv. Cons. d'Et. 49 c.
17 mai. Cons. d'Et. 49 c.
26 juill. Cons. d'Et. 105 c., 108 c.

1879

2 janv. Crim. 78 c.
22 avr. Décr. 105 c.
27 juin. Cons. d'Et. 12 c.
7 oct. Décr. 22 c.

1880

16 janv. Cons. d'Et. 64 c.
12 mars. Cons. d'Et. 33 c., 34 c.
1er mai. Crim. 90 c.
11 juin. Cons. d'Et. 13 c., 17 c.
7 juill. Décr. 22 c.
9 août. Cons. d'Et. 77 c., 78 c., 79 c.
25 nov. Civ. 45 c.
25 nov. Crim. 98 c., 100 c.

1881

4 févr. Crim. 44 c., 93 c.
6 mai. Cons. d'Et. 12 c.
20 mai. Cons. d'Et. 13 c.
20 déc. Arr. préf. 31 c.

1882

10 févr. Cons. d'Et. 49 c.
17 févr. Cons. d'Et. 55 c.
5 mai. Cons. d'Et. 11 c.
30 juin. Cons. d'Et. 12 c.
12 juill. Cons. d'Et. 30 c.
8 août. Cons. d'Et. 59 c., 65 c., 66 c., 76 c.
28 août. Décr. 1 c.
1er déc. Cons. d'Et. 20 c., 55 c.

1883

9 févr. Cons. d'Et. 11 c.
8 mars. Crim. 94 c.
15 juin. Crim. 47 c., 92 c.
21 juin. Paris. 32 c.
27 juill. Cons. d'Et. 71 c.
16 nov. Crim. 96 c.
16 nov. Cons. d'Et. 37 c.
30 nov. Cons. d'Et. 11 c., 19 c.
14 déc. Cons. d'Et. 26 c., 35 c.

1884

19 janv. Cons. d'Et. 56 c.
28 mars. Cons. d'Et. 11 c.
4 avr. Cons. d'Et. 12 c.
30 mai. Cons. d'Et. 11 c., 53 c.
27 juin. Cons. d'Et. 46 c.
12 juill. Décr. 1 c.
16 août. Crim. 44 c., 45 c.
18 nov. Req. 83 c., 84 c.
19 déc. Cons. d'Et. 56 c., 60 c.

1885

9 janv. Cons. d'Et. 55 c.
23 janv. Cons. d'Et. 55 c.
29 janv. Crim. 66 c.
13 févr. Crim. 101 c.
20 mars. Décr. 1 c.
27 nov. Cons. d'Et. 24 c.
4 déc. Cons. d'Et. 12 c.

1886

15 janv. Cons. d'Et. 12 c.
12 févr. Cons. d'Et. 77 c.
10 mars. Lyon. 83 c., 87 c.
9 avr. Cons. d'Et. 55 c.
16 avr. Cons. d'Et. 73 c.
17 avr. Crim. 92 c.
3 mai. Décr. 9 c., 50 c., 64 c., 75 c., 104 c.
6 août. Cons. d'Et. 55 c.
7 août. Cons. d'Et. 55 c.
19 nov. Cons. d'Et. 17 c., 52 c.

1887

28 janv. Cons. d'Et. 76 c.
5 mars. Décr. 1 c.
27 mai. Cons. d'Et. 12 c.
15 juill. Cons. d'Et. 55 c.
29 juill. Cons. d'Et. 12 c., 26 c., 27 c.
5 août. Cons. d'Et. 30 c.
25 nov. Cons. d'Et. 67 c., 68 c.

1888

10 févr. Cons. d'Et. 48 c.
20 févr. Cons. d'Et 12 c., 54 c.
4 mai. Cons. d'Et. 35 c., 36 c.
5 mai. Décr. 9 c.
18 mai. Cons. d'Et. 54 c.
8 juin. Cons. d'Et. 12 c., 51 c.

1889

21 juin. Cons. d'Et. 75 c.
22 nov. Crim. 15 c.
27 déc. Cons. d'Et. 11 c., 17 c.

1890

22 févr. Cons. d'Et. 50 c.
7 mars Cons. d'Et. 55 c.
23 mai Cons. d'Et., 77 c.

1891

16 janv. Cons. d'Et. 73 c.

1892

26 janv. 9 c.

MARAIS.

Division.

CHAP. 1er. — Historique et législation

(*Rép.* nos 2 à 7).

1. La loi du 16 sept. 1807 reste toujours la loi fondamentale en cette matière. Conformément à la méthode suivie au *Rép.* n° 5, nous ne commenterons ici que la partie de cette loi qui a trait au desséchement des marais, les autres dispositions devant être expliquées *infrà*, v° *Travaux publics*. — La législation sur ce point a, d'ailleurs, été complétée ou modifiée, depuis la publication du *Répertoire* par plusieurs lois ou décrets importants.

2. Il y a lieu de rappeler, tout d'abord, la loi du 21 juill. 1856, sur la licitation des étangs situés dans le département de l'Ain (D. P. 56. 4. 120); et le décret du 28 oct. 1857 (D. P. 57. 4. 200) portant règlement d'administration publique pour l'exécution de cette loi, qui ont été commentés *suprà*, v° *Eaux*, nos 8, 237 et 238.

3. Une loi du 28 juill. 1860 (D. P. 60. 4. 114) porte que les marais et terres incultes, appartenant aux communes, dont la mise en valeur aura été reconnue utile, seront desséchés, assainis, rendus propres à la culture ou plantés en bois. Dans le cas où un conseil municipal, invité par le préfet à appliquer ces dispositions aux marais ou terres incultes de la commune, refuse ou s'abstient de déférer à cette invitation, ainsi que dans le cas d'inexécution de la délibération par lui prise, un décret rendu en conseil d'Etat après enquête, délibération du conseil municipal et avis du conseil général, déclare l'utilité des travaux et en règle le mode d'exécution. Les travaux sont exécutés aux frais de la commune ou des sections propriétaires, si les sommes nécessaires ne sont pas fournies par les communes, elles sont avancées par l'Etat qui se rembourse de ses avances au moyen de la vente publique d'une partie des terrains améliorés, opérée par lots. Les communes peuvent s'exonérer de toute répétition de la part de l'État en faisant l'abandon de la moitié des terrains mis en valeur. Dans le cas d'inertie de la part des communes, le décret peut également ordonner l'affermage des marais ou autres terrains communaux pour une durée qui ne peut excéder vingt-sept ans, et à la charge par l'adjudicataire d'opérer la mise en valeur des marais ou terrains affermés.

La loi précitée a étendu à toutes les communes un système déjà appliqué aux landes de Gascogne par la loi du 19 juin 1857 (D. P. 57. 4. 89. V. *suprà*, v° *Dunes*, n° 11). L'exposé des motifs constate qu'au moment de la présentation du projet par le Gouvernement, il existait en France plus de 58 000 hectares de marais, foyers permanents d'émanations pestilentielles.

4. Un décret du 25 juill. 1864 (D. P. 64. 4. 106) a approuvé une convention relative à la concession d'un chemin de fer de Sathonay à Bourg et au desséchement d'étangs dans la Dombes. Aux termes de cette convention, les concessionnaires du chemin de fer s'engageaient à dessécher et à mettre en valeur, dans un délai de dix ans, 6000 hectares au moins d'étangs dont la suppression aurait été préalablement approuvée par l'Administration, soit en acquérant lesdits étangs pour les transformer directement en prairies, bois ou terres arables, soit en provoquant leur desséchement et leur mise en valeur au moyen des primes payées aux propriétaires en numéraire, en travaux agricoles, en constructions, en engrais ou de toute autre manière.

5. La loi du 21 juin 1865 (D. P. 65. 4. 77), sur les associations syndicales, a modifié sur plusieurs points, pour les association créées postérieurement à sa promulgation, les dispositions de la loi de 1807. On a exposé précédemment les difficultés auxquelles donnent lieu la combinaison de ces deux lois (V. *suprà*, v° *Associations syndicales*, n°s 19, 148 et suiv.), et l'on a constaté, *ibid.*, que les mesures prescrites en exécution de la loi de 1865 sont loin d'offrir aux intéressés, dans les associations pour travaux de desséchement de marais, les garanties qui résultaient de l'accomplissement des formalités établies par la loi de 1807.

6. Une loi du 9 août 1881 (D. P. 82. 4. 104) a déclaré d'utilité publique la concession du desséchement des marais de Fos et du colmatage de 20 000 hectares de terrains de la Crau (Bouches-du-Rhône). Cette loi a été modifiée dans quelques-unes de ses dispositions par une loi postérieure du 26 avr. 1889 (D. P. 90. 4. 66).

7. Les anciennes sociétés de desséchement ont conservé leur constitution particulière, même dans celles de leurs dispositions qui ne sont pas conformes aux règles tracées par les lois du 14 flor. an 11 et du 16 sept. 1807. Il a été décidé en ce sens que l'arrêt du conseil du 14 févr. 1713, qui a constitué la société de desséchement dite Société du canal de Buzay, n'a été abrogé, ni par la loi du 14 flor. an 11, ni par celle du 16 sept. 1807, et que par suite, les taxes doivent être réparties entre les intéressés conformément aux prescriptions de cet arrêt (Cons. d'Et. 20 juin 1884, aff. Simon, D. P. 86. 3. 2). — La même règle a été appliquée aux associations organisées dans les départements de la Vendée, des Deux-Sèvres et de la Charente-Inférieure, en vertu d'une loi spéciale du 4 pluv. an 6 citée au *Rép.* n° 4. C'est ainsi qu'il a été jugé : 1° que, pour ces associations, un arrêté préfectoral avait pu valablement constituer le syndicat (Cons. d'Et. 6 juill. 1854, aff. Naudin, D. P. 86. 3. 2, note 1 ; 20 juin 1865, aff. Propriétaires de l'île de Bouin, *Rec. Cons. d'État*, p. 632);— 2° Qu'il n'y avait pas lieu à intervention d'une commission spéciale (Cons. d'Et. 29 nov. 1852, aff. Pohu, D. P. 56. 3. 33); — 3° Que le préfet peut inscrire d'office au budget municipal, nonobstant tout appel ou opposition, la part des dépenses d'entretien à la charge des communes (Cons. d'Et. 27 avr. 1850, aff. Commune de Benet, *Rec. Cons. d'État*, p. 403) ; — 4° Que les délibérations et transactions des sociétaires ne sont exécutoires qu'à la condition d'avoir été homologuées par l'administration du département (Cons. d'Et. 15 avr. 1858, aff. Marais d'Andilly, *Rec. Cons. d'Etat*, p. 296).

TABLEAU CHRONOLOGIQUE DES LOIS ET DÉCRETS RELATIFS AUX MARAIS

21-26 juill. 1856. — Loi sur la licitation des étangs situés dans le département de l'Ain (D. P. 56. 4. 120).

19-25 juin 1857. — Loi relative à l'assainissement et à la mise en culture des landes de Gascogne (D. P. 57. 4. 89).

28 oct.-19 nov. 1857. — Décret impérial portant règlement d'administration publique pour l'exécution de la loi du 21 juill. 1856 sur la licitation des étangs dans le département de l'Ain. (D. P. 57. 4. 200).

28 juill.-4 août 1860. — Loi relative à la mise en valeur des marais et des terres incultes appartenant aux communes (D. P. 60. 4. 114).

18 avr. 1863-19 août 1864. — Loi qui approuve les art. 2 et 4 de la convention du 1er avr. 1863 relative à l'exécution d'un chemin de fer de Sathonay à Bourg et à un desséchement d'étangs dans la Dombes (D. P. 64. 4. 106).

25 juill.-19 août 1864. — Décret impérial qui approuve la convention du 12 avr. 1863 relative à la concession du chemin de fer de Sathonay à Bourg et au desséchement d'étangs dans la Dombes (D. P. 64. 4. 106).

21-26 juin 1865. — Loi sur les associations syndicales (art. 1-3°) D. P. 65. 4. 77-88).

9-10 août 1881. — Loi qui déclare d'utilité publique la concession du desséchement des marais de Fos et du colmatage de 20 000 hectares de terrains de la Crau (Bouches-du-Rhône) (D. P. 82. 4. 104).

26-27 avr. 1889. — Loi portant modification de la convention du 7 mai 1881 (approuvée par la loi du 9 août 1881) relative à la concession du desséchement des marais de Fos et du colmatage de 20 000 hectares de terrains de la Crau (Bouches-du-Rhône) (*Bulletin des lois*, n° 20848).

CHAP. 2. — Du desséchement et de ses effets (*Rép.* n°s 8 à 74).

ART. 1er. — *Concession du desséchement. — Autorisation* (*Rép.* n°s 9 à 19).

8. On a dit au *Rép.* n° 12, qu'aux termes de l'art. 3 de la loi du 16 sept. 1807, lorsqu'un marais appartient à un seul propriétaire ou lorsque tous les propriétaires sont réunis, la concession du desséchement doit toujours leur être accordée s'ils se soumettent à l'exécuter dans les délais fixés et conformément aux plans adoptés par le Gouvernement. Si une commune est propriétaire des marais à dessécher, elle peut, comme tout propriétaire, prétendre à la préférence de la concession ; mais si elle n'était pas propriétaire des marais, elle ne pourrait pas demander au profit de ses plus notables habitants une préférence à la concession des marais, situés sur son territoire. Ainsi que le fait observer M. Batbie (*Traité de droit public et administratif*, 2e éd., t. 7, p. 244), au propriétaire seul de ces marais appartient la préférence, et la commune est sans qualité pour la demander, soit pour elle, soit au profit de ses habitants.

9. D'après les art. 5 et 6 de la loi du 16 sept. 1807, les concessions doivent être faites, ainsi qu'on l'a vu (*Rép.* n° 15), sur des plans levés ou des plans vérifiés et approuvés par les ingénieurs des ponts et chaussées. Ces plans doivent être levés, vérifiés et approuvés aux frais des entrepreneurs du desséchement; si ceux qui ont fait la première soumission et fait lever ou vérifier les plans ne demeurent pas concessionnaires, ils doivent être remboursés par ceux auxquels la concession est définitivement accordée.

Les autorisations d'études à fin de desséchement sont des actes purement administratifs qui ne confèrent à l'impétrant d'autre droit que celui qui peut résulter pour lui, le cas échéant, de l'application de l'article précité (Cons. d'Et. 7 avr. 1859, aff. Renard, *Rec. Cons. d'Etat*, p. 266).

10. Le remboursement que le soumissionnaire qui n'a pas obtenu la concession peut exiger de celui auquel cette concession a été définitivement accordée ne comprend pas seulement les frais d'étude et de rédaction de projets qu'il a déboursés, mais aussi les intérêts à partir du jour où il a fait l'avance (Cons. d'Et. 8 févr. 1855, aff. Bailly de Merlieux, D. P. 55. 3. 66). Et ce payement, lorsque la concession a été divisée entre plusieurs entrepreneurs, doit être supporté par chacun d'eux, en proportion de l'étendue des terrains compris dans la section dont il est concessionnaire (Même arrêt).

ART. 2. — *Mesures préalables à l'exécution des travaux. — Commission, syndicat, expertise* (*Rép.* n°s 20 à 28).

11. On a vu au *Rép.*, n° 20, que la première mesure préalable à l'exécution du desséchement est l'établissement d'une commission spéciale de sept membres nommés par décret. Mais il n'y a lieu à l'intervention d'une commission de cette nature que dans le cas d'un desséchement opéré en vertu du titre 1er de la loi du 16 sept. 1807. En conséquence, l'institution d'une commission spéciale ne saurait être réclamée par un syndicat constitué par l'Administration en exécution de la loi du 4 pluv. an 6, de celle du 14 flor. an 11, de l'art. 27 de la loi du 16 sept. 1807 et de l'ordonnance du 29 sept. 1824, dans des vues de salubrité et d'assainissement, et pour pourvoir à la conservation et au perfectionnement d'anciens desséchements antérieurs à la loi du 16 sept. 1807 (Cons. d'Et. 29 nov. 1855, aff. Pohu, D. P. 56. 3. 33).

12. Ainsi que nous l'avons exposé ailleurs (v° *Associations syndicales*, n° 150), les commissions spéciales ont cessé d'exister dans les associations syndicales constituées en vertu de la loi du 21 juin 1865. Quant aux syndicats formés avant cette promulgation en vertu de la loi de 1807, et à ceux établis, par application de la même loi, en cas d'inaction des intéressés, on s'est demandé si les commissions spéciales devaient continuer à subsister dans ces associations. L'art. 26 de la loi de 1865 a expressément enlevé à ces commissions, pour les transférer aux conseils de préfecture, les attributions contentieuses qu'elles tenaient de la loi de 1807. Mais, bien que le législateur de 1865 paraisse avoir eu l'intention de supprimer complètement ces commissions, spéciales même pour les sociétés à l'égard desquelles la loi de 1807 continuera à être appliquée. M. Aucoc fait observer très justement qu'il n'a pas réalisé cette intention en réglant à nouveau d'une manière complète, la question de savoir par quelle autorité seraient accomplis certains actes d'un caractère administratif que la loi de 1807 confiait à la commission spéciale (*Conférences sur le droit administratif*, 3e éd., t. 2, p. 721). Ainsi, aux termes de l'art. 14 de la loi de 1807, comme on l'a vu au *Rép.* n° 27, le procès-verbal d'estimation par classe des terrains soumis au desséchement, qui est dressé par les experts, doit être soumis à la commission spéciale pour être homologué par elle, alors même qu'aucune contestation n'a été élevée contre cette estimation; et cette commission peut décider outre et contre l'avis des experts. Le conseil d'Etat a reconnu que le droit d'homologuer le procès-verbal d'estimation par classe des terrains soumis au syndicat n'avait pas cessé d'appartenir aux commissions spéciales (V. les arrêts cités *suprà*, v° *Associations syndicales*, n° 151-1°). Ces arrêts sont relatifs à des syndicats ayant pour objets des travaux de défense contre les inondations; mais ils s'appliquent, par identité de raisons, aux syndicats pour le desséchement des marais.

ART. 3. — *Travaux de desséchement, dommages, expropriation, indemnité* (*Rép.* nos 29 à 37).

13. On a vu au *Rép.* nos 29 et 30 que les travaux de desséchement doivent, aux termes de l'art. 15 de la loi de 1807, être « commencés, poursuivis et terminés dans le délai fixé par l'acte de concession, et sous les peines qui y sont portées », et qu'il appartient exclusivement à l'autorité qui a adjugé la concession d'en prononcer la déchéance, ou, au contraire, d'accorder, s'il y a lieu, une prorogation de délai. Il a été décidé que lorsqu'une concession de desséchement de marais communaux a été faite sous l'empire et par application de la loi du 16 sept. 1807, le chef de l'Etat, conserve, même sous le régime de la loi du 28 juill. 1860, le droit d'apprécier les circonstances postérieures à la concession qui pourraient rendre nécessaire de proroger le délai pendant lequel le concessionnaire devait exécuter les travaux destinés à opérer le desséchement (Cons. d'Et. 2 juin 1864, aff. Commune d'Ollezy, *Rec. Cons. d'État*, p. 545. La commune soutiendrait en vain, pour demander l'annulation du décret portant prolongation du délai, que la loi du 28 juill. 1860 a supprimé la faculté, laissée à l'Administration par la loi du 16 sept. 1807, de faire exécuter par des concessionnaires les travaux de desséchement des marais communaux, et que, par suite, le décret ne pouvait valablement faire renaître une concession qui, faute d'exécution dans le délai prescrit, avait cessé d'exister (Même arrêt).

ART. 4. — *Vérification et réception des travaux de desséchement estimation des marais desséchés* (*Rép.* nos 38 à 41).

14. On a exposé au *Rép.* n° 39 que, aux termes de l'art. 18 de la loi du 16 sept. 1807, les experts nommés par les propriétaires des terrains desséchés devaient, dès que la reconnaissance des travaux aurait été approuvée, procéder, de concert avec les ingénieurs, à une classification des fonds desséchés suivant leur valeur nouvelle et l'espèce de culture dont ils seraient devenus susceptibles. D'après le même article, cette opération doit être suivie d'une nouvelle estimation des classes, et ce second procès-verbal doit être soumis au jugement et à l'homologation de la commission spéciale. Ainsi que nous l'avons dit précédemment (V. *suprà*, n° 12), la loi du 21 juin 1865 n'a pas enlevé aux commissions spéciales ces attributions d'ordre purement administratif. Mais, tandis qu'autrefois le recours contre leurs décisions relatives au classement des terrains était porté devant le conseil d'Etat, les réclamations en cette matière sont, depuis la loi de 1865, portées devant le conseil de préfecture, (V. *infrà*, nos 28). Le recours direct au conseil d'Etat contre la décision d'une commission spéciale serait donc non recevable (V. Av. Cons. d'Et. 15 janv. 1878, D. P. 79. 3. 89; et les arrêts cités *suprà*, v° *Associations syndicales*, n° 152).

15. Ainsi qu'on l'a dit *suprà*, v° *Associations syndicales* n° 156, les modifications apportées par la loi de 1865 aux attributions des commissions administratives n'ont entraîné aucun changement en ce qui concerne les formalités prescrites par la loi du 16 sept. 1807 pour l'établissement et la répartition des taxes. Ainsi, la classification des terrains en cas de desséchement de marais devant, aux termes de l'art. 18, être faite par les experts accompagnés d'un tiers expert et de concert avec les ingénieurs, le conseil de préfecture ne pourrait charger le tiers expert, après l'accomplissement de cette opération, de procéder seul à une nouvelle classification (Cons. d'Et. 8 déc. 1876, aff. Syndicat des marais de Beuvry, D. P. 77. 3. 15).

16. Les frais de l'expertise, prescrite par l'art. 18 de la loi de 1807 pour évaluer la plus-value acquise par les marais desséchés, doivent, à défaut d'une clause contraire insérée dans le décret de concession, rester à la charge des concessionnaires (Cons. d'Et. 26 nov. 1880, aff. Clerc, D. P. 82. 3. 32). Cette solution avait été combattue par l'administration des ponts et chaussées et le ministre des travaux publics, par le motif que l'expertise dont il s'agit ne pouvait être considérée comme poursuivie par le concessionnaire, puisqu'elle était provoquée par l'Administration, ni comme faite dans son intérêt exclusif, puisqu'elle avait pour objet de régler le partage, entre le concessionnaire et les propriétaires, des bénéfices résultant de l'exécution des travaux. Mais ces objections ont été écartées avec raison par le conseil d'Etat. En effet, l'art. 20 n'impose aux propriétaires d'autre obligation que celle de payer une part de la plus value dont la proportion est fixée par l'acte de concession, et les dépenses de toute nature incombent au concessionnaire qui a entrepris les travaux dans un but de spéculation. Il en serait toutefois autrement si l'acte de concession avait mis une partie des frais d'expertise à la charge des propriétaires; si, en effet, la proportion de la plus-value à la charge des propriétaires a été calculée en tenant compte de ce qu'ils auront, en outre, à supporter une part dans les frais d'expertise, on ne peut ultérieurement les affranchir de cette charge accessoire, sans leur accorder un véritable dégrèvement aux dépens du concessionnaire.

ART. 5. — *Droits résultant pour le concessionnaire du desséchement terminé. — Plus-value* (*Rép.* nos 42 à 57).

17. Lorsque le desséchement est terminé, le montant de la plus-value est, aux termes de l'art. 20 de la loi de 1807, divisé, ainsi qu'on l'a exposé au *Rép.* n° 43, entre le propriétaire et l'entrepreneur dans la proportion fixée par l'acte de concession. On prend pour bases du calcul la valeur originaire du terrain, sa valeur actuelle et la difficulté des travaux. Le rôle des indemnités sur la plus-value est arrêté par la commission et rendu exécutoire par le préfet. Les intéressés ont un recours devant le conseil de préfecture comme en matière de contributions directes (*Rép.* n° 45). Nous exposerons plus loin les conditions dans lesquelles s'exerce ce recours (V. *infrà*, nos 32 et suiv.).

18. Ainsi qu'on l'a vu (*Rép.* n° 51), le *privilège* spécial que la loi accorde aux entrepreneurs ou concessionnaires de desséchement, sur la plus-value des terrains desséchés, n'est point assujetti, aux règles du droit commun sur la nécessité de l'inscription et de son renouvellement décennal; il suffit, pour la conservation de ce privilège, aussi bien que pour son existence légale, que l'acte de concession ou l'ordonnance de desséchement ait été transcrit dans le bureau des hypothèques de l'arrondissement de la situation des marais desséchés (Civ. cass. 28 mars 1854, aff. Lejeune, D. P. 54. 1. 181).

19. La faculté que l'art. 22 de la loi du 16 sept. 1807 confère aux propriétaires des marais desséchés, conformément à ce qui a été exposé au *Rép.* n° 46, de se libérer de l'indemnité de plus-value en délaissant une partie de leur fonds, n'a pas pour effet de transformer le payement de la taxe représentative de cette indemnité en une charge réelle grevant la chose même et non la personne, ainsi que l'avait décidé un jugement du tribunal de Lille du 3 août 1877 (D. P. 81. 1. 13). Cette disposition n'a pour but que de faciliter le payement, sans modifier en quoi que ce soit le caractère de la dette. Il a été décidé en conséquence, que le preneur à emphytéose de terrains à l'état de marais qui plus tard ont été desséchés, est tenu des arrérages de la rente représentative de l'indemnité de plus-value, tant personnellement que sur la chose même affectée par privilège à la garantie du recouvrement de l'indemnité (Civ. cass. 4 août 1880, aff. Commune d'Emmerin, D. P. 81. 1. 13). Il en résulte que l'entrepreneur du desséchement ou ses représentants peuvent réclamer à l'emphytéote le payement des arrérages échus pendant sa jouissance, alors même que celui-ci a consenti la cession de son bail, surtout dans le cas où la sincérité de cette cession est contestée (Même arrêt).

ART. 6. — *Des canaux de desséchement* (*Rép.* n° 58 à 61).

20. Conformément à ce qui a été exposé au *Rép.* n° 58, les chaussées, canaux et rigoles exécutés pour assurer le desséchement et la mise en culture de marais appartiennent, après la réception des travaux de desséchement, aux propriétaires du marais, qui sont alors tous tenus de supporter les frais d'entretien et de les répartir entre eux proportionnellement à l'intérêt de chacun. Ils ne font donc pas partie du domaine public, à la différence des canaux de navigation, et ils sont passibles de la taxe des biens de mainmorte, aux termes de l'art. 1er de la loi du 20 févr. 1849 comme constituant des établissements publics (Cons. d'Et. 6 avr. 1889, aff. Compagnie du canal de Beaucaire D. P. 90. 3. 77; 13 juill. 1889, aff. Syndicat des marais du Petit-Poitou, D. P. 91. 3. 10 et la note; 17 janv. 1890, aff. Syndicat des vieux marais desséchés de Champagné vers la mer, D. P. 91. 5. 26).

ART. 7. — *Entretien des travaux de desséchement, frais, répartition* (*Rép.* nos 62 à 74).

21. L'intérêt de la conservation d'un desséchement de marais subsistant toujours, les concessionnaires ou leurs ayants cause ne peuvent s'affranchir, par aucune prescription, de l'obligation à eux imposée de réparer ou rétablir les ouvrages dégradés ou détruits (Cons. d'Et. 10 avr. 1855, aff. Nodler, D. P. 55. 3. 83). Et, par exemple, la circonstance que, depuis plus de trente ans, des particuliers auraient obstrué un bassin dépendant des ouvrages de desséchement, en y faisant des plantations contre lesquelles aucune réclamation n'aurait été élevée, ne fournit pas aux concessionnaires un moyen de prescription contre la disposition qui leur impose la charge d'entretenir les ouvrages dans leur état primitif (Même arrêt).

22. On a dit au *Rép.* n° 63 que la jurisprudence avait reconnu la légalité des taxes établies, en conformité de la loi de 1807, pour l'entretien des travaux de desséchement. Il a été décidé, en ce sens, que l'ordonnance royale rendue en conseil d'État qui, sur la demande des propriétaires riverains d'un fleuve, constitue ces propriétaires en communauté avec syndicat, pour la confection de travaux destinés à les protéger contre les inondations, et fixe la proportion dans laquelle ils devront supporter les dépenses concurremment avec les communes et le département, est légale et constitutionnelle; que, par suite, les rôles de répartition arrêtés, en exécution de cette ordonnance, par la commission syndicale, et rendus exécutoires par le préfet, sont valables, et que le payement peut en être poursuivi suivant les formes prescrites pour le recouvrement des contributions directes (Angers, 21 janv. 1847, aff. Deschères, D. P. 47. 2. 104).

CHAP. 3. — Compétence en matière de desséchement (*Rép.* nos 75 à 122).

ART. 1er. — *Compétence des autorités administratives* (*Rép.* nos 76 à 112).

23. La loi du 16 sept. 1807 a attribué à l'Administration, comme on l'a vu au *Rép.* n° 76, la direction de toutes les opérations relatives au desséchement des marais; et à la juridiction administrative la connaissance des contestations auxquelles elles peuvent donner lieu. Cette attribution de compétence est fondée sur l'intérêt public qui s'attache à ces opérations, au double point de vue de la salubrité publique et du développement de l'agriculture. Il s'ensuit qu'elle n'est pas limitée au cas où il y est procédé dans les formes prescrites par la loi de 1807. Ainsi, il a été décidé qu'il appartient à l'autorité administrative de veiller à l'exécution des conditions imposées, dans l'intérêt du desséchement, à un adjudicataire qui s'est rendu acquéreur d'un marais, à charge d'opérer le desséchement, d'apprécier les modifications proposées à ces conditions, et de décider si la cession de l'étang à un tiers et le morcellement dudit étang peuvent être autorisés sans compromettre l'exécution de ce travail (Cons. d'Et. 7 mai 1871, aff. de Giral, D. P. 72. 3. 44). — L'autorité judiciaire ne pourrait connaître de ces questions, sous prétexte qu'il s'agirait de contestations relatives à un acte de vente et à ses conséquences (Même arrêt).

24. L'autorité judiciaire est également incompétente pour ordonner la suppression de travaux exécutés par le syndicat d'un desséchement de marais, même contrairement aux prescriptions de l'acte de concession, et au préjudice d'intérêts privés, si ces travaux se rattachent à la retenue et à la distribution des eaux dans le périmètre du desséchement, et si, dès lors, ils en intéressent essentiellement l'opération; de tels travaux rentrent dans les travaux de desséchement que l'Administration a le droit de faire compléter ou modifier, lorsque l'utilité, dont elle est seule juge, en est reconnue (Req. 15 juin 1864, aff. Sansot, D. P. 64. 1. 426).

§ 1er. — Compétence du préfet (*Rép.* nos 77 et 78).

25. Nous avons dit au *Rép.* n° 78, que l'art. 27 de la loi du 16 sept. 1807 commet à l'administration publique la conservation des travaux de desséchement, ainsi que celle des digues contre les torrents, rivières et fleuves et sur les bords des lacs et de la mer. On a soutenu que ce droit entraînait celui de veiller à ce que ces digues ne nuisent pas aux propriétés voisines et ne fassent pas obstacle à l'écoulement naturel des eaux, et le droit de prendre les mesures nécessaires pour assurer cet écoulement. Mais cette opinion a été repoussée par la jurisprudence. La cour de cassation a décidé que les préfets n'ont compétence, en matière de marais, que pour prendre des arrêtés ayant pour objet de faire opérer le desséchement des marais mouillés dans les conditions déterminées par la loi de 1807 et sauf indemnité préalable, et d'assurer la conservation des travaux de desséchement déjà effectués; mais qu'ils ne tiennent, ni de la législation relative au cours des rivières navigables et flottables, ni de celle relative aux cours d'eaux non navigables ni flottables, le pouvoir de faire des règlements d'eau en cette matière; que, par suite, on doit considérer comme incompétemment rendu et non obligatoire l'arrêté préfectoral qui, dans le but de soustraire des marais mouillés aux submersions dont ils sont atteints, ordonne des travaux ayant pour objet de faire écouler en partie les eaux de ces marais dans des marais voisins desséchés (Crim. cass. 21 déc. 1855, aff. Luzet, D. P. 56. 1. 180). D'après cet arrêt, une pareille mesure, qui constituerait, en réalité, une servitude pour l'écoulement limité des eaux des marais mouillés sur les marais desséchés, est illégale alors même qu'elle n'a qu'un caractère provisoire et que l'arrêté qui la prescrit a réservé les droits des tiers, surtout si cet arrêté ne se fonde sur aucune circonstance extraordinaire et en dehors de l'inondation inégale, mais habituelle des marais mouillés (Même arrêt). — Le conseil d'Etat a, dans la même affaire, consacré la même solution, mais en se plaçant à un point de vue un peu différent (Cons. d'Et. 12 févr. 1857, aff. Marais de Saint-Michel, D. P. 57. 3. 73). Il reconnaît à l'Administration le droit d'agir par voie réglementaire, pour fixer, en vertu des lois du 4 pluv. an 6, du 14 flor. an 11, ou du 16 sept. 1807, les rapports respectifs du syndicat d'un marais et des propriétaires de fonds marécageux supérieurs; mais il décide que ces mesures rentrent dans les attributions de l'autorité supérieure et que, dès lors, elles ne peuvent être ordonnées que par un règlement d'administration publique. Quant aux préfets, en l'absence de toute disposition d'acte de concession ou de règlement administratif qui ait imposé au syndicat d'un marais l'obligation de laisser écouler, par les canaux de desséchement qu'il a établis, les eaux d'autres marais supérieurs, ils ne peuvent ordonner, par un arrêté permanent, des travaux ayant pour objet d'assurer cet écoulement. En pareil cas, un arrêté préfectoral a un caractère permanent, encore bien qu'il renferme une disposition suivant laquelle il ne doit être exécuté que jusqu'à un règlement définitif à intervenir, dès qu'il n'est pas motivé par une inondation, seule cause pour laquelle le préfet puisse, en vertu de la loi du 22 sept. 1789 et de celle du 20 août 1790, prendre des mesures provisoires à l'effet de procurer l'écoulement des eaux.

§ 2. — Compétence du ministre (*Rép.* nos 79 à 81).

26. Il n'y a rien à ajouter sur ce point aux explications contenues au *Répertoire*.

§ 3. — Compétence de la commission spéciale de desséchement (*Rép.* nos 82 à 95).

27. Comme on l'a vu *suprà* (nos 11 et 13), l'art. 26 de la loi du 21 juin 1865 a enlevé aux commissions spéciales de desséchement des attributions contentieuses qu'elles tenaient de la loi de 1807 et qui ont été indiquées au *Rép.* nos 82 et suiv. On s'était demandé toutefois à l'origine si ces commissions n'avaient pas conservé certaines attributions contentieuses pour les travaux prévus dans les trois premiers numéros de l'art. 1er de la loi de 1865, et si cette loi n'avait pas simplement renvoyé aux conseils de préfecture le contentieux des taxes assimilées aux contributions. Mais cette distinction, soutenue par M. l'ingénieur en chef Schlemmer, dans les *Annales des ponts et chaussées* (1876, t. 2, p. 470), a été combattue dans le même recueil (1877, t. 1, p. 219), par M. Aucoc, qui a démontré avec beaucoup de force qu'il fallait s'attacher, non au mode de recouvrement des sommes mises à la charge de certains particuliers, mais à la nature des bénéfices à raison desquels une contribution était exigée d'eux. Si l'art. 26 de la loi de 1865 est sans application lorsqu'il s'agit de bénéfices prévus par l'art. 30 de la loi de 1807, c'est-à-dire de la plus-value que des travaux publics ont pu faire acquérir à des propriétés privées, il est applicable toutes les fois qu'il s'agit de bénéfices directs, c'est-à-dire de bénéfices résultant de travaux faits dans l'intérêt des particuliers et pouvant donner lieu à l'organisation de syndicats. Or, la disposition de cet article est générale et enlève aux commissions toutes leurs attributions contentieuses, sans distinction ni réserves. Le conseil d'Etat s'est d'ailleurs formellement prononcé en ce sens (V. *suprà*, v° *Associations syndicales*, n° 231 et 232).

28. Quant aux attributions administratives des commissions spéciales, on a vu que la loi de 1865 les avait laissé subsister (V *Associations syndicales*, n° 150, et *suprà* nos 11 et 13). C'est ce qui résulte d'un avis du conseil d'Etat, du 15 janv. 1878 (D. P. 78. 3. 89). D'après cet avis, ces commissions restent, notamment, chargées d'homologuer le procès-verbal d'estimation des terrains, même lorsque les estimations sont contestées, sauf aux intéressés à réclamer ensuite devant le conseil de préfecture contre le résultat du travail ainsi homologué.

29. La jurisprudence, qui avait d'abord éprouvé quelques difficultés pour concilier les dispositions restées en vigueur de la loi de 1807 avec celles de la loi de 1865, a définitivement déterminé avec beaucoup de précision la marche à suivre pour la fixation et le recouvrement des indemnités de plus-value dues aux concessionnaires de desséchement. Tant que la commission spéciale n'a pas approuvé les projets préparés par les experts et soumis à l'enquête, l'affaire est encore à l'état d'instruction administrative. Aucune décision opposable aux tiers n'ayant été prise, aucun recours contentieux n'est ouvert. Au contraire, la décision de la commission qui arrête la classification et l'estimation des terrains, en tenant tel compte qu'il appartient des protestations présentées pendant l'enquête, ouvre un recours devant le conseil de préfecture. — Quant aux conditions d'exercice de ce recours, V. *infrà*, n° 32 et suiv.

30. Le classement des terrains auquel procède la commission spéciale a un caractère définitif lorsqu'il n'a pas été attaqué dans les délais de la loi (Cons. d'Et. 22 déc. 1882, aff. Syndicat de la rive droite du Drac, D. P. 84. 3. 60). Par suite, dans le cas où il résulte de ce classement que la valeur des terrains sera fixée d'après le revenu porté à une époque déterminée sur la matrice cadastrale, il ne peut être tenu compte, pour l'établissement des taxes, des modifications apportées ultérieurement à la matrice cadastrale, à raison des constructions nouvelles (Même arrêt). D'ailleurs, ainsi qu'on l'a exposé au *Rép.* n° 82, la commission spéciale ne peut revenir sur les opérations de classement une fois adoptées par elle comme bases de la formation du rôle de plus-value, alors que sa décision a été rendue contradictoirement entre les concessionnaires du desséchement des marais et les propriétaires intéressés (Cons. d'Et. 22 juin 1854, aff. Chitier, D. P. 55. 3. 2).

31. Les réclamations contre le classement ne font pas obstacle à ce que le syndicat applique ce classement pour l'établissement des rôles (V. *suprà*, v° *Associations syndicales*, n° 153). En effet, le fonctionnement d'un syndicat et le recouvrement des sommes nécessaires pour pourvoir à des dépenses, souvent d'une extrême urgence, ne sauraient être indéfiniment suspendus par une opposition qui peut n'être formée que par une infime minorité des intéressés, et peut-être même par un seul contribuable.

§ 4. — Compétence des conseils de préfecture (*Rép.* nos 96 à 105).

32. Les recours contre les décisions par lesquelles les commissions spéciales arrêtent la classification et l'estimation des terrains doivent, comme on l'a dit précédemment (V. *suprà*, n° 28), être portés devant le conseil de préfecture. Aucun délai n'a été imposé aux parties pour l'exercice de ce recours, et la jurisprudence décide qu'il peut être formé avant l'établissement du rôle de plus-value (Cons. d'Et. 27 févr. 1880, aff. Clerc, D. P. 81. 3. 34). — Le fait que des intéressés auraient présenté des protestations pendant l'instruction administrative qui a précédé la décision ne met pas obstacle à ce que l'Administration procède à l'établissement du rôle de plus-value, alors que les intéressés n'ont pas réclamé par la voie contentieuse devant le conseil de préfecture (Même arrêt).

33. Les parties qui forment un recours contre le classement devant le conseil de préfecture, avant l'émission des rôles, peuvent, en suivant cette voie, critiquer à tous les points de vue le travail administratif homologué par la commission, et, si leurs critiques sont reconnues fondées, le travail peut être recommencé sur de nouvelles bases. Dans ce cas, les bases adoptées par le conseil de préfecture peuvent servir à la confection des rôles sans qu'il soit nécessaire de les soumettre à l'homologation de la commission spéciale (Cons. d'Et. 2 juin 1884, aff. Syndicat de Lancey, D. P. 86. 3. 3). — Cette décision, rendue au sujet d'un syndicat de défense, a une portée générale.

34. Le recours contre le classement peut également être formé après l'émission du rôle; mais, en pareil cas, il n'est recevable que dans le délai de trois mois à partir de la publication de ce rôle (V. *suprà*, v° *Associations syndicales*, n° 152). Toutefois si, contrairement aux prescriptions de l'acte constitutif du syndicat (dans l'espèce, un syndicat de défense, mais la solution n'est pas spéciale à cette hypothèse), la classification avait été opérée sans intervention d'une commission spéciale, non seulement la déchéance ne serait pas encourue faute de réclamations dans les trois mois de la publication du premier rôle, mais le payement de la taxe pendant plusieurs années ne constituerait pas un acquiescement faisant obstacle à une réclamation ultérieure (Cons. d'Et. 16 mars 1883, aff. Syndicat de la Durance à Mirabeau, D. P. 84. 3. 61).

35. Le conseil de préfecture est également appelé à statuer sur les demandes en décharge des sommes auxquelles les réclamants ont été imposés sur le rôle des indemnités de plus-value. Mais, en pareil cas, il ne peut prononcer que la décharge individuelle du réclamant, et il ne lui appartient pas, à l'occasion de cette demande, de prononcer l'annulation du rôle dans sa totalité (Cons. d'Et. 27 févr. 1880, aff. Clerc, D. P. 81. 3. 34) ;... ni de remettre en question les bases définitivement arrêtées de l'association (V. les arrêts cités *suprà*, v° *Associations syndicales*, n° 154).

36. Antérieurement à la loi de 1865, il résultait du système qui partageait la juridiction contentieuse entre le conseil de préfecture et les commissions spéciales que le conseil de préfecture, saisi d'une réclamation individuelle contre le rôle de plus-value, devait se borner à vérifier s'il y avait eu erreur commise au préjudice du contribuable dans l'application des bases qui avaient été fixées lors de la classification et de l'estimation des terrains ; mais qu'il ne pouvait lui appartenir, à l'occasion d'une réclamation de cette nature, d'apprécier la régularité et l'exactitude des mesures administratives qui avaient précédé et accompagné l'établissement du rôle (Cons. d'Et. 26 juill. 1855, aff. Fabrique de l'église métropolitaine de Tours, *Rec. Cons. d'Etat*, p. 557; 12 juill. 1866, aff. Bernard, *ibid.*, p. 806,). — On a soutenu que cette distinction devait être maintenue sous l'empire de la législation nouvelle. Pour justifier cette opinion, on a fait observer que les intéressés avaient été mis en demeure, antérieurement à l'émission du rôle, de contester les bases d'après lesquelles devait être fixée l'indemnité de plus-value, et qu'on ne saurait, sans créer une confusion inextricable dans le règlement des droits des concessionnaires, reconnaître à chacun des propriétaires des marais desséchés la faculté de venir ultérieurement contester, dans son intérêt individuel, l'application des bases qu'il a implicitement acceptées par son silence et d'après lesquelles a été réglée la situation de tous ses coïntéressés. Mais cette solution a été repoussée par le conseil d'Etat qui a décidé que les bases de chaque cotisation pourraient être discutées à l'occasion du recouvrement des rôles (Cons. d'Et. 27 févr. 1880, aff. Clerc, D. P. 81. 3. 34). — Tout en reconnaissant que ce mode de procéder peut offrir quelques inconvénients, M. Aucoc approuve cette jurisprudence. « En attribuant, dit-il, tout le contentieux de la matière au conseil de préfecture, sans avoir, ni dans l'art. 16, ni dans aucun autre article de la loi, réservé la distinction établie antérieurement entre les deux périodes, le législateur nous paraît avoir fait disparaître cette distinction » (*Conférences de droit administratif*, t. 2, p. 624).

37. C'est au conseil de préfecture qu'il appartient de connaître des contestations relatives à l'entretien des travaux de desséchement, non seulement dans le cas prévu par l'art. 26 de la loi du 16 sept. 1807, où cet entretien est effectué par les propriétaires intéressés, mais aussi lorsque l'entrepreneur ou concessionnaire en a pris l'obligation dans un traité approuvé par le Gouvernement (Cons. d'Et. 17 mars 1864, aff. Syndicat des marais de Bourgoin, D. P. 65. 3. 83). Dans ce dernier cas, le préfet, chargé de la conservation des travaux par l'art. 27, peut actionner l'entrepreneur ou concessionnaire devant le conseil de préfecture, comme le peuvent aussi les propriétaires intéressés, pour le faire condamner à exécuter les travaux ou réparations nécessaires ; mais il ne peut agir par voie de poursuite pour contravention de grande voirie (Même arrêt et Cons. d'Et. 19 avr. 1855, aff. Nodler, D. P. 55. 3. 83). Aucune peine ne peut donc être appliquée, en sus de l'ordre de rétablir les ouvrages dégradés, au concessionnaire reconnu coupable de négligence dans l'entretien des travaux (Arrêt précité du 19 avr. 1855). En effet, quoiqu'une contravention puisse parfois résulter, non d'un fait positif, mais d'un fait simplement négatif, on comprend que, lorsque le concessionnaire d'un desséchement, mis en demeure d'effectuer certains travaux, prétend que ces travaux ne rentrent pas dans ses obligations, cette prétention ne peut pas constituer une contravention et il y a d'autant moins lieu de lui attribuer ce caractère qu'en définitive le jugement n'en appartient pas moins à la juridiction administrative.

38. Le conseil de préfecture, appelé, comme on vient de le voir, à connaître des contestations qui se rapportent aux obligations imposées par le gouvernement, pour l'entretien des ouvrages de desséchement, aux concessionnaires ou à leurs ayants cause, ne peut refuser d'ordonner le rétablissement de tous les ouvrages ayant un caractère définitif qui sont reconnus avoir fait partie du système des moyens de desséchement lors de la réception définitive des travaux (Cons. d'Et., 19 avr. 1855, cité *suprà*, n° 37). Et il peut contraindre les concessionnaires au rétablissement de ceux des ouvrages qui ont disparu ou ont été dégradés, quelle que soit la cause du dommage, et non pas seulement quand il est dû à un défaut d'entretien, sauf à eux à exercer, dans le cas où ils s'y croiraient fondés, tel recours que de droit contre les communes ou les particuliers par la faute desquels ce dommage aurait été causé (Même arrêt).

39. Il appartient à l'autorité administrative de déterminer, d'après l'acte de concession ou les actes administratifs qui s'y rapportent, les obligations dont sont tenus les concessionnaires quant à l'entretien des travaux de desséchement, et, spécialement, de décider si, en vertu de ces mêmes actes, les intéressés et l'Administration sont fondés à réclamer des ayants cause du concessionnaire une hypothèque supplémentaire qui avait été stipulée à l'origine (Cons. d'Et. 14 déc. 1864, aff. Syndicat des marais de Bourgoin, D. P. 65. 3. 83).

Il a même été décidé que l'autorité administrative est également compétente pour décider si l'hypothèque ainsi réservée a été éteinte par la prescription ou purgée par les transcriptions des mutations successives (Même arrêt). Mais cette solution, combattue par M. le commissaire du gouvernement Faré, a donné lieu à d'assez sérieuses critiques. On a fait observer que ce n'est pas par l'interprétation des actes de concession, mais par l'application des principes du droit civil, que peut être résolue la question de l'extinction ou du maintien d'une hypothèque, et que, d'ailleurs, les modes d'extinction des privilèges et hypothèques ne sont pas dans le domaine des libres conventions, en ce sens, du moins, que les parties ne peuvent déroger aux dispositions de la loi à cet égard. Il est certain, dans tous les cas, que l'autorité judiciaire est seule compétente pour prononcer, par application des règles du droit civil, sur les contestations relatives au rang et aux effets de l'inscription hypothécaire qui serait prise en vertu de la décision de l'autorité administrative (Arrêt précité du 14 déc. 1864).

40. Le conseil de préfecture, compétent pour statuer sur les difficultés relatives à l'exécution des travaux, peut connaître des questions de répartition des dépenses entre les différentes sections dont l'ensemble forme l'association (Cons. d'Et. 20 mai 1868, aff. Marais mouillés des Deux-Sèvres, *Rec. Cons. d'Etat*, p. 566). Il lui appartient, notamment, de connaître d'une demande formée contre un syndicat par un membre d'une des sections de ce syndicat, en remboursement des taxes recouvrées sur cette section, et fondée sur le motif que lesdites taxes auraient été employées à des travaux auxquels la section n'était pas tenue de contribuer (Cons. d'Et. 17 janv. 1879, aff. Martin de Beaucé, D. P. 79. 3. 43).

41. Il appartient au conseil de préfecture de connaître des difficultés qui peuvent s'élever sur le sens et l'exécution d'un arrêté préfectoral qui a eu pour objet de consacrer des arrangements particuliers convenus entre l'Administration et les concessionnaires d'un desséchement de marais relativement à la conservation des travaux de desséchement (Cons. d'Et. 7 août 1856, aff. Marais de Cessieux, D. P. 57. 3. 20). Mais l'arrêté préfectoral qui a accepté une soumission par laquelle les concessionnaires du desséchement d'un marais, propriétaires de la totalité des terrains desséchés, se sont engagés à entretenir à perpétuité les travaux en affectant les francs-bords et le droit de pêche pour sûreté de leur engagement, n'a pu avoir pour objet d'imposer une obligation personnelle d'entretien aux tiers qui ont acquis des concessionnaires ces francs bords et ce droit de pêche ; et il appartient à l'autorité judiciaire seule de reconnaître quelle est la nature et l'étendue des obligations qui peuvent résulter pour ces tiers de leur acquisition, et de décider, par application des principes du droit civil, s'ils ont pu se libérer de ces obligations par l'abandon de leur propriété au syndicat (Même arrêt).

42. Les mêmes règles de compétence sont applicables aux dessèchements exécutés sous l'empire de la loi de 1807 et à ceux qui ont été effectués par des associations créées par l'Administration ou sous son autorité, à quelque époque que ce soit. A plus forte raison le conseil de préfecture est-il compétent pour connaître des contraventions commises sur les ouvrages servant au dessèchement du marais, alors que la transaction par laquelle les intéressés s'étaient volontairement constitués en association, antérieurement à la loi de 1807, a été approuvée par un décret se référant à cette loi (Cons. d'Et. 23 mai 1884, aff. Benoiston, D. P. 85. 3. 109). Mais les représentants de l'association ont seuls qualité pour faire dresser procès-verbal contre les contrevenants et pour saisir le conseil de préfecture de conclusions tendant à la suppression des ouvrages construits en contravention aux règlements (Même arrêt). Le conseil de préfecture ne peut, en effet, être saisi d'une contravention de cette nature que par un procès-verbal dressé par un agent de l'Administration, et il devrait se déclarer incompétent pour statuer sur un procès-verbal dressé par un garde particulier (Cons. d'Et. 19 juin 1874, aff. Haignerelle, D. P. 75. 3. 55. Comp. Cons. d'Et. 8 févr. 1868, aff. Campana, *Rec. Cons. d'Etat*, p. 144, note 1).

43. Le conseil de préfecture est compétent pour statuer sur une demande en suppression d'ouvrages servant au dessèchement et établis dans des conditions interdites par les règlements de l'association. Mais il est incompétent pour connaître d'une action intentée par un membre d'une association syndicale, en réparation du dommage que lui cause un ouvrage établi par un autre membre dans un intérêt privé (Cons. d'Et. 23 mai 1884, aff. Benoiston, D. P. 85. 3. 109).

44. Il appartient au conseil de préfecture, saisi d'un procès-verbal dressé par un agent des ponts et chaussées, d'ordonner la démolition d'ouvrages qui nuisent à des travaux de dessèchement en amenant l'inondation des terrains desséchés (Cons. d'Et. 8 févr. 1868, aff. Campana, *Rec. Cons. d'Etat*, p. 144). On doit également considérer comme une contravention de grande voirie l'ouverture par un particulier, dans une digue faisant partie d'un système de défense de marais, d'une brèche de nature à compromettre non seulement le facile écoulement des eaux, mais encore la conservation des ouvrages construits par l'Administration pour le dessèchement; et le conseil de préfecture peut ordonner la réparation de la brèche ou le remboursement des dépenses occasionnées par la réparation (Cons. d'Et. 24 nov. 1882, aff. Delarue, *Rec. Cons. d'Etat*, p. 937). Mais l'établissement d'une barrière fermant à clef le long d'un canal de dessèchement d'un marais ne peut, alors même qu'elle gênerait le passage et la surveillance des agents, être considérée comme faisant dommage aux travaux; par suite la demande de suppression de la fermeture à clef ne peut être soumise au conseil de préfecture (Cons. d'Et. 18 déc. 1856, aff. Dieppe, D. P. 58. 3. 236).

45. L'art. 27 de la loi du 16 sept. 1807 a un objet limité : il ne confie à l'Administration le droit de prendre des mesures de conservation qu'en ce qui concerne les travaux de dessèchement et les digues de défense. On ne saurait donc considérer comme pris en vertu de cet article l'arrêté municipal, approuvé par le préfet, qui ordonne le curage d'un fossé servant à l'écoulement des eaux stagnantes des terrains riverains. En prenant un arrêté de cette nature, le maire n'agit qu'en vertu des pouvoirs qu'il tient de la loi des 16-24 août 1790 pour empêcher les émanations insalubres résultant de la stagnation des eaux; par suite, la somme réclamée aux propriétaires qui ont refusé d'exécuter eux-mêmes le curage, pour le remboursement des travaux exécutés d'office, ne peut être considérée comme une taxe assimilée pour le recouvrement aux contributions directes, et le conseil de préfecture est incompétent pour connaître des réclamations de ces propriétaires (Cons. d'Et. 5 janv. 1882, aff. Thélolan, D. P. 84. 3. 71).

46. Le conseil de préfecture ne saurait, sans excéder ses pouvoirs, s'ingérer dans les actes d'administration; ainsi, par exemple, il ne peut ni modifier la composition de l'association;... ni prescrire l'exécution de travaux déterminés;... ni vérifier les opérations et comptes de la commission syndicale (V. les décisions citées *suprà*, v° *Associations syndicales*, n° 228);... ni autoriser un particulier à en sortir, à raison de la mauvaise gestion du syndicat (Cons. d'Et. 2 juin 1869, aff. Trône, D. P. 71. 3. 9). — Ces arrêts sont relatifs à des syndicats de dessèchement, mais ils ont une portée générale.

§ 5. — Compétence du conseil d'Etat (*Rép.* n°s 106 à 112).

47. Les commissions spéciales n'ayant plus, depuis la loi de 1865, d'attributions contentieuses, il en résulte, ainsi que nous l'avons dit (V. *suprà*, n° 25), que les décisions de ces commissions doivent être déférées au conseil de préfecture et ne peuvent plus être frappées d'appel devant le conseil d'Etat comme elles l'étaient précédemment (*Rép.* n° 109).

48. Lorsque le recouvrement des taxes dues par les membres d'une association de dessèchement doit avoir lieu comme en matière de contributions directes, le recours contre un arrêté du conseil de préfecture rendu dans une instance tendant à décharge desdites taxes a lieu sans frais, et, par suite, la partie qui succombe ne peut être condamnée aux dépens (Cons. d'Et. 20 juin 1884, aff. Simon, D. P. 86. 3. 2). Mais les indemnités de plus-value dues par les propriétaires de marais desséchés sont d'une nature très différente de celle des taxes assimilées pour le recouvrement aux contributions directes, puisque, aux termes de l'art. 21 de la loi de 1807, elles peuvent être acquittées soit en argent, soit en rentes, soit même par le délaissement d'une partie de terrain. Aussi la jurisprudence n'a-t-elle jamais admis que les recours au conseil d'Etat, en cette matière, puissent être formés sans frais; et cette jurisprudence a continué d'être appliquée sous l'empire de la loi de 1865, qui n'a fait que transférer de la commission spéciale au conseil de préfecture le droit de statuer sur les contestations relatives à ces indemnités. La partie qui succombe dans une instance de cette nature peut donc être condamnée aux dépens (Cons. d'Et. 27 févr. 1880, aff. Clerc, D. P. 81. 3. 34. V. Conf. Aucoc, *Conférences de droit administratif*, t. 2, p. 631).

ART. 2. — *Compétence de l'autorité judiciaire* (*Rép.* n°s 113 à 122).

49. La juridiction civile est incompétente pour statuer sur la réclamation d'une commune tendant à obtenir l'exécution et l'entretien de travaux relatifs au dessèchement d'un marais, et intentée contre les ayants cause du concessionnaire desdits travaux (Rouen, 23 janv. 1877, aff. Héritiers de Condé D. P. 78. 2. 20). Il importe peu que cette réclamation ait pour base une transaction d'un caractère purement privé, et dont l'objet a été de régler les droits de ladite commune et de ses habitants sur les terrains desséchés; il en est ainsi surtout lorsque, sur l'initiative des habitants de la commune, une ordonnance royale a organisé un syndicat pour l'amélioration et le perfectionnement du dessèchement, et les tribunaux civils n'ont pas qualité pour apprécier la légalité d'un pareil syndicat, lorsque son existence légale est contestée devant eux (Même arrêt).

50. La juridiction civile est également incompétente pour statuer sur l'action en dommages-intérêts formée par quelques-uns des propriétaires de fonds compris dans le périmètre d'un marais desséché contre les ayants cause du concessionnaire des travaux de dessèchement, et tendant à obtenir la réparation du préjudice que leur aurait occasionné l'inexécution ou la mauvaise exécution des travaux (Req. 11 mars 1878, aff. Commune du Marais-Vernier, D. P. 80. 1. 317). Il n'importe qu'aux termes de conventions passées entre le cessionnaire du concessionnaire et les auteurs des réclamants le premier se fût obligé envers les seconds à supporter seul les dépenses d'entretien des ouvrages primitivement accomplis par le concessionnaire: la nature privée des conventions ayant pour objet de régler l'exécution et l'entretien de travaux de dessèchement n'enlève pas à ces travaux le caractère de travaux publics. Mais les tribunaux civils sont compétents pour déterminer le caractère de ces conventions et pour fixer les obligations qui en résultent à la charge des réclamants (Même arrêt).

51. A la différence des travaux de desséchement de marais opérés après accomplissement des formalités prescrites par la loi du 16 sept. 1807, qui ont le caractère de travaux publics on doit considérer comme des travaux purement privés les travaux de desséchement d'un étang entrepris par les propriétaires de cet étang, organisés en syndicat, avec l'autorisation de l'Administration, pour l'amélioration de leurs domaines; et, par suite, les tribunaux ordinaires sont compétents pour apprécier les dommages causés à des particuliers par l'exécution de ces travaux et pour en ordonner la destruction (Civ. rej. 11 déc. 1860, aff. Syndicat du flot de Wengles, D. P. 61. 1. 14). Ainsi les inondations occasionnées par la coupure des digues qui retenaient les eaux dans les terrains à dessécher peuvent servir de base à une action possessoire de la part des propriétaires des terrains inondés, et le juge de paix, saisi de cette action, a le droit de condamner les auteurs du dommage à des dommages-intérêts et d'ordonner le rétablissement de la digue, jusqu'à l'accomplissement des mesures propres à prévenir le retour de ce dommage, surtout lorsque l'arrêté d'organisation du syndicat a prescrit lui-même ces mesures et a expressément réservé les droits des tiers (Même arrêt).

Table sommaire

des matières contenues dans le Supplément et le Répertoire.

(Les chiffres précédés de la lettre *S* renvoient au Supplément; les chiffres précédés de la lettre *R* renvoient au Répertoire.)

Table des articles de la loi du 16 sept. 1807.

Table chronologique des Lois, Arrêts, etc.

14 déc. Cons. d'Et. 39 c.

1865

20 juin. Cons. d'Et. 7 c.
21 juin. Loi. 5 c., 12 c., 14 c., 15 c., 27 c., 28 c., 29 c., 48 c.

1868

8 févr. Cons. d'Et. 42 c., 44 c.
20 mai. Cons. d'Et. 40 c.

1869

2 juin. Cons. d'Et. 46 c.

1871

7 mai. Cons. d'Et. 23 c.

1874

19 juin. Cons. d'Et. 42 c.

1876

8 déc. Cons. d'Et. 15 c.

1877

23 janv. Rouen. 49 c.
3 août. Trib. Lille. 19 c.

1878

15 janv. Cons. d'Et. 14 c., 28 c.
11 mars. Req. 50 c.
26 nov. Av. Cons. d'Et. 28 c.

1879

17 janv. Cons. d'Et. 40 c.

1880

27 févr. Cons. d'Et. 32 c., 35 c., 36 c., 48 c.
4 août. Civ. 19 c.
26 nov. Cons. d'Et. 16 c.

1881

9 août. Loi. 6 c.

1882

5 janv. Cons. d'Et. 45 c.
24 nov. Cons. d'Et. 44 c.
22 déc. Cons. d'Et. 30 c.

1883

16 mars. Cons. d'Et. 34 c.

1884

23 mai. Cons. d'Et. 42 c., 43 c.
2 juin. Cons. d'Et. 33 c.
20 juin. Cons. d'Et. 7 c., 48 c.

1889

6 avr. Cons. d'Et. 20 c.
26 avr. Loi. 6 c.
13 juill. Cons. d'Et. 20 c.

1890

17 janv. Cons. d'Et. 20 c.

MARAIS SALANTS. — V. *infrà*, v° *Sel*; — *Rép. cod.* v° n° 88.

MARAUDAGE-MARAUDE. — V. *Contravention*, n°s 118 et suiv., 241 et suiv., *Dommage-destruction-dégradation*, n°s 135 et suiv., 181 ; *Droit rural*, n°s 216 et suiv. ; *Organisation militaire; Vol et escroquerie* ; — *Rép.* v^{is} *Contravention*, n°s 185 et suiv., 403, 411 et suiv. ; *Dommage-destruction-dégradation*, n°s 258 et suiv. ; *Droit rural*, n° 206 ; *Vol et escroquerie*, n°s 442 et suiv., 452.

MARCHÉ A TERME. — V. *Bourse de commerce*, n°s 71 et suiv., 83 et suiv. ; *Jeu-pari*, n° 17 ; *Obligations; Trésor public* ; — *Rép.* v^{is} *Bourse de commerce*, n°s 234 et suiv., 303 et suiv., 362, 443 et suiv. ; *Jeu-pari*, n°s 17 et suiv. ; *Obligations*, n° 728-3° ; *Trésor public*, n°s 1211, 1317 et suiv., 1359 et suiv., 1370 et suiv., 1395 et suiv.

MARCHÉ DE FOURNITURES.

DIVISION

---

1. Comme on l'a dit au *Rép.*, n° 3, il ne faut pas confondre les marchés de fournitures avec les *marchés de travaux publics* ; ils s'en distinguent en ce que ces derniers ont pour but, non des prestations mobilières, mais des travaux à exécuter sur le domaine public immobilier de l'Etat, des départements et des communes (Conf. A Périer, *Marchés de fournitures*, p. 1).

ART. 1er. — *Législation* (*Rép.* n°s 4 à 9).

2. On a vu au *Rép.*, n° 6, qu'aux termes de l'art. 12 de la loi du 31 janv. 1833, une ordonnance royale devait régler les formalités à suivre dans tous les marchés passés au nom du Gouvernement, et qu'en exécution de cette loi était intervenue l'ordonnance du 4 déc. 1836 qui formait le règlement de la matière. Cette ordonnance a été abrogée, ainsi que les art. 68 à 81 du décret du 31 mai 1862, portant règlement sur la comptabilité publique (D. P. 62. 4. 83), par le décret du 18 nov. 1882 relatif aux adjudications et aux marchés passés au nom de l'Etat (D. P. 83. 4. 56).

3. Un décret du 23 sept. 1876 (D. P. 77. 4. 11), concernant les marchés de gré à gré passés par le ministre de l'instruction publique pour la construction des instruments astronomiques, a apporté, en ce qui touche ces marchés, une dérogation à la règle formulée par l'art. 10 du décret du 31 mai 1862 sur la comptabilité publique, aux termes duquel aucun payement ne peut être fait que pour l'acquittement d'un service effectué. Par suite de cette interdiction, il était parfois impossible de traiter avec certains constructeurs d'instruments astronomiques qui sont dans l'usage de demander, avant le commencement des travaux, une avance de fonds égale au tiers du marché, alors que l'intérêt de la science exigeait que le ministre pût s'adresser à ces constructeurs. Le décret du 23 sept. 1876, pour remédier aux inconvénients résultant de cet état de choses, porte que les marchés de gré à gré passés par le ministre de l'instruction publique pour la construction des instruments astronomiques et de précision pourront stipuler, en faveur des constructeurs, des avances de fonds qui ne pourront jamais excéder le tiers du total de la dépense. Les marchés contenant des stipulations de ce genre doivent préalablement être soumis au ministre des finances, et la date de l'autorisation du ministre doit être expressément mentionnée dans lesdits marchés.

4. La guerre de 1870 avec l'Allemagne a nécessité la conclusion de nombreux marchés qui ont dû être passés d'urgence et dans des conditions anormales par les diverses administrations publiques. Un décret du 8 nov. 1870 (D. P. 71. 4. 11) a institué une commission chargée de contrôler et liquider provisoirement tous les marchés passés depuis le commencement de la guerre. Ceux de ces marchés qui étaient payables en tout ou en partie sur les fonds de l'Etat ont été soumis, par la loi du 6 avr. 1871 (D. P. 71. 4. 37), à l'examen d'une commission de soixante membres de l'Assemblée nationale, nommée par les bureaux, et chargée de contrôler la régularité des conditions auxquelles ils avaient été consentis, ainsi que celle de leur exécution. Cette commission était investie de tous pouvoirs, soit pour mander et faire comparaître devant elle ou interroger les personnes en état de donner des renseignements, soit pour se faire délivrer et communiquer toutes les pièces de nature à éclairer sa religion. Le ministre restait, d'ailleurs, seul compétent pour statuer sur les litiges auxquels lesdits marchés donnaient lieu (V. *infrà*, n° 104). Un rapport devait être adressé par la commission à l'Assemblée nationale. Ce rapport fut déposé le 14 sept. 1871. (V. *Journ. off.* des 25, 26, 27 et 28 septembre).

5. Conformément à l'ordre adopté au *Rép.* (n° 9), nous traiterons successivement des marchés de fournitures passés: 1° avec le Gouvernement; 2° avec les départements; 3° avec les communes et les établissements publics.

Tableau chronologique des lois et décrets relatifs aux marchés de fournitures.

31 mai-11 août 1862. — Décret impérial portant règlement général sur la comptabilité publique (art. 68 à 81 relatifs aux marchés passés au nom de l'Etat) (D. P. 62. 4. 83).

8 nov. 1870-11 janv. 1871. — Décret instituant une commission chargée de contrôler et liquider provisoirement tous les marchés passés depuis le commencement de la guerre (D. P. 71. 4. 11).

6-18 avr. 1871. — Loi qui institue une commission chargée d'examiner tous les marchés passés par les administrations publiques à l'occasion de la guerre (D. P. 71. 4. 37).

23 sept.-28 déc. 1876. — Décret concernant les marchés de gré à gré passés par le ministre de l'instruction publique pour la construction des instruments astronomiques (D. P. 77. 4. 11).

18-20 nov. 1882. — Décret relatif aux adjudications et aux marchés passés au nom de l'Etat (D. P. 83. 4. 56).

4-5 juin 1888. — Décret qui fixe les conditions exigées des sociétés d'ouvriers français pour pouvoir soumissionner les travaux et fournitures faisant l'objet des adjudications de l'Etat (D. P. 88. 4. 46).

18 janv.-4 mai 1889. — Décret qui applique en Algérie les dispositions du décret du 4 juin 1888 concernant les conditions exigées des ouvriers français pour pouvoir soumissionner les travaux et fournitures faisant l'objet des adjudications de l'Etat (D. P. 90. 4. 32).

Art. 2. — *Marchés de fournitures avec l'Etat. — Formes* (*Rép.* n°s 10 à 38).

§ 1er. — Par qui sont passés les marchés au nom de l'Etat (*Rép.* n°s 10 à 14).

6. On a dit au *Rép.* n° 10, que les marchés qui ont pour objet d'assurer un service public dans toute l'étendue du territoire sont passés par les ministres compétents, mais que ceux qui ne sont destinés qu'à assurer un service local peuvent être passés par les chefs de ce service, sauf approbation du ministre. L'art. 17 du décret du 18 nov. 1882 est ainsi conçu : « Sauf les exceptions spécialement autorisées ou résultant des dispositions particulières à certains services, les adjudications et réadjudications sont subordonnées à l'approbation du ministre et ne sont valables qu'après cette approbation. Les exceptions spécialement autorisées doivent être relatées dans le cahier des charges ». L'art. 19 du même décret porte que « les marchés de gré à gré sont passés par les ministres ou par les fonctionnaires qu'ils ont délégués à cet effet ». En pareil cas, une délégation spéciale est nécessaire (Cons. d'Et. 4 févr. 1876, aff. Ville de Marseille, D. P. 76. 3. 69). Il a été décidé, par application de ce principe, qu'une pareille délégation n'appartenait pas de plein droit, pendant la guerre de 1870, à l'administration supérieure du département des Bouches-du-Rhône (Même arrêt).

7. Parmi les exceptions que comporte la règle qui exige, pour les adjudications, l'approbation ministérielle, et dont on a cité un exemple au *Rép.* n° 12, il faut mentionner les marchés pour fourniture du pain aux troupes, qui, en vertu de l'ordonnance du 11 nov. 1844, sont approuvés au nom du ministre par le président de la commission, et, en cas de protestation, par l'intendant divisionnaire (Perriquet, *op. cit.*, n° 118). Il a été jugé que, lorsqu'un commissionnaire a été, en l'absence de tout autre, déclaré adjudicataire d'une fourniture de pain de troupe, l'acceptation du marché est définitive et n'est pas, dès lors, subordonnée à l'approbation de l'intendant divisionnaire, bien qu'une protestation ait été élevée par un tiers, si cette protestation n'a été déposée qu'après l'adjudication prononcée (Cons. d'Et. 25 juin 1857, aff. Mutheau, *Rec. Cons. d'Etat*, p. 517).

8. D'après les clauses générales de la marine, du 10 juin 1870, les marchés dont l'importance n'excède pas 10 000 fr. sont approuvés en conseil d'administration par les délégués du ministre, sauf en ce qui concerne le service des hôpitaux, dont les marchés doivent toujours être approuvés par le ministre lui-même. Les marchés qui sont passés sur prix maximum déterminé à l'avance par le ministre sont aussi approuvés par les délégués du ministre, quelle que soit leur importance, lorsque le prix soumissionné ne dépasse pas ce maximum. Les autres marchés sont soumis à l'approbation du ministre lui-même ; néanmoins, dans les cas d'urgence, les délégués du ministre peuvent en ordonner immédiatement l'exécution, dans la limite des besoins pressants du service, pour tout ou partie de la fourniture (Périer, *op. cit.*, p. 8).

9. L'approbation du ministre doit être expresse (Cons. d'Et. 21 mai 1867, aff. Véniard, *Rec. Cons. d'Etat*, p. 503), et le commencement d'exécution donné au marché ne saurait être considéré comme impliquant une approbation tacite (Même arrêt). Un fournisseur qui traite avec un agent de l'Administration, sans s'être assuré qu'il avait pouvoir pour conclure au nom du ministre, et qui ne fait pas approuver le marché avant l'exécution, ne doit s'en prendre qu'à lui-même de son ignorance et de son imprudence; il n'a pas d'action contre l'Etat pour le payement de ses fournitures (Cons. d'Et. 20 juill. 1854, aff. Olivet, D. P. 55. 3. 20) et le ministre peut refuser de donner suite au marché (Cons. d'Et. 4 juill. 1872, aff. Martin, D. P. 73. 3. 35). Il ne suffirait pas pour que l'action du fournisseur pût être accueillie, qu'il invoquât des circonstances qui auraient été de nature à lui faire croire à la conclusion d'un marché régulier (Cons. d'Et. 28 févr. 1873, aff. Camps, *Rec. Cons. d'Etat*, p. 203).

10. En cas de doute sur l'existence de l'approbation ministérielle, c'est au fournisseur qui réclame l'exécution du traité à justifier de cette approbation (Cons. d'Et. 3 janv. 1873, aff. Favrichon-Dubois, *Rec. Cons. d'Etat*, p. 112).

11. Le refus d'approuver une adjudication est, de la part du ministre, un acte d'administration déterminé par des motifs d'un caractère discrétionnaire et qui, ainsi que nous l'avons dit (*Rép.* n° 21) ne peut donner ouverture ni à un recours par la voie contentieuse (Cons. d'Et. 17 janv. 1849, aff. Cosse, D. P. 72. 3. 4, note 3), ni à une demande d'indemnité (Aucoc, *Conférences de droit administratif*, t. 2, p. 165). Mais si le fournisseur ne peut contester l'exercice que fait le ministre d'un pouvoir discrétionnaire, il ne saurait rester indéfiniment dans l'incertitude, et le refus du ministre doit intervenir assez promptement pour que le fournisseur puisse l'attendre avant d'exposer aucune dépense. La notification tardive de ce refus peut donner lieu, en faveur de l'adjudicataire dont le ministre n'a pas approuvé la soumission, à une indemnité calculée sur le dommage que lui a causé ce retard (Cons. d'Et. 29 juin 1870, aff. Dufoure, D. P. 72. 3. 4). C'est ainsi qu'il a été accordé une indemnité à une compagnie qui, après avoir préparé, d'après les instructions du ministre de la marine, les plans, projets et études préliminaires pour la construction de silos dans les ports de Brest et de Cherbourg, avait reçu avis de l'ajournement indéfini de la conclusion du marché (Cons. d'Et. 10 juin 1868, aff. Doyère, *Rec. Cons. d'Etat*, p. 643).

12. Un marché de fournitures fait avec un pouvoir insurrectionnel n'engage pas l'Etat (Cons. d'Et. 14 févr. 1873, aff. Cibille, D. P. 73. 1. 90 ; 30 janv. 1874, aff. Bruneau, D. P. 74. 3. 74 ; 25 mai 1877, aff. Thisnel, D. P. 77. 3. 72). Par suite, l'Etat ne doit que le prix des denrées qui ont été employées pour les besoins du service postérieurement au rétablissement d'un gouvernement régulier (Arrêt précité du 14 févr. 1873). Dans ce cas, en effet, la seule base de l'action des fournisseurs contre l'Etat est cette règle élémentaire d'équité que nul ne peut s'enrichir aux dépens d'autrui. Il a été décidé, par application de cette règle, que lorsque des fournisseurs, sur l'ordre des agents de la Commune insurrectionnelle de Paris, ont travaillé des matières appartenant à l'Etat, celui-ci ne leur doit pas le prix de la main-d'œuvre si elle n'a pas augmenté pour lui la valeur de ces matières, mais que, lorsque l'Etat, à la suite de l'insurrection, prend possession d'objets d'équipement militaire confectionnés avec des matières ne lui appartenant pas, il doit en payer le prix (Cons. d'Et. 6 févr. 1874, aff. Association des ouvriers tailleurs, D. P. 74. 3. 74).

§ 2. — Adjudication avec concurrence et publicité (*Rép.* nos 15 à 22).

13. Comme l'ordonnance du 4 déc. 1836, dont les dispositions ont été reproduites au *Rép.* nos 15 et suiv., et comme le décret du 31 mai 1862, le décret du 18 nov. 1882 pose en principe, dans son art. 1er, que les marchés de travaux, fournitures ou transports au compte de l'Etat sont faits avec concurrence et publicité, sauf les exceptions énumérées, ainsi que nous le verrons plus loin, en l'art. 18. Quelle est la sanction de cette règle? M. Christophle (*Traité des travaux publics*, 2e édit. t. 1, n° 338) a soutenu que tout marché, passé de gré à gré quand il devait être l'objet d'une adjudication, est frappé d'une nullité d'ordre public opposable par tous les intéressés. Mais il est généralement admis que l'interdiction des marchés de gré à gré n'est prononcée que dans l'intérêt de l'Administration, et que, dès lors, il appartient à l'autorité supérieure d'apprécier les circonstances qui peuvent rendre nécessaires des dérogations à la règle générale; que le ministre ou le fonctionnaire peut ainsi engager sa responsabilité morale et politique, mais qu'aucun droit particulier n'est violé (V. conf. Aucoc, *op. cit.*, t. 2, n° 171 ; Dufour, *Droit administratif*, 3e éd., t. 6, p. 321 ; Périer, *op. cit.*, n° 31 ; Cons. d'Et. 4 juill. 1873, aff. Lefort, D. P. 74. 3. 91). — D'ailleurs, l'Etat lui-même ne serait pas fondé à demander la nullité du contrat qu'il a passé avec un tiers, en se fondant sur l'inobservation de dispositions réglementaires qui ne sont pas d'ordre public, mais constituent seulement des mesures d'ordre intérieur et d'administration. Il en est ainsi, du moins, lorsque le marché a été mis à exécution (Cons. d'Et. 18 mai 1877, aff. Dalloz, D. P. 77. 3. 84). Spécialement, l'Etat ne peut se prévaloir de ce que le traité serait contraire aux dispositions qui prescrivent que les marchés passés avec l'Etat soient faits avec publicité et concurrence (Même arrêt).

14. Dans le cas où l'Administration a eu recours à l'adjudication publique et où les conditions exigées par le cahier des charges n'ont pas été observées, un recours contentieux est ouvert au concurrent évincé qui prétend que l'adjudication n'a pas été régulière (Cons. d'Et. 26 juill. 1851, aff. Martin, *Rec. Cons. d'Etat*, p. 537 ; 1er mars 1866, aff. Martin, *ibid.*, p. 201 ; 9 janv. 1868, aff. Servat, D. P. 70. 3. 106 ; 16 févr. 1870, aff. Mangane, *Rec. Cons. d'Etat*, p. 107 ; 7 déc. 1870, aff. Plon, *Rec. Cons. d'Etat*, p. 1072). — Toutefois, même dans cette hypothèse, plusieurs arrêts paraissent subordonner la recevabilité du recours à la nature des irrégularités sur lesquelles se fonde le réclamant, et décident que le pourvoi doit être déclaré non recevable dans le cas où la clause dont il dénonce la violation a été insérée au cahier des charges dans l'intérêt exclusif de l'Administration, et où elle est étrangère aux rapports des soumissionnaires les uns vis-à-vis des autres (Cons. d'Et. 29 nov. 1866, aff. Gris, D. P. 70. 3. 105, et 1er juill. 1887, aff. Boutry, D. P. 88. 3. 122). Mais il paraît résulter de la rédaction de ces arrêts que le conseil d'Etat n'entend écarter le recours comme non recevable qu'autant qu'il constate l'existence simultanée de ces deux conditions. En effet, bien qu'une clause ait pour objet l'intérêt exclusif de l'Administration, les droits d'un soumissionnaire seraient violés, si l'on exigeait arbitrairement de lui une condition onéreuse dont un concurrent plus favorisé serait exempté. L'atteinte portée par l'Administration au principe de la libre concurrence suffirait donc à ouvrir un recours contentieux au soumissionnaire au préjudice duquel auraient été méconnues les prescriptions du cahier des charges destinées à assurer l'égalité entre les concurrents.

Il a été décidé, par application de la distinction qui vient d'être indiquée : 1° qu'un soumissionnaire n'est pas recevable à se pourvoir devant le conseil d'Etat contre la décision ministérielle qui a déclaré adjudicataire un autre soumissionnaire, alors qu'il fonde son pourvoi sur ce que ce dernier n'aurait pas produit les certificats exigés par le cahier des charges (Arrêt précité du 29 nov. 1866) ; — 2° Qu'un concurrent évincé ne peut se prévaloir, pour demander l'annulation, de ce que la caution agréée par l'Administration ne serait pas celle que l'adjudicataire avait primitivement proposée, alors que, d'après le cahier des charges, l'entrepreneur n'est tenu de présenter une caution qu'au moment de la signature du marché, et que le ministre s'est réservé un délai d'un mois pour agréer ou refuser cette caution (Arrêt précité du 1er juill. 1887) ; — 3° Qu'au contraire un soumissionnaire est recevable à attaquer l'adjudication tranchée en faveur d'un de ses concurrents en se fondant sur l'irrégularité des pièces représentées par ce dernier (Arrêt précité du 9 janv. 1868. — Comp. aussi Cons. d'Et. 16 mai 1890, aff. Planté, D. P. 91. 5. 339).

15. Dans le cas où l'Administration militaire, tout en provoquant les industriels, par la publicité donnée à un programme, à faire connaître les conditions auxquelles ils s'engageraient à effectuer des fournitures, s'est réservé la faculté de traiter avec celui qui lui offrirait les meilleures garanties, le marché n'a pas le caractère d'une adjudication, et, par suite, aucun des soumissionnaires évincés n'est recevable à soutenir que ce marché a été conclu en violation de ses droits et qu'il a ouvert en sa faveur droit à indemnité (Cons. d'Et. 8 août 1882, aff. Lanvin Schraen, D. P. 84. 3. 15).

16. On a dit au *Rép.* n° 19 que, d'après l'art. 9 de l'ordonnance de 1836, les soumissions devaient toujours être remises cachetées en séance publique. Cette disposition a été modifiée par l'art. 13 du décret du 18 nov. 1882, qui est ainsi conçu : « Les soumissions, placées sous enveloppes cachetées, sont remises en séance publique. Toutefois les cahiers des charges peuvent autoriser ou prescrire l'envoi des soumissions par lettres recommandées, ou leur dépôt dans une boîte à ce destinée; ils fixent le délai pour cet envoi ou pour ce dépôt ».

17. Les dispositions de l'art. 6 de l'ordonnance de 1836, rapportées au *Rép.* n° 20, et relatives aux publications qui doivent précéder les adjudications, ont été reproduites par l'art. 2 du décret du 18 nov. 1882. Le ministre peut modifier le cahier des charges; mais ce droit n'appartient pas au fonctionnaire qui préside l'adjudication (Cons. d'Et. 20 janv. 1859, aff. Léon, *Rec. Cons. d'Etat*, p. 47; 11 déc. 1874, aff. Legrand, *ibid.*, p. 982).

18. L'acte par lequel un ministre approuve le cahier des charges qui doit servir de base à une adjudication de fournitures est un acte de pure administration qui n'est pas susceptible d'être déféré au conseil d'Etat par la voie contentieuse, sauf à l'entrepreneur sortant, s'il se croit fondé à soutenir que ce cahier des charges contient des clauses portant atteinte à ses droits, à former une demande en dommages-intérêts devant le ministre et, en appel, devant le conseil d'Etat (Cons. d'Et. 14 janv. 1887, aff. Société générale des fournitures militaires, D. P. 88. 3. 55). D'ailleurs, cette approbation, tant que l'adjudication n'a pas été tranchée en faveur d'un des soumissionnaires, ne constitue à l'égard des autres qu'une dénégation de leurs droits prétendus et ne leur cause en l'état aucun préjudice possible à apprécier (Cons. d'Et. 7 janv. 1869, aff. Laffite, D. P. 70. 3. 6, et 16 juin 1882, aff. Grisnoult, D. P. 83. 5. 128).

§ 3. — Marchés de gré à gré (*Rép.* nos 23-24).

19. On a dit (*Rép.* n° 23) que l'art. 2 de l'ordonnance de 1836 énumérait les cas dans lesquels, par dérogation à l'art. 1er, l'Administration était autorisée à traiter de gré à gré pour certaines fournitures. Ces dispositions avaient été reproduites par l'art. 69 du décret du 31 mai 1862; elles se retrouvent dans l'art. 18 du décret du 18 nov. 1882, mais avec quelques modifications et additions qu'il est nécessaire de signaler. — Les dispositions précitées autorisaient l'Administration à traiter de gré à gré pour les fournitures, transports et travaux dont la dépense totale n'excéderait pas 10 000 fr. ou, s'il s'agissait d'un marché passé pour plusieurs années, dont la dépense annuelle n'excéderait pas 3 000 fr. Le décret de 1882 étend cette autorisation aux marchés dont la dépense totale n'excède pas 20 000 fr., ou, s'il s'agit d'un marché passé pour plusieurs années, dont la dépense annuelle n'excède pas 5 000 fr. Il accorde la même autorisation, notamment, pour les travaux que des nécessités de sécurité publique empêchent de faire exécuter par voie d'adjudication (§ 7), aux fournitures, transports et travaux que l'Administration doit faire exécuter aux lieu et place des adjudicataires défaillants et à leurs risques et périls (§ 11), aux transports confiés aux administrations de chemins de fer (§ 13).

20. La commission des ordinaires, chargée dans chaque régiment de s'occuper de l'achat, de la réception et de la distribution des denrées et objets à la charge des ordinaires, procède, aux termes de l'art. 9 du décret du 14 déc. 1861 (*Journ. milit. off.*, 1862, p. 395), soit par adjudication, soit de gré à gré. Mais, lorsqu'elle a procédé par voie d'adjudication, il y a lieu d'appliquer les principes essentiels de l'adjudication. Il doit donc, dans ce cas, y avoir concurrence et publicité ; celui qui offre les conditions les plus avantageuses doit être déclaré adjudicataire, et la commission a un pouvoir discrétionnaire pour écarter de l'adjudication les soumissionnaires qui ne lui paraissent pas présenter toutes les garanties nécessaires (Civ. rej. 28 déc. 1881, aff. Battalora, D. P. 82. 1. 469). En pareil cas, un contrat ne se forme entre cette commission et les concurrents admis à l'adjudication que si elle a donné son agrément préalable aux soumissionnaires, et l'ouverture du pli qui renferme la soumission n'implique nullement l'admission du soumissionnaire à concourir à l'adjudication, si son nom n'est pas inscrit sur ce pli. Dans ces conditions, le soumissionnaire évincé n'est pas fondé à se plaindre de n'avoir pas été déclaré adjudicataire, bien qu'il ait offert un prix moins élevé que les autres soumissionnaires (Même arrêt).

§ 4. — Garanties exigées des fournisseurs (*Rép.* nos 25 à 38).

21. D'après l'art. 4 du décret du 18 nov. 1882, comme d'après l'art. 5 de l'ordonnance de 1836, rapportée au *Rép.* n° 25, les cahiers des charges doivent déterminer la nature et l'importance des garanties pécuniaires à produire par les soumissionnaires, à titre de cautionnements provisoires, pour être admis aux adjudications ;... par les adjudicataires, à titre de cautionnements définitifs, pour répondre de leurs engagements. Ils déterminent également les autres garanties, telles que cautions personnelles et solidaires, affectations hypothécaires, dépôt de matières dans les magasins de l'État, qui peuvent être demandées, à titre exceptionnel, aux fournisseurs, pour assurer l'exécution de leurs engagements. Enfin ils déterminent l'action que l'Administration peut exercer sur ces garanties.

22. Les garanties pécuniaires peuvent, aux termes de l'art. 5, consister au choix des soumissionnaires et adjudicataires : 1° en numéraire; 2° en rentes sur l'Etat et valeurs du Trésor au porteur ; 3° en rentes sur l'Etat, nominatives ou mixtes. D'après l'art. 6, la valeur en capital des rentes à affecter aux cautionnements est calculée, pour les cautionnements provisoires, au cours moyen du jour de la veille du dépôt; pour les cautionnements définitifs, au cours moyen du jour de l'approbation de l'adjudication. Les bons du Trésor à l'échéance d'un an ou de moins d'un an, sont acceptés pour le montant de leur valeur en capital et intérêts. Les autres valeurs déposées pour cautionnement sont calculées d'après le dernier cours publié au *Journal officiel*. Les art. 7 à 12 règlent le mode de réalisation du cautionnement.

23. Le cautionnement ne sert pas toujours uniquement à garantir l'Etat des condamnations qu'il pourait obtenir contre le fournisseur. Le cahier des charges contient quelquefois une clause en vertu de laquelle le cautionnement resterait acquis à l'Etat en cas d'inexécution du contrat. L'Etat a alors droit à l'intégralité du cautionnement, sans avoir à justifier de l'étendue du préjudice éprouvé (Cons. d'Et. 28 juin 1853, aff. Marcin, *Rec. Cons. d'Etat*, p. 142).

Art. 3. — *Effets des marchés de fournitures* (*Rép.* nos 39 à 46).

§ 1er. — Translation de propriété des fournitures. — Perte. — Force majeure (*Rép.* nos 40 à 43).

24. On a vu au *Rép.* n° 40 que, dans le silence du cahier des charges, on doit suivre les règles du droit commun en matière de vente, soit en ce qui touche le transport de la propriété pour les marchandises vendues au poids, au compte ou à la mesure, soit pour l'obligation de la délivrance par la tradition réelle. Comme, dans la plupart des cas, les marchés de fournitures se rapportent à des objets se vendant au poids, au compte ou à la mesure, la jurisprudence leur fait application de l'art. 1585 c. civ., en décidant que les fournitures restent aux risques du fournisseur, jusqu'à la livraison réelle ou la prise en charge par l'Etat, et que, par suite, si des événements de force majeure empêchent que la livraison ne soit effectuée, les fournitures périssent pour le compte du fournisseur. Il a été décidé, en ce sens, que la marchandise reste aux risques du vendeur jusqu'à la livraison au lieu déterminé, quand même, à raison de l'état de guerre, il aurait été convenu qu'elle voyagerait d'une gare indiquée jusqu'à ce lieu au moyen de réquisitions (Cons. d'Et. 29 nov. 1872, aff. Trottier, D. P. 74. 3. 49; 25 juill. 1873, aff. Bonnet, *Rec. Cons. d'Etat*, p. 688);... ou quand même elle aurait été expédiée sur une voie où le service était interrompu, en vertu d'un ordre de l'intendance (Cons. d'Et. 21 mars 1873, aff. Blin et Fontaine, D. P. 74. 3. 49). — Mais le fournisseur qui, en effectuant la livraison des marchandises, en a transmis à l'Etat la propriété et les risques, ne reprend pas ces risques à sa charge par cela seul qu'il s'est engagé ensuite à les transporter pour le compte de l'Etat (Cons. d'Et. 31 mai 1855, aff. Le Boyer, *Rec. Cons. d'Etat*, p. 373 ; 8 août 1872, aff. Strauss, *Rec. Cons. d'Etat*, p. 508).

25. On ne doit tenir compte que de la réception définitive au lieu de livraison pour déterminer l'époque à laquelle les marchandises sont aux risques de l'Administration ; une réception provisoire dans un autre lieu ne suffirait pas pour produire cet effet (Cons. d'Et. 4 août 1866, aff. Dufils, *Rec. Cons. d'Etat*, p. 938). — Le fait qu'après le prélèvement des échantillons destinés à être analysés, des vins ont été transvasés dans les foudres appartenant à l'Administration ne constitue pas une prise de possession, tant qu'il n'a pas été définitivement statué sur l'admission ou le rejet de la fourniture (Cons. d'Et. 9 juill. 1880, aff. Larose, D. P. 81. 5. 248).

26. Lorsque, après la livraison, les marchandises livrées sont reconnues avariées et qu'un jugement correctionnel rendu contre le fournisseur a ordonné la confiscation de ces marchandises et leur remise aux établissements de bienfaisance, le fournisseur ne peut opposer, à la demande de remboursement formée contre lui par l'Administration, une fin de non-recevoir tirée de ce que lesdites marchandises, ayant été reçues et payées par l'Administration, sont devenues, à partir de la réception, la propriété de l'Etat (Cons. d'Et. 30 juill. 1857, aff. Hervouët, *Rec. Cons. d'Etat*, p. 613).

§ 2. — Action en payement des fournitures livrées (*Rép.* nos 44 à 46).

27. Le payement des fournitures doit, ainsi qu'on l'a exposé au *Rép.* n° 44, être fait dans les conditions déterminées pour chaque marché par le contrat. Nous avons dit qu'en principe l'Etat n'est obligé qu'envers le fournisseur avec lequel il a traité directement ; les tiers qui ont pu traiter avec le fournisseur n'ont d'action que contre lui, sauf ce qui sera dit plus loin à l'occasion des sous-traitants (V. Périer, *op. cit.*, n° 82). Lorsqu'il n'a pas été passé un marché de fournitures proprement dit, mais que des agents de l'Etat ont été chargés de faire des approvisionnements et ont souscrit l'obligation de payer les marchandises livrées, l'action en payement doit être dirigée contre l'Etat lui-même et non pas contre l'agent mandataire de l'Etat. Mais, ainsi qu'on l'a vu au *Rép.* n° 45, la qualité d'agent de l'Administration ne suffit pas pour donner à ceux qui traitent une action directe contre l'Etat à raison des fournitures faites à cet agent, et il faut pour cela que l'agent ait reçu mission formelle de traiter.

28. On a vu précédemment (*suprà*, n° 9) que les marchands qui ont traité, pour des fournitures de vivres à l'armée, avec un agent comptable des subsistances militaires, sans exiger de celui-ci une délégation spéciale du ministre de la guerre ou sans faire approuver le marché par ce ministre avant l'exécution, n'ont pas d'action contre l'Etat pour le payement de leurs fournitures (Cons. d'Et. 20 juill. 1854, aff. Olivet, D. P. 55. 3. 20). Il a été décidé, dans le même sens, que la livraison de cuirs faite par un marchand au maître bottier d'un régiment ne peut donner lieu, en cas d'insolvabilité de ce dernier, à une action directe contre l'Etat en faveur du marchand, si celui-ci ne justifie pas que le conseil d'administration du régiment lui a garanti le payement des fournitures (Cons. d'Et. 2 août 1860, aff. Lemercier, *Rec. Cons. d'Etat*, p. 582).

29. Ainsi qu'on l'a dit au *Rép.* n° 46, lorsque les agents de l'Etat, bien qu'ayant pouvoir de faire des approvisionnements qui se rattachent à leur service, sont chargés de faire ces acquisitions à titre d'*abonnement*, les fournisseurs n'ont aucune action directe contre l'Etat, mais seulement contre l'agent avec lequel ils ont traité (Conf. Périer, *op. cit.*, n° 89).

ART. 4. — *De l'exécution et de l'interprétation des marchés. — Frais. — Augmentation de prix. — Indemnité* (*Rép.* nos 47 à 57).

30. — I. EXÉCUTION OU INTERPRÉTATION DES MARCHÉS. — On a vu au *Rép.* n° 47, que les marchés de fournitures doivent, comme les conventions ordinaires, être interprétés suivant les principes qui président à l'exécution des contrats. Mais, ainsi que le fait observer M. Périer (*op. cit.*, n° 109), les stipulations des marchés doivent être rigoureusement observées, et ce n'est que dans le cas de doute sur la signification et la portée des conventions intervenues que le juge doit se reporter aux règles sur l'interprétation des contrats formulées dans les art. 1156 et suiv. c. civ.

31. Il a été décidé: 1° au point de vue du mode d'*exécution* ou d'*interprétation* des marchés de fournitures, que lorsque le cahier des charges d'un marché passé pour le service du littoral algérien entre l'Etat et la compagnie des Services maritimes des messageries désigne limitativement les escales des bateaux des messageries sur le littoral, la compagnie n'est pas tenue de supporter les dépenses d'embarquement ou de débarquement qui peuvent être faites dans un port dont le nom ne figure pas parmi les escales désignées au marché (Cons. d'Et. 4 juill. 1872, aff. Compagnie des Services maritimes, *Rec. Cons. d'Etat*, p. 404); — 2° Que, dans le cas où un cahier des charges relatif aux transports militaires d'Algérie porte que tous les transports qui auront lieu sur des routes reconnues carrossables par l'autorité militaire seront payés comme exécutés par le roulage, l'entrepreneur n'est pas recevable à contester, devant la juridiction contentieuse, les appréciations de l'autorité militaire sur le point de savoir si telle ou telle route doit être considérée comme carrossable (Cons. d'Et, 20 déc. 1855, aff. Saulière, *Rec. Cons. d'Etat*, p. 769); — 3° Que le marché passé pour la fourniture et l'entretien des lits militaires impose aux fournisseurs l'obligation de repeindre et désinfecter les couchettes et châlits à tréteaux en fer toutes les fois que la nécessite en sera constatée et que le fonctionnaire de l'intendance en donnera l'ordre, doit être entendu en ce sens que l'obligation de désinfecter les lits n'entraîne celle de détruire les punaises que dans le cas où l'existence et le séjour de ces insectes dans cette partie du mobilier y constitueraient une cause reconnue d'infection. (Cons. d'Et. 6 mai 1853, aff. Chambry, *Rec. Cons. d'Etat*, p. 506); — 4° Que, dans le cas où le cahier des charges de la fourniture des vivres dans un arrondissement d'Algérie porte que le service de l'entrepreneur consiste à fournir des vivres aux troupes de toute arme, quel que soit leur effectif, cantonnées, baraquées ou de passage dans tout l'arrondissement auquel s'applique l'entreprise et que tous les frais quelconques se rattachant à l'exécution du service, jusques et y compris la distribution aux parties prenantes, sont à la charge de l'entrepreneur au moyen du prix déterminé par le marché, il résulte de ces clauses que l'entrepreneur est obligé de fournir au prix de son marché, jusqu'aux limites de l'arrondissement, les vivres nécessaires aux troupes composant une colonne expéditionnaire, et n'est pas fondé à réclamer le remboursement des frais de transport de ces vivres aux gîtes d'étapes (Cons. d'Et. 13 juill. 1864, aff. Josserand, *Rec. Cons. d'Etat*, p. 659); — 5° Que, lorsqu'un marché porte qu'au cas où l'entrepreneur serait obligé d'abandonner l'entreprise, il pourra être autorisé à en transmettre la continuation à un successeur agréé par l'Administration, et qu'en exécution de cette clause l'entrepreneur a demandé et obtenu de l'Administration l'autorisation de substituer une autre personne aux droits résultant pour lui du traité, il en résulte que, si ultérieurement l'Administration croit devoir résilier le traité par le motif que le nouvel entrepreneur ne remplit plus les conditions, l'ancien entrepreneur qui est devenu étranger au traité, n'est plus fondé ni à en demander la continuation à son profit ni à réclamer une indemnité à raison du refus de l'Administration (Cons. d'Et. 12 juill. 1866, aff. Reidon, *Rec. Cons. d'Etat*, p. 807); — 6° Qu'une clause insérée dans un marché de fournitures par laquelle l'entrepreneur s'engage à livrer, au minimum, trente cafetières dans le délai de quarante-cinq jours à partir du jour où la commande aurait été faite, et le même nombre d'appareils dans chacun des mois suivants, n'a pas pour effet d'obliger l'Administration à conformer ses commandes aux quantités ci-dessus indiquées, et que par suite l'entrepreneur est sans droit pour réclamer une indemnité à raison de la cessation des commandes pendant la dernière période de son marché (Cons. d'Et. 14 janv. 1887, aff. Malen, D. P. 88. 5. 315); — 7° Que l'art. 32 du cahier des charges général du service de l'habillement pour le ministre de la guerre d'après lequel les frais de manutention des objets rejetés ou ajournés sont mis à la charge des adjudicataires à raison de 5 pour 100 de leur valeur, a le caractère d'un forfait qui ne permet pas de distinguer le cas où la commission de réception procède à l'examen de chacun des objets compris dans le lot et celui où elle rejette en bloc tout un lot d'effets comme n'étant pas conformes au type exigé par le cahier des charges (Cons. d'Et., 7 mars 1890, aff. Helbronner, D. P. 91. 5. 341).

32. L'Administration est liée par la lettre du contrat aussi bien que l'entrepreneur de fournitures (Périer, *op. cit.* n° 120). Ainsi, lorsque le cahier des charges d'un marché relatif à l'affrètement d'un navire par l'administration de la Guerre porte que les propriétaires du navire tiendront ce navire à la disposition de l'Administration pendant un temps déterminé et que, de son côté, l'Administration le gardera pendant le même temps au prix stipulé dans le marché, l'Administration ne peut, pendant ce délai, forcer le fournisseur à accepter une réduction sur le prix convenu, et à défaut par lui de l'accepter, prononcer la résiliation du marché (Cons. d'Et. 2 déc. 1858, aff. Swan, *Rec. Cons. d'Etat*, p. 689).

Il a été décidé, dans le même sens, que lorsqu'un entrepreneur s'est engagé pendant la guerre à livrer à bref délai des harnais d'artillerie d'un type convenu, que ces marchandises ont été livrées dans les délais fixés, et que le ministre n'établit pas qu'à raison des circonstances exceptionnelles en vue desquelles le marché a été conclu et exécuté, ces harnais n'étaient pas de nature à remplir les conditions prévues par les parties, c'est à tort que le ministre prétend ne payer que la valeur des différentes pièces composant ces harnais sans tenir compte des prix fixés par le marché (Cons. d'Et. 28 mai 1886, aff. Giacometti, D. P. 87. 5. 280). De même, alors qu'aux termes d'un marché relatif à la fourniture du pain à livrer aux troupes campées dans toute l'étendue d'un arrondissement quel qu'en fût l'effectif, le ministre avait la faculté de faire exécuter le service par les agents de l'Administration dans le cas de création d'armées et de formation de corps, il a été décidé que les rassemblements de troupes réunies et campées sur des plateaux autour d'une place forte pour y faire des terrassements, ne constituaient pas un camp dans le sens prévu par le cahier des charges et n'autorisaient pas le ministre à retirer à l'entrepreneur la fourniture du pain à ces troupes (Cons. d'Et. 31 déc. 1869, aff. Franck, *Rec. Cons. d'Etat*, p. 1053).

33. Une société qui a obtenu du ministre du commerce la concession exclusive de la publication de la liste officielle des tirages d'une loterie nationale, publication devant comprendre le catalogue des lots avec l'indication de leur valeur et la liste des numéros gagnants et qui, en échange de cette concession, s'est engagée à fournir, dans un délai et moyennant un prix déterminé, un minimum de deux millions d'exemplaires qui devaient être à la disposition du Gouvernement, de la presse et du public, est fondée à soutenir qu'elle doit avoir communication préalable des inventaires et de la classification des lots à l'exclusion des autres agences de publicité: il suit de là que la communication du catalogue à ces agences, dans les conditions prévues par un règlement ministériel, constitue une dérogation à son traité à raison de laquelle ladite société est fondée à réclamer une indemnité (Cons. d'Et. 24 févr. 1882, aff. Société des Publications périodiques, D. P. 83. 5. 317).

34. — II. FRAIS. — La question de savoir par qui doivent être supportés les *frais* et dépenses accessoires qu'entraîneront les marchés est habituellement tranchée par une clause du cahier des charges; mais on a vu (*Rép.* n° 49), que, même en l'absence d'une stipulation spéciale, elle se résout généralement contre les fournisseurs. L'art. 21 du décret du 18 nov. 1882 met expressément à la charge de ces derniers les droits de timbre et d'enregistrement auxquels donnent lieu les marchés soit par adjudication, soit de gré à gré, en laissant les frais de publicité à la charge de l'Etat. Mais si le cahier des charges fixait le montant des droits d'enregistrement qu'auraient à supporter les adjudicataires, ceux-ci ne pourraient être tenus de supporter une charge plus considérable. Ainsi il a été décidé que, lorsque l'Administration a introduit dans un cahier des charges la mention que le marché ne donnerait lieu qu'à la perception d'un droit fixe et que l'entrepreneur a été contraint de payer un droit proportionnel, il a droit au remboursement du montant de ce droit (Cons. d'Et. 13 juill. 1870, aff. Laffitte, D. P. 71. 3. 99).

Quoique, en règle générale, les frais accessoires soient à la charge du fournisseur, le conseil d'Etat a jugé qu'un entrepreneur de pressage des foins ne devait pas supporter les frais d'assurance d'une certaine quantité de foins compris dans l'approvisionnement que l'Administration avait fait presser en balles de petites dimensions, ce travail qui n'était pas prévu par le marché, qui avait dû être effectué au moyen d'appareils spéciaux et qui avait été exécuté directement par les ouvriers de l'Administration, ne pouvant être soumis aux charges de l'entreprise (Cons. d'Et. 17 mars 1859, aff. Dubourg, *Rec. Cons. d'Etat*, p. 214).

35. — III. PAYEMENT DU PRIX. SUPPLÉMENT DE PRIX. — On a vu au, *Rép.* n° 50, qu'en règle générale aucune contestation ne peut s'élever, une fois la livraison faite, lorsque le marché a déterminé le prix des fournitures et la quantité qui doit être livrée. Il est de principe, en effet, que le fournisseur doit recevoir le prix des fournitures qu'il a faites et qui ont été régulièrement constatées (Cons. d'Et. 13 mars 1874, aff. Jaffeux, *Rec. Cons. d'Etat*, p. 258), mais que l'Administration n'a pas à lui payer le prix des fournitures tant qu'elles ne lui ont pas été livrées et lorsqu'elle n'a pas refusé d'en prendre livraison (Cons. d'Et. 11 mars 1869, aff. Dulaud, *Rec. Cons. d'Etat*, p. 246).

La difficulté ne peut naître, comme on l'a vu (*Rép.* n° 50), que 1° lorsqu'une fourniture supplémentaire a été demandée; 2° lorsque, par suite de convention ou de circonstances, il s'agit de savoir s'il y a lieu à augmentation de prix.

36. On ne saurait admettre que l'Administration ait le droit d'aggraver les conditions du marché sans que le fournisseur puisse réclamer, à raison de cette aggravation, une augmentation de prix. Ainsi, la réserve stipulée dans le devis d'une entreprise de fournitures des matériaux nécessaires à l'entretien d'une route, « que l'entrepreneur ne pourra arguer soit de l'épuisement des carrières, soit de la plus grande difficulté d'extraction et de transport pour réclamer une augmentation de prix », ne peut être invoquée au cas où c'est par suite de travaux prescrits par l'Administration elle-même, qu'une plus grande difficulté d'extraction et de transport est éprouvée par l'entrepreneur (Cons. d'Et. 8 févr. 1855, aff. Min. trav. publ., D. P. 55. 3. 49).

37. Une augmentation de prix est due toutes les fois que l'Administration a augmenté par son fait les charges imposées au fournisseur, par exemple, en lui donnant l'ordre de ravitailler une colonne expéditionnaire dans des conditions imprévues (Cons. d'Et. 13 juill. 1864, aff. Josserand, *Rec. Cons. d'Etat*, p. 657)... ou en augmentant dans une très forte proportion l'effectif des garnisons des places pour lesquelles les transports étaient les plus onéreux, tandis qu'on réduisait les garnisons des places pour lesquelles les transports étaient les plus aisés et les plus rémunérateurs, de telle sorte que les prévisions en vue desquelles avait été fait le marché se sont trouvées renversées au préjudice de l'entrepreneur (Cons. d'Et. 16 juin 1876, aff. Moutte, D. P. 77. 5. 293).

Un supplément de prix a été accordé par application du même principe : 1° au fournisseur chargé de l'entretien des voitures employées à la levée des boîtes aux lettres dans Paris, lorsque l'augmentation au cours du marché du nombre de ces voitures et la modification du diamètre de leurs roues ont eu pour effet d'accroître dans une mesure imprévue les charges consenties par le fournisseur et de lui causer un préjudice (Cons. d'Et. 30 janv. 1868, aff. Morel Thibault, *Rec. Cons. d'Etat*, p. 120); — 2°... A un entrepreneur, par suite de l'ordre donné par l'administration de la Guerre d'expédier et de livrer dans des localités autres que celles prévues au marché (Cons. d'Et. 11 juill. 1873, aff. Demolin, *Rec. Cons. d'Etat*, p. 632); — 3°... A l'entrepreneur général des transports de la guerre au Mexique, pour les circonstances exceptionnelles dans lesquelles ce service avait eu lieu (Cons. d'Et. 25 mai 1870, aff. Souberbielle, *Rec. Cons. d'Etat*, p. 651).

38. On a dit (*Rép.* n° 50-7°) que, lorsque le cahier des charges n'a pas prévu le cas d'établissement de plus forts droits d'octroi, le fournisseur serait mal fondé à réclamer un supplément de prix à raison de l'augmentation des charges qui résulterait d'un nouveau tarif. Il a été décidé, toutefois, qu'un adjudicataire de la fourniture du pain pour les prisons de Paris est fondé à réclamer de l'Administration le montant des droits d'octroi sur les farines qu'il a acquittés, en vertu d'un décret intervenu depuis son marché, et dont, en raison de la nature particulière de ces droits, l'éventualité n'avait pu être prévue au moment de l'adjudication (Cons. d'Et. 17 janv. 1867, aff. Boulingre, D. P. 67. 3. 89). Mais la clause d'un marché de fournitures qui permettrait de revenir sur les prix fixés au cas où de nouveaux droits d'octroi plus élevés seraient établis avant la livraison, ne s'applique pas à celui où l'adjudicataire aurait à supporter une augmentation par suite d'une interprétation nouvelle des tarifs existants (Cons. d'Et. 6 juill. 1854, aff. Nizerolles, D. P. 55. 3. 3).

39. Il a été décidé qu'un supplément de prix n'était pas dû : 1° à l'entrepreneur d'un marché de fourniture de souliers pour l'armée à raison de l'augmentation imprévue du prix de la matière première et des frais de production qu'avaient entraîné les événements de 1870, aff. Godillot, *Rec. Cons. d'Etat*, p. 352) ; — 2° A un fournisseur de viande pour les troupes à raison du renchérissement notable de la viande en cours d'exécution du marché, alors qu'il ne justifiait d'aucune convention par laquelle l'Administration se serait engagée à revenir sur les prix de ce marché (Cons. d'Et. 28 janv. 1858, aff. Médan, *Rec. Cons. d'Etat*, p. 92); — 3° A l'adjudicataire de la fourniture du chauffage et de l'éclairage des troupes à raison de la suppression d'un chemin militaire, alors que la jouissance de ce chemin ne lui avait pas été garantie par le cahier des charges (Cons. d'Et. 24 mai 1859, aff. Even, *Rec. Cons. d'Etat*, p. 381).

40. Lorsqu'un marché a été conclu à forfait, l'entrepreneur ne peut demander un supplément de prix à raison des circonstances même imprévues (dans l'espèce, un changement de législation) qui auraient rendu le marché onéreux pour lui, mais qui n'ont pas eu pour effet de lui imposer des obligations autres que celles qu'il pouvait prévoir au moment du contrat (Cons. d'Et. 20 avr. 1877, aff. Wittersheim, D. P. 77. 3. 73; 25 mai 1877, aff. Laffitte, *ibid.*). Il a droit, au contraire, à une indemnité si la perte qu'il éprouve provient de circonstances imprévues qui ont modifié essentiellement les conditions que les parties contractantes avaient en vue au moment du marché (Arrêt précité du 20 avr. 1877).

41. — IV. INDEMNITÉ. — On a vu au *Rép.* n° 54, qu'il est souvent stipulé dans le cahier des charges, qu'une indemnité sera accordée aux fournisseurs en cas de pertes ou de dommages par eux éprouvés par suite d'événements de force majeure. Lorsque ces événements ont été spécifiés dans le cahier des charges, leur énumération est limitative. Ainsi il a été décidé : 1° que lorsqu'un cahier des charges relatif à l'entreprise du travail et des services dans une maison portait que l'on ne reconnaîtrait comme pertes occasionnées par force majeure que celles provenant d'inondation, d'invasion ou d'émeute, le choléra ne pouvait être rangé au nombre des cas de force majeure prévus par cette disposition (Cons. d'Et. 23 févr. 1857, aff. Fabrègue, *Rec. Cons. d'Etat*, p. 581); — 2° Que l'on ne saurait faire rentrer dans les prévisions de l'art. 289 du règlement général sur les subsistances militaires, du 1er sept. 1827, qui détermine les faits de nature à constituer des événements de force majeure pouvant donner lieu à des pertes à la charge de l'Etat, ni la rigueur exceptionnelle de l'hiver, ni le manque d'eau et de nourriture pendant une marche, ni un vol qui n'a pas été commis à main armée ou avec effraction (Cons. d'Et. 4 août 1870, aff. Carrafang, D. P. 72. 3. 13); — 3° Que les art. 377 et 381 du même règlement, qui déterminent dans quels cas l'Etat doit rembourser aux fournisseurs les pertes et avaries par force majeure sur les denrées et le matériel, ne s'appliquent pas à la destruction par force majeure (dans l'espèce, par le feu de l'ennemi) des immeubles employés pour les besoins du service (Cons. d'Et. 24 déc. 1880, aff. Becker, D. P. 82. 3. 11); — 4° Que l'art. 377 précité, qui comprend dans les cas de force majeure l'enlèvement ou la destruction des denrées par l'ennemi, s'applique aux réquisitions opérées par l'armée allemande pendant l'armistice; mais que l'État ne doit rembourser que la valeur des quantités de denrées formant l'approvisionnement dont l'entretien était imposé par le marché (Cons. d'Et. 28 juill. 1882, aff. Ouvré, D. P. 83. 5. 318).

42. Dans le silence du cahier des charges sur les cas de force majeure, on doit poser en principe que ces événements ne donnent droit à aucune indemnité, lorsqu'il s'agit des difficultés plus ou moins grandes qu'ils ont occasionnées à l'entrepreneur dans l'exécution de son marché (Périer, *op. cit.*, n° 166). C'est ainsi qu'il a été décidé qu'un fournisseur de fourrages en Algérie n'était pas fondé à réclamer une indemnité pour les pertes qu'il avait éprouvées, par cela seul qu'une insurrection avait éclaté dans le cercle des villes auxquelles s'appliquait son entreprise et l'avait privé de récoltes sur lesquelles il comptait pour exécuter son marché (Cons. d'Et. 26 déc. 1856, aff. Badenco, *Rec. Cons. d'Etat*, p. 728).

43. L'entrepreneur d'un marché de fournitures est également mal fondé à réclamer une indemnité à raison du renchérissement des denrées provenant d'acquisitions faites directement par l'Adminisration pour un service étranger à son marché (Cons. d'Et. 26 déc. 1879, aff. Dreyfus, D. P. 80. 3. 115). Il a été jugé, en ce sens, qu'il n'est pas dû d'indemnité: 1° à un fournisseur de tabac de la Havane, à raison du préjudice que lui a causé l'élévation du prix de cette marchandise, provenant de la concurrence d'un autre fournisseur avec lequel l'Administration avait traité, suivant le droit qu'elle s'était réservé (Cons. d'Et. 18 nov. 1852, aff. Moitessier, D. P. 80. 3. 115, note 3); — 2° A un fournisseur de bois de chauffage en Algérie, à raison de l'augmentation de prix provenant de mesures prises par l'Administration dans l'intérêt de la conservation des forêts (Cons. d'Et. 16 juill. 1857, aff. Dubourg, *ibid.*). — Il en serait autrement si l'Administration, en fermant, en vertu de ses pouvoirs de police, un établissement appartenant à un industriel avec lequel elle a traité, l'empêchait par là d'exercer son industrie dans les conditions prévues par le marché (Cons. d'Et. 12 janv. 1883, aff. Barbe, D. P. 84. 3. 86). Décidé, toutefois, dans une affaire où un industriel s'était engagé à mettre à la disposition du ministre de la guerre pendant trois ans une école de natation située sur la Seine, que le retrait, au commencement de la seconde année, de la permission accordée par l'autorité civile, dans l'exercice de ses pouvoirs de police, d'établir cette école sur le fleuve, ne pouvait donner lieu à l'allocation d'une indemnité, parce que l'Administration militaire était restée étrangère à cette mesure (Cons. d'Et. 19 mai 1865, aff. Mony de Montmort, *Rec. Cons. d'Et.*, p. 554.

Il a été décidé aussi que, lorsqu'un article du cahier des charges autorise le ministre de la guerre à passer des marchés spéciaux dans le cas où les fournitures commandées à l'entrepreneur chargé de confectionner les effets d'habillement et divers accessoires nécessaires aux troupes a atteint le maximum porté sur un tableau annexé au cahier des charges, l'Administration ne peut faire entrer en compte, pour soutenir que le maximum a été atteint, certains objets d'équipement qui ne figurent pas sur ce tableau, et l'entrepreneur a droit à une indemnité représentant le bénéfice qu'il aurait réalisé sur les objets qui auraient dû lui être commandés dans la limite du maximum (Cons. d'Et. 19 juill. 1889, aff. Collin, D. P. 91. 5. 340).

44. Un fournisseur de subsistances militaires ne saurait prétendre à une indemnité à raison du surenchérissement des transports résultant des réquisitions opérées par l'Administration militaire pour pourvoir à la répression d'une insurrection, renchérissement qui aurait eu le caractère d'un événement de force majeure (Cons. d'Et. 20 nov. 1885, aff. Portolano, D. P. 87. 3. 54). Si ces réquisitions avaient rendu les livraisons impossibles, le contrat aurait été résolu; mais l'événement de la force majeure qui n'a pour effet que de rendre plus onéreuse pour le fournisseur l'exécution de son marché ne peut donner ouverture à un droit à indemnité. De même, l'inexécution, par suite d'un cas de force majeure (dans l'espèce, l'investissement de Paris), des engagements pris par l'État envers un fournisseur, dégage celui-ci pendant le temps qu'a duré ce cas de force majeure, de celles de ses obligations qui étaient corrélatives auxdits engagements, mais n'ouvre à son profit aucun droit à indemnité (Cons. d'Et. 20 avr. 1877, aff. Wittersheim, D. P. 77. 3. 73).

45. Lorsque le cahier des charges de l'entreprise générale d'une armée en campagne porte que, en cas du départ de l'armée du territoire occupé avant la fin du marché, l'entrepreneur ne pourra réclamer aucune indemnité, celui-ci ne peut obtenir d'indemnité, sous prétexte que la précipitation avec laquelle aurait eu lieu cette évacuation et qui était contraire aux prévisions qu'il avait dû faire, d'après divers actes du Gouvernement, l'aurait obligé à vendre son matériel à vil prix; il n'a également droit à aucune indemnité pour la perte des approvisionnements qu'il avait réunis à ses risques et périls, ni pour les pertes du matériel détruit ou enlevé par faits de guerre, en dehors des cas auxquels le cahier des charges limitait la responsabilité de l'Etat (Cons. d'Et. 24 janv. 1872, aff. Souberbielle, D. P. 73. 3. 4).

Art. 5. — *Des sous-traitants* (*Rép.* nos 58 à 62).

46. L'adjudicataire d'un service de fournitures à faire à l'Etat ne peut se substituer ou s'adjoindre des associés pour l'exécution de ce service qu'autant qu'il y a été expressément autorisé par son traité (Cons. d'Et. 28 juill. 1869) (1). Ainsi qu'on l'a vu au *Rép.* nos 58 et 59), les cahiers des charges réservent généralement au ministre le droit d'agréer ou de refuser les sous-traitants, mais cet agrément n'implique aucun engagement; et le sous-traitant ne peut, même dans ce cas, ni agir contre l'Etat ni être actionné par l'Etat, ni même intervenir dans le débat pendant entre l'Etat et le fournisseur. Il en serait autrement si le cessionnaire des droits du fournisseur avait été agréé comme substitué en cette

(1) (Laffitte.) — Napoléon, etc.; — Vu le procès-verbal d'adjudication au sieur Ch.-Pierre-Eugène Laffitte, demeurant à Paris, rue Basse-du-Rempart, n° 48 *bis*, de l'entreprise générale du service des lits militaires en France pendant vingt années, à partir du 1er avr. 1860, ledit procès-verbal, en date du 2 oct. 1865, ensemble le traité intervenu ledit jour entre l'administration de la Guerre et le sieur Ch. Laffitte et suivant le cahier des charges pour l'entreprise soumissionnée par ce dernier;

Considérant que les adjudicataires des services de l'Etat n'ont droit de se substituer ou de s'adjoindre des associés en ce qui touche l'exécution du service dont ils sont chargés, qu'autant qu'ils y ont été expressément autorisés; — Considérant que cette autorisation n'est mentionnée ni dans le procès-verbal d'adjudication, au sieur Ch. Laffitte, du service des lits militaires, ni dans le traité qui stipule les conditions de cette entreprise; que, dès lors, en refusant d'admettre aucuns rapports de service entre l'administration de la Guerre et la société créée par le sieur Ch. Laffitte pour l'exploitation du marché qu'il avait soumissionné personnellement, notre ministre de la guerre n'a fait qu'user du droit qui lui appartient :

Art. 1er. La requête du sieur Charles Laffitte est rejetée.

Du 28 juill. 1869.-Cons. d'Etat.-MM. de Sandrans, rap.-Bayard, comm. du gouv.-Dareste, av.

qualité (Cons. d'Et. 20 juill. 1854, aff. Olivet, *Rec. Cons. d'Etat*, p. 670; 18 déc. 1862. aff. Bonnafous, *Rec. Cons. d'Etat*, p. 828. V. conf. Perriquet, *Les contrats de l'Etat*, p. 133, et A. Périer, *op. cit.*, n°s 169 et suiv.).

47. On a dit au *Rép.* n° 60, que le décret du 12 déc. 1806 accorde aux sous-traitants, d'après certaines conditions déterminées, un privilège sur les sommes dues par l'Etat à l'entrepreneur. Suivant un jugement du tribunal de commerce d'Angers, il n'y a, au point de vue de ce privilège, aucune distinction à établir entre les sous-traitants, préposés, agents ou livranciers (Trib. com. Angers, 14 mai 1875, aff. Deslandes, D. P. 76. 1. 382). En tout cas, il est incontestable que l'individu qui a fait des fournitures de fourrage, à la décharge et à la connaissance de l'entrepreneur général des fournitures du service de la guerre pour un département, et qui a reçu des bordereaux à titre de préposé, a contre cet entrepreneur l'action que les art. 1372 et 1375 c. civ. donnent à celui qui a géré l'affaire d'autrui; et le jugement qui condamne l'entrepreneur au payement du prix des fournitures envers le livrancier ne viole pas le décret du 12 déc. 1806, alors qu'il n'accorde point de privilège sur les sommes dues par l'Etat à l'entrepreneur et ne valide ni saisie-arrêt ni opposition sur ces sommes (Req. 29 févr. 1876, aff. Deslandes, D. P. 79. 1. 382).

48. L'association, formée pour l'achat des fournitures entre un adjudant d'administration des bureaux d'une intendance militaire et l'entrepreneur d'un marché de fournitures dont l'Intendance est chargée d'assurer l'exécution, est nulle comme contraire à l'ordre public; et la nullité de l'association peut être opposée à l'adjudant par le fournisseur, quelque profit que ce dernier ait retiré de l'association (Aix, 22 juin 1878) (1).

ART. 6. — *Inexécution des marchés. — Conséquences qu'elle peut entraîner* (*Rép.* n°s 63 à 91).

§ 1er. — Application des clauses pénales stipulées au contrat (*Rép.* n°s 64 à 68).

49. On a dit au *Rép.* n° 64, que les cahiers des charges des marchés de fournitures contiennent souvent des clauses pénales stipulées soit pour inexécution partielle ou totale du traité, soit pour simple retard dans les livraisons, soit pour mauvaise qualité des marchandises, et consistant le plus ordinairement dans une retenue déterminée par chaque retard de livraison aux époques convenues. Il arrive quelquefois aussi que la clause pénale consiste dans la résiliation, la saisie partielle ou totale du cautionnement (Périer, *op. cit.*, n° 184). — Les clauses et conditions générales de la marine stipulent que si, lors des recettes, il est reconnu que des matières ou objets précédemment rebutés sont reproduits, le marché est résilié de plein droit avec saisie de cautionnement, et le fournisseur dont le marché est résilié dans ces conditions peut être exclu par le ministre du concours aux adjudications et aux traités de gré à gré (Cons. d'Et. 17 avr. 1874, aff. Raffugeau, *Rec. Cons. d'Etat*, p. 340. V. *infrà*, n°s 63 et suiv.).

50. La clause pénale est appliquée, alors même que le

(1) (Poitevin C. Honnorat.) — LA COUR; — Attendu qu'Honnorat a cité Poitevin, boulanger à Aix, aujourd'hui décédé et représenté par ses héritiers, devant le tribunal de commerce, en liquidation de diverses associations qui auraient existé entre eux de 1853 à 1857; — Attendu qu'après diverses procédures et actes d'instruction, dans les conclusions prises à l'occasion du jugement dont est appel, Honnorat a demandé que les hoirs Poitevin fussent condamnés à lui payer une somme de 10 513 fr. 22 c. pour solde de compte avec intérêts; que les hoirs Poitevin prétendent qu'Honnorat n'étant entré dans lesdites associations qu'au mépris des prescriptions de la loi, et, en tout cas, au mépris des bonnes mœurs et de l'ordre public, il ne pourrait exercer d'action en justice contre eux et obtenir une condamnation à leur encontre; — Attendu qu'il est incontestable que, de 1853 à 1857, Poitevin et Honnorat se sont trouvés engagés ensemble dans diverses opérations ayant pour objet principal des fournitures à faire à l'armée; — Attendu que, pour l'examen de la fin de non-recevoir soulevée par les hoirs Poitevin, il n'y a pas lieu de faire des distinctions au sujet des diverses affaires traitées par les associés; qu'Honnorat et Poitevin y ont été également intéressés dans des proportions déterminées; qu'elles avaient pour objet des achats de céréales pour faire face à divers marchés de fournitures de pain; que les grains transformés en farines ou les farines directement achetées étaient employées, suivant les besoins de l'association et au mieux des intérêts des associés, à l'exécution des divers engagements par eux pris; qu'il a existé entre eux un ensemble d'opérations devant se balancer d'après un résultat final, se liant forcément les uns aux autres et ne formant qu'un tout indivisible qui doit être apprécié dans son ensemble; — Attendu que c'était précisément sur la place d'Aix que devaient être opérées les principales livraisons que comportaient les fournitures de pain que Poitevin s'était engagé à faire vis-à-vis de l'administration de la Guerre, et à raison desquelles il s'était associé avec Honnorat; — Attendu qu'au moment où Honnorat a pris un intérêt dans les fournitures dont s'était chargé Poitevin, il était adjudant d'administration des bureaux de l'intendance militaire d'Aix, et, à ce titre, appelé à suivre dans les bureaux toutes les opérations des services administratifs de l'armée (Rapport sur le décret du 1er nov. 1853) et chargé, en cette qualité, des travaux d'examen, de vérification, de rédaction et d'écritures des bureaux de la sous-intendance d'Aix (Ordonn. 28 févr. 1838, art. 15); — Attendu qu'en prenant un intérêt commercial dans les fournitures, Honnorat n'intervenait qu'à cause des services que lui permettaient de rendre au fournisseur, soit directement sa qualité et son autorité personnelle, soit indirectement l'influence que cette qualité lui permettait d'avoir sur divers agents ou employés militaires chargés d'assurer l'exécution des marchés; — Attendu, qu'une pareille situation, au lieu de lui laisser sa liberté d'examen dans les comptes qu'il devait vérifier et dans le concours qu'il devait donner à ses chefs, et aux autres agents du service, avait pour résultat forcé de le conduire à des facilités coupables, et le pousser à aider des fraudes que le fournisseur pouvait commettre au détriment de l'Etat, dans l'intérêt de l'opération commerciale; qu'il est justifié que, notamment dans une circonstance, des agents du service militaire ayant cru avoir à se plaindre de la mauvaise qualité des fournitures, Honnorat, loin de soutenir ces réclamations, écrivit à Poitevin pour lui suggérer les marques qu'il devait employer pour les faire repousser par des fins de non-recevoir qui ne permettaient pas de revenir sur les livraisons; que, d'un autre côté, voyant figurer sur les comptes, parmi les débours, notamment une somme de 200 fr. donnée par le fournisseur à un sergent-major sans que cette sortie ait été expliquée, l'adjudant d'administration, dont les intérêts étaient liés à ceux du fournisseur, non seulement se taisait, mais encore se trouvait obligé d'accepter sa part des agissements au point de vue des comptes et de la partie financière de l'opération; — Attendu que si, dans ces circonstances, l'art. 175 c. pén. ne peut être appliqué à Honnorat, parce que, par la nature de ses fonctions, il n'aurait pas eu directement l'administration et la surveillance de l'opération à laquelle il a pris part, que s'il ne doit pas être considéré, aux termes du paragraphe 2 de l'art. 263, c. pén. milit. de 1857, comme ayant pris un intérêt dans des affaires dont il était chargé de faire la liquidation, si, dès lors, il peut être soutenu que le fait ne tombe pas sous l'application de la loi pénale comme crime ou délit, une semblable association ne saurait toutefois recevoir la sanction de la justice, et devrait, tout au moins, être considérée comme contraire à l'ordre public; — Attendu qu'il est, en effet, contraire à l'ordre public qu'un agent du Gouvernement puisse ainsi trafiquer à son profit et au détriment des intérêts qu'il a à sauvegarder et défendre, de sa situation officielle, et de la part d'autorité directe ou indirecte, et de l'influence qu'elle lui donne dans son service; — Attendu, qu'Honnorat comprenait si bien combien irrégulière et illégale était la position qu'il s'était ainsi faite d'associé fournisseur à l'administration publique dont il était l'un des agents et sur les lieux où il exerçait ses fonctions, qu'il l'a sans cesse dissimulée, ne signant presque jamais les lettres qu'il écrivait, à raison de leurs affaires, à Poitevin, se contentant de demander des acomptes par ces lettres sans en concéder de reçu, et se servant même, dans une circonstance, du nom de Jourdan pour dissimuler sa présence dans l'association; qu'il importe peu que Poitevin, qui a à se reprocher d'avoir mêlé ses intérêts à ceux d'Honnorat, soit en le recherchant, soit en l'acceptant comme associé, puisse bénéficier ainsi aujourd'hui de sa faute, cette considération ne pouvant faire naître un droit en justice en faveur de quelqu'un qui, ayant commis un acte contraire à l'ordre public, ne peut en obtenir la ratification et l'exécution de la part de l'autorité judiciaire; que, dans ces circonstances, la fin de non-recevoir soulevée par les hoirs Poitevin, à l'encontre d'Honnorat, doit être accueillie;

Par ces motifs;

Déclare l'action d'Honnorat non recevable comme ayant pour objet de faire sanctionner par justice et sortir à effet un contrat contraire à l'ordre public; en conséquence, décharge les hoirs Poitevin des condamnations prononcées contre eux au profit d'Honnorat en première instance, etc.

Du 22 juin 1878.-C. d'Aix, 2e ch.-MM. Féraud-Giraud, pr.-Melcot, av. gén.-Abram et Contencin, av.

fournisseur alléguerait que l'inexécution de son marché n'a causé aucun préjudice à l'Etat. Il a même été décidé, comme on l'a vu au *Rép.* n° 64, par certains arrêts, que l'exception de force majeure ne pourrait être invoquée pour justifier les retards apportés aux livraisons. Mais cette jurisprudence ne semble pas avoir été maintenue, et M. Périer (*op. cit.* n° 187) estime que, lorsque l'inexécution ou le retard dans la livraison des fournitures proviendrait sans contestation d'un cas de force majeure régulièrement constaté, le conseil d'Etat n'hésiterait pas à décharger le fournisseur des conséquences de l'application de la clause pénale. — Il a été décidé que l'Administration n'était pas fondée à se prévaloir des clauses pénales insérées dans les marchés, lorsque les sommes dues par elle aux fournisseurs n'avaient été payées que postérieurement aux époques stipulées, et que c'était par suite des retards ainsi produits que les fournisseurs s'étaient trouvés dans l'impossibilité de faire une partie des livraisons aux époques fixées (Cons. d'Et. 13 juin 1873, aff. de San, D. P. 74. 3. 49). L'Etat peut même être condamné à des dommages-intérêts, si ces retards ont amené la non-exécution du contrat (Cons. d'Et. 24 janv. 1873, aff. Radigois, D. P. 74. 3. 49).

51. Lorsqu'une clause pénale prévoit le cas d'un retard dans la livraison, et en règle à l'avance les conséquences, l'Etat doit se borner à réclamer l'exécution de cette clause. Ainsi quand, dans un marché de subsistances militaires, il a été stipulé qu'en cas de retard dans les livraisons, l'Administration pourrait assurer le service aux risques et périls du fournisseur, elle ne peut, au lieu d'appliquer cette clause, prononcer la résolution du marché (Cons. d'Et. 9 mai 1873, aff. Garnot, D. P. 74. 3. 49).

52. On a dit au *Rép.* n° 66, que la clause pénale ne peut être encourue qu'autant que l'entrepreneur a été préalablement mis en demeure de remplir ses engagements. Mais le droit civil qui exige, pour que la résolution du contrat soit possible, que le vendeur soit mis en demeure de livrer sa marchandise, admet que cette mise en demeure peut résulter de la nature même de l'obligation. Le conseil d'Etat a appliqué cette exception comme une règle générale en matière de marchés de fournitures. Il a décidé, en ce sens, qu'en admettant que l'art. 1230 c. civ. soit applicable aux marchés administratifs, on doit considérer comme une mise en demeure suffisante les plaintes formulées par l'Administration contre les retards des fournisseurs, sans que ceux-ci aient réclamé (Cons. d'Et. 13 janv. 1853, aff. Teschoneyre, *Rec. Cons. d'Etat*, p. 131).

53. Le ministre qui prononce la résiliation d'un marché, par application d'une clause pénale insérée au cahier des charges, fait un acte d'administration qui n'est pas susceptible d'être attaqué par la voie contentieuse (Cons. d'Et. 8 mai 1861, aff. Guillemin, *Rec. Cons. d'Etat*, p. 351).

§ 2. — Marchés d'urgence à la charge des entrepreneurs (*Rép.* n° 69 à 71).

54. On a indiqué au *Rép.* n° 69, à côté de la clause pénale, une autre garantie que l'Administration se réserve souvent dans les cahiers des charges : c'est le droit, en cas d'inexécution du marché, d'assurer le service au moyen de *marchés d'urgence*. Mais cette faculté n'est pas de droit, et elle ne peut résulter que d'une stipulation du cahier des charges (Cons. d'Et. 22 mai 1874, aff. Contour, *Rec. Cons. d'Etat*, p. 478). D'après l'art. 22 du cahier des charges pour les fournitures de pain à la troupe, si le marché est garanti par une caution solidaire, il n'est pourvu à l'exécution du service, à défaut de l'entrepreneur, qu'après que cette caution a été inutilement mise en demeure de remplir les engagements de l'obligé principal. Mais cette disposition ne s'applique que dans le cas où une caution solidaire a été exigée de l'entrepreneur pour garantir l'exécution intégrale du marché. Si la caution n'a été exigée que pour garantir la formation des approvisionnements, il n'y a pas lieu de la mettre en demeure d'exécuter le service avant de prononcer la résiliation (Cons. d'Et. 21 mars 1883, aff. Sanson, *Rec. Cons. d'Et.*, p. 316).

55. Ainsi que nous l'avons exposé au *Rép.*, n° 70, les marchés d'urgence ne sont pas soumis aux formes des marchés ordinaires, et aucun règlement ne donne au fournisseur, qui a rendu ce marché nécessaire, le droit d'exiger de l'Administration l'emploi des formes habituelles de publicité (Périer, *op. cit.*, p. 191). C'est ainsi qu'il a été jugé, par application des art. 50, 63 et 67 des clauses et conditions générales de la marine, du 10 juin 1870, qui formulent le droit pour l'administration de la Marine de passer ces sortes de marchés, que l'Administration avait le droit de traiter aux risques et périls des fournisseurs, même de gré à gré, et que, dès lors, aucune disposition ne lui interdisait de procéder à l'adjudication dans la mesure qui lui convenait, et, par exemple, de diviser la quantité à fournir en deux adjudications (Cons. d'Et. 13 nov. 1870, aff. Giret, *Rec. Cons. d'Etat*, p. 861).

§ 3. — Peines applicables aux fournisseurs qui ont fait manquer le service (*Rép.* n°s 72 à 82).

56. Les art. 430 à 433 c. pén., qui frappent de peines plus ou moins sévères les fournisseurs qui ont fait manquer le service sont, comme on l'a vu au *Rép.* n° 74, exclusivement applicables aux fournisseurs des armées de terre ou de mer. — Il a été décidé que l'on devait considérer comme marchés passés pour le compte de l'armée de terre ceux que les préfets avaient passés, en exécution des décrets des 11 et 22 oct. 1870, pour armer, habiller et équiper les gardes nationaux mobilisés, encore bien qu'au moment de la conclusion de ces marchés, les corps de mobilisés à l'organisation desquels ils se rattachaient n'eussent pas encore été mis à la disposition du ministre de la guerre (Crim. cass. 12 janv. 1872, aff. Picon, D. P. 72. 1. 153).

57. L'art. 431 c. pén. prévoit le fait du fournisseur qui a fait manquer le service ; l'art. 432, la participation prise au crime par des fonctionnaires ; l'art. 433, le fait du fournisseur qui a retardé la livraison ou les travaux pas sa négligence, ainsi que la fraude sur la nature, la qualité, la quantité des travaux ou main-d'œuvre, ou des choses fournies, chacun des faits prévus par ces articles donnant lieu à une amende qui ne peut excéder le quart des dommages-intérêts. Cette amende doit, alors même qu'il existe une condamnation solidaire contre plusieurs accusés, être calculée non pas sur la totalité des dommages-intérêts, mais seulement sur la part afférente à chacun des condamnés (Crim. cass. 2 avr. 1874, aff. Guffroy, D. P. 75. 1. 141).

58. On a dit au *Rép.* n° 81 que, dans les divers cas prévus par les articles précités, la poursuite ne peut avoir lieu d'après l'art. 433, que sur la dénonciation du Gouvernement. Cette règle est applicable, non seulement lorsque les marchés ont été passés avec l'autorisation ou sur l'ordre du ministre de la guerre ou de la marine, mais aussi lorsqu'ils l'ont été par une autre autorité légalement autorisée à cet effet et agissant au nom de l'Etat (Crim. cass. 12 janv. 1872, aff. Picon, cité *suprà*, n° 56). C'est ce qui a été décidé notamment, à l'occasion des marchés passés par les préfets, en exécution des décrets des 11 et 22 oct. 1870, pour armer, habiller et équiper des gardes nationaux mobilisés (Même arrêt. V. *suprà*, n° 56). Ce serait, en effet, ajouter au texte de la loi que d'exiger, pour l'application des art. 430 et 433, que les marchés aient été faits avec l'autorisation et sur l'ordre du ministre de la guerre ou de la marine, et d'exclure tout marché pour le service des armées, conclu avec l'autorisation ou sur l'ordre d'un autre ministre ou d'un fonctionnaire qui en a reçu la mission de la loi. La seule condition imposée par ces articles, c'est que les marchés dont il s'agit regardent le service des armées de mer ou de terre.

59. Mais, ainsi qu'on l'a vu au *Rép.* n° 81, la dénonciation *du Gouvernement*, nécessaire pour la poursuite des délits commis par les fournisseurs des armées de terre et de mer dans l'exécution de leurs marchés, ne doit s'entendre que de la dénonciation d'un ministre. Le ministre est, en effet, « le chef suprême de son administration ; c'est en lui que se personnifie le Gouvernement pour les actes dépendant de son ministère, et seul il est en position d'apprécier, à tous les points de vue, les besoins du service de son département et de reconnaître si la poursuite peut être introduite sans danger » (Crim. cass. 13 juill. 1860, aff. Rousseau, D. P. 60. 1. 362. V. conf. Legraverend, *Législation criminelle*, t. 1, p. 323 ; Mangin, *Action publique*, t. 1, p. 312 ; Le Sellyer, *Traité de droit criminel*, t. 3, n° 825; Trébutien, *Cours de droit criminel*, t. 2, p. 118; Morin, *Répertoire du droit criminel*, v° *Fournisseurs*, n° 3; Périer, *op. cit.*, n° 232, Perriquet, *op. cit.*, n° 137). La cour de cassation a, en conséquence, considéré comme nulle la condamnation prononcée contre un fournisseur de la marine à la suite d'un simple renvoi que le préfet maritime avait fait à l'autorité judiciaire d'une instruction dirigée d'abord contre un commis aux vivres de la marine, et dans laquelle s'était trouvé impliqué un fournisseur de l'armée non justiciable de l'autorité militaire (Arrêt précité du 13 juill. 1860).

60. Le ministre compétent pour faire la dénonciation est celui au département duquel se rattache le service confié au fournisseur; c'est le plus ordinairement le ministre de la guerre ou de la marine (Perriquet, *op. et loc. cit.*). Mais il a été décidé que le ministre de l'intérieur avait qualité pour faire cette dénonciation lorsqu'il s'agissait des fraudes commises par un fournisseur dans l'exécution des fournitures relatives à l'armement et à l'équipement des gardes nationaux mobilisés (Crim. rej. 14 févr. 1873, aff. Chenon, D. P. 73. 1. 495).

61. De ce que le droit de dénonciation appartient au Gouvernement, il ne résulte pas qu'il lui appartienne aussi de constater le fait matériel du manquement, du retard ou de la fraude (Chauveau et Hélie, *Théorie du code pénal*, 6e éd., t. 6, n° 2515; Perriquet, *op. cit.* n° 138). Les juges sont donc appelés à constater, d'une part, l'infraction aux obligations imposées au fournisseur par son marché et de l'autre l'intention délictueuse: en se livrant à ces constatations, ils n'interprètent nullement un acte administratif, mais ne font qu'user du pouvoir qui appartient à tout juge de répression d'apprécier les faits de la prévention (Crim. rej. 14 févr. 1873, cité *suprà*, n° 60).

62. Un individu condamné en qualité de sous-traitant d'un fournisseur pour le compte de l'armée, à raison de fraudes commises par lui dans l'exécution de son marché, ne peut exciper pour la première fois devant la cour de cassation de ce qu'il aurait dû n'être poursuivi qu'après une dénonciation du Gouvernement, alors qu'il n'a pas été établi par l'instruction qu'il ait été réellement dans les conditions exigées par l'art. 433, c. pén. (Crim. rej. 4 juill. 1862, aff. Gentil, D. P. 62. 1. 395).

§ 4. — Résiliation des marchés. — Indemnité (*Rép.* nos 83 à 91).

63. On a vu au *Rép.*, n° 84, que les cahiers des charges réservent presque toujours à l'Administration le droit de faire résilier les marchés de ceux des entrepreneurs qui ne remplissent pas leurs engagements. Les cahiers des charges déterminent d'ordinaire avec précision la nature et la gravité de l'inexécution des engagements de fournitures qui peut autoriser le ministre à prononcer la résiliation. M. A. Périer (*op. cit.* nos 195 et suiv.) énumère un certain nombre de clauses de cette nature insérées dans les conditions générales de la marine, du 30 mars 1847 et du 10 juin 1870, et dans le cahier des charges générales des subsistances militaires.

64. Mais, pour que la résiliation puisse être prononcée, il faut qu'il y ait eu réellement inexécution du marché de la part du fournisseur. Aussi a-t-il été décidé que la résiliation était indûment prononcée: 1° lorsque les objets livrés et ne remplissant pas encore toutes les conditions stipulées pouvaient, avec quelques modifications et dans un court délai, être mis en état d'être reçus (Cons. d'Et. 27 août 1854, aff. Duvoir, *Rec. Cons. d'Etat*, p. 810); — 2° Lorsque le ministre ne justifiait pas que la fourniture fût, dans son ensemble, inférieure au type qui avait servi de base au marché (Cons. d'Et. 7 févr. 1873, aff. Fontanel, *Rec. Cons. d'Etat*, p. 130); — 3° Lorsque la livraison n'avait subi qu'un retard d'un jour, et que ce retard résultait de l'obstacle opposé par la Régie au transport des fournitures dans la traversée du Mont-Cenis (Cons. d'Et. 3 juin 1872, aff. Fontanel, *Rec. Cons. d'Etat*, p. 352). — Décidé aussi que, lorsqu'un marché de fournitures a été fait sur échantillons, l'Administration ne peut refuser les marchandises en se fondant sur ce qu'elles ne seraient pas de bonne qualité, s'il ne résulte pas de l'instruction qu'elles diffèrent des échantillons, et alors surtout que c'est par son fait que les types ont été égarés (Cons. d'Et., 20 févr. 1874, aff. Bourgeois, D. P. 74. 3. 89). L'Administration ne pourrait pas non plus, dans le même cas, opérer une réduction sur le prix convenu (Cons. d'Et., 9 avr. 1873, aff. Delhopital, D. P. 73. 3. 51).

65. En règle générale, la résiliation doit être précédée d'une mise en demeure (Cons. d'Et. 26 avr. 1860, aff. Pinsard, *Rec. Cons. d'Etat*, p. 365; 9 mai 1873, aff. Garnot, *ibid.*, p. 418). Il en est ainsi alors même que les marchés n'ont pas reçu un commencement d'exécution lors de l'expiration des délais dans lesquels ils devaient être exécutés (Cons. d'Et. 11 juin 1873, aff. Vergnon, *Rec. Cons. d'Etat*, p. 633; 18 juill. 1873, aff. Degaz, *ibid.*, p. 661; 8 août 1873, aff. Robert, *ibid.*, p. 763). — Il résulte cependant d'un arrêt que, lorsque la condition pour laquelle l'adjudication a été approuvée par le ministre n'a pas été remplie par le fournisseur, l'entreprise peut être résiliée sans mise en demeure préalable (Cons. d'Et. 11 août 1864, aff. Guillemin, *Rec. Cons. d'Etat*, p. 766). Dans ce cas, le marché, à défaut d'accomplissement de la condition, est réputé n'avoir jamais existé (Périer, *op. cit.*, n° 213).

66. Dans certains cas, d'ailleurs, et notamment en matière de marchés conclus par l'Etat en temps de guerre pour l'approvisionnement des places ou des armées, la livraison des marchandises aux époques convenues est une condition essentielle des traités; et, à défaut de livraison à ces époques par la faute des fournisseurs, elle peuvent être refusées par l'Etat. La guerre de 1870 a donné lieu, sur ce point, à une jurisprudence considérable (V. notamment Cons. d'Et. 19 juill. 1872, aff. Lecomte-Dupond, D. P. 74. 3. 49; 22 nov. 1872, aff. Léon, *ibid.*, 13 déc. 1872, aff. Beck, *ibid.*; 17 déc. 1880, aff. Clert, D. P. 82. 3. 11). — En ce cas, la résolution du contrat a lieu de plein droit à l'expiration du terme convenu, sans qu'il soit nécessaire ni que le fournisseur ait été mis en demeure par un acte spécial, ni même que la résolution soit prononcée par décision ministérielle (Arrêts précités du 22 nov. 1872, et du 17 déc. 1880). La circonstance que le ministre a consenti à payer certains objets dont un agent a pris livraison, après l'expiration du terme convenu, ne peut être considéré comme constituant une renonciation au droit résultant pour lui de l'expiration dudit délai (Arrêt précité du 17 déc. 1880, et Cons. d'Et. 31 juill. 1874, aff. Vallobra, *Rec. Cons. d'Etat*, p. 765).

Toutefois ces règles doivent être conciliées avec le principe général que les conventions s'interprètent toujours de bonne foi et conformément à l'attention commune des parties. Il a été décidé que, en matière de marchés conclus par l'Etat en temps de guerre, pour l'équipement des troupes, il ne suffit pas d'un retard de vingt-quatre heures pour que la résiliation ait lieu de plein droit, sans mise en demeure préalable, si ce retard provient d'un fait non imputable à l'entrepreneur et s'il est constant qu'il n'en est résulté aucun inconvénient pour le service (Cons. d'Et. 20 févr. 1874, aff. Rouvière, D. P. 74. 3. 89).

67. En dehors des cas d'inexécution des engagements des fournisseurs, il y a lieu, comme on l'a vu au *Rép.* n° 88 d'appliquer aux marchés de fourniture l'art. 1794 c. civ. et de décider que l'Administration a toujours le droit de résilier le marché, à la seule condition d'indemniser le fournisseur de toutes ses dépenses et de tout ce qu'il aurait pu gagner (Cons. d'Et. 17 mars 1864, aff. Paul Dupont, D. P. 64. 3. 86; 7 août 1874, aff. Hotchkiss, *Rec. Cons. d'Etat*, p. 825; 12 févr. 1886, aff. Société des Publications périodiques, D. P. 87. 3. 76). Le ministre ne pourrait se prévaloir, pour refuser toute indemnité, de ce qu'il aurait dû prononcer la résiliation du marché à la suite d'un vote du Parlement qui en rendait l'exécution impossible (Arrêt précité du 12 févr. 1886).

68 Il est d'ailleurs certain que l'Administration ne peut résilier arbitrairement un marché qu'elle a librement consenti, à moins d'indemniser complètement le fournisseur et de le replacer dans la même situation que celle que lui aurait assurée l'exécution du marché (Périer, *op. cit.*, n° 200). Le conseil d'Etat a renoncé à la jurisprudence qu'il avait autrefois consacrée par plusieurs arrêts rapportés au *Rép.* (n° 88, 1° et 2°), et d'après laquelle la résiliation dans un intérêt public des marchés de fournitures consentis par l'Etat donnait droit à l'entrepreneur de réclamer une indemnité pour les pertes que lui avait causées l'inexécution du marché, mais non pour les bénéfices qu'il aurait manqué de faire. Cette solution avait été appliquée, spécialement, à la résiliation, en vertu du décret du 22 mars 1848, des marchés pour le travail des prisons qui rentrent dans la catégorie des marchés de travaux publics (Cons. d'Et. 14 mai 1852, aff. Wallut, *Rec. Cons. d'Etat*, p. 166; 19 avr. 1855, aff. Letestu, *ibid.*, p. 282; 18 mars 1858, aff. Thiboust, *ibid.*, p. 227). Mais il est aujourd'hui reconnu par la jurisprudence, conformément aux règles du droit commun, que l'indemnité due à un fournisseur dont l'Administration a arbitrairement résilié le marché doit comprendre non seulement les pertes que lui a occasionnées cette résiliation, mais encore les bénéfices qu'il aurait pu réaliser sur l'exécution de ce marché (Cons. d'Et. 20 juin 1873, aff. Lageste, *Rec. Cons. d'Etat*, p. 565; 9 août 1873, aff. Garnot, *ibid.*, p. 418; 12 févr. 1875, aff. Sparre, *ibid.*, p. 143). Toutefois, M. Périer (*op. cit.*, n° 204) fait observer avec raison que le fournisseur n'a droit qu'aux dommages-intérêts qui sont une suite directe de la résiliation, et que les pertes qu'il prétend avoir subies sur sa clientèle, n'en devant être considérées que comme une conséquence indirecte, ne peuvent entrer en ligne de compte pour le calcul de l'indemnité. — Lorsque l'inexécution du marché par l'Etat ne cause au fournisseur qu'un préjudice moral, l'Etat peut être condamné aux dépens pour tous dommages-intérêts (Cons. d'Et. 11 déc. 1871, aff. Manceaux, D. P. 72. 3. 46).

69. Il arrive quelquefois que l'Administration stipule dans un marché qu'elle ne devra aucune indemnité au cas où elle croirait devoir prononcer la résiliation en cours d'exécution; la validité d'une clause de cette nature ne saurait être contestée. Mais, dans ce cas même, l'Administration n'en est pas moins tenue d'indemniser l'entrepreneur si c'est par suite d'une faute à elle imputable qu'il n'a pu livrer au moment où la résiliation est prononcée qu'une partie de ses fournitures (Cons. d'Et. 27 févr. 1874, aff. Hulin, D. P. 74. 3. 89).

70. On a dit au *Rép.* n° 90, que les entrepreneurs ne jouissent pas, comme l'Administration assimilée au maître par l'art. 1794 c. civ., du droit de pouvoir résilier leurs engagements, et que c'est seulement en cas de force majeure qu'ils pourraient refuser d'exécuter le marché. Le cas de force majeure produit non seulement un effet dilatoire, mais un effet résolutoire qui peut être invoqué par l'Administration comme par le fournisseur (Cons. d'Et. 19 juill. et 15 nov. 1872, aff. Lecomte Dupond et Lamblé, D. P. 74. 3. 49; 8 mai 1874, aff. Faist, D. P. 75. 3. 48). Il en est ainsi notamment lorsque l'exécution d'un marché de fournitures pour une place de guerre a été rendue impossible par suite d'un investissement (Même arrêt. Comp. Req. 7 mai 1872, aff. Moutet, D. P. 72. 1. 456; 14 mai 1872, aff. Way, D. P. 73. 1. 78).

71. Toutefois, si la guerre rend plus difficile l'exécution d'un marché, elle ne constitue pas toujours un cas de force majeure dont le fournisseur puisse se prévaloir pour soutenir que son marché doit être résilié de plein droit; elle ne l'autorise pas à refuser de reprendre son service lorsque les circonstances exceptionnelles invoquées n'existent plus (Cons. d'Et. 22 mai 1874, aff. Contour, *Rec. Cons. d'Etat*, p. 478). Il a été décidé, en ce sens, que des fournisseurs d'essences de térébenthine n'étaient pas fondés à invoquer la guerre qui avait éclaté en Amérique comme un événement de force majeure rendant impossible l'exécution de leurs engagements, alors que ces circonstances, antérieures au marché, leur étaient connues et que les essences qu'ils s'étaient engagés à fournir n'étaient pas exclusivement de provenance américaine (Cons. d'Et. 8 févr. 1864, aff. Le Pontois, *Rec. Cons. d'Etat*, p. 104; 20 août 1864, aff. Michel, *ibid.*, p. 819).

72. Lorsqu'un marché de fournitures est résilié par un fait de force majeure, le fournisseur ne peut réclamer des dommages-intérêts pour le préjudice que lui a causé la résiliation. La cour de cassation a décidé, par application de ce principe, que la révolution de Février, qui constituait un événement de force majeure, avait entraîné la résiliation des marchés passés avec l'ancienne liste civile sans qu'il y eût lieu d'accorder des dommages-intérêts aux fournisseurs, soit à raison des pertes qu'ils avaient éprouvées, soit à raison des bénéfices dont ils avaient été privés, et sans qu'il y eût à distinguer entre les dommages nés de faits antérieurs à la rupture de la convention et les pertes ou privations de bénéfices qui ne s'étaient réalisées que postérieurement à cette rupture (Civ. rej. 13 nov. 1854, aff. Têtu, D. P. 55. 1. 8).

73. Un fournisseur ne peut se prétendre exonéré de ses obligations à raison de la force majeure qu'autant que cette inexécution est la conséquence non d'un fait qui lui soit imputable, mais d'un événement purement fortuit (Cons. d'Et. 22 févr. 1855, aff. Guilhem, *Rec. Cons. d'Etat*, p. 163; 22 nov. 1872, aff. Léon, *ibid.*, p. 634). Ainsi un entrepreneur de transports maritimes que son cahier des charges déclare responsable envers l'Etat du matériel qu'il transporte pour le compte du ministre de la guerre depuis le moment où il en donne récépissé jusqu'à celui où il lui en est donné décharge, ce qui doit avoir lieu au moment même de la livraison, ne pourrait se prévaloir, pour se dégager de toute responsabilité, de l'échouement d'un bâtiment sur un écueil par un beau temps, cet événement ne constituant pas un cas de fortune de mer (Cons. d'Et. 22 janv. 1886, aff. Compagnie générale transatlantique, D. P. 87. 5. 282; 18 nov. 1887, aff. Compagnie générale transatlantique, D. P. 89. 3. 3). Il est aussi responsable du pillage commis par des indigènes pendant le débarquement sur la plage, alors que cet événement est dû à l'insuffisance des mesures prises par lui et par son agent, et que, d'ailleurs, l'autorité militaire, dont le concours n'avait pas été réclamé a pris les mesures nécessaires pour mettre fin aux actes de maraude dès qu'elle en a été informée (Arrêt précité du 22 janv. 1886).

74. L'entrepreneur qui a fait de simples offres à l'occasion d'un marché de fournitures projeté et sur l'invitation d'un tiers autre que l'Administration capable de le conclure (dans l'espèce, une fabrique d'église), n'est pas fondé à demander la résiliation du traité passé ultérieurement avec un autre fournisseur; il invoquerait en vain cette circonstance que les offres faites par lui dans une soumission cachetée étaient plus avantageuses que celles des autres concurrents (Req. 13 août 1883, aff. Entreprise des pompes funèbres générales, D. P. 84. 1. 350).

75. D'après une opinion énoncée au *Rép.* n° 91, le décès de l'entrepreneur mettrait fin au contrat. Cette opinion, qui repose sur l'art. 1795 c. civ., n'a pas prévalu. En effet, le marché de fournitures n'est pas un contrat de louage d'ouvrage, mais bien un contrat de vente. Il y a donc lieu non à l'application de l'art. 1795 c. civ., mais plutôt à celle de l'art. 1122 c. civ., aux termes duquel on est censé avoir stipulé pour ses héritiers et ayants cause, à moins que le contraire ne soit exprimé ou ne résulte de la nature de la convention (Périer, *op. cit.*, n° 223). Toutefois, les cahiers des charges des marchés de la guerre en vigueur depuis 1876, stipulent qu'en principe le marché est résilié dans le cas de décès du fournisseur, et qu'il pourra seulement être continué si les ayants cause et l'Administration y consentent.

Art. 7. — *De la liquidation des marchés de fournitures* (*Rép.* n°s 92 à 129).

§ 1er. — A qui il appartient de procéder à la liquidation (*Rép.* n°s 93 à 95).

76. On a dit au *Rép.*, n° 93, que la liquidation définitive des marchés de fournitures est dans les attributions du ministre pour le département duquel les fournitures ont été livrées. Cette règle est consacrée par l'art. 62 du décret réglementaire du 31 mai 1862. Ainsi qu'on l'a vu *ibid.*, la liquidation faite par tout autre que par le ministre ne serait que provisoire et ne pourrait être invoquée comme un titre irrévocable, ni par l'Administration, ni par le fournisseur (Cons. d'Et. 27 juill. 1859, aff. Royer, *Rec. Cons. d'Etat*, p. 517). Ainsi un fournisseur de pain est sans qualité pour se prévaloir de l'établissement par un maire, d'après les instructions du sous-intendant militaire, d'une taxe pour la liquidation des sommes à lui dues, lorsque ces arrangements ont eu lieu sans l'approbation du ministre (Cons. d'Et. 10 mars 1859, aff. Bonnefoy, *Rec. Cons. d'Etat*, p. 184). De même, le ministre est toujours en droit d'exiger le reversement des sommes indûment perçues, tant que les comptes établis provisoirement par un intendant militaire n'ont pas été définitivement réglés (Cons. d'Ét. 24 déc. 1880, aff. Buker, D. P. 82. 3. 11).

§ 2. — Par qui la liquidation peut être demandée. — Créanciers (*Rép.* nos 96 à 98).

77. On a dit au *Rép.* n° 96 que l'Administration ne reconnait comme créancier direct de l'Etat que le fournisseur avec qui elle a traité, et que, par suite, les sous-traitants, avec lesquels ce dernier a contracté pour l'exécution de son marché, ne pourraient exiger en leur nom la liquidation. Mais il ne s'ensuit pas que les créanciers du fournisseur ne puissent pas la réclamer au nom de leur débiteur et comme exerçant ses droits en vertu de l'art. 1166 c. civ. Il a été décidé toutefois que le créancier d'un entrepreneur de fournitures n'est recevable à exercer les actions de son débiteur qu'autant qu'il aurait été autorisé par une décision de justice et que sa qualité ne serait pas contestée par le ministre (Cons. d'Ét. 9 août 1870) (1). Cette décision semble en contradiction avec l'opinion, généralement adoptée en droit civil, que le créancier peut exercer les droits et actions de son débiteur sans avoir besoin d'une subrogation préalable conventionnelle ou judiciaire. M. Périquet (*op. cit.*, n° 181) est d'avis de résoudre la question par une distinction. Il admet que l'action des créanciers serait recevable si les créanciers voulaient simplement exercer les actions que leur débiteur refuse ou néglige d'exercer, à l'effet de conserver son patrimoine et de prévenir les déchéances. Mais, suivant lui, la recevabilité de leur action serait contestable au cas où ils voudraient, comme dans l'espèce dans laquelle a été rendu l'arrêt précité, se faire attribuer ce qui est dû à leur débiteur.

78. En dehors des cas dans lesquels les créanciers d'un fournisseur prétendraient exercer eux-mêmes ses droits en vertu de l'art. 1166, on s'est demandé s'ils auraient le droit d'intervenir purement et simplement dans la liquidation suivie par ou contre le débiteur. D'après un arrêt, un individu, simple créancier d'un fournisseur, n'a pas qualité pour intervenir dans le règlement de son débiteur avec l'Administration (Cons. d'Ét. 11 août 1864, aff. Challard, *Rec. Cons. d'Etat*, p. 358). Toutefois, cette décision est en opposition avec la doctrine d'arrêts antérieurs (Cons. d'Et. 18 mai 1846, aff. Ruffin, *Rec. Cons. d'Etat*, p. 289; 13 août 1850, aff. Bénier, *ibid.*, p. 766); et l'on peut supposer que la question serait résolue dans un sens différent si elle venait à être posée de nouveau (V. *op. cit.*, n° 245, et Périer, *op. cit.*, n° 182).

§ 3. — Des pièces justificatives à fournir à l'appui des demandes de liquidation (*Rép.* nos 99 à 104).

79. Ainsi qu'on l'a vu au *Rép.* n° 101, en l'absence de toute clause spéciale du cahier des charges, les fournisseurs sont tenus de faire leurs justifications conformément aux prescriptions des règlements. Il a été décidé, par application de cette règle, qu'il y avait lieu de rejeter comme non justifiée une demande en payement de fournitures à l'appui de laquelle le réclamant ne produirait que des récépissés reconnus faux et ayant déjà fait l'objet de condamnations prononcées par le conseil de guerre (Cons. d'Et. 2 mars 1870, aff. Bonhomme, *Rec. Cons. d'Etat*, p. 228). Mais nous avons dit (*Rép.* n° 102), que cette règle reçoit exception au cas de force majeure et, d'une manière générale, lorsque les circonstances n'ont pas permis que les dépenses fussent régulièrement constatées (Cons. d'Et. 29 juin 1870, aff. Esquino, *Rec. Cons. d'Etat*, p. 837 et *suprà*, v° *Compétence administrative*, n° 414; 7 juill. 1870, aff. Heit, *ibid.*, p. 870). Toutefois, même dans ce cas, un fournisseur qui prétend avoir payé des droits d'octroi pour le compte de l'Administration ne peut en obtenir le remboursement s'il ne produit au moins des indications de nature à permettre la vérification de sa créance (Arrêts précités des 29 juin et 7 juill. 1870).

80. Lorsque le fournisseur justifie, par des récépissés réguliers, qu'il a livré, en exécution de son marché, une certaine quantité de fournitures dont l'Administration n'a payé qu'une partie, c'est au ministre qu'incombe l'obligation de prouver que le surplus a été payé au fournisseur; faute de cette justification, ce dernier est fondé à réclamer le prix du surplus (Cons. d'Ét. 8 avr. 1858, aff. Mayer, *Rec. Cons. d'Etat*, p. 279).

§ 4. — Délais et déchéances (*Rép.* nos 105 à 112).

81. On a indiqué au *Rép.* nos 105 et suiv., les délais légaux dans lesquels les fournisseurs doivent, sous peine de déchéance, adresser leurs réclamations et en présenter les pièces à l'Administration. Ainsi qu'on l'a vu au *Rép.* n° 106, une déchéance spéciale aux marchés passés par le ministère de la guerre résulte de l'art. 3 du décret du 13 juin 1806. Mais cette disposition n'est pas applicable au cas où la liquidation préparatoire a présenté de graves difficultés par suite de la destruction des pièces comptables et a dû être modifiée à plusieurs reprises par suite des instructions contradictoires données par l'Administration (Cons. d'Et. 17 juill. 1885, aff. Duyrault, D. P. 87. 3. 26). — En ce qui concerne les services de la marine, les marchés à passer pour le service du matériel doivent, aux termes de l'art. 61 du règlement de 1869 sur la comptabilité du ministère, imposer à tout fournisseur l'obligation de produire les titres justificatifs de la créance résultant de l'exécution du service dans les trois mois qui suivent le trimestre pendant lequel le service a été exécuté ou terminé. L'Administration pourrait même, d'après ce règlement, stipuler des délais plus rapprochés. Mais la déchéance qui résulte de ces dispositions n'est pas appliquée avec rigueur par le ministère de la marine (Périer, *op. cit.*, n° 260).

82. Indépendamment des règles générales établies par les lois et règlements pour la production des réclamations des fournisseurs, les cahiers des charges stipulent quelquefois un délai spécial dans lequel ces réclamations doivent se produire. Lorsque le fournisseur n'adresse sa réclamation, avec les pièces à l'appui, qu'après l'expiration de ce délai, il encourt la déchéance (Cons. d'Et. 24 janv. 1872, aff. Heit, *Rec. Cons. d'Etat*, p. 31). Il ne pourrait se prévaloir, pour échapper à cette déchéance, de ce que les pièces justificatives des sommes dépensées auraient été détruites par un incendie, alors que, d'après les règlements, elles auraient dû être déposées dans les bureaux de l'Administration antérieurement à l'époque où a eu lieu l'incendie (Cons. d'Et. 17 juill. 1885, aff. Dayrault, D. P. 87. 3. 26). Mais, conformément à ce qui a été exposé au *Rép.* n° 111, la déchéance ne pourrait lui être opposée pour la période pendant laquelle il était en droit de détenir les pièces détruites par cet incendie, qui a eu le caractère d'un cas de force majeure (Même arrêt).

83. On a vu au *Rép.* n° 110, qu'aux termes de l'art. 3 du décret du 12 déc. 1806, les *sous-traitants* qui n'ont pas fait la remise de leurs pièces justificatives dans les six mois qui suivent le trimestre où la dépense a été faite encourent la déchéance et que, en conséquence, ces pièces justificatives ne peuvent plus leur servir de titre à aucune réclamation contre qui que ce soit: mais, ainsi que nous l'avons dit précédemment (n° 81), cette disposition n'est pas applicable

(1) (Ramon Zorilla.) — Napoléon, etc.; — Vu l'acte du 5 déc. 1862, dressé à Véra-Cruz, par lequel le sieur Moran se reconnait débiteur envers le sieur Ramon Zorilla d'une somme de 7952 piastres; — Vu le marché passé le 24 nov. 1862 entre le sieur Ramon Moran et l'Administration militaire française, notamment les art. 5 et 6; — Vu le décret du 11 juin 1806, art. 13, § 2; — Vu l'art. 1166 c. civ.; — Considérant que le sieur Ramon Zorilla se présente devant nous pour exercer les actions du sieur Ramon, en sa qualité de créancier dudit sieur Ramon Moran, en vertu de l'art. 1166 c. civ.; — Considérant que le sieur Ramon Zorilla ne serait recevable à exercer les droits du sieur Ramon Moran qu'autant qu'il aurait été autorisé par une décision de justice, et que sa qualité de créancier ne serait pas contestée par notre ministre; — Considérant que le sieur Ramon Zorilla ne produit pas une décision de justice qui l'ait autorisé à exercer les actions du sieur Ramon Moran et que notre ministre de la guerre ne lui reconnait pas la qualité de créancier; — Que, dès lors, son pourvoi n'est pas recevable;

Art. 1er. La requête du sieur Ramon Zorilla est rejetée.

Du 9 août 1870.-Cons. d'Et.-MM. Didier, rap.-Bayard, com. du gouv. Gigot, av.

au cas où la liquidation préparatoire a présenté de graves difficultés par suite de la destruction des pièces comptables et a dû être modifiée à plusieurs reprises par suite des instructions contradictoires données par l'Administration (Cons. d'Ét. 17 juill. 1885, aff. Dayrault, D. P. 87. 3. 26).

§ 5. — Payement, compensation, indemnité, réduction (*Rép.* nos 113 à 117).

84. On a vu au *Rép.* n° 113 que le payement qui, dans la plupart des cas, se fait en espèces, peut quelquefois se faire en valeurs. Lorsque, au lieu d'être créancier, un fournisseur est déclaré débiteur envers l'Etat d'une somme représentative d'objets que l'Etat lui avait remis pour les vendre, il ne peut s'acquitter en restituant ceux de ces objets que l'Etat lui avait remis pour les vendre et qu'il n'a pas vendus; il doit payer sa dette en argent, à moins de clause contraire (Cons. d'Ét. 12 août 1851, aff. Robiquet, *Rec. Cons. d'Etat*, p. 572).

85. Nous avons traité précédemment (V. *suprà*, nos 35 et suiv.) des demandes en réduction ou en augmentation de prix et en indemnité qui peuvent se produire lors de la liquidation. Le prix qui doit être payé est celui fixé par le cahier des charges, ou par des modifications régulières apportées au cahier des charges. Mais un officier comptable est sans qualité pour modifier les conditions d'un marché, et, dès lors, un fournisseur ne peut se prévaloir d'une lettre que lui a adressée cet officier comptable pour obtenir un prix autre que celui porté dans le marché (Cons. d'Ét. 31 janv. 1873, aff. Favrichon, *Rec. Cons. d'Etat*, p. 112; 11 déc. 1874, aff. Legrand, *ibid.*, p. 982; 24 nov. 1876, aff. Langlade, *ibid.*, p. 835.

86. Dans le cas où une compagnie de transports maritimes chargée d'un service postal ne satisfait à aucune des obligations qui lui sont imposées, le ministre de la marine a le droit de refuser entièrement le payement de la subvention promise à cette compagnie. Mais cette faculté ne peut lui être reconnue lorsque, malgré de nombreuses irrégularités dans les transports effectués, la compagnie s'est partiellement acquittée du service dont elle était chargée; il n'y a lieu, en pareil cas, qu'à une réduction de la subvention à évaluer d'après les circonstances (Cons. d'Ét. 5 févr. 1886, aff. Compagnie maritime de Madagascar, D. P. 87. 5. 282).

87. Lorsqu'un particulier a été chargé d'opérer des achats pour le compte de l'Administration, il a droit seulement au payement des déboursés qu'il justifie avoir faits et à l'allocation d'une commission, et non au payement des marchandises d'après leur valeur au jour de la livraison (Cons. d'Et. 17 avr. 1874, aff. Cresti, D. P. 75. 5. 285).

§ 6. — Intérêts dus aux fournisseurs ou par eux (*Rép.* nos 118 à 125).

88. Les sommes dues aux fournisseurs ou par eux peuvent être productives d'intérêts. Ainsi qu'on l'a vu au *Rép.* n° 118, la jurisprudence fixe, dans ce cas, à 5 pour 100 le taux de l'intérêt (Cons. d'Et. 14 sept. 1852, aff. Genevois, *Rec. Cons. d'Etat*, p. 409), parce qu'elle ne considère pas les marchés de fournitures comme des contrats commerciaux dans les rapports de l'Administration et du fournisseur. Toutefois le taux de 5 pour 100 cesse d'être applicable lorsque le prix des fournitures doit être payé aux fournisseurs ailleurs qu'en France; dans ce cas, les intérêts doivent être calculés d'après le taux du lieu du payement (Cons d'Et. 2 mai 1861, aff. Dato, *Rec. Cons. d'Etat*, p. 318 ; 21 juill. 1870, aff. Bernard, *ibid.*, p. 927 ; 7 déc. 1870 ; aff. Souberbielle, D. P. 72. 3. 35 ; 8 août 1872, aff. Strauss, *ibid.*, p. 598).

89. On a rapporté au *Rép.* n° 122, plusieurs arrêts d'après lesquels le point de départ des intérêts serait l'époque de la liquidation, et non le jour de la demande. Mais il est aujourd'hui admis par la jurisprudence que les intérêts, conformément à la règle générale, courent du jour de la demande (Cons. d'Et. 13 juill. 1864, aff. Josserand, *Rec. Cons. d'Etat*, p. 658 ; 21 juill. 1870, aff. Bernard, *ibid.*, p. 927 ; 27 nov. 1874, aff. Compagnie des Dombes, *ibid.*, p. 923. V. conf. Périer, *op. cit.*, n° 276 ; Perriquet, *op. cit.*, n° 150). — Il a été décidé que les intérêts dus à un entrepreneur de fournitures militaires courent à partir seulement de la demande qui est faite de ces intérêts au ministre de la guerre, et non à partir de la demande que l'entrepreneur en a faite au commandant militaire de l'expédition (Cons. d'Et. 12 juill. 1882, aff. Kieffer, D. P. 84. 3. 13).

90. Lorsque la liquidation des sommes dues à un entrepreneur de marché de fournitures a été retardée faute par cet entrepreneur de faire les justifications nécessaires, il ne peut réclamer d'intérêts pour la période antérieure à la liquidation ; nonobstant la demande antérieure qu'il en a faite. Mais si, après la liquidation, le payement n'a pas lieu immédiatement, l'entrepreneur peut demander des intérêts à partir de cette liquidation. Dans ce cas, ils commencent à courir du jour de la demande (Cons. d'Et. 7 déc. 1870, aff. Souberbielle, D. P. 72. 3. 35).

91. L'Etat ne peut se prévaloir, pour suspendre le cours des intérêts dus à un fournisseur, des retards apportés par celui-ci à produire les pièces justificatives nécessaires pour liquider la créance dont un arrêt du conseil d'Etat avait admis la légitimité, alors que, antérieurement à cet arrêt, le fournisseur avait produit des documents suffisants pour mettre le ministre de la guerre en mesure de lui faire des offres réelles, et que la nécessité de fournir de nouvelles justifications a eu pour cause la destruction de ce document (dans l'espèce, l'incendie du conseil d'Etat) (Cons. d'Et. 12 juill. 1882, aff. Kieffer, D. P. 84. 3. 13).

92. Les intérêts moratoires, étant de véritables dommages-intérêts, ne peuvent être exigés par un fournisseur quand le retard dans le payement provient exclusivement de sa faute. Ainsi, lorsqu'un entrepreneur qui devait terminer ses fournitures dans le courant d'une année a été autorisé, à titre de tolérance, à continuer ses livraisons l'année suivante, et que, par suite de l'absence de crédits disponibles, il n'a pu être payé après chaque livraison dans les délais prévus au contrat, il ne peut s'en prendre qu'à lui-même des conséquences dommageables qu'entraîne pour lui l'application de la règle de comptabilité publique qui interdit de délivrer ou de payer un mandat lorsqu'il n'existe pas de fonds disponibles sur les crédits ouverts (Cons. d'Et. 6 mars 1874, aff. Beauchamp, D. P. 74. 3. 89).

93. Lorsque c'est le fournisseur qui est débiteur envers l'Etat, il peut être tenu au payement des intérêts des sommes dues. Ces intérêts ne courent également que du jour où ils ont été demandés, à moins que le fournisseur ne puisse être considéré comme ayant reçu ou gardé de mauvaise foi les avances à lui faites par l'Etat, cas auquel les intérêts, par application de l'art. 1378 c. civ. courraient du jour de l'indue possession (Cons. d'Et. 27 nov. 1874, aff. Letellier, *Rec. Cons. d'Etat*, p. 921 ; Périer, *op. cit.*, n° 280).

§ 7. — Dans quel cas il peut y avoir recours contre la liquidation. — Chose jugée. — Acquiescement. — Erreur. — Double emploi (*Rép.* nos 126 à 129).

94. On a dit au *Rép.* n° 127, que, lorsque la liquidation d'un service est commencée, le fournisseur ne peut, en règle générale, revenir sur la décision ministérielle ou l'ordonnance qui ont prononcé à cet égard et qui ont ainsi acquis l'autorité de la *chose jugée*. De même, il a été décidé, conformément à plusieurs arrêts rapportés au *Répertoire*, que, lorsque les sommes dues pour fournitures faites à l'Etat ont été liquidées sur le vu d'un procès-verbal régulier de réception dressé par les agents de l'Etat contradictoirement avec le préposé du fournisseur, le ministre ne peut revenir sur cette liquidation qu'en justifiant que les énonciations de ce procès-verbal sont entachées d'erreur ou de fraude, et qu'il ne suffirait pas qu'un procès-verbal postérieur émané des mêmes agents contînt des énonciations différentes du premier (Cons. d'Et. 27 août 1854, aff. Lauriol, D. P. 55. 3. 39). — Mais la remise du cautionnement autorisée par le ministre, par mesure de bienveillance, ne fait pas obstacle à ce que le compte soit ultérieurement rectifié (Cons. d'Et. 24 déc. 1880, aff. Bertier, D. P. 82. 3. 11).

95. Le fournisseur n'est pas recevable à réclamer contre une liquidation à laquelle il a donné son acquiescement (*Rép.* n° 128). — Mais il a été décidé que l'entrepreneur d'un marché de fournitures qui, après avoir saisi le conseil d'Etat d'un pourvoi contre une décision du ministre de la guerre rejetant ses réclamations, a accepté les factures trimestrielles et s'est abstenu de formuler des réserves interdites d'ailleurs par les règlements, ne peut être par là présumé avoir renoncé à son action (Cons. d'Et., 19 juill. 1889, aff. Collin, D. P. 91. 5. 342).

96. Comme on l'a vu au *Rép.* n° 129, la liquidation d'un marché de fournitures n'étant, à proprement parler, qu'un compte à régler entre les parties contractantes, on doit appliquer l'art. 541 c. proc. civ. qui n'admet la revision des comptes judiciairement arrêtés que pour cause d'erreurs, d'omissions, de faux ou de double emploi (Cons. d'Et. 8 févr. 1866, aff. Tesnières, D. P. 68. 3. 43; 2 mars 1870, aff. Bonhomme, D. P. 74. 3. 71). Cette règle a été appliquée, notamment, dans le cas où un marché avait été passé par l'Administration pour un service qui devait durer plusieurs années, et où, pour chacune de ces années, des comptes avaient été arrêtés et soldés (Arrêt précité du 8 févr. 1866). — Mais le payement d'un service pour lequel un prix spécial a été fixé et qui n'a pas été rendu rentre dans les erreurs de fait qui peuvent toujours être réparées, et la liquidation faite antérieurement ne saurait y mettre obstacle. Ainsi lorsque, dans un marché où il a été stipulé que la marchandise serait amenée d'un lieu situé en dehors du rayon d'approvisionnement d'une ville menacée d'un siège, il est convenu qu'une part déterminée du prix représente les frais de transport à la charge du fournisseur, cette partie du prix n'est pas due si le fournisseur achète la marchandise au lieu de la livraison; et si le prix a été payé intégralement, le ministre peut, par voie de rectification de compte, décider que le fournisseur reversera au Trésor la somme qu'il a perçue en trop (Cons. d'Et. 26 déc. 1873, aff. Bosc, D. P. 74. 3. 71).

97. D'après l'art. 879 du règlement général du 26 mai 1866, sur les subsistances militaires, les décisions du ministre portant liquidation d'une créance peuvent être réformées par lui dans le délai de trois mois à partir de la notification de la décision, soit dans l'intérêt de l'Etat, soit dans celui des créanciers, pour causes d'erreurs matérielles, d'omissions, de faux ou doubles emplois. Mais, passé ce délai, les créances sont considérées comme irrévocablement admises (Périer, *op. cit.*, n° 288). Le conseil d'Etat a annulé, par application de cette disposition, des décisions ministérielles qui, revenant sur une liquidation faite depuis plus de trois mois, avaient pour but d'opérer une compensation qui aurait dû être faite dans cette liquidation et dont le ministre avait omis de tenir compte (Cons. d'Et. 6 mai 1858, aff. Dary, *Rec. Cons. d'Etat*, p. 349).

ART. 8. — *De la compétence. — Marchés de fournitures passés avec l'Etat* (*Rép.* n°s 130 à 151).

98. On a dit au *Rép.* n° 132, que l'on doit considérer comme une règle d'ordre public le principe d'après lequel l'autorité administrative est compétente en matière de marchés de fournitures passés au nom de l'Etat. Il faut ajouter que, en matière administrative, les juridictions sont d'ordre public et que l'incompétence *ratione materiæ* peut être opposée devant toutes les juridictions (Perriquet, *op. cit.*, n° 159). Par suite, la disposition d'un cahier des charges aux termes de laquelle la décision d'un fonctionnaire de l'Intendance prononçant, après l'accomplissement de certaines formalités, le rebut et la saisie des denrées présentées par un fournisseur, est sans appel et doit être exécutée sur-le-champ, ne peut avoir pour effet de priver le fournisseur du droit de soutenir devant le ministre, et le cas échéant, devant le conseil d'Etat, que cette décision n'était pas justifiée (Cons. d'Et. 24 mars 1882, aff. Hertz, D. P. 83. 3. 94).

99. — I. COMPÉTENCE DES PRÉFETS. — L'arrêté du 19 therm. an 9 cité au *Rép.* n° 135, d'après lequel il appartenait aux préfets de statuer sur les contestations relatives aux payements des marchés de fournitures faits pour le compte de l'Etat, sauf le recours au ministre et ensuite au conseil d'Etat, doit être considéré comme abrogé. Lorsque le préfet prononce sur des questions relatives à des marchés qui ont pour objet des services locaux, il ne rend pas, à proprement parler, une décision; il fait plutôt un acte d'instruction destiné à préparer la décision du ministre (Serrigny, *Compétence et procédure en matière administrative*, 2e éd., t. 3, n° 1329). M. Périer (*op. cit.* n° 96) fait, d'ailleurs, observer que l'arrêté de l'an 9 ne s'occupait que des régies établies par le Gouvernement, et qu'il n'a plus de raison d'être depuis que le système des régies a été abandonné (V. Conf. Perriquet, *op. cit.*, n° 174; Dufour, *Droit administratif*, t. 6, n° 311).

100. — II. COMPÉTENCE DES MINISTRES. — Ainsi qu'on l'a vu au *Rép.* n° 137, il appartient au ministre de statuer, sauf recours devant le conseil d'Etat, sur les difficultés auxquelles peut donner lieu un marché de fournitures (Cons. d'Et. 15 mars 1878, aff. Warembourg, D. P. 78. 3. 64). La question de savoir si, en prononçant sur ces difficultés, les ministres font acte de juridiction ou de gestion a été très vivement controversée. Nous avons exposé ailleurs (v° *Compétence administrative*, n°s 410 et suiv.) cette controverse. D'après l'opinion qui a prévalu, en matière de fournitures faites à l'Etat, la décision prise par le ministre est un simple acte de gestion; il agit en qualité de liquidateur des créances contre l'Etat; il ne rend pas un jugement, et l'art. 4 du décret du 11 juin 1806 constitue le conseil d'Etat juge en premier et dernier ressort des contestations en cette matière (V. notamment : conclusions de M. le commissaire du Gouvernement de Belbeuf, D. P. 67. 3. 89 et de M. le commissaire du Gouvernement Gomel, D. P. 82. 3. 51; Aucoc, *Conférences*, t. 1, p. 606; Laferrière, *Traité de la juridiction administrative*, t. 1, p. 403). Cette doctrine semble, ainsi que nous l'avons dit *suprà* (v° *Compétence administrative*, n° 414), avoir été implicitement consacrée par le conseil d'Etat (V. en sens contraire, dissertation de M. Reverchon, sous Cons. d'Et. 17 janv. 1867, aff. Boulingre, D. P. 67. 3. 89).

101. Quelle que soit, d'ailleurs, la solution adoptée sur cette question, il n'est pas douteux que le conseil d'Etat ne peut être saisi des contestations en cette matière qu'après que le ministre a prononcé; aussi a-t-il été décidé que la lettre par laquelle un fonctionnaire de l'Intendance informe un entrepreneur qu'il doit considérer son marché comme résilié, ne constitue pas une décision susceptible d'être déférée au conseil d'Etat par la voie contentieuse (Cons. d'Et. 15 mars 1878, aff. Warembourg, D. P. 78. 3. 64).

102. Le ministre est compétent pour déclarer une compagnie de transports maritimes responsable, soit d'avaries survenues pendant la traversée aux fournitures que cette compagnie devait transporter en vertu d'un marché passé avec l'Administration (Cons. d'Et. 19 déc. 1868, aff. Comp. transatlantique, *Rec. Cons. d'Etat*, p. 1059, et 25 mai 1870, aff. Comp. transatlantique, *ibid.*, p. 644);... soit de la perte de fournitures englouties avec le navire qui les portait, à la suite d'un abordage de ce navire par un navire étranger, propriété de la compagnie (Cons. d'Et. 20 déc. 1872, aff. Valéry, *ibid.*, p. 735).

103. Il a été également jugé qu'il appartient au ministre, et non au conseil de préfecture, de connaître des contestations auxquelles peut donner lieu un marché passé entre un particulier et le ministre du commerce, représenté par le commissaire général délégué à cet effet, et ayant pour objet l'exploitation d'un restaurant dans l'enceinte de l'Exposition universelle; un tel marché constitue non un marché de travaux publics, mais un marché fait avec un ministre pour le service de son département (Cons. d'Et. 4 juill. 1884, aff. François, D. P. 86. 3. 10). — La jurisprudence faisait également rentrer sous l'application du décret du 11 juin 1806 les commandes faites aux artistes par la liste civile; elle reconnaissait en conséquence au ministre de la maison de l'empereur, sauf recours au conseil d'Etat, le droit de prononcer la résiliation d'un semblable marché, quand l'artiste n'avait pas exécuté sa commande dans le délai fixé (Cons. d'Et. 28 janv. 1865, aff. Pollet, D. P. 65. 3. 81).

104. On a vu, *suprà*, n° 4, qu'une loi du 6 avr. 1871 avait institué une commission de soixante membres de l'Assemblée nationale pour contrôler la régularité des conditions auxquelles avaient été consentis les marchés passés depuis le commencement de la guerre de 1870. Le but de cette loi, tel qu'il avait été défini dans l'exposé des motifs et dans le rapport présenté à l'Assemblée, était uniquement d'établir sur les actes de l'Administration un contrôle politique et administratif, et la commission qu'elle avait instituée n'avait pas à intervenir dans la solution des affaires contentieuses pendantes entre l'Etat et les tiers. Cette loi n'a donc apporté aucune modification au droit conféré aux ministres par le décret de 1806 de régler les comptes des entrepreneurs des marchés de fournitures. Il a été décidé, en conséquence, que le ministre de la guerre avait pu statuer définitivement, sans prendre l'avis de la commission parlementaire, sur la retenue à opérer, pour cause de retard dans les livraisons, sur les décomptes d'un fournisseur (Cons. d'Et. 15 nov. 1878, aff. Donis et Rogerie, D. P. 79. 5. 271)

105. Sur la compétence en ce qui concerne les contestations auxquelles donnent lieu les marchés de fournitures dans les colonies, V. *infrà*, v° *Organisation des colonies*.

106. — III. COMPÉTENCE DU CONSEIL D'ETAT. — La compétence du conseil d'Etat, en matière de marchés de fournitures, est spécialement établie par l'art. 14 du décret du 11 juin 1806 (*Rép.* n° 138). Les recours au conseil d'Etat contre les décisions ministérielles rendues en cette matière sont soumis aux mêmes règles que tous les autres recours portés devant cette juridiction (V. *suprà*, v° *Conseil d'Etat*).

107. — IV. COMPÉTENCE DE L'AUTORITÉ JUDICIAIRE. — Ainsi qu'on l'a vu au *Rép.* n° 144, l'autorité judiciaire est appelée à connaître des contestations qui naissent des marchés de fournitures entre les fournisseurs et les tiers ou sous-traitants. — Les contestations qui peuvent résulter de l'exercice du privilège de second ordre accordé pour certains marchés aux sous-traitants par le décret du 12 déc. 1806, tant sur le cautionnement déposé par l'entrepreneur que sur les fonds qui peuvent lui être dus par l'Etat, rentrent également dans la compétence des tribunaux ordinaires (Cons. d'Et. 14 août 1852, aff. Leleu, *Rec. Cons. d'Etat*, p. 396. V. conf. Périer, *op. cit.*, n° 107).

108. L'autorité judiciaire est compétente pour connaître des contestations entre une compagnie de chemin de fer et l'Etat pour le règlement de transports exécutés, en l'absence de tout marché conclu avec les représentants de l'Administration, dans les conditions du droit commun (Cons. d'Et. 13 juill. 1883, aff. Chemin de fer de Lyon, D. P. 85. 3. 42, *Adde :* Cons. d'Et. 9 juill. 1820, *Rép.* n° 150. Civ. cass. 28 août 1866, aff. Boone et Pyotte, D. P. 66. 1. 486). Mais il appartient à l'autorité administrative de statuer sur les contestations relatives à des expéditions exécutées en vertu d'un traité conclu entre une compagnie et un ministre pour les transports à effectuer pour le compte de son département (Même arrêt). — Comme on l'a fait remarquer dans la note sur l'arrêt précité (D. P. *ibid.*), il résulte de cet arrêt, ainsi que des décisions que l'on vient de mentionner dans le même sens, que l'autorité judiciaire n'est pas incompétente d'une manière absolue pour déclarer l'État débiteur dans les matières où il agit dans l'intérêt des services publics dont il est chargé; cette incompétence n'existe que dans le cas où la solution du litige exige l'appréciation soit d'actes ou règlements administratifs, soit des rapports existant entre l'Administration et ses agents ou fonctionnaires.

ART. 9. — *Marchés de fournitures passés avec les départements* (*Rép.* n°s 152-155).

109. On a dit au *Rép.* n° 152 que les marchés de fournitures passés dans l'intérêt des départements sont soumis aux mêmes règles que ceux passés au nom de l'Etat; toutefois, en ce qui concerne la compétence, la question a été controversée. Plusieurs auteurs, s'appuyant sur d'anciens arrêts rapportés au *Rép.* n° 155, soumettent à la compétence du conseil de préfecture les contestations entre l'Administration et les fournisseurs sur la validité et l'interprétation des clauses des marchés relatifs aux fournitures faites pour le compte des départements (Serrigny, *Compétence administrative*, t. 2, n° 805; Trolley, *Droit administratif*, t. 5, n° 2623). D'autres, au contraire, ont soutenu que ces contestations devraient être portées devant l'autorité judiciaire (Dufour, *Droit administratif*, t. 6, p. 332; Batbie, *Droit public et administratif*, t. 7, n° 262; Cabantous, *Rép.* n° 548; Périer, *op. cit.*, n° 300). — Cette dernière opinion paraît avoir été implicitement adoptée par la jurisprudence, qui n'a laissé à l'autorité administrative la connaissance des difficultés relatives aux marchés passés pour l'équipement de la garde nationale mobilisée des départements que parce que ces marchés avaient été, en réalité, passés pour le compte de l'Etat (Cons. d'Et. 21 oct. 1871, aff. Delhôpital, D. P. 72. 3. 62, et même date, aff. Divet et Robatel, D. P. 73. 2. 160). D'après ces arrêts, il ne suffit pas, pour que l'autorité judiciaire se déclare compétente pour connaître d'un litige de cette nature, que le demandeur ait dirigé son action contre le département; elle doit examiner si ce marché n'a pas été en réalité passé par l'Etat et, dans le cas de l'affirmative, elle doit se déclarer incompétente (Mêmes arrêts. Comp. Req. 10 nov. 1874, aff. Lefèvre Ducatteau, D. P. 75. 1. 216).

ART. 10. — *Marchés de fournitures passés avec les communes et les établissements publics* (*Rép.* n°s 156-158).

110. En l'absence d'un texte relatif à la compétence en matière de marchés de fournitures passés par les communes et établissements de bienfaisance, ce sont les tribunaux ordinaires qui doivent connaître des contestations auxquelles donnent lieu ces marchés. Après quelques hésitations qui ont été mentionnées au *Rép.* n° 157, la jurisprudence est aujourd'hui fixée en ce sens (Cons. d'Et. 8 juin 1850, aff. Commune d'Etais, D. P. 60. 3. 67; 28 févr. 1859, aff. Delpy, D. P. 61. 3. 14; 10 janv. 1861, aff. Lamothe, D. P. 61. 3. 14; 7 sept. 1869, aff. Commune de Maxey-sur-Vaise, D. P. 70. 3. 112; 3 janv. 1873, aff. Ville de Champagnole, D. P. 73. 3. 55; 2 févr. 1877, aff. Lefèvre Deumier, D. P. 77. 3. 48; Trib. confl. 7 mai 1881, aff. Perot, D. P. 82. 3. 106).

111. La solution ne présente quelque difficulté que dans le cas où le marché, tout en formant un tout indivisible, comprend à la fois une fourniture à faire et des travaux à exécuter. Si l'exécution du marché ne comporte que quelques travaux accessoires trop peu importants pour transformer le contrat en marché de travaux publics, les contestations auxquelles il donne lieu rentrent dans la compétence de l'autorité judiciaire (Cons. d'Et. 7 mai 1881, cité *suprà*, n° 110): c'est ainsi que la pose d'une horloge n'a pas été considérée comme transformant le fournisseur en entrepreneur de travaux publics (Cons. d'Et. 28 févr. 1859, 7 sept. 1869 et 3 janv. 1873, cités *suprà*, n° 110). Au contraire, le conseil de préfecture est compétent pour connaître des contestations engagées à l'occasion d'un marché dans lequel les travaux à exécuter ont une importance suffisante pour modifier le caractère du contrat. C'est ce qui a été décidé, notamment, à l'occasion de marchés ayant à la fois pour objet la fourniture et la pose soit de cloches (Cons. d'Et. 13 juill. 1860, aff. Commune de Rigny-la-Salle, D. P. 60. 3. 67; 9 janv. et 26 déc. 1867, aff. Dencausse et Goussel, D. P. 68. 3. 90);... soit de calorifères (Cons. d'Et. 11 août 1859, aff. Duvoir-Leblanc, D. P. 60. 3. 67);... soit de plaques pour le numérotage des branchements d'égouts (Cons. d'Et. 9 févr. 1865, sol. impl., aff. Fouque, D. P. 82. 3. 106, note 2).

112. Le marché passé par une commune pour la fourniture d'une pompe à incendie ne constitue évidemment pas un marché de travaux publics et, dès lors, c'est à l'autorité judiciaire, et non au conseil de préfecture, qu'il appartient de statuer sur les contestations relatives à cette fourniture (Cons. d'Et. 8 juin 1850, aff. Commune d'Etais, D. P. 60. 3. 67). Il en est de même des contestations relatives à une fourniture de bustes (Cons. d'Et. 2 févr. 1877, aff. Lefèvre-Deumier, D. P. 77. 3. 48);... de celles qui se rattachent au marché par lequel un individu s'est chargé de classer et de relier les archives d'une commune, de lui fournir divers registres, et de remplacer les numéros manquants à sa collection du *Bulletin des lois* et du *Recueil des actes administratifs* du département (Cons. d'Et., 10 janv. 1861, aff. Lamothe, D. P. 61. 3. 14).

113. Les règles de compétence applicables aux marchés passés avec les communes le sont également aux marchés passés avec les divers établissements publics. Il a été décidé, en conséquence, que l'autorité judiciaire est compétente pour connaître des contestations relatives à un marché de fournitures passé entre un hospice civil et un particulier (Cons. d'Et. 1er déc. 1853, aff. Hospices de Vannes, D. P. 54. 3. 18; et 22 juin 1854, aff. Ménier, D. P. 55. 3. 12)... alors même que l'engagement de soumettre ces contestations à la juridiction administrative aurait été pris dans le cahier des charges par les parties, un tel engagement ne pouvant avoir pour effet de changer l'ordre des juridictions (Arrêt précité du 1er déc. 1853). La même solution a été consacrée à l'égard des marchés passés avec un mont-de-piété (Cons. d'Ét. 16 août 1862, aff. Wittersheim, *Rec. Cons. d'Etat*, p. 687);... avec les fabriques d'église (Cons. d'Ét. 20 déc. 1860, aff. Cavaillé Coll, D. P. 61. 3. 17). Le traité passé entre la fabrique d'une église et un facteur d'orgues pour la réparation et le perfectionnement d'un orgue constitue non un marché de travaux publics, mais un marché de fournitures, alors surtout qu'il a été passé sans l'approbation de l'autorité supérieure (Même arrêt). Par suite, c'est aux tribunaux ordinaires qu'il appartient de connaître soit des contestations élevées entre les parties au sujet de ce traité, soit aussi de l'action en garantie intentée par la fabrique contre la commune (Même arrêt).

Art. 11. — *Fournitures faites aux armées françaises en pays étranger* (*Rép.* n° 159).

114. Les fournisseurs des armées françaises à l'étranger, qui forment un recours au conseil d'Etat contre une décision ministérielle, sont soumis aux mêmes déchéances que tous les autres demandeurs, et ne peuvent invoquer le bénéfice de l'art. 2 de la loi du 6 brum. an 5, portant qu'aucune prescription, expiration de délais ou péremption d'instance ne pourrait être acquise contre les défenseurs de la patrie et autres citoyens attachés au service des armées de terre et de mer, cette loi ayant cessé d'être applicable. (Cons. d'Et. 10 févr. 1869, aff. Souberbielle, D. P. 70. 3. 8. V. *suprà*, v° *Conseil d'Etat*, n° 302).

Art. 12. — *Fournitures faites pendant les invasions soit aux armées françaises, soit aux armées étrangères. — Commissions départementales* (*Rép.* nos 160 à 163).

115. On a dit au *Rép.* n° 160, que l'invasion du territoire par l'ennemi a pour effet de rendre impossible, dans la plupart des cas, l'observation des formes régulières prescrites en matière de marchés de fournitures, et que les départements et les communes sont obligés de pourvoir tour à tour à la subsistance de l'armée nationale et aux exigences des troupes ennemies. Les questions, relatives aux réquisitions faites en temps de guerre, qui avaient été soulevées à la suite des invasions de 1814 et 1815, ainsi qu'on l'a vu (*Rép.* n° 161), ont repris, après les événements de 1870-1871, une importance nouvelle. Elles seront examinées *infrà*, v° *Réquisition*.

Table sommaire

des matières contenues dans le Supplément et le Répertoire.

(Les chiffres précédés de la lettre *S* renvoient au Supplément; les chiffres précédés de la lettre *R* renvoient au Répertoire.)

Table chronologique des Lois, Arrêts, etc.

1881

7 mai. Trib. confl. 110 c., 111 c.
28 déc. Civ. 20 c.

1882

24 févr. Cons. d'Et. 33 c.
24 mars. Cons. d'Et. 98 c.
16 juin. Cons. d'Et. 18 c.
12 juill. Cons. d'Et. 89 c., 91 c.
28 juill. Cons. d'Et. 41 c
8 août. Cons. d'Et. 15 c.
18 nov. Décr. 2 c., 6 c., 16 c., 17 c., 19 c., 21 c., 34 c.

1883

12 janv. Cons. d'Et. 43 c.
21 mars. Cons. d'Et. 54 c.
13 juill. Cons. d'Et. 108 c.
13 août. Req. 74 c.

1884

4 juill. Cons. d'Et. 108 c.

1885

17 juill. Cons. d'Et. 81 c., 82 c., 83 c.
20 nov. Cons. d'Et. 44 c.

1886

22 janv. Cons. d'Et. 73 c.
22 janv. Cons. d'Et. 73 c.
5 févr. Cons. d'Et. 86 c.
12 févr. Cons. d'Et. 67 c.
12 nov. Cons. d'Et. 67 c.
28 mai. Cons. d'Et. 32 c.

1887

14 janv. Cons. d'Et. 18 c., 31 c.
1er juill. Cons. d'Et. 14 c.
18 nov. Cons. d'Et. 73 c.

1889

19 juill. Cons. d'Et. 43 c., 95 c.

1890

7 mars. Cons. d'Et. 31 c.
16 mai. Cons. d'Et. 14 c.

MARGUILLIER. — V. *Culte*, nos 475 et suiv., 607; — *Rép.* eod v°, nos 454, 510, 526, 533 et 617.

MARIAGE.

Division.

CHAP. 1er. — Historique et législation. — Droit comparé (*Rép.* nos 2 à 45).

1. — I. HISTORIQUE ET LÉGISLATION. — Les principes du droit romain et de l'ancien droit sur le mariage ont été résumés au *Rép.*, nos 2 et suiv. Comme il n'est pas dans notre plan d'entrer dans plus de détails, nous nous bornerons à citer ici les principaux travaux qui ont été publiés en France sur ces sujets depuis la publication du *Répertoire* (V. sur le mariage en droit romain : *Le mariage civil et le divorce dans l'antiquité et dans les principales législations modernes de l'Europe*, par M. Ernest Glasson; *Du consentement des époux au mariage, d'après le droit romain, le droit canonique, l'ancien droit français, le code civil et les législations étrangères*, par le même auteur; *Etude sur la condition privée de la femme dans le droit ancien et moderne et en particulier sur le sénatus-consulte velléien*, par M. Paul Gide 2e édition, suivie de deux appendices, par M. A. Esmein; *La manus, la paternité, le divorce*, dans les *Mélanges d'histoire du droit*, de M. A. Esmein; *Du mariage romain et de la* manus, par M. J.-E. Labbé, dans la *Nouvelle Revue historique de droit français et étranger*, année 1887, p. 1 et suiv. — V. sur le mariage en droit canonique et dans l'ancien droit français les deux ouvrages de M. Glasson précités, en outre : *Étude historique sur les formes de la célébration du mariage dans l'ancien droit français*, par M. L. Beauchet, dans la *Nouvelle Revue historique de droit français et étranger*, année 1882, p. 351 et suiv., 631 et suiv.; *Le mariage en droit canonique*, par M. A Esmein).

2. Il n'a pas été apporté de changement à la législation du code civil sur le mariage depuis la promulgation de ce code, sauf en ce qui concerne le divorce qui, après avoir été aboli par la loi du 8 mai 1816, a été rétabli par celle du 27 juill. 1884 (D. P. 84. 4. 97) (V. *suprà*, v° *Divorce et séparation de corps*). Toutefois, la loi du 9 mars 1891 (D. P. 91. 4. 17), relative aux droits de l'époux survivant sur la succession de son conjoint prédécédé, a modifié l'art. 205 c. civ. au titre *Du mariage*. Les nouvelles dispositions ajoutées à cet article ont pour objet d'attribuer à l'époux survivant un droit à des aliments (V. *infrà*, nos 355 et suiv.).

De plus, la Chambre des députés, dans sa séance du 19 juin 1890, a adopté en première lecture une proposition de loi de M. Thellier de Poncheville, qui modifie l'art. 151 c. civ. et abroge les art. 152 et 153 du même code. D'après le nouvel art. 151 voté par la Chambre, l'enfant devenu majeur quant au mariage ne devra, quel que soit son âge, demander le conseil de ses père et mère ou de ses aïeuls et aïeules que par un seul acte respectueux, et il pourra toujours se marier un mois après cet acte. — La Chambre a aussi adopté deux dispositions qui ont pour but de faciliter le mariage des indigents : l'une permet de faire dresser l'acte de consentement des ascendants prescrit par l'art. 73 c. civ. soit par un notaire, soit par l'officier de l'état civil du domicile des ascendants; l'autre décide que les actes respectueux seront compris au nombre des actes qui, aux termes de l'art. 4 de la loi du 10 déc. 1850, doivent, en cas d'indigence, être visés pour timbre et enregistrés gratis (V. *Journ. off.*, 1890, Débats parlementaires, Chambre des députés, p. 1124 et suiv.).

3. La matière du mariage n'a été traitée dans son ensemble, depuis la publication du *Répertoire*, que par les auteurs qui ont publié de nouveaux commentaires du code civil (V. Demante et Colmet de Santerre, *Cours analytique du code civil*, t. 1; Aubry et Rau, *Cours de droit civil français*, t. 5, § 449 et suiv.; Laurent, *Principes de droit civil*, t. 2 et 3; Baudry-Lacantinerie, *Précis de droit civil*, t. 1; Théophile Huc, *Commentaire théorique et pratique du code civil*, t. 2). En outre, il y a lieu de signaler les monographies suivantes : *Du consentement des époux au mariage*, par M. Glasson, déjà cité *suprà*, n° 1; *Théorie de la puissance maritale chez les Romains et dans le droit civil français*, par Xavier Deloye; *Des qualités du consentement en matière de mariage, et spécialement du mariage contracté par erreur avec un forçat libéré*, par M. Paul Pont; *Le mariage civil*, par M. Léopold Thézard; *Des mariages contractés en pays étranger*, par M. Albert Verger; *Des conditions requises pour la validité du mariage, en droit romain et en droit international moderne*, par M. Joseph Garin; *Etude sur les moyens organisés par la loi et la jurisprudence pour protéger les fiancés contre leurs fraudes réciproques*, par M. Georges Vidal; *Etude théorique et pratique sur les dispenses*, par M. Edmond Bourgueil; *Des promesses de mariage, étude historique et juridique*, par M. Léon Giraud.

4. — II. Droit comparé. — Nous ne pouvons donner ici qu'une analyse succincte des lois qui régissent le mariage dans les principaux Etats. On trouvera des renseignements plus complets soit dans l'ouvrage de M. Glasson, *Le mariage civil et le divorce*, déjà cité *suprà*, nos 1 et 3, soit dans les *Annuaires de législation étrangère*, publiés par la Société de législation comparée, et dans les autres ouvrages spéciaux auxquels nous renvoyons pour la législation de chaque pays.

5. — 1° *Allemagne*. — Le mariage civil a été introduit, d'abord en Prusse, par une loi du 9 mars 1874 (*Annuaire de législation étrangère*, 1875, p. 159 et suiv.), et ensuite dans toute l'Allemagne, par une loi d'empire du 6 févr. 1875 (*Ann. de lég. étr.*, 1876, p. 215 et suiv.). Avant ces lois, le mariage se contractait dans presque tous les Etats d'Allemagne en la forme religieuse. Pour les catholiques, on observait les dispositions du concile de Trente. Les protestants avaient longtemps admis les principes antérieurs au concile de Trente, c'est-à-dire la formation du mariage par le seul échange des consentements. Mais depuis le 17e et le 18e siècle, l'Eglise protestante avait aussi exigé la présence du pasteur pour la validité de l'union conjugale. Dans les pays de la rive gauche du Rhin, le mariage civil était resté en vigueur, avec le code civil, depuis la conquête française. En beaucoup d'Etats, c'étaient les ministres des diverses confessions qui remplissaient les fonctions d'officiers de l'état civil. Presque partout on avait admis, surtout depuis 1848, soit la faculté, soit même l'obligation de contracter mariage devant un fonctionnaire civil, pour les juifs, les dissidents ou ceux qui ne pouvaient obtenir d'être mariés par les ministres de leur confession.

D'après la loi du 6 févr. 1875, le mariage civil est obligatoire dans tout l'Empire, et il doit précéder la bénédiction nuptiale. Tout ministre du culte qui procéderait à la célébration d'un mariage religieux, sans avoir exigé la preuve du mariage civil antérieur, serait passible d'une amende pouvant s'élever jusqu'à 300 marks ou d'un emprisonnement de trois mois au plus. Les fonctions d'officier de l'état civil ne peuvent plus être confiées à des ecclésiastiques.

Sans supprimer les *fiançailles*, qui demeurent régies par les lois locales antérieures, le législateur allemand a statué qu'elles ne relèveraient plus, comme le mariage lui-même, que de la compétence des tribunaux civils. — Les conditions du mariage sont, en général, les mêmes que dans la plupart des législations. L'âge nécessaire est de vingt ans pour les hommes et de seize ans pour les femmes. Le consentement du père ou, à défaut du père, celui de la mère, est exigé jusqu'à l'âge de vingt-cinq ans ou de vingt-quatre ans, suivant qu'il s'agit d'un fils ou d'une fille; les mineurs qui n'ont plus leurs père et mère ont seulement besoin du consentement de leur tuteur jusqu'à leur majorité. L'enfant majeur peut, du reste, se pourvoir devant la justice contre le refus de consentement de son père ou de sa mère, et le défaut de consentement n'est jamais une cause de nullité du mariage. Au delà de l'âge de vingt-cinq ou de vingt-quatre ans, le fils ou la fille n'est tenu de demander à ses parents ni consentement ni conseil.

L'*alliance* ne constitue un empêchement au mariage qu'en ligne directe; mais elle peut résulter d'une union purement naturelle et elle subsiste même après la dissolution du mariage qui l'a produite. En ligne collatérale, la parenté n'est un empêchement qu'entre frère et sœur. Le mariage est prohibé entre le tuteur ou l'enfant du tuteur et la pupille; mais cet empêchement n'entraîne pas nullité. Il y a aussi prohibition du mariage entre l'époux coupable d'adultère et son complice; toutefois cet empêchement peut être levé par une dispense. La loi ne parle pas de l'impuissance.

Une seule publication est exigée avant le mariage; mais elle doit rester affichée pendant deux semaines. Le mariage peut même avoir lieu sans publication, en vertu de dispenses ou en cas de danger de mort, certifié par un médecin. La célébration du mariage ne diffère pas sensiblement de celle du code civil français; il suffit qu'elle ait lieu devant deux témoins.

La loi laisse aux législations particulières le droit de déterminer la sanction des prohibitions qu'elle édicte; c'est également le droit local qui régit les cas de violence, d'erreur et de dol. Sous ce rapport, l'unité de législation n'est pas établie. Le but du législateur a été de limiter les causes de nullité du mariage plutôt que d'en créer de nouvelles.

6. D'après tous les codes de l'*Allemagne* et de la *Suisse*, dit M. Lehr (*Eléments de droit civil germanique*, p. 320), le mari est le chef de l'association conjugale et le représentant légal de la famille. Il a sur la femme les pouvoirs d'un tuteur. Dans les pays même où la tutelle maritale a disparu quant à la forme, le mari n'en jouit pas moins, au fond, des divers droits inhérents à cette tutelle : il a l'administration et la jouissance des biens de sa femme et il la représente en justice. C'est aussi par les corps chargés de la surveillance des tutelles que l'administration est contrôlée et que les abus en sont réprimés (V. Lehr, *op. cit.*, p. 336 et suiv.).

7. — 2° *Autriche*. — Le code civil autrichien de 1811 fait du mariage une institution mixte, à la fois civile et religieuse. Il en détermine les conditions et les causes de nullité, en se conformant presque toujours au droit canonique. Cependant, par dérogation à ce droit, il supprime les *fiançailles*, et il exige le consentement du père pour le mariage des mineurs. La célébration du mariage doit avoir lieu devant le prêtre de la religion des époux. Si l'union doit se former entre catholiques et non-catholiques, elle est célébrée par le prêtre catholique; mais le ministre de la confession dissidente a le droit d'y assister. Le prêtre est officier de l'état civil, et comme tel, il peut refuser le mariage; mais les futurs époux ont le droit d'appeler de ce refus devant la juridiction civile. Les procès en nullité sont aussi déférés aux tribunaux civils.

A la suite du concordat passé avec le souverain pontife, une loi du 6 oct. 1856 avait remis en vigueur, pour les catholiques les décrets du concile de Trente. Des tribunaux ecclésiastiques avaient été créés pour les causes matrimoniales. Dans les mariages entre catholiques et dissidents, tous les enfants à naître devaient être élevés dans la religion catholique. Mais la loi de 1856 a été abrogée par une autre du 25 mai 1868. Le code civil de 1811 a ainsi repris son empire. De plus, la loi du 25 mai 1868 et celle du 9 avr. 1870, ont, dans deux cas exceptionnels, admis la célébration du mariage devant un fonctionnaire laïque. D'après la première de ces lois, lorsqu'un prêtre refuse de célébrer un mariage à raison d'un empêchement établi par la loi religieuse, mais non reconnu par la loi civile, les parties peuvent s'adresser à un officier de l'état civil laïque. C'est là ce qu'on appelle le mariage civil nécessaire (*Nothcivilehe*).

La loi de 1870 autorise aussi la célébration du mariage par un fonctionnaire laïque, quand les futurs époux déclarent n'appartenir à aucune Église ou confession reconnue. C'est le mariage non confessionnel (*Confessionslosigkeitsehe*) (V. *Ann. de lég. étr*, 1872, p. 281; 1878, p. 206). Cette dernière forme de mariage permet d'éluder la disposition du code civil qui prohibe le mariage entre chrétiens et non chrétiens. Un autre article du code autrichien s'oppose au mariage des prêtres catholiques.

8. — 3° *Belgique*. — En Belgique, le mariage est régi par le code civil français, qui y est resté en vigueur depuis sa promulgation. Mais deux lois récentes y ont apporté quelques modifications. La première, du 20 mai 1882, est relative au mariage des Belges en pays étranger : elle a remplacé l'art. 170 c. civ. par les dispositions suivantes : « 1° Les mariages en pays étranger entre Belges et entre Belges et étrangers seront célébrés dans les formes usitées dans ledit pays. — 2° Les mariages entre Belges pourront également être célébrés par les agents diplomatiques et les consuls de Belgique, conformément aux lois belges. — 3° Les agents diplomatiques et les consuls de Belgique pourront célébrer les mariages entre Belges et *étrangères*, s'ils en ont obtenu l'autorisation spéciale du ministre des affaires étrangères. — 4° Les mariages sont publiés, conformément aux lois belges, en Belgique, par l'officier de l'état civil, et par les agents diplomatiques et les consuls dans les chancelleries où les unions seront célébrées. — 5° Les mariages célébrés dans les formes prescrites par les numéros 1, 2 et 3 de la présente loi seront valables si les Belges n'ont point contrevenu aux dispositions, prescrites sous peine de nullité, du chap. 1er, tit. 5. liv. 1er du code civil. — 6° La capacité de la femme étrangère est réglée par son statut personnel » (*Ann. de lég. étr.*, 1883, p. 754). — Une autre loi, du 16 août 1887, a modifié les art. 151, 152 et 153 c. civ. Au-dessus de l'âge de vingt-cinq ans pour les fils et de vingt et un ans pour les filles, cette loi maintient la nécessité d'un acte respectueux, mais d'un seul, et seulement vis-à-vis des père et mère, non des autres ascendants (V. *Ann. de lég. étr.*, 1888, p. 607).

9. — 4° *Danemark*. — Le mariage est régi en Danemark par le chap. 16, liv. 3, du code de Christian V, qui remonte à 1684, et par des ordonnances du 5 mars 1734, du 19 févr. 1783, du 4 janv. 1799, du 30 avr. 1824. Quant à la forme, le mariage a conservé son caractère religieux; il est célébré par les ministres du culte. Mais la loi civile règle ses conditions, ses causes de nullité et ses effets. Les filles ne peuvent jamais se marier sans le consentement de leurs père et mère ou tuteur, à moins qu'elles ne soient déjà veuves. Les fils, au contraire, n'ont besoin de ce consentement que jusqu'à leur majorité (Glasson, *Le mariage civil et le divorce*, p. 433 et suiv.).

10. — 5° *Espagne*. — Le mariage civil a été introduit en Espagne par une loi du 18 juin 1870 (V. *Ann. de lég. étr.*, 1872, p. 320 et suiv.) Mais un décret royal du 9 févr. 1875 a déclaré que le mariage religieux produirait les mêmes effets que le mariage civil. Ceux qui contractaient le mariage religieux étaient seulement tenus, sous peine d'amende, de faire inscrire leur mariage, dans le délai de huit jours, sur les registres de l'état civil (V. *Ann. de lég. étr.*, 1876, p. 608 et suiv.). — Le nouveau code civil espagnol, entré en vigueur en 1889, a laissé subsister côte à côte le mariage religieux, dit canonique, « que doivent contracter tous ceux qui professent la religion catholique », et le mariage civil. Toutefois, ce code exige que le mariage canonique soit célébré en présence d'un fonctionnaire civil, qui doit l'inscrire immédiatement sur les registres.

Les *fiançailles*, d'après le nouveau code, n'emportent plus obligation de contracter mariage; elles permettent seulement, lorsqu'elles sont constatées par écrit, de demander à la partie qui les a rompues sans juste cause la réparation du préjudice matériel éprouvé par l'autre partie.

Le mineur ne peut se marier sans le consentement de ses ascendants ou du conseil de famille; le majeur doit demander le conseil de ses père et mère; l'enfant qui contrevient à ces prescriptions est puni d'un emprisonement de six mois et un jour à six ans; mais les personnes dont l'autorité a été méconnue peuvent arrêter l'effet de la condamnation.

Les conditions, la forme et les solennités du mariage canonique sont régies par les dispositions de l'Eglise et du concile de Trente admises comme lois de l'Etat. Les formalités du mariage civil sont à peu près les mêmes qu'en France.

Le code étend au mariage civil les empêchements établis par la loi canonique, sauf celui résultant de l'affinité spirituelle. Il y ajoute pour les deux sortes de mariage l'empêchement résultant du défaut de consentement des parents, en ce qui concerne les mineurs, et l'interdiction pour la veuve de se remarier moins de trois cent un jours depuis le décès de son mari. De plus, le mariage civil est spécialement interdit : 1° aux garçons âgés de moins de quatorze ans accomplis et aux filles âgées de moins de douze ans; 2° à ceux qui ne jouissent pas de la plénitude de leurs facultés.

Le mariage, même purement civil, ne se dissout que par la mort de l'un des époux. Le divorce (*divorcio*) n'est admis qu'avec les effets de la séparation de corps. La connaissance des procès en nullité ou en séparation, en cas de mariage canonique, appartient aux tribunaux ecclésiastiques; en cas de mariage civil, l'action est portée devant les tribunaux civils.

La femme peut, sans l'autorisation de son mari : 1° se défendre au criminel; 2° ester en justice avec son mari; 3° faire les achats nécessaires au ménage; 4° faire son testament; 5° exercer les droits qui lui appartiennent relativement à ses enfants et à leurs biens. Les actes passés par la femme sans autorisation ne peuvent être attaqués que par le mari ou ses héritiers (V. Lehr, *Eléments de droit civil espagnol*, 2e partie, p. 50 et suiv.).

11. — 6° *Etats-Unis*. — Aux Etats-Unis, chaque Etat possède sa législation spéciale sur le mariage. Cependant on trouve une disposition générale, applicable à tous les Etats, dans la loi fédérale du 3 mars 1887 (chap. 397), faite dans le but de supprimer la polygamie et le mormonisme. D'après l'art. 9 de cette loi, toute cérémonie de mariage ou de nature semblable, célébrée dans l'un des territoires des Etats-Unis, entre personnes légalement capables ou non, doit être constatée par un certificat indiquant la nature de cette cérémonie, les noms des parties et celui de l'officiant ou célébrant. Ce certificat est signé par les parties et par le célébrant et déposé, par les soins de ce dernier, au rang des actes publics de la cour de *probate* de la circonscription; il fait foi des faits constatés, jusqu'à preuve contraire, dans toute procédure civile ou criminelle. L'art. 10 de la même loi maintient, pour la preuve de l'existence d'unions matrimoniales, légales ou non, tous les modes de preuves actuellement admis en pareille matière (*Ann. de lég. étr.*, 1888, p. 858 et suiv.).

La législation matrimoniale des divers Etats a son type originaire dans l'ancien droit anglais. Mais des modifications y ont été apportées, surtout dans ces derniers temps. Ainsi, l'âge légal du mariage était partout autrefois quatorze ans pour les hommes et douze ans pour les femmes. Dans l'Etat de *New-York*, une loi de 1887 (chap. 24) a fixé cet âge à dix-huit ans pour les hommes et à seize ans pour les femmes (*Ann. de lég. étr.*, 1888, p. 875). Des règles analogues existent dans d'autres Etats. — Le consentement des parents ou tuteurs n'est généralement pas indispensable à la validité du mariage. Cependant, d'après la loi de l'Etat de *New-York* (1887, chap. 22), la femme peut demander la nullité de son mariage : 1° quand elle n'a pas atteint, à l'époque du mariage, l'âge de seize ans; 2° quand le mariage a eu lieu sans le consentement de ses père, mère, gardien ou autre ayant la charge légale de sa personne; 3° quand le mariage n'a pas été suivi de consommation ou de cohabitation, et n'a pas été ratifié par l'assentiment mutuel des parties, après que la demanderesse a eu atteint l'âge de seize ans (*Ann. de lég. étr.*, 1888, p. 875). — Dans la plupart des Etats, la loi édicte des peines contre les ministres ou fonctionnaires qui célébreraient le mariage d'un mineur sans que celui-ci ait justifié du consentement de son père ou tuteur.

En général, nulle formalité n'est requise d'une manière absolue pour la célébration du mariage; la loi n'exige que le consentement des parties. Cependant, dans certains Etats le mariage doit avoir lieu devant un ecclésiastique ou devant un magistrat. — A *New-York*, d'après une loi de 1888, pour être *registered* et acquérir la force authentique, les mariages doivent être célébrés seulement par les personnes suivantes : 1° les ministres de l'Evangile ou d'une congrégation religieuse légalement incorporée, le *leader* de la société pour la culture morale de la cité de New-York et les prêtres de toute dénomination; 2° les maires, *recorders* et *aldermen*; 3° les juges des cours de comté et les *justices of peace*; 4° les justices et les juges des cours de *record* (*Ann. de lég. étr.* 1889, p. 946). — Dans ce même Etat de New-York, une loi de 1873 (chap. 25) punit comme parjure grave toute tromperie relative à l'âge, responsabilité et domicile des parties intéressées. Le ministre est autorisé, avant de donner la bénédiction, à interroger les futurs époux, à leur déférer le serment sur chaque question et à leur faire signer leurs déclarations (*Ann. de lég. étr.*, 1874, p. 515).

Comme dans le droit anglais (V. *infrà*, n° 16), la personnalité civile de la femme était, aux Etats-Unis, jusqu'à ces derniers temps, absorbée par celle du mari. La femme était incapable de s'obliger; ses biens mobiliers étaient, par le fait seul du mariage, acquis au mari, qui avait aussi la jouissance des biens immobiliers. La femme ne pouvait même disposer par testament qu'avec l'autorisation de son mari. Mais ces principes ont subi de profondes modifications dans la plupart des Etats. L'émancipation civile de la femme mariée a même été consommée dans l'Etat de *New-York*. D'après un statut de 1884 (chap. 381), la femme mariée peut contracter dans les mêmes conditions et dans les mêmes formes que si elle n'était pas mariée : elle peut même s'engager dans l'intérêt de son mari (*Ann. de lég. étr.*, 1885, p. 774).

12. — 7° *Hollande.* — Le code civil néerlandais de 1838 est généralement conforme, dans la matière du mariage, au code civil français. En Hollande comme en France, le mariage civil doit précéder la cérémonie religieuse. Le consentement des parents est nécessaire pour la validité du mariage tant que les enfants n'ont pas atteint leur majorité. A partir de la majorité et jusqu'à l'âge de trente ans accomplis, l'enfant doit encore demander le consentement de ses père et mère; s'il ne l'obtient pas, il peut demander l'intervention du juge du canton, qui invite à comparaître devant lui le père ou, à son défaut la mère et l'enfant. Si le père ou la mère ne comparaît pas, il peut être passé outre à la célébration du mariage. Si c'est l'enfant qui fait défaut, il ne peut pas se marier sans avoir renouvelé sa demande de médiation auprès du juge. Si, après la comparution devant le juge, le père ou la mère persiste à refuser son consentement, le mariage peut néanmoins être célébré trois mois après (Glasson, *Le mariage civil et le divorce*, p. 325).

13. — 8° *Iles Britanniques.* — Le mariage est demeuré régi, en *Angleterre* par les anciens principes du droit canonique jusqu'à George II. Sous le règne de ce prince, en 1753, un *bill* présenté par le chancelier Hardwicke déclara nul tout mariage célébré autrement que devant l'Eglise anglicane et suivant les rites de cette Eglise; on n'admit d'exception que pour les *juifs* et les *quakers*. Cette situation dura jusqu'à l'*act* de 1836, présenté par lord John Russel, qui permit de contracter mariage en présence d'un fonctionnaire civil appelé *superintendant registrar* et de deux témoins.

L'âge auquel, en Angleterre, on peut contracter mariage est de quatorze ans pour les garçons et de douze ans pour les filles. Le consentement du père ou, à son défaut, celui de la mère ou du tuteur, est requis jusqu'à l'âge de vingt et un ans, sans distinction de sexe; mais les futurs époux ne sont pas tenus de justifier de ce consentement; ils doivent seulement jurer qu'ils l'ont obtenu. L'ascendant ou le tuteur qui doit consentir peut former opposition au mariage; si l'opposition n'est pas fondée, les futurs époux peuvent en appeler à la cour de la Chancellerie. — Le mariage est prohibé entre parents ou alliés en ligne directe à l'infini, et en ligne collatérale jusqu'au troisième degré canonique inclusivement. Le mariage ne peut donc avoir lieu entre beau-frère et belle-sœur. L'impuissance du mari et la stérilité de la femme, antérieure au mariage, sont des causes de nullité. L'aliénation mentale, régulièrement constatée, rend également le mariage nul.

Le mariage doit être précédé de trois publications de bans faites de dimanche en dimanche, soit par le ministre du culte, soit par le *registrar*, dans le lieu où il doit être célébré. Il suffit que l'une des parties réside dans ce lieu depuis sept jours au moins avant la première publication. L'ordinaire ou l'archevêque, en cas de mariage religieux, le *superintendant registrar*, en cas de mariage civil, peut accorder une *licence* qui dispense de toute publication, mais à la condition que l'une des parties ait au moins quinze jours de résidence dans la localité. Le mariage religieux est célébré, sauf dispenses, dans l'église paroissiale et devant le ministre compétent, qui en dresse acte. Le mariage célébré devant le *registrar*, peut avoir lieu, soit dans le bureau de cet officier public, soit dans l'un des édifices enregistrés du district : ces édifices sont ceux des cultes dissidents : un *registrar* s'y transporte sur la demande des parties et dresse acte de leur consentement.

14. En *Ecosse*, dit M. Glasson (*Le mariage civil et le divorce*, p. 315), on a conservé pour la forme du mariage les principes du droit canonique antérieurs au concile de Trente. A côté du *mariage régulier*, ainsi appelé parce qu'il est précédé de publications et célébré par le ministre du culte, on reconnaît le *mariage irrégulier*, qui produit d'ailleurs les mêmes effets. Ce mariage irrégulier se forme par le seul échange des consentements de s'unir actuellement (*verba de præsenti*). La promesse réciproque de s'unir plus tard (*verba de futuro*) ne vaut que comme *fiançailles;* mais si elle est ensuite suivie de cohabitation, il y a mariage. Aucun consentement des parents n'est exigé. — C'est grâce à ces facilités qu'a pu s'introduire la coutume dite des mariages de *Greetna-Green*. Quand on ne pouvait se marier en Angleterre, on passait la frontière d'Ecosse, et, à la première maison, sur le territoire du village de Greetna-Green, on trouvait un forgeron qui servait de témoin au mariage et en délivrait une attestation. La loi écossaise n'exigeait aucune condition de domicile ni de résidence. Mais en 1856, un *act*, dit de lord Brougham, a déclaré nul tout mariage irrégulier contracté en Ecosse par des personnes qui n'y ont pas résidé pendant vingt et un jours auparavant. Depuis lors, les mariages de Greetna-Green sont tombés en désuétude.

Le système des *registrars* a été appliqué à l'Ecosse par un *act* de 1854. Un *registrar* général a été institué pour toute l'Ecosse et des *sous-registrars* par paroisse. Les *registrars* délivrent aux parties des formules que celles-ci doivent remplir et faire signer par le ministre officiant, puis retourner au *registrar*, qui les transcrit sur un registre. Le *registrar* général rassemble tous les registres. Les *registrars* ne peuvent constater eux-mêmes les mariages, comme cela a lieu en Angleterre, et ils n'assistent à la cérémonie religieuse que si cela leur est demandé.

15. Les *registrars* ont été établis en *Irlande* par un *act* de 1844. Jusque-là, les mariages célébrés devant l'Eglise anglicane étaient seuls constatés régulièrement. Encore aujourd'hui, les mariages entre protestants et catholiques ne peuvent avoir lieu devant un prêtre catholique, sous peine de nullité. C'est en 1863 seulement que la constatation des mariages catholiques a été organisée. Les parties, avant le mariage, reçoivent un certificat qui doit être signé au moment de la célébration par le prêtre officiant, les parties et deux témoins, et renvoyé dans les trois jours par la poste au *registrar* (V. Gonse, *Etude sur la législation relative à la célébration du mariage en Angleterre, en Ecosse et en Irlande*, dans le *Bulletin de la Société de législation comparée*, années 1874-1875, p. 80 et suiv.).

16. D'après l'ancien droit anglais, la personnalité juridique du mari absorbait celle de la femme. Celle-ci ne pouvait ni ester en justice ni faire aucun acte, pas même tester. La propriété de ses meubles et la jouissance de ses immeubles passait de plein droit au mari. Elle conservait seulement la propriété de ses immeubles, mais ne pouvait les aliéner qu'avec l'autorisation de son mari et avec l'intervention de la justice. A ce système, dit de la *coverture*, analogue à la *manus* romaine, des lois récentes de 1870, 1874 et 1882 ont substitué un système tout opposé. L'*act* du 14 févr. 1882, en vigueur depuis le 1er janv. 1883, déclare la femme mariée capable d'acquérir et tenir comme sa propriété séparée tout bien réel et personnel, et d'en disposer par testament ou autrement, de la même manière que si elle n'était pas mariée. Toutefois, la loi anglaise permet à la femme qui s'est constitué une propriété séparée de restreindre elle-même sa capacité, quant à cette propriété, par une clause, insérée dans le contrat ou *settlement* qui règle avant le mariage les intérêts pécuniaires des époux (V. Lehr, *Eléments de droit civil anglais*, p. 70 et suiv.; Guillouard, *Traité du contrat de mariage*, t. 1, nos 59 et suiv.).

17. — 9° *Italie.* — Le code civil italien, en vigueur depuis le 1er janv. 1866, a établi en Italie le mariage civil. Les conditions pour pouvoir contracter mariage sont à peu près les mêmes qu'en France. Toutefois, le consentement des parents n'est requis pour le fils que jusqu'à l'âge de vingt-cinq ans, et pour la fille que jusqu'à l'âge de vingt et un ans; et même, à partir de vingt et un ans, le fils peut se pourvoir devant la cour d'appel contre le refus de consentement. Les parents ou alliés du mineur et le ministère public peuvent également demander à la cour de l'autoriser à contracter mariage nonobstant le refus de consentement des ascendants sous la puissance desquels il se trouve. Quel que soit l'âge de l'enfant, les ascendants peuvent toujours former opposition à son mariage. Les collatéraux, jusqu'au degré de cousin germain, ont aussi le droit d'opposition, mais ils ne peuvent l'exercer que pour défaut de consentement du conseil de famille ou pour démence du futur époux. Le ministère public doit former opposition toutes les fois qu'il a connaissance de l'existence d'un empêchement. — Le mariage est célébré devant l'officier de l'état civil de la commune où l'un des époux a son domicile ou sa résidence. S'il y a nécessité ou convenance de célébrer le mariage dans une commune différente, l'officier de l'état civil compétent requiert l'officier de cette commune de procéder à la célébration. « La déclaration des époux de se prendre respectivement pour mari et femme, dit la loi, ne peut être soumise à aucun terme ni à aucune condition ».

L'impuissance manifeste et perpétuelle est une cause de nullité du mariage. L'interdiction pour cause de démence, prononcée avant le mariage ou dont la cause existait déjà à l'époque du mariage, peut aussi motiver une action en nullité; cette action peut être intentée par l'interdit lui-même, par son tuteur, par le conseil de famille ou par le ministère public; mais elle n'est plus recevable lorsque les époux ont cohabité pendant trois mois depuis la mainlevée de l'interdiction. Le mariage contracté par l'époux d'un absent ne peut être attaqué tant que dure l'absence. Lorsque le mariage est annulé à raison d'un empêchement qui était connu de l'un des époux et que celui-ci a laissé ignorer à l'autre, l'époux coupable peut être puni d'une amende de 1000 à 3000 livres et même d'un emprisonnement de six mois au maximum.

La femme italienne a besoin de l'autorisation de son mari pour tous les actes autres que ceux de pure administration. Le mari peut lui donner une autorisation générale pour toute espèce d'actes. L'autorisation n'est pas nécessaire à la femme lorsque le mari est mineur, interdit, absent ou en prison pour plus d'une année, en cas de séparation de corps prononcée aux torts du mari, et lorsque la femme est marchande publique. Si le mari refuse son autorisation, s'il s'agit d'un acte dans lequel il y ait opposition d'intérêts entre les époux, enfin si la séparation de corps a été prononcée aux torts de la femme, celle-ci doit demander l'autorisation de justice.

18. — 10° *Norvège.* — En Norvège, comme en Suède, le mariage a conservé, en règle générale, la forme religieuse. Il est célébré par le ministre du culte. On peut contracter mariage dès qu'on a été admis à la sainte-cène, et cette admission a lieu à partir de l'âge de quinze ans. La fille a besoin du consentement de ses parents ou de son tuteur; seule, la veuve qui se remarie est dispensée de produire ce consentement. — Une loi norvégienne du 16 juill. 1845 a institué le mariage civil pour ceux qui n'appartiennent pas à la religion luthérienne. Ce mariage est contracté devant un notaire, qui doit exiger l'accomplissement des conditions de capacité et des formalités préliminaires prescrites pour les mariages des luthériens (Glasson, *Le mariage civil et le divorce*, p. 451). — D'après une loi du 29 juin 1888, sur le régime des biens entre époux, la femme mariée a la même capacité que la femme non mariée. Seulement tout acte par lequel la femme s'engage au profit du mari ou de la communauté n'est obligatoire pour elle que s'il a eu lieu avec le consentement de l'autorité tutélaire (*Ann. de lég. étr.*, 1889, p. 762 et suiv.).

19. — 11° *Portugal.* — En Portugal, comme en Espagne, le code civil (promulgué en 1868) reconnaît deux sortes de mariage: le mariage religieux, célébré dans les formes et sous les conditions déterminées par l'Eglise, pour les catholiques; le mariage civil, contracté devant l'officier de l'état civil et soumis aux conditions indiquées par le code, pour les autres personnes. — Sur l'organisation des registres de l'état civil, V. *Ann. de lég. étr.*, 1879, p. 423 et 432.

20. — 12° *Roumanie.* — Le code civil roumain, promulgué en 1864, est la reproduction à peu près textuelle du code civil français. Toutefois, l'art. 22 de la loi constitutionnelle fait de la bénédiction nuptiale une condition de la validité du mariage civil.

21. — 13° *Russie.* — En Russie, le mariage est resté, en général, un contrat religieux. Pour les personnes appartenant à la religion orthodoxe ou gréco-russe, il est célébré par le *pope*, en présence de deux ou trois témoins, après des publications faites trois dimanches de suite dans la paroisse de chacun des fiancés. S'il survient une opposition, le pope en réfère à l'évêque, qui la juge ou qui saisit de l'affaire le saint-synode, lorsqu'elle excède sa compétence. En dehors de la religion orthodoxe, les membres des diverses Eglises chrétiennes jouissent, en Russie, du droit de se marier suivant leur loi religieuse, à la condition de se soumettre en outre aux dispositions contenues dans le *Svod*, qui est la loi générale de l'Empire. — Les prohibitions fondées sur la parenté ou l'alliance se déterminent d'après les règles de l'Eglise dont les futurs époux font partie. Mais les conditions relatives à l'âge et au consentement des futurs époux, au consentement des parents ou tuteurs et au principe de la monogamie sont établies par la loi civile. L'âge nubile est fixé à dix-huit ans pour l'homme et à seize ans pour la femme, sauf dans la région du Caucase, où il est de quinze et de treize ans. Le mariage n'est plus permis après l'âge de quatre-vingts ans. Nul ne peut se marier sans le consentement de ses père et mère, de son tuteur ou de son curateur. Mais l'enfant peut recourir, dans certains cas, contre le refus du consentement, et le mariage contracté nonobstant ce refus n'est pas nul. Le droit russe interdit le mariage non seulement à ceux qui sont encore engagés dans les liens d'une union antérieure, mais encore à ceux qui ont déjà été mariés trois fois. Le célibat est imposé aux membres du clergé régulier ou clergé noir. Les membres du clergé séculier ou clergé blanc peuvent se marier avant leur consécration.

Lorsque l'un des futurs seulement appartient à l'Eglise gréco-russe, le mariage doit nécessairement être célébré par un prêtre et suivant les règles de cette Eglise. En outre, le futur époux dissident doit s'engager par écrit à respecter les convictions religieuses de son conjoint, à ne faire vis-à-vis de celui-ci aucune tentative de prosélytisme, et à faire baptiser et élever les enfants dans la religion orthodoxe. Il n'y a d'exception à ces règles que pour les mariages mixtes contractés en *Finlande*. Ces mariages se célèbrent devant les deux Eglises, et les enfants sont élevés dans la religion du père.

Le code russe interdit absolument aux chrétiens, grecs ou romains, d'épouser des non-chrétiens; il défend aux protestants d'épouser des païens, mais il les autorise à s'unir à des mahométans ou à des juifs: le mariage se célèbre alors selon les rites de l'Eglise évangélique luthérienne de Russie.

22. Un schisme qui s'est produit dans l'Eglise russe au 17e siècle a donné naissance à de nombreuses sectes. Les dissidents, membres de ces sectes (*Rasskolniks*), étaient jusqu'à ces derniers temps privés d'état civil, s'ils ne voulaient pas se marier devant un pasteur orthodoxe. Une loi du 19 avr. 1874, promulguée le 15 octobre suivant, a institué pour eux des registres spéciaux où ils peuvent faire inscrire leurs mariages, naissances et décès. Ces registres sont tenus, dans les villes et les districts, par les administrations de police locale et, dans les capitales, par les commissaires d'arrondissement ou de quartier. Pour l'inscription du mariage, les deux époux doivent se présenter au bureau de police, après y avoir fait faire préalablement une publication, qui a dû rester affichée pendant sept jours. Chaque époux présente deux garants certifiant que le mariage à enregistrer ne rentre dans aucun des cas interdits par la loi. La déclaration des garants est faite par écrit et signée par eux ou, s'ils ne savent pas écrire, par des personnes jouissant de leur confiance. Le mariage entre dissidents est considéré comme existant à partir de son inscription aux registres. C'est donc un véritable mariage civil qui a été ainsi institué. Mais il n'est applicable qu'aux personnes appartenant, depuis leur naissance, à une secte dissidente et non à celles qui ont elles-mêmes abandonné la religion orthodoxe (V. *Ann. de lég. étr.*, 1875, p. 656 et suiv.).

23. En *Pologne*, le mariage est régi par une loi du 23 juin 1825; elle a abrogé le liv. 1er du code civil français qui y avait été promulgué par Napoléon, et elle a été en partie modifiée par une autre loi du 25 juin 1836. Les dispositions de ces lois ont été tirées, les unes du droit canonique, les autres du droit civil russe.

24. Suivant le droit russe, la femme doit obéissance à son mari, mais elle jouit, pour l'administration et la disposition de sa fortune, d'une indépendance plus grande que dans la plupart des Etats de l'Europe. La loi n'exige pas qu'elle soit autorisée de son mari pour aliéner ou hypothéquer ses biens. L'autorisation maritale est, au contraire, exigée par la loi polonaise.

25. — 14° *Serbie.* — Le code serbe ne reconnaît pas le mariage civil; il n'admet que le mariage religieux, suivant les formes et sous les conditions prescrites par la religion grecque orthodoxe. Les *fiançailles* précèdent ordinairement le mariage; elles sont célébrées à l'église, en présence de témoins. Celui des fiancés qui les rompt sans motif légitime doit à l'autre des dommages-intérêts. Les mineurs ont besoin du consentement de leurs parents ou tuteur pour contracter mariage tant qu'ils n'ont pas atteint l'âge de dix-huit ans; mais le défaut de ce consentement n'entraîne pas la nullité du mariage. Ce sont, d'ailleurs, les tribunaux ecclésiastiques qui connaissent des nullités de mariage (Glasson, *Le mariage civil et le divorce*, p. 424 et suiv.).

26. — 15° *Suède.* — Suivant l'ancien droit scandinave, c'était, dit M. Glasson, *op. cit.*, p. 441, la conception par la femme ou tout au moins le fait de partager le lit d'un homme qui consacrait le mariage. A partir de ce moment seulement, l'homme acquérait la puissance sur la femme, ainsi que le droit de la représenter dans la vie civile; c'était aussi à partir de ce moment que se produisaient les effets du mariage quant aux biens des époux. L'Eglise est parvenue à vaincre ces vieux usages, qui n'exigeaient pas sa participation pour la validité du mariage. Le code de 1734 veut que les droits du mari sur la personne de sa femme et le régime des biens entre époux ne commencent qu'à partir de la célébration religieuse. Ce code accorde pourtant encore une grande importance aux *fiançailles*. Il veut qu'elles aient lieu en présence de quatre témoins. Mais ses prescriptions sur ce sujet sont tombées en désuétude.

Le code suédois ne parle pas de la célébration du mariage, qui est considéré, en la forme, comme un acte religieux. Il s'occupe seulement des conditions, des publications et du droit d'opposition. D'après ce code, tandis que l'homme est majeur à vingt et un ans, la femme reste en tutelle toute sa vie; elle ne peut jamais se marier sans le consentement de son *giftoman*. Après le décès du père, la tutelle de la fille passe à la mère, et ensuite à la personne désignée par les père et mère ou au plus proche parent. Toutefois, le refus de consentement du *giftoman* peut être annulé par la justice, et, dans tous les cas, le défaut de consentement n'entraîne pas la nullité du mariage. D'ailleurs, cette législation a été modifiée. Une loi du 8 nov. 1872 a décidé que la fille majeure de vingt-cinq ans n'aurait plus de *giftoman* et ne serait plus tenue d'obtenir le consentement de ses père et mère pour son mariage (*Ann. de lég. étr.*, 1873, p. 488). Une loi du 5 juill. 1884 a déclaré que toutes les femmes seraient majeures à l'âge de vingt et un ans et pourraient librement administrer et aliéner leurs biens, à moins qu'elles ne renonçassent elles-mêmes au bénéfice de la majorité, auquel cas elles seraient mises en tutelle (*Ann. de lég. étr.*, 1885, p. 646).

Le mariage est célébré par le ministre du culte, si les deux époux appartiennent à la religion luthérienne du pays. D'après une loi du 31 oct. 1873, les futurs époux qui professent une autre religion peuvent se marier devant le ministre de leur culte, si le clergé de cette religion a été autorisé par le roi à recevoir les mariages. Mais la même loi ajoute que, si l'une des parties seulement appartient à une semblable confession, le mariage peut ou bien être célébré selon les rites de cette confession, ou bien être contracté devant l'autorité civile. Au cas où les deux futurs conjoints n'appartiennent ni à l'Eglise nationale, ni à une confession autorisée, l'autorité civile seule peut célébrer le mariage. Les fonctionnaires chargés de la célébration sont dans les villes le magistrat, dans les campagnes le *Kronofogde*, percepteur des contributions (*Ann. de lég. étr.*, 1874, p. 417). Enfin une loi du 15 oct. 1880 dispose que les personnes qui n'ont pas été baptisées ou qui n'ont pas participé aux sacrements dans l'Eglise suédoise, sans pourtant appartenir à aucune autre religion, peuvent contracter mariage devant l'autorité civile, en observant les formalités prescrites par la loi du 31 oct. 1873 pour le mariage civil des personnes professant une religion dissidente (*Ann. de lég. étr.*, 1881, p. 552).

D'après une loi du 11 déc. 1874, la femme suédoise peut stipuler dans ses conventions matrimoniales qu'elle conservera l'administration de ses biens propres pendant le mariage, et alors elle a le droit d'ester en justice pour ce qui concerne ces biens (*Ann. de lég. étr.*, 1875, p. 566).

27. — 16° *Suisse.* — Jusqu'à l'année 1874, le mariage était régi en Suisse par les lois civiles cantonales. Il en résultait une grande diversité, qui tenait aux différences de religions, de races et de mœurs existant entre les cantons. La nouvelle constitution fédérale du 29 mai 1874, art. 54, a d'abord posé les principes d'une législation générale sur le mariage (V. *Ann. de lég. étr.*, 1875, p. 464). Cette législation a été ensuite établie pour toute la Suisse par la loi fédérale du 24 déc. 1874, publiée le 27 janv. 1875 et entrée en vigueur le 1er janv. 1876 (*Ann. de lég. étr.*, 1876, p. 714 et suiv.).

Très semblable à la loi allemande, inspirée comme elle par la lutte engagée à cette époque, en Suisse comme en Allemagne, entre l'Etat et la religion catholique, cette loi a réglementé la tenue des registres de l'état civil, en exigeant qu'ils fussent remis partout à des fonctionnaires laïques. Elle a statué sur les conditions du mariage civil, sur ses formes, sur les empêchements au mariage et sur le divorce.

Dans la plupart des cantons allemands, le mariage était interdit à ceux qui ne justifiaient pas de moyens d'existence suffisants. La loi dispose que désormais aucun empêchement ne peut être fondé sur l'indigence des époux. Elle fixe l'âge requis pour contracter mariage à dix-huit ans pour l'homme et à seize ans pour la femme, sans autoriser de dispenses d'âge. Le consentement de celui des parents, père ou mère, qui exerce la puissance paternelle, ou du tuteur, est nécessaire au mineur jusqu'à l'âge de vingt ans. L'enfant qui a passé cet âge n'est tenu de demander aucun conseil. La nullité du mariage célébré sans le consentement des père et mère ou du tuteur ne peut être demandée que par ceux dont le consentement était requis, et seulement lorsque les époux n'ont pas encore atteint l'âge légal. Le mariage est interdit, pour cause de parenté et d'alliance, entre ascendants et descendants à tous les degrés, entre frère et sœur, oncle et nièce, tante et neveu, entre alliés en ligne directe, ascendante ou descendante, et entre parents et enfants par adoption. La parenté naturelle a le même effet que la parenté légitime. La loi interdit également le mariage aux personnes atteintes de démence ou d'imbécillité. — Les promesses de mariage doivent être publiées au lieu du domicile et au lieu d'origine de chacun des deux époux. Si le futur époux est étranger, la publication n'est faite que sur la présentation d'une déclaration des autorités étrangères compétentes, constatant que le mariage sera reconnu, avec toutes ses suites légales, dans le pays du futur. Les oppositions, qui ne peuvent être fondées que sur les empêchements admis par la loi, doivent se produire dans les dix jours qui suivent la publication. S'il en survient une, elle est communiquée au futur époux, qui doit déclarer, dans un délai de dix jours, s'il l'admet ou s'il la conteste. Dans ce dernier cas, la réponse de l'époux est transmise à l'opposant, et celui-ci doit, dans un nouveau délai de dix jours, assigner le futur époux pour faire reconnaître le bien fondé de l'opposition. Les gouvernements cantonaux peuvent accorder des dispenses de publication, et, en cas de danger de mort, le mariage peut même avoir lieu sans publication. — L'officier de l'état civil compétent pour célébrer le mariage est celui du domicile du futur; mais il peut déléguer ses pouvoirs à tout autre officier de l'état civil de la Confédération. Le mariage civil doit nécessairement précéder l'union religieuse.

A la suite de la loi du 24 déc. 1874, tous les cantons suisses ont dû mettre leurs codes et leurs institutions en harmonie avec la nouvelle législation fédérale. Le canton de *Genève*, notamment, l'a fait par une loi du 5 avr. 1876 (V. *Ann. de lég. étr.*, 1877, p. 572 et suiv.).

Suivant une autre loi fédérale, du 22 juin 1881, qui a fixé la majorité à vingt ans pour les deux sexes, la capacité civile des femmes mariées est régie par le droit cantonal (*Ann. de lég. étr.*, 1882, p. 518). Les lois cantonales sur ce point sont tantôt conformes à l'ancien droit germanique, qui soumet les femmes à la tutelle, tantôt semblable à notre droit français. Ainsi, la loi du 16 oct. 1876 du canton de *Bâle-Ville*, après avoir aboli la tutelle pour les femmes en général, indique les conditions dans lesquelles elle est maintenue pour les femmes mariées (V. *Ann. de lég. étr.*, 1877, p. 570 et suiv.). Le code civil du canton de *Glaris* soustrait à la tutelle et à l'usufruit du mari le bien que la femme s'est réservé propre (*Sondergut*) (V. *Ann. de lég. étr.*, 1875, p. 517). La loi du canton de *Genève* du 5 avr. 1876 reproduit textuellement les art. 212 à 226 du code civil français.

Le code civil du canton de *Zurich*, promulgué en 1887, contient des dispositions sur les fiançailles, sur les effets du mariage, sur le divorce, sur les mariages nuls et le concubinage (art. 576-646). Suivant ces dispositions, la preuve des fiançailles peut résulter d'une reconnaissance écrite, des usages reçus, notamment d'un échange d'anneaux, ou de la conduite habituelle des parties pendant un temps prolongé. La rupture des fiançailles peut être une cause de dommages-intérêts. — La femme mariée doit suivre le mari dans sa demeure, mais il n'est pas permis de l'y contraindre par la force. Le mari est de droit le tuteur marital de la femme. Il administre les biens de la femme et la représente vis-à-vis des tiers; il peut aliéner seul les meubles, mais ne peut aliéner ou hypothéquer les immeubles qu'avec le consentement de la femme. Pour certains actes (cession de droits successifs, aliénation d'un bien grevé d'usufruit au profit du survivant des père et mère de la femme, cession de la garantie hypothécaire de la femme sur les biens du mari), le mari a même besoin en outre du consentement d'un tuteur *ad hoc*. La tutelle maritale peut être enlevée au mari par l'autorité tutélaire. La femme ne peut contracter de dettes personnelles sans le double consentement du mari et d'un tuteur extraordinaire. En cas d'annulation du mariage, l'époux de bonne foi peut réclamer de l'autre une indemnité. L'annulation ne porte aucun préjudice aux enfants conçus pendant le mariage ou légitimés. L'art. 646 du code de Zurich interdit formellement le concubinage et charge les municipalités d'assurer l'exécution de cette défense (V. *Code civil du canton de Zurich* de 1887, traduit et annoté par Ernest Lehr, p. 138 et suiv.).

CHAP. 2. — Des conditions requises pour pouvoir contracter mariage (*Rép.* nos 46 à 199).

SECT. 1re. — DE LA DIFFÉRENCE DE SEXE. — DE L'AGE (*Rép.* nos 46 à 52).

28. — I. DE LA DIFFÉRENCE DE SEXE. — Les auteurs du code n'ont pas jugé nécessaire de dire que le mariage ne peut être contracté qu'entre deux personnes de sexe différent. Cependant des décisions récentes de la jurisprudence ont montré que l'hypothèse d'un mariage célébré entre deux personnes de même sexe, si étrange qu'elle paraisse, n'est pas absolument irréalisable (V. Nîmes, 29 nov. 1869, aff. Darbousse, D. P. 72. 1. 52; Montpellier, 8 mai 1872, même affaire, D. P. 72. 2. 48; Trib. Alais, 23 janv. 1873, même affaire, D. P. 82. 3. 71; Caen, 16 mars 1882, aff. Hubert, D. P. 82. 2. 155). Le mariage étant essentiellement l'union de l'homme et de la femme, *conjunctio maris et feminæ*, il est bien certain qu'un prétendu mariage contracté entre deux hommes ou entre deux femmes serait absolument nul. Aucun désaccord n'est possible sur ce point (V. les jugements et arrêts précités et, en outre : Aubry et Rau, t. 5, § 451, p. 8, note 3; Laurent, t. 2, n° 276; Baudry-Lacantinerie, t. 1, n° 419).

29. Mais faut-il dire qu'il n'y a pas mariage, non seulement lorsque les conjoints apparents sont du même sexe, mais encore lorsque l'un d'eux manque absolument des organes naturels constitutifs du sexe différent de celui de l'autre? L'affirmative a été admise par plusieurs décisions (Trib. Alais, 29 mars 1869, aff. Darbousse, D. P. 72. 1. 52; Montpellier, 8 mai 1872 et Trib. Alais, 23 janv. 1873, cités *suprà*, n° 28). Le contraire a été jugé par l'arrêt de la cour de Caen, du 16 mars 1882, cité *suprà*, n° 28. Suivant ce dernier arrêt, si l'identité de sexe rend tout mariage impossible entre deux personnes, il n'en est pas de même de l'absence de sexe chez l'une d'elles; autrement il faudrait dire « que l'homme qui aurait sciemment et librement épousé une femme dont il savait les organes sexuels incomplets, que la femme qui aurait sciemment et par dévouement épousé un homme mutilé, pourraient toujours demander la nullité du mariage librement contracté; que leur conjoint le pourrait également, ainsi que le ministère public; que les étrangers intéressés pourraient eux-mêmes demander la nullité du mariage d'époux unis par l'affection la plus intime, et cela malgré eux, pendant leur vie comme après leur mort, quel que fût le temps écoulé »; or de telles conséquences sont inadmissibles (V. dans le même sens : Jalabert, *Revue critique*, nouvelle série, t. 2, années 1872-1873, p. 129 et suiv.; Huc, *Commentaire théorique et pratique du code civil*, t. 2, n° 14). On reconnaît, en effet, généralement aujourd'hui que l'impuissance d'un des conjoints ne rend pas le mariage nul (V. *infrà*, n° 43). Mais l'absence de sexe est quelque chose de plus que l'impuissance, et il nous semble que la différence de sexe, condition essentielle pour qu'il y ait mariage, n'existe réellement pas, quand l'un des conjoints est conformé de telle sorte qu'on ne peut dire en toute certitude s'il est du sexe masculin ou du sexe féminin. Alors même que l'autre conjoint l'aurait épousé sciemment dans ces conditions, ce qui est une supposition peu vraisemblable, ce ne serait pas un motif pour maintenir un tel mariage; car le consentement des parties ne peut prévaloir contre un principe d'ordre public, et le consentement dont il s'agit ici ne serait qu'une renonciation au droit de contracter un véritable mariage, droit, qui, en France, est inaliénable et d'ordre public.

30. — II. DE L'AGE (*Rép.* nos 46 à 52). — L'art. 144 c. civ. a fixé l'âge à partir duquel on peut contracter mariage à quinze ans pour les filles et à dix-huit ans pour les hommes. Quelques jurisconsultes sont d'avis que cet âge devrait être retardé. Leur principal argument est qu'il ne suffit pas d'être pubère pour être capable de se marier; qu'il faut encore avoir un discernement suffisant pour se soumettre aux graves devoirs qui résultent du mariage (V. Laurent, t. 2, n° 281; Baudry-Lacantinerie, t. 1, n° 421; Bourgueil, *Etude théorique et pratique sur les dispenses*, p. 21 et suiv.; Huc, t. 2, n° 25). Mais ce motif tendrait à faire reculer l'âge nubile jusqu'à celui où l'homme est réputé pleinement capable de contracter, c'est-à-dire jusqu'à la majorité; or, une telle mesure, surtout en ce qui concerne les femmes, serait trop contraire à nos mœurs. D'autre part, même avec la limite actuelle, le chef de l'Etat est obligé d'accorder chaque année une certain nombre de dispenses d'âge; une loi qui reculerait encore la limite aurait donc pour conséquence de multiplier les demandes de dispenses et de soumettre un plus grand nombre de mariages au bon vouloir de l'Administration.

31. Aux termes de l'art. 145 c. civ., il est loisible au président de la République d'accorder des dispenses d'âge pour des motifs graves. Ces motifs sont laissés à l'appréciation du Gouvernement. La circulaire ministérielle du 10 mai 1824, relative à cette matière, et qui a été citée au *Rép.* n° 47, a été remplacée par une nouvelle circulaire du garde des sceaux, en date du 11 nov. 1875 (V. *infrà*, n° 121), conforme d'ailleurs à la jurisprudence antérieure de la chancellerie, et suivant laquelle « les dispenses d'âge ont pour objet de protéger l'honneur compromis ou menacé des familles ». Elles ne sont généralement accordées à l'homme qu'après dix-sept ans accomplis et à la femme qu'après quatorze ans. De plus, la demande est difficilement accueillie lorsque la future épouse est plus âgée que celui qu'elle désire épouser, parce qu'on craint qu'elle n'ait abusé de l'influence que son âge lui donnait. Les pièces à produire pour former la demande de dispense sont : 1° une supplique adressée par les futurs époux au président de la République et signée par eux ou par le maire, s'ils sont illettrés; 2° l'acte de naissance du futur; 3° l'acte de naissance de la future. A ces trois pièces, qui sont nécessaires dans tous les cas, il y a lieu de joindre, suivant les circonstances: 4° un certificat de médecin, lorsque la future est enceinte; 5° des certificats d'indigence; 6° l'autorisation de l'autorité militaire, si le futur appartient à l'armée; 7° si l'un des futurs est étranger, les dispenses à lui accordées par le gouvernement de son pays d'origine ou la preuve que la loi de ce pays ne défend pas le mariage projeté. Toutes ces pièces, sauf celles délivrées par l'autorité militaire, doivent être sur papier timbré, à moins que les futurs époux ne soient indigents ; les signatures doivent, en général, être légalisées. Le dossier est remis au procureur de la République, qui instruit l'affaire. Si les dispenses sont accordées, il est dû un droit de sceau de 100 fr., un droit de référendaire de 50 fr. et un droit d'enregistrement de 30 fr.; mais remise totale ou partielle de ces droits peut être faite quand les parties justifient qu'elles ne sont pas en état de les acquitter (V. *suprà*, v° *Enregistrement*, n° 2736).

32. Il est de principe que l'état et la capacité des personnes sont toujours régis par les lois de la nation à laquelle elles appartiennent. En conséquence, comme on l'a dit au *Rép.* n° 50, un Français ne peut se marier à l'étranger que quand il a l'âge auquel la loi française autorise le mariage; et réciproquement, un étranger ne peut se marier en France qu'à l'âge où sa loi nationale le lui permet (V. *suprà*, v° *Lois*, n°s 287 et 288). — Mais si la loi étrangère permet de se marier à un âge moins avancé que celui fixé par la loi française, l'étranger pourra-t-il se marier en France avant d'avoir atteint l'âge où le mariage est permis par notre loi? L'affirmative nous semble devoir être adoptée, à moins qu'on ne veuille considérer la disposition de l'art. 144 c. civ. comme rentrant dans les lois de police et de sûreté qui obligent tous ceux qui habitent le territoire. Or, tel ne nous paraît pas être le caractère de cette loi; et l'on peut invoquer en ce sens la jurisprudence qui, dès avant le rétablissement du divorce, admettait l'étranger divorcé à contracter mariage en France (Civ. cass. 28 févr. 1860. aff. Bulkley, D. P. 60. 1, 57; Orléans, 19 avr. 1860, même affaire, D. P. 60. 2. 82; Amiens, 15 avr. 1880, aff. Placquet, D. P. 81. 2. 79. — V. toutefois Paris, 13 févr. 1872, aff. Maire du 8e arrond. de Paris, D. P. 73. 2. 160). Un auteur estime qu'en pareil cas l'étranger devrait obtenir une dispense du gouvernement français (Garin, *Des conditions requises pour la validité du mariage*, n° 146).

SECT. 2. — DU CONSENTEMENT DES CONTRACTANTS ET DES VICES DONT IL PEUT ÊTRE INFECTÉ. — DE L'IMPUISSANCE. — DES PROMESSES DE MARIAGE. (*Rép.* n°s 53 à 94).

33. — I. DU CONSENTEMENT (*Rép.* n°s 53 à 74). — Aux termes de l'art. 146 c. civ., il n'y a pas de mariage lorsqu'il n'y a point de consentement. Pour qu'il y ait consentement, il faut que l'individu qui se marie soit capable de consentir, qu'il soit sain d'esprit. La démence, l'état d'ivresse, qui ôtent la capacité de consentir, sont donc des causes qui rendent incapable de contracter mariage. Il en est traité au chapitre des *empêchements au mariage* (V. *infrà*, n°s 98 et suiv.; *Rép.* n°s 206 et suiv.).

Alors même qu'il est donné par une personne saine d'esprit, le consentement peut n'être point valable. Au titre *Des obligations*, la loi dit qu'il n'y a point de consentement valable si le consentement n'a été donné que par *erreur*, ou s'il a été extorqué par *violence* ou surpris par *dol* (c. civ. art. 1109). Mais au titre *Du mariage*, il est dit seulement que le mariage peut être attaqué lorsqu'il a été contracté *sans le consentement libre des deux époux ou de l'un d'eux* et lorsqu'il y a eu *erreur dans la personne* (c. civ. art. 180). La loi n'ayant pas parlé ici du cas de dol, on s'accorde à reconnaître qu'en matière de mariage les seules causes qui puissent vicier le consentement sont la *violence* et l'*erreur*. Le législateur, comme le dit M. Laurent, t. 2, n° 289, a voulu mettre le mariage à l'abri des contestations que feraient naître les espérances déçues, les illusions trompées. « En mariage, trompe qui peut, » dit un vieil adage (Loysel, *Institutes coutumières*, t. 1, p. 145, édition de Dupin). Le dol aurait servi de prétexte à ces déceptions et l'institution du mariage en eût été ébranlée. Cela peut paraître rigoureux, injuste même dans certains cas ; mais l'intérêt général domine ici l'intérêt particulier. Au fond, d'ailleurs, le dol n'est qu'un moyen de produire l'erreur; il ne saurait donc par lui-même entraîner la nullité du mariage (V. *Rép.* n° 471 ; Demolombe, t. 3, n° 255; Glasson, *Du consentement des époux au mariage*, n°s 135 et suiv.; Laurent, *loc. cit.*; Baudry-Lacantinerie, t. 1, n° 501; Huc, t. 2, n° 67). En ce qui concerne le *rapt par séduction*, V. *infrà*, n° 37.

34. — 1° *Violence* (*Rép.* n°s 54 à 65). — Dans l'état de nos lois et de nos mœurs, la violence ne peut que difficilement se rencontrer en matière de mariage. La jurisprudence, depuis le code civil, n'en a pas fourni d'exemple. — La violence, comme on l'a dit au *Rép.* n° 55, peut être *physique* ou *morale*. Mais, pour concevoir aujourd'hui l'existence d'une violence physique, il faut admettre que l'officier de l'état civil devant lequel s'est célébré le mariage ait été lui-même violenté ou ait été complice de la violence (Comp. Laurent, t. 2, n° 299; Glasson, n° 118).

35. Une violence morale peut suffire pour entraîner la nullité du mariage, car le consentement donné sous l'empire d'une telle violence n'est pas le *consentement libre* exigé par l'art. 180 c. civ. On s'est demandé au *Rép.* n° 58, quels caractères doit avoir la violence pour rendre le mariage nul, et l'on a pensé que les magistrats, tout en ayant un pouvoir souverain d'appréciation dans chaque espèce, devraient prendre pour guides les règles générales posées, au titre *Des obligations*, par les art. 1111 à 1114 (V. en ce sens, Demolombe, t. 3, n° 248). M. Glasson, *op. cit.*, n° 119, émet un avis différent. « Dans le titre du mariage, dit-il, le législateur a inséré des dispositions relatives et spéciales au consentement; elles écartent donc le droit commun. On n'a voulu soumettre le juge à aucune règle précise; c'est ce qui résulte bien aussi des travaux préparatoires (Locré, *Législation civile*, t. 4, p. 360 et suiv., 552 et suiv.). Les juges pourront, dès lors, consulter les dispositions précitées, mais à titre de simple renseignement » (V. dans le même sens, Laurent, t. 2, n° 303; Huc, t. 2, n° 68).

36. On disait dans l'ancien droit que la violence devait avoir deux caractères pour détruire le consentement et faire déclarer le mariage nul, qu'elle devait être une violence *considérable* et une violence *injuste : vis atrox et adversus bonos mores* (L. 3, § 1, Dig. *Quod metûs causâ*). Cela est encore vrai aujourd'hui. La violence doit être assez grave pour paralyser la volonté de celui qui la subit, et sa gravité doit naturellement être appréciée suivant le caractère de la personne en cause. Il n'est donc pas absolument nécessaire, comme pourrait le faire décider l'art. 1112 c. civ., qu'elle soit de nature à faire impression sur un homme raisonnable. La seule question est de savoir si elle a exclu le consentement de la personne qui en a été victime. Il faut, en second lieu, que la violence soit injuste (V. *Rép.* n° 63). Mais c'est encore là une question de fait, comme le remarque M. Glasson, n° 119. « Ainsi, dit-il, que la fille d'un failli ou d'un insolvable épouse le principal créancier de son père pour éviter à ce dernier la contrainte par corps (avant la loi du 24 juill. 1867 qui a supprimé la contrainte en matière commerciale, V. *suprà*, v° *Contrainte par corps*, n° 7), pourra-t-elle ensuite demander la nullité du mariage pour cause de violence ? Non, en général; il faudrait pourtant reconnaître qu'il en serait autrement si la menace d'une pareille contrainte avait été employée méchamment par le créancier et dans le but de contraindre la fille de son débiteur à l'épouser ».

37. A la violence morale, notre ancien droit assimilait la *séduction*, le *rapt de séduction*, comme disaient nos anciens auteurs. C'était un moyen détourné pour arriver à prononcer la nullité des mariages contractés par les mineurs sans le consentement de leurs parents, tuteurs ou curateurs, car cette nullité n'était pas admise par le droit canonique (V. Glasson, *op. cit.*, n° 39). La doctrine de l'ancien droit a été reproduite, comme on l'a dit au *Rép.* n° 56, par Marcadé (*Explication théorique et pratique du code civil*, t. 3, p. 395, n° 250). Cet auteur, argumentant du texte de l'art. 180 c. civ., a soutenu que le consentement au mariage ne peut être considéré comme *libre* quand il est déterminé par des manœuvres frauduleuses ou des artifices déshonnêtes. Mais cette théorie n'a pas trouvé faveur dans la doctrine. Une nullité de mariage ne peut pas, en effet, être ainsi créée par voie d'interprétation. Il faudrait pour la séduction un texte formel, et l'on a la preuve que ce texte, qui avait été proposé dans la discussion du code au conseil d'Etat, a été repoussé. Portalis fit remarquer que, « comme le rapt de séduction ne peut avoir lieu qu'en la personne d'un mineur, la loi a pourvu à l'intérêt de la famille en décidant que le consentement du mineur ne suffit pas pour valider son mariage » (Locré, *Esprit du code civil*, t. 1, p. 45 et suiv.). (V. en ce sens, Laurent, t. 2, n°s 300 et suiv.; Glasson, n° 136; Baudry-Lacantinerie, t. 1, n° 502, *quater*; Huc, t. 2, n° 68).

38. — 2° *Erreur* (*Rép.* n°s 67 à 74). — D'après l'art. 180 c. civ., le mariage peut être attaqué « lorsqu'il y a erreur *dans la personne* ». On a exposé au *Rép.* n°s 68 et suiv., la grave controverse qui s'est élevée au sujet de l'interprétation de ces mots; elle continue à diviser les auteurs et elle a donné lieu à d'importants débats dans la jurisprudence. Il suffit de rappeler ici les principales opinions qui se sont produites. — Suivant quelques auteurs, le mariage ne pourrait être annulé qu'en cas d'erreur sur la *personne physique*, c'est-à-dire seulement dans l'hypothèse extrêmement rare, et dont la pratique n'offre aucun exemple, où une personne aurait été substituée à une autre au moment de la célébration du mariage; c'est le seul cas de nullité que paraissent admettre Pothier, *Traité du mariage*, n° 308, et après lui Maleville, le premier commentateur du code civil (*Analyse raisonnée de la discussion du code civil*, t. 1, p. 195 et suiv.). Telle paraît être également l'opinion de M. Laurent, t. 2, n°s 293 et suiv. A l'objection consistant à dire que c'est une hypothèse chimérique et qu'il n'est guère probable que les rédacteurs du code n'aient visé qu'une pure abstraction, M. Laurent répond : « Qu'importe! est-il si nécessaire que des mariages soient annulés, pour que l'on étende les causes de nullité? »

Une seconde opinion regarde comme suffisante pour motiver l'annulation du mariage l'erreur sur la *personne civile*. Il y aurait, par exemple, erreur sur la personne civile si quelqu'un, à l'aide de titres faux et de déclarations mensongères, usurpait dans un pays éloigné le nom et l'état d'un homme déterminé et distinctement connu, pour obtenir en mariage une femme qui croirait faire une alliance honorable, tandis que, dans le fait, elle serait abusée par un faussaire ou un aventurier (Comp. Bourges, 6 août 1827, *Rép.* n° 71-1°). L'erreur sur la personne civile consisterait donc en ce que l'un des conjoints a été trompé sur l'état civil de la personne avec laquelle il a voulu s'unir. La plupart des auteurs reconnaissent que c'est là une cause de nullité du mariage (V. en ce sens, outre les auteurs cités au *Rép.* n° 69 : Demante, t. 1, n° 262 *bis*-3°; Massé et Vergé sur Zacharie, *Le droit civil français*, t. 1, § 127, p. 206, note 4; Aubry et Rau, t. 5, § 462, p. 66 et suiv.; Glasson, *op. cit*, n°s 121 et suiv.; Baudry-Lacantinerie, t. 1, n°s 503 et suiv.). — Toutefois, parmi les auteurs qui se rattachent à cette opinion, quelques-uns y mettent cette réserve que, si l'erreur sur la personne physique entraîne toujours et nécessairement la nullité du mariage, l'erreur sur la personne civile peut, en certains cas, ne pas avoir cet effet : il en sera ainsi lorsqu'elle n'aura pas été la cause déterminante du mariage, lorsqu'on reconnaîtra que l'époux induit en erreur se serait marié, alors même qu'il aurait connu la véritable individualité civile de son conjoint (Aubry et Rau, t. 5, § 462, p. 67, note 8; Glasson, n° 125).

Enfin, une troisième opinion admet que l'erreur susceptible d'entraîner la nullité du mariage peut seulement porter sur les qualités de la personne, à la condition qu'il s'agisse *des qualités substantielles* ou *constitutives de la personne*. En fait, cette opinion tend à laisser aux tribunaux le droit d'annuler un mariage toutes les fois qu'ils ont la certitude que, si l'un des conjoints n'avait pas été trompé, il ne se serait pas marié. Ainsi, par exemple, les partisans de cette opinion décident qu'on peut annuler le mariage contracté par une femme catholique avec un prêtre ou un moine profès dont elle ignorait la situation religieuse. En pareil cas, dit-on, l'erreur dont la femme a été victime est plus grave et plus fâcheuse pour elle que si elle avait été trompée même sur l'individualité civile de son conjoint, sur le nom, la famille, la naissance et toutes les autres conditions constitutives de la personne civile de celui-ci. Au fond, d'ailleurs, dit-on encore dans ce système, l'erreur sur la personne civile, admise comme cause de nullité par les partisans de la deuxième opinion, n'est qu'une erreur sur les qualités civiles de la personne (V. en ce sens, Marcadé, t. 1, art. 180, n°s 1 et suiv.; Demolombe, t. 3, n° 253; Pont, *Revue critique de législation et de jurisprudence*, 1861, t. 18. p. 103 et suiv., 289 et suiv., 1862, t. 20, p. 289 et suiv.). — M. Huc, t. 2, n°s 75 et suiv., a donné une formule plus précise et, selon nous, plus exacte, de ce système, qui autrement laisse beaucoup trop de latitude à l'arbitraire. Il distingue entre les attributs et les simples qualités de la personne. Les attributs sont, dit-il, certaines manières d'être de la personne, tellement naturelles qu'on en présume ordinairement l'existence, mais dont l'absence aussi empêcherait généralement le mariage. Ainsi, tout homme est rattaché par sa naissance à une famille, à un pays, à une religion. De là, trois attributs : l'état civil, la nationalité, la religion. De plus, quand l'homme est envisagé spécialement quant au mariage, comme personne *mariable*, on découvre chez lui un quatrième attribut : la faculté d'engendrer. Enfin, dans le milieu social actuel, tel qu'il a été façonné par des influences dont il faut tenir compte, on peut en trouver un cinquième : la liberté de tout engagement religieux contraire au mariage, la laïcité. Or, conclut M. Huc, l'erreur qui porte sur l'un des cinq attributs ci-dessus énoncés doit pouvoir, en principe, entraîner la nullité du mariage (*in thesi*), à moins que les circonstances du fait ne démontrent que l'attribut sur lequel on s'est trompé était indifférent (*in hypothesi*). Mais les qualités relatives à la fortune, à la santé, à la vertu, à la probité, ces qualités, susceptibles de plus ou de moins, qui ne sont pas l'apanage de tout le monde, et sur lesquelles précisément portent les investigations des parties avant le mariage, ne peuvent, par leur absence, motiver la nullité pour cause d'erreur dans la personne.

39. Des trois opinions principales que l'on vient de résumer, les deux dernières ont divisé la jurisprudence, non moins que les auteurs. On trouve d'abord, depuis la publication du *Répertoire*, deux décisions favorables au système d'après lequel le mariage peut être annulé pour erreur sur des qualités considérées comme substantielles en matière de mariage. Il a été jugé : 1° que l'erreur susceptible de devenir une cause de nullité de mariage ne doit pas seulement s'entendre d'une erreur sur la personne civile proprement dite, c'est-à-dire d'une erreur consistant à supposer à une personne une filiation autre que la sienne propre; qu'elle peut porter également sur des qualités affectant essentiellement la personne morale; qu'ainsi l'erreur commise à l'égard d'un contractant noté d'infamie, engagé dans des vœux religieux, enfant adultérin ou incestueux, peut devenir, eu égard aux circonstances qui en déterminent la gravité relative, une cause suffisante d'annulation du mariage; mais que, cependant, la demande en nullité d'un mariage pour cause d'erreur sur la qualité d'enfant adultérin, qui était celle de l'un des contractants (la femme), doit être repoussée, lorsqu'il est établi que l'honorabilité de la naissance de cet époux n'a pas été essentiellement prise en considération par l'autre époux (Trib. Boulogne, 26 août 1853, aff. Tourneur, D. P. 53. 3. 56); — 2° Que l'erreur sur les qualités constituant la personne morale de l'un des époux peut motiver l'annulation du mariage, avec dommages-intérêts au profit de l'époux trompé, lorsqu'elle est si grave et si essentielle qu'elle est appréciée par les magistrats comme une erreur sur la personne même; qu'ainsi un mariage peut être annulé pour cause de dissimulation au futur d'un état de grossesse de la femme, qui eût été pour lui un motif absolu de refuser son consentement, et qui a amené, lorsqu'il l'a connu, une séparation de fait immédiate (Trib. Chaumont, 9 juin 1858, aff. C..., D. P. 61. 5. 305). — A la suite de ces deux jugements s'est présenté, dans la jurisprudence, un cas où il s'agissait d'une jeune femme qui avait épousé un homme ayant subi, à l'âge de seize ans, pour complicité d'assassinat, une condamnation à quinze ans de travaux forcés; l'ignorance de la femme sur les antécédents du mari était démontrée; néanmoins le tribunal de la Seine repoussa la demande en nullité du mariage, par le motif qu'il y avait eu, non pas méprise sur l'identité du mari, mais seulement mécompte sur l'une des qualités de la personne. Sur appel, la cour de Paris confirma le jugement, en considérant que, pour qu'il y ait nullité de mariage à raison d'erreur dans la personne, « il faut que l'erreur porte sur une personnalité complète et soulève une question d'identité » (Paris, 4 févr. 1860, aff. Zoé X..., D. P. 60. 2. 87). La femme se pourvut en cassation et l'arrêt de la cour de Paris fut cassé, contrairement il est vrai, aux conclusions de M. l'avocat général de Raynal. « Attendu, disait la cour de cassation dans son arrêt, que lorsqu'une condamnation à une peine afflictive et infamante a diminué la personnalité civile du condamné, et l'a privé d'une partie notable de ses droits civils et civiques, par application des art. 28 et 34 c. pén., il est du droit et du devoir des tribunaux d'examiner, d'après les faits et circonstances de la cause, jusqu'à quel point l'erreur a porté sur des conditions substantielles, constitutives de la personne civile, a pu opérer erreur dans la personne, et, par suite, vicier le consentement de l'époux trompé; — Attendu que, sans entrer dans cet examen, la cour de Paris a repoussé péremptoirement la demande de la femme X..., par le motif que, pour être une cause d'annulation, l'erreur doit porter sur une personnalité complète et soulever une question d'identité, et que, dans la cause, l'individualité de X..., n'était pas en question; — D'où il suit qu'en jugeant ainsi, l'arrêt attaqué a faussement appliqué et, par suite, violé les articles de loi ci-dessus visés (c. civ., art. 146 et 180) (Civ. cass. 11 févr. 1861, aff. Zoé X..., D. P. 61. 1. 49). La cour d'Orléans, devant laquelle l'affaire était renvoyée, refusa, comme avait fait la cour de Paris, de prononcer la nullité du mariage (Orléans, 6 juill. 1861, aff. Zoé H..., D. P. 61. 2. 132).

La demanderesse en nullité s'étant de nouveau pourvue, la cour de cassation, cette fois, en chambres réunies, après un réquisitoire de M. le procureur général Dupin, rejeta le pourvoi. Son arrêt était ainsi conçu : « Attendu que l'erreur dans la personne dont les art. 146 et 180 c. civ. ont fait une cause de nullité de mariage ne s'entend, sous la nouvelle comme sous l'ancienne législation, que d'une erreur portant sur la personne elle-même; — Attendu que si la nullité ainsi établie ne doit pas être restreinte au cas unique de l'erreur provenant d'une substitution frauduleuse de personne au moment de la célébration, si elle peut également recevoir son application quand l'erreur procède de ce que l'un des époux s'est fait agréer en se présentant comme membre d'une famille qui n'est pas la sienne, et s'est attribué les conditions d'origine et la filiation qui appartiennent à un autre, le texte et l'esprit de l'art. 180 écartent virtuellement de sa disposition les erreurs d'une autre nature, et n'admettent la nullité que pour l'erreur qui porte sur l'identité de la personne et par le résultat de laquelle l'une des parties a épousé une personne autre que celle à qui elle croyait s'unir; — Qu'ainsi, la nullité pour erreur dans la personne reste sans extension possible aux simples erreurs sur des conditions ou des qualités de la personne, sur des flétrissures qu'elle aurait subies, et spécialement à l'erreur de l'époux qui a ignoré la condamnation à des peines afflictives ou infamantes antérieurement prononcées contre son conjoint et la privation des droits civils et civiques qui s'en est suivie; — Que la déchéance établie par l'art. 34 c. pén. ne constitue par elle-même ni un empêchement au mariage, ni une cause de nullité de l'union contractée; qu'elle ne touche non plus en rien à l'identité de la personne; qu'elle ne peut donc motiver une action en nullité du mariage par erreur dans la personne; — Qu'en le jugeant ainsi et en rejetant la demande en nullité de son mariage formée par Zoé H..., et motivée sur l'ignorance où elle avait été, à l'époque du mariage, de la condamnation à quinze ans de travaux forcés qu'avait antérieurement subie B..., son mari, et de la privation des droits civils et civiques qui en avait été la suite, l'arrêt attaqué n'a fait qu'une juste et saine application des art. 146 et 180 c. civ.; — Rejette (Ch. réun. 24 avr. 1862, aff. Zoé H..., D. P. 62. 1. 153).

40. Depuis cet arrêt solennel, qui nécessairement servira de guide à la jurisprudence, tant qu'une loi nouvelle n'aura pas étendu les cas de nullité du mariage, il a été encore jugé : 1° que le mariage contracté par l'un des futurs époux avec l'intention arrêtée de ne pas remplir ses devoirs conjugaux ne peut être annulé par le motif que le consentement de l'autre futur, ainsi trompé sur la volonté de la personne qu'il épousait, se trouverait vicié d'une erreur sur la personne de son conjoint (Paris, 30 déc. 1861 et sur pourvoi, Req. 9 févr. 1863, aff. Grolée-Virville, D. P. 63. 1. 426); — 2° Que la nullité d'un mariage ne peut être demandée pour cause d'erreur sur la personne, alors que les imputations dirigées par le demandeur contre son conjoint ne portent que sur les qualités morales de ce dernier (Montpellier, 1er févr. 1866, aff. de G..., D. P. 67. 5. 270); — 3° Que, si l'erreur dans la personne civile peut, aussi bien que l'erreur dans la personne physique, devenir une cause légale d'annulation du mariage, il faut pour cela que cette erreur ait été radicale et absolue, en ce sens que l'un des deux époux se soit mépris sur l'identité civile de son conjoint, ait cru épouser une personne civile entièrement différente de celle qu'il a réellement épousée; qu'il ne suffit pas qu'il y ait seulement une dissemblance partielle portant sur une seule des qualités ou conditions dont l'ensemble constitue la personne civile; qu'ainsi celui qui a épousé une fille naturelle, qu'il croyait être légitime, n'est pas fondé à demander, à raison de cette erreur, la nullité de son mariage (Bordeaux, 21 mars 1866, aff. Balmette, D. P. 66. 2. 87).

Dans l'espèce sur laquelle sont intervenus les arrêts de la cour de Paris du 30 déc. 1861 et de la chambre des requêtes du 9 févr. 1863 précités, la question de nullité du mariage avait été présentée en première instance d'une manière particulière, qui tendait à faire considérer le consentement de chaque époux comme nul pour des causes différentes. Le mari demandeur articulait que la femme, lorsqu'elle avait déclaré consentir au mariage devant l'officier de l'état civil, « avait la volonté ferme et arrêtée de ne pas accomplir l'objet du mariage », et que de fait elle avait tenu sa résolution, le mariage n'ayant jamais été consommé. Le mari concluait de là que la femme n'avait pas réellement consenti et qu'ainsi le mariage était nul pour défaut absolu de consentement de l'une des parties; qu'en outre, son consentement à lui, mari, était entaché d'erreur sur la personne de sa femme, puisqu'une condition essentielle au mariage faisait défaut en la personne de celle-ci. C'est cette seconde cause de nullité qui a été seulement soutenue en appel et que la cour de Paris et après elle, la cour de cassation, ont rejetée comme ne constituant qu'une erreur sur les qualités de la personne. Quant à la première cause, le défaut de consentement de la femme, le jugement de première instance l'avait aussi repoussée, et avec raison selon nous, par les motifs suivants : « Attendu que le lien de droit se forme entre les contractants par la libre manifestation de la volonté, quelles que puissent être d'ailleurs leurs réticences relativement à l'exécution des obligations qu'ils acceptent; que le vice dont est affecté le consentement de l'une des parties n'ouvre qu'à son profit exclusif l'action en nullité, et que ce principe trouve son application spéciale, quant au mariage, dans les dispositions de l'art. 180 c. civ. ». Du moment, en effet, qu'une partie n'est pas en état de démence et sait ce qu'elle fait quand elle déclare consentir, par cela même elle consent; peu importent les motifs qui la dirigent, et elle ne peut être admise ensuite à soutenir qu'elle n'a consenti qu'en apparence, si, d'ailleurs, elle n'allègue pas que son consentement a été vicié par la violence ou l'erreur. L'autre partie, à plus forte raison, n'est pas recevable à opposer une prétendue simulation de consentement, qu'il lui serait d'ailleurs impossible de prouver (V. *infrà*, nos 240 et suiv.).

41. La jurisprudence italienne paraît moins rigoureuse que la jurisprudence française en ce qui concerne l'erreur susceptible d'entraîner la nullité du mariage. La cour de cassation de Turin a jugé que l'*erreur sur la personne* qui, aux termes de l'art. 105 c. civ. italien, autorise l'action en nullité, n'est pas seulement l'erreur sur la personne physique, mais aussi l'erreur sur les attributs qui constituent la personnalité civile; que la nationalité, considérée comme élément générateur du statut personnel, est une qualité constitutive de la personne civile, et que l'erreur sur la nationalité peut être une cause de nullité du mariage, si elle a déterminé un consentement qui, sans elle, n'aurait pas été donné; que, par suite, doit être considérée comme nulle pour défaut de consentement à raison d'erreur dans la personne, l'union contractée par une femme appartenant à une nation dont les lois prohibent la polygamie et consacrent l'indissolubilité du lien conjugal, avec un homme qui s'est fait frauduleusement passer comme ressortissant d'un pays dont les lois admettent les mêmes principes, alors qu'en réalité il était de nationalité turque et que son statut personnel autorisait la polygamie et la répudiation de la femme (C. Brescia, 10 oct. 1883, aff. Pietra Santa, *suprà*, v° *Lois*, n° 290).

42. Relativement aux conditions sous lesquelles peut être exercée l'action en nullité du mariage pour défaut de consentement libre et aux fins de non-recevoir pouvant être opposées à cette action (V. *infrà*, nos 240 et suiv.).

43. — II. DE L'IMPUISSANCE (*Rép.* nos 75 à 78). — Il est généralement admis aujourd'hui que l'impuissance, même quand elle est manifeste et qu'elle résulte, soit de la conformation vicieuse des parties sexuelles, soit de la mutilation de ces organes, n'est pas, sous l'empire du code civil, un empêchement au mariage (*Rép.* n° 75; Toulouse, 10 mars 1858, aff. Cazaugran, D. P. 59. 2. 40; ; Nîmes, 29 nov. 1869, sous Civ. cass. 15 janv. 1872, aff. Darbousse, D. P. 72. 1. 52; Aubry et Rau, t. 5, § 451, p. 8, note 4 ; Glasson, *op. cit.*, n° 133; Laurent, t. 2, n° 298; Baudry-Lacantinerie, t. 1, n° 496. V. toutefois, pour le cas d'absence complète des organes qui caractérisent le sexe, *suprà*, n° 29).

44. Mais des auteurs ont soutenu que l'état d'impuissance de l'un des conjoints, lorsqu'il est extérieur et manifeste, pourrait autoriser une demande de nullité du mariage de la part de l'autre conjoint pour cause d'erreur dans la personne (V. notamment en ce sens, Marcadé, t. 2, art. 180, n° 7; Demante, t. 1, nos 225 *bis* IV, et 262 *bis* III ; Demolombe, t. 3, n° 254). Nous avons combattu ce système au *Rép.* n° 75, et il ne paraît plus guère susceptible d'être défendu actuellement dans la pratique, étant donnée la jurisprudence qui n'admet comme cause de nullité que l'erreur sur la personne civile, et non l'erreur sur les qualités substantielles (V. *suprà*, n° 39). L'erreur de l'époux qui découvre que son conjoint est impuissant n'est évidemment qu'une erreur sur les qualités physiques de ce conjoint; elle n'implique aucune différence d'identité, elle ne constitue pas, par conséquent, l'erreur dans la personne, qui seule peut motiver la nullité, suivant la doctrine qui a prévalu. Aussi les auteurs les plus récents s'accordent-ils avec la jurisprudence pour décider que l'impuissance ne peut, en aucune manière, servir de base à une action en nullité de mariage (V. en ce sens : Glasson, *loc. cit.*; Laurent, *loc. cit.*; Riom, 7 juin 1876, aff. Blanquet, D. P. 77. 2. 32; 2 août 1876, aff. Queuilhe, *ibid.*). D'après M. Huc, toutefois, t. 2, n° 79, la faculté d'engendrer n'est pas une qualité; c'est un attribut de la personne : lorsque cet attribut se trouve manquer, on peut dire véritablement qu'il y a eu erreur dans la personne, et l'art. 180 est applicable.

45. L'impuissance du mari est une cause de nullité du mariage d'après la loi mosaïque, et les israélites indigènes de l'Algérie sont restés régis par cette loi, quant à leur état civil, jusqu'au décret du 24 oct. 1870 (D. P. 70. 4. 124), qui leur a conféré la qualité de citoyens français. La cour d'Alger a eu à résoudre la question de savoir si la femme israélite, mariée en Algérie avec un homme de même origine, pouvait demander la nullité de son mariage pour cause d'impuissance de son conjoint, alors même que le mariage avait été célébré, non devant le rabbin, mais devant l'officier de l'état, civil, conformément à la loi française. La cour d'Alger s'était prononcée pour l'affirmative; mais son arrêt a été cassé par la cour de cassation, qui a décidé que le fait, par les époux israélites, d'avoir contracté mariage sous l'autorité de la loi française emportait de leur part renonciation au droit d'invoquer la loi mosaïque sur la question de validité du mariage (Civ. cass. 15 avr. 1862, aff. Courshiya, D. P. 62. 1. 280. Comp. *Rép.* v° *Organisation de l'Algérie*, n° 827).

46. — III. DES PROMESSES DE MARIAGE (*Rép.* nos 79 à 94). — Les promesses de mariage, comme on l'a montré au *Rép.* nos 80 et suiv., n'engendrent plus aujourd'hui d'obligations civiles. On avait prétendu leur appliquer l'art. 1142 c. civ., aux termes duquel toute obligation de faire se résout en dommages et intérêts. Mais cette opinion, soutenue par Toullier (*Le droit civil français*, t. 6, nos 293 et suiv.) et par Merlin (*Répertoire*, v° *Peine contractuelle*, § 1), n'a pas prévalu. M. Laurent, t. 2, n° 306, explique très bien pourquoi elle ne devait pas prévaloir. « Les dommages et intérêts, dit-il, tiennent lieu de l'exécution directe de l'obligation ; le créancier obtient, sous forme de dommages et intérêts tout ce qu'il a stipulé. Tel est le vrai sens du principe formulé par l'art. 1142... Or, conçoit-on que celui à qui son fiancé manque de foi demande et obtienne, sous forme de dommages et intérêts l'exécution forcée de la promesse, c'est-à-dire le profit, l'avantage que lui aurait procuré le mariage?... L'union étant impossible, comment pourrait-il être question de lui donner une exécution forcée sous forme de dommages et intérêts? » On ne saurait donc assimiler la promesse de mariage à une obligation de faire ordinaire. Dans l'ancien droit, comme le remarque encore M. Laurent, *loc. cit.*, l'Eglise et l'Etat étant alors étroitement unis, les fiançailles étaient considérées comme valables, mais c'était le juge ecclésiastique qui connaissait de leur validité et qui condamnait à une pénitence la partie qui y manquait (V. Pothier, *Traité du mariage*, n° 51). Aujourd'hui qu'il n'y a plus de juge d'Eglise, le législateur ne pouvait que passer sous silence les promesses de mariage ; elles ne constituent à ses yeux qu'un engagement purement moral (V. en ce sens les auteurs cités au *Rép.*, n° 81 *in fine*, et en outre : Glasson, *Du consentement des époux au mariage*, n° 96 ; Aubry et Rau, t. 5, § 454, p. 33, note 26 ; Vidal, *Etude sur les moyens organisés par la loi et la jurisprudence pour protéger les fiancés contre leurs fraudes réciproques*, p. 43 et suiv., Huc, t. 2, nos 5 et suiv.). La jurisprudence est d'accord avec la doctrine sur ce point (V. notamment : Riom, 11 août 1846, aff. B..., D. P. 46. 2. 179 ; Caen, 6 mars 1850, aff. Maurouard, D. P. 55. 5. 364 ; Bordeaux, 23 nov. 1852, aff. L..., D. P. 56. 2. 23 ; Douai, 3 déc. 1853, aff. C..., D. P. 55. 2. 132; Lyon, 4 juill. 1857, aff. D..., D. P. 58. 2. 3; 10 juill. 1869, aff. D..., D. P. 70. 5. 290).

47. La promesse de mariage étant nulle, la clause pénale qui aurait pour objet d'en assurer l'exécution serait nulle également (Arg. art. 1227 c. civ.) (V. *Rép.* n° 90 ; Caen, 6 mars 1850 ; Douai, 3 déc. 1853 ; Lyon, 10 juill. 1869, cités *suprà*, n° 46 ; Aubry et Rau, t. 5, § 454, p. 33, note 26 ; Glasson, n° 97; Laurent, t. 2, n° 308). — Jugé, notamment, que l'acte par lequel un homme promet à une fille de l'épouser, et s'engage, dans le cas ou il contracterait un autre mariage, à lui payer une certaine somme, en ajoutant que, s'il vient à décéder avant d'être marié, cette même somme sera payée à cette fille par ses héritiers, ne peut, bien qu'il soit écrit en entier, daté et signé de la main de son auteur, être considéré comme un testament ; qu'on ne doit y voir qu'une simple promesse de mariage avec clause pénale, l'une et l'autre également nulles (Caen, 6 mars 1850, précité). — En ce qui concerne la condition de se marier ou d'épouser telle personne, apposée à une donation ou à un legs, V. *suprà*, v° *Dispositions entre vifs et testamentaires*, nos 43 et suiv.).

48. Si la promesse de mariage n'est pas valable en tant qu'obligation, elle peut néanmoins, en tant que fait, avoir des conséquences dommageables ; elle donne lieu alors à l'application de l'art. 1382 c. civ., aux termes duquel « tout fait quelconque de l'homme, qui cause à autrui un dommage, oblige celui par la faute duquel il est arrivé à le réparer ». Il en est ainsi, en particulier, lorsque la promesse de mariage a déterminé l'une des parties à faire des dépenses qui, le mariage n'ayant pas lieu, deviennent inutiles (V. *Rép.* n° 88; Trib. Lyon, 6 janv. 1866, aff. S..., D. P. 69. 3. 20; Trib. de paix de Redon, 11 août 1862, aff. R... *ibid.*; Trib. de paix de Signy-le-Petit, 23 janv. 1868, aff. Ronet, D. P. 69. 3. 20; Paris, 16 déc. 1874, aff. Tamin-Despalles, D. P. 76. 2. 236; Glasson, n° 99; Laurent, t. 2, n° 308; Vidal, *op. cit.*, p. 51 et suiv.). — Jugé notamment que le père de famille qui rétracte, tardivement et sans justes motifs, la promesse de mariage faite par lui au nom de sa fille mineure, est responsable vis-à-vis du futur qu'il avait d'abord agréé, des dépenses que celui-ci a faites, au vu et su du père de famille, pour l'ameublement et la location d'un appartement destiné à devenir le domicile conjugal des futurs époux (Paris, 16 déc. 1874, précité). Toutefois, dans l'appréciation du préjudice causé par l'inexécution de la promesse de mariage, il n'y a lieu de comprendre que les dépenses qui ont été la suite nécessaire et directe de cette promesse. Ainsi, il a été décidé que l'indemnité due par le futur époux qui s'est dégagé de la promesse ne doit pas comprendre le préjudice résultant de l'inutilité d'une location arrêtée pour l'installation du ménage futur, si cette location a été trop hâtive et a précédé, par exemple, la publication des bans et la signature du contrat de mariage (Trib. Lyon, 6 janv. 1866, précité).

49. On s'est demandé si l'inexécution d'une promesse de mariage peut motiver une condamnation à des dommages-intérêts, non seulement pour le préjudice matériel causé par cette inexécution, mais encore pour le préjudice moral qui en résulte, et notamment pour la déconsidération qu'une rupture non motivée peut jeter sur une jeune fille et pour la plus grande difficulté qu'elle trouvera à s'établir (V. *Rép.* n° 87). L'affirmative est maintenant presque généralement admise dans la doctrine et dans la jurisprudence (Caen, 24 avr. 1850, aff. Desmortreux, D. P. 55. 2. 177; 6 juin 1850, aff. Saysset, D. P. 55. 2. 178; Nîmes, 2 janv. 1855, aff. Platon, D. P. 55. 2. 161; Glasson, n° 100; Laurent, t. 2, n° 308. V. toutefois Aix, 23 févr. 1865, *infrà*, n° 50). M. Huc, t. 2, n° 6, reproche à ce système de faire produire aux promesses de mariage, sous forme de dommages-intérêts, des conséquences qu'elles ne peuvent pas avoir : on veut, dit-il, que celui qui rompt la promesse donne les motifs de sa détermination. Or il n'a pas de motifs à donner.

En tous cas, il n'y a pas lieu à dommages-intérêts lorsque la partie qui refuse d'exécuter la promesse de mariage a de justes motifs de retirer son consentement. L'appréciation de tels motifs est laissée, comme on l'a dit au *Rép.* n° 86, à la prudence des magistrats. — Il a été jugé : 1° que le fait par une jeune fille, même majeure, de rétracter, en présence du refus de consentement de son père, une promesse de mariage par elle antérieurement faite, ne peut devenir contre elle le fondement d'une action en dommages-intérêts, une telle rétractation n'étant de sa part que l'accomplissement d'un devoir (Limoges, 20 déc. 1859, aff. Faucher, D. P. 60. 5. 304); — 2° Qu'il appartient souverainement au père de famille, gardien des intérêts, de la bonne renommée et du bonheur des siens, de dénouer une alliance promise, lorsqu'il est survenu un fait, un incident imprévu et grave, touchant à l'honneur et à la dignité des personnes, ou de nature à compromettre l'avenir des futurs époux et de la famille, alors que ce fait eût certainement empêché l'échange des promesses, s'il se fût plus tôt révélé; que, par suite, le père de famille, dès qu'un juste sujet de dégager sa parole s'impose à sa décision, n'a point à faire indemne l'autre partie, alors d'ailleurs qu'il n'a été ni négligent, ni imprudent ni en faute envers elle (Paris, 16 déc. 1874, aff. Tamin-Despalles (Motifs de l'arrêt), D. P. 76. 2. 236).

50. C'est surtout lorsque la promesse de mariage a été suivie de relations intimes entre les futurs époux et de la grossesse de la future que la question de la réparation du préjudice s'est posée dans la jurisprudence. A l'action en dommages-intérêts exercée en pareil cas par la fille contre l'homme qui l'a délaissée, on a opposé l'art. 340 c. civ. qui interdit la recherche de la paternité. Mais il a été répondu que cette action n'a nullement pour but d'établir la filiation de l'enfant dont la fille est accouchée, cet enfant ne devant ni souffrir ni profiter de la décision à intervenir; qu'il s'agit seulement de rechercher si un préjudice a été causé; que la séduction et la grossesse ne sont présentées que comme des éléments de ce préjudice, et que la question de paternité et de filiation demeure complètement en dehors du débat (*Rép.* n° 86; Aubry et Rau, t. 6, § 569, p. 101; Glasson, n° 102). Jugé, conformément à cette doctrine : 1° que celui qui, ayant promis le mariage à une fille, la délaisse après que, de son aveu donné par écrit, il l'a séduite et rendue mère, peut être condamné envers elle à des dommages-intérêts, pour réparation du préjudice que la grossesse lui a causé (Toulouse, 5 juill. 1843, et sur pourvoi Req. 24 mars 1845, aff. Labia, D. P. 45. 1. 177); — 2° Que l'inexécution d'une promesse de mariage peut donner lieu à des dommages-intérêts à raison, soit des pertes matérielles qui en sont résultées, soit de celles qui seront la conséquence nécessaire du tort fait à la réputation de la fille délaissée et même de la grossesse et de l'accouchement de celle-ci (Caen, 6 juin 1850, aff. Burée, D. P. 55. 2. 178. Comp. Montpellier, 10 mai 1851, aff. Saysset, *ibid.*); — 3° Que, lorsqu'un acte qui renferme une promesse de mariage contient en même temps l'aveu d'un tort causé à la femme, par exemple celui d'une grossesse, et en outre l'engagement de lui payer une somme d'argent pour la réparation de ce tort, et pour l'aider à subvenir aux besoins de l'enfant dont elle est accouchée, il y a là une cause d'obligation qui suffit pour autoriser une action en dommages-intérêts, si la promesse n'est pas exécutée (Douai, 3 déc. 1853, aff. C..., D. P. 55. 2. 132); — 4° Que si, en principe, l'inexécution d'une promesse de mariage ne peut, à elle seule, donner ouverture à une action en dommages-intérêts, il en est autrement lorsque cette promesse a été employée comme moyen de séduction sur une jeune fille dont la grossesse est l'œuvre de l'auteur de la promesse; que les tribunaux peuvent, en pareil cas, en procédant avec une grande réserve, accorder des dommages-intérêts à la fille délaissée, alors surtout que, dans des lettres à elle adressées, l'auteur de la promesse de mariage a reconnu qu'il n'avait triomphé de sa résistance qu'en lui promettant de l'épouser, et s'est engagé à réparer sa faute (Bordeaux, 23 nov. 1852, aff. L..., D. P. 56. 2. 23); — 5° Que l'individu qui, après avoir débauché une jeune fille honnête, en lui promettant de ne jamais l'abandonner et même de l'épouser, a vécu avec elle pendant un certain nombre d'années et l'a ensuite laissée sans ressources, est tenu de réparer le préjudice qu'il lui a causé en lui faisant perdre sa position et son honneur (Metz, 20 avr. 1866) (1); — 6° Que l'inexécution d'une promesse de mariage faite par un homme marié peut donner lieu à des dommages-intérêts, lorsque cette promesse a été employée comme moyen de séduction et a été la cause déterminante des relations illégitimes consenties par une jeune fille sous l'empire d'un espoir mensonger (Aix, 7 juin 1869, sous Req. 17 mai 1870, aff. Mataran, D. P. 71. 1. 52); — 7° Que l'inexécution d'une promesse de mariage peut donner lieu à une action en dommages-intérêts, lorsqu'elle a été suivie de relations coupables

(1) (Rouyer C. Demoiselle Bérault.) — La cour; — Attendu qu'il est établi que, vers la fin de l'année 1860, Cécile Bérault, fille d'honnêtes cultivateurs, a été, par des circonstances indépendantes de sa volonté, amenée à quitter sa famille pour venir se fixer à Paris et y utiliser son travail; que, peu de temps après, elle a fait connaissance d'Emile Rouyer, et a formé avec lui une cohabitation qui a duré près de quatre ans; — Attendu que, pendant cet intervalle de temps, Cécile Bérault a vécu d'une vie sérieuse et occupée, et prenant le nom de l'appelant qui la traitait comme sa femme, à tel point que les voisins qui l'avaient vu deux fois enceinte et un médecin qui lui avait donné des soins, la croyaient légitimement mariée; — Attendu que l'intimée avait un capital de 1200 à 1500 fr. qu'elle avait retiré de la succession de sa mère et qu'elle aurait pu placer si elle avait gardé un emploi honnête et fructueux, de telle sorte que, au moment où elle a été abandonnée par Rouyer, elle se trouvait sans ressources, avec une santé altérée et une réputation perdue; — Attendu que cette situation déplorable constitue un

auxquelles la fille séduite n'a consenti que dans l'espoir que cette promesse serait réalisée (Paris, 14 févr. 1877, aff. W..., D. P. 77. 2. 96).

A l'inverse, toutefois, il a été jugé : 1° qu'une femme ne peut être admise à prouver, à l'appui d'une demande en dommages-intérêts formée par elle à raison de l'inexécution d'une promesse de mariage, que celui de qui cette promesse est émanée est l'auteur de sa grossesse, une telle preuve étant interdite par la disposition de la loi qui défend la recherche de la paternité (Caen, 24 avr. 1850, aff. Desmortreux, D. P. 55. 2. 177) ; — 2° Que la promesse de mariage, même suivie de séduction, n'engendre que des devoirs moraux qui ne sont pas reconnus par la loi civile et dont l'inexécution ne peut motiver des dommages-intérêts (Aix, 23 févr. 1865) (1) ; — 3° Que la fille qui demande des dommages-intérêts à raison de l'inexécution d'une promesse de mariage et de la séduction dont elle aurait été victime ne peut être admise à faire la preuve des faits par elle articulés à l'appui de sa demande, parce que cette preuve aurait pour objet d'établir, au moins d'une manière indirecte, que le séducteur est le père de l'enfant dont cette fille est accouchée (Rennes, 11 avr. 1866, aff. D..., D. P. 66. 2. 184).

Si les trois décisions qui précèdent sont en contradiction avec la doctrine qui a prévalu, celles qui suivent se concilient, au contraire, aisément avec cette doctrine et paraissent bien fondées. Jugé : 1° que l'inexécution d'une promesse de mariage ne peut, en l'absence d'un préjudice matériel, donner lieu à des dommages-intérêts, lorsque cette promesse a été, non la cause, mais la conséquence de relations illégitimes, formées dans les conditions du plus vulgaire concubinage, et dans le cas, spécialement, où la promesse de mariage n'a été faite que sous l'empire du désir de légitimer un enfant né de ces relations (Lyon, 4 juill. 1857, aff. D..., D. P. 58. 2. 3) ; — 2° Que, lorsque la promesse de mariage n'est survenue qu'après l'établissement de relations illégitimes nées par suite d'un entraînement mutuel et d'un libre abandon, lorsque, par exemple, elle n'a été faite que sous l'influence d'un événement postérieur, tel que la naissance d'un enfant que le mariage aurait légitimé, l'inaccomplissement de cette promesse ne peut conférer à la mère le droit de réclamer, par la voie judiciaire, le prix d'une faiblesse dont elle a été volontairement complice (Dijon, 20 déc. 1867, aff. Oudin, D. P. 68. 2. 48); — 3° Que la demande de dommages-intérêts pour inexécution d'une promesse de mariage qui aurait été employée comme moyen de séduction à l'égard d'une fille rendue mère par son prétendu séducteur, ne peut être accueillie, lorsque cette fille, au moment où elle a consenti à des relations intimes, était parvenue à une certaine maturité d'âge (vingt-six ans), et ne pouvait, à raison des circonstances, croire sérieusement à la possibilité d'un mariage ; mais que cependant, si l'auteur de la promesse de mariage non réalisée a, par appréciation d'une obligation naturelle et de conscience dont lui seul peut être juge, reconnu devoir une réparation, dont il a lui-même fixé l'importance, il appartient au juge de sanctionner cet engagement et d'admettre, pour en établir les termes, la délation de serment proposée par la partie intéressée (Trib. du Puy, 29 janv. 1869, aff. N..., D. P. 70. 3. 12) ; — 4° Que, bien que des relations intimes n'aient commencé entre deux jeunes gens qu'après une promesse de mariage proposée par la fille et acceptée par le jeune homme, la grossesse qui a suivi ne peut servir de fondement à une action en dommages-intérêts au profit de la fille, lorsqu'il est prouvé que cette grossesse a été le moyen que les deux jeunes gens ont résolu d'employer pour vaincre l'opposition de la famille du jeune homme à leur mariage (Dijon, 9 juin 1869, aff. Jamard, D. P. 71. 5. 313) ; — 5° Que l'inexécution d'une promesse de mariage, faite à une femme avec laquelle le promettant a eu des relations illicites, ne peut servir de base à une action en dommages-intérêts, si la femme à qui a été faite cette promesse n'a pu, à raison de sa situation de veuve et de mère de famille, et aussi à raison de sa supériorité d'âge et d'expérience, être victime d'une séduction (Trib. civ. de Nevers, 2 janv. 1876, aff. Veuve G..., D. P. 77. 3. 64);... ou s'il n'est pas établi que cette promesse a précédé la séduction et en a été la cause déterminante (Orléans, 2 mars 1881, aff. D..., D. P. 82. 2. 244).

51. On a examiné au *Rép.* n° 93 la question de savoir si la preuve testimoniale est admissible à l'effet d'établir

---

dommage qui engage la responsabilité de l'appelant et dont la réparation est due, aux termes de l'art. 1382 c. civ; — Attendu en effet qu'il résulte des pièces du procès et spécialement des aveux écrits de Rouyer que ce dernier a débauché la fille Bérault, qui jusque-là s'était bien conduite, qu'il l'a abusée par de fausses promesses en lui faisant espérer soit qu'il ne l'abandonnerait jamais, soit même qu'il l'épouserait un jour; qu'il se considérait lui-même comme ayant commis une grande faute, en faisant perdre à cette jeune personne sa position et son honneur; d'où il suit qu'en son propre fait, réside la seule et unique cause du dommage éprouvé par Céline Bérault; — Attendu que la somme de 7 000 fr. allouée par les premiers juges contient une juste appréciation des circonstances de la cause, et qu'il y a lieu de la maintenir; — Par ces motifs, etc.

Du 20 avr. 1866.-C. de Metz, 1re ch.-MM. Almeras-Latour, 1er pr.-Roy de Pierrefite, av. gén.-Boulangé et Limbourg, av.

(1) (Piche C. Demoiselle Orgias). — Le 31 mars 1863, jugement du tribunal civil de Draguignan ainsi conçu : — « Attendu que la fille Orgias réclame des dommages-intérêts contre le défendeur à raison du préjudice qu'elle aurait éprouvé par l'inexécution, de la part de Piche, d'une promesse de mariage; — Attendu qu'elle ne produit aucune preuve écrite constatant cette promesse de mariage expresse et positive; mais qu'elle a pris des fins subsidiaires tendant à la preuve testimoniale de cette promesse et qu'elle a articulé des faits pertinents et concluants à ce sujet; — Attendu qu'il a été versé au procès une lettre en date du 28 janv. 1862, adressée à la fille Orgias, et dont les termes impliqueraient la vérité des allégations de la fille Orgias; que Piche invoque vainement sa qualité d'illettré pour se soustraire aux conséquences de la lettre susénoncée; qu'il est évident que nul autre que lui n'a pu la faire écrire; qu'elle porte la date du 28 janv. 1862, de Marseille; qu'il reconnaît qu'à cette époque il habitait en effet cette ville; qu'il sollicite une réponse en donnant son adresse; que le contexte de la lettre indique que c'est bien lui qui en a dicté le contenu; qu'en 1862, on ne songeait point au procès, et qu'elle n'a pas été créée pour les besoins de la cause; — Attendu, dès lors, qu'émanant dudit Piche, l'écrivain n'étant que l'exécuteur de sa volonté, cette pièce a les caractères voulus par l'art. 1347, c. civ., et constitue un commencement de preuve par écrit rendant admissible la preuve testimoniale du fait de la promesse de mariage; — Attendu, d'ailleurs, que, ainsi que l'enseigne le jurisconsulte Demolombe, cette preuve par témoins serait admissible dans tous les cas; qu'aux termes de l'art. 1348, c. civ., les règles prohibitives de la preuve testimoniale reçoivent exception au cas où on n'a pas pu se procurer une preuve écrite de l'obligation et au cas où il s'agit de délits ou quasi-délits; — Que dans l'espèce la demanderesse ne pouvait avoir de promesse écrite de la part du défendeur, puisqu'il ne sait pas écrire, que, de plus, on ne voit que rarement qu'on recourre à ce mode de promesse écrite pour des affaires de cette nature; — Qu'il est donc équitable et juste d'admettre, en ces occurences, la preuve testimoniale, lorsque des présomptions graves, précises et concordantes rendent vraisemblable le fait allégué; — Avant de statuer au fond, autorise la demanderesse à prouver par témoins, etc. ». — Appel par le sieur Piche.

La cour; — Attendu que les articulations formulées dans les conclusions subsidiaires de la demoiselle Orgias tendent à établir seulement que Piche lui avait fait une promesse de mariage, et qu'il a reconnu être le père de l'enfant dont elle est accouchée; — Attendu que chacun de ces faits, pris isolément, envisagé dans ses conséquences directes et dégagé de tout incident dommageable, n'engendre que des devoirs moraux qui ne sont pas reconnus par la loi civile, et dont l'inexécution ne saurait entraîner aucuns dommages-intérêts; — Attendu que l'appréciation ne change pas si les deux faits sont liés par les rapports de cause et d'effet, si, comme le prétend la demoiselle Orgias, la paternité a trouvé son origine dans une promesse de mariage qui n'aurait été qu'un moyen de séduction; qu'à un titre secondaire ou principal, la promesse de mariage conserve son caractère d'instabilité, qui est la garantie de la liberté à l'égard du mariage, et qu'elle reste par cela même impropre à devenir la base d'une obligation civile; — Attendu, d'autre part, que la lettre dans laquelle les premiers juges ont vu le commencement de preuve nécessaire pour rendre les fins à l'enquête admissibles, n'a pas été écrite par Piche, qu'il dénie l'avoir dictée ou fait écrire, et que le contraire n'est pas établi au procès; — Attendu que les conclusions en preuve de la demoiselle Orgias sont, dès lors, tout à fois non pertinentes et non admissibles; qu'à défaut de ce secours, sa demande est dépourvue de toute justification; — Par ces motifs, réforme, etc.

Du 23 févr. 1865.-C. d'Aix, 2e ch.-MM. Poitroux, pr.-Lescouvé, av. gén.-De Séranon et Guillibert, av.

l'existence d'une promesse de mariage. Cette question est délicate et divise les auteurs. Ceux qui admettent ici la preuve par témoins raisonnent ainsi: il ne s'agit pas de prouver l'existence d'une convention, mais bien plutôt un dommage résultant de l'inexécution d'une promesse nulle en droit; or, les dommages se prouvent par tous les moyens, même par témoins et par simples présomptions. On ajoute que les abus ne sont pas à craindre, car les juges pourront toujours écarter, dès l'origine, les demandes qui leur paraîtront peu fondées et de nature seulement à donner naissance à un scandale inutile (Demolombe, t. 2, n° 33; Glasson, n° 101; Vidal, p. 59 et suiv.). — Il est vrai, répondent les partisans de l'opinion contraire, qu'aux termes de l'art. 1348 c. civ., la preuve testimoniale est admissible quand l'obligation résulte d'un délit ou d'un quasi-délit; mais l'art. 1348 commence par dire que les règles sur la prohibition de la preuve testimoniale reçoivent exception lorsqu'il n'a pas été possible au créancier de se procurer une preuve littérale de l'obligation qui a été contractée envers lui. Si donc, dans un délit ou un quasi-délit, il y a un fait juridique et, en particulier, une convention dont on ait pu se procurer une preuve par écrit, on n'est plus alors dans l'exception, on rentre dans la règle, qui est la prohibition de la preuve par témoins. Or, rien n'est plus possible que de se faire remettre un écrit constatant une promesse de mariage. Il n'y a donc pas lieu à l'exception, et la preuve testimoniale ne peut être admise que pour les faits matériels, tels que les dépenses, les frais, les pertes et autres causes d'où résulte le dommage (Laurent, t. 2, n° 310; Huc, t. 2, n° 9). Il a été jugé, dans le sens de cette opinion, que la demande en dommages-intérêts, fondée sur une séduction qui aurait été accomplie au moyen d'une promesse de mariage, doit être rejetée lorsqu'il n'existe même pas un commencement de preuve par écrit de cette promesse (Rennes, 11 avr. 1866, aff. D..., D. P. 66. 2. 184). Jugé, toutefois, qu'une promesse de mariage est susceptible d'être prouvée par témoins quand l'auteur de cette promesse ne sait pas écrire (Trib. Draguignan, 31 mars 1863, *suprà*. n° 50, note).

52. En cas de rupture d'une promesse de mariage, il y a lieu de régler le sort des objets que les promettants ont pu se donner réciproquement en cadeau, et particulièrement de la *corbeille de mariage* donnée par le futur à sa fiancée, si cette donation a déjà eu lieu. La plupart du temps, sans doute, l'honneur et la délicatesse détermineront chacune des parties à restituer à l'autre tout ce qu'elle a reçu en vue de l'union manquée. Mais il n'est pas sans exemple que de telles questions aient été portées devant les tribunaux. Aux termes de l'art. 1088 c. civ., toute donation faite en faveur du mariage devient caduque si le mariage ne s'ensuit pas. Bien que la même disposition existe dans le code italien (art. 1068), la cour de cassation de Naples a jugé que les dons manuels faits entre fiancés ne doivent pas nécessairement être présumés faits en vue du mariage et soumis à la condition tacite de restitution pour le cas où le mariage n'aura pas lieu; que c'est à celui des futurs qui réclame la restitution des objets donnés à prouver que la condition de restitution a été sous-entendue, et qu'il y a là une question de pur fait, qui doit être appréciée suivant les circonstances (C. cass. Naples, 13 août 1881, aff. Tondo C. Testa.-M. Mirabelli, pr. — V. dans le même sens : Laurent, t. 15, n° 168; Vidal, *op. cit.*, p. 63 et suiv. Huc, t. 2, n° 7).

Il peut arriver, d'ailleurs, que la simple restitution des objets à la partie qui les a donnés ne suffise pas pour indemniser cette partie du préjudice que lui cause la rupture de la promesse, si cette rupture est imputable à l'autre partie. Dans une telle hypothèse, il a été jugé que l'indemnité au payement de laquelle était tenu celui des futurs qui avait rompu, sans motif légitime, un projet arrêté de mariage devait comprendre la valeur des objets offerts par l'autre en cadeau et achetés par lui à cette intention, sans en excepter ceux qui étaient encore intacts, non plus que ceux qui avaient été refusés au moment de la déclaration de rupture et dont l'acquisition était antérieure à cette déclaration (Trib. Lyon, 6 janv. 1866, aff. S..., D. P. 69. 3. 90). — En ce qui concerne la *corbeille de mariage* donnée par le futur, cette donation ayant été faite évidemment en faveur du mariage, la rupture des fiançailles doit nécessairement avoir pour effet de la révoquer. Si le futur a lui-même payé les objets composant la corbeille, il peut s'en faire rembourser le prix par la fiancée, même dans le cas où la rupture émanerait de lui et engagerait sa responsabilité, sauf à faire état, de son côté, des dommages-intérêts qui peuvent être dus à la future. Lorsque le futur a seulement donné à la fiancée la bourse destinée à l'achat de sa corbeille, c'est la somme reçue qui doit lui être rendue, en totalité si la rupture émane de la fiancée, par compensation avec les dommages-intérêts qu'il doit, si la rupture lui est imputable (Vidal, *op. cit.*, p. 65 et suiv.).

Sect. 3. — Du consentement des ascendants ou de la famille et des actes respectueux (*Rép.* n°s 95 à 199).

Art. 1er. — *Du consentement des ascendants ou du conseil de famille* (*Rép.* n°s 96 à 124).

53. L'art. 148 c. civ., après avoir posé le principe de la nécessité du consentement des père et mère pour le fils qui n'a pas atteint l'âge de vingt-cinq ans accomplis et pour la fille qui n'a pas atteint l'âge de vingt et un ans, ajoute: « En cas de dissentiment, le consentement du père suffit ». Il résulte de ces mots, comme on l'a dit au *Rép.* n° 97, que la mère doit nécessairement être consultée. Il a été jugé, en ce sens, que l'enfant qui a obtenu le consentement de son père à son mariage, n'en reste pas moins soumis à l'obligation de solliciter celui de sa mère (Trib. Seine, 16 juill. 1876, aff. Blancan, D. P. 77. 3. 92. V. dans le même sens : Aubry et Rau, t. 5, § 462, p. 72, note 26; Laurent, t. 2, n° 312, Baudry-Lacantinerie, t. 1, n° 427; Huc, t. 2, n°s 34 et 109. V. aussi Crim. cass. 13 avr. 1867, aff. Simon, D. P. 67. 1. 353).

54. La mère qui n'a point été consultée peut-elle, par ce motif, s'opposer au mariage? Contrairement à l'arrêt cité au *Rép.* n° 97, la plupart des auteurs refusent ce droit à la mère. Cette solution leur paraît imposée par l'art. 173 c. civ., qui n'accorde le droit d'opposition à la mère qu'à défaut du père. Elle peut seulement, disent-ils, dénoncer à l'officier de l'état civil le fait qu'on ne lui a pas demandé son consentement (V. en ce sens, les auteurs cités *suprà*, n° 53. V. toutefois, en faveur de la recevabilité de l'opposition de la mère, le jugement du 16 juill. 1876 cité *ibid*). — En tout cas, l'officier de l'état civil ne doit pas procéder à la célébration du mariage, s'il n'a pas la preuve que la mère a été invitée à donner son consentement. L'opinion de Duranton, indiquée au *Rép.* n° 98, d'après laquelle l'officier de l'état civil pourrait passer outre au mariage sur le seul consentement du père, est rejetée par les derniers auteurs (V. Aubry et Rau, Laurent, Baudry-Lacantinerie, Huc, *loc. cit.*).

Mais si la mère a refusé son consentement, comment son refus peut-il être constaté? On a admis au *Rép.* n° 99, que l'enfant peut, dans ce cas, lui adresser un acte respectueux (V. en ce sens, outre les auteurs cités au *Rép.*: Baudry-Lacantinerie, t. 1, n° 427). Suivant M. Laurent, t. 2, n° 312, et M. Huc, t. 2, n° 34, si la mère ne veut pas, comme cela est plus que probable, déclarer elle-même qu'elle refuse son consentement, soit devant un notaire, qui en dressera acte, soit devant l'officier de l'état civil, au moment du mariage, il faut recourir à un acte d'huissier; ce n'est que par exception que les notaires ont qualité pour signifier des actes respectueux, et la demande de consentement n'est pas un acte respectueux. Mais cette opinion ne nous paraît pas devoir être suivie. Il s'agit, en somme, de demander, non le consentement de la mère, puisqu'on peut s'en passer, mais seulement son conseil, comme dans le cas des art. 151 et suiv. c. civ. Or, d'après le texte comme d'après l'esprit de la loi, ce sont les notaires, et les notaires seuls, à l'exclusion des huissiers, qui ont qualité pour présenter une pareille demande.

55. Si l'un des père et mère est mort ou dans l'impossibilité de manifester sa volonté, le consentement de l'autre, d'après l'art. 149 c. civ., est suffisant. En ce cas, la mort du père ou de la mère doit être prouvée régulièrement par l'acte de décès. Toutefois, si le lieu du décès est inconnu, la plupart des auteurs admettent que l'avis du conseil d'Etat du 4 therm. an 13 (rapporté au *Rép.* n° 116) peut être appliqué par analogie; il suffit que le survivant des père et mère atteste par serment le décès de son conjoint (Aubry et Rau,

t. 5, § 462, p. 72, note 27; Laurent, t. 2, n° 318; Baudry-Lacantinerie, t. 1, n° 428. *Contrà :* Huc, t. 2, n° 36). M. Demolombe, t. 3, n° 40, exige, comme on l'a dit au *Rép.* n° 100, que le décès soit établi par un acte de notoriété dressé dans la forme prescrite par l'art. 155 c. civ.; mais cette opinion n'a pas prévalu.

56. L'impossibilité de manifester sa volonté peut résulter, pour l'un des père et mère, comme on l'a expliqué au *Rép.* n°s 101 et suiv., de l'absence, présumée ou déclarée, de l'éloignement, de l'interdiction judiciaire ou légale ou de l'aliénation mentale. La preuve de l'absence déclarée sera faite naturellement par la production du jugement de déclaration d'absence. Si l'absence est seulement présumée, elle devra aussi être constatée judiciairement, suivant quelques auteurs (Demolombe, t. 3, n° 41; Marcadé, t. 1, art. 149, n° 2; Laurent, t. 2, n° 313; Huc, t. 2, n° 36). D'après MM. Aubry et Rau, t. 5, § 462, p. 72, note 29, la preuve de l'absence peut se faire suivant le mode indiqué par l'art. 155, c. civ., et lorsque le dernier domicile de l'absent est inconnu, dans les formes tracées par l'avis du conseil d'Etat du 4 therm. an 13. Il n'y a, à cet égard, aucune distinction à faire entre le cas où les futurs sont mineurs et celui où ils sont majeurs. Mais on a combattu cette opinion au *Rép.* n° 102. — Un arrêt a décidé qu'il y a identité entre le cas où les père et mère sont dans l'impossibilité de manifester leur volonté et celui où l'enfant est dans l'impossibilité de leur demander leur consentement, mais qu'il faut que cette impossibilité, quand elle résulte notamment de la disparition des père et mère et de l'incertitude sur leur existence, soit constatée par un jugement (Pau, 15 oct. 1872, aff. Rielville, D. P. 74. 2. 134).

57. Lorsque l'un des père et mère est dans un pays éloigné, sans qu'on ait de raisons sérieuses de douter de son existence, il n'y a pas alors impossibilité absolue de demander et d'obtenir son consentement. Cependant, on a admis au *Rép.* n° 104, avec M. Demolombe, t. 3, n° 42, que si, à raison de l'interruption des communications, il y avait une impossibilité actuelle de se procurer le consentement, il appartiendrait aux magistrats d'apprécier les circonstances et d'autoriser la célébration du mariage avec le seul consentement de l'ascendant présent. M. Laurent, t. 2, n° 313, s'élève contre cette opinion; elle est contraire, dit-il, au texte de la loi, qui exige, pour qu'on puisse se contenter du consentement d'un seul des père et mère, que l'autre soit dans l'impossibilité de manifester sa volonté, et non pas seulement qu'il soit impossible de le consulter. Mais, pour le résultat, ces deux impossibilités sont identiques. Qu'importe que le père ne puisse pas manifester sa volonté ou seulement qu'il ne puisse pas en transmettre l'expression? Dans les deux cas, il est impossible pour l'enfant de lui demander son consentement; or, à l'impossible, nul n'est tenu (Comp. Pau, 15 oct. 1872, cité *suprà*, n° 56).

58. Si l'un des père et mère est en état d'interdiction judiciaire, il suffit, pour qu'on puisse se passer de son consentement, de produire le jugement d'interdiction. Cela semblait ne pouvoir être contesté (V. *Rép.* n° 105). On le conteste cependant, en s'appuyant sur la théorie d'après laquelle l'incapacité de l'interdit ne s'étend qu'aux actes d'intérêt pécuniaire (Laurent, t. 2, n° 314; Huc, t, 2, n° 37). Cette théorie a été exposée et discutée *suprà*, v° *Interdiction*, n°s 150 et suiv. Soutenue par quelques auteurs, elle n'a pas encore pénétré dans la jurisprudence. Dans notre cas particulier, elle serait fort dangereuse, car si l'on admet que l'interdit peut consentir au mariage de. ses enfants dans ses intervalles lucides, qu'est-ce qui garantira que le consentement a été donné dans un intervalle lucide ? Et si le jugement d'interdiction ne suffit pas pour prouver que l'interdit est dans l'impossibilité de consentir, que faudra-t-il alors pour prouver cette impossibilité ?

59. L'aliéné qui n'a pas été interdit peut certainement consentir au mariage de ses enfants, quand il est dans un intervalle lucide. Mais s'il n'a pas d'intervalles lucides, comment établira-t-on qu'il est dans l'impossibilité de manifester sa volonté? On s'accorde à reconnaître que, s'il a été placé dans un établissement d'aliénés, conformément à la loi du 30 juin 1838, un certificat constatant cette situation permettra de se passer de son consentement (V. *Rép.* n° 105; Aubry et Rau, t. 5, § 462, p. 73, note 31; Laurent, t. 2, n° 314). Lorsque le père ou la mère frappé d'aliénation mentale est resté dans sa famille, on a vu au *Rép. ibid.*, qu'il y a controverse sur la manière dont peut être justifiée l'impossibilité de consentir. Cependant les derniers auteurs admettent, conformément à l'arrêt de la cour de Poitiers, cité au *Rép. ibid.*, qu'il n'est pas indispensable, en pareil cas, de faire prononcer l'interdiction; un simple jugement constatant l'aliénation mentale suffira pour qu'on puisse procéder au mariage avec le consentement de l'autre ascendant (V. en ce sens les auteurs précités).

Si l'un des père et mère est en état d'interdiction légale, il est par cela même incapable de faire aucun acte de la vie civile. On a conclu qu'il est légalement dans l'impossibilité de consentir au mariage de ses enfants, et que la preuve de cette impossibilité résulterait suffisamment du jugement de condamnation (*Rép.* n° 106; Aubry et Rau, t. 5, § 462, p. 73, note 30). Toutefois, cette opinion paraît difficilement soutenable aujourd'hui, en présence de l'art. 2 de la loi du 24 juill. 1889, portant que les père et mère condamnés aux travaux forcés à perpétuité ou à temps, ou à la reclusion, peuvent être déclarés déchus des droits résultant de l'art. 148 c. civ. Si le père ou la mère condamné n'a pas été déclaré déchu, il peut donc, malgré l'interdiction légale, donner son consentement au mariage (Huc, t. 2, n° 38).

60. On a examiné au *Rép.* n° 108, la question de savoir si le survivant des père et mère qui s'est remarié, et plus spécialement la mère qui n'a pas été maintenue dans la tutelle, conserve le droit de consentir seul au mariage de son enfant. L'affirmative est maintenant généralement admise (V. en sus des auteurs cités au *Rép.* n° 108, Aubry et Rau, t. 5, § 462, p. 72, note 28; Laurent, t. 5, n° 315).

En cas de divorce entre les père et mère, les art. 148 et 149 c. civ. doivent s'appliquer comme lorsque le mariage subsiste (V. *suprà*, v° *Divorce et séparation de corps*, n° 619).

61. Lorsque les père et mère sont présents à la célébration du mariage, il suffit qu'ils donnent leur consentement verbalement, car il peut être constaté dans l'acte de mariage. S'ils n'assistent pas au mariage, le consentement doit être donné par acte authentique. Cela résulte de l'art. 73 c. civ. (*Rép.* n° 109). Toutefois, il ne faut pas exagérer la portée de cette prescription. Si le consentement des père et mère n'est pas établi, conformément à l'art. 73 c. civ., par un acte authentique, l'officier de l'état civil doit sans doute refuser de procéder au mariage. Mais, après que le mariage a eu lieu, s'il est reconnu que le consentement des père et mère n'a été donné que par acte sous seing privé ou que l'acte authentique de ce consentement est nul en la forme, cela suffira-t-il pour que le mariage puisse être annulé? Evidemment non. Il a été jugé, avec beaucoup de raison, que la preuve du consentement des père et mère peut alors être faite par tous les moyens admis par le droit commun, et qu'elle peut résulter même de circonstances graves, précises et concordantes (Pau, 24 mars 1859, aff. de F..., D. P. 60. 1. 156). M. Laurent, t. 2, n° 319, critique cette décision, qu'il juge contraire au texte de l'art. 73 c. civ.; elle se justifie pourtant facilement par la distinction, si connue en matière de mariage, entre les conditions prescrites ou non à peine de nullité; le défaut d'acte authentique ne doit pas suffire pour faire annuler le mariage, quand il est d'ailleurs certain que les ascendants ont consenti.

62. C'est au moment du mariage que le consentement doit être donné ; il peut donc être révoqué jusqu'à ce moment-là (*Rép.* n° 112). — Et si celui qui l'a donné vient à mourir ou à être frappé d'incapacité avant le mariage, son consentement devient caduc : il faut alors, pour que le mariage puisse se faire, le consentement de l'ascendant appelé à consentir à défaut de celui qui est prédécédé ou qui est devenu incapable de manifester sa volonté (*Rép.* n° 113).

Dans le cas où le mariage aurait lieu malgré la révocation du consentement ou malgré le prédécès de l'ascendant qui a consenti, le mariage pourrait-il être annulé? Les auteurs, comme on l'a indiqué au *Rép.* n° 114, sont divisés sur cette question. Sa solution aussi nous paraît dépendre des circonstances, ou du moins exiger des distinctions. En principe, si l'ascendant dont le consentement était requis a révoqué son consentement, le mariage peut être annulé. — Mais, toutefois, il faut examiner dans quelles conditions le consentement sera tenu pour révoqué. Suffira-t-il que l'ascendant ait fait connaître son intention de ne plus consentir au futur époux qui avait besoin de son consentement, pour qu'ensuite la nullité du mariage puisse être demandée malgré la bonne foi de l'autre époux? Non certes; ce serait alors une indigne tromperie. Cette hypothèse peut être rapprochée de celle où l'un des époux prétendrait n'avoir consenti au mariage qu'en apparence (V. *suprà*, n° 40). Quand le consentement de l'ascendant a été donné par acte authentique, on doit présumer qu'il subsiste tant qu'il n'a pas été révoqué aussi par acte authentique et que cet acte n'a pas été notifié aux futurs époux. Autrement, qu'est-ce qui garantirait que la révocation a réellement eu lieu et que, en supposant qu'elle ait existé à un certain moment, elle a été maintenue jusqu'à la célébration du mariage? Il y a là, en tout cas, une question de fait dans laquelle les magistrats doivent se montrer particulièrement attentifs et surtout tenir grand compte de la bonne foi de l'époux contre lequel la nullité du mariage serait demandée. De même, lorsque l'ascendant qui avait consenti est décédé avant le mariage, il importe d'examiner si l'autre ascendant dont le consentement était nécessaire, à défaut de celui de l'ascendant décédé, ne doit pas être considéré comme ayant implicitement consenti par cela seul qu'il n'a pas formé opposition. Sans doute, le mariage n'aurait pas dû être célébré sans un acte régulier constatant le consentement de cet ascendant; mais autre est la question de savoir si le mariage célébré doit être annulé (Comp. Marcadé, t. 1, art. 149, n° 5; Demolombe, t. 3, n°s 57 et suiv.; Aubry et Rau, t. 5, § 462, p. 75, note 42; Laurent, t. 2, n° 321).

63. « Si le père et la mère sont morts ou dans l'impossibilité de manifester leur volonté, dit l'art. 150 c. civ., les *aïeuls* et *aïeules* les remplacent ». On s'accorde à reconnaître que les mots *aïeuls* et *aïeules* ne doivent pas être entendus ici seulement des aïeuls et aïeules du premier degré; si ceux-ci sont morts ou incapables de consentir et que l'enfant ait encore un ou plusieurs bisaïeuls, il doit demander le consentement de ces derniers (*Rép.* n° 117; Aubry et Rau, t. 5, § 462, p. 73, note 34; Demante, t. 1, n° 311; Laurent, t. 2, n° 316; Baudry-Lacantinerie, t. 1, n° 430; Huc, t. 2, n° 39). — Mais que décider lorsque l'enfant a des aïeuls dans une ligne et des bisaïeuls dans l'autre? — On a cité au *Rép.*, n° 118, les deux opinions qu'a fait naître cette hypothèse, qui continue à diviser la doctrine. Suivant les uns, l'enfant a seulement besoin du consentement des aïeuls. Ce qui prouve, dit-on, que le consentement des bisaïeuls ne doit être requis qu'à défaut d'aïeuls dans les deux lignes, c'est que ces derniers eux-mêmes ne sont appelés à consentir au mariage qu'à défaut du père et de la mère; quand le père est mort et que la mère existe, les aïeuls paternels ne sont pas consultés; les père et mère étant morts, si les aïeuls paternels existent, pourquoi consulterait-on les bisaïeuls maternels? (V. en ce sens : Aubry et Rau, t. 5, § 462, p. 73, note 32; Demante, t. 1, n° 211 *bis*, II; Baudry-Lacantinerie, t. 1, n° 430). — L'autre opinion, qui a été adoptée au *Rép.* n° 118, soutient qu'à défaut des père et mère les ascendants de chaque ligne doivent être consultés; la loi n'ayant pas expressément donné la prépondérance aux aïeuls du premier degré quand il y a deux lignes en présence, chaque ligne a un droit propre. Il importe de remarquer, d'ailleurs, que cette seconde opinion est la plus favorable au mariage. Quand les aïeuls d'une ligne refuseront leur consentement, il suffira que les bisaïeuls de l'autre consentent pour que le mariage puisse se faire, tandis que, d'après la première opinion, l'opposition des aïeuls serait un obstacle absolu (Demolombe, t. 3, n° 49; Laurent, t. 2, n° 317).

64. Le décès des père et mère et, s'il y a lieu, des aïeuls, doit être constaté, en principe, par la production des actes de décès. Il résulte, toutefois, d'un avis du conseil d'Etat du 4 therm. an 13, rapporté au *Rép.* n° 116, qu'il suffit pour la constatation du décès des père et mère, que ce décès soit attesté dans l'acte de mariage par les aïeuls ou aïeules appelés à donner leur consentement. Ce qui est dit ici du décès des père et mère nous semble pouvoir être étendu au décès des aïeuls et aïeules décédés, quand le mariage a lieu avec le consentement d'un aïeul ou d'un bisaïeul.

D'après le même avis du conseil d'Etat, lorsque les futurs époux sont majeurs, ce qui doit s'entendre de la majorité spéciale au mariage, si les père, mère, aïeul ou aïeule, dont le consentement au conseil est requis, sont décédés, et si l'on est dans l'impossibilité de produire l'acte de leur décès ou la preuve de leur absence, faute de connaître leur dernier domicile, il peut être procédé à la célébration du mariage sur la déclaration à serment des futurs époux que le lieu du décès ou du dernier domicile de leurs ascendants leur sont inconnus, et à la condition que les quatre témoins du mariage affirment, aussi par serment, que, quoiqu'ils connaissent les futurs époux, ils ignorent le lieu du décès et le dernier domicile de leurs ascendants. — Bien que l'avis du conseil d'Etat n'ait statué formellement que pour le mariage des majeurs, ses motifs permettent de décider que les moyens de preuve qu'il autorise peuvent être appliqués au mariage des mineurs, lorsque ceux-ci contractent mariage avec le consentement de leur conseil de famille (Laurent, t. 2, n° 318).

65. Lorsqu'il n'y a ni père ni mère, ni aïeuls ni aïeules, ou lorsque les père et mère, aïeuls et aïeules sont dans l'impossibilité de manifester leur volonté, l'art. 160 c. civ. dispose que les fils ou filles de vingt et un ans ne peuvent contracter mariage sans le consentement du conseil de famille (V. *Rép.* n°s 119 et suiv.). — Sur la manière dont on peut prouver que les père et mère, aïeuls et aïeules sont dans l'impossibilité de manifester leur volonté, V. *suprà*, n° 64. — Jugé qu'il y a identité entre le cas où les père et mère sont dans l'impossibilité de manifester leur volonté et celui ou les mineurs sont dans l'impossibilité de leur demander leur consentement; que par suite, lorsque les père et mère ont disparu et n'ont pas donné de leurs nouvelles depuis longtemps et lorsque les aïeuls et aïeules sont décédés, le mineur de vingt et un ans peut contracter mariage avec le consentement du conseil de famille (Pau, 15 oct. 1872, aff. Pielville, D. P. 74. 2. 134). Mais il faut qu'au préalable l'impossibilité de demander aux ascendants leur consentement soit reconnue et constatée par un jugement (Même arrêt).

66. La délibération du conseil de famille qui accorde ou refuse le consentement peut-elle être attaquée devant le tribunal, soit par les membres du conseil qui n'ont pas été de l'avis de la majorité, soit par le mineur? La négative est presque généralement admise dans la doctrine, parce qu'on considère que le conseil de famille remplace ici les père et mère ou autres ascendants, dont la décision ne peut être l'objet d'aucun recours (V. en ce sens, outre les auteurs cités au *Rép.* n° 120; Aubry et Rau, t. 5, § 462, p. 74; Laurent, t. 1, n° 344; Baudry-Lacantinerie, t. 1, n° 437). — Suivant quelques auteurs, cependant, l'autorité du conseil de famille, à l'égard du mariage du mineur, serait moins absolue que celle des ascendants, et il y aurait lieu d'appliquer ici l'art. 883 c. proc. civ. aux termes duquel, lorsque les délibérations du conseil de famille ne sont pas unanimes, l'avis de chacun des membres doit être mentionné au procès-verbal, et les membres opposants peuvent se pourvoir contre la délibération (V. en ce sens, avec les auteurs cités au *Rép. ibid.* : Ducaurroy, Bonnier et Roustain, *Commentaire théorique et pratique du code civil*, t. 1, n° 259; Demante, t. 1, n° 216 *bis*). Cette dernière opinion a été adoptée par un arrêt de la cour de Liège, du 30 avr. 1811, cité au *Rép.* n° 120, et par un jugement du tribunal de la Seine du 6 août 1869 (1), qui a déclaré recevable le recours d'un mineur, assisté de son tuteur, contre une délibération du conseil de famille lui refusant le consentement nécessaire à son mariage, et a décidé que, nonobstant ce refus de consente-

(1) (Demoiselle C... C. C...) — Le conseil de famille de la demoiselle C... lui ayant refusé le consentement dont elle avait besoin, comme mineure de vingt et un ans, pour contracter mariage, cette mineure, assistée de son tuteur, s'est pourvue devant le tribunal de la Seine contre la délibération. Elle a mis en cause les membres du conseil de famille qui avaient été d'avis de lui refuser le consentement, trois membres, y compris le juge de paix, ayant été d'un avis contraire. Les défendeurs ont fait

ment, il serait passé outre à la célébration du mariage. Mais cette jurisprudence n'est-elle pas contraire à l'art. 160 c. civ. d'après lequel les mineurs de vingt et un ans ne peuvent contracter mariage sans le consentement du conseil de famille? La loi n'a dit nulle part que ce consentement pourrait être remplacé par une décision du tribunal.

67. En ce qui concerne les enfants naturels, ils doivent, s'ils ont été reconnus, obtenir le consentement de leurs père et mère ou de celui des deux qui les a reconnus, jusqu'à l'âge de vingt-cinq ans pour les fils, et jusqu'à vingt et un ans pour les filles, de même que les enfants légitimes (V. *Rép.* n° 122). Ceux qui n'ont pas été reconnus ou ceux dont les père et mère, qui les ont reconnus, sont morts ou dans l'impossibilité de manifester leur volonté, doivent, aux termes de l'art. 159 c. civ., jusqu'à l'âge de vingt et un ans révolus, obtenir le consentement d'un tuteur *ad hoc*.

La loi ne dit pas comment ce tuteur sera nommé. Mais on décide généralement qu'il doit l'être par le conseil de famille du mineur, comme est, du reste, nommé le tuteur ordinaire de ce mineur (V. les auteurs cités au *Rép.* n° 122, et en outre, Aubry et Rau, t. 5, § 462, p. 80). Il est vrai que le conseil de famille d'un enfant naturel ne peut être composé que d'amis; c'est pourquoi, suivant quelques auteurs, le tuteur *ad hoc* devrait être nommé par le tribunal (Ducaurroy, Bonnier et Roustain, t. 1, art. 159; Laurent, t. 2, n° 342; Baudry-Lacantinerie, t. 1, n° 438; Huc, t. 2, n° 56). Mais cette opinion est arbitraire et ne peut s'appuyer sur aucune disposition de loi. De plus, il n'est pas exact, comme on le prétend, que le tribunal serait plus compétent pour nommer le tuteur qu'un conseil de famille composé d'amis, car les membres de ce conseil connaîtront personnellement le mineur et la personne qu'il se propose d'épouser, tandis que le tribunal ne connaîtrait ni l'un ni l'autre.

68. L'adopté mineur a-t-il besoin du consentement de l'adoptant pour contracter mariage? Non. Il doit se pourvoir du consentement de ses ascendants, ou, à leur défaut, du conseil de famille (V. *Rép.*, v° *Adoption*, n° 180).

69. On a cité au *Rép.* n° 124, le décret du 24 mars 1852 (D. P. 52. 4. 114), qui, pour faciliter le mariage aux Français résidant aux îles de la Société et dans les autres établissements français de l'Océanie, les a dispensés, lorsque leur famille est domiciliée en France, des obligations imposées par les art. 151, 152 et 153 c. civ., c'est-à-dire de la nécessité de demander le conseil de leurs père et mère ou de leurs aïeuls et aïeules; cette nécessité était remplacée par l'obligation d'obtenir le consentement du conseil du gouvernement de la colonie. Ce décret a été abrogé et remplacé par celui du 28 juin 1877 (D. P. 77. 4. 67), applicable aux Français résidant à la Nouvelle-Calédonie et dans les établissements français de l'Océanie. La dispense de faire des actes respectueux aux ascendants domiciliés en Europe est maintenue. De plus, il peut être suppléé au consentement des ascendants, du conseil de famille ou du tuteur *ad hoc*, par l'autorisation du conseil du gouvernement colonial. Enfin, ce conseil peut dispenser les futurs époux de l'obligation de produire leur acte de naissance ou l'acte de décès d'un précédent conjoint, ainsi que des publications qui devraient être faites en Europe. Ces dispositions ont été complétées par un autre décret, du 18 oct. 1891 (*Journ. off.* du 23 octobre).

Un décret du 27 janv. 1883 (D. P. 83. 4. 90) a accordé les mêmes facilités pour le mariage de toute personne résidant en Cochinchine et dont les ascendants ou les membres du conseil de famille sont domiciliés hors de la colonie. C'est le conseil privé de la colonie qui est compétent pour impartir les dispenses nécessaires. Ce décret de 1883 a été déclaré applicable au Cambodge, à l'Annam et au Tonkin par un décret du 29 janv. 1890 (*Journ. off.* du 30 janv. 1890 et D. P. 92. 4e part.).

Un autre décret, du 11 nov. 1887 (D. P. 88. 3. 16), a aussi dispensé des obligations imposées par les art. 151, 152 et 153 c. civ., les individus condamnés à la relégation et transférés dans les établissements pénitentiaires créés dans les colonies françaises en vertu de la loi du 27 mai 1887 sur la relégation des récidivistes.

Aux termes d'un décret du 14 juin 1861 (D. P. 61. 4. 110), les étrangers immigrants, d'origine inconnue ou appartenant à des pays dans lesquels la famille civile n'est pas constituée, peuvent être admis à contracter mariage dans la colonie de la Guyane française avec l'autorisation du gouverneur en conseil privé. Les étrangers immigrants appartenant à des Etats dans lesquels la famille civile est constituée doivent, lorsqu'ils sont mineurs et sous la puissance de parents, justifier de leur capacité à contracter mariage et du consentement de leurs parents, suivant les règles de leur statut personnel. S'ils sont majeurs et non soumis à la puissance d'autrui, ils doivent seulement produire un acte de notoriété constatant leur âge, leur aptitude et l'impossibilité où ils sont de rapporter, soit le consentement de leurs ascendants, soit la preuve du décès de ceux-ci.

70. L'art. 14 de la loi du 24 juill. 1889 (D. P. 90. 4. 15) sur la protection des enfants maltraités ou moralement abandonnés, est ainsi conçu: « En cas de déchéance de la puissance paternelle, les droits du père et, à défaut du père, les droits de la mère, quant au consentement au mariage, à l'adoption, à la tutelle officieuse et à l'émancipation, sont exercés par les mêmes personnes que si le père et la mère étaient décédés, sauf les cas où il aura été décidé autrement en vertu de la présente loi ». Si donc le père est déchu de la puissance paternelle, le droit de consentir au mariage passe à la mère, et si la mère est également déchue, ce droit passe aux aïeuls et aïeules. La déchéance du père ou de la mère doit être constatée par la production d'un extrait du jugement qui l'a prononcée.

La même loi du 24 juill. 1889 (art. 17) permet aux tribunaux de déléguer à l'Administration de l'assistance publique les droits de puissance paternelle sur les enfants abandonnés, et de remettre l'exercice de ces droits aux établissements de bienfaisance ou aux particuliers qui ont recueilli ces enfants. Les droits de puissance ainsi retirés aux père et mère peuvent être plus ou moins étendus. D'après le deuxième paragraphe du même article, « si les parents ayant conservé le droit de consentement au mariage d'un de leurs enfants refusent de consentir au mariage en vertu de l'art. 148 c. civ., l'Assistance publique peut les faire citer devant le tribunal, qui donne ou refuse le consentement, les parents entendus ou dûment appelés, dans la chambre du conseil ». Il est alors procédé au mariage en vertu du jugement par lequel le tribunal a donné son consentement.

ART. 2. — *Des actes respectueux* (*Rép.* nos 125 à 190).

§ 1er. — Dans quels cas il doit être fait des actes respectueux (*Rép.* nos 126 à 139).

71. Les enfants qui ont atteint l'âge passé lequel ils sont admis à se marier sans le consentement de leurs père et mère ou autres ascendants, doivent cependant, par un acte respectueux, demander le conseil de leurs ascendants avant de contracter mariage (c. civ., art. 151). Ainsi qu'on l'a indiqué au *Rép.* n° 126, cette règle s'applique aux enfants naturels reconnus, comme aux enfants légitimes, sous la restriction toutefois que les enfants naturels n'ont pas à demander conseil à d'autres ascendants qu'à leurs père et mère.

Cette règle reste même applicable, comme on l'a dit aussi au *Rép.* n° 128, à l'enfant qui veut se remarier après la dissolution d'un premier mariage. Mais il a été jugé, avec

---

défaut, mais le ministère public a conclu à la non-recevabilité de la demande et a soutenu que la décision prise par le conseil de famille en vertu de l'art. 160 c. civ. était souveraine.

LE TRIBUNAL; — Attendu qu'aux termes de l'art. 883 c. proc. civ., toutes les fois que les délibérations du conseil de famille ne sont pas unanimes, l'avis de chacun des membres est mentionné, et que le tuteur ou les membres de l'assemblée peuvent se pourvoir contre la délibération; que cette règle est générale, et qu'il n'y a lieu dès lors de distinguer si l'avis de parents est ou non soumis à l'homologation du tribunal; — Au fond: — Attendu que le refus de la majorité du conseil n'est aucunement motivé; — Par ces motifs, déclare la demande recevable, et sans s'arrêter à la délibération du conseil de famille de la mineure C..., dit qu'il sera passé outre à la célébration du mariage, etc.

Du 6 août 1869.-Trib. civ. de la Seine, 1re ch.-MM. Delesvaux, pr.-Manuel, subst., c. contr.-Ballot, av.

raison, que le conseil nécessaire à la femme veuve qui veut se remarier, peut être demandé par elle à ses parents même avant l'expiration du délai de dix mois pendant lequel, aux termes de l'art. 228 c. civ., le nouveau mariage ne peut pas être contracté (Paris, 18 janv. 1873, aff. De la Moskova, D. P. 73. 2. 40). En conséquence, l'acte respectueux signifié par une fille veuve à sa mère pendant le cours de ce délai n'est pas nul (Même arrêt).

A plus forte raison, suivant nous, l'acte respectueux signifié par un fils majeur de vingt-cinq ans à ses père et mère serait-il valable, alors même qu'il serait fait avant l'expiration du délai de viduité imposé par la loi à la future épouse. D'après un arrêt, cependant, le fils majeur de vingt-cinq ans qui a l'intention de contracter mariage avec une jeune fille n'ayant pas encore atteint l'âge de quinze ans, doit attendre que sa future ait cet âge pour demander conseil à ses ascendants, et l'acte respectueux signifié par le fils à son père avant cette époque doit être annulé (Montpellier, 12 avr. 1869, aff. Mignonat, D. P. 70. 2. 61). Cette solution nous paraît juste, mais il nous semble qu'elle doit être motivée autrement qu'elle ne l'a été par la cour de Montpellier, dans l'arrêt précité. Suivant cet arrêt, l'acte respectueux ne pourrait pas être fait valablement avant que la future ne fût apte au mariage, parce que cet acte devrait toujours avoir pour effet de retarder le mariage. Mais c'est là une supposition qui ne résulte pas nécessairement de la loi ; il suffit, en effet, pour que la loi reçoive satisfaction que le mariage ne soit pas célébré avant un certain délai à partir de l'acte respectueux ; que les parents aient au moins un mois pour faire leurs représentations à l'enfant, et que celui-ci, de son côté, ait au moins un mois pour réfléchir ; or les représentations des parents et les réflexions de l'enfant peuvent se faire, alors même que la future n'est pas encore en état de se marier. A notre avis, si l'acte respectueux ne peut pas intervenir valablement tant que la future n'a pas atteint l'âge nubile, c'est parce que jusque-là les parents sont en droit de soutenir qu'ils ne sont pas à même d'apprécier s'ils doivent ou non consentir au mariage. Serait-il admissible, en effet, qu'un fils vînt demander conseil à ses parents pour épouser une personne qui serait encore dans l'enfance ? Les parents alors répondraient à bon droit qu'il ne leur est pas possible de donner en connaissance de cause un tel conseil. C'est pourquoi il nous paraît nécessaire, pour la validité de l'acte respectueux, que la future ait, au moment de l'acte, l'aptitude générale au mariage.

72. Lorsque le père a été déclaré déchu de la puissance paternelle, en vertu de la loi du 24 juill. 1889, c'est à la mère que le fils majeur de vingt-cinq ans ou la fille âgée de plus de vingt et un ans doivent signifier des actes respectueux. Et si la mère est également déchue, ces actes doivent être signifiés aux aïeuls et aïeules, comme lorsque les père et mère sont morts (L. 24 juill. 1889, art. 14).

Si l'exercice des droits de puissance paternelle a été délégué par le tribunal à un établissement public ou à un particulier, conformément à l'art. 17 de la même loi, l'enfant devenu majeur quant au mariage n'a pas à demander le conseil des directeurs de cet établissement ou de ce particulier, car, pour l'enfant mineur lui-même, comme on l'a vu *suprà*, n° 70, le consentement au mariage est donné par le tribunal. Le droit de consentir au mariage ou d'être consulté par l'enfant majeur n'est pas compris dans les droits de puissance susceptibles d'être délégués en vertu de la loi de 1889. Par suite, l'enfant dont les père et mère sont déchus de la puissance paternelle peut librement, s'il n'a pas d'aïeuls ni d'aïeules, se marier sans demander conseil à personne.

§ 2. — Combien il doit être fait d'actes respectueux. — Délais qui doivent s'écouler entre eux (*Rép.* n°s 140 à 146).

73. D'après l'art. 152 c. civ., les hommes jusqu'à l'âge de trente ans révolus, les filles jusqu'à l'âge de vingt-cinq ans, doivent demander jusqu'à trois fois le conseil de leurs ascendants, par des actes respectueux signifiés de mois en mois. Le mariage ne peut être célébré qu'un mois après le troisième acte. — Conformément à un ancien arrêt cité au *Rép.* n° 144, il a été jugé que l'art. 152 c. civ., en disposant que les actes respectueux seront faits de mois en mois, a entendu fixer un minimum de délai, et qu'un intervalle plus considérable peut être laissé entre chaque acte respectueux ou entre le dernier de ces actes et le mariage (Trib. Seine, 17 déc. 1872, aff. Piver, D. P. 73. 3. 37).

Après l'âge de trente ans révolus, pour les hommes, un seul acte respectueux suffit (c. civ. art. 153). Il en est de même pour les filles qui ont atteint l'âge de vingt-cinq ans, bien que la loi ait omis de le dire (V. *Rép.* n° 146; Aubry et Rau, t. 5, § 463, p. 88, note 37; Laurent, t. 2, n° 327; Baudry-Lacantinerie, t. 1, n° 433).

74. Pour le calcul du délai d'un mois après lequel l'acte respectueux doit être renouvelé ou après lequel le mariage peut être célébré, on s'accorde aujourd'hui à reconnaître qu'il faut compter de quantième à quantième, en sorte que, si un acte respectueux a été fait le 1er février, il peut être renouvelé ou le mariage peut être célébré le 1er mars (*Rép.* n°s 142 et suiv. ; Aubry et Rau, t. 5, § 463, p. 88, note 36; Laurent, t. 2, n° 328; Huc, t. 2, n° 41).

§ 3. — De la forme des actes respectueux (*Rép.* n°s 147 à 190).

75. On a examiné au *Rép.* n°s 148 et suiv., la question de savoir si l'enfant qui fait faire des actes respectueux à ses père et mère ou autres ascendants doit être présent en personne lors de la notification de ces actes. La négative est maintenant universellement admise dans la doctrine et dans la jurisprudence (V. en sus des autorités citées au *Rép.* n° 149 : Aubry et Rau, t. 5, § 463, p. 85; Laurent, t. 2, n° 331; Baudry-Lacantinerie, t. 1, n° 434; Huc, t. 2, n° 42). Il a même été jugé que non seulement l'enfant n'est pas tenu d'assister aux actes respectueux qu'il fait notifier à ses père et mère, mais qu'il doit s'abstenir d'y paraître (Toulouse, 27 nov. 1861, *infrà*, n° 84). C'est là peut-être toutefois une exagération. Si la loi n'exige pas la présence de l'enfant, elle ne l'interdit pas non plus, et elle pourrait être utile dans certains cas.

Du moment que l'enfant ne doit pas nécessairement assister à la notification des actes respectueux, il n'est pas tenu, non plus, de s'y faire représenter par un mandataire (*Rép.* n° 150), ni de signer l'original ou la copie du procès-verbal de notification (*Rép.* n° 151 ; Paris, 7 avr. 1868, aff. Lecaron, D. P. 70. 1. 299; Orléans, 3 juin 1871, *infrà*, n° 84).

76. Les notaires chargés de notifier un acte respectueux font ordinairement deux actes distincts: un premier acte par lequel l'enfant les requiert de se transporter au domicile de ses père et mère et de leur demander leur conseil pour le mariage qu'il se propose de contracter; un second acte, qui est le procès-verbal ou la notification de la demande de conseil. Mais cette manière de procéder, comme on l'a montré au *Rép.* n° 152, n'est pas imposée par la loi. « Les notaires, disent MM. Aubry et Rau, t. 5, § 463, p. 86, ou le notaire et les témoins chargés de former la demande de conseil, n'ont pas même besoin d'administrer une preuve écrite des pouvoirs qu'ils ont reçus à cet effet. » L'acte de réquisition est donc superflu; il n'a du moins d'autre utilité que de mettre à l'abri la responsabilité du notaire contre un désaveu ou un changement de volonté du requérant. Le seul acte nécessaire est le procès-verbal de la demande de conseil. On peut objecter, il est vrai, que, s'il n'est pas dressé acte de la réquisition et si l'enfant n'est pas présent à la notification, l'acte respectueux ne sera pas signé de lui. Mais aussi la loi ne dit pas que l'enfant doive nécessairement signer cet acte, et il a été jugé avec raison que l'art. 14 de la loi du 25 vent. an 11, d'après lequel les actes notariés doivent être signés par les parties ou mentionner que les parties ne savent ou ne peuvent pas signer, n'est pas applicable aux actes respectueux (Besançon, 30 juill. 1822, *Rép.* n° 151 ; Bruxelles, 20 mars 1820, *Rép.* n° 309; Douai, 27 mai 1835, *Rép.* n° 161. V. en ce sens, Laurent, t. 2, n°s 329 et suiv. *Contrà*, Lyon, 23 déc. 1831, *Rép.* n°s 142-2°).

Si un acte spécial n'est pas nécessaire pour constater la réquisition faite par l'enfant au notaire de procéder aux actes respectueux, la réquisition peut, à plus forte raison, avoir lieu par l'entremise d'un mandataire. Jugé, en ce sens : 1° que l'enfant n'est pas tenu de requérir personnellement le notaire, mais peut employer à cet effet un mandataire spécial, alors surtout que la procuration contient l'expression même de l'acte à notifier (Grenoble, 1er sept. 1863, aff. Delmenique, D. P. 63. 5. 10); — 2° Que l'acte respectueux peut être signifié en vertu d'une procuration spéciale donnée au clerc du notaire (Paris, 27 nov. 1876, aff. P..., D. P. 77. 2. 156); et que cette procuration peut être faite en brevet (Même arrêt. V. aussi *Rép.* n° 155).

77. Lorsqu'il doit être fait trois actes respectueux, ces trois actes peuvent-ils avoir lieu en vertu d'une réquisition unique ou en vertu d'une seule procuration donnée par l'enfant? Que le notaire doive être spécialement requis pour chacun des actes, cela n'est pas douteux. Mais on vient de voir que la réquisition qui lui est faite n'a pas besoin d'être constatée par un acte spécial; il suffit donc qu'elle soit déclarée dans le procès-verbal de notification. Et, par suite, les trois actes respectueux peuvent être valablement notifiés à la requête d'un même mandataire, muni de la même procuration. On a objecté qu'en donnant une telle procuration, l'enfant manifeste d'avance son intention de ne pas tenir compte des observations qui lui seront faites sur les premiers actes. Mais nous avons déjà répondu à cette objection au *Rép.* n° 157 : l'enfant qui se décide à faire des actes respectueux à ses parents est, sans aucun doute, résolu d'avance à se passer de leur consentement pour se marier; il croit alors déjà connaître tous les motifs pour lesquels ce consentement lui est refusé, et ces motifs ne suffisent pas pour l'arrêter; mais rien ne prouve cependant qu'il ne s'arrêtera pas devant de nouveaux conseils. — Jugé, en ce sens, que la procuration donnée par un enfant à l'effet de faire notifier des actes respectueux à ses parents n'a pas besoin d'être renouvelée pour chaque nouvel acte; qu'il suffit pour la manifestation de la déférence et du respect imposés par la loi à l'enfant, que chaque procès-verbal de renouvellement constate que la réponse des parents a été connue de l'enfant, qui a persisté à requérir un nouvel acte respectueux (Paris, 27 nov. 1876, aff. P..., D. P. 77. 2. 156; Bourges, 14 mai 1878, aff. M..., D. P. 78. 5. 13. V. aussi les arrêts cités au *Rép.* n° 157. V. toutefois Rennes, 9 oct. 1881, *Rép.* n° 168).

78. On a indiqué au *Rép.* n° 158, les formalités auxquelles sont soumis les actes respectueux. Ce sont, en général, les formalités prescrites pour les actes notariés. On a indiqué aussi, *ibid.*, nos 159 et suiv., les énonciations que ces actes doivent contenir. La principale est la demande de conseil, et il est nécessaire qu'elle soit faite d'une manière respectueuse. L'acte doit avoir un caractère respectueux à la fois quant à la forme et quant au fond. — Pour la forme, il n'y a pas d'expressions sacramentelles (V. *Rép.* nos 161 et suiv.). — Pour le fond, certaines convenances doivent être observées. Ainsi, des actes respectueux ont été annulés par le motif que le fils qui les faisait signifier à ses parents s'y déclarait domicilié chez la concubine qu'il se proposait d'épouser (Trib. Seine, 22 oct. 1840, *Rép.* n° 159-1°), ou parce qu'une fille s'était retirée chez l'homme dont elle voulait faire son mari et où ses parents ne pouvaient décemment lui porter leurs conseils (Montpellier, 31 déc. 1821; Aix, 6 janv. 1824, *Rép.* n° 165-1°). Jugé toutefois, en sens contraire, qu'un acte respectueux ne peut être argué de nullité par le motif que l'enfant dont il émane y est indiqué comme ayant le même domicile que son futur conjoint, avec lequel il habite déjà (Paris, 26 sept. 1878, aff. Monrival, D. P. 79. 2. 132).

79. Les tribunaux ont incontestablement un pouvoir discrétionnaire pour apprécier le caractère respectueux de l'acte. Un arrêt a annulé comme n'ayant pas ce caractère la demande de conseil adressée par un fils majeur de vingt-cinq ans à son père, alors que la personne qu'il voulait épouser n'avait pas encore atteint l'âge de quinze ans (Montpellier, 12 avr. 1869, aff. Mignonat, D. P. 70. 2. 61). Mais, comme nous l'avons montré *suprà*, n° 71, la nullité des actes respectueux, dans cette espèce, aurait pu être autrement motivée. — Il a été jugé aussi, dans cet ordre d'idées : 1° que l'intervention, comme témoin, à l'acte d'un oncle par alliance de la personne avec laquelle l'enfant voulait contracter mariage, n'était pas une circonstance de nature à détruire le caractère respectueux de cet acte (Bourges, 10 août 1857, aff. Moulon, D. P. 57. 2. 163); — 2° Que des lettres injurieuses adressées par l'enfant à ses père et mère ne doivent pas faire annuler des actes respectueux, si elles ne se rattachent pas d'une manière directe à ces actes, n'y font aucune allusion et leur sont postérieures (Chambéry, 7 juin 1886, *infrà*, n° 80).

80. L'énonciation de la résidence actuelle de l'enfant est nécessaire dans l'acte respectueux, afin que les parents puissent lui faire parvenir leurs observations. Toutefois, il a été jugé : 1° que la nullité des actes respectueux ne peut être demandée par les père et mère sous prétexte d'indication d'un domicile autre que celui qui appartient à l'enfant, s'ils ont été informés du changement de résidence de celui-ci et si, avant même la signification des actes respectueux, ils lui ont adressé des lettres à son nouveau domicile, et ont pu ainsi lui faire parvenir leurs remontrances (Trib. Seine, 12 mars 1870, aff. L..., D. P. 71. 3. 22); — 2° Que les actes respectueux signifiés par une fille mineure de vingt-cinq ans à ses père et mère sont valables bien que, dans le premier de ces actes, cette fille se soit déclarée domiciliée chez ses parents, alors qu'elle avait quitté leur domicile, si sa résidence actuelle a été mentionnée dans les actes qui ont suivi et si, d'ailleurs, aucun obstacle n'a empêché les parents de lui transmettre leurs conseils et leurs exhortations (Paris, 10 déc. 1872) (1); — 3° Qu'il n'y a pas d'irrégularité dans le fait d'indiquer dans des actes respectueux que l'enfant a sa résidence successivement dans plusieurs villes qui y sont désignées, si ces indications sont exactes et suffisent pour que les parents puissent correspondre ou même se rencontrer avec lui (Chambéry, 7 juin 1886) (2).

81. Dans certains cas, la résidence choisie par l'enfant

(1) (Demoiselle Chenest C. Epoux Chenest.) — La cour; — Sur la nullité du procès-verbal des actes respectueux, tirée de ce qu'il ne relaterait pas la réponse du père et de la mère : — Considérant que le procès-verbal donne la réponse des sieurs et dame Chenest, exprimant leur opposition au mariage de leur fille; — Que les motifs de leur opposition n'y sont pas, il est vrai, rapportés; — Que les notaires ont cru devoir, à raison de la teneur de ces motifs, s'abstenir de les insérer dans leur procès-verbal; — Que les notaires, officiers publics, accomplissant le devoir de leurs fonctions sous les inspirations de leur conscience et avec la confiance de la loi, sont fondés, en pareil cas, à ne pas transcrire des expressions qu'ils jugent de nature à blesser les convenances publiques et le droit des personnes; — Sur la nullité de la notification du premier acte respectueux : — Considérant que l'acte fait au nom de la demoiselle Chenest renferme l'indication de domicile essentielle à la validité de toute notification comme de tout exploit; — Que la demoiselle Chenest s'y déclare domiciliée à Paris, rue Royale-Saint-Honoré, 7; — Que tel était, en effet, son unique domicile chez ses parents; — Que ce premier acte respectueux ne fait pas connaître la demeure momentanée où la demoiselle Chenest, sur l'indication de personnes fort respectables de sa famille, était allée chercher un refuge au couvent des dames religieuses de Saint-Joseph, rue d'Ulm, n° 16; — Qu'ainsi, sans doute, le but du législateur dans la prescription des actes respectueux aurait pu être manqué, si la demoiselle Chenest s'était placée dans l'impossibilité de recevoir les conseils de son père et de sa mère au sujet de son mariage; — Mais que c'est là une question de fait subordonnée à l'appréciation du juge; — Que, dans l'espèce, le silence du premier acte respectueux sur ce point a été bientôt réparé; — Que les actes respectueux qui ont suivi ont mentionné la résidence de la demoiselle Chenest au couvent de la rue d'Ulm; — Que nul obstacle n'a été élevé pour que les conseils et les exhortations du père et de la mère pussent parvenir à leur fille et éclairer sa résolution; — Que la demoiselle Chenest avait respectueusement proposé à son père et à sa mère une entrevue dans une maison tierce, et que, depuis plusieurs mois, les communications ont été possibles entre eux; — Que, dans ces circonstances, le but de la loi a été rempli; — Confirme.

Du 10 déc. 1872.-C. de Paris, 1re ch.-MM. Gilardin, 1er pr.-Hémar, av. gén.-Hardouin et Poullet, av.

(2) (F... C. F...) — La cour; — Attendu que, par leurs conclusions principales, les appelants soutiennent que les actes respectueux à eux signifiés à la requête de Joseph F..., leur fils, par le ministère de Me Charmot, notaire à Thonon, aux dates des 4 déc. 1885, 6 janv. et 8 févr. 1886, sont nuls tant en la forme qu'au fond : 1° parce que lesdits actes n'indiqueraient pas exactement le domicile et la résidence de Joseph F...; 2° parce qu'ils n'auraient pas été régulièrement signifiés à la personne de chacun des ascendants auxquels ils étaient adressés, et 3° parce qu'ils ne feraient pas connaître en conformité de l'art. 54 c. civ., la

a paru de nature à influencer sa liberté, et ainsi les tribunaux ont été conduits soit à annuler des actes respectueux comme n'étant pas l'expression d'une volonté libre, soit à ordonner à l'enfant de changer de résidence et de se retirer pendant un certain temps dans une maison où ses parents pourraient le voir et lui donner leurs conseils, soit encore à ordonner la comparution de l'enfant devant le tribunal, à l'audience ou en chambre du conseil, ou devant le président seulement (V. les arrêts cités au *Rép.* n° 165).

Que l'acte respectueux doive émaner d'une volonté libre, cela n'est pas douteux. Mais il est non moins certain que le fait par l'enfant d'avoir quitté le domicile de ses père et mère et même de cohabiter avec la personne qu'il veut épouser, ne suffit pas pour qu'on puisse présumer qu'il agit sous l'empire de la violence. L'enfant majeur a le droit de transporter son domicile où bon lui semble; on ne peut donc pas prétendre qu'il n'est pas libre, parce qu'il a fait ce qu'il avait le pouvoir de faire. C'est aux parents qui allèguent le défaut de liberté de l'enfant à en faire la preuve par les moyens ordinaires (V. en ce sens : Laurent, t. 2, n° 339 ; Huc, t. 2, n° 47. — Comp. Paris, 26 sept. 1878, aff. Monrival, D. P. 79. 2. 132).

Quant à la mesure consistant à ordonner à l'enfant de changer de résidence, pour s'assurer qu'il agit en pleine liberté, la cour de cassation, et à sa suite plusieurs arrêts, ont décidé, avec raison, qu'elle est illégale, par cela seul qu'elle n'est pas expressément autorisée par la loi (Civ. cass. 21 mars 1809, *Rép.* n° 166-5°; Aix, 12 mars 1844, *Rép.* n° 166-2°). Jugé, en ce sens, que, quelque intérêt que des parents aient à soustraire à certaines influences leur fille majeure dont ils combattent le projet de mariage, le tribunal, à défaut de disposition qui autorise cette mesure, ne peut assigner à celle-ci pour un temps indiqué une résidence nouvelle, en vue de faciliter aux parents le moyen de voir leur enfant et de lui donner des conseils (Civ. cass. 8 déc. 1856, aff. Dantoine de Taillas, D. P. 56. 1. 434; Amiens, 8 juin 1869, aff. Bataille, D. P. 71. 2. 27).

Il a même été jugé que les tribunaux ne peuvent, sans excès de pouvoir, ordonner la comparution, en chambre du conseil ou devant le président, de l'enfant qui a fait signifier des actes respectueux et de ses parents (Bruxelles, 4 avr. 1811, *Rép.* n° 166-4°; Rouen, 17 janv. 1820, *Rép.* n° 166-5°; Liège, 3 mars 1866, aff. R..., D. P. 67. 5. 271). Ici cependant on peut objecter que les juges ont en principe le droit d'ordonner la comparution personnelle des parties dans toutes les causes (V. *Rép.* v° *Instruction civile*, n°s 93 et suiv.). C'est à bon droit néanmoins qu'ils refusent cette comparution lorsqu'elle est demandée par les parents en vue seulement de soumettre l'enfant à une dernière épreuve. La loi, en effet, comme le remarque l'arrêt précité de la cour de Liège, a déterminé les actes auxquels est astreint un enfant majeur projetant un mariage contre le gré de ses ascendants, et les tribunaux ne peuvent ajouter à ces formalités que le législateur a considérées comme

---

réponse faite par chacun des ascendants à cette notification; 4° au fond, parce que des lettres injurieuses pour le sieur F... père, adressées par F... fils, tant à celui-ci qu'à sa mère, pendant la période durant laquelle ces actes régissaient la situation respective des parties, les auraient dépouillés du caractère que la loi leur attribue et, par suite, de tout effet juridique au point de vue du mariage que F... fils se proposait de contracter; — Sur les nullités de forme : — Attendu, quant au premier moyen, que les actes respectueux dont il s'agit contiennent tous la mention que Joseph F... est domicilié à la Tour-Ronde, commune de Lugrin, et que, s'ils indiquent, le premier qu'il réside tantôt à Genève, tantôt à Corzent-Thonon, le second qu'il réside à Genève, le troisième, enfin, qu'il réside à Corzent-Thonon, il résulte des éléments de la cause que ces indications étaient exactes et suffisaient parfaitement pour permettre à ses père et mère, soit de correspondre avec lui, soit même de le rencontrer, s'ils l'eussent désiré; que ces mêmes éléments démentent d'ores et déjà les articulations de fait formulées à cet égard par les appelants et auxquelles il n'y a lieu de s'arrêter; que ce premier moyen doit donc être écarté; — Attendu, en ce qui touche la seconde exception de nullité, qu'il résulte des énonciations des actes respectueux qu'ils ont tous trois été signifiés au domicile des mariés F..., le premier, parlant à la personne même du sieur Léopold F... père qui a déclaré, sa femme étant absente, se charger de la copie destinée à cette dernière, le deuxième et le troisième parlant à la personne de la dame F..., à qui ont été laissées les copies destinées à son mari; — Attendu que ces constatations répondent à toutes les exigences de la loi; qu'aucune disposition n'oblige, en effet, le notaire chargé de la signification des actes respectueux, qui ne rencontre pas à son domicile l'ascendant que cette signification intéresse, soit à prévenir cet ascendant du jour et de l'heure auxquels il se présentera à son domicile, soit, si ce dernier n'y est pas trouvé, à s'y présenter de nouveau et indéfiniment jusqu'à ce qu'il le rencontre; qu'il suffit que le notaire n'ait pas choisi sciemment le moment où cet ascendant n'était pas chez lui pour faire la signification; mais qu'en dehors de cette hypothèse absolument contredite par tous les éléments de la cause, dans le cas où l'ascendant n'est pas trouvé à son domicile, la signification est valablement faite à ce domicile, suivant les formes tracées par l'art. 68 c. proc.; qu'ainsi le deuxième moyen de nullité n'est pas mieux fondé que le premier; — Attendu, quant au troisième moyen tiré du défaut de mention de la réponse des sieur et dame F..., que l'exception n'est fondée ni en fait ni en droit; qu'en fait, le premier acte reçu par le sieur F... contient et rapporte la réponse par lui faite pour son compte personnel, et aussi au nom de sa femme et que les deux derniers actes reçus par la dame F... contiennent des réponses conformes faites par elle tant en son nom qu'en celui de son mari; qu'il est de toute évidence que ces mentions satisfont aux prescriptions du code civil, et que, d'ailleurs, les considérations qui doivent faire valider les significations d'actes respectueux faites sans fraude pendant l'absence d'un ascendant, au domicile de ce dernier, sont applicables au cas où, à raison de cette absence, la réponse de cet ascendant ne peut être immédiatement rapportée; que cette réponse peut d'ailleurs être envoyée par cet ascendant postérieurement à la signification de acte respectueux; mais que l'omission de cette réponse, en raison de l'absence de l'ascendant, ne saurait, à aucun titre, affecter la régularité de l'acte signifié; — Attendu, en conséquence, qu'il n'y a pas à s'arrêter davantage à ce troisième moyen, et que les actes respectueux dont il s'agit, au sujet de la rédaction desquels il n'est formulé aucune autre critique, doivent être tenus pour valables et réguliers en la forme; — Sur la nullité de ces mêmes actes quant au fond, nullité tirée de ce qu'ils auraient été contemporains de lettres injurieuses pour le sieur F... père, écrites par l'intimé : — Attendu qu'il est incontestable que, si les injures dont il s'agit pouvaient se rattacher par un lien immédiat ou tout au moins direct aux actes respectueux signifiés par leur auteur, elles pourraient, en certains cas, et suivant les circonstances, entraîner la nullité de ces actes; qu'il est en effet certain que, dans la pensée du législateur, les actes respectueux signifiés par un fils de famille à ses ascendants, en vue d'un mariage auquel ces derniers ont refusé de consentir, ne sont pas de simples formalités matérielles uniquement destinées à couvrir, à raison de la qualité des personnes, la raideur d'une sommation judiciaire; que le but évident de la loi a été, alors qu'elle n'entendait plus enchaîner la liberté de l'enfant, de mettre cependant les ascendants à même de tenter un dernier effort pour le détourner, par leurs exhortations et leurs conseils, d'un projet qu'ils regardent comme contraire à ses intérêts; que, dès lors, si la nature des injures et des circonstances dans lesquelles elles se produisent pouvaient les faire considérer comme étant la suite et la contradiction directe des actes respectueux, la validité de ces actes en serait certainement affectée; — Mais attendu qu'il n'en est pas ainsi dans l'espèce; que, sans doute, les lettres envoyées par Joseph F..., soit à son père, soit à sa mère, renferment à l'adresse du premier des injures regrettables; qu'elles attestent à l'encontre de F... fils un grave oubli de ses devoirs et doivent comporter, en ce qui le concerne, le blâme le plus sévère, mais qu'aucun lien de droit ni de fait ne les rattache, en dernière analyse, aux actes respectueux signifiés par Me Charmot, et auxquels ces lettres ne font aucune allusion; qu'en outre, il résulte suffisamment du litige que la première de ces lettres, adressée à F... père, est postérieure au second de ces actes, et, quels qu'aient pu être les incidents qui l'ont provoquée, ne peut avoir aucune portée, quant à cet acte et à celui qui l'avait précédé; qu'en outre, le temps écoulé entre cette même lettre et le troisième et dernier acte signifié le 8 févr. 1886, ne permet pas d'en tenir compte à l'encontre de cet acte, qui ne pouvait être à son tour vicié par la lettre adressée par Joseph F... à sa mère, le 5 mars suivant, près d'un mois plus tard, et dont les termes démontrent qu'elle a été écrite sous l'empire de la vive irritation provoquée chez Joseph F... par l'instance judiciaire dont l'opposition de ses père et mère, formée à cette même date, était le début; que, dans ces circonstances, il n'est pas possible de rattacher aux actes respectueux, réguliers en la forme, signifiés à la requête de F... fils, les lettres injurieuses dont il vient d'être question, et dont excipent les appelants; — Attendu dès lors que lesdits actes doivent être tenus pour réguliers et valables quant au fond comme au point de vue de la forme;

Par ces motifs; — Confirme, etc.

Du 7 juin 1886.-C. de Chambéry.-MM. Roë, 1er pr.-Molines, av. gén.-Roissard et Rosset, av.

suffisant à concilier la liberté individuelle de l'enfant et le respect dû à la puissance paternelle.

82. L'art. 154 c. civ. porte que l'acte respectueux sera notifié par deux notaires ou par un notaire et deux témoins. Il a été jugé que la présence du second notaire n'est exigée que pour la notification de l'acte, mais non pour la réquisition, qui n'est soumise à aucune règle spéciale (Paris, 11 oct. 1871, aff. G... D. P. 71. 5. 10; 26 sept. 1878, aff. Monrival, D. P. 79. 2. 132). Suivant M. Demolombe, t. 3, n° 77, la présence réelle du second notaire ou des témoins n'est même pas indispensable lors de la notification; les actes respectueux ne sont pas, en effet, compris parmi les actes pour lesquels cette présence réelle est exigée par l'art. 2 de la loi du 21 juin 1843. L'un des arrêts précités a considéré cette présence comme nécessaire « pour garantir le libre arbitre du fils de famille et donner la solennité nécessaire aux observations qui seront présentées et aux réponses qui seront faites ». Mais on ne voit guère comment l'assistance d'un second notaire peut garantir la liberté de l'enfant. D'un autre côté, rien n'indique que la loi ait voulu donner une solennité spéciale à la signification d'un acte respectueux (V. en sens contraire : Rennes, 1er juin 1859, *infrà*, n° 88; Aubry et Rau, t. 5, § 463, p. 85, note 21).

83. Les témoins instrumentaires d'un acte respectueux doivent remplir les conditions requises par les art. 9 et 10 de la loi du 25 vent. an 11 pour les actes notariés. Ils ne peuvent donc être parents ou alliés, jusqu'au degré d'oncle ou de neveu, soit du notaire, soit des parties. Mais on ne doit considérer comme parties à l'acte que l'enfant qui l'a requis et les ascendants auxquels il est signifié. Un parent ou allié de la personne que l'enfant se propose d'épouser n'est, par conséquent, pas incapable de servir de témoin à l'acte respectueux (Bourges, 10 août 1857, aff. Moulon, D. P. 57. 2. 163).

84. Aux termes de l'art. 12 de la loi du 25 vent. an 11, les actes notariés doivent énoncer les nom et lieu de résidence du notaire qui les reçoit, les noms des témoins instrumentaires, leur demeure, le lieu, l'année et le jour où les actes sont passés. Cette règle est applicable aux actes respectueux. Mais il a été jugé que, lorsque toutes les énonciations requises ont été portées dans un premier acte par lequel l'enfant a donné pouvoir au notaire de demander le consentement de son père à son mariage, il n'est pas indispensable qu'elles soient reproduites en toutes lettres dans l'acte de notification, si du reste ce second acte constate qu'il a été passé à la suite du premier, le même jour, par le même notaire et en présence des mêmes témoins (Orléans, 3 juin 1871) (1). — Quant à la question de savoir si les noms et demeures du notaire et des témoins, énoncés dans un premier acte respectueux, doivent nécessairement être répétés dans les actes respectueux subséquents, lorsqu'il doit y en avoir trois, V. *Rép.* nos 169 et suiv.

Si le notaire devant lequel l'enfant s'est présenté pour faire dresser l'acte respectueux n'a pas le droit d'instrumenter dans le lieu où résident les ascendants, ce notaire, après avoir reçu la réquisition de l'enfant, peut faire faire la notification par des notaires compétents pour y procéder (Toulouse, 27 nov. 1861) (2).

85. Les actes respectueux doivent, s'il est possible, être notifiés à la personne même des ascendants; car, d'après l'art. 154 c. civ., il doit être fait mention de la réponse de ceux-ci. Cependant, comme on l'a montré au *Rép.* n° 172,

---

(1) (De G... C. de G...) — La cour; — En ce qui touche la notification du 19 avril 1870 : — Considérant que l'art. 154 c. civ. n'impose pas de faire deux actes distincts et séparés, l'un pour constater le mandat donné par l'enfant au notaire, et l'autre la démarche faite par le notaire auprès de l'ascendant; — Que ces deux actes pouvaient n'en former qu'un seul, et que, pour apprécier si toutes les formalités voulues ont été accomplies, les magistrats peuvent envisager l'acte dans son ensemble; — Que, dans l'espèce, le sieur de G... fils s'est présenté chez le notaire Deschamps, et que là un acte fut rédigé en présence de deux témoins, pour donner pouvoir à ce fonctionnaire de demander, de la part du fils, le consentement de de G... père à son mariage avec la demoiselle C...; que cet acte n'est pas attaqué et est reconnu valable; — Que, le même jour, le notaire et les deux témoins se sont transportés chez de G... père, et que cet officier public lui a remis copie de l'acte rédigé quelques heures auparavant dans son étude, laquelle notification a été constatée par ces mots mis à la suite : « Et le même jour, à midi, en conséquence de la réquisition contenue en l'acte de ce jour, dont la minute précède, Me Michel Deschamps, notaire soussigné, toujours assisté de MM. Gombard et Glais, témoins instrumentaires, s'est transporté au château de Rivaulde, en la demeure de M. de G... père, et lui a notifié, en parlant à sa personne, l'acte respectueux dont la minute précède. De tout ce que dessus, il a été rédigé le présent. Et à l'instant, Me Deschamps, notaire soussigné, à laissé à M. de G... père une copie, signée de M. de G... fils du notaire, et des témoins, de l'acte respectueux, et du procès-verbal qui précède, le tout en présence desdits deux témoins instrumentaires »; — Considérant que cette notification est attaquée comme non datée, comme ne mentionnant pas la résidence du notaire, ni le domicile des témoins; — Mais considérant qu'on ne peut, dans l'espèce, séparer la notification de l'acte respectueux de cet acte lui-même; que ces deux actes n'en forment qu'un seul; que l'un se réfère à l'autre; que la première partie contient toutes les énonciations que la deuxième ne reproduit pas; que de G... a bien su quel était le notaire, la résidence de ce fonctionnaire, le domicile des témoins et la date de l'acte; que si la notification se trouve portée sur une feuille séparée, elle commence par ces mots : « Et le même jour, à midi, en conséquence de la réquisition contenue en l'acte de ce jour dont la copie précède »; qu'il en résulte que les deux actes se lient, s'enchaînent l'un à l'autre; qu'ils ont été tous deux remis en même temps; qu'ils ne forment en réalité qu'un seul acte, lequel a été reçu par M. de G... père lui-même; et que ce dernier ne peut le nier, puisque le fait est constaté par un acte authentique; qu'il ne peut, au surplus, avoir été induit en erreur, ni sur la date de l'acte, ni sur l'identité des diverses personnes qui assistaient à cet acte; — D'où suit que la notification du 19 avril doit être déclarée valable; — Sur la notification du 27 mai 1870 : — En ce qui touche la nullité tirée de l'omission des noms, prénoms et domiciles des témoins : — Par les motifs ci-dessus exprimés; — Et considérant, en outre, que, en admettant que l'art. 68 c. proc. civ., soit applicable aux notifications des actes respectueux faites par les notaires, il résulte des faits de la cause que le notaire a fait des tentatives infructueuses pour remettre la notification aux domestiques, aux voisins, aux maire, adjoints, et conseillers municipaux de Salbris; — Que, dans ces circonstances, il devait le déposer au parquet du procureur de la République, bien que le parquet fût situé dans un autre canton; que, autrement, la notification serait devenue impossible; et que, en fait, de G... père l'a reçue par l'intermédiaire des magistrats du parquet; — Que cette notification doit donc être considérée comme valable; — Infirme, etc.

Du 3 juin 1871.-C. d'Orléans, ch. civ.-MM. Duboys d'Angers, 1er pr.-Roullé, av. gén.-Desplanches et Johanet, av.

(2) Dorbes C. Dorbes.) — La cour; — Attendu qu'un fils n'est pas tenu d'assister aux actes respectueux qu'il fait à ses père et mère; qu'il doit même s'abstenir d'une démarche de cette nature, qui ne peut aider à atteindre le but que la loi se propose; — Attendu que Me Pons, notaire à Lanzerte, après avoir dressé, sur la demande de Dorbes fils, domicilié en cette ville, les actes respectueux que celui-ci voulait faire notifier à ses père et mère, domiciliés à Moissac, a pu se charger également, sur la demande du même Dorbes fils, d'adresser ces actes respectueux à deux notaires de son choix, en résidence à Moissac, et de leur donner mission de les notifier à la requête dudit Dorbes fils; que, dans cette intervention de Me Pons auprès de deux notaires qui résidaient dans une ville où il ne pouvait pas instrumenter lui-même, on ne saurait voir autre chose que l'une de ces commissions qui sont permises aux notaires, lorsqu'elles n'ont pour but que d'assurer l'exécution de leurs actes; — Attendu que les deux notaires, porteurs des actes respectueux qui leur avaient été envoyés par Me Pons, ont réellement notifié ces actes à la requête de Dorbes fils, pour qui ils avaient mission de procéder, et dont la volonté leur était suffisamment connue; que si, dans le premier acte de notification, ils n'ont pas littéralement énoncé, comme dans les deux actes subséquents, qu'ils agissaient à la requête de Dorbes fils, aucun doute n'a pu s'élever à cet égard dans l'esprit des époux Dorbes, qui ont trouvé dans ces divers actes toutes les indications qui leur étaient nécessaires; — Qu'on ne peut pas aller jusqu'à soutenir que les formalités prescrites aux huissiers, à peine de nullité, pour la rédaction des exploits d'ajournement, par l'art. 61 c. proc. civ., doivent être observées avec la même rigueur dans l'acte tout spécial que l'art. 154, c. civ., appelle un procès-verbal, et dont il confie la notification à un notaire; — Attendu qu'il n'a pas dépendu de Me Rataboul, chargé de notifier les actes respectueux susmentionnés, de parler à la personne des époux Dorbes; qu'il est démontré que ces derniers avaient pris des mesures non seulement pour se rendre inaccessibles à cet officier public, mais encore pour empêcher qu'aucun de leurs serviteurs ou de leurs voisins reçût les notifications qui leur étaient destinées; — Démet les époux Dorbes de leur appel, etc.

Du 27 nov. 1861.-C. de Toulouse.

la notification à personne n'est pas nécessaire pour la validité de l'acte si les ascendants sont absents de leur domicile au moment où le notaire s'y présente. Il suffit alors que le notaire laisse la copie de l'acte à l'un des parents ou des serviteurs qu'il trouve à ce domicile (V. en sus des auteurs et des arrêts cités au *Rép.* n°s 172 et suiv. : Grenoble, 1er sept. 1863, aff. Delmenique, D. P. 63. 5. 11; Trib. Seine, 17 déc. 1872, aff. Piver, D. P. 73. 3. 37; Paris, 26 sept. 1878, aff. Monrival, D. P. 79. 2. 132; Aubry et Rau, t. 5, § 463, p. 86; Laurent, t. 2, n° 332; Baudry-Lacantinerie, t. 1, n° 434). Jugé, notamment : 1° qu'en l'absence des parents l'acte respectueux peut régulièrement être laissé au concierge de la maison (Trib. Seine, 17 déc. 1872 précité); ... ou à un serviteur, même mineur de vingt et un ans (Paris, 26 sept. 1878, précité); 2° Qu'aucune disposition de la loi n'oblige le notaire chargé de la signification des actes respectueux, soit à prévenir l'ascendant du jour et de l'heure où il se présentera au domicile de celui-ci, soit à s'y présenter à nouveau jusqu'à ce qu'il le rencontre; que, si le notaire n'a pas choisi sciemment le moment où l'ascendant n'était pas chez lui pour signifier l'acte, la signification est valablement faite au domicile, suivant les formes tracées par l'art. 68 c. proc. civ. (Chambéry, 7 juin 1886, *suprà*, n° 80); qu'en pareil cas le fait que la réponse de l'ascendant n'est pas mentionnée, en raison de son absence, n'affecte pas la validité de l'acte (Même arrêt).

86. Si les ascendants sont trouvés dans leur domicile, ou même ailleurs, le notaire doit constater leurs réponses (V. *Rép.* n° 179). Toutefois, il a été décidé avec raison que si ces réponses sont de nature à blesser les convenances publiques ou le droit des personnes, le notaire n'est pas tenu à les relater textuellement ni intégralement; il doit se borner alors à constater que les ascendants désapprouvent le mariage projeté et refusent leur consentement pour des motifs qui seront portés à la connaissance de l'enfant (Paris, 12 janv. 1872 (1); 10 déc. 1872, *suprà*, n° 80).

87. Il doit être laissé copie de l'acte respectueux à chacun des ascendants auxquels il est notifié, même quand ce sont deux époux (*Rép.* n° 180; Aubry et Rau, t. 5, § 463, p. 87). — Il n'est pas nécessaire que cette copie soit signée de l'enfant, surtout lorsqu'il n'a pas été présent, comme c'est l'usage, à la notification. Il a été jugé que, lorsque la copie de l'acte respectueux reproduit dans un même contexte : 1° les déclarations et réquisitions faites par l'enfant au notaire, en présence des témoins, avec la mention que cette partie est signée sur la minute par l'officier public et les témoins; 2° la notification faite par le notaire, assisté de témoins, à la personne et au domicile de l'ascendant, il suffit que cette copie soit revêtue *in fine* de la signature du notaire et des témoins instrumentaires, et il n'est pas nécessaire que les mêmes signatures, ainsi que celle de l'enfant, soient apposées au-dessous de la première partie (Paris, 7 avr. 1868, sous Civ. cass. 21 févr. 1870, aff. Lecaron, D. P. 70. 1. 299).

88. La copie doit certainement être signée du notaire qui a notifié l'acte (*Rép.* n° 185). Mais est-il nécessaire qu'elle soit signée aussi par les témoins ou par le notaire en second? La question est controversée entre les auteurs, et elle a divisé la jurisprudence (V. *Rép.* n°s 186 et suiv.). La solution nous paraît dépendre du point de savoir si le second notaire ou les témoins doivent assister réellement à la notification de l'acte respectueux (V. *suprà*, n° 82). Si l'on admet que leur présence réelle est nécessaire, qu'ils doivent coopérer par eux-mêmes à cette notification, il y a lieu alors de décider que les copies doivent être signées d'eux. Jugé, en ce sens, contrairement aux arrêts cités au *Rép.* n° 186, que les actes respectueux dont les copies ne sont pas revêtues des signatures des deux témoins qui ont assisté le notaire, doivent être annulés (Rennes, 1er juin 1859) (2).

89. Lorsque le notaire ne trouve personne au domicile de l'ascendant, doit-il remettre la copie à l'un des voisins, conformément à l'art. 68 c. proc. civ.? On a résolu cette question affirmativement au *Rép.* n° 183. Cependant, il a été jugé : 1° que, les actes respectueux ne pouvant être assimilés à des exploits de procédure, les formalités prescrites par l'art. 68 c. proc. civ. pour la signification des exploits ne leur sont pas applicables; qu'en conséquence, lorsque le notaire chargé de signifier des actes respectueux

---

(1) (X... C. Époux X...) — Le 4 août 1871, le tribunal civil de la Seine a rendu le jugement suivant : — « Attendu que l'art. 154 c. civ. oblige le notaire rédacteur de l'acte respectueux à faire la mention de la réponse qui lui est faite par les père et mère, auxquels la notification est remise; — Que cette réponse, sans être la reproduction textuelle des paroles prononcées, doit contenir en substance les motifs du refus, pour permettre au fils de les connaître et d'apprécier les raisons qui empêchent les parents de consentir à son mariage; — Attendu, cependant, que cette règle, dictée dans un esprit de conciliation et dans un intérêt de famille, ne peut recevoir son application toutes les fois que, dans la réponse, le père abandonnant la voie des conseils, fait entendre contre des tiers étrangers à l'acte des imputations qui sont de nature à porter atteinte à leur honneur et à leur considération; — Attendu que, dans l'espèce, c'est à bon droit que le notaire s'est refusé à reproduire les termes de la réponse des sieur et dame X..., père et mère, qui avait ce caractère injurieux pour des tiers; — Attendu, d'ailleurs, qu'il résulte des documents de la cause, et notamment des pièces produites dans une précédente instance en nullité d'actes respectueux, que X... a connu les motifs du refus de ses père et mère, qu'il a pu les apprécier, et qu'en persistant aujourd'hui à vouloir contracter une union désapprouvée par sa famille, il agit en pleine connaissance des circonstances particulières et des considérations morales qui ont autorisé de la part du père de famille son opposition au mariage; — Par ces motifs; — Déclare les sieur et dame X..., père et mère, mal fondés en leur demande en nullité des actes respectueux, les en déboute; fait mainlevée des oppositions au mariage, etc. ». — Appel par les sieur et dame X...

LA COUR; — Considérant que l'art. 151 c. civ., qui veut que la réponse des ascendants soit mentionnée dans le procès-verbal de notification des actes respectueux, ne fait pas aux notaires une obligation d'y insérer le texte même de cette réponse tel qu'il a plu aux ascendants de l'établir par écrit; — Que le droit des ascendants, à cet égard, n'est pas absolu; qu'il doit être limité dans son exercice par le respect des convenances publiques et du droit d'autrui; qu'il ne saurait aller jusqu'à contraindre des officiers publics à consigner dans un acte authentique des imputations d'une nature diffamatoire pour des tiers; — Que les notaires ont, en pareil cas, à se refuser à ce que l'acte de leur ministère serve d'instrument au scandale et à la diffamation; — Que l'objet de leur mission se trouve suffisamment accompli lorsque, comme dans l'espèce, ils ont relaté au procès-verbal la réponse des ascendants exprimant une désapprobation du mariage projeté, et qu'ils se sont, d'ailleurs, assurés que les motifs de cette désapprobation avaient été entièrement portés à la connaissance du fils procédant par la voie des actes respectueux; — Adoptant au surplus les considérations du jugement; — Confirme.

Du 12 janv. 1872.-C. de Paris, 1re ch.-MM. Gilardin, 1er pr.-Aubépin, av. gén.-Rousse et Falateuf, av.

(2) (Demoiselle B... de la S... C. B... de la S...) — LA COUR (après délib. en la ch. du cons.); — Considérant que, aux termes de l'art. 154, c. civ., l'acte respectueux doit être notifié, à l'ascendant qui refuse son consentement au mariage, par deux notaires ou par un notaire et deux témoins; que cette forme de notification est tout exceptionnelle à l'acte dont il s'agit, auquel il a été dans la volonté du législateur de donner un caractère de solennité qui lui fût propre; que, dès lors, les conditions dans lesquelles il doit se produire doivent être toutes réputées substantielles, et que, si l'une d'elles vient à défaillir, la preuve légale du fait de la notification n'est point apportée; — Considérant que, de cette disposition qui veut que la notification soit faite par deux notaires, ou par un notaire et deux témoins, il résulte, avec un degré égal de nécessité, que les deux notaires ou le notaire et les deux témoins doivent coopérer à tous les faits constitutifs de ladite notification, et constater, ainsi qu'il est de droit, cette coopération par leur signature; que, par conséquent, la remise à l'ascendant d'une copie portant la signature unique d'un notaire suffit pour qu'il ne soit pas justifié de la notification dans les formes voulues par la loi, et pour qu'il ne puisse pas être passé outre au mariage; — Considérant, d'ailleurs, que, dans l'espèce, le notaire A... a d'abord constaté la demande faite par l'intimée à l'appelant de ses conseils, à raison du mariage qu'elle se proposait de contracter, par un acte du 20 décembre dernier dont il est énoncé qu'il a été gardé minute, et sur l'expédition duquel sont relatées comme existant sur ladite minute les signatures de l'intimée, du notaire et des témoins; que, par un autre acte distinct, en date du 23 décembre, qui paraît avoir été fait dans la forme des actes d'huissier, au bas d'une expédition du premier, et dont il n'est pas dit qu'il ait été gardé minute, le notaire a constaté qu'il a notifié à l'appelant l'acte respectueux en tête des présentes, en se disant assisté des témoins nommés audit acte respectueux, et en énonçant que les témoins ont signé avec le notaire, mais sans que leur signature existe, ni sur la copie remise ni sur ce qui paraît être

ne trouve personne au domicile des ascendants, il n'est point tenu de remettre la copie à un voisin et procède régulièrement en la remettant au maire (Montpellier, 17 août 1855, aff. G..., D. P. 56. 2. 271); — 2° Qu'il n'est pas irrégulier, qu'il est même plus convenable que le notaire qui n'a pas trouvé à leur domicile les parents auxquels il est chargé de signifier un acte respectueux, remette la copie, non à un voisin, mais au maire de la commune (Amiens, 8 juin 1869, aff. Bataille, D. P. 71. 2. 27); — 3° Qu'un acte respectueux ne peut être annulé par le motif que les notaires chargés de sa notification, n'ayant trouvé au domicile de l'ascendant ni l'ascendant lui-même ni aucun parent ou serviteur qui voulût recevoir la copie, ont remis la copie au maire sans rechercher s'il existait des voisins qui pussent la recevoir, alors, d'une part, que le maire a transmis la copie à l'ascendant, et, d'autre part, que ce dernier a formé opposition au mariage (Nancy, 11 juill. 1885, aff. Rimbaud, D. P. 86. 2. 96).

En tout cas, si le notaire a fait des tentatives infructueuses pour remettre la copie de l'acte respectueux d'abord aux domestiques trouvés par lui au domicile des père et mère, puis aux voisins, puis aux maire, adjoints et conseillers municipaux de la commune, il peut valablement, lorsque toutes ces personnes ont refusé de recevoir cette copie, la remettre au parquet du procureur de la République (Orléans, 3 juin 1871, *suprà*, n° 84), Mais on a annulé un acte respectueux dont la copie avait été laissée à un voisin en l'absence des père et mère, sans qu'il fût constaté dans le procès-verbal de notification qu'aucun des parents ou serviteurs de ceux-ci ne se trouvait à leur domicile au moment de cette notification (Besançon, 19 févr. 1861, aff. Lamblin, D. P. 61. 2. 90).

90. Conformément aux principes généraux, les actes respectueux doivent être annulés quand les formalités qui tiennent à leur substance n'ont pas été observées (Gand, 29 déc. 1854, aff. Desmet, *Pasicrisie belge*, 1858. 2. 262; Laurent, t. 2, n° 334). Et la nullité des actes respectueux ne peut être considérée comme une de ces nullités d'exploits ou d'actes de procédure qui sont couvertes si elles ne sont proposées avant toute défense au fond; elle peut donc être opposée en tout état de cause (Besançon, 19 févr. 1861, aff. Lamblin, D. P. 61. 2. 90; Paris, 27 nov. 1876, aff. P..., D. P. 77. 2. 156).

Art. 3. — *Conséquences du défaut de consentement ou d'actes respectueux* (*Rép.* n°s 191 à 196).

91. La nécessité du consentement des parents ou de la famille, pour le mariage des fils mineurs de vingt-cinq ans et des filles mineures de vingt et un ans, a une double sanction: 1° la nullité du mariage contracté sans ce consentement (V. *infrà*, n°s 249 et suiv.); 2° une pénalité édictée contre l'officier de l'état civil par les art. 156 c. civ. et 193 c. pén. (V. *Rép.* n°s 192 et suiv.).

92. Il y a entre l'art. 156 c. civ. et l'art. 193 c. pén. cette différence, que, d'après le premier de ces articles, l'officier de l'état civil est passible des peines qui y sont prononcées, par cela seul qu'il n'a point *énoncé dans l'acte de mariage* le consentement des ascendants ou du conseil de famille, tandis que, d'après le second, l'officier de l'état civil n'est punissable que lorsqu'il ne s'est pas *assuré de l'existence* de ce consentement. Les auteurs, comme on l'a exposé au *Rép.* n° 193, ne sont pas d'accord sur le point de savoir si ces deux articles doivent s'appliquer séparément, comme ayant prévu chacun un délit différent, ou s'il faut, au contraire, les combiner, comme étant applicables à un seul et même délit. On s'est prononcé au *Rép. ibid.* pour cette seconde opinion; on a pensé que l'art. 193 c. pén. a eu seulement pour but de compléter, quant au *minimum* et au *maximum* de la peine, l'art. 156 c. civ., et que, par suite, la peine édictée par le premier de ces articles est applicable même au cas où l'officier de l'état civil a seulement omis d'énoncer le consentement dans l'acte de mariage. Suivant MM. Aubry et Rau, t. 5, § 462, p. 79, note 66, les deux articles doivent bien être combinés, mais en ce sens que le second a dérogé au premier tant pour la détermination du délit que pour la fixation de la peine; ces auteurs estiment, en conséquence, que l'officier de l'état civil n'est punissable que conformément à l'art. 193 c. pén., lorsqu'il ne s'est point assuré de l'existence du consentement. M. Baudry-Lacantinerie, t. 1, n° 439, émet un avis tout opposé: « L'art. 156 c. civ. et l'art. 193 c. pén. sont, dit-il, parfaitement susceptibles de se concilier l'un avec l'autre, puisqu'ils prévoient deux hypothèses différentes: l'un, le défaut de mention d'un consentement qui existe; l'autre, l'absence de consentement. Chaque article recevra donc son application dans le cas spécial qu'il prévoit ». Et c'est ce que dit, au surplus, formellement l'art. 195 c. pén., qui est le complément de l'art. 193, « sans préjudice aussi des autres dispositions pénales du titre 5 du livre 1er du code civil ». Mais ce dernier argument n'est pas décisif, car les autres dispositions auxquelles renvoie l'art. 195 c. pén. peuvent être les art. 157 et 192 c. civ.

93. Pour s'assurer du consentement des ascendants ou du conseil de famille, l'officier de l'état civil doit exiger qu'on lui produise, un acte authentique qui le constate ou le recevoir lui-même au moment de la célébration du mariage (V. *suprà*, n° 61). Néanmoins, il a été jugé que l'art. 193 c. pén. ne devait pas être appliqué à un officier de l'état civil, qui, par un acte de complaisance auquel il n'était pas tenu, s'était transporté, assisté des quatre témoins du mariage, au domicile du père du futur époux et y avait reçu verbalement le consentement du père, la veille de la célébration du mariage (Poitiers, 2 févr. 1883, *suprà*, v° *Jugement*, n° 604).

94. Le défaut d'acte respectueux, dans les cas où ils sont prescrits, n'entraîne pas la nullité du mariage; mais, aux termes de l'art. 157 c. civ., il rend l'officier de l'état civil passible d'un emprisonnement d'un mois au moins et d'une amende de 300 francs au plus. Cette peine, comme le font remarquer MM. Baudry-Lacantinerie, t. 1, n° 439, et Huc, t. 2, n° 55, atteint seulement l'officier de l'état civil qui a célébré un mariage sans que les actes respectueux prescrits par la loi aient été faits, et non celui qui a simplement omis de mentionner dans l'acte de mariage l'existence des actes respectueux. Jugé que, lorsqu'un officier de l'état civil est poursuivi pour avoir procédé à un mariage sans s'être assuré du consentement des ascendants, délit prévu et puni par l'art. 193 c. pén., le tribunal ne peut le condamner pour l'infraction prévue par l'art. 157 c. civ., infraction qui consiste dans le fait d'avoir célébré un mariage sans s'être fait représenter les actes respectueux exigés par la loi (Poitiers, 2 févr. 1883, cité *suprà*, n° 93).

Sect. 4. — Autorisation spéciale nécessaire aux militaires (*Rép.* n°s 197 à 199).

95. Aux termes d'un décret du 16 juin 1808, rapporté au *Rép.* n° 197, les officiers de tout genre en activité de service ne peuvent se marier qu'après en avoir obtenu la permission par écrit du ministre de la guerre; les sous-officiers et soldats en activité de service doivent également, pour se marier, obtenir la permission du conseil d'administration de leur corps. Le même décret porte (art. 3) que tout officier de l'état civil qui, sciemment, aura célébré le mariage d'un officier, sous-officier ou soldat en activité de service sans s'être fait remettre lesdites permissions, ou qui aura négligé de les joindre à l'acte de célébration du mariage, sera destitué de ses fonctions. Il a été jugé qu'à raison de ces dispositions l'officier de l'état civil est fondé à refuser de procéder au mariage d'un individu qui a été sous les drapeaux, avant que celui-ci ne lui ait rapporté un certificat de libération du service militaire (Paris, 29 avr. 1856, aff.

---

l'original de la notification effectuée, de telle sorte qu'il n'est point constaté par les témoins eux-mêmes qu'ils aient en rien coopéré, ni même qu'ils aient été présents à la notification des actes respectueux; que, dans ces circonstances, il n'est pas possible d'admettre la régularité de ladite notification et qu'elle doit être réputée non avenue; — Par ces motifs, reformant dit la notification du 23 décembre dernier nulle et non avenue; maintient, en conséquence, l'opposition au mariage, etc. ».

Du 1er juin 1859.-C. de Rennes, 1re ch.-MM. Boucly.-pr.-Cast, av. gén.-Grivart et Jounod, av.

Rousseau, D. P. 56. 2. 262. — V. en sens contraire : Trib. Seine, 3 janv. 1855, même affaire, D. P. 56. 3. 8).

96. D'après une circulaire du ministre de l'intérieur en date du 10 janv. 1854 (D. P. 54. 3. 13), le décret du 16 juin 1808 s'appliquait, à cette époque, aux soldats de la réserve qui restaient dans leurs foyers en attendant un ordre de service ; il n'y avait aucune différence entre eux et les militaires sous les drapeaux. La loi du 1er févr. 1868 accorda la faculté de se marier sans autorisation aux militaires de la réserve, seulement pendant les trois dernières années de leur service dans la réserve (V. *Rép.* v° *Organisation militaire*, n° 474). Mais actuellement, aux termes de l'art. 58 de la loi du 15 juill. 1889 sur le recrutement de l'armée (D. P. 89. 4. 96), les hommes de la disponibilité et de la réserve de l'armée active peuvent se marier sans autorisation (V. *infrà*, v° *Organisation militaire*).

97. Les dispositions du décret du 16 juin 1808 ont été étendues, comme on l'a dit au *Rép.* n° 198, par un décret du 3 août 1808, à tous officiers, sous-officiers et soldats des troupes appartenant au département de la marine. La loi du 18 avr. 1831 sur les pensions de l'armée de mer, art. 19, subordonne à l'observation de cette règle le droit à pension que peut ouvrir, pour les veuves et les orphelins, le mariage civil contracté par des marins morts en activité de service (V. *Rép.* v° *Organisation maritime*, n° 209).

CHAP. 3. — Des empêchements au mariage

(*Rép.* nos 200 à 256).

98. La question de savoir si l'engagement dans les ordres sacrés constitue un empêchement au mariage, question résolue négativement par un arrêt récent de la cour de cassation (Civ. rej. 25 janv. 1888, aff. Houpin, D. P. 88. 1. 97), a été traitée *suprà*, v° *Culte*, n° 60. On n'y reviendra pas ici. Mais on croit devoir ajouter à ce chapitre une section spéciale relative à l'interdiction faite par l'art. 228 c. civ. à la femme veuve ou divorcée de se remarier pendant les dix mois qui suivent la dissolution de son premier mariage. C'est là un véritable empêchement qu'il nous paraît utile de faire rentrer dans ce chapitre, bien qu'on ne s'en soit occupé au *Répertoire* que sous le chap. 10, intitulé *De la dissolution du mariage et des seconds mariages*, nos 965 et suiv.

SECT. 1re. — DE LA MORT CIVILE ET DE L'INTERDICTION LÉGALE

(*Rép.* nos 201 à 205).

99. La mort civile a été abolie par la loi du 31 mai 1854 (V. *suprà*, v° *Droits civils*, n° 340). L'empêchement au mariage qui en résultait a donc disparu.

100. L'étranger qui aurait été condamné dans son pays à une peine emportant mort civile d'après la loi de ce pays pourrait-il se marier en France? L'affirmative nous paraît certaine, car le statut personnel ne peut être invoqué lorsqu'il est en opposition avec l'ordre public ; or la loi qui frappe un individu de mort civile est évidemment contraire aux principes actuels du droit public français (V. en ce sens, Laurent, t. 2, n° 371).

101. Le condamné frappé d'interdiction légale est-il incapable de se marier ? La question est examinée *suprà*, v° *Droits civils*, nos 380 et suiv.

SECT. 2. — DU DÉFAUT DE RAISON. — DES SOURDS-MUETS

(*Rép.* nos 206 à 214).

102. L'individu en état de démence ne peut contracter mariage, parce qu'il est incapable de donner un consentement valable (*Rép.* n° 206. Comp. Trib. Gand, 14 déc. 1846, aff. Wynsdan, D. P. 47. 3. 24; Alger, 21 avr. 1853, aff. Sicard, D. P. 55. 2. 342 ; Bastia, 8 févr. 1888, aff. Agostini, D. P. 88. 2. 317).

103. L'interdiction judiciaire est-elle par elle-même un obstacle au mariage ? L'affirmative a été soutenue au *Rép.* n° 207; elle avait rallié d'abord la grande majorité des auteurs ; mais, depuis, la doctrine tend à admettre, conformément à l'arrêt de la cour de cassation du 12 nov. 1844, cité au *Rép. ibid.*, que l'interdit peut contracter mariage lorsqu'il est dans un intervalle lucide. L'art. 502 c. civ., qui déclare nuls de plein droit tous actes passés par l'interdit, ne concerne, dit-on, que les actes pécuniaires ; du moins, il est étranger à la matière du mariage (V. *suprà*, v° *Interdiction-conseil judiciaire*, n° 153). Cet article étant écarté, il n'existe aucun texte qui déclare l'interdit incapable de se marier ou qui prononce la nullité du mariage contracté par lui. Le projet du code portait, il est vrai, que l'interdit pour cause de démence ne pourrait contracter mariage; mais cet article fut supprimé comme inutile en présence de la règle générale qui exige pour le mariage un consentement valable, et le Tribunat en demanda vainement le rétablissement ; on persista, sans doute, à considérer la disposition relative au consentement comme suffisante. L'interdit est resté ainsi sous l'empire du droit commun. L'art. 174 c. civ., d'où l'on a inféré que l'interdiction constituerait tout au moins un empêchement prohibitif, dispose seulement que l'opposition au mariage, fondée sur la démence, ne sera recevable de la part de certains collatéraux qu'à charge par eux de provoquer l'interdiction ; mais cet article ne dit pas qu'après l'interdiction prononcée le tribunal devra toujours et nécessairement admettre l'opposition ; il aura donc encore la faculté d'en faire mainlevée si l'état de démence ne lui paraît pas assez grave pour rendre le mariage impossible, et notamment s'il reconnaît l'existence de véritables intervalles lucides. L'art. 175 fournit même un argument de texte en faveur de ce système, quand il décide que, dans les deux cas prévus par l'article précédent, c'est-à-dire, pour le premier cas, lorsque le consentement du conseil de famille, requis par l'art. 160 n'a pas été obtenu, et pour le second cas, lorsque l'opposition est fondée sur l'état de démence du futur époux, le tuteur ou curateur ne peut, pendant la durée de la tutelle ou curatelle, former opposition qu'avec l'autorisation du conseil de famille. Le tuteur dont parle cet article n'est pas celui du mineur, car le mineur, pour se marier, a besoin du consentement de ses ascendants ou de son conseil de famille ; or, s'il y a des ascendants, le tuteur n'a pas le droit de former opposition, et si le conseil de famille du mineur lui refuse son consentement, le tuteur n'a besoin d'invoquer, en formant opposition, que ce refus de consentement et non la démence. C'est donc seulement le tuteur du majeur interdit qui peut être dans le cas de former une opposition au mariage pour cause de démence ; or la loi n'eût pas exigé qu'il se fît autoriser à cet effet par le conseil de famille, si elle avait entendu que l'interdiction serait toujours et par elle-même un obstacle au mariage ; il eût été alors bien inutile d'appeler le conseil de famille à délibérer sur une question résolue par la loi elle-même (V. en ce sens : Aubry et Rau, t. 5, § 464, p. 91, note 6; Laurent, t. 2, nos 286 et suiv., Baudry-Lacantinerie, t. 1, n° 1180 *ter;* Huc, t. 2, n° 17; Villey, *Des actes de l'interdit*, p. 154 et suiv. — V. toutefois, relativement au dernier argument, *Rép.* n° 282).

104. Conformément à l'opinion adoptée au *Rép.* n° 209, il a été jugé que le tuteur peut intenter l'action en nullité du mariage contracté par un interdit en état de démence (Bastia, 8 févr. 1888, aff. Agostini, D. P. 88. 2. 317 ; Civ. rej. 26 févr. 1890, même affaire, D. P. 90. 1. 291. V. *infrà*, n° 234).

105. Un sourd-muet, même illettré, mais pouvant manifester sa volonté, est capable de contracter mariage (Bordeaux, 29 déc. 1856, aff. Monpoutet, D. P. 57. 2. 173. — V. *Rép.* nos 213 et suiv.).

SECT. 3. — DE L'EXISTENCE D'UN PREMIER MARIAGE

(*Rép.* nos 215 à 217).

106. On ne peut contracter un second mariage avant la dissolution du premier (c. civ. art. 147). Jusqu'à la loi du 31 mai 1854, le mariage pouvait être dissous par la condamnation, devenue définitive, de l'un des époux à une peine emportant mort civile (c. civ. art. 227-3°). Il a été jugé que l'abolition de la mort civile, prononcée par la loi de 1854, n'a point fait perdre au conjoint de l'individu qui avait été frappé de cette peine, le droit de contracter un nouveau mariage (Paris, 11 juill. 1857, aff. Ministère public, D. P. 57. 2. 220).

107. Avant le rétablissement du divorce par la loi du 27 juill. 1884, la question de savoir si un étranger divorcé pouvait se remarier en France, du vivant de son ancien conjoint, était controversée. V. *suprà*, v° *Lois*, 292). Ainsi qu'on l'a vu, *loc. cit.*, la jurisprudence l'avait généralement résolue par l'affirmative.

Par suite du rétablissement du divorce, les décisions rendues sur ce point n'ont plus aujourd'hui qu'un intérêt doctrinal.

108. Pour que l'empêchement résultant d'un précédent mariage cesse par le divorce, il faut évidemment que le divorce ait été régulièrement prononcé. Jugé, toutefois, que le mariage contracté entre un Français et une étrangère, sur la présentation d'un acte de divorce obtenu par celle-ci en France (avant l'abolition du divorce par la loi de 1816), mais non conforme à la loi étrangère qui régissait son précédent mariage, peut être considéré comme contracté de bonne foi dans le sens de l'art. 331 c. civ., la maxime que nul n'est censé ignorer la loi devant être limitée à la loi française, pour les Français, et non être étendue à la loi étrangère (Chambéry, 15 juin 1869, aff. Fernex, D. P. 69. 2. 188).

109. Avant le rétablissement du divorce, la jurisprudence décidait qu'un Français qui avait divorcé en pays étranger, même après s'y être fait naturaliser, ne pouvait contracter un mariage valable, surtout s'il n'avait changé de nationalité qu'afin de se soustraire à la loi française qui prohibait le divorce (V. *suprà*, v^is^ *Droits civils*, n° 288; *Lois*, n° 283. *Adde :* Bruxelles, 5 août 1880, aff. de Bauffremont, D. P. 82. 2. 81. Comp. Rouen, 6 avr. 1887, aff. d'Argentré, D. P. 89. 2. 17, et la dissertation de M. Cohendy sous cet arrêt). Encore aujourd'hui, le mariage contracté par un Français qui aurait divorcé à l'étranger ne serait valable que si le divorce avait eu lieu pour des causes admises comme telles par la loi française (V. *suprà*, v° *Divorce et séparation de corps*, n° 150).

SECT. 4. — DU DÉLAI DE DIX MOIS PENDANT LEQUEL LA FEMME VEUVE OU DIVORCÉE NE PEUT PAS SE REMARIER (*Rép.* n°s 218, 965 à 970).

110. L'art. 228 c. civ., en interdisant à la femme de contracter un second mariage avant dix mois révolus depuis la dissolution du premier, édicte une prohibition d'ordre public, ayant pour but de prévenir l'incertitude de la paternité et motivée en outre par des raisons de décence publique. Cette prohibition est, par conséquent, applicable à la femme étrangère divorcée, alors même que sa loi personnelle l'autoriserait à se remarier aussitôt après le divorce et aurait pourvu par d'autres moyens à la nécessité d'empêcher les confusions de part (Paris, 13 févr. 1873, aff. Mayer, D. P. 73. 2. 160. — V. au surplus, pour le cas de divorce, *suprà*, v° *Divorce et séparation de corps*, n°s 554 et suiv.).

111. On a cité au *Rép.* n° 968, un arrêt d'après lequel l'art. 228 est applicable en cas d'annulation du mariage. C'est l'opinion presque générale des auteurs (Marcadé, t. 2, art. 228, n° 2 ; Demolombe, t. 3, n° 124; Glasson, *Du consentement des époux au mariage*, n° 163 ; Aubry et Rau, t. 5, § 463, p. 82). M. Laurent, t. 2, n° 364, conteste cependant cette solution ; il argumente du texte de l'art. 228, qui ne parle que du cas de dissolution du mariage. « Quand le mariage est *dissous*, dit-il, il a existé ; il peut donc produire des effets juridiques. Quand il est annulé, il est censé n'avoir jamais existé ; aussi le mariage annulé ne produit-il aucun effet » (Comp. en ce sens, Huc, t. 2, n° 284). Mais, suivant nous, il suffit que le mariage ait existé en fait pour que la règle de l'art. 228 soit applicable; car cette règle a sa raison d'être dans le fait seul de la réunion des époux. On peut dire aussi qu'elle est établie dans l'intérêt de l'enfant qui peut avoir été conçu pendant le mariage dissous ou annulé; elle a, en effet, pour but d'assurer sa filiation; or, si le mariage a été contracté de bonne foi, au moins par l'un des époux, il doit produire ses effets civils à l'égard de cet enfant (c. civ. art. 202).

112. L'art. 228 c. civ. a une sanction pénale dans l'art. 194 c. pén. On est aujourd'hui d'accord pour admettre que l'empêchement qu'il établit n'est que prohibitif. — V. *Rép.* n° 969 ; Aubry et Rau, t. 5, § 463, p. 82, note 5).

SECT. 5. — DE LA PARENTÉ ET DE L'ALLIANCE (*Rép.* n°s 219 à 248).

113. La parenté, légitime ou naturelle, constitue un empêchement de mariage, en ligne directe, entre tous ascendants et descendants, et en ligne collatérale entre frères et sœurs. L'alliance résultant d'un mariage actuellement dissous produit aussi un empêchement de mariage entre chacun des ci-devant conjoints et les parents, légitimes ou naturels, de l'autre, en ligne directe, ascendante ou descendante, à l'infini, et en ligne collatérale, jusqu'au degré de frère et sœur inclusivement (c. civ. art. 161 et 162). V. *Rép.* n°s 224 et suiv.

114. La parenté légitime forme encore un empêchement au mariage entre l'oncle et la nièce, la tante et le neveu (c. civ. art. 163). Mais on reconnaît généralement que le mariage est permis entre personnes unies par un lien de parenté naturelle au degré d'oncle et de nièce, de tante et de neveu (*Rép.* n° 244; Aubry et Rau, t. 5, § 461, p. 56, note 8; Laurent, t. 2, n° 356; Huc, t. 2, n° 63).

115. L'alliance, de même que la parenté naturelle, ne fait pas obstacle au mariage au delà du deuxième degré, en ligne collatérale. Ainsi le mariage est permis entre l'oncle et la nièce, la tante et le neveu par alliance (*Rép.* n° 245 ; Req. 10 nov. 1858, aff. Chaptal, D. P. 58. 1. 466 ; Aubry et Rau, t. 5, § 461, p. 57, note 11; Laurent, t. 2, n° 356; Huc, t. 2, n° 63).

116. Y a-t-il empêchement au mariage entre le grand-oncle et la petite-nièce, la grand'tante et le petit-neveu, en supposant, bien entendu, qu'ils soient unis par un lien de parenté légitime? On a admis l'affirmative au *Rép.* n° 243. La cour de cassation s'est prononcée dans le même sens, par les motifs suivants: « Attendu que l'art. 163 c. civ. prohibe le mariage entre l'oncle et la nièce; que les expressions employées par cet article sont génériques, et, dès lors, s'appliquent au grand-oncle et à la petite-nièce; que la prohibition dérive surtout du caractère de la parenté, qui, en quelque sorte, assimile l'oncle envers la nièce, au père envers la fille; que la même raison, au moins, existe pour le grand-oncle et la petite-nièce ; que la prohibition était consacrée par le droit romain, ainsi que par l'ancien droit, et que rien ne révèle que le code civil ait voulu rompre avec ces traditions juridiques » (Req. 28 nov. 1877, aff. Leproux, D. P. 78. 1. 209. — V. *ibid.* la note sur cet arrêt). M. Laurent, t. 2, n° 357, soutient l'opinion contraire. « Les empêchements au mariage, dit-il, sont de droit étroit; il faut une déclaration expresse du législateur pour prohiber un mariage. Cela décide la question. Le texte ne parle que de l'oncle; l'appliquer au grand-oncle, c'est étendre la prohibition à un degré de plus; cette interprétation extensive n'est pas admise en matière de prohibition. Qu'importe qu'il y ait parité de raison? Les motifs donnés pour justifier une loi ne suffisent pas pour créer des prohibitions nouvelles » (V. aussi en ce sens : Baudry-Lacantinerie, t. 1, n° 446; Huc, t. 2, n° 63). Il a été jugé, conformément à cette seconde opinion, que l'enfant naturel né du grand-oncle et de la petite-nièce ne peut être considéré comme incestueux (Nîmes, 13 août 1872, aff. Testud, D. P. 72. 2. 169).

117. L'alliance susceptible d'empêcher le mariage est-elle seulement celle qui résulte du mariage? Ne peut-elle pas aussi résulter d'un commerce illicite légalement établi? Cette question a été examinée au *Rép.* n° 229 ; elle est toujours controversée. MM. Aubry et Rau, t. 5, § 461, p. 58, note 13, soutiennent que l'affinité naturelle qui résulte du concubinage doit être assimilée à l'alliance. « Il était généralement admis autrefois, disent-ils, comme l'atteste Pothier, *Du contrat de mariage*, n° 162, que cette espèce d'affinité engendrait un empêchement de mariage. Or, il est difficile de croire que les rédacteurs du code aient voulu répudier cette jurisprudence, fondée sur les motifs les plus graves de morale et d'honnêteté publique, et autoriser ainsi le mariage d'un concubinaire avec la propre fille de sa concubine ». A l'objection consistant à dire que la loi ne permet pas de rechercher la preuve du concubinage en dehors du cas d'adultère, MM. Aubry et Rau répondent que la preuve d'un commerce illicite peut se trouver légalement établie par la reconnaissance d'un enfant naturel que son père et sa mère ont tous deux reconnu (V. en ce sens : Marcadé, t. 1, art. 161, n° 3; Demante, t. 1, n° 217 *bis*, I et suiv.). Suivant Marcadé, toutefois, l'affinité naturelle ne met empêchement au mariage qu'en ligne directe. — La plupart des auteurs pensent, au contraire, que l'alliance dont il est question dans les art. 161 et suiv. ne peut résulter du concubinage. « Il n'y a pas un mot dans les travaux préparatoires, dit M. Laurent, t. 2, n° 351, qui puisse faire soupçonner que les auteurs du code aient songé à l'affinité naturelle, telle que le concile de Trente l'admet. Il y a plus, ce n'est pas à raison d'une véritable affinité que l'on prohibait le mariage, c'était plutôt par un motif d'honnêteté publique. En effet, il ne suffisait pas du concubinage, on exigeait qu'il fût notoire; c'est la notoriété qui produisait le scandale, et par suite un empêchement au mariage. Cela était en harmonie avec les principes de l'ancien droit, d'après lequel il y avait des empêchements fondés sur l'honnêteté publique. Le code ne reproduit pas cette théorie; il eût donc fallu une disposition formelle pour la maintenir dans un seul cas, celui de l'affinité canonique. Du moins il faudrait une manifestation quelconque de volonté; or, le silence des auteurs du code est aussi complet que celui du texte de la loi » (V. les auteurs cités au *Rép.* n° 229, et aussi : Baudry-Lacantinerie, t. 1, n° 443; Huc, t. 2, n° 62). Il a été jugé, en ce sens, que le code civil n'a pas compris au nombre des causes de nullité de mariage l'affinité illégitime résultant de rapports illicites ayant existé entre l'un des époux et l'ascendant de l'autre (Chambéry, 7 févr. 1885, aff. de Viry, D. P. 85. 2. 241).

118. Si un mariage est déclaré nul, l'empêchement qui existait entre chacun des époux et les parents de l'autre subsiste-t-il? Pour les auteurs qui admettent que l'affinité naturelle produite par un commerce même illicite équivaut à l'alliance résultant d'un mariage légitime, cette question n'est pas douteuse; l'annulation du mariage laisse, en effet, subsister l'affinité qu'a produite le commerce des deux époux (V. en ce sens: Glasson, *Du consentement des époux au mariage*, n° 163; Aubry et Rau, t. 5, § 461, p. 57, note 12). Mais, pour ceux qui ne croient pas pouvoir assimiler l'affinité naturelle à l'alliance, il est assez difficile de soutenir qu'un mariage annulé a le même effet, quant à l'empêchement résultant de l'alliance, qu'un mariage valable. Aussi plusieurs de ces auteurs décident que l'empêchement cesse par le fait de l'annulation du mariage (Demolombe, t. 3, n° 112; Laurent, t. 2, n° 353). — Nous persistons, néanmoins, dans l'opinion contraire, qui a été admise au *Rép.* n° 231. L'empêchement que le mariage produit entre chaque époux et les parents de l'autre est moins attaché à la validité du lien conjugal qu'au fait de la cohabitation, attesté par le mariage, valable ou non. Cet empêchement, quoi qu'on en dise, est motivé par l'honnêteté publique et par le respect de l'union matrimoniale. Or ces considérations sont aussi fortes lorsqu'un mariage vient à être annulé que lorsqu'il est dissous par la mort ou par le divorce.

119. L'empêchement résultant de l'alliance subsiste-t-il lorsqu'il ne reste pas d'enfant du mariage qui a produit l'empêchement? Alors, il est vrai, l'obligation alimentaire établie par l'art. 206 c. civ. n'existe plus. On admet généralement cependant que l'empêchement au mariage subsiste (*Rép.* n° 237; Aubry et Rau, t. 5, § 461, p. 56; Laurent, t. 2, p. 352; Huc, t. 2, n° 62). Jugé, en ce sens: 1° qu'un mari survivant ne peut, après le décès de sa femme, épouser la fille naturelle de celle-ci, quoiqu'il n'ait pas eu d'enfants de son mariage (Trib. Seine, 7 févr. 1850, aff. Juclier, D. P. 50. 3. 15; Paris, 18 mars 1850, même affaire, D. P. 51. 2. 30); — 2° Que le mariage d'un veuf avec la fille d'une fille que sa femme décédée avait eue d'un précédent mariage est nul, bien qu'il ne soit pas resté d'enfants du mariage duquel dérive l'alliance (Trib. Vienne, 28 déc. 1865, aff. Cony, D. P. 67. 3. 45).

120. Pour constituer un empêchement au mariage dans les cas prévus par les art. 161 et 162 c. civ., la parenté naturelle doit-elle être légalement établie, c'est-à-dire constatée par une reconnaissance volontaire ou forcée? Sur cette question délicate, qui est traitée au *Rép.* n°s 240 et suiv., les derniers auteurs se prononcent pour l'affirmative, tout en reconnaissant qu'il y a peut-être une lacune dans la loi (Laurent, t. 2, n° 350; Baudry-Lacantinerie, t. 1, n° 445; Huc, t. 2, n° 61). Il est, en effet, profondément regrettable qu'il n'y ait aucun moyen juridique d'empêcher, si le cas se présentait, le mariage d'un père avec sa fille naturelle, d'un frère et d'une sœur naturels, uniquement parce que la parenté, tout en étant certaine et publique, ne serait pas constatée suivant les formes légales. M. Demolombe, t. 3, n° 107, n'hésite même pas à dire que les magistrats devraient alors s'écarter de la rigueur des principes pour prévenir un inceste.

Plusieurs auteurs, indiqués au *Rép. ibid.*, soutiennent cependant que, les règles du titre *Du mariage* se suffisant à elles-mêmes, les magistrats ont un pouvoir souverain pour apprécier si la parenté qui met obstacle au mariage existe ou non. Dans un cas où un veuf prétendait épouser la fille naturelle de sa femme, il a été jugé que le mariage ne pouvait avoir lieu, quoique la fille n'eût pas été reconnue par sa mère, alors d'ailleurs que la filiation n'était pas contestée et était établie par une possession d'état conforme aux énonciations de l'acte de naissance (Trib. Seine, 7 févr. 1850, aff. Juclier, D. P. 50. 3. 15; Paris, 18 mars 1850, même affaire, D. P. 51. 2. 30).

121. Les empêchements de mariage existant entre oncle et nièce, tante et neveu, beau-frère et belle-sœur sont susceptibles d'être levés par des dispenses de parenté ou d'alliance, accordées par le chef de l'Etat (V. *Rép.* n°s 246 et suiv.). Un arrêté du 20 prair. an 11, rapporté au *Rép.* n° 46, a déterminé le mode de délivrance de ces dispenses. Les circulaires ministérielles du 10 mai 1824 et du 29 avr. 1832, relatives au même objet, et rapportées aussi au *Rép.* n°s 247 et 228, ont été remplacées par une circulaire plus détaillée, du 11 nov. 1875, reproduite ci-dessous (1).

Il résulte de cette circulaire que les dispenses de parenté,

(1) **11 nov. 1875.** — *Circulaire du garde des sceaux, concernant les dispenses d'âge, de parenté et d'alliance.*

Mariage. — Dispenses d'âge, de parenté et d'alliance.

A MM. les procureurs généraux. — Les demandes de dispense d'âge, de parenté et d'alliance donnent lieu, dans les parquets, à un travail important qui ne s'accomplit pas dans les conditions d'uniformité désirables, soit que les prescriptions déjà anciennes de la chancellerie aient été perdues de vue, soit que leur interprétation ait varié suivant les magistrats chargés de les appliquer. Il me paraît, dès lors, utile de vous les retracer dans des instructions générales, afin que, bien précisées dans leur sens et leur portée, elles soient exécutées de même partout, et concourent ainsi à faire expédier plus promptement des affaires qui touchent à des intérêts si graves, et quelquefois si urgents.

Les dispenses d'âge ont pour objet de protéger l'honneur compromis ou menacé des familles. Elles ne doivent généralement être accordées à l'homme qu'après dix-sept ans accomplis, et à la femme qu'après quatorze ans révolus; cette règle n'est pas absolue, mais on ne pourrait y déroger que dans des circonstances très rares, et pour des causes exceptionnelles.

Cette dispense est le plus souvent réclamée dans l'intérêt de la jeune femme; aussi, quand la future épouse est plus âgée que celui qu'elle désire épouser, on craint qu'elle n'ait abusé de l'influence que son âge lui donnait, et la demande est difficilement accueillie. Les dispenses de parenté, bien plus que les dispenses d'alliance, doivent être motivées sur des causes graves, car, indépendamment des liens du sang qui unissent les parties, et qui, d'après les données de la science, peuvent être une cause de dégénération, il existe le plus souvent entre l'oncle et la nièce, la tante et le neveu, une assez grande différence d'âge; enfin la parenté suppose des sentiments de protection et d'autorité d'une part, de déférence et de respect de l'autre, qui s'accordent mal avec l'affectueuse égalité qui doit régner entre les époux.

Je crois devoir vous rappeler, monsieur le procureur général, qu'aux termes d'une décision prise en conseil d'Etat par l'empereur, le 7 mai 1808, la prohibition portée par l'art. 163 c. civ., s'étend au mariage entre le grand-oncle et la petite-nièce et, par voie de conséquence, au mariage entre la grand'tante et le petit-neveu. Je vous ferai remarquer encore que les dispositions de l'art. 163, à la différence de celles de l'art. 162, ne s'étendent pas aux liens d'une parenté naturelle; enfin, que le mariage d'un oncle ou d'une tante ne crée aucun lien de parenté entre son conjoint et ses neveux.

Pour les dispenses d'alliance, la cause la plus grave qui puisse être invoquée est la situation des enfants d'un premier lit, auxquels il importe d'assurer la protection d'un oncle qui deviendra pour eux un second père, les soins d'une tante qui leur servira

plus encore que les dispenses d'alliance, doivent être basées sur des motifs graves. Ces motifs sont abandonnés à la prudence du chef de l'État, dont l'appréciation est sur ce point souveraine. Les circonstances de nature à être prises en considération pour l'obtention des dispenses de parenté sont : la grossesse de la future, l'amélioration de position devant résulter du mariage pour l'un des futurs époux, l'assistance assurée aux ascendants, l'intérêt d'une exploitation agricole, industrielle ou commerciale, une indivision avantageuse maintenue, des liquidations, des partages ou des procès évités, etc.

Les pièces à produire sont : 1° une supplique adressée

---

de mère. Les autres motifs qui peuvent être invoqués sont : l'amélioration de position constituée par le mariage en faveur de l'un des futurs ; l'assistance assurée aux descendants ; les intérêts d'une exploitation agricole, industrielle ou commerciale ; une indivision avantageuse maintenue, des liquidations, des partages, des procès même évités ou terminés.

Dans les demandes de dispenses de toute nature, l'union projetée a trop souvent pour objet de donner une situation régulière à des enfants nés ou à naître de relations illégitimes des futurs. S'il importe de se montrer rigoureux contre le vice et la débauche, les circonstances de la faute peuvent néanmoins en atténuer la gravité, et parfois l'indulgence est imposée par l'intérêt d'enfants qui se trouveraient sans famille si le mariage subséquent de leurs père et mère ne venait leur assurer, conformément à la jurisprudence de la cour de cassation, le bénéfice de la légitimation (Arrêt du 22 janv. 1867). Il faut, toutefois, éviter que l'inconduite ne paraisse être un titre à la faveur, et à moins que des motifs sérieux y mettent obstacle, les futurs doivent se séparer pour donner satisfaction à la morale publique.

Mais il n'appartient qu'à moi seul de prescrire cette mesure et ces conditions. Les magistrats peuvent conseiller la séparation au cours de l'instruction ; mais ils ne peuvent jamais l'imposer de leur propre autorité, et ils ont toujours à se garder d'en prendre motif pour retarder l'envoi du dossier à la chancellerie, j'insiste sur ces prescriptions, qui n'ont été que trop souvent oubliées.

Quand je croirai devoir exiger une séparation, je vous recommande de veiller avec le plus grand soin à ce que je sois informé sans le moindre retard de cette séparation, aussitôt qu'elle sera effectuée, ou dès que le délai que j'aurai fixé sera accompli. Les relations qui se sont établies du vivant du conjoint décédé sont une cause absolue de rejet, même lorsqu'il existe un enfant adultérin, auquel la loi refuse d'ailleurs le bénéfice de la reconnaissance et de la légitimation (art. 331 et 335 c. civ.). Les magistrats devront surtout s'attacher à m'édifier sur ce point capital, et je n'ai pas besoin de vous faire remarquer, monsieur le procureur général, que, si la recherche de la paternité est interdite judiciairement, rien ne s'oppose à ce que la position des parties soit établie par tous les moyens extraordinaires pour être ensuite portée confidentiellement à ma connaissance. L'art. 228 c. civ., défend à la femme de contracter un nouveau mariage moins de dix mois après la dissolution du mariage précédent. Aucun délai n'est imposé à l'homme ; mais la jurisprudence de la chancellerie, basée sur des raisons de convenance, n'admet pas que des dispenses puissent être accordées avant l'expiration d'une année de veuvage.

Cette règle ne doit toutefois être appliquée, en matière d'alliance, qu'autant qu'il s'agit de la dissolution de l'union qui a produit l'alliance.

Lors même que la règle est applicable, une dérogation est permise lorsqu'on invoque certaines considérations importantes, et, notamment, l'intérêt de jeunes enfants dont l'âge ou l'état réclame impérieusement une protection, des soins affectueux, dévoués et intelligents ; aussi, bien que l'année de deuil ne soit pas accomplie, tout dossier dont l'instruction est terminée devra m'être transmis avec des renseignements qui me permettront de décider s'il y a lieu de maintenir le délai de convenance.

Une union disproportionnée présente peu de garanties pour l'avenir ; une grande différence d'âge entre les futurs, surtout quand c'est la femme qui est plus âgée, constitue généralement une raison de refuser les dispenses.

Mais la règle n'est pas absolue à ce point qu'elle ne puisse recevoir d'exceptions déterminées par des motifs sérieux, tels qu'ils sont indiqués plus haut, quelquefois même par les usages et les habitudes d'un pays ; l'importance et la portée de ces considérations sont laissées à l'appréciation des magistrats.

La conduite et la moralité des parties, la connaissance qu'elles ont réciproquement de leur situation, le consentement libre et dénué de toute influence étrangère qu'elles donnent à l'union projetée, les dispositions de l'opinion publique réclamant leur mariage comme un moyen de faire cesser leurs relations illicites, sont des éléments essentiels de la décision. Je ne saurais trop engager les magistrats à les recueillir et à les contrôler avec le plus grand soin.

Le consentement des parents des futurs est une des conditions légales pour la validité du mariage.

Il importe que je ne sois pas exposé à provoquer du chef du Gouvernement, des dispenses qui n'auraient pas d'application possible, si le mariage qui en est l'objet ne pouvait s'accomplir.

Les magistrats devront donc s'assurer du consentement donné à l'union projetée par les père et mère ou ascendants des futurs, le conseil de famille quand il doit intervenir, le tuteur *ad hoc* dans le cas de l'art. 159 c. civ.

Mais une distinction doit être établie suivant que, d'après l'âge des futurs, le consentement exigé par la loi est ou n'est pas une des conditions indispensables pour la célébration du mariage.

Si le défaut de consentement constitue un empêchement absolu au mariage (art. 148 c. civ.), ce consentement doit être exigé. Son absence rend le mariage et, par conséquent, les dispenses impossibles.

Si, au contraire, le refus du consentement ne constitue au mariage qu'un obstacle qui peut être levé au moyen d'actes respectueux (art. 151, 152 et 153 c. civ.), il n'est plus qu'une considération généralement défavorable, mais soumise de la part des magistrats à un examen dont ils ont seulement à me rendre compte, et ce refus ne doit pas arrêter l'instruction.

Dans tous les cas, il suffit que le consentement soit consigné sur la demande même de dispenses. Les pièces à exiger des intéressés sont :

Pour les dispenses d'âge, une demande signée des futurs, portant le consentement spécialement donné à la demande par les parents du requérant mineur, et l'acte de naissance de chacun des pétitionnaires ;

Pour les dispenses de parenté, une demande signée des futurs, leurs actes de naissance, l'acte de mariage des auteurs communs, ou les actes de mariage d'un auteur commun (suivant qu'il s'agit de parenté germaine, consanguine ou utérine), l'acte de mariage des parents de l'un des futurs conjoints qui établit l'état légitime d'oncle et nièce, ou de tante et neveu ;

Pour les dispenses d'alliance, demande, acte de naissance des deux futurs, acte de mariage constitutif de l'alliance, acte de décès du conjoint décédé.

Lorsque le futur appartient aux armées de terre ou de mer, il doit justifier du consentement de ses chefs, qui est indispensable pour que l'officier de l'état civil puisse procéder au mariage. (Décret du 16 juin 1808.)

Si l'un des futurs est d'une nationalité étrangère, ou si les deux futurs sont étrangers, le magistrat instructeur doit exiger les dispenses délivrées par le gouvernement étranger, ou la preuve que les lois du pays d'origine des futurs ou de l'un d'eux ne défendent pas le mariage projeté.

La règle est absolue, lorsqu'il s'agit du mariage d'une Française avec un étranger, la loi française doit, en effet, protéger les femmes d'origine française contre l'application d'une loi étrangère qui, dans le pays d'origine du futur mari, ferait une concubine d'une femme à laquelle en France, notre législation assurerait la qualité de femme légitime.

Dans le cas, au contraire, où il s'agit d'une femme étrangère qui aspire à devenir française par le mariage, si une difficulté naissait, soit de la différence des législateurs, soit du refus des dispenses du gouvernement étranger, cette situation ne constituerait pas une raison absolue de suspendre toute instruction ; le magistrat instructeur devrait en référer, par votre intermédiaire, à mon appréciation.

Il en est de même pour nos anciens compatriotes, originaires d'Alsace ou de Lorraine, qui ont perdu, faute d'option faite régulièrement ou en temps utile, la nationalité française.

La question des droits de sceau touche à la fois aux intérêts du Trésor public et à ceux des parties. Je la recommande à votre attention ; car si, d'une part, les intérêts du Trésor doivent être sauvegardés, d'autre part, il faut prendre en considération la position de fortune des postulants pour modérer les droits ou en accorder même la remise totale.

Vous voudrez bien veiller à ce que les renseignements soient pris avec le plus grand soin sur les ressources que les parties peuvent retirer de valeurs mobilières, du produit de leurs propriétés, de leur industrie, de leur travail, sur celles qui leur sont assurées par leurs familles ou qu'elles peuvent en attendre, sur les charges qu'elles ont à supporter.

Vos rapports et ceux de vos substituts devront toujours indiquer si la totalité des droits, qui s'élèvent à 300 francs, plus 25 centimes pour le timbre de la quittance, paraît devoir être laissée à la charge des postulants, ou s'il y a lieu d'accorder la remise entière ou une réduction partielle de ces droits. Dans ce dernier cas, la quotité de la remise à accorder doit toujours être fixée par dixième ou vingtième.

La loi du 10 déc. 1850 assure le bénéfice de la gratuité aux personnes qui justifient d'un certificat d'indigence. Son effet ne se borne pas aux droits de sceau ; la loi prescrit de délivrer aux

par les futurs à M. le président de la République ; 2° l'acte de naissance du futur ; 3° celui de la future ; 4° l'acte de mariage des auteurs communs ; 5° l'acte de mariage des père et mère du neveu ou de la nièce. Dans certains cas, il y a lieu de produire aussi : 6° un certificat de médecin constatant que la future est enceinte ; 7° des certificats d'indigence ; 8° l'autorisation de l'autorité militaire ; 9° enfin, lorsque l'un des futurs n'est pas Français, les dispenses de son gouvernement (Comp. *suprà*, n° 31).

122. Les dispenses d'alliance s'accordent plus facilement que les dispenses de parenté. La circulaire du 11 nov. 1875 indique que la cause la plus sérieuse qui puisse être invoquée est « la situation des enfants d'un premier lit, auxquels il importe d'assurer la protection d'un oncle qui deviendra pour eux un second père, ou les soins d'une tante qui leur servira de mère ». On peut aussi invoquer les autres motifs indiqués *suprà*, n° 121, pour les dispenses de parenté.

Des relations illégitimes existant entre les futurs ne doivent pas être présentées comme une raison de leur accorder la dispense ; l'inconduite ne saurait être, en effet, un titre à la faveur ; c'est pourquoi le garde des sceaux, dans la circulaire précitée, se réserve la faculté de prescrire aux postulants qui vivraient en concubinage de se séparer préalablement et pendant un certain délai. Des relations adultérines qui se seraient établies entre les postulants du vivant du conjoint prédécédé seraient une cause absolue de rejet de la demande.

Les pièces à produire pour l'obtention des dispenses d'alliance sont : 1° la supplique des futurs au président de la République ; 2° l'acte de naissance du futur ; 3° celui de la future ; 4° l'acte du mariage qui a produit l'alliance ; 5° l'acte de décès du conjoint prédécédé, et en outre, suivant les cas, les certificats d'indigence et autres pièces indiquées *suprà*, n° 121.

123. Les dispenses de parenté ou d'alliance sont assujetties actuellement aux droits suivants : 1° droit de sceau, 200 fr. ; 2° droit d'enregistrement, 60 fr. (L. 28 avr. 1816, art. 55 ; 28 févr. 1872, art. 4) ; 3° droit de référendaire, 50 fr. (Circ. min. 16 juill. 1839). Mais la remise totale ou partielle de ces droits peut être accordée aux parties, à raison de leur position de fortune.

SECT. 6. — DES EMPÊCHEMENTS QUI RÉSULTENT DU DIVORCE (*Rép.* n°s 249 à 252).

124. D'après l'ancien art. 295 c. civ. les époux qui avaient divorcé ne pouvaient plus se réunir. La loi du 27 juill. 1884 qui a rétabli le divorce a remplacé cette disposition par la suivante : « Les époux divorcés ne pourront plus se réunir, si l'un ou l'autre a, postérieurement au divorce, contracté un nouveau mariage suivi d'un second divorce. Au cas de réunion des époux, une nouvelle célébration du mariage sera nécessaire » (V. le commentaire de cet article, *suprà*, v° *Divorce et séparation de corps*, n°s 547 et suiv.).

125. L'art. 296 c. civ., reproduit pour le cas de divorce la règle de l'art. 228 c. civ. : « La femme divorcée ne pourra se remarier que dix mois après que le divorce sera devenu définitif » (V. *suprà*, n° 109 et v° *Divorce et séparation de corps*, n°s 554 et suiv.).

126. Un autre empêchement de mariage, qui a pour cause le divorce, est établi par l'art. 298 c. civ., ainsi conçu : « Dans le cas de divorce admis en justice pour cause d'adultère, l'époux coupable ne pourra jamais se marier avec son complice » (V. *suprà*, v° *Divorce et séparation de corps*, n°s 560 et suiv.). Cet empêchement doit-il être appliqué à l'époux contre lequel la séparation de corps a été prononcée pour cause d'adultère, lorsque cet époux est devenu veuf ? Non (V. *Rép.* n° 251 ; *suprà*, v° *Divorce et séparation de corps*, n°s 566 et 634 ; Laurent, t. 2, n° 367). — Pour le cas de conversion de la séparation de corps en divorce, V. *suprà*, v° *Divorce et séparation de corps*, n° 708. — Il n'y a pas lieu à l'empêchement lorsque le divorce a été prononcé pour cause d'injures graves, quand même il serait prouvé que les injures sont résultées d'un adultère (Lyon, 3 juill. 1890, aff. Chaffard, D. P. 90. 2. 365 ; Huc, t. 2, n° 400).

127. Les empêchements motivés par le divorce ne sont que prohibitifs (V. *suprà*, v° *Divorce et séparation de corps*, n°s 548, 558, 561. *Adde*, relativement à l'empêchement établi par l'art. 298 : Trib. Anvers, 29 avr. 1864, aff. Min. public, D. P. 64. 3. 45 ; Trib. Lyon, 27 déc. 1888, aff. Chaffard, D. P. 90. 2. 365).

SECT. 7. — DE LA DIFFÉRENCE DE COULEUR (*Rép.* n°s 253 à 256).

128. La différence de couleur n'est plus un empêchement au mariage (V. *Rép.* v° *Organisation des colonies*, n° 145).

CHAP. 4. — Des oppositions au mariage
(*Rép.* n°s 257 à 331).

SECT. 1re. — QUELLES PERSONNES PEUVENT FORMER OPPOSITION ET POUR QUELLES CAUSES (*Rép.* n°s 258 à 288).

129. — I. CONJOINT (*Rép.* n°s 258 et 259). — Le droit de s'opposer au mariage de deux personnes appartient d'abord, aux termes de l'art. 172 c. civ., à la personne engagée par mariage avec l'une des deux parties contractantes. Mais ce droit ne survit pas à la dissolution du mariage causée par

---

porteurs desdits certificats tous les actes sur papier libre et sans frais. Aussi, chaque fois que des demandeurs sont présumés indigents, il importe, pour leur épargner des frais inutiles, que tout d'abord, et avant la réunion des pièces du dossier, il soit procédé à un examen sérieux de leur position et de leurs ressources. Les certificats d'indigence sont délivrés, sur le certificat du percepteur, à toute personne qui ne paye pas 10 francs de contributions, par le commissaire de police, ou par le maire de la commune, à défaut du commissaire de police ; en outre, pour éviter les abus, qui sont surtout à craindre dans les villes, où la fortune mobilière est plus répandue, la loi exige le visa du juge de paix et la mention, par ce magistrat, que l'indigence est à sa connaissance personnelle.

J'appelle votre attention sur la délivrance de ces certificats, dont la présence dans un dossier affranchit le demandeur de toute espèce de charges pécuniaires, et je désire que vous donniez à vos substituts les instructions nécessaires pour qu'ils fassent annuler, dès le début de l'instruction, les certificats d'indigence, lorsqu'il leur sera démontré que les individus auxquels ils ont été délivrés, bien qu'ils ne figurent pas sur les rôles des contributions ou qu'ils y soient portés pour une somme inférieure à 10 francs, ont néanmoins des ressources assurées qui leur permettent de payer la totalité ou une partie des droits. Je vous recommande, monsieur le procureur général, d'insister auprès de vos substituts, pour qu'ils s'abstiennent d'exiger des parties la production de pièces complètement inutiles telles que : actes de décès des ascendants des futurs, actes de naissance et de décès de leurs enfants (mais en leur faisant remarquer sur ce point que, s'il y avait eu reconnaissance d'enfants nés incestueux, cette reconnaissance illégale devrait m'être signalée, afin que je puisse, dans le cas où les dispenses seraient refusées, prescrire des poursuites pour son annulation), extraits des rôles des contributions (si ce n'est dans le cas d'indigence légalement constatée), certificats de bonne vie et mœurs délivrés par le maire et trop souvent contredits par les faits, extrait du casier judiciaire, etc.

La réunion de ces pièces, qui s'élèvent parfois à un nombre considérable, a pour résultat de ralentir l'instruction des affaires, de retarder la délivrance des dispenses et d'entraîner pour les parties des frais relativement élevés.

MM. les procureurs de la République chargés de l'instruction ne doivent pas perdre de vue que les dispenses ont pour objet la levée d'une prohibition légale, et par conséquent la possibilité du mariage, non sa célébration ; que les seules pièces indispensables sont celles qui constatent l'âge, la parenté, l'alliance des demandeurs ; que, pour l'irrégularité ou le manque de concordance des actes de l'état civil, l'avis du conseil d'Etat du 30 mars 1808 rend inutiles, au point de vue du mariage, des rectifications judiciaires ; que les magistrats doivent m'éclairer, par leurs rapports, sur la mesure à provoquer du chef du Gouvernement ; qu'ils ont à se renseigner par eux-mêmes et non au moyen de pièces produites par les futurs, auprès des autorités locales judiciaires, religieuses, municipales et administratives (juges de paix, maires, curés, receveurs des contributions, etc.) ; que l'instruction de ces affaires délicates leur est confiée sous leur responsabilité personnelle et que leur avis, contrôlé par vous, sert de base à mes décisions, sans qu'il soit nécessaire pour eux de produire la justification matérielle des éléments de leurs propositions.

J. DUFAURE.

le divorce. On refuse même au conjoint divorcé le pouvoir de former opposition au mariage que son ancien conjoint voudrait contracter contrairement à la prohibition de l'art. 298 c. civ. (V. *suprà*, v° *Divorce et séparation de corps*, n° 564. Comp. Lyon, 3 juill. 1890, aff. Chaffard, D. P. 90. 1. 365).

130. — II. ASCENDANTS (*Rép.* n° 260 à 267). — Les ascendants ont le droit de former opposition dans l'ordre où ils sont appelés à consentir au mariage. Comme on l'a vu *suprà*, n° 54, les auteurs décident généralement que, tant que le père est en vie et capable de manifester sa volonté, la mère, bien qu'elle doive être consultée pour le mariage, ne peut pas y former opposition (V. toutefois, Trib. Seine, 16 juill. 1876, aff. Blancan, D. P. 77. 3. 92).

131. Les auteurs sont également d'accord aujourd'hui pour reconnaître que, s'il y a un aïeul et une aïeule *dans une même ligne*, l'aïeul seul a le droit de faire opposition (V. *Rép.* n° 261; Aubry et Rau, t. 1, § 454, p. 29, note 6; Laurent, t. 2, n° 379; Baudry-Lacantinerie, t. 1, n° 481; Huc, t. 2, n° 110).

132. Si l'une des lignes paternelle et maternelle consent au mariage, l'autre ligne, même représentée par une aïeule, n'en a pas moins le droit d'opposition. Cette solution est aussi à peu près généralement admise; elle est cependant mise en doute par M. Laurent, t. 2, n° 379 : « N'y a-t-il pas contradiction, dit-il, à refuser le droit d'opposition à la mère, et à l'accorder aux aïeuls, à une aïeule au besoin?... Il n'y a qu'une seule raison en faveur de l'opinion générale, c'est le texte (art. 173) qui appelle concurremment les aïeuls et les aïeules. Mais ne doit-on pas interpréter le texte, en ce qui concerne les aïeuls, par les principes qui régissent le droit d'opposition des père et mère? On le fait dans chaque ligne; on ne permet pas à l'aïeule de former opposition quand l'aïeul garde le silence, et cela malgré la généralité des termes de l'art. 173. Pourquoi ne pas admettre le même système d'interprétation pour les deux lignes? » M. Demolombe, t. 1, n° 140, a par avance répondu à l'objection de M. Laurent : la loi, suivant lui, a cru pouvoir, lorsque le père lui-même existe, le constituer juge souverain; car c'est en lui que réside l'autorité paternelle (c. civ. art. 373). Mais les aïeuls et aïeules n'offrent plus autant de garanties; leur affection est quelquefois mêlée de plus de faiblesse, et l'on conçoit que la loi permette alors aux uns l'opposition à défaut des autres. Cette considération, toutefois, n'explique pas pourquoi, dans la même ligne, l'aïeule n'a pas le droit d'opposition concurremment avec l'aïeul. C'est pourquoi un autre motif nous semblerait encore pouvoir être invoqué : on comprend que la loi ait accordé une prééminence au père sur la mère, et, dans la même ligne, à l'aïeul sur l'aïeule, à raison de l'autorité paternelle et maritale qui appartient au père et qui peut appartenir à l'aïeul; mais cette prééminence n'aurait plus la même raison d'être entre deux lignes, car l'aïeul et l'aïeule ne peuvent plus être alors mari et femme et le premier n'a par suite plus aucune autorité sur l'autre. — M. Huc, t. 2, n° 110, estime que le droit d'opposition ne peut appartenir aux aïeules d'une seule ligne que dans le cas où ils n'auraient pas été consultés. En effet, aux termes de l'art. 150 c. civ., le dissentiment entre les deux lignes emporte consentement, d'où il résulte que celle qui refuse n'a pas le droit de faire opposition.

133. Si tous les aïeuls et aïeules sont morts ou dans l'impossibilité de manifester leur volonté, le droit d'opposition passe aux bisaïeuls et bisaïeules (*Rép.* n° 262; Aubry et Rau, t. 5, § 454, p. 29; Laurent, t. 2, n° 377; Baudry-Lacantinerie, t. 1, n° 481. Comp. *suprà*, n° 63).

134. La loi n'a pas déterminé les causes pour lesquelles les père et mère ou autres ascendants peuvent former opposition. Néanmoins, il est généralement admis aujourd'hui, dans la doctrine et dans la jurisprudence, que leur opposition doit être fondée sur un empêchement dirimant ou prohibitif; qu'autrement, elle peut bien avoir pour effet de retarder le mariage, mais ne doit pas être maintenue par le tribunal (*Rép.* n° 264; Aubry et Rau, t. 5, § 454, p. 30, note 8; Laurent, t. 2, n° 399; Baudry-Lacantinerie, t. 1, n° 482; Huc, t. 2, n° 111). La jurisprudence s'est définitivement fixée en ce sens, depuis l'arrêt de la cour de cassation du 7 nov. 1814, rapporté au *Rép.* n° 265-3° (V. Pau, 18 juin 1867, aff. Casamajor-Sarraillot, D. P. 67. 2. 144; Trib. Lyon, 4 janv. 1868, aff. X..., D. P. 68. 3. 32; Orléans, 26 août 1871, aff. Tourangin, D. P. 73. 2. 61; Req. 24 juill. 1872, même affaire, D. P. 73. 1. 208; 30 juin 1879, aff. Thénaisie, D. P. 80. 1. 135). Jugé, notamment : 1° que l'opposition des père et mère du futur doit être rejetée lorsqu'elle n'est motivée que par l'inconduite de la future, cette inconduite, même justifiée, n'étant pas une cause légale d'empêchement au mariage (Pau, 18 juin 1867, précité); — 2° Que si l'opposition des père et mère n'est pas fondée sur un empêchement légal, le tribunal ne possède aucun pouvoir discrétionnaire et ne peut ni avoir égard à une prétendue disproportion d'âge entre les futurs époux, ni rechercher si le mariage projeté réunit les convenances désirables (Trib. Lyon, 4 janv. 1868, précité).

135. L'opposition des ascendants est fréquemment motivée sur une prétendue démence du futur époux. La démence est un empêchement au mariage; néanmoins, si le tribunal reconnaît, d'après les faits et documents de la cause, que l'état de démence articulé n'est pas réel, il peut, sans attendre que l'opposant ait poursuivi l'interdiction, faire mainlevée pure et simple de l'opposition (*Rép.* n° 273; Caen, 12 oct. 1857, aff. Londe, D. P. 59. 2. 82; 5 janv. 1858, aff. Amand, *ibid.*; Orléans, 26 août 1871, aff. Tourangin, D. P. 73. 2. 61; Req. 24 juill. 1872, même affaire, D. P. 73. 1. 208; 30 juin 1879, aff. Thénaisie, D. P. 80. 1. 135; Bordeaux, 29 juin 1880) (1).

136. Mais si l'ascendant qui s'est porté opposant a formé, à l'appui de son opposition, une demande en interdiction, et s'il est intervenu sur cette demande un jugement qui a déclaré pertinents et admissibles les faits de démence articulés, le tribunal doit surseoir à statuer sur la mainlevée de l'opposition jusqu'à la décision qui interviendra sur la poursuite en interdiction (Trib. Seine, 3 août 1852, aff. Lamouroux, D. P. 68. 5. 285. V. toutefois : Trib. Lyon, 4 janv. 1868, aff. X... D. P. 68. 3. 32).

137. Lorsque l'ascendant opposant se borne à solliciter un sursis pour introduire une demande d'interdiction, les

---

(1) (Bernadet C. Bernadet.) — Le sieur Bernadet père ayant formé opposition au mariage que son fils voulait contracter avec la demoiselle Emilie Beauvais, un jugement du tribunal civil de Bordeaux, rendu par défaut le 24 déc. 1879, prononça la mainlevée de cette opposition. Le sieur Bernadet père se porta opposant à ce jugement, qui fut confirmé par les motifs suivants : — « Attendu, au fond, que l'opposition formée par Bernadet père au mariage de son fils se fonde sur ce que celui-ci ne serait pas en possession complète de ses facultés mentales et ne pourrait donner un consentement libre et éclairé au mariage qu'il entend contracter; — Attendu que, pour faire maintenir son opposition ainsi motivée, Bernadet père devrait former une demande en interdiction de son fils; que si la loi lui permet de former son opposition sans la motiver, il ne peut la faire maintenir par le tribunal sans se soumettre aux obligations de tous autres opposants; — Attendu, au surplus, qu'il résulte des documents produits au tribunal, que si Bernadet fils a eu, pendant quelque temps, par suite d'une maladie grave, ses facultés mentales momentanément oblitérées, il est aujourd'hui en possession de son intelligence, et que, malade de corps, il est sain d'esprit; — Par ces motifs, etc. ».

Appel par le sieur Bernardet père.

LA COUR. — « Attendu que l'avoué de l'appelant ne se présente pas...; — Attendu, au fond, que les motifs exprimés au jugement et que la cour adopte justifient la décision frappée d'appel; — Attendu, en outre, qu'aux termes de l'art. 174 c. civ., lorsque l'opposition au mariage est fondée, comme dans la cause actuelle, sur l'état de démence du futur époux, les tribunaux sont autorisés à donner immédiatement mainlevée de l'opposition, lorsque l'allégation de démence leur paraît dénuée de fondement; qu'il serait en effet inutile de recourir à une procédure en interdiction quand il ne peut rester aucun doute sur la sanité d'esprit; qu'il est aussi certain, en droit, que les juges ont le même pouvoir d'appréciation dans le cas où l'opposition au mariage a été formée par un ascendant; — Attendu que le jugement constate que Bernadet fils, qui est investi actuellement des fonctions de maire de sa commune, est en pleine possession de ses facultés intellectuelles; qu'il devait donc, comme il l'a fait, prononcer la mainlevée de l'opposition;

« Par ces motifs;

« Confirme ».

Du 29 juin 1880.-C. de Bordeaux, 2° ch.-M. Dulamon, pr.

juges peuvent apprécier souverainement, d'après les circonstances, s'il convient d'accorder le sursis (Req. 30 juin 1879, aff. Thénaisie, D. P. 80. 1. 135; Huc, t. 2, n° 113).

138. L'articulation, à l'appui d'une opposition à mariage, de faits de nature à motiver seulement la dation d'un conseil judiciaire au futur ne suffit pas, même quand l'opposition émane d'un ascendant, pour faire surseoir à la mainlevée de l'opposition (Trib. Seine, 18 mai 1870, aff. Frémont, D. P. 70. 3. 87. V. toutefois *Rép.* n° 266).

139. — III. COLLATÉRAUX (*Rép.* n°s 268 à 279). — Lorsqu'il n'existe pas d'ascendants, certains collatéraux peuvent, aux termes de l'art. 174 c. civ., former opposition au mariage : ce sont le frère, la sœur, l'oncle, la tante, le cousin germain, la cousine germaine. Mais leur opposition n'est recevable que dans deux cas : 1° lorsque le consentement du conseil de famille, requis par l'art. 160, n'a pas été obtenu ; 2° lorsque le futur époux est en état de démence (V. *Rép.* n°s 208 et suiv.). — La loi n'ayant établi aucune hiérarchie entre les collatéraux auxquels elle confère le droit d'opposition, il en résulte que ce droit leur appartient à tous concurremment (Demolombe, t. 3, n° 143; Aubry et Rau, t. 5, § 454, p. 32; Laurent, t. 2, n° 380; Baudry-Lacantinerie, t. 1, n° 483). Ils peuvent, d'ailleurs, comme on l'a dit au *Rép.* n° 268, exercer ce droit soit individuellement, soit collectivement.

140. L'art. 174 c. civ. dispose encore que l'opposition d'un collatéral ne sera reçue qu'à la charge, par l'opposant, de provoquer l'interdiction du futur époux et d'y faire statuer dans le délai qui sera fixé par le jugement. La doctrine et la jurisprudence admettent, cependant, que l'opposition n'a pas besoin, dans ce cas, d'être accompagnée d'une demande en interdiction. Une fois l'opposition régulièrement signifiée, l'opposant peut attendre, car de deux choses l'une : ou bien le futur époux ne demandera pas la mainlevée de cette opposition, et dans ce cas elle suffira pour empêcher le mariage; ou bien le futur époux formera une demande en mainlevée, et alors l'opposant pourra, soit poursuivre immédiatement l'interdiction, soit demander au tribunal un délai pour exercer cette poursuite et y faire statuer (V. *Rép.* n° 270; Laurent, t. 2, n° 382; Baudry-Lacantinerie, t. 1, n° 483). Mais le tribunal apprécie souverainement s'il y a lieu de faire droit à la demande de sursis (Req. 30 juin 1879, aff. Thénaisie, D.P. 80. 1. 135). Il ne serait même pas tenu de surseoir en présence d'une demande d'interdiction déjà formée et pourrait, malgré cette demande, donner mainlevée pure et simple de l'opposition, au moins jusqu'à ce qu'un jugement ait déclaré pertinents les faits de démence articulés à l'appui de la demande d'interdiction (Trib. Lyon, 4 janv. 1868, aff. X..., D. P. 68. 3. 32. Comp. Trib. Seine, 3 août 1852, aff. Lamouroux, D. P. 68. 5. 285).

Bien que d'autres parents que ceux indiqués dans l'art. 174 puissent poursuivre l'interdiction, ils n'ont pas pour cela le droit de former opposition au mariage (V. *Rép.* n°s 275 et suiv.; Laurent, t. 2, n° 384. V. aussi *infrà*, n° 143).

141. Les parents indiqués en l'art. 174, pouvant former opposition même avant toute interdiction, seraient, à plus forte raison, admis à former opposition si le futur époux avait été interdit antérieurement (Demolombe, t. 3, n° 148; Aubry et Rau, t. 5, § 454, p. 31, note 12; Laurent, t. 2, n° 386). Quant au point de savoir quel sera l'effet de l'opposition et si l'interdiction rendra le mariage absolument impossible, V. *suprà*, n° 103.

142. — IV. TUTEUR OU CURATEUR (*Rép.* n°s 280 à 284). — L'art. 175 c. civ., qui permet au tuteur ou au curateur de former opposition au mariage avec l'autorisation du conseil de famille « dans les deux cas prévus par l'article précédent », est toujours un sujet de controverse entre les commentateurs. Les deux cas que prévoit l'art. 174 sont : 1° celui où le consentement du conseil de famille, requis par l'art. 160 c. civ., n'a pas été obtenu ; 2° celui où l'opposition est fondée sur l'état de démence du futur époux. Pour le premier cas, il n'y a pas de difficulté : il s'agit du mineur de vingt et un ans qui, n'ayant ni père ni mère, ni aïeuls ni aïeules, a besoin du consentement du conseil de famille pour contracter mariage ; s'il essaye de se marier sans avoir obtenu ce consentement, son tuteur ou curateur peut former opposition au mariage en s'y faisant autoriser par le conseil de famille (Demolombe, t. 3, n° 148 ; Laurent, t. 2, n° 385 ; Baudry-Lacantinerie, n° 484). — Mais, dans le second cas, celui où le futur époux est en état de démence, on se demande quand la disposition de l'art. 175 pourra recevoir application. Cette disposition est-elle applicable au mineur? Non, dit-on, car s'il est en état de démence, le conseil de famille n'a qu'à refuser de consentir au mariage ; on rentre ainsi dans la première hypothèse (V. les auteurs précités, *loc. cit.*). Cette disposition pourra-t-elle être appliquée au majeur interdit? Non, encore, suivant la plupart des auteurs. En effet, de deux choses l'une : ou l'interdit est capable de se marier ou il en est incapable ; s'il est capable, il peut se marier sans aucun consentement; s'il est incapable, le consentement du conseil de famille ne lui donnera pas la capacité qui lui manque (V. *Rép.* n° 282 ; Laurent, t. 2, n° 386 ; Baudry-Lacantinerie, t. 1, n° 484; Huc, t. 2, n° 114). Ce dernier argument, toutefois, n'est pas absolument décisif. La loi peut fort bien avoir considéré l'interdit comme incapable de se marier et avoir néanmoins prévu le cas où l'interdit chercherait à éluder cette incapacité : c'est dans cette hypothèse qu'elle donne pouvoir au tuteur de former opposition avec l'autorisation du conseil de famille. Il est vrai qu'on peut dire alors : à quoi bon cette autorisation? Mais la même objection peut être faite pour le mineur qui n'a pas obtenu le consentement de sa famille ; la loi, pour lui comme pour l'interdit, laisse au conseil de famille le soin d'apprécier s'il y a lieu d'intervenir. Et, dans l'opinion qui reconnaît à l'interdit la capacité de contracter mariage quand il a des intervalles lucides, la disposition qui nous occupe se comprend encore mieux : elle donne au conseil de famille le droit de laisser faire le mariage ou de s'y opposer, suivant qu'il jugera que le futur époux est ou non dans un intervalle lucide (Comp. *suprà*, n° 103). Le tuteur de l'interdit peut donc, lorsqu'il y est autorisé par le conseil de famille, former opposition au mariage de son pupille, et il est inexact de dire, comme le fait M. Laurent, t. 2, n° 386, *in fine*, que les collatéraux du majeur interdit ont seuls qualité pour s'opposer à son mariage en se fondant sur son état de démence (V. *Rép.* n° 283; Demolombe, t. 3, n° 148 ; Aubry et Rau, t. 5, § 454, p. 32, note 21).

143. — V. DESCENDANTS, NEVEUX ET NIÈCES, PARENTS (*Rép.* n°s 285 à 287). — Les dispositions des art. 172 à 175 c. civ., qui accordent à certaines personnes le droit de former opposition au mariage, sont, comme on l'a dit au *Rép.* n° 285, essentiellement limitatives. Ainsi, ce droit n'appartient ni aux enfants ou descendants, ni aux neveux ou nièces, ni aux parents autres que les oncles ou tantes et les cousins ou cousines germains. — On a prétendu que tout parent, ayant le droit de demander l'interdiction, devait par cela même pouvoir empêcher le mariage d'un parent en état de démence, à la condition de faire prononcer l'interdiction de ce parent. Mais ce système est repoussé par la jurisprudence comme par la grande majorité des auteurs (V. *Rép.* n° 275 ; Aubry et Rau, t. 5, § 454, p. 33 ; Laurent, t. 2, n° 384; Huc, t. 2, n° 115). La jurisprudence a décidé : 1° que les enfants ne sont pas recevables à former opposition au mariage de leurs ascendants, alors même que leur opposition serait fondée sur l'état de démence et qu'ils auraient déjà introduit la demande en interdiction (Civ. rej. 21 août 1872, aff. Bertrand, D. P. 72. 1. 345. V. aussi dans le même sens les arrêts cités au *Rép.* n° 285-1°) ; — 2° Que les neveux ne peuvent être admis à former opposition, même pour cause de démence, au mariage de leur oncle (Trib. Bourg, 21 févr. 1870 (1). V. aussi Aix, 16 mars 1818, *Rép.* n° 285-2°).

144. — VI. MINISTÈRE PUBLIC (*Rép.* n° 288). — Le droit

(1) (Mullet C. Mullet et Bert.) — Le 21 févr. 1870, le tribunal de Bourg a rendu le jugement suivant : — « Attendu que, par exploit de l'huissier Soupe, du 24 janv. 1870, Jean-Baptiste Mullet et Jean Bert ont formé opposition au mariage de François Mullet, leur frère et oncle, en alléguant son état de démence; — Que François Mullet demande la mainlevée de cette opposition, contre laquelle il présente deux fins de non-recevoir tirées, l'une, du défaut de qualité de Jean Bert, son neveu, l'autre, de ce que les opposants n'ont pas signé l'exploit d'opposition du 24 janv. 1870; — Sur le premier moyen : — Attendu que les neveux ne

d'opposition appartient-il au ministère public? Cette question, qui est toujours controversée dans la doctrine, a été résolue affirmativement par la cour de cassation, au moins pour les cas où il existe un empêchement dirimant et où le ministère public est autorisé par la loi à demander la nullité du mariage. L'arrêt de la cour de cassation est ainsi motivé : « Attendu que l'art. 46 de la loi du 20 avr. 1810 charge le ministère public de surveiller l'exécution des lois et de poursuivre d'office cette exécution dans les dispositions qui intéressent l'ordre public; — Que la disposition de la loi qui défend de contracter un second mariage avant la dissolution du premier intéresse l'ordre public au plus haut degré ; — Que le ministère public, qui, aux termes de l'art. 184 c. civ., a le droit d'agir pour faire prononcer en justice la nullité du second mariage, doit avoir, à plus forte raison, le droit de s'opposer à l'accomplissement de ce mariage, et de prévenir ainsi la consommation d'un crime dont il pourrait être obligé plus tard de poursuivre la répression devant les tribunaux criminels (Civ. cass. 21 mai 1856, aff. Pottier, D. P. 56. 1. 208). — D'après cet arrêt, le ministère peut donc former opposition au mariage lorsque l'un des futurs époux est engagé dans les liens d'un précédent mariage non encore dissous (Comp. dans le même sens, Req. 2 déc. 1851, aff. Maire de Paimbœuf, D. P. 52. 1. 81).

Il a été jugé aussi que l'opposition du ministère public est recevable lorsqu'elle est fondée sur l'empêchement résultant de la parenté ou de l'alliance; spécialement, lorsqu'elle a pour but d'empêcher un homme d'épouser la fille naturelle de sa première femme (Grenoble, 14 janv. 1889, aff. Verdant, D. P. 90. 2. 193. Comp. Paris, 18 mars 1850, aff. Juclier, D. P. 51. 2. 30). Jugé même que le ministère public a qualité pour former opposition à raison d'un empêchement simplement prohibitif, comme celui résultant de l'art. 298 c. civ. (Toulouse, 9 juin 1852, aff. L..., D. P. 52. 2. 169). Dans le même ordre d'idées, la jurisprudence a décidé que le ministère public, dans un cas où le refus de l'officier de l'état civil de procéder au mariage d'un grand-oncle avec sa petite-nièce l'avait dispensé de former opposition, avait pu, bien qu'il n'eût été que partie jointe en première instance, interjeter appel du jugement qui avait déclaré l'officier de l'état civil mal fondé dans son refus (Caen, 16 août 1876, et sur pourvoi, Req. 28 nov. 1877, aff. Leproux, D. P. 78. 1. 209).

Suivant cette jurisprudence, qui est loin d'être approuvée par tous les auteurs, le droit d'opposition résulterait d'abord, pour le ministère public, de l'art. 46 de la loi du 20 avr. 1810. Mais l'interprétation de ce texte est elle-même très contestée (V. *infrà*, v° *Ministère public*). Et, en admettant qu'il ait conféré au ministère public le droit d'agir d'office, en dehors des cas où ce droit lui est spécialement attribué par la loi, dès que son action est motivée par un intérêt d'ordre public, on peut encore soutenir que le droit de former opposition au mariage n'appartient jamais au ministère public, et cela par un double motif. D'abord, ce droit est strictement limité par les art. 172 et suiv. ; c'est là une loi spéciale, à laquelle une disposition générale comme celle de la loi de 1810 ne saurait déroger. En outre, il ne suffit pas d'avoir intérêt à agir pour pouvoir former opposition; les descendants, par exemple, sont grandement intéressés à pouvoir s'opposer au mariage de leurs ascendants en état de démence; ce droit pourtant ne leur a pas été reconnu. La loi a pu considérer, d'ailleurs, que la nécessité de l'intervention de l'officier de l'état civil pour la célébration du mariage constituerait une garantie suffisante pour l'ordre public. Ce n'est qu'au cas où, en fait, cette garantie n'a pas suffi et où le mariage a été célébré nonobstant un empêchement dirimant, qu'elle a permis au ministère public d'agir ; rien n'autorise de lui reconnaître un droit plus étendu (V. en ce sens, *Rép.* n° 288 ; Massé et Vergé sur Zachariæ, t. 1, p. 192, note 2 ; Laurent, t. 2, n° 387 ; Garsonnet, *Cours de procédure civile*, t. 1, § 85 ; Huc, t. 2, n° 116).

En faveur du système qui fait découler de l'art. 46 de la loi de 1810 le droit d'opposition du ministère public, on a présenté un argument ingénieux, qui peut se résumer ainsi : l'art. 46 n'accorde au ministère public le droit d'agir par la voie judiciaire que dans les cas spécifiés par la loi ; mais il lui impose aussi le devoir d'assurer l'exécution des lois dans les dispositions qui intéressent l'ordre public, ce qui lui permet au moins d'employer les moyens extrajudiciaires; or, l'opposition n'est qu'un acte extrajudiciaire, et, si elle est suivie d'une demande en mainlevée, ce n'est pas le ministère public qui intente l'action, il ne peut y être que défendeur (Baudry-Lacantinerie, t. 1, n° 485). — Mais on a répondu avec raison, selon nous, à cette argumentation que, bien que le ministère public soit en apparence défendeur à l'action en mainlevée de l'opposition qu'il a formée, c'est lui en réalité qui a rendu cette action nécessaire ; c'est à lui à justifier son opposition; c'est lui, en définitive, qui a engagé le débat, qui a la charge de la preuve, qui, par conséquent, est le véritable demandeur, de telle sorte que, si l'un des futurs époux était étranger, il ne saurait être tenu, lorsqu'il poursuivra la mainlevée, de fournir la caution *judicatum solvi* (V. la dissertation de M. Flurer, D. P. 90. 2. 193).

La jurisprudence appuie, en outre, le droit d'opposition du ministère public sur les art. 184 et 191 c. civ. Ces textes autorisent le ministère public à demander la nullité du mariage pour certaines causes (défaut d'âge, existence d'un précédent mariage, parenté ou alliance, clandestinité, incompétence de l'officier de l'état civil) ; on en conclut que le ministère public doit, à plus forte raison, pouvoir s'opposer au mariage pour les mêmes causes. Cet argument, qui tend à n'autoriser l'opposition du ministère public que dans les cas visés par les art. 184 et 191, est admis par plusieurs auteurs (Valette, sur Proudhon, *Cours de droit français*, t. 1, p. 420, note *a*; Demolombe, t. 3, n° 151 ; Aubry et Rau, t. 5, § 454, p. 34, note 27). Ici, toutefois, comme on l'a déjà montré au *Rép.* n° 288, le raisonnement *a fortiori* n'est pas absolument décisif; la loi, en effet, n'a pas accordé le droit d'opposition aussi largement que l'action en nullité : les collatéraux, par exemple, peuvent bien agir en nullité pour cause de bigamie ; mais ils ne peuvent s'opposer au mariage pour ce même motif. Le droit d'opposition paraît ainsi avoir été considéré par le législateur comme plus dangereux que l'action en nullité; et, de fait une opposition, même mal fondée, peut faire manquer un mariage, tandis qu'une action en nullité, lorsqu'elle échoue, ne porte aucune atteinte au lien conjugal. De ce que le ministère public a, dans certains cas, le droit de poursuivre la nullité d'un mariage, il ne suit donc pas nécessairement qu'il ait le droit d'empêcher que ce mariage ne soit célébré.

145. Le ministère public, pouvant, d'après la jurisprudence, former opposition au mariage dans certains cas, a, par suite, qualité, dans les mêmes cas, pour intervenir dans les instances relatives aux empêchements de mariage (Paris, 18 mars 1850, aff. Juclier, D. P. 51. 2. 30 ; Req. 2 déc. 1851, aff. Maire de Paimbœuf, D. P. 52. 1. 81 ; Toulouse, 9 juin 1852, aff. L..., D. P. 52. 2. 169 ; Caen, 16 août 1876, et sur pourvoi, Req. 28 nov. 1877, aff. Leproux, D. P. 78. 1. 209).

---

sont pas compris parmi les collatéraux auxquels l'art. 174 c. civ., accorde la faculté de former opposition au mariage; — Que, conséquemment, l'opposition du 24 janv. 1870 est nulle vis-à-vis de Jean Bert; mais qu'elle n'en conserve pas moins toute sa valeur juridique en tant qu'elle émane de Jean-Baptiste Mullet, frère de François; — Sur le second moyen : — Attendu que si l'art 66, c. civ., exige que les oppositions au mariage soient signées par les opposants sur l'original et la copie, cette formalité n'est pas toutefois prescrite à peine de nullité; — Qu'aux termes de l'art. 1026 c. proc. civ., aucun exploit ne peut être déclaré nul si la nullité n'en est pas expressément prononcée par la loi ; — Que la disposition violée n'était pas substantielle et constitutive de l'acte lui-même; — Que l'exploit du 24 janv. 1870 manque, il est vrai, de l'une des conditions qui étaient nécessaires pour sa complète régularité, mais qu'il ne saurait, par cela seul, se trouver infirmé dans ses effets, les actes d'huissier faisant foi, jusqu'au désaveu, de toutes les déclarations qui y sont exprimées; — Qu'on exciperait vainement de l'art. 176 c. civ.; qu'en effet, les formalités prescrites par cet article, à peine de nullité, sont distinctes de celles dont l'inobservation est relevée contre Jean-Baptiste Mullet et Jean Bert; — Que les nullités sont de droit étroit et ne peuvent par induction s'inférer d'un cas à un autre; — Par ces motifs, etc. ».

Du 21 fév. 1870.- Trib. civ. de Bourg-en-Bresse.

SECT. 2. — FORMES DANS LESQUELLES L'OPPOSITION DOIT ÊTRE FAITE (*Rép.* nos 289 à 300).

146. Aux termes de l'art. 176 c. civ., l'acte d'opposition doit, à peine de nullité et d'interdiction de l'huissier qui l'aurait signifié, contenir : 1° l'énonciation de la qualité en vertu de laquelle l'opposant prétend avoir le droit de former opposition au mariage; 2° une élection de domicile dans la commune où le mariage doit être célébré ; 3° l'indication des motifs sur lesquels l'opposition est fondée, à moins qu'elle n'émane d'un ascendant.

147. La loi exige, comme on l'a dit au *Rép.* n° 290, que l'opposant énonce sa qualité dans l'exploit d'opposition, pour prévenir les oppositions qui pourraient être faites par des personnes n'ayant pas le droit de les faire. Il a été jugé que celui qui a formé opposition à un mariage, sans avoir qualité à cet effet, doit être condamné à des dommages-intérêts (Paris, 28 juin 1872, aff. de Campaigno, D. P. 73. 2. 55).

148. La loi exige, en second lieu, que l'acte d'opposition contienne élection de domicile « dans le lieu où le mariage devra être célébré » (c. civ. art. 176). Comme il y a souvent plusieurs communes dans lesquelles la célébration du mariage est possible, on admet généralement qu'il suffit d'élire domicile dans l'une de ces communes, et de préférence dans celle où est domicilié le futur époux contre lequel l'opposition est dirigée (V. *Rép.* n° 291 ; Aubry et Rau, t. 5, § 455, p. 37, note 8 ; Laurent, t. 2, n° 391 ; Huc, t. 2, n° 118).

149. « Les actes d'opposition au mariage, porte l'art. 66 c. civ., seront signés, sur l'original et sur la copie, par les opposants ou par leurs fondés de procuration spéciale et authentique ». On a admis au *Rép.* n° 295, d'accord avec la plupart des auteurs, que le défaut de signature entraîne la nullité de l'acte (V. en ce sens, outre les autorités citées au *Rép. ibid.* : Aubry et Rau, t. 5, § 455, p. 36, note 3; Massé et Vergé sur Zachariæ, t. 1, § 12, p. 194, note 2). Cependant le contraire a été jugé (Trib. Bourg, 21 févr. 1870, *suprà* n° 143), et M. Laurent, t. 2, n° 393, soutient aussi que la signature de l'opposant n'est pas prescrite à peine de nullité, parce que, d'après l'art. 1030 c. proc. civ., aucun exploit ou acte de procédure ne peut être déclaré nul, si la nullité n'en est pas formellement prononcée par la loi. Mais on peut répondre que la formalité dont il s'agit ici n'est pas, à proprement parler, une formalité d'exploit ou d'acte de procédure. C'est plutôt une condition de forme à laquelle est soumis l'exercice du droit d'opposition; or, en cette matière, toute règle semble devoir être considérée comme substantielle.

150. L'art. 66 c. civ. veut encore que l'acte d'opposition soit signifié à la personne ou au domicile des parties, ainsi qu'à l'officier de l'état civil (*Rép.* n° 296). M. Laurent, t. 2, n° 394, se demande si l'opposition qui n'aurait été signifiée qu'à l'officier de l'état civil et au futur époux contre lequel elle est faite, mais non à l'autre futur époux, serait valable. Il répond affirmativement, par le motif qu'il n'y aurait là que la violation d'une règle de procédure non prescrite à peine de nullité (c. proc. civ. art. 1030). Mais, d'autre part, M. Laurent, *loc. cit.*, admet que l'opposition signifiée seulement à l'officier de l'état civil et non aux deux futurs époux, serait nulle. Suivant nous, il n'y a pas lieu de décider différemment pour les deux hypothèses. Si la signification aux deux parties est essentielle, il ne suffit pas qu'elle soit faite à demi. Le tribunal devrait donc déclarer nulle l'opposition qui n'aurait été notifiée qu'à l'un des futurs, aussi bien que celle qui n'aurait été signifiée à aucun d'eux (V. en ce sens, Aubry et Rau, t. 5, § 455, p. 36, note 3).

151. Que si l'opposition avait été signifiée aux futurs époux, mais non à l'officier de l'état civil, il est certain que celui-ci pourrait et même devrait procéder au mariage, car à son égard l'opposition n'existerait pas (Laurent, t. 2, n° 394). — Il suffit, d'ailleurs, pour la validité de l'opposition, qu'elle soit signifiée à l'officier de l'état civil de l'une des communes où le mariage peut être célébré (Laurent, *loc. cit.*), ou même, tant que les certificats exigés par l'art. 69 c. civ., n'ont pas été délivrés, à l'officier de l'état civil de l'une des communes où les publications ont été faites (*Rép.* n° 298; Aubry et Rau, t. 5, § 455, p. 36 et suiv.; Huc, t. 2, n° 117).

152. La signification de l'opposition doit être faite par un huissier. Il a été jugé, avec raison, qu'une opposition remise au maire sous la forme d'un acte sous seing privé était nulle, alors même que l'opposant articulait que l'huissier auquel il s'était adressé pour la faire signifier s'y était refusé (Paris, 18 déc. 1868, sous Civ. rej. 21 août 1872, aff. Bertrand, D. P. 72. 1. 345).

SECT. 3. — EFFETS DE L'OPPOSITION (*Rép.* nos 301 à 311).

153. « En cas d'opposition, dit l'art. 68 c. civ., l'officier de l'état civil ne pourra célébrer le mariage avant qu'on lui en ait remis la mainlevée, sous peine de 300 fr. d'amende et de tous dommages-intérêts ». L'officier de l'état civil n'étant pas juge du mérite de l'opposition, la plupart des auteurs décident qu'il doit surseoir à la célébration du mariage, alors même que l'opposition émanerait d'une personne sans qualité ou serait irrégulière en la forme (V. *Rép.* n° 301 ; Aubry et Rau, t. 5, § 456, p. 37, note 1).

Mais l'opinion contraire est soutenue avec force par MM. Laurent, t. 2, n° 396; Baudry-Lacantinerie, t. 1, n° 491 et Huc, t. 2, n° 121. Si le législateur, disent-ils, a déterminé avec soin les formes de l'opposition, c'est parce qu'il a voulu prévenir les abus qui s'étaient produits dans l'ancien droit, où toute personne pouvait s'opposer à un mariage et où toute opposition suffisait pour en empêcher la célébration. La loi du 20 sept. 1792 avait déjà réagi contre ces abus ; l'art. 9, tit. 4, sect. 3, de cette loi portait : « Toutes oppositions formées hors les cas, les formes, et par toutes personnes autres que celles ci-dessus désignées, seront regardées comme non avenues, et l'officier public pourra passer outre à la célébration du mariage ». Il est vrai que les rédacteurs du code n'ont pas reproduit cette disposition; mais ils ont, dans l'art. 176, prononcé la nullité de tout acte d'opposition qui ne remplirait pas les conditions exigées par cet article. Ils ont, par là même, consacré le système de la loi de 1792, et non pas celui de l'ancien droit. En fait, les officiers de l'état civil ne sont que trop portés à s'arrêter devant toute opposition quelle qu'elle soit; il n'y a donc aucun danger à leur permettre de passer outre lorsque l'opposition est manifestement illégale.

Au surplus, cette question n'a pas un très grand intérêt pratique, car, comme on l'a dit au *Rép.* n° 302, le seul fait qu'un mariage aurait été célébré malgré l'existence d'une opposition n'entraînerait pas la nullité de ce mariage, si d'ailleurs il réunissait les conditions nécessaires à sa validité (Aubry et Rau, t. 5, § 456, p. 38).

154. La jurisprudence est aujourd'hui fixée en ce sens que le tribunal du domicile élu par l'opposant dans l'acte d'opposition est compétent pour connaître de la demande en mainlevée de l'opposition (V. *Rép.* n° 305; Req. 5 juill. 1859, aff. de Rainneville, D. P. 59. 1. 316; Paris, 26 déc. 1859, aff. Souchon, D. P. 60. 5. 233; Trib. Seine, 10 janv. 1872, aff. Tourmal, D. P. 72. 3. 40; Bourges, 19 févr. 1872, aff. Maire, D. P. 72. 5. 315; Rouen, 13 nov. 1878) (1). On peut seulement se demander si ce tribunal est seul com-

---

(1) (Dupont C. Dupont). — Le 17 août 1878, le tribunal civil du Havre a rendu le jugement suivant : — « Attendu qu'aux termes de l'art. 176 c. civ., tout acte d'opposition à mariage doit notamment contenir élection de domicile dans le lieu où le mariage devra être célébré, et ce, à peine de nullité; que le législateur, en édictant cette disposition, n'a eu évidemment d'autre but que de donner au futur époux contre lequel l'opposition est dirigée la faculté d'assigner l'opposant devant le tribunal du domicile élu; qu'autrement, on ne comprendrait pas que l'acte d'opposition dût contenir cette élection de domicile à peine de nullité; — Attendu, d'ailleurs, que, d'après les art. 177 et 178 du même code, le tribunal de première instance doit prononcer dans les dix jours sur la demande en mainlevée, et, s'il y a appel, il doit être statué dans les dix jours de l'acte d'appel; qu'il résulte donc de l'ensemble des dispositions précitées, des motifs qui les ont déterminées, que la demande en mainlevée d'opposition au mariage peut être portée devant le tribunal du domicile élu; qu'il y a lieu, en conséquence, de rejeter le déclinatoire d'incompétence proposé; — Attendu que la dame Dupont n'a pas constitué avoué sur le défaut profit-joint; que c'est le cas de donner contre elle itératif défaut; — ... Rejette le déclinatoire d'incompétence proposé par Dupont père; se déclare

pétent, et si la demande ne pourrait pas être portée devant le tribunal du domicile de l'opposant. L'arrêt de la cour de cassation précité semble considérer la compétence du tribunal du domicile élu comme imposée par la loi. Cependant l'élection de domicile est évidemment exigée, dans l'intérêt de celui qui doit demander la mainlevée, et non pas contre lui. C'est pourquoi nous pensons que la demande peut être portée soit devant le tribunal du domicile élu, soit devant le tribunal du domicile réel de l'opposant, au choix du demandeur (V. en ce sens, *Rép.* n° 306; Aubry et Rau, t. 5, § 457, p. 39; Baudry-Lacantinerie, t. 1, n° 492; Huc, t. 2, n° 120). Si même l'opposant avait omis d'élire domicile dans le lieu où le mariage doit être célébré, comme le prescrit l'art. 176 c. civ., cette omission ne devrait pas priver le futur époux du droit de porter sa demande devant le tribunal de ce lieu (Aubry et Rau, *loc. cit.*).

155. La demande en mainlevée peut-elle être formée avant l'expiration du délai d'un mois qui doit s'écouler, aux termes des art. 152 et 153 c. civ., entre le dernier acte respectueux et la célébration du mariage? Cette question, au *Rép.* n° 310, a été résolue négativement. Mais la jurisprudence semble se prononcer pour l'opinion contraire; de nouveaux arrêts ont décidé que la demande en mainlevée peut être introduite aussitôt après l'opposition (Paris, 18 janv. 1873, aff. De la Moskowa, D. P. 73. 2. 40; Amiens, 2 juin 1879 (1). V. dans le même sens : Demolombe, t. 3, n° 166; Massé et Vergé sur Zachariæ, t. 1, p. 196; Aubry et Rau, t. 5, § 457, p. 39).

SECT. 4. — JUGEMENT DE L'OPPOSITION. — DÉLAI (*Rép.* n° 312 à 329).

156. La demande en mainlevée d'une opposition à mariage doit être jugée dans un très bref délai. D'après l'art. 177 c. civ., le tribunal doit statuer, sinon définitivement, du moins préparatoirement, dans les dix jours, et, s'il y a appel du jugement, l'art. 178 veut que la cour prononce aussi dans les dix jours. Ces délais, comme on l'a dit au *Rép.* n° 312, sont établis en faveur de l'enfant demandeur en mainlevée ; lui seul, par conséquent, peut s'en prévaloir, et leur inobservation n'entraîne pas péremption de la demande (Laurent, t. 2, n° 403). Mais les juges qui refuseraient de s'y conformer pourraient être pris à partie (Huc, t. 2, n° 122).

157. De ce que la demande en mainlevée doit être jugée avec célérité, il résulte que le tribunal ne peut, en principe, ordonner de sursis, à moins que l'opposition ne soit fondée sur la démence du futur époux et qu'il n'y ait lieu d'attendre le résultat d'une instance en interdiction. Ainsi, il a été décidé que les juges n'ont pas le pouvoir d'ordonner à l'enfant, demandeur en opposition, de se retirer pendant trois mois chez son père ou dans une maison tierce où son père pourrait le voir et lui apporter ses conseils (Civ. cass. 8 déc. 1856, aff. Dantoine de Taillas, D. P. 56. 1. 434 ; Amiens, 8 juin 1869, aff. Bataille, D. P. 71. 2. 27. V. toutefois en sens contraire les arrêts cités au *Rép.* n° 322).

Même dans le cas où l'opposition est fondée sur l'état de démence de l'enfant, les juges apprécient souverainement s'il convient de faire droit à la demande de sursis formée par l'opposant à l'effet de provoquer l'interdiction du futur époux (Req. 30 juin 1879, aff. Thénaisie, D. P. 80. 1. 135. — V. *suprà*, n° 137).

Le juge, avant de statuer sur la demande en mainlevée de l'opposition, peut-il ordonner la comparution du demandeur en chambre du conseil? V. *suprà*, n° 81.

158. Le jugement ou l'arrêt qui accorde par défaut la mainlevée de l'opposition au mariage est susceptible d'opposition (V. *Rép.* n° 316, et les arrêts cités ci-après). — Il a été décidé que le jugement ou arrêt par défaut qui ordonne à un maire de célébrer le mariage n'est pas réputé exécuté par la signification qui en est faite au maire, avec sommation de célébrer le mariage (Req. 2 déc. 1851, aff. Maire de Paimbœuf, D. P. 52. 1. 81).

En prononçant la mainlevée de l'opposition, les juges peuvent-ils ordonner l'exécution provisoire de leur décision, nonobstant opposition ou appel ? Non (Paris, 1er juin 1872, aff. de Campaigne, D. P. 73. 2. 55 ; Besançon, 20 janv. 1874, aff. de Beulmont, D. P. 74. 2. 112);... à moins qu'une première opposition n'ait été déjà écartée comme mal fondée ou comme émanant d'une personne sans qualité pour la faire (Lyon, 13 févr. 1828, *Rép.* n° 318 ; Demolombe, t. 3, n° 176 ; Aubry et Rau, t. 5, § 457, p. 41).

159. Le pourvoi en cassation contre l'arrêt qui a donné mainlevée de l'opposition est-il suspensif? La doctrine, d'accord avec la jurisprudence, se prononce unanimement aujourd'hui pour la négative (*Rép.* n° 318 ; Demante, t. 1, n° 255 *bis*, II ; Aubry et Rau, t. 5, § 457, p. 40 ; Laurent, t. 2, n° 404 ; Baudry-Lacantinerie, t. 1, n° 492; Huc, t. 2, n° 122). Jugé, en ce sens, que lorsqu'une opposition au mariage a été rejetée par un arrêt contre lequel l'opposant s'est pourvu en cassation, le président du tribunal, jugeant en état de référé, peut ordonner que, malgré les défenses faites à l'officier de l'état civil par la partie qui a formé le pourvoi, il sera passé outre à la célébration du mariage (Rouen, 7 déc. 1859, aff. Manchon, D. P. 61. 5. 308) ;... et que l'assignation en référé, à l'effet d'obtenir mainlevée des défenses dont il s'agit, est valablement donnée à l'opposant au domicile par lui élu dans son acte d'opposition (Même arrêt).

160. Mais si l'arrêt qui a fait mainlevée de l'opposition vient à être cassé, le mariage célébré sera-t-il nul? Cette question reste controversée dans la doctrine. L'opinion de Marcadé, d'après laquelle la célébration du mariage devrait alors être tenue pour non avenue, a été de nouveau défendue par MM. Aubry et Rau, t. 5, § 457, p. 40, note 10, et elle est adoptée par M. Baudry-Lacantinerie, t. 1, n° 492. Cette opinion est combattue au *Rép.* n° 319. Nous persistons à la considérer comme inadmissible. C'est un principe certain que le fait seul de l'existence d'une opposition non encore levée ne peut entraîner la nullité du mariage célébré au mépris de cette opposition, s'il n'existait pas d'empêchement dirimant à ce mariage (V. *suprà*, n° 153). Or, la cassation de l'arrêt qui avait fait mainlevée de l'opposition n'a pas pour effet de donner plus de force à cette opposition ; elle remet simplement les choses en l'état où elles étaient avant l'arrêt de mainlevée, et, par conséquent, le mariage célébré après cet arrêt doit être assimilé au mariage qui aurait été célébré avant; il ne peut avoir ni plus ni moins de valeur. On objecte que « la cassation met à néant l'arrêt cassé et tout ce qui a pu être fait en exécution de cet arrêt ». Cela est vrai, en ce sens seulement que la cassation anéantit la mainlevée de l'opposition, qui était le seul effet de l'arrêt. Mais la célébration du mariage n'est pas, à proprement parler, l'exécution de l'arrêt de mainlevée, car un arrêt n'est pas nécessaire pour qu'un mariage soit célébré (V. en ce

compétent; retient la cause; renvoie l'affaire au 29 août présent mois, pour conclure au fond, etc. ». — Appel par Dupont père. — Arrêt par défaut. — Opposition.

LA COUR; — Adoptant les motifs des premiers juges ; — Déclare mal fondée l'opposition formée par Dupont père à l'arrêt par défaut contre lui rendu le 20 septembre dernier ; — Rejette cette opposition; — Ordonne que ce dont est appel sortira effet; — Condamne Dupont père aux dépens, etc.

Du 13 nov. 1878.-C. de Rouen, 1re ch.-MM. Neveu-Lemaire, 1er pr.-Rayeraud, av.-gén.-Marais, av.

(1) (Lehérissé C. Lehérissé.) — LA COUR ; — Considérant que l'autorité paternelle, si respectable qu'elle soit, ne peut obtenir l'appui des décisions judiciaires, en dehors des limites que lui assigne la volonté clairement exprimée du législateur ; — Considérant que l'opposition formée par les époux Lehérissé, le 28 déc. 1878, au mariage en vue duquel leur avait été notifiée, le 4 dudit mois, un acte respectueux, a ouvert pour Adolphe Lehérissé le droit d'introduire immédiatement une demande en mainlevée; que le texte de l'art. 153 c. civ. ne spécifie, sur ce point, aucune dérogation aux règles ordinaires, et qu'en saisissant un tribunal de l'examen de leurs griefs, avant l'expiration du délai fixé par ledit article, les ascendants ne sauraient être admis à exciper de ce délai dans une procédure dont l'existence est absolument étrangère aux prévisions de la disposition légale, qui se borne à autoriser la célébration du mariage, un mois après un acte respectueux non suivi de consentement ; — Par ces motifs; — Confirme, etc.

Du 2 juin 1879.-C. d'Amiens, 1re ch.-MM. de Cassières, pr.-Detourbet, av. gén.-Lecomte et Havard, av.

sens, outre les auteurs cités au *Rép.* n° 319, Laurent, t. 2, n° 405; Huc, t. 2, n° 122).

161. Lorsqu'une opposition a été annulée pour vice de forme, peut-elle être renouvelée? Contrairement à l'opinion exprimée au *Rép.* n° 326, l'affirmative prévaut dans la doctrine. « On ne trouve, disent MM. Aubry et Rau, t. 5, § 457, p. 41, note 12, aucune disposition qui attache au rejet pour vice de forme d'une première opposition, la déchéance de la faculté de la renouveler; et les principes généraux sur l'autorité de la chose jugée repoussent une pareille conséquence. Ce système, on ne saurait le méconnaître, peut donner lieu à de graves abus, à des retards préjudiciables, que la loi a précisément cherché à prévenir. Mais, en l'absence d'un texte positif, il ne saurait être permis de restreindre l'exercice d'une faculté légale, à raison des abus que cet exercice peut entraîner » (V. dans le même sens, Laurent, t. 2, n° 406).

162. Si, au lieu d'être annulée pour vice de forme, l'opposition a été déclarée non recevable pour défaut de qualité de la part de son auteur, le même opposant pourra-t-il la réitérer? Non, car il y a chose jugée. La seconde opposition, dont, il est vrai, l'officier de l'état civil n'est pas juge et qui, par conséquent, pourra bien encore retarder le mariage, devra être rejetée sans nouvel examen; et le tribunal pourra même ordonner, s'il en est requis, l'exécution provisoire de son jugement (Lyon, 13 févr. 1828, *Rép.* n° 318; Aubry et Rau, t. 5, § 457, p. 41).

163. Enfin, si l'opposition a été rejetée comme mal fondée, quel sera l'effet d'une seconde opposition formée par la même personne? Les auteurs sont très divisés sur cette question. Suivant les uns, la seconde opposition pourra bien être repoussée par l'exception de chose jugée, lorsqu'elle sera fondée sur la même cause que la première; mais, si elle repose sur une autre cause, elle est recevable et doit être appréciée (Demolombe, t. 3, n° 176, Laurent, t. 2, n° 406). Suivant d'autres, au contraire, l'exception de chose jugée est opposable dans tous les cas; les divers empêchements que l'opposant peut invoquer ne doivent être considérés que comme des moyens susceptibles de faire maintenir son opposition; s'il a négligé quelqu'un de ces moyens une première fois, il n'en a pas moins épuisé son droit (V. *Rép.* n° 328; Aubry et Rau, t. 5, § 457, p. 42, note 15).

Mais, le rejet de l'opposition formée par une personne n'est point un obstacle à l'opposition ultérieure d'une autre personne (Aubry et Rau, t. 5, § 457, p. 41).

SECT. 5. — DES DOMMAGES-INTÉRÊTS QUI PEUVENT ÊTRE PRONONCÉS CONTRE L'AUTEUR DE L'OPPOSITION (*Rép.* n°s 330 et 331).

164. Lorsque l'opposition est rejetée, les opposants, dit la loi, autres néanmoins que les ascendants, pourront être condamnés à des dommages-intérêts (c. civ. art. 179) (V. *Rép.* n° 330). Il a été jugé que l'opposition au mariage formée par une partie qui n'avait pas qualité pour la faire, doit, en principe, entraîner contre l'opposant une condamnation à des dommages-intérêts (Paris, 28 juin 1872, aff. de Campaigno, D. P. 73. 2. 55).

165. L'auteur d'une opposition à mariage peut-il être condamné à des dommages-intérêts non seulement envers la partie au mariage de laquelle l'opposition a été formée, mais encore envers la personne que cette partie devait épouser? Une opposition mal fondée, en retardant le mariage, peut le faire manquer; c'est ce qui arrivera, notamment si celui contre lequel l'opposition est dirigée vient à mourir avant qu'elle ne soit levée. En pareil cas, la personne avec laquelle le défunt devait se marier pourra éprouver, dans certaines circonstances, un réel préjudice. Le préjudice serait encore plus grand pour les enfants que le mariage aurait légitimés. Si la loi admet que l'opposition peut être une cause de dommages-intérêts en faveur de l'un des futurs conjoints, nous ne voyons pas pourquoi on refuserait à l'autre futur le droit d'obtenir également la réparation du préjudice que l'opposition lui a causé. — Jugé pourtant que le rejet de l'opposition formée pour cause de démence au mariage d'un frère, qui est décédé avant qu'il ait été statué sur son interdiction, n'autorise pas la femme avec laquelle il devait se marier à réclamer des dommages-intérêts à l'opposant, alors d'ailleurs que l'opposition, inspirée par un sentiment d'affection désintéressée, était justifiée par la faiblesse d'esprit du défunt (Bourges, 7 août 1872, aff. Lechelon, D. P. 73. 2. 105. Mais V. les observations en sens contraire sous cet arrêt).

CHAP. 5. — De la célébration du mariage
(*Rép.* n°s 332 à 385).

SECT. 1re. — DES PUBLICATIONS ET AFFICHES
(*Rép.* n°s 333 à 349).

166. Le mariage doit être précédé de deux publications faites à huit jours d'intervalle (c. civ. art. 63). Il ne peut être célébré avant le troisième jour depuis et non compris celui de la seconde publication (c. civ. art. 64). Mais le procureur de la République de l'arrondissement dans lequel les futurs époux doivent contracter mariage peut, pour des causes graves, dispenser de la seconde publication (V. *Rép.* n° 337). — On s'est demandé après quel délai peut avoir lieu le mariage lorsqu'il y a dispense de la seconde publication. Il est aujourd'hui généralement admis que le mariage peut alors être célébré le troisième jour après la première publication, mais non plus tôt (V. *Rép.* n° 341; Aix, 18 août 1870, aff. Granoux, D. P. 71. 2. 249; Aubry et Rau, t. 5, § 465, p. 105; Laurent, t. 2, n° 423; Huc, t. 2, n° 87). Jugé, toutefois, qu'alors même qu'un mariage, pour lequel il a été accordé une dispense de la seconde publication, a été célébré avant le troisième jour à partir de la première, ce mariage peut néanmoins être déclaré valable s'il s'est écoulé entre la publication et la célébration un délai suffisant pour que les oppositions aient pu se produire (Arrêt précité du 18 août 1870).

167. Où les publications doivent-elles être faites? Elles doivent, d'abord, avoir lieu dans les communes où chacun des futurs époux a son domicile réel (c. civ. art. 166). Il en est ainsi alors même que les futurs époux auraient l'intention de contracter mariage dans une commune où l'un d'eux a six mois de résidence. Mais, dans ce cas, les publications doivent aussi se faire dans cette commune. Enfin, si le mariage doit être célébré dans une commune où l'un des futurs a transporté son domicile réel, mais où il ne réside pas depuis six mois, il est encore nécessaire de faire des publications dans la commune de l'ancien domicile (c. civ. art. 167 combiné avec art. 74). Telles sont les solutions auxquelles on s'est arrêté au *Rép.* n° 343; elles sont admises aujourd'hui par la généralité des auteurs (Aubry et Rau, t. 5, § 465, p. 103; Laurent, t. 2, n° 420; Baudry-Lacantinerie, t. 1, n° 467; Huc, t. 2, n° 89). — M. Mersier, *Traité des actes de l'état civil*, n° 284, soutient toutefois que, si les publications faites à la résidence de six mois ne suffisent jamais et doivent être complétées pas des publications au domicile réel, celles faites à ce domicile suffisent toujours, quand même le futur époux n'y a pas six mois de résidence. Quoi qu'il en soit, il a été jugé que le défaut de publications à la mairie du domicile de l'un des contractants n'est pas une cause de nullité du mariage célébré devant l'officier de l'état civil du domicile de l'autre époux, où les publications ont été régulièrement faites (Civ. rej. 15 juin 1887, aff. De Cibeins, D. P. 88. 1. 412).

168. D'après l'art. 168 c. civ., si les parties contractantes, ou l'une d'elles, sont, relativement au mariage, sous la puissance d'autrui, les publications seront encore faites à la municipalité du domicile de ceux sous la puissance desquels elles se trouvent. Ainsi qu'on l'a dit au *Rép.* n° 345, on doit considérer comme étant sous la puissance d'autrui, quant au mariage, ceux-là seulement qui ne peuvent se marier sans le consentement de leurs ascendants ou du conseil de famille; les filles, après l'âge de vingt et un ans, et les fils, après l'âge de vingt-cinq ans, ne sont donc pas tenus de faire des publications au domicile de leurs ascendants (V. en sus des auteurs cités au *Rép.* n° 345, Aubry et Rau, t. 5, § 465, p. 103, note 2; Laurent, t. 2, n° 421; Baudry-Lacantinerie, t. 1, n° 462).

169. Dans le cas où c'est le conseil de famille qui doit consentir au mariage, on décide généralement que les publications doivent être faites, non pas au domicile de chacun des membres du conseil, mais seulement au lieu où ce conseil doit se réunir (*Rép.* n° 346). MM. Aubry et Rau, t. 5, § 465, p. 104, disent, peut-être plus exactement : au lieu où le futur époux mineur avait son domicile lorsque la tutelle s'est ouverte. C'est, en effet, dans ce lieu que doivent être convoqués tous les conseils de famille dont la réunion peut être nécessaire pendant la durée de la tutelle (V. *infrà*, v° *Minorité-tutelle-émancipation*). — Suivant M. Laurent, t. 2, n° 422, l'art. 168 c. civ. ne serait pas applicable ici, et il suffit des publications qui doivent se faire au domicile et, s'il y a lieu, à la résidence du futur époux, en vertu des art. 166 et 167. Mais, lorsque le futur époux est majeur, tout en ayant besoin du consentement du conseil de famille pour se marier, son domicile et sa résidence peuvent être très éloignés du lieu où doit se réunir le conseil de famille ; les publications prescrites par l'art. 168 c. civ. ont donc alors leur raison d'être.

170. Un décret du 23 déc. 1870, rendu à Bordeaux par la délégation du gouvernement de la Défense nationale, a décidé que, pendant la durée de la guerre, si les publications exigées par les art. 63, 64 et 168 c. civ. ne pouvaient être faites aux domiciles indiqués par les art. 166, 167 et 168, ou s'il n'était pas possible de produire la preuve qu'elles avaient eu lieu, la déclaration de cette impossibilité serait faite dans l'acte de mariage par les futurs conjoints et par les personnes dont le consentement est requis (D. P. 71. 4. 13).

171. Comme nous l'avons déjà dit *suprà*, n° 69, des décrets du 28 juin 1877, du 27 janv. 1883 et du 29 janv. 1890 permettent au conseil du gouvernement colonial de la Nouvelle-Calédonie et des établissements français de l'Océanie, de la Cochinchine, du Cambodge, de l'Annam et du Tonkin, de dispenser les Français ou même toute personne résidant dans ces colonies ou pays de protectorat des publications qui devraient être faites en Europe.

A la Guyane française, lorsqu'il s'agit du mariage des étrangers immigrants d'origine inconnue ou appartenant à des pays dans lesquels la famille civile n'est pas constituée, les publications faites avec l'autorisation du gouverneur et affichées seulement devant la porte du bureau de l'état civil sont suffisantes, dans tous cas, pour la régularité du mariage (Décr. 14 juin 1861, art. 3, D. P. 61. 4. 110).

SECT. 2. — DE LA REMISE DES PIÈCES (*Rép.* n°s 350 à 362).

172. Les parties qui veulent contracter mariage doivent remettre diverses pièces à l'officier de l'état civil (V. *Rép.* n°s 350 et suiv.). On a expliqué au *Répertoire* quelles pièces sont nécessaires, suivant les circonstances; il suffira de les énumérer ici, en renvoyant aux numéros du *Répertoire* ou du *Supplément* où il en a été traité.

1° *L'acte de naissance de chacun des futurs époux* (*Rép.* n° 350). — Prévoyant le cas où les parties seraient dans l'impossibilité de se procurer leur acte de naissance, la loi permet d'y suppléer par un acte de notoriété délivré par le juge de paix du lieu de la naissance ou du domicile. Cet acte de notoriété doit être homologué par le tribunal (V. *Rép.* n°s 350 et suiv.). Exceptionnellement, pendant la durée de la guerre de 1870-1871, le décret du 23 déc. 1870 cité *suprà*, n° 170, avait statué que l'acte de notoriété dont il s'agit pourrait être délivré par le juge de paix de la résidence de l'un des conjoints (D. P. 71. 4. 13). — V. aussi, pour les mariages qui ont lieu dans certaines colonies, *suprà*, n° 69.

173. — 2° *L'acte constatant le consentement des ascendants ou du conseil de famille* (*Rép.* n° 354. V. *suprà*, n°s 53 et suiv.). — Cet acte n'est pas nécessaire, lorsque les ascendants doivent être présents au mariage (V. *suprà*, n° 61). Il doit être remplacé par le procès-verbal des actes respectueux qui ont dû être faits, dans le cas où les ascendants refusent leur consentement au futur époux majeur quant au mariage (*Rép.* n° 355. V. *suprà*, n°s 71 et suiv.). — Si les parents qui devraient consentir ou auxquels il serait nécessaire de faire des actes respectueux sont morts ou dans l'impossibilité de manifester leur volonté, les futurs époux doivent produire les actes qui constatent le décès, l'absence ou l'aliénation mentale (*Rép.* n°s 355 et suiv. — V. *suprà*, n°s 55 et suiv.).

174. — 3° *Les certificats des publications faites en dehors de la commune où le mariage doit être célébré* (*Rép.* n° 358. — V. *suprà*, n°s 167 et suiv.). Ces certificats doivent attester qu'aucune opposition ne s'est produite. (Pour le mariages qui ont lieu dans les colonies, V. *suprà*, n° 171).

175. — 4° *L'acte ou le jugement portant mainlevée de l'opposition, s'il en a été formé* (V. *suprà*, n°s 156 et suiv.; — *Rép.* n°s 303 et suiv., 314 et suiv.).

176. — 5° *Une expédition authentique des dispenses d'âge, de parenté ou d'alliance, dans les cas où ces dispenses sont nécessaires* (V. *suprà*, n°s 31, 121 et suiv.; — *Rép.* n°s 47, 246 et suiv.).

177. — 6° *L'acte de décès du précédent conjoint ou l'acte de transcription du jugement de divorce, lorsque le futur époux a été déjà marié antérieurement* (V. *suprà*, n°s 106 et suiv., et v° *Divorce et séparation de corps*, n° 540; — *Rép.* n°s 215 et suiv., 358). — Pour les mariages qui ont lieu dans les colonies, V. *suprà*, n° 69.

178. — 7° *La permission de contracter mariage donnée par les supérieurs militaires, lorsque le futur époux appartient à l'armée de terre ou de mer* (V. *suprà*, n°s 95 et suiv.; — *Rép.* n°s 197 et suiv.).

179. — 8° *Le certificat exigé par l'art.* 1394, § 3, *c. civ., lorsqu'il a été fait un contrat de mariage* (V. *Rép.* v° *Contrat de mariage*, n° 275, et *suprà*, eod. v°, n° 62).

180. — 9° *Si l'un des futurs est étranger, un certificat des autorités du lieu de sa naissance ou de son dernier domicile dans sa patrie, constatant qu'il est apte à contracter mariage avec la personne qu'il se propose d'épouser* (V. *Rép.* n° 358). — Pour les mariages qui ont lieu dans les colonies, V. *suprà*, n° 69.

181. En ce qui concerne les pièces nécessaires au mariage des indigents, la loi du 10 déc. 1850 (D. P. 51. 4. 9) a accordé des facilités spéciales et des exemptions de droits de timbre, d'enregistrement, de greffe, de sceau, etc. (V. *Rép.* n°s 360 et suiv. — V. aussi la circulaire du ministre de la justice du 29 mars 1851, D. P. 51. 3. 30).

SECT. 3. — DE LA CÉLÉBRATION DU MARIAGE (*Rép.* n°s 363 à 385).

182. Où le mariage peut-il être célébré? Il est assez étrange, comme on l'a remarqué (Valette, *Explication sommaire du livre 1er du code napoléon*, p. 91), qu'après tant d'années écoulées depuis la promulgation du code, cette question soit encore controversée. Il est vrai que la controverse ne paraît guère exister que dans la doctrine, car jusqu'ici cette question n'a pas suscité de difficultés dans la jurisprudence.

D'après l'opinion que l'on a adoptée au *Rép.* n° 364, le mariage peut être célébré, au gré des futurs époux, soit dans la commune où l'un d'eux a son domicile réel, soit dans celle où l'un ou l'autre a résidé d'une manière continue depuis au moins six mois. Cette opinion est celle de la majorité des commentateurs (V. en sus des autorités citées au *Rép.* n° 364 : Aubry et Rau, t. 5, § 466, p. 106, note 1; Baudry-Lacantinerie, t. 1, n°s 465 et suiv.; Huc, t. 2, n° 91). Mais elle a été très vivement combattue par plusieurs auteurs, et en dernier lieu par M. Laurent, t. 2, n°s 412 et suiv. (V. aussi Demante, t. 1, n° 228 *bis*, I; Mersier, *Traité des actes de l'état civil*, n°s 162 et suiv.). On soutient qu'il est indispensable, pour que le mariage puisse être célébré dans une commune, que l'un ou l'autre époux y ait acquis un domicile matrimonial par une résidence continue d'au moins six mois, et que, par conséquent, la célébration du mariage ne peut pas avoir lieu au domicile réel de l'un des époux, si cet époux n'y réside pas depuis six mois. On invoque à l'appui de ce système, tout à la fois, le texte et l'esprit de la loi. L'argument de texte est tiré de l'art. 74, aux termes duquel le domicile, quant au mariage, s'établira par six mois d'habitation continue dans la même commune. Mais cette disposition, comme on l'a déjà expliqué au *Rép. loc. cit.*, ne doit pas être interprétée isolément. La première phrase de l'art. 74 déclare d'abord que le mariage sera célébré dans la commune où l'un des deux époux aura son domicile, et l'art. 165 reproduit cette règle. Si la loi ajoute, dans l'art. 74, que le domicile quant au mariage s'établira par six mois d'habitation continue dans la même commune, rien ne prouve qu'elle entend par là restreindre la première disposition; il est même plus probable qu'elle veut, au contraire, l'étendre en facilitant l'acquisition d'un domicile spécial pour le mariage, permettre de se marier, non seulement là où l'on est réellement domicilié, mais encore là où l'on réside depuis six mois. — Cette interprétation nous paraît la seule admissible, surtout si l'on considère qu'elle est d'accord, en même temps avec l'ancien droit et avec la législation en vigueur au moment de la confection du code (V. *Rép.* n° 365). Enfin l'objection qu'on a prétendu tirer de l'esprit de la loi, du désir du législateur d'entourer le mariage de la plus grande publicité possible, n'a aucune portée. Suivant M. Laurent, n° 415, le législateur aurait voulu que « le mariage soit célébré à la résidence où les futurs époux sont nécessairement connus, plutôt qu'au domicile où peut-être personne ne les connaît ». Mais pourquoi les futurs époux seraient-ils mieux connus dans un lieu où l'un d'eux réside depuis six mois que là où ils ont leur domicile réel, c'est-à-dire le plus souvent leur famille et leurs intérêts? Ce système, que l'on présente comme imposé par le texte formel de la loi, ne repose donc, en réalité, sur aucune raison sérieuse, et il aboutit à cette conséquence étrange que celui qui s'est absenté pendant plus de six mois de son domicile doit de nouveau y résider pendant six mois pour pouvoir y contracter mariage, ou encore que celui qui change de domicile ne peut se marier, pendant six mois, ni dans son ancien domicile, parce qu'il n'y réside plus, ni dans le nouveau, parce qu'il n'y est pas depuis six mois. Pour faire admettre de telles règles, il serait besoin, en effet, d'un texte formel; mais ce texte n'existe nullement.

Au surplus, la possibilité de célébrer le mariage dans la commune où l'une des parties a son domicile réel, lors même qu'elle n'y compte pas six mois de résidence, a été, en quelque sorte, consacrée législativement en 1871. Plusieurs membres de l'Assemblée nationale avaient cru devoir alors déposer un projet de loi ayant pour but d'autoriser les Alsaciens-Lorrains qui avaient opté pour la nationalité française et avaient par suite transporté leur domicile en France, à contracter mariage dans leur nouveau domicile avant l'expiration du délai de six mois. Ce projet de loi fut renvoyé à une commission; mais celle-ci reconnut qu'il était inutile, attendu que le mariage peut avoir lieu au domicile réel, alors même qu'on n'y a pas une résidence de six mois, et cette interprétation fut ratifiée par l'Assemblée (Circ. min. just. 21 déc. 1871, D. P. 72. 3. 16).

183. Quant aux mineurs, on a admis au *Rép.* n° 366, qu'ils peuvent se marier là où ils ont leur domicile réel, c'est-à-dire au domicile de leur père ou tuteur, et aussi là où leur père ou tuteur a une résidence continue de six mois. Il y a lieu, en effet, de les faire bénéficier de la facilité accordée par la loi pour l'acquisition du domicile quant au mariage. M. Laurent, t. 2, n° 417, fidèle à son système (V. *suprà*, n° 182), soutient qu'ils peuvent seulement se marier dans le lieu où ils résident eux-mêmes en fait depuis six mois. Que la célébration de leur mariage soit possible là également, on peut à la rigueur l'admettre, car il est conforme à l'esprit de la loi, qui est favorable au mariage, d'étendre plutôt que de restreindre les facilités qu'elle donne pour le contracter. Mais est-il raisonnable de prétendre qu'un mineur est incapable de se marier au domicile de son père ou de son tuteur, parce qu'il n'y réside plus depuis six mois?

184. La question de savoir si une personne a son domicile dans un certain lieu, de manière à pouvoir y contracter mariage, est appréciée souverainement par les juges du fond (Civ. rej. 15 juin 1887, aff. de Cibeins, D. P. 88. 1. 412. Comp. *suprà*, v° *Domicile*, n° 12).

185. C'est l'officier de l'état civil du lieu où le mariage doit être célébré qui est compétent pour procéder à la célébration (c. civ. art. 165) (*Rép.* n° 367). Les fonctions d'officier de l'état civil font partie des attributions du maire (V. *suprà* v° *Acte de l'état civil*, n° 14).

D'après l'art. 82 de la loi sur l'organisation municipale du 5 avr. 1884, le maire peut, sous sa surveillance et sa responsabilité, déléguer, par arrêté, une partie de ses attributions à un ou à plusieurs de ses adjoints, et en l'absence ou en cas d'empêchement des adjoints, à des membres du conseil municipal; ces délégations subsistent tant qu'elles ne sont pas rapportées. Le mariage peut ainsi être célébré soit par le maire, soit par un adjoint délégué par lui, soit même, en cas d'absence ou d'empêchement des adjoints, par un membre du conseil municipal, également délégué par le maire. L'art. 84 de la loi du 5 avr. 1884 dispose, en outre, qu'en cas d'absence, de suspension, de révocation ou de tout autre empêchement, le maire est provisoirement remplacé dans la plénitude de ses fonctions par un adjoint dans l'ordre des nominations, et, à défaut d'adjoint, par un conseiller municipal désigné par le conseil, sinon pris dans l'ordre du tableau. Dans les cas prévus par cet article, les fonctions d'officier de l'état civil, et par conséquent le pouvoir de célébrer le mariage sont donc dévolus de plein droit à l'adjoint ou au conseiller municipal appelé à remplacer le maire (V. *suprà*, v° *Actes de l'état civil*, n° 15).

186. Sous l'empire de la loi du 18 juill. 1837, qui a été abrogée et remplacée par la loi du 5 avr. 1884, le maire pouvait déjà déléguer une partie de ses fonctions à ses adjoints, et, « en l'absence de ceux-ci, disait la loi (art.14), à ceux des conseillers municipaux qui sont appelés à en faire les fonctions ». Il résultait de ce texte que les fonctions d'officier de l'état civil, comme toutes les autres attributions du maire, ne pouvaient être déléguées aux membres du conseil municipal que dans l'ordre où ces membres étaient appelés à suppléer le maire et ses adjoints, c'est-à-dire dans l'ordre du tableau dressé d'après le nombre des suffrages obtenus par eux. La délégation faite par le maire sans observer cet ordre était donc irrégulière (V. *suprà*, v° *Acte de l'état civil*, n°s 16 et suiv.). Des mariages qui avaient été célébrés à Montrouge par un membre du conseil municipal ainsi délégué irrégulièrement furent attaqués par le ministère public, et le tribunal de la Seine, par jugement du 23 févr. 1883 (D. P. 83. 2. 54), les annula comme n'ayant pas été célébrés par un officier de l'état civil légalement institué. Mais le jugement rendu par le tribunal de la Seine, ayant été déféré à la cour de cassation dans l'intérêt de la loi, fut cassé. La cour suprême, tout en constatant que la délégation avait eu lieu irrégulièrement, déclara qu'une telle irrégularité ne pouvait avoir pour effet d'entraîner la nullité des actes auxquels le conseiller municipal délégué avait concouru, dès l'instant que sa qualité de membre de la municipalité lui donnait en principe la capacité nécessaire pour remplir les fonctions d'officier de l'état civil (Civ. cass. 7 août 1883, aff. Procureur général près la cour de cass., D. P. 84. 1. 5). La cour de Paris s'est prononcée dans le même sens sur l'appel de deux époux dont le mariage avait été annulé (Paris, 20 août 1883, *suprà*, v° *Acte de l'état civil*, n° 20. V. aussi conf. Trib. de la Roche-sur-Yon, 14 mars 1883, aff. Guilbaud, D. P. 83. 2. 49). — La même difficulté ne peut plus s'élever aujourd'hui, car l'art. 82 de la loi du 5 avr. 1884 n'exige pas que les membres du conseil municipal délégués soient choisis dans l'ordre du tableau (V. *suprà*, v° *Commune*, n° 250).

En ce qui concerne le cas où le mariage a été célébré par un officier de l'état civil incompétent, V. *infrà* n°s 297 et suiv.

187. Dans l'ancien droit, le mariage ne pouvait être valablement célébré par un autre prêtre que le propre curé des parties ou de l'une d'elles qu'en vertu d'une délégation spéciale et écrite, émanée de ce curé ou de l'évêque. Mais il a été jugé que la délégation était régulière, quoique donnée « à tout prêtre approuvé par l'ordinaire », sans désignation nominative de celui auquel elle s'adressait, par cela seul qu'elle était spéciale quant au mariage à célébrer (Poitiers, 18 mai 1864, et sur pourvoi, Req. 3 août 1865, aff. Babault de Lépine, D. P. 65. 1. 470).

188. Le mariage doit, en principe, être célébré dans la maison commune (c. civ. art. 75) (*Rép.* n° 368). On reconnaît cependant qu'en cas de nécessité pressante, par exemple s'il s'agit d'un mariage *in extremis*, la célébration peut avoir lieu au domicile de l'un des futurs, pourvu que ce soit portes ouvertes et en présence des témoins exigés par la loi (Aix, 18 août 1870, aff. Granoux, D. P. 71. 2. 249; Demolombe, t. 3, n° 206; Aubry et Rau, t. 5, § 466, p. 109, note 10; Laurent, t. 2, n° 425; Baudry-Lacantinerie, t. 1, n° 468; Huc, t. 2, n° 92). Mais il a été jugé que l'officier de l'état civil qui célèbre un mariage dans sa demeure ou dans celle de l'un des futurs, sans motifs suffisants et, par exemple, à raison seulement d'une indisposition momentanée de l'une des personnes dont le concours est nécessaire pour la célébration, est passible de l'amende édictée par les art. 192 et 193 c. civ. (Trib. Langres, 5 févr. 1868, aff. d'A..., D. P. 68. 3. 88; Gand, 14 déc. 1880) (1). Jugé aussi que, dans le même cas, l'amende peut être prononcée contre les époux (Jugement précité du 5 févr. 1868).

D'après la jurisprudence, les tribunaux peuvent annuler comme clandestin un mariage qui a été célébré hors la maison commune et dans la demeure de l'un des époux, si les portes de cette demeure ne sont pas restées ouvertes pendant la célébration, et surtout si d'autres conditions imposées par la loi pour assurer la publicité du mariage n'ont pas été remplies (Agen, 28 janv. 1857, aff. Peyrusse, D. P. 57. 2. 100. V. *infrà*, n° 294). Mais, il a été jugé qu'un mariage n'est pas entaché de clandestinité, ni, par suite, de nullité, pour avoir été célébré en dehors de la mairie, si la maison dans laquelle la célébration s'est accomplie (celle de l'instituteur) est le lieu où l'officier de l'état civil a coutume de prononcer les mariages des habitants de la commune (Lyon, 10 mars 1853, aff. N..., D. P. 53. 2. 210).

189. Peut-on se marier par *procureur?* Les auteurs sont aujourd'hui unanimes pour résoudre cette question négativement; ils décident que l'officier de l'état civil ne doit procéder à la célébration du mariage qu'en présence des deux futurs; il n'y a difficulté que sur le point de savoir si la violation de cette règle entraîne la nullité du mariage; on admet généralement que le mariage est néanmoins valable. (V. *suprà*, v^is *Acte de l'état civil*, n° 51, et *Mandat*, n° 28.

190. Le mariage existe, comme on l'a expliqué au *Rép.* n° 379, dès le moment où l'officier de l'état civil a déclaré, au nom de la loi, que les parties sont unies par le mariage. L'acte, qui doit être dressé immédiatement après, n'est requis que pour la preuve. En conséquence, les irrégularités que peut contenir cet acte, par exemple, le défaut de la signature de l'une des parties ou de l'officier de l'état civil, n'entraînent pas elles-mêmes la nullité du mariage (*Rép.* n° 380; Laurent, t. 2, n° 428. Comp. Req. 26 juill. 1865, aff. Adour, D. P. 65. 1. 493).

191. La doctrine et la jurisprudence sont d'accord pour reconnaître la validité du mariage *in extremis*, qui était nul dans l'ancien droit (V. *Rép.* n° 383; Aix, 18 août 1870, aff. Granoux, D. P. 71. 2. 249). Mais le mariage ainsi célébré n'en doit pas moins réunir toutes les conditions essentielles exigées par la loi; il doit notamment être contracté en pleine connaissance et en tout liberté par le moribond. La jurisprudence a annulé, comme n'ayant pas été l'œuvre d'une volonté libre et réfléchie, un mariage *in extremis* auquel le malade s'était montré opposé pendant toute sa vie et qu'il n'avait contracté qu'une heure et demie avant sa mort, sur les instances du prêtre qui l'assistait dans ses derniers moments, alors qu'étant atteint d'une maladie cérébrale, il n'avait pu manifester son consentement que par les monosyllables *oui* et *non*, en faisant une réponse unique aux questions qui lui étaient posées successivement par l'officier de l'état civil et par le prêtre, pour le mariage civil et pour le mariage religieux (Paris, 20 mars 1872, aff. Humbert, D. P. 72. 2. 109).

192. Le mariage, dans notre législation, est parfait par sa célébration devant l'officier de l'état civil (*Rép.* n° 384). Par suite, la validité du mariage n'est pas affectée de ce que l'un des conjoints refuse, après la célébration devant l'officier de l'état civil, de se présenter à l'église pour y recevoir le sacrement (Montpellier, 4 mai 1847, aff. Roques, D. P. 47. 2. 81). Jugé aussi que le défaut de consécration religieuse et l'abstention de toute cohabitation n'ont aucune influence rétroactive sur la validité du mariage régulièrement contracté devant l'officier de l'état civil (Lyon, 10 mars 1853, aff. N..., D. P. 53. 2. 210).

193. D'après l'art. 54 de la loi du 18 germ. an 10, la bénédiction nuptiale ne peut être donnée qu'à ceux qui justifient, en bonne et due forme, avoir contracté mariage devant l'officier de l'état civil. Cette prescription est sanctionnée par les art. 199 et suiv. c. pén. qui punissent de peines pouvant aller, en cas de seconde récidive, jusqu'à la détention, tout ministre d'un culte qui procéderait aux cérémonies religieuses sans qu'il lui eût été justifié d'un acte de mariage préalablement reçu par les officiers de l'état civil (V. *Rép.* n° 384, et *suprà*, v° *Culte*, n° 109). Les mêmes règles existant en Belgique, il a été jugé dans ce pays que le ministre du culte qui procède à la célébration d'un mariage religieux sans s'être fait justifier de la célébration civile encourt les peines prononcées par les art. 199 et suiv. c. pén., même dans le cas où il s'agit du mariage d'étrangers appartenant à un pays où le mariage civil se confond avec le mariage religieux (C. cass. belge, 19 janv. 1852, aff. Grenier, D. P. 71. 5. 259). Jugé aussi que la contravention, en pareil cas, ne peut être excusée par la bonne foi de celui qui l'a commise (Même arrêt).

CHAP. 6. — Du mariage contracté par un Français en pays étranger (*Rép.* n°s 386 à 409).

194. Les Français peuvent se marier à l'étranger suivant les formes usitées dans le pays où ils contractent (c. civ. art. 170) (*Rép.* n°s 386 et suiv.). En ce qui concerne les formes des mariages contractés à l'étranger, il a été jugé : 1° que l'acte de mariage passé entre époux français en pays étranger, devant l'autorité compétente, ne peut être annulé sous prétexte que la signature du fonctionnaire qui l'a reçu n'aurait point été légalisée conformément aux prescriptions de la loi française; qu'il en est ainsi, notamment, pour un mariage célébré à l'île anglaise de la Dominique, devant le recteur de la paroisse, qui avait qualité, suivant la législation anglaise, pour procéder à la célébration (Martinique, 13 juill. 1852, et sur pourvoi, Req. 8 nov. 1853, aff. de Venancourt, D. P. 54. 1. 420); — 2° Qu'un mariage contracté en Espagne, en 1809, alors que l'institution de l'état civil n'existait pas encore dans ce pays, est valablement constaté par l'acte de célébration religieuse de ce mariage (Bastia, 7 mai 1859, aff. Castano, D. P. 60. 2. 156); — 3° Qu'un mariage contracté à Constantinople entre une Française et un protégé français, est valable s'il a été, conformément à la loi et à l'usage du pays, publiquement célébré par leur propre curé, dans leur paroisse et selon les lois de l'Eglise (Aix, 20 mars 1862, aff. Coccifi, D. P. 63. 2. 48); — 4° Qu'un mariage contracté en pays étranger ne peut être attaqué sous prétexte que l'acte de mariage ne ferait pas preuve du consentement des parents, des publications préalables, ni de la compétence de l'officier public devant lequel il a été passé, s'il est constaté que les formes exigées par la législation du pays ont été observées dans la rédaction de cet

(1) (Dhanis). — LA COUR; — Attendu qu'il est résulté des débats que le prévenu Sylvestre Dhanis, officier de l'état civil à Moerbeke, a, les 20 févr., 1er, 7 et 8 mai 1888, procédé dans sa propre maison, à la célébration de six mariages dont les actes ont été respectivement inscrits aux registres sous les n°s 3, 4, 7, 8, 9 et 10; — Attendu qu'aux termes des art. 165, 192 et 193 c. civ., combinés, l'officier de l'état civil est punissable d'une amende qui ne peut excéder 300 fr., pour toute contravention à la règle de la publicité du mariage, lors même que ces contraventions ne seraient pas jugées suffisantes pour faire prononcer la nullité du mariage; — Attendu que l'art. 75 du même code exige que le mariage soit célébré dans la maison commune, lieu qui, par sa nature et sa destination, est accessible à tous les citoyens; que cette formalité, prescrite surtout en vue de soustraire les futurs époux à toute violence ou contrainte dans l'expression de leur consentement réciproque, constitue en même temps l'un des éléments de la publicité telle qu'elle est réglée par la loi, et que son omission entraîne, dès lors, pour l'officier contrevenant, l'application de l'amende édictée par les art. 192 et 193, précités; — Attendu que, s'il résulte des travaux préparatoires du code civil que les mariages *in extremis* ne sont plus prohibés, et si, par une conséquence nécessaire, l'officier public est autorisé à se transporter dans une maison particulière à l'effet d'y célébrer l'union de deux personnes dont l'une se trouve en danger imminent de mort, l'on ne peut y voir qu'une dérogation à la règle consacrée par l'art. 75 du code civil, dérogation fondée sur des considérations d'une nature toute spéciale, et qui n'est point susceptible d'être étendue à d'autres cas non exceptés; — Attendu que le prévenu n'est point fondé à se prévaloir, en forme de justification ou d'excuse, de ce qu'aux jours fixés pour la célébration des six mariages dont il s'agit, il se trouvait, par suite d'une indisposition, dans l'impossibilité de quitter sa demeure;

Par ces motifs;

Met à néant le jugement dont appel.

Du 14 déc. 1880.-C. de Gand.-M. de Meren, *pr.*

acte, où n'ont été inscrits que les noms des époux et le jour du mariage (Colmar, 19 janv. 1860, et sur pourvoi, Req. 15 avr. 1861, aff. Seitz, D. P. 61. 1. 420); — 5° Qu'un acte de mariage dressé en 1829, au Brésil, sous l'empire de la législation portugaise, conforme aux règles du concile de Trente, peut, lorsqu'il est appuyé par la possession d'état, faire preuve d'un mariage valable, quoique cet acte soit inscrit sur une feuille volante et non signé par le célébrant (Paris, 29 avr. 1864, et sur pourvoi, Req. 26 juill. 1865, aff. Adour, D. P. 65. 1. 493); — 6° Qu'un mariage contracté par des Napolitains, à Venise, devant le curé, selon les canons du concile de Trente, alors en vigueur dans la Vénétie, est valable, quoiqu'il n'ait pas été précédé d'une promesse de mariage devant l'officier de l'état civil comme l'exigeait la loi du pays d'où les deux époux étaient originaires (le code des Deux-Siciles) (Lyon, 21 juin 1871) (1); — 7° Que les formes et le mode de preuve du mariage d'un Français à l'étranger sont régis par la loi du pays où il est contracté, alors même que, comme dans l'État de New-York, la loi n'exige aucun acte écrit, mais seulement la cohabitation et la réputation d'époux (Paris, 20 janv. 1873, aff. Dussauce, D. P. 73. 2. 59); — 8° Que l'acte de mariage dressé en Angleterre par un ministre anglican, et suffisant pour établir en Angleterre la célébration régulière du mariage, fait foi en Belgique (ou en France) (Bruxelles, 26 nov. 1875, aff. Junqua, D. P. 76. 2. 129); — 9° Qu'aux termes de la législation en vigueur dans la République Argentine, un mariage célébré *in facie Ecclesiæ* peut n'être contracté que devant deux témoins, qui ne doivent pas nécessairement être du sexe masculin (Lyon, 29 déc. 1881, aff. Gouzenne, D. P. 82. 2. 113); — 10° Que dans l'Etat de la Louisiane, dont le code de 1808 valide tout mariage contracté par des personnes pouvant et voulant exprimer un consentement, devant un ministre du culte comme devant un officier public, sans indiquer aucune forme particulière pour l'acte de célébration, l'acte constatant que le mariage a été célébré, sous l'empire de ce code, par un ministre du culte catholique, et d'ailleurs régulier, est suffisant pour attester le fait du mariage et la filiation légitime (Bordeaux, 21 déc. 1886, aff. Justamond, D. P. 87. 2. 163).

195. Dans le mêmes ordre d'idée, un arrêt a annulé le mariage contracté, en contravention de la loi étrangère, entre Français, dans le canton du Valais, dont la législation déclare nul le mariage contracté, dans ce canton, entre étrangers, sans une autorisation qui ne peut être accordée que sur la production d'un témoignage émanant des autorités compétentes de leur pays, constatant que les publications ont eu lieu et qu'aucun empêchement légal ne s'oppose au mariage (Lyon, 24 févr. 1881, aff. Dec... D. P. 81. 2. 199). — Toutefois, l'art. 170 c. civ., en exigeant que le mariage soit célébré dans les formes du pays, n'entend par là que les formalités relatives à la célébration du mariage;

---

(1) (François des Guidi *C.* Hérit. des Guidi.) — Le 28 août 1869, jugement du tribunal civil de Lyon, ainsi conçu : — « Attendu que le sieur André des Guidi a épousé, à Venise, le 11 déc. 1846, Justine Vitti dans l'église de Saint-Gervais et Protais, ainsi que cela résulte de l'acte de mariage produit aux débats ; — Attendu qu'il est constant que ce mariage a été célébré suivant les formes voulues par le concile de Trente, suivant la législation autrichienne, ayant alors force de loi dans la Vénétie ; — Attendu notamment, que, par un décret du 10 déc. 1846, les futurs époux ont été dispensés des publications par le gouvernement de la province ayant autorité pour cela ; — Qu'André des Guidi a obtenu le consentement de sa mère, celui du roi des Deux-Siciles, que ses fonctions de consul rendaient nécessaire ; — Attendu qu'il résulte, en outre, de nombreux actes et documents, la preuve qu'André des Guidi et Justine Vitti ont toujours été considérés comme époux légitimes ; notamment, par les membres de la famille, même par ceux qui pouvaient être plus sensibles à une tache d'illégitimité dans l'union d'André des Guidi et de dame Justine Vitti ; — Attendu que, parmi les actes officiels produits, sont notamment l'acte de décès d'André des Guidi, un acte de notoriété du 1er avr. 1869, un acte du 9 mars 1869, enfin deux actes de naissance des enfants nés du mariage d'André des Guidi et de Justine Vitti ; — Qu'ainsi la possession d'état a donc sanctionné la légitimité dudit mariage ; — « Attendu que François et Nicole des Guidi, néanmoins, opposent trois moyens de nullité résultant : 1° de ce que le mariage religieux n'a pas été précédé d'une promesse de mariage devant l'officier de l'état civil exigé par le code napolitain ; 2° de ce que les époux n'ont fait faire aucune publication à Naples, lieu du domicile du sieur André des Guidi ; 3° enfin de ce que, ni dans les trois mois qui ont suivi son retour à Naples, ni même à aucune époque de sa vie, André des Guidi n'a fait transcrire sur les registres civils de Naples l'acte de mariage passé à Venise ;

« Sur le premier moyen : — Attendu que la promesse de mariage devant l'officier de l'état civil est une formalité exigée, il est vrai, par la loi napolitaine, mais que, dans cette législation seule se trouve cette formalité, ainsi qu'il résulte de la concordance des codes d'Antoine de Saint-Joseph ; — Attendu que ce n'est point à Naples, mais à Venise, que le mariage a été contracté, et qu'il est certain que le code autrichien n'exigeait pas cette formalité ; — Que le mariage religieux, conformément au concile de Trente, était le mariage dans toute la plénitude de sa validité et de tous ses effets ; — Attendu qu'André des Guidi se mariant à Venise, n'était obligé d'observer que le principe *locus regit actum*, maxime écrite dans tous les codes civilisés, notamment dans l'art. 19 du code des Deux-Siciles et 360 du nouveau code italien ; — Attendu que François et Nicole des Guidi indiquent les art. 49 du code des Deux-Siciles et 360 du nouveau code italien ; — Attendu que François et Nicole des Guidi indiquent les art. 49 et 50 du code des Deux-Siciles pour les mariages à l'étranger ; — Que ces articles ne font que reproduire les art. 47 et 48 c. civ., et consacrent l'application du principe énoncé, que si André des Guidi avait voulu remplir la formalité de la promesse de mariage, il aurait dû le faire devant les agents nationaux de son pays, mais que l'accomplissement de ces formalités n'aurait pu être qu'un hommage à la loi de son pays, et non une condition de validité sur le sol vénitien ;

« Sur le deuxième moyen : — Attendu que les publications, à Naples, qui sont signalées par les demandeurs comme cause de nullité ne paraissent pas, à la vérité, avoir été faites ou que la preuve n'en est pas rapportée ; — Mais attendu que le texte du code des Deux-Siciles n'est que la reproduction presque identique de l'art. 170 c. civ., et qu'il est certain que sous l'empire de la loi française le mariage contracté à l'étranger sans publication préalable au lieu de l'origne peut être valable ou nul suivant les circonstances ; — Que la décision est abandonnée à l'appréciation des juges ; que la jurisprudence française contient de nombreuses décisions qui reconnaissent la validité du mariage sans publication, lorsque l'absence de cette formalité n'a pas eu pour but de frauder la loi et d'échapper par la clandestinité à la publicité qui est d'ordre public pour l'acte le plus important de la vie civile ; — Attendu que sur ce point la jurisprudence italienne s'est modelée sur la jurisprudence française dont l'autorité est même invoquée pour l'interprétation de la loi napolitaine ;

« Sur le troisième moyen : — Attendu que le défaut de transcription dans les trois mois du mariage est opposé comme dernier moyen de nullité ; — Attendu que, d'une part, cette transcription sur les registres de l'état civil de Naples a été faite le 9 mars 1869 ; — Que, d'ailleurs, la transcription est comme la publication l'élément de publicité exigé par la loi, pour faire connaître le mariage aux tiers ; — Que c'est surtout pour permettre à ceux-ci d'exercer leurs droits, notamment au sujet de l'hypothèque légale de la femme, d'un défaut d'autorisation maritale ou de toute autre conséquence du mariage, que la publicité par la transcription est ordonnée, mais que, comme élément constitutif de la validité du mariage il ne peut être douteux que cette formalité n'est pas opposable comme moyen de nullité ; — Que, sur cette doctrine encore, c'est la jurisprudence et les jurisconsultes français qui éclairent l'interprétation de la loi italienne dans les dispositions analogues dans les deux législations ; — Attendu que, pour la transcription comme pour les publications au pays d'origine, le pouvoir discrétionnaire des tribunaux est une condition d'appréciation des faits ; — Que pour l'application de l'art. 180 du code napolitain sur ce point, une circulaire du 23 févr. 1836, émanée du ministre de la justice, donne aux officiers de l'état civil des instructions conformes à cette doctrine, quant aux effets de la transcription et du délai exigé qui, dans tous les cas, n'est point fatal ; — Attendu donc qu'aucun des moyens de nullité n'est fondé contre la validité du mariage du sieur André des Guidi et de dame Justine Vitti ; — Que célébrée publiquement conformément aux prescriptions de la loi qui régissait les parties, connue, acceptée de tous les parents des époux, même de ceux qui en contestent la validité dans la cause, cette union ne peut descendre au rang du concubinage, ni être au moins privée de ses effets civils ; ... — Attendu que le comte Sébastien des Guidi n'a laissé en France que des meubles ; qu'il est, dès lors, incontestable que ces biens, conformément à la loi italienne, doivent être attribués tous aux enfants naturels qui, dans la cause, ne sont pas en concurrence avec les enfants légitimes ; — Par ces motifs, etc. ». — Appel par François des Guidi.

La cour ; — Adoptant les motifs des premiers juges, confirme, etc.

Du 21 juin 1871.-C. de Lyon, 1re ch.-MM. Baudrier, pr.-de Prandière, av. gén.-Dubost et Mathevon, av.

il ne comprend pas ce qui touche aux qualités et conditions qui sont requises pour se marier et qui font partie du statut personnel. En conséquence, malgré la déclaration erronée ou frauduleuse du futur sur son âge, à l'aide de laquelle il a pu contracter mariage sans le consentement de ses parents, contrairement à la législation du pays où le mariage a été contracté, le mariage n'en doit pas moins être considéré comme ayant été célébré suivant les formes usitées dans ce pays, sauf à rechercher si le défaut de consentement des père et mère le frappe de nullité (Lyon, 29 déc. 1881, aff. Gouzenne, D. P. 82. 2. 113).

196. De ce que les Français peuvent contracter mariage à l'étranger suivant les formes de la loi étrangère, on ne doit pas conclure qu'ils peuvent, dans les mêmes formes, se marier, en France, devant les agents diplomatiques étrangers; ce serait donner à la fiction d'exterritorialité de la résidence d'un ministre étranger une extension qu'elle ne comporte pas (V. *suprà*, v° *Agent diplomatique*, n° 34, et *Rép.*, v° *Consuls*, n° 61). Ainsi ont été déclarés nuls des mariages contractés en France, entre un Français et une étrangère ou *vice versa*, dans l'hôtel de l'agent diplomatique de la nation à laquelle appartenait l'une des parties et suivant les formes prescrites par la loi de cette nation (Paris, 6 avr. 1869, aff. Maire du 8e arrond. de Paris, D. P. 72. 2. 216; Trib. Seine, 2 juill. 1872) (1). — Mais un mariage contracté par deux étrangers devant l'agent diplomatique de leur pays serait valable (V. *infrà*, nos 208 et suiv.).

197. L'art. 170 c. civ. exige que le mariage contracté par un Français en pays étranger soit précédé des publications prescrites par l'art. 63 c. civ., c'est-à-dire de publications faites en France suivant les formes et dans les lieux déterminés par la loi française (*Rép.* n° 391). Toutefois, si un Français établi à l'étranger n'a plus ni domicile ni résidence en France et s'il est majeur quant au mariage, il ne peut être tenu alors de faire des publications en France, car on ne saurait pas où ces publications pourraient se faire (*Rép.* n° 392; Aubry et Rau, t. 5, § 468, p. 122, note 18; Laurent, t. 3, n° 22; Verger, *Des mariages contractés en pays étranger*, p. 56; Mersier, *Traité des actes de l'état civil*, n° 351).

198. Si les publications prescrites par l'art. 170 c. civ. n'ont pas été faites, le mariage est-il nul? Cette question, qu'on a discutée au *Rép.* nos 393 et suiv., est toujours controversée dans la doctrine. D'après une première opinion, le mariage contracté par un Français à l'étranger sans que les publications prescrites par la loi française aient été faites, est nul, alors même que le même mariage, contracté en France, ne pourrait être annulé pour le seul défaut des publications. Cette opinion se fonde sur les termes de l'art. 170 c. civ. et sur la nécessité d'une sanction à la règle édictée par cet article. On ajoute qu'un mariage contracté à l'étranger sans publications en France est un mariage clandestin vis-à-vis de la loi française, et qu'il tombe, à ce point de vue, sous l'application de l'art. 191 c. civ. Mais cette première opinion, qui a été soutenue en dernier lieu par Marcadé, t. 2, art. 170, n° 2, ne compte plus aujourd'hui de partisans. En tant qu'elle s'appuie sur l'art 170, on lui oppose que cet article, en indiquant les conditions que doit remplir un mariage contracté à l'étranger, ne prononce pas pour autant la nullité de tout mariage qui ne satisfera pas à toutes ces conditions; il se réfère implicitement aux dispositions de la loi sur les nullités de mariage. Quant à l'art. 191, il permet d'annuler un mariage qui n'a pas été contracté publiquement; mais il veut parler du cas où la célébration n'a pas été publique, et c'est le détourner de son véritable sens que de l'étendre au cas où il n'y a pas eu de publications. Aussi la plupart des auteurs actuels estiment que l'absence des publications requises par l'art. 170 c. civ. n'est pas une cause de nullité. On prétend, il est vrai, qu'ainsi entendue, la loi se trouve dépourvue de toute sanction. Mais, d'abord, comme le dit très bien M. Baudry-Lacantinerie, t. 1, n° 475, cette objection n'est pas complètement exacte. S'il est impossible, en effet, d'appliquer ici la sanction de l'amende que l'art. 192 prononce contre l'officier de l'état civil, il reste toujours la sanction de l'amende que ce même article édicte contre les parties contractantes, dont l'une au moins est française, et contre ceux sous la puissance desquels elles ont agi. Après tout, d'ailleurs, l'absence de sanction est encore préférable à une sanction excessive. Or, de l'aveu même des

(1) (Morgan C. Morgan.) — Le 2 juillet, le tribunal civil de la Seine a rendu le jugement suivant : — « Attendu que le 23 nov. 1867, Alfred-Septime Morgan, se disant sujet anglais, et Alice-Judith French, née à Paris le 15 févr. 1847, se présentaient à l'ambassade anglaise devant le chapelain Cox, et faisaient dresser acte de leur comparution par le pasteur, qui les déclarait unis en mariage; — Que cette comparution n'a été précédée d'aucune des formalités exigées préalablement par la loi française; — Que, notamment, elle a eu lieu sans les publications prescrites par les art. 63 et 170 du c. civ. pour le cas prévu par cette dernière disposition, et en l'absence du consentement du père de la demoiselle French, contrairement à l'art. 148; — Attendu que la demoiselle French ayant formé contre Morgan une demande en nullité de l'acte du 23 novembre, comme ne pouvant constituer un mariage légal, le défendeur a opposé l'exception d'incompétence fondée sur ce que la demanderesse était, comme lui, de nationalité anglaise, et que, dès lors, le litige ne pouvait être jugé par un tribunal français; — Attendu, sur l'exception, que la demoiselle French est née en France d'un père qui y est né lui-même et dont on ne conteste pas la nationalité; — Attendu que le fait du 23 novembre, étant attaqué, ne peut être opposé à la demanderesse comme ayant modifié sa qualité de Française, puisque l'acte qui a servi de monument à ce fait, s'il est déclaré nul, n'aura pu, à aucun point de vue, produire un effet utile; qu'elle a droit, par conséquent, à la protection des tribunaux français; — Que, s'il en était autrement, l'étranger qui aurait abusé de la faiblesse ou des passions d'une Française pour lui faire contracter un engagement aussi solennel que le mariage, se ferait un titre de sa mauvaise action pour priver celle qu'il aurait trompée de son recours à la justice de son pays; — Qu'on ne saurait admettre une pareille interprétation qui, d'ailleurs, porterait atteinte dans une certaine mesure à la souveraineté nationale; — Qu'il y a donc lieu pour le tribunal de retenir la cause et de statuer sur les conclusions respectivement prises; — Au fond : — Attendu qu'on ne saurait invoquer, pour la validité du mariage dont il s'agit, l'accomplissement des formalités anglaises, quoique l'acte ait été passé à l'ambassade britannique; — Que cette circonstance ne peut avoir pour résultat de faire considérer la célébration comme ayant eu lieu en Angleterre; — Attendu, en effet, que si l'hôtel d'une ambassade doit, selon le droit des gens, être regardé comme territoire de la nation que représente l'ambassadeur, ce n'est qu'au point de vue des immunités consacrées par les traités internationaux au profit des agents diplomatiques, mais que cette fiction d'extranéité ne saurait être étendue aux actes de la vie civile intéressant les indigènes du pays près duquel est accrédité l'ambassadeur; — Que c'est donc en France et sur le territoire français que se trouvaient Morgan et la demoiselle French, lorsqu'ils ont contracté l'acte du 23 nov. 1867; — Attendu qu'à supposer que le chapelain Cox eût les pouvoirs suffisants pour procéder au mariage d'un Anglais avec une personne de la même nationalité, il était sans compétence pour unir légitimement une Française à un Anglais; — Attendu, d'après ce qui précède, que le mariage entre Morgan et la demoiselle French devant se contracter à Paris, ne pouvait l'être, d'une manière légale, qu'avec les conditions prescrites par la loi française, et que c'est au regard de cette loi que, dans l'espèce, s'appliquait la maxime *Locus regit actum;* — D'où il suit que, l'un des futurs étant Français, le mariage devait être célébré publiquement devant l'officier de l'état civil français (c. civ. art. 165); — Attendu que l'incompétence de l'officier qui a procédé à l'acte constitue une nullité radicale et absolue, ayant pour conséquence de vicier l'acte dans son principe et qu'il doit être considéré comme n'ayant jamais eu d'existence légale; — Qu'il ressort de là que cet acte, n'ayant pu produire aucun effet, ne saurait, malgré une possession d'état constante, faire naître contre celui qui en demande la nullité, la fin de non-recevoir dont parle l'art. 196; — Que c'est par ce motif que l'art. 191 n'impartit aucun délai pour attaquer un mariage célébré dans de pareilles conditions, à la différence des art. 181, 183 et 185 qui édictent une forclusion contre l'action en nullité pour les causes qu'ils prévoient; — Attendu que le motif de nullité, dérivant du défaut de pouvoirs de l'officier qui a présidé à la cérémonie du 23 nov. 1867, rend inutile l'examen de celui basé sur l'absence de publications et le défaut de consentement du père de la demoiselle French; — Mais que si la critique du prétendu mariage devait être appréciée à ce point de vue, les circonstances qui l'ont précédé et accompagné donneraient la preuve manifeste que l'on a eu l'intention de faire fraude à la loi française, et que, dès lors, l'acte argué devrait encore être déclaré nul comme entaché du vice de clandestinité; — Par ces motifs, rejette l'exception d'incompétence proposée par Morgan, déclare nul l'acte de célébration de mariage passé devant le chapelain Cox, à l'ambassade anglaise, le 23 nov. 1867, entre Alfred-Septime Morgan et Alice-Judith French, etc. ».

Du 2 juill. 1872.-Trib. civ. de la Seine, 1re ch.-MM. Delange, pr.-Onfroy de Bréville, subst.-Eug. Carré, av.

partisans de la première opinion, la nullité du mariage serait souvent, pour la seule omission des publications, une peine beaucoup trop rigoureuse, une sanction regrettable et injuste. En tout cas, le doute qui existe en cette matière ne doit-il pas tourner au profit de la validité du mariage? (V. en ce sens, outre les autorités citées au *Rép.* n° 393 : Laurent, t. 3, nos 26 et suiv.; Baudry-Lacantinerie, *loc. cit.;* Huc, t. 2, n° 99).

Une troisième opinion s'est formée depuis longtemps dans la jurisprudence, et elle a été défendue par M. Demolombe, t. 3, nos 225 et suiv. (V. aussi dans le même sens : Verger, *Des mariages contractés en pays étranger*, p. 51 et suiv.; Mercier, *op. cit.*, n° 352). Elle décide que le mariage contracté par un Français à l'étranger en violation des prescriptions de l'art. 170, c'est-à-dire sans publications préalables en France, n'est pas nécessairement nul, mais qu'il peut être annulé par les tribunaux lorsque l'omission des publications a eu pour but de faire fraude à la loi française, lorsque les contractants ont voulu s'affranchir de la nécessité d'obtenir le consentement ou de demander le conseil de leurs ascendants. — Ce système, qui attribue aux magistrats un pouvoir souverain d'appréciation et leur permet de maintenir ou d'annuler le mariage, a le tort, comme on l'a déjà montré au *Rép.* n° 393, de ne reposer sur aucune base légale et de laisser beaucoup trop de place à l'arbitraire du juge dans une matière aussi grave que celle du mariage. M. Demolombe convient lui-même que la théorie de la jurisprudence ne peut se fonder sur l'art. 170 c. civ.; il cherche seulement à l'étayer sur l'art. 193, tout en reconnaissant que cet article « n'a peut-être pas été fait pour cette hypothèse ». Mais, comme le démontre M. Laurent, t. 3, n° 31, « les art. 191 et 193, qui prononcent la nullité pour défaut de publicité, concernent l'un et l'autre la *célébration publique* du mariage; il faut les étendre au défaut de publications, en comprenant les publications parmi les formalités qui constituent la publicité. C'est étendre le texte, et en l'étendant on aboutit à une différence entre le défaut de publications pour les mariages célébrés en France et le même défaut pour les mariages contractés à l'étranger. S'agit-il d'un mariage célébré en France, le mariage n'est pas nul pour le seul défaut de publications. S'agit-il d'un mariage contracté à l'étranger, le juge peut l'annuler par cela seul que les publications n'ont pas eu lieu. Autre différence : quand un mariage contracté en France est clandestin, il est annulé par cela seul qu'il n'a pas été célébré publiquement. Quand un mariage a été contracté à l'étranger, le seul défaut de publications et par suite de publicité ne suffit point; la jurisprudence exige la fraude. Ces différences se justifient au point de vue des principes; mais où sont les textes qui les consacrent? En définitive, il faut dire qu'il n'y a point de texte formel prononçant la nullité pour défaut de publications des mariages célébrés à l'étranger ».

Quoi qu'il en soit, la jurisprudence croit pouvoir, dans certains cas, prononcer la nullité. Ainsi, il a été jugé, depuis la publication du *Répertoire :* 1° qu'un mariage contracté par des Français, en pays étranger, sans publications en France, dans le but de faire fraude à la loi qui exige le consentement des père et mère, doit être annulé pour défaut de publicité, sur la demande de l'époux qui avait besoin de ce consentement et même après l'expiration du délai accordé aux père et mère pour exercer l'action fondée sur l'absence de consentement (Paris, 9 juill. 1853, aff. D..., D. P. 53. 2. 178, et sur pourvoi, Req. 28 mars 1854, aff. F..., D. P. 54. 1. 201); — 2° Qu'un mariage contracté à l'étranger doit être déclaré nul, pour défaut de publicité, quand bien même il aurait été célébré publiquement dans une église, lorsque la clandestinité résultant du défaut de publications en France a été volontaire et calculée pour enlever au père de famille, dont le consentement était nécessaire, le moyen de connaître et d'empêcher l'union projetée (Lyon, 24 févr. 1881, aff. Dec..., D. P. 81. 2. 199); — 3° Qu'il appartient aux juges du fait de décider, par une appréciation souveraine des faits et circonstances de la cause, que les parties qui sont allées contracter mariage en pays étranger, sans s'être conformées aux art. 170 et 171 c. civ., ont voulu rendre leur union clandestine et s'affranchir de tout contrôle de publicité, et, par suite, de déclarer nulle cette union (Orléans, 14 avr. 1886, aff. de Cibeins, D. P. 87. 2. 95, et sur pourvoi, Civ. rej. 15 juin 1887, même affaire, D. P. 88. 1. 412. V. aussi : Grenoble, 30 mars 1844, aff. Juveneton, D. P. 45. 2. 37; Paris, 1er juill. 1861, aff. Patterson, D. P. 61. 2. 137; Trib. Seine, 2 juill. 1872, *suprà*, n° 196).

D'après la jurisprudence, toutefois, le mariage contracté en pays étranger entre Français ou entre Français et étrangers, conformément à la loi du pays, n'est pas nécessairement nul pour défaut de publications préalables en France; il appartient aux juges du fond, d'apprécier les circonstances dans lesquelles l'omission de publications s'est produite, et s'ils reconnaissent que, de la part des époux, cette omission a eu lieu de bonne foi, sans intention d'éluder les prohibitions de la loi française, ils peuvent admettre la validité du mariage (Req. 21 févr. 1866, aff. Balmette, D. P. 66. 1. 278; 20 nov. 1866, aff. Léotard, D. P. 67. 1. 13; Lyon, 21 juin 1871, *suprà*, n° 194; Aix, 29 avr. 1874, sous Req. 28 déc. 1874, aff. Bacchili, D. P. 76. 1. 368; Req. 8 mars 1875, aff. Bézinge, D. P. 75. 1. 482; Lyon, 28 févr. 1880, sous Req. 14 déc. 1880, aff. Desaye, D. P. 81. 1. 310; Lyon, 29 déc. 1881, aff. Gouzenne, D. P. 82. 2. 113, et les autres arrêts qui vont être cités). — Il a été jugé, notamment, que le mariage doit être maintenu : 1° lorsqu'il s'agit d'un mariage *in extremis*, pour lequel il a été matériellement impossible de faire des publications et de signifier des actes respectueux (Bordeaux, 14 janv. 1852, aff. de Gères, D. P. 53. 2. 178); — 2° Lorsqu'il est évident que les parties n'avaient aucun intérêt à céler leur mariage, et que l'omission des publications n'a eu pour cause que l'oubli, la négligence ou le désir d'éviter toute cause de retard (Pau, 24 mars 1859, aff. de P..., D. P. 60. 2. 156); — 3° Lorsque la présence des parents dont le consentement était requis au lieu et dans le moment où a été célébré le mariage, rendait inutiles les publications qui auraient dû être faites à leur domicile (Req. 20 nov. 1866, précité); — 4° Lorsque les époux, n'ayant à redouter aucune opposition, n'avaient pas intérêt à tenir secret leur projet d'union (Trib. Seine, 7 déc. 1869, aff. Mills, D. P. 70. 3. 40); — 5° Lorsque les époux n'ont pas cherché à éviter une opposition, mais ont voulu seulement hâter la célébration de leur mariage par des motifs qui intéressaient l'avenir de la famille, et, aussitôt après la célébration, sont revenus en France, où ils ont vécu publiquement comme époux au milieu de leurs parents (Paris, 24 avr. 1874, aff. Célarié, D. P. 75. 2. 9, et sur pourvoi, Req. 8 mars 1875, D. P. 75. 1. 482).

199. Généralement, dans le cas où la jurisprudence a eu à statuer sur la validité d'un mariage contracté à l'étranger sans publications en France, le mariage avait eu lieu sans le consentement des ascendants et sans que leur conseil eût été demandé par des actes respectueux. Il pourrait arriver qu'un mariage fût célébré à l'étranger après que les publications auraient été régulièrement faites en France, mais alors que ces publications auraient été suivies d'une opposition ou avant l'expiration du délai pendant lequel l'opposition pouvait se produire. En pareil cas, il est évident que, dans le système de la jurisprudence, le mariage serait également susceptible d'être annulé comme fait en fraude de la loi française (Comp. Req. 8 mars 1875, aff. Bézinge, D. P. 75. 1. 482; 11 mai 1875, aff. Mary, D. P. 75. 1. 407).

200. Par qui la nullité du mariage conclu à l'étranger sans publications préalables en France peut-elle être proposée? Si le défaut de publication doit faire considérer le mariage comme clandestin, la nullité, d'après l'art. 191 c. civ., devrait pouvoir être demandée, non seulement par les époux et leurs père et mère ou ascendants, mais encore par le ministère public et par toute personne ayant un intérêt né et actuel (V. en ce sens : Aubry et Rau, t. 5, § 468, p. 124, note 22; Laurent, t. 3, n° 32). Mais la jurisprudence n'a pas poussé jusque-là les conséquences de son système. Elle a décidé : 1° que les collatéraux des époux ne sont pas recevables à demander la nullité d'un mariage contracté à l'étranger pour inobservation de l'art. 170 c. civ. (V. les arrêts cités au *Rép.* n° 396, et aussi Caen, 22 mai 1850, aff. Le Bailly, D. P. 53. 2. 178); — 2° Que la nullité du mariage d'un Français à l'étranger, pour défaut de publications préalables en France et d'actes respectueux, ne peut pas être demandée par un oncle (Paris, 20 janv. 1873, aff.

Dussance, D. P. 73. 2. 59); — 3° Que des tiers n'ont pas qualité pour contester la validité d'un mariage contracté à l'étranger, sous le prétexte que les pères et mères des conjoints n'auraient pas donné un consentement préalable ou sous le prétexte que ce mariage n'aurait pas été précédé des publications exigées par le code civil français (Bordeaux, 2 juin 1875, aff. Prudentia-Garcia, D. P. 76. 2. 143).

Le droit d'attaquer le mariage appartient donc seulement, d'après la jurisprudence, aux ascendants dont le consentement était requis ou qui devaient au moins être consultés et à l'époux qui était tenu d'obtenir leur consentement ou de leur faire des actes respectueux (V. les arrêts cités *suprà*, n° 198, et *infrà*, n° 201). Il a, d'ailleurs, été jugé que la nullité peut être demandée par l'époux même après l'expiration du délai d'un an passé lequel les ascendants, aux termes de l'art. 183 c. civ., ne sont plus recevables à la proposer (Paris, 9 juill. 1853, aff. D..., et sur pourvoi, Req. 28 mars 1854, aff. F..., D. P. 54. 1. 201; Lyon, 24 févr. 1881, aff. Dec..., D. P. 81. 2. 199).

201. Dès l'instant que l'on considère comme purement relative la nullité du mariage célébré à l'étranger sans publications en France, il en résulte qu'elle peut être couverte, soit à l'égard des époux, soit à l'égard de leurs ascendants (V. notamment Req. 12 févr. 1833, *Rép.* n° 394-5°; 17 août 1841, *Rép.* n° 394-10°; 4 juin 1845, aff. Cluzet, D. P. 45. 1. 307). — En ce qui concerne les époux, il a été jugé depuis la publication du *Répertoire:* 1° que l'art. 196 c. civ. d'après lequel, lorsqu'il y a possession d'état et que l'acte de célébration du mariage est représenté, les époux sont respectivement non recevables à demander la nullité de cet acte, s'applique au cas où la nullité du mariage contracté à l'étranger est poursuivie par l'un des époux pour défaut des publications prescrites par la loi française (Req. 8 nov. 1853, aff. de Venancourt, D. P. 54. 1. 420); — 2° Que le mariage contracté entre Français, en pays étranger, ne peut être annulé sur la demande de l'un des époux pour défaut de publications en France, s'il n'est pas établi que l'omission de ces formalités a eu pour but de faire fraude à la loi qui exige le consentement des père et mère, alors, d'ailleurs, que le mariage n'a pas été attaqué par les père et mère de l'époux demandeur en nullité, qui en avaient connaissance, et que cet époux ne l'a lui-même attaqué qu'après plusieurs années, pendant lesquelles il y a eu possession d'état, et plus d'un an après qu'il avait atteint l'âge où il pouvait seul consentir au mariage (Paris, 21 janv. 1854, aff. Jubin, D. P. 55. 2. 213); — 3° Que la nullité du mariage contracté à l'étranger sans le consentement de l'ascendant de l'un des époux ne peut plus être demandée, ni par l'ascendant ni par l'époux ou en son nom, lorsque le mariage a été approuvé par l'ascendant dont le consentement n'avait pas été requis, ou lorsque les époux ont vécu en possession paisible ou publique de leur état jusqu'à leur mort (Bastia, 7 mai 1859, aff. Castano, D. P. 60. 2. 156); — 4° Qu'un mariage contracté à l'étranger sans le consentement des père et mère du futur, qui était âgé de moins de vingt-cinq ans, et sans publications en France, ne peut plus être attaqué par le mari lorsqu'il s'est écoulé une année sans réclamation de sa part depuis qu'il a atteint l'âge compétent pour consentir par lui-même au mariage (Lyon, 29 déc. 1881, aff. Gouzenne, D. P. 82. 2. 113).

A l'égard des ascendants, il a été jugé: 1° que la nullité du mariage contracté en pays étranger, entre Français qui n'y avaient point acquis de domicile par six mois de résidence, sans publications en France et sans le consentement des père et mère, est couverte, à l'égard de ces derniers, lorsqu'ils n'ont pas attaqué le mariage dans le délai de l'art. 183 c. civ. (Paris, 9 juill. 1853, aff. D..., D. P. 53. 2. 178); — 2° Que la nullité du mariage contracté en pays étranger, entre Français et étranger, sans l'accomplissement des formalités prescrites par les art. 170 et 182 c. civ. est couverte par l'approbation postérieure de ceux dont le consentement était nécessaire (Toulouse, 7 mai 1866, aff. Potier, D. P. 66. 2. 109); — 3° Que la nullité du mariage d'un Français à l'étranger, pour défaut de publications préalables en France et d'actes respectueux, ne peut plus être demandée par la mère, lorsqu'elle a reçu dans sa maison les époux et l'enfant issu de leur mariage (Paris, 20 juin 1873, aff. Dussauce, D. P. 73. 2. 59); — 4° Que lorsqu'un mariage a été contracté à l'étranger sans publications en France et sans actes respectueux, le silence du père de l'épouse pendant deux années, où les époux ont vécu publiquement en France comme mari et femme, fait présumer de sa part l'approbation tacite du mariage et le rend non recevable à en demander la nullité (Paris, 24 avr. 1874, aff. Célarié et Bezinge, D. P. 75. 2. 9, et sur pourvoi, Req. 8 mars 1875, même affaire, D. P. 75. 1. 482); — 5° Que l'art. 183 c. civ., aux termes duquel l'action en nullité du mariage ne peut plus être intentée, ni par les époux, ni par les parents dont le consentement était requis, lorsqu'il s'est écoulé une année sans réclamation de leur part depuis qu'ils ont eu connaissance du mariage, s'applique à la demande en nullité formée contre un mariage contracté à l'étranger pour défaut de publications en France ou pour absence d'actes respectueux (Rennes, 17 août 1874, et sur pourvoi, Req. 11 mai 1875, aff. Mary, D. P. 75. 1. 407); — 6° Qu'un mariage contracté à l'étranger sans le consentement des ascendants ne peut plus être attaqué pour ce défaut de consentement, lorsqu'il s'est écoulé plus d'une année à partir du moment où les ascendants ont eu connaissance du mariage (Lyon, 24 févr. 1881, aff. Dec..., D. P. 81. 2. 199. *Adde:* Bastia, 7 mai 1859, précité).

202. La jurisprudence admet, d'ailleurs, que si deux époux qui se sont mariés à l'étranger sans publications préalables, ont de sérieuses raisons de croire à la nullité de leur mariage, ils peuvent faire procéder à une nouvelle célébration en France, sans être obligés d'attendre pour cela que la nullité ait été prononcée (Orléans, 26 août 1871, aff. Tourangin, D. P. 73. 2. 61; Req. 24 juill. 1872, même affaire, D. P. 73. 1. 208; Lyon, 28 févr. 1880, et sur pourvoi, Req. 14 déc. 1880, aff. Desaye, D. P. 81. 1. 310; Orléans, 14 avr. 1886, aff. de Cibeins, D. P. 87. 2. 95). Mais il a été jugé qu'en pareil cas les créanciers du mari ont le droit de prouver la validité du premier mariage, afin de faire tomber le second avec les conventions matrimoniales dont il était accompagné; ce n'est pas là exercer l'action en nullité ouverte par l'art. 184 c. civ. (Arrêts précités du 28 févr. 1880 et du 14 déc. 1880).

203. Enfin, le mariage annulé, comme ayant été contracté à l'étranger en fraude de la loi française par l'un des époux, peut avoir été contracté de bonne foi par l'autre époux. On objecterait à tort que cette bonne foi suppose une erreur de droit et que nul n'est censé ignorer la loi; une telle erreur n'est pas exclusive de la bonne foi, surtout lorsqu'il s'agit d'une législation étrangère. Le mariage produira alors ses effets civils tant au profit de l'époux de bonne foi qu'en faveur des enfants (Bordeaux, 14 mars 1850, aff. Charvin, D. P. 53. 2. 178; Lyon, 24 févr. 1881, aff. Dec..., D. P. 81. 2. 199).

204. Indépendamment des conditions exigées par l'art. 170 c. civ., la loi veut que le Français qui s'est marié à l'étranger fasse transcrire l'acte de célébration du mariage sur les registres de l'état civil du lieu de son domicile, dans les trois mois de son retour en France (c. civ. art. 171). Cette transcription n'est, bien entendu, exigée que pour les mariages passés à l'étranger entre Français ou entre Français et étranger, mais non pour les mariages contractés entre étrangers (Comp. Bruxelles, 26 nov. 1875, aff. Junqua, D. P. 76. 2. 129). Elle ne s'applique pas au mariage contracté par une femme française avec un étranger, car cette femme devient étrangère par le fait de son mariage et n'est pas soumise, par conséquent, à une obligation qui ne concerne que les Français (c. civ. art. 19) (Mersier, *Traité des actes de l'état civil*, n° 356).

205. Le délai de trois mois dans lequel doit avoir lieu la transcription n'est pas fatal. La formalité peut encore être accomplie même après le décès de l'un des époux (Req. 16 juin 1829, *Rép.* n° 388-1°), ou de tous les deux (Aubry et Rau, t. 5, § 468, p. 125). — D'après une circulaire du grand juge, en date du 5 germ. an 12, rapportée par Merlin, *Rép.* v° *Mariage*, sect. 3, § 1, n° 3, l'officier de l'état civil ne devrait effectuer la transcription, après l'expiration du délai de trois mois, depuis le retour des époux en France, qu'en vertu d'un jugement de rectification des actes de l'état civil. Mais la nécessité de ce jugement ne nous semble pas imposée par la loi, dès l'instant qu'il ne s'agit pas d'un acte à rectifier et que, d'ailleurs, la loi n'a pas dit que la transcription ne pourrait plus avoir lieu après le délai (V. en ce sens : Laurent, t. 3, n° 35; Baudry-Lacantinerie, t. 1, n° 476).

206. L'officier de l'état civil pourrait-il refuser de procéder à la transcription sous prétexte que le mariage contracté à l'étranger ne lui paraîtrait pas valable? Non, en principe, pourvu, bien entendu, qu'on lui présente un acte régulier, car l'officier de l'état civil n'est pas juge de la question de validité du mariage. — Mais il a été décidé qu'un officier de l'état civil était bien fondé à refuser d'opérer la transcription d'un acte de mariage nul pour avoir été passé entre un Français et une étrangère, en France, dans l'hôtel d'un agent diplomatique et suivant les formalités d'une législation étrangère (Paris, 6 avr. 1869, aff. de Meffray, D. P. 72. 2. 216. V. *suprà*, n° 196). « Le mariage contracté en pays étranger, dont s'occupe l'art. 171 c. civ., dit cet arrêt, est celui qui a été contracté sur le sol étranger, puisque la transcription doit en être opérée dans les trois mois du retour du Français sur le territoire de l'empire. Ainsi le texte même de cette disposition ne permet pas de l'appliquer à un mariage contracté sur le sol français dans l'hôtel d'un agent diplomatique ».

207. Quel est l'effet du défaut de transcription de l'acte de mariage? Comme on l'a montré au *Rép.* n° 397, la validité du mariage n'est pas subordonnée à la transcription (V. en ce sens, outre les arrêts déjà cités au *Rép. ibid.*, Bordeaux, 14 mars 1850, aff. Charvin, D. P. 53. 2. 178; Paris, 21 janv. 1854, aff. Jubin, D. P. 55. 2. 213; Lyon, 21 juin 1871, *suprà*, n° 194; Bordeaux, 2 juin 1875, aff. Prudentia-Garcia, D. P. 76. 2. 143). — Quelques auteurs ont pensé que, si la transcription n'était pas faite dans le délai fixé par l'art. 171, et tant que cette formalité n'était pas remplie, le mariage devait être réputé inconnu en France, et que, par suite, les époux ne pouvaient invoquer certains de ses effets qui supposent que les tiers ont pu en avoir connaissance, notamment l'hypothèque légale de la femme et son incapacité de s'obliger sans l'autorisation du mari. MM. Aubry et Rau, qui avaient enseigné cette doctrine dans les premières éditions de leur ouvrage, l'ont depuis abandonnée. Les motifs qu'ils donnent de leur changement d'opinion sont des plus concluants: « 1° L'art. 171, disent-ils, ne prononce aucune déchéance, et il ressort des travaux préparatoires du code qu'on n'a jamais eu l'idée d'attacher à cet article d'autre sanction que celle de peines pécuniaires (V. Locré, *Législation civile*, t. 4, p. 352, n° 3, cité au *Rép.* n° 397). Si le retranchement des dispositions insérées à cet effet dans le projet du code a laissé de fait cet article sans sanction, ce n'est pas une raison pour y suppléer par une déchéance que la loi n'a pas établie. 2° Le système contraire ferait retomber sur la femme les conséquences de l'omission d'une formalité que son état de dépendance vis-à-vis de son mari ne lui permettrait pas toujours de remplir et dont ce dernier pourrait même avoir intérêt à empêcher l'accomplissement... 3° Il serait peu rationnel, après avoir admis, comme on est obligé de le faire, qu'un mariage célébré en pays étranger produit en France tous les effets civils, indépendamment de la transcription de l'acte de célébration, tant que les époux continuent à résider à l'étranger, de subordonner, quand ils sont de retour en France, quelques-uns de ces effets à l'accomplissement de cette formalité. 4° Enfin, il n'est pas inutile de remarquer que la disposition de l'art. 171 resterait sans application possible si le mariage avait été contracté dans un pays où il n'est pas d'usage de constater la célébration par un acte instrumentaire » (Aubry et Rau, 4e éd., t. 5, § 468, p. 126, note 28). — Une autre raison, qui peut être ajoutée à celles qui précèdent, a été développée par M. Mourlon, dans la *Revue de droit français et étranger*, année 1844, t. 1er, p. 185 et suiv.: c'est que rien ne prouve que la transcription ait été prescrite par la loi dans le but de donner de la publicité au mariage; il est beaucoup plus probable que le législateur n'y a vu qu'une mesure d'ordre destinée à faciliter aux intéressés les moyens de se procurer la preuve du mariage: il a, en effet, prescrit la même mesure pour d'autres actes de l'état civil qui n'ont besoin d'aucune publicité spéciale, actes de naissance ou de décès reçus pendant une traversée (c. civ. art. 59 et suiv., 86 et suiv.), actes reçus à la suite des armées (c. civ. art. 93 et suiv.). S'il en est ainsi, la seule conséquence du défaut de transcription ne peut être que la privation pour les époux des avantages qui seraient résultés pour eux de l'accomplissement de cette formalité. Toutefois, il faut bien reconnaître que la transcription peut être utile aux tiers, qui ont la faculté de recourir aux actes de l'état civil pour se renseigner sur l'existence d'un mariage et sur les conventions matrimoniales. Si, en conséquence, des tiers se trouvaient induits en erreur par l'effet du défaut de transcription, le préjudice qu'ils éprouveraient serait imputable aux époux qui n'auraient pas rempli la formalité ordonnée par l'art. 171; les époux pourraient ainsi être rendus responsables de ce préjudice (V. en ce sens: Laurent, t. 3, n° 38; Baudry-Lacantinerie, t. 1, n° 476; Huc, t. 2, n° 101; Mersier, *Traité des actes de l'état civil*, n° 355). — Il a été jugé que, l'art. 171 c. civ. ne prononçant aucune peine contre les époux qui ont négligé de faire transcrire sur les registres de l'état civil l'acte de célébration de leur mariage contracté en pays étranger, il est impossible d'en faire découler une déchéance du droit hypothécaire de la femme; que cette omission, il est vrai, constitue une faute qui peut obliger les époux à réparer le dommage que cette faute aurait occasionné aux tiers; mais que des créanciers qui ont été en relations avec les époux depuis de longues années et qui ont connu ainsi le mariage ne peuvent prétendre avoir subi un dommage par suite du défaut de transcription (Trib. Bordeaux, 20 mai 1874, sous Bordeaux, 2 juin 1875, aff. Prudentia-Garcia, D. P. 76. 2. 143. V. aussi *infrà*, v° *Privilèges et hypothèques*; — *Rép.* eod. v°, n° 865).

208. L'art. 48 c. civ. dispose que tout acte de l'état civil des Français en pays étranger sera valable s'il a été reçu conformément aux lois françaises, par les agents diplomatiques ou par les consuls. Mais cet article n'exclut point la validité des actes de l'état civil reçus à l'étranger, suivant la forme du pays, conformément à la règle *Locus regit actum*; il ne déroge pas à l'art. 47, qui consacre cette règle pour les actes de l'état civil en général, ni à l'art. 170, qui en fait l'application au mariage (*Rép.* n° 400; Aix, 20 mars 1862, aff. Coccifi, D. P. 63. 2. 48).

209. Il est généralement admis aujourd'hui que les agents diplomatiques ou consuls français n'ont qualité pour procéder à un mariage à l'étranger que lorsque les futurs conjoints sont tous deux français; si l'un des conjoints est étranger, le mariage doit être célébré suivant les formes usitées dans le pays (*Rép.* n° 401; Demolombe, t. 1, n° 312; Aubry et Rau, t. 5, § 468, p. 121; Laurent, t. 2, n° 11. Comp. Paris, 6 avr. 1869, aff. de Meffray, D. P. 72. 2. 216, et *suprà*, n° 196).

210. Il est traité au *Rép.* nos 404 et suiv. des mariages que peuvent contracter les militaires qui se trouvent sous les drapeaux en pays étranger. Ce sujet n'exige aucun développement nouveau (Comp. Aubry et Rau, t. 5, § 468, p. 119 et suiv.; Laurent, t. 2, nos 12 et suiv.).

CHAP. 7. — De la preuve du mariage
(*Rép.* nos 410 à 440).

211. Régulièrement, le mariage se prouve par l'acte de célébration inscrit sur les registres de l'état civil (c. civ. art. 194) (*Rép.* n° 410). L'acte de mariage, étant un acte authentique, fait foi jusqu'à inscription de faux, de l'accomplissement des formalités qui y sont relatées (Aix, 18 août 1870, aff. Granoux, D. P. 71. 2. 249).

La loi exige un acte inscrit sur les registres. On a examiné au *Rép.* n° 411, la question de savoir quelle serait la force probante d'un acte de mariage inscrit sur une feuille volante (V. aussi *suprà*, v° *Acte de l'état civil*, n° 41). M. Demante, *Cours analytique de code civil*, t. 1, n° 277 *bis*, estime que l'acte peut alors servir de commencement de preuve par écrit, conformément à l'art. 46 c. civ. MM. Laurent, t. 3, n° 5, et Baudry-Lacantinerie, t. 1, n° 557, n'attribuent à un tel acte aucune valeur.

212. Quand le mariage a été contracté à l'étranger, la preuve doit en être faite suivant les formes prescrites par la loi étrangère. Ainsi, il a été jugé : 1° qu'un mariage contracté dans l'Etat de New-York, où il suffit, pour former une union légitime, du consentement réciproque des époux, peut être établi par tous les modes de preuves ou de présomptions (Bordeaux, 14 mars 1849, aff. Rebière, D. P. 52. 2. 13; Comp. *suprà*, n° 194-7°); — 2° Qu'aux Etats-Unis, et notamment dans l'Etat de Pensylvanie, où le mariage se prouve par la seule notoriété résultant, entre un homme et une femme, de la « cohabitation » et de la « réputation » en qualité de mari et de femme légitimes, les enfants issus de l'union de deux personnes qui avaient cette notoriété doivent être tenus pour légitimes (Paris, 12 févr. 1856, et sur pourvoi, Req. 13 janv. 1857, aff. de Valmy, D. P. 57. 1. 106); — 3° Qu'un acte de mariage dressé en Angleterre par un ministre anglican, et suffisant pour établir en Angleterre la célébration régulière du mariage, fait foi en Belgique (ou en France) (Bruxelles, 26 nov. 1875, aff. Junqua, D. P. 76. 2. 129); — 4° Qu'un acte de mariage passé à la Louisiane, en 1822, sous une législation qui reconnaissait aux ministres du culte le droit de célébrer les mariages, a force probante en France, alors que cet acte, dont une copie certifiée et légalisée est produite, constate qu'un ministre du culte catholique a procédé à un mariage, après l'accomplissement des formalités ordinaires (Bordeaux, 21 déc. 1886, aff. Justamond, D. P. 87. 2. 163).

213. Dans le même ordre d'idées, il a été jugé : 1° que, les actes de l'état civil passés en pays étranger ne faisant foi en France qu'autant qu'ils ont été rédigés dans les formes tracées par la loi du pays, la simple publication d'une promesse de mariage sur les registres d'une paroisse en Angleterre, sans mention de la célébration ou bénédiction du mariage projeté, ne fait pas preuve de ce mariage, quoiqu'elle en rende l'existence vraisemblable (Rouen, 23 juin 1857, aff. Camroux, D. P. 60. 1. 126); ... que la preuve du mariage ne saurait résulter davantage de la production des actes de naissance des enfants qui sont issus des deux personnes entre lesquelles a eu lieu la promesse de mariage, si ces actes sont muets sur la légitimité des enfants (Même arrêt),... ni de la longue cohabitation des prétendus époux, s'il est reconnu en fait par les juges, dont l'appréciation est souveraine à cet égard, qu'elle n'a pas constitué la possession d'état nécessaire en Angleterre, comme en France, pour suppléer, au profit des enfants, après le décès des père et mère, au défaut de représentation de l'acte de mariage (Même arrêt); — 2° Qu'il n'existe aucune preuve légale d'un mariage qui aurait été célébré à l'étranger (dans l'espèce, en Espagne), entre un Français et une étrangère, lorsque l'acte de célébration a été supprimé par une décision de l'autorité du pays où le mariage aurait été célébré, alors même que ledit acte aurait été auparavant transcrit en France conformément à l'art. 171 c. civ. (Civ. cass. 18 mars 1868, aff. de Bedout, D. P. 68. 1. 228); — 3° Que, dans le cas où la preuve d'un mariage célébré à l'étranger peut être faite conformément à la loi étrangère, par d'autres moyens de preuve que par la représentation d'un acte de célébration, il faut que cette preuve porte directement sur le fait même de la célébration (Arrêt précité du 18 mars 1868, motifs. Cette doctrine, toutefois, paraît trop absolue. Comp. *suprà*, n° 212); — 4° Qu'un mariage contracté en Espagne, en 1813, ne saurait être établi au moyen d'une inscription sur les registres paroissiaux, faite dix ans après sa célébration par l'autorité ecclésiastique, puis annulée, après une enquête, par cette même autorité (Lyon, 28 mai 1869, aff. De Noël, D. P. 70. 2. 71, sur le renvoi de l'arrêt précité du 18 mars 1868).

214. La règle que le mariage ne peut être établi que par un acte inscrit sur les registres de l'état civil, souffre trois exceptions (*Rép.* n° 410). La première exception, qui est indiquée par ces mots de l'art. 194 c. civ. : « sauf les cas prévus par l'art. 46, au titre des *Actes de l'état civil* », a lieu lorsqu'il n'a pas existé de registres ou qu'ils se sont perdus (V. *Rép.* n° 416, et *suprà*, v° *Acte de l'état civil*, n°s 34 et suiv.).

La seconde exception est établie en faveur des enfants, par l'art. 197 c. civ.; elle suppose ces quatre conditions réunies : 1° que les père et mère sont tous deux décédés; 2° qu'ils ont eu la possession d'état d'époux légitimes; 3° que les enfants ont également la possession d'état d'enfants légitimes; 4° que cette possession d'état n'est pas contredite par leur acte de naissance. Moyennant ces quatre conditions, la loi déclare que la légitimité des enfants ne peut pas être contestée sous le seul prétexte du défaut de représentation de l'acte de célébration du mariage des père et mère (*Rép.* n°s 417 et suiv.).

215. En ce qui concerne la première condition, on a admis au *Rép.* n° 421, que l'état d'absence ou de démence des père et mère équivaudrait à leur décès, les enfants ne pouvant alors non plus savoir d'eux où le mariage a été célébré. Cette solution, équitable et conforme à l'esprit de la loi, est contestée par MM. Aubry et Rau, t. 5, § 452 *bis*, p. 19, note 21, qui invoquent la règle qu'en matière exceptionnelle, les textes doivent être interprétés restrictivement. En outre, disent-ils, la démence ou l'absence peuvent cesser d'un moment à l'autre et ne présentent pas, comme le décès, un état définitif. Il serait même possible que l'absence fût, de la part du survivant des père et mère, le résultat d'un calcul. Mais à cette dernière considération, on peut répondre que la fraude ne doit pas se présumer; on peut toujours abuser des meilleures lois. S'il est vrai que la démence ou l'absence sont susceptibles de cesser, il est vrai aussi qu'elles offrent pour l'enfant qui veut établir sa légitimité le même inconvénient que le décès, en le mettant dans l'impossibilité de savoir de ses parents où ils se sont mariés. C'est cette impossibilité qui a motivé l'exception faite en sa faveur par la loi; ce n'est donc pas étendre cette exception, mais l'appliquer, que d'en accorder le bénéfice à l'enfant aussi bien quand ses père et mère sont absents ou atteints d'aliénation mentale que lorsqu'ils sont décédés ; la loi, en ne parlant que du décès, s'est placée dans le cas le plus ordinaire (Laurent, t. 3, n° 10. — V. toutefois Paris, 21 juin 1853, aff. Lamy, D. P. 55. 2. 311, et *Rép.* v° *Paternité et filiation*, n° 315).

216. La loi exige, pour que l'enfant jouisse de l'exception, que les père et mère soient tous deux décédés. Mais il peut arriver que la légitimité soit contestée à l'enfant par le survivant des père et mère, dans le but, par exemple, d'écarter l'enfant de la succession du prédécédé et du partage de la communauté. C'est une hypothèse que la loi n'a pas prévue, et à laquelle il semble que la disposition de l'art. 197 c. civ. doit pouvoir être appliquée par analogie (V. *Rép.* n° 422). On objecte ici qu'il n'y a pas impossibilité absolue pour l'enfant de savoir de celui de ses père et mère qui survit où a eu lieu le mariage (V. en ce sens : Demolombe, t. 3, n° 397; Laurent, t. 3, n° 9; Huc, t. 2, n° 179). Il n'y a pas, il est vrai, impossibilité matérielle, mais il y a impossibilité morale. Si le survivant des père et mère conteste à l'enfant ses droits d'enfant légitime, il est bien évident que l'enfant ne pourra pas obtenir de lui le moyen de justifier ses droits.

217. Il a été jugé que l'enfant dont la demande en déclaration de légitimité a été repoussée en première instance, faute de production de l'acte de mariage de ses père et mère, par le motif que l'un d'eux vivait encore lors de la demande et du jugement, peut invoquer en appel la disposition de l'art. 197 c. civ. si, depuis le jugement, le survivant de ses père et mère est décédé (Metz, 2 mars 1870, aff. Requin, D. P. 70. 2. 166. Comp. *suprà*, v° *Demande nouvelle*, n° 84. V. toutefois Huc, t. 2, n° 180).

218. Pour satisfaire aux deuxième et troisième conditions exigées par l'art. 197 c. civ., l'enfant doit prouver, et que ses père et mère ont eu la possession d'état d'époux, et qu'il a lui-même la possession d'enfant légitime (*Rép.* n° 423). La preuve de l'un de ces faits ne dispense pas de la preuve de l'autre, et il a été jugé que l'enfant ne peut induire la possession de ses père et mère comme époux légitimes des éléments d'où résulte pour lui la preuve de sa propre possession d'état; il y a là une simple présomption qui ne saurait remplacer la preuve directe et complète imposée par la loi (Civ. cass. 19 juin 1867, aff. Polverelli, D. P. 67. 1. 342). Jugé aussi que la double possession d'état d'époux et d'enfants légitimes, exigée par l'art. 197 c. civ. pour suppléer au défaut de représentation de l'acte de célébration du mariage de deux individus décédés, ne résulte pas de ce fait que plusieurs enfants auraient été successivement déclarés à l'officier de l'état civil comme issus de leur légitime mariage, alors que postérieurement la vie publique et commune a cessé d'exister entre les prétendus époux, qui sont devenus étrangers l'un à l'autre, que le prétendu mari a été déchargé par jugement de l'obligation de recevoir chez lui la femme à titre d'épouse légitime et de lui fournir des aliments, et, enfin, qu'après son décès, sa succession a été partagée entre ses frères et sœurs, à l'exclusion des enfants dont la légitimité est réclamée (Civ. cass. 18 mars 1868, aff. de Bedout, D. P. 68. 1. 228, et sur renvoi, Lyon, 28 mai 1869, D. P. 70. 2. 71).

Il ne semble pas nécessaire, toutefois, que la possession d'état d'époux ait été contemporaine de la naissance de l'enfant. La légitimité peut, en effet, résulter de la légitimation par mariage subséquent, comme d'un mariage antérieur. Et quand même la législation sous laquelle ont vécu les père et mère n'admettrait pas la légitimation, la possession d'état d'époux légitimes dont ils ont joui permet de présumer, faute de preuve contraire, qu'ils étaient mariés dès le jour où a commencé leur vie commune (Paris, 12 févr. 1856, sous Req. 13 janv. 1857, aff. de Valmy, D. P. 57. 1. 106).

219. Au surplus, l'appréciation des faits et actes propres à établir la possession d'état d'époux ou d'enfants légitimes rentre dans le domaine exclusif des juges du fond, sans que leurs décisions à cet égard puissent donner prise à cassation (*Rép.* n° 425 ; Civ. rej. 7 févr. 1860, aff. Camroux, D. P. 60. 1. 126).

220. L'art. 197 exige, comme quatrième condition, que la possession d'état de l'enfant ne soit pas contredite par son acte de naissance. L'enfant, comme on l'a dit au *Rép.* n° 427, n'est pas tenu de représenter lui-même son acte de naissance, parce que, ses père et mère étant morts, il peut ignorer où cet acte a été fait. Si l'adversaire de l'enfant soutient que la possession d'état est contredite par l'acte de naissance, c'est à lui à le produire. Il y aurait contradiction si l'acte de naissance portait que l'enfant est un enfant naturel. Il n'y aurait pas contradiction si l'acte se bornait à dire que l'enfant est né de père et mère inconnus (Aubry et Rau, t. 5, § 452 *bis*, p. 20, note 25 ; Laurent, t. 3, n° 13 ; Baudry-Lacantinerie, t. 1, n° 567. — V. aussi *Rép.* v° *Paternité et filiation*, n° 330).

221. La troisième exception à la nécessité de la représentation de l'acte de célébration pour la preuve du mariage résulte de l'art. 198 c. civ. : elle a lieu, d'après cet article, « lorsque la preuve d'une célébration légale du mariage se trouve acquise par le résultat d'une procédure criminelle ». Par ces mots, *procédure criminelle*, il faut entendre, comme on l'a montré au *Rép.* n° 431, une procédure qui aboutit à la constatation d'un crime ou d'un délit. Telle serait, notamment, la poursuite correctionnelle exercée contre l'officier de l'état civil qui aurait inscrit l'acte de mariage sur une feuille volante (Aubry et Rau, t. 5, § 452 *bis*, p. 26, note 42; Laurent, t. 3, n° 16 ; Baudry-Lacantinerie, t. 1, n° 570; Huc, t. 2, n° 182). La preuve du mariage pourrait, d'ailleurs, aussi être établie par l'effet d'une poursuite exercée contre une personne autre que l'officier de l'état civil (*Rép.* n° 432; Aubry et Rau, *ibid.*, p. 23, note 37 ; Laurent et Baudry-Lacantinerie, *loc. cit.*).

222. L'art. 199 c. civ. porte que « si les époux, ou l'un d'eux, sont décédés sans avoir découvert la fraude, l'action criminelle peut être intentée par tous ceux qui ont intérêt de faire déclarer le mariage valable et par le procureur de la République ». On a expliqué au *Rép.* n°s 433 et suiv., comment il faut interpréter cet article, dont la rédaction est vicieuse sous plus d'un rapport. On a soutenu notamment, n° 435, contrairement à l'opinion de plusieurs auteurs, que si le fait délictueux, ce que la loi appelle *la fraude*, est découvert du vivant des deux époux, et que ceux-ci n'en dénoncent ou n'en poursuivent pas l'auteur, toute partie intéressée à obtenir la preuve du mariage peut agir à leur place. La loi a supposé, comme le remarque M. Laurent, t. 3, n° 18, que, du vivant des deux époux, il n'y a pas d'autre partie intéressée qu'eux, tandis que, si l'un d'eux vient à mourir, ses héritiers ont intérêt à agir. L'esprit de la loi est donc d'ouvrir une action dès qu'un intérêt vient à naître. Dès lors, il faut aussi donner l'action du vivant des deux époux si, par exception, un intérêt existe avant leur décès. Cette interprétation concilie le texte avec les principes généraux; là où il y a un droit, un intérêt à sauvegarder, il doit y avoir une action (V. dans le même sens, Baudry-Lacantinerie, t. 1, n° 575; Huc, t. 2, n° 183). Suivant MM. Aubry et Rau, t. 5, § 452 *bis*, p. 22 et suiv., le droit d'agir, soit par voie de plainte, soit en se portant partie civile, soit par voie de citation directe devant le tribunal correctionnel, doit être reconnu, du vivant des deux époux, aux enfants issus de leur union, quand ils ont un intérêt né et actuel à faire constater l'existence du mariage, par exemple pour recueillir des successions auxquelles leurs père et mère auraient renoncé ou dont ceux-ci se trouveraient exclus pour cause d'indignité. En cas de décès des deux époux, ou de l'un d'eux, le même droit appartient à toute personne intéressée.

223. D'après l'art. 200 c. civ., « si l'officier public (ou le coupable du fait délictueux) est décédé lors de la découverte de la fraude, l'action sera dirigée au civil contre ses héritiers par le procureur de la République, en présence des parties et sur leur dénonciation ». Cet article retire aux parties intéressées le droit d'agir seules au civil, lorsque l'auteur du crime ou délit qui a causé la perte de l'acte de célébration du mariage est décédé. Le but de la loi est de prévenir la collusion qui pourrait se produire entre les demandeurs et les héritiers de l'officier public ou de l'auteur prétendu de l'acte délictueux (*Rép.* n° 438).

Mais, tant que l'officier public ou le coupable est vivant, les époux ou les autres intéressés, au lieu de porter leur action devant les tribunaux de répression, peuvent-ils en saisir les tribunaux civils? Cette question, qui est déjà examinée au *Rép.* n° 437, divise toujours les auteurs. Suivant MM. Aubry et Rau, t. 5, § 452 *bis*, p. 22, note 32, d'accord en cela avec MM. Valette et Demolombe, déjà cités au *Répertoire*, la négative « résulte, d'une manière évidente, du rapprochement des art. 198 et 200. Le législateur a cru devoir refuser, en pareil cas, à l'individu lésé, et ce par exception au principe posé dans dans l'art. 3 c. instr. crim., le droit de porter son action devant les tribunaux civils, pour éviter toute possibilité de collusion entre les parties ». Mais, quand l'auteur du délit est vivant, la collusion entre lui et les intéressés est bien peu probable, car le ministère public peut alors le poursuivre. De ce que la loi, dans l'art. 198 c. civ., a parlé d'une procédure criminelle, on ne doit pas conclure que les parties sont privées du droit d'agir au civil ; pour admettre une telle dérogation au droit commun, il faudrait un texte formel. Cette dérogation doit d'autant moins être admise qu'elle pourrait aboutir, comme on l'a montré au *Rép.* n° 437, à mettre, dans certains cas, notamment si le ministère public refusait d'agir devant la juridiction criminelle, les époux ou les autres intéressés dans l'impossibilité absolue de se faire rendre justice (V. en ce sens : Laurent, t. 3, n° 18; Baudry-Lacantinerie, t. 1, n° 574; Huc, t. 2, n° 184).

224. Toutefois, dans le cas où le ministère public refuse d'exercer l'action publique et où toute action devant les tribunaux de répression est impossible aux parties intéressées, soit parce qu'il s'agit d'un crime, soit parce que le coupable est en démence, soit parce que l'action publique et l'action civile sont prescrites, plusieurs auteurs décident que l'action ouverte par l'art. 200 c. civ. peut être intentée contre l'auteur même du fait par suite duquel la preuve du mariage a été altérée ou supprimée (Aubry et Rau, t. 5, § 452 *bis*, p. 25; Baudry-Lacantinerie, t. 1, n° 578). M. Demolombe, t. 3, n° 416, est, au contraire, d'avis de restreindre l'application de l'art. 200 au cas prévu par cet article, et notamment de ne pas l'étendre au cas où l'officier public coupable aurait prescrit contre l'action publique. Les parties auraient alors la ressource de l'art. 46 c. civ., c'est-à-dire le droit de prouver, par tous les moyens possibles, le fait de la destruction totale ou partielle des registres. C'est aussi à la même ressource que les parties devraient recourir, si l'auteur de la fraude était inconnu.

225. La preuve du mariage étant acquise par l'effet de l'action, pénale ou civile, exercée conformément aux art. 198 et suiv., l'inscription du jugement sur les registres de l'état civil « assure au mariage, dit l'art. 198, à compter du jour de sa célébration, tous les effets civils, tant à l'égard des époux, qu'à l'égard des enfants issus de ce mariage ». C'est-à-dire que le jugement inscrit sur les registres tient lieu de l'acte de célébration, sans d'ailleurs attribuer au mariage plus d'effet ni plus de valeur qu'il n'en avait auparavant (*Rép.* n° 439; Aubry et Rau, t. 5, § 452 *bis*, p. 24, note 39; Laurent, t. 3, n° 19; Huc, t. 2, n° 186).

Mais ce jugement fera-t-il preuve du mariage *erga*

omnes, ou seulement vis-à-vis de ceux qui ont été parties dans l'instance sur laquelle il a été rendu ? Cette question est controversée dans la doctrine. L'opinion, adoptée au *Rép.* n° 440, d'après laquelle le jugement n'a d'effet qu'entre les parties, est soutenue par M. Laurent, t. 3, n° 19. Si le jugement a été rendu au civil, dit-il, il faut appliquer la règle qui régit la chose jugée et ne lui donne d'effet qu'à l'égard des parties. L'inscription du jugement sur les registres ne transforme pas ce jugement en acte de l'état civil. S'il s'agit d'une décision rendue par un tribunal criminel, elle fait bien foi *erga omnes* de l'existence du crime ou du délit ; mais, en tant qu'elle statue sur des intérêts civils, elle est régie par les principes de la chose jugée au civil. — Au contraire, MM. Aubry et Rau, t. 5, § 452 *bis*, p. 24, soit qu'il s'agisse d'un jugement rendu au criminel, soit qu'il s'agisse d'un jugement rendu par le tribunal civil, conformément à l'art. 200 c. civ., enseignent que le juge doit ordonner le rétablissement de l'acte altéré ou falsifié, distrait ou supprimé, et que l'inscription du jugement sur les registres établit la preuve du mariage à l'instar d'un acte de célébration, quand bien même les poursuites auraient été dirigées d'office par le ministère public, du vivant des deux époux et sans leur intervention. A l'appui de cette opinion, MM. Aubry et Rau, *ibid.*, note 40, invoquent la théorie, aujourd'hui généralement admise, de l'influence de la chose jugée au criminel sur les intérêts civils (V. *suprà*, v° *Chose jugée*, n°s 409 et suiv.). Ils invoquent aussi, par analogie, l'art. 463 c. instr. crim., qui, en cas de faux, prescrit aux juges d'ordonner que les actes authentiques déclarés faux en tout ou en partie seront rétablis, rayés ou réformés. Enfin, à l'objection consistant à dire que deux individus pourront ainsi, par suite d'un jugement, se trouver mariés malgré eux et à leur insu, MM. Aubry et Rau répondent que le jugement laisse aux personnes désignées comme époux le droit d'opposer la non-existence ou la nullité du mariage. — M. Baudry-Lacantinerie, t. 1, n° 579, distingue entre le cas où la décision judiciaire qui ordonne le rétablissement de la preuve du mariage a été rendue au civil et le cas où elle a été rendue au criminel, ou sur une action civile intentée incidemment à l'action publique. Dans le premier cas, il applique la règle que les jugements n'ont effet qu'entre les parties. Mais, dans le second cas, il admet que la preuve rétablie pourra être invoquée par tous et contre tous. « Car, dit-il, si la décision judiciaire qui ordonne le rétablissement de la preuve du mariage ne pouvait jamais être invoquée que par ceux qui ont figuré à l'instance, on ne comprendrait pas que le ministère public fût autorisé, en l'absence de toute partie intéressée, à requérir du tribunal saisi de l'action publique le rétablissement de la preuve du mariage, puisque le rétablissement ainsi opéré ne pourrait profiter à personne. D'ailleurs on peut se demander à quoi sert, dans le système contraire, l'inscription, sur les registres de l'état civil, du jugement rendu au criminel qui ordonne le rétablissement de la preuve du mariage. Si les parties qui ont figuré à l'instance peuvent seules invoquer ce jugement, il était bien inutile d'ordonner qu'il fût inscrit sur les registres de l'état civil ; car les parties peuvent toujours, indépendamment de toute inscription, en obtenir une expédition quand besoin sera. L'utilité de l'inscription n'apparaît guère que pour les tiers, qui ne peuvent pas obtenir une expédition du jugement, et il est naturel de supposer que cette inscription a été prescrite par la loi dans leur intérêt, ce qui suppose qu'ils peuvent se prévaloir du jugement ».

CHAP. 8. — Des nullités (*Rép.* n°s 441 à 606).

226. La plupart des auteurs ont adopté, dans ces derniers temps, la théorie, formulée pour la première fois par Zachariæ, qui distingue les mariages inexistants des mariages nuls. Nous l'avons admise au *Rép.* n° 442 (V. en sus des auteurs que nous avons cités, Aubry et Rau, t. 5, § 450, p. 6, texte et note 5 ; Glasson, *Du consentement des époux au mariage*, n° 140 ; Laurent, t. 2, n°s 440 et suiv. ; Baudry-Lacantinerie, t. 1, n°s 495 et suiv. ; Huc, t. 2, n°s 12 et suiv., 124 et 158). Mais cette théorie peut donner lieu à des confusions que quelques auteurs ne nous paraissent pas avoir suffisamment évitées. Le mariage inexistant, dit-on, est celui qui n'a pas besoin d'être annulé par la justice pour être nul ; c'est le néant. « Toute personne, en tout temps, sera fondée à repousser, par voie d'exception, les effets de ce prétendu mariage, sans qu'on puisse lui opposer ni prescription, ni ratification » (Demolombe, t. 3, n° 241). Le mariage nul (M. Demolombe l'appelle seulement *annulable*) est, au contraire, celui dont la nullité doit être prononcée par les tribunaux et ne peut l'être que sous certaines conditions déterminées par la loi. Cela est exact. Toutefois, il ne faut pas oublier que le mariage nul, aussi bien que le mariage inexistant, est nul *ab initio* (Comp. Crim. cass. 13 avr. 1867, aff. Simon, D. P. 67. 1. 353). Si sa nullité a besoin d'être prononcée, c'est uniquement parce qu'elle n'est pas aussi manifeste que celle du mariage inexistant, qui n'a pas même l'apparence d'un mariage. Mais, au fond, le mariage nul n'existe pas plus que le mariage inexistant, et c'est pourquoi aussi cette distinction n'a pas autant d'importance ni autant d'étendue que le prétendent certains auteurs. C'est ce que démontrera l'examen des différents cas que l'on a cités comme étant ceux de mariages inexistants.

227. Le premier exemple que l'on donne d'un mariage inexistant est celui du prétendu mariage qui aurait été contracté entre personnes du même sexe. Lorsque l'identité de sexe est certaine, il est évident que le mariage n'existe pas. Mais, en pratique, la question ne se présentera pas d'une manière aussi simple. Si deux personnes se sont mariées sérieusement, c'est que l'une d'elles prétendait être d'un certain sexe, et l'autre, de l'autre sexe. L'une des deux pouvait être dans l'erreur. Mais pour constater régulièrement cette erreur, il faut recourir à la justice, et tant que l'erreur n'a pas été établie, le mariage, s'il a été célébré et constaté par un acte, est présumé exister. On objecte qu'aucun texte du code n'autorise en pareil cas l'action en nullité. Mais d'abord, à ce cas, on pourrait, au besoin, appliquer l'art. 180 c. civ., qui permet l'annulation du mariage « lorsqu'il y a eu erreur dans la personne ». Si sévère que l'on soit dans l'interprétation de ces mots, il est difficile de ne pas admettre que l'homme qui a épousé un autre homme en croyant épouser une femme, ou *vice versa*, a été victime d'une erreur sur la personne de son conjoint (V. *suprà*, n°s 38 et suiv.). Au surplus, il est possible que ce cas, très rare et très extraordinaire, n'ait pas été prévu par les rédacteurs du code. On ne peut douter qu'il y a là une nullité de mariage (V. *suprà*, n° 29).

228. Un cas plus pratique où le mariage peut être dit *inexistant* est celui où il a été célébré par une personne n'ayant, de par la loi, aucune qualité pour y procéder, comme, par exemple, un notaire ou un prêtre. Ce cas encore n'est pas prévu par le code civil. Mais ici, en réalité, il n'y a pas d'acte de mariage, et c'est, à vrai dire, le seul cas où l'on puisse, avec une entière exactitude, considérer le mariage comme inexistant. Aucune action, en effet, n'est alors nécessaire pour en faire prononcer la nullité, car c'est à celui qui invoque un pareil mariage à en prouver l'existence ; or cette preuve est impossible (Comp. Paris, 6 avr. 1869, aff. de Meffray, D. P. 72. 2. 216 ; Trib. Seine, 2 juill. 1872, *suprà*, n° 196 ; Lyon, 24 févr. 1881, aff. Dec... D. P. 81. 2. 199).

229. On peut supposer maintenant que le prétendu mariage est constaté par un acte, mais qu'en réalité l'un des époux n'a pas donné son consentement : il a répondu *non* à la demande de l'officier de l'état civil, et le mariage a cependant été célébré comme s'il avait répondu *oui*. Cette hypothèse se distingue du cas où le consentement a été arraché par violence, car nous supposons qu'il n'y a pas eu même l'apparence d'un consentement. Il y a, au contraire, l'apparence d'un mariage, puisqu'il existe un acte, et pour faire tomber cet acte, il faut encore ici une demande en justice, dans laquelle le demandeur devra procéder par voie d'inscription de faux. Seulement, lorsque l'acte aura été reconnu faux, le mariage se trouvera, par cela même, inexistant (Comp. Fenet, *Travaux préparatoires du code civil*, t. 9, p. 101). — Dans un cas semblable, alors qu'il était articulé que l'un des conjoints, frère du demandeur, était, au moment de la célébration de son mariage, dans l'impossibilité de manifester aucune volonté, il a été jugé, avec raison, que la nullité du mariage pouvait être demandée par toute personne y ayant intérêt, et que l'art. 180 c. civ., qui dispose que le mariage contracté sans le consentement libre de l'un des époux ne peut être attaqué que par cet époux, n'était pas applicable dans l'espèce, puisque, suivant la prétention du demandeur, il n'y avait pas eu de consentement exprimé (Alger, 21 avr. 1853, aff. Sicard, D. P. 55. 2. 342). Jugé aussi, dans le même sens, que lorsqu'il est établi, par la voie de l'inscription de faux, que les futurs époux ne se sont jamais trouvés en présence de l'officier de l'état civil et que les formalités prescrites par l'art. 75 c. civ. n'ont pas été remplies, le mariage doit être tenu pour inexistant (Lyon, 4 avr. 1867, *infrà*, n° 429).

230. On a dit qu'il y aurait encore mariage inexistant dans l'hypothèse, fort improbable d'ailleurs, où une personne serait substituée à une autre devant l'officier de l'état civil (Demolombe, t. 3, n° 146; Marcadé, t. 1, art. 180, p. 463; Glasson, *Du consentement des époux au mariage*, n° 140). Mais ce cas est celui où le mariage est nul pour cause d'erreur dans la personne physique; il est régi par l'art. 180 c. civ. (V. *suprà*, n° 38). C'est donc à tort qu'on a vu là un mariage inexistant (V. *infrà*, n° 240).

231. Enfin, l'hypothèse où la théorie du mariage inexistant a été le plus vivement soutenue dans la doctrine et dans la jurisprudence, est celle où le mariage a été contracté par un individu en état de démence. Le mariage, dans ce cas, a toute l'apparence d'un mariage valable, et, pour le faire tomber, il faut évidemment en faire prononcer la nullité. Pour soutenir qu'il est inexistant, on invoque l'art. 146 c. civ., aux termes duquel « il n'y a pas de mariage lorsqu'il n'y a point de consentement ». La loi, dit-on, ne pouvait dire en termes plus formels que le mariage n'a aucune existence quand l'un des prétendus époux était, au moment de la célébration, par l'effet de la démence ou par l'effet de l'ivresse, dans l'impossibilité absolue de consentir. Ce cas, où il y a eu absence totale de consentement, est tout différent de celui prévu par l'art. 180 c. civ., où le consentement n'a pas été libre. On comprend que, dans ce dernier cas, l'époux dont le consentement a été vicié puisse seul invoquer cette cause de nullité; on comprend aussi qu'après six mois de cohabitation, depuis que cet époux a recouvré sa liberté ou reconnu son erreur, la nullité soit couverte. Mais lorsque aucun consentement n'a été donné, lorsque, par conséquent, il n'y a aucun mariage réel, comment ce mariage pourrait-il être ratifié? et pourquoi alors l'époux qui n'a pas consenti serait-il seul à pouvoir invoquer l'inexistence du mariage? S'il en était ainsi, ce prétendu mariage ne pourrait le plus souvent être attaqué par personne. Toutes les fois, en effet, que la démence serait incurable, celui qui aurait contracté mariage en cet état resterait incapable, jusqu'à sa mort, de demander lui-même la nullité de son mariage, et, après sa mort, par application de l'art. 180 c. civ., cette nullité ne pourrait pas être invoquée par ses héritiers. Le seul moyen d'échapper à cette conséquence inadmissible est de considérer, non pas seulement comme susceptible d'être annulé, mais comme non existant, le mariage contracté en état de fureur, de démence, d'imbécillité ou d'ivresse complète (V. en ce sens: Trib. de Gand, 14 déc. 1846, aff. Wynsdan, D. P. 47. 3. 24; Aubry et Rau, t. 5, § 451 *bis*, p. 10, note 3; Marcadé, *Explication du code civil*, t. 1, n°s 620 et suiv.; Demolombe, t. 3, n°s 129 et 246; Glasson, *Du consentement des époux au mariage*, n°s 116 et 143; Demante, t. 1er, n° 260 *bis*, I; Laurent, t. 2, n°s 443; Baudry-Lacantinerie, t. 1, n° 496).

Cette théorie, qui réunit presque l'unanimité des auteurs actuels, et qui avait été adoptée au *Rép.* n°s 442 et 467, a été jusqu'ici toujours repoussée par la jurisprudence, notamment par la cour de cassation. Dès 1821, la cour de cassation a cassé un arrêt de la cour de Paris qui avait admis des héritiers collatéraux à attaquer, après la mort de leur auteur, un mariage qu'ils prétendaient frappé d'une nullité absolue comme ayant été contracté par un homme en état de démence et qui, de plus, était engagé dans les ordres sacrés. La cour de cassation déclara dans son arrêt qu'aucune loi ne conférait aux héritiers collatéraux, dans les cas qui avaient donné lieu à la demande en nullité, le droit de former cette demande (Civ. cass. 9 janv. 1821, *Rép.* n° 210. V. aussi dans le même sens, pour le cas du mariage d'un prêtre, Req. 12 nov. 1839, *Rép.* n° 514). — En 1844, la chambre des requêtes confirmait un arrêt de la cour de Caen qui avait refusé à la sœur d'un interdit le droit d'attaquer, après la mort de celui-ci, le mariage qu'il avait contracté depuis son interdiction. « Le mariage, disait l'arrêt de la chambre des requêtes, reproduisant un passage du rapport de M. le conseiller Mestadier, tient trop essentiellement à l'ordre social pour avoir été imprudemment livré à toutes les attaques des mauvaises passions; la nullité ne peut en être prononcée que sur un texte formel, et seulement à la requête de ceux que la loi autorise spécialement à invoquer le texte. C'est pourquoi un chapitre entier est consacré aux demandes en nullité de mariage; il est composé de vingt-trois articles, et tous les droits y sont prévus; d'où il résulte que l'art. 184, le seul qui admette tous ceux qui y ont intérêt à attaquer un mariage, est essentiellement restrictif et limitatif. On ne peut l'étendre d'un cas à un autre » (Req. 12 nov. 1844, aff. Silas-Lenormand, D. P. 45. 1. 98). — Des considérations analogues se trouvent dans les motifs d'un arrêt de la cour de Colmar, qui a jugé également que les collatéraux ne sont pas recevables à demander, après le décès de leur parent, la nullité du mariage que celui-ci aurait contracté en état de démence (Colmar, 27 févr. 1852, aff. Héritiers C..., D. P. 52. 2. 260). — En 1872, il est vrai, la cour de Paris a annulé un mariage pour défaut de consentement, sur la demande d'héritiers collatéraux (Paris, 20 mars 1872, aff. Héritiers Humbert, D. P. 72. 2. 109). Mais il s'agissait d'un mariage *in extremis* et dont la célébration avait été irrégulière. — Enfin, la question est revenue devant la cour de cassation, sur le pourvoi formé contre un arrêt de la cour de Bordeaux du 23 juin 1884, et la chambre civile a consacré de nouveau son ancienne jurisprudence par un arrêt fortement motivé (Civ. rej. 9 nov. 1887, aff. Desmoulin, D. P. 88. 1. 161). Cet arrêt insiste principalement sur les textes du code civil. Il constate la corrélation qui existe entre le chap. 1er du titre *Du mariage*, où la loi détermine les *qualités et conditions requises pour contracter mariage*, et le chap. 4, sur les *Demandes en nullité de mariage*, qui contient la sanction des règles du chap. 1er. Au chap. 1er, se trouve l'art. 146, portant qu'il « n'y a pas de mariage, lorsqu'il n'y a pas de consentement », ce qui comprend tout à la fois les cas où le consentement est le résultat d'une volonté oblitérée par la démence et ceux où il n'est donné qu'à la suite de violences civiles ou morales ou d'une erreur sur la personne. Au chap. 4, les art. 180, 181, 182 et 183 déterminent les conditions et les délais de l'action en nullité pour les cas où le mariage n'a pas été célébré avec le consentement valable et libre des époux, ainsi que pour ceux où les ascendants ou le conseil de famille n'ont point donné leur consentement, alors qu'il était nécessaire. Or, dit la cour de cassation, les collatéraux ne sont mentionnés dans aucun de ces articles. Puis vient l'art. 184, concernant la demande en nullité du mariage contracté au mépris des prohibitions relatives à l'âge des époux, à l'existence d'un premier mariage et aux liens de parenté ou d'alliance ; cet article reconnaît à tous ceux qui y ont intérêt, et par conséquent aux collatéraux, ainsi qu'aux époux et au ministère public, le droit d'attaquer le mariage contracté en violation des art. 144, 147, 161, 162 et 163 ; mais l'art. 146 ne figure point au nombre des articles rappelés par l'art. 184. La cour conclut de là « que les collatéraux ne sont, dans l'état actuel de notre législation, recevables à attaquer le mariage de leurs parents que dans les cas expressément énoncés au même art. 184, et que, quelle que soit la nature de l'empêchement au mariage formulé par les termes généraux de l'art. 146, on ne saurait, sans méconnaître le caractère essentiellement restrictif et limitatif de l'art. 184, attribuer qualité aux collatéraux pour demander la nullité d'un mariage contracté par un époux en état de démence, pas plus qu'on ne pourrait leur reconnaître le droit de se pourvoir en annulation d'un mariage contracté sous l'empire de l'erreur ou de la violence ou sans le consentement des père et mère et autres ascendants ». Dans un dernier considérant, la cour de cassation déclare « que le législateur a manifestement entendu qu'en donnant à ceux des collatéraux qui sont désignés en l'art. 174 la faculté de former opposition au mariage, lorsque cette opposition est fondée sur l'état de démence du futur époux, et encore sous la condition de provoquer l'interdiction de celui-ci dans un délai fixé par le juge, il protégerait suffisamment les droits et les intérêts de la famille, tout en évitant de livrer les mariages aux actions passionnées de parents trop souvent disposés à attaquer des unions qui trompent leurs calculs et blessent leurs intérêts ». C'était déjà la réponse faite par Merlin à l'objection consistant à dire que le mariage contracté par un homme en démence, s'il ne pouvait être attaqué par les collatéraux, demeurerait inattaquable. « C'est aux collatéraux, disait Merlin, *Rép.* v° *Mariage*, sect. 6, § 2, de s'imputer de n'avoir pas usé, pour empêcher la célébration du mariage, de la faculté, que leur accordent les art. 173 et 174, d'y former opposition, et ils ne peuvent pas être écoutés lorsque, plus tard, ils viennent alléguer une incapacité qu'ils ont, par leur silence, dans un moment aussi décisif, reconnu ne pas exister ». Ajoutons qu'une autre réponse encore peut être faite à cette objection en vertu d'un arrêt de la cour de cassation qui décide que le tuteur de l'interdit peut demander au nom de son pupille la nullité du mariage contracté par ce dernier (Civ. rej. 26 févr. 1890, aff. Agostini, D. P. 90. 1. 291). Les collatéraux dont le parent s'est marié en état de démence, alors même qu'ils n'auraient pas fait opposition à son mariage ou que leur opposition aurait été rejetée, ont donc encore la ressource de provoquer l'interdiction de ce parent, pour ensuite faire demander la nullité du mariage par le tuteur.

D'après la jurisprudence que nous venons d'analyser, le mariage contracté par un individu en état de démence ne peut donc pas être considéré comme un mariage inexistant. Cette doctrine a été soutenue avec beaucoup de force par M. l'avocat général Desjardins, dans ses conclusions devant la cour de cassation, lors de l'arrêt du 9 janv. 1887. Si le mariage est inexistant, a-t-il dit en substance, tout le monde peut l'attaquer à n'importe quelle époque, et la femme elle-même qui a épousé sciemment un homme en état de démence, malgré le plein consentement qu'elle a donné, peut se démarier à son heure, au gré de son intérêt ou de son caprice. Quoi de plus choquant et de plus immoral ? Les collatéraux du mari peuvent également, s'ils y ont intérêt, faire prononcer la nullité malgré l'un et l'autre conjoint, alors même que le mari aurait recouvré sa raison, puisqu'il n'y a pas de mariage. En tout cas, ils peuvent la faire prononcer malgré la femme, qui s'obstine à tenir la parole donnée. Ne vaut-il pas cent fois mieux n'armer d'un pareil droit, en une matière si délicate, que l'époux lui-même, à partir du moment où il aura reconquis toute sa liberté?... « Il serait contraire à l'intérêt des familles et à la morale publique, disent MM. Aubry et Rau, t. 5, § 451 *bis*, p. 12, note 5, que, sous prétexte d'erreur sur la personne physique, l'existence d'un mariage pût être contestée à toute époque, malgré une cohabitation continuée pendant plusieurs années, et ce, par toute personne intéressée, y compris même l'époux qui aurait trompé son conjoint ». Cela est vrai pour toutes les actions en nullité fondées sur le défaut de consentement. On prétend que si l'un des époux était en état de démence au moment de l'acte de célébration, il n'y a eu de sa part aucun consentement, et que, par suite, aucune confirmation n'est possible, attendu que le néant ne saurait être confirmé. Mais ce n'est là, au fond, qu'une pure subtilité scholastique, et la cour de Bordeaux, dans l'arrêt qui a été déféré à la cour de cassation, y a fort bien répondu : « La ratification, dit cet arrêt, n'est pas plus impossible dans le cas de démence que dans le cas de violence ou d'erreur; dans les principes de notre législation, le dément, interdit ou non, étant reconnu capable de consentir un mariage dans un intervalle lucide, peut conséquemment le ratifier dans les mêmes conditions ». Enfin, si la loi n'a pas permis d'attaquer pour cause de démence après le décès d'une personne, le moindre contrat à titre onéreux (c. civ. art. 504), jugeant que la preuve de la démence est trop incertaine lorsque la personne n'est plus là pour se défendre, ni pour être examinée, il serait plus qu'étrange, il serait déraisonnable que la loi eût permis à des héritiers collatéraux, à des créanciers, à quiconque y aurait intérêt, d'attaquer un mariage pour cette même cause de démence, dix ou vingt ans après le décès de l'époux, et que la loi n'eût pris aucune précaution pour réglementer l'exercice d'une action en nullité aussi dangereuse.

232. La principale distinction qui doit être faite en matière de nullité de mariage est celle des nullités relatives et des nullités absolues (*Rép.* n° 444). Les auteurs attribuent généralement à cette distinction trois effets : 1° les nullités relatives, qui sont établies principalement dans l'intérêt des parties contractantes, ne peuvent être proposées que par ces parties elles-mêmes ou par certains de leurs parents; les nullités absolues, étant établies dans l'intérêt social, sont, au contraire, susceptibles d'être invoquées par toute personne intéressée et par le ministère public; 2° les nullités relatives peuvent être couvertes par la ratification des parties et de leurs parents; les nullités absolues ne peuvent disparaître par l'effet d'une ratification; 3° en cas de nullité relative, l'action s'éteint par la prescription; en cas de nullité absolue, l'action est imprescriptible (Demolombe, t. 3, n° 243; Aubry et Rau, t. 5, § 458, p. 42 et suiv.; Laurent, t. 2, n° 434).

233. La capacité nécessaire pour intenter une action en nullité de mariage est la capacité générale d'ester en justice. Ainsi, la femme mariée, pour demander contre son mari la nullité du mariage, doit être autorisée, sinon par le mari, du moins par la justice (V. *infrà*, n° 429). L'époux mineur, qui est émancipé par le mariage, ne peut intenter l'action qu'avec l'assistance de son curateur, et, s'il s'agit de la femme, comme elle doit agir contre son mari qu'elle a pour curateur, un curateur spécial doit lui être nommé par le conseil de famille (*Rép.* n° 446).

234. Le tuteur de l'interdit est admis par la jurisprudence à demander la nullité du mariage contracté par l'interdit (Bastia, 8 févr. 1888, aff. Agostini, D. P. 88. 2. 317, et sur pourvoi, Civ. rej. 26 févr. 1890, D. P. 90. 1. 291). Le tuteur doit-il pour cela être autorisé par le conseil de famille? L'affirmative paraît plus probable. On peut aujourd'hui argumenter en ce sens de l'art, 307 c. civ. modifié par la loi du 28 avr. 1886; ce texte permet, au tuteur de la personne judiciairement interdite, d'intenter au nom de cette personne une demande en séparation de corps, mais il exige que le tuteur y soit autorisé par le conseil de famille (V. *suprà*, v° *Divorce*, n° 117). La même autorisation semble devoir être, à plus forte raison, nécessaire au tuteur pour former une demande en nullité de mariage (V. toutefois, *Rép.* v° *Minorité-tutelle-émancipation*, n° 506).

235. C'est d'après la législation en vigueur au moment de la célébration d'un mariage que doit être appréciée la validité de ce mariage. Il a été jugé, par application de ce principe, qu'un mariage contracté dans les Etats sardes, sous l'empire des lois canoniques, qui font de l'affinité naturelle illicite entre l'un des époux et l'ascendant de l'autre au premier degré un empêchement dirimant, peut être déclaré nul pour cette cause, bien que le code civil, qui a remplacé la législation canonique dans le lieu de la célébration du mariage et du domicile des époux, ne reconnaisse pas la cause de nullité dont il s'agit (Chambéry, 7 févr. 1885, aff. Procureur général, D. P. 85. 2. 224). Jugé, en outre, que l'admissibilité des preuves des faits allégués à l'appui d'une demande en nullité de mariage doit être également appréciée d'après les lois en vigueur à l'époque de la célébration (Même arrêt).

236. Les tribunaux français sont incompétents pour connaître de l'action en nullité relative à un mariage contracté en pays étranger et entre étrangers non autorisés à établir leur domicile en France (V. *suprà*, v° *Droits civils*, n° 194). — S'il s'agit d'un mariage contracté entre étrangers, mais en France, on peut soutenir que les tribunaux français sont compétents, au moins pour apprécier la validité de l'acte de célébration (V. toutefois en sens contraire, Req. 26 juill. 1852, aff. Bonici, D. P. 52. 1. 249). D'autre part, si la demande en nullité de mariage est formée par une femme qui était française lors de son mariage avec un étranger et qui n'a pu devenir étrangère que par l'effet de ce mariage, les tribunaux français doivent en connaître, car la qualité d'étrangère chez la femme est subordonnée à la validité du mariage (Paris, 2 mars 1868, *suprà*, v° *Droits civils*, n° 194; Trib. Seine, 2 juill. 1872, *suprà*, n° 196; Aubry et Rau, t. 8, § 748 *bis*, p. 144, note 38). Jugé aussi que les tribunaux français sont compétents pour statuer sur la validité d'un mariage contracté entre étrangers, en pays étranger, quand cette question s'élève incidemment à l'action formée par un étranger contre un Français, à fin de partage d'une succession ouverte en France (Req. 15 avr. 1861, aff. Seitz, D. P. 61. 1. 420). Et il n'importe que cette question incidente s'élève, non avec le Français défendeur, mais entre le demandeur étranger et d'autres étrangers, parties intervenantes, la compétence du juge quant à l'action principale s'étendant à l'incident (Même arrêt).

237. La naturalisation d'un mari français en pays étranger ne fait pas perdre à la femme la qualité de Française, au regard du moins de la loi française. En conséquence, si le mari, après avoir obtenu le divorce des tribunaux de sa nouvelle patrie, a contracté un nouveau mariage, la femme peut attaquer ce mariage devant les tribunaux français (Rouen, 6 avr. 1887, aff. d'Argentré, D. P. 89. 2. 17, et la dissertation de M. Em. Cohendy, en note sous cet arrêt).

238. Les actions en nullité de mariage constituent des contestations sur l'état civil des citoyens; elles doivent, en conséquence, par application de l'art. 22 du décret du 30 mars 1808, être jugées sur appel en audience solennelle (V. *Rép.* v° *Organisation judiciaire*, n°s 401 et suiv.). Toutefois, lorsqu'une question de validité de mariage est soulevée incidemment dans une instance rentrant dans la compétence de la juridiction ordinaire, cette question doit être jugée, comme l'instance principale, à l'audience ordinaire (Metz, 7 févr. 1854, aff. Delorme, D. P. 54. 2. 217; Req. 26 juill. 1865, aff. Adour, D. P. 65. 1, 493). Mais si une demande en nullité de mariage et une demande en séparation de corps, formées entre les mêmes époux, sont portées devant la même cour, ces deux affaires connexes peuvent être jointes et être jugées simultanément par la cour en audience solennelle, bien que la demande en séparation de corps ne soit pas de la compétence des chambres réunies (Lyon, 19 août et 29 déc. 1881, aff. Gouzenne, D. P. 82. 2. 113).

Sect. 1re. — Des nullités relatives (*Rép.* n°s 455 à 504).

239. Les nullités relatives dont il est traité dans cette section sont celles prévues par les art. 180 à 183 c. civ. et résultant des vices du consentement des contractants ou du défaut de consentement des ascendants ou de la famille. Nous rappelons qu'une autre cause de nullité relative peut résulter, d'après la jurisprudence, du défaut de publications en France et d'actes respectueux, en cas de mariage à l'étranger (V. *suprà*, n°s 199 et suiv.).

Art. 1er. — *Vice du consentement des contractants* (*Rép.* n°s 455 à 471).

240. Le mariage qui a été contracté sans le consentement libre des deux époux ou de l'un d'eux ne peut être attaqué que par les époux ou par celui des deux dont le consentement n'a pas été libre. Lorsqu'il y a eu erreur dans la personne, le mariage ne peut être attaqué que par celui des deux époux qui a été induit en erreur (c. civ. art. 180). — On a prétendu, comme nous l'avons dit au *Rép.* n° 456, que cette disposition de l'art. 180 c. civ. n'est pas applicable à tous les cas d'erreur dans la personne, que, s'il y avait substitution d'une personne à une autre, devant l'officier de l'état civil, à l'insu de l'un des conjoints, le mariage serait alors inexistant, et que la nullité pourrait en être demandée par tout intéressé. Mais ce système est aujourd'hui repoussé par la plupart des auteurs, alors même qu'ils admettent en théorie que le cas de substitution de personne est un cas d'inexistence du mariage. Comment soutenir, en effet, que ce cas ne rentre pas dans celui d'erreur dans la personne prévu par l'art. 180 c. civ.? M. Laurent, quoique partisan de la théorie des mariages inexistants, reconnaît, t. 2, n° 291, que le code civil a bien fait de ne pas la consacrer ici. « Quoi! dit-il, vous avez épousé Jeanne, croyant épouser Marie; cela ne vous empêche pas de cohabiter avec elle pendant des années, et après cela vous viendrez dire: il n'y a point de mariage! Telle serait, en effet, la conséquence du mariage inexistant. Il y en a une autre, tout aussi absurde. Un mariage inexistant peut être attaqué par toute partie intéressée. Donc un collatéral viendra demander que votre mariage soit déclaré inexistant, alors que vous, malgré l'erreur qui vous l'a fait contracter, vous vouliez le maintenir! » On ne doit donc pas hésiter à reconnaître que l'art. 180 c. civ. s'applique au cas d'erreur sur la personne physique comme au cas d'erreur sur la personne civile (V. en ce sens: *Rép.* n° 456; Aubry et Rau, t. 5, § 451 *bis*, p. 12, note 5; Laurent, *loc. cit.*; Baudry-Lacantinerie, t. 1, n° 504. V. aussi *suprà*, n° 38 et 229).

241. Les auteurs sont d'accord pour décider que l'action en nullité fondée sur la violence ou sur l'erreur est exclusivement attachée à la personne de l'époux auquel elle compète. Elle ne peut être exercée en son nom ni par ses créanciers ni, après sa mort, par ses héritiers (*Rép.* n° 459; Aubry et Rau, t. 5, § 462, p. 69; Demante, t. 1, n° 262 *bis*, v; Glasson, *Du consentement des époux au mariage*, n° 149; Laurent, t. 2, n° 449; Baudry-Lacantinerie, t. 1, n° 507). Jugé, notamment, qu'un mariage ne peut être attaqué, après le décès de l'un des conjoints, par les héritiers de celui-ci, pour cause d'erreur dans la personne de l'autre conjoint (Trib. Toulouse, 24 févr. 1879, aff. Magre, D. P. 79. 3. 64).

242. Les héritiers peuvent-ils du moins continuer l'instance si l'action en nullité a été introduite par l'époux auquel ils succèdent? Cette question est controversée. L'affirmative a été admise au *Rép.* n° 460, par application de la règle: *Actiones quæ morte pereunt, semel inclusæ judicio salvæ permanent.* On a considéré, en outre, que les motifs qui ont fait refuser l'action aux héritiers n'existent plus quand cette action a été introduite par l'époux; en effet, il est alors certain, d'une part, que cet époux a lui-même affirmé le défaut de son consentement et, d'autre part, qu'il n'a pas renoncé à s'en prévaloir (V. en ce sens, outre les auteurs cités au *Rép.* n° 460: Aubry et Rau, t. 1, § 462, p. 69, note 17; Demante, t. 1, n° 262 *bis*, v). — L'opinion contraire, toutefois, est soutenue par plusieurs auteurs, et notamment par les plus récents. L'action en nullité résultant des vices du consentement doit, suivant ces auteurs, être considérée comme ayant un caractère moral et non pécuniaire. On en trouve la preuve dans les travaux préparatoires du code: lorsque la discussion de l'art. 180 commença, au conseil d'État, dans la séance du 6 brum. an 10, Tronchet dit que « le principe de cet article est que le défaut de consentement n'intéresse que les époux eux-mêmes, qu'il ne doit appartenir qu'à eux de faire valoir la nullité qui en résulte »; et tout le monde accepta cette explication (V. Locré, *Législation civile*, t. 4, p. 411 et suiv.; *Esprit du code napoléon*, t. 2, p. 212). Le législateur, dit-on, refuse donc à l'action dont il s'agit, tout caractère pécuniaire; elle a un but tout différent et tout personnel à l'époux; il faut rompre une union qui l'enchaîne malgré lui. Or, il n'est pas douteux que les héritiers ne sauraient invoquer ces motifs, soit pour intenter l'action, soit pour continuer l'instance introduite. Il faut, dès lors, leur refuser toute espèce de droit dans l'un et l'autre cas (V. en ce sens: Glasson, *Du consentement des époux au mariage*, n° 150; Laurent, t. 2, n° 450; Baudry-Lacantinerie, t. 1, n° 507; Huc, t. 2, n° 134). Nous persistons à penser que l'action introduite par l'époux doit pouvoir être continuée par ses héritiers. Si le but direct et principal de cette action n'est pas pécuniaire, elle a aussi pourtant, incontestablement, des conséquences pécuniaires. Or, il est de règle que les héritiers peuvent poursuivre les instances commencées par leurs auteurs, et, pour leur retirer ce droit dans le cas particulier, il faudrait un texte formel. On peut, du reste, invoquer en ce sens, par analogie, l'art. 330 c. civ. qui autorise les héritiers à suivre l'action en désaveu lorsqu'elle a été commencée par l'enfant. Il s'agit bien là aussi d'une action qui n'est pas exclusivement et principalement pécuniaire. On objecte, il est vrai, que cette action, différente en cela de l'action en nullité qui nous occupe, peut quelquefois être intentée par les héritiers de l'enfant; mais l'art. 329 c. civ. ne la leur accorde que très exceptionnellement, quand l'enfant est décédé mineur ou dans les cinq années de sa majorité; on voit, au contraire, que cette même action, quand elle a été introduite par l'enfant et qu'il ne s'en est pas désisté ou ne l'a pas laissé périmer, passe sans restriction à ses héritiers. C'est une application très évidente du principe que les actions attachées à la personne deviennent transmissibles dès qu'elles ont été portées en justice, *inclusæ judicio*. Ce même principe reste donc applicable dans le cas actuel, par cela seul que la loi n'y a pas dérogé.

243. D'après l'art. 181 c. civ., la demande en nullité n'est plus recevable toutes les fois qu'il y a eu cohabitation continuée pendant six mois depuis que l'époux a acquis sa pleine liberté ou que l'erreur a été par lui reconnue (*Rép.* n° 461). — C'est au demandeur, a-t-on dit au *Rép.* n° 463, à prouver à la fois, et la violence au moment du mariage, et sa continuation jusqu'à telle époque, pour établir que l'action a été intentée en temps utile (V. en ce sens : Glasson, *Du consentement des époux au mariage*, n° 155 ; Aubry et Rau, t. 5, § 462, p. 70). Il a été jugé, dans le même sens, que l'époux qui demande la nullité de son mariage pour erreur dans la personne de son conjoint, est tenu, si ce dernier lui oppose la fin de non-recevoir résultant d'une cohabitation de six mois depuis la découverte de l'erreur, d'établir l'époque où son erreur a cessé : il ne peut être reçu dans son action qu'à la charge de prouver que l'erreur sur laquelle elle est fondée avait cessé depuis moins de six mois lorsqu'il a intenté cette action (Bordeaux, 20 févr. 1867, aff. Bazy, D. P. 68. 2. 19, et sur pourvoi, Civ. rej. 20 avr. 1869, D. P. 69. 1. 460). Cette solution, toutefois, est contestée par M. Laurent. « Est-ce au demandeur, dit-il, t. 2, n° 452, à prouver qu'il est encore dans le délai prescrit par la loi pour agir? En principe, non, car la prescription est une exception que le défendeur oppose au demandeur; c'est donc à lui à prouver que le demandeur n'est plus dans le délai légal. Cette règle doit recevoir son application à l'espèce, puisque la loi n'y déroge pas ». Mais ce raisonnement, semble-t-il, pèche contre le principe même qu'il invoque. Que doit prouver le défendeur pour justifier son exception? Qu'il y a eu cohabitation continuée pendant six mois. Cette preuve faite, si le demandeur allègue que la violence ou l'erreur a persisté pendant cette cohabitation, il y a lieu d'appliquer de nouveau la règle : *Incumbit onus probandi ei qui dicit*.

244. Si le mariage, annulable pour l'une des causes indiquées en l'art. 180 c. civ., n'a pas été suivi d'une cohabitation continuée pendant six mois, l'action en nullité s'éteindra-t-elle par la prescription? On a admis l'affirmative au *Rép.* n° 466, par application du principe général que toutes les actions sont prescriptibles (V. en ce sens, en sus des auteurs cités au *Répertoire* : Aubry et Rau, t. 5, § 462, p. 71, note 22; Laurent, t. 2, n° 454 ; Baudry-Lacantinerie, t. 1, n° 510). L'opinion contraire est, cependant, soutenue par M. Demante, t. 1, n° 363 *bis*, II. Suivant cet auteur, l'action qui tend à faire annuler le mariage est une action relative à l'état des personnes; or les actions en réclamation d'état sont imprescriptibles (Arg. c. civ., art. 328). Mais de ce que la loi déclare imprescriptibles en faveur de l'enfant l'action en réclamation d'état, qui tend à la reconnaissance de la filiation, on ne peut conclure que toutes les actions relatives à la validité du mariage ont le même caractère. A défaut d'une exception formelle, il faut leur appliquer la règle générale de la prescriptibilité de toutes les actions.

245. Cette prescriptibilité étant admise, une nouvelle difficulté s'élève sur le point de savoir si c'est la prescription de dix ans, de l'art. 1304, ou celle de trente ans, de l'art. 2262, qui est applicable. On s'est prononcé au *Rép.* n° 466, pour la prescription de dix ans. Mais cette opinion est combattue par les derniers auteurs. Le mariage, disent-ils, n'est pas soumis aux règles des contrats ordinaires. De plus, la prescription de l'art. 1304 est motivée par une présomption de ratification ; or la loi n'admet, en notre matière, d'autre ratification tacite que celle résultant de la cohabitation pendant six mois. L'action en nullité contre le mariage, fondée sur l'erreur ou la violence, ne peut donc s'éteindre que par la prescription ordinaire de trente ans (V. en ce sens : Aubry et Rau, t. 5, § 462, p. 71, note 22 ; Laurent, t. 2, n° 454; Baudry-Lacantinerie, t. 1, n° 510; Huc, t. 2, n° 129. V. Toutefois, *Rép.* n° 466).

246. On a vu *suprà*, n° 231, que le mariage contracté par un individu en état de démence ou d'ivresse tombe sous l'application des art. 180 et 181 c. civ. ; c'est du moins ce que décide la jurisprudence. L'action en nullité fondée sur la démence ou sur l'ivresse est donc, comme celle résultant de la violence ou de l'erreur, purement relative, et elle s'éteint par une cohabitation continuée pendant six mois depuis la cessation de l'ivresse ou de la démence, et, à défaut de cohabitation, par la prescription (V. les arrêts cités *suprà*, n° 231).

Mais les dispositions des art. 180 et 181 seraient inapplicables au cas où le mariage serait attaqué pour défaut absolu de consentement, c'est-à-dire au cas où il serait allégué que l'acte de mariage est faux en tant qu'il constate que tel époux a consenti ; en pareil cas, la nullité du mariage pourrait être demandée par toute personne y ayant intérêt et à toute époque (V. *Rép.* n°s 469 et suiv. ; Alger, 21 avr. 1853, aff. Sicard, D. P. 55. 2. 342, cité *suprà*, n° 229).

247. Il a été jugé que la fin de non-recevoir édictée par l'art. 181 c. civ. contre les demandes en nullité de mariage formées après une cohabitation de six mois, ne s'applique pas à une demande en nullité de mariage pour cause d'absence du sexe attribué à l'un des époux (Trib. Alais, 29 avr. 1869, sous Civ. cass. 15 janv. 1872, aff. Darbousse, D. P. 72. 1. 52. V. aussi Montpellier, 8 mai 1872, même affaire, D. P. 72. 2. 48). La loi, comme on l'a dit déjà *suprà*, n° 227, n'a pas prévu, parmi les causes de nullité de mariage, le cas où l'un des époux serait du même sexe que son conjoint ou n'appartiendrait à aucun sexe. La plupart des auteurs voient là une cause d'inexistence du mariage (Demolombe, t. 3, n° 242 ; Aubry et Rau, t. 5, § 451, p. 8 ; Laurent, t. 2, n° 442 ; Baudry-Lacantinerie, t. 1, n° 496. V. toutefois *suprà*, n° 227).

248. Tout le monde reconnaît que le dol n'est pas par lui-même une cause de nullité de mariage, quand il n'a pas eu pour résultat une erreur dans la personne (*Rép.* n° 471 ; Aubry et Rau, t. 5, § 462, p. 65 ; Laurent, t. 2, n° 289. V. aussi *suprà*, n° 33).

ART. 2. — *Défaut de consentement des ascendants ou de la famille* (*Rép.* n°s 472 à 504).

249. La nullité résultant du défaut de consentement des père et mère, des ascendants ou du conseil de famille, dans les cas où ce consentement était nécessaire, est une nullité relative ; elle ne peut être opposée que par ceux dont le consentement était requis ou par celui des deux époux qui avait besoin de ce consentement (c. civ. art. 182) (*Rép.* n° 472). Il a été jugé que la nullité du mariage contracté par un mineur sans le consentement de ses père et mère, sous l'empire de la loi du 20 sept. 1792, avait, malgré les expressions générales de l'art. 13, sect. 1, tit. 4 de cette loi, qui prononçait cette nullité, le caractère de nullité relative qu'elle avait déjà dans l'ancien droit et qu'elle a conservé sous le code civil; que, par suite, cette nullité ne pouvait être invoquée, après le décès des époux, par des collatéraux (Lyon, 1er juill. 1859, et sur pourvoi, Req. 18 juill. 1860, aff. P..., D. P. 60. 1. 299).

250. Lorsque le père a seul consenti au mariage, sans que la mère ait été consultée, le mariage peut-il être argué de nullité ? Non, car, d'après la loi, en cas de dissentiment entre les père et mère, le consentement du père suffit pour que le mariage puisse avoir lieu (c. civ. art. 148). Il est vrai que la mère doit néanmoins être consultée; mais, son consentement n'étant pas indispensable à la validité du mariage, le fait qu'elle n'a pas été consultée ne peut pas être une cause de nullité (V. en ce sens, Aubry et Rau, t. 5, § 462, p. 72, note 26; Laurent, t. 2, n° 457 ; Baudry-Lacantinerie, t. 1, n° 513. V. toutefois, en sens contraire, Paris, 20 déc. 1866, sous Crim. cass. 13 avr. 1867, aff. Simon, D. P. 67. 1. 353).

251. Si l'enfant s'est marié sans le consentement de ses père et mère, la nullité du mariage peut être demandée par le père; mais peut-elle l'être aussi par la mère? Du vivant du père, et tant qu'il est capable de manifester sa volonté, la mère ne peut agir sans lui, car, son consentement étant seul requis pour la validité du mariage, lui seul doit pouvoir attaquer le mariage à raison du défaut de ce consentement, et, s'il garde le silence, par cela même il ratifie le mariage (Arg. art. 183 c. civ.). — Mais si le père meurt, sans avoir ratifié et avant l'expiration du délai d'un an, pendant lequel il pouvait agir en nullité, la mère pourra-t-elle intenter l'action? On s'est prononcé pour l'affirmative au *Rép.* n° 474, par la raison que l'action en nullité appartient à la fois au père et à la mère, et que, s'il est vrai que le père seul peut l'exercer tant qu'il vit, la mère doit pouvoir l'exercer à son tour quand le père a disparu (V. en ce sens, outre les auteurs cités au *Rép.* n° 474, Aubry et Rau, t. 5, § 462, p. 76, note 46). L'opinion contraire, toutefois, est soutenue par M. Laurent, t. 2, n° 457 et par M. Baudry-Lacantinerie, t. 1, n° 513. Suivant ces auteurs, l'action en nullité n'appartient jamais qu'au père, et elle ne passe pas à la mère après la mort du père.

252. Quand les aïeuls étaient appelés à consentir et que le mariage a eu lieu sans leur consentement, l'aïeule d'une ligne, a-t-on dit au *Rép.* n° 477, ne peut intenter l'action en nullité qu'avec le concours de l'aïeul de la même ligne. Il en est ainsi, d'après MM. Aubry et Rau, t. 5, § 462, p. 76, à moins que l'aïeul ne soit décédé ou incapable de manifester sa volonté, auquel cas l'aïeule pourrait agir. MM. Laurent, t. 2, n° 457 et Baudry-Lacantinerie, t. 1, n° 513, pensent, au contraire, que, dans ce cas, l'aïeule ne pourra jamais exercer l'action en nullité.

253. Quand il y a des aïeuls dans les deux lignes, on est d'accord pour reconnaître que l'une des lignes ne peut intenter l'action contre le gré de l'autre ligne (*Rép.* n° 478). Mais si les ascendants d'une ligne ont agi avant toute ratification des ascendants de l'autre ligne, ceux-ci peuvent-ils faire tomber l'action en ratifiant dans le cours de l'instance? La négative a été soutenue, comme on l'a dit au *Rép.* n° 478, par Zachariæ. MM. Aubry et Rau sont d'un avis contraire. « Si la rigueur des principes, disent-ils, t. 5, § 462, p. 76, note 47, conduit à la solution négative, il se présente cependant une grave considération qui semble devoir faire admettre l'affirmative: la demande en nullité du mariage n'aurait plus, en pareil cas, d'objet sérieux, puisque, après l'annulation de leur union, les époux pourraient contracter un nouveau mariage avec le seul consentement des ascendants qui avaient ratifié le premier ». Pour M. Baudry-Lacantinerie, t. 1, n° 413, la question ne peut même pas naître, car il décide que l'action en nullité n'appartient pas isolément aux ascendants de chaque ligne, et qu'elle ne peut être exercée par une ligne sans le concours de l'autre (V. dans le même sens, Huc, t. 2, n° 130).

254. On a exposé au *Rép.* nos 480 et suiv., que les auteurs ne sont pas d'accord sur le point de savoir si la nullité du mariage peut encore être demandée par ceux dont le consentement était nécessaire, après la mort de l'époux qui avait besoin de ce consentement ou après que cet époux a atteint l'âge auquel il aurait pu se marier sans consentement. Suivant MM. Aubry et Rau, t. 5, § 462, p. 77, l'action en nullité qui compète aux père et mère ou aux autres ascendants ne s'éteint ni par la mort de l'époux, ni par la circonstance qu'il a atteint l'âge auquel le consentement ne lui est plus absolument indispensable. Mais, au contraire, l'action en nullité qui appartient au conseil de famille cesse par la mort ou par la majorité de l'époux. A l'appui de leur opinion sur la non-extinction de l'action en faveur des ascendants, MM. Aubry et Rau, t. 5, § 462, p. 77, note 58, font valoir que le droit de consentir au mariage n'est pas seulement accordé aux ascendants dans l'intérêt et pour la protection de leurs descendants, mais aussi dans leur intérêt propre et en vue des conséquences préjudiciables que le mariage pourrait entraîner pour eux-mêmes et pour la famille tout entière. Comment admettre que, si un fils de famille, marié sans le consentement de ses père et mère, venait à mourir, laissant sa femme enceinte, les parents fussent, par le fait seul du décès, privés du droit d'attaquer le mariage? Comment surtout admettre que, si un mariage contracté dans les mêmes circonstances, avait été caché aux père et mère jusqu'au moment de la majorité déterminée par l'art. 148, les père et mère fussent désormais non recevables à en faire prononcer l'annulation? (V. en sens contraire, Demolombe, t. 3, n° 282, dont l'opinion est rapportée au *Rép.* nos 480 et 482). Pour justifier leur distinction entre les ascendants et le conseil de famille, MM. Aubry et Rau, p. 78, note 59, allèguent que la mort ou la majorité de l'époux enlève à son ci-devant conseil de famille tout principe, non seulement d'autorité, mais même d'existence (V. toutefois, *Rép. ibid.*).

255. L'action en nullité, fondée sur le défaut de consentement des père et mère et autres ascendants est exclusivement attachée à la personne de ceux auxquels elle est accordée. Elle ne peut être exercée par leurs créanciers agissant en vertu de l'art. 1166, et elle ne passe point à leurs héritiers (V. *Rép.* n° 483; Bastia, 7 mai 1859, aff. Castano, D. P. 60. 2. 156). Les auteurs décident même généralement que les héritiers des ascendants ne pourraient pas poursuivre l'action en nullité qui aurait été introduite par leurs auteurs (*Rép.* n° 485; Aubry et Rau, t. 5, § 462, p. 76, note 51; Laurent, t. 2, n° 458; Baudry-Lacantinerie, t. 1, n° 514; Huc, t. 2, n° 130).

256. L'époux qui, étant mineur quant au mariage, s'est marié sans le consentement de ses ascendants ou du conseil de famille, a le droit d'intenter lui-même l'action en nullité (c. civ. art. 182) (*Rép.* n° 486). Il peut aussi, par conséquent, si la nullité est demandée contre lui et son conjoint par ses ascendants, conclure incidemment, de son côté, à ce que cette nullité soit prononcée (Comp. Req. 28 mars 1854, aff. F..., D. P. 54. 1. 201).

257. L'enfant naturel reconnu étant soumis, comme l'enfant légitime, à l'obligation d'obtenir le consentement du père ou de la mère qui l'a reconnu, tant qu'il reste mineur quant au mariage, la nullité du mariage qu'il aurait contracté sans ce consentement pourrait être demandée, soit par le père ou la mère, soit par l'enfant lui-même (*Rép.* n° 487). — Quant à l'enfant naturel qui n'a pas été reconnu ou dont les père et mère qui l'ont reconnu sont morts ou incapables de manifester leur volonté, s'il s'est marié, avant l'âge de vingt et un ans, sans qu'un tuteur *ad hoc* lui ait été nommé conformément à l'art. 159 c. civ., on est d'accord pour reconnaître que personne, sauf l'enfant lui-même, ne peut agir en nullité. Que si le mariage a eu lieu nonobstant la nomination du tuteur et sans son consentement, on décide encore généralement que le tuteur ne peut pas demander la nullité (*Rép.* n° 488). Cependant cette solution est contestable. « L'enfant naturel, dit M. Laurent, t. 2, n° 460, ne peut se marier sans avoir obtenu le consentement du tuteur qui lui a été nommé; donc le consentement de ce tuteur était *requis* (c. civ. art. 182); dès lors, il doit, en principe, avoir le droit de demander la nullité. Dire que son pouvoir ne survit pas à la célébration, c'est une subtilité qui est en opposition avec le texte de la loi. Celui qui a pouvoir de consentir a, par cela même, pouvoir d'agir en nullité, quand son consentement n'a pas été demandé; donc son pouvoir subsiste jusqu'à ce que la question de nullité ait été vidée ». Et néanmoins, malgré cette argumentation, M. Laurent admet aussi que le tuteur *ad hoc* ne peut pas demander la nullité du mariage, mais uniquement parce que l'art. 182 c. civ. ne prévoit pas formellement l'hypothèse du mariage contracté sans le consentement du tuteur *ad hoc*. L'art. 182 parle bien du mariage contracté sans le consentement du conseil de famille; mais ici, dit M. Laurent, ce n'est pas le conseil de famille, c'est le tuteur qui doit consentir, et les textes, en matière de nullité de mariage, ne peuvent pas être étendus d'une hypothèse à une autre.

258. Si la nullité ne peut pas être demandée par le tuteur *ad hoc*, peut-elle l'être du moins par l'enfant? Avec la plupart des auteurs, nous avons admis l'affirmative au *Rép.* n° 489 (V. dans le même sens, Demante, t. 1, n° 260 *bis*, III). Mais la négative est soutenue par MM. Aubry et Rau, t. 5, § 462, p. 81, note 73; Laurent, t. 2, n° 460; Baudry-Lacantinerie, t. 1, n° 513; Huc, t. 2, n° 130. Ces auteurs partent du principe qu'en matière de mariage il n'y a pas de nullités virtuelles; l'art. 182, suivant eux, permet bien d'annuler un mariage pour défaut de consentement du conseil de famille, mais non pour défaut de consentement du tuteur *ad hoc*. C'est peut-être un oubli, disent-ils, et même un oubli regrettable; mais la conséquence d'un oubli en notre matière ne doit-elle pas être l'absence de nullité?

259. La nullité résultant du défaut de consentement des ascendants ou de la famille peut être couverte. Et d'abord l'action ne peut plus être intentée ni par les époux, ni par les parents dont le consentement était nécessaire, quand le mariage a été approuvé expressément ou tacitement par ceux dont le consentement était requis (c. civ. art. 183) (*Rép.* nos 491 et suiv.). Il a été jugé que l'approbation tacite du mariage peut résulter du fait que les époux ont été reçus dans sa maison par l'ascendant qui n'avait pas consenti (Paris, 20 janv. 1873, aff. Dussauce, D. P. 73. 2. 59). Au surplus, le législateur n'a pas déterminé les conditions constitutives de l'approbation tacite du mariage ; il s'en est rapporté sur ce point à la sagesse et à l'appréciation souveraine des tribunaux (Req. 8 mars 1875, aff. Bézinge, D. P. 75. 1. 482).

260. L'approbation du mariage par les personnes dont le consentement était requis a-t-elle pour effet, lorsqu'elle n'intervient que postérieurement à l'action en nullité intentée par l'époux qui avait besoin de ce consentement, d'arrêter le cours de cette action? On a résolu cette question affirmativement au *Rép.* n° 497, et telle est l'opinion de la majorité des auteurs (V. en sus de ceux cités au *Rép.* Duvergier, sur Toullier, *Droit civil français*, t. 1, n° 614, note 1 ; Valette, sur Proudhon, *Traité sur l'état des personnes*, t. 1, p. 435, note *a;* Allemand, *Traité du mariage*, t. 1, n° 590 ; Demolombe, t. 3, n° 275). Mais, suivant MM. Aubry et Rau, t. 5, § 462, p. 77, note 57, cette opinion est contraire, à la fois, au texte de l'art. 183 et au principe que la recevabilité d'une action se juge dans l'état où elle a été intentée. Le caractère particulier de la demande, et la circonstance qu'elle n'est pas susceptible d'acquiescement ne sont pas de nature à modifier ce principe. Par cela même que l'époux qui avait besoin pour contracter mariage du consentement de ses ascendants, a formé son action en nullité avant toute confirmation expresse ou tacite de la part de ces derniers, cette action constitue pour lui un droit acquis, dont il ne peut plus être privé par le fait d'un tiers. M. Demolombe, *loc. cit.*, combat cette argumentation en faisant observer que pour les demandes à l'égard desquelles l'acquiescement n'est pas possible, les événements mêmes postérieurs à l'introduction de l'instance, rentrent dans l'appréciation que le juge doit faire au moment où il statue. D'après cet auteur, l'approbation de l'ascendant, donnée même en appel, devrait éteindre l'action en nullité, car le droit de l'époux demandeur en nullité n'a pas cessé d'être, en quelque sorte, conditionnel, c'est-à-dire subordonné à la condition que son mariage ne serait pas approuvé par ses ascendants, avant que la cause fût irrévocablement jugée. De là résulte pour l'ascendant la faculté d'intervenir dans l'instance, et aussi pour le tribunal le droit d'ordonner d'office la mise en cause de l'ascendant (Comp. *suprà*, n° 253).

261. L'action en nullité est encore non recevable lorsqu'il s'est écoulé une année sans réclamation de la part de ceux dont le consentement était nécessaire, depuis qu'ils ont eu connaissance du mariage (c. civ. art. 183) (*Rép.* n° 493. V. Rennes, 17 août 1874, et sur pourvoi, Req. 11 mai 1875, aff. Mary, D. P. 75. 1. 407 ; Lyon, 24 févr. 1881, aff. Dec.., D. P. 81. 2. 199). Il a été jugé, dans un cas où le mariage avait eu lieu à l'étranger, que l'instance en annulation du mariage, poursuivie en France devant l'autorité ecclésiastique seule, par le père et la mère qui n'ont pas consenti, n'a pas pour effet d'interrompre le délai d'un an que l'art. 183 c. civ. leur accorde pour faire prononcer la nullité du contrat (Paris, 9 juill. 1853, aff. D..., D. P. 53. 2. 178, et sur pourvoi, Req. 28 mars 1854, D. P. 54. 1. 201).

262. Enfin, l'action en nullité pour défaut de consentement des ascendants ou du conseil de famille, ne peut plus être intentée par l'époux qui s'est passé de ce consentement, lorsque, dit l'art. 183 c. civ., « il s'est écoulé une année sans réclamation de sa part depuis qu'il a atteint l'âge compétent pour consentir par lui-même au mariage ». L'âge dont il s'agit ici est, comme on l'a expliqué au *Rép.* n° 498, l'âge auquel l'enfant peut se marier sans le consentement de personne : vingt et un ans pour les filles; vingt-cinq ans ou vingt et un ans pour les hommes, suivant qu'ils ont ou non des ascendants (Aubry et Rau, t. 5, § 462, p. 78, note 62 ; Laurent, t. 2, n° 464; Baudry-Lacantinerie, t. 1, n° 519).

263. On a admis au *Rép.* n° 499, que l'époux peut ratifier expressément son mariage, en supposant, bien entendu, qu'il ait atteint l'âge où il aurait pu se marier sans consentement (En ce sens: Laurent, t. 2, n° 465. V. toutefois Baudry-Lacantinerie, t. 1, n° 520). La question de savoir s'il peut y avoir une autre confirmation tacite que celle indiquée par l'art. 183 c. civ. est plus douteuse. « L'art. 183, remarque M. Laurent, *loc. cit.*, après avoir dit que les parents peuvent confirmer le mariage expressément ou tacitement, ne répète pas cette disposition quand il s'agit de l'époux ; la loi définit le cas dans lequel il y a confirmation tacite de sa part, et par cela seul qu'elle le définit, elle le limite » (V. aussi Huc, t. 2, n° 132). D'après MM. Aubry et Rau, t. 5, § 462, p. 79, note 64, les tribunaux pourront, suivant les circonstances, trouver une preuve de la confirmation tacite de la part de l'époux dans la cohabitation, quelque courte qu'en ait été la durée. D'une part, en effet, l'art. 181 est inapplicable à l'hypothèse qui nous occupe ; d'autre part, l'art. 183, en donnant à l'époux une année pour intenter son action en nullité, suppose qu'il n'a pas, avant l'expiration de ce délai, confirmé le mariage (V. toutefois *Rép.* n° 501).

264. On a vu *suprà*, n° 254, que, suivant quelques auteurs, le mariage ne peut plus être attaqué soit par le conseil de famille, soit même par les père et mère ou autres ascendants n'ayant pas consenti, dès le moment où l'époux a atteint la majorité fixée par l'art. 148. Cette opinion, toutefois, n'a été soutenue, en ce qui regarde les père et mère et autres ascendants, que par M. Demolombe, t. 3, n°s 282 et 291. On décide généralement que la ratification donnée par l'époux après sa majorité, et à plus forte raison le fait seul qu'il est parvenu à cette majorité, ne prive pas les ascendants de leur action en nullité, s'ils l'ont conservée jusqu'à ce moment-là (*Rép.* n° 502; Aubry et Rau, t. 5, § 462, p. 77, note 58 ; Laurent, t. 2, n° 466 ; Baudry-Lacantinerie, t. 1, n° 519; Huc, t. 2, n° 132).

265. On a examiné au *Rép.* n° 503, la question de savoir si l'époux qui n'a pas agi dans l'année de sa majorité pour faire annuler le mariage peut encore opposer la nullité par voie d'exception. Contrairement à l'opinion développée au *Répertoire*, M. Demolombe, t. 3, n° 269, résout cette question par l'affirmative : « Les articles du titre du mariage, dit-il, ne limitent à une certaine durée que les *demandes en nullité* (chap. 4), lorsqu'il s'agit de les *intenter* » (c. civ. art. 183. V. aussi art. 185). Les mêmes motifs, d'ailleurs, qui ont fait admettre l'application de la règle : *Quæ temporalia sunt ad agendum, perpetua sunt ad excipiendum*, pour tous les contrats, existent en matière de mariage. Si une femme, par exemple, est en possession de l'état de femme non mariée et qu'on vienne lui présenter, après dix ans au plus, un acte de mariage, elle doit pouvoir opposer la nullité d'un prétendu mariage dont elle a pu croire qu'on ne se prévaudrait jamais vis-à-vis d'elle.

266. Le défaut d'actes respectueux, comme on l'a dit au *Rép.* n° 504, est sans influence sur la validité du mariage, à moins pourtant qu'il ne s'agisse d'un mariage contracté à l'étranger (V. *suprà*, n°s 199 et suiv.). — Le défaut de publications à la mairie du domicile de l'un des contractants n'est pas non plus une cause de nullité du mariage (Civ. rej. 15 juin 1887, aff. de Cibeins, D. P. 88. 1. 412).

SECT. 2. — DES NULLITÉS ABSOLUES (*Rép.* n°s 505 à 579).

ART. 1er. — *Quelles personnes peuvent opposer les nullités absolues* (*Rép.* n°s 505 à 529).

267. On a exposé au *Rép.* n° 505, quelles sont les causes de nullité absolue, et par quelles personnes elles peuvent être invoquées.

Il est généralement admis aujourd'hui que les père et mère ou autres ascendants n'ont pas besoin de justifier d'un intérêt pécuniaire né et actuel pour pouvoir invoquer les nullités dont il s'agit en l'art. 184 c. civ. L'intérêt moral qui résulte de leur seule qualité d'ascendants suffit pour leur conférer le droit d'agir (*Rép.* n° 510; Aubry et Rau, t. 5, § 461, p. 59 et suiv., note 20; Laurent, t. 2, n° 489; Baudry-Lacantinerie, t. 1, n° 525; Huc, t. 2, n° 136). En ce qui concerne les nullités résultant du défaut de publicité et de l'incompétence de l'officier de l'état civil, la loi (art. 191) autorise expressément les ascendants à intenter l'action.

Mais le droit d'agir en nullité appartient-il à tous les ascendants concurremment ou seulement aux plus proches? Cette question divise la doctrine. Suivant les uns, le droit de proposer la nullité ne peut être exercé par les ascendants que graduellement, c'est-à-dire à défaut l'un de l'autre, et dans l'ordre suivant lequel la loi les appelle à consentir au mariage (c. civ. art. 148 et suiv.) ou à former opposition (c. civ. art. 173). « L'action en nullité, dit M. Demolombe, t. 3, n° 303, est une prérogative de l'autorité paternelle, qui ne doit appartenir qu'à celui qui, d'après l'organisation hiérarchique des pouvoirs domestiques, en est alors seul investi; autrement, c'est l'anarchie dans la famille. Il faudrait un texte bien formel pour me faire admettre un tel résultat; et je ne reconnais pas du tout ce caractère aux art. 184 et 191, qui, se bornant à conférer l'action aux ascendants, la leur confèrent virtuellement suivant les principes généraux du code civil sur ce point; l'art. 186 lui-même, par son énumération successive, ne se réfère-t-il pas formellement à l'ordre graduel établi plus haut? » (V. en ce sens, *Rép.* n° 512; Demante, t. 1, n° 270 *bis*, I). D'après les derniers auteurs, au contraire, tous les ascendants peuvent également agir en nullité, à quelque degré qu'ils se trouvent: « Dans les divers articles où il est question des ascendants, dit M. Laurent, t. 2, n° 490, la loi les énumère; elle dit: « Le père, la mère, les ascendants... » (art. 186, 191); elle les appelle donc indistinctement. Si elle avait voulu subordonner le droit des uns à celui des autres, elle aurait pu dire: « Le père, et à défaut du père, la mère, et à défaut des « père et mère, les aïeuls, etc. ». Par cela seul que la loi n'apporte aucune limite au droit des ascendants, l'interprète ne peut pas en limiter l'exercice. Il faut ajouter qu'il n'y avait pas de raison pour établir une action graduelle. C'est surtout dans un intérêt social que l'action est intentée, dès lors il faut l'ouvrir à tous les ascendants sans distinction; si le père est un homme indifférent ou négligent, il faut que l'aïeul et même la mère puissent agir » (V. dans le même sens, Aubry et Rau, t. 5, § 461, p. 59, note 19; Baudry-Lacantinerie, t. 1, n° 525; Huc, t. 2, n° 136).

268. Le conseil de famille de l'époux mineur peut-il être admis, après le décès des ascendants, à proposer les nullités absolues? Pour les nullités prévues par l'art. 184 c. civ., l'affirmative paraît certaine (V. *Rép.* n° 513; Laurent, t. 2, n° 491; Baudry-Lacantinerie, t. 1, n° 525). Quant aux nullités dont il est question à l'art. 191 c. civ., M. Laurent, *loc. cit.*, élève un doute. « La loi, dit-il, exige, dans ce cas, que ceux qui agissent en nullité aient un intérêt né et actuel, c'est-à-dire un intérêt pécuniaire; or le conseil de famille n'aura jamais un intérêt de ce genre. Mais il nous semble que c'est attacher une importance exagérée à la rédaction de l'art. 191. Si l'on admet que les mots « tous ceux qui y ont intérêt », dans l'art. 184, comprennent le conseil de famille, — et on est obligé de l'admettre, puisque l'art. 186 retire ensuite, par exception, au conseil de famille le droit d'agir lorsqu'il a consenti au mariage, en cas d'impuberté, — on peut tout aussi bien admettre que le conseil de famille est également compris dans les mots « tous ceux qui y ont un intérêt né et « actuel », employés par l'art. 191. Le conseil de famille a dû être considéré par le législateur comme ayant toujours un intérêt, au moins moral, à demander la nullité d'un mariage infecté d'une nullité absolue ».

269. En dehors des ascendants et du conseil de famille, l'action en nullité ne peut être exercée, dans les cas prévus par l'art. 184 c. civ. comme dans ceux prévus par l'art. 191, que par ceux qui y ont un intérêt pécuniaire né et actuel (*Rép.* n° 514; Rouen, 6 avr. 1887, aff. d'Argentré, D. P. 89. 2. 17). Mais, contrairement à l'arrêt de la chambre des requêtes du 12 nov. 1839, rapporté au *Rép. ibid.*, tous les auteurs décident qu'il importe peu que ceux qui peuvent justifier d'un tel intérêt soient ou non étrangers à la famille des époux; le droit d'agir en nullité est ouvert à tous les intéressés, aux tiers aussi bien qu'aux parents (V. en sus des auteurs cités au *Répertoire*: Aubry et Rau, t. 5, § 461, p. 60; Laurent, t. 2, n° 494; Baudry-Lacantinerie, t. 1, n° 525; Huc, t. 2, n° 137; Metz, 7 févr. 1854, cité *infrà*, n° 292).

270. Ce n'est ordinairement qu'après le décès de l'un ou de l'autre époux que les collatéraux ou les enfants issus d'un précédent mariage ont un intérêt né et actuel à demander la nullité du mariage. C'est pourquoi l'art. 187 c. civ. dit que ces personnes ne peuvent intenter l'action « du vivant des deux époux ». Mais on reconnaît généralement qu'il ne faut pas donner à ces expressions un sens restrictif, et que l'existence des deux époux ne formerait pas obstacle à l'action des collatéraux, s'il arrivait que ceux-ci eussent un intérêt pécuniaire, actuellement ouvert, à demander la nullité du mariage (*Rép.* n° 515; Rouen, 6 avr. 1887, aff. d'Argentré, D. P. 89. 2. 17; Aubry et Rau, t. 5, § 461, p. 60; Laurent, t. 2, n° 492; Baudry-Lacantinerie, t. 1, n° 526; Huc; t. 2, n° 138.) — D'après M. Laurent, *loc. cit.*, les enfants d'un premier lit pourraient aussi, s'ils y avaient intérêt, agir en nullité du vivant de leur père ou de leur mère. « Sans doute, l'action de l'enfant sera peu respectueuse. Mais l'union qu'il attaque mérite-t-elle qu'on la respecte? Qu'est-ce qui est plus légitime, l'intérêt pécuniaire des enfants ou l'union incestueuse ou bigamique du père? » (V. en ce sens, Huc, t. 2, n° 139, et en sens contraire, *Rép.* n° 515 *in fine*).

271. Si un intérêt pécuniaire né et actuel est nécessaire pour permettre à des collatéraux d'attaquer un mariage, on n'en doit pas conclure que la même condition est requise pour que des collatéraux puissent contester la validité d'une légitimation d'enfant naturel opérée par le mariage subséquent des père et mère. L'action en nullité de la légitimation est distincte de l'action en nullité du mariage. Dès lors, un intérêt moral ou des raisons de famille, qui ne suffiraient pas pour justifier une demande en nullité de mariage de la part de collatéraux, pourraient servir de base légale à une action en nullité de légitimation (Civ. cass. 20 avr. 1885, aff. de Cibeins, D. P. 86. 1. 23; Orléans, 14 avr. 1886, même affaire, D. P. 87. 2. 95). En tout cas, l'enfant légitimé dont on conteste l'état sous prétexte que ses père et mère s'étaient mariés à l'étranger avant de contracter en France le mariage d'où résulte sa légitimation, a un intérêt né et actuel et, par conséquent, qualité pour opposer la nullité de la première union célébrée à l'étranger (Orléans, 14 avr. 1886, précité, et Civ. rej. 15 juin 1887, même affaire, D. P. 88. 1. 412).

272. Aux termes de l'art. 188 c. civ., l'époux au préjudice duquel a été contracté un second mariage peut en demander la nullité du vivant même de l'époux qui était engagé avec lui. Il a ce droit alors même que son conjoint s'est fait naturaliser en pays étranger et y a fait prononcer le divorce (V. *suprà*, n° 237).

273. Le ministère public, d'après l'art. 190 c. civ., dans les cas auxquels s'applique l'art. 184, et sous les modifications portées en l'art. 185, *peut et doit* demander la nullité du mariage, du vivant des deux époux et les faire condamner à se séparer. Des termes de la loi, on a conclu au *Rép.* n° 518, que l'action du ministère public n'est pas seulement facultative, mais qu'il est obligé d'agir dans les cas prévus par l'art. 184. La plupart des auteurs, cependant, admettent qu'il est libre d'agir ou de ne pas agir, suivant son appréciation; le mot *doit* employé par la loi aurait simplement pour but, suivant eux, d'indiquer qu'il ne peut agir que du vivant des deux époux (V. en ce sens, outre les auteurs cités au *Répertoire*: Aubry et Rau, t. 5, § 461, p. 61, note 23; Laurent, t. 2, n° 495; Baudry-Lacantinerie, t. 1, n° 527; Huc, t. 2, n° 148).

Le ministère public, ayant qualité pour agir en nullité, dans le cas de bigamie, a, par suite, également qualité pour intervenir lorsque l'action est formée par une autre partie (Paris, 30 juin 1877, aff. Vidal, D. P. 78. 2. 6).

274. On décide généralement que l'action du ministère public n'est plus recevable, en cas de bigamie, après le décès du conjoint au préjudice duquel le second mariage a été contracté (*Rép.* n° 520; Aubry et Rau, t. 5, § 461, note 60). M. Laurent, toutefois, t. 2, n° 496, et M. Huc, t. 2, n° 148, contestent cette solution, en alléguant qu'une fin de non-recevoir contre l'action publique ne peut être établie par voie d'interprétation.

275. Relativement aux causes de nullité prévues par l'art. 191 c. civ., tous les auteurs reconnaissent que l'action du ministère public est purement facultative (V. *Rép.* n° 518, et les auteurs cités aux numéros précédents).

276. Le ministère public, qui peut, comme partie principale, demander la nullité d'un mariage, peut-il également, lorsqu'un mariage a été annulé sur la demande d'une partie, et alors qu'il n'a été que partie jointe dans l'instance, interjeter appel du jugement afin de faire déclarer le mariage valable? On a examiné au *Rép.* n° 521, cette question qui est toujours controversée. Aux auteurs qui se prononcent pour la négative, il y a lieu d'ajouter M. Laurent, t. 2, n°s 497 et suiv. et M. Huc, t. 2, n° 149. La loi du 24 août 1790 (tit. 8, art. 2), disent-ils en substance, ayant posé comme règle générale qu'au civil le ministère public agira « non par voie d'action, mais seulement par celle de réquisition dans les procès dont les juges auront été saisis », il est certain que le ministère public n'aura le droit d'agir d'office au civil que dans les cas où ce droit lui sera accordé par une loi formelle. Or, le code civil a bien permis au ministère public de demander la nullité du mariage pour certaines causes, mais il ne l'a nulle part autorisé à poursuivre la validité d'un mariage déclaré nul. Quant à l'art. 46 de la loi du 20 avr. 1810, qui charge le ministère public de poursuivre l'exécution des lois, dans les dispositions qui intéressent l'ordre public, il n'a pu étendre les attributions du ministère public en matière de mariage, car une loi générale ne déroge pas à une loi spéciale. — La solution contraire semble, cependant, prévaloir dans la jurisprudence. Il a été jugé : 1° que le ministère public est recevable à interjeter appel du jugement qui, sur la demande des parties, a annulé un mariage pour cause de clandestinité (Paris, 13 août 1851, aff. Vergniol, D. P. 52. 2. 113) ; — 2° Que le droit que l'art. 184 c. civ. confère au ministère public, d'agir en nullité d'un mariage célébré au mépris des prohibitions de la loi, implique celui de demander, par voie d'action principale, le maintien d'un mariage légalement contracté ; qu'en tout cas, le ministère public a le droit d'agir, en cette matière, en vertu de l'art. 46 de la loi du 20 avr. 1810, toutes les fois que l'ordre public y est intéressé; et que, par conséquent, le procureur général a qualité pour interjeter appel d'un jugement prononçant la nullité d'un mariage qu'il considère comme valable, alors même que le procureur de la République n'a été que partie en première instance et n'a pas lui-même fait appel (Chambéry, 7 févr. 1885, aff. De Viry, D. P. 85. 2. 241).

277. Le droit d'action du ministère public relativement aux demandes en nullité de mariages soumises aux tribunaux français, est réglé par la loi française et non par la loi sous l'empire de laquelle le mariage a été contracté (Chambéry, 7 févr. 1885, cité *suprà*, n° 276).

278. Pour le cas où l'époux dont le conjoint a contracté un second mariage avant la dissolution du premier, se trouvait en état d'absence lors de la célébration du second mariage, V. *Rép.* n°s 522 et suiv., et *suprà*, v° *Absence*, n°s 83 et suiv.

279. Les nullités absolues sont-elles susceptibles d'être couvertes ? En ce qui concerne la nullité résultant du défaut de puberté, V. *infrà*, n°s 285 et suiv. — La jurisprudence admet que le défaut de publicité de la célébration du mariage peut se couvrir par la publicité donnée au mariage après la célébration et par la possession d'état (Aix, 14 mai 1857, aff. Coulombier, D. P. 57. 2. 148. V. aussi les arrêts cités *suprà*, n° 201). — Quant aux nullités résultant de l'existence d'un précédent mariage ou de la parenté au degré prohibé, on décide généralement qu'elles ne peuvent être effacées par aucune ratification ni par aucune possession d'état (*Rép.* n° 524 ; Aubry et Rau, t. 5, § 461, p. 63 et suiv. ; Laurent, t. 2, n°s 499 et suiv.; Huc, t. 2, n° 158). — Relativement aux vices de forme et à l'incompétence de l'officier public, V. *infrà*, n° 301.

280. Dans tous les cas de nullité absolue, sauf celui d'impuberté, l'action en nullité est imprescriptible (*Rép.* n° 525; Chambéry, 7 fév. 1885, aff. De Viry, D. P. 85. 2. 241. V. aussi les auteurs cités au numéro précédent).

281. Toutefois, suivant une juste remarque de MM. Aubry et Rau, t. 5, § 461, p. 64, les personnes qui ne sont admises à demander la nullité d'un mariage que dans un intérêt pécuniaire, sont non recevables à le faire, fût-ce même pour cause de bigamie ou d'inceste, lorsqu'elles ont régulièrement renoncé aux droits à raison desquels elles auraient eu intérêt à former une pareille action, ou lorsque ces droits sont éteints par prescription.

282. Aux termes de l'art. 196 c. civ., « lorsqu'il y a possession d'état, et que l'acte de célébration du mariage devant l'officier de l'état civil est représenté, les époux sont respectivement non recevables à demander la nullité de cet acte ». La fin de non-recevoir établie par cet article n'a d'effet qu'entre les époux ; elle n'est opposable que par l'un des époux à l'autre, et ne concerne pas les autres personnes pouvant demander la nullité du mariage (V. en ce sens, *Rép.* n° 526 ; Lyon, 4 avr. 1867, *infrà*, n° 429). Il peut se faire cependant, comme on l'a remarqué au *Rép.* n° 529, que la possession d'état des époux serve à faire repousser l'action en nullité formée contre leur mariage, même par un tiers (V. *suprà*, n° 279). Mais ce n'est point alors une application de l'art. 196 c. civ.

283. Il est certain aussi que la fin de non-recevoir édictée par l'art. 196 c. civ. ne concerne que les nullités qui tiennent à l'acte de célébration du mariage. Mais quelles sont ces nullités? Il y a d'abord les diverses irrégularités qui peuvent avoir été commises dans la rédaction de l'acte. Tout le monde est d'accord pour décider que l'art. 196 serait opposable à l'action en nullité formée par l'un des époux à raison de ces irrégularités, si tant est qu'elles fussent de nature à entraîner la nullité de l'acte (V. Gérardin, *Revue pratique de droit français*, année 1866, t. 21, p. 257 et suiv.; Aubry et Rau, t. 5, § 452 *bis*, p. 17; Laurent, t. 3, n°s 6 et suiv.). La cour de cassation a même admis l'application de l'art. 196 dans le cas où l'acte de mariage a été passé à l'étranger (Req. 25 févr. 1839, *Rép.* n° 527 ; 8 nov. 1853, aff. de Venancourt, D. P. 54. 1. 420 ; 26 juill. 1865, aff. Adour, D. P. 65. 1. 493). Elle a décidé que l'art. 196 rend les époux respectivement non recevables à demander la nullité de l'acte de célébration de leur mariage, lorsque cet acte est représenté et qu'il y a possession d'état, quelle que soit la cause de la nullité qui vicie l'acte produit, et par cela seul que les juges croient pouvoir faire résulter de l'acte dont il s'agit une présomption ou un commencement de preuve de la célébration du mariage par l'officier public compétent ; notamment, dans le cas où l'acte de mariage passé à l'étranger est nul à défaut de signature de l'officier public qui a célébré le mariage et des témoins qui y ont assisté (Arrêt précité du 26 juill. 1865).

284. Mais l'art. 196 c. civ. sera-t-il encore applicable si le mariage est attaqué, non plus pour les vices de l'acte de célébration considéré comme acte écrit, mais pour les irrégularités de la célébration elle-même, pour absence de publications, par exemple, ou pour défaut de publicité ? Plusieurs auteurs soutiennent avec force la négative. « La place qu'occupe l'art. 196, au milieu de la série d'articles qui traitent de la preuve du mariage et non de sa validité ; les termes mêmes de l'article qui, parlant dans sa première partie de l'*acte* écrit dressé pour constater la célébration du mariage, n'a pas pu dans sa partie finale prendre le mot *acte* dans une autre acception; enfin le sens dans lequel cette expression est prise par les dispositions qui précèdent l'art. 196 et par celles qui le suivent ; tout semble prouver jusqu'à l'évidence, dit M. Baudry-Lacantinerie, t. 1, n° 562, que l'art. 196 s'occupe seulement de l'acte écrit constatant la célébration du mariage, et non de cette célébration ni encore bien moins du mariage lui-même. Et l'article signifie tout simplement ceci : quand un mariage est constaté par un acte de célébration soutenu par une possession d'état conforme, les époux auxquels on oppose cet acte pour prouver l'existence de leur mariage ne sont plus admis à se prévaloir des irrégularités dont il est entaché, pour soutenir qu'il est nul et que, par suite, il ne prouve pas le fait de la célébration » (V. dans le même sens : Demante, t. 1, n° 278 *bis*, III ; Laurent, t. 3, n° 6; Huc, t. 2, n°s 175 et suiv.). — Est-ce bien là, toutefois, toute la portée de l'art. 196? M. Demolombe, t. 3, n° 328, ne le pense pas : « La pensée essentielle de cet article, dit-il, me paraît être d'élever la fin de non-recevoir résultant de la possession d'état contre les nullités qui peuvent affecter *l'acte de célébration*, c'est-à-dire la célébration elle-même, la solennité même de la célébration du mariage ; or, les conditions de publicité font partie de la célébration ; donc l'action en nullité fondée sur l'insuffisance de ces conditions est soumise à la fin de non-recevoir introduite par l'art. 196. Et cela est très rationnel ; la possession d'état, c'est la publicité du mariage, c'est la notoriété de l'état légitime des époux ; le remède est donc adéquat et topique ». Cette opinion, que l'on a déjà adoptée au *Rép.* n° 526, nous paraît encore juste aujourd'hui, car elle aboutit à une solution très juridique, et la distinction, exacte en théorie, que l'on fait, entre l'acte constatant la célébration du mariage et la célébration elle-même, peut fort bien n'avoir pas été dans l'esprit des rédacteurs du code. Cette opinion est, d'ailleurs, admise par un certain nombre d'auteurs (V. en sus de ceux cités au *Rép.* n° 526, Du Caurroy, Bonnier et Roustain, *Commentaire théorique et pratique du code civil*, t. 1, n°s 342 et suiv.; Aubry et Rau, t. 5, § 467, p. 117, note 27), et elle a été consacrée par la jurisprudence. La cour de cassation a jugé que l'art. 196 c. civ. est applicable lorsque la nullité du mariage célébré à l'étranger est demandée pour défaut de publications en France, ces publications constituant l'une des formalités relatives à la célébration du mariage (Req. 25 févr. 1839, *Rép.* n° 527; 8 nov. 1853, aff. de Venancourt, D. P. 54. 1. 420).

Ne faut-il même pas aller plus loin et décider que l'art. 196 c. civ. est encore applicable lorsque le mariage est attaqué pour incompétence de l'officier de l'état civil? Cette nullité-là aussi tient à l'acte de mariage, et dès que l'on étend la fin de non-recevoir établie par l'art. 196 aux demandes en nullité dirigées contre la célébration elle-même, il n'y a pas de motifs pour ne pas l'appliquer au cas d'incompétence de l'officier public, comme au cas de clandestinité, à la condition seulement que l'acte ait bien été reçu par un officier de l'état civil, car le texte même de l'art. 196 l'exige (V. en ce sens : *Rép.* n° 526; Aubry et Rau, t. 5, § 467, p. 118, note 30. *Contrà*, Laurent, Baudry-Lacantinerie et Huc, *ubi suprà*. V. aussi Trib. Seine, 2 juill. 1872, *suprà*, n° 196).

Art. 2. — *Causes de nullité absolue* (*Rép.* n°s 530 à 579).

285. — I. Impuberté (*Rép.* n°s 531 à 543). — Le mariage contracté par un homme âgé de moins de dix-huit ans ou par une femme âgée de moins de quinze ans est absolument nul (c. civ. art. 144 et 184). Néanmoins, la nullité ici, contrairement à la règle générale en matière de nullités absolues, est susceptible d'être couverte. Tout d'abord, le mariage ne peut plus être attaqué pour cause d'impuberté, lorsqu'il s'est écoulé six mois, depuis que l'époux qui n'avait pas l'âge requis a atteint l'*âge compétent*, dit la loi (c. civ., art. 185), c'est-à-dire l'âge de quinze ans ou de dix-huit ans. On admet généralement qu'il n'est pas nécessaire que les époux aient cohabité pour que l'action en nullité s'éteigne par le laps de six mois (*Rép.* n° 533; Aubry et Rau, t. 5, § 461, p. 62; Laurent, t. 2, n° 468; Baudry-Lacantinerie, t. 1, n° 529).

286. L'approbation, expresse ou tacite, que l'époux devenu pubère donnerait au mariage avant l'expiration du délai de six mois, suffirait-elle pour rendre cet époux non recevable à proposer la nullité? L'affirmative, que l'on a adoptée au *Rép.* n° 502, pour le cas de ratification expresse, est rejetée par les derniers auteurs. S'il est vrai, disent-ils, que l'époux qui est parvenu à l'âge de puberté pourrait contracter un mariage valable; cependant, comme la nullité de celui qu'il a contracté en état d'impuberté existe dans l'intérêt social non moins que dans l'intérêt de cet époux, elle ne peut être couverte que par le moyen qui est déterminé par la loi (V. en ce sens, Aubry et Rau, t. 5, § 461, p. 62; Laurent, t. 2, n° 469; Huc, t. 2, n° 140).

287. La nullité est encore couverte, dans le cas où c'est la femme qui s'est mariée avant l'âge requis, lorsqu'elle a conçu avant l'échéance des six mois pendant lesquels l'action en nullité peut être exercée (c. civ. art. 185) (*Rép.* n° 534). On s'accorde, d'ailleurs, à reconnaître que la conception qui surviendrait pendant la durée de l'instance en nullité aurait pour effet d'éteindre l'action (V. *Rép.* n° 535; Aubry et Rau, t. 5, § 461, p. 63; Baudry-Lacantinerie, t. 1, n° 529; Huc, t. 2, n° 140).

288. Aux termes de l'art. 186 c. civ., le père, la mère, les ascendants et la famille qui ont consenti au mariage contracté par un impubère, ne sont point recevables à en demander la nullité. Comme on l'explique au *Rép.* n°s 541 et suiv., la fin de non-recevoir établie par ce texte ne concerne que les ascendants ou le conseil de famille qui ont donné leur consentement au mariage alors qu'il était exigé par la loi. Elle ne serait opposable ni aux époux ni aux ascendants qui, sans avoir eu à consentir au mariage, l'auraient d'abord approuvé (Aubry et Rau, t. 5, § 461, p. 62; Laurent, t. 2, n° 471; Baudry-Lacantinerie, t. 1, n° 530).

289. — II. Bigamie (*Rép.* n°s 544 à 548). — Conformément aux principes régissant les nullités absolues, l'action en nullité fondée sur l'existence d'un premier mariage peut être exercée même après la mort du conjoint abandonné, et même aussi après la mort de l'un ou de l'autre des conjoints du second mariage. Toutefois, dans ces deux cas, suivant l'opinion générale des auteurs, le ministère public ne pourrait plus exercer l'action, parce que le scandale a cessé et que, par suite, la société n'a plus d'intérêt à faire prononcer la nullité du second mariage (V. *suprà*, n°s 272 et suiv.).

290. L'action en nullité dont il s'agit peut encore être intentée après la prescription de l'action publique résultant du crime de bigamie. Il n'y a pas lieu d'appliquer ici l'art. 637 c. instr. crim., qui déclare que l'action publique et l'action civile résultant d'un crime se prescrivent par le même laps de temps. L'action civile dont il s'agit dans ce texte est l'action en dommages et intérêts fondée sur l'art. 1382 c. civ. Autre est l'action en nullité de mariage (*Rép.* n° 524; Aubry et Rau, t. 5, § 461, p. 64; Laurent, t. 2, n° 472; Baudry-Lacantinerie, t. 1, n° 533; Huc, t. 2, n° 142).

291. A la demande en nullité fondée sur l'existence d'un premier mariage, le défendeur peut opposer une fin de non-recevoir tirée de la nullité de ce premier mariage (c. civ. art. 189) (*Rép.* n° 547). Il peut opposer aussi que ce mariage a été dissous par un divorce régulier. Il a été jugé qu'un mariage, contracté à la suite d'un divorce antérieur au code civil, ne pouvait être annulé à raison de la nullité de ce divorce, parce que cette nullité était couverte par la loi du 26 germ. an 11, qui a donné effet à tous divorces prononcés par l'officier de l'état civil ou autorisés par jugement avant la publication de ce code (Chambéry, 15 juin 1869, aff. Fernex, D. P. 69. 2. 188).

Mais la jurisprudence décide que si un époux français s'est fait naturaliser à l'étranger et y a fait prononcer le divorce contre son conjoint, en fraude de la loi française, le second mariage contracté par cet époux, à la suite du divorce obtenu à l'étranger, peut être annulé sur la demande du conjoint (Req. 16 déc. 1845, aff. Plasse, D. P. 46. 1. 7; Paris, 17 juill. 1876, aff. de Bauffremont, D. P. 78. 2. 1; 30 juin 1877, aff. Vidal, D. P. 78. 2. 6; Civ. rej. 18 mars 1878, aff. de Bauffremont, D. P. 78. 1. 201; Bruxelles, 5 août 1880, même affaire, D. P. 82. 2. 81; Rouen, 6 avr. 1887, aff. d'Argentré, D. P. 89. 2. 17. V. *suprà*, v° *Droits civils*, n° 288). Il en est ainsi alors même que le conjoint qui demande la nullité du second mariage aurait participé à la fraude en sollicitant et obtenant pour lui-même la naturalisation et le divorce à l'étranger (Arrêt précité du 30 juin 1877). Mais le second mariage ne pourrait être annulé sur la demande des collatéraux de l'époux remarié, du vivant de cet époux, et alors que les demandeurs n'ont pas un intérêt pécuniaire, né et actuel, à la nullité (Rouen, 6 avr. 1887, précité).

Il y a lieu de remarquer que la jurisprudence qu'on vient de rappeler se rapporte au temps où le divorce n'était pas encore rétabli en France. Mais la décision qu'elle consacre resterait applicable au cas où l'un des époux aurait obtenu le divorce à l'étranger pour des causes non reconnues par la loi française (V. *suprà*, v° *Divorce et séparation de corps*, n° 150).

292. — III. Inceste (*Rép.* n° 549). — Il y a nullité absolue du mariage lorsqu'il a été contracté entre parents ou alliés au degré prohibé (c. civ. art. 161, 162, 163 et 184). Il a été jugé: 1° que le mariage contracté entre beau-frère et belle-sœur, avant la loi du 16 avr. 1832 qui a autorisé des dispenses en pareil cas, peut être déclaré nul sur la demande des créanciers du mari, intéressés à proposer cette nullité pour faire tomber l'hypothèque légale de la femme (Metz, 7 févr. 1854, aff. Delorme, D. P. 54. 2. 217); — 2° Que le ministère public est bien fondé à demander, du vivant des conjoints, la nullité du mariage contracté par un veuf avec la fille d'un enfant que sa femme décédée avait eu d'un précédent mariage, et ce alors même qu'il n'existe pas d'enfant du premier mariage du veuf (Trib. Vienne, 28 déc. 1865, aff. Min. publ., D. P. 67. 3. 45).

293. Bien que l'affinité résultant de rapports illicites ayant existé entre un époux et l'ascendant de l'autre ne constitue pas, d'après le code civil, un empêchement dirimant, un mariage peut être annulé pour cette cause s'il a été contracté sous l'empire du droit canonique, qui en fait une cause de nullité de mariage. Il en est ainsi, notamment, d'un mariage contracté dans les Etats sardes sous l'empire de l'art. 108 du code civil albertin, qui soumettait le mariage des catholiques aux règles édictées par la loi ecclésiastique (Chambéry, 7 févr. 1885, aff. de Viry, D. P. 85. 2. 241).

294. — IV. VICES DE FORME; DÉFAUT DE PUBLICITÉ; INCOMPÉTENCE DE L'OFFICIER PUBLIC (*Rép.* nos 550 à 570). — La publicité requise pour le mariage se composant de divers éléments, il en résulte, comme on l'a expliqué au *Rép.* n° 551, que les tribunaux ont, jusqu'à un certain point, un pouvoir discrétionnaire pour décider si l'absence d'un ou plusieurs des éléments qui la constituent suffit pour entraîner la nullité du mariage (V. en ce sens, outre les auteurs cités au *Rép.* n° 551, Aubry et Rau, t. 5, § 467, p. 112, note 7; Laurent, t. 2, n° 477; Baudry-Lacantinerie, t. 1, n° 537; Huc, t. 2, n° 154). Il a été jugé : 1° qu'il appartient aux tribunaux d'apprécier discrétionnairement quels sont les faits d'où résulte la clandestinité d'un mariage (Lyon, 10 avr. 1856, aff. Chuzeville, D. P. 57. 2. 54; Agen, 28 janv. 1857, aff. Peyrusse, D. P. 57. 2. 100) ; — 2° Qu'il y a lieu d'annuler comme clandestin un mariage qui n'a été précédé d'aucune publication, n'a point été contracté dans la maison commune, devant l'officier public compétent, et n'a été, en réalité, qu'un moyen employé pour affranchir le mari des conséquences d'un appel sous les drapeaux (Arrêt précité du 10 avr. 1856); — 3° Que les tribunaux peuvent également annuler pour défaut de publicité le mariage qui a été célébré hors la maison commune et dans la demeure de l'un des époux, si les portes de cette demeure ne sont pas restées ouvertes pendant la célébration, et si, en outre, il n'a été fait aucunes publications préalables devant la porte de la maison commune (Arrêt précité du 28 janv. 1857).

295. Mais l'omission d'une formalité relative à la publicité du mariage n'entraîne pas nécessairement la nullité, et les tribunaux ont un pouvoir discrétionnaire pour déclarer le mariage valable, s'il a reçu, en fait, une publicité suffisante (Aix, 18 août 1870, aff. Granoux, D. P. 71. 2. 249).

Ainsi, un mariage ne doit pas être annulé uniquement parce qu'il n'a pas été précédé des publications prescrites par la loi, ni, à plus forte raison, parce que le délai qui doit exister entre ces publications et la célébration du mariage n'a pas été observé (*Rép.* n° 553; Aubry et Rau, t. 5, § 467, p. 112, note 6; Laurent, t. 2, n° 478; Baudry-Lacantinerie, t. 1, n° 537). — Jugé, notamment : 1° que, bien qu'en cas de dispense de la seconde publication, le mariage ne puisse être régulièrement célébré que le troisième jour après la publication, il peut être déclaré valable, s'il s'est écoulé entre la publication unique et la célébration un temps suffisant pour que les oppositions aient pu se produire (Aix, 18 août 1870, aff. Granoux, D. P. 71. 2. 249); — 2° Que le défaut de publications à la mairie de l'un des contractants n'est pas une cause de nullité du mariage célébré devant l'officier de l'état civil du lieu du domicile de l'autre époux, où les publications légales ont été régulièrement faites (Civ. rej. 15 juin 1887, aff. de Cibeins, D. P. 88. 1. 412. V. toutefois, pour le cas de mariage à l'étranger, *suprà*, nos 199 et suiv.).

296. Le seul fait que le mariage a été célébré ailleurs qu'à la maison commune, et, par exemple, au domicile de l'une des parties, ne suffit pas non plus, en général, pour en entraîner la nullité (*Rép.* nos 555 et suiv.; Aubry et Rau, t. 5, § 467, p. 112 et suiv.; Laurent, t. 2, n° 479). Il a été jugé : 1° qu'un mariage n'est pas entaché de clandestinité et, par suite, de nullité, pour avoir été célébré en dehors de la mairie, si la maison dans laquelle la célébration s'est accomplie (celle de l'instituteur) est le lieu où l'officier de l'état civil a coutume de prononcer les mariages des habitants de la commune (Lyon, 10 mars 1853, aff. N..., D. P. 53. 2. 210); — 2° Qu'un mariage *in extremis*, contracté au domicile de l'un des conjoints, ne peut être annulé pour défaut de publicité, si la célébration a eu lieu portes ouvertes et en présence de quatre témoins (Aix, 18 août 1870, aff. Granoux, D. P. 71. 2. 249. V. toutefois les arrêts cités *suprà*, n° 294).

297. Le mariage peut être annulé, d'après l'art. 191 c. civ., lorsqu'il n'a point été célébré devant l'officier public compétent. La présence de l'officier de l'état civil n'est pas seulement, comme l'a prétendu Marcadé, *Explication théorique et pratique du code civil*, t. 1, art. 191, n° 1, un des éléments de la publicité nécessaire au mariage; cette présence est requise comme condition de l'existence du mariage indépendamment de toute publicité. C'est ce qui résulte du texte des art. 165 et 191 c. civ. « Le mariage sera célébré *publiquement*, dit l'art. 165, *devant l'officier civil du domicile de l'une des parties* ». Et l'art. 191 édicte ainsi la sanction de cette règle : « Tout mariage qui n'a point été contracté *publiquement*, et qui n'a point été célébré *devant l'officier public compétent*, peut être attaqué, etc. ». — Pour soutenir que l'incompétence de l'officier de l'état civil n'est pas une cause de nullité distincte de la clandestinité et ne suffirait pas, à elle seule, pour faire prononcer la nullité du mariage, on a argumenté de la conjonctive *et* qui réunit les deux premiers membres de phrase de l'art. 191. Mais cet argument conduirait à décider qu'un mariage absolument clandestin, mais célébré devant l'officier public compétent, ne pourrait jamais être annulé. Or, c'est là une solution inadmissible et que personne ne saurait accepter. L'argument tiré du mot *et* ne prouve donc rien, parce qu'il prouve trop. L'art. 191 doit bien plutôt être interprété comme s'il y avait : « Tout mariage qui n'a pas été contracté publiquement, et *tout mariage* qui n'a point été célébré devant l'officier public compétent, etc. ». L'incompétence de l'officier de l'état civil peut, par conséquent, être à elle seule une cause de nullité (*Rép.* n° 560; Aubry et Rau, t. 5, § 467, p. 111, note 1; Demante, t. 1, n° 273 *bis* I; Laurent, t. 2, n° 481; Baudry-Lacantinerie, t. 1, n° 539).

298. Toutefois, la compétence de l'officier de l'état civil se lie, dans une certaine mesure, à la publicité du mariage, en ce sens que, d'une part, la célébration par l'officier de l'état civil compétent, c'est-à-dire par celui du domicile de l'un des époux, augmente la publicité du mariage, et que, d'autre part, la célébration par un officier de l'état civil incompétent aggrave le vice de clandestinité dont le mariage peut être entaché. Et, par conséquent, si les deux vices de clandestinité et d'incompétence sont réunis, c'est alors surtout que le mariage doit être annulé (Comp. Trib. civ. Seine, 2 juill. 1872, *suprà*, n° 196; Angers, 13 mai 1875, sous Req. 20 déc. 1875, aff. Leboucher, D. P. 76. 1. 157; Lyon, 24 févr. 1881, aff. Dec..., D. P. 81. 2. 179).

299. L'officier de l'état civil peut être incompétent de deux manières : 1° au point de vue du territoire, s'il célèbre un mariage en dehors de sa circonscription; 2° au point de vue des personnes, s'il procède au mariage de deux personnes dont aucune n'a son domicile, quant au mariage, dans la commune où il exerce ses fonctions (*Rép.* n° 560). — Les auteurs ne sont pas d'accord sur l'effet que peut avoir l'incompétence territoriale par rapport à la validité du mariage. On a admis au *Rép.* n° 561, que le fait seul d'incompétence territoriale n'annule pas le mariage; pourvu, bien entendu, que l'officier de l'état civil ait inscrit l'acte de mariage sur ses propres registres, et non sur ceux de la commune où il se serait transporté. La même doctrine est enseignée par MM. Aubry et Rau, t. 5, § 467, p. 115. « L'officier de l'état civil, disent-ils, n'est point incompétent, dans le sens de l'art. 191, par cela seul qu'il célèbre hors du territoire de sa commune, un mariage auquel il avait, sous le rapport des personnes, le droit de procéder. Cette circonstance peut seulement aggraver, suivant les cas, l'infraction résultant de la célébration hors de la maison commune, et entacher ainsi le mariage du vice de clandestinité ». M. Laurent, t. 2, n° 482, combat ainsi cette opinion : l'art. 191, qui permet d'attaquer le mariage célébré devant un officier public incompétent, se rapporte à l'art. 165, comme le prouve d'ailleurs l'art. 193, qui renvoie formellement à cet article; or, l'art. 165 ne fait que répéter, au titre *Du mariage*, l'art. 74, placé au titre *Des actes de l'état civil*, et qui est ainsi conçu : « Le mariage sera célébré *dans la commune* où l'un des deux époux aura son domicile ». Donc, il résulte de la combinaison de ces dispositions que la loi exige, avec la compétence personnelle, la compétence territoriale. Il n'est pas intervenu de nouveaux arrêts sur cette question, depuis ceux qui sont rapportés au *Rép.* n° 561.

En tout cas, on admet généralement aujourd'hui que

l'incompétence territoriale ou personnelle de l'officier de l'état civil qui a célébré un mariage n'entraîne pas nécessairement la nullité. Les juges ont ici un pouvoir souverain d'appréciation, comme pour le vice de clandestinité (V. *Rép.* n° 562; Aubry et Rau, t. 5, § 467, p. 114 et suiv.; Massé et Vergé, sur Zachariæ, t. 1, § 113, note 3, *in fine*, p. 178; Laurent, t. 2, n° 483; Baudry-Lacantinerie, t. 1, n° 540; Huc, t. 2, n° 155). Toutefois, il a été jugé, depuis la publication du *Répertoire*, que les juges qui constatent qu'un mariage a été célébré devant un officier de l'état civil incompétent et en l'absence des conditions de publicité prescrites par la loi, peuvent refuser l'enquête demandée par la partie qui défend à l'action en nullité de ce mariage, en déclarant que les faits allégués ne sont pas pertinents et ne peuvent influer sur la solution du procès, et, en conséquence, prononcer, sans s'y arrêter, la nullité du mariage (Req. 20 déc. 1875, aff. Leboucher, D. P. 76. 1. 157).

300. Dans l'hypothèse où le mariage serait célébré par un autre fonctionnaire qu'un officier de l'état civil ou par un simple particulier, on a décidé au *Rép.* n° 565, que le mariage serait nul, non, à proprement parler, pour incompétence de l'officier public, mais pour défaut absolu de qualité et de pouvoir en sa personne. C'est une nullité de ce genre qui a été invoquée dans l'affaire dite des mariages de Montrouge, dont il a été parlé *suprà*, n° 186. Il a été jugé, dans cette affaire, par le tribunal de la Seine, que le mariage contracté devant un conseiller municipal non régulièrement délégué aux fonctions d'officier de l'état civil était absolument nul et sans existence légale (Trib. Seine, 23 févr. 1883, aff. Pélissier et Engel, D. P. 83. 2. 54). Mais cette décision a été ensuite annulée, dans l'intérêt de la loi, par la cour de cassation, qui a considéré « qu'une irrégularité dans la délégation ne saurait avoir pour effet d'enlever au membre de la municipalité désigné par le maire pour le remplacer, la capacité nécessaire pour remplir les fonctions de l'officier de l'état civil, et qu'elle ne saurait entraîner la nullité des actes auxquels il a concouru en cette qualité » (Civ. cass. 7 août 1883, D. P. 84. 1. 5). — A d'autres points de vue encore, d'ailleurs, le bien fondé de la décision du tribunal de la Seine pouvait être contesté. La loi n'ayant défini nulle part ce qu'elle entend par l'incompétence de l'officier public, on peut soutenir que le cas dont il s'agit tombait sous l'application de l'art. 191 c. civ., qui laisse aux juges, un pouvoir souverain d'appréciation pour maintenir ou annuler le mariage (Comp. *suprà*, n° 294; Civ. rej. 31 août 1824, *Rép.* n° 561-2°). Dans ce système, toutefois, le jugement du tribunal de la Seine n'aurait pas pu être annulé par la cour de cassation. Mais on aurait pu aussi appliquer à l'espèce, comme l'a proposé M. le procureur général Barbier dans son réquisitoire devant la cour de cassation, la maxime : *Error communis facit jus.* Cette règle de droit, qui est une garantie de l'ordre social, n'a pas cessé, en effet, de s'imposer à la pratique judiciaire. Il résulte de plusieurs arrêts de la cour de cassation que « l'erreur commune a toujours été regardée comme suffisante pour couvrir dans les actes, et même dans les jugements, des irrégularités que les parties n'avaient pu ni prévoir ni empêcher; que ce principe, admis par notre ancien droit, n'a pas cessé d'être en vigueur depuis la promulgation du code civil » (Req. 6 mai 1874, aff. Fouquet, D. P. 74. 1. 412; 1er juill. 1874, aff. Veuve Douillet, D. P. 75. 1. 157; 12 déc. 1882, aff. Blancheteau, D. P. 83. 1. 264).

301. La nullité résultant des vices de forme dans la célébration du mariage, du défaut de publicité ou de l'incompétence de l'officier de l'état civil, peut-elle être couverte? Ainsi qu'on l'a vu *suprà*, n° 279, la jurisprudence admet que le vice de clandestinité peut être purgé par la possession d'état et la publicité du mariage postérieurement à la célébration. Cette doctrine, toutefois, est contestée par plusieurs auteurs. C'est au moment où le contrat se forme, dit-on, que la publicité doit exister; s'il n'a pas été célébré publiquement, il est clandestin et peut être annulé. Or la clandestinité est une nullité absolue; pour admettre qu'une telle nullité puisse être couverte, il faudrait un texte, et ce texte n'existe pas (Aubry et Rau, t. 5, § 467, p. 119; Laurent, t. 2, n° 480; Baudry-Lacantinerie, t. 1, n° 536; Huc, t. 2, n° 157). Mais cette question a peu d'intérêt pratique, car les tribunaux, ayant un pouvoir discrétionnaire pour prononcer ou non la nullité en cas de clandestinité ou d'incompétence, pourront toujours prendre en considération la publicité qui aura suivi le mariage, et le maintenir malgré l'irrégularité initiale dont il était entaché.

302. Nous rappelons aussi que, d'après l'opinion adoptée *suprà*, nos 283 et suiv., la fin de non-recevoir édictée par l'art. 196 c. civ. s'applique au cas où le mariage a été célébré par un officier de l'état civil incompétent, comme au cas où il n'a pas été contracté publiquement. Mais elle ne peut être opposée qu'à la demande en nullité formée par l'un des époux contre l'autre, et non à celle qui serait intentée par un tiers (Aubry et Rau, t. 5, § 467, p. 118, note 31). Jugé, notamment, que cette fin de non-recevoir n'est pas opposable à la mère qui demande la nullité du mariage de sa fille pour défaut de publicité (Lyon, 4 avr. 1867, *infrà*, n° 429). Jugé aussi qu'on ne peut opposer, dans le même cas, à la mère qu'elle a donné son consentement au mariage, la fin de non-recevoir établie par l'art. 186 c. civ. contre les père et mère, les ascendants ou la famille qui ont consenti au mariage, n'étant applicable que dans l'hypothèse où le mariage a été contracté avant l'âge de puberté (Même arrêt).

303. Au surplus, lorsque des époux ont de justes sujets de craindre que leur mariage ne soit ultérieurement attaqué pour vice de formes, et, par exemple, pour incompétence de l'officier qui l'a célébré, ils peuvent se faire autoriser par le tribunal à procéder à une célébration nouvelle destinée à confirmer la première ou à y suppléer (Gand, 27 mai 1853, aff. Bauwens, D. P. 53. 2. 220). Ils peuvent même faire procéder à la nouvelle célébration sans autorisation préalable du tribunal, si l'officier de l'état civil ne s'y refuse pas (V. les arrêts cités *suprà*, n° 202).

304. Il ne faut pas confondre les mariages clandestins avec les mariages *secrets* qui, bien qu'ayant été célébrés avec les formalités requises, sont dérobés le plus possible à la connaissance du public. Contrairement à ce qui avait lieu dans l'ancien droit, ces mariages conservent aujourd'hui tous leurs effets civils (V. *Rép.* n° 569; Aubry et Rau, t. 5, § 467, p. 114; Laurent, t. 2, n° 475). Il a été jugé que la circonstance qu'on a tenu la célébration d'un mariage aussi secrète que possible, pour se dérober aux observations et aux obsessions de la famille de l'un des futurs, ne présente point les caractères de la clandestinité frauduleuse (Aix, 14 mai 1857, aff. Coulombier, D. P. 57. 2. 148).

305. — V. AUTRES NULLITÉS (*Rép.* nos 571 à 579). — On s'est demandé au *Rép.* n° 571, s'il peut y avoir d'autres nullités de mariage que celles qui sont formellement prononcées par le code civil au titre du mariage. Certains auteurs soutiennent la négative; mais, en même temps, ils admettent des causes d'inexistence du mariage, qui constituent des nullités encore plus graves que celles qui ont été prévues par la loi. Dans ces conditions, la question, posée en termes généraux, devient une question de mots. Sans nous y arrêter davantage, nous parcourrons, comme on l'a fait au *Répertoire*, les différents cas où l'on se demande s'il y a nullité du mariage.

306. En ce qui concerne le cas où les époux se trouveraient être de même sexe, et celui où il y aurait absence de sexe chez l'un des époux, V. *suprà*, n° 29.

307. On a traité aussi *suprà*, n° 231, du cas où l'un des époux aurait été en état de démence ou d'ivresse au moment de la célébration.

308. Avant la loi du 30 mai 1854, qui a aboli la mort civile, le mariage contracté par l'individu frappé de cette peine était tenu pour nul, et même pour inexistant (*Rép.* n° 574; Demolombe, t. 3, n° 242; Aubry et Rau, t. 5, § 451, p. 7, note 1).

309. Aux termes de l'art. 348 c. civ., le mariage est prohibé entre l'adoptant, l'adopté et ses descendants, entre les enfants adoptifs du même individu, entre l'adopté et les enfants qui pourraient survenir à l'adoptant, entre l'adopté et le conjoint de l'adoptant, et réciproquement entre l'adoptant et le conjoint de l'adopté. Le mariage contracté en contravention avec cette disposition serait-il nul? L'affirmative a été admise au *Rép.* n° 575; mais cette solution est repoussée par les derniers auteurs. On objecte que l'art. 184, qui indique quels mariages peuvent être attaqués, ne renvoie pas à l'art. 348. On ajoute que la parenté résultant de l'adoption est une parenté fictive et qu'elle ne peut produire d'autres effets que ceux qui y sont formellement attachés par la loi (V. en ce sens : Demolombe, t. 3, n° 338 ; Aubry et Rau, t. 5, § 463, p. 82, note 5 ; Laurent, t. 2, n° 484). Ces arguments, toutefois, ne nous paraissent pas irréfutables. Si l'art. 184 ne renvoie pas à l'art. 348, cela peut tenir à ce que le titre du mariage a été promulgué avant celui de l'adoption. Mais, du reste, l'art. 348 ne fait qu'appliquer à la parenté adoptive les prohibitions établies par les art. 161, 162 et 163 pour la parenté naturelle ; il est conçu dans les mêmes termes que ces articles et doit, ce semble, être sanctionné par la même peine. La parenté résultant de l'adoption n'est, il est vrai, qu'une fiction de la loi, mais le propre de la fiction est d'entraîner les mêmes effets que la réalité.

310. On a indiqué *suprà*, n°s 124 et suiv., les empêchements qui résultent du divorce. Le premier a lieu entre les époux divorcés, lorsque l'un d'eux a contracté un nouveau mariage suivi d'un second divorce (c. civ. art. 295). Le second existe dans le cas de divorce admis en justice pour cause d'adultère, entre l'époux coupable et son complice (c. civ. art. 298). On est d'accord pour reconnaître que ces empêchements ne sont que prohibitifs (V. *suprà*, v° *Divorce et séparation de corps*, n°s 548 et 561).

311. La défense faite à la veuve ou à la femme divorcée de se remarier avant dix mois révolus depuis la dissolution du mariage n'est aussi qu'un empêchement prohibitif (V. *suprà*, n° 111).

312. Le défaut de consécration religieuse et l'abstention de toute cohabitation n'ont pas d'influence rétroactive sur la validité d'un mariage régulièrement contracté devant l'officier de l'état civil (Lyon, 10 mars 1853, aff. N..., D. P. 53. 2. 210) (V. *Rép.* n° 579 ; Laurent, t. 2, n° 486). Mais le refus de la part d'un époux de consentir à la célébration religieuse du mariage peut être une cause de divorce ou de séparation de corps (V. *suprà*, v° *Divorce et séparation de corps*, n° 87).

313. Le mariage contracté par procureur est-il nul ? V. *suprà*, n° 189.

Sect. 3. — Des effets de la nullité du mariage. — Du mariage putatif (*Rép.* n°s 580 à 606).

314. — I. Effets de la nullité du mariage (*Rép.* n°s 580 et 581). — Le mariage déclaré nul est censé n'avoir jamais eu d'existence légale. L'annulation a un effet rétroactif, en sorte qu'elle anéantit tous les effets juridiques que le mariage produit comme tel (V. *Rép.* n° 580 ; Glasson, *Du consentement des époux au mariage*, n° 163 ; Aubry et Rau, t. 5, § 459, p. 45 ; Laurent, t. 2, n° 437 ; Baudry-Lacantinerie, t. 1, n° 542). Toutefois, l'annulation du mariage ne peut anéantir le fait de l'union des conjoints ni la preuve authentique de ce fait, preuve qui résulte de l'acte même qui est annulé. C'est pourquoi les auteurs admettent généralement, suivant la doctrine enseignée au *Rép.* n° 580, que la nullité du mariage laisse subsister la preuve de la filiation des enfants qui sont nés plus de six mois après la célébration et moins de trois cents jours depuis l'annulation. La nullité du mariage a seulement pour effet, sauf le cas de mariage putatif, d'enlever à ces enfants la qualité d'enfants légitimes ; ils sont naturels simples, adultérins ou incestueux, suivant la nature des relations qui ont existé entre leurs parents (Aubry et Rau, *loc. cit.* ; Laurent, t. 2, n° 438 ; Baudry-Lacantinerie, *loc. cit.* ; Huc, t. 2, n° 159). La cour de cassation de Turin a décidé, avec raison, que le jugement qui déclare nul le mariage de deux époux, et illégitime l'enfant qui est issu de ce mariage, peut d'autant moins avoir pour effet d'anéantir la preuve acquise de la filiation de l'enfant qu'il constitue lui-même une nouvelle preuve de cette filiation ; que, par suite, l'enfant n'a pas besoin d'invoquer une autre preuve pour faire valoir ses droits, comme enfant naturel, à la succession de son père (C. cass. Turin, 25 sept. 1879, aff. Peretti C. Cracchi-MM. Eula, pr.-Bussolino, av. gén., c. conf.-Ronga, av.).

On doit néanmoins excepter le cas où, malgré la grossesse de la femme pubère, le mariage est annulé pour cause d'impuberté du mari (V. *Rép.* n° 580, *in fine*).

315. L'annulation du mariage laisse-t-elle subsister entre chaque époux et les parents de l'autre, l'empêchement au mariage résultant de l'alliance ? V. *suprà*, n° 118).

316. En cas d'annulation du mariage, la femme peut-elle contracter un autre mariage moins de dix mois à partir de l'annulation ? V. *suprà*, n° 111.

317. Il n'est pas douteux que les personnes dont le mariage a été annulé peuvent se remarier l'une avec l'autre, si l'empêchement dirimant qui a fait prononcer la nullité cesse d'exister (Aubry et Rau, t. 5, § 459, p. 46).

318. — II. Mariage putatif (*Rép.* n°s 582 à 606). — La seule condition pour qu'il y ait mariage putatif, c'est-à-dire pour que le mariage nul produise néanmoins les effets civils, c'est, d'après la loi, que le mariage ait été contracté de bonne foi par les deux époux ou au moins par l'un d'eux (c. civ. art. 201 et 202). La bonne foi est, suivant un arrêt, la juste opinion que, ce qu'on a fait, on avait le droit de le faire, ou l'ignorance du vice qui entache l'acte que l'on a fait (Metz, 7 févr. 1854, aff. Delorme, D. P. 54. 2. 217). Elle doit, naturellement, s'apprécier d'après la position sociale, le degré d'intelligence et d'instruction des époux, et les circonstances de fait qui ont précédé, accompagné ou suivi le mariage (Même arrêt).

319. La bonne foi suppose nécessairement, comme on l'a dit au *Rép.* n° 585, que le mariage a été célébré avec une certaine solennité, car personne n'ignore que le mariage, pour exister, doit avoir été célébré. Mais, de plus, d'après quelques auteurs, un mariage non existant, c'est-à-dire auquel manque une des conditions essentielles à l'existence de tout mariage, tel que le mariage qui n'aurait point été célébré devant un officier de l'état civil, ne pourrait pas produire les effets d'un mariage putatif (Demolombe, t. 3, n° 354 ; Aubry et Rau, t. 5, § 460, p. 46, note 1 ; Laurent, t. 1, n° 515 ; Huc, t. 2, n° 161). — Nous avons déjà repoussé cette opinion au *Rép.* n° 585 *in fine*, et nous persistons à croire qu'elle est mal fondée. Elle s'appuie sur un premier argument consistant à dire que le législateur, dans les art. 201 et 202, comme dans tous les autres articles du chap. 4 sur les demandes en nullité de mariage, ne parle que du mariage *nul* et ne s'occupe nullement du mariage *inexistant*. Mais cet argument perd toute valeur quand on considère que le législateur n'a parlé nulle part du mariage inexistant et qu'on n'est même pas bien sûr qu'il ait consacré la distinction faite par les auteurs entre l'inexistence et la simple nullité du mariage. En supposant même que cette distinction ait existé dans sa pensée, il ne l'a pas fait passer dans la terminologie de la loi, et rien n'indique, par conséquent, que les mots *le mariage déclaré nul*, employés par l'art. 201, ne comprennent pas tout à la fois le mariage inexistant et le mariage nul. — On invoque encore un autre argument : le mariage inexistant, c'est le néant ; or, si l'on conçoit que la législation fasse produire des effets civils à un mariage nul, c'est-à-dire à un mariage qui a provisoirement une existence légale, on ne comprendrait pas qu'il en fît produire à un mariage inexistant, c'est-à-dire au néant. M. Baudry-Lacantinerie, t. 1, n° 547, a fort bien répondu à cet argument : « Ce n'est pas au néant, dit-il, que le législateur fait produire des effets civils, mais à la bonne foi des époux, dont la situation peut être tout aussi digne d'intérêt au cas de mariage inexistant qu'au cas de mariage nul. L'étrangère appartenant à un pays dans lequel le mariage est valablement contracté, même au civil, devant un prêtre catholique, et à laquelle on a facilement persuadé qu'il en est de même en France, sera-t-elle donc, une fois mariée dans ces conditions, moins digne d'intérêt ; son erreur sera-t-elle moins excusable que celle d'une Française qui a épousé son oncle, croyant que la loi civile autorise ce mariage ? » D'ailleurs, en pressant l'argument, on arriverait, comme le fait encore justement remarquer M. Baudry-Lacantinerie, à supprimer la théorie du mariage putatif tout entière. Qu'est-ce, en effet, qu'un mariage nul, une fois qu'il a été déclaré tel par la justice ? C'est bien le néant aussi, puisqu'il est censé n'avoir jamais existé. Et cependant la loi lui fait produire des effets civils, ou plutôt elle maintient les effets produits ; de sorte qu'en fin de compte la loi conserve les effets d'un acte qui est censé n'avoir jamais eu d'existence légale. — Il a été jugé, en ce sens, que le mariage contracté de bonne foi devant un prêtre, dans un pays où l'état civil avait été depuis peu de temps sécularisé (au Mexique), doit, quoique nul, produire les effets du mariage putatif (Bordeaux, 5 févr. 1883 (1). Comp. dans le même sens : Paris, 18 déc. 1837, *Rép.* n° 590-1°, et sur pourvoi, Req. 11 août 1841, *Rép.*, v° *Paternité et filiation*, n° 323. *Contrà :* Bourges, 17 mars 1830, *Rép.* n° 419-2°). Jugé aussi que l'art. 201 c. civ. doit s'appliquer à tout mariage qui est déclaré nul pour quelque cause que ce puisse être, qu'il s'agisse d'une nullité prévue expressément par la loi ou d'une nullité qui découle des principes généraux du droit (Trib. Seine, 23 févr. 1883, aff. Battini, D. P. 83. 2. 49).

320. Mais l'application des règles sur le mariage putatif exige, tout au moins, que le mariage ait existé en apparence et qu'il ait été déclaré nul; ces règles ne peuvent être invoquées lorsqu'il n'est même pas établi que le mariage ait jamais existé (Lyon, 28 mai 1869, aff. De Noël et Salgas, D. P. 70. 2. 71).

321. La doctrine et la jurisprudence s'accordent aujourd'hui à reconnaître que la bonne foi nécessaire pour qu'il y ait mariage putatif peut résulter d'une erreur de droit aussi bien que d'une erreur de fait (V. les auteurs et les arrêts cités au *Rép.* n° 590, et de plus : Aubry et Rau, t. 5, § 460, p. 49, note 7; Laurent, t. 2, n° 504; Baudry-Lacantinerie, t. 1, n° 545; Huc, t. 2, n° 160). Il a été jugé depuis la publication du *Répertoire* : 1° qu'en supposant qu'un mariage contracté à l'étranger entre un Français et une étangère soit nul pour omission des publications exigées par les art. 170 et 63 c. civ., ce mariage doit, dans tous les cas, produire les effets civils en faveur de la femme et des enfants, lorsqu'il a été contracté de bonne foi par la femme à laquelle on ne saurait reprocher d'avoir ignoré les lois d'un pays qui n'était pas le sien (Bordeaux, 14 mars 1850, aff. Charvin, D. P. 53. 2. 178); — 2° Que la bonne foi des époux peut résulter de ce que, simples campagnards, d'une intelligence bornée et habitant une commune limitrophe d'un pays où le mariage entre beau-frère et belle-sœur était permis, avec l'autorisation du roi, alors qu'il n'était pas encore possible en France, ils sont allés se fixer momentanément dans ce pays, s'y sont mariés, avec toutes les solennités requises et l'assistance de leurs parents, après avoir obtenu du souverain les dispenses nécessaires, et sont ensuite revenus dans leur commune, où ils ont été reçus et traités publiquement comme mari et femme, pendant de longues années, sans même avoir eu la pensée, lorsque est intervenue la loi du 16 avr. 1832, de mettre à profit les dispositions de cette loi pour faire réhabiliter leur mariage (Metz, 7 févr. 1854, aff. Delorme, D. P. 54. 2. 217); — 3° Que le mariage entre beau-frère et belle-sœur, contracté à une époque où il était absolument prohibé, peut produire les effets civils, quand il est établi en fait que les époux, ou l'un d'eux, ignoraient cette prohibition (Aix, 11 mars 1858, aff. Meynier, D. P. 71. 5. 260; Paris, 9 févr. 1860, aff. Gandais, D. P. 60. 2. 73); — 4° Que le mariage déclaré nul pour cause d'alliance entre les conjoints au degré prohibé doit néanmoins être considéré comme productif des effets civils, notamment au profit de l'enfant actuellement conçu, si les époux ont été de bonne foi, et ont commis, dans l'interprétation des dispositions de la loi, une erreur de droit que l'officier de l'état civil a partagée (Trib. Vienne, 28 déc. 1865, aff. Cony, D. P. 67. 3. 45); — 5° Que le mariage contracté entre un Français et une étrangère, sur la présentation d'un acte de divorce obtenu par celle-ci en France, mais non conforme à la loi étrangère qui le régissait, peut être considéré comme contracté de bonne foi dans le sens de l'art. 201 c. civ., la maxime que nul n'est censé ignorer la loi, devant pour un Français être limitée à la loi française et non être étendue à

(1) (Veuve Godin C. Héritiers Godin). — LA COUR; — Attendu que Charles-Dominique Godin, veuf en premières noces d'Alexandrine Couturieux, contracta une seconde union le 15 déc. 1861, à Mexico, avec Dolorès Luna; que, quelques années après, Godin rentra en France avec sa femme et un enfant mineur, issu de leur mariage, et qu'il est décédé à Pessac le 10 juin 1880; que l'instance en liquidation et partage de sa succession a fait naître la question de savoir si Dolorès Luna et son fils peuvent réclamer dans cette succession les droits que la loi française accorde à l'épouse et à l'enfant légitime; que le tribunal civil de Bordeaux a décidé, par le jugement frappé d'appel, que Dolorès Luna ne pourrait amender aucun droit en qualité d'épouse de Charles Godin, et que son fils mineur ne pourrait avoir que la part restreinte d'un enfant naturel; — Attendu que le mariage de Charles Godin avec Dolorès Luna avait été célébré, le 15 déc. 1861, dans l'église métropolitaine de Mexico, après avoir été précédé de l'information et des publications conciliaires, par un prêtre régulièrement investi des pouvoirs canoniques, et dans la forme qui avait été usitée à Mexico depuis plusieurs siècles jusqu'à l'année 1860; mais que Benito Juarez, président constitutionnel de la République mexicaine, avait, par un décret rendu à Vera-Cruz, le 23 juill. 1859, et promulgué à Mexico, le 28 déc. 1860, sécularisé le mariage, et créé l'institution des juges de l'état civil; que ce décret avait force de loi à l'époque où fut contractée l'union de Charles Godin avec Dolorès Luna, et que les premiers juges, au vu des seuls documents produits devant eux, ont, avec raison, déclaré la nullité d'un mariage contracté dans une forme qui, depuis la promulgation du décret portant sécularisation du mariage, avait cessé d'être suffisante pour assurer, au point de vue civil, les effets du contrat; — Attendu que le tribunal, après avoir déclaré nul le mariage du 15 déc. 1861, a refusé d'attribuer à cette union les effets du mariage putatif et de reconnaître la bonne foi des contractants; que cette décision est motivée, en droit, sur ce que le mariage dont s'agit n'a jamais eu d'existence, et ne peut, par suite, produire aucun effet civil, et, en fait, sur ce que les futurs époux ne pouvaient pas ignorer les dispositions d'une loi promulguée solennellement à Mexico depuis près d'un an, et qu'il y a lieu de penser qu'en demandant la bénédiction de leur union à un ministre de leur culte, ils ont cherché, non une sanction légale, mais une satisfaction de conscience; — Attendu que, si la cour était obligée d'apprécier la décision des premiers juges, abstraction faite de la production récente d'un document décisif que le tribunal n'a pas connu, elle ne pourrait s'associer, ni en droit ni en fait, à une théorie qui empêcherait l'application des art. 201 et 202 c. civ., à des cas pour lesquels ils ont été certainement édictés: que, malgré l'autorité qui s'attache à l'opinion des jurisconsultes dont le tribunal a appliqué la doctrine, la cour trouverait plus rationnel le sentiment de la jurisprudence qui refuse d'admettre, pour l'interprétation de l'art. 201 c. civ., une distinction qui n'est ni dans le texte ni dans l'esprit de cette disposition, et qui n'exige, pour reconnaître les caractères du mariage putatif, que la bonne foi de la part de ceux ou de l'un de ceux qui ont contracté un mariage déclaré nul par la justice; — Attendu que l'appréciation faite, par les premiers juges, de l'intention des parties contractantes est contraire à toute vraisemblance, et ne peut se concilier avec les faits dont l'exactitude n'est pas contestable; que, si l'on se rappelle la situation tourmentée du Mexique en 1861, il n'est pas exorbitant de supposer que les habitants de Mexico ont pu ne pas connaître la promulgation du décret de Juarez, ou se méprendre sur le caractère obligatoire des dispositions de cette loi; que, spécialement en ce qui touche Charles Godin et Dolorès Luna, la cour cherche vainement, et leurs adversaires ne peuvent indiquer, le motif acceptable qui aurait déterminé les futurs époux à contracter un mariage nul, si leur bonne foi n'eût pas été complète; qu'ils étaient aussi intéressés l'un que l'autre à contracter un mariage valable, et que Dolorès Luna, dont les intimés ont proclamé l'influence prépondérante sur l'esprit de leur auteur, aurait facilement décidé Godin à se présenter avec elle devant le juge de l'état civil, si elle avait su que la validité de son mariage dépendait de l'accomplissement de cette formalité; que le mariage religieux fut célébré publiquement, en présence des parents et des amis, et que les rôles de parrain et marraine y furent remplis par les époux Guerrier, fille et gendre de Charles Godin; que, depuis le 15 déc. 1861, date du mariage, jusqu'au 10 juin 1880, date du décès de Charles Godin, Dolorès Luna et ses enfants ont joui publiquement et sans contestation de la possession d'état la plus caractérisée de femme et enfants légitimes; qu'ils ont toujours été traités comme tels, non seulement par les étrangers, mais encore par la famille Godin; qu'ils en ont reçu le titre dans un grand nombre d'actes publics; que, le 30 déc. 1866, l'acte de mariage du 15 déc. 1861 a été transcrit sans difficulté, à la requête de Godin, sur les registres des actes de l'état civil de la légation de France au Mexique; que le 3 févr. 1869, à un moment où la mort de l'empereur Maximilien avait assuré le pouvoir suprême dans les mains de Juarez, Charles Godin se présenta devant le juge de l'état civil de Mexico, pour y déclarer la naissance d'une fille, qui fut inscrite comme née du « légitime mariage du comparant et de la dame Dolorès Luna »; — Attendu que toutes ces circonstances auraient dû déterminer les premiers juges, tout en déclarant nul le mariage du 15 déc. 1861, à constater la bonne foi des époux, et à assurer à leur union tous les effets civils d'un mariage putatif;

Par ces motifs; — Infirme le jugement du tribunal civil de Bordeaux du 10 août 1881, etc.

Du 5 févr. 1883.-C. de Bordeaux, 1re ch.-MM. Bourgade, pr.-Labroquère, av. gén.-Archaimbault et Le Coq, av.

une loi étrangère (Chambéry, 15 juin 1869, aff. Fernex, D. P. 69. 2. 188); — 6° Qu'il suffit pour que la bonne foi puisse être invoquée par un époux à l'effet de faire produire à un mariage nul les effets civils en faveur de cet époux et des enfants, que ce même époux ait pu se croire valablement marié; qu'au point de vue de la bonne foi, il n'y a pas de distinction à faire entre l'erreur de droit et l'erreur de fait (Lyon, 24 févr. 1881, aff. Dec..., D. P. 81. 2. 199); — 7° Que le mariage contracté à l'étranger par un Français qui, étant déjà marié en France, s'est fait naturaliser en pays étranger et y a fait prononcer le divorce au mépris de la loi française, doit, quoique nul, produire ses effets, à titre de mariage putatif, vis-à-vis de la femme qui l'a contracté de bonne foi et des enfants qui en sont issus (Rouen, 6 avr. 1887, aff. D'Argentré, D. P. 89. 2. 17).

322. D'après quelques auteurs, dont l'opinion est rapportée au *Rép.* n° 592, il ne suffit pas que l'erreur d'où l'on prétend faire résulter la bonne foi ait existé en réalité; il faut encore que cette erreur soit excusable. Mais on repousse aujourd'hui généralement cette opinion. Les art. 201 et 202 c. civ. n'exigent, en effet, d'autre condition que la bonne foi, et la bonne foi existe par cela seul que les époux ont ignoré la cause qui faisait obstacle à leur union (Demolombe, t. 3, n° 358; Aubry et Rau, t. 5, § 460, p. 48, note 5; Laurent, t. 2, n° 503; Baudry-Lacantinerie, t. 1, n° 548).

323. Est-ce à l'époux qui invoque sa bonne foi à la prouver, ou est-ce à celui qui conteste les effets du mariage à prouver la mauvaise foi? Les auteurs ne sont pas d'accord sur cette question. Il en est qui soutiennent que c'est à l'époux à prouver sa bonne foi dans tous les cas, parce que le bénéfice établi par les art. 201 et 202 constitue une faveur exceptionnelle, et que c'est à celui qui invoque une exception à justifier qu'il se trouve dans les conditions exigées par la loi pour en profiter (Demolombe, t. 3, n° 359; Laurent, t. 2, n° 506; Baudry-Lacantinerie, t. 1, n° 545). D'autres distinguent suivant que la bonne foi résulte d'une erreur de fait ou d'une erreur de droit et décident que la preuve n'incombe à l'époux que dans le second cas, parce que nul n'est censé ignorer la loi (Aubry et Rau, t. 5, § 460, p. 59). Suivant nous, le principe que nul n'est censé ignorer la loi ne doit pas intervenir dans une question de bonne foi, qui est une pure question de fait. Mais il est un autre principe que la loi a consacré dans l'art. 2268 c. civ., à propos de la prescription, et qui n'est pas spécial à cette matière; c'est que la fraude ne se présume pas, c'est que nul ne doit être présumé avoir voulu sciemment contrevenir à la loi. En conséquence, qu'il s'agisse d'une erreur de fait ou d'une erreur de droit, on doit supposer que les époux étaient de bonne foi quand ils se sont mariés, qu'ils ont cru contracter un mariage valable, et c'est à celui qui allègue le contraire à en fournir la preuve. — Il a été jugé, en ce sens, que, la mauvaise foi ne se présumant pas, il y a lieu d'admettre qu'un mariage contracté sans dispense entre beau-frère et belle-sœur a eu lieu de bonne foi et par suite de l'erreur commune des époux et de l'officier de l'état civil (Aix, 11 mars 1858, aff. Meynier, D. P. 71. 5. 260).

324. Il suffit, comme on l'a dit au *Rép.* n° 594, que la bonne foi ait existé au moment de la célébration du mariage; il n'est pas nécessaire qu'elle ait duré tant que les époux ont cohabité (V. en ce sens : Chambéry, 15 juin 1869, aff. Fernex, D. P. 69. 2. 188; Aubry et Rau, t. 5, § 460, p. 48, note 6; Laurent, t. 2, n° 505; Baudry-Lacantinerie, t. 1, n° 546; Huc, t. 2, n° 160).

325. En cas de mariage putatif, les époux conservent-ils l'un à l'égard de l'autre le droit de successibilité établi par l'art. 767 c. civ.? Cette question présente un plus grand intérêt pratique depuis que la loi du 9 mars 1891, en modifiant l'art. 767, a étendu les droits successoraux de l'époux survivant. Mais le texte de cette loi fournit un nouvel argument à l'opinion adoptée au *Rép.* n° 598, d'après laquelle tout droit de successibilité entre les époux est éteint par l'annulation du mariage. Le nouvel art. 767 n'accorde, en effet, ce droit qu'au conjoint non divorcé et contre lequel n'existe pas de jugement de séparation de corps passé en force de chose jugée. Ainsi, la séparation de corps suffit pour enlever ce droit au conjoint contre lequel elle a été prononcée, et le divorce le fait perdre même au conjoint sur la demande duquel le divorce a été admis; l'annulation du mariage doit, à plus forte raison, produire le même effet. M. Laurent est, du reste, le seul auteur qui soutienne que la nullité du mariage laisse subsister des droits de succession entre les époux de bonne foi. Il objecte, t. 2, n° 511, que ces droits sont des effets civils du mariage, et il demande pourquoi l'annulation du mariage en priverait plutôt les époux que les enfants. Mais la raison en est bien simple : c'est que, nonobstant l'annulation du mariage, les enfants conservent leur qualité d'enfants légitimes, tandis que les époux perdent leur titre d'époux. Or, pour succéder, il faut avoir le titre qui donne droit à la succession au moment où elle s'ouvre (V. en ce sens, outre les auteurs cités au *Rép.* n° 598 : Aubry et Rau, t. 5, § 460, p. 52, note 17; Demante, t. 1, n° 283 *bis*, VIII; Baudry-Lacantinerie, t. 1, n° 552 *bis*; Huc, t. 2, n° 164. V. aussi l'arrêt de la cour d'Alger cité *infrà*, n° 326).

326. Si l'annulation du mariage fait perdre aux époux, malgré leur bonne foi, leurs droits réciproques de succession, elle doit, ce semble, également faire cesser les obligations alimentaires résultant du mariage. Pour soutenir que ces obligations subsistent, on a dit : le mariage déclaré nul et conservant ses effets à raison de la bonne foi, doit être considéré comme un mariage valablement contracté et ensuite dissous ; or, quand un mariage est dissous par le divorce, la loi donne aux juges le pouvoir d'allouer à l'époux innocent une pension alimentaire sur les biens de l'époux coupable (c.civ. art. 301); cette disposition ne doit-elle pas être étendue au cas de mariage putatif? L'analogie est surtout frappante lorsque, des deux époux, l'un seulement était de bonne foi. L'équité ne doit-elle pas faire prévaloir une solution qui répare aussi complètement que possible le tort causé par la dissolution inattendue d'un mariage contracté de bonne foi? (V. en ce sens, Laurent, t. 2, n° 510). L'opinion contraire nous semble préférable. Tant que le mariage existe, au moins en apparence, il peut bien, par la fiction de la loi, conserver ses effets civils; mais, après que sa nullité est constatée et déclarée, ces effets ne sauraient continuer à se produire. D'autre part, nous ne croyons pas qu'on puisse étendre en dehors du cas spécial qu'elle prévoit la disposition toute exceptionnelle de l'art. 301; d'autant plus que, si on admet son application au cas où un seul des époux est de bonne foi, on doit forcément l'admettre encore dans le cas où la bonne foi a existé chez les deux époux, et alors on se trouve complètement en dehors des termes de l'art. 301 (V. en ce sens, Baudry-Lacantinerie, t. 1, n° 553; Huc, t. 2. n° 164). Il a été jugé que l'annulation du mariage, même lorsque le mariage peut être considéré comme putatif, enlève pour l'avenir à chacun des conjoints son titre d'époux et, par suite, les avantages attachés à cette qualité, notamment le droit pour l'époux de bonne foi d'obtenir des aliments de l'autre époux (Alger, 26 mai 1879, aff. Ahmed-ben-Youssef, D. P. 80. 2. 161).

327. Lorsqu'un seul des époux est de bonne foi, le mariage putatif ne produit les effets civils qu'en sa faveur (*Rép.* n° 599). Cet époux peut demander, comme on l'a dit au *Rép.* n° 600, que la liquidation des intérêts communs s'opère, soit d'après les dispositions du contrat de mariage, s'il en existe un, ou d'après les règles de la communauté légale, s'il n'y a pas eu de contrat de mariage, soit d'après les principes ordinaires des sociétés. Dans le cas où c'est le mari qui est de bonne foi, s'il opte pour le partage de la communauté, la femme, malgré sa mauvaise foi, conserve le droit de renoncer à la communauté, car les conventions matrimoniales ne peuvent pas être scindées (Demolombe, t. 3, n° 375; Aubry et Rau, t. 5, § 460, p. 52, note 18). — M. Laurent, t. 2, n° 513, conteste cette dernière solution, mais à tort : il objecte qu'à l'égard de la femme de mauvaise foi, il n'y a pas de communauté; c'est une erreur, puisque l'on suppose que le mari de bonne foi a opté pour l'exécution des conventions matrimoniales qui ont établi la communauté entre les époux.

328. On a recherché au *Rép.* n° 602 comment devraient être liquidés les droits de plusieurs femmes qui auraient successivement épousé de bonne foi le même homme sous le régime de la communauté. Voici la solution donnée par MM. Aubry et Rau, t. 5, § 460, p. 53 et suiv., pour cette hypothèse : « Les droits de la première femme sont à régler comme s'il n'existait pas de second mariage, et qu'il ne se fût formé entre le mari et la seconde femme qu'une société ordinaire. Elle pourra donc réclamer la moitié de la communauté, telle qu'elle existera au jour de sa dissolution, sous déduction toutefois des reprises de la seconde femme, et d'une part proportionnelle aux apports de celle-ci dans les acquêts faits depuis le second mariage. Quant à la seconde femme, en la supposant de bonne foi, elle prendra la moitié de la communauté, telle qu'elle existera au jour de l'annulation ou de la dissolution de son mariage, sous déduction cependant des droits de la première femme, fictivement liquidés au jour de la célébration de ce mariage, et d'une part proportionnelle à ces droits dans les acquêts faits depuis cette époque ». — MM. Aubry et Rau, *ibid.*, en note, font remarquer qu'on ne peut faire entrer comme actif net dans la communauté formée avec la seconde femme l'intégralité des valeurs dont le mari se trouve détenteur en qualité de chef de la communauté formée avec la première femme. Les droits de celle-ci sur le fonds commun détenu par le mari constituent tout au moins un passif dont il faut tenir compte pour fixer le montant de son apport dans la seconde communauté. Toutefois, d'après M. Demolombe, t. 3, n° 377, la femme de bonne foi est fondée à prétendre que la part attribuée à la première femme sur la communauté dissoute a diminué d'autant à son préjudice la communauté à laquelle elle avait droit, et elle peut exercer sur les biens personnels du mari une récompense égale à ce préjudice (V. aussi Demante, t. 1, n° 283 *bis*, XII; Coin-Delisle, *Revue critique de jurisprudence*, année 1854, p. 216 et suiv.).

329. On a examiné aussi au *Rép.* n° 604 la question de savoir quel sera le sort des donations faites par des tiers aux époux par contrat de mariage. Pour les donations faites à l'époux de bonne foi, il n'y a pas de difficulté : elles doivent recevoir leur exécution. Quant aux donations faites à l'époux de mauvaise foi, on distingue généralement si elles ont pour objet des biens présents ou des biens à venir. S'il s'agit d'une donation de biens à venir, d'une institution contractuelle, elle profitera aux enfants du mariage, s'il en existe au moment de l'ouverture du droit, et, s'il n'en existe pas, elle sera caduque. — En ce qui concerne la donation de biens présents, il y a controverse. Nous avons admis au *Rép.* n° 604 qu'elle peut également être maintenue en faveur des enfants (V. en ce sens, Aubry et Rau, t. 5, § 460, p. 53, note 21). Suivant MM. Laurent, t. 2, n° 514, et Baudry-Lacantinerie, t. 1, n° 554 *in fine*, les enfants n'étant pas personnellement donataires, on ne voit pas à quel titre ils pourraient réclamer le bénéfice de la donation; elle devra donc être considérée comme non avenue à l'égard des enfants aussi bien qu'à l'égard de l'époux donataire.

330. Le principal effet du mariage putatif est de faire considérer les enfants issus des deux conjoints avant l'annulation du mariage comme enfants légitimes. Il suffit pour cela que l'un des époux ait été de bonne foi (*Rép.* n° 605; Chambéry, 15 juin 1869, aff. Fernex, D. P. 69. 2. 188).

Mais le mariage putatif opère-t-il la légitimation des enfants naturels que les époux auraient eus ensemble avant leur mariage? L'affirmative prévaut dans la doctrine, sous réserve du cas où les enfants seraient nés d'un commerce adultérin ou incestueux, cas auquel, ne pouvant pas même être reconnus, ils ne peuvent pas non plus être légitimés. Lorsque les enfants sont simplement naturels, la plupart des auteurs actuels décident que leur légitimation peut résulter du mariage putatif, tout comme d'un mariage valable (V. en ce sens, outre les auteurs cités au *Rép.* n° 606 : Aubry et Rau, t. 5, § 460, p. 50, note 12; Demante, t. 1, n° 283 *bis*, VII; Laurent, t. 2, n° 509; Baudry-Lacantinerie, t. 1, n° 551; Huc, t. 2, n° 167). L'opinion contraire, toutefois, que l'on a adoptée au *Rép.* n° 606, ne nous paraît pas avoir été véritablement réfutée. C'était, comme on l'a dit, la doctrine de l'ancien droit, rapportée par Pothier dans son *Traité du mariage*, n° 441. Or, rien n'indique que les auteurs du code aient entendu innover sur ce point. Pothier se fondait, d'ailleurs, sur un argument très juridique : à raison de la bonne foi des époux, disait-il, le commerce qu'ils ont eu entre eux depuis le mariage n'était pas coupable, et c'est pourquoi la loi accorde aux enfants issus du mariage nul le bénéfice de la légitimité ; mais la même raison n'existe pas pour conférer ce bénéfice aux enfants nés avant le mariage putatif. M. Laurent, *loc. cit.*, répond : « Sans doute, le commerce des époux avant leur mariage est criminel; mais l'est-il moins quand le mariage est valable que lorsqu'il est putatif? Si l'immoralité est couverte par le mariage subséquent, elle doit l'être aussi par un mariage putatif, puisque le mariage putatif est l'image de l'union légitime ». Cette réponse ne nous paraît pas décisive : c'est par faveur pour le mariage que la loi a voulu qu'il ait la vertu de légitimer les enfants nés antérieurement du commerce des deux époux, mais cette faveur n'a de raison d'être que si le mariage est valable.

CHAP. 9. — Des effets du mariage

(*Rép.* n°s 607 à 962).

SECT. 1re. — OBLIGATIONS DES ÉPOUX ENVERS LEURS ENFANTS

(*Rép.* n°s 608 à 619).

331. « Les époux contractent ensemble, par le fait seul du mariage, dit l'art. 203 c. civ., l'obligation de nourrir, entretenir et élever leurs enfants ». Des termes de cet article, la jurisprudence a conclu que l'obligation de nourrir, entretenir et élever leurs enfants est solidaire entre les époux (V. les arrêts cités au *Rép.* n° 608, et en outre Nîmes, 26 juill. 1853, aff. Domergue, D. P. 53. 2. 247; Trib. Seine, 22 nov. 1854, aff. Lachat, D. P. 57. 3. 35; Paris, 26 juill. 1862, aff. Angerville, D. P. 63. 2. 112). Suivant un arrêt de la cour de cassation, cette obligation pèse en même temps et pour le tout sur chacun des deux époux; par suite, le tiers à qui l'un des enfants à été confié, soit par les deux époux, soit par l'un d'eux, pour être nourri, entretenu et élevé, a une action, même pendant la communauté, tant contre la femme que contre le mari (Civ. cass. 21 mai 1890, aff. Couette, D. P. 90. 1. 337). — Mais ce système est combattu par plusieurs auteurs. De ce que l'obligation dont il s'agit, disent-ils, pèse également sur chacun des époux, il ne résulte pas qu'elle soit à proprement parler une obligation solidaire. Si les époux étaient tenus solidairement, chacun d'eux pourrait toujours être poursuivi pour le tout, sauf ensuite à exercer son recours contre son conjoint. Or, c'est en général le mari seul qui peut être actionné en payement des frais d'éducation des enfants, lorsque ces frais ont été avancés par des tiers. En effet, sous le régime de communauté, ces frais sont à la charge de la communauté, qui a pour chef le mari (c. civ., art. 1409, n° 5). Sous le régime exclusif de communauté et sous le régime dotal, c'est le mari qui supporte toutes les charges du mariage et par suite les frais d'éducation (c. civ. art. 1530, 1540 et 1549). S'il y a séparation de biens, c'est encore le mari qui doit payer ces frais (V. *suprà*, v° *Contrat de mariage*, n° 685); mais la femme doit y contribuer proportionnellement à ses facultés, en cas de séparation judiciaire (c. civ., art. 1448), et pour un tiers de ses revenus, quand la séparation est contractuelle et qu'il n'y a pas de convention contraire dans le contrat de mariage (c. civ. art. 1537). Sous quelque régime, toutefois, que les époux soient mariés, si le mari n'a pas les moyens de pourvoir à l'éducation des enfants, la femme doit en supporter les frais, au besoin, pour le tout, et c'est seulement dans ce cas que les créanciers peuvent l'actionner (V. en ce sens, Demolombe, t. 4, n° 4; Laurent, t. 3, n° 43). — Au contraire, d'après M. Huc, t. 2, n° 190, la circonstance que le mari est chargé seul d'effectuer le payement des frais d'éducation, parce qu'il est censé avoir perçu les ressources destinées à y faire face, ne détruit pas le principe d'une obligation née pour le tout sur la tête de chacun des époux. Il n'y a entre eux ni solidarité ni indivisibilité; mais il s'agit d'une obligation *in solidum*, analogue à celle contractée par deux individus qui se sont portés séparément caution de la même dette. Chacun des deux époux est ainsi tenu vis-à-vis des tiers d'une obligation qu'il doit acquitter comme sienne pour le tout (Comp. en ce sens, Bordeaux, 19 janv. 1888 (1), et Civ. cass. 21 mai 1890,

(1) (Reclus C. Pallat). — LA COUR; — Attendu que, par le fait seul du mariage, les époux contractent l'obligation de nourrir, entretenir et élever leurs enfants; que cette obligation comprend, non seulement les besoins matériels des enfants, mais encore la cul-

précité). — Dans un autre système, enfin, sans reconnaître à l'obligation alimentaire des époux envers leurs enfants aucun caractère de solidarité, on admet cependant que chaque époux peut toujours être poursuivi pour sa part contributive par le créancier qui a acquitté cette obligation à sa décharge, et que le mari peut être même poursuivi pour le tout quand la dette lui incombe en totalité d'après les conventions matrimoniales (V. la note de M. de Loynes, D. P. 90. 1. 337).

En tous cas, le mari a qualité, comme chef de l'association conjugale, pour régler seul la dépense relative à l'éducation des enfants communs, alors même qu'il ne se trouverait pas en position de la payer avec ses biens personnels; il peut, par suite, faire au profit de l'instituteur des enfants, une reconnaissance de la dette, et cette reconnaissance est interruptive de la prescription même à l'égard de la femme (Nîmes, 26 juill. 1853, aff. Domergue, D. P. 53. 2. 247; Laurent, *loc. cit.*).

332. On a recherché au *Rép.* n° 612, quelle est la sanction de l'obligation imposée aux parents d'élever leurs enfants. Les auteurs continuent d'être divisés sur cette question. Suivant MM. Aubry et Rau, t. 6, § 547, p. 72, en cas d'infraction grave, de la part du père, à son devoir d'éducation, les tribunaux pourraient, sur la demande qui, suivant les circonstances, serait formée, soit par la mère, soit par un ascendant, soit par le tuteur ou subrogé tuteur, soit par un délégué du conseil de famille, prescrire les mesures nécessaires pour l'éducation des enfants. M. Laurent, t. 3, n° 41, soutient, au contraire, que ni la mère, ni le conseil de famille, ni le ministère public n'ont qualité pour contrôler le père relativement à l'éducation qu'il donne à ses enfants. En ce qui concerne la mère, M. Laurent s'appuie sur l'art. 373 c. civ., aux termes duquel le père seul exerce l'autorité paternelle durant le mariage. Relativement au conseil de famille, le même auteur argumente de l'art. 454 c. civ., qui n'accorde à ce conseil que le droit de fixer annuellement la somme à dépenser pour l'éducation du mineur. Quant au ministère public, en admettant même que l'art. 46 de la loi du 20 avr. 1810 lui accorde le droit d'agir d'office au civil dans les cas qui intéressent l'ordre public, on peut encore douter que ce droit lui appartienne quand il s'agit de limiter la puissance paternelle (Comp. dans le même sens, Baudry-Lacantinerie, t. 1, n° 584; Huc, t. 2, n° 291).

En dehors de l'arrêt de la cour de Bordeaux, du 6 juill. 1832, rapporté au *Rép.* n° 612, la jurisprudence ne paraît pas avoir eu à statuer sur la question. Il résulte seulement d'un arrêt que la femme séparée de biens, obligée de contribuer aux dépenses relatives à l'éducation de ses enfants ou même de les supporter seule si le mari n'a pas de fortune, est recevable à critiquer le mode d'éducation choisi par le mari, s'il entraîne des dépenses qui ne sont pas en rapport avec ses ressources (Caen, 8 avr. 1851 aff. Dupont, d'Aisy, D. P. 52. 2. 127).

333. Après le divorce ou la séparation de corps, le droit pour la mère, pour les parents et pour le ministère public, de contrôler l'éducation donnée par le père et de saisir, au besoin, le tribunal, n'est plus douteux (V. *suprà*, v° *Divorce et séparation de corps*, n° 599 et suiv.).

334. Il convient, en outre, de signaler ici, comme ayant apporté une certaine sanction aux devoirs des parents envers leurs enfants, la loi du 28 mars 1882 (D. P. 82. 4. 64), qui a rendu l'enseignement primaire obligatoire, et la loi du 24 juill. 1889 (D. P. 90, 4. 15), qui a pourvu à la protection des enfants maltraités ou moralement abandonnés. L'art. 2, n° 6, de cette dernière loi permet de déclarer déchus de la puissance paternelle les père et mère qui, par leur ivrognerie habituelle, leur inconduite notoire ou scandaleuse, ou par de mauvais traitements, compromettent soit la santé, soit la sécurité, soit la moralité de leurs enfants. Et l'art. 3 dispose que l'action en déchéance peut être intentée par un ou plusieurs parents du mineur au degré de cousin germain ou à un degré plus rapproché, ou par le ministère public. De ces textes, il résulte que la mère, les autres parents du mineur jusqu'au degré de cousin germain et le ministère public ont un certain droit de contrôle vis-à-vis du père et un droit d'action dans les cas spécifiés par la loi (V. *infrà*, v° *Puissance paternelle*).

335. Il est généralement admis que, si l'enfant a des biens personnels, dont les père et mère n'ont pas l'usufruit légal, ceux-ci peuvent prélever sur les revenus de ces biens les dépenses d'entretien et d'éducation de l'enfant (V. *Rép.* n° 613; Bordeaux, 17 mars 1875, aff. Bernon, D. P. 77. 2. 207; Aubry et Rau, t. 5, § 547, p. 72; Laurent, t. 3, n° 44; Baudry-Lacantinerie, t. 1, n° 582). Mais lorsque les revenus de l'enfant sont insuffisants pour couvrir les frais de son éducation, le surplus de ces frais retombe à la charge des père et mère; le capital du mineur ne doit être entamé qu'en cas de nécessité absolue (V. *Rép.* n°s 614 et suiv.).

En ce qui concerne le point de savoir si les tiers qui ont pourvu, sur la demande des parents, aux frais d'entretien et d'éducation de l'enfant, ont une action contre ce dernier, lorsqu'ils n'ont pas été payés par les parents, V. *infrà*, n°s 401 et suiv.

336. Les père et mère restent soumis à l'obligation de supporter les frais d'entretien et d'éducation de leurs enfants, lors même que, par une cause quelconque, ils se trouvent dans l'impossibilité d'exercer la puissance paternelle, ou qu'ils en ont été privé (*Rép.* n° 616; Aubry et Rau, t. 5, § 547, p. 73; Laurent, t. 3, n° 42). La loi du 24 juill. 1889, consacre cette règle pour le cas de déchéance de la puissance paternelle. Elle dispose, art. 12, que le tribunal, en prononçant sur la tutelle, fixe le montant de la pension qui devra être payée par les père et mère et ascendants auxquels des aliments peuvent être réclamés, ou déclare qu'à raison de l'indigence des parents il ne peut être exigé aucune pension (V. *infrà*, v° *Puissance paternelle*).

337. L'enfant n'a pas d'action contre ses père et mère pour un établissement par mariage ou autrement (c. civ. art. 204). Mais les père et mère sont tenus à cet égard d'une obligation naturelle (*Rép.* n° 617). — Sur les effets de cette obligation, V. *suprà*, v° *Contrat de mariage*, n° 430.

338. L'obligation de nourrir, entretenir et élever leurs enfants incombe aux père et mère naturels, comme aux père et mère légitimes. Il est vrai qu'aucun texte du code ne le dit formellement, mais cela résulte de plusieurs dispositions de la loi (V. *Rép.* n° 618, et Bruxelles, 10 juill. 1850, aff. Vergalen, D. P. 52. 2. 154). — En ce qui touche spécialement, le devoir d'éducation, il est certain, comme le remarque M. Laurent, t. 3, n° 40, que le code civil a entendu imposer ce devoir aux père et mère naturels. Il leur accorde, en effet, la puissance paternelle; or, dans notre droit, cette puissance n'est autre chose qu'un moyen donné aux parents pour remplir leur devoir d'éducation (Arg. c. civ. art. 383). Si le père naturel a le devoir d'éducation, l'enfant naturel a par cela même le droit d'être élevé par celui qui l'a reconnu. Il a été jugé: 1° que le père d'un enfant naturel reconnu par lui est obligé de le nourrir, élever et entretenir; qu'il est, sous ce rapport, placé sur la même ligne que le père légitime (Toulouse, 25 juill. 1863, aff. Ginesty, D. P. 63. 2.

---

ture et le développement de leurs facultés morales et intellectuelles; qu'elle pèse également sur chacun des époux, qui sont obligés de la remplir l'un à défaut de l'autre; qu'ils sont tenus d'acquitter les frais de l'instruction et de l'éducation données à leurs enfants sur leur demande ou avec leur assentiment; — Attendu, dans l'espèce, qu'il n'est pas contesté que, pendant cinq ans et cinq mois, l'entretien, l'éducation et l'instruction d'Anna Pallat ont été, du consentement des époux Pallat, confiés aux soins de la dame Reclus, supérieure du couvent de Sainte-Marthe; que le prix réclamé pour la pension de cette jeune fille n'a rien d'exagéré, et se trouve d'ailleurs en rapport avec la condition et les ressources de ses parents, qu'ainsi, la demande formée contre les appelants est justifiée; — Attendu que, de la combinaison des art. 203 et 1448 c. civ., il résulte que la dette des époux est une dette nécessaire et rigoureusement obligatoire; que chacun d'eux en est tenu pour le tout, si l'autre se trouve dans l'impossibilité d'en supporter sa part; qu'ainsi, la femme séparée de biens est obligée de l'acquitter en entier, si son mari est insolvable, même pour le temps antérieur à la séparation de biens; qu'en effet, c'est là une dette personnelle née avec le mariage et qui reste exclusivement à sa charge, si le mari n'y a pas satisfait pendant qu'il avait l'administration des biens; — Par ces motifs;

Confirme, etc.

Du 19 janv. 1888. — C. de Bordeaux, 4e ch.-MM. Beylot, pr.-Labroquère, av. gén.-Lanauve et de Sèze, av.

139); — 2° Que, par suite, la mère d'un enfant naturel peut, quoique non tutrice légale de cet enfant, actionner le père qui l'a reconnu en remboursement des avances qu'elle a déjà faites ou qu'elle peut être tenue de faire pour son entretien; sa qualité de mère naturelle et celle de coobligée avec le père, à défaut duquel elle a acquitté ou peut avoir à acquitter la dette alimentaire, suffit pour légitimer son action (Même arrêt) (V. aussi *Rép.* v° *Paternité et filiation*, n°s 657 et suiv., et *infrà*, eod. v°).

Sect. 2. — Des aliments (*Rép.* n°s 620 à 741).

Art. 1er. — *Quelles personnes se doivent réciproquement des aliments* (*Rép.* n°s 621 à 651).

339. Aux termes de l'art. 205 c. civ., dont le texte a été, comme on le verra *infrà*, n° 356, complété par la loi du 9 mars 1891 (D. P. 91. 4. 17), « les enfants doivent des aliments à leurs père et mère ou autres ascendants qui sont dans le besoin ». Il a été jugé que le contumax, bien qu'il soit privé de l'exercice de ses droits civils en justice, n'en conserve pas moins le droit de demander des aliments à ses enfants (Bordeaux, 12 avr. 1867) (1).

340. La doctrine et la jurisprudence sont d'accord pour admettre que les père et mère naturels doivent, comme les père et mère légitimes, des aliments à leurs enfants, quand ceux-ci sont dans le besoin (V. *Rép.* n° 629, et v° *Paternité et filiation*, n° 665 ; Bordeaux, 22 févr. 1851, aff. Roquebert, D. P. 51. 2. 197 ; Toulouse, 25 juill. 1863, aff. Ginesty, D. P. 63. 2. 139 ; Aubry et Rau, t. 6, § 571-2°, p. 215 ; Baudry-Lacantinerie. t. 1, n° 596). Toutefois, suivant M. Laurent, t. 3, n° 60, le droit des enfants naturels à obtenir des aliments de leurs père et mère n'a nulle part été consacré par le législateur ; il y a, sous ce rapport, une lacune dans le code civil, et les auteurs et les arrêts ont fait ici la loi au lieu de l'interpréter (V. aussi en ce sens, Huc, t. 2, n° 210).

La jurisprudence admet même que la reconnaissance faite par le mari, pendant le mariage, d'un enfant conçu, avant ce mariage, par une autre femme que celle qu'il a épousée, entraîne pour lui l'obligation de fournir des aliments à cet enfant, nonobstant la règle de l'art. 337 c. civ. (V. *Rép.* v° *Paternité et filiation*, n° 700; Toulouse, 24 déc. 1885, et sur pourvoi, Req. 13 juill. 1886, aff. Samaran, D. P. 87. 1. 119).

341. Mais pour que les enfants naturels puissent obtenir des aliments de leurs père et mère, il faut qu'ils aient été reconnus par ceux-ci ou du moins que leur filiation soit établie. Il a été jugé que la cohabitation du prétendu père avec la mère d'un enfant naturel à une époque correspondante à la conception ne peut, même en vertu d'une loi étrangère formant le statut commun des parties, servir de base à une demande d'aliments de la part de l'enfant contre le prétendu père, devant les tribunaux français; une telle demande serait, en effet, contraire au principe de l'interdiction de la recherche de la paternité, qui est considérée en France comme d'ordre public (Paris, 2 août 1866, aff. de Civry, D. P. 67. 2. 41). — Jugé aussi que, lorsqu'une demande en pension alimentaire est formée devant la chambre des vacations par un enfant naturel dont l'état est contesté, il y a lieu de surseoir au jugement de cette demande, jusqu'à ce qu'il ait été statué sur la contestation d'état (Paris, 17 avr. 1846, aff. De Luxbourg, D. P. 46. 4. 14).

342. Les enfants naturels, de leur côté, doivent-ils des aliments à leurs père et mère qui sont dans le besoin? L'affirmative est généralement admise (*Rép.* n° 624; Aubry et Rau, t. 6, § 571-1°, p. 214, note 19; Laurent, t. 3, n° 60); elle est pourtant encore contestée par quelques auteurs (V. notamment Baudry-Lacantinerie, t. 1, n° 596).

C'est surtout pour les père et mère des enfants adultérins ou incestueux qu'il y a contestation sur le point de savoir si la dette alimentaire dont ils sont tenus envers leurs enfants, en vertu des art. 762 et 763 c. civ., est réciproque. Contrairement à l'opinion de M. Demolombe, citée au *Rép.* n° 625, les derniers auteurs refusent aux père et mère d'un enfant adultérin ou incestueux le droit de lui réclamer des aliments. « Vainement dit-on, observe M. Laurent, t. 3, n° 61, que l'obligation alimentaire est réciproque; cela n'est pas toujours vrai, et cela n'est pas vrai quand celui qui réclame les aliments a un crime à se reprocher. L'époux contre lequel le divorce a été prononcé ne peut pas réclamer les aliments, tandis qu'ils sont dus à l'époux qui a obtenu le divorce » (V. dans le même sens: Aubry et Rau, t. 6, § 572-3°, p. 227, note 39; Baudry-Lacantinerie, t. 1, n° 596; Huc, t. 2, n° 214).

343. Il a été jugé, conformément à l'opinion admise au *Rép.* n° 627, que l'obligation alimentaire dont sont tenus les père et mère naturels s'étend aux enfants légitimes de l'enfant naturel (Bruxelles, 10 juill. 1850, aff. Vergalen, D. P. 52. 2. 154). M. Laurent, t. 3, n° 63, objecte qu'il n'y a pas de texte qui établisse ici directement ou indirectement la dette alimentaire.

344. L'obligation alimentaire existe-t-elle entre l'adoptant et les enfants ou descendants légitimes de l'adopté? V. pour l'affirmative, *Rép.* n° 628 et *suprà*, v° *Adoption*, n° 47. *Contrà :* Aubry et Rau, t. 6, § 560-2°, p. 134, note 3).

(1) (Dayma *C.* Reilhié.) — Le 11 juill. 1856, le tribunal civil de Bordeaux a rendu le jugement suivant : — « Attendu que, d'après les art. 205, 206 et 208 c. civ., les enfants, gendres et belles-filles doivent des aliments à leurs père et mère, beau-père et belle-mère, qui sont dans le besoin, que ces aliments sont dus proportionnellement aux besoins de celui qui les réclame et à la fortune de ceux qui les doivent; — Attendu que la demande formée par Reilhié contre ses enfants et ses gendres a pour but de les faire condamner conjointement et solidairement au payement d'une pension alimentaire de 3000 fr. par an ; — Que les époux Dayma opposent à cette demande une fin de non-recevoir prise de ce que Reilhié père, ayant été frappé, comme contumax, par un arrêt de la cour d'assises du Lot qui l'avait condamné, à vingt ans de travaux forcés et à 3000 fr. d'amende, était, aux termes de l'art. 465 c. instr. crim., privé de l'exercice de toute action en justice; qu'il y a lieu de vérifier si cette fin de non-recevoir est fondée; — Attendu que s'il est vrai, en droit, que le contumax est, pendant la durée de la contumace, privé de l'exercice de ses droits civils, et que sa position, quant à l'impunité juridique dont il se trouve frappé, le place dans un état à peu près complet d'interdiction légale, il n'en est pas moins certain qu'il doit conserver l'exercice des droits indispensables au soutien et à la défense de sa vie; — Que de ce principe, qui prend sa racine et sa raison d'être dans le droit naturel, découle nécessairement, au profit du contumax, le droit de recevoir des aliments à titre gratuit ou autrement et de les demander à ceux que la nature et la loi chargent de lui en fournir; — Que cela est d'autant plus vrai que, sous l'empire de l'ancienne législation, le mort civilement, qui ne pouvait disposer de ses biens, par donation ou testament, ni même recevoir à ce titre, mais qui conservait le droit de travailler pour vivre, pouvait, avec le produit de son travail et de ses économies, faire des acquisitions à titre onéreux et les consolider par les moyens que la loi proclame pour le maintien et le respect de la propriété, et actionner en justice pour le payement des aliments qui lui étaient dus; — Qu'il suit de là que si le contumax, qui était frappé de mort civile à l'expiration des cinq ans après l'arrêt de condamnation, était considéré par la loi comme ayant cessé d'exister, cette fiction ne produisait ses effets que relativement à l'exercice des droits civils, sans porter atteinte aux droits naturels qui se rattachent à sa vie matérielle dont ces considérations conduisent à reconnaître, aujourd'hui, que la mort civile est abolie, que le contumax, bien qu'il soit privé de l'exercice de ses droits civils en justice, n'en conserve pas moins le droit de demander des aliments à ses enfants; — Attendu, au fond que Reilhié, père est exilé, sans ressources, et dans l'impossibilité de demander au travail des moyens d'existence; qu'il est dans le plus grand besoin; que ses enfants et ses gendres sont dans une position de fortune qui leur permet de venir à son aide dans une mesure convenable; que le tribunal trouve dans les documents de la cause des éléments d'appréciation qui lui permettent de déterminer la quotité des aliments que chacun d'eux devra lui fournir; — Attendu, quant à la solidarité, qu'il n'y a en droit, de solidarité que celle que la loi prononce ou que la convention établit; que l'obligation pour le juge de n'accorder des aliments que dans la proportion des besoins de celui qui les réclame et de la fortune de celui qui les doit conduit à reconnaître que, lorsqu'il y a plusieurs obligés, la position de chacun d'eux doit être appréciée séparément pour fixer la quotité des aliments dont il doit être tenu; que cette obligation est évidemment exclusive d'une solidarité que la loi ne prononce pas; — Par ces motifs, etc. »

Appel par les époux Dayma.

La cour ; — Adoptant les motifs des premiers juges; — Confirme, etc.

Du 12 avr. 1867.-C. de Bordeaux, 4e ch.-MM. Boscheron, pr.-Schroder et Brochon fils, av.

345. Les gendres et belles-filles, d'une part, et les beaux-pères et belles-mères, d'autre part, se doivent réciproquement des aliments (c. civ. art. 206 et 207) (V. *Rép.* n° 629). Mais cette obligation alimentaire entre alliés est-elle limitée au premier degré en ligne directe, ou s'étend-elle à tous les degrés? Il a été jugé que les gendres et belles-filles ne sont pas tenus de fournir des aliments aux ascendants de leurs beau-père et belle-mère (Grenoble, 9 août 1862, aff. Doucet, D. P. 63. 5. 24. V. dans le même sens : Laurent, t. 3, n° 59; Baudry-Lacantinerie, t. 1, n° 592; Huc, t. 2, n° 199).

La solution contraire semble cependant résulter, comme on l'a expliqué au *Rép.* n° 630, des travaux préparatoires du code. L'obligation alimentaire entre alliés est établie à l'imitation de celle entre parents; celle-ci s'étendant à tous les degrés, il doit en être de même de l'autre. Le projet du code le disait expressément, il portait: « Les enfants doivent également des aliments à leurs alliés dans la même ligne ». Si cette rédaction a été changée, c'est, non pour exclure les ascendants du beau-père ou de la belle-mère, mais pour éviter que le texte ne pût s'appliquer au parâtre et à la marâtre. L'intention du législateur n'est donc pas douteuse et elle doit, à notre avis, être observée (V. en ce sens, outre les auteurs cités au *Rép.* n° 630 : Aubry et Rau, t. 6, § 553-1°, p. 99, note 5; Demante et Colmet de Santerre, t. 1, n° 288 *bis*, I).

346. L'obligation alimentaire entre le beau-père et la belle-mère, d'un côté, le gendre et la belle-fille, de l'autre, cesse dans deux cas : 1° lorsque la belle-mère a convolé en secondes noces; 2° lorsque celui des époux qui produisait l'affinité et les enfants issus de son union avec l'autre époux sont décédés (c. civ. art. 206). — Dans le second cas, tout le monde reconnaît que l'obligation cesse, d'une manière absolue, de part et d'autre (V. *Rép.* n° 632). Il a été jugé que le gendre dont la femme est décédée sans enfants n'est pas tenu de fournir des aliments à son beau-père, alors même qu'il aurait recueilli une part des biens de sa femme (Montpellier, 30 mai 1866) (1). Mais il a été jugé que la belle-fille restée veuve en état de grossesse peut demander à son beau-père et à sa belle-mère des aliments, tant dans son intérêt que dans l'intérêt de l'enfant qu'elle porte (Trib. Marseille, 12 déc. 1862, aff. Armand, D. P. 63. 5. 23).

347. Dans le cas de convol de la belle-mère, il y a doute sur le point de savoir si les gendres et belles-filles conservent le droit de lui réclamer des aliments, alors même qu'elle ne peut plus en réclamer d'eux. Suivant une première opinion, que l'on a adoptée au *Rép.* n° 633 et qui nous paraît encore la plus juridique, l'obligation alimentaire s'éteint avec le caractère de réciprocité que lui donne la loi; ou plutôt l'obligation réciproque de la belle-mère vis-à-vis des gendres et belles-filles ne peut exister, aux termes de l'art. 207, que si l'obligation des gendres et belles-filles existe également vis-à-vis de la belle-mère (V. en ce sens, outre les auteurs cités au *Rép.* n° 633, Baudry-Lacantinerie, t. 1, n° 593). Dans un autre système, l'extinction de l'obligation alimentaire est considérée comme une déchéance dont la loi frappe la belle-mère à raison de son convol, mais dont les gendres et belles-filles ne doivent pas souffrir (Aubry et Rau, t. 6, § 553-1°, p. 99, note 6; Laurent, t. 3, n° 76). On doit observer toutefois que la belle-mère, même remariée, conserve le droit de demander des aliments à ses petits-enfants, et que ceux-ci, de leur côté, peuvent également lui en demander.

348. On a dit au *Rép.* n° 635, que la belle-fille qui, ayant des enfants du mariage, s'est remariée, ne peut plus demander d'aliments aux père et mère de son premier mari. C'est l'opinion de la majorité des auteurs (V. en sus de ceux cités au *Rép.*, Aubry et Rau, t. 6, § 553-1°, p. 100, note 7). M. Laurent, t. 3, n° 77, oppose cependant à cette opinion un argument très sérieux : « Une obligation légale, dit-il, peut-elle s'éteindre sans texte ? Poser la question c'est la résoudre. Vainement, dit-on qu'il y a même motif pour la bru que pour la belle-mère. L'analogie, en supposant qu'elle existe, ne suffit point ». On peut remarquer, en outre, que l'analogie entre la bru et la belle-mère n'est pas complète. Le nouveau mariage de la bru peut être vu par le législateur avec moins de défaveur que celui de la belle-mère; par suite, il ne doit pas entraîner nécessairement pour elle la même déchéance (V. en ce sens, Baudry-Lacantinerie, t. 1, n° 593).

349. L'obligation réciproque de se fournir des aliments existe entre les époux (*Rép.* n° 638). Le nouvel art. 205, modifié par la loi du 9 mars 1891, dit seulement que « la succession de l'époux prédécédé en doit à l'époux survivant ». Mais l'obligation alimentaire résulte entre époux des devoirs de secours et d'assistance à eux imposés par l'art. 212 c. civ.

Le divorce met fin à cette obligation, sous réserve de la disposition de l'art. 301 c. civ. (V. *suprà*, v° *Divorce et séparation de corps*, n°s 587 et suiv.).

La séparation de corps, au contraire, laisse subsister entre les époux séparés l'obligation alimentaire (*Rép.* n° 640. V. *suprà*, v° *Divorce et séparation de corps*, n°s 649 et suiv. *Adde*: Paris, 4 déc. 1875, D. P. 76. 2. 209; Civ. rej. 3 avr. 1883, D. P. 83. 1. 335). Mais la conversion de la séparation de corps en divorce a pour effet d'éteindre cette obligation et fait cesser la pension alimentaire allouée à l'un des époux, à moins que cette pension n'ait été constituée en vertu de l'art. 301 c. civ. (V. *suprà*, eod. v°, n°s 710 et suiv.; Civ. rej. 4 févr. 1889, aff. Calvet, D. P. 89. 1. 250).

350. L'obligation alimentaire qui existe réciproquement entre gendres et belles-filles, d'une part, beaux-pères et belles-mères, d'autre part, cesse-t-elle, de même que l'obligation alimentaire entre époux, par l'effet du divorce? C'est là une question délicate. Elle a été résolue négativement par un arrêt de la cour de Paris du 18 juill. 1889 (aff. Ledanseur, D. P. 92, 1re partie). Mais, sur le pourvoi formé contre cet arrêt, la cour de cassation s'est prononcée en sens contraire (Civ. cass. 13 juill. 1889, D. P. *ibid.*). Suivant cet arrêt, l'art. 206 ne saurait être invoqué lorsqu'il s'agit de régler les conséquences du divorce au point de vue de la dette alimentaire; c'est uniquement au titre du divorce qu'il faut se référer pour savoir si l'époux divorcé doit encore des aliments aux père et mère de son ex-conjoint; or, on n'y trouve aucun texte qui consacre cette obligation, et le juge ne saurait, dès lors, la reconnaître sans ajouter arbitrairement à la loi (V. pour l'examen détaillé de cette question, la note jointe aux arrêts précités).

351. D'après la plupart des auteurs, les différentes classes de personnes auxquelles la loi impose l'obligation alimentaire n'en sont pas tenues concurremment, mais successivement, les unes à défaut des autres. Ainsi, on décide généralement que cette obligation pèse, en premier lieu, sur le conjoint ; en second lieu, sur les descendants ; en troisième lieu sur les ascendants ; ensuite sur les gendres et belles-filles et autres alliés de la ligne descendante, et enfin sur les beaux-pères et belles-mères et autres alliés de la ligne ascendante (*Rép.* n° 642; Aubry et Rau, t. 6, § 553-2°, p. 101 et suiv.). Il est vrai que cette gradation n'est pas formellement établie par la loi ; elle résulte, tout au plus, de l'ordre dans lequel les art. 203 et suiv. énumèrent les personnes tenues de la dette alimentaire. Aussi peut-on soutenir, comme le fait M. Laurent, t. 3, n° 65, que tous ceux qui doivent les aliments en sont tenus à titre égal. Suivant cet auteur, c'est au tribunal à décider laquelle des différentes personnes tenues de la dette alimentaire doit la

(1) (Boyer C. Domergue.) — La cour; — Attendu que la dame Boyer, qui produisait l'affinité entre Boyer et Domergue, est décédée sans postérité; — Que, aux termes de l'art. 206 c. civ., l'obligation relative aux prestations alimentaires n'existe plus entre Domergue et Boyer; — Qu'il importe peu que l'époux survivant soit pour une part quelconque l'héritier de l'époux décédé, parce que l'obligation naturelle de fournir des aliments tient à des liens du sang qui n'existent plus même à l'état de fiction; — Que l'obligation de fournir des aliments étant réciproque, elle doit du moins cesser quand la réciprocité n'est plus possible, car Boyer ne pourrait exiger des aliments de Domergue en qualité d'héritier de sa fille; — Attendu, d'ailleurs, qu'il n'est pas même établi que Boyer ait profité du don de survie qui lui a été fait par sa femme dans son contrat de mariage, ce qui, en aucun cas, ne le constituerait héritier de celle-ci; — Attendu qu'on ne saurait argumenter contre Boyer du texte des art. 955 et suiv., c. civ., qui s'appliquent au donataire, mais non pas aux héritiers de celui-ci; — Par ces motifs, réformant, etc.

Du 30 mai 1866.-C. de Montpellier, 1re ch.-MM. de la Baume, 1er pr.-Félix, subst.-Genié, Aguiel, Lisbonne et Verdier, av.

supporter en totalité ou pour une part plus ou moins large (Comp. dans le même sens, Baudry-Lacantinerie, t. 1, n° 597; Huc, t. 2, n° 224). — La jurisprudence tend à consacrer cette dernière opinion. Il a été jugé : 1° que les gendres et les belles-filles doivent des aliments à leurs beau-père et belle-mère qui sont dans le besoin, conjointement avec les enfants ou descendants, auxquels ils sont complètement assimilés quant à l'obligation alimentaire (Paris, 14 août 1855, et sur pourvoi, Req. 17 mars 1856, aff. Claybrook, D. P. 56. 1. 251); — 2° Qu'en supposant que les gendres et belles-filles ne soient tenus de fournir des aliments qu'à défaut des fils et filles de l'ascendant qui se trouve dans le besoin, ils doivent du moins contribuer au service de la pension alimentaire lorsque les fils et filles n'en peuvent servir qu'une partie (Req. 7 juill. 1868, aff. Hutteau d'Origny, D. P. 69. 1. 243); — 3° Que l'obligation alimentaire entre les beaux-pères ou belles-mères et les gendres ou belles-filles est, non pas une obligation subsidiaire, mais une obligation placée sur la même ligne que celle des père et mère et des enfants entre eux; qu'en conséquence, le beau-père est obligé vis-à-vis de sa bru aussi strictement que s'il s'agissait de son propre enfant (Caen, 17 nov. 1877, aff. Hue, D. P. 78. 5. 30); — 4° Que, pour le même motif, la belle-fille est tenue de fournir des aliments à sa belle-mère, comme elle le serait vis-à-vis de sa propre mère (Caen, 31 déc. 1877, aff. Mousset, D. P. 78. 5. 30); — 5° Que, de même que tous les enfants sont tenus de fournir des aliments à leurs père et mère nécessiteux, de même le fils et la belle-fille sont tenus, ensemble et non l'un à défaut de l'autre, de la même obligation; que, par suite, la belle-fille doit des aliments à son beau-père, concurremment avec son mari (Trib. civ. de Genève, 23 déc. 1884, aff. Veuve Compagnon C. Compagnon-Falliquet).

352. Le droit de réclamer des aliments est personnel à celui auquel il est accordé par la loi; les créanciers ne peuvent l'exercer (*Rép.* n° 649, et v° *Obligations*, n° 935). Il en est de même du droit de demander la réduction d'une pension alimentaire (Paris, 27 déc. 1849, aff. Lejollivet, D. P. 50. 5. 23. V. *infrà*, n° 394).

ART. 2. — *L'obligation alimentaire passe-t-elle aux héritiers? Droit de l'époux survivant* (*Rép.* n° 652).

353. L'obligation de fournir des aliments passe-t-elle aux héritiers de celui qui en est tenu? Sur cette question controversée, un revirement complet s'est fait dans la jurisprudence et dans la doctrine. La négative, que nous avons été des premiers à soutenir (*Rép.* n° 652), est aujourd'hui presque universellement admise (V. Demolombe, t. 4, n°s 40 et suiv.; Laurent, t. 3, n° 48; Baudry-Lacantinerie, t. 1, n° 609; Huc, t. 2, n° 221). En sens contraire, toutefois, MM. Aubry et Rau, t. 6, § 553-1°, p. 100, enseignent que les héritiers restent tenus de la dette alimentaire lorsque la circonstance à raison de laquelle les aliments deviennent exigibles, c'est-à-dire l'indigence de celui qui les réclame, est antérieure au décès de celui qui les doit. « L'action alimentaire ayant, en pareil cas, disent ces auteurs, pris naissance dès avant l'ouverture de la succession de ce dernier, doit par cela même pouvoir être exercée contre ses héritiers et successeurs universels ». Mais une jurisprudence qui paraît maintenant fixée repousse ce système ; elle considère que l'obligation alimentaire, qui a son principe dans un lien de parenté ou d'alliance, ne peut subsister lorsque ce lien a été rompu par la mort. — Il a été jugé : 1° que l'obligation, imposée réciproquement aux pères et mères et à leurs enfants, de se fournir des aliments en cas de besoin, est personnelle et non susceptible de passer aux héritiers (Orléans, 24 nov. 1855, aff. Tascheau, D. P. 56. 2. 259 ; Civ. rej. 8 juill. 1857, aff. Pipet, D. P. 57. 1. 351); — 2° Qu'il en est ainsi alors même que les aliments seraient dus en exécution d'un jugement passé en force de chose jugée (Même arrêt); — 3° Que le légataire universel n'est pas tenu de fournir aux ascendants du testateur, qui se trouvent dans le besoin, des aliments même réglés sur l'importance de la succession (Toulouse, 20 mars 1866, aff. Dauriac, D. P. 66. 5. 22) ; — 4° Que le gendre dont la femme est décédée sans postérité ne doit pas d'aliments à son beau-père, alors même qu'il serait pour une part quelconque l'héritier de sa femme (Montpellier, 30 mai 1866, aff. Boyer, D. P. 80. 2. 142, en note) ; — 5° Que l'obligation alimentaire établie par la loi entre les ascendants et descendants ou leurs alliés, et réciproquement, n'est transmissible ni aux parents de la ligne collatérale, ni aux donataires ou légataires universels qui n'y sont pas personnellement assujettis ; spécialement, que la bru n'est pas tenue, en qualité de donataire universelle de son mari, de fournir, après le décès de celui-ci, des aliments à son beau-père, alors même que l'obligation qui incombait au défunt aurait été sanctionnée par un jugement passé en force de chose jugée (Besançon, 8 juill. 1879, aff. Morel, D. P. 80. 2. 142).

354. Il n'est pas douteux, toutefois, que les arrérages d'une pension alimentaire échus et non payés au décès du débiteur de la pension constituent une dette ordinaire de sa succession et doivent, dès lors, être payés pas les héritiers (V. l'arrêt du 8 juill. 1857, cité *suprà*, n° 353).

355. Cette jurisprudence d'après laquelle l'obligation alimentaire n'est pas transmissible aux héritiers, se trouve aujourd'hui implicitement confirmée par la loi du 9 mars 1891, qui a imposé, par exception, à l'héritier de l'époux prédécédé, la charge de fournir des aliments à l'époux survivant. — Avant cette loi, la jurisprudence avait déjà admis une exception à la règle de l'intransmissibilité des obligations alimentaires. Elle appliquait cette règle entre époux lorsqu'il s'agissait de l'obligation générale de secours et d'assistance édictée par l'art. 212 c. civ. Ainsi, la cour de cassation décidait que la pension alimentaire accordée, par application de l'art. 212, à l'époux contre lequel la séparation de corps avait été prononcée, s'éteignait par le décès de l'autre époux et ne pouvait être réclamée contre ses héritiers (Req. 7 avr. 1873, aff. Sanores, D. P. 74. 1. 342). Mais lorsqu'il s'agissait d'une pension alimentaire allouée, en vertu de l'art. 301 c. civ., à l'époux qui avait obtenu la séparation ou le divorce, la jurisprudence décidait, au contraire, que cette pension ne s'éteignait pas par le décès de l'époux débiteur, et que le service de cette pension devait être continué par les héritiers ou successeurs universels de cet époux (Civ. rej. 12 déc. 1848, aff. Flamman, D. P. 52. 5. 20 ; Civ. cass. 2 avr. 1861, aff. Féron, D. P. 61. 1. 97 ; Rouen, 30 juill. 1862, même affaire, D. P. 64. 2. 238 ; Grenoble, 11 juill. 1863, aff. Genoud, D. P. 65. 2. 6. — V. *suprà*, v° *Divorce et séparation de corps*, n°s 597 et 650).

356. Aujourd'hui, d'après le nouvel art. 205 c. civ. modifié par la loi du 9 mars 1891, la succession de l'époux prédécédé reste tenue de l'obligation alimentaire à l'égard de l'époux survivant. Le nouvel art. 205, en effet, est ainsi conçu : « Les enfants doivent des aliments à leurs père et mère ou autres ascendants qui sont dans le besoin. La succession de l'époux prédécédé en doit, dans le même cas, à l'époux survivant. Le délai pour les réclamer est d'un an à partir du décès et se prolonge, en cas de partage, jusqu'à son achèvement. — La pension alimentaire est prélevée sur l'hérédité. Elle est supportée par tous les héritiers et, en cas d'insuffisance, par tous les légataires particuliers, proportionnellement à leur émolument. — Toutefois, si le défunt a expressément déclaré que tel legs sera acquitté de préférence aux autres, il sera fait application de l'art. 927 c. civ. » On peut se demander, néanmoins, si l'époux survivant aura droit à des aliments même au cas où la séparation de corps aura été prononcée contre lui. Le nouvel art. 767 c. civ., modifié aussi par la loi du 9 mars 1891, n'accorde le droit de succession, en pleine propriété ou en usufruit, qu'au conjoint survivant « non divorcé, et contre lequel n'existe pas de jugement de séparation de corps passé en force de chose jugée ». La même restriction ne se trouvant pas dans l'art. 205, il nous paraît difficile de refuser le droit à des aliments au conjoint contre lequel la séparation de corps a été prononcée. Quant au conjoint divorcé, il ne peut évidemment réclamer ce droit, car il n'est plus époux au moment du décès de son ancien conjoint ; il peut seulement, comme avant la nouvelle loi, conserver le bénéfice de la pension alimentaire qui a pu lui être allouée par application de l'art. 301 c. civ. (V. *suprà*, n° 355).

357. Le droit de l'époux survivant de réclamer des aliments aux héritiers de l'époux prédécédé n'est, d'ailleurs, pas indéfini. « Le délai pour les réclamer, dit la loi, est d'un an à partir du décès et se prolonge, en cas de partage, jusqu'à son achèvement ». Par ces mots « en cas de partage », la loi nous paraît comprendre non seulement le cas où la succession de l'époux prédécédé doit être partagée entre plusieurs héritiers, mais encore celui où il y a lieu de procéder à un partage de communauté ou à une liquidation de reprises entre l'époux survivant et l'héritier unique de l'époux prédécédé. Tant que ce partage, en effet, n'est pas terminé, l'importance de la succession n'est pas connue et la quotité de la pension alimentaire ne peut pas être définitivement fixée. — En tout cas, l'époux survivant ne peut réclamer des aliments que s'il se trouve dans le besoin au moment de l'ouverture de la succession.

358. D'après l'art. 205 c. civ., la pension alimentaire due à l'époux survivant « est prélevée sur l'hérédité ». On ne doit pas conclure de là que l'époux survivant peut exiger que le capital nécessaire au service de la pension soit prélevé et placé en rente sur l'Etat ou autrement. Le texte d'abord voté par la Chambre des députés aurait été favorable à cette interprétation, il disait : « *Le capital* de la pension alimentaire est prélevé sur l'hérédité ». Mais ce texte a été modifié par la commission du Sénat. Le service de la pension alimentaire sera suffisamment garanti, dit le rapporteur de la commission, par le droit qu'a l'époux de demander la séparation des patrimoines et par l'inscription qu'il peut prendre sur les immeubles de la succession pour la conservation de son privilège (c. civ. art. 2111). On doit remarquer, toutefois, que cette inscription devra être prise dans les six mois du décès, pour être opposable aux créanciers personnels des héritiers (V. *infrà*, v° *Privilèges et hypothèques*).

359. La pension « est supportée, dit la loi, par tous les héritiers et, en cas d'insuffisance, par tous les légataires particuliers, proportionnellement à leur émolument ». L'époux survivant ne peut prétendre à une pension alimentaire qu'après l'acquittement du passif de la succession, car il doit prélever cette pension sur l'actif, et il n'y a d'actif qu'après le payement des dettes ; *non sunt bona nisi deducto ære alieno*. — En revanche, la pension doit être payée par préférence aux légataires. Le droit de l'époux a ainsi le caractère d'un droit de réserve sur la succession du prémourant, avec cette particularité que ce droit de réserve n'autorise pas l'époux survivant à demander la réduction des donations faites par le prémourant avant son décès. La réduction ne peut porter que sur les legs. Mais, bien que l'art. 205 c. civ. ne parle que des légataires particuliers, nous pensons que la réduction doit atteindre, au marc le franc, les legs universels et les legs particuliers, sans distinction. C'est l'application de la règle générale établie par l'art. 926 c. civ. (V. *suprà*, v° *Dispositions entre vifs et testamentaires*, n° 323 ; — *Rép.* eod. v°, n°s 1224 et suiv.).

« Toutefois, ajoute l'art. 205, § 3, si le défunt a expressément déclaré que tel legs sera acquitté de préférence aux autres, il sera fait application de l'art. 927 c. civ. » (V. sur l'art. 927 c. civ., *suprà*, v° *Dispositions entre vifs et testamentaires*, n° 324; — *Rép.* eod. v°, n°s 1228 et suiv.).

360. La pension alimentaire, après qu'elle a été fixée entre l'époux survivant et les héritiers ou légataires, peut encore être supprimée ou réduite, sur la demande de ceux-ci, lorsque l'époux cesse d'en avoir besoin en tout ou en partie. Ce point a été reconnu au Sénat, lors de la discussion de la loi (V. D. P. 91. 4. 23, note 1, n° 7). Mais les changements qui pourraient survenir dans l'état de fortune des héritiers de l'époux prédécédé ne sauraient motiver aucune modification de la pension de l'époux survivant, car cette pension est réglée d'après l'état de la succession, et non d'après la situation des héritiers. Il y a seulement lieu d'observer que, si l'époux survivant est l'ascendant des héritiers de son conjoint prédécédé et s'il se trouve ainsi tenu envers eux de l'obligation alimentaire, les héritiers pourront alors se prévaloir de leur propre indigence pour faire réduire ou supprimer la pension.

ART. 3. — *Circonstances qui donnent naissance à l'obligation alimentaire. — Tribunal compétent pour en connaître* (*Rép.* n°s 653 à 671).

361. Pour avoir droit à des aliments, il faut être *dans le besoin* (c. civ., art. 205, 208). La question de savoir si la personne qui réclame des aliments se trouve dans cette situation, est une question de fait (V. *Rép.* n°s 653 et suiv.). — En thèse générale, comme l'a déclaré un arrêt, il n'est pas dû d'aliments à celui qui possède des biens. Mais, si ces biens ne produisent pas de revenus et si leur vente paraît ruineuse, leur propriétaire peut être considéré comme étant dans le besoin et être admis, dès lors, à former une demande de pension alimentaire (Douai, 16 janv. 1882, aff. Vanoye, D. P. 83. 2. 69). Ainsi, un fils qui est nu-propriétaire d'une créance, dont son ascendant a l'usufruit, peut, dans le cas où la vente actuelle de la nue propriété lui serait préjudiciable, obtenir une pension alimentaire de cet ascendant, sous la condition que cette pension sera prise sur le capital dont il a la nue propriété (Même arrêt).

Suivant MM. Laurent, t. 3, n° 71, et Huc, t. 2, n° 205, celui qui possède des biens n'est pas dans le besoin, s'il peut se procurer les moyens de vivre en les vendant. Mais cette proposition est trop absolue. La loi, n'ayant rien précisé sur le point de savoir quand une personne peut être considérée comme étant dans le besoin, laisse au juge, en cette matière, un souverain pouvoir d'appréciation (V. *Rép.* n° 655 ; Aubry et Rau, t. 6, § 553-3°, p. 106, note 21). Ainsi, par exemple, comme le dit M. Baudry-Lacantinerie, t. 1, n° 602, « le juge refusera vraisemblablement une pension alimentaire à celui qui possède dans une ville des terrains d'une valeur importante ne produisant aucun revenu, et dont on pourrait tirer un prix très élevé en les vendant pour construire ; tandis qu'il en accordera peut être une au père qui refuse de vendre, pour se procurer des ressources, un château transmis par ses ancêtres et qu'il conserve comme un pieux héritage de famille pour le léguer à ses enfants ». — V. toutefois, Huc, *loc. cit.*

362. Celui qui peut se procurer les choses nécessaires à la vie en travaillant n'est pas dans le besoin (V. en ce sens, *Rép.* n° 657 ; Aubry et Rau, t. 6, § 553-3°, p. 106; Laurent, t. 3, n° 71 ; Baudry-Lacantinerie, t. 1, n° 692; Huc, t. 2, n° 205). — Il a été jugé : 1° qu'il n'est pas dû des aliments à l'enfant ou allié qui, par son travail ou son industrie, peut s'en procurer, et spécialement que le gendre (âgé de quarante-six ans) qui pourrait pourvoir à ses besoins en se livrant, comme par le passé, à la double industrie de maître d'hôtel et de conducteur, n'est point fondé à réclamer une pension alimentaire à son beau-père (Pau, 15 déc. 1852, aff. L..., D. P. 53. 2. 88 et *ibid.*, 55. 5. 17); — 2° Que lorsqu'un père, qui demande des aliments à ses enfants, n'est pas incapable de tout travail, il y a lieu de tenir compte du revenu que son industrie peut lui procurer, pour diminuer d'autant le chiffre de la pension à mettre à la charge des enfants (Pau, 26 déc. 1866, aff. Bétat, D. P. 67. 2. 196); — 3° Que les père et mère, quelle que soit leur position de fortune, ne peuvent être contraints de payer une pension alimentaire à leurs enfants majeurs lorsqu'ils leur ont donné l'éducation nécessaire pour l'exercice d'une profession utile, à moins que ceux-ci ne se trouvent, par des circonstances indépendantes de leur fait et de leur volonté, hors d'état de subvenir personnellement à leurs besoins (Paris, 18 janv. 1862, aff. Pérotte, D. P. 62. 2. 59; 6 févr. 1862, aff. D..., *ibid.*); — 4° Qu'un fils peut être déclaré non recevable à demander des aliments à ses père et mère, lorsqu'il est constaté que cet enfant, en âge et en état de se suffire à lui-même, refuse de se livrer à aucun travail pour se procurer des moyens d'existence (Req. 7 juill. 1863, aff. Pérotte, D. P. 63. 1. 400).

Néanmoins, il ne suffit pas toujours d'avoir la capacité de travailler pour pouvoir se suffire par son travail. Ainsi, le jeune homme qui a fait des études de médecine ou de droit, a la capacité dès qu'il a son diplôme; mais plusieurs années peuvent encore s'écouler avant qu'il ait une clientèle : il peut donc se trouver dans le besoin, tout en étant capable de travailler, et dès lors il a le droit de demander des aliments, au moins temporairement (*Rép.* n° 659; Liège, 11 juin 1864, aff. F..., *Pasicrisie*, 1865. 2. 172; Laurent, t. 3, n° 71). — Il a été jugé que, d'après le droit commun du duché de Brunswick, le père naturel n'est tenu de fournir des aliments à son enfant que jusqu'à sa quatorzième année accomplie, et que, si cette limite peut être étendue dans le cas exceptionnel où l'enfant se trouve hors d'état de s'entretenir lui-même par suite d'infirmités d'esprit ou de corps, la même extension ne peut être réclamée à raison des besoins et des habitudes nées de l'éducation que le père naturel a donnée à l'enfant (Paris, 2 août 1866, aff. de Civry, D. P. 67. 2. 41). En France, au contraire, on admet que, pour apprécier si celui qui demande des aliments est ou non capable de s'en procurer par son travail, les juges doivent prendre en considération son éducation et sa position sociale (V. en ce sens *Rép.* n° 659; Aubry et Rau, t. 6, § 553-3°, p. 106, note 22; Laurent, t. 3, n° 71; Huc, t. 2, n° 205).

363. On a cité au *Rép.* n° 660, des arrêts desquels il résulte que ce n'est pas à celui qui réclame des aliments à prouver qu'il est dans le besoin; que c'est plutôt à celui auquel les aliments sont réclamés à prouver que le demandeur a des ressources. Mais ce système est rejeté par les derniers auteurs. « Conformément à la règle : *Actori incumbit onus probandi*, dit M. Baudry-Lacantinerie, t. 1, n° 602, le réclamant doit prouver qu'il est dans le besoin; car c'est là une condition indispensable au succès de sa demande. Et toutefois, une preuve rigoureuse ne devra pas toujours être exigée; elle peut être impossible, par exemple si le demandeur prétend n'avoir aucun bien. Le réclamant devra indiquer l'état de sa fortune, déposer en quelque sorte son bilan, avec preuves à l'appui dans la mesure du possible, et sauf au défendeur à contester ses affirmations et à prouver qu'il dissimule une partie de ses ressources, preuve qui, si elle est faite, ne disposera pas le juge en faveur du réclamant » (V. dans le même sens Aubry et Rau, t. 6, § 553-3°, p. 107; Laurent, t. 3, n° 72; Huc, t. 2, n° 206).

364. Les torts plus ou moins graves que celui qui réclame des aliments a eus envers le défendeur ne peuvent constituer, en principe, une fin de non-recevoir contre la demande (Comp. Nancy, 12 févr. 1881, et sur pourvoi, Civ. rej. 3 avr. 1883, aff. Poterlet, D. P. 83. 1. 335). Cependant, rien n'empêche les juges de prendre ces torts en considération pour la fixation du montant de la pension alimentaire (*Rép.* n° 666). Ainsi, il a été jugé qu'alors même qu'une mère a une grande fortune, elle ne doit être condamnée à payer à sa fille que la pension strictement nécessaire aux besoins de celle-ci, lorsque la fille a quitté le domicile maternel pour aller vivre avec un individu marié de basse condition (Trib. Chalon-sur-Saône, 26 juill. 1871, sous Dijon, 27 mars 1872, aff. B..., D. P. 73. 2. 132).

Contrairement à l'opinion adoptée au *Rép. ibid.*, MM. Aubry et Rau, t. 6, § 553-3°, p. 107, décident que la personne qui s'est rendue coupable, envers celle qui lui doit des aliments, d'un fait à raison duquel elle serait exclue de son hérédité, perd aussi le droit de lui demander des aliments ou de s'en faire fournir sur sa succession.

365. Quand les époux vivent en commun, aucun d'eux ne peut, en général, demander à l'autre une pension alimentaire (*Rép.* n° 668). L'obligation réciproque qui leur incombe de se secourir et de s'assister est alors régie par les dispositions du contrat de mariage ou de la loi qui déterminent la manière et la proportion dans laquelle ils doivent contribuer aux frais du ménage (Aubry et Rau, t. 5, § 470, p. 132). — Il peut arriver cependant que le mari doive payer une pension alimentaire à sa femme sans qu'il y ait vie séparée. Il en serait ainsi, par exemple, si le mari était interdit et n'avait pas sa femme pour tutrice; la femme, tout en continuant à habiter avec lui, pourrait former contre le tuteur une demande d'aliments (V. Aix, 5 mars 1842, *Rép.* v° *Interdiction-conseil judiciaire* n° 174). Il en serait encore de même si le mari, sans être interdit, était placé dans un établissement d'aliénés; dans ce cas, comme dans le précédent, le mari serait incapable de remplir envers la femme l'obligation que lui impose l'art. 214 c. civ., de lui fournir tout ce qui est nécessaire pour les besoins de la vie; la femme serait, par conséquent, en droit de demander contre lui une pension alimentaire (Laurent, t. 3, n° 57). La femme pourrait être aussi obligée, par une maladie mentale ou autre, de quitter momentanément le domicile conjugal; si elle le fait avec l'autorisation du mari, celui-ci peut encore, bien qu'il n'y ait pas en droit cessation de la vie commune, être tenu de lui payer une pension alimentaire, et la cour de cassation a jugé qu'une convention intervenue en pareil cas entre deux époux pour fixer le chiffre de la pension devait recevoir son exécution (Req. 24 mars 1818, *Rép.* n° 754; Laurent, *loc. cit.*). Enfin, il se pourrait que le mari, tout en fournissant à sa femme la nourriture au domicile conjugal, la laissât sous d'autres rapports manquer du nécessaire. Le mari ne remplirait pas alors suffisamment son obligation de fournir à sa femme *tout ce qui est nécessaire pour les besoins de la vie, selon ses facultés et son état*. Dès lors, la femme aurait action contre lui, et pourrait le faire condamner à lui verser annuellement ou mensuellement une certaine somme (V. *Rép.* n° 743; Laurent, *loc. cit.*).

366. Lorsque les époux vivent séparés de fait, celui par la faute ou la volonté duquel la séparation s'est produite et se maintient ne peut obliger l'autre à lui fournir des aliments. Ainsi, il a été jugé : 1° que, lorsque des époux mariés sous le régime de la séparation de biens sont en outre séparés de fait quant à leurs personnes, sans que la séparation de corps ait été légalement prononcée, ni même demandée, le mari est non recevable à former contre sa femme une demande en pension alimentaire; il a seulement le droit d'exiger le rétablissement du ménage et de faire payer à sa femme la contribution réglée, à défaut de conventions spéciales, par l'art. 1587 c. civ. (Paris, 9 juill. 1858, aff. Marais, D. P. 58. 2. 186); — 2° Que le mari, dont la femme a quitté le domicile conjugal sans griefs légitimes et sérieux, pour aller vivre chez sa mère, ne peut être obligé de rembourser à celle-ci les dépenses faites par elle pour l'entretien de sa fille (Paris, 5 avr. 1875) (1); — 3° Que la personne qui a fait des avances à la femme et lui a procuré le moyen de vivre en dehors du domicile conjugal contre la volonté du mari ne peut réclamer à celui-ci le rembour-

(1) (Veuve Courtois C. Sohier.) — Le 18 mars 1874, le tribunal civil de Corbeil a rendu le jugement suivant : — « Attendu qu'en dehors des cas d'une séparation de corps prononcée ou d'une instance en séparation de corps pendante, le mari ne pourrait être tenu aux dépenses faites par sa femme hors du domicile conjugal, qu'autant qu'elle aurait été contrainte par son fait à abandonner ce domicile; — Attendu que c'est volontairement que la dame Sohier a quitté le domicile de son mari, le 17 févr. 1868, pour se retirer chez ses parents, et qu'elle a persisté à se tenir éloigné dudit domicile, ainsi qu'il résulte d'une sommation de le réintégrer à elle signifiée, à la requête du sieur Sohier, le 30 mars suivant, et restée sans effet; — Attendu que les mesures ordonnées par le président accessoirement à l'autorisation de former la demande et notamment celle concernant la résidence hors du domicile conjugal, sont essentiellement provisoires et subordonnées à l'existence de la poursuite en séparation de corps; — Attendu que la dame Sohier n'a pas suivi sur l'autorisation qui lui a été donnée le 19 nov. 1869, de former sa demande en séparation de corps; que c'est donc sans motif et sans droit qu'elle a cessé, depuis l'époque de ladite ordonnance, comme du reste elle avait déjà fait auparavant, de résider hors du domicile conjugale; que cette situation illégale n'a pu donner naissance à aucune action contre le sieur Sohier; qu'en conséquence la dame Courtois n'est pas fondée à répéter contre le sieur Sohier le montant des avances qu'elle aurait faites à sa fille pour son entretien dans ladite résidence; — Par ces motifs; — Le tribunal déclare la femme Courtois mal fondée en sa demande en payement d'une somme de 14600 fr., pour avances faites à la dame Sohier, sa fille, pour ses besoins ». — Appel par la dame Courtois.

LA COUR; — Considérant, en ce qui touche la somme de 14 600 fr. réclamée par la veuve Courtois à Sohier, son gendre, comme représentant les avances faites par elle pour subvenir aux besoins de la dame Sohier, sa fille, depuis le 17 févr. 1868, jour où celle-ci a déserté le domicile conjugal; — Considérant que cette désertion a été de la part de la femme Sohier absolument volontaire; qu'elle a eu lieu à l'insu et s'est prolongée contre le gré du mari, contre lequel ne s'élève aucun grief légitime et sérieux; que la preuve de la vérité de ces appréciations résulte surtout de la conduite de la femme Sohier, qui, ayant demandé, vingt et un mois seulement après sa fuite, et obtenu l'autorisation de former une demande en séparation et d'avoir un domicile séparé, s'est bien gardée de former cette demande, montrant ainsi qu'elle n'avait eu pour but que de rendre régulière en apparence une situation tout à fait injustifiable au fond; — Que la veuve Courtois, qui connaissait cette situation, qu'elle avait peut-être contribué à créer, et qui certainement se prêtait à la maintenir, n'a pas pu croire un seul instant qu'en subvenant aux besoins de sa fille elle remplit, à défaut et au lieu du mari, une obligation légale imposée à celui-ci; qu'elle a dû savoir, au contraire, que c'était à ses risques et périls qu'elle favorisait des actes de rébellion à l'autorité conjugale, et que ces

sement de ces avances (Bordeaux, 29 mai 1878 (1). V. aussi, Civ. cass. 12 janv. 1874, aff. de Chanay, D. P. 74. 1. 153).

367. Au contraire, l'époux à la volonté duquel la séparation de fait est imputable peut être tenu de payer à son conjoint une pension alimentaire. Jugé, en ce sens : 1° que la femme séparée de biens qui prétend s'abstenir de suivre son mari dans le nouveau domicile choisi par lui, sous prétexte que ce domicile n'est pas convenable, ne saurait puiser dans ce refus un motif pour se dispenser de remplir envers lui la dette alimentaire dont elle est tenue en vertu de l'art. 212 c. civ. (Douai, 2 juin 1852, aff. B..., D. P. 53. 2. 132); — 2° Que l'époux (le mari, par exemple) auquel son conjoint a rendu impossible la continuation de la vie commune, peut, sans faire prononcer la séparation de corps, obtenir de celui-ci en justice les aliments nécessaires pour avoir un train de vie distinct (Bordeaux, 3 févr. 1853, aff. Potié, D. P. 54. 2. 10); — 3° Que la femme blessée dans sa dignité d'épouse par la présence au domicile conjugal de personnes étrangères à qui son mari a attribué sur elle une sorte d'autorité, peut être autorisée par les tribunaux à se retirer dans sa famille jusqu'à ce que ces personnes aient quitté le domicile conjugal, et obtenir que le mari soit obligé de lui payer une pension mensuelle (Douai, 29 févr. 1876, et sur pourvoi, Req. 2 janv. 1877, aff. Bastien, D. P. 77. 1. 162); — 4° Que le mari est tenu de rembourser à son beau-père les dépenses faites par celui-ci pour l'entretien de la femme, lorsque cette dernière a eu un juste motif de quitter le domicile conjugal et de s'en tenir éloignée (Cour d'appel de Rome, 11 juill. 1883, aff. Pesci, *C.* Rosatini. V. aussi Dijon, 11 juill. 1872, aff. Collet, D. P. 73. 2. 215 ; Besançon, 15 juill. 1874, aff. de Chanay, D. P. 74. 2. 219, et *suprà*, v° *Contrat de mariage*, n° 336).

368. Mais la femme qui est séparée de fait d'avec son mari et qui reçoit de celui-ci une pension pour ses besoins, ne saurait obliger ni le mari ni la communauté par ses dépenses personnelles, lors même que ces dépenses auraient le caractère de fournitures alimentaires ; le mari, en effet, a satisfait dans ce cas à son obligation alimentaire par le payement de la pension (Besançon, 25 juill. 1866, aff. Nisius, D. P. 66. 2. 149).

369. Comme on l'a dit au *Rép.* n° 671, les pensions alimentaires ne sont pas accordées pour les besoins passés et ne doivent pas y être appliquées ; elles n'arréragent pas (V. Aubry et Rau, t. 6, § 553-5°, p. 112). Jugé, en ce sens, que les arrérages des pensions alimentaires dues en vertu d'une obligation purement légale ne peuvent être réclamés pour un temps passé, et pendant lequel celui qui les réclame a vécu au moyen de ses ressources personnelles (Bordeaux, 13 août 1872, aff. Foing, D. P. 73. 2. 120; Caen, 27 janv. 1874, aff. Bigeard, D. P. 76. 2. 53). En conséquence, le créancier d'une pension alimentaire, s'il ne l'a pas touchée depuis plusieurs années, n'en peut pas demander les arrérages, à moins qu'il ne justifie de dettes contractées pour causes d'aliments ou de circonstances qui aient pu l'empêcher de les réclamer au fur et à mesure de leur exigibilité (Mêmes arrêts).

370. Les demandes de pension alimentaire sont de la compétence du juge de paix, lorsqu'elles sont formées entre ascendants et descendants ou entre alliés en ligne directe, en vertu des art. 205, 206 et 207 c. civ., et lorsque la pension demandée n'excède pas 150 fr. par an (V. *suprà*, v° *Compétence civile des tribunaux de paix*, n° 127 ; *Rép.* eod. v°, n°s 284 et suiv.). En dehors de ces conditions, elles rentrent dans la compétence des tribunaux civils d'arrondissement.

371. Il a été jugé que la demande en payement d'une pension alimentaire ne peut être formée incidemment dans le cours des opérations d'un partage de succession (Orléans, 24 nov. 1855, aff. Tascheau et Pipet, D. P. 56. 2. 259). Mais cette solution ne devrait pas être étendue à la demande d'aliments qui serait formée par l'époux survivant contre la succession de l'époux prédécédé. La pension alimentaire devant être alors, d'après le nouvel art. 205 c. civ., prélevée sur l'héridité, sa fixation constitue une des opérations du partage (V. *suprà*, n° 357).

Art. 4. — *Etendue de l'obligation alimentaire. — Mode de prestation. — Sûretés* (*Rép.* n°s 672 à 696).

372. On a indiqué au *Rép.* n° 672, ce qu'il faut entendre par *aliments*. L'obligation alimentaire comprend, en général, tout ce qui est nécessaire aux besoins de la vie : non seulement la nourriture, mais encore l'habitation, les vêtements et les secours en cas de maladie. Les aliments doivent être accordés, d'après l'art. 208 c. civ., dans la proportion du besoin de celui qui les réclame et de la fortune de celui qui les doit. Il a été jugé : 1° que l'appréciation des besoins de celui auquel les aliments sont dus et de la fortune de celui qui les doit, est souverainement faite par les juges de la cause, et qu'elle ne tombe pas sous la censure de la cour de cassation, à moins qu'elle ne soit basée sur une erreur matérielle, démontrée pas un acte authentique ou reconnu par les parties (Req. 17 juin 1856, aff. Lenoir, D. P. 56. 1. 463); — 2° Qu'en cas de séparation de corps, les aliments dus par l'un des époux à son conjoint doivent avoir pour

actes de connivence ne sauraient contenir à son profit le germe d'aucune action contre le mari; — Adoptant au surplus les motifs des premiers juges ;

Confirme.

Du 5 avril 1875.-C. de Paris, 2e ch.-MM. Camusat-Busserolles, pr.-Manuel, av. gén.-Saint-Omer et Masse, av.

(1) (Veuve J... *C.* R...) — Le 2 août 1876, jugement du tribunal civil de Bordeaux ainsi conçu : — « Attendu que, dans l'automne de 1870, la dame R... quitta Bordeaux avec ses enfants pour aller passer l'hiver en Italie, dont le climat paraissait plus favorable à sa santé; — Que la dame J..., mère de la dame R..., voyageait avec sa fille, et que R... pria la veuve J... de faire à sa femme les avances dont elle aurait besoin au delà des fonds qu'il lui donnerait; — Que, dans l'été de 1871, la dame R... ne revint pas en France, malgré le désir que lui en témoignait son mari ; que celui-ci, dans l'espérance de la ramener, fit un voyage en Italie ; que ce voyage fut inutile, et qu'il ne put même voir sa femme ; — Attendu qu'au printemps de l'année 1872, R... réclama avec instance le retour de sa femme et de ses enfants, et que, pour faciliter ce retour, il envoya à la dame J... une somme de 2 000 fr.; — Que, dans le cours de l'été, sa femme ne revenant pas, R... réclama la restitution de la somme de 2 000 fr. qu'il avait envoyée, témoignant ainsi la volonté bien arrêtée de ne plus fournir aux dépenses que sa femme faisait à l'étranger, et de la contraindre, par ce moyen, à revenir au domicile conjugal; — Qu'enfin, au mois d'octobre, il exprima à sa femme la volonté formelle et définitive qu'elle revînt immédiatement à Bordeaux; — Attendu que tous ces faits étaient parfaitement connus de la dame veuve J...; — Que, cependant, elle a continué à faire des avances à la dame R..., à pourvoir à ses besoins, et qu'elle réclame aujourd'hui à R... le remboursement de ses avances; — Attendu que, jusqu'au moment où R... a exprimé la volonté définitivement arrêtée d'exiger que sa femme rentrât au domicile conjugal et de la contraindre à rentrer en refusant de payer ses dépenses, la dame veuve J... a été autorisée à fournir à tous les besoins de sa fille, et R... est tenu de lui rembourser les sommes qu'elles a dépensées; — Que le compte présenté par la dame veuve J... n'est pas exagéré; qu'elle prend à sa charge et pour elle seule la moitié des dépenses communes; — Que, jusqu'à la fin d'octobre 1872, la part contributive de la dame R... et de ses enfants, ainsi que leurs dépenses personnelles, se sont élevées à 11 244 fr. 31 cent.; que R... n'avait envoyé que 7 500 fr.; qu'il reste donc débiteur envers sa belle-mère de 3 744 fr. 31 cent.; — Attendu que, pour les dépenses postérieures au mois d'octobre 1872, la veuve J... savait parfaitement, non seulement que la veuve R... n'était pas autorisée par son mari à les faire, mais encore que ces dépenses étaient faites contre la volonté formelle du mari ; qu'elles ne peuvent, par conséquent, donner à la dame J... aucune action utile contre R..., car la femme mariée ne peut contracter aucune obligation sans l'autorisation de son mari, et la facilité donnée à la dame R... de manquer aux devoirs que la loi lui impose, loin de procurer un avantage au mari, a été pour lui une cause d'affliction et de perte; — Par ces motifs ; — Le tribunal condamne R... à payer à la veuve J..., pour les dépenses de la dame R... jusqu'à la fin du mois d'octobre 1872, la somme de 3744 fr. 31 cent., ensemble les intérêts courus depuis le jour de la demande; déclare la veuve J.., mal fondée dans ses plus amples demandes et conclusions, l'en déboute ». — Appel par la dame veuve J...

La cour ; — Adoptant les motifs des premiers juges ; — Confirme.

Du 29 mai 1878.-C. de Bordeaux, 1re ch.-MM. Izoard, 1er pr.-Thiriot et Méran, av.

base non seulement la fortune respective des deux époux, mais encore leurs conditions d'habitudes, et que ce double élément d'appréciation est abandonné au pouvoir souverain des juges du fait (Rennes, 2 juin 1862, et sur pourvoi Civ. rej. 30 août 1864, aff. de la Moussaye, D. P. 65. 1. 68. V. toutefois, Dijon, 27 mars 1872, aff. B..., D. P. 73. 2. 132, et *suprà*, n° 364).

373. L'obligation alimentaire doit, en principe, être acquittée en argent (*Rép.* n° 682). Cependant, d'après les art. 210 et 211 c. civ., les tribunaux ont la faculté d'ordonner que les aliments seront fournis en nature au domicile du débiteur, dans deux cas : 1° lorsque celui qui doit les fournir justifie qu'il ne peut payer la pension alimentaire (c. civ. art. 210) ; 2° lorsque le père ou la mère qui doit des aliments à son enfant offre de le recevoir, nourrir et entretenir dans sa demeure (c. civ. art. 211). Ce dernier cas s'applique d'ailleurs aux père et mère naturels comme aux père et mère légitimes (Bordeaux, 22 févr. 1851, aff. Roquebert, D. P. 51. 2. 197). Mais c'est aux juges à apprécier si l'enfant doit recevoir les aliments dans la maison de son père ou de sa mère, ou s'il vaut mieux que le père ou la mère lui paye une pension (V. Paris, 6 févr. 1862, aff. D..., D. P. 62. 2. 59; Dijon, 27 mars 1872, aff. B..., D. P. 73. 2. 132).

374. Les ascendants autres que les père et mère peuvent-ils également offrir de recevoir, nourrir et entretenir à leur domicile leur descendant pour se dispenser de lui payer une pension alimentaire? On a admis l'affirmative au *Rép.* n° 689 ; mais l'opinion contraire prévaut actuellement dans la doctrine ; la faculté accordée aux père et mère par l'art. 211 c. civ., étant une exception à la règle que l'obligation alimentaire doit s'acquitter en argent, cette exception, dit-on, ne peut pas recevoir d'extension (Aubry et Rau, t. 6, § 553-4°, p. 109, note 37 ; Laurent, t. 3, n° 74 ; Baudry-Lacantinerie, t. 1, n° 600; Huc, t. 2, n° 218).

En tout cas, l'offre faite par un enfant de recevoir, nourrir et entretenir son ascendant qui se trouve dans le besoin, ne peut être sanctionnée par les tribunaux, qu'autant qu'elle est acceptée par l'ascendant (Grenoble, 8 avr. 1870, aff. Rousset, D. P. 70. 2. 226).

375. Le jugement qui condamne au payement d'une pension alimentaire emporte hypothèque judiciaire comme tout autre jugement de condamnation (c. civ. art. 2123). Le débiteur a seulement le droit de faire réduire l'hypothèque lorsqu'elle porte sur des immeubles plus que suffisants pour assurer le service de la pension (Lyon, 19 juin 1872) (1). Mais il a été jugé que l'art. 653 c. com., qui soustrait à l'hypothèque légale de la femme, lorsque le mari était commerçant au moment du mariage ou qu'il l'est devenu dans l'année, les immeubles acquis par lui depuis le mariage, n'est pas applicable à l'hypothèque résultant, au profit de la femme séparée de corps, du jugement qui lui a accordé une pension alimentaire; et que, par suite, les créanciers hypothécaires inscrits sur les biens du mari postérieurement à l'inscription prise par la femme, ne sont pas fondés à prétendre qu'elle ne peut pas être colloquée, pour sa pension alimentaire, sur les immeubles acquis par le mari pendant le mariage (Civ. rej. 14 juin 1853, aff. Ogereau, D. P. 53. 1. 185).

376. En dehors de l'hypothèque judiciaire attachée à tout jugement de condamnation, le débiteur d'une pension alimentaire ne doit pas être contraint d'en assurer le service au moyen de garanties particulières, lorsque ce débiteur est solvable et que rien ne fait supposer qu'il ait l'intention de se soustraire à son obligation (Agen, 7 mars 1870, aff. Cavaignac, D. P. 70. 2. 130). Mais s'il cherche à y échapper en faisant disparaître son actif, les tribunaux peuvent l'assujettir à des mesures de sûreté qu'il leur appartient de fixer, et consistant, par exemple, soit dans le placement en obligations hypothécaires, ou en rentes sur l'Etat, d'un capital suffisant pour assurer le payement de la pension, soit dans une dation d'hypothèque sur des immeubles francs et libres, soit dans un cautionnement (Lyon, 5 févr. 1869, aff. Rave, D. P. 70. 2. 132. V. aussi *Rép.* n° 694. — *Contrà*, Huc, t. 2, n° 219).

377. Si le débiteur de la pension alimentaire tombe en faillite ou en déconfiture, ses créanciers seront-ils obligés de respecter l'hypothèque qui grève ses immeubles pour assurer le service de la pension? V. *infrà*, v° *Privilèges et hypothèques*.

ART. 5. — *L'obligation alimentaire est-elle solidaire ou indivisible?* (*Rép.* n°s 697 à 700).

378. L'ancienne opinion d'après laquelle l'obligation alimentaire devait être considérée à la fois comme solidaire et comme indivisible, est aujourd'hui généralement abandonnée. On a exposé au *Rép.* n°s 697 et 700 les motifs sur lesquels reposait cette théorie. Voici comment MM. Aubry et Rau, t. 6, § 553, p. 104, note 18, démontrent que l'obligation alimentaire n'est ni indivisible ni solidaire. Pour prouver qu'elle n'est point indivisible, ils invoquent d'abord l'opinion de Dumoulin, dans son *Extricatio labyrinthi dividui et individui*, 2e partie, n° 238. « Il est vrai, dit ce juriconsulte, que l'on ne peut pas vivre pour partie; mais cela n'empêche pas que les aliments ne soient divisibles, en ce sens que la pension alimentaire peut être payée pour partie, soit par une, soit par plusieurs personnes ». « En vain, poursuivent MM. Aubry et Rau, invoquerait-on l'art. 1221, n° 5, pour soutenir que, si l'obligation alimentaire n'est pas indivisible dans le sens des art. 1217 et 1218, il résulte du moins, de la nature ou de la fin de cette obligation, que l'intention du législateur a été qu'elle ne pût s'acquitter partiellement. Une intention tout opposée résulte en effet de l'art. 208, d'après lequel les aliments doivent être fixés dans la proportion des besoins de celui qui les réclame et de la fortune de celui qui les doit; ce qui suppose, quand il existe plusieurs obligés, que le juge doit apprécier séparément leurs facultés et fixer divisément la somme pour laquelle chacun d'eux devra contribuer à l'acquittement de la pension alimentaire. L'obligation alimentaire n'est pas plus solidaire qu'elle n'est indivisible : si le contraire a été admis pas l'ancienne jurisprudence, en ce

---

(1) (S... C. Dame S...) — Le sieur S... avait été condamné par jugement du tribunal de Montbrison, en date du 6 janv. 1885, à payer une pension alimentaire de 750 fr. par an au mineur Louis S..., son fils naturel reconnu. Une inscription d'hypothèque fut prise par la dame S..., tutrice du mineur, sur tous les biens du sieur S... en vertu de cette condamnation. Le sieur S... prétendant que la dette alimentaire, obligation purement légale, ne pouvait emporter de plein droit l'hypothèque judiciaire, a formé une demande en radiation de l'inscription, et il a conclu subsidiairement à la réduction de l'hypothèque. Le 6 mars 1872, le tribunal de Montbrison a statué en ces termes : — « Attendu que, si tout jugement qui impose à l'une des parties une obligation envers l'autre engendre une hypothèque, aucun texte précis ne permet de croire qu'une exception doive être faite quand il s'agit d'un jugement fixant le chiffre d'une pension alimentaire; — Attendu que, comme la loi veut la fin, elle veut les moyens, et que, par cela même qu'elle autorise le créancier de la pension à faire des actes conservatoires pour sûreté de son service, ou même des actes d'exécution faute de payement, il est juste et raisonnable qu'elle laisse aux magistrats toute latitude pour assurer, par des garanties, le service de la pension contre le débiteur qui serait tenté de se soustraire à l'obligation de payer en dénaturant sa fortune et en faisant disparaître ses immeubles; — Attendu que cette doctrine est professée par divers auteurs, entre autres par M. Demolombe, au *Traité du mariage*, t. 2, n° 69; — Attendu qu'il n'est donc pas douteux que le tribunal a un pouvoir souverain pour consolider par une hypothèque le service de la pension alimentaire de 750 fr. attribuée à Louis S... par le jugement du 6 janvier; — Attendu toutefois qu'en présence de l'état de solvabilité du débiteur et pour le temps que durera l'obligation, il est juste de ne pas aggraver sa position en diminuant son crédit et en le privant de la libre disposition de sa fortune; — Qu'il paraît suffisant de maintenir l'hypothèque dont il s'agit sur la maison de Boën et sur les immeubles composant le domaine du Chatelard, sis à Pommiers, en déclarant libres tous les autres biens présents ou à venir, appartenant ou pouvant appartenir à Jean-Claude S...; — Par ces motifs, etc. ». — Appel.

LA COUR; — Sur la restriction de l'hypothèque : — Attendu que la maison de Boën, indiquée au jugement dont est appel, est d'une valeur suffisante pour garantir une pension dont le service, par sa nature même et la position respective des parties, ne doit pas être indéfiniment continué; — Confirme le jugement dont est appel, toutefois en restreignant à la maison de Boën, susindiquée, l'hypothèque judiciaire qui garantit la rente dont s'agit; ordonne la radiation de l'inscription prise pour le service de ladite rente sur tous autres immeubles, etc.

Du 19 juin 1872.-C. de Lyon, 1re ch.-MM. Millevoye, pr.-Morin et Genton, av.

qui concerne les enfants, ce n'a été que par une fausse interprétation de lois qui, d'ailleurs, n'ont plus aujourd'hui aucune force obligatoire. Dumoulin (*loc. cit.*) enseigne il est vrai que, dans le cas où une pension alimentaire a été léguée par testament, le juge peut spécialement charger l'un des héritiers d'en acquitter la totalité. Mais il ajoute : *Hoc autem fit officio judicis, quia vi ipsa nemo plurium debet in solidum*. Cette explication indique clairement que Dumoulin eût émis un avis tout opposé en présence de l'art. 1202, et sous l'empire d'une législation qui ne permet au juge de condamner l'un des héritiers à l'acquittement total d'une obligation, qu'autant que cet héritier en a été chargé par le titre constitutif ou par un titre postérieur » (V. dans le même sens, outre les auteurs cités au *Rép.* n° 697 *in fine :* Laurent, t. 3, n°s 66 et suiv.; Larombière, *Traité des obligations*, t. 2, sur l'art. 1221, n° 26).

MM. Aubry et Rau, toutefois (*loc. cit.*), ainsi que M. Demolombe, t. 4, n° 63 *in fine*, apportent un tempérament à leur opinion. « On doit reconnaître, disent-ils, que, si les circonstances impérieuses l'exigeaient, les tribunaux pourraient condamner l'un des obligés, assigné seul, au payement intégral de la pension alimentaire, sauf son recours contre les autres, pourvu que cette pension n'excédât pas la mesure de ses facultés personnelles. Mais c'est là une exception, qu'il faut bien se garder de convertir en règle ».

379. Depuis la publication du *Répertoire*, l'indivisibilité ou la solidarité de l'obligation alimentaire a encore été admise par quelques arrêts. Il a été jugé: 1° que la dette alimentaire participe à la fois du caractère de la solidarité et de celui de l'indivisibilité; que, par suite, celui qui veut obtenir des aliments n'est pas tenu de diriger son action contre tous les obligés en même temps, mais peut ne s'adresser qu'à l'un d'eux, sauf le recours de celui-ci contre ses coobligés, soit en les appelant en cause, soit autrement (Douai, 9 mai 1853, aff. Brulkley, D. P. 56. 2. 54); — 2° Que l'obligation de nourrir, entretenir et élever les enfants issus du mariage est solidaire entre les époux; que, par conséquent, celui des deux qui a pourvu seul aux frais d'éducation, a le droit d'exercer un recours contre l'autre pour la part qui incombe à ce dernier (Paris, 26 juill. 1862, aff. Angerville, D. P. 63. 2. 112).

380. Mais il a été jugé en sens contraire : 1° que l'obligation alimentaire établie par la loi entre les ascendants et leurs descendants n'est pas solidaire (Limoges, 19 févr. 1846, aff. Dussoubs, D. P. 46. 4. 15); — 2° Que l'obligation imposée par la loi aux ascendants de fournir des aliments à leurs enfants, et réciproquement, est divisible, et personnelle à chacun des débiteurs; que, par suite, si les aliments sont réclamés contre un seul d'entre eux, le débiteur poursuivi n'est pas recevable à mettre en cause tous ceux qui sont soumis, comme lui, à cette obligation alimentaire : il y a seulement lieu de tenir compte, dans la fixation des aliments, de la portion qui eût dû être mise à la charge des débiteurs non actionnés, s'ils avaient été appelés au procès ; et, spécialement, lorsque des enfants, après la séparation de corps de leurs père et mère, ne réclament des aliments qu'à leur père, celui-ci ne peut exiger la mise en cause de la mère, sauf aux juges à ne condamner le père que pour sa part contributoire dans la dette alimentaire (Rouen, 18 janv. 1860, et sur pourvoi, Req. 15 juill. 1861, aff. de Tricqueville, D. P. 61. 1. 469) ; — 3° Que l'obligation, qui incombe aux descendants de fournir des aliments à leurs ascendants dans le besoin, n'est ni indivisible ni solidaire, et doit être proportionnée à la fortune de chacun des débiteurs (Grenoble, 8 avr. 1870, aff. Rousset, D. P. 70. 2. 226).

381. Dans le sens de l'opinion qui reconnaît aux tribunaux le pouvoir de condamner l'un ou plusieurs des débiteurs de l'obligation alimentaire à l'acquitter en totalité (V. *suprà*, n° 378, *in fine*), il a été jugé : 1° que le mari, le beau-père et le père d'une femme mariée ne peuvent être condamnés solidairement à lui fournir des aliments; mais que la dette alimentaire peut être mise d'abord pour le tout à la charge du mari, et, pour une part contributive seulement, à la charge du beau-père et du père (Caen, 1er mai 1862) (1); — 2° Que les tribunaux peuvent, suivant les circonstances, prononcer la solidarité entre les débiteurs d'une pension alimentaire, lorsque cette pension, étant à peine suffisante pour les besoins du réclamant, n'excède pas les ressources de chacun des débiteurs (Pau, 24 nov. 1863) (2); — 3° Mais que, la loi n'ayant pas édicté la solidarité entre les enfants pour le cas où ils ont à servir à leur ascendant dans le besoin une pension alimentaire, les juges, appelés à fixer le chiffre de la pension, ne doivent imposer cette solidarité que si la charge qui en peut résulter pour chaque enfant, n'excède pas la mesure de ses ressources (Pau, 26 déc. 1866, aff. Bétat, D. P. 67. 2. 196).

ART. 6. — *Insaisissabilité des aliments* (*Rép.* n°s 701 à 713).

382. D'après l'art. 581 c. proc. civ., sont insaisissables : 1°..., 2° les *provisions alimentaires* adjugés par justice ;... 4° les *sommes et pensions pour aliments*, encore que le testament ou l'acte de donation ne les déclare pas insaisisssables. L'art. 582 c. proc. civ. ajoute cependant que les *provisions alimentaires* peuvent être saisies pour cause d'aliments, et que les *objets mentionnés au n° 4 du précédent article* peuvent être saisis par des créanciers postérieurs à l'acte de donation ou à l'ouverture du legs, mais seulement en vertu de la

(1) (André C. André et Lecornu.) — LA COUR; — Attendu que la dame André restée chargée de trois enfants, sans fortune et sans ressources suffisantes pour faire face à ses besoins et à ceux de ses enfants, avait le droit incontestable de demander des aliments au sieur André fils, son mari, au sieur André père, son beau-père, et au sieur Lecornu, son père, aux termes des art. 203, 205, 206 et 207, c. civ.; — Attendu que si les sieurs André père et fils et Lecornu peuvent être tenus conjointement de l'obligation de fournir aux besoins de la dame André fils, ils ne peuvent en être tenus solidairement, en ce sens que les sieurs André père et Lecornu puissent être obligés de payer la totalité de la pension fixée pour aliments, sauf leur recours contre celui des coobligés qui ne payerait pas sa part; — Qu'aux termes de l'art. 208 c. civ., les aliments ne sont accordés que dans la proportion de la fortune de celui qui les doit; que, dès lors, la part de chaque contribuable doit être déterminée à raison de sa fortune personnelle, et que, cette part une fois fixée, celui qui la doit ne peut être exposé, par une condamnation solidaire, à des poursuites qu'il ne pourrait pas faire cesser si ses coobligés ne se libéraient pas; — Attendu que le jugement dont est appel condamne solidairement André fils, avec Lecornu et André père, à payer à la dame André une pension alimentaire de 600 fr. ; qu'il dispose ensuite que le sieur Lecornu contribuera pour 200 fr. et le sieur André père pour 400 fr. au payement de ladite pension et qu'il n'existera aucune solidarité entre André fils, qui, comme époux, était le principal obligé aux termes des art. 203 et 212 c. civ. et si le tribunal a voulu donner à la dame André le droit de réclamer la totalité de la pension à son mari, il n'a pas entendu étendre les effets de cette solidarité aux sieurs André père et Lecornu, qui ne sont tenus envers la dame André que dans la proportion de la part contributive assignée à chacun d'eux; que, toutefois, pour lever l'équivoque que peut faire naître le dispositif du jugement sur ce point, il y a lieu de rectifier; — Attendu que la part contributive assignée au sieur André père paraît excessive, en face de ses ressources et des besoins de sa famille, qu'il y a lieu de la réduire à 300 fr.; — Que la part assignée au sieur Lecornu est dans une juste proportion avec ses moyens; qu'il n'existe pas d'ailleurs d'appel régulier contre lui; — Par ces motifs, réforme le jugement en ce qu'il a fixé à 400 fr. la part contributive du sieur André père à la pension alimentaire accordée à la dame André; réduit cette part à la somme de 300 fr.; émendant et rectifiant au besoin le dispositif dudit jugement, dit qu'il n'existe aucune solidarité entre André père, André fils et Lecornu au profit de la dame André, en ce sens que celle-ci ne pourra réclamer dudit sieur André père que la somme de 300 fr. à laquelle est fixée la part contributive à la pension alimentaire qui lui a été accordée, etc.

Du 1er mai 1862.-C. de Caen.-1re ch.-MM. Mégard, 1er pr.-Olivier, 1er av.-gén.-Joly et Toutain, av.

(2) (Cachon C. Cachon.) — LA COUR; — Considérant que si la solidarité, en matière de dette alimentaire, n'est pas spécialement écrite dans la loi, il est généralement admis en jurisprudence qu'il appartient aux tribunaux, suivant les circonstances, d'en prononcer l'application ; et que, d'après les faits du procès, le jugement dont est appel a eu raison d'user de cette faculté ; — Qu'en effet, la pension allouée est à peine suffisante aux besoins du père de famille, et qu'elle n'est pas hors de proportion avec les ressources de chacun des débiteurs de ladite pension ; — Par ces motifs, dit qu'il a été bien jugé, etc.

Du 24 nov. 1863.-C. de Pau, 1re ch.-MM. de Romeuf, 1er pr.-Lespinasse, 1er av.-gén.-Delfosse et Dauzon, av.

permission du juge et pour la portion qu'il déterminera. — On s'est demandé si, par les mots *provisions alimentaires adjugées par justice*, la loi a voulu parler de toutes les pensions alimentaires résultant de jugements, ou seulement de celles qui sont accordées provisoirement, par exemple, pour la durée d'un procès en divorce ou en séparation de corps (V. *Rép.* n° 704). Suivant M. Demolombe, t. 4, n° 78, le mot *provisions alimentaires*, employé par l'art. 581 c. proc. civ., s'applique, dans sa généralité, aux aliments adjugés en vertu de la loi. Mais, en sens contraire, il a été jugé que les pensions alimentaires résultant de jugements peuvent, à la différence des simples provisions, lesquelles ne sont saisissables que pour aliments, être saisies par tout créancier postérieur au jugement, avec permission du juge et pour la portion qu'il détermine ; qu'il en est ainsi d'une pension accordée pour aliments à une mère sur ses enfants (Req. 13 déc. 1827, *Rép.* n° 704); ... d'une pension due à une femme séparée de corps par son mari en vertu du jugement de séparation de corps (Rouen, 9 avr. 1850, aff. Gorrel, D. P. 50. 2. 137).

383. La question de savoir si une provision accordée par justice ou une pension a un caractère alimentaire, est appréciée souverainement par les tribunaux (*Rép.* n° 702. Comp. Colmar, 29 avr. 1863, aff. Hulter, D. P. 63. 5. 333).

384. Les provisions alimentaires saisissables seulement pour cause d'aliments, peuvent être saisies, comme on l'a dit au *Rép.* n° 703, par les créanciers qui ont fourni des aliments, soit avant, soit après la constitution de la provision, et elles peuvent l'être sans permission du juge. Il en est de même, à plus forte raison, des pensions alimentaires résultant de dons ou legs ou de jugements. On ne saurait, en effet, admettre que ces pensions, regardées par la loi comme moins favorables que les provisions, ne puissent être saisies pour des créances dont le payement peut être poursuivi sur les provisions elles-mêmes (V. Req. 18 janv. 1875, aff. Decamps, D. P. 75. 1. 360).

385. Mais, pour toute autre cause que pour cause d'aliments, les sommes ou pensions alimentaires constituées par justice ne peuvent, comme celles qui résultent de donations ou de testaments, être saisies par les créanciers antérieurs au jugement qui les a établies (Colmar, 29 avr. 1863, aff. Hultrer, D. P. 63. 5. 333). Peu importe que ces prestations alimentaires soient payables en une seule fois ou par annuités (Même arrêt).

386. L'insaisissabilité relative des sommes ou pensions alimentaires ne s'étend, d'ailleurs, comme on l'a dit au *Rép.* n° 706, qu'à celles qui ont été données ou léguées à titre gratuit, et non à celles qui ont été constituées à titre onéreux (Conf. Chambéry, 8 mars 1862) (1).

387. Suivant l'art. 1293 c. civ., la compensation n'a pas lieu à l'encontre d'une dette qui a pour cause des aliments insaisissables (*Rép.* n° 708). La compensation pourrait cependant être invoquée par un créancier pour cause d'aliments à l'égard duquel la dette serait saisissable (V. *Rép.* v° *Obligations*, n° 2726).

388. L'art. 1004 c. proc. civ. dispose qu'on ne peut compromettre sur les dons et legs d'aliments, logement et vêtements. Cette prohibition doit-elle être étendue aux aliments dus en vertu de la loi? V. *Rép.* n° 709, et v° *Arbitrage*, n° 313. — Il a été jugé que, s'il n'est pas permis aux parties de compromettre sur le principe de la dette alimentaire, elles ont du moins le droit de déterminer les conditions du payement de la pension (Dijon, 27 mars 1872, aff. B..., D. P. 73. 2. 132).

389. Peut-on valablement transiger sur une dette d'aliments? V. *Rép.* n°s 710 et suiv. et v° *Transaction*, n°s 81 et suiv. — En tout cas, la renonciation faite par un enfant au droit de demander des aliments à ses père et mère serait nulle (Bordeaux, 26 juill. 1855, aff. Viroben, D. P. 59. 5. 24).

390. Les droits alimentaires sont-ils susceptibles d'être cédés? Cette question, déjà traitée au *Rép.* n° 713, est toujours très controversée. Elle exige, à notre avis, plusieurs distinctions. — Tout d'abord, s'il s'agit d'aliments donnés ou légués, la plupart des auteurs admettent, d'accord avec la jurisprudence, qu'ils peuvent être cédés, pourvu que le titre qui les a constitués ne les déclare pas incessibles. Voici notamment comment s'exprime à ce sujet M. Théophile Huc, le dernier auteur qui ait discuté cette question, dans son *Traité théorique et pratique de la cession et de la transmission des créances*, t. 1, n° 184 : « L'indication dans un acte qu'une libéralité est faite à titre d'aliments ne peut produire que deux conséquences : 1° elle entraîne l'insaisissabilité de la somme ou pension ainsi léguée, quand même l'auteur de la libéralité aurait négligé de la déclarer insaisissable, art. 581 c. proc. civ.; 2° elle empêche le bénéficiaire de renoncer, en cas de contestation sur le droit aux aliments, à la garantie résultant de la juridiction ordinaire, c'est-à-dire qu'il n'est pas permis de compromettre sur des dons et legs d'aliments, art. 1004 c. proc. civ. Mais pour qu'une troisième conséquence, c'est-à-dire l'incessibilité pût se produire, un texte formel serait nécessaire, de même qu'il a fallu un texte pour les deux autres. Sans doute, il est légitime de conclure de l'incessibilité d'un droit à son insaisissabilité, parce que, autrement le créancier qui ne pourrait céder directement son droit, l'aliénerait indirectement en contractant des dettes, mais la réciproque n'est pas vraie et ne peut être vraie. De ce que la loi, dans certains cas déterminés, n'a pas voulu qu'un débiteur puisse se trouver malgré lui exproprié par un créancier de sa chose ou de son droit, il ne s'ensuit pas que le débiteur soit *ipso jure* rendu incapable d'en disposer librement » (V. en ce sens: Civ. rej. 31 mai 1862, *Rép.* v° *Contrat de mariage*, n° 4222; Req. 22 févr. 1831, *Rép.* v° *Transaction*, n° 82-2°; 1er avr. 1844, *Rép.* n° 713-2°; Troplong, *De la vente*, t. 1, n° 227, *in fine*; Larombière, *Traité des obligations*, t. 1, sur l'art. 1128, n° 10; Laurent, t. 24, n° 469; Guillouard, *Traité du contrat de mariage*, t. 1, n° 390). MM. Aubry et Rau, toutefois, t. 4, § 359, p. 423, note 18, soutiennent l'opinion contraire. « Lorsque, disent-ils, la loi, dans la vue de protéger le personne du créancier, comme cela se présente en matière d'aliments, déclare une créance insaisissable, l'insaisissabilité conduit forcément à

---

(1) (Guillot C. Deschamps.) — LA COUR; — Attendu que la saisie-arrêt, pratiquée à la requête de Millaud, le 1er fév. 1861, portait sur toutes les sommes que Guillot devait ou pouvait devoir à Guimery, son beau-père; qu'elle comprenait aussi la pension viagère et l'usufruit réservés à ce dernier par le traité passé le 9 mars 1860; que les arrérages échus et à échoir desdits pensions et usufruits se trouvaient également saisis et frappés d'indisponibilité au profit des saisissants; qu'il est, en effet, de principe et de jurisprudence qu'une saisie-arrêt formée entre les mains d'un débiteur de rentes sur toutes les sommes qu'il doit ou devra, atteint non seulement les arrérages, mais encore le capital, non seulement les arrérages échus, mais encore ceux à échoir postérieurement à la saisie, et qu'il est inutile de renouveler une pareille mesure conservatoire à chaque échéance; — Attendu, quant au caractère de la pension, qu'elle se composait de deux éléments aux termes de l'acte du 9 mars 1860: 1° de la jouissance, pendant la vie de Guimery, du second étage de la maison, sise à Cevins, et des meubles le garnissant; 2° de l'obligation imposée à Guillot de nourrir ledit Guimery, ainsi que ses enfants mineurs, ce qui a été évalué par les parties à une somme annuelle moyenne de 1000 fr. dans le traité susdaté, et à une somme bien supérieure dans l'acte du 29 mars 1861 postérieur à la saisie; — Attendu, en ce qui touche le droit d'habitation ou la jouissance du deuxième étage de la maison, qu'on peut bien admettre qu'il a échappé aux effets de la saisie; que, bien que constitué à titre onéreux, il se trouvait insaisissable, puisqu'il est de sa nature incessible, mais qu'il n'en est pas de même de la pension alimentaire et viagère stipulée au profit de Guimery; que cette pension imposée à Guillot représentait réellement une partie de la valeur et du prix des immeubles, meubles et autres objets à lui abandonnés par son beau-père; que, corrélativement aux choses passées entre ses mains, il doit évidemment tenir compte de leur représentation aux créanciers de celui qui les a transmises; — Attendu que si la loi sarde, comme la loi française, obéissant à des considérations d'utilité publique et d'humanité, a déclaré insaisissables les sommes ou pensions données pour aliments (art. 748 c. proc. civ. sarde de 1854; 776, c. de 1860, et 581, c. proc. civ. français), cela ne peut s'entendre évidemment que des pensions léguées ou accordées à titre purement gratuit par des tiers, au débiteur; que le texte et l'esprit des articles précités ne laissent aucun doute à cet égard; que, s'il en était autrement, un débiteur de mauvaise foi pourrait aisément se dispenser de payer ses dettes en abandonnant ses biens, soit à rente viagère, soit moyennant une pension plus ou moins élevée ayant le caractère privilégié de l'insaisissabilité;

Confirme, etc.

Du 8 mars 1862.-C. de Chambéry, 2e ch.-MM. Perdrix, pr.-Diffre, av. gén.-Perrier de la Bathie et Ougier, av.

l'incessibilité, car la protection que le législateur a voulu accorder au créancier serait incomplète si elle ne le mettait à l'abri de ses propres faiblesses ». D'autre part, bien que la prohibition de compromettre n'emporte pas toujours celle de céder, « quand cette prohibition est fondée, non sur l'incapacité des personnes intéressées ou sur le défaut de pouvoirs de leurs représentants, mais sur la nature même du droit qui doit former l'objet du compromis, elle ne se comprend qu'en raison de l'indisponibilité de ce droit, indisponibilité qui s'oppose à la cession. C'est ce que prouve le rapprochement des art. 1003 et 1004 c. proc. civ: si la personne à laquelle a été fait un don ou legs d'aliments devait être considérée comme ayant *la libre disposition de son droit*, et comme pouvant, par conséquent, le céder à titre onéreux, et même y renoncer à titre gratuit, la prohibition de compromettre sur un pareil droit n'aurait plus aucun fondement rationnel ». — Quoi qu'il en soit, la question de savoir si une créance d'aliments donnée ou léguée est susceptible d'être cédée, nous paraît dépendre surtout de l'intention du donateur ou du testateur. C'est donc dans l'interprétation du titre constitutif de la créance qu'il faut chercher d'abord la solution de cette question. Jugé, en ce sens, que l'interprétation des juges du fond, de laquelle il résulte qu'une rente viagère léguée par testament n'est pas frappée d'indisponibilité, est souveraine, alors d'ailleurs qu'elle n'est pas démentie par les termes du testament (Req. 13 juill. 1875) (1).

391. En ce qui concerne les aliments dus en vertu de la loi, la question de savoir s'ils sont cessibles exige encore, suivant nous, qu'on distingue entre le droit alimentaire lui-même et les émoluments de ce droit, ou, si l'on veut, entre le cas où la créance résulte seulement de la loi et celui où elle a été reconnue et déterminée par un jugement ou par un titre consenti à l'amiable. Le droit aux aliments, étant attaché par la loi à la qualité de parent ou d'allié, ne nous paraît pas plus susceptible d'être cédé que cette qualité elle-même. — On objecte que cette raison prouve trop, parce qu'on pourrait aussi bien l'appliquer au droit d'hérédité (Laurent, t. 24, n° 469; Huc, *op. cit.* n° 184). Mais il est aussi très vrai que le droit d'hérédité est incessible (c. civ. art. 1600). Après l'ouverture de la succession, c'est l'émolument qui peut être cédé. — On objecte encore qu'il est absurde de condamner le créancier d'aliments à mourir de faim sous prétexte que sa créance, encore indéterminée, n'a pour objet que des aliments en général (Huc, *op. et loc. cit.*). Mais cette créance est subordonnée à la constatation du besoin; jusque-là elle n'existe réellement pas; elle ne fait pas partie du patrimoine, elle ne peut donc être l'objet d'une cession (V. en ce sens: Troplong, *De la vente*, n° 227; *Du cautionnement et des transactions*, n° 95; Demolombe, t. 4, n° 78; Aubry et Rau, t. 4, § 359, p. 422 et suiv. Comp. Bordeaux, 26 juill. 1855, aff. Viroben, D. P. 59. 5. 24).

392. Si, maintenant, on suppose que la créance alimentaire est réglée par un titre fixant le *quantum* de la pension annuelle et les divers termes de payement, il y a encore lieu de se demander si le créancier peut céder soit les termes échus, soit les termes à échoir, soit enfin la créance en bloc. Pour les termes échus, la cessibilité n'est pas douteuse, car il faut bien que le créancier puisse en disposer et en tirer parti. — Mais, pour les termes à échoir et pour la créance elle-même, nous ne saurions admettre avec M. Huc (*op. cit.*, n° 185), qu'ils soient cessibles d'une manière absolue et sans restriction. La cession n'en peut avoir lieu valablement, suivant nous, qu'à la condition de n'être pas contraire à la raison d'être ou à la destination de la créance. Ainsi, les arrérages à échoir d'une pension alimentaire adjugée par justice peuvent être cédés pour cause d'aliments (Aubry et Rau, t. 4, § 359, p. 424, note 19). Ainsi encore, comme le dit fort bien M. Huc, *op. et loc. cit.*, « il ne faut pas enlever au créancier qu'on a la prétention de protéger la possibilité de se soustraire par une cession aux risques de l'insolvabilité du débiteur. Le créancier a évidemment intérêt à *assurer* sa créance; si les combinaisons de l'assurance impliquent l'opportunité d'une cession, quel motif y aurait-il pour ne point déclarer cette cession valable? » Mais, en dehors de ces hypothèses où la cession serait conforme à la destination de la créance alimentaire, nous considérons comme inadmissible que le titulaire d'une telle créance, qui a pour but de le faire vivre et ainsi de remédier, le plus souvent, à ses désordres passés, puisse l'aliéner en bloc, moyennant un capital qu'il dissiperait dans de nouveaux désordres. Une telle cession serait contraire à l'essence même de la créance alimentaire; et il est certain qu'elle serait aussi contraire à la loi, car si la loi a statué: 1° que la créance alimentaire ne serait pas susceptible de compensation; 2° qu'elle ne serait pas saisissable; 3° qu'elle ne pourrait faire l'objet d'un compromis, il en résulte clairement que cette créance n'est pas entièrement disponible entre les mains du titulaire.

Il a été jugé, conformément à notre opinion, que, si les pensions alimentaires adjugées par justice sont cessibles pour cause d'aliments, il en est autrement lorsque la cession a pour cause une créance ordinaire et porte sur des arrérages à échoir; ainsi la cession de plusieurs arrérages non échus d'une pension alimentaire, cession consentie par un père de famille en faveur d'un chef d'institution, doit être validée pour la partie de la créance de ce dernier relative à des prestations alimentaires fournies aux enfants du cédant; mais elle doit être annulée pour le surplus de la créance résultant d'avances d'argent faites par le cessionnaire au cédant (Pau, 15 avr. 1861, aff. Quéheillat, D. P. 62. 2. 14).

393. Lorsqu'une créance est incessible, l'hypothèque qui la garantit participe de son incessibilité. — Il a été jugé, en ce sens, que le créancier d'une rente viagère déclarée incessible et insaisissable par le testateur qui l'a constituée, avec hypothèque sur un immeuble de la succession, ne peut consentir une cession d'antériorité de son rang hypothécaire (Lyon, 28 avr. 1869) (2). — En sens contraire, toutefois, il a été décidé que, bien que le droit aux aliments soit incessible et insaisissable, le créancier de la dette alimentaire peut néanmoins

(1) (Privaty *C.* Dame Tournié.) — Le sieur Privaty, créancier d'une rente viagère qui lui avait été léguée par le sieur Vieules et que devait lui payer la dame Tournié, a cédé cette rente à cette dernière, le 28 sept. 1865, pour la somme de 1500 fr. une fois payée. Il a ensuite demandé la nullité de la cession, en prétendant que la rente, à raison de son caractère alimentaire, était incessible. Sa demande ayant été rejetée par jugement du tribunal de Toulouse en date du 2 mai 1866, il a interjeté appel. Mais la cour de Toulouse, par arrêt du 26 août 1874, a confirmé le jugement, en se fondant notamment sur les motifs suivants : — « Attendu qu'aux termes de l'art. 537 c. civ., les particuliers ont la libre disposition de leurs biens, à moins qu'une disposition de loi ne les frappe d'inaliénabilité; — Attendu que l'art. 581 c. proc. civ. déclare insaisissables les dons ou pensions pour aliments, mais qu'il ne les déclare pas incessibles; que les créanciers ne peuvent pas les saisir et que le crédi-rentier ne peut pas être dépouillé malgré lui de sa rente, mais que l'aliénation volontaire, n'étant pas prohibée par la loi, est de droit; — Attendu que la convention du 28 sept. 1865 n'est pas arguée de dol et de fraude, et que les circonstances au milieu desquelles elle est intervenue font connaître la cause plausible et déterminante de cette convention; — Attendu que le legs fait par Vieules au sieur Privaty ne déclare pas incessible la pension alimentaire léguée à ce dernier, etc ». — Pourvoi en cassation par le sieur Privaty. — Moyen-unique : Violation de l'art. 581 c. proc. civ., en ce que l'arrêt attaqué a déclaré cessible une rente viagère léguée à titre d'aliments et pour éviter que le légataire se trouvât dans le besoin.

LA COUR; — Sur le moyen unique de cassation, tiré de la violation de l'art. 581 c. proc. civ. : — Attendu qu'il est déclaré par l'arrêt attaqué que la lettre et l'esprit du titre constitutif de la rente dont il s'agit, ne permettent pas de penser que cette rente fût frappée d'inaliénabilité; — Que cette interprétation faite par les juges du fond de la disposition testamentaire n'est nullement démentie par les termes du testament; — Que, dès lors, elle est souveraine; — D'où il suit qu'en déclarant valable la renonciation du demandeur à la rente qui lui avait été léguée, l'arrêt attaqué n'a pu violer le texte visé au pourvoi; — Rejette, etc.

Du 13 juill. 1875.-Ch. req.-MM. de Raynal, pr.-Sallé, rap.-Godelle, av. gén., c. conf.- Godart, av.

(2) (Denis *C.* Veuve Valdot.) — LA COUR; — Attendu que la dame Bron, par testament olographe du 14 déc. 1856, a légué à Claude Valdot la maison sise à Saint-Etienne, grande rue Saint-Roch, qui est l'objet du présent ordre, sous la condition suivante, qui est ainsi exprimée dans le testament ou legs fait à son profit, « à la charge par lui de payer et servir à la dame veuve Valdot, sa mère, une rente annuelle et viagère de 600 fr., à titre de pension alimentaire incessible et insaisissable, qui sera payable dans les trois mois, et pour garantie de laquelle elle aura hypothèque spéciale sur la maison, rue Saint-Roch,

céder le rang de l'hypothèque conventionnelle constituée pour la garantie de sa créance (Caen, 9 juill. 1862) (1).

ART. 7. — *Cessation, réduction ou augmentation de l'obligation alimentaire* (*Rép.* nos 714 à 724).

394. On a cité au *Rép.* n° 717, des arrêts d'après lesquels le droit de demander la décharge ou la réduction d'une pension alimentaire serait personnel au débiteur et ne pourrait être exercé par les créanciers de celui-ci, sauf en cas de fraude. M. Laurent, t. 3, n° 75, combat cette doctrine. Si celui qui reçoit des aliments, dit-il, n'en a plus besoin, la dette alimentaire n'existe plus à la charge de celui qui les fournit, et si néanmoins celui-ci continue à servir la pension alimentaire, il fait une véritable libéralité ; or, les créanciers, qui peuvent, en vertu de l'art. 1167, faire annuler tout acte à titre gratuit consenti par leur débiteur, doivent pouvoir, à plus forte raison, agir en vertu de l'art. 1166 pour que ce débiteur cesse de payer une dette qui n'existe plus.

395. Celui qui reçoit une pension alimentaire peut demander qu'elle soit augmentée lorsque ses besoins sont plus grands ou lorsque les ressources du débiteur ont elles-mêmes augmenté (*Rép.* n° 720). Cette règle est applicable, notamment, à l'époux qui a obtenu une pension de son conjoint en cas de séparation de corps. — Il a été jugé : 1° que lorsque le mari a été condamné à payer à sa femme séparée de corps une pension calculée sur sa fortune au moment de la séparation, la femme est fondée à en demander l'augmentation si la fortune du mari vient à s'accroître notablement, et ce, alors même que la position de la femme n'aurait pas empiré sous le rapport des besoins (Aix, 18 avr. 1871, aff. Duché, D. P. 72. 2. 48) ; — 2° Que le chiffre de la pension alimentaire due par un mari à sa femme séparée de corps peut être augmenté à raison de l'accroissement de fortune résultant pour le mari d'un legs recueilli par lui, encore bien qu'il aurait été stipulé par le testateur que la femme ne pourrait jamais, et à aucun titre, participer à la jouissance des biens légués (Toulouse, 5 déc. 1881, et sur pourvoi, Req. 19 mars 1883, aff. Jalabert, D. P. 84. 1. 16).

396. En ce qui concerne les cas spéciaux où l'obligation alimentaire cesse entre alliés (convol de la belle-mère, décès sans postérité de l'époux qui produisait l'affinité), V. *suprà*, nos 346 et suiv.

397. Les torts dont peut se rendre coupable celui qui reçoit les aliments envers celui qui les doit ne sont pas, en principe, une cause de cessation de l'obligation alimentaire. Ainsi, le mari qui a été condamné à payer une pension alimentaire à sa femme séparée de corps ne pourrait se faire décharger de cette pension par le motif que la femme aurait encouru une condamnation pour adultère (Nancy, 12 févr. 1881, et sur pourvoi, Civ. rej. 3 avr. 1883, aff. Poterlet, D. P. 83. 1. 335). On doit reconnaître, toutefois, que les juges auraient la faculté de réduire le montant de la pension, dans certains cas, à raison des écarts de conduite du créancier (Comp. Dijon, 27 mars 1872, aff. B..., D. P. 73. 2. 132). — Pour le cas d'indignité encourue par le créancier de l'obligation alimentaire, V. *suprà*, n° 364.

398. L'acte par lequel un fils s'engage à payer à ses père et mère une pension alimentaire nécessaire à leur existence et ne dépassant pas la mesure de ses propres facultés ne peut pas évidemment être considéré comme une libéralité ; ce n'est que la reconnaissance et le règlement de l'obligation alimentaire dont le fils est tenu envers ses parents. Il a été jugé, avec raison, qu'alors même qu'un tel acte a été fait dans la forme des donations entre vifs, il n'est pas révocable pour cause de survenance d'enfants au débiteur de la pension (Caen, 27 janv. 1874, aff. Bigeard, D. P. 76. 2. 53).

ART. 8. — *Répétition des aliments* (*Rép.* nos 725 à 736).

399. Comme on l'explique au *Rép.* n° 725, celui qui a reçu des aliments n'est soumis à aucune action en répétition de la part de la personne qui était tenue de les lui fournir, alors même qu'il revient à meilleure fortune. De ce principe, la jurisprudence a tiré cette conséquence que la disposition testamentaire par laquelle un père s'est reconnu débiteur d'une certaine somme envers l'un de ses enfants pour le logement et l'entretien que cet enfant lui a procurés quand il était dans le besoin, doit être considérée comme une donation déguisée, sujette à réduction si elle excède la quotité disponible (Nancy, 14 juill. 1875, aff. Humbert, D. P. 79. 5. 15).

400. Mais celui qui a fourni des aliments sans y être obligé peut-il les répéter contre la personne à laquelle la loi imposait l'obligation de les fournir? Oui, à moins que celui qui a fourni les aliments n'ait agi dans un esprit de libéralité (V. *Rép.* n° 728). Ainsi, il a été jugé que la personne (dans l'espèce, la grand'mère) qui a pourvu aux dépenses de nourriture et d'éducation d'un enfant n'a aucune répétition à exercer, ni contre cet enfant, ni contre le père usufruitier légal des biens de celui-ci, si, en faisant ces dépenses,

---

que je viens de léguer audit Claude Valdot, son fils » ; — Attendu qu'après avoir fait inscrire cette hypothèque, au bureau de Saint-Étienne, le 30 mai 1863, la veuve Valdot est intervenue dans un acte d'obligation du 27 avr. 1864, Grubis, notaire à Saint-Étienne, par lequel son fils Claude Valdot empruntait une somme de 12000 fr., d'un sieur Toussaint Denis, et y a formellement renoncé en faveur de ce créancier à la priorité de son rang hypothécaire ; — Attendu que l'unique question du procès est de savoir si cette cession de priorité est valable en présence de la clause du testament qui déclare la rente viagère léguée à la dame Valdot incessible et insaisissable ; — Attendu que s'il est de principe, dans l'intérêt de la libre circulation des biens, qu'un testateur ne peut frapper d'inaliénabilité d'une manière permanente les biens dont il dispose, une équitable exception a été introduite, par la doctrine et la jurisprudence, en faveur du testateur qui constitue une rente viagère à titre alimentaire ; que, dans ce cas particulier, non seulement la clause d'incessibilité ne blesse en rien l'ordre public, puisque son effet est nécessairement temporaire, mais qu'elle prend sa source dans un louable sentiment, le désir, chez le testateur, d'assurer, à tout événement, des aliments au légataire de la rente, en prenant des précautions contre ses propres entraînements ; que c'est une préoccupation de cette nature qui a inspiré à la dame Bron, vis-à-vis de la veuve Valdot, la clause de son testament aujourd'hui litigieuse ; — Qu'en déclarant la rente viagère alimentaire incessible et insaisissable, et en l'hypothéquant elle-même sur la maison de la rue Saint-Roch, elle a voulu empêcher précisément ce qui est arrivé, c'est-à-dire que la veuve Valdot fût amenée, par les facilités de ses sentiments naturels ou par tous autres entraînements, à se dépouiller directement ou indirectement du bénéfice de la rente constituée à son profit ; — Attendu qu'on objecte, il est vrai, que c'est seulement la rente qui a été déclarée incessible par le testament, et que ce n'est pas de sa rente, mais seulement de son rang hypothécaire, qu'a disposé la veuve Valdot ; — Mais attendu que cette distinction entre l'hypothèque et la rente elle-même, en ne laissant à la veuve Valdot qu'une créance illusoire sur un insolvable, violerait manifestement la volonté de la testatrice ; que c'est précisément en prévision de cette insolvabilité future du débiteur de la rente, qu'elle a pris soin elle-même d'hypothéquer la rente sur la maison, voulant par cette combinaison que la rente et l'hypothèque formassent un tout indivisible dont la légataire ne pourrait disposer, ni directement ni indirectement ; — Attendu que de tout ce qui précède il résulte que la cession de priorité consentie par la dame Valdot à Toussaint Denis, doit être déclarée nulle, et que l'ordre établi entre ces deux créanciers par le juge-commissaire doit être maintenu ; — Par ces motifs, etc.

Du 28 avr. 1869.-C. de Lyon, 1re ch.-MM. Gaulot, 1er pr.-Lemonnier, av. gén. Cayot et Leroyer, av.

(1) (Lasne C. Hervieu.) — LA COUR ; — Considérant que, par acte authentique, à la date du 20 fév. 1858, la dame veuve Deschamps constitua, au profit de la dame veuve Hervieu, sa mère, une rente viagère de 300 fr. ; qu'il fut déclaré, dans cet acte, que cette rente était créée pour fournir les aliments que les enfants doivent fournir à leurs père et mère, aux termes de l'art. 205, c. civ. ; qu'elle serait incessible et insaisissable, et de plus garantie par une hypothèque affectée sur des immeubles appartenant à la dame Deschamps et situés dans l'arrondissement de Lisieux ; — Considérant que, par un autre acte en date du 9 févr. 1859, la veuve Hervieu a consenti toute priorité d'hypothèque au profit de Lasne et jusqu'à concurrence de 2200 fr., sur les immeubles qui lui avaient été précédemment hypothéqués par sa fille ; que cet acte, par lequel la veuve Hervieu renonçait à son rang d'hypothèque, avait pour but de faciliter la réalisation d'un prêt de la somme de 2200 fr. fait par Lasne à la dame Deschamps, prêt qui avait été convenu par un acte du 3 du même mois, mais qui ne pouvait s'effectuer à cause de l'existence de l'hypothèque de la veuve Hervieu, préférable par sa date à celle consentie au prêteur ; — Que cet acte, encore que la veuve Hervieu y figure seule

elle a entendu gratifier l'un et l'autre, circonstance que le juge du fait apprécie souverainement (Req. 25 juin 1872, aff. Prat, D. P. 74. 1. 16). En dehors des cas où il y a libéralité, l'action en répétition peut résulter soit d'une convention, soit des principes de la gestion d'affaires. Elle résulte d'une convention lorsque celui qui a fourni les aliments l'a fait sur la demande de la personne qui les devait (V. *Rép.* nos 730 et suiv.). Enfin, le droit de répéter les aliments fournis existe lorsque la dette de celui qui était tenu de les fournir a été acquittée ou diminuée d'autant (V. *Rép.* nos 732 et suiv.). — Il a été jugé, depuis la publication du *Répertoire :* 1° que celui des deux époux qui a pourvu seul aux frais d'entretien et d'éducation des enfants a le droit d'exercer un recours contre l'autre pour la part incombant à ce dernier dans ces frais (Paris, 26 juill. 1862, aff. Angerville, D. P. 63. 2. 112) ; — 2° Que la mère naturelle qui a supporté seule la charge de l'entretien et de l'éducation de l'enfant a une action en remboursement contre le père naturel jusqu'à concurrence de la part qui aurait dû être supportée par celui-ci (Toulouse, 25 juill. 1863, aff. Ginesty, D. P. 63. 2. 139).

401. Si celui qui a fourni des aliments sans y être obligé n'est pas remboursé par la personne qui était tenue de l'obligation alimentaire, a-t-il une action en répétition contre celui qui a reçu les aliments? L'affirmative est consacrée par la jurisprudence. De nombreux arrêts ont décidé, notamment, que l'instituteur qui, sur la demande du père ou du tuteur, a avancé les frais d'entretien et d'éducation d'un mineur, a contre celui-ci, lorsqu'il n'a pu obtenir son payement du père ou du tuteur, une action en remboursement (V. outre les arrêts cités au *Rép.* n° 736 : Pau, 19 janv. 1852, aff. Tarras, D. P. 52. 2. 198; Aix, 16 août 1856, et sur pourvoi, Req. 17 mars 1857, aff. Veuve Morin, D. P. 57. 1. 149; Toulouse, 13 juin 1857, aff. Siregant, D. P. 58. 2. 102; Montpellier, 5 févr. 1869, aff. Granier de Cassagnac, D. P. 69. 2. 213). — Toutefois, d'après la plupart de ces arrêts, l'action de l'instituteur n'existe qu'autant que les frais d'instruction ont été en rapport avec la position du mineur, et que dans la mesure des avantages qu'il a retirés de l'éducation dont on lui demande le payement. De plus, elle n'est recevable qu'après que l'insolvabilité du père ou de la mère tutrice a été dûment constatée (V. notamment les arrêts précités du 17 mars 1857 et du 5 févr. 1869). Par suite, il n'y a lieu de condamner éventuellement l'élève dont le père est en déconfiture et qui lui-même est dépourvu de fortune personnelle, à payer les frais de son éducation que pour le cas où, après sa majorité accomplie, l'insolvabilité des parents durerait encore, et sans qu'il ait jusque-là à payer les intérêts de ces frais (Arrêt précité du 5 févr. 1869).

402. Nonobstant ces restrictions, cette jurisprudence est critiquée par M. Laurent, t. 3, n° 81. Cet auteur reproduit la théorie de Merlin, exposée au *Rép.* n° 736. Il admet que si le tiers qui a fourni des aliments l'a fait sans mandat, mais avec l'intention de les répéter contre celui qui les a reçus, il a contre celui-ci une action *de in rem verso*, fondée sur la maxime que nul ne doit s'enrichir aux dépens d'autrui, action nécessairement limitée au profit que le défendeur a retiré des dépenses faites dans son intérêt. Mais lorsqu'un enfant a été confié par son père à un tiers, il y a un mandat donné par le père à l'instituteur, et il est de principe que le mandataire n'a pas d'action contre celui au profit duquel le mandat est contracté. L'instituteur a bien action alors contre le père, mais non contre l'enfant, ou du moins il ne peut avoir contre celui-ci qu'une action indirecte, dans le cas seulement où le père lui-même peut répéter les aliments contre l'enfant, ce qui a lieu lorsque l'enfant a des biens personnels. On a déjà répondu à ces arguments au *Rép.* n° 736 *in fine*. Si l'instituteur a l'action *de in rem verso* contre l'enfant alors qu'il n'a reçu aucun mandat, et par cela seul que l'enfant ne doit pas s'enrichir à ses dépens, il n'y a pas de raison de lui refuser la même action lorsque l'enfant lui a été confié par le père; dans ce dernier cas, il est vrai, l'instituteur peut agir contre le père; mais, s'il n'est pas payé par celui-ci, il peut toujours invoquer contre l'enfant la règle que nul ne doit s'enrichir aux dépens d'autrui.

403. Il a été jugé que la femme qui a pourvu à l'entretien et à l'éducation d'un enfant qu'elle a traité comme sien, sans l'avoir reconnu, a droit à une indemnité sur la succession de cet enfant (Paris, 26 avr. 1852, aff. Administration des Domaines, D. P. 53. 2. 181). Mais c'est là, suivant M. Laurent, t. 3, n° 80, une décision de faveur, mal fondée en droit. La femme qui a ainsi élevé son enfant naturel ne peut avoir eu la pensée de gérer l'affaire de cet enfant ; elle a simplement rempli son devoir de mère, et de là il ne résulte aucune action en sa faveur. — Nous croyons pourtant encore qu'en pareil cas la mere a une action *de in rem verso* et peut l'exercer même contre la succession de l'enfant.

ART. 9. — *Des provisions alimentaires* (*Rép.* nos 737 à 741).

404. Les provisions alimentaires dont il s'agit ici sont celles qui peuvent être adjugées à une partie, pendant une instance, jusqu'à la décision du litige. Pour le complément des explications données à ce sujet au *Répertoire*, V. *suprà*, v° *Divorce et séparation de corps*, nos 319 et suiv.

SECT. 3. — DES DROITS ET DEVOIRS RESPECTIFS DES ÉPOUX (*Rép.* nos 742 à 962).

ART. 1er. — *Droits et devoirs généraux. — Domicile conjugal* (*Rép.* nos 743 à 772).

405. Aux termes de l'art. 212 c. civ., « les époux se doivent mutuellement fidélité, secours, assistance ».

Le devoir de fidélité a, comme on l'explique au *Rép.* n° 743, une double sanction : 1° la faculté pour l'époux trompé de demander le divorce ou la séparation de corps (V. *suprà*, v° *Divorce et séparation de corps*, nos 37 et suiv.) ; 2° les dispositions du code pénal qui font de l'adultère un délit (V. *suprà*, v° *Adultère*). — Au point de vue du divorce et de la séparation de corps, la loi du 27 juill. 1884 a effacé toute différence entre le mari et la femme en cas de manquement au devoir de fidélité; l'adultère du mari est maintenant, à lui seul, comme celui de la femme, une cause de divorce; il n'est plus nécessaire que le mari ait tenu sa concubine dans la maison commune. Mais cette condition est toujours requise pour que l'adultère du mari constitue un délit (V. *suprà*, v° *Divorce et séparation de corps*, n° 42).

Quant aux devoirs de secours et d'assistance, ils ont pour sanction le droit, pour celui des époux qui se trouve dans le besoin, d'obtenir de l'autre une pension alimentaire (V. *suprà*, n° 349). Ce droit, d'après la nouvelle loi du 9 mars 1891, peut encore s'exercer même sur la succession de l'époux prédécédé (V. *suprà*, nos 355 et suiv.).

406. L'art. 213 c. civ. pose le principe de l'autorité maritale. « Le mari, dit-il, doit protection à sa femme, la femme obéissance à son mari ». L'inégalité ainsi établie par la loi entre les époux est vivement attaquée par M. Laurent, t. 3, nos 82 et suiv. Cet auteur s'appuie sur l'opinion de Condorcet dans son *Esquisse des progrès de l'esprit humain*, pour soutenir que l'homme n'a droit à aucune prééminence

---

pour renoncer à la priorité de son hypothèque, était le résultat d'une convention arrêtée entre la veuve Hervieu et la veuve Deschamps, sa fille, et dans l'intérêt de celle-ci; — Considérant qu'aucune disposition de la loi ne s'oppose à ce que la renonciation faite par la veuve Hervieu, dans l'acte du 9 fév. 1859, reçoive son exécution; qu'il n'est pas allégué qu'elle soit inficiée de fraude ou de dol, et qu'elle n'a rien de contraire à l'ordre public; — Qu'il est très vrai que la veuve Hervieu ne pouvait pas renoncer au droit que lui donne l'art. 205 c. civ., de réclamer des aliments, pas plus qu'elle ne pouvait céder; mais qu'autre chose est le droit aux aliments, qui, par des considérations morales et d'ordre public, doit être incessible et insaisissable, autre chose est le droit hypothécaire; que c'est par la convention que le droit hypothécaire a été conféré et non par la loi, et que l'on peut renoncer, par une convention contraire, à ce qui avait été d'abord volontairement consenti; que l'acte du 9 févr. 1859 ne contenant de renonciation que relativement à la priorité de l'hypothèque, en laissant dans son entier le droit aux aliments, rien ne s'oppose à ce que Lasne profite de la préférence qui lui a été accordée; — Par ces motifs;

Infirme, et dit que Lasne devra être colloqué de préférence à la veuve Hervieu du montant de sa créance, etc.

Du 9 juill. 1862.-C. de Caen, 2e ch.-MM. Daigremont-Saint-Mauvieux, pr.-Farjas, av. gén.-Paris et Joly, av.

sur la femme. Mais la puissance maritale n'est pas non plus fondée sur une prétendue inégalité des sexes. Elle a sa raison d'être dans cette règle, qui résulte du bon sens et de l'expérience, que, dans toute société bien ordonnée, il faut un chef. Il est vrai que M. Laurent n'admet même pas cette règle. Suivant lui, « il peut très bien y avoir des sociétés de deux personnes sans que l'une ait la prééminence sur l'autre ». Que cela puisse exister, on n'en saurait douter; la question est seulement de savoir si cela est bon, s'il ne vaut pas mieux que la direction ou, pour ainsi dire, le dernier mot appartienne à l'un des associés plutôt qu'à l'autre. Car il faut nécessairement qu'il y ait un moyen de mettre fin au désaccord des deux volontés. M. Laurent le reconnaît, et il ajoute : « Si les associés sont en dissentiment, le tribunal décide... Pourquoi n'organiserait-on pas un recours dans tous les cas où les époux sont en désaccord? » Le tribunal deviendrait ainsi le chef suprême de la société conjugale: mais un tel système, qui ferait intervenir l'autorité publique à tout propos entre les époux, serait-il vraiment le meilleur moyen de maintenir entre eux la paix et la bonne harmonie? Comp. en ce sens, Huc. t. 2, n°s 233 et suiv.

407. Toutefois, l'autorité du mari n'est pas sans limites. Elle ne doit pas dégénérer en tyrannie et reste soumise, comme le disent MM. Aubry et Rau, t. 5, § 471, p. 134, au contrôle des tribunaux, auxquels la femme peut s'adresser pour faire réprimer les actes d'oppression que son époux exercerait à son égard. Ainsi, il a été jugé que le mari ne peut, arbitrairement et sans contrôle, priver sa femme de toute relation avec ses plus proches parents, même dans le cas où il a dû la placer dans une maison d'aliénés, et qu'il appartient au tribunal, en de telles circonstances, d'ordonner, sur la réclamation des parents, toutes les mesures qui lui paraissent utiles dans le juste intérêt de la femme (Trib. Seine, 13 janv. 1870, aff. Frusneau et Fouquet, D. P. 70. 3. 40).

408. D'après l'art. 214 c. civ., « la femme est obligée d'habiter avec le mari et de le suivre partout où il juge à propos de résider ». C'est là un principe d'ordre public, auquel il ne peut être dérogé (*Rép.* n° 747). Jugé même qu'il n'appartient pas aux tribunaux d'en suspendre l'application ou d'en limiter l'effet pour des raisons de délicatesse ou de conscience, tirées, par exemple, de l'état de santé de la femme (Bordeaux, 3 janv. 1882. — *Contrà*, Trib. Libourne, 6 août 1880 (1). V. aussi Alger, 3 févr. 1879, *infrà*, n° 412).

409. La séparation de corps seule, et non la séparation de biens, peut dispenser la femme du devoir d'habiter avec le mari (Caen, 14 août 1848, aff. Briand, D.P. 50. 2. 185). —

(1) (G... C. dame G...) — Le 6 août 1880, le tribunal civil de Libourne avait cru pouvoir dispenser la dame G... de réintégrer le domicile conjugal, par un jugement ainsi conçu : — « Attendu que, si la femme doit suivre son mari et habiter avec lui, ce dernier est tenu, d'une manière tout aussi rigoureuse, de la protéger, et, par conséquent, d'écarter d'elle, dans la mesure du possible, tout ce qui pourrait porter atteinte à sa santé, et, à plus forte raison, à son existence; que ces deux obligations sont corrélatives et doivent être conciliées dans la mesure du possible par le tribunal qui, s'il doit faire respecter l'autorité maritale, a aussi raison d'en empêcher les abus; que, dans l'espèce, l'état de la dame G... n'est pas contesté par son mari, qui consentirait même, à ce qu'il a plaidé, à la laisser se traiter à Bagnères et à y transporter, pendant la durée du traitement, le domicile conjugal; que cet état est précisé par une consultation fort détaillée du docteur Denucé, en date du 7 juill. 1880; qu'un document aussi affirmatif, aussi circonstancié, émanant d'une sommité médicale qui traite la malade depuis fort longtemps, qui l'a envoyée à Bagnères et dirige toujours le traitement, dispense le tribunal de recourir à l'expertise demandée; qu'il résulte de cette consultation que la dame G... est atteinte d'une névrose des nerfs pneumo-gastriques, c'est-à-dire des nerfs qui traversent, suivant leur dénomination, les organes de la respiration, le cœur et l'estomac, les trois grandes fonctions de la nutrition; que, depuis quinze ans, les crises succèdent aux crises, dont la forme varie, mais dont le fond reste le même, crises entretenues, dit le docteur Denucé, par des causes morales qui se renouvellent sans cesse et laissent constamment la vie suspendue à un fil; qu'indépendamment des remèdes indiqués, le vrai traitement, le seul efficace, a toujours été le calme et l'isolement; — Attendu que ce repos, ce calme, si indispensables dans le triste état où l'a réduite sa maladie, la dame G... ne les goûte pas auprès de son mari; qu'un coup d'œil sur leur correspondance suffit pour s'en convaincre; que leur intérieur est loin d'être paisible; qu'ils vivent en un état de lutte continuelle qui trouve un aliment dans des démêlés d'affaires; que G... ne saurait le nier, lui qui écrivait le 19 avr. 1879, à sa femme : « J'ai un orgueil incommensurable; on n'a que trop parlé des dimensions du vôtre; ces deux orgueils sont en présence; l'un des deux aura certainement raison de l'autre »; que la mésintelligence atteignit même un tel degré, que les époux ne s'entretenaient plus dans leur ménage que par voie de correspondances écrites, ainsi que G... le rappelait lui-même à sa femme dans sa lettre du 18 févr. 1880; que ces luttes intestines étaient parfaitement connues du docteur Denucé, qui avait été à même de constater que, quand la dame G... a vécu auprès de son mari, elle s'est trouvée soumise à des conversations journalières irritantes, à des réclamations incessantes, à des pressions et à des injonctions violentes; les crises ont immédiatement reparu, toujours formidables, toujours croissantes et menaçantes pour la vie; que, par conséquent, il faut conclure, comme le docteur Denucé, que la cohabitation doit être empêchée, quant à présent, entre le mari et la femme, si l'on ne veut dévouer celle-ci à une mort certaine, et le premier à un remords éternel; que le tribunal ne saurait faillir à cette tâche, et qu'il doit faire ce que ferait certainement G..., s'il venait à s'affranchir des préoccupations soulevées chez lui par les questions d'affaires et d'intérêt et par le désir de s'acquitter envers ses créanciers; ce qu'il faisait lorsqu'il écrivait, le 31 nov. 1878, à sa femme : « Je vous confirme ma lettre du 25, vous disant que, pour la prolongation de votre séjour, vous étiez le meilleur juge, et je vous laisserai complètement libre »; que le tribunal doit autoriser, mais à titre essentiellement provisoire et seulement pendant le cours de sa maladie, la dame G... à résider séparément, soit à Bagnères, soit dans toute autre station que prescrira son médecin; qu'en vain soutiendrait-on, pour écarter cette solution, que la dame G..., ayant promis de rentrer à Libourne, après avoir posé certaines conditions, avait reconnu que sa maladie n'était pas un obstacle à sa réintégration; qu'il importe peu, en effet, que, vaincue par les instances de son mari, et peut-être aussi par ses propres scrupules, la dame G..., présumant trop de ses forces, ait fait une semblable promesse; que le tribunal ne saurait s'y arrêter, par le motif qu'il ne se détermine pas d'après les convenances personnelles, mais seulement en considération de l'état de maladie de la dame G... qui a besoin d'un calme et d'un repos absolus qu'elle ne saurait trouver auprès d'un mari qui lui fait des procès et qui la poursuit de cette prétention incessante de lui faire payer ses dettes; — Par ces motifs; — Le tribunal autorise la dame G... à résider séparément à Bagnères ou dans toute station que prescrira le médecin, pendant le cours de la maladie dont elle est atteinte, et après la guérison de laquelle elle devra réintégrer le domicile conjugal, etc. ». — Sur l'appel du sieur G..., le jugement a été réformé.

LA COUR; — Attendu que l'art. 214 c. civ. impose à la femme l'obligation d'habiter avec son mari; que, de son côté, le mari doit la recevoir et lui fournir ce qui lui est nécessaire pour ses besoins, selon ses facultés et son état; que la cohabitation est à la fois, pour les époux, une obligation naturelle et un devoir légal, et qu'il n'appartient pas aux tribunaux de les en affranchir; qu'ils ont seulement le droit d'apprécier si le logement offert par le mari répond à la position de la femme et garantit sa sécurité et sa dignité; — Attendu que G... offre de fixer le domicile conjugal soit dans la ville de Bagnères, dont les médecins ont prescrit le séjour à la dame G..., soit dans toute autre localité qui serait jugée plus favorable à sa santé; qu'il ne décline pas l'obligation de lui fournir un logement convenable, et qu'il n'existe pas de discussion à cet égard; mais que la dame G... prétend avoir, jusqu'à sa guérison, une habitation séparée, dont l'accès soit interdit à son mari; qu'elle allègue, en s'appuyant sur l'avis de plusieurs médecins, que la plus grande tranquillité morale lui est indispensable, et qu'à raison des lettres irritantes que son mari lui a écrites et des discussions d'intérêt qui ont eu lieu entre eux à la suite des revers commerciaux éprouvés par G..., la vie commune est incompatible avec le repos et l'isolement dont elle a absolument besoin; — Attendu que la cour n'a pas à rechercher si, dans la correspondance échangée entre les époux, ils n'ont pas méconnu, l'un et l'autre, la modération qu'ils auraient dû garder; qu'il suffit de constater que la dame G... n'a pas songé à puiser, dans les lettres ou les procédés de son mari, un motif de séparation; — Attendu que la femme non séparée de corps reste sous l'empire de la loi commune; que cette loi régit toutes les situations; qu'il n'appartient pas aux tribunaux d'en suspendre l'application ou d'en limiter l'effet suivant les circonstances, en s'inspirant de considérations qui sont du domaine exclusif de la délicatesse et de la conscience; que la cour ne saurait donc reconnaître à la dame G... le droit d'avoir momentanément une habitation séparée, afin d'éviter, dans l'intérêt de sa santé, les impressions pénibles que lui occasionnerait la présence de son mari ou les discussions d'intérêt dont elle redoute le retour; — Attendu que la dame G..., étant séparée de biens, doit contribuer aux charges du mariage jusqu'à concurrence du tiers de ses revenus; que cette part doit être fixée à 12 000 fr.; qu'il convient, en outre, pour le cas où elle ne réin-

La convention par laquelle un mari autoriserait sa femme à vivre séparée de lui et s'obligerait à lui servir une pension serait nulle, en ce sens que la femme ne pourrait en exiger l'accomplissement ni dans le présent ni dans l'avenir (Nîmes, 9 mai 1860, aff. N... D. P. 60, 2, 219).

410. L'obligation pour la femme d'habiter avec le mari étant fondée non seulement sur les dispositions de notre droit civil, mais aussi sur le droit naturel, l'étranger qui réside en France peut actionner sa femme devant les tribunaux français pour la contraindre à remplir cette obligation (Bastia, 21 mai 1856, aff. Arata, D. P. 57. 2. 14; Trib. civ. d'Evreux, 15 févr. 1861, aff Rey-Ratellet, D. P. 62. 3. 39).

411. Réciproquement, « le mari, dit l'art. 214 c. civ., est obligé de recevoir sa femme et de lui fournir tout ce qui lui est nécessaire pour les besoins de la vie, suivant ses facultés et son état ». — Il a été jugé que la demande en réintégration du domicile conjugal, formée par la femme, ne peut pas être repoussée par le juge sous prétexte que, à raison de la conduite antérieure de la demanderesse, cette demande ne saurait être considérée comme sérieuse (Civ. cass. 27 janv. 1874, aff. X..., D. P. 74. 1. 140).

412. Les obligations imposées à la femme d'obéir à son mari (c. civ. art. 213) et d'habiter avec lui (c. civ. art. 214), et celles, qui incombent au mari, de protéger sa femme (c. civ. art. 213), de la recevoir et de lui fournir le nécessaire (c. civ. art. 214), sont corrélatives. Il en résulte que le mari ne peut exiger que la femme remplisse ses obligations sans lui-même remplir les siennes. S'il veut contraindre la femme à demeurer avec lui et à le suivre où il juge à propos de résider, il doit, de son côté, lui offrir un domicile convenable, et non seulement lui fournir tout ce qui est nécessaire aux besoins matériels de la vie, mais encore garantir suffisamment sa sécurité et sa dignité (V. en ce sens, les auteurs et les arrêts cités au *Rép.* n°s 749 et suiv. *Adde :* Aubry et Rau, t. 5, § 471, p. 136; Laurent, t. 3, n° 87; Baudry-Lacantinerie, t. 1, n° 618; Req. 20 nov. 1860, aff. Appert, D. P. 61. 1. 305; Huc, t. 2, n° 236). — Jugé, spécialement, depuis la publication du *Répertoire :* 1° que le refus par la femme d'habiter avec son mari, au domicile des père et mère de ce dernier, avec lesquels il est constaté qu'elle ne pouvait pas demeurer, à raison de contrariétés de toute espèce qui lui rendaient intolérable cette habitation commune, n'a pas le caractère d'une injure susceptible de servir de base à une demande en séparation de corps (Dijon, 4 janv. 1860, et sur pourvoi, Req. 20 nov. 1860, aff. Appert, D. P. 61. 1. 305); — 2° Que la femme, sommée par son mari de réintégrer le domicile conjugal, n'est pas placée dans l'alternative rigoureuse d'obéir à cette sommation ou de faire prononcer la séparation de corps; qu'elle peut, avant de se soumettre, exiger de son mari qu'il remplisse au préalable ses devoirs vis-à-vis d'elle; mais qu'elle ne peut décliner l'obligation, dont elle est tenue, d'habiter avec son mari, sous le seul prétexte que le climat de la ville où il demeure ne serait pas favorable à sa santé (Alger, 3 févr. 1879) (1). — V. aussi Douai, 29 févr. 1876 et, sur pourvoi, Req. 2 janv. 1877, aff. Bastien, D. P. 77. 1. 162, cités *suprà,* n° 367.

413. Quelle est la sanction des obligations imposées à chaque époux par l'art. 214 c. civ. : obligation pour la femme d'habiter avec son mari; obligation pour le mari de recevoir sa femme et de la traiter maritalement? Sur cette question, qui est traitée au *Rép.* n°s 755 et suiv., il y a toujours de nombreuses divergences dans la doctrine et dans la jurisprudence.

414. Une première sanction, sur laquelle tout le monde est d'accord, et qui est commune aux deux époux, consiste dans le droit, pour l'époux qui se voit abandonné par son conjoint, de demander le divorce ou la séparation de corps pour injure grave (V. *Rép.* n° 756, et *suprà,* v° *Divorce et séparation de corps,* n° 74).

415. En ce qui concerne *la femme qui refuse d'habiter avec son mari,* il est certain que le mari peut lui refuser des aliments : il le peut non seulement sur les revenus de ses biens personnels et de la communauté, mais même sur les revenus des biens propres à la femme dont il est adminis-

---

tégrerait pas le domicile conjugal, d'autoriser G... à faire saisir les revenus de sa femme, jusqu'à concurrence de cette somme, pour les percevoir et en disposer; — Par ces motifs; — Faisant droit à l'appel interjeté par G... du jugement rendu, le 6 août 1880, par le tribunal de Libourne, lui donne acte de ce qu'il est prêt, pendant la durée de la maladie de sa femme, à fixer le domicile conjugal soit à Libourne, soit à Bagnères-de-Bigorre, soit en tout autre lieu jugé plus favorable à la santé de la dame G..., et à y habiter avec elle; moyennant ce, réforme la décision des premiers juges; — Emendant, condamne la dame G... à réintégrer le domicile conjugal et à y habiter avec son mari dans tel lieu qu'il lui plaira d'indiquer comme plus favorable à sa santé; — Dit qu'elle devra faire cette déclaration dans le délai de quinzaine, à partir de la prononciation de l'arrêt, sinon elle sera tenue, dans ce même délai, de réintégrer le domicile conjugal à Libourne; — Faute de ce faire dans ledit délai, autorise G... à faire saisir et percevoir, pour en disposer, les revenus échus et à échoir de la dame G..., jusqu'à concurrence de 12 000 fr. par an, etc.

Du 3 janv. 1882.-C. de Bordeaux, 1re ch.-MM. Izoard, pr.-Bourgeois, av. gén.-Lafon et Dutard (du barreau de Paris), av.

(1) (Sistach C. Sistach.) — LA COUR; — Attendu, en fait, que les époux Sistach, après avoir vécu de 1855 à 1862, dans les conditions ordinaires d'une union conjugale, ont à cette époque établi entre eux, d'un commun accord, un *modus vivendi* provisoire; que le mari appelé par son service en Algérie, trouvant chez sa femme une grande hésitation à s'éloigner autant de sa mère, qui était alors veuve et âgée, consentit par condescendance à laisser la dame Sistach à Dijon, auprès de la dame Darantière et lui donna procuration de toucher les revenus de ses biens personnels; que la mort de la dame Darantière étant survenue en 1876, le docteur Sistach, croyant n'être plus tenu aux mêmes ménagements, rappela auprès de lui la dame Sistach; que, celle-ci étant demeurée sourde à son appel, il se vit obligé de donner à son instance une forme plus pressante, en révoquant sa procuration, en mettant opposition sur les revenus personnels de sa femme et en sommant la dame Sistach de réintégrer le domicile conjugal; qu'alors la dame Sistach intenta deux actions, l'une pour obtenir une pension alimentaire, l'autre pour faire lever les oppositions pratiquées par son mari; que le tribunal de Bône a statué par jugements des 16 oct. 1877 et 25 juin 1878; que la dame Sistach a interjeté appel de ces deux décisions; — Attendu qu'il y a entre ces deux instances une étroite connexité, et qu'il convient, en prononçant la jonction, de statuer sur icelles par un seul et même arrêt; — Attendu que le sieur Sistach oppose à la double demande de la dame Sistach une fin de non-recevoir qu'il fonde sur un principe absolu; — Qu'il soutient que la dame Sistach, engagée dans les liens du mariage, est tenue de résider avec son mari, et qu'elle ne saurait s'affranchir de cette obligation qu'en faisant prononcer sa séparation de corps; que sa demande ne tend à rien moins qu'à créer une situation intermédiaire, qui ne serait ni le mariage, ni la séparation de corps, et que cet état, contraire à la loi, ne peut être consacré par la justice; que la femme trouverait ainsi un moyen trop facile d'éluder les obligations du mariage, sans s'astreindre à la preuve des faits qui seuls peuvent motiver une séparation de corps; — Attendu, en droit, que cette objection, qui prend sa source dans une doctrine absolue, repose sur un principe inexact, parce qu'il est poussé jusqu'à l'exagération; qu'en effet, la femme, sommée de réintégrer le domicile conjugal, n'est pas placée dans cette alternative rigoureuse : de se soumettre toujours, ou de se séparer judiciairement; qu'elle peut avoir, pour éviter le scandale d'une instance en séparation, les motifs les plus honorables, et qu'il faut se garder de lui faire un devoir de ce qui n'est qu'un droit dont elle doit demeurer l'arbitre; qu'aussi bien, avant d'en venir à cette extrémité, la femme peut se borner à exiger de son mari, qui la somme de réintégrer le domicile conjugal, qu'il remplisse au préalable les conditions mêmes de l'obligation dont il s'arme contre elle; qu'en choisissant cette demi-mesure, la femme, loin de violer la loi, se place sous sa protection, et qu'en réclamant un simple sursis motivé sur l'inexécution d'un devoir corrélatif au sien, elle use d'un mode de défense ordinaire et ne demande pas une séparation de fait, dont la permanence serait en effet une illégalité; qu'il y a lieu, dès lors, de ne pas s'arrêter à cette sorte de fin de non-recevoir, et qu'il convient, en passant outre, d'examiner de plus près la situation des époux; — Mais attendu que la femme ne peut décliner, même momentanément, les obligations du mariage qu'autant qu'elle établit que le mari ne remplit pas les siennes; qu'en appréciant à ce point de vue les circonstances de la cause, il échet de ne tenir aucun compte d'allusions qu'on n'a pas même pris soin de préciser, et de s'attacher exclusivement aux faits qui sont nettement articulés; que tout d'abord il faut écarter un prétendu refus que la dame Sistach aurait essuyé en 1867, de la part de son mari, puisque, n'ayant pas été invoqué comme grief de séparation de corps, il ne saurait, en 1879, légitimer la résistance de la femme à l'exigence légale de son mari; — Attendu qu'en première instance, comme en appel, la dame Sistach a ensuite fondé sa demande sur l'état de sa santé qui

trateur (V. *Rép.* n° 757; Trib. Lyon, 19 mars 1870, aff. B..., D. P. 71. 5. 258; Paris, 5 avr. 1875, *suprà*, n° 366; Bordeaux, 29 mai 1878, *suprà*, n° 366; Aubry et Rau, t. 5, § 471, p. 134 et suiv.; Laurent, t. 3, n° 90; Baudry-Lacantinerie, t. 1, n° 620; Huc, t. 2, n° 237).

416. Si la femme, d'après le contrat de mariage, a le droit de toucher elle-même ses revenus, la jurisprudence admet que le mari peut se faire autoriser par le juge à les saisir, et même faire ordonner le séquestre des biens de la femme jusqu'à ce qu'elle ait réintégré le domicile conjugal (V. les arrêts cités au *Rép.* n° 758 et Paris, 27 janv. 1855, aff. J..., D. P. 55. 2. 208; Nîmes, 20 févr. 1862, aff. Laporte, D. P. 63. 2. 193; Trib. Lyon, 19 mars 1870, aff. B..., D. P. 71. 5. 258. V. aussi en ce sens, Aubry et Rau, t. 5, § 471, p. 135). Mais ici déjà, d'après quelques auteurs, la jurisprudence se mettrait en contradiction avec la loi. Une saisie, dit-on, ne peut avoir lieu qu'en vertu d'une créance; or le mari n'est pas le créancier de la femme. S'il est vrai qu'il peut lui refuser des aliments quand elle ne veut pas venir les recevoir au domicile conjugal, il ne s'ensuit pas qu'il ait le droit de la priver de ses revenus, quand elle ne lui demande rien (Laurent, t. 3, n° 91; Baudry-Lacantinerie, t. 1, n° 620; Huc, t. 2, n° 237). Contre ces arguments, la jurisprudence invoque, avec raison, suivant nous, la nécessité : il faut bien que les magistrats puissent user des moyens nécessaires pour que leurs ordonnances soient exécutées; autrement, une femme riche pourra impunément enfreindre ses devoirs. La saisie des revenus est, d'ailleurs, appliquée, comme moyen de contrainte, dans d'autres cas que celui dont il s'agit ici, notamment lorsqu'un époux contre lequel le divorce ou la séparation de corps a été prononcé refuse de rendre les enfants dont la garde lui a été retirée (V. *suprà*, v° *Divorce et séparation de corps*, n° 311).

417. La jurisprudence tend à admettre aussi que la femme qui refuse de réintégrer le domicile conjugal, peut être condamnée envers le mari à des dommages-intérêts. Ainsi, il a été décidé que les juges peuvent recourir, suivant les circonstances, aux moyens qui leur paraissent les plus efficaces pour contraindre la femme à rentrer dans le domicile conjugal; qu'ils peuvent, notamment, prononcer contre elle une condamnation à une certaine somme de dommages-intérêts, par chaque jour de retard, pendant un temps déterminé, faute par elle de reprendre la vie commune (V. Paris, 2 mars 1877, aff. Dupont, D. P. 77. 2. 91, et sur pourvoi, Req. 26 juin 1878, D. P. 79. 1. 80. Comp. dans le même sens : Bruxelles, 1er avr. 1824, *Rép.* n° 759-3°; C. provinciale de la Gueldre, 6 juin 1849, aff. G. W. S., D. P. 52. 2. 105; Nîmes, 20 févr. 1862, aff. Laporte, D. P. 63. 2. 193). — D'autres arrêts pourtant ont jugé, en sens contraire, que le refus de la femme de cohabiter avec le mari ne peut entraîner contre elle une condamnation pécuniaire (Bourges, 17 mai 1808, *Rép.* n° 753; Colmar, 4 janv. 1817, *Rép.* n° 760; 10 juill. 1833, *Rép.* n° 761; Pau, 11 mars 1863, aff. Moulié-Picamilh, D. P. 63. 1. 193).

Cette dernière solution est adoptée par la plupart des auteurs (V. *Rép.* n° 759). Suivant MM. Aubry et Rau, t. 5, § 471, p. 135, note 5, l'obligation pour la femme de cohabiter avec le mari n'est point une obligation corrélative à un droit de créance, mais un devoir correspondant à un droit de puissance, et qui, par cela même, ne se résout pas en dommages-intérêts. « On ne peut s'empêcher de sourire, dit M. Baudry-Lacantinerie, t. 1, n° 620, à l'idée d'un mari qui vient faire escompter en argent la possession de sa femme. Comme s'il y avait là un préjudice susceptible d'une évaluation pécuniaire! Il faut appeler les choses par leur nom : sous couleur de dommages et intérêts, c'est une véritable amende qu'on prononce contre la femme. Est-ce par application de la règle *Nulla pœna sine lege?* » (V. aussi dans le même sens, Laurent, t. 3, n° 92). — Mais on peut répondre qu'en fait l'absence de la femme du domicile conjugal peut être pour le mari la cause d'un préjudice moral et matériel. De plus, la condamnation au payement d'une certaine somme, par chaque jour, chaque semaine ou chaque mois de retard, est un moyen de contrainte que les magistrats peuvent employer, en général, à l'égard de toute personne qui se refuse à l'accomplissement d'une obligation (V. Demolombe, t. 4, n° 106).

418. Enfin, la jurisprudence a sanctionné l'obligation pour la femme d'habiter avec le mari par un moyen plus énergique encore que tous ceux qui précèdent, ou du moins plus violent, celui de l'emploi de la force publique. Il a été maintes fois jugé que le mari peut se faire autoriser par justice à requérir l'assistance de la force armée pour contraindre sa femme à réintégrer le domicile conjugal (V. les arrêts cités au *Rép.* n° 762, et en outre : Paris, 31 mars 1855, aff. Montassier, D. P. 55. 2. 284; Bastia, 21 mai 1856, aff. Arata, D. P. 57. 2. 14; Nîmes, 20 févr. 1862, aff. Laporte, D. P. 63. 2. 193; 10 juin 1862, aff. Nazon, *ibid.*; Pau, 11 mars 1863, aff. Moulié-Picamilh, *ibid.*).

La plupart des auteurs se sont prononcés dans le même sens (V. en sus de ceux cités au *Rép.* n° 762 : Demante et Colmet de Santerre, t. 1. n° 297 *bis*, III; Aubry et Rau, t. 5, § 471, p. 135 et suiv.; Deloze, *Théorie de la puissance maritale*, p. 131 et suiv.). Mais il y a quelques décisions judiciaires en sens contraire (V. *Rép.* n° 761; C. provinciale de la Gueldre, 6 janv. 1849, aff. G. W. S., D. P. 52. 2. 105; C. provinciale de la Hollande méridionale, aff. N..., *ibid.*; Aix, 22 mars 1884) (1). Et la légitimité du recours à la force en pareil cas

---

rendrait impossible pour elle le séjour de Bône; — Attendu, à la vérité, que la dame Sistach produit des certificats qui tendent à établir qu'elle serait atteinte d'anémie, mais que les autres documents du procès, et notamment la correspondance, permettent de penser que cet état, assez peu définissable, n'a pas sérieusement altéré sa santé, puisqu'elle a pu, jusqu'à ce jour, continuer son existence de femme du monde, et affronter, même sous ce rapport, d'assez grandes fatigues; que la préoccupation, que parait lui causer aujourd'hui le climat algérien, est nouvelle, puisqu'à une certaine époque elle insistait elle-même pour venir à Bône dans les conditions les plus défavorables; qu'enfin, à Bône, avec une vie calme, des soins appropriés qu'elle recevra de son mari lui-même, qui est médecin, on doit espérer qu'elle se remettra vite d'un affaiblissement passager; qu'il suit de là que le motif unique expressément invoqué par la dame Sistach ne saurait suffire pour la dispenser, même momentanément, de réintégrer le domicile conjugal, et, à plus forte raison, pour lui donner les moyens de se soustraire à cette obligation; — Par ces motifs, joignant les deux instances d'appel et y statuant par un seul et même arrêt, en donnant acte au sieur Sistach de ce qu'il offre de recevoir sa femme à son domicile, à Bône, et de la traiter avec égards et convenance, selon son rang et sa fortune; — Sans s'arrêter aux conclusions principales et subsidiaires de l'appelante; — Rejette les deux appels de la dame Sistach, confirme les deux jugements des 16 oct. 1877 et 25 juin 1878, dit qu'ils sortiront leur plein et entier effet.

Du 3 févr. 1879.-C. d'Alger. 1re ch.-MM. Bazot, 1er pr.-Piette, av. gén.-Chéronnet et Robe, av.

(1) (Dame Meyer C. Meyer.) — LA COUR; — Sur la compétence; — Attendu que la demande du mari en réintégration du domicile conjugal, avec rapport des objets mobiliers soustraits par la femme, réunit tous les caractères de l'urgence, et qu'il y aurait souvent de graves inconvénients à lui faire subir les délais d'une instance ordinaire devant le tribunal; qu'elle rentre donc dans les cas qui, aux termes de l'art. 806, c. proc. civ., sont de la compétence du juge des référés; — Sur le fond; — Attendu qu'aux termes de l'art. 214, c. civ., la femme est obligée d'habiter avec son mari; qu'en ordonnant à la femme Meyer de réintégrer le domicile conjugal, et d'y rapporter les objets mobiliers par elle soustraits, le juge des référés n'a fait que suivre les prescriptions de la loi; que l'intérêt de la société et la dignité du mariage en réclament également l'exécution; — Sur l'exécution *etiam manu militari*: — Attendu que le droit pour le mari de faire emploi de la force publique pour obliger la femme à rentrer au domicile conjugal n'existe ni dans l'esprit, ni dans le texte de la loi; qu'il est prouvé par la discussion de l'art. 214 au conseil d'État que le premier consul, en déclarant que la femme était obligée d'une manière absolue de suivre son mari, s'est borné à dire que le mari aurait le droit, comme moyen coercitif, de lui refuser des aliments; qu'aucun orateur n'a parlé de la contrainte par corps, et que M. Boulay a ajouté que les difficultés devraient être abandonnées aux mœurs et aux circonstances; qu'il n'est pas au pouvoir des tribunaux de créer des peines, et que, dans le silence de la loi, ils doivent se borner aux seuls moyens d'exécution qu'elle leur ait permis d'employer, tels que, la perte pour la femme des revenus, et la dispense du mari de pourvoir à ses besoins; que, quand même la femme échapperait à tout, ce ne serait pas un motif d'admettre la contrainte par corps, puisque ce mode d'exécution n'est pas autorisé par la loi; — Attendu, d'ailleurs, que le juge ne doit pas chercher un moyen coercitif qui assure simplement le retour de la femme au domicile con-

a été très vivement attaquée par M. Laurent, t. 3, n° 93, auquel se sont joints depuis, MM. Baudry-Lacantinerie, t. 1, n° 620 et Huc, t. 2, n° 238). Le plus grand reproche fait par ces auteurs à l'emploi de la force vis-à-vis de la femme, c'est que ce moyen est impuissant : on peut bien, en effet, ramener ainsi la femme au domicile du mari, mais on ne peut pas l'obliger à y rester, car le mari n'a pas le droit de la tenir en charte privée. Néanmoins, il faut bien reconnaître que la seule menace de la contrainte matérielle suffira quelquefois pour faire rentrer la femme au foyer conjugal et pour l'empêcher de le quitter. Au surplus, la question n'est pas de savoir si le moyen peut être plus ou moins efficace, mais si le mari a le droit de l'employer. Or, sur ce point, M. Laurent fait des concessions qui nous semblent ruiner sa thèse : « En principe, dit-il, *loc. cit.*, nous admettons que le débiteur peut être contraint à remplir son obligation, quand cela se peut, par l'emploi de la force. Il n'y a pas là la moindre atteinte à la liberté individuelle. La liberté serait violée si le débiteur était emprisonné ; elle le serait à l'égard de la femme, si elle était enfermée dans le domicile conjugal ; elle ne l'est pas si on la force seulement à y rentrer, car elle y est obligée, c'est elle-même qui, en ce sens, s'est privée de la liberté en se mariant. Si nous repoussons la force, c'est qu'il ne s'agit pas seulement d'obliger la femme à réintégrer le domicile conjugal, il s'agit de la vie commune ; or, ici la force est impuissante ». Mais la réintégration du domicile conjugal par la femme est le commencement du rétablissement de la vie commune ; si ce premier résultat peut être obtenu, pourquoi donc refuser au mari le moyen de contraindre la femme à remplir ses obligations dans la mesure où cela est possible?

419. Suivant MM. Aubry et Rau, t. 5, § 471, p. 136, note 8, les tribunaux n'ont pas un pouvoir discrétionnaire à l'effet d'autoriser ou non le mari à user de la force armée pour faire rentrer sa femme au domicile conjugal ; ils sont tenus d'ordonner cette voie de contrainte, quand elle est requise à défaut d'autre moyen d'exécution ou à raison de l'inefficacité de ceux qui ont été jusqu'alors employés ; et le jugement qui refuserait l'autorisation demandée par le mari encourrait la censure de la cour de cassation, comme ayant pour effet de paralyser l'exercice d'un droit reconnu par la loi (V. cependant, Req. 6 janv. 1829, *Rép.* n° 764).

420. Quant à la procédure que doit suivre le mari, un seul jugement, comme on l'a dit au *Rép.* n° 766, est suffisant. Le mari doit seulement, au préalable, mettre en demeure, par une sommation, la femme d'avoir à réintégrer le domicile conjugal. Si elle s'y refuse, il doit alors l'assigner devant le tribunal et conclure à ce qu'il soit ordonné que, dans un certain délai, la défenderesse sera tenue de réintégrer le domicile de son mari et que, faute par elle d'obéir à cette injonction, le mari pourra l'y contraindre avec le concours de la force armée, ou qu'à la diligence du procureur de la République, elle sera conduite au domicile conjugal par la gendarmerie, si l'intervention de la force publique devient nécessaire, cette intervention devant d'ailleurs cesser dès que la femme aura rejoint son mari (V. Paris, 31 mars 1855, aff. Montassier, D. P. 55. 2. 284 ; Pau, 11 mars 1863, aff. Moulié-Picamilh, D. P. 63. 2. 193).

421. Il a été jugé, mais à l'égard d'une femme dont le mari était étranger et n'avait pas de domicile en France, que la demande du mari tendant à contraindre sa femme à rentrer au domicile conjugal était de la compétence du tribunal du lieu dans lequel la femme avait établi sa résidence séparée (Trib. Evreux, 15 févr. 1861, aff. Rey-Ratellet, D. P. 62. 3. 39). Lorsque le mari est domicilié en France, la demande en réintégration du domicile conjugal doit évidemment être portée devant le tribunal de ce domicile (art. 59 c. pr. civ.). — Jugé aussi qu'une telle demande est par sa nature dispensée du préliminaire de conciliation (Même jugement).

422. En ce qui concerne *le mari qui refuse de recevoir sa femme*, les mêmes moyens de contrainte peuvent être employés qu'à l'égard de la femme qui refuse d'habiter avec son mari (V. *Rép.* n° 768). Ainsi, le mari peut être condamné à payer à sa femme une pension alimentaire, alors même que la séparation de corps n'est pas prononcée entre les époux. La femme, en effet, qui est disposée à reprendre la vie commune, ne saurait être obligée à demander la séparation de corps ou le divorce, par cela seul que son mari ne veut pas la recevoir (Aix, 17 févr. 1871, aff. Bœuf, D. P. 72. 2. 64 ; Trib. Seine, 20 avr. 1891 (1). V. aussi *suprà*, n° 412). Jugé, toutefois que la femme mariée qui a volontairement quitté le domicile conjugal (notamment pour se livrer à l'inconduite), n'a pas le droit de demander une pension alimentaire contre son mari, encore bien qu'il refuserait de la recevoir (Paris, 29 août 1857, aff. C..., D. P. 58. 2. 27).

Si l'on admet que la femme qui refuse d'habiter avec son mari peut être condamnée envers celui-ci à des dommages intérêts, on doit admettre également que le mari peut être condamné à des dommages-intérêts, envers sa femme, à raison du dommage qu'il lui cause en l'obligeant à vivre en dehors du domicile commun (V. *suprà*, n° 417).

Enfin, les tribunaux peuvent et même doivent, si la femme ne veut pas se contenter d'une pension alimentaire ou de dommages-intérêts, l'autoriser à recourir à l'emploi de la force publique pour se procurer l'entrée du logement occupé par son mari (V. *Rép.* n° 768 ; Aubry et Rau, t. 5, § 471, p. 137. *Contrà :* Laurent, t. 3, n° 94 ; Baudry-Lacantinerie, t. 1, n° 621). — Mais les tribunaux ne pourraient permettre à la femme d'employer la force publique pour obliger le mari à réintégrer le domicile commun. Si, en effet, la femme a le droit d'être reçue dans ce domicile, le mari, tout obligé qu'il est à la traiter maritalement, n'est pas tenu de la rejoindre là où elle juge à propos de résider (Aubry et Rau, *loc. cit.* Comp. Douai, 2 juin 1852, aff. B..., D. P. 53. 2. 132).

Art. 2. — *De l'autorisation du mari ou de la justice, nécessaire à la femme pour certains actes* (*Rép.* n°s 771 à 962).

423. On a recherché, au *Rép.* n° 772, quel est le fondement de l'incapacité de la femme mariée. Sur cette ques-

---

jugal, mais un moyen qui assure la continuité d'habitation ; que l'arrestation de la femme ne procurerait pas ce résultat, puisqu'une fois déposée par la force armée dans ledit domicile, elle pourrait s'en éloigner à l'instant d'après ; que son second départ et tous ceux qui pourraient suivre constituant des faits nouveaux n'ayant pu être réglés par la première ordonnance de référé, il en résulterait pour le mari, l'obligation de recourir à l'autorité du juge, autant de fois qu'il se produirait de départs, et le droit de faire opérer une série d'arrestations aussi funestes à l'avenir du ménage qu'à la morale publique et à l'autorité du magistrat ; que cette considération suffit à démontrer l'inefficacité de la contrainte par corps, et qu'elle anéantit l'argument invoqué par ses partisans ; qu'il importe à la dignité de la justice que ses décisions soient exécutées ; — Attendu enfin qu'au cas d'inefficacité des moyens pécuniaires, il est plus conforme à nos mœurs d'admettre que le mari, qui n'aurait pas démérité d'une manière trop grave, obtiendra plutôt de la réflexion ou de l'intervention d'amis de la famille, le retour volontaire de sa femme que par l'effet scandaleux d'une arrestation ; que, pour trouver cette mesure légitime, il faut se reporter à d'autres temps et à d'autres pays ; — Par ces motifs ; — Reçoit la femme Meyer en son appel envers l'ordonnance du président civil de Toulon ; — Confirme ladite ordonnance tant sur la compétence qu'au fond ; — Dit néanmoins qu'elle ne sera pas exécutée *etiam manu militari*.

Du 22 mars 1884.-C. d'Aix.-MM. Chabriniac, pr.-Bujard, av. gén.-Emile Roux et Marius Arnaud, av.

(1) (Femme Lissens C. son mari.) — Le tribunal ; — Donne défaut contre Lissens faute par lui d'avoir constitué avoué, quoique régulièrement assigné ; — Et pour le profit : — Attendu qu'il résulte des débats et notamment d'une sommation du ministère de Dupuis, huissier à Paris, en date du 13 mars 1891, enregistrée, que Lissens se refuse à recevoir sa femme au domicile conjugal ; que le tribunal a les éléments nécessaires pour fixer à 100 fr. par mois la pension que Lissens devra, aux termes de l'art. 214 c. civ., servir à sa femme ;

Par ces motifs ;

Condamne Lissens à servir à sa femme une pension alimentaire de 100 fr. par mois, payable mensuellement et d'avance à compter du jour de la demande ; — Condamne Lissens aux dépens.

Du 20 avr. 1891.-Trib. civ. de la Seine, 6e ch.-MM. Blanc, pr.-Paul Bogelot, av.

tion, plus théorique que pratique, et qui était autrefois controversée, les auteurs actuels sont à peu près d'accord.

Tout d'abord, il est certain que l'incapacité de la femme mariée est la conséquence nécessaire de l'autorité maritale. Si la société conjugale a besoin d'un chef et si ce chef est le mari, il faut bien que la femme lui soit soumise. Au surplus, pour savoir dans quel but et pour la sauvegarde de quels intérêts la loi impose à la femme la nécessité d'obtenir l'autorisation de son mari dans la plupart des actes juridiques, il suffit de voir à qui la loi permet de se prévaloir du défaut d'autorisation. Elle le permet au mari, parce que son autorité a été méprisée. Elle le permet aussi à la femme et aux héritiers de la femme, parce que l'autorisation est exigée non seulement en faveur du mari, mais encore en faveur de la femme et des enfants. « Le mariage, dit très bien M. Laurent, t. 3, n° 95, qui nous semble ici perdre de vue sa théorie de l'égalité des époux que nous avons signalée *suprà*, n° 406, le mariage est une société ; chacun des associés a sa sphère d'action, sa mission : à la femme, les soins du ménage, l'éducation des enfants ; au mari, la direction des affaires. En ce sens, son intervention est requise non seulement parce qu'il a autorité sur sa femme, mais encore parce qu'il doit veiller sur les intérêts généraux de la famille » (V. dans le même sens : Aubry et Rau, t. 5, § 472, p. 138, note 5; Baudry-Lacantinerie, t. 1, n° 624; Huc, t. 2, n° 240; Deloze, *Théorie de la puissance maritale*, p. 138 et suiv.).

424. L'incapacité de la femme, tenant à la constitution de la société conjugale, est d'ordre public. Il en résulte que les parties ne peuvent pas y déroger, même par contrat de mariage (c. civ. 1388) (V. *suprà*, v° *Contrat de mariage*, n°s 13 et suiv.). Toutefois, le régime matrimonial choisi par les époux peut avoir pour effet de rendre cette incapacité plus ou moins étendue. De même, le jugement qui prononce la séparation de biens relève la femme de son incapacité, en tout ce qui se rapporte au recouvrement de ses droits et reprises (V. Civ. cass. 29 mars 1853, aff. Long, D. P. 53. 1. 103; Req. 8 juill. 1878, aff. Calvignac, D. P. 79. 1. 55).

425. L'incapacité de la femme mariée commence avec le mariage et ne finit qu'avec lui. Elle subsiste même après la séparation de corps, mais cesse par l'effet du divorce (V. *Rép.* n° 774, et *suprà*, v° *Divorce et séparation de corps*, n°s 543 et 632). Il a été jugé que, lorsqu'une femme mariée a interjeté appel d'un jugement sans l'autorisation de son mari et qu'au cours de l'instance le divorce a été prononcé, cette femme, ayant recouvré l'intégrité de ses droits, ne peut plus se voir opposer par son adversaire la nullité de l'acte d'appel (Paris, 15 févr. 1887, aff. Abel Elluini, D. P. 87. 2. 189).

§ 1er. — Cas où l'autorisation maritale est nécessaire à la femme pour ester en jugement (*Rép.* n°s 775 à 801).

426. Aux termes de l'art. 215 c. civ., « la femme ne peut ester en jugement sans l'autorisation de son mari, quand même elle serait marchande publique, ou non commune ou séparée de biens ». On a jugé à tort que la femme autorisée par son mari à faire toutes opérations de commerce et, relativement à ces opérations, tous actes permis par la loi à la femme commerçante, peut, en vertu de cette autorisation, poursuivre une instance commerciale (Aix, 9 janv. 1866, aff. Ferrand, D. P. 67. 5. 35). La femme marchande publique et, par conséquent autorisée par son mari à faire le commerce, a besoin, en outre, d'une autorisation spéciale pour toute instance, même commerciale, qu'elle veut intenter ou qui est intentée contre elle (V. *Rép.* n° 775; Civ. cass. 30 janv. 1877, aff. Estavard, D. P. 77. 1. 348; Laurent, t. 3, n° 102).

427. D'après la cour de cassation, le principe que la femme ne peut ester en jugement sans l'autorisation de son mari est général et absolu, et doit recevoir son application dans tous les cas où la femme comparaît en justice soit en demandant, soit en défendant, quelle que soit la nature de l'action qu'elle intente ou quel que soit l'objet de la demande dirigée contre elle (Civ cass. 21 févr. 1888, aff. Bedos-Fouque, D. P. 88. 1. 214. V. *Rép.* n° 777).

428. La femme a besoin de l'autorisation du mari ou de justice, même pour plaider contre son mari (*Rép.* n° 776). Ainsi, il a été jugé que la femme mariée, même lorsqu'elle porte une plainte en adultère contre son mari, ne peut demander des réparations civiles qu'autant qu'elle y est habilitée par une autorisation expresse du mari ou de justice; que l'acceptation du débat par le mari, sans aucune réserve, ne saurait suffire (Paris, 26 avr. 1872, aff. Loir, D. P. 72. 2. 188. V. aussi Paris, 11 août 1849, aff. Roger de Beauvoir, D. P. 52. 2. 77. V. toutefois, Civ. rej. 18 mars 1878, aff. De Bauffremont, D. P. 78. 1. 201). — Mais lorsque le mari intente une action contre sa femme, il l'autorise par là même tacitement à ester en justice ; une autorisation expresse n'est pas alors nécessaire. Il a été jugé : 1° que le mari qui interjette appel du jugement qui a prononcé la nullité du mariage sur la demande de la femme, autorise par le fait même cette dernière à ester en justice dans l'instance d'appel (Req. 8 mars 1875, aff. Joureau et Bezinge, D. P. 75. 1. 482); — 2° Que, lorsque le mari, contre lequel la femme a interjeté appel, accepte le débat et reprend dans des conclusions formelles les prétentions qui avaient fait l'objet de la demande originaire, il maintient ainsi tacitement au second degré de juridiction l'autorisation d'ester en justice qu'il avait tacitement donnée en première instance (Civ. rej. 18 mars 1878, précité); — 3° Que la femme mariée, actionnée par son mari en nullité de la reconnaissance, par lui faite, d'un enfant naturel que cette femme avait eu avant le mariage, est par là même tacitement autorisée à défendre à cette action; que, par suite, une autorisation spéciale de la justice ne lui est pas nécessaire, soit pour plaider en première instance, soit pour soutenir, devant la cour, l'appel par elle interjeté (Nîmes, 7 mai 1879, aff. Rateau, D. P. 79. 2. 133);... qu'en pareil cas, la femme n'a même pas besoin d'une autorisation spéciale pour plaider contre les autres parties intervenantes au procès, l'objet du litige étant indivisible (Même arrêt).

429. D'après la jurisprudence, la demande en nullité de mariage formée par la femme est subordonnée, comme toute autre demande intentée par une femme mariée, à l'autorisation du mari ou de justice (V. les arrêts cités au *Rép.* n° 779, et en outre : Civ. cass. 19 mai 1858, aff. Fore, D. P. 58. 1. 271; Lyon, 4 avr. 1867) (1). Jugé notamment : 1° que l'autorisation maritale ne résulte pas, dans ce cas, de la pré-

(1) (D... *C.* femme D... et femme R...) — Le 22 mai 1866, jugement du tribunal civil de Saint-Etienne ainsi conçu : — « Attendu qu'Angélique R... et la veuve R..., sa mère, demandent au tribunal qu'il soit déclaré qu'il n'existe pas de mariage civil entre Angélique R... et Mathieu D... et que l'acte constatant ce prétendu mariage soit au besoin déclaré nul; — Attendu que, comme conséquence à ces conclusions, les deux demanderesses ont déclaré s'inscrire en faux contre l'acte rédigé en la mairie de Saint-Jean-de-Bonnefonds, le 23 août 1865, et que cette inscription de faux a été faite au greffe, le 28 février dernier ; — Attendu qu'il est nécessaire au tribunal de préciser quelques points de fait avant d'examiner la demande d'Angélique R... et de Louise G... sa mère ; — Attendu que les deux demanderesses soutiennent que, contrairement aux dispositions de l'art. 165, c. civ. il n'y a pas eu de mariage public devant un officier civil du domicile de l'une des deux parties ; — Qu'elles reconnaissent néanmoins qu'il y a eu mariage religieux et cohabitation de la part d'Angélique R... avec D..., pendant trois mois environ ; — Qu'elles articulent des faits tendant à prouver qu'il n'y a pas eu de célébration de mariage devant l'officier de l'état civil de Saint-Jean-Bonnefonds, mais simplement un simple acte, ou procès-verbal rédigé hors la présence de l'officier public et des parties, et signé, soit par les parties intéressées, soit par les témoins, isolément, à des heures différentes après la célébration du mariage religieux ; qu'elles n'ont vu qu'un secrétaire de la mairie ; que ni le maire, que ni l'adjoint, ni aucun des conseillers municipaux n'ont paru ; qu'aucune parole ni déclaration sacramentelle consacrant le mariage n'a été prononcée; — Attendu que D... tout en produisant l'extrait des registres de l'état civil de Saint-Jean-Bonnefonds, constatant le prétendu mariage, oppose à la demande trois fins de non-recevoir ; — Qu'il soutient : 1° qu'Angélique R... n'est pas recevable, dans sa demande, parce qu'elle n'a pas été autorisée à plaider ni par lui, ni par justice ; 2° qu'aux termes de l'art. 186 c. civ., la mère ayant donné son consentement au mariage, n'est plus recevable à en demander la nullité; 3° enfin, que la demande du 13 février est une inscription de faux par voie principale, qui ne saurait être admise en matière civile; — Attendu que le défendeur se borne à soutenir ses conclusions sur les fins de non-recevoir, et déclare faire défaut sur le fond et sur la preuve demandée ; — Sur la

sence du mari dans l'instance et de sa déclaration qu'il s'en rapporte à justice (Arrêt précité du 19 mai 1858); — 2° Que l'autorisation est nécessaire à la femme, même au cas où la demande est fondée sur ce que le mariage serait sans existence légale comme n'ayant pas été célébré devant l'officier de l'état civil (Arrêt précité du 4 avr. 1867). — Suivant M. Laurent, t. 3, n° 104, la femme n'aurait, au contraire, pas besoin d'être autorisée, lorsqu'elle prétend qu'il n'y a jamais eu de mariage ; elle n'agit pas alors comme femme mariée, partant, elle n'est plus soumise à la règle de l'autorisation (Comp. Civ. rej. 21 août 1824, *Rép.* n° 561, et nos observations sur cet arrêt, *Rép.* n° 779).

430. L'autorisation est nécessaire à la femme, comme on l'a dit au *Rép.* n° 780, même pour le préliminaire de conciliation qui doit précéder l'instance. Suivant MM. Laurent, t. 3, n° 102, et Baudry-Lacantinerie, t. 1, n° 627, s'il en est ainsi, ce n'est pas en vertu du principe que la femme ne peut ester en justice sans autorisation, car le préliminaire de conciliation n'est pas une instance; c'est en vertu de cet autre principe, que les parties qui figurent au préliminaire de conciliation doivent être capables de transiger, ce préliminaire n'ayant de sens qu'autant qu'il peut aboutir à une transaction. Mais, si ce raisonnement était exact, la seule autorisation d'ester en justice ne suffirait pas pour permettre à la femme de procéder au préliminaire de conciliation, à moins qu'on ne prétende que cette autorisation emporte pour elle le pouvoir de transiger. Il nous paraît certain, au contraire, que par cela seul que la femme est autorisée à ester en justice, elle peut se présenter en conciliation, car c'est l'accessoire et le préliminaire nécessaire de l'instance. Nous pensons aussi que, pour transiger, elle a besoin d'une nouvelle autorisation (V. *Rép.* n° 781, et *suprà*, v° *Conciliation*, n° 23).

431. La femme doit être autorisée non seulement pour plaider en première instance, mais aussi pour plaider en appel. Toutefois, la jurisprudence fait ici une distinction.

Si la femme a perdu son procès en première instance et veut elle-même interjeter appel, elle doit obtenir pour cela une nouvelle autorisation (Civ. cass. 15 déc. 1847, aff. Picard, D. P. 48. 5. 18; Aix, 13 mars 1862, aff. Grinda, D. P. 62. 2. 194; Civ. cass. 2 juill. 1878, aff. Mirey, D. P. 79. 1. 213; 22 janv. 1879, aff. Sauvageon, D. P. 79. 1. 121 ; 21 févr. 1888,

---

première fin de non-recevoir : — Attendu qu'Angélique R... ne prétend pas que l'acte dressé à la mairie de Saint-Jean-Bonnefonds doive être annulé pour vice de forme; qu'elle soutient au contaire, qu'il n'y a pas eu d'acte de célébration ; que, dès lors, cet acte n'existe pas ; — Qu'il a été jugé par la cour de cassation que la femme qui plaidait en nullité de mariage n'est pas tenue de demander l'autorisation de son prétendu mari ; qu'à plus forte raison, y a-t-il lieu de décider ainsi en présence des conclusions d'Angélique R... ; — Que l'obliger à demander une autorisation, ce serait par là même reconnaître que Mathieu D... est son époux ; — Que si provision est due au titre, cette provision peut être refusée lorsque l'existence même du titre est sérieusement contestée, et que cette contestation va jusqu'à l'inscription de faux ; — Qu'à ce point de vue, il n'y a pas lieu de faire droit à l'exception proposée par le défendeur ; — Sur la deuxième question : — Attendu que le père et la mère, qui ont consenti au mariage de leurs enfants, ne sont pas recevables, dans certains cas, à en demander la nullité ; — Mais qu'aux termes de l'art. 191, c. civ., les pères et mères peuvent attaquer un mariage qui n'a pas été célébré devant l'officier public compétent; — Qu'en l'espèce, la veuve R... soutient, comme sa fille, qu'il n'y a eu mariage devant aucun officier de l'état civil ; que dès lors, elle se trouve surabondamment dans les dispositions de l'art. 191; qu'on ne saurait lui opposer le consentement donné en vue d'un mariage civil, alors que ce mariage n'a pas eu lieu ; — Qu'à ces points de vue, le tribunal ne peut refuser à la veuve R... le droit d'intenter son action ; — Sur la troisième fois de non-recevoir : — Attendu qu'à la vérité, l'inscription de faux n'est autorisée en matière civile que par voie incidente ; — Que le tribunal doit considérer que l'inscription de faux n'est pas l'action principale des demanderesses ; — Que leur demande est multiple et complexe, qu'elle porte d'abord sur l'absence du mariage ou sa nullité, que l'inscription de faux n'est qu'un accessoire et une conséquence forcée de leur action ; — Attendu que vainement on oppose aux demanderesses l'inobservation des art. 4 et suiv., c. proc. civ. ; — Que l'observation de ces articles n'est pas inscrite à peine de nullité ; — Qu'il importe peu en la cause que l'extrait des registres de l'état civil de Saint-Jean-Bonnefonds soit produit par les demanderesses ou par le défendeur; que la production de cet acte est essentielle à la cause, et qu'il ne pourrait dépendre de la volonté du défendeur d'en différer ou d'en omettre volontairement la production ; — Qu'il ne s'agit point ici d'une pièce touchant aux intérêts pécuniaires ou matériels des parties, mais bien d'un acte intéressant au même degré les deux prétendus époux, affectant la condition et l'état de leurs personnes, et même intéressant au plus haut degré l'ordre social ; — Que, dès lors, les demanderesses ont pu valablement, sans attendre la production mentionnée dans les art. 214 et suiv., c. proc. civ., s'inscrire en faux contre l'acte rédigé à la mairie de Saint-Jean-Bonnefonds, acte au surplus dont l'avocat de D... a fait usage dans la discussion ; — Au fond : — Attendu que Mathieu D... déclare faire défaut de conclure ; — Attendu que les demanderesses ne demandent pas que l'inscription de faux soit admise, qu'elles se bornent à conclure à être autorisées à fournir la preuve de faits articulés ; — Attendu que cette preuve est soumise à certaines formalités, qu'elle ne peut avoir lieu que devant un juge-commissaire qui doit être nommé conformément aux dispositions de l'art. 218 c. proc. civ. ; — Qu'il est le cas de surseoir sur ce point, et de renvoyer les demanderesses à procéder conformément au titre 11 du même code, traitant du faux incident civil et notamment conformément aux art. 218 et suiv. ; — Par ces motifs, etc. ». — Appel par le sieur D...

LA COUR; — En ce qui touche la dame Angélique R... — Attendu, en droit, que la femme ne peut ester en jugement sans l'autorisation de son mari, ou, à défaut, sans l'autorisation de la justice (c. civ., art. 215 et 218) ; — Que les dispositions de ces textes de loi sont générales et absolues, et que la prohibition qu'elles contiennent est d'ordre public ; — Qu'aucun texte contraire n'affranchit de la nécessité de l'autorisation la femme qui actionne son mari pour faire prononcer la nullité de leur mariage ; — Attendu, en fait, que la dame Angélique R... ne rapporte ni autorisation maritale, ni autorisation de justice, pour procéder sur sa demande ; — D'où il suit que ladite dame doit être déclarée irrecevable, en l'état, dans l'exercice de son action ; — Attendu que vainement on cherche à distinguer à raison de ce que la dame R... ne demanderait pas, à proprement parler, la nullité de son mariage, mais soutiendrait que ce mariage n'aurait pas d'existence légale, à raison de ce qu'il n'aurait jamais été célébré devant l'officier de l'état civil ; — Que mariée de fait, la dame R... est réputé l'être de droit tant qu'elle n'a pas fait prononcer la nullité, ou déclarer la non-existence de son mariage, et que l'action même qu'elle intente comporte une reconnaissance au point de vue du fait ; — Qu'en conséquence, les art. 213 et 218, précités, doivent conserver tout leur empire dans la cause ; — Attendu, dès lors, qu'en ce qui concerne ladite dame R..., il n'y a pas possibilité de s'occuper des autres exceptions qui lui sont opposées, puisque, n'étant pas autorisée à plaider, elle ne pourrait se défendre sur ces divers chefs ; — En ce qui touche la dame Louise G..., veuve R... — Sur la fin de non-recevoir, proposée contre cette dernière, et fondée sur les dispositions de l'art. 196, c. civ. ; — Attendu que, sans rechercher si ce texte peut être appliqué à toutes les causes de nullité, et même à la non-existence du mariage, il est certain que la fin de non-recevoir qu'il édicte n'est opposable que par l'un des époux à l'autre, et qu'à moins d'ajouter à la loi, elle ne saurait être admise contre les autres personnes qui peuvent attaquer le mariage ; — Qu'en effet, on comprend qu'une fin de non-recevoir basée notamment sur la possession d'état qui a lieu par le fait des époux, ne puisse pas mettre obstacle à l'action de leur père et mère, à l'insu ou contre la volonté desquels la possession d'état aurait pu s'établir ; — Sur la seconde fin de non-recevoir, tirée de ce que la veuve R..., ayant donné son consentement au mariage, ne pourrait en demander la nullité, aux termes de l'art. 186 c. civ. : — Attendu que cet art. n'étant que le corollaire de l'art. 185, auquel il se réfère, ne saurait, en aucune manière, s'appliquer au débat actuel où il n'est nullement question de défaut d'âge des époux, seul cas pour lequel ont été édictés les art. 185 et 186 précités ; — Au fond : — Attendu qu'il n'est pas possible d'admettre, que la loi qui autorise les ascendants à attaquer les mariages entachés seulement de vice d'incompétence de l'officier civil, ou de défaut de publicité, ait voulu écarter leur action lorsqu'il s'agit d'un mariage qui n'aurait pas d'existence réelle ; et que, dans l'espèce, où l'on peut établir par la voie de l'inscription de faux, que les futurs époux ne se seraient jamais trouvés en présence de l'officier de l'état-civil et que les formalités prescrites par l'art. 75 c. civ., n'auraient jamais été remplies, il est certain qu'il n'y aurait pas eu de mariage, si de tels faits étaient légalement prouvés ; sur les autres parties de la cause : — Attendu que c'est le cas d'adopter les motifs des premiers juges qui n'ont rien de contraire au présent arrêt ; — Attendu, au surplus, qu'il ne saurait être procédé par voie d'évocation du fond, ainsi que cela a été subsidiairement demandé, en ce que le jugement n'est pas réformé au regard de la veuve R..., en ce que la dame Angélique R... n'est plus régulièrement en cause et en ce que la matière n'est pas disposée à recevoir une décision définitive ; — Par ces motifs, etc.

Du 4 avr. 1867.-C. de Lyon, aud. sol.-MM. Durieu, pr.-de Gabrielli, 1er av. gén.-L. Brun et Rambaud père, av.

aff. Bedos-Fouque, D. P. 88. 1. 214). — On admet, cependant, que l'autorisation de plaider en appel peut être donnée à la femme mariée en même temps que l'autorisation de plaider en première instance (Civ. rej. 1er mars 1858, aff. de Brezets, D. P. 58. 1. 104). Mais une telle faculté, qui, conférée avant le jugement de première instance, a pour objet de permettre un recours contre une décision de justice encore inconnue, doit être clairement exprimée et ne peut résulter de termes vagues et équivoques. Ainsi, elle ne résulterait pas d'une autorisation, donnée à la femme par le tribunal de première instance, à l'effet de « procéder et suivre sur l'action » (Civ. cass. 18 août 1857, aff. Picard, D. P. 57. 1. 333);... ou à l'effet d' « intenter une action devant le tribunal compétent et de former toutes autres demandes se rattachant à ladite action et qui résulteraient des circonstances du procès » (Civ. cass. 2 juill. 1878, précité).

432. Si maintenant la femme a gagné son procès en première instance et si son adversaire appelle contre elle, la jurisprudence distingue encore. — Lorsque la femme a été autorisée par son mari ou par justice à se porter demanderesse en première instance, une autorisation nouvelle ne lui est pas nécessaire pour défendre à l'appel (Req. 1er déc. 1846, aff. Declerck, D. P. 47. 4. 9; 15 mars 1848, aff. Hugonel, D. P. 48. 1. 119; 5 mai 1873, aff. Bonniau, D. P. 73. 1. 438; Civ. cass. 25 févr. 1879, aff. Pissard, D. P. 79. 1. 158). La jurisprudence considère que, lorsque la femme a été autorisée à intenter une demande en justice, elle trouve dans cette autorisation, tant qu'elle n'est pas révoquée, le droit de défendre à l'appel formé contre elle. Mais ce système est rejeté par plusieurs auteurs. « L'appel interjeté par l'adversaire de la femme, dit M. Laurent, t. 3, n° 149, anéantit le jugement de première instance; un nouveau débat s'engage; il peut être de l'intérêt de la femme de transiger au lieu de plaider. Il y a telle victoire en première instance qui annonce une défaite certaine en appel. Donc, nécessité d'un nouvel examen et partant d'une nouvelle autorisation » (V. aussi Aubry et Rau, t. 5, § 472, n° 5, p. 157 et suiv). — Une nouvelle autorisation est, du reste, exigée par la jurisprudence lorsque la femme, intimée en appel, était déjà défenderesse en première instance. Ainsi, il a été jugé que l'instance d'appel dirigée contre une femme mariée est nulle, si la nullité de l'assignation donnée au mari pour autoriser la femme n'a pas été couverte dans les délais de l'appel par une nouvelle et valable assignation (Rennes, 6 juin 1857, et sur pourvoi, Req. 5 mai 1858, aff. Audicq, D. P. 58. 1. 286; Poitiers, 16 févr. 1881, aff. René, D. P. 81. 2. 136. V. aussi les arrêts cités au *Rép.* n° 860).

433. En tout cas, la femme mariée qui n'était point personnellement en cause en première instance ne peut intervenir en appel sans l'autorisation de son mari, et, à défaut de cette autorisation, sans celle de justice, sollicitée et obtenue dans les formes prescrites par la loi (Paris, 21 févr. 1883, aff. Detoure, D. P. 84. 2. 173).

434. La femme autorisée à ester en justice a-t-elle besoin d'une nouvelle autorisation pour former opposition à un jugement ou à un arrêt par défaut rendu contre elle? Non, car il ne s'agit pas alors d'introduire une nouvelle instance, mais seulement de continuer ou de reprendre celle pour laquelle la femme est autorisée (V. en ce sens, *Rép.* n° 785; Toulouse, 25 mars 1882, aff. Espiau, D. P. 83. 2. 39; Demolombe, t. 4, n° 287; Aubry et Rau, t. 5, § 472, p. 157).

435. La femme a certainement besoin d'une autorisation spéciale pour se pourvoir en cassation (Civ. rej. 12 oct. 1807, *Rép.* n° 861-1°). Cette autorisation lui est-elle également nécessaire pour défendre à un pourvoi formé contre elle? L'affirmative résulte d'un ancien arrêt (Civ. rej. 14 juill. 1819, *Rép.* v° *Cassation*, n° 1151). Mais on pourrait argumenter, en sens contraire, de la jurisprudence d'après laquelle l'autorisation donnée à la femme pour intenter une action en première instance n'a pas besoin d'être renouvelée pour qu'elle puisse défendre à l'appel interjeté par son adversaire (V. *suprà*, n° 432. Comp. Civ. cass. 2 août 1820, *Rép.* v° *Privilèges et hypothèques*, n° 1546-11°). — Quoi qu'il en soit, l'autorisation d'ester en justice devant la cour de cassation peut être accordée à la femme durant tout le cours de l'instance; il n'est pas nécessaire que cette autorisation intervienne avant le pourvoi ou l'arrêt d'admission (Civ. rej. 15 déc. 1847, aff. Picard, D. P. 48. 5. 19; Civ. cass. 20 nov. 1854, aff. Lamarche, D. P. 54. 1. 438).

436. Comme on l'explique au *Rép.* nos 786 et suiv., la nécessité de l'autorisation maritale existe même au cas où le procès a commencé avant le mariage, si la cause n'est point encore en état au moment de la célébration du mariage; la femme ne peut plus continuer la procédure sans y être autorisée (V. en ce sens, Aubry et Rau, t. 5, § 472, n° 1, p. 140). Mais les actes de procédure faits par l'adversaire de la femme sont valables tant qu'il ignore le changement d'état de celle-ci (V. *Rép. ibid.*).

437. La femme autorisée à plaider a-t-elle besoin d'une nouvelle autorisation pour se désister de l'instance ou pour acquiescer au jugement rendu contre elle? L'affirmative résulte de plusieurs décisions judiciaires, qui ont été rapportées ou citées au *Rép.* n° 792 (V. dans le même sens: Bruxelles, 17 févr. 1868, aff. Jastrzebski, *Pasicrisie belge*, 68. 1. 405; Laurent, t. 3, n° 147; Baudry-Lacantinerie, t. 1, n° 648). Cependant la doctrine contraire a été adoptée par la cour de cassation; il a été décidé par la chambre des requêtes que l'autorisation, donnée par la justice à une femme dont le mari était interdit, de défendre à une instance dirigée contre elle, ne lui donnait pas seulement le pouvoir de suivre la procédure et de défendre à la demande, mais aussi celui d'y consentir si cette demande lui semblait justifiée ou d'acquiescer au jugement rendu; que la justice, en effet, ne pouvait lui imposer l'obligation de combattre une demande qui lui semblait fondée et de refuser un acquiescement qui pouvait être reconnu juste et conforme à ses intérêts (Req. 7 déc. 1863, aff. Neau, D. P. 64. 1. 119. V. en ce sens, Aubry et Rau, t. 5, § 472, n° 5, p. 157). On peut objecter contre cette doctrine que, s'il n'y a pas lieu pour la femme de résister à la demande, elle ne doit alors pas être autorisée à y défendre, mais que, si le mari ou la justice a cru devoir l'habiliter à cet effet, elle doit se pourvoir d'une autorisation nouvelle, lorsqu'il s'agit pour elle, non plus de résister à la demande, mais d'y acquiescer.

438. L'autorisation est nécessaire à la femme pour procéder dans un ordre judiciaire, car un tel ordre est une instance (Grenoble, 10 mars 1848, aff. Ducurty, D. P. 49. 2. 34; Req. 6 mars 1878, aff. Besnard, D. P. 78. 1. 316). Jugé, notamment, que la femme ne peut, sans y être spécialement autorisée, se désister d'un contredit par elle formé dans un ordre, alors même qu'elle l'a formé sans autorisation (Arrêt précité du 10 mars 1848). — Mais la femme qui a obtenu la séparation de corps ou de biens, étant relevée de son incapacité pour tout ce qui se rapporte au recouvrement de ses droits et reprises, peut, sans autorisation spéciale de son mari ou de justice, produire à l'ordre ouvert sur le prix des biens de son mari, et, si elle néglige de faire sa production dans le délai légal, c'est à bon droit qu'elle est déclarée forclose (Req. 8 juill. 1878, aff. Calvignac, D. P. 79. 1. 55. V. *infrà*, n° 442).

439. La règle que la femme ne peut pas ester en justice sans l'autorisation de son mari ou de justice, souffre quelques exceptions. La première a lieu, aux termes de l'art. 216 c. civ., « lorsque la femme est poursuivie en matière criminelle ou de police ». D'après ce texte, la femme n'a besoin d'aucune autorisation pour défendre à l'action publique formée contre elle devant un tribunal criminel, correctionnel ou de simple police (V. *Rép.* n° 794). Mais la femme qui, sur la poursuite dirigée contre elle par le ministère public, oppose une exception préjudicielle, a besoin d'autorisation pour faire statuer sur cette exception par les tribunaux civils (Civ. cass. 20 mai 1846, aff. Dudevant, D. P. 46. 1. 205).

440. La femme est-elle encore dispensée de la nécessité de l'autorisation, lorsqu'elle doit se défendre, non plus contre l'action publique, mais contre l'action civile portée par la partie lésée devant le tribunal de répression? Si l'action civile est formée devant le tribunal déjà saisi de l'action publique, elle est alors, en quelque sorte, l'accessoire de cette dernière action, et tout le monde admet que la femme peut y défendre sans autorisation. — Mais lorsque l'action civile est intentée directement et principalement contre la femme, soit devant le tribunal de police correctionnelle (c. instr. crim. art. 182), soit devant le tribunal de simple police (c. instr. crim. art. 185), soit, en matière d'injure ou de diffamation, devant la cour d'assises (L. 29 juill. 1881, art. 47, n° 6), les auteurs les plus récents soutiennent que la règle de la nécessité de l'autorisation reprend son empire. S'il est vrai, dit-on, que la femme est alors poursuivie devant un tribunal criminel, elle n'est pas pour cela poursuivie criminellement, mais seulement civilement, car celui qui intente l'action ne conclut qu'à des réparations civiles. Il n'y a plus de raisons, en ce cas, de dispenser le demandeur d'assigner le mari en même temps que la femme, comme il devrait le faire, s'il agissait devant la juridiction civile. Le mari peut avoir intérêt à arrêter à tout prix l'exercice de l'action, d'autant plus que, étant portée devant un tribunal de répression, elle peut aboutir, tout à la fois, à une condamnation civile et, si le ministère public le requiert, à une condamnation pénale (Aubry et Rau, t. 5, § 472, n° 1, p. 140, note 14; Laurent, t. 3, n° 110; Baudry-Lacantinerie, t. 1, n° 629; Huc, t. 2, n° 244). Malgré les motifs très sérieux qui militent en faveur de ce système, il est difficile d'admettre, en présence de la généralité des termes de l'art. 216, qu'il soit conforme aux intentions du législateur (V. *Rép.* n° 795 *in fine*). Il est contraire, en tout cas, à ce qu'enseignait Pothier, *Traité de la puissance du mari*, n° 65 (V. aussi Crim. rej. 31 mai 1816, *Rép.* v° *Instruction criminelle*, n° 550).

441. Il y a encore exception à la règle de la nécessité de l'autorisation pour la femme mariée, en cas de demande en divorce ou en séparation de corps (c. civ. art. 238, § 4, et 307), ainsi qu'en cas de demande en séparation de biens (c. proc., civ. art. 865) (V. *Rép.* n° 796; *suprà*, v° *Divorce et séparation de corps*, n° 114, et v° *Contrat de mariage*, n°s 626 et 632). D'après la jurisprudence, l'autorisation donnée à la femme, par le président du tribunal, de procéder sur sa demande en divorce ou en séparation de corps, s'étend à tous les degrés de la procédure, et elle habilite la femme à plaider, tant sur sa demande principale que sur les demandes accessoires qui s'y rattachent. La femme n'a, par conséquent, pas besoin d'une autorisation spéciale pour interjeter appel du jugement qui a rejeté son action (Req. 23 nov. 1864, aff. V..., D. P. 65. 1. 384) ou d'un chef particulier du jugement rendu sur cette action (Req. 14 mai 1884, aff. Sarlandie, D. P. 84. 1. 412, et le rapport de M. le conseiller Mazeau).

442. Elle est également habilitée à poursuivre l'exécution du jugement ou de l'arrêt qui a prononcé la séparation de corps, notamment dans la disposition qui ordonne que les enfants nés du mariage lui seront remis (Req. 8 nov. 1864, aff. Perrault, D. P. 65. 1. 388), et à poursuivre le recouvrement de ses reprises ou de ce qui lui est dû par le mari (Civ. cass. 29 mars 1853, aff. Long, D. P. 53. 1. 103; Douai, 29 janv. 1857, aff. Arnouts, D. P. 57. 2. 113; Req. 8 nov. 1864, précité; Req. 8 juill. 1878, aff. Calvignac, D. P. 79. 1. 55). Ainsi, la femme séparée de corps ou de biens peut, sans avoir besoin d'être autorisée par son mari ou par la justice : 1° poursuivre le recouvrement de ce qui lui est dû par son mari, même par voie de surenchère sur les immeubles du mari vendus à la requête des créanciers de celui-ci (Arrêt précité du 29 mars 1853); — 2° Ester en justice contre les créanciers du mari pour faire valoir les droits attachés à son hypothèque légale (Arrêt précité du 29 janv. 1857); — 3° Réclamer collocation sur le prix de vente des biens de son mari pour le montant de ses reprises (Arrêt précité du 8 juill. 1878), ou pour les dommages-intérêts auxquels le mari a été condamné à raison du défaut d'exécution de la disposition du jugement de séparation de corps qui lui ordonnait de remettre les enfants à la femme (Arrêt précité du 8 nov. 1864) (V. aussi les arrêts cités au *Rép.* n°s 796, 924 et suiv.).

443. Toutefois, si la femme qui a obtenu la séparation de corps ou de biens est, par cela même, autorisée à poursuivre la liquidation de ses droits et reprises, elle ne l'est pas à ester en jugement dans des instances qui ne se rattachent qu'indirectement à la poursuite de ses droits. Il lui faut, notamment, une autorisation spéciale pour plaider sur les difficultés auxquelles peut donner lieu, entre elle et la Régie, l'enregistrement du jugement qui a opéré la liquidation de ses reprises (Civ. cass. 11 janv. 1854, aff. Dupuy de Grandval, D. P. 54. 1. 14) (V. aussi *Rép.* n° 926).

444. On a rapporté au *Rép.* n° 778-2°, un arrêt d'après lequel la femme mariée pourrait poursuivre l'interdiction de son mari sans avoir besoin pour cela d'une autorisation préalable et expresse du tribunal. Cette décision, qui est approuvée par MM. Aubry et Rau, t. 5, § 472, n° 1, p. 141, est, au contraire, critiquée par M. Laurent, t. 3, n° 108 (Comp. *suprà*, v° *Interdiction-conseil judiciaire*, n° 32).

445. La femme peut, en principe, faire seule les actes conservatoires de ses droits (Arg. c. civ. art. 940, 2139, 2194) (V. *Rép.* n° 798). Il a été jugé, en ce sens, qu'une femme mariée n'a pas besoin de l'autorisation de son mari ou de la justice pour former opposition à ce qu'il soit procédé hors de sa présence au partage d'une succession dont elle est créancière (Bourges, 10 janv. 1860) (1).

446. Mais s'il s'agit d'un acte conservatoire qui exige l'introduction d'une demande en justice ou qui impose quelque obligation à la femme, la nécessité de l'autorisation devient applicable (Aubry et Rau, t. 5, § 472, n° 2, p. 143). Ainsi, la femme ne peut former une surenchère sans autorisation (Caen, 9 janv. 1849, aff. Etienne et Bosnière, D. P. 53. 2. 36);... à moins qu'il ne s'agisse d'une surenchère sur les biens du mari, faite par la femme séparée de biens pour le recouvrement de ses droits et reprises (Civ. cass. 29 mars 1853, aff. Long, D. P. 53. 1. 103).

447. On admet, toutefois, que la femme mariée peut, sans autorisation, introduire une instance en référé (Trib. Seine, 19 juin 1863, aff. Derosne, *Gazette des tribunaux*, 26 juin 1863; Demolombe, t. 4, n° 131. V. *infrà*, v° *Référé*; — *Rép.* eod. v°, n°s 15 et suiv.).

448. Les tiers peuvent, réciproquement, faire contre la femme des actes conservatoires sans être obligés de la faire autoriser (*Rép.* n° 799). Mais l'expropriation des immeubles propres à une femme mariée ne peut être poursuivie contre la femme seule; la poursuite doit être dirigée tant contre elle que contre son mari (c. civ. art. 2208) (V. *infrà*, v° *Vente publique d'immeubles*; — *Rép.* eod. v°, n°s 288 et suiv.).

§ 2. — Cas où l'autorisation est nécessaire à la femme pour contracter et disposer (*Rép.* n°s 802 à 827).

449. Le principe de la nécessité de l'autorisation maritale, en matière extrajudiciaire, se trouve dans l'art. 217 c. civ. (V. *Rép.* n° 803). Tous les auteurs enseignent que la règle posée par cet article ne doit pas être restreinte aux actes juridiques qui y sont nominativement indiqués; l'énumération de ces actes n'est pas limitative (Aubry et Rau, t. 5, § 472, n° 2, p. 142. note 18; Laurent, t. 3, n° 97; Baudry-Lacantinerie, t. 1, n° 630).

450. La nécessité de l'autorisation maritale s'étend à tous les contrats par lesquels la femme s'oblige envers un tiers, quelle que soit la cause de l'obligation (V. *Rép.* n° 806). Ainsi, la cour de cassation a décidé que la femme qui a commis un délit ou un quasi-délit ne peut, sans l'autorisation de son mari, transiger avec la partie lésée sur la mesure du préjudice à réparer et sur l'étendue de l'engagement dont elle est tenue (Civ. cass. 15 févr. 1870, aff. Graindorge, D. P. 70. 1. 158). — Toutefois, il a été jugé :

---

(1) (Riffault et Dame Bussière C. Veuve Riffault.) — LA COUR; — Considérant que, les 29 et 30 avr. 1853, la femme Bussière a fait opposition à ce qu'il fût procédé hors de sa présence à la liquidation de la communauté demandée par la veuve Riffault le 4 du même mois, que si l'opposition a été faite par la dame Bussière sans autorisation de son mari ni de justice, cet acte, purement conservatoire, n'en est pas moins valable; que ses droits sont entiers; qu'en effet, Riffault, pas plus comme héritier bénéficiaire que comme créancier, n'avait qualité pour représenter la femme Bussière, sa sœur, au préjudice de l'opposition par elle formée et de sa protestation contre tout agissement passé contre sa volonté et sans son concours; — Qu'ainsi, à part de la tardiveté de l'appel en cause et les arrières-vues de Riffault, la femme Bussière est incontestablement recevable en sa tierce opposition;

Par ces motifs; — Reçoit la femme Bussière dans sa tierce opposition aux jugements des 2 juin 1853 et 14 mai 1857; y faisant droit, dit que lesdits jugements seront, à son respect, considérés comme nuls et non avenus dans les dispositions qui lui font grief, etc.

Du 10 janv. 1860.-C. de Bourges, 1re ch.-MM. Corbin, 1er pr.-Malhéné, av. gén.-Chénon et Aubineau, av.

1° que la femme mariée qui exerce avec l'autorisation de son mari la profession de maîtresse de chant peut, sans autorisation spéciale, s'engager à donner un concert avec d'autres artistes, et qu'elle peut, par suite, être condamnée à des dommages-intérêts envers ces derniers pour avoir manqué à ses engagements (Paris, 3 juill. 1857, *suprà*, v° *Acte de commerce*, n° 343); — 2° Que la femme qui a souscrit des billets avant son mariage et qui les a renouvelés depuis sans l'autorisation de son mari, ne peut invoquer le défaut d'autorisation pour se libérer de son obligation (Besançon, 30 janv. 1863, aff. Renault, D. P. 63. 2. 84).

451. La femme ne peut, sans autorisation, faire aucun acte d'aliénation. Ainsi : 1° le traité par lequel une femme, même séparée de biens, cède à un tiers la faculté d'extraire dans sa propriété des phosphates de chaux, est nul s'il a été consenti par la femme sans l'autorisation de son mari (Douai, 10 déc. 1872, aff. Louchez, D. P. 73. 2. 92); — 2° Est également nul le nantissement consenti par une femme non autorisée (Civ. cass. 12 janv. 1874, aff. de Chanay, D. P. 74. 1. 153).

452. La femme doit aussi être autorisée de son mari pour recevoir un payement. Jugé que les versements de sommes d'argent faites à une femme sans le concours ni le consentement par écrit de son mari, dans un compte ouvert entre elle et un tiers, sont nuls (Civ. cass. 19 août 1857, aff. Lemarié, D. P. 57. 1. 339).

453. La femme a besoin de l'autorisation de son mari pour « acquérir à titre gratuit ou onéreux » (c. civ. art. 217). Mais, comme on l'a expliqué au *Rép.* n° 802, et *suprà*, v° *Contrat de mariage*, n°s 331 et suiv., la femme est réputée avoir autorisation et même mandat de son mari pour toutes les acquisitions nécessaires à l'entretien du ménage.

Le mandat diffère de la simple autorisation, en ce que la femme qui agit comme mandataire du mari oblige celui-ci sans s'obliger personnellement, tandis que la femme qui n'est qu'autorisée s'oblige elle-même. Cette distinction n'est pas toujours faite exactement par la jurisprudence; néanmoins, parmi ses décisions, les unes sont fondées sur les principes du mandat tacite du mari, les autres se rapportent au cas de la simple autorisation. Ainsi, par exemple, en ce qui concerne le mandat tacite, il a été jugé : 1° que, la femme mariée sous le régime de la communauté, étant réputée mandataire de son mari, pour l'achat des fournitures nécessaires au ménage, le mari est tenu de payer le prix de ces fournitures faites à la femme, alors qu'elles s'accordent avec la position sociale des époux et bien qu'il ne les ait point expressément autorisées (Douai, 24 déc. 1833, aff. Wellesley, D. P. 47. 2. 59); — 2° Que la femme mariée est réputée tacitement autorisée par son mari à faire les divers achats qui rentrent dans l'administration du ménage et que ce mandat tacite peut s'étendre à l'acquisition du trousseau d'une fille sur le point de contracter mariage, mais à la condition que les dépenses n'aient rien d'excessif (Alger, 19 mars 1874, aff. Matti, D. P. 75. 2. 59); — 3° Que le mandat tacite que la femme est présumée tenir du mari pour les achats nécessaires aux besoins du ménage, emporte pour elle le pouvoir de reconnaître et d'arrêter le montant et le prix des fournitures livrées (C. de justice de Genève, 4 avr. 1881 (1). — V. au surplus, quant aux limites et aux diverses conditions du mandat tacite émané du mari, *suprà*, v° *Contrat de mariage*, n°s 334 et suiv. V. aussi *suprà*, v° *Mandat*, n° 69).

454. En dehors du cas où la femme agit au nom et comme mandataire du mari, il a été jugé que l'abandon d'une femme par son mari implique pour elle l'autorisation tacite de faire les actes nécessaires à l'effet de subvenir à son entretien et à celui de ses enfants; que, par suite, le contrat de louage d'industrie passé par la femme ainsi abandonnée est valable, sauf le pouvoir qu'ont les tribunaux d'apprécier si l'engagement qui en résulte n'excède pas les bornes d'une sage administration; et que la femme, en louant ses services, a pu valablement s'engager, pour le cas où elle quitterait volontairement l'établissement où elle est entrée, à ne pas se placer, pendant un certain délai, dans une maison de commerce rivale de cet établissement (Rouen, 4 févr. 1878, aff. Cogniault, D. P. 78. 2. 258, et sur pourvoi, Req. 6 août 1878, D. P. 79. 1. 400). — Mais il a été jugé : 1° que, si la séparation volontaire du mari et de la femme emporte autorisation pour celle-ci de louer un appartement, la location n'est valable qu'autant qu'elle est en rapport avec la situation provisoire de la femme et ses ressources pécuniaires (Paris, 23 févr. 1849, aff. Groves, D. P. 49. 2. 135); — 2° Que les obligations contractées par une femme mariée pour son entretien personnel sont nulles, comme non autorisées même tacitement par le mari, lorsque celui-ci a donné avis aux fournisseurs, notamment par la voie de la presse, qu'il refusait d'autoriser tout achat qui ne serait pas fait par sa femme au comptant, et qu'en ce cas la femme ne peut être condamnée au payement des fournitures que jusqu'à concurrence du profit qu'elle en a tiré (Trib. Lyon, 1er août 1867, et sur pourvoi, Req. 30 nov. 1868, aff. De Montmorillon, D. P. 69. 1. 132. V. aussi *suprà*, v° *Contrat de mariage*, n°s 334 et suiv.).

455. On a posé, au *Rép.* n° 812, la question de savoir si le mari peut lui-même autoriser sa femme dans les cas où il est personnellement intéressé à l'acte fait par la femme. L'affirmative est aujourd'hui généralement admise, même pour les actes qui se passent uniquement entre le mari et la femme (V. en sus des auteurs cités au *Rép. ibid.*: Aubry et Rau, t. 5, § 472, n° 3, p. 148 et suiv., Laurent, t. 3, n° 134). Il a été jugé : 1° qu'une femme mariée n'a pas besoin de l'autorisation de la justice pour contracter avec son mari ou avec des tiers dans l'intérêt de ce dernier; qu'il lui suffit de l'autorisation maritale (Montpellier, 18 nov. 1853, aff. Doumère, D. P. 55. 2. 90); — 2° Que la femme peut, sans l'autorisation de la justice, procéder avec son mari au partage amiable de biens échus à l'un et à l'autre par succession (Bordeaux, 29 avr. 1856, aff. Deljarrit, D. P. 56. 2. 202).

456. La femme ne peut être marchande publique sans le consentement de son mari (c. com. art. 4) (V. *Rép.* n° 822, et *suprà*, v° *Commerçant*, n°s 79 et suiv.). Quant à la capacité de la femme marchande publique et aux effets de ses engagements commerciaux par rapport au mari, V. *suprà*, v° *Commerçant*, n°s 96 et suiv., 104 et suiv., et v° *Contrat de mariage*, n°s 340 et suiv.

457. La séparation de biens, judiciaire ou contractuelle, ne dispense la femme mariée de la nécessité d'obtenir l'autorisation du mari ou de justice que dans la limite de son droit d'administration (*Rép.* n° 818). Ainsi, il résulte de la jurisprudence : 1° que la femme mariée sous le régime de la séparation de biens ne peut, sans l'autorisation de son mari, contracter des dettes ou soucrire des obligations qui ne rentrent pas dans la limite de l'administration de ses biens (Paris, 6 nov. 1866, aff. Peycanu, D. P. 66. 5. 35); — 2° Qu'il appartient au juge du fait de constater si cette limite n'a pas été dépassée (Req. 25 avr. 1882, aff. Paris, D. P. 82. 1. 248); — 3° Que la femme séparée de biens ne peut souscrire aucune obligation étrangère à l'administration de ses biens sans y être autorisée, et que, par suite, le cautionnement qu'elle a consenti sans l'autorisation de son mari est nul (Besançon, 5 avr. 1879, aff. Daigney, D. P. 80. 2. 6); — 4° Que la femme séparée de biens ne peut

(1) (Veuve R... C. B...) — La dame veuve R..., boulangère, ayant fourni du pain aux époux B..., s'est fait souscrire, le 7 déc. 1877, par la femme B..., au nom de son mari, une reconnaissance fixant le montant des fournitures à 203 fr. et portant obligation de payer cette somme avec intérêts à 5 pour 100. Sur la demande en payement de la créancière, le sieur B... a prétendu avoir déjà payé, et il a opposé la prescription d'un an de l'art. 2272 c. civ.

LA COUR; — Considérant que, d'après l'usage consacré par une jurisprudence constante, la femme a un mandat tacite de son mari pour faire les achats nécessaires aux besoins du ménage; que ce mandat emporte par lui même pouvoir de reconnaître et d'arrêter le montant et le prix des fournitures livrées; que, dès lors, les règlements de compte faits par la femme à l'égard des fournitures de ce genre ont la même force et produisent les mêmes effets que s'ils émanaient du mari lui-même; qu'il y a, dans l'espèce, reconnaissance écrite; qu'ainsi, aux termes de l'art. 2274 c. civ., l'exception de prescription prévue par l'art. 2272 n'est plus admissible; — Par ces motifs; — Condamne B... à payer à la dame veuve R... la somme de 203 fr. avec intérêts dès le 7 déc. 1877.

Du 4 avr. 1881.-C. de justice de Genève.

valablement, sans l'autorisation de son mari, acquérir un immeuble en remploi de ses deniers dotaux, alors même que le remploi est prescrit par le contrat de mariage (Agen, 9 nov. 1881) (1); — 5° Que la femme mariée sous le régime dotal, étant, quant à ses biens paraphernaux, assimilée à la femme séparée de biens, doit, pour l'aliénation de ses meubles, lorsque cette aliénation ne constitue pas un acte d'administration, obtenir l'autorisation maritale (Lyon, 11 janv. 1884, aff. Crédit de France, D. P. 85. 2. 175). — V. au surplus, quant aux actes que la femme séparée de biens peut ou ne peut pas faire sans autorisation, *suprà*, v° *Contrat de mariage*, n°s 692 et suiv.

458. On admet généralement aujourd'hui qu'une donation ou un legs peut être fait à une femme mariée sous la condition que cette femme pourra toucher, sur ses seules quittances et sans l'autorisation du mari, les revenus des biens donnés ou légués (V. *suprà*, v° *Contrat de mariage*, n° 250; *Rép.* eod. v°, n°s 786 et suiv.). Une telle condition a donc pour effet de déroger à la nécessité de l'autorisation.

459. Il est certains actes pour lesquels, à raison de leur nature, l'autorisation maritale n'est pas nécessaire à la femme. Ainsi, la femme peut, sans autorisation du mari ni de justice: 1° faire son testament ou le révoquer (c. civ. art. 226 et 905) (*Rép.* n° 823); — 2° Révoquer les donations faites par elle au profit de son mari pendant le mariage (c. civ. art. 1096) (*Rép.* n° 824); — 3° Reconnaître un enfant naturel (*Rép.* n° 825, et v° *Paternité et filiation*, n° 499); — 4° Accepter une donation faite à son enfant mineur (*Rép.* n° 816); — 5° Consentir au mariage d'un de ses enfants. — Pour la question de savoir si la mère a besoin de l'autorisation de son mari pour émanciper un enfant légitime ou naturel qu'elle a eu avant le mariage, V. *Rép.* v° *Minorité-tutelle-émancipation*, n° 774.

460. Le principe que la femme ne peut pas s'obliger sans autorisation comporte encore d'autres exceptions qui ne sont pas écrites dans les textes. On peut les comprendre dans la formule suivante : la femme peut se trouver valablement obligée sans l'autorisation du mari ou de justice toutes les fois qu'il s'agit d'obligations qui prennent naissance indépendamment de la capacité personnelle de l'obligé (Aubry et Rau, t. 5, § 472, n° 2, p. 142 ; Baudry-Lacantinerie, t. 1, n° 633).

461. Ainsi la femme peut, indépendamment de l'autorisation du mari, être tenue des obligations qui procèdent directement de la loi. Telles sont les obligations qui résultent de la tutelle, dans les cas où cette charge peut incomber à une femme. Les auteurs décident généralement que la femme est responsable, comme tout autre tuteur, de son défaut de gestion ou de sa mauvaise administration (Demolombe, t. 4, n° 176 ; Aubry et Rau, t. 5, § 472, p. 142, note 21).

462. La femme peut encore être tenue, indépendamment de toute autorisation, des obligations qui résultent du fait d'un tiers, telles que celles qui découlent du quasi-contrat de gestion d'affaires. Si ses affaires ont été utilement gérées, elle n'est pas seulement engagée jusqu'à concurrence du profit qu'elle a retiré de la gestion ; elle doit rendre le tiers indemne dans les termes du droit commun (c. civ. art. 1375) (Demolombe, t. 4, n° 177 ; Aubry et Rau, t. 5, § 472, p. 142, note 22; Huc, t. 2, n° 248. Comp. *Rép.* v° *Obligations*, n° 5414).

463. Mais la femme qui, sans autorisation de son mari, s'est immiscée dans les affaires d'autrui est-elle tenue des obligations attachées par la loi à la gestion d'affaires? La question est controversée (V. *Rép.* v° *Obligations*, n° 5415). Les derniers auteurs, toutefois, se prononcent pour la négative ; ils considèrent que l'incapacité de la femme s'étend à toute obligation ou aliénation pouvant résulter de son fait personnel (V. en ce sens : Demolombe, t. 4, n° 181 ; Aubry et Rau, t. 4, § 441, p. 722, note 1, et t. 5, § 472, p. 142, note 22 ; Laurent, t. 3, n° 101 ; Huc, t. 2, n° 248).

464. La femme qui a reçu, par erreur le payement de l'indû est-elle obligée de restituer tout ce qu'elle a reçu, ou seulement ce dont elle s'est enrichie? Si le payement a été fait à la femme sans l'autorisation du mari, alors qu'elle aurait dû être autorisée, le tiers qui a payé est en faute, et la femme ne doit lui rendre que ce dont elle s'est enrichie.

---

(1) (Martin C. Saint-Phars-Pouzols et Lartigue.) — Le 4 mars 1881, le tribunal civil de Lectoure a rendu le jugement suivant : — « Attendu que, suivant acte au rapport de Me Martin, notaire à Bordeaux, en date du 1er juill. 1877, le sieur Cougouille a vendu à la dame Arnulphe Lartigue, épouse séparée de corps et de biens du sieur Saint-Phars-Pouzols, son mari, et pourvue d'un conseil judiciaire, une propriété dite de Jouanicot, sise dans la commune de Commères, moyennant le prix de 11 635 fr.; que, pour se libérer de ce prix, la dame Saint-Phars a délégué à son vendeur la somme de 3 782 fr. 52 c., déposée pour son compte à la Caisse des dépôts et consignations de Lectoure, et celle de 8250 fr. 50 c. à prendre sur plus forte somme qui lui est due par Me Cussol, notaire à Miradoux; mais que ledit Cougouille, tout en acceptant cette délégation, s'est réservé tous les droits résultant pour lui de la vente consentie, et notamment le bénéfice de l'inscription d'office prise au bureau de la conservation des hypothèques de Bazas ; — Attendu qu'il est déclaré dans ledit acte que les sommes ainsi déléguées proviennent à la dame Saint-Phars du prix d'immeubles à elle propres et dotaux, dont elle fait emploi, pour se conformer aux dispositions de son contrat de mariage, passé devant Me Fieuzal, notaire à Moissac, le 17 avr. 1844 ; — Attendu, en outre, qu'en vertu des stipulations de ce même contrat de mariage, les biens constitués en dot à ladite épouse Saint-Phars se trouvant grevés, pour partie, d'un droit d'usufruit au profit de la dame Delpey, veuve Lartigue, sa mère, et ne pouvant être remployés qu'avec son consentement, cette dernière est intervenue à l'acte de vente consenti par Cougouille et a fourni son acquiescement aux clauses et conditions qui y sont énoncées; — Attendu que la dame Saint-Phars, quoique séparée de biens d'avec son mari, en procédant ainsi, sans son consentement, à une acquisition d'immeubles, et en aliénant, pour en opérer le payement, une partie de sa dot, a accompli un acte qui, par les obligations qui en sont la conséquence et par les effets qu'il produit, dépasse les limites de son pouvoir d'administrer; — Attendu, d'autre part, que la dame veuve Lartigue, étant pourvue d'un conseil judiciaire, aux termes d'un jugement rendu par le tribunal de Lectoure, le 26 févr. 1874, n'avait pas capacité suffisante, en l'absence de ce conseil, de donner, en ce qui la concernait, son consentement aux conventions relatées dans l'acte de vente du 1er juill. 1877; et ce consentement étant cependant une condition indispensable de la validité de tout remploi qui pourrait être effectué par les époux Saint-Phars, son défaut entraîne nécessairement la nullité de la vente; — Sur la demande en garantie : — Attendu que le notaire est le conseil des parties dont il constate les conventions; qu'il doit notamment vérifier leur qualité et s'assurer de leur capacité; que cette obligation était dans l'espèce d'autant plus impérieuse, que l'une d'elles, la dame Saint-Phars, procédait sans l'assistance de son mari, dont elle était séparée de corps et de biens, et qu'elle était en outre, ainsi que sa mère, pourvue d'un conseil judiciaire ; que, si on comprend l'erreur sur le point de savoir quelles sont les limites où s'arrête le pouvoir d'administration de la femme dotale séparée de biens, il n'en est pas ainsi lorsqu'il y a lieu d'apprécier la capacité d'une personne pourvue d'un conseil judiciaire; qu'évidemment le notaire, en admettant la dame Lartigue à contracter dans l'acte de vente du 1er juill. 1877, a commis une faute lourde dont il doit supporter la conséquence ; — Par ces motifs, etc. ». — Appel par M. Martin.

LA COUR; — Attendu que c'est sans autorisation de son mari ou de justice que la dame Saint-Phars-Pouzols a acheté, le 1er juill. 1877, la propriété de Jouanicot; qu'aux termes de l'art. 217 c. civ. la femme mariée ne peut acquérir sans y être autorisée; que l'art. 1449, loin de dispenser de cette obligation la femme séparée, ne lui donne expressément que la libre administration de ses biens; qu'il est dit dans l'acte du 1er juill. 1877 que c'est pour employer le prix de ses biens dotaux que la dame Saint-Phars achète, et qu'en effet, pour payer le prix de son acquisition, c'est une somme dotale qu'elle délègue au vendeur; que le remploi des biens dotaux prescrit par le contrat de mariage ne peut être un simple fait d'administration; que c'est donc justement que la nullité de l'acquisition faite sans autorisation par la dame Saint-Phars-Pouzols a été prononcée; — Attendu que c'est le notaire Martin qui a retenu l'acte du 1er juill. 1877 ; que Martin connaissait la situation des parties ; qu'il n'a pu ignorer les prescriptions de l'art. 217 ; que, dans tous les cas, soit qu'il les ait ignorées, soit qu'il ait, bien qu'il les connût, négligé d'en informer les parties dont il était le conseil, il a, en retenant des conventions dont l'annulation était certaine, si plus tard elle venait à être demandée, causé aux intéressés un préjudice dont il est seul la cause et qu'il doit réparer; — Attendu que le préjudice éprouvé par Cougouille comprend bien évidemment les frais de l'instance dans laquelle il a succombé contre ceux qui ont demandé justement l'annulation de la vente de 1877 ; qu'à titre de réparation, c'est donc Martin qui doit les supporter ; — Confirme.

Du 9 nov. 1881.-C. d'Agen.-MM. Dreme, 1er pr.-Puech, av. gén.-Brocq, av.

— Mais si la femme était séparée de biens et avait ainsi la capacité de recevoir le payement, on peut soutenir qu'elle est tenue pour le tout de la *condictio indebiti* (Comp. Pothier, *Traité du prêt de consomption*, n° 134). Néanmoins les auteurs récents décident qu'elle est tenue seulement de l'action *de in rem verso;* de ce que la femme séparée de biens est capable de recevoir un payement, on ne doit pas conclure, disent-ils, qu'elle puisse encourir toutes les conséquences pouvant accidentellement résulter du payement (Demolombe, t. 4, n° 182 ; Aubry et Rau, t. 4, § 442, note 8, et t. 5, § 472, note 22; Laurent, t. 3, n° 101).

465. La femme, dans tous les cas, est tenue des conséquences de ses délits ou quasi-délits (Demolombe, t. 4, n° 178 ; Demante, t. 1, n° 300 *bis*, v ; Aubry et Rau, t. 5, § 472, n° 2, p. 143 ; Laurent, t. 3, n° 100 ; Baudry-Lacantinerie, t. 1, n° 633). Il a été jugé que la femme mariée qui a employé une somme, par elle empruntée, à payer un billet faux à raison duquel elle était sur le point d'être poursuivie, ne peut se refuser à rembourser la somme au prêteur sous le prétexte qu'elle s'est obligée sans autorisation; dans ce cas-là, en effet, l'emprunt a tourné au profit de la femme, car il lui a permis de se libérer de l'action en responsabilité à laquelle l'exposait le fait délictueux de la fabrication ou de l'usage du faux (Bordeaux, 16 mars 1854, aff. Boyer, D. P. 55. 2. 246).

466. Mais, comme on l'a vu *suprà*, n° 450, l'autorisation maritale est nécessaire à la femme pour fixer par transaction le montant des dommages-intérêts qu'elle peut devoir à raison d'un délit ou d'un quasi-délit.

§ 3. — Par qui l'autorisation du mari doit être demandée. — De quelle manière et à quelle époque elle doit être accordée (*Rép.* n°s 828 à 862).

467. Comme on l'explique au *Rép.* n°s 829 et suiv., l'autorisation du mari, à la différence de ce qui avait lieu sous l'ancien droit, où elle était soumise à certaines formes, n'est plus aujourd'hui qu'un simple consentement. Elle n'est exigée, disent MM. Aubry et Rau, t. 5, § 472, n° 4, p. 150, que « comme manifestation de l'approbation donnée par le mari aux affaires que la femme ne peut traiter à elle seule, à raison de l'incapacité dont elle se trouve frappée » (V. dans le même sens: Laurent, t. 3, n° 111 ; Baudry-Lacantinerie, t. 1, n° 635). La validité de l'autorisation n'est donc subordonnée qu'aux conditions requises pour la validité de tout consentement en général, et l'autorisation peut être donnée, soit expressément, soit tacitement (V. *Rép.* n° 832 et les arrêts cités *infrà*, n°s 470 et suiv.).

468. L'autorisation expresse peut être donnée soit par acte authentique, soit par acte sous seing privé (*Rép.* n° 836). Toutefois, d'après un arrêt de la cour de cassation, l'autorisation nécessaire à la femme pour consentir une donation ou tout autre acte qui ne peut avoir lieu que par acte authentique, doit être donnée dans la même forme (Req. 1er déc. 1846, aff. Patouillet, D. P. 47. 1. 15. V. aussi dans le même sens, Besançon, 30 mars 1844, aff. Druchon, D. P. 45. 4. 153). Les auteurs sont généralement d'un avis différent. Autre chose, disent-ils, sont les conditions exigées par la loi pour la validité d'un acte ; autre chose, les conditions requises pour qu'une partie soit habilitée à passer cet acte. En ce qui concerne la femme mariée, notamment, l'art. 217, qui prévoit même le cas de donation, exige simplement qu'elle soit autorisée par le concours du mari dans l'acte ou par son consentement par écrit, rien de plus (V. en ce sens : Demolombe, t. 4, n° 194 ; Aubry et Rau, t. 5, § 472, p. 151, note 53 ; Laurent, t. 3, n° 119; Baudry-Lacantinerie, t. 1, n° 636).

469. L'autorisation expresse peut-elle être donnée verbalement? Cette question, déjà examinée au *Rép.* n° 839, semble devoir être résolue au moyen d'une distinction. Tous les auteurs s'accordent à décider que la preuve testimoniale ne serait pas admissible pour établir l'existence d'une autorisation verbale, lors même qu'il s'agirait d'une valeur inférieure à 150 fr. ou qu'il y aurait un commencement de preuve par écrit de cette autorisation (Demolombe, t. 4, n° 193 ; Aubry et Rau, t. 1, § 472, n° 4, p. 151 ; Laurent, t. 3, n° 118 ; Baudry-Lacantinerie, t. 1, n° 636). Le législateur, en effet, en stipulant dans l'art. 217 c. civ. que le *consentement* du mari doit être constaté *par écrit*, semble avoir voulu proscrire en cette matière toute preuve par témoins. Mais, d'autre part, la loi se contente, dans le même article, du *concours du mari dans l'acte*, ce qui indique que l'écrit n'a été exigé par lui que pour la preuve, *ad probationem*, et non comme condition nécessaire de la validité de l'autorisation, non *ad solemnitatem*. De là il résulte qu'à défaut d'une preuve écrite, l'existence de l'autorisation, même verbale, peut être établie par l'aveu du mari, et qu'on peut aussi déférer le serment au mari ou à la femme sur le point de savoir si l'autorisation a ou non été donnée (V. en ce sens les auteurs précités. V. aussi Paris, 28 juin 1851, aff. Dufay, D. P. 52. 1. 22. *Contrà:* Huc, t. 2, n° 250). — Quant au point de savoir si l'aveu du mari seul suffirait pour priver la femme du droit d'attaquer l'acte pour défaut d'autorisation, V. *infrà*, n° 481.

470. L'autorisation maritale peut même être donnée tacitement. Il en est ainsi, tout d'abord, en matière judiciaire (V. *Rép.* n° 834). Il a été jugé depuis la publication du *Répertoire :* 1° que l'autorisation maritale à l'effet d'habiliter la femme à interjeter appel résulte suffisamment de la mention, faite dans l'arrêt, que le mari s'est présenté devant la cour pour autoriser sa femme (Req. 10 nov. 1856, aff. Bunel-Maréchal, D. P. 56. 1. 91) ; — 2° Que, dans une cause où la femme est défenderesse, l'autorisation résulte suffisamment du jugement de condamnation rendu par défaut contre le mari et la femme assignés conjointement, sur le vu de conclusions tendant à ce que la justice autorise d'office la femme à défendre à l'action, pour le cas où elle ne serait pas autorisée par son mari (Req. 21 févr. 1853, aff. Lugardon, D. P. 53. 1. 157) ; — 3° Que le concours à une même procédure de deux époux agissant dans un intérêt commun, sans opposition du mari aux actes et conclusions de la femme, implique de la part du mari l'autorisation pour la femme d'ester en justice et suffit à valider la procédure (Nancy, 16 avr. 1877, aff. Burgaux, D. P. 79. 2. 205).

471. On a vu, *suprà*, n° 428, que, lorsque le mari intente une action contre sa femme, il est présumé par cela même l'autoriser tacitement à ester en justice. Mais il est évident que, lorsque c'est la femme qui intente une action contre le mari, l'autorisation maritale ne résulte pas, dans ce cas, de la seule présence du mari dans l'instance. Elle ne résulterait pas non plus de la déclaration faite par le mari qu'il s'en rapporte à justice, car cette déclaration n'implique aucune approbation (Civ. cass. 19 mai 1858, aff. Fore, D. P. 58. 1. 271). La femme doit alors se pourvoir préalablement de l'autorisation de justice.

472. En matière extrajudiciaire, l'art. 217 c. civ. indique lui-même que l'autorisation peut résulter tacitement du « concours du mari dans l'acte » (V. *Rép.* n° 840). Il a été jugé, par application de ce texte : 1° que le mari est réputé avoir autorisé sa femme à le cautionner lorsqu'il a écrit lui-même, à la suite de son obligation principale, l'acte de cautionnement que celle-ci a signé (Trib. Seine, 24 avr. 1845, aff. Syndic Moulin père, D. P. 46. 2. 138); — 2° Que la femme n'a pas besoin d'une autorisation expresse de son mari pour les obligations qu'elle contracte conjointement avec lui (Req. 5 mai 1857, aff. Roy, D. P. 57. 1. 303); — 3° Que la signature apposée par le mari à côté de celle de sa femme sur un billet à ordre, vaut autorisation pour la femme de s'engager au payement de ce billet (Paris, 1er juill. 1870, aff. Guimard, D. P. 71. 2. 2); — 4° Que le mari qui a reconnu le dépôt fait par un tiers à sa femme, a consenti que celle-ci s'en chargeât et a profité de la somme déposée et non restituée, doit être considéré comme ayant apporté son concours personnel au dépôt reçu et, par suite, comme ayant autorisé sa femme à le recevoir (Req. 30 déc. 1878) (1).

(1) (Zraggen C. Lejeune.) — Le 29 juin 1870, le tribunal de la Seine a rendu le jugement suivant : — « En ce qui touche la demande principale tendant à la restitution des valeurs qui auraient été détournées de la succession de la dame Authié-Bellerose par la femme Gaspard Zraggen, sinon en payement d'une somme de 103 000 fr. : — Attendu, en fait, que cette succession s'est ouverte à la date du 7 avr. 1869; que la dame Authié ne laissait pas d'enfant ; que son mari survivant était,

Suivant M. Huc, t. 2, n° 252, pour que l'autorisation tacite résulte du concours du mari dans l'acte, il faut que le mari soit intervenu à l'acte en tant que partie, et non pas seulement pour autoriser sa femme; s'il n'est pas partie à l'acte, l'autorisation doit être expresse. Cette opinion, toutefois, nous paraît dépasser les exigences de la loi.

473. L'autorisation tacite peut-elle résulter d'autres circonstances que du concours du mari dans l'acte? Cette question divise les auteurs (V. *Rép.* n° 843). Suivant MM. Aubry et Rau, t. 5, § 472, p. 152, note 58, si le concours du mari emporte nécessairement autorisation, il ne s'ensuit pas que l'autorisation ne puisse résulter d'autres faits également concluants, dont l'appréciation doit être abandonnée au pouvoir discrétionnaire des tribunaux. M. Demolombe, au contraire, t. 4, n° 197, estime qu'on doit s'en tenir aux termes de l'art. 217 c. civ. et que, par suite, l'autorisation expresse ne peut résulter que du consentement par écrit, et l'autorisation tacite que du concours du mari dans l'acte. Telle est aussi l'opinion de M. Laurent, t. 3, nos 121 et suiv. Cet auteur, toutefois, distingue entre l'autorisation nécessaire pour ester en justice et l'autorisation nécessaire pour les actes extrajudiciaires; l'art. 217 ne s'occupant que de cette seconde autorisation, M. Laurent décide que, pour les actes judiciaires, l'autorisation du mari peut s'induire d'autres circonstances que de son concours dans l'instance. Mais cette distinction, en effet, n'a guère de raison d'être; on prétend qu'elle résulte des termes de l'art. 215 comparés à ceux de l'art. 217; mais il n'y a aucune opposition entre ces articles, et il semble plutôt qu'on doive les interpréter l'un par l'autre (V. Baudry-Lacantinerie, t. 1, n° 638).

474. La chambre civile de la cour de cassation s'est prononcée formellement dans le sens de la nécessité du concours du mari à l'acte pour que l'autorisation puisse avoir lieu tacitement. Elle décide qu'il ne peut être suppléé à ce concours par des équivalents tirés des circonstances qui ont précédé ou suivi l'engagement pris par la femme (Civ. cass. 26 juin 1839, *Rép.* v° *Compétence commerciale*, n° 225; 26 juill. 1871, aff. Pizon, D. P. 71. 1. 293; 20 janv. 1881, aff. Préterre, D. P. 81. 1. 354). La cour suprême en a tiré la conséquence: 1° que l'autorisation maritale ne résulte pas du fait que le mari aurait lui-même reporté à ses créanciers l'acte portant l'engagement de la femme au bas du contrat d'atermoiement qu'il avait lui-même antérieurement souscrit (Arrêt précité du 26 juill. 1871); — 2° Que le mari ne peut être considéré comme ayant donné son autorisation pour un bail conclu par la femme, par cela seul que celle-ci, après avoir occupé les lieux loués, antérieurement au bail, a continué de les habiter, à la connaissance de son mari, pendant toute la durée de l'instance en séparation de corps suivie entre les époux (Arrêt précité du 20 janv. 1881).

Toutefois, beaucoup d'autres décisions judiciaires, quelques-unes même de la chambre des requêtes, se sont montrées moins rigoureuses (V. *Rép.* n° 843). Il a été jugé, depuis la publication du *Répertoire :* 1° que le mari est tenu au payement des lettres de change acceptées sous son nom par sa femme, lorsque sa conduite et ses actes, notamment le payement qu'il a déjà fait de traites semblables, ont dû faire croire au prêteur que la femme agissait en vertu d'une autorisation verbale ou au moins tacite du mari (Nîmes, 11 août 1851, aff. Chenard et aff. Bousquinaud, D. P. 54. 5. 57); — 2° Que la signature apposée par la femme au bas d'une lettre de change souscrite par son mari vaut comme simple promesse, alors même que la femme n'aurait pas agi avec l'autorisation expresse du mari, s'il résulte des circonstances que ce dernier l'a autorisée, et qu'elle a donné sa signature pour lui venir en aide et dans la connaissance qu'elle contractait avec lui un engagement solidaire (Riom, 31 mai 1852, aff. Montaret, D. P. 54. 5. 55); — 3° Que l'autorisation du mari à sa femme peut être tacite, et que l'appréciation de la question de savoir si une femme était autorisée par son mari à gérer la fortune mobilière de la communauté et même à faire des opérations de bourse se soldant par des différences, peut résulter de faits abandonnés par la loi à la conscience du juge (Req. 20 nov. 1865, aff. Scellier, D. P. 66. 1. 112); — 4° Que le mari qui a connu, conseillé et approuvé l'acte par lequel sa femme est obligée, doit être réputé l'avoir autorisé; qu'ainsi la femme qui débite les vins dont son mari gère l'entrepôt, est, par là même, tacitement autorisée par son mari à

---

d'après le contrat du 27 nov. 1865 réglant les conditions civiles de leur union, donataire universel en pleine propriété de tous ses biens; qu'elle ne s'était réservé que le droit de disposer d'une somme de 30 000 fr.; que, par son testament olographe du 12 mai 1868, elle a usé de ce droit au profit de la femme Gaspard Zraggen, née Agathe Bercht, son ancienne femme de chambre, et de son mari pour partie; qu'elle lui léguait, en outre, par un codicille du même jour, toute sa garde-robe, bijoux, diamants, etc.; qu'à la suite d'un jugement de ce tribunal, du 7 juin 1872, fixant à 20 000 fr. l'importance dudit legs, la garde-robe a passé entre les mains d'Authié, et qu'il aurait été trouvé, dans un pli d'un vêtement, un reçu, en date du 13 mai 1868, signé par la femme Gaspard Zraggen, constatant qu'il lui avait été remis par la dame Authié la somme de 33 000 fr., à titre de dépôt en trente-trois billets de 1 000 fr.; — Attendu qu'en dehors de ce titre dont la valeur sera ci-après examinée, il n'est apporté par le demandeur ès-noms aucun document qui soit de nature à justifier ses conclusions; que la remise des autres valeurs confiées à la dame Zraggen a été spontanément faite par elle, et qu'il n'est pas établi qu'elle soit demeurée nantie de la moindre partie de la fortune de la dame Authié; qu'il n'est pas possible de procéder par voie de suppositions sur l'emploi des économies que la défunte aurait dû faire sur ses revenus pour constituer une articulation de détournement d'un capital quelconque; — En ce qui touche spécialement le reçu de 33 000 fr. du 13 mai 1868 : — Attendu, que la défenderesse soutient que sa maîtresse lui a redemandé, peu de temps après les lui avoir confiés, les billets de banque dont s'agit; qu'elle n'avait pas reçu et n'avait pas osé lui demander une décharge; — Attendu que cette version peu vraisemblable, même en admettant que l'ignorance de la loi ait été aussi grande de la part du mari, confident nécessaire du dépôt, que de la part de la femme, n'est appuyée par aucun commencement de preuve par écrit; qu'on ne saurait donner ce caractère à la lettre du 20 oct. 1868 par laquelle, en l'absence de son mari, la femme Authié demande à la défenderesse de lui prêter 50 fr. pour les frais de ménage; que ce prêt, demandé pour quelques jours seulement et d'une aussi faible somme, n'avait rien de contradictoire avec le dépôt d'un capital important qu'elle n'avait pas voulu sans doute entamer; que les autres présomptions invoquées n'ont aucune force, et que, s'il en résulte la preuve de l'irritation de la femme contre son mari, de la confiance qu'elle avait dans l'attachement et la probité de la défenderesse, ces circonstances n'ont, pas un trait direct à la restitution du dépôt; qu'à supposer que le reçu caché dans une robe destinée à la femme Zraggen par le legs devait, dans sa pensée, lui servir de libération, il ne résulterait pas, de ce fait, que les 33 000 fr. avaient été remboursés, mais qu'elle entendait lui en faire indirectement don, en sus des sommes dont elle avait la disponibilité légale, et que cette libéralité serait nulle; qu'il n'y a donc pas à discuter cette hypothèse; — En droit : — Attendu que l'autorisation maritale n'a pas besoin d'être constatée par écrit ni même être concomitante à l'engagement de la femme; qu'il appartenait aux tribunaux d'en rechercher la réalité dans les circonstances de la cause; — Attendu, d'autre part, que, non seulement Zraggen a reconnu le dépôt et a consenti à ce que sa femme s'en chargeât, mais qu'il a profité de la somme déposée, mais non restituée; qu'en cet état, il n'y a lieu de s'arrêter à l'allégation tirée des art. 1426 et 1926 c. civ.; — Par ces motifs, etc. ». — Sur l'appel des époux Zraggen, la cour de Paris, par arrêt du 7 févr. 1878, a confirmé la sentence des premiers juges, en adoptant les motifs. — Pourvoi en cassation par les époux Zraggen, pour violation des art. 217, 1124, 1426, 1925 et 1926 c. civ., et de l'art. 7 de la loi du 20 avr. 1810.

LA COUR; — Sur le moyen tiré de la violation des art. 217, 1124, 1426, 1925 et 1926 c. civ., et de l'art. 7 de la loi du 20 avr. 1810 : — Sur la première branche tirée de la violation des art. 217 et 1124 c. civ. : — Attendu qu'il résulte de l'arrêt attaqué que le sieur Zraggen « a reconnu le dépôt de la somme de 33 000 fr. fait par la dame Authié à sa femme, et a consenti à ce que sa femme s'en chargeât; qu'il a profité de la somme déposée et non restituée »; — Attendu que la cour de Paris, appréciant ces faits par elle constatés, a pu légalement en tirer cette conséquence que le mari avait apporté son concours personnel au dépôt reçu par sa femme; qu'elle a pu ainsi considérer comme remplies les prescriptions de l'art. 217 c. civ.; — Sur la deuxième branche, tirée de la violation des art. 1925, 1926 c. civ., et 7 de la loi du 20 avr. 1810... (sans intérêt); — Sur la troisième branche, tirée de la violation de l'art. 1426 c. civ.... (sans intérêt); — D'où il suit que la cour de Paris, en condamnant les époux Zraggen à payer au sieur Lejeune la somme de 33 000 fr., n'a violé ni les art. 217, 1124, 1426 c. civ., ni l'art. 7 de la loi du 20 avr. 1810; — Rejette, etc.

Du 30 déc. 1878.-Ch. req.-MM. Bédarrides, pr.-*Voisin*, rap.-Lacointa, av. gén., c. conf.-Demasure, av.

garantir la vente faite à celui-ci des vins destinés à alimenter son débit (Paris, 9 déc. 1875, aff. Raschowitz, D. P. 76. 2. 208).

475. Dans tous les cas, la simple signature de la femme, apposée sur un billet souscrit par le mari, ne suffit pas pour établir que la femme ait été autorisée à s'obliger, lorsque rien n'indique qu'elle a signé en présence du mari ou avec son autorisation (V. *Rép.* n° 841 ; Trib. com. Marseille, 31 mars 1863, aff. Schleig, D. P. 63. 3. 80; Trib. civ. Seine, 22 juin 1869, aff. Bodin et Guirard, D. P. 69. 3. 67).

476. L'autorisation, qu'elle émane du mari ou de la justice, doit être spéciale (c. civ. art. 223) (*Rép.* n° 846). Cela signifie qu'elle doit être donnée distinctement pour chaque procès, pour chaque acte juridique, que la femme se propose de soutenir ou de passer. C'est ainsi que cette règle est interprétée par tous les auteurs (V. *Rép.* n°s 852 et suiv.; Aubry et Rau, t. 5, § 472, n° 4, p. 153 ; Laurent, t. 3, n° 113 ; Baudry-Lacantinerie, t. 1, n° 644; Huc, t. 2, n° 261).

477. Au reste, la question de savoir si une autorisation est suffisamment spéciale donne lieu souvent à des difficultés dans la pratique; la jurisprudence postérieure au *Répertoire* en fournit de nombreux exemples.

Il a été jugé d'une part, en ce sens : 1° que la procuration donnée par une femme à son mari à l'effet de contracter solidairement avec elle des emprunts illimités est nulle (Angers, 26 janv. 1849, aff. Gueniveau, D. P. 49. 2. 53); — 2° Que le mari ne peut autoriser sa femme à contracter un engagement illimité dans sa durée et quant à la détermination de la somme qui sera l'objet de l'obligation, comme par exemple de le cautionner pour tous emprunts nécessaires à son commerce (Metz, 31 janv. 1850, aff. Cocu-Jacquart, D. P. 51. 2. 156) ; — 3° Que le pouvoir donné par une femme à son mari à l'effet de vendre tous les immeubles qu'elle possède conjointement avec lui, de l'obliger à toutes garanties de fait et de droit à raison desdites ventes, et de subroger les acquéreurs en tous ses droits et privilèges, est une procuration générale, qui dès lors n'a de valeur que comme pouvoir d'administrer ; qu'en conséquence, la vente d'immeubles propres à la femme, opérée par le mari en vertu de ce mandat, est nulle (Civ. cass. 10 mai 1853, aff. Dacheux, D. P. 53. 1. 160); — 4° Qu'il y a lieu de déclarer nulle la vente d'un bien immobilier, faite par la femme en vertu d'une autorisation générale à elle consentie par son mari et ne spécifiant pas les immeubles que la femme pourrait vendre (Orléans, 6 juin 1868, aff. Rousseau, D. P. 68. 2. 194) ; — 5° Que l'autorisation donnée par le mari à la femme dans leur contrat de mariage, d'exercer personnellement tous commerces, industries et entreprises, est nulle, comme étant une autorisation générale (Bordeaux, 12 nov. 1873) (1); — 6° Qu'une autorisation maritale donnée en ces termes : « J'autorise ma femme à signer le présent engagement », est nulle pour défaut de spécialité, si elle s'applique au cautionnement d'une dette dont le montant ni l'échéance ne sont indiqués, et qui est susceptible de s'accroître indéfiniment (Paris, 21 déc. 1875, aff. Daumas, D. P. 77. 2. 149) ; — 7° Que toute autorisation générale d'ester en jugement, donnée à une femme mariée, est nulle, aussi bien quand elle émane de la justice que lorsqu'elle est conférée par le mari ; et que tel est le caractère de l'autorisation donnée à une femme mariée de faire le commerce, ainsi que tous actes y relatifs, et d'ester en jugement, tant en demandant qu'en défendant, pour les besoins de ce commerce (Civ. cass. 30 janv. 1877, aff. Estavard, D. P. 77. 1. 348); — 8° Que l'autorisation donnée par un mari à sa femme à l'effet de garantir les affaires faites et à faire par leur gendre avec une maison de banque, et de promettre le remboursement de son découvert au cas où il ne pourrait l'effectuer lui-même, est nulle comme constituant une autorisation générale, prohibée par l'art. 223 c. civ. (Montpellier, 29 nov. 1878) (2); — 9° Que l'autorisation donnée par le mari à la femme, de garantir à titre de caution, d'une part, le remboursement des avances qui ont été faites au mari par un tiers, et, d'autre part, le mouvement d'un compte existant entre ce tiers et lui, est nulle comme ayant pour objet une dette incertaine et indéterminée, en tant qu'elle s'applique au second chef du cautionnement; mais que cette nullité ne s'étend pas à l'autorisation tout entière, qui reste valable en ce qui concerne les avances dont la femme a garanti la restitution (Req. 12 mars 1883, aff. Veuve Faure, D. P. 84. 1. 13).

478. D'autre part, il a été décidé : 1° que l'autorisation donnée par le mari à la femme de passer une procuration à l'effet de souscrire une obligation expressément déterminée emporte autorisation, pour la femme, de contracter cette obligation (Caen, 19 avr. 1850, aff. Ganoin, D. P. 55.

(1) (Lisbonne C. Daubèze.) — Le 20 mars 1873, jugement du tribunal civil de Bordeaux ainsi conçu : — « Attendu que la femme, même séparée de corps et de biens, ne peut contracter à titre onéreux sans l'assistance ou l'autorisation de son mari; — Attendu que la dame veuve Daubèze, épouse de Gardeil, n'a été ni assistée ni autorisée de son mari dans l'acte et les engagements qu'elle a souscrits, le 2 mai 1872, avec le sieur Soliman Lisbonne; — Attendu que Soliman Lisbonne se prévaut de la procuration contenue dans le contrat de mariage des époux de Gardeil; — Attendu qu'aux termes de l'art. 223 c. civ., toute autorisation générale, même stipulée par contrat de mariage, n'est valable que quant à l'administration des biens de la femme; — Que cette disposition est établie sur le principe que l'on ne peut déroger par des conventions particulières aux lois qui intéressent l'ordre public, et que, d'après l'art. 1388 du même code, sont de ce nombre celles qui règlent la puissance maritale; — Attendu que la procuration insérée dans le contrat de mariage des époux de Gardeil a le caractère le plus général; qu'elle comprend tous les actes qui peuvent se rapporter à la direction des intérêts de la vie civile; — Que l'on y trouve, il est vrai, une disposition relative au droit de faire le commerce, mais que cette disposition, telle qu'elle est formulée, constitue encore un pouvoir général; — Que la dame de Gardeil est autorisée à exercer personnellement tous commerces, industries et entreprises, et faire sans limite aucune toutes les opérations que ces commerces, industries et entreprises auraient pour objet ou pourraient entraîner; — Attendu que l'autorisation de faire des actes déterminés seulement par leur nature, sans que les objets sur lesquels ils devront porter soient spécifiés ou limités, n'est pas une autorisation spéciale; — Qu'ainsi, la procuration dont il s'agit tombe sous la prohibition portée par l'art. 223; — Attendu, au surplus, que cette procuration a été révoquée par le sieur de Gardeil, le 6 janv. 1870, ensuite d'un exploit signifié à la dame de Gardeil et publié par le journal *Le Messager;* — Qu'en principe et en droit, le mandat donné par contrat de mariage est révocable comme tout autre mandat; — Attendu qu'en cet état il n'est même pas possible de soutenir qu'il y a eu, de la part du sieur de Gardeil, consentement tacite aux actes de commerce auxquels s'est livrée et se livre la dame de Gardeil; — Attendu, en conséquence, que l'acte du 2 mai 1872 est frappé de nullité; — Attendu qu'en vertu de cet acte, la dame Daubèze s'est engagée à payer à Soliman Lisbonne la somme de 25 000 fr.; qu'elle a souscrit à cet effet trois billets, deux de 8000 fr. chacun et un troisième de 9000 fr.; que l'un des billets de 8000 fr. a été acquitté; — Que Soliman Lisbonne doit être tenu de rembourser la somme de 8000 fr. et de remettre les deux billets qui restent en sa possession ou à sa disposition; — Par ces motifs, sans qu'il soit utile d'examiner les autres moyens de la demande, déclare nul et non avenu l'acte du 2 mai 1872 ». — Appel par le sieur Lisbonne.

LA COUR; — Adoptant les motifs des premiers juges; — Confirme, etc.

Du 12 nov. 1873.-C. de Bordeaux, 4e ch.-MM. du Périer de Larsan, pr.-Lévesque et Trarieux, av.

(2) (Arnaud C. Syndic Guibal.) — LA COUR; — Sur le grief pris de l'art. 223 c. civ.: — Attendu que le cautionnement ou garantie autorisé par Arnaud est ainsi conçu : — « Je garantis par la présente les affaires faites et à faire par M. Barret, mon gendre, chez MM. Etienne Guibal et comp., ainsi que le remboursement de son découvert dans le cas où il ne pourrait l'effectuer lui-même » ; — Attendu que ce cautionnement, quoique restreint à la maison Guibal, a une étendue et une durée illimitées, pouvant engager toute la fortune de la femme Arnaud, pour les affaires de toute nature que pourrait faire Barret avec la maison Guibal; que l'autorisation donnée par Arnaud à sa femme au bas de cet acte de cautionnement est donc une autorisation générale donnée en dehors de l'administration des biens de la femme Arnaud, et par suite prohibée par l'art. 223 c. civ.; — Par ces motifs, faisant droit à l'appel de la dame Arnaud, réformant, dit que l'autorisation donnée par Arnaud à sa femme, et dont se prévalent les syndics de la faillite Guibal, est une autorisation générale prohibée par l'art. 223; dit que la femme Arnaud n'a pu, en vertu de cette autorisation, cautionner valablement le crédit ouvert à Barret dans la maison Guibal; le relaxe, en conséquence, des demandes des syndics de la faillite Guibal.

Du 29 nov. 1878.-C. de Montpellier, 2e ch.

2. 37); — 2° Que la femme autorisée par son mari à traiter avec un tiers d'une société pour une maison d'éducation, l'est par cela même à souscrire les obligations y relatives (Paris, 23 juill. 1852, aff. Lefebvre, D. P. 54. 2. 102); — 3° Que l'autorisation donnée par avance à une femme mariée de plaider sur toutes les instances relatives à une acquisition d'immeubles qu'elle est également autorisée à faire, suffit pour habiliter la femme à ester en justice, pour défendre, notamment, à l'action à fin de délaissement d'une portion de terrain dont elle aurait pris possession en excédent de la contenance à elle vendue (Req. 10 nov. 1862, aff. Lépine, D. P. 63. 1. 212); — 4° Que l'autorisation d'aliéner un immeuble, donnée par le mari à la femme, est suffisamment spéciale, lorsqu'elle contient la désignation de l'immeuble vendu; qu'il n'est pas nécessaire qu'elle spécifie le prix et les autres conditions de la vente (Toulouse, 22 mai 1876, aff. B... et D..., D. P. 77. 2. 33); — 5° Que l'autorisation donnée à une femme par son mari d'accepter et recueillir la succession de son père et de faire toutes les opérations que comportent la liquidation et le partage de cette succession, et qui sont d'ailleurs énoncées dans l'acte d'autorisation, est une autorisation spéciale; que, par suite, la femme ne peut demander la nullité des obligations qu'elle a contractées et des reconnaissances qu'elle a faites en vertu de cette autorisation (Civ. rej. 4 juin 1878, aff. Poisson, D. P. 79. 1. 36); — 6° Que l'autorisation donnée par un mari à sa femme de vendre, sous des conditions déterminées, divers immeubles individuellement désignés, est suffisamment spéciale, bien que le nom de l'acquéreur ne soit pas désigné dans l'acte d'autorisation, lorsque cet acte comporte des garanties équivalentes ou supérieures dans l'intérêt de la femme, et notamment lorsqu'il y est stipulé que la portion du prix de vente consistant en capital sera placée en rentes sur l'Etat, et qu'une hypothèque suffisante devra être fournie pour le payement d'une rente viagère formant le complément de ce prix (Req. 25 nov. 1878, aff. De Lescoët et Blin, D. P. 79. 1. 412); — 7° Que le juge du fait peut considérer comme ayant une spécialité suffisante, et par conséquent comme valable, une autorisation maritale aux termes de laquelle le mari, après avoir donné à sa femme le mandat général d'administrer, l'a autorisée à contracter des emprunts jusqu'à concurrence de 250 000 fr. et à hypothéquer des immeubles spécialement désignés (Req. 19 juin 1888, aff. Veuve d'Ores de Pontons, D. P. 88. 1. 478).

479. Comme on l'a expliqué au *Rép.* n° 847, il ne faut pas confondre le cas où le mari se borne à autoriser sa femme avec le cas où il lui donne mandat d'aliéner ou d'hypothéquer les biens de la communauté ou ses biens personnels, à lui, mari. Un tel mandat n'est pas soumis aux règles de la spécialité de l'autorisation; il est seulement régi par les art. 1987 et suiv. c. civ. — Il a été jugé par la cour de cassation que l'acte par lequel un mari autorise sa femme à faire des emprunts et à hypothéquer ses immeubles pour sûreté de ces emprunts, peut, lorsque cette autorisation est précédée des mots : « Je donne procuration à mon épouse, l'autorisant aux effets ci-après », et est suivie de ceux « Bon pour procuration », écrits de la main du mari, être considéré comme conférant à la femme, non l'autorisation d'emprunter en son nom personnel, mais un simple mandat d'emprunter au nom du mari; qu'en conséquence, cet acte n'est pas soumis à la règle qui veut que l'autorisation maritale ayant pour objet un emprunt, détermine le montant de la somme à emprunter (Req. 6 févr. 1861, aff. Dupontavice, D. P. 61. 1. 366. Comp. *suprà*, v° *Mandat*, n° 49).

480. Le mari peut-il donner mandat à un tiers d'autoriser sa femme ? L'affirmative peut être admise dans le cas seulement où le mandat serait donné pour un acte spécialement déterminé. Mais, comme on l'a dit au *Rép.* n° 856, le mari ne pourrait conférer à un tiers le pouvoir général d'autoriser sa femme à aliéner, à emprunter, etc., car il abdiquerait ainsi un des attributs de la puissance maritale. Il a été jugé, en ce sens, que l'acte par lequel le mari donne à un tiers pouvoir, pour lui et en son nom, d'accorder toutes autorisations à sa femme, séparée de corps et de biens, à l'effet de gérer tous les biens qu'elle possède dans deux départements, de faire tous baux, même de plus de neuf ans, d'emprunter toutes sommes sur ces biens, de les engager, même de les vendre, aux prix et conditions qu'elle jugera convenables, entendant seulement excepter de cette autorisation certains immeubles désignés, qui ne pourront être aliénés ni hypothéqués sans le consentement spécial du mari, est un acte nul qui ne peut conférer au tiers le pouvoir d'autoriser valablement la femme à aliéner ses immeubles (Civ. cass. 2 août 1876, aff. de Lescoët et Blin, D. P. 77. 1. 101).

481. L'autorisation du mari peut-elle encore utilement intervenir après l'acte passé par la femme? L'autorisation ainsi donnée n'est en réalité que la ratification par le mari d'un acte accompli sans autorisation. Mais, comme on l'a vu au *Rép.* n° 857, beaucoup d'auteurs soutiennent que cette ratification rend l'acte inattaquable, aussi bien à l'égard de la femme qu'à l'égard du mari (V. en ce sens, outre les auteurs cités au *Répertoire*, Aubry et Rau, t. 5, § 472, p. 165, note 118; Laurent, t. 3, n° 857). Cette doctrine serait exacte, comme le dit fort bien M. Baudry-Lacantinerie, t. 1, n° 639, si l'autorisation du mari n'était exigée que comme sanction du devoir d'obéissance imposé à la femme. Mais elle est exigée aussi comme sanction du devoir de protection dont le mari est tenu envers sa femme. Aussi le défaut d'autorisation fait-il naître une double action en nullité, l'une au profit du mari, dont l'autorité n'a pas été respectée, l'autre au profit de la femme qui n'a pas été protégée comme le veut la loi. Or, si l'assentiment donné après coup par le mari peut couvrir la nullité résultant de la violation du devoir d'obéissance, on ne comprendrait pas qu'il pût couvrir la nullité résultant de l'absence de la protection due à la femme. En d'autres termes, le mari peut bien renoncer à son action en nullité en ratifiant l'acte; mais il n'est pas maître de disposer seul de l'action en nullité qui appartient à la femme. S'il en était autrement dans l'ancien droit, c'est parce que l'autorisation avait pour unique fondement le respect de l'autorité maritale; aujourd'hui qu'elle est fondée aussi sur une idée de protection pour la femme, la solution doit être différente (Comp. en ce sens, Huc. t. 2, n° 253).

La cour de cassation s'est prononcée en faveur de cette seconde opinion (Civ. cass. 26 juin 1839, *Rép.* v° *Compétence commerciale*, n° 225. V. aussi dans le même sens : Orléans, 6 juin 1868, aff. Rousseau, D. P. 68. 2. 194; Douai, 10 déc. 1872, aff. Louchez, D. P. 73. 2. 92; Paris, 14 nov. 1887, aff. Van der Brouck, D. P. 88. 2. 225). Il résulte de cette jurisprudence que l'approbation donnée après coup par le mari à l'acte passé par la femme non autorisée laisse à celle-ci ou à ses héritiers le droit de se prévaloir du défaut d'autorisation. — Toutefois, d'après un arrêt, le mandat donné au mari par la femme non autorisée ne pourrait plus être attaqué par celle-ci lorsqu'il a été exécuté par le mari (Dijon, 19 févr. 1862, *suprà*, v° *Mandat*, n° 48). Mais la cour de cassation a jugé, en sens contraire, par application, il est vrai, du code civil sarde, mais dans une matière où ce code ne différait pas essentiellement du nôtre, que la nullité du mandat donné par une femme à son mari sans l'autorisation de ce dernier ou de justice, n'est pas couverte par l'autorisation postérieure résultant de ce que le mari a accepté ce mandat et a agi en vertu du pouvoir qu'il lui conférait, l'autorisation nécessaire à la femme pour l'habiliter à contracter devant précéder ou accompagner son consentement (Civ. cass. 1er févr. 1864, aff. Chambaz, D. P. 64. 1. 423).

482. En matière judiciaire, comme on l'a dit au *Rép.* n° 859, il n'est pas nécessaire que l'autorisation d'ester en justice soit obtenue dès le commencement de l'instance; il suffit qu'elle soit donnée avant le jugement définitif. Ainsi, il a été jugé que l'autorisation nécessaire à la femme pour ester en justice devant la cour de cassation peut intervenir valablement à un moment quelconque de l'instance, jusqu'à l'arrêt définitif (Civ. rej. 15 déc. 1847, aff. Picard, D. P. 48. 5. 19; Civ. cass. 20 nov. 1854, aff. Lamarche, D. P. 54. 1. 438; 20 janv. 1868, aff. Clavel, D. P. 68. 1. 127; Paris, 4 déc. 1875, aff. Laurent, D. P. 76. 2. 209). Mais lorsque la femme est défenderesse en appel ou en cassation, le mari doit être assigné aux fins d'autorisation avant l'expiration du délai d'appel ou de pourvoi en cassation (V. *infrà*, n° 504).

§ 4. — Des cas où l'autorisation de la justice est nécessaire (*Rép.* nos 863 à 882).

483. Le premier cas où l'autorisation de la justice peut suppléer celle du mari est le cas où le mari refuse son autorisation à la femme (V. *Rép.* nos 863 et suiv. — Sur les exceptions que comporte cette règle, V. *infrà*, n° 495).

484. Aux termes de l'art. 221 c. civ., lorsque le mari est frappé d'une condamnation emportant peine afflictive ou infamante, encore qu'elle n'ait été prononcée que par contumace, la femme, même majeure, ne peut, pendant la durée de la peine, ester en jugement ni contracter qu'après s'être fait autoriser par le juge (*Rép.* n° 865). Il a été jugé, par application de cette règle, que la décision judiciaire rendue contre la femme d'un individu condamné à une peine afflictive et infamante, sans que cette femme ait été autorisée par le juge à ester en justice, est nulle, alors même que le curateur à l'interdiction du mari était présent dans l'instance, attendu que ce curateur, simple administrateur temporaire des biens du mari, n'avait pu le représenter dans l'exercice des droits dérivant de la puissance maritale (Civ. cass. 20 nov. 1854, aff. Lamarche, D. P. 54. 1. 438).

485. On reconnaît généralement aujourd'hui que le mari condamné recouvre le droit d'autoriser sa femme après avoir subi sa peine, et malgré la dégradation civique dont il continue d'être frappé (V. en ce sens, outre les auteurs cités au *Rép.* n° 866; Aubry et Rau, t. 5, § 472, p. 147, note 42; Baudry-Lacantinerie, t. 1, n° 640). — En cas de condamnation par contumace, le mari reste incapable d'autoriser sa femme tant que la peine n'est pas prescrite (V. *Rép.* n° 867, et les auteurs précités).

486. Il y a encore lieu à l'autorisation de justice, lorsque le mari est absent (c. civ. art. 222). — Il n'est pas nécessaire pour cela que l'absence ait été déclarée; il suffit qu'elle soit présumée (Bordeaux, 13 janv. 1869, aff. Louey, D. P. 70. 2. 115).

487. On a cité au *Rép.* n° 870, des arrêts d'après lesquels la simple non-présence du mari ne doit pas être assimilée, en ce qui concerne l'autorisation, à l'absence déclarée ou présumée. L'opinion contraire, soutenue par M. Demolombe, t. 4, n° 214, est rejetée par les derniers auteurs, qui s'appuient principalement sur l'art. 863 c. proc. civ. ainsi conçu : « Dans le cas d'absence *présumée* du mari ou lorsqu'elle aura été *déclarée*, la femme qui voudra se faire autoriser, etc. ». Il y a là, dit-on, une interprétation législative du mot *absent* employé par l'art. 222 c. civ. (Aubry et Rau, t. 5, § 472, p. 146, note 39; Laurent, t. 3, n° 127; Baudry-Lacantinerie, t. 1, n° 640). Ainsi suivant cette doctrine, conforme à la jurisprudence, si le mari est éloigné, sans que son existence soit incertaine, la femme doit néanmoins requérir son autorisation et procéder conformément à l'art. 861 c. proc. civ.

488. Pendant la durée de la guerre de 1870-1871, un décret de la délégation du gouvernement de la Défense nationale, en date du 14 déc. 1870 (D. P. 71. 4. 11), a permis aux femmes mariées qui seraient dans l'impossibilité, dûment constatée, d'obtenir l'autorisation maritale, par suite de la guerre, de se pourvoir de l'autorisation de justice, conformément à l'art. 863 c. proc. civ. D'après l'art. 2 de ce décret, la femme, éloignée de son domicile et sans communication possible, pouvait solliciter l'autorisation du tribunal de sa résidence.

489. La femme doit aussi se faire autoriser par justice lorsque le mari est interdit (c. civ. art. 222) (*Rép.* n° 871). Il en est ainsi alors même que la femme est tutrice du mari; elle n'en doit pas moins, en ce cas, se faire autoriser pour les actes qui concernent son patrimoine (V. *suprà*, v° *Interdiction-conseil judiciaire*, n° 137).

490. Si le mari, sans être interdit, est dans une maison d'aliénés, il semble que la femme doit pouvoir solliciter l'autorisation de justice comme en cas d'interdiction (V. en ce sens : *Rép.* n° 873; Aubry et Rau, t, 5, § 472, p. 147, note 40). Le contraire a cependant été jugé par un arrêt de la cour de Gand, qui considère que « l'interdiction constitue seule une constatation légale de l'incapacité où se trouve le mari d'exercer l'autorité conjugale par suite d'imbécillité ou de démence » (Gand, 29 déc. 1871, aff. M..., D. P. 74. 2. 153. V. dans le même sens, Laurent, t. 3, n° 130). Mais la loi du 30 juin 1838, art. 39, établit, elle aussi, une présomption d'incapacité qui, sans être aussi absolue que celle résultant de l'interdiction, peut suffire pour motiver le recours de la femme à l'autorisation du juge.

491. Le mari pourvu d'un conseil judiciaire peut-il, avec l'assistance de ce conseil, autoriser sa femme à faire les actes qu'il est lui-même incapable de faire seul? La négative, que l'on a adoptée au *Rép.* n° 874, a prévalu dans la jurisprudence. La cour de cassation a décidé que la femme, dont le mari est pourvu d'un conseil judiciaire, ne peut ester en justice sans l'autorisation du juge (Civ. cass. 6 déc. 1876. aff. Birault, D. P. 77. 1. 307. V. dans le même sens : Bordeaux, 16 juin 1869, aff. Meller, D. P. 70. 1. 34; Aubry et Rau, t. 5, § 472, p. 148, note 45). M. Laurent, t. 3, n° 132, soutient, au contraire, que le mari pourvu d'un conseil judiciaire a seul le droit d'autoriser sa femme, à charge par lui de se faire autoriser de son conseil pour les actes qu'il est incapable de faire seul. La puissance maritale, dit M. Laurent, est d'ordre public, et les tribunaux ne peuvent autoriser la femme que dans les cas où la loi leur donne ce droit; or l'individu pourvu d'un conseil judiciaire conserve la puissance maritale, et tout ce que la loi exige, c'est qu'il se fasse assister de son conseil dans certains cas.

492. On admet généralement que le mari mineur, émancipé par le mariage, peut habiliter sa femme à accomplir les divers actes juridiques qu'il est lui-même capable de faire. Ainsi, le mari mineur peut autoriser sa femme à ester en justice en matière mobilière; car la loi lui accorde ce droit pour son propre compte (c. civ. art. 482) (*Rép.* n° 875; Aubry et Rau, t. 5, § 472, p. 148, note 43). Lorsqu'il s'agit d'un acte que le mineur émancipé ne peut pas faire seul, la femme doit se pourvoir de l'autorisation de justice dans la forme indiquée par l'art. 863 c. proc. civ. Mais le juge peut ne statuer sur la demande de la femme que le mari entendu ou dûment appelé (Aubry et Rau, *ibid.*, note 44).

493. Comme on l'a vu *suprà*, n° 455, la circonstance que le mari est personnellement intéressé dans l'acte que veut faire la femme, n'a pas pour effet de le rendre incapable de donner lui-même l'autorisation. Il n'est donc pas nécessaire de recourir en pareil cas à l'autorisation de justice (V. aussi en ce sens, *Rép.* n° 879).

494. Par exception, l'autorisation du juge ne peut pas suppléer celle du mari dans les cas suivants : 1° pour accepter une exécution testamentaire, excepté quand la femme est séparée de biens (*Rép.* n° 880); 2° pour compromettre (*Rép.* n° 881). — Quant à la question de savoir si la femme peut être habilitée par le juge à faire le commerce, elle est controversée ainsi qu'on l'a vu *suprà*, v° *Commerçant*, nos 85 et suiv.

495. On a soutenu que la justice n'a pas le pouvoir d'autoriser la femme, au refus ou en l'absence du mari, à exercer une profession quelconque, notamment un engagement théâtral (V. spécialement sur ce dernier point *infrà*, v° *Théâtre*). « L'autorisation d'exercer une profession, dit M. Laurent, t. 3, n° 135, est une autorisation générale. Or, les art. 217 et 223 exigent que l'autorisation soit spéciale. L'art. 4 c. com. déroge à ces dispositions, mais seulement sous la condition que le mari donne son autorisation. Aucun texte ne permet au juge d'accorder une autorisation générale sur le refus du mari. Si le juge l'accordait, le mari pourrait défaire ce que la justice a fait. Le tribunal autorise la femme à contracter un engagement théâtral malgré le mari. Celui-ci change de domicile; la femme doit le suivre; que devient alors l'autorisation de justice ? » (Comp. en ce sens, Baudry-Lacantinerie, t. 1, n° 641; Huc, t. 2, n° 203; Demolombe, t. 4, n° 248 *ter*). Conformément à cette doctrine, le tribunal de la Seine a refusé d'autoriser une femme mariée à subir l'examen d'élève sage-femme (Trib. civ. Seine, 2 mars 1887) (1). Mais on peut objecter que le mari

(1) (Femme H... C. H...) — LE TRIBUNAL; — Attendu que la dame H..., en vue de subir le prochain examen d'élève sage-femme devant la Faculté de médecine de Paris, a fait au défendeur la sommation du 22 février dernier; — Attendu qu'elle demande à cette fin l'autorisation du tribunal pour suppléer celle que son mari, appelé et entendu en la chambre du conseil, persiste à lui refuser; — Au fond: — Attendu que, parmi les contrats et les actes extrajudiciaires énoncés en l'art. 217 c. civ.,

n'est pas juge souverain de ce qui convient à la femme et à la famille ; il ne faudrait pas que, par un faux point d'honneur ou peut-être par méchanceté, il mît la femme dans l'impossibilité de gagner sa vie, suivant ses aptitudes, et d'élever ses enfants. Quant à l'objection consistant à dire que l'autorisation d'exercer une profession est une autorisation générale, on peut répondre que cette autorisation donnée par le juge vaudra toujours ce qu'elle vaudrait si elle était donnée par le mari. Si celui-ci, par l'abus de sa puissance maritale, empêchait la femme de profiter de l'autorisation, cet abus pourrait être réprimé par la justice et pourrait aussi autoriser la femme à demander le divorce ou la séparation de corps.

§ 5. — Forme dans laquelle l'autorisation de justice doit être demandée et accordée (*Rép.* n°s 883 à 912).

496. La femme qui veut ester en justice comme demanderesse ou passer un acte, et qui ne peut obtenir pour cela l'autorisation de son mari, doit, pour se pourvoir de l'autorisation de justice, procéder différemment suivant que le mari est présent et capable de l'autoriser ou qu'il est absent ou incapable de donner un consentement valable. Lorsqu'il est présent et capable, la femme doit d'abord, comme on l'explique au *Rép.* n° 884, le mettre en demeure par une sommation d'avoir à lui donner l'autorisation dont elle a besoin. En cas de refus, elle présente requête au président qui rend une ordonnance portant permission de citer le mari, à jour indiqué, à la chambre du conseil, pour déduire les causes de son refus (c. proc. civ. art. 861). — Il a été jugé que, lorsqu'une femme mariée *forme une demande en justice*, elle seule peut et doit remplir vis-à-vis du mari les formalités de la sommation d'accorder l'autorisation et de la citation devant la chambre du conseil : si ces formalités étaient accomplies par le défendeur, l'autorisation qui interviendrait serait radicalement nulle et impropre à habiliter la femme (Bordeaux, 11 août 1851, aff. Sabarot, D. P. 52. 2. 63).

497. Si le mari est absent ou incapable, et même dans le cas où il est mineur (*Rép.* n° 889), la femme ne doit pas alors lui faire de sommation. Elle doit seulement présenter requête au président à l'effet d'obtenir l'autorisation du tribunal, en joignant à sa requête les pièces de nature à constater l'absence ou l'incapacité du mari (c. proc. civ. art. 836). — Quant aux pièces qu'il y a lieu de produire, V. *Rép.* n° 888.

498. C'est au tribunal de première instance de l'arrondissement du domicile commun (c. civ. art. 219), c'est-à-dire du domicile du mari (c. civ. art. 108), que la femme doit, en principe, demander l'autorisation (*Rép.* n°s 887 et 890). Cependant, par exception, lorsque les époux sont séparés de corps, la jurisprudence décide que c'est au tribunal de son propre domicile que la femme peut, et même doit adresser sa demande (Paris, 28 mai 1864, aff. Meilheurat, D. P. 64. 2. 185 ; 19 déc. 1865, aff. Tribouillard, D. P. 66. 2. 45 ; Rouen, 31 mai 1870, aff. Pellerin, D. P. 71. 2. 106. V. dans le même sens : Valette, *Explication sommaire du livre Ier du code napoléon*, p. 122 ; Demolombe, t. 4, n° 254 *bis*, et la consultation de M. Hébert, D. P. 64. 2. 185, note 1).

Si le mari n'a ni domicile ni résidence connus en France, il semble que c'est également devant le tribunal de son propre domicile que la femme doit alors former sa demande d'autorisation (Comp. les arrêts précités). Il a pourtant été jugé que, en pareil cas, la demande d'autorisation nécessaire à la femme pour ester en justice doit être portée devant le tribunal compétent pour connaître de la contestation (Besançon (et non Bourges), 20 mai 1864, aff. Alvergnat, D. P. 64. 5. 23).

499. Le mari, s'il comparaît, doit être entendu par le tribunal en chambre du conseil (c. civ. art. 219 ; c. proc. civ. art. 861). On a examiné au *Rép.* n°s 893 et suiv., la question de savoir si les plaidoiries des avocats, les conclu ministère public et enfin le prononcé du jugement corde ou refuse l'autorisation, doivent également avoir li en chambre du conseil. Cette question est aujourd'hui résolue dans la jurisprudence. Il résulte de nombreux arrêts que les débats qui précèdent le jugement peuvent et même doivent se passer à huis clos, mais que le jugement doit nécessairement, à peine de nullité, être rendu à l'audience publique (Orléans, 19 mai 1849, aff. Bret, D. P. 49. 2. 127 ; Civ. cass. 5 juin 1850, aff. Gonssolin, D. P. 50. 1. 161 ; Req. 10 févr. 1851, aff. Soyez, D. P. 51. 1. 43 ; Riom, 20 août 1851, aff. Gonssolin, D. P. 54. 5. 58 ; Req. 1er mars 1858, aff. Dufay, D. P. 58. 1. 321 ; Civ. cass. 4 mai 1863, aff. Camberlan-Riquier, D. P. 63. 1. 186 ; Lyon, 16 déc. 1871, aff. Faure, D. P. 72. 2. 120). — Jugé, toutefois, que les conclusions du ministère public peuvent, sans qu'il y ait nullité, être données en audience publique (Req. 10 févr. 1851, précité ; 9 juill. 1879, aff. Barbe-Mintière, D. P. 80. 1. 178).

Mais la règle que le jugement doit être prononcé à l'audience est d'ordre public. La nullité résultant de son inobservation peut donc être opposée en tout état de cause et même être relevée d'office par le juge (Riom, 20 août 1851, précité). Et cette nullité entraîne, lorsqu'il s'agit d'une autorisation d'ester en justice, celle de la décision intervenue dans l'instance où la femme a figuré en vertu de cette autorisation (Civ. cass. 4 mai 1863, précité).

500. Le tribunal accorde ou refuse l'autorisation. En l'accordant il peut y mettre certaines conditions qu'il détermine (*Rép.* n° 897). Ainsi, il a été jugé que le jugement qui, sur le refus du mari, autorise la femme à souscrire un pacte de famille pour le règlement d'une succession, peut subordonner son autorisation à la condition qu'il sera fait un emploi déterminé des sommes que la femme recevra de ses cohéritiers (Req. 1er avr. 1878, aff. De Vendœuvre, D. P. 79. 1. 120).

501. Le jugement qui est rendu sur la demande d'autorisation peut être frappé d'appel, soit par le mari, soit par la femme (*Rép.* n° 899). L'instruction et les plaidoiries doivent aussi bien être secrètes devant la juridiction d'appel qu'en première instance (*Rép.* n° 900). L'arrêt doit être rendu en audience publique (Poitiers, 18 avr. 1850, aff. De Saint-Géneroux, D. P. 50. 2. 117 ; Civ. cass. 5 juin 1850, aff. Gonssolin, D. P. 50. 1. 161 ; Req. 10 févr. 1851, aff. Soyez, D. P. 51. 1. 43 ; Civ. cass. 4 mai 1863, aff. Camberlan-Riquier, D. P. 63. 1. 186. V. au surplus, *suprà*, n° 499).

502. Comme on l'a vu *suprà*, n° 431, l'autorisation d'ester en justice accordée à une femme mariée ne l'habilite pas à interjeter appel du jugement qui a rejeté sa demande ; une nouvelle autorisation lui est nécessaire à cet effet.

A quelle juridiction cette autorisation doit-elle être demandée ? Il a été jugé que la femme doit encore s'adresser, conformément à l'art. 219 c. civ., au tribunal du domicile commun (Bordeaux, 24 mai 1851, aff. Gorsse, D. P. 54. 5. 55 ; Aix, 13 mars 1862, aff. Grinda, D. P. 62. 2. 194). Mais cette solution, comme on l'a fait remarquer au *Rép.* n° 902, a l'inconvénient de soumettre la question de l'opportunité de l'appel au tribunal qui parfois a rendu le jugement qu'il s'agit d'attaquer et, dans tous les cas, à un tribunal de même ordre. C'est pourquoi il nous semble préférable de décider que l'autorisation doit alors être demandée à la juridiction compétente pour statuer sur l'appel (V. en ce sens : Civ. rej. 25 janv. 1843, *Rép.* n° 907-1° ; Besançon (et non Bourges), 20 mai 1864, aff. Alvergnat, D. P. 64. 5. 23, et les autres arrêts cités *infrà* n° 503 ; Demolombe, t. 4, n° 262. V. aussi Civ. cass. 2 juill. 1878, aff. Mirey, D. P. 79. 1. 213).

503. Il reste à savoir si la femme qui veut se faire autoriser à appeler doit suivre les formalités prescrites par les art. 861 et suiv. c. proc. civ., ou s'il lui suffit de demander l'autorisation de justice par des conclusions sur lesquelles il sera statué en même temps que sur le fond du litige. C'est

---

que la femme mariée non séparée est incapable de faire valablement sans autorisation de justice, à défaut de l'aveu ou du consentement marital, ne se trouve pas mentionné le choix d'une carrière ou d'une profession libre ; qu'on conçoit facilement d'ailleurs que le mari, seul juge des convenances conjugales, et gardien de la dignité commune, ait le droit exclusif d'apprécier si sa femme est ou non capable de courir les chances parfois périlleuses d'une carrière où peuvent être exposés et compromis son nom son honneur et ses intérêts, puisque seul il a l'autorité et les moyens de décider en parfaite connaissance de cause ; — Attendu, dès lors, que le tribunal est sans droit pour accorder l'autorisation sollicitée ; — Par ces motifs, etc.

Du 2 mars 1887.-Trib. civ. de la Seine, ch. du cons.-MM. Gillet, pr.-Tardif, susbt.

cette dernière solution qui a été adoptée dans des espèces où le mari était en cause. Ainsi, il a été jugé : 1° qu'une femme mariée peut être autorisée par la cour, sans l'accomplissement des formalités prescrites par les art. 861 et suiv. c. proc. civ., à intervenir dans une instance d'appel où son mari est présent et a été entendu, alors d'ailleurs que l'intervention présente un caractère d'urgence et constitue bien moins une demande principale qu'une formalité accessoire pour régulariser la procédure (Montpellier, 18 mai 1874) (1); — 2° Que, pour obtenir l'autorisation d'appeler d'un jugement rendu contre elle et au profit de son mari, la femme n'est point tenue de procéder ainsi qu'il est prescrit par les art. 861 et suiv. c. proc. civ., mais peut demander directement l'autorisation à la cour saisie de son appel (Paris, 6 juin 1882) (2). Toutefois, lorsque le mari n'est pas dans la cause, il nous semble que la femme doit l'appeler devant la cour pour qu'il puisse faire connaître les motifs de son refus d'autorisation (Arg. art. 219 c. civ. et 861 c. proc. civ. Comp. Paris, 21 févr. 1883, aff. Deteure, D. P. 84. 2. 173).

504. Lorsqu'il s'agit pour la femme d'être autorisée à ester en justice pour défendre à une action formée contre elle, les formes de procéder établies par les art. 219 c. civ., 861 et suiv. c. proc. civ., ne sont pas applicables. C'est alors à celui qui agit contre la femme à la faire autoriser. Pour cela, il doit assigner le mari conjointement avec la femme devant le tribunal qui doit connaître de la contestation, et conclure à ce que, faute par le mari d'autoriser la défenderesse à ester en justice, cette autorisation soit donnée par le juge (*Rép.* n° 905. V. aussi Req. 10 mars 1858, aff. Brunier, D. P. 58. 1. 347; Civ. cass. 30 janv. 1877, aff. Estavard, D. P. 77. 1. 348).

505. De même, lorsque les deux époux figurent conjointement dans la même instance, si la femme veut prendre des conclusions pour lesquelles le mari refuse de l'autoriser, elle peut valablement par ces mêmes conclusions requérir l'autorisation de son mari et, à défaut, celle de la justice (Civ. cass. 4 avr. 1855, aff. Menfroy et Hugot, D. P. 55. 1. 159).

506. L'autorisation est alors valablement accordée à la femme par le jugement même qui statue sur la demande principale (*Rép.* n° 907). Il a même été jugé que l'autorisation du tribunal qui, à défaut de celle du mari, est nécessaire à la femme pour défendre à une action en justice, résulte virtuellement de la condamnation prononcée au profit du demandeur, alors que celui-ci, après avoir assigné conjointement les deux époux, a formellement conclu à ce que cette autorisation fût, le cas échéant, accordée à la défenderesse (Req. 21 févr. 1853, aff. Lugardon, D. P. 53. 1. 157; 5 juill. 1881, aff. Petitjean, D. P. 83. 1. 71).

507. Mais il faut que le demandeur ait conclu à l'autori-

(1) (Roussel C. Sévérac.) — LA COUR; — Attendu que, par son jugement du 30 déc. 1873, le tribunal de Narbonne a condamné par défaut les appelants Sévérac et Roussel à livrer, dans le délai de huitaine, à l'intimé les soixante-huit hectolitres de vin qui lui avaient été vendus, et, faute de ce faire, à lui payer une somme de 2000 fr. à titre de dommages-intérêts; — Attendu que ces condamnations prononcées solidairement, étant devenues définitives faute d'opposition, ont été frappées de deux appels séparés par Roussel et par Sévérac; — Attendu que, la cause étant en état et les conclusions ayant été contradictoirement prises à l'audience, la dame Sévérac a fait notifier sa requête en intervention et demande qu'il y soit statué;... — 3° Sur l'intervention de la dame Sévérac: — Attendu que, faite en vue d'obtenir la résiliation complète du marché, elle est aujourd'hui limitée dans ses effets à la seule remise par l'acheteur Vieu des sommes dont il restera débiteur, après réception intégrale du vin vendu; — Attendu que sa prétention est combattue par un double motif, l'un de forme et l'autre de fond; qu'en la forme, Sévérac soutient que sa femme n'est pas autorisée à ester en justice, qu'elle ne peut l'être dans la circonstance actuelle qu'après l'accomplissement des formalités prescrites par les art. 861 et suiv. c. proc. civ.; — Attendu que la dame Sévérac conclut à l'audience à ce que l'autorisation qui lui est nécessaire pour ester en jugement lui soit accordée par la cour; — Attendu que son mari est présent; qu'il a été entendu, et que la cour, éclairée par ce débat contradictoire sur la situation des deux époux et sur les difficultés qui les divisent, est en mesure de se prononcer en connaissance parfaite de cause, sans qu'il soit nécessaire d'ordonner une comparution, et sans recourir aux formalités prescrites par l'art. 861 et suiv. c. proc. civ.; — Attendu qu'il s'agit, d'ailleurs, d'une affaire urgente par sa nature, puisqu'il s'agit des ressources d'une femme qui plaide en séparation de corps contre son mari, et qui habite hors du domicile conjugal, dans la demeure qui lui a été assignée par la justice, obligée de pourvoir à tous ses besoins; — Attendu que son intervention introduite à la dernière heure, alors que l'affaire est en état, ne peut en retarder le jugement (art. 340 c. proc. civ.); qu'elle s'y lie cependant d'une manière intime, et qu'elle constitue bien moins une demande principale qu'un simple incident, une sorte de formalité accessoire, pour régulariser la procédure; — Attendu que la cour, saisie du litige, a compétence pour en apprécier les incidents : *pertinet ad officium judicis universam quæstionem incidentem quæ in judicium devocatur, examinare* (L. 1, C., *De ordine judiciorum*); — Par ces motifs,... statuant ensuite sur les conclusions de la dame Sévérac, l'autorise à ester en jugement, déclare son intervention recevable, etc...

Du 18 mai 1874.-C. de Montpellier, 1re ch.-MM. Sigaudy, 1er pr.-Fourcade av. gén.-Gervais, Lisbonne, Roussel et Génie, av.

(2) (Dame Préterre C. Préterre.) — Le sieur Préterre ayant formé devant le tribunal de la Seine une demande en radiation d'une inscription d'hypothèque légale prise par sa femme, pendant la communauté, sur des conquêts de cette communauté, un jugement rendu par défaut contre la femme le 16 juin 1881 a ordonné la radiation, et cette décision a été maintenue sur opposition par un second jugement du 29 nov. 1881. — Appel par la dame Préterre. Mais, le 11 mars 1882, arrêt par défaut qui déclare l'appelante non recevable parce qu'elle n'a pas été autorisée à ester en justice. Opposition par ladite dame.

LA COUR; — Statuant sur l'opposition de la femme Préterre à l'exécution d'un arrêt rendu contre elle par défaut par cette chambre, le 11 mars 1882; — En la forme: — Considérant que Préterre, ayant introduit une instance contre sa femme, ne peut raisonnablement prétendre empêcher ladite dame de vaquer aux besoins de sa défense par tous les moyens légaux; qu'aux termes de l'art. 218 c. civ., si le mari refuse d'autoriser sa femme à ester en jugement, il est de l'office du juge de donner cette autorisation; que, pour l'obtenir à l'effet de plaider contre son mari lui-même, la femme n'est point tenue de procéder ainsi qu'il est prescrit par les art. 861 et suiv. c. proc. civ.; qu'il lui suffit de demander l'autorisaton de justice par des conclusions, sur lesquelles il est statué en même temps que sur le fond du litige; qu'en l'état, il y a lieu d'autoriser la dame Préterre à plaider devant la cour comme opposante à l'arrêt par défaut du 11 mars dernier, ensemble comme appelante des jugements rendus contre elle par le tribunal civil de la Seine, le premier par défaut, le 16 juin 1881, le second sur opposition, le 29 novembre suivant; — Au fond: — Considérant que l'inscription hypothécaire qui donne lieu au procès a été requise par l'appelante en vertu du droit conféré aux femmes mariées par l'art. 2121 c. civ.; que vainement l'intimé soutient que cette inscription aurait été prise abusivement, par le motif que l'immeuble qui en est grevé serait un conquêt de la communauté; qu'aux termes de l'art. 2122 c. civ., l'hypothèque légale de la femme mariée porte sur tous les biens présents et à venir de son mari; qu'il faut ranger au nombre de ces biens les conquêts, puisque, appartenant au mari dores et déjà pour une moitié par indivis, ils lui seront dévolus pour le tout s'il plaît à la femme de renoncer à la communauté; que le mari ne saurait avoir sur ces biens, quant à la faculté de les aliéner, des droits plus étendus que ceux dont il est investi sur son patrimoine propre; que les conquêts doivent donc, tant que dure la communauté, répondre du payement des reprises de la femme, pour le cas où elle viendrait à renoncer, son droit hypothécaire devant être résolu du moment où son acceptation l'aura rendue garante des aliénations consenties par son mari comme administrateur et maître des affaires communes; — Considérant que l'hypothèque légale ainsi étendue aux conquêts n'est nullement en contradiction avec les pouvoirs conférés au mari par l'art. 1421 c. civ., non plus qu'avec le droit de purger qu'ont les acquéreurs, puisque la vente et la purge peuvent s'opérer sur les conquêts de la même manière que sur les biens personnels du mari; — Considérant que, lorsqu'il s'agit de faire valoir son hypothèque, c'est-à-dire de participer à la distribution d'un prix de vente, la femme n'y est admise, sur les conquêts aussi bien que sur les propres du mari, qu'à la charge de justifier des droits et créances à raison desquels elle aspire à se faire colloquer; que, si ces droits ne sont point liquides, il appartient au juge de l'ordre d'apprécier quelle somme doit être affectée à les garantir éventuellement; que, d'autre part, le mari peut, en se conformant à l'art. 2144 c. civ., obtenir que l'hypothèque légale de la femme soit restreinte à certains immeubles; mais qu'en l'état, la demande en radiation formée par Préterre contre sa femme n'est point susceptible d'être accueillie favorablement; — Par ces motifs; — Autorise en tant que de besoin la dame Préterre à ester en jugement devant la cour; — Infirmant, déclare Préterre mal fondé dans sa demande, etc.

Du 6 juin 1882.-C. de Paris, 5e ch.-MM. Cotelle pr.-Lefranc subst.-de Bigault du Granrut et Desjardins, av.

sation. S'il n'y a pas conclu, la femme ne devrait pas être présumée autorisée par cela seul qu'elle aurait été condamnée (Comp. Civ. cass. 26 mai 1868, aff. Clavier, D. P. 68. 1. 256).

508. L'autorisation de justice doit, comme celle du mari, être spéciale (V. *Rép.* n° 911 et *suprà*, n°s 476 et suiv.).

509. On a examiné au *Rép.* n° 912, la question de savoir si l'autorisation de justice peut être donnée après coup, et si, ainsi donnée, elle aurait pour effet de priver le mari de son action en nullité contre l'acte passé par la femme non autorisée. L'affirmative n'est soutenue, à notre connaissance, que par M. Demolombe, t. 4, n° 272. Son argument principal est celui-ci : « La justice peut accorder elle-même l'autorisation toutes les fois que le mari refuse, sans cause légitime, d'autoriser sa femme à passer un acte, et surtout lorsqu'il est incapable (c. civ. art. 219). Ces termes sont généraux et comprennent toutes les espèces d'actes possibles; or, qu'est-ce que la femme demande? A *passer un acte de confirmation;* donc, la justice peut l'y autoriser au refus du mari ». Suivant MM. Aubry et Rau, t. 5, § 472, p. 167, note 121, la femme ne peut, par une confirmation même valable à son égard, enlever au mari une action en nullité introduite en faveur de celui-ci et des intérêts dont il est le gardien.

510. En matière judiciaire, il suffit, comme on l'a vu *suprà*, n° 482, que l'autorisation du mari ou de justice soit donnée avant le jugement définitif. Mais lorsque la femme est défenderesse en appel ou en cassation, son adversaire doit assigner le mari, pour qu'il ait à l'autoriser, avant l'expiration du délai d'appel ou de pourvoi en cassation (V. *Rép.* n° 860). Il a été jugé que la nullité d'une instance d'appel dirigée contre une femme mariée, à défaut d'assignation régulière du mari pour l'autoriser, ne peut être couverte par une assignation nouvelle et valable qu'autant que cette assignation est intervenue dans les délais de l'appel (Req. 5 mai 1858, aff. Audicq, D. P. 58. 1. 286).

511. Quelle est l'autorité des jugements par lesquels une femme mariée est autorisée à passer un acte juridique? Ces jugements peuvent être rendus, soit sur assignation donnée au mari en cas de refus d'autorisation de sa part, soit sur requête, lorsque le mari est absent ou incapable. Mais, dans les deux cas, ils appartiennent à la juridiction gracieuse, et, par suite ils n'emportent pas chose jugée, en ce sens qu'on peut encore les attaquer et les faire tomber lorsqu'ils n'ont pas été rendus légalement. Jugé, notamment, que les jugements sur requête autorisant une femme mariée à emprunter sur hypothèque et à payer des dettes hypothécaires, contrairement à son contrat de mariage, constituent des actes de juridiction volontaire qui n'ont pas force de chose jugée et ne s'opposent pas à ce que les tribunaux saisis de l'appréciation de l'acte passé par la femme vérifient si ces jugements ont été légalement rendus (Lyon, 19 mai 1883, aff. Rouchon, D. P. 85. 2. 187). Il est bien entendu, toutefois, que ces jugements, lorsqu'ils sont définitifs, ne peuvent être attaqués sous le seul prétexte qu'ils auraient été rendus contrairement aux intérêts de la femme. Ils sont, en un mot, critiquables pour violation de la loi, mais non pour erreur de fait. Et encore ne pourraient-ils être critiqués par la femme, même pour violation de la loi, s'ils avaient été obtenus par elle au moyen de manœuvres frauduleuses (V. l'arrêt précité. V. aussi *suprà*, v° *Contrat de mariage*, n° 1366).

§ 6. — Effets de l'autorisation ou du défaut d'autorisation (*Rép.* n°s 913 à 962).

512. — I. EFFETS DE L'AUTORISATION (*Rép.* n°s 913 à 934). — Ces effets doivent être considérés, comme on l'a dit au *Rép.* n° 913, par rapport à la femme et par rapport au mari. En ce qui concerne la femme, il n'y a pas à distinguer si l'autorisation émane du mari ou de la justice; dans l'un et l'autre cas, elle a pour effet de rendre la femme capable de faire les actes pour lesquels cette autorisation lui a été donnée.

513. Mais pour que cet effet se produise, il faut d'abord que l'autorisation soit régulière. Si elle a été donnée par le mari, elle doit réunir les conditions nécessaires à la validité du consentement et à la capacité de la personne dont elle émane. Le consentement ne doit pas être entaché d'erreur, de violence ou de dol. — Il faut aussi que l'autorisation n'ait pas une cause illicite; mais cette cause ne peut exister que dans l'acte auquel elle s'applique : si l'acte est illicite, l'autorisation l'est aussi. En dehors de l'acte, il n'y a pas à se préoccuper des motifs, plus ou moins honnêtes, par lesquels le mari a pu se décider à accorder l'autorisation (V. *Rép.* v° *Obligations*, n° 500). Ainsi, il a été jugé qu'en admettant qu'il pût y avoir une convention contraire aux bonnes mœurs dans les arrangements intervenus entre deux époux séparés de corps et ensuite desquels le mari avait autorisé la femme à accepter un legs universel, il n'y avait pas lieu pour les juges de prononcer d'office la nullité de l'autorisation; qu'en outre, le mari était non recevable à demander cette nullité par un moyen qu'il ne pouvait soutenir qu'en alléguant sa propre turpitude et qui tendait à le faire restituer contre des actes définitivement consommés (Req. 12 déc. 1876) (1).

514. De plus, l'autorisation ne rend la femme capable

(1) (Stein et consorts de Peyronny C. Dame Stein.) — Le sieur Victor Roger est décédé en 1874, laissant un testament olographe par lequel il instituait la dame Louise Hourlier, épouse séparée de corps d'Alexis Stein, pour sa légataire universelle, et, en cas de prédécès de ladite dame Stein, il lui substituait son fils Armand-Victor. Ce dernier avait été inscrit sur les registres de l'état civil le 4 févr. 1857, comme enfant légitime du sieur Alexis Stein et de son épouse; mais la séparation de corps avait été ensuite prononcée contre la femme Stein pour cause d'adultère commis avec le sieur Roger, et l'enfant dont il s'agit avait été désavoué par le mari. — La dame Stein dut solliciter l'autorisation de son mari pour accepter le legs universel du sieur Roger. Des pourparlers eurent lieu à ce sujet entre les époux par l'intermédiaire du sieur Deville, agréé au tribunal de commerce de Metz. A la date du 23 août 1874, trois actes furent signés. Par le premier, Stein donnait pouvoir au sieur Deville d'autoriser sa femme à accepter le legs sous bénéfice d'inventaire; par le second, il donnait encore pouvoir au même Deville de faire pour lui les démarches nécessaires à l'effet d'obtenir le divorce; par le troisième acte, la dame Stein s'obligeait à rembourser à son mari tous les frais de l'instance en séparation de corps et à payer les frais que nécessiterait le divorce. — Au moyen de l'autorisation qui lui fut donnée par Deville, comme mandataire de son mari, la dame Stein fut envoyée en possession de la succession de Roger. Mais, le 16 oct. 1874, le sieur Stein révoquait le mandat donné par lui à Deville, et ensuite il formait devant le tribunal de la Seine une demande en nullité de l'autorisation qu'il avait consentie par ce mandat, sous prétexte que son consentement avait été surpris par des manœuvres dolosives. Les consorts de Peyronny et autres, héritiers légitimes de Roger, intervinrent au procès et conclurent à ce que la succession leur fût attribuée. — Le 30 juin 1875, jugement du tribunal de la Seine qui déclare Stein mal fondé dans sa demande et rejette aussi les conclusions des intervenants. — Appel par Stein et les consorts de Peyronny. — Le 31 mars 1876, arrêt de la cour d'appel de Paris, ainsi conçu :

LA COUR; — Considérant que par son testament olographe, en date du 20 oct. 1871, confirmatif de ses testaments antérieurs, des 15 janv. 1860 et 1er mai de la même année, Victor Roger, décédé le 8 août 1874, a institué pour sa légataire universelle la dame Alexis Stein, née Louise Hourlier, séparée judiciairement de corps et de biens d'avec son mari; — Considérant que, par acte sous seing privé, en date à Metz, du 23 août 1874, enregistré, Stein a donné pouvoir à Deville, de Metz, « d'autoriser la dame Hourlier, son épouse, à se faire envoyer en possession, mais sous bénéfice d'inventaire seulement, du legs universel fait à son profit, à faire procéder à la levée des scellés et à l'inventaire, et à signer ces actes»; — Qu'en exécution de ce pouvoir et de l'autorisation d'accepter le legs qu'il conférait implicitement à la femme Stein, celle-ci, en présence et avec l'assistance de Deville ou de Chenel, de Vire, mandataire substitué, a été envoyée en possession par ordonnance du président du tribunal de Vire, en date du 1er sept. 1874; — Qu'il a été procédé à la levée des scellés et à l'inventaire, les 2 et 8 du même mois, et qu'enfin la femme Stein a accepté, sous bénéfice d'inventaire, le legs universel inscrit à son profit dans le testament de Roger; — Considérant que tous ces actes, prévus et autorisés par la procuration du 23 août, étant consommés, et le mandat étant accompli, Stein ne pouvait plus en arrêter rétroactivement les effets, ni atteindre, par une révocation de l'autorisation maritale, les actes d'acceptation bénéficiaire émanant de la femme Stein; — Qu'il ne serait restituable contre toutes les conséquences desdits mandat et autorisation maritale qu'autant qu'il établirait en justice qu'ils seraient nuls, son consentement lui ayant été surpris par un dol de la partie intéressée, seule ou avec le concours d'un tiers agissant de concert avec elle; — Considérant que c'est dans ces

d'agir que dans les limites où cette autorisation lui a été accordée. S'il s'agit d'une autorisation générale, elle ne confère, d'après la loi (c. civ. art. 223), aucune capacité à la femme, si ce n'est pour les actes d'administration. Les actes de disposition faits en vertu d'une telle autorisation ne sont donc pas valables (*Rép.* n° 914). — Jugé, en ce sens, que la vente d'un bien immobilier, faite par la femme en vertu d'une autorisation générale du mari, qui ne spécifie pas les immeubles que la femme pourra vendre, est nulle (Orléans, 6 juin 1868, aff. Rousseau, D. P. 68. 2. 194).

515. Comme on l'a déjà vu, *suprà*, n° 431, l'autorisation d'ester en justice accordée à une femme, soit par le mari, soit par le tribunal, n'habilite cette femme à interjeter appel que lorsque cette autorisation le déclare formellement.

516. Sur le point de savoir si la femme autorisée à ester en justice peut se désister de sa demande ou acquiescer à la demande formée contre elle, V. *suprà*, n° 437.

517. La femme autorisée à ester en justice peut-elle déférer le serment à son adversaire? La négative prévaut dans la doctrine, attendu, que pour pouvoir déférer le serment, il faut pouvoir transiger sur l'objet de la contestation (V. *Rép.* v° *Obligations*, n° 5224 ; Laurent, t. 3, n° 148).

518. La femme peut-elle, sans nouvelle autorisation, accepter le serment litisdécisoire à elle déféré, ou le référer ? Non, à moins qu'il ne s'agisse d'une chose dont elle ait la libre disposition (*Rép.* n° 918 ; v° *Obligations*, n° 5235 ; Laurent, t. 3, n° 148).

519. L'autorisation d'ester en justice confère-t-elle à la femme le pouvoir de faire des aveux de nature à compromettre ses droits? Les auteurs distinguent. S'il s'agit d'aveux spontanés, cette autorisation ne suffit pas (Larombière, *Traité des obligations*, t. 5, art. 1356, n° 10; Aubry et Rau, t. 8, § 751, p. 170; Laurent, t. 3, n° 148). Mais s'il s'agit de répondre à un interrogatoire sur faits et articles ou aux interpellations adressées par le juge lors d'une comparution des parties en personne, la femme n'a pas besoin pour cela d'une autorisation spéciale (V. les auteurs précités). — Cette distinction est reproduite dans un arrêt, qui a jugé que les héritiers du premier mari d'une femme remariée ne pouvaient se prévaloir d'une reconnaissance faite par elle

---

termes que Stein a introduit sa demande aujourd'hui portée par appel devant la cour ; — Sur le dol imputé à la femme Stein, et aux intermédiaires agissant avec elle ou pour elle : — Considérant qu'il ressort dès à présent, et de la façon la plus incontestable, de tous les documents versés au procès, notamment des actes et faits contemporains du pouvoir du 23 août, en réalité signé par le mandant le 25 août seulement, que Stein a agi, après longue et mûre délibération, avant de conférer à sa femme l'autorisation qu'elle était venue, à Metz, solliciter de lui; que ces hésitations et les lenteurs de son consentement témoignent assez d'une circonspection facile à comprendre à raison des antécédents et des scandales de la vie passée de l'un des deux époux, et qu'enfin, avant d'apposer sa signature au bas du pouvoir, il s'est entouré du conseil de ses anciens notaire et avoué, lesquels lui avaient prêté leur ministère dans les procès suivis par lui autrefois contre la dame Stein; — Considérant que toutes les préoccupations de Stein, au cours de la négociation qui se poursuivait entre la dame Stein et ses conseils, se sont portées, non sur le genre de vie mené depuis vingt ans par une femme avec laquelle il avait cessé toutes relations, non plus que sur les motifs, honorables ou non, de l'acte de libéralité testamentaire que celle-ci demandait à être autorisée à accepter; — Qu'avant toutes choses, Stein a voulu être garanti contre toute responsabilité éventuelle envers les tiers, à raison des engagements que sa femme pourrait prendre; — Qu'en outre, il tenait à être prémuni contre toute demande en pension alimentaire, du chef de la femme Stein, laquelle se trouvait désormais sans ressources si l'autorisation était refusée; — Qu'enfin Stein entendait, en échange de son consentement, obtenir certains avantages promis dans un engagement écrit et signé de la main de la dame Stein, à la même date du 23 août; que ces avantages, s'ils attestent chez l'appelant des sentiments regrettables et plus de souci de ses intérêts d'argent que de sa dignité d'époux et de son honneur personnel, n'étaient point interdits aux parties, alors que les conventions portaient, et sur une créance de frais et dépens des anciens procès, dont le payement était promis en capital et intérêts par la dame Stein, et aussi même sur une instance en divorce et les dépens y relatifs, instance permise par la loi qui régit aujourd'hui le statut personnel des deux époux (depuis l'annexion à l'Allemagne); — Considérant que ces appréhensions et ces avantages ont été le vrai et seul mobile de l'autorisation maritale accordée; — Que Stein a donc agi librement et en pleine connaissance de cause; — Considérant, en outre, qu'il est constant que le testament de Victor Roger a été mis, à plusieurs reprises, en simple mais sincère copie, à la disposition de Stein et de ses conseils; — Qu'ils y ont lu ou pu lire l'inscription d'Armand Stein, fils de la dame Stein, comme légataire substitué dans le legs universel, au cas de prédécès de sa mère; — Qu'enfin, le pouvoir dressé par Deville, et soumis à l'approbation préalable des notaire et avoué, Gilbrin et Machetay, énonce le dépôt du testament en l'étude de Saint-Germain, notaire à Vire; — Que toute imputation d'un dol, d'une manœuvre frauduleuse par réticence, mensonge ou dissimulation ayant pu faire piège à l'époux consentant et à ses conseils, hommes prudents, expérimentés et habiles, tombe devant tous ces faits et documents, et qu'il est manifeste que, par indifférence, défaut de soin de sa propre dignité, ou pour tout autre motif que la cour n'a pas à rechercher, Stein est mal fondé dans son action, introduite à la fin d'octobre seulement, alors qu'à l'entendre la vérité lui aurait été révélée dès le mois de septembre; alors, enfin, qu'il ne s'est décidé plus tard à agir que sous l'impulsion des héritiers collatéraux, avec l'assurance fournie qu'il serait, tout au moins, indemne du présent procès; — Considérant qu'il est constant que, sans ce pacte, la demande principale n'eût point été formée, et qu'enfin elle a eu lieu, sous le nom et le couvert de Stein, tout dans l'intérêt desdits successibles. — En ce qui touche les héritiers Roger, les sieurs de Peyronny et consorts, intervenants aux débats, et appelants : — Considérant que leur intervention a été reçue en première instance et qu'elle n'a point été contestée; — Considérant que, pour légitime que puisse paraître, d'ailleurs, l'attitude prise au procès par les successibles, dépouillés par l'acte de disposition suprême de Victor Roger, au profit d'une femme étrangère à la famille, et à la suite d'une longue cohabitation que la loi morale et la loi civile réprouvent, mais que cette dernière a pu vouloir tolérer, en l'absence de tout fait de captation (c. civ. art. 902), il n'en est pas moins vrai qu'ils n'ont pas tenté de faire tomber, par la voie de l'action directe, le testament dont il s'agit; — Que ce testament a, pour la troisième fois en dix ans, manifesté la pleine et souveraine volonté du testateur, et ne peut être invalidé par le magistrat; — Que l'action, toute personnelle à Stein, étant écartée, lesdits intervenants, qui n'ont pu que se joindre à ses conclusions sans conclure, à vrai dire, de leur chef, doivent être de même repoussés ; — Par ces motifs ; — Reçoit Stein, appelant principal, et Auguste de Peyronny et consorts, intervenants, en leurs appels émis contre le jugement du 30 juin 1875 ; — Met, au fond, les appellations à néant; — Dit les appelants mal fondés en leurs conclusions ».

Pourvoi en cassation par Stein et de Peyronny et consorts, pour violation des art. 6, 217, 1133 c. civ., en ce que l'arrêt attaqué, acceptant comme vraies les allégations de la défenderesse éventuelle sur le prix par lequel son mari se serait fait payer l'autorisation par lui donnée à l'acceptation d'un legs fait à sa femme, alors que ce legs n'était que la récompense de l'adultère, et contenait une substitution au profit d'un enfant adultérin reconnu comme tel sur l'action en désaveu du mari, n'en a pas moins fait produire effet à une pareille convention entre époux et à l'autorisation maritale qui en avait été la conséquence.

La cour ; — Sur le moyen unique, tiré de la violation des art. 6, 217 et 1133 c. civ. : — Attendu que Stein a soutenu devant les juges du fond que l'autorisation accordée par lui à sa femme, à l'effet d'accepter le legs universel contenu dans le testament du sieur Roger, du 20 oct. 1871, était nulle comme ayant été surprise par le dol de la défenderesse éventuelle; que l'arrêt attaqué appréciant souverainement les faits de la cause, déclare que Stein a agi librement et en pleine connaissance de cause, et répond ainsi à tous les chefs de conclusions formulés au nom de Stein; — Attendu que le demandeur en cassation soutient que le moyen sur lequel il base son pourvoi est un moyen d'ordre public qu'il a pu proposer pour la première fois devant la cour de cassation; — Attendu, sur ce point, que, s'il fallait admettre que les arrangements intervenus entre les mariés Stein, et dont l'arrêt reconnaît l'existence, ont pu constituer une convention contraire aux bonnes mœurs, les juges du fond n'ont eu à les envisager que dans leur relation avec l'autorisation maritale dont il s'agit au procès; — Qu'aucun principe de droit ne leur permettait de prononcer d'office la nullité de cette autorisation; — Attendu, d'autre part, que la convention illicite dont le pourvoi se prévaut serait l'œuvre commune des mariés Stein; que la loi n'autorise pas plus la répétition des choses livrées ou des sommes payées en vertu d'un pareil contrat, qu'elle ne protège les actions qui auraient pour but d'en procurer l'exécution ; — Que, par suite, Stein est non recevable devant la cour de cassation, comme il l'était devant les juges du fond, à proposer un moyen qu'il ne peut soutenir qu'en alléguant sa propre turpitude, et qui aurait pour résultat de le restituer contre des actes définitivement consommés ; — Rejette, etc.

Du 12 déc. 1876.-Ch. req.-MM. de Raynal, pr.-Alméras-Latour rap.-Robinet de Cléry, av. gén., c. conf.-Aguillon, av.

spontanément, sans l'autorisation de son second mari, touchant les valeurs entrées du chef du premier mari dans la première communauté d'acquêts, alors surtout que cette femme s'était constitué en dot sa part dans ladite communauté d'acquêts (Limoges, 3 août 1860, aff. Bellegy, D. P. 61. 2. 48. V. toutefois, *Rép.* n° 919).

520. En ce qui concerne l'étendue de l'autorisation, conférée à la femme de poursuivre son divorce, sa séparation de corps et de biens ou de biens seulement, V. *suprà*, n°s 441 et suiv.; — *Rép.* n°s 924 et suiv.

521. L'autorisation accordée à la femme de faire le commerce a, comme on l'a dit au *Rép.* n° 927, des effets très étendus. Il en est traité *suprà*, v° *Commerçant*, n°s 96 et suiv. — Un arrêt a jugé que la femme autorisée par le mari à faire toutes opérations de commerce, et relativement à ces opérations, tous actes permis par la loi à la femme commerçante, peut, en vertu de cette autorisation, introduire et poursuivre en appel une instance commerciale (Aix, 9 janv. 1866, aff. Ferrand, D. P. 67. 5. 35). Mais cette décision est difficile à concilier, soit avec l'art. 215 c. civ., qui dispose que la femme ne peut ester en jugement sans l'autorisation de son mari, *quand même elle serait marchande publique*, soit avec l'art. 223, aux termes duquel une autorisation générale n'est valable que pour l'administration des biens de la femme (V. en ce sens, Laurent, t. 3, n° 102, et *suprà*, v° *Commerçant*, n° 102).

522. En ce qui concerne le mari, les effets de l'autorisation peuvent différer suivant qu'elle émane de lui ou qu'elle a été donnée par le juge. — En principe, le mari qui autorise sa femme ne s'oblige pas personnellement (V. *Rép.* n° 929). De même, le mari qui ne fait qu'autoriser sa femme à ester en justice ne peut pas être condamné. Ainsi, il a été jugé que, dans une instance ayant pour objet le partage d'une succession échue à la femme, le mari qui n'a été appelé que pour donner son autorisation et n'est point intervenu personnellement, ne peut être condamné solidairement avec sa femme à rapporter à cette succession des sommes qu'elle aurait reçues par avantage indirect (Agen, 30 janv. 1882, aff. Monestès, D. P. 83. 2. 41). — Jugé, toutefois, que le mari qui, après s'être borné, dès le début du procès engagé par sa femme, à autoriser celle-ci à ester en justice, s'est ensuite joint à elle pour soutenir des conclusions en inscription de faux, peut être condamné à l'amende à laquelle le rejet de ces conclusions est de nature à donner lieu (Req. 25 avr. 1854, aff. Tastet, D. P. 54. 1. 361).

523. Par exception, lorsque les époux sont sous le régime de la communauté, les engagements contractés par la femme avec l'autorisation du mari obligent le mari lui-même (c. civ. art. 1419) (V. *suprà*, v° *Contrat de mariage*, n°s 324 et suiv.; *Rép.* eod. v°, n°s 995 et suiv.). Le mari est également obligé, sous le régime de la communauté, lorsque la femme est marchande publique et qu'elle s'oblige, même sans autorisation spéciale, pour ce qui concerne son négoce (c. civ. art. 220; c. com. art. 5) (V. *suprà*, v° *Contrat de mariage*, n°s 340 et suiv.; *Rép.* eod. v°, n°s 1028 et suiv.). Toutefois, l'obligation du mari, dans ce cas, est purement civile et ne le rend pas justiciable du tribunal de commerce (Trib. civ. Reims, 15 mars 1884) (1). V. au surplus, quant aux effets des engagements commerciaux de la femme marchande publique par rapport au mari, *suprà*, v° *Commerçant*, n°s 104 et suiv.

524. Et même sous tout autre régime que celui de la communauté, bien que le mari ne soit pas personnellement tenu des engagements contractés par la femme avec son autorisation, il est du moins obligé d'en souffrir l'exécution sur les biens de la femme dont il a la jouissance en vertu du contrat de mariage. L'autorisation équivaut alors à une renonciation à sa jouissance, au profit du tiers qui contracte avec la femme (Demolombe, t. 4, n° 311; Aubry et Rau, t. 5, § 472, n° 6, p. 160; Baudry-Lacantinerie, t. 1, n° 649). Jugé, notamment, que l'abandon, consenti par une femme mariée sous le régime dotal, des loyers d'un immeuble dotal, en payement d'une somme par elle due et jusqu'à extinction de la créance, oblige solidairement le mari en sa qualité d'administrateur des biens dotaux et de maître de leurs revenus, lorsque le mari y a donné son autorisation (Req. 2 avr. 1855, aff. Lemaraisquier, D. P. 55. 1. 152).

525. Au contraire, l'autorisation donnée par le juge ne peut jamais préjudicier au mari (*Rép.* n° 932). Il en est ainsi, spécialement, de l'autorisation de plaider, quand elle émane de la justice et non du mari. Il en résulte que les frais et dépens des instances dans lesquelles la femme, munie de cette autorisation, a succombé, ne peuvent être réclamés contre le mari. Ainsi, lorsque la femme a succombé dans une demande en séparation de corps formée par elle contre son mari, le payement des frais auxquels elle a été condamnée ne peut, en l'absence ou en cas d'insuffisance de la provision qui lui a été allouée, être poursuivi par l'avoué qui les a avancés, ni contre la communauté (Civ. cass. 30 avr. 1862, aff. Botrel, D. P. 62. 1. 210);... ni sur les revenus des biens dotaux, ces revenus appartenant exclusivement au mari (Civ. cass. 5 juill. 1865, aff. Vidal, D. P. 65. 1. 312. — V. au surplus, *suprà*, v° *Contrat de mariage*, n°s 351 et suiv., 1361 et suiv.).

526. L'autorisation accordée par le mari peut être révoquée par lui, et alors elle cesse de produire ses effets pour l'avenir (V. *Rép.* n°s 933 et suiv.). Il a été jugé, notamment, que l'autorisation de faire le commerce, donnée à une femme mariée, peut être révoquée par le mari, même quand elle a été conférée dans le contrat de mariage (Bordeaux, 12 nov. 1873, *suprà*, n° 477).

527. La révocation de l'autorisation peut être notifiée à la femme et aux tiers qu'elle intéresse, par exploit d'huissier. Elle peut aussi être portée à la connaissance du public par la voie des journaux. — Quant à la révocation de l'autorisation de faire le commerce, V. *suprà*, v° *Commerçant*, n° 89.

Il a été jugé que le mari ne peut pas invoquer comme une révocation tacite de l'autorisation donnée par lui à la femme d'aliéner un immeuble, l'ancienneté de la date à laquelle elle remonte, lorsque les nécessités qui l'avaient amené à l'accorder continuent de subsister (Toulouse, 22 mai 1876, aff. B... et D..., D. P. 77. 2. 33).

---

(1) (Descotis C. Bertrand.) — Le tribunal; — Attendu que, suivant exploit du ministère de Gauthier, huissier à Reims en date du 22 nov. 1883, enregistré, Descotis a fait assigner Bertrand devant ce tribunal pour avoir payement d'une somme de 679 fr. 75, montant en principal, intérêts et frais, de deux traites acceptées et causées valeurs en marchandises; — Attendu que, suivant jugement rendu par défaut le 14 déc. suivant, le tribunal a condamné Bertrand à payer à Descotis la somme sus-énoncée; — Attendu que Bertrand forme opposition audit jugement, et que son opposition est régulière en la forme; — Attendu qu'il décline la compétence du tribunal, s'appuyant sur ce que les marchandises fournies l'auraient été pour les besoins du commerce de sa femme, et sur ce que lui-même n'aurait accepté les traites dont s'agit que comme coobligé de sa femme commerçante et commune en biens, aux termes des art. 5 c. com., et 220 c. civ.; — Attendu que si, aux termes de ces articles, le mari qui a autorisé sa femme commune à faire le commerce est tenu des obligations par elle contractées pour ce qui concerne son négoce, ces articles ne sont que l'application à un cas particulier des principes généraux qui régissent la matière de la communauté; qu'en effet, sous ce régime, toutes les dettes contractées par la femme du consentement du mari tombent dans la communauté art. 1409, § 2, et 419 c. civ.), et que le mari est personnellement tenu, par le fait même de l'autorisation qu'il a donnée, des obligations que la femme a contractées avec cette autorisation; que cette double obligation de la communauté et du mari prend sa source dans la nature même de la communauté, et est fondée sur la combinaison des deux principes suivants : 1° la femme peut, comme copriétaire du fonds commun, engager la communauté avec le consentement de son mari; 2° le mari est, comme chef de la communauté, personnellement tenu de toutes les obligations dont celle-ci est grevée; qu'il en résulte que, dans l'espèce, l'obligation contractée par le mari n'a rien de commercial, qu'elle est purement civile, et que les contestations auxquelles elle peut donner lieu sont de la compétence des tribunaux civils; — Attendu, d'autre part, que les prétendues lettres de change, ayant été tirées de Reims sur Reims, ne contiennent pas remise d'un lieu sur un autre; que, par suite, aux termes des art. 110 à 112 c. com., elles ne valent que comme simples promesses, et ne peuvent motiver la compétence des magistrats consulaires; — Par ces motifs; — En la forme, reçoit Bertrand opposant au jugement par défaut sus énoncé; Et statuant sur l'exception d'incompétence; — Se déclare compétent, etc.

Du 15 mars 1884.-Trib. civ. de Reims, 2e ch.-MM. Le Mahout, pr.-Vuébat, subst.-Piéton et Brissard, av.

528. L'autorisation de justice est aussi susceptible d'être révoquée. Elle peut l'être notamment sur la demande du mari (V. *Rép.* n° 934). Mais il a été décidé que le jugement qui, sur le refus du mari, a autorisé la femme à souscrire un pacte de famille pour le règlement d'une succession, conserve ses effets tant qu'il n'est ni modifié ni rétracté (Req. 1er avr. 1878, aff. De Vendœuvre, D. P. 79. 1. 120).

529. — II. EFFETS DU DÉFAUT D'AUTORISATION (*Rép.* nos 935 à 962). — Le défaut d'autorisation entraîne la nullité des actes pour lesquels l'autorisation était nécessaire. Mais cette nullité n'est que relative ; elle ne peut être opposée, aux termes de l'art. 225 c. civ., que par la femme, par le mari ou par leurs héritiers (*Rép.* n° 935). Toutefois, si pendant le mariage le mari a toujours un intérêt moral à faire annuler les actes passés par la femme sans autorisation, parce qu'ils ont porté atteinte à son autorité maritale, cet intérêt n'existe plus pour lui, ni pour ses héritiers, après la dissolution du mariage ; en conséquence, la demande en nullité n'est recevable de la part du mari ou de ses héritiers, une fois le mariage dissous, que s'ils ont un intérêt pécuniaire à la former (Bordeaux, 31 avr. 1872, aff. Bernard, D. P. 73. 2. 32). Cet intérêt existerait pour eux, par exemple, dans le cas où la femme aurait renoncé sans autorisation à une succession dont l'émolument devait tomber dans la communauté, en tout ou en partie ; le mari ou ses héritiers seraient évidemment lésés par une telle renonciation, et ils pourraient, par suite, la faire annuler même après la dissolution du mariage (*Rép.* nos 936 et suiv. V. dans le même sens : Laurent, t. 3, nos 158 et 164 ; Baudry-Lacantinerie, t. 1, n° 651 ; Huc, t. 2, n° 277).

530. On s'est demandé au *Rép.* n° 939, si les créanciers de l'un ou de l'autre époux peuvent, du chef de leur débiteur et comme exerçant ses droits, opposer la nullité résultant du défaut d'autorisation. L'affirmative a été admise par la cour de cassation, en ce qui concerne les créanciers de la femme (Civ. cass. 10 mai 1853, aff. Dacheux, D. P. 53. 1. 160. V. aussi Req. 17 août 1853, aff. Servin, D. P. 54. 1. 388 ; Paris, 14 nov. 1887, aff. Van der Brouck, D. P. 88. 2. 225. V. toutefois Req. 6 mars 1878, aff. Lagrève et Besnard, D. P. 78. 1. 316 et la note). — Quant aux créanciers du mari, la question est plus délicate. M. Demolombe, t. 4, n° 342, leur avait d'abord refusé le droit d'exercer l'action en nullité, par le motif que cette action, de la part du mari, n'est point en général fondée sur un intérêt pécuniaire ; mais le même auteur, dans ses dernières éditions, déclare avoir changé d'opinion. Dans le cas, en effet, où l'action en nullité présente un intérêt pécuniaire, il n'y a pas de raison de la refuser plutôt aux créanciers du mari qu'à ceux de la femme (En ce sens : Aubry et Rau, t. 5, § 472, p. 162, note 103 ; Laurent, t. 3, n° 158 ; Baudry-Lacantinerie, t. 1, n° 651). M. Laurent, toutefois, *loc. cit.*, estime que les créanciers du mari ne pourraient se prévaloir de la nullité qu'après la dissolution du mariage, parce que, suivant lui, le mari seul peut ratifier l'acte passé sans son autorisation tant que le mariage subsiste (V. *suprà*, n° 481).

531. Lorsqu'un acte est attaqué pour avoir été passé sans autorisation par une femme mariée, ce n'est pas à la partie qui en demande la nullité à prouver le défaut d'autorisation ; c'est à la partie qui soutient l'acte qu'incombe la preuve de sa validité (*Rép.* n° 938 *in fine ;* Demolombe, t. 4, n° 336 ; Aubry et Rau, t. 5, § 472, note 101, p. 162). Il a été jugé, en ce sens : 1° que la femme qui demande, pour défaut d'autorisation, la nullité d'une obligation dans laquelle elle s'est déclarée veuve, n'est pas tenue de fournir elle-même la preuve de l'existence de son mari à l'époque où le contrat est intervenu (Dijon, 1er juin 1854, aff. Charbonnier, D. P. 56. 2. 230) ; — 2° Qu'une femme est recevable à demander la nullité, pour défaut d'autorisation maritale, d'un acte intervenu entre elle et un tiers, sans être tenue de justifier préalablement de l'existence de son mari à l'époque du contrat, lorsqu'il résulte de quelque énonciation de ce contrat, comme, par exemple, de la qualification prise par la femme d'épouse séparée de biens, que les autres parties ont reconnu à celle-ci la qualité de femme mariée (Alger, 27 juin 1855, aff. Pété, D. P. 56. 2. 275).

532. S'il est prouvé que l'acte dont la nullité est demandée pour défaut d'autorisation a, dans une certaine mesure, tourné au profit de la femme, cet acte ne doit alors être annulé qu'à charge par la femme ou par ses héritiers de restituer le bénéfice qui en est résulté (Arg. art. 1312 c. civ.) (V. *Rép.* n° 942). Ainsi, la femme qui a fait des achats sans l'autorisation de son mari doit être condamnée à payer aux fournisseurs le prix de ces achats jusqu'à concurrence du profit qu'elle en a tiré (Req. 30 nov. 1868, aff. De Montmorillon, D. P. 69. 1. 132). Il a même été jugé que la femme mariée qui a employé une somme, par elle empruntée sans autorisation, à payer une dette déjà contractée par elle sans autorisation, doit être condamnée à rembourser cette somme à l'emprunteur, lorsqu'il est constaté qu'en éteignant sa dette elle s'est soustraite à des poursuites en faux principal dont elle était menacée par le créancier (Req. 24 janv. 1855, aff. Dubesson, D. P. 55. 1. 95).

533. Pour certains actes, d'une nature spéciale, il y a controverse sur le point de savoir si la nullité résultant du défaut d'autorisation est absolue ou relative. — V. en ce qui concerne la donation entre vifs, *suprà*, v° *Dispositions entre vifs*, n° 371 ; *Rép.* eod. v°, n° 1465 ; en ce qui concerne le compromis, *suprà*, v° *Arbitrage*, n° 29 ; *Rép.* eod. v°, nos 288 et suiv.

534. On a cité, au *Rép.* n° 948, diverses applications du principe que la nullité résultant du défaut d'autorisation ne peut être invoquée que par les époux ou leurs héritiers, et non par les tiers. Depuis la publication du *Répertoire*, il a encore été jugé : 1° que la nullité d'une procédure d'ordre, résultant de ce qu'une femme mariée y a figuré sans l'autorisation de son mari, ne peut être invoquée que par la femme elle-même, et non par les autres créanciers qui ont produit à l'ordre (Req. 6 mars 1878, aff. Besnard, D. P. 78. 1. 316) ; — 2° Que le tiers contre lequel a été rendu un arrêt au profit d'une femme mariée ne peut se prévaloir devant la cour de cassation de la nullité résultant de ce que cette femme n'avait pas été régulièrement autorisée à ester en appel (Req. 21 avr. 1880, aff. Commien, D. P. 80. 1. 430) ; — 3° Qu'un prévenu ne peut se faire un moyen de cassation contre l'arrêt qui l'a condamné correctionnellement, de ce qu'une femme mariée aurait été admise à se porter partie civile sans justifier ni de l'autorisation de son mari ni du refus de ce dernier qui pouvait seul légitimer l'autorisation accordée par la cour d'appel (Crim. rej. 3 juin 1880 (1) ; — 4° Que la nullité de la procédure résultant de ce que la femme y a figuré sans l'autorisation de son mari ni de la justice, ne peut être invoquée devant la cour de cassation par les cointéressés de la femme, quand la matière est divisible (Civ. cass. 4 août 1884, aff. Aboulker, D. P. 85. 1. 209). — Toutefois, il a été jugé que la nullité de la surenchère faite par la femme non autorisée sur les immeubles de son mari vendus à la requête des créanciers de celui-ci, peut être opposée par les tiers, et notamment par l'adjudicataire des immeubles (Grenoble, 30 août 1850, sous Civ. cass. 29 mars 1853, aff. Long, D. P. 53. 1. 103. Mais V. en sens contraire les arrêts cités au *Rép.* n° 948).

535. Ainsi qu'on l'a exposé au *Rép.* n° 949, les tiers qui sont assignés en justice par une femme mariée non autorisée ne peuvent demander la nullité de l'assignation ; mais ils ne sont pas tenus de procéder avec la femme incapable d'ester en justice : s'ils ne veulent appeler eux-mêmes le mari en cause pour que l'autorisation soit donnée à la femme

(1) (Fournier.) — LA COUR ; — Sur le moyen pris d'une violation prétendue des art. 215 et 218 c. civ., en ce que la dame Etienne, partie civile, engagée dans les liens du mariage, n'aurait justifié ni de l'autorisation de son mari pour ester en justice, ni du refus de ce dernier, qui pouvait seul légitimer l'autorisation accordée par la cour d'appel : — Attendu qu'aux termes de l'art. 225 c. civ., la nullité fondée sur le défaut d'autorisation ne peut être opposée que par la femme, par le mari ou par leurs héritiers; que le demandeur est donc sans qualité pour exciper de la nullité sur laquelle est fondé le pourvoi, et qu'il y a lieu de le déclarer non recevable de ce chef; — Rejette le moyen comme non recevable; — Attendu, d'ailleurs, au fond, que Fournier ne propose aucun moyen à l'appui de son recours en cassation; que l'arrêt est, du reste, régulier en la forme; — Déclare le demandeur mal fondé en son pourvoi.

Du 3 juin 1880.-Ch. crim.-MM. de Carnières, pr.-Robert de Chenevière, rap.-Ronjat, av. gén.

soit par lui, soit par la justice, ils ont le droit d'opposer à la femme une sorte d'exception dilatoire jusqu'à ce qu'elle se soit fait autoriser. Le juge doit alors impartir un délai à la femme pour lui permettre de se pourvoir de l'autorisation, et, si elle ne l'obtient pas dans ce délai, elle sera ensuite déclarée non recevable dans sa demande (Paris. 4 déc. 1875, aff. Laurent, D. P. 76. 2. 209 ; Req. 6 mars 1878, aff. Besnard, D. P. 78. 1. 316 ; Aubry et Rau, t. 5, § 472, n° 7, p. 164 et suiv.). — Suivant un arrêt du conseil d'État, la partie contre laquelle une femme mariée a formé un pourvoi devant le conseil d'Etat ne peut se prévaloir du défaut d'autorisation maritale pour demander que la requête de la femme soit déclarée non recevable (Cons. d'Ét. 12 mars 1880, aff. Salin, D. P. 80. 3. 115). Mais cette décision est trop absolue : il est bien vrai que la femme ne doit pas être déclarée non recevable par cela seul qu'elle n'était pas autorisée au moment où elle s'est pourvue devant le conseil d'Etat ; mais on ne peut contester au tiers contre lequel une femme non autorisée intente une action, aussi bien devant les tribunaux administratifs que devant les tribunaux judiciaires, le droit d'exiger que la femme se fasse autoriser avant qu'il ne soit statué sur sa demande.

536. Il va de soi que la femme ne serait plus tenue de se faire autoriser et que, par suite, le tiers qu'elle aurait assigné sans autorisation ne pourrait plus lui opposer aucune fin de non-recevoir, si le mari venait à décéder ou si le divorce était prononcé entre les époux dans le cours du procès (Comp. Paris, 15 févr. 1887, aff. Abel Elluini, D. P. 87. 2. 189).

537. Lorsque la femme est défenderesse, si le mari n'a pas été assigné par le demandeur pour donner son autorisation, la femme peut demander la nullité de l'assignation et de tout ce qui a suivi (*Rép.* n° 952. V. *suprà*, n° 510). Il a été jugé, par application de cette règle, que l'instance d'appel dirigée contre une femme mariée doit être annulée, si l'assignation donnée au mari est nulle pour vice de forme, et si cette nullité n'a pas été couverte dans les délais de l'appel par une nouvelle et valable assignation (Rennes, 6 juin 1857, sous Req. 5 mai 1858, aff. Audicq, D. P. 58. 1. 286 ; Poitiers, 16 févr. 1881, aff. René, D. P. 81. 2. 136). — D'après la cour de cassation, le tiers qui a interjeté appel d'un jugement contre la femme sans assigner aussi le mari, doit être déclaré non recevable même dans le cas où la femme aurait procédé seule en première instance sous la qualité de fille (Civ. cass. 29 avr. 1862, aff. Daudé, D. P. 62. 1. 214. V. *infrà*, n° 543). Et la nullité de l'instance d'appel pour défaut d'assignation du mari, ne peut être couverte par une assignation nouvelle qu'autant que cette assignation est intervenue dans les délais de l'appel (Req. 5 mai 1858, précité).

538. En ce qui concerne les actes extrajudiciaires, le moyen pris de ce qu'une femme mariée a contracté sans autorisation ne peut être proposé pour la première fois devant la cour de cassation ; dans ce cas, bien que l'acte soit vicié, sa nullité ne touche en rien à l'ordre public (V. *Rép.* n° 955 ; Req. 4 avr. 1853, aff. Bray, D. P. 53. 1. 112; 4 août 1856, aff. De Bazelaire, D. P. 56. 1. 319). — Jugé, toutefois, que l'exception tirée du défaut d'autorisation régulière, étant une défense à l'action principale, peut être proposée pour la première fois en appel et en matière commerciale (Chambéry, 9 janv. 1884, aff. Févat, D. P. 85. 2. 279).

539. Mais, en matière judiciaire, la nullité résultant de ce que la femme n'a pas été autorisée à ester en justice est considérée par la jurisprudence comme d'ordre public ; elle peut donc être opposée par la femme en tout état de cause, et même devant la cour de cassation (V. *Rép.* n° 955 ; Civ. cass. 20 mai 1846, aff. Dudevant, D. P. 46. 1. 205 ; 11 janv. 1854, aff. Dupuy de Grandval, D. P. 54. 1. 14 ; 18 août 1857, aff. Picard, D. P. 57. 1. 333 ; 9 mai 1865, aff. Lambert, D. P. 65. 1. 268 ; 20 janv. 1868, aff. Clavel, D. P. 68. 1. 127 ; 26 mai 1868, aff. Clavier, D. P. 68. 1. 256 ; 30 janv. 1877, aff. Estavard, D. P. 77. 1. 348 ; 22 janv. 1879, aff. Sauvageon, D. P. 79. 1. 121 ; 4 août 1884, aff. Aboulker, D. P. 85. 1. 209 ; 21 févr. 1888, aff. Bedos-Fouque, D. P. 88. 1. 214).

540. La preuve que l'autorisation nécessaire à la femme pour ester en justice a fait défaut peut se tirer du silence gardé sur cette formalité par le jugement et l'arrêt rendus dans la cause et par leurs qualités (Civ. cass. 21 févr. 1888, aff. Bedos-Fouque, D. P. 88. 1. 214). Jugé même que la preuve de l'autorisation ne résulte pas suffisamment de ce que la femme, en formant opposition à une contrainte décernée contre elle par la régie de l'Enregistrement, s'est dite, dans son exploit d'opposition, « dûment autorisée à la poursuite de ses droits », non plus que de l'énonciation, dans les qualités du jugement, de la présence du mari au procès « pour autoriser sa femme », s'il est établi que le mari n'a pas comparu et que défaut a été donné contre lui (Civ. cass. 11 janv. 1854, aff. Dupuy de Grandval, D. P. 54. 1. 14. — V. cependant, pour le cas où la femme est défenderesse, *suprà*, n° 506).

541. Lorsque le jugement rendu contre une femme mariée non autorisée a acquis force de chose jugée, l'exception de nullité de la femme n'est plus recevable. C'est l'application de la règle : *Voies de nullité n'ont pas lieu en France contre les jugements* (V. Civ. cass. 7 oct. 1812, aff. Pages, *Rép.* v° *Appel civil*, n° 1157). Décidé, notamment, qu'un jugement par défaut rendu contre une femme mariée peut être l'objet de l'un des actes d'exécution qui, aux termes de l'art. 159 c. proc. civ., mettent fin au droit d'opposition et font courir le délai d'appel, quoique cette femme n'ait pas été autorisée à ester en justice ; qu'en conséquence, ce jugement, s'il n'a pas été frappé d'appel dans le délai légal, doit être considéré comme ayant acquis l'autorité de la chose jugée, et que la femme est, dès lors, non recevable à y former opposition et à exciper, pour le faire annuler, de ce qu'elle n'était pas autorisée à ester en justice dans l'instance où il a été rendu, ni à l'époque où il a été mis à exécution (Req. 29 févr. 1864, aff. Constant, D. P. 64. 1. 420).

542. C'est une question de savoir si la femme peut se pourvoir par voie de requête civile contre les jugements ou arrêts rendus contre elle sans qu'elle ait été autorisée. La négative est plus généralement admise (V. *Rép.* v° *Requête civile*, n° 157 ; Aubry et Rau, t. 5, § 472, p. 164, note 112). Cependant, suivant quelques auteurs, la femme pourrait agir en vertu de l'art. 480-2° c. proc. civ., qui autorise la requête civile, « si les formes prescrites à peine de nullité ont été violées » (Duranton, *Cours de droit français*, t. 2, n° 468 ; Vazeille, *Traité du mariage*, t. 2, n° 379 ; Demolombe, t. 4, n° 355). Merlin, *Répertoire* v° *Autorisation maritale*, sect. 3, § 4, décide aussi que, si la femme avait laissé ignorer au juge son état de femme mariée, il y aurait ouverture à requête civile.

Quant au mari, il peut sans aucun doute attaquer par la tierce opposition les décisions rendues contre sa femme sans qu'elle ait été autorisée par lui ni par justice (*Rép.* n° 956 ; Req. 28 mars 1888, aff. Treize-Dreys, D. P. 88. 1. 361 ; Demolombe, t. 4, n° 356 ; Aubry et Rau, t. 5, § 472, p. 164, note 113). Mais le mari ne pourrait, de son chef, se pourvoir en cassation contre l'arrêt rendu contre sa femme, alors qu'il n'aurait pas été appelé en cause (Arrêt précité du 28 mars 1888). — Il ne pourrait pas non plus former tierce opposition à un arrêt, s'il avait été appelé et si, faute par lui d'avoir comparu, la femme avait été autorisée par la cour (Paris, 27 avr. 1891, aff. Fiocca, D. P. 92. 2. 135).

543. Les actes passés par une femme mariée non autorisée ou les jugements rendus contre elle peuvent être annulés, alors même qu'elle y aurait figuré en qualité de fille ou de veuve. On ne saurait admettre, en effet, que la femme pût s'affranchir de son incapacité en s'abstenant de prendre sa qualité de femme mariée (*Rép.* n° 959 ; Aubry et Rau, t. 5, § 472, n° 7, p. 168 ; Laurent, t. 3, n° 160 ; Baudry-Lacantinerie, t. 1, n° 654 ; Huc, t. 2, n° 276). Il a été jugé, en ce sens : 1° que la qualification de veuve prise par une femme mariée dans un contrat consenti par elle, ne suffit point pour l'habiliter à faire ce contrat sans l'autorisation de son mari, et ne fait pas obstacle à ce qu'elle puisse en demander la nullité à raison de ce défaut d'autorisation (Dijon, 1er juin 1854, aff. Charbonnier, D. P. 56. 2. 230) ; — 2° Que, bien qu'une femme mariée ait agi en qualité de fille dans une citation en reprise d'instance et dans l'acte de signification du jugement intervenu à son profit, l'appel de ce jugement doit être déclaré non recevable s'il a été formé contre elle sans autorisation du mari ou du juge pour ester en justice sur cet appel (Civ. cass. 29 avr. 1862, aff. Daudé, D. P. 62. 1. 214); — 3° Qu'une femme est recevable à demander la nullité d'un acte de cautionnement souscrit par elle sans autorisation, alors même qu'elle a trompé le créancier sur son état, en se présentant comme fille, si d'ailleurs elle n'a pas employé pour cela des manœuvres frauduleuses (Besançon, 5 avr. 1879, aff. Daigney, D. P. 80. 2. 6); — 4° Que le fait, par une femme mariée, de n'avoir pas déclaré sa qualité et d'avoir souscrit des billets sous son nom de fille, nom que, séparée de son mari, elle portait ordinairement, ne suffit pas pour préserver les tiers des conséquences du défaut d'autorisation maritale (Paris, 14 nov. 1887, aff. Van der Brouck, D. P. 88. 2. 225).

544. Mais, si la femme mariée a employé des manœuvres frauduleuses pour dissimuler son incapacité, elle n'est plus alors recevable à invoquer la nullité résultant du défaut d'autorisation (*Rép.* n° 960; Aubry et Rau, t. 5, § 472, n° 7, p. 168 et suiv.; Laurent, t. 3, n° 161; Baudry-Lacantinerie t. 1, n° 654; Huc, t. 2, n° 276. V. aussi les arrêts du 5 avr. 1879 et du 14 nov. 1887, cités *suprà*, n° 543). Ainsi, il a été jugé que, lorsqu'une femme séparée de corps en France mais naturalisée en pays étranger et réputée divorcée pas la loi de ce pays, a persuadé à un tiers, envers lequel elle s'est obligée, qu'elle était réellement divorcée, elle peut être condamnée à raison du délit qu'elle a commis, au payement des obligations souscrites par elle sans l'autorisation de son mari (Paris, 27 avr. 1891, aff. Fiocca, D. P. 92. 2. 135). — Décidé, cependant, qu'une femme mariée n'est pas obligée par le billet qu'elle a souscrit sans l'autorisation de son mari, alors même qu'elle aurait employé des manœuvres frauduleuses pour faire croire au décès de celui-ci; que le créancier peut seulement trouver dans ces manœuvres le principe d'une action en dommages-intérêts ou en restitution (Paris, 6 nov. 1866, aff. Peycanu, D. P. 67. 2. 92). Mais, en pareil cas, le meilleur moyen de réparer le préjudice causé au créancier, par les manœuvres frauduleuses de la femme, est de condamner celle-ci au payement du billet qu'elle a souscrit. C'est, par conséquent, une pure subtilité de prétendre que ce billet n'en est pas moins nul. Si la femme n'est pas alors obligée *ex contractu*, elle l'est *ex delicto*, mais elle n'en est pas moins obligée.

De même encore, si, par sa manière de vivre et par l'ensemble de ses actes, une femme a volontairement induit le public en erreur sur sa véritable position, elle ne pourra plus exciper de son incapacité (*Rép.* n° 962; Aubry et Rau, *loc. cit.*; Laurent, *loc. cit.*). Il résulte d'un arrêt de la cour de cassation que le moyen pris de l'absence de l'autorisation maritale ne peut être accueilli lorsqu'il résulte des circonstances de la cause que les tiers, qui avaient été appelés à plaider contre la femme, ont été trompés sur sa qualité par suite d'une erreur commune, résultant de son fait et de ses agissements; qu'il en est spécialement ainsi, quand la femme s'est attribué la fausse qualité dont il s'agit dans le contrat qui a donné lieu plus tard au procès; quand elle a continué à se dénommer et à être dénommée de même dans toutes les pièces de la procédure, devant le juge de paix, le tribunal et la cour, ainsi que dans le jugement et l'arrêt intervenus; et quand, de plus, elle a argué, dans le litige, d'une procédure qui, suivant elle, aurait été pendante entre elle et les héritiers de son défunt mari (Req. 28 mars 1888, aff. Treize-Dreys, D. P. 88. 1. 361).

545. La nullité résultant du défaut d'autorisation est susceptible d'être couverte, comme peuvent l'être en général toutes les nullités fondées sur des considérations d'intérêt privé. Tout d'abord, il est certain que l'acte passé par la femme non autorisée devient valable lorsqu'il est ratifié par les deux époux conjointement ou, ce qui revient au même, par la femme avec l'autorisation du mari. Ainsi, il a été jugé: 1° que les créanciers d'une femme mariée ne peuvent plus exciper de la nullité de l'obligation contractée par leur débitrice sans l'autorisation de son mari, lorsque, antérieurement à leur action, l'obligation a été ratifiée par les deux époux, au moyen, par exemple, de lettres géminées, conçues de concert et dans une commune intention, et indiquant suffisamment tant le vice qui affectait l'obligation que la volonté des époux de le réparer (Req. 17 août 1853, aff. Servin, D. P. 54. 1. 388); — 2° Que le nantissement effectué par une femme mariée sans l'autorisation de son mari, mais ratifié postérieurement par les deux époux agissant ensemble et d'accord, est valable (Req. 19 mars 1879, aff. Despinoy, D. P. 79. 1. 455).

546. La ratification des deux époux peut même avoir lieu tacitement. Il a été jugé : 1° que l'occupation par le mari d'un appartement loué par sa femme seule et sans autorisation équivaut à la ratification du bail, qui dès lors ne peut plus être argué de nullité pour défaut d'autorisation (Paris, 3 août 1872, aff. Cabrol, D. P. 73. 2. 119); — 2° Que, lorsqu'une femme mariée a souscrit des actions d'une société sans l'autorisation de son mari, les juges peuvent voir une ratification tacite de cette convention dans le fait que les époux ont donné, d'un commun accord, des pouvoirs à un mandataire pour les représenter à des assemblées générales des actionnaires de la société (Req. 25 mai 1886, aff. Dalbin, D. P. 87. 1. 379).

547. Il reste à examiner quel sera l'effet de la ratification donnée par un seul des époux, et pour cela il faut distinguer suivant que cette ratification se produit avant ou après la dissolution du mariage. — Tant que le mariage dure, aucune ratification évidemment ne peut émaner de la femme seule. C'est même une question de savoir si la ratification consentie par la femme avec l'autorisation de justice serait opposable au mari (V. *suprà*, n° 509). — Le mari, de son côté peut bien, en ce qui le concerne, renoncer à l'action en nullité qui lui compète personnellement. Mais il y a controverse quant à l'effet de l'approbation donnée après coup par le mari à l'acte passé par la femme sans autorisation, et l'on a vu *suprà*, n° 481, que, d'après le système qui prévaut en jurisprudence, le mari ne peut couvrir, pendant le mariage, la nullité des actes passés par la femme non autorisée, par une ratification donnée sans le concours de la femme.

548. Après la dissolution du mariage, chaque époux, ou ses héritiers, peut naturellement renoncer à l'action en nullité qui lui appartient. Mais la ratification de l'un des époux ne peut porter préjudice aux intérêts de l'autre. — Il a été jugé, en ce qui concerne la femme, que l'action en nullité d'une vente, intentée par les héritiers d'une femme mariée pour défaut d'autorisation ou autorisation irrégulière, n'est pas recevable lorsque la femme devenue veuve et, après elle, ses héritiers, ont connu les vices de l'autorisation et ont volontairement exécuté le contrat, notamment en recevant le prix de la vente (Caen, 15 juin 1877, aff. de Lescoët et Blin, D. P. 78. 2. 174. V. aussi Alger, 27 juin 1855, aff. Pété, D. P. 56. 2. 275).

549. L'action en nullité contre l'acte passé par la femme sans autorisation se prescrit par dix ans (c. civ. art. 1304) (V. *Rép.* n° 953, et v° *Obligations*, n°s 2927 et suiv.). Pour la femme, le délai de dix ans ne peut courir que du jour de la dissolution du mariage (V. *Rép.* v° *Obligations*, n° 2961). — Mais il a été jugé que ce délai court contre le mari dès le jour de l'acte (Bordeaux, 30 avr. 1872, aff. Bernard, D. P. 73. 2. 32. V. dans le même sens, *Rép.* v° *Obligations*, n° 2965). La plupart des auteurs, toutefois, se prononcent en sens contraire et décident que, pour le mari comme pour la femme, la prescription de l'action en nullité résultant du défaut d'autorisation est suspendue pendant le mariage (En ce sens : Larombière, *Traité des obligations*, t. 4, art. 1304, n° 23; Demante et Colmet de Santerre, *Cours analytique de code civil*, t. 5, n° 265 *bis*, II; Aubry et Rau, t. 5, § 472, p. 168, note 124. V. aussi Montpellier, 27 avr. 1831, *Rép.* n° 938, et *infrà*, v° *Obligations*).

CHAP. 10. — De la dissolution du mariage et des seconds mariages (*Rép.* n°s 963 à 970).

550. Aux termes de l'art. 227 c. civ., le mariage se dissout : 1° par la mort de l'un des époux; 2° par le divorce légalement prononcé; 3° par la condamnation devenue définitive de l'un des époux à une peine emportant mort civile. Depuis la publication du *Répertoire*, la mort civile a été abolie par la loi du 31 mai 1854 (D. P. 54. 4. 91). Mais, en revanche, le divorce, aboli par la loi du 8 mai 1816, a été rétabli par celle du 27 juill. 1884 (D. P. 84. 4. 97). Les effets du divorce, au point de vue de la dissolution du mariage, sont étudiés *suprà*, v° *Divorce et séparation de corps*, n°s 542 et suiv.

551. L'art. 252, § 5, c. civ. (modifié par la loi du 18 avr. 1886) porte que le jugement de divorce, dûment transcrit, remonte, quant à ses effets entre époux, au jour de la demande. Mais, comme on l'a montré, *suprà*, v° *Divorce et séparation de corps*, n° 540, cette rétroactivité du jugement n'a lieu que dans les rapports pécuniaires des époux. La dissolution du mariage date seulement, à l'égard des tiers, du jour de la transcription du jugement sur les registres de l'état civil (V. en ce sens, outre les autorités citées *suprà*, *ibid.*, Huc, t. 2, n° 393). De là il résulte, en particulier : 1° que, jusqu'à la transcription du jugement de divorce, la femme reste soumise à la nécessité de l'autorisation maritale, dans les cas où cette autorisation est exigée par la loi (Trib. civ. de Brioude, 18 mars 1891, aff. Crespe, D. P. 91. 3. 95); — 2° Que le délai de trois mois et quarante jours, imparti par l'art. 1463 c. civ. à la femme divorcée pour accepter la communauté, ne court qu'à compter de la transcription (Trib. civ. de la Seine, 15 avr. 1891, aff. Carrière, D. P. 91. 3. 95).

552. L'art. 228 c. civ. dispose que la femme ne peut contracter un nouveau mariage qu'après dix mois révolus depuis la dissolution du mariage précédent (V. *Rép.* n°s 965 et suiv.). Il est traité de l'empêchement établi par cet article *suprà*, n°s 110 et suiv.

Table sommaire

des matières contenues dans le Supplément et le Répertoire.

(Les chiffres précédés de la lettre *S* renvoient au Supplément; les chiffres précédés de la lettre *R* renvoient au Répertoire.)

Table des articles du code civil.

Table chronologique des Lois, Arrêts, etc.

1851

10 févr. Req. 499 c., 501 c.
22 févr. Bordeaux. 340 c., 373 c.
8 avr. Caen. 332 c.
10 mai. Montpellier. 50 c.
24 mai. Bordeaux. 502 c.
11 août. Bordeaux. 496 c.
11 août. Nîmes. 474 c.
13 août. Paris. 276 c.
20 août. Riom. 499 c.
2 déc. Req. 144 c 145 c., 158 c.

1852

14 janv. Bordeaux. 198 c.
19 janv. Pau. 401 c.
19 janv. C. cass. belge. 193 c.
27 févr. Colmar. 231 c.
13 mars. Aix. 431 c.
24 mars. Décr. 69 c.
26 avr. Paris. 403 c.
31 mai. Riom. 474 c.
2 juin. Douai. 307 c., 422 c.
9 juin. Toulouse. 144 c., 145 c.
13 juill. Martinique. 104 c.
23 juill. Paris. 478 c.
26 juill. Req. 236 c.
3 août. Trib. Seine 136 c., 140 c.
23 nov. Bordeaux. 46 c., 50 c.
15 déc. Pau. 361 c.

1853

3 févr. Bordeaux. 367 c.
21 févr. Req. 470 c.
21 févr. Civ. 506 c.
10 mars. Lyon. 189 c., 192 c., 296 c., 312 c,
29 mars. Civ. 424 c., 442 c., 446 c. 534 c.
4 avr. Req. 538 c.
21 avr. Alger. 102 c., 229 c., 246 c.
10 mai. Civ. 477 c., 530 c.
27 mai. Gand. 302 c.
14 juin. Civ. 375 c.
21 juin. Paris. 215 c.
9 juill. Paris. 198 c., 200 c, 201 c., 261 c.
26 juill. Nîmes. 331 c.
17 août. Req. 530 c., 545 c.
26 août. Trib. Boulogne. 39 c.
8 nov. Req. 194 c., 201 c., 283 c., 284 c.
18 nov. Montpellier. 455 c.
3 déc. Douai. 46 c., 47 c., 50 c.

1854

10 janv. Circ. min. int. 96 c.
11 janv. Civ. 443 c., 539 c., 540 c.
21 janv. Paris. 201 c., 207 c.
7 févr. Metz. 238 c., 269 c., 292 c., 318 c., 321 c.
16 mars. Bordeaux. 465 c.
28 mars. Req. 198 c., 200 c., 237 c., 261 c.
25 avr. Req. 522 c.
30 mai. Loi. 308 c.
31 mai. Loi. 99 c., 106 c.
1er juin. Dijon. 531 c., 543 c.
20 nov. Civ. 435 c., 482 c., 484 c.,
22 nov. Trib. Seine. 331 c.
29 déc. Gand. 90 c.

1855

2 janv. Nîmes. 49 c.
3 janv. Trib. Seine 95 c.
24 janv. Req. 532 c.
27 janv. Paris. 316 c.
31 mars. Paris. 418 c., 420 c.
2 avr. Req. 524 c.
27 juin. Alger 531 c., 548 c.
26 juill. Bordeaux. 388 c., 391 c.
14 août. Paris. 351 c.
17 août. Montpellier. 89 c.
24 nov. Orléans. 353 c., 371 c.

1856

12 févr. Paris. 212 c., 219 c.
17 mars. Req. 351 c.
10 avr. Lyon. 294 c.
29 avr. Bordeaux. 455 c.
29 avr. Paris. 95 c.
21 mai. Civ. 144 c.
21 mai. Bastia. 410 c., 418 c.
17 juin Req. 372 c.
4 août. Req. 538 c.
16 août. Aix. 401 c.
10 nov. Req. 470 c.
8 déc. Civ. 81 c., 157 c.
29 déc. Bordeaux. 105 c.

1857

13 janv. Req. 212 c., 218 c.
28 janv. Agen. 189 c., 294 c.
29 janv. Douai. 442 c.
17 mars. Req. 401 c.
5 mai. Req. 472 c.
14 mai. Aix. 279 c., 304 c.
6 juin. Rennes. 432 c., 537 c.
13 juin. Toulouse. 401 c.
23 juin. Rouen. 213.
3 juill. Paris. 450 c.
4 juill. Lyon. 46 c., 50 c.
8 juill. Civ. 353 c., 354 c.
11 juill. Paris. 106 c.
10 août. Bourges. 79 c., 83 c.
18 août. Civ. 431 c., 539 c.
19 août. Civ. 452 c.
29 août. Paris. 422 c.
12 oct. Caen. 135 c.

1858

5 janv. Caen. 135 c.
1er mars. Req. 499 c.
1er mars. Civ. 431 c.
10 mars. Req. 504 c.
10 mars. Toulouse. 43 c.
11 mars. Aix. 321 c., 323 c.
18 mars. Civ. 213 c.
5 mai. Req. 432 c., 510 c., 537 c.
19 mai. Civ. 429 c., 471 c.
9 juill. Paris. 366 c.
9 août. Trib. Chaumont. 39 c.
10 nov Req. 115 c.
30 nov. Req. 532 c.

1859

24 mars. Pau. 61 c., 198 c.
7 mai. Bastia 194 c., 201 c.
1er juin. Rennes. 82 c., 88.
1er juill. Lyon. 249 c.
5 juill. Req. 154 c.
7 déc. Rouen. 159 c.
20 déc. Limoges. 49 c.
26 déc. Paris. 154 c.

1860

4 janv. Dijon. 412 civ.
10 janv. Bourges. 445.
18 janv. Rouen. 380 c.
19 janv. Colmar. 194 c.
4 févr. Paris. 39 c.
7 févr. Civ. 219 c.
9 févr. Paris. 321 c.
28 févr. Civ. 32 c., 107 c.
19 avr. Orléans. 32 c., 107 c.
9 mai. Nîmes. 409 c.
18 juill. Req. 249 c.
3 août. Limoges. 519 c.
20 nov. Req. 412 c.

1861

6 févr. Req. 479 c.
11 févr. Civ. 39.
15 févr. Trib. civ. d'Evreux. 410 c., 421 c.
19 févr. Besançon. 89 c., 90 c.
2 avr. Civ. 354 c.
15 avr. Req. 194 c., 236 c.
15 avr. Pau. 392 c.
14 juin. Décr. 69 c., 171 c.
1er juill. Paris. 198 c.
6 juill. Orléans. 39 c.
15 juill. Req. 380 c.
27 nov. Toulouse. 75 c., 84.
30 déc. Paris. 40 c.

1862

18 janv. Paris. 361 c.
6 févr. Paris. 361 c., 373 c.
19 févr. Dijon. 481 c.
20 févr. Nîmes, 316 c., 417 c., 418 c.
8 mars. Chambéry, 386.
13 mars. Aix. 502 c.
20 mars. Aix. 194 c., 208 c.
15 avr Civ. 45 c.
24 avr. Ch. réun. 39 c.
29 avr. Civ. 537 c., 543 c.
30 avr. Civ. 525 c.
1er mai. Caen. 380.
31 mai. Civ. 390 c.
2 juin. Rennes. 372 c.
10 juin. Nîmes. 418 c.
26 juin. Paris. 379 c.
26 juill. Paris. 331 c., 400 c.
9 août. Grenoble. 345 c.
11 août. Trib. de paix de Redon. 48 c.
10 nov. Req. 478 c.
12 déc. Trib. Marseille. 346 c.

1863

30 janv. Besançon. 450 c.
9 févr. Req. 40 c.
11 mars Pau. 417 c., 418 c., 420 c.
31 mars. Trib. Draguignan. 50 c., 51 c.
31 mars. Trib. com. Marseille. 475 c.
29 avr. Colmar. 383 c., 385 c.
4 mai. Civ. 409 c., 501 c.
9 mai. Douai. 379 c.
19 juin. Trib. Seine 447 c.
7 juill. Req. 361 c.
11 juill. Grenoble. 354 c.
25 juill. Toulouse. 338 c., 340 c., 400 c.
30 juill. Rouen. 354 c.
1er sept. Grenoble. 76 c., 85 c.
24 nov. Pau. 381.
7 déc. Req. 437 c.

1864

1er févr. Civ. 481 c.
29 févr. Req. 541 c.
29 avr. Trib. Anvers. 127 c.
18 mai. Poitiers. 187 c.
20 mai. Besançon (et non Bourges. 498 c., 502 c.
28 mai. Paris. 498 c.
11 juin. Liège. 362 c.
30 août. Civ. 372 c.
8 nov. Req. 442 c.

1865

23 févr. Aix. 49 c., 50 c.
4 avr. Civ. 505 c.
29 avr. Paris. 194 c.
9 mai. Civ. 539 c.
5 juill. Civ. 525 c.
26 juill. Req. 190 c., 238 c., 283 c.
3 août. Req. 187 c.
20 nov. Req. 474 c.
19 déc. Paris. 498 c.
28 déc. Trib. Vienne. 292 c., 321 c.

1866

6 janv. Trib. Lyon 48 c., 52 c.
9 janv. Aix. 521 c.
1er févr. Montpellier. 40 c.
21 févr. Req. 198 c.
3 mars. Liège. 81 c.
20 mars. Toulouse. 353 c.
21 mars. Bordeaux. 40 c.
11 avr. Rennes. 50 c., 51 c.
20 avr. Metz. 50.
7 mai. Toulouse. 201 c.
30 mai. Montpellier. 346, 353 c.
25 juill. Besançon. 368 c.
2 août. Paris. 341 c., 362 c.
6 nov. Paris. 457 c., 544 c.
20 nov. Req. 108 c.
20 déc. Paris. 250 c.
26 déc. Pau. 361 c., 381 c.

1867

20 févr. Bordeaux. 243 c.
4 avr. Lyon. 220 c., 282 c., 302 c., 429.
12 avr. Bordeaux. 339.
13 avr. Crim. 53 c., 226 c., 250 c.
18 juin. Pau. 134 c.
19 juin. Civ. 218 c.
24 juill. Loi. 36 c.
1er août. Trib. Lyon 454 c.
20 déc. Dijon. 50 c.

1868

4 janv. Trib. Lyon. 134 c., 135 c., 140 c.
20 janv. Civ. 482 c.
28 janv. Trib. de paix de Signy-le-Petit. 48 c,
1er févr. Loi. 96 c.
5 févr. Trib. Langres. 188 c.
17 févr. Bruxelles. 437 c.
2 mars. Paris. 236 c.
18 mars. Civ. 218 c.
7 avr. Paris. 75 c.
26 mai. Civ. 507 c., 539 c.
6 juin. Orléans. 477 c., 481 c., 514 c.
7 juill. Req. 351 c.
30 nov. Req. 454 c.
18 déc. Paris. 152 c.

1869

13 janv. Bordeaux. 486 c.
29 janv. Trib. du Puy. 50 c.
5 févr. Lyon. 376 c.
5 févr. Montpellier. 401 c
29 mars. Trib. Alais. 29 c.
6 avr. Paris. 196 c., 206 c., 209 c., 228 c.
12 avr. Montpellier. 71 c., 79 c.
20 avr. Civ. 243 c.
28 avr. Lyon. 393.
29 avr. Trib. Alais. 247 c.
28 mai. Lyon. 213 c., 218 c., 320 c.
7 juin. Aix. 30 c.
8 juin. Amiens. 81 c., 89 c., 157 c.
9 juin. Dijon. 50 c.
15 juin. Chambéry. 108 c., 291 c., 321 c., 324 c., 330 c.
16 juin. Bordeaux. 491 c.
22 juin. Trib. civ. Seine 475 c.
4 juill Paris. 107 c.
9 juill. Caen. 393.
10 juill. Lyon. 46 c., 47 c.
6 août. Trib. Seine. 66.
29 nov. Nîmes. 28 c., 48 c.
7 déc. Trib. Seine. 198 c.

1870

13 janv. Trib. Seine. 407 c.
11 févr. Civ. 75 c.
15 févr. Civ. 450 c.
21 févr. Civ. 87 c.
21 févr. Trib Bourg. 143, 149 c.
2 mars. Metz. 217 c.
7 mars. Agen. 376 c.
12 mars. Trib. Seine. 80 c.
19 mars. Lyon. 415 c.
19 mars. Trib. Lyon. 316 c.
8 avr. Grenoble. 374 c., 380 c.
17 mai. Req. 50 c.
18 mai. Trib. Seine. 138 c.
31 mai. Rouen. 498 c.
1er juill. Paris. 472 c.
15 juill. Civ. 107 c.
18 août. Aix. 166 c., 188 c., 190 c., 211 c., 295 c., 296 c.
24 oct. Décr. 45 c.
14 déc. Décr. 488 c.
23 déc. Décr. 170 c., 172 c.

1871

17 févr. Aix. 422 c.
19 févr. Bourges. 154 c.
18 avr. Aix. 395 c.
3 juin. Orléans. 75 c., 84 c., 89 c.
21 juin. Lyon. 194, 198 c., 207 c.
26 juill. Trib. Chalon-sur-Saône. 364 c.
26 juill. Civ. 474 c.
26 août. Orléans. 134 c., 135 c., 202 c.
11 oct. Paris. 82 c.
16 déc. Lyon. 499 c.
21 déc. Circ. min. just. 182 c.
29 déc. Gand. 490 c..

1872

10 janv. Trib. Seine. 154 c.
12 janv. Paris 86.
15 janv. Civ. 247 c.
13 févr. Paris. 32 c.
28 févr. Loi. 123.
20 mars Paris. 191 c., 231 c.
27 mars. Dijon. 364 c., 372 c., 373 c., 388 c., 397 c.
26 avr. Paris. 428 c.
30 avr. Bordeaux. 549 c.
31 avr. Bordeaux. 529 c.
8 mai. Montpellier. 28 c., 29 c., 247 c.
1er juin. Paris. 158 c.
19 juin. Lyon. 375.
25 juin. Req 400 c.
28 juin. Paris. 147 c., 164 c.
2 juill. Trib. Seine. 196, 198 c., 228 c., 226 c., 284 c., 298 c.
11 juill. Dijon. 367 c.
24 juill. Req. 134 c., 135 c., 202 c.
3 août. Paris. 546 c.
7 août. Bourges. 165 c.
13 août. Bordeaux. 369 c.
13 août. Nîmes. 116 c.
21 août. Civ. 143 c., 152 c.
15 oct. Pau. 56 c., 57 c., 65 c.
10 déc. Douai. 151 c., 461 c.
10 déc. Paris. 80, 86 c.
17 déc. Trib Seine. 73 c., 85 c.

1873

18 janv. Paris. 71 c., 155 c.
20 janv. Paris. 200 c., 259 c.
23 janv. Alais. 28 c., 29 c.
13 févr. Paris. 110 c.
7 avr. Req. 354 c
15 mai. Req. 432 c.
20 juin. Paris. 201 c.
12 nov. Bordeaux. 477, 526 c.

1874

12 janv. Civ. 366 c., 451 c.
20 janv. Besançon. 158 c.
27 janv. Civ. 411 c.
27 janv. Caen. 369 c., 398 c.
19 mars. Alger. 453 c.
24 avr. Paris. 198 c., 201 c.
29 avr. Aix. 198 c.
6 mai. Req. 300 c.
18 mai. Montpellier. 502.
20 mai. Trib. Bordeaux. 207 c.
1er juill. Req. 300 c.
15 juill. Besançon. 367 c.
17 août. Rennes. 201 c., 261 c.
16 déc. Paris. 48 c., 49 c.
28 déc. Req. 196 c.

1875

18 janv. Req. 384 c.
8 mars. Req. 198 c., 199 c., 201 c., 250 c., 428 c.
17 mars. Bordeaux. 335 c.
5 avr. Paris. 366, 415 c.
11 mai. Req. 201 c., 261 c.
13 mai. Angers. 298 c.
2 juin. Bordeaux. 200 c., 207 c.
13 juill. Req. 390.
14 juill. Nancy. 399 c.
19 juill. Civ. 109 c.
11 nov. Circ garde des sceaux. 31 c., 121, 122 c.
26 nov. Bruxelles. 204 c., 212 c.
4 déc. Paris. 482 c , 535 c.
9 déc. Paris. 474 c.
20 déc. Req. 298 c., 290 c.
21 déc. Paris. 477 c.

1876

29 févr. Douai. 367 c., 412 c.
22 mai. Toulouse. 478 c., 527 c.
7 juin. Riom 44 c.
16 juill. Trib. Seine. 53 c., 54 c., 180 c.
17 juill. Paris. 109 c., 291 c.
2 août Civ. 480 c.
2 août. Riom. 44 c.
16 août. Caen. 144 c., 145 c.
27 nov. Paris. 76 c., 77 c., 90 c.
6 déc. Civ. 491 c.
12 déc. Req. 513.

1877

2 janv. Req. 367 c., 412 c.
2 janv. Trib. Nevers. 50 c.
8 janv. Douai 107 c.
30 janv. Civ. 426 c., 477 c., 504 c., 539 c.
14 févr. Paris. 50 c.
2 mars. Paris. 417 c.
16 avr. Nancy. 470 c.
15 juin. Caen. 548 c
28 juin. Décr. 69 c., 171 c.
30 juin. Paris. 109 c., 273 c., 291 c.
17 nov. Caen. 351 c.
26 nov. Req. 144 c., 145 c.
31 déc. Caen 351 c.

1878

20 janv. Civ. 539 c.
4 févr. Rouen. 454 c.
6 mars. Req. 438 c., 530 c., 534 c.
18 mars. Civ. 109, 291 c.
1er avr. Req. 500 c., 528 c.
9 mai. Bordeaux. 366.
14 mai. Bourges. 77 c.
18 mai Civ. 428 c.
29 mai. Bordeaux. 415 c.
4 juin. Civ. 478 c.
26 juin. Req. 417 c.
2 juill. Civ. 431 c., 502 c.
8 juill. Req. 424 c., 438 c., 442 c.
6 août. Req. 454 c.
26 sept. Paris. 78 c., 81 c., 82 c., 85 c.
13 nov. Rouen. 154 c.
25 nov. Req. 478 c.
29 nov. Montpellier. 477.
30 déc. Req. 472.

1879

22 janv. Civ. 431 c., 539 c.
3 févr. Alger. 408 c., 412.
24 févr. Trib. Toulouse 241 c.
25 févr. Civ. 432 c.
19 mars. Req. 545 c.
5 avr. Besançon. 457 c., 543 c., 544 c.,
7 mai. Nîmes. 428 c.
26 mai. Alger. 326 c.
2 juin. Amiens. 155.
30 juin. Req. 134 c., 135 c., 137 c., 140 c., 157 c.
8 juill. Besançon. 353 c.

9 juill. Req. 409 c.
25 sept. C. cass. Turin. 314 c.

1880

28 févr. Lyon. 198 c., 202 c.
12 mars. Cons. d'Ét. 535 c.
15 avr. Amiens. 32 c., 107 c.
21 avr. Req. 534 c.
3 juin. Crim. 534.
29 juin. Bordeaux. 135.
5 août. Bruxelles. 109 c., 291 c.
6 août. Trib Libourne. 408 c.
14 déc. Req. 198 c., 202 c.
14 déc. Gand. 188.

1881

20 janv. Civ. 474 c.
12 févr. Nancy. 364 c., 397 c.
16 févr. Poitiers. 432 c., 537 c.
24 févr. Lyon. 195 c., 198 c., 200 c., 201 c., 203 c., 228 c., 261 c., 298 c., 321 c.
2 mars. Orléans. 50 c.
3 avr. Civ. 397 c.
4 avr. C. just. Genève. 453.
5 juill. Req. 506c.
29 juill. Loi. 440 c.
13 août. C. cass. Naples. 52 c.
5 déc. Toulouse. 395 c.
29 déc. Lyon. 194 c., 195 c., 198 c., 201 c.

1882

3 janv. Bordeaux. 408.
16 janv. Douai. 360 c.
30 janv. Agen, 522 c.
16 mars. Caen. 28 c., 29 c.
25 mars. Toulouse. 434 c.
28 mars. Loi. 384 c
25 avr. Req. 457 c.
6 juin. Paris. 502
12 déc. Req. 300 c.

1883

27 janv. Décr. 69 c., 171 c.
2 févr. Poitiers. 93, 94 c.
5 févr. Bordeaux. 319.
21 févr. Paris. 433 c., 503 c.
23 févr. Trib. Seine 186 c., 300 c., 319 c.
12 mars. Req. 477 c.
14 mars. Trib. La Roche-sur-Yon. 186 c.
19 mars. Req. 395 c.
3 avr. Civ. 349 c., 364 c.
19 mai. Lyon. 511 c.
11 juill. C. d'appel de Rome, 367 c.
7 août. Civ. 186 c., 300 c.
20 août. Paris 186 c.
10 oct. Brescia. 41 c.

1884

9 janv. Chambéry. 538 c.
11 janv. Lyon. 457 c.
15 mars. Trib. Reims. 523.
5 avr. Loi. 185 c., 186 c.
14 mai. Req. 441 c.
22 mai. Aix. 418.
25 juin. Bordeaux. 231 c.
27 juill. Loi. 2 c., 107 c., 124 c., 405 c., 550 c.
4 août. Civ. 534 c., 539 c.
23 déc. Trib. civ. Genève. 351 c.

1885

7 févr. Chambéry. 117 c., 235 c., 276 c., 277 c., 280 c., 293 c.
20 avr. Civ. 271 c.
11 juill. Nancy. 89 c.
24 déc. Toulouse. 340 c.

1886

14 avr. Orléans. 202 c., 271 c.
18 avr. Loi. 234 c.
25 mai. Req. 546 c.
7 juin. Chambéry. 79 c., 80 c., 85 c.
13 juill. Req. 340 c.
21 déc. Bordeaux. 194 c., 212 c.

1887

15 févr. Paris. 424 c., 536 c.
3 mars. Trib. Seine. 495 c.
6 avr. Rouen. 109 c., 237 c., 269 c., 270 c., 291 c., 321 c.
27 mai. Loi. 69 c.
15 juin. Civ. 167 c., 184 c., 198 c., 266 c., 271 c., 295 c.
9 nov. Civ. 281 c.
11 nov. Décr. 69 c.
14 nov. Paris. 481 c., 530 c., 543 c., 544 c.
28 nov. Req. 116 c.

1888

19 janv. Bordeaux. 331.
25 janv. Civ. 98 c.
8 févr. Bastia. 184 c., 234 c.
21 févr. Civ. 427 c., 431 c., 540 c.
28 mars. Req. 542 c., 544 c.
8 avr Bastia. 102c.
10 juin. Req. 478 c.
27 déc. Trib. Lyon. 127 c.

1889

14 janv. Grenoble. 144 c.
4 févr. Civ. 349 c.
14 avr. Orléans. 198 c.
15 juill. Décr. 97 c.
18 juill. Paris. 350 c.
24 juill. Loi. 59 c., 70 c., 72 c., 336 c.

1890

29 janv. Décr. 69 c., 171 c.
26 févr. Civ. 104 c., 231 c., 234 c.
21 mai. Civ. 331 c.
3 juill. Lyon. 126 c., 129 c.

1891

9 mars. Loi. 2 c., 339 c., 354 c., 355 c., 405 c.
18 mars. Trib. Brioude 551 c.
15 avr. Trib. Seine. 551 c.
20 avr. Trib. Seine. 422.
27 avr. Paris. 542 c., 544 c.
18 oct. Décr. 69 c.
13 déc. Civ. 330 c.

MARQUE DE FABRIQUE. — V. *Industrie et commerce*, nos 303 et suiv. V. aussi *Affiche*, n° 13 ; *Douanes*, n° 392 ; *Faux*, nos 103 et suiv. ; — *Rép.* outre les mots qui y sont indiqués, vis *Industrie et commerce*, nos 316 et suiv. V. aussi *Affiche*, n° 58 ; *Douanes*, n° 790 ; *Faux*, nos 94 et suiv.

MATIÈRES D'OR ET D'ARGENT.

Division.

Art. 1. — Historique. — Législation. — Droit comparé (n° 1).
Art. 2. — Du mode de garantie des ouvrages d'or et d'argent. — Titre, poinçons, droits (n° 15).
Art. 3. — Bureaux de garantie. — Fonctions des employés : essayeur, receveur, contrôleur. — Essais. — Fourré (n° 65).
Art. 4. — Obligations des fabricants et marchands d'ouvrages d'or et d'argent (n° 76).
Art. 5. — Obligations des marchands d'ouvrages d'or et d'argent ambulants et des fabricants de plaqué (n° 86).
Art. 6. — Des peines. — Cas où la saisie peut avoir lieu (n° 90).
Art. 7. — Qualités pour constater et poursuivre les contraventions. — Procédure (n° 97).
Art. 8. — Affinage. — Argues (n° 117).

ART. 1er. — *Historique.* — *Législation.* — *Droit comparé* (*Rép.* nos 1 à 11).

1. La fabrication et le commerce des objets d'or et d'argent ont été réglementés, on l'a dit au *Rép.* n° 8, par la loi du 19 brum. an 6, qui est toujours la loi fondamentale de la matière. Au moment de la publication du *Répertoire*, elle n'avait reçu aucune atteinte. Les arrêtés, lois et ordonnances promulgués jusqu'en 1854, n'avaient fait que statuer sur des points purement réglementaires qui ne touchaient en rien à son système général. Depuis cette époque, elle a subi une modification importante, par suite de la loi des 25-26 janv. 1884 (D. P. 84. 4. 85), qui a autorisé la fabrication à tous titres des objets d'or et d'argent destinés à l'exportation, et créé un quatrième titre pour la fabrication des boîtes de montres d'or destinées à l'exportation.

2. La loi du 19 brum. an 6 ne permettait au commerce des métaux précieux que l'usage des seuls titres ci-dessous :

Or, trois titres : 1er, 920 millièmes (22 carats 2/32) ; — 2e, 840 millièmes (20 carats 5/32) ; — 3e, 750 millièmes (18 carats).

Argent, deux titres : 1er 950 millièmes (11 deniers, 9 grains 7/10) ; — 2e, 800 millièmes (9 deniers 11 grains 1/2).

« La législation antérieure au 19 brum. an 6, ainsi que l'a rappelé M. Dietz-Monnin, rapporteur de la loi de 1884 au Sénat (*Journ. off.* de juill. 1883, annexes, n° 257, p. 841, et D. P. 84. 4. 85. et suiv. en note), ne permettait aux orfèvres et bijoutiers de fabriquer que des objets ayant pour l'or l'un des deux premiers titres ci-dessus, alors qu'à l'étranger on employait couramment le titre de 750 millièmes (18 carats). Aussi la fabrication française, cependant si parfaite, voyait-elle ses exportations diminuer tous les jours, grâce au titre moins élevé employé par la fabrication étrangère, qui pouvait, dès lors, livrer à un prix inférieur à celui des produits français des objets de même valeur apparente. C'est cette situation anormale, dans laquelle se trouvaient alors en France les industries des métaux précieux, qui amena les pouvoirs publics à rechercher les moyens de permettre à l'industrie française de lutter à armes égales contre la fabrication étrangère. Les débats qui ont précédé l'adoption de la loi de brumaire montrent bien la préoccupation toute particulière du législateur à cet égard. — Cette loi, en permettant aux fabricants de se servir d'un troisième titre, répondit donc aux exigences de notre commerce extérieur ; et ce qui prouve combien ce troisième titre était nécessaire à notre industrie, c'est son adoption immédiate et définitive par tous les fabricants qui, depuis lors ont complètement délaissé les deux anciens titres supérieurs. Mais, depuis cette époque, la fabrique étrangère a abaissé ses titres d'or beaucoup au-dessous de 750 millièmes, tandis que la France conservait ce dernier alliage comme son plus bas titre. Par suite, loin de profiter du développement général et constant de l'industrie et du commerce, notre fabrique était peu à peu retombée dans une situation qui présentait une grande analogie avec celle où elle se trouvait en l'an 6... La question de savoir si, pour remédier à un pareil état de choses et dégager la responsabilité de l'État, il fallait établir la liberté absolue du titre, à l'extérieur comme à l'intérieur, avec contrôle facultatif pour les fabricants, fut agitée dans la commission. Celle-ci, malgré les côtés très séduisants offerts par la liberté absolue du titre avec contrôle facultatif, estima qu'une période de transition était tout au moins indispensable pour donner à l'industrie française le temps nécessaire de compléter son outillage en le transformant. Nos fabricants, ne se trouvant pas suffisamment préparés comme outillage, pourraient se trouver débordés par l'afflux soudain de produits venant des pays qui jouissent, depuis de longues années déjà, de la liberté absolue. Il y avait encore, dans la quantité des droits qui, sous ce régime, seraient perçus au profit du Trésor, un aléa dont il fallait tenir compte. C'est pourquoi cette proposition ne parut pas devoir être acceptée, à cause du désarroi qu'elle pourrait occasionner, en substituant brusquement la liberté absolue à un régime depuis longtemps en vigueur, et on ne pensa plus, dès ce moment, qu'à mettre notre production nationale sur un pied d'égalité avec celle des autres pays pour le commerce de l'exportation seulement ». La loi du 25 janv. 1884 a atteint le but, en autorisant les fabricants d'orfèvrerie, joaillerie, bijouterie et boîtes de montres à fabriquer à tous autres titres que les trois titres légaux de la loi de brumaire, et le quatrième titre spécial aux boîtes de montres d'or dont il va être parlé, les objets d'or et d'argent exclusivement destinés à l'exportation. Les objets ainsi fabriqués à tous titres ne reçoivent pas l'empreinte des poinçons de l'État; mais ils doivent être marqués, aussitôt après l'achèvement, avec un poinçon de maître.

3. Au commencement de l'année 1881, une pétition avait été adressée à la Chambre des députés par la chambre syndicale de l'industrie horlogère de Besançon demandant la permission de fabriquer, sous le contrôle et avec un poinçon de l'État, des boîtes de montres d'or à 583 millièmes (14 carats) exclusivement destinées à l'exportation. Cette revendication s'appuyait principalement sur l'impossibilité de lutter avec la Suisse qui, dès 1880, avait créé un poinçon légal pour l'or à 14 carats. « La Suisse, dit M. Dietz-Monnin, dans son rapport, n'ayant qu'un marché national fort restreint, est obligée, pour pouvoir écouler ses produits, de suivre sur les marchés lointains la concurrence de ses rivaux, à quelque régime légal qu'ils puissent appartenir. En rapports suivis avec les États-Unis d'Amérique, qui n'ont point le préjugé du titre légal et préfèrent le titre de 14 carats à tout autre pour la montre, elle n'a pas tardé à voir décliner son exportation. En effet, des fabricants de boîtes de montres s'étant établis à New-York, on n'a plus demandé à la Suisse que des mouvements; les Américains se sont ensuite mis à faire eux-mêmes leurs mouvements, et, dès ce moment, le débouché si important des États-Unis s'est trouvé paralysé pour la Suisse, faute par celle-ci de fabriquer au-dessous de 18 carats. Le même fait devait se produire et s'est en effet produit pour Besançon. Dans l'Amérique du Sud, en Chine, au Japon, dans les colonies espagnoles et ailleurs, il faudrait renoncer à tous rapports commerciaux si l'on voulait s'en tenir entièrement au titre de 18 carats. Les consommateurs de ces divers marchés donnent la préférence à un titre inférieur, qui, plus solide et plus dur, fait un bien meilleur usage; les boîtes de montres en or, fabriquées par les Américains à 14 carats, séduisent, par leur bon poids, sous une apparence équivalente comme couleur, et sont, en réalité, supérieures aux boîtes à 18 carats, lesquelles généralement montées avec plus de légèreté, donnent ainsi lieu à de fréquents rhabillages... La fabrique bisontine qui, à elle seule, entre pour un sixième dans le travail en France des matières d'or et d'argent, ne demande, pour lutter avec la Suisse, son plus redoutable concurrent et auquel les récents traités de commerce ont accordé, pour cette industrie plus spécialement, de si larges concessions, la fabrique bisontine ne demande que la création d'un quatrième titre, pour l'or, à 14 carats, soit 583 millièmes. avec poinçon légal, pour les boîtes de montres destinées exclusivement à l'exportation. Au-dessous de ce titre elle accepte, avec la bijouterie parisienne, la liberté à tous titres sans poinçon d'État. Elle demande même, afin que ce poinçon du quatrième titre ne puisse, dans aucun cas, se confondre avec ceux des titres réservés au commerce intérieur, que le fabricant, présentant des ouvrages à la garantie pour y recevoir le poinçon de 583 millièmes, soit tenu d'appliquer intérieurement une marque portant lisiblement 583 millièmes (14 carats) comme d'ailleurs l'usage s'en est établi en Suisse. Le public pouvant confondre entre eux les poinçons des différents titres, cette marque intérieure préviendra non seulement la tromperie, mais encore la rentrée en France des montres d'or expédiées primitivement à l'étranger ».

Les réclamations de l'industrie horlogère de Besançon ont été écoutées et la loi du 25 janv. 1884 (art. 1er) a décidé la création, pour la fabrication des boîtes de montres, d'or seulement, destinées exclusivement à l'exportation, d'un quatrième titre légal à 583 millièmes, lequel est obligatoire. Un poinçon spécial, indiquant le titre, et une empreinte particulière, montrant qu'elles sont destinées à l'exportation, sont appliqués sur ces boîtes par le bureau de la Garantie. Les contraventions aux dispositions de la loi, et notamment la mise en vente, en France, des ouvrages d'or et d'argent dont la fabrication n'est autorisée qu'en vue de l'exportation sont poursuivies devant les tribunaux correctionnels, et punies de la confiscation et d'une amende.

4. La loi du 25 janv. 1884 a été suivie du décret des 6-9 juin 1884 (D. P. 84. 4. 87), portant règlement pour l'exportation des objets d'or et d'argent fabriqués au quatrième titre. Les dispositions de ce décret sont relatives: à la marque des boîtes de montres d'or au quatrième titre et des objets d'or et d'argent à tous titres; à la forme des poinçons; aux obligations imposées aux fabricants dans le but d'éviter la fraude et de faciliter la surveillance de l'Administration.

5. Parmi les lois et les nombreux décrets, concernant les matières d'or et d'argent, promulgués depuis la publication du *Répertoire*, il importe encore de signaler : 1° le décret des 2-31 mai 1860 (D. P. 60. 4. 63) portant que les montres françaises pourront être marquées du poinçon de titre, avec contremarque, ou du poinçon de petite garantie au choix des fabricants ; — 2° Le décret des 26 mai-8 juin 1860 (D. P. 60. 4. 67), qui a rendu applicables aux fabricants d'ouvrages dorés ou argentés par les procédés galvaniques ou électro-chimiques, les art. 14 et 95 à 100 de la loi du 19 brum. an 6 ; — 3° Le décret des 13 janv.-30 mai 1864 (D. P. 64. 4. 75) qui modifie la signification, le nombre et la forme des poinçons exclusivement destinés à la marque des ouvrages d'or et d'argent venant de l'étranger; — 4° La loi des 30 mars-4 avr. 1872 (D. P. 72. 4. 77), relative à l'élévation du droit de garantie des matières d'or et d'argent ; — 5° Le décret des 27 juill.-1er août 1878 (D. P. 79. 4. 4) relatif au poinçonnage des ouvrages d'or et d'argent. Les dispositions de ce décret règlent l'exportation des ouvrages d'or et d'argent, avec remboursement des droits de garantie, et la réimportation de ces ouvrages; — 6° Le décret du 24 déc. 1887, *Bull. des lois*, n° 18827 qui crée un poinçon spécial dit *de retour*, pour les ouvrages d'or ou d'argent de fabrication française réimportés; — 7° Le décret des 10 avr.-22 mai 1888, qui a modifié l'organisation du service du contrôle de la garantie (D. P. 88. 4. 4).

TABLEAU DE LA LÉGISLATION RELATIVE AUX MATIÈRES D'OR ET D'ARGENT

15-30 juin 1853. — Décret impérial qui supprime le bureau de garantie pour l'essai et la marque des ouvrages d'or et d'argent, établi à Lons-le-Saulnier (D. P. 53. 4. 143).

29 juin-18 juill. 1853. — Décret impérial qui transfère à Napoléon-Vendée le bureau de garantie pour l'essai et la marque des ouvrages d'or et d'argent établi à Fontenay (D. P. 53. 4. 153).

23 juin-4 juill. 1855. — Décret impérial ajoutant les bureaux de garantie de Toulouse et de Strasbourg à ceux que désignent les lois des 2 juill. 1836, 11 juin 1845 et 22 juin 1846, pour l'essai et la marque des montres de fabrique étrangère, importées sous le payement des droits et l'accomplissement des formalités exigées (D. P. 55. 4. 74).

14-24 janv. 1857. — Décret impérial qui transfère à Boulogne-sur-Mer le bureau de garantie pour l'essai et la marque des ouvrages d'or et d'argent, établi à Saint-Omer (D. P. 57. 4. 43).

24 juill.-19 août 1857. — Décret appliquant à l'Algérie la législation sur les matières d'or et d'argent en vigueur dans la métropole (D. P. 57. 4. 170).

21-29 nov. 1858. — Décret impérial portant que le bureau de garantie du Havre est ajouté à ceux que désignent les lois des 2 juill. 1836, 11 juin 1845 et 22 juin 1845, ainsi que le décret du 23 juin 1855, pour l'essai et la marque des montres de fabrique étrangère importées sous le payement des droits d'entrée et l'accomplissement des formalités prescrites (D. D. 58. 4. 168).

2-31 mai 1860. — Décret impérial portant que les montres françaises pourront être marquées du poinçon de titre, avec contremarque, ou du poinçon de petite garantie, au choix des fabricants (D. P. 60. 4. 63).

26 mai-8 juin 1860. — Décret impérial portant que les art. 13 et 95 à 100 de la loi du 19 brum. an 6, relatifs aux obligations des fabricants de plaqué, sont applicables aux fabricants d'ouvrages dorés ou argentés par les procédés galvaniques ou électro-chimiques (D. P. 60. 4. 67).

24 sept 1er oct. 1860. — Décret impérial qui ajoute les bureaux de garantie de Chambéry et de Nice à la nomenclature de ceux désignés pour l'essai et la marque des montres de fabrique étrangère (D. P. 60. 4. 152).

8 janv.-7 févr. 1862. — Décret impérial qui établit à Saumur un bureau de garantie pour l'essai et la marque des ouvrages d'or et d argent (D. P. 62. 4 15).

26 mars-9 avr. 1862 — Décret impérial portant suppression des bureaux de garantie pour l'essai et la marque des ouvrages d'or et d'argent établis à Grasse (Alpes-Maritimes), à Carcassonne (Aude), à Mont-de-Marsan (Landes), à Châlons (Marne), à Bar-le-Duc (Meuse) et à Alençon (Orne) (*Bulletin des lois*, n° 10073).

7-12 oct. 1863. — Décret impérial portant que le bureau de garantie d'Annecy est ajouté à la nomenclature de ceux qui sont désignés pour l'essai et la marque des montres de fabrique étrangère importées sous le payement des droits d'entrée et l'accomplissement des formalités prescrites (D. P. 63. 4. 153).

13 janv.-30 mai 1864. — Décret impérial qui modifie la signification, le nombre et la forme des poinçons exclusivement destinés à la marque des ouvrages d'or et d'argent venant de l'étranger (D. P. 64. 4. 75).

8-17 oct. 1864. — Décret impérial supprimant, à partir du 1er novembre 1864, le bureau pour l'essai et la marque des ouvrages d'or et d'argent établi à Trévoux, département de l'Ain et rattachant la circonscription au bureau de garantie de Lyon (D. P. 64. 4. 115).

12-17 oct. 1864. — Décret impérial ajoutant les bureaux des douanes de Pont-de-la-Caille (Haute-Savoie), de Saint-Michel, de Séez et de Lanslebourg (Savoie), de Nice et de Menton (Alpes-Maritimes), de Saint-Nazaire (Loire-Inférieure), de Dieppe (Seine-Inférieure) et de Saint-Louis (Haut-Rhin) à ceux ont été précédemment désignés pour constater la sortie des ouvrages d'or et d'argent expédiés à l'étranger par les cas prévus par la loi du 19 brum. an 6 (D. P. 64. 4. 115).

29 mars-28 avr. 1865. — Décret impérial qui crée à Bellegarde (Ain) et à Pontarlier (Doubs) des bureaux de garantie pour l'essai et la marque des ouvrages d'or et d'argent (D. P. 65. 4. 22).

9 oct.-8 nov. 1865 — Décret qui établit en Algérie quatre contrôles secondaires de la garantie pour faire l'essai et la marque des ouvrages et matières d'or et d'argent (D. P. 66. 4. 144).

9 déc. 1865.-29 janv. 1866. — Décret impérial portant : Art. 1er. Sera supprimé, à partir du 1er janv. 1866, le bureau de garantie pour l'essai et la marque des ouvrages d'or et d'argent établi à Rodez, département de l'Aveyron. — 2. La circonscription actuelle de ce bureau sera rattachée au bureau de garantie d'Albi, département du Tarn (D. P. 66. 4. 12).

12 nov. 1868-5 janv. 1869. — Décret impérial qui supprime le bureau de garantie établi à Napoléon-Vendée pour l'essai et la marque des ouvrages d'or et d'argent (D. P. 69. 4. 15).

4 févr.-6 avr. 1870. — Décret impérial qui supprime les bureaux de garantie établis à Saintes, Tulle, Saint-Etienne, Reims, Mâcon, Saint-Lô et Tarbes, pour l'essai et la marque des ouvrages d'or et d'argent (D. P. 70. 4. 44).

21 mars-14 juin 1870. — Décret impérial ajoutant le bureau des douanes de Sarreguemines à ceux précédemment désignés pour constater les sorties des ouvrages d'or et d'argent expédiés à l'étranger dans les cas prévus par la loi du 19 brum. an 6 (D. P. 70. 4. 48).

16 mai-8 juill. 1870. — Décret impérial supprimant le bureau de garantie pour l'essai et la marque des ouvrages d'or et d'argent établi à Troyes (Aube) et rattachant la circonscription de ce bureau, qui comprend tout le département de l'Aube, au bureau de garantie de Paris (D. P. 70. 4. 54.)

21 oct. 1871-5 janv. 1872. — Décret qui supprime le bureau de garantie établi à Digne pour l'essai et la marque des ouvrages d'or et d'argent (D. P. 72. 4. 1).

30 mars-4 avril 1872. — Loi relative à l'élévation du droit de garantie des matières d'or et d'argent (D. P. 72. 4. 77).

21-24 mai 1872. — Décret ajoutant les bureaux de douane de Pagny, Emberménil et Audun-le-Roman (Meurthe-et-Moselle) à ceux précédemment désignés pour constater la sortie des ouvrages d'or et d'argent expédiés à l'étranger dans les cas prévus par la loi du 19 brum an 6 (D. P. 72. 4. 110).

11 juin-5 août 1872. — Décret qui rend exécutoire en Algérie la loi du 30 mars 1872 relative à l'élévation des droits de garantie des matières d'or et d'argent (D. P. 72. 4. 120).

5-13 août 1872. — Décret ajoutant le bureau de garantie de Nancy à la nomenclature de ceux désignés pour l'essai et la marque des montres de fabrique étrangère importées sous le payement des droits d'entrée et l'accomplissement des formalités prescrites (D. P. 72. 4. 130).

23 sept.-17 oct. 1872. — Décret supprimant le bureau de garantie pour l'essai et la marque des ouvrages d'or et d'argent établi au Mans (Sarthe) et rattachant la circonscription de ce bureau, qui comprend le département de la Sarthe et les arrondissements d'Alençon et de Mortagne (Orne), au bureau de garantie de Tours (Indre-et-Loire) pour les arrondissements du département de la Sarthe, et au bureau de garantie de Caen (Calvados) pour les arrondissements d'Alençon et de Mortagne (D. P. 73. 4. 3).

8 août-9 oct. 1874. — Décret supprimant le bureau de garantie pour l'essai et la marque des ouvrages d'or et d'argent établi à Epinal (Vosges) et rattachant la circonscription de ce bureau à celle du bureau de garantie de Nancy (Meurthe-et-Moselle) (D. P. 75. 4. 45).

27 juill.-1er août 1878. — Décret relatif au poinçonnage des ouvrages d'or et d'argent (D. P. 79. 4. 4).

25-26 janv. 1884. — Loi qui crée un *quatrième* titre pour les objets d'or et d'argent destinés à l'exportation (D. P. 84. 4. 85).

6-9 juin 1884. — Décret portant règlement pour l'exportation des objets d'or et d'argent fabriqués au quatrième titre (D. P. 84. 4. 87).

18 août-14 oct. 1887. — Décret relatif à la suppression de divers bureaux de garantie pour l'essai et la marque des ouvrages d'or et d'argent (D. P. 88. 4. 7).

24-25 déc. 1887. — Décret créant un poinçon spécial dit *de retour* pour les ouvrages d'or ou d'argent de fabrication française réimportés (*Bull. des lois*, n° 18827).

10 avr.-22 mai 1888. — Décret qui modifie l'organisation du service du contrôle de la garantie (D. P. 88. 4. 41).

29-31 mars 1889. — Décret concernant l'échange, par voie de la poste, des bijoux et objets précieux entre la France (y compris l'Algérie) et les colonies ou établissements français (*Bull. des lois*, n° 20530).

31 déc. 1889.-4 janv. 1890. — Décret portant suppression de bureaux de garantie pour l'essai et la marque des ouvrages d'or et d'argent établis à Gap (Hautes-Alpes), à Aurillac (Cantal), à Périgueux (Dordogne), à Brest (Finistère), au Puy (Haute-Loire), à Chambéry (Savoie), à Versailles (Seine-et-Oise), à Toulon (Var) et à Limoges (Haute-Vienne) et réunion des circonscriptions de ces bureaux à celles des bureaux voisins (*Journ. off.* du 4 janv. 1890; *Bull. des lois*, n° 21651; D. P. 91. 4, table, col. 18).

11-13 nov. 1890. — Décret qui désigne les bureaux de garantie sur lesquels devront être dirigés les ouvrages d'or et d'argent de fabrication française réimportés de l'étranger, ainsi que les ouvrages d'or et d'argent de fabrication étrangère importés ou réimportés (D. P. 91. 4. 105).

6. — Droit comparé. — En *Allemagne*, chaque Etat a ses dispositions spéciales concernant la fabrication des ouvrages d'or et d'argent. En *Prusse*, et dans le *Wurtemberg*, cette question n'est pas réglementée. On fabrique à tout titre. Un projet de loi ayant pour but d'établir une législation générale pour tout l'Empire d'Allemagne a été présenté en 1876 (Block, *Dictionnaire de l'administration française*, 2e édit., v° *Garantie*, p. 1035).

7. En *Angleterre*, la loi de 1854 oblige les fabricants à soumettre les objets en or ou en argent à l'essai et à la marque. On admet pour l'or cinq titres : 22 carats, 18, 15, 12, 9 carats (l'or fin est à 24 carats), et pour l'argent deux titres : 11 onces, 10 *pennyweigt* et 11 onces 2 *dwts*. L'argent fin est à 12 onces, l'argent *sterling* se compose de 11 *oz* (onces) 2 *dwts*, et de 18 *dwts* de cuivre. Le droit de garantie est de 17 shillings pour l'once d'or et de 1 sh. 1/2 pour l'once d'argent. Un certain nombre d'objets sont exemptés de la taxe. L'impôt est restitué à la sortie en cas d'exportation (Block, *op. cit.* v° *Garantie*, p. 1035).

8. En *Autriche*, aux termes de la loi du 26 mai 1866, l'orfèvrerie et la bijouterie ne peuvent être fabriquées qu'aux titres suivants : pour l'or : 920, 840, 750, 580 millièmes ; pour l'argent, 950, 900, 800, 750 millièmes. Les objets qui doivent porter la marque du fabricant sont soumis au poinçon de la garantie. Si à l'essai les objets sont au-dessous du titre le plus bas, on les brise. La taxe est, par livre, de 12 florins pour les objets d'or et de 1 fl. 1/2 pour les objets d'argent. Les lingots mis dans le commerce doivent porter le nom du fondeur, être essayés dans les bureaux de garantie qui les marque en indiquant le titre. Le droit de contrôle est de 1 florin par 500 grammes d'or, et d'un demi-florin par livre d'argent. Si les lingots pèsent plus de 5 livres, on ne paye que la moitié pour la quantité qui dépasse ces 5 livres. La tréfilerie est imposée selon un tarif spécial (Block, *op. cit.*, v° *Garantie*, p. 1035).

9. En *Belgique*, depuis 1868, la garantie obligatoire est supprimée. La fabrication des objets d'or et d'argent, quel que soit le titre, est libre. Il y a la garantie facultative; l'acheteur ou le vendeur peut faire soumettre à l'essai tout objet en or ou en argent. L'Administration a deux poinçons pour l'or, indiquant le titre de 800 et de 750; ils portent O1 et O2, et deux pour l'argent, A1 et A2, indiquant le titre de 900 et de 800 millièmes. Les objets à plus bas titre ne sont pas marqués. Le droit d'essayage est de 10 fr. par hectogramme d'or et 50 cent. par hectogramme d'argent. L'acheteur peut exiger du vendeur une facture indiquant le titre et le poids (Block *op. cit.* v° *Garantie*, p. 1035).

10. En *Italie*, la garantie obligatoire n'existe pas. Il y a seulement la garantie facultative. On admet trois types d'or : 900, 750, 500 millièmes; trois types d'argent : 950, 900, 800 millièmes (L. 3 mai 1873).

11. Dans les *Pays-Bas*, la loi du 18 sept. 1852 n'admet pas la garantie obligatoire. L'Administration a quatre poinçons pour l'or indiquant les titres de 916, 833, 750, 583 millièmes; pour l'argent, deux poinçons, indiquant les titres de 934 et 833 millièmes.

12. En *Portugal*, le décret du 10 août 1881 défend la fabrication et l'exposition pour la vente des objets d'or ou d'argent, et des lingots destinés à cette fabrication qui n'ont pas le titre indiqué par la loi. L'or doit avoir le titre de 0,800 ou de 0,916 66. Pour les ouvrages d'or et d'argent, on admet une tolérance, qui est plus ou moins grande, suivant que l'essai est réel ou à simple vue. Le titre légal est garanti par la marque de fabrique du fabricant et par la marque du titre apposé par le contrôleur (Henri Midosi, *Ann. de lég. étr.*, 1882, p. 404).

13. En *Russie*, la loi du 9 févr. 1882, sur l'essai des métaux précieux, a réglementé d'une façon complète la fabrication et la vente des ouvrages d'or et d'argent. Le chapitre premier contient des dispositions générales. En principe, tous les ouvrages d'or et d'argent mis dans le commerce doivent être marqués par le bureau des essais, qu'ils aient été fabriqués dans le pays ou qu'ils viennent de l'étranger. Quelques objets seulement sont affranchis de la marque obligatoire : les instruments de mathématiques, les montres, les objets anciens ayant une valeur historique ou archéologique, les menus ouvrages pesant moins d'un demi-zolotnik (2 gr. 133), etc. Les lingots, feuilles et bandes d'or sont exemptés du poinçonnement par le bureau des essais, mais tous les lingots mis dans le commerce doivent porter soit la marque du poinçon de l'administration des Monnaies, soit l'estampille de la douane, soit la marque du poinçon du fabricant ou de l'affineur. Les métaux précieux fondus en lingots pour les besoins de l'industrie, sont complètement affranchis de la marque du poinçon. — Le chapitre 2 est intitulé : *De l'administration chargée de la vérification des matières d'or et d'argent et des bureaux des essais*. Le personnel des bureaux des essais se compose de gérants, d'essayeurs et d'adjoints essayeurs. Les bureaux des essais sont chargés : d'essayer et de poinçonner les ouvrages; de percevoir le droit d'essai et autres taxes de même nature ; de surveiller la fabrication et la vente des ouvrages d'or et d'argent, du plaqué, des objets en alliage ayant l'apparence de l'or et de l'argent ; d'essayer les minerais, les substances métalliques et inflammables et de faire des analyses chimiques. — Le chapitre 3 est consacré *au titre et aux poinçons*. Le titre requis pour les ouvrages d'or et d'argent s'exprime au moyen d'une marque en chiffres déterminant le nombre de zolotniks d'or ou d'argent pur contenus dans une livre d'alliage, c'est-à-dire dans 96 zolotniks (le *zolotnik* équivaut à 4 gr. 266 et forme la quatre-vingt-seizième partie de la livre russe). Les titres établis sont : 1° pour les ouvrages d'or, 56, 72, 82, 92 et 94 ; 2° pour les ouvrages d'argent, 84, 88 et 91 ; 3° pour la cannetille argentée ou dorée de 94 à 96 ; 4° pour les produits en or battu, de 87 à 96. Pour les lingots d'or et d'argent tous les titres sont admis et s'expriment en millièmes. La tolérance des titres pour les ouvrages d'or composés de parties volumineuses est d'un tiers de zolotnik au maximum pour une livre d'alliage ; pour les ouvrages d'argent et pour les ouvrages d'or composés de parties menues, elle est d'un demi-zolotnik au maximum. Il est interdit d'employer, sans autorisation du ministre des finances, comme alliage ou soudure, d'autres métaux que l'or, l'argent et le cuivre. Le titre de la soudure ne doit pas être inférieur à 36 pour les ouvrages d'or et à 50 pour les ouvrages d'argent ; de plus, la soudure doit être employée dans de telles proportions que la moyenne du titre de l'ouvrage, y compris la soudure, reste dans les limites fixées pour la tolérance. — Le chapitre 4 traite *de l'essai, du poinçonnement et des droits d'essai*. Les ouvrages d'or et d'argent fabriqués en Russie ou venant de l'étranger doivent être portés au bureau des essais. Dans les localités éloignées d'un bureau des essais, les ouvrages sont portés aux autorités désignées à cet effet, pour ces ouvrages être marqués et une prise d'essai y être faite. Les prises d'essai ainsi recueillies sont transmises au bureau des essais aux frais du trésor, mais si, sur la demande du fabricant, les ouvrages eux-mêmes sont envoyés, les frais de transport sont supportés par le fabricant. Les ouvrages fabriqués en Russie doivent porter l'empreinte du poinçon du fabricant. Les ouvrages présentés par le fabricant sont rompus, s'ils ne se trouvent pas conformes aux titres fixés par la loi ; le métal est remis au fabricant. Dans le même cas, les ouvrages venant de l'étranger sont retournés au bureau de douane. Il est permis de réclamer par écrit un nouvel essai qui est fait par ordre du département du trésor public. Tous les ouvrages d'or et d'argent ainsi que les lingots sont frappés d'un droit d'essai. En cas d'exportation des ouvrages, il y a lieu à restitution de la moitié des droits perçus. Tout acheteur a le droit de faire constater par le bureau des essais la qualité réelle de l'ouvrage qu'il a acquis. — Le chapitre 5 règle *la fabrication des ouvrages d'or et d'argent et la vente de l'or et de l'argent ouvrés et non ouvrés*. Tout individu qui veut faire le commerce d'or et d'argent doit y être autorisé par un certificat spécial qu'il présente au bureau des essais. Il est tenu d'apposer sur chacun de ces ouvrages un poinçon particulier. — Le chapitre 6 s'occupe *de la surveillance à exercer sur la fabrication et la vente des ouvrages d'or et d'argent*. Des inspections sont faites par des fonctionnaires et des représentants de commerce élus par les fabricants. — Le chapitre 7 énumère les *pénalités édictées en cas de violation des dispositions de la loi*. Les peines sont la confiscation, l'amende, et dans certains cas l'emprisonnement (*Ann. de lég. étr.*, 1883, p. 872 et suiv.).

14. La loi fédérale du 23 déc. 1880 règle pour la *Suisse* le contrôle et la garantie du titre des ouvrages d'or et d'argent. Elle admet quatre titres pour l'or; le moins élevé est celui de 14 carats (583 millièmes). Le contrôle est obligatoire pour les boîtes de montres avec l'indication du titre légal; elles doivent être munies du poinçon fédéral ou du poinçon officiel d'un autre Etat. Le contrôle est facultatif pour les autres ouvrages. Ceux-ci ne doivent porter d'autre indication que celle du titre réel accompagnée de la marque du producteur. La tolérance est de 3 millièmes pour l'or et 5 millièmes pour l'argent. Les bureaux de contrôle sont créés par les cantons et demeurent sous la surveillance de l'autorité fédérale. En cas de fabrication ou de vente de boîtes de montres avec l'indication non frauduleuse d'un titre légal, mais sans poinçon officiel, il y a lieu à l'apposition du poinçon d'office, moyennant une taxe quintuple. Cette taxe est quadruple si le titre porté sur les boîtes de montres n'est pas un titre légal, ou il s'agit d'autres ouvrages portant une indication de titre sans la marque du producteur. L'indication autre que celle du titre réel, l'infériorité du titre de certaines parties de l'ouvrage au titre poinçonné ou indiqué, et toute indication relative à des ouvrages d'un autre métal ou plaqués, de nature à tromper l'acheteur, sont punis d'une amende de 30 à 200 francs ou d'un emprisonnement de trois jours à un an, ou même des deux peines. La contrefaçon et l'altération des marques officielles sont punies d'un emprisonnement de un mois à un an et d'une amende de 100 à 2000 francs. L'usage illicite est puni d'un emprisonnement de quatorze jours à un an et d'une amende de 50 à 1000 francs. Les peines peuvent être portées au double en cas de récidive (*Ann. de lég. étr.* 1882, p. 507 et suiv.).

ART. 2. — *Du mode de garantie des ouvrages d'or et d'argent. — Titre, poinçons, droits* (*Rép.* n°s 12 à 30).

15. La loi du 19 brum. an 6, on l'a dit au *Rép.* n° 14, n'admet que trois titres légaux pour les ouvrages d'or, et deux pour les ouvrages d'argent, savoir : pour l'or, le premier titre de 920 millièmes (22 carats 2/32 et demi); le second de 840 millièmes (20 carats 5/32 et un huitième); le troisième, de 750 millièmes (18 carats); et pour l'argent, le premier, de 950 millièmes (11 deniers 9 grains 7/10); le second, de 800 millièmes (9 deniers 11 grains 1/2). La loi du 25 janv. 1884 (D. P. 84. 4. 85) a créé un quatrième titre légal à 583 millièmes pour la fabrication des boîtes de montres, d'or seulement, destinées exclusivement à l'exportation. Ce titre est obligatoire. On a vu *suprà*, n° 2, quelle avait été la cause de cette création. Elle a autorisé, en outre, les fabricants d'orfèvrerie, de joaillerie, de bijouterie et de boîtes de montre à fabriquer à tous autres titres des objets d'or et d'argent exclusivement destinés à l'exportation. Les objets d'or et d'argent qui ne sont pas destinés à l'exportation restent soumis aux titres légaux de la loi de brumaire.

16. On a dit au *Rép.* n° 18 que la loi de l'an 6 admet une tolérance dans la fabrication des ouvrages d'or et d'argent. Il a été jugé que la tolérance de trois millièmes ne peut être abaissée sous prétexte d'usages ou de nécessités commerciales; que les tolérances pratiques de la garantie en ce qui concerne les objets soudés présentés à la marque, ne règlent pas les rapports des marchands d'or avec les acheteurs, auxquels, sous aucun prétexte, ils ne peuvent vendre au-dessous de 747 millièmes l'or qu'ils déclarent vendre au titre légal (Paris, 3 déc. 1862, *Annales des contributions indirectes*, 1863, p. 45; Olibo, *Codes des contributions indirectes et des octrois*, 5e édit., t. 2, p. 546; Trescaze, *Dictionnaire général des contributions indirectes*, 3e éd., n° 108).

17. Les bijoux creux jouissent, en vertu des dispositions de la circulaire de l'administration des Monnaies, en date du 3 mai 1838, d'une tolérance de 20 millièmes (V. *Rép.* n° 15). Aux termes d'une décision prise par le ministre des finances, le 11 juill. 1887, ce taux de 20 millièmes est désormais applicable aux parties soudées des boîtes de montres d'or. Ces parties sont la cassure et le pendant. Quant aux parties massives : fond, cuvettes et lunette, il demeure bien entendu qu'elles devront toujours présenter le titre déterminé par la loi (Circ. 1er oct. 1887).

Le ministre des finances a décidé, le 5 juill. 1890, que le bénéfice de la tolérance de titre de 20 millièmes serait étendu, jusqu'à nouvel ordre, à toutes les parties des boîtes de montres d'or; mais cette concession est subordonnée aux réserves suivantes : 1° le plané des boîtes, c'est-à-dire la partie pleine ne comportant pas de soudure, devra toujours être au titre légal; 2° la boîte entière, soudure comprise, essayée après fusion, devra toujours ressortir au titre minimum de 730 millièmes. Des instructions dans ce sens ont été adressées par l'administration des Monnaies aux essayeurs attachés aux bureaux de garantie (Circ. 16 août 1890).

18. — I. RÈGLES SPÉCIALES CONCERNANT LES BOITES DE MONTRES D'OR AU QUATRIÈME TITRE ET LES OBJETS D'OR ET D'ARGENT A TOUS TITRES DESTINÉS A L'EXPORTATION. — Aux termes du décret du 6 juin 1884 (D. P. 84.4.87) portant règlement pour l'exportation des objets d'or et d'argent fabriqués au quatrième titre, les boîtes de montres d'or fabriquées au quatrième titre pour l'exportation, conformément aux dispositions de l'art. 1er de la loi du 25 janv. 1884, sont soumises à l'essai et à la marque dans les conditions prescrites par la législation en matière de garantie (*Rép.* n° 17). Cette double opération est effectuée en franchise du droit de garantie. Les frais d'essai sont acquittés par le fabricant. Le poinçon spécial indiquant le titre a pour sujet une tête égyptienne. L'empreinte particulière, montrant que les boîtes sont destinées à l'exportation, et qui, comme le poinçon, est appliquée sur les objets par le bureau de la garantie, a la forme d'une ellipse, dans laquelle sont inscrites les mentions: *Exp.* et en dessous 583 M. — Cette empreinte est apposée au centre des fonds de boîtes.

19. La loi du 10 août 1839 et l'ordonnance du 31 déc. de la même année (V. *Rép.* p. 465) permettent l'exportation, sans marque des poinçons français et sans acquittement du droit de garantie des ouvrages d'or et d'argent reconnus au titre légal. Les boîtes de montres d'or aux premier, deuxième et troisième titres sont rangées parmi ces ouvrages, et leur exportation sans marques est, dès lors, licite, d'après la législation. — Le ministre des finances, par une circulaire en date du 19 févr. 1887, a décidé que les fabricants d'horlogerie seraient admis à exporter, sans marques de garantie ni de fabrication, des boîtes de montres d'or françaises au quatrième titre. « Il importe de veiller, dit la circulaire, à ce que les montres d'or ainsi déclarées pour l'exportation sans marques ne soient pas clandestinement réintroduites et vendues en France. A cet effet, le régime édicté par l'ordonnance du 30 déc. 1839 leur sera appliqué. De plus, la fabrication de ces boîtes de montres n'ayant été autorisée par la loi qu'en vue exclusivement de l'exportation, leur réimportation, même avec déclaration, sera interdite, à moins qu'il ne s'agisse de réintroduction en entrepôt, en vertu d'une soumission et à charge de réexportation ultérieure » (Circ. 19 févr. 1887).

20. L'art. 2 de la loi du 25 janv. 1884 autorise les fabricants d'orfèvrerie, de joaillerie, de bijouterie et de boîtes de montres, à fabriquer à tous autres titres des objets d'or et d'argent exclusivement destinés à l'exportation Les objets ainsi fabriqués à tous titres ne reçoivent en aucun cas l'empreinte des poinçons de l'Etat; mais ils doivent être marqués, aussitôt après l'achèvement, avec un poinçon de maître.

21. Les fabricants qui veulent fabriquer des ouvrages d'or et d'argent à tous titres, les négociants et commissionnaires exportateurs qui veulent exercer le commerce de ces ouvrages, avec l'étranger, doivent en faire la déclaration à la préfecture de leur département et à la mairie de la commune. A Paris, la déclaration est faite à la préfecture de police et au bureau de la garantie. Ils sont soumis aux visites et exercices des employés des contributions indirectes, dans les conditions déterminées par les art. 235, 236, 237, 238 et 245 de la loi du 28 avr. 1816. Ils fournissent, au besoin, les balances et poids nécessaires pour effectuer les vérifications. Toutes les dispositions de la législation qui régit le commerce des matières d'or et d'argent, en tant qu'elles ne sont pas contraires à celles de la loi nouvelle, sont applicables à ces fabricants et négociants (L. 25 janv. 1884, art. 3, 4 et 5).

22. L'empreinte du poinçon de chaque fabricant qui fait des ouvrages d'or et d'argent à d'autres titres que les titres légaux, doit, d'après l'art. 2 du décret du 6 juin 1884, avoir la forme d'un pentagone irrégulier dont tous les côtés sont égaux et qui représente un carré surmonté d'un triangle. Les proportions de ce poinçon sont établies par le fabricant en raison du genre d'ouvrages qu'il fabrique. La lettre initiale du nom du fabricant et le symbole prescrits par l'art. 9 de la loi du 19 brum. an 6 (V. *Rép.* n° 18) sont empreints dans la partie supérieure du poinçon; et l'indication du titre de l'alliage est gravée en chiffres dans la partie inférieure. Elle peut être exprimée soit en millièmes, soit en carats, suivant les exigences du commerce d'exportation, sous la condition que le nombre indiquant les carats soit suivi d'un *k*, et que celui désignant les millièmes soit suivi d'un *m*. Toute autre indication du titre de l'or et de l'argent est interdite.

Dès que les agents de l'Administration jugent que les empreintes du poinçon ne sont plus suffisamment nettes, le poinçon doit être mis hors d'usage et remplacé.

23. Avant de commencer la fabrication des objets d'or et d'argent à tous titres, l'industriel est tenu de faire insculper à la préfecture de son département et à la mairie de sa commune le poinçon de maître destiné à la marque de ces objets. A Paris, l'insculpation est faite à la préfecture de police et au bureau de la garantie (Décr. 6 juin 1884, art. 3).

24. Les ouvrages d'or et d'argent à tous titres doivent être marqués avec le poinçon de maître, dès que la fabrication est terminée, et avant tout polissage ou brunissage. Au fur et à mesure que ces ouvrages sont poinçonnés, le fabricant est tenu de les inscrire sur un registre que l'administration des Contributions indirectes lui remet gratuitement, et qui doit être représenté à toute réquisition aux agents de surveillance. L'inscription au registre présente la nature des objets par espèce de métal (or ou argent), leur nombre, leur titre, leur poids brut et, pour les objets composés de pièces rapportées de métaux différents, le poids de chaque espèce de métal. Le fabricant est tenu d'inscrire également, après le polissage, le poids net des mêmes objets, pour servir de base à la prise en charge. Le premier de chaque mois, le fabricant doit remettre au bureau de la garantie, un relevé, certifié par lui, des objets inscrits sur ce registre pendant le mois précédent. Ce relevé est remplacé par un état négatif quand aucun objet n'a été fabriqué dans le cours de la dernière période mensuelle (Décr. 6 juin 1884, art. 4).

25. Les boîtes de montres d'or au quatrième titre, les objets d'or et d'argent à tous titres ne doivent pas être confondus dans les magasins avec les bijoux d'or et d'argent destinés au commerce intérieur. Des emplacements distincts leur sont réservés, soit chez les fabricants, soit chez les commissionnaires ou marchands exportateurs. Ces emplacements doivent porter les inscriptions suivantes en caractères fixes et apparents: EXPORTATION. *Boîtes de montres d'or au quatrième titre.* — EXPORTATION. *Objets d'or ou objets d'argent à tous titres* (Décr. 6 juin 1884, art. 5).

26 Il est interdit de livrer à la consommation intérieure, sous aucun prétexte les boîtes de montres d'or au quatrième titre et les objets d'or et d'argent à tous titres. La libre circulation de ces objets est également prohibée, sauf en ce qui concerne les échantillons, dont la sortie temporaire des fabriques peut être nécessaire. Toutefois, les envois de fabricant à fabricant ou de fabricant à marchand, exportateur et *vice versâ*, sont autorisés. Ces envois, de même que ceux à destination de l'étranger, sont effectués en vertu des soumissions délivrées sur la déclaration des expéditeurs, qui s'engagent à les rapporter dans un délai de trois mois, revêtues, suivant le cas, soit d'un certificat de prise en charge au compte du destinataire, soit d'un certificat de la douane constatant la sortie du territoire français. Les envois à destination de l'étranger ne peuvent avoir lieu qu'en caisses scellées et plombées, après vérification par les employés des contributions indirectes. A cet effet, les caisses doivent être présentées par les soins et aux frais des exportateurs au bureau de la garantie (Décr. 6 juin 1884, art. 6).

En cas de réimportation en France d'objets non placés à l'étranger, ces objets, après constatation de leur identité, seront réintégrés chez le fabricant ou le marchand exportateur et repris en charge à son compte (Décr. 6 juin 1884, même article).

27. Un compte d'entrées et de sorties est ouvert par l'Administration à chaque fabricant ou marchand exportateur, tant pour les boîtes de montres d'or au quatrième titre, que pour les objets d'or et d'argent à tous titres. Les charges de ce compte présentent : d'une part, les objets fabriqués sur place; d'autre part, les objets reçus du dehors en vertu de soumissions régulières. Tout excédent constaté à la suite d'un recensement est saisi par procès-verbal et ajouté aux charges. Le compte est successivement déchargé : 1° des objets régulièrement expédiés, soit à l'étranger, soit à l'intérieur ; 2° des objets que le fabricant déclare vouloir remettre en fabrication et qui sont préalablement détruits en présence des agents de l'Administration; 3° des manquants constatés par inventaire (Décr. 6 juin 1884, art. 7).

28. Quant aux poursuites et aux peines auxquelles donnent lieu les infractions aux prescriptions de la loi du 25 janv. 1884 et du décret du 6 juin 1884, V. *infrà*, n°s 90 et suiv.

29. — II. DES OUVRAGES D'OR ET D'ARGENT FABRIQUÉS AUX TITRES FIXÉS PAR LA LOI DU 19 BRUM. AN 6 ET DESTINÉS A L'EXPORTATION.—Les ouvrages d'or et d'argent fabriqués aux titres fixés par la loi du 19 brum. an 6, et destinés à l'exportation sont soumis aux dispositions de la loi du 19 brum. an 6, de la loi du 10 août 1839 et du décret portant règlement d'administration publique, du 30 déc. 1839 (V. *Rép.* p. 465 n° 25), modifiées par la loi du 30 mars 1872, et le décret du 27 juill. 1878.

30. Aux termes de l'art. 25 de la loi de brumaire et de l'art. 9 du décret du 30 déc. 1839, lorsque les ouvrages d'or et d'argent fabriqués en France, marqués des poinçons de titre et de garantie, et ayant acquitté les droits de garantie, sortaient du territoire de la République comme vendus, ou pour l'être à l'étranger, les droits de garantie étaient restitués au fabricant, sous la retenue d'un tiers. La loi du 30 mars 1872 (D. P. 72. 4. 77) a décidé que la totalité des droits de garantie perçus sur les objets d'or et d'argent fabriqués en France serait restituée lorsque les objets seraient exportés. Les objets exportés restent grevés du droit d'essai (Rapport de M. Teisserenc de Bort, *Journ. off.* du 21 avr. 1872, annexes, n° 1049). « La disposition libérale de l'art. 2 de la loi du 30 mars 1872, porte la circulaire du 18 mars 1879 (Trescaze, *op. cit.*, v° *Garantie*, n°s 484 et suiv.), a pour effet de favoriser notre industrie et de lui permettre de soutenir avec avantage la concurrence sur les marchés étrangers. Mais en même temps que le commerce régulier profitait, dans l'intérêt de son développement, de cette nouvelle concession, certains industriels en abusaient pour se créer, au préjudice du Trésor et de leurs confrères honnêtes, des bénéfices illicites. A la faveur de la restitution intégrale du droit, qui leur assure une prime très rémunératrice, ils ont organisé, en effet, une spéculation consistant à réintroduire clandestinement les articles de bijouterie exportés avec la marque des poinçons intérieurs. Une fois la frontière franchie, à leur retour en France, ces articles, qui ne portent aucun signe de nature à faire connaître qu'ils ont bénéficié du remboursement de l'impôt, peuvent être livrés impunément à la consommation intérieure, ou même faire l'objet d'une nouvelle déclaration d'exportation donnant lieu à un second remboursement. Dans cette situation, le Gouvernement, d'accord avec les représentants des principaux centres industriels, a jugé qu'il était nécessaire de subordonner à diverses restrictions le remboursement des droits de garantie afférents aux ouvrages d'or et d'argent exportés sous la marque des poinçons courants ». A la suite d'études préparatoires concertées entre l'administration des Finances, les industriels et le conseil d'Etat, un règlement d'administration publique a été rendu à la date du 27 juill. 1878. La principale réforme inaugurée par ce règlement consiste dans l'obligation de revêtir d'un signe spécial tous les objets exportés avec remboursement du droit qui sont susceptibles de recevoir sans dommage l'application de cette marque. Une distinction nette et ostensible est ainsi établie entre les bijoux passés à l'étranger après avoir donné ouverture à la restitution des droits précédemment acquittés, et ceux qui, restés en France, n'ont profité d'aucun remboursement. L'Administration, d'accord avec les représentants du commerce, avait projeté tout d'abord, en vue de couper court aux réimportations frauduleuses, d'oblitérer dans tous les cas les marques intérieures apposées sur les ouvrages pour lesquels le remboursement des droits serait réclamé. Mais à la suite d'une enquête plus approfondie, il a été reconnu qu'une mesure aussi radicale deviendrait d'une exécution difficile, sinon impraticable, lorsqu'il s'agirait de menus articles qui, en raison de leur délicatesse et de leur ténuité, courraient le risque d'être détériorés par l'oblitération ».

31. Le bénéfice de la prime d'exportation stipulée dans l'art. 2 de la loi du 30 mars 1872 est accordé, lors de leur réexportation, aux ouvrages d'or et d'argent, provenant des pays avec lesquels ont été conclus des traités de commerce. En conséquence, lorsque ces ouvrages auront satisfait à toutes les conditions de fabrication et d'impôt voulues par la loi française, et que leur réexportation aura été constatée dans la forme ordinaire, ils seront traités comme les articles similaires d'origine indigène (Décis. du min. des fin. du 10 mars 1869). Ce traitement de faveur ne saurait être appliqué aux objets marqués du poinçon E T (Circ. n° 6, 24 mai 1869; Olibo, *op. cit.*, t. 2, p. 580).

Le remboursement des droits de garantie, lors de l'exportation des ouvrages, a lieu, aux termes du décret du 27 juill. 1878, relatif au poinçonnage des ouvrages d'or et d'argent (D. P. 79. 4. 4), moyennant l'accomplissement des formalités suivantes : Les ouvrages classés dans la première catégorie reçoivent l'empreinte du nouveau poinçon d'exportation, après oblitération des marques des poinçons de titre et de garantie. Toutefois, lorsque l'empreinte des poinçons de titre et de garantie a été oblitérée, le poinçon d'exportation peut ne pas être appliqué, si l'exportateur le demande. Dans ce cas, les objets sont expédiés à l'étranger sans marque. Les ouvrages classés dans la deuxième catégorie sont frappés de l'empreinte du nouveau poinçon d'exportation, sans oblitération des marques du poinçon de titre et de garantie. Les ouvrages classés dans la troisième catégorie n'ont à subir ni addition de nouvelles marques, ni oblitération des empreintes constantes.

32. Pour l'application de la loi du 30 mars 1872, un arrêté du ministre des finances du 5 févr. 1879 (Trescaze, *op. cit.*, v° *Garantie*, n° 489) répartit les ouvrages d'or et d'argent en trois catégories. L'art. 1er est ainsi conçu : La première catégorie des ouvrages d'or et d'argent revêtus de l'empreinte des poinçons de titre et de garantie, pour l'exportation desquels le remboursement des droits est réclamé, comprend : 1° tous les ouvrages en or du poids de 10 grammes et au-dessus, à l'exception de ceux qui sont classés dans les deuxième et troisième catégories ; — 2° Les montres en or sans distinction de poids. En ce qui concerne les boîtiers exportés à l'état brut, toutes les marques sont oblitérées et remplacées. Quant aux boîtes achevées, l'oblitération et le remplacement n'ont lieu que pour les marques de la carrure et de la cuvette. Les boîtes achevées, dont le poids atteint 15 grammes, reçoivent en outre la marque du petit poinçon d'exportation sur le fond, lorsque celui-ci n'est pas émaillé; — 3° Les ouvrages en or et en argent marqués du poinçon le Charançon et appartenant aux deux premières catégories.

La deuxième catégorie comprend : 1° Les bracelets, colliers, et autres similaires en or, même ceux d'un poids supérieur à 10 grammes, recevant la marque sur le cliquet du fermoir; — 2° Les ouvrages creux en or, du poids de 2 à 10 grammes, marqués sur le corps, sur un anneau d'attache ou sur un cliquet ; — 3° Les objets en or plein, tels que chaînes, alliances, bagues, porte-mousquetons, crochets et anneaux d'oreilles, brisures, etc., du poids de 1 à 10 grammes. Les chaînes, marquées de décimètre en décimètre, reçoivent les nouvelles empreintes dans les mêmes conditions, et autant que possible, sur les mêmes maillons. Les brisures et crochets d'oreilles sont considérés comme pleins lors même qu'ils portent des boutons creux; — 4° Tous les articles d'orfèvrerie et de bijouterie en argent, du poids de 10 grammes et au-dessus, à l'exception de ceux qui sont indiqués dans la troisième catégorie ; — 5° Les montres en argent sans exception.

La troisième catégorie comprend : 1° tous les objets creux en or pesant moins de 2 grammes et ceux de même métal, pleins, d'un poids inférieur à 1 gramme ; — 2° Les ciseaux, les poinçons de nécessaires et les pièces de même nature en or marquées sur les ouvertures qui reçoivent les lames ou autres parties complémentaires ; — 3° Les objets dans lesquels l'or sert d'ornement ou de monture légère à des corps fragiles, tels que cristal, lapis, onyx, malachite, corail, écaille, émaux, etc., sur lesquels on ne pourrait appliquer de nouvelles marques sans danger; — 4° Les pièces en argent d'un poids inférieur à 10 grammes, et les pièces en argent, quel qu'en soit le poids, dans lesquelles ce métal n'entre qu'à titre de garniture ou d'ornement, tels que carafes, burettes, pots à bière ou à tabac, flacons, salières, coffrets, livres, albums, peintures sur porcelaine, émail, etc. ; — 5° Les manches de couteaux, de fourchettes et autres pièces semblables montees en argent.

« D'une manière générale, dit la circulaire du 18 mars 1879, la classification a été établie d'après le poids des objets. La première catégorie comprend les ouvrages en or du poids de 10 grammes et au-dessus, ainsi que les montres en or, sans distinction de poids. La deuxième catégorie se compose des ouvrages creux en or du poids de 10 grammes et au-dessus, ainsi que les montres en or, sans distinction de poids. La troisième catégorie se compose des ouvrages creux en or du poids de 2 à 10 grammes des objets en or plein du poids de 1 à 10 grammes, des articles en argent du poids de 10 grammes et au-dessus, et des montres en argent sans exception. Dans la quatrième catégorie figurent les objets autres que ceux qui viennent d'être désignés. Diverses exceptions à ces règles générales sont insérées dans l'arrêté du 5 février. Pour déterminer le poids de la matière imposable et, par suite, la catégorie à laquelle appartient chaque ouvrage, on fera abstraction du poids des pierres, cristaux, etc. On ne saurait trop insister pour que les pesées soient faites avec tout le soin désirable, et pour que les ouvrages de chaque catégorie soient rigoureusement assujettis aux formalités que comporte leur classification; cela est essentiel, notamment, pour les objets appartenant à la première ou à la troisième catégorie, puisque, profitant de cette erreur, les exportateurs auraient la faculté de les réimporter en franchise, après avoir bénéficié du remboursement des droits de garantie. — Les ouvrages marqués sur le cliquet du fermoir, même ceux d'un poids supérieur à 10 grammes, ont dû être classés dans la deuxième catégorie et assujettis à la simple addition de la marque d'exportation, la nature particulière du métal employé pour la fabrication des cliquets (or écroui) ne permettant pas de pratiquer avec succès l'oblitération des marques apposées sur ces appendices. Divers ouvrages appartenant, par leur poids, à la première ou à la deuxième catégorie ont été, en outre, reportés dans la troisième pour éviter les détériorations qui ne manqueraient pas de résulter à leur égard, soit de l'oblitération des marques primitives, soit même de la simple addition d'une empreinte. Ce sont : 1° les ciseaux, les poinçons de nécessaires et les pièces de même nature en or, marquées sur les ouvertures qui reçoivent les lames ou autres parties complémentaires; 2° les manches de couteaux, de fourchettes et autres pièces semblables montées en argent ; 2° les ouvrages dans lesquels l'or et l'argent n'entrent qu'à titre de garniture, d'ornement ou pour servir de monture légère à des corps fragiles Toutefois il y aurait lieu, pour l'administration des Contributions indirectes, de se tenir en garde contre les abus qui pourraient résulter de ces exceptions. Les garnitures et ornements devront notamment attirer son attention. Lorsque ces objets paraîtront disposés de façon à former, après avoir été séparés de la pièce principale, des bijoux distincts appartenant à la première ou à la deuxième catégorie, les employés ne devront pas hésiter, soit à oblitérer les marques dont ils seront recouverts, soit à les frapper seulement de la marque d'exportation, selon le cas ».

33. L'administration des Monnaies, à laquelle il appartenait d'établir les nouveaux poinçons, a conservé le type de l'empreinte à la tête de Mercure, mais elle l'a inscrit dans des périmètres différents, savoir : dans un périmètre découpé avec listel pour l'or, et dans des périmètres de forme géométrique pour l'argent (Circ. 18 mars 1879).

TABLEAU DES POINÇONS DESTINÉS A LA MARQUE DES OUVRAGES D'OR ET D'ARGENT EXPÉDIÉS A L'ETRANGER, SANS PAYEMENT PRÉALABLE DES DROITS DE GARANTIE (Arr. min. 15 mars 1879); Trescaze, *op. cit.*, n° 493).

DÉSIGNATION	TYPES	FORMES
Exportation. — 1er titre d'or...........	Tête de Mercure portant le n° 1.......	Découpée avec listel.
Exportation. — 2e titre d'or...........	Idem, portant le n° 2.	Idem.
Exportation. — 3e titre d'or...........	Idem, portant le n° 3.	Idem.
Exportation. — Petite garantie d'or.....	Idem, sans numéro...	Idem.
Exportation. — 1er titre d'argent......	Idem, portant le n° 1.	Six pans irréguliers.
Exportation. — 2e titre d'argent......	Idem, portant le n° 2.	Ovale tronqué.
Exportation. — Petite garantie d'argent..	Idem, sans numéro ..	Ovale régulier.

Poinçon spécial pour le 4e titre des boîtes de montres d'or fabriquées sous le régime de la loi du 25 janv. 1884.

34. En ce qui concerne l'emploi respectif des poinçons de titre et des poinçons de petite garantie, les règles tracées pour la marque des ouvrages destinés à l'intérieur, par l'art. 8 de la loi du 9 brum. an 6 et les instructions postérieures, notamment par la circulaire n° 172, du 2 mai 1838, sont applicables de tous points aux articles sur lesquels les nouvelles marques d'exportation devront être apposées (Circ. 18 mars 1879).

35. L'oblitération étant une opération très délicate, il convient d'y procéder avec le plus grand soin, de façon à éviter toute détérioration. Les précautions désirables sont prises, dans le même but, lorsqu'il s'agit d'ajouter l'empreinte d'exportation sur les bijoux de la première ou de la deuxième catégorie (Circ. 18 mars 1879). L'empreinte des poinçons d'exportation doit être appliquée immédiatement à côté de celle du poinçon intérieur, que celui-ci soit ou non oblitéré. Cette prescription est essentielle et il convient qu'elle soit toujours exactement observée. Elle exige, de la part des marqueurs, une attention spéciale.

Il est à prévoir que le travail d'oblitération et de remarque aura quelquefois pour effet d'altérer le fini des ouvrages assujettis à ces formalités. En vue de prévenir toute réclamation de ce chef, les exportateurs sont admis à remporter, après l'opération, les articles qu'ils jugeraient nécessaire de retoucher. Dans ce cas, la soumission n° 194 est préalablement libellée et signée à la souche par l'intéressé; mais elle n'est remise à ce dernier qu'après une nouvelle reconnaissance de l'assortiment présenté, et lorsque les formalités habituelles (emballage en présence du service, fermeture de la caisse, etc. ont été complètement remplies (Circ. 18 mars 1879).

Pour les chaînes marquées de décimètre en décimètre, l'arrêté ministériel prescrit d'apposer les nouvelles empreintes dans les mêmes conditions, et, autant que possible, sur les mêmes maillons que les anciennes marques. Quant aux accessoires de chaînes, creux ou pleins, ils sont traités comme les ouvrages de la catégorie à laquelle ils appartiennent (Circ. 18 mars 1879).

36. La marque du poinçon le Charançon doit à l'avenir, comme il est expliqué plus loin, légitimer la circulation à l'intérieur des ouvrages primitivement marqués de l'empreinte d'exportation. En conséquence, pour ne pas laisser une partie des ouvrages de la deuxième catégorie échapper à la réglementation nouvelle, on a dû prescrire d'oblitérer la marque du Charançon lorsqu'elle sera apposée sur un objet quelconque de la première ou de la deuxième catégorie présenté à l'exportation. Sauf le cas prevu par le troisième paragraphe de l'art. 2, les bijoux d'origine étrangère précédemment importés recevront alors, comme les bijoux français, la marque d'exportation. Ces ouvrages ayant été essayés au touchant, lors de leur introduction en France, on les marquera de l'empreinte du petit poinçon d'exportation (petite garantie). On pourrait toutefois marquer d'un poinçon de titre ceux des objets qui, au moment de la déclaration de l'exportation, seraient essayés à la coupelle sur la demande formelle des intéressés. Ceux-ci auraient seuls à supporter, bien entendu, le dommage qu'occasionnerait nécessairement la prise d'essai, et ils devraient en être prévenus (Circ. 18 mars 1879).

37. En vertu de la disposition contenue dans l'art. 2, § 5 du décret du 27 juill. 1878, l'arrêté ministériel du 5 févr. 1879 (art. 1er, § 3) stipule que, pour les montres achevées, l'oblitération et le remplacement ne porteront que sur les marques de la carrure et de la cuvette. Le petit poinçon d'exportation sera, en outre, appliqué sur le fond, si celui-ci n'est pas émaillé, lorsque le poids de la montre sera égal ou supérieur à 15 grammes. Les mêmes règles devront être suivies relativement à l'addition, sur les montres d'argent, de l'empreinte d'exportation. Lorsqu'il s'agira de montres exportées, à l'état brut, c'est-à-dire de boîtiers en cours de fabrication, y compris ceux dont les fonds goupillés et polis ou adoucis-polis ne sont ni gravés, ni guillochés, toutes les marques seront oblitérées et remplacées.

Les dispositions relatives aux montres concernent exclusivement celles de fabrication indigène. — Les montres importées et marquées du poinçon la Chimère restent en dehors de la nouvelle réglementation. Les conditions particulières dans lesquelles ces montres sont présentées à la marque, en vertu du traité franco-suisse, ne permettent pas, en effet, de les admettre au benéfice du remboursement des droits à l'exportation. Il n'est donc rien changé au régime qui leur est actuellement appliqué (Circ. 18 mars 1879).

38. Les dispositions de la loi du 10 août 1839 portant que les ouvrages d'or et d'argent peuvent être exportés sans marque des poinçons français et sans payement du droit de garantie, pourvu qu'après avoir été soumis à l'essai et reconnus au titre légal, ils restent déposés au bureau de la régie ou placés sous la surveillance de ses préposés, et l'ordonnance du 30 déc. 1839, qui a réglé l'application de ladite loi, (V. *Rép.* p. 465, n° 25), continuent à être en vigueur. Les boîtes de montres d'or françaises sont soumises à ce régime (V. *suprà*, n° 15).

39. Les soumissions délivrées pour l'exportation des ouvrages d'or et d'argent indiquent le nombre et le poids net de ces objets, mais elles n'indiquent ni le poids brut ni les numéros et marques des colis qui les renferment. Il s'ensuit que le service des douanes, pour être certain qu'un colis se rapporte bien à une soumission, se trouve dans la nécessité de le faire ouvrir, ce qui entraîne des retards et occasionne des réclamations de la part du commerce. Une circulaire du 28 févr. 1888 décide qu'afin que les vérifications à la sortie puissent être simplifiées, les exportateurs qui en exprimeront le désir devront être admis à faire peser leurs colis, marqués et numérotés au bureau de garantie. Les employés du bureau constateront le poids brut et le relateront, ainsi que les marques et numéros, sur la soumission, à la suite de la mention du nombre et du poids net des ouvrages dont la reconnaissance aura été préalablement effectuée.

40. — III. DE LA RÉIMPORTATION DES OUVRAGES FABRIQUÉS EN FRANCE. — Les ouvrages d'or et d'argent classés dans les deux premières catégories par l'arrêté du ministre des finances (V. *suprà*, n° 19) qui, lors de leur exportation, ont profité du remboursement des droits, et qui, par suite, sont assujettis à un nouveau payement des mêmes droits lorsqu'ils sont réimportés pour être livrés à la consommation, recevaient en ce cas, aux termes du décret du 27 juill. 1878, la marque du poinçon le Charançon. Cette marque du poinçon le Charançon était appliquée aussi bien sur les ouvrages étrangers présentés à l'importation que sur ceux de fabrication française qui, après avoir été exportés, rentraient en France. D'autre part, la marque du poinçon tête de Mercure était indifféremment appliquée aux ouvrages de fabrication, étrangère qui, après avoir reçu les marques françaises retournaient à l'étranger. C'est dans le but de remédier aux confusions et aux méprises pouvant résulter de l'apposition des mêmes empreintes sur des objets d'origine différente, qu'est intervenu le décret du 24 déc. 1887. Aux termes de ce décret, un poinçon spécial, dit *de retour*, est créé pour les ouvrages d'or ou d'argent de fabrication française réimportés. Ce poinçon sera également appliqué sur les objets qui, primitivement marqués des poinçons d'exportation, sont ensuite livrés à la consommation intérieure. En cas de réexportation d'ouvrages d'or ou d'argent de fabrication étrangère, la marque du Charançon apposée à l'importation continuera à être oblitérée, mais elle ne sera plus remplacée par le poinçon d'exportation, la tête de Mercure.

Les ouvrages exportés qui n'ont pas été marqués du poinçon d'exportation, ceux de la troisième catégorie qui restent soumis aux droits de garantie lorsqu'ils rentrent en France, sont dispensés alors de recevoir aucune nouvelle marque, s'ils portent déjà l'empreinte des poinçons de titre et de garantie (Décr. 27 juill. 1878, art. 3). Sont, après vérification, admis à la réimportation en franchise et à la libre circulation : 1° les ouvrages des deux premières catégories, soit lorsqu'ils sont revêtus de la marque non oblitérée des poinçons français de titre et de garantie et ne portent pas celle du nouveau poinçon d'exportation, soit lorsqu'ils sont marqués du poinçon le Charançon, même avec l'empreinte du nouveau poinçon d'exportation ; 2° les ouvrages de la troisième catégorie qui ont fait l'objet d'une déclaration avec réserve de retour dans le délai de six mois, et pour lesquels l'exportateur a déclaré renoncer au remboursement des droits (Décr. 27 juill. 1878, art. 4). Les commerçants qui voudront profiter de cette disposition devront remettre, à cet effet, au bureau de garantie, une déclaration descriptive établie dans la forme prescrite par la circulaire n° 27 du 13 sept. 1825, et qui servira à reconnaître, au retour, l'identité des objets y énoncés. Lors de la réimportation, ces objets devront être présentés au bureau qui aura reçu la déclaration, lequel sera seul compétent pour prononcer l'admission en franchise. La soumission du registre n° 194 qui leur sera délivrée dans l'espèce, ainsi que la souche elle-même, mentionnera la réserve de retour et la clause relative à la renonciation au remboursement. Cette renonciation devra être signée par le déclarant (Circ. 18 mars 1879).

41. La réimportation des ouvrages d'or et d'argent qui ont profité du remboursement des droits, après marque du poinçon d'exportation ou seulement oblitération des marques existantes, peut avoir lieu, moyennant la prise en charge au compte d'un commissionnaire ou d'un fabricant exportateur, sans nouvelle oblitération et sans addition d'aucun poinçon lorsqu'ils sont destinés à être ultérieurement réexportés (Décr. 27 juill. 1878, art. 5). Ainsi, les commerçants qui expédient à l'étranger, dans les conditions déterminées par l'ordonnance du 30 déc. 1839, des ouvrages dépourvus de marques ou frappés de l'empreinte d'exportation, ont la facilité, lorsqu'ils réimportent ces ouvrages, de les faire inscrire à leur compte. L'art. 5 du décret du 27 juill. 1887 stipule, par analogie, que les ouvrages ayant subi l'oblitération des marques existantes ou simplement l'addition de l'empreinte d'exportation pourront, au moment de la réimportation et lorsqu'ils seront destinés à être ultérieurement réexportés, être pris en charge au compte d'un commissionnaire ou d'un fabricant exportateur, sans nouvelle oblitération et sans addition d'aucun poinçon. Cette disposition évitera la multiplicité des empreintes sur les ouvrages qui feront l'objet de plusieurs exportations et réimportations successives. Il est bien entendu, d'ailleurs, que la prise en charge ne pourra être effectuée qu'à un compte ouvert par le bureau de garantie à un exportateur patenté, établi dans la circonscription et chez lequel le service sera en mesure d'opérer des inventaires (Circ. 18 mars 1879).

42. Les objets envoyés par assortiment à l'étranger peuvent être réadmis en franchise (Circ. 28 sept. 1853).

43. « Le décret du 27 juill. 1878, dit une circulaire du 22 juill. 1884, a eu pour objet spécial d'empêcher la réimportation clandestine de ceux de ces ouvrages à l'égard desquels les droits de garantie avaient été intégralement remboursés, en exécution de l'art. 2 de la loi du 30 mars 1872.

Cette fraude se trouve ainsi sérieusement entravée ; mais les industriels peu scrupuleux qui s'y adonnaient ont maintenant recours à des combinaisons d'un autre genre qui ne sont pas moins préjudiciables aux intérêts du Trésor, et dont le commerce honnête s'est légitimement ému. Les abus dont il s'agit reposent sur l'importation d'ouvrages d'or d'un poids léger qui sont terminés par un anneau ou un cliquet, tels que les bracelets, les chaînes, les colliers, etc. Après que ces ouvrages ont reçu, au bureau de garantie où ils ont été expédiés par le service des douanes, l'empreinte du poinçon le Charançon, qui est appliquée sur l'anneau ou sur le cliquet, on détache habilement la partie revêtue de la marque pour l'adapter à des bijoux d'un poids plus élevé. Le Trésor est de la sorte frustré du droit de garantie afférent à la différence de poids qui existe entre les ouvrages présentés au bureau et ceux qui sont livrés à la consommation. Il serait même exposé à se voir réclamer le remboursement de la somme d'impôt qui a été fraudée, si les ouvrages ainsi revêtus de la marque empruntée à des bijoux plus légers, donnaient lieu à une déclaration de réexportation. D'un autre côté, l'acheteur français court le risque d'être trompé sur le titre, puisque le bijou qui lui est vendu n'a pas été soumis à l'essai ; enfin, au moyen de cette manœuvre, les fraudeurs font aux commerçants honnêtes une concurrence déloyale que ces derniers sont impuissants à soutenir. A la suite d'une étude attentive de la question, l'Administration a dû reconnaître que le seul moyen pratique de mettre un terme aux abus dont il vient d'être parlé consiste à rendre obligatoire, pour tous les ouvrages d'or de provenance étrangère autres que les chaînes qui sont susceptibles de recevoir sans détérioration la marque sur le corps de l'objet (de décimètre en décimètre), le système de la marque au poids déjà adopté, depuis longtemps, dans un certain nombre de bureaux de garantie à l'égard des ouvrages d'or de fabrication nationale.— C'est dans ce sens que, conformément aux propositions de l'Administration, le ministre des finances a pris une décision qui prescrit de généraliser le système de la marque au poids et de le mettre en vigueur, désormais, dans tous les bureaux de garantie sans exception, aussi bien pour les articles de bijouterie importés qu'en ce qui concerne les ouvrages fabriqués en France, spécialement pour la consommation intérieure. Avec ce mode de marque tel qu'il est actuellement appliqué aux bijoux de fabrication nationale, la disposition des empreintes combinées des poinçons de petite garantie (Paris, tête d'aigle ; départements, tête de cheval) et de remarque (tête de rhinocéros indique sur l'anneau ou le cliquet le poids total de l'ouvrage, tout en attestant la légalité du titre. En ce qui concerne les ouvrages de fabrication étrangère, on devra adopter, comme pour les ouvrages fabriqués en France, l'emplacement des marques indicatives du poids qui est désigné par les chiffres 1, 2, 3, 4 et 5 dans les deux figures ci-dessus. L'empreinte du poinçon le Charançon (petite dimension) servira à exprimer tout à la fois les unités et des dizaines suivant la disposition qui sera donnée à cette empreinte. L'insecte étant vu de profil, la marque représentera des unités ou des dizaines selon que les pattes seront tournées vers l'intérieur ou vers l'extérieur de l'anneau ou du cliquet. Sur ces ouvrages, comme sur les articles fabriqués en France, une empreinte spéciale servant uniquement de point de repère sera appliquée près de la soudure de l'anneau et transversalement ».

44. Les directeurs des douanes ont le droit de statuer sur les demandes en réadmission des marchandises françaises en retour de l'étranger ou des colonies. Sont admissibles au bénéfice de la réimportation les ouvrages d'or et d'argent revêtus soit du poinçon français de consommation, soit du poinçon d'exportation. A l'égard des premiers, il faut qu'il y ait eu soumission de sortie portant réserve de retour, et il doit en être justifié par la remise à la douane, à l'appui de la déclaration, d'une copie de cette soumission, laquelle sera délivrée par le bureau de garantie où elle a été souscrite. Les importateurs sont tenus, dans ce cas, de restituer le droit de garantie qui leur a été remboursé au moment de l'exportation. La réadmission des ouvrages marqués du poinçon d'exportation n'est pas subordonnée à la réserve du retour : ils sont admis, après acquittement intégral du droit et application du poinçon français de consommation, ou après la prise en charge du compte du fabricant.

Dans l'un comme dans l'autre cas, le service des douanes doit se borner à se faire représenter les justifications de sortie et à diriger, sous les formalités ordinaires de l'acquit-à-caution et du plombage, les ouvrages d'or et d'argent sur le bureau de garantie qui a reçu la soumission de sortie. Les agents de ce bureau sont seuls chargés d'appliquer les dispositions qui précèdent, après constatation de l'origine nationale et de l'identité des objets (Circ. 16 mai 1859).

45. « Le service de la Garantie, porte la circulaire précitée du 22 juill. 1884, a eu l'occasion de constater que des médaillons, primitivement soumis au contrôle, avaient reçu, après la marque, des appliques fourrées et à bas titre destinées à en augmenter le poids. Afin de prévenir cette fraude préjudiciable aux intérêts du commerce honnête et des particuliers, aussi bien qu'à celui du Trésor, les mesures suivantes ont été adoptées au bureau de garantie de Paris : 1° application d'un seul coup de poinçon quand les médaillons sont présentés à la marque sans ornements ni appliques; 2° de deux coups de poinçons en suivant quand les médaillons sont présentés avec ornements, mais sans appliques; 3° de deux coups bec à bec (tête d'aigle), quand les médaillons sont présentés avec appliques, sans ornements; enfin 4° de deux coups nuque à nuque, quand les médaillons sont revêtus d'appliques et d'ornements. Ce mode de poinçonnage, qui rendra plus difficile les adjonctions par soudures, postérieurement à la marque, devra être mis en usage dans les bureaux de garantie, suivant le cas ».

46. — IV. Des ouvrages d'or et d'argent et des montres venant de l'étranger. — On a dit au *Rép.* n° 22 que les ouvrages d'or et d'argent autres que les montres pouvaient entrer en France, quel que fût leur titre, qu'ils étaient seulement soumis aux droits de garantie. Le décret du 13 janv. 1864 (D. P. 64. 4. 75), dans l'intérêt de la garantie publique et en présence des traités de commerce conclus avec plusieurs puissances, a apporté à ce principe plusieurs modifications. Il distingue trois catégories d'ouvrages : 1° les ouvrages d'or et d'argent (autres que les montres) qui proviennent des pays avec lesquels ont été conclus des traités de commerce, stipulant que l'admission des ouvrages n'est autorisée qu'autant qu'ils remplissent les conditions de titre voulues par la loi française. Les objets qui ont le titre légal, sont marqués du poinçon dit *le Charançon* qui a la valeur d'un poinçon de titre; ceux qui n'ont pas le titre légal ne sont pas admis; — 2° Les ouvrages d'or et d'argent (les montres exceptées) de toute autre origine étrangère. Ils sont admis quel que soit leur titre. Ils sont marqués de l'empreinte d'un poinçon rectangulaire, créé à cet effet et renfermant, à l'intérieur, les chiffres E T (étranger); — 3° Les montres étrangères. Elles ne peuvent entrer en France que si elles sont reconnues aux titres légaux. Les montres au titre légal sont marquées du poinçon dit *la Chimère*. Les montres trouvées à un titre inférieur sont brisées.

47. Le tarif des douanes établi par la loi du 11 janv. 1892 (*Journ. off.* du 12) contient, relativement aux objets d'or et d'argent provenant de l'étranger, la disposition suivante : « Les ouvrages d'or ou d'argent ne peuvent être introduits que s'ils remplissent les conditions de titre exigées par la loi pour les objets de fabrication française destinés à la vente intérieure. Sont maintenues les exceptions spécifiées aux derniers paragraphes de l'art 23 de la loi du 19 brum. an 6. » Les distinctions admises par le décret du 13 janv. 1864, et les dispositions de loi antérieures sont donc abrogées. L'admission des ouvrages d'or ou d'argent provenant de l'étranger n'est autorisée qu'autant que ces ouvrages remplissent les conditions de titre voulues par la loi française, sauf les exceptions prévues par l'art. 23 de la loi de brumaire.

48. On a dit au *Rép.* n° 24 que certains objets venant de l'étranger sont exemptés des droits (V. *suprà*, v° *Douanes*, n°s 240 et suiv.; — *Rép.* eod. v°, n°s 405 et suiv.), et que les Français rentrant sur le sol natal peuvent introduire en franchise leur argenterie de ménage. Après examen par les agents de la Garantie et réintégration au bureau des douanes, toutes les pièces qui auront été reconnues empreintes des poinçons français appliqués soit antérieurement, soit postérieurement à l'an 6 seront remises en franchise des droits de douane et de garantie. L'argenterie de fabrication étrangère sera immédiatement poinçonnée et soumise au droit de marque; après quoi, renvoyée au bureau des douanes, elle sera par celui-ci remise en franchise du droit de douane. Seront également remises en exemption de la taxe des douanes, mais sans obligation du poinçonnage et de l'acquittement du droit de marque, les parties d'argenterie de ménage qui auraient été primitivement expédiées de France revêtues du poinçon spécial de l'exportation prescrit par la loi du 10 août 1839. Dans les deux cas déterminés ci-dessus, s'il arrivait que le propriétaire de l'argenterie refusât de payer le droit de garantie, les pièces seraient, néanmoins, réexpédiées sur la douane pour être, par les soins de celle-ci, ou réexportées à l'étranger, ou brisées selon le vœu de la loi et soumises, en cet état, au droit de la matière brute. Ces nouvelles dispositions dont il est fait application par les bureaux des douanes et de garantie sans qu'il soit besoin de recourir, comme antérieurement, à une autorisation supérieure, sont, comme l'étaient celles résultant de la décision de 1817, uniquement applicables à l'argenterie en cours de service, à l'exclusion de tous objets neufs (Circ. min. 13 févr. 1854). Rien n'est changé, d'ailleurs, ni aux dispositions générales qui régissent la réadmission des objets d'or et d'argent neufs en retour de l'étranger, notamment à celles déterminées par la circulaire du 28 sept. 1853, ni au régime d'admission temporaire, tel qu'il a été réglé par la décision du département des finances, en date du 5 sept. 1823, à l'égard de l'argenterie étrangère que les propriétaires demandent à introduire à charge de réexportation. Les importateurs demeurent libres ainsi d'effectuer cette introduction, soit à titre provisoire, sous consignation des droits, soit à titre définitif, sous l'accomplissement des formalités ci-dessus.

La circulaire du 13 févr. 1854 règle ce qui doit être fait à l'égard de l'argenterie de ménage importée à titre définitif; l'intervention de l'Administration n'est jamais requise en pareil cas. Mais, quand cette argenterie est admise à titre de réexportation et que le renvoi à l'étranger n a pu être effectué à l'expiration du délai fixé par la reconnaissance de consignation, l'Administration est appelée à statuer sur les demandes de prolongation. L'Administration délègue aux directeurs le pouvoir d'accorder ces prolongations quand les demandes leur paraîtront suffisamment justifiées. Les directeurs doivent, le cas échéant, informer sans retards des autorisations qu'ils auront accordées, ceux de leur collègues dans la direction desquels se trouve placé le bureau qui a délivré la reconnaissance de consignation, afin que les registres soient annotés en conséquence (Circ. min. 24 août 1859).

49. Aux termes d'une décision ministérielle du 5 sept. 1823, les étrangers qui viennent séjourner temporairement en France peuvent importer l'argenterie de ménage à leur usage, sous la condition d'en effectuer la réexportation dans un délai de trois ans, et moyennant la consignation du montant des droits d'entrée et de garantie. Mais quand ils doivent résider en France définitivement, cette argenterie est, en vertu d'une autre décision ministérielle du 2 févr. 1854, affranchie du droit de douane, à charge par les intéressés de faire poinçonner les objets et d'acquitter le simple droit de garantie. Ainsi, un étranger qui, après avoir introduit son argenterie à titre temporaire, déclare vouloir se fixer dans le pays, obtient l'admission définitive de celle-ci au bénéfice de la dernière décision, et, par suite, la restitution de la somme déposée à l'arrivée comme droit de douane. Dans l'état des choses, la consignation de ce droit devient ainsi sans objet.

50. Tout ouvrage français, d'or et d'argent, marqué de poinçons en cours de service, qui rentre en France, doit être considéré comme ouvrage étranger, et comme tel assujetti à la marque du poinçon étranger et au payement des droits de garantie et de douane (Décis. min. des 6 déc. 1814 et 14 janv. 1825). Toutefois, le ministre, pour ne pas nuire aux exportations, permet la réadmission en franchise des objets envoyés par assortiment à l'étranger, à ceux des négociants qui rempliront les conditions propres à garantir des abus que les décisions susdites avaient pour objet de prévenir.

51. L'argenterie de ménage importée temporairement a été exemptée de la consignation du droit d'entrée par décision ministérielle du 28 août 1862. Elle n'est plus soumise qu'au simple droit de garantie (Circ. 15 sept. 1862; Trescaze, *op. cit.*, p. 786, n° 458. Comp. *suprà*, v° *Douane*, n° 245).

52. Aux termes du décret du 24 déc. 1887 (V. *suprà* n° 40), en cas de réexportation d'ouvrages d'or ou d'argent de fabrication étrangère, la marque du Charançon apposée à l'importation continuera à être oblitérée; mais elle ne sera plus remplacée par le poinçon d'exportation la tête de Mercure.

Une circulaire de l'administration des Monnaies et Médailles dispose que la marque du Charançon sera désormais oblitérée sur les ouvrages étrangers réexportés, à l'aide des matoirs en usage, à l'exception, toutefois, des ouvrages classés dans la troisième catégorie, que l'arrêté ministériel du 5 févr. 1879 a dispensés de l'oblitération (Circ. 9 janv. 1888).

53. — V. Des montres françaises. — Aux termes du décret du 2 mars 1860 (D. P. 60. 4. 63), les montres françaises peuvent être marquées du poinçon de titre, avec contremarque, ou du poinçon de petite garantie, au choix des fabricants; mais elles restent, dans tous les cas, soumises au mode d'essai prescrit pour les objets assujettis à la marque du poinçon de titre. Comme complément de cette mesure, et afin de pouvoir distinguer à l'avenir les boîtiers des montres françaises des boîtiers des montres, d'origine étrangère, qui étaient empreints sur la cuvette du poinçon de petite garantie, une circulaire du ministre des finances, en date du 4 mai 1860, a décidé que les montres importées devraient être marquées, à la fois sur le bouton et sur la cuvette, du poinçon spécial la Chimère (Olibo, *op. cit.*, t. 2, p. 548). Néanmoins s'il était à craindre que l'empreinte de ce poinçon détériorât les montres présentées au contrôle, on ferait, dans des cas exceptionnels, usage du poinçon de petite garantie pour la marque du fond et de la cuvette des montres étrangères. L'Administration a réservé au service le soin d'apprécier dans quelles circonstances cette disposition, arrêtée dans l'intérêt du commerce, devra recevoir son application (Décis. min. fin. 2 oct. 1860; Trescaze, *op. cit.*, p. 779, n° 386).

54. — VI. Boites de montres étrangères. — Aux termes de la loi du 11 janv. 1892, sur les mouvements de toute montre importée en France, à l'endroit le plus rapproché possible du barillet et d'une manière visible, devra désormais avoir été apposée par les soins du producteur étranger, la lettre M, pour la montre à boîte en métal commun; A pour la montre à boîte en argent; O pour la montre à boîte en or.

L'insertion dans une boîte d'or ou d'argent d'un mouvement portant la lettre M ne pourra se faire qu'après le payement du complément du droit fixé pour la montre d'or ou d'argent et l'apposition, à côté de cette lettre M, à titre d'acquit du droit complémentaire, d'un poinçon spécial et différent, suivant la nature du métal de la boîte : or ou argent. Même obligation pour l'insertion dans une boîte d'or d'un mouvement portant la lettre A.

55. Les agents chargés par la loi de vérifier actuellement l'apposition des poinçons de garantie sur les matières d'or ou d'argent seront chargés de percevoir le droit complémentaire et d'apposer en même temps le poinçon spécial. Ils seront, en outre, tenus de s'assurer que tout mouvement de montre d'or ou d'argent sur lequel sera apposé l'une des lettres ci-dessus indiquées, porte bien la lettre correspondant à la nature du métal de la boîte ou, en en cas contraire, le poinçon spécial d'acquit du droit complémentaire.

56. Toute infraction aux dispositions ci-dessus rendra le contrevenant passible des pénalités prévues par la loi sur la garantie des matières d'or et d'argent.

57. — VII. Des poinçons. — L'énumération faite par l'art. 8 de la loi de brumaire an 6, des différents poinçons en usage, n'est plus exacte aujourd'hui (V. *Rép.* n° 18). Par suite des dispositions des lois nouvelles, les poinçons qui servent à marquer actuellement les ouvrages d'or et d'argent sont : 1° le *poinçon du fabricant;* 2° le *poinçon de maître*, spécial destiné à marquer les objets fabriqués à tous titres en vertu de la loi du 25 janv. 1884 (V. *suprà*, n° 14); 3° le *poinçon de titre;* 4° le poinçon de titre spécial pour les boîtes de montres d'or au quatrième titre (L. 25 janv. 1884. V. *suprà*. n° 12); 5° le *poinçon de petite garantie*, destiné à marquer les menus ouvrages d'or et, depuis le décret du 2 mai 1860, les montres françaises (V. *suprà*, n° 52); 6° le poinçon pour les ouvrages venant des pays étrangers

(V. *suprà*, n° 46); 7° le poinçon dit *de retour* créé par la loi du 24 déc. 1887 pour les ouvrages de fabrication française réimportés; 8° le poinçon dit *le Charançon* (V. *suprà*, n° 40); 9° le poinçon dit *la Chimère*, qui sert à la marque de l'horlogerie importée; 9° le poinçon de *remarque* (V. *Rép.* n° 18, § 6); 10° le poinçon de *doublé*; 11° le poinçon de *recensé*; 12° le poinçon d'*exportation*. Les anciens poinçons d'exportation ont été remplacés, aux termes du décret du 27 juill. 1878 (D. P. 79. 4. 4) par des poinçons indicatifs de la nature et du titre du métal employé; 13° le poinçon *bigorne* ou de *contremarque*; 14° le poinçon destiné à marquer les lingots d'or et d'argent affinés; 15° le poinçon de fabricant destiné à marquer les ouvrages dorés ou argentés par les procédés galvaniques ou électro-chimiques (Décr. 28 mai 1860; V. *infrà*, n° 87); 16° les poinçons spéciaux pour les mouvements de montres, prescrits par la loi du 11 janv. 1892 (V. *suprà*, n° 55).

58. Afin de donner aux importateurs, ainsi qu'aux réimportateurs, la facilité de remplir par eux-mêmes au siège ou à proximité de leur résidence, les formalités légales, l'ordonnance du 28 juill. 1840 disposa que, par dérogation à l'art. 23 de la loi du 19 brum. an 6, les ouvrages présentés à l'importation, à l'exception toutefois de l'horlogerie étrangère, seraient marqués dans tous les bureaux indistinctement (V. *Rép.* p. 465). — Cette facilité ayant donné lieu à des abus, il a paru nécessaire de revenir à l'application stricte du principe posé par la loi du 19 brum. an 6. L'art. 1er de l'ordonnance du 28 juill. 1840 a été modifié ainsi qu'il suit, par le décret du 11 nov. 1890 (D. P. 90. 4. 2). Les ouvrages d'or et d'argent de fabrication française, réimportés de l'étranger, devront être dirigés sur un bureau de garantie placé sous la direction d'un contrôleur spécial. Les bureaux organisés dans ces conditions sont ceux de Bellegarde, Marseille, Pontarlier, Besançon, Bordeaux, Nantes, Nancy, Lille, Lyon, Paris, Rouen et le Havre. Les ouvrages d'or et d'argent de fabrication étrangère, importés ou réimportés, ne pourront également être essayés et marqués que dans l'un ou l'autre des bureaux ci-dessus désignés sur lesquels ils seront dirigés par la douane. — Les poinçons E T qui se trouvent dans les autres bureaux de garantie seront conservés, pour servir, le cas échéant, à la marque des ouvrages provenant des ventes publiques ou du mont-de-piété, conformément aux dispositions de la décision ministérielle du 15 nov. 1822 (V. Circ. 1er déc. 1890).

59. — VII. Du droit de garantie (*Rép.* n° 21). — La loi du 30 mars 1872 (D. P. 72.4.7) a élevé le droit de garantie des matières d'or et d'argent. Aux termes de cette loi, le droit de garantie perçu au profit du Trésor sur les ouvrages d'or et d'argent de toute sorte fabriqués à neuf est fixé à 30 fr. par hectogramme d'or; 1 fr. 60 cent. par hectogramme d'argent, non compris les frais d'essai ou de touchant. La loi de finances du 31 déc. 1873 a grevé le droit d'un demi-décime, qui s'ajoute aux deux décimes établis par les lois du 28 avr. 1816 et du 14 juill. 1855.

Un décret en date du 11 juin 1872 (D. P. 72. 5. 120) a rendu exécutoire en Algérie la loi du 30 mars 1872.

60. — VIII. Des ouvrages déposés au mont-de-piété et mis en vente publique (*Rép.* nos 27 et suiv.). — Le contrôleur de la Garantie doit s'entendre avec le directeur du mont-de-piété pour déterminer le jour de chaque semaine ou de chaque mois où l'on effectuera la vente des ouvrages d'or et d'argent, afin qu'un employé puisse y assister pour y vérifier les ouvrages et séparer ceux qui n'ont pas de marque légale, ou briser les pièces qui ne seraient achetées que pour vieille matière, et enfin prendre note exacte des ouvrages qui doivent être portés au bureau de garantie pour y être marqués après essai et acquit du droit (Olibo, *op. cit.*, t. 2, p. 586).

61. Les commissaires-priseurs et les notaires, on l'a exposé au *Rép.* n° 28, sont tenus de faire la déclaration des objets d'or et d'argent qui ne doivent être essayés, poinçonnés et soumis à la perception du droit qu'après leur adjudication. L'omission de cette déclaration les rend passibles de poursuites disciplinaires (Olibo, *op. cit.*, t. 2, p. 631).

62. — IX. Échange des ouvrages d'or et d'argent entre les colonies françaises et la métropole. — Un décret en date du 29 mars 1889 (V. *suprà*, n° 1) dispose que des bijoux et objets précieux peuvent être échangés par la voie de la poste, et dans des boîtes avec valeur déclarée, entre la France et les colonies, ou établissements français desservis par des paquebots-poste français, ainsi que de colonie à colonie par l'intermédiaire des services métropolitains. Les droits de garantie et de douane exigibles à l'importation, et, le cas échéant, les droits de garantie à restituer à l'exportation (abstraction faite de la taxe d'essai) sont perçus ou remboursés conformément à la législation en la matière (Circ. 15 avr. 1889). En vue d'apporter toute la diligence nécessaire dans la double vérification incombant au service des Douanes et au service de la Garantie, les boîtes avec valeur déclarée importées des colonies ou établissements français seront centralisées par le service des postes dans les villes de Marseille, Bordeaux, Nantes et le Havre où fonctionnent à la fois un bureau de douane et un bureau de garantie (Circ. précitée et circ. 9 juin 1890).

Lorsque le service des Douanes aura procédé à la reconnaissance du contenu de la boîte avec valeur déclarée, il la scellera de son cachet et la remettra, avec un bulletin indicatif du montant des droits de douane, au receveur des postes. Celui-ci fera porter la boîte avec le bulletin au bureau de garantie où la vérification devra en être faite immédiatement, et ne pourra, sous aucun prétexte, être différée (Circ. 15 avr. 1889). Dans le cas où les ouvrages d'or ou d'argent ne présenteraient pas les conditions requises par les lois et règlements en matière de garantie, pour pouvoir être admis à la marque, le bureau de garantie refuserait la boîte et adresserait aussitôt une note relatant le motif du refus et destinée au bureau de poste. S'il est constaté que l'envoi peut être admis, les ouvrages passibles des droits seront marqués du poinçon le Charençon, et le bureau de garantie inscrira distinctement le montant de la taxe d'essai et le montant du droit de garantie applicables à ces ouvrages sur le bulletin dressé par la douane. Quel que soit le résultat de sa vérification, admission ou refus de l'envoi, le bureau de garantie devra immédiatement refermer la boîte, la sceller de son cachet et la remettre à l'agent du service des Postes qui l'aura apportée, ou bien, si cet agent n'a pu attendre la fin de l'opération, faire porter aussitôt la boîte au bureau de la poste, accompagnée, selon le cas, de la note relatant le motif du refus ou du bulletin indicatif des droits de douane, d'essai et de garantie (Même circulaire).

63. En vue de faciliter les échanges entre nos colonies et la métropole, l'administration des Postes françaises a consenti à effectuer elle-même le payement des différents droits dus à l'importation des boîtes avec valeur déclarée. En conséquence, c'est par les soins du service des Postes que, dès la réception du bulletin indicatif des droits dus, le montant en sera acquitté au bureau de garantie où ils devront être inscrits au moment du payement sur les registres de comptabilité tenus respectivement par le receveur et par l'essayeur. — Il a fallu, toutefois, prévoir le cas où, après l'encaissement de ces droits, une boîte avec valeur déclarée ne pourrait pas être distribuée en France, soit par suite de refus du destinataire, soit pour toute autre cause, et devrait nécessairement être réexportée. Les droits qui, en pareille circonstance, auraient été acquittés en pure perte ne sauraient rester à la charge de l'administration des Postes. En ce qui concerne la taxe d'essai, qui constitue la rémunération du travail de l'essayeur et qui, dès lors, doit lui rester définitivement acquise, l'administration des Postes a pris les dispositions nécessaires afin d'en récupérer le montant sur la colonie expéditrice. Il n'y aura donc lieu en France à aucun remboursement de la taxe d'essai. — Quant au droit de garantie, voici dans quelles conditions la restitution devra en être faite à l'administration des Postes, dans le cas où il y aura eu impossibilité de distribuer en France la boîte avec valeur déclarée importée des colonies. Le service des Postes renverra la boîte au bureau de garantie qui aura perçu le droit au moment de l'importation. Le bureau de garantie procédera à l'ouverture de la boîte, en reconnaîtra le contenu et oblitérera les marques; il refermera la boîte, la scellera de son cachet et la remettra, sans aucun retard, au service des Postes contre un certificat dressé par ce service et attestant la réexportation de la boîte. Ce certificat sera revêtu, par le contrôleur du bureau du garantie, de l'attestation de l'oblitération des marques, et sera remis au receveur dudit bureau qui, séance tenante, restituera le montant du droit de garantie dont la quittance sera rattachée à la souche du registre. Le receveur de la garantie inscrira le montant du droit ainsi restitué au chapitre des dépenses effectuées pour le compte du receveur principal à qui il remettra, lors de son versement de fin de mois, le certificat de réexportation délivré par le service des Postes et revêtu, ainsi qu'il a été dit plus haut, de la mention relative à l'oblitération des marques. Ce certificat sera annexé à un état de proposition de restitution de droits que les directeurs feront parvenir à l'Administration sous le timbre du premier bureau de la troisième division ; la dépense sera ensuite régularisée et ordonnancée selon la règle pratiquée en matière de remboursement de droits indûment perçus (Circ. 15 avr. 1889).

64. En règle générale, la restitution du droit de garantie a lieu, sur la représentation d'un certificat délivré par la Douane et attestant la sortie de France des ouvrages. Mais afin d'éviter à l'administration des Postes la complication qu'entraînerait pour elle l'accomplissement de cette formalité, il est entendu que c'est cette administration elle-même qui, pour les boîtes avec valeur déclarée expédiées de France à destination des colonies françaises, établira le certificat d'exportation. — Lorsque les expéditeurs de ces boîtes prétendront au remboursement du droit de garantie, ils devront les présenter au bureau de la garantie dans la circonscription duquel est fixée leur résidence. Ils déposeront en même temps à ce bureau une déclaration sur papier timbré en deux expéditions semblables, qui seront revêtues de leur signature et donneront la liste descriptive des ouvrages d'or et d'argent au sujet desquels ils sollicitent la restitution du droit de garantie. Les deux ampliations de la déclaration contiendront l'engagement, signé par l'expéditeur, d'acquitter le droit de garantie en prévision du cas où la boîte n'aurait pas pu être livrée au destinataire colonial après restitution du droit de garantie aux mains de l'exportateur. L'ensemble de ces formalités implique la coexistence d'un bureau de garantie et d'un bureau de poste au lieu d'expédition. Il appartient, dès lors, aux intéressés, à défaut de l'existence d'un bureau de garantie au lieu de leur résidence, de faire expédier leurs envois d'une ville où fonctionnent à la fois un bureau de garantie et un bureau de poste, s'ils prétendent à la restitution du droit de garantie. Le bureau de garantie, après s'être assuré de l'entière conformité entre la déclaration et le contenu de la boîte, ainsi que de l'apposition des marques attestant l'acquittement antérieur du droit, inscrira sur chaque ampliation de la déclaration le montant du droit de garantie à restituer. La somme sera énoncée en toutes lettres et certifiée par le contrôleur de la garantie. La boîte sera ensuite scellée du cachet du bureau de garantie et remise à l'expéditeur avec l'une des ampliations de sa déclaration complétée ainsi qu'il est dit ci-dessus. L'autre ampliation sera conservée au bureau de garantie. L'expéditeur remettra la boîte, ainsi que l'ampliation de la déclaration qui lui aura été rendue, au bureau de poste qui, après avoir constaté que le cachet de la garantie est intact et que la déclaration est complète, affranchira l'envoi et lui donnera cours. Dès que la boîte avec valeur déclarée aura quitté le bureau de poste expéditeur, le receveur des postes en certifiera la sortie sur la déclaration de l'exportateur et renverra cette pièce au bureau de la garantie. — La déclaration, ainsi revêtue du certificat de sortie du territoire, sera annexée à un état de propositions de restitutions de droits auquel l'administration des Contributions indirectes donnera suite selon la règle en usage pour la restitution du droit de garantie sur les ouvrages dont l'exportation est justifiée. Si, pour une cause quelconque, la boîte ayant donné lieu au remboursement du droit de garantie entre les mains de l'exportateur n'était pas remise au destinataire colonial et faisait retour en France, le bureau de poste du lieu d'expédition la remettrait, non à l'exportateur, mais au bureau de garantie situé dans ce même lieu. En pareil cas, le bureau de garantie donnerait avis à l'exportateur du retour de la boîte et lui en ferait la remise, après encaissement du droit de garantie selon l'engagement contracté par lui sur sa déclaration. — Il est bien entendu qu'en dehors des dispositions qui précèdent, et qui sont exclusivement relatives aux échanges par voie postale des boîtes avec valeur déclarée entre la métropole et les colonies françaises, toutes les prescriptions des lois et règlements en matière de garantie demeurent applicables aux ouvrages d'or et d'argent contenus dans ces boîtes (Circ. 15 avr. 1889).

ART. 3. — *Bureaux de garantie. — Fonctions des employés : essayeur, receveur, contrôleur. — Essais. — Fourré* (*Rép.* nos 31 à 57).

65. — I. BUREAUX DE GARANTIE (*Rép.* nos 31 à 34). — Un grand nombre de bureaux de garantie ont été supprimés depuis la publication du *Répertoire*. De nouveaux bureaux ont été créés. On a indiqué *suprà*, n° 1, les décrets d'où résultent ces changements.

66. Le décret du 24 juill. 1857 (D. P. 57. 4. 170) a rendu applicables en Algérie, en ce qui concerne la fabrication et la vente des ouvrages d'or et d'argent, les lois, décrets et ordonnances, tarifs et règlements en vigueur en France sur la matière. Les ouvrages d'or et d'argent expédiés de France en Algérie, ou d'Algérie en France, doivent, sans exception, être revêtus de l'empreinte des poinçons français de titre et de garantie en vigueur, et, dans aucun cas, ils ne peuvent être admis au bénéfice de la restitution des deux tiers du droit (art. 3). Par suite de cette disposition, les transports pour l'Algérie des objets d'or et d'argent sont affranchis, en ce qui concerne le service des contributions indirectes, de toute formalité autre que celle du payement préalable des droits, et les fabricants, marchands et commissionnaires n'ont plus à faire aux bureaux de garantie de déclarations d'exportation à destination de l'Algérie (Circ. 1er sept. 1857).

67. De même qu'en France, il y a en Algérie trois titres légaux pour les ouvrages d'or, et deux pour les ouvrages d'argent, savoir, pour l'or : le premier, de 920 millièmes ; le deuxième, de 840 millièmes ; le troisième, de 750 millièmes ; — et pour l'argent : le premier, de 950 millièmes ; le deuxième, de 800 millièmes. La tolérance des titres pour l'or est de 3 millièmes, et celle des titres pour l'argent de 5 millièmes (art. 4). La garantie des titres des ouvrages et matières d'or et d'argent est assurée, en Algérie, par des poinçons semblables à ceux qui ont cours en France. Le poinçon de chaque bureau de garantie a une marque distinctive, qui est déterminée par l'administration des Monnaies (art. 5). Les fabricants et marchands d'objets d'or et d'argent ont été tenus, dans le délai d'un an, à compter de la promulgation du décret, de porter au bureau de garantie de leur circonscription les ouvrages d'or, d'argent et de vermeil sans marque, ou déjà marqués de poinçons français d'exportation, pour y recevoir l'empreinte des poinçons de titre et de garantie, et y acquitter les droits. Les objets marqués de poinçons usités chez les nations étrangères sont considérés comme dépourvus de toute empreinte, et, conséquemment ont été assujettis, dans le même délai, aux formalités sus-indiquées (art. 6).

68. L'organisation du service du contrôle de la garantie a été modifiée par un décret du 10 avr. 1888 (D. P. 88. 4. 41) qui est ainsi conçu : « L'art. 6 de l'ordonnance du 5 mai 1820 est modifié ainsi qu'il suit : les essayeurs des bureaux de garantie continueront à être sous les ordres de l'administration des Monnaies, et à correspondre directement avec elle pour les objets qui la concernent. Cette administration demeure chargée de donner toutes les instructions relatives à l'exactitude des essais, et de diriger la confection, l'envoi, l'application et la vérification des poinçons. Les contrôleurs des bureaux de garantie seront désormais sous les ordres immédiats du directeur des contributions indirectes de la circonscription duquel ils relèvent. Ils correspondront directement avec ce chef de service pour tout ce qui est relatif à l'application des lois et règlements en matière de garantie, ainsi qu'à l'accomplissement des instructions émanant soit de l'administration des Monnaies, soit de l'administration des Contributions indirectes. En ce qui touche les instructions émanant de l'administration des Monnaies, les directeurs des Contributions indirectes correspondront directement avec cette administration ».

69. — II. FONCTIONS ET OBLIGATIONS DES EMPLOYÉS (*Rép.* nos 35 à 47). — Les employés de la Garantie sont astreints au cautionnement comme ceux du service général (Circ. 10 nov. 1862). Il y a cinq classes de contrôleurs (Lettre commune du 28 juin 1877). Le cautionnement est obligatoire pour tous les agents du service de la Garantie, depuis le grade de contrôleur jusqu'à celui d'inspecteur. Le titre de sous-contrôleur est supprimé (Lettre commune du 28 juin 1877). — Le montant du cautionnement est fixé ainsi qu'il suit pour chaque emploi : inspecteurs de 1re, 2e et 3e classe, 5000 fr. ; sous-inspecteurs et contrôleurs, 3000 fr. (Décr. 15 avr. 1862 et 24 janv. 1879). Les dispositions qui précèdent sont applicables à l'emploi de directeur institué à Paris. Son cautionnement est fixé à 10 000 fr. (Circ. 10 nov. 1862; Décr. 24 janv. 1879).

70. — III. ESSAIS. — La loi du 30 mars 1872 (D. P. 72. 4. 77) décide que le ministre des finances fixe le prix des essais des matières d'or et d'argent applicable à tous les bureaux de garantie. Ce prix, dans aucun cas, ne peut excéder le prix fixé par l'art. 62 de la loi du 19 brum. an 6 (V. *Rép.* nos 45 et suiv.).

71. — IV. FOURRÉ. — On a émis au *Rép.* n° 51 l'opinion que l'emploi de l'étain ou d'une autre matière dans un bijou ne constitue pas le délit de *fourré*, lorsqu'il est constaté que cette substance est utile à la solidité de cet objet et que le fabricant est de bonne foi. Conformément à cette théorie, déjà consacrée par la jurisprudence, il a été jugé : 1° que l'introduction dans un bijou d'une matière présentant le caractère d'or à bas titre ne saurait constituer le délit de *fourré*, lorsque le fabricant n'a pas eu d'intention frauduleuse et a voulu simplement faire une soudure nécessitée par la nature de l'ouvrage (Crim. rej. 10 août 1878, aff. Ville de Paris, D. P. 79. 1. 96) ; — 2° Que le délit de fourré prévu par l'art. 6 de la loi du 19 brum. an 6 n'existe que dans le cas où il est établi que l'inculpé a agi avec intention frauduleuse (Paris, 13 févr. 1886, aff. Bessand et Héricé, D. P. 87. 2. 70).

72. Les juges du fond apprécient souverainement les circonstances dans lesquelles a été employé le métal autre que l'or et le but que se proposait d'atteindre le fabricant ; c'est là une question de fait qui ne peut être soumise à la cour de cassation. Mais la qualification légale des circonstances dans lesquelles le métal a été employé rentre dans les attributions de la cour suprême (*Rép.* n° 52). Il a été décidé : 1° qu'une cour d'appel peut décider souverainement que le métal à bas titre a été employé pour une soudure, alors d'ailleurs que cette décision n'est pas en contradiction avec les faits matériels constatés par le procès-verbal des agents de la Régie ; qu'il lui appartient également de constater d'une manière souveraine l'absence d'intention frauduleuse de la part du prévenu (Crim. rej. 10 août 1878, cité *suprà*, n° 71) ; — 2° Que, bien que les procès-verbaux réguliers dressés en cette matière fassent foi jusqu'à inscription de faux, le juge a le droit de rechercher si l'inculpé a agi avec intention frauduleuse dans la fabrication des objets saisis (Paris, 13 févr. 1886, cité *suprà*, n° 71).

73. La doctrine enseignée au *Rép.* n° 54, suivant laquelle les prohibitions de l'art. 65 sont absolues et atteignent le fourré, sans distinction entre le cas où il a précédé et celui où il a suivi l'essai, a été de nouveau consacrée par la jurisprudence. Il a été jugé que les bijoux d'or ou d'argent soupçonnés de fourré peuvent être saisis, et le fabricant puni de la confiscation et de l'amende, non seulement au moment de leur présentation à l'essai, mais même après avoir été revêtus de la marque de l'essayeur et livrés au commerce (Paris, 14 juill. 1854, cité par Block, *op. cit.*, v° *Garantie*, n° 52). « Quoiqu'il soit généralement vrai, dit M. Olibo, *op. cit.*, t. 2, p. 613, note 1, que le poinçon couvre le titre, et que, si des bijoux se trouvent fourrés, ce ne soit qu'à leur présentation à l'essai qu'ils doivent être brisés, cependant, quand on a la certitude que des bijoux fourrés et légalement marqués sont dans le commerce, nous pensons qu'il est du devoir de l'Administration de les faire saisir, sauf les suites ultérieures à donner à la fraude. C'est servir la société que de soustraire à la circulation des ouvrages fabriqués frauduleusement qui se vendraient sous la garantie du poinçon de l'Etat. Ne peut-on pas supposer, d'ailleurs, que la matière étrangère dont ils sont fourrés a été introduite après l'application du poinçon ? Le fabricant de ces ouvrages est, à notre avis, passible de l'amende fixée par l'art. 65 de la loi du 19 brum. an 6, et surtout des peines portées par l'art. 423 c. pén. Autrement l'essai, au lieu d'être une garantie, une mesure de prévoyance établie dans l'intérêt des acheteurs pour les protéger contre la mauvaise foi du fabricant, ne serait qu'un brevet d'impunité pour toutes les fraudes que celui-ci pourrait commettre après l'accomplissement de cette opération ».

74. L'art. 65 de la loi de brumaire an 6, qui prononce la confiscation et l'amende contre les fabricants de fourré, s'applique aux orfèvres qui cherchent à tromper la bonne foi de l'essayeur et du contrôleur, en présentant à l'essai et à la marque, au milieu d'autres bijoux d'or, des objets d'acier revêtus d'une couche d'or suivant le procédé Ruolz. En langage d'orfèvrerie, un ouvrage de cette nature n'est pas ce qu'on appelle *fourré ;* mais il tombe assurément sous le coup de la loi qui a entendu, par cette expression, désigner toute opération, tout fait de fabrication, ayant pour objet de dissimuler, sous cette enveloppe d'or et d'argent, l'emploi de matières étrangères. Peu importe le mode de fabrication et l'épaisseur de cette enveloppe (Olibo, *op. cit.*, t. 2, p. 612).

75. Il a été jugé que l'emploi du ciment ou de la gomme laque n'est pas de nécessité absolue dans la fabrication des cachets auxquels s'adaptent des pierres fines ; que cet emploi constitue le fourré ; que l'adhérence des pierres fines aux cachets peut s'obtenir par d'autres moyens, et notamment par le procédé du sertissage (enchâssement à l'aide de griffes) (Paris, 25 janv. 1863, cité par Olibo, *op. cit.*, t. 2, p. 613).

ART. 4. — *Obligations des fabricants et marchands d'ouvrages d'or et d'argent* (*Rép.* nos 58 à 105).

76. On a examiné au *Rép.* n° 60 la question de savoir si l'ouvrier travaillant chez lui à façon doit être considéré comme fabricant, et l'on a admis la distinction suivante : 1° si l'ouvrier à façon travaille pour un seul fabricant et s'il y a, entre eux, engagement réciproque, cet ouvrier doit être considéré comme le représentant, le préposé du maître ; son domicile sera réputé être une succursale de l'atelier de celui-ci, à qui incombent toutes les obligations imposées par la loi, et qui seul pourra être poursuivi au cas d'infraction ; 2° si l'ouvrier travaille pour plusieurs personnes, sans autre lien vis-à-vis d'elles que ceux qui résultent des rapports accidentels qu'ils peuvent avoir ensemble, il ne peut plus être réputé le préposé d'aucun des fabricants qui l'emploient ; on doit le considérer comme fabricant lui-même et le déclarer assujetti aux obligations déterminées par la loi de l'an 6. — Toutefois, il a été décidé que l'ouvrier qui, muni de tous les instruments de la fabrication, confectionne chez lui des ouvrages d'or ou d'argent, est soumis à toutes les mesures de garantie prescrites par la loi du 19 brum. an 6 ; que la contravention résultant de ce qu'il s'est livré à ce travail de confection dans son domicile sans avoir préalablement rempli les conditions exigées, ne peut être excusée en considération de ce que, travaillant habituellement dans l'atelier d'un fabricant régulièrement établi, il n'aurait qu'accidentellement, et à raison de son état de maladie, emporté quelques objets hors de l'atelier pour les terminer chez lui (Crim. cass. 23 juin 1866, aff. Liaou-Assoum, D. P. 66. 1. 450). Dans l'espèce, il s'agissait d'un ouvrier qui, chargé par son frère, fabricant de bijoux, de terminer la fabrication de bracelets, les avait emportés hors de l'atelier pour faire le travail. Par la généralité de ses termes, cet arrêt paraît contraire à la distinction établie ci-dessus. — Il a été jugé aussi, mais dans une affaire où il s'agissait d'ouvriers travaillant pour le compte de divers maîtres fabricants, qu'on doit considérer comme fabricant, dans le sens des art. 72 et suiv. de la loi du 19 brum. an 6, l'individu qui fabrique de la bijouterie, et qui, propriétaire d'établis et outils nécessaires à cette fabrication, emploie plusieurs ouvriers et apprentis, alors même qu'il prétendrait travailler non pour son propre compte, mais à façon et pour le compte d'autrui (Paris, 15 juill. 1841, aff. Banel, D. P. 54. 5. 537).

77. L'art. 72 de la loi du 19 brum. an 6 impose aux fabricants d'ouvrages d'or et d'argent l'obligation de *se faire connaître* à l'Administration. Bien que la loi ne le dise pas expressément, on a émis au *Rép.* n° 62 l'avis qu'ils doivent aussi indiquer leur domicile. La surveillance des employés ne pourrait pas, sans cela, s'exercer utilement. Un fabricant commettrait donc une contravention s'il se livrait à la fabrication d'ouvrages d'or et d'argent dans une résidence tenue secrète. — Mais il a été jugé, avec raison, que le fabricant régulièrement établi pouvant faire travailler à des matières d'or et d'argent dans son logement personnel aussi bien que dans son atelier, alors que tous deux sont dans le bâtiment où il exerce sa profession, il s'ensuit que l'ouvrier contre lequel un procès-verbal a été dressé par les employés de la Garantie, pour confection de bijoux d'or et d'argent dans son domicile, échappe à toute poursuite, s'il établit que ce domicile lui est commun avec le maître, son propre frère, chez lequel il travaille (Crim. cass. 7 avr. 1866, aff. Liaou-Assoum, D. P. 66. 1. 450).

78. Aux termes de l'art. 73, quiconque se borne au commerce d'orfèvrerie, sans entreprendre la fabrication, n'est tenu que de faire sa déclaration à la municipalité de son canton, et est dispensé d'avoir un poinçon (*Rép.* n° 62). Il a été jugé qu'il y a contravention de la part de l'individu qui, sans avoir fait de déclaration à la mairie, ni tenu un registre spécial, vend en son nom personnel des objets d'orfèvrerie ou de bijouterie, même alors qu'il prétend que la majeure partie de ses ventes est faite par lui en qualité de commis et dans les magasins d'un marchand ou fabricant exerçant notoirement le commerce de la bijouterie (Crim. cass. 3 mai 1855, aff. Delattre, D. P. 56. 1. 112, Olibo, *op. cit.*, t. 2, p. 623).

79. Les fabricants et marchands d'or et d'argent ouvrés ou non ouvrés sont tenus d'avoir un registre coté et parafé par l'administration municipale, sur lequel ils inscrivent la nature, le nombre, le poids et le titre des ouvrages et matières d'or et d'argent qu'ils achètent ou vendent, avec les noms et demeures de ceux de qui ils les ont achetés. Ils sont tenus de présenter ce registre toutes les fois qu'ils en sont requis (V. *Rép.* n°s 64 et suiv.). Les contraventions à ces prescriptions sont poursuivies devant le tribunal correctionnel (V. Paris, 21 août 1868, aff. Michel, D. P. 68. 2. 181). — Sur la question de savoir comment elles doivent être constatées, V. *infrà*, n°s 102 et suiv. — Il a été jugé que l'achat, par un bijoutier, de vieilles monnaies d'or n'ayant plus cours, fait en vue de les convertir en lingots, est, non une opération de change, mais une opération sur des matières d'or et d'argent, qu'il est tenu d'inscrire sur son registre (Crim. cass. 26 avr. 1862, aff. Godet, D. P. 65. 5. 283).

80. Le fabricant est passible de poursuites par le seul fait matériel de l'infraction, indépendamment de toute intention, soit que l'infraction résulte de son fait personnel, soit qu'elle ait été commise par ses ouvriers ou préposés. Mais il a été, à bon droit, décidé qu'un marchand d'objets d'or et d'argent ne peut être poursuivi pour défaut d'inscription sur son registre, de l'achat d'une montre que sa fille mineure aurait acquise d'un inconnu, si rien n'établit que celle-ci ait agi comme préposée de son père et pour une opération du commerce exercé par lui, et alors d'ailleurs qu'elle a fait cette acquisition en l'absence et à l'insu de son père (C. de Gand, 31 mai 1864, aff. Van den Daële, D. P. 66. 5. 326).

81. Aux termes de l'art. 75 de la loi de brumaire, les fabricants et marchands ne peuvent acheter que de personnes connues ou ayant des répondants à eux connus; et cela, sous les peines portées par l'art. 80 (*Rép.* n° 78). — Sur la façon dont la contravention doit être constatée, V. *infrà*, n° 104.

82. Les fabricants et marchands doivent porter au bureau de la garantie, dans l'arrondissement duquel ils sont placés, leurs ouvrages pour y être essayés, titrés ou marqués avant leur entier achèvement (*Rép.* n° 80). Contrairement à l'opinion de M. Fontaine, *Code des orfèvres*, p. 259, rapportée au *Rép.* n° 85, suivant laquelle les ouvrages garnis de pierres ou de perles fines ou fausses ne sont *achevés* qu'autant que les pierres, perles ou autres corps étrangers, sont incrustés ou enchâssés dans l'or ou l'argent qui doit les recevoir, il a été jugé que des pendants d'oreilles doivent être considérés comme un ouvrage achevé dès qu'ils ont reçu le poli définitif et sont terminés au point de vue du travail d'orfèvrerie, bien que des pierres précieuses dussent y être ajoutées comme ornement (Crim. cass. 14 juin 1875, aff. Fredja-Abit-Teboul, D. P. 76. 1. 332).

La question de savoir si les ouvrages d'or ou d'argent saisis, non marqués, chez un fabricant, étaient ou non achevés, rentre dans l'appréciation souveraine des juges du fait et échappe au contrôle de la cour de cassation (Crim. rej. 22 avr. 1875, aff. Eliaou Assoun, *Bull. crim.*, n° 129).

83. Il est arrivé que, par suite de fautes commises dans l'opération du dernier achèvement, des ouvrages qui avaient supporté les taxes sont devenus invendables. Restituer le droit sur ces ouvrages eût été impraticable, la législation en matière de garantie n'admettant le remboursement de l'impôt que relativement aux objets neufs dont l'exportation est justifiée. D'un autre côté, il eût été rigoureux de ne pas avoir égard à la perte de l'impôt et des frais de main-d'œuvre subis par l'intéressé. Pour concilier ces considérations d'équité avec les exigences de la loi, l'Administration a, depuis longtemps, admis que l'article détérioré avant le finissage pourrait, à la condition d'être brisé, être remplacé par un autre article neuf et d'un poids identique, lequel reçoit les empreintes de la garantie sans payement d'un nouveau droit.

Pour répondre à un désir exprimé par les industriels, le ministre des finances a décidé qu'une tolérance analogue serait autorisée à l'égard des articles qui, après avoir acquitté l'impôt, ne trouvent pas d'acquéreurs, soit parce que la fabrication ne plaît pas à ceux qui les avaient commandés, soit par suite de changement de mode. Il importe de veiller à ce que cette tolérance ne soit appliquée qu'aux articles nouveaux, c'est-à-dire de fabrication récente, qui, après tentative de vente dans un délai déterminé, n'auraient pas trouvé accueil dans le public. A cet effet, les fabricants désireux de profiter de la concession dont il s'agit seront astreints à la tenue d'un carnet spécial sur lequel devront être inscrits : 1° la date de l'admission au contrôle de l'article nouveau modèle, avec mention de la réserve exprimée par le fabricant que cette admission est faite à titre d'épreuve; 2° la description détaillée de l'ouvrage; 3° le délai demandé par le fabricant pour s'assurer de l'acceptation ou de la non-acceptation de cet ouvrage par le public, délai qui ne pourra pas, dans tous les cas, excéder six mois. Le même carnet devra être tenu en double au bureau de la garantie. A l'aide de ces précautions, lorsque, en cas d'insuccès dans la mise en vente, le fabricant demandera la substitution d'un nouveau modèle au modèle non accueilli, l'identité de celui-ci pourra être suffisamment établie, et, par suite, le transfert du droit accordé, sous la condition, toujours expresse, du bris de l'ouvrage remplacé. Il demeure bien spécifié, du reste, que non seulement en cas d'abus de la part des fabricants, mais même au cas où l'Administration s'apercevrait, après expérience, que la tolérance en question présente, sous quelque rapport que ce soit, des inconvénients, le retrait en serait prononcé. Les intéressés devront en être avertis (Circ. 25 avr. 1887).

84. L'individu prévenu d'avoir vendu des ouvrages d'or et d'argent sans se conformer aux prescriptions des art. 72, 74 et 77 de la loi du 19 brum. an 6, ne peut être excusé sur le motif qu'il aurait agi comme commis d'un autre individu, qu'autant qu'il aurait été notoirement employé dans les magasins d'un marchand réellement établi, et non s'il avait seulement participé à un commerce illicite et clandestin d'ouvrages d'or et d'argent : dans ce dernier cas, il devrait être réputé avoir fait pour son compte personnel le commerce de ces ouvrages, surtout s'il en avait été saisi un certain nombre à son propre domicile (Ch. réun. cas. 28 févr. 1856, aff. Delattre, D. P. 56. 1 325).

85. Pour ce qui concerne les ouvrages vieux ou de hasard et les ouvrages dispensés de la marque, V. *Rép.* n°s 89 et suiv., 95 et suiv.

ART. 5. — *Obligations des marchands d'ouvrages d'or et d'argent ambulants et des fabricants de plaqué* (*Rép.* n°s 106 à 114).

86. — 1. MARCHANDS AMBULANTS (*Rép.* n°s 106 et suiv.). — Aux termes de l'art. 92 de la loi du 19 brum. an 6, les marchands d'ouvrages d'or et d'argent ambulants ou venant s'établir en foire, sont tenus, à leur arrivée dans une commune, de se présenter à l'administration municipale, ou à l'agent de cette administration dans les lieux où elle ne réside pas, et de lui montrer les bordereaux des orfèvres qui leur ont vendu les ouvrages d'or et d'argent dont ils sont porteurs (*Rép.* n° 106). — La contravention à l'art. 92 n'est pas encourue seulement lorsque le marchand, avant d'avoir fait sa déclaration à la mairie, vend ou expose en vente dans les places publiques des ouvrages d'or et d'argent ou simplement dorés. Tenu de se présenter à l'administration municipale dès son arrivée, ou du moins un temps moral après son arrivée dans la commune avec des marchandises, il se trouve en contravention par cela seul qu'il a tardé à accomplir ce devoir préalable; autrement, la loi serait impuissante contre la fraude de ces industriels, qui ne sont pas dans l'habitude d'étaler leurs marchandises (Olibo, *op. cit.*, t. 2, p. 640, note 1).

87. — II. FABRICANTS DE PLAQUÉ, D'OUVRAGES DORÉS OU ARGENTÉS PAR LES PROCÉDÉS GALVANIQUES OU ÉLECTRO-CHIMIQUES (*Rép.* n°s 102 et suiv.). — Un décret du 28 mai 1860 (D. P. 60. 4. 67) a rendu applicables aux fabricants d'ouvrages dorés ou argentés par les procédés galvaniques ou électro-chimiques, les art. 14 et 95 à 100 de la loi du 19 brum. an 6, relatifs aux obligations des fabricants de plaqué. Les fabricants d'ouvrages dorés ou argentés par les procédés galvaniques ou électro-chimiques sont tenus de se servir exclusivement, pour marquer leurs produits, de poinçons dont la forme est un carré parfait. Néanmoins, par dérogation à l'art. 97 de la loi de brumaire, ils sont dispensés d'insculper sur leurs ouvrages le mot *doublé* et la quantité d'or et d'argent qui y est superposée. Ils doivent faire leur déclaration à la mairie du lieu et à la préfecture du département où ils résident, conformément aux prescriptions de l'art. 95 de la loi de brumaire, et faire insculper leur poinçon dans ces deux administrations avec leur nom, sur la plaque de cuivre à ce destinée. D'un autre côté, leur nom, leur demeure ainsi que le signe particulier ou emblème gravé sur leur poinçon, sont mentionnés à l'état tenu dans chaque bureau de garantie en conformité de la circulaire du 24 févr. 1835 (Circ. 5 juin 1860).

88. Par décision du 18 janv. 1860, le ministre des finances, sur l'avis conforme du ministre du commerce, a autorisé la fabrication et la vente d'ouvrages composés avec un alliage qui contient de l'argent, et dont MM. de Ruolz et Fontenay sont les inventeurs. Cette décision porte: 1° l'autorisation pourra être retirée en cas d'abus et après un certain temps d'expérience; 2° les ouvrages ainsi fabriqués porteront l'empreinte du poinçon des fabricants (lequel devra être de forme carrée) et le mot : *alliage* insculpé en toutes lettres. Les fabricants auront, en outre, la faculté d'apposer sur leurs ouvrages le chiffre indicatif de la quantité de métal précieux qu'ils contiennent (Olibo, *op. cit.*, t. 2, p. 643).

89. Les ouvrages en plaqué ou en métaux dorés ou argentés importés d'Angleterre doivent être revêtus du poinçon du fabricant dont la forme est un carré parfait, renfermant soit les initiales du fabricant, soit le signe ou symbole adopté par lui pour marque particulière. Ce poinçon est apposé sans intervention du service de la Garantie (Circ. 29 oct. 1860).

ART. 6. — *Des peines. — Cas où la saisie peut avoir lieu* (*Rép.* n°s 115 à 146).

90. On a indiqué au *Rép.* n°s 115 et suiv. les peines qui frappent les contrevenants aux lois relatives aux matières d'or et d'argent. — La loi du 25 janv. 1884 (V. *suprà*, n° 1) relative au quatrième titre pour les objets d'or et d'argent destinés à l'exportation, punit ainsi qu'il suit les infractions à ses prescriptions et à celles du décret du 6 juin 1884 : « Les ouvrages d'or et d'argent fabriqués à tous titres et les boîtes de montres d'or fabriquées au quatrième titre légal à 583 millièmes, qui sont trouvés chez des fabricants, négociants ou commissionnaires n'ayant pas fait la déclaration prescrite par l'art. 3 de la loi du 25 janv. 1884 (V. *suprà*, n° 21), ou dont la mise à vente à la consommation intérieure est constatée, sont saisis et donnent lieu aux poursuites par-devant le tribunal de police correctionnelle. Les détenteurs des objets saisis encourent la confiscation de ces objets. De plus, ils sont condamnés à une amende qui est, pour la première fois, de dix fois la valeur des objets confisqués; pour la seconde fois, du double proportionnel de la première, avec affiche de la condamnation aux frais du délinquant; enfin, la troisième fois, l'amende est quadruple de la première, et le commerce ainsi que la fabrication des ouvrages d'or et d'argent sont interdits au délinquant sous peine de confiscation de tous les objets de son commerce ». Les autres contraventions à la loi du 25 janv. 1884 et les contraventions au décret du 6 juin 1884 sont soumises aux mêmes pénalités. En cas de manquants constatés lors des inventaires ou de sorties non justifiées, l'amende est de 75 fr. par hectogramme s'il s'agit d'objets en or, et de 4 fr. par hectogramme s'il s'agit d'objets en argent (L. 25 janv. 1884, art. 8 et 9; Décr. 6 juin 1884, art. 8).

91. La saisie des ouvrages non marqués peut être faite sur le fabricant ou marchand, partout où la fraude est découverte, même hors de son domicile (*Rép.* n° 122). Il a été décidé, conformément à cette théorie, que les objets d'or ou d'argent non marqués sont réputés trouvés chez le fabricant ou le marchand, et, par suite, sont soumis à la confiscation, alors même que c'est entre les mains de tierces personnes qu'ils ont été saisis, si celles-ci ne les détenaient que pour le compte du marchand ou du fabricant, qui n'avait pas cessé d'en être propriétaire et d'en avoir la possession légale; que tel est le cas où les marchandises non marquées ont été arrêtées entre les mains d'un commissionnaire de transport chargé de les envoyer à l'étranger, à une époque où elles n'avaient encore été l'objet d'aucune vente à des acheteurs pouvant en réclamer la livraison (Aix, 13 juill. 1872, aff. Masson, D. P. 73. 2. 89). — Mais si l'objet est devenu la propriété d'un acheteur, il peut bien y avoir lieu (à l'occasion, par exemple, d'une constatation du défaut de marque, accidentellement effectuée chez le marchand auquel cet objet se trouvait avoir été remis pour des réparations) de poursuivre la répression de la contravention contre le fabricant vendeur, mais non de réclamer une confiscation qui ne pourrait plus, en pareil cas, atteindre que l'acheteur. Il en est autrement lorsque cet acheteur est lui-même un marchand d'objets d'or et d'argent (V. *Rép.* n°s 88 et 123). Si l'objet d'or ou d'argent, au lieu d'être non marqué, porte une marque fausse, il peut y avoir, indépendamment de la contravention à la loi du 19 brum. an 6, un délit de tromperie autorisant à déclarer la nullité de la vente. Dans ce cas, l'objet rentrant en la possession du fabricant devrait être confisqué (V. *Rép.*, v° *Vente de substances falsifiées*, n°s 86, 112 et 122).

92. Le tribunal qui reconnaît l'existence de la contravention prévue par les art. 77, 80 et 107 de la loi du 19 brum. an 6 doit, en validant la saisie, prononcer la confiscation des matières d'or ou d'argent faisant l'objet de la contravention (Trib. corr. Seine 21 nov. 91, aff. Tiffany, D. P. 92. 2. 253). Mais il doit excepter de la confiscation les pierres fines ou autres ornant les bijoux confisqués (*Rép.* n° 120. Jugement précité du 21 nov. 1891). — Lorsque la confiscation est prononcée à raison de plusieurs chefs de prévention, il suffit, pour qu'elle soit maintenue, qu'elle soit justifiée par un seul (Crim. cass. 14 mai 1875, aff. Fredja-Abit-Teboul, D. P. 76. 1. 332).

93. Les art. 74 et 75 de la loi de brumaire obligent les fabricants et marchands, ainsi qu'on l'a rappelé *suprà*, n° 70, à inscrire sur un registre la nature, le nombre, le poids et le titre des matières d'or et d'argent qu'ils achètent, avec les noms et demeures de ceux de qui ils les ont achetés; et à n'acheter que de personnes connues ou ayant des répondants à eux connus. L'art. 80 de la même loi punit les contrevenants, pour la première fois, d'une amende de 200 fr., pour la seconde d'une amende de 500 fr., avec affiche, à leurs frais, de la condamnation, dans toute l'étendue du département; la troisième fois, d'une amende de 1000 fr. et de l'interdiction du commerce de l'orfèvrerie. — L'art. 14 de la déclaration du 26 janv. 1749, dont plusieurs dispositions sont toujours en vigueur (V. *Rép.* n°s 65 et 119), prononçait la peine de la confiscation contre les orfèvres qui n'inscrivaient pas sur leurs registres leurs ventes et achats. L'art. 80 de la loi de brumaire ne fait pas mention de cette peine; néanmoins des arrêts, rapportés au *Rép.* n° 119, en ont fait l'application à la contravention dont il s'agit. — Mais il a été jugé qu'il n'y a pas lieu de prononcer la confiscation d'un objet d'or ou d'argent acheté par un horloger à un inconnu, les art. 74, 75 et 80 de la loi du 19 brum. an 6 ne prononçant point la confiscation pour un cas semblable, et la déclaration du 26 janv. 1749 n'étant point applicable à la cause, alors surtout que cet objet n'a pas été saisi à l'occasion des poursuites motivées par cette contravention, mais qu'il figure parmi les pièces à conviction d'un autre procès (Orléans, 26 févr. 1866, aff. Trouilleboue, D. P. 66. 2. 59).

94. L'art. 108 de la loi de brumaire prononçait la peine de six années de fer contre le possesseur d'ouvrages d'or ou d'argent sur lesquels les marques des poinçons se trouvaient entées, soudées ou contretirées. On a examiné au *Rép.* nº 133 la question de savoir si cette disposition n'a pas été implicitement abrogée par l'art. 140 c. pén. Ainsi qu'on l'a vu *suprà*, vº *Faux*, nº 86, la cour de cassation, par un arrêt du 26 mai 1876 (aff. Daoud-Guigne, D. P. 76. 1. 509), a décidé que l'art. 108 n'est plus applicable aujourd'hui. D'après le même arrêt, le fait d'appliquer, sur un ouvrage d'or ou d'argent à bas titre, une marque apposée par le bureau de garantie sur une matière d'un titre plus élevé, tombe sous l'application de l'art. 140 c. pén. Mais cette solution nous a paru sujette à critique.

95. En cette matière, comme en toute autre (V. *suprà*, vº *Chose jugée*, 454 et suiv.), la cour d'assises est autorisée, après l'acquittement de l'accusé, à statuer sur les dommages-intérêts réclamés par la partie civile, pourvu qu'elle évite de se mettre en contradiction avec la décision du jury; elle peut, notamment, lorsqu'un individu, accusé d'avoir fait usage de poinçons de garantie autres que ceux de l'Etat, a été déclaré non coupable par le jury, le condamner sur la demande de l'administration des Contributions indirectes, à la réparation du préjudice causé à l'Etat, si l'existence du fait matériel, commis par l'accusé, a été établie (Crim. cass. 6 mars 1868, *Bull. crim.* nº 65).

96. On a dit au *Rép.* nº 443 que l'art. 463 c. pén., relatif aux circonstances atténuantes n'est pas applicable aux peines édictées en matière de garantie. Mais cette solution n'est plus applicable depuis que la loi du 30 mars 1888 (art. 42, D. P. 88. 4. 26) a autorisé l'application de cet article à tous les délits et contraventions prévus par les lois sur les contributions indirectes (Trib. corr. Seine, 21 nov. 91, aff. Tiffany, D. P. 92. 2. 254).

ART. 7. — *Qualités pour constater et poursuivre les contraventions. — Procédure* (*Rép.* nºs 147 à 180).

97. Conformément à l'opinion émise au *Rép.* nº 149, il a été jugé que les contraventions aux lois sur la garantie des ouvrages d'or et d'argent sont valablement constatées, non seulement par le receveur et le contrôleur du bureau de garantie, mais encore par tous les employés des contributions indirectes sans distinction de grades (Crim. rej. 14 déc. 1853, *Bull. crim.* nº 585; Crim. cass. 14 mai 1875, aff. Fredja-Abit-Teboul, D. P. 76. 1. 332; Olibo, *op. cit.*, t. 2, p. 648 et 653).

98. Les employés du bureau de garantie, autres que le receveur et le contrôleur, peuvent-ils faire valablement des visites et dresser des procès-verbaux ? Aux termes de l'art. 4 de l'ordonnance du 5 mai 1820 (V. *Rép.* p. 463), les receveurs, contrôleurs et employés du bureau de garantie, autres que les essayeurs, sont au nombre des employés des contributions indirectes. Un arrêt en a conclu que l'art. 101 de la loi du 19 brum. an 6, qui veut que les procès-verbaux soient rédigés par le receveur et le contrôleur du bureau de garantie, est abrogé; que, d'une part, tous les préposés des contributions indirectes ayant le droit de verbaliser, quels que soient leur grade, et, d'autre part, tous les employés du bureau de garantie, sauf les essayeurs, faisant partie de l'administration des Contributions indirectes, il n'y a point à distinguer entre les agents attachés à un bureau de garantie et les préposés des autres branches de la Régie; que les employés du bureau de garantie ont droit, comme le receveur et le contrôleur, de dresser des procès-verbaux pour constater les contraventions aux lois sur la garantie des ouvrages d'or et d'argent (Paris, 13 févr. 1886, aff. Bessand, et Héricó, D. P. 87. 2. 70). — Cette décision ne nous paraît pas exacte. L'ordonnance du 5 mars 1820, en faisant entrer les employés des bureaux de garantie dans l'administration des Contributions indirectes, n'a pas eu pour but et n'a pu avoir pour effet d'accorder à ces agents des pouvoirs plus étendus que ceux qui leur appartenaient précédemment. Le législateur de l'an 6, afin de donner aux fabricants de sérieuses garanties d'impartialité et de justice, a voulu que les visites à fin de constater les contraventions fussent faites et les procès-verbaux dressés par les employés supérieurs du bureau de garantie, le receveur et le contrôleur accompagnés d'un officier municipal. Aucune loi n'a abrogé cette disposition. Il est vrai que les agents inférieurs des bureaux de garantie sont employés des contributions indirectes, en vertu de l'ordonnance du 5 mai 1820, et que les employés de cette Administration ont qualité, depuis la loi du 5 vent. an 12, pour rédiger les procès-verbaux de contravention en matière de garantie. Mais ces dispositions légales ne sont pas incompatibles avec celles de l'art. 101 et n'entraînent pas nécessairement leur abrogation. On arrive, en les combinant, à cette règle : que tous les employés des contributions indirectes qui ne sont pas attachés aux bureaux de garantie ont le droit de dresser des procès-verbaux de contravention; que, parmi les agents des contributions affectés aux bureaux de garantie, seuls le receveur et le contrôleur ont le pouvoir de dresser ces procès-verbaux. Et, en fait, il paraît juste qu'on se montre exigeant à l'égard des employés qui, continuellement en rapport avec les fabricants d'ouvrages d'or et d'argent, à la recherche constante des fraudes qu'ils peuvent commettre, sont sujets à des entraînements qu'on a moins à redouter des agents qui, chargés d'autres services, ne sont appelés qu'incidemment à constater ces sortes de contraventions. Cette opinion a été consacrée par plusieurs arrêts rapportés au *Rép.* nº 151.

99. Les maires, les adjoints et les commissaires de police ne sont pas compétents pour constater les contraventions en matière de garantie, à l'exception de celles qui sont commises par les marchands ambulants ou venant s'établir en foire. Leur compétence à cet égard est fondée sur ce que, le commerce de ces marchands se faisant pour ainsi dire en courant, les employés de la Régie ou de la Garantie n'arriveraient jamais à temps pour constater les contraventions que ces individus pourraient commettre (*Rép.* nº 153, Olibo, *op. cit.*, t. 2, p. 653). — Il a été jugé que les commissaires de police sont sans qualité pour constater les contraventions relatives à la garantie des objets d'or et d'argent; que les procès-verbaux par eux dressés en cette matière ne peuvent servir de base à des poursuites contre les contrevenants (Nancy, 18 janv. 1864, aff. Boivin, D. P. 64); qu'il en est autrement s'il s'agit de contraventions commises par les marchands ambulants (Douai, 14 juill. 1873, aff. Femme Tarate, D. P. 74. 5. 379 ; Trescaze, *op. cit.*, p. 838, nº 1031).

100. Les procès-verbaux dressés par les employés de la garantie font foi jusqu'à inscription de faux des déclarations et aveux émanés des contrevenants (Crim. cass. 3 mai 1855, aff. Delattre, D. P. 56. 1. 112). Il en est de même des procès-verbaux émanés des maires, adjoints ou commissaires de police, dans les cas exceptionnels où ils ont le droit de constater les contraventions en matière de garantie.

101. Les employés des contributions indirectes, en Algérie comme dans la métropole, ont le droit de verbaliser en matière de garantie (Crim. cass. 14 mai 1875. aff. Fredja-Abit-Teboul, D. P. 76. 1. 332).

102. Quoique la loi du 19 brum. an 6 n'ait pas expressément attaché la peine de nullité à l'inobservation des formalités qu'elle prescrit pour la rédaction des procès-verbaux en matière de garantie, la jurisprudence prononce cette nullité parce qu'elle considère ces formalités comme essentielles et constitutives de l'acte (V. *Rép.* vº *Procès-verbal*, nº 505). Ainsi le procès-verbal est nul : lorsque les employés de la garantie n'ont pas été assistés d'un commissaire de police (*Rép.* nº 152, et vº *Procès-verbal*, nº 507);... lorsque le cachet du commissaire de police qui accompagnait les agents n'a pas été, dès cette visite, apposé sur les objets saisis (*Rép.* vº *Procès-verbal*, nº 505); lorsque le procès-verbal n'a pas été dressé immédiatement sur le lieu de la saisie et notamment quand ce procès-verbal a été rédigé chez le commissaire de police, alors que l'acte ne démontre pas qu'il y ait eu empêchement à sa rédaction sur le lieu même de la saisie (*Rép.* vº *Procès-verbal*, nº 508). Il a été jugé que les formalités prescrites par les art. 101 et suiv. de la loi du 19 brum. an 6, pour la saisie des ouvrages d'or et d'argent soupçonnés de fraude doivent être observées à peine de nullité; que les procès-verbaux que rédigent les agents de la garantie, après une perquisition chez un particulier, doivent également, à peine de nullité, constater l'accomplissement de ces formalités et notamment l'assistance d'un commissaire de police à la perquisition (Crim. rej. 31 déc. 1885, aff. Lévy, D.P.87.1.141). — Mais il a été décidé : 1° que le procès-verbal de saisie, non dressé à l'instant et sans déplacer, n'est pas nul lorsque le renvoi de la rédaction à un autre jour a pour cause soit un fait personnel au prévenu, soit des circonstances de force majeure (Crim. cass. 14 mai 1875, aff. Fredja-Abit-Teboul, D. P. 76. 1. 332); — 2° Que l'obstacle de force majeure peut résulter de cette circonstance que le commissaire de police qui accompagnait les employés des contributions indirectes, était appelé par ordre supérieur sur un autre point pour affaire de service et que, de plus, il était difficile de rédiger le procès-verbal dans un lieu où il n'y avait ni chaise, ni table, ni rien de ce qu'il faut pour écrire (Crim. rej. 22 avr. 1875, aff. Eliaou Assoun, *Bull. crim*, n° 129).

103. La présence du commissaire est requise à peine de nullité pendant toute la durée des opérations, et il ne doit se retirer qu'après la rédaction du procès-verbal. La saisie opérée à la suite d'une perquisition ne peut donc avoir lieu qu'en présence du commissaire de police, à la différence de celle qui a lieu dans le cas prévu par l'art. 65 de la loi du 19 brum. an 6, c'est-à-dire quand le propriétaire des ouvrages d'or ou d'argent présente lui-même ces ouvrages à l'essayeur. Il a été décidé, en ce sens, que la saisie des ouvrages d'or ou d'argent soupçonnés de fourré peut avoir lieu sans l'assistance d'un commissaire de police dans le cas où ces objets sont volontairement présentés à l'essayeur par le propriétaire; mais cette exception, qui résulte de la disposition de l'art. 65 de la loi du 19 brum. an 6, ne saurait être étendue au cas où la saisie est opérée à la suite d'une perquisition faite chez un particulier; que le consentement donné en pareille matière par le contrevenant à la procédure irrégulièrement suivie ne peut couvrir les irrégularités de cette procédure qu'autant que ce consentement résulte des termes du procès-verbal (Crim. rej. 13 déc. 1885, aff. Lévy, D.P.87.1.141). — M. Faustin Hélie, *Traité de l'instruction criminelle*, 2ᵉ édit., t. 3, n° 1309, enseigne, conformément à la décision de cet arrêt, que, dans les matières où les perquisitions ne peuvent être opérées qu'avec l'assistance d'un commissaire de police, « la présence de cet officier public ne peut être suppléée que par l'adhésion non douteuse et non incertaine de la personne dont le domicile a été envahi; que, dès lors, il faut que ce consentement soit régulièrement constaté et qu'il ne peut l'être que par le procès-verbal lui-même qui puise toute sa force dans l'expression de cette volonté ».

104. Aux termes des art. 101 et suiv. de la loi du 19 brum. an 6, les contraventions aux dispositions de cette loi doivent être constatées par des procès-verbaux émanés des employés, soit des bureaux de garantie, soit des contributions indirectes. Cette constatation préalable est-elle nécessaire, dans tous les cas, pour que le ministère public puisse exercer des poursuites, conformément à l'art 102 de la loi précitée? Une distinction a été proposée à cette égard : les articles précités ne s'appliqueraient qu'au cas spécial, indiqué par ces articles, où il s'agit de la fabrication illicite de poinçons, auquel cas on comprend que les agents spéciaux du bureau de garantie ou les employés des contributions indirectes aient seuls qualité pour constater des contraventions qu'eux seuls sont aptes à apprécier; mais il n'en serait pas de même pour la poursuite des contraventions prévues par les art. 74 et 75, dont les prescriptions concernent la tenue régulière d'un registre d'achats et de ventes et l'obligation de n'acheter que de personnes connues ou ayant des répondants connus. Dans ces deux cas, a-t-on dit, il n'y a aucune raison pour s'écarter des règles du droit commun. Que si l'art. 105 dispose que « les mêmes formes et dispositions prescrites par les articles précédents auront lieu pour les recherches, saisies et poursuites relatives aux contraventions à la présente loi », il fait allusion aux infractions pouvant amener des saisies qui nécessiteraient la présence des employés. Cette solution avait été consacrée par deux arrêts de la cour d'Orléans, des 13 nov. 1839 et 27 août 1845 (*Rép.* n° 165-2°) et par un arrêt de la cour de cassation du 6 août 1848 (aff. Bricet, *Rép.* n° 161-3° et D. P. 48. 5. 274). Plus récemment, il a encore été décidé, dans le même sens, que le ministère public a qualité pour poursuivre d'office, en l'absence même de procès-verbaux des employés du bureau de garantie ou des contributions indirectes, les contraventions à l'obligation imposée aux marchands d'or et d'argent, soit de n'acheter que de personnes connues, soit de tenir registre des objets qu'ils achètent ainsi que du nom et du domicile des vendeurs (Orléans, 26 févr. 1866, aff. Trouilleboue, D. P. 66. 2. 59).

Cette doctrine n'était pas exacte. Il résulte de l'ensemble des dispositions de la loi du 19 brum. an 6, et notamment des art. 101, 102, 103, 104 et 105 de cette loi, que, pour toutes les contraventions dans les matières réglementées par ladite loi, l'action en condamnation aux peines qu'elle a édictées ne peut être intentée qu'autant que les faits constituant la contravention ont été constatés par un procès-verbal dressé par les employés, soit des bureaux de garantie, soit des contributions indirectes; et que cette action n'est dévolue au ministère public que par la remise qui lui est faite, par les préposés de l'Administration, d'un procès-verbal ainsi régularisé; c'est là une condition essentielle dont cette loi, dérogatoire en cela au droit commun, a fait dépendre l'exercice en cette matière du pouvoir répressif du ministère public. C'est en ce dernier sens que la jurisprudence paraît s'être fixée; et, de l'ensemble de ses décisions les plus récentes, il résulte que le ministère public ne peut poursuivre les contraventions à la loi du 19 brum. an 6, concernant la vente des matières d'or et d'argent, qu'autant qu'elles ont été dénoncées par des procès-verbaux des employés soit des bureaux de garantie, soit des contributions indirectes; qu'il en est ainsi dans le cas même où ces contraventions sont relatives à la tenue régulière du registre d'achats et de ventes imposé aux marchands d'objets d'or et d'argent, ou à l'injonction qui leur est faite de n'acheter que de personnes connues (Crim. rej. 28 avril 1855, aff. Vezès, D. P. 58. 1. 305; Nancy 19 janv. 1864, aff. Boivin, D. P. 64. 2. 29; Crim. cass. 28 déc. 1866, aff. Trouilleboue, D. P. 67. 1. 144, et sur renvoi, Angers, 25 févr. 1867, même affaire, D. P. 67. 2. 62; Douai 14 juill. 1873, aff. Femme Tarate, D. P. 74. 5. 359). Jugé toutefois que, malgré l'absence de procès-verbal, si le prévenu ne s'est pas prévalu de cette irrégularité, il n'y a pas nullité de la condamnation prononcée contre lui (Arrêt précité du 28 avr. 1855). Mais il a été décidé aussi, avec raison, qu'en matière de garantie des ouvrages d'or et d'argent, les procès-verbaux constatant les infractions ne sont une condition des poursuites du ministère public que dans le cas où ces infractions ne constituent que de simples contraventions, et non lorsqu'elles ont le caractère de crimes; que, dans cette dernière hypothèse, l'action publique est régie par les principes du droit commun pour la poursuite des crimes; qu'en conséquence, l'individu accusé, en semblable matière, d'une infraction constituant un crime, ne peut se prévaloir de la nullité du procès-verbal qui la constate (Crim. rej. 21 févr. 1856, aff. Verschoore, D. P. 56. 1. 350). On ne saurait, en effet, inférer des dispositions spéciales de la loi du 19 brumaire une dérogation aux règles générales du code d'instruction criminelle pour la poursuite et le jugement des faits qualifiés crimes. Dès que l'infraction revêt cette qualification, elle est nécessairement régie par la procédure édictée pour la poursuite des crimes : il résulte, en effet, de l'art. 342 c. instr. crim. que les procès-verbaux n'ont devant les jurés que la valeur de simples renseignements qu'il leur appartient d'apprécier, et l'on ne peut admettre que ces procès-verbaux soient une condition de la poursuite, lorsqu'ils ne sont pas une base nécessaire du jugement.

105. Lorsqu'il a été dressé procès-verbal de la perquisition et de la saisie opérées chez un marchand, on peut établir par tous les moyens de preuve que les bijoux fourrés qui ont été trouvés chez ce marchand lui ont été livrés par un fabricant, et par suite, déclarer ce dernier coupable de la contravention prévue et punie par l'art. 65 de la loi du 19 brum. an 6. Il a été jugé, en ce sens, que le fabricant de bijoux qui a vendu à un marchand, dans les magasins duquel ils ont été trouvés, des ouvrages d'or ou d'argent reconnus fourrés de matières étrangères, doit être déclaré coupable de la contravention énoncée en l'art. 65 de la loi du 19 brum. an 6, alors même qu'aucun procès-verbal n'a été dressé spécialement contre lui, si la preuve de la contravention imputée à ce fabricant résulte soit de l'aveu du prévenu, soit de tout autre mode de preuve; mais qu'il n'en peut être ainsi qu'au cas où la perquisition dans les magasins du marchand et la saisie des bijoux fourrés ont été valablement opérées et constatées par un procès-verbal régulier (Crim. rej. 31 déc. 1885, aff. Lévy, D. P. 87.1.141).

106. Le principe, formulé au *Rép.* n° 166, d'après lequel la régie des Contributions indirectes a, concurremment avec le ministère public, le droit de poursuivre les contraventions aux lois sur les marques de garantie, a été consacré de nouveau par la jurisprudence. Il a été jugé que l'administration des Contributions indirectes peut poursuivre directement les contraventions aux dispositions relatives à la garantie des matières d'or et d'argent, ou remettre au ministère public les procès-verbaux constatant ces contraventions pour qu'il ait à exercer lui-même les poursuites (Crim. rej. 28 avr. 1855, aff. Vezès et Baldy, D. P. 56. 5. 306).

107. Les procès-verbaux des préposés des contributions indirectes, en matière de garantie des ouvrages d'or et d'argent, font foi jusqu'à inscription de faux, non seulement des faits matériels, mais encore des déclarations et aveux qu'ils constatent, et le juge ne peut refuser de tenir pour constants ces faits, déclarations ou aveux (V. *suprà*, n° 100). Mais quant au délit spécial de fourré, le juge a le pouvoir d'apprécier souverainement si le prévenu a agi avec intention frauduleuse, intention qui est la base du *délit* (V. *suprà*, n° 71). Il a été jugé qu'il n'y a pas violation de la foi due aux procès-verbaux des employés de la garantie, dans l'arrêt qui, sans dénier le fait matériel qu'un individu a été trouvé fabriquant des bijoux dans son domicile, ajoute seulement le fait nouveau que ce domicile était commun avec un fabricant autorisé, et en déduit, au profit du prévenu, la qualité de simple ouvrier travaillant chez et avec son maître, au lieu de celle de fabricant à façon en fraude (Crim. rej. 7 avr. 1866, aff. Liaou-Assoum, D. P. 66. 1. 450; Trescaze, *op. cit.*, p. 837, n° 997).

108. On a dit au *Rép.* n° 170 que les tribunaux saisis de poursuites relatives à la garantie des matières d'or et d'argent ne peuvent comprendre dans l'instruction, ni atteindre par leurs jugements, d'autres chefs de contraventions que ceux qui leur ont été déférés par les procès-verbaux, lesquels peuvent seuls servir de base à l'action publique. Conformément à cette doctrine, il a été jugé qu'une cour d'appel, saisie d'un délit de détention d'ouvrages d'or et d'argent marqués d'un faux poinçon, est incompétente pour statuer sur un délit de fourré qui n'avait fait l'objet ni de l'ordonnance de renvoi, ni de la citation devant le tribunal correctionnel, ni des questions jugées par ce tribunal (Crim. cass. 14 mai 1875, aff. Fredja-Abit-Teboul, D. P. 76. 1. 332).

109. La loi ne fait aucune obligation au juge de recourir à l'expertise en matière de garantie et, spécialement, pour décider si des objets de joaillerie sont ou non susceptibles de l'application des empreintes de la garantie. Ce principe a été exposé au *Rép.* nos 171 et suiv. (V. Olibo, *op. cit.*, t. 2, p. 636).

110. La nullité d'un procès-verbal de contravention aux lois sur la garantie des matières d'or et d'argent n'empêche pas que le tribunal ne doive prononcer la confiscation des objets saisis en contravention. Cette règle se fonde sur l'art. 34 du décret du 1er germ. an 13, qui oblige le tribunal à prononcer la confiscation de tous les objets saisis en contravention, nonobstant la nullité du procès-verbal de saisie, pourvu que la contravention se trouve suffisamment établie par l'instruction. Il résulte évidemment de cet article que la confiscation n'a pas besoin d'être appuyée sur un procès-verbal, et qu'elle devra être prononcée toutes les fois que la preuve de la contravention sera acquise au débat, soit par l'aveu du prévenu, soit par tout autre moyen. D'où il suit qu'en cette matière, les tribunaux ne peuvent, sans violer la loi, rejeter, en cas de nullité de procès-verbaux pour vice de forme, les autres preuves existantes ou celles qu'on offre de leur administrer (*Rép.* n° 159; Olibo, *op. cit.*, t. 2, p. 655, note 2). Il a été jugé aussi qu'en matière fiscale, et spécialement dans une prévention de fourré, le jugement d'acquittement fondé sur la bonne foi du prévenu, n'en doit pas moins ordonner la confiscation des bijoux fourrés saisis (Crim. cass. 30 oct. 1886, aff. Riquer, *Bull. crim.* n° 365, Trescaze, *op. cit.* supplément, p. 119, n° 719. V. aussi Trib. de la Seine, 24 mai 1884, cité par Trescaze, *op. cit.* supplément, p. 124, n° 732).

111. Si le ministère public exerce des poursuites en vertu d'un procès-verbal dressé par un commissaire de police qui n'avait pas le droit de constater la contravention, le prévenu, quand même il n'aurait pas relevé la fin de non-recevoir devant les premiers juges, est recevable à l'opposer en appel (Trescaze *op. cit.* p. 838, n° 1032; Douai, 14 juill. 1873, aff. Femme Tarate, D. P. 74. 5. 359).

112. L'appel interjeté par l'administration des Contributions indirectes suffit, en l'absence même d'un appel du ministère public, pour donner à la cour de droit de prononcer la confiscation, omise par le tribunal correctionnel; la confiscation, dans ce cas, ayant moins le caractère d'une peine que d'une réparation civile (*Rép.* n° 168; Crim. rej. 14 mai 1875, aff. Fredja-Abit-Teboul, D. P. 76. 1. 332).

Les directeurs des contributions indirectes sont autorisés à interjeter appel d'office (Circ. 7 juin 1869).

113. On a émis au *Rép.* n° 167, l'opinion que l'inobservation des délais de dix jours impartis par l'art. 102, n'entraîne aucune déchéance. Il a été jugé, dans ce sens, que les délais de dix jours impartis par l'art. 102 de la loi du 19 brum. an 6 pour transmettre au procureur de la République les procès-verbaux en matière de garantie et pour commencer les poursuites correctionnelles, ne sont pas des délais de rigueur dont l'inobservation doive entraîner une peine de nullité ou de déchéance (Lyon, 17 mai 1876, cité par Olibo, *op. cit.* t. 2, p. 657).

114. La Régie, on l'a dit au *Rép.* n° 179, ne peut transiger sur les délits et contraventions concernant la garantie des matières d'or et d'argent. Malgré la soumission du fabricant à payer les condamnations pécuniaires qu'il a encourues, on ne peut se dispenser de le poursuivre devant les tribunaux (Olibo, *op. cit.*, t. 2, p. 661).

115. Les amendes prononcées pour la répression des délits et contraventions concernant la garantie des matières d'or et d'argent ne peuvent être remises ou modérées que par voie de grâce (Résol. Cons. d'Et. 26 févr. 1850 citée par Olibo, t. 2, p. 663).

116. Le recours en grâce, adressé au président de la République pour obtenir la remise d'amendes, a pour effet de suspendre les poursuites jusqu'à la décision à intervenir. Des instructions dans ce sens ont été transmises aux receveurs. Elles portent, notamment, que ceux qui feraient payer des amendes, après l'avis officiel du recours en grâce, compromettraient leur responsabilité; que leur devoir est de refuser tout payement, même s'il leur était offert, sauf dans le cas d'urgence et sur l'autorisation du directeur, à faire des actes conservatoires. Pour prévenir des irrégularités, les receveurs doivent mettre sur les mandats de payement d'amendes attribuées à divers la mention suivante : « je, soussigné, certifie qu'il ne m'est parvenu aucun avis officiel de recours en grâce »; ou bien : « que le recours en grâce a été rejeté » (Instr. dir. gén. de l'enreg. et des domaines, 25 nov. 1866).

Art. 8. — Affinage. — Argues (*Rép.* nos 181 à 185).

117. Par décision du ministre des finances du 8 oct. 1864, les argues de Lyon et de Trévoux ont cessé de fonctionner: cette dernière par la suppression du bureau dont elle faisait partie. Toutes les argues nationales ont donc disparu, mais il pourrait en être créé de nouvelles (Trescaze, *op. cit.*, p. 827, n° 865).

118. L'Administration tolère que les lingots destinés à être convertis en fils soient tirés dans des argues particulières et affranchis des droits (Circ. 3 avr. 1863). Cette décision doit être entendue dans ce sens que les affineurs de métaux autorisés à forger et arguer eux-mêmes, dans leur atelier, leurs lingots de tirage, peuvent non seulement tirer leurs lingots, mais encore ceux qui leur seraient présentés par leurs confrères (Décis. Adm. contr. indir. 24 avr. 1863; Trescaze, *op. cit.* p. 826, n° 862).

Table sommaire

des matières contenues dans le Supplément et le Répertoire.

(Les chiffres précédés de la lettre *S* renvoient au Supplément; les chiffres précédés de la lettre *R* renvoient au Répertoire.)

Table chronologique des Lois, Arrêts, etc.

MATIÈRES SOMMAIRES.

Division.

ART. 1er. — *Historique. — Législation. — Droit comparé* (*Rép.* nos 1 à 6).

1. — I. HISTORIQUE. LÉGISLATION. — En 1853, M. le baron de Crouseilhes soumit au Sénat une proposition tendant à appliquer la procédure sommaire à toutes les actions personnelles et mobilières jusqu'à la valeur de 10 000 fr. et les actions immobilières jusqu'à 400 fr. de revenu. Les avoués des départements adressèrent au Sénat une supplique contre ce projet qui ne fut pas adopté, (V. Coin-Delisle *De la limite législative des causes sommaires*, *Recueil critique de législation et de jurisprudence*, 1867, t. 10, p. 523; *Moniteur* du 21 juin 1857, p. 673). Dans le projet de la commission, instituée en 1862 pour rechercher les modifications qu'il serait utile d'apporter aux lois de procédure civile et dont l'œuvre fut terminée en 1868, le titre 24 du code actuel disparait. La procédure sommaire devient la procédure ordinaire.

2. Le projet de loi portant revision du code de procédure civile déposé par M. Thévenet, le 6 mars 1890 (V. *suprà*, v° *Enquête*, n° 2) supprime aussi le titre 24 du code actuel. Il admet, en effet, la procédure sommaire comme procédure de droit commun et n'établit en principe aucune différence de procédure pour toutes les affaires jugées en première instance. Quelques membres de la commission extra-parlementaire chargée d'élaborer le projet, auraient voulu que l'on distinguât les affaires jugées en première instance suivant leur importance pour confier à un juge unique le soin de juger seul et vite les affaires les plus minimes, mais la majorité de la commission a repoussé cette innovation. Le Parlement est, en effet, saisi d'un projet étendant la compétence civile des juges de paix, et l'innovation demandée a paru rentrer bien mieux dans les dispositions de ce dernier projet, le juge unique par excellence étant en France le juge de paix dont la compétence doit s'étendre à toutes les affaires ne mettant en jeu que des intérêts de minime valeur. Quant aux affaires exigeant une solution prompte, il y est pourvu par la procédure spéciale des référés.

3. — II. DROIT COMPARÉ. — 1° *Allemagne*. — Le livre 7 du code de procédure civile pour l'Empire d'Allemagne du 30 janv. 1877 (art. 628 à 643) est consacré à la procédure par voie de sommation (*Mahnverfahren*). Cette procédure a pour objet de supprimer la procédure ordinaire et de la remplacer par des formes très rapides, toutes les fois que la contestation ne doit pas être sérieuse. Elle est employée lorsque la réclamation a pour objet le payement d'une somme d'argent déterminée ou la prestation d'une quantité déterminée d'autres choses fongibles ou de valeurs. Il n'y a pas lieu à la procédure de sommation lorsqu'il résulte de la demande que la poursuite de la réclamation est subordonnée à une prestation non encore effectuée de la part du demandeur ou lorsque le commandement de payer doit être signifié à l'étranger ou par voie de notification publique (art. 628). La demande doit contenir les noms des parties, la désignation du tribunal, l'indication de l'objet de la réclamation, la demande en délivrance du commandement de payer (art. 629). Elle est rejetée s'il résulte de son contenu que la réclamation est mal fondée. L'ordonnance qui rejette la demande n'est susceptible d'aucun recours (art. 631). Si la demande paraît justifiée, le tribunal de bailliage délivre un commandement de payer avec sommation au débiteur de satisfaire le créancier dans le délai de deux semaines à partir de la signification ou de former opposition devant le tribunal (art. 632). La signification du commandement de payer produit les effets de la litispendance (art. 633). L'opposition est recevable tant que l'exécutoire n'est pas délivré. Le commandement de payer perd son effet par suite de l'opposition. Les conséquences de la litispendance subsistent, si la demande régulière à intenter est de la compétence du tribunal de bailliage qui a délivré le commandement : cette demande est considérée comme introduite à partir de la signification; chacune des parties peut assigner son adversaire au débat oral; le délai d'ajournement doit être de trois jours au moins (art. 635 et 636). — Si la demande à intenter est de la compétence des tribunaux régionaux, les conséquences de la litispendance cessent au cas où la demande n'est pas portée devant le tribunal compétent dans un délai de six mois à partir du jour de la notification de l'opposition (art. 637). Après l'expiration du délai fixé par le commandement de payer, s'il n'y a opposition, le commandement est, à la requête du créancier, déclaré exécutoire par provision (art. 638). L'exécutoire équivaut à un jugement au fond par défaut portant exécution provisoire. Il est susceptible d'opposition (art. 639). La demande en délivrance d'un commandement de payer ou d'un exécutoire, ainsi que l'opposition, ne sont pas notifiées en copie à la partie adverse; si elles sont faites verbalement, il n'est pas nécessaire d'en dresser procès-verbal (art. 640) (V. Glasson, Lederlin et Dareste, *Code de procédure civile pour l'Empire d'Allemagne*).

4. — 2° *Autriche*. — En Autriche, la loi du 27 avr. 1873 règle la procédure sommaire des petites affaires portées devant les tribunaux de canton. Cette procédure s'applique :

aux procès relatifs à une somme d'argent déterminée ne dépassant pas 25 flor.; aux affaires relatives à tout autre objet dans lesquelles le débiteur peut se libérer par le payement de pareille somme; enfin, toutes les fois que le demandeur offre transaction moyennant semblable somme. Les parties peuvent aussi proroger la juridiction du juge de canton et lui soumettre, comme affaires sommaires, des procès plus importants, jusqu'à concurrence de la somme de 500 flor., pourvu que les autres conditions exigées pour l'emploi de la procédure sommaire soient réunies (V. Glasson, *Notice sur la loi autrichienne du 27 avr.* 1873, *Bulletin de la société de législation comparée*, 1875, p. 213). — Une autre loi du 27 avr. 1873 sur la procédure spéciale appelée *Mahnverfahren* donne au créancier sans titre exécutoire un moyen facile et prompt d'agir contre son débiteur. Quand une créance est exigible et a pour objet de l'argent ou d'autres choses fongibles ne dépassant pas 200 flor. le créancier peut demander au juge du canton un commandement de payer. Ce commandement est donné sans que l'assignation du débiteur qui a toutefois le droit d'y former opposition, soit nécessaire (*Annuaire de législation étrangère*, 1874, p. 189). La loi du 16 mai 1874 a modifié quelques dispositions de la loi de procédure civile concernant la procédure orale, l'instruction par écrit et la procédure sommaire dans les affaires civiles. Elle élève de 200 à 500 flor. la somme jusqu'à laquelle est admise la procédure sommaire; abrège les délais; s'occupe de l'administration des preuves et spécialement des enquêtes et des frais (Glasson, *Notice sur la loi autrichienne du 27 avr.* 1873, *Bulletin de la société de législation comparée*, 1875, p. 220 ; *Ann. de lég. étr.*, 1875, p. 233).

5. — 3° *Hongrie.* — En Hongrie la loi XXII de 1877 sur la procédure dans les litiges de peu d'importance (*Bagatellverfahren*), a établi une procédure sommaire pour les affaires de moins de 50 flor. La loi LIX de 1881 a étendu cette procédure à toutes les causes dont l'intérêt est de 500 flor. Ces affaires sont discutées oralement (*Ann. de lég. étr.*, 1878, p. 232 ; 1882, p. 366).

6. — 4° *Italie.* — Le code de procédure civile italien en vigueur depuis le 1er janv. 1866 distingue la procédure *formelle* qui est la règle et dans laquelle s'observent les formalités, les délais et toutes les prescriptions normales, et la procédure *sommaire* qui est l'exception. La procédure sommaire, dans laquelle les formalités sont moindres, les délais plus brefs, les prescriptions moins absolues, s'observe devant les conciliateurs, les prêteurs, et aussi, dans les cas déterminés par la loi, devant les tribunaux de commerce et les cours d'appel (Albéric Allard, *Examen critique du code de procédure civile du royaume d'Italie*, *Revue de droit international*, t. 1, p. 198 et 313; t. 2, p. 217 et 377). Une réforme importante, tendant à modifier cette procédure, en la rendant plus simple, plus rapide et moins coûteuse, a été étudiée et approuvée en 1878 par la Chambre des députés. Le projet n'a pas encore été voté (*Ann. de lég. étr.*, 1879, p. 306).

7. — 5° *Portugal.* — Le code de procédure civile portugais du 3 nov. 1876 établit la procédure ordinaire, et des procédures spéciales pour un grand nombre d'affaires, interdiction, séparation de corps et de biens; instances pour prévenir le dommage, reddition de compte, offre de payement et consignation, partage de la chose commune, etc. Ces procédures spéciales sont excessivement rapides. Le demandeur présente une requête et commence par un ajournement où il exprime l'objet et le but du procès et le jour de la comparution qui est, en principe, le jour de la seconde audience après l'ajournement. Le défendeur, interpellé à l'audience fixée, doit répondre à la demande dans le délai de trois audiences (Henri Midosi, *Ann. de lég. étr.*, 1877, p. 434 et suiv.).

8. — 6° *Suisse.* — Le code de procédure civile revisé de 1883, pour le canton de *Berne*, édicte des règles spéciales pour la procédure ordinaire, et pour certaines procédures particulières qui concernent: 1° les affaires qui sont de la compétence en dernier ressort du tribunal de district; 2° les affaires matrimoniales et de paternité en général et le divorce; 3° les affaires qui sont de la compétence en dernier ressort du président du tribunal et du juge de paix (Henri Le Fort, *Ann. de lég. étr.*, 1884, p. 604).

La procédure ordinaire dans le canton de *Genève* n'a lieu que dans les cas où le juge l'ordonne par un jugement d'avant faire droit. L'instruction préalable à la plaidoirie aux termes de l'art. 71 de la loi du 29 sept. 1819, ne peut être ordonné: 1° si l'urgence de la demande s'y oppose; 2° si la nécessité n'en est reconnue à raison du nombre des chefs de demande, de la nature des points de fait ou de droit de la cause (V. Bellot, Schaub et Brocher, *Loi sur la procédure civile du canton de Genève*, 3e éd., p. 32 et suiv., 415 et suiv.).

Le code de procédure civile du canton de *Valais* du 30 mai 1856, admet la distinction de la procédure ordinaire et de la procédure sommaire. La procédure orale est seule admise dans les procédures sommaires. Les parties ne peuvent ni dicter au protocole, ni déposer des mémoires, à l'exception des conclusions motivées. Le juge entend l'exposé des parties sur leurs demandes et exceptions et les fait protocoler en substance, ainsi que les noms des parties des consorts au procès et des mandataires, s'il y en a. La cause doit, dans la même séance, être appointée à jugement ou poursuivie jusqu'à la demande en preuves. Le jugement doit être rendu immédiatement après que les parties ont fourni leurs conclusions.

Le code de procédure civile du canton de *Vaud* du 25 nov. 1869 indique une procédure spéciale pour certaines affaires: demande en séparation de biens, prise à partie, opposition à la saisie, etc., mais il n'admet pas la division des affaires en affaires ordinaires et affaires sommaires.

Art. 2. — *Règles générales sur les affaires sommaires* (*Rép.* nos 7 à 17).

9. On a étudié au *Rép.* nos 7 et suiv. la question de savoir s'il y a identité entre une cause sommaire et une cause qui doit être jugée sommairement. Suivant l'opinion générale, toutes les affaires qui, aux termes de la loi, doivent être jugées *sommairement, sur un simple acte, sans requête ni écriture*, requièrent célérité et rentrent, dès lors, à ce titre, dans la classe des matières sommaires (Conf. Rousseau et Laisney, *Dictionnaire de procédure civile*, v° *Matières sommaires* n° 8 ; Chauveau et Godoffre, *Commentaire du tarif*, t. 1, p. 541, n° 2036 ; Boitard Colmet-Daâge et Glasson, *Leçons de procédure civile*, t. 1, p. 642, n° 598; Garsonnet, *Cours de procédure*, t. 2, p. 747; Amiens, 9 juin 1864, aff. Peigné, D. P. 64. 5. 243; Civ. cass. 25 juin 1866, aff. Peigné, D. P. 66. 1. 317).

10. Les incidents, lorsque la loi ne s'explique pas à leur égard, participent de la nature de l'affaire principale. Si l'affaire principale est ordinaire, l'incident est instruit et jugé comme affaire ordinaire ; il est instruit et jugé comme matière sommaire si l'affaire principale est considérée comme sommaire. Mais lorsque la loi dit que l'incident sera jugé *sommairement*, ou sur *un simple acte*, ou autres mots équivalents, il doit être instruit et taxé comme sommaire, quelle que soit la nature de l'instance principale (*Rép.* n° 8; Rousseau et Laisney, *op. cit.*, v° *Matières sommaires* p. 68, n° 8. Conf. Glasson sur Boitard et Colmet-Daâge, *op. cit.*, t. 1, p. 643 note 1).

11. Dans tous les cas où le législateur dit que l'incident sera jugé sommairement ou sur un simple acte ou dans d'autres termes équivalents, que l'affaire principale soit ordinaire ou sommaire, on doit allouer à l'avoué les émoluments de cet incident, et non pas seulement les déboursés. Ainsi, lorsque la loi alloue dans un incident, une requête, on doit faire entrer en taxe les honoraires de cette requête. Cette doctrine, enseignée au *Rép.* n° 11, est généralement admise par les auteurs. « Dans les matières sommaires, disent MM. Boitard, Colmet-Daâge et Glasson (*op. cit.*, t. 1, p. 642, n° 598), l'art. 405 interdit toutes écritures; il veut qu'elles soient portées et jugées à l'audience, sans signification ni requête préalables. Au contraire, dans l'art. 172 c. proc. civ., comme dans l'art. 348, par exemple, la loi, tout en déclarant que l'instance doit être jugée sommairement, n'entend pas exclure par là les significations respectives des écritures, car l'art. 75 du tarif permet de discuter par requêtes respectives l'exception d'incompétence de l'art. 172; sous ce rapport, il s'écarte de l'art. 405. De même, il est permis aussi de signifier des requêtes dans le cas de l'art. 340, c'est-à-dire dans le cas de contestations élevées sur une demande en reprise d'instance ; les frais de cette requête (art. 75, § 11) sont alloués par le tarif » (V. en ce sens: Rousseau et Laisney *op. cit.*, v° *Matières sommaires*, n° 15).

12. Les parties ne peuvent convenir qu'une affaire sommaire de sa nature sera jugée comme affaire ordinaire. Une telle stipulation aurait pour conséquence de mettre à la charge d'une des parties des dépenses que la loi prohibe (*Rép.* n° 12). Mais les parties pourraient-elles valablement décider qu'une affaire, ordinaire de sa nature, sera jugée comme affaire sommaire? L'affirmative est admise par MM. Rousseau et Laisney. « Une telle convention, disent ces auteurs (*op. cit.*, v° *Matières sommaires*, n°s 4 et 5), est avantageuse aux parties et ne lèse aucune disposition d'ordre public » (V. aussi, en ce sens, Boucher d'Argis et Sorel, v° *Affaire sommaire*, p. 24, note *a*). Telle n'est pas tout a fait l'opinion de M. Garsonnet: « Ni le demandeur ni le défendeur, dit cet auteur (*op. cit.*, t. 2, p. 740), ni les deux parties d'un commun accord, ne peuvent régler contrairement à la loi la forme dans laquelle leur affaire sera instruite et la manière de la taxer. Tout ce qu'elles peuvent se permettre, c'est de supprimer par le fait quelques formalités de la procédure ordinaire, en renonçant, par exemple, à signifier des requêtes ou à y répondre, ou en exécutant volontairement, de manière à en couvrir la nullité, le jugement qui aurait ordonné d'assigner les témoins à l'audience. La défense de procéder sommairement dans une affaire n'est pas telle que les parties soient tenues d'observer des formalités qui n'ont rien d'essentiel, je dirais volontiers d'utile, ou que les juges soient astreints à prononcer d'office une nullité dont les parties ne se seraient pas prévalues; mais ces circonstances n'influent en rien sur l'application du tarif, et l'affaire est taxée quand même comme affaire ordinaire ».

13. Dans le doute si une affaire est sommaire ou ordinaire, il faut la ranger dans cette dernière classe ; les causes sommaires étant des causes d'exception (*Rép.* n° 13 ; Rousseau et Laisney, *op. cit.* v° *Matières sommaires*, n° 7 ; Chauveau et Godoffre, *op. cit.*, t. 1, p. 543, n° 2039 ; Garsonnet, *op. cit.*, t. 3, p. 739, note 1).

14. Une affaire, sommaire dans son principe, peut devenir ordinaire, si, par exemple, le titre n'est contesté que sur l'opposition ou l'appel (*Rép.* n° 13 ; Rousseau et Laisney, *op. cit.*, v° *Matières sommaires*, n° 101 ; Dutruc, *op. cit.* v° *Matières sommaires*, n°s 17 et suiv. ; Bioche, *Dictionnaire de procédure civile*, v° *Matières sommaires*, p. 48 n° 3). Réciproquement, une cause, ordinaire à son origine, peut devenir sommaire sur l'opposition ou l'appel : par exemple lorsque, sur une demande en condamnation d'une somme supérieure à 1500 fr., il intervient un jugement qui n'accorde qu'une somme inférieure à 1500 fr. et que la partie condamnée seule interjette appel (Rousseau et Laisney, *op. cit.*, v° *Matières sommaires*, n° 102 ; Boucher d'Argis et Sorel, *op. cit.*, v° *Affaire sommaire*, p. 57).

Art. 3. — *Examen des diverses dispositions de l'art. 404 et de la loi du 11 avr.* 1838 (*Rép.* n° 18 à 47).

§ 1er. — Appels de justice de paix. — Demandes inférieures à 1500 fr. — Demandes pures personnelles, demandes formées sans titre ou dont le titre est contesté (*Rép.* n°s 19 à 29).

15. — I. Appels de justice de paix. — V. *Rép.* n° 19.

16. — II. Demandes inférieures a 1500 fr. — Aux termes de l'art. 1er de la loi du 11 avr. 1838, toutes les affaires susceptibles d'être jugées en dernier ressort sont sommaires, c'est-à-dire : les demandes mobilières jusqu'à 1500 fr. de principal ; les demandes immobilières jusqu'à 60 fr. de revenu. Peu importe donc la nature de la demande ; peu importe aussi l'existence ou l'absence d'un titre, et, s'il y a titre, qu'il soit ou non contesté (*Rép.* n° 20 ; Rousseau et Laisney, *op. cit.*, v° *Matières sommaires*, n°s 84 et suiv. ; Boitard, Colmet-Daâge et Glasson, *op. cit.*, t. 1, p. 637, n° 594 ; Dutruc sur Carré et Chauveau, *Supplément aux lois de la procédure*, v° *Matières sommaires*, n° 3 ; Garsonnet, *op. cit.*, t. 3, n° 741).

Pour la détermination des affaires qui sont en dernier ressort, les effets de la réunion de plusieurs demandes en une seule, de l'intérêt collectif, de la solidarité, sous le rapport des degrés de juridiction, V. *suprà, de juridiction*, n°s 21 et suiv. ; — *Rép.* eod. v°, n°s 64

17. — III. Demandes pures personnelles, demandes formées sans titre ou dont le titre est contesté (*Rép.* n°s 20 à 29). — Les demandes pures personnelles qui excèdent 1500 fr. sont réputées matières sommaires, quand il y a titre, pourvu qu'il ne soit pas contesté (c. proc. civ. art. 404).

On a expliqué au *Rép.* n° 24, en quels cas un titre est réputé contesté. « Le titre est réputé contesté, disent MM. Rousseau et Laisney, *op. cit.*, v° *Matières sommaires*, n° 87, toutes les fois qu'on invoque des causes de nullité, quant à la forme de l'acte, ou bien qu'on le prétend nul au fond, comme entaché de dol ou de violence ou comme consenti par un incapable, ou enfin lorsqu'il s'élève sur son interprétation une difficulté assez sérieuse pour que le juge ne puisse prononcer l'exécution provisoire » (V. en ce sens, Dutruc, *op. cit.*, v° *Matières sommaires*, n° 4 ; Boitard, Colmet-Daâge et Glasson, *op. cit.*, p. 637, n° 593 ; Bioche, *op. cit.*. v° *Matières sommaires*, p. 40, n° 6).

18. Il a été jugé que la demande en payement d'une somme d'argent, fondée sur un titre non contesté, est sommaire, et, par suite, peut être portée devant la chambre des vacations, encore qu'à cette demande ait été jointe accessoirement une assignation en validité de saisie-arrêt, ou une exception d'incompétence, la nature sommaire de l'action principale s'étendant à cette exception, en vertu de la règle que le juge de l'action est le juge de l'exception (Req. 8 nov. 1859, aff. Richault, D. P. 59. 1. 507).

19. Une demande n'est pas sommaire, par cela seul que le titre en vertu duquel elle a été formée n'est l'objet d'aucune contestation. Alors même qu'il ne s'élève entre les parties aucun débat sur l'existence, la validité, l'interprétation ou l'application du titre, il peut arriver que l'exécution de ce titre soit la cause de dissentiments, et, par suite, de débats à l'égard desquels ce titre, si avéré qu'il soit, ne saurait être un élément de solution. La demande alors est engagée non pas en vertu du titre, mais à l'occasion des faits ultérieurs nés de son exécution. Il ne s'agit donc plus de l'action dont parle l'art. 404, et, quoique le titre à propos duquel elle a été exercée ne soit pas contesté, la demande prenant sa base dans des faits distincts, c'est relativement à ces faits, véritable et unique cause du procès, qu'il est nécessaire de voir s'il y a ou non contestation, pour décider si l'instance est ordinaire ou sommaire. Si la difficulté, par exemple, se rattache à des faits ultérieurs d'exécution de la convention, on doit se contenter d'un dissentiment applicable à ces faits, pour classer l'affaire comme affaire ordinaire. Ainsi il a été jugé qu'une demande pure personnelle ne doit pas être considérée comme affaire sommaire dans le sens de l'art. 404 c. pr. civ., quoiqu'elle repose sur un titre non contesté, s'il y a contestation sur les faits ultérieurs nés de l'exécution de ce titre ; qu'ainsi, l'instance en reddition de compte d'un mandat doit être qualifiée ordinaire, et que les frais doivent en être taxés comme en matière ordinaire, quand le litige, même non engagé sur l'existence du mandat, porte sur les faits de gestion du mandataire, et, par exemple, sur le montant de ses recettes ou de ses dépenses (Civ. cass. 5 mars 1860, aff. Lelarge et Bardel, D. P. 60. 1. 129).

20 Si l'action a pour cause non pas des faits distincts du titre, mais le titre lui-même, et que le défendeur, toujours sans contester ce titre, se borne à en repousser simplement l'effet, à l'aide d'exceptions, tirées, par exemple, de quittances, d'une compensation, de la prescription, etc., l'affaire est sommaire, parce qu'il n'y a ni contestation sur le titre, en vertu duquel l'action est exercée, ni litige distinct né de faits postérieurs, et qu'il n'y a de débat que sur les conséquences juridiques de la convention, ou, en d'autres termes, sur le point de savoir, non comment cette convention a été exécutée, ce qui impliquerait la survenance de ces faits postérieurs, mais si elle a ou non reçu son exécution (*Rép.* n° 24). « Le défendeur, disent MM. Boitard, Colmet-Daâge et Glasson, *op. cit.*, t. 1, p. 637, n° 593, tout en reconnaissant la vérité et la validité du titre, allègue-t-il qu'il y a eu payement, remise, prescription, compensation, alors sans doute, il y a lieu à procès ; mais, dans ce procès, le titre n'est pas contesté. Le demandeur qui le produit a en sa faveur une présomption immense, celle qui naît d'un titre écrit dont la vérité est reconnue, est avouée par le défendeur; alors la matière est sommaire, à quelque valeur que monte la demande » (V. en ce sens, Rousseau et Laisney, *op. cit.*, v° *Matières sommaires*, n° 90; Boucher d'Argis, *op. cit.*, v° *Affaire sommaire*, p. 53; Garsonnet, *op. cit.*, t. 2, p. 743).

21. Le mot « titre » désigne à la fois le fond du droit et l'écrit qui le constate; en d'autres termes, pour que la demande soit sommaire, il faut que le fond du droit invoqué par le demandeur ne soit pas contesté, ni l'écrit qui lui sert de preuve (V. Glasson, sur Boitard et Colmet-Daâge, *op. cit.*, p. 637, n° 593). La jurisprudence a singulièrement étendu les termes de la loi : d'une part, elle assimile au titre reconnu tout fait non contesté, la promesse verbale reconnue, et, d'un autre côté, elle applique la disposition de l'art. 404 aux matières réelles mobilières, bien que la loi parle seulement d'action pure personnelle. Ainsi on jugerait comme matière sommaire toute question de restitution de meubles si la propriété du demandeur n'était pas contestée, ni la possession qu'il invoque à son profit (*Rép.* n° 43; Garsonnet, *op. cit.*, t. 2, p. 742 ; Boucher d'Argis, *op. cit.*, v° *Affaire sommaire*, p. 63 ; Rousseau et Laisney, *op. cit.*, v° *Matières sommaires*, n° 51).

Mais il a été jugé qu'une demande n'étant sommaire qu'autant que le titre n'est pas contesté, on ne saurait reconnaître ce caractère à la demande en revendication de meubles sur lesquels une saisie a été pratiquée, lorsque la question de propriété de ces meubles soulève des difficultés (Chambéry, 12 mars 1883, aff. Paccard, D. P. 84. 2. 103). La question à juger étant une question de propriété et la contestation portant, non sur la forme, ni même sur la validité des titres invoqués, mais sur la nature même des droits créés par ces titres et sur l'interprétation juridique de l'art. 1138 c. civ., la demande, par sa nature, comme à raison des difficultés qu'elle soulevait, ne pouvait, à aucun point de vue, rentrer dans la catégorie des affaires sommaires (V. dans le même sens : Civ. rej. 30 oct. 1888, aff. Mouchet D. P. 89. 1. 61).

§ 2. — Des actions immobilières et mixtes, des demandes reconventionnelles et en dommages-intérêts (*Rép.* n°s 30 à 32).

22. — I. Actions immobilières. — Les demandes réelles ou mixtes sont sommaires lorsqu'elles n'excèdent pas 60 fr. de revenu déterminé soit en rente, soit par prix de bail. La condition que le revenu soit fixé en rente ou par prix de bail est-elle essentielle pour constituer une affaire sommaire? L'affirmative, enseignée par MM. Rousseau et Laisney, *op. cit.*, v° *Matières sommaires*, n° 74, a été consacrée par plusieurs arrêts (V. Paris, 14 août 1851, aff. Gallué, D. P. 52. 2. 250; 24 juin 1852, aff. Del, D. P. 52. 2. 158; Req. 2 févr. 1857, aff. Hér. Davoust, D. P. 57. 1. 253. V. sur cette question *suprà* v° *Degrés de juridiction*, n°s 164 et suiv.).

23. — II. Demandes reconventionnelles et en dommages-intérêts. — Il résulte des art. 1 et 2 de la loi du 11 avr. 1838, on l'a dit au *Rép.* n° 31 : 1° qu'une demande sommaire ne devient pas ordinaire, lorsqu'on y joint une demande reconventionnelle ou en compensation également sommaire; 2° que, quand la demande reconventionnelle est ordinaire de sa nature, l'affaire, qui était sommaire à l'origine, devient ordinaire; 3° que si c'est la demande originaire qui est ordinaire, tandis que la demande reconventionnelle est sommaire, l'instance est ordinaire. Il a été jugé que la demande reconventionnelle supérieure au taux du dernier ressort, opposée à une demande sommaire, en change le caractère et convertit l'affaire en matière ordinaire, encore bien que le demandeur originaire ait excipé d'une fin de non-recevoir et conclu subsidiairement au fond, si le demandeur reconventionnel n'en a pas moins procédé comme en matière ordinaire et signifié lui-même des conclusions; de sorte que la taxe des dépens est valablement faite comme en matière ordinaire (Amiens, 4 déc. 1862, *Journal des avoués*, t. 88, p. 186. V. Dutruc, *op. cit.*, v° *Matières sommaires*, p. 524, n°s 17 et suiv.; Rousseau et Laisney, *op. cit.*, v° *Matières sommaires*, n°s 105 et suiv.; Boucher d'Argis et Sorel, *op. cit.*, v° *Affaire sommaire*, p. 59, n°s 17 et suiv.).

24. Ces principes reçoivent exception, lorsque la demande reconventionnelle consiste en une demande de dommages-intérêts fondée sur la demande principale elle-même (L. 11 avr. 1838, art. 2). Le caractère de l'affaire principale dans ce cas, reste le même, à quelque taux que s'élève la demande en dommages-intérêts. Ainsi, si la demande principale est sommaire, la demande reconventionnelle est réputée sommaire lors même qu'elle s'élève à plus de 1500 fr. La règle est la même soit que la demande en dommages-intérêts reposant sur la demande principale soit formée par le défendeur, soit qu'elle émane du demandeur répondant à la demande reconventionnelle du défendeur par une demande en dommages-intérêts (V. *suprà*, v° *Degrés de juridiction*, n°s 122 et suiv., et 75 et suiv.; *Rép.* eod. v°, n°s 379 et suiv.; Rousseau et Laisney, *op. cit.*, v° *Matières sommaires*, n° 108; Boucher d'Argis et Sorel, *op. cit.*, v° *Affaire sommaire*, p. 60, note *a*).

§ 3. — Des demandes provisoires ou qui requièrent célérité (*Rép.* n°s 33 à 47).

25. L'art. 404, al. 4, range parmi les matières sommaires « les demandes provisoires ou qui requièrent célérité ». Pour qu'une affaire soit réputée sommaire, il ne suffit pas, on l'a exposé au *Rép.* n°s 34 et suiv., qu'elle ait un caractère accidentel d'urgence, il faut encore que, par sa nature même, elle requière célérité. Qui sera juge, non de l'urgence, mais de la nature, ordinaire ou sommaire, de la cause ? Ce ne sera point évidemment la partie; ce ne peut être le président du tribunal, qui se borne à accorder la permission d'assigner à bref délai, pour un motif d'urgence apparent au moment où l'autorisation est sollicitée, mais qui n'existera peut-être plus à l'heure où l'affaire se présentera pour être plaidée. Ce magistrat n'a pas qualité pour statuer dans son ordonnance sur le fond, c'est-à-dire sur la substance au procès, en ce sens qu'il ne lui appartient pas de prononcer sur la nature même de la cause et de la rendre, à son gré, ordinaire ou sommaire. C'est aux tribunaux seuls qu'il est réservé de déterminer, si cette cause doit être classée dans les matières sommaires ou dans celles qui ne le sont pas. L'ordonnance du président est sans doute une présomption grave, mais elle ne préjuge point la décision du tribunal, et surtout elle ne lie point celui-ci qui, si le défendeur conteste l'urgence, est libre d'ordonner que l'affaire sera une affaire ordinaire. La même règle est suivie au sujet du préliminaire de conciliation. L'art. 49-2° c. proc. civ. dispense de cette formalité les affaires qui requièrent célérité; mais il est constant en jurisprudence que, si le président du tribunal a permis d'assigner à bref délai, l'ordonnance qu'il rend à cet égard n'est pas un jugement préalable et souverain sur l'urgence, dispensant par lui-même la cause du préliminaire de conciliation, et que le tribunal peut rejeter l'action intentée, si l'affaire ne lui paraît pas requérir célérité (V. *suprà*, v° *Conciliation*, n° 35; — *Rép.* eod. v°, n° 167). — Conformément à cette théorie, qui est généralement adoptée par les auteurs (V. Bioche, *op. cit.*, v° *Matières sommaires*, n° 12; Dutruc, *op. cit.*, v° *Matières sommaires*, n° 7; Rousseau et Laisney, *op. cit.*, v° *Matières sommaires*, n° 109; Chauveau et Godoffre, *op. cit.*, t. 1, n° 2057; Sorel sur Boucher d'Argis, *op. cit.*, v° *Affaires sommaires*, p. 49, note *b*; Boitard, Colmet-Daâge et Glasson, *op. cit.*, t. 1, p. 191, n° 190), il a été jugé : 1° que les demandes sur lesquelles le président du tribunal a permis d'assigner à bref délai et dont l'urgence n'est pas contestée par les parties ou est reconnue par les juges, s'instruisent dans la forme sommaire (Req. 13 mars 1878, aff. Pitre-Merland, D. P. 79. 1. 38); — Que l'action en nullité d'une vente de nue propriété d'immeubles est une matière ordinaire qui ne peut rentrer dans la classe des affaires sommaires qu'à la condition de requérir célérité; qu'en pareil cas, l'ordonnance du président qui permet d'assigner à bref délai, émanant de sa juridiction gracieuse, ne saurait constituer une présomption légale; qu'il appartient au tribunal tout entier de statuer sur la question de célérité, la solution devant avoir une influence décisive sur la nature de la procédure et sur les formes de l'enquête (Pau, 19 mai 1890, aff. Mariés Gabas, D. P. 91. 2. 100). « On aurait tort de considérer comme urgentes, dit M. Garsonnet, *op. cit.*, t. 2, p. 744, toutes les demandes où le président du tribunal a permis d'assigner à bref délai; il n'est juge de l'urgence qu'à ce seul point de vue, et c'est au tribunal seul qu'il appartient de dire quelle procédure il faut suivre, et si l'affaire presse à ce point qu'elle doive être dispensée des formes ordinaires de procéder. Tout ce que l'on peut admettre, c'est que l'ordonnance du président crée une présomption en ce sens, et que les parties qui n'auraient pas contesté l'urgence devant le tribunal seraient mal venues à se plaindre ensuite d'avoir été jugées sommairement. En résumé, le tribunal apprécie souverainement le caractère de la demande, et, suivant qu'elle est urgente ou non par sa nature, il lui applique les formes et le tarif de la procédure sommaire ou ceux de la procédure ordinaire; je dis par sa nature, car il ne suffirait pas d'une circonstance accidentelle pour qu'une affaire qui ne requiert pas naturellement célérité fût traitée en affaire sommaire. Il s'en faut d'ailleurs que les juges soient abandonnés ici à leurs seules lumières; souvent le législateur a lui-même indiqué, par certains détails de l'instruction ou par les expressions dont il s'est servi, qu'il y a lieu de considérer une affaire comme urgente et de lui appliquer les règles de la procédure sommaire ».

26. Si le défendeur n'a pas contesté l'urgence, et si l'instance a été vidée sommairement et sans écriture, les frais doivent être taxés comme en matière sommaire. Si l'on a suivi la procédure ordinaire, les frais seront taxés comme en matière ordinaire (Sorel sur Boucher d'Argis, *op. cit.*, v° *Affaire sommaire*, p. 49, note *b*; Chauveau et Godoffre, *op. cit.*, t. 1, n° 2058; Conf. Rousseau et Laisney, *op. cit.*, v° *Matières sommaires*, n° 110). — Contrairement à cette doctrine, il a été jugé que l'autorisation de citer à bref délai et sans préliminaire de conciliation, accordée par le président du tribunal pour cause de célérité, attribue à la cause le caractère d'affaire sommaire (Chambéry, 3 juill. 1878, aff. Gobert, D. P. 79. 2. 218).

27. — I. DEMANDES URGENTES PAR ELLES-MÊMES; EXPULSION DE LIEUX, ETC. — On a donné au *Rép.* n°s 37 et suiv. l'énumération des causes qui doivent être rangées parmi les demandes provisoires ou qui requièrent célérité. Contrairement à l'opinion de MM. Chauveau et Godoffre, *op. cit.*, t. 1, p. 581, n° 2120, et Raviant, *op. cit.*, v° *Avis de parents*, p. 71, n° 579, on a soutenu que toutes les demandes en validité ou en mainlevée d'une opposition à un avis de parents doivent être rangées, sans distinction, au nombre des affaires sommaires. Cette théorie est adoptée par MM. Rousseau et Laisney, *op. cit.*, v° *Matières sommaires*, n° 64, et Boucher d'Argis et Sorel, *op. cit.*, v° *Avis de parents*, p. 111, n° 4).

28. MM. Rousseau et Laisney (*op. cit.* v° *Matières sommaires*, n° 66) conformément à l'avis formulé au *Rép.* n° 37, § 10, rangent parmi les affaires sommaires les demandes en validité d'opposition à l'exéquatur d'un jugement arbitral. MM. Chauveau et Godoffre, *op. cit.*, t. 1, p. 588, n° 2130, et Raviart, *op. cit.* v° *Arbitrages*, p. 84, n° 667, soutiennent au contraire que l'instance est sommaire ou ordinaire, suivant les principes généraux de l'art. 404 c. proc. civ.

29. L'opinion émise au *Rép.* n° 37, d'après laquelle il faut considérer comme affaires sommaires les demandes en règlement de juges, est combattue par MM. Rousseau et Laisney, *op. cit.* v° *Matières sommaires*, n° 35; Raviart, *op. cit.* v° *Règlement de juges*, p. 31, n° 230; Chauveau et Godoffre, *op. cit.* t. 1, p. 567, n° 2085. « Nous pensons, disent ces derniers auteurs, que la procédure en règlement de juges est toujours ordinaire. Les art. 363 à 367 ne contiennent pas un mot qui puisse faire supposer qu'il en doive être autrement. Les règlements de juges ne peuvent être absolument assimilés aux déclinatoires dont ils diffèrent quant à la procédure et quant aux circonstances qui y donnent lieu; l'art. 404, soit au point de vue de la célérité, soit à celui des appels des juges de paix, n'est pas applicable parce que la procédure ne présente aucun caractère d'urgence; que les délais sont les délais des ajournements en tenant même compte de la distance; qu'enfin les décisions sur règlements de juges sont loin de comporter, à cause de la gravité des questions à juger et de l'instruction qu'elles exigent, les formes de procéder justifiées en matière sommaire. A nos yeux, les règlements de juges constituent une procédure spéciale qui ne peut se concilier avec l'application des art. 404, c. proc. civ. et 67 du tarif » (*Contrà* : Boucher, d'Argis et Sorel, *op. cit.*, v° *Affaires sommaires*, p. 51, n° 12).

30. On a soutenu au *Rép.* n° 38, que les demandes en pension alimentaire sont sommaires, alors même qu'elles dépassent 150 fr. de rente viagère. Telle est aussi l'opinion de MM. Boucher d'Argis et Sorel. « Nous croyons, disent ces auteurs, *op. cit.* v° *Affaire sommaire*, p. 61, n° 20, que la demande en pension alimentaire, quoique formée par action principale, requiert toujours célérité, et qu'ainsi elle est sommaire de sa nature, lors même qu'elle excède 150 fr. et qu'elle est intentée par des personnes autres que celles dont il est fait mention dans les art. 205 et suiv. c. civ., par exemple, par un époux séparé de corps contre son autre époux. Quoi de plus urgent, en effet, que d'assurer des aliments à ceux qui en manquent. On objecte qu'une provision obtenue avant le jugement définitif pourvoira aux premiers besoins du demandeur. Mais comme elle peut être refusée, surtout si le droit à la pension alimentaire est lui-même contesté, ce remède est loin d'être efficace. Au surplus, la loi du 25 mai 1848 fournit elle-même la preuve que les demandes en pension alimentaire sont urgentes, et par conséquent sommaires. Pourquoi cette loi a-t-elle retiré aux tribunaux de première instance, pour l'attribuer aux juges de paix, la connaissance de ces sortes de demandes lorsqu'elles n'excèdent pas 150 fr. et qu'elles sont formées par des pères et mères contre leurs enfants, gendres ou brus, et réciproquement? Evidemment parce qu'elle a considéré qu'elles étaient tellement urgentes qu'il fallait qu'elles fussent jugées sans le moindre retard et avec le moins de frais possible. Or, le sont-elles moins parce qu'à raison de la quotité de la somme ou de ce qu'elles sont intentées entre époux, elles sont portées devant les tribunaux de première instance? Nous ne le pensons pas; et, dès lors, nous croyons qu'elles sont également sommaires » (V. en ce sens Bioche, *op. cit.* v° *Matières sommaires*, p. 50, n° 14). — Contrairement à cette théorie, il a été jugé que les demandes de pension alimentaire, à la différence des demandes en *provision* alimentaire, ne sont pas rangées au nombre des matières sommaires; qu'en tous cas, si ces demandes peuvent parfois être déclarées sommaires, comme requérant célérité, un tel caractère ne peut être attribué à la demande de pension alimentaire qui a soulevé incidemment une question d'état, et, par exemple, une question de maternité; que, par suite, les frais auxquels a donné lieu une pareille demande peuvent être taxés comme en matière ordinaire; que, par suite encore, l'enquête ordonnée sur cette demande est régulièrement faite en la forme ordinaire, c'est-à-dire, non à l'audience, comme en matière sommaire, mais devant un juge-commissaire (Req. 26 juill. 1865, aff. Texier, D. P. 65. 1. 495). L'arrêt s'appuie sur ces considérations : qu'aucun texte de loi ne range expressément les demandes en pension alimentaire au nombre des affaires sommaires; que l'art. 66 du décret du 30 mars 1808 parle, non des pensions, mais des provisions alimentaires (V. en ce sens Chauveau et Godoffre, *op. cit.* t. 1, p. 555, n° 205).

31. Les demandes en validité ou nullité de congé sont sommaires lorsqu'il n'y a pas contestation sur le fond du droit (Rousseau et Laisney, *op. cit.*, v° *Matières sommaires*, n° 24; Boucher d'Argis et Sorel, *op. cit.*, v° *Affaire sommaire*, p. 48, n° 5). « Il pourrait se faire, toutefois, disent MM. Chauveau et Godoffre, *op. cit.*, t. 1, p. 589, n° 2135, que l'urgence qui est habituelle dans ces sortes de contestations, n'existât pas exceptionnellement; la cause pourrait alors devenir ordinaire si elle réunissait, d'ailleurs, les conditions requises ».

32. MM. Chauveau et Godoffre combattent l'opinion émise au *Rép.* n° 37, § 19, et adoptée par plusieurs auteurs (Boucher d'Argis et Sorel, *op. cit.*, v° *Affaires sommaires*, p. 50, n° 10; Rousseau et Laisney, *op. cit.* v° *Matières sommaires*, p. 72, n° 32), suivant laquelle les demandes en vérification d'écriture sont sommaires. « Nous ne ferons pas difficulté d'admettre, disent ces auteurs (*op. cit.*, t. 1. p. 564, n° 2075), que la demande principale en reconnaissance d'écriture doit être taxée comme sommaire dans le cas de l'art. 194 c. proc. civ. Mais, dès qu'il y a lieu à vérification d'écriture, l'instance devient ordinaire, même lorsque la vérification est ordonnée incidemment à une instance sommaire. C'est l'un des cas où une cause, sommaire dans son principe, devient ordinaire par suite de modifications qu'entraîne la nature de la contestation. Il est vrai qu'on peut objecter que la loi du 11 avr. 1838 a voulu que toute cause fût sommaire du moment où elle était jugée en dernier ressort, et que c'est ce qui arrive lorsque la vérification d'écriture porte sur un titre d'une valeur inférieure à 1500 fr., et que l'intérêt du litige se réduit à ce chiffre, comme l'a jugé la cour d'Orléans, le 18 mai 1848 (*Journal des avoués*, t. 73, p. 635, art. 594). Nous ne contestons pas ce principe, mais nous pensons qu'il n'empêche pas de considérer la procédure de vérification comme incompatible avec l'essence des matières sommaires qui est de ne comporter qu'une instruction simple et rapide pour aboutir au jugement, sans écritures ni formalités, ce qui très certainement n'est pas le cas de la procédure en vérification d'écritures ».

33. Les demandes formées pour frais, par les officiers ministériels contre leurs parties, sont sommaires. Aucun article du code de procédure civile ne les déclare telles; mais leur assimilation aux matières sommaires résulte suffisamment de l'art. 147 du premier tarif, car, dans ces affaires, il n'attribue aux avoués des cours d'appel que la moitié des droits alloués dans les matières ordinaires. Qu'y a-t-il, en effet, de moins susceptible d'instruction, par conséquent de plus sommaire, que les demandes en payement de frais? (Boucher d'Argis et Sorel, *op. cit.*, v° *Affaire sommaire*, p. 48, n° 7; Chauveau et Godoffre, *op. cit.*, t. 1, p. 560, n° 2062; Rousseau et Laisney, *op. cit.*, v° *Matières sommaires*, p. 72, n° 29).

34. Les demandes en restitution de pièces communiquées doivent être rangées parmi les affaires sommaires. Cette doctrine, enseignée au *Rép.* n° 37, § 18, et adoptée par plusieurs auteurs (Rousseau et Laisney, *op. cit.*, v° *Matières sommaires*, p. 72, n° 31; Boucher d'Argis et Sorel, *op. cit.* v° *Affaire sommaire*, n° 9), est critiquée par MM. Chauveau et Godoffre. « Cette opinion, disent ces auteurs (*op. cit.*, t. 1, p. 563, n° 2074), nous paraît impossible à justifier, car, si on l'adopte, il faut rayer du tarif le paragraphe 13 de l'art. 70, les paragraphes 13 et 14 de l'art. 75 et le paragraphe 3 de l'art. 77, qui passent en taxe des requêtes avec émoluments; ou bien il faut décider que ces requêtes et ces émoluments seront admis et que l'avoué percevra en outre les allocations de l'art. 67. Mais alors nous n'apercevons pas les avantages de cette classification. En ce qui nous concerne, nous ne voyons aucun motif de différencier cet incident, né dans l'instance et par suite de l'instance, des autres incidents, et nous lui appliquerons la taxe ordinaire ou la taxe sommaire suivant la nature de l'instance ». — Il a été jugé que la demande en restitution de pièces communiquées par une partie à son adversaire au cours d'une instance engagée devant un autre tribunal, doit être considérée comme sommaire, si le titre en vertu duquel elle a été introduite n'est pas contesté (Trib. civ. de Beauvais, 30 déc. 1863 (*Journal des avoués*, t. 89, p. 122).

35. Sur la question de savoir si la reddition de compte est sommaire ou ordinaire, V. *suprà*, v° *Frais et dépens*, n° 344.

36. — II. INCIDENTS. — On a donné, au *Rép.* n°s 39 et 40, la liste des exceptions et incidents qui doivent être instruits, jugés et taxés comme affaires sommaires. Telles sont, notamment les demandes en renvoi pour incompétence (V. *Rép.* n° 39-10°). L'art. 172 c. proc. civ., en prescrivant que les demandes en renvoi seront jugées sommairement sans qu'elles puissent être réservées ni jointes au principal, reconnaît par là même que ces demandes requièrent célérité et qu'elles rentrent ainsi dans la catégorie des affaires qui, aux termes du paragraphe 4 de l'art. 404 du même code, sont réputées matières sommaires et doivent être instruites et taxées comme telles. Le tarif, qui a uniquement pour objet l'exécution du code de procédure civile, n'a pu ni voulu modifier les règles que ce code a établies; si l'art. 75 du tarif alloue un émolument spécial pour la requête présentée pour proposer un déclinatoire, la procédure n'en conserve pas moins le caractère de cause sommaire qui, sauf cette allocation spéciale, doit être taxée d'après les règles établies par l'art. 67 du tarif. Conformément à cette théorie, il a été jugé que les demandes en renvoi pour incompétence sont réputées affaires sommaires; que les dépens doivent, dès lors, en être taxés comme en matière sommaire, et non comme en matière ordinaire, sauf l'allocation spéciale résultant de l'art. 75 du tarif du 16 févr. 1807, pour la requête à fin de déclinatoire; qu'il en est ainsi, même au cas où des demandes incidentes auraient été formées devant les juges saisis de la demande en renvoi, à fin, par exemple, de suppression d'un mémoire injurieux et de dommages-intérêts, ces incidents participant de la nature de la demande principale (Civ. cass. 25 juin 1866, aff. Peigné, D. P. 66. 1. 317. V. en ce sens Boucher d'Argis et Sorel, *op. cit.*, v° *Affaire sommaire*, p. 29, note *b*; Dutruc, *op. cit.*, t. 1, p. 523, n° 13; Boitard, Colmet-Daâge et Glasson, *op. cit.*, t. 1, p. 862. — *Contrà* : Amiens, 2 juin 1864, aff. Peigné, D. P. 64. 5. 243; Chauveau et Godoffre, *op. cit.*, t. 1, p. 541, n° 2036; Bioche, *op. cit.*, v° *Exception*, n° 144, Raviart, *op. cit.*, v° *Renvois ou déclinatoires*, p. 16, n° 100). Ces auteurs, lorsque l'affaire principale est ordinaire, classent la demande en renvoi parmi les affaires ordinaires.

37. On a rangé au *Rép.*, n° 39-9°, les demandes à fin de compulsoire parmi les affaires sommaires. Cette opinion partagée par Bioche (*op. cit.* v° *Matières sommaires*, p. 51, n° 27), est combattue par plusieurs auteurs qui la classent parmi les affaires ordinaires ou sommaires suivant le caractère de l'instance principale (Rousseau et Laisney, *op. cit.*, v° *Matières sommaires*, p. 78, n° 83; Boucher d'Argis et Sorel, v° *Affaire sommaire*, p. 29; Chauveau et Godoffre *op. cit.*, t. 1, p. 580, n° 2115; Raviart, *op. cit.*, v° *Compulsoire*, p. 65, n° 536).

38. Les contestations sur réception de caution sont sommaires (*Rép.* n° 39-12°; Boucher d'Argis et Sorel, *op. cit.*, v° *Affaire sommaire*, p. 27; Rousseau et Laisney, *op. cit.*, v° *Matières sommaires*, p. 74, n° 46; Bioche, *op. cit.*, v° *Matières sommaires*, p. 50, n° 19. — *Contra* : Chauveau et Godoffre, *op. cit.*, t. 1, p. 571 n° 2094, dont l'opinion est rapportée *suprà*, v° *Frais et dépens*, n° 336).

39. Doivent être considérées comme ordinaires ou sommaires, suivant la nature de l'affaire principale : 1° la demande dirigée contre l'étranger demandeur à fin de le contraindre à fournir la caution *judicatum solvi* (*Rép.* n° 40; Rousseau et Laisney, *op. cit.*, v° *Matières sommaires*, p. 78, n° 83; Boucher d'Argis et Sorel, *op. cit.*, v° *Affaire sommaire*, p. 28, Chauveau et Godoffre, *op. cit.*, t. 1, p. 561, n° 2068); 2° La demande à fin d'être autorisé à faire une enquête (*Rép.* n° 40; Chauveau et Godoffre, *op. cit.*, t. 1, p. 565 n° 2076; Rousseau et Laisney, *op. cit.* v° *Matières sommaires*, p. 78, n° 83; Boucher d'Argis et Sorel, *op. cit.*, v° *Affaire sommaire*, p. 29); 3° La demande en communication de pièces signifiées (*Rép.* n° 40; Rousseau et Laisney, *op. cit.*, v° *Matières sommaires*, p. 78, n° 83; Chauveau et Godoffre, *op. cit.*, t. 1, p. 563, n° 2073).

40. Pour ce qui concerne les demandes à fin de récusation, V. *Rép.* n° 39, § 7, et *suprà*, v° *Frais et dépens*, n°s 309 et suiv.;... les demandes en péremption d'instance. V. *Rép.* n° 39, § 8, et *suprà*, v° *Frais et dépens*, n°s 311 et suiv.

41. — III. AFFAIRES DE COMMERCE. — JUGEMENTS DES ARBITRES ET APPELS DES JUGEMENTS ARBITRAUX. — V. *Rép.* n°s 41 et 42.

42. — IV. SAISIES. — Les contestations qui s'élèvent sur les saisies en général sont sommaires. Il en est de même de toute procédure relative aux incidents sur saisie immobilière, saisie-exécution, saisie-gagerie, saisie-revendication, gardien, saisie-arrêt (V. *Rép.* n°s 43 et 44. — V. aussi *suprà*, v° *Frais et dépens*, n° 386). — La doctrine, enseignée au *Rép.* n° 43, que les demandes en validité ou en mainlevée d'oppositions et saisies-arrêts sont sommaires lorsque la somme pour laquelle l'opposition a été formée n'excède pas 1500 fr., ou si, étant supérieure à cette somme, il y a titre non contesté, est généralement adoptée par les auteurs (Rousseau et Laisney, *op. cit.*, v° *Matières sommaires*, p. 74, n° 48; Boucher d'Argis et Sorel, *op. cit.*, v° *Affaire sommaire*, p. 62, n° 22; Chauveau et Godoffre, *op. cit.*, t. 1, p. 572, n° 2099). — Il faut appliquer les mêmes règles aux demandes en validité de saisies-revendications intentées par un bailleur. Il a été jugé que l'action en saisie-revendication n'a pas toujours et nécessairement le caractère de matière sommaire; que ce caractère fait défaut quand l'action comprend la demande, sous une contrainte de 50 fr. par jour de retard, de la restitution immédiate des objets, et l'allocation d'une somme de 1500 fr. de dommages-intérêts, en raison de la mauvaise foi prétendue des tiers acquéreurs; que c'est à juste titre, en conséquence, que le juge, en autorisant avant dire droit une enquête sur la mauvaise foi alléguée, ordonne qu'elle aura lieu en la forme ordinaire, et non à l'audience comme en matière sommaire (Civ. rej. 30 oct. 1888 aff. Mouchet, D. P. 89. 1. 61). Dans l'espèce, si l'on ne contestait pas à celui qui formait la demande en saisie-revendication son titre de bailleur, on contestait au fond son droit à récupérer les objets mobiliers enlevés, à moins qu'il n'en payât la valeur au tiers détenteur. Il y avait donc à juger, non pas seulement une question de régularité de saisie, mais une question de fond, celle de savoir si le demandeur avait droit ou non à recouvrer son gage, et à exercer, d'une manière efficace et sans bourse délier, le privilège à lui conféré par l'art. 2102. A un autre point de vue encore l'affaire échappait à la définition des causes sommaires donnée par l'art. 404 c. proc. civ.: un des chefs de demande, celui relatif à la contrainte pécuniaire, était d'une valeur indéterminée, et ne reposait pas sur un titre non contesté (V. Rousseau et Laisney, *op. cit.*, v° *Matières sommaires*, n° 87; et Chambéry, 12 mars 1883, aff. Paccard, D. P. 84. 2. 103, cité *suprà*, n° 21).

43. Les demandes en nullité de commandement avec dommages-intérêts sont sommaires lorsque la somme pour le payement de laquelle il a été procédé à la saisie n'excède pas 1500 fr., et bien que le titre soit contesté. On n'a pas égard ici à la demande en dommages-intérêts, qui n'est qu'un accessoire et un incident de la saisie. Mais, si la saisie a pour cause une somme supérieure à 1500 fr., la demande est ordinaire ou sommaire, suivant que le titre est ou non contesté (Rousseau et Laisney, *op. cit.*, v° *Matières sommaires*, p. 75, n° 50).

44. On a dit au *Rép.* n° 47, qu'on doit considérer comme sommaire la demande en nullité ou en validité d'une surenchère. « La question, disent MM. Rousseau et Laisney, *op. cit.*, v° *Matières sommaires*, p. 87, n° 120, a été longtemps controversée; car, si l'art. 832 c. proc. civ., porte qu'en cas de surenchère par suite d'aliénation volontaire, il est procédé à la réception de la caution comme en matière sommaire, la loi ne s'explique pas sur la nature de la demande en nullité de surenchère ou en subrogation; l'art. 838 n'a pas rendu communes à la poursuite de surenchère les dispositions de l'art. 718 qui déclare sommaires tous les incidents de saisie immobilière. Cependant, la question paraît aujourd'hui résolue par l'art. 17, al. 1, de l'ordonnance de 1841, qui porte que tous les actes et procédures relatifs aux incidents de ventes immobilières et qui ne sont pas l'objet de dispositions spéciales dans l'ordonnance, seront taxés comme actes et procédures en matières sommaires. Or, la surenchère est évidemment un incident de vente immobilière; de plus, elle requiert célérité » (V. en ce sens, Chauveau et Godoffre, *op. cit.*, t. 1, p. 576, n° 2113; Boucher d'Argis et Sorel, *op. cit.*, v° *Affaire sommaire*, p. 66, n° 35. — *Contrà*, Orléans, 14 mai 1850, aff. Cartier, D. P. 50. 2. 161).

45. — V. Instances d'ordre et contribution (V. *Rép.* n° 45 et suiv., et v° *Frais et dépens*, n°s 42 et 365). — Tous les auteurs admettent, conformément à la doctrine enseignée au *Rép.* n° 45, que les instances d'ordre et de contribution sont sommaires (MM. Rousseau et Laisney, *op. cit.*, v° *Matières sommaires*, n°s 118 et suiv.; Boucher d'Argis et Sorel, *op. cit.*, v° *Affaire sommaire*, p. 65, n° 28; Dutruc, *op. cit.*, v° *Matières sommaires*, p. 523, n° 12).

§ 4. — Des demandes en payement de loyers et fermages, et arrérages de rente (*Rép.* n°s 48 à 50).

46. — I. Demandes en payement de loyers et fermages. — On a dit au *Rép.* n°s 48 et 49 que les demandes en payement de loyers et de fermages sont sommaires en principe; qu'elles cessent de l'être si elles se compliquent de contestations qui appartiennent aux matières ordinaires; telles seraient celles sur la fixation du prix du bail, sur sa diminution pour défaut de jouissance, ou sur des réparations qui n'ont pas un caractère urgent. Cette doctrine est adoptée par MM. Rousseau et Laisney, *op. cit.*, v° *Matières sommaires*, n° 121, et Bioche, *op. cit.*, v° *Matières sommaires*, n° 16. MM. Boucher d'Argis et Sorel, *op. cit.*, v° *Affaire sommaire*, p. 60, n° 18, pensent que les demandes restent sommaires quoique le bail soit contesté. « Nous pencherions vers cette opinion, disent MM. Chauveau et Godoffre, *op. cit.*, t. 1, p. 560, n° 2059, s'il ne nous paraissait pas difficile de la concilier avec le motif qui a fait déclarer ces demandes sommaires. Puisqu'il est reconnu que c'est l'urgence, parce qu'elles requièrent célérité, il est manifeste que cette célérité existe dans tous les cas et que la contestation du titre n'exerce aucune influence sur le caractère de l'action ».

47. L'action en résiliation, à moins de circonstances exceptionnelles, par exemple de péril en la demeure, doit être considérée comme ordinaire (*Rép.* n° 49). L'action est sommaire si la somme des loyers qui restent à courir jusqu'à la fin du bail, et les dommages-intérêts réclamés, n'excèdent pas 1500 fr. (Boucher d'Argis et Sorel, *op. cit.*, v° *Affaire sommaire*, p. 25).

48. — II. Des arrérages de rente. — Les demandes en payement d'arrérages de rentes sont sommaires, lors même que le titre constitutif de la rente est contesté. Cette opinion, émise au *Rép.* n° 50, est adoptée par MM. Boucher d'Argis et Sorel, *op. cit.*, p. 60, n° 19; Rousseau et Laisney, *op. cit.*, v° *Matières sommaires*, p. 73, n° 41; Comp. Chauveau et Godoffre, *op. cit.*, t. 1, p. 560, n° 2060).

Art. 4. — *Des diverses extensions ou modifications apportées par les lois ou par la jurisprudence aux dispositions de l'art. 404 du code de procédure civile* (*Rép.* n°s 51 à 62).

49. L'énumération que fait l'art. 404 c. proc. civ., des causes sommaires n'est pas limitative, et beaucoup d'autres lois donnent encore à certaines affaires le caractère de matières sommaires (V. *Rép.* n° 51 et suiv.). Depuis la publication du *Répertoire*, il convient de signaler: 1° le décret du 28 févr. 1852, sur les sociétés de crédit foncier, art. 31 et 32 (D. P. 52. 4. 102). Les contestations sur le compte du séquestre ou sur la mise en vente de l'immeuble hypothéqué sont jugées comme en matière sommaire; — 2° La loi du 10 juin 1854, art. 5 (D. P. 54. 4. 96). Les contestations auxquelles peuvent donner lieu l'établissement et l'exercice de la servitude créée par l'écoulement des eaux provenant du drainage sont portées en premier ressort devant le juge de paix. Les tribunaux civils en connaissent par voie d'appel et, devant eux, la matière est sommaire par application de l'art. 404, § 1; — 3° La loi du 21 juill. 1856, sur la licitation des étangs dans le département de l'Ain (D. P. 56. 4. 120). L'art. 24, § 2, de cette loi porte: « La poursuite de licitation et tous les incidents sont jugés et taxés comme en matière sommaire, soit en première instance, soit en appel »; — 4° La loi du 23 juin 1857 (D. P. 57. 4. 97) sur les marques de fabrique et de commerce, dont l'art. 16 est ainsi conçu: « Les actions civiles relatives aux marques sont portées devant les tribunaux civils et jugées comme matières sommaires »; — 5° La loi du 28 mai 1858 (D. P. 58. 4. 65) (substitution de la société du Crédit foncier de France à l'État, pour les prêts à faire jusqu'à concurrence de cent millions, en vertu de la loi du 17 juill. 1856 sur le drainage). L'art. 3 de la loi du 28 mai 1858 rend applicable à ces prêts la mise en séquestre et le mode de vente déterminés par le décret du 28 févr. 1852; — 6° La loi du 20 août 1881 (D. P. 82. 4. 1) relative au code rural, qui décide (art. 17) que les actions civiles intentées par les communes ou dirigées contre elles relativement à leurs chemins seront jugées comme affaires sommaires et urgentes, conformément à l'art. 405 c. proc. civ. (V. *infrà*, v° *Voirie par terre*); — 7° La loi du 5 avr. 1884 (D. P. 84. 4. 25) sur l'organisation municipale, dont l'art. 154 range au nombre des affaires sommaires les oppositions aux poursuites en payement des recettes municipales, lorsque la matière est de la compétence des tribunaux ordinaires (V. *suprà*, v° *Commune*, n° 445); — 8° La loi du 27 déc. 1890, sur le contrat de louage et sur les rapports des agents des chemins de fer avec les compagnies (art. 1er, complétant l'art. 1780 c. civ., al. 5) (V. *suprà*, v° *Louage d'ouvrage et d'industrie*, n° 50).

50. L'opinion émise au *Rép.* n° 54, d'après laquelle on doit classer comme affaires sommaires les actions civiles intentées par les communes ou dirigées contre elles et relatives à leurs chemins communaux ou vicinaux, qu'il s'agisse soit de la propriété de ces chemins, soit de leur ouverture et redressement, et qu'il n'y a pas non plus à distinguer si le chemin qui fait l'objet du litige est classé ou non, est adoptée par la plupart des auteurs (Rousseau et Laisney, *op. cit.*, v° *Matières sommaires*, p. 77, n° 72; Boucher d'Argis et Sorel, *op. cit.*, v° *Affaire sommaire*, p. 67, n° 41; Bioche, *op. cit.*, v° *Matières sommaires*, p. 51, n° 39. — *Contrà:* Chauveau et Godoffre, *op. cit.*, t. 1, p. 591, n° 2142, qui n'appliquent pas la règle lorsqu'il s'agit de chemins ruraux).

51. On a exposé au *Rép.* n° 56, les controverses qui se sont élevées sur la question de savoir si les *demandes en partage* et les contestations qu'elles soulèvent sont affaires ordinaires ou affaires sommaires. L'interprétation de l'art. 823 c. civ. a donné naissance à trois systèmes.

Dans le premier, on décide que les demandes en partage doivent toujours être jugées comme affaires ordinaires (Caen, 30 déc. 1856, *Journal des avoués*, t. 82, p. 322; Nîmes, 11 mars 1862, *ibid.*, t. 87, p. 224; Sudraud-Desisles, *Manuel du juge taxateur*, n°s 772 et 1560; Chauveau et Godoffre, t. 1, n° 2216; Rivoire, *Dictionnaire raisonné du tarif*, p. 298; Victor Fons, *Tarif en matière civile*, n° 53). Dans le sens de cette doctrine, il a été jugé que l'art. 823 c. civ., aux termes duquel « si l'un des cohéritiers refuse de consentir au partage, ou s'il s'élève des contestations soit sur le mode d'y procéder, soit sur la manière de le terminer, le tribunal prononce comme en *matière sommaire* », ne s'applique qu'à certains incidents survenus dans le cours d'une instance en partage et non à cette instance elle-même qui doit être considérée, soit au point de vue des formes de la procédure, soit pour l'application des règles du tarif, comme une affaire essentiellement ordinaire (Trib. civ. de Lyon, 4 juin 1887, aff. Chapuis, D. P. 89. 3. 7). Cette décision s'appuie sur ces considérations: « les rédacteurs du code civil ne spécifiant pas que l'action en partage est une affaire sommaire, ont évidemment entendu consacrer les règles établies sur ce point par l'ancien droit; que si telle n'avait pas été leur intention, ils l'auraient expressément manifesté, puisqu'ils ont adopté comme principe que la matière ordinaire est la règle et la matière sommaire l'exception et qu'ils ont indiqué, dans l'art. 404, quelles affaires devaient être réputées matières sommaires et instruites comme telles; s'il en était autrement, on trouverait certainement dans les art. 966 et suiv. c. proc. civ. qui règlent la procédure des instances en partage et licitation, une disposition prescrivant de procéder comme en matière sommaire; on voit, au contraire, l'art. 969 se référer à l'art. 823 c. civ., mais seulement en ce que ce dernier article prescrit la nomination d'un juge rapporteur; cet art. 969, pas plus qu'un autre article du code de procédure civile ne se réfère à l'art. 823 c. civ., en ce que ce dernier article assimile aux matières sommaires certaines contestations en matière de partage; que c'est donc en pleine connaissance de cause que le législateur de 1806 n'a pas classé l'action en partage parmi les matières sommaires... On peut encore trouver dans l'art. 971 c. proc. civ. la preuve que le législateur a considéré les demandes en partage comme affaires ordinaires; que cet article, en effet, dans son ancienne rédaction, renvoyait pour les expertises aux formalités prescrites au titre des rapports d'experts. Or, l'art. 75 du tarif de 1807 allouait le droit de rôle et de copie en matière ordinaire pour les conclusions motivées à fin d'entérinement du rapport des experts, et l'art. 92, des vacations au partage, tandis que l'art. 67 du même tarif, réglant les frais en matière sommaire, défend de rien ajouter aux émoluments qu'il détermine, ce qui prouve que, dans l'intention du législateur d'alors, la demande en partage n'était pas sommaire, mais ordinaire... L'art. 823 c. civ. n'est point en contradiction avec ces principes; il est certain que les rédacteurs de ce code n'ont jamais eu la pensée de rédiger, en même temps, un code de procédure; toutes les questions de forme et de tarif ont été absolument réservées, ainsi qu'on l'a maintes fois proclamé dans la discussion; on ignorait alors si, dans le futur code de procédure, la distinction entre les affaires sommaires et les affaires ordinaires serait maintenue. Il serait donc au moins singulier qu'en présence de ces réserves et de cette ignorance, les rédacteurs du code civil eussent entendu réglementer une question de procédure et de tarif et décider que l'action en partage, ainsi que tous les incidents qui peuvent s'y élever, dussent être considérés comme matières sommaires, dans le sens de l'art. 405 c. pr. civ., c'est-à-dire jugés à l'audience, après les délais de citation sur un simple acte, sans autres procédures ni formalités; ils n'ignoraient pas que ces sortes d'instances, qui commencent à l'assignation et se terminent par la délivrance des lots, n'ont aucun de ces caractères de simplicité, de modicité ou d'urgence qui constituent les affaires sommaires; qu'elles comportent, au contraire, presque toujours, l'examen de questions de rapports, de réduction, de récompenses qui sont des plus ardues et des plus compliquées et qu'elles sont toujours accompagnées d'une liquidation et de comptes à faire entre les copartageants; il en faut donc conclure que ces mots de l'art. 824 c. civ.: « Le tribunal prononce comme en matière « sommaire », ne signifient pas autre chose, sinon qu'il doit y avoir célérité dans le jugement, et qu'ils n'ont eu pour but et pour résultat ni de changer le mode d'instruction, ni de modifier la taxe des frais... Au surplus, il est à remarquer que l'art. 823 c. civ. ne pose nullement, en principe, que l'action en partage sera jugée comme en matière sommaire; il ne vise que certains incidents qui peuvent s'élever dans le cours de l'instance et après son introduction; il prévoit d'abord le cas où l'un des cohéritiers refuse de consentir au partage; ces expressions: « l'un des cohéritiers », impliquent que les qualités des cohéritiers ne sont pas contestées de part et d'autre, et que l'un d'eux, sans dénier le droit du demandeur, oppose à sa demande un refus qui n'a rien de sérieux et soulève un premier incident qu'il faut vider. Il prévoit en second lieu le cas où il s'élève des contestations, soit sur le mode de procéder au partage, soit sur la manière de le terminer; ces expressions impliquent qu'il ne s'agit non plus que de contestations relatives à la forme et à la procédure et qui sont également soulevées par voie d'incident; l'art. 823, d'après son texte même, ne peut donc s'appliquer qu'à des contestations qui naissent dans le cours des opérations et qui nécessitent des décisions spéciales, qui peuvent être rendues sans procédure ni formalité, mais il ne s'applique pas à l'action en partage en elle-même et ne saurait lui enlever son véritable caractère ».

Un second système admet, au contraire, que les demandes en partage sont toujours sommaires (Boncenne et Bourbeau, *Théorie de la procédure*, t. 6, p. 62; Boucher d'Argis, *op. cit.*, v° *Affaire sommaire*, p. 47, n° 3; V. Civ. cass. 24 avr. 1854, aff. Hélie, D. P. 54. 1. 159).

D'après une troisième opinion, il faut distinguer entre le cas où la contestation porte sur le fond du droit et celui où la difficulté n'existe que sur la forme et la manière de procéder au partage. Par exemple, si le défendeur refuse de consentir au partage, en se fondant sur ce que le demandeur n'a pas la qualité d'héritier, dans ce cas, l'affaire sera ordinaire. Il faudra en dire autant si la contestation soulève des questions de réserve, de rapport, etc. Mais si le procès concerne seulement le mode de procéder au partage, c'est-à-dire la forme et la procédure, alors l'affaire est sommaire. Cette solution est aujourd'hui admise par la grande majorité des auteurs et des arrêts. Elle paraît, en effet, la plus conforme au texte et à l'esprit de l'art. 823. « Dans l'ancien droit, dit M. Glasson, D. P. 89. 3. 7, note, les demandes en partage étaient considérées comme matières ordinaires. C'est précisément à ce principe que les rédacteurs du code civil ont entendu déroger. Au moment où ils ont préparé le titre des successions, on ignorait encore quelle serait la procédure de l'avenir; seulement ils ont voulu, d'ores et déjà, donner à l'action en partage le caractère d'affaire sommaire toutes les fois que d'autres difficultés, notamment des questions de rapport, de réduction, ne viendraient pas s'y joindre. Tel est bien le sens de l'art. 823. On ne voit pas comment les partisans de la première doctrine peuvent prétendre qu'il ne s'agit dans cet article que d'incidents. Le commencement de l'article porte: « si l'un « des cohéritiers refuse de consentir au partage », ce qui vise directement l'action principale et introductive d'instance en partage dirigée contre lui. Il est facile de comprendre la raison qui a déterminé le législateur à donner à ces procès le caractère d'affaires sommaires; il s'est proposé de gagner du temps et d'éviter des frais. C'est dans le même but que la loi du 2 juin 1841 a modifié l'ancien art. 976 c. proc. civ. en matière de partage. Cet article exigeait que la nomination du notaire fût faite par un second jugement en cas de désaccord des parties. Il a été décidé en 1841 qu'à l'avenir les tribunaux feraient cette désignation par le jugement même qui prononce sur la demande en partage. On ne pourrait pas prétendre sérieusement que l'art. 823 ait été abrogé par le code de procédure, car cet article forme, au point de vue de la procédure, une loi spéciale, tandis que le code est une loi générale. Or, suivant un principe élémentaire, une loi spéciale antérieure n'est jamais abrogée tacitement par une loi générale postérieure (V. conf. Bioche, *Journal de procédure*, art. 2205 ; Calmètes, *Taxe des frais en matière civile*, p. 31 ; Devienne, *Tableau de taxe en matière civile*, p. 23 ; Sorel sur Boucher d'Argis, *op. cit.*, v° *Affaires sommaires*, p. 47 ; Dutruc, *op. cit.*, v° *Partage*, n° 29 ; Rousseau et Laisney, *op. cit.*, v° *Matières sommaires*, n° 122 ; Duvergier sur Toullier, t. 2, n° 419 ; Aubry et Rau, *Cours de droit civil français*, 4e édit., t. 5, § 624, p. 545 ; Demolombe, *Traité des successions*, t. 3, n° 637). — Conformément à cette théorie, il a été jugé : 1° que ce n'est qu'au cas de refus de l'un des cohéritiers à consentir au partage que les tribunaux statuent comme en matière sommaire, mais non au cas où il s'agit de difficultés tenant au fond du droit : dans cette dernière hypothèse, les frais se taxent comme en matière ordinaire (Paris, 23 févr. 1849, aff. Charpillon, D. P. 49. 2. 231); — 2° Que les demandes en partage doivent être rangées dans la catégorie des affaires sommaires et taxées comme telles, lorsqu'elles portent seulement sur la forme du partage et non sur le fond du droit des parties (Paris, 23 août 1851, aff. N..., D. P. 54.5.405); — 3° Que l'on doit instruire et taxer comme affaires ordinaires, et non comme affaires en matière sommaire, les contestations élevées entre époux séparés de corps, au sujet de la liquidation des reprises, dans la forme des art. 837 c. civ. et 977 c. proc. civ. (Nancy, 17 déc. 1872, aff. De Bovies, D. P. 74. 5. 335) ; les litiges portant sur le fond du droit et sur les bases mêmes du partage, et non pas seulement sur la forme du partage et la manière d'y procéder (Trib. Bayeux, 10 mai 1883, aff. Hue, D. P. 85. 3. 120, V. aussi *suprà*, v° *Frais et dépens*, n° 475) ; — 4° Que les actions en partage doivent être rangées dans la classe des affaires sommaires lorsqu'elles ne soulèvent aucune contestation sur le fond du droit : et il n'y a pas contestation sur le fond du droit, mais seulement sur le mode de procéder, lorsque le demandeur en partage réclame une expertise et que les autres héritiers qui ont acquiescé à la demande en partage se bornent à contester la nécessité de l'expertise (Req. 27 mai 1889, aff. Mourlevat, D. P. 90. 1. 376. Comp. Trib. civ. de Nîmes, 23 déc. 1861, *Journ. des avoués*, t. 87, p. 228).

52. — II. Tierce opposition. — V. *Rép.* n° 58 et *suprà*, v° *Frais et dépens*, n° 331.

53. — III. Requête civile. — V. *Rép.* n° 59 et *suprà*, v° *Frais et dépens*, n° 333.

54. — IV. Demandes en désaveu. — La demande en désaveu est une affaire ordinaire, car elle est indéterminée de sa nature, bien que les dommages-intérêts réclamés ne s'élèvent pas à 1500 fr.; il en est ainsi même du désaveu incident (*Rép.* n° 60 ; Rousseau et Laisney, *op. cit.*, v° *Matières sommaires*, p. 91, n° 128 ; Chauveau et Godoffre, *op. cit.*, t. 1, p. 567, n° 2084).

55. — V. Demandes en cession de biens. — La demande en cession de biens est une affaire ordinaire, car elle peut donner lieu à des questions de dol ou de fraude qui ne comportent pas la procédure sommaire (*Rép.* n° 61 ; Rousseau et Laisney, *op. cit.*, v° *Matières sommaires*, p. 91, n° 129 ; Chauveau et Godoffre, *op. cit.*, t. 1, p. 582, n° 2122).

56. — VI. Liquidations de dommages-intérêts. — V. *Rép.* n° 62, et *suprà*, v° *Frais et dépens* n° 339.

Art. 5. — *Des droits dus en matière sommaire* (*Rép.* n° 63).

57. V. les explications contenues au *Rép.* n° 63 ; *ibid.*, v° *Frais et dépens*, nos 169 et suiv., et *suprà*, eod. v°, nos 128 et suiv. — Les règles qui en résultent sont, d'ailleurs, modifiées par les nouvelles dispositions relatives aux frais de justice, contenues dans la loi sur le budget de 1892, en date du 26 janv. 1892 (art. 4 et suiv., D. P. 92. 4. 16).

Art. 6. — *De la procédure en matière sommaire* (*Rép.* nos 64 à 82).

58. La procédure en matière sommaire, on l'a exposé au *Rép.* n° 64, étant exceptionnelle, les règles générales doivent être observées toutes les fois qu'il n'y a pas de dérogation expresse. — Le préliminaire de conciliation est obligatoire en principe, en matière sommaire comme en matière ordinaire. Seules les affaires qui en sont expressément ou virtuellement dispensées par la loi n'y sont pas soumises. Ce principe est proclamé par tous les auteurs (Dutruc, *op. cit.*, v° *Matières sommaires*, n° 24 ; Garsonnet, *op. cit.*, t. 2, p. 727, note 9). « Il y a souvent concours, disent MM. Boitard, Colmet-Daâge et Glasson (*op. cit.*, t. 1, p. 640, n° 596), mais il n'y a pas réciprocité entre ces deux idées : matières dispensées du préliminaire de conciliation et matières sommaires ; il y a des matières sommaires soumises à ce préliminaire comme le sont en général celles des paragraphes 2 et 3 de l'art. 404, et réciproquement, il y a nombre de matières dispensées du préliminaire de conciliation par l'art. 49 et qui ne sont pas pour cela matières sommaires ».

59. La demande en justice se forme par une assignation (et non une citation, comme le porte à tort l'art. 405 c. proc. civ.) soumise aux formalités ordinaires des ajournements (Boitard, Colmet-Daâge et Glasson, *op. cit.*, t. 1, p. 640, n° 596 ; Garsonnet, *op. cit.*, t. 2, p. 727, note *a*).

60. Le délai de la comparution est le même que dans la procédure ordinaire (huit jours francs) si, en raison de l'urgence, le président n'a pas autorisé l'assignation à bref délai (Rousseau et Laisney, *op. cit.*, v° *Matières sommaires*, n° 130 ; Boitard, Colmet-Daâge et Glasson, *op. cit*, t. 1, p. 641, n° 596). La comparution consiste dans la constitution d'avoué, dans les délais de l'ajournement, de même qu'en matière ordinaire.

61. Aux termes de l'art. 405, les matières sommaires sont jugées à l'audience sur un simple acte, sans autres procédures ni formalités. Les art. 77 et suiv. sur les écritures de défense et de réponse sont inapplicables en matière sommaire. — Il a été jugé que l'art. 77 c. proc. civ., qui donne un délai de quinzaine au défendeur, pour faire signifier ses défenses au demandeur, ne s'applique pas à la procédure sommaire (Req. 13 mars 1878, aff. Pitre-Merlaud, D. P. 79. 1. 38. Conf. Boitard, Colmet-Daâge et Glasson, *op. cit.*, t. 1, p. 641, n° 597 ; Garsonnet, *op. cit.*, t. 2, p. 730).

Mais les avoués peuvent, on l'a exposé *suprà*, v° *Frais et dépens*, n° 136, signifier des conclusions motivées (Chauveau et Godoffre, *op. cit.*, t. 1, p. 597, n° 2158 ; Raviart, *op. cit.*, v° *Matières sommaires*, p. 5, n° 12). — Il a été jugé que, en matière sommaire, des conclusions peuvent être utilement signifiées, déposées, lues et développées devant le tribunal, le jour même de l'audience, et que, par suite, le tribunal est tenu de statuer sur ces conclusions, quoique la partie adverse se soit opposée à leur admission sous prétexte qu'elles étaient prises tardivement (Civ. cass. 22 nov. 1859, aff. Vood, D. P. 60. 1. 315) ; — 2° Que l'art. 70 du décret du 30 mars 1808 portant que les conclusions doivent être respectivement signifiées trois jours au moins avant d'être prises à l'audience, ne s'applique ni aux affaires sommaires, ni aux demandes en intervention ; que, par suite, l'intervention en matière sommaire peut être régulièrement formée par acte d'avoué, l'avant-veille ou la veille de l'audience (Arrêt précité du 13 mars 1878). Toutefois, M. Garsonnet fait observer (*op. cit.*, t. 2, p. 728, note 16) que cette dernière solution n'est pas spéciale aux affaires sommaires, et que la même tolérance est admise en matière ordinaire.

62. L'opinion, émise au *Rép.* n° 66, que l'avenir ou sommation d'audience est nécessaire dans la procédure sommaire, est adoptée généralement par les auteurs (Rousseau et Laisney, *op. cit.*, v° *Matières sommaires*, n° 135 ; Boitard Colmet-Daâge et Glasson, *op. cit.*, t. 1, n° 597, p. 641 ; Boucher d'Argis, *op. cit.*, v° *Affaire sommaire*, n° 58). — M. Garsonnet, *op. cit.*, t. 2, p. 730, distingue « suivant que l'assignation a été donnée à jour fixe ou seulement dans le délai de la loi (huit jours francs). Dans le premier cas, dit-il, l'avenir est inutile, car il n'apprendrait rien au demandeur ni au défendeur, qui savent, par l'ajournement donné par l'un et reçu par l'autre, quand leur cause sera appelée, et, partant, quel jour ils doivent se présenter à l'audience. Dans le second cas, l'avenir est indispensable, car l'ajournement indique seulement le délai fixé par la loi, et non pas le jour où les parties doivent se présenter pour conclure. Les affaires sommaires qui requièrent célérité, restent en dehors de cette distinction, et sont jugées sur simples mémoires, c'est-à-dire sans avenir », conformément à l'art. 66 du décret du 30 mars 1808.

63. Le délibéré sur rapport n'est pas interdit en matière sommaire. Aucun texte prohibitif n'existe à cet égard (*Rép.* n° 74 ; Garsonnet, *op. cit.*, t. 2, p. 729 ; Bioche, *op. cit.*, v° *Matières sommaires*, n° 45).

64. Les affaires sommaires peuvent se remettre plusieurs fois, mais toujours à jour fixe. Celles qui requièrent célérité doivent être jugées à l'audience où elles sont appelées : le tribunal n'en doit accorder la remise que par considération extraordinaire ; et, au jour indiqué, il n'en peut être accordé de nouvelle (Garsonnet, *op. cit.*, t. 2, p. 731).

65. Pour ce qui concerne les enquêtes en matière sommaires, V. *suprà*, v° *Enquête*, n°s 267 et suiv. ; — *Rép.* eod. v°, n°s 588 et suiv.

66 Quant aux formes et à la rédaction des arrêts et jugements en matière sommaire, V. *Rép.* n° 65.

Table sommaire

des matières contenues dans le Supplément et le Répertoire.

Les chiffres précédés de la lettre *S* renvoient au Supplément; les chiffres précédés de la lettre *R* renvoient au Répertoire.

Table chronologique des Lois, Arrêts, etc.

MÉDECINE.

Division.

CHAP. 1er. — De la médecine et de la chirurgie
(*Rép.* n°s 2 à 104).

ART. 1er. — *Historique et législation* (*Rép.* n°s 3 à 8).

1. On a vu au *Rép.* n° 8, que le projet de loi sur l'exercice de la médecine, présenté en 1847 par M. de Salvandy et adopté par la Chambre des pairs, n'avait pu être discuté par la chambre des députés, par suite de la révolution de 1848,

En 1863 et en 1864, des pétitions adressées au Sénat demandèrent la revision de la loi du 19 vent. an 6. En 1871, l'Assemblée nationale fut saisie, par MM. Naquet et Chevandier, d'une proposition semblable; mais les circonstances politiques n'en permirent pas la mise en délibération.

2. De nouvelles propositions furent soumises à la Chambre des députés en 1882 par M. Lockroy, par M. Chevandier, et, en dernier lieu, par M. David et plusieurs de ses collègues : enfin le Gouvernement lui-même déposa, au mois de juin 1890, un projet de loi sur l'exercice de la médecine. La commission de la Chambre des députés à laquelle furent renvoyés ces différents projets choisit, pour rapporteur. M. Chevandier, et présenta un ensemble de dispositions légales groupées sous trois titres. Le titre 1er comprenait l'abrogation de l'officiat de santé, les mesures transitoires pour arriver à l'unification du corps médical, les articles visant les dentistes, les sages-femmes et les médecins étrangers; le titre 2, les dispositions réglementaires, les immunités à accorder au corps médical; le titre 3 les pénalités frappant l'exercice illégal de la médecine. Ces propositions n'ont pas encore reçu la sanction définitive du Parlement.

3. — Législation étrangère. — 1° *Angleterre*. — En Angleterre, un *act* du 1er oct. 1858 réglemente l'exercice de la médecine et de la chirurgie et permet de distinguer les médecins qui ont qualité pour exercer de ceux qui sont sans qualité. Cet *act* a été complété et amendé par le *Medical Act* du 25 juin 1886 (*Annuaire de législation étrangère*, 1887, p. 63). Un conseil général d'éducation et d'inscription médicale, composé de délégués des universités et de divers corps médicaux, et de six membres nommés par le gouvernement, est chargé de veiller à la tenue et à la publication annuelle du *Medical Register* renfermant les noms de tous ceux qui ont justifié de leur capacité de pratiquer la médecine, la chirurgie. l'obstétrique et la pharmacie, par la production de diplômes délivrés par les universités et corps médicaux énumérés dans la loi. Ceux qui figurent sur ce registre ont seuls le droit de se dire médecins, chirurgiens, accoucheurs ou pharmaciens. Le conseil général publie également chaque année, sous le titre de *British Pharmacopæa*, une liste des médicaments et composés, avec la manière de les préparer, les poids et les mesures.

4. — 2° *Autriche-Hongrie*. — Une loi du 17 févr. 1873 (*Ann. de lég. étr.*, 1874, p. 189) a supprimé l'ancienne distinction légale entre les chirurgiens et les médecins.

5. — 3° *Empire allemand*. — L'art. 29 de la loi organique du 21 juin 1869, porte, que nul ne pourra se dire pharmacien ou médecin, ou se donner un titre équivalent, ni être chargé par l'Etat ou les communes de fonctions médicales, s'il n'a été approuvé après avoir subi un examen. Mais le diplôme de docteur en médecine conféré par une faculté n'est pas exigé. Les dentistes et les sages-femmes doivent également avoir subi un examen.

6. 4° *Etats-Unis*. — Plusieurs des Etats de l'Union américaine ont réglementé par des lois spéciales l'exercice de la médecine et de la pharmacie. L'art. 178 de la constitution de la Louisiane de 1879 (*Ann. de lég. étr.*, 1880, p. 828) porte que la loi devra protéger contre l'exercice illégal de la médecine. Une loi du 23 juin 1887 (*Ann. de lég. étr.*, 1888, p. 887) interdit, dans l'Etat de New-York, l'exercice de la médecine et de la chirurgie, aux individus non diplômés sous peine d'une amende de 250 dollars et de six mois d'emprisonnement. Nul ne peut exercer la pharmacie dans l'Etat de Massachusetts sans avoir obtenu un diplôme délivré par le bureau de pharmacie nommé par le gouvernement (L. 11 juin 1885, *Ann. de lég. étr.*, 1886, p. 623). On trouve des dispositions semblables dans les lois de la Pensylvanie (L. 24 mai 1887, *Ann. de lég. étr.*, 1888, p. 904) et de l'Illinois (L. 30 mai 1881, *Ann. de lég. étr.*, 1882, p. 794). Il est également interdit dans l'Etat de New-York (L. 31 mai 1889, *Ann. de lég. étr.*, 1890, p. 926) et dans l'Etat de Californie (L. 12 mars 1885, *Ann. de lég. étr.*, 1886, p. 642) d'exercer sans diplôme la profession de dentiste.

7. — 5° *Grèce*. — Une loi de 1879 (*Ann. de lég. étr.*, 1880, p. 772) limite le nombre des pharmaciens proportionnellement à la population, afin que les pharmaciens aient des profits suffisants pour ne pas altérer la qualité des médicaments.

8. — 6° *Norvège*. — D'après la loi du 29 avr. 1871 (*Ann. de lég. étr.*, 1872, p. 369) la médecine ne peut être pratiquée sans diplôme qu'en vertu d'une autorisation du roi et dans le cas de capacités spéciales.

9. — 7° *Pays-Bas*. — Aux termes de la loi du 25 déc. 1878 (*Ann. de lég. étr.*, 1880, p. 577) dans laquelle a été refondue la législation antérieure, le titre de médecin confère le droit d'exercer la médecine dans toute son étendue et s'obtient par un examen pratique divisé en deux parties dont l'une comprend la médecine générale et l'autre l'art des accouchements. Sont admissibles à cet examen : 1° les docteurs en médecine et ceux qui ont été admis à la promotion pour le doctorat ; 2° ceux qui ont subi des examens dans les sciences physiques. Le doctorat en médecine n'est maintenu que comme titre scientique et n'est pas exigé pour l'exercice de la médecine. La même loi institue des examens pratiques pour l'art dentaire, la pharmacie et la profession de sage-femme.

10. — 8° *Suisse*. — La loi fédérale du 19 déc. 1877 (*Ann. de lég. étr.*, 1878, p. 616), admet à exercer dans tout le territoire de la Confédération tous ceux qui ont obtenu un diplôme fédéral à la suite d'examens subis devant des commissions composées de professeurs de l'enseignement supérieur et de praticiens experts. Des lois particulières aux différents cantons y réglementent l'exercice de la médecine et de la pharmacie.

Art. 2. — *Des docteurs et officiers de santé. — Diplômes. — Académie de médecine. — Salles et amphithéâtres de dissection* (*Rép.* nos 9 à 39).

11. On a vu, au *Rép.* n° 9, que d'après l'art. 4 de la loi du 19 vent. an 11, le Gouvernement peut accorder, à un médecin ou à un chirurgien étranger et gradué dans une université étrangère, le droit d'exercer la médecine ou la chirurgie en France. Cette autorisation, qui est délivrée par le ministre de l'instruction publique, ne confère aucun droit absolu à celui qui l'obtient et qui n'a pas subi les mêmes épreuves que le Français gradué au même titre. Elle peut donc être révoquée (Angers, 23 nov. 1868, aff. Gibez, D. P. 69. 2. 62). — Ce retrait d'autorisation est un acte de pure administration contre lequel aucun recours ne peut être exercé devant le conseil d'Etat, mais que l'intéressé peut demander au ministre de rapporter. Il ne semble pas que l'existence d'une réclamation auprès du ministre affranchisse le réclamant de l'obligation d'obéir provisoirement à la décision qui a prononcé le retrait de l'autorisation; et il a été décidé que, à partir du moment où ce retrait lui a été notifié, le médecin étranger qui continue à exercer la médecine se rend passible, nonobstant sa réclamation. des peines prononcées contre l'exercice illégal de la médecine (Même arrêt).

Le médecin étranger qui ne justifie ni d'un diplôme délivré en France, ni d'une autorisation accordée par le ministre de l'instruction publique, doit être condamné pour exercice illégal de la médecine alors même qu'il serait inscrit sur la liste dressée par le préfet des médecins exerçant dans le département, et qu'il serait imposé à la patente en qualité de médecin (Paris, 18 mars 1885) (1).

(1) (Casan). — Le 11 févr. 1885, jugement du tribunal correctionnel de la Seine dont extrait suit : — « ... Attendu que Casan ne justifie d'aucun diplôme, certificat ou lettre de réception, délivré par l'une des écoles de médecine légalement établies en France; — Attendu, en outre, qu'il est aujourd'hui clairement démontré que Casan n'est pas légalement autorisé, dans les conditions déterminées par l'art. 4 de la loi du 19 vent. an 11, à exercer, comme médecin étranger, la médecine en France; qu'il résulte, en effet, d'une lettre du préfet de la Seine, en date du 4 oct. 1884, qu'il n'a été trouvé dans les archives du ministère de l'instruction publique aucune trace d'une autorisation qui aurait été accordée à Casan; que, d'ailleurs, le prévenu, formellement interpellé à l'audience relativement à l'obtention de l'autorisation ministérielle, a reconnu qu'il n'en possédait aucune; — Attendu qu'il est, en conséquence, sans intérêt que Casan figure sur la liste dressée pour 1884, par le préfet de la Seine, des médecins domiciliés dans l'étendue du département, et qu'il ait été, par suite, patenté comme docteur en médecine; que, si cette inscription avait pu faire présumer, jusqu'à l'envoi à l'autorité judiciaire de la lettre préfectorale du 4 oct. 1884, que Casan fût autorisé à exercer en France et faire ainsi naître un doute sur son droit, il est aujourd'hui constant que cette autorisation n'existe pas; que,

12. La faculté accordée au Gouvernement par l'art. 4 de la loi de ventôse an 11 a été fréquemment critiquée, comme pouvant donner lieu à de regrettables abus. Dès 1827, le conseil royal de l'instruction publique avait demandé que les docteurs étrangers qui voudraient s'établir en France fussent tenus de subir les mêmes examens que les élèves des facultés françaises. Le congrès médical de 1845 a émis un vœu dans le même sens. L'art. 5 du projet de loi qui a été successivement soumis aux délibérations de la Chambre des députés et du Sénat, et qui a été renvoyé à la Chambre des députés, est ainsi conçu : « Les médecins, les chirurgiens dentistes et les sages-femmes diplômés à l'étranger, quelle que soit leur nationalité, ne pourront exercer leur profession en France qu'à la condition d'y avoir obtenu le diplôme de docteur en médecine, de dentiste ou de sage-femme, et en se conformant aux dispositions prévues par les articles précédents. Des dispenses de scolarité et d'examens pourront être accordées par le ministre, conformément à un règlement délibéré en conseil supérieur de l'instruction publique. En aucun cas, les dispenses accordées pour l'obtention du doctorat ne pourront porter sur plus de trois épreuves ». Une disposition transitoire (art. 30) porte que les médecins et sages-femmes venus de l'étranger, autorisés à exercer leur profession avant l'application de la loi nouvelle, continueront à jouir de cette autorisation dans les conditions où elle leur a été donnée.

13. Nous avons dit (*Rép.* n° 10) qu'il existait trois facultés de médecine; celle de Paris, celle de Montpellier, et celle de Strasbourg. Cette dernière a été transférée à Nancy par un décret du 1er oct. 1872 (D. P. 73. 4. 13). Une loi du 8 déc. 1874 (D. P. 75. 4. 77) a créé de nouvelles facultés de médecine et de pharmacie à Bordeaux et à Lyon. Une faculté mixte de médecine et de pharmacie a été également instituée à Lille par un décret du 12 nov. 1875 (D. P. 76 4. 79).

14. On a vu, au *Rép.* n° 10, qu'indépendamment des facultés de médecine, il existe des écoles préparatoires de médecine et de pharmacie et, à Paris, une école pratique qui dépend de la Faculté. Les écoles préparatoires, organisées par une ordonnance du 13 oct. 1840 et par un décret du 22 août 1854 (D. P. 54. 4. 151), ont été réorganisées par un décret du 1er août 1883 (D. P. 84. 4. 70). Indépendamment de ces écoles, un décret du 14 juill. 1875 (D. P. 76. 4. 28) a institué des écoles de plein exercice de médecine et de pharmacie. L'organisation de ces écoles a été réglée par un décret du 1er août 1883 (D. P. 84. 1. 70). Des écoles de plein exercice ont été instituées à Marseille par un décret du 26 nov. 1876 (D. P. 76. 4. 86), à Nantes par un décret du 28 janv. 1876 (D. P. 76. 4. 102) et à Toulouse par un décret du 16 sept. 1887, *Bulletin des lois*, n° 18566. — V. *infrà*, v° *Organisation de l'instruction publique*.

15. Aux termes de l'art. 1er du décret du 20 juin 1878 (D. P. 78. 4. 101), les études pour l'obtention du diplôme de docteur en médecine durent quatre ans. Elles peuvent être faites, pendant les trois premières années, soit dans les facultés, soit dans les écoles de plein exercice, soit dans les écoles préparatoires de médecine et de pharmacie ; les études de la quatrième année ne peuvent être faites que dans une faculté ou une école de plein exercice. Les aspirants au doctorat de médecine subissent cinq examens et soutiennent une thèse. Les deuxième, troisième et cinquième examen sont divisés en deux parties. Les élèves des écoles préparatoires passent le premier examen probatoire et la première partie du second examen dans ces écoles devant un jury composé de deux professeurs et d'un agrégé de faculté (Décr. 1er août 1883, art. 13). Les élèves des écoles de plein exercice passent le premier examen probatoire et les deux parties du deuxième examen dans ces écoles, devant un jury composé de deux professeurs et d'un agrégé de faculté (Décr. 1er août 1883, art. 4. V. *infrà*, *Organisation de l'instruction publique*).

Aux termes de l'art. 1er du projet soumis au Parlement, les inscriptions précédant les deux premiers examens probatoires peuvent être prises et les deux premiers examens probatoires subis dans une école préparatoire réorganisée conformément aux règlements rendus après avis du conseil supérieur de l'instruction publique. L'art. 7 porte que les étudiants étrangers qui postulent soit le diplôme de docteur en médecine, soit le diplôme de chirurgien dentiste institué par cette loi et les élèves de nationalité étrangère qui postulent le diplôme de sage-femme de première ou de deuxième classe sont soumis aux mêmes règles de scolarité et d'examens que les étudiants français. Aux termes de cet article, il pourra leur être accordé en vue de l'instruction dans les facultés et écoles de médecine, soit l'équivalence des diplômes ou certificats obtenus par eux à l'étranger, soit la dispense des grades français requis pour cette inscription, ainsi que des dispenses partielles de scolarité correspondant à la durée des études faites par eux à l'étranger.

16. Les dispositions de l'art. 24 de la loi du 19 vent. an 11, rapportées au *Rép.* nos 12 et 13, qui imposent aux médecins et aux officiers de santé l'obligation de présenter, dans le délai d'un mois après la fixation de leur domicile, les diplômes qu'ils ont obtenus au greffe du tribunal de première instance et au bureau de la sous-préfecture de l'arrondissement dans lequel ils veulent s'établir, ont été rappelées par une circulaire du ministère de l'intérieur du 11 févr. 1861 (Dubrac, *Traité de jurisprudence doctrinale*, p. 307). Cette circulaire recommande aux préfets de tenir la main à l'exacte observation de la formalité de l'enregistrement des diplômes dans leurs départements, et de ne pas omettre de publier et d'envoyer au ministre, tous les cinq ans, la liste générale des médecins, pharmaciens et sages-femmes de leurs départements.

L'art. 9 du projet de loi soumis au Parlement impose aux médecins, officiers de santé, dentistes et sages-femmes, l'obligation de faire enregistrer leurs diplômes dans le délai d'un mois à partir du jour où ils ont fait élection de domicile, et de renouveler cet enregistrement lorsqu'ils portent leur domicile dans un autre département. Le même enregistrement est imposé à ceux ou celles qui, n'exerçant plus depuis deux ans, veulent se livrer à l'exercice de leur profession. L'art. 10 prescrit l'établissement annuel, par les soins des préfets et de l'autorité judiciaire, de la liste des docteurs en médecine, dentistes et sages-femmes. La statistique du personnel médical existant en France et aux colonies est dressée tous les ans par les soins du ministre de l'intérieur.

17. On a dit, *Rép.* n° 17, que les *officiers de santé* sont des médecins d'un ordre inférieur astreints à des études moins complètes et que la suppression de cette catégorie a souvent été demandée. L'art. 1er du projet de loi prononce cette suppression. Mais l'art. 31 porte que les officiers de santé reçus antérieurement à l'application de la nouvelle loi, et ceux reçus dans les conditions déterminées par l'art. 33 auront le droit d'exercer la médecine et l'art dentaire sur tout le territoire de la République. Aux termes de l'art. 32, un règlement délibéré en conseil supérieur de l'instruction publique déterminera les conditions dans lesquelles un officier de santé pourra obtenir le grade de docteur en médecine. D'après l'art. 33, les élèves qui, au moment de la promulgation de la loi, auront pris leur première inscription pour l'officiat de santé, pourront continuer leurs études médicales suivant les règles précédemment en vigueur, et obtenir le diplôme d'officier de santé.

18. Aux termes de l'art. 16 de la loi du 19 vent. an 11

---

l'inscription sur la liste et la délivrance d'une patente ne peuvent, à défaut de diplôme ou d'autorisation ministérielle, conférer le droit d'exercer la médecine; — Attendu, enfin, qu'il résulte de l'information et de l'aveu même du prévenu la preuve que, du 19 août 1884 à ce jour, il n'a pas cessé d'exercer la médecine, de recevoir ou de traiter les malades, avec cette circonstance qu'il a usurpé, notamment dans des tableaux réclames apposés à la porte de sa maison et dans son quartier, le titre de docteur...; — Par ces motifs; — Déclare Casan coupable d'avoir, en septembre, octobre, novembre et décembre 1884, dans le département de la Seine, illégalement exercé la médecine, avec cette circonstance qu'il a usurpé le titre de docteur, ce qui constitue l'infraction prévue et punie par les art. 35 et 36 de la loi du 19 vent. an 14;

Condamne Casan, etc...

Appel par le sieur Casan.

LA COUR; — Adoptant les motifs des premiers juges; — Confirme, etc.

Du 18 mars 1885.-C. de Paris, ch. corr.-MM. Boucher-Cadart, pr.-Quesnay de Beaurepaire, av. gén.-Lacointa av.

rapporté au *Rép.* n° 18, le titre d'officier de santé était conféré par des jurys médicaux désignés pour chaque département. Un décret du 22 août 1854 (D. P. 54. 4. 151) a fait cesser les fonctions de ces jurys et a décidé que les certificats d'aptitude qu'ils délivraient seraient à l'avenir délivrés par les facultés de médecine ou les écoles préparatoires, à la suite d'examens. — Les aspirants au grade d'officier de santé ont été astreints, par un décret du 18 juin 1862 (D. P. 62. 4. 82), à un stage dans les hôpitaux, qui devait durer depuis leur quatrième inscription jusqu'à la douzième. Un décret du 1er août 1883 (D. P. 84. 4. 71) a fixé à quatre années la durée des études nécessaires pour obtenir le titre d'officier de santé (art. 1er). Le candidat doit, pendant ces quatre années, prendre seize inscriptions trimestrielles: le stage hospitalier commence avec la cinquième inscription et se continue jusqu'à la fin des études (art. 4). Les examens à la suite desquels est accordé le titre d'officier de santé sont subis devant la faculté ou école dans la circonscription de laquelle l'officier de santé doit exercer ; le jury se compose d'un professeur d'une faculté de médecine ou d'une faculté mixte de médecine et de pharmacie président, et de deux professeurs de l'école de plein exercice ou de l'école préparatoire.

19. On a vu au *Rép.* n° 20, qu'aux termes de l'art. 20 de la loi du 19 vent. an 11, les officiers de santé ne pouvaient s'établir que dans le département où ils avaient été examinés par le jury, après s'être fait enregistrer, comme les docteurs, au greffe du tribunal de première instance et au bureau de la sous-préfecture. L'art. 19 du décret du 22 août 1854 porte que les officiers de santé qui veulent exercer dans un autre département que celui pour lequel ils ont été reçus doivent subir un nouvel examen et obtenir un nouveau certificat d'aptitude. D'après le décret du 23 août 1873 (D. P. 74. 4. 12), ils peuvent être dispensés par le ministre de l'instruction publique des deux premiers examens de fin d'études, et le troisième examen doit être subi par eux devant le jury de la faculté de médecine ou de l'école préparatoire de laquelle relève le département où ils se proposent d'exercer.

20. Ainsi qu'on l'a exposé au *Rép.* nos 21 et suiv., l'interdiction faite aux officiers de santé par la loi du 19 vent. an 11 de *s'établir* ailleurs que dans le département où ils avaient été examinés par le jury devait s'entendre en ce sens que, non seulement ils devaient établir leur résidence dans ce département, mais qu'ils ne pouvaient être admis à exercer leur art dans un département voisin. On doit continuer à décider qu'il leur est interdit d'exercer dans un autre département que celui pour lequel ils ont été reçus ; cette interprétation est confirmée par le texte même du décret du 23 août 1873, qui porte que le troisième examen sera subi, par les officiers de santé qui veulent s'établir dans un autre département, devant le jury de la faculté de médecine ou de l'école préparatoire de laquelle relève le département *où ils se proposent d'exercer.*

21. Conformément à la jurisprudence rapportée au *Rép.* nos 25 et suiv., il a été décidé qu'une autorisation accordée soit par le préfet, soit par le ministre, ne pouvait conférer à un officier de santé le droit d'exercer dans un autre département que celui pour lequel il a été reçu (Ch. réun. cass. 1er mai 1854, aff. Gauthier, D. P. 54. 5. 45; Crim. rej. 24 avr. 1856, aff. Lecharpentier, D. P. 56. 1. 122 ; 7 mars 1868, aff. Camin, D. P. 69. 1. 115). Le préfet pouvait seulement, aux termes de l'art. 37 de l'arrête du 20 prair. an 11, dans le cas où le nombre des candidats était trop faible pour qu'il y eût lieu de réunir un jury chargé de les examiner, autoriser ces candidats à se présenter devant le jury d'un département voisin. Cette question ne peut plus se poser en présence de l'organisation des nouveaux jurys d'examen, telle qu'elle résulte des décrets du 22 août 1854 et du 23 août 1873.

22. On a dit au *Rép.* n° 28, qu'aux termes de la loi de l'an 11, les officiers de santé ne peuvent pratiquer les grandes opérations chirurgicales que sous la surveillance et l'inspection d'un docteur dans les lieux où celui-ci sera établi. Suivant M. Dubrac (*op. cit.*, p. 137), la grande opération chirurgicale est celle qui, par les difficultés qu'elle présente et les organes qu'elle intéresse, est de nature à occasionner des accidents graves, si elle n'est pas faite avec toute la dextérité que procure la pratique de l'art chirurgical et les précautions que la science commande. — Jugé que l'on doit considérer comme une grande opération chirurgicale, interdite en principe aux officiers de santé, l'embryotomie ou la version (Crim. cass. 28 mai 1891, aff. Perret, D. P. 92. 1. 195). MM. Briand et Chaudé, *Manuel de médecine légale*, 9e éd., p. 41, sont également d'avis que l'application du forceps, qui souvent peut compromettre la santé et la vie de la mère et de l'enfant, doit être rangée dans la catégorie de ces opérations. Mais les mêmes auteurs reconnaissent que, dans la pratique des accouchements, il est souvent impossible d'exécuter cette prescription de la loi; quelquefois, ajoutent-ils, le moindre délai serait fatal à la mère et à l'enfant, et l'officier de santé qui applique alors lui-même le forceps, non seulement est excusable, mais serait répréhensible s'il ne le faisait pas. Il a été décidé, en ce sens, et conformément à un arrêt rapporté au *Rép.* n° 30, que l'officier de santé, prévenu d'avoir pratiqué un accouchement au forceps sans l'assistance d'un docteur en médecine, peut valablement invoquer comme excuse la force majeure résultant de la nécessité d'extraire au plus tôt un fœtus mort dans le sein de sa mère et arrivé à l'état de décomposition (Crim. rej. 2 mai 1878, aff. Casimir, D. P. 78. 1. 336).

23. L'art. 29 de la loi de l'an 11 porte que, dans le cas d'accidents graves arrivés hors de la surveillance et de l'inspection du docteur, il y aura *recours à indemnité* contre l'officier de santé qui s'en sera rendu coupable. Nous avons dit au *Rép.* n° 30, que, dans ce cas, l'officier de santé ne serait pas seulement passible de dommages-intérêts, mais qu'il pourrait être poursuivi comme coupable d'homicide ou de blessures par imprudence et soumis à l'application des art. 319 et 320 c. pén. Un jugement du tribunal de Toulon du 24 juin 1881 (*Gaz. des trib.* 27 juin 1881) a condamné pour homicide par imprudence un officier de santé qui, croyant opérer une tumeur, avait pratiqué l'ablation de l'utérus d'une femme qui venait d'accoucher. Il ne paraît donc pas exact de soutenir, comme l'a fait M. Horteloup dans un rapport à la Société de médecine légale (*Annales d'hygiène publique et de médecine légale,* 1878, 2e sér., t. 50, p. 534) que l'art. 29 de la loi de l'an 11 est dépourvu de sanction pénale. Il n'en est ainsi que dans le cas où aucun accident n'a été causé par l'opération.

24. On a vu au *Rép.* n° 3, qu'un médecin n'est pas légalement tenu de prêter son ministère à tous ceux qui le demandent. Il en est ainsi alors même qu'il n'existe pas d'autre médecin dans la localité. Mais il a été décidé que, quand un médecin a commencé à traiter un malade, il s'est établi entre lui et son client une sorte de contrat tacite qu'il ne peut rompre seul sans motif, et que, s'il abandonnait le malade quand ce dernier a encore besoin de ses soins, il serait tenu à une réparation (Amiens, 16 nov. 1857, cité par MM. Briand et Chaudé, *op. cit*, p. 26).

25. La question de savoir si la clientèle d'un médecin peut être cédée valablement est controversée, ainsi qu'on l'a vu au *Rép.* n° 36. Elle a été plus complètement examinée v° *Vente*, n° 473. Quelque opinion que l'on adopte sur cette question, la cour de cassation considère comme valable le contrat par lequel un médecin s'interdit, au profit d'un autre médecin, l'exercice de la médecine dans un rayon déterminé (Req. 13 mai 1861, aff. Lombard, D. P. 61. 1. 326. V. Conf. Paris, 29 avr. 1865) (1). Une convention peut être considérée comme ayant pour but unique cette interdiction, quoiqu'elle soit qualifiée de cession de clientèle, sans qu'une telle déci-

(1) (Deville C. Rapatel.) — La cour; — ... En ce qui touche la nullité de l'engagement; — Considérant que, par un acte sous seing privé du 9 juin 1862, Rapatel a déclaré céder à Deville toute sa clientèle de médecine à Montreuil-sous-Bois et lieux circonvoisins, moyennant 10 000 fr.; que les deux principales obligations prises par Rapatel sont les suivantes: 1° de continuer à présenter Deville à ses clients et à faire tout ce qui sera nécessaire pour reporter sur ce dernier la confiance des familles; 2° de ne pas exercer dorénavant la médecine à Montreuil et dans un rayon déterminé; — Considérant que si, en droit, on peut soutenir jusqu'à un certain point qu'une clientèle de médecin n'est pas une chose qui soit à sa disposition et qu'il puisse être

sion tombe sous le contrôle de la cour de cassation (Arrêt précité du 13 mai 1861).

26. On a émis au *Rép.* n° 37 l'opinion qu'une femme ne pourrait obtenir le diplôme de docteur en médecine et par conséquent exercer la médecine. Cette solution n'est plus exacte aujourd'hui. Les femmes ont été admises à suivre les cours des facultés de médecine et à subir les épreuves du doctorat : plusieurs ont obtenu le diplôme de docteur. La question avait déjà été résolue en ce sens en Angleterre par une décision du conseil général médical sur le rapport d'une commission composée de professeurs des universités d'Oxford, de Cambridge et de Londres. Voici, d'après le *Journal officiel* du 5 août 1872, le texte de cette décision : « Les femmes eussent mieux fait de renoncer à l'idée de se faire docteurs en médecine, le succès dans la carrière médicale exigeant des aptitudes, des qualités étrangères à leur mission : la force, la persévérance et l'impassibilité devant des scènes de douleur et de sang ; si pourtant, malgré ces considérations, elles passent outre et persistent à vouloir embrasser la carrière médicale, elles ne doivent pas en être exclues ».

ART. 3. — *De l'exercice illégal de la médecine ou de la chirurgie* (*Rép.* n°s 40 à 66).

27. Comme on l'a vu au *Rép.* n° 41, la prohibition d'exercer sans diplôme, certificat ou lettre de réception, est générale et absolue; elle s'etend à toute personne qui pratique la médecine et la chirurgie sans titre légal. Ainsi le fait, par une femme non pourvue de diplôme, d'avoir donné des consultations médicales et prescrit divers traitements, constitue l'exercice illégal de la médecine (Paris, 18 sept. 1851, aff. Gabory, D. P. 54. 2. 192). — Il a été décidé, conformément à ce qui a été exposé au *Rép.* n° 41, que celui qui, n'ayant pas de diplôme de médecin ou de titre équivalent, pratique, même sans recevoir de salaire, des réductions de luxations ou de fractures de membres, contrevient à l'art. 35 de la loi du 19 vent an 11 (Crim. cass. 27 mai 1854, aff. Femme Jacob, D. P. 54. 1. 372) et qu'il invoquerait en vain comme excuse soit son ignorance de la loi, soit l'erreur dans laquelle l'aurait jeté un jugement d'acquittement rendu à son profit à propos d'opérations semblables (Même arrêt).

28. En Algérie, comme en France, il est nécessaire de justifier de l'obtention du diplôme exigé par la loi du 19 vent. an 11 (Crim. cass. 20 juill. 1872, aff. Abderrhaman, D. P. 72. 1. 284). Il en est ainsi même en ce qui concerne les médecins arabes qui ne peuvent se passer du diplôme qu'autant qu'ils se bornent à pratiquer la médecine à l'égard de leurs coregionnaires (Même arrêt).

29. La prohibition d'exercer l'art de la médecine sans diplôme s'applique aux pharmaciens comme à tous autres individus (*Rép.* n° 41). L'absence et l'empêchement des médecins d'une localité ne sauraient autoriser un pharmacien à prescrire un traitement complet, alors d'ailleurs qu'il n'y a pas nécessité actuelle et urgente pouvant équivaloir à une force majeure (Crim. cass. 25 mars 1876) (1). — D'après l'art. 6 du projet de loi, les internes des hôpitaux et hospices français nommés au concours et munis de douze inscriptions et les étudiants en médecine dont la scolarité est terminée, peuvent être autorisés à exercer la médecine pendant une épidémie ou à titre de remplaçants d'un docteur en médecine ou d'un officier de santé. Cette autorisation, délivrée par le préfet du département, est limitée à trois mois : elle est renouvelable dans les mêmes conditions.

30. Nous avons dit au *Rép.* n° 44 que la jurisprudence n'exige pas la possession d'un diplôme pour l'exercice de la profession de dentiste. Toutefois la question est controversée, et l'on a fait observer que si, en général, la simple extraction d'une dent et la pose de dents artificielles n'exigent, de la part de l'opérateur, qu'une certaine dextérité, le traitement des maladies de la bouche demande autre chose encore, et qu'il est difficile de distinguer, sans avoir acquis des connaissances théoriques assez étendues, les maladies purement locales de la bouche de celles qui ne sont que le symptôme ou la conséquence d'une affection générale (Dubrac, *op. cit.*, p. 320). Il est, d'ailleurs, admis que l'emploi du chloroforme pour endormir une personne à opérer est du domaine exclusif de la médecine et de la chirurgie, et, par suite, est interdit au dentiste qui n'est pas pourvu d'un diplôme de médecin (Trib. corr. de Lille, 8 avr. 1873, aff. de B..., D. P. 73. 2. 79).

31. D'après l'art. 2 du projet de la commission de la Chambre des députés, nul ne peut exercer la profession de dentiste s'il n'est muni d'un diplôme de docteur en médecine, chirurgien-dentiste ou dentiste. Ce dernier diplôme

---

assuré de transmettre intégralement: mais, considérant que telle n'est pas la portée de la convention intervenue entre les parties; que Rapatel n'a pris d'autre engagement envers Deville que celui de le signaler à ses clients, comme digne de leur confiance, et de s'abstenir, quant à lui, d'exercer la médecine dans le même lieu, pour ne pas profiter de la confiance acquise et de l'habitude qui porterait naturellement les anciens clients à continuer à s'adresser à lui; — Considérant qu'un semblable engagement, qui embrasse tout à la fois l'obligation de faire une certaine chose et l'obligation de ne pas faire une certaine autre chose, ne contient rien, dans l'une ou l'autre de ces deux branches, qui soit contraire à la loi, ou qui blesse soit l'ordre public, soit les bonnes mœurs; qu'il est naturel, au contraire, que des personnes qui ont eu pendant de longues années les soins d'un médecin le consultent, au moment où il songe à se retirer sur le choix de celui auquel elles devront s'adresser à l'avenir, qu'il se comprend également que le médecin, allant au-devant de cette pensée, signale de son propre mouvement à ses clients celui qu'il a choisi lui-même comme celui lui paraissant réunir les conditions nécessaires pour devenir son successeur; — Considérant que cette obligation de faire et cette obligation de ne pas faire peuvent être l'objet d'un contrat, aux termes de l'art. 1126 c. civ.; que Rapatel a pu donc stipuler un prix en échange de l'engagement par lui contracté; — Par ces motifs, confirme, etc.

Du 29 avr. 1865.-C. de Paris, 5e ch.-MM. Filhon, pr.-Try, subst., c. conf.-Caratin et Pinoche, av.

(1) (Vayssé.) — LA COUR; — Statuant sur le pourvoi du procureur près la cour d'appel de Limoges; — Sur le premier moyen pris de la violation de l'art. 52 de la loi du 21 germ. an 11; — Vu cet article, — Attendu qu'il résulte des constatations de l'arrêt que, le 1er août 1875, Vayssé, pharmacien à Saint-Germain-les-Belles, avait vendu et remis à la femme Foucaud, pour son usage personnel, sans ordonnance de médecin, une pommade renfermant une certaine dose de belladone et dix paquets de calomel et de sucre en poudre à prendre en deux jours, deux paquets le matin et trois le soir; — Attendu que la belladone est classée parmi les substances vénéneuses et qu'elle ne peut être employée comme remède que d'après une ordonnance de médecin; que la fabrication du calomel, ou protochlorure de mercure, est une opération chimique; — Que la pommade de belladone et les paquets de calomel remis à la femme Foucaud étaient des préparations médicinales et des drogues composées; — Qu'en décidant le contraire l'arrêt attaqué a faussement appliqué et a violé l'art. 32 susvisé, qui trouve sa sanction dans l'arrêt de règlement du 23 juill. 1748; — Sur le deuxième moyen... — Sur le troisième moyen, pris de la violation des art. 35 et 36 de la loi du 19 vent. an 11: — Attendu que, d'après la constatation de l'arrêt, Vayssé, qui est pharmacien, a prescrit à la femme Foucaud un traitement complet, externe et interne, pour combattre l'inflammation de l'œil gauche sur lequel avaient porté son examen et son diagnostic; qu'en agissant ainsi, Vayssé a illégalement exercé la médecine; que la cour d'appel devait tirer les conséquences légales de ses propres constatations, et déclarer constante la contravention reprochée au prévenu; — Qu'il importait peu, au point de vue de l'existence des éléments constitutifs de cette contravention, que le prévenu n'eût pas perçu des honoraires de médecin et qu'il eût touché seulement le prix des médicaments; — Que l'absence et l'empêchement des deux médecins de la localité relevés par l'arrêt ne pouvaient autoriser un pharmacien à prescrire un traitement complet auquel la femme Foucaud ne devait pas être immédiatement soumise par suite d'une nécessité actuelle et urgente; que Vayssé pouvait faire acte d'humanité, dans des limites posées par l'avis du conseil d'Etat du 8 vend. an 13, mais qu'il lui était interdit de procéder à un examen médical et de prescrire un traitement non absolument urgent à l'instant même, qui constituerait l'exercice de la médecine; — Qu'en effet, la prohibition de la loi d'exercer la médecine ou la chirurgie, sans être pourvu d'un diplôme, est générale et absolue; que le législateur l'a établie dans le but de mettre la santé et la vie des citoyens à l'abri des dangers auxquels les exposeraient l'ignorance et l'impéritie; — Attendu que les motifs d'humanité, invoqués par l'arrêt attaqué, ne sauraient équivaloir, dans l'espèce, à une force majeure et que l'excuse admise est contraire aux dispositions de la loi; — D'où il suit que l'acquittement sur ce chef, constitue une violation des art 35 et 36 susvisés; — Casse, etc....

Du 25 mars 1876.-Ch. crim.-MM. de Carrières, pr.-Saint-Luc Courborieu, rapp.-Desjardins, av. gén.

sera délivré par le Gouvernement français à la suite d'études organisées suivant un règlement rendu après avis du conseil supérieur de l'instruction publique et d'examens subis devant un établissement d'enseignement supérieur médical de l'État. L'art. 32 porte qu'un règlement délibéré en conseil supérieur de l'instruction publique déterminera les conditions dans lesquelles un dentiste qui bénéficie des dispositions transitoires de la loi pourra obtenir le diplôme de chirurgien-dentiste. Aux termes de l'art. 34, le droit d'exercer la profession de dentiste est maintenu à tout dentiste justifiant qu'il est inscrit au rôle des patentes au 1er janv. 1892. Les dentistes qui se trouvent dans ces conditions n'auront le droit de pratiquer l'anesthésie qu'avec l'assistance d'un docteur en médecine ou d'un officier de santé.

32. Les principes qui viennent d'être énoncés reçoivent exception dans les cas d'urgence qui constituent de véritables cas de force majeure. Ainsi une sœur de charité qui, appelée près d'un malade, a pratiqué une saignée ou conseillé une application de sangsues, ne peut être déclarée coupable d'exercice illégal de la médecine si elle n'a agi ainsi qu'à raison de l'urgence et après avoir insisté pour que le médecin fût appelé (Crim. rej. 14 août 1863, aff. Goulay, D. P. 64. 1. 399). Il a été jugé dans le même sens que le délit d'exercice illégal de la médecine n'est pas commis par le pharmacien qui, dans des circonstances de force majeure et d'extrême urgence, cédant à un sentiment d'humanité et sans aucun esprit de lucre, administre à un enfant, dans l'espoir de lui sauver la vie, un médicament n'offrant par lui-même aucun danger (Paris, 7 févr. 1880, aff. Gauthier, D. P. 81. 2. 192). Mais il faut, en pareil cas, que les faits constitutifs de l'urgence soient nettement établis, et il y aurait lieu d'annuler un arrêt qui ne constaterait pas d'une manière précise l'existence de la force majeure (Crim. cass. 23 avr. 1858, aff. Beaudoin, D. P. 58. 5. 170).

33. Ainsi qu'on l'a vu au *Rép*. n° 47, il suffit d'un seul acte ayant un caractère médical ou chirurgical pour constituer le délit d'exercice illégal de la médecine ou de la chirurgie; en conséquence, il y a lieu de déclarer coupable de ce délit la sage-femme qui, hors le cas de force majeure ou d'urgence constatées, pratique l'opération césarienne sur un cadavre, avant la constatation officielle du décès et avant l'expiration des vingt-quatre heures à partir de ce décès Metz, 13 nov. 1867, aff. Karst, D. P. 67. 2. 242).

34. En matière d'exercice illégal de la médecine, la loi n'admet, ainsi que nous l'avons dit au *Rép*. n° 48, aucune excuse tirée soit de la bonne foi, soit de l'absence de salaire, soit même d'un sentiment d'humanité (Crim. cass. 23 avr. 1858, aff. Beaudoin, D. P. 58 5. 170). Toutefois, d'après un avis du conseil d'État du 8 vend. an 11, rapporté au *Rép*. n° 51, « les curés ou desservants qui donnent seulement des conseils ou des soins à leurs paroissiens malades, pourvu toutefois qu'ils ne signent ni ordonnances ni consultations, et que leurs visites soient gratuites, ne font que ce qui est permis à la bienfaisance et à la charité de tous les citoyens, ce que nulle loi ne défend, ce que la morale conseille et que l'Administration provoque ». La cour de cassation a considéré comme rentrant dans la classe des œuvres et actes d'humanité que l'avis du 8 vend. an 11 déclare permis à la bienfaisance et à la charité des citoyens, le fait d'une sœur de charité qui, dans le cas d'urgence, a fait une saignée et conseillé une application de sangsues (Crim. rej. 14 août 1863, cité *suprà*, n° 32).

35. L'interdiction d'exercer la médecine sans diplôme étant générale et absolue, l'existence de l'infraction n'est pas subordonnée à l'emploi de telle ou telle prescription ou administration de médicaments, mais elle résulte, abstraction faite du mode de traitement pratiqué, de tout exercice de l'art de guérir, sans diplôme de médecin ou d'officier de santé (Crim. rej. 18 juill. 1884, aff. Jacob, D. P. 85. 1. 42). Spécialement, le traitement des malades au moyen d'un fluide qui, suivant la prétention de l'opérateur, leur serait transmis à l'aide du regard et de l'apposition des mains, peut constituer l'exercice illégal de la médecine (Même arrêt).

36. Comme on l'a dit au *Rép*. n° 52, il avait été décidé, par application du même principe, que le traitement des malades au moyen du magnétisme, de la part d'un individu non pourvu du diplôme de docteur ou d'officier de santé, constituait l'exercice illégal de la médecine. La jurisprudence est fixée en ce sens (Crim. cass. 25 avr. 1857, aff. Chéroux, D. P. 57. 1. 269; Lyon, 23 juin 1859, aff. Bernet-Joly, D. P. 60. 2. 77; Crim. cass. 17 déc. 1859, aff. Depoutx, D. P. 60. 1. 196; Aix, 19 mars 1874, aff. Strong, D. P. 75. 2. 94). Il importe peu que le traitement soit gratuit (Arrêt précité du 19 mars 1874). — D'après un arrêt, il n'y a pas exercice illégal de la médecine de la part de l'individu non médecin qui décrit, en état de somnambulisme, l'état matériel des organes d'une personne qui est venue le consulter, alors que cette description n'a été faite qu'en présence d'un médecin qui seul a prescrit les médications (Lyon, 9 mai 1855, aff. Tissot, D. P. 56. 2. 3). Mais il est admis, au contraire, par la jurisprudence que l'individu qui prétend connaître par le magnétisme le mal dont est atteinte la personne qui le consulte, qui apprécie la maladie et qui prescrit les remèdes, se rend coupable d'exercice illégal de la médecine, bien qu'il fasse approuver et signer ses ordonnances par un médecin ou un officier de santé, si cette approbation et cette signature ne sont données que par complaisance et sans examen (Arrêts précités des 25 avr. 1857, 23 juin 1859, 17 déc. 1859; Crim. cass. 7 mai 1860, aff. Russac, D. P. 60. 2. 464. V. conf. Dubrac, *op. cit.*, p. 325). En pareil cas, la jurisprudence considère comme coauteurs le magnétiseur, la personne magnétisée et le médecin qui, abdiquant complètement, couvre de son nom et de sa signature la pratique illégale d'un tiers (Arrêt précité du 17 déc. 1859). Il a été jugé, toutefois, que l'individu qui, étant plongé dans le sommeil magnétique, perd momentanément l'usage de la raison et n'est plus qu'un instrument passif dans la main du magnétiseur, lequel se livre à l'exercice illégal de la médecine, ne peut être considéré comme coauteur de la contravention (Trib. corr. de Rennes, 28 avr. 1888, aff. David, D. P. 90. 3. 56), mais cette décision isolée ne paraît pas devoir être suivie.

37. Le pharmacien qui visite des malades et leur prescrit de son chef l'emploi de certains remèdes se rend également coupable d'exercice illégal de la médecine, bien qu'il fasse rédiger l'ordonnance par un médecin, si, d'ailleurs, cette ordonnance est faite après coup, sur les indications du pharmacien, et sans que le médecin ait visité le malade (Aix, 14 mars 1862, aff. Bartoli, D. P. 62. 2. 211).

38 Le traitement de certaines maladies à l'aide de l'électricité pourrait présenter des dangers sérieux s'il était appliqué sans discernement et en dehors des prescriptions des médecins. Aussi devrait-on faire rentrer dans l'exercice illégal de la médecine l'industrie d'individus non diplômés qui mettent, moyennant salaire, à la disposition des malades, des appareils électriques (Dubrac, *op. cit.*, p. 326. V. conf. Trib. corr. de la Seine, 18 août 1876, aff. Gayod, *Ann. d'hyg. et de méd. lég.*, 2e série, t. 46, 1876, p. 455).

39. On s'est demandé si l'on pouvait considérer comme un acte d'exercice illégal de la médecine le fait d'avoir écrit un livre qui, au lieu de se borner à traiter des généralités de l'art médical, contiendrait des formules d'ordonnances et l'indication de tels ou tels moyens curatifs applicables à certaines maladies déterminées. M. Dubrac (*op. cit.*, p. 325), estime que cette question qui s'est présentée à l'occasion du *Manuel de santé* de Raspail, mais que la jurisprudence n'a pas tranchée, doit être résolue affirmativement. Il fait observer que la disposition de l'art. 35 de la loi du 19 vent. an 11 est générale et absolue et qu'elle frappe par la généralité de sa prohibition tout exercice de l'art de guérir. « Le livre qui contient des formules et ordonnances applicables à telle ou telle maladie, procure, dit-il, un moyen facile et économique de se traiter soi-même; mais il est très dangereux et il ne doit pas être toléré s'il est écrit par une personne non munie de diplôme ».

40. On a vu au *Rép*. n° 54 que l'art. 35 de la loi de l'an 11 qui prononce une amende pécuniaire au profit des hospices contre ceux qui exercent la médecine sans diplôme, sans prendre, d'ailleurs, le titre de docteur ou d'officier de santé, n'a pas fixé la quotité de cette amende, et que la jurisprudence a décidé qu'en présence de ce silence de la loi, l'amende dont il s'agit ne doit pas excéder le chiffre des amendes de simple police. De nombreux arrêts ont consacré ce principe (Paris, 18 sept. 1851, aff. Gabory, D. P.

54. 2. 192; Crim. cass. 19 mars 1857, aff. Séguin, D. P. 58. 1. 290, et Ch. réun. cass. 30 avr. 1858, même affaire, D. P. 58. 1. 290; Crim. cass. 31 mars 1859, aff. Bressac, D. P. 59. 1. 190; Crim. rej. 18 août 1860, aff. Bressac, D. P. 60. 1. 464; Aix, 10 mai 1873, aff. Abderrhaman, D. P. 74. 2. 135; 19 mars 1874, aff. Strong, D. P. 75. 2. 944).

41. Quoique l'exercice illégal de la médecine, en dehors de la circonstance aggravante d'usurpation de titre, ne soit punie que des peines de simple police et ne constitue conséquemment qu'une contravention, nous avons dit, *Rép.* n° 55, que cette contravention est justiciable des tribunaux correctionnels, à raison de l'attribution formelle qui leur en est faite par l'art. 36 de la loi de l'an 11 (Crim. cass. 19 mars 1857; Ch. réun. cass. 30 avr. 1858; Crim. cass. 31 mars 1859; Crim. rej. 18 août 1860; Aix, 10 mai 1873, cités *suprà*, n° 40; Crim. cass. 10 nov. 1864, aff. Lafourcade, D. P. 65. 1. 47).

42. De ce que l'exercice illégal de la médecine ne constitue qu'une simple contravention passible de peines de simple police, il résulte que les dispositions du code pénal relatives à la complicité ne lui sont point applicables (Lyon, 23 juin 1859, aff. Bernet-Joly, D. P. 60. 2. 77; Crim. rej. 3 mai 1866, aff. Colandre (motifs), D. P. 66. 1. 360; Trib. corr. de Rennes, 28 avr. 1888, aff. David, D. P. 90. 3. 56). Mais, lorsqu'il y a eu simultanéité d'action et assistance réciproque, l'individu qui échapperait à la poursuite, s'il devait n'être considéré que comme complice, doit être condamné en qualité de coauteur de la contravention. Tel est le cas du médecin qui signe, par complaisance, et sans examen, les ordonnances médicales d'un somnambule (Crim. cass. 17 déc. 1859, aff. Depoutx, D. P. 60. 1. 196. V. *suprà*, n° 36). Il est à remarquer, toutefois, qu'un arrêt de la cour de cassation du 25 avr. 1857 (aff. Chéroux, D. P. 57. 1. 269) qualifie en pareil cas le médecin de *complice;* mais cette expression est évidemment inexacte.

43. Une autre conséquence du caractère de contravention attribué à l'exercice illégal de la médecine sans usurpation de titre, c'est qu'il n'y a pas lieu d'appliquer en cette matière la règle prohibitive du cumul des peines (Crim. cass. 10 nov. 1864, aff. Lafourcade, D. P. 65. 1. 47, et, sur renvoi, Toulouse, 10 janv. 1865, D. P. 65. 5. 23). En conséquence, tout fait distinct doit être réprimé par l'application d'une amende spéciale; et il y a lieu de considérer comme constitutifs d'infractions distinctes, les faits d'exercice illégal de la médecine commis à des époques différentes, dans plusieurs communes et relativement à plusieurs personnes (Mêmes arrêts, et Paris, 18 sept. 1851, aff. Gabory, D. P. 54. 2. 192; Angers, 23 nov. 1868, aff. Giboz, D. P. 69. 2. 62; 23 déc. 1872, aff. Kramer, D. P. 73. 2. 47; Trib. corr. de Lille, 8 avr. 1873, aff. de B..., D. P. 73. 3. 79; Aix, 19 mars 1874, aff. Strong, D. P. 75. 2. 94; Caen, 29 nov. 1876, aff. Charleu, D. P. 78. 2. 62). L'individu reconnu coupable de faits réitérés d'exercice illégal de la médecine sans usurpation de titre, doit, à défaut de constatation du nombre de visites médicales qu'il a faites, être condamné à autant d'amendes de simple police qu'il a traité de personnes malades (Caen, 29 nov. 1876, précité.

44. Conformément à ce qui a été exposé au *Rép.* n° 56, les jugements rendus par les tribunaux correctionnels en matière d'exercice illégal de la médecine sont susceptibles d'appel, alors même qu'ils ne prononcent qu'une amende de simple police (Aix, 10 mai 1873, aff. Abderrhaman, D. P. 74. 2. 125, et 19 mars 1874, aff. Strong, D. P. 75. 2. 94. V. conf. Briand et Chaudé, *op. cit.*, 7e éd., p. 861. *Contrà*, Dubrac, *op. cit.*, p. 337).

45. On a vu au *Rép.* n° 57 que le deuxième paragraphe de l'art. 36 de la loi de l'an 11 fixe l'amende portée contre ceux qui usurpent le titre de docteur, et que le troisième paragraphe détermine l'amende édictée contre ceux qui prennent illégalement le titre et les fonctions d'officier de santé. Lorsque l'exercice illégal de la médecine est accompagné de la circonstance aggravante d'usurpation de titre, cette infraction constitue un délit et devient passible d'une amende correctionnelle qui peut être portée jusqu'à 1000 fr. dans le cas d'usurpation du titre de docteur, jusqu'à 500 fr. dans le cas d'usurpation du titre d'officier de santé, et jusqu'à 100 fr. pour les femmes, qui, en prenant illicitement la qualité de sage-femme, pratiquent l'art des accouchements. L'art. 36 ne fixant que le maximum de l'amende encourue, cette amende peut être réduite au minimum de l'amende de simple police (V. *Rép.* v° *Peine*, n° 797). — Décidé que le médecin étranger qui exerce illégalement la médecine, en prenant la qualification pure et simple de docteur, sans l'indication de l'origine étrangère de ce titre, se rend passible de l'aggravation de peine édictée par l'art. 36 de la loi du 19 vent. an 11 (Crim. rej. 17 déc. 1880, aff. Girard, *Bull. crim.*, n° 239). Mais cet article n'est pas applicable à l'individu qui, exerçant illégalement la médecine, s'est laissé attribuer par les personnes qu'il traitait, le titre de docteur ou d'officier de santé, sans en faire lui-même usage dans les documents émanés de lui (Caen, 29 nov. 1876, aff. Charleu, D. P. 78. 2. 62).

46. Ainsi qu'on l'a exposé *Rép.* n° 61, le paragraphe 3 de l'art. 36 porte que l'amende sera double en cas de récidive, et que les délinquants pourront, en outre, être condamnés à un emprisonnement qui n'excédera pas six mois. — La récidive prévue par cet article est spéciale au cas où le prévenu, déjà condamné pour contravention aux dispositions de cette loi, est poursuivi de nouveau pour la même cause. En conséquence, l'individu qui, après avoir été condamné comme coupable d'un délit de droit commun, est poursuivi pour exercice illégal de la médecine, avec usurpation du titre de docteur, ne peut être condamné à l'emprisonnement, en vertu du dernier paragraphe de l'article précité (Crim. cass. 18 févr. 1877, aff. Proc. gén. de Paris, D. P. 77. 1. 411).

47. On s'est demandé si l'on doit appliquer à la contravention qui consiste dans l'exercice illégal de l'art de guérir, sans usurpation du titre de docteur ou d'officier de santé, la disposition de l'art. 36 qui porte que, dans le cas de récidive, l'amende sera doublée et que le récidiviste pourra, en outre, être condamné à un emprisonnement qui n'excédera pas six mois. On a exposé au *Rép.* n° 61 la controverse à laquelle a donné lieu cette question. — Suivant un premier système, l'aggravation de peine prononcée par l'art. 36 doit être appliquée sans aucune restriction, en cas de récidive, à l'individu qui s'est rendu coupable d'exercice illégal de la médecine, même sans usurpation de titre, et, par conséquent, ce dernier est passible d'une amende qui peut aller jusqu'à 30 fr. et d'un emprisonnement qui peut aller jusqu'à six mois (Nancy, 28 mai 1851, aff. Sigriste, D. P. 54. 5. 44; Trib. corr. d'Auxerre, 1er juin 1854, aff. Besnard, D. P. 54. 5. 45; Orléans, 5 nov. 1855, aff. Garnier. D. P. 56. 2. 151; Lyon, 26 janv. 1859, aff. Bressac, D. P. 59. 2. 4). Mais, ainsi que nous l'avons dit, ce système n'a pas prévalu, et la cour de cassation décide que le fait d'exercer la médecine illégalement, mais sans usurpation de titre, bien qu'il soit justiciable des tribunaux correctionnels, ne constitue qu'une contravention passible d'une amende qui, n'ayant pas été déterminée, ne peut excéder le maximum des amendes de simple police; qu'un tel fait ne change pas de caractère dans le cas de récidive, et que, par suite, l'amende double et l'emprisonnement, qui peuvent être prononcées en pareil cas, doivent être appliqués également dans les limites assignées par le code pénal aux peines de simple police (Crim. cass. 19 mars 1857, aff. Séguin, D. P. 58. 1. 290, et Ch. réun. 30 avr. 1858, même affaire; *ibid.*, Crim. cass. 31 mars 1859, aff. Bressac, D. P. 59. 1. 190; Crim. rej. 18 août 1860, aff Bressac, D. P. 60. 1. 464; Crim. cass. 10 nov. 1864, aff. Lafourcade D. P. 65. 1. 47). En conséquence, l'emprisonnement ne peut être que l'emprisonnement de cinq jours au plus, permis en matière de simple police (Mêmes arrêts) et la prononciation d'une amende de 30 fr. contre le récidiviste est illégale, alors même que le maximum de simple police aurait été épuisé par la précédente condamnation (Arrêt précité du 31 mars 1859).

48. Conformément à ce qui a été dit au *Rép.* n° 62, il est admis par la jurisprudence que, lorsque l'infraction consiste en un fait d'exercice illégal de l'art de guérir, frappé seulement de peines de simple police, l'application des peines de la récidive ne peut avoir lieu que suivant les conditions établies par l'art. 483 c. pén. en matière de contraventions, c'est-à-dire qu'il faut que la première condamnation ait eu lieu dans les douze mois précédents, et que la seconde contravention ait été commise dans le ressort du même tribunal (Crim. rej. 18 avr. 1860, aff. Bressac, D. P. 60. 1. 464; Caen, 29 nov. 1876, aff. Charleu, D. P. 78. 2. 62). — Toutefois un arrêt de la cour d'Orléans a décidé, contrairement à cette interprétation, que l'état de récidive en cette matière est déterminé, non par les art. 478 et 483 c. pén. mais uniquement par l'art. 36 de la loi du 19 vent. an 11, aussi bien dans le cas du fait simple d'exercice illégal de la médecine que dans celui où ce fait est compliqué de l'usurpation du titre de docteur ou d'officier de santé (Orléans, 5 nov. 1855, aff. Garnier, D. P. 56. 2. 151).

49. Nous avons dit, *Rép.* n° 64, que la loi de l'an 11 étant muette à l'égard de la prescription, il y a lieu de se référer, sur ce point, aux art. 637, 638 et 640 c. instr. crim., suivant lesquels la durée du temps requis pour la prescription de l'action publique se règle d'après la nature de la peine encourue à raison du fait poursuivi, et que, par suite, l'exercice illégal de l'art de guérir, sans usurpation de titre, est soumis à la prescription d'un an, afférente aux contraventions de simple police, ce fait n'étant puni que comme contravention, bien qu'il soit justiciable des tribunaux correctionnels. (Chambéry, 3 oct. 1863, aff. Joly, D. P. 63. 2. 20). Il en serait autrement dans le cas d'exercice illégal de la médecine avec usurpation du titre de médecin ou d'officier de santé; cette infraction constituant un délit puni de peines correctionnelles, la prescription applicable serait la prescription de trois ans.

50. On a vu au *Rép.* n° 65 que, bien que le fait d'exercice illégal de la médecine doive, aux termes de l'art. 36, être dénoncé aux tribunaux correctionnels à la diligence du ministère public, on ne saurait contester aux médecins le droit de porter plainte directement contre les contrevenants. La jurisprudence a expressément reconnu aux médecins d'une localité, en cas de poursuites pour exercice illégal de la médecine dans cette localité, le droit d'intervenir dans l'instance, soit en vertu de l'intérêt moral qu'ils ont à ce que la profession de médecin ne soit exercée qu'honorablement, soit en vertu du préjudice matériel que leur a causé la concurrence illicite résultant de cet exercice illégal (Lyon, 26 janv. 1859, aff. Bressac, D. P. 59. 2. 4, et sur pourvoi, Crim. cass. 31 mars 1859, D. P. 59. 1. 190 ; Lyon, 23 juin 1859, aff. Bernet-Joly, D. P. 60. 2. 77; Crim. rej. 18 août 1860, aff. Bressac, D. P. 60. 1. 464 ; Aix, 14 mars 1862, aff. Bartoli, D. P. 62. 2. 24; Amiens, 16 janv. 1863. aff. Fever, D. P. 63. 5. 30). On ne saurait, en pareil cas, assimiler les médecins agissant comme parties civiles conjointes, mais *nomine singulari*, à une corporation ou société ne pouvant agir en justice qu'autant qu'elle a une existence légale, et rien ne s'oppose à ce qu'une indemnité collective leur soit accordée, sauf au tribunal à fixer le chiffre de cette indemnité d'après le dommage qu'ils ont réellement subi (Arrêts précités du 31 mars 1859 et du 18 août 1860). Les tribunaux, en pareil cas, ne peuvent refuser aux plaignants tous dommages-intérêts à raison du peu d'importance de leur intérêt individuel et de la difficulté d'apprécier cet intérêt au milieu du grand nombre des médecins (Arrêt précité du 14 mars 1862). Les mêmes principes ont été consacrés en matière d'exercice illégal de la pharmacie, sur les conclusions de M. le procureur général Dupin, rapportées au *Rép.* n° 162.

Il a été décidé, au contraire, qu'une association de médecins créée et autorisée comme société de secours mutuels, est non recevable à exercer des poursuites correctionnelles et à demander des dommages-intérêts contre un individu à raison du préjudice qu'il cause aux médecins de la localité, par l'exercice illégal de la médecine. Il en doit être ainsi alors même que dans les statuts il serait dit que le but de la société est de maintenir, par son influence moralisatrice, l'exercice de l'art dans les voies utiles au bien public et conformes à la dignité de la profession. La citation, dans ce cas, ne peut être maintenue au profit des médecins, qui y sont dénommés, s'ils ont agi non en leur propre et privé nom, mais uniquement comme constituant le bureau de l'association et dans l'intérêt de celle-ci (Aix, 13 mars 1861, aff. Lépine, D. P. 61. 2. 218).

51. Le projet de loi, tel qu'il a été voté en deuxième délibération par le Sénat, contient, en ce qui concerne l'exercice illégal de la médecine, de la chirurgie, de l'art dentaire et de la pratique des accouchements, les dispositions suivantes : « Art. 17. Exerce illégalement la médecine : 1° toute personne qui, non munie d'un diplôme de docteur en médecine, d'officier de santé, de chirurgien-dentiste ou de sage-femme, ou n'étant pas dans les conditions stipulées aux art. 6, 30 et 34 de la présente loi, prend part habituellement ou par une direction suivie au traitement des maladies ou des affections chirurgicales ainsi qu'à la pratique de l'art dentaire et des accouchements, sauf les cas d'urgence avérée ; 2° toute sage-femme qui sort des limites fixées à l'exercice de sa profession par l'art. 4 de la présente loi; 3° toute personne qui, munie d'un titre régulier, sort des attributions que la loi lui confère, notamment en prêtant son concours aux personnes visées dans les paragraphes précédents à l'effet de les soustraire aux prescriptions de la présente loi. Les dispositions du paragraphe 1er du présent article ne peuvent s'appliquer aux élèves en médecine qui agissent comme aides d'un docteur ou que celui-ci place auprès de ses malades, ni aux gardes-malades, ni aux personnes qui, sans être chirurgiens-dentistes opèrent accidentellement l'extraction des dents. — Art. 18. Les infractions prévues et punies par la présente loi seront poursuivies devant la juridiction correctionnelle. En ce qui concerne spécialement l'exercice illégal de la médecine, de l'art dentaire ou de la pratique des accouchements, les médecins, les chirurgiens-dentistes, les sages-femmes, les associations de médecins régulièrement constituées, les syndicats visés dans l'art. 14 pourront en saisir les tribunaux par voie de citation directe donnée dans les termes de l'art. 182 c. instr. crim., sans préjudice de la faculté de se porter, s'il y a lieu, partie civile dans toute poursuite de ces délits intentés par le ministère public. — Art. 19. Quiconque exerce illégalement la médecine est puni d'une amende de 100 à 500 fr., et, en cas de récidive, d'une amende de 500 fr. à 1 000 fr. et d'un emprisonnement de six jours à six mois, ou de l'une de ces deux peines seulement. L'exercice illégal de l'art dentaire est puni d'une amende de 50 à 100 fr. et, en cas de récidive, d'une amende de 100 à 500 fr. L'exercice illégal de l'art des accouchements est puni d'une amende de 50 à 100 fr., et, en cas de récidive, d'une amende de 100 à 500 fr. et d'un emprisonnement de six jours à un mois, ou de l'une de ces deux peines seulement. — Art. 20. L'exercice illégal de la médecine ou de l'art dentaire avec usurpation du titre de docteur ou d'officier de santé est puni d'une amende de 1 000 à 2 000 fr., et, en cas de récidive, d'une amende de 2 000 fr. à 3 000 fr. et d'un emprisonnement de six mois à un an, ou de l'une de ces deux peines seulement. L'usurpation du titre de dentiste sera punie d'une amende de 100 à 500 fr., et, en cas de récidive, d'un emprisonnement de six jours à un mois. L'usurpation du titre de sage-femme sera punie d'une amende de 100 à 500 fr., et, en cas de récidive, d'une amende de 500 à 1 000 fr., d'un emprisonnement de un mois à deux mois, ou de l'une de ces deux peines seulement. — Art. 21. Est considéré comme ayant usurpé le titre français de docteur en médecine quiconque, se livrant à l'exercice de la médecine, fait précéder ou suivre son nom du titre de docteur en médecine sans en indiquer l'origine étrangère. Il sera puni d'une amende de 100 à 200 fr. — Art. 22. Le docteur en médecine ou l'officier de santé qui n'aurait pas fait la déclaration prescrite par l'art. 16 sera puni d'une amende de 50 à 200 fr. — Art. 23. Quiconque exerce la médecine, l'art dentaire ou l'art des accouchements sans avoir fait enregistrer son diplôme dans les délais et conditions fixés à l'art. 9 de la présente loi, est puni d'une amende de 25 à 100 fr. — Art. 24. Toute infraction aux prescriptions de l'art. 11 est punie d'une amende de 100 à 500 fr., et, en cas de récidive, d'une amende de 500 fr. à 1 000 fr. et d'un emprisonnement de six jours à trois mois ou de l'une de ces deux peines seulement. — Art. 25. Tout docteur en médecine est tenu de déférer aux réquisitions de la justice, sous les peines portées à l'article précédent. — Art. 26. Il n'y a récidive qu'autant que l'agent du délit relevé a été, dans les cinq ans qui précèdent ce délit, condamné pour une infraction de qualification identique. — Art. 27. La suspension temporaire ou l'incapacité absolue de l'exercice de leur profession peuvent être prononcées par les cours et tribunaux accessoirement à la peine principale contre tout médecin, officier de santé, dentiste ou sage-femme, qui est condamné : 1° à une peine afflictive et infamante ; 2° à une peine correctionnelle prononcée pour crime de faux, pour vol et escroquerie, pour crimes ou délits prévus par les art. 316, 317, 331, 332, 334 et 345 c.

pén.; 3° à une peine correctionnelle prononcée par une cour d'assises pour les faits qualifiés crimes par la loi. En cas de condamnation prononcée à l'étranger pour un des crimes et délits ci-dessus spécifiés, le coupable pourra également, à la requête du ministère public, être frappé, par les tribunaux français, de suspension temporaire ou d'incapacité absolue de l'exercice de sa profession. Les aspirants ou aspirantes aux diplômes de docteur en médecine, d'officier de santé, de chirurgien-dentiste et de sage-femme condamnés à l'une des peines énumérées aux paragraphes 1, 2 et 3 du présent article, peuvent être exclus des établissements d'enseignement supérieur. La peine de l'exclusion sera prononcée dans les conditions prévues par la loi du 27 févr. 1880. En aucun cas, les crimes et délits politiques ne pourront entraîner la suspension temporaire ou l'incapacité absolue d'exercer les professions visées au présent article, ni l'exclusion des établissements d'enseignement médical. — Art. 28. L'exercice de leur profession par les personnes contre lesquelles a été prononcée la suspension temporaire ou l'incapacité absolue, dans les conditions spécifiées à l'article précédent, tombe sous le coup des art. 18, 19, 20, 21 et 22 de la présente loi. — Art. 29. L'art. 463 c. pén. est applicable aux infractions prévues par la présente loi ».

ART. 4. — *Des sages-femmes et de l'exercice illégal des accouchements* (*Rép.* nos 67 à 74).

52. Les art. 30, 31, 32, 33 et 34 de la loi de ventôse an 11 déterminent, comme on l'a vu au *Rép.* n° 67, les conditions requises pour l'exercice de la profession de sage-femme. L'art. 32 dispose que les sages-femmes seront examinées par les jurys (aujourd'hui par les facultés et écoles préparatoires de médecine) sur la théorie et la pratique des accouchements, sur les accidents qui peuvent les précéder, les accompagner et les suivre, et sur les moyens d'y remédier (Metz, 27 déc. 1865, aff. Mosquinot, D. P. 66. 2. 33). Il en résulte que les sages-femmes pourvues d'un diplôme peuvent, sans commettre le délit d'exercice illégal de la médecine, soigner les maladies légères et les accidents sans gravité qui précèdent, accompagnent ou suivent ordinairement les accouchements, mais qu'il en est autrement des maladies caractérisées ou des accidents graves nécessitant un traitement spécial, alors même qu'ils seraient la conséquence d'une grossesse ou d'un accouchement; les maladies et les accidents de cette espèce exigent toujours l'intervention d'un médecin (Même arrêt). — Il est impossible de dissimuler la difficulté que l'on éprouvera dans la pratique à distinguer une maladie légère ou un accident ordinaire, d'une maladie caractérisée ou d'un accident grave. Mais la même difficulté se présente dans le cas de l'art. 29 de la loi du 19 vent. an 11, aux termes duquel les officiers de santé ne peuvent pratiquer les grandes opérations chirurgicales que sous la surveillance et l'inspection d'un docteur (V. *suprà*, n° 22).

53. La disposition de l'art. 29 de la loi de ventôse an 11, qui interdit aux officiers de santé de s'établir dans un département autre que celui pour lequel ils ont été reçus et inscrits n'a pas été étendue aux sages-femmes par un article formel de cette loi; mais cette prohibition est établie en termes exprès dans le décret du 22 août 1854 qui porte, dans son art. 19, que les sages-femmes ne peuvent, *comme par le passé*, exercer leur profession que dans le département pour lequel elles ont été reçues, et que, si elles venaient exercer dans un autre département, elles devraient subir de nouveaux examens et obtenir un nouveau certificat d'aptitude.

54. L'art. 3 du projet de loi détermine les conditions auxquelles seront désormais soumises les sages-femmes. D'après cet article, elles ne peuvent, à l'avenir, pratiquer l'art des accouchements qu'en vertu d'un diplôme de première ou de deuxième classe délivré par le Gouvernement français, à la suite d'examens subis devant une faculté de médecine, une école de plein exercice ou une école préparatoire de médecine et de pharmacie de l'Etat. Un arrêté pris après avis du conseil supérieur de l'instruction publique doit déterminer les conditions de scolarité et le programme applicables aux élèves sages-femmes. Le droit de continuer l'exercice de leur profession est maintenu aux sages-femmes de première et de deuxième classe, reçues en vertu des art. 30, 31 et 32 de la loi du 19 vent. an 11 ou des décrets et arrêtés ministériels ultérieurs. L'art. 4 interdit aux sages-femmes d'employer des instruments. Dans les cas d'accouchement laborieux, elles doivent faire appeler un docteur en médecine. Il leur est également interdit de prescrire des médicaments, sauf le cas prévu par le décret du 23 juin 1873 (qui les autorise à prescrire le seigle ergoté) et par les décrets qui pourraient être rendus dans les mêmes conditions, après avis de l'Académie de médecine. Elles sont autorisées à pratiquer les vaccinations et revaccinations varioliques.

55. Suivant l'opinion adoptée au *Rép.* n° 68, un fait même isolé d'exercice de l'art des accouchements tombe sous l'application de la loi de l'an 11 V. conf. Dubrac, *op. cit.*, p. 324). Il a toutefois été décidé, contrairement à cette opinion, que si, aux termes de l'art. 35 de la loi du 19 vent. an 11, un seul acte de médecine ou de chirurgie peut constituer l'exercice de cet art, il n'en est pas de même de la pratique illégale de l'art des accouchements dont l'habitude est un des éléments constitutifs (Metz, 13 nov. 1867, aff. Karst, D. P. 67. 2. 242). Mais cette interprétation, qui se fonde sur ce que l'art. 35 de la loi de l'an 11 n'atteint que ceux qui *pratiquent* et non ceux qui *exercent* l'art des accouchements, ne nous paraît pas devoir être suivie (V. *suprà*, n° 22).

56. Ainsi qu'on l'a dit au *Rép.* n° 72, la sage-femme qui, hors le cas de force majeure ou d'urgence constatée, pratique l'opération césarienne sur un cadavre avant la constatation officielle du décès et avant l'expiration des vingt-quatre heures à partir de ce décès, se rend coupable d'exercice illégal de la chirurgie (Arrêt du 13 nov. 1867, cité *suprà*, n° 55. V. *suprà*, n° 33).

57. Les maisons d'accouchement dans lesquelles les sages-femmes reçoivent à demeure et à titre onéreux les femmes enceintes qui viennent réclamer leurs soins ne peuvent être confondues avec les lieux publics sur lesquels la police est appelée à exercer une surveillance (Crim. rej. 23 janv. 1864, aff. Hardy, D. P. 64. 1. 132), ni avec les auberges ou maisons garnies soumises aux prescriptions de l'art. 472-2° c. pén. (Crim. rej. 12 juin 1886, aff. Chaussedent, D. P. 87. 1. 92). En conséquence, on doit considérer comme illégal et non obligatoire : 1° un arrêté préfectoral assujettissant à la surveillance de l'Administration les maisons d'accouchement où les femmes sont reçues à titre onéreux (Arrêt précité du 23 janv. 1864); — 2° L'arrêté municipal qui enjoint aux sages-femmes de tenir un registre destiné à l'inscription de leurs pensionnaires (Arrêt précité du 12 juin 1886). En effet, ainsi que le dit l'arrêt de la chambre criminelle du 23 janv 1864, les maisons d'accouchement où les femmes enceintes viennent chercher, en même temps que les soins particuliers qu'exige leur état, le secret que leur garantit l'art. 378 c. pén., et qui importe autant au respect des mœurs publiques qu'à l'intérêt et à l'honneur des familles, ne sauraient être, sans un étrange abus de langage, considérées comme des lieux publics, soumis à la surveillance de l'Administration et aux agents même les plus subalternes de la police. La jurisprudence reconnaît, au contraire, à l'autorité municipale un droit de réglementation sur ces maisons au point de vue du maintien de la santé publique Elle décide, en conséquence, que le préfet de police a le droit de déterminer par des arrêtés, eu égard à l'étendue et à la disposition des lieux, le nombre de pensionnaires que les sages-femmes de la localité peuvent recevoir à la fois dans leurs maisons d'accouchement. Une telle limitation ne saurait être considérée comme portant atteinte au principe de la liberté de l'industrie (Crim. rej. 3 août 1866, aff. Bertin, D. P. 66. 1. 451).

ART. 5. — *Droits et devoirs des médecins. — Droits civils et politiques, honoraires, discrétion, responsabilité* (*Rép.* nos 73 à 85).

58. — I. DROITS CIVILS ET POLITIQUES (*Rép.* n° 75). — On a indiqué précédemment (v° *Dispositions entre vifs et testamentaires*, n° 115) les dispositions qui restreignent la capacité civile des médecins, chirurgiens, etc., lorsqu'il s'agit d'acquérir ou de disposer à titre gratuit.

59. — II. Vacations et honoraires des médecins (*Rép.* nos 76 à 81). — Ainsi qu'on l'a vu au *Rép.* n° 76, le décret du 18 juin 1811 qui règle le tarif des frais en matière criminelle, fixe les dépenses qui doivent être remboursées aux médecins, chirurgiens, officiers de santé, pharmaciens, sages-femmes, et les indemnités auxquelles ils ont droit dans les diverses circonstances où ils sont appelés à opérer. La Société de médecine légale a signalé à plusieurs reprises l'insuffisance de ce tarif, et demandé l'élévation des honoraires alloués aux médecins pour leurs expertises; elle a même, en 1871, élaboré un projet de tarif, qui n'a été complété qu'en 1877. Aucune suite n'a été donnée jusqu'ici à ces projets. Mais le projet de loi soumis au Parlement (art. 15) porte qu'un règlement d'administration publique revisera les tarifs du décret de 1811, en ce qui touche les honoraires, vacations frais de transport et de séjour, des médecins, et les conditions suivant lesquelles pourra être conféré le titre d'expert devant les tribunaux. D'après le même article, les fonctions de médecins experts près les tribunaux ne peuvent être remplies que par des docteurs en médecine français. On a vu (*Rép. loc. cit.*) que, lorsque des médecins et experts sont cités devant le juge d'instruction, ils ne reçoivent que la taxe des témoins (Décis. min. du 14 août 1888; Dubrac, *op. cit.*, p. 255). Mais, lorsqu'ils sont appelés devant les cours et tribunaux pour donner des explications sur leurs rapports et leurs opérations, ils doivent être taxés conformément aux dispositions du décret du 18 juin 1811 (Circ. min. just. 7 déc. 1861, Dubrac, *op. cit.*, p. 254).

60. Quand les médecins sont appelés à concourir à une expertise en matière civile, mais sur les poursuites du ministère public (notamment, lorsque le ministère public provoque d'office l'interdiction d'un individu), c'est encore le décret du 18 juin 1811 qui fixe leurs honoraires par les art. 117 et suiv. (Dubrac, *op. cit.*, p. 256).

61. Ainsi qu'on l'a vu au *Rép.* n° 78, la loi n'a pas fixé et ne pouvait fixer le tarif des honoraires que les médecins peuvent réclamer pour les soins qu'ils donnent librement à des particuliers. Une action leur est accordée pour obtenir le payement de ces honoraires, et le juge doit tenir compte pour en déterminer le chiffre : 1° de l'importance de la maladie ou de l'opération, sans que l'on doive tenir trop de compte, en principe, du bon ou du mauvais résultat; 2° du rang et de la position de fortune de la personne traitée; 3° de la situation plus ou moins éminente du médecin; 4° de la perte de temps, des difficultés plus ou moins considérables qu'éprouve le médecin pour ses visites ou opérations; 5° et enfin du nombre de ces visites (V. Verdier, *Jurisprudence de la médecine*, t. 2, p. 452; Briand et Chaudé, *op. cit.*, p. 38; Orfila, *Leçons de médecine légale*, p. 36 et suiv.; Dubrac, *op. cit.*, p. 263; Jacquey, *Etudes historiques et juridiques sur la condition des médecins*, p. 147. V. conf. Amiens, 31 juill. 1889, aff. Loisel, D. P. 90. 5. 31). Lorsque les tribunaux sont embarrassés pour trancher des difficultés qui se produisent au sujet de la fixation des honoraires, ils commettent des experts afin de vérifier les mémoires et de donner leur avis (Dubrac, *op. cit.*, p. 264. V. Trib. de la Seine, 23 juill. 1879, *Gaz. des trib.*, 24 juill. 1879).

62. Le billet souscrit, pour payement de soins donnés et de remèdes fournis à un malade par un individu exerçant illégalement l'art de guérir, est nul comme ayant une cause illicite, alors même qu'on considère le fait plutôt comme une contravention que comme un délit, et sans qu'il y ait à tenir compte de la circonstance que le ministère public n'aurait pas poursuivi l'infraction (Besançon, 19 janv. 1872, aff. Pergaud, D. P. 72. 2. 136). Mais les sommes qui ont été volontairement payées pour rémunération de soins de cette nature ne sont pas sujettes à répétition (Même arrêt).

63. Le projet de loi (art. 12) porte que l'action des docteurs en médecine, officiers de santé, dentistes, sages-femmes, se prescrit par cinq ans. Cet article modifie l'art. 2271 c. civ. qui soumettait les honoraires des médecins à la prescription d'un an.

L'art. 13 a pour objet de trancher la controverse à laquelle avait donné lieu l'art. 2101 c. civ. qui place au troisième rang des créances privilégiées les frais de la dernière maladie. La jurisprudence de la plupart des auteurs ont interprété cette disposition en ce sens que les médecins ne sont privilégiés pour le payement de leurs honoraires qu'autant qu'il s'agit de la maladie dont le débiteur est décédé, mais que le privilège n'a pas lieu, dans la distribution faite après la faillite ou la déconfiture du débiteur, pour les frais de la maladie qui a précédé cette faillite ou cette déconfiture (V. *Rép.* v° *Privilèges et hypothèques*, n° 186). D'après la rédaction du projet, la disposition de l'art. 2101 c. civ. comprendrait parmi les créances privilégiées les frais quelconques de dernière maladie, pendant un an, quelle qu'en soit l'issue.

64. — III. Discrétion dans l'exercice de la médecine (*Rép.* nos 82 et 83). — Conformément à ce qui a été exposé au *Rép.* n° 82, nous avons traité v° *Révélation des secrets*, nos 7 et suiv., les questions auxquelles donne lieu l'application de l'art. 378 c. pén qui punit d'un emprisonnement les médecins, chirurgiens etc., qui révèlent les secrets qu'on leur confie. Nous avons dit qu'en dehors du cas où il s'agit de secret confié, il n'y a point de règle positive et que le médecin doit chercher dans sa conscience la limite de ses devoirs.

Suivant M. Blanche (*Etudes pratiques sur le code pénal*, t. 5, p. 553), l'art. 80 qui oblige tout citoyen à déposer en justice des faits parvenus à sa connaissance est applicable aux médecins lorsqu'il s'agit de faits dont il ne leur a point été fait confidence, alors même qu'ils n'en auraient eu connaissance qu'à raison de leur profession. Mais cette solution est combattue par M. Dubrac (*op. cit.*, p. 164) qui soutient qu'il suffit que le médecin, le chirurgien, la sage-femme, aient connu les faits dans l'exercice de leur profession pour qu'ils soient dispensés de les révéler à la justice. « Le malade, dit-il, doit considérer comme inutile de demander au médecin un engagement particulier; il doit compter à l'avance sur la discrétion absolue du médecin aussi bien que sur celle du prêtre qu'il appellera à son lit de mort. D'ailleurs, le médecin découvre souvent des infirmités cachées dont la nature et la cause sont ignorées du malade lui-même; on ne peut pas obliger ce dernier à demander, dans tous les cas, une discrétion éventuelle au médecin qui va lui donner des soins ». Suivant cet auteur, le médecin appelé en témoignage parlera ou gardera le silence sur les faits dont il a eu connaissance dans l'exercice de sa profession; il réglera sa conduite à cet égard sur les inspirations de sa conscience, sans que les tribunaux aient le droit de lui arracher son secret, s'il croit de son devoir de le garder (*op. cit.*, p. 176). — On a vu ailleurs (*suprà*, v° *Actes de l'état civil*, n° 63) que le médecin qui a assisté à l'accouchement n'est pas tenu, pour satisfaire aux prescriptions de l'art. 56 c. civ., de faire connaître le nom de la mère ni même d'indiquer la maison où l'accouchement a eu lieu.

65. — IV. Responsabilité (*Rép.* nos 84 et 85). — Les questions relatives à la responsabilité que peuvent encourir les médecins, à raison du préjudice causé par eux dans l'exercice de leur art, ont été examinées v° *Responsabilité*. nos 128 et suiv. Nous devons toutefois signaler ici, d'une manière spéciale, la grave responsabilité qu'encourt le médecin qui expérimente une méthode curative sur un malade confié à ses soins, non pour arriver à la guérison de celui-ci, mais dans le simple but de résoudre une question médicale. Une expérimentation faite dans ces conditions peut, suivant les cas, donner lieu à des poursuites correctionnelles contre le médecin, alors même que le résultat de l'expérience, réalisant une éventualité dont il se serait accessoirement préoccupé, aurait été plutôt favorable que préjudiciable au malade (Trib. corr. de Lyon, 15 déc. 1859, aff. Guyénot, D. P. 59. 3. 87).

Art. 6. — *De la médecine légale; des expertises médico-légales* (*Rép.* nos 86 à 103).

66. On a indiqué au *Rép.* n° 86 l'importance qu'a prise de nos jours la science de la médecine légale. « La médecine légale, a dit M. le docteur Adelon, n'est pas une partie de la médecine, mais la médecine tout entière appliquée à ce double but : l'institution des lois et l'administration de la justice ». Un autre écrivain (Fodéré, *Médecine légale*, t. 1er), a fait très justement ressortir l'étendue des connaissances qu'exige l'exercice légitime de la médecine légale, à cause de la variété des objets avec lesquels elle est en rapport. « A la connaissance exacte des diverses branches qui constituent la médecine proprement dite, dit-il, le médecin légiste doit joindre celle de la physique générale et particulière, de la chimie, de l'histoire naturelle et même des lois civiles et criminelles du pays qu'il habite ». — V. sur cette importante matière, indépendamment des ouvrages mentionnés au *Répertoire*, et de celui qu'on vient de citer, les *Nouveaux éléments de médecine légale*, par le docteur Hofmann, professeur à la faculté de médecine de Vienne, traduits par M. E. Lévy et précédés d'une introduction de M. le docteur Brouardel; le *Traité de médecine légale*, de MM. Berryer et Pouchet; celui de Taylor, traduit par Contagne, etc.

67. On a vu au *Rép.* n° 87 qu'aux termes de l'art. 44 c. instr. crim., dans le cas d'une mort violente ou d'une mort dont la cause est inconnue ou suspecte, le procureur de la République doit se faire assister d'un ou deux officiers de santé qui feront leur rapport sur les causes de la mort et sur l'état du cadavre. L'expression *officiers de santé* est une expression générique employée par le législateur pour désigner toute personne qui se livre habituellement à l'art de guérir (V. art. 160, 317, 378 c. pén.). Les médecins sont toujours requis dans les cas d'empoisonnement, d'assassinat, de meurtre, d'asphyxie par immersion ou par strangulation; ils sont toujours appelés pour rechercher si la mort est due à un suicide ou à un meurtre (Dubrac, *op. cit.*, p. 184).

Cependant le ministre de la justice, préoccupé de l'élévation des frais de justice criminelle, a recommandé parfois aux membres du ministère public de ne point requérir le concours des hommes de l'art, et même d'éviter de se transporter eux-mêmes sur les lieux quand la mort paraît devoir être attribuée à un suicide ou à un meurtre. M. Dubrac, *loc. cit.* estime avec raison que ces instructions sont regrettables. En effet, il est souvent fort difficile à un médecin légiste expérimenté de reconnaître, après un minutieux examen, si la mort est naturelle, si elle est due à un suicide ou à un crime, et l'on comprendrait difficilement que les officiers du ministère public pussent trancher cette question sans même aucun examen personnel.

68. Contrairement à l'opinion adoptée au *Rép.* n° 87 et soutenue par la plupart des auteurs (Chauveau et Faustin Hélie, *Théorie du code pénal*, t. 4, p. 424, et t. 8, p. 393; Devergie, *Médecine légale*, t. 1, p. 8; Dubrac, *op. cit*, p. 196), la cour de cassation décide que le médecin requis par un officier de police judiciaire, en cas de flagrant délit, d'apprécier la nature et les circonstances d'une blessure ou de constater l'état d'un cadavre, ne peut refuser d'obtempérer à cette réquisition s'il ne justifie d'une impossibilité réelle, et qu'un semblable refus constitue la contravention prévue et punie par l'art. 475, § 12, c. pén. (Crim. cass. 20 févr. 1857, aff. Cayet et Lannégrie, D. P. 57, 1. 133; 18 déc. 1875, aff. Gindre, D. P. 78. 1. 462). Mais, suivant la même cour, cet article n'est pas applicable lorsqu'il s'agit d'un accident individuel et non susceptible de compromettre la paix publique; par exemple, lorsque le médecin est requis de constater le décès d'un individu tué par la chute d'un ballot de marchandises (Crim. cass. 18 mai 1855, aff. Eyriand, D. P. 55. 1. 223).

69. Il est d'ailleurs constant, ainsi qu'on l'a reconnu au *Rép.* n° 87, que les réquisitions adressées aux médecins pour arrêter dans ses progrès un fléau calamiteux (le choléra) répandu dans une commune et donner des soins aux indigents, sont légales et obligatoires (Civ. cass. 27 janv. 1858, aff. Andrieux, D. P. 58. 1. 66).

70. Comme on l'a dit. *Rép.* n° 87, en dehors du cas prévu par l'art. 44 c. instr. crim., les juges peuvent toujours appeler des médecins pour s'éclairer sur les affaires qui leur sont soumises. Ces derniers sont alors consultés comme experts et soumis aux règles qui ont été précédemment énoncées, v° *Expertise*, n°s 181 et suiv. Une circulaire du ministre de la justice du 6 févr. 1867 trace les règles générales qui doivent être suivies dans les expertises, tant en matière criminelle qu'en matière correctionnelle, pour mettre un terme à de nombreux et graves abus (Dubrac, *op. cit.*, p. 193). « Lorsque, au cours d'une information, dit cette circulaire, il importe de recourir à la médecine légale, il suffit de désigner un expert dans les cas ordinaires comme ceux de simples coups et blessures, et deux pour les autopsies et autres opérations qui ne peuvent être renouvelées. On ne connaît l'utilité d'un troisième expert qu'en cas de partage ». Elle ajoute que les mêmes règles s'appliquent aux analyses chimiques qui ont avec la médecine légale une si grande analogie. — Les devoirs du médecin expert ont été retracés dans un remarquable discours prononcé par M. le docteur Ambroise Tardieu, à la séance de rentrée de la Faculté de médecine de Paris, le 16 nov. 1863, et publié dans les *Annales d'hygiène et de médecine légale* (2e sér., t. 21, 1864, p. 178). L'art. 25 du projet de loi porte que tout docteur en médecine est tenu de déférer aux réquisitions de la justice sous les peines édictées de l'art. 26 (V. *suprà*, n° 51).

71. Quoique les médecins soient appelés moins souvent à donner leur concours à la justice en matière civile qu'en matière criminelle, il est, ainsi que nous l'avons dit *Rép.* n° 93, un grand nombre de cas où les intérêts privés des citoyens réclament leur intervention. On doit suivre en pareil cas les règles qui ont été indiquées v° *Expert*, n°s 9 et suiv.

72. Ainsi qu'on l'a vu, *Rép.* n° 94, à Paris et dans un assez grand nombre de villes, les inhumations ne se font qu'après la visite des médecins vérificateurs. En 1857, l'Académie de médecine, consultée par le ministre de l'agriculture, du commerce et des travaux publics, a émis le vœu de voir cette mesure rendue partout obligatoire. On a vu également v° *Actes de l'état civil*, n° 64, qu'à Paris et dans plusieurs grandes villes, des médecins de l'état civil sont chargés de la constatation des naissances à domicile.

73. Une instruction du ministre de la justice du 30 sept. 1826 (*Rép.* n° 97) a invité chaque procureur du roi à adresser à ses auxiliaires une liste des médecins les plus dignes de confiance pour qu'ils fussent appelés de préférence à faire les opérations qui doivent avoir lieu sans retard. Une circulaire du ministre de la justice du 16 août 1842 prescrit également à chaque cour d'appel de « faire choix à l'avance d'hommes expérimentés dans chaque partie des sciences médicales et se les attacher de manière à être assuré de les retrouver au besoin ». Elle recommande aux magistrats du ministère public de choisir aussi à l'avance dans chaque canton les médecins les plus dignes de leur confiance et de les désigner à leurs auxiliaires (Dubrac, *op. cit.*, p. 189). L'art. 18 du projet de la Chambre des députés porte que les fonctions des médecins et chirurgiens experts près les tribunaux ne peuvent être remplies que par des docteurs en médecine français.

74. Conformément à l'ordre adopté au *Rép.* n° 103, nous avons traité *suprà*, v° *Faux*, n°s 343 et suiv., des faux certificats de maladie ou d'infirmités délivrés par les hommes de l'art.

75. L'art. 16 du nouveau projet impose à tout docteur, officier de santé ou sage-femme l'obligation, sous peine d'une amende de 50 à 200 fr., de faire à l'autorité publique la déclaration des cas de maladies épidémiques tombées sous son observation.

ART. 7. — *Du service de santé dans les armées de terre et dans la marine* (*Rép.* n° 104).

76. Nous renverrons, comme nous l'avons fait au *Rép.* n° 104, aux mots *Organisation militaire* et *Organisation maritime*, les explications dont ce service peut être l'objet.

CHAP. 2. — De la pharmacie et des professions accessoires (*Rép.* n°s 105 à 235).

ART. 1er. — *Historique et législation. — Caractères généraux des contraventions aux règlements de la pharmacie* (*Rép.* n°s 105 à 111).

77. La loi du 21 germ. an 11 qui, ainsi qu'on l'a dit au *Rép.* n° 106, est le règlement fondamental de la pharmacie, n'a pas cessé d'être en vigueur. — Parmi les dispositions qui régissent l'enseignement de la pharmacie, les plus importantes sont : le décret du 14 juill. 1875 (D. P. 76. 4. 29), relatif à la durée des études des aspirants au diplôme de pharmacien de deuxième classe, le décret du 12 juill. 1878 (D. P. 79. 4. 5) portant règlement pour l'obtention du diplôme de pharmacien de première classe, le décret du 31 août 1878 (D. P. 79. 4. 24), portant que les dispositions de l'art. 3 du décret du 12 juillet précédent sont applicables aux candidats au titre de pharmacien de seconde classe, enfin le décret du 26 juill. 1885 (D. P. 86. 4. 61) portant règlement des études en vue des diplômes de pharmacien (V. *infrà*, v° *Organisation de l'instruction publique*).

78. On a exposé *suprà*, n°s 3 et suiv. les dispositions des principales législations étrangères relatives à l'exercice de la pharmacie

ART. 2. — *Des écoles de pharmacie; des élèves en pharmacie et de la réception des pharmaciens* (*Rép.* n°s 112 à 119).

79. La loi du 21 germ. an 11 établit, comme on l'a dit au *Rép.* n° 212, une école de pharmacie dans les villes où se trouve une école de médecine. En vertu de cette disposition, des écoles supérieures de pharmacie ont été créées à Paris, à Montpellier, à Nancy, à Bordeaux, à Lyon et à Lille (V. *suprà*, n° 13). On a vu également *suprà*, n° 14, que des écoles de plein exercice de médecine et de pharmacie ont été instituées à Marseille, à Nantes, et qu'il existe dans un certain nombre de villes des écoles préparatoires de médecine et de pharmacie qui ont été réorganisées par un décret du 1er août 1883 (D. P. 84. 1. 70).

80. Aux termes de l'art. 1er du décret du 26 juill. 1885 (D. P. 86. 4. 61), les études pour l'obtention du diplôme de pharmacien de première ou de deuxième classe durent six ans, savoir : trois ans de stage dans une officine et trois ans de scolarité. Les examens probatoires sont subis, pour les candidats au diplôme de première classe, dans l'établissement où ils ont accompli leurs trois années de scolarité; pour les candidats au diplôme de seconde classe, dans la faculté ou école dans le ressort de laquelle ils doivent exercer.

81. D'après l'art. 5 du décret du 12 juill. 1878 (D. P. 79. 4. 5), le diplôme supérieur de pharmacien de première classe pourra être délivré, à la suite de la soutenance d'une thèse, aux pharmaciens de première classe licenciés ès sciences physiques ou ès sciences naturelles, ou qui, à défaut de l'une de ces licences, justifieront : 1° avoir accompli une quatrième année d'études dans une école supérieure ou dans une faculté mixte; 2° avoir subi avec succès un examen sur les matières des licences ès sciences physiques et naturelles appliquées à la pharmacie (V. *infrà*, v° *Organisation de l'instruction publique*).

82. On a exposé au *Rép.* n° 116 que, d'après les art. 23 et 24 de la loi de germinal an 11, les pharmaciens reçus dans les écoles peuvent exercer dans toutes les parties du territoire de la République, tandis que ceux qui ont été reçus par les jurys médicaux ne peuvent s'établir que dans le département où ils ont été reçus. Ces dispositions ont été modifiées par le décret du 22 août 1854 (D. P. 54. 4. 155), rendu en exécution de la loi du 14 juin de la même année. Au lieu de faire conférer des diplômes de deux natures aux pharmaciens par deux autorités différentes, savoir par les écoles supérieures et par les jurys départementaux, le décret du 22 août 1854 a attribué aux écoles supérieures de pharmacie la collation des diplômes de première et de deuxième classe, et aux écoles préparatoires celle des diplômes de deuxième classe, avec cette restriction que les pharmaciens de seconde classe ne pourraient, comme par le passé, exercer leur profession que dans le département pour lequel ils auraient été reçus.

83. On s'est demandé si les pharmaciens de seconde classe peuvent exercer leur profession même dans une ville où est établie une école supérieure de pharmacie, quand ils ont été reçus par cette école pour le département dont cette ville fait partie. Sous l'empire de la loi de germinal an 11, les jurys départementaux qui délivraient les diplômes de pharmaciens de seconde classe n'existaient pas dans les départements pourvus d'une école supérieure de pharmacie; il en résultait, par une conséquence forcée, que les pharmaciens de seconde classe ne pouvaient s'établir dans ces départements. Mais cet état de choses, qui était la conséquence du mode de réception consacré par la loi de l'an 11, a cessé d'exister le jour où une législation nouvelle a accordé aux écoles supérieures le droit de conférer les diplômes de seconde classe (Req. 9 juill. 1872, aff. Lebron, D. P. 72. 1. 422). — Le Gouvernement avait cependant, à l'origine, admis une interprétation contraire; car l'art. 3 de l'arrêté du ministre de l'instruction publique, du 23 déc. 1854, disposait qu'un pharmacien de deuxième classe ne pourrait être reçu pour les départements de la Seine, de l'Hérault et du Bas-Rhin qui sont sièges d'une école supérieure de pharmacie. Mais cet arrêté dont la valeur légale pouvait être contestée a été rapporté par un second arrêté du 30 nov. 1867, intervenu après avis du conseil supérieur de l'instruction publique. Les pharmaciens de première classe, émus des atteintes portées par ce dernier arrêté à un privilège dont ils se croyaient légalement investis, ont cru devoir le déférer au conseil d'Etat comme entaché d'excès de pouvoirs. Mais le conseil d'Etat a décidé que le contentieux d'une semblable matière appartenait à l'autorité judiciaire, et que, dès lors, il était incompétent pour prononcer sur le recours dont il était saisi (Cons. d'Et. 10 juill. 1869, aff. Heydenreich, D. P. 70. 3. 45). La compétence judiciaire a été également reconnue par un jugement du tribunal de la Seine du 25 déc. 1868 (aff. Lebron, D. P. 70. 3. 54).

84. Un décret du 27 déc. 1871 (D. P. 72. 4. 24) a autorisé, par dérogation à l'art. 19 du décret du 22 août 1854, les officiers de santé, pharmaciens, sages-femmes et herboristes de deuxième classe reçus pour les départements détachés en tout ou en partie du territoire français par le traité du 10 mai 1871, à faire choix, pendant une période de trois ans, d'un autre département sans avoir à subir de nouveaux examens.

85. Les pharmaciens de seconde classe qui, avant d'avoir subi de nouveaux examens et obtenu un nouveau certificat d'aptitude, transportent leur officine dans un département autre que celui pour lequel ils ont été reçus, se placent dans la situation de toute personne qui exerce la pharmacie sans un titre légal, et sont passibles des peines édictées par l'art. 6 de la déclaration de loi du 25 avr. 1877 (Crim. cass. 16 févr. 1883, aff. Labaye, D. P. 83. 1. 438; Pau, 8 mars 1884, aff. Latapie, D. P. 86. 2. 221).

ART. 3. — *De la police de la pharmacie et des professions accessoires* (*Rép.* n°s 120 à 137).

86. On a dit, au *Rép.* n° 120, que, d'après l'art. 28 de la loi du 21 germ. an 11, les préfets, dans les départements, et le préfet de police, à Paris, doivent faire imprimer et afficher chaque année la liste des pharmaciens établis dans chaque ville du département. Cette prescription a été rappelée par une circulaire du ministre de l'intérieur du 11 févr. 1861 qui a été précédemment citée (V. *suprà*, n° 16). L'art. 16 de la même loi prescrit à tout pharmacien de présenter son diplôme, avant d'exercer, au préfet de police, à Paris, et aux préfets, dans les départements, et de prêter devant le préfet auquel il présente son diplôme le serment « d'exercer son art avec exactitude et probité ».

87. On a vu, *Rép.* n° 120, que, lorsqu'un pharmacien vient à mourir, l'officine ne pouvant être gérée par un mandataire salarié, fût-il muni d'un diplôme, l'art. 41 de l'arrêté du 25 therm. an 11 autorise la veuve à tenir l'officine ouverte pendant un an, à la charge de présenter et faire agréer un élève en pharmacie, et de faire désigner un pharmacien pour diriger et surveiller les opérations de l'officine. — On a soutenu que cette disposition devait être étendue aux héritiers, les motifs de décider étant les mêmes dans les deux cas (Briand et Chaudé, *op. cit.*, p. 954). Mais on a fait observer, pour repousser cette extension, que les termes de l'article en question sont clairs et précis, qu'ils ne font que reproduire une disposition de l'édit de 1648, qui autorisait les veuves des maîtres pharmaciens à exercer la pharmacie pendant leur viduité et que, bien loin d'étendre cette exception, le législateur de l'an 11 en a restreint la durée. Il a été jugé en ce sens que l'art. 41 de l'arrêté du 25 therm. an 11 est spécial à la veuve et ne peut être appliqué aux autres représentants du défunt (Caen, 2 avr. 1873, aff. Alexandre, D. P. 74. 2. 157). M. Dubrac, qui adopte cette dernière interprétation (*op. cit.*, p. 379), émet le vœu que les nouvelles lois en préparation étendent aux héritiers du pharmacien la faculté dont il s'agit.

88. Le délai d'un an fixé par l'article précité est de rigueur, et il a été décidé que l'infraction commise par la veuve d'un pharmacien décédé qui a continué de faire exploiter l'officine, sans s'être pourvue d'un successeur, au delà de l'année accordée par l'arrêté de l'an 11, n'est pas couverte par la décision du préfet accordant une prorogation de délai, si cette décision n'est intervenue qu'après l'année écoulée (Trib. civ. de la Seine, 15 févr. 1873, aff. Garraud, D. P. 73. 3. 63). D'après ce jugement, la position de la veuve n'est en pareil cas régularisée que pour l'avenir; d'où il résulterait implicitement que le préfet aurait le droit de proroger le délai d'un an. Mais ce droit paraît fort contestable, et l'on comprendrait difficilement, s'il devait être admis, que le législateur eût pris soin de fixer, par un texte formel, un délai de rigueur (Dubrac, *op. cit.*, p. 379).

89. Ainsi qu'on l'a exposé, *Rép.* n° 121, les art. 29. 30 et 31 de la loi du 21 germ. an 11 ont soumis à des visites tous les établissements dans lesquels se débitent des drogues et compositions médicinales. Dans les villes qui ne possèdent pas d'écoles de pharmacie et qui sont placées dans un rayon de plus de dix lieues des villes où sont établies ces écoles, les visites étaient faites par les membres des jurys médicaux institués pour la réception des pharmacies de deuxième classe (*Rép.* n° 122). Depuis la suppression de ces jurys, le décret du 23 mars 1859 (D. P. 59. 4. 25) a confié cette inspection aux conseils d'hygiène et de salubrité; la visite doit être faite au moins une fois par année, dans chaque arrondissement, par trois membres de ces conseils désignés spécialement par arrêté du préfet. Quoique le décret de 1859 ne rappelle pas l'obligation de l'assistance du commissaire de police aux visites faites par les membres du conseil d'hygiène, cette assistance est nécessaire, comme elle l'était pour le jury médical en vertu de l'art. 31 de la loi de germinal an 11 (V. Crim. cass. 28 mars 1862, aff. Lelièvre, D. P. 62. 1. 256, note 2).

90. Le conseil d'État avait décidé que l'arrêté désignant les membres de la commission chargée de la visite était un acte de pure administration, dont un pharmacien n'était pas recevable à demander l'annulation pour excès de pouvoirs, en se fondant sur ce que celui de ses confrères qui avait été désigné pour en faire partie ne remplirait pas les conditions exigées par la loi (Cons. d'Ét. 31 mars 1876, aff. Boscredon, D. P. 76. 3. 77). Mais le conseil d'État n'a pas persisté dans cette jurisprudence, qui avait soulevé de graves objections, et il a implicitement reconnu, par un arrêté postérieur, que le pharmacien, poursuivi devant le tribunal de simple police pour avoir refusé de laisser inspecter sa pharmacie par la commission nommée à cet effet, a qualité pour demander au conseil d'État, à la suite du sursis ordonné par le tribunal, l'annulation de l'arrêté préfectoral qui a désigné les membres de cette commission, en se fondant sur ce que ceux-ci ne rempliraient pas les conditions exigées par les règlements (Cons. d'Ét. 8 avr. 1881, aff. Rouvière, D. P. 82. 3. 82).

91. Les dispositions ci-dessus analysées et relatives au choix des personnes chargées de la visite des pharmacies et aux formes à suivre pour la rédaction des procès-verbaux n'ont trait qu'à la visite annuelle prescrite par la loi du 21 germ. an 11. Mais, ainsi qu'on l'a vu au *Rép.* n° 125, la visite effectuée sur réquisition, à titre de mesure de police judiciaire, chez un droguiste désigné comme vendant illégalement des médicaments, est régulièrement opérée par un commissaire de police assistant deux professeurs de l'école de pharmacie; et le procès-verbal à la rédaction duquel elle a donné lieu suffit, dès lors, pour constater l'identité des médicaments saisis comme ayant été illégalement mis en vente (Crim. rej. 16 août 1862, aff. Raspail, D. P. 63. 5. 31. V. conf. Dubrac, *op. cit.*, p. 458).

92. On a dit au *Rép.* n° 126 que l'art. 30 de la loi du 21 germ. an 11 dispose que, en cas de contravention, il sera procédé contre les délinquants conformément aux lois antérieures. Parmi ces lois antérieures, la jurisprudence comprend la déclaration du 25 avr. 1777. Il a été décidé, conformément à l'opinion adoptée au *Rép. loc. cit.*, que cette déclaration n'a été abrogée que dans les dispositions qui créaient des privilèges incompatibles avec les lois de la Révolution; qu'elle a été remise en vigueur par le décret du 17 avr. 1791, relatif à l'exercice de la pharmacie; qu'enfin son abrogation formelle ou virtuelle ne résulte pas des termes de la loi de germinal an 11 (Orléans, 8 août 1859, aff. Ratel, D. P. 61. 2. 91; Crim. cass. 16 févr. 1883, aff. Labaye, D. P. 83. 1. 438. V. *infrà*, n° 99).

93. L'art. 30 prévoit, comme on l'a vu au *Rép.* n° 126, deux sortes de visites; l'une qui a pour objet la recherche des médicaments gâtés, l'autre qui a pour objet la recherche des établissements dans lesquels on se livre sans titre légal à la vente des remèdes pharmaceutiques. — La détention des médicaments falsifiés et corrompus (V. *Rép.* v° *Vente de substances falsifiées*, n° 47) est réprimée d'une manière générale par les règlements sur la pharmacie; elle tombe sous l'application de ces règlements, lorsqu'il n'est pas établi que le pharmacien connaissait l'état des médicaments défectueux saisis dans son officine; mais, si la mauvaise foi est établie, cette circonstance aggravante fait rentrer l'infraction dans les prévisions de la loi du 27 mars 1851.

94. Les pharmaciens et autres assujettis à la visite ne commettent de contravention en refusant de consentir à cette visite qu'autant que ceux qui prétendent y procéder agissent dans les conditions prescrites par les lois et règlements (Crim. rej. 28 mars 1862, aff. Lelièvre, D. P. 62. 1. 256. Comp. Cons. d'Ét. 8 avr. 1881, aff. Rouvière, D. P. 82. 3. 82). Il a été également décidé que le droit de visite ne peut être perçu à l'occasion d'une visite faite, non par la commission composée conformément au décret du 23 mars 1859, mais par un docteur en médecine agissant isolément (Cons. d'Ét. 16 mars 1888, aff. de France, D. P. 89. 3. 58).

95. Nous avons dit (*Rép.* n° 134) que, pour payer les frais de visite, l'arrêté du 25 therm. an 11 (art. 42) avait établi un impôt de 6 fr. par chaque pharmacie et de 4 fr. par chaque épicier et droguiste. Cette taxe ne peut être exigée que des pharmaciens, droguistes et épiciers; et, si elle était imposée à des personnes exerçant toute autre profession, elle manquerait de base légale. Le fait, par un individu exerçant une autre profession, de vendre quelques-unes des substances énoncées dans le tableau annexé à l'ordonnance du 20 sept. 1820 ne suffit pas pour le rendre passible de la taxe (Cons. d'Ét. 14 juin 1878, aff. Fouchet, D. P. 79. 3. 19. Comp. Cons. d'Ét. 26 févr. 1875, aff. Beauvais, *Rec. Cons. d'État*, p. 179). Le conseil d'État a toutefois rejeté le recours d'un individu qui prétendait être marchand de tissus et n'avoir chez lui du sulfate de cuivre que pour la teinture de ses étoffes, en se fondant uniquement sur ce qu'il résultait de l'instruction que le réquérant s'était livré à la vente de substances médicinales (Cons. d'Ét. 15 mai 1874, aff. Bourdin, *Rec. Cons. d'État*, p. 449).

96. Une société coopérative possédant un magasin d'épicerie dans lequel sont vendues des drogues appartenant à l'art de la pharmacie, ne peut se prévaloir de ce que ce magasin n'est pas ouvert au public et de ce que ces denrées y sont livrées exclusivement et sans bénéfice aux associés, pour soutenir qu'elle est exempte de la surveillance spéciale des inspecteurs de pharmacie et, par suite, de la taxe annuelle pour droit de visite (Cons. d'Ét. 2 déc. 1887, aff. Société coopérative d'épicerie d'Amboise, D. P. 89. 3. 24). Il n'y a pas lieu d'appliquer à cette matière la distinction admise en matière de patente, et d'après laquelle l'impôt n'est dû par les sociétés coopératives qu'autant que leurs magasins sont ouverts au public (V. *infrà*, v° *Patente*).

97. Les médecins ou officiers de santé, lorsqu'ils usent du droit qui leur appartient (V. *infrà*, n° 99) en l'absence de pharmaciens ayant officine ouverte dans la localité où ils sont établis, de fournir des médicaments aux personnes auprès desquelles ils sont appelés, pourvu qu'ils ne tiennent pas une officine ouverte, sont-ils assujettis au droit de visite? Pendant longtemps la jurisprudence n'avait pas eu à se prononcer sur la question; mais l'Administration considérait les dépôts de médicaments tenus par les médecins dans de pareilles conditions comme restant en dehors de l'inspection des pharmacies, drogueries et épiceries qui mettent en vente des drogues médicinales. Un arrêt du conseil d'État du 16 mars 1888 (aff. De France, D. P. 89. 3. 58) s'est prononcé en ce sens; mais cette décision, était motivée principalement sur des circonstances de fait. La cour de cassation a depuis, consacré, en termes plus nets et plus formels, la même solution, par un arrêt aux termes duquel un docteur en médecine établi dans une localité où il n'y a pas de pharmaciens ayant officine ouverte, et ayant, dès lors, le droit de fournir des médicaments à ses clients, n'est pas assujetti à la visite prescrite pour les pharmaciens et, par suite, n'est pas passible de la taxe (Cons. d'Et. 8 août 1890, D. P. 92. 3. 39, aff. Poulet).

Art. 4. — *Du droit de vendre les médicaments. — Poursuite des contraventions* (*Rép.* n° 138).

98. Comme on l'a dit au *Rép.* n° 138, l'art. 25 de la loi du 21 germ. an 11 défend à ceux qui n'ont pas été reçus conformément à cette loi et qui n'ont pas rempli les conditions qu'elle exige, de préparer et de vendre des médicaments; et cet article, qui ne contient pas de sanction, se réfère virtuellement à l'art. 6 de la déclaration du 25 avr. 1777 encore en vigueur (V. *suprà*, n° 92). L'infraction prévue par cet article, étant punie de 500 fr d'amende, rentre essentiellement dans la compétence des tribunaux correctionnels (Crim. rej. 23 août 1860, aff. Raspail, D. P. 60. 1. 419; Chambéry, 30 oct. 1874, cité par Dubrac p. 353, note; Crim. cass. 16 févr. 1883, aff. Labaye, D. P. 83. 1. 438. V. conf. Pellant, *Code des pharmaciens*, n° 29; Dubrac, *op. cit.*, p. 353).

Ainsi qu'on l'a vu, *Rép. loc. cit.*, la déclaration de 1777, qui était spéciale à la ville de Paris, doit aujourd'hui être appliquée par toute la France, la loi de l'an 11 lui ayant donné une autorité générale en la maintenant par son art. 11 (Arrêt précité du 30 oct. 1874). Il en est de même en Algérie : décidé que si les indigènes musulmans peuvent, en Algérie, et à l'égard de leurs coreligionnaires, pratiquer la médecine et l'art des accouchements sans être munis d'un diplôme, ils ne peuvent pas exercer la profession de pharmacien ou d'herboriste s'ils n'ont pas satisfait aux conditions de la loi du 21 germ. an 11, qui a été rendue applicable à l'Algérie par le décret du 12 juill. 1851 (Crim. rej. 24 mars 1892, aff. Gahia-ben-Ahmed, D. P. 92. 1. 308).

99. On a indiqué au *Rép.* n° 139, l'exception introduite par l'art. 27 de la loi du 21 germ. an 11 en faveur des officiers de santé établis dans les endroits où il n'y a pas de pharmaciens. Cette exception est rigoureusement subordonnée à la condition qu'il n'existe pas, dans le lieu où l'officier de santé est établi, de pharmacien tenant une officine ouverte (Crim. cass. 20 janv. 1855, aff. Guillo, D. P. 55. 1. 88; Paris, 18 févr. 1882, aff. Guillemin, D. P. 82. 2. 183). En conséquence, le médecin ou officier de santé, qui, dans une localité où il existe une officine ouverte, débite des drogues et préparations médicamenteuses, est passible des peines portées par la loi du 29 pluv. an 13, alors même qu'il serait prouvé que la pharmacie établie dans la localité est mal tenue et insuffisamment approvisionnée (Arrêt précité du 18 févr. 1882).

100. La faculté laissée à l'officier de santé ou au médecin établi dans une commune où il n'y a pas de pharmacie ouverte, de fournir des médicaments à ses malades, n'est pas restreinte au cas où les malades habitent la même commune que le médecin; elle s'étend au cas où ils résident dans d'autres communes également dépourvues d'officines (Paris, 27 août 1868) (1). Il a même été décidé (et cette interprétation nous paraît devoir être approuvée) que l'officier de santé domicilié dans une commune dépourvue de pharmacie ne commet pas le délit d'exercice illégal de la pharmacie, lorsqu'il ne vend de drogues et de substances curatives qu'à son propre domicile et à des malades auprès desquels il a été appelé, alors même que ceux-ci seraient domiciliés dans une commune où il existe une pharmacie (Dijon, 12 mars 1890, aff. D..., D. P. 91. 2. 127). On ne saurait, en effet, exiger que l'officier de santé, autorisé par l'art. 27 à délivrer des médicaments aux malades qu'il traite, n'en délivre qu'à ceux qui sont domiciliés dans une commune dépourvue de pharmacien, sans ajouter au texte de cet article une restriction qu'il ne renferme pas.

101. Si l'art. 27 autorise, dans l'hypothèse qu'il prévoit, le médecin à fournir des médicaments aux malades auprès desquels il est appelé, il ne l'autorise pas à avoir une officine ouverte (*Rép.* n° 139). Mais l'officier de santé n'est pas ré-

---

(1) (Chassaing C. Frette, dit Damicourt.) — Le 14 juill. 1868, jugement du tribunal correctionnel de Versailles ainsi conçu : — « Attendu que Chassaing, pharmacien à Maisons, commune voisine de Houilles et de Sartrouville, prétend que Damicourt, médecin établi à Houilles, tient dans cette commune une officine ouverte, ce qui lui est défendu par l'art. 27 de la loi du 21 germ. an 11, et qu'il ne peut non plus fournir de médicaments à ses malades de Sartrouville, commune où il n'est pas établi ; — Qu'en conséquence, les malades de Houilles et de Sartrouville, commune où il n'existe pas de pharmacie, doivent se fournir dans son officine de Maisons, des médicaments dont ils ont besoin ; — Que, dans ces circonstances, il a porté plainte contre Damicourt à raison du préjudice qu'il prétend lui être causé; — Attendu qu'il résulte de l'instruction et des débats que Damicourt ne tient pas à Houilles d'officine ouverte ; — Que ce premier chef de prévention doit donc être écarté ; — Mais attendu qu'il résulte de l'aveu même du médecin Damicourt qu'il a vendu quelques médicaments à ses malades qu'il visitait à Sartrouville ; — Qu'il y a lieu de rechercher si ce fait constituerait un délit tombant sous l'application de la loi ; — Attendu qu'aux termes de la loi du 21 germ. an 11, les pharmaciens ont seuls le droit de vendre des médicaments, sauf l'exception introduite par l'art. 27 au profit des officiers de santé ; — Attendu que cet article porte que « les officiers de santé établis dans les « bourgs, villages ou communes où il n'y aurait pas de pharma- « cien ayant officine ouverte, pourront fournir des médicaments « simples ou composés aux personnes près desquelles, ils seront « appelés, mais sans avoir une officine ouverte » ; — Attendu que si la jurisprudence décide que le médecin ne peut fournir de médicaments au malade qu'il va visiter dans une commune où il n'y a pas de pharmacie, c'est seulement au cas où il existe une officine dans la commune où le médecin est établi ; — Attendu que la loi ne s'est point occupée du cas où il n'y aurait de pharmacien ni dans la commune habitée par le médecin, ni dans celles où résident les malades que le médecin va visiter ; — Mais attendu que le législateur, en établissant que les médecins pourraient, dans un cas déterminé, fournir des médicaments aux personnes près desquelles ils seraient appelés, n'a point exigé que ces personnes résident dans la commune où le médecin serait établi ; — Attendu, en effet, que, d'après les termes de la loi, ce n'est pas le lieu du domicile du malade, qui a fait admettre, dans l'intérêt du malade, l'exception introduite dans l'art. 27, mais au contraire, le lieu du domicile du médecin ; — Attendu que les exceptions doivent être rigoureusement restreintes dans les limites que la loi leur assigne ; — Attendu qu'on ne saurait, sans méconnaître les termes et l'esprit de la loi, créer au profit de Chassaing, pharmacien de Maisons, un privilège exclusif de fournir des médicaments aux malades d'une commune voisine, alors qu'il n'existe d'officine, ni dans la commune habitée par le médecin, ni dans celle où il va porter ses remèdes à ses malades ; — Décide que le fait reproché à Damicourt ne tombe sous l'application d'aucun article de la loi ». — Appel par le sieur Chassaing.

La Cour ; — Considérant qu'il est constant et reconnu par les parties en cause qu'il n'existe pas d'officine de pharmacie dans la commune de Houilles, où est établi comme médecin Frette, dit Damicourt, ni dans la commune de Sartrouville, voisine de la première ; et que Frette, dit Damicourt, a fourni des médicaments aux malades auprès desquels il a été appelé dans ces deux communes ; — Considérant que Chassaing prétend que cette faculté de fournir des médicaments ne pouvait être exercée par Frette, dit Damicourt, dans la commune de Sartrouville, mais qu'elle devait être restreinte dans les limites de la commune qu'il habite ; — Considérant que si la loi confie aux pharmaciens le droit exclusif de préparer et de débiter des médicaments, l'art. 27 de la loi du 21 germ. an 11 a introduit une exception à ce principe pour le cas où les médecins sont établis dans une localité où il n'y a pas d'officine ouverte ; — Que cet article dispose que les médecins peuvent, dans ce cas, fournir des médicaments aux personnes auprès desquelles ils sont appelés ; — Que ces termes sont généraux, et ne distinguent pas entre les malades habitant la commune où le médecin est établi et les autres communes où il exerce ; — Qu'il est à considérer d'ailleurs qu'il n'existe pas plus d'officine ouverte dans la commune de Sartrouville que dans celle de Houilles; — Que, lorsque les termes de la loi sont clairs et formels, il n'y a lieu ni de les étendre, ni de les restreindre par voie d'interprétation ; qu'en matière pénale notamment, un délit ne peut être constitué que par une prohibition expresse : — Qu'il suit de là que Frette, dit Damicourt, a pu fournir des médicaments aux malades auprès desquels il a été appelé dans les communes de Houilles et de Sartrouville, sans commettre aucune infraction aux dispositions de la loi de germinal an 11 ; — Adoptant au surplus les motifs des premiers juges en ce qui n'est pas contraire aux considérants qui précèdent;

Confirme, etc.

Du 27 août 1868.-C. de Paris, ch. corr.-MM. Saillard, pr.-Merveilleux-Duvignaux, av. gén.-Duverdy et Guerrier, av.

puté avoir outrepassé la faculté qui lui est accordée et tenu une officine ouverte par cela seul qu'il aurait déposé ses médicaments dans une dépendance d'un magasin d'épicerie exploité par sa femme (Crim. rej. 23 août 1861, aff. Barthélemy, D. P. 61. 1. 448).

102. Le projet de loi sur l'exercice de la médecine soumis aux Chambres abroge l'art. 24 de la loi de germinal an 11, et lui substitue les dispositions suivantes (art. 11): l'exercice simultané de la profession de médecin, de sage-femme ou de dentiste avec celle de pharmacien ou d'herboriste est interdit, même en cas de possession des diplômes conférant le droit d'exercer ces professions. Cette disposition n'est pas applicable à ceux qui exercent aujourd'hui simultanément ces deux professions. Toutefois, sous la condition de se soumettre aux lois et règlements régissant la pharmacie, à l'exception de la patente, tout docteur peut porter des médicaments à ses malades lorsque ceux-ci demeurent à quatre kilomètres au moins d'une officine de pharmacie. Il peut aussi, mais sans tenir officine ouverte, fournir chez lui des médicaments à ses malades lorsque sa demeure est à quatre kilomètres au moins d'une officine de pharmacie. La délivrance de médicaments doit être accompagnée d'une ordonnance datée et signée indiquant leur nature et les doses prescrites.

103. L'art. 36 de la loi de germinal an 11, rapporté au *Rép.* n° 147, punit tout débit au poids médicinal, toute distribution de drogues et préparations médicamenteuses sur des théâtres ou étalages, dans les places publiques, foires et marchés. D'après la jurisprudence, cet article contient deux dispositions distinctes : la première, qui se réfère aux art. 27 et 33, dont elle généralise les prohibitions en les étendant à toutes personnes, mais sans changer les éléments matériels et constitutifs de l'infraction, s'applique aux ventes au poids médicinal faites à domicile; la seconde, qui défend la distribution des drogues et préparations médicamenteuses sur des théâtres ou étalages, dans les places publiques, foires ou marchés, constitue une infraction nouvelle et distincte, qui a ses conditions particulières d'existence et ne doit pas être confondue avec la première disposition du même article (Crim. cass. 20 janv. 1855, aff. Guillo, D. P. 55. 1. 88).

Dans les deux cas prévus par l'article précité, il y a lieu, comme nous l'avons dit au *Rép. loc. cit.*, d'appliquer les peines édictées par la loi du 29 pluv. an 13, qui consistent en une amende de 25 à 600 fr., et, en cas de récidive, en un emprisonnement de trois jours au moins et dix jours au plus.

104. On a expliqué au *Rép.* n° 152, que l'expression *débit au poids médicinal* ne doit pas être entendue dans un sens restreint; la loi n'a pas voulu proscrire seulement les ventes aux poids indiqués dans les dispensaires ou formulaires rédigés ou qui le seraient par la suite par les écoles de médecine, mais toutes les ventes en détail des drogues et préparations médicamenteuses. — Un arrêt de la cour de cassation (Crim. rej. 26 juill. 1873, aff. Dieudonné, D. P. 73. 1. 493) décide que la prohibition dont il s'agit doit être appliquée « toutes les fois qu'il y a eu débit médicinal, c'est-à-dire débit en vue d'un emploi curatif nettement caractérisé et démontré par les circonstances ». Par suite, la déclaration d'un arrêt, qu'une préparation composée se rapproche d'une autre préparation figurant au *Codex*, qu'elle a la même action et constitue, comme elle, un produit pharmaceutique, justifie l'application de l'art. 36 de la loi du 21 germ. an 11, lorsque, d'ailleurs, l'arrêt constate que la vente de cette préparation par un individu non pharmacien a été faite en détail en vue d'un emploi curatif nettement caractérisé et, par conséquent, *au poids médicinal* (Crim. rej. 2 août 1888, aff. Casagrande, D. P. 89. 1. 24).

105. Ainsi qu'on l'a exposé au *Rép.* n° 153, les infractions prévues par l'art. 36 sont punies indépendamment de l'intention du contrevenant, et aucune excuse n'est admissible. Ainsi les peines édictées contre les auteurs de ces infractions sont applicables à la distribution même gratuite de médicaments par un individu qui n'a pas le droit d'en débiter (Motifs, Amiens, 10 févr. 1854, aff. Thirat, D. P. 55. 2. 62).

106. Les médecins n'ont pas le droit de fournir des médicaments à leurs malades au préjudice des pharmaciens de la localité (*Rép.* n° 154). Ainsi, le médecin qui, par suite d'un traité avec un pharmacien d'une autre ville pour la préparation, l'envoi et le payement du prix des médicaments, fait expédier à ses malades par celui-ci, dans une localité où d'autres pharmaciens sont établis, des médicaments dont il comprend le prix dans ses honoraires, commet la contravention prévue par l'art. 36 de la loi de germinal an 11, alors même que l'on pourrait considérer comme gratuite une telle fourniture de médicaments faite par le médecin à ses malades (Amiens, 10 févr. 1854, aff. Thirat, D. P. 55. 2. 63). — Cette prohibition doit être appliquée même aux médecins homœopathes, encore bien que les préparations dont ils font usage ne figurent pas dans le *Codex* et que les substances médicinales n'y soient employées qu'à de très petites doses (Angers, 26 sept. 1856, aff. Oriard, D. P. 57. 2. 82 ; Crim. cass. 6 févr. 1857, aff. Sicaud, D. P. 57. 1. 133, et Ch. réun. cass. 4 mars 1858, même affaire, D. P. 58. 1. 184). — Il en est ainsi alors même que le médecin homœopathe a acheté ces médicaments dans une pharmacie (Mêmes arrêts). Spécialement ce médecin contrevient aux prohibitions de la loi du 21 germ. an 11, lorsqu'il s'approvisionne à l'avance de médicaments homœpathiques dans une pharmacie spéciale et les délivre directement aux personnes près desquelles il est appelé, encore bien qu'il n'y ait pas dans sa localité de pharmacie homœopathique, si, d'ailleurs, les pharmaciens qui y sont établis n'ont jamais refusé d'exécuter ses ordonnances (Arrêt précité du 4 mars 1858). Sans doute, ainsi que le reconnaît l'arrêt précité de la chambre criminelle du 6 févr. 1857, le médecin peut légalement acheter, *pour un cas donné*, dans une pharmacie établie hors de la ville où il exerce, des médicaments qu'il ne trouve pas dans cette ville ; mais il ne peut faire et tenir chez lui provision de médicaments pour tous les cas qui se présenteront et arriver ainsi à éluder les prescriptions de la loi.

107. Ainsi qu'on l'a dit au *Rép.* n° 156 le privilège accordé aux pharmaciens n'existe qu'à l'égard des médicaments destinés, suivant les termes de la déclaration de 1777, à *entrer au corps humain*. Les pharmaciens ne sauraient donc prétendre au droit exclusif de vendre des médicaments composés pour le traitement des animaux ; et la vente de ces médicaments est licite de la part de toute personne (Req. 17 juill. 1867, aff. Burin, D. P. 68. 1. 24).

108. On a vu au *Rép.* n° 159 que les sœurs de charité desservant les hospices sont autorisées à préparer certains remèdes désignés dans la pharmacie sous le nom de *magistraux*, c'est-à-dire des médicaments dont la préparation est simple et n'exige pas des connaissances pharmaceutiques étendues ; mais que la préparation des remèdes *officinaux* leur est absolument interdite. La même faculté doit être accordée aux sœurs de charité en général ; car on comprendrait difficilement que l'absence d'un hospice eût pour conséquence de priver les populations rurales de la faculté d'obtenir des sœurs de charité, à titre de secours, les remèdes d'une préparation simple. Aussi a-t-il été décidé : 1° qu'une sœur de charité peut, sans encourir le reproche d'exercice illégal de la pharmacie, délivrer à des malades pauvres des sirops, potions, gargarismes et autres médicaments non officinaux, d'une préparation simple ou n'exigeant pas de connaissances pharmaceutiques étendues, alors d'ailleurs qu'elle ne tire aucun profit de ces actes de charité, et que le pharmacien ou officier de santé de la localité n'en éprouve aucun préjudice moral ou matériel (Crim. rej. 14 août 1863, aff. Goulay, D. P. 64. 1. 399) ; — 2° Que le juge correctionnel a pu refuser de condamner, pour exercice illégal de la pharmacie, une sœur de charité poursuivie à raison de la fourniture d'un remède (une poudre purgative), sur la composition duquel il n'a été donné aucun indice certain de nature à le faire ranger parmi les médicaments dont la délivrance excéderait les droits des personnes charitables (Crim. rej. 16 févr. 1878, aff. Sauvage, D. P. 78. 1. 282).

109. Le curé ou desservant qui, accidentellement et par commisération pour les malades indigents, leur remet, sans en tirer aucune espèce de profit, des médicaments simples et d'un usage habituel, ne se rend pas non plus coupable d'exercice illégal de la pharmacie (Angers, 12 juin

1882) (1). La tolérance que l'avis du 8 vend. an 11 rappelé (V. *suprà*, n° 34) accorde aux curés et desservants dans les limites de leurs paroisses doit s'appliquer non seulement aux lois sur l'exercice de la médecine, mais encore et à plus forte raison à celles sur l'exercice de la pharmacie (Même arrêt).

110. La question de savoir si les hôpitaux, autorisés à avoir une officine pour leur usage, peuvent faire débiter au dehors des médicaments, a été l'objet d'une vive controverse dont il a été rendu compte au *Rép.* n° 160. La jurisprudence a décidé que le droit d'avoir un débit extérieur ne pouvait être contesté aux hospices, et que l'autorité administrative pouvait seule décider s'il y avait lieu de tolérer ou de supprimer ce débit extérieur. D'après un arrêt très fortement motivé de la chambre criminelle de la cour de cassation (Crim. rej. 31 mai 1862, aff. Pharmacie du Puy, D. P. 62. 1. 493. V. conf. Lyon, 3 juin 1890, aff. Pharmacie de la Loire, D. P. 91. 2. 29), l'art. 8 de la déclaration du 25 avr. 1777, qui défendait aux communautés séculières ou régulières, même aux hôpitaux, d'avoir des pharmacies, si ce n'est pour leur usage particulier et intérieur, et de vendre ou débiter aucunes drogues simples ou composées, n'était que la conséquence du monopole établi au profit de la corporation des pharmaciens; et cette disposition, abolie par la loi du 2 mars 1791, n'a été remise en vigueur par aucune loi. Aux termes de l'art. 8 de la loi du 7 avr. 1851, la commission administrative des hospices arrête, mais avec l'approbation du préfet, les règlements du service tant intérieur qu'extérieur et de santé, et les contrats à passer pour le service avec les congrégations religieuses: le pharmacien d'un hospice peut donc légalement, quoique n'agissant pas pour son compte personnel, préparer et composer toutes sortes de médicaments, sans qu'il y ait lieu, au point de vue de la police de la pharmacie et de la sûreté de la vie humaine, de distinguer entre les destinations diverses que ces médicaments peuvent recevoir soit dans l'intérieur de l'établissement, soit au dehors, gratuitement ou moyennant un prix quelconque. Si la vente commerciale au dehors de médicaments composés, même dans des conditions pleinement licites, n'est pas prévue comme rentrant dans les attributions ordinaires des commissions administratives, de tels actes n'ont cependant rien d'incompatible avec ces attributions, pourvu que cette partie du service ait été, conformément à la loi, approuvée par le préfet et que la pharmacie soit réellement gérée par un pharmacien muni de diplôme et préposé à cet effet.

111. On a dit au *Rép.* n° 162, que, d'après une jurisprudence aujourd'hui constante, les pharmaciens ont qualité pour poursuivre la répression du délit d'exercice illégal de la pharmacie, et qu'ils peuvent exercer cette action correctionnellement en se portant partie civile (V. conf. Crim. rej. 31 mai 1862, aff. Pharmacie du Puy, sol. impl.

(1) (Mercier.) — LA COUR; — Considérant que, des témoignages recueillis et des déclarations conformes du prévenu, il résulte: 1° qu'au mois de janvier 1880, parcourant sa paroisse pour visiter ses malades pauvres, et passant devant la demeure d'une veuve Couanet, alors souffrante d'un mal à la jambe, sans gravité, M. l'abbé Mercier lui proposa un peu d'eau blanche; que cette femme se rendit à la cure pour y chercher une fiole dans laquelle il en restait une certaine quantité dont elle fit usage pour laver sa jambe; 2° qu'il y a deux ans environ, appelé comme curé de la paroisse de Parçay à visiter un sieur Desbois, atteint d'un cancer au visage, que le docteur Mikalowitz avait déclaré incurable, et dont il est mort quelques semaines après, l'abbé Mercier, ému de compassion à la vue des souffrances physiques et morales de ce moribond, en quelque sorte abandonné de son médecin, et voulant essayer de les calmer, remit à sa femme quelques pilules dont la prévention n'indique pas même la composition, et que le prévenu dit être des pilules dépuratives de santé, achetées par lui pour son neveu malade; 3° qu'au cours de l'année dernière, étant allé visiter un jeune homme nommé Gascogne, malade d'anémie et soigné par le docteur Mikalowitz, qui non seulement le voyait souvent, mais lui fournissait des médicaments, l'abbé Mercier, après avoir engagé le père de ce jeune homme à suivre le traitement prescrit par le médecin, lui dit: « J'ai chez moi de la poudre de fer que j'avais fait venir pour mon neveu; votre fils est faible; si vous voulez venir chez moi, je vous donnerai un paquet de cette poudre »; que la mère de Gascogne fut chercher ce paquet, le mit dans un litre d'eau et fit prendre de cette eau à son fils; 4° qu'au mois de décembre dernier ayant vu chez sa mère une jeune fille atteinte d'anémie et soignée comme telle par un médecin de Savigné, l'abbé Mercier proposa à la veuve Binet deux paquets de cette même poudre de fer qui lui restaient; que cette femme alla chercher au presbytère où M. le curé, complétant son aumône, lui donna, en même temps, un franc pour acheter de la viande et faire du bouillon à sa fille; — Considérant qu'après une minutieuse enquête provoquée par la dénonciation du docteur Mikalowitz, qui n'a pu formuler que de vagues accusations non confirmées et même formellement démenties par ceux dont il a invoqué le témoignage, le ministère public ne révèle aucun autre fait à la charge de l'abbé Mercier; qu'il ne lui impute pas d'avoir tiré profit des actes qu'il lui reproche et reconnaît qu'il sont absolument gratuits; qu'il ne conteste pas ses déclarations sur la provenance des substances remises à ces quatre malades; que l'abbé Mercier prétend les avoir achetées chez un pharmacien pour l'usage d'un de ses neveux malade qui habitait avec lui, et que rien dans l'information ne contredit cette allégation; — Considérant que les faits incriminés constituent des actes de bienfaisance et de charité, lesquels ne tombent pas sous l'application des lois, ordonnances ou déclarations édictées pour réglementer la police de la pharmacie; que ces lois, dont le but est de protéger les populations contre les surprises d'une ignorance cupide ou d'un empirisme dangereux, n'ont certainement pas été faites pour punir ceux qui, accidentellement et par commisération pour les souffrances des malades indigents, joignent à leurs secours pécuniaires quelques-uns de ces médicaments d'un usage habituel, que l'on trouve à acheter sans ordonnance de médecin, non seulement dans toutes les pharmacies, mais aussi chez les droguistes et même quelquefois chez les épiciers, et encore moins ceux qui, n'ayant pas fait usage de la totalité des médicaments prescrits pour eux ou leurs proches, croient pouvoir en faire profiter les pauvres; qu'une interprétation aussi rigoureuse de ces lois ne permettrait pas de se servir pour d'autres que pour soi-même de ces pharmacies dites de campagne, dont la vente n'a jamais été prohibée, empêcherait les personnes charitables de venir en aide aux malades pauvres et aurait pour résultat de priver les indigents de tout secours dans les communes rurales éloignées d'une officine pharmaceutique; que ces lois ont, au contraire, toujours été appliquées avec une extrême réserve par la tolérance de tous les gouvernements qui se sont succédé depuis leur promulgation; qu'elles ne l'ont jamais été à des actes d'humanité de la nature de ceux accomplis par l'abbé Mercier, et qu'une jurisprudence constante reconnaît aux tribunaux une certaine latitude dans l'appréciation des faits de distribution de médicaments dans un esprit de bienfaisance; — Considérant qu'un doute eût-il été possible sur le sens et la portée des lois relatives à l'exercice de la médecine et de la pharmacie, ce doute n'aurait pu persister après l'interprétation officielle donnée de ces lois par le conseil d'État; que l'avis du 8 vend. an 14 dispose, en effet: « Qu'en se renfermant dans les limites tracées par le rapport du ministre des cultes, sur le vu duquel il a été émis, les curés ou desservants n'ont rien à craindre des poursuites de ceux qui exercent l'art de guérir, ou du ministère public chargé du maintien des règlements, puisque, en donnant des soins et des conseils gratuits, ils ne font que ce qui est permis à la bienfaisance et à la charité de tous les citoyens, ce que nulle loi ne défend, ce que la morale conseille, ce que l'Administration provoque, et qu'il n'est besoin pour assurer la tranquillité des curés ou desservants d'aucune mesure particulière »: — Considérant qu'en remettant gratuitement et à des intervalles de temps éloignés, à quatre malades de sa paroisse, les remèdes ou drogues simples ci-dessus indiqués, dont il n'avait pas fait l'emploi pour lequel il les avait achetés, M. le curé de Parçay n'a certainement pas excédé les limites tracées par le rapport de Portalis auquel se réfère cet avis; — Considérant, en effet, qu'après avoir exposé dans ce rapport « que l'ancien gouvernement faisait distribuer aux curés, par les intendants, des boîtes de remèdes simples et bienfaisants dont l'application était facile et d'un usage fréquent », le ministre des cultes propose à l'empereur « d'instruire les préfets que son intention n'est point que les autorités locales s'opposent à ce que MM. les curés et desservants aident de leurs conseils et de leurs secours les pauvres de leurs paroisses, pourvu qu'ils ne se permettent ni de signer des recettes, ni de rédiger des consultations, et que leurs visites soient absolument gratuites »; — Considérant que les termes de ce rapport où Portalis rappelle le désir souvent exprimé par plusieurs médecins que les curés fissent des études en médecine et dispensassent simultanément les remèdes du corps et ceux de l'âme, indiquent très nettement que, dans la pensée de son auteur, la tolérance qu'il proposait d'accorder aux curés et desservants dans les limites de leurs paroisses s'appliquait non seulement aux lois sur l'exercice de la médecine, mais encore et à plus forte raison à celle sur l'exercice de la pharmacie;

Confirme le jugement dont est appel; — Renvoie le prévenu des fins de la poursuite.

Du 12 juin 1882.-C. d'Angers.-MM. Bigot, prés.; Tardu, av. gén.; Perrin, av.

D. P. 62. 1. 493). Les syndicats de pharmaciens sont également recevables à agir en police correctionnelle, comme partie civile, contre des individus non pharmaciens prévenus de mise en vente de produits pharmaceutiques (Lyon, 8 et 15 mars 1888, aff. Deleuvre et Valonis, D. P. 89. 2. 257, et 3 juin 1890, aff. Pharmacie de la Loire, D. P. 91. 2. 29). En effet, le fait incriminé constitue, en pareil cas, une atteinte au privilège de préparer et de vendre les médicaments qui appartient aux pharmaciens, et par conséquent, un acte de concurrence illicite qui donne lieu nécessairement à un préjudice. Les pharmaciens ont donc un intérêt direct et un droit actuel à en poursuivre la réparation soit par eux-mêmes, soit par le syndicat qui les représente. — Mais le pharmacien qui exerce des poursuites pour un fait de concurrence déloyale de cette nature ne peut donner pour fondement à son action civile une vente consentie par le prévenu en vue d'un secours ou d'un service fictif, aucun préjudice ne pouvant résulter pour le plaignant de la délivrance irrégulière obtenue au moyen de cette supercherie (Crim. rej. 16 févr. 1878, aff. Sauvage, D. P. 78. 1. 282).

112. L'autorité judiciaire, comme on l'a vu, *Rép.* nos 150 et 165, peut ordonner la fermeture d'une pharmacie ouverte contrairement aux dispositions de la loi du 21 germ. an 11 (V. conf. Nancy, 5 mai 1868, aff. Deiss, D. P. 70. 2. 96; Crim. rej. 20 juill. 1872; aff. Gauthier, D. P. 72. 1. 280; 7 déc. 1883, aff. Duval, D. P. 84. 1. 479). Cette mesure peut être ordonnée sur les conclusions du pharmacien qui poursuit devant le tribunal correctionnel, comme partie civile, la réparation du préjudice qui lui est causé par le délit d'exercice illégal de la pharmacie (Arrêt précité du 5 mai 1868). Mais la fermeture peut être prononcée alors même qu'il n'y a pas de partie civile en cause. Elle est prononcée non à titre de peine, mais comme réparation du dommage causé à la salubrité et à la sécurité publique dont les intérêts ont, dans le ministère public, un représentant naturel et légal (Arrêt précité du 7 déc. 1883).

113. La citation en police correctionnelle pour exercice illégal de la pharmacie comprend tous les modes sous lesquels cette infraction peut se produire, notamment le fait d'ouverture illégale d'une officine, alors surtout que la citation vise l'art. 6 de la déclaration de 1777 et l'art. 25 de la loi du 21 germ. an 11 qui prévoient et punissent ce mode spécial d'infraction. En conséquence, c'est à tort qu'en présence d'une citation ainsi libellée le juge correctionnel décide que le fait d'ouverture illégale d'une pharmacie constitue une prévention nouvelle sur laquelle il ne peut légalement statuer, et ne prononce de condamnation que pour débit au poids médicinal, en refusant d'ordonner la fermeture de la pharmacie (Crim. cass. 9 nov. 1889, aff. Deleuvre, D. P. 90. 1. 333).

114. Un arrêt de la cour de Paris, du 22 juin 1833, rapporté au *Rép.* n° 166, décide que, lorsque les tribunaux appliquent la déclaration de 1777, ils peuvent modérer la peine, en usant de la latitude qui appartenait aux anciens tribunaux. La cour de Rennes s'est prononcée dans le même sens par un arrêt du 30 juill. 1873 (aff. Jacomètre, D. P. 74. 5. 30). Mais cet arrêt a été cassé et l'opinion contraire a prévalu dans la jurisprudence (Trib. corr. de la Seine, 16 févr. 1872, aff. Marcotte, D. P. 72. 3. 40; Crim. cass. 12 déc. 1873, aff. Jacomètre, D. P. 75. 1. 87; Chambéry, 30 oct. 1874, *suprà*, n° 98; Nîmes, 25 juill. 1887, aff. Giron, D. P. 88. 2. 279). En effet, depuis 1789, la loi ne permet aux tribunaux d'atténuer ou de modifier la peine que dans les cas qu'elle a spécialement prévus. Or, d'une part, la loi du 14 avr. 1791 en disposant que les lois et règlements anciens sur la pharmacie continueront d'être exécutés sous les peines portées par lesdites lois et lesdits règlements, leur refuse par cela même cette faculté, et aucune autre disposition législative ne la leur accorde pour les cas prévus par la déclaration de 1777; d'autre part, si le code pénal de 1810 permet au juge de modérer la peine quand il reconnaît l'existence de circonstances atténuantes, le législateur a limité cette faculté, en matière correctionnelle, aux peines prononcées par ce même code.

ART. 5. — *Des droguistes, épiciers, herboristes* (*Rép.* nos 167 à 177).

115. Ainsi qu'on l'a vu au *Rép.* n° 167, l'art. 33 de la loi de germ. an 11 règle le droit, pour les épiciers et droguistes, de débiter les drogues qui peuvent faire l'objet de leur commerce. Il vise deux ordres de délits bien distincts. La première partie de l'article prononce une peine de 500 fr. d'amende contre la vente par les épiciers et droguistes des compositions ou préparations pharmaceutiques; la seconde leur interdit de vendre aucune drogue simple au poids médicinal, c'est-à-dire en détail, mais sans ajouter à cette prohibition aucune peine. Dans ce dernier cas, la peine applicable est l'amende de 500 fr. édictée par l'art. 5 de la déclaration du 25 avr. 1777, que la jurisprudence considère comme étant toujours en vigueur dans les parties auxquelles la loi de germinal an 11 n'a pas dérogé (Crim. rej. 26 juill. 1873, aff. Brévart, D. P. 73. 1. 493; Crim. cass. 22 janv. 1876, aff. Latil, D. P. 77. 1. 91; Paris, 23 août 1883, aff. Mauguin, D. P. 85. 2. 16).

116. La jurisprudence a déterminé par de nombreux arrêts la portée de la disposition qui interdit aux épiciers et droguistes de vendre aucune composition ou préparation pharmaceutique. Il ne serait pas exact de poser en principe que l'on doit considérer comme une composition pharmaceutique tout produit dont la composition est donnée au *Codex*. Aucun texte de loi n'attribue cet effet aux indications du *Codex*, et la troisième partie de ce formulaire contient un très grand nombre de préparations qui ne sont pas des médicaments, telles que la poudre de riz, l'eau de Cologne, l'huile d'amandes douces, les sirops de groseille, de framboise, etc. On ne saurait, notamment, ranger parmi les compositions pharmaceutiques, ni la farine de graine de lin (Amiens, 21 nov. 1874, aff. Liné, D. P. 75. 5. 31),... ni la pâte de réglisse même additionnée de sucre, de gomme ou de fécule (Rouen, 27 avr. 1876) (1) quoiqu'elles soient mentionnées dans les formules du *Codex*. D'un autre côté, le caractère de composition pharmaceutique pourrait être reconnu à divers produits dont la composition ne figurerait pas au *Codex* ou qui auraient été composés sans égard aux indications du *Codex*. (Crim. cass. 22 janv. 1876, aff. Marcellin, D. P. 88. 2. 253, note *a*). — Le caractère de préparation pharmaceutique se reconnaît à la nature des substances qui composent le produit et à l'usage auquel on le destine. Le juge du fait ne motiverait pas suffisamment sa décision s'il se bornait à déclarer que la composition incriminée n'est pas une composition pharmaceutique, mais un simple produit inoffensif, sans s'expliquer sur le caractère des diverses substances entrant dans les compositions qui lui seraient signalées dans les conclusions comme ayant des effets thérapeutiques (Crim. cass. 11 févr. 1887, aff. Puisais, D. P. 88. 2. 253). Il ne suffirait même pas, pour justifier le renvoi de la prévention d'exercice illégal de la pharmacie, de déclarer

(1) (Rouillard.) — LA COUR; — Attendu que la déclaration du 25 avr. 1777 comme la loi du 21 germ. an 11, ont eu pour objet moins d'établir un privilège au profit des pharmaciens, que de protéger la santé publique; — Attendu que le seul point à examiner est de savoir si les deux pâtes de réglisse saisies dans les magasins de Rouillard rentrent dans les prévisions de l'art. 33 de la loi du 21 germ. an 11, c'est-à-dire si elles peuvent constituer une préparation pharmaceutique; — Qu'elles ne sauraient évidemment avoir ce caractère qu'autant que la science médicale pourrait leur attribuer une propriété curative, une vertu médicale; — Qu'il importe peu que, pour vulgariser l'emploi de ces produits et en faciliter la vente, des annonces ou prospectus leur aient faussement attribué des propriétés curatives, ou qu'ils soient mentionnés dans les formules du *Codex*; — Qu'en effet, le *Codex* énumère un grand nombre de substances qui, comme la graine de lin, la poudre de riz, l'huile d'amandes douces, sont étrangères à l'art de guérir, et dont la vente, dès lors, ne peut être exclusivement réservée aux pharmaciens; — Attendu que les deux pâtes de réglisse incriminées sont une substance inerte, émolliente, qui, même additionnée de sucre, gomme ou fécule, ne constitue évidemment pas une composition ou préparation pharmaceutique; — Par ces motifs, corrigeant et réformant le jugement dont est appel; dit que la contravention relevée à la charge de Rouillard n'est pas établie, le décharge des condamnations prononcées contre lui; prononce la mainlevée de la saisie des pâtes trouvées dans son magasin, etc.

Du 27 avr. 1876.-C. de Rouen, ch. corr.-MM. Censier, pr.-Buchère, av. gén.-Frère, av.

que les substances retrouvées par l'analyse dans un liniment considéré par la prévention comme constituant une substance pharmaceutique, sont employées dans le commerce aux usages les plus divers et ne sont pas par elles-mêmes des drogues ou des médicaments, alors surtout qu'il est constaté que la préparation du liniment vendu se rapproche d'un médicament inscrit au *Codex* (Crim. cass. 12 nov. 1887, aff. Casagrande, D. P. 88. 1. 331). — Décidé aussi que la défense faite à tous autres qu'aux pharmaciens de débiter des drogues simples au poids médicinal n'est pas restreinte aux seules drogues qui figurent dans le tableau annexé à l'ordonnance du 20 sept. 1820 (Crim. cass. 26 juill. 1873, aff. Drévart, D. P. 73. 1. 494).

117. L'application de ces principes a été faite à un grand nombre de préparations. Les droguistes avaient prétendu qu'ayant le droit de vendre en gros les drogues médicinales simples, ils avaient aussi le droit de fabriquer en gros les pastilles obtenues par la combinaison d'une drogue simple avec des substances d'un usage général. Cette prétention a été repoussée : la vente en gros des substances médicinales simples n'a été maintenue aux droguistes que parce que ce mode de vente ne se prête pas aux achats pour un usage médical; mais le droguiste ne peut être autorisé à transformer ces substances en un produit propre à un usage médical. Ainsi les pastilles ou tablettes obtenues par la combinaison d'une drogue médicinale préalablement purifiée ou pulvérisée avec un mucilage de gomme et sucre, sont de véritables médicaments dont, par suite, la préparation et la vente appartiennent aux pharmaciens à l'exclusion de tous autres, et notamment des droguistes (Crim. cass. 3 avr. 1862, aff. Blondeau, D. P. 62. 1. 249). Il en est ainsi spécialement des pastilles de bismuth, des tablettes de calomel ou protochlorure de mercure, des tablettes de soufre et des tablettes d'ipécacuanha (Même arrêt). Il a été également décidé que les pastilles de Vichy sont une préparation pharmaceutique et non une préparation alimentaire ou d'agrément, et que, dès lors, le fait par un épicier d'avoir vendu ces pastilles, même en gros, constitue une infraction à la prohibition de l'art. 33 de la loi du 21 germ. an 11 (Metz, 22 nov. 1866, aff. Barré, D. P. 66. 2. 216; Orléans, 10 mai 1887, aff. Puisais, D. P. 88. 2. 253; Poitiers, 29 mai 1886, aff. Forest, D. P. 88. 2. 253. *Contrà:* Paris, 25 mai 1886, aff. Puisais, D. P. 88. 2. 253).

118. La question de savoir si le vin de quinquina doit être considéré comme une préparation pharmaceutique ou comme un simple produit hygiénique a été diversement résolue. Suivant un arrêt (Crim. cass. 22 janv. 1876, aff. Marcellin, D. P. 88. 2. 253, note *a*), le quinquina, drogue simple, à propriétés essentiellement et même exclusivement médicamenteuses, donne à toute préparation dans laquelle il entre le caractère de composition pharmaceutique (V. conf.; Trib. civ. de Niort, 28 nov. 1887, aff. Casdian, D. P. 89. 2. 257, note 2). Mais un système qui semble plus rationnel et plus juridique a été consacré par un arrêt plus récent (Crim. rej. 14 juin 1888, aff. Perrier, D. P. 89. 1. 434). D'après ce dernier arrêt, si l'écorce de quinquina est une drogue simple dont les propriétés sont médicamenteuses, il appartient cependant aux juges du fait d'apprécier souverainement, à raison des circonstances, si son mélange à des boissons mises en vente constitue une préparation pharmaceutique ou un simple produit hygiénique (V. conf. Crim. rej. 26 févr. 1891, aff. Malloire, D. P. 91. 1. 448). Les tribunaux auraient, en pareil cas, à prendre comme éléments de décision : la dose de la substance médicamenteuse, la valeur de cette substance, les indications mises sur les étiquettes des flacons, sur les proportions, les prix et les conditions de la vente. C'est ainsi qu'il a été décidé qu'on devait considérer comme un simple produit hygiénique, et non comme une préparation pharmaceutique : 1° une boisson à base de quina, alors que la dose de quina était minime, que, par sa composition, la boisson vendue ne rentrait pas nécessairement dans les produits du domaine exclusif de la pharmacie, et que les étiquettes des flacons ou les prospectus ne lui attribuaient pas un effet curatif (Lyon, 8 mars 1888, aff. Deleuve, D. P. 89. 2. 257; Montpellier, 26 avr. 1888, aff. Tarascon, D. P. 89. 2. 257); — 2° ... Une boisson même dénommée vin de quinquina qui ne renferme pas de principe actif de quinine et n'est préparée qu'avec une faible quantité de quinquina de qualité inférieure ne communiquant au vin qu'une certaine amertume (Orléans, 29 oct. 1889. aff. Girault, D. P. 90. 2. 242); — 3° ... Le vin de quinquina lorsque, comme dans le Midi, il est employé, en dehors des prescriptions du *Codex*, à titre de boisson purement hygiénique, et sans qu'on recherche ses propriétés médicamenteuses (Aix, 5 août 1875) (1). D'autres arrêts ont, au contraire, reconnu au vin de quinquina le caractère de préparation pharmaceutique : 1° alors que le liquide mis en vente contenait « le principe actif du quinquina dans des proportions analogues à celles qui se rencontrent dans les vins du même genre préparés selon les prescriptions du *Codex* (Nîmes, 26 mai 1876, aff. Marcellin, D. P. 89. 2. 257, note 2); — 2° ... Dans une espèce où la préparation, vendue sous le nom de *muskakina*, était annoncée comme vin de quinquina au muscat, contenant en dissolution tous les principes solubles du quinquina et comme étant « le fébrifuge, l'antipériodique par excellence » (Paris, 28 nov. 1882, aff. Klinger, *ibid.*).

119. Conformément à un arrêt rapporté au *Rép.* n° 169, la cour de cassation a décidé, par application des principes qui viennent d'être rappelés, que les juges du fond avaient pu, sans violer aucune loi, déclarer que l'eau de mélisse des Carmes de Boyer était principalement une liqueur hygiénique, et que si, dans certaines circonstances, elle était administrée comme un médicament, cet emploi, purement accidentel, ne saurait avoir pour résultat d'en changer le caractère (Crim. rej. 8 mai 1868, aff. Boyer, D. P. 68. 1. 507).

120. Il y a lieu, au contraire, de ranger dans la catégorie des produits pharmaceutiques dont la vente est interdite aux épiciers et droguistes, la *poudre de scille :* en effet, d'une part, l'ordonnance du 20 sept. 1820 ne les autorise à vendre comme drogue simple que la *scille verte*, sans parler de scilles pulvérisées ou de poudres de scille, et, d'autre part, le choix des squames et leur pulvérisation ne sont pas seulement des opérations mécaniques, mais exigent la connaissance de la bonne ou mauvaise qualité, le choix de la matière à pulvériser précédant nécessairement l'opération manuelle dont la pulvérisation est le résultat (Poitiers, 11 mars 1869, aff. Orillard, D. P. 69. 2. 114). — On ne saurait davantage contester le caractère de produit pharmaceutique aux *mouches de Milan*, qui contiennent de la poudre de cantharides et de la térébenthine, substances d'un effet thérapeutique puissant et qui appartiennent à la médication révulsive (Lyon, 15 mars 1888, aff. Valonis, D. P. 89. 2. 257). — Mais on ne doit pas considérer comme préparations pharmaceutiques les substances qui sont obtenues par des procédés purement mécaniques n'exigeant aucune connaissance spéciale. Ainsi l'huile de ricin n'a pas le caractère d'une préparation pharmaceutique, mais d'une drogue simple (Douai, 21 avr. 1874, aff. Ridoux, D. P. 77. 2. 167).

121. Comme on l'a vu au *Rép.* n° 170, la destination à la vente de produits pharmaceutiques équivaut à la vente elle-même. La simple détention de ces produits dans la boutique ou l'arrière-boutique d'un épicier ou d'un droguiste constitue donc l'infraction prévue et punie par l'art. 33 de la loi du 21 germ. an 11 (Crim. cass. 7 déc. 1861, aff. Raspail, D. P. 63. 5. 31; Poitiers, 11 mars 1869, aff. Orillard, D. P. 69. 2. 114; Orléans, 10 mai 1887, aff. Puisais, D. P. 88. 2. 253; Lyon, 8 mars 1888, aff. Deleuvre, D. P. 89. 2. 257. V. conf. Dubrac, *op. cit.*, p. 449). L'opinion contraire est enseignée par MM. Briand et Chaudé, *op. cit.*, t. 2, n° 759.

122. La défense faite aux épiciers et aux droguistes de vendre des préparations pharmaceutiques s'applique aussi bien aux préparations faites par des tiers qu'à celles qui seraient le produit de leur propre industrie (Poitiers, 11 mars 1869, cité *suprà*, n° 121).

123. On a dit *suprà* n° 115, que l'art. 33 de la loi de germ. an 11 interdit aux épiciers et aux droguistes la vente

(1) (Joly.) — LA COUR; — Attendu que le vin au quinquina est d'un usage fréquent comme boisson purement hygiénique dans le midi de la France et particulièrement dans les départements qui composent le ressort de la cour; qu'en l'employant ainsi, en dehors des prescriptions du *Codex*, on ne recherche en rien ses propriétés médicamenteuses;

Par ces motifs, etc.

Du 5 août 1875.-C. d'Aix, ch. corr.-M. Lescouvé, pr.

des drogues simples *au poids médicinal*. Cette expression, qui n'a été insérée dans la loi que par opposition à la vente en gros, s'applique à la vente *au détail* et spécifie la vente des drogues en détail et dans les proportions prescrites par les médecins, chirurgiens et officiers de santé (Poitiers, 11 mars 1869, cité *suprà*, n° 121). Toutefois, cette définition a besoin d'être complétée, et ainsi que l'a décidé un arrêt de la chambre criminelle de la cour de cassation du 26 juill. 1873, cité *suprà*, n° 104), le débit au poids médicinal prohibé par l'art. 33 doit s'entendre de tout débit fait en vue d'un emploi curatif nettement caractérisé et démontré par les circonstances. Ainsi la constatation de l'infraction prévue par l'article précité résulte suffisamment des déclarations des juges du fond portant qu'il est établi par les documents de la cause que le prévenu a vendu au détail de l'huile de foie de morue, drogue simple, et cela en vue d'un emploi médicinal (Crim. rej. 27 nov. 1874, aff. Popelin, D. P. 77. 1. 332. V. conf. Douai, 21 avr. 1874, aff. Ridoux, D. P. 77. 2. 167).

124. On doit reconnaître le caractère des drogues simples aux substances qui sont communément employées comme médicaments, bien qu'elles aient certaines propriétés étrangères à l'action curative (Crim. cass. 26 juill. 1873 et Douai, 21 avr. 1874, cités *suprà*, n° 123). Telles sont l'huile de ricin, l'ammoniaque, le camphre et l'aloès (Même arrêt), l'écorce de quinquina, la racine de gentiane (Aix, 5 août 1875) (1), le séné (Aix, 5 août 1875) (2). Il en est de même de l'iodure de potassium, lorsque la faible quantité qui en est demandée au droguiste par une personne qui achète en même temps du séné, est de nature à lui faire présumer que cette substance est destinée à un but curatif (Même arrêt).

125. L'huile de foie de morue, bien que susceptible d'être employée à des usages industriels, doit être qualifiée drogue simple lorsqu'elle est débitée en détail, au poids médicinal et comme moyen curatif, et ne peut, en conséquence, être vendue dans ces conditions que par les pharmaciens (Crim. rej. 26 juill. 1873, aff. Dieudonné, D. P. 73. 1. 493; 27 nov. 1874, aff. Popelin, D. P. 77. 1. 332). Il en est autrement, lorsqu'il ne résulte pas des circonstances du débit que c'est à titre de drogue médicinale et pour un emploi curatif que cette substance a été livrée (Crim. rej. 22 janv. 1876, aff. Latil, D. P. 77. 1. 91), et spécialement lorsque l'huile de foie de morue, vendue sans être épurée, ni avoir subi de préparation, ne paraît pas destinée à servir de remède (Aix, 5 août 1875) (3). Si le débit par petites quantités peut être, à lui seul, démonstratif du but curatif, pour les drogues simples purement médicamenteuses, il n'en est

---

(1) (Jacquemet.) — La cour; — Attendu que Jacquemet, droguiste, a été cité par le ministère public devant le tribunal correctionnel de Marseille pour avoir vendu 30 grammes de quinquina, une plus faible quantité de gentiane, et avoir ainsi contrevenu aux dispositions de l'art. 33, paragraphe final de la loi du 21 germ. an 11, qui défend aux droguistes de débiter des drogues simples au poids médicinal;... ainsi qu'il est reconnu sans contestation aucune que la déclaration de 1777 est encore en vigueur dans plusieurs de ses dispositions essentielles; — Mais attendu que la seule obligation, pour le juge de répression, de recourir à l'art. 5 quant à la pénalité, ne saurait impliquer le maintien de l'exception portée audit article; que les lois anciennes sont abrogées par les lois nouvelles dans celles de leurs dispositions qui sont en contradiction avec celles-ci; que si le législateur de l'an 11 a gardé le silence quant à la pénalité encourue, il a, au contraire, statué à nouveau quant à la prohibition; que le texte de la loi est précis à ce sujet; qu'en effet, l'art. 33 dispose, dans son paragraphe final, que « les épiciers et droguistes pourront continuer de faire le commerce en gros des drogues simples, sans pouvoir, néanmoins, en débiter aucune au poids médicinal »; qu'il résulte de ce texte, non seulement que la loi de l'an 11 n'a pas renouvelé l'exception qui faisait, dans la déclaration de 1777, l'objet d'une disposition particulière, mais encore qu'elle l'a abrogée...; — Attendu que l'écorce de quinquina et la racine de gentiane sont certainement des drogues simples d'un usage fréquent dans l'art de guérir; — Attendu, d'autre part, qu'on doit entendre par débit au poids médicinal celui qui est fait dans un but de médication; — Attendu que Jacquemet a vendu à Marseille le 17 février dernier, 30 grammes d'écorce de quinquina et quelques grammes de racine de gentiane; que la faible quantité livrée est déjà une circonstance de nature à établir que ces substances devaient être employées comme médicaments et que cette destination n'est plus douteuse si l'on considère, quant au quinquina, que la dose demandée est précisément celle qui est prescrite par le *Codex* pour un litre de vin au quinquina, et, quant à la racine de gentiane, que le sieur Jaquemet a répondu à l'acheteur qui lui en demandait 30 grammes, qu'une quantité moindre lui suffirait pour préparer un litre, ce qui prouve bien qu'il livrait cette substance dans un but curatif; — Attendu qu'il est ainsi démontré que le sieur Jaquemet a contrevenu aux dispositions de l'art. 33, paragraphe final, de la loi du 21 germ. an 11, et encouru la peine portée en l'art. 5 de la déclaration du 25 avr. 1777; — Par ces motifs, etc.

Du 5 août 1875.-C. d'Aix, ch. corr.-M. Lescouvé, pr.

(2) (Monges.) — La cour; — Attendu que Monges, droguiste, a été cité par le ministère public devant le tribunal correctionnel de Marseille, pour avoir, le 17 février dernier, vendu 30 grammes de séné, 3 grammes d'iodure de potassium, et avoir ainsi contrevenu aux dispositions de l'art. 33 de la loi du 21 germ. an 11, qui défend aux droguistes de débiter des drogues au poids médicinal; — Attendu que le séné est incontestablement une drogue simple, d'un usage fréquent dans l'art de guérir; — Attendu, d'autre part, qu'on doit entendre par débit au poids médicinal celui qui est fait dans le but de médication; — Attendu que Monges a vendu à Marseille, le 17 février dernier, 30 grammes de séné, et que, s'agissant d'une substance dont les propriétés sont exclusivement médicamenteuses, la faible quantité livrée établit d'une manière indiscutable, qu'elle était achetée dans un but curatif et non dans un but de commerce; — En ce qui concerne l'iodure de potassium: — Attendu qu'il est constant aussi que Monges a vendu à la même personne 3 grammes d'iodure de potassium; que s'il est vrai que cette substance soit employée quelquefois dans l'industrie, on doit reconnaître aussi qu'il en est plus généralement fait usage dans l'art de guérir, et que la faible quantité livrée fait présumer qu'elle devait avoir cette destination; qu'aucun doute n'est même possible à ce sujet, si l'on considère que les 3 grammes d'iodure de potassium ont été vendus par Monges à une personne qui, dans un but curatif incontestable, lui demandait en même temps 30 grammes de séné; — Attendu qu'il est ainsi prouvé que Monges a contrevenu aux dispositions de l'art. 33, paragraphe final, de la loi du 21 germ. an 11, et encouru la peine portée en l'art. 5 de la déclaration du 25 avr. 1777; que c'est donc à tort que les premiers juges ont prononcé son acquittement; — Par ces motifs, etc.

Du 5 août 1875.-C. d'Aix, ch.-corr.-M. Lescouvé, pr.

(3) (Revest.) — La cour; — Attendu que, si l'huile de foie de morue est d'un usage fréquent dans l'art de guérir, il est certain aussi qu'elle est employée dans l'industrie, et que l'on ne saurait, dès lors, poser en principe que cette substance constitue nécessairement une drogue simple; — Attendu toutefois que l'art. 33 de la loi du 21 germ. an 11, en défendant aux droguistes de débiter des drogues simples au poids médicinal n'a pas en vue seulement les substances qui ont des propriétés exclusivement médicamenteuses, mais encore toutes celles qui, utiles dans l'industrie, peuvent être employées aussi dans l'art de guérir, qu'il y aura donc infraction à la loi lorsqu'il sera démontré qu'une de ces substances a été délivrée au poids médicinal, ce qui implique d'ailleurs, d'après les motifs qui vont suivre, qu'elle a été vendue comme médicament; — Attendu, dès lors, que l'unique question du procès est de savoir si Revest, droguiste à Marseille, a débité de l'huile de foie de morue au poids médicinal; — Attendu qu'il serait contraire à l'esprit de la loi d'entendre par débit au poids médicinal la vente au détail; que, si telle avait été la pensée du législateur, il l'eût exprimée en termes formels; que le but qu'il s'est proposé est nettement révélé par les expressions dont il s'est servi; qu'il s'est préoccupé exclusivement des inconvénients qu'il pouvait y avoir à laisser vendre aux épiciers et aux droguistes des substances qui ne leur seraient demandées que dans un but de *médication;* que ces termes « débit *au poids médicinal* », ne peuvent être autrement expliqués en l'état surtout d'une législation qui, depuis plusieurs années, avait inauguré l'unité de poids et abolissait toute distinction entre ce qu'on appelait autrefois le poids du commerce et le poids médicinal; qu'il y aura donc débit au poids médicinal et contravention toutes les fois, mais alors seulement, qu'une drogue simple aura été livrée dans un but curatif; que cette destination devra, d'ailleurs, être nettement accusée par les faits de la cause; — Attendu que, si la simple circonstance, du débit par petite quantité peut être démonstrative du but curatif pour des drogues simples proprement dites dont les propriétés sont exclusivement médicamenteuses, il ne saurait en être de même, lorsqu'il s'agit de substances qui sont indifféremment employées dans l'industrie et dans l'art de guérir, qu'il est nécessaire, dans ces cas, que d'autres circonstances viennent établir d'une manière précise que ces substances sont achetées pour servir de médicaments; — Attendu que le procès-verbal constate que Revest, droguiste à Marseille a livré un hectogramme d'huile de foie de morue, que cette huile non épurée, n'avait subi aucune préparations, et que la procédure et les débats n'ont relevé à l'encontre de l'inculpé aucun fait de nature à prouver qu'elle était destinée

pas de même pour les substances qui, comme l'huile de foie de morue, sont indifféremment employées dans l'industrie et dans l'art de guérir; il est nécessaire, dans ces cas, que d'autres circonstances viennent établir d'une manière précise que ces substances sont achetées pour servir de médicament (Même arrêt). Il appartient, d'ailleurs, au juge du fait de décider souverainement si l'huile de foie de morue a été vendue comme drogue simple et au poids médicinal (Arrêt précité du 27 nov. 1874).

126. L'art. 5 de la déclaration du 25 avr. 1777 permettait exceptionnellement aux épiciers et droguistes de vendre des bois et racines au poids médicinal; mais cette disposition a été abrogée par la loi du 21 germ. an 11, qui défend à ces commerçants de débiter au poids médicinal aucune drogue simple (Aix, 5 août 1875, aff. Jacquemet, *suprà*, n° 124, et Paris, 23 avr. 1883, aff. Mauguin, D. P. 85. 2. 16). En conséquence, l'épicier qui vend du quinquina par fractions de 30 ou 60 grammes, pour faire du vin de quinquina, commet l'infraction prévue par l'art. 33 de la loi de l'an 11; et cette infraction doit être punie des peines édictées par l'art. 5 de la déclaration de 1777 (Arrêt précité du 23 août 1883).

127. L'exposition, par un épicier ou droguiste, dans son magasin, de paquets d'une substance simple préparée pour la vente de cette substance au poids médicinal, est punie comme la vente elle-même (Poitiers, 11 mars 1869, aff. Orillard, D. P. 69. 2. 114) (V. *suprà*, n° 121).

128. On a dit au *Rép.* n° 176 que l'art. 37 de la loi du 21 germ. an 11 soumettait les herboristes à un examen et à l'obtention d'un certificat d'aptitude. Le décret du 22 août 1854 les a divisés en deux classes. Aux termes de l'art. 14 de ce décret, les herboristes de première classe sont reçus après examen par les écoles supérieures de pharmacie et peuvent exercer dans toute l'étendue du territoire. Les herboristes de seconde classe, d'après les art. 17 et 19, reçoivent leur certificat d'aptitude, soit des écoles supérieures de pharmacie, soit des écoles préparatoires de médecine et pharmacie sous la présidence d'un professeur d'une des écoles supérieures de pharmacie, et ne peuvent exercer leur profession que dans le département pour lequel ils ont été reçus; s'ils veulent exercer dans un autre département, ils doivent subir de nouveaux examens et obtenir un nouveau certificat d'aptitude. Les seules plantes médicinales fraîches ou sèches que puissent vendre les herboristes sont les plantes indigènes (Crim. rej. 26 févr. 1891, aff. Malloire, D. P. 91. 1. 448).

129. Un épicier qui n'a pas obtenu le certificat d'herboriste ne peut vendre, même en gros, aucune plante médicinale (Douai, 21 avr. 1874, aff. Ridoux, D. P. 77. 2. 167). Toutefois M. Dubrac (*op. cit.*, p. 453) fait observer qu'il convient de faire, à cet égard, une distinction. Dans le tableau annexé à l'ordonnance du 20 sept. 1820, on trouve, parmi les substances qui doivent être considérées comme drogues médicinales, un assez grand nombre de plantes indigènes : il ne semble pas douteux que, ces plantes étant rangées parmi les drogues simples que peuvent détenir les épiciers et droguistes, ceux-ci ont le droit de les vendre en gros: quant aux autres plantes, le commerce doit en être réservé aux herboristes.

La disposition de l'art. 37 de la loi de germ. an 11, d'après laquelle nul ne peut vendre des plantes ou des parties de plantes médicinales indigènes, fraîches ou sèches, sans avoir préalablement obtenu d'un jury spécial un certificat constatant qu'il connaît exactement les plantes médicinales, ne trouve sa sanction pénale dans aucun texte de loi. En conséquence, l'épicier convaincu d'avoir vendu, contrairement à cette prohibition, une plante indigène (la bourrache par exemple), n'est passible d'aucune peine (Arrêt précité du 21 avr. 1874). Mais les pharmaciens et les herboristes auraient certainement qualité pour intenter contre lui une action civile en dommages-intérêts, car, en se livrant à un commerce qui lui est interdit et leur est réservé, il est évident qu'il leur causerait un préjudice pouvant donner lieu à réparation (Dubrac, *op. cit.*, p. 454).

Art. 6. — *Des devoirs des pharmaciens dans l'exercice de leurs fonctions* (*Rép.* n°s 178 à 197).

130. Nous avons indiqué au *Rép.* n° 178 les quatre obligations ou prohibitions que l'art. 32 de la loi du 21 germ. an 11 impose aux pharmaciens. Les deux premières consistent : 1° dans l'obligation de ne livrer et débiter des médicaments ou des drogues composées que d'après la prescription des docteurs ou des officiers de santé et sur leur signature; 2° dans l'obligation de se conformer aux formules des dispensaires ou des formulaires des écoles de médecine (V. *infrà*, n° 147). On a vu que, d'après la jurisprudence, ces dispositions ont leur sanction dans l'arrêt du parlement de Paris du 23 juill. 1748, qui édicte contre les contrevenants une amende de 500 livres. Ces pénalités ont été maintenues par la loi de germinal an 11, pour celles des obligations des pharmaciens qu'elle a reproduites en les étendant à tout le territoire français, et dont elle n'a pas déterminé la sanction (Paris, 23 août 1851, aff. Combestique de Varennes, D. P. 54. 2. 191; Crim. cass. 24 mars 1859, aff. Conté, D. P. 59. 1. 192; 8 févr. 1867, aff. Mulot, D. P. 67. 1. 141, et sur renvoi, Paris, 2 mai 1867, D. P. 67. 5. 26; Crim. rej. 4 déc. 1886, aff. Martineau, D. P. 87. 1. 287. V. conf. Dubrac, *op. cit.*, p. 380; Pellault *Code des pharmaciens*, n° 221).

131. Les peines que prononce l'arrêt de 1748 sont applicables à la contravention à la défense de délivrer des remèdes sans ordonnance de médecin, aussi bien qu'à celle résultant d'une préparation de médicaments non conforme au *Codex* (Arrêts précités des 8 févr. et 2 mai 1867 et du 4 déc. 1886, cités *suprà*, n° 130). Il a été décidé en ce sens qu'un pharmacien ne peut vendre, sans ordonnance du médecin, des préparations médicinales et des remèdes composés, tels que la pommade de belladone et le calomel, et que l'infraction à cette prohibition tombe sous l'application de la pénalité édictée par l'arrêt de 1748 (Crim. cass. 25 mars 1876, *suprà*, n° 29).

132. Le pharmacien qui, sans être pourvu du diplôme de médecin, modifie l'ordonnance qu'il est chargé d'exécuter, et, par exemple, substitue dans le médicament prescrit un élément à un autre, commet le délit d'exercice illégal de la médecine (Paris, 26 mars 1870, aff. Roeske, D. P. 70. 2. 134. V. conf. Dubrac, *op. cit.*, p. 381). « Il est absolument inadmissible, écrivait M. le docteur Tardieu, qu'un pharmacien modifie, de quelque façon que ce soit, la teneur d'une ordonnance formulée par un médecin. Dans le cas d'erreur manifeste pouvant entraîner un danger dans l'administration d'un médicament, le pharmacien devrait en référer au médecin ».

133. On a dit, *Rép.* n° 182, que la question de savoir si un pharmacien peut posséder plus d'une officine a été diversement résolue. Suivant MM. Briand et Chaudé (p. 682), rien ne s'oppose à ce qu'un pharmacien ait deux pharmacies, et ces auteurs admettent que, dans ce cas, il peut en faire administrer une, sous sa surveillance, par un élève non encore diplômé. M. Dubrac n'admet au contraire la possibilité pour un pharmacien d'avoir deux pharmacies, qu'à la condition que l'une sera gérée par lui-même et l'autre par un pharmacien diplômé, son associé (*op. cit.*, p. 375). Il a été décidé, conformément à l'opinion adoptée au *Rép.* n°s 182 et suiv., que le pharmacien muni d'un diplôme ne peut ouvrir qu'une seule pharmacie ; que, spécialement, il ne saurait, alors d'ailleurs que sa surveillance est insuffisante et en partie illusoire, établir dans une commune autre que celle où il réside une officine sous la direction de son fils, étudiant en pharmacie (Chambéry, 3 mars 1882) (1). En pareil cas le père et le fils doivent être déclarés coupables d'ouverture illégale d'une pharmacie, et

---

à servir de médicament; que c'est donc à tort que les juges ont condamné Revest pour avoir contrevenu aux dispositions de l'art. 33 de la loi du 21 germ. an 11; — Par ces motifs, etc.

Du 5 août 1875.-C. d'Aix, ch. corr.-M. Lescouvé, pr.

(1) (Luppoz). — La cour; — Au fond : — Attendu qu'il résulte de l'art. 25 de la loi du 21 germ. an 11 que le pharmacien muni d'un diplôme a le droit d'ouvrir une seule pharmacie; que cette restriction est conforme à l'ensemble des lois sur la matière qui astreignent les pharmaciens à des obligations qui ne peuvent être remplies que par eux personnellement; — Attendu que, dans le courant de 1881, Luppoz père, pharmacien à Moutiers où il réside, a ouvert à Brides-les-Bains, commune distante de cinq kilomètres, une officine sous la direction de son fils César,

les juges peuvent ordonner la fermeture de l'officine illégalement ouverte (Même arrêt).

134. On a vu, *Rép.* n° 185, que, dans le cas même où le pharmacien n'a qu'une seule officine, mais où il est hors d'état d'y exercer sa surveillance, l'élève non diplômé qui remplit l'office de gérant peut être poursuivi pour vente de médicaments sans titre légal. Il a été décidé, en ce sens, que le fait, par un individu non diplômé, de gérer une pharmacie et de débiter des préparations médicamenteuses au poids médicinal, en dehors de la surveillance et de la direction du pharmacien momentanément absent, constitue l'infraction prévue et punie par les art. 25 et 36 de la loi du 21 germ. an 11 et la loi du 29 pluv. an 13 et non par la déclaration du 25 avr. 1777 (Angers, 27 oct. 1877) (1). Ce fait, quoique puni d'une peine correctionnelle, constituant une contravention à une loi spéciale qui ne comporte pas la complicité, le pharmacien ne peut être poursuivi comme complice (Même arrêt) (V. conf. Dubrac, *op. cit.*, p. 375).

135. Dans le premier état de la jurisprudence rappelé au *Rép.* n°s 186 et suiv., il paraissait admis que la réunion sur la même tête de la qualité de propriétaire de l'officine et de celle de pharmacien diplômé, n'était pas indispensable, alors que le pharmacien diplômé exerçait d'une manière sérieuse la gérance de l'officine. La cour de cassation a consacré une interprétation plus rigoureuse : elle exige que la personne qui veut ouvrir une officine de pharmacie soit à la fois propriétaire du fonds et munie d'un diplôme régulier, et elle décide qu'un particulier qui n'a pas de diplôme de pharmacien ne peut être régulièrement propriétaire d'une pharmacie, alors même qu'il la ferait gérer par un individu remplissant les conditions légales (Crim. cass. 23 juin 1859, aff. Ratel, D. P. 59. 1. 288, et sur renvoi, Orléans, 8 août 1859, D. P. 61. 2. 91 ; Crim. rej. 23 août 1860, aff. Raspail, D. P. 60. 1. 419,; 31 mai 1862, aff. Pharmaciens du Puy, D. P. 62. 1. 493; Paris, 19 févr. 1869, aff. Agar, D. P. 71. 2. 81 ; 25 mars 1876, aff. Juramy, *Bull. crim.* n° 93 ; Crim. rej. 22 avr. 1880, aff. Allemand, D. P. 80. 1. 354; Trib. de la Seine, 3 févr. 1882, aff. Thibaut, D. P. 83. 3. 88; Pau, 8 mars 1884, aff. Latapie, D. P. 86. 2. 221; Civ. cass. 13 août 1888, aff. Jarron, D. P. 89. 1. 279; Paris, 17 févr. 1891, aff. Brunaud, D. P. 92. 2. 15). Il en serait de même dans le cas où l'individu non diplômé en partagerait la propriété et la gérance avec un pharmacien diplômé (Crim. rej. 8 avr. 1864, aff. Poisson, D. P. 64. 1. 395. V. conf. Denis Weil, *De l'exercice illégal de la médecine et de la pharmacie*, n°s 80 et suiv. Dubrac, *op. cit.*, p. 365 et suiv. *Contrà* : Lyon, 22 mai 1861 (2); Briand et Chaudé *op. cit.*, t. 2, p. 675). Cette jurisprudence se justifie par les plus sérieuses considérations. En effet, ainsi que le fait observer l'arrêt précité du 23 août 1860, un gérant pourrait manquer de la liberté nécessaire pour prévenir les abus et les dangers que peut comporter l'exercice de cette profession, tandis que les véri-

---

étudiant en pharmacie; qu'il ressort de l'information et des débats que sa surveillance était insuffisante et en partie illusoire; que l'officine dont il s'agit était tenue ostensiblement par Luppoz fils, lequel gérait seul, vendait les médicaments et délivrait aux clients la plupart du temps en l'absence de son père, des substances vénéneuses pour l'usage de la médecine; qu'il est également constant qu'une partie de ces livraisons n'ont pas été portées sur le registre spécial de Luppoz père; que les deux prévenus ont ainsi contrevenu personnellement aux dispositions de la loi de germinal précitée, et encouru la peine portée par l'art. 6 de la déclaration du roi du 25 avr. 1777; qu'à tort, en conséquence, les premiers juges les ont relaxés de la plainte dirigée contre eux par le motif, que la contravention n'était pas établie, et qu'en tous cas, elle ne serait réprimée par aucune loi; — Attendu toutefois que le ministère public n'ayant pas interjeté appel, l'action publique est éteinte et qu'il n'y a pas lieu de faire aux deux prévenus l'application des peines prononcées par la loi; — Par ces motifs; — Faisant droit à l'appel interjeté par Blanc contre le jugement rendu le 25 nov. 1881, par le tribunal correctionnel de Moutiers, et réformant quant aux intérêts civils seulement; — Déclare Luppoz père et fils coupables d'avoir, en 1881, à Brides-les-Bains, ensemble et de concert, ouvert illégalement une officine de pharmacie, fait précis et prévu par les art. 25 de la loi du 21 germ. an 11, et 6 de la déclaration du roi, du 25 avr. 1777; — Et, attendu que ce fait a occasionné au plaignant, pharmacien à Moutiers, un préjudice dont il est dû réparation; — Ordonne la fermeture de l'officine indûment ouverte, etc.

Du 3 mars 1882.-C. de Chambéry.-M. Gimelle, pr.

(1) (Sœure.) — La cour; — Considérant que, du 29 juin au 3 juillet, à Beaumont, Sœure, sans avoir aucun titre pour exercer la profession de pharmacien, a débité au poids médicinal des préparations médicamenteuses au lieu et place du pharmacien Mauté ; — Considérant que, dans la gestion de la pharmacie de ce dernier, si courte qu'elle ait été, il a fait preuve de négligence ou d'incapacité, tantôt en mélangeant ensemble des médicaments qui, d'après l'ordonnance du médecin, devaient être préparés séparément, tantôt en délivrant en deux flacons des médicaments qui devaient former une seule potion, tantôt en augmentant notablement la dose des substances toxiques prescrites par le médecin; — Considérant que la circonstance que Sœure n'a pas débité ces médicaments pour son propre compte, mais bien pour le compte du pharmacien Mauté qui l'en avait chargé, ne saurait modifier le fait d'exercice illégal de la pharmacie; — Que Sœure ne peut, en effet, être considéré comme ayant agi sous la direction, la surveillance et la responsabilité du pharmacien Mauté, puisqu'il est resté pendant plus de quatre jours seul gérant d'une pharmacie dont le propriétaire était absent et fort éloigné; — Considérant que les médicaments livrés par Sœure ayant été débités au poids médicinal, l'infraction par lui commise est prévue et punie, non par la déclaration du 25 avr. 1777, comme l'ont dit les premiers juges, mais par les art. 25 et 36 de la loi du 21 germ. an 11, et par la loi du 29 pluv. an 13; — Considérant que, bien que punie d'une peine correctionnelle, elle constitue une simple contravention, et que les règles de la complicité sont inapplicables en matière de contravention; — Par ces motifs, infirme le jugement du tribunal de Mamers, du 24 sept. 1877, en ce qui concerne Mauté, le renvoie des fins de l'instance sans dépens; — Confirme la condamnation en 500 fr. d'amende prononcée contre Sœure par les premiers juges.

Du 27 oct. 1877.-C. d'Angers.-MM. Bigot, pr.-Batbedat, av. gén.-Lucos, av.

(2) (Juvin et Péthaud.) — La cour; — Considérant que, par acte sous seing privé du 9 juillet dernier, dûment enregistré, il a été convenu entre Péthaud, droguiste et Juvin, pharmacien, que Juvin ouvrirait une pharmacie à Saint-Etienne ; que Péthaud fournirait le local, le matériel et les drogues simples, nécessaires au service de cette pharmacie; que Juvin se livrerait seul, exclusivement à Péthaud, à l'exploitation et à la gestion de l'officine; qu'enfin, à l'expiration de l'année, les bénéfices seraient partagés; — Considérant que, par suite de cette convention, Juvin, muni d'un diplôme régulier, a en effet ouvert à Saint-Etienne une pharmacie en se conformant à toutes les prescriptions légales; qu'il a établi cette pharmacie sous une enseigne portant son nom dans un local voisin, mais séparé des magasins de Péthaud; — Qu'il l'a exploitée réellement et personnellement en son nom, sous sa responsabilité et avec l'aide seule d'un élève de pharmacie; — Qu'on ne prouve pas, qu'on n'allègue même pas que Péthaud ou tout autre, se soit immiscé contre Péthaud dans cette exploitation; — Qu'enfin on n'établit contre Juvin aucun fait de fraude ou de simulation; — Considérant qu'en un tel état de choses, on ne peut trouver les éléments d'un délit, ni dans le fait de l'ouverture de la pharmacie, puisque ce fait a été entouré de toutes les formalités légales, ni dans les arrangements particuliers qui en ont réglé les conditions et les conséquences pécuniaires, puisque ces arrangements, étrangers à l'exploitation même de la pharmacie, ne sont prohibés par aucune loi; — Qu'ils ne pouvaient l'être; — Qu'il ne faut pas oublier, en effet, que les prohibitions de la loi n'ont eu en vue que l'intérêt de la santé publique, c'est que les manipulations pharmaceutiques soient faites suivant les règles de l'art par des mains compétentes; — Que, cette condition remplie, la loi est satisfaite; — Qu'il lui importe peu que le matériel qui sert aux manipulations ou les bénéfices qui en résultent, appartiennent à telle ou telle personne; — Que la sollicitude du législateur n'avait à se préoccuper, et ne s'est en effet préoccupée que de ce qui concerne la qualité des préparations et la capacité du préparateur, et nullement de ce qui concerne le règlement de ces intérêts pécuniaires; — Qu'on objecte, il est vrai, que quand le pharmacien qui gère n'est pas lui-même propriétaire de la pharmacie, il a un intérêt moins direct à sa bonne exploitation, et n'offre ainsi, à la satisfaction des besoins de la santé publique, qu'une moindre garantie; — Mais que cette objection, qui serait loin d'ailleurs de paraître concluante à la cour, ne trouve même pas d'application ici, où le pharmacien qui exploite n'est pas le simple gérant, mais le copropriétaire de la pharmacie exploitée; — Qu'ainsi, dans la cause actuelle, ne se trouve aucun motif d'appliquer une répression que le texte de la loi n'autorise pas et que son esprit repousse ;

Par ces motifs, confirme le jugement en ce qui concerne Péthaud, le décharge des condamnations prononcées contre lui et le renvoie des fins de la prévention, etc.

Du 22 mai 1861.-C. de Lyon, ch. corr.-MM. Durieu pr.-de Plasman, av. gén.-Rappet, av.

tables possesseurs sans titre légal pourraient être portés par leurs intérêts à les favoriser.

136. Il a été jugé, par application de ces principes : 1° que l'individu non-pharmacien qui, sous l'apparence d'une société en commandite, fait gérer par un pharmacien, son commis salarié et son prête-nom, une officine dont il est reconnu être le véritable propriétaire, circonstance que le juge du fait constate souverainement, commet le délit d'exercice illégal de la pharmacie (Crim. rej. 8 avr. 1864, aff. Adrian, D. P. 64. 1. 395); — 2° Que les directeurs d'une société anonyme propriétaire de deux officines de pharmacie qui exploitent commercialement ces officines, bien que non munis du diplôme exigé par la loi, se rendent coupables d'exercice illégal de la pharmacie, alors même qu'ils auraient chargé des pharmaciens diplômés de donner leurs soins à la vente des produits pharmaceutiques dans les deux officines (Trib. Seine, 3 févr. 1882, aff. Thibaut, D. P. 83. 3. 88); — 3° Que, lorsqu'une société anonyme a été constituée pour l'exploitation d'une pharmacie, les membres du conseil d'administration qui ouvrent l'officine et la font tenir par un gérant même diplômé, se rendent coupable d'exercice illégal de la pharmacie (Crim. rej. 22 avr. 1880, aff. Allemand, D. P. 80. 1. 354).

137. En pareil cas, les conventions intervenues entre le non-pharmacien fondateur d'une officine et le gérant auquel il en a confié l'exploitation, relativement à cette exploitation, sont nulles et ne peuvent servir de fondement à une action de l'un contre l'autre, sauf restitution par le gérant ou propriétaire des objets et valeurs que celui-ci lui avait confiés, ainsi que du droit au bail des lieux (Paris, 19 févr. 1869, aff. Agar, D. P. 71. 2. 81). Toutefois, d'après un arrêt qu'il paraît difficile de concilier avec celui qui précède, bien que la société conclue entre un pharmacien et deux individus non-pharmaciens pour l'exploitation d'une officine soit radicalement nulle, il y a lieu néanmoins, en cas de décès de l'un des associés, de liquider, conformément à la convention, la communauté d'intérêts qui a existé entre eux, et, par suite, de dresser un compte des bénéfices de l'exploitation pour attribuer à chacun des associés la part qui lui revient (Paris, 27 mars 1862, aff. Ferrand, D. P. 62. 2. 105).

138. L'ancienne jurisprudence, analysée au *Rép.* n° 188, admettait qu'un individu non-pharmacien achetât une pharmacie. Mais cette solution ne saurait être acceptée aujourd'hui. La propriété d'une officine de pharmacie ne pouvant, d'après la jurisprudence actuelle, appartenir qu'à un pharmacien aussi bien que le droit de l'exploiter, la vente qui en est faite à un individu non diplômé est viciée d'une nullité absolue et d'ordre public, bien que le pharmacien vendeur ait pris l'engagement d'en conserver la gérance (Civ. cass. 13 août 1888 cité *suprà*, n° 135; Bordeaux, 27 mai 1874, aff. Lastes, D. P. 75. 5. 30). Toutefois, d'après ce dernier arrêt, cette nullité ne fait pas obstacle au règlement des intérêts auxquels les rapports des parties ont donné lieu. — Il a été décidé, par application des principes qui viennent d'être exposés : 1° que l'élève en pharmacie auquel une officine a été vendue avant qu'il soit pourvu du diplôme obligatoire, est fondé à soutenir que la vente est nulle et à agir en répétition du prix (Trib. com. de la Seine, 19 déc. 1861, aff. Bonson, D. P. 62. 3. 86); — 2° Que, dans le cas de saisie d'un fonds de pharmacie par un créancier du pharmacien qui l'exploite, il n'y a pas lieu d'avoir égard à la revendication exercée par la femme de celui-ci, judiciairement séparée de biens, alors même qu'elle demanderait à prouver que l'officine est gérée à son profit dans un local loué à son nom. (Trib. civ. de la Seine, 20 août 1868, aff. Meynet, D. P. 69. 3. 54. Comp. Paris, 17 févr. 1891, aff. Brunaud, sol. impl. D. P. 92. 2. 15); — 3° Qu'on doit tenir pour nulles et non avenues les stipulations d'un contrat de mariage qui attribuent à une femme la propriété d'une pharmacie (Alger, 19 févr. 1875) (1), et que la femme, dans le cas de saisie du matériel de la pharmacie par un créancier du mari, ne saurait être admise à les revendiquer (Même arrêt). — V. aussi Paris, 17 févr. 1891, aff. Brunaud, D. P. 92. 2. 15).

139. Mais si la propriété d'une pharmacie ne peut appartenir qu'à un pharmacien diplômé et si la vente d'un fonds de pharmacie à une personne non diplômée est nulle, on doit au contraire considérer comme licite et valable la vente d'un semblable fonds par un propriétaire non diplômé à un acheteur pourvu d'un diplôme régulier (Alger, 24 mars 1879, aff. Gadot, D. P. 82. 2. 111). Cette vente est, en effet, le seul moyen de rentrer dans la légalité sans anéantir la valeur du fonds de commerce.

140. Les dispositions combinées de la déclaration du roi du 25 avr. 1777 et de la loi du 21 germ. an 11, qui subordonnent la régularité de l'exploitation d'une pharmacie à la réunion, sur la tête de la même personne, de la propriété de la pharmacie et du diplôme de pharmacien, ne s'appliquent qu'aux *officines ouvertes* (Crim. rej. 17 juin 1880, aff. Bouvier, D. P. 80. 1. 353). On ne doit pas considérer comme une officine ouverte une pharmacie achetée par une société de secours mutuels pour son usage exclusif, où il est constant en fait que le public étranger à cette société n'est pas admis, et où les médicaments ne sont livrés qu'aux membres de l'association, lesquels sont en même temps les

(1) (Labatut C. Bonenfant.) — LA COUR; — Attendu que par contrat de mariage du 9 mai 1873, reçu par Me Gonter, notaire à Médéah, le sieur Bouchicau a constitué en dot à sa fille, en vue du mariage de celle-ci avec le sieur Bonenfant, pourvu du diplôme de pharmacien, divers objets mobiliers, et notamment un matériel de pharmacie que ledit Bouchicau venait d'acquérir; — Que le même contrat de mariage, ayant stipulé entre les époux la séparation de biens conventionnelle, il a ainsi assuré à chacun d'eux un patrimoine distinct de celui de son conjoint; — Attendu que, depuis le mariage, les objets qui ont constitué l'apport matrimonial de la dame Bonenfant ont été saisis par un créancier de son mari, le sieur Labatut, et qu'ils sont revendiqués par la dame Bonenfant; — Sur les objets composant la pharmacie : — Attendu que la déclaration du roi du 25 avr. 1777, obligeait les pharmaciens à être personnellement propriétaires des officines qu'ils exploitaient; — Que cette législation, maintenue par la loi du 17 avr. 1791, était en vigueur au moment où est intervenue la loi du 21 germ. an 11, qui règle actuellement la matière; — Que, loin d'avoir été abrogée par la loi de germinal, cette obligation, imposée aux pharmaciens, a été confirmée par les art. 25 et 26 de cette loi; — Qu'en effet, ces textes exigent le diplôme professionnel, non seulement pour préparer et vendre des médicaments, mais aussi pour ouvrir une officine de pharmacie; — Attendu que l'art. 41 de l'arrêté des consuls du 25 therm. an 11 ne permet à la veuve d'un pharmacien de faire gérer son officine que pendant un an à compter du décès de son mari; — Qu'ainsi, dans un cas exceptionnellement favorable, il a fallu une disposition législative spéciale, pour autoriser, pendant un court délai, la séparation de la gérance et de la propriété d'une pharmacie; — Que, de l'ensemble de ces dispositions, il résulte que, dans un intérêt d'ordre public et de dignité professionnelle, le législateur n'a pas voulu que le pharmacien pût se placer dans la dépendance d'une personne étrangère à son art, ce qui arriverait infailliblement s'il exploitait une officine dont il ne serait pas le propriétaire; — Attendu que toute personne ayant intérêt est recevable, et devant toutes les juridictions, à invoquer une disposition d'ordre public; — Que Labatut fait remarquer que la propriété d'une pharmacie attribuée à la dame Bonenfant par le contrat de mariage de celle-ci est contraire aux lois sus-rappelées; qu'ainsi les stipulations de ce contrat doivent être, quant à ce, considérées comme nulles et non avenues, aux termes des art. 6, 1131, 1133 c. civ.; — Attendu que ce contrat de mariage étant écarté, en ce qui concerne la pharmacie, comme il est le seul titre invoqué par la dame Bonenfant, il en résulte que la demande en distraction formée par celle-ci manque de base; — Attendu que cette demande est en outre, par elle-même, non recevable; que si elle était accueillie, la dame Bonenfant aurait fait constater qu'elle a commis une contravention en ouvrant ou faisant ouvrir une pharmacie; — Qu'en vertu de la maxime *nemo ex delicto*, nul n'est recevable à se prévaloir d'un délit devant la juridiction civile, ni à en demander la constatation; — Qu'une solution contraire dans l'espèce permettrait de prolonger, avec un arrêt de la juridiction civile, une situation délictueuse que la juridiction correctionnelle pourrait réprimer; — Attendu que pour repousser la demande de la dame Bonenfant, il suffit de constater qu'elle est irrecevable et dénuée de fondement légal, sans avoir à attribuer pour cela au sieur Bonenfant la propriété de la pharmacie; — Que si, en fait, la dame Bonenfant a transmis à son mari le matériel de la pharmacie, elle aura contre lui, de ce chef le principe d'une action de *in rem verso*, mais qu'elle ne saurait réclamer la propriété corporelle d'objets que la loi lui interdit de posséder; — Infirme le jugement du tribunal de Blidah en date du 11 août 1874, en ce qu'il a admis la revendication des objets composant la pharmacie; — Déclare à cet égard la demande en distraction non recevable et mal fondée.

Du 19 févr. 1875.-C. d'Alger, 2e ch.-MM. Bastien, pr.-Robe et Chéronné, av.

copropriétaires de la pharmacie : en conséquence, le président de la société à laquelle appartient l'officine et le pharmacien diplômé qui gère celle-ci ne commettent aucune contravention aux dispositions précitées (Même arrêt). — Cette importante solution qui n'a été adoptée par la cour de cassation qu'après une discussion approfondie à l'audience et un délibéré en chambre du conseil, est conforme au texte et à l'esprit des dispositions précitées. Elles visent uniquement les officines ouvertes, c'est-à-dire celles où le public a libre accès et dans lesquelles, suivant les termes d'un arrêt de la cour de Rennes du 20 janv. 1859 (aff. Froment, D. P. 59. 5. 11), « on vend des remèdes à tout venant ». Le but de la loi, en exigeant que le diplômé fût le propriétaire du fonds, a été d'assurer de sérieuses garanties à la santé publique. Or, quand il s'agit non d'une officine ouverte au public, mais d'une officine qui n'est accessible qu'à ses copropriétaires, il ne peut exister une opposition, dangereuse pour la santé publique, entre l'intérêt du vendeur de remèdes et celui de l'acheteur.

141. On a fait ressortir au *Rép.* n° 189 les abus et les dangers que peuvent présenter les associations entre médecins et pharmaciens, tout en reconnaissant qu'elles ne sont pas interdites par la loi française. Mais, si cette interdiction n'existe pas, les principes qui viennent d'être exposés ne permettent pas à un pharmacien de former une association en nom collectif dans laquelle, en renonçant à demeurer seul maître de la direction et de l'exploitation de son établissement, il aurait aliéné sa liberté d'action et compromis les garanties d'indépendance et de responsabilité personnelles que la loi exige de lui dans l'intérêt de la santé publique. Aussi la jurisprudence déclare-t-elle illicite et nulle une société en nom collectif formée entre un pharmacien et deux médecins pour l'exploitation en commun d'un établissement pharmaceutique qui est leur propriété indivise, alors que chacun d'eux a des droits égaux dans la direction de la chose sociale et peut même, à son gré, changer ou garder les employés de la pharmacie (Paris, 27 mars 1862, aff. Ferrand, D. P. 62. 2. 105). — A un autre point de vue, on doit considérer comme illicite et radicalement nul, comme reposant sur une combinaison frauduleuse destinée à tromper le public par l'appât d'une gratuité mensongère, le pacte par lequel un médecin et un pharmacien conviennent l'un de tenir, dans une dépendance de l'officine, un cabinet de consultations gratuites, l'autre d'exécuter les ordonnances, le tout dans le but de partager entre eux les profits à tirer de la vente des médicaments (Paris, 31 mai 1866) (1).

142. La question de savoir si un pharmacien est commerçant a été examinée et résolue affirmativement (v° *Acte de commerce*, n°s 99 et suiv.). On a également recherché (eod. v°, n° 34) si la vente d'une pharmacie constitue un acte de commerce.

143. On a vu, *Rép.* n° 194, que l'art. 38 de la loi du 21 germ. an 11 a confié aux écoles de médecine et de pharmacie le soin de rédiger le formulaire auquel les pharmaciens sont tenus de se conformer, et que ce formulaire, arrêté par une ordonnance du 8 août 1816, avait été revisé en 1837. Un décret du 5 déc. 1866 (D. P. 67. 4. 9) a décidé que le nouveau *Codex medicamentarius, pharmacopée française*, édition de 1866, rédigé par une commission spéciale, en exécution d'une décision du 30 juin 1861, serait et demeurerait obligatoire pour les pharmaciens à partir du 1er janv. 1867.

ART. 7. — *Des remèdes secrets* (*Rép.* n°s 198 à 235).

144. Comme on l'a exposé au *Rép.* n°s 198 et suiv., il existe dans l'état actuel de la législation trois modes officiels de publication des remèdes que les pharmaciens peuvent vendre et débiter sans infraction à la prohibition de l'art. 32 de la loi du 21 germ. an 11 : 1° l'insertion au *Codex*, en conformité de la loi de germinal an 11 ; 2° la publication par le Gouvernement, acquéreur du secret, en conformité du décret du 18 août 1810 ; 3° la publication dans le *Bulletin de l'Académie de médecine*, en conformité du décret du 3 mai 1850. — On a vu (*Rép.* n° 203) que la jurisprudence considère comme secret tout médicament qui n'a pas été l'objet d'un de ces trois modes officiels de publication, alors même que l'inventeur ou le propriétaire de ce remède en aurait divulgué la composition. Cette interprétation a été consacrée par de nombreux arrêts (Paris, 18 sept. 1851, aff. Gabory, D. P. 54. 2. 192; Crim. rej. 17 août 1867, aff. Géraud-Ramonde, D. P. 68. 1. 44 ; Trib. corr. de Charleville, 9 mai 1888, aff. Massonnet, D. P. 90. 3. 24. V. conf. Dubrac, *op. cit*, p. 386). Il en est ainsi, alors même que la formule du remède se trouverait publiée dans des ouvrages de médecine ou de pharmacie, ou que son auteur en aurait fait l'objet d'un brevet d'invention, ce brevet étant, d'ailleurs, dépourvu de valeur légale (Arrêt précité du 17 août 1867). Mais, on ne saurait assimiler à un remède secret un remède composé suivant la formule du *Codex*, c'est-à-dire demeurant au fond le même que celui du *Codex*, quoique, par suite d'un nouveau mode de préparation, il ait été amélioré d'une manière plus ou moins sensible (Metz, 11 févr. 1857, rapporté par Dubrac *loc. cit.*). Cette solution est conforme à celle qui a été consacrée par un arrêt de la cour de cassation du 6 août 1842, rapporté au *Rép.* n° 211.

145. On ne saurait davantage considérer comme secret un remède présenté comme nouveau et désigné sous un nom différent de celui sous lequel il était connu, lorsque, d'ailleurs, il est constant que ce médicament est composé suivant la formule insérée au *Codex*. Ainsi il a été décidé que la *copahine Mège* ne constitue pas un remède secret, bien qu'elle ne figure pas au *Codex* sous son nom commercial, dès lors qu'elle y figure en réalité dans le rapport des substances dont elle se compose (Paris, 16 mars 1876, aff. Estavard, D. P. 77. 3. 348). Au contraire, le *thé Chambard* a été considéré comme un remède secret, parce que sa composition n'a pas paru se rattacher à celle des thés vulnéraires purgatifs du *Codex* (Paris, 13 févr. 1867, aff. Géraud-Ramonde, D. P. 68. [illegible] 44).

146. Ainsi qu'on l'a vu au *Rép.* n° 210, la combinaison de deux médicaments du *Codex* annoncée comme médicament nouveau, propre à la guérison d'une maladie déterminée, constitue un remède secret, alors même que, dans cette combinaison, l'un des médicaments formerait l'élément prin-

(1) (Picard C. Clausse.) — Le sieur Picard, médecin, fut durant de longues années l'associé d'un sieur Clausse, pharmacien. Il donnait ses consultations gratuites chez ce pharmacien qui exécutait ses ordonnances, fournissait les médicaments et en encaissait le prix, partageant avec lui le produit de la vente. — Lors de la rupture de l'association, en 1864, le pharmacien remit au médecin une indemnité de 3000 fr. Peu après, lors de la vente de la pharmacie, le sieur Picard prétendit faire annuler sa renonciation à l'association comme ayant été de sa part le résultat d'une erreur, prétendant que son associé lui avait dissimulé des recettes et demanda au tribunal de commerce la nomination d'un liquidateur de la société. — Le tribunal repoussa cette demande par le motif qu'il y avait eu entre les associés liquidation à forfait, consentie en connaissance de cause. — Appel par le sieur Picard.

LA COUR; — Considérant qu'il est constant que l'appelant et l'intimé s'étaient associés ensemble en se chargeant réciproquement, l'un, de tenir, dans une dépendance de l'officine, un cabinet de consultations gratuites, l'autre d'exécuter les ordonnances, afin de partager entre eux les profits à tirer de la vente des médicaments; — Que, par cette convention, ils ne manquaient pas seulement tous les deux aux règles et aux devoirs de leur profession : le médecin, en faisant commerce de son art et en se créant un intérêt à prescrire des remèdes superflus; le pharmacien, en se prêtant à cette spéculation abusive et en privant les malades du seul contrôle qui puisse prévenir le danger des préparations médicinales infidèles ou défectueuses; mais encore, que l'association était viciée dans son principe même, puisqu'elle reposait sur une combinaison frauduleuse destinée à tromper le public par l'appât de consultations gratuites en apparence, et rétribuées en réalité; — Qu'il n'y a donc eu là qu'un pacte illicite radicalement nul, et qui ne saurait servir de fondement à une action en liquidation et partage des bénéfices auxquels il a donné lieu; — Considérant, d'ailleurs, que les opérations de la société de fait qui a existé entre les parties ont été liquidées à des époques successives; que l'appelant a, chaque fois, donné des reçus pour solde, et que les manœuvres dolosives dont il se plaint pour revenir aujourd'hui sur ses reçus ne sont nullement justifiées; — Met l'appellation et le jugement dont est appel à néant, et statuant par jugement nouveau, déclare Picard non recevable autant que mal fondé dans ses appels et demandes, etc.

Du 31 mai 1866.-C. de Paris, 2e ch.-MM. Guillemard, pr.-Hemar, av. gén., c. conf.-Rivolet et Craquelin, av.

cipal, et n'aurait été additionné d'une faible dose de l'autre qu'à titre d'amélioration ; il en est ainsi, spécialement, d'un remède nouveau contre la gale, consistant en sulfure de calcium additionné d'acide phénique, substances qui séparément figurent toutes deux au *Codex* (Crim. rej. 28 mars 1873, aff. Bigot, D. P. 73. 1. 174).

147. Toute composition dont une substance médicamenteuse est un des éléments constitue un remède secret lorsqu'elle est préparée à l'aide d'un procédé particulier, étranger aux indications des formulaires officiels et non acquis ni publié par le Gouvernement. Conséquemment, l'arrêt qui a reconnu à l'huile de foie de morue le caractère de médicament a justement qualifié de remède secret les dragées à l'extrait d'huile de foie de morue (Crim. rej. 26 juill. 1873, aff. Dieudonné, D. P. 73. 1. 493). Il n'y a, d'ailleurs, aucune distinction à faire entre les remèdes secrets qui ont le caractère des médicaments externes et ceux qui doivent être employés à un traitement interne. Ils sont également prohibés dans les deux cas (Crim. rej. 28 mars 1873, aff. Bigot, D. P. 73. 1. 174).

148. On a dit, *Rép.* n° 217, que les sirops rafraîchissants appartiennent en même temps à l'usage économique et à l'usage médical. D'après un arrêt de la cour d'Amiens (13 juin 1867, aff. Lesieur, D. P. 69. 2. 11), le sirop de gomme n'est pas exclusivement et essentiellement médicamenteux, quoiqu'il ne figure pas dans l'énumération faite par l'Académie de médecine des sirops qui ne sont pas considérés comme médicaments et qui peuvent être vendus par les confiseurs, les droguistes, les épiciers comme les pharmaciens. Toutefois si, d'après l'arrêt précité, on peut fabriquer un sirop à la gomme sans être pharmacien et sans se conformer à la formule du *Codex*, on ne peut le mettre en vente qu'autant que les bouteilles qui le contiennent portent des étiquettes ou indications suffisantes pour que l'acheteur ne puisse être induit à le confondre avec le sirop de gomme pharmaceutique et médicamenteux, lequel doit toujours être préparé suivant la formule du *Codex*. Il a été décidé, au contraire, que les sirops de gomme, d'orgeat et de guimauve, étant habituellement et généralement employés comme préparations médicamenteuses, et compris, comme tels, dans le *Codex*, doivent être préparés suivant la formule qui y est insérée (Paris, 23 août 1851, aff. Combestique de Varennes, D. P. 54. 2. 191). — D'après ce dernier arrêt, et contrairement à ce qu'a jugé un arrêt de la cour d'Orléans du 2 avr. 1851 rapporté au *Rép.* n° 217, les formules de préparation et de fabrication détaillées au *Codex* sont obligatoires pour les distillateurs aussi bien que pour les pharmaciens, relativement aux substances médicamenteuses dont les distillateurs font le commerce.

149. Nous avons dit, *Rép.* n° 219, qu'un remède secret ne peut être vendu par un pharmacien, même sur une ordonnance de médecin, si ce n'est comme remède magistral, c'est-à-dire à la condition que le médecin, dans son ordonnance, énonce les substances qui entrent dans la composition du remède et les proportions dans lesquelles elles doivent être employées. M. le docteur Devergie a signalé, au nom de la Société de médecine légale dont il était alors président, l'abus qui consiste, de la part des médecins, à prescrire des remèdes non formulés au *Codex* en en désignant l'emploi par le nom de leur auteur (Dubrac, *op. cit.*, p. 406).

150. On a vu au *Rép.* n° 222, que la disposition de l'art. 36 de la loi du 21 germ. an 11, qui interdit l'annonce des remèdes secrets, implique également prohibition de la vente de ces remèdes (Conf. Paris, 18 sept. 1851, aff. Gabory, D. P. 54. 2. 192). La vente à domicile et la distribution des remèdes secrets spécifiés à l'art. 36 est donc punissable, conformément à la loi du 29 pluv. an 11 (Crim. cass. 20 janv. 1855, aff. Guillo, D. P. 55. 1. 88). — Cette prohibition doit être appliquée aux pharmaciens comme à tous autres (Crim. rej. 17 août 1867, aff. Géraud-Ramonde, D. P. 68. 1. 44, et arrêt précité du 20 janv. 1855) et elle atteint les médecins eux-mêmes (Même arrêt du 20 janv. 1855). Il a été jugé que le pharmacien qui consent à servir de prête-nom à un individu qui exerce illégalement la pharmacie, et qui participe à la préparation des remèdes secrets, se rend complice des mêmes délits (Arrêt précité du 18 sept. 1851).

151. Dans le cas où un individu est convaincu tout à la fois d'avoir vendu sans droit une préparation médicamenteuse et d'avoir distribué un remède secret, alors que ce remède secret n'est autre que la préparation médicamenteuse illégalement vendue, il ne doit être condamné qu'à une seule amende (Bordeaux, 10 janv. 1856, aff. Tirait, D. P. 56. 2. 216).

152. On a vu précédemment (v° *Affiche*, n° 32) que la disposition de l'art. 68 de la loi du 29 juill. 1881, qui abroge tous les édits, lois, décrets, ordonnances et déclarations relatifs à l'affichage, ne s'applique qu'à la législation spéciale à la presse et aux autres moyens de publications, et qu'elle laisse, conséquemment, subsister toutes les prohibitions qui se rencontrent dans des textes étrangers à cette législation, notamment celle de l'art. 36 de la loi de germinal an 11 qui interdit toute affiche ou annonce imprimée indiquant des remèdes secrets.

153. Conformément à ce qui a été dit au *Rép.* n° 232, aucune disposition de la loi du 21 germ. an 11 ne prescrivant la confiscation ou la destruction des remèdes reconnus secrets, cette mesure ne peut être ordonnée par les tribunaux (Paris, 18 sept. 1851, aff. Gabory, D. P. 54. 2. 192).

154. On a dit au *Rép.* n° 234, que des médicaments trouvés dans une officine de pharmacie, sans désignation, préparés à l'avance sans ordonnance spéciale et non conformes au *Codex*, ont pu être considérés comme des remèdes secrets. Une circulaire du préfet de police, destinée à faire cesser certains abus qui se commettaient avant 1858 dans des pharmacies dites *populaires*, décide : 1° que tout médicament portant une étiquette avec un numéro d'ordre ou tout autre signe particulier, ayant pour effet de dissimuler le nom et la nature de ce médicament, devra être considéré comme remède secret; 2° que le pharmacien qui l'aura livré sera traduit devant les tribunaux; 3° qu'il en sera de même des médicaments désignés sur l'étiquette par le nom de l'inventeur ou par toute autre dénomination et dont la formule n'aura pas été inscrite au *Codex* ou publiée dans le *Bulletin de l'Académie de médecine*, en vertu du décret du 3 mai 1850, à l'exception des médicaments qui peuvent être considérés comme secrets, mais dont la vente est provisoirement autorisée ou tolérée par des décisions spéciales (Dubrac. *op. cit.*, p. 408).

Table sommaire

des matières contenues dans le Supplément et le Répertoire.

(Les chiffres précédés de la lettre *S* renvoient au Supplément; les chiffres précédés de la lettre *R* renvoient au Répertoire.)

Table chronologique des Lois, Arrêts, etc.

3 oct. Chambéry. 49 c.
13 nov. Metz. 33 c., 55 c., 56 c.
30 nov. Arrêté. 83 c.

1868

7 mars. Crim. 21 c.
5 mai. Nancy. 112 c.
8 mai. Crim. 119 c.
20 août. Trib. civ. Seine. 138 c.
27 août. Paris. 100.
23 nov. Angers. 11 c., 43 c.
25 déc. Trib. Seine. 83 c.

1869

19 févr. Paris. 135 c., 137 c.
11 mars. Poitiers. 120 c., 121 c., 122 c., 123 c., 127 c.
10 juill. Cons. d'Et. 83 c.

1870

26 mars. Paris. 132 c.

1871

27 déc. Décr. 84 c.

1872

19 janv. Besançon. 62 c.
16 févr. Trib. corr. Seine. 114 c.
9 juill. Req. 83 c.
20 juill. Crim. 28 c., 112 c.
1er oct. Décr. 13 c.
23 déc. Angers. 43 c.

1873

15 févr. Trib. civ. Seine. 88 c.
28 mars. Crim. 146 c., 147 c.
2 avr. Caen. 87 c.
8 avr. Trib. corr. Lille. 30 c., 43 c.
10 mai. Aix. 40 c., 41 c., 44 c.
23 juin. Décr. 54 c.
3 juill. Rennes. 114 c.
26 juill. Crim. 104 c., 115 c., 116 c., 123 c., 124 c., 125 c., 147 c.
23 août. Décr. 19 c., 20 c., 21 c.
12 déc. Crim. 114 c.

1874

19 mars. Aix. 36 c., 40 c., 44 c.
21 avr. Douai. 120 c., 123 c., 124 c., 129 c.
15 mai. Cons. d'Et. 95 c.
27 mai. Bordeaux. 138 c.
30 oct. Chambéry. 98 c., 114 c.
19 nov. Aix. 43 c.
21 nov. Amiens. 116 c.
27 nov. Crim. 123 c., 125 c.
8 déc. Loi. 13 c.

1875

19 févr. Alger. 138.
26 févr. Cons. d'Et. 95 c.
14 juill. Décr. 14 c., 77 c.
5 août. Aix. 118, 124, 125, 126 c.
12 nov. Décr. 13 c.
18 déc. Crim. 68 c.

1876

22 janv. Crim. 115 c., 116 c., 118 c., 125 c.
28 janv. Décr. 14 c.
16 mars. Paris. 145 c.
25 mars. Crim. 29, 131 c., 135 c.
31 mars. Cons. d'Et. 90 c.
27 avr. Rouen. 116.
26 mai. Nîmes. 118 c.
18 août. Trib. corr. Seine. 38 c.
26 nov. Décr. 14 c.
29 nov. Caen. 43 c., 45 c., 48 c.

1877

18 févr. Crim. 46 c.
25 avr. Loi. 85 c.
27 oct. Angers. 134.

1878

16 févr. Crim. 108 c., 111 c.
2 mai. Crim. 22 c.
14 juin. Cons. d'Et. 95 c.
20 juin. Décr. 15 c.
12 juill. Décr. 77 c., 81 c.
31 août. Décr. 77 c.

1879

24 mars. Alger. 139 c.
28 juill. Trib. Seine. 61 c.

1880

7 févr. Paris. 32 c.
22 avr. Crim. 135 c., 136 c.
17 juin. Crim. 140 c.
17 déc. Crim. 45 c.

1881

8 avr. Cons. d'Et. 90 c., 94 c.
24 juin. Trib. Toulon. 23 c.
29 juill. Loi. 152 c.

1882

3 févr. Trib. Seine. 135 c., 136 c.
18 févr. Paris. 99 c.
3 mars. Chambéry. 133.
12 juin. Angers. 109.
28 nov. Paris. 118 c.

1883

16 févr. Crim. 85 c., 92 c., 98 c.
23 avr. Paris. 126 c.
1er août. Décr. 14 c., 15 c., 18 c., 79 c.
23 août. Paris. 115 c.
7 déc. Crim. 112 c.
12 déc. Lyon. 111.

1884

8 mars. Pau. 85 c., 135 c.
18 juill. Crim. 35 c.

1885

18 mars. Paris. 11.
26 juill. Décr. 77 c., 80 c.

1886

25 mai. Paris. 117 c.
29 mai. Poitiers. 117 c.
12 juin. Crim. 57 c.
4 déc. Crim. 130 c., 131 c.

1887

11 févr. Crim. 116 c.
10 mai. Orléans. 117 c., 121 c.
25 juill. Nîmes. 114 c.
16 sept. Décr. 14 c.
12 nov. Crim. 116 c.
28 nov. Trib. civ. Niort. 118 c.
2 déc. Cons. d'Et. 96 c.

1888

8 mars. Lyon. 111 c., 118 c., 121 c.
15 mars. Lyon. 111 c., 120 c.
16 mars. Cons. d'Et. 94 c., 97 c.
26 avr. Montpellier. 118 c.
28 avr. Trib. corr. Rennes. 36 c., 42 c.
9 mai. Trib. corr. Charleville. 144 c.
14 juin. Crim. 118 c.
13 août. Civ. 135 c., 138 c.
14 août. Décis. min. 59 c.

1889

31 juill. Amiens. 61 c.
29 oct. Orléans. 118 c.
9 nov. Crim. 113 c.

1890

12 mars. Dijon. 100 c.
3 juin. Lyon. 110 c., 111 c.
8 août. Cons. d'Et. 97 c.

1891

17 févr. Paris. 135 c., 138 c.
26 févr. Crim. 118 c., 128 c.
28 mai. Crim. 22 c.

1892

24 mars. Crim. 98 c.

MENACES. — V. *Chasse*, nos 340, 1039; *Complice-complicité*, nos 91 et suiv.; *Dommage-destruction-dégradation*, nos 70 et suiv.; *Lettre missive*, no 24; *Obligations; Peine; Vol et Escroquerie*; — *Rép.* outre les mots qui y sont indiqués, *Peine*, nos 414, 465 et suiv.; *Vol et Escroquerie*, nos 595 et 798.

MENDICITÉ. — V. *Chasse*, no 340; *Obligations; Vagabondage; Vol et Escroquerie*; — *Rép.* outre les mots qui y sont indiqués, *Vagabondage*, passim.

MENSE ÉPISCOPALE. — V. *Culte*, nos 406 et suiv.; — *Rép.* eod. vo no 498.

MEUBLES. — V. *Biens*, nos 17, 41 et suiv., 50 et suiv.; *Contrat de mariage*, passim; *Enregistrement*, passim; *Obligations; Prescription civile; Privilèges et hypothèques; Propriété*; — *Rép.* vis *Biens*, nos 169 et suiv., 228 et suiv.; *Contrat de mariage*, passim; *Enregistrement*, passim; *Obligations*, nos 697, 720, 1215; *Prescription civile*, nos 264 et suiv.; *Privilèges et hypothèques*, nos 26, 128, 220 et suiv., 334 et suiv.; 498 et suiv., 546 et suiv., 753 et suiv.; 883, 2174, 2277 et suiv.; *Propriété*, nos 4 et suiv., 17 et suiv., 35, 137 et suiv., 177 et suiv.

MER. — V. *Domaine public*, nos 1 et suiv.; *Droit maritime*, passim; *Organisation maritime; Prises maritimes; Pêche maritime; Propriété*; — *Rép.* vis *Biens*, no 23 et mêmes mots qu'au *Supplément*, passim.

MERCURIALE. — V. *Obligations; Organisation judiciaire, Taxe de denrées*; — *Rép.* vis *Obligations*, nos 2623 et suiv.; *Organisation judiciaire*, nos 430 et suiv.; *Taxe de denrées*.

MESSAGERIES. — V. *Commissionnaire*, nos 236 et suiv.; *Postes; Voirie par terre; Voirie par eau; Voirie par chemins de fer; Voiture-voiture publique*; — *Rép.* vis *Commissionnaire*, nos 409 et suiv.; *Voiture-voiture publique*, nos 144 et suiv.

MESURE CONSERVATOIRE. — V. *suprà*, *Acte conservatoire*; — *Rép.* eod. vo, passim.

MEURTRE. — V. *Chasse*, no 1041; *Complice-complicité*, nos 31, 92 et suiv., 148, 176 et 196; *Crimes et délits contre les personnes*, nos 4 et suiv.; *Peine; Responsabilité*; — *Rép.* vis *Chasse*, no 318; *Complice-complicité*, no 40; *Crimes et délits contre les personnes*, nos 5 et suiv.; *Peine*, no 472.

MILITAIRE. — V. *Compétence criminelle*, nos 49, 58, 135, 154 et suiv., 331; *Complice-complicité*, nos 139 et suiv., 197, 210; *Obligations; Organisation militaire; Place de guerre; Préséance*; — *Rép.* vis *Compétence criminelle*, no 224; *Obligations*, nos 3040, 3350 et suiv.; *Organisation militaire*, passim; *Place de guerre*, passim; *Préséance*, no 15.

MINES.

Division.

CHAP. 1. — Introduction (no 2).

SECT. 1. — Notions générales sur la législation et la propriété des mines (no 2).
SECT. 2. — Historique et législation. — Projets de réforme (no 13).
SECT. 3. — Droit comparé (no 26).
ART. 1. — Colonies françaises et pays de protectorat (no 26).
ART. 2. — Législations étrangères (no 59).

CHAP. 2. — Des mines (no 105).

SECT. 1. — Des substances qui peuvent constituer des mines (no 105).
SECT. 2. — De la propriété des mines (no 116).
SECT. 3. — Des actes qui précèdent la demande en concession de mines (no 205).
ART. 1. — De la recherche et de la découverte des mines (no 205).
ART. 2. — De la préférence à accorder pour les concessions; des personnes qui peuvent les obtenir et des garanties exigées des futurs concessionnaires (no 258).
§ 1. — De la préférence à accorder pour les concessions (no 258).
§ 2. — Des personnes qui peuvent obtenir une concession (no 267).
§ 3. — Des garanties exigées des futurs concessionnaires (no 273).
SECT. 4. — Des concessions, et des charges et obligations qui en résultent (no 288).
ART. 1. — De l'obtention des concessions (no 288).
ART. 2. — Des charges et obligations imposées aux propriétaires de mines (no 315).
§ 1. — Redevances dues à l'Etat (no 315).
§ 2. — Redevances et indemnités dues aux propriétaires du sol (no 370).
§ 3. — Des obligations respectives des concessionnaires de mines et des propriétaires du sol (no 399).
SECT. 5. — De la surveillance sur les mines par l'Administration (no 518).
SECT. 6. — De la police et de la juridiction relatives aux mines (no 573).
SECT. 7. — Des concessions ou jouissances des mines antérieures à la loi du 21 avril 1810 (no 590).
SECT. 8. — Compétence (no 591).
ART. 1. — Compétence de l'autorité administrative (no 592).
ART. 2. — Compétence de l'autorité judiciaire (no 594).
SECT. 9. — Des expertises (no 596).

CHAP. 3. — Des minières (minerais de fer, terres pyriteuses et alumineuses, tourbières) et des carrières (no 606).

SECT. 1. — Des minières (no 606).

---

1. — Bibliographie. — Depuis la publication du *Répertoire*, de très nombreux ouvrages ont paru sur les mines, minières et carrières, et nous croyons qu'il est peu de matières où l'on puisse trouver une bibliographie aussi développée. Les éléments de la nomenclature que nous insérons ici, sont tirés de l'ouvrage de M. Féraud-Giraud, que nous n'avons eu qu'à remettre au courant. Pour faciliter les recherches, nous avons classé à part les auteurs étrangers.

1° *Bibliographie française.* — L. Aguillon, *Législation des mines française et étrangère*, Paris, 1886; *Annales des mines; Annuaire des mines et de la métallurgie;* Biot, *De la propriété des mines et de ses rapports avec la propriété superficielle*, 1876; de Boureuille, *De la compétence pour le juge des contraventions en matière de mines*, 1851; Brechignac et Michel, *Résumé de la doctrine et de la jurisprudence en matière de mines*, 1887; *Bulletin du ministère des travaux publics, Statistique et législation comparée de la société minérale de Saint-Etienne;* Bury, *Traité de législation des mines en France et en Belgique;* Caillaux, *Résumé historique des législations minières anciennes et modernes; Tableau général et descriptif des mines de la France*, 1875; Callon, *Cours d'exploitation des mines;* Chevalier, *De la propriété des mines et de ses rapports avec la propriété superficielle*, 1876; Chobert, *Des mines et du contrat de mariage*, 1875; Crette de Palluel, *Des ouvriers des houillères*, 1862; Couriot, *La législation des mines*, 1886; Dalloz et Gouiffès, *De la propriété des mines et de son organisation légale en France et en Belgique*, 1862; Dalloz, *Redevance proportionnelle des mines*, 1862; Daubuisson, *Articles fondamentaux de la jurisprudence des mines dans les divers pays de l'Europe;* Delebecque, *Traité sur la législation des mines, minières, en France et en Belgique*, 1836; Delecroix, *Revue de la législation des mines; Traité théorique et pratique sur la législation des sociétés des mines et spécialement des sociétés houillères de France et de Belgique*, 1878; *Code de la loi du 17 juill. 1880 portant revision de la loi de 1810*, 1882; Ditte, *De la propriété des mines*, 1875; Dufour, *Droit administratif appliqué*, 3° éd., t. 6, chap. 22; Dumont, *Des affaissements du sol produits par l'exploitation houillère*, 1886; Dupont, *Traité pratique de la jurisprudence des mines*, 1853; *Cours de législation des mines*, 1881; Féraud-Giraud, *Code des mines et mineurs*, 1887; de Fooz, *Points fondamentaux de la législation des mines et minières*, 1858; Gomel, *Des projets de réforme de la législation sur les mines;* Hatton de la Goupillière, *Cours d'exploitation des mines*, 1885; Héron de Villefosse, *De la richesse minérale;* Krug-Basse, *De la propriété des mines*, 1888; Laur, *Revision de la loi sur les mines;* Lamé-Fleury, *Texte annoté de la loi du 21 avr. 1810*, 1857; *De la législation minérale dans l'ancienne monarchie*, 1857; *De la propriété des mines* (*Journal des économistes*, sept. 1886); Leguay, *Législation des mines*, 1853; Le Monnier de Lorière, *Législation des mines*, 1853; Menant, *Du droit régalien en matière de mines* (*Annuaire de l'Ecole libre des sciences politiques*, 1886); Naudier, *Traité théorique et pratique sur la législation et la jurisprudence des mines*, 1877; Nibault, *Observations relatives au projet de loi Baihaut*, 1886; Pinchon, *De la propriété des mines dans ses rapports avec la propriété de la surface*, 1875; Pothier, *De l'exploitation et de la législation des mines en Algérie*, 1864; Recy, *La propriété des mines* (*Revue des Deux Mondes*, 1er et 15 déc. 1889); *Revue de la législation des mines* (*périodique*); Rey, *Traité de la propriété des mines*, 1855; *Commentaire de la loi du 21 avr. 1810 sur les mines*, 1870; *Du droit de servitude des mines sur la surface*, 1862; Victor Riston, *De l'institution des délégués à la sécurité des ouvriers mineurs*, 1891; Splingard, *Des concessions de mines dans leur rapport avec le droit civil*, 1880; Vier, *Application aux mines du décret du 12 févr. 1870 concernant les octrois de Saint-Etienne*, 1874; Wickersheimer, *De la législation des minerais de fer* (*Annales des mines*, 1877).

2° *Bibliographie étrangère.* — *Anales de construciones y de minas del Peru*, Lima; *Annales des travaux publics de Belgique*, Bruxelles; Bainbridge, *A treatise on the law of mines*, Londres, 1856; de Balparda, *El libro del minero; compendio de la legislación de minas vigenta en España*, Bilbao, 1875; Brassert, *Revue de droit minier*, Bonn; Bruzzo, *Legislazione mineraria*, Florence, 1871; Chicora, *Jurisprudence du conseil des mines de Belgique*, 1856; Giotti, *Della legislazione delle miniere*, Cagliari, 1869; *Collección legislativa de minas*, Madrid, 1865; Dalgas, *Sulla proprieta e legislazione delle miniere*, Libourne, 1860; Dedoni, *Sulle miniere di Sardegna*, Cagliari, 1869; *Dictionnaire de législation, de jurisprudence et de doctrine en matière de mines et minières*, Liège, 1857; Dupont (F.), *Aide-mémoire ou recueil alphabétique des décisions judiciaires et administratives rendues en Belgique en matière de mines*, Bruxelles, 1884; Evrard, *Traité pratique de l'exploitation des mines*, Mons, 1879; Ferreira, *Legisl. das minas*, Brésil; de Gioannis, *Principio giuridico della legislazione mineraria*, Bologne, 1869; Gomez de Salayar, *La mineria de fronte a la propriedad territorial*, Madrid, 1869; Grabau, *Cenni sulla proprieta e legislazione mineraria*, Livourne, 1860; Haberer et Zechner, *Manuel du droit minier autrichien*, 1884; Lampertico, *Sulla legislazione mineraria studi*, Bologne, 1871; Louvrex, *Recueil des édits et règlements pour le pays de Liège et le comté de Looz;* Luzzati, *Soluzione del problema della proprieta e legislazione mineraria in Italia*, Padoue, 1875; Nuñez, *Codigo de mineria de la republica de Chile*, 1874; Poggi, *Della legislazione mineraria*, Florence, 1861; Rodiguez, *Projecto de codigo de mineria para la Republica Argentina*, Buenos-Ayres, 1885; Souza-Baudeira, *Propriedade das minas*, Rio-de-Janeiro, 1885; Stoff, *Précis comparatif de la législation minière en Russie, et dans les autres pays de l'Europe;* Swinney, *The law of mines, quarries and minerals*, Londres, 1884; Traina, *La legislazione mineraria in Italia*, Palerme, 1873; Zanolini, *Considerazioni sulla legislazione delle miniere*, Turin, 1861.

CHAP. 1er. — Introduction (*Rép.* nos 3 à 607).

Sect. 1re. — Notions générales sur la législation et la propriété des mines.

2. La propriété des mines soulève, à raison même de la nature de son objet, des difficultés spéciales, qui ont donné lieu à de vives discussions et à des divergences d'opinion très marquées entre les économistes et les jurisconsultes. Les législations positives reflètent cette diversité d'opinions, et, si l'on ne peut ici entreprendre l'étude de la propriété des mines au point de vue économique et social, il ne sera pas inutile de retracer brièvement la façon dont chaque Etat a envisagé la question, et d'indiquer les avantages et les inconvénients théoriques et pratiques de chacun des systèmes suivis.

D'une manière générale, on peut ramener à quatre ces différents systèmes. Pour certains législateurs, le dessous du sol, *usque ad inferos*, est, en vertu du droit d'accession, une dépendance de la surface. D'autres considèrent l'Etat comme le seul propriétaire des mines. Dans une troisième opinion, les mines, considérées comme des biens sans maître, deviendraient la propriété du premier occupant.

Enfin, d'après un quatrième système, les mines non concédées constitueraient des *res nullius*, dont la propriété n'est dévolue à personne, pas même à l'Etat, mais que l'Etat, dans un intérêt général, serait appelé à attribuer à une personne de son choix.

3. — I. Système de l'accession. — Le système de l'accession, défendu par Merlin et Quesnay, fait du propriétaire de la surface le propriétaire du tréfonds et des richesses minérales qu'il renferme : « Par le droit naturel, disait Merlin (*Rép.*, v° *Mines*, § 1, p. 445), les mines qui existent dans un terrain font partie du terrain même, et il est libre au propriétaire du fonds d'en extraire les substances minérales, comme il lui est libre d'en récolter les fruits ». Dans ce régime, il y a donc corrélation intime entre la surface et le tréfonds : c'est un caractère qui le distingue absolument des autres, où, au contraire, on ne reconnaît aucun lien de droit préexistant entre le droit d'exploiter une mine et la propriété même du sol. Il a été adopté d'une façon générale en Angleterre, où toutefois il est en ce moment assez vivement attaqué, dans les Etats-Unis de l'Amérique du Nord en ce qui concerne les terrains déjà soumis, pour la surface, à une appropriation privée, et en Russie pour les domaines susceptibles de la propriété privée plénière (Aguillon, n° 6).

4. Aux arguments invoqués en faveur de cette solution, il est facile d'objecter tout d'abord que, l'accession consistant à acquérir une chose comme accessoire d'une autre chose qui nous appartient déjà, il faut alors faire du tréfonds un accessoire de la surface. Or, c'est ce qu'il est difficile d'admettre : en effet, le tréfonds constitue une propriété entièrement distincte de la surface, à laquelle il ne se rattache en aucune façon et dont il ne saurait être considéré comme une dépendance.

Professer, d'ailleurs, que le propriétaire de la surface l'est aussi du tréfonds, en vertu du droit d'accession, constitue une théorie au moins incomplète. Le mot « accession » exprime une circonstance toute de fait, à savoir qu'une chose se joint à une autre il n'implique pas qu'on l'acquière comme conséquence du droit de propriété que l'on avait déjà sur l'autre; il n'exprime pas la cause de l'acquisition de cette propriété nouvelle, qu'il faut chercher ailleurs. Cette cause pourrait être l'occupation, la loi, la convention ou le travail. L'occupation doit d'abord être écartée : le propriétaire de la surface, qui ignore le plus souvent l'existence d'une mine sous le sol qui lui appartient, ne saurait en effet raisonnablement invoquer cette cause d'acquisition. Quant à la convention, il n'en saurait être question ici. D'un autre côté, l'on ne peut songer non plus à invoquer le travail pour légitimer la propriété du maître de la surface. S'il est vrai, selon l'expression de Michelet, qu'il a fait la terre sienne, on n'en peut dire autant du tréfonds. Quand le sous-sol de son domaine contient des richesses minérales, il n'y est pour rien, il ne peut revendiquer aucune part dans leur éclosion, et par suite ne peut prétendre à leur propriété. Reste la loi; mais sommes-nous en présence de motifs de nécessité publique bien constatée, qui légitimeraient la création de cette propriété à son profit? Pas davantage, car non seulement il n'y a aucune utilité à faire des mines l'accessoire de la propriété de la surface, mais la distinction des deux propriétés s'impose dans la pratique. « On démontre et par le raisonnement et par l'expérience, dit M. Héron de Villefosse, que, si le propriétaire d'un terrain a le droit d'exploiter, à son gré, les portions du gîte qui se montre, sous sa propriété, il est bientôt hors d'état de continuer ces travaux précaires, tant parce que ce gîte sort tout à coup de son terrain pour passer sous celui d'un autre propriétaire, que parce qu'il convenait d'attaquer le gîte d'après sa disposition naturelle en des points situés loin de toutes les propriétés où il s'en est montré quelques portions au jour. Un propriétaire de terrain, en attaquant à son gré les affleurements des gîtes de minerai, parce qu'ils paraissent sur son terrain, rend bientôt l'exploitation impossible, de telle sorte qu'avec un pareil système il n'y a plus que désordre amenant la ruine des exploitations et le gaspillage des minerais ».

5. Les partisans de ce système, reconnaissant eux-mêmes les inconvénients qu'il présente, ont proposé, pour y remédier, d'organiser des *syndicats de propriétaires*, qui seraient chargés de l'exploitation des gîtes minéraux, ou des compagnies de mineurs qui achèteraient toutes les surfaces des terres qu'ils voudraient exploiter. C'est là une pure utopie, et, déjà en 1791, Mirabeau, dans un de ses derniers discours, en avait fait ressortir avec éclat le côté peu pratique et les défectuosités. Ainsi, en fait comme en droit, au point de vue économique, comme au point de vue théorique, le système de l'accession n'est pas satisfaisant ; ses partisans diminuent chaque jour, et les nombreuses réclamations, qui se font actuellement jour en Angleterre, en sont un des signes les plus caractéristiques.

6. — II. Système de la domanialité. — Le second système considère les mines comme des biens domaniaux ordinaires, appartenant à l'Etat en toute propriété ; on en conclut que le Gouvernement peut conférer dans les limites qu'il lui plaît, soit à perpétuité, soit à temps, le droit de les exploiter. Le principe de la liberté des conventions sera la base de l'accord des parties, l'Etat restant complètement libre d'accorder ou de refuser les concessions et d'y insérer les clauses restrictives qu'il croira nécessaires. C'est le régime actuel du grand-duché de Luxembourg depuis la législation de 1874, de celui du Japon, au moins en grande partie (V. *infrà*, n° 104).

Le système de la domanialité compte un grand nombre de partisans, principalement parmi les propagateurs du socialisme et du communisme. Il avait déjà été proposé à l'Assemblée constituante par Regnault d'Epercy, et de nos jours Charles Comte écrivait à ce sujet : « S'il est vrai que le territoire sur lequel une nation s'est développée et a toujours vécu forme sa propriété nationale, si tout ce qui ne passe pas, au moyen du travail, dans le domaine des particuliers reste dans le domaine public, il est évident que les matières souterraines continuent de faire partie du domaine national, et que la nation peut les faire exploiter dans son intérêt sans qu'aucun de ses membres puisse se plaindre qu'il est porté atteinte à sa propriété, si en effet l'exploitation n'est pas une cause de dommage pour aucune propriété privée. Il existe chez toutes les nations des parties plus ou moins considérables du territoire qui ne sont jamais tombées dans le domaine des particuliers, et qui font partie du domaine de l'Etat (*sensu lato*). De ce nombre sont non seulement les rivages de la mer, les ports, les fleuves, mais encore des pâturages, des forêts, des terres cultivées. Pourquoi les dépôts souterrains de charbon de terre, les mines de cuivre, d'argent, ne feraient-ils pas partie de ce même domaine, quand personne ne se les est encore appropriés? » (*De la propriété*, p. 22).

7. Ce système ne nous paraît pas mieux fondé que le précédent; il a été très bien réfuté par M. Krug-Basse (p. 10 et suiv.) : « Que les richesses minérales, dit cet auteur, soient des bienfaits de la nature, nous en convenons volontiers avec Regnault d'Epercy ; mais de ces simples prémisses tirer cette conclusion qu'elles appartiennent à l'Etat nous semble quelque peu hardi, et les raisons données par Charles Comte à l'appui de cette thèse ne nous ont pas convaincu. Cette proposition qu'il existe chez toutes les nations des parties de territoire qui ne sont jamais tombées dans le domaine des particuliers et qui font partie du domaine de l'Etat est tout à fait contestable. Que si les rivages de la mer, les ports, les fleuves sont *publics*, ce n'est qu'en vertu d'une nécessité d'ordre positif, qui s'impose ; cela est si vrai que la *loi* n'attribue à l'Etat que certains cours d'eau, ceux-là seuls pour lesquels les besoins de la navigation l'exigent. Et si des pâturages, des forêts appartiennent à l'Etat, c'est qu'il en a acquis la propriété à un titre quelconque, par un mode de droit commun, comme l'eût pu faire tout autre, et non parce que sa qualité d'Etat la lui conférait *naturellement* ; professer un semblable principe amènerait fatalement à nier la légitimité de la propriété privée. En attribuant à l'Etat la propriété des mines, on est du reste amené à lui en confier l'exploitation. Or, l'Etat est le plus mauvais des exploitants ; ses agents, toujours plus nombreux que ceux des particuliers, ont l'habitude de traiter toutes choses d'une façon théorique, d'après un modèle uniforme, on pourrait dire administratif, dépensent le plus souvent sans compter, et n'ont point cet aiguillon si puissant de l'intérêt personnel. On voit, il est vrai, des gouvernements exploiter des forêts, mais les résultats qu'ils obtiennent sont trop peu avantageux pour les contribuables pour les encourager dans cette voie, et il faut ajouter que les entreprises de mines, où tout, jusqu'à l'existence même des produits, est incertain, ont un caractère bien autrement aléatoire que l'exploitation d'une forêt ou même d'un chemin de fer. Enfin, on ne saurait nier que l'application de ce système ne soit préjudiciable aux intérêts industriels et commerciaux d'une nation; l'établissement d'un monopole est toujours regrettable, ne fût-ce que parce qu'il empêche toute initiative et toute concurrence, et le monopole des mines serait particulièrement redoutable, parce qu'il ferait de l'Etat le maître incontesté de la fortune du pays tout entier ». — Pour échapper à ces objections, les partisans de ce système ont proposé divers moyens d'y remédier, comme la mise aux enchères des mines, leur mise en location, ou enfin le droit pour l'Etat de se réserver la faculté de racheter les concessions louées ou de se rendre actionnaire dans les sociétés de mines.

8. — III. Système de l'occupation ou de l'invention. — Dans ce système, on admet que les mines sont des *res nullius* à leur origine et dans leur essence, sur lesquelles ni l'Etat, ni le propriétaire de la surface n'ont de droit de propriété à prétendre, et qui, en principe, doivent suivre les règles ordinaires du droit commun, à savoir qu'elles seront la propriété définitive et perpétuelle du premier occupant. C'était l'idée de Turgot, et c'est à ce groupe, d'après M. Aguillon, qu'il faut rapporter tous les types de législation dans lesquels le droit de rechercher ou d'exploiter s'acquiert par droit d'invention ou à la priorité de la demande comme dans le droit allemand ancien et moderne, dans le droit espagnol et hispano-américain et dans le droit américain relativement aux mines se trouvant sous la surface des domaines nationaux. — Les différences de détail sont nombreuses dans les législations qui ont pris ce principe pour base de leur système minier, mais les arguments mis en avant pour le justifier sont toujours les mêmes. « C'est incontestablement ce principe, écrit un des partisans de cette école, qui a été à l'origine la base fondamentale de l'organisation de la propriété, et plus tard seulement une société plus civilisée a songé à introduire la légitimation du fait accompli par le travail. Or, en notre matière, on peut remarquer que ces deux facteurs, le travail et l'occupation, se trouvent à la fois réunis : le premier occupant est en même temps l'inventeur de la mine, celui qui a été la chercher dans les entrailles de la terre, qui l'a créée pour ainsi dire au prix de ses labeurs, et, s'il est vrai que tout travail mérite salaire, il est juste qu'il reçoive la récompense due à ses efforts » (Krug-Basse, p. 17 et 18).

9. Malgré l'apparence de justice de ce système, il présente en pratique les plus sérieux inconvénients; arrive, comme celui de l'accesssion, à désorganiser les exploitations et, en fin de compte, à la ruine de cette précieuse industrie. Celui qui a découvert une mine ne saurait légitimement s'en attribuer les produits à l'exclusion de tout autre; car, si, par occasion, un autre chercheur tombait sur les mêmes filons, il aurait, pour les exploiter les mêmes droits que le premier, et il en résulterait, on le conçoit, de nombreuses difficultés dans la pratique. Comme le disait Mirabeau, « quelle sera la propriété de celui qui aura touché le premier une mine? Il n'aura certainement que ce qu'il aura touché... Ce filon de dix toises, de cent toises est à lui, mais si le filon a mille toises et plus, l'autre bout lui appartient-il, quoiqu'il ne l'ait pas trouvé, quoiqu'il n'en connaisse ni la direction, ni l'existence? Un autre mineur peut sans doute aussi l'exploiter; il sera à son tour le premier occupant, et voyez quelles seront les suites d'un semblable système! Un ouvrier gagné n'aura qu'à faire connaître la direction de la mine, un propriétaire avisé y pénétrera d'un seul coup ; il aura la plus grande partie du profit, l'inventeur n'aura plus que des dépenses! »

10. — IV. Système des concessions de droit régalien. — Dans ce système, défendu par MM. Fourcade, Prunet, Fourcroy, Dupont, Dalloz, Michel Chevalier, Wolowski Dufour, Ducrocq, Biot, Naudier, Lamé-Fleury, on considère les mines non concédées comme des *res nullius* dont la propriété n'est dévolue à personne, pas même à l'Etat, mais que l'Etat, dans un intérêt général, est appelé à attribuer à une personne de son choix, qui sera chargée de les exploiter. Ce régime se rapproche de celui de l'invention, en ce qu'il reconnaît également aux mines non concédées le caractère de *res nullius*, et de celui de la domanialité, par suite du droit que l'on y reconnaît à l'Etat. Il se distingue; toutefois, très nettement de ce dernier système. Ainsi, tandis, que, dans le système de la domanialité, la mine appartient à l'Etat comme une autre propriété ordinaire, et qu'il est libre, dans la concession qu'il en fait, d'imposer toutes les conditions qu'il lui plaira, dans le système de la concession de droit régalien, au contraire, il n'est libre que dans le choix du titulaire; une fois qu'il l'a admis, il se trouve pour ainsi dire réduit à l'impuissance, et c'est alors la loi seule qui dicte les conditions de la concession et de la constitution de la propriété tréfoncière.

11. L'expression *droit régalien* que nous employons pour caractériser ce système, est empruntée à M. Aguillon; elle nous paraît commode par sa brièveté, en permettant d'éviter l'emploi d'une longue périphrase. Cette expression est, d'ailleurs, très fréquemment employée dans les ouvrages qui ont rapport aux mines; mais elle l'est avec des acceptions très diverses. Les auteurs ne s'entendent pas toujours sur le sens qu'il faut lui donner, et cela n'a rien de surprenant quand on considère que ce mot découle du droit féodal et du droit public ancien, et qu'il est, comme on sait, très difficile de concilier, avec les règles de l'ancien régime, les principes et le vocabulaire du droit public moderne. D'après M. Migneron (*Ann. des mines*, 3e série, t. 3, p. 635), le droit régalien confère, en principe, le droit : 1° de régler la destination de la propriété souterraine, en d'autres termes, de pourvoir du privilège de l'exploiter les personnes qui peuvent le mieux la mettre en valeur; 2° d'en surveiller l'exploitation dans ses rapports avec l'ordre public, avec la conservation du sol et avec la sûreté des ouvriers mineurs; 3° de percevoir un certain tribut sur les produits qu'en obtient l'exploitant. — Pour M. Héron de Villefosse, le droit régalien « signifie le droit que se réserve l'Etat entier, représenté par le souverain, de disposer de la propriété souterraine, comme d'une propriété publique, indépendante de la propriété privée du terrain qui la recèle et d'en disposer pour le plus grand avantage de la société » (*Richesse minière*, 1810, t. 1, p. 6). Une remarque pratique ressort de ces observations, c'est qu'il faut, lorsqu'on rencontre cette expression, avoir bien soin de distinguer le sens dans lequel elle est prise, afin de ne pas s'exposer à de multiples erreurs.

Le système, qui précède est, semble-t-il, celui qui a prévalu dans la loi française du 21 avr. 1810, et qui a été également admis en Belgique, en Turquie, en Grèce et en Hollande (V. *infrà*, nos 88 et suiv.).

12. Tels sont, brièvement examinés, les quatre systèmes auxquels il est possible de ramener les législations positives en matière de mines; mais il ne faut pas s'abuser sur la valeur de cette classification et croire que tout régime minier doive cadrer parfaitement avec l'un d'eux, ce serait une erreur. Comme on l'a fait remarquer avec beaucoup de raison (Aguillon, n° 13), « bien peu de législations ont été échafaudées en prenant pour fondement des principes nettement arrêtés sur ce sujet. Généralement elles ont fait des emprunts à l'un et à l'autre de ces systèmes; elles ont été fréquemment des tentatives de conciliation entre les idées adverses de ceux qui ont contribué à leur préparation ou des concessions à d'anciens usages consenties en vue de faciliter le passage d'une législation à une autre ».

Sect. 2. — Historique et législation. — Projets de réforme (*Rép.* n° 3 à 28).

13. — I. Historique et législation (*Rép.* nos 1 à 42). — On a donné au *Répertoire* un historique suffisamment complet de la législation minière dans l'antiquité grecque et romaine et dans l'ancien droit français, pour qu'il n'y ait pas lieu d'y revenir ici. On se contentera donc d'indiquer actuellement les principaux monuments législatifs promulgués depuis 1852.

14. Il faut en premier lieu signaler la loi des 9-17 mai 1866, dont le but a été double : 1° abroger les dispositions de la loi du 21 avr. 1810 relatives à l'établissement des forges, fourneaux et usines, et les droits établis à leur profit sur les minières du voisinage ; 2° modifier les art. 57 et 58 de la même loi relatifs à l'exploitation des minières (D. P.

66. 4. 42). Le projet de loi avait été présenté le 30 mars 1864 (*Moniteur* du 30) et le 18 mai 1865 (*Moniteur* du 19) et le rapport présenté par M. Dalloz à la date du 28 févr. 1866 (*Moniteur* du 1er mars). Discussion et adoption de la loi, le 6 avr. 1866, et délibération du Sénat du 1er mai 1866). Cette loi, dont le caractère libéral apparaît de prime abord, a eu pour but de dégager les usines métallurgiques de certaines formalités administratives édictées par la loi de 1810, et de faire cesser, par suite, des droits équivalant à des servitudes auxquels, à leur tour, les propriétaires de minières étaient soumis au profit des usines autorisées dans les conditions de cette loi. Désormais, l'établissement de ces usines sera complètement libre, mais, par contre, les industriels ne pourront plus prétendre à un droit quelconque sur les minières des environs, ni exiger d'elles aucune prestation en nature. L'art. 3 de la loi de 1866 vise la police administrative des minières et prescrit certaines mesures obligatoires, dans le but de garantir la sécurité générale et la bonne exploitation des gisements.

15. Le décret des 11 févr.-20 mars 1874 (D. P. 74. 4. 64) vint modifier celui du 6 mai 1811 relatif à l'établissement de la redevance proportionnelle due par les concessionnaires de mines.

16. La loi du 26 mars 1877 a eu pour but d'instituer une commission pour l'étude des moyens propres à prévenir les explosions de grisou (D. P. 77. 4. 42).

17. La loi de 1810 a été vivement critiquée depuis de nombreuses années, et sa revision était réclamée d'une façon très impérieuse. La loi du 27 juill. 1880 (D. P. 81. 4. 33) est venue, sur certains points, donner une première satisfaction aux intéressés, et c'est le monument législatif le plus important sur la matière depuis la loi de 1810. Présenté d'abord au Sénat le 17 nov. 1877, le projet de loi fut l'objet d'un rapport de M. Pâris et voté par cette assemblée le 22 févr. 1879. Déposé sur le bureau de la Chambre des députés le 17 mars 1879, il ne fut adopté que le 13 juill. 1880 sur les conclusions du rapporteur, M. Brossard. Cette loi a, d'une façon générale, soit mis fin à des controverses nées à la suite du peu de clarté des articles de la loi de 1810 (modification des art. 11, 42) en adoptant presque toujours la jurisprudence constante de la cour de cassation, soit prescrit de nouvelles mesures dans le but d'assurer la sécurité publique et la conservation des eaux (modification des art. 50, 70, 81, 82), soit mis la loi en rapport avec la facilité actuelle des communications (modification des art. 23 et 26), soit enfin réglé à nouveau la question capitale des droits du concessionnaire de mines à l'intérieur et à l'extérieur du périmètre de la concession et celle des indemnités dues par lui de ce chef aux propriétaires de la surface (modification des art. 43 et 44).

18. Enfin, il reste à mentionner, comme document législatif de la plus haute importance, la loi du 8 juill. 1890 sur l'institution des délégués à la sécurité des ouvriers mineurs (D. P. 90. 4. 116. V. *infrà*, n° 546).

19. Indépendamment de ces lois, un grand nombre de décrets ont été promulgués, notamment en ce qui concerne le régime minier de l'Algérie et celui des carrières dans tous les départements français; on en trouvera dans le tableau ci-après (V. *infrà*, n° 25) une énumération complète.

20. — II. RÉFORME DE LA LÉGISLATION DES MINES. — La loi du 21 avr. 1810 constitue, c'est là un point depuis longtemps reconnu, un monument législatif des plus remarquables, dont les effets bienfaisants se firent sentir en France dès le lendemain de sa promulgation; aussi les États étrangers ne tardèrent-ils pas à suivre notre exemple et même à adopter les principales dispositions de notre code minier. Mais, comme le fait justement remarquer M. Krug-Basse (p. 197), tandis qu'on hésitait en France à apporter à la loi fondamentale de 1810, forcément imparfaite sur quelques objets, les plus légères modifications commandées par l'expérience, à l'étranger on manifestait moins de scrupules, et, en profitant de toutes les innovations faites, on élaborait une législation nouvelle, la plus propre à développer les progrès de l'industrie minière.

Aujourd'hui encore, c'est la loi de 1810 qui forme la base de notre législation sur les mines, et les modifications qui y ont été apportées en 1838, en 1866 et en 1880, n'ont eu qu'une portée restreinte ; mais il semble que le moment est venu où une réforme, dont on paraît attendre les plus heureux résultats au point de vue économique, va la bouleverser de fond en comble. La question n'est assurément pas nouvelle, car des projets de revision de la loi de 1810 furent déjà présentés en 1832, en 1847 et en 1860.

21. Peu de temps après la guerre de 1870-1871, la question de l'amélioration de notre régime minier fut reprise avec ardeur. La situation précaire de l'industrie houillère, la rareté et le prix croissant du charbon de terre provoquèrent à l'Assemblée nationale une demande d'enquête parlementaire, à l'effet de constater l'état de l'industrie houillère et de rechercher les mesures à prendre pour la mettre à même de pourvoir aux besoins de la consommation (*ibid.*, p. 199). Le 12 juill. 1873, l'Assemblée nationale instituait la commission de la revision de la législation des mines, et le 15 avr. 1875, M. de Marcère, rapporteur, déposait les conclusions auxquelles on avait abouti, c'est-à-dire à la revision de 30 articles de la loi du 21 avr. 1810.

De son côté, le Gouvernement s'occupait de cette réforme, et, le 17 nov. 1877, par l'organe de MM. Pâris et Caillaux, il déposait un projet de loi, réduisant à 49 les 96 articles de la loi de 1810. Ces diverses études aboutirent à la rédaction de la loi du 27 juill. 1880, qui, sur certains points, donna une première satisfaction aux intéressés, mais la réforme ne sembla pas assez complète, et actuellement les Chambres sont saisies de plusieurs projets nouveaux émanant, l'un de M. Baïhaut, alors ministre des travaux publics, les autres de l'initiative de MM. Laur, Desjardins-Verkinder et Wickersheimer. Nous dirons quelques mots de chacun d'eux, en les prenant dans l'ordre chronologique.

22. La proposition de loi de M. Laur (*Journ. off.* Doc. parl. 1886, p. 1024, n° 454) date du 15 févr. 1886 et comprend 8 titres et 67 articles ; c'est une refonte complète du système actuel. L'auteur, dans le titre 1er, ne limite pas le nombre des corps qui rentrent dans la classe des mines, mais, par contre, il supprime complètement la catégorie des minières. Au point de vue économique et social, il admet la participation des ouvriers aux bénéfices, la réglementation facultative du travail, de la sécurité, des salaires et des caisses de prévoyance. L'inventeur a désormais, comme cela a lieu dans plusieurs législations positives, un droit de préférence pour les recherches. Un point capital est l'innovation consistant à faire attribuer la propriété des mines, non plus simplement par décret, comme sous l'empire de la loi de 1810, mais par une loi présentée aux Chambres par le président de la République, sur le rapport conforme du ministre des travaux publics, et après avis du conseil d'État et du conseil général des mines. La concession peut être accordée à un syndicat d'ouvriers (art. 28 et 30).

M. Laur soumet les propriétaires de mines à l'impôt sur le revenu, et n'attribue aux propriétaires de la superficie des droits pécuniaires que dans le cas où la mine réalise des bénéfices. L'art. 49 porte que les concessions qui seront restées inexploitées pendant plus de deux ans pourront être résolues ; le retrait sera prononcé par le ministre des travaux publics, après une mise en demeure de réexploitation restée infructueuse.

23. Le projet de loi déposé par M. Baïhaut (*Journ. off.* Doc. parl. 1886, p. 1676, annexe, n° 725), au nom du Gouvernement, le 25 mai 1886, modifie beaucoup plus profondément la loi de 1810 que le précédent; il renferme 14 titres et 151 articles. Un point commun est la supression de la catégorie des minières, dont l'inutilité est reconnue d'une manière générale. La réforme principale porte sur la propriété des mines qui, d'après le titre 3, est attribuée désormais à l'inventeur du gisement, qui aura fait sa demande dans les délais prescrits. A défaut d'inventeur, ou s'il ne réclame pas la concession, la mine est attribuée, par voie d'adjudication publique, au profit de l'État (art. 20). Toutefois le Gouvernement se réserve le droit de désigner à l'avance certaines régions, où, par exception au principe général, les mines ne pourront jamais qu'être concédées par voie d'adjudication au profit de l'État, sous la seule réserve des droits d'invention régulièrement acquis avant la promulgation du décret restrictif. La concession, telle que peut la réclamer l'inventeur, varie en superficie de 500 à 800 hectares. Pour entreprendre des recherches minérales, chaque explorateur devra se munir préalablement d'un permis administratif, et le propriétaire du sol est lui-même soumis à cette formalité. Les recherches ne peuvent avoir lieu, sans le consentement exprès du propriétaire, sous les bâtiments et les terrains clos de murs, ni sous les terrains dans un rayon de 50 mètres des habitations (art. 10 à 12).

Le titre 4 s'occupe des caractères de la propriété des mines, qui donne le droit de s'approprier toutes les substances minérales désignées dans l'acte de concession. — L'inventeur seul a le droit de réunir plusieurs concessions sans autorisation. La redevance tréfoncière est supprimée et le propriétaire de la surface ne peut que réclamer une indemnité pour les dégâts à lui causés par l'exploitation de la mine, qui sera fixée suivant les principes du droit commun, et qui se prescrira par un délai de trois ans à dater du jour de l'apparition du dommage. L'exploitant peut étendre ses travaux en dehors du périmètre de concession, à l'exception de ceux d'abatage, mais en payant, dans ce cas, la réparation du dommage causé sur le pied du double de la valeur du dégât (art. 70).

La question actuellement si controversée des mines voisines ou superposées, est résolue par le titre 6, qui ne fait que donner un caractère légal aux prescriptions actuelles des cahiers des charges. Les obligations résultant de la loi du 27 avr. 1838 sont étendues à tous les cas où un danger quelconque menacerait la sécurité d'un groupe de mines. Quant aux impôts, le projet établit un impôt progressif de 0 fr. 50 cent à 4 fr. par hectare, et une redevance proportionnelle de 3 pour 100 du produit net.

Le titre 8 s'occupe de la surveillance de l'exploitation par l'Administration et le titre 9 de la déchéance et du cas de retrait des concessions (art. 103). Le projet admet, entre autres cas, la déchéance à la suite d'une inexploitation ayant duré plus de deux ans, et lorsque la suppression de l'exploitation ou la diminution de son activité, sans cause reconnue légitime, sera de nature à inquiéter pour les besoins des consommateurs, ou aura donné naissance à un danger public.

Les exploitations de sel sont soumises, en vertu du titre 10, à un régime spécial qui n'est que la reproduction des dispositions de la loi du 17 juin 1840. — Quant aux carrières, elles restent soumises à la surveillance administrative, et elles sont maintenues à peu près sous le régime actuel.

24. La proposition de loi déposée le 23 oct. 1886 (*Journ. off.* Doc. parl. 1886, annexe n° 1170, p. 956) par M. Desjardins-Verkinder) ne constitue, à proprement parler, qu'un contre-projet au projet de M. Baïhaut. Nous n'indiquerons que les différences. La première porte sur la concession des mines qui ne peut ici avoir lieu qu'en faveur de l'inventeur, l'adjudication publique étant supprimée dans tous les cas (art. 18). La surface des concessions sollicitées est portée jusqu'à 4000 hectares, au lieu de 800, pour les mines de combustible. Au point de vue des impôts, les propriétaires de mines sont soumis à un impôt unique de 0 fr. 10 cent. par tonne de substance minérale extraite et vendue. Enfin M. Desjardins-Verkinder supprime la déchéance dans le cas où la cessation de l'exploitation causerait un danger public, et il ne l'admet, dans les autres cas, qu'après l'avoir fait prononcer par le conseil de préfecture.

25. M. Wickersheimer (proposition de loi du 18 nov. 1886, *Journ. off.*, Doc. parl. 1886. p. 1059, annexe n° 1259) accepte le projet du Gouvernement, sauf de légères modifications dont la principale consiste à attribuer à la caisse de retraite des ouvriers mineurs le produit des adjudications des concessions de mines, dans les cas où ces concessions ne sont pas accordées à l'inventeur. Il conserve le régime de la redevance fixe sur le taux de 0 fr. 50 cent. par hectare, et de la redevance proportionnelle fixée par tonne de minerai extrait, ce qui pourra varier dans les différentes régions de la France, selon les conditions de gisement ou l'état du marché.

TABLEAU DE LA LÉGISLATION SUR LES MINES.

6 févr. 1852. — Décret relatif à l'exploitation des minerais de fer d'alluvion et des mines de fer en Algérie (D. P. 52. 4. 60).

28 févr. 1852. — Arrêté ministériel fixant le programme des connaissances exigées des gardes-mines.

24 mars 1852. — Loi promulguant en Algérie la loi du 21 avr. 1810 sur les mines.

28 mars 1852. — Décret modifiant l'organisation du corps des mines (*Bulletin des lois*, n° 4404).

31 mars 1852. — Décret relatif au traitement des inspecteurs généraux de seconde classe des mines (D. P. 52. 4. 134).

1er sept. 1852. — Décret sur la mise à la retraite des inspecteurs généraux de seconde classe (*Bulletin des lois*, n° 4470).

23 oct. 1852. — Décret faisant défense à tout concessionnaire de mines de réunir sa ou ses concessions à d'autres concessions de même nature, sans l'autorisation du Gouvernement (D. P. 52. 4. 214).

20 nov. 1852. — Circulaire ministérielle, sur l'application du décret du 23 oct. 1852 (D. P. 53. 3. 7).

5 nov. 1853. — Décret portant autorisation de sociétés anonymes pour l'exploitation de mines (D. P. 54. 5. 417).

23 janv. 1854. — Arrêté ministériel portant règlement pour les carrières de l'Algérie.

10 mai 1854. — Décret relatif au règlement des honoraires et frais de déplacement dus aux ingénieurs des mines pour leur intervention dans les affaires d'intérêt départemental, communal ou privé (D. P. 54. 4. 89).

5 juill. 1854. — Décret portant règlement pour les tourbières que renferment les arrondissements de Vienne et de la Tour-du-Pin (D. P. 54. 4. 136).

2 août 1854. — Décret portant règlement pour les carrières ouvertes ou à ouvrir dans le département de la Côte-d'Or (D. P. 54. 4. 159).

15 nov. 1854. — Décret portant autorisation de sociétés anonymes pour l'exploitation de mines (D. P. 55. 4. 43).

6 janv. 1855. — Décret concernant des concessionnaires de mines en Algérie, dont le titre est antérieur à la promulgation de la loi du 16 juin 1851, sur la constitution de la propriété (D. P. 55. 4. 12).

4 juill. 1855. — Décret portant autorisation de sociétés anonymes pour l'exploitation de mines (D. P. 55. 4. 96).

30 août 1855. — Décret qui abroge le dernier paragraphe de l'art. 29 du décret du 24 déc. 1851, sur le service des mines (D. P. 55. 4. 89).

30 août 1855. — Décret abrogeant le dernier paragraphe de l'art. 29 du décret du 24 déc. 1851 (*Bulletin des lois*, n° 3021).

10 nov. 1855. — Décret portant règlement pour l'exploitation des carrières ouvertes ou à ouvrir dans le département de la Manche (D. P. 55. 4. 116).

26 déc. 1855. — Décret relatif à l'exploitation des carrières du Calvados (*Bulletin des lois*, n° 4063).

23 avr. 1856. — Décret relatif au service des inspecteurs généraux des mines (D. P. 56. 4. 52).

4 juin 1856. — Circulaire relative au régime minier de l'Algérie.

17 juill. 1856. — Décret modifiant les art. 32 et 33 du décret du 24 déc. 1851 sur l'organisation des corps des mines (D. P. 56. 4. 134).

15 sept. 1856. — Décret relatif à l'organisation de l'Ecole impériale des mines (*Bulletin des lois*, n° 4056).

29 sept. 1856. — Décret relatif à l'exploitation des carrières de l'Orne (*Bulletin des lois*, n° 5224).

25 mars 1857. — Décret relatif aux congés illimités des ingénieurs des mines (*Bulletin des lois*, n° 4467).

8 avr. 1857. — Décret portant règlement pour l'exploitation des carrières ouvertes ou à ouvrir dans le département de la Haute-Loire (D. P. 57. 4. 66).

30 juill. 1857. — Décret portant règlement pour l'exploitation des carrières ouvertes ou à ouvrir dans le département de la Sarthe (*Bulletin des lois*, n° 6351).

1er avr. 1858. — Décret qui rend exécutoire à la Guyane française la loi du 21 avr. 1810 sur les mines, les minières et les carrières (*Bulletin des lois*, n° 5439).

15 sept. 1858. — Décrets portant règlement pour l'exploitation des carrières ouvertes ou à ouvrir dans les départements de la Haute-Marne et du Pas-de-Calais (D. P. 58. 4. 162).

5 janv. 1859. — Décret portant règlement pour l'exploitation des carrières ouvertes ou à ouvrir dans le département de la Charente (D. P. 59. 4. 9).

5 janv. 1859. — Décret portant règlement pour l'exploitation des carrières ouvertes ou à ouvrir dans le département de Vaucluse (D. P. 59. 4. 10).

14 juill. 1859. — Décret relatif à l'exploitation des carrières d'Indre-et-Loire (*Bulletin des lois*, p. 8722).

11 oct. 1859. — Décret autorisant la compagnie concessionnaire des mines de cuivre de Mouzaïa (Algérie) à exporter à l'étranger la quantité de minerai nécessaire pour parfaire le chiffre de 6000 tonnes (D. P. 59. 4. 83).

21 déc. 1859. — Décret augmentant le traitement des gardes-mines (*Bulletin des lois*, n° 7312).

30 juin 1860. — Décret concernant la fixation de l'abonnement à la redevance proportionnelle des mines (D. P. 60. 4. 90).

4 août 1860. — Décret promulguant en Algérie le décret du

30 juin 1860 sur l'abonnement à la redevance proportionnelle (*Bulletin des lois*, n° 7886).

24 sept. 1860. — Décret portant que les ingénieurs des mines et les gardes-mines attachés aux services municipaux des villes ayant au moins cinquante mille âmes de population seront considérés comme étant au service détaché (*Bulletin des lois*, n° 8293).

13 oct. 1860. — Décret rendant exécutoire dans les départements de la Savoie et de la Haute-Savoie et dans l'arrondissement de Nice la loi du 21 avr. 1810 sur les mines et tous autres lois, décrets et règlements relatifs aux mines et usines métallurgiques (*Bulletin des lois*, n° 8327).

17 nov. 1860. — Décret qui fait remise à la compagnie propriétaire de la concession houillère d'Escampont (Nord) de la redevance proportionnelle pendant cinq ans (D. P. 61. 4. 6).

9 janv. 1861. — Décret faisant remise à la compagnie propriétaire de la mine de houille de Désert (Maine-et-Loire) de la redevance proportionnelle pendant deux années (D. P. 61. 4. 28).

15 juin 1861. — Décret portant règlement pour l'exploitation des carrières ouvertes ou à ouvrir dans le département du Haut-Rhin (D. P. 61. 4. 120).

22 nov. 1861. — Décret portant règlement pour l'exploitation des carrières ouvertes ou à ouvrir dans le département de l'Isère (D. P. 61. 4. 133).

22 nov. 1861. — Décret portant règlement pour l'exploitation des carrières ouvertes ou à ouvrir dans le département des Vosges (D. P. 61. 4. 134).

11 déc. 1861. — Décret relatif à l'organisation du corps impérial des mines (*Bulletin des lois*, n° 9784).

15 janv. 1862. — Décret faisant remise à la Société des mines argentifères de Pontgibaud de la redevance proportionnelle pendant cinq ans (*Bulletin des lois*, n° 9912).

10 juill. 1862 — Décret portant règlement pour l'exploitation des carrières ouvertes ou à ouvrir dans le département de Maine-et-Loire (D. P. 62. 4. 81).

30 juill. 1862. — Décret portant règlement pour l'exploitation des carrières ouvertes ou à ouvrir dans le département de Maine-et-Loire (D. P. 62. 4. 81).

2 sept. 1862. — Décret portant règlement pour les carrières ouvertes ou à ouvrir dans le département de la Haute-Garonne (D. P. 62. 4. 115).

2 sept. 1862. — Décret qui règle sous forme d'abonnement, pour cinq ans à partir de 1861, la redevance proportionnelle de la mine de houille de Lens (Pas-de-Calais) (*Bulletin des lois*, n° 10816).

6 déc. 1862. — Décret fixant sous forme d'abonnement pendant cinq ans à partir de 1862 la redevance proportionnelle de la mine de houille de Cransac (Aveyron) (*Bulletin des lois*, n° 10825).

6 déc. 1862. — Décret qui règle sous forme d'abonnement pendant cinq ans à partir de 1862 la redevance proportionnelle de la mine de houille de la Chazotte (Loire) (*Bulletin des lois*, n° 10826).

7 mars 1863. — Décret portant règlement pour l'exploitation des carrières ouvertes ou à ouvrir dans le département de la Savoie (*Bulletin des lois*, 1863, n° 14521).

7 mars 1863. — Décret portant règlement pour l'exploitation des carrières ouvertes ou à ouvrir dans le département de la Haute-Savoie (*Bulletin des lois*, 1863, n° 14522).

18 mars 1863. — Décret portant règlement pour l'exploitation des carrières ouvertes ou à ouvrir dans le département de l'Ariège (D. P. 63. 4. 15).

18 avr. 1863. — Décrets qui règlent sous forme d'abonnement, pour cinq ans à partir de 1861 et 1862, les redevances proportionnelles dues par les mines de Beaubrun (Loire), de Poissonnière (Loire), de Sainbel (Rhône) (*Bulletin des lois*, 1863, n° 11607).

30 mai 1863. — Décret portant règlement pour l'exploitation des carrières ouvertes ou à ouvrir dans le département du Doubs (D. P. 63. 4. 123).

12 juill. 1863. — Décret réglant sous forme d'abonnement, pour cinq ans à partir de 1862, la redevance proportionnelle de la mine de houille de Commentry (Allier).

30 juill. 1863. — Décret qui règle sous forme d'abonnement pour cinq ans à partir de 1862, la redevance proportionnelle des mines de houille de Montrambert et de la Béraudière (Loire) (*Bulletin des lois*, n°s 12171 et 12172).

10 déc. 1863. — Circulaire ministérielle relative aux formules de demandes en concession (D. P. 64. 3. 43).

13 janv. 1864. — Décret concernant les inspecteurs généraux des mines, mis, sur leur demande, en congé illimité pour s'attacher au service des compagnies (*Bulletin des lois*, n° 12006).

13 janv. 1864. — Décret réglant, sous forme d'abonnement pour cinq ans, à partir de 1863, la redevance proportionnelle de la mine de houille de Blanzy (Saône-et-Loire) (*Bulletin des lois*, 1864, n° 12492).

27 janv. 1864. — Décret qui fait remise aux sieurs Huillier et comp., propriétaires de la concession de la mine de lignite dite de la *Grande-Concession* (Bouches-du-Rhône) de la redevance proportionnelle pendant trois ans (*Bulletin des lois*, n° 12493).

27 févr. 1864. — Décret portant règlement pour l'exploitation des carrières, autres que celles d'ardoises, ouvertes ou à ouvrir dans le département de la Mayenne (D. P. 64. 4. 32).

27 avr. 1864. — Décret portant règlement pour l'exploitation des carrières ouvertes ou à ouvrir dans le département du Jura (D. P. 64. 4. 73).

11 mai 1864. — Décrets qui règlent sous forme d'abonnement pour cinq ans à partir de 1863 la redevance proportionnelle de la mine de Quartier-Gaillard (Loire) et celle de Villars (Loire) (*Bulletin des lois*, 1864, n° 12681).

2 juill. 1864. — Décret réglant sous forme d'abonnement pour cinq ans la redevance proportionnelle de la mine de fer de Veyras (Ardèche) (*Bulletin des lois*, 1864, n° 12583).

17 août 1864. — Décret portant règlement pour l'exploitation des carrières ouvertes ou à ouvrir dans le département des Bouches-du-Rhône (D. P. 64. 4. 109).

20 août 1864. — Décret qui modifie celui du 17 avr. 1861 faisant concession à la Compagnie des mines de Nœux et de Vicoigne d'un canal de navigation entre Nœux et le canal d'Aire à la Bassée (*Bulletin des lois*, n° 14593).

31 déc. 1864. — Décret portant règlement pour l'exploitation des carrières ouvertes ou à ouvrir dans le département de l'Aude (D. P. 65. 4. 9).

31 déc. 1864. — Décret relatif à l'exploitation des carrières de l'Oise (*Bulletin des lois*, 1865, n° 17666).

31 déc. 1864. — Décret portant règlement pour l'exploitation des carrières ouvertes ou à ouvrir dans le département de la Haute-Vienne (*Bulletin des lois*, n° 17668).

9 oct. 1865. — Décret qui règle sous forme d'abonnement, pour cinq ans, à partir de 1854, la redevance proportionnelle de la mine de Vicoigne (Nord) (*Bulletin des lois*, 1865, n° 13860).

20 janv. 1866. — Décret portant règlement pour l'exploitation des carrières ouvertes ou à ouvrir dans le département de la Marne (*Bulletin des lois*, 1866, n° 19351).

20 janv. 1866. — Décret portant règlement pour l'exploitation des carrières ouvertes ou à ouvrir dans le département de Saône-et-Loire (*Bulletin des lois*, 1866, n° 19353).

20 janv. 1866. — Décret portant règlement pour l'exploitation des carrières ouvertes ou à ouvrir dans le département de l'Yonne (*Bulletin des lois*, 1866, n° 19383).

20 janv. 1866. — Décret portant règlement pour l'exploitation des carrières ouvertes ou à ouvrir dans le département de l'Aube (*Bulletin des lois*, n° 00000).

27 janv. 1866. — Décret fixant sous forme d'abonnement les redevances proportionnelles dues par les mines de Berard (Loire), de Cote-Thiollière (Loire), de Meons (Loire), de Terre-Noire (Loire) et du Treuil (Loire) (*Bulletin des lois*, 1866, n° 14007).

3 mars 1866. — Décret qui règle sous forme d'abonnement, pour cinq ans, à partir de 1865, la redevance proportionnelle des mines de lignite dites de la *Grande-Concession*, de Trêts, de Greaque et Belcotière (Bouches-du-Rhône) (*Bulletin des lois*, 1866, n° 14149).

7 mars 1866. — Décret réglant sous forme d'abonnement pour cinq ans, à partir de 1863, la redevance proportionnelle des mines de houille de Robiac et Mayrannes (Gard) (*Bulletin des lois*, 1866, n° 14150).

5 mai 1866. — Décret portant réglementation pour l'exploitation des carrières ouvertes ou à ouvrir dans le département de l'Eure (D. P. 66. 4. 50).

9 mai 1866. — Loi qui abroge les dispositions de la loi du 21 avr. 1810, relative à l'établissement des forges, fourneaux et usines et aux droits établis à leur profit sur les minières du voisinage; qui modifie les art. 57 et 58 de la même loi relatifs à l'exploitation des minières (D. P. 66. 4. 42).

19 mai 1866. — Décret réglant sous forme d'abonnement, pour cinq ans, à partir de 1865, la redevance proportionnelle de la mine de houille de Douchy (Nord) (*Bulletin des lois*, 1866, n° 14327).

13 juin 1866. — Décret réglant sous forme d'abonnement la redevance proportionnelle des mines d'Anzin (Nord), de Denain (Nord), de Fresnes (Nord), de Raismes (Nord), de Vieux-Condé (Nord) (*Bulletin des lois*, 1866, n°s 14465 à 14469).

23 juin 1866. — Décret abrogeant celui du 6 févr. 1852 et replaçant les minières situées en Algérie sous l'empire du droit commun (*Rép.* v° *Organisation de l'Algérie*, p. 811).

27 juin 1866. — Décret concernant la fixation de l'abonnement à la redevance proportionnelle des mines (D. P. 66. 4. 90).

9 janv. 1867. — Décret portant réglementation pour l'exploitation des carrières ouvertes ou à ouvrir dans le département de la Gironde (D. P. 67. 4. 29).

20 avr. 1867. — Décret qui fait remise au concessionnaire des mines de plomb de Sentein et de Saint-Lary (Ariège) de la redevance proportionnelle pendant cinq ans (*Bulletin des lois*, 1867, n° 15156).

16 oct. 1867. — Décret réglant sous forme d'abonnement pour cinq ans à partir de 1866 la redevance proportionnelle de la mine de houille de la Péronnicie (Loire) (*Bulletin des lois*, 1867, n° 15599).

11 déc. 1867. — Décret portant règlement sous forme d'abonnement pour cinq ans à partir de 1866 de la redevance proportionnelle des mines de Lens (Pas-de-Calais), de Rouvre et Barbecot (Puy-de-Dôme).

18. déc. 1867. — Décret fixant l'abonnement pour la redevance proportionnelle de la mine de Bezenet (Allier).

29 janv. 1868. — Décret fixant l'abonnement pour les mines de Serons et de Palayret (Aveyron), de la Béraudière et de Montrambert (Loire), d'Aniche (Nord), d'Escampont (Nord) (*Bulletin des lois*, 1868, n° 15819 à 15822).

12 févr. 1868. — Décret portant règlement par abonnement de la redevance proportionnelle de la mine de Sainbel (Rhône) (*Bulletin des lois*, 1868, n° 15913).

25 mars 1868. — Décret portant règlement pour l'exploitation des carrières ouvertes ou à ouvrir dans le département de Seine-et-Oise (D. P. 68. 4. 66).

25 mars 1868. — Décret portant règlement pour l'exploitation des carrières ouvertes ou à ouvrir dans le département d'Ille-et-Vilaine (D. P. 68. 4. 66).

17 juin, 4 juill. et 12 sept. 1868. — Décrets portant règlement sous forme d'abonnement de la redevance proportionnelle des mines de Courrière et de Nœux (Pas-de-Calais), de Schanceken (Moselle), de Decize (Nièvre), de la Mure, de la Grande-Draye (Isère) (*Bulletin des lois*, n°s 16224, 16344 et 16352).

28 oct. 1868. — Décret portant que les ingénieurs des mines et les gardes-mines attachés aux services municipaux des villes ayant au moins 30 000 habitants seront considérés comme étant en service détaché (*Bulletin des lois*, 1868, p. 407).

7 déc. 1868. — Décret instituant les ingénieurs des mines inspecteurs du travail des enfants dans les manufactures (*Bulletin des lois*, n° 16520).

21 déc. 1868. — Décret augmentant les traitements des gardes-mines principaux et de ceux de 1re et de 2e classe (D. P. 68. 4. 11).

13 janv. et 24 avr. 1869. — Décrets portant règlement sous forme d'abonnement de la redevance proportionnelle des mines de Carmaux (Tarn), du Quartier-Gaillard (Loire), de l'Huisserie et de la Bazouge-de-Chéméré (Mayenne) (*Bulletin des lois*, n°s 16643 et 16957).

5 mai 1869. — Décret portant réglementation pour l'exploitation des carrières ouvertes ou à ouvrir dans le département de la Charente-Inférieure (D. P. 70. 4. 16).

28 juill. 1869. — Décret fixant l'abonnement pour la mine de houille de Commentry (Allier).

14 août 1869. — Décret portant que le service des mines reste chargé, sous la direction du ministre des travaux publics, de la police et de la surveillance des établissements thermaux, en ce qui concerne la recherche, le captage et l'aménagement des sources d'eaux minérales (*Bulletin des lois*, n° 17171).

22 déc. 1869. — Décrets réglant sous forme d'abonnement la redevance proportionnelle pour cinq ans à partir de 1869 des mines de houille de la Roche et de Villars (Loire) (*Bulletin des lois*, 1866, n°s 17676 et 17677).

6 juill. et 2 sept. 1870. — Décrets qui règlent sous forme d'abonnement la redevance proportionnelle de la mine de houille du Creuzot (Saône-et-Loire), et de la mine d'anthracite de Montigré (Mayenne) (*Bulletin des lois*, n°s 18000 et 18061).

15 sept. 1870. — Décret qui modifie la composition du conseil général des mines (D. P. 70. 4. 6).

4 août, 21 et 25 oct. 1870. — Décrets portant règlement sous forme d'abonnement de la redevance proportionnelle à payer par le concessionnaire des mines de Terrenoire et Meons (Loire), de Bruay (Pas de-Calais) et Terrenoire (Loire), de Saint-Gervais et Boussagues (Hérault).

14 juin 1872. — Décret portant règlement sous forme d'abonnement de la redevance proportionnelle des mines de Lens (Pas-de-Calais), et de Vicoigne (Nord) (*Bulletin des lois*, 1872, n° 1248).

11 mars et 7 mai 1873. — Décrets portant règlement sous forme d'abonnement de la redevance proportionnelle pour les mines de Sainbel (Rhône), de la Béraudière et Montrambert (Loire), Courrière (Pas-de-Calais), Nœux (Pas-de-Calais), Cros (Loire) (*Bulletin des lois*, 1873, n°s 1946 et 2044).

28 mai 1873. — Décret portant règlement pour les carrières du Cher et de la Dordogne (*Bulletin des lois*, 1873, n° 3469).

13 sept. 1873. — Arrêté fixant la législation minérale de la Nouvelle Calédonie.

31 juill. et 16 déc. 1873. — Décrets portant règlement sous forme d'abonnement de la redevance proportionnelle à payer par les mines de Bouchamp-de-l'Eboulet (Haute-Saône), d'Aniche (Nord), d'Anzin (Nord), de Raismes (Nord), Saint-Saulves, Fresnes, Condé et Denain (Nord) (*Bulletin des lois*, n°s 2301 et 2630).

20 déc. 1873. — Décret relatif aux carrières de toute nature ouvertes ou à ouvrir dans le département du Nord (*Bulletin des lois*, 1874, n° 4477).

6 janv. 1874. — Décret rendu en conseil d'Etat portant que les gisements de phosphate de chaux ne sont pas concessibles.

11 févr. 1874. — Décret qui modifie celui du 6 mai 1811 relatif à l'établissement de la redevance proportionnelle des mines (D. P. 74. 4. 64).

8 janv. 1874. — Décret relatif aux carrières de toute nature ouvertes ou à ouvrir dans le département des Hautes-Pyrénées (*Bulletin des lois*, 1874, n° 4569).

31 janv. et 4 avr. 1874. — Décrets portant règlement sous forme d'abonnement de la redevance proportionnelle des mines de Carmaux : Berars, Quartier-Gaillard (Loire), Marles, Grenay (Pas-de-Calais), Le Creuzot (Saône-et-Loire), de l'Huisserie et de la Bazouche-de-Chéméré (Mayenne) (*Bulletin des lois*, n°s 2736 et 2917).

7 mai 1874. — Décret rendant applicable à l'Algérie le décret du 11 févr. 1874 sur la redevance proportionnelle (*Bulletin des lois*, n° 3016).

19 sept. et 10 nov. 1874. — Décrets portant suppression des fonctions de commissaire du gouvernement près les sociétés des houillères de Rive-de-Giers, de Saint-Etienne et de la Loire, de Montrambert et de la Béraudière (*Bulletin des lois*, n°s 5614 et suiv.).

10 août 1875. — Décret relatif aux carrières de toute nature ouvertes ou à ouvrir dans le département d'Eure-et-Loir (*Bulletin des lois*, 1875, n° 7053).

18 sept. 1875. — Décrets relatifs aux carrières de toute nature ouvertes ou à ouvrir dans le département du Lot, du Tarn et de Tarn-et-Garonne (*Bulletin des lois*, 1875, n°s 6928 à 7057).

26 nov. 1875. — Décret portant classement des gardes-mines (*Bulletin des lois*, n° 4881).

21 oct. 1876. — Décret portant organisation de l'administration centrale des travaux publics (*Bulletin des lois*, n° 5609).

21 mars 1877. — Circulaire ministérielle sur l'intervention des ingénieurs dans le travail des redevances.

26 mars 1877. — Loi qui institue une commission pour l'étude des moyens propres à prévenir les explosions de grisou (D. P. 77. 4. 42).

17 déc. 1877. — Décret relatif aux carrières de toute nature ouvertes ou à ouvrir dans le département de Seine-et-Marne (*Bulletin des lois*, 1878, n° 10765).

27 mars 1878. — Décret qui institue à Douai (Nord) une école pratique destinée à former des maîtres ouvriers mineurs (D. P. 78. 4. 59).

28 déc. 1878. — Décret sur le traitement des gardes-mines (*Bulletin des lois*, n° 7610).

2 mai 1879. — Avis du conseil des mines sur la concessibilité en Algérie des minerais de fer à ciel ouvert.

23 mai 1879. — Décrets relatifs aux carrières de toute nature ouvertes ou à ouvrir dans les départements des Côtes-du-Nord, de l'Hérault et de la Loire-Inférieure (*Bulletin des lois* 1879, n° 12636).

4 sept. 1879. — Décrets relatifs aux carrières ouvertes ou à ouvrir dans les départements de l'Ain, Allier, Basses-Alpes, Hautes-Alpes, Alpes-Maritimes, Ardèche, Ardennes, Aveyron, Cantal, Corrèze, Corse, Creuse, Drôme, Gard, Gers, Indre, Landes, Loire, Lot-et-Garonne, Lozère, Meurthe-et-Moselle, Meuse, Puy-de-Dôme, Basses-Pyrénées, Pyrénées-Orientales, Rhône, Haute-Saône, Somme, Tarn, Var, Vendée (*Bulletin des lois*, n°s 13019 à 13022, 13074 à 13078, 13081 à 13084, 13028, 13131, 13144, 13156 et 13483).

30 oct. 1879. — Décret concernant l'organisation du corps des mines (*Bulletin des lois*. n° 8586).

13 janv. 1880. — Circulaire ministérielle sur l'intervention des ingénieurs dans le travail des redevances.

30 avr. 1880. — Décret sur la surveillance des appareils à vapeur (*Bulletin des lois*, n° 9357).

27 juill. 1880. — Loi qui modifie la loi du 27 avr. 1810 sur les mines (D. P. 81. 4. 33).

6 août 1880. — Circulaire ministérielle relative à l'exécution de la loi du 27 juill. 1880.

20 août 1880. — Décrets relatifs aux carrières de toute nature ouvertes ou à ouvrir dans les départements du Finistère, du Morbihan et de la Nièvre (*Bulletin des lois*, 1880, n° 14367).

30 août 1880. — Circulaire ministérielle sur la comptabilité et le contrôle des dépenses du service des mines.

18 mars 1881. — Décret portant règlement pour les gisements aurifères de la Guyane.

2 avr. 1881. — Décret concernant les carrières de toute nature ouvertes ou à ouvrir dans le département de la Seine (*Bulletin des lois*, n° 15417).

9 nov. 1881. — Décret qui modifie celui du 27 mars 1878 concernant l'organisation de l'école des maîtres mineurs de Douai (D. P. 82. 4. 103).

6 déc. 1881. — Décret qui modifie celui du 21 oct. 1876 sur l'organisation du ministère des travaux publics (*Bulletin des lois*, n° 11400).

2 janv. 1882. — Décret sur la nomination des gardes-mines.

18 févr. 1882. — Décret rétablissant le comité chargé de dresser le tableau d'avancement dans le corps des mines (*Bulletin des lois*, n° 11675).

23 févr. 1882. — Décret modifiant l'art. 2, § 4 du décret du 10 mai 1854 sur les frais dus aux ingénieurs pour la surveillance des appareils à vapeur (*Bulletin des lois*, 1882, p. 72).

27 mai 1882. — Décret réglementant à nouveau les gisements aurifères de la Guyane.

31 juill. 1882. — Décret relatif aux carrières ouvertes ou à ouvrir dans les départements de l'Aisne et des Deux-Sèvres (*Bulletin des lois*, n° 17646).

21 août. 1882. — Décret qui rend exécutoire en Algérie la loi du 27 juill. 1880 sur les mines (*Bulletin des lois*, n° 12272).

25 sept. 1882. — Décret qui modifie l'ordonnance du 26 mars 1843 concernant les mines (D. P. 83. 4. 78).

30 nov. 1882. — Décret réorganisant l'école des mineurs de Saint-Etienne (*Bulletin des lois*, n° 12626).

15 déc. 1882. — Arrêté ministériel réglant à nouveau les conditions de nomination des gardes-mines.

2 janv. 1883. — Décret qui modifie celui du 24 déc. 1851 relatif à l'organisation du corps des mines (D. P. 83. 4. 88).

13 janv. 1883. — Décret relatif aux carrières de toute nature ouvertes ou à ouvrir dans le département du Loiret (*Bulletin des lois*, n° 18664).

8 févr. 1883. — Décret portant que l'Ecole nationale des mines prendra à l'avenir le titre d'Ecole nationale supérieure des mines (D. P. 83. 4. 88).

22 juill. 1883. — Décret fixant à nouveau le régime minier de la Nouvelle-Calédonie; 1883, p. 253 (*Bulletin des lois*, n° 13593).

26 déc. 1883. — Décret modifiant celui du 18 févr. 1882 sur l'avancement des ingénieurs.

11 janv. 1884. — Décret sur le traitement des gardes-mines (*Bulletin des lois*, n° 14070).

30 mai 1884. — Décret concernant l'organisation des écoles des mines (*Bulletin des lois*, n° 14495).

25 nov. 1884. — Décret portant réglementation du régime des mines dans les établissements français de l'Inde (*Bulletin des lois*, n° 14954).

4 févr. 1885. — Décret portant création d'une chaire d'économie politique à l'école nationale supérieure des mines (*Bulletin des lois*, 1885, n° 15440).

30 juin 1885. — Décret suspendant provisoirement le décret du 22 juill. 1883, Nouvelle-Calédonie (*Bulletin des lois*, n° 15667).

28 déc. 1885. — Décret établissant et modifiant la limite d'âge fixée par l'ordonnance du 22 sept. 1843 pour l'admission des maîtres ouvriers mineurs d'Alais (*Bulletin des lois*, 1885, n° 16302).

5 juin 1886. — Décret qui modifie les conditions d'admission à l'école des maîtres ouvriers mineurs d'Alais (*Bulletin des lois*, n° 16726).

9 sept. 1887. — Décret substituant un cours spécial d'artillerie au cours de fortification actuellement professé à l'Ecole nationale supérieure des mines (*Bulletin des lois*, 1887, n° 18619).

3 oct. 1887. — Décret portant création d'une chaire industrielle à l'Ecole nationale supérieure des mines (*Bulletin des lois*, 1887 n° 18652).

15 juin 1888. — Décret fixant les conditions dans lesquelles l'honorariat sera conféré aux ingénieurs des mines (D. P. 88. 4. 52).

28 août 1888. — Décret modifiant l'art. 3 du décret du 30 nov. 1882 sur l'école des mineurs de Saint-Etienne (D. P. 89.4.51).

16 oct. 1888. — Décret sur le régime des mines au Tonkin.

24 nov. 1888. — Loi ouvrant un crédit extraordinaire pour les victimes de la catastrophe des mines de Campagnac (Aveyron). (*Bulletin des lois*, n° 20132).

3 avr. 1889. — Décret relatif aux carrières de toute nature ouvertes ou à ouvrir dans le département du Loir-et-Cher (*Bulletin des lois*, n° 30187).

3 avr. 1889. — Décret relatif aux carrières de toute nature ouvertes ou à ouvrir dans le département de la Vienne (*Bulletin des lois*, n° 30688).

16 mai-9 août 1889. — Décret qui modifie l'art. 5 du décret du 30 nov. 1882 relatif au conseil de perfectionnement de l'école des mineurs de Saint-Etienne (D. P. 90. 4. 93).

26 nov. 1889. — Décret relatif aux carrières de toute nature ouvertes ou à ouvrir dans le département de la Seine-Inférieure (*Bulletin des lois*, n° 32600).

13 févr. 1890. — Décret sur les contrôleurs des mines (*Bulletin des lois*, n° 21948).

14 mars 1890. — Décret relatif aux carrières ouvertes ou à ouvrir dans le département de la Charente-Inférieure (*Bulletin des lois*, 1890, n° 33580).

8 juill. 1890. — Loi sur les délégués à la sécurité des ouvriers mineurs (D. P. 90. 4. 116).

12 juill. 1890. — Décret sur l'emploi en temps de guerre des ingénieurs des mines dans l'intendance.

18 juill. 1890. — Lois portant réorganisation de l'école des maîtres ouvriers mineurs de Douai, de celle d'Alais, de Saint-Etienne et de l'école nationale supérieure des mines de Paris (D. P. 91. 4. 96, 98 et 99).

1er août 1890. — Loi sur l'exécution de l'art. 16 de la loi du 8 juill. 1890 sur les délégués à la sécurité des ouvriers mineurs (D. P. 90. 4. 120).

12 août 1890. — Loi relative aux contributions directes et aux taxes assimilées (redevances) (art. 34) (D. P. 90. 4. 76).

30 sept. 1890. — Circulaire relative à l'application de la loi sur les délégués mineurs (mandatement des indemnités).

26 déc. 1890. — Loi portant fixation du budget général des recettes et des dépenses pour 1891 (art. 14) (D. P. 91. 4. 50).

26 mai 1891. — Décret portant règlement pour les carrières du département de la Loire-Inférieure (*Bulletin des lois*, n° 36285).

24 juin 1891. — Décrets portant règlement pour les carrières des départements du Calvados, de Meurthe-et-Moselle, de la Meuse et des Vosges (*Bulletin des lois*, nos 36405 à 36408).

15 juill. 1891. — Décret portant règlement pour les carrières du département de Seine-et-Oise (*Bulletin des lois*, n° 36713).

16 nov. 1891. — Décret portant règlement pour les carrières du département de la Marne (*Bulletin des lois*, n° 37670).

8 févr. 1892. — Décret portant règlement pour les carrières des départements de l'Ain, de l'Aisne, des Ardennes, de l'Aube, de l'Aveyron, de la Côte-d'Or, des Côtes-du-Nord, du Doubs, de l'Eure, de l'Eure-et-Loir, du Finistère (*Bulletin des lois*, nos 38003 à 38006, 38036, 38037, 37876 à 37880).

10 févr. 1892. — Décret portant règlement pour les carrières des départements de l'Hérault, de l'Ille-et-Vilaine, du Jura, du Loiret, du Lot, de la Manche (*Bulletin des lois*, nos 38038, 38039, 38091 à 38094).

27 avr. 1892. — Décret portant règlement pour les carrières des départements des Alpes-Maritimes, de l'Ardèche, de l'Aude, des Bouches-du-Rhône, de la Charente, de la Corse, des Hautes-Alpes et de l'Isère (*Journ. off.* du 16 juin).

Sect. 3. — Droit comparé (*Rép.* nos 29 à 41).

Art. 1er. — *Colonies françaises et pays de protectorat.*

26. Jusqu'à ce jour, les colonies françaises, à l'exception de l'Algérie depuis peu de temps, ne sont pas soumises, quant au régime minier, à la loi organique de 1810 au moins dans son ensemble, chacune d'elles étant régie par un système spécial, adapté au milieu pour lequel il a été institué.

27. — I. Algérie. — L'ordonnance royale du 21 juill. 1845 (D. P. 45. 3. 149) fut le premier document se rapportant à l'exploitation des mines en Algérie. En vertu de ses dispositions, les concessions de mines ou bancs de sel gemme ou artificiel, de sources minérales ou d'eau salée, devaient faire l'objet d'une ordonnance royale, rendue après avis du conseil supérieur d'administration. C'est sous ce régime qu'ont été concédés les gisements de Mokta, dont l'acte constitutif porte, contrairement aux dispositions de la loi du 21 avr. 1810, que la concession n'est faite que pour 99 ans, que la propriété ainsi créée n'est transmissible qu'avec l'autorisation du Gouvernement et qu'enfin les minerais ne peuvent être vendus qu'en France, à l'exclusion de tout marché étranger. Sous cette législation, l'Etat restait libre de concéder ou de ne pas concéder les minerais de fer en Algérie, quel que fût leur mode de gisement, alors même qu'ils auraient constitué des minerais d'alluvion, des filons ou des couches exploitables à ciel ouvert (Av. Cons. d'Et. 2 mai 1879; Cons. d'Et. 30 janv. 1880, aff. Jumel de Noirterre, D. P. 80. 3. 68).

28. L'ordonnance du 1er sept. 1847 (D. P. 47. 3. 179) vint modifier celle de 1845, en décidant que les concessions seraient toujours accordées par le chef du Gouvernement et sur les conclusions du ministre de la guerre, le conseil d'Etat entendu.

29. Le 9 oct. 1848 (V. *Rép.*, v° *Organisation de l'Algérie*, p. 794), arrêté du président du conseil, chef du pouvoir exécutif, portant : « Sont provisoirement déclarés inapplicables à l'Algérie, l'art. 3 de la loi du 21 avr. 1810, en ce qui concerne les minerais de fer dits d'alluvion, et les art. 59 à 69 inclusivement de la même loi, relatifs aux minerais de fer d'alluvion et aux mines de fer en filons ou en couches exploitables à ciel ouvert ». Aux termes de l'art. 2, ces minerais ne pouvaient plus être exploités en Algérie qu'en vertu d'un acte de concession. Comme le fait très bien remarquer M. Krug-Basse (p. 176), cet arrêté était au moins singulier, car il déclarait provisoirement inapplicables en Algérie des articles de la loi de 1810 qui n'y avaient jamais été appliqués et qui n'avaient pas à l'être, puisque les mines n'y étaient pas soumises au régime de la loi de 1810.

30. Une loi du 16 juin 1851 (D. P. 51. 4. 91) décide enfin que les mines et minières situées en Algérie seront dorénavant régies par la législation générale de la France. En conséquence, un arrêté du gouverneur général en date du 24 mars 1852 promulgue en Algérie : la loi du 21 avr. 1810, les décrets des 6 mai 1811 et 3 janv. 1813, la loi du 27 avr. 1838, le règlement du 23 mai 1841, la loi du 17 juin 1840 et le règlement du 7 mars 1841 sur le sel, les ordonnances des 18 avr. 1842 et 26 mars 1843, enfin le décret du 21 déc. 1851 sur l'organisation du corps des mines.

31. Le décret du 6 janv. 1855 (D. P. 55. 4. 12) compléta la loi du 16 juin 1851 en déclarant abrogées toutes les dispositions de lois contraires à celle de 1810 et qui auraient pu être prises en Algérie antérieurement au 16 juin 1851. Une seule exception fut faite relativement aux minières de fer qui, en vertu d'un décret spécial du 6 févr. 1852, restèrent sous l'empire du régime de l'arrêté du 9 oct. 1848. Cette exception, d'ailleurs, disparut elle-même à la suite du décret du 23 juin 1866, qui replaça ces gisements sous le régime de la métropole.

32. En vertu du décret du 6 janv. 1855, les concessions accordées antérieurement à la loi de 1851, et qui n'étaient que temporaires, furent déclarées perpétuelles. — Enfin, d'après la loi du 16 juin 1851, les lacs salés sont compris dans le domaine public et déclarés concessibles.

33. Dorénavant, les concessions de mines sont soumises, quant à leur obtention et à leur réglementation, au même régime que celui en vigueur dans la France continentale. Toutefois, une règle spéciale est à noter : c'est que le conseil du gouvernement doit être consulté sur toute demande en concession, et l'omission de cette formalité entraînerait la nullité pour excès de pouvoirs, du décret de concession (V. Décr. 17 mai 1861, art. 1-7°).

34. Le cahier des charges modèle de 1882 comprend, sous la lettre P, un article spécial aux concessions accordées en Algérie. « L'Administration assure aux établissements des concessionnaires, dit cette clause, dont les emplacements et les tracés auront été arrêtés de concert entre eux et les services militaires, la protection qu'elle accorde à tous les établissements des colons. Si les emplacements et tracés arrêtés exigent des travaux défensifs spéciaux, ces travaux seront exécutés aux frais du concessionnaire. Le concessionnaire devra pourvoir au baraquement d'une garnison déterminée, si, sur sa demande, l'autorité juge cette garnison indispensable. Dans le cas prévu par le paragraphe précédent, le général commandant la division ou ses délégués sont juges de l'opportunité des mesures à prendre au point de vue militaire ».

35. A titre documentaire, voici la liste des monuments législatifs ou réglementaires intéressant le régime minier en Algérie : ordonnances des 21 juill. 1845 (D. P. 45. 3. 149) et 1er sept. 1847 (D. P. 47. 3. 179); arrêté du 9 oct. 1848, (*Rép.*, v° *Organisation de l'Algérie*, p. 794); arrêté du ministre de la guerre du 10 nov. 1848, ordonnant à tous les concessionnaires de mines abandonnées de reprendre leur exploitation sous peine de déchéance; arrêtés portant déchéance du 14 sept. 1849; décret des 12-19 janv. 1850 (D. P. 50. 4. 7) relatif aux mesures douanières; loi du 16 juin 1851 (D. P. 51. 4. 91); arrêté de retrait du 28 mars 1851; décret-loi du 6 févr. 1852 (D. P. 52. 4. 60); décret du 6 janv. 1855 (D. P. 55. 4. 12); circulaire du 4 juin 1856, relative aux litiges pouvant s'élever au sujet de la propriété des terrains soumis à des recherches; décret du 23 juin 1866, déclarant applicable à l'Algérie la loi du 9 mai 1866; décret du 7 mai 1874 (*Bull. des lois*, n° 3016) ordonnant la publication du décret du 11 févr. 1874, sur l'établissement de la redevance proportionnelle ; avis du conseil des mines en date du 2 mai 1879, sur la concessibilité des minerais de fer exploitables à ciel ouvert; décrets du 26 août 1881, portant réorganisation administrative de l'Algérie ; décret du 21 août 1882, portant promulgation de la loi du 27 juill. 1880 (*Bull. des lois*, n° 12272).

36. Quant aux carrières exploitées en Algérie, elles sont soumises aux dispositions d'un arrêté du ministre de la guerre rendu à la date du 23 janv. 1854.

37. — II. GUYANE FRANÇAISE. — La loi du 21 avr. 1810 a été rendue exécutoire à la Guyane française par un décret du 1er avr. 1858 (D. P. 58. 4. 29), sauf quelques modifications portant principalement sur les points suivants. Les concessions sont accordées ou refusées par un simple décret (Cons. d'Et. 15 févr. 1889, aff. Vitalo, D. P. 90. 3. 44). Le gouverneur de la colonie remplace le ministre, quant aux pouvoirs accordés à ce fonctionnaire, par les art. 27, 28, 36, 47, 49 de la loi de 1810, et le préfet, pour ceux accordés par l'art. 50. Le directeur de l'intérieur se substitue au Gouvernement dans l'art. 10 et au préfet dans les art. 22, 26, 27, 30, 47 et 49 (Cons. d'Et. 15 févr. 1889, précité). Le conseil de préfecture enfin est remplacé par le conseil du contentieux administratif.

38. Un décret du 18 mars 1881 (*Ann. des mines*, 1883, p. 312), modifié par celui du 17 mai 1882 et complété par un autre décret du 9 août 1889 (*Ann. des mines*, 1883, p. 320), a établi un régime spécial pour la recherche et l'exploitation des gisements et filons aurifères. Il distingue dans ce but, le *permis de recherche*, qui implique le droit de faire des sondages et tous autres travaux d'exploitation, et le *permis d'exploitation*. C'est le directeur de l'intérieur qui accorde le *permis de recherche*, enquête d'un mois préalablement faite. Ce permis est octroyé à la priorité de demande; il est annuel, renouvelable, et ne peut porter sur une superficie de plus de 5000 hectares. Le *permis d'exploitation* ne peut également avoir une étendue supérieure ; il est accordé pour une durée de neuf années et est renouvelable. Le permissionnaire a le droit de céder son permis ; il paye chaque année une redevance fixe par hectare déterminée par le budget local, une taxe par kilogramme d'or à l'entrée des villes et, enfin, un droit de sortie *ad valorem*.

39. La loi relative à l'exploitation de l'or ne s'est pas substituée à celle de 1810; mais elle s'est simplement superposée à elle, de telle sorte que la loi de 1810 restera en vigueur chaque fois que ses dispositions ne seront pas contraires à la législation de 1881 (Aguillon, n° 987).

40. Le permis d'exploitation peut, à son tour, être changé en une véritable concession perpétuelle, dans les conditions de la loi de 1810.

41. Relativement aux pouvoirs conférés au gouverneur en matière de mines, il a été jugé que les décisions prises par lui, même en conseil privé, sont toujours susceptibles d'un recours hiérarchique devant le ministre des colonies (Cons. d'Et. 23 nov. 1883, aff. Société des mines d'or de la Guyane, D. P. 85. 3. 47).

42. — III. NOUVELLE-CALÉDONIE. — Aux termes d'un arrêté du 13 sept. 1873 (*Ann. des mines*, 1876, p. 149), rendu sous l'inspiration de la législation de l'Australie et des Etat-Unis d'Amérique, la propriété des mines, dans toutes les *terres du Domaine*, s'acquiérait par la prise de possession du terrain minier ou par l'acte de concession. La prise de possession s'opérait par l'érection, aux quatre angles du rectangle limitant le terrain occupé, de poteaux indicateurs ayant au moins un mètre de haut et portant les noms de ceux qui prenaient possession, avec mention de la date de l'occupation. Les concessions étaient accordées par le gouverneur en conseil d'administration, pour une durée de quinze ans, et sous l'obligation de payer une redevance annuelle de 5 fr. au moins par hectare. A l'expiration de ce laps de temps, la concession pouvait devenir perpétuelle moyennant le payement d'une somme fixée à 1000 fr. au maximum par hectare. Ces concessionnaires jouissaient alors de tous les droits inhérents à une propriété immobilière de droit commun, sous la réserve de certaines restrictions de police imposées par l'Administration. Toutes les substances minérales étaient concessibles.

43. Aux termes du même arrêté, les mines situées dans des *propriétés privées* ne pouvaient être acquises que par concession, soit par le propriétaire du sol, soit par l'inventeur, l'acte de concession fixant l'indemnité due à l'inventeur au cas où le propriétaire obtenait la concession. Ce dernier seul devenait immédiatement propriétaire incommutable, tandis que la concession accordée à l'inventeur ne l'était que pour une période de quinze ans. Dans le cas où l'inventeur obtenait la concession, aucune redevance tréfoncière n'était due au propriétaire. Le régime organisé en 1873 ne répondit pas aux expériences que l'on en avait conçu, et, comme le rapporte M. Krug-Basse (p. 178), si l'exploitation des mines prit à cette époque un développement appréciable, il n'en devint pas moins évident que l'acquisition par prise de possession ne donnait lieu qu'à des spéculations, en même temps qu'elle amenait une division exagérée des champs d'exploitation; aussi un décret en date du 22 juill. 1883 (*Ann. des mines*, 1883, p. 314) est-il venu doter la Nouvelle-Calédonie d'une législation minière plus en rapport avec les nécessités de l'intérêt général.

44. En principe, le régime de 1883 est celui de la métropole, avec les différences suivantes. La classification des matières minérales diffère de celle de la loi de 1810. Sont considérées comme concessibles toutes les substances minérables ou fossiles qui se présentent en gisements naturels et sont susceptibles d'être utilisées. On ne laisse à la disposition du propriétaire du sol que les matériaux de construction et les engrais pour la culture (Aguillon, n° 998).

Le propriétaire du sol n'a aucun droit sur les gisements situés sous son fonds, et il ne peut prétendre à aucune redevance tréfoncière de la part du concessionnaire, mais il peut y faire des recherches et s'en approprier le produit moyennant le payement d'une somme de 50 fr. par an.

Les concessions sont accordées en conseil privé par le gouverneur; il jouit, au sujet du choix du concessionnaire, d'une liberté absolue. L'inventeur, toutefois, a le droit d'obtenir une concession gratuite de 25 hectares, à la condition d'avoir fait constater l'exploitabilité du gisement par lui découvert. — Une concession accordée sur un périmètre quelconque comprend toutes les richesses minérales de même catégorie qui peuvent s'y rencontrer. Dans ce sens, on a divisé les substances en trois catégories, qui comprennent: la première, les combustibles, pétroles et bitumes; la deuxième, le sel gemme, sels associés et sources salées; la troisième, enfin, toutes les autres substances concessibles.

Les recherches sont libres dans les terres du Domaine; ailleurs il est nécessaire d'avoir obtenu un permis de recherche. Dans ce cas, le propriétaire de la superficie a droit de réclamer une indemnité au double, à raison de l'occupation superficielle de ses terrains.

45. Les concessionnaires ne peuvent transmettre la propriété de leurs concessions sans que l'Administration en ait été au préalable informée et en ait donné acte.

Le chômage des mines est toléré mais dans ce cas la redevance fixe annuelle due à l'Etat est augmentée dans une proportion très sensible, et pour qu'une mine puisse être réputée en exploitation, il faut un minimum de quatre ouvriers employés par chaque 100 hectares concédés.

La réunion entre les mêmes mains de deux ou plusieurs concessions est licite, alors même qu'elle n'aurait pas fait l'objet d'un décret conforme par le chef de l'Etat.

46. La déchéance ne peut être encourue que dans le cas où le concessionnaire a négligé de payer les redevances annuelles auxquelles il est soumis; elle est poursuivie dans les mêmes formes et suivant la même procédure que dans la métropole. — L'exploitation des alluvions aurifères de surface est soumise à un régime spécial, faisant l'objet des art. 46 à 60 du décret de 1883. D'après ce décret, les concessions de gisements de cette nature, déclarés tels par décision du gouverneur de la colonie, s'acquièrent par prise de possession au moyen de poteaux indicateurs, encadrant des rectangles de 20 à 50 ares, et moyennant une déclaration faite à l'Administration. Ces formalités remplies, la mine est assimilée à une concession ordinaire, sauf l'obligation de payer annuellement une redevance de 50 fr. entre les mains de l'Administration des finances et d'entretenir quatre hommes au moins au travail. Cette concession ne donne d'ailleurs droit qu'à l'exploitation des gisements de surface et non à celle des autres minéraux, même d'or, qui pourraient se rencontrer dans le tréfonds.

47. — IV. Etablissements français de l'Inde. — Le régime minier des établissements français de l'Inde résulte d'un décret du 25 nov. 1884 (*Bull. des lois*, 1884, n° 14954), qui établit une législation se rapprochant plus de la loi de 1810 que celle régissant la Nouvelle-Calédonie. On y retrouve notamment l'institution de la redevance annuelle au profit du propriétaire tréfoncier et la suppression du droit de préférence accordé à l'inventeur par le décret de 1883. Les redevances dues à l'Etat sont de 0 fr. 10 cent. par hectare pour la redevance fixe, et de 5 pour 100 au plus du produit net pour la redevance proportionnelle. Comme en Nouvelle-Calédonie, les mines inexploitées sont soumises à une surtaxe spéciale de 0 fr. 20 cent. par hectare.

48. — V. Cochinchine. — Relativement à la Cochinchine, il n'y a à signaler qu'un décret du 6 août 1883 portant réglementation pour l'assiette de l'impôt sur les salines (*Bull. des lois*, 1877, n° 13227).

49. — VI. Antilles et autres colonies. — Aucune organisation minière n'existe aux Antilles, ni dans nos autres colonies du Gabon, de Mayotte, de Nossi-Bé, etc.; dans le cas où des concessions pourraient y être accordées, il devrait être statué à ce sujet par un décret spécial. Nous mentionnerons simplement à ce sujet le décret du 13 août 1856 rendu pour réglementer l'exploitation des étangs salins de Saint-Martin.

50. — VII. Tunisie. — La Tunisie n'a pas encore été dotée d'un règlement général sur les mines; il n'existe à ce sujet que des titres particuliers émanés du bey et ne s'appliquant qu'à ses concessions spéciales. Le plus souvent ces concessions étaient consenties en même temps que de grands travaux publics, et presque toujours aux mêmes entrepreneurs. De l'examen de ces actes de concession antérieurs à l'établissement du protectorat français et qui étaient accordés par le bey, il résulte que les concessions ne sont jamais perpétuelles, mais qu'elles retournent à l'Etat, après l'expiration d'un certain délai fixé pour chaque mine en particulier. Tout le matériel devient également la propriété de l'Etat, à qui l'on doit laisser la mine en bon état d'exploitation courante. La cession de la concession est possible, à condition d'être dénoncée préalablement au gouvernement et moyennant le payement d'un droit de 1 pour 100 sur le prix déclaré. En cas de vente, l'Etat a toujours, pendant un mois, le droit de préemption. Les indemnités accordées aux propriétaires de la surface, à raison de l'occupation de leurs terrains, sont préalables et fixées à dire d'experts. L'Etat prélève une redevance fixe annuelle se montant au dixième du minerai marchand exploité. Si le concessionnaire n'exécute pas les clauses de l'acte de concession, la déchéance peut être prononcée purement et simplement. Il doit également, sous la même peine, exécuter au moins deux galeries d'aménagement, d'une longueur déterminée par l'acte, mais il n'est pas obligé de se livrer à une exploitation très active, lorsque ces galeries ont été terminées.

51. Quant aux concessions accordées depuis l'établissement du protectorat, les conditions en sont très changées, et, d'une façon générale, on peut dire que c'est le système de la loi française de 1810 qui est maintenant en vigueur, notamment pour la perpétuité des concessions. L'Etat accorde gratuitement au concessionnaire, à l'intérieur des périmètres, la jouissance des terrains domaniaux dont l'occupation est reconnue nécessaire à l'exploitation des mines. Le concessionnaire doit laisser à l'Etat le droit de se servir des chemins et sentiers de la mine pour l'exploitation des terrains domaniaux. Il ne peut céder ses droits à la concession sans l'autorisation du Gouvernement. Une caisse de secours doit être établie par prélèvement sur les salaires des ouvriers et par contribution des concessionnaires dans chaque centre industriel et minier. La déchéance peut être prononcée contre tout concessionnaire qui ne produirait pas une moyenne de 50 000 tonnes de minerai de fer par période de trois ans d'exploitation, ou qui encourrait la déchéance relativement à la concession de travaux publics à lui accordée en même temps que celle de la mine.

52. — VIII. Annam et Tonkin. — En vertu d'une convention passée le 18 févr. 1885 entre la France et le royaume d'Annam, approuvée par décret en date du 2 mars 1886 (D. P. 87. 4. 27), le régime des mines est soumis dans ce pays aux règlements édictés par le Gouvernement français, le montant des taxes et impôts établis sur les mines et sur leurs produits devant être versé chaque année au trésor royal annamite (Krug-Basse, p. 179). Le régime de la convention de 1885, à son tour, a été remplacé par celui qui est maintenant en vigueur, et qui résulte d'un décret en date du 16 oct. 1888, dont nous allons donner une analyse rapide. — Au Tonkin, on considère comme mines tous les gîtes naturels de substances minérales ou fossiles susceptibles d'une utilisation spéciale, à l'exception des matériaux de construction et des engrais (art. 1er). Le droit accordé à une personne d'exploiter telle concession lui donne la faculté d'y rechercher tous les minéraux qui s'y trouvent, même accessoirement (art. 2). La recherche des mines dans les terrains domaniaux est libre; dans les terrains de propriété privée, il faut le consentement amiable du propriétaire, ou, à son refus, l'autorisation du résident de la province, le tout sauf indemnité d'occupation (art. 4, 5 et 56). Dans les terrains libres de droits antérieurs, c'est-à-dire non encore appropriés ni par l'Etat ni par des particuliers, et qui ne se trouvent pas dans une région affectée aux adjudications publiques, tout individu peut acquérir, par voie de première occupation, un droit exclusif de recherche en périmètre réservé. Ce périmètre, d'une superficie maximum de 24 hectares, doit être limité par des bornes ou poteaux d'un type réglementaire. Déclaration de l'occupation doit être faite au résident de la province dans les formes indiquées par le décret (art. 8 à 12). L'explorateur en périmètre réservé doit, dans un délai de trois ans, soumettre à l'Administration une demande en délivrance de la propriété de la mine; sinon son droit exclusif s'éteint par l'expiration de ce délai (art. 14). Durant son exploration, il dispose librement du produit de ses fouilles (art. 15). Les sujets, les protégés français, les sociétés françaises peuvent seuls devenir propriétaires de mines au Tonkin (art. 20). La propriété définitive des mines s'acquiert par prise de possession, ou par adjudication publique (art. 18). L'acquisition par prise de possession a lieu pour les gisements explorés en « périmètre réservé ». L'explorateur, ou son ayant cause, peut seul en devenir propriétaire, moyennant une demande adressée à l'Administration, et le versement au Trésor d'une somme de 20 fr. par hectare pour les mines de combustibles, de 40 fr. pour celles d'alluvion, et de 30 fr. pour toutes les autres. Après enquête et publication de la demande, la propriété de la mine est concédée, s'il y a lieu, à l'impétrant par arrêté du résident général, et inscription en est faite sur le « registre des mines » (art. 23 à 29).

53. La propriété des mines s'acquiert par voie d'adjudication dans les régions désignées à cet effet par décision de l'Administration, qui délimite les lots selon sa volonté. L'annonce de la mise en adjudication doit être faite au moins trois mois avant le jour fixé pour cette opération (art. 32). Nul ne peut se porter adjudicataire, s'il n'a pas au préalable versé, à titre de garantie restituable, la somme de 20 fr., 30 fr. ou 40 fr. par hectare suivant les distinctions indiquées plus haut. L'adjudication a lieu aux enchères publiques sur le chiffre de la redevance annuelle à verser pour chaque hectare, qui ne peut être inférieure à 10 fr. pour les mines de combustible et de fer, 20 fr. pour les mines d'alluvion, et 15 fr. pour les autres (art. 33 et 34). Tout individu capable a le droit de provoquer la mise en adjudication des terrains non encore allotis par l'Administration dans une région affectée aux adjudications. Le droit de recherche, dans les alluvions mis en culture, n'appartient qu'aux propriétaires de ces terrains ou à leurs ayants cause (art. 39). L'orpaillage à la battée est librement permis dans le lit des cours d'eau. Une fois qu'une mine a été définitivement instituée en faveur d'un individu, la mine constitue une propriété séparée de celle de la superficie, jouissant en principe des avantages attachés par la loi à toute propriété ordinaire, sauf les réserves suivantes. La vente d'une mine par lots et son partage matériel sont interdits sans une autorisation délivrée par le résident général (art 42). La cession totale est permise, mais doit être déclarée au résident de la province, pour permettre d'opérer la mutation sur le livre des mines. La réunion de plusieurs mines est soumise à l'autorisation. L'exploitation des mines n'est pas considérée comme un commerce, et les actions ou intérêts dans une société minière sont meubles (art. 42 à 45).

54. Toute mine doit payer au Trésor une taxe annuelle de 10 fr. par hectare pour les mines de combustible et de fer, de 20 fr. pour celles d'alluvion et de 15 fr. pour les autres. En cas d'adjudication, ces taxes sont remplacées par celles qu'a consenties l'adjudicataire (art. 47), le tout sauf confiscation de la concession. A la sortie des produits des mines ou des métaux bruts, il est perçu par la douane un droit de sortie *ad valorem*.

55. La section 3 s'occupe des relations de l'exploitant de mines avec le propriétaire de la surface, et consacre le principe de l'indemnité au double en cas d'occupation de terrains, en même temps que l'obligation, pour l'exploitant, de réparer le préjudice causé aux propriétaires de la surface (art. 53 à 58).

56. Le législateur de 1888 a comblé une lacune de la loi française de 1810, en consacrant la section 4 aux relations entre les exploitants des mines voisines et contiguës (art. 59 à 64).

57. L'exploitation des mines est soumise à la surveillance de l'Administration, s'exerçant par les résidents assistés des fonctionnaires et agents du service des mines qui ont le droit d'édicter les mesures de sécurité qui leur paraissent nécessaires (art. 65 à 68).

58. Les derniers articles du décret (69 à 76) s'occupent de la répression des infractions à ses dispositions, des pénalités et de la compétence attribuée aux tribunaux judiciaires pour toutes les questions d'intérêt privé. — En résumé, comme on a pu s'en convaincre, le régime minier du Tonkin est un système mixte, reposant à la fois sur le système de l'occupation et sur celui de la domanialité.

Art. 2. — *Législations étrangères* (*Rép.* n° 29 à 41).

59. — I. Angleterre (*Rép.* n°s 29 et 30). — Comme on l'a vu au *Répertoire*, le principe qui domine la législation anglaise, en matière de mines, est celui de l'accession, ou de la confusion de la propriété du sol et de celle du tréfonds, sauf pour les mines d'or et d'argent qui appartiennent toujours à la reine. La conséquence d'un tel régime est de placer les mines sous l'empire exclusif des règles de droit commun, comme si elles constituaient des propriétés immobilières ordinaires. En pratique, les propriétaires des terrains, dans lesquels se trouvent des gîtes métallifères les exploitent rarement eux-mêmes, mais ils les vendent ou plutôt les louent à des compagnies qui en deviennent concessionnaires à l'amiable. A la fin du bail, les propriétaires de la surface ont le droit de s'approprier, à l'exclusion des machines, toutes les installations faites par les locataires et fixées au sol. Les relations entre l'exploitant et le superficiaire sont réglées par le droit commun, et le premier n'a aucune qualité pour exiger du second des mesures propres à favoriser l'exploitation, tout étant laissé à la libre convention des parties. Les mines sont soumises à l'impôt foncier, à l'*income-tax*, ou impôt sur le revenu.

Le régime minier anglais, qui, en définitive, est entièrement livré au bon vouloir des propriétaires, est en ce moment fortement attaqué de l'autre côté du détroit, et M. Conrybeare vient de déposer à la Chambre des communes un projet de réorganisation complète de cette législation.

60. Si l'Angleterre ne possède pas à proprement parler un code minier, il y existe toutefois un certain nombre de documents législatifs concernant la police et la surveillance des mines; ce sont les lois des 14 août 1850, 14 août 1855, 20 août 1860 et 7 août 1862. La matière est actuellement régie par deux lois en date du 10 août 1872 (*Ann. de lég. comp.*, 1873, p. 32). La première loi du 10 août 1872 s'applique aux houillères et comprend les titres suivants: 1° conditions économiques de l'emploi des ouvriers; 2° conditions d'aptitudes à imposer aux exploitants ou à leurs directeurs; 3° règles techniques sur l'exploitation et l'aménagement; 4° nature et mode d'intervention de l'administration dans la surveillance des mines; 5° sanctions des prescriptions législatives. La deuxième loi du 10 août 1872, qui est presque identique à la première, a pour but la réglementation des mines métalliques.

61. — *Colonies anglaises*. — Au *Canada*, la matière est régie par l'acte du 14 juin 1872, chap. 23, par une loi de 1880 et les principes généraux du droit de la métropole. Les étrangers, comme les nationaux, ont la faculté d'y posséder des exploitations minières (*Ann. de lég. étr.*, 1881, p. 694). — Pour la colonie de *Victoria*, la loi du 28 nov. 1865, qui a abrogé celle de 1859, et qui a été complétée par celle du 17 déc. 1872, constitue le code minier. Il existe, en outre, un règlement sur la police des mines, promulgué le 3 nov. 1883. (V. Doc. off. de Victoria, texte anglais, n°s 291, 32, 145, 446, 812, 796, 783, 480, 583, 719).

62. — II. Russie (*Rép.* n° 31). — La législation minière parue en 1857 dans le recueil des lois russes, *Swod Sakonof*, n'a été dans la suite modifiée que par les lois des 8 mars 1864, 24 mai 1870 et 1er févr. 1872. Le principe fondamental du droit russe est celui de l'accession. Dans les propriétés privées, le propriétaire seul a le droit d'exploiter les substances minérales, qui se trouvent dans le tréfonds, sauf pour l'or, l'argent et le platine, à l'égard desquels il existe des règles spéciales. Dans les terrains dépendant de la couronne, et quoiqu'il y ait de nombreuses divergences à ce sujet, le principe est que la mine et le droit de l'exploiter s'acquièrent par la découverte et la prise de possession.

Les usines métalliques, en Russie, sont encore soumises à la nécessité de l'autorisation préalable, et payent une redevance annuelle assez élevée.

Une loi spéciale à la Finlande a été promulguée le 12 nov. 1883 (*Ann. législ. étrang.* 1884, p. 692).

63. — III. EMPIRE ALLEMAND. — 1° *Prusse* (*Rép.* n° 32). — Le régime minier de la Prusse, analysé au *Répertoire*, a été profondément modifié par la loi organique du 24 juin 1865 (*Ann. des mines*, 1868) qui a établi sur ce point une législation très complète et applicable à tout le pays. Déjà, avant 1865, un certain nombre de lois s'étaient occupées de la situation faite en Prusse aux concessionnaires de mines, mais, en général, elle ne portaient que sur un ou plusieurs points spéciaux, sans donner un monument d'ensemble. Dès 1862, un avant-projet, précédé d'un exposé des motifs, avait été rédigé par les soins du docteur Brassert de Bonn et soumis aux observations des autorités compétentes. Le projet, après plusieurs remaniements, fut alors admis par le gouvernement, présenté aux Chambres et promulgué le 24 juin 1865.

La loi de 1865, divisée en douze titres, ne comprend pas moins de deux cent cinquante articles, et porte abrogation expresse de toutes les lois antérieures relatives aux mines, sauf pour les points non réglés par cette loi. La nouvelle loi prussienne a pour fondement général le principe de la liberté d'exploitation des mines dans le sens le plus large que l'on puisse donner à ce mot; l'Etat ne fait que la diriger et la guider. La mine n'appartient pas au propriétaire de la surface, et celui-ci n'a pas plus de droits à invoquer sur la mine que le premier venu. C'est à l'inventeur qu'est attribuée la propriété du tréfonds, ou du moins c'est à celui qui, le premier, en a adressé la demande officielle à l'administration. En Prusse, comme en France, la propriété minière a un caractère immobilier et constitue une propriété spéciale absolument distincte de celle de la surface.

Après avoir donné une énumération limitative des substances dont l'extraction est soumise aux règles spéciales concernant les mines, la loi s'occupe du droit de recherche. Il est loisible à tout individu, même non propriétaire, de faire des fouilles sous un terrain dans le but d'y découvrir des gisements minéraux. L'administration n'intervient que pour sauvegarder l'intérêt public et la sûreté générale, et pour autoriser les recherches, lorsque le propriétaire de la surface s'y oppose (art. 8). Les fouilles ne peuvent être pratiquées à moins de 68 mètres des habitations, et jamais sous le domaine public, le tout à charge de donner au propriétaire, et avant le commencement des travaux, une juste indemnité ou une caution solvable. Lorsqu'un permis de recherche est demandé à l'Etat, celui-ci, en principe, est obligé de l'accorder, sauf le cas où il y aurait des motifs suffisants d'ordre public pour le refuser (art. 8). L'inventeur d'une mine en devient le propriétaire, à l'exclusion de tous autres, en se conformant à la procédure indiquée par la loi pour l'obtention des concessions. L'explorateur s'approprie légitimement les matériaux extraits antérieurement à la concession (art. 11).

La demande en concession doit être adressée à l'administration par l'inventeur dans les huit jours de la découverte, sous peine de se voir priver de son privilège et de voir la concession accordée à un autre pétitionnaire, dont la demande serait parvenue avant la sienne. Le postulant ne doit fournir qu'une seule preuve, celle de l'existence de la mine, mais il n'a pas à établir que la mine est exploitable pour en obtenir la concession. La concession, dont les limites doivent être indiquées dans la demande, ne peut dépasser une superficie de 219 hectares; elle peut avoir des formes géométriques diverses. Le concessionnaire n'acquiert que le droit d'exploiter le minéral pour lequel la demande a été faite, et il doit formuler une nouvelle requête pour le cas où, sous le même périmètre, se trouveraient des minéraux d'autre nature et concessibles. L'Etat ne peut obtenir, pour lui et à son compte, l'exploitation d'une mine qu'autant que ses ingénieurs l'auront découverte, et il ne jouit à ce point de vue d'aucun privilège sur les particuliers.

La mine, une fois concédée, constitue une propriété incommutable et perpétuelle; c'est un bien immobilier, assimilable aux autres immeubles quant aux aliénations et aux constitutions de droits réels actifs ou passifs. La réunion de plusieurs mines en une seule est licite et peut avoir lieu sans aucune permission préalable; toutefois, s'il s'agissait de la fusion de mines exploitant des substances différentes, il y aurait lieu d'adresser une demande à l'Etat qui ne pourrait refuser l'autorisation qu'autant que les mines ne seraient pas contiguës, ou que l'intérêt public le commanderait. La déchéance peut être prononcée contre le propriétaire de la mine, lorsque cette mesure paraît nécessaire à l'administration, ou que l'exploitation a été suspendue d'une façon menaçante pour la consommation publique. Quand la déchéance a été prononcée, on laisse au propriétaire exproprié, ou à ses créanciers inscrits, un délai de trois mois pendant lequel ils peuvent vendre la mine à leur profit, et ce n'est qu'au cas où la vente n'a pas eu lieu, ou n'a pas donné de résultat, que la mine retombe dans la classe des *res nullius* et redevient susceptible d'une nouvelle concession.

Les mines peuvent appartenir soit à de simples particuliers, soit à des sociétés. L'Etat, à ce sujet, donne les plus grandes facilités d'association; les intéressés, en ayant soin d'en faire rédiger un acte devant notaire, peuvent choisir le type qui leur convient le mieux; mais, s'ils ont négligé de le faire, la loi de 1865 a édicté pour ces sociétés minières un règlement général obligatoire (art. 95 à 132). La société (*Gewerkschaft*) constitue une véritable personne civile, propriétaire de la mine; c'est une association de capitaux, dont la durée est indéfinie et qui ne se dissout ni par la mort, ni par la retraite de quelques-uns de ses membres. Son capital est variable, et elle ne répond de ses engagements à l'égard des tiers que jusqu'à concurrence de son avoir. Chaque associé a un certain nombre de parts ou d'actions, dont la nature est mobilière, et qui sont nominatives; mais il n'est responsable que sur sa part. Le transfert, qui s'opère par inscription sur le registre de la société, est libre, mais le cédant reste responsable, vis-à-vis de l'association, du crédit de son cessionnaire. La société est gérée par des administrateurs élus en assemblée générale, où l'on discute et où l'on vote les mesures intéressant l'association.

Les propriétaires de la surface n'ont droit à aucune redevance fixe et annuelle pour le seul fait de l'exploitation de la mine. Lorsqu'une concession occupe, comme elle le peut, des terrains à la surface du périmètre, elle doit au propriétaire une juste et préalable indemnité, calculée au simple du préjudice causé. Le propriétaire peut forcer l'exploitant à lui acheter les terrains occupés pendant trois ans, et ceux qui ont été modifiés à tel point qu'ils ne puissent plus recevoir leur mode de culture primitif. Les travaux, pour lesquels l'occupation est ainsi permise, sont limitativement énumérés dans l'art. 135. L'exploitant d'une mine est tenu de réparer tous les dommages et dégâts causés par ses travaux, même s'il n'y a pas eu faute de sa part (art. 148). Les actions qui résultent de ces dégradations se prescrivent par trois ans. — La loi prussienne a réglé les conflits et les recours qui peuvent s'élever entre les mines et autres concessions d'intérêt public. Une indemnité dans ce cas n'est due à la mine que si la mine est antérieure en date à l'entreprise, et que dans l'hypothèse où l'exécution des travaux publics oblige l'exploitant, soit à une installation nouvelle qu'il n'eût point faite sans cela, soit à la suppression ou à la modification d'une installation préexistante (art. 154). La loi s'occupe peu du régime des mines voisines ou superposées.

Le gouvernement a un droit général de police et de surveillance sur les mines pour assurer la sûreté des travaux et de la vie des ouvriers, pour empêcher les accidents occasionnés par les travaux extérieurs, enfin pour prohiber les mesures d'exploitation qui seraient préjudiciables à l'intérêt public. Pour assurer l'exécution de ces mesures, l'administration a le droit d'édicter des règlements particuliers obligatoires pour les mines auxquelles ils sont destinés. En cas d'infraction, les tribunaux correctionnels sont compétents pour appliquer la peine. La loi de 1865 indique la procédure à suivre en cas d'accidents de personnes, et consacre deux titres aux relations entre les exploitants et les ouvriers, louage, livrets, associations de prévoyance.

Le service des mines est dévolu en premier lieu à des employés de district nommés *Revierbeamten*, puis, au second degré, à des *Oberbergämter*, qui sont placés sous l'autorité immédiate du ministre des travaux publics.

La loi n'ayant pas parlé des impôts auxquels les mines sont soumises, il y a lieu, sur ce point, de se reporter aux documents antérieurs. Les mines doivent acquitter un droit de 2 pour 100 sur leur production brute, c'est-à-dire sur la valeur des produits livrés par la concession à l'industrie.

Malgré la généralité des termes de la loi de 1865, il existe encore certains districts miniers où, vu les droits acquis, on a été obligé de maintenir une législation spéciale; c'est ce qui existe pour les mines de fer du duché de Silésie, du comté de Glatz, de l'île de Rügen, de la principauté de Hohenzollern..., etc. (art. 211). — Depuis 1865, de nouvelles lois ont apporté diverses modifications à l'organisation minière prussienne, ce sont notamment celles des : 9 août 1867, art. 2, sur l'abolition du monopole du sel; 5 mai 1872, art. 68 et suiv. (*Ann. de lég. étr.*, 1873, p. 235), sur l'acquisition de la propriété et les charges réelles des fonds de terre, mines, et des indemnités, qui en dépendent; 17 juill. 1878 et 1er juill. 1883, sur l'industrie; 3 mai 1872, sur l'emploi des chaudières à vapeur; 27 févr. 1879, sur les règles juridiques pour les exploitations de houille et des lignites dans les pays où avait force de loi le mandat de la Saxe électorale du 19 août 1743. — La loi prussienne de 1865 a été imposée aux pays suivants : Nassau, Hesse supérieure, Hesse-Hombourg, (22 févr. 1867); Hanovre (8 mai 1867); Hesse électorale et Francfort (1er juin 1867); Lauenbourg (6 mai 1868); Schleswig-Holstein (12 mars 1869).

64. — 2° *Alsace-Lorraine.* — La législation de l'Alsace-Lorraine est actuellement celle de la loi prussienne de 1865, qui a été promulguée à la date du 16 déc. 1873 (*Ann. de lég. étr.*, 1874, p. 571), sauf quelques modifications de détail, dont la principale consiste dans la suppression de la section 3 du titre 3, relative aux relations entre concessionnaires et ouvriers. Relativement aux minerais de fer, la législation actuelle est semblable au système français, mais elle n'établit aucune distinction entre les minerais d'alluvion et ceux en filons ou en couches (art. 1, 2 et 189). — A la différence de ce qui existe en Prusse, le propriétaire superficiaire n'a pas de privilège de rachat pour les terrains occupés et achetés par la mine, lorsqu'ils sont devenus inutiles à l'exploitation. La loi du 16 déc. 1873 a établi l'impôt et les redevances sur les mines, et a été complétée par une ordonnance du 8 mai 1874; c'est le système français, sauf la réduction de 5 à 2 pour 100 de la redevance proportionnelle.

La police générale sur les mines a fait l'objet d'une ordonnance détaillée rendue à la date du 6 sept. 1879. Un document analogue du 7 sept. 1879 règle l'exploitation des carrières; enfin un règlement pour l'exploitation des minerais de fer à ciel ouvert a été promulgué le 8 septembre de la même année (il existe un recueil contenant le texte français de tous les documents relatifs aux mines en Alsace-Lorraine, Strasbourg, 1882, in-12). Depuis le traité de Francfort, les mines concédées étant considérées comme immeubles, il a été décidé, par application de l'art. 3 de la convention du 11 déc. 1871, que la juridiction administrative française a cessé d'être compétente pour statuer sur les difficultés résultant des actes de concession de mines situées sur le territoire cédé à l'Allemagne

65. — 3° *Duché d'Anhalt.* — Le régime minier résulte de la loi du 30 avr. 1875 qui n'est que la reproduction des lois prussiennes de 1865 et de celle de 1862 sur les redevances. Une loi du 26 févr. 1877 contenait les règlements pour l'exploitation de quelques gisements particuliers laissés à la disposition du propriétaire du sol. L'Etat jouit, dans le duché, d'un monopole pour l'exploitation du sel gemme (L. 4 avr. 1883).

66. — 4° *Bavière.* — La Bavière, jusqu'en 1869, était partagée, au point de vue de la législation des mines, en un grand nombre de régions, ayant chacune une réglementation particulière. La loi du 20 mars 1869 (*Ann. des mines*, 1878, p. 177), actuellement en vigueur, est venue remédier à cet état de choses, en imposant un système général. Ce sont les principes de la loi prussienne, sauf des modifications de détail, comme, par exemple, l'étendue maxima des concessions de houille, qui peuvent comprendre jusqu'à 800 hectares, et celle des autres substances, qui ne peuvent dépasser 200 hectares. L'or de lavage appartient au propriétaire superficiaire. La loi du 6 avr. 1869 (*Ann. des mines*, 1878, p. 177) s'est occupée des impôts sur les mines, qui consistent en une redevance superficiaire de 0 fr. 315 par hectare, et en un impôt sur le revenu; quant aux anciennes redevances sur les matières non concessibles, elles ont été maintenues.

67. — 5° *Brunswick.* — Loi organique du 15 avr. 1867, reproduisant la loi prussienne de 1865, et la loi du 8 mars 1878 sur la constitution des droits réels sur les mines.

68. — 6° *Hesse-Darmstadt.* — La loi du 28 janv. 1876 a refondu les anciens règlements sur la matière et a adopté les principes prussiens. Les seigneurs féodaux ont, toutefois, un droit de préférence pour la concession des mines situées dans le tréfonds de leurs domaines propres dans les limites de leurs seigneuries. Les redevances sont fixées conformément aux lois anciennes, et notamment par la loi française de 1810, pour les pays de la rive gauche du Rhin. Plusieurs règlements généraux sur l'exploitation des mines ont été promulgués à la date des 13 et 15 juin 1876.

69. — 7° *Principauté de Reuss.* — Jusqu'en 1870, la principauté n'avait aucune législation minière; la matière est actuellement régie par les lois du 9 oct. 1870, 23 nov. 1876 et 20 juin 1877. Elle est à peu près l'analogue de la loi de Gotha du 16 août 1868. Outre l'impôt sur le revenu, les mines supportent une redevance de surface onéreuse, fixée à 6 fr. 25 cent. par hectare pour les mines d'or et d'argent, à 3 fr. 125 pour celles d'ardoise, de houille et de lignite, enfin à 1 fr. 25 cent. pour toutes les autres.

70. — 8° *Duché de Saxe-Altenbourg.* — Deux lois rendues le 18 avr. 1872 régissent la matière d'une façon singulière. Les matières minérales y sont, quant à leur réglementation juridique, classées en deux groupes, dont l'un est formé du charbon de terre, de la tourbe, des lignites, de la houille et du graphite, et dont l'autre comprend toutes les autres substances concessibles. Le deuxième groupe est régi par la loi prussienne de 1865, tandis que le premier est encore placé sous l'empire du mandat de l'électeur de Saxe du 19 août 1743, c'est-à-dire que les substances le composant appartiennent exclusivement au propriétaire du sol.

71. — 9° *Duché de Saxe-Cobourg-Gotha.* — La législation ancienne du 19 févr. 1575 revisée en 1697, est encore en vigueur dans le duché de Cobourg. Quant à celui de Gotha, il est régi par la loi du 15 août 1868.

72. — 10° *Duché de Saxe-Meiningen.* — La propriété et l'exploitation des mines sont fixées par la loi du 17 avr. 1868 et par une instruction ministérielle du 10 déc. 1868, et les redevances par la loi du 18 avr. 1868. Les tourbières appartiennent au propriétaire du sol, en vertu d'une loi du 2 janv. 1870, contrairement à ce qui avait lieu sous la loi du 11 août 1832. Les exploitants y jouissent, à la différence de ce qui se passe en France, du droit d'étendre leurs produits sur le sol et d'exproprier dans ce but les emplacements qui leur sont nécessaires

73. — 11° *Principauté de Waldeck-Pyrmont.* — La loi prussienne y a été promulguée à la date du 1er janv. 1869. Les redevances sont fixées par celle du 30 déc. de la même année.

74. — 12° *Wurtemberg.* — La législation minière, qui était particulièrement défectueuse et arriérée en Wurtemberg, comprend maintenant la loi organique (principes prussiens) du 28 avr. 1873 et celle du 7 oct. 1874 sur les redevances.

75. — 13° *Saxe* (*Rép.* n° 34). — La loi du 22 mai 1851 est aujourd'hui remplacée par celle du 16 juin 1868 (*Ann. des mines*, 6e sér., IX, p. 43), l'ordonnance du 2 déc. 1868 et les règlements de police des 7 mars 1868 et 17 août 1871. La loi de 1868 a été elle-même modifiée, en ce qui concerne les caisses de secours et les relations entre patrons et ouvriers, par celles des 28 févr. 1882 et 2 avr. 1884. En principe, les mines n'appartiennent pas au propriétaire de la surface, à l'exception toutefois des gisements de houille et de lignite. Le sel gemme et les sources salées sont monopolisés par l'Etat qui peut toutefois les faire exploiter par des concessionnaires. Toutes les autres substances minérales sont concessibles.

Le droit de recherche appartient à tout individu; mais, pour le mettre en œuvre, il faut obtenir une autorisation préalable de l'administration. La priorité de demande constitue un privilège pour l'obtention de la concession; la permission, qui peut être renouvelée, est valable pour dix-huit mois et pour une superficie de 40 hectares. La mine appartient définitivement à celui qui a fait parvenir sa demande en concession à l'administration supérieure sans que l'inventeur proprement dit ait, comme en Prusse, un droit de préférence dans les huit jours de la découverte. Le pétitionnaire doit faire la preuve de l'existence du gisement minier, mais on peut se contenter de simples présomptions fournies par les données de la géologie et de l'art des mines. Il doit également joindre un plan du périmètre dont il sollicite la concession, et il est libre de lui donner l'étendue qu'il lui plaît. En principe, la propriété minière s'étend indéfiniment en profondeur à l'aplomb de la surface concédée; mais, dans deux cas spéciaux, on peut instituer des mines simplement superficielles. La mine concédée est une propriété distincte, immobilière et perpétuelle. — La loi saxonne autorise des associations minières; mais, à la différence du régime prussien, elle n'a pas établi un type de société pour le cas où les membres n'auraient pas pris soin d'en déterminer un spécialement à l'avance. Pour qu'une association soit reconnue légale, il faut que ses statuts aient été approuvés par le gouvernement. La déchéance peut être prononcée dans tous les cas où les règlements généraux ou particuliers ne sont pas exécutés.

Le propriétaire superficiaire n'a droit à aucune redevance, et il ne peut prétendre qu'à la réparation du préjudice qui lui est causé. Le concessionnaire a droit d'occuper les terrains de la surface chaque fois que cette mesure est nécessaire à l'exploitation, et à ce point de vue la loi est simplement énonciative; c'est une nouvelle différence avec la loi de la Prusse. L'exploitant peut même, en cas de nécessité, occuper des bâtiments d'habitation ou autres, et même des établissements publics; dans ces hypothèses, il faut la sanction de l'administration. Le concessionnaire qui occupe des terrains de surface peut se libérer, vis-à-vis le propriétaire, de trois façons différentes : soit en les lui achetant, soit en lui en payant le revenu, soit enfin en constituant sur eux une simple servitude, moyennant indemnité. Pour que ce dernier mode soit admis, il faut que le propriétaire du terrain n'en soit pas gêné d'une façon trop sensible. Un chapitre entier est consacré au régime des mines voisines ou superposées.

L'administration ne peut intervenir dans l'exploitation de la mine que pour obliger à l'exécution des lois et des mesures de surveillance et de sûreté publique.

76. — 14° *Duché de Saxe-Weimar et principauté de Schwartzbourg-Sondershausen.* — Les mines y sont placées sous l'empire des lois des 22 juin 1857 et 15 févr. 1860, qui se rapprochent beaucoup des principes de l'ancienne loi saxonne de 1851.

77. — 15° *Principauté de Lippe-Detmold.* — Ordonnance du 30 sept. 1857.

78. — 16° *Principauté de Lippe-Schauenbourg.* — Loi du 12 déc. 1872.

79. — 17° *Grand-duché d'Oldenbourg.* — Il n'y a aucune législation spéciale, sauf dans la principauté de Birkenfels, où la loi française de 1810 est encore en vigueur.

80. — 18° *Principauté de Reuss* (branche aîné). — Ordonnance du 1er avr. 1877.

81. — 19° *Principauté de Schwartzbourg-Rudolstadt.* — La législation y comprend les anciennes coutumes locales et les lois du 21 juill. 1865, 13 mars 1868, et l'ordonnance du 16 sept. 1870.

82. — 20° *Etats allemands où il n'existe aucune législation minière.* — Il n'existe aucune loi régissant la propriété et l'exploitation des mines dans le duché de Bade, à Brême, Hambourg, Lubeck et dans les grands-duchés de Mecklembourg-Schwerin et Mecklembourg-Strelitz.

83. — IV. Autriche (*Rép.* n° 33). — La législation coutumière en matière de mines applicable en Autriche, (*Rép.* n° 33), a été complètement abrogée par la loi du 23 mai 1854 (*Ann. des mines*, 6e série), qui a établi un système nouveau, commenté par l'ordonnance du 25 sept. 1854, et complété par les lois des 28 avr. 1862 et 25 juill. 1871. La législation actuelle s'étend à tout l'empire l'Autriche et a complètement renversé l'ancienne théorie de la propriété régalienne des mines.

La mine n'appartient désormais ni au souverain, ni au propriétaire de la surface, mais à la personne qui en aura la première sollicité la concession, après avoir fourni une preuve suffisante de l'existence de la mine et de son *exploitabilité*. Ce dernier trait distingue nettement le système autrichien du système prussien où cette condition n'est pas exigée. L'énumération des substances concessibles faite par la loi est purement énonciative. Toute recherche, même faite par le propriétaire dans son propre terrain, doit être au préalable autorisée par l'administration. L'autorisation est donnée à la priorité des demandes. L'explorateur doit acheter au propriétaire la portion de terrain nécessaire à ses fouilles et donner caution pour les dommages qu'il peut y occasionner. Il ne peut disposer du produit de ses recherches qu'avec la permission de l'autorité. Les concessions se donnent toujours par « mesures de mines », c'est-à-dire qu'elles portent toujours sur un périmètre déterminé à l'avance et qui sert d'unité : c'est un carré de 45 116 mètres. Une concession ne peut jamais être moindre d'une mesure, et même de deux, quand la mine est un gisement de combustible. Le droit d'exploitation constitue un véritable droit immobilier (art. 2). Une particularité de la loi autrichienne consiste dans ce fait que le concessionnaire est propriétaire non seulement du minerai en vue duquel la demande a été faite, mais encore de toutes les autres substances concessibles qui pourraient se rencontrer mélangées dans les profondeurs de la mine. Le chômage n'est permis qu'autant que l'administration en a octroyé l'autorisation, sauf amende ou même déchéance, s'il y a lieu. Les mines peuvent être possédées par des sociétés; les sociétés particulières ne peuvent comprendre plus de 12 800 parts aliquotes ; au delà, il faut recourir à la forme des sociétés par actions. Les sociétés sont constituées par contrat approuvé par l'administration, et revêtues de la personnalité morale.

Le propriétaire superficiaire n'a droit à aucune redevance, et la loi, à ce sujet, semble assujettir la surface au tréfonds. C'est ainsi que le concessionnaire a le droit d'occuper tous les terrains qui lui sont simplement *utiles* pour son exploitation et d'y pratiquer tous les travaux avantageux, même sur le sol situé à l'extérieur du périmètre de concession. Si le dommage n'est que passager, le concessionnaire ne doit la réparation qu'au simple, mais s'il veut acheter, il est obligé, dans ce cas, de recourir à la procédure de l'expropriation. Le propriétaire ne peut s'y refuser qu'autant qu'il s'agit de bâtiments d'habitation ou autres constructions, de jardins, de terrains clos et enfin de terrains non clos situés dans un rayon de 38 mètres des bâtiments.

Le législateur a consacré un chapitre spécial au régime des mines voisines.

L'exploitation est placée sous la surveillance de l'autorité pour toutes les mesures d'intérêt général et de sûreté publique. L'administration a le droit de réglementation, et elle doit veiller à la continuité de l'exploitation. — La section 9 de la loi est consacrée aux rapports entre patrons et ouvriers et aux institutions de prévoyance. — L'autorité minière autrichienne est autonome et elle rend elle-même des décisions dans les matières de sa compétence.

Les mines sont soumises à des impôts de deux sortes : une redevance fixe de 10 fr. par unité de mesure, et une redevance sur le produit brut. Ce dernier impôt a été, toutefois, aboli en 1862 et remplacé par l'impôt ordinaire sur le revenu, soit 8 pour 100 de ce revenu brut. Chaque année, on prend pour base de l'impôt le produit brut de l'année précédente.

La situation particulière des associations fraternelles de mineurs est régie par la loi du 28 juill. 1889 (*Ann. de lég. étr.*, 1890, p. 363).

84. — V. Hongrie. — La Hongrie est placée sous l'empire de la loi autrichienne du 23 mai 1854. Un nouveau projet a été déposé en 1870, mais il n'a pas abouti jusqu'à présent.

85. — VI. Bosnie et Herzégovine. — L'exploitation des

mines de la Bosnie était, au moyen âge, de droit seigneurial. Depuis la domination turque, la matière était régie par la loi du 17 juill. 1861 et celle du 3 avr. 1869, dont la caractéristique était la caducité des concessions. Lors de l'occupation de la province par l'Autriche, le système fut aboli en principe et, aujourd'hui, la législation minière résulte de la loi du 14 mai 1881, calquée sur la loi autrichienne de 1854, mais modifiée dans un sens plus libéral.

86. — VII. Suède (*Rép.* n°s 35 et suiv.). — La législation actuelle date de la loi du 16 mai 1885 (*Ann. de lég. étr.*, 1884, p. 635), qui a porté abrogation de celle du 12 janv. 1855. La mine ne peut être concédée qu'à ceux qui, au préalable, ont obtenu un périmètre de recherche. Ce périmètre s'accorde à la priorité de la demande, et à l'inventeur de préférence en cas de demandes simultanées. Le titulaire du permis doit commencer les travaux dans les huit mois et extraire chaque année au moins dix mètres cubes de minerai. Le propriétaire du sol doit, avant la délimitation définitive du périmètre, s'associer avec le concessionnaire pour une part ne dépassant pas 50 pour 100 en s'engageant à supporter les frais de l'entreprise dans la même proportion. En Suède, le droit d'exploitation, cessible sous la seule formalité de prévenir l'administration quatre-vingt-dix jours auparavant, est considéré comme un droit purement mobilier. Les étrangers ne peuvent devenir concessionnaires qu'avec l'autorisation du roi. V. aussi la loi du 28 mai 1886 (*Ann. de lég. étr.*, 1887, p. 593).

87. — VIII. Norvège (*Rép.* n° 38). — Les mines, en Norvège, sont régies par la loi du 14 juill. 1842, modifiée par celles des 24 sept. 1851, 18 sept. 1857, 17 févr. 1866, 19 avr. 1873 et 14 juin 1884. La concession est accordée à la priorité de la demande, mais l'inventeur a un droit de préférence, s'il a sollicité la concession dans les dix-huit mois de sa découverte en fournissant la preuve de l'existence du gisement avec échantillons à l'appui. La concession est accordée pour une durée illimitée, sous la seule condition d'y travailler d'une façon continue sauf les autorisations de chômage. Le propriétaire du sol a droit de s'intéresser pour un dizième dans l'exploitation des mines nouvellement découvertes sous sa propriété. A défaut d'arrangement à l'amiable, ce droit est vendu aux enchères et réglé par l'administration.

88. — IX. Belgique (*Rép.* n°s 39 et suiv.). — Nous avons très peu de chose à ajouter à ce que l'on a dit au *Répertoire* à ce sujet. Nous mentionnerons la loi du 8 juill. 1865, portant modification de l'art. 11 de la loi organique du 21 avr. 1810, et en vertu de laquelle l'autorisation du propriétaire de l'habitation n'est nécessaire, pour ouvrir des travaux dans un rayon de cent mètres des habitations, qu'autant que le terrain sur lequel doivent être ouverts les travaux appartient à ce propriétaire et est attenant à sa maison. La jurisprudence et la loi française du 27 juill. 1880 ont adopté la solution contraire. L'art. 136 de la loi générale sur les sociétés, du 18 mai 1873 (*Ann. de lég. étr.* 1874, p. 365), déclare formellement que les sociétés minières peuvent, sans perdre leur caractère civil, emprunter les formes des sociétés commerciales. Ajoutons, la loi du 16 mars 1874, qui autorise le gouvernement à concéder l'exploitation des minerais de fer et ardoisières dans les propriétés domaniales pour un délai qui ne pourra dépasser quarante ans, et le règlement sur la police des mines, du 28 août 1884, abrogeant ceux des 8 avr. 1858 et 18 juin 1876. Ce règlement de 1884 constitue un véritable progrès et c'est le document le plus complet qui, jusqu'ici, ait été rendu sur la matière. Il traite successivement de la tenue des plans des mines, des puits, de la descente et de la montée des personnes, de l'aérage, de l'éclairage, de l'usage des explosifs, des mesures à prendre contre les coups d'eau, des dispositions concernant le personnel, la discipline, la surveillance, la sûreté, enfin des précautions à prendre contre les accidents. Les concessionnaires belges sont obligés, depuis 1840, de prendre part à l'entretien d'une caisse de prévoyance, organisée par les lois des 28 mars 1868 et 17 août 1874.

89. — X. Hollande. — On applique dans ce pays la loi française du 21 avr. 1810, complétée par les lois hollandaises des 18 sept. 1818, 4 mars 1824 et 15 oct. 1829. Toutefois les actes de concession délivrés par l'Etat les 28 janv. 1860 et 6 févr. 1861 ont apporté de profondes modifications au système français et ont introduit en Hollande le régime de la domanialité et de l'omnipotence du pouvoir en matière de concession.

90. — XI. Grand-duché de Luxembourg. — Les mines de fer sont soumises, dans le grand-duché, aux lois des 15 mars 1870 et 12 juin 1874; les autres sont encore placées sous la législation française de 1810 et de la loi spéciale du 14 oct. 1842. En principe, le propriétaire du sol a droit à une redevance tréfoncière, s'élevant à 5 pour 100 des redevances payées à l'Etat. La concession est accordée par une loi. Un des traits marquants de cette législation consiste dans les pouvoirs très étendus reconnus à l'administration supérieure des mines.

91. — XII. Suisse. — Chaque canton a sa législation minière spéciale; nous citerons les suivantes: Vaud, 13 févr. 1800; Zurich, 18 déc. 1805; Genève, 13 mai 1839; Fribourg, 4 oct. 1850; Tessin, 10 juin 1853; Berne, 17 mars 1853 (*Ann. des travaux publics de Belgique*, t. 12, p. 67); Valais, 21 nov. 1856; Neufchâtel, 19 juin 1857. Les autres cantons n'ont pas de lois sur les mines. En principe, le système de la domanialité est admis dans tous les cantons, sauf dans celui de Genève.

92. — XIII. Italie. — L'Italie, jusqu'à présent, n'a pas réussi à faire voter une loi générale sur les mines s'étendant à tout le royaume; il faut donc encore recourir aux législations des anciens Etats aujourd'hui réunis. Des projets de loi ont été présentés, sans succès, notamment les 2 févr. et 8 mai 1877.

En *Piémont* et en *Sardaigne*, la situation est réglée par la loi organique du 20 nov. 1859, qui ne reconnaît pas l'existence légale des minières (*Ann. des travaux publics de Belgique*, t. 23, p. 42). — Pour qu'une mine soit accordée en concession, il faut qu'elle ait été déclarée découverte et concessible par une décision du ministre des travaux publics. Les recherches ne peuvent être entreprises, même par le propriétaire, qu'avec une permission de l'autorité, délivrée après enquête publique. L'inventeur a un droit de préférence, pourvu qu'il fasse sa demande dans les six mois de la découverte. La concession est accordée par un décret du roi; elle ne peut comprendre plus de 400 hectares, et ne donne droit qu'aux substances minérales pour lesquelles elle a été octroyée. La mine constitue une propriété distincte de la surface immobilière et transmissible; elle ne peut être démembrée sans l'autorisation royale. La renonciation aux concessions est sanctionnée par décret, après enquête. Lorsqu'une mine est inexploitée pendant deux ans (art. 111) et si l'exploitation n'est pas reprise dans le délai imparti par l'administration, la déchéance peut être prononcée. — Le propriétaire superficiaire n'a droit à aucune redevance tréfoncière, mais il doit être indemnisé de tous les dommages à lui causés par l'exploitation. Pour les terrains occupés temporairement, il peut réclamer le double du revenu; s'il force le concessionnaire à les lui acheter, la vente n'a lieu que sur la base de la valeur au simple. — Les mines payent à l'Etat une redevance fixe de 50 cent. par hectare et une redevance proportionnelle de 5 pour 100 du produit net, changée depuis en un impôt sur le revenu. — L'administration a un pouvoir général de police et le droit de réglementation pour la conservation de la mine et la sûreté des ouvriers (Voir le règlement général du 23 déc. 1865).

Dans les provinces de *Modène* et de *Reggio*, on suit la loi du 9 août 1808, établie sur le principe des concessions temporaires.

La loi du 17 oct. 1826 gouverne encore l'*ancien royaume des Deux-Siciles*. Les propriétaires du sol ont seuls le droit d'exploiter les mines situées dans le tréfonds de leurs terrains, mais l'Etat peut les céder en concession, si les propriétaires ne jouissent pas de cette faculté. Les concessions sont temporaires ou perpétuelles, et ne sont jamais accordées qu'après enquête. Les mines de soufre sont placées sous l'empire de la circulaire ministérielle du 21 févr. 1868.

Lucques et Piombino. — Loi du 3 mai 1847, se rapprochant beaucoup de celle en vigueur dans le Piémont.

Parme et Plaisance. — Loi du 21 juin 1852 et règlement ministériel du 8 juill. 1852. Les substances minérales appartiennent à l'Etat, qui en donne concession, quand il ne préfère pas les exploiter par lui-même. Si le gouvernement accorde la concession, l'inventeur a un droit de préférence, ainsi que le propriétaire du sol. La mine concédée ne peut être aliénée qu'avec l'autorisation de l'Etat.

Anciens Etats pontificaux. — De droit coutumier, les mines ont toujours été soumises au principe du droit régalien et de la domanialité ; toutefois la loi piémontaise a été déclarée applicable aux Marches par un décret du 13 nov. 1860, et les provinces de Forli, de Perugia et de Rome ont été placées sous l'empire des décrets des 23 mars 1865, 13 avr. 1865, 6 juin 1868 et 17 juin 1872, qui ont sanctionné et reconnu l'ancienne législation coutumière.

Lombardie. — Lois des 21 juin 1852, 23 mai 1854 et 20 nov. 1859.

Vénétie. — Loi du 23 mai 1854.

Toscane. — Edit léopoldien du 13 mai 1788 et rescrit du 8 oct. 1856.

93. — XIV. ESPAGNE. — La législation minière espagnole remonte à l'an 1387, époque à laquelle les mines ont été déclarées appartenir au roi. Successivement modifiée, principalement par la loi de 1825, cette réglementation est actuellement soumise au décret du 27 déc. 1868.

En principe, la propriété minière est distincte et indépendante de la propriété de la surface. Quant aux carrières, elles appartiennent aux propriétaires du sol qui les contient. Le propriétaire conserve également le droit d'exploiter certaines autres substances, qui sont déterminées par l'art. 2, et qui pourraient recevoir le nom de minières au sens français du mot. Les mines appartiennent à l'Etat, qui les concède suivant la loi, à la priorité de la demande, sans qu'il y ait besoin de faire au préalable la preuve de l'existence et de l'exploitabilité de la mine. La concession ne se perd pas par le chômage, ou même par la cession complète de l'exploitation ; elle paye seulement une redevance fixe de 4 à 10 fr. par hectare et une redevance proportionnelle de 10 pour 100 sur la valeur brute du minerai extrait. Le concessionnaire a la liberté la plus complète pour l'exploitation de sa mine, l'Administration n'ayant aucun pouvoir de réglementation ou de police sur les concessions. L'art. 22 de la nouvelle loi réservait cette faculté à l'administration, mais aucun décret n'est encore venu y donner une sanction. — Les tribunaux judiciaires de droit commun sont compétents pour statuer sur toutes les difficultés de la matière. — Le propriétaire de la surface ne peut réclamer aucune redevance tréfoncière.

Un nouveau code minier a été présenté aux Cortès le 7 oct. 1869, et un règlement le 31 mai 1872, mais ces projets n'ont pas abouti jusqu'ici. La législation espagnole sur les mines est applicable aux colonies, comme le porte formellement la loi du 20 oct. 1883 relative à l'île de Cuba.

94. — XV. PORTUGAL. — Décret-loi du 31 déc. 1852, complété par le règlement du 9 déc. 1853. — La mine appartient à l'inventeur qui en aura fait inscrire la découverte à la municipalité du lieu et qui, dans les six mois, pourra justifier de la constitution d'une société, ou de ressources personnelles suffisantes pour en mener à bien l'exploitation. Si l'inventeur néglige de remplir ces conditions, l'Etat redevient libre d'accorder la concession à qui bon lui semble. Le propriétaire superficiaire a droit à une redevance tréfoncière, tant que l'exploitation a lieu sous son terrain. La concession est accordée pour une durée illimitée, mais elle n'a pas autant qu'en France le caractère d'une véritable propriété; ainsi elle ne peut être cédée sans autorisation. La déchéance est prononcée dans de nombreuses hypothèses. Les exploitants payent à l'Etat une redevance fixe de 0 fr. 095 par hectare, et une redevance proportionnelle de 5 pour 100 sur le produit net.

95. — XVI. TURQUIE. — Règlement du 3 avr. 1869 (*Ann. des mines*, 7ᵉ série, t. 4, p. 80). D'une façon générale, cet acte a reproduit la législation française de 1810 ; toutefois, les concessions n'y sont accordées que pour quatre-vingt-dix-neuf ans, mais sont renouvelables avec droit de préférence pour l'ancien exploitant. De plus, toute aliénation doit être autorisée par l'Administration et le propriétaire superficiaire n'a droit à aucune redevance tréfoncière.

96. — XVII. GRÈCE. — Lois des 22 août et 3 sept. 1861, 26 avr. 1867 et 17 janv. 1877. (*Ann. des Mines*, 7ᵉ série, t. 4, p. 32). La législation divise les substances en mines, minières et carrières ; les mines sont soumises au régime des concessions du droit français d'une façon générale. La déchéance peut être prononcée si les travaux d'exploitation ne sont pas commencés dans l'année de la concession, s'il y a chômage non autorisé de plus d'un an, et enfin comme sanction de la non-exécution des mesures prescrites par l'administration. Le permis de recherche est accordé comme dans le droit français, et l'Etat est absolument libre de l'octroyer à n'importe quelle personne. L'Etat perçoit une redevance fixe de 0 fr. 30 par hectare et une redevance proportionnelle de 5 pour 100 sur le produit net. En cas d'occupation définitive de terrains, le concessionnaire doit les acheter sur le taux du double de leur valeur; si l'occupation n'est que temporaire, il en paye le revenu augmenté d'un quart. Pour exploiter une minière, il faut être muni d'un permis délivré par le ministre compétent. Le régime des carrières est le même qu'en France, sauf l'obligation de payer à l'Etat un droit de 10 pour 100 sur les produits nets de l'extraction.

97. — XVIII. ETATS-UNIS. — La législation fédérale a réglé les conditions d'acquisition des mines situées dans les *terres appartenant à l'autorité fédérale*. Avant 1866, on n'appliquait que la coutume, aux termes de laquelle les mines appartenaient aux propriétaires du sol qui les renfermait. La première loi fédérale sur la matière date du 26 juill. 1866, et a eu pour effet de confirmer et de légitimer les anciennes prises de possession. — Les nationaux peuvent seuls posséder des mines aux Etats-Unis. Dorénavant les terres sont divisées en terres agricoles et en terres de mines. Les mines en général appartiennent au premier occupant, moyennant l'obligation de suivre une certaine procédure et de verser une somme d'argent, qui lui assure la propriété incommutable et perpétuelle de la concession. La déchéance est prononcée dans le cas où l'exploitation n'est pas jugée suffisante. — La loi du 10 mai 1872 a réglé la situation des gîtes ou *placers*, dont la législation est sensiblement la même que celle de la loi de 1866. Les gisements houillers sont soumis à la loi du 3 mars 1873. Les mines ne payent aucun impôt, sauf celui qui est versé lors de l'acquisition de la concession. Les mines situées *en terrains particuliers* sont régies par les lois spéciales à chaque Etat, qui ont sur ce point le droit de légiférer (Lois du 27 mars 1872, pour l'Illinois; 1ᵉʳ juill. 1880, pour la Californie; 3 mars 1870, pour la Pensylvanie).

98. — XIX. MEXIQUE. — Lois des 22 nov. 1884 et 28 nov. 1884, (*Ann. de lég. étr.*, 1884, p. 821). Les mines s'acquièrent à la priorité de la demande et en exécutant dans un délai de quatre mois les travaux déterminés par la loi et propres à faire la preuve de l'existence du gisement. Les recherches, en principe, sont libres, et chacun peut en entreprendre avec la permission du propriétaire ou, à son défaut, avec l'autorisation de l'administration. La loi s'occupe en détail des sociétés minières et des mesures à prendre par l'autorité pour assurer la conservation de la mine et la sûreté des ouvriers. La déchéance est prononcée pour insuffisance de l'exploitation, pour défaut grave d'entretien, défaut de ventilation et enfin défaut d'épuisement. Le propriétaire superficiaire n'a droit à aucune redevance.

99. — XX. VÉNÉZUELA. — Décret du 15 nov. 1883. C'est le régime des concessions temporaires accordées suivant le bon plaisir du gouvernement. Les recherches n'y sont permises qu'avec l'autorisation de l'administration. L'inventeur a nominalement un droit de préférence, mais il paraît absolument inefficace en pratique et dépourvu de sanction. Les concessions sont accordées pour cinquante ans au moins et quatre-vingt-dix-neuf ans au plus; elles constituent toutefois une propriété immobilière.

100. — XXI. CHILI. — La loi du 18 nov. 1874 constitue la législation minière chilienne; toutes les dispositions antérieures ont été abolies. — L'art. 1ᵉʳ déclare concessibles : l'or, l'argent, le cuivre, le platine, le mercure, le plomb, le zinc, le bismuth, le cobalt, le nickel, l'étain, l'antimoine, l'arsenic, le fer, le manganèse, le molybdène et les pierres précieuses. L'énonciation est limitative; aussi les substances non désignées appartiennent-elles au propriétaire superficiaire, comme : le charbon, le sel, le soufre, le guano, les tourbes. Les alluvions aurifères sont exploitables sans qu'il soit nécessaire d'être muni de concessions proprement dites, quand il n'y a pas de travaux fixes à exécuter.

Le code chilien porte que les mines appartiennent à l'Etat, mais en fait, d'après la loi nouvelle, ce sont plutôt des *res nullius* que les particuliers s'approprient conformément aux lois et règlements. Les recherches, dont le but est de trouver des mines, ne peuvent être faites que par le propriétaire du sol, ou de son consentement, ou avec l'autorisation du juge de première instance de la localité. La permission n'est valable que pour un mois, et on ne peut la renouveler pour le même terrain. L'explorateur doit donner caution, si le propriétaire l'exige. La mine appartient à l'inventeur, qui doit adresser une demande en concession à l'autorité, dans laquelle il donne la preuve de l'existence de la mine et de sa situation, et à laquelle il doit joindre un échantillon de minerai. Il faut que le nouveau gisement se trouve au moins à 5 kilomètres de tous autres gisements anciens connus ou qu'il constitue dans ce rayon une veine encore inconnue. Dans les quatre-vingt-dix jours, le demandeur est obligé de pousser les travaux jusqu'à un point donné, après quoi, il fait une nouvelle demande dont l'enregistrement lui confère définitivement la propriété de la mine. — Les contestations ou oppositions sont jugées par les tribunaux ordinaires. — Les mines abandonnées, ou qui ont été l'objet d'un arrêt de déchéance, sont acquises à la priorité des demandes en se soumettant, aux diverses formalités imposées à l'inventeur, car une mine abandonnée redevient *res nullius*. En principe, la concession s'applique à toutes les substances minérales que l'on peut rencontrer pendant l'exploitation.

La mine constitue une propriété immobilière distincte de la surface, et perpétuelle comme cette dernière, mais les actes d'aliénation de la concession doivent être authentiques. Les créanciers de l'exploitant ne peuvent faire vendre la mine que de son consentement; leurs droits ne s'exercent que sur les minerais extraits. Les mines peuvent être possédées soit en communauté, soit par des sociétés, dont les contrats sont transcrits sur des registres *ad hoc*. Les parts des associés sont essentiellement cessibles. Le droit minier hispano-américain offre une particularité intéressante : ce sont les contrats d'*avios*, par lesquels une personne s'oblige à faire les dépenses nécessaires pour l'exploitation d'une mine en acquérant le droit de se rembourser sur les produits de la mine par voie de préférence sur tous les autres créanciers. Le propriétaire du sol n'a droit à aucune redevance tréfoncière; mais il lui est dû réparation pour le préjudice à lui causé par l'exploitation. — Les mines voisines ont un régime spécial de servitudes actives et passives, en particulier pour l'aérage et l'écoulement des eaux. L'administration a un droit de police et de surveillance sur les mines, et doit faire exécuter les règlements en vigueur; en cas d'inexécution, des amendes élevées et même la déchéance peuvent être prononcées. Il en est de même en cas d'exploitation insuffisante.

101. — XXII. RÉPUBLIQUE ARGENTINE. — Le code minier est encore celui qui résulte des ordonnances de Mexico, en vigueur sous la domination espagnole, auxquelles il faut ajouter la loi du 1er déc. 1854. Un projet de législation minière a été rédigé récemment par les soins et sous la surveillance du docteur Enrique Rodriguez; il comprend 414 articles et a déjà été adopté par le Sénat.

Dans son ensemble, le nouveau code se rapproche beaucoup de celui du Chili de 1874. Les substances minérales y sont divisées en trois catégories et régies par des règles spéciales. En principe, les mines sont déclarées *res nullius*, mais les particuliers acquièrent le droit de les exploiter dans les conditions fixées par la loi minière. Elles appartiennent au premier occupant, et la propriété ne s'en perd que par la cessation de l'exploitation. Le propriétaire du sol n'a droit à aucune redevance tréfoncière. Les mines ne payent aucune redevance à l'Etat. — Les demandes en concession sont adressées à l'administration, mais si ces formalités ont été négligées, il suffit, pour arriver à une appropriation légale et en tenir lieu, d'une courte prescription de 350 jours d'exploitation régulière. — L'exploitant doit réparation de tout le préjudice par lui causé aux terrains de la surface et il a le droit d'exiger du propriétaire la cession des terrains nécessaires à son exploitation, en donnant une caution préalable. La déchéance est la sanction de l'inexécution de toutes les prescriptions de la loi.

102. — XXIII. PÉROU. — La législation du Pérou, en ce qui concerne les mines, résulte de la combinaison des ordonnances de Mexico de 1785 et des lois des 17 avr. 1873 et 12 janv. 1877. Les gisements sont attribués par l'Etat à la priorité de la demande, à condition d'avoir au préalable fourni la preuve de l'existence de la mine, et sous la réserve du droit de préférence accordé à l'inventeur. Depuis 1877, les étrangers peuvent exploiter les mines situées dans toute l'étendue du Pérou (*Ann. lég. étr.*, 1877, p. 774).

103. — XXIV. BRÉSIL. — Le Brésil n'a pas encore de code minier proprement dit, et la matière y est réglementée par un très grand nombre d'actes officiels. Après la séparation du Brésil et du Portugal, la loi du 20 oct. 1823 adopta le type de la législation portugaise antérieure au 25 avr. 1821, c'est-à-dire le système du droit régalien; mais la loi du 27 janv. 1829 revint au principe de l'accession. En 1866, le conseil d'Etat prétendit que le régime du droit régalien n'avait jamais été aboli au Brésil, et cette interprétation fut l'objet de la loi du 26 sept. 1867. Chaque concession sollicitée et octroyée est réglementée par les conventions consenties de part et d'autre et qui figurent dans l'acte de concession; c'est l'analogue de ce qui se passait en Tunisie avant l'établissement du protectorat français. Les concessions, accordées par décret émanant du ministère de l'agriculture, ne sont en général que temporaires et ne donnent droit qu'à l'extension des substances nommément désignées. L'exploitation des mines de diamants est soumise à un régime spécial organisé par le décret du 23 juin 1875, et qui ordonne de mettre ces mines aux enchères publiques sur un prix minimum fixé par l'administration.

104. — XXV. JAPON. — La loi sur les mines date du 4 mai 1873 (V. *Ann. des mines*, 3e série, 1885, p. 489). C'est le système des concessions temporaires. Le propriétaire du sol ne conserve ses droits que sur les gisements des matériaux de construction et sur les engrais. Les mines, qui sont soumises à un impôt de 15 à 30 fr. par hectare, payable d'avance et annuellement, ne peuvent être concédées qu'à des nationaux.

CHAP. 2. — Des mines.

SECT. 1re. — DES SUBSTANCES QUI PEUVENT CONSTITUER DES MINES (*Rép.* nos 42 à 51).

105. La classification des substances minérales constitue en la matière une question d'une importance capitale, car c'est d'elle que dépend le régime spécial auquel ces minéraux seront soumis. Pour les substances considérées comme mines proprement dites, ce sera le régime des concessions (L. 21 avr. 1810, art. 5); pour les minières, celui de la permission (art. 57), enfin, pour les carrières, celui de la déclaration (art. 81). En outre, dans le système de la loi française, les mines seules constituent une propriété particulière distincte et indépendante de celle de la surface, tandis que les minières et les carrières ne sont, en réalité, que des dépendances de la propriété du sol dans l'intérieur duquel elles sont situées. — Avant 1866, il y avait un intérêt sérieux à distinguer d'une façon précise les minières et les carrières, car, si le propriétaire d'une carrière restait toujours libre d'exploiter ou de ne pas exploiter, le propriétaire d'une minière pouvait, au contraire, être mis en demeure de continuer son exploitation au profit des maîtres de forges du voisinage; sinon ce droit était transféré à ces industriels. La loi du 9 mai 1866 (D. P. 66. 4. 42) a affranchi les minières de cette servitude particulièrement lourde et a fait, par conséquent, disparaître, à ce point de vue, l'intérêt de la distinction précédente (V. *infrà*, n° 625).

106. On a vu au *Rép.* n° 42 que, malgré les termes quelque peu ambigus d'une rédaction défectueuse, la classification adoptée par le législateur de 1810 ne reposait pas *sur le mode d'exploitation des matières minérales*, mais sur *la nature moléculaire de chacune d'elles*; c'est l'opinion unanime des auteurs récents (Féraud-Giraud, t. 1, n° 4; Krug-Basse, p. 118; Aguillon, t. 1, n° 66; Bréchignac et Michel, n° 2). Aussi, comme le dit M. Féraud-Giraud, *loc. cit.*, « les règles relatives à l'exploitation seront appliquées suivant la classification des substances, et ces substances sont classées suivant leur nature, soit qu'elles se trouvent renfermées dans le sein de la terre, soit qu'elles se trouvent existantes à la surface. De sorte que, lorsqu'il s'agira de déterminer si un gisement constitue une mine, une minière ou une carrière, pour en déterminer le régime légal, il faudra en constater la nature en recourant à la classification faite par la loi, que la substance se trouve dans le tréfonds ou à la surface ». La jurisprudence a toujours admis ce critérium pour la classification des substances minérales : « La concessibilité des mines, dit un arrêt du conseil d'Etat, résulte de la nature des substances dénommées dans l'art. 2 de la loi de 1810, et non de leur gisement et de leur mode d'exploitation... » (Cons. d'Et. 22 août 1853, aff. Galland. *Rec. Cons. d'Et.*, p. 855). C'est également l'opinion admise par le conseil des mines de Belgique, et par l'Administration française dans les actes de concession (Dalloz, t. 1, p. 74 ; Dufour, 12 ; Bury ; t. 1, n° 2 ; de Fooz, p. 127 ; V. cependant Cotelle, t. 2, 109).

107. Au principe général que l'on vient de poser, il y lieu d'apporter un tempérament, en signalant trois exceptions relatives aux minerais de fer, aux terres pyriteuses et alumineuses, pour lesquels ce mode de gisement ou d'exploitation détermine le régime qui leur est applicable (Féraud-Giraud, t. 1, n°s 5 et 6). Ces exceptions, qui résultent des art. 2, 3, 68 et 69 de la loi de 1810, doivent être strictement limitées aux cas prévus par la loi, sans qu'il soit possible de les étendre à d'autres hypothèses (Aguillon, t. 1, n° 68).

108. On a vu au *Rép.* n°s 44 et 46 que l'énumération des mines et celle des carrières contenues dans les art. 2 et 4 n'est pas limitative, tandis qu'il en est autrement en ce qui concerne les minières, dont s'occupe l'art. 3. Cette remarque appelle la solution d'une difficulté, qui peut se rencontrer assez fréquemment en pratique, celle de savoir dans quelle catégorie légale il faudra faire rentrer une substance minérale susceptible d'exploitation souterraine ou à ciel ouvert et *non indiquée par la loi*. Ce ne pourra pas être une minière ; mais devra-t-on la classer parmi les mines, ou parmi les carrières ? On n'est pas d'accord sur cette difficulté. Suivant le conseil des mines de Belgique, c'est dans la classe des mines que la substance dont il s'agit devrait être rangée (Avis des 1er déc. 1839 et 5 oct. 1849). Bury, t. 1, n° 14, estime, au contraire, que, dans ce cas, on doit considérer le gisement comme une carrière : « A la vérité, dit-il, ces substances ne sont pas des carrières dans le sens vulgaire, ni même dans le sens légal, mais elles leur sont assimilées pour l'application de la loi de 1810. De cette manière, un autre que le propriétaire du sol ne pourra les exploiter, et cette solution est dictée par le principe fondamental posé par l'art. 552 c. civ., c'est-à-dire par le principe de l'indépendance et de la liberté de la propriété ». Suivant M. Féraud-Giraud, aucune de ces solutions absolues n'est admissible, et il faudra simplement classer la substance omise en vertu de l'analogie qu'elle peut présenter avec telle ou telle substance indiquée formellement par le législateur. Suivant que le mode de gisement et de l'exploitation de la substance omise ou alors inconnue se rapproche davantage de celui des mines ou de celui des carrières, on la fera rentrer dans la classe des mines ou dans celle des carrières (Comp. Crim. cass. 8 sept. 1832 ; *Rép.* n° 48 ; Féraud-Giraud, t. 1, n° 7).

109. Le conseil général des mines de France a eu plusieurs fois à statuer sur différentes substances omises, et on peut résumer ainsi sa doctrine : 1° sont concessibles : toute substance dont on peut retirer l'asphalte et le bitume, soit à l'état de pureté, soit à l'état de mastics, schistes, grès ou calcaires bitumineux, les couches de bois fossile, les gîtes de fer chromaté ; — 2° Sont assimilés aux minières les galets pyriteux sur le bord de la mer ; — 3° Rentrent dans la classe des carrières les gisements de baryte sulfatée, d'ocre exploitée comme matière colorante. Quant à l'ocre exploitée comme minerai de fer et à la sanguine, elles sont assimilées au minerai de fer ; — 4° L'or en paillettes dans les cours d'eau peut être exploité librement, par tolérance, vu la faible importance de cette industrie (V. Aguillon, t. 1, n° 81).

110. Le législateur a parfois tranché la difficulté à l'égard de certaines substances oubliées. C'est ainsi que la loi du 17 juin 1840 a soumis le sel gemme à un régime spécial, et qu'un décret délibéré en conseil d'Etat, du 6 janv. 1874 (V. Aguillon, t. 1, n° 74), consacrant une jurisprudence constante, a déclaré non concessibles les gisements de phosphate de chaux.

111. En cas de contestation sur le régime à appliquer à l'exploitation d'une substance minérale, quelle sera l'autorité compétente pour trancher la difficulté ? M. Aguillon résout la question par les distinctions suivantes. S'il s'agit d'une demande en concession, ce sera le décret rendu en conseil d'Etat sur ladite demande qui devra légalement terminer le débat d'une façon définitive. — Si la difficulté ne surgit qu'après l'obtention du décret de concession, par exemple si un propriétaire de la surface dénie à un concessionnaire le droit d'exploiter telle substance dans le périmètre, elle devra être soumise à la juridiction contentieuse du conseil d'Etat, qui donnera une interprétation du décret de concession mettant fin au procès. Dans ce cas, les tribunaux judiciaires ne pourraient jamais, sans violer le principe de la séparation des pouvoirs, se livrer à une semblable interprétation (Lyon, 17 juill. 1839, *Rép.* n° 505). — Lorsque, enfin, il ne s'agira que d'appliquer les termes de l'acte de concession, les tribunaux ordinaires seront compétents ; c'est ainsi qu'ils pourraient prononcer des peines correctionnelles, en vertu de l'art. 5 de la loi de 1810, contre tout exploitant, qui aurait extrait des matières non prévues dans l'acte de concession et qu'ils considéreraient comme concessibles, en vertu de leur droit général d'appréciation.

112. L'art. 4 du projet de loi sur les mines, déposé au Sénat en 1877, avait prévu la question et décidait formellement que, en cas de difficulté sur la classification légale d'une substance, elle serait résolue par un décret du président de la République rendu en conseil d'Etat. En Belgique, les tribunaux judiciaires peuvent seuls juger de la concessibilité d'une substance, alors même que l'interprétation ou la validité d'un acte administratif serait en jeu dans la question, le pouvoir judiciaire ayant le droit, aux termes de l'art. 107 de la constitution, d'apprécier la légalité des actes administratifs et de ne point les appliquer, s'il les juge illégaux (Bury, t. 1, n° 20 ; C. cass. belge, 15 juin 1837, 4 févr. 1847, arrêts cités par Bury, n° 20. V. aussi C. cass. Belgique, 12 mai 1854, aff. de Laminne ; *Pasicrisie belge*, 1854, 1. 261). Il faut remarquer, d'ailleurs, qu'une substance non expressément désignée par la loi peut néanmoins y être indiquée d'une façon générique, par les mots *substances métalliques* ou *sulfates à base métallique*, dont se sert l'art. 2 de la loi de 1810. C'est ainsi que le tellure, le titane, le tungstène, le nickel, l'urane doivent être considérés comme constituant de véritables mines, non parce que c'est avec les substances de la classe des mines qu'ils présentent le plus d'analogie, mais parce qu'ils sont de véritables substances métalliques renfermées dans la terre ou sur le sol (Bury, t. 1, n° 10).

113. On s'est occupé, au *Rép.* n°s 47 et 48, des mines de sel gemme et de la difficulté qui se présentait, avant 1840, sur le point de savoir si elles étaient ou non concessibles. Nous ne reviendrons pas ici sur ce point, tout ce qui concerne cette catégorie de mines ayant été l'objet d'une étude spéciale au *Rép.* v° *Sel*, n°s 83 et suiv. (V. aussi *infrà*, eod. v°).

114. La plupart des législations étrangères ont adopté le mode de classification du droit français. La loi prussienne de 1866 (V. *suprà*, n° 63) fait cependant exception, en se bornant à énumérer limitativement les substances dont les gisements sont enlevés à la libre disposition du propriétaire de la surface. Dans quelques lois récentes (Nouvelle-Calédonie, Etablissements français de l'Inde), le législateur français s'est basé sur la distinction industrielle des substances, et n'a laissé au propriétaire du sol que la jouissance des carrières de matériaux de construction ou d'engrais (V. *suprà*, n°s 44 et suiv.).

115. Les mots *mines*, *minières*, *carrières* peuvent être, dans la pratique, employés avec des acceptions si diverses qu'il n'est pas inutile d'en indiquer les différentes significations. On peut désigner en premier lieu sous ces noms « le gîte, pris dans son entité géologique, d'une substance minérale considérée, c'est-à-dire le filon, la couche ou l'amas dans lequel elle est continue » ; ou bien on veut parler de « l'ensemble des travaux par lesquels un entrepreneur exploite la totalité ou une partie d'un gîte ». Le troisième sens, le sens juridique, s'emploie pour indiquer « un ensemble de droits qu'on peut acquérir et dont on peut jouir en remplissant les conditions imposées par la loi pour chaque classe dans laquelle le gîte a été compris » (Aguillon, t. 1, n° 64). — Quant au terme de *gisement*, le conseil d'Etat a décidé que, dans une concession de mines, ce mot signifie, « l'ensemble du minerai qui se rencontre en masse continue, sans qu'il y ait lieu de tenir compte des accidents de la surface du sol étrangers à la constitution même du gîte » (8 août 1885, aff. Jumel de Noireterre, D. P. 87. 3. 26).

Sect. 2. — De la propriété des mines (*Rép.* nos 52 à 135).

116. Le principe général qui sert de base à toute la législation minière française est celui de la séparation de la propriété de la surface et de la mine ou propriété tréfoncière (*Rép.* nos 52 et 53). Cette séparation ne s'opère néanmoins que par l'obtention d'un acte de concession qui la réalise et lui donne la vie; et si, auparavant, la mine peut être considérée comme *res nullius*, ce n'est point à l'égard du superficiaire, qui est couvert par les dispositions de l'art. 552 c. civ., mais à l'égard des tiers seulement (V. pour le développement de ces idées générales : Demolombe, *Cours de code civil*, t. 9, p. 645 à 647; Aubry et Rau, *Droit civil français*, t. 2, p. 180 à 192; Bury, t. 1, n° 21; Féraud-Giraud, t. 1, n° 12; Bréchignac et Michel, p. 62; Aguillon, t. 1, n° 219).

117. Pour pouvoir exploiter une mine, il faut de toute nécessité en obtenir la concession (*Rép.* n° 44), et rien ne peut y suppléer. De ce principe, on a conclu que le propriétaire d'un terrain ne peut vendre le droit d'exploiter une mine à découvrir dans son sous-sol, mais simplement céder le droit à l'indemnité, qui lui reviendrait, dans l'hypothèse d'une concession future, à titre de redevance tréfoncière (Bury, t. 1, n° 29; Cotelle, t. 3, p. 217; Féraud-Giraud, t. 1, n° 15).

118. Si, avant toute concession, un tiers se livrait à une exploitation sous une propriété qui ne lui appartient pas, il est certain que le propriétaire de la surface ainsi lésé aurait le droit de faire cesser cette entreprise et de réclamer des dommages-intérêts. Mais les auteurs ne sont pas d'accord sur la juridiction compétente en pareil cas. Suivant les uns, et cette opinion nous a paru préférable (*Rép.* n° 55), les tribunaux judiciaires sont compétents, car, avant le décret de concession, la mine n'existe pas légalement, et par conséquent, la question est une simple question de droit privé pour laquelle les tribunaux ordinaires ont plein pouvoir de juridiction (V. en ce sens : Naudier, p. 58; Féraud-Giraud, t. 1, nos 1, 16). D'après M. Aguillon (t. 1, nos 114 à 138), la question serait exclusivement du ressort de l'autorité administrative, à laquelle il appartiendrait de fixer l'indemnité. Dans ce système, on s'appuie sur le fait que les matières extraites n'appartiennent pas au propriétaire de la surface, même avant la concession, ce qui les constitue de véritables *res nullius* (V. en ce sens, Chevalier, p. 60; Dupont, *Cours*, p. 38).

119. Lorsqu'une mine est concédée, la concession, comme on l'a indiqué au *Rép.* n° 57, ne porte pas sur le tréfonds tout entier et sur toutes les substances minérales qu'il peut renfermer, mais uniquement sur les matières qui ont été *spécialement désignées*. Dès lors, si, au cours de l'exploitation, le concessionnaire y trouve d'autres minerais, ceux-ci ne lui appartiendront pas, et il en devra compte au propriétaire de la surface, moyennant le remboursement des frais d'extraction (Bury, t. 1, n° 45; Féraud-Giraud, t. 1, n° 17; Civ. rej. 27 janv. 1885, aff. Bally, D. P. 85. 1. 297). Contrairement à ce qu'avait décidé un arrêt de la cour de Liège, du 27 févr. 1837, cité au *Répertoire*, *ibid.*, l'arrêt précité du 27 janv. 1885 déclare qu'en pareil cas le concessionnaire n'est pas fondé à réclamer ses frais d'extraction.

120. Du fait que le propriétaire de la surface est aussi propriétaire de la mine avant sa concession, il faut conclure qu'au cas où il viendrait à être exproprié pour cause d'utilité publique du terrain contenant un gisement, le jury, dans la fixation du prix à lui allouer, devrait tenir compte de cette richesse minérale, au moins sur le taux des redevances tréfoncières auxquelles il aurait eu droit lors d'une concession ultérieure (Féraud-Giraud, t. 1, n° 18; Civ. cass. 21 déc. 1858, aff. Clerget de Saint-Léger, D. P. 59. 1. 25; Liège, 30 avr. 1866, aff. Everaers, *Pasicrisie belge*, 1866. 2. 296. — *Contrà :* Jousselin, sur Delalleau, *Traité de l'expropriation*, t. 1, n° 332, qui considère la mine, avant sa concession, comme une *res nullius*, même à l'égard du propriétaire de la surface.

121. Dès que le décret de concession a été rendu, la mine prend naissance et apparaît avec tous les caractères d'une propriété nouvelle, indépendante de celle de la surface (Aux autorités citées au *Rép.* n° 60, *Adde :* Richard, n° 93; Naudier, p. 72; Bioche, p. 71; Rey, p. 207; Dupont, *Cours*, p. 72; Splingard, n° 1; de Fooz, p. 197; Dufour, n° 75; Paris, 22 mars 1879, aff. De Candé, D. P. 80. 2. 45, Motifs; Riom, 21 févr. 1881, aff. Mines de Pontgibaud, D. P. 81. 2. 133).

122. La propriété, créée par l'acte de concession, revêt tous les caractères de la propriété ordinaire, et ni le Gouvernement, ni les parties ne peuvent en modifier arbitrairement les caractères. L'Etat, sans doute, a le droit de refuser la concession, même sans donner de son refus aucun motif; mais, dès qu'il l'accorde, il ne peut en changer les attributs, mais simplement imposer au concessionnaire des mesures de police ou de sûreté (Bury, t. 1, n° 254; Splingard, nos 17 et 43. Comp. Req. 24 nov. 1874, aff. Méjasson, D. P. 76. 1. 135; Lyon, 3 juill. 1873, aff. Méjasson, D. P. 74. 2. 195). — Toutefois, à la différence de ce qui a lieu pour la propriété ordinaire, le *jus abutendi* ne se distingue pas d'une manière absolue du droit de jouir, *jus fruendi*. Les produits des mines, en effet, ne sont pas des fruits; ils ne renaissent pas comme ceux-ci, mais ils constituent une partie intégrante de la mine, de telle sorte qu'à un moment donné l'exploitation les aura tous absorbés. Aussi, en exerçant le *jus fruendi*, le propriétaire retire-t-il de sa chose une utilité qui ne peut plus se renouveler. Les mines ont cela de commun avec les choses qui se consomment par le premier usage; elles en diffèrent cependant, en ce que, au lieu d'être épuisées tout d'un coup et pour toujours, elles demeurent pendant un temps plus ou moins long une véritable source de produits.

123. L'acte de concession ne transmet la propriété des substances minérales et le droit de faire des travaux souterrains pour les atteindre qu'à la condition, par le concessionnaire, de respecter, dans la mesure du possible, la jouissance complète du propriétaire de la surface. C'est ainsi qu'il a été jugé que le fait, par un exploitant, d'établir à 2 mètres seulement de profondeur dans le sol, un conduit pour déverser les eaux, constitue un empiétement sur la jouissance du propriétaire, en ce sens qu'un ouvrage de cette nature peut l'empêcher d'élever des constructions ou de creuser des caves; que ce propriétaire a, en conséquence, le droit d'en exiger la suppression s'il n'intervient pas un acte administratif qui en autorise le maintien, hypothèse dans laquelle la question se résoudrait par une indemnité (Bréchignac et Michel, n° 64).

124. Le droit du concessionnaire subit une restriction importante dans le cas où la mine est assujettie à la servitude d'intérêt général relative à la protection des sources d'eaux minérales établie par le décret du 8 mars 1848 (D. P. 48. 4. 45) et la loi du 14 juill. 1856 (D. P. 56. 4. 85); les propriétaires de mines, dont l'exploitation se trouve ainsi gênée ou même empêchée par suite de la prohibition d'ouvrir des travaux souterrains à moins de 1000 mètres des sources, n'ont aucun recours à exercer contre les concessionnaires ou les propriétaires de ces sources (V. en ce sens : Montpellier, 9 janv. 1877, aff. De Seraincourt, D. P. 78. 2. 222; Req. 30 janv. 1878, D. P. 79. 1. 75. — V. *suprà*, v° *Eaux minérales et thermales*, nos 29 et suiv.).

125. Sur les droits respectifs des concessionnaires de mines et des compagnies de chemins de fer, dont les travaux sont exécutés dans le périmètre des concessions (*Rép.* n° 64). V. *infrà*, nos 418 et suiv.

126. Entre les mains du concessionnaire, la mine est transmissible comme toutes les propriétés ordinaires; mais, comme on l'a indiqué au *Rép.* n° 65, une mine ne peut être vendue qu'en totalité, et *jamais il n'est possible de la céder par lots ou de la partager* de toute autre façon sans une autorisation préalable du Gouvernement donnée dans la même forme que la concession (L. 21 avr. 1810, art. 7). La jurisprudence a eu, depuis, maintes fois l'occasion d'appliquer ce principe; et il est à peine besoin d'ajouter qu'il faudra non seulement examiner l'apparence extérieure du contrat, mais surtout découvrir le caractère véritable que les parties ont voulu donner à l'acte. C'est ainsi qu'ont été déclarées nulles, comme ayant méconnu les droits de l'autorité publique et opéré sans l'autorisation préalable du Gouvernement un véritable partage de leurs concessions, les stipulations, qui, d'une part, autorisent mutuellement les contractants à extraire de leurs concessions respectives les substances propres aux fabrications spéciales qu'ils se sont attribuées, et qui, d'autre part, en autorisant l'un des concessionnaires à poursuivre les travaux de recherche d'une mine de houille non encore concédée dans le périmètre de la concession voisine, l'obligent à fournir au propriétaire de cette dernière concession la houille à provenir de cette mine (Colmar, 23 mars 1863, aff. Société Latil, D. P. 63. 2. 113. V. également; Civ. rej. 18 nov. 1867, aff. Levrat, D. P. 67. 1. 450; Lyon, 5 août 1874, aff. Praire, D. P. 75. 2. 228; Civ. cass. 7 août 1877, aff. Houillères de Saint-Etienne, D. P. 78. 1. 25; Bury, t. 2, n° 1224; Féraud-Giraud, t. 1, n° 128; Naudier, n° 76; Biot, p. 108).

127. Le législateur, en établissant la prohibition posée par l'art. 7 de la loi de 1810, n'avait pour but que d'empêcher le fractionnement de l'exploitation elle-même, et d'assurer ainsi à chaque concession l'avantage d'un système de travaux bien coordonnés et harmonisés entre eux dans des vues d'ensemble et sur un champ suffisant d'application. En cas de doute sur l'application de la disposition finale de cet article, il suffirait donc de vérifier si la convention, qu'il s'agit d'apprécier, doit avoir ou non pour résultat direct ou indirect, avoué ou déguisé, de diviser et de morceler l'exploitation d'une concession. S'il en est ainsi, l'acte doit être annulé soit à l'égard des concessionnaires, soit à l'égard des tiers; dans le cas contraire, il est licite et il produira tous les effets que les parties ont entendu y attacher. Jugé ainsi que, si la cession du droit d'exploiter une fraction du tréfonds constitue une cession partielle et un partage prohibé, il en est autrement d'un acte de vente d'une partie de tréfonds qui ne comporte pas une obligation d'exploiter, mais seulement une réserve de redevances au profit du vendeur (Lyon, 13 mai 1881, aff. Paillon, *Moniteur judiciaire* du 24 juin 1881).

128. De même, si le partage d'une mine est prohibé, il est permis de déterminer quelles seront les parts de chacun dans le prix à provenir d'une licitation de la mine commune (Civ. cass. 19 févr. 1850, aff. Castellane, D. P. 50. 1. 180, cité au *Rép.*, n° 67). La licitation d'une mine est en effet possible, comme on l'a vu au *Rép.* n° 66, quand il est convenu que la mine entière sera adjugée en bloc et non par lots séparés (Req. 19 juin 1853, aff. Veret, D. P. 53. 1. 249. — *Adde :* Req. 21 avr. 1857, aff. Giuria, D. P. 57. 1. 190; Civ. cass. 1er juin 1859, aff. Granier, D. P. 59. 1. 244; Civ. rej. 18 nov. 1867, aff. Levrat, D. P. 67. 1. 450). Jugé aussi que lorsqu'une société minière qui a obtenu plusieurs concessions distinctes et les a exploitées simultanément, mais sans les fusionner entre elles et en conservant à chacune d'elles son individualité distincte, vend ou cède une ou plusieurs de ces concessions, cette vente ou cession ne saurait être assimilée au morcellement d'une concession, et qu'elle a, dès lors, un plein et entier effet (Lyon, 26 mars 1891, aff. Société des houillères de Rive-de-Gier, D. P. 91. 2. 201).

129. Lorsqu'un acte contient une clause de partage par lots de la mine, il doit être annulé comme tel; mais il peut conserver sa valeur entre les parties pour le règlement de leurs intérêts, par exemple, pour la détermination exacte de la part des droits revenant à chacune d'elles dans la propriété indivise de la mine, alors même que l'attribution nouvelle ne serait pas conforme à celle faite lors de l'obtention de la concession. Si l'art. 7, en effet, contient une disposition d'ordre public entraînant la nullité de conventions passées entre les copropriétaires d'une mine en tant qu'elles stipulaient une vente ou un partage partiel de la concession, il ne s'ensuit pas que ces conventions soient sans effet entre les parties, quant à la détermination des intérêts civils plus ou moins inégaux qui pourraient être la conséquence des apports différents de chacun desdits propriétaires (Civ. cass. 18 avr. 1853, aff. Mines de la Loire, D. P. 55. 1. 209; Req. 10 avr. 1854, aff. Descours, D. P. 55. 1. 210; Féraud-Giraud, t. 1, n° 134).

130. Si, malgré la prohibition établie par la loi, il est intervenu entre des copropriétaires un acte de partage d'une mine, qui a ensuite été annulé par un tribunal, la question se pose de savoir si l'acte sera déclaré nul *rétroactivement* jusqu'au jour de sa passation, ou si, au contraire, les effets de cette nullité ne devront se produire que dans l'avenir, les conséquences du contrat étant maintenues pour le passé en tant, par exemple, qu'ils fixeraient une base pour la répartition des produits provenant du fractionnement de l'exploitation. La cour de cassation s'est prononcée pour la non-rétroactivité de la nullité de la convention, parce que la défense de morceler l'exploitation des mines a été établie non pour l'intérêt privé des concessionnaires, mais afin d'assurer, dans un intérêt d'économie sociale, le bon aménagement des gîtes et la conservation des richesses minérales. Celui des concessionnaires auquel le partage illicite de la mine aurait causé un dommage ne doit donc pas être admis à s'en plaindre, pour se faire attribuer la part de produits qu'il aurait eue sans le morcellement auquel il a consenti. La mission du juge est de faire cesser pour l'avenir un genre d'exploitation défendu par la loi; il n'a pas à se préoccuper des rapports qui en étaient résultés dans le passé entre les divers concessionnaires, qui sont réputés avoir librement réglé leurs droits respectifs, en considération du fractionnement de l'exploitation; et, d'ailleurs, celui qui a été lésé ne saurait tirer grief de l'exécution volontaire par lui donnée à un acte contraire à la loi, ni réclamer contre cette exécution, sans voir son action paralysée par la règle : *ubi et dantis et accipientis turpitudo versatur, non posse repeti dicimus* (Req. 10 avr. 1854, aff. Descours, D. P. 55. 1. 210).

131. On a enseigné, au *Rép.* n° 70, que la nullité des actes passés en contravention de la prohibition établie par l'art. 7 est une nullité absolue et d'ordre public; la jurisprudence a adopté cette doctrine, d'où elle a conclu que la nullité dont il s'agit peut être invoquée en appel pour la première fois, qu'elle ne peut être couverte ni par la prescription, ni par le consentement des parties, ni par l'exécution volontaire, qu'enfin elle doit être prononcée d'office par les juges du fond (V. Civ. cass. 18 avr. 1853, aff. Mines de la Loire, D. P. 55. 1. 209; Colmar, 23 mars 1863, aff. Société Latil, D. P. 63. 2. 113; Lyon, 5 août 1874, aff. Praire, D. P. 75. 2. 228; Civ. cass. 7 août 1877, aff. Houillères de Saint-Etienne, D. P. 78. 1. 25; Bury, t. 2, n° 1224; Bréchignac et Michel, n° 76; Aguillon, t. 1, n° 235).

132. Les actions en nullité de conventions ayant pour objet un partage de concession prohibé par la loi sont de la compétence exclusive des tribunaux judiciaires (Colmar, 23 mars 1863, aff. Société Latil, D. P. 63. 2. 113).

133. Il faut remarquer que la prohibition de diviser les exploitations de mines, sans l'autorisation du Gouvernement, s'applique à toutes les concessions, même à celles dont l'existence est antérieure à la loi de 1810 (Féraud-Giraud, t. 1, n° 128; Comp. Req. 27 mars 1843, *Rép.* n° 68-3°).

134. Les concessionnaires qui auront enfreint les prescriptions de l'art. 7 sont passibles des peines et poursuites édictées par les art. 93 à 96 de la loi de 1810; mais on s'accorde généralement pour décider qu'il n'en sera ainsi qu'autant que l'acte de partage ou de division aura reçu son exécution en fait (Bury, t. 2, n° 1250).

135. De ce qu'il est défendu à un concessionnaire de vendre en détail sa concession, un arrêt a conclu que la vente d'une mine désignée par le nom de la localité où se trouve le siège principal de l'exploitation comprend l'étendue entière de la mine, telle qu'elle a été constituée au jour de la concession (Grenoble, 14 août 1875) (1).

136. La prohibition de morceler une concession ne

(1) (Compagnie générale des Asphaltes C. Brettmayer, Ravallier et Mayet.) — La cour de Grenoble a statué sur cette affaire sur le renvoi prononcé par un arrêt de la cour de cassation, du 17 mars 1873 (D. P. 73. 1. 471).

LA COUR; — Sur la question de propriété; — Attendu qu'il ne s'agit pas, dans la cause, d'interpréter le titre de concession d'une mine et d'en fixer le sens, mais de juger, entre un concessionnaire du 9 fruct. an 5 et un concessionnaire du 9 juill. 1866, une question de propriété dévolue aux tribunaux civils aux termes de l'art. 28 de la loi du 21 avr. 1810, et dont s'est dessaisie la juridiction administrative elle-même par l'arrêt du conseil d'État du 12 déc. 1868, aff. Comp. gén. des asphaltes (D. P. 69. 3. 59); — Attendu que le premier titre de propriété sur lequel se fonde la Compagnie des Asphaltes est un arrêté du Directoire exécutif, du 9 fruct. an 5, portant concession au sieur Secrétan, pour terme de cinquante années, d'une mine d'asphalte, concession dont le périmètre, placé sur la rive gauche du Rhône, dans les départements de l'Ain et du Mont-Blanc, fut déterminé par un plan annexé à l'arrêté du Directoire, ladite concession étant devenue perpétuelle par l'effet de l'art. 51 de la loi du 21 avr. 1810; — Attendu que ce titre est régulier et résiste à toute critique; que les défendeurs ne sont pas fondés à soutenir que la compagnie demanderesse en a fait l'abandon en sollicitant, en 1863, une concession nouvelle, sa demande ayant expressément réservé les droits résultant de la concession du 9 fruct. an 5; — Attendu que la compagnie demanderesse invoque, en second lieu, une vente consentie à son auteur, le 4 déc. 1811, des mines concédées par arrêté du 9 fruct. an 5,

s'applique pas à la vente de plusieurs mines distinctes, réunies notamment dans les mêmes mains et avec l'autorisation du Gouvernement, alors que chaque lot est précisément composé d'une concession particulière en sa totalité. En pareil cas, il a été jugé qu'un puits d'extraction dépendant du périmètre de l'une des concessions avait pu être déclaré compris dans l'adjudication de l'autre concession, sans qu'il en résultât pour la première un démembrement ou un fractionnement contraire aux prohibitions de la loi de 1810 (Civ. rej. 29 janv. 1866, aff. Duzéa, D. P. 66. 1. 63).

137. Pour la procédure de la demande en autorisation de partage, V. *Rép.* n° 73.

138. La vente d'une mine en bloc est permise sans qu'il soit besoin de recourir à une autorisation préalable du Gouvernement (*Rép.* n° 74). C'est là un point incontestable, en présence du texte de l'art. 7 de la loi de 1810 et de l'exposé des motifs présenté par Saint-Jean-d'Angely (V. Féraud-Giraud, t. 1, n°s 62 et 63; Dupont, t. 1, p. 397; Lamé-Fleury, p. 7; Bury, t. 2, n° 1218; Biot, p. 88; Splingard, n° 142).

On doit même reconnaître qu'il serait permis à un concessionnaire de vendre sa mine à un individu auquel le Gouvernement aurait refusé antérieurement cette même concession. Cette interprétation ressort d'une déclaration faite à la Chambre des députés par le Gouvernement à la séance du 6 mars 1884 (*Journ. off.*, 1884, p. 654).

139. Une vente de mines peut-elle être rescindée pour cause de lésion? C'est un point qui divise la doctrine : tandis que les uns répondent par la négative, en s'appuyant sur l'autorité de Pothier et sur cette circonstance de fait qu'il est presque toujours impossible de fixer le juste prix d'un gisement et, par suite, de dire s'il y a lésion ou quelle en est l'importance (Trib. Saint-Etienne, 8 juin 1824, cité par Féraud-Giraud, t. 1, n° 72), les autres estiment que le droit commun doit ici recevoir son application (Bury, t. 2, n° 1223; Féraud-Giraud, t. 1, *loc. cit.*). Suivant ces derniers auteurs, on se trouve sous l'empire du code civil, puisque aucun article de la loi de 1810 n'y a dérogé.

140. En cas de non-payement du prix d'une vente de mine, le vendeur aurait le droit de faire prononcer la résolution du contrat avec dommages et intérêts, par application de l'art. 1184 c. civ. et de se faire restituer la mine vendue (Civ. cass. 31 déc. 1856, aff. Mac-Carthy, D. P. 57. 1. 281).

---

mais que les défendeurs se prévalent des termes de cette vente des mines de Pyremont et de Seyssel, dit l'acte, prétendant qu'il résulte de l'indication de ces deux localités, situées sur la rive droite du Rhône, que la partie du périmètre placée sur la rive gauche n'a pas été comprise dans la vente; — Attendu qu'il est d'usage constant qu'une propriété minière emprunte son nom aux localités où s'est établie l'exploitation principale ou le siège de l'administration; — Attendu, d'autre part, que la vente vise l'arrêté du 9 fruct. an 5, et porte expressément sur le droit d'exploitation des mines concédées par cet arrêté; — Attendu, d'ailleurs, que la rive gauche, comme la rive droite du Rhône étant française en 1811, il est inadmissible que la vente n'eût pas porté sur le territoire concédé sur les deux rives du fleuve, c'est-à-dire sur le périmètre tout entier; — Attendu, enfin, que l'art. 7 de la loi du 21 avr. 1810 interdit la vente partielle d'une mine sans autorisation préalable du Gouvernement, disposition légale qui repousse, d'une manière décisive, l'interprétation erronée donnée par les défendeurs à l'acte de vente de 1811; — Attendu que la Compagnie générale des Asphaltes se fonde, en troisième lieu, sur le jugement d'adjudication du tribunal de la Seine du 25 avr. 1855, auquel les défendeurs opposent plusieurs objections dont la cour doit examiner la valeur; — Attendu qu'il convient d'abord de restituer à ce jugement d'adjudication, qualifié par le défendeur de jugement d'adjudication sur saisie immobilière, son caractère véritable, qui est celui d'une vente sur conversion en présence d'un seul juge, c'est-à-dire d'une vente volontaire; que la surenchère intervenue n'a pas changé le caractère primitif de la vente; — Attendu, dès lors, que les formalités légales pour l'exécution d'un jugement d'adjudication sur saisie-immobilière en Savoie, et l'exéquatur préalable n'étaient pas nécessaires, aux termes de l'art. 22 du traité du 24 mars 1860, qui stipule que les contrats passés en France n'ont pas besoin, pour être exécutés en Savoie, du recours à l'autorité sarde, comme lorsqu'il s'agissait d'un jugement; — Attendu que Ravallier et Mayet ne sauraient non plus se prévaloir du défaut de transcription de la vente du 26 avr. 1855, à Saint-Julien, ce moyen, s'il est fondé, devant se retourner contre eux, parce qu'ils ont négligé, eux aussi, de faire transcrire leur acte de concession de 1866, qui, étant assimilé à une véritable vente, se trouve assujetti à la même formalité; — Attendu, enfin, que les défendeurs reproduisent contre la vente du 26 avr. 1855 et avec aussi peu de fondement l'une des critiques dirigées contre la vente de 1811, à savoir qu'elle n'a porté que sur la partie du périmètre située sur la rive droite du Rhône; — Attendu que la vente de 1855, comme celle de 1811, s'est servie, pour la désignation de la propriété minière, du nom des localités où se trouvait le siège principal de l'exploitation, que la vente a porté d'ailleurs, expressément, sur le droit à la concession des mines d'asphalte, c'est-à-dire sur toute la concession, et le doute est si peu permis que le cahier des charges, après avoir parlé du territoire de la rive droite, ajoute ces mots : « Tous les droits attachés à cette concession, à quelque autre localité qu'ils s'étendent », la vente partielle de la mine étant d'ailleurs interdite par l'art. 7 de la loi du 21 avr. 1810; — Attendu qu'à ces titres qui constituent la compagnie demanderesse légitime propriétaire de l'entier périmètre concédé par l'arrêté du 9 fruct. an 5, les défendeurs opposent vainement la concession obtenue par eux en 1866; que, sans toucher à l'interprétation du sens et de la portée de cette concession, qui n'appartiendrait qu'à l'autorité administrative, la cour a compétence pour déclarer qu'au point de vue de la question de propriété dont elle est saisie, la concession de 1866, postérieure à la concession et aux ventes sur lesquelles repose le droit de propriété de cette compagnie, n'a pu préjudicier ce droit.

Sur la prescription : — Attendu qu'une mine étant aux termes de la loi du 21 avril une véritable propriété privée, la mine concédée par l'arrêté du 9 fruct. an 5 en a conservé tous les caractères de 1815 à 1860, pour la partie située en Savoie comme pour celle qui était restée française; qu'il importe peu que la partie du périmètre placée en Savoie n'ait pas été exploitée, ce défaut d'exploitation ne pouvant servir de base à la prescription par le non-usage; qu'une propriété minière par sa nature n'est exploitée d'ordinaire que sur certains points du périmètre concédé, les plus riches d'abord en minerai; mais que le droit de propriété sur l'entier périmètre se maintient sans aucune atteinte à moins de faits de possession par un autre, qui contrediraient son droit, circonstance qui n'existe pas dans la cause; que la Compagnie générale des Asphaltes n'a donc pas cessé de posséder à titre de propriétaire, et qu'à considérer cette compagnie comme ayant été dépossédée de cette propriété privée par le gouvernement sarde, cette dépossession étant un fait de violence, le propriétaire, l'état de conquête venant de cesser, aurait retrouvé sa propriété sans que son droit pût être atteint par une prescription quelconque; — Attendu que, s'il y a eu quelques concessions de peu d'importance faites par le gouvernement sarde, qu'il n'appartient pas à la cour d'apprécier, ni dans leur légitimité, ni comme actes de possession, la règle *tantum prescriptum tantum possessum* doit trouver ici sa place au profit de la compagnie demanderesse, et s'il était possible que la prescription pût s'étendre de ces parcelles possédées par quelques concessionnaires à toute la partie du périmètre située en Savoie, la première concession étant du 4 juin 1838, la prescription, même dans cette hypothèse, ne serait pas acquise; que ce sont là d'ailleurs des faits de prince dont ne peut s'emparer un tiers qui n'a pas possédé lui-même; — Attendu, quant au moyen puisé dans les édits du gouvernement sarde des 18 oct. 1822 et 30 juin 1840, relatifs aux obligations des concessionnaires de mines et aux droits du gouvernement, que ce moyen se rattache à l'exception de déchéance, qui sera ci-après examinée;

Sur la déchéance : — Attendu que l'exception de déchéance, ayant été proposée au cours d'une instance régie par la loi française, échappe d'une manière absolue aux juges civils, même pour l'examen des faits, desquels aurait pu résulter une déchéance de plein droit, sous l'empire des lois sardes, parce qu'il n'appartiendrait qu'à l'autorité administrative de constater les faits et d'appliquer au besoin les lois sardes; que cette exception doit donc être péremptoirement écartée;

Sur le sursis : — Attendu qu'aucune instance administrative n'est pendante dans le but de faire prononcer la déchéance de la concession du 9 fruct. an 5, et qu'on ne saurait considérer comme ayant ce caractère l'opposition des défendeurs à la demande d'une nouvelle concession formée par les appelants; que le conseil d'Etat saisi au cours même de l'instance actuelle, par un arrêté du conflit du préfet de la Haute-Savoie, a renvoyé les parties devant les juges civils, pour qu'il fût statué sur la question de propriété aujourd'hui soumise à la cour; que la demande d'un sursis ne se fonde, en conséquence, sur aucun motif sérieux; — Par ces motifs, statuant sur le renvoi prononcé par l'arrêt de la cour de cassation du 17 mars 1873; — Dit et prononce que la Compagnie générale des Asphaltes est propriétaire de la mine concédée à Secrétan par l'arrêté du Directoire du 9 fruct. an 5, avec les limites indiquées dans le plan annexé audit arrêté, fait inhibition et défense à Ravailler et Mayet de faire ou continuer tous travaux sur le périmètre concédé, et ordonne qu'ils seront tenus d'enlever tous objets de matériel pouvant leur appartenir, etc.

Du 14 août 1875.-C. de Grenoble, ch. réun.-MM. Bonafous, 1er pr.-Berger, av. gén.-Duverdy (du bareau de Paris) et Sisteron, av.

Mais si la cession porte, non sur la propriété d'une mine, mais sur les droits éventuels que le cédant peut avoir à la concession de cette mine, elle n'engendre au profit de celui-ci qu'une créance purement mobilière, qui, en cas de non-payement de la somme stipulée, lui permet bien de poursuivre la résolution du contrat, mais ne l'autorise pas à revendiquer la mine, qui ne lui avait pas appartenu antérieurement, entre les mains des tiers acquéreurs (Req. 31 mars 1873, aff. Pons, D. P. 74. 5. 337).

141. Les actes de vente de mines, depuis la loi du 23 mars 1855, doivent être transcrits, et sont soumis au droit d'enregistrement des ventes immobilières sur le taux de 5 fr. 50 cent. pour 100. Si la vente comprend en outre des objets mobiliers, le droit sur cette partie du prix sera réduit à 2 pour 100; mais si aucune ventilation n'a été faite et présentée à l'Administration, l'Enregistrement percevra le droit de 5 fr. 50 pour 100 sur la totalité du prix (Civ. rej. 24 août 1874, aff. Mines de Liévin, D. P. 75. 1. 113 ; Naudier, p. 111 ; Splingard, n° 142).

142. D'une façon générale, le concessionnaire peut vendre sa concession à toute personne capable. Jugé, à ce propos, que la concession d'une mine ne peut être cédée à un syndicat professionnel constitué en conformité de la loi du 21 mars 1884, l'art. 6, § 2 de cette loi interdisant aux associations de cette nature d'acquérir des immeubles autres que ceux qui seraient nécessaires à leurs réunions, à leurs bibliothèques et à des cours d'instruction professionnelle (Lyon, 26 mars 1891, aff. Société des houillères de Rive-de-Gier, et Circ. min. trav. publ. 24 avr. 1891, D. P. 91. 2. 201). — Les membres de ce syndicat ne peuvent devenir acquéreurs d'une concession qu'autant qu'ils se seront formés en une véritable société civile (Même arrêt). — V. toutefois Dupont, *Cours*, p. 82.

143. La question de savoir si une mine peut faire l'objet d'un contrat de louage a été examinée au *Rép.* n° 75, et résolue affirmativement (V. Conf. Féraud-Giraud, t. 1, n° 51 ; Troplong, art. 1713, n° 93 ; Naudier, p. 94 ; Splingard, n° 142 ; Bréchignac et Michel, n° 66).

144. Les mines peuvent également être sous-louées; il n'y a en effet aucun motif pour refuser ce droit aux locataires, qui auront souvent à en bénéficier, vu la longue durée habituelle des baux en matière d'exploitation minière (V. cependant Cotelle, *Droit administratif*, 3e éd., t. 2, p. 31).

145. Si l'on est généralement d'accord pour admettre que les mines peuvent être valablement données à bail, il n'en est plus de même quand il s'agit de déterminer exactement la nature intrinsèque du contrat qui intervient en pareil cas. Est-ce bien là un contrat de louage ? La difficulté vient de ce que le louage ordinaire a pour objet la simple jouissance d'une chose *que l'usage que l'on en fait ne détruit pas* et que le locataire peut et doit rendre intacte au propriétaire à la fin du bail, tandis qu'ici le louage a pour objet l'exploitation de la mine, c'est-à-dire des choses qui se consomment par le premier usage, et que le locataire ne pourra restituer en leur entier au cédant. On a enseigné au *Rép.* n° 75, *in fine*, que les mines peuvent être l'objet d'un *véritable* contrat de louage, et nous persistons dans cette opinion ; les produits d'une mine nous paraissent, à ce point de vue, devoir être complètement assimilés à des fruits ordinaires. Telle est bien la pensée du législateur, et nous n'en voulons pour preuve que la façon dont un usufruitier jouit d'une mine ouverte et exploitée au moment de son entrée en jouissance; on sait qu'il a droit à tous les produits à extraire de la mine. Ajoutons qu'il est beaucoup d'autres objets susceptibles de location, et qui, s'usant ou perdant quotidiennement de leur valeur, seront restitués à leurs propriétaires, à l'expiration du bail, dans un état presque nul au point de vue pécuniaire: ainsi un cheval, un animal de trait, etc.

146. Le principe général que l'on vient de poser cesserait, toutefois, d'être exact dans le cas où il s'agirait d'un contrat de louage dont la durée serait illimitée ou du moins très longue, comme par exemple si le bail devait se prolonger jusqu'à épuisement du gisement. Dans ces hypothèses, on se trouverait, nous le reconnaissons, en présence d'une véritable vente d'objets mobiliers, et non plus d'une convention ordinaire de louage (Troplong, *Du louage*, t. 1, n° 93 ; Guillouard, *Traité du contrat de louage*, n° 14 ; Biot, p. 91 ; Bury, t. 2, n° 1415 ; Naudier, p. 93 ; Bréchignac et Michel, n° 66).

147. La jurisprudence de la cour de cassation semble fixée en sens opposé ; suivant cette jurisprudence, le contrat que nous qualifions de louage constituerait, dans tous les cas, une véritable vente mobilière ; il n'aurait pas seulement pour objet de transférer pour un temps la jouissance de la chose cédée ; il transmettrait réellement, et dès le jour du contrat, la propriété des produits que l'acquéreur a le droit d'enlever, puisque l'extraction de ces produits, qui ne peuvent plus se reproduire, diminue la masse des matières que contient la mine, et peut, après un temps plus ou moins long, l'anéantir entièrement (V. *suprà*, v° *Enregistrement*, n° 1394. — V. toutefois Civ. rej. 29 juin 1886, aff. Comp. de Châtillon, D. P. 87. 1. 79. Comp. *suprà*, v° *Louage*, n° 16).

La discussion ne présente pas un simple intérêt doctrinal. Si la convention est un simple louage, l'administration de l'Enregistrement ne pourra percevoir que le droit de 20 cent. pour 100, tandis qu'elle percevra celui de 2 pour 100, s'il s'agit d'une véritable vente, comme l'admet la cour de cassation. L'administration de l'Enregistrement était même allée plus loin, et elle avait soutenu qu'il fallait voir dans la cession du droit d'exploiter une mine, non pas seulement une vente d'objets mobiliers, mais encore une vente immobilière, frappée du droit de 5 fr. 50 cent. pour 100. Ce système, admis par M. Aguillon pour le cas de location perpétuelle (t. 1, n° 239), n'a pas prévalu (V. *Rép.* v° *Enregistrement*, n° 2874, et *suprà*, eod. v°, n° 1395). — A un autre point de vue, la controverse présente aussi une importance considérable, car, suivant la solution adoptée, on reconnaîtra au cédant soit le privilège du bailleur, soit celui du vendeur.

148. Une opinion intermédiaire entre celle de la doctrine et celle de la cour de cassation s'est récemment fait jour. D'après M. Féraud-Giraud « un pareil acte est un acte *sui generis*, ayant un caractère mixte, à cause de la nature de l'objet du contrat, et il participe à la fois, quant aux conséquences juridiques, qui en découlent et aux principes qui lui sont applicables, du contrat de vente et du contrat de louage » ; d'où M. Aguillon (t. 1, n° 240) conclut qu'aucune solution ne peut être donnée *a priori*, et que les juges auront à se décider suivant les faits et les circonstances de la cause (*Adde* : Féraud-Giraud, t. 1, n° 55 ; Aguillon, n° 240. V. aussi Lyon, 29 juin 1855, aff. Mac-Carthy, D. P. 55. 2. 351).

149. Quelle que soit la solution admise sur cette première question, une seconde se pose aussitôt : les locations qui auraient pour résultat d'amener la division de l'exploitation sont-elles permises, l'art. 7 ne les prohibe-t-il pas d'une façon absolue, si les parties n'ont pas obtenu au préalable l'autorisation de l'Etat? La jurisprudence a été amenée, par la force des choses, à proclamer l'illégalité d'une semblable amodiation partielle, car pour elle la convention, constituant une véritable vente, tombe sous le coup de l'art. 7, qui est formel. La même solution, admise au *Rép.* n° 77, nous semble encore exacte. On remarquera que, dans le système que nous admettons, cette solution ne saurait reposer sur le texte même de l'art. 7, mais elle nous paraît conforme à l'esprit de cet article et à la pensée du législateur, qui, dans un intérêt supérieur, a voulu éviter le morcellement de l'exploitation des concessions (V. en ce sens : Marcadé, *Explication du code civil*, sur l'art. 1753, n° 2 ; Bury, t. 2, n° 1228 ; Dufour, n° 136 ; Naudier, p. 94; Splingard, n° 143 ; Bréchignac et Michel, n° 75 ; Féraud-Giraud, t. 1, n° 53; Aguillon, t. 1, n° 237 ; de Marcère, discours, *Journ. off.* du 16 août 1874. — *Contrà*, Troplong, *Traité du louage*, sur l'art. 1713, n° 93).

150. La nullité des baux partiels est d'ordre public, et il faut lui reconnaître les mêmes caractères qu'à celle qui frappe les ventes consenties au mépris des prescriptions de l'art. 7 (V. *suprà*, n° 131 ; *Rép.* n° 79).

151. Tous les baux d'une durée supérieure à dix-huit ans doivent être transcrits pour être opposables aux tiers (L. 23 mars 1855, art. 2).

152. Si le tiers cessionnaire ne remplit pas ses obligations, le concessionnaire cédant peut obtenir judiciairement la résiliation du contrat, et reprendre la mine (V. *suprà*, n° 140) ; mais, dans ce cas, la jurisprudence n'est pas fixée sur les conséquences qu'entraînera cette résiliation. Devra-t-on appliquer purement et simplement l'art. 1183 c. civ. et obliger le locataire à restituer les produits extraits et le bailleur à rendre les loyers perçus ? Ou, au contraire, devra-t-on restituer la mine en l'état, chacun conservant ce qu'il a reçu, la question des dommages-intérêts étant réservée? La cour de Lyon a décidé à ce sujet que les effets de la résolution du contrat ne se produisent qu'à partir du jour où elle a été prononcée, et qu'ici l'art. 1183 n'est pas applicable; qu'en conséquence, le tiers cessionnaire doit, jusqu'au jour de la résolution, supporter toutes les charges de l'exploitation, ainsi que la réparation du préjudice qu'il a causé au concessionnaire de la mine par abus de jouissance, et que, réciproquement, celui-ci doit lui faire raison des ouvrages d'art nouveaux et utiles existant à la même époque sur le terrain exploité (Lyon, 29 juin 1855, aff. Mac-Carthy, D. P. 55. 2. 351). Sur le pourvoi formé contre cette décision, la cour de cassation a décidé, au contraire, que la règle suivant laquelle la condition résolutoire, lorsqu'elle s'accomplit, opère la révocation de l'obligation et remet les choses au même état que si cette obligation n'avait jamais existé, s'étend à la cession, faite moyennant un prix unique et des charges annuelles, du droit d'exploiter une mine pendant un certain nombre d'années; qu'en conséquence, si la cession est résolue, faute par le cessionnaire d'avoir payé le prix et exécuté les charges stipulées, elle est réputée n'avoir jamais eu d'existence, et, dès lors, l'arrêt qui règle les effets de la résolution ne peut ordonner que les acomptes payés au cédant lui demeureront pour la portion du prix et des charges afférentes à la jouissance passée, cette jouissance ne pouvant donner lieu qu'à des restitutions de fruits ou produits et à des dommages-intérêts à fixer par le juge (Civ. cass. 31 déc. 1856, aff. Mac-Carthy, D. P. 57. 1. 281).

153. La réunion de plusieurs concessions en une seule ne peut avoir lieu que si elle a été autorisée par décret du Gouvernement. On s'était demandé si cette prohibition résultait des dispositions de la loi du 21 avr. 1810; comme on l'a vu au *Rép.* n° 80, la question a été résolue formellement en ce sens par un décret du 23 oct. 1852. Mais il est reconnu que ce décret n'a pas eu d'effet rétroactif, et que les réunions opérées avant sa promulgation ont été légales (Civ. rej. 1er juin 1859, aff. Granier, D. P. 59. 1. 244).

154. L'autorisation, en vue d'obtenir la réunion de plusieurs concessions, est accordée par décret rendu en conseil d'État, avec les mêmes formalités de procédure que celles exigées en matière de demandes en concession (Dupont, *Jurispr. des mines*, t. 1, p. 402). Le Gouvernement est libre d'accorder ou de refuser l'autorisation sollicitée, et aucun recours contentieux n'est ouvert contre sa décision, sauf pour violation des formalités imposées par la loi. Les permissions de réunion accordées depuis 1852 sont assez nombreuses (V. Féraud-Giraud, t. 1, n° 141).

155. La légalité du décret de 1852 a été contestée par certains auteurs, particulièrement par M. Bury, qui s'exprime ainsi : « Ce décret peut être utile, mais je doute qu'il soit légal, l'art. 6 de la constitution du 14 janv. 1852, auquel il fait appel, accorde bien au président de la République le pouvoir de faire les règlements et décrets nécessaires pour l'exécution des lois, mais précisément il méconnaît la loi de 1810 au lieu de l'exécuter, en restreignant la liberté qu'elle a donnée à la propriété et à la transmission des concessions » (Bury, t. 2, n° 1257) (V. également en ce sens : Biot, p. 115 ; Perriquet, *Contrats de l'État*, n° 367 ; Aguillon, t. 1, n° 259). — L'objection n'est pas sans valeur ; toutefois elle n'a été soulevée que dans la doctrine pure, et elle aurait, dans la pratique, peu de chance d'être accueillie (V. Dupont, *Jurispr. des mines*, t. 1, p. 401 ; Féraud-Giraud, t. 1, n° 136).

156. Par analogie, on doit admettre que, depuis 1852, la réunion de plusieurs concessions en une seule main au moyen de simples baux, est également interdite (V. en ce sens : Féraud-Giraud, t. 1, n° 54; Aguillon, t. 1, n° 255).

157. Après avoir fait l'application aux mines des divers caractères de la propriété ordinaire, on a recherché au *Rép.* nos 87 et suiv., comment doit leur être appliquée, d'après la législation spéciale qui les régit, la distinction faite par le droit commun entre les meubles et les immeubles. Les mines sont immeubles, et les matières extraites sont meubles : tel est le principe. Mais il a été reconnu que le caractère mobilier n'appartient au minerai que quand il a été réellement extrait, au moins à l'égard des tiers; que, jusqu'à ce moment il s'identifie avec la mine et, par conséquent, constitue un immeuble. Par suite, il a été jugé que, en cas de saisie d'un immeuble contenant une mine exploitée par un tiers, en vertu de la cession que le maître de la mine lui a faite de ce droit d'exploitation, le prix des minerais non encore extraits lors de la transcription de la saisie est, par l'effet de cette transcription, frappé d'inaliénabilité à l'égard du saisissant et des créanciers inscrits, sinon comme loyer, du moins comme prix d'une portion de l'immeuble saisi, et que le saisi, dès lors, ne peut plus le céder au préjudice de ses créanciers (Req. 15 déc. 1857, aff. Gontard, D. P. 59. 1. 366).

Si l'on admettait que la cession a le caractère d'un louage et la redevance à payer au cédant celui d'un loyer, la transcription de la saisie de l'immeuble frapperait, sans aucun doute, cette redevance d'immobilisation en vertu de l'art. 685 c. proc. civ. Mais en est-il de même dans le système de la jurisprudence (V. *suprà*, n° 147), qui qualifie de vente mobilière la cession dont il s'agit? La mobilisation anticipée du minerai à extraire n'a-t-elle pas pour conséquence nécessaire de soustraire aux effets de la saisie et de la transcription, pour toute la durée de la concession, une redevance, qui n'est plus le loyer d'une portion de l'immeuble saisi, mais forme le prix d'une masse de matières réputée détachée de cet immeuble et entrée, par suite de cette fiction, dans la classe des objets mobiliers? C'est ce que l'on soutenait, dans l'espèce, pour faire maintenir le transport que le propriétaire saisi avait fait de la redevance après la transcription de la saisie. La cour de cassation, tout en persistant dans sa doctrine de la mobilisation anticipée du minerai, lorsque le droit de l'exploiter a été concédé pour un certain temps, restreint aux parties les conséquences de cette mobilisation, sur laquelle elle fait prévaloir, à l'égard des tiers, la nature réelle et légale du minerai non extrait, qui est immeuble par nature.

158. Aux termes de l'art. 8 de la loi de 1810 (*Rép.* n° 87), le matériel servant à l'exploitation de la mine est immeuble par destination. D'après le principe édicté par l'art. 524, *in fine* c. civ., ce caractère ne lui appartient que s'il a été attaché à la mine par le propriétaire lui-même, à perpétuelle demeure. C'est ce que l'on doit présumer jusqu'à preuve contraire (Chambéry, 12 mai 1865, aff. Joly, D. P. 65. 2. 155). Il a été jugé, d'ailleurs, que cette preuve ne résulte pas suffisamment de ce que le matériel servant à l'exploitation de la mine a été apporté par le tiers qui en revendique la propriété; il faut que ce tiers établisse encore qu'il a été autorisé par le propriétaire à exploiter la mine pour son compte personnel (Arrêt précité du 12 mai 1865, aff. Joly, D. P. 65. 2. 155).

159. Les actions ou intérêts dans les sociétés constituées pour l'exploitation des mines sont meubles (*Rép.* n° 89); nous ajouterons que ce caractère est commun à toutes les catégories de sociétés, propriétaires du sol ou simplement concessionnaires, qu'elles aient adopté ou non la forme commerciale... etc. Jugé, en conséquence, qu'un legs de tout le mobilier comprend les actions que le *de cujus* avait dans une société de mines (Douai, 9 mai 1885, cité par Féraud-Giraud, t. 1, n° 91. V. également : Trib. Seine, 22 juill. 1876 et, sur appel, Paris, 8 janv. 1878, aff. Lecoq de la Fontaine, D. P. 79. 2. 4).

160. Les actions ou parts d'intérêts ne conservent leur caractère mobilier que pendant la durée de la société; dès que la dissolution est survenue, elles redeviennent immeubles. D'où la jurisprudence a conclu que lorsque, après la dissolution d'une société minière, l'actif social a été adjugé sur licitation à plusieurs des copropriétaires de la mine, la transmission qui leur a été ainsi faite des parts de leurs colicitants dans la concession est soumise au droit de mutation immobilière (Civ. cass. 3 janv. 1865, aff. Compagnie Usquin, D. P. 65. 1. 31).

161. Le caractère mobilier des actions et intérêts fait naître une question délicate, celle de savoir quelle sera la procédure à suivre en cas de saisie de ces actions. D'après MM. Bréchignac et Michel, p. 99, il est impossible de suivre les règles admises en cas de saisie mobilière, car on se trouve ici en présence de meubles incorporels, et il y a lieu de recourir aux règles édictées par le code de procédure dans ses art. 536 et suiv., pour la saisie des rentes. M. Dalloz, t. 1, p. 124, estime, au contraire, qu'en présence du silence de la loi, les juges auront plein pouvoir pour ordonner le mode de vente le plus propre à garantir les droits des différentes parties en cause (V. aussi Peyret-Lallier, p. 139 ; Bréchignac et Michel, n° 99).

162. On a soutenu au *Rép.* nos 100 et suiv., que pour que les actions et intérêts soient réputés meubles l'existence d'une société *légalement constituée* n'est pas nécessaire, et qu'il suffit que l'exploitation ait lieu *au nom de tous et dans un intérêt commun.* Cette opinion a été adoptée depuis par Bury, t. 2, n° 1376 ; Dalloz, t. 1, p. 115 et suiv.; Delecroix, *Sociétés des mines*, n° 524; Aguillon, t. 1, n° 270; Bréchignac et Michel, n° 92. Mais elle n'a pas été sanctionnée par la cour de cassation qui, se fondant sur le texte précis de l'art. 529 c. civ. et l'intention présumée du législateur, exige une société établie conformément aux prescriptions du code civil et des lois spéciales (Req. 18 juin 1862, aff. Carcassonne, D. P. 62. 1. 422; Trib. Seine, 31 mars 1865, aff. Lemaire, D. P. 66. 3. 16).

163. Les actions et intérêts, étant de véritables objets mobiliers, peuvent être constitués en gage, conformément aux règles du code civil (Féraud-Giraud, t. 1, n° 127).

164. Une des conséquences des plus importantes de la mobilisation des actions consiste dans la possibilité, pour leurs propriétaires, de les céder comme toutes les autres valeurs mobilières de leur patrimoine (*Rép.* n° 91). — En ce qui concerne les formes dans lesquelles la cession devra s'opérer, V. *infrà*, v° *Société*.

165. Sur les droits de transmission auxquels sont assujetties les cessions d'actions, soit nominatives, soit au porteur, des sociétés minières, V. *suprà*, v° *Enregistrement*, nos 1470 et suiv.

166. On a vu au *Rép.* n° 95, que les tiers qui se rendent acquéreurs d'actions sont tenus des mêmes obligations que le cédant dont ils prennent la place. — Quant au cédant lui-même, cesse-t-il d'être tenu des obligations qu'il avait contractées? V. *infrà*, v° *Société*.

167. Les anciennes coutumes du Nord, et du Hainaut, accordaient autrefois à la société minière, dont une action était mise en vente, *le droit de retraire* cette part et de la racheter par préférence à toutes les personnes qui pouvaient se présenter. Aujourd'hui, depuis l'abolition des retraits par la loi des 13-18 juin 1790, une telle prérogative n'existe plus de plein droit en faveur des associés, mais pourrait-on du moins l'introduire valablement dans les statuts d'une société? L'affirmative est généralement admise par la jurisprudence et par la doctrine (V. *suprà*, v° *Société*, n° 584. *Adde :* Pardessus, *Droit commercial*, t. 4, p. 24, de Fooz, p. 247; Bury, t. 2, n° 1393; Delecroix, *Sociétés des mines*, n° 316; Splingard, n° 158 ; Lyon-Caen et Renault, *Précis de droit commercial*, t. 1, n° 579 ; Bréchignac et Michel, n° 137). Si la clause de retrait a été insérée aux statuts, il ne pourra cependant pas être exercé en cas de licitation et lorsque ce sera un des communistes qui se sera rendu adjudicataire (Delecroix, *op. cit.*, n° 325). Au contraire, il aurait lieu dans toutes les autres hypothèses : vente volontaire ou judiciaire, donation, etc.

168. Le délai pendant lequel le retrait doit être exercé à peine de forclusion est ordinairement indiqué dans les statuts ; s'il ne l'était pas, les intéressés devraient en faire déterminer l'étendue par les tribunaux, qui auraient égard aux usages locaux en pareille matière (Trib. Mons, 5 juill. 1873, cité par Féraud-Giraud, t. 1, n° 100). Un arrêt (Bruxelles, 25 juin 1862, aff. Société du Grand-Mambourg, *Pasicrisie belge*, 1863. 2. 140) a jugé, en sens contraire, que, si aucun terme n'était fixé par les statuts, le délai pour se réclamer du retrait serait illimité. Mais cette solution ne paraît pas admissible; ainsi que le dit M. Féraud-Giraud, *loc. cit.*, « il est impossible de laisser ainsi, pendant une durée de temps illimitée la propriété incertaine ». V. aussi Delecroix, *op. cit.*, nos 355 et suiv.

169. Il se pourrait qu'un associé, en vendant ses actions et pour éviter le retrait par la société, eût stipulé qu'au cas où ce retrait serait exercé, la vente, par le fait même, serait déclarée nulle et les choses replacées en l'état, comme si la vente n'avait pas eu lieu ; cette convention serait-elle valable ? M. Delecroix, *op. cit.*, n° 325, l'admet, et avec raison, suivant nous. Une pareille clause n'est contraire ni aux bonnes mœurs, ni à l'ordre public, et il n'y aurait aucune raison pour l'invalider.

170. Le retrait, lorsque la société l'exerce, doit être notifié au vendeur et à l'acquéreur, sinon par acte d'huissier, au moins d'une façon certaine, de telle sorte qu'on puisse conserver la preuve que les parties en ont été averties (Féraud-Giraud, t. 1, n° 101). — La société doit rembourser à l'acheteur les frais et loyaux coûts du contrat, et lui tenir compte du prix tel qu'il est indiqué dans l'acte : jusqu'à preuve contraire, ce prix est réputé être sincère; mais la fraude peut être prouvée par tous les moyens possibles (Féraud-Giraud, t. 1, n° 103).

171. Quant à la question de savoir sur la tête de qui repose la propriété des actions vendues tant que les délais ne sont pas expirés, il a été décidé qu'elle continue à résider sur la tête du vendeur, jusqu'à ce qu'il soit intervenu une solution définitive dans un sens ou dans l'autre (Bruxelles, 25 avr. 1870, aff. Daubresse, *Pasicrisie belge*, 1871, t. 2, p. 425. Conf. Féraud-Giraud, t. 1, n° 100). A notre avis, il est préférable de s'attacher aux principes généraux et de dire que, dès le jour de la convention, la propriété passera sur la tête de l'acheteur, qui, sans doute ne sera pas propriétaire incommutable, puisque son droit est soumis à une condition résolutoire, mais qui n'en est pas moins jusque-là seul propriétaire légitime.

172. On a vu au *Rép.* n° 103, que les chariots qui servent au transport des minerais conservent leur caractère de meubles. Cette opinion, admise depuis par Bury, t. 2, n° 1210, est combattue par M. Féraud-Giraud, t. 1, n° 148. « Le transport des matières de la mine, dit cet auteur, sur les places de triage, de lavage, aux lieux d'entrepôt où elles ne sont que temporairement déposées, pour être ensuite acheminées, après diverses manipulations, à destination ou dans les gares de transport, ne constitue-t-il pas une opération faisant partie nécessairement de l'exploitation? Ainsi alors que des mines s'exploitent exclusivement au moyen de puits d'extraction, il en est dans lesquelles les galeries souterraines, ouvertes aux flancs des montagnes, aboutissent à l'extérieur au moyen d'un simple roulage; dans ce cas, les wagonnets qui portent les matières extraites, suivant à l'extérieur le prolongement de la voie ferrée, sortent de l'intérieur jusqu'à des distances parfois fort grandes. Dira-t-on que c'est là du transport et non de l'exploitation? En pareil cas, mon hésitation cesse nécessairement, et si le cheval qui n'est pas exclusivement attaché à l'exploitation intérieure de la mine, aux termes de la loi, ne doit pas être considéré comme immeuble par destination, parce que sa course n'est pas exclusivement souterraine, il m'est impossible de considérer le wagon qui a été chargé dans la mine, en a parcouru les galeries intérieures, comme cessant de servir à l'exploitation et comme affecté seulement au transport des matières extraites, par cela seul qu'il roulera pendant quelque temps encore hors de la mine à ciel ouvert. Que l'on me concède au moins qu'il restera immeuble comme attaché à l'exploitation tant qu'il n'y aura pas rupture de charge et cela ne me suffit même pas. Souvent, après cette rupture de charge elle-même, après un triage ou un lavage, ou une autre opération de même nature, ce wagon reprendra son chargement pour le porter jusqu'à la gare d'embarquement, jusqu'au chemin de fer industriel, celui-là destiné principalement au transport; et comment sur cette nouvelle partie de son parcours entre la mine et le chemin de fer d'exportation ce wagonnet qui fréquente exclusivement la mine et dessert directement à pied d'œuvre l'extraction, changera-t-il de nature; je serai, en pareil cas, très porté à considérer comme immeubles tous les moyens d'action accessoires obligés et directs de l'exploitation et sans lesquels elle est impossible. A défaut, il faudra faire une ventilation complètement arbitraire entre ces objets de même nature, attribuer un certain nombre d'entre eux à l'exploitation et les autres aux transports... » (Féraud-Giraud, t. 1, n° 148. V. aussi Bourges, 21 mars 1867, aff. Baron-Massé, D. P. 67. 2. 76).

Les approvisionnements des mines sont meubles; ils comprennent les bois, poutres, outils ou autres objets dont on peut faire emploi immédiat pour les besoins de l'exploitation, et qui sont déposés soit sur les chantiers, soit dans les magasins (Féraud-Giraud, t. 1, n° 150).

173. L'importance de la question de savoir ce qui, dans une mine, constitue un meuble ou un immeuble, apparaît principalement lorsque l'on considère les conséquences qui en découlent au point de vue des rapports pécuniaires entre époux (*Rép.* n° 105). V. sur les difficultés qui s'élèvent à ce sujet, notamment sous le régime de la communauté, *suprà*, v° *Contrat de mariage*, n°s 217 et suiv.

174. Une mine peut faire l'objet d'un usufruit, sous la seule condition que le principe de l'unité d'exploitation soit respecté (*Rép.* n° 106; Aguillon, t. 1, n° 243). — On a admis que, pour établir un usufruit sur une mine, il n'était pas besoin d'obtenir la permission préalable du chef de l'État (*Rép.* n° 110). Cette opinion est admise par la plupart des auteurs (Naudier, p. 102; Marcadé, sur l'art. 598; Demolombe, t. 10, n° 435; Aubry et Rau, t. 2, p. 487, § 23; Féraud-Giraud, t. 1, n° 31. *Contrà* : Proudhon, *Domaine de propriété*, t. 2, n° 767; Salviat, t. 1, p. 289; Hennequin, t. 2, p. 315).

L'usufruitier d'une mine peut pratiquer à la surface tous les travaux que le concessionnaire pourrait lui-même y opérer (Biot, p. 207; Féraud-Giraud, t. 1, n° 37). Il doit acquitter régulièrement les différentes redevances et exploiter en bon père de famille (Aguillon, t. 1, n° 243; Biot, p. 207; Bury, t. 2, 1318; Féraud-Giraud, t. 1, n° 38; Demolombe, t. 10, n° 436).

175. On a exposé au *Rép.* n° 114, la doctrine de Proudhon, consistant à appliquer à l'usufruit en matière de mines la disposition de l'art. 609 c. civ. relative au mode de contribution du nu propriétaire et de l'usufruitier aux charges qui peuvent être imposées sur l'immeuble grevé pendant la durée de l'usufruit. Cette doctrine est encore aujourd'hui généralement admise; mais, comme le dit très bien M. Féraud-Giraud, elle doit être appliquée à l'usufruit d'une mine, *secundum subjectam materiam*, c'est-à-dire que, s'il s'agit de mesures prises à la fois dans l'intérêt de la propriété foncière et de l'usufruit, ces prescriptions seront suivies, mais s'il s'agit de mesures prises uniquement dans un intérêt d'exploitation, c'est-à-dire au profit de l'usufruitier et en dehors de l'intérêt du propriétaire et même contre cet intérêt, il ne sera pas possible de faire supporter à ce dernier le capital de la dépense (Féraud-Giraud, t. 1, n° 39). En cas de désaccord, les tribunaux apprécieront en se basant sur ce critérium. — *Contrà*, Aguillon, t. 1, n° 143. Cet auteur enseigne que jamais l'usufruitier ne pourra rien obtenir pour les dépenses et les améliorations par lui faites au cours de l'usufruit, la situation devant être réglée uniquement par l'art. 599 c. civ.

176. L'usufruit, au lieu de porter sur la mine directement, peut avoir pour objet des actions ou parts d'intérêts dans cette mine: dans cette hypothèse, et si l'on suppose que l'action n'est pas totalement libérée au moment où commence l'usufruit, et qu'il y ait un appel de fonds, lequel du nu propriétaire ou de l'usufruitier sera obligé d'y satisfaire? Assurément le nu propriétaire. Mais l'usufruitier devra-t-il du moins lui tenir compte des intérêts de cette somme en vertu de l'art. 609 c. civ.? Splingard, n° 134, ne l'admet pas. Il nous semble que l'opinion contraire est préférable, car l'usufruitier a un intérêt manifeste à voir se réaliser cet appel de fonds, qui peut devenir, en cas d'insolvabilité de son constituant, une condition *sine qua non* de sa jouissance.

177. Lorsque l'usufruit prend fin, l'usufruitier a droit aux matières extraites jusqu'à ce jour et qui se trouvent sur le carreau de la mine, ainsi qu'à toutes les créances acquises par lui pour ventes et fournitures de minerais. Cette hypothèse ne présente pas de difficultés, mais si l'on suppose que l'usufruit ne porte que sur une part d'associé dans une société minière, quel sera exactement le droit de l'usufruitier? Pourra-t-il réclamer tout à la fois sa part de créances et sa part en nature des minerais non vendus existant sur le carreau de la mine? Il a été décidé que, dans ce cas, l'usufruitier ne peut rien réclamer en nature à la société, et que son droit se borne à exiger une part adéquate à celles des autres actionnaires; la solution opposée entraînerait en effet la dissolution pure et simple de la société, résultat contraire à la notion essentielle des sociétés minières qui, étant plutôt des associations de capitaux que des groupements de personnes, ne prennent pas fin par la mort d'un ou de plusieurs associés (Bruxelles, 22 mars 1854, aff. Henrion, *Pasicrisie belge*, 1854. 2. 200. Conf. Splingard, n° 132; Féraud-Giraud, t. 1, n° 44. Comp. *infrà*, v° *Usufruit*).

178. Si l'usufruit porte, non plus sur la mine, mais sur la surface, il y a lieu de lui appliquer les règles expliquées au *Rép.* n° 115, qui sont admises par l'unanimité des auteurs (*Adde* : Bury, t. 2, n° 1324; Biot, p. 199; Féraud-Giraud, t. 1, p. 37).

179. Lorsqu'une mine n'est ouverte que postérieurement à l'entrée en jouissance de l'usufruitier sur la surface, les redevances tréfoncières appartiennent au nu propriétaire; mais l'usufruitier pourrait obtenir, s'il y avait lieu, indemnité pour la privation de jouissance causée par l'exploitation (Lyon, 24 mai 1853, aff. Guillot, D. P. 55. 2. 347; Demolombe, *Cours de code napoléon*, t. 10, n° 432. *Contrà* : Delvincourt, *Cours de code civil*, t. 1, p. 148, note 8). Dans tous les cas, il est bien entendu que l'usufruitier, pas plus que le propriétaire, ne pourrait s'opposer à ce que des travaux de recherches ou d'exploitation fussent pratiqués sur et sous le sol dont il a la jouissance (Bury, t. 2, n° 1315, Féraud-Giraud, t. 1, n° 43).

180. Si l'usufruit porte sur un fonds, dans le tréfonds duquel une mine est illégalement exploitée, c'est-à-dire, par exemple, sans qu'il y ait eu concession préalable, on peut se demander à qui, dans cette hypothèse, appartiendront les matières extraites. Suivant certains auteurs, l'usufruitier pourra se les approprier en vertu de l'art. 598 c. civ., portant que l'usufruitier jouit de la même manière que le propriétaire des mines ouvertes au jour de l'usufruit; mais l'opinion contraire nous paraît plus juridique, car une exploitation irrégulière, constituant un fait délictueux, ne peut avoir pour effet de donner naissance à des droits transmissibles. L'Administration devra faire cesser une semblable extraction et en poursuivre la répression. Quant aux minerais extraits, ils resteront au propriétaire, comme partie intégrante de sa propriété, abstraction faite d'une exploitation qui est censée n'avoir jamais eu lieu (V. Féraud-Giraud, t. 1, n° 33).

181. Outre l'usufruit, les mines peuvent encore être soumises au droit d'usage, dont l'étendue et le mode de jouissance devront être déterminés dans l'acte constitutif (Biot, p. 109; Féraud-Giraud, t. 1, n° 28; Naudier, p. 101). Si l'acte constitutif est muet, les droits de l'usager seront réglés par les dispositions de l'art. 629 c. civ.

182. De l'usufruitier et de l'usager, on peut rapprocher le possesseur de bonne foi. Le possesseur de bonne foi jouit-il, en matière de mines, du droit que lui accorde le code civil pour les biens ordinaires? En d'autres termes, fait-il les fruits siens? Le doute peut venir de la nature même des substances produites par la mine, substances qui s'épuisent et ne se renouvellent pas, de telle sorte que le possesseur se verrait attribuer, pour ainsi dire, une partie du fonds lui-même, et que le préjudice subi par le propriétaire est beaucoup plus considérable que dans les cas ordinaires. — Malgré cette différence de résultats, nous croyons que l'on doit attribuer au possesseur de bonne foi les minerais extraits par lui au cours de sa possession; car, si les produits d'une mine sont limités et ne constituent pas, au sens légal du mot, des fruits, ils n'en sont pas moins considérés comme tels par le législateur en matière d'usufruit et de contrat de mariage. Le système contraire serait d'ailleurs peu équitable. Le possesseur de bonne foi doit, en effet, être indemnisé de son travail et des frais qu'a entraînés l'exploitation; lui refuser les fruits, serait donc le léser ouvertement, tout en récompensant, par ce fait même, l'incurie du véritable propriétaire (Aubry et Rau, t. 2, n° 275, § 206; Bury, t. 2, n° 1427; Féraud-Giraud, t. 1, n° 27; Demolombe, t. 10, n° 621; C. cass. belge, 26 avr. 1849, *Pasicrisie belge*, 1849. 1. 38. — *Contrà*, Bréchignac et Michel, n° 70).

183. La jurisprudence a eu à examiner le cas où un possesseur de bonne foi occupe non plus la mine elle-même, mais la surface du terrain dans lequel existe la concession, et elle a eu à se demander, dans cette hypothèse, si ce possesseur pouvait faire siennes et toucher les redevances tréfoncières payées par le concessionnaire? La cour de Lyon s'est prononcée pour la négative, en s'appuyant sur ce principe que les redevances ne sont pas des fruits, mais des portions du capital, et qu'en conséquence l'art. 549 c. civ. ne leur est pas applicable (Lyon, 7 juin 1882, aff. Deschet, D. P. 84. 2. 22). — Cette solution nous paraît contestable, car, si les redevances ne constituent pas, à proprement parler, des fruits, il n'en est pas moins vrai qu'elles représentent, suivant l'observation de Napoléon lors de la discussion de la loi du 20 avr. 1810, une part réservée au propriétaire du sol dans les produits que donne sa chose, et il est universellement reconnu, d'un autre côté, que l'usufruitier, succédant au propriétaire de la surface, a droit aux redevances dues par les mines ouvertes avant son entrée en jouissance. Comment expliquer ces solutions, si l'on n'accorde pas, à ce point de vue, le caractère de fruits aux redevances? Aussi estimons-nous que le possesseur de bonne foi a droit aux redevances dues par les concessionnaires de mines ouvertes au moment où a commencé sa possession.

184. Comme toutes les autres propriétés immobilières, les mines sont susceptibles d'être affectées de servitudes actives et passives, principalement dans les régions très-riches au point de vue minéral, et où abondent les concessions voisines ou juxtaposées et les concessions superposées. Ces différentes situations juridiques sont, en principe, régies par le droit commun, et le législateur ne s'est spécialement occupé que d'une seule d'entre elles, dont l'importance est capitale : la servitude d'écoulement des eaux entre mines voisines. Cette réglementation a fait l'objet de l'art. 45 de la loi de 1810, qui sera étudié *infrà*, n° 510.

185. Les mines sont sujettes à la prescription (*Rép.* n° 108), mais pour empêcher que la propriété d'une mine ne soit perdue par ce moyen, il n'est pas besoin que les travaux aient lieu *simultanément sur l'ensemble de la concession;* une exploitation partielle est suffisante pour produire des interruptions de prescription (Grenoble, 14 août 1875, *suprà*, n° 135; Naudier, p. 111).

186. Pour que la propriété d'une concession puisse être prescrite activement, il ne suffit pas que, de la part du concessionnaire, il y ait eu suspension des travaux pendant trente ans, puisque le non-usage n'entraîne pas la déchéance de plein droit; il faut encore qu'un tiers ait fait acte de propriétaire sur la mine et qu'il l'ait exploitée pendant le temps exigé par la loi (Liège, 13 août 1864, aff. Daubresse, *Pasicrisie belge*, 65. 2. 192; Grenoble, 14 août 1875, *suprà*, n° 135).

187. La question de savoir si un acte de concession constitue un juste titre légitimant la prescription de dix à vingt ans est controversée. Cette hypothèse peut se rencontrer dans le cas où, par erreur et à la suite de circonstances particulières, l'Etat aurait concédé deux fois le même périmètre minier à deux personnes différentes; le concessionnaire second en date pourrait-il, grâce à ce titre et s'il était de bonne foi, bénéficier de la prescription décennale? Bury, t. 2, n° 1266, estime que l'acte de concession constitue un titre suffisant, car s'il est vrai que l'Etat n'est point propriétaire des mines non concédées, il n'en est pas moins certain que c'est à lui seul qu'appartient le droit d'en disposer, et qu'en fait il doit par conséquent être à ce point de vue assimilé au véritable propriétaire (Bruxelles, 9 juin 1841, cité par cet auteur. — *Contrà :* Splingard, n° 176; Liège, 21 mai 1853, aff. De Laminne, *Pasicrisie belge*, 54. 1. 264).

Nous ajouterons que, lorsqu'on parle d'acquisition d'une mine par prescription, il est bien entendu qu'il ne s'agit que d'une *mine concédée*, car un gisement, qui n'a pas fait l'objet d'une concession régulière, n'est pas une mine au sens juridique du mot (Naudier, p. 112; Splingard, n° 174; Féraud-Giraud, t. 1, n° 104).

188. Le droit à la redevance tréfoncière, ou ce qu'on appelait autrefois le *droit de tréfonds*, peut être détaché par convention de la propriété de la surface de l'immeuble. Il devient alors un droit purement mobilier, et, comme il ne constitue plus, dès lors, un accessoire de l'immeuble, il échappe à l'application de ce principe général que la possession d'une chose fait présumer la possession de ses accessoires (Troplong, *De la prescription*, n° 274). La prescription, par le seul fait de la possession paisible de la surface, ne s'exerce donc plus que sur ce qui est resté l'immeuble proprement dit. C'est ce qu'a décidé un arrêt de la cour de Lyon du 13 févr. 1872 (aff. Merle, D. P. 72. 2. 234). En pareil cas, d'après le même arrêt, c'est seulement à partir du moment où, l'exploitation du tréfonds ayant fait l'objet d'une concession, cette propriété distincte commence à donner des fruits (lesquels ne sont autres que les redevances mises à la charge du concessionnaire), que la perception de ces fruits, si elle est paisible et ininterrompue, conduit à la prescription des droits primitivement réservés sur le tréfonds (Conf. Peyret-Lallier, t. 1, n° 105).

189. On a examiné au *Rép.* n° 116 la question très importante, au point de vue pratique, de savoir à quel moment précis une mine peut être considérée comme ouverte ou en exploitation. Généralement, on admet qu'une mine doit être considérée comme ouverte lorsque le décret de concession a été rendu et que des travaux préparatoires importants et continus ont été entrepris, de telle sorte qu'il soit impossible de douter de l'intention d'exploiter (Féraud-Giraud, t. 1, n° 50; Bury, t. 2, n° 1313; Bréchignac et Michel, n° 70). — L'intérêt de la question se manifeste spécialement au point de vue du contrat de mariage, ou de l'usufruit. Il a été jugé qu'une mine ne peut être réputée ouverte, de manière à être soumise à la jouissance de l'usufruitier de l'immeuble dans lequel elle existe, bien que deux puits provisoires d'extraction aient été creusés dans les propriétés voisines, si cette mine n'a pas encore été l'objet d'une concession (Lyon, 24 mai 1853, aff. Guillot, D. P. 55. 2. 347). — Nous croyons, d'autre part, qu'il n'est pas besoin, pour déclarer la mine ouverte, que des travaux d'exploitation aient eu lieu *sous le fonds même grevé d'usufruit*, ou compris dans le patrimoine de l'un des époux, et qu'il suffit que ces travaux aient été entrepris *sur un point quelconque du périmètre de la concession accordée*, si le fonds en question se trouve précisément compris dans ce périmètre. Le contraire a toutefois été jugé par un arrêt de la cour de Lyon, qui a exigé que des travaux fussent pratiqués sous le fonds même de l'usufruitier (Lyon, 7 déc. 1866, *suprà*, v° *Contrat de mariage*, n° 219). Cette décision, restée isolée, est en contradiction avec les principes qui régissent les exploitations minières. Comme le dit M. Féraud-Giraud, t. 1, n° 50, « la concession est une dès qu'elle est exploitée, et cette exploitation ne peut se produire que dans les conditions imposées, rendues publiques et devant servir de règle pour tous les intérêts ». Dès qu'une mine est ouverte, elle doit être considérée comme telle pour et contre tous (Comp. Trib. Saint-Etienne, 27 déc. 1854, aff. Sauvignet, cité par Bréchignac et Michel, n° 70).

190. Il est souvent plus difficile de déterminer l'époque de l'ouverture lorsqu'il s'agit d'une minière ou d'une carrière, hypothèses dans lesquelles aucune concession n'est nécessaire. La solution de la question dépend des circonstances de fait qu'il appartient aux tribunaux d'apprécier (Comp. Besançon, 3 mars 1863, aff. Dornier, D. P. 63. 2. 49; Req. 23 févr. 1881, aff. Méliuès, D. P. 81. 1. 315. V. *suprà*, v° *Contrat de mariage*, n° 218).

191. Il peut y avoir également difficulté, quant au règlement des droits de l'usufruitier ou des époux, lorsqu'il s'agit d'une mine abandonnée. Une distinction est ici nécessaire. Si l'on se trouve en présence d'une mine abandonnée définitivement, le moment de sa réouverture devra être déterminé comme s'il s'agissait d'une mine n'ayant jamais été mise en exploitation; si, au contraire, la mine n'est abandonnée que temporairement, alors même que le chômage durerait déjà depuis un temps plus ou moins long, la solution dépendrait uniquement des circonstances, notamment de l'intention du propriétaire, et la question rentrerait dans le pouvoir d'appréciation laissé aux tribunaux (V. Bordeaux, 10 mars 1865, *infrà*, n° 668; Aubry et Rau, t. 2, § 230, p. 486; Féraud-Giraud, t. 1, n° 50).

192. On a admis au *Rép.* n° 117 qu'un concessionnaire peut renoncer à la propriété de la mine qui lui a été concédée; des divergences se sont toutefois produites à ce sujet. Le projet de la loi de 1810 contenait une section, la section 2, tit. 5, qui consacrait et organisait le droit de renonciation; mais la rédaction définitive n'en garda pas trace, de telle sorte que l'on a pu se demander si le législateur n'a pas voulu prohiber les renonciations d'une façon absolue. Ce qui ressort des travaux préparatoires nous semble repousser une semblable conclusion. Les articles relatifs à la renonciation ont été entraînés par la disparition de ceux qui, dans le projet, consacraient le système de la déchéance et de l'expropriation forcée; mais l'intention du législateur n'a pas été de prohiber le droit de renonciation. Ce qui le prouve, c'est que, dès 1812, on s'occupa de régler la procédure de la renonciation, mais le projet ne put aboutir. L'instruction ministérielle du 3 août 1810, relative à l'application de la loi du 21 avr. 1810, se référait, d'ailleurs, pour la procédure à suivre, aux art. 16, 17 et 18 de la loi de 1791, indiquant ainsi que le principe même du droit de renonciation ne faisait aucune difficulté. Ajoutons que l'Administration s'est toujours prononcée en ce sens; elle a toujours admis le droit, pour le concessionnaire, de demander et d'obtenir la renonciation à tout ou partie de la mine qui lui a été concédée (Krug-Basse, p. 137 ; Féraud-Giraud, t. 2, n° 768. — *Contrà :* C. cass. belge, 26 nov. 1885, aff. Charbonnage de Bellevue, *Revue lég. des mines*, 1886, p. 108 ; Avis du conseil des mines de Belgique des 3 juill. et 24 oct. 1840; Bury, t. 2, n° 1277). D'après cet auteur, il est impossible de renoncer à une concession, parce que l'acte de concession crée une propriété incommutable et perpétuelle.

193. Parmi les exemples de décrets qui ont admis, en France, des renonciations à concessions, nous citerons ceux des 18 juin et 8 juill. 1880 concernant les mines de fer de Creux-de-Fer, de Beauregard et de Thoste. C'est l'autorité administrative qui doit statuer sur la demande en renonciation, et la procédure, à cet effet, a été fixée par une circulaire du directeur général des mines en date du 30 nov. 1834 (V. *Rép.* n° 313). Le pétitionnaire doit, au préalable, faire visiter la mine par un ingénieur chargé de dresser un rapport sur les motifs de nature à nécessiter l'abandon, qui doit être transmis au préfet avec l'avis de l'ingénieur. La demande en renonciation doit être publiée de façon à permettre aux intéressés de faire opposition, s'il y a lieu. La renonciation ne produit d'effet que du jour où elle a été acceptée définitivement par un décret rendu par le président de la République en conseil d'Etat. Elle libère le concessionnaire des redevances dues à l'Etat et aux propriétaires de la surface, en lui laissant la faculté de vendre les substances extraites, qui se trouvent sur le carreau de la mine, ainsi que l'outillage, à l'exception toutefois de ce qui est nécessaire au simple entretien des travaux intérieurs (Féraud-Giraud, t. 2, n°s 771 et suiv. ; Bury, t. 2, p. 1272 ; de Fooz, p. 226). — L'acte qui permet la renonciation peut prescrire certaines mesures pour assurer la sécurité de la surface, et, dans tous les cas, l'autorisation de renonciation n'est jamais accordée qu'autant que la mine est libre d'hypothèques ou autres charges réelles.

194. Un concessionnaire, au lieu de renoncer à la concession entière, peut simplement demander la diminution du périmètre primitif; dans ce cas, les formalités et la procédure seront les mêmes que dans le cas d'une demande en renonciation.

195. Lorsqu'un concessionnaire a obtenu un décret autorisant la renonciation, peut-il dans la suite, et pour le cas où une nouvelle concession de son ancienne mine serait accordée à un exploitant, réclamer à ce dernier une indemnité, en vertu des dispositions de l'art. 46 de la loi de 1810, à titre de recherches ou travaux utiles exécutés avant la concession? La question est controversée, mais il ne nous semble pas que l'ancien concessionnaire puisse émettre une pareille prétention; l'art. 46, quoique paraissant général, n'a évidemment pas été rédigé dans ce but, et, de plus, le décret de renonciation a eu pour effet d'enlever à cet ancien exploitant tous ses droits, en faisant rentrer la mine dans la catégorie des *res nullius* (Aguillon, t. 1, n° 253).

196. Les mines peuvent être grevées d'hypothèques distinctes de celles qui frappent la surface (*Rép.* n° 118), en vertu du principe de l'indépendance de la propriété de la surface et de celle du tréfonds. Les hypothèques qui portent sur la concession atteignent de plein droit les objets immobilisés sur la mine, soit par incorporation, soit par destination (c. civ. art. 2118). — Les objets immobilisés peuvent être souvent la source de conflits entre le vendeur de ces objets, auquel le prix est encore dû, et les créanciers hypothécaires du concessionnaire de la mine. Si les objets immobilisés sont devenus immeubles par nature à la suite de leur incorporation, il est certain que le privilège du vendeur disparaît, puisque les objets sur lesquels il portait ont cessé d'exister. Si les objets ne sont devenus immeubles que par destination, la question est plus délicate, mais nous croyons qu'en cette hypothèse encore, ils seront frappés par l'hypothèque, et que le privilège du vendeur disparaîtra (V. en ce sens : Dalloz, t. 1, p. 225 ; P. Pont, *Privilèges et hypothèques*, t. 1, n° 154. — *Contrà :* Krug-Basse, p. 144; Mourlon, *Revue critique*, t. 5, p. 100; Troplong, *Privilèges et hypothèques*, t. 1, n° 113).

En Belgique, le problème ne présente plus de difficulté, car, en vertu de l'art. 20 de la loi du 16 déc. 1851, le vendeur d'objets mobiliers non payés ne conserve plus son privilège si ces objets sont devenus immeubles par destination ou par incorporation, sauf le cas où il s'agit de machines et appareils employés dans les établissements industriels, pour lesquels le privilège est conservé pendant deux ans.

197. L'hypothèque conventionnelle consentie sur une mine s'étend-elle de plein droit, et sans nouvelle formalité, au périmètre nouveau qui a fait l'objet d'une extension de concession? La question est controversée. Pour l'affirmative, on fait remarquer que le nouveau périmètre ne constitue qu'une amélioration de la concession primitive (c. civ. art. 2133) et que l'ensemble forme un tout indivisible, de telle sorte que les droits des créanciers ne peuvent plus rester confinés sur la concession primitive, qui est censée avoir toujours eu la même superficie totale (Bury, t. 2, n° 1292; Aguillon, t. 1, n° 247). M. Féraud-Giraud, au contraire, t. 1, n° 116, n'admet pas que la nouvelle partie de la concession soit frappée *ipso facto* par les hypothèques, qui grevaient la concession primitive : « Certainement, dit-il, une mine n'est pas, comme un immeuble ordinaire, une propriété essentiellement divisible et partageable au point de vue de la possession effective et surtout de l'exploitation, et comme elle forme, quant à ce, un tout indivisible, on ne saurait négliger de prendre en considération cette condition d'existence pour régler les droits qu'on peut consentir sur cette propriété. Mais ces attributions de droit, en tant que la mine reste une propriété intacte et que la jouissance reste commune, sont essentiellement divisibles; pourquoi ne pourrait-on pas hypothéquer partiellement une partie de la mine, et surtout pourquoi des accroissements de périmètre seraient-ils hypothécairement atteints par une hypothèque conventionnelle, qui a dû faire connaître exactement l'immeuble hypothéqué, et qui n'a pas été concédée sur la partie annexée? Mais, avec ce système, il faudrait aller jusqu'à dire que, lorsqu'une concession importante s'annexera, par suite de modifications de son titre administratif, une concession moins importante, qui lui était limitrophe, les divers territoires constituant ces concessions et soumis à ce titre de concessions de mines à des hypothèques, se trouveront atteints par les hypothèques qui grevaient isolément et les uns et les autres ».

Si les biens du concessionnaire sont frappés d'une hypothèque générale, cette hypothèque pèsera sur la concession du jour de son obtention.

198. Le droit de consentir une hypothèque sur la mine appartient non seulement aux propriétaires des concessions, mais aussi aux preneurs à bail perpétuel ou jusqu'à extinction du gisement (Biot, p. 221, Féraud-Giraud, t. 1, n° 118; P. Pont, *op. cit.*, t. 1, n° 370). Les simples locataires ne jouissent jamais de cette prérogative.

199. Lorsqu'une mine est grevée d'hypothèques, le concessionnaire conserve le droit de l'exploiter, et on est d'accord pour reconnaître que ses créanciers hypothécaires ne pourraient empêcher les ventes du minerai extrait faites sans abus et sans fraude. Mais, si une saisie immobilière a été pratiquée, elle immobilise les produits extraits, qui se trouvent sur le carreau de la mine (Biot, p. 224; Bury, t. 2, p. 1305).

200. On a admis au *Rép.* n° 123 que la redevance tréfoncière est atteinte par l'hypothèque conventionnelle portant sur la superficie et consentie, soit après la concession de la mine, soit avant. Cette opinion est celle de la presque unanimité des auteurs (V. Naudier, p. 107; Splingard, n° 141 ; Bury, t. 2, n° 1297; Féraud-Giraud, t. 1, n° 119). Dans ces deux hypothèses, le concessionnaire, pour se mettre à l'abri de tout recours, ne devra verser sa redevance chaque année qu'entre les mains des créanciers inscrits (Bury, t. 2, n° 1303).

201. Si la redevance tréfoncière frappée d'hypothèque vient à être séparée du fonds, les créanciers hypothécaires ont, à notre avis, un droit de suite, qui leur permet d'agir contre son nouveau propriétaire (*Rép.* n° 126). Le contraire a été récemment soutenu : « Les créanciers, a-t-on dit, n'ont pas le droit de suite sur la redevance, parce qu'une fois séparée de la surface, cette redevance perd son caractère immobilier, et il en est de la redevance comme des immeubles par destination qui ne sont grevés de l'hypothèque qui frappe le fonds qu'autant que l'immobilisation continue. La redevance, une fois rentrée dans la catégorie des meubles, les créanciers ne sauraient se prévaloir de leur droit de gage, à l'encontre des tiers acquéreurs, car les meubles n'ont pas de suite par hypothèque » (Krug-Basse, p. 163). Ce système nous paraît contraire à l'intention du législateur et, notamment, aux paroles prononcées par Treilhard au conseil d'Etat (Locré, t. 9, p. 427. V. d'ailleurs *Rép. loc. cit.*).

202. Contrairement aux principes du droit commun, le propriétaire de la superficie ne peut pas, à défaut de payement des redevances tréfoncières, faire prononcer la résolution de la concession en vertu de l'art. 1284 c. civ.; il peut seulement faire saisir la mine et la mettre en adjudication forcée (*Rép.* n° 124. Conf. Bury, t. 1, n° 471; Féraud-Giraud, t. 1, n° 539; Aubry et Rau, t. 8, § 778).

203. Les mines sont soumises aux mêmes privilèges que ceux admis par le code civil (*Rép.* n° 131). Nous ajouterons simplement que le privilège établi par l'art. 20 de la loi de 1810 doit, pour être conservé, être régulièrement inscrit; que, conformément à l'art. 2103 auquel renvoie l'art. 20, la destination des fonds prêtés doit être constatée par acte authentique, et qu'il doit être justifié, par les quittances des fournisseurs ou des entrepreneurs, que les dépenses ont été soldées au moyen des deniers empruntés (Aguillon, t. 1, n° 245).

204. L'Etat reste le maître de prononcer, dans certains cas graves, la déchéance de la concession (V. *infrà*, n°s 521 et suiv.); dans cette hypothèse, quel sera le sort des différents droits consentis sur la mine par le concessionnaire? seront-ils maintenus ou bien s'évanouiront-ils en même temps que la concession du titulaire? La question doit, d'après M. Féraud-Giraud, se résoudre par une distinction. Si les droits consentis sont inconciliables avec une nouvelle exploitation et constituent pour ainsi dire des démembrements de la propriété minérale, il sera impossible de les maintenir, tandis qu'il en serait autrement de ceux qui laisseraient loisible une exploitation ultérieure (Féraud-Giraud, t. 1, n° 105).

SECT. 3. — DES ACTES QUI PRÉCÈDENT LA DEMANDE EN CONCESSION DE MINES.

ART. 1er. — *De la recherche et de la découverte des mines* (*Rép.* n°s 136 à 171).

205. Le *Répertoire* a fait connaître (n°s 136 à 140) les personnes ayant le droit de pratiquer des fouilles dans le but de rechercher des gîtes métallifères. Ajoutons que le fermier d'un terrain ne pourra jamais se livrer à de semblables entreprises, s'il n'est pas muni des autorisations nécessaires émanant soit du propriétaire, soit de l'Etat. La même prohibition frappe l'usufruitier et le preneur emphytéotique, à moins que les travaux de recherche n'aient déjà été commencés à une époque antérieure à celle de leur entrée en jouissance.

206. Si un propriétaire veut faire des fouilles dans un terrain lui appartenant, mais dont la jouissance a été cédée à un tiers, il ne le peut qu'avec le consentement de ce dernier, et moyennant l'indemnité convenue entre eux. A défaut de consentement à l'amiable, le propriétaire, comme toute autre personne, devrait obtenir de l'Etat un permis de recherche, comme si le terrain appartenait à un tiers.

207. Lorsqu'une concession a été accordée sur un certain périmètre, est-il possible, à une autre personne que le concessionnaire primitif, d'obtenir une autre concession, à l'effet de rechercher des richesses minérales différentes de celles qui ont fait l'objet de la première concession? A cette question le *Rép.*, n° 141, a répondu par l'affirmative et a reconnu ce droit, soit au propriétaire du terrain concédé, soit au concessionnaire, soit à tous les tiers ayant obtenu un permis spécial de recherche à cet effet. La jurisprudence et la majorité des auteurs ont adopté la même opinion (Nîmes, 21 août 1849, aff. Mines de Vialas, cité par Féraud-Giraud, t. 1, n° 254; Aguillon, t. 1, n° 113; Lamé-Fleury, *Loi de 1810*, p. 19; Biot, p. 59; Bury, t. 1, n° 106; de Fooz, p. 130). — Néanmoins, certains auteurs soutiennent qu'une semblable solution est impossible en présence des termes de l'art. 12, qui dispose, que « dans aucun cas, des recherches ne pourront être autorisées dans un terrain déjà concédé ». En conséquence, d'après eux, aucune recherche n'est possible dans un terrain concédé; personne n'a ce droit, à l'exception du premier permissionnaire (V. en ce sens : Richard, p. 125; Splingard, n° 11). — M. Dupont, qui, en principe, accepte ce second système, s'écarte néanmoins en pratique de ses partisans, en enseignant que l'Etat ne peut délivrer un permis de recherche à personne, mais que le propriétaire de la surface seul aura le droit de procéder à ces travaux dans le terrain déjà concédé et en vue d'y rencontrer un nouveau minéral. Le texte de l'art. 12, dit cet auteur, conduit nécessairement à cette interprétation, car il n'interdit des recherches qu'aux personnes qui ont besoin *d'être munies d'une autorisation* pour les entreprendre, et reste absolument muet sur le propriétaire dont le droit restera entier, et à l'égard duquel toute autorisation est superflue pour pratiquer des fouilles sur son propre terrain (Dupont, *Cours*, p. 67 et suiv.).

208. Un propriétaire, pour exploiter une mine d'une façon régulière, même sur son propre terrain, a besoin d'obtenir une concession de l'Etat, tandis qu'il peut, sans autorisation, y entreprendre des travaux de recherche (*Rép.* n° 142). Aussi, dans le cas où, sous prétexte de travaux de cette nature, il commencerait une exploitation véritable, il y aurait lieu à poursuites contre lui, et les tribunaux apprécieraient souverainement si les travaux exécutés par ce propriétaire ont, ou non, le caractère d'une entreprise d'exploitation (Féraud-Giraud, t. 1, n° 237; de Fooz, p. 129).

209. Les lois étrangères reconnaissent en général, à l'exemple de la loi de 1810, le droit du propriétaire à faire des recherches dans son propre terrain sans autorisation préalable; c'est le cas entre autres des législations prussienne (art. 3 et 4 de la loi du 24 juin 1865) et bavaroise (art. 4 de la loi du 20 mars 1869). En Angleterre, on exige du propriétaire une simple déclaration préalable, tandis que la loi autrichienne lui impose, comme à toutes les autres personnes, la nécessité d'une autorisation avant le commencement des travaux.

210. Non seulement le propriétaire a le droit de recherche sans autorisation sur ses terres, mais encore ce droit fait partie intégrante de son patrimoine, et, à ce titre, il peut en disposer à titre gratuit ou à titre onéreux (*Rép.* n° 143). La jurisprudence et la doctrine sont unanimes sur la question (V. Req. 3 mars 1879, aff. De Geloes, D. P. 79, 1. 430; Naudier, p. 114; Féraud-Giraud, t. 1, n° 244; de Fooz, p. 132; Aguillon, t. 1, n° 86.

211. Le cessionnaire d'un droit de recherche peut, à son tour, le céder de nouveau puisqu'il est dans le commerce (Req. 3 mars 1879, aff. De Geloes, cité *suprà*, n° 210). Ces cessions ou sous-cessions sont valables, la convention intervenue entre les parties ayant une base réelle, puisque si, dans la suite, le preneur n'est pas assuré d'obtenir la concession, il a du moins la certitude de recevoir une indemnité de la part du concessionnaire pour les travaux de recherche ou d'exploitation entrepris avant l'obtention de la concession (art. 46) (V. Arrêt précité du 3 mars 1879).

212. Le droit de recherche, qui appartient au propriétaire, constitue entre ses mains une véritable servitude (*Rép.* n° 146; C. cass. Belgique, 10 mai 1845, *Pasicrisie belge*, 1845. 1. 386). C'est donc un droit réel immobilier; on en doit conclure que la cession d'un semblable droit devra, pour être opposable aux tiers, être transcrite aux termes de l'art. 2 de la loi du 23 mars 1855. Lorsque cette formalité aura été accomplie, la cession sera opposable même à l'acheteur du terrain sur lequel existe le droit de fouilles (Req. 16 juin 1856, aff. Roux, D. P. 56. 1. 421; Nîmes, 26 avr. 1865, aff. Rivière, D. P. 65. 2. 153). Par les mêmes motifs, il serait nécessaire, si le propriétaire était mineur, de suivre, en cas de vente, la procédure des aliénations immobilières.

213. Il appartient aux tribunaux de déterminer le sens et la portée de la convention intervenue entre deux parties relativement à la cession du droit de recherche, et leur appréciation, souveraine, n'est pas soumise à la censure de la cour de cassation (Req. 16 juin 1856, cité *suprà*, n° 212).

214. Le fait d'entreprendre des travaux de recherche

de mines ne revêt pas le caractère d'un acte de commerce (Féraud-Giraud, t. 1, n° 242).

215. Lorsque le propriétaire refuse de céder aux tiers le droit de fouilles, ceux-ci peuvent en obtenir l'autorisation de l'Etat (*Rép.* n° 147). A la différence de l'hypothèse examinée *suprà*, n° 212, ce permis n'a pas besoin d'être transcrit pour être opposable aux tiers (Bury, t. 1, n° 82).

216. Les formalités pour arriver à l'obtention de la permission de recherche, en cas de refus du propriétaire, sont indiquées dans l'instruction ministérielle du 3 août 1810. L'autorisation ne peut être accordée que par un décret rendu par le chef de l'Etat, le conseil des ministres entendu. Il est inséré au *Bulletin des lois*, et cette insertion vaut notification à tous les intéressés; toutefois, pour éviter des difficultés, il est toujours préférable de la notifier aux propriétaires de la surface. Dans toutes les hypothèses, le ministre des travaux publics est incompétent pour accorder seul de semblables permissions (Cons. d'Et. 24 janv. 1872, aff. Astier, D. P. 74. 3. 2; Bury, t. 1, n° 79; Féraud-Giraud, t. 1, n° 248; Naudier, p. 121. — *Contrà*, Richard, n° 129). Ce dernier auteur estime que le ministre serait compétent.

217. Depuis la loi du 16 juin 1851 (D. P. 51. 4. 91), qui a rendu applicable en Algérie la loi du 20 avr. 1810, l'autorisation donnée par le gouverneur général ne serait plus suffisante; il faut un décret comme pour la métropole (Cons. d'Etat, 11 janv. 1878, aff. Badaroux, D. P. 78. 3. 67; 8 août 1882, aff. Jumel, D. P. 83. 5. 19).

218. La concession pouvant être accordée aux étrangers comme aux nationaux, on est amené à conclure logiquement qu'il doit en être de même pour le simple permis de recherche.

219. On a vu au *Rép.* n° 143 et *suprà*, n° 210, qu'entre les mains du propriétaire d'un fonds, le droit de recherche constitue un droit pécuniaire transmissible à volonté. En est-il de même du droit de fouilles, que détient un tiers à la suite d'un décret en autorisation rendu par le président de la République? Ce tiers peut-il céder sa permission? La cour d'Alger, à laquelle la difficulté a été soumise, ne l'a point pensé, et elle a décidé, avec raison, que ce permis est absolument personnel à l'obtenteur et intransmissible. Le Gouvernement, en effet, n'accorde pas, ou ne doit pas accorder cette autorisation à la première personne venue; au contraire, il fait une enquête avant de prendre une décision; aussi peut-on présumer que le permis a été donné *intuitu personæ*, et, par conséquent, celui qui l'a obtenu ne saurait être libre de le céder à une autre personne non agréée préalablement par l'Etat (Alger, 19 janv. 1886, aff. Terraillon, D. P. 87. 2. 169).

220. Un propriétaire, pour empêcher le Gouvernement d'accorder, s'il y a lieu, une autorisation de recherche, ne peut faire le simulacre de fouilles plus apparentes que réelles, le droit de l'Etat ne s'arrêtant qu'au cas de *travaux sérieux* entrepris par le propriétaire de la surface (*Rép.* n° 148. *Adde* en ce sens : Bury, t. 1, n° 76; Naudier, p. 117; Féraud-Giraud, t. 1, n° 256. — *Contrà :* Delebecque, n° 763; Richard, n° 119).

221. L'autorisation de pratiquer des fouilles n'est accordée qu'à la condition de payer au propriétaire une juste indemnité (*Rép.* n° 149) qui comprendra la réparation de tout le préjudice causé, de la gêne et des inconvénients résultant des travaux; mais on ne pourra jamais prendre en considération, pour ce calcul, les bénéfices que le propriétaire eût pu réaliser en pratiquant lui-même les recherches (Biot, p. 58; Féraud-Giraud, t. 1, n° 265; Bury, t. 1, n° 86; Aguillon, t. 1, n° 99). — Quant au taux de l'indemnité, il sera fixé conformément aux art. 43 et 44 de la loi de 1810 revisés par la loi du 27 juill. 1880, dont on étudiera plus loin les prescriptions (*infrà*, n°s 410 et suiv.), et dont il y aura lieu de faire l'application aux travaux de recherche comme à ceux d'exploitation.

222. La jurisprudence, comme on l'indiquait déjà au *Rép.* n° 151, décide, d'une façon unanime, que l'indemnité à payer au propriétaire doit être préalable (Douai, 12 mai 1857, aff. Deltombe-Fournier, D. P. 57. 2. 153; Montpellier, 9 févr. 1882, aff. Mines de Fillols, motifs, D. P. 83. 2. 140). — Toutefois les parties peuvent déroger à cette règle et convenir que l'indemnité ne sera versée qu'après l'achèvement des travaux.

223. Les contestations au sujet des indemnités dues de ce chef au propriétaire sont exclusivement de la compétence des tribunaux judiciaires, le doute n'étant plus possible depuis la loi du 27 juill. 1880 (art. 43 nouveau, al. 6) (Bréchignac et Michel, n° 107; Dupont, *Cours*, p. 77 et 79; Aguillon, t. 1, n° 99).

224. Lorsque l'explorateur aura occupé des terrains de la surface pendant plus d'un an, ou que le dommage sera tel que le champ ne sera plus propre à son mode de culture primitif, le propriétaire aura le droit d'en exiger l'achat au double de sa valeur, conformément à l'art. 43 de la loi de 1810, dont la nouvelle rédaction (loi du 27 juill. 1880, D. P. 81. 4. 34) est ainsi conçue : « Si les travaux entrepris par le concessionnaire, *ou par un explorateur muni du permis de recherche mentionné à l'article* 10, etc. » (V. cependant Dupont, *Cours de législ. des mines*, p. 49).

225. On s'est demandé au *Rép.* n° 153, si le propriétaire de la surface a droit à l'indemnité, même dans le cas où l'explorateur, après avoir obtenu son permis, n'a entrepris aucun travail de recherche, et l'on a résolu la question par l'affirmative. Les auteurs récents sont divisés sur ce point, et tandis que Naudier, p. 124, et Cotelle, p. 107, admettent notre solution, Bury, t. 1, n° 88, estime que l'indemnité ne peut être touchée qu'autant qu'il y a eu préjudice et dégât, ce qui précisément n'est pas le cas examiné. M. Féraud-Giraud, t. 1, n° 267, a proposé un système intermédiaire, en soutenant que l'indemnité sera due, alors même qu'il n'y aurait pas eu dégâts matériels, si la non-entreprise des travaux de recherche a entraîné un dommage indirect, mais sérieux pour le propriétaire.

226. L'explorateur, qui a obtenu un permis de fouilles et qui a poussé activement les travaux, doit arrêter son entreprise lorsqu'il a découvert d'une façon certaine le gîte minéral, objet de l'autorisation. En poursuivant plus loin, il donnerait à son exploration le caractère d'une véritable exploitation, pour laquelle une concession est absolument nécessaire. Le législateur n'a pas indiqué ce qu'il faut entendre par ces mots « quand la mine sera découverte »; c'est une question de fait à trancher d'après les circonstances (V. Instr. min. du 3 août 1810; Bréchignac et Michel, n° 104).

227. La réglementation des fouilles a été exposée au *Rép.* n°s 154 et suiv.; elle était prévue par l'art. 11 de la loi de 1810. Cet article, rédigé d'une manière incomplète et ambiguë, avait suscité, dans la pratique, les plus sérieux embarras, et son interprétation, comme on l'a vu au *Rép. loc. cit.*, avait été une source de difficultés dans la doctrine et dans la jurisprudence. Une réforme était devenue absolument nécessaire et avait fait l'objet de nombreuses pétitions organisées à diverses époques, soit par l'initiative privée, soit au moyen d'enquêtes officielles sur la situation des mines (Enquête parlementaire de 1873-1874). L'ensemble des doléances avait porté non seulement sur les modifications à apporter au texte de l'art. 11, mais encore sur un grand nombre d'autres points, et particulièrement sur les art. 43 et 44 de la loi de 1810. — C'est pour répondre à ces vœux que le Gouvernement rédigea un projet de loi ayant pour but de réaliser les progrès demandés, qui fut déposé au Sénat à la séance du 17 nov. 1877, avec l'exposé des motifs. Un nouveau texte fut proposé par le Gouvernement à la date du 21 mai 1878, et le projet vint en discussion au Sénat en janvier et février 1879; il fut adopté dans son ensemble, sur le rapport de M. Pâris, le 22 févr. de la même année. Présentée à la Chambre, la nouvelle loi y fut l'objet d'un remarquable rapport de la part de M. Brossard, et votée le 13 juill. 1880 (D. P. 81. 4. 33).

Le caractère dominant de la nouvelle loi de 1880 est un libéralisme éclairé et prévoyant, au moyen duquel le législateur a concilié, autant que faire se pouvait, les intérêts traditionnels du propriétaire de la surface avec les exigences et les progrès incessants de l'exploitation minière, qui constitue en France une des grandes richesses de l'industrie nationale. « Déjà des puissances étrangères nous ont devancés dans cette voie, disait M. Brossard dans son rapport; qu'il nous suffise de citer la Belgique, où les mines sont régies par la loi du 21 avr. 1810, à laquelle ont été apportés plusieurs changements. La production des houillères belges est égale à celle de la France, et chaque année nos voisins nous expédient plusieurs millions de tonnes de combustible; quand on recherche quelles sont les causes qui ont produit ce développement de l'industrie minière, on arrive à reconnaître qu'il est dû en partie à la manière libérale dont la loi a été appliquée au delà de notre frontière et à l'esprit pratique dont étaient animés les législateurs belges quand ils ont voulu la modifier». — Le nouvel art. 11 est ainsi conçu: « Nulle permission de recherche ni concession de mines ne pourra, sans le consentement du propriétaire de la surface, donner le droit de faire des sondages, d'ouvrir des puits ou galeries, ni d'établir des machines, ateliers ou magasins dans les enclos murés, cours et jardins. Les puits et galeries ne peuvent être ouverts dans un rayon de 50 mètres des habitations et des terrains compris dans les clôtures murées y attenantes, sans le consentement des propriétaires de ces habitations ». D'une façon générale, le législateur, comme le dit M. Aguillon, t. 1, n° 315, a établi ce que l'on pourrait appeler une double zone de protection autour des habitations : une zone intérieure et une zone extérieure, que nous allons étudier séparément.

228. — 1° *Zone intérieure. Travaux prohibés.* — Le paragraphe premier du nouvel art. 11 vise certains travaux, ou établissements, que les explorateurs ou les concessionnaires ne pourront jamais établir en certains endroits sans le consentement du propriétaire; aux termes de la loi, la prohibition porte sur les *sondages*, les *puits et galeries*, les *bâtiments destinés à recevoir des machines*, les *ateliers* et enfin les *magasins.*

229. Une première question se pose immédiatement; l'énumération de l'art. 11 est-elle limitative, et sera-t-il permis d'établir dans cette zone tous autres travaux, même très gênants pour le propriétaire, non indiqués dans ce paragraphe? Avant 1880, on répondait en général par l'affirmative; aujourd'hui, le texte semble bien avoir été rédigé de la même façon; aussi faudra-t-il reconnaître qu'en dehors des entreprises énoncées dans le texte, tous les autres travaux seront permis en vertu des art. 43 et 44 de la même loi. La logique entraîne à cette conclusion forcée; mais était-ce bien là l'intention du législateur de 1880 et le but qu'il voulait atteindre? Nous ne le croyons pas, car, comme l'a très bien fait remarquer M. Aguillon, t. 1, n° 316, les travaux préparatoires montrent, mieux que tout autre document, quelle était la pensée des rapporteurs de la loi. Pour eux, évidemment, ils voulaient arriver à prohiber, sans aucune distinction, tous les établissements miniers dans les enclos, cours ou jardins, à l'égard desquels ils étaient dans l'intention d'établir une protection complète. On pourra, pour s'en convaincre, lire l'exposé des motifs du projet de loi déposé au Sénat le 17 nov. 1877, projet de loi qui, il est vrai, n'a pas été maintenu en son entier, mais dont l'art. 11 est sorti sans modification, où l'on trouve ce commentaire: « Il nous a paru que le conseil général des mines tenait suffisamment compte des divers intérêts en présence, lorsqu'il proscrivait absolument toute occupation de terrain à l'intérieur des enclos... »; le rapport de M. Pâris est également formel en ce sens: « Dans les enclos murés, cours et jardins, le concessionnaire ne pénétrera pas sans le consentement du propriétaire de la surface ».

230. Quant aux propriétés comprises dans la zone de protection intérieure, ce sont, dit l'art. 11, « les enclos murés, cours et jardins ». Comment faut-il entendre cette phrase? Devra-t-on admettre dans cette catégorie d'immeubles : 1° tous les enclos murés de quelque nature qu'ils soient; 2° les cours et les jardins, alors même qu'ils ne seraient pas clos? Cette interprétation est celle qui a été donnée par la jurisprudence belge (C. cass. Belgique, 10 févr. 1854, aff. de Floen, *Pasicrisie belge*, 1854. 1. 96; Liège, 17 juin 1863, aff. Colson, *ibid.*, 1863. 2. 369), et en France par un certain nombre d'auteurs (V. en ce sens : Bury, t. 1, n° 624; Féraud-Giraud, t. 1, n° 274; Naudier, p. 151; Aguillon, t. 1, n° 317). — A notre avis, c'est aller trop loin dans la voie de la protection, et dépasser de beaucoup l'intention du législateur, rappelée dans le numéro précédent, qui semblait bien avoir été de ne protéger que les terrains *clos;* aussi estimons-nous que l'art. 11 ne vise que les *enclos murés en nature de cours ou jardins.* La façon dont se présente la phrase nous paraît conforme à cette doctrine, les mots cours et jardins n'étant mis pour ainsi dire qu'à titre d'explication limitative du terme *enclos murés* qui les précède (V. en ce sens : de Fooz, p. 138; Dupont, *Cours de législ. des mines*, p. 53).

231. Faut-il, pour qu'il y ait protection, que les cours et jardins soient attenants à des maisons d'habitation? Nullement. La loi ne l'exige pas, et quoiqu'en pratique cela doive toujours arriver au moins pour les cours, on ne doit pas se montrer plus sévère que le législateur (C. cass. Belgique, 10 févr. 1854, et Liège, 17 juin 1863, cités *suprà*, n° 230; Bury t. 1, n° 627; Féraud-Giraud, t. 1, n° 275; Dalloz, t. 1, p. 343; Rapport de M. Brossard, D. P. 81. 4. 33. — *Contrà :* Proudhon, *Domaine de propriété*, t. 2, n° 754; Bréchignac et Michel, n° 118).

232. — 2° *Zone extérieure. Travaux prohibés.* — Le législateur de 1810 avait établi autour des habitations et des enclos murés une zone dans le rayon de laquelle, pour assurer la tranquillité du domicile des citoyens, il était interdit de se livrer à certains travaux. L'ancien art. 11 était ainsi conçu : « Nulle permission ne pourra, sans le consentement formel du propriétaire de la surface, donner le droit de faire des sondes et d'ouvrir des puits ou galeries ni celui d'établir des machines ou magasins... dans les terrains attenant aux habitations ou clôtures murées, dans la distance de 100 mètres desdites clôtures ou habitations » (*Rép.* n° 154). La loi de 1880 a profondément modifié le texte de cet article, dont nous allons étudier les nouvelles dispositions.

233. — I. ÉTENDUE DE LA ZONE EXTÉRIEURE DANS LAQUELLE IL Y A PROHIBITION. — Le rayon de la zone extérieure est réduit de 100 à 50 mètres; on a trouvé en effet que la longueur de 100 mètres était exagérée à notre époque : « En 1810, disait à ce sujet le rapporteur de la loi à la Chambre des députés, les pays miniers n'étaient pas couverts de constructions comme ils le sont aujourd'hui; depuis cette époque les exploitations actives ont amené naturellement un grand développement de la propriété bâtie autour de leurs centres, et, au bout d'un certain nombre d'années, il est devenu, dans quelques districts, impossible de trouver une surface suffisante pour y installer un puits et ses accessoires. Cette surface peut s'estimer très approximativement à 30 000 mètres carrés (cercle de 100 mètres de rayon) pour l'emplacement destiné à la machine, aux estacades, aux dépôts, etc... et à 90 000 mètres carrés pour la zone prohibitive imposée par la loi; aussi, avant de foncer un puits, il faut donc trouver une surface de 12 hectares, dans laquelle il n'existe ni maison, ni clôture ». C'était là un obstacle souvent insurmontable, situation à laquelle le législateur de 1880 a voulu remédier.

234. — II. QUELS SONT LES TRAVAUX OU ENTREPRISES PROHIBÉS DANS LE RAYON DE 50 MÈTRES? — Avant 1880, la loi interdisait d'ouvrir des puits ou trous de sonde et d'établir des machines ou magasins ; le nouvel art. 11 restreint la prohibition aux seuls *puits et galeries ;* désormais l'explorateur et le concessionnaire auront le droit d'y établir des machines, magasins, ateliers ou tous autres travaux, aussi près des habitations ou enclos murés qu'ils le voudront, l'art. 11 permettant tout ce qu'il ne défend pas expressément. — La jurisprudence, même avant la nouvelle loi, avait déjà attribué un caractère limitatif à l'énumération donnée par l'art. 11; c'est ainsi qu'il avait été jugé que des dépôts de terre, alors surtout qu'ils ont été répandus et mis en culture, ne tombaient pas sous la prohibition (Nancy, 27 juin 1868, aff. Société de Vezin-Aulnoye, D. P. 68. 2. 181). Le doute s'était pourtant produit relativement aux logements d'ouvriers, qui, selon certains auteurs, ne pouvaient être construits dans le rayon de protection (Dalloz, t. 1, p. 309; Rey, p. 364. V. aussi Trib. Saint-Etienne, 7 mars 1860, et Lyon, 8 janv. 1861, cités par Bréchignac et Michel, n° 123). L'arrêt précité du 27 juin 1868 décide, au contraire, que la prohibition ne s'y appliquait pas. Mais, aux termes du même arrêt, elle était applicable à un atelier de charpente et de taillanderie servant tant à la préparation des bois destinés à étayer les galeries, qu'à la réparation des outils employés à l'extraction du minerai.

235. — III. BATIMENTS ET ENCLOS PROTÉGÉS PAR L'ART. 11. — D'après la loi de 1810 et l'interprétation généralement reçue, il était défendu d'établir les travaux dont il s'agit dans un rayon de 100 mètres de toute habitation, et même des simples enclos murés, attenants ou non à des habitations; c'était, on le voit, une extension considérable donnée à cette prohibition (*Rép.* n° 161). Sur ce point encore, la loi de 1880 est venue diminuer les entraves apportées à l'exploitation, en décidant que désormais la protection ne s'appliquera qu'aux habitation, et aux *enclos murés y attenants*. — Par maisons d'habitation, il faut entendre des bâtiments d'une importance suffisante pour être aménagés en logements, où l'on *puisse demeurer d'une façon continue et normale*; les tribunaux ont, à ce point de vue, tout pouvoir d'appréciation suivant les circonstances. Jugé ainsi que des chalets construits uniquement pour l'ornementation d'un jardin ne sont pas des habitations, au sens de l'art. 11 (Liège, 28 avr. 1853, aff. Hoorickx, *Pasicrisie belge*, 53. 2. 326).

236. Quant aux terrains, ils devront forcément attenir à la maison, et être *clos de murs*. La loi est formelle et elle n'admet aucun autre genre de clôture équivalente (Nancy, 27 juin 1868, aff. Vezin-Aulnoye, D. P. 68. 2. 181). — Le mur doit être continu et entourer la propriété en son entier; c'est ainsi qu'une parcelle entourée de murs de trois côtés et d'une haie sur le quatrième ne serait pas réputée close (Trib. Saint-Etienne, 3 juin 1857, aff. Levellut, cité, par Bréchignac et Michel, n° 120). — Le mur doit avoir une hauteur suffisante, et constituer une véritable clôture de protection, et non pas simplement une ligne de démarcation entre héritages voisins.

237. Le rayon de 50 mètres doit se mesurer à partir du parement extérieur du mur de la maison d'habitation, si celle-ci est isolée, et à partir du mur extérieur de clôture (parement extérieur), si la propriété est entourée d'une clôture réputée suffisante par la loi. Si, par exemple, on se trouve en présence d'une maison située au milieu d'un jardin clos de haies ou de pieux, la distance se comptera non à partir de la clôture, mais à partir de la maison (Nancy, 27 juin 1868, cité *suprà*, n° 236). — Lorsque l'enclos muré attenant à une habitation sera très considérable, la distance devra néanmoins être prise du mur extérieur de clôture, la précision des termes de la loi ne permettant pas une autre interprétation.

238. On a indiqué au *Rép.* n°s 155 à 160 la controverse existant sur le point de savoir s'il faut que les terrains compris dans le rayon protecteur de 50 mètres appartiennent au propriétaire de la maison ou de l'enclos, pour que celui-ci ait le droit de se plaindre dans le cas où des puits ou galeries y seraient établis. Nous avions cru devoir adopter l'affirmative, mais l'opinion contraire est plus généralement admise aujourd'hui. Elle s'appuie sur le silence de la loi, qui ne fait aucune distinction entre le cas où la surface affranchie de la servitude de l'art. 43 de la loi de 1810 appartient en entier au propriétaire de l'habitation et celui où elle est la propriété de plusieurs ayants droit, sans même en excepter le concessionnaire de la mine. La nouvelle rédaction de l'art. 11 *in fine* conduit, d'ailleurs, à cette interprétation (V. en ce sens : Féraud-Giraud, t. 1, n° 279; Batbie, n° 483; Civ. cass. 28 juill. 1852, aff. Nicolas, D. P. 53. 1. 107; Ch. réun. 17 mai 1856, aff. Nicolas, D. P. 56. 1. 209; Dijon, 20 août 1858, aff. Guillard, D. P. 59. 2. 126; Req. 31 mai 1859, aff. Compagnie des mines de manganèse, D. P. 59. 1. 413; Nancy, 27 juin 1868, aff. Vezin-Aulnoye, D. P. 68. 2. 181; Pau, 8 mars 1882, aff. De Grimaldi, D. P. 85. 1. 157. — *Contrà :* Dijon, 3 mai 1850, aff. Mines de Blanzy, D. P. 53. 5. 307; 24 janv. 1853, aff. N..., D. P. 53. 5. 307; 13 juill. 1853, aff. Nicolas, D. P. 53. 2. 172). — En Belgique, le doute n'existe plus depuis la promulgation de la loi du 8 juillet 1865, aux termes de laquelle la zone protégée doit appartenir en entier au propriétaire des maisons ou enclos.

239. Ainsi, lorsque des puits ou galeries auront été ouverts dans des parcelles comprises dans la zone de protection, du consentement des propriétaires de ces parcelles, et alors qu'elles n'appartiennent pas au propriétaire de la maison d'habitation ou des enclos, ce dernier, s'il n'a pas donné son consentement, peut se plaindre et s'opposer à la continuation des travaux prohibés. Par contre, si ce propriétaire a donné son autorisation, les possesseurs des terrains compris dans la zone de 50 mètres seraient mal fondés à vouloir dans ce cas arrêter l'entreprise (C. cass. Belgique, 8 janv. 1848, *Pasicrisie belge*, 48. 1. 220; Féraud-Giraud, t. 1, n° 220; Bury, t. 1, n° 636).

240. Il n'y a aucune distinction à faire, quant à la nature des terrains compris dans la zone de protection, et il y aurait *attenance* alors même qu'un chemin public séparerait les habitations ou clôtures du terrain dans lequel des sondages sont pratiqués. « Attendu, dit la cour de cassation, que le mot *attenant*, employé dans l'art. 11, n'emporte pas dans l'esprit de la loi de 1810 l'idée de propriété, ni de dépendance immédiate de l'habitation ou de la clôture murée, mais seulement l'idée de voisinage, puisque c'est le voisinage des travaux qui peut porter atteinte à la jouissance des habitations; qu'il est indifférent dès lors que la propriété bâtie soit séparée par un chemin public de la propriété exploitée, puisque cette circonstance, loin de diminuer les inconvénients du voisinage, peut, en facilitant l'exploitation de la mine, aggraver le trouble dont la loi a voulu garantir le propriétaire de l'habitation » (Civ. cass. 28 juill. 1852, aff. Nicolas, D. P. 53. 1. 107; 19 mai 1856, aff. Nicolas, D. P. 56. 1. 209; Lyon, 7 juill. 1858, citée par Bréchignac et Michel, n° 120; Naudier, p. 148; Féraud-Giraud, t. 1, n° 282; de Fooz, p. 140; *Rép.* n° 164. — *Contrà*, Dijon, 13 juill. 1853, aff. Nicolas, D. P. 53. 2. 173).

241. La prohibition édictée par l'art. 11 s'applique-t-elle en faveur des maisons d'habitation bâties postérieurement à la délivrance des permis de recherche ou des actes de concessions, mais avant l'ouverture effective des puits, de telle sorte que l'établissement des maisons d'habitation ou des enclos murés aurait pour résultat d'empêcher l'ouverture éventuelle des puits et galeries dans un rayon de 50 mètres? L'affirmative est admise par la jurisprudence et par la plupart des auteurs : il serait inadmissible, dit-on, qu'un concessionnaire pût ainsi, à son gré, limiter la jouissance légale des propriétaires voisins; c'est à lui à supporter les servitudes nées à la suite de son exploitation, et non à lui à les imposer aux autres. Le rapport présenté au Sénat par M. Pâris ne laisse aucun doute à ce sujet (Req. 3 févr. 1857, aff. Coste-Cavel, D. P. 57. 1. 193; 31 mai 1859, aff. Mines de manganèse, D. P. 59. 1. 413; Liège, 16 janv. 1851, aff. Hoorickx, *Pasicrisie belge*, 1851. 2. 101; Dijon, 20 août 1858, aff. Guillard, D. P. 59. 2. 126; Pau, 8 mars 1882, aff. De Grimaldi, D. P. 85. 1. 157; Bury, t. 1, n° 647; Féraud-Giraud, t. 1, n° 284; Dalloz, t. 1, p. 332; Aguillon, n° 324. — *Contrà :* Chevallier, p. 55; Biot, p. 280; Rey, t. 2, p. 63; Naudier, p. 143).

242. Toutefois il faudra toujours tenir compte ici de la règle *fraus omnia corrumpit;* en conséquence, un concessionnaire ne pourrait être tenu de boucher des puits par suite de l'établissement, à une distance inférieure à 50 mètres, d'une maison, lorsque cette habitation n'aura été élevée que par haine et dans le but de nuire au concessionnaire, sans que le propriétaire puisse en retirer une utilité appréciable (Bréchignac et Michel, n° 122; Féraud-Giraud, t. 1, n° 284). Dans tous les cas, lorsqu'un puits ou une galerie de recherche auront été établis à la suite d'un permis ou d'une concession, le propriétaire du terrain voisin ne pourra plus, en bâtissant une maison, obliger à la fermeture du puits ou de la galerie.

243. L'explorateur ou le concessionnaire peuvent-ils établir un chemin à la surface et le faire passer à moins de 50 mètres de toute maison d'habitation? Le doute vient des termes de l'art. 80, qui dit que les « impétrants pourront établir des chemins de charroi sur les terrains qui ne leur appartiennent pas, mais sous les restrictions portées en l'art. 11 », d'où l'on a prétendu conclure à l'impossibilité, pour les concessionnaires, d'établir ces chemins à moins de 50 mètres des habitations et enclos murés y attenants (Bury, t. 1, n° 622; Rey, t. 2, p. 364; Dalloz, t. 1, p. 309). Cette interprétation ne nous paraît pas exacte, car l'article invoqué, aujourd'hui d'ailleurs abrogé, se trouve placé dans le titre 7, exclusivement réservé aux minières, et, dès lors, il est inapplicable aux mines proprement dites. De plus, comme on l'a vu, *suprà*, n° 229, l'énumération donnée par l'art. 11 est limitative, et il n'y a aucune raison pour s'écarter ici de la règle.

244. — IV. QUESTIONS COMMUNES AUX DEUX ZONES DE PROTECTION. — La défense d'ouvrir des puits ou galeries ayant leur orifice dans les zones de protection est certaine; mais cette défense s'applique-t-elle également aux *travaux purement souterrains*, dont aucun indice ne vient révéler l'existence à la surface du sol? On a soutenu la négative au *Rép.* n° 154, et c'est encore l'opinion qui est aujourd'hui le plus généralement admise; on autorise donc le concessionnaire à pratiquer n'importe où, mais sous sa responsabilité entière, tous les travaux souterrains nécessaires à l'exploitation. Le texte de l'art. 11 est formel en ce sens; on pourrait, d'ailleurs, citer de nombreux textes qui ont trait aux travaux exécutés sous les maisons ou dans leur voisinage immédiat, tels que les art. 15, 47 et 50 de la loi de 1810 (Aguillon, t. 1, n° 323; Bury, t. 1, n° 618; Richard, n° 122; Delecroix, *Loi de* 1880, p. 16; Dufour, n° 27; Liège, 2 mars 1854, aff. Waroux, *Pasicrisie belge*, 56. 2. 151; Trib. Saint-Etienne, 15 juin 1856, aff. Pradon, cité par Bréchignac et Michel, n° 121; Civ. rej. 5 mars 1884, aff. De Grimaldi, D. P. 85. 1. 157).

245. D'après MM. Bréchignac et Michel, n° 115, la réouverture d'un puits ou d'une galerie, et la reprise d'une exploitation ne sauraient tomber sous l'application de l'art. 11. Par exemple, si, depuis l'interruption de l'exploitation, des tiers ont édifié des habitations à moins de 50 mètres des puits abandonnés, cette circonstance n'empêchera point l'exploitant de reprendre l'usage de son puits en dépit de sa proximité des nouvelles constructions. En effet, l'établissement régulier d'un puits a constitué, à l'origine, un droit acquis, et un puits étant censé établi jusqu'à épuisement des couches, les droits de l'exploitant n'ont donc pu être perdus par un abandon temporaire; ils renaissent par le fait même de la reprise de l'exploitation (Trib. Saint-Etienne, 4 août 1862, et Lyon, 29 déc. 1863, aff. Mairey, cités par Bréchignac et Michel, n° 115).

246. D'une façon générale, lorsqu'un propriétaire, dont les immeubles seront compris dans les deux zones de protection de l'art. 11, voudra faire respecter ses droits et s'opposer à des travaux entrepris par des explorateurs ou des concessionnaires, il devra porter son opposition devant les tribunaux judiciaires, qui ordonneront la fermeture extérieure des travaux établis en contravention des prescriptions de l'art. 11, et pourront, s'il y a lieu, allouer au plaignant des dommages-intérêts (Req. 31 mai 1859, aff. Mines de manganèse, D. P. 59. 1. 413; Cons. d'Et. 17 janv. 1867, aff. Cussinel, D. P. 68. 3. 16; Nancy, 27 juin 1868, aff. De Vezin-Aulnoye, D. P. 68. 2. 181). Ils n'auraient, toutefois, pas le droit d'ordonner la cessation ou la modification des travaux souterrains, cette question étant de la compétence exclusive de l'Administration (Civ. rej. 5 mars 1884, aff. De Grimaldi, D. P. 85. 1. 157; Comp. Aguillon, t. 1, n° 350; Lamé-Fleury, p. 17; Féraud-Giraud, t. 1. n° 286).

247. Dans toutes les hypothèses prévues par l'art. 11, il faut, pour déroger aux interdictions posées par la loi, le consentement du propriétaire du terrain protégé, et rien ne peut remplacer ce consentement. Quant à la question de savoir si le propriétaire a donné ou non son consentement, c'est un point abandonné à l'appréciation des tribunaux. La loi de 1810 exigeait un consentement *formel*; ce qualificatif ayant été supprimé dans la nouvelle rédaction, on peut en conclure qu'aujourd'hui le concessionnaire sera suffisamment autorisé par un consentement tacite; mais jamais le silence du propriétaire ne suffira à lui seul pour établir cette autorisation (Bréchignac et Michel, n° 128).

248. Les prescriptions du nouvel art. 11 sont applicables aux concessions accordées antérieurement à sa promulgation (Féraud-Giraud, t. 1, n° 285).

249. Les recherches de mines sont soumises, quant à leur exécution, non seulement aux prescriptions de l'art. 11, mais encore à toutes les autres mesures de police et de sûreté imposées aux concessions définitives. Avant 1880, la question était généralement résolue en sens contraire, mais aujourd'hui le nouvel art. 50 est formel et enlève toute hésitation : « Si les travaux de recherche ou d'exploitation d'une mine, dit cet article, sont de nature à compromettre la sécurité publique, la conservation de la mine, la sûreté des ouvriers mineurs, la conservation des voies de communication, celle des eaux minérales, etc., il y sera pourvu par le préfet ». En résumé, les travaux de recherche sont astreints aux mêmes prescriptions que ceux d'une exploitation véritable.

250. L'inexécution des mesures prescrites par la loi ou l'autorité administrative peuvent avoir, comme sanction, le retrait du permis d'exploration (Naudier, p. 125; Biot, p. 57).

251. La question de savoir à qui doivent appartenir les produits minéraux provenant des travaux de recherche continue à être résolue diversement par les auteurs (*Rép.* n°s 166 et suiv.). Si des fouilles sont entreprises par un propriétaire sur son propre terrain, nous avons admis que les substances extraites lui appartiendraient (V. dans le même sens : Bury, t. 1, n° 98; Féraud-Giraud, t. 1, n° 269).

Si l'explorateur n'est pas propriétaire de la surface, les produits ne lui appartiendront qu'autant qu'il en tiendra compte au propriétaire par une juste indemnité. Suivant certains auteurs (Dufour, n° 37; Dupont, t. 1, p. 78), les minerais appartiendraient, dans tous les cas, au futur concessionnaire de la mine, et l'Administration aurait seule le droit d'accorder des permissions de vendre ces produits au profit des explorateurs, en réservant toutefois une part du prix pour le propriétaire de la surface (V. aussi Aguillon, t. 1, n° 115). Cette demande de vente doit être adressée au ministre compétent par l'intermédiaire des préfets (Liège, 29 nov. 1845, *Pasicrisie belge*, 1847. 1. 416. — Les divergences de la doctrine se conçoivent très bien, car nulle part le législateur n'a indiqué le système sur lequel il appuyait la propriété des mines, la solution de la présente question, comme celle de beaucoup d'autres, dépendant du point de savoir si, avant une concession, une mine est une *res nullius*, ou si elle fait partie du domaine public, ou enfin si elle appartient au propriétaire de la surface par voie d'accession.

252. L'Etat n'a jamais le droit de toucher aucune redevance à raison des matériaux extraits pendant le cours des recherches d'une mine (Naudier, p. 129; Bury, t. 1, n°s 100 et 104; Féraud-Giraud, t. 1, n° 271; Aguillon, n° 129; Dupont, *Cours*, p. 70).

253. Lorsque des travaux de recherche doivent être entrepris sous des terrains communaux, les conseils municipaux sont compétents pour donner l'autorisation nécessaire, en vertu de l'art. 68 de la loi du 5 avr. 1884; mais la délibération doit être approuvée par le préfet, sauf recours au ministre de l'intérieur, le préfet ne pouvant que donner ou refuser son approbation, sans avoir le droit d'apporter aucune modification à la délibération. Les préfets, aux termes d'une circulaire du 7 mai 1877, sont invités à soumettre les décisions municipales au corps des mines. Le conservateur des forêts devra être consulté chaque fois que les recherches devront avoir lieu dans des terrains soumis au régime forestier. Si la commune veut disposer des produits extraits, une décision ministérielle est nécessaire, conformément à la circulaire de 1877.

254. Dans les terrains domaniaux, c'est le préfet qui octroie les permis d'exploration (Circ. 7 mai 1877).

Lorsque, à l'occasion de terrains domaniaux ou communaux, il s'élève des difficultés relativement à la permission à accorder, il doit toujours en être référé au ministre, qui statue définitivement (Circ. 21 juin 1877).

Si une commune ou un département refusent de céder à l'amiable le droit de recherche, l'impétrant peut s'adresser à l'Etat pour en obtenir le permis, comme si le terrain appartenait à un simple particulier (V. à titre d'exemple, Décr. 13 août 1883, portant autorisation de faire des fouilles, cité par Aguillon, t. 1, n° 107).

255. On a exposé au *Rép.* n° 167 la procédure à suivre pour obtenir les permis de recherche. Nous ajouterons seulement que le propriétaire de la surface devra toujours être entendu, avant que le Gouvernement puisse accorder le permis, et cela à peine de nullité. Il sera également bon de le mettre en demeure, par huissier, d'avoir à formuler ses oppositions, s'il s'y croit fondé (Féraud-Giraud, t. 1, n° 249).

256. Aucun recours contentieux n'est ouvert contre la décision du Gouvernement, sauf dans le cas où les formalités imposées par la loi n'auraient point été suivies : le décret pourrait alors être déféré au conseil d'Etat par la voie du recours pour excès de pouvoir (Naudier, p. 121).

257. Les renouvellements de permission sont soumis aux mêmes règles de procédure que les demandes primitives. Si elles ne sont pas accordées, et si néanmoins l'explorateur continue ses travaux, le propriétaire de la surface a le droit de le faire expulser (Féraud-Giraud, t. 1, n° 251; Bury, t. 1, n° 92; Naudier, p. 125; Dufour, n° 35; de Fooz, p. 135).

ART. 2. — *De la préférence à accorder pour les concessions ; des personnes qui peuvent les obtenir, et des garanties exigées des futurs concessionnaires* (*Rép.* nos 172 à 225).

§ 1er. — De la préférence à accorder pour les concessions (*Rép.* nos 172 à 183).

258. L'inventeur qui, pour un motif quelconque, n'obtient pas la concession définitive de la mine, a droit à une indemnité de la part du concessionnaire (*Rép.* n° 178), et, pour la recouvrer, il a une action non seulement contre le concessionnaire, mais encore contre les cessionnaires de celui-ci... sauf leur recours contre le concessionnaire primitif (Cons. d'Et. 4 févr. 1858, aff. Comp. de Rive-de-Gier, D. P. 59. 3. 11; Féraud-Giraud, t. 1, n° 268).

259. S'il y a difficulté sur le point de savoir quelle personne doit être considérée comme inventeur, c'est au Gouvernement à décider (Aguillon, t. 1, n° 199 ; C. cass. belge, 12 mai 1854, aff. De Laminne, *Pasicrisie belge*, 1854. 2. 260).

260. Ainsi qu'on l'a vu au *Rép.* nos 181 et 182, l'indemnité due à l'inventeur, à ce titre, aux termes de l'art. 16 de la loi de 1810, est fixée dans le décret de concession. Elle a lieu le plus souvent dans la forme d'un capital versé une fois pour toutes ; mais, exceptionnellement, elle peut consister en une part des bénéfices annuels de l'exploitation, comme dans l'espèce sur laquelle a statué l'arrêt de cassation du 7 juin 1869 (aff. Javal, D. P. 69. 1. 301).

261. Cette indemnité peut, d'ailleurs quant à son *quantum*, être fixée amiablement par les parties intéressées ; et, en pareil cas, s'il s'élève des difficultés sur le sens et l'exécution des conventions intervenues, c'est aux tribunaux civils qu'il appartient de les résoudre, alors que ces conventions ont été librement consenties, sans opposition quelconque à des actes administratifs, et qu'aucune clause prohibitive ou résolutoire desdits contrats n'a été insérée dans l'acte de concession (Lyon, 14 juin 1865, aff. Bethenod, D. P. 66. 2. 142; Féraud-Giraud, t. 1, n° 295. — *Contrà :* Aguillon, t. 1, n° 204).

262. Cette indemnité, ou plutôt ce droit à indemnité, est entre les mains de l'inventeur une valeur faisant partie de son patrimoine, qu'il peut, à ce titre, céder à sa volonté (Req. 3 mars 1879, aff. De Geloes, D. P. 79. 1. 430).

263. Si le décret de concession, après avoir reconnu à des tiers la qualité d'inventeurs, ne leur accorde aucune indemnité de ce chef, la question s'est posée de savoir si ces inventeurs pourraient déférer au conseil d'Etat, par la voie du recours pour excès de pouvoir, ledit décret portant concession de la mine par eux découverte et accordée à un autre pétitionnaire. Le conseil d'Etat ne l'a point pensé, et il a décidé que, dans ce cas, aucun recours direct n'existait en faveur des inventeurs auxquels le décret de concession n'aurait attribué aucune indemnité (Cons. d'Et. 10 mai 1889, aff. Reinach et Soubeyran, D. P. 90. 3. 81). Le commissaire du Gouvernement, toutefois, avait, dans cette affaire, conclu, en s'appuyant sur l'art. 16 de la loi du 21 avr. 1810, que, quand la qualité d'inventeur est reconnue, et non contestée, une indemnité doit être fixée, et que, si elle n'a pas été fixée, l'inventeur a le droit de demander directement au conseil d'Etat l'annulation du décret. L'art. 16, en effet, ne semble donner au Gouvernement qu'une attribution analogue à celle qui lui est donnée par l'art. 6, où il est dit que « l'acte de concession règle les droits des propriétaires de la surface sur le produit des mines concédées ». Cet article a toujours été entendu en ce sens que, si le décret de concession peut réduire presque à néant ces droits par l'allocation d'une indemnité insignifiante, il ne peut les dénier en principe (V. Laferrière, *Traité de la juridiction administrative*, t. 1, p. 515). Cet auteur reconnaît qu'en ce cas le propriétaire de la surface serait recevable à se pourvoir devant le conseil d'Etat, et s'il ne mentionne pas que ce droit appartiendrait à l'inventeur, c'est que le cas où il pourrait utilement former un recours est presque irréalisable. Le droit du propriétaire de la surface résulte d'un fait patent et sa qualité n'est pas contestable ; la question de savoir si un réclamant est un inventeur dans le sens de la loi est, au contraire, des plus délicates, et il appartient à l'Administration seule d'apprécier si cette qualité existe bien chez l'un des demandeurs en concession. La plupart du temps, aucun recours ne sera possible, parce que le décret aura précisément dénié au demandeur la qualité d'inventeur; mais si, par hasard, cette qualité lui était reconnue et qu'aucune indemnité ne soit accordée, nous croyons, contrairement à l'arrêt précité du conseil d'Etat, que l'inventeur lésé aurait droit d'attaquer au contentieux pour excès de pouvoir le décret de concession (Comp. Aguillon, nos 199 et 201).

264. Indépendamment de l'indemnité qui lui est due pour la découverte de la mine, l'inventeur peut en réclamer une autre, en vertu de l'art. 46 de la loi de 1810, à raison des travaux qu'il a exécutés (*Rép.* n° 180). Ainsi qu'on l'a vu au *Rép.* n° 182, cette indemnité n'est réglée qu'après le décret qui institue la concession, et, si elle n'est pas fixée de gré à gré, c'est au conseil de préfecture qu'il appartient d'en faire la liquidation sur estimation d'experts. — Il a été jugé qu'il n'est dû d'indemnité, pour les travaux de recherches antérieurs à la concession, qu'autant que l'utilité de ces travaux est reconnue, et que, par suite, une indemnité ne peut être accordée pour des travaux qui n'ont fourni aucune indication utile sur la direction et les dispositions des couches exploitables comprises dans la concession (Cons. d'Et. 3 févr. 1859, aff. Delbos, motifs, D. P. 59. 3. 81 ; 10 janv. 1867, aff. Mines de Meurchin, D. P. 68. 3. 97).

De même, l'inventeur n'a pas le droit de réclamer le remboursement des frais d'expériences ou d'exploitation provisoire et du prix d'achat ou de location des terrains sur lesquels il a fait des fouilles, ni d'imposer au concessionnaire la reprise des outils ayant servi à son exploitation (Arrêt précité du 3 févr. 1859). En effet, comme le disait M. le ministre des travaux publics dans ses observations devant le conseil d'Etat à l'occasion de cette dernière affaire, on ne saurait admettre en principe qu'une indemnité soit « toujours due à ceux qui ont entrepris des travaux quelconques sur une mine avant la concession. L'art. 46 de la loi de 1810 a été conçu en prévision des circonstances où un explorateur sérieux, après avoir exécuté sur un gîte minéral des travaux d'une importance réelle n'obtient pas cependant la concession; le législateur a voulu que, dans ce cas, il pût être indemnisé par le concessionnaire désigné; mais on n'a jamais prétendu, et il est impossible de soutenir, que par ces mots : « recherches ou travaux antérieurs à la concession », ledit article ait entendu autre chose que des explorations ayant contribué à la reconnaissance de la mine, ou des ouvrages d'art pouvant être utiles au concessionnaire pour la conduite de son entreprise. Encore moins serait-on fondé à prétendre qu'il est entré dans la pensée de la loi que des travaux d'exploitation qui sont irréguliers quand celui qui les opère n'est pas concessionnaire, puissent donner ouverture à une indemnité... ».

265. Au reste, l'obligation pour les propriétaires de mines de payer des indemnités aux tiers qui, antérieurement à l'acte de concession, ont fait des recherches et travaux dans le périmètre concédé, existe alors même que les recherches et travaux n'auraient pas conduit à la découverte du gîte houiller, ou n'auraient pas été utilisés par les concessionnaires ; il suffit que les travaux dont il s'agit aient fourni des renseignements utiles sur les allures et sur les dispositions des gîtes exploitables, ou qu'ils aient été reconnus applicables à la poursuite d'une bonne exploitation (Cons. d'Et. 13 mars 1856, aff. Mines de la Calaminière, D. P. 56. 3. 56. V. aussi dans le même sens : Cons. d'Et. 11 mai 1872, aff. Forges d'Aubenas, D. P. 73. 3. 92).

266. C'est au conseil de préfecture qu'il appartient de statuer sur les demandes en indemnité formées contre les concessionnaires de mines par les tiers qui ont fait, antérieurement à la concession, des travaux et des explorations utiles dans le périmètre concédé (*Rep.* nos 540 et suiv.). Et il en est ainsi alors même que les explorateurs ne sont pas propriétaires dans ce périmètre ou inventeurs de gîtes exploitables (Sol. implic., Cons. d'Et. 13 mars 1856, aff. Mines de la Calaminière, D. P. 56. 3. 56. — V. en sens contraire les observations de M. le commissaire du Gouvernement dans l'affaire précitée, D. P. *ibid.* note).

§ 2. — Des personnes qui peuvent obtenir une concession (*Rép.* nos 184 à 197).

267. Les concessions de mines peuvent être accordées indistinctement à des nationaux ou à des étrangers (*Rép.* n° 184). L'Etat, ou même une commune, pourraient devenir concessionnaires d'une mine (Bury, t. 1, n° 115; Lamé-Fleury, sur l'art. 13; Aguillon, nos 138 et 140).

268. Depuis la rédaction de la loi de 1810, la situation économique s'est notablement modifiée en France, et les grandes entreprises, autrefois entre les mains de simples particuliers, sont aujourd'hui la propriété de sociétés qui les exploitent et les font valoir. L'industrie minière n'a pu échapper à ce mouvement, et si l'on envisage les capitaux considérables que nécessitent la plupart du temps de semblables exploitations, on conçoit facilement les services que peut rendre l'association en matière de mines. La concurrence effrénée, le perfectionnement des appareils auquel on ne peut rester étranger, leur prix élevé de revient, sont également des causes de la rapidité avec laquelle les sociétés se sont développées. — Aux termes de la loi de 1810 (art. 13), les sociétés sont capables de devenir concessionnaires véritables. Les lois étrangères se sont presque toutes occupées des sociétés minières, en les soumettant à un régime spécial (en Prusse, L. 24 juin 1865; en Autriche, L. 22 mai 1854; en Espagne, L. 19 oct. 1869), tandis qu'en France, ces sociétés sont encore placées sous le régime du droit commun, tel qu'il résulte du code civil de 1804.

269. L'exploitation des mines ne constituant pas des actes de commerce, il en résulte que les sociétés minières sont, en principe, des sociétés civiles (V. sur ce point, *suprà*, v° *Acte de commerce*, nos 318 et suiv.). — Jugé que, dans une société de concessionnaires de mines, comme dans toute autre société, lorsque la part de chaque associé dans les bénéfices et dans les pertes n'a pas été déterminée par le contrat, elle se règle en proportion de la mise ou de l'importance du droit de propriété de chacun dans le fonds social (c. civ. art. 1853); — Et que l'on peut considérer comme déterminant la part de chacun dans la propriété du fonds social la convention par laquelle il a été stipulé entre les concessionnaires que chacun exploiterait sur son terrain et dans les limites de sa propriété superficielle (Civ. cass. 18 avr. 1853, aff. Comp. des mines de la Loire, D. P. 55. 1. 209). — V. au surplus l'application, en ce qui les concerne, des principes généraux en matière de société, *infrà*, v° *Sociétés*).

270. Le plus souvent, les sociétés minières, ont une durée illimitée; c'est ainsi qu'à Anzin, l'acte constitutif porte que la Société existera tant que l'on pourra extraire du charbon de la concession (*Rép.* n° 194). Si l'acte de société ne s'explique pas sur ce point, son silence doit être interprété dans le sens d'une durée indéfinie (Bury, t. 1, n° 383; Féraud-Giraud, t. 1, n° 231; de Fooz, p. 246; Naudier, p. 167; Delecroix, *Sociétés des mines*, p. 161.

271. Le caractère de quasi-pérennité revêtu par les sociétés minières engendre des conséquences importantes au point de vue des diverses manières dont elles peuvent prendre fin. Sans revenir sur ce qui a été dit au *Rép.* n° 194, nous ajouterons seulement que ces sociétés ne seront pas dissoutes par l'interdiction, la faillite ou la déconfiture de l'un des associés (Bury, t. 1, n° 1388; Bréchignac et Michel, n° 135; Delecroix, n° 475).

272. On s'accorde pour décider, comme on l'a fait au *Rép.* n° 194, que l'art. 1869 c. civ. est inapplicable aux sociétés minières, et que ces sociétés ne peuvent prendre fin par la volonté d'un seul membre. Le plus souvent, les associés qui veulent se retirer peuvent le faire en vendant leurs actions ou leurs parts d'intérêts (Bury, t. 1, n° 1405; Delecroix, *Société des mines*, n° 477). Si la vente est défendue par les statuts de la société, l'associé pourra toujours en sortir, à la condition que sa demande soit faite de bonne foi et non à contre-temps; c'est seulement dans cette hypothèse que l'art. 1869 redevient applicable (V. Bréchignac et Michel, n° 135; Bury, t. 2, n° 1408; Delecroix, *op. cit.*, n° 502). Toutefois, un arrêt (Civ. rej. 1er juin 1859, aff. Granier, D. P. 59. 1. 244) semble admettre que l'art. 1869 s'applique sans restriction aux sociétés formées pour l'exploitation des mines. Dans tous les cas, l'art. 1871 c. civ. reste applicable aux sociétés minières (V. *Rép.* n° 194, *in fine*).

§ 3. — Des garanties exigées des futurs concessionnaires (*Rép.* nos 198 à 225).

273. On ne reviendra pas ici sur les qualités que doivent présenter les candidats à une concession (V. *Rép.* nos 198 à 200); il suffit de rappeler que le Gouvernement a toute liberté pour accorder ou refuser la concession sollicitée.

274. Lorsque des travaux souterrains devront être entrepris sous des maisons ou lieux d'habitation, l'art. 15 de la loi de 1810 exige que le concessionnaire, avant d'entreprendre ces travaux, donne caution pour les dommages qui pourraient en résulter (V. *Rép.* nos 200 à 222). — Il a été jugé que c'est là une garantie spéciale et purement civile, qui peut être ordonnée par l'autorité civile, et qui est complètement indépendante des mesures de police préventive rentrant dans la compétence de l'autorité administrative (Bruxelles, 29 mars 1888, aff. Société charbonnière de Belle-et-Bonne, D. P. 89. 2. 139).

275. Les mots *ou dans leur voisinage immédiat*, de l'art. 15, doivent-ils s'appliquer à la fois aux maisons et aux exploitations voisines, ou exclusivement à ces dernières? D'après l'avis exprimé au *Rép.* n° 206, l'art. 15 prescrit la caution non seulement dans le cas où des travaux sont entrepris dans le voisinage des exploitations, mais encore, et surtout, pourrait-on dire, dans celui où des maisons se trouvent à proximité de ces galeries souterraines (V. conf. Aguillon, t. 1, n° 332; Richard, n° 153; Bréchignac et Michel, n° 148; Biot, p. 302; Naudier, p. 277; Chevallier, p. 146).

276. Le point de savoir ce qu'il faut entendre par *voisinage immédiat* est une question de fait qu'il appartient aux tribunaux de trancher souverainement (C. cass. Belgique, 30 mai 1872, aff. Société du Grand-Bordia, D. P. 74. 2. 241; 19 févr. 1880, *Pasicrisie belge*, 1880. 1. 77; 11 avr. 1885, aff. Walmakers, D. P. 85. 2. 275; Bréchignac et Michel, n° 149; de Fooz, p. 314; Splingard, n° 112).

277. D'après Bury, t. 1, n° 666, la caution ne peut être demandée que s'il s'agit de travaux de nature à menacer sérieusement les propriétés bâties de la surface (V. aussi Richard, p. 151; Delebecque, n° 745; *ibid.*, 1867. 2. 319). — En Belgique, aux termes d'un avis du conseil des mines du 6 avr. 1883, la caution peut être exigée en cas de dommage éventuel menaçant une église communale.

278. Les intéressés sont en droit de réclamer la caution au permissionnaire des fouilles avant même le commencement des travaux; il s'agit, en effet, d'un cautionnement *préventif* (Civ. cass. 12 août 1872, aff. Maurin, D. P. 72. 1. 369; C. cass. Belgique, 19 févr. 1880, cité *suprà*, n° 276. Le juge ne peut refuser de l'ordonner (Liège, 14 août 1858, aff. Société charbonnière du Paradis-d'Avoy, *Pasicrisie belge*, 1861. 2. 299).

279. On a dit au *Rép.* n° 207 que la caution pourrait encore être réclamée pour la première fois, alors même que les travaux seraient terminés, mais s'il y avait encore danger. — V. dans le même sens: Richard, n° 151; Naudier, p. 281; Liège, 9 avr. 1867, aff. Roumieux, *Pasicrisie belge*, 67. 2. 219. — Mais il a été jugé que l'obligation de fournir caution ne saurait être étendue au cas où cette garantie serait uniquement destinée à assurer le payement d'un dommage déjà constaté, et dont le chiffre seul reste à fixer (Bruxelles, 18 déc. 1883, aff. Société du Carabinier, D. P. 85. 2. 218).

280. La caution ne peut être demandée que dans les cas précis indiqués par l'art. 15, qui, à ce sujet, constitue une disposition strictement limitative (*Rép.* n° 211. V. conf.: de Fooz, p. 313; Aguillon, t. 1, n° 332; Bréchignac et Michel, n° 144; Bury, t. 1, n° 657.

281. Le but poursuivi par le législateur, en ordonnant la dation d'une caution, a été d'assurer au propriétaire le payement et la réparation intégrale du préjudice causé (*Rép.* n° 212). La loi est très générale, et ce caractère de généralité a été reconnu par un arrêt (C. cass. de Belgique, 30 mai 1872, aff. Société du Grand-Bordia, D. P. 74. 2. 241), aux termes duquel l'art. 15 s'applique dans le cas de tarissement d'un puits situé dans un fonds protégé par cet article.

282. Lorsque tout danger a disparu, les concessionnaires ont le droit de demander à être déchargés de l'obligation de fournir la caution (V. Richard, p. 152; Bury, t. 1, p. 667; Chevallier, p. 146; Bréchignac et Michel, n° 149; Féraud-Giraud, t. 2, n° 658).

283. La question de savoir si une caution est nécessaire dépend du plus ou moins de danger que présentent les travaux souterrains et leur état d'avancement dans le voisinage des bâtiments de la surface; aussi admet-on que le propriétaire menacé a le droit de se faire communiquer les plans de la mine, et au besoin de visiter les lieux (*Rép.* n° 207. Conf. Bréchignac et Michel, n° 150; Richard, n° 154; de Fooz, p. 312; Bury, t. 1, n° 721; Chevalier, p. 147).

284. On reconnaît, en général, qu'au lieu d'une caution, le concessionnaire pourrait fournir une garantie équivalente, comme une hypothèque ou un gage. Mais il a été jugé qu'une consignation en argent ne serait pas suffisante, qu'il faut au propriétaire une garantie réelle spécialement déterminée et lui conférant un privilège et un droit de préférence (Trib. Charleroi, 24 déc. 1886, aff. Veuve Hament-Drion, *Revue lég. des mines*, 1887, p. 120; Bréchignac et Michel, n° 151; Bury, t. 1, n° 668; Biot, p. 302; de Fooz, p. 314).

285. Tant que la caution n'est pas fournie, les propriétaires ont le droit de s'opposer à l'exécution des travaux (*Rép.* n° 207). Les tribunaux seront compétents pour en interdire la continuation, dans le cas où ils auraient déjà été entrepris (V. Bréchignac et Michel, n° 152; Biot, p. 301; Richard, p. 154). Toutefois, d'après M. Aguillon, t. 1, n° 331, l'Administration est seule compétente en cette matière.

286. Toutes les questions relatives à la dation de la caution sont uniquement du ressort des tribunaux ordinaires. C'est ainsi qu'il leur appartient de statuer sur la question de savoir s'il y a lieu à cautionnement, d'en fixer la quotité, etc.... (Féraud-Giraud, t. 2, n° 665; de Fooz, p. 313; Richard, n° 154; Pagnet Lallier, n° 262).

287. Une question très controversée est celle de savoir si la disposition de l'art. 15 est applicable, non seulement à l'explorateur, mais encore au concessionnaire d'une mine, de telle sorte que celui-ci serait obligé de donner caution préalable avant d'entreprendre des travaux de la nature de ceux prévus par cet article. On l'a implicitement admis au *Rép.* n° 203, et cette opinion est encore celle de Bury, t. 1, n° 664 et de Delebecque, n° 744 (Bruxelles, 29 mars 1888, aff. Société charbonnière de Belle-et-Bonne, D. P. 89. 2. 139). Mais le système contraire, d'après lequel la caution ne peut jamais être réclamée du concessionnaire, semble avoir prévalu, depuis, dans la jurisprudence et la doctrine. L'inapplicabilité de l'art. 15 au concessionnaire, dit à ce sujet M. Aguillon, t. 1, n°s 327 et 328, est contestable à cause de la place de cet article dans l'économie générale de la loi, et rien n'est plus logique qu'un traitement différent soit fait à cet égard à l'un et à l'autre. Qu'on exige caution d'un explorateur, qui peut ne présenter par lui-même aucune garantie, on le conçoit; mais le concessionnaire offre sa concession pour garantie, et ce doit être suffisant (V. en ce sens Saint-Etienne, 10 nov. 1868, et Lyon, 4 juin 1869, aff. Pipon, *Moniteur judiciaire* du 16 oct. 1869; Lyon, 9 juin 1880, aff. Tardy-Payet, *Recueil de Lyon*, 1880, p. 264).

SECT. 4. — DES CONCESSIONS ET DES CHARGES ET OBLIGATIONS QUI EN RÉSULTENT (*Rép.* n°s 226 à 357).

ART. 1er. — *De l'obtention des concessions* (*Rép.* n°s 226 à 269).

288. On a exposé au *Répertoire* les formalités à remplir pour formuler, auprès de l'autorité compétente, la demande en concession d'une mine; nous n'ajouterons que quelques observations. — L'inventeur et le propriétaire de la surface doivent, aux termes de la loi, « être appelés » avant que le Gouvernement puisse accorder la concession; mais on aura satisfait à la loi en se conformant à ses exigences relatives à la publicité et à l'affichage en général, sans qu'il soit besoin de prévenir ces catégories d'intéressés d'une façon spéciale. Toutefois, pour éviter toute difficulté, il est plus prudent de notifier la demande en concession à l'inventeur et au propriétaire (Observations présentées par le ministre au Cons. d'Et. 11 mai 1872, aff. Forges d'Aubenas, D. P. 73. 3. 92).

289. La demande en concession, adressée au préfet, doit être rédigée sur papier timbré (*Rép.* n° 227), et si elle émane d'une société, on doit y annexer une expédition régulièrement certifiée de l'acte constitutif de la société (Dupont, *Jurispr. des mines*. t. 1, p. 173; Féraud-Giraud, t. 1, n° 307). — Aux termes d'une circulaire du directeur général des mines en date de 1837, le pétitionnaire devait faire, en même temps que sa demande, la preuve de l'existence réelle de la mine dont il sollicitait la concession, et ce n'était que quand il avait satisfait à cette exigence que le préfet était obligé de faire publier et afficher la requête dans les dix jours. Aussi l'Administration avait-elle pris l'habitude de n'afficher les demandes qu'après la justification de l'existence du gîte minier (*Rép.* n° 229). Cette pratique pouvait présenter quelque avantage; mais elle n'était assurément point conforme à la loi de 1810, et elle a été condamnée par une circulaire ministérielle du 10 déc. 1863 portant que les auteurs des demandes en concession n'auront plus besoin de justifier au préalable de l'existence d'un gîte minéral exploitable, et que l'affichage des demandes n'implique pas, de la part de l'Administration, garantie soit de la concessibilité, soit même de l'existence de la mine (D. P. 64. 3. 43. V. aussi Avis de la section des travaux publics du Cons. d'Etat des 8 janv. 1875 et 10 mars 1876).

Le changement fort important qui, en conséquence, s'est opéré dans la pratique de l'Administration, doit faire attribuer désormais à la publication de la demande de concession le caractère d'une pure formalité d'instruction. Peut-être ce point de vue est-il le seul exact, puisque, après tout, la justification de l'existence d'un gîte minéral ne fait acquérir aucun droit aux auteurs de la demande en concession. Il en est autrement en Prusse, où celui qui fait reconnaître par l'Administration la réalité de la découverte d'un gîte minéral obtient immédiatement une concession temporaire et conditionnelle s'appliquant à un espace déterminé.

290. La loi de 1810 portait, dans son art. 23, que les affiches devaient rester posées pendant quatre mois (*Rép.* n° 236). Ce délai a été modifié par la loi du 27 juill. 1880 (D. P. 81. 4. 33) qui l'a ramené à deux mois. Le nouvel art. 23 est ainsi conçu : « L'affichage aura lieu pendant deux mois aux chefs-lieux du département et de l'arrondissement où la mine est située, dans la commune où le demandeur est domicilié, et dans toutes les communes sur le territoire desquelles la concession peut s'étendre; les affiches seront insérées deux fois, et à un mois d'intervalle, dans les journaux du département et dans le *Journal officiel* ». On a pensé, quant à la diminution du temps d'affichage, que deux mois devaient suffire pour amener une publicité sérieuse et efficace, alors qu'aujourd'hui les moyens de communication sont beaucoup plus rapides qu'en 1810. Par contre, pour compenser l'abréviation du délai, la loi prescrit de renouveler les insertions dans les journaux à un mois d'intervalle, et ajoute l'insertion obligatoire à l'*Officiel*. L'affichage a lieu entièrement aux frais des demandeurs (V. à ce sujet Circ. 7 mai 1881 et Décr. 1er mars 1882).

S'il s'agit d'une simple demande en extension de concession, elle devra être affichée dans toutes les communes comprises dans le périmètre de la concession primitive (Circ. min. 7 févr. 1877).

291. Les pétitionnaires doivent adresser un projet d'affiche au ministre par l'intermédiaire des préfets (*Rép.* n° 241). Les affiches ne pourront être imprimées qu'autant qu'elles seront revêtues du visa officiel du ministre. L'ingénieur des mines est toujours consulté et doit donner son avis sur le projet soumis à l'Administration (Circ. min. 29 nov. 1877).

292. Le demandeur en concession doit, pour justifier de l'accomplissement de la formalité de l'affichage, produire un certificat de publication (*Rép.* n° 239). Si ce certificat est perdu, M. Féraud-Giraud, t. 1, n° 316, pense qu'on pourrait y suppléer par d'autres moyens abandonnés à l'appréciation de l'Administration ou des tribunaux, notamment par la production d'un duplicata des récépissés qui sont extraits d'un livre à souche.

293. Les prescriptions légales relatives aux publications et affiches doivent être observées à peine de nullité. — V. sur ce point, et sur la question de savoir par qui la nullité peut être opposée : Liège, 16 mai 1883, aff. Société de la Basse-Sambre, D. P. 85. 2. 129).

294. La publicité dont on entoure la demande en concession a pour but principal de susciter des oppositions ou des demandes en concurrence (*Rép.* n° 242). La loi de 1880 ayant modifié l'art. 23 (V. *suprà*, n° 290), il était nécessaire d'apporter un changement corrélatif dans l'art. 26, en permettant les oppositions jusqu'au dernier jour des deux mois (au lieu de quatre mois) pendant lesquels la publicité est effectuée. Le nouvel art. 26 a été rédigé de la façon suivante : « Les oppositions et demandes en concurrence seront admises devant le préfet jusqu'au dernier jour du second mois à compter de la date de l'affiche... » (Bury, t. 1, n° 151).

295. La loi n'a pas défini ce qu'il faut entendre par *opposition;* mais il ne semble pas douteux que l'on doive entendre par là tout acte ayant pour objet de faire écarter, en tout ou en partie, une demande en concession de mines. Si une réclamation ne présente pas ces caractères, il n'est pas besoin de suivre, quant à elle, la procédure exigée par la loi en cas d'oppositions véritables (Cons. d'Et. 29 avr. 1887, aff. Société des Grands Charbonnages du Centre, D. P. 88. 3. 84).

296. Il est définitivement statué sur la demande en concession par un décret rendu par le président de la République en conseil d'Etat (*Rép.* n° 243). Le chef de l'Etat n'est, d'ailleurs, pas obligé de suivre l'avis donné par le conseil d'Etat (Concl. de M. David, commissaire du Gouvernement, D. P. 76. 3. 75 ; Féraud-Giraud, t. 1, n° 345 ; Biot, p. 61). — Un décret rendu en cette forme est nécessaire, et la décision ne saurait être prise par le ministre des travaux publics. Il a été décidé, notamment, que ce ministre excède ses pouvoirs en rejetant une demande en concession (Cons. d'Et. 24 janv. 1872, aff. Astier, D. P. 74. 3. 2 ; 10 mars 1876, aff. Zégut, D. P. 76. 3. 75 ; 23 mars 1877, aff. Mérigot, D. P. 78. 5. 317).

297. Quoique le texte de l'art. 28 ne déclare admissibles, après l'expiration du délai des affiches, que les demandes en concurrence, on admet néanmoins, en général (*Rép.* n° 244), que la même facilité est laissée au cas où il s'agit d'oppositions (V. en ce sens : Bury, t. 1, n° 152 ; Féraud-Giraud, t. 1, n° 328. — *Contrà*, Richard, n° 172).

298. Les demandes en concurrence, qui se produisent avant l'expiration du délai de deux mois, n'ont pas besoin d'être entourées d'une publicité spéciale (*Rép.* n° 245). Cette opinion est celle de la majorité des auteurs (Bury, t. 1, n° 157 ; de Fooz, p. 187 ; Féraud-Giraud, t. 1, n° 325 ; Richard, n° 177). Il en serait autrement si ces demandes ne s'étaient manifestées qu'après le délai de deux mois, et avant la publication du décret de concession (Mêmes auteurs). Dans ce cas, elles doivent être publiées dans la même forme que les demandes en concession.

299. L'enquête est close par le préfet, qui transmet l'affaire au ministre, en y joignant son avis (*Rép.* n° 248). Cet avis doit être donné sous forme d'arrêté, et précédé de considérants qui l'expliquent et le justifient. Le ministre la remet à l'inspecteur général, membre du conseil supérieur des mines, chargé de la circonscription dans laquelle se trouve la concession sollicitée ; ce fonctionnaire fait un rapport, et le tout est soumis à l'examen du conseil d'Etat.

300. Si, pendant l'instruction, une question de propriété est soulevée, il faut, ainsi qu'on l'a vu au *Rép.* n° 249, surseoir jusqu'à ce qu'il ait eu jugement rendu par les tribunaux judiciaires (V. en ce sens : Req. 11 févr. 1857, aff. Mines de la Ricamarie, D. P. 57. 1. 258 ; Liège, 16 mai 1883, aff. Société de la Basse-Sambre, D. P. 85. 2. 129 ; de Fooz, p. 154 ; Richard, n° 179, Naudier, p. 180).

301. L'Etat est complètement libre d'accorder ou de refuser une concession, mais en fait on n'en accorde qu'autant qu'il s'agit d'une mine susceptible d'une exploitation sérieuse et durable (de Fooz, p. 183 ; Féraud-Giraud, t. 1, n° 339 ; Aguillon, t. 1, nos 166 et 167).

302. En principe, aucun recours au contentieux n'est possible contre la décision prise au sujet d'une demande en concession (*Rép.* p. 252. *Adde* en ce sens : Richard, p. 188 ; Bury, t. 1, n° 273 ; Féraud-Giraud, t. 1, n° 360 ; Naudier, p. 181). Il semble, toutefois, qu'un recours à titre gracieux pourrait être formé, du moins dans le cas où il y a eu refus de concession (Dufour, n° 72 ; Richard, n° 188 ; Dupont, *Cours*, t. 1, p. 119). Mais aucun recours n'est possible, même à titre gracieux, contre le décret qui octroie une concession, ce décret créant une propriété perpétuelle, et qui n'est plus désormais à la disposition du Gouvernement (V. Féraud-Giraud, t. 1, n° 360 ; Aguillon, t. 1, n° 194).

303. Dans tous les cas où, soit l'Administration, soit les intéressés n'auraient pas suivi rigoureusement les formalités et la procédure ordonnées par la loi, il y a lieu d'intenter, dans les trois mois (*Rép.* n° 255), un pourvoi au contentieux, pour violation des formes ou excès de pouvoir, en vertu de la loi des 7-14 oct. 1790 et de l'art. 9 de la loi du 24 mai 1872. C'est ainsi que le défaut de publicité de la demande amènerait la nullité du décret de concession (Bury, t. 1, n° 140 ; Richard, p. 185 ; Splingard, n° 23 ; Naudier, p. 181). Jugé ainsi que celui qui, à la suite d'une demande de concession de mines, a présenté une demande en concurrence, est recevable à déférer au conseil d'Etat, par la voie du recours pour excès de pouvoir, le décret portant concession de la mine au demandeur primitif, en se fondant sur ce qu'il n'avait pas été entendu dans l'instruction dans les formes tracées par la loi (Sol. impl. Cons. d'Et. 2 avr. 1886, aff. Guérin, D. P. 87. 3. 90).

304. Si le décès du demandeur en concession est survenu dans l'intervalle entre la demande et la publication du décret, toute la procédure tombera, à moins que ses héritiers ne se soient substitués personnellement à sa demande (V. de Fooz, p. 192 ; Bury, t. 1, n° 232 ; Féraud-Giraud, t. 1, n° 375 ; Naudier, p. 162 ; Aguillon, t. 1. n° 179). Lorsque la demande émane d'une société, le décès d'un associé n'entraîne pas la péremption de la demande, dont le sort reste attaché à la personne des autres associés survivants (Aguillon, t. 1, n° 179).

305. Le décret de concession, dont un modèle est joint à la circulaire du 9 oct. 1882 (*Ann. des mines*, 1882, p. 275) indique les limites et l'étendue de la concession, ainsi que le cahier des charges imposé au concessionnaire. Il peut prescrire, en outre, certaines mesures de police et de sûreté rendues nécessaires par les circonstances. — Les clauses du cahier des charges, pas plus que le décret lui-même, ne peuvent être attaquées au contentieux devant le conseil d'Etat, sauf dans le cas où elles seraient illégales, contraires, notamment, aux dispositions de la loi de 1810 (Cons. d'Et. 16 nov. 1850, aff. Comp. des fonderies et forges de l'Horme, *Rec. Cons. d'Etat*, p. 825).

306. Avant de rendre un décret de concession, l'Etat n'a pas besoin d'exproprier préalablement le tréfonds du périmètre concédé, le décret suffisant à lui seul pour produire cet effet (V. en ce sens : Demolombe, t. 10, p. 565 ; Féraud-Giraud, t. 1, n° 338 ; Bury, t. 1, n° 32).

307. Si la question de propriété n'est soulevée que postérieurement au décret de concession, que faudra-t-il décider? Le propriétaire intéressé devra-t-il être considéré comme dépouillé de ses droits par le fait même de la publication du décret ; ou bien faudra-t-il lui accorder une action devant les tribunaux judiciaires, et attribuer à ceux-ci le pouvoir de faire tomber, s'il y a lieu, des actes administratifs ? C'est un point très délicat. D'après M. Féraud-Giraud, t. 1, n° 363, ce propriétaire pourra soumettre le décret de concession au conseil d'Etat au contentieux pour violation des règles que la concession devait respecter. Le conseil renverra aux tribunaux ordinaires pour trancher la question de propriété, tandis qu'il annulera lui-même le droit de concession, si les prétentions du demandeur sont reconnues justes et légitimes (Comp. Civ. cass. 24 déc. 1835 ; *Rép.* n° 496-3° ; Dupont, *Cours*, t. 1, p. 128). L'hypothèse peut se présenter, par exemple, dans le cas où le décret de concession aurait porté sur une mine déjà antérieurement concédée.

308. On s'est occupé au *Rép.* n° 257 de l'étendue des concessions et de leurs limites ; s'il y a difficulté à ce sujet, le conflit devra être porté exclusivement devant l'Administration, seule compétente en cette matière (Civ. cass. 7 juin 1869, aff. Javal, D. P. 69. 1. 301 ; Trib. des conflits, 28 févr. 1880, aff. Compagnie des Mines de Filhols, D. P. 81. 3. 36 ; Req. 8 nov. 1886, aff. John Cockerill, D. P. 87. 1. 152 ; Féraud-Giraud, t. 1, n° 357 ; Bury, t. 1, n° 252).

309. La concession accordée par le Gouvernement peut quelquefois être plus considérable que le périmètre primitif figurant dans la demande : cette hypothèse se rencontrera surtout lorsqu'une semblable mesure est rendue nécessaire pour une bonne exploitation générale d'un bassin ou d'une région (Aguillon, n° 176 ; Bury, t. 1, n° 244 ; Féraud-Giraud, t. 1, n° 354).

310. Il n'est jamais permis de modifier par des conventions privées l'étendue des concessions telle qu'elle résulte du décret qui les a instituées (Motifs, Req. 8 nov. 1886, aff. Société Cockerill, D. P. 87. 1. 152).

311. Les concessions doivent être limitées à la surface

du sol par des bornes plantées aux endroits indiqués par la nature même des lieux (*Rép.* n° 264). Cette obligation a de nouveau fait l'objet d'une circulaire en date du 16 nov. 1852.

Si un concessionnaire n'est pas satisfait du bornage et se trouve lésé, il peut, quand bien même l'opération aurait été approuvée par le ministre, porter le différend au contentieux devant le conseil d'Etat, par voie de demande en interprétation du décret de concession (Cons. d'Et. 18 août 1856, aff. Mines du Roys, D. P. 57. 3. 20, *Rec. Cons. d'Etat*, p. 334; 18 févr. 1864, aff. Mines d'Unieux, p. 161). Toutefois si la discussion ne porte pas sur l'acte de concession, mais simplement sur le point de savoir si les bornes sont exactement placées comme l'indique le décret, les tribunaux judiciaires seront compétents pour trancher la difficulté (Féraud-Giraud, t. 1, n° 357).

312. L'interprétation des actes de concession appartient en propre aux tribunaux administratifs, et en particulier au conseil d'Etat et jamais aux tribunaux judiciaires. C'est un principe depuis longtemps admis sans difficulté (Req. 23 nov. 1853, aff. Forges d'Audincourt, D. P. 53. 1. 332; 11 févr. 1857, aff. Mines de la Ricamarie, D. P. 57. 1. 258; Cons. d'Et. 21 mai 1875, aff. de Lambertye, *Rec. Cons. d'Etat*, p. 504; Trib. des conflits, 24 nov. 1877, aff. Frèrejean, D. P. 78. 3. 30; Req. 11 juin 1883, aff. Jumel de Noireterre, D. P. 84. 1. 352; Lyon, 20 juin 1884, aff. Argand, D. P. 85. 2. 279; Richard, p. 190; Naudier, p. 180; Féraud-Giraud, t. 1, n° 371). — Il en est ainsi, spécialement quand la difficulté porte sur l'étendue et les limites assignées à la concession (V. *suprà*, n° 308).

L'incompétence des tribunaux judiciaires, en matière d'interprétation des actes de concession, peut être invoquée en tout état de cause, et pour la première fois devant la cour de cassation, par la partie même qui a saisi l'autorité judiciaire (Civ. cass. 7 juin 1869, aff Javal, D. P. 69. 1. 301).

313. Aux termes de l'art. 30 de la loi de 1810 (*Rép.* n° 268), un plan régulier de la surface doit être annexé à la demande en concession. L'orientation de ces plans doit avoir lieu, maintenant, non pas d'après le méridien magnétique, mais d'après le méridien vrai; et l'on doit donner à l'orientation une direction toujours uniforme sur le papier et conforme à celle en usage pour les cartes géographiques (V. Circ. 15 avr. 1862, 30 mai 1872, 18 août 1874 et 14 juin 1875).

314. Si le demande a pour objet une extension de concession, le plan qui y sera annexé devra comprendre et reproduire le périmètre ancien déjà concédé (Circ. 7 févr. 1877).

ART. 2. — *Des charges et obligations imposées aux propriétaires de mines* (*Rép.* n°s 270 à 357).

§ 1er. — Redevances dues à l'Etat (*Rép.* n°s 270 à 296).

315. Les concessionnaires de mines sont soumis à l'obligation de payer chaque année à l'Etat une redevance fixe et une redevance proportionnelle (*Rép.* n° 276).

316. — I. REDEVANCE FIXE. — Le taux de la redevance fixe est actuellement de 10 fr. par kilomètre carré du périmètre (L. 20 avr. 1810, art. 34). Ce taux a été critiqué comme insuffisant (Rapport de M. de Marcère, *Journ. off.* des 16 et 18 août 1874) et des tentatives dans le but de l'augmenter ont été faites par le Gouvernement; elles n'ont pas encore abouti (Féraud-Giraud, t. 1, n° 396).

317. La redevance fixe, en ce qui touche la première année d'exploitation, est due, aux termes d'une circulaire ministérielle du 1er juill. 1877, non pour l'année entière, mais simplement du jour où la concession a été accordée (Féraud-Giraud, *loc. cit.*).

318. La question de savoir si la redevance fixe est passible des centimes additionnels a soulevé quelque difficulté. Il ne nous semble pas qu'elle en puisse être frappée, car cette redevance ne constitue pas, à proprement parler, une véritable contribution, puisqu'elle est créée et fixée, non par les lois de finances, mais par la loi organique des mines (Féraud-Giraud, t. 1, n° 396). Cet auteur cite en ce sens un arrêt (Req. 14 juin 1830, *Rép.* v° *Droit politique*, n° 137) qui a jugé que la redevance fixe sur les mines, n'étant pas, comme la redevance proportionnelle, une contribution directe, ne pouvait compter pour le cens électoral (*Contrà*: Dupont, *Cours de législ. des mines*, p. 221).

319. La redevance doit porter sur l'ensemble du périmètre concédé, et non pas seulement sur les parties en exploitation; car, à la différence de la redevance proportionnelle, elle est indépendante de toute extraction (Féraud-Giraud, t. 1, n° 397; de Fooz, p. 261; Biot, p. 142).

320. La redevance fixe est établie d'après les contenances indiquées dans le titre de concession, sur la proposition des ingénieurs des mines; quant aux matrices de recouvrement, elles sont faites par les soins des directeurs des contributions directes (Décr. 6 mai 1811, art. 36; Circ. min. 7 févr. 1882 et 14 févr. 1883).

321. Les auteurs admettent, suivant l'opinion émise au *Rép.* n° 279, que, dans le cas où une mine est concédée, non en limites verticales, mais par couches, l'on doit, pour la fixation de la redevance, ramener la concession à un seul plan horizontal (Féraud-Giraud, t. 1, n° 399; Naudier, p. 221; Richard, n° 221; de Fooz, p. 261). Toutefois, si le concessionnaire obtient sous la surface de son périmètre primitif une seconde concession pour l'extraction d'un autre minéral, il a été admis en Belgique, par le conseil supérieur des mines, qu'il ne devrait payer qu'une seule redevance fixe (Avis 12 août 1854).

322. Pour qu'un concessionnaire ne soit plus tenu de payer la redevance fixe, il faut qu'il ait formellement renoncé, en suivant la procédure spéciale à cet effet, à sa concession, et que sa renonciation ait été acceptée par le Gouvernement (Décis. min. 19 déc. 1876; Circ. 28 avr. 1874 et 13 févr. 1880; Instr. du dir. gén. des contr. dir. 1er août 1875; de Fooz, p. 266; Féraud-Giraud, t. 1, n° 400).

En fait, il arrive fréquemment que des mines soient abandonnées sans qu'il y ait eu renonciation valable. Dans ce cas, ces concessions sont, en principe, toujours imposables (Cons. d'Et. 15 juill. 1853, aff. Giraud, D. P. 54. 3. 37; 6 févr. 1873, Berthoumieu, *Rec. Cons. d'Etat*, p. 140); mais il a été décidé que, les redevances relatives à ces mines étant irrécouvrables, il n'y avait plus lieu de les faire figurer dans les rôles et autres documents officiels servant à l'assiette des redevances; elles ne doivent plus être inscrites que pour ordre dans l'état récapitulatif (Instr. du dir. gén. des contr. dir. 1er août 1879; Circ. min. 13 janv. 1880).

323. — II. REDEVANCE PROPORTIONNELLE. — La redevance proportionnelle se calcule proportionnellement au produit net de la concession et non pas suivant le produit brut (*Rép.* n° 280). — Aux termes de la loi (*Rép.* n° 281), cette redevance ne peut dépasser 5 pour 100 du produit net; mais il est à remarquer que ce taux a toujours été atteint en France depuis 1810. Si plusieurs concessions de mines ont été réunies en une seule, le calcul, pour la redevance proportionnelle, doit se faire séparément pour chacune d'elles (Cons. d'Et. 21 déc. 1861, aff. Houillères de l'Aveyron, *Rec. Cons. d'Etat*, p. 920).

324. La procédure à suivre pour la fixation et la rentrée de cet impôt a été fixée par le décret du 6 mai 1811; on pourra s'y reporter pour les détails, et nous mentionnerons seulement quelques modifications apportées à ces règles par le décret du 11 févr. 1874 (art. 1er, D. P. 74. 4. 64), spécialement aux art. 23 et suiv. — En cas de désaccord entre le comité d'évaluation et l'ingénieur des mines au sujet de la fixation du produit net, c'est désormais le préfet qui doit statuer, après avoir pris l'avis du directeur des Contributions directes. Néanmoins si, dans ce conflit, le préfet ne partage pas l'opinion du directeur des Contributions, l'affaire est portée devant le ministre compétent, qui statuera définitivement (Circ. min. 28 févr. 1874). Lorsque la décision du comité d'évaluation est acceptée à la fois par l'ingénieur des mines et par le directeur des Contributions directes, elle devient définitive à l'égard de l'Administration (Cons. d'Et. 15 nov. 1878, aff. Mines de Mokta-el-Hadid, D. P. 79. 5. 25; Féraud-Giraud, t. 1, n° 407).

325. A la différence de la redevance fixe, la redevance proportionnelle, qui n'est perçue que sur les produits de l'exploitation, cesse d'être due du jour où la concession n'est plus exploitée (Circ. min. 12 avr. 1849).

326. Le principe que la redevance proportionnelle doit s'établir sur le produit net de l'année précédente, et non sur celui de l'année courante, déjà posé au *Rép.* n° 284, a été rappelé, depuis lors, dans un grand nombre de décisions (Cons. d'Et. 29 juin 1866, aff. Mines de Saint-Georges-d'Hustières, *Rec. Cons. d'Etat*, p. 743; 5 déc. 1879, aff. Comp. de la Vieille-Montagne, D. P. 80. 3. 53 ; 26 déc. 1879, aff Mines d'Aniche, D. P. *ibid.*; 19 déc. 1884, aff. Mines de Mokta-el-Hadid, *Rec. Cons. d'Etat*, p. 920).

327. La redevance proportionnelle due par une concession ne peut être établie qu'en fixant le produit brut annuel et en en retranchant les dépenses et frais d'exploitation. C'est une opération difficile à réaliser en pratique, et qui a été réglementée d'une façon différente suivant les époques.

328. — 1° *Etablissement du produit brut.* — Le produit brut comprend tous les matériaux *extraits* dans l'année précédente, et non pas seulement les substances *vendues*. Cette manière de calculer a été mise en vigueur par la circulaire ministérielle du 7 févr. 1877, qui n'a fait, d'ailleurs, que reproduire les termes de celle du 14 juin 1852. — Entre ces deux dates, et en vertu d'une circulaire du 6 déc. 1860, la façon d'obtenir le produit brut avait été modifiée, et on ne prenait alors en considération que les produits *vendus* dans le cours de l'année précédente, sans s'occuper des matériaux extraits, mais non vendus. Il faut, toutefois, ajouter que cette dernière méthode d'interprétation de la loi de 1810 avait été repoussée par le conseil d'Etat statuant au contentieux, le 29 juin 1866 (aff. Mines de Saint-Georges-d'Hustières, *Rec. Cons. d'Etat*, p. 744). Aujourd'hui le doute n'est plus possible, et la jurisprudence ne montre aucune hésitation (Cons. d'Et. 19 déc. 1884, aff. Mines de Mokta-el-Hadid, cité *suprà*, n° 326).

329. Dans le calcul du produit brut, il n'y a pas lieu de compter les stocks de matériaux provenant de l'exploitation des années antérieures à l'année précédente (Cons. d'Et. 26 déc. 1879, aff. Mines d'Aniche, D. P. 80. 3. 53 ; 7 mai 1880, aff. Mines de la Grand' Combe, D. P. 81. 3. 57 ; 9 juill. 1880, aff. Société de Saint-Gobain, D. P. 81. 3. 58; 1er févr. 1884, aff. Mines de Kef-oum-Theboul, *Rec. Cons. d'Etat*, p. 107).

330. Les matériaux vendus s'évaluent au taux de vente, pris sur le carreau de la mine, sans tenir compte des bénéfices et des frais auxquels peuvent donner lieu le transport et la transformation de ces minerais (7 mai 1880, aff. Mines de la Grand'Combe, cité *suprà*, n° 329; 17 nov. 1882, aff. Mines de Mokta-el-Hadid, D. P. 84. 3. 36).

331. La jurisprudence est plus hésitante lorsqu'il s'agit de la façon dont on appréciera la valeur des matériaux *extraits et non encore vendus*. Suivant plusieurs arrêts du conseil d'Etat, il faut, dans ce cas, évaluer ces minerais en prenant pour base le prix moyen, sur le carreau de la mine, de minerais semblables et de même qualité vendus dans l'année (V. en ce sens : Cons. d'Et. 21 juill. 1853, aff. Houillères de Ronchamps, D. P. 54. 3. 35 ; 13 déc. 1855, aff. Mines de Carmaux, *Rec. Cons. d'Etat*, p. 722). Ce système est critiqué par M. Féraud-Giraud, t. 1, n° 422, qui propose un autre mode de procéder : « Déterminer le prix des minerais non vendus par celui des minerais vendus sur le carreau de la mine..., c'est, dit-il, faire régler par une somme de ventes insignifiantes le prix des matières, généralement transportées pour la plupart au loin dans des entrepôts ou marchés sérieux, et attribuer aux produits de la mine une valeur qui n'est pas réelle. Ainsi, telle mine produit énormément et exporte presque tout ; les quelques ventes qu'elle fait sur le carreau de la mine, accidentellement, sont faites à des prix relativement élevés comme ventes de détail; si l'on compte toutes les ventes à ce prix, on charge la mine de prix de vente inexacts. Si, au contraire, l'extraction de la mine est de si peu d'importance qu'elle ne permette pas d'établir des débouchés, des entrepôts, des exportations directes, la consommation locale, qui sert de débouché unique peut laisser à désirer, produire un encombrement qui amène un avilissement pour les prix, et, en ce cas, les prix de vente ne seront plus en rapport convenable avec les frais d'extraction. De sorte que, dans le premier cas, les prix seront relativement excessifs, dans le second, ils seront dégradés. C'est à quoi on arrive forcément en s'en tenant aux prix effectivement perçus sur le carreau de la mine. Pourquoi, en ayant égard à ces prix, ne pas les rectifier en prenant en considération les circonstances dans lesquelles les ventes ont lieu et qui influent directement sur elles? On ne ferait en cela que se conformer à l'application de l'art. 28 du décret du 6 mars 1811, qui porte que, pour éclairer le comité d'évaluation, le préfet et l'ingénieur des mines réuniront d'avance tous les renseignements qu'ils jugeront nécessaires, notamment ceux concernant les ports ou lieux d'exportation et de consommation, et que le comité aura égard à ces renseignements. C'est bien admettre fort nettement qu'on ne doit pas s'en tenir exclusivement aux prix réels des ventes faites sur le carreau de la mine ». Ce système semble avoir été admis par quelques arrêts (Cons. d'Et. 6 mars 1856, aff. Mines de Blanzy, *Rec. Cons. d'Etat*, p. 180; 10 sept. 1864, aff. Mines des Karézas, *ibid.*, p. 891 ; 15 déc. 1865, aff. Mines des Karézas, *ibid.*, p. 990). C'est ainsi qu'il a été jugé que l'on devrait estimer les minerais non vendus au prix moyen de ceux rendus à un port d'embarquement, déduction préalablement faite des frais de transport (Arrêt du 10 sept. 1864, précité). Mais, aujourd'hui, la jurisprudence semble plutôt fixée dans le sens de la première façon de calculer, indiquée ci-dessus.

332. L'Administration, pour la fixation du prix des minerais vendus, n'est pas obligée de s'en rapporter aux factures qui lui sont présentées, et le conseil de préfecture, en cas de contestation, a le droit d'en faire établir lui-même une estimation (Cons. d'Et. 4 juin 1880, aff. Chagot, D. P. 81. 3. 58). — En règle générale, on ne tient pas compte des minerais abattus, et qui se trouvent encore à l'intérieur des galeries (Aguillon, n° 456).

333. L'estimation porte d'ordinaire sur les matériaux tels qu'ils existent après leur extraction; cependant, s'il est d'un usage constant de leur faire subir une préparation quelconque destinée à les rendre marchands, on ne devra tenir compte que des minerais qui auront déjà reçu cette préparation et jamais les déchets en résultant ne seront pris en considération (Cons. d'Et. 28 sept. 1865, aff. Mines de Presles, *Rec. Cons. d'Etat*, p. 1026 ; Aguillon, t. 1, n° 453). Il n'en serait plus de même, toutefois, si l'opération en question constituait, non plus une préparation sans laquelle la vente serait économiquement impossible, mais une transformation de la matière première en un produit plus parfait, ce qui aurait lieu, par exemple, s'il s'agissait de transformer la houille en briquettes ou en coke (Aguillon, n° 453).

334. Il arrive souvent, en pratique, que, lors de l'expédition d'une commande, le concessionnaire de la mine envoie à l'acheteur une quantité plus considérable que celle demandée, de façon à compenser les déchets de route et les pertes inhérentes à tout transport. Dans cette hypothèse, pour calculer la redevance proportionnelle, il ne faudra pas comprendre dans les minerais vendus ces suppléments, à moins qu'ils n'atteignent un cube trop considérable, et ne servent ainsi à déguiser une fraude (Cons. d'Et. 9 janv. 1874, aff. Mines de Blanzy, D. P. 75. 3. 1).

335. Quant aux substances minérales consommées par le concessionnaire lui-même, des houilles par exemple, elles devront être estimées au prix du gros, comme si elles avaient été vendues à des industriels étrangers à la concession (Cons. d'Et. 21 déc. 1861, aff. Houillères de l'Aveyron, *Rec. Cons. d'Etat*, p. 920). Il serait, en effet, injuste de traiter plus rigoureusement un propriétaire de mines, qui consomme une partie des produits de son extraction, que celui qui en vend la totalité à des industriels quelconques.

336. Si la concession minière est tenue à certaines prestations en nature ou à des fournitures envers le propriétaire de la surface, à un titre quelconque, il faut, pour apprécier la valeur de ces livraisons, estimer les minerais au prix fixé dans la convention, ou, à défaut de cette convention, d'après le prix moyen des ventes faites sur le carreau de la mine (Cons. d'Et. 7 juin 1859, aff. Mines de Cublac, *Rec. Cons. d'Etat*, p. 413; 19 juill. 1878, aff. Schneider, D. P. 79. 3. 11).

337. On ne doit mettre en ligne, pour fixer le revenu brut, que les produits et bénéfices résultant directement de l'exploitation de la mine; c'est ainsi qu'il a été jugé que, dans ce calcul, il ne fallait pas compter les indemnités annuelles payées à une compagnie minière pour la cession de la jouissance indivise d'une ligne de chemin de fer lui appartenant (Cons. d'Et. 3 déc. 1880, aff. Comp. de Portes et Sénéchas, D. P. 81. 3. 58). — De même, si le concessionnaire, outre l'exploitation de sa mine, se livre sur un terrain voisin, ou même sur celui compris dans la concession, à une autre industrie distincte et séparée, on n'a pas à s'occuper du revenu brut de cette industrie, qui reste étrangère à l'exploitation minière. La question s'est souvent posée, en pratique, au sujet des fabriques de coke et de briquettes agglomérées établies accessoirement à une houillère. La jurisprudence du conseil d'Etat s'était autrefois prononcée dans le sens d'une même et identique industrie, et elle en concluait logiquement qu'il y avait lieu de tenir compte, pour fixer la redevance proportionnelle, des recettes et des dépenses de cette fabrication et de la valeur de ces produits manufacturés (Cons. d'Et. 30 avr. 1863, aff. Mines de Blanzy, *Rec. Cons. d'Etat*, p. 335, 17 févr. 1865, aff. Mines d'Anzin, *ibid.*, p. 210). Ce système semble avoir été abandonné par le conseil d'Etat qui considère actuellement la fabrication du coke et des briquettes comme constituant une industrie séparée, patentable, ne devant entrer en rien dans la fixation de la redevance proportionnelle (Cons. d'Et. 7 mai 1880, aff. Mines de la Grand'Combe, D. P. 81. 3. 57; 9 juill. 1880, aff. Société de Saint-Gobain, D. P. 81. 3. 58; Circ. min. 22 juill. 1880, Féraud-Giraud, t. 1, n° 428).

338. — 2° *Dépenses à défalquer du produit brut pour obtenir le produit net.* — Lorsqu'on est arrivé, en suivant les règles précédentes, à établir le produit brut d'une exploitation, il faut, pour en obtenir le produit net, base de la redevance proportionnelle, en défalquer toutes les dépenses et frais d'exploitation, et la différence entre ces deux produits sera précisément la valeur imposable. Ici le problème est encore plus délicat que tout à l'heure, et peu de questions ont donné lieu, en matière minérale, à d'aussi nombreux procès que celle consistant à déterminer exactement quelles sont les dépenses à défalquer du produit brut.

Plusieurs circulaires ministérielles sont venues successivement réglementer la matière, en interprétant la loi du 21 avr. 1810. Ainsi qu'on l'a vu au *Rép.* n°s 282 et suiv., celle du 26 mai 1812 portait qu'il ne fallait déduire que les dépenses dérivant exclusivement de l'exploitation proprement dite. Plus tard, deux autres circulaires, en date des 12 avr. 1849 et 1er déc. 1850, donnèrent une énumération limitative des dépenses à déduire. Puis vint la circulaire du 6 déc. 1860, conçue dans un esprit plus libéral que les précédentes; enfin celle du 1er juill. 1877, dans laquelle l'Administration est revenue à un mode plus sévère d'appréciation, et a supprimé un certain nombre de dépenses admises précédemment comme frais d'exploitation; c'est celle qui est actuellement en vigueur.

Pour faciliter l'étude de cette question délicate, nous donnons ci-après l'énumération des dépenses que les concessionnaires sont en droit de défalquer du produit brut pour obtenir le produit net. Cette énumération résulte tant de la combinaison des circulaires de 1850, 1860 et 1877, que des décisions que le conseil d'Etat a eu l'occasion de rendre en cette matière.

339. Du produit brut, il y a lieu de défalquer les dépenses suivantes : 1° salaires des ouvriers, soit employés à la mine, soit employés au dehors à la vente des minerais, pourvu que ce lieu de vente soit réuni au carreau de la mine par des voies de communication qui en font partie intégrante, de telle sorte que le prix de vente y soit identique (Circ. de 1850); 2° frais de construction de maisons d'ouvriers, l'usage de ces maisons devant être considéré comme une augmentation de salaire (Circ. de 1850; Cons. d'Et. 27 juill. 1859, aff. Mines de Vicoigne, *Rec. Cons. d'Etat*, p. 522; 9 janv. 1874, aff. Mines de Blanzy, D. P. 75. 3. 1.); 3° gratifications allouées aux ouvriers, si elles ont le caractère d'augmentation de traitement (Circ. de 1850; Cons. d'Et. 7 mai 1857, aff. Mines d'Anzin, D. P. 58. 3. 22); 4° frais d'établissement d'une maison d'habitation pour un ecclésiastique donnant aux enfants des mineurs l'enseignement religieux (Cons. d'Et., 9 janv. 1874, aff. Mines de Blanzy, D. P. 75. 3. 1); 5° rémunérations accordées en certaines occasions aux mineurs, soit à titre d'encouragement, soit pour un autre motif spécial et raisonnable (Circ. de 1860); 6° secours donnés aux ouvriers infirmes ou à leurs familles, qu'il s'agisse ou non de secours fournis à raison d'accidents arrivés dans les travaux; frais de médecin et médicaments (Circ. de 1860); 7° charbons distribués gratuitement aux ouvriers (Circ. de 1860); 8° subventions données aux caisses de secours (Circ. de 1860); 9° primes d'assurance contre les accidents arrivés aux ouvriers (Circ. 29 mars 1889); 10° frais des écoles destinées aux enfants des mineurs (Circ. de 1860); 11° frais de construction et d'entretien d'une chapelle annexée à une école (Cons. d'Et. 9 janv. 1874, aff. Mines de Blanzy, D. P. 75. 3. 1); 12° achat et nourriture de chevaux servant à l'exploitation (Circ. de 1850); 13° entretien de tous les travaux souterrains de la mine : puits, galeries et autres ouvrages d'art (Circ. de 1850); 14° mise en action et entretien des moteurs, machines et appareils (machines d'extraction, appareils pour la descente et la remonte des ouvriers, machines d'épuisement, appareils d'aérage) (Circ. de 1850); 15° frais des ateliers de lavage (Cons. d'Et., 27 déc. 1865, aff. Mines de Presles, *Rec. Cons. d'Etat*, p. 1026); 16° entretien des bâtiments d'exploitation (Circ. de 1850); 17° entretien et renouvellement de l'outillage proprement dit (Circ. de 1850); 18° frais d'établissement ou d'entretien des voies de communication (routes, chemins de fer), soit entre les différents centres d'exploitation de la mine, soit entre les centres d'exploitation et les lieux où s'opère la vente des produits, lorsque ces voies de communication font partie intégrante de la mine (Circ. de 1850; Cons. d'Et. 11 mai 1889, aff. Mines d'Anzin, D. P. 90. 3. 92); 19° frais de premier établissement des puits, galeries et autres ouvrages d'art, y compris l'achat des terrains (Circ. de 1850; Cons. d'Et. 9 janv. 1874, aff. Mines de Blanzy, D. P. 75. 3. 1); 20° premier établissement de machines et appareils moteurs (Circ. de 1850); 21° premier établissement des bâtiments d'exploitation (Circ. de 1850); 22° établissement ou frais d'entretien des voies de communication propres à faciliter des débouchés à l'exploitation, à condition qu'elles appartiennent à la concession et aient été établies à ses frais (Circ. de 1860 et 1877); 23° frais de transport et de vente, lorsque le lieu où s'opère la vente est relié à la mine par des voies qui en dépendent (Circ. de 1860 et 1877); 24° déchets de route (Cons. d'Et. 9 janv. 1874, aff. Mines de Blanzy, D. P. 75. 3. 1. V. *suprà*, n° 334); 25° dépenses afférentes à l'usage du matériel roulant employé pour le transport des minerais sur les embranchements appartenant au concessionnaire, et reliant les fosses à une ligne principale de chemin de fer (Cons. d'Et. 11 mai 1889; aff. Mines d'Anzin, D. P. 90. 3. 92); 26° frais de bureau, frais de surveillance et de comptabilité, s'ils sont faits au siège de l'exploitation, mais en les réduisant à ceux qui sont strictement nécessaires pour la marche de l'entreprise (Circ. de 1850; Cons. d'Et, 23 mai 1870, aff. Bruguier, *Rec. Cons. d'Etat*, p. 628); 27° frais de direction, frais généraux et d'administration, en tant qu'ils se rapportent à l'exploitation de la mine (Circ. de 1850; Cons. d'Et. 3 août 1877, aff. Chagot, D. P. 78. 3. 10; 4 juin 1880, aff. Chagot, D. P. 81. 3. 58; 21 nov. 1884, aff. Chagot, *Rec. Cons. d'Etat*, p. 828); 28° indemnités tréfoncières, soit en argent, soit en nature, que les actes de concession obligent les propriétaires de mines à payer aux propriétaires de la surface, en vertu des art. 6 et 42 de la loi de 1810 (Circ. de 1860). — Cette énumération *n'est pas limitative*, son seul but étant l'indication des *principales dépenses* à défalquer, et admises soit par les circulaires ministérielles, soit par la jurisprudence du conseil d'Etat.

340. La circulaire du 1er juill. 1877 a prescrit de ne plus défalquer dans l'avenir un certain nombre de dépenses qui étaient admises, au contraire, par celle du 6 déc. 1860. Ce sont les suivantes : 1° frais d'établissement ou d'entretien des voies de communication, lorsqu'elles n'appartiennent pas au concessionnaire, ou n'ont pas été établies à ses frais; 2° subventions pour les chemins vicinaux; 3° frais de transport, d'entrepôt et de vente, lorsque le lieu où s'opère la vente n'est pas relié à la mine par des voies qui en dépendent (Conf. Cons. d'Et. 3 déc. 1880, aff. Mines de Portes, *Rec. Cons. d'Etat*, p. 964); 4° frais de voyage et frais de place (Conf. Cons. d'Et. 21 nov. 1884, aff. Mines de Blanzy, D. P. 85. 5. 313); 5° pertes sur la négociation des effets de commerce; 6° commissions de vente et pertes commerciales; 7° frais de banque (Cons. d'Et. 13 nov. 1885, aff. Mines de Kef-oum-Theboul, D. P. 87. 3. 34; 30 juill. 1886, aff. Mines de Kef-oum-Theboul, *Rec. Cons. d'Etat*, p. 676); 8° impôt foncier portant sur les bâtiments d'exploitation ; 9° redevances fixes et proportionnelles (Conf. Cons. d'Et. 4 juin 1880, aff. Chagot, D. P. 81. 3. 58 ; 9 juill. 1880, aff. Société de Saint-Gobain, D. P. 81. 3. 58 ; 21 nov. 1884, précité, D. P. 85. 5. 315) ; 10° contributions payées à l'Etat (Cons. d'Et. 9 juill. 1880, aff. Comp. de Saint-Gobain, D. P. 81. 3. 58); 11° frais d'abonnement au timbre des actions ; 12° primes d'assurances (Conf. Cons. d'Et. 21 nov. 1884, précité. D. P. 85. 5. 313), autres que celles contre les accidents d'ouvriers; 13° frais de procès (V. toutefois Aguillon, n° 485); 14° jetons de présence accordés aux administrateurs des sociétés minières; 15° intérêts des dettes contractées par les concessionnaires (Conf. Cons. d'Et. 8 août 1888, aff. Mines de Marles, D. P. 89. 3. 114 ; Aguillon, t. 1, n° 484) ; 16° intérêts des fonds de roulement (Cons. d'Et. 16 juin 1853, aff. Mines de la Loire, *Rec. Cons. d'Et.*, p. 606) ; 17° amortissement du capital engagé dans la concession (Cons. d'Et. 16 juin 1853; 8 août 1888, précités) ; 18° frais du conseil de surveillance de la société (Cons. d'Et. 4 juin 1880, aff. Mines de la Grand'Combe, D. P. 81. 3. 57); 19° redevance due à l'inventeur (Cons. d'Et. 8 août 1888, précité).

341. D'une manière générale, les dépenses ne peuvent être prises en considération qu'autant qu'elles ont été faites en vue de l'exploitation de la mine. Mais on admet qu'il n'est pas nécessaire qu'elles aient été effectuées d'une façon très judicieuse ; il suffit qu'il n'y ait ni faute lourde, ni intention de fraude (Cons. d'Et. 27 déc. 1865, aff. Mines de Presles, *Rec. Cons. d'Etat*, p. 1026 ; 9 juill. 1880, aff. Société de Saint-Gobain, D. P. 81. 3. 58).

342. C'est au concessionnaire à faire la preuve de la réalité des dépenses qu'il allègue. L'Administration, pour les vérifier, a le droit de se livrer à une enquête et à des expertises; mais elle ne peut exiger, pour son contrôle, la représentation des livres de la concession (Féraud-Giraud, t. 1, n°s 424 et 430).

343. Lorsqu'une dépense d'exploitation est payable par termes, devra-t-on la compter intégralement dans l'année pendant laquelle elle aura été faite, ou au contraire devra-t-on la répartir sur toutes les années au cours desquelles les versements portés auront été soldés? Le conseil d'Etat a adopté cette dernière façon de calculer, et il décide que chaque terme devra s'imputer sur les charges de l'exploitation de l'année pendant laquelle il a été versé (Cons. d'Et. 9 janv. 1874, aff. Mines de Blanzy, D. P. 75. 3. 1 ; 3 août 1877, aff. Chagot, D. P. 78. 3. 10; 21 nov. 1884, aff. Mines de Blanzy, D. P. 85. 3. 313).

344. La redevance proportionnelle s'établissant d'après le revenu net de l'année précédente, lorsqu'il s'agira de la fixer pour la première année d'exploitation, on ne pourra le faire que par approximation du revenu supposé, sans tenir compte des dépenses effectuées avant l'institution de la concession (Aguillon, n° 450).

345. Lorsqu'une mine est affermée, on suit encore l'opinion exprimée au *Rép.* n° 285, et on reconnaît que le prix du bail ne pourra presque jamais être pris pour base du produit net imposable, ce prix lui étant toujours ou étant censé lui être inférieur (V. en ce sens, Cons. d'Et. 14 déc. 1870, aff. Hunolotein, *Rec. Cons. d'Etat*, p. 1105 ; Féraud-Giraud, t. 1, n° 419 ; Aguillon, t. 1, n° 486).

346. La redevance proportionnelle n'est due qu'autant que la mine est exploitée et qu'elle donne un revenu net; elle ne serait donc plus exigible si les dépenses avaient dépassé le chiffre des recettes (Féraud-Giraud, t. 1, n° 433 ; Dufour, p. 104 ; Cons. d'Et. 30 juill. 1886, aff. Mines de Kef-oum-Theboul, *Rec. Cons. d'Etat*, p. 676 ; 15 déc. 1865, aff. Mines de Karézas, *ibid.*, p. 990 ; 4 avr. 1884, aff. Mines de Cavallo, D. P. 85. 5. 315).

347. — 3° *De l'abonnement.* — Les concessionnaires de mines, au lieu de payer chaque année une redevance proportionnelle nécessairement variable, peuvent (*Rép.* n° 286) contracter avec l'Administration un abonnement en vertu duquel ils payeront, pendant sa durée, un impôt fixe et indépendant de leur production. C'est un véritable forfait.

348. L'abonnement doit être demandé dans le délai indiqué par l'art. 31 du décret du 6 mai 1811, qui est encore aujourd'hui en vigueur, c'est-à-dire avant le 15 avril de chaque année (Cons. d'Et. 29 nov. 1872, aff. Mines de Kef-oum-Theboul, *Rec. Cons. d'Et.* p. 651 ; Aguillon, n° 512). Nous ajouterons que l'impétrant doit toujours exiger la remise d'un récépissé constatant le dépôt de sa demande.

Si l'abonnement est sollicité par plusieurs mines réunies en vertu d'une autorisation régulière, il doit l'être séparément pour chacune d'elles (Féraud-Giraud, t. 1, n° 434).

349. L'abonnement ne peut être contracté pour une durée supérieure à cinq ans; mais il peut toujours être demandé pour un délai moindre (Décis. min. 12 oct. 1874).

350. On a indiqué, au *Rép* n° 286, la base sur laquelle était fixé le prix de l'abonnement. Depuis, cette base a été modifiée à plusieurs reprises. Aux termes d'un décret du 30 juin 1860 (D. P. 60. 4. 90), l'abonnement se calculait sur le produit moyen des deux années antérieures à celle pour laquelle il était demandé; le produit ainsi obtenu servait de base pour une période à venir de cinq ans, après quoi l'on devait en établir une nouvelle en calculant sur le produit moyen réel des deux dernières années de cette période quinquennale. Le décret du 27 juin 1866 (D. P. 66. 4. 91) a modifié celui de 1860, en ce que désormais le produit moyen devait être calculé non sur les deux, mais sur les cinq dernières années; le produit obtenu était également admis pour cinq ans. Si, parmi les années mises en compte pour la fixation du produit moyen, il s'en trouvait une pendant laquelle le bénéfice eût été nul, on ne devait pas en tenir compte.

Actuellement, la matière est régie par le décret du 11 févr. 1874 (D. P. 74. 4. 64) qui a remis en vigueur, les dispositions du décret du 6 mai 1811, en apportant des modifications sur le mode d'approbation, tel qu'il avait été établi par ce décret. Aux termes de ce décret (art. 2), les abonnements sont approuvés par le préfet, sur l'avis de l'ingénieur des mines, du directeur des Contributions directes et du comité d'évaluation, quand le taux de l'abonnement ne dépasse pas 1000 fr. En cas de désaccord entre le comité d'évaluation et l'ingénieur des mines, ou le directeur des Contributions directes, il en est référé au ministre des travaux publics, qui statue après s'être concerté avec le ministre des finances. Au-dessus de 1000 fr. et jusqu'à 3000 fr., les abonnements sont approuvés par le ministre des travaux publics qui se concerte préalablement avec le ministre des finances. Les abonnements au-dessus de 3000 fr., et ceux pour lesquels un accord ne se serait pas établi entre les deux ministres dans les cas prévus par les paragraphes précédents, sont approuvés par un décret rendu en conseil d'Etat. — Il a, d'ailleurs, été décidé que les décrets qui déterminent les règles à suivre pour l'admission des soumissions d'abonnement à la redevance proportionnelle n'établissent que des règles de procédure et d'instruction ; que, dès lors, les soumissions pendantes au moment où a été rendu le décret du 11 févr. 1874, sont soumises aux dispositions dudit décret (Cons. d'Et., 2 juin 1876, aff. Société de Commentry-Fourchambault, D. P. 76. 3. 90; 23 juin 1876, aff. Comp. des Forges de Châtillon et Commentry, D. P. *ibid*).

Le Gouvernement peut toujours refuser l'abonnement; mais ce refus doit être prononcé, suivant le décret de 1874, par une décision du ministre des travaux publics, prise de concert avec le ministre des finances, après avis du conseil général des mines et des sections réunies des travaux publics et des finances du conseil d'Etat. Aucun recours contentieux, sauf pour violation des formes ou excès de pouvoir, n'est recevable contre de semblables décisions (Circ. min. 28 févr. 1874).

351. Il a été jugé (sous l'empire du décret du 30 juin 1860) que l'exploitant peut obtenir un abonnement de cinq ans à la redevance proportionnelle d'après le produit moyen des deux années antérieures, dans le cas même où l'une de ces deux années n'a donné aucun produit net (Cons. d'Et. 7 août 1863, aff. Mines de l'Argentière, D. P. 65. 5. 268 ; 28 août 1865, aff. Mines des Mocquets, D. P. 66. 5. 305 ; 11 janv. 1866, aff. Forges de Châtillon et Commentry, D. P. *ibid.*).

352. Le fait par un concessionnaire d'avoir obtenu un abonnement ne dispense pas l'ingénieur des mines chargé de la surveillance du périmètre de réunir tous les renseignements propres à faire connaître chaque année l'état de prospérité de la concession (Circ. min. 13 avr. 1849).

353. — III. PERCEPTION ET RECOUVREMENT DES REDEVANCES DUES A L'ETAT. — La redevance proportionnelle, comme on l'a indiqué au *Rép.* n° 287, est imposée et perçue comme la contribution foncière par le percepteur de la commune sur le territoire de laquelle se trouve la mine. Si la concession s'étend sur le territoire de plusieurs communes, la redevance est perçue par le percepteur de celle où se trouvent les principaux bâtiments d'exploitation. La redevance fixe est perçue suivant les mêmes règles (Décr. 6 mai 1811, art. 40; Féraud-Giraud, t. 1, n° 445).

354. Pour la garantie de la rentrée de la redevance proportionnelle, l'Etat est couvert par le privilège, que lui confère l'art. 1 de la loi du 12 nov. 1808; mais cette sûreté ne s'étend pas, d'après les auteurs, à la redevance fixe (Féraud-Giraud, t. 1, n° 448; Biot, p. 155; Aguillon, n° 498).

355. Dix jours après l'échéance d'un douzième impayé, le percepteur a le droit de faire une sommation sans frais, et de suivre la procédure instituée par la loi du 9 févr. 1877 (Aguillon, n° 497).

356. Chaque année, la redevance proportionnelle est portée à la connaissance des intéressés par voie de publication du rôle des contributions directes. C'est à dater de ce jour que court le délai pour formuler les réclamations et les oppositions. Jugé que, si le rôle n'a pas été publié dans la commune de l'intéressé, le délai pour réclamer ne court que du jour où le concessionnaire a eu connaissance de son imposition (Cons. d'Et. 5 déc. 1879, aff. Mines d'Aïn-Arko, D. P. 80. 3. 53). — Les réclamations peuvent être poursuivies par voie contentieuse. On devra suivre la procédure établie par les art. 44 à 53 du décret du 6 mai 1811, combinés avec les règles ordinaires suivies en matière de contributions indirectes (Féraud-Giraud, t. 1, n° 451). En principe, elles sont adressées, dans les trois mois de la publication du rôle, au préfet avec l'avis de l'autorité locale. L'ingénieur des mines doit faire sur la question, après enquête, un rapport qui est soumis par le préfet au conseil de préfecture. Ce conseil statue, sauf recours au conseil d'Etat.

357. Aucune réclamation concernant une redevance ne peut être admise, si elle n'est accompagnée d'une quittance des douzièmes échus (L. du 21 avr. 1832; Cons. d'Et. 15 juill. 1853, aff. Dupont et Dreyfus, D. P. 54. 3. 36; 26 janv. 1854, aff. De Wendel, D. P. 54. 3. 36). A défaut de cette production, la non-recevabilité de la demande peut, même dans le cas où il y a eu notification régulière au fond, être déclarée par le conseil de préfecture sur la seule proposition du directeur des Contributions directes et sans qu'il soit besoin qu'il en ait été donné préalablement communication au réclamant (Même arrêt). Il est possible de formuler par une seule et même demande des réclamations concernant plusieurs concessions; mais si les mines étaient situées dans plusieurs départements, il y aurait lieu de rédiger autant de demandes qu'il y aurait de départements (Cons. d'Et. 26 août 1858, aff. Houillères de l'Aveyron, *Rec. Cons. d'Etat*, p. 609).

358. Quand, dans une instance en dégrèvement, le conseil de préfecture a recours à une expertise, conformément aux prescriptions du décret du 6 mai 1811, il a été jugé qu'il n'était point nécessaire de soumettre les experts désignés à la prestation préalable du serment (Cons. d'Et. 7 juin 1859, aff. Mines de Cublac, *Rec. Cons. d'Etat*, p. 413; Dupont, t. 360; Féraud-Giraud t. 1, n° 460).

359. Les demandes en réduction ou en décharge doivent être soumises à l'ingénieur des mines et au contrôleur des Contributions directes, qui doivent chacun donner leur avis. Si une expertise est ordonnée, il y aura lieu de compléter les prescriptions de la loi du 21 avr. 1832 par l'art. 5 de la loi de finances du 29 déc. 1884.

360. Les décisions du conseil de préfecture, en matière de dégrèvement de la redevance proportionnelle, peuvent être déférées au conseil d'Etat par les parties et par le ministre des finances. Ce droit n'appartient jamais au ministre des travaux publics, car il est de principe que le ministre des finances seul peut agir dans les contestations concernant le recouvrement des taxes destinées à entrer dans le Trésor public (Cons. d'Et. 8 juin 1877, aff. Schneider et comp., D. P. 77. 3. 77). Mais le ministre des finances n'a pas qualité pour demander la réduction d'un des articles servant à établir le produit net, base de la redevance proportionnelle (Cons. d'Et. 9 janv. 1874, aff. Mines de Blanzy, D. P. 75. 3. 1). — En ce qui concerne le délai du recours, il a été décidé que l'envoi à un concessionnaire, par le greffier d'un conseil de préfecture, de l'expédition en forme d'une décision du conseil, ne fait point courir contre le ministre les délais du pourvoi (Cons. d'Et. 9 janv. 1874, précité).

361. Si la demande en dégrèvement est soumise au conseil d'Etat, on peut invoquer devant cette juridiction, et pour la première fois, de nouveaux motifs, mais sans qu'il soit jamais possible d'obtenir plus que le montant de la réclamation soumise aux premiers juges (Cons. d'Et. 1er févr. 1884, aff. Mines de Kef-oum-Theboul, *Rec. Cons. d'Etat*, p. 107).

362. Les redevances sur les mines étant assimilées à la contribution foncière pour la perception et le jugement des réclamations, il s'ensuit qu'en cas de vente d'une concession, le vendeur a le droit d'obtenir décharge par voie de mutation de cotes (Cons. d'Et. 29 mai 1874, aff. Bousquet, D. P. 75. 3. 44; 23 nov. 1888, aff. Société des mines de Méria, D. P. 90. 3. 3). Cette décharge ne peut être refusée à l'ancien concessionnaire sous prétexte que l'acquéreur n'aurait pas fait connaître au préfet son domicile élu et aurait ultérieurement disparu (Cons. d'Et. 29 mai 1874, précité).

363. Dans l'esprit de la loi, les redevances minières, comme les autres impôts, doivent être mises en recouvrement pendant l'année pour laquelle elles sont imposées; toutefois le conseil d'Etat a admis que la mise en recouvrement pourrait avoir lieu dans le courant de l'année suivante, sans que le contribuable soit fondé à opposer de prescription ou de déchéance (Cons. d'Et. 15 juill. 1853, aff. Giraud, D. P. 54. 3. 37).

364. Aux termes de l'art. 30 de la loi de 1810 (*Rép.* n° 288), le produit des redevances minières devait former un fonds spécial applicable aux dépenses de l'administration des mines; et, pour arriver à ce but, les directeurs des Contributions et les receveurs devaient envoyer, tous les mois, au directeur général des mines un bordereau de leurs recouvrements des redevances, et de leurs versements au Trésor. Il faut noter que l'art. 30 n'est pas resté longtemps en vigueur, car la loi de finances du 23 sept. 1814, en supprimant les fonds spéciaux, l'a rendu sans objet (Biot, p. 148; Féraud-Giraud, t. 1, n° 474).

365. Outre les redevances fixes et proportionnelles, les mines sont encore assujetties à d'autres impôts, dont la nomenclature générale complétera les indications données sur ce point au *Rép.* n° 289 : 1° impôt foncier (V. *suprà*, v° *Impôts directs*, n° 27); 2° pour les bâtiments, impôt des portes et fenêtres; 3° patente, lorsque les sociétés minières sont commerciales (V. *infrà*, v° *Patente*); 4° impôt de 3 pour 100 sur le revenu des valeurs mobilières, c'est-à-dire sur les dividendes et revenus distribués aux actionnaires (L. 29 juin 1872; Décr. 6 déc. 1872 et 21 juin 1875. V. *infrà*, v° *Valeurs mobilières*); 5° dans l'intérieur des villes, droits d'octroi pour les matériaux servant à l'exploitation; 6° subventions pour dégradations extraordinaires des chemins vicinaux (L. 21 mai 1836, art. 14) ou des chemins ruraux reconnus (L. 20 août 1884, art. 11), dont il est fait usage pour l'exploitation de la mine (V. *infrà*, v° *Voirie par terre*); 7° frais de perception, c'est-à-dire 0 fr. 03 par franc pour le percepteur, un tiers de centime par franc pour les receveurs généraux et particuliers sur les recettes qu'ils effectuent, et un dixième de centime par franc pour les receveurs généraux sur les sommes touchées par les receveurs particuliers (Décis. min. 28 mars 1849 et 20 juin 1859; Cons. d'Et. 4 juin 1880, aff. Chagot, D. P. 81. 3. 57; 21 nov. 1884, aff. Chagot, D. P. 85. 5. 313).

366. Par contre, les concessions minières ne sont pas soumises : 1° à la taxe pour la vérification des poids et mesures (Cons. d'Et. 24 janv. 1872, aff. Denier, *Rec. Cons. d'Etat*, p. 37; Bréchignac et Michel, n° 351; Aguillon, t. 1, n° 518); 2° à la taxe de biens de mainmorte, à moins qu'elles n'appartiennent à des sociétés anonymes (Cons. d'Et. 7 juin 1851; aff. Mines de Douchy, *Rec. Cons. d'Etat*, p. 422; 14 juin 1852, aff. Compagnie des Mines de la Loire, *Rec. Cons. d'Etat*, p. 225. Comp. Féraud-Giraud, t. 1, n° 487; Bréchignac et Michel, n° 354; Aguillon, n° 517).

367. Sur les droits d'enregistrement applicables aux mines, V. *suprà*, v° *Enregistrement*, nos 1391 et suiv., 1662, 2433 et 2434.

368. La redevance proportionnelle existe dans un grand nombre de législations étrangères; en Italie, elle est de 5 pour 100 du produit net; en Prusse, de 2 pour 100 des produits vendus; en Belgique, de 2 1/2 pour 100. En Autriche, elle n'existe plus depuis la loi du 28 avr. 1862.

369. On s'est occupé au *Rép.* n°s 291 et suiv., des anciennes redevances dues à l'Etat par les concessions de mines accordées avant la loi de 1810. Cette nouvelle loi, comme on l'a vu, a aboli non seulement les droits régaliens dus à l'Etat, mais encore toutes les charges imposées comme conditions de la concession. C'est ainsi que la cour de cassation belge a pu décider que l'art. 40 de la loi du 21 avr. 1810 comprend dans l'abolition qu'elle porte non seulement les redevances dues à titre d'impôt et qui se percevaient en vertu des lois, ordonnances et règlements, mais aussi les redevances imposées par les anciens propriétaires de la mine, comme condition de la concession qui en était faite; et que l'art. 41 de la même loi, qui excepte de cette obligation les anciennes redevances dues à titre de rentes, droits et prestations quelconques, pour cession de fonds ou autres causes semblables, entend par là, non la concession de la mine elle-même, mais le bail à rente, fait au concessionnaire, des bâtiments, constructions ou terrains formant le siège de l'exploitation ou de chemins destinés à y donner accès, ou bien encore la cession que le Gouvernement avait pu faire à des exploitants de mines, soit de machines placées, soit de travaux déjà commencés, et encore subsistants dans les mines, dont il leur permettait de continuer l'exploitation (C. cass. Belgique, 2 févr. 1865, aff. Société de Selessin, D. P. 65. 2. 79).

§ 2. — Redevances et indemnités dues aux propriétaires du sol (*Rép.* n°s 297 à 314).

370. Indépendamment des redevances dues à l'Etat, le concessionnaire doit encore au propriétaire de la surface, sous laquelle la mine est ouverte, une redevance particulière (*Rép.* n° 297).

Les auteurs apprécient différemment la redevance au point de vue intrinsèque et donnent de son existence des raisons très diverses. A première vue, on pourrait considérer la redevance comme le prix payé au propriétaire de la surface à titre d'expropriation, en un mot, selon les expressions de Proudhon, comme le *prix du dessous*. Cette conception ne parait pas exacte; car, comme le fait très justement remarquer M. Dupont, *Jurispr. des mines*, t. 1, p. 234, « il n'y a pas expropriation en matière de concession de mines. Dans notre législation, celui qui possède la surface n'est pas propriétaire et ne peut pas jouir de la mine non encore concédée qui se trouve dans son fonds. Il n'y a pas expropriation, car toute expropriation présuppose une estimation de la chose expropriée; or, ici, rien de pareil; le Gouvernement, qui a seul le pouvoir d'instituer, n'estime pas à l'avance la valeur des mines à concéder; il décide, dans l'intérêt public, si tel gîte est susceptible d'être concédé; il juge souverainement si tel ou tel individu doit être investi du privilège de la concession, et peut le mieux en tirer parti dans l'intérêt de tous; rien n'est donc plus opposé à une expropriation qu'une institution de concession de mine ». Selon d'autres théories, la redevance serait la conséquence ou comme un appendice de la propriété de la surface;... ou une sorte de compensation à la perte du droit de préférence, dont jouissait le propriétaire sous l'empire de la loi de 1791;... ou encore un dédommagement et une indemnité destinés à réparer le préjudice que doit lui faire éprouver le nouvel état de choses (Bréchignac et Michel, n° 20).

371. Les art. 6 et 42 de la loi de 1810, qui s'occupent de cette redevance, avaient soulevé, comme on l'a expliqué au *Rép.* n° 297, une controverse, qui a pris fin aujourd'hui. S'appuyant sur le rapport du comte Stanislas de Girardin au Corps législatif, on soutenait que le système de la loi était celui de la redevance fixe, alors que, suivant l'opinion générale, au contraire, le législateur avait voulu laisser au Gouvernement la faculté de choisir, suivant les circonstances, entre la redevance fixe et la redevance proportionnelle. La rédaction adoptée n'en etait pas moins vicieuse et c'est avec raison qu'elle a été modifiée par la loi du 27 juill. 1880, dont la disposition est ainsi conçue : « Le droit accordé par l'art. 6 de la présente loi au propriétaire de la surface sera réglé sous la forme fixée par l'acte de concession ».

372. La redevance se présente actuellement sous trois formes principales : la redevance fixe, proportionnelle aux produits, ou mixte. Le plus souvent, la redevance est fixe. Peu élevée en principe, elle est, la plupart du temps, de 0 fr. 10 cent., ou même de 0 fr. 05 cent. par hectare, l'intérêt public commandant, en effet, de ne pas grever l'industrie minérale de charges trop lourdes. Il y en a cependant de plus onéreuses, et on cite des mines où la redevance s'élève à 5 fr., et jusqu'à 50 fr. par hectare (Mine de manganèse de la Romanèche). — La redevance proportionnelle, en usage dans le bassin de la Loire, varie entre 0 fr. 50 cent. et 0 fr. 70 cent. la tonne. — Enfin il est des régions où la redevance est mixte, c'est-à-dire qu'elle se compose de deux parties, l'une fixe et l'autre proportionnelle (Mine de plombagine de Fréjus : 0 fr. 02 cent. par hectare et 1 pour 100 du produit brut). — Une forme de redevance à signaler est celle qui comprend l'obligation, pour le concessionnaire d'une mine située dans des terrains communaux, de livrer les produits nécessaires aux habitants de la commune à un prix réduit, fixé d'avance (Sur tous ces points, V. Krug-Basse, p. 158).

373. La redevance tréfoncière constitue un véritable immeuble, tant qu'elle réside entre les mains du propriétaire de la surface, et partant, elle est susceptible d'hypothèque. Lorsque, au contraire, par suite d'une aliénation, la redevance se trouve séparée de la propriété superficielle, elle cesse d'être immeuble pour revêtir le caractère d'un objet mobilier. La doctrine et la jurisprudence sont d'accord à ce sujet (Bury, t. 1, n° 480, t. 2, n°s 1298 et 1300; Féraud-Giraud, t. 1, n°s 119 et 517; Biot, p. 220; Splingard, n° 141; P. Pont, *Privilèges et hypothèques*, t. 1, n° 370; Aubry et Rau, t. 3, § 259; Dufour, n° 91; Bréchignac et Michel, n° 250; Civ. cass. 13 nov. 1848, aff. Chil, D. P. 48. 1. 245; Civ. rej. 24 juill. 1850, aff. Heurtier, D. P. 50. 1. 262; Besançon, 12 mars 1857, aff. Berthon, *Le Droit*, du 22 mars; Civ. rej. 27 oct. 1885, aff. Houillères de l'Aveyron, D. P. 86. 1. 134. — V. cependant, Demolombe, t. 9, n° 436).

374. — RÈGLES PARTICULIÈRES AU BASSIN DE LA LOIRE. — On a indiqué au *Rép.* n°s 301 et suiv., qu'une législation spéciale au point de vue des redevances tréfoncières, résultant des cahiers des charges, était en vigueur dans le bassin de la Loire. Ces règles, ont été, de la part de MM. Bréchignac et Michel, l'objet d'une étude très détaillée (n°s 28 et suiv.); nous en donnerons un résumé, qui complétera ce que nous en avons dit précédemment. — La redevance tréfoncière peut varier suivant la profondeur des puits, la puissance des couches, la méthode d'exploitation, la mercuriale des marchés voisins et la distraction de certains frais.

375. — 1° *Suivant la profondeur des puits.* — Si l'extraction s'opère par un puits vertical, cette profondeur est la distance verticale qui existe entre le sol de chaque place d'accrochage, ou recette, de la houille à l'intérieur de la mine, et le seuil bordant à l'extérieur l'orifice du puits. Si la benne est accrochée au bas d'un plan incliné sur le prolongement du puits, la profondeur devra néanmoins être comptée à partir de la naissance du puits vertical.

Lorsque l'extraction s'opère par un puits incliné, la profondeur est encore la distance verticale entre le sol et la recette à l'intérieur et le seuil bordant à l'extérieur l'orifice de la fendue. A l'intérieur, le point de départ de la hauteur est le sol de la recette, et non le point où la colonne du puits rencontre la couche; et il suffit que la position de la recette, par rapport à la houille qu'il s'agit d'extraire, soit conforme aux règles d'une bonne exploitation. A l'extérieur, la limite de la hauteur est le seuil bordant l'orifice du puits.

Si l'exploitation d'une mine, en vue de laquelle un puits a été creusé au sommet d'une colline, se fait dans la suite au moyen d'une fendue à peu près horizontale, partant du bas de la colline et aboutissant à un point quelconque du puits, il a été décidé que, dans cette hypothèse, la hauteur doit être calculée eu égard à toute la profondeur du puits, quoique la benne arrivée à une certaine hauteur soit amenée au jour par la fendue (Lyon, 19 déc. 1850, aff. Raverot, D. P. 53. 1. 286).

376. — 2° *Suivant la puissance des couches.* — Les puissances des couches de houille portées au tarif expriment les épaisseurs réunies des différents lits ou mises de houille dont se compose une même couche, déduction faite des bancs de roches interposés entre ces lits. Toutefois la déduction n'aura lieu que pour les bancs de roches, qui se seront présentés avec continuité, sur un espace de 100 mètres carrés au moins, avec une épaisseur moyenne de 10 centimètres et au-dessus. Les questions se rattachant à cette circonstance sont souverainement appréciées en fait par les tribunaux.

377. — 3° *Suivant la méthode d'exploitation.* — Les redevances tréfoncières devront être diminuées d'un tiers chaque fois que le concessionnaire emploiera la méthode d'exploitation dite par remblais. Cette réduction s'explique par le surcroît de dépenses que cette méthode occasionne à l'exploitant et les avantages qu'elle présente pour le propriétaire tréfoncier, consistant surtout en un enlèvement plus complet de la houille et une atténuation considérable des dommages causés à la surface par l'exploitation souterraine. Mais, pour que le concessionnaire jouisse de cette faveur, il faut que le remblai occupe au moins la huitième partie des excavations opérées, et que la méthode employée procure l'enlèvement des cinq sixièmes au moins de la houille contenue dans chaque tranche de couche en extraction, que les matières servant de remblai soient apportées du dehors et non pas arrachées ou tombées de la voûte, et qu'enfin ces matériaux soient disposés en murs, piliers ou massifs soutenant le toit des excavations.

378. — 4° *Suivant les mercuriales des marchés voisins.* — La redevance sera payée en nature, jour par jour, à moins que les propriétaires tréfonciers n'aiment mieux la recevoir en argent, auquel cas, elle sera payée chaque semaine par le concessionnaire, suivant le prix courant de la houille dans les marchés voisins, c'est-à-dire sur la place de Saint-Etienne.

379. — 5° *Suivant certains frais d'extraction.* — Les dépenses d'exploitation et de transport donnant à la houille une valeur commerciale supérieure à celle qu'elle aurait, vendue brute, et la redevance étant proportionnelle au produit brut, il est juste de faire supporter au tréfoncier, qui bénéficie de cette plus-value, une part de ces dépenses. Les frais se répartissent de la façon suivante : 1° frais industriels ayant pour but de purger, de diviser la houille, pour l'approprier aux besoins des consommateurs; 2° frais conservatoires, ayant pour but de garder la houille, jusqu'au moment de l'enlèvement; 3° frais commerciaux et généraux (Pour le détail, V. Bréchignac et Michel, n° 33).

380. Conformément aux art. 6, 17 et 42 de la loi de 1810, c'est au Gouvernement seul qu'il appartient de régler la redevance due au propriétaire du sol. Le propriétaire doit être appelé et entendu; mais ses droits ne vont pas au delà, et le Gouvernement règle souverainement le montant de la redevance, sans qu'il ait à tenir compte des conventions antérieures que le propriétaire pourrait avoir faites avec les demandeurs en concession. — Pendant longtemps (*Rép.* n°s 309 et suiv.), l'Administration s'est contentée de régler la redevance tréfoncière d'une manière conditionnelle, se référant, dans les cas où il en existait, aux conventions passées antérieurement entre les concessionnaires et les propriétaires de la surface. Mais les fâcheux effets de cette tolérance ont fait abandonner ces errements et depuis l'ordonnance de concession du 13 janv. 1842, le Gouvernement règle définitivement la redevance dans l'acte de concession, ou encore dans un décret postérieur, nonobstant toutes conventions antérieures (Krug-Basse, p. 159). La jurisprudence française, après avoir d'abord admis la validité de ces conventions (Civ. rej. 3 janv. 1853, aff. Fleurdelin, D. P. 53. 1. 133), s'est fixée en sens contraire (Req. 15 avr. 1868, aff. Bourret, D. P. 68. 1. 218; Paris, 22 mars 1879, aff. de Candé, D. P. 80. 2. 45, et, sur pourvoi, Req. 11 févr. 1880, aff. Mines de fer de Ségré, D. P. 81. 1. 16 ; Splingard, n° 77; Féraud-Giraud, t. 1, n° 509).

381. Il peut arriver que le décret de concession s'approprie les conventions antérieurement consenties entre les parties, et leur donne force légale. Mais, dans le cas où le décret de concession porte que la redevance attribuée au propriétaire de la surface devra lui être payée s'il n'existe pas à ce sujet de conventions antérieures entre les cessionnaires et les propriétaires de la surface, cette dernière clause ne s'applique qu'à des conventions faites en vue de la concession, et non à des conventions relatives à une exploitation de minerais de fer à ciel ouvert autorisée par arrêté préfectoral (Besançon, 22 juin 1887, aff. Schneider, D. P. 88. 2. 163).

382. En Belgique, la jurisprudence et les auteurs continuent à admettre la validité des conventions fixant amiablement le montant de la redevance tréfoncière, et le Gouvernement en doit respecter les clauses (Bury, t. 1, n° 451 ; *Rép.* n° 310).

383. Que décider au sujet des conventions passées postérieurement à l'acte de concession, et qui auraient pour but de modifier en plus ou en moins le taux de la redevance fixée par le décret de concession ? En droit pur, une semblable convention nous paraît entachée de nullité, car elle porte atteinte au pouvoir dont le Gouvernement est investi à cet égard. Mais il est vrai d'ajouter qu'en pratique, il sera toujours très difficile d'empêcher un propriétaire de donner quittance, alors même qu'il n'aura rien reçu du concessionnaire, et, par ce motif, M. Féraud-Giraud, admet la validité de tels arrangements (V. aussi Aguillon, t. 1, n° 287).

384. De ce que la redevance, alors qu'elle a été fixée par le Gouvernement, est définitive et incommutable, il s'ensuit que les tribunaux, judiciaires ou administratifs, sont absolument incompétents pour en modifier le *quantum* (Trib. des confl. 5 nov. 1851, aff. Houillères de la Péronnière, *Rec. Cons. d'Etat*, p. 649).

385. La redevance est due à tous les propriétaires tréfonciers compris dans le périmètre de la concession, et, lorsque cette redevance est fixe, elle doit être versée même si les travaux d'extraction n'ont pas été poussés sous certains de ces terrains ; si elle est proportionnelle, elle n'est due qu'aux tréfonciers sous les propriétés desquels l'exploitation a été opérée (Féraud-Giraud, t. 1, n° 505; Biot, p. 167).

386. Les concessions étant en principe indivisibles, il s'ensuit que la redevance proportionnelle est également indivisible *à parte debitorum*, c'est-à-dire que le créancier de cette redevance, dans le cas où il y aurait plusieurs concessionnaires, ne serait pas obligé de diviser ses poursuites en autant d'actions séparées qu'il y aurait d'exploitants, mais qu'il pourrait réclamer le tout à l'un d'entre eux, sauf à ce dernier à exercer contre ses concessionnaires tel recours que de droit (Dupont, *Cours*, p. 269 ; Chevallier, p. 125; Bury, t. 1, n° 468 ; Splingard, n° 72; Biot, p. 184; Bréchignac et Michel, n° 47 ; Trib. Saint-Etienne, 12 janv. 1857, et Lyon, 8 mai 1858, aff. Pacros, cités par Bréchignac et Michel, n° 47 ; 16 juin 1885, aff. Oudin, *Revue législ. des mines*, 1885, p. 224).

387. A l'égard des créanciers, la situation juridique change : la créance contre un concessionnaire se divise en autant de créances séparées qu'il y a de propriétaires du fonds (Bréchignac et Michel, n° 47; Req. 10 nov. 1845, aff. Beaujelin, D. P. 45. 1. 418, cité au *Rép.* n° 127).

388. La redevance tréfoncière appartient toujours au propriétaire de la surface. La jurisprudence a eu à s'occuper de certaines hypothèses, dans lesquelles se posait précisément la question de savoir quel était le propriétaire des terrains sous lesquels l'exploitation avait eu lieu. Tel est le cas où une mine est située partiellement sous une rivière, ou cours d'eau non navigable ni flottable. Aux termes d'un jugement du tribunal civil de Saint-Etienne (aff. Houillères de Rive-de-Giers, 22 févr. 1866, D. P. 69. 1. 441), l'indemnité devrait appartenir aux riverains du cours d'eau, chacun suivant son droit. La solution est exacte, si l'on admet que les riverains sont propriétaires des rivières non navigables ni flottables; mais l'on sait que, d'après la jurisprudence, ces cours d'eau rentrent dans la catégorie des choses qui n'appartiennent à personne. La cour de cassation a consacré cette théorie dans un grand nombre d'arrêts (V. *suprà*, v° *Eaux*, n°s 167 et suiv.). Or, dans ce système, les riverains ne sont pas propriétaires de la surface couverte par le cours d'eau; ils ont seulement le droit d'user de l'eau, et celui de recueillir éventuellement certains autres avantages du voisinage du cours d'eau (c. civ. art. 644, 556, 557 et 561); et par conséquent, ils sont sans qualité pour prétendre à la redevance tréfoncière.

D'un autre côté, l'Etat lui-même n'a pas plus de droit que les riverains, car ces rivières sont *res nullius*, et ne lui appartiennent pas ; et, dès lors, on est amené à conclure que le tréfonds, qui s'étend sous la surface couverte par les cours d'eau non navigables ni flottables, est aussi *res nullius;* d'où il suit que les concessionnaires ne seront jamais obligés de payer aucune redevance tréfoncière pour les minerais extraits dans ces conditions. Il en serait autrement pour les substances provenant du sous-sol de cours d'eau navigables ou flottables, dont le lit appartient à l'Etat, à titre de choses du domaine public; dans cette hypothèse, la redevance devrait être versée dans la caisse du Trésor. Il en serait de même pour le cas où l'exploitation aurait lieu sous des routes, rues, chemins, places apppartenant à l'Etat. Si ces divers sols sont la propriété des communes, l'indemnité leur sera versée intégralement.

389. La redevance tréfoncière peut faire, de la part du propriétaire, l'objet d'une aliénation; mais comme, du jour de l'acte, elle revêt le caractère mobilier (*suprà*, n° 373), l'aliénation, pour valoir à l'égard des tiers, n'a pas besoin d'être transcrite et n'est soumise, quant à l'enregistrement, qu'au droit de 2 pour 100. — Si la redevance est vendue en même temps que le sol, il y aura lieu à transcription et à la perception du droit de 5 fr. 50 cent pour 100 sur l'ensemble du prix.

390. Lorsque, en vertu de l'acte de concession, un tréfoncier a droit à une redevance proportionnelle, et qu'un tiers a enlevé des minerais d'une façon illégale, il a été jugé que le concessionnaire est responsable de cet enlèvement, et qu'il doit payer la part de redevance relativement à la quantité enlevée (Saint-Etienne, 15 mai 1884, cité par Féraud-Giraud, t. 1, n° 529). — Jugé également que le tréfoncier ayant, contre le concessionnaire de la mine, une créance qui doit porter sur toutes les richesses minérales concédées à ce dernier, peut lui réclamer la redevance, non pas seulement sur les houilles qu'il a exploitées lui-même, mais encore sur celles qu'il a pu laisser extraire par sa faute et sa négligence; qu'il en est ainsi surtout lorsque, aux termes de la convention intervenue entre le tréfoncier et le concessionnaire, celui-ci s'est engagé à payer la redevance sur tous les charbons existant dans la mine, exploités ou non, utilisés ou non, et pouvant disparaître ou être détruits même par force majeure (Lyon, 30 juin 1887, aff. Société des Houillères de Saint-Étienne, D. P. 88. 2. 53). Et le concessionnaire ne serait pas recevable à opposer la prescription triennale à l'action du tréfoncier qui est fondée, non sur l'existence de détournements délictueux, mais soit sur la loi du 21 avr. 1810, soit sur les traités intervenus entre le tréfoncier et le concessionnaire (Même arrêt).

391. Tant qu'elle est unie au sol, la redevance se confond avec lui et leur sort juridique devient identique; d'où l'on doit conclure que si la superficie est acquise par un tiers par prescription, il s'ensuit que la redevance elle-même sera perdue pour le titulaire primitif (Bury, t. 1, n° 494; Bréchignac et Michel, n° 58).

392. Le droit à la redevance, lorsqu'il est séparé de la surface, ne se prescrit que par trente ans. Certains arrêts avaient admis que l'on pourrait prescrire activement et d'une façon utile la redevance tréfoncière par dix à vingt ans, avec juste titre et bonne foi (V. notamment Lyon, 12 mai 1865, *Recueil de Lyon*, 1866, p. 53); mais actuellement la doctrine contraire semble avoir été adoptée par la jurisprudence, qui, voyant dans la redevance séparée de la propriété de la surface un droit purement mobilier, en déduit avec raison cette conséquence que la prescription décennale est impossible (Lyon, 12 avr. 1878, aff. Deschet, *Recueil de Lyon*, 1878, p. 285; Bury, t. 1, n° 495, *in fine;* Bréchignac et Michel, n° 61).

393. Relativement à la prescription libératoire des annuités des redevances tréfoncières, s'il s'agit de redevances proportionnelles, on admet généralement qu'elles ne peuvent pas être prescrites par le délai de cinq ans et que l'art. 2277 c. civ., leur est inapplicable. Cette solution s'appuie sur ce que les annuités dont il s'agit ne présentent pas un caractère suffisant et certain de fixité et de périodicité, comme celui qui se rencontre dans les hypothèses prévues par l'art. 2277; qu'en effet, les redevances sont exigibles au moment où s'effectuent les extractions de la mine, et que, d'autre part, ces extractions s'opèrent suivant la volonté des concessionnaires, c'est-à-dire à des époques arbitraires et indéterminées (Civ. cass. 27 oct. 1885, aff. Houillères de l'Aveyron, D. P. 86. 1. 134; Lyon, 19 mai 1876, et sur pourvoi, Req. 11 juin 1877, aff. Mines de Montieux, D. P. 77. 1. 427).

394. La solution devrait-elle être la même, dans le cas où l'acte de concession aurait stipulé une redevance annuelle fixe? Si l'on admet que la redevance constitue un revenu, et si l'on assimile les sommes payables annuellement aux arrérages d'une rente, l'art. 2277 est applicable (Bury, t. 1, n° 491; Féraud-Giraud, t. 1, n° 541; Besançon, 22 juin 1887, aff. Schneider, D. P. 88. 2. 163). Mais si l'on considère la redevance comme le prix de l'expropriation partielle subie par le propriétaire du sol, elle ne peut être soumise à la prescription quinquennale (Civ. cass. 12 juin 1884, aff. Deyrolles, *Revue législ. des mines*, 1885, p. 215).

395. Le propriétaire tréfoncier non payé de la redevance a le droit de poursuivre l'expropriation forcée du concessionnaire de la mine; mais il ne jouit d'aucun privilège spécial lui garantissant sa créance, et il devra subir le concours des autres créanciers de l'exploitant (Bury, t. 1, n° 473; Féraud-Giraud, t. 1, n° 538). — Le défaut de payement de la redevance n'autorise pas non plus le propriétaire à poursuivre la résolution de la concession (Bury, t. 1, n° 471; Féraud-Giraud, t. 2, n° 589).

396. Lorsque les deux parties sont d'accord, elles peuvent remplacer la redevance tréfoncière par le payement d'un capital qui, une fois versé et accepté, tient lieu des versements annuels. — Si le propriétaire tréfoncier refuse cet arrangement, le concessionnaire aura-t-il le droit de le forcer à l'accepter? Dans l'hypothèse d'une redevance fixe, M. Féraud-Giraud répond par l'affirmative, car il sera toujours possible de fixer le capital dont les arrérages produiront exactement le chiffre annuel de la redevance.

Mais la solution contraire devrait être adoptée, si la redevance était proportionnelle (Bury, t. 1, n° 489; Féraud-Giraud, t. 1, n° 540; Splingard, n° 74; de Fooz, p. 310; Aguillon, t. 1, n° 313). — Certains auteurs soutiennent néanmoins, à tort selon nous, que, même dans cette hypothèse, la redevance est rachetable, et qu'il suffira de suivre les prescriptions et les évaluations de la loi du 29 déc. 1790 sur les rentes foncières (Chevallier, p. 126; Delebeque, p. 708). Les travaux préparatoires du code peuvent fournir d'utiles renseignements pour la solution de la question. Dans la séance du conseil d'Etat du 13 févr. 1810, le comte Joubert, ayant fait remarquer que les droits des créanciers du propriétaire du sol sur la mine découverte n'étaient pas suffisamment déterminés, la discussion se termina ainsi : « M. le comte Treilhard pense qu'on doit laisser au propriétaire le droit de vendre la redevance, sauf les droits des créanciers, et même laisser aux concessionnaires le droit de s'affranchir de la redevance en en remboursant le capital. Napoléon approuve l'opinion émise par M. Treilhard, et les deux art. 17 et 18 sont adoptés avec cet amendement » (Locré, t. 9, p. 427). Ce compte rendu trancherait la difficulté si l'art. 18, tel qu'il a passé dans la loi du 21 avr. 1810, avait fait mention de cette faculté de rachat; mais il n'en a rien été; aussi, en présence du silence de la loi, nous semble-t-il bien difficile de soutenir le système du rachat, dans le cas où le tréfoncier s'y refuse (Krug-Basse, p. 161).

397. Sous l'ancienne législation, et sous l'empire de la loi du 12 juill. 1791, les concessionnaires n'étaient tenus à aucune redevance envers les propriétaires de la surface, sauf l'indemnité due à ces derniers pour les dommages résultant de l'exploitation (V. *Rép.* n°s 5 et suiv.). Par suite, les concessionnaires, dont les droits ont été maintenus par l'art. 51 de la loi du 21 avr. 1810, ne sont pas davantage tenus, sous la législation nouvelle, au payement d'une telle redevance (Req. 2 févr. 1858, aff. Chirat de Souzy, D. P. 58. 1. 203. Comp. Féraud-Giraud, t. 1, n° 526).

398. La redevance est une charge réelle qui grève la mine elle-même, plutôt que le concessionnaire personnellement; d'où la conséquence que le concessionnaire, qui aliène son droit, s'affranchit par là même de l'obligation de payer la redevance; c'est le tiers acquéreur qui en est tenu désormais (Bury, t. 1, n° 462 et suiv.; Féraud-Giraud, t. 1, n° 527).

Mais c'est pour l'avenir seulement que le concessionnaire est libéré de l'obligation de payer la redevance; il peut, même après l'aliénation de la concession, être poursuivi pour les redevances échues avant l'aliénation, et ces redevances ne peuvent être réclamées de l'acquéreur (Bury, t. 1, n° 466 et 467; Bréchignac et Michel, n° 50; Delebecque, n° 736;

Trib. Alais, 12 juin 1884, cité par Féraud-Giraud, *loc. cit.*; Trib. Saint-Etienne, 5 janv. 1857, aff. Richarme et Lyon, 13 mars 1874, aff. Gilibert, cités par Bréchignac et Michel, n° 50). — Au contraire, dans l'hypothèse d'une mine louée par son concessionnaire, ce dernier reste tenu, vis-à-vis des tréfonciers, au payement des redevances correspondant au temps de jouissance des fermiers (Saint-Etienne, 14 janv. 1856, aff. Penel; 5 mars 1856, aff. Nicolas, cités par Bréchignac et Michel, n° 50).

§ 3. Des obligations respectives des concessionnaires de mines et des propriétaires du sol (*Rép.* nos 315 à 357).

399. D'une manière générale, la situation respective des parties est réglée par l'art. 1382 c. civ., prescrivant à chacune d'elles de réparer le tort causé à l'autre par sa faute ou sa négligence; mais ces dispositions générales de la loi civile ne suffisaient pas en matières de mines, et il était nécessaire d'édicter, en outre, des règles spéciales répondant mieux aux exigences de l'exploitation. La loi de 1810 a imposé aux concessionnaires de la mine et aux propriétaires de la surface des devoirs réciproques, basés, d'une part, sur l'obligation, pour le tréfoncier, de respecter les mesures prises par le concessionnaire en vue d'une exploitation régulière, et, d'autre part, sur cette idée que l'exploitant doit réparer intégralement le préjudice causé par lui à la surface (Comp. Chevalier, p. 153; Féraud-Giraud, t. 2, n° 623).

400. Dans la législation minérale tout entière, aucune question, peut-être, n'était plus difficile que celle des droits et obligations des concessionnaires et des propriétaires, et il suffit de jeter un coup d'œil d'ensemble sur la jurisprudence et les auteurs pour se convaincre des divergences profondes et des décisions contradictoires rendues à ce sujet. Le texte de la loi de 1810 ne se prêtait que trop à ces confusions, et depuis longtemps un remaniement des art. 43 et 44 était devenu nécessaire, inéluctable. Ce progrès a été accompli par la loi du 27 juill. 1880, qui a substitué aux anciens art. 43 et 44 la nouvelle rédaction suivante : « Art. 43. Le concessionnaire peut être autorisé, par arrêté préfectoral pris après que les propriétaires auront été mis à même de présenter leurs observations, à occuper, dans le périmètre de la concession, les terrains nécessaires à l'exploitation de sa mine, à la préparation métallique des minerais et au lavage des combustibles, à l'établissement des routes ou à celui des chemins de fer ne modifiant pas le relief du sol. Si les travaux entrepris *par un concessionnaire ou explorateur,* muni d'un permis de recherche mentionné à l'art. 10, ne sont que passagers, et si le sol où ils ont lieu peut être mis en culture au bout d'un an comme il l'était auparavant, l'indemnité sera réglée à une somme double du produit net du terrain endommagé. Lorsque l'occupation ainsi faite prive le propriétaire de la jouissance du sol pendant plus d'une année, ou lorsque, après l'exécution des travaux, les terrains occupés ne sont plus propres à la culture, les propriétaires peuvent exiger, du concessionnaire ou de l'explorateur, l'acquisition du sol. La pièce de terre trop endommagée ou dégradée sur une trop grande partie de la surface doit être achetée en totalité, si le propriétaire l'exige. Le terrain à acquérir ainsi sera toujours estimé au double de la valeur qu'il avait avant l'occupation. Les contestations relatives aux indemnités réclamées par les propriétaires du sol aux concessionnaires des mines, en vertu du présent article, seront soumises aux tribunaux civils. Les dispositions des paragraphes 2 et 3, relatives au mode de calcul de l'indemnité due au cas d'occupation ou d'acquisition des terrains, ne sont pas applicables aux autres dommages causés à la propriété par les travaux de recherche ou d'exploitation; la réparation de ces dommages reste soumise au droit commun. — Art. 44. Un décret, rendu en conseil d'Etat, peut déclarer d'utilité publique les canaux et les chemins de fer, modifiant le relief du sol, à exécuter dans l'intérieur du périmètre, ainsi que les canaux, chemins de fer, les routes nécessaires à la mine, et les travaux de secours, tels que puits ou galeries destinés à faciliter l'aérage et l'écoulement des eaux, à exécuter en dehors du périmètre. Les voies de communication créées en dehors du périmètre pourront être affectées à l'usage du public dans les conditions établies par le cahier des charges. Dans le cas prévu par le présent article, les dispositions de la loi du 3 mai 1841, relatives à la dépossession des terrains et au règlement des indemnités, seront applicables ».

Le but et l'intention du législateur de 1880 ont été de donner les plus grandes facilités possibles aux concessionnaires pour arriver à une bonne exploitation générale des richesses minérales de notre pays; aussi devra-t-on tenir compte de cette pensée, lorsqu'il s'agira d'interpréter un texte peu clair ou incomplet, et l'on ne saurait, dès lors, admettre aujourd'hui qu'avec certaines réserves cette règle d'interprétation énoncée dans les motifs d'un arrêt cité au *Rép.* n° 315, que « la dépossession du propriétaire du sol résultant de la concession est une dérogation au droit commun, qui doit, comme toute dérogation pareille, être restreinte dans les limites les plus étroites, et être entendue dans le sens qui porte le moins atteinte à ce propriétaire ».

401. — I. Droits des concessionnaires de mines. — Les mines ne s'improvisent pas et on ne les établit pas où l'on veut. L'industrie minière a besoin, pour son établissement, d'un espace relativement considérable à la surface du sol autour des puits ou galeries, de façon à exploiter le gisement en suivant les règles de l'art, et d'une manière suffisamment rémunératrice. Placé devant cette nécessité, le concessionnaire, livré à ses propres forces, eût, la plupart du temps, essuyé des échecs successifs de la part des propriétaires de la surface refusant de livrer leurs terrains à n'importe quel prix. Obliger, d'un autre côté, l'exploitant à recourir, pour l'achat ou la location des terrains, aux formalités de l'expropriation pour cause d'utilité publique et aux longues procédures de la loi du 3 mai 1841, c'eût été imposer aux concessionnaires une marche lente et coûteuse. Le législateur devait venir au secours de ces industriels, et c'est ce qu'il a fait par les art. 43 et 44, qui ont précisément pour but de faciliter le plus possible l'exploitation des mines, en assurant aux concessionnaires certains droits d'occupation des terrains dont ils peuvent avoir besoin, en suivant une procédure simple et rapide qui, tout en leur donnant satisfaction entière, respecte en même temps les droits imprescriptibles et inviolables des propriétaires des parcelles occupées.

402. De tous les droits accordés au concessionnaire, le plus important est sans contredit le droit d'occupation, qui résume, en quelque sorte, tous les autres, et en vertu duquel un exploitant a la faculté d'occuper temporairement ou définitivement les parcelles de terrains, situées dans le périmètre de la concession, qui lui sont nécessaires ou utiles pour assurer la bonne exploitation de la mine.

403. — 1° *Travaux pour lesquels l'occupation est permise, dans l'intérieur du périmètre de la concession.* — La première question qui se pose à l'esprit est celle de savoir quels sont les travaux d'exploitation qui auront pour conséquence de rendre possible l'occupation des terrains de la surface. L'art. 43-1° donne la réponse; mais nous ajouterons immédiatement que, d'après l'opinion généralement admise, l'énumération qu'il renferme n'a pas le caractère limitatif, et qu'en cas de difficulté, les juges auront à se prononcer en appréciant les circonstances et l'utilité du travail, pour l'accomplissement duquel l'occupation serait demandée (Bréchignac et Michel, n° 368). En s'inspirant du texte de l'art. 43, de l'esprit de la loi et de l'ensemble des décisions de la jurisprudence, on peut décider que le concessionnaire aura le droit d'occupation dans les hypothèses suivantes.

404. — A. *Pour tous les travaux nécessaires à la bonne exploitation de la mine, et pour tous ceux ayant pour but de la rendre plus facile.* — Dans cette première catégorie rentreront, par exemple : les dépôts de matériaux ou déblais (Cons. d'Et. 3 déc. 1846, aff. Fogles, *Rec. Cons. d'Etat*, p. 522); les ouvertures de puits ou galeries d'exploitation et d'épuisement; les dépôts de matières minérales, les établissements de machines, de bâtiments d'exploitation, halles et magasins, d'ateliers de réparations d'outils; dépôts d'outils; ateliers pour le boisage des galeries; dépôts de machines; extraction de terres pour le remblayage des galeries (Cons. d'Et. 7 mai 1863, aff. Sauzéa, D. P. 63. 3. 49). — La question est discutée relativement à l'établissement et à la construction de maisons d'habitation ou de bureaux pour la direction d'une mine, et à la construction de logements pour les ouvriers (Bury, t. 1, n° 556). Mais il nous semble que si, d'une façon générale, cette solution est admissible, il en serait autrement dans le cas où, par suite de la configuration du sol ou de circonstances ne dépendant pas de la volonté du concessionnaire, l'établissement de ces bâtiments ne serait pas possible ailleurs, sans entraîner des inconvénients majeurs ou des dépenses trop considérables (Féraud-Giraud, t. 2, n° 551. — Comp. *suprà*, n° 234).

405. — B. *Pour les travaux destinés à la préparation métallique des minerais.* — Ces travaux, en effet, comme le décide un arrêt (Paris, 1er avr. 1876, aff. Comp. de Vallenar), rentrent dans l'exploitation de la mine (Comp. Bréchignac et Michel, n° 368). Ils sont, d'ailleurs, formellement visés par l'art. 43.

406. — C. *Pour ceux ayant pour objet le lavage des combustibles*, et pour but, des manipulations liées intimement à l'exploitation et permettant d'amener le produit brut extrait à un état dans lequel il peut constituer un produit marchand (L. 27 juill, 1880, art. 43). — Dans cette catégorie rentrera, par exemple, l'établissement d'aqueducs ou de rigoles d'écoulement (Aguillon, t. 1, nos 337 et 339).

407. — D. *Pour l'établissement de routes.* — Relativement aux chemins, la disposition du nouvel art. 43 se comprend parfaitement, car c'est ici surtout qu'il est juste de dire, comme le faisait le rapporteur de la loi de 1880, que le concessionnaire n'établit pas sa mine dans l'endroit qui lui plaît, mais au contraire qu'il se trouve enchaîné par la situation du gisement et par son allure; aussi devait-on donner à l'exploitant le moyen de creuser des chemins d'accès et des routes pour rendre possible son exploitation. Les concessionnaires jouissent, dans ce cas, de droits se rapprochant beaucoup de ceux dont sont investis, par le code civil, les propriétaires de parcelles enclavées (de Fooz, p. 317; Féraud-Giraud, t. 2, n° 550). Avant 1880, la jurisprudence avait déjà admis cette manière de voir, qui aujourd'hui est indiscutable.

Pour que le concessionnaire jouisse de cette prérogative, il n'y a pas à s'occuper, selon nous, de la question de savoir si la route modifie ou non le relief actuel du sol du périmètre; cette circonstance n'a d'importance que dans le cas où il s'agit de l'établissement d'une voie ferrée (V. *infrà*, nos 408 et suiv.). Ici donc, jamais le concessionnaire ne sera obligé de recourir aux formalités de la loi du 3 mai 1841, et la simple autorisation préfectorale suffira en cas de difficulté.

408. — E. *Pour l'établissement de chemins de fer ne modifiant pas le relief du sol.* — Dorénavant, les concessionnaires pourront établir dans tout le périmètre de la concession des chemins de fer d'exploitation, à la seule condition que ces chemins de fer soient construits de façon à ne pas modifier le relief du sol, mais sans avoir à s'inquiéter de la question de savoir si la ligne est à voie normale ou à voie étroite. En restant dans ces limites, l'exploitant n'aura qu'à suivre la procédure simple et rapide, que l'on indiquera (V. *infrà*, nos 411 et suiv.).

409. Si le relief du sol doit être modifié, l'autorisation ne suffira plus, et il faudra pour vaincre, s'il y a lieu, la résistance du propriétaire de la surface, recourir aux formalités de la loi du 3 mai 1841, et obtenir préalablement un décret rendu en conseil d'Etat et constatant le caractère d'utilité publique des travaux à entreprendre (art. 44 nouveau). Dans ces hypothèses, l'indemnité versée au propriétaire ne sera plus calculée sur le double de la valeur de son terrain, mais elle sera fixée au simple par le jury d'expropriation.

410. C'est un point fort délicat, que la détermination des hypothèses dans lesquelles on pourra dire ou non qu'une voie ferrée modifie le relief du sol sur lequel elle est établie. La question ne paraît pas susceptible d'être résolue *a priori* et nous croyons qu'elle ne pourra l'être que par l'examen attentif des circonstances. On ne saurait, en effet, s'en tenir strictement et rigoureusement aux termes de la loi; car il est certain qu'avec une telle interprétation, on arriverait à annihiler la portée de l'art. 43, et l'on irait manifestement contre la volonté du législateur. Nulle ligne de chemin de fer ne rentrerait dans les conditions imposées par l'art. 43, car la construction de toute voie ferrée a toujours pour résultat de modifier plus ou moins le relief primitif du sol! Cette observation paraîtra surtout vraie si l'on considère que les mines sont presque toujours situées dans des régions montagneuses, là où précisément des travaux d'art sont toujours nécessaires. Nous croyons donc, avec M. Féraud-Giraud, t. 2, n° 707, qu'il faut interpréter ces mots : *chemin de fer ne modifiant pas le relief du sol*, dans un sens assez large, et qu'une simple autorisation préfectorale suffira, chaque fois que le relief du sol, bien que modifié superficiellement, ne perdra pas son aspect général, et que le terrain, l'exploitation terminée, pourra encore procurer à son propriétaire une jouissance analogue à celle qu'il lui procurait avant (Aguillon, t. 1, n° 347). C'est ainsi que l'établissement d'un pont, d'un tunnel, de remblais peu importants ne nécessitera pas un décret rendu en conseil d'État, procédure indispensable, au contraire, dans le cas de tranchées profondes, ou de remblais considérables.

411. Avant la loi de 1880, la jurisprudence était très hésitante sur la question d'établissement de voies ferrées. Quelques arrêts avaient été jusqu'à admettre que, en aucun cas, la construction d'un chemin de fer ne pourrait donner au concessionnaire le droit d'occuper les terrains nécessaires à cette entreprise sans qu'un décret d'autorisation du conseil d'Etat eût été obtenu (Cons. d'Et. 8 mars 1851, aff. Dehainin, D. P. 53. 3. 1; 20 févr. 1868, aff. Boucaud, D. P. 69. 3. 18). Cette opinion n'était cependant pas celle qui dominait dans la jurisprudence et, en général, on faisait la distinction suivante : si la ligne ferrée était à voie normale et à traction mécanique, il fallait un décret; si, au contraire, elle était à voie étroite et à traction par chevaux, une simple autorisation préfectorale suffisait (V. en ce sens Cons. d'Ét. 23 févr. 1870, aff. Hospices d'Angers, *Rec. Cons. d'Etat*, p. 144; 9 juill. 1875, aff. Seillière, D. P. 76. 3. 24; 15 juill. 1877, aff. Béhague, D. P. 77. 3. 99; 16 nov. 1877, aff. Forbin d'Oppéda, D. P. 78. 3. 29; 5 août 1881, aff. Mine de Marly, D. P. 83. 3. 9).

412. Lorsqu'une demande en établissement de chemin de fer est faite par un concessionnaire, l'instruction de l'affaire est confiée au service des mines, qui doit se conformer, dans cette mission, aux dispositions édictées par les documents législatifs sur la matière (Ordonn. des 18 févr. 1834 et 15 févr. 1835; L. 3 mai 1841; Circ. 12 juin 1850; L. 7 avr. 1851; Décr. 15 mars 1852, 3 mars 1874, 8 sept. 1878, 13 avr. 1861, art. 2 et 3; L. 27 juill. 1870; Décr. 2 avr. 1874; L. 11 juin 1880).

413. Indépendamment des lignes de chemins de fer, que les mines peuvent établir pour le service de l'exploitation, les concessionnaires ont le droit d'exiger des compagnies de chemin de fer des voies de raccordement au réseau général. Les conditions de cet établissement sont écrites dans l'art. 62 du cahier des charges des compagnies (V. *Rép.*, v° *Voirie par chemin de fer*, n° 97). La mine doit adresser directement sa demande à la compagnie, et en cas de refus d'accéder émanant de cette dernière, au Gouvernement, qui statuera sur l'incident, les intéressés entendus. L'embranchement est construit aux frais des concessionnaires exclusivement, en suivant toutes les prescriptions que commandent la sécurité et la circulation de la compagnie; il en sera de même de l'entretien de la voie, le tout sous la surveillance de la compagnie. Par contre, la mine a le droit de se servir du matériel de la compagnie, le tout en se conformant aux règles posées par ledit art. 62.

Lorsqu'un raccordement a été exécuté, conformément à ces prescriptions, la compagnie à laquelle il est rattaché doit le desservir d'une façon régulière, à défaut de quoi elle s'expose à être poursuivie en dommages-intérêts (Trib. Béthune, 17 févr. 1870, cité par Lamé-Fleury, *Code des chemins de fer*, p. 787).

414. — F. *Etablissement de canaux.* — Un concessionnaire a le droit d'occuper, dans le périmètre de la concession, les terrains nécessaires à la construction d'un canal *destiné à la circulation de la batellerie;* mais l'occupation doit toujours être précédée d'un décret rendu en conseil d'Etat, conformément à l'art. 44 de la loi de 1880. Il n'y a pas ici à s'inquiéter du changement apporté au relief du sol, puisque ces mots de l'art. 44 ne visent que l'hypothèse de l'établissement de voies ferrées.

Lorsqu'il ne s'agit que de canaux servant uniquement à l'adduction d'eaux destinées aux usages industriels, l'autorisation préfectorale suffit, sauf le cas où la construction de ce canal devrait amener une transformation complète de l'aspect des terrains de la surface (Aguillon, t. 1, n° 343).

415. — 2° *Procédure et formalités préalables à toute occupation de terrains compris dans le périmètre de la concession.* — Lorsqu'un concessionnaire veut occuper un terrain de la surface compris dans le périmètre de la concession dans le but d'y établir des travaux propres à faciliter son exploitation, il peut s'adresser au propriétaire de ces parcelles et s'entendre amiablement avec lui. A la différence de ce qui a lieu en matière de redevances, l'Administration n'a pas ici à intervenir, et ce n'est qu'au cas où les deux parties ne s'entendent pas qu'il y a lieu de recourir aux règles qui vont être expliquées.

416. La procédure pour arriver à l'occupation, dans les hypothèses où la cession ne s'opère pas à l'amiable, est déterminée par l'art. 43 (texte modifié par la loi du 27 juill. 1880). Le pétitionnaire doit adresser sa demande directement au préfet, qui fait instruire l'affaire par les ingénieurs du service des mines. Le propriétaire de la surface à occuper est appelé à fournir ses observations et réclamations, à la suite desquelles le préfet rend son arrêté.

417. L'arrêté préfectoral autorisant l'occupation doit être notifié au propriétaire opposant en vertu des principes généraux en matière de travaux publics; et il a été jugé qu'une simple notification faite au maire de la commune dans laquelle habite le propriétaire ne suffirait pas. Si le concessionnaire s'est emparé du terrain sans que cette formalité ait été remplie, le propriétaire de la surface a droit à des dommages-intérêts pour troubles dans sa jouissance (Montpellier, 9 févr. 1882, aff. Mines de Filhols, D. P. 83. 2. 139. V. aussi: Req. 8 nov. 1854, aff. Chagot, D. P. 54. 1. 425; Féraud-Giraud, t. 2, n° 564; Dupont, *Jurispr. des mines*, t. 1, p. 414; E. Dalloz, t. 1, p. 386).

A plus forte raison, la responsabilité du concessionnaire serait-elle engagée s'il avait pris possession du terrain sans même attendre qu'un arrêté préfectoral eût autorisé l'occupation (Req. 8 nov. 1854, aff. Chagot, D. P. 54. 1. 425; E. Dalloz, t. 1, p. 486; Rey, *Journal des Mines*, 1862, p. 124). En Belgique, la procédure à suivre est fixée par la loi du 8 juill. 1865.

418. En cas de contestation sur la nécessité des travaux entraînant occupation de terrains, c'est au préfet à statuer, sauf appel pour excès de pouvoir. Les tribunaux ordinaires et les conseils de préfecture sont incompétents pour décider sur de semblables demandes (Cons. d'Et. 22 août 1853, aff. Galland, *Rec. Cons. d'Etat*, p. 855; 7 mai 1863, aff. Lauzéas, *ibid*, p. 424; 21 juill. 1882, aff. Harvin, *ibid.*, p. 707; Féraud-Giraud, t. 2, n° 553; Aguillon, t. 1, n° 350; de Fooz, p. 319). Mais l'arrêté du préfet ne fait pas obstacle à ce que le propriétaire des terrains dont il a autorisé l'occupation fasse valoir, devant l'autorité judiciaire, les droits qui peuvent résulter à son profit des articles 43 et 44 de la loi de 1810 (Cons. d'Et. 14 avr. 1864, aff. Denier, D. P. 64. 3. 81).

419. Le préfet sera également seul compétent, par analogie avec les dispositions de l'art. 43, lorsque la discussion, au lieu de porter sur la nécessité de l'occupation, ne portera que sur le choix de l'emplacement des travaux.

420. L'occupation est un droit véritable pour le concessionnaire; mais il ne faudrait pas pousser cette idée jusqu'à ses extrêmes conséquences. Il se pourrait que le cahier des charges, joint au décret de concession, lui enlevât partiellement cette faculté, en lui interdisant d'occuper telle surface par mesure de sûreté ou de police. Cette convention librement acceptée, devenant la loi des parties, l'Administration aurait le droit, en cas de contravention, de faire démolir les travaux, en même temps que le propriétaire pourrait introduire une action en indemnité contre le concessionnaire (Féraud-Giraud, t. 2, n° 554).

421. Un concessionnaire n'a le droit d'occuper les terrains de la surface qu'autant que cette occupation doit profiter directement à la mine qui se trouve dans le tréfonds du périmètre concédé; le propriétaire superficiaire pourrait donc s'opposer à l établissement de travaux sur son terrain, alors que ces travaux n'auraient pour but que de faciliter l'exploitation d'une mine voisine. Cependant, si cette mine voisine se trouvait réunie à celle existant dans le tréfonds de ce propriétaire, il semble que l'on devrait permettre toutes les mesures nécessaires pour réaliser les avantages que le concessionnaire pouvait légitimement s'attendre à tirer de la réunion des deux mines (V. Féraud-Giraud, t. 2, n° 556).

422. — 3° *Du droit d'occupation accordé au concessionnaire sur les terrains situés en dehors du périmètre de la concession.* — Avant les modifications apportées en 1880 à la loi de 1810, on discutait la question de savoir si un concessionnaire pouvait, pour les besoins de son exploitation, occuper des terrains superficiels situés en dehors du périmètre de la concession L'administration des mines de Belgique, dont l'avis était partagé par quelques auteurs, refusait invariablement ce droit aux concessionnaires, par la raison que, si cette faculté leur avait été reconnue par l'art. 25 de la loi minière de 1791, la loi de 1810 avait aboli cet article, et, avec lui, le droit d'occupation lui-même (Av. cons. des mines de Belgique, 4 sept. 1838, 27 mai 1850, 31 janv. 1862 et 5 mai 1865; Richard, n° 385). — L'opinion contraire prévalait en France, où l'on s'inspirait de l'esprit général de la loi et des nécessités de l'exploitation. Le doute a cessé depuis 1880, le nouvel art. 44 reconnaissant formellement aux exploitants le droit d'occupation.

Cette réforme est venue combler une véritable lacune, car, à côté des voies de communication, un concessionnaire peut se trouver dans l'obligation d'ouvrir, au delà des limites des terrains concédés, ce que l'on appelle des travaux de secours destinés à faciliter et même à rendre possible son exploitation. Il y avait, toutefois, un danger à éviter : les exploitants auraient pu être tentés de s'emparer, sans motifs suffisants, de ces terrains situés hors de leur concession; aussi le législateur, tout en cherchant à favoriser le plus possible l'industrie minière, a-t-il voulu prévenir les demandes peu sérieuses et donner, en même temps, une garantie aux propriétaires de la surface, en imposant aux concessionnaires les formalités prescrites par la loi du 3 mai 1841 en matière d'expropriation et la nécessité d'obtenir au préalable un décret rendu en conseil d'Etat et reconnaissant l'utilité publique des travaux à entreprendre. Les propriétaires tréfonciers, dont les terrains ne sont pas compris dans le périmètre de concession, ne reçoivent pas de redevance, et il n'était que juste de les protéger d'une façon plus efficace que ceux qui touchaient déjà une indemnité à la suite de l'établissement de la mine. Un décret est donc nécessaire pour tous les travaux entrepris par le concessionnaire en dehors du périmètre de la concession, et il n'y a pas à s'inquiéter, en ce cas, de la question de savoir si une ligne ferrée modifie ou non le relief du sol.

423. Quant à la procédure à suivre, on devra se conformer strictement à celle de la loi du 3 mai 1841 tout à la fois pour la dépossession et l'occupation des terrains, ainsi que pour le règlement des indemnités à payer par les concessionnaires, suivant fixation adoptée par le jury, d'expropriation. Nous ajouterons que les parties peuvent légalement faire entre elles tous arrangements amiables, et que ce n'est qu'en cas de désaccord, qu'il y aura lieu de recourir aux mesures prescrites par l'art. 44.

424. L'énumération des travaux, pour l'exécution desquels l'occupation de terrains en dehors de la concession est nécessaire n'a pas un caractère limitatif; il appartiendra au chef de l'Etat et au conseil d'Etat consultés de se prononcer sur l'utilité des travaux et, en conséquence, d'autoriser ou de refuser l'occupation.

425. En terminant, nous ferons remarquer que les concessionnaires ont le droit d'occuper les terrains de la surface pour y établir leur exploitation, non seulement au moment où commence cette exploitation, mais encore chaque fois que la nécessité se fera sentir d'établir de nouveaux moyens d'extraction ou de perfectionner les anciens (Féraud-Giraud, t. 2, n° 551).

426. Un concessionnaire pourrait-il autoriser des tiers, tels que des propriétaires ou concessionnaires voisins, à passer sur le périmètre de la concession et à se servir des routes, canaux ou chemins de fer par lui établis, alors que ces tiers n'auraient pas obtenu le consentement des propriétaires de la surface ? Un arrêt de la cour de Bruxelles du 27 févr. 1841 (*Pasicrisie belge*, 1842, 2e part., p. 257) s'est prononcé pour la négative, et nous croyons qu'en principe, cette solution doit encore être admise. Mais il en serait autrement si les voies de communication avaient été livrées à la circulation publique conformément au cahier de charges de la concession, et après l'obtention préalable d'un décret d'utilité publique rendu par le conseil d'Etat, suivant les prescriptions de l'art. 44.

427. Un décret du 12 déc. 1884 (D. P. 85. 4. 22) a prévu et réglé les hypothèses où les travaux à exécuter pour la bonne exploitation de la mine auraient lieu dans la zone frontière (frontière politique), telle qu'elle est définie par la loi du 7 août 1851 et les décrets des 16 août 1853 et 8 sept. 1878. Les travaux entrepris en vertu des art. 43 et 44 de la loi de 1880 sont classés par le décret de 1884 dans la catégorie *travaux mixtes*, et les autorisations nécessaires, s'il y a lieu, devront être données par la commission mixte des travaux publics (Aguillon, t. 1, n° 372).

428. En dehors du droit d'occupation, le concessionnaire jouit ensuite de tous les droits afférents à la propriété et tels qu'ils sont définis par le code civil, droits qui, à l'égard du propriétaire de la surface, s'analysent en obligations pour ce dernier (*Rép.* n° 354 et *infrà*, n°s 429 et suiv.).

429. — II. Obligations des concessionnaires. — A ce sujet, il y a lieu d'étudier successivement les indemnités dues par les concessionnaires pour le préjudice causé soit par l'occupation, soit pour une autre cause, envers les propriétaires des terrains compris dans le périmètre de la concession, puis celles qui peuvent être dues, pour les mêmes causes, aux propriétaires des terrains situés hors de ce périmètre.

430. — 1° *Indemnités dues par le concessionnaire pour occupation de terrains situés dans le périmètre de la concession.* — On a vu avec quelle faveur le législateur de 1810 et celui de 1880 ont traité le concessionnaire au point de vue de l'occupation des terrains nécessaires à son exploitation : c'était équitable; mais, d'un autre côté, la situation du propriétaire tréfoncier obligé, quand bien même le dommage qui le menace serait irréparable, de subir cette occupation, devait également être prise en considération. Les art. 43 et 44, ont pour but d'assurer à ces propriétaires une juste indemnité. En fixant au double de la valeur du dommage éprouvé le montant de ces réparations, le législateur a pensé qu'il rétablissait l'équilibre entre la situation de l'exploitant et celle du propriétaire, et que, de la sorte, la balance ne pencherait pas plus dans un sens que dans l'autre.

431. L'occupation des terrains de la surface peut être temporaire ou définitive, et le taux de l'indemnité varie suivant qu'il s'agit de l'une ou de l'autre de ces deux hypothèses. — Pour que l'occupation soit qualifiée de *temporaire*, il faut : 1° qu'elle ait duré moins d'un an ; 2° que le sol, débarrassé des travaux passagers qui l'encombraient, puisse être remis en culture ; 3° que la nouvelle culture puisse être la même que l'ancienne. Si l'une quelconque de ces trois conditions manque, on ne se trouvera plus en présence d'une occupation temporaire au sens légal du mot.

432. — A. *Occupation temporaire.* — En cas d'occupation temporaire, le propriétaire des terrains occupés a droit à une indemnité fixée, par l'art. 43, à une somme égale au double du produit net annuel du terrain endommagé. La fixation de l'indemnité a pour base le produit *net*, c'est-à-dire le revenu brut, défalcation faite de tous les frais de culture ou d'entretien, nécessaires pour obtenir une récolte.

433. Quand bien même l'occupation aurait duré moins d'une année, le propriétaire aurait néanmoins droit au double du revenu net (Féraud-Giraud, t. 2, n° 568; Bury, t. 2, n° 510; Richard, n° 238).

434. L'indemnité due à un propriétaire en vertu de l'art. 43 devra-t-elle lui être payée avant la prise de possession et l'occupation du terrain? On a soutenu l'affirmative, au *Rép.* n° 341, en se fondant sur la généralité des termes de l'art. 11 de la loi de 1810; mais l'opinion généralement admise par les auteurs et la jurisprudence, et qui consiste à soutenir que le concessionnaire ne sera pas obligé de payer l'indemnité au propriétaire avant d'occuper ses terrains, à défaut de conventions contraires, paraît plus conforme à l'esprit de la législation nouvelle. « L'esprit de la loi (de 1880) et l'économie de ses dispositions, dit à ce propos M. Féraud-Giraud, t. 2, n° 597, affranchissent le concessionnaire d'un payement préalable, parce que, au lieu de poursuivre, comme l'explorateur, un résultat plus ou moins aléatoire, il offre, au contraire, par le titre dont le Gouvernement l'a investi et par la propriété qui lui est dévolue, des garanties morales et matérielles; en outre, l'incertitude sur la durée et les conséquences de l'occupation, d'après les diverses nécessités des travaux, ne permet pas toujours de fixer, avant de commencer ces travaux, le montant du dommage » (V. en ce sens, Douai, 12 mai 1857, aff. Deltombe, D. P. 57. 2. 153 ; Montpellier, 9 févr. 1882, aff. Mines de Fillols, D. P. 83. 2. 140; Aguillon, t. 1, n° 353; Bury, t. 1, n° 550 ; Krug-Basse, p. 165; de Fooz, p. 320).

435. C'est à l'Administration qu'il appartient de décider, sur la réclamation des intéressés, si l'occupation est encore ou non nécessaire ou utile à l'exploitation (Féraud-Giraud, t. 2, n° 561).

436. Lorsque l'occupation a pris fin, le concessionnaire doit rendre au propriétaire le terrain en bon état, prêt à être de nouveau livré à la culture, et, s'il ne s'est pas acquitté de cette obligation, il sera tenu de payer de ce chef au tréfoncier une indemnité spéciale, qui sera fixée au simple suivant les règles générales de l'art. 1382 c. civ. (Comp. Civ. rej. 27 janv. 1885, aff. Bally, D. P. 85. 1. 297 ; Aguillon, t. 1, n° 360).

437. D'après la jurisprudence, les indemnités dues pour occupation temporaire se prescrivent par cinq ans, contrairement à ce qu'elle décide pour les redevances tréfoncières (V. *suprà*, n° 392) : « Attendu, dit un arrêt, que d'une part, cette indemnité représentant le prix de l'occupation du sol est un revenu ; que, d'autre part, elle est payable chaque année, c'est-à-dire à des échéances périodiques ; qu'il importe peu que cette indemnité constitue une créance indéterminée ; que cette indétermination n'en laisse pas moins ouverte l'action en payement ; que, même au point de vue de l'ordre public, c'est surtout les créances indéterminées dont il importe de hâter la liquidation et le payement par la perspective d'une prescription imminente ; que dès lors elle tombe évidemment sous le coup des dispositions de l'art. 2277 c. civ. » (Lyon, 3 janv. 1857, aff. Mandard, *Recueil de Lyon*, 1857, p. 400. V. aussi Trib. Saint-Etienne, 27 févr. 1860, aff. Duvergier; 12 août 1862, aff. Garonnaire, et 22 févr. 1877, aff. Guichard, cités par Bréchignac et Michel, n° 377).

438. — B. *Occupation définitive.* — L'occupation sera considérée comme définitive, chaque fois qu'elle aura duré plus d'une année, ou que, ayant eu une durée inférieure, elle aura été telle que les champs occupés ne pourront plus recevoir la culture pratiquée par le propriétaire avant l'exploitation de la concession. — Lorsque l'occupation est définitive, le propriétaire dépossédé a le droit d'exiger que le concessionnaire achète son terrain au double de sa valeur (L. 21 avr. 1810, art. 44). Mais il n'est pas contraint de requérir cette acquisition et d'aliéner ainsi la superficie qui lui appartient (*Rép.* n° 337). Il peut, au contraire, conserver cette propriété et demander une indemnité dont le juge doit fixer le chiffre proportionnellement au dommage éprouvé par le propriétaire à raison de la diminution de valeur des terrains occupés et endommagés (Civ. rej. 27 janv. 1885, aff. Belly, D. P. 85. 1. 297. *Adde :* Féraud-Giraud, t. 2, n° 579; Bury, t. 1, n° 506 ; de Fooz, p. 329; Aguillon, t. 1, n° 358). D'après un arrêt de la cour de Nîmes, 16 janv. 1861 (1), le propriétaire a,

(1) (Bonnal *C.* Fonderies des forges d'Alais.) — La cour ; — Sur l'appel incident ; — Attendu qu'en matière de dommages causés par une exploitation de mines, les règles du droit commun ne sont pas applicables à la situation du propriétaire de la surface du sol et du concessionnaire du tréfonds; que cette situation commande au concessionnaire la réparation de tout préjudice causé au propriétaire par son exploitation, bien que cette exploitation ait eu lieu dans toutes les règles et avec toutes les précautions convenables; qu'il suit de là que la compagnie doit indemniser Bonnal du préjudice qu'elle peut lui avoir causé, quoiqu'il n'y ait à lui reprocher aucun tort d'imprudence ou d'inhabileté dans l'exécution de ses travaux; — Attendu que, soit de l'état des lieux tel qu'il est figuré par les plans produits, soit des éclaircissements fournis et de l'opinion nettement formulée par les experts officiels, soit des faits et circonstances de la cause en général, il résulte pour la cour la conviction que les dommages éprouvés par la maison de Bonnal et ses dépendances, ont pour cause les travaux d'exploitation de la mine des concessionnaires incidemment appelants ; — Attendu que, comme l'énonce le jugement, cette cause n'a pas été sérieusement con-

en pareil cas, le droit de réclamer une indemnité égale au double du produit net annuel du terrain, conformément à l'art. 43. « Cet article, dit l'arrêt, accordant le doublement de l'indemnité pour occupation ne dépassant pas une année, doit être considéré nécessairement comme accordant le même privilège au propriétaire lorsqu'il s'agit d'un dommage permanent et définitif. La faveur qui, dans l'art. 44, a fait accorder au propriétaire, dans le cas d'occupation de plus d'une année, la double indemnité, s'il force les concessionnaires à l'acquisition de son terrain, doit, à plus forte raison, avoir été étendue au cas, moins onéreux pour les concessionnaires où il ne leur est demandé que la réparation d'un dommage causé par des travaux d'exploitation ».

D'autre part, le propriétaire qui s'est d'abord contenté de l'indemnité annuelle n'en conserve pas moins le droit de contraindre, quand il le voudra, le concessionnaire à acquérir le terrain en payant le double de sa valeur.

439. Quant au concessionnaire, il n'est pas traité d'une façon aussi avantageuse : même en offrant au propriétaire un prix double de la valeur de son terrain, il ne pourra le forcer à le lui vendre, si ce propriétaire préfère simplement le lui louer. En un mot, l'exploitant ne peut en rien modifier le choix fait par le tréfoncier (*Rép.* n° 337 ; Lyon, 14 mars 1877, aff. Compagnie de Montieux, D. P. 79. 2. 5; E. Dalloz, t. 1, p. 403 ; Bréchignac et Michel, n° 378 ; Naudier, p. 304; Aguillon, t. 1, n° 359).

440. En cas de contestation, il appartient aux tribunaux civils de déterminer quelle est exactement la surface occupée, et leurs décisions sur ce point échappent au contrôle de la cour de cassation (Civ. rej. 27 janv. 1885, aff. Bally, D. P. 85. 1. 297).

441. La vente des terrains occupés, quand le propriétaire choisit ce mode d'indemnité, doit avoir lieu sur le taux du double de la valeur des terrains *au jour de l'occupation*. La loi du 27 juill. 1880, en substituant aux mots : *avant l'exploitation de la mine* du texte de 1810, ceux de *avant l'occupation*, a fait cesser une controverse, en indiquant une date précise, ne prêtant à aucune hésitation. C'est, du reste, en ce sens que le texte était généralement interprété (V. *Rép.* n° 331 ; Dalloz, t. 1, p. 401 ; Biot, p. 261).

Il a été décidé que, si le propriétaire ne force le concessionnaire à lui acheter son terrain qu'après un certain temps pendant lequel il avait préféré le revenu double, on doit se placer, pour apprécier la valeur du terrain, au jour de l'option, et non à celui de l'occupation (Lyon, 14 mars 1877, cité *suprà*, n° 439. — *Contrà :* Naudier, p. 304; Féraud-Giraud, t. 2, n°s 587 et 588).

442. Si la vente a lieu à l'amiable, l'acquéreur peut valablement s'engager à payer le prix au double de la valeur du terrain, comme dans le cas où l'acquisition lui est imposée (Req. 31 mars 1862, aff. Compagnie d'éclairage de l'Allier, D. P. 62. 1. 242). Cette solution, dans laquelle on ne trouve qu'une application du principe de la liberté des conventions, ne pouvait faire difficulté (Comp. *Rép.* n° 333).

443. La vente doit être transcrite, et les rapports du

---

testée devant les premiers juges au nom desdits concessionnaires; — Attendu que les mêmes experts, ont fait une juste évaluation des dommages qu'ils ont constatés; qu'il n'y a pas lieu de modifier cette évaluation que les premiers juges ont homologuée; — Attendu que la compagnie reconnait l'existence du dommage éprouvé par Bonnal, quant aux terres de son domaine situées à l'est de la route départementale et qu'elle lui fait, en conséquence, l'offre de 1667 fr. sans doublement, circonstance qui ajoute encore plus d'autorité aux affirmations des experts, quant aux dommages éprouvés par la maison;

Sur l'appel principal; — Attendu qu'il y avait même raison pour le législateur de fixer au double l'indemnité accordée par la loi de 1810 au propriétaire lésé, dans le cas où le dommage qu'il éprouve résulte de l'occupation de la surface de son terrain, que dans celui où, par suite des travaux d'exploitation de la mine, ce propriétaire éprouve sur cette surface des dommages qui anéantissent ou diminuent sa propriété; — Attendu que ces deux modes différents de porter atteinte à cette propriété ont absolument le même résultat pour le propriétaire; qu'il est rationnel que le législateur leur ait attribué les mêmes conséquences, quant au doublement de l'indemnité et les ait indistinctement compris dans les dispositions des art. 43 et 44 de la loi de 1810; — Attendu que le texte de ces deux articles combinés, loin de résister à cette interprétation, la consacre au moins virtuellement et d'une manière implicite; — Attendu, en effet, que le premier de ces articles, accordant le doublement de l'indemnité pour occupation ne dépassant pas une année (occupation qui n'est autre chose qu'un dommage temporaire et partiel), doit être considéré nécessairement comme accordant le même privilège au propriétaire lorsqu'il s'agit d'un dommage permanent et définitif portant une atteinte plus ou moins profonde au droit de propriété; que la faveur qui, dans l'art. 44, a fait accorder au propriétaire, dans le cas d'occupation de plus d'une année, la double indemnité, s'il force les concessionnaires à l'acquisition de son entier terrain, doit, à plus forte raison, avoir été étendue au cas moins onéreux pour les concessionnaires où il ne leur est demandé que la réparation d'un dommage causé par des travaux d'exploitation; — Attendu que le jugement entrepris n'ajoutant rien aux motifs sur lesquels étaient fondés les jugements du même tribunal qui ont été réformés par la cour, il serait sans utilité de s'occuper en détail du contrôle des arguments qu'on trouve développés dans ce jugement sur la question qui divise les parties; — Attendu que, sur cette question, la cour ne peut que persister dans sa jurisprudence qui est celle de la cour suprême, confirmée par de récents arrêts; — Attendu que cette jurisprudence et les motifs sur lesquels elle se fonde s'appliquent aussi bien au cas où le propriétaire contraint le concessionnaire en vertu de l'art. 44, à l'acquisition de son immeuble, qu'à celui où il se borne, en conservant cet immeuble, à réclamer la réparation d'un dommage souffert par suite d'une occupation de surface ou de travaux souterrains d'exploitation; — Attendu que la cession, par le propriétaire, de son terrain occupé ou endommagé, autorisée par l'art. 44 précité, n'est, dans la pensée du législateur, qu'une faculté accordée au propriétaire à titre de privilège, extensive de son droit à une double indemnité pour occupation ou dommage et qui n'a rien de réciproque en faveur du concessionnaire; — Qu'en accordant au propriétaire ce privilège plus onéreux en général pour le concessionnaire, le législateur lui a virtuellement accordé le droit de réclamer, à titre d'indemnité, sans se dessaisir de son immeuble, le double du préjudice qu'il a éprouvé, en vertu de la règle « qui peut le plus, peut le moins »; — Attendu, que, pour la première fois devant la cour, la compagnie fait valoir que Bonnal ne lui a point offert l'acquisition de sa maison ou de son entier domaine, et qu'il ne peut en conséquence prétendre qu'à une indemnité simple, en vertu du droit commun; — Attendu que cette offre, si elle eût eu pour objet le domaine entier, aurait été aussi mal fondée pour le propriétaire qu'onéreuse et inacceptable pour la compagnie; — Qu'appliquée restrictivement à la maison de Bonnal et à son emplacement, elle aurait eu pour conséquence la dépréciation notable du restant de son domaine; — Qu'à tous ces points de vue, l'exception nouvelle de la compagnie n'a rien de légal et de sérieux; — Attendu que l'expertise ordonnée par le tribunal ayant eu lieu sans opposition de la compagnie, c'est tardivement qu'elle prétend aujourd'hui que cette expertise aurait dû s'effectuer selon le mode déterminé par la loi de 1807; — Attendu, d'ailleurs, que cette loi est applicable à des cas d'expropriation, et non à des cas de dommages entraînant indemnité, pour le mode d'évaluation desquelles les seules règles à suivre sont celles de la loi de 1810 et de droit commun en matière d'expertise; — Que cette même loi n'est applicable aussi que lorsque les parties ne sont pas divisées par des contestations dont la connaissance appartient exclusivement aux tribunaux ordinaires, telles que celles dont la cour est saisie; — Attendu, au surplus, que la valeur vénale d'une maison de campagne ou d'exploitation incorporée à un domaine, ou dans les conditions particulières où se trouve la maison Bonnal, peut être autre que la valeur de construction; que, sous ce rapport encore, les experts ont sagement opéré et se sont conformés au vœu de la loi; — Attendu que la réparation du dommage dont se plaint Bonnal ne serait pas complète et telle que l'entend la loi de 1810, si cette séparation ne s'étendait pas à tous les frais et à toutes les pertes qu'il peut faire par suite de la nécessité où il se retrouve de reconstruire sa maison sur l'emplacement déterminé par les experts, ou sur tout autre à sa convenance, hors d'atteinte des travaux d'exploitation de la mine; que, par conséquent, les experts ont ajouté, avec raison, à la valeur estimative de la maison, eu égard à son état de ruine imminente le montant des dépenses et des pertes à subir pour la reconstruire ailleurs; — Attendu que la compagnie seule, a à s'imputer les conséquences de ce déplacement de la maison de Bonnal puisque, d'après les experts, cette maison ne saurait être reconstruite sans danger sur le même emplacement, si ce n'est dans deux années au moins, et puisque la compagnie ne renonce pas à pousser ses travaux d'exploitation de manière que, après ce laps de temps, tout danger ait disparu; — Par ces motifs, démet la compagnie de son appel incident, maintient les condamnations prononcées par les premiers juges; sans s'arrêter à la demande d'une expertise nouvelle, et, disant droit à l'appel principal de Bonnal, émandant quant à ce, porte au double le montant de ces condamnations, etc.

Du 16 janv. 1861.-C. de Nîmes, 1re ch.-MM. Teulon, 1er pr.-Mestre, 1er av. gén., c. conf.-Bahuel et Boyer père et fils, av.

concessionnaire à l'égard des tiers seront réglés d'après les principes du droit commun posés par la loi du 23 mars 1855, et non, comme on avait voulu le soutenir, par ceux de la loi du 3 mai 1841, sur l'expropriation pour cause d'utilité publique (Féraud-Giraud, t. 2, n° 594).

444. Lorsqu'un concessionnaire occupe un terrain non en totalité, mais en majeure partie, de telle façon que la partie non occupée en subisse un trop grave préjudice, le propriétaire peut contraindre l'exploitant à lui acheter la totalité de la parcelle. Cette disposition, introduite dans l'art. 43 par la loi de 1880, est une innovation en matière de mines; elle forme le pendant de ce qui existe pour les expropriations ordinaires pour cause d'utilité publique, où les propriétaires expropriés jouissent d'une faveur analogue. Elle se justifie d'elle-même. Quant à la question de savoir dans quels cas la propriété sera trop endommagée, elle devra être résolue en fait par les tribunaux (Lyon, 18 févr. 1883, aff. Peyret, *Recueil de Lyon*, 1883, p. 104).

445. L'obligation d'acheter, imposée par la loi au concessionnaire, s'applique également, en cas de dégâts trop considérables, aux propriétés bâties (Civ. cass. 17 juill. 1860, aff. Prat, D. P. 60. 1. 321).

446. — C. *Procédure, compétence et questions communes aux différentes hypothèses d'occupation.* — Toutes les difficultés qui peuvent s'élever entre les parties au sujet de l'occupation de terrains, de sa durée, de son étendue, et des indemnités dues, sont de la compétence exclusive des tribunaux civils, en vertu de l'art. 43 de la loi du 27 juill. 1880. La rédaction de cet article est formelle et a mis fin aux discussions et aux indécisions de la doctrine. A s'en tenir aux termes de la loi de 1810, qui renvoyait sur ce point à la loi du 16 sept. 1807 relative au dessèchement des marais, il semblait que les tribunaux administratifs dussent être compétents; mais cette conclusion, logique cependant, était loin d'être admise généralement, et beaucoup d'auteurs, voyant une erreur dans le renvoi indiqué par la loi de 1810, enseignaient que seuls les tribunaux civils devaient être compétents (*Rép.* n°s 575 et suiv.; Dupont, *Jurispr. des mines*, t. 1, p. 274; Bury, t. 1, n° 532).

447. Si le terrain a été occupé avant l'autorisation préfectorale, le propriétaire aura droit, à raison de cette prise de possession illégale, en outre du double prix, à une indemnité calculée suivant les principes de l'art. 1382 c. civ. (Req. 8 nov. 1854, aff. Chagot, D. P. 54. 1. 425).

448. Lorsqu'un propriétaire a été dépossédé de terrains lui appartenant en vertu du droit d'occupation accordé par la loi aux concessionnaires, et que cette occupation lui a causé un préjudice, non seulement sur le terrain occupé, mais aussi dans son voisinage, soit directement, soit indirectement, ce propriétaire peut-il, outre le double revenu ou le double du prix, pour la parcelle livrée à la mine, réclamer un supplément de dommages-intérêts à raison du préjudice qui résulte pour lui de l'occupation, et qui se manifeste autrement que par le dégât matériel produit sur le terrain dont il est privé? L'occupation d'un point d'un domaine, surtout lorsqu'il constitue une propriété de luxe et d'agrément, peut, en privant le propriétaire d'un revenu insignifiant, être cependant d'une nocuité excessive, quoique non exclusivement matérielle, pour le reste de sa propriété. La question revient à celle de savoir si le double du revenu ou le double du prix du terrain constitue, ou non, un véritable forfait établi par le législateur, forfait comprenant aussi bien la réparation du dommage matériel que les inconvénients indirects causés à la propriété par l'occupation. La doctrine est portée à voir, dans cette indemnité légale, un forfait proprement dit, et, en conséquence, à refuser au propriétaire d'autres sommes que celles représentant le double revenu ou le double prix, quelle que soit l'importance du dommage indirect causé par l'exploitation (V. en ce sens: Dalloz, t. 1, p. 396; Rey, p. 9). Quelques arrêts ont également adopté cette opinion (Dijon, 29 mars 1854, aff. Chagot, D. P. 54. 2. 143; Poitiers, 17 mai 1867, aff. Savary de Lepineray, D. P. 70. 1. 17, et sur pourvoi, Civ. rej. 15 nov. 1869, D. P. 70. 1. 17; Douai, 18 févr. 1888, aff. Mines de Lens, D. P. 89. 2. 8). — Mais, en général, la jurisprudence s'est prononcée dans le sens contraire; elle considère que, s'il y a un forfait, il ne s'applique qu'à la privation matérielle du terrain, et non aux conséquences préjudiciables qui peuvent résulter pour le concessionnaire d'une façon générale et sur l'ensemble de sa propriété, de cette occupation, préjudice dont il est équitable de lui donner réparation. Jugé ainsi que, si l'occupation a eu pour objet une partie d'un parc, il peut y avoir lieu, en outre du double revenu, à une indemnité annuelle, représentative du préjudice progressif résultant d'une circulation incessante de jour et de nuit, de la nécessité d'un surcroît de surveillance, de l'impossibilité temporaire de se livrer à la chasse, et de la diminution de jouissance d'agrément de l'ensemble de la propriété (Poitiers, 18 nov. 1872, aff. Bally, et 18 août 1873, même affaire, D. P. 75. 1. 349. V. aussi, dans le même sens : Nîmes, 10 févr. 1857, aff. Darhdallou, D. P. 57. 2. 212; Civ. rej. 14 juill. 1875, aff. Bally, D. P. 75. 1. 349; Lyon, 14 mars 1877, aff. Mines de Montieux, D. P. 79. 2. 5; Nancy, 3 août 1877, aff. Seillère, D. P. 80. 2. 39; Naudier, p. 296; Féraud-Giraud, t. 2, n°s 609-610).

Ce dernier auteur réserve toutefois le cas où le propriétaire a forcé le concessionnaire à lui acheter le terrain occupé. « Ce propriétaire, dit-il, nous paraît fort peu recevable à se plaindre du caractère définitif qu'il aura donné de plein gré à sa dépossession, et des ennuis et préjudices que cela va lui causer dans l'avenir pour le reste de son domaine. S'il est l'auteur volontaire du morcellement de sa propriété, s'il a créé chez lui une enclave, qui le gêne et modifie l'ensemble de sa jouissance, ce résultat est son fait et il ne saurait s'en faire un titre et y puiser le fondement d'un droit à des indemnités ».

449. — 2° *Indemnités dues par le concessionnaire pour dommages causés aux propriétaires de la surface, autrement que par occupation.* — Il est à remarquer que le législateur français, à la différence de ce qui s'est passé dans un grand nombre de législations étrangères (Loi prussienne, art. 148; Bavière; Saxe; loi sarde de 1878; Grèce, art. 33), n'a pas consacré, par des textes précis et spéciaux, la responsabilité des concessionnaires de mines à l'occasion des dégâts par eux commis à la surface de la concession, autrement que par l'occupation (Bréchignac et Michel, n° 155). Malgré ce silence de la loi, la jurisprudence s'est depuis longtemps fixée en ce sens que le concessionnaire est tenu de réparer, par des dommages et intérêts, le préjudice causé au propriétaire par ses travaux d'exploitation (*Rép.* n°s 349 et suiv.). Mais, ce point admis, restait la question de savoir si on devait faire à ce concessionnaire l'application pure et simple de l'art. 1382 c. civ. en ne le rendant responsable qu'autant qu'il y aurait eu faute ou négligence de sa part, ou si l'on devait aller plus loin en le déclarant responsable de tous les dommages causés à la surface, alors même que l'exploitation aurait été régulière et à l'abri de toute critique. Ici la jurisprudence hésita, et, pendant un certain nombre d'années, les arrêts ne portèrent condamnation contre les concessionnaires qu'autant qu'on pouvait relever dans leur exploitation une faute ou une négligence (Naudier, p. 260; Jacomy, *Etudes sur la législation des mines*, p. 237; Richard, t. 2, p. 246). La cour de cassation est allée plus loin, et, par une suite d'arrêts, desquels résulte une doctrine qui semble définitive, elle admet que le concessionnaire est responsable de tous les dégâts survenus aux terrains de la surface compris dans le périmètre de la concession, alors même qu'il n'y aurait aucune faute, même légère, à relever dans l'exploitation. Cette théorie, sévère au premier aspect, nous semble la seule admissible en pratique, car, si d'un côté l'on donne avec raison aux concessionnaires toutes les facilités pour rendre leur exploitation plus facile et plus rémunératrice, il ne faut pas, d'un autre côté, sacrifier les intérêts des tréfonciers et les obliger à supporter, sans indemnité, des dommages provenant d'une industrie dont ils n'ont pas demandé l'établissement. Forcer les propriétaires à prouver, en cas de préjudice, qu'il y a eu faute ou négligence de la part des concessionnaires, ce serait la plupart du temps leur rendre impossible tout recours et les mettre aux prises avec des difficultés sinon insurmontables du moins dont la solution serait longue et vexatoire. La concession constitue, il est vrai, une propriété, qui mérite la protection de la loi, mais il ne faut pas oublier que, si elle est constituée sur des bases analogues à celles de la propriété ordinaire, elle en diffère toutefois sur certains points, et nous croyons précisément être ici en présence d'une différence justifiée et d'un caractère propre à la propriété minière. Quant au principe sur lequel nous nous appuyons pour établir la responsabilité étendue des concessionnaires, il nous paraît juste de dire que l'art. 1382 c. civ. ne suffit pas, puisque cet article exige une faute ou une négligence, aussi reconnaissons-nous que cette responsabilité naît de l'autorité seule de la loi, *ex lege*, et de la situation respective des parties. « L'autorité de la loi, disent à ce sujet MM. Bréchignac et Michel, n° 161, là semble être en effet le fondement juridique de la responsabilité, non pas qu'il ressorte précisément de son texte, mais il se concilie mieux avec son esprit, de même qu'avec l'équité ; autrement, cette responsabilité n'existerait pas » (V. en ce sens : Req. 16 nov. 1852, aff. Mines de la Loire, D. P. 53. 1. 189 ; 3 févr. 1857, aff. Coste-Clavel, D. P. 57. 1. 193 ; Nîmes, 16 janv. 1861, *suprà*, n° 438 ; Req. 8 juin 1869, aff. Houillères de Robiac et Bessèges, D. P. 70. 1. 147 ; Comp. Nîmes, 27 févr. 1878, aff. Compagnie de Mokta-el-Hadid, D. P. 79. 2. 61 ; Lyon, 9 juin 1882, aff. Houillères de Rive-de-Gier, D. P. 84. 2. 72 ; Civ. cass. 18 juin 1883, aff. Houillères de Saint-Etienne, D. P. 83. 1. 413 ; Civ. rej. 21 juill. 1885, aff. Chemin de fer de Lyon, D. P. 86. 1. 336 ; Bréchignac et Michel, n° 158 et suiv. ; Bury, t. 1, n° 665 ; Biot, p. 284 ; de Fooz, p. 253 ; Splingard, n° 125).

La jurisprudence de la cour de cassation belge est également conforme à celle des tribunaux français (Liège, 11 avr. 1854, cité par Bury, t. 1, n° 665 ; 9 avr. 1867, aff. Roumieux, *Pasicrisie belge*, 1867. 2. 219 ; Bruxelles, 2 janv. 1865, aff. Hostelart, *ibid.*, 1866. 2. 131 ; 3 déc. 1873, cité par Bury, *loc. cit.* ; C. cass. Belgique, 30 mai 1872, aff. Société du Grand-Hordia, D. P. 74. 2. 241 ; Bruxelles, 5 janv. 1888, aff. de Borghrave, D. P. 89. 2. 226).

450. La responsabilité pesant sur les concessionnaires est très lourde, aussi la jurisprudence leur reconnaît-elle le droit de s'en exonérer chaque fois qu'ils le pourront, au moyen de conventions amiables passées avec les propriétaires de la surface et ayant pour but de restreindre cette responsabilité aux seuls cas où le préjudice causé proviendrait d'une faute ou d'une négligence dans l'exploitation (Dijon, 3 juill. 1868, aff. Mauguin, D. P. 69. 2. 38 ; Lyon, 10 janv. 1873, aff. Veuve Perrier, cité par Bréchignac et Michel n° 164 ; Civ. rej. 18 juin 1879, aff. Avril, D. P. 79. 1. 337 ; Req. 8 déc. 1880 aff. Fraisse, D. P. 81. 1. 351 ; Comp. Req. 4 janv. 1886, aff. Béal, D. P. 86. 1. 10 ; Féraud-Giraud, t. 2, n° 642 ; Bréchignac et Michel, n° 164).

451. La cour de Lyon a eu à s'occuper d'une hypothèse où les parties avaient fait une convention analogue à celles dont nous venons de parler, ayant pour objet de limiter la responsabilité au cas de faute, et dans laquelle le propriétaire de la surface, postérieurement à cet arrangement, avait vendu son terrain à un tiers. Dans cette situation, la question se posait de savoir si la clause de non-responsabilité pouvait encore être opposée par le concessionnaire au nouveau propriétaire. La cour ne l'a pas pensé ; elle a jugé que la convention ne constituait qu'un lien purement personnel et, par conséquent, tombait par suite de l'aliénation, la convention étant à l'égard de l'acquéreur *res inter alios acta*. « Considérant, dit l'arrêt, que la veuve Cognet n'a aliéné aucune partie de ses immeubles qu'elle a conservés intacts entre ses mains ; qu'elle n'a consenti sur eux aucune servitude, qu'elle n'a traité qu'au sujet d'une indemnité résultant ou pouvant résulter pour elle des agissements d'un tiers ; que le contrat ne s'applique pas directement aux rapports de la mine à la surface, mais qu'il détermine seulement les conséquences d'un fait dommageable entre l'auteur de ce fait et celui qui en a éprouvé un préjudice ; considérant qu'il faut reconnaître qu'un tel contrat, examiné dans sa cause comme dans ses effets, a tous les caractères constitutifs de la personnalité, puisque l'action sur laquelle on traite résulte du principe de l'art. 1382 c. civ., qui est essentiellement personnel... » (Lyon, 11 janv. 1883, aff. Seux, Babolat et autres, Bréchignac et Michel, n° 166).

Cette décision a soulevé, avec raison semble-t-il, de vives critiques ; car, comme le disent très bien MM. Bréchignac et Michel (*loc cit.*), « le droit qu'a la surface d'être protégée contre l'action des travaux inférieurs n'est pas fondé sur l'art. 1382 c. civ. ; les parties n'ont pas traité sur les conséquences d'une faute, autrement le traité serait nul ; la convention a uniquement sa raison d'être dans les rapports de la surface avec la mine, tels qu'ils résultent de la loi. Ce droit constitue, pour la surface, une partie intégrante d'elle-même et pour la mine une véritable servitude. La renonciation à ce droit est donc un démembrement de la propriété superficiaire et doit être considérée comme une charge réelle opposable aux tiers acquéreurs. D'ailleurs, même en ne considérant pas cette renonciation comme une charge réelle et une servitude, il n'y en aurait pas moins là une de ces conventions faites en vue de la chose, qui, aux termes des principes universellement admis, sont opposables aux ayants cause à titre particulier, tout aussi bien qu'aux tiers, pourvu qu'elles aient date certaine ». Le tribunal civil de Saint-Etienne et la cour de Lyon elle-même s'étaient prononcés antérieurement en sens opposé (Trib. Saint-Etienne, 7 déc. 1847, aff. Consorts Guétat, et 15 févr. 1858, aff. Béal, cités par Bréchignac et Michel, n° 166 ; Lyon, 29 juin 1855, aff. Douzel, *Recueil de Lyon*, 1855, p. 355 ; 10 janv. 1873, cité *suprà*, n° 450.

452. La responsabilité du concessionnaire existe donc relativement à tous les dommages causés aux terrains de la surface, même sans sa faute ou sa négligence, soit par des travaux souterrains, éboulements ou fissures, soit à la suite de l'exploitation sur le sol. Quant aux dommages-intérêts à payer par le concessionnaire, ils devront égaler le préjudice causé et en comprendre la réparation intégrale, sans toutefois qu'il soit possible de les porter au double de leur estimation exacte, comme cela a lieu dans le cas d'occupation. La loi de 1880 est formelle à cet égard, et elle a rendu impossible toute discussion sur ce point ; mais la question avait autrefois divisé la jurisprudence. S'appuyant sur le silence de la loi, et raisonnant par analogie avec ce qui a lieu dans le cas d'occupation, de nombreux arrêts avaient admis que l'indemnité à verser par le concessionnaire devait être portée au double de la valeur du préjudice causé (V. Req. 23 avr. 1850, aff. Chagot, D. P. 50. 1. 140 ; 22 déc. 1852, aff. Rambourg, D. P. 53. 1. 93 ; Riom, 2 févr. 1855, aff. Bougaret, D. P. 57. 2. 145 ; Nîmes, 10 févr. 1857, aff. Darhdallon, D. P. 57. 2. 213 ; Civ. cass. 2 déc. 1857, aff. Auloq, D. P. 57. 1. 434 ; Dijon, 24 mars 1858, aff. Mines de Blanzy, D. P. 60. 1. 326 ; Nancy, 7 juill. 1858, aff. Mines de Blanzy, D. P. 61. 2. 162 ; Nîmes, 15 déc. 1858, aff. Roumestant, D. P. 59. 2. 47 ; 16 janv. 1861, *suprà*, n° 438 ; Civ. cass. 17 juill. 1860, aff. Prat, D. P. 60. 1. 321 ; Civ. rej. 17 juill. 1860, aff. Mines de Blanzy D. P. 60. 1. 325. Req. 15 mai 1861, aff. Mines de Saint-Eugène, de Fooz, p. 329. — *Contrà* : Dijon, 29 mars 1854, aff. Chagot, D. P. 54. 2. 143 ; 21 août 1856, aff. Mines de Blanzy, D. P. 57. 2. 6 ; Lyon, 5 août 1858, aff. Prat, D. P. 59. 2. 7 ; 2 juill. 1859, aff. Perret et Serre, D. P. 60. 2. 104 ; Grenoble, 20 mars 1861, aff. Prat, D. P. 61. 2. 185). A la suite de ce dernier arrêt, la question vint devant la cour de cassation toutes chambres réunies, et la cour suprême adopta, dans cet arrêt solennel, le système de l'indemnité au simple, qui devait être consacré par la loi du 27 juill. 1880 (Ch. réunies rej. 23 juill. 1862, aff. Prat, D. P. 62. 1. 257, et la note de M. Edouard Dalloz). Cet arrêt a fixé la jurisprudence (*Adde*, dans le même sens : Civ. cass. 4 août 1863, aff. Lardy, D. P. 63. 1. 352 ; 18 nov. 1863, aff. Mines de Blanzy, D. P. 63. 1. 445 ; Toulouse, 17 janv. 1866, aff. Lardy, D. P. 66. 2. 4 ; Req. 7 avr. 1868, aff. Sauzéas, D. P. 68. 1. 217 ; Dijon, 2 juill. 1874, aff. Boucaud, D. P. 75. 2. 86).

453. L'indemnité doit donc être adéquate au préjudice causé ; elle comprendra le *damnum emergens* et le *lucrum cessans*, appréciés au moment où s'est produit le préjudice. Dans le cas, par exemple, où, par suite des travaux intérieurs de la mine, le propriétaire de la surface est obligé de reconstruire sa maison sur un autre emplacement, il a été jugé que la réparation doit comprendre, outre la valeur estimative de l'édifice, les frais et pertes de toute nature que peut entraîner pour lui la nécessité de cette reconstruction (Nîmes, 16 janv. 1861, *suprà*, n° 438).

La réparation du dommage consistera, le plus souvent, en une somme d'argent : toutefois rien n'empêche les tribunaux d'ordonner l'exécution de certains travaux, à la condition, néanmoins qu'ils ne soient pas en contradiction avec les prescriptions de l'Administration (Req. 15 mai 1861, aff. Mines de Saint-Eugène, D. P. 61. 1. 329). — Quand les indemnités sont fixées en argent, elles peuvent affecter soit la forme d'une somme unique une fois donnée, soit celle d'une rente annuelle et temporaire (Req. 7 juin 1869, aff. Daniel, D. P. 71. 1. 117; 4 janv. 1886, aff. Béal, D. P. 86. 1. 10).

454. Les dommages donnant lieu à une indemnité au profit du propriétaire peuvent résulter de causes très diverses. Ainsi une indemnité est due aux propriétaires, dans le cas où l'inondation d'un terrain voisin, par les eaux provenant de l'épuisement de la mine, cause une dépréciation permanente au fonds situé en dehors du périmètre de l'occupation, lorsque, par exemple, elle a eu pour résultat la conversion d'une forêt de chêne en une forêt de tremble et autres bois blancs (Dijon, 2 juill. 1874, cité *suprà*, n° 452);... lorsque le même fonds est endommagé par l'envahissement de la fumée des machines (Même arrêt);... dans le cas où les eaux saines du tréfoncier auraient été altérées par les infiltrations d'eaux corrompues provenant de l'exploitation (Req. 5 déc. 1887, aff. Houillères et fonderies de l'Aveyron, D. P. 88. 1. 205). — Une difficulté avait été soulevée, au sujet de cette dernière cause de dommage, dans l'espèce sur laquelle a statué l'arrêt précité du 5 déc. 1887. Le concessionnaire de la mine invoquait, pour échapper à toute responsabilité, l'art. 21 de la loi du 12 juill. 1791, aux termes duquel « l'indemnité dont il vient d'être parlé... s'entend seulement des non-jouissances et dégâts occasionnés dans les propriétés par l'exploitation des mines, tant à raison des chemins que des lavoirs, fuites des eaux et tout autre établissement de quelque nature qu'il soit, dépendant de l'exploitation, *sans cependant que ladite indemnité puisse avoir lieu lorsque les eaux seront parvenues aux ruisseaux, fleuves et rivières*. Mais la cour de cassation a écarté l'autorité de ce texte, en déclarant que la loi du 21 avr. 1810, qui a substitué au système de l'exploitation temporaire celui de la propriété personnelle de la mine, et réglé sur des bases nouvelles les relations du propriétaire du tréfonds avec le propriétaire de la surface, a, par cela même, implicitement abrogé la loi antérieure sur la matière, du 12 juill. 1791; que, par suite, il n'y a pas lieu de se reporter à cette ancienne loi pour y rechercher si les riverains d'un ruisseau dans lequel se déversent les eaux provenant de la mine peuvent prétendre à une indemnité, en se fondant sur ce que lesdites eaux seraient chargés de principes nuisibles, et rendraient impossibles soit les arrosages, soit les usages domestiques antérieurement pratiqués.

Il a, d'ailleurs, été reconnu, d'autre part, que le simple voisinage d'une mine ne suffit pas pour motiver, à lui seul et d'une manière générale, une action en dommages-intérêts, alors que le demandeur ne spécifiait aucun préjudice particulier résultant de cet établissement minier (Trib. Saint-Etienne, 18 mai 1869, aff. Loyaud, cité par Bréchignac et Michel, n° 386). De même, les concessionnaires ne sont pas responsables du passage répété de leurs ouvriers au travers des fonds voisins, ces propriétés n'étant pas et ne pouvant être sous leur surveillance (Trib. Saint-Etienne, 16 janv. 6 févr., 17 mars 1866, 20 juin 1871, *ibid.*).

455. La question d'indemnité s'est posée d'une façon fort importante dans l'hypothèse où, par suite des travaux d'exploitation, un concessionnaire aurait coupé les eaux de source dont jouissait le propriétaire de la surface, alors qu'elle venait au jour dans la propriété de ce dernier. Le propriétaire a-t-il, dans ce cas, droit à une indemnité? La doctrine et la jurisprudence s'accordent, sauf de très rares exceptions, pour reconnaître ce droit au propriétaire, toutes les fois que le terrain dans lequel se trouvait la source est situé dans l'intérieur du périmètre de la concession (V. Req. 8 juin 1869, aff. Thomas et Chamboredon (2 arrêts), D. P. 70. 1. 147; Civ. cass. 12 août 1872, aff. Forges de Tamaris, D. P. 72. 1. 369; Nîmes, 27 févr. 1878, aff. Compagnie de Mokta, D. P. 79. 2. 61; Dijon, 18 févr. 1879, aff. Schistes des Abots, D. P. 81. 2. 88; Riom, 21 févr. 1881, aff. Compagnie de Pontgibaud, D. P. 81. 2. 113; Civ. cass. 27 janv. 1885, aff. Houillères de Faymoreau, D. P. 85. 1. 297; Conf. Dalloz, t. 1, n° 415; Bury, t. 1, n° 676; Féraud-Giraud, t. 2, n° 627; Dupont, *Jurispr. des mines*, t. 1, p. 281). — Le chiffre de l'indemnité à verser au propriétaire est fixé souverainement par les tribunaux, sans revision possible par la cour de cassation (Civ. cass. 27 janv. 1885, précité).

Cette solution a été vivement contestée par M. Jaccomy, p. 236. Suivant cet auteur, on doit appliquer ici les principes généraux du code civil, en matière de propriété de sources, et reconnaître, par suite, au concessionnaire, le droit de couper les eaux du tréfoncier, et cela sans indemnité. Mais, en appliquant ainsi à deux propriétés *superposées* les principes établis pour deux propriétés *voisines*, on confond deux situations très différentes; aussi l'opinion de M. Jaccomy est-elle restée isolée.

456. Au reste, la responsabilité du concessionnaire doit être restreinte à la captation ou à la disparition des sources; et l'on ne pourrait lui réclamer aucune indemnité dans le cas où il s'agirait d'eaux qui, après avoir rempli des vides créés par l'exploitation des gisements, s'écouleraient naturellement à la surface, ou y arriveraient par des galeries d'écoulement (Trib. Saint-Etienne, 8 févr. 1858; 7 juin 1858; 26 déc. 1859; 23 févr. 1863; 13 août 1874; 25 mai 1881, cités par Bréchignac et Michel, n° 205; Lyon, 20 déc. 1860, aff. Mines de la Chazotte, *Recueil de Lyon*, 1861, p. 108; 29 juin 1877, aff. Marandon, *Moniteur judiciaire*, 18 sept. 1877).

457. Les concessionnaires sont également tenus de réparer les dommages causés dans l'intérieur du sol qui, ne faisant pas partie de la mine, est resté la propriété du titulaire de la surface. C'est ainsi qu'il a été jugé que l'exploitant d'une mine devait indemnité pour des tuyaux ou conduites placés dans le sol, et brisés par suite des affouillements nécessités par l'exploitation (Lyon, 20 mars 1852 et Req. 16 nov. 1852, aff. Mines de la Loire, D. P. 53. 1.189).

458. Les titulaires de concessions de mines sont encore responsables des dégradations causées aux constructions élevées sur le sol du périmètre par le propriétaire superficiaire, et il n'y a pas à distinguer suivant que ces constructions sont antérieures ou postérieures à la concession de la mine, et même au commencement de l'exploitation. (*Rép.* n° 203; Lyon, 23 mai 1856, aff. Coste Clavel, et sur pourvoi, Req. 3 févr. 1857, D. P. 57. 1. 193, et la note; 17 juin 1857, aff. Chagot, D. P. 57. 1. 275, Lyon, 4 mai 1871, aff. Houillères de Saint-Etienne, D. P. 71. 2. 108; Civ. rej. 21 juill. 1885, aff. Houillères de Rive-de-Giers, D. P. 86. 1. 336; Delebecque, p. 744; Bréchignac et Michel, n° 169; Richard, n° 150; de Fooz, n° 312; Splingard, n° 106; Féraud-Giraud, t. 2, n° 640; Bury, t. 1, n° 662).

459. Les auteurs apportent cependant un tempérament à la règle touchant la responsabilité des concessionnaires, en enseignant qu'aucune indemnité ne serait due dans le cas où les constructions, inutiles pour le propriétaire, n'auraient été élevées par lui que dans le but de nuire indirectement à l'exploitation (Féraud-Giraud, t. 2, n° 640; Aguillon, t. 1, n° 386; V. Conf. Lyon, 26 juin 1869, aff. Houillères de Saint-Etienne, Bréchignac, et Michel, n° 172).

460. Le concessionnaire est tenu de consolider les terrains de la surface destinés à être bâtis, ou au moins de prévenir le propriétaire du défaut de solidité du sol. A défaut d'avoir pris ces précautions, le concessionnaire est responsable des dégradations causées par son exploitation aux constructions élevées à la surface, même postérieurement à la concession de la mine (Lyon 4 mai 1871, aff. Houillères de Saint-Etienne, D. P. 71. 2. 108; Conf. *Rép.* n°s 203, 204, 208 et suiv.; Dalloz, t. 1. p. 411 et suiv.; Delebecque, t. 2, n°s 744 et suiv ; Lyon, 4 déc. 1885, aff. Bel, *Revue législ. des mines*, 1886, p. 25).

461. D'après M. G. Dumont (*Des affaissements du sol produits par l'exploitation houillère*, p. 250), les caractères principaux auxquels on reconnaît les dégradations causées aux constructions par les exploitations houillères sont : 1° la direction des lézardes, qui doit être parallèle à la limite des travaux d'exploitation; 2° le surplomb des murs du côté des parties déhouillées; 3° le dénivellement des planchers et leur inclinaison du côté des travaux; 4° l'existence de lézardes à la base même de la construction; 5° l'époque d'apparition du mouvement superficiel, qui ne doit pas se montrer plus d'un an après l'exploitation; 6° la continuation de ce mouvement pendant plusieurs années; 7° la simultanéité du même mouvement dans un grand nombre d'habitations voisines, qu'elles soient de construction récente ou ancienne; 8° enfin l'absence de malfaçons pouvant expliquer les dégradations produites. Ces différentes circonstances démontrées constitueront des présomptions graves et sérieuses à l'appui de la demande du propriétaire, lorsqu'il sera impossible d'apporter une preuve directe et irrécusable.

462. Il a été jugé que, si les dépenses occasionnées par la consolidation du terrain préalablement à la construction étaient ou coûteuses ou impossibles, le concessionnaire pourrait acheter du propriétaire une servitude *non ædificandi* (Lyon, 4 mai 1871, aff. Houillères de Saint-Etienne, D. P. 71. 2. 108; Nîmes, 11 juill. 1877, aff. Castanier, *Annales des mines*, 1879, p. 147; Aguillon, t. 1, n° 386; Bréchignac et Michel, n° 174).

463. Outre le cas de démolition totale des bâtiments, il peut être dû une indemnité pour de simples réparations rendues nécessaires à la suite des travaux d'exploitation, ou encore pour la dépréciation générale subie par des bâtiments qui, bien que réparés, n'ont pas retrouvé leur solidité primitive, ou sont dépréciés par le discrédit que l'instabilité du sol jette sur les propriétés atteintes par les mouvements du sol et dont l'aliénation est ainsi rendue plus difficile (Bréchignac et Michel, n° 175).

464. On s'est demandé si l'indemnité due au propriétaire du sol pour dégâts de mines constitue une charge réelle et peut être exigée non seulement de l'exploitant qui a causé le dommage, mais aussi du concessionnaire actuel, mais en général la jurisprudence se prononce pour la négative et le cessionnaire de l'exploitant en faute ne sera jamais tenu de ces dommages et intérêts, à moins que telles n'aient été les conditions de la cession (Civ. cass. 5 avr. 1870, aff. Trié, D. P. 71. 1. 234; Bruxelles, 26 juill. 1869, *Pasicrisie belge*, 1870. 2. 69; Dijon, 14 juin 1877, aff. Guyot, D. P. 90. 1. 473, note; 28 mars 1879, aff. Mines de houille de la Chapelle, D. P. *ibid.*; Bury, t. 1, n° 710; Krug-Basse, p. 172; Civ. rej. 25 févr. 1890, aff. Mines de Beaubrun, D. P. 90. 1. 473. — V. toutefois Caen, 26 juill. 1876 (1); Aguillon, t. 1, n° 389).

465. — 3° *Indemnités dues par le concessionnaire pour dommages causés aux propriétés non comprises dans le périmètre de la concession.* — L'exploitation d'une mine peut occasionner des dégâts parfois considérables, non seulement aux fonds situés dans l'intérieur du périmètre de la concession, mais encore à ceux placés à l'extérieur de ce même périmètre, et il est de toute justice que les propriétaires de ces terrains obtiennent une réparation du préjudice par eux subi. Si le concessionnaire veut occuper des terrains dans cette condition, nous rappellerons qu'aux termes de l'art. 44 de la loi du 27 juill. 1880, il ne le peut qu'après avoir obtenu au préalable un décret constatant l'utilité publique des travaux à entreprendre, et avoir suivi les règles de dépossession et d'indemnité de la loi du 3 mai 1841. La somme versée ne sera donc pas le double prix, mais simplement le montant exact de la valeur actuelle du terrain (*suprà*, n° 410).

466. Quant aux dégâts autres que ceux résultant de l'occupation, ils donnent lieu à indemnité au profit des propriétaires; mais ici l'exploitant, dans ses rapports avec les tiers lésés, ne doit être considéré que comme un voisin ordinaire, et, par conséquent, la situation doit être réglée uniquement d'après les principes généraux de l'art. 1382 c. civ., c'est-à-dire que l'indemnité à allouer au propriétaire ne devra lui être accordée qu'autant que, de la part de l'exploitant, il y aura eu faute ou négligence dans les travaux d'extraction (Req. 12 août 1872, aff. Maurin, D. P. 72. 1. 369).

467. La question des indemnités dues aux propriétaires des fonds voisins est de la plus haute importance pratique, lorsqu'il s'agit de savoir si un concessionnaire a le droit de couper les eaux dont jouissait auparavant un propriétaire dont le fonds est situé en dehors du périmètre de concession. On a vu, *suprà*, n° 455, que l'on est d'accord pour rendre le concessionnaire responsable dans le cas où la source sort à la surface de la concession; mais ici la jurisprudence et la doctrine sont divisées; les arrêts, en majorité, appliquent au concessionnaire et au propriétaire les règles ordinaires du voisinage, telles qu'elles sont fixées par le code civil et, en conséquence, autorisent l'exploitant à capter toutes les eaux qu'il rencontre dans la concession, sans être tenu d'indemniser les propriétaires voisins dont les parcelles sont en dehors du périmètre, chacun, aux termes de la loi, restant maître de disposer à son gré des eaux trouvées dans le tréfonds (V. en ce sens : Trib. Saint-Etienne, 26 déc. 1859, aff. Tezenas, et 17 juin 1881, aff. Sigrand, cités par Bréchignac et Michel, n° 207; Liège, 10 janv. 1867, aff. Farcy, D. P. 71. 2. 145; C. cass. Belgique 4 févr. 1869, *Belgique judiciaire*, 1869, p. 305; Req. 12 août 1872, aff. Maurin, D. P. 72. 1. 369; Dijon, 18 févr. 1879, aff. Déruty, D. P. 81. 2. 88; Nîmes, 27 févr. 1878, aff. Compagnie de Mokta-el-Hadid, D. P. 79. 2. 61; 14 janv. 1873, aff. Villesèche, D. P. 74. 2. 245; Riom, 21 févr. 1881, aff. Mines de Pontgibaud, D. P. 81. 2. 133; Jacomy, p. 236).

L'opinion contraire semble dominer dans la doctrine, qui enseigne que, même dans cette situation, le concessionnaire doit encore indemnité, au propriétaire privé, des eaux dont il jouissait (Bury, t. 1, n° 676; Biot, p. 283; Naudier, p. 258; Chevalier, p. 142; Splingard, n° 112; Trib. Saint-Etienne, 30 juin 1884, aff. Meyne, *Moniteur judiciaire* 13 nov. 1884).

En Belgique, d'après la jurisprudence la plus récente, on ne rend l'exploitant responsable qu'autant que la source tarie se trouvait dans le voisinage immédiat de la concession, cette question de proximité étant d'ailleurs laissée à l'appréciation des tribunaux (Bruxelles, 30 janv. 1871, aff. Société du Grand-Bordia, D. P. 74. 2. 241; Liège, 29 févr. 1884, aff. Société de Védrin, D. P. 85. 2. 187; C. cass. Belgique, 11 avr. 1885, aff. Welmakers, D. P. 85. 2. 275).

La nouvelle rédaction de la loi est muette sur la question; mais, si l'on examine l'exposé des motifs et l'ensemble des discussions, il semble bien que le Gouvernement considérait la question comme tranchée dans le sens de la doctrine consacrée par la cour de cassation française.

468. L'obligation d'indemniser les propriétaires voisins à raison du tarissement des eaux peut valablement être imposée à un concessionnaire par un article du cahier des charges annexé à l'acte de concession (C. cass. Belgique, 30 mai 1872, aff. Société du Grand-Bordia, D. P. 74. 2. 241). Il a été jugé, à ce propos, qu'en Belgique, cette obligation résultait suffisamment de l'art. 2 du cahier des charges portant que le concessionnaire devra conduire les travaux de manière à ne pas nuire aux habitations ou aux eaux utiles de la surface (Bruxelles, 30 janv. 1871, aff. Société du Grand-Bordia, D. P. 74. 2. 241).

469. La loi du 27 juill. 1880 s'est occupée, par un texte nouveau et spécial, d'assurer la protection des sources dont les eaux alimentent des agglomérations communales ou

(1) (Fouet C. Leprovost.) — LA COUR ; — Attendu que la faculté de tout faire sur la propriété est limitée par la nécessité de respecter et de laisser intacte la propriété voisine; que ce principe tutélaire de toute société est écrit dans l'art. 544 c. civ., et que le législateur en fait lui-même l'application dans l'art. 476 du même code; qu'à la vérité, cette dernière disposition législative ne s'occupe pas des inconvénients qui peuvent résulter pour un fonds bâti ou non bâti, du voisinage d'une carrière ou excavation analogue pratiquée sur le fonds voisin; — Mais que l'art. 674 est simplement énonciatif et non limitatif, et que là où les raisons de décider sont les mêmes, la même règle doit être suivie; — Qu'il résulte de ce qui précède qu'il y a entre tous les héritages contigus des obligations réciproques et corrélatives adhérentes au sol lui-même et indépendantes de la personne qui le détient; en un mot de véritables obligations réelles, dont le propriétaire du fonds lésé a le droit de poursuivre l'exécution sur le fonds voisin représenté par son propriétaire actuel quel qu'il soit, sans avoir à rechercher si l'état préjudiciable dans lequel a été mis ce fonds provient de ce propriétaire actuel ou de ses prédécesseurs; — Que dans ce cas, en effet, l'acquéreur n'est pas fondé à se plaindre de la responsabilité qui lui incombe parce qu'il a connu, en achetant, le vice de l'immeuble acquis par rapport à l'immeuble contigu, et qu'il a su ou dû savoir qu'il pourrait être forcé de remettre le premier de ces immeubles dans l'état exigé par les lois ou usages du voisinage; — Attendu qu'il ne serait affranchi de cet engagement, grevant son acquit, qu'autant qu'il se serait écoulé plus de trente ans depuis que le propriétaire préjudicié aurait connu ou pu connaître le fait occasionnant le dommage; — Par ces motifs; — Infirme, etc.

Du 26 juill. 1876.-C. de Caen, 1re ch.-MM. Champin, 1er pr.-Soret de Boisbrunet, av. gén. Carel et Desruisseau, av.

des établissements publics même situés en dehors du périmètre de la concession. Le nouvel art. 50, d'après cette loi, est ainsi conçu : « Si les travaux de recherche ou d'exploitation d'une mine sont de nature à compromettre la sécurité publique, la conservation de la mine, la sécurité des ouvriers mineurs, la conservation des voies de communication, celle des eaux minérales, la solidité des habitations, l'usage des sources qui alimentent des villes, villages, hameaux et établissements publics, il y sera pourvu par le préfet ». Désormais, dès que les travaux d'exploitation d'une mine pourront avoir pour résultat de compromettre la conservation des eaux alimentant des communes, le préfet devra prendre toutes les mesures que réclamera la situation, et l'arrêté qu'il publiera à cette occasion aura force exécutoire. Avant 1880, aucune mesure préventive ne pouvait être prise en ce sens, et le conseil d'Etat ne permettait pas d'insérer dans les actes de concession des règles destinées à déterminer les rapports entre les concessionnaires et les propriétaires de sources (V. Rapport de M. Brossard à la Chambre des députés, D. P. 81. 4. 35, note 2).

470. Les sources visées par l'art. 50 sont toutes celles alimentant des villes, villages ou hameaux, ainsi que les établissements publics, à la seule condition que les fontaines qui les reçoivent aient un caractère public et soient accessibles à tous les habitants de la commune ou d'une section de la commune. L'art. 50 protège non seulement les sources destinées à fournir l'eau potable, mais encore toutes les autres eaux servant aux différents usages et services publics, ainsi les eaux d'arrosage, de lavage, des bouches d'égout ou d'incendie, etc. Le rapport présenté par M. Brossard ne laisse aucun doute à ce sujet.

471. Le concessionnaire d'une mine est également responsable, envers les propriétaires dont les fonds sont situés en dehors du périmètre de la concession, du dommage causé à ces derniers par l'action corrosive des eaux qui, amenées artificiellement à la surface et employées à des manipulations industrielles, sont ensuite rejetées sur leur propriété, qu'elles frappent de stérilité (Req. 9 janv. 1856, aff. De Grimaldi, D. P. 56. 1. 55). Et il importe peu que ces eaux n'arrivent sur lesdits fonds qu'après s'être confondues, en le corrompant, dans un cours d'eau dont ils sont riverains. La même solution a été admise, comme on l'a vu *suprà*, n° 454, en ce qui concerne les propriétés situées dans le périmètre de la concession : ici l'argument tiré de la loi du 12 juill. 1791 était sans application, cette loi ne concernant que les propriétaires de la surface de la mine (V. D. P. 88. 1. 205, note).

472. — 4° *Dispositions communes à toutes les indemnités dues par les concessionnaires.* — Aux termes de l'art. 43 nouveau (L. 27 juill. 1880), toutes les difficultés relatives aux indemnités dues devront être portées devant les tribunaux civils. Avant 1880, la question était discutée, mais pourtant déjà résolue généralement dans le même sens (V. Cons. d'Et. 12 août 1854, aff. De Grimaldi, *Rec. Cons. d'Etat*, p. 778; 7 mai 1863, aff. Sauzéas, *ibid.*, p. 424; 14 avr. 1864, aff. Denier, *ibid.*, p. 348).

Les tribunaux civils de première instance sont seuls compétents, quel que soit le taux de la réclamation, et il a été jugé qu'en aucun cas les affaires ne pourraient être déférées aux juges de paix, même pour dégâts aux champs (Req. 14 janv. 1857, aff. Mines d'Anzin, D. P. 57. 1. 154; Dijon, 21 août 1856, aff. Mines de Blanzy, D. P. 57. 2. 6).

473 L'action en dommages-intérêts intentée contre un concessionnaire est une simple action personnelle et mobilière. Jugé, en conséquence, que, sous un régime de communauté, le mari a seul le droit de toucher ces indemnités et d'en donner quittance (Trib. de Mons, 17 janv. 1884, aff. Meunier, *Revue législ. des mines*, 1885, p. 166).

474. Les propriétaires de la surface ont le droit de poursuivre le payement des indemnités à eux dues par tous les moyens légaux, mais ils ne jouissent d'aucun privilège spécial pour assurer ce remboursement (Bury, t. 1, n° 519; Féraud-Giraud, t. 2, n° 601).

475. Les indemnités sont dues par le concessionnaire, alors même que la mine est abandonnée et les travaux d'exploitation suspendus (Req. 18 juin 1883, aff. Houillères de Saint-Etienne, D. P. 83. 1. 413).

476. Les indemnités ne se prescrivent que par trente ans en principe; mais il en serait autrement dans le cas où une indemnité aurait revêtu le caractère d'une prestation ou rente annuelle fixe; chaque versement périodique se prescrirait alors par cinq ans (Bury, t. 1, p. 520; de Fooz, p. 328).

477. Si le propriétaire de la surface a loué les terrains sur lesquels les dommages ont été causés, M. Féraud-Giraud, t. 2, n° 605, estime que l'indemnité devra quand même être versée au propriétaire, sauf à ce dernier à tenir compte à son locataire ou fermier de la privation de jouissance par eux supportée (Douai, 18 févr. 1888, aff. Mines de Lens, D. P. 89, 2. 8; Bury, t. 1, n° 513; Bréchignac, et Michel, n° 371).

478. Lorsque la surface de la concession est grevée d'un usufruit, on admet, en général, que c'est l'usufruitier qui aura le droit de réclamer l'indemnité due par l'exploitant, car le nu propriétaire, privé momentanément de la jouissance, n'a aucune qualité pour se prévaloir de ce droit. Toutefois, si le dommage atteignait en même temps la jouissance et la propriété elle-même, nous croyons que l'indemnité totale devrait être partagée proportionnellement aux droits de chacune des parties. Dans le cas où le nu propriétaire a réclamé, d'accord avec l'usufruitier, l'achat du terrain par le concessionnaire, l'usufruit se reportera sur le prix ainsi obtenu; si l'usufruitier refuse d'accéder à cette proposition, le nu propriétaire ne pourra réaliser l'opération qu'après l'extinction de l'usufruit (Féraud-Giraud, t. 2, n° 604).

479. Si le concessionnaire a loué sa concession, on est d'accord pour reconnaître, comme nous l'avons admis au *Rép.* n° 340, qu'il demeure responsable envers les propriétaires tréfonciers des dégâts et préjudices causés par l'exploitation de son fermier (Bury, t. 1, n° 549; Aguillon, t. 1, n° 393. — Comp. *infrà*, n° 510).

480. Pour empêcher le retour des accidents survenus dans l'exploitation, les tribunaux pourraient, sans dépasser la limite de leurs pouvoirs, *et à la seule condition de se renfermer dans les termes de la concession et des règlements ou arrêtés administratifs*, ordonner l'exécution de travaux conservatoires ou préservatifs, notamment prescrire l'établissement d'un mur pour retenir des remblais dont l'éboulement imminent amènerait des dégâts sérieux, ou encore l'établissement de barrières le long d'un chemin de fer d'exploitation (Req. 23 avr. 1850, aff. Chagot, D. P. 50. 1. 150; Cons. d'Et. 12 août 1854, aff. De Grimaldi, *Rec. Cons. d'Etat*, p. 778; Req. 17 juin 1857, aff. Chagot, D. P. 57. 1. 275; 15 mai 1861, aff. Mines de Saint-Eugène, D. P. 61. 1. 329; Comp. Civ. rej. 5 mars 1884, aff. De Grimaldi, D. P. 85. 1. 157; Féraud-Giraud, t. 2, n° 619; Dufour, n° 98).

481. Si les dégâts remontent à une époque antérieure à la concession, le concessionnaire n'en peut être déclaré responsable. Dans cette hypothèse, si le dommage ne se manifeste que pendant l'exploitation, la jurisprudence est hésitante, et quelques décisions se prononcent pour la responsabilité du concessionnaire, en se fondant sur cette considération que l'exploitant, recueillant le bénéfice de l'extraction, doit également en supporter les charges (Trib. Saint-Etienne, 31 mai 1825, 25 févr. 1862, 27 déc. 1865, et Lyon, 11 août 1866, aff. Deville, cités par Bréchignac et Michel, n° 221. — *Contrà :* Trib. Saint-Etienne, 21 juin 1864, 9 févr. 1878 et 27 févr. 1878, cités *ibid.*).

482. En cas d'aliénation définitive de la mine, le cédant est tenu de réparer tous les dégâts commis jusqu'au jour de la cession, sans qu'il soit jamais responsable ni passible de poursuites par le fait de son acquéreur (*Rép.* n° 340; Trib. Saint-Etienne, 16 juin 1885, aff. Oudin, cité par Bréchignac et Michel, n° 225; de Fooz, p. 315; Bury, t. 1, p. 548 et 708).

483. Si les terrains endommagés de la surface changent de propriétaire, le nouvel acquéreur, sauf convention contraire formelle, n'aura pas le droit d'exiger les indemnités dues du chef des dégâts causés et qui ne sont dues qu'à son cédant (Douai, 1er juill. 1884, *Revue de législ. des mines*, 1885, p. 35; Féraud-Giraud, t. 2, n° 620).

484. L'acquéreur d'une concession n'est, en principe, tenu que des dégradations commises à la surface depuis le jour de la cession, et on ne saurait le rendre responsable des dommages causés par le précédent concessionnaire, qui seul devra être poursuivi de ce chef. Néanmoins, si le cessionnaire utilisait les travaux établis par son cédant et qui avaient été la cause du préjudice, il serait tenu jusqu'à concurrence du profit qu'il en a retiré (Bury, t. 1, p. 711; Dijon, 14 juin 1877, aff. Guyot, et 28 mars 1879, aff. Du Bost, D. P. 90. 1. 473, note). Si le dommage n'apparaît qu'après la prise de possession par un nouveau concessionnaire, les poursuites pourront être dirigées contre ce nouvel acquéreur, quitte à lui d'intenter contre son vendeur tel recours que de droit (Trib. Autun, 20 mars 1877, aff. Grillot; Saint-Etienne, 31 mars 1887, aff. Griot, cités par Bréchignac et Michel, n° 223; Civ. rej. 25 févr. 1890, aff. Mines de Beaubrun, D. P. 90. 1. 473; Splingard, n° 104).

485. Si les dégâts proviennent de faits illicites commis dans une concession par d'autres personnes que le concessionnaire, celui-ci n'en est pas responsable, si sa surveillance a été vigilante et telle qu'elle devait être comprise; il en est ainsi dans le cas, par exemple, de galeries creusées sous la concession voisine à l'insu du propriétaire. Toutefois, d'après M. Aguillon, t. 1, n° 391, chaque fois que l'auteur de ces délits ne serait pas connu, le concessionnaire pourrait être poursuivi et ce serait à lui de prouver que les travaux illicites ne lui sont pas imputables (Trib. Saint-Etienne, 1er févr. 1864, aff. Desgaches, et Lyon, 19 nov. 1869, cités par Aguillon, *eod. loc.*).

486. — III. OBLIGATIONS DES PROPRIÉTAIRES SUPERFICIAIRES A L'ÉGARD DES CONCESSIONNAIRES DE MINES. — On a exposé au *Rép.* n°s 354 et suiv. que les propriétaires superficiaires sont tenus de respecter les travaux de l'exploitation et que s'ils causent, par leurs entreprises, un dommage à la mine, ils en doivent réparation dans les termes du droit commun, c'est-à-dire dans les cas où l'art. 1382 c. civ. les rendra responsables (V. Richard, p. 150 et 243; Féraud-Giraud, t. 2, n° 649; Krug-Basse, p. 174). Cette doctrine est admise sans difficulté par les auteurs.

487. — IV. RÉGIME DES MINES VOISINES. — Lorsque deux ou plusieurs concessions se trouvent rapprochées les unes des autres, il naît de ce voisinage, pour chacune d'elles, des droits et des obligations dont il est utile de dire quelques mots. — La loi de 1810 ne consacre qu'un seul article à ce sujet, l'art. 45, relatif à cas deux particuliers, et qui est insuffisant pour régler l'ensemble des rapports des concessions entre elles. C'est là une question d'un intérêt pratique considérable. Les gisements miniers sont, en effet, en France, restreints à certaines régions, dans lesquelles les concessions sont nécessairement très rapprochées les unes des autres. Cet état de choses, avantageux au point de vue économique, est loin de l'être autant au point de vue des rapports qui naissent, pour les concessionnaires, de ce voisinage souvent immédiat. Pour les hypothèses prévues par l'art. 45 précité, la question sera résolue par ce texte (Comp. *Rép.* n° 420). S'il se présente des cas sur lesquels le législateur ne s'est pas prononcé, il y aura lieu, d'après M. Aguillon, à recourir au droit commun, comme si l'on se trouvait en présence de deux propriétés ordinaires, c'est-à-dire aux dispositions des art. 1382 et suiv. c. civ. Chaque concessionnaire devra donc une indemnité à son voisin pour tout dommage dépassant les servitudes que le voisinage autorise.

L'application des règles du droit commun peut parfois être écartée par des clauses spéciales contenues dans le cahier des charges annexé à l'acte de concession, car l'Etat, qui peut refuser une concession sans même avoir à motiver sa décision, doit également avoir le pouvoir de ne l'accorder qu'à certaines conditions dictées soit en vue de la sûreté publique, soit en vue de la bonne exploitation générale d'un bassin minier. — En résumé, pour résoudre les difficultés naissant entre deux concessionnaires, relativement à deux mines voisines, on devra s'attacher aux principes du droit commun chaque fois qu'il n'y aura pas été formellement dérogé soit par des textes législatifs (L. 21 avr. 1810, art. 45; L. 27 avr. 1838 et Ordonn. 23 mai 1841) (*Rép.* p. 637 et 638), soit par les clauses du cahier des charges.

488. On s'est demandé si, en matière de voisinage de mines, et alors qu'on serait obligé, à défaut de textes spéciaux, de recourir aux règles du droit commun, il faudrait, pour que la responsabilité d'un concessionnaire fût engagée, qu'on pût lui reprocher une faute, ou au moins une négligence. Selon les uns, la solution affirmative s'impose, car aucune disposition spéciale ne permet de déroger aux conditions d'application de l'art. 1382 c. civ. (Peyret-Lallier, p. 442; Bury, t. 2, n° 765). M. Féraud-Giraud, t. 2, n° 672, croit, au contraire, que « la faute, en ces matières, existe du moment où, en exploitant, le concessionnaire qui, par exemple, doit soutenir sa mine et ne pas préjudicier à ses voisins, leur cause un dommage, et on ne saurait considérer à ce point de vue les concessions comme des propriétés ordinaires ».

Nous croyons que la difficulté ne peut se résoudre que par une distinction. Si les deux concessions ne sont pas contemporaines l'une de l'autre au point de vue de leur établissement, nous admettrons que la mine la plus récente en date sera tenue, à l'égard de la plus ancienne, de tous les dommages qu'elle lui aura causés, alors même qu'il n'y aurait aucune faute à reprocher à son propriétaire; car, dans cette hypothèse, on se trouve en présence de véritables droits acquis et il est inadmissible que cette nouvelle concession vienne diminuer les avantages d'une propriété antérieurement établie en lui imposant des pertes, sans lui en devoir réparation. Si, au contraire, les deux concessions ont été accordées à la même date, les deux concessionnaires seront dans la même situation que celle de deux propriétaires voisins, et les dommages causés par l'un à l'autre n'entraîneront d'indemnité qu'autant qu'il y aura une faute ou une négligence à reprocher à l'auteur du préjudice. Ce système nous semble fondé sur l'équité et l'esprit de la loi, et il n'est pas en contradiction avec ce que nous avons admis plus haut au sujet des rapports des concessionnaires et des propriétaires superficiaires, à savoir que l'existence d'une faute n'est pas nécessaire pour engendrer la responsabilité : le propriétaire de la surface ne doit jamais subir un préjudice d'une mine sans être indemnisé, tandis qu'ici l'on est en présence de concessionnaires dont les droits et les situations sont identiques.

489. Plusieurs concessions peuvent être accordées dans un même périmètre à différents exploitants, soit qu'il s'agisse d'entreprises ayant pour but de rechercher des minerais de natures diverses, soit que des exploitations analogues se trouvent superposées l'une à l'autre. En Belgique, la loi accorde une préférence à la personne qui, ayant déjà été déclarée concessionnaire pour un minerai déterminé, sollicite une nouvelle concession, dans le même périmètre, pour extraire une substance différente (L. 2 mai 1837). En France, il n'existe aucune règle de ce genre, et le seul moyen d'éviter des conflits est de déterminer les rapports des concessionnaires dans le cahier des charges; mais on n'y pourra recourir qu'autant que les deux concessions auront été accordées en même temps.

490. Quand un danger imminent menace une concession et que ce danger provient de la concession voisine, on reconnaît généralement que la mine menacée a le droit de demander caution à l'autre pour la couvrir du dégât éventuel, et cela par analogie de l'art. 15 de la loi de 1810 (Aguillon, t. 1, n°s 327 et 397; Féraud-Giraud, t. 2, n° 662; Bréchignac et Michel, n° 396; Bury, t. 2, n° 757).

Il y a lieu maintenant d'examiner quelques situations particulières réglées, soit par des textes législatifs, soit par des clauses ordinairement insérées dans les cahiers des charges.

491. — 1° *Envahissement d'une mine par les eaux provenant d'une mine voisine* (L. 21 avr. 1810, art. 45). — En matière de mines, l'art. 640 c. civ., qui oblige un voisin à recevoir les eaux du voisin supérieur, ne s'applique pas, puisqu'il s'agit ici des eaux amenées ou mises à jour par le travail de l'homme. Chaque exploitant est tenu de recueillir ses eaux et de s'en débarrasser comme il le jugera possible. Si, par suite d'incurie ou de malveillance, les eaux viennent à s'infiltrer dans une concession voisine et à l'inonder, l'art. 45 donne au concessionnaire lésé une action en indemnité, dès que ces eaux ont causé un préjudice, sans qu'il y ait à s'inquiéter de savoir si la mine envahissante a retiré un avantage de la disparition de l'eau se trouvant auparavant dans ses galeries. D'après M. Aguillon, t. 1, n° 399, les tribunaux devront néanmoins prendre en considération les avantages retirés par la mine exhaurée.

492. La question de l'indemnité variera suivant le préjudice causé. Il a été décidé qu'elle ne devrait jamais comprendre les bénéfices que la mine envahie eût pu faire si son exploitation n'avait pas été suspendue par suite de l'inondation (Bruxelles, 3 mai 1855, aff. Société de Bonnet-et-Veine, *Pasicrisie belge*, 56. 2. 53; Féraud-Giraud, t. 2, n° 680). Mais une telle doctrine nous semble fort contestable, et nous ne voyons aucun motif sérieux pour ne pas appliquer ici le principe général en vertu duquel toute réparation doit comprendre à la fois la valeur du dommage causé et le bénéfice que l'accident a empêché de réaliser. Le *quantum* de l'indemnité sera fixé souverainement par les tribunaux.

493. L'exploitant d'une mine qui cause un dommage à une mine voisine par l'invasion des eaux a incontestablement le droit de prévenir ce dommage au moyen de l'épuisement des eaux; si, aux termes de l'art. 45 de la loi du 21 avr. 1810, il ne peut y être contraint d'une manière absolue et indéfinie, il ne saurait être privé de la faculté qui lui appartient, comme un attribut essentiel du droit de propriété, d'employer tous les moyens nécessaires pour prévenir ou faire cesser le dommage. En conséquence, l'offre faite par l'exploitant d'épuiser les eaux, plutôt que de payer une indemnité, doit être accueillie lorsqu'il présente des garanties suffisantes, soit au point de vue de l'efficacité du mode d'exhaurer, soit au point de vue de la pleine exécution de ses engagements (Lyon, 27 déc. 1888, aff. Houillères de Saint-Etienne, D. P. 90. 2. 103).

494. Pour que l'art. 45 soit applicable, il faut, outre le préjudice causé, que les eaux aient envahi la mine voisine à la suite de travaux entrepris dans la concession voisine; ainsi aucune action ne serait possible s'il s'agissait d'eaux pluviales ayant filtré au travers du sol (Dijon, 7 août 1868 (1); Féraud-Giraud, t. 2, n° 681).

495. L'indemnité est due, alors même que les eaux envahissantes proviennent d'une mine non exploitée, l'art. 45 ne faisant aucune distinction à ce sujet (C. cass. Belgique, 17 juin 1851, aff. Société des Grands et Petits Tas, *Pasicrisie belge*, 54. 1. 292; Bruxelles, 3 mai 1855, aff. Société de Bonnet, *ibid.*, 56. 2. 53; Req. 18 juin 1883, aff. Mines de Montieux, D. P. 83. 1. 413; Trib. de Liège, 9 avr. 1884, aff. Charbonnages de Bonnefin, *Pasicrisie belge*, 84. 3. 320; Féraud-Giraud, t. 2, n° 682).

496. La jurisprudence et les auteurs admettent que, dans les hypothèses prévues par l'art. 45, il n'est pas nécessaire qu'il y ait eu faute ou négligence de la part du concessionnaire de la mine exhaurée; la simple constatation du dommage suffit pour l'obliger à réparation, car l'art. 45, faisant exception à l'art. 1382 c. civ., n'exige pas les conditions imposées par le droit commun (C. cass. Belgique, 17 juin 1851, cité *suprà*, n° 495; Liège, 12 juill. 1855, aff. Société de la Grande-Veine, *Pasicrisie belge*, 56. 2. 106; Bruxelles, 3 mai 1855, cité *suprà*, n° 495; Gand, 1er mai 1865, aff. De Fontaine, *Pasicrisie belge*, 67. 2. 125; Lyon, 1er mars 1882, aff. Mines de Montieux, D. P. 83. 1. 413; Req. 18 juin 1883, cité *suprà*, n° 495; Liège, 31 déc. 1884, aff. Société de Patience, D. P. 85. 2. 268; 22 janv. 1885, aff. Charbonnages de Belle-Vue, D. P. 85. 2. 270; Féraud-Giraud, t. 2, n° 681; de Fooz, p. 253; Bury, t. 2, n° 765; Splingard, n° 125).

497. L'indemnité due, aux termes de l'art. 45 de la loi de 1810, par une mine dont les eaux se déversent dans une autre mine, constitue une charge réelle, qui pèse sur ceux qui sont propriétaires de la mine *au moment où l'action s'exerce;* en conséquence, le concessionnaire de la mine inondée a une action contre le concessionnaire de la mine d'où proviennent les eaux, quelle que soit l'époque à laquelle remonte l'introduction des eaux dans celle-ci et quelle qu'en soit la cause; de telle sorte qu'en cas d'aliénation de la concession, la mine endommagée aura une action contre le titulaire actuel, mais sans pouvoir attaquer l'ancien propriétaire, sauf, bien entendu, les recours légaux entre le vendeur et l'acheteur (C. cass. Belgique, 24 oct. 1856, aff. De Fontaine, *Pasicrisie belge*, 57. 1. 41; Gand, 1er mai 1865, cité *suprà*, n° 496; Bruxelles, 26 juill. 1869, *Pasicrisie belge*, 70. 2. 69; Bruxelles, 3 nov. 1886, aff. Société de l'Ouest de Mons, D. P. 88. 2. 160; Aguillon, t. 1, n° 401; Bury, t. 2, n° 767; Féraud-Giraud, t. 2, n° 689).

498. Bien que l'indemnité due en vertu du premier paragraphe de l'art. 45 constitue une charge réelle, le concessionnaire de la mine, auteur du dommage, n'en est pas moins tenu personnellement, lorsque la mine qui doit l'indemnité n'offre plus une garantie suffisante. En conséquence, ce concessionnaire ne peut, en délaissant l'exploitation, s'exonérer de cette obligation de réparer le préjudice causé (Liège, 22 janv. 1885, aff. Charbonnages de Belle-Vue, D. P. 85. 2. 270, et sur pourvoi, C. cass. Belgique, 26 nov. 1885, D. P. 86. 2. 274).

499. Les tribunaux civils pourraient-ils, pour empêcher le renouvellement des inondations, ordonner l'installation d'une machine ? L'affirmative résulte d'un arrêt de la cour

---

(1) (Guilleminot *C.* Brunet.) — LA COUR; — Considérant qu'entrepreneur et fermier d'une carrière de schistes bitumineux, dite de Poisot, concédée par l'Etat au comte d'Esterno le 17 déc. 1856, Guilleminot réclame à Brunet, en vertu de l'art. 45 de la loi du 21 avr. 1810, 30 000 fr. de dommages-intérêts à titre de réparation du préjudice causé à son exploitation par l'infiltration des eaux provenant de la carrière voisine appartenant à ce dernier; — Que Brunet soutient au contraire que, si une concession de même nature appelée la Commaille, lui a été antérieurement accordée le 12 août 1847, comme propriétaire de la surface, il est de notoriété publique qu'il ne l'a jamais exploitée par lui-même, et notamment qu'il l'a affermée pour dix-sept années par un bail du 1er déc. 1863, à la société Rouy, agréée par l'administration; qu'il ne peut dès lors être tenu du fait personnel de l'exploitant, et que Guilleminot est d'autant moins fondé à invoquer la loi de 1810 que les travaux de la Commaille sont abandonnés depuis qu'il a intenté son action, que la compagnie Rouy est tombée en faillite et que, dans les conditions de fait et de droit où il est placé, lui, Brunet, ne peut être déclaré responsable d'un dommage qui n'est pas son œuvre, si toutefois ce dommage existe réellement; — En ce qui touche l'application de la loi du 21 avr. 1810 : — Considérant que l'art. 45 est complètement inapplicable à l'espèce; qu'il y a lieu, en effet, à indemnité d'une mine en faveur de l'autre lorsque, par l'effet du voisinage ou pour toute autre cause, les travaux d'exploitation d'une mine occasionnent des dommages à l'exploitation d'une autre mine ; à raison des eaux qui pénètrent dans cette dernière, en plus grande quantité; lorsque, d'un autre côté, ces mêmes travaux produisent un effet contraire et tendent à évacuer tout ou partie des eaux d'une autre mine; mais que cette disposition de loi spéciale, édictée en vue d'un fait terminé, ne peut être étendue au delà des cas qu'elle a prévus; — Que si, par une juste loi de réciprocité, l'exploitant obligé d'augmenter la force de ses machines d'épuisement doit être indemnisé par celui qui réduit les siennes et diminue d'autant ses dépenses, c'est à la condition que la communication des deux mines se sera opérée par le fait d'exploitation personnel à l'un des entrepreneurs; — Qu'il ne s'agit dans l'espèce ni du voisinage souterrain des deux carrières, ni du déversement des eaux naturelles du sol pénétrant de l'une dans l'autre par suite des travaux effectuées, ni des conséquences juridiques que régit cette législation particulière; — Que, non seulement la Commaille s'est toujours exploitée à ciel ouvert; mais que les eaux dont l'écoulement a provoqué la demande si tardive de Guilleminot sont, de l'aveu de tous, des eaux pluviales amassées lentement sur un sol granitique et y séjournant; que leur infiltration serait, par conséquent, indépendante de la volonté même de la société Rouy et étrangère à son exploitation; — Que dans tous les cas ce n'est pas deux ans après l'abandon des travaux de Commaille par cette société tombée depuis en faillite, et comme conséquence directe des travaux qui n'existent plus, que l'appelant eût dû former son action si elle avait eu une cause réellement sérieuse; que Rouy n'est pas responsable d'un fait qui n'est pas le sien, et que Brunet, qui ne s'est jamais livré à l'extraction du schiste, l'est encore moins; — Qu'il n'est donc pas besoin de statuer sur le point de savoir si le fermier exploitant pour son compte, a pu valablement prendre à sa charge, aux termes du bail, toutes les indemnités à payer, l'indemnité prévue par l'art. 45 de la loi de 1810 ne pouvant avoir lieu dans l'espèce; — Qu'au surplus, et alors même que l'appelant aurait invoqué les principes du droit commun, l'art. 1384 c. civ. n'établit entre le bailleur et le preneur aucun de ces liens de dépendance et de subordination qui font peser sur le maître ou le supérieur la responsabilité du fait d'autrui, et qu'en admettant que le propriétaire puisse être tenu des conséquences civiles du mode abusif ou illégal de jouissance de la chose louée quand cet abus ou cette illégalité est l'effet nécessaire ou l'exécution directe des stipulations du bail, il ne saurait répondre des faits personnels du locataire qui n'a agi que d'après sa volonté, dans son intérêt exclusif, sans l'aveu et à l'insu du bailleur; — Que sous aucun rapport, la demande de Guilleminot ne peut donc être accueillie;

Par ces motifs, confirme, etc.

Du 7 août 1868.-C. de Dijon, 1re ch.-MM. Neveu-Lemaire, 1er pr.-Bernard, av. gén.-d'Azincourt et Gouget, av.

de Dijon du 26 juin 1877 (aff. Revenu), cité par Aguillon, t. 1, n° 399); — V. aussi Lyon, 1er mars 1882, cité *suprà*, n° 496).

500. Si la mine, qui en a inondé une autre, a été louée par son propriétaire, il a été jugé que ce dernier ne peut être déclaré responsable des faits de son locataire, si celui-ci, agréé, d'ailleurs, par l'Administration, a commis une contravention tombant sous le coup des prescriptions de l'art. 45 de la loi de 1810 (Dijon, 7 août 1868, *suprà*, n° 494), ces faits constituant des actes personnels du locataire, qui n'a agi que d'après sa volonté, dans son intérêt exclusif, sans l'aveu et à l'insu du bailleur (Féraud-Giraud, t. 2, n° 683). — Comp. *suprà*, n° 479).

501. — 2° *Epuisement des eaux d'une mine par les travaux d'exploitation d'une autre mine*. — Cette hypothèse est encore prévue par l'art. 45 de la loi de 1810 : la mine exhaurée doit verser entre les mains du concessionnaire de la mine exhaurante une indemnité pour le service à elle rendu par l'épuisement des eaux. Il n'y a pas à s'inquiéter de la provenance des eaux, mais simplement de la question de savoir si les eaux ont disparu à la suite des travaux exécutés dans la concession voisine.

L'indemnité doit être calculée en considération du bénéfice réalisé par la mine exhaurée, et non d'après les dépenses faites par la mine exhaurante, ou d'après le préjudice subi par cette dernière ; c'est ainsi que, même dans le cas où les travaux qui ont occasionné l'épuisement auraient été presque insignifiants, l'indemnité peut néanmoins être parfois considérable (Aguillon, t. 1, n° 400 ; Bréchignac et Michel, n° 395; Bury, t. 2, n° 748; Féraud-Giraud, t. 1, n° 684).

Le chiffre de l'indemnité sera souverainement fixé par les tribunaux, après expertise, si besoin en est.

Si la mine exhaurée est inexploitée, il n'y a plus de service rendu, et l'on décide généralement qu'aucune somme ne peut être réclamée par la mine exhaurante (Bury, t. 2, n° 745 ; Féraud-Giraud, t. 2, n° 688).

502. L'action résultant du deuxième paragraphe de l'art. 45 revêt tous les caractères de celle établie par le premier paragraphe du même article. Il y a donc lieu de se référer, pour toutes les questions de détail, à ce qui a été dit *suprà*, nos 491 et suiv.

503. — 3° *Empiétement d'une mine sur le périmètre de concession d'une autre mine*. — Chaque concessionnaire a le droit d'exploiter à fond le minerai qui se trouve dans le sous-sol du périmètre de sa concession ; mais il doit s'abstenir de tout empiétement sur la mine voisine. Si un empiétement de ce genre se produit, quels seront les droits du concessionnaire lésé?

Il faut distinguer suivant que l'exploitation abusive a eu lieu de bonne ou de mauvaise foi. Dans le premier cas, on sait qu'il y a controverse sur le point de savoir si l'art. 549 c. civ., qui attribue les fruits au possesseur de bonne foi, est applicable en cette matière. L'affirmative est généralement admise (V. *suprà*, n° 111); en conséquence, l'exploitant pourra conserver les produits indûment extraits; mais on devra, semble-t-il, se montrer très sévère dans l'appréciation de la bonne foi. L'erreur pourra, par exemple, être admissible dans le cas où la délimitation erronée des deux concessions serait le fait de l'administration compétente (Aguillon, t. 1, n° 404 ; Bury, t. 1, n° 49). — Dans le système contraire, le possesseur, même de bonne foi, devra rendre les minerais au concessionnaire, et ce dernier ne devra tenir compte à l'exploitant que du coût de l'exploitation.

Si l'empiétement a eu lieu de mauvaise foi, l'exploitant qui en est l'auteur doit certainement restituer tous les produits qu'il a perçus. Mais a-t-il le droit, en restituant les minerais extraits, de retenir les frais d'exploitation? Les avis sont partagés : MM. Bury, t. 1, nos 47 et 48, et t. 2, n° 725, et Aguillon, t. 1, n° 404, admettent l'affirmative en se fondant sur ce motif que le concessionnaire volé n'a pas le droit de s'enrichir injustement, ce qu'il ferait en recevant le minerai dont il ne payerait pas l'extraction. M. Féraud-Giraud, t. 2, n° 668, est d'un avis contraire. « Ce n'est pas par application des principes sur la jouissance des fruits, dit-il, que la question doit être appréciée. Le concessionnaire ou son mandataire, qui, sciemment, sort du périmètre concédé et entre chez son voisin pour y prendre frauduleusement les récoltes minérales appartenant à ce voisin, me paraît faire un acte absolument semblable à celui d'un propriétaire de la surface qui, dépassant sciemment les limites de son héritage, va sur l'héritage voisin couper des bois qui appartiennent à ce voisin. Cela s'appelle une soustraction frauduleuse, et lorsque le propriétaire victime du vol viendra réclamer la restitution de sa chose, il me paraîtrait singulier que le voleur entrât en compte avec lui, et je ne vois pas comment un pareil fait pourrait donner naissance à un salaire ». La jurisprudence semble fixée dans ce sens (Trib. Saint-Etienne, 22 avr. 1852, aff. Allimaud; 18 août 1856, aff. Mines de Montieux; 10 mai 1871, Houillères de Saint-Etienne, cités par Bréchignac et Michel, n° 405). — Le simple empiétement, même frauduleux, dans la concession voisine, ne constitue pas, d'ailleurs, à lui seul, un vol au sens légal du mot; mais ce délit existe dès qu'il y a eu arrachement de minerais, puisqu'il est de principe que les minerais deviennent de véritables objets mobiliers dès leur séparation du gisement dont ils font partie (Aguillon, t. 1, n° 404; Féraud-Giraud, t. 2, n° 666).

504. — 4° *De l'obligation réciproque de secours entre concessions voisines*. — Aux termes de l'art. 17 du décret du 3 janv. 1813, en cas de danger, le concessionnaire d'une mine a le droit de faire appel à ses voisins miniers, qui sont tenus de lui fournir tous les moyens de secours dont ils pourront disposer, soit en hommes, soit de toute autre manière.

Le concessionnaire voisin, s'il refusait le secours qui lui est demandé, s'exposerait à des poursuites correctionnelles (Féraud-Giraud, t. 2, n° 670; Bury, t. 2, n° 769). — Suivant ce dernier auteur, il pourrait, de plus, être poursuivi au civil en dommages-intérêts, en vertu du principe qu'une personne qui, par omission, a occasionné du dommage à autrui, en est responsable, lorsqu'une disposition légale lui imposait l'obligation d'accomplir le fait omis (V. en sens contraire, Féraud-Giraud, *loc. cit.*).

Le voisin qui s'est dérangé et a porté secours a droit à une indemnité (art. 17, précité), dont il appartient aux tribunaux d'apprécier l'étendue d'après les circonstances et les faits de la cause.

505. — 5° *Clauses particulières ordinairement imposées aux concessionnaires voisins par les cahiers des charges*. — En dehors des règles fixées par la loi relativement à l'exploitation et au voisinage des mines, on en rencontre d'autres inscrites dans presque tous les cahiers des charges imposés aux concessionnaires, et dont la fréquence est telle qu'elles sont pour ainsi dire devenues de style. Elles sont, d'ailleurs, toutes prévues par le cahier des charges type, dont il a été rédigé déjà plusieurs modèles, et dont le plus récent, actuellement en vigueur, date de 1882 (sur tous ces points, V. Aguillon, t. 1, nos 405 et suiv.).

506. — A. *De l'investison* (Clause M du modèle de 1882). — On appelle ainsi un banc de matières minérales que l'Administration peut forcer les concessionnaires à laisser intact entre deux concessions voisines (Comp. *Rép.* n° 531). Ce massif de protection reste la propriété de la mine à laquelle il est imposé; mais il constitue, à la charge de celle-ci, une véritable servitude légale, et ne peut donner lieu à aucune indemnité.

La largeur des investisons varie suivant les circonstances, car ils ont pour but, soit d'assurer la solidité de la surface, soit surtout d'empêcher la mise en communication directe des travaux de deux exploitations. Il n'est pas nécessaire, toutefois, pour que l'investison soit légalement prescrit, qu'il y ait proximité immédiate de deux mines, aucune disposition de la loi n'exigeant cette condition; mais un investison pourrait même être ordonné en vue de l'avenir, et pour le cas où une concession ultérieure viendrait à être accordée à côté de l'ancienne (Aguillon, t. 1, n° 407). En dehors des clauses du cahier des charges, et si celles-ci sont muettes à ce sujet, l'investison n'est plus obligatoire de plein droit en France; c'est ce que la jurisprudence a reconnu en plusieurs circonstances (Lyon, 4 déc. 1867, aff. Morcié, cité par Bréchignac et Michel, n° 403; 1er mars 1882, aff. Houillères de Saint-Etienne, D. P. 83. 1. 413).

507. Lorsque l'investison est ordonné entre deux mines limitrophes, il doit être pris, par portion égale, sur le front d'abatage de chacune d'elles. Si, à ce moment, une des deux mines avait déjà avancé son extraction jusqu'aux limites extrêmes de sa concession, l'investison serait pris en entier sur l'autre. En pareil cas, le concessionnaire sur la mine duquel on prend l'investison, aurait droit, semble-t-il, à une indemnité égale à la valeur de la moitié du minerai enlevé à l'exploitation (V. en ce sens, motifs, Lyon, 1er mars 1882, cité *suprà*, n° 506).

508. En cas de difficulté sur l'épaisseur à donner à l'investison, le préfet décidera souverainement, sans qu'aucun recours au contentieux soit possible (Aguillon, t. 1, n° 408). — L'investison, qui est encore en vigueur en Belgique sous le nom d'*esponte*, est ordinairement de six toises.

509. — B. *Régime des concessions superposées.* — La situation est réglée par les clauses K et O du cahier des charges type. En principe, chaque concession de mine est astreinte à supporter les travaux entrepris par l'autre exploitation, à la seule condition que ces travaux soient nécessaires ou utiles pour l'exploitation, et que, en cas de difficulté, l'utilité en ait été constatée par l'autorité préfectorale. Si le dommage ainsi causé à l'une des concessions est appréciable, il pourra y avoir lieu à indemnité. — En cas de nécessité, les préfets peuvent accorder à l'une des mines un droit de passage au milieu des travaux de l'autre, moyennant une indemnité à apprécier par les tribunaux compétents; mais il faut, pour qu'une telle mesure soit valable, qu'il y ait nécessité absolue, et non pas seulement utilité ou avantage dans l'exploitation (Aguillon, t. 1, n° 413).

Si les deux mines superposées n'ont pas été concédées à la même époque, la clause L du cahier des charges porte que le préfet aura le droit d'interdire à la concession la plus récente les travaux d'exploitation, qui seraient de nature à nuire à ceux de la plus ancienne. — M. Aguillon, t. 1, n° 414, combat ce système et réclame l'égalité de traitement pour les deux concessions; il ne reconnaît aux préfets que le droit de prendre des mesures dictées par l'intérêt général et non en vue de concessions antérieures. Ce mode de procéder ne nous semble pas aussi injuste que le prétend cet auteur; car, en demandant sa concession, le deuxième concessionnaire connaissait parfaitement la situation et il savait à quoi il s'exposait; il ne peut donc se plaindre d'être traité de la sorte; sa position est sans doute moins avantageuse que celle du premier exploitant; mais il n'a pas été trompé, et, d'ailleurs, l'équité le veut ainsi, l'antériorité constituant en cette matière de véritables droits acquis.

510. — C. *Servitude d'aérage et d'écoulement des eaux entre concessions limitrophes* (Clause N du modèle de 1882). — Le préfet, sur le rapport de l'ingénieur des mines, peut, s'il y a lieu, ordonner l'aérage de deux mines limitrophes, ou l'écoulement des eaux, soit par la mise en communication des deux concessions, soit par l'ouverture d'une galerie partant de l'une pour aller se déverser dans l'autre. Les concessionnaires intéressés devront toujours être avertis préalablement, et chacun d'eux pourra être obligé de participer à ces travaux dans la mesure de l'utilité qu'il en retirera. En cas d'urgence, les travaux peuvent être ordonnés sur la simple réquisition de l'ingénieur des mines.

M. Aguillon, t. 1, n° 416, conteste la légalité de ces différentes mesures imposées par l'Administration dans les cahiers des charges, et il émet le vœu qu'elles fassent l'objet de dispositions législatives et qu'on fixe d'une façon définitive ces points contestés. En attendant, il n'y aurait lieu, suivant cet auteur, de recourir aux dispositions réglementaires ci-dessus mentionnées qu'avec mesure et circonspection.

511. C'est le préfet qui seul est compétent pour ordonner telles mesures, lorsqu'il les jugera utiles ou nécessaires, en vertu des clauses insérées dans les cahiers des charges; quant aux questions d'indemnité, elles devront être tranchées par les tribunaux civils, auxquels il est naturel d'attribuer compétence, par analogie des dispositions de l'art. 43 de la loi de 1810, tel qu'il a été à nouveau rédigé par la loi du 27 juill. 1880.

512. — 6° *De l'assèchement des mines.* — Cette matière, qui a fait l'objet de la loi du 27 avr. 1838 et de l'ordonnance du 23 mai 1841, a été suffisamment étudiée au *Rép.* nos 419 et suiv. Nous ajouterons seulement que la loi de 1838 n'est applicable que dans les cas d'inondation de plusieurs mines formant des concessions différentes, et non dans ceux où il s'agit de mines inondées dépendant d'une même et unique concession.

513. Une question discutée est celle de savoir si les intéressés ont un recours au contentieux contre la décision du ministre par laquelle il désigne les concessions qui devront faire partie du syndicat d'assèchement (*Rép.* n° 424). Nous avons admis l'affirmative et c'est en général l'opinion des auteurs (Dufour, n° 123; Naudier, p. 185); toutefois la divergence continue (V. Dupont, *Cours*, t. 1, p. 313) et, dans ce second système, les concessionnaires ne peuvent formuler un recours qu'à titre gracieux.

514. — V. DES RAPPORTS ENTRE LES CONCESSIONS DE MINES ET LES COMPAGNIES DE CHEMINS DE FER. — Il arrive souvent que, dans des régions minières, un chemin de fer en construction ait à traverser des terrains dans le tréfonds desquels se trouvent des travaux d'exploitation en pleine activité. L'établissement d'une voie ferrée n'est pas l'analogue de la construction d'un bâtiment ou d'une route ordinaire; il nécessite tout un ensemble de mesures particulières destinées à en assurer la solidité, la stabilité, en vue de la sécurité des voyageurs. On comprend quelles difficultés ces constructions doivent rencontrer lorsque le sol est pour ainsi dire percé à jour par les innombrables galeries d'une exploitation minérale, et le danger qu'il y aurait à laisser, sous la voie, ces vides considérables qui, à un moment donné, pourraient amener l'éboulement de la surface et la destruction complète du réseau ferré. Chaque fois que les ingénieurs des chemins de fer pourront choisir un tracé qui évite ces régions, ils devront l'adopter; mais, dans le cas contraire, ce qui arrivera surtout lorsqu'il s'agira de voies ferrées destinées à assurer le service des régions minières elles-mêmes, il faudra prendre toutes les mesures nécessaires pour assurer la protection et la sécurité de la ligne, et pour cela interdire, au besoin, l'exploitation d'une concession sous les terrains occupés par le chemin de fer et sous les parcelles voisines.

Lorsque cette situation se présenta pour la première fois, au commencement de l'établissement des chemins de fer en France, de graves discussions s'élevèrent sur le point de savoir si une indemnité était due au concessionnaire, à raison de l'obstacle que l'établissement de la voie ferrée venait apporter à l'exploitation de la mine. La négative avait été soutenue par le motif qu'il y avait là une véritable servitude légale, que le concessionnaire devait supporter sans pouvoir élever aucune réclamation. Au *Rép.* n° 64, nous avons soutenu le système contraire en nous fondant sur ce que cette interdiction d'exploiter portait une atteinte caractérisée au droit de propriété de la mine, et que cette mesure constituait non pas une servitude légale, mais une véritable expropriation passible à son profit d'une indemnité. La jurisprudence, comme on l'a vu *ibid.*, s'était prononcée en ce sens (*Adde :* Cons. d'Et. 14 avr. 1864, aff. Morin, D. P. 64. 3. 81; 15 juin 1864, aff. Coste-Clavel, D. P. 64. 3. 82).

Ce système a, d'ailleurs, été sanctionné par la disposition de l'art. 24 du cahier des charges type de 1853, qui régit la plupart des compagnies de chemins de fer, laquelle est ainsi conçue : « Si la ligne du chemin de fer traverse un sol déjà concédé pour l'exploitation d'une mine, l'Administration déterminera les mesures à prendre pour que l'établissement du chemin de fer ne nuise pas à l'exploitation de la mine, et, réciproquement, pour que, le cas échéant, l'exploitation de la mine ne compromette pas l'existence du chemin de fer. Les travaux de reconsolidation à faire dans l'intérieur de la mine et tous dommages résultant de cette traversée pour les concessionnaires de la mine seront à la charge de la compagnie » (Comp. Bury, t. 1, n° 698; Féraud-Giraud, t. 2, nos 719 et 722).

515. C'est à l'autorité administrative qu'il appartient, en principe, de statuer sur l'indemnité due aux concessionnaires de mines par les compagnies de chemins de fer (V. Cons. d'Et. 11 mai 1860, aff. Mines des Combes, D. P. 61. 3. 25; 18 mars 1881, aff. Perravex, D. P. 82. 3. 91; Trib. confl. 7 avr. 1884, aff. Coste-Clavel, D. P. 85. 3. 97). L'interdiction d'exploiter, qui est la conséquence des travaux entrepris par les compagnies, est, en effet, considérée comme un dommage permanent dont l'appréciation rentre, à ce titre, dans la compétence des conseils de préfecture. Toutefois, elle pourrait, dans certaines circonstances, équivaloir à une dépossession définitive, et c'est à l'autorité judiciaire qu'il appartiendrait alors de statuer sur la demande d'indemnité (Trib. confl. 5 mai 1877, aff. Houillères de Saint-

Etienne, D. P. 77. 3. 65; Lyon, 9 janv. 1884, aff. Mines de Rive-de-Gier, D. P. 85. 2. 70. V. aussi Cons. d'Et. 13 févr. 1875, aff. Badin, D. P. 75. 3. 112. Comp. les notes sur les arrêts précités des 5 mai 1877 et 7 avr. 1884; Bréchignac et Michel, n° 438; Féraud-Giraud, t. 2, n° 724; Aguillon, t. 2, n° 601. — V. *infrà*, v° *Travaux publics*).

Lorsqu'une mine se trouve ainsi privée de son droit d'exploitation par suite de l'exploitation d'une ligne de chemin de fer, le concessionnaire ne payera plus la même redevance au propriétaire tréfoncier, puisque l'étendue utile de la concession aura été diminuée, et la question se pose de savoir si ce propriétaire aura lui-même le droit de réclamer une indemnité à la compagnie. Ce droit lui a été généralement reconnu (V. Civ. cass. 3 janv. 1853, aff. Chemin de fer de Saint-Etienne à Lyon, D. P. 53. 1. 133; Féraud-Giraud, t. 2, n° 725; Bury, t. 1, n° 701). — En ce qui concerne la compétence, il y a lieu, semble-t-il, d'appliquer la même règle que lorsqu'il s'agit de l'indemnité due aux concessionnaires; c'est donc à la juridiction administrative qu'il appartiendrait de fixer l'indemnité (Cons. d'Et. 5 févr. 1875, aff. Ogier, D. P. 75. 3. 112. — V. toutefois Civ. rej. 3 janv. 1853, aff. Chemin de fer de Saint-Etienne à Lyon, D. P. 53. 1. 133).

516. Dans l'hypothèse où la mine est postérieure en date à la ligne de chemin de fer, l'art. 4 du nouveau modèle du cahier des charges de 1882, imposé aux concessionnaires miniers, porte la disposition suivante : « Dans le cas où les travaux projetés par le concessionnaire devraient s'étendre sous un chemin de fer, ou à une distance moindre de ... mètres, ces travaux ne pourront être exécutés qu'en vertu d'une permission du préfet donnée sur le rapport des ingénieurs des mines, après que les propriétaires du chemin de fer auront été entendus et après que le concessionnaire aura donné caution de payer l'indemnité exigée par l'art. 15 de la loi de 1810. S'il est reconnu que l'autorisation peut être accordée, l'arrêté du préfet prescrira toutes les mesures de conservation et de sûreté qui seront jugées nécessaires ».

517. On a vu *suprà*, n° 449, que le concessionnaire est responsable envers le propriétaire de la surface des dommages subis par ce dernier, alors même que son exploitation est parfaitement régulière et qu'aucune faute ne peut lui être reprochée. Cette règle souffre exception en ce qui concerne les compagnies de chemins de fer qui occupent la superficie d'une concession. Lorsque le concessionnaire s'est exactement conformé aux mesures prescrites par l'Administration, pour que l'exploitation de la mine ne compromette pas l'existence du chemin de fer, conformément à l'art. 24 du cahier des charges (V. *suprà*, n° 514), la compagnie ne peut lui réclamer aucune indemnité à raison du dommage qu'elle a pu subir par suite de l'exploitation de la mine (V. aussi Req. 11 nov. 1890, aff. Chemins de fer à voie étroite de Saint-Etienne, D. P. 92. 1. 189, et la note). Mais c'est là une exception qui ne doit pas être étendue, et l'on ne saurait, dès lors, l'appliquer au cas où il s'agirait de dommages causés par des travaux antérieurs à la mise en exécution du cahier des charges : la compagnie de chemin de fer peut réclamer une indemnité à raison de ces dommages, comme le pourrait tout autre propriétaire, c'est-à-dire sans être tenue de prouver qu'il y a eu faute de la part du concessionnaire (Lyon, 9 juin 1882, aff. Houillères de Rive-de-Gier, D. P. 84. 2. 72).

SECT. 5. — DE LA SURVEILLANCE SUR LES MINES PAR L'ADMINISTRATION (*Rép.* n°s 358 à 430).

518. La surveillance des mines s'exerce, comme on l'a vu au *Rép.* n° 360, par l'intermédiaire des ingénieurs du service des mines, et porte sur les mesures à prendre pour assurer la conservation de la mine, celle des mineurs et la protection des terrains de la surface (Biot, p. 122; Dupont, *Jurispr. des mines*, t. 1, p. 403; Féraud-Giraud, t. 2, n° 785; de Fooz, p. 279; Bréchignac et Michel, n° 414; Aguillon, t. 2, n° 525 et suiv.).

519. L'administration des mines se compose du conseil général des mines, formé de tous les inspecteurs généraux en activité de service et présidé par le ministre des travaux publics, d'inspecteurs généraux, d'ingénieurs en chef, d'ingénieurs ordinaires et d'élèves ingénieurs. Les ingénieurs sont aidés dans leur mission par les gardes-mines, institués par l'arrêté ministériel du 18 janv. 1840, complété par le décret du 24 nov. 1851. Le ministre ou les préfets peuvent prendre des arrêtés suivant les nécessités, et ces arrêtés préfectoraux n'ont pas besoin d'être approuvés par l'Administration supérieure pour être exécutoires; mais les concessionnaires intéressés ont le droit de les déférer au ministre des travaux publics (V. Bréchignac et Michel, n° 416). Les ingénieurs, dans leurs tournées d'inspection, peuvent ordonner les mesures urgentes qui leur paraissent convenables; mais, d'après Naudier, p. 201, ils sont responsables des décisions par eux prises dans les cas où elles ne seraient pas conformes aux règles de l'art. Il y aura, d'ailleurs, toujours à tenir compte des circonstances et de la bonne foi des ingénieurs déclarés responsables.

520. La surveillance doit porter sur l'exploitation d'une façon générale, et, aux termes d'une circulaire ministérielle en date du 4 mai 1882, particulièrement sur l'état d'usure des câbles employés dans les puits d'extraction. Les ingénieurs doivent signaler dans leurs rapports, adressés aux préfets, toutes les exploitations irrégulières ou abusives (*Rép.* n° 361). — Diverses circulaires ministérielles se sont occupées des moyens propres à prévenir les explosions de grisou dans les mines et minières, et une commission a été chargée, en 1877, d'élaborer un projet de législation complet à ce sujet. En Belgique, la matière a fait l'objet d'un règlement général du 28 avr. 1884. — L'emploi de la dynamite dans les exploitations minières a été réglementé par des circulaires des 9 août 1880, 11 juin 1889 et 28 janv. 1890, obligatoires pour tous les concessionnaires du territoire, et par une circulaire spéciale du 19 nov. 1888, pour les mines à grisou.

521. On sait qu'au cas d'exploitation insuffisante (*Rép.* n° 364), le Gouvernement, après enquête, peut, en vertu de l'art. 49 de la loi de 1810 et de l'art. 10 de la loi du 27 avr. 1838, prononcer la déchéance du concessionnaire. Il est, d'ailleurs, impossible de poser des règles fixes sur le point de savoir dans quels cas l'exploitation sera réputée insuffisante; ce qui est certain, c'est qu'une semblable mesure ne devra être prise que dans des cas très graves. Ainsi l'Administration pourra tolérer des suspensions d'exploitation quand elles seront légitimes et non définitives; l'équité l'exige ainsi, car la concession est une véritable propriété, soumise, il est vrai, à des prescriptions particulières, mais qui, en somme, doit être protégée par le législateur et non abandonnée à l'incessante fluctuation des affaires et des crises commerciales.

522. La déchéance ne peut être prononcée que par l'autorité *administrative*, sauf recours au conseil d'État; les juges civils n'ont pas compétence à cet effet (Civ. cass. 17 mars 1873, aff. Compagnie des Asphaltes, D. P. 73. 1. 471; Grenoble, 14 août 1875, *suprà*, n° 135; Cons. d'Et. 12 déc. 1868, aff. Compagnie des Asphaltes, D. P. 69. 3. 59). D'où il suit que l'Administration seule a le pouvoir de vérifier et de constater les faits sur lesquels est fondée la demande en déchéance (Féraud-Giraud, t. 2, n° 755). L'autorité judiciaire, saisie d'une question de propriété, n'est d'ailleurs pas tenue de surseoir à sa décision alors qu'aucune instance relative à la déchéance n'est pendante devant la juridiction administrative (Arrêt précité du 14 août 1875).

523. En fait la déchéance est très rarement prononcée : d'après M. Féraud-Giraud (t. 2, n° 756) de 1838 à 1877 on ne compte pas plus de six décrets de déchéance.

524. En 1877, les préfets, sur l'invitation du ministre des travaux publics adressèrent aux concessionnaires des mines alors inexploitées un avis les informant que la déchéance serait prononcée contre eux si l'exploitation n'était pas reprise d'une façon sérieuse dans un délai de deux mois, mais nous ajouterons que cette mesure ne fut pas mise à exécution et que le Gouvernement recula devant le grand nombre de concessions qui eussent été atteintes (Féraud-Giraud, t. 2, n° 757).

525. Quant à la procédure à suivre en cas de déchéance, elle est réglée par la loi du 27 avr. 1838, dont les dispositions sont encore aujourd'hui en vigueur (Séance de la Chambre des députés du 6 mars 1884, déclaration du ministre des travaux publics). Il y a lieu d'y ajouter celles de la loi du 10 mai 1843 et les instructions ministérielles du 30 sept. 1873, 24 avr. 1874, 10 févr. 1877 et 15 juin 1877.

526. La déchéance peut être prononcée non seulement pour insuffisance d'exploitation, mais encore au cas d'inexécution des prescriptions de l'art. 50 de la loi de 1810, de non-acquittement des taxes imposées par la loi de 1838 sur l'asséchement des mines, enfin de réunion non autorisée de plusieurs concessions particulières (Décr. 23 oct. 1852, art. 2).

527 L'effet de la déchéance prononcée est de faire rentrer la mine libre de toutes charges entre les mains de l'Etat, sans qu'il y ait à s'occuper des droits conférés aux tiers pendant l'exploitation par l'ancien concessionnaire. Cet anéantissement des droits des tiers n'a toutefois lieu qu'autant que la mine mise en adjudication, comme le veut la loi de 1838, n'a pas trouvé d'acquéreur, et qu'elle est rentrée dans la catégorie des *res nullius* (Féraud-Giraud, t. 2, n° 762; de Fooz, p. 275).

528. Le concessionnaire ainsi privé de sa mine n'a droit à aucune indemnité; mais le prix de la vente de la concession lui est remis, quand il y a lieu, sous la seule déduction des sommes avancées par l'Etat, de telle sorte que la déchéance se résout plutôt en une expropriation forcée qu'en une déchéance pure et simple (Féraud-Giraud, t. 2, n° 763).

529. Une fois que le décret de déchéance a été rendu, le concessionnaire est dessaisi définitivement. En vertu de ce principe, il a été décidé que lorsqu'une société minière a été déclarée déchue, et que les représentants légaux de cette société ont jugé qu'il était de son intérêt de laisser procéder à l'adjudication de la concession, pour le prix en être distribué entre les actionnaires, il n'appartient pas à un de ces actionnaires de faire cesser les effets de la déchéance en offrant de consigner la somme nécessaire à la reprise des travaux; qu'en conséquence, c'est avec raison que le préfet et le ministre décident, malgré son offre, qu'il sera passé outre à l'adjudication (Cons. d'Et. 26 mai 1876, aff. Lebreton, D. P. 76. 3. 93).

530. En dehors des cas où il y a danger par suite d'une mauvaise exploitation, les ingénieurs n'ont pas à s'immiscer dans la direction des travaux d'une mine; ils ne peuvent donner que de simples conseils aux concessionnaires, à moins que leur surveillance n'ait été spécialement imposée à la concession par le cahier des charges. Dans tous les cas, le contrôle administratif ne pourra jamais porter sur la partie commerciale de l'exploitation, qui échappe totalement à l'action du Gouvernement. Dès lors, est illégal, comme contraire au principe de la liberté du commerce, l'arrêté par lequel un préfet ordonne que la vente des produits extraits ne pourra être faite par les concessionnaires qu'en un lieu déterminé et à certaines conditions de prix et de préférence entre les acheteurs (Lyon, 3 juill. 1873, aff. Méjasson et, sur pourvoi, Req. 24 nov. 1874, D. P. 75. 1. 135; Cons. d'Et. 10 juin 1857, aff. Houillères de l'Aveyron, D. P. 58. 3. 41; Féraud-Giraud, t. 2, n° 825).

531. La loi de 1810 avait prévu, dans son art. 50, l'hypothèse où l'exploitation aurait pour résultat de compromettre la sûreté publique, et elle donnait alors aux préfets le pouvoir de prendre des arrêtés propres à remédier à la situation le plus rapidement possible. Cet article avait successivement été complété par le décret du 3 janv. 1813 (*Rép.* n° 369) et l'ordonnance du 26 mars 1843 (*Rép.* n° 370). Depuis les modifications apportées à l'art. 50 de la loi de 1810 par la loi du 27 juill. 1880, l'ordonnance de 1843 ne pouvait plus être intégralement suivie; aussi a-t-elle été modifiée par un décret du 25 sept. 1882. De la combinaison des dispositions du nouvel art. 50 et du décret de 1882, résultent, comme l'indique M. Féraud-Giraud, t. 2, n° 812, les prescriptions suivantes.

532. Dans les cas prévus par l'art. 50, et généralement lorsque, pour une cause quelconque, les travaux de recherche ou d'exploitation d'une mine seront de nature à compromettre la sécurité publique, la conservation de la mine, la sûreté des ouvriers mineurs, la conservation des voies de communication, celle des eaux minérales, la solidité des habitations, les explorateurs ou les concessionnaires seront tenus d'en donner immédiatement avis à l'ingénieur des mines et au maire de la commune dans laquelle la recherche ou l'exploration s'effectue. L'ingénieur des mines ou, à son défaut, le garde-mine, se rendra sur les lieux, dressera procès-verbal et le transmettra au préfet en y joignant l'indication des mesures qu'il jugera propres à faire cesser la cause du danger. Le maire adressera aussi au préfet ses observations et ses propositions pour assurer la sûreté des personnes et des propriétés.

En cas de péril imminent, l'ingénieur des mines du département fera, sous sa responsabilité, les réquisitions nécessaires pour qu'il y soit pourvu sur-le-champ. Le préfet, après avoir entendu l'explorateur ou le concessionnaire, prendra tel arrêté qu'il jugera opportun. Si le concessionnaire, sur la notification qui lui sera faite de l'arrêté préfectoral, n'obtempère pas à ces prescriptions, il y sera pourvu d'office, à ses frais et par les soins des ingénieurs des mines. Dans ce dernier cas, tous les frais seront réglés par le préfet, et le recouvrement en sera opéré par les préposés de l'administration de l'Enregistrement, comme en matière d'amendes de grande voirie. Les réclamations contre ces règlements devront être portées devant le conseil de préfecture, sauf recours au conseil d'Etat. Il sera procédé ainsi qu'il est dit ci-dessus à l'égard de tout concessionnaire qui négligerait de tenir dans son exploitation le registre et le plan d'avancement journalier des travaux, qui n'entretiendrait pas constamment sur ses établissements les médicaments et autres moyens de secours, qui n'adresserait pas au préfet, dans les délais fixés, les plans des travaux souterrains et autres plans prescrits par le cahier des charges, ou qui enfin présenterait des plans incomplets ou reconnus inexacts par les ingénieurs (V. sur ces points, Féraud-Giraud, t. 2, n° 812; Aiguillon, t. 2, p. 538).

533. Les infractions aux arrêtés préfectoraux sont poursuivies en vertu des art. 93 à 96 de la loi de 1810, et les coupables déférés aux tribunaux judiciaires. — Il a été jugé que les tribunaux ont le pouvoir, avant de prononcer une condamnation, de rechercher si l'arrêté préfectoral visé dans les poursuites avait bien force légale (Civ. cass. 24 nov. 1874, aff. Méjasson, D. P. 76. 1. 135).

534. Il est à remarquer que, lorsqu'un préfet ordonne des mesures conservatoires dans un but d'intérêt général et en vertu de l'art. 50, les concessionnaires ne peuvent se plaindre et doivent exécuter les ordres de l'Administration, sans avoir à réclamer aucune indemnité, quel que soit le préjudice qu'ils éprouvent. C'est là une véritable servitude légale pesant sur les mines et analogue à celles du droit commun imposées par le code civil (Cons. d'Et. 15 juin 1864, aff. Coste Clavel, D. P. 64, 3. 82; Féraud-Giraud, t. 2, n° 742). Il en est autrement, toutefois, lorsque l'exploitation de la mine vient à être suspendue ou interdite par l'Administration, tout à la fois dans l'intérêt de la sûreté publique et dans celui d'un chemin de fer créé postérieurement à la concession; une indemnité pourrait, en pareil cas, être réclamée à la compagnie du chemin de fer par le concessionnaire de la mine (Arrêt précité du 15 juin 1864).

535. Les mesures prises par l'Administration, en vertu de son pouvoir de police et de surveillance, doivent toujours avoir un caractère individuel; elles ne pourraient s'appliquer, par exemple, d'une façon générale, à tous les concessionnaires d'un département. Si elles revêtaient ce caractère de généralité, elles seraient illégales et n'obligeraient pas les tribunaux (Cons. d'Et. 4 mars 1881, aff. Salines de Laneuveville, D. P. 82. 3. 70; 13 mai 1881, aff. Salines de Sommervillers, *Rec. Cons. d'Etat*, p. 502; 16 juin 1882, aff. Salines de Saint-Valitdrée, *ibid.* p. 589; Aguillon, t. 2, n° 538).

536. On a vu au *Rép.* n° 380, que chaque concessionnaire est tenu de dresser un plan de la mine au millième et qu'aux termes d'un jugement du tribunal de Mons, un plan analogue doit exister dans chacun des bureaux des puits en extraction. Cette façon d'interpréter l'art. 6 du décret de 1813 a été vivement critiquée, et actuellement on admet qu'il suffit que les plans existent et qu'ils soient déposés en un seul exemplaire au bureau central de la concession (Féraud-Giraud, t. 2, n° 798).

537. En vertu des circulaires ministérielles des 15 avr. 1852, 28 juill. 1874 et 11 juin 1875, les plans doivent être dressés et orientés en suivant le méridien vrai et non le méridien magnétique. Ils sont communiqués chaque année aux préfets qui les adressent aux ingénieurs du service des mines (cahier des charges, modèles de 1882). Si, lors de la visite des ingénieurs, le plan de la mine n'existe pas, le préfet, sur le rapport à lui présenté, devra faire sommation au concessionnaire d'avoir à se mettre en règle dans un délai déterminé, passé lequel le plan sera exécuté d'office à ses frais, par l'Administration, qui en fera recouvrer le prix par les agents de l'Enregistrement.

Le défaut de plan constitue, en outre, une contravention passible des peines correctionnelles édictées par l'art. 93 de la loi de 1810.

538. Nous ne reviendrons pas sur ce que l'on a dit au *Rép.* n° 383, pour les cas où le danger est tel que l'abandon total de la mine s'impose à bref délai; nous ajouterons toutefois que, en cas de contestation entre le concessionnaire de la mine et l'autorité, au sujet de la nécessité d'abandonner la mine, il y a lieu de suivre, dans le cas d'expertise, la nouvelle règle édictée par l'art. 14 de la loi du 8 juill. 1890 (D. P. 90. 4. 116), qui est ainsi conçu : « L'art. 7, § 3, du décret du 3 janv. 1813 est ainsi modifié : En cas de contestations, trois experts seront chargés de procéder aux vérifications nécessaires. Le premier sera nommé par le préfet, le second par l'exploitant et le troisième sera de droit le délégué de la circonscription, ou sera désigné par le juge de paix s'il n'existe pas de circonscription. Si la vérification intéresse plusieurs circonscriptions, les délégués de ces circonscriptions nommeront parmi eux le troisième expert ».

539. Lorsque des accidents se produisent, il y a lieu de suivre les prescriptions des art. 11 et 3 du décret de 1813 (*Rép.* n° 390). Si l'événement est exceptionnellement grave comme s'il s'agit d'une explosion de grisou, d'éboulement considérable, les ingénieurs doivent en prévenir d'office le ministre des travaux publics par voie télégraphique et le tenir au courant des premières mesures prises pour conjurer de nouvelles catastrophes. Un rapport détaillé devra, en outre, parvenir au ministre le plus rapidement possible (V. à ce sujet, pour la procédure à suivre, les circulaires des 6 juill. 1881, 22 mars et 30 avr. 1883).

540. Aux termes de l'art. 3 du décret de 1811 (*Rép.* 370), les concessionnaires de mines sont obligés d'avertir l'autorité locale chaque fois que la sûreté des ouvriers ou de l'exploitation se trouve menacée. Le décret du 25 sept. 1882 est venu étendre cette obligation : désormais, outre le maire, l'exploitant devra encore prévenir l'ingénieur de l'arrondissement minier, qui proposera au préfet les mesures nécessaires. — Les concessionnaires sont tenus de renouveler cet avertissement chaque fois que l'état de la mine subit un changement notable et que surviennent de nouveaux dangers appelant des mesures supplémentaires de sûreté (Lyon, 30 janv. 1857, aff. Rigaud, D. P. 58. 2. 84).

541. L'art. 8 du décret du 3 janv. 1813 défend à tout propriétaire d'abandonner en totalité une exploitation si, auparavant, elle n'a été visitée par l'ingénieur des mines (*Rép.* n° 385). Mais il a été jugé que l'exploitant qui se borne à suspendre le travail d'un chantier à raison, par exemple, de ce que le feu grisou s'y est manifesté, n'est pas tenu de faire visiter l'exploitation par l'ingénieur des mines ni de provoquer des mesures de police, de sûreté et de conservation, en exécution des art. 8 et 9 du décret précité (Crim. rej. 26 avr. 1862, aff. Chalmeton, D. P. 64. 5. 245).

542. Les ingénieurs n'ont rien à constater et ne doivent pas intervenir officiellement lorsque les accidents ont lieu en dehors de la mine proprement dite, comme dans le cas, par exemple, où une catastrophe serait survenue dans une fabrique de briquettes annexée à la concession (Circ. min. 25 avr. 1882).

543. Les ingénieurs doivent, dans le courant de l'année, faire de nombreuses visites aux mines placées dans leur circonscription de surveillance (*Rép.* n° 401) et présenter sur chacune d'elles un rapport au préfet. On n'exige plus que ce rapport soit fait sur place, comme l'Administration le voulait autrefois ; il suffit que l'ingénieur prenne des notes, et qu'il fasse parvenir son travail au ministre, par l'intermédiaire de l'ingénieur en chef et du préfet, avant le 31 janvier de l'année suivante.

544. La visite des ingénieurs doit également porter sur les mines abandonnées. Depuis la circulaire du 2 janv. 1878, ces mines ne sont plus l'objet d'un rapport spécial, mais simplement d'une mention dans le rapport général annuel.

545. Dans le cas où il n'existerait pas de mines exploitées dans un département, les circulaires des 11 juin 1881 et 22 janv. 1883 prescrivent aux ingénieurs de dresser un rapport d'ensemble sur la richesse minérale de ce département.

546. — Des délégués a la sécurité des ouvriers mineurs. — La matière de la surveillance dans les mines s'est augmentée récemment d'une loi très importante, en date du 8 juill. 1890 (D. P. 90. 4. 116), portant création d'un corps de délégués à la sécurité des ouvriers mineurs. Cette nouvelle loi est due à l'initiative parlementaire; dès le mois de novembre 1882, une proposition en ce sens avait été déposée sur le bureau de la Chambre des députés, par MM. Waldeck-Rousseau, Reyneau et plusieurs de leurs collègues, à la suite d'un vœu émis par la chambre syndicale des mineurs de Saint-Etienne, en octobre 1882. On procéda à une enquête sur cette proposition de loi et les représentants des sociétés minières furent unanimes à repousser l'innovation projetée. La Chambre, puis le Sénat, l'adoptèrent néanmoins; toutefois, différentes modifications ayant été apportées par cette seconde assemblée au texte voté par la première, le projet de loi fut remis en question et, après de nombreux incidents, dont on a donné ailleurs le détail (D. P. 90. 4. 116), il revint en discussion en 1890. La loi qui en est résultée porte la date du 8 juill. 1890; elle a été suivie par une autre loi, en date du 1er août 1890 (D. P. 90. 4. 120), destinée à la compléter et à en régulariser le fonctionnement, et par deux circulaires en date des 9 et 19 juill. 1890.

Le but général de la loi de 1890 est d'assurer, d'une façon plus complète que par le passé, la sécurité des ouvriers employés dans les travaux souterrains des mines. On connaît, par ce qui a été dit à ce sujet au *Répertoire* et aux numéros précédents, les mesures qui avaient été prises en ce sens par le législateur de 1810 et de 1813; mais, au dire des partisans de la nouvelle loi, toute cette réglementation était insuffisante, et l'institution de délégués mineurs était justifiée par la nécessité de diminuer le nombre des accidents dans les mines, les ouvriers étant les plus intéressés à rechercher et à faire disparaître toute cause de danger. Les adversaires de la loi ont répondu en disant qu'elle était à la fois inutile et vexatoire, et l'accord est loin de s'être fait sur la question (V. sur cette matière : Riston, *De l'institution des délégués à la sécurité des ouvriers mineurs*, 1891).

547. En principe, l'institution et la nomination de délégués à la sécurité des ouvriers sont obligatoires pour toutes les exploitations minières du territoire français. Il n'y a d'exception, aux termes du dernier paragraphe de l'art. 1er, que pour les concessions de mines ou pour un ensemble de concessions contiguës, dépendant d'un même exploitant, et employant moins de vingt-cinq ouvriers travaillant au fond. Toutefois la dispense prévue par ce paragraphe pour les exploitations souterraines n'est pas un droit, mais une simple faculté, dont il appartient au préfet d'user, sur le rapport des ingénieurs du service des mines. — Il est, à coup sûr, dans l'esprit de la loi que la dispense soit facilement accordée à ces petites entreprises ; mais, si faible que soit l'effectif occupé dans de pareils travaux, les préfets ne doivent pas hésiter à la refuser à toute exploitation qui, à raison de sa nature ou de la manière dont elle est conduite, présenterait de véritables causes de danger (Circ. du 9 juill. 1890). La dispense n'est, d'ailleurs, jamais prononcée qu'à titre précaire et révocable suivant les circonstances. Si le chiffre des ouvriers travaillant au fond oscille autour du nombre vingt-cinq, il y aura lieu à nomination de délégués.

548. Les délégués institués par la loi ont pour mission d'inspecter les exploitations situées dans un certain rayon formant circonscription, dont les limites sont déterminées par un arrêté préfectoral, sous l'autorité du ministre des travaux publics, et après rapport des ingénieurs des mines, l'exploitant entendu. Toute concession ou ensemble de puits et galeries dont la visite détaillée ne nécessite pas plus de six jours, ne forme qu'une seule circonscription. Les autres exploitations sont subdivisées en deux ou plusieurs circonscriptions, suivant que l'inspection y demande douze, dix-huit jours..., etc. (L. 8 juill. 1890, art. 1er § 3).

549. La division en circonscriptions est préparée concurremment par les ingénieurs des mines et les concessionnaires et présentée aux préfets. Si les exploitants n'ont pas pris part à ce travail préparatoire, la circulaire du 9 juill. 1890 leur accorde un délai de quinze jours pour présenter leurs observations. — Lorsque le préfet a rendu son arrêté fixant le périmètre d'une circonscription, il y a lieu de joindre à la minute un plan de la circonscription portant les limites des communes sur le territoire desquelles elle s'étend. Ce plan est dressé par l'exploitant, sur les indications du préfet, et fourni par lui en triple expédition (L. 8 juill. 1890, art. 1er, § 5).

550. L'arrêté préfectoral est notifié, avec une expédition du plan, à l'exploitant dans la huitaine de sa date, et amplification de l'arrêté reste déposée avec un plan à la mairie de la commune désignée par le préfet, à la disposition de tous les intéressés. Si, dans la suite, une modification s'impose dans le tracé de la circonscription, à raison de changements survenus dans les travaux, le préfet peut ordonner cette modification sur la proposition des ingénieurs, l'exploitant préalablement entendu (Même article, § 4).

551. Les délégués mineurs sont élus par un corps spécial d'électeurs déterminé par la loi de 1890. Aux termes de l'art. 5, sont électeurs dans une circonscription, les ouvriers qui y travaillent au fond, à la condition d'être Français, de jouir de leurs droits politiques, et d'être inscrits sur la feuille de la dernière paye effectuée pour la circonscription avant l'arrêté de convocation des électeurs.

552. La liste électorale doit être préparée par l'exploitant, à chaque élection, dans les huit jours qui suivront l'arrêté par lequel le préfet du département aura convoqué les électeurs d'une circonscription. Le concessionnaire devra inscrire les noms des électeurs par ordre alphabétique, avec les prénoms, la date et le lieu de naissance de chacun d'eux, la nature de son emploi dans la mine, ainsi que la date depuis laquelle il y travaille. L'exploitant remet cette liste en triple exemplaire au maire de chacune des communes sous lesquelles s'étend la circonscription. Le maire fait afficher cette liste à la porte de la mairie, et envoie les deux autres copies au préfet et au juge de paix. Pour assurer encore davantage la publicité de ce document, le concessionnaire est tenu de le faire apposer aux lieux habituels pour les avis donnés aux ouvriers de son exploitation (art. 7).

553. En cas de non-affichage causé par la faute ou le refus de l'exploitant, l'affichage est ordonné par le préfet et il a lieu aux frais du concessionnaire, sans préjudice des peines à prononcer contre ce dernier pour violation de la loi de 1890. Du jour de l'affichage court le délai de cinq jours pendant lequel les intéressés peuvent former leurs réclamations. Le différend est porté devant le juge de paix, qui statue d'urgence et en dernier ressort. Si une circonscription s'étend sous deux ou plusieurs cantons, le juge compétent est celui dont le canton comprend la mairie de la commune désignée comme lieu du vote. La loi n'a pas indiqué comment la liste serait rectifiée ensuite des décisions des juges de paix; ce soin incomberait, aux termes de la circulaire du 19 juill. 1890, au bureau électoral.

554. La convocation des électeurs d'une circonscription a lieu par arrêté préfectoral, publié et affiché dans les communes sur le territoire desquels s'étend la circonscription visée, quinze jours au moins avant le jour de l'élection. L'élection ne peut jamais avoir lieu qu'un dimanche; le scrutin est ouvert et fermé à la mairie aux heures indiquées par l'arrêté préfectoral, qui a dû tenir compte, à ce sujet, des habitudes du pays et du nombre des électeurs. Dans aucun cas, il n'est distribué de cartes électorales aux votants. Si la circonscription comprend les territoires de plusieurs communes, le préfet désigne celle où les opérations électorales auront lieu. Il conviendra de choisir celle qui, par sa situation, facilitera le vote du plus grand nombre d'électeurs; et il est nécessaire que la commune désignée soit celle où sont déposés l'arrêté et le plan qui définissent la circonscription (Circ. 19 juill. 1890).

555. Le vote a lieu sous la surveillance d'un bureau spécialement désigné à cet effet; le maire en est le président et le secrétaire, et il prend pour assesseurs le plus âgé et le plus jeune des électeurs présents au moment de l'ouverture du scrutin (L. 8 juill. 1890, art. 9, al. 1). Le maire peut se faire remplacer par un adjoint, mais moyennant délégation par arrêté, conformément aux règles de l'art. 82 de la loi municipale du 5 avr. 1884 (D. P. 84. 4. 50). Le vote, sous peine de nullité, doit avoir lieu sous enveloppe d'un type déposé à la préfecture (art. 9, al. 3), et le président du bureau doit formellement refuser tout vote qui ne lui est pas remis sous cette forme. La loi ne disant pas que l'enveloppe doit être fermée, le président ne peut pas refuser une enveloppe ouverte (Circ. du 19 juill. 1890). Pour établir le type authentique, le préfet doit, lors de chaque élection, certifier comme type une enveloppe qui restera déposée à la préfecture comme annexe de la minute de son arrêté. — Ne peuvent prendre part au vote que les électeurs inscrits sur la liste électorale, en tenant compte toutefois des radiations ou des inscriptions d'office prises par le juge de paix compétent. Une lettre émanant de ce magistrat, ou même un certificat du greffier attestant la réalité de la décision, suffira pour autoriser le bureau à ratifier cette sentence. Le bureau, avant de laisser voter un électeur, doit s'assurer de son identité véritable par les moyens ordinaires. — Chaque bulletin de vote doit contenir deux noms avec l'indication de la qualité de délégué ou de délégué suppléant pour chaque candidat (L. 8 juill. 1890, art. 9, al. 2).

556. Sont éligibles, aux termes de l'art. 6, à la condition de savoir lire et écrire, et en outre de n'avoir jamais encouru de condamnation pour infractions aux dispositions soit de la loi du 8 juill. 1890, soit de celle du 21 avr. 1810 et du décret du 3 janv. 1813, soit des art. 414 et 416 c. pén.: 1° tous les électeurs, âgés de vingt-cinq ans accomplis, travaillant au fond depuis cinq ans au moins dans la circonscription ou dans l'une des circonscriptions voisines dépendant du même exploitant; 2° les anciens ouvriers, domiciliés dans les communes sous le territoire desquelles s'étend l'ensemble des circonscriptions délimitées par l'arrêté préfectoral, âgés de vingt-cinq ans au moins, citoyens français et jouissant de leurs droits politiques, et à la condition qu'ils aient travaillé au fond pendant cinq ans au moins dans les circonscriptions comprises dans l'arrêté précité et qu'ils n'aient pas cessé d'y être employés depuis plus de dix ans, soit comme ouvriers du fond, soit comme délégués ou délégués suppléants. Toutefois les anciens ouvriers ne seront éligibles que s'ils ne sont pas déjà délégués, non seulement pour une circonscription de la mine de l'exploitant, mais encore pour une circonscription d'une autre mine située dans le territoire de leur commune ou en dehors de ce territoire. Lorsqu'il s'agira de nommer des délégués pour la première fois dans une circonscription nouvelle, pourront être élus les électeurs justifiant de cinq années de travail au fond dans une exploitation analogue (L. 8 juill. 1890, art. 6).

557. Le dépouillement du scrutin doit être fait par le bureau ou, sous sa surveillance, par des scrutateurs suivant les règles communes à toutes les élections. A l'ouverture de l'urne, à la fin du scrutin, le bureau doit, avant de faire ouvrir les enveloppes, les compter de façon à pouvoir en rapprocher le nombre de celui des émargements. Les enveloppes trouvées ouvertes, les bulletins trouvés à découvert seront annulés et parafés par le bureau; n'entreront en compte, comme suffrages exprimés, que les bulletins, valables par eux-mêmes, extraits d'enveloppes conformes au type déposé. Les bulletins blancs ne devront pas compter dans le calcul des voix exprimées, et il faudra considérer comme tel toute enveloppe fermée ne renfermant aucun bulletin. S'il s'agit de nommer un délégué et un délégué suppléant, le bulletin ne sera compté qu'autant qu'il portera deux noms, avec l'indication de la qualité de délégué pour l'un des noms et celle de suppléant pour l'autre (Circ. 19 juill. 1890). Les bulletins sur papier de couleur, mais renfermés dans l'enveloppe-type, doivent être déclarés valables. Si une enveloppe contient plusieurs bulletins analogues, ils ne seront comptés que pour un seul; si les bulletins diffèrent entre eux, ils seront tous annulés.

558. Pour être élu au premier tour, il faut avoir obtenu la majorité absolue des suffrages exprimés et un nombre de voix au moins égal au quart du nombre des électeurs inscrits (L. 8 juill. 1890, art. 9, al. 2). Au deuxième tour de scrutin, la majorité relative suffit, quel que soit le nombre des votants. En cas d'égalité de suffrages, le plus âgé des candidats est élu. S'il est nécessaire de procéder à un second tour de scrutin, il y est procédé le dimanche suivant.

559. Aux termes de l'art. 12, procès-verbal de l'élection doit être dressé par le bureau et envoyé au préfet. L'art. 10 a eu pour but d'assurer la liberté entière du vote, en édictant que ceux qui, par voies de fait, violences, menaces, dons ou promesses, soit en faisant craindre à un électeur de perdre sa place ou d'exposer à un dommage sa personne, sa famille ou sa fortune, auront influencé le vote, seront punis d'un emprisonnement d'un mois à un an et d'une amende de 100 à 2000 fr., sauf application de l'art. 463 c. pén.

560. Les opérations électorales peuvent être attaquées par tous les intéressés, aux conditions suivantes : Les protestations doivent être consignées au procès-verbal, ou, si elles ne l'y ont pas été, être envoyées au préfet, dans les trois jours qui suivent l'élection, à peine de nullité. Les électeurs et les exploitants ont également le droit de formuler des protestations. Les opérations électorales peuvent aussi être attaquées d'office par le préfet lui-même dans l'intérêt de la loi, si ces opérations ne se sont pas passées d'une façon légale. — Dans tous les cas qui précèdent, le conflit est porté devant le conseil de préfecture dans les cinq jours qui suivent l'élection. L'annulation pourra être prononcée, soit pour vice de forme, soit pour violation de la liberté individuelle des électeurs. L'art. 11 édicte, notamment, que l'on pourra annuler toute élection, dans laquelle les candidats élus auraient influencé le vote, en promettant de s'immiscer dans des questions ou revendications étrangères à l'objet des fonctions de délégués, telles qu'elles sont définies au paragraphe 11 de l'art. 1er. Les ingénieurs des mines sont chargés de fournir aux préfets tous les renseignements de nature à motiver l'annulation des opérations électorales (Circ. 19 juill. 1890). Dans le cas d'annulation, un nouveau scrutin a lieu dans le délai d'un mois (L. 8 juill. 1890, art. 12).

561. Les délégués titulaires et les délégués suppléants, dont l'élection est valable, sont nommés pour une période de trois ans; mais ils restent en fonctions tant qu'ils n'ont pas été remplacés. Une nouvelle élection doit avoir lieu dans le mois qui suit l'expiration de ce délai (art. 13). Si une vacance se produit, il y est pourvu par une élection spéciale dans le mois de la mort ou de la démission du titulaire. Le nouvel élu ne reste en fonction que pour la période restant à courir jusqu'à l'expiration du délai de trois ans. Rien, dans la loi, n'indiquant que la réélection soit prohibée, nous pensons que les délégués pourraient être réélus pour une nouvelle période de trois ans.

562. Les délégués élus sont tenus de remplir avec zèle et conscience les fonctions auxquelles ils sont appelés. Suivant l'art. 1er, ils doivent s'assurer par eux-mêmes des conditions de sécurité dans lesquelles se trouvent les ouvriers travaillant dans les mines, les minières ou les carrières de leur circonscription. La circonscription de surveillance est la même que la circonscription de vote. Le délégué s'assure de la sécurité générale par des visites qu'il fait dans toutes les galeries de sa circonscription, et qui doivent être renouvelées deux fois par mois dans chaque puits, galerie et chantier. Son attention devra se porter également sur les appareils servant à la circulation et au transport des ouvriers (art. 2). Dès qu'un accident est signalé, le délégué est tenu de procéder à la visite des lieux, chaque fois que l'accident a entraîné mort d'homme ou des blessures graves, ou encore si la sécurité des ouvriers est compromise. Le délégué est averti par le concessionnaire. A la fin de chaque visite ou de chaque constatation, il doit immédiatement rédiger un rapport contenant ses observations sur un registre spécial à ce destiné et fourni par l'exploitant. Le délégué doit inscrire ces indications le jour même de sa visite, ou au plus tard le lendemain. La loi donne à l'exploitant le droit d'y formuler ses réponses, et le tout est mis à la disposition des ouvriers, qui peuvent toujours en prendre connaissance. La préfecture et les ingénieurs doivent recevoir une expédition des rapports des délégués.

563. Lors des tournées d'inspection, les ingénieurs et les contrôleurs des mines apposent leur visa sur le registre des rapports, et ils peuvent se faire accompagner par le délégué (art. 3). Les délégués suppléants ne doivent exercer leurs fonctions qu'autant que les délégués titulaires sont empêchés pour des motifs connus et indiqués formellement par eux. Dans ce cas, avis est donné par le délégué à l'exploitant et au délégué suppléant. Les délégués, dans l'accomplissement de leur mandat, ne peuvent ordonner aucun travail; leur rôle se borne à mentionner les mesures propres, d'après eux, à remédier à un état de choses défectueux ou dangereux pour les ouvriers; aussi l'art. 2, al. 3, dispose-t-il que le délégué, dans ses visites, est tenu de se conformer à toutes les mesures prescrites par les règlements en vue d'assurer l'ordre et la sécurité des ouvriers.

564. Le préfet est chargé de s'assurer si les délégués de son département s'acquittent scrupuleusement de leurs devoirs, et, dans le cas contraire, il peut prononcer contre eux, pour négligence grave ou abus dans l'exercice de leurs fonctions, la peine de la suspension pendant trois mois au plus. L'arrêté de suspension est soumis, dans les quinze jours, au ministre des travaux publics, qui peut lever ou réduire la suspension, et, s'il y a lieu, prononcer la révocation du délégué. Il en est de même lorsque le délégué a été condamné en vertu des art. 414 et 415 c. pén. (art. 15). Les délégués révoqués ne peuvent être réélus avant un délai de trois ans.

565. Les fonctions de délégués sont rémunérées. Aux termes de l'art. 16, les visites prescrites sont payées par le Trésor comme journées de travail. Au mois de décembre, le préfet, sur la proposition des ingénieurs des mines et sous l'autorité du ministre des travaux publics, fixe pour l'année suivante et pour chaque circonscription, le nombre maximum des journées que le délégué doit employer à ses visites et le prix de la journée. On prendra pour prix de la journée, par voie d'appréciation dans chaque circonscription, le salaire normal d'un bon ouvrier spécial du fond. Dans les circonscriptions de plus de 120 ouvriers, le minimum des honoraires du délégué ne peut être inférieur au prix de dix jours de travail; dans celles employant moins de 120 ouvriers, ce minimum est fixé par le préfet au mois de décembre. Le nombre d'ouvriers d'après lequel les exploitations se trouvent ainsi distinguées est le nombre de ceux effectivement occupés au fond, à l'époque où se feront ces évaluations (Circ. 9 juill. 1890). Les visites supplémentaires faites soit au cas d'accidents, soit pour accompagner les ingénieurs ou les contrôleurs des mines, sont payées suivant le même tarif (L. 8 juill. 1890, art. 16). Le délégué doit remettre chaque mois au préfet l'état de ses honoraires, et il reçoit un mandat à l'effet de les toucher. Une circulaire spéciale relative à ces mandatements a paru au mois de septembre 1890.

566. Toute personne qui, par ses agissements, apporterait une entrave aux visites et constatations des délégués devra être poursuivie conformément à la loi du 21 avr. 1810. La même sanction est, d'ailleurs, applicable à toutes les infractions commises contre les prescriptions de la loi du 8 juill. 1890 (art. 17).

567. Si, en principe, les délégués à la sécurité des ouvriers mineurs ne sont institués que pour les mines, minières et carrières à travaux souterrains, ils peuvent encore être nommés pour surveiller des carrières à ciel ouvert, chaque fois que la nature et l'exécution des travaux entrepris peuvent faire craindre pour la sécurité des ouvriers employés (art. 18). Dans ce cas, les ouvriers employés à l'extraction doivent être assimilés aux ouvriers du fond pour l'électorat et l'éligibilité.

568. En ce qui concerne la réglementation du travail des ouvriers mineurs, V. *Rép.* n° 403.

569. Il y a lieu de noter qu'aux termes de l'art. 7, § 2, de la loi du 19 mai 1874, les femmes et les filles ne peuvent, en aucun cas et sous aucun prétexte, être employées dans les travaux souterrains. Quant aux enfants mineurs, il y a lieu de suivre les prescriptions spéciales édictées par la même loi. — V. au surplus *infrà*, v° *Travail.*

570. Le livret, depuis la promulgation de la loi du 2 juill. 1890 (D. P. 90. 4. 121), n'est plus obligatoire pour les ouvriers mineurs. Désormais, le contrat de louage entre patrons et ouvriers est soumis aux règles du droit commun et peut être constaté dans les formes qu'il convient aux parties contractantes d'adopter. Cependant un certificat peut être exigé par l'ouvrier à l'expiration du contrat (Même loi, art. 2 et 3). — V. *infrà*, v° *Travail.*

571. Outre les règlements spéciaux édictés pour telle ou telle concession particulière et les prescriptions de la loi de 1810, le ministre des travaux publics pourrait provoquer l'adoption d'un règlement général rendu par le chef de l'Etat et applicable à toutes les concessions. En France, nous n'avons jusqu'ici aucun monument de ce genre; et cependant son utilité serait considérable, tant au point de vue d'une bonne exploitation qu'à celui de la sécurité générale. La Belgique nous a devancés dans cette voie, et son règlement général du 28 avr. 1884 peut être considéré comme un véritable modèle du genre (V. *Ann. des mines*, 1885, p. 65).

572. A l'énumération, donnée au *Rép.* n° 414, des documents législatifs ou réglementaires se rapportant à la matière de la surveillance des mines, il y a lieu d'ajouter les circulaires ministérielles des 28 nov. 1844; 11 déc. 1852; 15 avr. 1852; 28 juill. 1874; 2 janv. 1878; 11 juin 1881; 6 juill. 1881; 25 avr. 1882; 4 mai 1882; 11 juin 1875, 22 janv. 1883; 30 avr. 1883; 22 mars 1883; 28 mai 1883, et le décret du 25 sept. 1882, loi du 8 juill. 1890.

SECT. 6. — DE LA POLICE ET DE LA JURIDICTION RELATIVES AUX MINES (*Rép.* n°s 431 à 451).

573. Les règles fondamentales en cette matière ont été exposées au *Rép.* n° 431. D'après les auteurs les plus récents, on peut résumer ces règles, en disant que les dispositions des art. 93 et suiv. de la loi de 1810 sont applicables toutes les fois qu'il y a infraction : 1° aux prescriptions des lois et règlements généraux; 2° aux règlements particuliers; 3° aux conditions particulières des concessions; 4° aux dispositions des règlements de police; 5° aux injonctions régulièrement adressées aux exploitants par l'autorité publique (V. Féraud-Giraud, t. 2, n° 1095; Lallier, n°s 722, 723, 728, 729; Dupont, *Jurispr. des mines*, t. 2, p. 427 et suiv.).

574. Lorsque les circonstances l'exigent, des règlements de police peuvent être faits en vue de telle ou telle concession. Ces règlements sont obligatoires, quand ils ont été régulièrement homologués par le préfet (Douai, 17 janv. 1882; 23 janv. 1882 et 5 mars 1884, aff. Mines d'Anzin; Trib. Béthune, 21 déc. 1881, cités par Féraud-Giraud, t. 2, n° 1097). — Les arrêtés préfectoraux doivent être officiellement publiés; la publication résultera suffisamment, de leur insertion dans le recueil des actes administratifs du département, sans qu'il y ait besoin d'une communication ou d'une signification personnelle aux intéressés, sauf dans le cas où la mesure prise ne vise qu'une exploitation unique (Crim. cass. 13 août 1857, aff. Mony, D.P. 63. 5. 248).

575. Les auteurs ne sont pas d'accord, lorsqu'il s'agit de déterminer la nature des faits délictueux commis contrairement aux dispositions de la loi de 1810. Ces faits constituent-ils des délits ou de simples contraventions? Le mot *contravention* ayant été employé à diverses reprises par le législateur, notamment dans l'art. 93 de la loi de 1810, on a voulu en conclure qu'il s'agissait ici de contraventions proprement dites, auxquelles s'appliqueraient toutes les règles qui régissent cette catégorie d'infractions (Bréchignac et Michel, n°s 474, 478 et 480; Dijon, 9 juill. 1862, *infrà*, n° 585). L'opinion contraire, admise par la jurisprudence et la majorité des auteurs, nous paraît préférable; les peines prononcées sont, en effet, toujours des peines correctionnelles; c'est ainsi que l'amende encourue ne peut jamais être inférieure à 100 fr., alors que le taux des peines de simple police n'est, au maximum, qu'une amende de 16 fr. Il faut donc admettre que les infractions aux lois et règlements miniers constituent de véritables délits au sens légal du mot (Req. 15 févr. 1843, *Rép.* n° 298; Angers, 27 août 1866, aff. Hamon, D. P. 66. 2. 180, sol. impl.; Trib. Moutiers, 13 déc. 1872, aff. Poquard, D. P. 73. 3. 80; Bury, t. 2, n° 1163; Féraud-Giraud, t. 2, n° 1100). — Toutefois le fait délictueux deviendrait une contravention dans le cas où, comme en matière de tourbières ou de carrières, il ne serait puni que de peines de simple police (V. *infrà*, n°s 654, 702).

576. Conformément au droit commun, les peines prononcées par application des art. 93 à 96 de la loi de 1810 contre des coupables contumaces ne se prescrivent que par le délai de cinq ans (Bury, t. 2, n° 1186).

De même, la prescription des poursuites correctionnelles et celle de l'action civile s'accomplissent par le délai de trois ans (Trib. Moutiers, 13 déc. 1872, cité *suprà*, n° 575). Cette opinion est combattue par certains auteurs qui, s'appuyant sur le texte même de l'art. 95 de la loi de 1810, soutiennent que le délai n'est que celui indiqué par l'art. 185 du code forestier, c'est-à-dire un délai de trois ou six mois, suivant les distinctions établies par ce même article (Bury, t. 2, n° 1184; Dupont, *Jurispr. des mines*, t. 2, p. 439; Bréchignac et Michel, n° 477).

577. Le délit existe, en notre matière, par le seul fait de la non-observation de la loi ou des règlements, encore bien qu'aucun accident ne s'en soit suivi au moment où il est constaté par les autorités compétentes (*Rép.* n° 432; *Adde*, en ce sens : Féraud-Giraud, t. 2, n° 1101; Bréchignac et Michel, n° 479).

578. Lorsque, par suite de la non-observation des règlements, un accident grave suivi de mort se produit, atteignant des ouvriers, il y a lieu, en outre de l'application de l'art. 93 de la loi de 1810, à des poursuites correctionnelles pour homicide par imprudence. La jurisprudence a confirmé ce qui a été dit à ce sujet au *Rép.* n° 432 (Crim. rej. 20 avr. 1855, aff. Giraudin, D. P. 55. 1. 267; 31 mars 1865, aff. Bardon, D. P. 65. 1. 399). — L'application de ces articles n'est, d'ailleurs, pas limitée au seul cas d'inobservation des règlements; les peines qu'ils prononcent atteignent les exploitants par cela seul qu'ils n'ont pas satisfait aux « conditions d'adresse, de prudence, d'attention, de vigilance, qui sont de règle générale et de droit commun » (Arrêts précités des 20 avr. 1855 et 31 mars 1865).

La partie victime de l'accident peut, en matière de mines, se porter partie civile dans l'action intentée devant la juridiction correctionnelle par le ministère public (Féraud-Giraud, t. 2, n° 1129).

579. En ce qui concerne les agents qui ont mission et pouvoir de constater les contraventions, V. *Rép.* n° 438. — Ajoutons que, lorsque les parquets ne donnent pas suite aux affaires à eux déférées par les agents de répression, ils doivent, aux termes d'une circulaire du 19 juill. 1882, en avertir les ingénieurs du service des mines et les informer des motifs de leur décision. Lorsque, au contraire, l'affaire est suivie, communication doit également être donnée du résultat de poursuites aux ingénieurs, qui peuvent prendre copie des jugements et les envoyer au ministère des travaux publics (Circ. min. 23 sept. 1872).

580. Si le parquet et les ingénieurs ne sont pas d'accord sur les poursuites à exercer, la question litigieuse doit être renvoyée à l'examen du ministre de la justice, qui décide, d'accord avec le ministre des travaux publics, conformément à la circulaire du ministre de la justice en date du 17 janv. 1884 et à celle du ministre des travaux publics du 5 mai 1884.

581. En matière de contraventions minières, on admet généralement que les délinquants ne peuvent jamais bénéficier des circonstances atténuantes, l'art. 463 c. pén. n'étant applicable qu'aux délits prévus par le code pénal et non à ceux réprimés par des lois spéciales, à moins qu'il n'en soit fait mention expresse (V. *infrà*, v° *Peine*), ce qui n'est pas le cas de la loi de 1810 (Féraud-Giraud, t. 2, n° 1122; Bury, t. 2, n° 1191. — V. toutefois : Delecroix, *Revue de législation des mines*, 1880, p. 240; Dupont, *Jurispr. des mines*, t. 2, p. 438).

582. La bonne foi, en matière de délits miniers, constitue-t-elle une excuse valable, susceptible de mettre obstacle à la condamnation? La négative est généralement admise (V. conf. Peyret-Lallier, n° 733; Dupont, *loc. cit.*; Féraud-Giraud, t. 2, n° 1112). — Suivant Bury, t. 2, n° 1165, au contraire, « la bonne foi sera une cause de justification chaque fois que la nature même de l'infraction n'en sera point exclusive » (Conf. C. cass. Belgique, 26 avr. 1849, *Pasicrisie belge*, 1849. 1. 389).

583. Les tribunaux correctionnels peuvent, outre l'application de la peine proprement dite, ordonner la cessation des travaux illégalement entrepris (V. Crim. rej. 17 janv. 1835, *Rép.* n° 569), ou la démolition ou la destruction d'ouvrages indûment établis par les concessionnaires; mais ils n'ont pas le droit de prononcer la confiscation des matériaux (Féraud-Giraud, *loc. cit.*).

584. La question de savoir si la peine de l'emprisonnement doit être prononcée, en vertu de l'art. 96, même pour *une première contravention* (*Rép.* n° 447), continue à diviser les auteurs et la jurisprudence. L'affirmative est généralement admise (Trib. Béthune, 16 févr. 1876, et 21 déc. 1881, aff. Mines de Lière, *Revue de législ. des mines*, 1884, p. 240; Trib. Valenciennes, 15 mars 1878, *ibid.*, 1884, p. 241, et 3 nov. 1883, aff. Mines d'Anzin, *ibid.*, 1884, p. 237; Douai, 17 janv. 1882, aff. Mines de Lière, *ibid.*, 1884, p. 240.

Les auteurs, en présence des termes équivoques de l'art. 96, sont d'avis, au contraire, que la peine de l'emprisonnement ne doit être prononcée qu'en cas de récidive, le doute devant toujours être favorable à l'accusé (Bury, t. 2, n° 1187; Richard, n° 434; Dupont, *Jurispr. des mines*, t. 2, p. 436; Féraud-Giraud, t. 2, n° 1121; Douai, 5 mars 1884, aff. Mines d'Anzin, *Revue de législ. des mines*, 1884, p. 237).

585. En ce qui concerne la récidive, il a été jugé que les règles applicables sont celles qu'édicte l'art. 483 c. pén. en matière de contraventions, et non celles de l'art. 58 du même code concernant les délits; qu'en conséquence, le prévenu condamné pour contravention à une loi ou à un règlement sur les mines n'est point passible des peines de la récidive, si la condamnation déjà prononcée contre lui pour une infraction de même nature remonte à plus de douze mois (Dijon, 9 juill. 1862) (1). M. Féraud-Giraud, t. 2, n° 1123, estime, au contraire, que c'est le régime des délits qui doit être appliqué; c'est en effet ce que l'on admet à d'autres points de vue, notamment en ce qui touche la prescription (V. *suprà*, n° 576).

586. On s'est demandé si, en matière d'infraction aux lois minières, il y avait lieu, le cas échéant, d'appliquer le cumul des peines. Logiquement, on devrait s'en tenir à la négative, puisque ces infractions constituent des délits et qu'il est de principe, en droit français, que les peines correctionnelles ne se cumulent pas. D'après M. Féraud-Giraud, t. 2, n° 1124, on serait obligé d'admettre ce cumul, par la raison que l'art. 95 de la loi de 1810, qui enjoint aux procureurs de la République de poursuivre les contrevenants aux règlements sur les mines, ordonne de le faire ainsi qu'il est réglé et usité pour les délits forestiers, et qu'il est admis que, pour ces délits, le cumul existe et doit être prononcé. La cour de cassation, appliquant à l'égard des délits forestiers un système qu'elle avait déjà admis pour les délits en matière de douanes (V. *suprà*, v° *Douanes*, n° 671), décide que les peines d'amendes pourront être cumulées, mais qu'il n'en saurait être de même de l'emprisonnement; et, pour justifier sa théorie, la cour ajoute que, s'il en est ainsi, c'est que l'amende constitue plutôt une réparation civile qu'une peine proprement dite, tandis que l'emprisonnement, affectant directement la personne du prévenu dans sa liberté, a tous les caractères d'un châtiment et, par conséquent, tombe sous l'application du principe du non-cumul (Crim. cass. 21 nov. 1878, aff. Surmont, D. P. 79. 1. 386). — Ce système, qui sans doute serait également appliqué aux délits miniers, est loin d'être satisfaisant; il est, en effet, très difficile d'admettre la distinction qu'il établit suivant la nature des peines; si, à la différence de l'emprisonnement, l'amende, conséquence des délits miniers, n'affecte pas la liberté du coupable, elle n'en revêt pas moins tous les caractères d'une peine; et cela est d'autant plus vrai qu'à côté d'elle, les juges peuvent prononcer de véritables réparations civiles, en ordonnant les restitutions et des dommages-intérêts au profit de la partie lésée. En Belgique, la difficulté n'existe plus depuis la promulgation de la loi de 1867, qui, dans ses art. 58 et 100, pose le principe général du cumul absolu des peines.

587. Quant à l'application des peines aux personnes (*Rép.* n° 449), il a été jugé que, si les contraventions ont été commises par des copropriétaires d'une mine, ou sur leurs ordres, les condamnations devront être prononcées solidairement contre eux (Dijon, 9 juill. 1862, *suprà*, n° 585).

588. Si les infractions sont le fait d'une société minière, il y aurait lieu, d'après M. Féraud-Giraud, t. 2, n° 1117, de rechercher l'associé à qui le délit est imputable, et qui seul devrait être poursuivi. Dans le cas où les recherches n'aboutiraient pas, il ne pourrait y avoir aucune poursuite au correctionnel, la société restant d'ailleurs toujours responsable au point de vue d'une action civile.

589. A la matière de la police des mines se réfèrent les documents suivants, qui en forment pour ainsi dire le code: Loi du 21 avr. 1810, art. 93 à 96; Décrets des 6 mars 1811 et 3 janv. 1813; Lois des 27 avr. 1838 et 17 juin 1840; Ordonnances des 7 mars 1841, 18 avr. 1842, 26 mars 1842, Décret du 23 oct. 1852; Loi du 9 mai 1866; Décrets des 27 juin 1866 et 11 févr. 1874; Lois des 27 juill. 1880 et 8 juill. 1890.

SECT. 7. — DES CONCESSIONS OU JOUISSANCES DES MINES ANTÉRIEURES A LA LOI DU 21 AVR. 1810 (*Rép.* n°s 452 à 491).

590. La matière a aujourd'hui perdu la plus grande partie de son importance; aussi ne faut-il pas s'étonner de

(1) (Lebaibellié et Chanlaire.) — Les sieurs Lebaibellié et Chanlaire, maîtres de forges, ont été poursuivis pour avoir laissé échapper dans la rivière les eaux de leur patouillet. Une condamnation avait déjà été prononcée contre eux pour le même fait, une autre contravention plusieurs années auparavant. Le 14 mai 1862, jugement du tribunal de Wassy, qui, considérant les prévenus comme étant en état de récidive, les condamne à l'emprisonnement. — Appel.

LA COUR; — Considérant que les faits sont constants, non décisés, et qu'ils rentrent bien dans la catégorie des contraventions prévues et réprimées par l'art. 96 de la loi du 26 avr. 1810; — Considérant, sur l'application des peines de la récidive, que les infractions à la loi dont il s'agit sont textuellement assimilées à celles commises en matières de voirie et de police, par l'art. 93, et aux contraventions forestières, par l'art. 95 de cette loi; qu'elles tiennent tout à la fois de la nature du délit par la juridiction et par la quotité des peines appliquées, et de la contravention par leur dénomination légale, par la forme des constatations et des poursuites, et principalement par cette circonstance capitale que l'existence du fait suffit pour constituer l'infraction, indépendamment de la bonne foi ou de la volonté de son auteur, responsable dans tous les cas, même au point de vue pénal, des actes et omissions des employés; — Considérant qu'en édictant une notable aggravation de peine contre les contrevenants en état de récidive, sans s'expliquer sur l'organisation de cette récidive, le législateur a nécessairement voulu s'en référer aux principes généraux du droit commun sur la matière; qu'autrement il aurait précisé les circonstances constitutives de cette récidive, et notamment déterminé la limite au delà de laquelle elle n'existerait plus, comme il l'a fait pour certains délits spéciaux évidemment plus graves, et particulièrement en matière de détentions d'armes de guerre et de fraude dans la vente des marchandises; — Considérant que l'on ne saurait d'ailleurs appliquer à ces infractions les principes de la récidive correctionnelle, puisque la récidive n'existe que pour les cas où l'individu poursuivi a déjà été condamné à plus d'un an de prison; que l'on est donc forcément appelé à conclure que la récidive édictée par l'art. 96 de la loi du 21 avr. 1810 sur les mines est celle qui a été organisée d'une manière générale pour les contraventions par l'art. 483 c. pén.; — Considérant qu'il y a d'autant plus lieu de décider de la sorte que ces contraventions, ordinairement peu graves au point de vue de la morale, ne peuvent guère devenir dangereuses qu'autant qu'elles se répéteraient dans un espace de temps fort limité; que c'est donc le cas, en maintenant l'assimilation que la loi en fait elle-même aux contraventions en matière de voirie et de police, de l'étendre à celles relatives aux bois et forêts, à la pêche, à la chasse, avec lesquelles elles ont tant d'analogie, et qui, comme elles, sont des délits par la juridiction et par la nature des peines des contraventions par tous les autres aspects, et notamment par l'organisation de leur récidive; — Considérant, en fait, que la peine de 100 fr. d'amende antérieurement appliquée à chacun des deux appelants pour contravention aux lois et règlements sur les mines, remonte au 11 févr. 1852, c'est-à-dire bien au delà des douze mois assignés par le code pénal comme limite à la récidive en matière de contravention; qu'il convient donc d'émender sous ce rapport le jugement dont est appel, et de décharger les appelants de la peine d'emprisonnement prononcée contre eux; — Considérant, sur la question de savoir s'il y a lieu de prononcer une amende distincte contre chacun des appelants, que tous deux sont propriétaires et cogérants des lavoirs et patouillets dont il s'agit au procès; que les contraventions commises dans la marche ou la direction de ces patouillets l'ont été sous leurs yeux, avec leur coopération et d'après leurs ordres; qu'ils doivent donc être considérés tous deux comme auteurs personnels des faits relevés et condamnés comme tels, non pas isolément comme l'a fait le tribunal, mais par la voie solidaire, aux termes de l'art. 55 c. pén., les condamne chacun à 100 fr. d'amende et aux dépens, le tout par la voie solidaire, etc.

Du 9 juill. 1862.-C. de Dijon, 2e ch.-MM. Villiérod, pr.-Maitrejean, av. gén.

la rareté des décisions judiciaires dont elle a été l'objet depuis la publication du *Répertoire*. — Il a été jugé que les concessions de mines antérieures à la loi de 1810, et qui ne payaient aucune redevance aux propriétaires de la surface, ne leur en doivent aucune également depuis la promulgation de cette loi. Si, au contraire, les mines étaient tenues à un versement, le taux devra rester tel qu'il était avant 1810 (Req. 2 févr. 1858, aff. Chirat de Souzy, D. P. 58. 1. 203).

SECT. 8. — COMPÉTENCE.

591. Nous avons eu l'occasion, au cours des explications qui précèdent, d'indiquer un assez grand nombre de solutions relatives à des questions de compétence. Il reste à résumer ici, dans un tableau d'ensemble, les principaux cas dans lesquels a été reconnue la compétence, soit de l'autorité administrative, soit de l'autorité judiciaire, en faisant observer que ces règles sont d'ordre public, et ne sauraient dès lors, être modifiées par les conventions des parties (Dijon, 29 avr. 1891, aff. Argand, D. P. 91. 2. 251).

ART. 1er. — *Compétence de l'autorité administrative* (*Rép.* nos 492 à 559).

592. L'autorité administrative est compétente à l'exclusion de l'autorité judiciaire : 1° pour reconnaître la catégorie légale à laquelle appartient une substance minérale (*Rép.* n° 505; *Adde :* Lallier, t. 1, p. 53; Dufour, p. 12; Féraud-Giraud, t. 1, n° 8; Bréchignac et Michel, n° 458) ; — 2° Pour donner l'interprétation des actes de concession, notamment en ce qui concerne les limites assignées aux concessions, et prononcer sur la validité de ces actes (Req. 13 déc. 1859, aff. Beuret-Godard, D. P. 60. 1. 90; Civ. rej. 19 nov. 1861, aff. Seyve, D. P. 61. 1. 486; Cons. d'Et. 8 avr. 1865, aff. Mines d'Anzin, D. P. 66. 3. 6 ; 12 déc. 1868, aff. Compagnie générale des Asphaltes, D. P. 69. 3. 59; Civ. cass. 7 juin 1869, aff. Javal; D. P. 69. 1. 301 ; Trib. confl. 24 nov. 1877, aff. Frèrejean, D. P. 78. 3. 30; 28 févr. 1880, aff. Mines de Filhols, D. P. 81. 3. 36 ; Lyon, 20 juin 1884, aff. Argand, D. P. 85. 2. 279; Dijon, 29 avr. 1891, cité *suprà*, n° 591. Comp. *Rép.* n° 493) ; — 3° Pour statuer sur le mode d'exploitation des gisements. Ainsi l'autorité administrative peut seule prescrire des mesures tendant à modifier le mode d'exploitation, telles que celles relatives à l'emplacement des puits, à la direction des travaux intérieurs, etc. (Besançon, 4 avr. 1854, aff. De Grimaldi, D. P. 56. 2. 245. Comp. *Rép.* n° 507); — 4° Pour instruire les demandes en renonciation et celles en restriction des concessions ; — 5° Pour vérifier si une concession peut valablement être frappée de déchéance, et si les conditions nécessaires se trouvent réunies (Cons. d'Et. 12 déc. 1868, aff. Compagnie des Asphaltes, D. P. 69. 3. 59 ; Civ. cass. 17 mars 1873, aff. Compagnie des Asphaltes, D. P. 73. 1. 471 ; Trib. confl. 24 nov. 1877, aff. Frèrejean, D. P. 78. 3. 30) ; — 6° Pour trancher les contestations entre les mêmes parties relativement à la quotité et au payement des redevances tréfoncières; — 7° Pour instruire et juger les demandes en dégrèvement des redevances tréfoncières (*Rép.* n° 534); — 8° Pour connaître des demandes en indemnité formées contre des concessionnaires de mines par des tiers qui ont fait, *antérieurement* à la concession, des travaux et des explorations utiles (Cons. d'Et. 13 mars 1856, aff. Mines de la Calaminière, D. P. 56. 3. 56); — 9° Pour fixer les indemnités dues aux propriétaires superficiaires à l'occasion de la recherche des matières minérales avant la concession (Naudier, p. 123; Richard, n° 134); — 10° Pour trancher les difficultés qui peuvent s'élever entre les concessionnaires de mines et les propriétaires de la surface, relativement à l'occupation de terrains et à la nécessité de cette occupation (Cons. d'Et. 3 déc. 1846, aff. Fogle, D. P. 47. 3. 65, et *Rép.* n° 501); — 11° Pour régler les difficultés nées à l'occasion de matières non concédées, extraites en même temps que les substances qui ont fait l'objet de la concession (Féraud-Giraud, t. 1, n° 17); — 12° Pour fixer l'indemnité due aux concessionnaires, par les compagnies de chemins de fer, à raison des obstacles apportés à l'exploitation minière (V. *suprà*, n° 515) ; — 13° Pour statuer sur les réclamations des concessionnaires de mines inondées ou menacées d'inondation contre la fixation de leur quote-part dans les taxes qui leur sont imposées; — 14° Pour fixer les sommes dues par les concessionnaires aux communes pour leur quote-part dans l'entretien des chemins de fer vicinaux.

593. En ce qui concerne les pouvoirs du ministre, on a vu au *Rép.* n° 533 qu'il ne lui est pas permis de modifier par des arrêtés les clauses et conditions de l'acte de concession d'une mine. Mais il a été décidé que le ministre des travaux publics n'excède pas ses pouvoirs en approuvant le bornage, fait par les ingénieurs, de la ligne séparative de deux concessions de mines limitrophes, sa décision ne faisant pas obstacle au droit des concessionnaires de demander au conseil d'Etat, par la voie contentieuse, l'interprétation des ordonnances de concession (Cons. d'Et. 18 août 1856, aff. Mines des Roys, D. P. 57. 3. 21).

ART. 2. — *Compétence de l'autorité judiciaire* (*Rép.* nos 559 à 587).

594. Les tribunaux civils sont compétents : 1° chaque fois qu'une question de propriété est soulevée, et il en est de même des difficultés relatives à la possession. Si les tribunaux administratifs sont saisis d'un procès où une telle question est soulevée, ils doivent s'en dessaisir et surseoir jusqu'à ce que les tribunaux civils aient statué (*Rép.* n° 559; Req. 23 nov. 1853, aff. Forges d'Audincourt, D. P. 53. 1. 332; 11 févr. 1857, aff. Mines de la Ricamarie, D. P. 57. 1. 258; Cons. d'Et. 12 déc. 1869, aff. Compagnie des asphaltes, D. P. 69. 3. 59; Grenoble, 14 août 1875, *suprà*, n° 135; Liège, 16 mai 1883, aff. Société de la Basse-Sambre, D. P. 85. 2. 129); — 2° Pour faire l'application des actes de concession ou des règlements administratifs dont les termes n'ont pas besoin d'interprétation (Civ. rej. 11 nov. 1861, aff. Seyve, D. P. 61. 1. 486; Dijon, 29 avr. 1891, cité *suprà*, n° 591); — 3° Pour interpréter les dispositions du tarif annexé au décret de concession et établissant le taux de la redevance due au propriétaire de la surface, lorsqu'elles sont transportées dans le contrat intervenu entre le propriétaire et le concessionnaire, les dispositions prenant alors le caractère de conventions privées (Civ. rej. 21 juin 1853, aff. Raverot, D. P. 53. 1. 286); — 4° Pour connaître de l'action qui, sans contester les actes de l'Administration, tend à en déterminer les conséquences dans un intérêt purement privé, et en vertu des principes du droit commun (Civ. rej. 3 janv. 1853, aff. Chemin de fer de Saint-Etienne à Lyon, D. P. 53. 1. 133) ; — 5° Pour statuer sur le sens et l'exécution de conventions intervenues entre l'inventeur d'une mine et celui qui a obtenu la concession, à l'effet de régler leurs intérêts privés (Lyon, 14 juin 1865, aff. Bethenot, D. P. 66. 2. 142); — 6° Pour statuer sur une demande en payement de redevances dues en vertu d'une convention entre le propriétaire et un explorateur pour extractions faites antérieurement à la concession (Trib. confl. 15 mars 1873, aff. Gillier, D. P. 74. 3. 7; Trib. Seine, 16 déc. 1876, aff. De Candé, D. P. 80. 2. 45); — 7° Pour statuer sur les oppositions aux travaux entrepris en violation des prescriptions de la loi de 1810 (Cons. d'Et. 17 janv. 1867, aff. Cussinel, D. P. 68. 3. 16); — 8° Pour connaître des actions en indemnité intentées par les propriétaires superficiaires à raison de l'occupation ou de dégâts causés à la surface par les concessionnaires (Besançon, 4 avr. 1854, aff. De Grimaldi, D. P. 56. 2. 245; Req. 3 févr. 1857, aff. Coste, D. P. 57. 1. 193; Cons. d'Et. 4 avr. 1864, aff. Denier, D. P. 64. 3. 81; L. 21 avr. 1810, art. 43 modifié par la loi du 27 juill. 1880); — 9° Pour ordonner, dans un intérêt privé, les mesures propres à faire cesser, dans l'avenir, le dommage causé par les travaux d'exploitation de mines postérieures à la concession (Req. 23 avr. 1850, aff. Chagot, D. P. 50. 1. 150; Arrêt Besançon, 4 avr. 1854, précité; Req. 17 juin 1857, aff. Chagot, D. P. 57. 1. 275); — 10° Pour décider si l'on se trouve dans un des cas où le cautionnement peut être exigé des concessionnaires, conformément à l'art. 15 de la loi du 21 avr. 1810; — 11° Pour apprécier la solvabilité de la caution présentée en vertu du même article; — 12° Pour juger les réclamations en dommages-intérêts formées contre les compagnies de chemins de fer à raison d'une interdiction d'exploiter alors que cette interdiction équivaut à une dépossession définitive (V. *suprà*, n° 515); — 13° Pour statuer sur les réclamations d'indemnité d'une concession contre une autre (Civ. cass. 5 janv. 1858, cité par Féraud-Giraud, t. 2, n° 675); — 14° Pour régler les difficultés relatives à la constitution et au fonctionnement des sociétés minières (*Rép.* n° 579; Féraud-Giraud, t. 1, n° 201); — 15° Pour interpréter les actes de cession de mines ou du droit de fouilles et recherches (Civ. cass. 16 juin 1856, aff. Grandin, D. P. 57. 1. 478); — 16° Pour connaître des actions en nullité de la vente partielle ou du partage d'une concession (L. 21 avr. 1810, art. 7).

595. Les questions litigieuses relatives aux mines, dont la connaissance appartient à l'autorité judiciaire, doivent être portées devant les tribunaux d'arrondissement; les juges de paix ne sont jamais compétents en cette matière; ainsi les actions pour dommages aux champs, dont la connaissance leur appartient en principe (L. 25 mai 1838, art. 5, § 1), ne peuvent être portées devant eux quand les dommages ont été causés par des travaux d'exploitation de mines (Dijon, 28 janv. 1856, aff. Mines de Blanzy, D. P. 57. 2. 6; 21 août 1856, aff. Chagot, D. P. 57. 2. 6; Req. 14 janv. 1857, aff. Mines d'Anzin et aff. Chagot, D. P. 57. 1. 154).

Sect. 9. — Des expertises (*Rép.* n°s 587 à 606).

596. L'expertise, ainsi qu'on l'a dit au *Rép.* n° 587, constitue le principal mode de preuve admis en matière de contestations minières, et le juge est toujours libre d'y recourir. Ainsi il a été décidé que le conseil de préfecture appelé à régler les indemnités dues par un concessionnaire pour recherches ou travaux faits par des tiers antérieurement à l'acte de concession n'est pas tenu de prendre les rapports des ingénieurs des mines pour base de sa décision; il peut, s'il le juge utile, ordonner une expertise pour la vérification et l'évaluation des travaux exécutés (Cons. d'Et. 13 mars 1856, aff. Mines de la Calaminière, D. P. 56. 3. 56). Mais il peut aussi s'en tenir à ces rapports, s'il y trouve des renseignements suffisants.

597. Dans les cas où une expertise est ordonnée, elle doit être faite, aux termes de l'art. 87 de la loi de 1810, d'après les règles de droit commun édictées par le code de procédure civile; et il en est ainsi, d'après la jurisprudence, alors même qu'elle a été ordonnée par un tribunal de l'ordre administratif (*Rép.* n°s 595 et 596; 26 déc. 1867, aff. Mines d'Aix-Noulette, D. P. 68. 3. 98; Bury, t. 2, n° 1145; Féraud-Giraud, t. 2, n° 1073; Bréchignac et Michel, n° 461). Il en est autrement, toutefois, dans les cas pour lesquels l'expertise est prescrite par d'autres lois qui ont réglé des procédures spéciales à suivre (V. notamment L. 16 sept. 1807, art. 5 et 6; Décr. 6 mai 1811, art. 49 à 53; Féraud-Giraud, t. 2, n° 1073). — Cette solution est-elle encore exacte aujourd'hui, sous l'empire de la loi du 22 juill. 1889 sur la procédure à suivre devant les conseils de préfecture? La question est délicate, et l'on peut soutenir que les art. 13 et suiv. de cette loi, qui édictent des règles précises sur les expertises ordonnées par les conseils de préfecture, sont applicables en matière de mines comme en toute autre matière.

598. Sur le choix des experts, V. *Rép.* n° 592. — Ajoutons que, d'après certains auteurs, il y aurait lieu d'exclure de l'expertise les ingénieurs qui, par suite de leur situation, auraient été dans le cas, dans des rapports ou autrement, de formuler un avis sur la contestation, et cela par application des art. 283 et 310 c. proc. civ. (Féraud-Giraud, t. 2, n° 1075).

599. Les expertises peuvent être confiées à des ingénieurs ou à des conducteurs de l'administration des Ponts et Chaussées (Cons. d'Et. 22 mars 1866, aff. De Bardies, D. P. 67. 3. 9).

600. Par application d'une règle constante en matière civile (V. *suprà*, v° *Expertise*), il a été décidé que la partie qui a assisté sans protestation aux opérations d'une expertise ordonnée en matière de mines n'est pas recevable à se plaindre ensuite des irrégularités qui auraient pu être commises, notamment de ce qu'elle n'aurait pas été régulièrement sommée d'y assister, ou de ce que les experts ne rempliraient pas les conditions exigées par l'art. 88 de la loi du 27 avr. 1810 (Cons. d'Et. 22 mars 1866, cité *suprà*, n° 599; 11 mai 1872, aff. Forges d'Aubenas, D. P. 73. 2. 92). La présence de l'une des parties à l'expertise est, d'ailleurs, suffisamment établie par la mention qui est faite dans le rapport des experts (Même arrêt, du 22 mars 1866).

601. Les parties doivent fournir aux experts tous les renseignements et leur donner tous les moyens propres à faciliter leur tâche. Le refus d'une partie de laisser examiner les lieux litigieux pourrait entraîner contre elle une condamnation à des dommages et intérêts (Bruxelles, 21 déc. 1814, cité par Féraud-Giraud, t. 2, n° 1079).

602. On a vu au *Rép.* n° 599 que le ministère public doit donner son avis au sujet de toutes les expertises ordonnées par les juges sur le rapport déposé, à peine de nullité (Conf. Bury, t. 2, n°s 1152 et 1154). M. Féraud-Giraud, t. 2, n° 1083, étend cette obligation à toutes les affaires litigieuses concernant les mines. Cette extension serait assurément très justifiée; mais il est difficile de l'admettre dans le silence de la loi.

603. Les frais de l'expertise sont, aux termes de l'art. 91, réglés par les tribunaux (*Rép.* n° 603). Si c'est le conseil de préfecture qui a ordonné l'expertise, il lui appartient naturellement de procéder à ce règlement, et il y aura lieu, semble-t-il, d'appliquer à cet égard l'art. 23 de la loi du 22 juill. 1889, ainsi que le règlement du 18 janv. 1890, qui fixe les allocations pour la procédure à suivre devant les conseils de préfecture (D. P. 90. 4. 7). — Dans le cas où l'expertise a été motivée par une réclamation contre les redevances proportionnelles dues à l'Etat, il a été jugé que l'Etat est obligé d'en payer les frais, chaque fois que le concessionnaire aura obtenu gain de cause, même partiellement, en ce qui concerne les points sur lesquels a porté l'expertise (Cons. d'Et. 4 juin 1880, aff. Chagot, D. P. 81. 3. 57). Cette solution repose sur l'art. 52 du décret du 6 mai 1852, qui consacre en matière de mines une règle analogue à celle qui résultait, en matière de contributions directes, de l'art. 78 de l'arrêté du 24 flor. an 8. Or la loi du 29 déc. 1884 (D. P. 85. 4. 39) a innové sur ce point et décidé (art. 5) que désormais les frais de l'expertise et de la tierce expertise seraient supportés par la partie qui succombe, suivant l'appréciation du juge, conformément au droit commun (V. *suprà*, v° *Impôts directs*, n° 243). On peut se demander si, en présence de cette disposition nouvelle, l'art. 52 précité a conservé son application. La question paraît délicate. On pourrait, dans le sens de la négative, argumenter de l'art. 4 de la loi de 1884, d'où il résulte que les dispositions nouvelles introduites par cette loi sont applicables en matière de contributions directes et de *taxes assimilées*, ce qui comprend les redevances minières dues à l'Etat.

604. En terminant, nous rappellerons que, ici comme en toute matière, les juges ne sont jamais obligés d'adopter les conclusions des rapports des experts, quand leur conviction y est contraire. Si les données d'une première expertise leur semblent insuffisantes, ils peuvent en ordonner une seconde, ou même demander l'avis des ingénieurs des mines et en faire la base de leur opinion (Cons. d'Et. 26 déc. 1867, aff. Compagnie des mines d'Aix-Noulette, D. P. 68. 3. 98; Bury, t. 2, n° 1145; Féraud-Giraud, t. 2, n° 1085).

605. Aux termes de l'art. 90 de la loi du 21 avr. 1810 (*Rép.* n° 605), aucun plan ne sera admis dans une contestation comme pièce probante qu'autant qu'il aura été levé ou vérifié par un ingénieur des mines. Nous ajouterons qu'il s'agit ici d'un ingénieur des mines de l'Etat, et qu'un ingénieur civil des mines n'aurait pas la compétence suffisante pour vérifier ces pièces de la procédure.

CHAP. 3. — Des minières (minerais de fer, terres pyriteuses et alumineuses, tourbières) et des carrières.

Sect. 1re. — Des minières (*Rép.* n°s 607 à 609).

606. La matière des minières a été profondément modifiée depuis la publication du *Répertoire* par les lois des 9 mai 1866 et 27 juill. 1880, qui sont venues successivement réformer le système de la loi de 1810, pour consacrer une législation mieux en rapport avec l'état économique et la situation actuels.

607. La loi du 9 mai 1866 (D. P. 66. 4. 42), votée sur le rapport de M. Edouard Dalloz, secrétaire de la commission législative, a abrogé les art. 59 à 66 de la section 2 du titre 7, les sections 4 et 5, et enfin a modifié les art. 57 et 58 de la section 1re du même titre. Cette loi, dont le but était de faire disparaître les règlements restrictifs qui gênaient les grandes exploitations, les entraves intérieures qui plaçaient l'industrie nationale dans des conditions d'infériorité à l'égard de l'étranger, répondait parfaitement aux besoins du moment, et venait donner satisfaction aux nombreux exploitants, qui depuis longtemps la reclamaient. On aura l'occasion d'en signaler les principales dispositions dans les numéros suivants.

608. Aux termes de l'art. 3 de la loi de 1810, les minières comprennent les minerais de fer dits d'alluvion, les terres pyriteuses propres à être converties en sulfate de fer, les terres alumineuses et les tourbes. On a fait remarquer, à ce propos, au *Rép.* n° 607, combien peu précise et même peu exacte était cette rédaction de l'art. 3 : il en résulterait que les minières ne peuvent jamais renfermer que des minerais de fer d'alluvion, catégorie de minerais qui revêtiraient toujours le caractère de minières, et que les autres minerais de fer, minerais en amas et en filons, constitueraient dans tous les cas de véritables mines concessibles. Or l'art. 69 établit, au contraire, que les minerais de fer en couches seront réputés minières, quand leur exploitation pourra avoir lieu à ciel ouvert, et que, d'autre part, les minerais d'alluvion constitueront de véritables mines concessibles chaque fois que l'exploitation s'en fera au moyen de puits et galeries, ou que, dans le cas où l'extraction se pratiquerait à ciel ouvert, ce mode de travail compromettrait ou rendrait impraticable pour l'avenir l'exploitation en puits et galeries. La loi de 1866 a laissé subsister cette contradiction.

609. Les anciens art. 57 et 58 de la loi de 1810 ont été modifiés par la loi de 1866. Le nouvel art. 57 ne reproduit plus l'ancien texte, dans lequel le législateur énonçait ce principe, que l'exploitation des minières était assujettie à des règles spéciales; mais il est évident, comme on l'a fait remarquer avec raison, que si cette énonciation ne se retrouve plus en termes exprès, elle résulte implicitement des dispositions mêmes de la loi, qui distingue avec soin les conditions différentes d'exploitation des mines et des minières, et pose les règles spéciales à l'une et à l'autre de ces deux catégories d'extraction.

610. A l'inverse de ce qui a lieu pour les mines proprement dites, la minière continue à constituer, du jour de son exploitation, une seule et unique propriété avec le fonds où elle se trouve. Le principe général, qui sert de base à la législation en cette matière, est celui de l'accession, d'après lequel la minière appartient toujours au propriétaire de la surface. Ici donc, plus de séparation juridique entre le tréfonds et la surface, plus de redevances tréfoncières, sauf, bien entendu, les cas où, par suite de circonstances spéciales (*infrà*, n° 616), les minières se transforment en véritables concessions.

611. De ce principe découlent plusieurs conséquences importantes. C'est que, d'abord, l'exploitation aura un caractère immobilier, et que, par suite, les objets que le propriétaire du fonds y aura placés pour son service et son exploitation deviendront immeubles par destination (Féraud-Giraud, t. 2, n° 932). — Quant aux parts d'intérêts dans une société d'exploitation d'une minière, elles conservent également un caractère immobilier, l'art. 8 de la loi de 1810 ne s'appliquant qu'aux mines proprement dites, et ne pouvant, vu son caractère exceptionnel, être étendu aux sociétés de minières, sauf l'hypothèse où ces sociétés auraient revêtu la forme commerciale (Bury, t. 2, n° 1361; Féraud-Giraud, t. 2, n° 933).

612. Une autre conséquence du même principe, c'est que l'hypothèque ne peut porter sur la minière isolément sans porter en même temps sur le fonds lui-même (*Rép.* v° *Privilèges et hypothèques*, n° 834 ; Féraud-Giraud, t. 2, n° 938. — *Contrà :* Troplong, *Privilèges et hypothèques*, t. 2, n° 404 *bis*).

613. La cession du droit d'exploiter une minière constitue, en principe, une vente mobilière (Féraud-Giraud, t. 2, n° 936). Toutefois, il a été jugé que la convention par laquelle un propriétaire concède à un tiers le droit de rechercher une minière dans son fonds, de l'exploiter indéfiniment, s'il vient à en découvrir, et de passer sur les points de l'immeuble où il aurait besoin de le faire dans l'intérêt de son exploitation, constitue une concession de droits réels et immobiliers au préjudice desquels ne peut être faite ultérieurement la vente du fonds où ils doivent être exercés, pourvu que la transcription de cette convention soit antérieure à celle de la vente. Si, en effet, la concession du droit indéfini d'exploitation d'une minière a le caractère d'une vente mobilière entre le vendeur et l'acquéreur, elle a, entre ce dernier et les ayants cause à titre particulier du vendeur, le caractère d'une cession de droits réels, que la priorité de date doit faire prévaloir sur toute cession ultérieure (Nîmes, 26 avr. 1865, aff. Rivière-Dejean, D. P. 65. 2. 153). — Mais cette décision n'est pas à l'abri de la critique (V. les observations en note, D. P. *ibid.* Comp. Req. 15 déc. 1857, aff. Gontard, D. P. 59. 1. 366).

614. Les minières ne payent aucune redevance à l'Etat, autre que l'impôt foncier ordinaire, sauf, toutefois, le cas où une minière est réunie à une mine. Mais les exploitants des minières sont, en vertu de la loi du 15 juill. 1880 (D. P. 81. 4. 1), soumis au payement d'une patente, sauf dans le cas prévu par l'art. 70 de la loi de 1810 (V. *infrà*, v° *Patente*).

615. Les exploitants de minières sont tenus, comme les concessionnaires de mines, de contribuer à l'entretien des chemins vicinaux dont ils font usage pour transporter les minerais extraits (L. 21 mai 1836, art. 14, et L. 20 août 1881, art. 11).

ART. 1er. — *Des minerais de fer.*

§ 1er. — Du minerai de fer exploitable à ciel ouvert, ou des minières proprement dites (*Rép.* nos 610 à 657).

616. On a rappelé *suprà*, n° 608, les difficultés qui naissent de la combinaison des art. 3 et 69 de la loi de 1810 au sujet des minerais de fer. Selon nous, la question peut se résoudre de la façon suivante : les minerais de fer d'alluvion et les affleurements de mines de fer, qui ont des racines profondes sous le sol, où elles existent en filons, couches ou amas, constituent de véritables minières tant qu'ils peuvent être exploités à ciel ouvert ou par des travaux souterrains insignifiants; ils constitueront, au contraire, des mines susceptibles de concession quand l'exploitation s'opérera par travaux souterrains, sérieux et réels, au moyen de puits et galeries. Cette solution, enseignée déjà au *Rép.* n° 607, est encore aujourd'hui généralement admise (Féraud-Giraud, t. 2, n° 910).

Quant au point de savoir ce qu'il faudra entendre par travaux souterrains sérieux et réels, c'est là une question technique qui sera résolue en fait d'après les constatations auxquelles il sera procédé par les gens de l'art (Aguillon, t. 2, n° 672).

D'après M. L. Dupont, *Cours*, t. 1, p. 432, voici quelle serait la distinction à faire entre les mines et les minières de fer : « S'il s'agit de minerais dits d'alluvion, la minière comprend la portion du gîte ferrifère exploitable à ciel ouvert, ou par des travaux souterrains de peu d'étendue et de peu de durée, tandis que la mine concédée de minerai de fer d'alluvion comprend la partie exploitable par puits ou galeries régulières. S'il s'agit de toute autre espèce de minerais, c'est-à-dire de minerais en filons, couches ou amas, la minière comprend toute la partie exploitable par travaux souterrains ».

617. Le régime des minières varie suivant que l'exploitation a lieu à ciel ouvert exclusivement, ou à ciel ouvert et avec des travaux souterrains peu importants.

618. — I. MINIÈRES PROPREMENT DITES EXPLOITÉES A CIEL OUVERT EXCLUSIVEMENT. — Lorsqu'une minière ne doit être exploitée qu'à ciel ouvert, le propriétaire de la surface est libre d'en entreprendre l'exploitation quand bon lui semble, à la seule condition d'en faire la *déclaration* préalable à la préfecture de son département. Le préfet, aux termes de l'art. 57, doit donner acte au propriétaire de sa déclaration, et l'exploitation a lieu sans aucune autre formalité. On peut commencer l'extraction minière avant le donné acte du préfet; il suffit, en cas de contestation, de pouvoir prouver, d'une façon quelconque, que la déclaration a été faite antérieurement au commencement des travaux (Aguillon, t. 2, n° 698).

619. La loi n'indique nulle part la forme que doit revêtir la déclaration d'exploitation. D'après M. Féraud-Giraud, t. 2, n° 918, il y aura lieu de suivre les règlements locaux chaque fois qu'il en existera. A défaut de règlement, la demande devra contenir les nom, prénoms, qualités et domicile du demandeur, la situation exacte du gisement avec plan à l'appui, son mode d'exploitation, enfin, en un mot, toutes les indications de nature à éclairer complètement l'Administration sur la question.

620. — II. MINIÈRES PROPREMENT DITES EXPLOITÉES A CIEL OUVERT ET PAR TRAVAUX SOUTERRAINS PEU IMPORTANTS. — Dans le cas où l'exploitation doit avoir lieu concurremment à ciel ouvert et par travaux souterrains peu importants, la procédure précédente ne suffit plus; le propriétaire de la minière ne peut en commencer l'exploitation qu'autant qu'il a obtenu du préfet une *permission* préalable. En cas de refus du préfet, le propriétaire peut former un recours par la voie hiérarchique devant le ministre des travaux publics, ou un recours pour excès de pouvoir au conseil d'Etat, statuant au contentieux.

621. La différence de procédure entre ce cas et celui qui le précède s'explique facilement : si le législateur soumet ici le propriétaire à la nécessité d'une autorisation, c'est afin de prévenir une exploitation imprudente qui pourrait amener des accidents parfois très graves. Dans l'hypothèse d'une extraction souterraine, il est difficile de prévoir à l'avance toutes les conditions à imposer, toutes les mesures de précaution à exiger; les règlements généraux ne suffiraient plus la plupart du temps, et l'on conçoit qu'un préfet n'autorise une telle exploitation qu'après s'être entouré de toutes les garanties possibles. De plus, il est nécessaire de vérifier si ces travaux prétendus insignifiants ne cachent pas, en réalité, une véritable exploitation souterraine qui ne serait licite qu'autant qu'il existerait un décret de concession.

622. Ici encore les formes de la demande en permission n'ont pas été fixées par la loi, et il y aura lieu de suivre les indications données à ce sujet, *suprà*, n° 619. L'exploitation ne pourra commencer légalement qu'autant que la permission aura été préalablement accordée.

L'acte de permission devra énoncer les conditions spéciales auxquelles l'exploitant sera tenu de se conformer (art. 57), et le préfet, avant de l'accorder, fera examiner la question par le service des mines, qui donnera son avis avec l'indication des mesures à prendre.

623. La loi de 1866 n'a pas indiqué ce qu'il faut entendre par *travaux souterrains*, et quels sont ceux qu'il est permis d'entreprendre au cours de l'exploitation d'une minière. Tout ce qu'on peut dire, c'est que les travaux souterrains doivent être peu considérables et ne constituer que l'accessoire de l'exploitation à ciel ouvert. Si le propriétaire installait des puits ou galeries réguliers et permanents, la minière deviendrait une véritable mine, soumise à la nécessité d'une concession préalable (art. 70, revisé par la loi du 27 juill. 1880).

En cas de contravention, et dans le cas où un exploitant transformerait ainsi une minière en mine, c'est à l'Administration qu'il appartiendrait de le constater et d'agir en conséquence. Ces attributions sont comprises dans la mission des ingénieurs des mines; quant aux tribunaux judiciaires, ils ne sont jamais compétents pour se prononcer sur ce fait.

624. L'Administration, outre cette hypothèse, a un pouvoir général de surveillance sur les minières pour veiller à la bonne exécution et à l'observation des règlements généraux et locaux concernant la sûreté et la salubrité publiques (art. 58), et les minières sont soumises à l'inspection des délégués mineurs (L. 8 juill. 1890, art. 1 et 18).

625. — III. ABOLITION DU DROIT DES MAITRES DE FORGES SUR LES MINIÈRES VOISINES. — La loi du 21 avr. 1810, dans les art. 59 à 66 inclusivement, avait établi, d'accord avec la tradition, un véritable privilège au profit des maîtres de forges sur les minières de fer d'alluvion situées dans leur voisinage, consistant à pouvoir exploiter à leur compte, moyennant indemnité, les gisements minéraux, dans les cas où les propriétaires du fonds négligeaient l'extraction, ou ne la continuaient que d'une façon insuffisante, eu égard à la quantité des produits mis à jour et des besoins de l'industrie avoisinante. Le législateur de 1810 reconnaissait sans doute le droit du propriétaire de la surface sur la minière; mais ce droit de propriété n'était pas absolu, en ce sens que le titulaire était obligé, au nom de l'intérêt public, d'en jouir *activement*, sous peine de voir la jouissance passer entre les mains des maîtres de forges voisins. Lors de la promulgation de la loi du 21 avr. 1810, les gisements de minerais étaient encore rares et peu connus, et il fallait absolument que l'usinier, soumis à la règle de l'autorisation préalable (L. 21 avr. 1810, art. 73), et en conséquence même de cette autorisation, fût assuré de son approvisionnement; d'où d'une part, obligation pour l'Etat de limiter, en vue de l'intérêt général, le nombre des usines en raison de la puissance des gisements, et, d'autre part, obligation imposée aux propriétaires des minières d'exploiter ou de laisser exploiter, de façon à permettre aux usines de travailler utilement.

En 1866, l'industrie minière était en pleine activité, les gisements étaient innombrables, et, dès lors, apparaissait la possibilité d'accomplir la réforme réclamée depuis si longtemps, en laissant chacun libre d'établir une usine là où il le voudrait, et en libérant les propriétaires de minières de l'obligation d'alimenter les usines situées dans le voisinage des travaux d'exploitation. Depuis la loi du 9 mai 1866, les art. 59 à 66 inclus de la loi de 1810 sont abrogés, et les propriétaires de minières absolument les maîtres de leurs gisements, qu'ils peuvent ou non exploiter, en ne consultant que leur intérêt personnel. — Cette modification libérale de notre système minier constituait un véritable et très sensible progrès; mais, d'un autre côté, il ne fallait pas porter atteinte à des droits antérieurs légitimement acquis; aussi le législateur a-t-il eu le soin de régler la situation en déclarant que les dispositions de la loi de 1810 continueraient à être appliquées jusqu'au 1er janv. 1876 pour les usines établies, avec permission, antérieurement au 9 mai 1866. Quant aux usines établies depuis cette dernière date, ou même avant, mais sans l'autorisation du Gouvernement, il n'y avait pas à s'en inquiéter, et elles tombaient dès lors sous le coup immédiat des dispositions de la nouvelle législation du jour de sa promulgation.

626. A titre purement historique, nous mentionnerons deux décisions rendues par la cour de cassation en la matière, et qui sont, à notre connaissance, les seuls documents se rapportant à l'ancien art. 67 de la loi de 1810 : ce sont un arrêt de cassation de la chambre civile en date du 30 mai 1865, aff. Commune d'Orges (D. P. 65. 1. 373), et un autre de la chambre des requêtes du 16 juin 1873 (aff. Boigue-Rambourg, D. P. 74. 1. 388).

627. De l'abrogation des art. 59 et suiv., il résulte que, dans le cas où un propriétaire de minière cède à un tiers le droit d'exploitation, ce qui a été dit au *Rép.* n° 626, de la transmission au cessionnaire des obligations dont le cédant était tenu envers les maîtres de forges, n'a plus d'application.

628. Aux termes de la loi de 1866, l'art. 67, qui prévoyait le cas où l'extraction de minerais se faisait dans les forêts de l'Etat ou dans celles appartenant à des établissements publics ou à des communes, est supprimé. Cette abrogation, toutefois, au dire même de la commission nommée pour examiner le projet de loi, n'a eu pour but que de faire disparaître un double emploi, des dispositions identiques résultant déjà de l'art. 144 c. for. A ce point de vue, rien n'a donc été changé au régime ancien expliqué au *Rép.* n° 656.

629. — IV. SANCTION DE L'INOBSERVATION DES RÈGLEMENTS GÉNÉRAUX CONCERNANT LES MINIÈRES PROPREMENT DITES. — Le dernier paragraphe du nouvel art. 58 porte que les art. 93 à 96 de la loi de 1810 sont applicables aux contraventions commises par les exploitants de minières aux dispositions de l'art. 57 et aux règlements généraux et locaux qui y sont relatifs. Cette mention expresse a été insérée dans la loi, sur l'initiative du Gouvernement, afin de lever tous les doutes sur le point de savoir quelle devait être la sanction de ces infractions. Aujourd'hui l'assimilation est complète à ce point de vue entre les mines et les minières, et il faut ajouter que tel était déjà, avant 1866, le sentiment général de la doctrine et de la jurisprudence.

Les art. 93 à 96 s'appliqueront donc aux contraventions commises aux dispositions de l'art. 57 et à celles des règlements généraux et locaux. Toutefois, à l'égard des règlements, il y a, croyons-nous, une restriction à faire : l'art. 93 s'appliquera sans difficulté aux règlements généraux émanant du pouvoir exécutif, à ceux émanant d'une autorité compétente, quand ils constituent des ordres donnés par l'Administration en vertu d'une loi sur les mines, de telle sorte que l'infraction constitue une véritable contravention à la loi elle-même; enfin aux contraventions aux clauses des cahiers des charges. Tout autre règlement aurait, à nos yeux, le caractère d'un règlement de police n'ayant pour sanction que le paragraphe 15 de l'art. 471 c. pén. et, au besoin, la déchéance de la concession par application des art. 10 de la loi de 1838 et 50 de la loi de 1810.

630. Les règlements imposés aux minières par l'autorité administrative, en vue d'assurer les mesures de protection nécessaires à l'exploitation et à la sécurité publique, doivent être publiés. Mais il a été décidé que la publication au *Recueil des actes administratifs* est suffisante, sans qu'il y ait besoin d'une notification individuelle à chacun des intéressés (Crim. cass. 13 août 1857, aff. Mony et Bouzique, D. P. 63. 5. 248).

D'après M. Dupont, t. 2, p. 188, les règlements locaux sur les minières ne seraient qu'au nombre de dix; ils résultent d'arrêtés ministériels relatifs aux minières de la Loire (21 nov. 1821); du Cher (22 avr. 1844); de l'Aube (5 août 1844); de la Mayenne (12 sept. 1845); de la Sarthe, (26 juill. 1847); des Ardennes; (30 nov. 1848); du Pas-de-Calais (11 mai 1849); de la Côte-d'Or (26 mai 1849); de la Nièvre (23 janv. 1850), 27 mars 1855) des communes d'Aumetz et d'Audun-le-Tiche (Meurthe-et-Moselle).

631. Les peines édictées par l'art. 96 de la loi de 1810 ne s'appliquent qu'aux contraventions commises à l'encontre des prescriptions spéciales édictées par la loi de 1810 sur la police des mines; elles ne sont pas applicables aux prescriptions de police des lois de droit commun, que les propriétaires de mines viendraient à enfreindre. Cette observation est d'ailleurs également applicable aux concessionnaires de mines (Crim. cass. 16 févr. 1867, aff. Bonnamy, D. P. 68. 1. 144).

§ 2. — Du minerai de fer exploité à l'aide de puits et galeries (*Rép.* nos 658 à 689).

632. On a vu au *Rép.* n° 658, que les minières de fer peuvent, dans certains cas, se transformer en une véritable exploitation souterraine et nécessiter, par conséquent, pour être licites, une concession préalable demandée et accordée dans les formes ordinaires prescrites par la loi de 1810. La loi de 1866 n'a rien innové sur ce point. En résumé, les minerais de fer d'alluvion ou autres devront être concédés chaque fois que l'exploitation se fera d'une façon régulière par puits ou galeries; mais la concession ne pourra être obtenue qu'autant que l'exploitation à ciel ouvert cessera d'être possible, ou que, possible encore pour quelque temps, elle rendrait impossible dans l'avenir l'exploitation souterraine.

633. Les minières concessibles restent actuellement soumises à toutes les règles concernant les mines véritables (Aguillon, t. 2, n° 689), et notamment aux visites des délégués mineurs (L. 8 juill. 1890, art. 1 et 18).

634. Deux obligations étaient imposées par l'art. 70 de la loi de 1810 aux concessionnaires qui obtenaient les minières en concession (*Rép.* n° 666). La première, qui astreignait ces concessionnaires à fournir aux usines du voisinage une quantité suffisante de minerai (*Rép.* nos 666 et 667), a disparu par suite de l'abrogation des articles 59 et suiv. par la loi du 9 mai 1866 (V. *suprà*, n° 625 et suiv.). La seconde, qui consiste dans le payement d'une indemnité au propriétaire de la minière expropriée, subsiste encore aujourd'hui, mais le texte de l'art. 70 qui la mentionne a lui-même été modifié par la loi du 27 juill. 1880; le nouvel art. 70 est ainsi conçu : « Lorsque le ministre des travaux publics, après la concession d'une mine de fer, interdit aux propriétaires de minières de continuer une exploitation, qui ne pourrait se prolonger sans rendre ensuite impossible l'exploitation avec puits et galeries régulières, le concessionnaire de la mine est tenu d'indemniser les propriétaires des minières dans la proportion du revenu net qu'ils en tiraient... ». Il résulte de ce texte que, si la concession de la minière est faite au propriétaire qui l'exploitait antérieurement, la situation reste la même; qu'au contraire, si la mine est concédée à un tiers, ce concessionnaire doit indemniser le propriétaire dans la proportion du revenu net que ce dernier tirait de l'exploitation de sa minière. Le chiffre du revenu net sera déterminé par tous les moyens possibles, par enquête, expertise, production de livres, etc.

635. Lorsqu'il y aura lieu de procéder à la délimitation entre un gisement profond de minerai de fer concédé ou concessible et une minière située au-dessus, le conflit devra être porté devant l'autorité administrative, jugeant comme en matière de bornage dans le plan horizontal. En l'absence d'un texte spécial, ce sera le préfet qui sera compétent, sauf recours au ministre des travaux publics. — Mais il a été jugé que, lorsqu'il a été déclaré par l'autorité administrative que l'acte de concession d'une mine ne comprend pas le minerai de fer d'alluvion susceptible d'être exploité à ciel ouvert, la question de savoir si un minerai de fer, que le concessionnaire prétend faire partie de la concession, est ou non exploitable à ciel ouvert, n'a plus que le caractère d'une simple question de fait rentrant dans la compétence des tribunaux civils (Req. 13 déc. 1859, aff. Beuret-Godard, D. P. 60. 1. 90; Trib. confl. 28 févr. 1880, aff. Mines de Filhols, D. P. 81. 3. 36. V. aussi Req. 8 nov. 1886, aff. Société John Cockerill, D. P. 87. 1. 152. Conf. Aguillon, t. 2, n° 677; Féraud-Giraud, t. 2, n° 913).

636. — *De l'expropriation des minières au profit des concessionnaires de mines sous-jacentes.* — Depuis la promulgation de la loi du 9 mai 1866, l'exploitation des minières était devenue entièrement libre entre les mains de leurs propriétaires, qui pouvaient toujours, à leur seule volonté, exploiter ou ne pas exploiter. L'expérience avait permis de reconnaître que ce régime n'était pas à l'abri de toute critique, et qu'il importait de le modifier pour faire cesser les inconvénients qui dérivaient de son application. Ces inconvénients s'étaient surtout révélés, d'une part, lorsqu'il s'agissait de fixer exactement la limite entre une minière et une mine sous-jacente, c'est-à-dire entre le minerai concessible et le minerai non concessible, et, d'autre part, dans les obstacles que rencontrait l'exploitant de la part des propriétaires de la surface pour l'occupation des terrains nécessaires à l'exécution des travaux. Le rapporteur de la loi de 1880, M. Brossard, ajoutait qu'en Algérie, les concessionnaires ne pouvaient presque jamais exploiter les gisements superficiels, ceux-ci appartenant, d'après la loi, aux propriétaires de la surface, et il en concluait que la nécessité économique exigeait que, dans certains cas, les minières disparussent pour faire place aux mines, et que les minerais de fer situés dans le voisinage de la surface devinssent concessibles comme tous les autres minerais. La loi du 27 juillet, en modifiant et en complétant l'ancien art. 70, a réalisé ce progrès.

Deux hypothèses peuvent se présenter en pratique :

637. 1° Une minière peut, à raison de son existence même et de son mode d'exploitation, rendre, par la suite, absolument impossible l'exploitation par puits et galeries. Dans cette situation, le concessionnaire de la mine de fer sous-jacente a le droit d'adresser une requête au ministre des travaux publics tendant à faire prononcer l'interdiction d'exploiter la minière. L'art. 70 n'indique aucune forme spéciale de demande; mais elle devra être transmise au ministre compétent par le préfet du département, après avoir été communiquée au service des mines, qui fera une enquête sur son bien fondé et y adjoindra un rapport. La demande ne pourra être accueillie qu'autant que l'existence de la minière aurait pour résultat de rendre impossible, dans une brève échéance, l'exploitation de la concession par puits et galeries. Le ministre des travaux publics statuera sur la demande par un simple décret. — Le propriétaire de la minière ainsi expropriée aura un recours contre le concessionnaire, qui devra lui payer, à titre d'indemnité, une somme dont les intérêts représenteront le revenu net tiré de l'exploitation antérieure. D'après M. Aguillon, t. 2, n° 680, ce propriétaire ne pourra jamais réclamer que le bénéfice qu'il aurait réalisé en continuant et en achevant l'exploitation limitée de la minière. — Aux termes d'une circulaire ministérielle du 22 juill. 1880, les tribunaux civils sont compétents pour fixer le montant de cette indemnité (Féraud-Giraud, t. 2, n° 936).

638. 2° Une minière existe, et son exploitation, qui a lieu à ciel ouvert, est de nature à se prolonger indéfiniment sans inconvénient, ou bien la minière n'est pas exploitée; mais il existe dans le sous-sol une mine de fer antérieurement concédée. Dans cette seconde hypothèse, le concessionnaire de la mine, pour faire cesser les désavantages d'un semblable voisinage, peut demander la réunion à titre onéreux de la minière à sa concession. La demande en réunion sera adressée au ministre des travaux publics, comme dans le cas précédent, et en suivant la même procédure; mais le décret qui suivra devra être rendu en conseil d'Etat. L'expropriation étant ici beaucoup plus arbitraire que dans la première hypothèse, puisqu'il n'y avait pas d'inconvénient à continuer l'exploitation de la minière à ciel ouvert, on conçoit que le législateur ait voulu l'entourer de toutes les garanties possibles.

Le propriétaire de la minière a droit à une indemnité se montant au capital nécessaire pour produire en intérêts le revenu net que l'exploitation eût été susceptible de lui fournir. Ici encore, d'après M. Aguillon, t. 2, n° 681, cette façon de calculer l'indemnité serait inexacte; car, dit cet auteur, il est de principe que l'indemnité ne doit jamais être plus forte que le préjudice causé, ce qui arriverait dans notre hypothèse, puisque, en définitive, une minière ne constitue pas une exploitation indéfinie, mais, au contraire, ne peut jamais durer qu'un nombre restreint d'années. — Les difficultés relatives au règlement de cette indemnité sont de la compétence des tribunaux civils (art. 70, *in fine;* Aguillon, t. 2, n° 683).

639. On peut se demander, lors d'une concession de minerais de fer en filons ou en amas, et dans le cas où le décret ne s'expliquerait pas formellement, si la concession comprend également les filons situés à la surface du sol, qui, d'après l'art. 69, appartiennent au propriétaire de cette surface. M. Féraud-Giraud, t. 2, n° 927, estime que, depuis la loi du 27 juill. 1880, une concession accordée en termes généraux doit comprendre les gîtes de la surface, mais qu'à raison de leur exploitation, le concessionnaire devra au propriétaire dépossédé une indemnité à régler conformément aux prescriptions de l'art. 70. C'est peut-être aller bien loin, car, en définitive, la loi de 1880 n'a en rien modifié l'art. 69 de la loi de 1810, et les droits des propriétaires de la surface restent intacts, tant que les concessionnaires n'ont pas entrepris la procédure d'expropriation indiquée par l'art. 70 ni justifié leur demande en réunion. Le mieux, dans une hypothèse semblable, est de soumettre le décret de concession à l'interprétation de l'Administration (Req. 13 déc. 1859, aff. Beuret-Godard, D. P. 60. 1. 0). La jurisprudence s'était montrée, avant 1880, tout à fait contraire à l'opinion soutenue par M. Féraud-Giraud, Cons. d'Et. 6 déc. 1866, aff. Marie, D. P. 67. 3. 60). En fait, la question a peu d'importance en pratique, car depuis longtemps les décrets de concession préviennent la difficulté par une clause expresse.

§ 3. — Des permissions pour l'établissement des fourneaux, forges et usines (*Rép.* nos 690 à 699).

640. Les explications données à ce sujet au *Répertoire* sont devenues inutiles depuis la promulgation de la loi du 9 mai 1866, qui a abrogé les art. 73 à 78 de la loi de 1810, aux termes desquels l'établissement des fourneaux, forges et usines était soumis à l'obtention d'une permission préalable. Aujourd'hui, l'établissement des usines métallurgiques est absolument libre et abandonné complètement à l'initiative et à la responsabilité individuelle.

Au reste, les usines ayant pour objet la fonte du minerai de fer, la mise en œuvre du fer et du cuivre, etc., n'ont été, par l'effet de l'abrogation des art. 73 à 78, dispensées de l'autorisation préalable de l'Administration que comme établissements métallurgiques; elles sont demeurées, en cas d'établissement sur un cours d'eau, dans le rayon des douanes à proximité des forêts ou des lieux habités, soumises aux dispositions de police qui visent ces situations particulières, notamment à celles qui régissent les établissements dangereux ou insalubres (Circ. min. agric. com. et trav. publ., 26 juill. 1866. D. P. 66. 3. 74).

641. La loi du 9 mai 1866 a virtuellement abrogé les art. 75 à 91 de l'ordonnance du 7 mars 1841, qui soumettait au régime de l'autorisation préalable l'établissement des usines pour la fabrication du sel (Dupont, *Cours*, p. 424; Av. cons. des mines, 18 juin 1869).

Art. 2. — *Des minières autres que celles de fer d'alluvion.*

§ 1er. — Des terres pyriteuses et alumineuses (*Rép.* nos 700 à 707).

642. Les formalités nécessaires pour pouvoir ouvrir et exploiter une minière de terres pyriteuses et alumineuses sont les mêmes que celles que nous avons mentionnées pour les minières de fer, et qui résultent des art. 57 et 58 modifiés par la loi du 9 mai 1866 (V. *suprà*, n° 619).

643. La question de savoir si une minière de terres pyriteuses ou alumineuses pourrait se transformer, par suite de son exploitation souterraine régulière, en une véritable mine concessible, a été résolue négativement au *Rép.* n° 703. Cette opinion, fondée sur ce fait que, pour déterminer si telle matière minérale constitue un gîte concessible ou non, le législateur, à l'exception du fer, s'appuie sur la nature intrinsèque du produit, sans s'occuper de son mode d'extraction, nous paraît encore exacte; mais elle a été contredite par M. Aguillon, t. 2, n° 710, qui assimile complètement, sous ce rapport, les terres alumineuses et pyriteuses aux minerais de fer. Il y aurait donc lieu, d'après cet auteur, de leur appliquer les règles sur le rapport des deux exploitations, et même les prescriptions de l'art. 70.

644. L'exploitation de ces minières peut être faite, soit par le propriétaire, soit par un tiers concessionnaire. On a vu au *Rép.* n° 702, que, si les propriétaires négligeaient l'exploitation régulière des gisements, des fabricants de produits chimiques pouvaient obtenir la permission de la prendre à leur compte, comme les maîtres des forges en avaient la faculté à l'égard des minières de fer. La loi de 1866 a enlevé aux manufacturiers ce privilège, et désormais ils ne peuvent exploiter les gisements qu'autant qu'ils en ont obtenu la cession à l'amiable (Féraud-Giraud, t. 2, n° 950; Aguillon, t. 2, n° 709).

645. Les terres pyriteuses exploitées pour servir d'engrais ou pour la fabrication de la poterie rentrent dans la catégorie des carrières; elles ne seront donc jamais concessibles, même dans le système soutenu par M. Aguillon, n° 712. (*Rép.* n° 705; Féraud-Giraud, t. 2, n° 952; Naudier, p. 404).

646. Aux termes d'un avis du conseil d'Etat du 24 juill. 1839, les gîtes bitumineux ne sont pas concessibles; et constituent des minières, chaque fois qu'ils affleurent à la surface du sol et qu'ils sont susceptibles d'exploitation à ciel ouvert.

647. Quant à la pyrite de fer en masse ou en roches, principalement exploitée aujourd'hui pour la fabrication de l'acide sulfurique par le procédé des chambres de plomb, et qui remplace pour cet usage le soufre, autrefois exclusivement employé dans cette opération, M. Aguillon, t. 2, n° 713, estime, dans ce cas, qu'elle doit lui être assimilée et constituer une mine concessible, et non plus simplement une minière. Il en résulte qu'on ne doit plus reconnaître de droit aux propriétaires de la surface sur la partie de ces gisements exploitable à ciel ouvert, et qu'il y a nécessité absolue, même pour eux, d'obtenir une concession préalable avant de commencer toute exploitation.

§ 2. — Des tourbières (*Rép.* nos 708 à 729).

648. Ainsi qu'on l'a vu au *Rép.* n° 710, les tourbières appartiennent aux propriétaires du sol qui les contient, et eux seuls ont le droit de les exploiter ou d'en céder l'exploitation.

Sur le point de savoir si l'exploitation d'une tourbière a les caractères d'un acte de commerce, V. *suprà*, v° *Acte de commerce*, n° 336.

649. Dans aucun cas, un propriétaire de tourbière ne peut être exproprié de son droit d'exploitation au profit d'un tiers, alors même qu'il n'userait pas de la faculté d'exploiter. La question est hors de doute depuis la loi de 1866; mais, antérieurement, la solution contraire semblait résulter de l'arrêté ministériel du 30 juill. 1836 (Féraud-Giraud, t. 2. n° 1045).

650. Aux termes de l'art. 84 de la loi de 1810, tout propriétaire, qui veut commencer l'extraction de la tourbe doit en faire la déclaration au préfet et en obtenir l'autorisation (*Rép.* n° 710), mais cette procédure n'est nécessaire que quand il s'agit d'une exploitation continue. Elle serait inutile dans le cas d'une extraction accidentelle ou exceptionnelle (Féraud-Giraud, t. 2, n° 1053). Dès que l'exploitation est régulière, la déclaration est obligatoire, alors même que les produits extraits sont très insignifiants (Liège, 10 déc. 1858, aff. Bayonnet, *Pasicrisie belge*, 59. 2. 127).

651. S'il existe des règlements locaux sur la matière, on doit en suivre les prescriptions relativement aux formes de la demande, et ce n'est qu'à leur défaut qu'on est obligé de recourir à celles ordonnées par l'instruction ministérielle du 3 août 1810 (*Rép.* n° 711).

652. Dans les arrondissements autres que celui du chef-lieu du département, c'est au sous-préfet que la demande en autorisation doit être adressée ; mais c'est toujours au préfet seul qu'il appartient de statuer (Bur t. 2, n° 1055 ; Féraud-Giraud, t. 2, n° 1057).

653. Ainsi qu'on l'a dit au *Rép.* n° 7' . n'existe pas, en cette matière, de règlement généra. ..ais seulement des règlements locaux. En voici la liste, d'après M. Dupont, (*Cours* p. 515) : 5 août 1844, Aube ; 5 juill. 1854, arrondissements de Vienne et de la Tour-du-Pin (Isère) (D. P. 54. 4. 136) ; 3 oct. 1838, marais de Douze (Loire-Inférieure) ; 24 févr. 1844, Terre noire des marais de Douze (Loire-Inférieure) ; 3 août 1884, Marne ; 26 nov. 1830, Oise ; 14 déc. 1835, vallées de l'Essonne et de la Juine (Seine-et-Oise) ; 17 août 1825 et 9 avr. 1861, Somme ; 14 déc. 1848, Vosges.

654. Les dispositions réglementaires relatives aux tourbières devant, aux termes de l'art. 85 de la loi de 1810, faire l'objet d'un règlement d'administration publique, un simple arrêté préfectoral ne suffirait pas ; ses prescriptions ne seraient donc pas sanctionnées par l'art. 85 précité (Féraud-Giraud, t. 2, n° 1061). Il a été décidé, de même, que lorsqu'un syndic d'une commission syndicale représentant tous les habitants ayant le droit de tourber dans un marais a, par un arrêté, fixé l'époque de la coupe des joncs et roseaux, la contravention à cet arrêté ne constitue pas une infraction aux règlements relatifs à l'extraction de la tourbe, passible de l'amende édictée par les art. 26 de l'ordonnance du 3 oct. 1838 et 96 de la loi du 21 avr. 1810, mais seulement une contravention au règlement de la commission syndicale, contravention qui n'est passible que d'une peine de simple police (Crim. cass. 16 janv. 1875, aff. Moyon, D. P. 75. 1. 284).

655. Lorsqu'il y a lieu de procéder à l'assèchement de tourbières, la jurisprudence admet que l'on peut invoquer les dispositions de la loi du 10 juin 1854, en matière de drainage (Civ. cass. 14 déc. 1859, aff. Petyts d'Authieulle, D. P. 59. 1. 504 ; *Contrà* : Demolombe, *Traité des servitudes*, t. 1, n° 236 *bis*.

656. La surveillance sur les tourbières, qui appartient à l'Administration, s'exerce, aux termes de l'art. 39 du décret du 18 nov. 1810, par les ingénieurs et employés du service des mines.

ART. 3. — *De la compétence en matière de minières* (*Rép.* n°s 730 à 749).

657. Le principe qui sert de base à la détermination de la compétence en matière de minières est le même que celui que l'on a donné pour les mines. Seront de la compétence des tribunaux civils toutes les questions relatives à la propriété, à la possession, et en un mot toutes celles qui ne nécessitent que l'appréciation de conventions d'intérêt privé. Les tribunaux administratifs, au contraire, connaîtront de toutes les difficultés se rattachant à l'interprétation des actes d'autorisation des minières.

658. La loi du 27 juill. 1880, modifiant l'art. 70 de la loi du 21 avr. 1810, a fait une application de ces principes en décidant que les questions d'indemnité à payer aux propriétaires de minières dans les cas d'expropriation prononcée au profit de concessionnaires seraient tranchées par les tribunaux civils. Il a de même été jugé que c'est à l'autorité judiciaire qu'il appartient de statuer sur la demande en indemnité formée par un propriétaire de tourbières contre une commune et contre un particulier à raison de l'établissement et du mode d'entretien d'un fossé d'égout des marais tourbeux de la commune, dont le préfet a autorisé l'exécution en vertu des pouvoirs à lui conférés par la loi du 21 avr. 1810 (Cons. d'Et. 6 déc. 1878, aff. Haiguerelle, D. P. 79. 3. 26).

SECT. 2. — DES CARRIÈRES (*Rép.* n°s 750 et 751).

659. L'art. 4 de la loi du 21 avr. 1810, expliqué au *Rép.* n° 750, donne la définition de ce qu'il faut entendre par l'expression *carrières* et une énumération des produits qu'elles renferment. La doctrine et la jurisprudence, reconnaissent, conformément à ce qui a été dit *ibid.*, que cette énumération n'a rien de limitatif, et que l'on doit comprendre dans les carrières les substances non désignées par les art. 2 et 3 de la loi de 1810. C'est par application de ce principe que l'on a reconnu le caractère de carrières aux exploitations de phosphate de chaux (V. *suprà*, n° 110).

660. La législation relative aux carrières, dont le tableau a été présenté au *Rép.* n° 751, s'est considérablement augmentée à la suite de la publication de la circulaire ministérielle du 4 mars 1879. Dans ce document, le ministre des travaux publics invitait les préfets à rédiger un règlement général pour les carrières de leur département, et, pour leur rendre la tâche plus facile et arriver à une œuvre plus méthodique, il y joignait un règlement-type, dont il suffisait de retrancher ou de modifier les prescriptions qui ne seraient pas en harmonie avec les nécessités de l'exploitation habituelle de chaque région. Voici l'énumération des différents règlements actuellement en vigueur, qui ont été insérés dans le bulletin administratif du département pour lequel ils étaient promulgués, et qui ont aboli tous les anciens règlements antérieurement en vigueur :

Ain : Décr. 8 févr. 1892.
Aisne : Décr. 8 févr. 1892.
Allier : Décr. 4 sept. 1879.
Alpes-Maritimes : Décr. 27 avr. 1892.
Ardèche : Décr. 27 avr. 1892.
Ardennes : Décr. 8 févr. 1892.
Ariège : Décr. 18 mars 1863.
Aube : Décr. 8 févr. 1892.
Aude : Décr. 27 avr. 1892.
Aveyron : Décr. 8 févr. 1892.
Basses-Alpes : Décr. 4 sept. 1879.
Basses-Pyrénées : Décr. 4 sept. 1879.
Bouches-du-Rhône : Décr. 27 avr. 1892.
Calvados : Décr. 24 juin 1891.
Cantal : Décr. 4 sept. 1879.
Charente : Décr. 27 avr. 1892.
Charente-Inférieure : Décr. 14 mars 1890.
Cher : Décr. 28 mai 1873.
Corrèze : Décr. 27 avr. 1892.
Corse : Décr. 27 avr. 1892.
Côte-d'Or : Décr. 8 févr. 1892.
Côtes-du-Nord : Décr. 8 févr. 1892.
Creuse : Décr. 4 sept. 1879.
Deux-Sèvres : Décr. 31 juill. 1882.
Dordogne : Décr. 28 mai 1873.
Doubs : Décr. 8 févr. 1892.
Drôme : Décr. 4 sept. 1879.
Eure : Décr. 8 févr. 1892.
Eure-et-Loir : Décr. 8 févr. 1892.
Finistère : Décr. 8 févr. 1892.
Gard : Décr. 4 sept. 1879.
Gers : Décr. 4 sept. 1879.
Gironde : Décr. 9 janv. 1867.
Haut-Rhin : Décr. 15 juin 1861.
Haute-Garonne : Décr. 2 sept. 1862.
Haute-Loire : Décr. 8 avr. 1857.
Haute-Marne : Décr. 15 sept. 1858.
Haute-Saône : Décr. 4 sept. 1879.
Haute-Savoie : Décr. 7 mars 1863.

Haute-Vienne : Décr. 31 déc. 1864.
Hautes-Alpes : Décr. 27 avr. 1892.
Hautes-Pyrénées : Décr. 28 janv. 1874.
Hérault : Décr. 10 févr. 1892.
Ille-et-Vilaine : Décr. 10 févr. 1892.
Indre : Décr. 4 sept. 1879.
Indre-et-Loire : Décr. 14 juill. 1859.
Isère : Décr. 27 avr. 1892.
Jura : Décr. 10 févr. 1892.
Landes : Décr. 4 sept. 1879.
Loir-et-Cher : Décr. 3 avr. 1889.
Loire : Décr. 4 sept. 1879.
Loire-Inférieure : Décr. 23 mai 1879.
Loiret : Décr. 10 févr. 1892.
Lot : Décr. 10 févr. 1892.
Lot-et-Garonne : Décr. 4 sept. 1879.
Lozère : Décr. 4 sept. 1879.
Maine-et-Loire : Ord. 25 juin 1823, pour les ardoises; Ord. 3 août 1836 et Décr. 10 juill. 1862 pour les carrières.
Manche : Décr. 10 févr. 1892.
Marne : Décr. 16 nov. 1891.
Mayenne : Arr. min. 13 août 1847 pour les ardoisières. — Décr. du 27 juill. 1864 pour les carrières.
Meurthe-et-Moselle : Décr. 24 juin 1891.
Meuse : Décr. 24 juin 1891.
Morbihan : Décr. 20 août 1880.
Nièvre : Décr. 20 août 1880.
Nord : Décr. 20 déc. 1873.
Oise : Décr. 31 déc. 1864.
Orne : Décr. 29 sept. 1856.
Pas-de-Calais : Décr. 15 sept. 1858.
Puy-de-Dôme : Décr. 4 sept. 1879.
Pyrénées-Orientales : Décr. 4 sept. 1879.
Rhône : Décr. 4 sept. 1879.
Saône-et-Loire : Ord. 16 juill. 1828, pour les carrières de gypse; Décr. 20 janv. 1866, pour les autres carrières.
Sarthe : Décr. 30 juill. 1857.
Savoie : Décr. 7 mars 1863.
Seine : Décr. 2 avr. 1881.
Seine-et-Marne : Arr. min. 31 oct. 1847 et Décr. 17 déc. 1877.
Seine-et-Oise : Décr. 15 juill. 1879.
Seine-Inférieure : Décr. 26 nov. 1889.
Somme : Décr. 4 sept. 1879.
Tarn : Décr. 4 sept. 1879.
Tarn-et-Garonne : Décr. 18 sept. 1875.
Var : Décr. 4 sept. 1879.
Vaucluse : Décr. 15 janv. 1859.
Vendée : Décr. 4 sept. 1879.
Vienne : Décr. 3 avr. 1889.
Vosges : Décr. 24 juin 1891.
Yonne : Décr. 20 janv. 1866.

Art. 1er. — *Du droit de propriété en ce qui concerne les carrières* (*Rép.* nos 752 à 770).

661. Comme on l'a indiqué au *Rép.* n° 752, la propriété des carrières est entièrement soumise aux règles du droit commun, de même que la propriété de la surface dont elle fait partie. Les auteurs sont unanimes à ce sujet (Richard, n° 382; Dupont, *Jurispr. des mines*, t. 2, p. 346; Naudier, p. 448; Féraud-Giraud, t. 2, n° 959).

662. On entend par carrière une exploitation véritable et régulière; on ne pourrait donc pas qualifier ainsi, ni astreindre aux prescriptions spéciales, édictées en cette matière, une excavation pratiquée accidentellement par un propriétaire dans son fonds pour extraire des matériaux de construction, alors du moins, que l'importance des travaux n'est pas considérable (V. aussi Féraud-Giraud, t. 2, n° 962).

663. Sur la question de savoir si l'exploitation d'une carrière a les caractères d'un acte de commerce, V. *suprà*, v° *Acte de commerce*, nos 338 et suiv.

664. On a exposé, au *Rép.* n° 757, que les carrières peuvent faire l'objet d'un contrat de bail quant à leur exploitation. Cette opinion, admise par la doctrine, a été écartée implicitement par la cour de cassation, qui voit dans une semblable convention une véritable vente d'objets mobiliers, comme elle l'a jugé également pour les mines et les minières (V. *suprà*, nos 147 et 613); c'est, en d'autres termes, déclarer que les carrières ne peuvent être données en location. Sur ces contrats, l'administration de l'Enregistrement perçoit donc, non le droit de 0 fr. 20 cent. pour 100, mais celui de 2 pour 100. V. *suprà*, v° *Enregistrement* n° 1397). A notre avis, cette solution devrait être restreinte au cas d'une location perpétuelle ou d'une location jusqu'à épuisement des gisements constitutifs de la carrière.

665. En cas de vente d'une carrière, la question se pose de savoir si l'acquéreur pourra être rendu responsable et susceptible d'être poursuivi en dommages et intérêts à raison des abus de jouissance commis par le vendeur durant son exploitation. La cour de cassation a répondu par la négative, et nous croyons cette solution fondée en droit, l'acquéreur n'étant qu'un ayant cause à titre particulier, et n'ayant pas à répondre de faits qui lui sont étrangers et auxquels il n'a pas participé, sauf, bien entendu, le cas où, dans l'acte de vente, il aurait déclaré en accepter la responsabilité (Civ. cass. 5 avr. 1870, aff. Trié, D. P. 71. 1. 235). Toutefois, d'après Féraud-Giraud, t. 2, n° 972, et un arrêt de la cour de Caen, du 26 juill. 1876 (*suprà*, n° 464), il en devrait être autrement, et les tiers auraient un recours contre l'acquéreur, chaque fois que l'état de la carrière était tel, au moment de la vente, qu'il était impossible, pour l'acheteur, de ne pas s'apercevoir du caractère délictueux de l'exploitation antérieure, comme par exemple, si le front d'abatage était à pic, à la limite même des propriétés voisines. Dans de pareilles circonstances, l'acquéreur, d'après cette opinion, serait responsable, à moins que l'acte de cession ne contînt une clause formelle en sens contraire.

666. Le point de savoir si le droit acquis par un tiers d'exploiter une carrière constitue un droit mobilier ou immobilier est encore controversé, quoique, en général, la jurisprudence y voie, comme on l'a enseigné au *Rép.* n° 763, une vente d'objets mobiliers (Paris, 22 janv. 1867, aff. Bataille, D. P. 68. 2. 137, cité *suprà*, v° *Biens*, n° 44. V. aussi Paris, 31 août 1867, aff. Larroquette, D. P. 70. 1. 345; 8 mars 1883, cité par Féraud-Giraud, t. 2, n° 973) (Conf. Féraud-Giraud, *ibid.*). — Au reste, quelle que soit la nature du droit de fouille, qu'il constitue un droit mobilier ou immobilier, il a été jugé que le défaut d'exercice de ce droit pendant trente ans résulte nécessairement de ce que le propriétaire du fonds sur lequel il existe, ou un tiers son ayant cause, a exploité exclusivement les carrières sujettes à ce droit dans toute l'étendue dudit fonds (Arrêt précité du 31 août 1867).

667. Il arrive souvent que le vendeur d'un terrain renfermant une carrière s'interdit, par le contrat, d'ouvrir de nouvelles carrières dans les terres voisines dont il conserve la propriété. Cette stipulation est certainement valable; mais on peut se demander quelle en sera la force, si ce vendeur aliène dans la suite lesdits terrains, et que le second acheteur veuille y ouvrir une carrière. Le premier acquéreur pourra-t-il s'y opposer en vertu de la clause insérée dans son contrat? En d'autres termes, l'engagement contracté en premier lieu par le vendeur constitue-t-il une charge réelle affectant les terrains eux-mêmes, et opposable, par suite, aux différents propriétaires entre les mains desquels ils pourront se trouver dans l'avenir? La question a été diversement résolue (V. pour l'affirmative, Paris, 26 mai 1857; Grenoble, 28 mai 1858, cités par Féraud-Giraud, t. 2, n° 969; — V. dans le sens du caractère simplement personnel de la convention, Req. 8 juill. 1851, aff. Riquet, D. P. 51. 1. 188), et en pratique il faudra avoir soin de rechercher par tous les moyens possibles quelle a pu être la commune intention des parties, et se décider en conséquence (Féraud-Giraud, *loc. cit.*).

668. Les carrières peuvent être l'objet d'un droit d'usufruit (*Rép.* n° 765); et il a été jugé que l'usufruitier, dont le droit porte sur une carrière, doit en jouir et l'exploiter, alors même que, au moment où s'est ouvert l'usufruit, l'extraction aurait été momentanément suspendue, si, dans l'intention du propriétaire, cette suspension n'équivalait pas à un abandon définitif (Bordeaux, 10 mars 1865) (1).

669. En ce qui concerne l'application aux carrières des règles qui régissent les intérêts respectifs des époux, V. *suprà*, v° *Contrat de mariage*, nos 217 et suiv., 478, 212.

670. Le propriétaire d'une carrière enclavée a le droit, comme tout autre propriétaire, d'obtenir un passage sur les terrains voisins le séparant d'une route, conformément à l'art. 682 c. civ. (Req. 7 mai 1879, aff. Sellières, D. P. 79. 1. 460). Mais on admet généralement qu'il n'a pas le droit d'en exiger un souterrainement (Amiens, 2 févr. 1854, aff. Ouaché, D. P. 54. 2. 232; Féraud-Giraud, t. 2, n° 984. — *Contrà :* Chambéry, 10 janv. 1863, aff. Girod, D. P. 63. 2. 175. V. *infrà*, v° *Servitudes*).

671. Les propriétaires, dont les terrains sont situés en dessous d'une carrière, ne sont pas obligés de recevoir les eaux pluviales provenant de ces carrières, l'eau ne suivant plus la pente naturelle du sol modifiée précisément par les travaux d'extraction, et causant, par le fait même, un préjudice aux riverains inférieurs (Bruxelles, 13 mai 1872, *Pasicrisie belge*, 72. 2. 265; Féraud-Giraud, t. 2, n° 986. — V. *infrà*, v° *Servitudes*).

672. Les propriétaires de carrières ne payent aucune redevance particulière à l'Etat, en dehors de l'impôt foncier et de la patente. Le propriétaire qui n'exploite qu'accidentellement n'est pas soumis à la patente. Il en est de même de l'ouvrier qui exploite à lui seul un gisement (V. *infrà*, v° *Patente*).

ART. 2. — *Des restrictions au droit exclusif d'exploitation des carrières, qui appartient aux propriétaires ou possesseurs* (*Rép.* nos 771 à 777).

673. En ce qui concerne le droit qu'a l'Administration d'autoriser les entrepreneurs de travaux publics à extraire les matériaux des carrières, exploitées ou non-appartenant à des particuliers, V. *infrà*, v° *Travaux publics*.

674. En dehors de la restriction sus-énoncée en faveur de l'Etat, un propriétaire de carrières peut-il se voir forcé d'exploiter, et, sur son refus, des tiers ont-ils le droit d'en entreprendre l'exploitation à leur compte ? Certains auteurs ont voulu le soutenir, lorsqu'il s'agissait de matériaux nécessaires à des établissements et à des manufactures d'utilité générale, par application de l'art. 2 de la loi du 28 juill. 1791 (Proud'hon, *Domaine de propriété*, t. 2, n° 743 ; Lallier, p. 643). Cette opinion, adoptée également autrefois par le conseil des mines, nous semble insoutenable depuis la loi du 9 mai 1866, qui a établi en principe la liberté entière des exploitations. Il y a là un argument d'analogie qui paraît décisif (V. en ce sens : Féraud-Giraud, t. 2, n° 960; Richard, n° 385; Dupont, *Jurispr. des mines*, t. 2, p. 365).

ART. 3. — *Dispositions et règlements relatifs à l'exploitation des carrières* (*Rép.* nos 778 à 800).

675. La réglementation relative à l'ouverture des carrières varie d'une façon sensible suivant qu'il s'agit d'une carrière à ciel ouvert, ou d'une carrière exploitée par galeries souterraines (*Rép.* n° 778). Les art. 81 et 82 de la loi du 21 avr. 1810, qui réglaient la question, ont été modifiés par la loi du 27 juill. 1880; en voici la nouvelle rédaction : « Art. 81. L'exploitation des carrières à ciel ouvert a lieu en vertu d'une simple déclaration faite au maire de la commune et transmise au préfet. Elles est soumise à la surveillance de l'Administration et à l'observation des lois et règlements. Les règlements généraux seront remplacés, dans les départements où ils seront encore en vigueur, par des règlements locaux rendus dans la forme de décrets en conseil d'Etat. — Art. 82. Quand l'exploitation a lieu par galeries souterraines, elle est soumise à la surveillance de l'administration des mines dans les conditions prévues par les art. 47, 48 et 50 de la loi de 1810. Dans l'intérieur de Paris, l'exploitation des carrières souterraines de toute nature est interdite. Sont abrogées les dispositions ayant force de loi des deux décrets des 22 mars et 4 juill. 1813 et du décret portant règlement général du 22 mars 1813, relatifs à l'exploitation des carrières dans les départements de la Seine et de Seine-et-Oise ».

§ 1er. — Carrières à ciel ouvert (*Rép.* nos 779 à 781).

676. Lorsqu'un propriétaire voudra ouvrir dans des terrains une carrière à ciel ouvert et en commencer l'exploitation, il devra au préalable en faire la *déclaration* au maire de la commune sur le territoire de laquelle se trouve le terrain. Cette déclaration devra renfermer les nom, prénoms, qualités, domicile du propriétaire, l'indication exacte de la

---

(1) (P... et Viaud *C.* P...) — Le 23 déc. 1863, jugement du tribunal de Blaye ainsi conçu : — « Attendu que, par exploit des 3 et 4 août 1861, Léonce P..., en sa qualité de nu propriétaire du domaine de Louze, indivis entre lui et ses frères et sœurs, a, en présence de ces derniers, formé, par voie de référé, contre P... père, usufruitier dudit domaine, et les consorts Viaud, fermiers des carrières qui en dépendent, une demande en nomination d'experts, et introduit en même temps devant le tribunal une instance ayant pour objet la condamnation de P... père et des consorts Viaud en une somme de 1000 fr. de dommages-intérêts, pour ouverture de la carrière dite du Cros, dépendant de la même propriété; — Attendu, en droit, que l'usufruitier ne peut jouir que des carrières qui sont en exploitation au moment de son usufruit; que, d'un autre côté, aux termes des règlements sur la matière, la reprise des travaux dans une carrière abandonnée ne peut avoir lieu qu'en vertu d'une nouvelle autorisation de l'autorité compétente; d'où suit nécessairement que cette reprise doit être considérée comme une nouvelle exploitation; — Attendu, en fait, qu'il n'est pas contesté que, si les carrières du Cros étaient ouvertes à l'époque où a commencé la jouissance de P... père sur le domaine de la Louze, les travaux n'y eussent été depuis longtemps interrompus; — Qu'il est d'ailleurs certain que l'usufruitier n'a remis cette carrière en exploitation qu'après s'y être fait autoriser par arrêté du préfet de la Gironde, en date du 16 juill. 1861 ; — Qu'il ne saurait, dès lors, contester qu'en reprenant les travaux abandonnés depuis longues années, il n'ait excédé les limites de son droit d'usufruit et porté atteinte à ceux des nus propriétaires ; — Attendu que, d'un autre côté, il est constant que ces travaux ont été exécutés par les consorts Viaud; qu'il importe peu que ces derniers n'aient agi, dans cette circonstance, qu'en vertu du bail verbal qui leur avait été consenti par P... père; qu'en traitant avec un usufruitier qui ne pouvait leur transmettre aucun droit sur la carrière dont il s'agit, ils ont, évidemment, par l'exécution qu'ils ont donnée à ces conventions, partagé avec cet usufruitier la responsabilité d'une entreprise préjudiciable à ses enfants, et dont le demandeur est, à ce titre, fondé à exiger la réparation; — Attendu qu'il est reconnu par toutes parties que cette exploitation n'a duré que quelques mois, après lesquels elle a dû être abandonnée, à raison de la mauvaise qualité des pierres qui en étaient le produit; — Qu'en tenant compte de cette circonstance et des autres éléments d'appréciation que fournit la cause, le tribunal peut, d'ores et déjà, fixer le chiffre de l'indemnité que le demandeur est en droit de réclamer ; — Que la somme de 1 000 fr. à laquelle est évalué, par ce dernier, le dommage causé par la Louze, ne paraît pas hors de proportion avec la réalité; — Attendu, d'autre part, que, ce domaine étant indivis entre les six enfants P... ou leurs représentants, il suit de là que l'indemnité qu'il y a lieu d'accorder à Léonce P... pour la part qu'il amende dans la nue propriété dudit domaine, équivaut à un sixième de la somme de 1000 fr., soit 166 fr. 66 cent. ;

« Par ces motifs, etc. ».

Appel par les sieurs P... père et Viaud.

LA COUR ; — Attendu que les termes de l'art. 598 c. civ. doivent s'interpréter les uns par les autres; qu'en donnant à l'usufruitier un droit aux carrières en exploitation, et le lui refusant absolument, soit sur les carrières non encore ouvertes, soit sur les tourbières dont l'exploitation n'est pas encore commencée, ils établissent manifestement que l'ouverture d'une carrière, en mettant ses fruits naturels sous la main et à la disposition de l'extracteur, lui donne par cela même la qualité de carrière en exploitation encore bien que, par des circonstances quelconques, cette exploitation ait été ou soit momentanément suspendue; — Attendu, d'ailleurs, en fait, que, si l'exploitation de la carrière du Cros avait été discontinuée avant l'ouverture de l'usufruit de P... père, il n'est nullement établi que cette suspension des travaux ait, dans l'intention du propriétaire, équivalu à un abandon complet et à une fermeture effective et définitive; que, par conséquent, P... père, usufruitier, en reprenant ces travaux, n'a fait que jouir comme eût pu jouir le propriétaire lui-même, si celui-ci avait cru y trouver son avantage; — Infirme, etc..

Du 10 mars 1865.-C. de Bordeaux, 1re ch.-MM. Raoul Duval, 1er pr.-Peyrot, 1er av. gén.-Méreau et Rateau, av.

situation de la carrière, la nature des matériaux à extraire, l'affirmation que l'exploitation n'en aura lieu qu'à ciel ouvert, en un mot tous les renseignements de nature à éclairer complètement l'autorité municipale.

Pour éviter toute difficulté, le déclarant devra demander au maire un récépissé attestant qu'il a rempli les formalités prescrites par la loi. La déclaration doit être, sans retard, transmise au préfet par les soins de la mairie. Aussitôt après la déclaration, le propriétaire peut commencer son exploitation sans aucune autre procédure.

677. Si le propriétaire a loué le droit d'exploitation de sa carrière, la déclaration doit être faite à la mairie par le cessionnaire (Aguillon, t. 2, n° 749).

678. De 1810 à 1880, l'exploitation des carrières à ciel ouvert a été uniquement soumise aux mesures de police et de sûreté que pouvaient contenir les règlements généraux ou locaux ; mais ces dispositions réglementaires n'existaient pas la plupart du temps, de telle sorte que les exploitants jouissaient d'une liberté à peu près complète dans leurs travaux et n'étaient soumis à aucun contrôle sérieux. Cette situation a été modifiée par la loi du 15 juill. 1880 ; aux termes du second paragraphe de l'art. 81 (texte nouveau), les règlements généraux seront remplacés, dans les départements où ils étaient encore en vigueur, par des règlements locaux, appropriés aux nécessités et aux habitudes de l'exploitation régionale, et rendus sous la forme de décrets en conseil d'Etat.

679. Les nouveaux règlements locaux, dont l'énumération a été donnée *suprà*, n° 660, ont été insérés au *Bulletin des lois* et au *Recueil des actes administratifs* de chaque département affichés dans les mairies et publiés dans les formes habituelles, Ces règlements ont désormais force de loi, et c'est à eux. que l'on doit se reporter pour connaître les conditions de fond et de procédure imposées aux exploitants de carrières.

680. Les anciens règlements antérieurs au code civil n'ont plus aujourd'hui aucune valeur, et la loi de 1880, en le décidant formellement, a mis fin à une controverse; l'opinion contraire avait été, à deux reprises, admise par le conseil d'Etat (27 oct. 1837, aff. Chatelier, *Rec. Cons. d'Etat*, p. 478; 25 févr. 1864, aff. Grangier, *ibid.*, p. 207).

681. Indépendamment des prescriptions contenues dans les règlements locaux, les exploitants doivent se conformer aux arrêtés préfectoraux qui ont pour but d'en assurer l'exécution.

682. Quant aux maires, ils peuvent, de leur côté, prendre des arrêtés particuliers imposant des mesures plus rigoureuses que celles contenues dans le règlement départemental, chaque fois que la sûreté et la sécurité publique le commandent. La jurisprudence de la cour de cassation leur a formellement reconnu ce pouvoir (Crim. rej. 25 juin 1869, aff. Sens, D. P. 70. 1. 285 ; Crim. cass. 1er févr. 1873, aff. Sens et Ressi, D. P. 73. 1. 316). Jugé aussi que, lorsqu'il est régulièrement établi qu'un propriétaire a ouvert une carrière le long d'un chemin à une distance moindre que celle fixée par le règlement général sur les chemins vicinaux du département, et que l'existence de cette carrière présente des dangers pour la circulation, le maire peut mettre en demeure le propriétaire de la combler et, sur son refus, faire exécuter d'office ce travail aux frais dudit propriétaire (Cons. d'Et. 11 janv. 1866, aff. Ogier, D. P. 66. 3. 81).

683. Les contraventions aux arrêtés municipaux sont poursuivies conformément aux dispositions du code pénal (V. *infrà*, n° 709). Mais, dans le cas où les arrêtés ont eu en vue de sauvegarder la sûreté des habitations voisines d'une carrière, il a été décidé que les propriétaires de ces maisons ont le droit de réclamer en justice l'observation de ces prescriptions, alors même qu'aucun préjudice ne leur aurait été causé (Angers, 28 févr. 1861, aff. Duhoux, D. P. 62. 2. 7; Civ. cass. 29 juill. 1885, aff. Floret, D. P. 86. 1. 165).

Il en est de même en cas d'inobservation des dispositions contenues dans des règlements d'administration publique en ce qui concerne les distances et précautions à observer dans l'exploitation des carrières (Cons. d'Et. 1er juin 1861, aff. Viau et Lemarié, D. P. 62. 3. 2); et l'autorité judiciaire est compétente pour statuer sur de pareilles réclamations (Arrêt précité du 1er juin 1861).

684. Le maire auquel une déclaration d'ouverture de carrière est faite n'a pas à donner ou à refuser son autorisation. S'il prenait un arrêté en interdisant l'ouverture, la partie lésée aurait, contre cette mesure illégale, un recours contentieux (Féraud-Giraud, t. 2, n° 1001).

685. Relativement aux modes d'exploitation, et aux distances à observer entre le front d'abatage et les habitations ou terrains voisins, il y a toujours lieu de se reporter aux règlements locaux. Dans le cas où ces règlements interdiraient l'exploitation d'une carrière à une distance donnée des constructions, et qu'ils n'auraient pas précisé le sens à donner à ce mot *constructions*, il a été décidé que ce terme ne devait comprendre que les bâtiments servant d'habitation (Cons. d'Et., 29 juin 1850, aff. Baudran, *Rec. Cons. d'Etat*, p. 618).

686. Les exploitants de carrières ne peuvent, en aucun cas, forcer les propriétaires voisins à leur céder leurs parcelles pour les livrer à l'exploitation, et il a été décidé que les règlements anciens, qui leur attribuaient ce droit, ont perdu toute force obligatoire (Angers, 25 janv. 1856, aff. Myonnet, D. P. 56. 2. 90). De même les exploitants ne jouissent pas des droits conférés aux concessionnaires par les art. 43 et 44 de la loi de 1810, relativement à l'occupation temporaire ou définitive de terrains, pour la recherche ou l'exploitation des mines (Même arrêt; Bury, t. 2, n° 1136, Féraud-Giraud, t. 2, n° 982).

687. Un propriétaire de carrière n'a de droit que sur les matières utilisables qui se rencontrent dans les limites verticales de sa propriété; si ces substances affectent la forme de bancs réguliers se prolongeant sous les immeubles voisins, l'exploitant ne saurait, en aucun cas, prétendre à la propriété de ces bancs et n'a point le droit de les rechercher à son profit dans le tréfonds desdits immeubles (*Rép.* n° 795). Il a été décidé, en ce sens, que l'exploitation trentenaire d'une carrière par un propriétaire dans les limites de son héritage n'a jamais pour effet de lui faire prescrire la propriété du banc se prolongeant dans le terrain du voisin : vainement on objecterait qu'en matière indivisible la possession d'une partie emporte celle du tout, les bancs de marbre, de pierre ou de toute autre substance analogue étant essentiellement divisibles (Nîmes, 11 mars 1874, aff. Galinier, D. P. 75. 2. 56, et sur pourvoi, Req. 22 févr. 1875) (1). — V. en sens contraire : Montpellier, 4 juill. 1867, même affaire, D. P. 70. 1. 22. — Comp. *Rép.* n° 794).

688. Il reste, d'ailleurs, bien entendu que le propriétaire d'une carrière peut toujours acquérir à l'amiable le droit d'extraire de la pierre du tréfonds d'un terrain appartenant à un voisin. Ce droit, qui a reçu la dénomination de *droit de fortage*, est réglé, quant à son étendue, par les clauses de la convention intervenue entre les parties. Il a été décidé, à cet égard, que le droit d'exploiter une carrière située dans le tréfonds d'un héritage n'entraîne pas, comme une conséquence nécessaire, le droit d'ouvrir des puits d'exploitation dans la superficie de cet héritage, et qu'il appartient aux juges du fait de décider souverainement que les actes intervenus entre les parties n'ont conféré aux acquéreurs

(1) (Galinier C. Commune de Félines-d'Hautpoul.) — LA COUR ; — Sur le moyen unique, pris de la violation des art. 2229, 2235, 2262 c. civ. et de la fausse application de l'art. 552 du même code : — Attendu qu'aux termes de l'arrêt dénoncé, les deux propriétés limitrophes au sein desquelles règne le banc de marbre litigieux, et qui sont inscrites à la matière cadastrale de la commune de Félines-d'Hautpoul, sous les nos 468 et 438, appartiennent, d'après les titres des parties, la première à Galinier, la seconde à la commune, pour le sol tout entier, sans distinction entre le dessus et le dessous ; mais que Galinier prétend qu'en exploitant par lui ou ses auteurs, depuis plus de trente ans, la carrière ouverte dans son terrain, il a acquis par prescription le banc de marbre tout entier, sous prétexte qu'en matière indivisible, la possession d'une partie emporte la possession du tout ; — Attendu que les fonds de terre et les bancs de marbre, de pierre ou de toute autre substance analogue sont essentiellement divisibles ; et que, dans l'espèce, la divisibilité du banc de marbre sur lequel a porté la contestation résultait du fait de sa division actuelle et ancienne en héritages absolument différents, puisqu'il est reconnu que le sol à l'intérieur de ce banc, se

d'autre droit que celui d'exploiter le tréfonds de la parcelle litigieuse au moyen de galeries aboutissant à des puits pratiqués sur les parcelles avoisinantes (Civ. rej. 25 janv. 1886, aff. Bousquet, D. P. 86. 1. 337).

689. Le cessionnaire du droit de fortage ne peut exercer son droit qu'à la condition de ne pas troubler la jouissance du propriétaire de la surface, et il serait responsable des éboulements qui se produiraient à la superficie par suite du mauvais état des galeries souterraines (Req. 15 mai 1877) (1). — D'autre part, il a été jugé que le propriétaire d'un fonds, dans lequel une carrière a été exploitée par une compagnie fermière, qui est resté complètement étranger à cette exploitation, ne saurait être rendu responsable des fautes commises par les exploitants en contravention aux mesures de police que leur a imposées l'autorité administrative en vertu de son droit de surveillance (Req. 19 juin 1888, aff. Société ardoisière de la Grande-Maison, D. P. 90. 1. 266).

690. Conformément aux prescriptions des circulaires ministérielles des 1er déc. 1876, 11 juin 1881, 2 janv. 1878 et 22 janv. 1883, le rapport général annuel sur les mines du département, présenté par le service des mines au préfet et au ministre, doit renfermer un chapitre spécial consacré aux carrières.

691. Lorsqu'un exploitant abandonne une carrière, il doit, par l'intermédiaire du maire, en faire la déclaration au préfet, qui prendra toutes les mesures de précaution nécessaires, et les fera notifier au propriétaire. Si celui-ci n'obtempère pas à l'arrêté, il y sera pourvu d'office et à ses frais par l'Administration. Le propriétaire reste, d'ailleurs, toujours responsable des accidents survenus dans la carrière abandonnée par suite de son mauvais état d'entretien, et de ce chef il pourrait, le cas échéant, être poursuivi pour homicide par imprudence, alors même qu'aucune mesure spéciale n'aurait été ordonnée par l'Administration (Féraud-Giraud, t. 2, n° 1021).

692. Comme on l'a vu au *Rép.* n° 799, les entrepreneurs de carrières sont, conformément aux dispositions de la loi de 1836, tenus de participer pour leur part à l'entretien des chemins vicinaux dont ils se servent pour leur exploitation, et dans la mesure des dégradations qu'ils y commettent. — Lorsque la carrière est louée, cette obligation incombe non au propriétaire, mais au preneur (Féraud-Giraud, t. 2, n° 1025. — V. *infrà*, v° *Voirie par terre*).

693. Si l'exploitation d'une carrière à ciel ouvert a pour conséquence de compromettre gravement une mine située dans le tréfonds, cette exploitation peut être arrêtée par l'Administration; mais le propriétaire de la carrière aura droit à une indemnité calculée suivant les principes du droit commun (Aguillon, t. 2, n° 789 ; Féraud-Giraud, t. 2. n° 988).

694. Le propriétaire d'une carrière a également droit à une indemnité lorsque son exploitation devient impossible à la suite de l'exécution de travaux publics ; cette indemnité représentera la valeur des substances que l'on aurait encore pu extraire de la carrière jusqu'à son épuisement. C'est ce qui a lieu fréquemment, surtout lors de la construction de lignes de chemin de fer (Cons. d'Et. 16 févr. 1878, aff. Commune de Modane, D. P. 78. 3. 64; 3 juin 1881, aff. Peretmère, D. P. 82. 3. 115. V. *infrà*, vis *Travaux publics; Voirie par chemin de fer*).

L'indemnité serait encore due, mais dans une moindre proportion, dans le cas où l'exploitation de la carrière, tout en restant possible, aurait été rendue plus difficile (Cons. d'Et. 5 janv. 1877, aff. Guglielminoti, *Rec. Cons. d'Etat*, p. 32).

695. Les rapports entre carrières voisines ne sont pas réglés par les dispositions de l'art. 45 de la loi de 1810, mais uniquement par celles du droit commun. Ainsi le propriétaire d'une carrière, dont les travaux ont eu pour effet d'exhaurer une carrière voisine, ne peut se prévaloir de l'article précité pour réclamer une indemnité à son voisin (Bruxelles, 21 mars 1855, aff. Delaleux, *Pasicrisie belge*, 56. 2. 17; Dijon, 7 août 1868, *suprà*, n° 594).

696. Lorsqu'une carrière est située à proximité d'un chemin de fer, le propriétaire ne peut y employer la poudre de mine pour faciliter son exploitation, qu'après en avoir, au préalable, obtenu l'autorisation par un arrêté préfectoral. La décision administrative indiquera la zone dans laquelle il sera interdit de faire usage de la poudre, et celle où ce moyen d'exploitation sera autorisé. Le préfet ne devra rendre son arrêté qu'après avoir reçu un rapport de l'ingénieur du contrôle du chemin de fer, qui, à son tour, aura dû prendre l'avis de l'ingénieur des ponts et chaussées chargé de la ligne (Circ. min. 21 déc. 1881 et 5 sept. 1882). En général, la zone de protection est fixée à 10 mètres. D'ailleurs, le propriétaire auquel l'emploi de la mine est interdit a droit à une indemnité (Grenoble, 7 févr. 1861, aff. Chemin de fer de Lyon, D. P. 61. 2. 86), et cette indemnité devra être fixée par les tribunaux civils (Même arrêt).

Jugé qu'un préfet, qui interdit l'emploi de la mine en vue de la sécurité publique dans une carrière située près d'un chemin de fer, n'a pas le droit d'imposer au carrier l'obligation de rembourser à la compagnie les frais de surveillance faits à cette occasion (Cons. d'Et. 9 mars 1888, aff. Salleux, D. P. 89. 3. 67).

697. Il appartient à l'autorité judiciaire d'interdire aux propriétaires de carrières à ciel ouvert d'exécuter des travaux dont l'accomplissement serait de nature à porter préjudice aux héritages voisins. En effet, à la différence de ce qui a lieu pour les mines (V. *suprà*, nos 531 et suiv.) et pour les carrières exploitées par galeries souterraines, l'Administration n'a, en ce qui concerne les carrières à ciel ouvert, qu'un simple droit de surveillance, et dès lors, elle n'a pas à intervenir dans l'appréciation et la détermination des procédés d'exploitation de ces carrières, procédés dont l'interdiction ou la modification ne peut contrarier aucun acte administratif (Req. 12 mai 1868, aff. Leroy, D. P. 69. 2. 289).

698. En terminant, nous rappellerons qu'aux termes de l'art. 18 de la loi du 8 juill. 1890, les exploitations de carrières à ciel ouvert peuvent, en raison des dangers qu'elles présentent, être assimilées aux exploitations souterraines pour l'application de cette loi, par arrêté du préfet rendu sur le rapport des ingénieurs des mines. Dans ce cas, et s'il

---

trouve formé depuis longtemps des propriétés distinctes aussi bien pour le tréfonds que pour la superficie, et que c'est sur ce fait même que repose, à son point de départ, le système de la prescription invoquée ; — Attendu que si, étant données deux pièces de terre contiguës, le propriétaire de l'une peut, par des empiétements successifs, prescrire une ou plusieurs parcelles de l'autre, il n'est pas moins constant que celui qui n'exerce d'actes de possession que sur son propre terrain, comme dans la cause, par l'exploitation de la carrière, sans franchir les limites de sa propriété, ne peut jamais, quelle que soit la durée de sa possession, prescrire aucune portion du champ voisin ; — D'où il suit qu'en décidant que Galinier, par l'exploitation de la carrière pendant plus de trente ans dans les bornes de cet héritage, n'avait point prescrit la propriété du banc de marbre existant ou se prolongeant à côté dans le terrain de la commune, l'arrêt attaqué n'a fait que l'application des principes de droit les plus certains et les plus évidents ; — Rejette, etc.

Du 22 févr. 1875, Ch. req.-MM. de Raynal, pr.-Guillemard, rapp.-Bobinet, av. gén., c. conf-Larnale, av.

(1) (Vallée et consorts C. Roy). — LA COUR ; — Sur le moyen pris de la violation des art. 1165, 1382, 1384, 1131, 686 et 544 c. civ. ; Attendu que, dans l'espèce, il s'agissait d'un droit de *fortage* comprenant l'extraction des pierres en sous-sol, avec tous les droits utiles de circulation souterraine exercés par l'ancien propriétaire du parc du Fay, pour l'usage et l'utilité de sa carrière d'Andrésy, et réservés par lui au même titre lorsqu'il a vendu séparément les deux immeubles ; — Attendu que ces droits constituaient, dès lors, une servitude réelle qui, avec toutes les charges résultant de son existance même, a passé activement et passivement aux divers successeurs à titre particulier du père de famille dans la propriété du fonds dominant et du fonds servant ; — Que, dès lors, les demandeurs en cassation, adjudicataires de la carrière et des droits réels qui y sont incorporés, ont été régulièrement poursuivis par le propriétaire du fonds servant en réparation des éboulements de la superficie du parc, conséquence du mauvais état des galeries et passages souterrains dont la jouissance constitue une partie essentielle de l'existence même de la servitude ; — Que l'arrêt dénoncé, en accueillant cette action, n'a pu violer aucun des articles susvisés, qui ne sont pas applicables aux véritables relations des parties en cause ou de leurs immeubles ;... — Rejette.

Du 15 mai 1877.-Ch. req.-MM. de Raynal, pr.-Babinet, rap.-Desjardins, av. gén., c. conf.-Chambareaud, av.

y a lieu à nomination de délégués à la sécurité, les ouvriers attachés à l'extraction devront être assimilés aux ouvriers du fond en ce qui concerne l'électorat et l'éligibilité (V. *suprà*, n°s 561 et suiv.).

§ 2. — Carrières exploitées par galeries souterraines (*Rép.* n°s 872 à 800).

699. Si la carrière dont on veut commencer l'exploitation doit être ouverte au moyen de galeries souterraines, le propriétaire est tenu d'en faire la déclaration à la mairie dans les mêmes formes que lorsqu'il s'agit de carrières à ciel ouvert; mais l'exploitation, au lieu de n'être soumise en principe qu'à la surveillance des autorités locales, est placée sous celle de l'administration des mines dans les conditions prévues par les art. 47, 48 et 50 de la loi du 21 avr. 1810 (*Rép.* n° 782).

700. La loi de 1880 (art. 82) a, de plus, interdit d'une façon absolue, dans Paris, toute exploitation de carrières par galeries souterraines, et abrogé les dispositions anciennes relatives à la police des carrières dans les départements de la Seine et de Seine-et-Oise (V. *suprà*, n° 675).

701. Ce qui a été dit au *Rép.* n°s 784 et 785, relativement aux agents chargés de la surveillance et aux pouvoirs des préfets, reste exact sous l'empire de la nouvelle loi. Il y a lieu, toutefois, de mentionner les instructions données par le ministre des travaux publics, à la date du 10 juin 1886, et qui devront être désormais suivies. Toutes les mesures de sûreté sont prises par les préfets sur la proposition de l'ingénieur des mines.

702. Les ingénieurs ont le droit d'obliger les exploitants à dresser des plans de leurs carrières (*Rép.* n° 783); en cas de refus, ils peuvent les faire confectionner aux frais des exploitants, après sommation préalable. Le recouvrement de ces frais s'opérera comme en matière de contributions directes, et les réclamations, s'il y a lieu, devront être portées devant le conseil de préfecture dans les trois mois après la publication de l'arrêté du préfet portant répartition de la dépense entre les intéressés, ou de l'avertissement individuel qui leur est adressé (Cons. d'Et. 7 déc. 1877, aff. Despagne, D. P. 78. 3. 37).

703. Pour toutes les conditions imposées aux exploitants de carrières souterraines, on devra se conformer aux articles du règlement départemental ou local.

704. S'il y a contestation sur le point de savoir si l'on se trouve en présence d'une carrière souterraine, ou d'une carrière à ciel ouvert, c'est à l'Administration qu'il appartiendra de prononcer.

705. Les délégués à la sécurité des ouvriers mineurs institués par la loi du 8 juill. 1890 ont pouvoir pour inspecter les carrières souterraines au même titre que les mines (art. 1) (Comp. *suprà*, n° 547).

§ 3. — Compétence

706. Les exploitants de carrières quelconques restent soumis aux règles du droit commun, relativement à la réparation du préjudice qu'ils auront pu causer par leurs travaux à autrui; les parties intéressées peuvent donc toujours poursuivre cette réparation en vertu du principe consacré par l'art. 1382 c. civ., et c'est aux tribunaux ordinaires qu'il appartient de connaître de leurs réclamations.

707. De même, toutes les questions de propriété qui peuvent s'élever entre des exploitants de carrières et des tiers sont de la compétence de l'autorité judiciaire. — Décidé, notamment, que la question de savoir si des particuliers, propriétaires de terrains dans lesquels ils exploitent des carrières, ont étendu cette exploitation sur des terrains appartenant, soit à la commune, soit à l'Etat, est une question de propriété dont la connaissance appartient exclusivement à l'autorité judiciaire; que, par suite, le maire de la commune, en saisissant dans de telles circonstances les matériaux extraits, et le préfet, en approuvant cette mesure, excèdent leurs pouvoirs (Cons. d'Et. 29 mai 1863, aff. Molinier, D. P. 63. 3. 62).

708. V. sur la compétence des tribunaux ordinaires : pour connaître des réclamations des tiers en cas d'inexécution des prescriptions contenues dans les règlements relatifs à l'exploitation des carrières, *suprà*, n° 683... Pour interdire aux propriétaires de carrières à ciel ouvert d'exécuter des travaux qui pourraient porter préjudice aux héritages voisins, *suprà*, n° 697.

ART. 4. — *De la répression des contraventions aux règlements concernant les carrières* (*Rép.* n°s 801 à 807).

709. La juridiction compétente pour prononcer sur les contraventions en matière de carrières est le tribunal correctionnel. Ce principe, déjà admis au *Rép.* n° 802, est encore suivi par la majorité des auteurs (V. notamment Bury, t. 2, n° 1170; Aguillon, t. 2, n° 857); en effet, le titre 10 de la loi de 1810, tant à cause de sa généralité que de la place qu'il occupe, doit s'appliquer à tous les objets traités dans cette loi c'est-à-dire aussi bien aux carrières qu'aux mines et aux minières. La cour de cassation n'a pas cru devoir se rallier à cette opinion, et, par une jurisprudence constante, elle a établi, au point de vue de la compétence, une distinction catégorique entre les carrières souterraines et celles exploitées à ciel ouvert. Comme les carrières souterraines sont placées sous la surveillance directe et spéciale de l'Administration et du service des mines, elle admet que les infractions commises aux règlements qui les concernent seront de la compétence des tribunaux correctionnels. Quant aux carrières exploitées à ciel ouvert, elle décide que les infractions commises à leur occasion devront être exclusivement déférées aux tribunaux de simple police. Le seul argument invoqué par la cour de cassation à l'appui de cette distinction consiste dans la différence des autorités auxquelles elle reconnaît que la loi a confié la police administrative des carrières : l'autorité municipale, pour les carrières à ciel ouvert, d'après l'art. 81; l'autorité préfectorale secondée par l'administration des mines, pour les carrières souterraines, d'après l'art. 82. Dans l'esprit de la cour suprême, l'exploitation de carrières à ciel ouvert n'est qu'un objet de police municipale, dont les infractions sont de la compétence des tribunaux de simple police, tandis que l'exploitation des carrières par galeries souterraines reste seule dans le domaine de la police générale des mines confiée aux préfets (Crim. cass. 29 août 1845, aff. Chéron, D. P. 45. 1. 398, citée au *Rép.* n° 807; 19 sept. 1856, aff. Mackensie, D. P. 56. 1. 417; 23 janv. 1857, aff. Mackensie, D. P. 57. 1. 62. Comp. Aguillon, n° 857).

710. En vertu du décret du 4 juill. 1813, le pouvoir exécutif avait le droit de substituer, pour la répression des contraventions commises en matière de carrières, la juridiction administrative à celle des tribunaux judiciaires. Il nous avait paru que ce droit n'existait plus depuis la promulgation de la charte de 1815 (*Rép.* n° 805). Toutefois, la légalité d'un tel procédé avait été admise par deux arrêts du conseil d'Etat (14 févr. 1856, aff. Mackensie, *Rec. Cons. d'Etat*, p. 147; 15 juin 1870, aff. Lafouge, D. P. 71. 3. 81). Aujourd'hui le doute a cessé depuis la loi du 27 juill. 1880, qui, dans son art. 82, a formellement abrogé le décret de 1813. La connaissance des infractions à la police des carrières ne pourra donc jamais être déférée aux tribunaux administratifs.

711. Il appartient aux tribunaux civils d'interpréter les articles des règlements locaux sur l'exploitation des carrières. C'est ainsi qu'un arrêt de la cour d'Angers du 27 août 1866 (aff. Hamon, D. P. 66. 2. 130) a eu à déterminer le sens de certaines dispositions contenues dans le décret du 10 juill. 1862, portant règlement pour l'exploitation des carrières de Maine-et-Loire.

712. On a soutenu au *Rép.* n° 806 que les infractions aux prescriptions sur l'exploitation des carrières devaient être punies des peines édictées par l'art. 96 de la loi de 1810, c'est-à-dire de peines correctionnelles. Cette opinion est encore admise par les auteurs cités *suprà*, n° 709; mais la cour de cassation ne suit cette règle qu'autant qu'il s'agit d'infractions commises dans des carrières souterraines, et, fidèle à sa théorie sur la compétence, elle décide que les contraventions aux articles des règlements locaux, lorsqu'il s'agit de carrières à ciel ouvert, ne sont passibles que des peines édictées par l'art. 471-15° c. pén. (V. les arrêts cités *suprà*, n° 709).

Table sommaire

des matières contenues dans le Supplément et le Répertoire.

(Les chiffres précédés de la lettre *S* renvoient au Supplément; les chiffres précédés de la lettre *R* renvoient au Répertoire.)

Table des articles du code civil.

Table chronologique des Lois, Arrêts, etc.

1790

13-18 juin. Loi 167 c.
7 oct. Loi. 303 c.
29 déc. Loi. 396 c.

1791

12 juill. Loi. 192 c., 370 c., 397 c., 422 c., 454 c., 471 c., 674 c.

An 8

24 flor. Arrêté 603 c.

1807

16 sept. Loi. 446 c., 597 c.

1808

12 nov. Loi. 354 c.

1810

21 avr. Loi. V. table des articles.
3 août. Instr. min. 192 c., 226 c., 651 c.
18 nov. Décr. 656 c.

1811

6 mars. Décr. 331 c., 589 c.
6 mai. Décr. 15 c., 30 c., 320 c., 348 c., 350 c., 353 c., 356 c., 358 c., 540 c., 597 c.

1812

26 mai. Loi. 338 c.

1813

3 janv. Décr. 30 c., 504 c., 531 c., 536 c., 538 c., 539 c., 541 c., 556 c., 589 c.
22 mars. Décr. 673 c.
4 juill. Décr. 675 c., 710 c

1814

23 sept. Loi. 364 c.
21 déc. Bruxelles. 601 c.

1824

8 juin. Trib. Saint-Etienne. 139 c.

1825

31 mai. Trib. Saint-Etienne. 481 c.

1830

14 juin. Req. 318 c.

1832

21 avr. Loi. 357 c., 359 c.
8 sept. Crim. 108 c.

1834

8 févr. Ordon. 412 c.
30 nov. Circ. dir. gén. des mines 193 c.

1835

17 janv. Crim. 583 c.
15 févr. Ordon. 412 c.
24 déc. Civ. 307 c.

1836

21 mai. Loi. 365 c., 615 c.
30 juill. Arr. min. 649 c.

1837

27 févr. Liège. 119 c.
2 mai. Loi. 489 c.
15 juin. C. cass Belgique 112 c.
27 oct. Cons. d'Et. 680 c.

1838

27 avr. Loi. 23 c., 30 c., 487 c., 512 c., 521 c., 525 c., 526 c., 527 c., 589 c.
25 mai. Loi. 595 c.
4 sept. Av. cons. mines. Belgique. 422 c.
3 oct. Ordonn. 654 c.

1839

17 juill. Lyon. 111 c.
24 juill. Av. Cons. d'Et. 646 c.
1er déc. Av. cons. min. Belgique 108 c.

1840

18 janv. Arr. min. 519 c.
17 juin. Loi. 23 c., 30 c., 110 c., 589 c.
3 juill. Av. cons. des mines de Belgique. 192 c.
24 oct. Av. cons. des mines de Belgique. 192 c.

1841

27 févr. Bruxelles. 426 c.
7 mars. Ordonn. 589 c., 641 c.
3 mai. Loi. 400 c., 401 c., 407 c., 409 c., 412 c., 422 c., 423 c., 443 c., 465 c.
23 mai. Ordonn. 30 c., 487 c., 512 c.
9 juin. Bruxelles. 187 c.

1842

13 janv. Ordonn. 380 c.
26 mars. Ordonn. 589 c.
18 avr. Ordonn. 30 c., 589 c.

1843

13 févr. Req. 575 c.
26 mars. Ordonn. 30 c., 531 c.
27 mars. Req. 133 c.
10 mai. Loi. 525 c.

1844

28 nov. Circ. min. 572 c.

1845

10 mai. C. cass. Belg. 212 c.
21 juill. Ord. roy. 27 c., 35 c.
29 août. Crim. 709 c.
10 nov. Req. 387 c.
29 nov. Liège. 251 c.

1846

3 déc. Cons. d'Et. 404 c., 592 c.

1847

4 févr. C. cass. Belg. 112 c.
1er sept. Ordonn. 28 c., 35 c.
7 déc. Trib. Saint-Etienne. 451 c.

1848

8 janv. C. de Belgique. 239 c.
8 mars. Décr. 124 c.
9 oct. Arr. pr. du cons. 29 c., 31 c., 35 c.
10 nov. Arr. 35 c.
13 nov. Civ. 373 c.

1849

28 mars. Cons. d'Et. 365 c.
12 avr. Circ. min. 325 c., 338 c.
13 avr. Circ. 352 c.
26 avr. C. cass. Belg. 182 c., 582 c.
21 août. Nîmes. 207 c.
14 sept. Arr. 35 c.
5 oct. Av. cons. min. Belgique 108 c.

1850

12 janv. Décr. 35 c.
19 févr. Civ. 128 c.
23 avr. Req. 452 480 c., 594 c.
3 mai. Dijon. 238 c.
27 mai. Av. Cons. mines. Belgique. 422 c.
12 juin. Circ. 412 c.
29 juin. Cons. d'Et. 685 c.
24 juill. Civ. 373 c.
16 nov. Cons. d'Et. 305 c.
1er déc. Circ. 338 c., 339 c.
19 déc. Lyon. 375 c.

1851

16 janv. Liège. 241 c.
8 mars. Cons. d'Et. 411 c.
28 mars. Arr. 35 c.
7 avr. Loi. 412 c.
7 juin. Cons. d'Et. 366 c.
16 juin. Loi. 30 c., 31 c., 32 c., 35 c., 217 c.
17 juin. C. cass. Belgique. 405 c., 496 c.
8 juill. Req. 607 c.
7 août. Loi. 427 c.
5 nov. Trib. confl. 384 c.
24 nov. Décr. 510 c.
16 déc. Loi. 196 c.
21 déc. Décr. 30 c.

1852

14 janv. Constit. 155 c.
6 févr. Décr. 31 c., 35 c.
15 mars. Décr. 412 c.
20 mars. Lyon. 457 c.
15 avr. Circ. min. 537 c., 572 c.
22 avr. Trib. Saint-Etienne. 503 c.
6 mai. Décr. 603 c.
14 juin. Circ. min. 328 c.
14 juin. Cons. d'Et. 366 c.
28 juill. Civ. 238 c., 240 c.
23 oct. Décr. 153 c., 155 c., 526 c., 589 c.
16 nov. Req. 449 c., 457 c.
16 nov. Lyon. 457 c.
16 nov. Circ. 311 c.
11 déc. Circ. min. 572 c.
22 déc. Req. 452 c.

1853

3 janv. Civ. 380 c., 515 c., 594 c.
24 janv. Dijon. 238 c.
18 avr. Civ. 129 c., 131 c., 269 c.
28 avr. Liège. 235 c.
21 mai. Liège. 187 c.
24 mai. Lyon. 179 c., 189 c.
16 juin. Cons. d'Et. 340 c.
19 juin. Req. 128 c.
21 juin. Civ. 594 c.
8 juill. Req. 677.
13 juill. Dijon. 238 c., 240 c.
15 juil. Cons. d'Et. 322 c., 357 c., 363 c.
21 juill. Cons. d'Et. 331 c.
16 août. Décr. 427 c.
22 août. Cons. d'Et. 106 c., 418 c.
23 nov. Req. 312 c., 594 c.

1854

23 janv. Arr. 36 c.
26 janv. Cons. d'Et. 357 c.
2 févr. Amiens. 670 c.
10 févr. C. cass. Belgique. 230 c., 231 c.
2 mars. Liège. 244 c.
22 mars. Bruxelles. 177 c.
29 mars. Dijon. 448 c., 452 c.
4 avr. Besançon. 592 c., 594 c.
10 avr. Req. 129 c., 130 c.
11 avr. Liège. 449 c.
12 mai. C. cass. Belg. 112 c., 259 c.
10 juin. Loi. 655 c.
12 août. Cons. d'Et. 472 c., 480 c.
12 août. Avis cons. sup. des mines. Belgique. 321 c.
8 nov. Req. 417 c., 447 c.
27 déc. Trib. Saint-Etienne. 189 c.

1855

6 janv. Décr. 31 c., 32 c., 35 c.
2 févr. Riom. 452 c.
21 mars. Bruxelles. 695 c.
23 mars. Loi. 141 c., 151 c., 212 c., 443 c.
20 avr. Crim. 578 c.
3 mai. Bruxelles. 492 c., 495 c., 496 c.
29 juin. Lyon. 148 c., 152 c., 451 c.
12 juill. Liège 496 c.
13 déc. Cons. d'Et. 331 c.

1856

9 janv. Req. 471 c
14 janv. Trib. Saint-Etienne. 398 c.
25 janv. Angers. 686 c.
28 janv. Dijon. 595 c.
14 févr. Cons d'Et 710 c.
5 mars. Trib. Saint-Etienne. 398 c
6 mars. Cons. d'Et. 331 c.
13 mars. Cons. d'Et. 265 c., 266 c., 592 c., 596 c.
17 mai. Ch. réun. 238 c.
19 mai. Civ. 240 c.
23 mai. Lyon. 458 c.
15 juin. Trib. Saint-Etienne. 244 c.
16 juin. Req. 212 c., 213 c.
16 juin. Civ. 594 c.
14 juill. Loi. 124 c.
13 août. Décr. 49 c.
18 août. Cons. d'Et. 311 c., 593 c.
18 août. Trib. Saint-Etienne. 503 c.
21 août. Dijon. 452 c., 472 c., 595 c.
19 sept. Crim. 709 c.
24 oct. C. cass. Belgique 497 c.
31 déc. Civ. 140 c., 150 c.

1857

3 janv. Lyon 437 c.
5 janv. Trib. Saint-Etienne. 398 c.
12 janv. Trib. Saint-Etienne. 386 c.
14 janv. Req. 472 c., 595 c.
23 janv. Crim. 709 c.
30 janv. Lyon. 540 c.
3 févr. Req. 241 c., 449 c., 458 c., 594 c.
10 févr. Nîmes. 448 c., 452 c.
11 févr. Req. 300 c., 312 c., 594 c.
12 mars. Besançon. 373 c.
21 avr. Req. 128 c.
7 mai. Cons. d'Et. 339 c.
12 mai. Douai. 222 c., 434 c.
26 mai. Paris. 667 c.
3 juin. Trib. Saint-Etienne. 236 c.
10 juin. Cons. d'Et. 530 c.
17 juin. Req. 458 c., 480 c., 594 c.
13 août. Crim. 574 c., 630 c.
2 déc. Civ. 452 c.
15 déc. Req. 157 c., 613 c.

1858

5 janv. Civ. 594 c.
2 févr. Req. 397 c., 590 c.
4 févr. Cons. d'Et. 258 c.
8 févr. Trib. Saint-Etienne. 456 c.
15 févr. Trib. Saint-Etienne. 451 c.
24 mars. Dijon. 452 c.
1er avr. Décr. 37 c.
8 mai. Lyon. 386 c.
28 mai. Grenoble. 667.
7 juin. Trib. Saint-Etienne. 456 c.
7 juill. Lyon. 240 c.
7 juill. Nancy. 452 c.
5 août. Lyon. 452 c.
14 août. Liège. 278 c.
20 août. Dijon. 238 c., 241 c.
26 août. Cons. d'Et. 357 c.
10 déc. Liège. 650 c.
15 déc. Nîmes. 452 c.
21 déc. Civ. 120 c.

1859

8 févr. Cons. d'Et. 264 c.
31 mai. Req. 238 c., 241 c., 246 c.
1er juin. Civ. 128 c. 153 c. 272 c.
7 juin. Cons. d'Et. 336 c., 358 c.
20 juin. Cons. d'Et. 365 c.
2 juill. Lyon. 452 c.
27 juill. Cons. d'Et. 339 c.
13 déc. Req. 592 c., 635 c., 639 c.
14 déc. Civ. 655 c.
26 déc. Trib. Saint-Etienne. 456 c., 467 c.

1860

27 févr. Trib. Saint-Etienne. 437 c.
7 mars. Trib. Saint-Etienne. 224 c.
11 mai. Cons. d'Et. 515 c.
30 juin. Décr. 350 c., 351 c.
17 juill. Civ. 445 c., 452 c.
6 déc. Circ. 328 c., 338 c., 339 c., 340 c.
20 déc. Lyon. 456 c.

1861

8 janv. Lyon. 234 c.
16 janv. Nîmes. 438 c., 449 c., 452 c., 453 c.
7 févr. Grenoble. 696 c.
28 févr. Angers. 683 c.
20 mars. Grenoble. 452 c.
19 avr. Décr. 412 c.
15 mai. Req. 452 c., 453 c., 480 c.
17 mai. Décr. 33 c.
1er juin. Cons. d'Et. 683 c.
11 nov. Civ. 594 c.
19 nov. Civ. 592 c.
21 déc. Cons. d'Et. 323 c., 335 c.

1862

13 janv. Av. cons. mines. Belgique. 422 c.
25 févr. Saint-Etienne. 481 c.
31 mars. Req. 442 c.
15 avr. Circ. 313 c.
26 avr. Crim. 541 c.
18 juin. Req. 162 c.
25 juin. Bruxelles. 168 c.
9 juill. Dijon. 575 c., 585, 587 c.,
10 juill. Décr. 711 c.
23 juill. Ch. réun. 452 c.
4 août. Trib. Saint-Etienne. 245 c.
12 août. Trib. Saint-Etienne. 437 c.

1863

10 janv. Chambéry. 670 c.
23 févr. Trib. Saint-Etienne. 456 c.
3 mars. Besançon. 190 c.
23 mars. Colmar. 126 c., 131 c., 132 c.
30 avr. Cons. d'Et. 337 c.
7 mai. Cons. d'Et. 404 c., 418 c.; 472 c.
29 mai. Cons. d'Et. 707 c.
17 juin. Liège. 230 c., 231 c.
4 août. Civ. 452 c.
7 août. Cons. d'Et. 351 c.
18 nov. Civ. 452 c.
10 déc. Circ. min. 289 c.
29 déc. Lyon. 245 c.

1864

1er févr. Saint-Etienne. 485 c.
18 févr. Cons. d'Et. 311 c.
25 févr. Cons. d'Et. 680 c.
4 avr. Cons. d'Et. 594 c.
14 avr. Cons. d'Et. 418 c., 472 c., 514 c.
15 juin. Cons. d'Et. 514 c., 534 c.
21 juin. Saint-Etienne. 481 c.
13 août. Liège. 186 c.
10 sept. Cons. d'Et. 331 c.

1865

2 janv. Bruxelles. 449 c.
3 janv. Civ. 160 c.
2 févr. C. cass. Belgique. 369 c.

17 févr. Cons. d'Et. 337 c.
10 mars. Bordeaux. 191 c., 668.
31 mars. Crim. 578 c.
31 mars. Trib. Seine. 162 c.
8 avr. Cons. d'Et. 592 c.
26 avr. Nimes. 212 c., 613 c.
1er mai. Gand. 496 c., 497 c.
5 mai. Av. cons. mines. Belgique. 422 c.
12 mai. Chambéry. 158 c.
12 mai. Lyon 392 c.
30 mai. Civ. 626 c.
14 juin. Lyon. 261 c., 594 c.
28 août. Cons. d'Et. 351 c.
28 sept. Cons. d'Et. 333 c.
15 déc. Cons. d'Et. 331 c., 346 c.
27 déc. Cons. d'Et. 339 c., 341 c.
27 déc. Trib. Saint-Etienne. 481 c.

1866

11 janv. Cons. d'Et. 351 c., 683 c.
16 janv. Trib. Saint-Etienne. 454 c.
17 janv. Toulouse. 452 c.
29 janv. Civ. 136 c.
6 févr. Trib. Saint-Etienne. 454 c.
22 févr. Trib. civ. Saint-Etienne. 388 c.
17 mars. Trib. Saint-Etienne. 454 c.
22 mars. Cons. d'Et. 599 c., 600 c.
30 avr. Liège. 120 c.
9 mai. Loi. 14 c., 35 c., 100 c., 589 c., 606 c., 607 c., 608 c., 609 c., 623 c., 625 c., 634 c., 636 c., 640 c., 641 c., 642 c., 649 c. 674 c.
23 juin. Décr. 31 c., 35 c.
27 juin. Décr. 350 c., 589 c.
29 juin. Cons. d'Et. 326 c., 328 c.,
26 juill. Circ. min. agr. com. et trav. publ. 640 c.
11 août. Lyon 481 c.
27 août. Angers. 575 c., 711 c.
6 déc. Cons. d'Et. 639 c.
7 déc. Lyon 189 c.

1867

10 janv. Cons. d'Et. 264 c.
10 janv. Liège. 467 c.
17 janv. Cons. d'Et. 246 c., 594 c.
22 janv. Paris 666 c.
16 févr. Crim. 631 c.
21 mars. Bourges. 172 c.
9 avr. Liège. 279 c., 449 c,
17 mai. Poitiers. 448 c.
4 juill. Montpellier 687 c.
31 août. Paris. 666 c.
18 nov. Civ. 126 c., 128 c.
4 déc. Lyon. 506 c.
26 déc. Cons. d'Et. 597 c., 604 c.

1868

20 févr. Cons. d'Et. 411 c.
7 avr. Req. 452 c.
15 avr. Req. 380 c.
12 mai. Req. 697 c.
27 juin. Nancy. 234 c., 236 c., 237 c., 238 c., 246 c.
3 juill. Dijon. 450 c.
7 août. Dijon. 494, 500 c., 695.
10 nov. Trib. Saint-Etienne. 287 c.
12 déc. Cons. d'Et. 522 c., 592 c., 604 c.

1869

4 févr. C. cass. Belgique. 467 c.
18 mai. Trib. Saint-Etienne. 454 c.
4 juin. Lyon. 287 c.
7 juin. Req. 453 c.
7 juin. Civ. 260 c., 308 c., 312 c., 592 c.
8 juin. Req. 449 c., 455 c.
18 juin. Av. cons. mines. 641 c.
25 juin. Crim. 682 c.
26 juin. Lyon. 459 c.
26 juill. Bruxelles. 464 c., 497 c.
15 nov. Civ. 448 c.
19 nov. Lyon 485 c., 675 c.
12 déc. Cons. d'Et. 594 c.

1870

17 févr. Trib. Béthune. 413 c.
23 févr. Cons. d'Et. 411 c.
5 avr. Civ. 464 c., 665 c.
25 avr. Bruxelles. 171 c.
23 mai. Cons. d'Et. 339 c.
15 juin. Cons. d'Et. 710 c.
27 juill. Loi. 412 c.
14 déc. Cons. d'Et. 345 c.

1871

30 janv. Bruxelles. 467 c., 468 c.
4 mai. Lyon. 458 c., 460 c., 462 c.
10 mai. Trib. Saint-Etienne. 503 c.
20 juin. Trib. Saint-Etienne. 454 c.

1872

24 janv. Cons. d'Et. 216 c., 296 c., 366 c.
13 févr. Lyon. 188 c.
11 mai. Cons. d'Et. 265 c., 288 c., 600 c.
13 mai. Bruxelles. 670 c.
24 mai. Loi. 308 c.
30 mai. Circ. 313 c.
30 mai. C. cass. Belgique. 276 c., 281 c., 449 c., 468 c.
29 juin. Loi. 365 c.
12 août. Req. 466 c., 467 c.
12 août. Civ. 278 c., 455 c.
23 sept. Circ. min. 579 c.
18 nov. Poitiers. 448 c.
20 nov. Cons. d'Et. 348 c.
6 déc. Décr. 365 c.
13 déc. Trib. Moutiers. 575 c. 576 c.

1873

10 janv. Lyon. 450 c., 451 c.
14 janv. Nimes. 467 c.
1er févr. Crim. 682 c.
6 févr. Cons. d'Et. 322 c.
15 mars. Trib. confl. 594 c.
17 mars. Civ. 522 c., 592 c.
31 mars, Req. 140 c.
16 juin. Req. 626 c.
3 juill. Lyon. 122 c., 530 c.
5 juill. Trib. Mons. 168 c.
18 août. Poitiers. 448 c.
13 sept. Arr. 42 c.
30 sept. Instr. min. 525 c.
3 déc. Bruxelles. 449 c.

1874

6 janv. Cons. d'Et. 110 c.
9 janv. Cons. d'Et. 334 c., 339 c., 343 c., 360 c.
11 févr. Décr. 15 c., 35 c., 324 c., 350 c., 589 c.
28 févr. Circ. 324 c., 350 c.
3 mars. Décr. 412 c.
11 mars. Nimes. 687 c.
13 mars. Lyon. 398 c.
2 avr. Décr. 412 c.
24 avr. Instr. min. 525 c.
28 avr. Circ. 322 c.
7 mai. Décr. 35 c.
19 mai Loi. 569 c.
29 mai. Cons. d'Et. 362 c.
2 juill. Dijon. 452 c., 453 c.
28 juill. Circ. min. 537 c., 572 c.
5 août. Lyon. 126 c., 131 c.
13 août. Trib. Saint-Etienne. 456 c.
18 août. Circ. 313 c.
24 août. Civ. 141 c.
12 oct. Décis. min. 349 c.
24 nov. Req. 122 c., 530 c.
24 nov. Civ. 533 c.

1875

8 janv. Av. Cons. d'Et. 289 c.
16 janv. Crim. 654 c.
5 févr. Cons. d'Et. 515 c.
13 févr. Cons. d'Et. 515 c.
22 févr. Req. 687.
21 mai. Cons. d'Et. 312 c.
11 juin. Circ. min. 537 c., 572 c.
14 juin. Circ. 313 c.
9 juill. Cons. d'Et. 411 c.
14 juill. Civ. 448 c.
1er août. Instr. direct. gén. contr. dir. 322 c.
14 août. Grenoble. 135, 185 c., 186 c., 532 c., 594 c.

1876

1er févr. Paris. 405 c.
16 févr. Trib. Béthune. 584 c.
10 mars. Cons. d'Et. 296 c.
10 mars. Av. Cons. d'Et. 289 c.
1er avr. Paris. 405 c.
19 mai. Lyon. 393 c.
26 mai. Cons. d'Et. 529 c.
2 juin. Cons. d'Et. 350 c.
23 juin. Cons. d'Et. 350 c.
22 juill. Trib. Seine. 159 c.
26 juill. Caen. 464, 665 c.
1er déc. Circ. min. 690 c.
16 déc. Trib. Seine. 594 c.
19 déc. Décis. min. 322 c.

1877

5 janv. Cons. d'Et. 694 c.
9 janv. Montpellier. 124 c.
7 févr. Circ. min. 290 c., 314 c., 328 c.
9 févr. Loi. 355 c.
10 févr. Instr. min. 525 c.
22 févr. Trib. Saint-Etienne. 437 c.
14 mars. Lyon. 439 c., 441 c., 448 c.
20 mars. Trib. Autun. 484 c.
23 mars. Cons. d'Et. 296 c.
26 mars. Loi. 10 c.
5 mai Trib. confl. 515 c.
7 mai. Circ. 253 c., 254 c.
15 mai. Req. 680.
8 juin. Cons. d'Et. 360 c.
11 juin. Req. 393 c.
14 juin. Dijon. 464 c., 484 c.
15 juin. Instr. min. 525 c.
21 juin. Circ. 254 c.
26 juin. Dijon. 499 c.
29 juin. Trib. Saint-Etienne. 456 c.
1er juill. Circ. min. 317 c., 338 c., 339 c., 340 c.
11 juill. Nimes. 462 c.
15 juill. Cons. d'Et. 411 c.
3 août. Cons. d'Et. 339 c., 343 c.
3 août. Nancy. 448 c.
7 août. Civ. 126 c., 131 c.
16 nov. Cons d'Et. 411 c.
24 nov. Trib. confl. 312 c., 592 c.
29 nov. Circ. min. 291 c
7 déc. Cons. d'Et. 702 c.

1878

2 janv. Circ. min. 544 c., 572 c., 690 c.
8 janv. Paris. 159 c.
11 janv. Cons. d'Et. 217 c.
30 janv. Req. 124 c.
9 févr. Saint-Etienne. 481 c.
16 févr. Cons. d'Et. 694 c.
27 févr. Dijon. 467 c.
27 févr. Nimes. 449 c., 455 c., 467 c.
27 févr. Saint-Etienne. 481 c.
15 mars. Valenciennes. 584 c.
12 avr. Lyon. 392 c.
19 juill. Cons. d'Et. 336 c.
6 sept. Décr. 412 c., 427 c.
15 nov. Cons. d'Et. 324 c.
21 nov. Crim. 586 c.
6 déc. Cons. d'Et. 658 c.

1879

18 févr. Dijon. 455 c., 467 c.
3 mars. Req. 210 c., 241 c., 262 c.
4 mars. Circ. min. 660 c.
22 mars. Paris. 121 c., 380 c.
28 mars. Dijon. 464, 484 c.
2 mai. Av. Cons. d'Et. 27 c.
2 mai. Av. Cons. mines. 35 c.
7 mai. Req. 670 c.
18 juin. Civ. 450 c.
1er août. Instr. du dir. gén. des contr. dir. 322 c.
5 déc. Cons. d'Et. 326 c., 336 c.
26 déc. Cons. d'Et. 326 c., 329 c.

1880

13 janv. Circ. min. 322 c.
30 janv. Cons. d'Et. 27 c.
11 févr. Req. 380 c.
13 févr. Circ. 322 c.
19 févr. C. cass. Belgique. 276 c., 278 c.
28 févr. Trib. confl. 308 c., 592 c., 635 c.
7 mai. Cons. d'Et. 329 c., 330 c., 337 c.
4 juin. Cons. d'Et. 332 c., 339 c., 340 c., 365 c., 603 c.
9 juin. Lyon. 287 c.
18 juin. Décr. 193 c.
8 juill. Décr. 193 c.
9 juill. Cons. d'Et. 329 c., 337 c., 340 c., 341 c,
13 juill. Loi. 227 c.
15 juill. Loi. 614 c., 678 c.
22 juill. Circ. min. 337 c., 637 c.
27 juill. Loi. V. la table des articles.
9 août. Circ. 520 c.
3 déc. Cons. d'Et. 337 c., 340 c.
8 déc. Req. 450 c.

1881

21 févr. Riom. 121 c., 455 c., 467 c.
23 févr. Besançon. 190 c.
4 mars. Cons. d'Et. 535 c.
18 mars. Cons. d'Et. 515 c.
18 mars. Décr. 38 c.
7 mai. Circ. 290 c.
13 mai. Cons. d'Et. 535 c.
13 mai. Lyon. 127 c.
25 mai. Trib. Saint-Etienne. 456 c.
3 juin. Cons. d'Et. 694 c.
11 juin. Circ. min. 545 c., 572 c., 690 c.
17 juin. Trib. Saint-Etienne. 467 c.
6 juill. Circ. min. 539 c., 572 c.
5 août. Cons. d'Et. 411 c.
20 août. Loi. 615 c.
26 aout. Décr. 35 c.
21 déc. Trib. Béthune. 574 c., 584 c.
21 déc. Circ. min. 696 c.

1882

17 janv. Douai. 574 c., 584 c.
23 janv. Douai. 574 c.
7 févr. Circ. min. 320 c.
9 févr. Montpellier. 222 c., 417 c., 434 c.
1er mars. Décr. 290 c.
1er mars. Lyon. 496 c., 499 c., 506 c., 507 c.
8 mars. Pau. 238 c., 241 c.
25 avr. Circ. min. 542 c., 572 c.
4 mai. Circ. min. 520 c., 572 c.
17 mai. Décr. 38 c.
7 juin. Lyon. 183 c.
9 juin. Lyon. 449 c., 517 c.
16 juin. Cons. d'Et. 535 c.
19 juill. Circ. 579 c.
21 juill. Cons. d'Et. 418 c.
8 août. Cons. d'Et. 217 c.
21 août. Décr. 35 c.
5 sept. Circ. min. 696 c.
25 sept. Décr. 531 c., 540 c., 572 c.
9 oct. Circ. 305 c.
17 nov. Cons. d'Et. 330 c.

1883

11 janv. Lyon. 451 c.
22 janv. Circ. min. 545 c., 572 c., 690 c.
14 févr. Circ. min. 320 c.
18 févr. Lyon. 444 c.
8 mars. Paris. 666 c.
22 mars. Circ. 539 c., 572 c.
6 avr. Av. cons. mines. Belgique. 277 c.
30 avr. Circ. 539 c., 572 c.
16 mai. Liège. 293 c., 300 c., 594 c.
28 mai. Circ. min. 572 c.
11 juin. Req. 312 c.
18 juin. Req. 475 c., 495 c., 496 c.
18 juin. Civ. 449 c.
22 juill. Décr. 43 c.
6 août. Décr. 48 c.
13 août. Décr. 254 c.
3 nov. Valenciennes. 584 c.
23 nov. Cons. d'Et. 41 c.
18 déc. Bruxelles. 279 c.

1884

9 janv. Lyon. 515 c.
17 janv. Trib. Mons. 473 c.
17 janv. Circ. min. just. 580 c.
1er févr. Cons. d'Et. 329 c., 361 c.
29 févr. Liège. 467 c.
5 mars. Civ. 244 c., 246 c., 580 c.
5 mars. Douai. 574 c., 584 c.
6 mars. Décl. min. trav. publ. 535 c.
21 mars. Loi. 142 c.
4 avr. Cons. d'Et. 346 c.
5 avr. Loi 253 c., 555 c.
7 avr. Trib. confl. 515 c.
9 avr. Trib. Liège. 495 c.
28 avr. Règl. gén. 520 c., 571.
5 mai. Circ. min. trav. publ. 580 c.
15 mai. Saint-Etienne. 390 c.
12 juin. Trib. Alais. 394 c., 398 c.
20 juin. Lyon. 312 c., 592 c.
30 juin. Trib. Saint-Etienne. 467 c.
1er juill. Douai. 483 c.
20 août. Loi 365 c.
21 nov. Cons. d'Et. 339 c., 340 c., 343 c., 365 c.
25 nov. Décr. 47 c.
12 déc. Décr. 427 c.
19 déc. Cons. d'Et. 326 c., 328 c.
29 déc. Loi. 359 c., 603 c.
31 déc. Liège. 496 c.

1885

22 janv. Liège. 496 c., 498 c.
27 janv. Civ. 119 c., 436 c., 438 c., 440 c., 455 c.
18 févr. Conv. franco-annam. 52 c.
11 avr. C. cass. Belgique. 276 c., 467 c.
9 mai. Douai. 159 c.
16 juin. Lyon. 386 c.
16 juin. Trib. Saint-Etienne. 482 c.
21 juill. Civ. 449 c., 458 c.
29 juill. Civ. 683 c.
8 août. Cons. d'Et. 115 c.
27 oct. Civ. 373 c., 393 c.
13 nov. Cons. d'Et. 340 c.
26 nov. C. cass. Belgique. 192 c., 498 c.
4 déc. Lyon. 460 c.

1886

4 janv. Req. 450 c., 453 c.
19 janv. Alger. 219 c.
25 janv. Civ. 688 c.
2 mars Décr. 52 c.
2 avr. Cons. d'Et. 303 c.
10 juin. Instr. min. trav. publ. 701 c.
29 juin. Civ. 147 c.
30 juill. Cons. d'Et. 340 c., 346 c.
3 nov. Bruxelles. 497 c.
8 nov. Req. 308 c., 310 c., 635 c.
24 déc. Trib. Charleroi. 284 c.

1887

31 mars. Saint-Etienne. 484 c.
29 avr. Cons. d'Et. 295 c.
22 juin. Besançon. 381 c., 394 c.
30 juin. Lyon. 390 c.
5 déc. Req. 454.

1888

5 janv. Bruxelles. 449 c.
18 févr. Douai 448 c., 477 c.

MINISTÈRE PUBLIC.

Division.

ART. 1er. — *Historique et législation* (*Rép.* nºs 2 à 10).

1. On a donné au *Rép.* nº 1 une définition générale du ministère public, qui peut être aujourd'hui encore formulée de la même manière. C'est une fonction qui consiste à surveiller, requérir et maintenir, au nom du Gouvernement, l'exécution des lois, des arrêts et jugements, à poursuivre d'office cette exécution dans les dispositions qui intéressent l'ordre public et le Gouvernement, à veiller à tout ce qui concerne l'ordre général, le domaine de l'Etat, les droits de l'Etat et ceux des personnes incapables de se défendre par elles-mêmes, enfin à conclure devant les tribunaux, comme partie jointe, dans un grand nombre de cas où le droit de réquisition comme partie principale ne lui est pas attribué.

L'organisation du personnel de magistrats qui remplissent cette fonction a été modifiée depuis la publication du *Répertoire*. Les attributions du ministère public ont subi des extensions notables. Elles ont été précisées, sur de nombreux points, ainsi qu'on le verra, par une jurisprudence riche en décisions.

2. Pour compléter l'historique présenté au *Rép.*, nºs 2 à 10, il suffira d'énumérer les nombreux documents législatifs ou réglementaires relatifs à la matière et d'une date postérieure au décret des 2-9 déc. 1852, qui termine le tableau de la législation qui a été donné *ibid.* On réservera toutefois: 1º les règles spéciales à l'organisation du ministère public en Algérie et aux colonies qui sont exposées *infrà*, vis *Organisation de l'Algérie*, *Organisation des colonies*, *Organisation judiciaire*, et *Rép.* eisd. vis; — 2º Les textes relatifs aux modifications temporaires apportées par le gouvernement de la Défense nationale au mécanisme des institutions judiciaires, qui n'intéressent pas exclusivement le ministère public, mais l'organisation judiciaire elle-même, et qui seront plus utilement exposées *infrà*, vº *Organisation judiciaire;* — 3º Enfin, les principes concernant le ministère public fonctionnant près les juridictions administratives militaires, maritimes, qui trouveront plus naturellement leur place, *infrà*, vis *Organisation administrative*, *Organisation maritime*, *Organisation militaire*.

TABLEAU DE LA LÉGISLATION RELATIVE AU MINISTÈRE PUBLIC.

21-28 oct. 1854. — Décret portant : Art. 1. Les frais de secrétariat du parquet de la cour impériale de Paris sont fixés à la somme de 26 500 fr., à compter du 1er janv. 1855 (D. P. 54. 4. 181).

30 mars 1861. — Décret sur le traitement des deux chefs du tribunal de la Seine (D. P. 61. 4. 46).

16 sept. 1861. — Décret qui porte les frais de secrétariat du parquet du tribunal de la Seine à 31 000 fr. (D. P. 61. 4. 120).

6 juill. 1862. — Loi qui augmente le nombre des juges suppléants au tribunal de la Seine, et le porte de huit à douze (D. P. 62. 4. 82).

22 sept. 1862. — Décret portant augmentation de divers traitements dans l'ordre judiciaire (D. P. 62. 4. 119).

6 juin 1863. — Décret qui augmente les frais de secrétariat du parquet de la Seine (D. P. 63. 4. 120).

18 juill. 1864. — Décret qui augmente les frais de secrétariat des parquets des cours impériales de Paris et de Rennes (D. P. 64. 4. 103).

12 nov. 1868. — Décret portant fixation de divers traitements dans l'ordre judiciaire (D. P. 69. 4. 6).

30 juill. 1870. — Loi portant augmentation du personnel du tribunal civil de première instance de la Seine (L'art. 1er créant trois places de substitut du procureur impérial) (D. P. 70. 4. 66).

5 sept. 1870. — Décret qui délie de tout serment les fonctionnaires publics de l'ordre civil, administratif et judiciaire, et abolit le serment politique (D. P. 70. 4. 86).

10 sept. 1870. — Décret qui autorise le garde des sceaux, par délégation du Gouvernement, à nommer et à révoquer les magistrats amovibles des cours et tribunaux (D. P. 70. 4. 88).

19 sept. 1870. — Décret qui abroge l'art. 75 de la constitution de l'an 8 (D. P. 70. 4. 91).

7 oct. 1870. — Décret qui fixe l'indemnité mensuelle attribuée aux membres de la commission provisoire chargée de remplacer le conseil d'Etat, et qui assimile, au point de vue du traitement, les avocats généraux à la cour de cassation aux conseillers de la même cour (D. P. 70. 4. 95).

21 oct. 1870. — Décret sur le roulement dans les cours et tribunaux, sur la participation du ministère public aux opérations, sur la détermination des services dont les juges suppléants seront chargés, et la répartition des services entre les substituts (D. P. 70. 4. 98).

4 nov. 1870. — Décret qui abolit la haute cour de justice (D. P. 70. 4. 101).

16 nov. 1870. — Décret qui supprime dans les cours d'appel le titre et les fonctions de premier avocat général au fur et à mesure des extinctions (D. P. 70. 4. 104).

28 janv. et 3 févr. 1871. — Décrets prononçant la déchéance des magistrats ayant pris part aux commissions mixtes de 1852 (abrogé par la loi du 25 mars 1871) (D. P. 71. 4. 19 et 35).

17 avr. 1871. — Loi portant règlement provisoire du service judiciaire dans les arrondissements des départements partiellement détachés de la France (D. P. 71. 4. 46).

28 mars 1872. — Loi de finances modifiant les traitements de certains membres de la cour de cassation et des cours d'appel (D. P. 72. 4. 69).

25 avr. 1872. — Loi qui interdit la nomination, à toutes fonctions publiques salariées, des membres de l'Assemblée nationale et qui leur interdit, s'ils sont déjà fonctionnaires, tout avancement pendant la durée de leur mandat et pendant les six mois qui suivront leur démission ou jusqu'à la dissolution de l'Assemblée, si cette dissolution a lieu avant l'expiration dudit délai de six mois (D. P. 72. 4. 80).

10 nov. 1872. — Décret qui abroge celui du 2 juill. 1870 et modifie celui du 30 mars 1808 contenant règlement pour la police et la discipline des cours et tribunaux (D. P. 72. 4. 136).

27 janv. 1873. — Loi qui modifie et abroge divers articles du code d'instruction criminelle en ce qui concerne l'organisation des tribunaux de police (D. P. 73. 4. 21).

10 oct. 1875. — Arrêté du ministre de la justice instituant un concours pour la nomination des attachés à la chancellerie, au parquet de la cour d'appel de Paris et à celui du tribunal de la Seine.

29 mai 1876. — Décret concernant l'institution des attachés à la chancellerie et aux parquets (D. P. 76. 4. 95).

24 juill. 1876. — Arrêté du ministre de la justice fixant le nombre des attachés à la chancellerie et aux différents parquets.

28 janv. 1883. — Décret relatif aux menues dépenses des cours et tribunaux (D. P. 83. 4. 87).

30 août 1883. — Loi sur la réforme de l'organisation judiciaire (D. P. 83. 4. 58).

12 janv. 1884. — Décret portant fixation de l'indemnité allouée au substitut ou juge suppléant délégué pour remplir les fonctions du ministère public (D. P. 84. 4. 95).

10 avr. 1889. — Loi sur la haute cour de justice (D. P. 89. 4. 36).

22 nov. 1890. — Décret qui supprime le titre et les fonctions de premier avocat général à la cour de cassation (D. P. 91. 4. 9).

ART. 2. — *Composition du ministère public, hiérarchie, discipline, résidence, congés* (*Rép.* n°s 11 à 45).

3. On a exposé au *Rép.* n°s 11 et suiv. les principes généraux qui régissent les officiers du ministère public. Ces officiers sont demeurés amovibles. Les conditions de capacité n'ont pas été modifiées pour eux. Ils sont toujours soumis à la double formalité de la prestation de serment et de l'installation; toutefois le serment politique n'est plus exigé d'eux, comme il ne l'est plus, d'ailleurs, d'aucun fonctionnaire, en vertu du décret du 5 sept. 1870 (D. P. 70. 4. 86).

Il existe un ministère public près le Sénat constitué en cour de justice, le conseil d'État pour le jugement des affaires contentieuses, la cour de cassation, la cour des comptes, les cours d'appel, les tribunaux de première instance, les conseils de préfecture, les tribunaux de simple police. Il est également établi un ministère public près les conseils de guerre, les tribunaux maritimes et les juges de revision. — Au contraire, il n'en existe pas près les juges de paix statuant comme juges civils, près les tribunaux de commerce et les conseils de prud'hommes. Les développements qui suivent se rapportent exclusivement à l'organisation et au fonctionnement du ministère public près les juridictions judiciaires proprement dites.

Sur l'exercice du ministère public près le Sénat constitué en cour de justice, le conseil d'Etat, pour le jugement des affaires contentieuses, la cour des comptes, les conseils de préfecture, les conseils de guerre, les tribunaux maritimes, les jurys de revision, V. *Rép.* n°s 16 et 17; *suprà*, v^is : *Conflits*, n°s 6 et 103; *Conseil d'Etat*, n°s 33 et suiv.; *Rép.* eod. v°, n°s 37 et suiv.; *Cour des comptes*, n°s 14-15; *Rép.* eod. v°, n° 14; *Organisation administrative; Rép.* eod. v°, n°s 398 et suiv.; *Organisation judiciaire; Rép.* eod. v°, n°s 714 et suiv.; *Organisation militaire; Rép.* eod. v°, n°s 804 et suiv.; *Organisation maritime; Rép.* eod. v°, n°s 963 et suiv.

4. Le parquet de la cour de cassation a conservé son organisation telle qu'elle est exposée au *Rép.* n° 18. Toutefois le titre de premier avocat général a été supprimé par décret du 22 nov. 1890 (D. P. 91. 4. 9); il y a donc, à côté du procureur général, six avocats généraux ayant même rang et même traitement. Les avocats généraux, et actuellement le procureur général lui-même, prêtent serment devant la cour réunie en audience solennelle; ils sont immédiatement installés.

5. Le ministère public près les cours d'appel se compose d'un procureur général, d'un ou plusieurs avocats généraux et d'un ou plusieurs substituts. Le titre de premier avocat général a été supprimé par décret du 16 nov. 1870 (D. P. 70. 4. 104), au fur et à mesure des extinctions. Le nombre des avocats généraux et des substituts attachés à chaque cour d'appel est déterminé dans le premier des tableaux législatifs annexés à la loi sur la réforme de l'organisation judiciaire du 30 août 1883 (D. P. 83. 4. 58). A Paris, il y a sept avocats généraux et onze substituts; à Alger, quatre avocats généraux et quatre substituts. Les autres cours ont au plus trois avocats généraux et trois substituts, au moins un avocat général et un substitut. Ces magistrats, indistinctement, prêtent serment devant la cour d'appel réunie en audience solennelle, et il est, immédiatement après, procédé à leur installation. — Le parquet de la cour peut être complété par un ou plusieurs attachés, avocats aspirants à la magistrature, agréés par le procureur général, et coopérant, sous la direction des magistrats de ce parquet, à l'expédition des travaux intérieurs. — Les conditions d'aptitude et les fonctions de ces divers officiers sont déterminées au *Rép.* n°s 19 à 21.

6. En cas d'empêchement des membres du parquet, les fonctions du ministère public, à l'audience d'une cour d'appel, peuvent être remplies par un des conseillers, sans distinction de rang. Cette solution, consacrée par une jurisprudence déjà ancienne, rapportée au *Rép.* n° 21, a été, plusieurs fois encore, proclamée par la cour de cassation dans des arrêts postérieurs (Req. 25 nov. 1861, aff. Sinivassa Campadamodely, D. P. 62. 1. 131; 13 mai 1878, aff. Sagols, D. P. 79. 1. 68).

7. Le ministère public près les tribunaux de première instance est composé d'un procureur de la République, avec ou sans substituts. Le second des tableaux annexés à la loi sur la réforme de l'organisation judiciaire, du 30 août 1883, détermine les parquets qui ont des substituts et en fixe le nombre. — Des juges suppléants peuvent être affectés spécialement au service du parquet, tant pour les travaux intérieurs que pour l'audience, après concert entre le président du tribunal et le procureur de la République. Quand ils fonctionnent auprès du tribunal auquel ils sont attachés, les juges suppléants délégués au ministère public ne jouissent d'aucune rémunération. — Enfin il peut y avoir au parquet des attachés. Un décret des 29 mai-7 juin 1876 (D. P. 76. 4. 95), complété par divers arrêtés, a créé deux classes d'attachés et organisé un concours pour l'obtention du titre d'attaché de première classe. Le garde des sceaux déterminait les parquets qui pouvaient les recevoir et le nombre des attachés. Ce décret a cessé de recevoir son application. L'usage n'est pas moins demeuré d'attacher aux parquets des grandes villes un certain nombre d'avocats qui se destinent aux fonctions de la magistrature. Ils travaillent sous la direction du substitut chargé du service auquel ils sont affectés. Le procureur général désigne les attachés sur la présentation qui lui est faite des candidats par le procureur de la République.

8. Le procureur de la République, ses substituts, les juges suppléants (en leur qualité de juges) prêtent serment devant la cour d'appel à laquelle ils ressortissent. Les attachés au parquet ne prêtent aucun serment et ne sont pas installés au siège.

9. Tout parquet peut, à ses frais, avoir un secrétaire. En général, les secrétaires sont rétribués au moyen de fonds votés par les conseils généraux. Leur nomination appartient au chef du parquet (Circ. garde des sceaux, 28 août 1885, *Bull. off. min. just.*, p. 144 et 191).

10. Le procureur de la République est suppléé, en cas de nécessité, par son substitut le plus ancien. Les substituts se remplacent eux-mêmes dans leur ordre de nomination. Les juges suppléants (V. *suprà*, n° 7) sont appelés, au besoin, à remplir le rôle de procureur de la République. Un juge ou un juge suppléant non attaché au parquet peuvent, à défaut d'officiers du ministère public, en remplir momentanément les fonctions (V. *Rép.* n°s 23 à 26).

11. On a indiqué au *Rép.* n° 26 qu'un juge suppléant peut remplir, même à la cour d'assises, les fonctions de ministère public. La question ne paraît plus soulever depuis longtemps aucune difficulté.

12. Il résulte de l'art. 6 de la loi du 30 août 1883 (D. P. 84. 4. 58) et du décret du 12 janv. 1884 (D. P. 84. 4. 95) qu'un substitut ou un juge suppléant peut être, en cas d'absence ou d'empêchement du procureur de la République et des substituts d'un siège, spécialement délégué aux fonctions du ministère public près un tribunal qui n'est pas celui de sa résidence. L'arrêté de délégation est pris par le procureur général qui le notifie au magistrat délégué. Ce magistrat, pour accomplir cette mission hors de sa résidence, a droit à une indemnité de 10 fr. par jour pour le temps de sa délégation. Le payement de la somme due s'effectue sur production d'un mémoire établi par les soins du procureur général qui joint, à l'appui de ce mémoire, copie de l'arrêté de délégation. La partie prenante, de son côté, n'a aucune pièce à fournir.

13. Sur la question de savoir si les avocats et avoués peuvent, à défaut de juges, être appelés à remplacer les officiers du ministère public, la jurisprudence et la doctrine, après d'assez longs débats, se sont établies dans le sens de l'affirmative soutenue au *Rép.* n° 28. Les avocats et les avoués peuvent avoir, subsidiairement, à occuper le siège du ministère public. Mais tous autres officiers ministériels et, à plus forte raison, de simples particuliers, sont frappés d'incapacité à cet effet. Pour légitimer l'intervention de l'avocat ou de l'avoué dans les fonctions momentanées de ministère public, les jugements rendus en leur présence ou sur leurs conclusions doivent faire mention de l'empêchement de tous officiers du ministère public et de la circonstance que le président a appelé le plus ancien des avocats ou, à défaut d'avocats, le plus ancien des avoués présents à compléter le tribunal comme ministère public. — Ces divers points ont été fixés à nouveau dans plusieurs arrêts postérieurs à la publication du *Répertoire* (Bastia, 16 juin 1856, aff. Giustiniani, D. P. 56. 2. 58; Aix, 13 févr. 1872, aff. Commune de Géménos, D. P. 73. 5. 322, et sur pourvoi Req. 24 déc. 1872, D. P. 74. 5. 339).

Il n'est pas fait exception à la règle du remplacement des officiers du ministère public par les avocats et avoués, pour le cas où la cause où ils sont entendus en cette qualité est une affaire communicable (Aix, 13 févr. 1872, et Req. 24 déc. 1872 précités).

14. On a énoncé au *Rép.* n° 33 que, devant le tribunal du juge de paix statuant comme tribunal de police, le ministère public est rempli par un commissaire de police, en cas d'empêchement, par le maire, ou, à son défaut, par l'adjoint, et l'on y a fait connaître les mesures par lesquelles on assure, près les tribunaux de simple police tenus par le juge de paix, le service du ministère public, ainsi que les décisions qui se rapportent à cet ordre d'idées. Il y faut joindre un arrêt de cassation aux termes duquel le commissaire de police dont la nomination, postérieure au 4 sept. 1870, n'a été faite que par le préfet, mais en vertu des pouvoirs que l'autorité centrale lui avait délégués à raison des circonstances exceptionnelles dans lesquelles on se trouvait alors, n'en a pas moins pu être valablement désigné par le procureur général pour remplir les fonctions du ministère public près le tribunal de simple police (Crim. rej. 18 mai 1872, aff. Audibert, D. P. 72. 1. 143).

15. L'art. 144 c. instr. crim. a été modifié par la loi du 27 janv. 1873 (D. P. 73. 4. 21) quant à l'organisation du ministère public près les tribunaux de simple police. Cet article, dans sa rédaction actuelle, est ainsi conçu : « Les fonctions du ministère public pour les faits de police seront remplies par le commissaire du lieu où siègera le tribunal. S'il y a plusieurs commissaires de police au lieu où siège le tribunal, le procureur général près la cour d'appel nommera celui ou ceux d'entre eux qui feront le service. — En cas d'empêchement du commissaire de police du chef-lieu, ou s'il n'en existe point, les fonctions du ministère public seront remplies, soit par un commissaire résidant ailleurs qu'au chef-lieu, soit par un suppléant du juge de paix, soit par le maire ou l'adjoint du chef-lieu, soit par un des maires ou adjoints d'une autre commune du canton, lequel sera désigné à cet effet par le procureur général pour une année entière, et sera, en cas d'empêchement, remplacé par le maire, par l'adjoint ou par un conseiller municipal du chef-lieu de canton ».

16. Les expressions de l'art. 144, d'après lequel le ministère public près le tribunal de simple police peut être exercé par « un commissaire résidant ailleurs qu'au chef-lieu », ont fait naître une question que la cour de cassation a tranchée en ce sens qu'un commissaire de police résidant hors du canton où siège le tribunal de simple police ne peut être désigné pour remplir les fonctions de ministère public près ce tribunal (Crim. cass. 4 août 1877, aff. Sansoz, D. P. 78. 1. 393).

Cette solution se réfère à une espèce qui peut se rencontrer fréquemment dans la pratique. La difficulté qui se présentait a été exposée et résolue en ces termes dans les conclusions de M. l'avocat général Lacointa : « M. Grenier, commissaire de police de la ville de Moutiers (Savoie), a été délégué par le procureur général de Chambéry, pour exercer les fonctions du ministère public près le tribunal de simple police de Bourg-Saint-Maurice. Des renseignements qui nous ont été adressés par M. le procureur général de Chambéry, il résulte que la juridiction du commissaire de police de Moutiers a été étendue à Bourg-Saint-Maurice et autres chefs-lieux de canton de l'arrondissement, mais qu'il réside à Moutiers, et, par conséquent, hors du canton, où Joseph Sansoz a été poursuivi. Dans ces circonstances, la délégation dont M. Grenier a été l'objet est-elle régulière ? A-t-il qualité pour remplir, à Bourg-Saint-Maurice, les fonctions du ministère public? La loi du 27 janv. 1873 a profondément modifié l'art. 144 c. instr. crim. Si l'on consulte, tant l'exposé des motifs du projet de loi que le rapport de la commission de l'Assemblée nationale, on reconnaît que le droit de délégation du procureur général est circonscrit aux limites du canton ; entre les fonctionnaires appartenant aux catégories énumérées par l'art. 144, son choix ne peut se fixer que sur l'un de ceux qui y résident. Les différentes dispositions de ce texte démontrent que le personnel de la justice, en matière de simple police, ne doit se composer d'aucun élément étranger au canton. La faculté conférée au procureur général ne l'autorise point à désigner un fonctionnaire en résidence dans un autre. Etendre ce droit au delà ce serait modifier, altérer peut être l'organisation du tribunal de simple police, dont le caractère propre est de se mouvoir dans les bornes de la circonscription cantonale. On arriverait, d'ailleurs, à ce résultat anormal qu'un commissaire de chef-lieu d'arrondissement dont la juridiction administrative, comprendrait plusieurs des chefs-lieux de canton de l'arrondissement (et c'est le cas à Moutiers) pourrait être appelé à remplir les fonctions du ministère public près deux ou trois tribunaux de simple police à la fois. La commission de l'Assemblée nationale s'est exprimée en des termes tels qu'il nous paraît, en les rapprochant du texte même de la loi du 27 janv. 1873, qu'aucun doute ne peut s'élever sur l'interprétation à donner au nouvel art. 144. Au nombre des personnes que le procureur général peut déléguer, le projet de loi ne comprenait point les *commissaires résidant ailleurs qu'au chef-lieu*. La commission proposa cette addition à la nomenclature des autres catégories ; c'est ce que l'Assemblée nationale a consacré par son vote. On lit dans le rapport de la commission : « Il se peut qu'il n'y ait pas « de commissaire de police au chef-lieu, mais qu'il en existe « *dans une commune du canton*. Dans ce cas, nous avons « pensé qu'il était bon de réserver au procureur général le « droit de le choisir pour exercer l'action publique. Nous « avons donc ajouté le nom de ce fonctionnaire à l'énumé- « ration des personnes dont parle le deuxième alinéa de « l'art. 144 revisé ». Le droit de désignation n'a, dès lors, été reconnu que dans les limites du canton. Aussi, quelles que soient les difficultés que rencontre souvent, en fait, pour des causes diverses, l'exercice de ce droit, nous pensons qu'il n'est pas possible d'interpréter l'art. 144 dans un sens plus large. M. Grenier, commissaire de police, *résidant à Moutiers*, ne pouvait être délégué pour remplir à Bourg-Saint-Maurice, chef-lieu d'un autre canton, les fonctions du ministère public. Le pourvoi, émanant d'une personne sans qualité pour le former, doit donc être déclaré non recevable ».

La cour de cassation a adopté la doctrine proposée par M. l'avocat général, et décidé que, par ces expressions de l'art. 144 c. instr. crim. modifié par la loi du 27 janv. 1873, « un commissaire résidant ailleurs qu'au chef-lieu », il faut entendre nécessairement un commissaire résidant dans une commune du canton autre que le chef-lieu; que la loi a voulu, sans doute, accorder au procureur général une certaine latitude dans son choix; que ce choix cependant est circonscrit dans des limites qu'il ne lui est pas permis de franchir; que la faculté qui lui est conférée ne s'étend pas jusqu'à désigner un fonctionnaire qui ne résiderait pas dans le canton.

17. A défaut de commissaire de police, le ministère public près la juridiction du juge de paix est exercé, subsidiairement, par le maire, et enfin par l'adjoint. Il a été jugé, à ce sujet, que le maire, investi par le procureur général des fonctions de ministère public près le tribunal de simple police, n'a pas le droit de désigner le magistrat municipal qui le remplacera en cas d'empêchement momentané. Il ne peut troubler l'ordre des délégations tel qu'il a été établi par ces deux textes. Est nul, en conséquence, le jugement du tribunal de simple police lors duquel les fonctions du ministère public ont été remplies par un conseiller municipal délégué par le maire, alors qu'il n'est pas constaté que les conseillers précédant, dans l'ordre du tableau, le conseiller délégué fussent empêchés (Crim. cass. 13 janv. 1877, aff. Trouette, D. P. 78. 1. 190).

De même, il a été jugé que le pourvoi formé par le deuxième adjoint, remplissant par délégation du maire empêché les fonctions du ministère public près le tribunal de simple police, est non recevable comme émanant d'une personne sans qualité (Crim. rej. 3 mars 1877, aff. Rastout, D. P. 78. 1. 143). Jugé encore que, dans le cas d'un empêchement temporaire ou accidentel de l'officier du ministère public désigné soit par la loi, soit par le procureur général, l'art. 144 désignant pour le remplacer *de plein droit*, le maire, l'adjoint ou un membre du conseil municipal du chef-lieu de canton, sans établir d'ordre pour ce remplacement entre les adjoints, s'il y en a plusieurs, ou les conseillers municipaux, il faut suivre l'ordre tracé par l'art. 84 de la loi du 5 avr. 1884. Mais le même arrêt ajoute que l'exacte observation de cette prescription doit se présumer lorsque le jugement ne contient aucune constatation de fait d'où on puisse induire le contraire (Crim. rej. 28 août 1874, aff. Costa, *Bull. crim.*, n° 250. *Adde*, dans le même sens, Crim. rej. 9 mai 1891, aff. Caillot, D. P. 91. 1. 393).

Au contraire, l'adjoint a qualité pour remplacer, sans qu'il soit besoin à cet effet d'une délégation spéciale, le maire empêché dans les fonctions du ministère public près le tribunal de police. Par suite, est régulier le pourvoi en cassation déclaré par l'adjoint en l'absence du maire, au moment où allait expirer le délai légal (Crim. cass. 15 janv. 1859, aff. Lefebvre, D. P. 61. 5. 314) (V. *Rép.* n° 41).

18. Déjà, au *Rép.* n° 35, on a fait remarquer que le maire est sans qualité pour remplacer le commissaire de police, si, antérieurement, il est intervenu dans l'affaire en une autre qualité. Cette solution a été à nouveau consacrée dans la même espèce que celle rapportée au *Répertoire*. Il a été jugé que l'huissier qui a donné une citation au prévenu d'une contravention de police ne peut occuper le siège du ministère public en qualité d'adjoint au maire lors du jugement de cette contravention; il existe, en pareil cas, une incompatibilité entre les fonctions d'huissier et celles du ministère public (Crim. cass. 30 déc. 1865, aff. De Mocomble, D. P. 66. 1. 144).

19. A l'époque de la publication du *Répertoire*, et jusqu'à la loi du 27 janv. 1873, à côté de la juridiction des juges de paix, existait une juridiction des maires prononçant comme juges de police; le ministère public était exercé par l'adjoint. Un arrêt rapporté au *Rép.* n° 36 décidait qu'il ne pouvait être exercé par un conseiller municipal. La cour de cassation a confirmé et complété sa doctrine par des arrêts aux termes desquels : 1° dans les tribunaux de police où le maire remplissait les fonctions de juge, le ministère public ne pouvait être exercé que par l'adjoint, ou, en son absence, par le conseiller municipal que le procureur de la République avait dû désigner à cet effet pour une année entière, et non par le commissaire de police. Il en était ainsi, même après le décret du 28 mars 1852 sur les commissariats de police, lequel n'a modifié en rien les dispositions de l'art. 167 c. inst. crim. (Crim. cass. 24 avr. 1857, aff. Talandier, D. P. 57. 1. 269), — 2° Un membre du conseil municipal, ou de la commission municipale en faisant fonction, ne pouvait siéger comme organe du ministère public près le tribunal de simple police que dans le cas où, le maire étant appelé à occuper le siège du juge de police, son adjoint se trouvait empêché, et à la condition qu'il ait été désigné par le procureur de la République pour une année entière. Par suite, à défaut de justification d'une délégation faite dans ces conditions, le pourvoi en cassation contre une décision du tribunal de simple police, déclaré par un conseiller municipal, était non recevable comme émanant d'une personne dépourvue de qualité (Crim. rej. 4 nov. 1871, aff. Santini, D. P. 71. 1. 360).

La loi du 27 janv. 1873 a fait disparaître la juridiction des maires prononçant en matière de simple police; l'art. 138 c. instr. crim., modifié par la loi précitée, est, en effet, ainsi conçu : « La connaissance des contraventions de police est attribuée exclusivement au juge de paix du canton dans l'étendue duquel elles ont été commises ». Les décisions rapportées au *Rép.* n°s 362 et suiv. sont donc devenues sans objet.

20. On a insisté au *Rép.* n° 42 sur cette idée que les commissaires de police, maires, adjoints, conseillers municipaux, n'ont pas le caractère permanent d'officiers du ministère public, et critiqué la confusion qui se produit quand ils se trouvent revêtus de ce caractère, entre les fonctions judiciaires et les fonctions municipales. La jurisprudence s'est du moins efforcée d'atténuer l'inconvénient signalé et d'écarter les empiétements du pouvoir administratif. La cour de cassation a justement proclamé ce principe que le maire n'est pas sous l'autorité du préfet, mais sous celle du procureur général, pour ce qui concerne l'exercice de ses fonctions judiciaires comme officier du ministère public près le tribunal de police. Par suite, dans le cas où le maire ne croit pas devoir former de recours contre un jugement de ce tribunal (en matière de voirie notamment), il n'appartient pas au préfet de procéder d'office, par lui-même ou par un délégué, à la déclaration du pourvoi...; la faculté pour le préfet d'agir, en cas de refus, au lieu et place du maire, n'existe, en effet, qu'en matière administrative, et encore avec cette restriction qu'elle ne s'applique pas aux actes rentrant dans l'exercice du pouvoir réglementaire de l'autorité municipale (Crim. rej. 8 janv. 1859, aff. George, D. P. 59. 1. 234).

21. C'est par application du même principe de l'indépendance des autorités administrative et judiciaire, même quand elles se trouvent exercées, tour à tour et successivement, par la même personne, qu'il a été jugé que le maire, lorsqu'il poursuit comme ministère public, devant le tribunal de simple police, une contravention de voirie, et qu'il conclut en cette qualité à la restitution du terrain usurpé sur la voie publique par le contrevenant, n'a pas à justifier d'une autorisation du préfet d'intenter cette poursuite, une telle autorisation n'étant nécessaire que lorsqu'il exerce, comme représentant de la commune, une action civile; qu'en conséquence, c'est à tort que le juge de simple police le déclare non recevable pour défaut d'autorisation, et le condamne aux dépens de l'instance (Crim. cass. 29 nov. 1872, aff. Gentil, D. P. 72. 1. 475).

Par un autre arrêt, la cour de cassation s'est également prononcée contre toute immixtion des fonctionnaires de l'ordre administratif dans l'exercice des fonctions attribuées au ministère public, et elle a jugé que le sénateur, administrateur et maire de la ville de Lyon, n'avait pu requérir le procureur impérial de se pourvoir en cassation contre un jugement rendu sur appel d'une décision du tribunal de police de la même ville; que, par suite, le pourvoi, formé au nom de ce fonctionnaire par le procureur impérial, n'était pas recevable (Crim. rej. 7 janv. 1858, aff. Carteron, D. P. 58. 5. 52).

22. Les officiers du ministère public sont tenus de résider dans la ville où siège le tribunal auquel ils sont attachés (V. *Rép.* n° 43). De la loi et des instructions de la chancellerie, il résulte qu'aucun officier du ministère public ne peut quitter son poste sans congé régulier. Toutefois les procureurs et avocats généraux, les substituts du procureur général et les procureurs de la République peuvent s'éloigner trois jours de leur siège sans congé, sous condition que cette absence n'entrave en rien le service du parquet auquel appartient le magistrat. Les substituts du procureur de la République peuvent obtenir du procureur de la République un congé de huit jours au plus. Le procureur général accorde les congés de vingt-neuf jours au plus à ses substituts du parquet de la cour et des parquets de première instance du ressort. Le garde des sceaux accorde à ces mêmes magistrats les congés qui passent vingt-neuf jours. En ce qui concerne les procureurs généraux, ils doivent demander au garde des sceaux les congés de quatre à quinze jours, et au président de la République les congés de plus de quinze jours qu'ils sollicitent (Décr. 6 juill. 1810, art. 24, 26 et 27; *Rép.* v° *Organisation judiciaire*, p. 1499; 18 août 1810, art. 30 et 31, *ibid.*, p. 1502; Circ. garde des sceaux, 8 mars 1843; Décis. garde des sceaux, 5-16 mai 1877; 19 juill. 1878; 1er févr. 1879; 24 avr. 1879; 24 avr. 1880; 12 juin 1884).

Le garde des sceaux doit fournir une autorisation spéciale au magistrat qui se propose de faire un voyage hors du territoire de la République (Décr. 6 juill. 1810, art. 28. et 18 août 1810. art. 33; Décis. garde des sceaux, 13 mai 1878, 1er févr. 1879). — Dans les limites ci-dessus indiquées et à condition que l'autorité qui accorde les congés successifs n'excède pas ses pouvoirs, le congé peut être accordé en une seule fois ou par fractions (Décis. garde des sceaux, 11 juin et 11 oct. 1878).

23. Aux termes des décrets du 6 juill. 1810 (art. 28) et du 18 août 1810 (art. 33), les dispositions ci-dessus concernant l'octroi des congés ne s'appliquent pas aux absences que pourront faire, pendant les vacations, les membres des cours d'appel et des tribunaux de première instance, lorsqu'ils ne seront pas employés à quelque service incompatible avec les vacations. Dans l'année judiciaire, les congés de vingt-neuf jours ou de moindre durée ne donnent lieu à aucune retenue de traitement ; les congés de trois mois donnent lieu à une retenue variable de moitié aux deux tiers du traitement; les congés de plus de trois mois ont pour conséquence la retenue totale, quelle que soit la cause du congé, si ce n'est quand l'absence ainsi prolongée a pour motif l'accomplissement d'un service public ou la maladie (V. Décr. 9 nov. 1853, art. 6 ; Décis. garde des sceaux, 23 mai 1878; *Rép.* n° 44; *infrà*, v° *Organisation judiciaire*, et *Rép.* nos 276, et suiv.).

La sanction d'une absence irrégulière est dans la possibilité de priver le magistrat de son traitement pendant un temps double de celui qu'a duré l'absence (Décr. 9 nov. 1853, art. 17, § 1, D. P. 54. 4. 4). Le magistrat dont l'absence dure plus de six mois ou qui, après un mois d'absence, reçoit du procureur général l'injonction de rentrer à son poste et n'obéit pas à cette injonction dans le mois suivant, peut même être considéré comme démissionnaire (L. 20 avr. 1810, art. 48, et Circ. garde des sceaux, 8 mars 1843).

ART. 3. — *Unité et indivisibilité du ministère public, indépendance, présence aux délibérations des tribunaux, aux débats et à la prononciation du jugement* (*Rép.* nos 46 à 73).

24. — I. UNITÉ ET INDIVISIBILITÉ. — On a exposé au *Rép.* n° 46 ce qu'il faut entendre par l'*unité* du ministère public, et quelle en est la portée. C'est l'unité de direction qui fait le fond du principe. L'impulsion émane du garde des sceaux et se transmet, par les degrés de la hiérarchie, à tous les officiers du ministère public. Chacun d'eux n'en conserve pas moins une initiative personnelle, mais elle s'exerce sous le contrôle de l'autorité supérieure du même ordre et en suivant, au besoin, ses instructions. Spécialement, le décret du 6 juill. 1810 règle la marche à suivre en cas de dissentiment entre les magistrats, soit du parquet de la cour de cassation, soit du parquet de la cour d'appel. La portée de ce texte a été précisée par un arrêt aux termes duquel le dissentiment entre le procureur général et son substitut, sur des réquisitions à prendre dans une affaire criminelle, fait naître exclusivement une question de discipline intérieure; dès lors, l'accusé ne peut se faire un moyen de nullité de ce qu'il y aurait eu inobservation des règles prescrites pour ce cas (Crim. rej. 28 janv. 1864, aff. Lafourcade, D. P. 65. 5. 269).

25. Il est admis dans la pratique que la solidarité des membres du même parquet peut contraindre l'un d'eux à prendre des réquisitions écrites ou à accomplir des actes de poursuite sur les injonctions du chef du parquet; mais, à l'audience, il a toute liberté pour énoncer son opinion. Le chef du parquet y peut toujours prendre lui-même la parole pour exposer son avis personnel ou y envoyer un de ses substituts dont l'appréciation est conforme à la sienne sur la question où il y a des conclusions à fournir ou des réquisitions à prendre.

26. L'indivisibilité du ministère public signifie seulement, ainsi qu'on l'a dit au *Rép.* n° 47, que chaque officier, dans l'exercice de ses fonctions, représente la personne morale du ministère public, comme si tous les magistrats du même parquet agissaient collectivement. Il se produit une manifestation extérieure de ce principe au cas où plusieurs membres du parquet siègent ensemble dans la même affaire. Quand l'un d'eux conclut ou requiert, les autres se tiennent debout à ses côtés, comme s'ils portaient eux-mêmes la parole.

27. Les conséquences de l'indivisibilité du ministère public ont été déduites dans une série d'arrêts, rendus tant en matière civile que criminelle, et d'où il ressort notamment que divers magistrats du même parquet peuvent, au cours d'une affaire, se succéder sur le siège du ministère public sans aucun vice de la procédure. Aux décisions rapportées au *Rép.* nos 48 et suiv., il convient d'ajouter les suivantes, aux termes desquelles : 1° le ministère public étant un et indivisible, la présence successive de deux officiers du ministère public dans la même affaire civile n'est pas une cause de nullité du jugement (Req. 10 mai 1875, aff. Lampsin, D. P. 76. 1. 451); — 2° Le principe d'indivisibilité du ministère public permet que, dans la même cause criminelle, plusieurs magistrats se succèdent pour en exercer les fonctions (Crim. rej. 22 août 1867, aff. Constant, *Bull. crim.*, n° 201; 20 févr. 1873, aff Rambau, *ibid.*, n° 56). En conséquence, aucune nullité ne saurait résulter d'une contradiction existant entre le procès-verbal, d'une part, et l'arrêt de condamnation, d'autre part, dont chacun énoncerait que les réquisitions sur l'application de la peine ont été prises par un magistrat du ministère public différent, l'un et l'autre magistrat étant également compétents (Arrêt précité du 22 août 1867); — 3° Le ministère public étant invisible, la présence successive de l'avocat général et d'un substitut dans la même affaire n'est pas une cause de nullité du jugement (Civ. rej. 29 janv. 1870, aff. Lallier, D. P. 70. 1. 70); — 4° Le maire, appelé à remplir les fonctions du ministère public près le tribunal de police, à défaut de commissaire de police dans la localité, ne cesse pas, dans le cas où il se fait remplacer par un adjoint, de représenter le ministère public; dès lors, l'opposition à un jugement par défaut du tribunal de police n'est pas irrégulière quand elle a été notifiée au maire au lieu de l'avoir été à l'adjoint (Crim. rej. 24 nov. 1865, aff. Natali, D. P. 66. 5. 308); — 5° Le maire a qualité pour se pourvoir contre les jugements rendus par le tribunal de police, dans les causes où l'adjoint a rempli les fonctions du ministère public (Crim. rej. 6 mars 1845, aff. Corlay, D. P. 45. 4. 350).

28. Mais ce serait exagérer la portée du principe que d'en tirer cette conséquence que les actes et conclusions de l'un des magistrats du parquet lient les autres, et les empêchent d'accomplir des actes et de prendre des conclusions contraires. Cette restriction est suffisamment précisée dans sa portée au *Rép.* nos 51 à 53, pour qu'il n'y ait pas à y revenir ici.

29. — II. Indépendance. — Le ministère public est indépendant. Le magistrat qui l'exerce requiert ou conclut d'après sa conscience, sans injonctions ni contrôle. Il est vrai que, dans l'exercice de l'action publique, et en plusieurs matières d'ordre civil où il est investi de la mission de représenter un intérêt d'ordre social, cette indépendance souffre quelques restrictions, en ce qu'il peut avoir à accomplir, de nécessité, certains actes. Mais il s'affranchit de ces liens pour conclure, même dans ces affaires (V. *Rép.* n° 54).

30. Le plus ordinairement, le ministère public est libre d'intenter ou de ne pas intenter de poursuites, comme partie principale. Il a été jugé, à cet égard, que la décision du ministère public, qui classe sans suite une plainte qu'il a reçue, en déclarant qu'elle ne contient aucun fait de nature à motiver l'exercice de l'action publique, n'ayant le caractère ni d'un jugement, ni d'une ordonnance, ne peut donner lieu à un recours en cassation (Crim. rej. 7 fruct. an 12, cité au *Rép.* v° *Cassation*, n° 135).

31. L'indépendance du ministère public a une autre portée : elle le met à l'abri de toute injonction et de toute censure du tribunal auquel il est attaché. Une liste déjà longue de décisions qui proclament ce privilège a été donnée au *Rép.* n°s 55 à 60. Il y faut joindre plusieurs arrêts, aux termes desquels : 1° un tribunal commet un excès de pouvoir en invitant publiquement le ministère public à garder le respect qu'on doit à la chose jugée (Crim. cass. 7 août 1818, *Rép.* v° *Discipline*, n° 213-5°); — 2° Un tribunal commet un excès de pouvoir lorsqu'il censure la conduite du ministère public (Req. 19 mars 1883, Pourvoi dans l'intérêt de la loi, D. P. 84. 1. 333); — 3° La délibération d'un tribunal qui contient un blâme et une censure contre un officier du ministère public, à raison d'un acte de ses fonctions, et, par exemple, à raison du refus de ce magistrat de s'expliquer sur le sens des appréciations auxquelles il s'est livré, relativement aux travaux de ce tribunal, dans un compte rendu annuel de la justice civile, doit être annulée pour excès de pouvoir : les tribunaux, en cas d'actes répréhensibles commis par un membre du ministère public, ne peuvent que signaler le manquement, soit au ministre de la justice, soit au premier président ou au procureur général, suivant le degré de juridiction (Req. 15 déc. 1858, aff. Tribunal de Lectoure, D. P. 59. 1. 15); — 4° La déclaration d'un tribunal de police que les frais insolites et tout à fait hors d'usage qui ont été faits dans la poursuite lui font une loi de n'appliquer aucune peine, donne lieu à cassation pour excès de pouvoir, en ce qu'elle renferme un blâme portant atteinte à la dignité et à l'indépendance du ministère public (Crim. cass. 16 déc. 1859, aff. Sirguet, D. P. 59. 5. 259) ; — 5° Le ministère public (près le tribunal de police, notamment) ne peut être l'objet d'aucun blâme de la part du tribunal, à raison de la manière dont il remplit ses fonctions, et spécialement de la durée du temps employé par lui à la justification de ses conclusions. Toutefois, lorsque, sur une altercation entre le ministère public et le juge à raison du développement donné à l'exposé de l'affaire, le premier a pris des conclusions pour faire constater une atteinte prétendue à son indépendance, l'insertion au jugement d'une énonciation ainsi conçue : « sans s'arrêter aux conclusions du ministère public, qui a parlé pendant une heure », quelque regrettable qu'elle soit, doit être considérée plutôt comme une réponse aux conclusions dont il s'agit que comme une censure des actes du ministère public (Crim. rej. 24 juin 1864, aff. Martin, D. P. 66. 5. 307).

32. Dans la catégorie des actes de l'autorité judiciaire qui sont réputés porter atteinte à l'indépendance des officiers du ministère public on doit ranger, ainsi qu'on l'a dit au *Rép.* n° 57, les jugements et autres actes judiciaires contenant à leur adresse des injonctions ou des prohibitions. Il a été jugé, en ce sens : 1° qu'il y a violation de l'indépendance du ministère public dans le fait que la chambre correctionnelle d'une cour d'appel ordonne au ministère public de poursuivre une dénonciation. La chambre des mises en accusation et l'assemblée générale des chambres de la cour peuvent seules lui adresser cette injonction (Crim. cass. 8 déc. 1829, aff. Calmette, *Bull. crim.* n° 250). La chambre d'accusation ne pourrait pas, d'ailleurs, après avoir rendu un arrêt de non-lieu contre un prévenu, ordonner au ministère public d'exercer contre lui, en sa qualité de notaire, des poursuites disciplinaires (Crim. cass. 8 oct. 1829, *Rép.* v° *Discipline*, n° 51) ; — 2° Que le jugement par lequel le tribunal de simple police ordonne au ministère public d'assigner comme prévenu un tiers, cité seulement comme civilement responsable, et surseoit en conséquence à statuer à l'égard des individus seuls poursuivis, est nul comme entaché d'excès de pouvoir et de violation des règles de la compétence (Crim. cass. 14 déc. 1867, aff. Sursol, D. P. 69. 4. 88) ; — 3° Que cette circonstance que la procédure à la suite de laquelle un prévenu a été renvoyé ou devant le juge correctionnel, ou devant la première chambre de la cour, si le prévenu est un magistrat ou un officier de police judiciaire, renfermerait en outre à la charge de ce prévenu des indices de crime, n'autorise pas le juge, alors qu'il s'agit de faits entièrement distincts, à surseoir jusqu'à ce qu'il ait été statué sur lesdits faits par la juridiction compétente ; un sursis ainsi motivé est illégal, soit comme constituant un déni de justice, soit comme renfermant, à l'adresse du ministère public, une injonction de poursuivre, que celui-ci ne peut recevoir que des chambres assemblées de la cour d'appel, dans les cas et d'après les formes déterminées par l'art. 235 c. instr. crim. et par l'art. 11 de la loi du 20 avr. 1810 (Crim. cass. 23 août 1866, aff. Piéri, D. P. 67. 1. 47) ; — 7° Qu'une cour d'assises dépasserait ses droits en décidant que le ministère public ne donnera pas lecture, dans un procès de presse, d'un article de journal ou de tout autre document qui n'est pas compris dans la poursuite (Crim. cass. 1er juill. 1847, aff. Pic, D. P. 47. 1. 247).

33. On a fait connaître au *Rép.* n° 60, un certain nombre de décisions de jurisprudence qui marquent jusqu'à quel point peuvent aller les tribunaux, dans leur appréciation des actes du ministère public, ou dans les prescriptions qu'ils lui adressent d'accomplir certains actes, sans empiétement sur son indépendance. Depuis, il a été jugé, dans le même sens : 1° que la déclaration du juge qu'il y aurait surprise à frapper le prévenu d'une condamnation, sans qu'il eût été préalablement averti, à raison d'un fait jusque-là toléré, ne peut être considérée comme renfermant un blâme à l'adresse du ministère public si elle n'a eu d'autre objet que de motiver l'acquittement prononcé en faveur du prévenu (Crim. rej. 28 janv. 1859, aff. Bescond, D. P. 60. 5. 240) ; — 2° Que de la part d'un tribunal de police, ce n'est pas critiquer la conduite du ministère public que d'écarter comme peu dignes de confiance les dépositions de témoins à charge cités à la requête de celui-ci (Crim. rej. 2 août 1866, aff. Hinderer, D. P. 66. 5. 306) ; — 3° Que l'éloge, même intempestif, du brigadier de gendarmerie, dans les motifs d'un jugement d'acquittement rendu par le tribunal de simple police, ne constitue ni un blâme, ni une critique des actes du commissaire de police remplissant les fonctions du ministère public à l'audience (Crim. rej. 5 mars 1870, aff. Lebret, D. P. 71. 5. 267) ; — 4° Quelques expressions un peu vives employées par une cour d'appel dans une de ses délibérations pour désigner, sans l'apprécier, un acte d'un officier du ministère public qui lui paraît motiver son intervention, n'équivalent pas à une censure, et par suite ne peuvent donner lieu à cassation pour excès de pouvoir (Crim. cass. 12 juill. 1861, aff. About, D. P. 61. 1. 289) ; — 5° Il n'y a pas violation de l'indépendance du ministère public, et par suite excès de pouvoir, quand un tribunal correctionnel, saisi d'une plainte en calomnie et statuant sur un incident relatif à la plainte, ordonne qu'à la diligence du ministère public et par les soins du juge d'instruction, une information sera suivie sur le fait allégué (Crim. rej. 24 juin 1819, aff. Cochenet, D. P. 19. 1. 512 ; 15 juin 1832, aff. Bignon, D. P. 32. 1. 399) ; — 6° Le tribunal correctionnel peut, sans porter atteinte à ce même principe, enjoindre, avant faire droit, au ministère public d'assigner des témoins qui n'ont pas été appelés à l'audience (Crim. rej. 17 mai 1844, aff. Leforestier, *Bull. crim.*, n° 174).

34. — III. Présence aux délibérations, aux débats, a la prononciation du jugement. — Le ministère public fait partie intégrante des tribunaux, en matière civile, comme en matière criminelle ; il doit être présent à toutes les phases de la procédure et des débats, ainsi qu'à la prononciation du jugement. Entre les matières civiles et les matières criminelles, il y a toutefois cette différence capitale que, dans les premières, l'absence du ministère public de l'audience à un moment quelconque de la procédure, notamment à la prononciation du jugement, n'est pas sanctionnée par la nullité du jugement, l'affaire fût-elle communicable, tandis qu'en matière criminelle, le ministère public doit être présent aux débats et à la prononciation du jugement, à peine de nullité. (V. *Rép.* n°s 61 et suiv). Cette distinction a été consacrée notamment par un arrêt, aux termes duquel aucune loi n'exige, à peine de nullité, que, dans les affaires où le ministère public n'est que partie jointe, il assiste à la prononciation du jugement, lorsqu'il a donné ses conclusions (Riom, 15 janv. 1886, aff. Rimbert, D. P. 87. 2. 6-7).

Il y a lieu de renouveler, à propos de cette décision, la remarque déjà présentée au *Rép.*, n° 62, à l'occasion d'un semblable arrêt, rendu le 3 janv. 1838, par la chambre des requêtes. Bien que la solution rapportée ne s'applique qu'aux affaires où le ministère public est partie jointe, il ne faudrait pas en conclure qu'il y aurait nullité au cas où il interviendrait comme partie principale, dans les mêmes matières civiles. C'est à l'hypothèse où le ministère public agit au criminel que la jurisprudence réserve la sanction de la nullité du jugement prononcé en son absence.

35. Mais, en matière criminelle, la présence du ministère public est rigoureusement exigée (V. *Procédure criminelle ;* — *Rép.* v° *Instruction criminelle*, n°s 882 et suiv., 964). Il a même été jugé qu'à la cour d'assises elle n'est pas moins nécessaire quand la cour statue sur l'action civile que lorsqu'elle statue sur l'action publique (Crim. cass. 7 oct. 1853, aff. Houdel, *Bull. crim.*, n° 499). L'arrêt de rejet du 5 août 1826, rapporté au *Rép.* n° 65, par lequel la cour de cassation avait refusé de prononcer la nullité d'un jugement rendu en l'absence du ministère public, est demeuré isolé, et, sans distinguer entre les affaires criminelles, correctionnelles et de police, il est de jurisprudence certaine que le jugement rendu hors de la présence du ministère public est nul.

Il a été dit au *Rép.* n°s 69 et suiv. que les officiers du ministère public, à l'exception des avocats généraux près la cour de cassation, n'ont pas le droit d'assister, en la chambre du conseil, aux délibérations que tiennent les juges sur les questions à eux soumises. Mais il en est différemment quand les cours et les tribunaux délibèrent sur des mesures d'ordre et de service intérieurs et sur des avis qu'ils ont à donner : les magistrats du ministère public y assistent et ont même voix délibérative.

36. Il suffira de rappeler que la participation d'une personne sans qualité à l'œuvre d'une juridiction qui n'a pas de ministère public et son intervention pour y faire acte de ce ministère entraînent la nullité du jugement rendu (V. *Rép.* n°s 72-73).

Art. 4. — *Incompatibilités, prohibitions, privilèges, costume, honneurs et préséances, traitement, retraite* (*Rép.* n°s 74 à 88).

37. — I. Incompatibilités. — Les fonctions du ministère public sont incompatibles avec celles de juge. Cette règle doit s'entendre en ce sens qu'après avoir rempli, dans une affaire, et pour l'accomplissement d'un acte quelconque de procédure, les fonctions du ministère public, un magistrat ne peut connaître de la même affaire en qualité de juge. Aux applications de cette règle, rapportées au *Rép.* n° 74, il y a lieu d'ajouter plusieurs décisions aux termes desquelles : 1° l'incompatibilité des fonctions du ministère public avec les fonctions de juge s'oppose à ce qu'un magistrat qui a requis, comme officier du ministère public, la mise en accusation de l'accusé, siège comme assesseur à l'audience où il doit être jugé (Crim. rej. 3 mars 1859, aff. Klein, D. P. 60. 5. 398); — 2° Il y a lieu d'annuler l'arrêt de condamnation rendu (au Sénégal) avec le concours d'un juge qui, dans l'exercice des fonctions de procureur de la République, qu'il remplissait par intérim, avait reçu la plainte et requis information sur cette plainte (Crim. cass. 16 déc. 1875, aff. Abdoulaye N'Diawar, D. P. 77. 1. 413); — 3° Toutefois, pour qu'il y ait lieu à l'incompatibilité dont il s'agit, il faut au moins que l'officier du ministère public ait fait un acte d'instruction de nature à engager son opinion. Ainsi il a été jugé que l'officier du ministère public qui, dans une affaire criminelle, a reçu simplement la plainte de la partie lésée, sans y donner suite, peut, s'il vient à être nommé juge ou conseiller, prendre régulièrement part au jugement ou à l'arrêt (Crim. rej. 7 avr. 1854, *Rép.* v° *Organisation judiciaire*, n° 711); — 4° Est nul le jugement correctionnel auquel a concouru, à défaut de juge titulaire, un juge suppléant qui, à l'époque où il faisait fonctions de procureur de la République, avait décerné un mandat de dépôt contre le prévenu en vertu de la loi sur les flagrants délits et l'avait traduit à la plus prochaine audience (Douai, 26 déc. 1873, aff. Sternat, D. P. 74. 2. 232. V. *Rép.* n° 74 et v° *Organisation judiciaire*, n°s 710 et suiv.); — 5° Il suffirait même qu'un magistrat eût rempli par intérim les fonctions du ministère public au moment du tirage du jury de jugement, pour qu'il ne pût siéger comme assesseur à la cour d'assises (V. Faustin Hélie, *Instruction criminelle*, 2e éd., t. 7, p. 74).

38. Mais le principe d'incompatibilité ne s'oppose pas, au contraire, à ce que le magistrat qui, à un moment de la procédure, a fait fonction de juge, remplisse ultérieurement, dans la même affaire, les fonctions du ministère public. Il a été jugé, en conséquence : 1° que le magistrat qui a participé à l'arrêt de renvoi peut siéger comme ministère public à la cour d'assises et requérir contre l'accusé. L'art. 257 c. instr. crim. qui interdit, à peine de nullité, que des magistrats ayant statué sur la mise en accusation, fassent partie de la cour d'assises, n'est point applicable aux magistrats du ministère public (Crim. cass. 30 juill. 1847, aff. Cour de Pondichéry, D. P. 47. 1. 319) ; — 2° Que le juge suppléant qui a pris part, en qualité d'assesseur, au début de la session, à la formation de la liste du jury, n'est pas, de ce chef, frappé d'une incapacité de remplir, à une audience ultérieure, les fonctions du ministère public (Crim. rej. 29 nov. 1866, aff. Fargeot, *Bull. crim.*, n° 249).

39. Sur les incompatibilités qui existent entre les fonctions du ministère public et celles d'officiers ministériels, d'avocats, de fonctionnaires de l'ordre administratif, de membres de divers corps électifs, V. *Rép.* n°s 75-76, et *infrà*, v° *Organisation judiciaire;* — *Rép.* eod. v°, n°s 232 et suiv.

40. — II. Prohibitions. — La parenté et l'alliance de deux magistrats entraînent la prohibition pour eux de siéger ensemble comme membres de la même juridiction, même en des qualités différentes, comme celles de juge ou conseiller et celle d'officier du ministère public. Toutefois, la parenté existant entre l'officier du ministère public et l'un des magistrats du siège n'a pas pour conséquence la nullité du jugement rendu avec leur concours (V. *Rép.* n° 77). Dans ce sens, il a été jugé que l'avocat général qui occupe le siège du ministère public à la cour d'assises peut être le neveu du président des assises, sans qu'il en résulte la nullité de l'arrêt (Crim. rej. 21 juin 1838, aff. Sauet, *Rép.* v° *Organisation judiciaire*, n° 248-4°).

41. Sur la question de savoir s'il y a, dans la parenté ou l'alliance d'une partie avec l'officier du ministère public près le tribunal saisi de l'affaire qui la concerne, une cause de renvoi, V. *Rép.* n° 78, où la négative est adoptée.

42. La disposition de l'art. 10 de la loi du 30 août 1883, portant que : « ne pourra, à peine de nullité, être appelé à composer la cour ou le tribunal, tout magistrat titulaire ou suppléant dont l'un des avocats ou avoués représentant les parties intéressées au procès sera parent ou allié jusqu'au troisième degré inclusivement », ne s'applique pas plus que la précédente cause de récusation, aux officiers du ministère public (Décis. garde des sceaux, 11 juill. 1884. *Bull. min. just.* 1884, p. 168).

43. Sur les actes et professions interdits aux membres du ministère public, V. *Rép.* n°s 79 et 80.

44. — III. Privilèges. — Divers privilèges sont attribués aux membres du ministère public. Ainsi, ces magistrats sont exemptés de tous services publics (L. 27 vent. an 8, art. 5).

En ce qui concerne particulièrement les obligations résultant des lois sur l'organisation militaire, elles sont déterminées par les art. 49 et 51 de la loi des 15-17 juill. 1889, sur le recrutement de l'armée. MM. Vallet et Montagnon (*Manuel des magistrats du parquet*, n° 18) retracent en ces termes les règles relatives à la matière : « L'art 49 de la loi des 15-17 juill. 1889 sur le recrutement de l'armée statue ainsi : « Les hommes de la réserve de l'armée active « sont assujettis, pendant leur temps de service dans ladite

« réserve, à prendre part à deux manœuvres, chacune d'une « durée de quatre semaines. Les hommes de l'armée « territoriale sont assujettis à une période d'exercices dont « la durée sera de deux semaines. Peuvent être dispensés « de ces manœuvres ou exercices les fonctionnaires et « agents désignés au tableau B de la présente loi ». L'art. 51 ajoute : « En cas de mobilisation, nul ne peut se « prévaloir de la fonction ou de l'emploi qu'il occupe pour « se soustraire aux obligations de la classe à laquelle il « appartient. Sont seuls autorisés à ne pas rejoindre immé- « diatement, dans le cas de convocation par voie d'affiches « et de publications sur la voie publique, les titulaires des « fonctions et emplois désignés aux tableaux A, B et C « annexés à la présente loi, sous la condition qu'ils occupent « ces fonctions ou emplois depuis six mois au moins. Les « fonctionnaires et agents du tableau B, qui ne comptent « plus dans la réserve de l'armée active, et les fonction- « naires et agents du tableau C, même appartenant à la « réserve de l'armée active, ne rejoignent leurs corps que « sur ordres spéciaux. Les hommes autorisés à ne pas « rejoindre immédiatement sont, dès la publication de « l'ordre de mobilisation, soumis à la juridiction des tribu- « naux militaires, par application de l'art. 57 c. just. « milit. ». Le tableau annexe B de la loi du 17 juill. 1889 est celui sous lequel sont groupés les fonctionnaires relevant du ministère de la justice, et qui bénéficient d'immunités; de ce nombre sont les procureurs généraux et les procureurs de la République. Seuls parmi les magistrats du ministère public, ils sont placés en dehors de l'application intégrale de la loi militaire; à condition d'occuper leurs fonctions depuis six mois au moins, ils peuvent alors être dispensés des manœuvres auxquelles sont astreints les réservistes et les hommes de l'armée territoriale. En outre, en cas de mobilisation, ils sont autorisés à ne pas rejoindre immédiatement, quand ils n'appartiennent pas à la réserve de l'armée active. Pour jouir de ces immunités, ces magistrats doivent renoncer à leur grade d'officier (Circ. garde des sceaux, 25 août 1877. S'ils font partie de la réserve comme officiers, ils restent soumis à toutes les obligations militaires des militaires de cet ordre (Circ. garde des sceaux 29 mai 1876, 5 août 1876, 25 août 1877 (*Bull. min. just.* 1876, p. 81 t 133, 1877, p. 98). La circulaire du 29 mai 1876 décide que, lorsqu'un magistrat veut concourir pour le grade d'officier, le garde des sceaux doit l'autoriser à subir l'examen, et que la nomination audit grade est réservée pour le cas où il viendrait à cesser ses fonctions. La constatation de la position militaire des magistrats est réglementée par les circulaires du garde des sceaux des 18 août et 26 oct. 1877, 11 févr. 1878 (*Bull. min., just.* 1877, p. 131, 1878, p. 4), et par la circulaire du ministre de la guerre du 19 nov. 1877. La position militaire des magistrats non disponibles est constatée à l'aide d'un double contrôle : 1° contrôle du recrutement ; 2° contrôle de l'administration de la justice. Dans chaque ressort, un magistrat de la cour d'appel est spécialement préposé à ce contrôle; il est accrédité auprès du général commandant le corps d'armée. Si le ressort judiciaire est rattaché à plusieurs corps d'armée « l'administration de tout le personnel de la « cour est centralisée par le commandant de recrutement du « chef-lieu de corps d'armée sur le territoire duquel se « trouve le siège de la cour d'appel ». Chaque procureur de la République fournit au procureur général les renseignements sur les magistrats de son ressort, pour lui permettre d'établir ce contrôle ».

45. Des dispenses de tutelle existent en faveur des magistrats du ministère public (V. *Rép.* nos 81 et v° *Minorité-tutelle*, n° 325).

46. Les officiers du ministère public jouissent de certaines franchises postales et télégraphiques pour les besoins de leur service (V. sur ces franchises et leurs conditions, *infrà*, v° *Postes et télégraphes*).

47. A l'audience, les officiers du ministère public peuvent parler étant couverts, même pour lire des pièces. — Ils demeurent assis pendant la prononciation des jugements et arrêts. — En matière civile, nul ne peut prendre la parole après leurs conclusions : les avocats ne peuvent que déposer des notes sur le bureau du tribunal. Au contraire, en matière répressive, c'est l'inculpé qui doit avoir le dernier la parole. — Pendant le temps des délibérations, quand le ministère public reste seul sur son siège à l'audience, il en a la police et exerce momentanément les pouvoirs du président — Pour l'accomplissement de ses fonctions, de larges immunités ont dû lui être concédées : 1° il ne peut être soumis à une action en injure ou en diffamation, à raison des réquisitions par lui prises à l'audience. Aussi un tribunal ne pourrait-il, même du consentement du magistrat qui a requis, donner acte à un prévenu des passages du réquisitoire où il prétend trouver le délit d'injure ou de diffamation. Il ne pourrait davantage ordonner le dépôt de ce réquisitoire au greffe (Crim. cass. 20 oct. 1835, *Rép.* v° *Discipline*, n° 213-2° ; Crim. rej. 11 janv. 1851, aff. Bachelet, D. P. 51. 5. 407); — 2° Il ne peut être condamné aux dépens, en aucun cas. C'est un principe de droit public consacré par de très nombreuses décisions de jurisprudence, qu'on trouvera rapportées *suprà*, v° *Frais et dépens*, et *Rép.* eod. v°. Il est soumis seulement à des dommages-intérêts, quand on procède contre lui par la voie de prise à partie ; — 3° Le droit de défense implique la faculté de discuter les arguments présentés par le ministère public ; la personne du magistrat est, au contraire, à l'abri de toute attaque. C'est en ce sens que doit être interprété, pour avoir un sens raisonnable, l'arrêt d'une cour qui déclare que le droit de défense n'a pas pour conséquence le droit de l'avocat d'attaquer le ministère public (Crim. rej. 7 avr. 1860, aff. Émile Ollivier, D. P. 60. 1. 146) ; — 4° Quand un délit d'outrage au ministère public est commis à l'audience, le juge qu'assiste le magistrat du ministère public outragé a la souveraine appréciation du délit (Crim. rej. 11 déc. 1863, aff. Pomier, D. P. 66. 1. 139). Il peut, si le prévenu prend des conclusions injurieuses pour le ministère public, en ordonner la suppression et ne pas appliquer la peine de l'art. 222 c. pén. ; il procède régulièrement ainsi, et sa décision est à l'abri de la cassation (Crim. cass. 8 févr. 1866, aff. Marrot, D. P. 66. 5. 371). — Il peut aussi, dans le même cas, faire application de l'art. 222. Décidé, en ce sens, que le juge de police est compétent pour réprimer, séance tenante, les injures adressées, au cours de l'audience, au commissaire de police remplissant les fonctions du ministère public (Crim. cass. 8 déc. 1849, aff. Millet, D. P. 50. 1. 252). Aux termes de deux autres arrêts, quand, à l'audience d'un tribunal de police, se commet un outrage au ministère public le juge peut, sans violer l'art. 505 c. instr. crim., remettre à une audience suivante la répression du délit; mais il doit, à l'audience même où il se produit, faire au moins consigner au plumitif les propos qui ont été tenus, et encore faut-il que l'incident ne soit pas séparé du fond (Crim. rej. 9 nov. 1866, aff. Gilson, D. P. 67. 1. 88 ; 21 déc. 1867, aff. Keusch, D. P. 68. 1. 239).

48. — IV. COSTUME. — Sur le costume des officiers du ministère public, V. *Rép.* n° 82.

49. — V. HONNEURS ET PRÉSÉANCES. — Le décret du 24 moss. an 12 ne s'occupe pas des membres du parquet en ce qui concerne les honneurs et préséances (V. *Rép.* n° 83). Cette lacune n'a pas été comblée, mais les usages se sont confirmés depuis la publication du *Répertoire*, dans le sens qui y a été indiqué. Il suffit d'ajouter que, pour leur installation, les procureurs généraux sont assimilés aux premiers présidents. La cérémonie est la même. Les principales autorités de la ville où siège la cour sont invitées à cette solennité, et des discours sont prononcés par l'avocat général qui requiert l'installation, par le premier président et par le procureur général dès son installation.

50. Sur les rapports des officiers du parquet avec la gendarmerie, V. *Rép.* n° 85.

51. — VI. TRAITEMENT. — Les traitements de la magistrature ont été modifiés par la loi du 30 août 1883. Il en résulte qu'il y a à distinguer, pour chaque fonction, entre : 1° la cour de cassation ; 2° la cour d'appel de Paris, 3° toutes les autres cours d'appel ; 4° le tribunal de première instance de la Seine ; 5° les autres tribunaux de première instance, distribués en trois classes, selon la population de la ville où ils siègent, et sous le bénéfice de certaines assimilations créées par la loi.

1° Cour de cassation : le traitement du procureur général est de 30 000 fr., celui des avocats généraux de 15 000 fr. ; — 2° Cour de Paris : le traitement du procureur général est de 25 000 fr., celui des avocats généraux de 13 200 fr., celui des substituts du procureur général de 11 000 fr. ; — 3° Toutes les autres cours d'appel : le traitement du procureur général est de 18 000 fr., celui des avocats généraux de 8000 fr., celui des substituts du procureur général de 6000 fr. ; — 4° Tribunal de première instance de la Seine : le traitement du procureur de la République est de 20 000 fr., celui des substituts de 8000 fr. ; — 5° Tribunal de première instance dans les villes de plus de 80 000 habitants, plus Nice, Versailles, Alger : le traitement du procureur de la République est de 10 000 fr., celui des substituts de 5000 fr. ; — 6° Tribunal de première instance dans les villes de plus de 20 000 habitants, plus Chambéry, Constantine, Oran, Blidah, Bône, Tlemcen : le traitement du procureur de la République est de 7000 fr., celui des substituts de 3500 fr. ; — 7° Tribunal de première instance dans les villes de moins de 20 000 habitants : le traitement du procureur de la République est de 5000 fr., celui des substituts de 2800 fr. Par exception, dans les villes de Batna, Bougie, Guelma, Mascara, Mostaganem, Orléansville, Philippeville, Sétif, Sidi-bel-Abbès et Tizi-Ouzou, le traitement du procureur de la République est de 6000 fr., celui des substituts de 3500 fr.

On a fait connaître qu'en cas de délégation dans les fonctions du ministère public à un tribunal où n'est pas leur siège, les substituts et juges suppléants ont droit à une indemnité de 10 fr. par jour (V. *suprà*, n° 12). Au cas de transport, les officiers du ministère public ont droit à diverses indemnités (V. *Rép.* n° 86 ; *suprà*, v° *Frais et dépens ; Rép.* n°s 1121 et suiv.).

52. En vertu du décret du 28 janv. 1883 concernant les menues dépenses des cours et tribunaux (D. P. 83. 4. 87), les menus frais du parquet sont directement payés aux fournisseurs sur un double mémoire produit par eux à chaque trimestre, de même que toutes les dépenses des tribunaux. Les budgets départementaux fournissent à ces dépenses.

53. — VII. Retraites. — Les officiers du ministère public ne sont pas soumis à la loi qui décide que, à un certain âge, les magistrats sont mis d'office à la retraite. Quant à leur retraite volontaire, elle est régie par les mêmes règles que celle des autres membres des cours et tribunaux. Une seule observation doit être ajoutée à ce qui a été dit au *Rép.* n° 87, c'est que l'honorariat ne peut être conféré aux officiers du ministère public en leur qualité. Mais, au contraire, ils peuvent recevoir cette distinction sous le titre d'un magistrat assis corrélatif au leur (Décr. 20 oct. 1807, 6 juill. 1810, art. 77 ; V. *Rép.* v° *Organisation judiciaire*, n° 288).

Art. 5. — *Du ministère public considéré comme partie principale et comme partie jointe. — Récusation, responsabilité, prise à partie* (*Rép.* n°s 89 à 113).

54. Les officiers du ministère public procèdent par voie d'action et comme partie principale quand ils recherchent et poursuivent les auteurs d'infractions à la loi pénale. Ils sont, au contraire, partie jointe, même devant les tribunaux de répression, quand il s'agit de statuer sur les intérêts civils des parties (V. Mangin, *Action publique et action civile*, n° 38).

55. Devant les juridictions civiles, connaissant des intérêts qui se débattent entre particuliers, ces mêmes officiers procèdent le plus ordinairement, par voie de réquisition, comme partie jointe ; on en a fait la remarque au *Rép.* n° 90. Mais, en certaines matières, ils sont investis du droit d'action et de la qualité de partie principale (V. Debacq, *De l'action du ministère public en matière civile*, 2e éd., p. 2 et suiv. ; Massabiau, *Manuel du ministère public*, n°s 567 et suiv. ; Vallet et Montagnon, *Manuel des magistrats du parquet*, n°s 834 et suiv.).

Il n'est pas sans intérêt de résumer ici, dans un tableau d'ensemble, les causes où ce rôle lui est assigné. Le ministère public est partie principale : 1° dans les causes intéressant le domaine de l'État. C'est comme mandataire du préfet qu'il agit en ces matières (V. *infrà*, v° *Organisation administrative ; Rép.* n°s 1235 et suiv.) ; — 2° Dans les demandes en expropriation pour cause d'utilité publique (art. 14 L. 3 mai 1841) ; — 3° Dans les poursuites contre le trésorier d'une fabrique paroissiale qui a contrevenu aux règles de la comptabilité (Décr. 30 déc. 1809, art. 90) ; — 4° Dans les instances en recouvrement des sommes dues à l'administration des lycées et collèges nationaux pour frais d'instruction (art. 11 Décr. 1er juill. 1809). C'est à la requête des proviseurs ou principaux de ces établissements que les poursuites sont intentées par le ministère public ; — 5° Dans les demandes en déchéance des brevets d'invention (art. 20 L. 25 mai 1838) ; — 6° En matière d'actes de l'état civil : dans les poursuites contre les officiers de l'état civil pour contravention dans la tenue des registres (art. 50 et 53 c. civ.) ; — 7° Dans les demandes en rétablissement d'un acte de mariage frauduleusement omis ou supprimé (art. 200 c. civ.) ; — 8° Pour les demandes en rectification ou en rétablissement d'actes de l'état civil concernant des indigents (Décis. min. 6 brum. an 11, art. 75 ; L. 25 mars 1817) ; ou des militaires (Circ. garde des sceaux, 22 brum. an 14) ; ou toute une collectivité des citoyens (Circ. garde des sceaux, 4 nov. 1814) ; — 9° Pour la constatation des morts présumées violentes (art. 81 c. civ.) ; — 10° En ce qui touche l'état des personnes : dans les demandes en nullité de mariage pour contravention aux art. 144, 147, 161, 162, 163, 190, 191 c. civ. (art. 184 c. civ.) ; — 11° Dans les demandes en séparation de corps et en divorce, aux fins de faire confier la garde des enfants à qui de droit (art. 302 c. civ.) ; — 12° Dans les mêmes demandes, aux fins de faire enfermer la femme dans une maison de correction (art. 308 c. civ.) ; — 13° Dans la poursuite en interdiction d'un dément qui n'a pas de parents connus ou dont les parents sont indigents (art. 491 c. civ.) ; — 14° Pour provoquer la déchéance de la puissance paternelle contre les personnes qui l'exercent et qui tombent sous le coup de la loi du 24 juill. 1889 (D. P. 90. 4. 15), et faire organiser la tutelle des enfants, dans le cas où il poursuit d'office ; — 15° Pour faire prononcer, par jugement, contre un officier de l'armée, la perte de la qualité de Français (Ordonn. 30 août 1837) ; — 16° Pour la sauvegarde des intérêts de certaines personnes : dans les demandes ou déclarations d'absence (art. 116 c. civ.) ; — 17° Plus spécialement, dans les demandes de cette nature qui concernent des militaires et des marins disparus pendant la guerre de 1870-1871 (L. 9 août 1871, D. P. 71. 4. 143) ; — 18° Dans les nominations d'administrateur aux biens d'un absent (art. 112 et 114 c. civ.) ; — 19° Dans les nominations de curateurs à successions vacantes (art. 812 c. civ.) ; — 20° Dans l'apposition et la levée des scellés, quand il y a lieu de la requérir d'office (art. 819 c. civ. ; c. proc. civ., art. 911 et 930) ; et dans l'établissement, au même cas, de l'inventaire des biens de la succession (art. 911 c. proc. civ.) ; — 21° Dans les demandes dirigées d'office contre le grevé d'une substitution qui n'a pas fait nommer de tuteur à la substitution, soit pour faire prononcer sa déchéance au profit des appelés (art. 1057 c. civ.), soit pour faire effectuer l'inventaire des biens substitués (art. 1061 c. civ.) ; — 22° Pour la nomination d'un administrateur provisoire, à un aliéné non interdit, d'un mandataire spécial à l'effet de le représenter en justice ou d'un curateur à sa personne et à ses biens (art. 32, 33, 38 L. 30 juin 1838) ; — 23° Dans l'inscription des hypothèques légales des femmes mariées, des mineurs et des interdits (art. 2138 et 2194 c. civ.) ; — 24° Dans les demandes en réduction de l'hypothèque légale des maris et tuteurs (art. 2143 à 2145 c. civ.) ; — 25° Pour assurer la discipline des cours et tribunaux et des avocats ou des officiers ministériels qui s'y rattachent : dans les demandes relatives à la police des audiences ; — 26° Dans la poursuite des mesures disciplinaires envers des magistrats (art. 49, 50, 55 L. 20 avr. 1810) ; — 27° Dans les demandes d'interdiction contre les greffiers qui n'ont pas observé les prescriptions de la loi, dans les procédures en faux incident civil (art. 244 c. proc. civ.) ; — 28° Dans les demandes de suspension ou d'interdiction contre les notaires, à raison des fautes commises dans l'exercice de leurs fonctions, ou à raison de leur inconduite habituelle (art. 53 L. 25 vent. an 11) ; — 29° Dans les mêmes demandes, dirigées contre des notaires ou des huissiers qui n'ont pas laissé copie exacte des protêts ou qui ont omis de les inscrire sur leurs registres (art. 176 c. com.) ; — 30° Dans les mêmes demandes, suivies contre des officiers ministériels coupables de manquements à leurs devoirs professionnels ainsi réprimés par la loi, et qui sont les suivants : signature apposée sur un acte d'opposition à mariage, non revêtu des formalités requises par la loi (art. 176 c. civ.); défaut de rétablir les pièces qui leur ont été communiquées (art. 107 c. proc. civ.); excès de pouvoir (art. 132 c. proc. civ.); offres et aveux faits ou consentements donnés sans autorisation des clients, ou valablement désavoués par eux (art. 360 c. proc. civ.); refus de faire les réquisitions exigées en cas de déni de justice ou tout autre acte légal dont ils sont requis (art. 507 c. proc. civ.); usage, dans leurs actes ou plaidoyers, d'expressions injurieuses contre les juges pris à partie (art. 512 c. proc. civ.); défaut de justification, quand ils ont été requis de la fournir, de l'existence de leurs commettants, en pratiquant des saisies-arrêts ou oppositions (art. 562 c. proc. civ.); actes nuls ou frustratoires (art. 1031 c. proc. civ.); toute contravention grave aux lois et règlements de leur profession (Décr. 30 mars 1808 art. 102). Dans tous les cas compris sous le n° 30, le ministère public peut poursuivre l'application de la peine, sans plainte préalable et sans réclamation de dommages-intérêts de la part des intéressés (V. Massabiau, *Man. du min. publ.*, n° 576); — 31° Dans les réquisitions d'amendes à prononcer par les tribunaux civils contre un officier ministériel, rapporteur ou rédacteur d'un acte irrégulier, dont la loi ne prononce pas la nullité (art. 1030 c. proc. civ.); — 32° Dans les réquisitions aux mêmes fins contre une personne publique qui a refusé de viser l'original d'une signification régulière, dont elle est tenue de recevoir copie (art. 1039 c. proc. civ.); — 33° Contre un notaire qui n'a pas fait le dépôt prescrit par le code de commerce d'un contrat de mariage entre époux commerçants (art. 68 c. com.), ou qui est en retard de déposer au greffe du tribunal le double de son répertoire (art. 2 L. 16 flor. an 4), ou qui a violé, dans la rédaction de ses actes, les prescriptions des lois du notariat (art. 13 L. 25 vent. an 11); — 34° Contre un notaire destitué ou remplacé, ou contre les héritiers d'un notaire décédé, quand ils n'ont pas remis les minutes de l'étude à son successeur, dans le mois qui suit sa prestation de serment (art. 55 et 57 L. 25 vent. an 11); — 35° Contre toute personne qui a fait acte de postulation illicite (Décr. 19 juill. 1890); — 36° Contre un huissier qui a signifié des actes ou copies illisibles (Décr. 29 août 1813 art. 2); — 37° Pour réprimer, par l'amende édictée par la loi, certains faits des plaideurs : dans les réquisitions à fin d'amende, devant les tribunaux civils compétents, contre une partie qui n'a pas comparu au bureau de la justice de paix, sur une citation en conciliation (art. 56 c. proc. civ.); — 38° Ou contre une partie qui a faussement dénié son écriture ou sa signature (art. 213 c. proc. civ.) ; — 39° Ou contre le demandeur en faux incident qui se désiste de sa demande, ou qui y succombe (art. 246-247 c. proc. civ.); — 40° Ou contre la partie qui succombe dans sa demande en renvoi devant un autre tribunal (art. 374 c. proc. civ.); — 41° Ou contre le demandeur en récusation d'un juge dont la demande est rejetée (art. 390 c. proc. civ.) ; — 42° Ou contre l'appelant qui succombe dans l'appel qu'il a formé d'un jugement du juge de paix, du tribunal de première instance ou du tribunal de commerce (art. 471 c. proc. civ.); — 43° Ou contre la partie qui succombe dans sa tierce opposition ou dans sa requête civile (art. 479 et 494 c. proc. civ.); — 44° En matière de syndicats, pour demander la dissolution d'un syndicat créé ou fonctionnant illégalement et la nullité d'acquisitions par lui réalisées, ou de libéralités par lui reçues irrégulièrement (art. 8 et 9 L. 21 mars 1884, D. P. 84. 4. 129).

56. L'énumération qui précède est-elle limitative, et doit-on, dans toute autre hypothèse, refuser au ministère public le droit de procéder d'office comme partie principale? Ici se place une question qui a soulevé les controverses les plus vives et n'a reçu de solution certaine que dans la jurisprudence la plus récente.

L'art. 46 de la loi du 20 avr. 1810 est ainsi conçu : « En matière civile, le ministère public agit d'office dans les cas spécifiés par la loi. Il surveille l'exécution des lois, des arrêts et des jugements. Il poursuit d'office cette exécution dans les dispositions qui intéressent l'ordre public ». C'est ce texte qui a divisé plus de cinquante ans la doctrine et la jurisprudence. Un premier système donne au ministère public le droit d'agir comme partie principale au civil dans toutes les affaires intéressant l'ordre public. Une autre opinion refuse au ministère public le droit d'agir d'office autrement que dans les cas spécifiés par la loi. Enfin, d'après un système mixte, l'action du ministère public ne serait recevable que lorsqu'elle est commandée par un intérêt supérieur d'ordre public, dans les hypothèses où l'intérêt général prédomine essentiellement.

L'historique détaillé de cette controverse a été exposé dans une dissertation de M. Brésillon, insérée sous l'arrêt de la chambre civile du 22 janv. 1862, aff. Dartaud et Terrier de la Chaise, D. P. 62. 1. 5); il suffira d'en résumer ici les traits principaux.

57. La loi du 24 août 1790, titre 8, art. 2, établissait en principe que les commissaires du roi n'agissaient que par voie de réquisition et comme partie jointe, en matière civile. Le droit de poursuivre d'office leur était toutefois assuré pour l'exécution des jugements dans celles de leurs dispositions qui intéressaient l'ordre public. Le ministère public, sous l'empire de cette législation, crut pouvoir interjeter appel de jugements prononçant des nullités de mariage, et des arrêts accueillirent cette prétention, manifestement contredite par les textes en vigueur. La loi du 20 avr. 1810 est conçue en termes plus généraux. Ce n'est plus seulement des jugements qu'elle confie l'exécution au ministère public : « Il surveille, aux termes de l'art. 46, l'exécution des lois, des arrêts et des jugements. Il poursuit d'office cette exécution dans les dispositions qui intéressent l'ordre public ». Les magistrats du ministère public ne tardèrent pas, à la faveur de la rédaction nouvelle, à intervenir comme partie principale dans un grand nombre d'hypothèses, qui leur paraissaient toucher à l'intérêt général. Les cours d'appel, selon les cas, admirent ou rejetèrent leur prétention; mais la cour de cassation s'en tint à la doctrine restrictive des droits du ministère public jusqu'en 1851.

58. A cette époque, la cour suprême fut amenée à donner une interprétation plus large à l'art. 46 de la loi du 20 avr. 1810. Saisie de la question de savoir si le ministère public peut former opposition à un mariage dont il aurait le droit de demander la nullité, elle accueillit l'affirmative (Req. 2 déc. 1851, aff. Saget, D. P. 52. 1. 81). Elle maintint cette solution en 1856 et n'hésita pas à la rattacher expressément et principalement à l'art. 46 de la loi du 20 avr. 1810 (Req. 21 mai 1856, aff. Pottier, D. P. 56. 1. 208).

En 1862, la chambre civile dut statuer sur la recevabilité de l'action d'office du ministère public en matière de rectification d'actes de l'état civil : les cours d'appel étaient loin d'avoir, sur cette question, une jurisprudence uniforme. La cour de cassation admit, cette fois encore, la faculté pour le ministère public d'agir comme partie principale (Civ. rej. 22 janv. 1862, aff. Dartaud et Terrier de la Chaise, D. P. 62. 1. 5). Mais elle limita strictement sa décision à l'espèce qui lui était soumise, sans établir en principe que le ministère public peut agir d'office dans toutes les circonstances où l'intérêt de la société est engagé, par cette seule raison qu'il est le représentant des intérêts de la société.

59. La même solution, limitée dans les mêmes termes, a été consacrée par la cour de Besançon dans un arrêt du 6 févr. 1866 (aff. Hugon d'Angicourt, D. P. 66. 2. 14), et la chambre des requêtes sur le pourvoi formé contre cet arrêt, l'a reproduite dans des termes identiques (Req. 25 mars 1867, D. P. 67. 1. 300).

Il n'en est pas moins certain, depuis l'arrêt de la chambre civile de 1862, que la tendance des cours d'appel à consacrer le droit du ministère public de se porter partie principale dans les matières d'ordre public s'accentuait de jour en jour. Si quelques arrêts proscrivaient son action en matière de rectification d'actes de l'état civil (V. Colmar, 6 mars 1860, aff. Mathieu de Faviers, D. P. 60. 2. 169; Dijon, 11 mai 1860, aff. Du Crest, D. P. 60. 2. 144; Douai, 18 août 1860, aff. De Laplane, D. P. 60. 2. 215; Bordeaux, 28 août 1860, aff. De Lescure, D. P. 60. 2. 213; Amiens, 11 déc. 1860, aff. Torchon de Lihu, D. P. 61. 2. 47), les plus nombreux étaient pour l'accueillir, soit qu'ils fissent rentrer cette hypothèse dans l'un des cas spécifiés par la loi, conformément à l'alinéa 1 de l'art. 46 (V. Metz, 31 juill. 1860, aff. De Marquerie, D. P. 60. 2 137; Angers, 5 déc. 1860, aff. Courtault, D. P. 61. 2. 41), soit qu'ils donnassent pour base au droit du ministère public le second alinéa du même article, interprété comme renfermant une règle générale distincte de celle écrite dans la disposition précédente. V. Montpellier, 10 mai 1859, aff. Carcenac-Bourrau, D. P. 60. 2. 143; Colmar, 29 déc. 1859, aff. Lévy, D. P. 60. 2. 171; Orléans, 17 mars 1860, aff. Chardon-Chênemoireau. D. P. 60. 2. 79; Nîmes, 11 juin 1860, aff. De Giry, D. P. 62. 2. 19; Agen, 26 juin 1860, aff. De Corneau, D. P. 60. 2. 140: Orléans, 29 déc. 1860, aff. Terrier de la Chaise, D. P. 61. 2. 23; Paris, 22 févr. 1861, aff. D..., D. P. 61. 2. 41; Rouen 18 mars 1861; aff. Langlois, D. P. 62. 2. 18; Nîmes, 6 mai 1861, aff. De Giry, D. P. 62. 2. 19.

60. On peut considérer comme définitive la solution adoptée par la chambre des requêtes dans l'arrêt du 25 mai 1869 (aff. Dabadie, D. P. 69. 1. 413), qui décide que le ministère public peut agir d'office et par voie d'action principale dans toutes les circonstances où l'ordre public est directement intéressé : « Attendu, dit cet arrêt, qu'il est maintenant de jurisprudence constante que le ministère public peut agir d'office par voie d'action principale dans toutes les circonstances où l'ordre public est directement intéressé, et, spécialement, demander la rectification des actes de l'état civil attribuant à des particuliers des noms, titres ou qualifications qui ne leur appartiennent pas ».

Les cours d'appel, qui avaient précédé la cour de cassation dans cette voie s'y sont maintenues depuis le précédent arrêt (Paris, 23 août 1870, aff. Masset, D. P. 71. 2. 9; Chambéry, 7 févr. 1885, aff. De Viry, D. P. 85. 2. 241). Il convient enfin de signaler un arrêt de la cour de cassation belge du 5 mai 1881 (aff. De Monge, D. P. 81. 2. 241) qui tranche la question de principe dans le sens de la plus récente jurisprudence française, en décidant qu'en règle générale, et suivant l'art. 2, tit. 8 de la loi des 16-24 août 1790, les fonctions du ministère public s'exercent, non par voie d'action, mais par voie de réquisition seulement; que, toutefois, l'art. 46 de la loi du 20 avr. 1810 a dérogé à cette règle en conférant au ministère public le droit d'agir d'office dans toutes les matières intéressant l'ordre public.

61. La question est donc fixée, actuellement, dans le sens de l'extension des attributions du ministère public. Cette solution a cependant soulevé des objections sérieuses; on les trouvera groupées dans une dissertation de M. Debacq, rapportée sous l'arrêt de la cour de Paris (12 juill. 1867, aff. Pinet, D. P. 67. 2. 121). V. Conf. Merlin (*Rép.* v° *Mariage*, sect. 6, § 3, n° 3; Schenck, *Du ministère public*. t. 1, p. 70, 137 et suiv.; Delvincourt, *Cours de code civil*, t. 1, p. 325; Toullier, *Cours de code civil*, t. 1, n° 648; Duranton, *Cours de code civil*, t. 1, n° 339, t. 2, n° 344; Carré, *Lois d'organisation*, t. 1, art. 86 et suiv.; Valette sur Proudhon, *Des personnes*, t. 1, p. 444; Demolombe, *Cours de code civil*, t. 1, n° 333, t. 3, n° 312; Marcadé, *Cours de code civil*, art. 99, n° 2, art. 175, n° 3; Rieff, *Des actes de l'état civil*, n° 313; Coin-Delisle, *Des actes de l'état civil*, sur l'art. 99, n° 5; Chauveau sur Carré, *Lois de la procédure*, quest. 2896; Demante, *Cours analytique du code civil*, t. 1, n° 122 *bis*; Vazeille, *Du Mariage*, t. 1, n° 255; Valette, *Explication du code civil*, p. 45; Massabiau, *Manuel du procureur de la République*, t. 1, n° 793; Taulier, *Théorie du code civil*, t. 1, p. 181; Zachariæ, *Cours de droit civil français*, édition Massé et Vergé, t. 1, § 79; Descloseaux, *Encyclopédie du droit*, v° *Actes de l'état civil*, n° 41; Grand, *Revue pratique*, t. 10, n° 305; Bertin, *Chambre du conseil*, t. 1, n° 349; Journal *Le Droit* des 9 juill. 1860 et 7 nov. 1861; Alglave, *Action du ministère public*, p. 84; Gérard et Vasson, *Revue critique*, t. 8, p. 50; Lafontaine, *ibid.*, t. 20, p. 385 et suiv.; Fournier, *Journal des avoués*, 1860, p. 205, 213; Tielemans, *Répertoire du droit administratif*, v° *Actes de l'état civil*, sect. 6, n°s 1 à 6. V. cependant, *contrà* : Allemand, *Du mariage*, t. 1, n° 547; Ortolan et Ledeau, *Du ministère public en France*, liv. 2, tit. 1, chap. 4, § 1; Carré, *Lois de la procédure*, quest. 2896; Hutteau d'Origny, *De l'état civil*, n° 42; Aubry et Rau, *Cours de droit civil français*, t. 1, § 63, t. 4. § 454, note 27, § 458, note 6; Bonnier, *Procédure civile*, sur l'art. 856; Dutruc, *Journal du ministère public*, année 1860, p. 208; Garsonnet, *Procédure civile*, t. 1, n° 333; Rousseau et Laisney, *Dictionnaire de procédure civile*, v° *Ministère public*, n° 138 : Lyon-Caen, *Revue critique*, 1867, p. 90; Debacq, *Action du ministère public*, p. 76 et suiv.

62. Un arrêt a opposé à cette doctrine un système intermédiaire d'après lequel, en dehors des cas spécifiés par les lois du 24 août 1790 et du 20 avr. 1810, art. 46, le droit du ministère public d'agir comme partie principale au civil n'existe pas d'une manière absolue et sans distinction dans toutes les affaires intéressant l'ordre public, mais seulement dans celles où son action est commandée par un intérêt supérieur d'ordre public, mis en péril et nécessitant son intervention. « Lorsque l'ordre public, dit, cet arrêt, se confond avec une action d'intérêt privé, débattue entre les parties intéressées dans une instance contradictoirement engagée, il est pleinement sauvegardé par la partie qui le défend en défendant ses propres intérêts et par la présence du ministère public en qualité de partie jointe; en cet état, l'action principale du ministère public n'est pas nécessaire pour la défense de l'ordre public. En l'absence de cette nécessité, qui seule peut servir de base à l'intervention du ministère public en une autre qualité que celle de partie jointe, cette intervention, alors qu'elle ne tend pas à d'autres fins que celles auxquelles tendent les conclusions de la partie et l'action privée elle-même, est sans intérêt, et conséquemment non recevable; en effet, vis-à-vis du ministère public, l'intérêt est la mesure des actions, et, tant que cet intérêt n'existe pas, l'action n'existe pas davantage » (Paris, 12 juill. 1867, cité *suprà*, n° 61).

L'auteur de la dissertation également citée *ibid.*, M. Debacq, exprime l'avis que c'est un système inadmissible. « Où la cour de Paris, dit cet auteur, a-t-elle trouvé cette distinction qu'elle consacre entre les intérêts d'ordre public et les intérêts supérieurs d'ordre public? La loi de 1810 ne distingue pas. L'art. 46 de cette loi est ainsi conçu :... Avec un pareil texte, il faut refuser au ministère public la faculté d'agir d'office dans les cas qui ne sont pas formellement déterminés par la loi, ou lui accorder sans réserve le droit d'agir dans toutes les hypothèses où l'ordre public est intéressé à un degré quelconque. Il n'y a pas place, en face de l'art. 46 de la loi du 20 avr. 1810, pour un système intermédiaire. Classer les cas d'ordre public en cas d'intérêt public ordinaire et en cas d'intérêt public d'ordre supérieur, c'est créer une classification arbitraire que rien ne peut justifier, pas même le désir, bien naturel cependant, de mettre les intérêts particuliers à l'abri d'inquisitions ou de procès plus féconds en inconvénients et en dangers qu'en avantages vraiment sérieux. Il n'appartient pas aux tribunaux de se substituer au législateur ».

63. Malgré les objections soulevées, le système consacré par la jurisprudence s'appuie sur les arguments qui ne laissent pas de place à un doute sérieux. M. le conseiller Laborie, rapporteur lors de l'arrêt de cassation du 22 janv. 1862 cité *suprà*, n° 58, les a développés avec une ampleur qui ne laisse rien à ajouter à son exposé; il suffira de nous référer à son rapport qui a été reproduit D. P. 62. 1. 7 et suiv.

64. Une fois admis le principe que le ministère public a le droit d'agir comme partie principale, dans les causes qui intéressent l'ordre public, son application laisse encore place à de nombreuses difficultés. Il n'est pas aisé, en effet, de déterminer les cas où l'ordre public est intéressé. La jurisprudence en a fixé quelques-uns dans plusieurs arrêts qu'on peut distribuer en trois séries. Les uns sont relatifs à la rectification des actes de l'état civil : ce sont les plus nombreux; d'autres sont relatifs à l'état des personnes; d'autres, enfin, à des principes de droit public ou du droit des gens.

65. La rectification des erreurs portant sur la désignation des personnes, quand l'ordre public est en jeu, peut être poursuivie d'office par le ministère public. Il a été jugé, en conséquence : 1° que le ministère public a le droit d'interjeter appel d'un jugement qui donne à un individu un nom qui ne lui appartient pas (Colmar, 29 déc. 1859, aff. Louis Lévy, D. P. 60. 2. 171). Il résulte de cet arrêt que l'exactitude des noms et qualifications pris en justice, ou plutôt leur conformité avec l'acte de naissance, est d'ordre public; — 2° Que le ministère public a qualité pour requérir d'office et comme partie principale la rectification des noms ou la suppression des titres et qualifications nobiliaires énoncés dans des actes de l'état civil, contre les possesseurs illégitimes de ces noms et de ces titres ou qualifications, de telles énonciations portant atteinte aux lois d'ordre public relatives aux changements de noms ou à la collation des titres de noblesse, et rentrant ainsi dans les termes de l'avis de brumaire an 11 pour tomber, dès lors, sous l'empire de l'art. 46, § 1, de la loi du 20 avr. 1810; qu'il peut, de même, interjeter appel du jugement qui, sur la requête du possesseur illégitime d'un nom ou d'un titre de noblesse, a prononcé la rectification d'actes de l'état civil, en conformité de cette indue possession (Angers, 5 déc. 1860, aff. Cartaut, D. P. 61. 2. 41 ; Paris, 22 févr. 1861, aff. Dartaud, D. P. *ibid.;* Civ. rej. 22 janv. 1862, aff. Dartaud et Terrier de la Chaise, D. P. 62. 1. 5; Civ. cass. 24 nov. 1862, aff. Lostau, D. P. 62. 1. 477, Req. 25 mai 1869, aff. Dabadie, D. P. 69. 1. 413) ; — 3° Que le ministère public est recevable à agir directement pour demander la rectification des actes de l'état civil toutes les fois que l'ordre public est intéressé à cette rectification, et alors même que la rectification ne porterait pas sur les noms des parties principalement intéressées, mais soit sur une protestation insérée à la suite d'un acte de l'état civil pour réclamer un titre que l'officier civil aurait refusé d'insérer dans l'acte, soit sur les nom et titre pris par l'un des témoins (Besançon, 6 févr. 1866, aff. Hugon d'Augicourt, D. P. 66. 2. 14, et sur pourvoi, Req. 25 mars 1867, D. P. 67. 1. 300) ; — 4° Qu'il est également recevable à poursuivre d'office la rectification des noms et titres pris dans des actes notariés, comme dans ceux de l'état civil (Mêmes arrêts).

66. Relativement à l'état de famille ou de nationalité des parties, il a été jugé que : 1° le ministère public est spécialement autorisé à se porter partie principale à l'effet de faire déclarer déchu de sa qualité de Français, par application de l'art. 17 c. civ., le Français d'origine qui s'est fait naturaliser en pays étranger, ou s'est établi à l'étranger sans esprit de retour (Décr. 6 avr. 1809, art. 4; Décr. 26 août 1811, art. 7; Ordonn. 30 août 1837), et il est recevable à interjeter appel d'un jugement rendu en pareille matière, bien qu'il n'ait joué en première instance que le rôle de partie jointe, qu'il ait conclu dans le sens admis par les premiers juges, et qu'il ait exécuté le jugement (Colmar, 19 mai 1868, aff. Ostermann, D. P. 68. 2. 225); — 2° Le ministère public peut agir directement et d'office pour faire maintenir un mariage valablement contracté, aussi bien que pour poursuivre l'annulation d'un mariage contracté au mépris des dispositions qui intéressent l'ordre public et les bonnes mœurs. En conséquence, il a qualité pour interjeter appel d'un jugement portant annulation d'un mariage, quoi qu'il n'y ait été que partie jointe. Et cet appel peut être interjeté par le procureur général du ressort, aussi bien que par le procureur de la République du tribunal qui a rendu le jugement (Chambéry, 7 févr. 1885, aff. De Viry, D. P. 85. 2. 241).

67. Enfin, en ce qui touche les règles des rapports des pouvoirs de l'Etat entre eux, ou des nations entre elles, il a été jugé que le ministère public est recevable à interjeter appel du jugement de défaut-profit-joint qui contient un excès de pouvoir de l'autorité judiciaire et une atteinte aux principes du droit des gens (Paris, 23 août 1870, aff. Masset, D. P. 71. 2. 9).

68. Le ministère public agit par voie de réquisition, comme partie jointe, dans des hypothèses multiples qu'il suffira d'énumérer ici. L'art. 83, n° 1, c. proc. civ. énonce d'abord que la communication au ministère public doit avoir lieu dans les affaires qui intéressent : 1° l'ordre public; — 2° L'Etat; — 3° Les domaines privés de l'Etat; — 4° Le domaine public et les administrations qui sont chargées de sa gestion; Enregistrement, Contributions indirectes. Douanes, Postes, Guerre, Marine; — 5° Les communes; — 6° Les établissements publics reconnus et autorisés, d'ordre religieux (églises, fabriques, séminaires, congrégations autorisées) ou d'ordre militaire (casernes, citadelles, places de guerre, écoles militaires), ou maritimes (ports, arsenaux, caisse des invalides de la marine), ou de bienfaisance (hospices, maisons de charité), ou de prévoyance (caisses de retraite, sociétés de secours mutuels), ou d'instruction publique (universités, facultés, lycées, collèges, écoles normales, écoles secondaires et primaires, instituts d'aveugles ou de sourds-muets, salles d'asile), ou d'exécution de peines (maisons centrales, maisons de justice ou d'arrêt, pénitenciers, colonies de détenus, dépôts); — 7° Les dons et legs au profit des pauvres.

69. La communication est encore prescrite dans nombre d'affaires concernant l'état des personnes, ou les intérêts qui s'y rattachent, et qui sont : 1° L'état civil (art. 99 c. civ.) ; — 2° Le mariage (art. 72, 144 et suiv. c. civ.) ; — 3° Le désaveu de paternité (art. 312 c. civ.) ; — 4° Les réclamations d'état (art. 326 c. civ.) ; — 5° Les adoptions (art. 356 c. civ.) ; — 6° Les émancipations (art. 477 c. civ.) ; — 7° Les interdictions ou nominations de conseils judiciaires (art. 515 c. civ.) ; — 8° Les séparations de corps (art. 879 c. proc. civ.) ; — 9° Les demandes en déchéance de la puissance paternelle, introduites par d'autres personnes que par le ministère public (art. 4, L. 24 juill. 1889) ; — 10° Les tutelles (art. 83, n° 2, c. proc. civ.) ; — 11° Les substitutions (même texte) ; — 12° Les causes des femmes mariées, séparées de biens ou non, quand elles ne sont pas autorisées de leur mari, ou même quand elles sont autorisées de leur mari, si, d'un autre côté, elles sont placées sous le régime dotal, et qu'il s'agisse de leur dot (art. 83, n° 6, c. proc. civ.) ; — 13° Les demandes des femmes mariées tendant à obtenir l'autorisation de justice à défaut de celle de leur mari (art. 862 et 863 c. proc. civ.) ; — 14° Les causes des mineurs et de toutes les parties défendues par un curateur : mineurs émancipés (art. 482 c. civ.), interdits (art. 489 c. civ.), personnes pourvues d'un conseil judiciaire (art. 513 c. civ.), condamnés soumis à l'interdiction légale (art. 29 c. proc. civ. ; art. 2, L. 31 mai 1854), personnes non interdites, mais placées dans un établissement d'aliénés (art. 40 L. 30 juin 1838 ; art. 83, n° 6, c. proc. civ.) ; — 15° Les causes des présumés absents (art. 114 c. civ. ; art. 83, n° 7, c. proc. civ.), notamment les demandes tendant à faire pourvoir à l'administration des biens d'un présumé absent et à l'envoi en possession provisoire de ses biens (art. 112 et 120 c. civ. ; art. 859, 860 c. proc. civ.) ; — 16° L'inventaire des biens des absents et l'homologation du rapport de l'expert qui en constate l'état (art. 126 c. proc. civ.) ; — 17° Les demandes d'envoi en possession d'une succession en faveur d'héritiers irréguliers (art. 770 c. civ.), notamment quand il s'agit de l'envoi en possession des biens des enfants admis dans les hospices (art. 8 L. 15 pluv. an 13) ; — 18° Les autorisations à donner aux incapables, à l'effet d'accepter les offres de l'indemnité qui leur est due, au cas d'expropriation de leurs biens pour cause d'utilité publique (art. 13 et 25 L. 3 mai 1841) ; — 19° Les demandes d'homologation des actes suivants : actes de notoriété produits pour la célébration d'un mariage (art. 72 c. civ.), avis de parents relatifs à l'aliénation des biens d'un mineur ou à des emprunts à contracter pour eux (art. 458 c. civ. ; art. 886 c. proc. civ.), transactions faites par un tuteur au nom de ses pupilles (art. 467 c. civ.), avis de parents concernant des emprunts à faire par un mineur émancipé (art. 483 c. civ.), avis de parents concernant les conditions du mariage de l'enfant d'un interdit (art 511 c. civ.), partages intéressant des mineurs, interdits ou absents (art. 981 c. proc. civ.), avis de parents autorisant un mineur émancipé à faire le commerce (art. 487 c. civ. ; art. 2 c. com.) ; — 20° Les demandes en rétablissement ou rectification d'actes de l'état civil (art. 99 c. civ.) ; — 21° Les demandes en changement de nom (art. 3 L. 11 germ. an 11) ; — 22° Les questions d'état en matière de recrutement (art. 26 L. 21 mars 1832) ; — 23° Les mêmes questions, quand il s'agit de vérifier la capacité des conseillers généraux ou d'arrondissement (art. 52 L. 22 juin 1833) ; — 24° Il y faut joindre : les déclinatoires d'incompétence, qu'ils soient déduits de la matière, de la personne ou du domicile (art. 83, n° 3, c. proc. civ.) ; — 25° Les règlements de juges, récusations et renvois devant un autre tribunal pour cause de parenté ou d'alliance (art. 82, n° 4, c. proc. civ.) ; — 26° Les prises à partie (art. 83, n° 5, c. proc. civ.) ; — 27° Les récusations des juges de paix (art. 47 c. proc. civ.), des juges de première instance ou d'appel (art. 385, 394 c. proc. civ.) et des experts (art. 311 c. proc. civ.) ; — 28° Les demandes tendant à faire renvoyer les parties devant un autre juge de paix, quand celui de leur canton est empêché (art. 2 Arr. 10 vent. an 12) ; — 29° Les demandes en faux incident civil (art. 231 c. proc. civ.) ; — 30° Les actions en désaveu contre un officier ministériel (art. 359 c. proc. civ.) ; — 31° Les demandes en renvoi à un autre tribunal (art. 371 c. proc. civ.) ; — 32° Les requêtes civiles (art. 498 c. proc. civ.) ; — 33° Les incidents sur une poursuite en saisie immobilière (art. 718 c. proc. civ.); — 34° Les demandes concernant la saisie simultanée de plusieurs immeubles situés dans divers arrondissements (art. 3 L. 14 nov. 1808); — 35° Les contestations en matière d'ordre et de distribution (art. 668 et 762 c. proc. civ.); — 36° Les demandes en bénéfice de cession de biens (art. 900 c. proc. civ.); — 37° La poursuite de la vente des immeubles d'une succession bénéficiaire (art. 987 et 988 c. proc. civ.); — 38° Les affaires pour lesquelles l'une des parties a obtenu l'assistance judiciaire en première instance ou en appel (art. 15 L. 22 janv. 1851); — 39° L'homologation des délibérations des chambres de discipline des officiers ministériels (art. 64 Décr. 30 mars 1808); — 40° Les demandes de dispenses d'âge, de parenté ou d'alliance, à fin de contracter mariage (art. 145 et 164 c. proc. civ.); — 41° Les demandes en remise partielle ou totale des amendes encourues par des officiers ministériels; — 42° Les demandes tendant à l'exercice du droit de correction paternelle contre des enfants mineurs (art. 377, 382, 468 c. civ.); — 43° Les expertises en matières de mines (art. 89 L. 21 avr. 1810); — 44° Les actions en nullité ou en déchéance de brevets d'invention (art. 36 L. 5 juill. 1844); — 45° Toutes les causes où la cour ou le tribunal ordonnerait d'office la communication au ministère public (art. 83 *in fine*, c. proc. civ.).

Il entre enfin dans les attributions du ministère public d'accorder lui-même, au nom du chef de l'Etat, les dispenses de seconde publication quand il y a lieu (art. 169 c. civ.).

70. Des différences essentielles séparent les deux modes d'intervention du ministère public. — Le ministère public, agissant comme partie principale, porte ses actes et exploits sur papier libre, et ils sont visés pour timbre en débet. Les exploits sont donnés en son nom; ceux qui lui sont adressés sont signifiés à son parquet, où il a toujours domicile élu. Lui-même il rédige ses actes, sans avoir recours à l'assistance d'un avoué. S'il se porte demandeur ou défendeur intervenant, il établit à ces fins une requête qui doit être notifiée aux autres parties en cause (art. 339 c. proc. civ.). Si des mesures d'instruction sont prescrites : expertises enquêtes, transports sur les lieux, il assiste à leur exécution (art. 261, 300, 315 c. proc. civ.) On ne peut pas récuser le ministère public qui se porte partie principale (art. 381 c. proc. civ.). Il ne peut être pris contre lui de jugements par défaut. Il échappe à toutes condamnations à des dommages-intérêts et aux frais. Il a enfin l'exercice des voies légales de recours contre les jugements rendus, avec dispense d'opérer les consignations auxquelles donnent lieu ces recours.

71. Partie jointe, le ministère public prend communication des pièces du procès. Il fournit ses conclusions écrites, ordinairement par une mention portée sur la chemise du dossier, ou au pied de la requête, si la matière donne lieu à une requête. Il transmet le dossier en temps utile au juge chargé de présenter un rapport à l'audience, s'il en doit être fait. A l'audience, il confirme oralement et développe, s'il y a lieu, ses conclusions. Mais il ne prend point part aux actes de la procédure. Il n'est pas tenu d'être présent à l'exécution des mesures d'instruction prescrites. Il ne peut prendre d'autres conclusions que celles que les parties ont formulées. Il ne peut user des voies de recours. Enfin, il est récusable.

72. Sur plusieurs points, cet exposé sommaire doit être complété par des observations additionnelles que rendent nécessaires une jurisprudence ou une doctrine postérieures à la publication du *Répertoire*.

73. 1° Lorsque, dans les cas spécifiés par la loi, le ministère public se présente comme partie principale, il est traité comme les autres parties, autant que le permet la nature de ses fonctions (V. *Rép.* n° 98). C'est ainsi qu'il a été jugé que le ministère public ne peut, au cours d'une instance liée entre particuliers, se présenter comme demandeur, par voie d'incident, contre l'une des parties en cause, notamment pour requérir contre elle la suppression de titres et qualités qu'elle aurait pris indûment (Civ. rej. 22 janv. 1862, aff. Dartaud et Terrier de la Chaise, D. P. 62. 1. 5; Colmar, 6 mars 1860, aff. Mathieu de Faviers, D. P. 60. 2. 169). Il a seulement, comme toute personne, le droit d'intervention, et l'exerce dans les mêmes formes et sous les mêmes conditions (Montpellier, 10 mai 1859, aff. De Carsenac-Bourrau, D. P. 60. 2. 143).

74. 2° Il ne peut être donné défaut contre le ministère public. Il fait partie du tribunal qui n'est régulièrement composé qu'autant qu'il est présent. Le tribunal où siège le ministère public ne peut donc donner contre lui défaut faute de comparaître. Mais, s'il ne prend aucunes conclusions dans l'affaire, il y a lieu à un jugement de défaut faute de conclure (V. *Rép.* n° 98. V. aussi Debacq, *Action du min. publ.*, p. 147).

75. 3° Contrairement au principe formulé en l'art. 130 c. proc. civ., aux termes duquel toute partie qui succombe est condamnée aux dépens, le ministère public échappe à cette condamnation, comme aussi à toute condamnation à des dommages-intérêts, aux amendes de fol appel, aux consignations exigées des parties qui veulent se pourvoir en cassation ou suivre la voie de la requête civile. En ce dernier cas, le ministère public n'a pas non plus à faire la production de la consultation préalable à laquelle est subordonnée, d'après l'art. 495 c. proc. civ., la recevabilite de la requête civile introduite par un simple particulier (V. *Rép.* n°s 98 et 100; *infrà*, v° *Frais et dépens; Rép.* eod. v°, n°s 53 et suiv., 1024 et suiv.; V. aussi Debacq, *Action du min. publ.*, p. 147, 148).

76. 4° Dans les cas où il est partie principale, le ministère public à la faculté d'user des voies de recours contre les jugements rendus : il n'en est pas de même quand il est partie jointe (V. *Rép.* n° 89). Par application de ce principe, il a été jugé que le ministère public peut se pourvoir contre les décisions rendues par les tribunaux correctionnels en matière de douanes, parce qu'il est, dans ces matières, partie principale et non pas partie jointe (Crim. cass. 19 juill. 1873, aff. Terbis, *Bull. crim.*, n° 206).

77. 5° Il peut interjeter appel ou se pourvoir en cassation contre un jugement ou un arrêt qui a accueilli ses propres conclusions. L'erreur ou la négligence du représentant de la société ne peut porter préjudice à l'intérêt d'ordre public qu'il avait la charge de sauvegarder (V. *Rép.* n° 99). Aux arrêts rapportés au *Répertoire*, on ajoutera les suivants, qui consacrent la doctrine ci-dessus exposée : Colmar, 16 mai 1860, aff. De Coëhorn, D. P. 60. 2. 140; Metz, 31 juill. 1860, aff. De Marguerie, D. P. 60. 2. 137; Paris, 22 févr. 1861, aff. Cartauld, D. P. 61. 2. 41; Nîmes, 6 mai 1861, aff. De Séguins-Vassieux, D. P. 62. 2. 18; Paris, 12 juill. 1867, aff. Pinet, D. P. 67. 2. 121; Colmar, 19 mai 1867, aff. Ostermann, D. P. 68. 2. 225 (V. aussi Mangin, *Action publique*, t. 1, p. 63; Rousseau et Laisney, *Dict. de proc. civ.*, v° *Ministère public*, n° 1379; Debacq, *Action du min. publ.*, p. 134).

78. 6° Le ministère public peut interjeter appel ou se pourvoir en cassation contre une décision judiciaire, nonobstant l'acquiescement qu'il y aurait d'abord donné. Il n'a pas en effet la disposition des droits qui font l'objet du débat et qui touchent à l'ordre public (V. Debacq, *Action du min. publ.*, p. 136).

79. 7° Ces mêmes voies de recours peuvent être introduites par le ministère public alors même qu'il aurait d'abord laissé exécuter la décision qu'il attaque. L'exécution est, en effet, un acquiescement tacite, qui ne peut avoir plus d'efficacité que s'il était formellement exprimé (V. en ce sens : Nîmes, 6 mai 1861, aff. De Séguins-Vassieux, D. P. 62. 2. 18; Debacq, *Action du min. publ.*, p 137).

80. 8° L'appel et le pourvoi en cassation sont ouverts au ministère public, dans les matières où il peut prendre qualité de partie principale, alors même qu'il n'y serait intervenu que comme partie jointe. En effet, son inaction n'a pu avoir pour effet de compromettre l'intérêt général dont il a la garde (V. conf. Merlin, *Rép.*, v° *Mariage*, sect. 6, § 3; Ortolan et Lebeau, *Ministère public*, t. 1, p. 101; Debacq, *Action du min. publ.*, p. 139; Massabiau, *Man. du min. publ.*, 4e éd., t. 1, n° 597). Ainsi jugé : Req. 2 déc. 1851, aff. Saget, D. P. 52. 1. 81; Metz, 31 juill. 1860, aff. De Marguerie, D. P. 60. 2. 138; Colmar, 13 mai 1860, aff. De Coëhorn, D. P. 60. 2. 142; Agen, 26 juin 1860, aff. N..., D. P. 60. 2. 141; Paris, 22 févr. 1861, aff. Cartault, D. P. 61. 2. 41; Paris, 3 juin 1867, aff. Ardigo, D. P. 67. 2. 97; Colmar, 19 mai 1867, aff. Ostermann, D. P. 68. 2. 225; Req. 28 nov. 1877, aff. Leproux, D. P. 78. 1. 209; C. cass. Belgique, 5 mai 1881, aff. De Monge, D. P. 81. 2. 241; Chambéry, 7 févr. 1885, aff. De Viry, D. P. 85. 2. 241).

Deux autres arrêts (Montpellier, 10 mai 1859, aff. De Carsenac-Bourrau, D. P. 60. 2. 143 ; Dijon, 11 mai 1860, aff. Du Crest, D. P. 60. 2. 144) ont refusé au ministère public le droit d'appeler des jugements rendus en matière de rectification d'actes de l'état civil, et alors qu'il n'était intervenu dans les instances en rectification que comme partie jointe. Mais ces arrêts ne contredisent pas la doctrine ci-dessus énoncée. Ils la confirment plutôt, si l'on en étudie les motifs. Si, en effet, les cours de Montpellier et de Dijon ont refusé au ministère public la faculté d'interjeter appel, c'est parce qu'elles ont jugé que, dans l'espèce, le droit d'agir d'office ne lui appartenait pas. Ces décisions se rapportent ainsi exclusivement à la controverse relative à la question de savoir en quelles matières le ministère public peut prendre la qualité de partie principale (V. Debacq, *op. cit.*, p. 143). — Il a été jugé, toutefois, que dans les cas exceptionnels où le ministère public a reçu, en matière civile, le droit d'agir comme partie principale, il n'a cette qualité et ne peut, par conséquent, former un pourvoi en cassation, que contre les décisions qu'il a provoquées par l'exercice du droit d'action que lui a conféré la loi spéciale, et non contre celles où il n'est intervenu que par voie de réquisitions sans y joindre le rôle de partie principale (Civ. cass. 5 nov. 1884, aff. Laugier, D. P. 85. 1. 81).

Il est à noter que l'appel peut être interjeté par le procureur général du ressort, aussi bien que par le procureur de la République du tribunal qui a rendu le jugement (Chambéry, 7 févr. 1885, précité). Cette proposition n'est qu'une conséquence de la précédente, combinée avec le principe de l'unité du ministère public.

81. 9° La doctrine qui reconnaît au ministère public les droits d'appeler et de se pourvoir en cassation, alors même qu'il ne s'est pas porté partie principale devant la juridiction dont il prétend attaquer la décision, doit se préoccuper de déterminer le délai dans lequel il pourra exercer son droit. Au cas où le ministère public intervient comme partie principale, il reçoit signification des jugements ou arrêts qui peuvent être rendus. Cette signification fait courir les délais accordés par la loi pour l'usage des voies de recours.

Mais la signification cesse d'avoir lieu quand il ne prend pas la qualité de partie principale au procès. S'ensuit-il qu'aucun délai ne lui est imparti pour élever ses protestations ? Cette solution est indiquée dans les motifs d'un arrêt (Douai, 18 août 1860, aff. De Laplane, D. P. 60. 2. 215). « Dans l'état des choses, dit cet arrêt, et en l'absence de signification du jugement, le droit d'appel reste toujours ouvert au ministère public, puisqu'on ne peut, par analogie, créer une déchéance du droit d'appel que le législateur n'a pas édictée ». M. Debacq, *op. cit.*, p. 144, s'élève justement contre cette doctrine qui est inconciliable avec le principe d'ordre public d'après lequel, après un certain temps jugé utile pour l'examen des décisions judiciaires, ces décisions ne peuvent plus être critiquées et de nouveau mises en discussion. Du moins, si la décision peut être déférée par le ministère public à des juges supérieurs une fois les délais légaux écoulés, ce n'est plus que dans l'intérêt de la loi et sans qu'il puisse en ressortir aucun dommage pour les intéressés. En conséquence il y a certainement lieu de maintenir à l'encontre du ministère public la nécessité de faire appel ou de se pourvoir dans les délais de la loi. En l'absence de signification, ils seront comptés du jour du jugement ou de l'arrêt qui est, d'ailleurs, rendu en présence du ministère public. Cette solution résulte de plusieurs arrêts de la cour de cassation et des cours d'appels (Civ. rej. 22 janv. 1862, aff. Dartaud, D. P. 62. 1. 5; Metz, 31 juill. 1860, aff. De Marguerie, D. P. 60. 2. 137; C. cass. Belgique, 5 mai 1881, aff. De Monge, D. P. 81. 2. 241. V. conf. Debacq, *op. cit.*, p. 146).

82. 10° Dans les matières mêmes où la loi confère au ministère public le droit d'agir comme partie principale, elle ne lui impose pas l'action ; elle s'en remet à son appréciation de l'opportunité de l'exercer. Cependant, par une dérogation unique à ce principe, il est tenu de poursuivre l'interdiction de ceux qui sont en état habituel de fureur, lorsque les personnes investies par la loi des pouvoirs nécessaires négligent de les faire interdire (V. Debacq, *op. cit.*, p. 149).

83. La règle énoncée au numéro précédent s'entend des seules hypothèses où le ministère public agit en son nom propre. Il est, en d'autre cas, mandataire obligé de certaines personnes. La situation est alors bien différente et l'on ne peut le laisser disposer à son gré des droits dont se réclame le mandant. La réquisition de celui-ci l'obligera à agir. Il en est ainsi, notamment, quand le ministère public présente aux tribunaux, au nom du préfet, le réquisitoire d'expropriation, en matière d'expropriation pour utilité publique ; ... le déclinatoire de compétence, en matière de conflit ; ... au nom de l'évêque, la demande de reddition des comptes des trésoriers des conseils de fabrique ; ... au nom des personnes ayant intérêt à la conservation de la preuve d'un mariage, la poursuite contre les héritiers de l'officier de l'état civil ou de tout autre individu qui a compromis cette preuve par un délit ou un crime (V. Debacq, *op. cit.*, p. 149 et suiv.).

84. 11° Le caractère de représentant de la société que revêt le ministère public agissant par voie d'action principale n'entraîne pas cette conséquence que la chose jugée pour ou contre lui soit jugée pour ou contre toutes autres personnes qui y auraient intérêt. La société est distincte des particuliers qui la composent, et dont chacun, loin de s'absorber en elle, peut avoir des intérêts et des droits contraires à ceux de la collectivité. Les tiers non compris dans l'instance sont donc hors de la portée du jugement rendu et peuvent soulever à nouveau la question débattue entre le ministère public et son contradicteur, sans violer l'autorité de la chose jugée. Mais, quand le ministère public agit comme mandataire, son mandant est lié par les décisions qu'il obtient.

85. 12° De même que le ministère public ne compromet pas les droits et les intérêts des particuliers qui demeurent étrangers à l'instance où il est engagé, de même, par une juste réciprocité, les particuliers ne peuvent entraver son action par la manière dont ils procèdent eux-mêmes.

Un arrêt (Paris, 12 juill. 1867, aff. Pinet, D. P. 67. 2. 123) semble toutefois contredire cette doctrine en décidant que, « dans le cas où l'ordre public se confond à une question d'intérêt privé débattue contradictoirement en justice par les intéressés, l'action du ministère public est sans intérêt et par conséquent non recevable ». — Cet arrêt a été critiqué par M. Debacq, *op. cit.*, p. 153, par ce motif que l'ordre public ne peut se confondre avec une question d'intérêt privé, et que les particuliers, par leurs actes, ne peuvent empêcher d'agir le ministère public que la loi investit de ce pouvoir. Il y a donc lieu, d'après cet auteur, si deux actions parallèles s'exercent, à suivre l'une et l'autre, et il invoque, à l'appui de son opinion, un autre arrêt de la cour (Paris, 30 juin 1877, aff. Vidal, D. P. 78. 2. 6) qui reconnaît au ministère public le droit d'intervenir comme partie principale dans une instance formée par un mari en nullité d'un deuxième mariage contracté par sa femme divorcée d'avec lui en pays étranger. — Les critiques formulées par M. Debacq contre l'arrêt du 12 juill. 1867 méconnaissent un principe qui domine toute la procédure, à savoir qu'il faut un intérêt pour qu'il y ait une action. On voit de suite que la décision de la cour de Paris fera place à une décision tout opposée, si l'on voit naître un intérêt. Aussi ne faudrait-il pas en conclure que le ministère public devrait s'abstenir, par cela seul qu'il y aurait un appel de la partie. En effet, tout appelant est maître de son appel; il a donc le droit de s'en désister. D'ailleurs, l'appel peut être irrégulier. Dans ces cas, le ministère public resterait désarmé, si, de son côté, il n'avait pas pris le soin d'appeler, et si les délais d'appel, qui ont couru contre lui, aussi bien que contre la partie, se trouvaient expirés. Il doit donc être admis à user de son droit d'appel, malgré l'appel que la partie a pu ou pourra former, sauf aux juges à déclarer qu'il n'y a pas lieu de statuer sur l'appel du ministère public, lorsqu'ils seront restés régulièrement saisis, entre les parties intéressées, de la question d'ordre public, qu'ils trancheront alors en présence du ministère public conservant son rôle de partie jointe. C'est ce qui est arrivé dans l'affaire qui a donné lieu à l'arrêt précité de la cour de Paris. Mais l'appel du ministère public ne devrait pas être frappé de la même fin de non-recevoir, si celui de la partie était suivi de désistement ou déclaré irrégulier. Cet appel sera donc toujours une mesure utile, même en présence de celui de la partie, puisqu'il deviendra efficace s'il arrive que l'appel de la partie ne conserve pas son effet.

86. 13° Il est de principe que le ministère public, quand il agit comme partie principale et d'office, ne peut être récusé (Crim. cass. 30 juill. 1847, aff. Cour de Pondichéry, D. P. 47. 1. 320; 18 août 1860, aff. Burlot, D. P. 60. 1. 470; Crim. rej. 2 mai 1867, aff. Noharie, D. P. 67. 1. 367; Civ. rej. 1er août 1872, aff. Bonnin, D. P. 72. 1. 278). Il a été jugé, en conséquence : 1° que le tribunal de police n'a pas à s'arrêter devant une récusation exercée contre le maire, poursuivant comme ministère public une contravention aux règlements municipaux (Crim. cass. 14 févr. 1811, aff. Jaubert, *Bull. crim.*, n° 17); 2° Que le procureur de la République, qui estime devoir s'abstenir dans une affaire, peut se faire remplacer par son substitut, mais que le tribunal correctionnel n'a pas à connaître des motifs de cette abstention (Crim. cass. 28 janv. 1830, aff. Trib. de Céret, *Bull. crim.*, n° 27).

87. 14° En matière civile, le ministère public, qu'il agisse comme partie principale ou comme partie jointe, et alors même que la cause plaidée n'est pas une affaire communicable, assiste aux audiences. Ses conclusions, quand il en donne, doivent être lues ou prononcées oralement, et non pas seulement déposées écrites sur le bureau du tribunal. Plusieurs décisions ont été annulées par le motif que le ministère public s'était contenté de soumettre ses conclusions écrites aux juges (V. *Rép.* nos 102-104). En matière criminelle, il y a lieu d'établir une distinction : devant les juridictions d'instruction, il doit donner ses conclusions par écrit, et n'est pas tenu de les formuler verbalement; devant les juridictions de jugement, les conclusions doivent être données oralement (V. *Rép.* n° 104).

88. 15° La question de savoir dans quelles limites doit se renfermer l'officier du ministère public quand il porte la la parole comme partie jointe, est discutée et résolue au *Rép.* nos 91 et suiv. Comme on l'a vu *suprà*, n° 71, il est de principe que le ministère public qui porte la parole en qualité de partie jointe n'a pas le droit de prendre des conclusions d'office, et doit se borner à donner son avis sur celles qui ont été prises par les parties. C'est par là que son rôle, comme partie jointe, diffère de son rôle comme partie principale. Ce principe ne souffre exception que lorsqu'il s'agit d'un moyen d'ordre public qui n'aurait pas été relevé par les parties. On admet généralement que le ministère public peut le proposer d'office (V. *Rép.* nos 91 et suiv. V. aussi Chauveau sur Carré, *Lois de la procédure*, t. 1, quest. 414; Ortolan et Ledeau, *Ministère public*, t. 3, p. 308). Il a cependant été jugé que le ministère public, défenseur légal des intérêts des mineurs, peut proposer d'office tous les moyens qu'il croit propres au maintien de leurs droits (Bruxelles, 26 juin 1832, cité au *Rép.* n° 93); mais cette décision est isolée et la jurisprudence s'est depuis longtemps prononcée dans le sens qui vient d'être indiqué (Civ. cass. 18 prair. an 7, cité au *Rép.* n° 91 ; Poitiers, 16 déc. 1829, cité *ibid.*, v° *Acquiescement*, n° 129; Req. 26 avr. 1831, cité *ibid.*, v° *Compte*, n° 154; 31 janv. 1832, cité *ibid.*, v° *Appel civil*, n° 101).

Un arrêt de la cour de Poitiers paraît s'être écarté de la jurisprudence et de la doctrine dominante, en décidant que lorsqu'un tribunal est saisi de la demande d'homologation du partage d'une succession testamentaire échue pour partie à des mineurs, et que l'exécuteur testamentaire nommé par le testateur refuse les fonctions qui lui sont confiées, le ministère public peut conclure à la désignation d'une autre personne chargée d'accomplir les mesures ordonnées par le testateur dans l'intérêt desdits mineurs, pourvu que cette personne ne reçoive ni le titre ni les pouvoirs d'un exécuteur testamentaire; qu'il en est surtout ainsi, alors qu'il est constaté, en fait (et les appréciations du fait sont souveraines sur ce point), que le testateur n'avait pas subordonné l'accomplissement des mesures par lui prescrites, soit à l'existence, soit à l'acceptation de l'exécuteur testamentaire par lui désigné (Poitiers, 17 janv. 1870, sous Civ. rej. 3 janv. 1872, aff. Baraton, D. P. 72. 1. 241). — On voit, cependant, si l'on se réfère aux motifs de l'arrêt, qu'il serait téméraire de donner à cette décision une portée aussi considérable que la reconnaissance du droit du ministère public de soulever une question nouvelle devant le tribunal ou la cour, dans l'intérêt des mineurs. On y lit en effet que « si le ministère public était plus spécialement appelé par la loi, à raison de la minorité de deux des parties, à prendre communication de l'affaire et à donner ses conclusions, il faut reconnaître néanmoins, que, ne s'agissant que d'intérêts purement privés, il ne lui aurait point appartenu d'introduire, même incidemment, dans les débats, un litige qui n'y était point compris; mais que son droit d'examen et celui de proposition qui en était la conséquence, quel que soit le nom qu'il convienne de lui donner, avaient la même étendue que le pouvoir d'appréciation du tribunal ».

89. 16° Aux termes de l'art. 84 du décret du 28 mars 1808, « lorsque celui qui remplit le ministère public ne portera pas la parole sur-le-champ, il ne pourra demander qu'un seul délai, et il en sera fait mention sur la feuille d'audience ». Il a été jugé, sur ce point, que, dans le cas où le ministère public demande un renvoi pour donner ses conclusions dans une affaire civile, aucune disposition de loi n'exige, à peine de nullité, que le jour où il sera entendu soit déterminé à l'avance d'une manière fixe et invariable (Req. 14 mars 1888, aff. Colisson, D. P. 88. 1. 271). — Dans cette affaire, on soutenait, à l'appui du pourvoi, que la non-indication fixe du jour où le ministère public doit être entendu est susceptible de nuire aux droits de la défense, en la privant de la possibilité d'user de la faculté que lui accordent les art. 111 c. proc. civ. et 87 du décret du 30 mars 1808, de remettre, après les conclusions, et « sur-le-champ », de simples notes aux juges de la cause. La chambre des requêtes ne s'est pas arrêtée à cette considération. Du moment, en effet, où l'affaire est renvoyée « à la première audience utile, avec le ministère public », c'est aux avoués des parties qu'il appartient de veiller et de s'enquérir, afin d'être à même d'entendre les conclusions, et d'y répondre par des notes, le cas échéant. C'est ainsi que les choses se passent toujours dans la pratique, et en réalité les droits de la défense sont sauvegardés — Il avait déjà été décidé, dans le même sens, que l'audition du ministère public à une audience autre que celle fixée par une décision précédente n'est pas une cause de nullité (Req. 9 mai 1855, aff. Muiton, D. P. 55. 1. 228).

90. 17° Quand le ministère public agit comme partie principale, la partie adverse a toujours le droit de lui répliquer. Quand il intervient aux débats comme partie jointe, la clôture des débats suit immédiatement ses conclusions. Cette injonction du décret de 1808 a reçu toutefois quelques tempéraments. Il a été jugé, notamment, qu'un témoin, entendu à l'audience, peut être rappelé, même après les conclusions du ministère public, pour fournir des explications à l'appui de sa déposition : il n'y a pas là infraction à l'art. 87 du décret du 30 mars 1808, dont l'observation n'est pas, d'ailleurs, prescrite à peine de nullité (Req. 19 nov. 1862, aff. Forgemolle, D. P. 63. 1. 170). Décidé dans le même sens qu'après l'audition du ministère public, il est encore permis aux parties de signifier des conclusions ne renfermant que des éclaircissements et des justifications à l'appui de conclusions prises précédemment (V. Req. 9 juill. 1838, cité au *Rép.* v° *Conclusions*, n° 59).

Au contraire, il a été jugé que les conclusions prises, en matière civile, après l'audition du ministère public et la mise en délibéré, ne sont plus recevables, lors même qu'elles tendraient à l'admission de la preuve testimoniale (Bourges, 31 déc. 1849, aff. Fravaton, D. P. 54. 2. 196). Il suffirait, pour qu'il en fût ainsi, que les conclusions du ministère public fussent prises alors même que la mise en délibéré n'aurait pas été annoncée, si, du moins, les conclusions des parties étaient vraiment nouvelles et n'étaient pas seulement, comme au cas ci-dessus indiqué, de simples éclaircissements ou justifications.

91. 18° Quand le ministère public porte la parole dans une affaire quelle qu'elle soit, le nom du magistrat qui a été entendu doit être mentionné dans le jugement (V. *Rép.* n° 110).

92. Le ministère public est investi de la mission de faire exécuter les jugements et arrêts rendus en matière criminelle ou dans les causes qui touchent à des intérêts sur lesquels doit s'exercer sa surveillance (V. ce qui est dit, sur ce point, au *Rép.* n° 111).

93. Si, dans l'accomplissement de leurs fonctions, les

officiers du ministère public commettent des erreurs, ils n'en sont pas responsables. Dans les cas où, ayant agi frauduleusement, ils auraient engagé leur responsabilité, on procède contre eux, comme contre les juges, par la voie de la prise à partie; et, s'ils ont commis quelque infraction à la loi pénale, ils jouissent des mêmes privilèges de juridiction que la loi a établis en faveur des juges (V. *Rép.* nos 112 et 113).

Art. 6. — *Fonctions du ministère public en matière civile* (*Rép.* nos 114 à 220).

§ 1er. — Des causes communicables au ministère public, aux termes de l'art. 83 c. proc. civ. (*Rép.* nos 115 à 172).

94. D'après un arrêt (Req. 25 avr. 1833) rapporté au *Rép.* n° 121, on doit, en l'absence d'énonciations formelles du jugement ou de l'arrêt, présumer qu'il n'y a pas eu communication de la cause au ministère public. — Mais il a été jugé depuis, sur ce point, que la mention, dans un jugement, que le ministère public a déclaré s'en rapporter à la prudence du tribunal, établit suffisamment que la cause lui a été communiquée (Crim. rej. 26 juill. 1854, aff. Fillâtre, D. P. 54. 1. 303).

95. De même qu'au *Répertoire*, on reprendra successivement les différents cas où la communication au ministère public est exigée par l'art. 83. c. proc. civ., en fournissant les explications nouvelles qu'appellent chacun de ces cas.

96. — I. Ordre public. — Aux termes de l'art. 83 c. proc. civ. : « seront communiquées au procureur de la République les causes suivantes : celles concernant l'ordre public »... Il ne s'agit plus de savoir si le ministère public peut ou non procéder d'office et comme partie principale dans les causes où l'ordre public est engagé. Cette question a été examinée, *suprà*, nos 59 et suiv. Le code de procédure civile exige qu'il prenne des conclusions dans ces affaires, lorsqu'il intervient comme partie jointe. Déterminer les cas où l'ordre public est engagé n'est pas chose facile. Mais le ministère public agira prudemment en fournissant ses conclusions sur toutes questions d'un intérêt général. Son rôle ne peut être que profitable, et l'on ne saurait en appréhender aucun des inconvénients redoutés par les partisans de la doctrine qui refuse au ministère public le droit d'agir comme partie principale en ces matières. En concluant, le ministère public ne fait surgir aucun débat; il donne aux juges des lumières nouvelles, et il supprime un moyen de recours que l'on pourrait déduire de ce qu'en une affaire prétendue communicable, il n'y aurait pas eu de communication. On a enregistré au *Rép.* nos 128 et suiv. une série de décisions de jurisprudence sur la question de savoir en quel cas l'ordre public est intéressé.

97. — II. Domaine. — C'est le préfet qui est le représentant légal du Domaine. Mais il peut charger le ministère public de ses intérêts, et celui-ci est alors tenu de faire, comme mandataire du préfet, les actes nécessaires. Toutefois, dans les conclusions qu'il formule, il jouit de toute son indépendance. Une lettre officielle du préfet suffit pour lui conférer le droit et le devoir d'intervenir comme partie principale dans les affaires du Domaine, comme son mandataire : les pièces utiles au procès et les instructions convenables lui seront transmises en même temps. Il en accuse réception, veille à leur conservation et à l'expédition de l'affaire. — Le préfet peut confier à un avoué la cause du Domaine, et le ministère public n'a plus alors que la qualité de partie jointe dans l'instance (V. *Rép.* nos 133 et suiv).

98. — III. Communes et établissements publics. — V. *Rép.* nos 139-140.

99. — IV. Dons et legs au profit des pauvres. — V. *Rép.* nos 141-142.

100. — V. État des personnes. — V. *Rép.* n° 143 et *suprà*, nos 69-8° et suiv.

101. — VI. Tutelles. — V. *Rép.* n° 144.

102. — VII. Déclinatoires pour cause d'incompétence. — V. *Rép.* nos 145 à 150.

103. — VIII. Règlements de juges, récusations et renvois pour parenté et alliance. — V. *Rép.* n° 151.

104. — IX. Récusation. — V. *Rép.* n° 152.

105. — X. Prises a partie. — V. *Rép.* n° 153.

106. — XI. Femmes mariées (*Rép.* nos 154 à 159). — Les causes intéressant les femmes mariées ne sont communicables que lorsqu'elles ne sont pas autorisées par leurs maris, ou lorsque, autorisées, il s'agit de leur dot, et qu'elles sont mariées sous le régime dotal. — On a posé au *Rép.* n° 159 la question de savoir si la cause doit être communiquée lorsqu'il s'agit de la dot mobilière de la femme mariée sous le régime dotal, ou des immeubles dotaux déclarés inaliénables et on l'a résolue affirmativement, par le motif que les termes de l'art. 83 sont généraux et ne comportent aucune distinction. Il a été décidé, en sens contraire, que les demandes concernant les biens dotaux d'une femme, déclarés aliénables, sans condition de remploi, par le contrat de mariage des époux, ne sont pas sujettes à communication au ministère public : ici ne s'applique pas l'art. 83, § 6, c. proc. civ. (Grenoble, 12 févr. 1846, aff. Rigaud, D. P. 46. 2. 237). Aux auteurs déjà cités au *Rép.* n° 159, on ajoutera Tessier, *De la dot*, t. 1, n° 596, et Garsonnet, *Cours de procédure*, t. 1, n° 87, p. 348, qui se rallie à ce dernier système. V. dans le sens de l'opinion soutenue au *Répertoire* : Rodière, *Cours de compétence et de procédure*, t. 1, p. 231.

107. — XII. Mineurs. — V. *Rép.* nos 160 à 165.

108. — XIII. Causes défendues par un curateur. — V. *Rép.* nos 166 à 168.

109. — XIV. Absence. — V. *Rép.* nos 169 à 171.

110. — XV. Communication d'office. — V. *Rép.* nos 171 à 172.

§ 2. — Des causes dans lesquelles doit intervenir le ministère public aux termes des diverses dispositions du code civil, du code de procédure civile et des lois spéciales (*Rép.* nos 173 à 211).

111. — I. Actes de l'état civil (*Rép.* nos 173-174). — Le ministère public intervient dans les matières d'état civil de plusieurs manières : 1° il donne aux maires toutes instructions utiles dans les cas où ceux-ci le consultent sur quelque difficulté relative à leurs fonctions d'officiers de l'état civil; — 2° Les procureurs de la République vérifient, chaque année, les registres de toutes les communes de leur arrondissement; — 3° Le ministère public a un droit d'action principale pour faire rectifier les erreurs qu'il relève dans les actes et qui touchent à l'ordre public; il intervient de la même manière pour la rectification des actes concernant des indigents ou des militaires. Il donne des conclusions dans les affaires qu'il ne suit pas d'office; — 4° Il requiert l'application des peines d'amendes encourues par les officiers négligents, aux cas prévus par le code civil, devant les tribunaux civils; — 5° Il exerce les poursuites criminelles ou correctionnelles auxquelles donnent lieu les crimes et délits commis en ces matières.

112. La vérification annuelle des registres de l'état civil, prescrite par l'ordonnance du 26 nov. 1823, peut être effectuée par les substituts et juges suppléants attachés au parquet, et encore, dans les cantons autres que celui du siège du tribunal et à moins de prescriptions contraires des parquets généraux, par les juges de paix des cantons. Les travaux des juges de paix sont revisés au parquet d'arrondissement.

La vérification doit porter sur les deux doubles des registres; à cet effet, chacun des deux doubles est successivement adressé aux magistrats chargés de la revision. La vérification doit être terminée avant la fin d'avril : procès-verbal en est dressé, et des lettres particulières envoyées à chaque maire font connaître à ces officiers les contraventions relevées dans la tenue des registres de leur commune, afin d'en éviter le retour. Aux procès-verbaux de vérification, on joint un tableau du mouvement de la population par communes, cantons et arrondissements, par la comparaison des naissances et des décès. On établit enfin, comme annexe, un tableau des membres civils de la Légion d'honneur, décédés dans l'année. Le procureur général, dans chaque ressort, centralise les travaux des parquets de première instance, les revise et présente un rapport d'ensemble à la chancellerie. (V. Vallet et Montagnon, *Man. des mag. du parq.* nos 944 et suiv.).

113. Cette vérification périodique et d'ensemble n'est pas la seule à laquelle il est procédé. Aux termes de l'art. 5 de l'ordonnance du 26 nov. 1823, les procureurs de la République et les juges de paix sur une délégation des procureurs peuvent faire des vérifications partielles sur place. Il ne sera, toutefois, alloué aux uns comme aux autres d'indemnité de transport qu'autant que le magistrat qui s'est transporté aura agi en vertu de l'ordre ou de l'autorisation préalable du procureur général (art. 1 et 5 Ordonn. 10 mars 1825).

114. En ce qui concerne la correspondance que les officiers du parquet ont à entretenir avec les maires, les poursuites qu'ils ont à exercer devant les juridictions civiles et répressives, V. *suprà*, v° *Actes de l'état civil* n°s 109 et suiv.; *Rép.* n°s 83 et suiv., 435 et suiv. — Quant à l'indication des hypothèses où le ministère public agit d'office pour la rectification des actes de l'état civil, V. *suprà*, n°s 65 et suiv.

115. — II. Adoption (*Rép.* n° 175, art. 343-360 c. civ.; Vallet et Montagnon, *Man. des mag. du parq.*, n° 905). — Une expédition de tout acte d'adoption est adressée au procureur de la République dans les dix jours de sa date. Ce magistrat vérifie si les conditions légales sont remplies et se renseigne sur la moralité des parties. Il expose l'affaire au tribunal réuni en chambre de conseil, qui statue sur l'homologation à donner au contrat. Il transmet sans retard le dossier à la cour qui rend son arrêt dans le délai d'un mois, en suivant les mêmes formes.

116. — III. Aliénés (*Rép.* n° 176). — Le ministère public a des attributions multiples tendant à la protection des aliénés dans leur personne et dans leur fortune :

1° Il a sous sa surveillance les établissements départementaux et les établissements privés d'aliénés. Il doit se rendre dans les premiers tous les six mois, dans les seconds tous les trois mois. Il se fait représenter les registres tant des placements ordonnés par l'autorité publique que des placements volontaires; il vise ces registres et y consigne ses observations. Il visite l'établissement et se fait connaître des malades pour provoquer leurs réclamations, s'il y a lieu; il s'aide, s'il en est besoin, des avis d'un médecin. Il adresse enfin un rapport au procureur général. Pour cette visite, il a droit à l'indemnité de transport, s'il s'est rendu en un lieu distant de plus de 5 kilomètres de sa résidence (Décr. 18 juin 1811 art. 88). Mais une circulaire du garde des sceaux du 28 mai 1884 prescrit, pour le cas où des poursuites judiciaires auront suivi la visite, de comprendre l'indemnité de transport dans les frais de poursuite;

2° Toute entrée dans un établissement public ou privé d'aliénés et toute sortie de l'asile sont notifiées par le préfet au procureur de la République de l'arrondissement où il se trouve (L. 30 juin 1838 art. 10 et 22). Le procureur de la République a l'obligation de s'informer de suite, après toute notification d'entrée, des causes du placement, de l'état de l'aliéné, de sa situation de famille. Il s'adresse, à ces fins, aux juges de paix ou à ses collègues des arrondissements où étaient domiciliés en dernier lieu les aliénés dont il s'enquiert. Il examine, d'après les renseignements obtenus, s'il y a lieu de provoquer quelque mesure pour la sauvegarde des intérêts de l'aliéné. Les mesures qu'il peut prendre sont: A. La nomination d'un administrateur provisoire, si la commission administrative de surveillance de l'hospice ne peut ou ne veut accepter cette mission. En ce cas, le procureur de la République fait convoquer le conseil de famille, se fait remettre une expédition de sa délibération et présente requête. Si une hypothèque est constituée sur les biens de l'administrateur, le procureur de la République veille à ce que son inscription ait lieu dans la quinzaine (L. 30 juin 1838, art. 34); — B. La nomination d'un mandataire spécial pour représenter l'aliéné en justice (art. 33, même loi); — C. La nomination d'un curateur à la personne et aux biens de l'aliéné (art. 38 même loi). — Le procureur de la République a qualité pour demander au tribunal d'ordonner la sortie d'un individu enfermé dans un asile d'aliénés. Les frais d'exécution du jugement sont payés sur les fonds de l'intéressé soit que le préfet, après entente avec le procureur de la République, ordonne ce payement, ou que le Trésor les avance *en débet*, quitte à en poursuivre ensuite le recouvrement. En ce dernier cas, le procureur de la République adresse les réquisitions utiles au directeur de l'établissement pour qu'il permette et surveille le transfèrement, et au chemin de fer pour le transport gratuit (V. Vallet et Montagnon, *op. cit.*, n°s 898, et suiv.).

117. — IV. Assistance judiciaire (V. *infrà*, v° *Organisation judiciaire ;* — *Rép.* eod. v°, n°s 747 et suiv.). — Les causes introduites sous le bénéfice de l'assistance judiciaire sont communicables au ministère public (L. 22-30 janv. 1851, art. 15). Ce n'est pas le seul rôle qu'il ait en cette matière. Il est l'intermédiaire entre le public et le bureau d'assistance judiciaire. Il reçoit des demandeurs leurs pièces, les vérifie, les fait régulariser; il est d'usage, dans les parquets les mieux organisés, de recueillir des renseignements auprès des juges de paix ou des receveurs d'enregistrement sur la vraie situation de fortune des requérants et même sur la valeur de leur demande, et de joindre ces documents aux pièces légales. La demande est enregistrée et le dossier transmis au bureau. Dans les arrondissements où les réunions ne sont pas périodiques, il appartient au procureur de la République d'aviser le président du bureau de l'opportunité d'une réunion, quand il y échet. La correspondance nécessitée par le service judiciaire se fait sous le couvert du parquet. — Les décisions par lesquelles le bureau refuse l'assistance judiciaire sont susceptibles de réformation. C'est au procureur général du ressort que la protestation doit être soumise. Ce magistrat prend l'avis du procureur de la République qui recueille les pièces utiles et établit un rapport. Le procureur général apprécie, d'après ces documents, s'il y a lieu ou non de saisir le bureau d'assistance établi près la cour.

L'art. 9 de la loi des 22-30 janv. 1851 détermine clairement dans quels cas et de quelle manière intervient le ministère public lorsque l'assistance judiciaire est réclamée pour user des voies de l'appel et du recours en cassation (V. *Rép.* v° *Organisation judiciaire,* n° 766).

118. — V. Bretagne (Terres vaines et vagues). — V. *Rép.* n° 177.

119. — VI. Brevets d'invention. — V. *Rép.* n° 178.

120. — VII. Cession de biens. — V. *Rep.* n° 179.

121. — VIII. Changement ou addition de nom. — Les demandes en changement ou addition de nom sont adressées au chef de l'État par intermédiaire des officiers du parquet. Le procureur de la République réunit les pièces à produire, les vérifie, en forme un dossier et y joint un rapport contenant son avis personnel. Le procureur général fait parvenir ces documents à la chancellerie (V. *infrà*, v° *Nom;* — *Rép.* eod. v°, n°s 27 et suiv.).

122. — IX. Contributions indirectes et allumettes chimiques. — V. *Rép.* n° 180; *suprà*, v° *Impôts indirects*, n°s 87 et suiv.

123. — X. Conflits. — V. *Rép.* n° 181.

124. — XI. Distribution par contribution. — V. *Rép.* n° 186.

125. — XII. Elections (*Rép.* n° 182). — En matière d'élections politiques, les magistrats du parquet n'ont pas à intervenir, sinon pour signaler à l'autorité compétente les incapacités qui résultent des condamnations prononcées par les tribunaux répressifs près lesquels ils occupent et pour poursuivre les infractions commises.

1° Il existe, dans chaque sous-préfecture, un casier électoral destiné à révéler les incapacités électorales des citoyens originaires de l'arrondissement. Toutes les fois qu'un individu est frappé d'une condamnation entraînant une capacité électorale, le greffier, en même temps qu'il rédige le bulletin n° 1 qui doit prendre place au casier judiciaire, établit un duplicata. Les incapacités électorales sont indiquées dans un tableau annexé au décret organique du 2 févr. 1852 (D. P. 52. 4. 49). On établit pareillement un duplicata des condamnations prononcées pour rupture de ban; elles ne créent pas d'incapacité électorale, à vrai dire, mais elles supposent une incapacité préexistante qui a pu échapper à l'Administration et qu'il convient de lui rappeler. Le procureur de la République fait dresser et vérifie ces duplicata et les transmet aux sous-préfets des arrondissements d'origine des condamnés.

2° La poursuite des infractions en matière électorale donne lieu à un rapport préalable des procureurs de la République aux procureurs généraux. Ils doivent rendre compte à leur chef hiérarchique des faits qui leur sont dénoncés et prendre leurs instructions.

126. — XIII. Emprisonnement (V. *Rép.* n° 87; *suprà*, v° *Contrainte par corps*, n°s 104 et suiv.; *Faillite*, n°s 771 et suiv.; *Rép.* n°s 373 et suiv.). — On ne s'occupera pas ici de l'exécution des peines d'emprisonnement prononcées par les tribunaux répressifs, et qu'assure le ministère public (V. *infrà*, v° *Peines; Rép.* eod. v°, n°s 203 et suiv.), ni de son intervention dans l'exercice du droit de correction qui est un des attributs de la puissance paternelle (V. *infrà*, v° *Puissance paternelle*). On se bornera à faire connaître le rôle qui lui est assigné dans l'exécution des jugements et arrêts qui prescrivent la contrainte par corps.

Une circulaire du ministre des finances du 20 sept. 1875 contient l'exposé complet des règles applicables en matière de contrainte par corps. La chancellerie, par des circulaires en date des 14 août 1876, 13 déc. 1887, 29 oct. 1888, a précisé les droits et obligations du ministère public à ce sujet. Il en résulte qu'il y a une distinction à faire entre le cas où l'incarcération doit s'exercer contre un débiteur de l'Etat à raison des condamnations prononcées en matière fiscale et le cas où elle s'applique à des débiteurs dont la condamnation se rapporte à d'autres infractions. — Au premier cas, c'est-à-dire pour les matières fiscales, c'est aux régies financières intéressées qu'il appartient de prendre l'initiative de la contrainte, que les débiteurs soient solvables ou insolvables. Le directeur de l'administration compétente établit les demandes d'incarcération et les transmet, avec les pièces justificatives, au procureur de la République de son arrondissement, qui est tenu, si la demande est régulièrement formée, d'en assurer l'exécution. — Dans le second cas, c'est-à-dire en dehors des matières fiscales, une différence notable sépare les débiteurs solvables et les débiteurs insolvables de l'État. Les agents du Trésor apprécient seuls souverainement s'il y a lieu d'exercer la contrainte à l'égard des débiteurs solvables. Ils établissent donc eux-mêmes, après la signification du commandement prescrit par la loi du 22 juill. 1867, et en observant les délais légaux, les réquisitions d'incarcération. Ils les transmettent au parquet, accompagnées des pièces justificatives, et le parquet doit en assurer l'exécution. Il a cependant la faculté d'accorder un sursis d'un mois au maximum aux condamnés dignes d'intérêt; mais cette faveur est subordonnée à la condition expresse du versement immédiat au Trésor d'un acompte, dont le taux même est déterminé : il doit être de moitié pour une dette inférieure à 30 fr., du tiers jusqu'à 60 fr., du quart jusqu'à 100 fr. et du cinquième au delà de 100 fr. En ce cas, après avoir reçu justification du versement de l'acompte, le procureur de la République retourne au trésorier général sa réquisition, sauf à l'Administration à en demander de nouveau l'exécution, si le condamné n'a pas tenu ses engagements. Cette exécution ne souffre plus alors de retard. A l'égard des débiteurs insolvables, c'est, au contraire, au ministère public qu'appartient l'initiative de la contrainte.

127. L'insolvabilité résulte, conformément aux prescriptions des art. 10 de la loi du 22 juill. 1867 et 420 c. instr. crim., de la production d'un certificat de percepteur qui établit que le débiteur ne figure pas au rôle des contributions ou qu'il paye moins de 6 fr. d'impôt; ce certificat doit être accompagné d'un certificat d'indigence. Toutefois, s'il est établi d'une manière certaine qu'un condamné peut se libérer par son travail personnel ou l'intervention de personnes intéressées, on procède à son égard comme à l'égard des débiteurs solvables. Le doute sur la solvabilité donne lieu à l'échange des renseignements obtenus par les agents du Trésor et par le ministère public, et, s'il persiste, il se tranche dans le sens de l'insolvabilité. Les insolvables étant ainsi déterminés, les percepteurs établissent tous les trimestres le relevé des débiteurs dont l'insolvabilité a été constatée dans le trimestre précédent, en omettant ceux que les dispositions formelles de la loi ou d'une décision judiciaire exemptent de la contrainte. Ces états, réunis par le receveur particulier ou le trésorier général, sont par lui communiqués au procureur de la République qui s'entoure des renseignements utiles près des autorités locales pour désigner ceux qu'il y aura lieu d'incarcérer, et dont il établit la liste. Les agents du Trésor font ensuite les diligences nécessaires pour que l'incarcération puisse être requise par le parquet. Le plus habituellement, les officiers du ministère public procèdent, avant de délivrer un réquisitoire, par voie d'invitation préalable à se libérer ou à se constituer prisonnier. La réquisition n'est établie qu'à défaut d'exécution volontaire. Au moment de l'arrestation, le débiteur contraint peut demander aux agents de la force publique d'être conduit devant le percepteur pour se libérer, et, s'il s'acquitte, en effet, de sa dette, il est mis sur-le-champ en liberté.

128. En matière forestière, les règles précédentes sont légèrement modifiées. L'agent des forêts chargé de la poursuite dresse un état trimestriel des délinquants insolvables contre lesquels existent des condamnations susceptibles d'être exécutées et le soumet au procureur de la République. Ce magistrat fournit son avis sur l'exercice de la contrainte. L'agent, de son côté, signale les délinquants contre lesquels il convient de procéder rigoureusement. L'état est alors transmis au conservateur qui rédige la liste des insolvables contre lesquels le procureur de la République a admis et l'administration forestière réclamé la contrainte. Le trésorier général fait parvenir aux percepteurs les extraits qui les concernent, pour qu'ils accomplissent les actes qui permettront au procureur de la République de poursuivre l'incarcération (Instr. min. fin. 20 sept. 1875. V. Vallet et Montagnon, *op. cit.*, n°s 618 et suiv.).

129. La contrainte par corps est subie dans la maison d'arrêt. Le débiteur doit être incarcéré dans la maison d'arrêt la plus voisine du lieu de son arrestation, sans qu'il y ait lieu de le faire transférer dans celle de l'arrondissement où siège le tribunal qui l'a condamné. Il est toutefois nécessaire de faire transférer le débiteur contraint du lieu de l'arrestation en la ville où se trouve la maison d'arrêt. L'ordre de transfèrement est décerné par le percepteur ou le maire, et les frais en sont payés sur le budget du ministère des finances (Circ. garde des sceaux, 5 mai 1889).

Si la contrainte doit s'exercer contre un individu détenu pour une autre cause, il y a lieu de pratiquer la recommandation (L. 22 juill. 1867, art. 3, § dernier). Le procureur de la République notifie au directeur de la maison d'arrêt où se trouve le détenu la cause de détention nouvelle qui existe contre lui, et lui donne ordre d'en assurer l'exécution. Dans le cas où le débiteur à contraindre se trouverait dans une maison centrale, avis est donné au parquet de l'arrondissement où elle est établie, de la contrainte que doit subir le détenu. A l'expiration de sa peine, il est transféré à la maison d'arrêt du même siège.

Enfin, le ministère public intervient encore, en matière de contrainte par corps, pour délivrer les ordres d'élargissement en faveur des insolvables qui ont subi la moitié de la durée fixée par le jugement et qui remplissent les conditions prévues par la loi du 22 juill. 1867 (V. Vallet et Montagnon, *op. cit.*, n° 627).

130. — XIV. Enfants maltraités ou moralement abandonnés (L. 24 juill. 1889. V. *infrà*, v° *Puissance paternelle*). — Le ministère public intervient de deux manières dans les instances en déchéance de la puissance paternelle : comme partie principale ou comme partie jointe. Il agit comme partie principale soit devant les juridictions répressives, soit devant la juridiction civile. La déchéance est attachée à certaines condamnations prononcées par les cours d'assises et par les tribunaux correctionnels. Que la déchéance soit encourue de plein droit (art. 1, L. 24 juill. 1889) ou qu'elle soit facultative (art. 2, § 1 à 5), c'est au ministère public, partie principale devant les juridictions de cet ordre, quand il s'agit de l'application des peines et des incapacités, qu'il appartient de prendre les réquisitions utiles à fins de déchéance et d'organisation de la tutelle.

Les instructions de la chancellerie prescrivent aux officiers du ministère public près les cours d'assises de signaler, après chaque session, dans un rapport spécial, tous les cas de déchéance obligatoire ou facultative qui auraient été la conséquence nécessaire ou possible des condamnations prononcées par la cour d'assises. — Devant la juridiction civile, statuant en chambre du conseil, le ministère public peut agir d'office en déchéance de la puissance paternelle contre les individus indignes, soit qu'ils tombent sous le coup des art. 1 et 2 de la loi, et que la juridiction répressive n'ait pas statué, soit qu'ils tombent sous le coup de l'art. 2, § 6, qui crée des causes de déchéance étrangères à une condamnation pénale. Il a, de même, qualité pour faire constituer la tutelle. A supposer qu'une juridiction répressive ait prononcé la déchéance, sans organiser la tutelle, l'officier du ministère public près cette juridiction en donnera avis au parquet près le tribunal civil du domicile du condamné, en lui adressant un extrait de l'arrêt ou du jugement, pour qu'il assure la constitution de la tutelle. — Devant la juridiction civile, d'autres personnes que le ministère public ont qualité pour poursuivre la déchéance (art. 3). En ce cas, il est forcément entendu et intervient comme partie jointe (art. 4).

131. — XV. Enregistrement (*Rép.* n° 183). — Le ministère public doit faciliter le contrôle que l'administration de l'Enregistrement peut avoir à exercer sur certains actes, et l'aider aux recouvrements qu'elle a à effectuer. En conséquence, aux termes de l'art. 54 de la loi du 22 frim. an 7, les vérificateurs de l'Enregistrement peuvent prendre communication au parquet des significations qui y sont faites au procureur de la République; ce magistrat doit se concerter avec le directeur de l'Enregistrement pour que les agents exercent les contrôles nécessaires à la perception de l'impôt sur les dossiers classés aux greffes des tribunaux ; le procureur général peut, cependant, leur refuser cette communication, s'il le croit utile, mais alors il indiquera les procédés à suivre pour effectuer sérieusement le contrôle des perceptions. Une circulaire du garde des sceaux du 27 oct. 1888 a spécialement chargé les parquets de veiller au recouvrement des droits dus au Trésor : 1° pour la mise au rôle des affaires de justice de paix ; 2° pour les billets d'avertissement ; 3° en matière d'assistance judiciaire ; 4° pour assurer l'enregistrement des actes produits en justice; 5° pour veiller à ce que les avoués n'interposent pas dans les dossiers des rôles appartenant à d'autres affaires pour les faire passer en taxe. — Dans les affaires où l'administration des Domaines est partie principale, le ministère public a mission de conclure. A cet effet, les mémoires écrits contenant les demandes et moyens de l'Administration lui sont communiqués, et il en accuse réception au directeur des Domaines ; il les examine et conclut. A l'audience, il doit conclure oralement à peine de nullité.

132. —XVI. Exploits et significations d'actes. — V. *Rép.* n°s 184-185.

133. — XVII. Expropriation pour cause d'utilité publique. — V. *Rép.* n° 188.

134. — XVIII. Faux incident civil. — V. *Rép.* n°s 189 et suiv.

135. — XIX. Frais de justice criminelle et frais assimilés. — V. *suprà*, v° *Frais de justice criminelle; Rép.* n°s 108 et suiv.

136. — XX. Hypothèques. — V. *Rép.* n°s 193-194 ; *infrà*, v° *Privilèges et hypothèques; Rép.* n°s 1383, 2754 et suiv.

137. — XXI. Hypothèques sur les biens des comptables. — V. *Rép.* n° 195; *infrà*, v° *Privilèges et hypothèques.*

138. — XXII. Interdiction, prodigue, conseil judiciaire. — V. *Rép.* n° 196.

139. — XXIII. Jugements. — V. *Rép.* n° 197.

140. — XXIV. Majorats. — V. *Rép.* n° 198.

141. — XXV. Mariage. — On a fait connaître au *Rép.* n°s 199 et 200 que les demandes de dispenses d'âge de parenté ou d'alliance, et celles de la seconde publication du projet de mariage, sont adressées au chef de l'Etat par l'intermédiaire des magistrats du ministère public. C'est le procureur de la République qui prend lui-même une décision, quand il s'agit de la dispense de la seconde publication. Il peut, en effet, dans les cas graves, dispenser les parties qui doivent contracter mariage de la deuxième publication prescrite par la loi, au nom du chef de l'Etat (Arr. du 20 prair. an 11, art. 3). Quand il estime qu'il y a lieu, il adresse un réquisitoire à l'officier de l'état civil qui doit procéder à la célébration. Cet acte, établi sur papier libre et dispensé d'enregistrement, est déposé au secrétariat de la mairie, mais une expédition sur timbre est annexée à l'acte de célébration. Le procureur de la République avise immédiatement le procureur général et le garde des sceaux de la dispense qu'il a accordée et des motifs de cette mesure (V. Vallet et Montagnon, *op. cit.*, n° 962). Pour les dispenses d'âge, d'alliance et de parenté, il se borne à former un dossier régulier et à exprimer son avis, tant sur l'admissibilité de la demande de dispenses elle-même que sur l'opportunité qu'il y aurait à faire aux postulants remise de tout ou partie des droits de sceau. Il s'entoure à cet effet de tous renseignements utiles en s'adressant aux autorités locales dont dépendent les requérants. La chancellerie fournit aux parquets des cadres imprimés destinés à recevoir les indications et avis qu'ils sont appelés à fournir. Le dossier est transmis au procureur général, qui le vérifie, y joint son avis et le fait parvenir au garde des sceaux. Le chef de l'Etat statue par décret. Le décret est notifié hiérarchiquement au procureur de la République; ce magistrat en accuse réception et en assure l'exécution, en requérant le dépôt du décret au greffe et en avisant les intéressés de la décision intervenue. Une circulaire de la chancellerie en date du 14 juin 1881, *Bull. min. just.*, 1881, p. 35, prescrit aux parquets l'envoi d'un état mensuel où sont portées toutes les demandes de dispenses en cours d'instruction (V. *infrà*, v° *Mariage*, n° 121 ; *Rép.* eod. v° n° 337. V. aussi Vallet et Montagnon, *op. cit.*, n°s 986 et suiv.).

142. — XXVI. Ordre. — V. *Rép.* n° 201.

143. — XXVII. Puissance paternelle. — V. *Rép.* n° 202 *suprà*, n° 130.

144. — XXVIII. Recrutement et matières dépendantes de l'autorité militaire (*Rép.* n° 203). — Les tribunaux civils connaissent des contestations sur la validité des engagements volontaires, sur la nationalité des appelés, sur leur état civil, et des questions de domicile qui s'élèvent en matière de recrutement. Ces questions sont jugées contradictoirement avec le préfet représenté par le procureur de la République ; celui-ci est saisi par le préfet et remplit l'office d'avoué dans la cause; il n'a pas, au contraire, à s'occuper des significations d'actes que le préfet effectue lui-même par le ministère d'un huissier. Le ministère public donne ses conclusions dans toute affaire intéressant le recrutement (V. *Rép.* n° 203 et *infrà*, v° *Organisation militaire ;* — *Rép.* n°s 316, 328).

145. — XXIX. Saisie. — V. *Rép.* n° 204.

146. — XXX. Séparation de corps. — V. *Rép.* n° 205.

147. — XXXI. Substitution. — V. *Rép.* n° 206.

148. — XXXII. Successions. — On a fait connaître au *Rép.* n° 207 les cas où le ministère public est chargé de requérir l'apposition des scellés. — Il a encore à intervenir quand il s'agit de successions en déshérence, de successions vacantes et de successions bénéficiaires.

1° *Successions en déshérence.* — Il appartient à l'administration des Domaines d'apprécier si elle doit demander l'envoi en possession. Elle présente, à cet effet, une requête au tribunal ; le procureur de la République peut se faire l'intermédiaire de l'Administration, si le tribunal n'impose le ministère d'un avoué. Par jugement, l'Administration est autorisée à remplir les formalités de publicité édictées par l'art. 770 c. proc. civ. Expédition de ce jugement est délivrée sur papier libre et sans frais au ministère public, qui la transmet au garde des sceaux pour que l'insertion au *Journal officiel* en soit ordonnée. Le délai légal d'un an étant écoulé depuis l'insertion, le procureur de la République, à la demande de l'Administration et sur l'autorisation du tribunal, provoque le jugement d'envoi en possession définitive. En tous cas, le ministère public doit être entendu (c. civ. art. 114, 770; c. proc. civ. art. 83).

2° *Successions vacantes.* — Le procureur de la République doit adresser au tribunal un réquisitoire pour faire nommer un curateur à la succession (c. civ. art. 812; circ. garde des sceaux, 26 mai 1842 et 27 oct. 1888). Spécialement, pour les successions vacantes ouvertes à la Martinique, à la Guadeloupe et à la Réunion, le ministre de la marine prescrit des insertions au *Journal officiel*, et les procureurs généraux sont chargés d'en faire faire d'analogues dans les journaux des départements où l'on présume que se trouvent les héritiers (Décr. du 27 janv. 1855; Circ. garde des sceaux, 26 juin 1858).

3° *Successions bénéficiaires.* — Ainsi qu'on l'a vu *suprà*, n° 69-37°, le ministère public peut avoir à prendre des conclusions dans les causes qui intéressent les successions bénéficiaires.

§ 3. — Administration des cours et tribunaux : police des audiences, régularité des procédures, nomination et serment des magistrats, congés, retraites, franchises et contreseings (*Rép.* n°s 212-220).

149. — I. Administration des cours et tribunaux. — V. *Rép.* n° 212.

150. — II. POLICE DES AUDIENCES. — On a fait connaître au *Rép.* n° 213 que, si la police de l'audience appartient au président, l'officier du ministère public n'en a pas moins une action directe pour faire réprimer les désordres qui peuvent s'y commettre. Il exerce plus complètement cette autorité quand il demeure sur son siège, alors que les membres du tribunal ou de la cour se sont retirés pour délibérer : les pouvoirs de police qui appartiennent au président lui sont alors dévolus.

151. Il a été jugé, à l'égard de la répression des fautes commises à l'audience par les avocats, en vertu de l'ordonnance du 20 nov. 1822 (art. 16), qu'il est nécessaire que le ministère public soit entendu; mais qu'une réquisition préalable de sa part n'est pas une condition nécessaire de l'exercice de cette répression (Civ. rej. 10 janv. 1852, aff. Candolle, D. P. 52. 5. 40).

152. — III. RÉGULARITÉ DES PROCÉDURES. — A ce qui a été dit au *Rép.* n° 214 il faut ajouter une décision judiciaire qui fixe sur un point le droit conféré au ministère public de veiller à la régularité des procédures. La loi du 23 août 1871 (D. P. 71. 4. 54) sur l'enregistrement fait injonction aux tribunaux devant lesquels sont produits des actes non enregistrés d'en ordonner le dépôt au greffe pour qu'ils soient immédiatement soumis à cette formalité. Le ministère public doit assurer l'observation de cette prescription. Il a été jugé, à ce propos, que toute pièce produite au cours d'une instance doit être communiquée au ministère public, s'il le demande, lors même qu'en présence de ses réquisitions tendant, en outre, à ce que la pièce soit déposée au greffe pour être enregistrée, l'avoué qui l'a présentée a déclaré la retirer (Trib. civ. Montauban, 7 août 1874, aff. Touzet, D. P. 76. 3. 14).

153. — IV. NOMINATION ET SERMENT DES MAGISTRATS ET DES OFFICIERS MINISTÉRIELS. — V. *Rép.* n°s 215 à 217.

154. — V. DES CONGÉS ACCORDÉS AUX MEMBRES DE L'ORDRE JUDICIAIRE. — V. *Rép.* n° 218.

155. — VI. DES RETRAITES. — V. *suprà*, n° 53; *Rép.* n° 219.

156. — VII. FRANCHISES ET CONTRESEINGS. — V. *Rép.* n° 220.

ART. 7. — *Fonctions du ministère public en matière commerciale* (*Rép.* n°s 221 à 228).

157. Les élections des membres soit des tribunaux de commerce, soit des chambres de commerce, donnent lieu à une intervention des officiers du ministère public (V. *infrà*, v° *Organisation judiciaire ; Rép.* n° 479). Aux termes de la loi du 8 déc. 1883, D. P. 84. 4. 9, la liste des électeurs des juges consulaires est établie chaque année par une commission. Les maires font parvenir ces listes aux préfet ou sous-préfet de l'arrondissement pour que le dépôt en soit, par leurs soins, effectué au greffe du tribunal de commerce. Un extrait de la liste générale pour chaque canton est déposé aux greffes des justices de paix. Le préfet ou sous-préfet avise le parquet de l'arrondissement du dépôt des listes aux greffes des justices de paix, et en même temps lui fait connaître les modifications que doit subir le tribunal de commerce. Le procureur de la République vérifie de suite la régularité du roulement projeté, en s'adressant, pour obtenir les renseignements utiles, au président du tribunal de commerce ou aux juges de paix. Les réclamations doivent être portées par les intéressés dans la quinzaine devant le juge de paix. — Deux circulaires du garde des sceaux reconnaissent au ministère public le droit de provoquer la radiation des incapables portés sur les listes (Circ. garde des sceaux, 5 janv. 1872, *Rec. off. circ. min. just.*, t. 3, p. 183 et suiv., et 13 févr. 1884, *Bull. min. just.*, 1884, p. 8). On ne saurait méconnaître que cette interprétation n'est pas d'accord avec les termes de l'art. 5 de la loi du 8 déc. 1883, ainsi conçu : « Pendant les quinze jours qui suivent le dépôt des listes, tout commerçant patenté du ressort, et en général tout ayant droit compris dans l'art. 1, pourra exercer ses réclamations... ». Aussi la cour de cassation a-t-elle justement décidé, par arrêt du 22 déc. 1884 (aff. Besnard, D. P. 85. 1. 82), que le ministère public n'a pas le droit de requérir devant le juge de paix la radiation d'un électeur que la commission a inscrit sur la liste.

158. La loi donne expressément à un magistrat du ministère public le droit de provoquer la nullité de l'élection pour les causes qu'elle détermine. Le procureur général est investi de ce pouvoir : il doit l'exercer, à peine de nullité, dans les cinq jours qui suivent la réception du procès-verbal de l'élection qui lui est transmise par le préfet (L. 8 déc. 1883 art. 11, § 1-10). La déchéance du droit pour inobservation du délai a été proclamée par la cour de cassation dans un arrêt du 15 mai 1888 (aff. Buscarlet, D. P. 88. 1. 455). — Aux termes du même arrêt, les tiers électeurs ne peuvent adresser leurs réclamations contre une élection consulaire au procureur de la République, qui n'a aucun pouvoir pour les recevoir et les transmettre au procureur général ; le procureur général ne peut donc soumettre à la cour d'appel des réclamations qui lui ont été signalées comme émanées de tiers électeurs par une lettre du procureur de la République et qui n'ont point été communiquées aux personnes dont l'élection est contestée.

159. Sur le droit du procureur général, en matière d'élections consulaires, il a été jugé que le ministère public, dans les cas exceptionnels où il a reçu, en matière civile, le droit d'agir comme partie principale, n'a cette qualité et ne peut former un pourvoi en cassation que contre les décisions qu'il a provoquées par l'exercice de son droit d'action, et que, par suite, le procureur général qui, en matière d'élections consulaires, n'a pas usé du droit qui lui est attribué par la loi de demander à la cour d'appel la nullité des opérations électorales d'un tribunal de commerce, est non recevable à se pourvoir en cassation contre l'arrêt de cette cour intervenu sur la réclamation de tiers électeurs (Civ. rej. 5 nov. 1884, aff. Laugier, D. P. 85. 1. 81).

160. Le procureur de la République doit présenter au procureur général, après l'élection, un rapport d'ensemble sur la régularité des opérations. Il y relate les noms et prénoms des élus, les renseignements obtenus sur leur moralité, le temps depuis lequel ils sont inscrits à la patente, les circonstances de l'élection, le nombre de scrutins, la qualité des membres élus pour la première fois ou des réélus, la majorité obtenue par chacun, l'élection des membres du tribunal au scrutin de liste et du président au scrutin uninominal, les incapacités, incompatibilités ou prohibitions existantes. — Le procureur de la République a une autre mission : s'il a connaissance d'irrégularités commises dans l'élection, dans le délai de cinq jours, il les notifie télégraphiquement au procureur général pour le mettre en mesure d'exercer son recours.

161. La prestation de serment des nouveaux élus du tribunal de commerce est assurée par le procureur général ou le procureur de la République, selon que le serment est reçu par la cour d'appel, ou, en vertu d'un arrêt préalable de la cour, par le tribunal de l'arrondissement où doivent siéger les élus. En ce dernier cas, le procureur de la République transmet le procès-verbal de la prestation de serment au procureur général, pour qu'il en assure l'insertion dans les registres de la cour (L. 8 déc. 1883 art. 14).

162. Les chambres de commerce sont organisées par la loi du 21 déc. 1871 (D. P. 72. 4. 3), le décret du 22 janv. 1872 (D. P. 72. 4. 27) et la circulaire du ministre du commerce du 1er août 1888. Les électeurs sont désignés par une commission composée du président du tribunal de commerce, d'un juge de ce même tribunal désigné par ses collègues et du président du conseil des prud'hommes. S'il n'y a pas de tribunal de commerce dans l'arrondissement, les deux premiers membres sont remplacés par le président et un juge du tribunal civil. A défaut de conseil des prud'hommes, un juge de paix remplace le président du conseil. Dès que le procureur de la République est avisé par le préfet du renouvellement à opérer dans les membres de la chambre de commerce, il adresse les invitations nécessaires aux corps ou aux personnes qui ont à intervenir dans l'opération des élections. Pour préparer la tâche de la commission, il recueille, par l'intermédiaire des juges de paix, les renseignements utiles sur les électeurs qui pourraient être désignés, en prenant pour base la dernière liste. Il les transmet ensuite au préfet pour qu'il les mette à la disposition de la commission (V. *infrà*, v° *Organisation économique;* V. aussi Vallet et Montagnon, *op. cit.*, n° 1169).

163. Il n'existe pas de ministère public près les tribunaux de commerce, et, par suite, il ne saurait y avoir de causes communicables devant ces juridictions (V. *Rép.* n° 221). Dans les arrondissements où il n'y a pas de tribunal de commerce, le tribunal civil connaît des matières attribuées à la compétence des juges consulaires. Conformément à l'opinion soutenue au *Rép.* n° 222, la jurisprudence persiste à proclamer la nécessité de la présence du ministère public en ce cas. Aux décisions judiciaires rapportées, il convient d'ajouter un arrêt plus récent aux termes duquel le ministère public doit participer aux audiences commerciales des tribunaux civils, de la même manière qu'aux audiences civiles ordinaires (Poitiers, 7 janv. 1856, aff. Fradin, D. P. 56. 2. 84). Le même arrêt déclare nul le jugement d'un tribunal civil statuant commercialement qui ne constate pas la présence du ministère public, ou lors duquel, s'agissant d'une affaire qui serait communicable en matière civile, le ministère public n'a pas été entendu. Cette dernière décision n'est pas admise sans contestations. Des arrêts et des auteurs l'ont combattue (V. *Rép.* n°s 223-224). Il semble cependant que la cour de cassation incline à se prononcer dans le sens de l'arrêt précité.

164. Le ministère public a mission de surveiller les opérations des faillites; il doit, en effet, au cas où il apparaît qu'un délit ou un crime a été commis, en assurer la répression. Mais il ne peut prendre l'initiative d'une déclaration de faillite, qui n'est pas nécessaire pour la poursuite des délits ou crimes de banqueroute (V. *suprà*, v° *Faillite*, n°s 315 et suiv.; — *Rép.* eod. v°, n° 1394). Il a été jugé, à cet égard, que le ministère public n'a pas le droit de provoquer une déclaration de faillite, alors même qu'il s'agit d'un notaire en fuite qui faisait le commerce (Nancy, 21 mars 1874, aff. B..., D. P. 75. 2. 37). Le principal argument sur lequel se fonde cette solution se déduit des travaux parlementaires. La cour de Nancy l'exprime en ces termes dans les motifs de son arrêt: « Attendu que la question de savoir si le ministère public a le droit de provoquer une déclaration de faillite a été depuis longtemps résolue en sens négatif; qu'elle s'est posée devant le législateur, au moment de la revision du livre 3 c. com., dans des termes qui lui ont permis de faire, à cet égard, très nettement connaître sa pensée; que l'un des membres de la Chambre des députés, M. Gaillard-Kerbertin, ayant, à la séance du 9 févr. 1835, proposé d'ajouter à l'art. 440 les mots: « soit sur la demande du ministère public », son amendement, combattu par MM. Teste et Jacquinot-Pampelune, ne fut point adopté » (V. conf. Massabiau, n° 1126, Ortelan et Ledeau, t. 1. p. 351). — Mais il est à remarquer que le ministère public, s'il ne peut pas provoquer une déclaration de faillite, peut informer le tribunal de commerce de la cessation des payements d'un commerçant, notamment au cas où il exerce contre lui des poursuites en banqueroute. Le tribunal de commerce peut alors prononcer la déclaration de faillite; mais il le fait d'office (V. *Rép.* v° *Faillite*, n° 227).

165. Pour permettre au parquet d'exercer la surveillance des opérations des faillites, le greffe du tribunal de commerce ou du tribunal civil qui le remplace lui adresse un extrait de tout jugement déclaratif de faillite, où sont indiqués clairement le failli, le syndic et le juge-commissaire. De plus, le greffier lui délivre un extrait trimestriel du registre des faillites, et le relevé, également trimestriel, de la comptabilité de chaque syndic, prescrit par l'art. 3 du décret du 25 mars 1880. Le procureur de la République adresse ces états, avec ses observations, s'il y a lieu, au procureur général du ressort (V. *suprà*, v° *Faillite*, n° 772).

166. On a fait connaître au *Rép.* v° *Faillite*, n°s 371 et suiv., qu'en cas de faillite, le ministère public doit pourvoir à l'exécution des jugements qui ordonnent le dépôt de la personne du failli (c. com. art. 460). Mais il n'est lié ni par la disposition du jugement déclaratif qui prescrit ce dépôt, ni par la demande des syndics, ni par leur abstention. Selon les circonstances, il apprécie s'il doit assurer la prise de corps du failli, ordonnée par les juges, qu'elle soit ou non sollicitée du syndic. Cette appréciation se fonde sur les renseignements et la vérification de l'extrait du casier judiciaire que le parquet se fait adresser, après réception du jugement déclaratif de faillite. Il veille, en ce cas, à ce que l'arrestation n'ait lieu qu'avec accomplissement des formes légales et il requiert pour y procéder un huissier ou un agent de la force publique. Il assure, dans la mesure du possible, la consignation préalable d'aliments, et son renouvellement de mois en mois. Si la faillite n'a pas de fonds disponibles, mais que la détention du failli apparaisse cependant comme utile, il peut cependant requérir l'arrestation, et l'État fera l'avance des aliments pour le temps pendant lequel la détention sera maintenue par le procureur de la République, sauf le recours ultérieur à exercer contre la faillite, s'il y échet. Si le tribunal de commerce ordonne la mise en liberté du failli, avec sauf-conduit, par application des art. 471 et 472 c. com., avis en doit être donné au ministère public, qui assure l'exécution du jugement, à moins qu'un mandat de justice, décerné contre le failli, ne s'y oppose. D'ailleurs, quand un mandat est décerné contre le failli, le procureur de la République doit en informer sans délai le juge-commissaire pour que le tribunal de commerce ne rende pas postérieurement un jugement de mise en liberté (V. Massabiau, n°s 1808 et suiv.; Vallet et Montagnon, n°s 1158 *ter* et suiv.).

167. La cour d'appel est saisie des demandes de réhabilitation commerciale par le procureur général. Les dispositions de la loi sont très explicites sur le rôle des officiers du ministère public en cette matière, et il suffit de se reporter aux explications fournies au *Rép.* v° *Faillite*, n° 1550 et suiv., sur les conditions et la procédure de réhabilitation.

Art. 8. — *Fonctions du ministère public en ce qui concerne la discipline des cours, des tribunaux, de l'ordre des avocats, et de la surveillance qu'il doit exercer sur les officiers ministériels* (*Rép.* n°s 229 à 236).

168. — I. Discipline des cours et tribunaux. — V. *Rép.* n°s 229 à 232.

169. — II. Avocats. — V. *Rép.* n° 233.

170. — III. Surveillance des officiers ministériels (*Rép.* n° 234). — La surveillance du parquet s'exerce sur les actes accomplis par les officiers ministériels dans l'exercice de leurs fonctions, et spécialement sur les cessions d'offices. Les officiers ministériels attachés à un tribunal ou à une cour ont chacun un dossier individuel classé dans les archives du parquet de ce tribunal ou de cette cour. Il contient un duplicata des pièces qui ont été produites lors de la transmission de l'office au titulaire actuel; le décret de nomination y est déposé; on y mentionne le versement du cautionnement et la date de la prestation de serment. Enfin, on y insère toutes indications utiles sur les plaintes dont l'officier a été l'objet. — Les plaintes dirigées contre un officier ministériel sont adressées au parquet qui procède à l'information utile. Après enregistrement, la plainte est transmise au chef de la corporation à laquelle appartient l'officier incriminé; celui-ci recueille les explications de son confrère et les transmet, avec son avis personnel. D'après les renseignements obtenus, le procureur de la République classe l'affaire, ou met l'officier ministériel en demeure de réparer la faute commise, ou saisit disciplinairement la chambre de discipline ou le tribunal. Les règles sur la discipline des officiers ministériels sont rapportées aux articles consacrés à ces divers officiers (V. *suprà*, v° *Avoués*, n°s 97 et suiv.; *Rép.* eod. v°, n°s 248 et suiv. et v^is *Commissaire-priseur*, n° 48; *Garde du commerce*, n° 12; *Huissier*, n°s 117 et suiv.; *Notaire*, n°s 715 et suiv., 722 et suiv. Pour les agents de change et courtiers, V. *Rép.* n° 235. V. aussi *Rép.* v° *Bourse de commerce*, n°s 35 et 43).

171. Les syndics de faillite ne sont pas des officiers ministériels. Toutefois ils sont placés sous la surveillance du procureur de la République, en même temps que du juge-commissaire et du président du tribunal de commerce. Spécialement, le procureur de la République doit veiller à ce que les syndics ne commettent pas de malversation, à ce qu'ils consignent l'actif libre de la faillite à la Caisse des dépôts et consignations, et à ce qu'ils accomplissent leurs autres obligations, telles qu'elles sont exposées *suprà*, v° *Faillite*, n°s 797 et suiv.; — *Rép.* eod v°, n°s 429 et suiv.

172. Le ministère public exerce une surveillance spéciale sur les greffiers et huissiers au point de vue des frais et émoluments qu'ils prétendent se faire allouer sur les frais de justice criminelle. Comme il a été dit au *Rép.* n° 236, deux registres sont tenus au parquet, où l'on consigne tous actes dont sont requis ces officiers par le ministère public, et les émoluments auxquels ils donnent droit. En outre, la production des mémoires des greffiers et des huissiers donne lieu à des vérifications successives et minutieuses, qui ont pour objet d'empêcher tout abus et toute irrégularité (V. *suprà*, v° *Frais et dépens en matière criminelle*).

Art. 9. — *Des fonctions du ministère public en diverses matières. — Débits de boissons. — Enseignement. — Fabriques d'église. — Presse périodique. — Syndicats* (*Rép.* n°s 237 à 238).

173. — I. Débits de boissons. — « La loi du 17 juill. 1880 (D. P. 80. 4. 93) sur les cafés, cabarets et débits de boissons a déterminé, dans son art. 6, plusieurs incapacités dérivant de la situation pénale des intéressés. Il résulte de la discussion de la loi devant le Parlement que c'est au procureur de la République qu'il appartient de vérifier la capacité du déclarant. Cette constatation se fera par simple correspondance administrative, sans qu'il soit nécessaire de demander un extrait du casier judiciaire. Si le déclarant ouvre son débit malgré l'existence d'une condamnation prononcée pour l'un des faits énumérés dans ledit art. 6, les poursuites prescrites par l'art. 8 seront exercées, et le coût de l'extrait du casier judiciaire que l'on joindra à la procédure, conformément à l'usage, sera recouvré avec les autres frais de justice » (Circ. garde des sceaux 15 nov. 1880, art. 21).

Pour permettre l'application de ces prescriptions, toute personne qui se propose d'ouvrir un débit de boissons doit en faire, au maire de la commune où elle désire l'établir, au préfet de police, si c'est à Paris, la déclaration quinze jours au moins à l'avance. Le maire ou le préfet de police en donne immédiatement récépissé et, dans les trois jours suivants, en adresse copie au procureur de la République. Celui-ci demande au greffe compétent de consigner sur cette copie, qu'il lui communique, la mention *néant au casier*, s'il y a lieu, ou bien l'invite à lui transmettre un bulletin n° 2, s'il n'est pas négatif. Quand le ministère public a découvert une irrégularité dans la situation du déclarant, quand il a obtenu jugement contre un débitant pour contraventions à la loi du 17 juill. 1880, par application des art. 2, 3, 5, 6, 7, il en avise le préfet qui soumet les renseignements aux directeurs de la Régie (Circ. garde des sceaux, 18 janv. 1881, *Bull. min. just.*, 1881, p. 3).

174. — II. Enseignement. — On a exposé, au *Rép.* n°s 237 et 238, l'économie de la loi du 15 mars 1850. Toute personne qui se propose d'ouvrir une école libre est tenue de déposer, au parquet de l'arrondissement où elle sera établie, une déclaration écrite contenant son état civil exact et toutes autres indications utiles. Il lui en est donné récépissé. Le procureur de la République a le droit, dans l'intérêt des bonnes mœurs et de la santé des élèves, de se pourvoir devant le conseil académique pour s'opposer à l'ouverture de l'établissement : dans le délai d'un mois, la décision du conseil académique est susceptible d'appel devant le conseil supérieur de l'instruction publique. Pour être à même d'exercer cette faculté, le procureur de la République demande, dès réception de la déclaration d'ouverture, le bulletin du casier judiciaire du déclarant, pour le cas où il aurait subi des condamnations, et, en outre, s'entoure de tous renseignements utiles. Quand il se propose d'agir devant le conseil académique, il s'entend, au préalable, avec le recteur et le préfet. Le ministère public est représenté au conseil académique. Une décision spéciale de la chancellerie, concertée avec le ministre de l'instruction publique, en date du 16 févr. 1853, porte que « les procureurs généraux et les procureurs de la République peuvent déléguer leurs substituts pour les remplacer dans le conseil académique. Il est dans le vœu de la loi du 15 mars 1850, que le ministère public soit toujours représenté au sein des conseils académiques ».

175. Le ministère public a d'autres attributions relatives aux établissements d'instruction qui dépendent de l'Université. Aux termes du décret du 1er juill. 1809, rappelé au *Rép.* n° 238, il est chargé de recouvrer les sommes dues pour frais d'instruction à l'administration des lycées et collèges nationaux. Il substitue son office à celui des avoués et agit par voie d'action principale sur la demande qui lui en est adressée par le proviseur. L'assignation donnée au débiteur constitue toute la procédure ; ces pièces sont visées pour timbre et enregistrées en débet. Le jugement rendu, le procureur de la République requiert délivrance d'une expédition avec formule exécutoire, le fait signifier à avoué, s'il y a eu constitution d'avoué, et en tous cas à partie; puis il transmet au proviseur l'original.

176. — III. Fabriques d'église. — Le procureur de la République a mission de poursuivre, d'office ou sur la plainte de l'évêque, par voie d'action principale, les trésoriers des fabriques d'église pour recouvrer sur eux les sommes dont ils sont débiteurs (V. *suprà*, v° *Culte*, n° 616; *Rép.* n° 615).

177. — IV. Presse périodique. — L'art. 7 de la loi du 29 juill. 1881 ordonne qu' « avant la publication de tout journal ou écrit périodique, il sera fait au parquet du procureur de la République une déclaration contenant : 1° le titre du journal ou écrit périodique et son mode de publication; 2° le nom et la demeure du gérant; 3° l'indication de l'imprimerie où il doit être imprimé. Toute mutation dans les conditions ci-dessus énumérées sera déclarée dans les cinq jours qui suivront. — Art. 8. Les déclarations seront faites par écrit sur papier timbré, et signées des gérants. Il en sera donné récépissé. — Art. 10. Au moment de la publication de chaque feuille ou livraison du journal ou écrit périodique, il sera remis au parquet du procureur de la République, ou à la mairie, dans les villes où il n'y a pas de tribunal de première instance, deux exemplaires signés du gérant ». Le maire, au second cas, transmet les deux exemplaires déposés au parquet. Le procureur de la République examine s'il n'y a, dans la feuille ou dans la livraison remise, aucun article ou dessin pouvant donner lieu à des poursuites, ou seulement de nature à être signalé à l'attention du procureur général. Il fait classer un des deux exemplaires dans les archives du parquet et transmet le second au parquet de la cour, avec cette mention : « Rien à signaler », ou avec une marque à l'article qui doit appeler l'attention du procureur général; il y joint alors un rapport. Il est spécialement prescrit par les instructions de la chancellerie au procureur de la République de signaler d'urgence aux procureurs généraux les articles de journaux contenant des attaques contre l'armée (Circ. garde des sceaux, 17 déc. 1888). Les procureurs généraux avisent immédiatement le garde des sceaux, qui, à son tour, informe le ministre de la guerre. Quand un journal rapporte inexactement un acte d'un magistrat du ministère public accompli par lui dans l'exercice de ses fonctions, il n'est pas douteux que ce magistrat ait le droit de requérir l'insertion dans le numéro le plus prochain, conformément à l'art. 12 de la loi du 29 juill. 1881 (V. *infrà*, v° *Presse*).

178. — V. Syndicats. — La création des syndicats professionnels, leur translation, toutes modifications dans leur direction ou dans leurs statuts, font l'objet de déclarations écrites sur papier libre et déposées à la mairie du lieu où ils sont établis, ou, si c'est à Paris, à la préfecture de la Seine. Le parquet reçoit communication et vérifie la légalité des statuts et la capacité des directeurs ou administrateurs. Il poursuit les infractions à la loi et, accessoirement, requiert, s'il y a lieu, la dissolution du syndicat. Le ministère public est, en outre, investi du droit de demander d'office et par voie d'action principale, devant la juridiction civile, ou accessoirement à une condamnation correctionnelle, devant la juridiction répressive, la nullité des acquisitions immobilières ou des libéralités réalisées par les syndicats professionnels en violation des art. 6, 8 et 9 de la loi du 21 mars 1884 (D. P. 84. 4. 129).

Art. 10. — *Des fonctions du ministère public en matière criminelle* (*Rép.* n°s 239 à 259).

179. Ainsi qu'on l'a indiqué au *Rép.* n° 239, les différentes attributions du ministère public en matière criminelle sont étudiées en détail dans d'autres traités. Il intervient à tout instant de la procédure : à chaque phase de la justice répressive et sur toute matière qui fait l'objet d'un article spécial, se pose la question de savoir quelles sont ses attributions, ses droits et ses obligations. Mais on a présenté au

Rép. nos 240 et suiv., un résumé de l'ensemble de ses fonctions, et ce tableau doit être complété par l'indication des décisions nouvelles de la jurisprudence sans cesse appelée, principalement par suite des pourvois en cassation contre les arrêts des cours d'assises, à préciser les règles auxquelles le ministère public doit se conformer.

§ 1er. — Fonctions du ministère public en ce qui touche l'action publique et la police judiciaire (*Rép.* nos 240 à 259).

180. Les officiers du ministère public ont, en principe, une entière indépendance dans l'exercice de l'action publique. Il n'en est pas moins vrai que la loi, dans plusieurs cas rappelés au *Rép.* n° 251, leur a imposé certaines restrictions à observer; notamment, elle a subordonné parfois leur action à une plainte préalable de la partie lésée. Dans ces hypothèses même, une fois l'action publique mise en mouvement, le désistement des intéressés ne peut l'arrêter. (V. *Rép.* n° 252). C'est un principe que la cour de cassation a proclamé dans plusieurs arrêts aux termes desquels l'action du ministère public ne peut être ni arrêtée, ni suspendue par la transaction intervenue entre la partie civile et le prévenu (Crim. rej. 12 mai 1864, aff. Cochonneau, D. P. 65. 1. 199; 3 mai 1867, aff. Piper, *Bull. crim.* n° 109; 25 avr. 1873, aff. Chadeuil, *ibid.*, n° 117).

181. Une autre principe général, rappelé au *Rép.* n° 254, c'est que le ministère public n'a pas la libre disposition de l'action publique. Dès qu'elle est engagée, il ne peut en arrêter ou supprimer les effets. Jugé sur ce point : 1° que le ministère public, après avoir mis en mouvement l'action publique, ne peut pas, par son désistement, supprimer l'instance ouverte (Crim. rej. 4 juin 1858, aff. Warlier, *Bull. crim.*, n° 165; Crim. cass. 16 avr. 1864, aff. Colas, *ibid.*, n° 105; 10 juin 1864, aff. Mendy, *ibid.*, p. 152; 29 juin 1866, aff. Joufroy, *ibid.*, n° 166); — 2° Qu'une fois que l'action publique s'est exercée par un acte de poursuite, le tribunal se trouve investi du droit de vérifier si l'infraction existe, de délibérer de ce chef, et de prononcer, quels que soient les actes postérieurs et les appréciations du ministère public (Crim. cass. 16 avr. 1864; 10 juin 1864, précités; Crim. rej. 5 avr. 1867, aff. Tournery, D. P. 67. 5. 15; 19 déc. 1872, aff. Théroulde, D. P. 72. 5. 141; 25 janv. 1873, aff. Georges, D. P. 73. 1. 168); — 3° Que le juge de police saisi par un procès-verbal régulier de la connaissance d'une contravention ne peut relaxer le prévenu de la poursuite dirigée comtre lui, par le seul motif que le ministère public a abandonné la prévention. Il violerait, s'il agissait ainsi, l'art. 154 c. instr. crim. (Cass. 3 mars 1853, aff. Vivier-Merle, *Bull. crim.*, n° 69); — 4° Près les tribunaux de simple police, les poursuites s'exercent le plus habituellement à raison de procès-verbaux que les membres du ministère public ont eux-même dressés comme officiers de police judiciaire. Il a été jugé que les magistrats ne peuvent, en abandonnant la prévention, éteindre l'action publique après l'avoir suscitée; ils ne peuvent pas davantage infirmer les constatations qu'ils ont consignées dans leurs procès-verbaux (Crim. cass. 4 juin 1858, aff. Warlier, précité); — 5° Jugé que le ministère public, après avoir mis en mouvement l'action publique, ne peut se désister à aucun moment de la procédure. Notamment, il ne peut se désister du pourvoi en cassation par lui régulièrement introduit (Crim. cass. 10 avr. 1856, aff. Dupont, D. P. 56. 5. 144).

182. On a expliqué au *Rép.* n° 350 que, dans les affaires mêmes qui ont été engagées par la partie civile, le ministère public reste encore partie principale, relativement à l'action criminelle. A la jurisprudence rapportée *ibid.* sont venus s'ajouter de nouveaux arrêts. Il a été jugé : 1° qu'alors même que l'action a été directement introduite devant le tribunal correctionnel par la partie civile, le ministère public est recevable à interjeter appel du jugement (Crim. rej. 3 janv. 1863, aff. Hémery, D. P. 63. 5. 110); — 2° Que le procureur général peut interjeter verbalement appel *à minimâ* à la barre de la cour, alors qu'elle est saisie de l'affaire par l'appel de la partie civile (Crim. rej. 15 mai 1869, aff. Lechauff de la Blanchetière, D. P. 70. 1. 436).

183. Sur les attributions dévolues aux membres du ministère public en qualité d'officiers de police judiciaire, V. *Rép.* nos 258 et 259.

§ 2. — Fonctions du ministère public pendant l'instruction et devant la chambre de cassation (*Rép.* nos 259 à 265).

184. La législation postérieure à la publication du *Répertoire* a simplifié les formes de l'instruction. En effet, la loi du 17 juill. 1856 (D. P. 56. 4. 123) a supprimé la juridiction de la chambre du conseil, en matière criminelle. Sous le bénéfice de cette observation, les principes exposés au *Rép.* nos 260 à 266 sont toujours applicables.

185. Le procureur de la République exerce toujours une surveillance continue sur les travaux du juge d'instruction. Mais certaines affaires sont plus spécialement recommandées à son attention.

186. Quand une information est suivie contre un inculpé, à raison d'un délit d'espionnage, en vertu de la loi du 18 avr. 1886 (D. P. 86. 2. 58 et *suprà*, v° *Crimes contre la sûreté de l'Etat*, n° 3), le procureur de la République doit aviser directement et immédiatement le garde des sceaux de l'arrestation de l'inculpé, et le tenir journellement au courant des actes de procédure accomplis. — D'un autre côté, il transmet au procureur général, chargé de la direction de l'affaire, copie de tous télégrammes et rapports par lui adressés à la chancellerie. Enfin, il doit veiller à ce que l'instruction se poursuive d'urgence, toute affaire cessante (Lett. garde des sceaux, 5 mai 1888).

187. Les attributions du ministère public et du juge, au cours de l'information, sont différentes et ne doivent pas être confondues. On a précisé nettement leur rôle respectif au *Rép.* n° 260, en disant : « Au ministère public, le droit de mettre l'action publique en mouvement; au juge d'instruction, les actes d'information préalable. Mais si le ministère public ne peut faire aucun acte d'instruction, il n'en a pas moins le droit de requérir auprès du juge instructeur toutes les mesures qu'il croit utiles ». Au n° 261, *ibid.*, faisant l'application de ces principes, on ajoute que « le ministère public indique au juge d'instruction les témoins qu'il peut être utile d'entendre »; il ne les entend pas lui-même.

188. Mais quand le juge d'instruction a rendu l'ordonnance qui le dessaisit, et que, d'autre part, la chambre d'accusation n'est pas saisie encore par le procureur général, le ministère public n'a-t-il pas, dans l'intérêt de la conservation des preuves, le droit de procéder à des actes d'instruction? Ce droit lui appartient-il, en matière correctionnelle pour la période qui sépare la clôture de l'information de l'ouverture des débats? Enfin, en matière criminelle, le ministère public peut-il accomplir des actes d'instruction après que la chambre d'accusation a statué? Une différence notable sépare cette dernière hypothèse des deux autres. Dans les deux premières hypothèses, en effet, aucune autorité ne peut agir si le ministère public n'est pas investi de ce droit; dans la dernière, le président de la cour d'assises a qualité pour prescrire les mesures supplémentaires d'information.

La jurisprudence a été appelée à statuer maintes fois sur ces diverses questions. Il a été jugé, sur le premier point, que les officiers du ministère public, dans le temps où le juge d'instruction est dessaisi et où la chambre des mises en accusation n'est pas saisie encore, peuvent recueillir toutes preuves susceptibles de disparaître, mais que les procès-verbaux par eux établis n'ont que la valeur de simples renseignements (Crim. rej. 19 avr. 1855, aff. Cabrol, D. P. 55. 1. 270; 13 janv. 1869, aff. Tropmann, D. P. 70. 1. 89). Il n'appartient de procéder à des constatations judiciaires ayant la valeur d'actes d'instruction qu'à la chambre d'accusation spécialement saisie, de ce chef, par le procureur général (Arrêt précité du 19 avr. 1855). — Jugé, sur le second point, relatif aux matières correctionnelles, que « le ministère public tient du mandat que la loi lui confie, de rechercher et poursuivre les crimes et délits, le droit, lorsqu'il y a urgence et impossibilité de recourir au magistrat compétent pour instruire, de recueillir les renseignements utiles à la manifestation de la vérité et de transmettre à la juridiction saisie les procès-verbaux par lui dressés à cet effet; mais qu'en cour d'assises ces procès-verbaux ne peuvent être joints à la procédure et produits aux débats, qu'en vertu d'un ordre émané du pouvoir discrétionnaire du président, afin qu'il puisse éclairer le jury sur la valeur qu'il doit leur donner; et que, devant la juridiction correctionnelle, les renseignements ainsi transmis peuvent être appréciés par les magistrats, qui en ordonnent la vérification par les voies légales, s'il y a lieu, ou les écartent des débats, s'ils les jugent inutiles » (Crim. rej. 29 juin 1855, aff. Doudet, D. P. 55. 1. 319).

189. Sur les pouvoirs d'information du ministère public en matière criminelle, après que l'arrêt de renvoi a été rendu, il a été jugé : 1° qu'un juge de paix ne peut, sur les réquisitions du procureur général seulement, et en l'absence de toute ordonnance du président de la cour d'assises, valablement procéder à une vérification des lieux du crime (Crim. cass. 27 août 1840, aff. Piotte, rapporté au *Rép.* v° *Instruction criminelle*, n° 1345); — 2° Que le ministère public ne saurait requérir une expertise en l'absence de toute ordonnance du président de la cour d'assises, quand elle est saisie par arrêt de renvoi (Crim. cass. 2 sept. 1847, aff. Boucher, D. P. 47. 4. 132, — 3° Mais qu'il use, au contraire, de son droit en faisant recueillir, avant les débats, des renseignements sur des faits qui ont été portés à sa connaissance, et en les remettant au président des assises, qui en fait donner lecture en vertu de son pouvoir discrétionnaire (Crim. rej. 2 août 1854, aff. Langlois, D. P. 54. 5. 217; — 4° Que le ministère public ne fait pas un acte d'instruction et, par suite, ne commet pas un excès de pouvoir en faisant opérer par un commissaire de police, sur les registres d'une caisse d'épargne, le relevé des sommes que l'accusé a déposées ou retirées (Crim. rej. 18 déc. 1856, aff. Leguay, *Bull. crim.* n° 400); — 5° Que le ministère public, averti de la découverte ou de l'existence d'une lettre ou d'un billet qui pouvait devenir un indice précieux dans un procès criminel, a pu régulièrement provoquer sur ce point des explications, mais que, d'ailleurs, les procès-verbaux rédigés et les déclarations reçues dans ce but ne sont que de simples renseignements (Crim. rej. 5 mars 1857, aff. Trézières, D. P. 57. 1. 178).

190. Les explications fournies au *Rép.* n° 263, et qui se rapportent à la juridiction de la chambre du conseil, sont aujourd'hui sans objet, par suite de la suppression de cette juridiction, opérée par la loi du 17 juill. 1856 (D. P. 56. 4. 123). Actuellement, le juge d'instruction rend lui-même l'ordonnance qui porte qu'il y a lieu ou non de suivre, et détermine l'autorité compétente pour statuer sur l'affaire qu'il a instruite : tribunal de police, tribunal correctionnel, chambre des mises en accusation ou tribunal d'exception.

191. Il est d'usage, au cas de renvoi devant la chambre d'accusation, que le ministère public notifie au prévenu l'ordonnance de renvoi. Mais il a été jugé que, cette notification n'étant pas ordonnée par la loi, le prévenu ne peut se plaindre de son défaut (Crim. rej. 13 août 1863, aff. Armand, D. P. 64. 1. 407; 25 juill. 1872, aff. Brahim et autres, D. P. 72. 1. 428.

192. Jugé que la loi ne prescrit pas davantage au ministère public de donner avis au prévenu du jour où les pièces de la procédure criminelle seront par lui envoyées au greffe de la chambre d'accusation (Crim. rej. 13 août 1863, aff. Armand, D. P. 64. 1. 407; 31 mai 1866, aff. Philippe, D. P. 67. 5. 243).

193. On a rappelé au *Rép.*, n° 265, le principe d'après lequel, lorsque l'affaire a été renvoyée à la chambre d'accusation, le procureur général ou l'un de ses substituts doit mettre l'affaire en état dans les cinq jours de la réception des pièces et fournir son rapport dans les cinq jours suivants (c. instr. crim. art. 217). La jurisprudence de la cour de cassation est fixée en ce sens que le procureur général n'est pas tenu d'attendre l'expiration du délai de cinq jours à partir de la réception de la procédure, pour soumettre son rapport à la chambre d'accusation. Il en est surtout ainsi quand l'accusé renonce à la faculté de fournir un mémoire à ladite chambre (Crim. cass. 13 mars 1841, aff. Borelly, *Rép.* v° *Instruction criminelle*, n° 1038; Crim. rej. 12 mai 1855, aff. Pianori, *Bull. crim.*, n° 164).

194. Le procureur général, avant de faire son rapport à la chambre d'accusation, doit-il faire enregistrer au greffe les procédures qui lui sont transmises? C'est là une question de discipline et d'ordre intérieur que le ministre de la justice a seul qualité pour trancher. Il n'appartient pas aux chambres d'accusation d'ordonner cet enregistrement de leur propre autorité. Mais si elles rendent un arrêt pour le prescrire, en remettant à une audience ultérieure l'audition des réquisitions du ministère public, cet arrêt n'est que préparatoire et ne peut être l'objet d'un recours en cassation immédiat (Crim. cass. 10 août 1838, aff. Roux, D. P. 38. 1. 473).

195. Au cours de l'information, l'inculpé peut produire un mémoire pour sa défense. Il a été jugé que le ministère public ne peut s'opposer à ce que ce mémoire soit joint à la procédure, par le motif qu'il serait injurieux à l'égard d'un officier de police judiciaire. De ce chef, des poursuites pourront s'exercer, s'il y a lieu (Crim. rej. 29 déc. 1832, aff. Bordes, rapporté au *Rép.* v° *Instruction criminelle*, n° 798).

196. En ce qui concerne le réquisitoire du ministère public devant la chambre d'accusation, il a été décidé : 1° que l'art. 56 (Décr. 18 juin 1811) ne s'y applique pas, et que les prévenus n'en peuvent pas obtenir copie (Crim. cass. 24 août 1833, aff. Kergorlay, *Rép.* v° *Instruction criminelle*, n° 948) ; — 2° Que la régularité de la procédure est suffisamment démontrée par la mention de l'arrêt de renvoi qui constate que le ministère public a fourni son rapport sur l'affaire, alors même qu'il n'y serait pas relaté qu'il a exposé oralement le procès. Il est ainsi donné satisfaction à l'art. 234 c. instr. crim. (Crim. rej. 26 mars 1812, aff. Robinet, rapporté au *Rép.* v° *Instruction criminelle*, n° 1049); — 3° Que l'accomplissement des formalités légales est établi par cette indication de l'arrêt que le procureur général a déposé son réquisitoire écrit, après avoir fait son rapport (Crim. rej. 10 déc. 1847, aff. Bonafoux, dit Léotade, D. P. 48. 1. 20).

Le ministère public se retire de la chambre d'accusation au moment où ses membres délibèrent (V. *Rép.* n° 265) ; mais il a été jugé que la nullité n'est pas attachée comme sanction à la prescription contenue en l'art. 224 c. instr. crim. (Crim. rej. 16 juin 1864, aff. Maréchal, *Bull. crim.*, n° 156).

197. L'arrêt de renvoi rendu par la chambre d'accusation est susceptible d'être attaqué par la voie du recours en cassation. Jugé que, dans le cas de rejet du pourvoi formé par l'accusé contre l'arrêt de la chambre d'accusation, le ministère public n'a pas l'obligation de notifier ce rejet à l'intéressé ; l'accusé se trouve informé d'une manière suffisante par la fixation du jour de sa comparution en cour d'assises et par l'accomplissement des formalités préliminaires à l'audience (Crim. cass. 21 mars 1833, aff. Garnet, cité *Rép.* v° *Instruction criminelle*, n° 1344 ; Crim. rej. 27 août 1847, aff. Donat-Fevelas, D. P. 47. 4. 301).

§ 3. — Fonctions du ministère public devant les tribunaux de simple police et de police correctionnelle (*Rép.* nos 266 à 287).

198. Les attributions du ministère public, en matière de flagrant délit, ont reçu une notable extension depuis la loi du 20 mai 1863 (D. P. 63. 4. 109). Bien que cette loi doive faire l'objet d'une étude approfondie *infrà*, v° *Procédure criminelle*, il convient d'en retracer les dispositions essentielles en ce qui touche aux fonctions des magistrats du parquet.

199. Le but et l'économie de la loi du 20 mai 1863 sont nettement caractérisés par M. Garraud (*Précis de droit criminel*, n° 42). « La loi du 20 mai 1863, qui a pour rubrique « loi sur l'instruction des flagrants délits devant les tribunaux « correctionnels » a eu pour but, dit cet auteur, d'accélérer la poursuite et le jugement de ces délits et d'abréger ainsi la détention préventive. Elle tend à ce résultat : 1° en élargissant les attributions du procureur de la République ; 2° en abrégeant les formes et les délais des citations devant les tribunaux correctionnels. En effet, tandis que le code d'instruction criminelle n'ouvrait au procureur de la République que la voie de la citation directe à trois jours ou celle de l'instruction préparatoire, la loi du 20 mai 1863 lui ouvre deux voies nouvelles : la traduction directe et sans citation de l'inculpé devant le tribunal ; la citation directe et d'urgence au délai d'un jour ».

La procédure sommaire créée par la loi de 1863 est subordonnée à trois conditions : 1° il faut que le fait dénoncé soit un délit ordinaire; 2° que le délit soit flagrant; 3° que l'inculpé ait été mis en état d'arrestation (V. sur ces divers points *infrà*, v° *Procédure criminelle*). — Quand un délit est accompli dans les circonstances qui viennent d'être rappelées, l'inculpé est immédiatement conduit devant le procureur de la République (L. 20 mai 1863 art. 1). Dans les parquets où le personnel est suffisant, un substitut est spécialement délégué dans les attributions du procureur de la République en matière de flagrants délits. Son cabinet prend le nom de petit parquet. Le procureur de la République, ou le substitut délégué, prend connaissance des procès-verbaux et pièces qui lui sont communiqués, et procède à une information sommaire en entendant les agents qui ont procédé à l'arrestation, ainsi que l'inculpé, dans leurs explications. Il dresse un procès verbal de son enquête. Si, dès lors, les renseignements recueillis lui suffisent, il prend une première décision : en l'absence de charges, il ordonne la mise en liberté de l'individu arrêté; s'il apparaît qu'il y ait une infraction et que celui-ci en puisse être l'auteur, il assure la suite de l'affaire. Toute procédure devant contenir l'extrait du casier judiciaire de l'inculpé, il se le fait délivrer par le greffe, ou bien il le réclame au parquet compétent ou au garde des sceaux par télégramme. — L'extrait du casier judiciaire peut révéler que l'inculpé est passible de la relégation. La loi du 27 mai 1885 (D. P. 85. 4. 45) interdit, en ce cas, de suivre la procédure de flagrant délit. Mais s'il s'agit d'un non-récidiviste, ou même d'un récidiviste que la condamnation qu'il encourt n'expose pas à la relégation, deux voies sont ouvertes, à supposer que l'affaire paraisse au procureur de la République comporter la procédure sommaire et expéditive du flagrant délit, qui ne lui est jamais imposée : 1° si le tribunal tient audience, l'inculpé est traduit devant la chambre qui siège à ce moment, et qui devient, pour ce cas spécial, tribunal correctionnel; — 2° S'il n'y a pas actuellement d'audience, le procureur de la République fait citer l'inculpé par exploit pour le lendemain. Au besoin, on doit convoquer spécialement le tribunal à l'effet de statuer (art. 2). En pratique, cette citation n'est pas donnée. On se contente de faire extraire de la maison d'arrêt les inculpés ordinairement placés sous mandat de dépôt.

Par une dérogation très notable aux principes du code d'instruction criminelle, le magistrat du ministère public peut, en cas de flagrant délit, décerner contre l'individu arrêté un mandat de dépôt; d'après le droit commun, c'est une faculté réservée exclusivement au juge d'instruction (L. 20 mai 1863 art. 1). — Pour les besoins de la procédure orale de l'audience, des témoins peuvent être cités verbalement par tout officier de police judiciaire ou agent de la force publique; les pénalités de l'art. 157. c. instr. crim. sont applicables aux non-comparants. Ce procédé, qu'on peut assimiler à celui d'une comparution des parties sur simple avertissement, paraît régulier, si le prévenu ne se réclame pas de l'absence de citation pour déclarer qu'il fait défaut. L'affaire est jugée sur-le-champ, si elle est en état, et, dans le cas contraire, le tribunal ordonne son renvoi pour supplément d'information, en prononçant, s'il y a lieu, la mise en liberté provisoire, avec ou sans caution, ou en confirmant, au contraire, le mandat de dépôt, s'il en a été décerné. Toutefois, l'intérêt primordial de la défense a fait introduire une disposition spéciale aux termes de laquelle « si l'inculpé le demande, le tribunal lui accorde un délai de trois jours au moins pour préparer sa défense ».

200. Une circulaire du garde des sceaux (20 mars 1866) prescrit tout spécialement aux procureurs de la République d'appliquer la loi qui vient d'être étudiée aux infractions en matière de douanes, dans la crainte que la libération des inculpés avant le jugement ne permette pas de les atteindre réellement ensuite. Le danger dont se préoccupe le garde des sceaux provient de ce que, les délits de contrebande étant frappés d'une peine d'emprisonnement variant entre trois jours et un an, si les inculpés sont soumis à la procédure de l'information préalable, et si un mandat d'arrêt ou de dépôt est décerné contre eux par le juge d'instruction, ils peuvent, à moins de circonstances spéciales, réclamer d'être mis en liberté après cinq jours. L'arrivée des délinquants devant le tribunal compétent sera souvent, ainsi que le fait remarquer cette instruction, retardée par les formalités d'affirmation et d'enregistrement dont les procès-verbaux doivent être revêtus, et par l'insuffisance des agents trop peu nombreux pour assurer la conduite immédiate des contrebandiers au parquet. « Mais ces délais ne peuvent pas mettre obstacle, dit le garde des sceaux, à ce que l'affaire soit jugée comme en flagrant délit, alors surtout que la foi due aux procès-verbaux dispense le ministère public de toute autre preuve ».

201. En dehors des cas d'application de la loi du 20 mai 1863, le ministère public a généralement, en matière de délits, à l'inverse de ce qui a lieu au cas de crimes, le choix entre deux procédures : la citation directe et l'information préalable. On a énoncé au *Rép.* n° 266, cette règle d'administration intérieure aux termes de laquelle, en matière de contraventions et de délits, le ministère public doit toujours, quand la nature de la cause n'est pas douteuse, saisir directement le tribunal de simple police ou le tribunal correctionnel. Si même le délit n'intéresse pas essentiellement l'ordre public, il lui est prescrit de renvoyer le plaignant à se pourvoir lui-même devant la juridiction compétente. Il est, toutefois, des hypothèses assez nombreuses où, soit des instructions particulières de la chancellerie soit même la pratique les tribunaux, imposent la voie de l'information préalable.

202. — 1° Aux termes de l'art. 11 de la loi du 27 mai 1885 (D. P. 85. 4. 45), « lorsqu'une poursuite devant un tribunal correctionnel sera de nature à entraîner l'application de la relégation, il ne pourra jamais être procédé dans les formes édictées par la loi du 20 mai 1863 sur les flagrants délits ». Bien que cette disposition ne proscrive pas la voie de la citation directe de l'inculpé par le ministère public devant les tribunaux correctionnels, une pratique constante, fondée sur la double nécessité de réunir des renseignements nombreux et précis et de mettre l'individu sous mandat de dépôt ou d'arrêt, impose l'usage de l'information préalable.— Le ministère public doit veiller à l'exécution de la prescription de l'art. 11, qui ordonne qu'un défenseur sera nommé d'office au prévenu, à peine de nullité. Il intervient, une fois la relégation prononcée, pour donner son avis sur la demande que ferait le condamné, d'être soumis à la relégation individuelle au lieu de subir la relégation collective (V. au surplus, *infrà*, v° *Peine*).

203. — 2° La voie de l'information préalable est prescrite au ministère public par la circulaire du garde des sceaux du 6 avr. 1842. Après avoir rappelé le droit qui appartient aux tribunaux, quand ils apprécient qu'un mineur déféré à leur juridiction doit être acquitté comme ayant agi sans discernement, de remettre l'enfant à ses parents ou de prescrire qu'il sera conduit dans une maison de correction, cette circulaire ajoute qu'« il importe essentiellement que les tribunaux connaissent, avant de statuer, toutes les circonstances qui peuvent les déterminer à prendre l'un ou l'autre parti. Le meilleur, le seul moyen de les éclairer à cet égard, est de faire procéder dans toutes ces affaires à une information préalable, et de ne pas employer la voie de la citation directe, qui, restreignant l'instruction aux débats de l'audience, mettait souvent les juges dans l'impossibilité de bien apprécier les causes de la mauvaise conduite des enfants et les garanties que présenteront les parents ».

204. — 3° « Le principe du secret des lettres, disent MM. Vallet et Montagnon (*Manuel des magistrats du parquet*, n° 204) s'oppose à ce que le procureur de la République opère la saisie et fasse l'ouverture des plis cachetés dans lesquels il est à présumer que se rencontre la preuve d'un crime ou d'un délit, l'indication de son auteur, ou quelque renseignement ayant trait à une information judiciaire. Mais la jurisprudence reconnaît aux juges d'instruction, à raison du pouvoir qui leur appartient, de faire en tous lieux les perquisitions et saisies de papiers et d'effets qu'ils croient utiles à la manifestation de la vérité, le droit d'opérer la saisie et l'ouverture des lettres ». Les principes et la jurisprudence qui s'est formée sur la question sont exposés *suprà*, v° *Lettre missive*, n°s 98 et suiv.; *Rép.* eod. v°, n° 36; et *infrà*, v° *Postes; Rép.* eod. v°, n° 143.

Les auteurs précités ajoutent que « quand la nécessité de procéder à de tels actes surgira, le procureur de la République devra ouvrir une information régulière. C'est ainsi que s'effectuera l'ouverture des lettres dans les deux cas suivants : 1° lorsqu'un procès-verbal constatant l'apposition, sur une lettre refusée par le destinataire, ou adressée à un destinataire inconnu, d'un timbre-poste ayant déjà servi, a été transmis par l'Administration au ministère public ; — 2° Quand le destinataire d'une lettre chargée la refuse par le motif qu'il soupçonne qu'elle n'est pas intacte et qu'elle a été descellée. L'administration des Postes dresse un procès-verbal de son refus et des motifs de ce refus et transmet au parquet du domicile du destinataire la letttre suspecte et le procès-verbal par elle établi. Le procureur de la République ouvre, sur la prévention résultant des réserves du destinataire, une information ».

205. — 4° Sur la manière dont sont constatées, poursuivies et réprimées les infractions aux lois relatives au monopole de fabrication et de vente des allumettes chimiques et aux autres contributions indirectes, V. *suprà*, v° *Impôts indirects*, n°s 49 et suiv., 83 et suiv. Il suffira de rappeler que la procédure de la loi du 20 mai 1863 sur les flagrants délits est proscrite en ces matières, et qu'il ne peut, en conséquence, y avoir de mandat décerné que par le juge d'instruction (L. 28 avr. 1816, art. 224 ; 28 janv. 1875, art. 3, D. P. 75. 4. 10).

206. On a fait connaître au *Rép.*, n° 266, comment la citation, en matière de police simple ou correctionnelle, est donnée à l'inculpé ou au prévenu. Plusieurs décisions de jurisprudence complètent les explications fournies sur ce point. Il a été jugé : 1° que le ministère public n'a pas besoin, pour citer un inculpé devant le tribunal de simple police, de se faire délivrer une cédule par le juge de paix. Cette cédule est toutefois utile, quand il s'agit d'abréger les délais, dans un cas urgent (Crim. cass. 18 mars 1848, aff. Barrau, *Bull. crim.*, n° 75) ; — 2° Que, malgré l'art. 147 c. instr. crim., qui autorise l'envoi d'un avertissement, en matière de simple police, le ministère public conserve le droit de citer l'inculpé, qu'il tient de l'art. 145 du même code, et que le juge violerait ce texte s'il refusait de condamner aux dépens l'inculpé reconnu coupable, par le motif qu'il est d'usage d'appeler les inculpés par voie d'avertissement devant son tribunal (Crim. cass. 14 août 1852, aff. Mollard, D. P. 52. 5. 294).

207. Les instructions de la chancellerie prescrivent d'appeler par un billet d'avertissement les inculpés devant le tribunal de simple police. C'est dans le cas seulement où cet avertissement est demeuré sans résultat qu'on a recours à une citation (Circ. garde des sceaux, 26 déc. 1845, 12 avr. 1859).

208. Une pratique semblable s'est introduite, en matière correctionnelle, quand il s'agit de certains délits peu graves et que les circonstances de la cause permettent de suivre cette voie. La comparution volontaire des prévenus suffit à permettre aux tribunaux correctionnels de statuer à leur égard. Le procureur de la République pourra donner un avis oral, ou mieux, un avertissement écrit, à certains prévenus, leur enjoignant de se rendre à l'audience pour y être jugés. On évitera ainsi les frais de la citation ordinaire. Cette simple invitation ne permettra pas, d'ailleurs, de prononcer un jugement par défaut. Mais, la présence du prévenu équivalant à une comparution volontaire, il pourra être entendu et jugé contradictoirement. « On suivra cette procédure de préférence, disent MM. Vallet et Montagnon, *Manuel des magistrats du ministère public*, n° 345, quand il s'agira de délits de peu de gravité (délits de chasse, par exemple) avoués, et pour la preuve desquels on ne cite pas de témoins ; car, à défaut de comparaître, les témoins seraient inutilement convoqués, et il faudrait les produire à nouveau, le jour où le prévenu récalcitrant serait assigné ».

209. Le dossier doit être communiqué au prévenu ou à son défenseur, à partir du moment où le prévenu a été cité à comparaître. Il a été jugé, sur ce point, que la communication des pièces de la procédure au prévenu, dans les affaires correctionnelles, n'est pas subordonnée à l'autorisation du ministère public. Elle constitue un droit pour la défense. Cette communication s'effectue au greffe et non au parquet (Crim. rej. 14 mai 1835, aff. Hugonnet, *Rép.* v° *Instruction criminelle*, n° 947).

210. Le ministère public cite les témoins qui auront à fournir la preuve des faits de la prévention. La substitution d'un simple avertissement notifié, sans aucun frais, par un agent de la force publique, à une citation signifiée par un huissier, employée, comme on vient de le dire, à l'égard des prévenus, est d'une pratique plus fréquente en ce qui concerne les témoins. Elle est notamment recommandée par la circulaire du garde des sceaux en date du 7 févr. 1887. Toutefois, l'absence du témoin ne permettant pas, s'il a été simplement invité à se présenter à l'audience, de lui appliquer l'amende édictée par l'art. 80 c. instr. crim., le procureur de la République citera de préférence les témoins qu'il aura quelque motif de croire récalcitrants, et réservera la forme de l'avertissement aux experts, aux agents de la force publique, etc. Il veillera, d'un autre côté, à ce que la taxe ne soit allouée aux témoins invités que sur production de pièces authentiques, attestant qu'ils ont été convoqués, pour éviter les fraudes dont le Trésor public aurait à souffrir.

211. Les actes que le ministère public accomplit à l'audience, soit de simple police, soit de police correctionnelle, sont exposés au *Rép.* n° 268. Il y administre notamment la preuve des faits sur lesquels repose la prévention.

212. Mais il convient de faire observer que, lorsqu'une question préjudicielle est soulevée devant la juridiction correctionnelle ou de police, le tribunal ne peut pas mettre à la charge du ministère public la preuve à rapporter préalablement à l'examen du fond. C'est ce qui a été jugé par de nombreux arrêts aux termes desquels : 1° l'obligation de faire trancher la question préjudicielle de propriété doit être imposée au prévenu, et non au ministère public qui est sans qualité, sans droit et sans intérêt dans la contestation civile (Crim. cass. 20 févr. 1829, aff. Charpenel, *Rép.* v° *Question préjudicielle*, n° 161 ; 21 mai 1829, aff. Fourgassié, *ibid.* ; 17 oct. 1834, aff. Baillat, *ibid.* ; 25 sept. 1835, aff. Moreau, *Rép.* v° *Appel en matière criminelle*, n° 77 ; 23 juill. 1836, aff. Defoulers, *Rép.* v° *Instruction criminelle*, n° 161 ; 10 sept. 1841, aff. Dambert, *ibid.*) ; — 2° Un tribunal de simple police ne peut pas renvoyer le prévenu des fins de la poursuite, par le motif qu'après qu'il a été sursis à l'examen de l'affaire pour être statué sur une question préjudicielle dans un délai déterminé, le ministère public ne justifie d'aucune poursuite par lui faite à ces fins, dans ce délai. C'est au prévenu qu'il incombe d'intenter l'action (Crim. cass. 4 juill. 1846, aff. Delagarde, D. P. 46. 4. 430) ; — 3° D'autre part, la jurisprudence consacre ce principe que, dans le cas où, devant le tribunal de simple police, le prévenu soulève une question de propriété, le jugement qui déclare qu'il y a lieu de surseoir à statuer est un jugement interlocutoire qui n'épuise pas la juridiction du juge. S'il n'a pas fixé le délai dans lequel la question soulevée devrait être tranchée, le ministère public peut lui demander de réparer cette omission (Crim. rej. 15 déc. 1827, aff. Grandjean, *Rép.* v° *Question préjudicielle*, n° 174 ; 19 juin 1849, aff. Dommanget, *Bull. crim.* n° 137) ; — 4° Mais il a été décidé, par une juste application des principes en matière de chose jugée, que, si le tribunal de police, requis d'impartir le délai dans lequel le prévenu aura à faire juger son exception, a refusé de le fixer, et si ce jugement a acquis l'autorité de la chose jugée, le ministère public n'est pas recevable à renouveler son action, avant que la question préjudicielle soit tranchée, quand même il aurait lui-même, par acte extrajudiciaire, assigné à la partie un délai pour faire statuer sur la question soulevée (Crim. rej. 25 avr. 1844, aff. Millet, *Bull. crim.*, n° 151).

213. En matière correctionnelle, comme en matière criminelle, le procureur de la République peut adresser directement aux témoins telles questions qu'il juge convenable, après avoir toutefois demandé la parole au président. C'est ce qu'a jugé un arrêt du 19 sept. 1834 (Crim. cass. aff. Boutry, *Rép.* v° *Témoin*, n° 280).

214. Le ministère public a le droit de discuter la valeur des dépositions faites par les témoins. Jugé en outre que, si un témoin demande acte au tribunal des paroles prononcées par le ministère public, en se prétendant lésé par ces paroles qu'il considère comme injurieuses pour lui, le tribunal ne peut, sans commettre un excès de pouvoir, accueillir ces conclusions (Paris, 29 sept. 1869, aff. Leclanché, D. P. 74. 5. 339).

215. En ce qui touche les conclusions que doit prendre le ministère public, faut-il décider que le règlement du 30 mars 1808, dont l'art. 84 lui permet de demander un délai pour conclure dans les affaires civiles, est également applicable aux affaires criminelles ? La jurisprudence s'est prononcée pour la négative. Il a été jugé que le tribunal correctionnel peut, sans excès de pouvoir, refuser au magistrat du ministère public le délai qu'il sollicite pour vérifier s'il existe une circonstance de récidive dans l'affaire. On ne saurait considérer ce refus comme une injonction de porter la parole sur-le-champ (Crim. rej. 22 avr. 1830, aff. Renaudin, D. P. 30. 1. 219). Mais il a été jugé, d'autre part, conformément aux principes généraux, que si le tribunal correctionnel rejette la demande d'un renvoi à une audience ultérieure formée par le ministère public dans le but de lui permettre de produire de nouveaux témoins, son jugement doit être motivé (Crim. cass. 4 août 1837, aff. Mathieu, *Rép.* v° *Témoin*, n° 250; 23 sept. 1837, aff. François, *ibid.*).

216. La question de savoir si les conclusions du ministère public sont exigées à peine de nullité a été posée et discutée au *Rép.* n°s 269 et suiv. La jurisprudence, dès cette époque, la tranchait affirmativement. De nombreuses décisions sont venues s'ajouter aux arrêts rapportés au *Rép.* n° 270, et c'est aujourd'hui un principe certain que le ministère public doit, à peine de nullité du jugement, être entendu en ses conclusions. Il a été jugé, en ce sens, que l'audition du ministère public dans les affaires de simple police est une formalité substantielle dont l'accomplissement doit être constaté, à peine de nullité du jugement (Crim. cass. 27 févr. 1863, aff. Fransini, D. P. 63. 5. 249). — Mais, d'autre part, il a été décidé à bon droit que le moyen, tiré par le ministère public près le tribunal de simple police, de ce qu'il n'aurait pas été admis à donner ses conclusions, ne saurait être accueilli lorsque les notes d'audience et le jugement constatent que, après les explications données par le prévenu, le ministère public a été entendu dans ses observations (Crim. cass. 7 févr. 1860, aff. Billerey, D. P. 61. 5. 314) ; — 2° Que le ministère public ne peut pas présenter devant la cour de cassation un moyen tiré de ce que la parole lui aurait été retirée dans une affaire de simple police, si le jugement est muet sur ce fait, et constate, au contraire, qu'il a été « entendu dans le résumé de la cause et dans ses conclusions » (Crim. rej. 24 juin 1864, aff. Martin, D. P. 66. 5. 307).

217. Le principe, énoncé au *Rép.* n° 273, aux termes duquel les tribunaux doivent statuer sur toutes les conclusions du ministère public, à peine de nullité, demeure consacré par la jurisprudence (V. Crim. cass. 8 déc. 1832, aff. Sallaberry, *Rép.* n° 273). Mais il a été jugé, sur ce point, que le ministère public près le tribunal de police ne peut se faire un moyen de cassation de ce qu'il n'aurait été ni entendu, ni mis en demeure de conclure sur tous les incidents du procès, si le jugement attaqué constate que le ministère public a conclu à l'application de la peine, et si rien n'établit qu'au cours de la procédure il ait été soulevé des incidents sur lesquels le ministère public n'aurait pas été entendu (Crim. rej. 2 août 1866, aff. Hinderer, D. P. 66. 5. 306).

218. De nombreux arrêts confirment la règle d'après laquelle toute réquisition du ministère public doit faire l'objet d'une décision motivée. Elle a surtout été appliquée en matière de simple police, et la cour de cassation a prononcé la nullité de jugements dans les cas suivants: 1° le juge a omis de statuer sur un des chefs des conclusions du ministère public tendant à ce que l'inculpé fût condamné à l'amende et contraint à observer l'alignement donné par l'autorité municipale (Crim. cass. 26 juin 1841, aff. Sinaire, *Rép.* v° *Jugement*, n° 758-3°); — 2° Le juge, saisi de deux préventions distinctes, concernant plusieurs inculpés, a omis de statuer sur l'une de ces préventions spécialement reprochée à l'un des inculpés (Crim. cass. 7 févr. 1856, aff. Lhote, *ibid.*, n° 50); — 3° Le juge a omis ou refusé de statuer sur les conclusions du ministère public tendant soit à se faire donner acte de sa réserve de poursuivre l'inculpé à raison de diffamations commises contre sa personne par cet inculpé, dans sa défense (Crim. cass. 13 oct. 1820, aff. Léger, *Rép.* v° *Commune*, n° 889); — 4° ... Soit à produire des témoins pour prouver une contravention constatée par un procès-verbal qui ne fait pas foi jusqu'à preuve contraire (Crim. cass. 30 nov. 1854, aff. Lavabre, D. P. 54. 4. 756); — 5° ... Soit à obtenir la continuation de la cause, à l'effet de produire des témoins à l'appui de la prévention (Crim. cass. 15 avr. 1852, aff. Charpentier, D. P. 52. 5. 372) ; — 6° Le jugement du tribunal de simple police a rejeté les conclusions du ministère public sans en donner de motifs (Crim. cass. 27 mai 1830, aff. Soyer, *Bull. crim.*, n° 143) ; — 7° De divers chefs de prévention déférés au juge par le ministère public, le jugement a retenu les uns et non les autres, sans motiver explicitement le rejet des conclusions du ministère public sur ce point (Crim. cass. 5 févr. 1848, aff. Seureau, D. P. 48. 5. 261); — 8° Le jugement a omis de statuer sur les conclusions du ministère public tendant à l'application au prévenu des peines de la récidive (Crim. cass. 5 mai 1826, aff. Gauthey, *Rép.* v° *Peine* n° 342); — 9° ... Ou n'a pas motivé le rejet de ces conclusions (Crim. cass. 5 janv. 1839, aff. Gamace, *Bull. crim.*, n° 13; 27 déc. 1851, aff. Deleutre, *ibid.*, n° 541); — 10° ... Ou a omis de statuer sur une réquisition du ministère public, tendant à ce qu'il soit donné défaut contre le prévenu non valablement représenté par le fondé de pouvoirs qui a comparu pour lui (Crim. cass. 22 janv. 1852, aff. Dubourg, D. P. 52. 5. 368).

En matière correctionnelle, aussi bien qu'en matière de simple police, le jugement qui omet de statuer sur un chef des conclusions du ministère public est soumis à cassation (Crim. cass. 24 août 1832, aff. Nérand, *Rép.* v° *Jugement*, n° 758-8°). Le principe est applicable, soit que les conclusions auxquelles il n'a pas été répondu aient eu pour objet un chef de prévention (Crim. cass. 26 mai 1813, aff. Femme Ricci, *Bull. crim.*, n° 60); ... ou la condamnation du prévenu aux dépens (Crim. cass. 26 nov. 1829, aff. Lallemand, *Rép.* v° *Jugement*, n° 758-14°); ... ou l'audition en appel d'un nouveau témoin, non entendu en première instance (Crim. cass., 4 mars 1825, aff. Mayet, *Rép.* v° *Jugement*, n° 1083-2°); ... ou l'incompétence de la juridiction correctionnelle et le renvoi du prévenu devant le juge d'instruction par le motif que le fait qui sert de base à la prévention est un crime (Crim. cass. 3 juin 1813, aff. Veuve Lamy, *Rep.* v° *Jugement*, n° 758-6°).

La chambre correctionnelle de la cour d'appel a les mêmes obligations que les tribunaux de simple police et de police correctionnelle. Jugé, en ce sens : 1° que l'arrêt de cour d'appel qui ne répond, ni explicitement ni implicitement, aux conclusions prises par le ministère public et tendant à ce qu'un procès-verbal de ce qui s'est passé à son audience soit établi, est nul (Crim. cass. 12 oct. 1833, aff. Lédier, *Rép.* v° *Jugement* n° 758-7°); — 2° Qu'il en est de même de l'arrêt qui, statuant sur l'appel d'un jugement qui avait acquitté les prévenus, et alors que le ministère public requérait un supplément d'information, a confirmé purement et simplement le jugement de première instance, sans motiver le rejet des conclusions du ministère public (Crim. cass. 19 févr. 1829, aff. Herson, *Rép.* v° *Jugement*, n° 1090-2°); — 3° Que, devant la juridiction correctionnelle d'appel, le ministère public doit être entendu dans ses conclusions, même alors que le débat n'existe plus qu'entre la partie civile et le prévenu, et que, à raison du défaut d'appel du procureur de la République, aucune peine ne peut plus être appliquée; par suite, il y a nullité de l'arrêt intervenu, s'il ne mentionne pas l'audition du ministère public (Crim. cass. 17 août 1865, aff. Pascal, D. P. 67. 5. 280).

219. La jurisprudence rapportée au *Rép.*, n° 274, a établi qu'il ne suffit pas, pour la validité du jugement, que le ministère public ait pris des conclusions sur des exceptions ou des demandes incidentes, s'il n'a pas également donné des conclusions au fond. Jugé, en ce sens : 1° que lorsque le ministère public, pour faire entendre des témoins devant le tribunal de police, demande la continuation de la cause à une audience ultérieure, le juge de police ne peut passer outre et statuer immédiatement sans autre audition du ministère public (Crim. cass. 24 janv. 1852, aff. Civel, D. P. 52. 5. 367); — 2° Qu'en matière correctionnelle, l'arrêt qui ne constate pas que le ministère public a résumé l'affaire et donné ses conclusions sur le fond, est entaché de nullité, et que cette nullité est encourue quand bien même il résulterait des qualités de l'arrêt que le ministère public avait été entendu à une audience précédente sur un incident de procédure qui s'y était produit (Crim. cass. 29 nov. 1878, aff. Rosten et Martel, D. P. 79. 1. 192).

220. En ce qui concerne les droits du ministère public pendant l'audience, il a été jugé que, lorsque le ministère public a pris les réquisitions utiles devant le tribunal correctionnel, ce tribunal peut refuser de lui donner de nouveau la parole pour répliquer au prévenu, s'il estime que l'affaire est en état d'être jugée (Crim. rej. 18 avr. 1835, aff. Femme Levasseur, D. P. 36. 1. 339).

221. L'exécution des jugements, a-t-on dit au *Rép.*

nº 279, appartient au ministère public près la juridiction dont émanent les jugements. Mais, au contraire, il est de principe que les questions que soulève l'exécution des jugements et arrêts sont tranchées par ces juridictions, et non par le ministère public. C'est aux tribunaux qu'appartient l'examen des difficultés relatives à la prescription, à la remise, à la durée de la peine (V. en ce sens, Crim. rej. 23 févr. 1833, aff. Puylaroque, *Rép.* vº *Jugement*, nº 898-2º; Crim. cass. 27 juin 1845, aff. Hamelin, D. P. 45. 1. 288).

222. Des instructions nombreuses et détaillées de la chancellerie ont tracé les règles que doivent suivre désormais les magistrats du parquet pour assurer l'exécution des jugements. Ces règles, qui diffèrent sur plusieurs points de celles qui ont été exposées au *Rép.* nº 279, sont retracées par MM. Vallet et Montagnon, *Manuel des magistrats du parquet*, nºs 600 et suiv. Il suffira d'en indiquer ici l'économie générale.

Quand un détenu est l'objet d'un jugement d'acquittement ou d'absolution, ou d'un jugement de condamnation à une simple peine pécuniaire, ou d'un jugement portant une peine d'emprisonnement mais avec sursis à l'exécution de la peine par application de la loi du 26 mars 1891 (D. P. 91. 4. 24), le ministère public assure sa mise en liberté immédiate par un ordre transmis au gardien-chef de la maison d'arrêt où se trouve le prévenu. Il doit vérifier toutefois, auparavant, qu'il n'existe pas quelque autre motif de le retenir, tel qu'un jugement susceptible d'exécution immédiate, ou un mandat de dépôt ou d'arrêt décerné pour une inculpation différente de celle qui a été jugée. Toutefois, en matière de contributions indirectes, le jugement qui prononce une simple amende contre le délinquant n'est pas suivi de sa mise en liberté immédiate (Sur ce principe et sur l'exception qu'il reçoit quand il s'agit des délits de fabrication, colportage et détention illicite d'allumettes chimiques, V. *suprà*, vº *Impôts indirects* nºs 60 et 92). — Si le détenu est condamné à une peine d'emprisonnement, sans que le sursis soit prononcé, le jugement est porté à la connaissance du gardien-chef de la maison d'arrêt où il se trouve, et de suite commence l'exécution de cette peine, sans préjudice des droits d'appel et de pourvoi en cassation qui appartiennent au condamné. L'extrait du jugement, visé par le procureur de la République, est transmis dans le plus bref délai au gardien à qui il sert de titre pour retenir le condamné.

223. Pour déterminer de quelle manière se poursuit l'exécution des jugements et arrêts portant condamnation, il convient de distinguer entre les décisions contradictoires ou par défaut, et de considérer, en outre, de quelle juridiction elles émanent. — La signification préalable est la règle pour tous jugements rendus par défaut. Elle a lieu à la diligence du ministère public. Toutefois, cette règle reçoit deux exceptions : 1º l'acquiescement fourni par le condamné au jugement de défaut lui communiquant l'autorité d'un jugement définitif, le procureur de la République s'abstiendra de signifier le jugement auquel aura acquiescé le condamné. Il est prescrit d'inviter le condamné à acquiescer avant de procéder à la signification ; — 2º La circulaire du garde des sceaux du 23 févr. 1887 interdit de signifier les jugements par défaut rendus contre des condamnés dont la résidence est incertaine, et que la signification ne pourrait pas toucher, par conséquent. On peut se demander, sur ce dernier point, si la signification au parquet n'aurait pas une utilité que cette pratique méconnaît, celle de substituer à la prescription du délit par trois ans, à compter du dernier acte de procédure, la prescription de la peine par cinq années, à compter de cette signification (V. *infrà*, vº *Prescription en matière criminelle*).

224. Quant aux jugements contradictoires, la loi a créé une distinction notable entre ceux qui émanent des tribunaux correctionnels et ceux des tribunaux de simple police. La signification des premiers n'est pas nécessaire. Il en est de même pour les jugements de simple police non susceptibles d'appel; mais, au contraire, les jugements de simple police susceptibles d'appel doivent être signifiés préalablement à l'exécution. Dans le but d'éviter des frais qui souvent demeurent à la charge du Trésor, et qui, en tous cas, aggravent la situation des condamnés disposés à subir leur peine sans que cette formalité préalable soit remplie, la circulaire du garde des sceaux du 23 févr. 1887 prescrit aux procureurs de la République de « veiller à ce que les condamnés en simple police soient tout d'abord invités, par une simple avertissement sans frais, à se constituer prisonniers ou à payer l'amende. Ce ne serait qu'au cas où ils ne répondraient pas à cette invitation qu'il y aurait lieu de signifier le jugement pour en pouvoir poursuivre l'exécution ».

225. A l'époque de la publication du *Répertoire*, le recouvrement des amendes et des condamnations pécuniaires était, comme il est constaté au nº 279, confié aux receveurs de l'enregistrement. Aux termes de la loi du 29 déc. 1873, art. 2 (D. P. 74. 4. 26) « à partir du 1er janv. 1874, les percepteurs des contributions directes seront substitués aux receveurs de l'enregistrement pour le recouvrement des amendes et des condamnations pécuniaires autres que celles concernant les droits d'enregistrement, de timbre, de greffe, d'hypothèque, le notariat et la procédure ». Les amendes dont le recouvrement demeure confié aux percepteurs, en vertu de la loi du 29 déc. 1873, sont désignées sous le nom générique d'amendes de condamnation. Le ministère public adresse aux agents compétents des finances, trésoriers généraux, dans les chefs-lieux de département, et receveurs particuliers dans les chefs-lieux d'arrondissement, les extraits des jugements et arrêts portant condamnation pécuniaire, afin que ces agents en poursuivent le recouvrement.

226. Le ministère public assure encore la restitution des pièces de conviction aux ayants droit. Il donne ordre au greffier, dépositaire des pièces, de les délivrer aux requérants. En l'absence d'un jugement réglant la question, il examine les titres des parties, les apprécie et autorise, sous sa responsabilité, dans les cas qui ne lui paraissent pas exiger l'intervention des juges, le retrait des objets réclamés. En tous cas, il ne doit fournir de telles autorisations qu'après l'expiration des délais d'appel et de pourvoi en cassation.

227. On a exposé au *Rép.* nºs 280 et suiv , les droits et les obligations du ministère public en matière d'appel. Les principes n'ont pas été modifiés sur ce point. Il suffira d'ajouter à la jurisprudence rapportée au nº 285 et relative au cas où l'appel a été interjeté par la partie civile seule, un arrêt aux termes duquel, en matière correctionnelle, si l'appel a été interjeté par la partie civile seule, le ministère public a le droit de citer le prévenu devant la cour; en cas de condamnation de celui-ci, les frais de la citation doivent être mis à sa charge (Crim. rej. 2 janv. 1869, aff. Corriol, D. P. 74. 5. 339).

§ 4. — Fonctions du ministère public devant la cour d'assises (*Rép.* nºs 288 à 331).

228. La marche que suivent les affaires criminelles, depuis l'arrêt de renvoi jusqu'à l'audience où elles sont appelées, est exposée au *Rép.* nºs 288 à 294. Il convient, toutefois, de compléter le tableau des obligations du ministère public, qui s'y trouve retracé sommairement, par quelques remarques.

229. — La procédure demeure secrète jusque après l'interrogatoire que le président fait subir à l'individu renvoyé en cour d'assises. Jugé, en conséquence, que ni le procureur général, ni la chambre d'accusation ne peut ordonner ou autoriser la communication du dossier à l'accusé ou à son défenseur, avant cette époque (Crim. rej. 31 août 1833, aff. Letagé, *Rép.* vº *Instruction criminelle*, nº 1042; 31 août 1833, aff. Malvart, *Bull. crim.*, nº 354; Crim. cass. 5 juill. 1855, aff. Perrière, D. P. 55. 1. 432). Mais, après que l'interrogatoire de l'accusé a eu lieu, le ministère public, comme on l'a rappelé au *Rép.* nº 293, doit donner des ordres pour que l'accusé communique librement avec son défenseur. Il a été jugé, toutefois, sur ce point, que, la loi ne réglant pas la forme des communications qu'elle autorise entre l'accusé et son conseil, le ministère public peut prendre les mesures de sûreté nécessaires, selon les circonstances, et notamment ordonner qu'elles auront lieu en présence d'un gardien de la maison de justice (Crim. rej. 12 juill. 1810, cité au *Rép.*, vº *Instruction criminelle*, nº 1272-1º; 3 oct. 1822, *ibid.*, nº 1272-2º.

230. — On a rappelé au *Rép.* nº 293, que les accusés ont droit à la délivrance d'une copie gratuite des plaintes, dénonciations, ordonnances et jugements définitifs, aux termes de l'art. 36 du décret du 18 juin 1811, et que le ministère public doit veiller à son exécution. Il a été jugé que cette disposition n'est pas applicable aux réquisitoires du ministère public (Crim. cass. 24 août 1833, aff. Kergorlay, cité *suprà* n° 196).

231. — Malgré l'art. 243 c. instr. crim., qui veut que l'accusé soit transféré dans la maison de justice vingt-quatre heures après la signification de l'arrêt de renvoi et de l'acte d'accusation, il a été jugé qu'il appartient au ministère public, s'il apprécie que cette mesure est opportune, de requérir le transfèrement, en vertu de l'ordonnance de prise de corps, avant la signification de ces actes (Crim. rej. 8 janv. 1846, aff. Faucaud, D. P. 46. 4. 341).

232. — Si quelque acte d'information doit être accompli pendant cette période, c'est au président de la cour d'assises qu'il appartient d'assurer son exécution (V. *infrà*, v° *Procédure criminelle ; — Rép.* v° *Instruction criminelle*, n°s 1345 et suiv.). Mais il a été jugé : 1° que, bien que le ministère public, après l'arrêt de renvoi, soit incompétent pour procéder à un supplément d'information, il n'en a pas moins le devoir, si quelque nouvel élément de conviction parvient à sa connaissance, de le recueillir ; il le transmet ensuite au président (Crim. rej. 12 sept. 1861, aff. Damée, D. P. 61. 5. 269 ; 16 janv. 1868, aff. Coda-Labetta, *Bull. crim.*, n° 13) ; — 2° Que, s'il a connaissance, après l'arrêt de renvoi, même après l'interrogatoire de l'accusé par le président, de l'existence d'une pièce utile, il doit la signaler, provoquer, de ce chef, toutes les explications qu'il juge opportunes, dresser procès-verbal de ses actes et le transmettre hiérarchiquement au procureur général (Crim. rej. 5 mars 1857, aff. Trézières, D. P. 57. 1. 178) ; — 3° Qu'il peut recueillir, dans des procès-verbaux de renseignements qu'il rédige, ou fait rédiger par un auxiliaire, les déclarations de l'accusé. Ces procès-verbaux sont régulièrement joints à la procédure qui sera remise au jury (Crim. rej. 8 juill. 1865, aff. Joussiaume, D. P. 66. 5. 256) ; — 4° Qu'il devra, d'urgence, et dans la même forme, recueillir les révélations relatives à l'affaire et qui pourraient disparaître ; et que les procès-verbaux établis à ces fins ne sauraient être assimilés aux actes dont les accusés doivent obtenir copie (Crim. rej. 18 mars 1870, aff. Belleney, *Bull. crim.*, n° 66) ; — 5° Qu'il peut charger un officier de police de prendre officieusement, pour l'éclairer, tous renseignements utiles sur les lieux du crime, et que ces documents devront être joints, avant l'ouverture des débats, aux pièces communicables au défenseur et dont copie doit être fournie à l'accusé (Crim. rej. 28 juin 1866, aff. Filippi, D. P. 66. 5. 256) ; — 6° Que si, une fois le prévenu renvoyé en cour d'assises par la chambre d'accusation, le ministère public est sans qualité pour faire aucun nouvel acte d'instruction, on ne saurait considérer comme tel la lecture qu'il ferait au jury d'un rapport de gendarmerie contenant des renseignements de moralité sur d'autres faits que ceux de l'accusation, alors même qu'aucune copie de ce rapport n'aurait été fournie à l'accusé (Crim. rej. 5 mars 1852, aff. Balossier, D. P. 52. 5. 166 ; — 7° Qu'après l'arrêt de renvoi, mais avant l'ouverture des débats, le ministère public, pour s'éclairer sur les témoins à citer à l'audience, peut faire prendre des renseignements par la police, sans qu'il y ait aucune irrégularité, de ce chef (Crim. rej. 9 nov. 1843, aff. Denoyelle, *Rép.* v° *Témoin*, n° 433-4°) ; — 8° Que le ministère public peut, sans empiétement, à raison de la mission qui lui incombe d'appeler à l'audience les témoins nécessaires, ouvrir et diriger une enquête confiée, soit à un juge de paix, soit à la gendarmerie, qui ne sera pas produite aux débats, ni remise avec les pièces de la procédure aux jurés (Crim. rej. 29 juin 1865, aff. Clerc, D. P. 65. 5. 226) ; — 9° Que le procureur général ne sort pas des limites de sa compétence en invitant, avant l'ouverture des débats, un magistrat à lui fournir des renseignements sur des faits dont il a eu connaissance, alors que, d'autre part, il a communiqué ces renseignements au président, qui en a donné lecture au jury en usant de son pouvoir discrétionnaire (Crim. rej. 4 août 1854, aff. Langlois, D. P. 54. 5. 217) ; — 10° Que le procureur général peut, avant les débats, alors que l'arrêt de renvoi a été rendu, charger un de ses substituts de faire recueillir de nouveaux témoignages à titre de renseignements et qu'en l'absence de réclamation de l'accusé, le procès-verbal où ils ont été consignés et qui a été joint aux pièces de la procédure, est présumé lui avoir été notifié (Crim. rej. 9 mars 1855, aff. Porte, *Bull. crim.* n° 88). — Mais il a été décidé, au contraire : 1° que le ministère public dépasserait ses pouvoirs en ordonnant à un juge de paix de recueillir de nouveaux témoignages soit après l'interrogatoire de l'accusé soit après l'arrêt de renvoi, sans ordonnance ou commission rogatoire du président des assises ; que cependant, il faut, conformément aux principes généraux, que l'usage de ces documents ait pu porter préjudice à l'accusé, pour qu'il soit admis à se prévaloir de cette irrégularité ; qu'il y aurait encore une autre fin de non-recevoir à élever contre les réclamations de l'accusé, si le président de la cour d'assises avait ordonné, en vertu de son pouvoir discrétionnaire, la jonction à la procédure des procès-verbaux de cette information supplémentaire (Crim. rej. 27 août 1847, aff. Sain, *Bull. crim.* n° 195) ; — 2° Que le ministère public qui n'a pas, hors le cas de flagrant délit, le droit de procéder à des actes d'instruction, ne peut davantage déléguer ce droit à quelque autorité égale ou subalterne ; qu'ainsi, il commet un empiétement, s'il fait procéder à une expertise, postérieurement à l'arrêt de renvoi, et que, si cette expertise, a pu avoir sur la décision du jury une influence préjudiciable à l'accusé, elle est une cause de nullité. Nous ferons observer à ce propos que les mêmes fins de non-recevoir, que nous avons signalées à propos de l'audition de témoins faite dans les mêmes conditions, pourront être proposées dans cette dernière hypothèse (Crim. cass. 2 sept. 1847, aff. Boucher, D. P. 47. 4. 132).

233. Parmi les actes préliminaires que le ministère public doit accomplir, la citation des témoins qui seront entendus à l'audience figure au premier rang (V. sur ce point, *infrà*, v° *Témoin*, *Rép.* n°s 419 et suiv.). Aucune prescription n'est imposée par la loi au ministère public pour l'établissement de la liste des témoins qu'il fait citer à l'audience (Crim. rej. 1er sept. 1853, aff. Médal, *Bull. crim.*, n° 443). Notamment, il est certain que le ministère public n'a pas à faire citer à l'audience tous les témoins entendus à l'instruction (Crim. rej. 10 mai 1843, aff. Jenny, *Bull. crim.*, n° 102 ; 30 août 1866, aff. Laborderie, D. P. 66. 1. 462). Il lui est recommandé, au contraire, de restreindre la liste des témoins assignés aux personnes qui fourniront des éléments sérieux de décision pour le jury et la cour. Dans la pratique des parquets, le procureur de la République, avant de transmettre à la chambre d'accusation, par l'intermédiaire du procureur général, un dossier criminel clos par une ordonnance du juge d'instruction portant la mise en prévention, complète ce dossier par l'adjonction d'un projet de liste des témoins, où il énumère et classe tous les témoins qu'il se propose de faire entendre. Cette liste est soumise, avant les débats, et après le renvoi à la cour d'assises, à l'examen du président qui la revise par voie de retranchement ou d'adjonction. Les citations sont données sur la liste arrêtée du commun accord des deux magistrats.

234. On a énoncé au *Rép.* n° 294, le principe qu'une fois l'audience ouverte, la présence du ministère public est indispensable pendant tout le cours des débats, et énuméré, sous les n°s 295 et suiv., les actes qu'il doit y accomplir. Il a pour attribution de requérir, mais il est sans compétence pour ordonner et il n'est pas associé à l'exercice du pouvoir discrétionnaire.

235. Bien que l'art. 277 c. instr. crim. prescrive que le ministère public signera toutes ses réquisitions d'audience, la nullité n'étant pas prononcée pour le défaut de cette signature, on ne saurait la prononcer. La pratique qui a laissé tomber en désuétude cette disposition légale a été consacrée par la jurisprudence dans plusieurs arrêts rapportés au *Rép.* n° 298, auxquels il convient d'ajouter deux décisions aux termes desquelles la même solution doit être fournie, lorsque les réquisitions du ministère public tendent à ce que les débats aient lieu à huis clos (Crim. rej. 23 févr. 1821, aff. Bouclet, *Rép.* v° *Instruction criminelle*, n° 1465 ; 16 janv. 1845, aff. Senil, D. P. 45. 4. 117).

236. On a fait remarquer au *Rép.* n° 295 que toutes réquisitions du ministère public, tendant à l'usage d'une faculté dont l'investit la loi, doivent aboutir à un arrêt de la cour d'assises, à peine de nullité. Ainsi jugé (Crim. cass.

2 déc. 1825, aff. Loercher, *Bull. crim.*, n° 230). En conséquence, il y aura nullité des débats et des arrêts subséquents si la cour d'assises a omis de statuer sur les réquisitions par lesquelles le ministère public a réclamé : 1° qu'il fût établi un procès-verbal d'un fait d'audience (Crim. cass. 12 oct. 1833, aff. Lédier, cité au *Rép.* n° 295-1°; — 2° Que la cour, en entier, décidât si la position d'une question que le président pensait avoir le droit d'adresser à un témoin, en vertu de son pouvoir discrétionnaire lui appartenait ou non (Crim. cass. 16 août 1833, aff. Boufette, *Rép.* v° *Témoin*, n° 385); — 3° Qu'il fût fait application des peines de la récidive à un accusé déclaré coupable (Crim. cass. 17 janv. 1828, aff. Gautherot, *Rép.* v° *Jugement*, n° 758-12°; 12 oct. 1837, aff. Procureur du roi de Vannes, *Bull. crim.*, n° 307).

237. Le ministère public, au cours des débats, n'a pas pouvoir d'ordonner (V. *Rép.* n° 302), mais il a été jugé qu'il peut saisir une lettre spontanément produite au cours des débats par l'accusé, sous la réserve qu'elle lui sera ultérieurement restituée (Crim. cass. 6 avr. 1833, aff. Pointel, *Rép.* v° *Instruction criminelle*, n° 349).

238. Le pouvoir discrétionnaire est exercé, à la cour d'assises, par le président, qui ne le partage pas avec le ministère public. Mais il a été jugé: 1° que la réquisition du ministère public tendant à ce que des témoins soient entendus en vertu du pouvoir discrétionnaire, n'empiète pas sur les prérogatives du président, qui reste libre d'ordonner ou de ne pas ordonner cette mesure. (Crim. rej. 30 août 1844, aff. Jérôme, *Bull. crim.*, n° 305); — 2° Que, si le procureur général fait assigner, en vertu d'une ordonnance du président, un témoin pour être entendu en vertu du pouvoir discrétionnaire, il ne s'ensuit pas que le président ait délégué l'exercice de ce pouvoir au ministère public: le témoin est entendu, en ce cas, en vertu du pouvoir discrétionnaire du président (Crim. rej. 11 déc. 1845, aff. Daniel, *Bull. crim.*, n° 361).

239. On a établi au *Rép.* n° 303, le principe que le ministère public doit être entendu en ses conclusions sur tous les incidents contentieux. La jurisprudence rapportée *ibid.* a été confirmée par de nouveaux arrêts, aux termes desquels : 1° toutes demandes, qu'elles émanent de l'accusé, de son défenseur ou de la partie civile, donnent lieu à l'audition du ministère public (Crim. cass. 7 avr. 1854, aff. Gauthier, *Bull. crim.*, n° 99). Mais il faut entendre cette règle en ce sens que cette audition n'est cependant pas nécessaire, si la demande ne donne pas lieu à un débat contentieux (Crim. rej. 16 mars 1854, aff. Morin. D. P. 54. 5. 208; 16 mars 1854, aff. Legentil, cité *Rép.* n° 303-3°) ; — 2° Il n'y a pas de question contentieuse, et le ministère public n'a pas à intervenir quand l'accusé demande acte, après les réquisitions relatives à l'application de la peine, de ce que le président n'a pas remis aux jurés les pièces à conviction (Crim. rej. 16 mars 1854, aff. Morin, précité) ; — 3° Mais il y a, au contraire, un incident contentieux, et, par suite, nécessité d'entendre le ministère public quand l'accusé prend des conclusions tendant à ce qu'il lui soit donné acte de faits de nature à influer sur la nature des débats, notamment de ce que la défense n'a pas été libre; ou à ce qu'une question de préméditation, de guet-apens ou de concomitance de deux crimes ne soit pas posée comme résultant des débats; ou encore à ce qu'une question soit posée au jury sur des faits modificatifs de l'accusation et résultant de l'arrêt de renvoi (Crim. cass. 22 janv. 1857, aff. Naudet, D. P. 57. 1. 131).

240. Le ministère public a un droit de récusation à exercer, au moment de la formation du jury de jugement. Pour en user avec discernement, le chef du parquet de la cour d'assises, une fois que le jury de session est formé, recueille sur les jurés désignés, par l'intermédiaire des juges de paix, des renseignements confidentiels, qui lui permettent d'apprécier, dans chaque affaire, quels sont ceux qu'il convient d'écarter.

241. Après la formation du jury du jugement, la lecture de l'acte d'accusation, le résumé de ses dispositions par le président, l'exposé de l'affaire par le ministère public, — quand exceptionnellement, il en fait un, — on procède à l'appel des témoins (V. *Rép.* n° 306). Au cas de non-comparution de plusieurs témoins à décharge, il a été jugé que, si l'accusé n'élève pas de réclamation, à plus forte raison, s'il renonce expressément à leur audition, le ministère public n'a ni réquisitions, ni conclusions à prendre pour qu'il soit passé outre et que les débats soient poursuivis (Crim. cass 25 janv. 1849, aff. Min. publ., *Bull. crim.*, n° 19). Jugé encore que la non-comparution d'un ou de plusieurs des témoins cités à la requête du ministère public n'empêche pas de procéder valablement, soit que l'accusé et le ministère public aient accepté la continuation des débats (Crim. rej. 22 nov. 1855, aff. Gendre, *Bull. crim.*, n° 365), ou que le ministère public l'ait requise, sans que l'accusé ou son conseil aient été consultés (Crim. rej. 31 mars 1842, aff. Aldigé, *Bull. crim.*, n° 75; 3 févr. 1843, aff. Saudrier, *ibid.*, n° 24); ou que la cour juge, nonobstant les réquisitions ou conclusions prises, que l'audition des témoins non comparants n'est pas nécessaire à la manifestation de la vérité (Crim. rej. 15 déc. 1853, aff. Deguise, *Bull. crim.*, n° 581).

242. Le ministère public peut requérir et la cour d'assises ordonner le huis clos à partir du moment où la publicité de l'audience présenterait des inconvénients pour l'ordre et les mœurs. C'est assez habituellement après l'appel des témoins. Mais ce peut être immédiatement après le serment prêté par les jurés, avant la lecture de l'arrêt de renvoi et de l'acte d'accusation, ou après l'audition d'une première série de témoins relatifs à un premier chef d'accusation, et avant l'audition d'une nouvelle série de témoins relatifs à un second chef. L'arrêt prononçant le huis clos et tous arrêts incidents doivent être prononcés publiquement: le ministère public veillera à l'observation de cette prescription légale. L'audience doit redevenir publique à la clôture des débats et avant la lecture des questions.

243. On a dit au *Rép.* n° 307, qu'au cours des débats, le ministère public peut adresser des questions aux accusés sur les faits de l'accusation (Crim. rej. 13 mai 1836, aff. Chaveau, cité *ibid.*). — Jugé, en outre : 1° que le ministère public a le droit d'appeler l'attention du jury sur un fait qui, bien qu'il soit en dehors de l'accusation, lui semble de nature à éclairer sur la moralité de l'accusé (Crim. rej. 21 nov. 1844, aff. Sauvé, *Bull. crim.*, n° 378); — 2° Que si le ministère public prend des réquisitions formelles tendant à une vérification d'écritures, et que l'accusé y consente, la cour d'assises peut y faire droit et ordonner cette vérification à son audience (Crim. rej. 12 janv. 1833, aff. Perrri, *Rép.* v° *Instruction criminelle*, n° 2150).

244. Les témoins entendus, la partie civile, le ministère public et la défense présentent successivement les moyens d'accusation et de défense (V. *Rép.* n° 312). La loi ne prescrit pas, à peine de nullité, l'ordre qui devra être suivi entre les divers exposés et développements des moyens d'accusation et de défense qui se succèdent à l'audience de la cour d'assises. L'interversion apportée à l'ordre accoutumé, par suite de laquelle la défense aurait été présentée après l'exposé de la prévention par le ministère public, et avant l'audition des témoins de la partie civile et du procureur général, ne saurait, en conséquence, donner ouverture à cassation, à moins qu'il n'en résultât une violation des droits de la défense (Crim. rej. 8 juin 1850, aff. Maynard, *Rép.* v° *Instruction criminelle*, n° 2231).

245. L'audition du procureur de la République, à la suite des dépositions des témoins, prescrite par l'art. 335 c. instr. crim., est d'ordre public. C'est une formalité substantielle, qui a pour sanction la nullité de la déclaration du jury et de l'arrêt qu'elle n'a pas précédés (Crim. cass. 29 sept. 1853, aff. Marchand, *Bull. crim.*, n° 484).

246. Et même le ministère public doit être entendu sur les conclusions de la partie civile tendant à l'allocation des dommages-intérêts, à peine de nullité de l'arrêt qui statuerait sur cette question (Crim. cass. 27 vend. an 7, aff. Barrière, *Rép.* v° *Instruction criminelle*, n° 2805; 7 avr. 1854, aff. Gauthier, *Bull. crim.*, n° 99).

247. Aux termes de plusieurs arrêts, si l'accusé n'entend pas la langue française et s'il lui a été donné un interprète, les développements que fournit le ministère public aux moyens de l'accusation ne devront être traduits que sur la réclamation expresse de l'accusé (Crim. cass. 19 juill. 1832, aff. Legal, *Rép.*, v° *Instruction criminelle* n° 1397; Crim. rej. 24 juill. 1841, aff. Femme Zeller, *ibid.*, n° 2162; 29 févr. 1844, aff. Rapars, *Bull. crim.*, n° 69). Mais, au contraire, les réquisitions du ministère public doivent être traduites, à peine de nullité (Arrêt précité, 29 févr. 1844, aff. Rapars).

248. Le ministère public jouit, ainsi qu'il est constaté au *Rép.* n° 313, de la plus grande latitude dans l'usage des éléments qui peuvent concourir à éclairer le jury. Aux arrêts rapportés *ibid.* on joindra les décisions aux termes desquelles, en l'absence d'opposition de l'accusé et de son conseil, le ministère public peut donner lecture de la déposition écrite d'un témoin, entendu à l'instruction, cité et notifié par le parquet (Crim. rej. 9 juill. 1840, aff. Forleville, *Rép.* n° 313). Il peut, de même, lire la déposition d'un témoin qui aurait été reçue par le président de la cour d'assises; c'est le droit propre du procureur général de faire cette lecture, et il l'exerce sans autorisation préalable du président (Crim. rej. 18 janv. 1855, aff. Giovacchini, D. P. 55. 5. 434). Il est admis, à l'occasion de l'audition d'un témoin produit aux débats, à lire une pièce du dossier relative à ce témoin; on considérera, en ce cas, qu'il en a reçu l'autorisation tacite du président (Crim. rej. 20 sept. 1851, aff. Cerce, *Bull. crim.*, n° 399).

249. Le procureur général peut s'expliquer, dans son réquisitoire, sur les conséquences du verdict qui pourrait être rendu, sans qu'il y ait ouverture à cassation de ce chef. C'est ainsi qu'il peut faire connaître aux jurés que l'accusé serait acquitté, s'ils répondaient affirmativement sur une question de provocation qui leur serait soumise (Crim. cass. 7 août 1845, aff. Paoli et Ciattoni, D. P. 45. 4. 119).

250. Quand le ministère public s'est fait entendre en son réquisitoire, la cour d'assises peut encore renvoyer l'affaire à une audience ultérieure de la même session, pour que l'instruction insuffisante qui a eu lieu soit complétée (Crim. rej. 20 juill. 1844, aff. Fager, *Bull. crim.*, n° 272).

251. Sur la défense proprement dite et sur tous incidents qui s'élèveraient au cours des débats, et qui seraient de nature à intéresser l'accusé, celui-ci ou son conseil doit avoir la parole après le ministère public (Crim. cass. 5 mai 1826, aff. Renault, *Rép.* v° *Défense*, n° 143; 28 août 1841, aff. Leguedez, *Rép.* v° *Défense*, n° 152. V. *Rép.* n°s 318 et suiv.). Mais si, après avoir soulevé un incident et avoir développé ses moyens, il ne demande pas à répliquer aux observations fournies par le magistrat du parquet, en réponse à ses conclusions, l'accusé ne peut se plaindre de n'avoir pas eu le dernier la parole (Crim. rej. 25 oct. 1847, aff. d'Equevilley, cité *Rép.* n° 319; 26 déc. 1873, aff. Daronnat, *Bull. crim.*, n° 315).

252. Le ministère public, dans le cas où le jury a rendu un verdict irrégulier, peut requérir le renvoi des jurés dans la chambre de leurs délibérations pour qu'ils rectifient leur déclaration (V. *Rép.* n° 321). Il a été jugé, à ce propos, que si les défenseurs, interpellés par le président en l'absence des accusés, déclarent demeurer étrangers à l'incident soulevé, l'accusé n'est pas admis ensuite à prétendre que son absence l'a privé de ses moyens de défense (Crim. rej. 13 févr. 1851, aff. Gisclard, *Bull. crim.*, p. 62). — Mais la cour peut rendre un arrêt renvoyant le jury dans la chambre des délibérations pour y rectifier une erreur matérielle, ne soulevant pas de question contentieuse, sans audition du ministère public (Crim. rej. 26 sept. 1861, aff. Nachtigal, D. P. 61. 5. 124; 26 août 1869, aff. Murillo, D. P. 70. 1. 446).

253. L'exécution des jugements et arrêts appartient au ministère public et non à la juridiction qui les a rendus. Ce principe, posé *suprà*, n° 221, pour les matières correctionnelles et de police, est également applicable aux matières criminelles. Il a été jugé, en ce sens, qu'une cour d'assises dépasse ses pouvoirs en ordonnant que, malgré le pourvoi en cassation formé par le ministère public, l'accusé serait mis en liberté. C'est au procureur général qu'appartient l'exécution (Crim. cass. 20 juill. 1827, aff. Laffitte, *Rép.* v° *Cassation*, n° 934).

§ 5. — Fonctions du ministère public dans quelques procédures particulières (*Rép.* n°s 331 à 341).

254. Les explications fournies au *Rép.* n° 337, sur la matière de l'extradition, doivent être complétées par les instructions plus récentes et plus détaillées que la chancellerie a fournies au ministère public. Par une circulaire du 2 août 1890, le garde des sceaux a prescrit aux parquets de lui soumettre toutes affaires où le délit commis par l'inculpé réfugié à l'étranger crée un trouble réel pour l'ordre public, sans s'arrêter à la circonstance que ce délit n'est pas visé dans les traités d'extradition passés entre la France et le pays refuge, et même dans le cas où il n'existerait aucun traité entre les deux pays. Le procureur de la République doit soumettre préalablement l'affaire à l'examen du procureur général en lui adressant les pièces et les renseignements utiles, et ce magistrat la communique au garde des sceaux. Le dossier d'une demande d'extradition doit comprendre, d'après les instructions fournies aux parquets et résumées par MM. Vallet et Montagnon (*Manuel des magistrats du parquet*, n° 290): 1° selon le point où en est l'affaire, l'arrêt ou le jugement portant condamnation contradictoire, par contumace ou par défaut, l'arrêt de la chambre des mises en accusation, ou, si le juge d'instruction est encore saisi de l'affaire, un mandat d'arrêt, à l'exclusion de tout autre, ne contenant pas de réquisition aux autorités étrangères, mais exprimant l'état civil le plus exact possible, de l'inculpé, la qualification développée du fait à lui reproché, le lieu et la date de ce fait; 2° la copie certifiée par le procureur de la République et le greffier des articles de lois visés dans la première pièce; 3° le bulletin n° 2 relatif à l'individu recherché; 4° son signalement; 5° l'inventaire des pièces ci-dessus; 6° en dehors de cet inventaire, un rapport en double exemplaire, dont l'un est adressé au garde des sceaux et l'autre au procureur général». Les mêmes auteurs font observer, *eod. loc.*, n°s 292 et suiv., que « pour obvier aux lenteurs de la procédure d'extradition, l'arrestation provisoire de l'individu recherché peut être sollicitée du pays refuge. Mais il faut qu'une clause des conventions diplomatiques autorise ce procédé pour qu'on y puisse recourir. Pour obtenir l'arrestation provisoire, il est nécessaire de transmettre au gouvernement du pays refuge, par la voie diplomatique, le mandat d'arrêt décerné contre l'inculpé, ou tout au moins un avis télégraphique constatant sa délivrance ».

§ 6. — Fonctions du ministère public en matière d'exécution de jugements, de libération conditionnelle, de recours en grâce, de réhabilitation, de détention illégale (*Rép.* n°s 341 à 348).

255. — I. EXÉCUTION DES JUGEMENTS. — Sur l'intervention du ministère public pour assurer l'exécution de la condamnation aux dépens, V. *Rép.* n° 341 et *suprà*, v° *Frais et dépens*; — *Rép.* eod. v°, n°s 1172, 1184. A ce sujet, il suffira de rappeler qu'en outre de l'obligation où il est de faire établir la liquidation des frais des jugements et arrêts, le ministère public a encore mission de vérifier les mémoires que présentent les ayants droit, de requérir taxe, et enfin de faire exécuter les ordres de reversement dans le cas où des parties ont indûment perçu quelque droit. — La contrainte par corps est la sanction du payement des condamnations pécuniaires (V. sur ce point, *suprà*, v° *Contrainte par corps*, n°s 104 et suiv.).

256. Sur l'exécution des condamnations corporelles, V. *Rép.* n°s 342 et suiv. — L'exécution des peines d'emprisonnement, en ce qui concerne les individus détenus préventivement, n'est pas ajournée et commence dès que le jugement est rendu. A l'égard des prévenus laissés en liberté, elle ne peut avoir lieu qu'une fois la condamnation devenue définitive. Mais le ministère public doit s'assurer dès que les délais d'appel et de pourvoi en cassation, s'il y a eu appel, sont expirés. — Cette règle de l'exécution immédiate reçoit toutefois deux exceptions : 1° si la condamnation est inférieure à trois mois et que le condamné forme un recours en grâce (V. *suprà*, v° *Grâce*, n° 6); 2° si des circonstances graves exigent qu'un sursis soit accordé au condamné. En ce cas, le procureur général doit être avisé.

257. L'exécution des peines d'emprisonnement peut être volontaire. Si le condamné se présente spontanément pour se faire incarcérer, le magistrat du parquet assure son écrou par un ordre adressé au concierge de la maison d'arrêt. Dans le cas contraire, le procureur de la République adresse au condamné un avertissement d'avoir à purger sa peine dans un certain délai. Si celui-ci laisse expirer ce délai sans se rendre à cette invitation, le procureur de la République transmet à la gendarmerie l'extrait du jugement qui le concerne, avec un réquisitoire lui enjoignant d'exécuter ce jugement. Dans tous les cas, l'extrait du jugement est fourni au gardien chef de la maison d'arrêt, dès que le condamné y est reçu. On y joint, pour tous individus dont la peine est supérieure à quatre mois, une notice spéciale.

258. Le procureur de la République est chargé de l'exécution des peines d'emprisonnement prononcées par les tribunaux de simple police de son arrondissement. A cet effet, le ministère public près le tribunal de police lui adresse les extraits des jugements portant peine d'emprisonnement, sans les avoir fait signifier au préalable. Le procureur de la République invite le condamné à exécuter la peine volontairement. S'il s'y refuse, il assure d'abord la signification du jugement, qui fait courir les délais d'appel, et une fois le jugement devenu définitif, il requiert la gendarmerie d'en assurer l'exécution, sans avoir recours à une invitation nouvelle.

259. — II. Casier judiciaire (V. *infrà*, v° *Organisation judiciaire*; — *Rép.* eod. v°, n°s 805 et suiv.). — Les greffiers établissent, au commencement de chaque quinzaine, les bulletins constatant les condamnations prononcées pendant la quinzaine écoulée et destinés à être classés au casier judiciaire. Le ministère public en vérifie l'exactitude et la régularité et les revêt d'un visa. Les bulletins visés par les procureurs de la République sont soumis, en outre, au visa du procureur général du ressort, qui les adresse à leur destination. Chaque mois, les chefs du parquet procèdent à la vérification du casier judiciaire de leur arrondissement et en dressent procès-verbal.

260. MM. Vallet et Montagnon (*Manuel des magistrats du parquet*, n° 696) font connaître une pratique dont l'usage est assez répandu et mérite d'être recommandé. « Bien que les arrêts par contumace ou par défaut, et les jugements par défaut prononcés contre des individus infructueusement recherchés, soient consignés sur des bulletins n° 1 qui prennent place aux casiers judiciaires, disent ces auteurs, il est cependant utile que les parquets établissent, au nom des condamnés que ces décisions concernent, une autre fiche qui sera expédiée comme les bulletins n° 1, au greffe de l'arrondissement d'origine. « Cette fiche aura pour effet de rappeler au greffier les recherches dont le condamné est l'objet de la part de l'autorité judiciaire, aussi souvent qu'il aura, soit à classer un nouveau bulletin n° 1, soit à délivrer un bulletin n° 2, au nom du condamné qui s'est dérobé. Le greffier notifiera alors au parquet intéressé les circonstances qui lui permettront de suivre la trace de ce condamné et de faire exécuter l'arrêt ou le jugement ».

261. Le ministère public doit encore faire parvenir aux autorités administratives et militaires des duplicata des bulletins n° 1, toutes les fois que les condamnations prononcées entraînent des incapacités électorales, ou qu'elles portent une peine d'emprisonnement contre des individus soumis à l'autorité militaire. Enfin, des duplicata sont adressés à la chancellerie pour les individus originaires soit les colonies, soit d'un pays étranger qui fait avec la France échange de bulletins. Les duplicata, quelle que soit leur destination, ne sont pas soumis au visa du procureur général.

262. La délivrance des bulletins n° 2, extraits du casier judiciaire, se fait également sous le contrôle du ministère public, qui reçoit les demandes, les communique au greffe, vérifie les extraits et les revêt de sa signature.

263. — III. Libération conditionnelle. — La loi du 14 août 1885, sur les moyens de prévenir la récidive, qui a introduit dans notre législation le système de la *libération conditionnelle*, (D. P. 85. 4. 60) autorisant le ministre de l'intérieur à mettre conditionnellement en liberté, suivant certaines distinctions prévues à l'art. 2, les détenus qui se seraient montrés, par leur conduite en prison, dignes de cette faveur fera l'objet d'une étude spéciale (*infrà*, v° *Récidive*). Les circulaires du garde des sceaux du 28 juin et du 28 juill. 1888 ont réglé le mode d'intervention et les attributions du ministère public en cette matière, en faisant ressortir que la magistrature ne peut que se montrer *très favorable* à la large pratique de cette institution, qui ne préjudicie en rien à l'action de la justice. Les requêtes en libération conditionnelle adressées à l'Administration ou les propositions formulées par elle, doivent être, aux termes de la circulaire du garde des sceaux du 20 juill. 1888, signalées aux parquets par les directeurs d'établissements ou de circonscriptions pénitentiaires, avec l'envoi d'une notice donnant les renseignements utiles sur l'intéressé, et mentionnant les avis de la commission de surveillance et du directeur. Cette notice, dûment remplie, est envoyée par le directeur de la circonscription pénitentiaire au parquet près la cour ou le tribunal qui a prononcé la condamnation en cours d'exécution. Les parquets ont à faire connaître les circonstances des faits qui ont motivé la condamnation, ainsi qu'ils le font pour l'instruction des recours en grâce. Les magistrats du ministère public doivent, en outre, contrôler, notamment en ce qui concerne les observations et indications spéciales pour l'éventualité de la mise en liberté conditionnelle, les renseignements fournis par les directeurs de circonscriptions pénitentiaires, et consigner dans leurs rapports les remarques auxquelles pourrait donner lieu l'examen de cette partie de la notice individuelle. Ils font ensuite parvenir directement, et dans le moindre délai possible, au ministère de l'intérieur (administration pénitentiaire), leurs observations et conclusions pour être communiquées au comité consultatif, avec l'ensemble du dossier. Pour rentrer dans l'esprit de la loi, le procureur de la République doit fonder son avis bien moins sur l'appréciation de la gravité des faits qui ont entraîné la condamnation que sur les renseignements obtenus relativement à la conduite, à l'application au travail du condamné pendant sa détention, à ses moyens d'existence à sa sortie de prison, au danger que sa mise en liberté anticipée pourrait faire courir à la sécurité publique; il pourra tenir compte également de l'empressement du détenu à réparer le préjudice causé, à s'acquitter de l'amende et des frais. Son rapport s'explique sur ces divers points et fournit des conclusions précises sur l'adoption ou le rejet de la proposition, ainsi que sur les conditions spéciales qui semblent devoir être imposées au condamné appelé à bénéficier de cette mesure, notamment sur les lieux dont il peut être utile de lui interdire le séjour, en raison des inconvénients que présenterait son retour anticipé au milieu de ses victimes ou des témoins de ses fautes. Il ne devra pas suffire aux magistrats, ajoute le garde des sceaux, de s'associer à l'œuvre de la loi par leurs avis et conclusions sur les propositions ou demandes qui leur seront adressées par l'Administration. Ils auront à signaler directement et *spontanément* au ministre de l'intérieur les situations qui leur paraîtraient comporter une mesure de libération conditionnelle : de fréquentes visites dans les prisons les mettront à même d'exercer, en connaissance de cause, cette faculté. Pour tenir les magistrats au courant des décisions prises sur les demandes au sujet desquelles ils auront été appelés à fournir leur avis et pour leur permettre d'exercer le droit de surveillance et d'arrestation provisoire qui leur est conféré par la loi, le ministre de l'intérieur avise de la décision de libération le parquet du lieu de condamnation. Avis des conditions spéciales imposées par l'arrêté est également porté à la connaissance du parquet du lieu où le libéré aura manifesté l'intention de résider.

Le chef du parquet du lieu de la condamnation devra informer à son tour, suivant les cas, soit la chancellerie, soit son collègue de l'arrondissement dans lequel est né le condamné, afin que mention de la décision de libération conditionnelle soit portée, comme le sont les mesures gracieuses, au casier central ou au casier judiciaire. Cette mention devra se trouver reproduite sur les bulletins n° 2 délivrés au ministère public. Pareille mention devra être faite en marge ou à la suite des arrêts ou jugements de condamnation. Enfin, le procureur de la République, aux termes de la circulaire du garde des sceaux du 16 avr. 1891, doit notifier au bureau de recrutement de la subdivision où la condamnation a été prononcée les décisions de libération conditionnelle concernant des individus encore liés au service militaire, en relatant la classe dont ils font partie, ainsi que le canton de leur tirage au sort, et leur numéro. Les arrêtés de révocation sont pris par le ministère de l'intérieur, après avis du préfet et du procureur de la République de la résidence du libéré (L. 14 août 1885, art. 3). Dans le cas de révocation prévu par l'art. 2, les arrêtés pris à cet égard devront être mentionnés en la même forme et de la même manière que les décisions de libération conditionnelle (Circ. garde des sceaux, 20 juill. 1888).

La même circulaire rappelle que l'art. 4 de la loi du 14 août 1885 confère à l'autorité judiciaire comme à l'autorité administrative le droit de procéder à l'arrestation provisoire du libéré conditionnel; mais elle insiste sur ce point qu'une semblable mesure, qui peut aboutir à la réintégration en prison sans jugement et pour toute la durée de la peine non subie au moment de la libération, ne doit jamais être prise qu'avec la plus extrême prudence, et pour les cas seulement susceptibles, aux termes de l'art. 2, d'entraîner la révocation de la mise en liberté. Quand les procureurs de la République ou les juges de paix se seront vus dans la nécessité de recourir à cette mesure extrême, ils devront en donner immédiatement, et sans aucun retard, avis au ministre de l'intérieur en lui indiquant les motifs qui leur auront semblé l'exiger.

264. — IV. Recours en grâce. (V. *suprà*, v° *Grâce et commutation de peine*). — A l'inverse de ce qui a été dit au sujet de la libération conditionnelle, le principe est que le recours en grâce doit émaner du condamné lui-même ou de quelque personne agissant en son nom (Décis. garde des sceaux, 20 déc. 1851). Il est, régulièrement, adressé au président de la République ou au ministre de la justice. S'il est reçu par un parquet de première instance ou d'appel, celui-ci doit le transmettre à la chancellerie. Toutefois, l'Administration fait, à époques déterminées, des propositions de grâce collectives en faveur de certains condamnés. (V. *Rép.* n° 345). En outre, dans l'intérêt de la justice et de l'humanité, le chef de l'Etat peut prendre, en faveur d'un condamné, un décret de grâce, sans en être sollicité par celui-ci.

265 On a exposé au *Rép. ibid.*, que toutes les fois qu'une peine capitale est prononcée, les procureurs généraux doivent envoyer sans délai au garde des sceaux leur avis sur la mesure d'indulgence qu'il y aurait lieu de prendre, en lui communiquant la procédure pour le contrôler, et surseoir à l'exécution jusqu'à la décision du chef de l'Etat. Le ministère public près les cours d'assises doit en outre, dans les rapports qu'il rédige sur chaque affaire, signaler ceux des condamnés en faveur desquels il convient d'user de clémence. Tous les recours en grâce doivent faire l'objet de rapports des magistrats du parquet (Circ. garde des sceaux, 25 juin 1875). A cet effet, toutes suppliques leur sont communiquées avec une feuille imprimée, destinée à recevoir les renseignements utiles et leurs avis. Les procureurs généraux instruisent les recours concernant des individus condamnés par les chambres des appels correctionnels ou par les cours d'assises de leur siège; si, au contraire, la condamnation émane d'un tribunal correctionnel ou d'un tribunal de simple police, c'est au procureur de la République de l'arrondissement qu'il appartient de réunir d'urgence les renseignements demandés et de fournir son rapport et son avis personnel (Comp. *suprà*, v° *Grâce*, n° 30).

266. La circulaire du garde des sceaux du 28 juin 1888 rappelle que « le droit de grâce ne veut être exercé qu'exceptionnellement pour ne pas perdre son prestige de décision souveraine »; elle ajoute qu' « il conviendra désormais, chaque fois que la chancellerie communiquera au parquet un recours en grâce d'un détenu auquel la libération conditionnelle sera légalement applicable, que le magistrat chargé d'instruire le recours formule, pour être transmis au ministère de l'intérieur, son avis sur la possibilité d'admettre au bénéfice de la loi du 14 août 1885 le requérant, en même temps qu'il s'expliquera sur l'objet même du recours tendant à la grâce. Dans son rapport, il s'inspirera de cette idée que des considérations toutes particulières et exceptionnelles pourront justifier l'application de cette dernière faveur, et qu'au contraire, la liberté provisoire doit être concédée dans la plus large mesure possible ». Les demandes instruites par les procureurs de la République sont soumises au contrôle des procureurs généraux qui y ajoutent leur avis personnel, et communiquent le tout au garde des sceaux.

267. La réception de l'avis du recours en grâce a un effet suspensif sur l'exécution de certaines peines. (V. *suprà*, v° *Grâce*, n° 6). C'est ainsi, notamment, qu'il y a lieu de surseoir au recouvrement des amendes, dont le condamné demande à être relevé, jusqu'à la décision qui doit intervenir. Pour assurer l'ajournement des poursuites pendant ce délai, les magistrats du ministère public doivent porter immédiatement à la connaissance du percepteur chargé du recouvrement l'existence du recours en grâce, en l'invitant à s'abstenir, jusqu'à nouvel ordre, de toutes mesures d'exécution en ce qui touche l'amende. (V. circ. garde des sceaux, 22 nov. 1876; 10 juill. 1877, *Bull. min. just.*, 1876, p. 233, et 1877, p. 87).

268. La décision prise par le président de la République est portée à la connaissance du parquet qui a procédé à l'instruction du recours en grâce (Circ. garde des sceaux, 8 févr. 1880, *Bull. min. just.* 1880, p. 69). — Le parquet, si le recours en grâce est rejeté, n'a qu'à transmettre l'avis au sollicitant, s'il s'agit d'une peine privative de liberté en cours d'exécution; il assure l'incarcération du condamné, par les voies ordinaires, s'il est demeuré en liberté; enfin, si la peine dont la remise était sollicitée est une peine pécuniaire, il notifie le rejet du recours en grâce tout à la fois au condamné et au trésorier payeur général, chargé de poursuivre le recouvrement. Toutes les fois qu'un décret de grâce est rendu, le procureur de la République doit prescrire: 1° au greffe de la juridiction qui a condamné, d'inscrire la décision en marge ou à la suite de la décision portant condamnation et 2° au chef de l'établissement pénitentiaire où la peine est subie, quand le décret porte réduction d'une peine privative de liberté, d'en faire faire état en marge de l'article du registre d'écrou relatif au condamné (Décis. garde des sceaux, 7 août 1836). Il doit faire opérer semblable mention au bulletin n° 1 (Circ. garde des sceaux, 28 avr. 1875).

269. Quand il est fait remise de partie d'une peine privative de liberté en cours d'exécution, le procureur de la République en transmet l'avis au chef de l'établissement pénitentiaire où se trouve l'intéressé, en le chargeant de la notification. Pour une peine qui n'est pas encore en cours d'exécution, le parquet avertit le gracié de la décision intervenue par les voies ordinaires et, s'il n'y a eu qu'une réduction de peine, invite le condamné à se constituer dans le plus bref délai. Au cas où il résiste, il en informe le garde des sceaux qui, à moins de circonstances exceptionnelles, fait rapporter le décret. Si une amende a été substituée à une peine d'emprisonnement, le décret de grâce ne constitue pas un titre de recouvrement contre le condamné, qui ne saurait être contraint à payer cette amende nouvelle; mais le décret de grâce lui impartit un délai pour s'acquitter et, en cas de non-payement, le garde des sceaux, à qui il y a lieu d'en référer sans retard, fait procéder à l'annulation du décret par le président de la République. Le parquet, dès qu'il est informé qu'un décret d'annulation a été pris, le notifie au trésorier général (Circ. garde des sceaux, 21 nov. 1879. *Bull. min. just.* 1880, p. 241).

270. — V. Réhabilitation. — La loi du 14 août 1885 a profondément modifié les principes exposés au *Rép.* n° 346. Comme par le passé, toutefois, le procureur de la République procède à l'instruction de la demande. L'art. 624 c. instr. crim. trace les règles auxquelles il doit se conformer. « Le procureur de la République provoque des attestations des maires des communes où le condamné a résidé, faisant connaître: 1° la durée de sa résidence dans chaque commune, avec indication du jour où elle a commencé et de celui où elle a fini; 2° sa conduite pendant la durée de son séjour; 3° ses moyens d'existence pendant le même temps. Ces attestations doivent contenir la mention expresse qu'elles ont été rédigées pour servir à l'appréciation de la demande de réhabilitation ». Il prend, en outre, l'avis des juges de paix des cantons et celui des sous-préfets des arrondissements où le condamné a successivement résidé. Il s'enquiert auprès des chefs de corps de la conduite du condamné pendant le temps passé sous les drapeaux. Il recueille également, au cas prévu dans l'art. 621 c. instr. crim., pour les condamnés qui n'ont pu avoir de résidence fixe, les attestations de leurs patrons ou chefs d'administration qui tiennent lieu des certificats de résidence. Il s'entoure enfin de tous autres renseignements propres à préparer son avis, et réunit les pièces qui doivent composer le dossier de la réhabilitation, qu'il transmet ensuite au procureur général. Le procureur général vérifie la régularité des pièces, complète la première information, si besoin est, et établit une requête adressée aux président et conseillers composant la chambre des mises en accusation. De concert avec le premier président, il fixe la date de l'audience où sera examinée la demande. Il notifie cette date au requérant et, si celui-ci ne comparaît pas, il lui adresse une citation régulière. La chambre d'accusation statue en chambre du conseil, sans publicité des débats: le procureur général et la partie ou son conseil sont successivement entendus, et la prononciation de l'arrêt a lieu également sans publicité (Circ. garde des sceaux, 14 oct. 1885, *Bull. min. just.*, 1885, p. 196). L'art. 633 c. instr. crim. décide que «si la réhabilitation est prononcée, un extrait de l'arrêt est adressé par le procureur général à la cour ou au tribunal qui a prononcé la condamnation, pour être transcrit en marge de la minute de l'arrêt ou du jugement. Mention est faite au casier judiciaire. Les extraits délivrés aux parties ne doivent pas relever la condamnation. Le réhabilité peut se faire délivrer une expédition de la réhabilitation et un extrait du casier judiciaire sans frais ».

271. — VI. Prisons et maisons de justice. — V. *Rép.* n° 347 et *infrà*, v°, *Prisons*; — *Rép.* eod. v°, n°s 21, 70 et suiv.

272. — VII. Mesures contre les détentions illégales. — V. *Rép.* n° 348 et *infrà*, v° *Prisons*; — *Rép.* eod. v° n°s 76 et suiv.

§ 7. — Des pourvois en cassation et des demandes en revision. — Règlement de juges. — Renvoi (*Rép.* n°s 349 à 353).

273. — I. Pourvoi en cassation (*Rép.* n°s 349, 350 et *suprà*, v° *Cassation*, n°s 94 et suiv.; — *Rép.* eod. v° n°s 385 et suiv.). — Des décisions multiples de jurisprudence ont déterminé, parmi les magistrats du ministère public, quels sont ceux auxquels il appartient de se pourvoir en cassation contre les jugements et arrêts émanés des diverses juridictions. Aux termes de ces décisions: 1° le procureur de la République ne peut se pourvoir en cassation contre un jugement de simple police émané d'un tribunal de son arrondissement. Ce droit est réservé au ministère public près le tribunal qui a statué (Crim. cass. 1er mai 1857, aff. Boudard, D. P. 57. 1. 270); — 2° Quand il y a, près le tribunal de police, un commissaire de police qui y exerce les fonctions du ministère public, le maire qui exercerait conjointement les mêmes fonctions n'a pas qualité pour se pourvoir en cassation contre un jugement de ce tribunal (Crim. cass. 23 janv. 1864, aff. De Suze, *Bull. crim.*, n° 24); — 3° A défaut de commissaire de police, le maire, ou en l'absence du maire, son adjoint, qui exerce alors les fonctions du ministère public près le tribunal de police, a le droit de former un pourvoi en cassation contre un jugement de ce tribunal (Crim. cass. 15 janv. 1859, aff. Lefebvre, D. P. 61. 5. 314); — 4° L'officier qui remplit habituellement les fonctions du ministère public près le tribunal de police peut se pourvoir en cassation contre les décisions de cette juridiction, alors même qu'elles auraient été rendues légalement en son absence. Ainsi en est-il pour un jugement rendu par un juge de paix siégeant comme juridiction civile à l'occasion d'un délit d'audience. C'est, en effet, à cet officier qu'il appartient d'examiner si la décision intervenue est conforme à la loi (Crim. rej. 26 janv. 1854, aff. Dumoulin, *Bull. crim.*, n° 20); — 5° Le procureur général a le droit de se pourvoir contre les arrêts de toutes les cours d'assises de son ressort, à condition que le pourvoi du ministère public soit admissible (Crim. rej. 14 août 1873, aff. M'Ahmed-ben-Mohamed, *Bull. crim.*, n° 231); — 6° L'officier du ministère public attaché à la cour d'assises partage avec le procureur général le droit de se pourvoir en cassation contre l'arrêt de renvoi, et l'exerce sous les mêmes conditions (Crim. cass. 10 juill. 1812, aff. Berton, *Rép.* v° *Cassation*, n° 404); — 7° Seul, le procureur général près la cour de cassation peut se pourvoir, dans l'intérêt de la loi, en vertu de l'art. 442 c. instr. crim., contre les décisions judiciaires rendues en dernier ressort. Tout pourvoi que formerait un autre membre du ministère public, à quelque juridiction qu'il soit attaché, dans l'intérêt de la loi, est irrecevable (Crim. cass. 6 févr. 1858, aff. Lehaussoir, *Bull. crim.*, n° 38; 12 mars 1858, aff. Moniot, D. P. 58. 5. 53; 3 févr. 1859, aff. Clairfon, D. P. 63. 1. 158; 12 juill. 1860, aff. Bastel, D. P. 60. 1. 289; 14 févr. 1863, aff. Quilicut, D. P. 63. 1. 160; 4 mars 1864, aff. Rincla, D. P. 65. 5. 51; 11 nov. 1865, aff. Granel, D. P. 76. 1. 95).

274. — II. Revision. — *Rép.* n° 351 et *suprà*, v° *Cassation*, n°s 326 et suiv.; — *Rép.* eod. v° n°s 1525 et suiv.

275. — III. Règlement de juges. — *Rép.* n° 352; *ibid.* v° *Cassation*, n°s 1241 et suiv. et *infrà*, v° *Règlements de juges*, *Rép.* eod. v° n°s 101, 111, 171-2°.

276. — IV. Renvoi d'un tribunal a un autre. — V. *Rép.* n° 353 et *infrà*, v° *Renvoi*; — *Rép.* eod. v° n°s 153 et suiv.

Art. 11. — *Comptes et notices que doivent fournir les officiers du ministère public* (*Rép.* n°s 354 à 360).

277. Des prescriptions légales diverses et de nombreuses instructions de la chancellerie ordonnent l'établissement d'états, de notices, de comptes et de rapports rédigés par les magistrats du ministère public ou sous leur surveillance. En certaines matières, et dans des circonstances spéciales, il leur est enjoint de transmettre des avis à des autorités de différents ordres. Ces obligations multiples sont énumérées notamment dans le *Manuel des magistrats du parquet*, de MM. Vallet et Montagnon, n°s 51 et suiv.

278. Chaque mois, le procureur de la République reçoit des juges de paix: 1° un procès-verbal de vérification des minutes du greffe, prescrit par l'ordonnance du 5 nov. 1823, art. 3, et réglementé par la circulaire du garde des sceaux, du 11 mars 1824; 2° un procès-verbal de vérification des billets d'avertissement, prescrit par la circulaire du garde des sceaux du 12 avr. 1856. Il reçoit tous les trois mois: 1° l'état des condamnations à l'emprisonnement prononcées par les tribunaux de simple police (c. instr. crim. art. 178); 2° la vérification du registre des émoluments des greffiers (Ordonn. 17 juill. 1825, art. 3, *Rép.* v° *Greffier*, p. 555); enfin, tous les ans: 1° la statistique des travaux des justices de paix; 2° l'état des sommes consignées par les parties civiles aux mains des greffiers de paix. Ces divers états sont par lui vérifiés et transmis aux procureurs généraux.

279. Les procureurs de la République fournissent des états hebdomadaires, de quinzaine, trimestriels, semestriels et annuels. Chaque semaine, ils transmettent au procureur général une notice rappelant toutes les affaires d'ordre répressif entrées au parquet, dans les sept jours écoulés, ou qui n'avaient pas encore reçu leur solution définitive lors de l'envoi de la dernière notice (V. *Rép.* n° 354). Ils y mentionnent les diligences faites.

280. Les bulletins du casier judiciaire sont transmis chaque quinzaine au procureur général, et les duplicata à leurs destinataires respectifs. L'état des jugements correctionnels (V. *Rép.* n° 354) et un certificat d'envoi à l'administration des Finances des extraits des jugements portant condamnation à l'amende (Circ. garde des sceaux, 2 févr. 1883) sont pareillement adressés aux parquets généraux.

281. Chaque mois, le procureur de la République fait parvenir au préfet l'état des traitements des magistrats, greffiers et commis greffiers. Au procureur général, il transmet des procès-verbaux de vérification des minutes des divers greffes, de vérification du casier judiciaire, de visite des prisons, un relevé du registre des pointes et des congés, une série d'états relatifs aux frais de justice criminelle, et aux procédures en cours de réhabilitation de cessions d'office, de dispenses d'alliance, etc.

282. Les états trimestriels se rapportent aux ordres et contributions, aux liquidations et partages, aux faillites, aux notifications reçues en matière de saisie immobilière, aux procédures en déchéance de la puissance paternelle.

283. On a fait connaître au *Rép.* n° 360, qu'un état des condamnations à l'emprisonnement est envoyé au préfet et au procureur général. On donne avis à celui-ci des condamnations antérieures et des mandats demeurés non exécutés, ainsi que des recours en grâce introduits et sur lesquels il n'a pas été statué.

284. Chaque session d'assises donne lieu à l'établissement d'un état des jurés défaillants, de rapports spéciaux sur chaque affaire, d'un compte rendu statistique de la session et d'un rapport sur l'application de la loi du 24 juill. 1889, relative à la protection des enfants moralement abandonnés (V. *Rép.* n° 358).

285. Tous les six mois, le ministère public présente un

rapport sur la visite des établissements publics et privés d'aliénés (Circul. garde des sceaux, 17 janv. 1866).

286. Les procureurs de la République, au commencement de chaque année judiciaire, transmettent aux procureurs généraux le procès-verbal de rentrée de leurs tribunaux et les procès-verbaux des assemblées soit des avocats, soit des avoués et des huissiers, qui règlent la composition des chambres de discipline et diverses autres questions d'ordre intérieur. Ils y joignent un rapport détaillé sur la bourse commune des huissiers. Ils leur adressent, de même, un procès-verbal de renouvellement de la chambre de discipline des notaires et le procès-verbal de leurs réunions générales, chacun en son temps. A la fin de l'année judiciaire, ils font établir et envoient une expédition de la délibération de leur tribunal touchant le service des vacations et le roulement. Ils sont, en outre, chargés d'établir annuellement un certain nombre de rapports : sur les élections consulaires, sur la tenue des établissements d'aliénés de l'arrondissement, sur les liquidations et partages, sur la vérification par eux faite des registres de l'état civil, sur les travaux de la cour d'assises, sur l'état des archives du greffe. Ils dressent des états sur les peines disciplinaires encourues par les notaires de l'arrondissement, sur les sommes consignées aux mains des greffiers par des parties civiles, sur les condamnations prononcées à leur requête, et en particulier sur les condamnations à la relégation. Enfin ils rédigent l'état statistique général de la justice tant civile que criminelle, dont il est question au *Rép.* n° 359, qui fait connaître le résumé et les résultats de l'administration de la justice, en général, par les tribunaux judiciaires, pour l'année écoulée.

287. Les procureurs généraux vérifient et font rectifier, en tant que de besoin, ces états, et transmettent la plupart d'entre eux à la chancellerie, où ils sont conservés. Ils dressent eux-mêmes ou se font remettre ceux qui sont plus particulièrement consacrés à l'administration intérieure et aux travaux des cours d'appel.

ART. 12. — *Fonctions du ministère public dans les matières spéciales* (*Rép.* n°s 361 à 371).

288. — I. POLICE SANITAIRE. — V. *Rép.* n° 361 et *infrà*, v° *Salubrité publique*; — *Rép.* eod. v°, n°s 141, 158 et suiv.

289. — II. DOUANES. — V. *Rép.* n°s 362-363 et *suprà*, v° *Douanes*, n°s 608 et suiv., *ibid.*; — *Rép.* eod. v°, n°s 869 et suiv.

290. — III. CHASSE. — V. *Rép.* n° 364 et *suprà*, v° *Chasse* n°s 1190 et suiv.; — *Rép.* eod. v°, n°s 401 et suiv.

291. — IV. MATIÈRES FORESTIÈRES. — V. *Rép.* n°s 365 à 369; *ibid.* v° *Forêts*, n°s 411 et suiv. et *infrà*, v° *Régime forestier*. — Sur la poursuite des contraventions en matière de forêts, V. *Rép.* n° 367; *ibid.* v° *Forêts*, n° 474 et *infrà*, v° *Régime forestier*. — Sur les infractions forestières commises dans les bois des particuliers, V. *Rép.* n° 368; *ibid.*, v° *Forêts*, n° 1693 et *infrà*, v° *Régime forestier*. — Sur l'exécution des jugements, V. *Rép.* n° 369; *ibid.*, v° *Forêts*, n°s 578 et suiv., 590 et suiv. et *infrà*, v° *Régime forestier*.

292. — V. PÊCHE FLUVIALE. — V. *Rép.* n° 370 et *infrà*, v° *Pêche*; — *Rép.* eod. v°, n°s 170 et suiv.

293. — VI. PÊCHE MARITIME. — V. *Rép.* n °371 et *infrà*, v° *Pêche maritime*; — *Rép.* eod v°, n° 72.

Table sommaire

des matières contenues dans le Supplément et le Répertoire.

(Les chiffres précédés de la lettre *S* renvoient au Supplément; les chiffres précédés de la lettre *R* renvoient au Répertoire.)

Table chronologique des Lois, Arrêts, etc.

1790	An 7	An 11	An 12	An 14	1808		1810
16 août. Loi. 60 c.	27 vend. Crim. 246 c.	6 brum. Décis. min. 55 c.	10 vent. Arr. 69 c.	22 brum. Circ. garde des sceaux. 55 c.	14 mars. Décr. 106 c.	30 mars. Régl. 215 c.	20 avr. Loi. 23 c., 55 c., 56 c., 57 c., 58 c., 60 c., 62 c., 65 c.
24 août. Loi. 57 c.	22 frim. Loi. 131 c.	25 vent. Loi. 55 c.	24 mess. Décr. 49 c.		28 mars. Décr. 89 c.	14 nov. Loi. 69 c.	21 avr. Loi. 69 c.
		11 germ. Loi. 69 c.	7 fruct. Crim. 30 c.		30 mars. Décr. 23 c., 55 c., 69 c., 89 c., 90 c.	**1809**	6 juill. Décr. 22 c., 23 c., 24 c., 53 c.
		20 prair. Arr. 141 c.				6 avr. Décr. 66 c.	
						1er juill. Décr. 55 c., 175 c.	
						30 déc. Décr. 55 c.	
An 4	**An 8**		**An 13**	**1807**			
16 flor. Loi. 55 c.	27 vent. Loi. 44 c.		15 pluv. Loi. 69 c.	20 oct. Décr. 53 c.			

MINISTRE. — V. *Droit constitutionnel*, nos 36 et suiv.; *Organisation administrative* et *Responsabilité;* — *Rép.* vis *Organisation administrative*, nos 78 et suiv., 111, 130 et suiv., 165; *Responsabilité*, nos 269 et suiv., 798 et suiv.

MINISTRE DU CULTE. — V. *suprà*, vo *Culte*, passim; — *Rép.* eod. vo, passim.

MINISTRE PLÉNIPOTENTIAIRE. — V. *Agent diplomatique*, no 42; *Traité international;* — *Rép.* vo *Agent diplomatique*, nos 15 et 212.

MINORITÉ.—TUTELLE.—EMANCIPATION.

Division.

CHAP. 1er. — Historique et législation. Droit comparé (*Rép.* nos 2 à 22).

1. — I. HISTORIQUE ET LÉGISLATION (*Rép.* nos 2 à 13). — Il n'est survenu, depuis la publication du *Répertoire*, que deux modifications à la législation du code civil en matière de tutelle. L'une consiste dans l'incapacité d'être tuteur, subrogé tuteur ou membre du conseil de famille, attachée à la déchéance de la puissance paternelle, que la loi du 24 juill. 1889 prononce ou autorise les tribunaux à prononcer dans des cas déterminés; mais cette loi ne se rattache pas spécialement au traité *De la minorité* (V. *infrà*, v° *Puissance paternelle*).

2. L'autre concerne les pouvoirs du tuteur sur la fortune mobilière du mineur. C'est l'objet de l'importante réforme accomplie par la loi du 27 févr. 1880. Le code civil ne s'était pas préoccupé d'assurer la conservation des valeurs mobilières appartenant aux mineurs, et l'insuffisance de ses dispositions était tous les jours rendue plus manifeste par les décisions d'une jurisprudence constante. L'art. 452 c. civ. et les formalités qu'il établit pour la vente aux enchères des meubles corporels étaient reconnus inapplicables à l'aliénation des valeurs mobilières. Aucune disposition législative n'enjoignait au tuteur de se pourvoir, pour l'aliénation des meubles incorporels, de l'autorisation du conseil de famille, que l'art 457 prescrit, au contraire, pour les aliénations immobilières. La cour de cassation reconnaissait en conséquence au tuteur le droit d'aliéner les valeurs mobilières sans formalités et sans autorisation. La conversion des titres nominatifs en titres au porteur était considérée comme un simple acte d'administration qui n'excédait pas les pouvoirs des tuteurs. Si, d'autre part, l'art. 455 c. civ. prévoyait, pour le tuteur, l'obligation de faire emploi de l'excédent des revenus sur la dépense du mineur, aucun texte ne faisait au tuteur une obligation d'emploi à l'égard des capitaux, et c'était seulement par voie d'analogie que la jurisprudence étendait aux capitaux la règle tracée par l'art. 455. Par dérogation à cet état de choses, la pratique de la chancellerie exigeait l'autorisation du conseil de famille pour la régularité des traités de cession d'offices; mais cette exigence n'avait d'effet que par la déférence volontaire des parties et des tribunaux. — Par dérogation encore, l'aliénation et la conversion des titres de rente sur l'Etat étaient régies par une législation spéciale. L'art. 3 de la loi du 24 mars 1806 exigeait l'autorisation du conseil de famille pour le transfert des rentes excédant la somme de 50 fr. Le décret du 25 sept. 1813 avait déclaré cette disposition applicable aux actions de la Banque de France. Enfin l'ordonnance royale du 29 avr. 1831, en créant les rentes au porteur, interdisait la conversion des titres appartenant aux mineurs, titres qui, jusqu'à cette époque, avaient été nominatifs pour les incapables comme pour toutes parties prenantes (V. *infrà*, n°s 353 et suiv., 407).

3. Cependant l'économie du code civil a trouvé des défenseurs : « Aucune critique, a-t-on dit, ne peut être dirigée contre le législateur de 1804, parce qu'en effet, à cette époque, il n'existait pour ainsi dire pas de valeurs mobilières » (Rapport de M. Denormandie, *Journ. off.*, 7 mai 1878). L'assertion est inexacte à force d'être absolue. Même à l'époque du code civil, les fonds de commerce, les créances, les offices, les rentes des particuliers, les propriétés littéraires ou artistiques étaient des meubles incorporels d'une importance éventuellement considérable dans le patrimoine d'un mineur. D'autre part, les valeurs mobilières proprement dites prenaient déjà, dans la constitution des fortunes, une place assez importante pour appeler la protection du législateur sur les incapables qui possédaient des rentes sur l'Etat, des actions de la Banque de France ou des titres d'actions dans les sociétés de commerce. Rien n'autorise à considérer le silence des rédacteurs du code comme intentionnel et raisonné. Il est explicable par une circonstance purement historique. Les rédacteurs du code se sont pour ainsi dire entièrement conformés à notre ancien droit, quand ils ont tracé les règles de l'administration du tuteur. Or, les coutumes ne contenaient aucune disposition limitant les pouvoirs du tuteur sur les meubles. Pourquoi? En premier lieu, la plupart des biens que l'art. 51 c. civ. a déclarés meubles étaient immeubles dans l'ancien droit : ainsi les offices, les rentes, même, d'après certaines coutumes, les capitaux provenant du remboursement d'une rente au mineur (Pothier, *Traité de la communauté*, n°s 81 et 91; Loisel, *Institutes coutumières*, liv. 2, tit. 1, n° 2; liv. 3, tit. 5, n° 23). Ensuite, dans la plupart des coutumes, les meubles devenaient la propriété du baillistre ou gardien noble: « Et au regard des meubles, appartenant aux enfants mineurs, étant sous bail et administration du père ou de la mère, aïeul ou aïeule. entre nobles, appartiennent auxdits baillistres et administrateurs » (*Cout. de Berry*, tit. 1, art. 26). Enfin, en vertu de la maxime *Vilis mobilium possessio*, notre droit coutumier n'attachait pas d'importance à des biens dont la conservation n'intéressait alors ni la famille, ni le seigneur. Ces considérations ne pouvaient pas influer sur les décisions des rédacteurs du code, et ceux-ci ont perdu de vue que les rentes et les offices aujourd'hui sont meubles; que tous les meubles des mineurs restent toujours leur propriété; que la sauvegarde des droits du mineur est devenue l'objectif direct des lois sur la tutelle. Notre législation était donc insuffisante pour la protection du mineur, même à l'origine du droit moderne.

4. Cette insuffisance est devenue plus nuisible et plus préjudiciable aux mineurs par le fait de l'accroissement prodigieux des valeurs mobilières depuis le commencement du siècle, comme élément de la fortune publique et privée. A côté de la fortune immobilière qui constitue le placement stable par excellence, mais dont le revenu est parfois minime, les entreprises industrielles et commerciales de toute nature qui ont fait appel aux capitaux et au crédit ont créé, dans des proportions énormes, une fortune mobilière qui séduit par la facilité des spéculations auxquelles elle se prête, par des revenus réguliers et souvent élevés, mais dont les éléments ne sont pas tous exempts de fragilité. Des abus et des inconvénients de toute nature se sont produits dans la gestion des biens des incapables. Par négligence, des tuteurs ont laissé périr des valeurs mobilières importantes appartenant à leurs pupilles; d'autres, par imprudence ou par infidélité, ont dissipé ces valeurs, les ont employées à leur profit ou les ont compromises dans des spéculations désavantageuses ou maladroites. Obligés de rendre compte, ils ont pu échapper à la responsabilité qui les menaçait, en présentant, au lieu des titres qu'ils avaient eu le pouvoir d'aliéner librement, du papier sans valeur réelle dont ils prétendaient n'avoir pas à s'imputer la dépréciation. Si le tuteur voulait couvrir sa responsabilité par une autorisation de la famille ou de la justice, les tribunaux se déclaraient incompétents. V. Deloison, *Traité des valeurs mobilières*, n° 200. Les tribunaux refusaient également d'intervenir sur la demande des tiers, pour sanctionner les marchés faits avec le tuteur, les payements effectués entre ses mains, ou sur la demande des parents, pour imposer des conditions d'emploi au tuteur relativement aux capitaux dont il était en possession (V. *infrà*, n° 359).

Les notaires, mêlés aux négociations des valeurs mobilières appartenant aux mineurs et craignant d'engager leur responsabilité, se plaignirent en maintes circonstances. Nous avons dit que la chancellerie, légiférant en quelque sorte, exigea, pour la validité administrative des traités de cession d'offices, l'autorisation du conseil de famille et l'homologation du tribunal. Les grandes compagnies de chemins de fer suivirent cet exemple. Elles imposèrent aux mandataires des incapables l'obligation de se munir de l'autorisation du conseil de famille, en leur refusant d'opérer l'aliénation, le transfert ou la conversion des titres sans cette autorisation. Elles allèrent même jusqu'à demander l'homologation du tribunal. Cette homologation leur fut refusée, comme inutile et sans objet.

5. Dans cette situation, une réforme de la législation s'imposait aux pouvoirs compétents. Déjà, un membre de l'Assemblée nationale de 1871 avait usé de son droit d'initiative pour proposer en cette matière un projet de réglementation qui n'a pas abouti. Le 9 nov. 1876, le garde des sceaux présenta à la Chambre un projet de loi en cinq articles, dont l'exposé des motifs s'appuyait sur les démarches faites par les chambres des notaires et par les grandes compagnies de chemins de fer, et sur les arrêts de la cour de cassation et des cours d'appel qui reconnaissaient au tuteur le droit de convertir les titres nominatifs sans l'autorisation du conseil de famille. Ce projet, demeuré longtemps sans être mis à l'étude, puis plusieurs fois renvoyé du Sénat à la Chambre des députés, modifié et composé définitivement de douze articles, devint la loi des 27-28 févr. 1880 (D. P. 80. 4. 47).

L'autorisation du conseil de famille et l'homologation du tribunal au-dessus de 1500 fr. sont exigées pour l'aliénation des valeurs mobilières appartenant à l'incapable et pour la conversion des titres nominatifs en titres au porteur. Les titres au porteur doivent être convertis en titres nominatifs. Le conseil de famille peut exiger le dépôt des titres au porteur conservés. Le tuteur a l'obligation, par disposition législative expresse, de faire emploi des capitaux appartenant au mineur ou lui advenant au cours de la tutelle. Telle est, dans son ensemble, l'économie de la loi du 27 févr. 1880 (1).

6. La loi du 27 févr. 1880 a soulevé dans ses détails des critiques dont nous examinerons la valeur. Elle paraît surtout attaquable en ce qu'elle n'a pas prévu le danger qui pouvait résulter pour le mineur de la lenteur et de la complication des mesures à prendre pour l'aliénation des valeurs de bourse. Des événements financiers postérieurs à la loi de 1880 ont montré que des valeurs justement considérées comme un placement de tout repos, pouvaient être dépréciées en moins de temps qu'il n'en faut pour réunir le conseil de famille, et surtout pour obtenir l'homologation du tribunal. L'impossibilité d'une réalisation immédiate des titres avant leur anéantissement total a eu pour résultat que des incapables se trouvaient être ruinés par l'effet même des mesures destinées à les protéger. Les auteurs de la loi publiée en Alsace-Lorraine, en 1887, pour modifier le code civil français dans un sens conforme à la loi du 27 févr. 1880, ont profité de la leçon de l'expérience. En vertu de l'art. 6 de cette loi, l'autorisation d'aliéner peut être donnée, en cas d'urgence, par le juge du bailliage. Ne serait-il pas à désirer que, dans les mêmes éventualités, le tuteur français fût admis à se couvrir de l'autorisation du juge de paix ou, si l'on exige une plus ample garantie, à recourir à une ordonnance de référé ? Il faudrait évidemment décider, en outre, que l'opération autorisée ne pourra pas être attaquée plus tard sur le motif qu'il n'y avait pas urgence. C'est ce que la loi d'Alsace-Lorraine a prévu. Il semble que la responsabilité du tuteur, toujours engagée s'il est incapable ou de mauvaise foi, et la prudence du juge saisi de la demande d'autorisation pour cause d'urgence, assureraient suffisamment la protection du mineur contre l'abus d'un danger imaginaire; il serait mis, dans tous les cas, à l'abri du péril réel résultant d'une protection trop lente et trop minutieuse.

7. — II. DROIT COMPARÉ (*Rép.* n°s 14 à 22). — 1° *Allemagne.* — La tutelle n'est pas régie, en Allemagne, par les lois de l'Empire ; elle conserve son caractère particulier dans chacun des Etats confédérés.

Les dispositions du code *prussien* (V. *Rép.* n° 14) ont été modifiées par la loi du 5 juill. 1875 (*Ann. lég. étr.*, 1876, p. 421 et suiv.) applicable aujourd'hui dans toutes les provinces du royaume, même dans les pays rhénans où le code civil français était auparavant en vigueur. Le rôle du conseil de famille français appartient au *tribunal tutélaire* composé d'un juge unique dont la compétence est invariablement déterminée par le lieu de l'ouverture de la tutelle. Par exception, pendant la tutelle légale du père, c'est le tribunal tutélaire du domicile ou de la résidence du père qui est compétent. Par exception encore, pendant le cours de toute autre tutelle, le tribunal tutélaire peut, pour motifs graves, remettre la tutelle ou la curatelle à un autre tribunal. Les décisions du juge tutélaire sont susceptibles de recours. Ce juge est personnellement responsable vis-à-vis du mineur; sa responsabilité demeure variable suivant le droit des différentes provinces ; dans les pays rhénans, par exemple, elle est fort limitée, puisque le juge ne peut être atteint que par la prise à partie (c. proc. civ. art. 505 et suiv.). Le tribunal tutélaire exerce une surveillance permanente sur le tuteur et peut infliger au tuteur et au subrogé tuteur des amendes disciplinaires de 300 marks (375 fr.) au maximum, pour assurer l'exécution de ses ordres ou de ses prohibitions. Le tribunal tutélaire détermine les garanties à fournir par le tuteur. Il autorise certains actes. Il peut enfin déclarer le mineur majeur. — Le *conseil de famille* n'existe pas en principe; il doit être constitué seulement quand certaines personnes en ont requis la formation. Il se compose alors du juge tutélaire qui le préside et des membres désignés par un acte de dernière volonté des père et mère. A défaut de désignation, le juge tutélaire, après avoir pris l'avis des parents ou alliés, s'ils sont sur place, nomme luimême deux membres, et le conseil ainsi composé peut se compléter, s'il le juge à propos, par le choix de nouveaux membres. Le nombre maximum est de dix, sans exception

---

(1) 27-28 févr. 1880. — *Loi relative à l'aliénation des valeurs mobilières appartenant aux mineurs ou aux interdits et à la conversion de ces mêmes valeurs en titres au porteur.*

Art. 1er. Le tuteur ne pourra aliéner, sans y être autorisé préalablement par le conseil de famille, les rentes, actions, parts d'intérêts, obligations et autres meubles incorporels quelconques appartenant au mineur ou à l'interdit. — Le conseil de famille, en autorisant l'aliénation, prescrira les mesures qu'il jugera utiles.

2. Lorsque la valeur des meubles incorporels à aliéner dépassera, d'après l'appréciation du conseil de famille, 1500 fr. en capital, la délibération sera soumise à l'homologation du tribunal, qui statuera en la chambre du conseil, le ministère public entendu, le tout sans dérogation à l'art. 883 c. proc. civ. — Dans tous les cas, le jugement rendu sera en dernier ressort.

3. L'aliénation sera opérée par le ministère d'un agent de change, toutes les fois que les valeurs seront négociables à la Bourse, au cours moyen du jour.

4. Le mineur émancipé au cours de la tutelle, même assisté de son curateur, devra observer, pour l'aliénation de ses meubles incorporels, les formes ci-dessus prescrites à l'égard du mineur non émancipé. — Cette disposition ne s'applique pas au mineur émancipé par le mariage.

5. Le tuteur devra, dans les trois mois qui suivront l'ouverture de la tutelle, convertir en titres nominatifs les titres au porteur appartenant au mineur ou à l'interdit, et dont le conseil de famille n'aurait pas jugé l'aliénation nécessaire ou utile. — Il devra également convertir en titres nominatifs les titres au porteur qui adviendraient au mineur ou à l'interdit, de quelque manière que ce fût, et ce, dans le même délai de trois mois à partir de l'attribution définitive ou de la mise en possession de ces valeurs. — Le conseil de famille pourra fixer, pour la conversion, un terme plus long. — Lorsque, soit par leur nature, soit à raison de conventions, les valeurs au porteur ne seront pas susceptibles d'être converties en titres nominatifs, le tuteur devra, dans les trois mois, obtenir du conseil de famille l'autorisation, soit de les aliéner avec emploi, soit de les conserver; dans ce dernier cas, comme dans celui prévu par le paragraphe précédent, le conseil pourra prescrire le dépôt des titres au porteur, au nom du mineur ou de l'interdit, soit à la Caisse des dépôts et consignations, soit entre les mains d'une personne ou d'une société spécialement désignée. — Les délais ci-dessus ne seront applicables que sous la réserve des droits des tiers et des conventions préexistantes.

6. Le tuteur devra faire emploi des capitaux appartenant au mineur ou à l'interdit, ou qui leur adviendraient par succession ou autrement, et ce, dans le délai de trois mois, à moins que le conseil ne fixe un délai plus long, auquel cas il pourra en ordonner le dépôt, comme il est dit à l'article précédent. — Les règles prescrites par les articles ci-dessus et par l'art. 455 c. civ. seront applicables à cet emploi. — Les tiers ne seront en aucun cas garants de l'emploi.

7. Le subrogé tuteur devra surveiller l'accomplissement des formalités prescrites par les articles précédents. Il devra, si le tuteur ne s'y conforme pas, provoquer la réunion du conseil de famille devant lequel le tuteur sera appelé à rendre compte de ses actes.

8. Les dispositions de la présente loi sont applicables aux valeurs mobilières appartenant aux mineurs et aliénés placés sous la tutelle, soit de l'administration de l'Assistance publique, soit des administrations hospitalières. — Le conseil de surveillance de l'administration de l'Assistance publique et les commissions administratives rempliront à cet effet les fonctions attribuées au conseil de famille. Les dispositions de la présente loi sont également applicables aux administrateurs provisoires des biens des aliénés, nommés en exécution de la loi du 30 juin 1838.

9. Les tuteurs entrés en fonctions et les mineurs émancipés antérieurement à la présente loi seront tenus de s'y conformer. Les délais courront pour eux à partir de la promulgation.

10. La conversion de tous titres nominatifs en titres au porteur est soumise aux mêmes conditions et formalités que l'aliénation de ces titres.

11. Les dispositions de la présente loi sont applicables à l'Algérie et aux colonies de la Martinique, de la Guadeloupe et de la Réunion. Les délais, en ce qui concerne ces colonies, seront, quand il y aura lieu, augmentés des délais supplémentaires fixés, à raison des distances, par la loi du 3 mai 1862.

12. La loi du 24 mars 1806 et le décret du 25 sept. 1813 sont abrogés. — Sont également abrogées toutes les dispositions de lois qui seraient contraires à la présente loi.

pour les frères germains, maris de sœurs germaines et ascendantes veuves. Le juge tutélaire a voix prépondérante en cas de partage. Ce conseil de famille a tous les droits et les devoirs du tribunal tutélaire. Ses membres sont responsables envers le pupille. Ils doivent assister aux séances personnellement, sous peine d'amende; mais nul n'est forcé d'accepter d'en faire partie. Le tribunal tutélaire peut, même en l'absence du conseil de famille, prendre l'avis des parents; mais la validité des décisions du tribunal est indépendante de leur audition. — Le *conseil des orphelins* peut n'être composé que d'une seule personne; il représente la commune. Quand la tutelle est dative, il propose les personnes qui lui semblent aptes à être appelées à la tutelle. Il exerce une mission de surveillance, relative surtout à la personne du mineur et à son éducation. Il n'a pas à intervenir dans la tutelle légale du père. Les fonctions du *tuteur* et du *subrogé tuteur* sont gratuites, sauf en des cas exceptionnels. La pluralité des tuteurs est autorisée d'une manière générale. Les père et mère du mineur peuvent interdire la nomination d'un subrogé tuteur, dispenser le tuteur nommé par eux de rendre des comptes durant la tutelle ou de fournir des garanties de gestion, d'obtenir l'autorisation du subrogé tuteur ou celle du tribunal dans les cas prévus par la loi. Le tuteur n'a plus alors besoin d'autorisation que pour permettre au mineur de se démettre de sa nationalité d'État, pour le donner en adoption et pour le faire participer à un *affrérissement* (action de rendre frères, double adoption. V. *Rép.* v° *Affrérissement*); il doit observer les règles prescrites pour l'emploi des capitaux et rendre un compte définitif de sa gestion.

Les tuteurs légaux sont le père de l'enfant sorti de la puissance paternelle, le père de la mère naturelle du mineur, les conseils d'administration des hospices ou établissements de bienfaisance. Ces tuteurs sont institués de plein droit. Les ascendants du mineur, le mari de la mineure, appelés à la tutelle par la loi, le tuteur testamentaire désigné par le survivant des père et mère, doivent être institués par le tribunal tutélaire, qui peut les écarter de la tutelle. C'est aussi le tribunal tutélaire qui nomme le tuteur datif et qui statue sur les excuses, les incapacités et les cas de destitution des différents tuteurs. Les femmes peuvent être tutrices de leurs descendants et tutrices testamentaires d'autres mineurs. La charge de la tutelle est obligatoire, à peine d'une amende de 100 marks, qui peut être trois fois réitérée. Le tuteur partage avec la mère le droit d'éducation. C'est le tribunal tutélaire dont le consentement doit être demandé pour le mariage du mineur. La nomination d'un subrogé tuteur n'est obligatoire que lorsque la tutelle comporte une administration pécuniaire. Le tuteur doit obtenir le consentement du subrogé tuteur : 1° pour l'aliénation des valeurs mobilières ; 2° pour recevoir, céder ou engager des capitaux non placés à la caisse d'épargne; 3° pour abandonner ou diminuer une sûreté garantissant une créance. Le consentement du subrogé tuteur peut être remplacé par celui du tribunal tutélaire. L'autorisation de ce tribunal est requise pour d'autres actes. Le tuteur est obligé de faire emploi des capitaux du mineur selon les divers modes déterminés par la loi. Les sommes qui ne peuvent pas être placées sont déposées dans les caisses publiques où elles produisent intérêt. Le tuteur doit les intérêts à 6 pour 100 des sommes à placer et pour les sommes qu'il emploie à son usage personnel, un intérêt que le tribunal tutélaire peut fixer de 8 à 20 pour 100. Le tribunal tutélaire peut ordonner le dépôt des valeurs au porteur et des objets précieux à la Banque de l'Empire ou dans d'autres dépôts publics ; il peut également ordonner que les titres seront mis hors de cours (mention du nom du porteur actuel sur le titre) (art. 60). Le tribunal tutélaire détermine les formes de l'aliénation des immeubles et du partage, ce qui supprime dans les pays rhénans les formalités coûteuses prescrites par les art. 459 et 466 c. civ. français. Le mineur a un privilège personnel, sans droit de gage ni d'hypothèque, à l'encontre des autres créanciers du tuteur, et seulement dans les pays dont la législation antérieure accorde au mineur le privilège *inter personales actiones*. Le mineur peut poursuivre, outre ses tuteurs tenus solidairement, le subrogé tuteur, le juge et le mari de la tutrice qui a eu besoin de l'autorisation maritale pour accepter la tutelle. Si la fortune du pupille est considérable, le tuteur peut être astreint à fournir des garanties, dont la nature et l'étendue seront déterminées par justice; ces garanties peuvent être à tout moment augmentées, diminuées ou remises (art. 8); mais, en ce cas, le tuteur peut refuser la tutelle ou demander à en être déchargé (art. 26-6° et 63).

La capacité du mineur est déterminée par la loi du 12 juill. 1875 (*Ann. de lég. étr.*, 1876, p. 464 et suiv.). Le principe est le même qu'en droit français : l'acte du mineur ne peut être annulé que dans son intérêt.

Le compte définitif doit être rendu par le tuteur avec le concours du subrogé tuteur dans les deux mois de la cessation de la tutelle. Il est déposé près le tribunal tutélaire, appelé à jouer un rôle de conciliation (art. 67, al. 3) ; mais le mineur peut, sans attendre aucune observation du juge tutélaire, poursuivre le tuteur devant les tribunaux ordinaires et traiter avec lui.

8. En *Alsace-Lorraine*, une loi du 16 juin 1887 concernant les tutelles (*Ann. de lég. étr.*, 1888, p. 382) a modifié certaines dispositions du code civil et réglé surtout l'emploi des capitaux appartenant aux mineurs; elle présente la plus grande analogie avec la loi française du 27 févr. 1880. Le tuteur est tenu de faire emploi de toutes les sommes qui ne sont pas nécessaires pour les dépenses courantes ou pour les frais causés par l'administration tutélaire, en obligations ou rentes spécialement déterminées, ou encore en versements à une caisse d'épargne ou en dépôts à la caisse des dépôts, rapportant intérêts. L'emploi doit avoir lieu dans les trois mois du commencement de la tutelle ou de la réception des sommes; sinon, le tuteur doit les intérêts à dater de l'expiration de ce délai. Le conseil de famille peut prolonger le délai et autoriser aussi d'autres emplois utiles (art. 1er). Cependant le père ou la mère investi de la tutelle légale et non remarié n'est pas assujetti à l'obligation d'emploi relativement aux biens de la succession de son conjoint prédécédé, à ceux de la succession d'un autre ascendant, à ceux qui proviennent de l'administration de ces héritages. Même exception en faveur du mari tuteur légal de sa femme mineure, relativement à la fortune de celle-ci. Toutefois ces tuteurs eux-mêmes peuvent être soumis à l'obligation de faire un emploi conforme à l'art. 1er, si la fortune du mineur est en péril. C'est au conseil de famille qu'il appartient de statuer à cet égard, le tuteur entendu, et sauf homologation du tribunal en cas d'opposition du tuteur (art. 2). La conversion des titres au porteur en titres nominatifs n'est pas impérieusement exigée; mais il appartient au conseil de famille d'autoriser cette conversion ou le dépôt des titres nominatifs à la caisse des dépôts ou à la Banque de l'Empire (art. 3). Le conseil de famille peut également ordonner l'assistance forcée du subrogé tuteur au remboursement d'une créance et à la quittance fournie par le tuteur. Les tiers sont obligés de tenir compte de cette décision, mais seulement si le contrat les y oblige, ou si la décision leur a été notifiée par le subrogé tuteur (Même article). L'assentiment du conseil de famille est nécessaire au tuteur pour opérer : 1° le retrait des titres déposés au nom du mineur ou de celui dont il est l'ayant cause à la caisse des dépôts ou à la Banque de l'Empire; 2° l'aliénation et la mise en gage de titres ou de créances, ainsi que la conversion des titres nominatifs en titres au porteur. Dans les cas urgents, l'autorisation peut être accordée par le juge du baillage ; les conséquences juridiques de l'opération autorisée ne peuvent pas alors être attaquées par le motif qu'il n'y avait pas urgence (art. 6). Le mineur émancipé n'est pas soumis aux dispositions de la loi nouvelle. Il est même expressément affranchi par l'art. 6 des formalités prescrites par l'art. 484, § 1er c. civ. français, en ce qui concerne l'aliénation de ses meubles incorporels. Le subrogé tuteur est spécialement chargé, sous la surveillance du juge du baillage, de contrôler l'accomplissement des obligations imposées au tuteur par les articles précédents et de provoquer, s'il y a lieu, la réunion du conseil de famille (art. 7). L'art. 8 supprime le rapport de trois jurisconsultes exigé par l'art. 467 c. civ. pour la validité d'une transaction. L'art. 9 investit le conseil de famille du droit de statuer sur la demande du tuteur en restriction de l'hypothèque légale, prévue à l'art. 2143 c. civ. La seconde partie de la loi a pour objet de remplacer les art. 448, § 2 et 3 c. civ. français, et 882 à 889 c. proc. civ. français, textuellement abrogés (art. 19). C'est le juge du bailliage qui est chargé de demander, par l'intermédiaire du ministère public, l'homologation du tribunal régional dans tous les cas où elle est nécessaire. Les membres du conseil de famille, contre l'avis desquels la décision a été prise, doivent être mis à même de fournir des explications écrites ou consignées dans un procès-verbal (art. 12). L'art. 13 règle les recours contre les délibérations des conseils de famille. Ces recours sont introduits par un pourvoi dans les formes réglées par les art. 532 à 538 c. proc. civ. allemand. Le tuteur, le subrogé tuteur, le curateur et chacun des membres du conseil de famille ont qualité pour former le pourvoi.

9. En *Bavière*, une loi du 26 avr. 1888 (*Ann. de lég. étr.*, 1889, p. 351) a modifié un certain nombre d'articles du code civil français, qui est la loi en vigueur dans le Palatinat rhénan. L'art. 18 de cette loi réduit la composition du conseil de famille à cinq membres, y compris le juge de bailliage, sauf le maintien des dispositions de l'art. 408 c. civ. concernant les frères germains et les ascendants. L'art. 22 autorise le conseil à relever le tuteur ou le subrogé tuteur de ses fonctions, sur sa demande et pour des motifs graves, en dehors des cas prévus par les art. 431, 433 et 434 c. civ. Lorsque le tuteur ou le subrogé tuteur, convoqué devant le conseil de famille ou le juge de bailliage, néglige de se présenter, le juge est autorisé à le condamner aux frais et à une amende de 40 marks au maximum (art. 24). L'art. 26 ordonne le placement des fonds du pupille qui ne sont pas nécessaires pour acquitter les dettes ou faire face aux dépenses courantes. Le placement ne peut avoir lieu qu'en valeurs déterminées. Les fonds qui ne peuvent être placés doivent être déposés à la Banque royale ou dans une caisse d'épargne. L'art. 27 autorise le conseil de famille, en raison de circonstances particulières, à ordonner l'emploi en d'autres valeurs ou en achat d'immeubles. Si les biens du mineur ne sont pas garantis par une hypothèque ou si l'hypothèque est insuffisante, les valeurs au porteur du mineur doivent être déposées conformément aux règles des dépôts judiciaires et ne peuvent être retirées qu'avec l'autorisation du juge de bailliage. Le dépôt peut être remplacé par la conversion en titres nominatifs (art. 28). L'autorisation du juge de bailliage est exigée : 1° pour toucher le capital d'une créance mobilière ; 2° pour vendre ou pour engager des valeurs mobilières, créances ou objets précieux mis en dépôt ; 3° pour convertir des titres nominatifs en titres au porteur (art. 29). Cet article n'est pas applicable au mineur émancipé (art. 32). L'art. 30 exige que le tuteur rende un compte annuel de sa gestion au juge de bailliage. C'est ce juge qui est chargé de vérifier le compte du tuteur au point de vue des écritures et au point de vue matériel ; il peut provoquer les explications et les justifications du tuteur (art. 31). Les dispositions relatives à la décharge de la tutelle (art. 22), à l'obligation d'emploi des fonds du mineur (art. 26), au dépôt et à la conversion des titres au porteur (art. 28), à l'autorisation du juge de bailliage pour les actes énumérés à l'art. 29, ne sont pas applicables aux père et mère du pupille, non plus qu'au mari tuteur de sa femme interdite. Le droit d'usufruit légal résultant des art. 384 à 387 et 453 c. civ. n'est en rien modifié (art. 33). La délibération du conseil de famille qui statue sur la demande en restriction d'hypothèque formée par le mineur, doit être homologuée par le tribunal régional (art. 8).

10. Dans l'Etat de *Brême*, tout ce qui concerne les tutelles est soumis à la surveillance du tribunal cantonal, et, dans la ville même de Brême, à des conseils de tutelle. Les tuteurs des mineurs doivent être au moins au nombre de deux ; cependant un seul peut administrer les biens du pupille. De nombreuses dispositions règlent la constitution et la cessation de la tutelle, les devoirs du tuteur, l'administration et les comptes de tutelle et la responsabilité des membres du conseil de tutelle (L. 14 mai 1882 sur les tutelles, *Ann. de lég. étr.*, 1883, p. 418).

11. Dans le duché de *Brunswick*, les représentants des personnes en tutelle ou en curatelle ont, en vertu de différentes lois, notamment de la loi du 11 févr. 1880, le pouvoir de placer, sans autorisation supérieure préalable, les sommes confiées à leur administration, en valeurs déterminées, qui sont certaines obligations de l'Etat ducal. La loi du 8 févr. 1883 (*Ann. de lég. étr.*, 1884, p. 299) y ajoute les obligations de l'Empire allemand et aussi celles de tous les Etats confédérés d'Allemagne ; mais il est défendu d'employer ces sommes à l'acquisition de parts d'emprunts à prime ou valeurs à lots (art. 1er). Les obligations achetées à titre d'emploi doivent être déclarées hors cours ou déposées dans des établissements désignés par l'Etat : le tuteur ne conserve que les coupons. Le retrait du titre déposé ne peut s'effectuer qu'avec l'approbation des autorités de surveillance compétentes. Les administrations municipales peuvent fixer une autre manière de mettre les valeurs en sûreté (art. 2).

12. Dans l'Etat de *Hambourg*, une loi du 25 juill. 1879 (*Ann. de lég. étr.*, 1880, p. 251) établit le régime de la tutelle publique. Le tuteur agit sous le contrôle d'un conseil spécial sans intervention de la famille. Le comité des tutelles est composé de trois magistrats, membres du *Landgericht* et de huit citoyens élus par la bourgeoisie. Les intéressés peuvent appeler de ses décisions devant le tribunal supérieur. La loi de 1879 a été complétée par une loi du 13 févr. 1880 en vertu de laquelle les décisions rendues par les comités de tutelle ont la même autorité que les décisions ordinaires de la justice. L'exécution forcée peut avoir lieu en vertu des titres émanés des comités de tutelle, auxquels il est fait application des art. 662 à 701 et 705 c. proc. civ. de l'Empire, pourvu toutefois qu'il s'agisse d'une dette de somme d'argent déterminée, d'une prestation de choses fongibles en quantité déterminée ou de valeurs négociables (*Ann. de lég. étr.*, 1881, p. 178).

13. Dans le grand-duché de *Hesse*, la loi du 18 juin 1887 (*Ann. de lég. étr.*, 1888, p. 358) impose aux tuteurs ou curateurs des incapables l'obligation de faire emploi des fonds appartenant à ces derniers en excédent des sommes nécessaires pour faire face aux dépenses courantes, soit en hypothèques de tout repos, soit en rentes sur l'Etat allemand ou garanties par lui, soit en rentes sur les provinces, etc. Les exceptions doivent être autorisées par une décision de justice. La justice doit également décider si les valeurs acquises avant la promulgation de la nouvelle loi ne doivent pas être converties en valeurs réglementaires. Les coupons et valeurs au porteur doivent être déposés au siège de l'autorité tutélaire. Le tuteur doit l'intérêt à 5 pour 100 des sommes qu'il n'a pas déposées dans les trois mois.

14. Dans le *Wurtemberg*, une loi du 28 juin 1876 (*Ann. de lég. étr.*, 1877, p. 313) a abrogé l'ordonnance royale du 7 mars 1809 aux termes de laquelle la tutelle des mineurs wurtembergeois ne pouvait être exercée que par des Wurtembergeois demeurant dans le pays. Toute personne est capable de remplir les fonctions de tuteur ; mais, s'il n'est pas sujet allemand, le tuteur doit obtenir du ministre de la justice l'autorisation d'exercer ses fonctions.

15. — 2° *Angleterre* (*Rép.* n° 20). — L'âge de la majorité est fixé à vingt et un ans ; cet âge est réputé accompli, non pas le jour anniversaire de la naissance, mais la veille de ce jour (Ernest Lehr, *Eléments de droit civil anglais*, p. 32, n° 61). A quatorze ans, si c'est un garçon, à douze ans, si c'est une fille, le mineur peut choisir son tuteur, donner ou refuser son consentement pour le mariage. A dix-neuf ans, il peut être exécuteur testamentaire (Stat. 38, George III, c. 83, § 86). Le mineur ne peut être poursuivi en justice qu'à la condition de mettre son tuteur en cause ; mais il peut intenter une action, soit par son tuteur, soit par un *prochein amy*, c'est-à-dire par toute personne disposée à plaider pour lui, même contre son tuteur. Toute donation faite par un mineur est annulable, ainsi que toute aliénation d'immeuble. Tout contrat, scellé ou non, fait par un mineur et tendant à l'obliger à rembourser un prêt d'argent ou à payer des marchandises, sauf les fournitures indispensables, est radicalement nul et ne peut pas être ratifié par le mineur devenu majeur (*Infant's relief act*, Stat. 37 et 38, Vict., c. 62, § 1 et 2). En conséquence, le mineur commerçant ne peut pas être mis en faillite. Le mineur ne peut disposer par testament ni de ses meubles ni de ses immeubles (Stat. 1, Vict., c. 26), sauf le droit, à seize ans révolus, de disposer à cause de mort, du solde actif lui revenant dans une caisse d'épargne, jusqu'à concurrence de 100 livres (Stat. 46 et 47, Vict., c. 47, § 4).

Les règles qui sont exposées au *Rép.* n° 20, relativement à la dévolution de la tutelle, sont toujours en vigueur; cependant la cour de chancellerie peut donner à la mère, par préférence au père lui-même, la garde des enfants âgés de moins de seize ans, si elle estime que tel est leur avantage (Stat. 36, Vict., c. 12). La cour de chancellerie peut se nantir d'une tutelle, alors même que le mineur a son père ou un tuteur testamentaire, soit à l'occasion d'un procès intenté devant elle concernant la personne ou le patrimoine du mineur, soit en vertu d'un *order for maintenance*, soit enfin sur pétition, d'après le *Custody of infant's act* de 1873 (Stat. 36 et 37, Vict., c. 12).

Le tuteur exerce ses pouvoirs d'administrateur sous le contrôle du lord chancelier, à qui la loi attribue le rôle de surveillant général des tutelles. Le tuteur a la faculté de se placer sous la garantie de la cour de chancellerie en agissant sous sa direction et en lui rendant un compte annuel de gestion. Il échappe ainsi à la responsabilité effective. La tutelle anglaise est donc une sorte de tutelle de l'autorité.

16. — 3° *Autriche-Hongrie*. — Les dispositions du code autrichien (V. *Rép.* n° 15) n'ont pas été modifiées.

17. En *Hongrie*, où le droit civil n'est pas encore codifié, la minorité, la puissance paternelle et la tutelle ont fait l'objet de la loi XX de l'année 1877 (*Ann. de lég. étr.*, 1878, p. 234). La majorité n'est atteinte qu'à l'âge de vingt-quatre ans accomplis. Cependant la femme devient majeure par le mariage, et elle peut se marier dès l'âge de douze ans révolus (art. 1er). A quatorze ans révolus, le mineur qui pourvoit à ses propres besoins peut disposer librement des biens qu'il acquiert par son travail (art. 3). A dix-huit ans, le mineur peut acquérir la capacité des majeurs, en vertu d'une déclaration de majorité, émanée de l'autorité tutélaire (art. 4), ou en obtenant de son père ou tuteur, avec l'homologation de l'autorité tutélaire, le droit d'exercer une industrie, une profession ou un commerce indépendant (art. 7). La minorité peut être prolongée même au delà de vingt-quatre ans par une décision de justice, pour cause d'infirmités physiques ou intellectuelles, pour fautes commises pendant la minorité ou pour d'autres motifs d'inconduite. La tutelle est, en première ligne, testamentaire. C'est au père exerçant la puissance paternelle qu'il appartient de nommer un tuteur par testament ou par acte notarié (art. 34). Puis vient la tutelle naturelle et légale de la mère (art. 35). D'ailleurs, même pendant la gestion du tuteur testamentaire désigné par le père, la mère peut demander à conserver la garde de ses enfants et à être consultée pour tout ce qui concerne leur personne et leurs biens (art. 37). La mère est tenue d'accepter la tutelle, mais non d'administrer la fortune de son enfant mineur (art. 38). En troisième lieu, la tutelle légale revient au grand-père paternel, au grand-père maternel et ensuite aux collatéraux mâles jusqu'au degré de cousin germain (art. 39) S'il n'y a aucun parent de ce degré, il y a lieu à la tutelle dative. C'est l'autorité tutélaire qui désigne le tuteur (art. 42). La tutelle de l'enfant naturel appartient à la mère quand elle est majeure ou lui revient à sa majorité; pendant qu'elle est mineure, on désigne un tuteur datif (art. 39). Pour être tuteur ou curateur, il faut avoir une résidence permanente sur le territoire des Etats hongrois, sauf autorisation exceptionnelle du ministère de l'intérieur (art. 60). Quand des mineurs sujets hongrois sont placés en tutelle à l'étranger, leurs biens situés en Hongrie sont administrés par un curateur spécial (art. 61). Quand des biens meubles ou immeubles situés en Hongrie appartiennent à des étrangers, placés en tutelle ou en curatelle à l'étranger, un curateur spécial est nommé par l'autorité tutélaire hongroise sauf disposition contraire des traités internationaux (art. 62). Quand un étranger laisse en Hongrie des enfants mineurs, l'autorité tutélaire hongroise nomme un tuteur provisoire jusqu'à ce que les autorités nationales du pupille aient pris d'autres mesures (art. 64).

La tutelle est salariée. L'indemnité est fixée par l'autorité tutélaire dans des limites déterminées par la loi (art. 79 à 86). En entrant en fonctions, le tuteur est tenu de ne conserver entre ses mains que l'argent comptant nécessaire pour l'éducation, pour les besoins du ménage, etc. L'excédent (ainsi que les excédents de revenus qui peuvent se produire plus tard), doit être confié à l'autorité tutélaire (art. 102 et 121); sinon le tuteur peut être contraint à payer l'intérêt à 8 pour 100 des sommes qu'il n'a pas remises dans le délai légal (art. 103). Le tuteur rend son compte pour chaque année (art. 118). Les comptes sont vérifiés par l'autorité tutélaire. L'action du mineur devenu majeur doit être formée contre son ancien tuteur dans l'année qui suit la signification de la décision de l'autorité tutélaire; il peut agir aussi contre ceux qui exercent cette autorité. Passé le délai légal d'un an, l'action est prescrite, sauf le cas où, le fait dommageable constituant un acte délictueux, l'action civile survivrait avec l'action publique relative à cet acte (art. 139).

La famille n'a pas un rôle nécessaire et permanent dans l'administration de la tutelle. Cependant les parents peuvent, au nombre de quatre et sous la condition de ne pas se trouver dans un cas d'incapacité légale, demander à être consultés sur les questions intéressant leur parent en tutelle (art. 142). Ils désignent alors celui d'entre eux avec lequel le tuteur ou le curateur devra se mettre en relation (art. 143). A défaut de parents, un ami de la famille peut leur être substitué; si l'on ne trouve pas d'amis, le tuteur communal exercera les droits de la famille (art. 145). En cas d'assentiment de la famille, l'autorisation de l'autorité tutélaire n'est pas nécessaire pour certains actes, tels que ceux relatifs à l'entretien, l'éducation, le mariage du mineur, etc. (art. 147). L'autorité tutélaire doit prendre l'avis des parents sur toutes les questions importantes (art. 149). Toutefois, l'institution du conseil de famille est admise par la loi hongroise (sect. 7) pour les mineurs qui possèdent une fortune considérable. Le père qui exerce la puissance paternelle peut instituer par testament un conseil de famille, dont il nomme les membres, s'il laisse à ses enfants mineurs une succession dont l'actif net dépasse 100 000 *gulden* (art. 151). A défaut d'une désignation testamentaire, le ministre de l'intérieur peut autoriser la constitution d'un conseil de famille, si le pupille est riche et si la demande est formée par la mère, un aïeul ou des collatéraux. Le conseil de famille est composé du président et de quatre membres. Le président est de droit le président ou le vice-président du conseil des orphelins qui serait l'autorité tutélaire compétente pour le mineur. Les membres sont des parents ou des amis. Leurs fonctions ne sont pas obligatoires (art. 153 à 159). Les membres du conseil de famille sont responsables de la conservation de la fortune du mineur (art. 160). Le conseil a les attributions de l'autorité tutélaire, sauf cependant l'exécution de ses propres décisions, la nomination d'un tuteur ou curateur, la déclaration de majorité, la procédure d'inventaire ou de règlement de succession, le droit de prononcer des amendes et la juridiction disciplinaire (art. 161). Les décisions du conseil de famille peuvent être attaquées par voie de recours au ministre de l'intérieur (art. 164). Tous les ans, le conseil de famille doit adresser un rapport sur l'état de la fortune du mineur, au ministre de l'intérieur, qui peut dissoudre le conseil de famille, si les actes ou la négligence de ce conseil menacent les intérêts du mineur (art. 168).

La deuxième partie de la loi traite de l'*autorité tutélaire*. L'art. 176 proclame que les municipes, les villes pourvues d'un magistrat régulier (commission exécutive distincte du conseil municipal et placée à la tête de la ville) et, par exception, les communes, exercent dans sa plénitude l'autorité tutélaire au premier degré par l'intermédiaire de leurs conseils d'orphelins. Le conseil d'orphelins doit être composé d'un président, de deux assesseurs au moins et d'un notaire, qui n'a pas en général voix délibérative (art. 177). Les délégations municipales, les représentations des villes peuvent choisir dans leur sein un certain nombre de personnes qui assisteront avec voix délibérative aux séances du conseil des orphelins en nombre égal à celui des assesseurs; mais la responsabilité de leurs votes remonte à la commune ou à la ville (art. 178). Le procureur fiscal des municipes ou des villes pourvues d'un magistrat régulier, siège également dans le conseil, mais sans avoir le droit de vote (art. 179). Les membres du conseil des orphelins doivent remplir certaines conditions de capacité (art. 180). Ce conseil est une véritable juridiction administrative, dont les décisions sont exécutoires et peuvent être frappées d'appel devant les juridictions supérieures (art. 190 et suiv.). Le conseil des orphelins décide, relativement aux valeurs en papier et aux titres de créance des mineurs ou des personnes en curatelle, s'ils doivent être aliénés, si le payement doit en être réclamé ou s'ils doivent être conservés (art. 272). Les fonds peuvent être placés soit en prêts hypothécaires, soit dans des banques solides, désignées par un scrutin nominal du municipe ou de la représentation. Si des pertes viennent à se produire, ceux dont les voix ont formé la décision désignant la maison, sont, en première ligne, responsables et tenus de réparer le dommage (art. 291). Le municipe ou la commune peuvent être également déclarés responsables suivant les circonstances et le mode d'administration adopté pour les capitaux du mineur (art. 299).

La loi VI de 1885 a modifié certaines dispositions de la loi XX de 1877 (*Ann. de lég. étr.*, 1886, p. 237). Les représentants du mineur et des autres personnes en tutelle et en curatelle ont désormais une plus grande latitude pour le placement des fonds appartenant aux pupilles et aux interdits. Ces fonds peuvent être placés en lettres de gage, non seulement du Crédit foncier hongrois, mais encore des autres institutions de crédit foncier.

18. — 4° *Belgique* (V. *Rép.* n° 16).

19. — 5° *Espagne.* — Le code civil espagnol de 1888-1889 fixe à vingt-trois ans (au lieu de vingt-cinq) l'époque de la majorité (art. 320). Le mineur est émancipé par le mariage (art. 199). Il peut être, à dix-huit ans, émancipé par le père ou par la mère exerçant la puissance paternelle et du consentement de l'enfant, en vertu d'un acte public ou de la comparution des parties devant le juge municipal (art. 314, 316 et 318). Pour les enfants orphelins de père et de mère, la demande des parents est remplacée par une concession du conseil de famille, approuvée par le président de la cour d'appel (art. 322). L'émancipé reçoit, par anticipation de majorité, la capacité de diriger sa personne et de disposer de ses biens; cependant il ne peut emprunter, aliéner ou hypothéquer son immeuble que de l'autorisation du père ou, à défaut du père, de la mère, ou, à défaut des père et mère, de son tuteur. Il doit être assisté de même pour ester en justice (art. 317). L'émancipation ne peut pas être révoquée (art. 319). Les mineurs émancipés ne peuvent exercer le commerce qu'à l'âge de vingt et un ans accomplis; jusqu'à cette époque, ils ne peuvent même continuer le commerce de leurs père et mère ou ascendants que par l'entremise de leurs tuteurs (c. com. 1885, art. 4 et 5).

Le nouveau code civil adopte le système du droit français et substitue la tutelle de la famille à la tutelle publique usitée dans l'ancien droit. La tutelle s'exerce par un tuteur unique sous la surveillance du subrogé tuteur (*protutor*) et du conseil de famille (art. 201). Le tuteur doit, avant d'entrer en fonctions, faire inscrire sa nomination sur le registre des tutelles, tenu dans chaque tribunal de première instance (art. 205). La tutelle testamentaire vient en première ligne. Le droit de donner un tuteur et un subrogé tuteur à ses enfants mineurs ou à ses enfants majeurs incapables, légitimes, naturels reconnus ou illégitimes ayant droit à des aliments, appartient, au père, à son défaut à la mère, sous la réserve que, si elle s'est remariée, son choix doit être ratifié par le conseil de famille (art. 206). Le même droit appartient à celui qui laisse aux mineurs sa succession ou un legs important, pourvu que le conseil de famille ait autorisé l'acceptation de la succession ou du legs (art. 207). En cas de concours, l'élu du père ou de la mère prime l'élu du testateur qui a institué héritier le mineur ou l'incapable, et l'élu de ce testateur, si la succession est importante, prime l'élu du testateur qui a laissé, au pupille ou à l'incapable, un legs considérable (art. 209). Si, lorsqu'un tuteur est en exercice, un tuteur élu par le père se présente, c'est à lui que la tutelle doit être immédiatement transférée. Si c'est un tuteur élu par un testateur qui se présente, il doit se borner à administrer les biens de la succession ou du legs, tant que la tutelle n'est pas vacante (art. 210). La tutelle légale suppose l'extinction de la puissance paternelle. Il n'y a donc pas lieu d'organiser la tutelle des mineurs après la mort du père, tant que la mère vit et n'est pas remariée. La tutelle légale appartient : 1° à l'aïeul paternel; 2° à l'aïeul maternel; 3° à l'aïeule paternelle; 4° à l'aïeule maternelle, tant que l'une et l'autre restent veuves; 5° à l'aîné des frères germains et, à défaut, à l'aîné des frères consanguins ou utérins (art. 211). Les directeurs des établissements d'enfants trouvés (*expositos*) sont les tuteurs des mineurs reçus et éle[vés dans] ces établissements (art. 212). A défaut de tuteur te[stamen]taire ou légal, le tuteur est élu par le conseil de [famille] à la diligence et sous la responsabilité personnelle d[u juge] municipal (art. 231, 232).

Le subrogé tuteur (*protutor*) n'est choisi par le con[seil de] famille que s'il n'a pas été désigné par les person[nes qui] ont le droit de nommer le tuteur (art. 233). Ses attri[butions] sont les mêmes qu'en droit français ; mais la missio[n géné]rale de surveillance qu'il a sur la gestion du tu[teur est] nettement définie par le code civil espagnol, comme e[lle l'est] par la loi française du 27 févr. 1880, relativeme[nt aux] valeurs mobilières (art. 236). Le subrogé tuteur est p[erson]nellement responsable envers le mineur du dommage r[ésul]tant de l'inaccomplissement de ses obligations. Le t[uteur] doit, avant d'entrer en fonctions, fournir des sûretés (art. [...]). Elles peuvent consister soit dans une hypothèque, soit [dans] un gage (*fianza hipothecaria ó pignoraticia*). Cepen[dant] s'il est impossible au tuteur de fournir soit une hypoth[èque] soit un gage, il peut donner seulement une caution [per]sonnelle (art. 253). Sont dispensés de l'obligation de fourn[ir] des sûretés : 1° le père, la mère ou les aïeuls ; 2° le tuteur testamentaire relevé par le père ou la mère de cette obligation, sauf décision contraire du conseil de famille, à raison de circonstances nouvelles; 3° le tuteur testamentaire nommé avec dispense de caution par un étranger, mais seulement en ce qui concerne les biens laissés par succession ou legs au pupille (art. 260). L'autorisation du conseil de famille est nécessaire pour tous les actes d'aliénation et pour tous les actes exceptionnels d'administration, ainsi que pour le placement des capitaux et de l'excédent des revenus du mineur. Le tuteur ne peut pas toucher, des débiteurs du pupille, sans l'autorisation du subrogé tuteur, des sommes supérieures à 5000 fr., à moins qu'elles ne proviennent d'intérêts, fruits ou arrérages ; les payements faits au mépris de cette disposition ne libèrent les débiteurs que s'ils justifient que les sommes versées ont tourné au profit du pupille (art. 275). Quand le tuteur est un parent collatéral du mineur ou un étranger et que les fruits ne lui ont pas été attribués pour l'entretien du pupille, il doit rendre un compte annuel de gestion, qui est examiné par le subrogé tuteur, apuré par le conseil de famille et déposé au greffe du tribunal où la tutelle a été inscrite. La tutelle est rétribuée. La rétribution ne peut être supérieure à 10 pour 100, ni inférieure à 4 pour 100 des revenus et produits nets. Les actions qui peuvent compéter, soit au tuteur, soit au pupille, relativement aux faits de la tutelle, se prescrivent par cinq ans à partir de la cessation de ladite tutelle (art. 287). Il y a dans chaque tribunal de première instance un registre où sont inscrites gratuitement, à la diligence du greffier, toutes les tutelles constituées pendant l'année dans le ressort (art. 288, 289; c. proc. civ. art. 1875). — Au pied de chaque inscription, on constate, au commencement de l'année judiciaire, si le tuteur a rendu les comptes auxquels il est astreint (art. 291). Chaque année, dans la première quinzaine de janvier, les juges examinent le registre et prennent, dans chaque cas, les mesures nécessaires pour défendre les intérêts des personnes inscrites (art. 292) : ils provoquent le remplacement des tuteurs décédés, la reddition des comptes arriérés, le placement des fonds disponibles (c. proc. civ. art. 1876). Le conseil de famille ne compte que cinq membres y compris le président. Une fois constitué, le conseil est un corps permanent ; il se réunit sans intervention nouvelle du juge, sous la présidence d'un de ses membres, que les autres désignent à cet effet. Le testament du père ou de la mère peut désigner les membres du conseil de famille. A défaut de cette désignation, le conseil se compose des ascendants et descendants mâles, des frères et des maris des sœurs vivantes, quel que soit leur nombre. S'ils sont moins de cinq, on complète ce chiffre en appelant les collatéraux les plus proches des deux lignes paternelle et maternelle; s'il n'y en a pas ou qu'ils ne soient pas tenus de siéger au conseil, le juge municipal nomme à leur place des personnes honorables, choisies de préférence parmi les amis des père et mère de la personne à assister. De même, à défaut de parents du degré ci-dessus indiqué, le juge appelle d'abord des parents suivant l'ordre de leur proximité et en seconde ligne des amis jusqu'à concurrence de cinq (art. 294). Les tribunaux peuvent couvrir (*subsanar*) la nullité résultant d'une irrégularité dans la composition du conseil, s'il n'y a eu ni dol, ni préjudice pour l'incapable, et à charge de réparer l'erreur pour l'avenir (art. 296). Le conseil de famille d'un enfant naturel reconnu est composé des parents du père ou de la mère qui a fait la reconnaissance. Pour les autres enfants illégitimes, il est composé du fiscal municipal président et de quatre voisins honorables (art. 302). A l'égard des orphelins mineurs placés dans un établissement de bienfaisance, c'est l'administration de l'établissement qui tient lieu de tuteur et de conseil de famille (art. 303). Les attributions du conseil de famille sont analogues à celles que lui reconnaît le droit français (V. Lehr, *Eléments de droit civil espagnol*, 2e partie, p. 111 et suiv.).

20. — 6° *Etats-Unis.* — La plupart des Etats de l'Union ont soumis la tutelle au régime anglais. Signalons toutefois les particularités suivantes :

Les dispositions du code de la *Louisiane* (V. *Rép.* n° 21) ont été modifiées par une loi du 21 juin 1882 (*Ann. lég. étr.*, 1883, p. 1009), en vertu de laquelle, quand le conseil de famille maintient la tutelle à la veuve convolant en secondes noces, le second mari devient nécessairement cotuteur et solidairement responsable ; ses biens se trouvent, du jour du mariage, frappés de l'hypothèque légale, moyennant inscription sur le registre du conservateur.

Dans l'Etat de *Massachusetts*, l'*act* 128 de la session de 1877 (*Ann. de lég. étr.*, 1878, p. 795) autorise la mère survivante à instituer, par testament, un tuteur à ses enfants mineurs, si le père est mort sans en désigner un.

A *New-York*, la loi de 1871 (ch. 32), amendant les statuts revisés relatifs à la garde des enfants mineurs, a été modifiée par le chap. 454 de la 111e session de la législature, approuvé le 29 mai 1888 (*Ann. lég. étr.*, 1889, p. 949). Désormais tout père de famille, même mineur, peut, par acte de dernière volonté, régler la garde et la tutelle de ses enfants âgés de moins de vingt et un ans, et cela pour le temps de la minorité ou une période moindre. Dans le cas où la mère survivrait au père au moins pendant une année, elle pourra, nonobstant les dispositions prises par le père, régler la tutelle et la garde de l'enfant pour le temps de la minorité ou une période moindre. La mère survivante aura pleine faculté de faire de telles dispositions, à n'importe quelle époque, dans le cas où le père viendrait à mourir sans avoir usé de son droit.

Dans la *Pensylvanie*, une loi du 25 mai 1887 (*Ann. de lég. étr.*, 1888, p. 894) accorde à la mère, lorsqu'elle a été abandonnée par son mari qui a cessé de remplir ses devoirs de père pour se livrer à l'ivrognerie ou à l'inconduite, le droit de désigner par testament, à ses enfants mineurs, un tuteur qui, même du vivant du père, administrera les biens meubles et immeubles laissés par la mère.

21. — 7° *Italie.* — Les dispositions du code civil d'Italie, promulgué en 1866, reproduisent, en matière de tutelle, la plupart des règles du code civil français. La majorité est fixée à vingt et un ans (art. 240). La tutelle n'est ouverte que si le père et la mère sont tous deux décédés ou déclarés absents ou tous deux déchus de la puissance paternelle (art. 241). La tutelle légale des père et mère est inconnue en Italie, excepté à l'égard des enfants naturels. En dehors de cette hypothèse, le père ou la mère, toujours investis de la puissance paternelle, demeurent administrateurs de la personne et des biens de leurs enfants mineurs, et, par conséquent, il n'est question, à leur égard, ni de subrogé tuteur ni d'hypothèque légale. La tutelle testamentaire peut être déférée par le dernier mourant des père et mère (art. 242). A défaut d'un tuteur testamentaire, la tutelle légitime est dévolue à l'aïeul paternel, et à défaut à l'aïeul maternel (art. 244). Vient ensuite la tutelle dative (art. 243). Il ne peut y avoir qu'un tuteur. En cas d'opposition d'intérêts, on nomme un curateur spécial (art. 246 et 224). Celui qui institue un mineur pour son héritier peut lui nommer un curateur spécial pour l'administration des biens légués, et cela quoique le mineur se trouve sous la puissance paternelle (art. 247). Le conseil de famille est permanent ; il est constitué devant le préteur du ressort où se trouve le siège principal des affaires du mineur. Cependant si le tuteur a, ou transfère, son domicile, dans un autre ressort, le siège du conseil peut être transféré dans ce ressort par un décret du tribunal civil (art. 249). Le conseil de famille se compose du préteur qui le convoque et le préside, et de quatre conseillers. Le tuteur, le protuteur (subrogé tuteur) et le curateur du mineur émancipé font partie du conseil. A seize ans révolus, le mineur a le droit d'assister au conseil, mais il n'a pas voix délibérative (art. 251). Sont conseillers de droit : 1° les ascendants mâles du mineur ; 2° les frères germains ; 3° les oncles (art. 252). A leur défaut, on appelle les plus proches parents, ou alliés, ou des amis (art. 253 et 261). Après six mois à partir du jour de la première convocation, les actes du conseil de famille ne peuvent plus être contestés pour raison d'incompétence ou d'irrégularité de sa constitution ; même durant les six mois, ces actes ne peuvent pas être annulés au préjudice des tiers de bonne foi (art. 256). Les enfants naturels sont soumis à la tutelle légale du père ou de la mère (art. 184). Hors ce cas, la tutelle est dative et l'on constitue un conseil de tutelle. Si la filiation est légalement reconnue ou déclarée, le conseil se compose du préteur et de quatre personnes amies. Dans le cas contraire, le conseil se compose du préteur, de deux conseillers communaux et de deux autres personnes choisies par le préteur (art. 261). Le protuteur (subrogé tuteur) peut être nommé par le dernier mourant des père et mère ; sinon, il est nommé par le conseil de famille (art. 264).

Les règles concernant l'administration de la personne et des biens du mineur (art. 277 à 301) offrent certaines particularités. Relativement au lieu dans lequel le mineur sera élevé et à l'éducation qu'il recevra, le conseil de famille délibère, hors le cas de tutelle légale des ascendants, après avoir entendu le mineur lui-même, s'il a dix ans révolus (art. 278). Lors de l'inventaire, les valeurs en numéraire ou en effets au porteur et les objets précieux sont déposés dans la caisse des dépôts judiciaires ou dans celle qui sera désignée par le préteur ; elles y demeurent jusqu'à ce que le conseil de famille ait délibéré à leur égard (art. 287). Le tuteur doit fournir caution ; mais il peut en être dispensé. Le conseil de famille doit autoriser le tuteur notamment à recouvrer les capitaux du mineur, à les employer, à céder ou transférer des créances ou des titres de créances, etc. (art. 296). L'autorisation doit être spéciale pour chaque acte (art. 297). Les titres au porteur doivent être convertis en titres nominatifs, si le conseil de famille ne décide pas leur conversion en un autre emploi (art. 298). Les établissements de commerce ou d'industrie sont aliénés et liquidés par le tuteur dans les formes et avec les garanties déterminées par le conseil de famille (art. 299). Quand le compte définitif est rendu au mineur devenu majeur, ce dernier doit être assisté du protuteur, sinon d'une autre personne désignée par le préteur ; autrement le tuteur n'est pas libéré. Aucun traité ne peut intervenir entre le tuteur et l'ex-pupille avant l'approbation définitive du compte de tutelle (art. 307). Les actions du mineur contre le tuteur et le protuteur, et celles du tuteur contre le mineur pour faits de tutelle, se prescrivent par dix ans ; mais la prescription peut être interrompue ou suspendue conformément au droit commun. L'action en payement du reliquat du compte définitif est soumise à la prescription ordinaire (art. 309). Le mineur est émancipé de plein droit par le mariage (art. 310). A dix-huit ans, il peut être émancipé par le père ou par la mère exerçant la puissance paternelle, sinon par le conseil de famille (art. 311). L'enfant naturel peut être émancipé par le père ou la mère exerçant la tutelle légale, ou par le conseil de famille (art. 312). Le mineur émancipé par le mariage a pour curateur le père, à défaut du père, la mère, ou enfin un curateur nommé par le conseil de famille. La femme mineure mariée a pour curateur le mari, ou, suivant les circonstances, le curateur du mari lui-même en état de minorité ou le tuteur du mari interdit. Si la femme émancipée par le mariage devient veuve ou si elle est séparée de corps et de biens, elle a pour curateur le père ou la mère, sinon une personne désignée par le conseil de famille ou de tutelle (art. 315). Le mineur émancipé peut faire de son chef tous les actes de simple administration (art. 317) ; il ne peut toucher les capitaux qu'avec l'assistance de son curateur et sous condition de leur donner un emploi utile (art. 318). Si le curateur refuse son consentement à un acte que l'émancipé ne peut pas faire seul, ce dernier peut en appeler au conseil de famille (art. 320).

22. — 8° *Pays-Bas* (*Rép.* n° 17). — Le code civil néerlandais a restreint en matière de tutelle le rôle accordé au conseil de famille par le code civil français. Pour la nomination du tuteur datif, comme pour les autorisations nécessaires au tuteur, c'est le pouvoir judiciaire qui statue, après avoir pris l'avis des parents ou alliés du mineur. Le législateur néerlandais a partagé la juridiction tutélaire entre les tribunaux d'arrondissement et les juges cantonaux. Mais une loi du 12 avr. 1874, afin de rendre plus prompte et moins coûteuse la marche de cette juridiction, a attribué aux juges de canton plusieurs des attributions qui appartenaient à la compétence des tribunaux (*Ann. de lég. étr.*, 1875, p. 437). Lorsque le juge est tenu de consulter la famille, les parents ou alliés appelés au conseil de famille ont le droit, comme en France, de se faire représenter par un mandataire spécial. Mais, d'après une loi du 15 nov. 1876, le juge peut ordonner la comparution en personne, sous peine d'amende en cas de non-comparution, du parent ou allié qui s'est fait représenter (*Ann. de lég. étr.*, 1877, p. 509). — Le code néerlandais admet deux espèces d'émancipation : l'une qui est accordée par la haute cour, avec l'homologation du roi, et qui confère au mineur presque tous les droits de la majorité ; l'autre qui laisse le mineur dans un état intermédiaire entre l'incapacité absolue et l'entière capacité : celle-ci, d'après le code, s'opérait par la seule déclaration du père ou de la mère. Le mineur qui avait obtenu cette seconde émancipation pouvait, pour exercer quelque genre de commerce ou d'industrie, aliéner ses valeurs mobilières et même ses rentes sur l'Etat; la loi lui défendait seulement d'aliéner ou d'hypothéquer ses immeubles. Des abus étaient nés de ce système; on voyait des parents émanciper leurs enfants dans le seul but de permettre à ceux-ci d'aliéner leurs valeurs. C'est pourquoi une loi du 4 juill. 1874 a statué que les mineurs émancipés auraient le droit de contracter, dans l'intérêt du commerce ou de l'industrie qu'ils exerceraient, sans pouvoir aliéner, hypothéquer ni mettre en gage leurs rentes sur l'Etat, leurs fonds publics, créances hypothécaires et actions de sociétés anonymes ou autres. La même loi a décidé que la seconde espèce d'émancipation serait accordée par le juge du canton, sur la demande du mineur, après avis des parents, alliés, tuteur ou subrogé tuteur du mineur, sans pouvoir jamais être accordée contre la volonté de celui des parents qui exerce la puissance paternelle (*Ann. de lég. étr.*, 1875, p. 436).

23. — 9° *Russie.* — La loi russe divise la minorité en trois périodes. Les mineurs en bas âge sont soumis soit à la puissance paternelle, soit à la tutelle. Ceux qui contractent avec un mineur de quatorze ans, encourent, indépendamment de la nullité de l'acte, une amende double au profit du Trésor ; s'ils achètent un immeuble, la peine est d'un à quatre mois de prison. La nullité des actes est absolue. A l'âge de quatorze ans, le mineur en tutelle a la faculté de choisir lui-même le curateur par lequel il devra être assisté et défendu dans toutes les affaires qui étaient antérieurement de la compétence de son tuteur. L'émancipation peut être prononcée à dix-huit ans. D'après la loi russe et la loi polonaise de 1825, elle a pour effet d'augmenter la capacité du mineur, qui demeure assisté d'un curateur ; dans les *provinces baltiques*, elle consiste, comme en Allemagne, en une déclaration anticipée de majorité. La fille mineure est émancipée par le mariage d'après la loi polonaise et le code baltique ; suivant la loi russe, elle conserve son tuteur pour l'administration de ses biens. A l'âge de dix-sept ans, le mineur non émancipé a la capacité nécessaire pour administrer ses biens ; mais il ne peut encore ni emprunter, ni s'obliger par écrit, ni disposer de ses capitaux, ni les déplacer sans l'autorisation écrite de son tuteur, à peine de nullité. D'ailleurs, la nullité des actes passés au mépris des prohibitions légales est purement relative et ne peut être invoquée que par le mineur. Elle ne doit pas être prononcée si le mineur, âgé de plus de dix-sept ans, a employé des manœuvres frauduleuses pour induire les tiers en erreur sur son âge et sur sa capacité. En *Russie*, en *Pologne* et dans les *provinces baltiques*, la majorité est fixée pour les deux sexes à vingt et un ans.

Toutes les législations de l'Empire russe admettent la tutelle légale du survivant des père et mère. Le code de Russie admet en outre la tutelle testamentaire et, à défaut de celle-ci, la tutelle dative. Dans les *provinces baltiques*, le décès, l'incapacité ou le refus du survivant des père et mère donne ouverture à la tutelle légitime des grands-pères, à leur défaut, des grands'mères. La législation des gouvernements de *Tchernigof* et de *Poltava* reconnaît la tutelle légitime des frères aînés germains, des oncles et autres parents et des cousins mariés. En *Pologne*, les grands-pères sont tuteurs légitimes et, à leur défaut, les bisaïeuls.

Le tuteur datif est nommé, pour les orphelins nobles et les orphelins d'ecclésiastiques appartenant à la noblesse héréditaire, par la tutelle noble, c'est-à-dire par une commission élue par le corps de la noblesse et présidée par le maréchal de la noblesse. Il est nommé par l'autorité ecclésiastique pour les enfants des membres du clergé inférieur. Il est nommé par le tribunal des orphelins, émanation de l'autorité municipale, pour les enfants des personnes n'ayant que la noblesse personnelle, pour ceux des habitants des villes, pour ceux des juifs habitant leurs terres ou celles d'autres propriétaires, pour ceux des ouvriers des fabriques de l'Etat. Dans les communes rurales, la tutelle est organisée par l'assemblée communale; à l'étranger, par le consul. L'empereur a, concurremment avec les tribunaux compétents, la faculté de pourvoir à la nomination du tuteur datif. En *Pologne*, fonctionne le conseil de famille du droit français, présidé dans les villes par le président ou par le bourgmestre, dans les campagnes, par le bailli communal, qui, d'après le code de 1825, remplit l'office du juge de paix français.

Le tuteur est chargé de l'administration de la personne du mineur ; cependant, dans les gouvernements de *Tchernigof* et de *Poltava*, quand la mère n'est pas investie de la tutelle, on doit laisser à sa garde les filles jusqu'à leur mariage et les fils jusqu'à leur entrée à l'école. L'administration du tuteur relativement aux biens est strictement réglementée. Les actes, les titres de créance, les meubles précieux doivent être conservés en lieu sûr; le code *baltique* ordonne qu'on les remette à l'autorité pupillaire. Les capitaux doivent être placés : ceux des orphelins nobles ne peuvent être placés que sur des particuliers et sur hypothèque ; les autres placements dans le commerce ou en valeurs industrielles ne sont permis que pour des pupilles non nobles, sous la responsabilité du tuteur et des membres du tribunal pupillaire. D'après le code *baltique*, les capitaux du mineur ne doivent être placés que dans des établissements de crédit impériaux ou provinciaux; les placements hypothécaires, en particulier, exigent une autorisation spéciale et engagent la responsabilité du tuteur. La loi *russe* interdit au tuteur d'emprunter de l'argent à son pupille; au contraire, les statuts *livonien* et *esthonien* lui permettent de se servir par préférence des capitaux de son pupille, à condition de fournir les mêmes sûretés et de payer le même intérêt qu'un autre débiteur. Le tuteur ne peut aliéner les immeubles du mineur que dans des cas expressément déterminés par la loi et avec l'autorisation du Sénat, sur un avis du tribunal civil, saisi lui-même par le tribunal des orphelins. L'autorisation du Sénat est également requise pour la constitution d'hypothèque.

Dans les *provinces baltiques*, l'autorisation du tribunal pupillaire, et, suivant la valeur de l'immeuble, celle des autorités de deuxième instance, suffit pour la régularité de la vente ou de la constitution d'hypothèque.

En *Pologne*, les dispositions du code de 1825 sont conformes à celles de notre code civil. L'institution du subrogé tuteur existe en Pologne. Il a pour mission de contrôler en certains cas les actes du tuteur. Le subrogé tuteur et les membres du conseil de famille encourent une responsabilité pécuniaire.

La tutelle est rémunérée par l'allocation de 5 pour 100 des revenus mobilier et immobilier du pupille d'après le code *russe* et les lois des trois *provinces baltiques* et de la *Courlande* et de 10 pour 100 dans les gouvernements de *Tchernigof* et de *Poltava*. Le code *polonais* est muet à cet égard. En *Livonie*, les autorités pupillaires ont la faculté d'allouer une rémunération au tuteur qui sort de charge. Le statut *esthonien* lui refuse toute rémunération (V. Lehr, *Eléments de droit civil russe*, p. 109 et suiv.).

24. — 10° *Suisse.* — La loi du 22 juin 1881, relative à la minorité, contient des dispositions générales applicables sur tout le territoire de la Confédération helvétique (*Ann. de lég. étr.*, 1882, p. 518). L'époque de la majorité est fixée, pour les deux sexes, à vingt ans accomplis. L'émancipation peut être obtenue à dix-huit ans. La capacité du majeur et celle du mineur émancipé sont identiques. La capacité, pour le mineur, de tester demeure soumise au droit cantonal (art. 3). De même pour la capacité civile des femmes mariées, sauf en ce qui concerne les femmes commerçantes (art. 7). Le code fédéral des obligations (*Ann. de lég. étr.*, 1882, p. 520) règle la capacité du mineur et de la femme mariée commerçante. Le mineur ne peut s'obliger ou renoncer à ses droits qu'avec le consentement de son représentant légal (art. 30). Le contrat fait sans le consentement requis peut être ratifié soit par le représentant légal du mineur, soit par ce dernier devenu majeur. L'autre partie cesse d'être liée si le contrat n'est pas ratifié dans un délai convenable, fixé par elle ou sur sa demande par l'autorité compétente (art. 32). Le mineur qui exerce seul une profession ou une industrie, avec l'autorisation expresse ou tacite de son représentant légal, s'oblige sur tous ses biens pour les affaires qui rentrent dans l'exercice de cette profession ou de cette industrie, (art. 34). La femme mariée, dans le même cas, s'oblige dans la même mesure; elle oblige, en outre, soit son mari, si, d'après le droit cantonal, les biens de la femme mariée passent au mari, soit la communauté, si c'est sous le régime de communauté que les époux sont mariés (art. 35). Les dispositions de la loi du 22 juin 1881 sont applicables à tous les ressortissants suisses, soit qu'ils résident en Suisse, soit qu'ils demeurent à l'étranger. La capacité civile des étrangers est régie par le droit du pays auquel ils appartiennent. Toutefois l'étranger qui, d'après le droit suisse, posséderait la capacité civile, s'oblige valablement par les engagements qu'il contracte en Suisse, lors même que cette capacité ne lui appartiendrait pas selon le droit de son pays (art. 10).

La constitution et le régime des tutelles varie suivant le droit de chacun des cantons confédérés. Dans le canton d'*Appenzell*, les tutelles sont régies par la loi du 29 avr. 1883 (*Ann. de lég. étr.*, 1884, p. 595). C'est aux communes qu'il incombe de pourvoir à la tutelle des incapables domiciliés en Appenzell et appartenant à des cantons dont le droit de tutelle repose sur le principe du domicile. Elles doivent en agir de même à l'égard des étrangers, soit à la demande des autorités du pays d'origine, soit à titre provisoire (art. 1er). L'autorité tutélaire appartient aux conseils des communes qui nomment et révoquent les tuteurs et subrogés tuteurs (art. 5 et 10). Le tuteur ne peut emprunter, acheter, vendre ni échanger des capitaux et des immeubles sans l'autorisation de l'autorité tutélaire, qui doit s'assurer tous les ans *de visu* que les titres de créance et les valeurs existent réellement (art. 22 et 23). Les tuteurs sont responsables de leur gestion. Les membres de l'autorité tutélaire le sont également, mais sans solidarité (art. 26). Les comptes de tutelle doivent être rendus tous les ans et même aussi souvent que le conseil le requiert (art. 29). La charge de tuteur et celle des deux membres du conseil municipal formant la commission chargée de recevoir les comptes, peuvent être rétribuées (art. 35 et 36). La haute surveillance des autorités tutélaires communales appartient au conseil d'Etat (art. 41).

Dans le canton de *Bâle-Ville*, une loi du 16 oct. 1876 (*Ann. de lég. étr.*, 1877, p. 570) détermine les formes de l'émancipation et abolit la tutelle des femmes. L'émancipation est prononcée par le conseil d'Etat. C'est au mineur à présenter lui-même requête à cet effet. Il n'y a pas de limite d'âge. Il faut des motifs graves à l'appui de la requête; il faut aussi le consentement du père, du tuteur ou des parents les plus rapprochés. L'émancipation doit être publiée dans la feuille officielle (art. 2). L'émancipation a lieu de plein droit par le mariage (art. 3). Les femmes majeures, non mariées, veuves ou divorcées, sont capables et ne peuvent être placées sous tutelle que pour les mêmes raisons que les hommes. Cependant la femme mariée est placée sous tutelle dans le cas de faillite du mari et dans le cas de séparation temporaire. Si le mari est placé lui-même en tutelle, le tuteur du mari continuera, pendant son administration, à gérer la tutelle de la femme et des enfants. L'assistance d'un tiers n'est plus nécessaire à la femme mariée que pour la vente ou l'engagement de ses propriétés immobilières et quand elle engage sa responsabilité pour les dettes de son mari (art. 5). La tutelle des mineurs est organisée par la loi du 23 févr. 1880 (*Ann. de lég. étr.*, 1881, p. 457). Chaque tutelle est exercée par un tuteur avec le contrôle d'un subrogé tuteur et la surveillance du comité des orphelins, composé de cinq membres et d'un secrétaire, tous appointés et nommés pour six ans par le conseil d'Etat (art. 2 à 9). On peut recourir au département de justice comme juge d'appel (art. 10). Le concours du subrogé tuteur est obligatoire pour certains actes d'administration (art. 34 à 36). Le tuteur a la faculté d'associer le pupille à la gestion de son patrimoine (art. 51). Les titres au porteur demeurent entre les mains du secrétaire du comité (art. 33). Le secrétaire tient un registre de tutelle où toutes les décisions du comité sont inscrites à leur date; il tient, en outre, un livre spécial pour chaque tutelle, contenant l'indication prise de tous les faits qui intéressent le pupille (art. 67).

C'est également aux autorités communales que la surveillance des tutelles est confiée dans les cantons de *Berne*, de *Fribourg*, de *Schwitz*, et en général dans les cantons allemands.

La loi du canton de *Saint-Gall* sur les tutelles, en date du 1er juill. 1888 (*Ann. de lég. etr.*, 1889, p. 713), organise, dans son titre 1er, la *tutelle des parents*. Sous ce titre, les art. 1 à 17 traitent de la puissance paternelle, des droits et des devoirs qui s'y trouvent attachés. Cette puissance se confond avec la tutelle; elle est exercée sous le contrôle de l'autorité pupillaire qui peut retirer la tutelle au père qui s'en rend indigne ou incapable. La tutelle passe alors à la mère, si elle la réclame et si elle en est jugée digne. Il en est de même à la mort du père. Le titre 4 concerne la *tutelle légale publique* qui se divise en tutelle ordinaire et tutelle extraordinaire. Le conseil municipal de chaque commune politique choisit dans son sein une chambre pupillaire d'au moins trois membres, qui peut en référer au conseil entier dans les cas importants. Le conseil exécutif du canton constitue l'autorité tutélaire suprême et décide en dernier ressort, sans recours au juge ordinaire. La tutelle est organisée d'office par la chambre pupillaire, sauf recours aux tribunaux ou à l'autorité administrative supérieure. Les tuteurs, les membres de la chambre pupillaire et les membres du conseil municipal sont responsables successivement et pécuniairement des fautes commises dans leur gestion; la commune politique répond elle-même, et à leur défaut, de leurs fautes. Les obligations du tuteur, relativement à la personne et aux biens de l'incapable, font l'objet de prescriptions très détaillées. La chambre pupillaire peut lui accorder une indemnité modérée pour sa gestion.

CHAP. 2. — De la minorité et de la majorité proprement dites (*Rép.* nos 23 à 56).

25. — I. ETAT DE MINEUR. — CAPACITÉ (*Rép.* nos 26 à 47). — Ainsi qu'il est exposé au *Rép.* n° 26, il n'y a lieu, pendant le mariage, qu'à l'administration résultant de la puissance paternelle; la tutelle proprement dite ne commence qu'au décès de l'un des époux (V. sur l'administration légale des père et mère, *infrà*, v° *Puissance paternelle*; — *Rép.* eod. v°, nos 76 et suiv.). Cependant, le mineur étant valablement représenté par son père dans une instance ouverte pendant le mariage, il importerait peu que les actes de procédure signifiés au cours de cette instance eussent donné au père du mineur la qualité de tuteur, au lieu de celle, qui lui appartenait, d'administrateur légal. En ce sens, il a été jugé qu'il ne peut résulter aucune nullité de ce que des pères représentant leurs enfants mineurs ont été qualifiés de tuteurs de ces enfants mineurs, dans une contrainte décernée contre eux par l'administration de l'Enregistrement et dans l'instance qui a suivi, au lieu de l'être, comme il eût fallu, d'administrateurs légaux desdits enfants, alors surtout que cette prétendue nullité n'a point été opposée devant le tribunal (Civ. rej. 18 nov. 1851, aff. Colbert, D. P. 51. 1. 305).

26. Par exception, la tutelle des mineurs peut s'ouvrir pendant la durée du mariage dont ils sont issus, quand le père et la mère sont tous deux dans l'impossibilité physique, morale ou légale d'exercer la puissance paternelle. La tutelle n'a, dans ce cas, qu'un caractère provisoire; elle cessera quand ceux qui sont investis de l'administration légale seront à même d'en reprendre l'exercice (Aubry et Rau, *Cours de droit civil français*, 4e éd. t. 1er, § 87, p. 366, note 4). M. Demolombe, *Cours de code napoléon*, t. 6, n° 451, et t. 7, n° 27, et, après lui, M. Laurent, *Principes de droit civil*, t. 4, n° 363, enseignent, au contraire, qu'en pareil cas les tribunaux n'ont pas le droit de transformer l'administration légale en tutelle; que la tutelle a des effets légaux qui ne peuvent pas exister sans la loi; que les tribunaux doivent seulement prendre les mesures commandées par l'intérêt du mineur et intervenir pour confier la garde des enfants et la gestion de leurs biens, soit à un parent, soit à un ami (V. toutefois pour le cas de déchéance de la puissance paternelle, *infrà*, n° 27).

27. Si le père seul se trouve placé dans l'impossibilité d'exercer l'administration légale, cette administration passe à la mère; il n'y a pas lieu d'organiser la tutelle (art. 141 et 390, c. civ. et argument de ces articles. V. *infrà*, v° *Puissance paternelle; Rép.* cod. v°, n° 52; Aubry et Rau, *loc. cit.*; Orléans, 9 août 1817, *Rép.* n° 156, et v° *Interdiction*, n° 164).

Une exception est faite à la règle qui vient d'être posée par la loi du 24 juill. 1889, sur la déchéance de la puissance paternelle. Quand le père est déchu de la puissance paternelle en vertu des art. 1 et 2 de cette loi, l'administration légale ne passe pas de plein droit à la mère. L'art. 9 dit, en effet, que dans le cas de déchéance de plein droit, encourue par le père, le tribunal sera saisi sans délai et décidera si, dans l'intérêt de l'enfant, la mère exercera les droits de la puissance paternelle. Dans le cas de déchéance facultative, le tribunal qui la prononce statue par le même jugement sur les droits de la mère à l'égard des enfants nés et à naître. Quand la mère n'est pas investie de l'exercice de la puissance paternelle, après la déchéance du père, il y a lieu à la tutelle. Le tribunal décide si la tutelle sera constituée conformément au droit commun ou si elle sera exercée par l'Assistance publique (art. 10 et 11). Mais la tutelle peut cesser si le père ou la mère, après avoir obtenu sa réhabilitation, se fait restituer la puissance paternelle (art. 15; V. *infrà*, v° *Puissance paternelle*).

28. Il n'y a pas lieu à tutelle dans le cas de divorce; en effet, les dispositions des art. 302 et 303 c. civ., qui réglementent la garde des enfants et qui réservent aux époux divorcés le droit de surveiller l'entretien et l'éducation de leurs enfants, supposent, en principe, que la puissance paternelle subsiste (V. *suprà*, v° *Divorce et séparation de corps*, nos 599 et suiv.).

Mais la tutelle s'ouvre-t-elle dans le cas d'absence déclarée du père? (V. *suprà*, v° *Absence*, n° 92; *Rép.* eod. v°, nos 569 et suiv.).

A la différence des enfants légitimes, les enfants naturels sont nécessairement en tutelle dès l'instant de leur naissance (V. *infrà*, nos 638 et suiv.).

29. Le mineur est représenté par son père administrateur ou par son tuteur dans tous les actes de la vie civile (*Rép.*, n° 29). Son incapacité d'agir par lui-même, et notamment d'ester en justice, est complète. Toute assimilation à cet égard serait inexacte entre le mineur incapable et la femme mariée, dont la capacité doit être complétée par l'autorisation maritale et, à défaut de celle-ci, par l'autorisation de justice.

Les fonctions du tuteur, telles que le code civil les a réglées diffèrent entièrement de la tutelle du droit romain. Le tuteur romain complétait par son autorisation la capacité juridique du pupille. Le tuteur français figure seul dans les actes qui intéressent le mineur (Aubry et Rau, t. 1, § 89-7°, p. 371; Laurent, t. 4, n° 365). En conséquence, quand un mineur est sans tuteur légitime ou élu par le dernier mourant des père et mère, il doit être procédé par le conseil de famille à la nomination d'un tuteur, sans que les juges puissent s'attribuer le droit de relever le mineur de son incapacité et l'autoriser à agir seul; l'autorisation qui lui serait donnée de plaider en personne constituerait une violation des art. 405 et 450 c. civ.; la décision d'un juge de paix confiant au mineur cette autorisation doit être annulée pour excès de pouvoirs (Civ. cass. 25 juin 1884, aff. Billoin, D.P. 85. 1. 160). — Cependant le mineur peut et doit comparaître en personne devant la juridiction criminelle, et il a été jugé que le mineur peut, même en cas d'acquittement, être condamné par la cour d'assises à des dommages-intérêts envers la partie civile, sans qu'il soit besoin que celle-ci appelle le tuteur pour représenter et défendre le mineur (Crim. rej. 15 janv. 1846, aff. Devaux, D. P. 46. 1. 126. V. dans le même sens : Grenoble, 4 mars 1835, *Rép.* v° *Instruction criminelle*. n° 116; Bourges, 18 août 1838, *Rép.* v° *Dénonciation calomnieuse*, n° 133. — *Contrà* : C. d'ass. de la Moselle, 1er août 1829, C. d'ass. du Haut-Rhin, 15 mars 1831, *Rép.* v° *Instruction criminelle*, n° 116; Chauveau et Hélie, *Théorie du code pénal*, t. 1, p. 528 et 529).

30. Le mineur devient majeur à l'âge de vingt et un ans accomplis (c. civ., art. 388). On a dit au *Rép.* n° 30 que les vingt et un ans se comptent par heure, par instant même, et non par jour comme la prescription; qu'à cet effet, l'art. 57 c. civ. exige que l'acte de naissance énonce le jour et l'heure où la naissance a lieu; que si l'heure de la naissance n'est pas connue, la minorité étant une faveur, on devra attendre la fin de la dernière journée. Cependant MM. Demolombe, t. 8, n° 407, et Laurent, t. 4, n° 362, enseignent que la négligence de l'officier de l'état civil ne doit pas avoir nécessairement cette conséquence. A défaut d'une énonciation d'heure dans l'acte de naissance, on pourrait recourir aux registres tenus par les parents, et même à la preuve testimoniale qui ferait rarement défaut, car les membres de la famille auront le plus souvent gardé la mémoire du moment précis de la naissance de l'enfant.

31. Le mineur étranger résidant en France doit-il être pourvu d'un tuteur? La tutelle tenant, comme la minorité, au statut personnel, c'est par la loi du pays auquel appartient le mineur qu'elle doit être régie (V. *suprà*, v° *Lois*. nos 343 et suiv. — V. aussi *Rép.* nos 33 et suiv.). Mais la jurisprudence admet qu'il y a lieu de pourvoir, en vertu de la loi française, à la tutelle provisoire d'un mineur étranger qui se trouve en France sans protecteur légal (V. Req. 4 sept. 1811, *Rép.* v° *Lois*, n° 405; Bastia, 8 déc. 1863, aff. Costa, D. P. 64. 2. 1; Nancy, 25 avr. 1885, aff. Cantiran, D. P. 86. 2. 131; Aubry et Rau, t. 1, § 78, p. 297). En pareille hypothèse, suivant M. Huc, *Commentaire du code civil*, t. 3, nos 358, il y aurait lieu de nommer un simple administrateur spécial, plutôt qu'un véritable tuteur, même provisoire (Comp. Besançon, 30 nov. 1887, aff. Montbieu, D.P. 88. 2. 113, et la note de M. de Bœck). — Il faut observer toutefois que la nomination d'un tuteur à un mineur étranger ne peut être faite, même à titre provisoire, conformément à la loi française, quand il existe entre la France et la nation à laquelle ce mineur appartient une convention qui détermine la manière dont cette nomination doit avoir lieu (V. Civ. rej. 19 juin 1878, aff. Camps, D. P. 78. 1. 317; Bastia, 8 déc. 1863, précité).

32. L'organisation de la tutelle des mineurs espagnols résidant en France a été réglée par la convention consulaire entre la France et l'Espagne du 7 janv. 1862, promulguée par décret du 18 mars 1862 (D. P. 62. 4. 32). Aux termes de l'art. 20, n° 7, de cette convention, il appartient aux consuls français ou espagnols, en cas de décès d'un sujet de l'une des nations, sur le territoire de l'autre, « d'organiser, s'il y a lieu, la tutelle ou curatelle, conformément aux lois des pays respectifs ». Cette disposition ne prévoit expressément que la nomination du tuteur après le décès du père ou de la mère; mais elle règle implicitement le cas où il y a lieu de pourvoir au remplacement de ce tuteur. En conséquence, le tuteur d'un mineur espagnol ne peut être remplacé, en France, que par le consul d'Espagne, procédant suivant la loi de son pays; la nomination du nouveau tuteur est radicalement nulle, si elle a eu lieu conformément à la loi française (Civ. rej. 19 juin 1878, cité, *suprà*, n° 31).

33. L'organisation de la tutelle des mineurs italiens résidant en France a été réglée par la convention consulaire du 26 juill. 1862 (D. P. 62. 4. 117). L'art. 9 de cette convention porte: « Quand un Français en Italie ou un Italien en France sera mort sans avoir fait de testament, ni nommé d'exécuteur testamentaire, ou si les héritiers, soit naturels, soit désignés par le testament, étaient mineurs, incapables ou absents, ou si les exécuteurs testamentaires nommés ne se trouvaient pas dans le lieu où s'ouvrira la succession, les consuls généraux, consuls et vice-consuls ou agents consulaires de la nation du défunt, auront le droit de procéder successivement aux opérations suivantes :... 7° organiser, s'il y a lieu, la tutelle ou curatelle, conformément aux lois des pays respectifs ». Cette convention a été rendue exécutoire par décret du 24 sept. 1862, publié le 1er oct. 1862. Il en résulte que l'organisation des tutelles ou curatelles des sujets italiens domiciliés en France appartient aux agents consulaires d'Italie ; que ces dispositions ne sont pas seulement édictées pour le cas de décès, qu'elles sont applicables à tous les cas donnant ouverture à une tutelle. Jugé, par ces motifs, que le conseil de famille d'un Italien condamné en France, où il avait son domicile, à une peine entraînant l'interdiction légale, ne peut être légalement convoqué et réuni, pour la nomination du tuteur et du subrogé tuteur, que par un consul de sa nation; on estimerait à tort que la convention consulaire du 26 juill. 1862 ne prescrit d'agir de la sorte que pour l'organisation de la tutelle après décès (Trib. civ. de Bordeaux, 19 févr. 1866, aff. Guidugli, D. P. 66. 3. 55).

34. La convention consulaire, conclue entre la France et le Brésil le 10 déc. 1860 (D. P. 61. 4. 110), a été l'objet d'une déclaration interprétative signée le 21 juill. 1866 et promulguée par décret du 28 nov. 1866 (D. P. 67. 4. 7). Cette déclaration porte au paragraphe 9 : « Quand il y aura lieu à la nomination d'un tuteur ou d'un curateur, le consul provoquera, s'il n'y a été autrement pourvu, cette nomination par l'autorité locale compétente ». D'après cette déclaration, les lois qui forment le statut personnel respectif des mineurs de nationalité française résidant au Brésil et des mineurs de nationalité brésilienne résidant en France, déterminent toujours les cas où il y a lieu à la nomination d'un tuteur, d'un curateur, d'un subrogé tuteur, etc. ; mais, dans chacun de ces cas, c'est au juge de paix, en France, aux autorités locales, au Brésil, qu'il appartient d'organiser la tutelle, en réunissant, à cet effet, le conseil de famille. Les agents consulaires respectifs des deux pays n'ont qualité ni pour faire cette convocation, ni pour présider le conseil de famille. Ils sont chargés seulement de mettre l'autorité locale en demeure de faire nommer le tuteur, quand cette nomination n'aura pas été déjà faite en dehors de leur initiative (En ce sens, Huc, t. 3, n° 361).

35. La convention consulaire du 11 juill. 1866 entre la France et le Portugal, promulguée par décret des 27 juill.-23 août 1867 (D. P. 67. 4. 128), déclare (art. 8) : « Quand un sujet de l'une des parties contractantes sera décédé sur le territoire de l'autre, et qu'au nombre des héritiers, soit naturels, soit désignés par le testament, quelqu'un sera inconnu, absent, mineur ou incapable, les consuls généraux, vice-consuls ou agents consulaires de la nation du défunt auront le droit de procéder successivement aux opérations suivantes ;... 7° organiser, s'il y a lieu, la tutelle ou curatelle conformément aux lois des pays respectifs ». Conformément à la jurisprudence citée *suprà*, nos 32 et 33, ce pouvoir des agents consulaires s'exercera chaque fois qu'il y aura lieu de nommer un tuteur, et non pas seulement dans le cas d'ouverture de la tutelle par le décès du père ou de la mère du mineur étranger. Nous pensons aussi qu'il appartiendrait à l'agent consulaire de réunir le conseil de famille dans toutes les circonstances qui rendraient cette réunion nécessaire au cours de la tutelle.

La convention consulaire conclue le 7 janv. 1876 entre la France et la Grèce, approuvée par la loi des 27-28 févr. 1878 et promulguée par décret des 2-3 mars 1878 (D. P. 78. 4. 30) porte (art. 15) : « Le consul devra, le cas échéant, organiser, sans retard, la tutelle de ceux de ses nationaux qui seraient incapables, afin que le tuteur puisse le représenter en justice ». Comme la convention avec le Portugal, le texte ne se réfère expressément qu'aux instances judiciaires relatives à la liquidation des successions des nationaux de l'un des deux pays contractants, décédés sur le territoire de l'autre ; mais, à notre avis, il faut aussi reconnaître à ce texte une portée générale.

Citons encore le texte identique de l'art. 15 de la convention conclue le 5 juin 1878 entre la France et la République du Salvador, approuvée par une loi des 3-6 août 1879 et promulguée par décret des 7-9 août 1879 (D. P. 80. 4. 12).

36. Au contraire, les conventions consulaires conclues notamment avec les Pays-Bas, le 8 juin 1855 (D. P. 55. 4. 77), avec l'Autriche, le 11 déc. 1866 (D. P. 67. 4. 13), avec la Russie, le 1er avr. 1874 (D. P. 75. 4. 12-13), de même que les différentes conventions passées avec la Suisse relativement à l'établissement des Français en Suisse et des Suisses en France (V. notamment le traité des 30 juin-28 nov. 1864, D. P. 64. 4. 128), ne contiennent aucune clause relative à l'organisation de la tutelle. Vis-à-vis du mineur appartenant à ces différents pays et résidant en France, ou des mineurs français résidant sur le territoire de ces nations, on doit appliquer ce double principe : c'est le statut personnel qui décide s'il y a lieu et dans quels cas il y a lieu à tutelle; ce sont les autorités locales qui sont chargées d'organiser et de faire fonctionner la tutelle dans les formes que la législation du pays permet d'employer.

37. La capacité des étrangers est régie par leur statut personnel (V. *suprà*, v° *Lois*, nos 128 et suiv. ; — *Rép.* eod. v°, nos 385 et suiv.). — L'application de ce principe général conduit aux conséquences suivantes, relativement à la capacité du mineur étranger.

L'étranger qui est majeur suivant la loi française, mais qui est mineur d'après la loi de son pays, ne peut valablement contracter en France avec un Français ; car la majorité dépend essentiellement du statut personnel, et une loi qui déclare les hommes majeurs ou mineurs et partant capables ou incapables, est, par excellence, une loi relative à l'état des personnes; d'autre part, l'application de cette loi de statut personnel n'a rien de contraire à l'ordre public en France. Cependant si le Français qui a contracté avec le mineur étranger croyait traiter avec un majeur, s'il était de bonne foi dans son erreur, si les circonstances n'étaient pas de nature à l'éclairer sur la nationalité de son cocontractant et si celui-ci lui a dissimulé son extranéité, les tribunaux pourront voir dans cette dissimulation une fraude qui autorise le Français à demander qu'il ne soit pas fait application du statut personnel et que l'engagement du mineur étranger soit maintenu. — D'ailleurs, le mineur étranger ne peut demander la rescision de son engagement en vertu du statut personnel que s'il établit que cet engagement lui cause un préjudice (V. *infrà*, n° 38); et, dans le cas où il a dissimulé sa nationalité en contractant, le Français obtiendra le rejet de la demande en rescision d'autant plus facilement que le contrat aura profité au mineur. Les art. 1307 et 1310 c. civ. sont applicables à l'espèce par analogie (Demangeat, *Revue pratique*, année 1856, t. 1, p. 56; Laurent, t. 1, n° 97; V. aussi Demolombe, t. 1, n° 102). Jugé en ce sens que, lorsqu'un mineur étranger a contracté avec un commerçant français qui croyait traiter avec un majeur, les engagements de ce mineur sont valables s'il a induit son cocontractant en erreur en lui dissimulant son extranéité et si, d'ailleurs, le Français n'a commis aucune faute ou imprudence, alors surtout que le contrat a profité au mineur (Paris, 8 févr. 1883, aff. Lesage et Bironneau, D. P. 84. 2. 24).

38. On a exposé au *Rép.* n° 35 que l'incapacité du mineur est purement relative. Il peut améliorer sa condition et, quand il demande la rescision d'un acte qu'il a consenti, il doit établir que cet acte lui cause un préjudice ; car ce n'est pas tant comme mineur que comme lésé qu'il peut être restitué contre les conséquences de ses actes. Le mineur serait cependant dispensé de prouver qu'il a été lésé, s'il s'agissait d'un acte pour la validité duquel la loi, dans l'intérêt des mineurs, a prescrit certaines formalités, telles que l'autorisation du conseil de famille et l'homologation du tribunal, et si, par suite de l'inobservation de ces formalités, l'acte se trouvait entaché de nullité. Le code civil, au titre *De la minorité*, ne s'occupe de la condition juridique du mineur que dans ses rapports avec la tutelle. C'est au titre *Des obligations* qu'il traite de l'incapacité du mineur et de ses conséquences relativement aux actes accomplis pendant la minorité (V. *infrà*, v° *Obligations; — Rép.* eod. v°, nos 359 et suiv., 2903 et suiv.).

39. Le mineur ne peut pas s'obliger comme caution ; mais l'obligation principale du mineur, rescindable à raison de son incapacité, peut être valablement cautionnée par un tiers (V. *Rép.* n° 35 et *suprà*, v° *Cautionnement*, n° 16 ; — *Rép.* eod v°, nos 53 et suiv., 72 et 128).

40. Les règles de la capacité des mineurs s'appliquent à l'aveu (V. *Rép.* n° 36, et v° *Obligations*, nos 5082 et suiv.).

Le mineur ne peut pas se désister (V. *Rép.* nos 494 et suiv.; *suprà*, v° *Désistement*, n° 8; — *Rép.* eod. v°, nos 19 et suiv., 77).

41. Un mineur peut-il, et dans quelles formes, accepter une donation ou une succession? V. *infrà*, nos 494 et suiv.; *Rép.* nos 494 et suiv. V. aussi *suprà*, v° *Dispositions entre vifs et testamentaires*, nos 372 et suiv.; *Rép.* eod. v°, nos 1471 et suiv.; *infrà*, v° *Successions; Rép.* eod. v°, n° 436.

42. Sur le terme de la minorité en ce qui concerne le mariage, V. *Rép.* n° 38, et *suprà*, v° *Mariage; Rép.* nos 96 et suiv.

Sur la capacité du mineur et sur les personnes qui doivent l'assister pour le consentement au mariage, V. *Rép.* n° 38 et *suprà*, v° *Mariage*, nos 53 et suiv.; — *Rép.* eod. v°, nos 96 et suiv.

43. En ce qui concerne la validité des conventions matrimoniales stipulées par lui, V. *suprà*, v° *Contrat de mariage*, nos 118 et suiv.; — *Rép.* eod. v°, nos 440 et suiv.

La femme mineure assistée peut-elle, comme la femme majeure, consentir, dans son contrat de mariage, à la restriction de son hypothèque légale? V. *infrà*, v° *Privilèges et hypothèques;* — *Rép.* eod. v°, nos 2593 et suiv., 2502 et 2604.

44. Un mineur peut-il être interdit? pourvu d'un conseil judiciaire? V. *suprà*, v° *Interdiction-conseil judiciaire*, nos 18 et suiv., 196; — *Rép.* eod. v°, nos 19 et suiv., et 250 et suiv.

45. On a dit au *Rép.* n° 43, que les mineurs sont capables d'exercer le commerce et de s'obliger commercialement, pourvu qu'ils soient émancipés et autorisés à cet effet (V. *suprà*, v° *Commerçant*, nos 44 et suiv., 84 et suiv., 97 et suiv.; — *Rép.* eod. v°, nos 130 et suiv., 154 et suiv., 173 et suiv., 203 et suiv. — Les mineurs non émancipés ne peuvent exercer par eux-mêmes la profession de débitant de boissons (L. 17 févr. 1880, art. 5). Mais il a été jugé que le mineur qui veut tenir un débit de boissons n'est pas obligé d'attendre son émancipation ou sa majorité pour faire la déclaration préalable à l'ouverture du débit. Il suffit qu'il soit émancipé ou majeur lorsqu'il ouvre le débit (Rennes, 29 nov. 1882, *suprà*, v° *Commune*, n° 694). — Quelle est la compétence des tribunaux de commerce à l'égard du mineur? V. *suprà*, v° *Compétence commerciale*, n° 69; — *Rép.* eod. v°, nos 186, 356 et suiv.

46. Relativement aux assurances (*Rép.* n° 45), on a examiné (V. *suprà*, v° *Droit maritime*, n° 1564; *Rép.* eod. v°, n° 1433) si le mineur peut faire un contrat d'assurance maritime. Nous avons reconnu au mineur émancipé le droit de faire une assurance terrestre qui ne constitue qu'un acte d'administration (*Rép.* n° 45). On s'est demandé (V. *suprà*, v° *Assurances terrestres*, nos 22 et suiv.; *Rép.* eod. v° n° 43) si le même droit appartient au mineur non émancipé.

47. Quant aux droits du mineur créancier d'une faillite et aux droits du tuteur de représenter le pupille pour les créances chirographaires, V. *suprà*, v° *Faillite*, n° 916; — *Rép.* eod. v° n° 697.

48. En ce qui concerne les effets de commerce souscrits par les mineurs et la question de savoir si l'état de minorité peut faire relever le souscripteur de ses engagements, V. *Rép.* v° *Effets de commerce*, nos 153 et 341.

49. — II. DROITS, IMMUNITÉS, PROTECTIONS QUI ENVIRONNENT LES MINEURS (*Rép.* nos 48 à 56). — Le mineur n'est pas contraignable par corps V. *suprà*, v° *Contrainte par corps*, nos 13, 33 et suiv.; — *Rép.* eod. v°, nos 288 et suiv., 348 et suiv., 615, 619 et suiv., 466 et suiv., 630).

50. On a dit au *Rép.* n° 51 que, sous le rapport des impôts, le mineur est considéré comme jouissant de ses droits, s'il a des revenus, un état, une profession ou industrie (V. *suprà*, v° *Impôts directs*, n° 8; — *Rép.* eod. v°, n° 176).

51. Les mineurs ont, sur les biens de leur tuteur, une hypothèque légale (V. *infrà*, v° *Privilèges et hypothèques; Rép.* eod. v°, nos 1007 et suiv.). Mais exception est faite à cette règle par l'art. 10 de la loi du 24 juill. 1889 (D. P. 90. 4. 17). Les tuteurs institués en vertu de cette loi remplissent leurs fonctions sans que leurs biens soient grevés de l'hypothèque légale. « Cette dispense de l'hypothèque légale, a dit M. Gerville-Réache dans son rapport à la Chambre des députés, est nécessaire, si l'on ne veut pas rendre à peu près impossible l'établissement des tutelles de droit commun au profit des mineurs faisant l'objet de la présente loi ». Toutefois, ajoute l'art. 10, au cas où le mineur possède ou est appelé à recueillir des biens, le tribunal peut ordonner qu'une hypothèque générale ou spéciale soit constituée jusqu'à concurrence d'une somme déterminée.

52. Le mineur n'a pas besoin d'assistance pour faire son testament (c. civ. art. 904) (V. *suprà*, v° *Dispositions entre vifs et testamentaires*, nos 93 et suiv.; — *Rép.* eod. v°, nos 275 et suiv., 278 et suiv., 285 et suiv., 490);... ni pour contracter un enrôlement militaire à l'âge de vingt ans accomplis (L. 17 juill. 1889, art. 59-6°, D. P. 89. 4. 97. V. *infrà*, v° *Organisation militaire*).

Le mineur peut être avocat (V. *suprà*, v° *Avocat*, n° 24).

53. On a dit au *Rép.* n° 52, que le domicile légal du mineur est au domicile de son tuteur (c. civ. art. 108); mais que son domicile de fait n'est pas toujours chez le tuteur; il peut être chez le survivant des père et mère, quand celui-ci n'est pas tuteur et n'a pas été judiciairement destitué du droit de garde et d'éducation qui dérive de la puissance paternelle. Même quand les père et mère sont tous deux décédés, la résidence du mineur n'est pas nécessairement au domicile du tuteur, et la garde de la personne du mineur peut être confiée à une tierce personne. — Le domicile de la tutelle et le lieu de convocation du conseil de famille sont-ils au domicile d'origine du mineur, c'est-à-dire au lieu où la tutelle s'est ouverte, ou bien au domicile légal, c'est-à-dire au lieu où le tuteur a transféré son propre domicile après l'ouverture de la tutelle? V. *infrà*, nos 148 et suiv.; *Rép.* nos 208 et suiv. V. aussi *suprà*, v° *Domicile*, nos 52 et suiv.; *Rép.* eod. v°, nos 80 et suiv.

54. Les demandes concernant les mineurs sont dispensées du préliminaire de conciliation (V. *suprà*, v° *Conciliation*, n° 50; — *Rép.* eod. v°, nos 228 et 232). — Les causes des mineurs doivent être communiquées au ministère public — (V. *Rép.* v° *Ministère public*, n° 114). Sur les délais de cassation à l'égard des mineurs, V. *suprà*, v° *Cassation*, nos 107 et 237; *Rép.* eod. v°, nos 274, 466 et suiv., 495. Sur les formes à suivre pour la vente des biens de mineurs, V. *infrà*, nos 326 et suiv., 409 et suiv., 527 et suiv.; *Rép.* nos 530 et suiv. V. aussi *infrà*, v° *Vente publique d'immeubles; Rép.* eod. v°, nos 1963 et suiv.; v° *Vente publique de meubles; Rép.* eod. v°, nos 18, 21).

55. La minorité est-elle une cause de suspension ou d'interruption de la prescription? V. *infrà*, v° *Prescription;* — *Rép.* eod. v°, nos 686 et suiv.

56. En ce qui concerne les droits d'enregistrement à percevoir sur les mutations par décès lorsqu'il existe des héritiers mineurs, V. *suprà*, v° *Enregistrement*, nos 2176 et 2960; — *Rép.* eod. v°, nos 4022, 4023 et 5152.

57. Relativement à la condamnation aux dépens du mineur acquitté comme ayant agi sans discernement, mais détenu dans une maison de correction, et à la condamnation aux dépens des mineurs en matière de douane. V. *suprà*, v° *Frais et dépens*, n° 602; — *Rép.* eod. v°, nos 1017 et suiv.

CHAP. 3. — De la tutelle (*Rép.* nos 57 à 763).

SECT. 1re. — DIVERSES ESPÈCES DE TUTELLES; OBSERVATIONS GÉNÉRALES (*Rép.* nos 57 à 65).

58. Contrairement à l'opinion adoptée au *Rép.* nos 59 et suiv., la jurisprudence paraît aujourd'hui fixée dans le sens de la faculté de nommer deux tuteurs : un tuteur chargé de gouverner la personne du mineur et un autre chargé de l'administration des biens (V. les arrêts cités au *Rép.* n° 59, et Rouen, 8 mai 1840; *Rép.* n° 393. V. aussi Dijon, 24 mai 1862, aff. Godard, D. P. 62. 2. 121). La cour de cassation s'est prononcée dans ce sens, en considérant « que, soit sous l'empire du droit romain, soit sous celui de la législation antérieure au code civil, il n'était pas défendu de nommer plusieurs tuteurs à un mineur; que si le système de la pluralité des tuteurs avait alors soulevé de graves objections au point de vue du défaut d'unité dans l'administration des biens du mineur et spécialement des dissentiments qui pouvaient s'élever entre tuteurs chargés de cette administration, il n'en avait jamais été de même lorsque, deux tuteurs ayant été nommés, l'un avait été investi seul de la gestion des biens, l'autre de la direction de la personne du mineur; que cette division de la tutelle était même devenue un fait habituel, et que, dans un grand nombre de familles, on nommait le plus ordinairement un tuteur à la personne et un tuteur aux biens, un tuteur *honoraire* et un tuteur *onéraire*, que le code civil ne contient aucune disposition contraire à ce dernier état du droit ancien; que si l'on peut induire du titre 10 de ce code qu'il a été dans la volonté du législateur de placer, sauf des exceptions déterminées, les biens du mineur sous le régime d'une administration unique, on n'y trouve, en effet, aucune indication qui implique une prohibition de séparer cette administration de celle de la personne et de nommer, à cet effet, deux tuteurs différents; que, dans le silence de la loi, il y a lieu de reconnaître qu'il appartient aux tribunaux de rechercher ce qui, en pareil cas, doit être le plus avantageux aux intérêts du mineur; que, dans un grand nombre de cas, ces intérêts ne peuvent être complètement sauvegardés que par une division de la tutelle» (Req. 14 déc. 1863, aff. Godard, D. P. 64. 1. 63). A l'exception de Duranton, dont on a rapporté l'opinion au *Rép.* n° 62, les auteurs sont généralement contraires à la pluralité des tuteurs (V. Demolombe, t. 7, n°s 221 et suiv.; Aubry et Rau, t. 1, § 89. p. 370, note 7; Laurent, t. 4, n° 369). Quelques-uns admettent cependant que, si le survivant des père et mère ou le conseil de famille ont confié à un tuteur la gestion des biens du mineur et à un autre la garde de sa personne et son éducation, les tribunaux peuvent, pour le plus grand intérêt du pupille, maintenir cette organisation de la tutelle, bien qu'elle ne soit pas absolument normale (Demolombe, Aubry et Rau, *loc. cit.*). — M. Huc, t. 3, n° 284, estime que la tutelle peut être confiée à plusieurs, mais que ceux auxquels elle est ainsi déférée, soit par le testament du père ou de la mère, soit par le conseil de famille, ne sont pas obligés de l'accepter dans ces conditions.

59. On a exposé au *Rép.* n° 65 que toute tutelle émane directement ou indirectement de la loi, mais qu'il faut distinguer, au point de vue du mode d'investiture du tuteur, quatre espèces de tutelles: 1° la tutelle légitime des père et mère (*Rép.* n° 66, et *infrà*, n° 60); 2° la tutelle déférée par les père et mère ou tutelle testamentaire (*Rép.* n° 135, et *infrà*, n° 95); 3° la tutelle des ascendants (*Rép.* n° 146, et *infrà*, n° 99); 4° la tutelle déférée par le conseil de famille ou tutelle dative (*Rép.* n°s 155 et *infrà*, n° 105).

ART. 1er. — *De la tutelle légale* (*Rép.* n°s 66 à 154).

§ 1er. — De la tutelle légale proprement dite (*Rép.* n°s 66 à 97).

60. — I. TUTELLE DU SURVIVANT DES PÈRE ET MÈRE (*Rép.* n°s 66 à 80). — Cette tutelle, comme on l'a dit au *Rép.* n°s 67 et suiv., ne s'ouvre que par la mort naturelle de l'un des père et mère du mineur. Ni le divorce prononcé entre les père et mère, ni la déchéance de la puissance paternelle encourue par le père, ne suffisent pour donner ouverture à la tutelle; tant que les père et mère sont tous deux vivants, il y a lieu à l'administration légale, à moins qu'ils ne soient tous les deux déchus de la puissance paternelle, et, en ce cas, il y a lieu à la tutelle dative (V. *suprà*, n° 27).

61. Le père survivant ne peut pas refuser la tutelle légale de ses enfants mineurs (c. civ. art. 390 et 394) (V. *Rép.* n° 71. V. toutefois *Rép.* n°s 326 et 330 et *infrà*, n° 235). — Suivant l'opinion exprimée au *Rép.* n° 73, si l'art. 394 autorise la mère à ne pas accepter la tutelle, il ne lui permet pas de s'en décharger après l'avoir acceptée (V. outre les auteurs cités au *Rép.* n° 73: Demante, t. 2, n° 143 *bis*, I; Aubry et Rau, t. 1, § 499 *bis*, p. 401, note 2). Cette opinion est combattue par M. Laurent, t. 4, n° 396. La mère étant tutrice légale de plein droit, l'art. 394, d'après cet auteur, en lui permettant de ne pas accepter la tutelle, lui permet de s'en décharger. La loi ne dit pas qu'elle ne peut plus refuser après avoir accepté. Aucune analogie n'existe entre l'excuse qui n'implique pas l'incapacité et qui est établie surtout dans l'intérêt du tuteur, et le droit de refuser la tutelle que la loi accorde à la mère dans l'hypothèse de son incapacité reconnue par elle-même. Il y a même motif d'accorder ce droit à la mère qui a déjà géré la tutelle qu'à la mère qui n'a pas encore géré. C'est même quand la mère aura commencé de gérer qu'elle se convaincra le plus sûrement de son incapacité. L'intérêt du mineur veut alors qu'elle ne soit pas tenue de conserver la tutelle (V. en ce sens les auteurs et les arrêts cités au *Rép.* n° 73, et Baudry-Lacantinerie, *Précis de droit civil*, t. 1, n° 1005; Huc, t. 3, n° 273).

62. La démission de la tutelle légale prive-t-elle la mère de la jouissance des biens de ses enfants? V. *infrà*, v° *Puissance paternelle*; — *Rép.* eod. v°, n°s 98 et 159.

63. Quand le père ou la mère, investi de la tutelle légale, est encore mineur il n'en est pas moins tuteur de droit d'après l'art. 442. Mais peut-il faire, en cette qualité tous les actes que ferait un majeur? V. *infrà*, n° 256; *Rép.* n° 349.

64. — II. DU CONSEIL SPÉCIAL DE LA MÈRE TUTRICE (*Rép.* n°s 81 à 97). — Le père peut limiter la tutelle de sa femme et désigner un *conseil spécial*, sans l'avis et sans l'assistance duquel elle ne pourra faire tel ou tel acte ou même aucun acte relatif à la tutelle (c. civ. art. 391). — Sur les formes de la nomination du conseil spécial, sur les personnes que le père peut choisir pour conseil, V. *Rép.* n°s 81 et suiv.

65. Conformément à l'opinion adoptée au *Rép.* n° 83, on reconnaît généralement que tout juge de paix est compétent pour recevoir l'acte contenant nomination d'un conseil de tutelle (V. Demolombe, t. 7, n° 83; Aubry et Rau, t. 1, § 99 *bis*, p. 402, note 5; Baudry-Lacantinerie, t. 1, n° 1002; Huc, t. 3, n° 261).

66. Le père pourrait-il nommer plusieurs conseils? On s'est prononcé, au *Rép.* n° 85, pour la négative (V. dans le même sens, Huc, t. 3, n° 263). M. Baudry-Lacantinerie, t. 1, n° 999, estime, au contraire, que rien ne s'opposerait à ce que le père confiât à plusieurs personnes collectivement les fonctions de conseil de tutelle. La question s'est posée dans une espèce soumise à la cour de Paris, mais elle n'a pas été résolue par l'arrêt (Paris, 27 août 1867, *infrà*, n° 68).

67. Le conseil spécial nommé par le père n'est pas obligé d'accepter le mandat qui lui est ainsi confié (*Rép.* n° 86; Aubry et Rau, t. 1, § 99 *bis*, p. 402, note 8; Baudry-Lacantinerie, t. 1, n° 999; Huc, t. 3, n° 262). En cas de refus de sa part, il n'appartient ni au conseil de famille, ni au tribunal de désigner à la mère tutrice un autre conseil. La mère peut alors refuser la tutelle (V. *suprà*, n° 61) mais, si elle l'accepte, elle en exercera pleinement tous les droits, sans subir les restrictions que le père avait seul qualité pour imposer (V. *Rép.* n° 87; Aubry et Rau *loc. cit.*; Laurent, t. 4, n° 378; Huc, t. 3, n° 264).

Si le conseil spécial avait accepté le mandat après le décès du père, nous avons exprimé l'avis qu'il ne pourrait plus s'en démettre sans des causes graves et propres à le faire dispenser de la tutelle. M. Laurent, *loc. cit.*, assimile pleinement la situation du conseil spécial à celle du mandataire, et, suivant le droit commun en matière de mandat, il permet toujours à ce conseil de renoncer à ses fonctions après les avoir acceptées (Arg. art. 2003 c. civ.). — M. Huc, t. 3, n° 263, ne voit dans la mission du conseil ni un mandat, ni une charge publique; il décide que le conseil, après avoir accepté cette mission, peut y renoncer sans encourir, le cas échéant, l'application de l'art. 2007 du titre *Du mandat*.

68. Le conseil que désigne le père ne peut être nommé que pour les actes relatifs à la tutelle, c'est-à-dire pour les actes concernant l'administration des biens, et non pour ceux relatifs à la personne du mineur, parce que les droits de puissance paternelle que la mère a sur son enfant ne sauraient être modifiés par le père (V. *Rép.* n° 89). Même en ce qui concerne l'administration des biens, le père ne peut porter atteinte aux droits qui dérivent pour la mère de la puissance paternelle. En ce sens, il a été jugé que le père ne peut pas imposer à la mère usufruitière des biens de ses enfants mineurs l'assistance d'un conseil spécial pour la perception des revenus de ces biens (Paris, 27 août 1867) (1).

(1) (Villeroy C. Fessard et autres.) — Le 13 avr. 1867, jugement du tribunal civil de Nogent-le-Rotrou ainsi conçu: — « Attendu que Villeroy est décédé à Nogent-le-Rotrou, laissant sa veuve et trois enfants mineurs; — Que, par testament en date du 10 avr. 1865, il a ordonné que les personnes qu'il nommait comme conseil de tutelle à sa veuve « lui alloueront une somme

Le père ne peut pas non plus enlever l'administration de la tutelle à la mère pour remettre cette administration au conseil, ni même conférer à celui-ci le droit de faire, au nom du pupille, certains actes spécialement déterminés (V. outre les auteurs et les arrêts cités au *Rép.* n° 89 : Aubry et Rau, t. 1, § 99 *bis*, p. 403 ; Laurent, t. 4, n° 379 ; Huc, t. 3, n° 265). Du reste, la nomination d'un conseil de tutelle ne modifie, en aucune façon, les attributions du subrogé tuteur et du conseil de famille (Aubry et Rau, *loc. cit.* ; Laurent, *loc. cit*).

69. On a défini au *Rép.* n°s 89 et suiv., le rôle du conseil que le père nomme à la mère tutrice. Ce conseil n'agit pas. Il n'a qu'un pouvoir négatif pour empêcher la mère de faire des actes imprudents et nuisibles au mineur. On doit faire mention de son avis et de son assistance dans les actes pour lesquels il est nommé.

Quand le conseil spécial est nommé à la mère tutrice sans spécification des actes pour lesquels il est nommé, le conseil doit donner son avis et prêter son assistance pour tous les actes relatifs à la tutelle. Spécialement, la mère tutrice ne peut continuer le commerce de son mari et procéder à la liquidation de ses affaires qu'avec l'autorisation du conseil. Mais cette autorisation peut être tacite ; et le conseil qui l'a donnée ne peut arguer de nullité les actes de la tutrice tant qu'il n'a pas révoqué l'autorisation au regard de la tutrice et des tiers (Pau, 28 mars 1887, aff. Les Bageolles, D. P. 87. 2. 166).

70. Nous avons examiné, au *Rép.* n° 93, ce qu'il arrivera si la mère et le conseil sont d'avis opposés. Marcadé, t. 2, art. 391, n° 1, enseigne que, dans ce cas, la mère devra s'abstenir et que l'acte ne pourra pas se faire. M. Laurent, t. 4, n° 380, partage cette opinion. Il assimile la femme au mineur émancipé ou au prodigue pourvu d'un conseil judiciaire. La tutrice, d'après lui, ne peut pas plus se pourvoir contre le refus d'assistance du conseil spécial que le mineur émancipé ou le prodigue ne peuvent réclamer contre le refus de concours de leur curateur ou conseil judiciaire ; encore le mineur émancipé et le prodigue peuvent-ils demander le remplacement du curateur ou du conseil, tandis que le conseil de tutelle ne saurait être remplacé. — M. Huc, t. 3, n° 265, estime également qu'aucune autorité ne peut exercer un droit de contrôle sur l'appréciation du conseil. Ce dernier, d'ailleurs, ne manquerait pas de renoncer à sa mission s'il rencontrait une telle opposition, et la garantie qu'on avait espéré trouver dans son concours disparaîtrait.

Mais il y a des actes qui doivent nécessairement être faits, comme un bail, un placement de capital. C'est pour ces actes que, suivant la plupart des auteurs, la tutrice a le droit, en cas de refus du conseil, soit d'en appeler au conseil de famille, soit de s'adresser au tribunal en chambre du conseil (V. en ce sens, outre les auteurs cités au *Rép.* n° 93, Demante, t. 2, n° 140 *bis* ; Baudry-Lacantinerie, t. 1, n° 1001). — Suivant MM. Aubry et Rau, t. 1, § 99 *bis*, p. 404, la mère, lorsque l'opposition du conseil de tutelle lui paraît contraire aux intérêts du pupille, peut se faire autoriser à agir par le conseil de famille, et ce n'est qu'au cas où le conseil de famille lui refuserait à son tour l'autorisation dont elle a besoin, qu'elle devrait se pourvoir, pour l'obtenir, devant le tribunal (V. aussi *infrà*, n° 72).

71. Il a été jugé que l'avis du conseil spécial que le père a été autorisé à nommer à la mère survivante ne doit être requis que pour les actes dont la tutrice prend l'initiative ; que cet avis n'est pas nécessaire pour ceux qu'elle ne provoque pas et qu'elle ne peut éviter, notamment lorsqu'elle est défenderesse sur une demande en compte, liquidation et partage dirigée contre elle (Besançon, 29 juin 1868, aff. Bial, D. P. 68. 2. 203). En effet, de quelle utilité serait l'avis du conseil pour un acte que la mère tutrice n'a pas la faculté de faire ou de ne pas faire, et qu'elle est contrainte et forcée d'accomplir? C'est ainsi que l'art. 464 c. civ., qui ne permet pas au tuteur d'introduire en justice une action relative aux droits immobiliers du mineur sans l'autorisation du conseil de famille, n'exige pas la même autorisation pour défendre à une action de cette nature (V. en ce sens, Huc, t. 3, n° 265). L'arrêt précité décide encore, et par voie de conséquence, que l'avis du conseil ne doit pas être requis, en ce cas, soit pour les demandes reconventionnelles ou incidentes que la tutrice forme dans le cours de la même instance, contre le demandeur originaire, soit même pour les demandes en intervention qu'elle formerait contre un tiers. — M. Laurent, t. 4, n° 381, conteste absolument toutes les décisions de cet arrêt. D'après lui, l'intervention du conseil spécial est nécessaire même pour les actes dont la tutrice n'a pas l'initiative. Dans le cas d'une action judiciaire intentée à la tutrice, si l'avis du conseil est inutile, son assistance du moins sera toujours utile ; du reste, elle est exigée par la loi.

72. Si la mère tutrice croyait devoir intenter une action judiciaire contre le conseil spécial, aurait-elle besoin de s'y faire autoriser par le conseil de famille ou par le tribunal? La cour de Besançon s'est prononcée pour la négative, alors qu'il s'agissait d'une demande incidente, se rattachant à une action principale où la mère était défenderesse ; en outre, la mère avait dans l'espèce deux qualités distinctes, elle était commune en biens et donataire de son mari, en même temps que tutrice : elle avait donc elle-même qualité pour agir en son nom personnel, et elle ne procédait que subsidiairement comme tutrice. Ces motifs suffisent à justifier la décision de la cour de Besançon, indépendamment du dernier motif invoqué, que la demande était formée contre le conseil spécial lui-même (Besançon, 29 juin 1868, cité *suprà*, n° 71). — Mais s'il s'agissait d'une action principale à intenter au nom du mineur contre le conseil spécial, serait-il encore vrai que la tutrice, se trouvant dans l'impossibilité de le consulter, ne serait pas tenue de se faire autoriser? Ce cas présente la plus grande analogie avec celui où la mère se trouve en dissentiment avec le conseil spécial. On décide alors, comme on l'a vu *suprà*, n° 70, que la mère doit se pourvoir, à fin d'autorisation, soit devant le conseil de famille, soit devant le tribunal. L'opinion contraire fait valoir que le choix du père a été purement personnel, qu'il a entendu confier à un tiers déterminé une mission spéciale, et qu'il n'appartient à aucune autorité de se substituer à la personne désignée par le père de famille dans une matière qui est toute d'exception, relativement aux règles générales de la tutelle. Mais la plupart des auteurs répondent que la volonté du père a été, avant tout, de restreindre, comme il en avait le droit, les pouvoirs de la mère tutrice et survivante. L'intervention officieuse du

suffisante pour l'entretien et l'éducation des enfants » ; que « l'excédent du revenu sera déposé à la Banque de France et employé tous les ans en rente 3 pour 100 sur l'État » ; — Attendu que cette disposition a pour effet de priver la veuve survivante de l'usufruit légal à elle attribué par l'art. 384 c. civ., et qui ne peut lui être enlevé que dans les circonstances déterminées par la loi ; — Attendu que si, par l'art. 387, même code, le législateur a admis que l'usufruit légal ne s'étendît pas, aux biens donnés ou légués aux enfants à condition que les père et mère n'en jouiront pas, cette cause d'exclusion, la seule qui puisse être invoquée dans l'espèce, n'est pas réalisée, parce que les mineurs Villeroy viennent à la succession de leur père en qualité d'héritiers, et que le testament de celui-ci ne contient aucun legs en leur faveur ; — Attendu en conséquence, que ladite clause testamentaire est nulle, comme contraire à la loi, en ce qu'elle prive la mère survivante de l'usufruit légal, et ne peut valoir que dans les termes de l'art. 391 c. civ., en ce qui concerne la nomination des conseils de tutelle et la perception des revenus ; — Declare nulle et sans effet, comme non écrite, la clause ci-dessus transcrite du testament de Villeroy, en date du 10 avr. 1865, en ce qu'elle prive la veuve Villeroy de l'usufruit légal ; ordonne que ladite veuve pourra toucher, avec l'assistance de son conseil de tutelle, conformément à l'art. 391 c. civ., tous les revenus des biens appartenant a ses enfants, à condition de supporter toutes les charges de son usufruit ». — Appel par la dame Villeroy.

La cour ; — Considérant que Villeroy n'a pu, par ses dispositions testamentaires, porter atteinte à la jouissance légale que la mere survivante tient de l'autorité de la loi ; — Que le conseil spécial, nommé en vertu de l'art. 391 c. civ., n'a qualité pour intervenir que dans les actes relatifs à la tutelle ; — Met l'apellation et ce dont est appel au néant, en ce qu'il est ordonné que la veuve Villeroy ne pourra toucher qu'avec l'assistance du conseil de tutelle les revenus des biens appartenant à ses enfants ; ordonne que la veuve Villeroy touchera personnellement, sur ses simples quittances, les revenus des biens appartenant à ses enfants mineurs, etc.

Du 27 août 1867.-C. de Paris, 1re ch.-MM. Casenave, pr.-Aubépin, subst.-Bournat, av.

tribunal en chambre du conseil semble devoir être surtout utile avant l'ouverture d'une action, peut-être imprudemment dirigée par la mère tutrice contre le conseil spécial. L'œuvre de conciliation du tribunal pourra maintenir entre eux la bonne harmonie, prévenir des conflits ultérieurs et assurer, dans l'avenir, l'efficacité du concours sur lequel le père a voulu que ses enfants pussent compter (V. notes 4, 5 et 6, sous l'arrêt précité, D. P. 68. 2. 203).

73. L'acte fait par la mere sans l'avis du conseil est-il nul à l'égard des tiers? Comme on l'a exposé au *Rép.* n° 91, deux systèmes sont ici en présence. On soutient qu'aucun texte de loi ne prononce cette nullité; que la nomination du conseil spécial ne reçoit aucune publicité; que les tiers doivent présumer la capacité pleine et entière de la tutrice. On en conclut que, suivant la jurisprudence antérieure au code civil, l'acte sera valable à l'égard des tiers, sauf l'action en dommages-intérêts que le mineur pourra former contre sa mère en réparation du préjudice causé. MM. Aubry et Rau, t. 1, § 99 *bis*, p. 403, note 18, sans adopter complètement cette opinion, estiment cependant que l'acte passé sans l'autorisation du conseil peut être maintenu par le tribunal, lorsque l'existence du conseil n'était pas notoire et que les tiers avec lesquels la tutrice a traité n'en avaient pas personnellement connaissance.

Nous croyons, au contraire, que l'acte est nul à l'égard des tiers, parce que l'art. 391 c. civ. établit une véritable incapacité, pour la mère tutrice, de faire seule les actes pour lesquels le père lui a nommé un conseil spécial : « Elle ne pourra faire »;... « elle sera habile à faire »; donc elle ne peut pas engager seule le mineur irrévocablement vis-à-vis des tiers. La loi, sans doute, aurait dû, par une publicité quelconque, mettre en garde les tiers de bonne foi; mais on peut signaler d'autres omissions semblables; ainsi l'émancipation est retirée par le conseil de famille sans aucune publicité, et les actes que fera dorénavant le mineur seront nuls à raison de son incapacité (V. en ce sens, outre les autorités citées au *Rép.* n° 91, Laurent, t. 4, n° 382; Baudry-Lacantinerie, t. 1, n° 1000; Huc, t. 3, n° 266).

74. Ni l'avis ni l'assistance du conseil spécial, ne sont de nature à soustraire la mère aux responsabilités qu'elle pourrait encourir suivant les règles générales de la tutelle (*Rép.* n° 95). Toutefois, suivant M. Huc, t. 3, n° 267, la mère ne serait pas responsable si elle avait omis un acte utile ou même nécessaire, parce que le conseil a refusé son concours. — Quant au conseil spécial, nous avons rejeté l'opinion qui le dispense de toute responsabilité, parce qu'il conseille seulement et n'agit pas, et nous avons critiqué, d'autre part, comme trop absolue, l'opinion contraire, professée notamment par M. Demolombe, qui impose au conseil spécial, la responsabilité de tout mandataire selon le droit commun. Nous avons proposé une distinction : le conseil ne sera pas responsable uniquement par suite de l'avis qu'il a donné, quand il aura donné cet avis en conscience et de bonne foi, et que les événements lui auront donné tort. Il sera responsable, au contraire, quand il aura compromis les intérêts du mineur, non seulement par un avis calculé et frauduleux, c'est-à-dire en cas de dol, mais même par sa négligence à s'informer, à se renseigner, par son retard à donner son avis et à prêter son assistance à la tutrice. Cette faute engagera sa responsabilité, soit qu'on se réfère aux règles du mandat, soit qu'on applique la règle générale de l'art. 1382, qui oblige, en dehors de tout contrat, l'auteur d'une faute à réparer le préjudice qu'elle cause à autrui (V. *Rép.* n° 96 Comp en ce sens: Aubry et Rau, t. 1, § 99 *bis*, p. 404, note 16; Laurent, t. 4, n° 383; Baudry-Lacantinerie, t. 1, n° 999).

75. Doit-on admettre que les attributions du conseil spécial prendront fin dans le cas où la mère, venant à se remarier, aura été maintenue dans la tutelle par le conseil de famille? La question a été examinée au *Rép.* n° 94. Pour l'affirmative, on peut dire que, sous le rapport de son organisation, la tutelle de la mère prend, en pareil cas, le caractère d'une tutelle dative. L'adjonction du mari comme cotuteur semble ne plus permettre l'intervention du conseil nommé par le père décédé dans la seule vue d'une gestion exclusive par la mère survivante. Enfin, l'insuffisance de la mère comme tutrice se trouve corrigée par le concours aux actes de la tutelle, du second mari, que le conseil de famille a jugé digne et capable de remplir cette mission (V. *infrà*, n° 78). Cependant nous avons adopté l'opinion contraire dans le silence de la loi, par égard pour la volonté du père décédé et pour l'intérêt des enfants du premier lit.

§ 2. — Du convol de la mère tutrice (*Rép.* n°s 98 à 120).

76. La mère tutrice qui se remarie doit, aux termes de l'art. 395 c. civ., avant l'acte de mariage, convoquer le conseil de famille, qui décide si la tutelle doit lui être conservée. A défaut de cette convocation, elle perd la tutelle de plein droit, et son nouveau mari est solidairement responsable de toutes les suites de la tutelle qu'elle a indûment conservée. Cette disposition, comme toutes celles qui règlent l'organisation de la tutelle des mineurs, est d'ordre public, et il n'est pas permis d'y déroger. Le code civil italien contenant une disposition semblable (art. 237 de ce code), la cour de cassation de Naples a jugé qu'on ne pouvait attribuer aucun effet juridique à la volonté, manifestée par un père, dans son testament, de maintenir la mère, même en cas de convol, dans la tutelle de ses enfants mineurs, sans qu'elle eût à s'adresser au conseil de famille pour obtenir ce maintien (C. cass. Naples, 3 févr. 1883) (1).

77. En appelant le conseil de famille à délibérer sur le point de savoir si la mère qui se remarie doit être confirmée dans la tutelle, le législateur veut que l'intérêt de l'enfant mineur soit, avant tout, considéré. En conséquence, il a été jugé qu'en cas de convol de la mère, la tutelle légale ne peut lui être enlevée que pour des causes graves et lorsque l'intérêt de l'enfant le réclame impérieusement (Agen, 24 déc. 1860, aff. Veuve Duluc, D. P. 61. 2. 20). Dans l'espèce, le conseil de famille, tout en reconnaissant l'honorabilité du second mariage que la mère se proposait de contracter, l'excellente conduite de la mère, son dévouement et sa tendresse pour sa fille, l'avait pourtant écartée de la tutelle sur le seul motif que le second mari exerçait l'état militaire et que les déplacements, conséquence de cette profession, seraient nuisibles à la santé de l'enfant du premier lit. Cette délibération a été annulée (Comp. Laurent, t. 4, n° 384. V. toutefois un arrêt de la cour de Nancy, 3 avr. 1857, aff. Benoît, D. P. 57. 2. 175, qui annule la nomination d'un tuteur datif, pour des motifs analogues à ceux qui, dans l'espèce de l'arrêt d'Agen, avaient fait retirer la tutelle à la mère).

(1) (Panella C. Cruilli.) — LA COUR; — Considérant que le droit d'administration sur les biens des enfants mineurs, dépendant de la puissance paternelle, doit s'exercer exclusivement dans l'intérêt de ces enfants; que les garanties établies par la loi ont pour objet de régler le pouvoir de protection dont l'Etat est investi en faveur des personnes incapables de veiller par elles-mêmes à la conservation de leur patrimoine; — Considérant que les dispositions des art. 237 et 239 c. civ. relatives à la mère survivante qui contracte un second mariage sont essentiellement au nombre des mesures destinées à sauvegarder les intérêts des mineurs; — Considérant que, de même que la femme mariée est incapable de régler ses intérêts quand ils sont en opposition avec ceux de son mari; qu'il lui est interdit d'exercer une tutelle, une curatelle ou d'être membre d'un conseil de famille; de même, en ce qui concerne l'administration de la mère survivante qui convole à de secondes noces, la loi veut que le conseil de famille décide suivant les circonstances si cette administration lui sera conservée, et que, en tout cas, la responsabilité de la gestion s'étend au second mari; — Considérant que toutes ces règles sont d'ordre public et qu'on ne saurait se fonder sur aucun principe pour attribuer au père le pouvoir d'y déroger par testament et de conférer de sa propre autorité, à la mère survivante, un droit d'administration irrévocable, même au cas où elle viendrait à se remarier; — Considérant que si les dispositions testamentaires produisent effet, c'est seulement et encore sous certaines restrictions, en tant qu'elles ont pour objet les biens laissés par le testateur; mais que relativement à la garde de la personne et à la conservation du patrimoine de ses enfants mineurs, le père ne peut exercer des droits plus étendus que ceux qui lui sont reconnus expressément par la loi; que par suite, s'il lui est permis de limiter les pouvoirs d'administration de la mère survivante, il ne peut, à l'inverse, exonérer celle-ci des garanties impérativement prescrites par la loi.

Rejette, etc.

Du 3 févr. 1883.-C. cass. Naples.-MM. Mirabelli, 1er pr.,-La Volpe, rapp.

En tout cas, si l'art. 395 impose à la mère tutrice l'obligation de convoquer le conseil de famille avant l'acte de mariage, aucune disposition de loi ne l'oblige à retarder la célébration de son second mariage jusqu'à la solution définitive de la question qu'elle a déférée au conseil de famille. Elle a suffisamment et complètement obéi au vœu de la loi, en soumettant à ce conseil les difficultés que peut faire naître sa nouvelle situation. Elle n'encourt aucune déchéance en se remariant ensuite et reste tutrice légale jusqu'à ce que le conseil de famille, ou le tribunal saisi du recours contre la délibération, ait définitivement prononcé son maintien dans la tutelle ou son exclusion (Montpellier, 14 mai 1883) (1).

78. L'art. 395, comme on l'a dit au *Rép.* n° 99, place la mère dans deux positions opposées qui produisent des résultats très différents : ou la mère a convoqué le conseil de famille, ou elle ne l'a pas convoqué.

79. *Première hypothèse.* — La mère a convoqué le conseil avant de se remarier, et alors, ou le conseil lui enlève la tutelle, et c'est un nouveau tuteur qui est nommé, ou bien il la maintient. — Dans ce second cas, la mère, aux termes de l'art. 396 c. civ., *conserve* la tutelle ; seulement le conseil de famille doit nécessairement lui donner pour cotuteur le second mari, qui devient solidairement responsable avec sa femme de la gestion postérieure au mariage (V. *Rép.* n° 99). On doit observer, toutefois, qu'il est trop absolu de considérer la tutelle de la mère remariée et de son second mari cotuteur comme entièrement assimilable à la tutelle légale du survivant des père et mère. La plupart des auteurs enseignent que le conseil de famille exerce, pendant la tutelle de la mère et du second mari, les attributions qui lui appartiennent de droit commun dans toute tutelle autre que celle des père et mère. Les art 454 à 456 et l'art. 470 c. civ. sont applicables à la tutelle conservée à la mère et, sous ce rapport, cette tutelle peut être qualifiée de tutelle dative. Ainsi, le conseil de famille peut régler par aperçu la somme à laquelle pourra s'élever la dépense du mineur, autoriser, s'il y a lieu la tutrice et le cotuteur à se faire aider par des agents salariés, déterminer la somme à laquelle commencera pour la mère et le cotuteur l'obligation d'employer l'excédent du revenu sur la dépense. Faute d'avoir fait déterminer cette somme, la mère et le second mari doivent les intérêts

(1) (Sabatier C. X...). — Jugement du tribunal Saint-Pons ainsi conçu : — « Attendu que le sieur Alphonse Sabatier, second mari de la dame Vidal, étant régulièrement intervenu dans l'instance pour autoriser sa femme à ester en jugement, par le ministère de Me de Rayssac, qu'il a constitué pour son avoué, il y a lieu d'admettre cette intervention en la forme ; — Attendu que, par ses délibérations, en date des 13 juin et 5 juill. 1881, le conseil de famille du mineur Gazel a destitué la dame Marguerite Vidal, sa mère, de la tutelle légale déférée par la loi ; — Attendu que, par exploit en date du 11 dudit mois de juillet, ladite dame Vidal s'est pourvue contre les deux délibérations dont s'agit devant le tribunal, dans le but d'en obtenir la réformation ; — Attendu que le subrogé tuteur oppose à la demande un double motif d'irrecevabilité, le premier tiré de l'art. 883 c. proc. civ., et le second de l'art. 395 c. civ. ; qu'il s'agit d'examiner le mérite de ces deux exceptions, en droit et en la forme ;

« Sur le premier motif : — Attendu que les termes de l'art. 448 c. civ., sont formels, et que, par leur généralité, ils excluent toute restriction et toutes réserves ; — Attendu qu'il ne saurait être admis que le juge puisse et doive faire une distinction entre le cas de non-maintien dans la tutelle, et le cas de destitution dont parle l'art. 447 c. civ. ; — Attendu que le non-maintien dans la tutelle de la mère qui est sur le point de convoler en secondes noces est une véritable destitution ; que, par suite, il y a lieu d'appliquer à ce cas, comme à tous les autres, les dispositions de l'art. 448 c. civ., l'art. 883 c. proc. civ. qui n'est qu'une loi de procédure, n'ayant pu déroger à l'art. 448, qui est une disposition tout à fait spéciale ;

« Sur le second motif : — Attendu que la faculté donnée aux tribunaux de réformer la décision du conseil de famille, destituant une mère de la tutelle légale, ne saurait être sérieusement contestée ; que cette faculté ressort très nettement des termes des art. 447 et 448 c. civ ; qu'en effet, l'art. 447 débute par ces mots : « toute délibération » ; que vainement on opposerait un arrêt de la cour de Grenoble, du 18 janv. 1854, (D. P. 56. 2. 55) ; que la doctrine contraire a été consacrée par des arrêts nombreux (Toulouse, 22 févr. 1854, D. P. 54. 2. 239 ; Agen, 24 déc. 1860, D. P. 61. 2. 20 ; Trib. d'Arbois, 4 juill. 1868, D. P. 69. 3. 7) ; qu'il en est surtout ainsi lorsque, comme dans l'espèce actuelle, une dissidence s'est produite dans le conseil de famille entre les branches paternelle et maternelle, et que la décision sur la question du maintien de la tutelle s'est trouvée, par suite, abandonnée à l'appréciation du juge de paix ; — Attendu que cette solution est conforme au bon sens et à la raison ; que ce n'est spécialement que dans le cas où la mère n'aurait pas satisfait aux prescriptions de l'art. 395 c. civ., que le tribunal n'aurait point le pouvoir de la réintégrer dans la tutelle, parce que, dans ce cas, la loi a le soin de déclarer que la tutelle est perdue de plein droit ; qu'on ne saurait, dans une matière aussi délicate, étendre arbitrairement les cas de destitution prévus par le code ; que le mot « décidera », qui se trouve dans l'art. 395, ne saurait avoir l'importance qu'on lui prête ; il suit de là que le tribunal a le droit de réformer la décision du conseil de famille, lorsqu'elle lui paraît être contraire aux intérêts du mineur ;

« En fait : — Attendu que l'union de la veuve Gazel avec le sieur Alphonse Sabatier ne saurait faire courir aucun risque à la fortune du mineur ; — Attendu que le subrogé tuteur, se trouvant en face d'une délibération du conseil de famille qui l'investit d'une qualité, remplit un devoir qui lui est imposé, et que dès lors les dépens doivent être considérés comme frais de tutelle ; — Par ces motifs ; — Déclare que dame Marguerite Vidal sera maintenue dans la tutelle légale de son enfant mineur Joseph-Louis Gazel, et condamne la tutrice aux dépens, qu'elle est autorisée à passer en frais de tutelle, etc. ». — Appel par le subrogé tuteur.

LA COUR ; — Attendu qu'aux termes des art. 447 et 449 c. civ., toute délibération du conseil de famille prononçant, soit l'exclusion, soit la destitution du tuteur, doit être motivée, et ne peut être prise qu'après que ledit tuteur aura été entendu ou appelé ; que, suivant les mêmes articles, si le tuteur n'adhère pas, le subrogé tuteur doit poursuivre l'homologation de la délibération devant le tribunal de première instance, sauf l'appel ; — Attendu que, vainement, à l'aide d'une argumentation plus subtile que logique, on tenterait de créer à la mère tutrice qui se remarie une situation exceptionnelle résultant, soit du texte, soit de l'esprit de l'art. 395 c. civ. ; que le refus du conseil de famille de maintenir dans ce cas la tutelle à la mère constitue une véritable exclusion au préjudice de cette dernière, et justifie par cela même l'application des art. 447 et 448 précités ; — Attendu que, suivant la loi romaine, comme sous l'empire du droit coutumier, la femme remariée perdait la tutelle de ses enfants par le seul fait de son second mariage ; que le code civil a voulu atténuer les rigueurs d'une pareille disposition, en permettant au conseil de famille de relever la mère tutrice de cette déchéance ; mais que le refus du conseil de faire bénéficier la femme de ces dispositions nouvelles a pour effet de laisser cette dernière dans la situation que lui avaient créée la loi romaine et le droit coutumier ; — Attendu qu'il s'agit donc, en réalité, d'une exclusion, provoquée, il est vrai, par des raisons qui ne sauraient, le plus souvent, porter atteinte à l'honneur de la femme, mais qui n'est pas moins régie par les dispositions combinées des art. 447 et 448, aux termes desquels une pareille mesure doit être soumise à l'homologation du tribunal de première instance, sauf l'appel ; — Attendu, au surplus, que la question déférée dans ce cas à l'appréciation du juge ne présente aucun élément dont la discussion publique offre plus d'inconvénients que la plupart des questions relatives à l'état des personnes et à la constitution des familles ; et que ces inconvénients, même en supposant leur existence, ne sauraient d'ailleurs être comparés à ceux qui résulteraient de l'établissement d'un pouvoir sans limites, rendant une décision arbitraire, qui ne serait pas susceptible d'être réformée ; — Attendu, en fait, que la mère tutrice a d'autant plus le droit d'exercer ce recours que sa qualité naît ici de son intérêt, lequel se confond avec celui des mineurs ; qu'il existe incontestablement une analogie saisissante entre sa situation et celle du tuteur exclu ou destitué, et que son droit d'action se trouve encore justifié par les termes de l'art. 883 c. proc. civ. ; — Attendu, à un autre point de vue, que l'art. 395 c. civ. n'impose point à la mère tutrice, qui veut se remarier, l'obligation d'ajourner son second mariage jusqu'à la solution définitive de la question par elle déférée au conseil de famille ; que la tutrice a suffisamment et complètement obéi au vœu de la loi en soumettant à ce conseil les difficultés que peut faire naître sa nouvelle situation ; qu'elle n'a donc encouru aucune déchéance, et qu'elle est légalement tutrice jusqu'au jour où le tribunal, valablement consulté, aura rendu sa décision ; — Attendu que c'est à bon droit et conformément aux dispositions de la loi, que la tutrice a saisi le tribunal, en assignant, non point les membres du conseil de famille, mais le subrogé tuteur qui les représente, et ce, par la raison que l'art. 448 règle une hypothèse toute spéciale, à laquelle ne saurait s'appliquer l'art. 883 c. proc. civ., qui lui est postérieur en date ; — Attendu, au surplus, que l'art. 449 consacre implicitement la nécessité d'actionner le subrogé tuteur, lors qu'il accorde simplement le droit d'intervenir dans l'instance aux parents alliés qui ont requis la convocation ; — Par ces motifs, etc.

Du 14 mai 1883.-C. de Montpellier, 1re ch.-MM. de la Baume, pr.-Dunal, av. gén.-Roussel et Vivien (du barreau de Carcassonne), av.

de toute somme non employée (V. *Rép.* n° 461 et *infrà*, n°s 363 et suiv.). La tutrice et le cotuteur peuvent être tenus de remettre au subrogé tuteur des états de situation de leur gestion (c. civ. art. 470). En effet, la tutelle conservée à la mère qui se remarie n'a plus le caractère de la tutelle légale proprement dite. Elle s'est modifiée, disent MM. Aubry et Rau, t. 1, § 99 *bis*, p. 409, note 6), sous un double rapport « en ce que, d'une part, la mère ne présente plus les mêmes garanties morales pour ses enfants du premier lit, et en ce que, d'autre part, elle est déchue de l'usufruit légal de leurs biens (c. civ. art. 386), ce qui donne une bien plus grande importance à l'application des articles précités ». Pourquoi le conseil de famille, qui peut enlever la tutelle légale à la mère qui se remarie, ne serait-il pas autorisé à lui imposer la condition des tuteurs ordinaires? Enfin, en ce qui concerne le second mari, cotuteur nécessaire, la tutelle est essentiellement dative et, comme telle, soumise aux prescriptions des art. 454 à 470 (V. dans le même sens, Laurent, t. 4, n° 386; Huc, t. 3, n° 277). En ce sens, il a été jugé que l'art. 470, d'après lequel le tuteur peut être tenu, même durant la tutelle, de remettre au subrogé tuteur des états de situation de sa gestion, aux époques fixées par le conseil de famille, ne souffre d'exception qu'à l'égard du père ou de la mère; qu'ainsi cette obligation est valablement imposée par le conseil de famille au second mari cotuteur de la mère qui s'est remariée et a été maintenue dans la tutelle, et que, l'administration de la tutelle étant indivisible entre le cotuteur et la mère tutrice, cette dernière se trouve, par voie de conséquence, soumise à la même obligation; qu'on objecterait vainement qu'il y a là une atteinte à ses droits de puissance paternelle, la mesure autorisée par l'art. 470 c. civ. étant relative aux biens et non à la personne de l'enfant (Grenoble, 21 juin 1855, et sur pourvoi, Req. 5 mai 1856, aff. Pignard, D. P. 56. 1. 241; Comp., outre les arrêts cités au *Rép.* n° 180, Rouen, 8 août 1827, *Rép.* n° 403-5°).

Doit-on aller plus loin et admettre que le conseil de famille peut, soit enlever à la mère remariée et maintenue dans la tutelle, soit restreindre entre ses mains, quelques-uns des pouvoirs de l'administration tutélaire, tels qu'ils sont établis par la loi ? Ce conseil peut-il notamment interdire à la mère de toucher, seule et sans l'assistance du conseil lui-même, les capitaux du mineur, comme il appartient au tuteur datif de les toucher? Les motifs des arrêts que nous venons de citer sont nettement contraires à toute restriction, pour la mère remariée, des pouvoirs d'administration de la tutelle normale. La cour de Grenoble dit que la mère, maintenue dans la tutelle, nonobstant son second mariage, « ne saurait être soumise ensuite par le conseil de famille à aucune condition de nature à diminuer son autorité maternelle ou à entraver son administration tutélaire ». L'obligation qui lui est imposée, à elle et à son mari cotuteur, par le conseil de famille, de fournir des états de situation au subrogé tuteur, doit être sanctionnée par la justice, « parce qu'elle ne porte aucune atteinte aux droits et aux prérogatives de la mère tutrice ». L'arrêt de la chambre des requêtes dit, de même, que cette obligation « ne porte aucune atteinte ni aux droits inaliénables de la puissance paternelle, appartenant à la mère tutrice, ni à la liberté complète d'action qui lui est nécessaire dans l'administration de la tutelle, conjointement avec son second mari, ni à la dignité de sa situation morale vis-à-vis du mineur » (V. dans le même sens : Grenoble, 28 juill. 1832, *Rép.* n° 402-6°; Caen, 20 déc. 1845, aff. Leclerc, D. P. 46. 4. 501; Aubry et Rau, t. 1, § 99 *bis*, p. 409; Laurent, t. 4, n° 386). Mais la solution de cette question résulte du parti que l'on adopte sur le point de savoir si les règles tracées par la loi relativement à l'administration du tuteur sont susceptibles d'être modifiées et restreintes, soit par le conseil de famille, soit par les tribunaux. La question est traitée au *Rép.* n°s 400 et suiv., et *infrà*, n°s 311 et suiv.

80. On a examiné au *Rép.* n° 102, si la tutelle maintenue à la mère sera gérée par celle-ci ou par le second mari. Nous avons rejeté l'opinion qui, pour résoudre la question, s'attache à distinguer entre les différents régimes matrimoniaux que les époux ont pu adopter. Nous n'avons pas admis davantage que le second mari doive administrer les biens du mineur sans le concours de sa femme, dont il exerce les actions. Nous avons décidé, avec M. Demolombe, t. 7, n° 136, que les époux doivent gérer ensemble et conjointement la tutelle. Telle est aussi la doctrine enseignée par MM. Aubry et Rau, t. 1, § 99 *bis*, p. 410, note 39. Ces auteurs n'admettent pas que le droit d'administration du mari sur les biens de sa femme l'autorise à gérer seul la tutelle. L'intérêt du mineur s'oppose à ce que l'administration de la tutelle appartienne au cotuteur, à l'exclusion de la tutrice principale. L'intérêt de la mère est de concourir aux actes dont elle est solidairement responsable avec son mari. Enfin, si la femme est engagée par les actes de son mari relatifs à l'administration de son patrimoine personnel, elle ne peut pas être engagée par des actes que son mari passerait au nom et pour le compte du mineur, c'est-à-dire d'un tiers. Le concours du mari et de la femme est donc nécessaire pour la validité non seulement des actes de disposition, mais même des actes de simple administration, tels qu'un bail ou le recouvrement d'une créance pupillaire (Comp. les auteurs et les arrêts cités au *Rép.* n°s 102 et suiv.; Laurent, t. 4, n° 388; Huc, t. 3, n° 278). — « Cependant, ajoutent MM. Aubry et Rau, l'absence de toute opposition de la part de l'un des époux aux actes d'administration faits par l'autre pourrait, selon les circonstances, être considérée comme un mandat tacite ou comme une adhésion, et, en pareil cas, ces actes devraient être maintenus dans l'intérêt des tiers. Il en serait ainsi surtout s'il s'agissait d'actes de nature à se produire fréquemment, tels par exemple que les perceptions de revenus pupillaires ». M. Laurent (*loc. cit.*) n'admet pas cette restriction qui aboutirait en fait à la tutelle exclusive du mari. On ne peut pas invoquer l'art. 454, qui permet au tuteur d'employer des administrateurs salariés qui gèrent sous sa responsabilité. La loi veut qu'il y ait deux tuteurs; elle exige le concours et l'action collective de l'un et de l'autre. Il n'est donc pas permis à l'un d'eux d'abdiquer la tutelle au profit de l'autre, soit par une procuration expresse, soit par un mandat tacite.

81. « En cas d'opposition, de la part de l'un des époux, à un acte que l'autre se proposait de faire, ce dernier pourrait recourir au conseil de famille et même aux tribunaux pour être autorisé à le passer seul » (Aubry et Rau, *loc. cit.*, et note 40). Il est, en effet, rationnel d'admettre dans l'intérêt du mineur, en faveur de celui des deux époux dont l'action tutélaire est paralysée par l'opposition de l'autre, opposition peut-être mal fondée, le recours que nous avons admis en faveur de la mère contre l'opposition du conseil de tutelle nommé par le père décédé (V. *suprà*, n° 70; Angers, 13 frim. an 14, *Rép.* v° *Mariage*, n° 748-1°).

82. Lorsque le conseil de famille, convoqué par la mère qui se remarie, a conservé la tutelle légale à celle-ci, le second mari cotuteur avec sa femme n'est pas responsable de la gestion antérieure au mariage. Cette solution ne souffre aucune difficulté en présence du texte de l'art. 396 c. civ. qui ne rend le second mari responsable que de la gestion *postérieure* au mariage. En ce sens, il a été jugé que le second mari, cotuteur avec sa femme des enfants du premier lit de celle-ci, n'est responsable ni de la gestion antérieure au mariage, ni du préjudice causé aux enfants mineurs par des faits étrangers à la gestion tutélaire, spécialement par la mauvaise administration de la mère usufruitière de la succession de son premier mari, dont ils sont les nu propriétaires (Req. 7 fév. 1871, aff. Mil, D. P. 72. 1. 355). — On pourrait élever des doutes en ce qui concerne la responsabilité du cotuteur à raison de la mauvaise administration de la mère comme usufruitière de la succession de son premier mari. En effet il est admis généralement, d'une part, que le second mari, cotuteur, est grevé de l'hypothèque légale au profit des enfants du premier lit (V. *infrà*, n° 86); d'autre part, que l'hypothèque légale des mineurs et des interdits garantit le montant des dommages-intérêts auxquels le tuteur peut être condamné, lorsque, usufruitier de capitaux appartenant au pupille, il les a touchés sans les replacer et les a dissipés (V. *Rép.* v° *Privilèges et hypothèques*, n° 1047). « Le tuteur, disent MM. Aubry et Rau, t. 3, p. 213), en dissipant un capital usufructuaire et en se plaçant dans l'impossibilité de le restituer à la fin de l'usufruit, contrevient à l'obligation que lui imposaient ses fonctions de conserver les biens du pupille, et se rend ainsi coupable envers lui, dans le cours de sa gestion, d'une faute dont les conséquences doivent être, par cela même, garanties au moyen de l'hypothèque légale ». Dans tous les cas, le second mari ne peut pas être responsable des actes de mauvaise administration de la mère, comme usufruitière de la succession de son premier mari, si ces actes de mauvaise administration se placent soit antérieurement à l'ouverture, soit postérieurement à la cessation de la tutelle (V. note sous l'arrêt précité de la chambre des requêtes, D. P. 72. 2. 355).

83. La tutelle légale de la mère remariée et la cotutelle du second mari sont-elles indivisibles? En d'autres termes, si la cotutelle prend fin par une cause étrangère au mineur, et notamment par la destitution du cotuteur, la cessation de la tutelle légale de la mère est-elle une conséquence forcée de cette destitution? L'art. 396 c. civ. n'admet pas la tutelle légale de la mère remariée sans la cotutelle du second mari. Il n'est pas douteux que la cotutelle prendrait fin si la tutelle légale de la mère venait à cesser par le fait de celle-ci, et par l'une ou l'autre des causes qui mettent fin à la tutelle ordinaire. La destitution de la mère entraînerait, comme conséquence forcée, la déchéance du cotuteur. Si c'est contre le cotuteur que la destitution est prononcée, il faut admettre aussi que la tutelle légale de la mère cesse à l'instant. En effet les art. 395 et 399 c. civ. démontrent que le fait du second mariage met en question, pour le présent et pour l'avenir, le droit que la mère tient de la loi; l'incapacité ou l'indignité du mari, constatée par le conseil de famille au moment du mariage, aurait empêché le maintien de la mère dans l'exercice de la tutelle légale; cette incapacité ou cette indignité, reconnue postérieurement au mariage et amenant la destitution du cotuteur, fait nécessairement cesser la tutelle légale de la mère (V. en ce sens: Bourges, 28 janv. 1857, aff. Valoire, D. P. 59. 2. 50; Trib. Seine, 29 nov. 1872, aff. Fourcoueffe, D. P. 73. 3. 16). — Les auteurs se prononcent généralement pour le principe d'indivisibilité de la tutelle et de la cotutelle et décident que la mère ne peut plus rester tutrice quand son mari cotuteur a été destitué ou quand il s'est excusé (V. Demolombe, t. 7, n°s 138 et suiv.; Aubry et Rau, t. 1, § 100, p. 411; Laurent, t. 4, n° 387; Baudry-Lacantinerie, t. 1, n° 1008; Huc, t. 3, n° 278). Mais le décès du second mari ne semble pas devoir faire cesser la tutelle de la mère; il rend au contraire à cette tutelle sa primitive indépendance. Et, au cas de décès, on doit assimiler le cas où le mari vient à être interdit, pourvu d'un conseil judiciaire, ou placé dans un établissement d'aliénés. Il n'y a pas alors, en effet, les mêmes raisons que lorsque le cotuteur est destitué ou s'est excusé, pour retirer la tutelle à la mère, car celle-ci ne se trouve plus sous la dépendance du mari (V. en ce sens: Demolombe, *loc. cit.*; Baudry-Lacantinerie, *loc. cit.*). M. Huc, t. 3, n° 278, estime cependant que tout événement qui met fin à la cotutelle du mari, du vivant de celui-ci, doit mettre fin aussi à la tutelle de la femme. Il est possible, en effet, dit-il, que le conseil de famille n'ait maintenu la tutelle à la femme qu'en considération de la cotutelle du mari. Mais ce motif aboutirait à faire décider que la mort du cotuteur entraîne la déchéance de la mère tutrice, ce qui nous paraît inadmissible. Si, en cas d'interdiction du mari, le conseil de famille juge que la mère n'est plus à même, à elle seule, de gérer la tutelle, il peut prononcer sa destitution.

84. On s'est demandé, au *Rép.* n° 104, ce qu'il adviendra si, après la décision du conseil de famille qui a maintenu la mère comme tutrice légale et lui a donné comme cotuteur son second mari, la séparation de corps est prononcée entre les époux. On a cité notamment l'opinion de M. Demolombe, t. 7, n° 139 *bis*, qui veut que le conseil de famille puisse appliquer, suivant les circonstances, l'art. 444 c. civ., et destituer celui des deux époux contre lequel a été prononcée la séparation de corps. Sans doute, s'il y a matière à destitution dans les motifs du jugement de séparation, le conseil de famille pourra prendre cette mesure, et la destitution de l'époux coupable mettra nécessairement fin à la tutelle de l'autre. Mais si cette mesure n'est pas prise par le conseil de famille, la tutelle et la cotutelle continueront simultanément, nonobstant la séparation. — Quant au divorce, il mettra fin à la cotutelle, mais laissera subsister la tutelle de la mère, sauf le cas où sa destitution viendrait à être prononcée (*Contrà* : Huc, t. 3, n° 278. V. *suprà*, n° 83).

85. — *Deuxième hypothèse.* — La mère n'a pas convoqué le conseil de famille avant de se remarier. A défaut de cette convocation, elle perd de plein droit la tutelle, et son nouveau mari sera solidairement responsable de toutes les suites de la tutelle qu'elle aura indûment conservée (c. civ. art. 395) (V. *Rép.* n° 105). — Une première conséquence à tirer de ce que la mère n'est plus tutrice, c'est qu'elle n'a plus qualité pour représenter le mineur, conformément à l'art. 450 c. civ., dans tous les actes civils, ni pour l'obliger par les actes qu'elle fait dans la limite des attributions tutélaires. Ainsi qu'on l'a dit au *Rép.* n° 106, les actes de gestion accomplis par la mère n'obligeront pas le mineur envers les tiers. La nullité de ces actes, toutefois, n'est pas absolue; comme elle n'existe que dans l'intérêt du mineur, le mineur seul pourra s'en prévaloir. Il devra, dans tous les cas, fournir la preuve qu'il a été lésé, sans qu'il y ait à distinguer entre les actes viciés par une nullité de forme et les actes rescindables pour cause de lésion (c. civ. art. 1311). On ne peut, en effet, décider la question par les principes qui gouvernent la tutelle légale. C'est aux règles de la gestion d'affaires qu'il faut s'attacher. Cependant, comme il s'agit d'une gestion illégale, les tiers ne pourront pas se prévaloir de leur bonne foi; on ne saurait invoquer ici l'art. 1240 c. civ., qui permet au débiteur de payer entre les mains de celui qui est en possession de la créance; en effet, la mère déchue de la tutelle n'est pas en possession de la qualité de créancière. En outre, le second mariage étant public, c'était aux tiers à s'informer, avant de traiter avec la mère, si le conseil de famille avait été convoqué (V. outre les autorités citées au *Rép.* n° 106 : Aubry et Rau, t. 1, § 99 *bis*, p. 408, note 28 ; Laurent, t. 4, n° 391). M. Demante, *Cours analytique*, t. 2, n° 144 *bis*, I, accorde aux tiers l'exception de bonne foi.

86. Nonobstant la disposition de l'art. 395, 1er al., et réserve faite de l'action en rescision contre les tiers (V. *suprà* n° 85), la mère ne continue-t-elle pas d'être tutrice avec toutes les charges attachées à cette qualité? Notamment, l'hypothèque légale qui frappait ses immeubles au moment de son mariage ne subsiste-t-elle pas en garantie de sa gestion? Les mineurs ont-ils une hypothèque sur les biens du nouveau mari? Ces questions sont traitées au *Rép.* v° *Privilèges et hypothèques*, n°s 1025, 1029 et suiv., et résolues l'une et l'autre par l'affirmative (V. *infrà*, eod. v°).

87. La mère et son nouveau mari sont tous deux comptables de la gestion illégale qu'ils ont continuée ensemble. C'est l'application du droit commun. Mais l'art 395 contient une disposition exceptionnelle : le mari sera « responsable de toutes les suites de la tutelle que la mère aura indûment conservée » et il en sera responsable « solidairement ».

La responsabilité du second mari s'étend-t-elle, en ce cas, à la tutelle que la mère a exercée antérieurement au mariage comme à la tutelle postérieure? La question est traitée au *Rép.* n° 109, où on l'a résolue affirmativement, suivant l'opinion de la majorité des auteurs (V. en ce sens : Caen, 22 mars 1860 (1); Dijon, 16 juill. 1862, aff. Guérin, D. P.

---

(1) (Labbey C. Aubert.) — LA COUR; — Considérant que les père et mère n'ont pas l'usufruit légal des biens de leur enfant naturel reconnu, mais qu'il est juste de leur accorder, sur ses revenus, une somme suffisante pour faire face aux frais de nourriture, logement, éducation et entretien de l'enfant; — Considérant que la dame Aubert réclame la répétition de ses revenus à partir de son âge de onze ans (1844), parce que, depuis cette époque, elle aurait rempli l'office de servante dans la maison; mais que, d'après les renseignements joints au dossier, ce n'est guère qu'à l'âge de seize ans qu'elle a pu s'occuper sérieusement des soins du ménage et du faisant valoir; qu'il faut même remarquer qu'elle ne donnait pas tout son temps aux époux Labbey, comme aurait pu le faire une servante, puisqu'elle travaillait pour son entretien en faisant de la dentelle, ainsi que cela résulte d'un jugement du 8 mars 1855; qu'il paraît donc juste d'abandonner à la dame Labbey le revenu entier jusqu'à la Saint-Michel 1849, et seulement une partie de ce revenu, depuis cette époque jusqu'à la Saint-Michel 1855, date de la prise de possession des immeubles par la demoiselle Halley ; — Considérant que si la mineure ne travaillait pas exclusivement pour les époux Labbey, il est certain cependant qu'elle leur rendait des services réels, et qu'elle gagnait, en grande partie, son logement et sa nourriture; qu'il y a donc lieu de leur allouer seulement un supplément de 75 fr. à partir de la Saint-Michel 1849, et que

62. 2. 146). Cet arrêt complète les arguments que nous avons développés, en faisant remarquer « que le second mari, en n'exigeant pas que sa femme se conforme aux prescriptions de l'art. 395, met le conseil de famille dans l'impossibilité de se faire rendre compte de l'état de la tutelle; et de prendre les mesures que l'intérêt des mineurs peut exiger; qu'il commet donc une faute lourde qui fait peser sur lui une présomption de fraude suffisante pour engager sa responsabilité ». Il peut arriver, en effet, que la mère soit dans l'impossibilité de payer le reliquat au moment où on la contraint de rendre compte. Le mari serait évidemment responsable de cette insolvabilité; car sa conduite fait présumer que la mère était encore solvable au moment du second mariage (V. aussi, outre les auteurs cités au *Rép.* n° 109 : Aubry et Rau, t. 1, § 99 *bis*, p. 407, note 26; Baudry-Lacantinerie, t. 1, n° 1009; Huc, t. 3, n° 275). Le système contraire, soutenu, comme on l'a dit *ibid.*, par M. Demolombe, t. 7, n°s 126 et suiv., a encore trouvé l'appui de M. Laurent, t. 4, n° 389. Cet auteur, invoquant surtout les travaux préparatoires du code civil, enseigne que les mots « toutes les suites de la tutelle » ont été introduits dans l'art. 395, non pour consacrer l'ancienne jurisprudence, définitivement abandonnée, qui rendait le mari responsable de la gestion antérieure comme de la postérieure au second mariage, mais pour indiquer que le mari répondrait *du défaut de gestion* aussi bien que de *l'indue gestion*.

88. On doit admettre, en principe, que la mère qui a indûment continué la tutelle et son second mari sont atteints par les incapacités auxquelles est soumis le tuteur de droit. Ainsi l'art. 472 c. civ., qui déclare nul tout traité qui pourra intervenir entre le tuteur et le mineur devenu majeur, s'il n'a été précédé de la reddition d'un compte détaillé et de la remise des pièces justificatives, est applicable à la mère tutrice. Le même article doit également être appliqué au second mari, et tout traité qui interviendrait entre le mineur et lui, relativement à la gestion illégale qu'il a continuée avec la mère, tant qu'il n'a pas rendu compte de cette gestion conformément à la loi, serait entaché de nullité. De même encore jusqu'à la reddition du compte, le second mari serait, en vertu de l'art. 907 c. civ., incapable de recevoir du mineur, devenu majeur, aucune libéralité, soit par donation, soit par testament (*Rép.* n° 111. — V. *suprà*, v° *Dispositions entre vifs et testamentaires*, n° 114; *Rép.* eod. v°, n° 351). Ces solutions, toutefois, sont contestées par M. Laurent, t. 4, n° 390. « Il n'y a pas, dit-il, d'incapacité légale sans loi. La conséquence est absurde; mais la faute en revient au législateur. Tout au plus doit-on admettre que les tribunaux peuvent annuler les traités faits dans le but de dispenser le tuteur de rendre compte, comme faits en fraude de la loi ».

89. A qui reviendra la tutelle, quand la mère aura perdu de plein droit la tutelle légale en convolant sans avoir convoqué au préalable le conseil de famille? La jurisprudence et la doctrine sont d'accord pour reconnaître qu'il y a lieu d'organiser une tutelle dative. En effet, le conseil de famille, convoqué postérieurement à la célébration du second mariage, ne peut pas restituer à la mère la qualité de tutrice légale dont elle est déchue. D'autre part, même s'il existe des ascendants, la tutelle ne leur est pas dévolue; car, en vertu de l'art. 402 c. civ., la tutelle légitime n'appartient à l'aïeul qu'en cas de décès du père et de la mère. Mais le conseil de famille pourra conférer la tutelle dative à la mère elle-même; elle est déchue de la tutelle légale pour ne s'être pas conformée aux prescriptions de l'art. 395 c. civ., mais il n'en résulte pas qu'elle soit, pour cela, frappée d'incapacité. Telle était l'opinion formulée déjà au *Rép.* n° 114 (V. aussi Demolombe, t. 7, n° 130; Aubry et Rau, t. 1, § 99 *bis*, p. 408, note 33; Laurent, t. 4, n° 392; Huc, t. 3, n° 276). Il a été jugé, conformément à cette opinion : 1° que, lorsque la mère remariée a perdu de plein droit la tutelle légale de ses enfants mineurs, faute d'avoir, avant son convol, fait décider par le conseil de famille qu'elle y serait maintenue, il y a lieu à la tutelle dative, et que la mère peut elle-même être investie de cette tutelle; on prétendrait à tort qu'en pareil cas la tutelle appartient de droit aux ascendants (Paris, 24 juin 1856, aff. Boulot, D. P. 57. 2. 10); — 2° Que, le convol de la mère ayant pour effet d'entraîner sa déchéance de la qualité de tutrice lorsqu'elle a négligé de se faire maintenir dans cette qualité par une décision préalable du conseil de famille, ce conseil, ultérieurement convoqué, n'a pas à délibérer sur la question de savoir si la tutelle lui sera conservée; qu'en pareil cas, la convocation ne peut avoir pour objet qu'une tutelle dative (Montpellier, 13 juin 1866, aff. Cau, D. P. 68. 2. 162); — 3° Que, si la convocation du conseil de famille est postérieure au convol, la délibération de ce conseil, favorable à la mère remariée, ne la réintègre pas dans la tutelle légale, mais lui confère la tutelle dative (Paris, 19 nov. 1887, aff. Veuve R..., D. P. 88. 2. 176. V. aussi Rennes, 21 juill. 1890, aff. Michel, D. P. 91. 2. 162).

Si la tutelle dative est confiée à la mère, le mari sera nommé cotuteur. La disposition de l'art. 395 est applicable sans distinction et par les mêmes motifs à cette hypothèse comme à celle où la mère a été maintenue dans la tutelle par le conseil de famille, convoqué préalablement au second mariage (Demolombe, t. 7, n° 131; Aubry et Rau, t. 1, § 99 *bis*, p. 408).

90. On a dit au *Rép.* n° 117 que la mère d'un enfant naturel est tenue de se faire confirmer dans la tutelle en cas de convol. Les art. 395 et 396 c. civ. sont applicables dans toutes leurs dispositions à la mère naturelle et à son mari. En ce sens, il a été jugé que l'art. 395 reçoit son application au cas de mariage d'une femme ayant un enfant naturel; qu'en conséquence, si le mariage a été célébré sans

---

cette somme est bien suffisante, si l'on réunit les intérêts du reliquat du compte de tutelle; qu'ainsi les époux Labbey sont comptables de six années de revenus s'élevant à 1200 fr., et, puisqu'ils ont employé ensemble cette somme pour leurs besoins personnels, ils doivent être condamnés solidairement à en faire la restitution; — Considérant que la même solidarité doit être prononcée pour le reliquat du compte de tutelle, car la demoiselle Moisson, avant de contracter mariage, n'a pas convoqué le conseil de famille, pour faire décider si la tutelle serait conservée; que l'art. 395 c. civ. a eu pour objet de protéger le mineur, et que ce motif se présente aussi bien lorsqu'il s'agit d'un enfant naturel que lorsqu'il s'agit d'un enfant légitime; que tel est, au surplus, l'état de la doctrine et de la jurisprudence; — Qu'il en serait sans doute autrement, pour le cas où le mari n'aurait pas eu connaissance de la position de la femme; mais que, dans l'espèce, Labbey, qui habitait la commune de Bazenville, n'a pu ignorer que la demoiselle Moisson avait une fille, qu'elle élevait dans sa maison, qu'elle avait soutenu pour elle, un procès considérable et qu'elle administrait les biens que cette enfant avait recueillis dans la succession de Halley, son père naturel; qu'il y a donc lieu de rendre Labbey responsable de toutes les suites de la tutelle, et ces suites, qui sont indivisibles, se rattachent, sans distinction, à toutes les opérations de la tutelle; — Considérant que Labbey prétend que, dans tous les cas, il ne devait être responsable que de la gestion postérieure à son mariage, et que telle doit être l'interprétation des art. 395 et 396, d'après la discussion qui a eu lieu au conseil d'État sur ces articles; — Mais que cette objection n'est pas fondée; qu'une rédaction avait été proposée, il est vrai, dans le sens indiqué, mais qu'en définitive les termes en ont été changés, et l'on doit en conclure que ce changement a eu lieu avec intention; que la nouvelle rédaction n'a fait que reproduire la distinction consacrée par l'ancien droit, et cette distinction s'explique par la différence qui existe entre le mari qui consulte le conseil de famille, et celui qui semble fuir ses investigations; que, dans le premier cas, la première partie de la gestion est fixée, et il est juste alors que le mari ne soit responsable que de ses actes; mais que la même faveur n'est pas due à celui qui n'accomplit pas les formalités prescrites par la loi; qu'il est, par cela seul, placé en état de suspicion, et alors il doit subir les conséquences de son imprudence ou d'un calcul trop souvent intéressé, car il est présumé avoir profité des deniers reçus par sa femme; — Considérant, quant aux dépens, que le compte est rendu aux frais du mineur, mais que si ce compte donne lieu à des contestations, les dépens qu'elles occasionnent doivent être supportés comme dans les autres procès (art. 532 c. proc. civ., et 471, 473 c. civ.); — Considérant que les époux Labbey ont mis beaucoup de mauvais vouloir à rendre le compte dû par eux; qu'ils ont nécessité de nombreux jugements, qu'ils succombent sur tous les points principaux, et qu'en définitive ils sont reconnus débiteurs de sommes importantes; — Considérant, cependant, que, dans leur écrit du 24 nov. 1859, les époux Aubert ont élevé un contredit mal fondé en ce qui concerne les articles de dépense figurant au compte de Deslandes du 25 avr. 1836; — Par ces motifs, etc.

Du 22 mars 1860.-C. de Caen, 1re ch.-MM. Mabire, pr.-Edmond Olivier, 1er av. gén., c. conf.

convocation préalable du conseil de famille, le mari sera responsable de toutes les suites de la tutelle indûment conservée par la mère, à la condition toutefois que le mari n'ait pas ignoré l'existence de l'enfant naturel (Caen, 22 mars 1860, *suprà* n° 87).

91. Si la mère perd la tutelle en cas de convol et à défaut d'avoir préalablement convoqué le conseil de famille, elle n'en conserve pas moins la puissance paternelle, c'est-à-dire le droit de garde et d'éducation du mineur. Elle conserve également le droit d'émanciper ses enfants (V. *Rép.* n°s 118 et 773 et *infrà*, n°s 303 et 679. Comp. Laurent, t. 4, n° 390).

§ 3. — Du curateur au ventre (*Rép.* n°s 121 à 134).

92. En ce qui concerne le caractère de l'institution du curateur au ventre, les attributions de surveillance, vis-à-vis de la mère, qui appartiennent à ce curateur, le mode de sa nomination et les cas où elle doit avoir lieu, il n'y a pas de nouveaux développements à ajouter au commentaire de l'art. 393 c. civ. donné au *Répertoire* (V. aussi Aubry et Rau, t. 1, § 136, p. 559 et suiv. ; Laurent, t. 4, n°s 393 et suiv.; Huc, t. 3, n°s 268 et suiv.) Signalons seulement que, dans la controverse exposée au n° 127, M. Laurent, t. 4, n° 394, a pris parti pour le système suivant lequel il n'y a pas lieu de nommer un curateur au ventre, lorsque, à la mort du père, il y a des enfants qui lui succèdent, sans distinguer si ces enfants sont encore mineurs et s'il y a, par conséquent, une tutelle organisée pendant la grossesse de la mère, ou si ces enfants sont émancipés ou majeurs. MM. Aubry et Rau, t. 1, § 136, p. 560, Baudry-Lacantinerie, t. 1, n° 1004, et Huc, t. 3, n° 270, enseignent, au contraire, avec la majorité des auteurs, que la nomination d'un curateur au ventre peut être provoquée même dans le cas où il existe déjà des enfants du mariage, majeurs ou mineurs.

93. Le curateur au ventre a pour mission d'empêcher une suppression, une supposition ou une substitution de part. Il peut assister à l'accouchement de la veuve (Huc, t. 3, n° 269). Mais, à moins de circonstances particulières permettant de penser que la veuve simule une grossesse, il n'est pas fondé à demander que la veuve se soumette à une visite corporelle pour justifier de son état (V. *Rép.* n° 123; Trib. civ. Sens, 13 mars 1890) (1).

94. Le curateur au ventre peut-il se rendre adjudicataire des biens du posthume? L'affirmative a été jugée (Toulouse, 6 déc. 1883 (2). Comp. *infrà*, n° 560).

ART. 2. — *De la tutelle déférée par les père et mère, ou tutelle testamentaire* (*Rép.* n°s 135 à 145).

95. On a traité au *Rép.* les différentes questions qui concernent cette tutelle, en commentant l'art. 397 c. civ. Rappelons que le droit de désigner un tuteur par acte de

(1) (V... C. Dame V...) — LE TRIBUNAL; — Attendu qu'en ordonnant la nomination d'un curateur au ventre, l'art. 393 c. civ. n'a point soumis la femme qui se dit enceinte à en fournir la preuve; qu'il se contente de sa déclaration; que la décence, l'état de nos mœurs s'opposent à une visite par gens de l'art ou matrones; que les fonctions du curateur au ventre consistent précisément à empêcher la supposition d'enfant; qu'il est ainsi le surveillant légitime pour dévoiler la fausseté et la simulation de grossesse, et qu'il ne se rencontre pas dans la cause de présomption de fraude suffisante pour faire échec à cette règle d'honnêteté publique; — Par ces motifs; déclare V... ès qualité mal fondé dans sa demande, l'en déboute.

Du 13 mars 1890.-Trib. civ. de Sens.-MM. Béhenne, pr.-Prud'homme, subst.-c. conf., Patey et Gérard, av.

(2) (Joffrès C. Joffrès.) — LA COUR; — Attendu que François Joffrès, père d'Osmin Joffrès, demandeur au procès, était devenu, en 1842, adjudicataire sur saisie mobilière et après surenchère du domaine de Freyché; — Attendu qu'à son décès, survenu à la fin de l'année 1859, le sieur Causson, porteur d'un bordereau qui lui avait été délivré sur le prix de cette adjudication, et qui n'était pas payé de sa créance, exerça une poursuite en folle enchère contre Marie Moulis, veuve dudit François Joffrès, et qui était instituée, par un testament de ce dernier, son héritière générale et universelle; que la nouvelle adjudication devait avoir lieu le 25 févr. 1860, mais que, ladite Marie Moulis ayant promis de le désintéresser, cette adjudication fut, de son consentement, renvoyée au 25 avril suivant; — Attendu que, dans l'intervalle, la veuve Joffrès ayant déclaré qu'elle était enceinte, un curateur au ventre fut désigné par le conseil de famille, et que le sieur Henri Joffrès fut chargé d'exercer ces fonctions; que, le 25 avril, le sieur Causson n'étant pas payé du montant de sa créance, il fut procédé à la revente du domaine de Freyché, et que ledit Henri Joffrès, curateur au ventre, s'en rendit adjudicataire; — Attendu qu'Osmin Joffrès naquit deux mois après, environ, et que le nouvel adjudicataire demeura en paisible possession des biens par lui acquis jusqu'à la fin de l'année 1881; qu'à cette dernière époque, ledit Osmin Joffrès, fils posthume de François Joffrès, et qui venait d'atteindre sa majorité, a revendiqué contre l'adjudicataire les biens dont il s'agit, en soutenant que l'adjudication du 25 avr. 1860 était nulle; qu'il a invoqué à cet égard deux moyens: le premier, tiré de ce que l'adjudicataire sur folle enchère, étant curateur au ventre, devait être assimilé à un tuteur, et qu'aux termes de l'art. 1596 c. civ., il ne pouvait acquérir les biens saisis sur la tête du posthume; le second, pris de ce que la dame Marie Moulis, veuve de François Joffrès et mère d'Osmin, contre laquelle la folle enchère avait été poursuivie, n'était plus légataire générale et universelle à partir de la déclaration de grossesse, suivie plus tard de l'accouchement d'un fils né viable, lequel avait eu un effet rétroactif, et qu'Henri Joffrès, en se rendant adjudicataire des biens faisant l'objet de la folle enchère, alors qu'il était lui-même curateur au ventre, aurait acquis sciemment et de mauvaise foi la chose d'autrui;

En ce qui touche le premier moyen: — Attendu que, d'après l'art. 1594 c. civ., tous ceux à qui la loi ne l'interdit pas peuvent acheter ou vendre; que c'est là un principe général, auquel il ne saurait être fait exception que par des dispositions formelles de la loi, et qu'il n'est pas possible de suppléer aux incapacités qu'elle établit, et de les étendre par voie d'analogie d'un cas prévu à un cas non prévu; — Attendu que ces incapacités sont énoncées dans l'art. 1596 du même code, et que le curateur au ventre n'y est point indiqué; qu'on prétend à la vérité qu'il doit être considéré comme un tuteur, auquel il est interdit de se rendre adjudicataire des biens de ceux dont il a la tutelle; — Mais attendu que, s'il existe quelque analogie entre la situation des curateurs au ventre et celle des tuteurs, les différences sont encore plus importantes et plus nombreuses; que ce genre de curatelle, pas plus que les autres, ne frappe d'une hypothèque légale les biens de ceux qui en exercent les fonctions; que ces fonctions ne sont pas obligatoires comme celles des tuteurs, et ne sont pas soumises aux mêmes règles pour la reddition des comptes; que les curateurs au ventre sont principalement institués pour empêcher les suppositions de part, et ne sont chargés qu'accessoirement de la gestion des biens; que cette gestion elle-même, dont la durée est très courte, puisqu'elle doit prendre fin par l'accouchement de la mère, est aussi des plus limitées dans son étendue et dans ses pouvoirs, et que, d'après le vœu du législateur, elle n'a pour objet que les actes urgents et conservatoires; qu'elle n'a pas d'ailleurs pour but unique de veiller à la conservation des droits de l'enfant à naître, mais qu'elle doit aussi, avec la même vigilance, sauvegarder les intérêts de ceux qui peuvent avoir droit à la succession, dans le cas où un enfant ne viendrait pas à naître; — Attendu, dès lors, qu'un pareil curateur n'a presque rien de commun avec un tuteur, et qu'on pourrait le comparer plus justement à un séquestre auquel seraient confiées la garde et la gestion provisoire de biens litigieux; que c'est donc à tort que le tribunal de Foix, s'appuyant sur une doctrine et une jurisprudence qu'il a inexactement rapportées, a assimilé le curateur au ventre au tuteur et a créé à son préjudice une incapacité que la loi ne prononce pas;...

En ce qui touche le second moyen: — Attendu que les adjudicataires des biens immobilièrement saisis n'en deviennent propriétaires que sous une condition résolutoire, celle du payement du prix de l'adjudication; qu'à défaut du payement de ce prix, tout créancier porteur d'un bordereau de collocation a le droit, en employant la voie de la folle enchère, de faire revendre ces biens, qui servent de gage à sa créance, et que l'effet de cette revente est d'anéantir la première adjudication, et de faire considérer les biens qui en avaient été l'objet comme n'étant jamais entrés, ni dans le patrimoine, ni dans la succession de l'adjudicataire; — Attendu qu'en appliquant à la cause ces principes incontestables, il est certain que le sieur Gausson, n'étant pas payé du montant de sa créance, a usé de son droit en procédant à la revente sur folle enchère du domaine adjugé au profit de François Joffrès en 1842; — Attendu qu'il a exercé cette poursuite de la manière la plus régulière, en la dirigeant contre Marie Moulis, qui, en sa qualité de légataire générale et universelle de François Joffrès, était alors l'héritier apparent de ce dernier; qu'il n'a donc pu, sous aucun rapport, opérer la vente du bien d'autrui, et que, par voie de suite, Henri Joffrès, à qui aucune disposition de la loi n'interdisait d'acquérir, n'a pu, en se rendant adjudicataire des biens dont il s'agit, acheter le bien d'autrui; — Attendu, dès lors, que c'est mal à propos que les premiers juges ont, sous ce prétexte, autorisé Osmin Joffrès à revendiquer

dernière volonté n'appartient qu'au *dernier mourant* des père et mère (*Rép.* n° 135); que, par conséquent, le père ou la mère ne peut écarter son conjoint survivant de la tutelle; que le premier mourant ne peut pas désigner un tuteur testamentaire, même dans le cas où son conjoint est incapable d'exercer la tutelle, par exemple s'il est interdit (*Rép.* n° 137); que le survivant des père et mère qui refuse la tutelle ne peut pas nommer lui-même un tuteur pour prendre sa place (*Rép.* n° 138); que le survivant qui meurt pendant l'exercice de la tutelle dative ne peut pas nommer un tuteur testamentaire pour remplacer le tuteur datif, soit que celui-ci exerce la tutelle au moment du décès, soit même qu'à cette époque la tutelle se trouve vacante par suite du prédécès du tuteur datif (*Rép.* n° 135); que le survivant des père et mère est privé du même droit, quand il est exclu ou destitué de la tutelle de ses enfants ou d'une autre tutelle ou qu'il est déchu de la puissance paternelle (*Rép.* n° 136); qu'il en est de même de la mère remariée qui n'a pas conservé la tutelle en cas de convol, soit qu'elle n'ait pas été maintenue par le conseil de famille préalablement convoqué, soit qu'à défaut d'avoir fait statuer sur son maintien, elle ait perdu la tutelle de droit, que dès lors elle ne peut plus déléguer, n'exerçant qu'une tutelle de fait (*Rép.* n° 136). Toutes ces solutions sont aujourd'hui généralement admises par les auteurs (V. Demolombe, t. 7, n°s 151 et suiv., Aubry et Rau, t. 1, § 100, p. 411 et suiv.; Laurent, t. 4, n° 396 et suiv.; Baudry-Lacantinerie, t. 1, n° 1011; Huc, t. 3, n°s 280 et suiv.).

96. Si le survivant des père et mère est tuteur au moment de son décès, mais tuteur datif, pourra-t-il nommer un tuteur testamentaire? Ainsi, ce droit appartiendra-t-il au père qui, après avoir été excusé, a été postérieurement nommé tuteur par le conseil de famille? à la mère qui, après avoir refusé la tutelle légale, a été nommée tutrice par le conseil de famille? Le texte de l'art. 397, ne comportant aucune distinction, semble donner au dernier mourant, quel que soit le titre auquel il exerce la tutelle, le droit de désigner un tuteur testamentaire. Cependant, d'après Marcadé, t. 2, art. 400, n° 1; Laurent, t. 4, n° 398, et M. Huc, t. 3, n° 280, cette solution serait contraire à l'esprit de la loi. Le pouvoir attribué au dernier mourant des père et mère consiste dans la faculté de déléguer, pour le temps où il aura cessé de vivre, les droits qu'il tient de la nature et de la loi. Mais, tuteur datif, le survivant des père et mère tient ses pouvoirs du conseil de famille; il ne peut pas les transmettre; seul, le conseil qui l'a nommé peut lui choisir un remplaçant. Ce principe est si bien, dit-on, dans la pensée du législateur que l'art. 400 en fait une application particulière. Quand le dernier mourant des père et mère, investi de la tutelle légale, nomme un tuteur testamentaire, le choix qu'il a fait n'est pas soumis à la confirmation du conseil de famille. Une exception est faite à l'égard de la mère remariée que le conseil de famille a maintenue dans la tutelle. Comme elle n'a pas cessé d'être tutrice légale, mais qu'il a fallu une délibération du conseil de famille pour lui conserver cette qualité, que dès lors, elle est tout à la fois tutrice légale et tutrice dative, elle a le droit de nommer un tuteur testamentaire; mais il faudra que son choix soit confirmé par une délibération du conseil de famille (*Rép.* n° 141).

La mère à laquelle le père a nommé un conseil de tutelle n'a pas besoin de l'assistance de ce conseil pour désigner un tuteur testamentaire à ses enfants (Demolombe, t. 7, n° 152; Aubry et Rau, t. 1, § 100, p. 411).

97. Le tuteur testamentaire peut-il être nommé à terme ou sous conditions? On sait que les lois romaines autorisaient la nomination d'un tuteur testamentaire sous de pareilles modalités. Les art. 397 et suiv., ne soumettant à aucune restriction la faculté qu'ils accordent au survivant des père et mère de choisir un tuteur à ses enfants, la plupart des auteurs considèrent encore une telle nomination comme valable, et l'on s'est rangé à cette opinion au *Rép.* n° 138 (V. dans le même sens, Huc, t. 3, n° 282). Cependant, M. Demolombe, t. 7, n°s 226 et suiv., soutient que la nomination d'un tuteur faite à terme ou sous condition ne confère pas à la personne ainsi nommée un droit à la tutelle, et que le conseil de famille pourrait y pourvoir par la nomination d'un tuteur datif. Suivant M. Laurent, t. 4, n° 370, par cela seul que la loi n'autorise pas les tutelles à terme ou conditionnelles, elle les proscrit. MM. Aubry et Rau, t. 1, § 89, p. 369, note 6, pensent que le silence du code ne peut être envisagé comme emportant consécration des lois romaines, et que la question, devant être résolue d'après l'intérêt des mineurs, reste abandonnée au pouvoir discrétionnaire des tribunaux.

98. Le tuteur élu par le dernier mourant des père et mère est tenu d'accepter la tutelle, à moins qu'il ne puisse invoquer une des excuses admises par la loi au profit du tuteur désigné par le conseil de famille. La tutelle testamentaire n'est obligatoire que dans les cas où la tutelle dative l'est aussi. Telle est la portée de l'art. 401 c. civ. (*Rép.* n° 143; Demolombe, t. 7, n° 173; Laurent, t. 4, n° 399; Baudry-Lacantinerie, t. 1, n° 1015). Mais, suivant M. Huc, t. 3, n° 284, le tuteur nommé par le survivant des père et mère ne serait pas obligé d'accepter la tutelle, si sa nomination était subordonnée à des modalités ou si le survivant avait désigné plusieurs tuteurs (V. *suprà*, n° 58).

ART. 3. — *De la tutelle légitime des ascendants* (*Rép.* n°s 146 à 154).

99. La tutelle légitime n'est déférée aux ascendants, suivant l'ordre de dévolution déterminé par les art. 402, 403 et 404 c. civ. (*Rép.* n°s 146 et suiv.), que si le père et la mère sont tous deux décédés. Ainsi, il n'y a pas lieu à la tutelle des ascendants quand la mère survivante refuse la tutelle; elle doit faire nommer un tuteur par le conseil de famille (c. civ. art. 394). Il n'y a pas lieu davantage à la tutelle des ascendants quand le père survivant s'excuse: car, aux termes de l'art. 405, c'est, en pareil cas, le conseil de famille qui nomme le tuteur. Il en est de même quand la mère qui se remarie n'est pas maintenue dans la tutelle ou qu'elle la perd pour n'avoir pas convoqué le conseil de famille. L'art. 405 ne s'explique pas sur cette dernière hypothèse; mais, comme on l'a dit au *Rép.* n° 151, il résulte des termes de l'art. 402 « lorsqu'il n'a pas été choisi au mineur un tuteur par le dernier mourant des père et mère », que la tutelle légitime des ascendants ne peut pas s'ouvrir du vivant soit du père, soit de la mère (V. Req. 26 févr. 1807, *Rép.* n° 151; Toulouse, 18 mai 1832, *Rép.* n° 363-5°; Paris, 24 juin 1856, aff. Boulot, D. P. 57. 2. 10; Demolombe, t. 7, n° 178; Aubry et Rau, t. 1, § 101, p. 413, note 1; Laurent, t. 4, n° 401; Huc, t. 3, n° 285.) Il en est de même encore quand le tuteur légal donne sa démission ou quand il est destitué. Pour le cas de destitution l'art. 405 dit que le conseil de famille nomme le tuteur, quand le père ou la mère est exclu de la tutelle. En cas de démission, ou bien la démission est donnée en vertu d'une cause d'excuse, et, le tuteur légal démissionnaire étant vivant, l'art. 402 s'oppose à la tutelle des ascendants, ou bien elle est donnée pour prévenir une destitution, et l'on rentre dans l'application de l'art. 405 (V. *Rép.* n° 150, et les auteurs précités).

Enfin la tutelle des ascendants ne s'ouvre qu'autant que le survivant des père et mère a conservé la tutelle légale jusqu'à sa mort et est décédé sans avoir choisi un tuteur testamentaire. Il a été jugé qu'il y a lieu à la tutelle dative, et non à la tutelle légale des ascendants, lorsque la mère survivante vient à mourir, après s'être remariée sans avoir appelé le conseil de famille à statuer sur le maintien de la tutelle (Rennes, 21 juill. 1890, aff. Michel, D. P. 91. 2. 162).

100. Il n'y a pas lieu non plus à la tutelle légitime des ascendants quand le tuteur élu par le dernier mourant des père et mère est excusé ou destitué, ou quand il vient à décéder. On a exposé au *Rép.*, n° 149, la controverse qui s'est élevée sur ce point. La solution qui a prévalu se fonde

des biens qui, par l'accomplissement de la condition résultant de la revente sur folle enchère, n'ont jamais fait partie du patrimoine de son père, ni de sa succession; qu'il convient sur ce point comme sur le premier de réformer leur décision;

Par ces motifs;

Réformant le jugement rendu par le tribunal de Foix le 18 janv. 1882; — Déclare ledit Osmin Joffrès mal fondé dans toutes ses demandes, etc.

Du 6 déc. 1883.-C. de Toulouse, 2e ch.-MM. Bermond, pr.-Delmas, av. gén.-Ebelot et Albert, av.

sur ce que, d'une part, l'art. 405 dit que le conseil de famille nomme le tuteur quand le tuteur testamentaire est exclu ou valablement excusé, et, d'autre part, l'art. 402 n'établit la tutelle des ascendants que pour le cas où le survivant des père et mère n'a pas fait choix d'un tuteur testamentaire. Dans le cas particulier, la volonté du testateur est douteuse; on peut dire qu'il a voulu exclure d'une façon absolue les ascendants; on peut dire aussi qu'il n'a voulu les exclure que si le tuteur de son choix est écarté de la tutelle. Mais la volonté du législateur ne semble pas douteuse: il a préféré la première interprétation du testament à la seconde (V. en ce sens: Rouen, 18 déc. 1839, *Rép.* n° 150-3°; Demolombe, t. 7, n°s 179 et suiv.; Aubry et Rau, t. 1, § 101, p. 413, note 2; Laurent, t. 4, n° 402; Baudry-Lacantinerie, t. 1, n° 1016; Huc, t. 3, n° 285). M. Huc, *loc. cit.*, décide même que la tutelle des ascendants est écartée par le testament du survivant des père et mère, lorsque le tuteur testamentaire est mort avant le testateur. Il est possible alors, dit M. Huc, que le testateur ait ignoré le décès ou n'ait pas eu le temps de refaire son testament pour nommer un autre tuteur; dès l'instant qu'il a manifesté l'intention de retirer la tutelle aux ascendants, le tuteur doit être nommé par le conseil de famille.

101. Si l'ascendant appelé à la tutelle s'excuse, s'il est exclu ou s'il est destitué de la tutelle, enfin s'il meurt dans l'exercice de ses fonctions, la tutelle passera-t-elle à l'ascendant appelé après lui dans l'ordre déterminé par la loi? On a, sur cette question, au *Rép.* n° 152, adopté l'affirmative avec quelque hésitation. La distinction proposée par M. Demolombe t. 7, n° 187, entre le cas d'excuse, d'exclusion et de destitution de la tutelle, d'une part, et d'autre part, le cas de mort de l'ascendant tuteur, est rejetée par MM. Aubry et Rau, t. 1, § 101, p. 414, note 3, Laurent, t. 4, n° 405 et Huc, t. 3, n° 285. Ces auteurs admettent sans distinction que, dans tous les cas ci-dessus spécifiés, la tutelle est dative. L'art. 402, disent-ils, porte qu'*à défaut* de l'aïeul paternel, la tutelle appartient de droit à l'aïeule maternelle. L'art. 403 se sert de la même expression. Le sens en est que si, lors de l'ouverture de la tutelle, alors qu'il y a lieu à la tutelle des ascendants, l'ascendant le plus proche fait défaut, s'il n'y en a pas, la tutelle appartient de droit à l'aïeul qui vient ensuite dans l'ordre légal. Le cas de mort de l'ascendant tuteur n'est pas prévu. La question doit être décidée par l'argument d'analogie que fournit l'art. 405. Si l'ascendant tuteur s'excuse, s'il est exclu ou destitué, il y a lieu à la tutelle dative, bien qu'il y ait des ascendants capables d'être tuteurs. La même solution doit être admise dans le cas de décès de l'ascendant tuteur : il y a lieu à la tutelle dative.

102. Lorsque l'ascendant tuteur est déchu de la puissance paternelle en vertu de l'art. 1er de la loi du 24 juill. 1889, il perd en même temps la tutelle (art. 8. V. *suprà*, n° 27). En ce cas, la tutelle passe-t-elle à l'ascendant appelé après lui dans l'ordre déterminé par la loi? La négative n'est pas douteuse, si l'on admet, en principe, qu'il y a lieu à la tutelle dative toutes les fois que l'ascendant tuteur est exclu ou destitué de la tutelle.

103. Les ascendants n'ont plus, comme dans notre ancien droit, le privilège de refuser la tutelle quand ils ne peuvent pas motiver leur refus sur un des cas d'excuse légale (*Rép.* n° 153; Laurent, t. 4, n° 404).

104. En cas d'absence du père ou de la mère, investis de la tutelle légale, y a-t-il lieu à la tutelle légitime des ascendants ou bien à la tutelle dative? V. *suprà*, v° *Absence*, n° 90; — *Rép.* eod. v°, n°s 539 et suiv.

ART. 4. — *De la tutelle déférée par le conseil de famille, ou tutelle dative* (*Rép.* n°s 155 à 275).

105. En vertu de l'art. 405 c. civ. et de l'interprétation que nous lui avons donnée au sujet de la tutelle testamentaire et de la tutelle des ascendants, le conseil de famille nomme le tuteur : 1° lorsqu'un enfant mineur reste sans père ni mère, que le dernier mourant n'a pas choisi de tuteur testamentaire et qu'il n'existe pas d'ascendants mâles (V. *suprà*, n° 99); — 2° Lorsque, pendant le mariage, le père est déchu de la puissance paternelle, et que le tribunal refuse d'attribuer la puissance paternelle à la mère et décide qu'il y a lieu de constituer la tutelle dans les termes du droit commun (L. 24 juill. 1889, art. 1, 2 et 10. V. *suprà*, n° 27); — 3° Lorsque la mère survivante refuse la tutelle; ou lorsque le père survivant est excusé (V. *suprà*, n° 99); — 4° Lorsque le survivant des père et mère est exclu ou destitué (V. *suprà*, n° 99), ou qu'il est déchu de la puissance paternelle, et que le tribunal ordonne la constitution de la tutelle dans les termes du droit commun (L. 24 juill. 1889, art. 1, 2, 8 et 10, V. *suprà*, n° 27); — 5° Lorsque la veuve qui se remarie ne convoque pas le conseil de famille ou qu'elle n'est pas maintenue dans la tutelle (V. *suprà*, n°s 89 et 99); — 6° Lorsque le tuteur testamentaire est excusé, exclu ou destitué ou qu'il décède pendant sa gestion (V. *suprà*, n° 100); — 7° Lorsque l'ascendant appelé à la tutelle légale est excusé, exclu ou destitué; lorsqu'il décède pendant sa gestion et qu'il n'existe pas d'autre ascendant appelé à la tutelle, sauf controverse sur ce dernier point (V. *suprà*, n° 101), ou lorsque l'ascendant tuteur est déchu de la puissance paternelle et que le tribunal ordonne la constitution de la tutelle dans les termes du droit commun (L. 24 juill. 1889. art. 1, 2, 8 et 10. V. *suprà*, n° 102); — 8° Lorsqu'un tuteur datif doit être remplacé pour une cause quelconque (c. civ. art. 405).

§ 1er. — Du conseil de famille. — Ses attributions. — Sa composition : juge de paix; frères germains; ascendants; parents hors la distance légale; amis (*Rép.* n°s 155 à 201).

106. — I. ATTRIBUTIONS DU CONSEIL DE FAMILLE (*Rép.* n°s 155 à 160). — C'est au conseil de famille seul que le droit de nommer le tuteur datif est dévolu par l'art. 405. Sa délibération n'est pas soumise à l'homologation du tribunal; mais elle peut être attaquée par voie de recours direct au tribunal (V. *infrà*, n°s 168 et suiv.). Quand elle est annulée, le juge n'a pas le pouvoir de nommer un autre tuteur; le conseil doit être convoqué pour faire un nouveau choix (V. les arrêts cités au *Rép.* n° 156 et v° *Interdiction*, n° 164; Aubry et Rau, t. 1, § 102, p. 415; Laurent, t. 4, n° 407. V. aussi *infrà*, n° 171). Il en est de même quand il y a lieu de constituer la tutelle dans les termes du droit commun, en exécution de la loi du 24 juill. 1889.

107. Relativement à la gestion de la tutelle, les attributions du conseil de famille ont été considérablement étendues par la loi des 27-28 févr. 1880 (*suprà*, n° 5), qui exige l'autorisation du conseil de famille pour l'aliénation des meubles incorporels appartenant au mineur, pour la conversion des titres nominatifs en titres au porteur, et qui permet au conseil de déterminer l'emploi que le tuteur doit faire en vertu de cette loi, des capitaux du mineur (V. *infrà*, n°s 397 et suiv.).

108. Le conseil de famille et les membres qui le composent, considérés individuellement, n'ont pas, en dehors des attributions qui leur sont spécialement dévolues par la loi, de droits personnels à exercer dans les rapports du mineur avec son tuteur. Ainsi, aux termes d'un arrêt, ils n'ont pas qualité pour intervenir dans une instance liée entre le mineur et le tuteur, ni, par suite, pour former tierce opposition au jugement qui aurait statué sur une semblable instance (Grenoble, 31 août 1855, aff. Trouvé, D. P. 56. 2. 123). Pour le décider ainsi la cour de Grenoble observe que les membres du conseil de famille ne sauraient, en aucun cas, invoquer l'art. 474 c. proc. civ., suivant lequel une partie, qui n'a pas été mise en cause dans l'instance où elle aurait dû figurer, peut former tierce opposition au jugement qui préjudicie à ses droits. Les droits des membres du conseil de famille, relativement aux instances judiciaires qui concernent le mineur, sont réglés par des dispositions spéciales, qui doivent être restreintes aux cas exceptionnels auxquels elles sont destinées à pourvoir. L'art. 449 c. civ. autorise à intervenir, dans la cause soutenue par le subrogé tuteur contre le tuteur exclu ou destitué, les parents ou alliés du mineur qui ont requis la convocation du conseil de famille par lequel la destitution a été prononcée; mais ce n'est qu'une simple faculté d'assistance, qui ne permet pas aux parents dont il s'agit de procéder séparément du subrogé tuteur et de renouveler le procès par la voie de la tierce opposition. Elle est, d'ailleurs, spéciale à l'instance par laquelle le tuteur destitué prétend obtenir l'annulation de la mesure prise par le conseil de famille (V. *Rép.* n° 387). En dehors de ce cas, les membres du conseil de famille n'ont que le droit de se pourvoir devant le tribunal contre une délibération qui n'a pas été unanime et qui a été prise contre leur avis (c. proc. civ. art. 883. V. sur ce point *Rép.* n°s 246 et suiv., et *infrà*, n°s 168 et suiv.), et celui de s'opposer à l'homologation d'une délibération dont ils désapprouvent le résultat, en formant opposition au jugement où ils n'ont pas été appelés (c. proc. civ. art. 888. V. *Rép.* n° 269 et *infrà*, n° 192). Ni l'une ni l'autre de ces dispositions n'implique, pour eux, le droit de former tierce opposition dans les procès qui intéressent le mineur.

109. — II. PERSONNES QUI DOIVENT COMPOSER LE CONSEIL DE FAMILLE (*Rép.* n°s 161 à 201). — 1° *Observations générales.* — Les tribunaux ont fréquemment à décider si, d'une façon générale, la violation des règles tracées par le code civil, pour la composition des conseils de famille, a, pour sanction nécessaire la nullité des délibérations prises par le conseil irrégulièrement composé. Comme on l'a dit au *Rép.* n°s 166 et 175, la loi ne prononce pas cette nullité. Il appartient donc au juge, après avoir examiné si les intérêts du mineur ont été garantis ou lésés, d'admettre ou non la nullité, suivant les circonstances. Le pouvoir du juge est, toutefois, restreint sous un double rapport. Si la composition irrégulière du conseil de famille est le résultat du dol ou de la fraude, la délibération doit nécessairement être annulée (V. *Rép.* n°s 176 et suiv.); en effet, on doit présumer que les intérêts du mineur ont été sacrifiés, puisque le conseil de famille a été composé irrégulièrement dans le dessein de nuire à ces intérêts. D'autre part, si l'irrégularité commise dans la composition du conseil de famille est substantielle, si c'est une condition essentielle de l'existence juridique d'un conseil de famille qui a été violée, le juge n'a pas de pouvoir discrétionnaire et la nullité de la délibération doit encore être prononcée. Cette opinion est professée par la plupart des auteurs (V. Marcadé, t. 2. p. 225; Demolombe, t. 7, n°s 328 et suiv.; Aubry et Rau, t. 1, § 96, p. 391 et suiv. Laurent, t. 4, n°s 471 et suiv., 477 et suiv.; Huc, t. 3, n°s 321 et suiv.). — La jurisprudence, après quelque hésitation, s'est fixée dans le sens des principes que l'on vient d'exposer. On rencontrera ci-après les différentes applications qu'elle a faites de la théorie des nullités en matière de délibérations des conseils de famille (V. *infrà*, n°s 117, 119, 122, 127, 130 et suiv., 145, 149 et suiv., 151 et suiv.).

110. On a dit au *Rép.* n°s 161 et suiv. que, d'après l'art. 412 c. civ., les parents, alliés ou amis, composant le conseil de famille et légalement convoqués, sont tenus de se rendre en personne ou de se faire représenter par un mandataire spécial. Le membre qui se fait représenter doit donner à son mandataire le pouvoir de délibérer et de voter sur les questions devant faire l'objet d'une réunion spécialement indiquée ou sur un objet spécialement déterminé; mais il n'est pas obligé d'émettre son avis par la procuration même (V. les arrêts cités au *Rép.* n° 163). En ce sens, il a encore été jugé que le parent qui se fait représenter au conseil de famille dont il est appelé à faire partie n'est pas tenu d'énoncer, dans la procuration, l'opinion que le mandataire devra émettre, et ce, alors même qu'il aurait été convoqué pour donner son avis sur une demande en interdiction (Paris, 26 avr. 1852, aff. Rousset de Vauxonne, D.P.52. 2. 174). — Non seulement il n'y est pas obligé, mais il ne doit pas le faire. Le mandataire ne peut pas recevoir un mandat impératif; ce serait essentiellement contraire au caractère de la fonction qui lui est déléguée. La procuration ne doit rien contenir qui oblige le mandataire à voter dans un sens plutôt que dans l'autre : c'est la délibération seule qui doit déterminer le vote. Il en résulte que le juge de paix doit tenir pour nulle la procuration qui énonce l'avis à donner par le mandataire; le mandataire pourvu de cette procuration ne doit pas être admis à prendre part à la délibération, et le mandant doit être considéré comme défaillant. Telle est la doctrine de la plupart des auteurs (V. les autorités citées au *Rép.* n° 163. *Adde* : Aubry et Rau, t. 1, § 94, p. 384, note 8; Laurent, t. 4, n° 457; Huc, t. 3, n° 308).

111. Mais si le mandataire, porteur d'une procuration qui contient un mandat impératif a pris part à la délibération, la délibération sera-t-elle nulle? On pourrait dire que, bien que le juge de paix soit tenu d'écarter du conseil de famille un mandataire dont le mandat n'est pas régulier, s'il a néanmoins laissé ce mandataire délibérer, les tribunaux ne doivent pas nécessairement annuler une délibération qui peut être conforme à l'intérêt du mineur; qu'il s'agit d'une simple irrégularité dans la composition du conseil de famille, qui n'emporte pas la nullité de plein droit. Mais on répond que l'irrégularité ne porte pas ici sur la composition, mais sur le mode de délibérer du conseil de famille de sorte qu'il n'y a pas eu de délibération proprement dite, de délibération légale. En faisant à son mandataire l'injonction de voter dans un sens déterminé, fixé d'avance et isolément, sans se préoccuper des observations qui pourront être présentées soit par les autres membres du conseil, soit par le juge de paix qui dirige la délibération et qui y prend part, le mandant a porté atteinte à la liberté de discussion qui est de l'essence même de toute délibération. En ce sens, il a été jugé que l'art. 412 c. civ., en autorisant les membres d'un conseil de famille à se faire représenter par un mandataire spécial, ne les autorise pas à donner un mandat impératif; que le mandat impératif est frappé d'une nullité radicale qui doit entraîner la nullité de la délibération elle-même (Trib. civ. Chambéry, 16 mars 1880) (1).

112. Ainsi qu'on l'a dit au *Rép.* n°s 161 et suiv., le même

(1) (X...). — Une instance en dation d'un conseil judiciaire avait été dirigée contre X... devant le tribunal civil de Chambéry. Il soutint que la délibération du conseil de famille favorable à cette demande était nulle, deux des parents qui n'avaient pas comparu en personne ayant donné mandat impératif à leurs représentants de voter pour la nomination d'un conseil judiciaire. Il opposa, de ce chef, une fin de non-recevoir à la demande. Le tribunal admit la fin de non-recevoir en ces termes :

LE TRIBUNAL; — Attendu qu'il résulte des productions faites qu'à la délibération du conseil de famille du 29 nov. 1879 ont assisté deux parents représentés par des mandataires spéciaux; que les procurations jointes à cette délibération établissent que ces derniers avaient un mandat exprès, et qu'ils s'en sont acquittés strictement en votant pour la nomination d'un conseil judiciaire; que le défendeur soutient qu'il n'y a pas eu en réalité délibération, et que le tribunal se trouve appelé à se prononcer sur la question de savoir si l'art. 412 c. civ., en autorisant les membres d'un conseil de famille à se faire représenter par un mandataire spécial, les autorise en même temps à donner un mandat impératif; — Attendu que la règle générale est que tout membre d'un corps délibérant doit y assister personnellement; que cette règle est consacrée par l'art. 412 c. civ., et que ce n'est qu'exceptionnellement que le législateur, après avoir eu soin de déterminer quelles sont les personnes qui doivent faire partie du conseil de famille, les autorise à se faire représenter par un mandataire spécial; que la liberté de discussion appartient à l'essence même de toute délibération qui doit être suivie d'un vote, discussion qui a pour but de l'éclairer, et la faculté de donner un mandat impératif, d'enchaîner son mandataire en lui imposant d'avance ce qu'il doit dire et faire, est essentiellement contraire à cette liberté; que la loi, en autorisant les membres du conseil de famille à se faire représenter par un mandataire spécial, n'a pu autoriser un résultat si contraire à la fonction déléguée, comme aussi à la dignité du mandataire lui-même; que le mandat doit être spécial en ce sens qu'il doit faire connaître l'objet de la convocation et de la délibération, mais ne peut évidemment comprendre l'obligation de voter dans un sens déterminé, fixé d'avance et isolément par un des membres du conseil de famille, sans se préoccuper des observations qui pourront être présentées soit par les autres membres, soit aussi par le juge de paix appelé à diriger la délibération et à y prendre part; qu'il résulte des considérations qui précèdent qu'on ne saurait donner aucune valeur au vote de deux mandataires, et que cette circonstance doit entraîner la nullité de la délibération elle-même; que les demandeurs soutiennent en vain que l'irrégularité signalée aurait été sans influence sur un vote émis à l'unanimité, et que, la loi ne prononçant aucune nullité, il appartient aux tribunaux d'apprécier le caractère et la portée des irrégularités signalées; car, d'une part, en faisant abstraction du vote des deux mandataires, on ne se trouve plus dans le cas prévu par l'art. 415. où les trois quarts des membres convoqués sont présents, et d'autre part il s'agit, en l'espèce, d'une de ces irrégularités qui doivent vicier radicalement la délibération intervenue et ne permettent pas de s'y arrêter; — Attendu que la nullité de la délibération, sans porter aucune atteinte à l'action intentée, doit avoir néanmoins pour résultat la nullité de tous les actes qui l'ont suivie; — Par ces motifs; — Déclare nulle et de nul effet la délibération du conseil de famille du 29 nov. 1879, et de tous les actes qui l'ont

mandataire ne peut pas représenter plus d'une personne, et, par suite, un membre présent ne peut pas représenter un membre absent. Le greffier qui assiste le juge de paix ne peut pas non plus être mandataire.

La procuration doit être spéciale, mais non pas nécessairement authentique; elle doit être enregistrée et annexée au procès-verbal de la délibération (En ce sens : Aubry et Rau, t. 1, § 94, p. 384; Laurent, t. 4, n° 457; Baudry-Lacantinerie, t. 1, n° 1027; Huc, t. 3, n° 308).

113. Le juge de paix ne peut pas agréer, comme mandataire, une personne qui serait elle-même incapable d'être membre du conseil de famille. La question a été jugée relativement au mineur (*Rép.* n° 165). — On devrait décider de même relativement au mineur émancipé et à la femme, bien que tous les deux soient, en principe, capables d'être mandataires (c. civ. art. 1990; Aubry et Rau, Laurent, Baudry-Lacantinerie, Huc, *loc. cit.*).

114. Le conseil de famille n'est pas un corps permanent. Il doit être recomposé chaque fois qu'il devient nécessaire de le convoquer. Il ne doit plus être composé des mêmes membres, quand, dans l'intervalle d'une assemblée à l'autre, il se trouve sur les lieux des parents ou alliés plus proches (*Rép.* n° 167). Cependant, le juge de paix ne doit user qu'avec réserve de la faculté qui lui appartient de modifier le conseil de famille, et le tribunal auquel une délibération serait déférée devrait, pour la maintenir ou pour l'annuler, examiner si ce n'est pas à dessein et pour briser une majorité dévouée au mineur, que la composition du conseil a été modifiée (V. outre les autorités citées au *Rép.* n° 167 : Caen, 30 déc. 1857, aff. Berrurier, D. P. 58. 2. 146; Trib. Mâcon, 28 mai 1890, aff. Leriche, D. P. 91. 2. 223; Aubry et Rau, t. 1, § 91, p. 373, note 6; Laurent, t. 4, n° 451 ; Huc, t. 3, n° 298). Par application du principe que les conseils de famille ne sont pas des corps permanents, il a été décidé que le jugement qui déclare régulière la composition du conseil de famille, réuni pour une délibération déterminée, n'a pas force de chose jugée pour faire maintenir la même composition de ce conseil dans une délibération ayant un objet autre que celui de la première (Caen, 31 juill. 1878, aff. Guérouit, D. P. 79. 2. 269. V. *suprà* v° *Chose jugée*, n° 76). — Jugé, toutefois : 1° que, la permanence du conseil de famille dans sa composition étant un principe dont l'observation fait disparaître toute espèce d'arbitraire et protège les intérêts des mineurs, une délibération portant destitution du tuteur ne peut être critiquée par celui-ci comme irrégulière, en ce que, par exemple, l'aïeule maternelle du mineur, domiciliée dans le périmètre légal n'y aurait pas été appelée, alors que le conseil était composé des mêmes personnes qui déjà, dans deux délibérations précédentes, l'avaient formé, à la requête du tuteur lui-même (Rouen, 9 déc. 1854, aff. C..., D. P. 55. 2. 106) ; — 2° Que, s'il n'est pas absolument nécessaire, pour la validité des délibérations des conseils de famille, que ces conseils soient toujours composés des mêmes personnes, les tribunaux ont le droit et le devoir d'annuler ces délibérations lorsque c'est à dessein et pour briser une majorité dévouée au mineur que la composition du conseil a été modifiée (Bordeaux, 9 juin 1863) (1).

115. — 2° *Juge de paix* (*Rép.* n°s 168 et 169). — Le juge de paix est membre de droit et président nécessaire du conseil de famille. En cas d'empêchement, il doit se faire remplacer par son suppléant. Le tribunal n'est pas autorisé à déléguer un de ses membres pour présider le conseil de famille aux lieu et place du juge de paix (V. *Rép.* n°s 168 et 227 ; *infrà*, n° 156; Aubry et Rau, t. 1, § 93, p. 378; Laurent, t. 4, n° 430). Il doit, à peine de nullité, prendre part à la délibération (V. *Rép.* n°s 168 et 226). Il a voix prépondérante en cas de partage (V. *Rép.* n°s 168 et 229 et *infrà*, n° 158). Il ne fait pas acte de juge en présidant le conseil de famille ; d'où il suit qu'il reste membre et président de ce conseil lorsque, ensuite de l'annulation d'une délibération, le même objet est de nouveau soumis au conseil (V. *Rép.* n° 234 ; Laurent, t. 4, n° 431). Cependant, la présidence du conseil de famille faisant partie de ses attributions de magistrat, il en résulte qu'il ne peut ni former un recours contre la délibération, ni être mis en cause sur le recours formé par un parent (V. *Rép.* n° 257 et *infrà*, n° 180).

116. C'est au juge de paix qu'il appartient de former le conseil de famille et la loi lui laisse le soin d'apprécier, provisoirement et sauf recours au tribunal, la capacité des personnes qui doivent composer le conseil de famille et de choisir les amis qu'il appelle à défaut de parents (V. *Rép.* n°s 168 et suiv., 200, et *infrà*, n°s 129 et suiv. et 141). Il a le pouvoir d'ajourner ou de proroger l'assemblée (V. *Rép.* n° 194, et *infrà*, n° 147)

117. — 3° *Parents et alliés* (*Rép.* n°s 170 à 181). — Aux termes de l'art. 407 c. civ., le conseil de famille doit se composer, non compris le juge de paix, de six parents ou alliés, pris tant dans la commune où la tutelle s'est ouverte que dans la distance de deux myriamètres, moitié du côté paternel, moitié du côté maternel, en suivant l'ordre de proximité dans chaque ligne. Le parent est préféré à l'allié du même degré. Entre parents de même degré, le plus âgé est préféré au plus jeune (V. *Rép.* n° 170). Le nombre des membres *convoqués* ne peut donc pas être inférieur à six. Il ne peut pas non plus être supérieur à ce chiffre, sauf l'exception en faveur des ascendants et des frères germains (c. civ. art. 408). Si moins de six membres ont été convoqués, la délibération doit être annulée, car l'assemblée n'a pas été constituée suivant la loi (V. *suprà*, n° 109). Il en est de même si l'un des six membres appelés à l'assemblée était légalement incapable d'en faire partie (Aix, 3 févr.

---

suivie, et ordonne que ce conseil, formé suivant les prescriptions de la loi, donnera son avis sur la demande présentée, en exécution du jugement du 13 nov. 1879.

Du 16 mars 1880.-Trib. civ. de Chambéry.-MM. Cappier, pr.-Laracine, et Chabert, av.

(1) (Bertrand *C.* Lavigne.) — LA COUR ; — Attendu que, dans son contrat de mariage avec François Bertrand, passé devant Jarneaud, notaire à Montguyon, le 10 mars 1856, Elisabeth Hubert mineure, fille naturelle reconnue de Pétronille Hubert, décédée, est déclarée agir avec l'assistance et sous l'autorisation de Jacques-Philippe Bertet, qualifié de tuteur *ad hoc* nommé par délibération du conseil de famille, en date du 5 du même mois ; mais que, cette qualité étant contestée, il s'agit de savoir si elle lui a été réellement donnée conformément aux prescriptions de l'art. 159 c. civ. ; — ... Attendu qu'en admettant que Bertet fût investi de pouvoirs suffisants pour habiliter la mineure Elisabeth Hubert à convenir des conditions de son mariage avec Bertrand, et à faire à son époux la donation de l'usufruit de ses biens, cette donation devrait encore être annulée à un autre point de vue; — Attendu, en effet, que, s'il n'est pas absolument nécessaire pour la validité des délibérations des conseils de famille qu'ils soient toujours composés des mêmes personnes, les tribunaux ont le droit et le devoir de les annuler lorsque c'est à dessein, et pour briser une majorité dévouée au mineur, que la composition du conseil a été modifiée ; — Attendu que deux des personnes qui avaient fait partie du conseil de famille de la mineure Elisabeth Hubert, pour ses précédentes délibérations, ont été écartées et remplacées par d'autres pour la délibération du 5 mars 1856 ; — Qu'il résulte des documents du procès que ces deux personnes étaient particulièrement connues pour avoir eu des rapports d'amitié avec la mère de la mineure, et pour porter un vif intérêt à celle-ci, et que, si elles ont été mises à l'écart dans cette circonstance, c'est parce qu'elles devaient s'opposer au mariage avec Bertrand, projeté par le tuteur contre la volonté de la mineure, qui avait manifesté hautement et depuis longtemps l'intention de s'unir à Lavigne, qu'elle préférait ; — Que les circonstances qui ont précédé, accompagné et suivi le mariage, démontrent clairement que non seulement les intérêts de la mineure n'ont pas été suffisamment défendus dans le conseil de famille ainsi composé, mais encore que le mariage et les conventions du contrat ont été projetés et calculés dans un esprit de fraude au préjudice de la mineure, dont la fin prochaine pouvait être facilement prévue, puisqu'elle était malade depuis longtemps, et qu'elle a succombé quatre jours après la célébration du mariage ; — Que c'est donc le cas d'annuler et de déclarer non avenue cette délibération dans laquelle Elisabeth Hubert n'a pas trouvé la protection promise par la loi à la faiblesse et à l'inexpérience de son âge ; — D'où il suit que, sous ce rapport encore, la donation qu'elle a pu faire sans être régulièrement assistée et autorisée, ainsi que l'exigent les art. 159, 1095 et 1398 c. civ., manque de la condition essentielle à sa validité et doit être annulée, ainsi que le demande Lavigne ;

Par ces motifs, faisant droit au principal, déclare nulle et de nul effet, pour défaut de consentement valable, la donation d'usufruit, faite par Elisabeth Hubert, au profit de Bertrand, dans leur contrat de mariage du 10 mars 1856, etc.

Du 9 juin 1863.-C. de Bordeaux, 2e ch.-MM. Gelibert, pr.-Joraut, av. gén.-Montraud et Saignat, av.

1832, *Rép.* n° 180; Paris, 21 mars 1861, aff. Veuve Gilbert, D. P. 61. 2. 73; Aubry et Rau, t. 1, § 96, p. 392; Laurent, t. 4, n° 473);... ou si l'un des membres a été irrégulièrement représenté;... ou encore si un membre n'a été convoqué que verbalement ou par lettre et ne s'est pas présenté;... ou si un membre a été convoqué par acte d'huissier, mais sans observation des délais de distance, et ne s'est pas présenté (V. *infrà*, n° 145). Si, au contraire, le nombre des membres dont le conseil doit se composer a été dépassé, MM. Aubry et Rau, t. 1, § 96, p. 394, enseignent que l'annulation de la délibération sera facultative pour le tribunal, suivant l'intérêt du mineur. Cependant on trouvera, au *Rép.* n° 172, des arrêts qui déclarent la délibération radicalement nulle (V. dans le même sens, Laurent, t. 4, n° 473).

118. Les parents ou alliés qui appartienent en même temps aux deux lignes peuvent-ils, à quelque degré qu'ils se trouvent, être classés dans l'une ou dans l'autre? L'affirmative est certaine en ce qui concerne les frères germains. Même lorsqu'ils ne sont pas seuls à composer le conseil de famille, ils peuvent être indifféremment placés soit dans la ligne paternelle, soit dans la ligne maternelle, puisque lorsqu'ils sont au nombre de six, l'art. 408 les appelle à représenter simultanément les deux lignes et à composer seuls tout le conseil (*Rép.* n°s 184 et suiv.). — La même solution peut être admise également en ce qui concerne les enfants et descendants de frères germains et les autres collatéraux. En effet, les personnes qui sont parentes dans les deux lignes n'appartiennent pas plus à l'une qu'à l'autre, et l'art. 407 ne dit pas que les parents ou alliés à prendre par moitié dans la ligne paternelle et dans la ligne maternelle doivent appartenir exclusivement à la ligne qu'ils ont mission de représenter (V. *Rép.* n° 186; Demolombe, t. 7, n° 269; Aubry et Rau, t. 1, § 93, p. 379, note 6; Laurent, t. 4, n° 438). On a cependant combattu cette opinion au *Rép.* n° 187, et soutenu que l'exception créée par l'art. 408 en faveur des frères germains ne s'étend pas aux neveux. Dans tous les cas, le nombre de membres que l'une des lignes doit fournir ne peut pas être complété par des parents ou alliés pris dans l'autre ligne (Demolombe, t. 7, n° 267; Aubry et Rau, *loc. cit.*; Laurent, t. 4, n° 473; Baudry-Lacantinerie, t. 1, n° 1023).

119. La peine de la nullité de la délibération est-elle attachée à l'inobservation des dispositions de l'art. 407, s'il existait, dans le rayon déterminé par cet article, des parents plus proches que ceux qui ont été convoqués? Cette question a été examinée au *Rép.* n°s 174 et suiv. et, conformément à l'avis qu'on y a exprimé, il faut reconnaître, d'après les principes admis aujourd'hui par la jurisprudence, que la délibération sera simplement annulable dans l'intérêt du mineur, hors les cas de dol et de fraude qui dispensent de toute preuve d'une lésion et la font présumer (V. en ce sens, outre les autorités citées au *Rép.* n° 175: Aubry et Rau, t. 1, § 96, p. 393, note 22; Laurent, t. 4, n°s 477 et suiv. V. aussi *suprà*, n° 109, et *infrà*, n° 130).

120. On a dit au *Rép.* n° 181 que la loi n'exige pas un domicile légal, mais simplement une résidence dans le rayon déterminé par l'art. 407, pour désigner les parents appelés à faire partie du conseil de famille au choix du juge de paix (Comp. Demolombe, t. 7, n° 277; Aubry et Rau, t. 1, § 93, p. 378; Laurent, t. 4, n° 432; Baudry-Lacantinerie, t. 1, n° 1023; Huc, t. 3, n° 303). D'ailleurs, en vertu de l'art. 410, le juge de paix a la faculté, non l'obligation, d'appeler au conseil des parents plus proches en degré ou de même degré, demeurant au delà de deux myriamètres, même quand il y a un nombre suffisant de parents dans la distance légale; mais ces parents plus proches en degré, étant domiciliés hors du périmètre tracé par l'art. 407, ne pourraient pas contraindre le juge de paix à les convoquer, même en offrant de supporter les frais de déplacement (*Rép.* n° 193; Laurent, t. 4, n° 434; Liège, 21 juill. 1817, cité par cet auteur).

121. Toutes les solutions applicables aux parents sont également applicables aux alliés. Mais l'alliance subsiste-t-elle lorsque l'époux qui la produisait est mort sans laisser de descendants issus de son mariage? L'affirmative a été admise au *Rép* n° 189 (V. en ce sens: Demolombe, t. 7, n° 253; Aubry et Rau, t. 1, § 93, p. 378, note 4). M. Laurent, t. 4, n° 436, dit qu'en théorie il est permis de soutenir que l'alliance subsiste en pareil cas; mais qu'il n'y a rien d'absolu en cette matière; que. suivant les effets qu'elle doit produire, la loi considère l'affinité tantôt comme existante (c. proc. civ. art. 283 et 378) et tantôt comme éteinte (c. civ. art. 206); que, relativement à l'organisation de la tutelle, les alliés ne sont appelés au conseil de famille qu'à raison de leur affection présumée pour le mineur; que, lorsque tous les liens sont rompus par la mort entre les deux familles, cette affection disparaît et qu'il n'y a plus vraiment lieu de considérer l'alliance comme existant encore (V. *suprà*, v° *Mariage*, n° 118).

122. — 4° *Frères germains et ascendants* (*Rép.* n°s 182 à 191). — Ainsi qu'on l'a dit au *Rép.* n° 182, le législateur fait deux exceptions à la règle de l'art. 407, qui limite à six le nombre des membres composant légalement le conseil de famille: 1° en faveur des frères germains et des maris des sœurs germaines; 2° en faveur des ascendants et des ascendantes veuves (et non pas des veuves d'ascendants) (c. civ. art. 408). Si les frères germains et maris des sœurs germaines sont au nombre de six, ou davantage, ils font tous partie du conseil de famille et le composent à eux seuls avec les ascendants et ascendantes veuves. S'ils sont en nombre inférieur à six, les autres parents ne sont appelés que pour compléter le conseil.

Dans l'hypothèse où l'un des frères germains n'a pas été appelé au conseil de famille, la délibération est-elle nulle ou peut-elle seulement être annulée si l'intérêt du mineur a été lésé, sauf le cas de dol ou de fraude? On a répondu, au *Rép.* n° 183, que la règle de l'art. 408 est d'ordre public et que le tribunal devra déclarer dans tous les cas la délibération nulle (V. les arrêts cités au *Rép.* n° 183). L'opinion contraire est soutenue par MM. Aubry et Rau, t. 1, § 96, p. 394, et Laurent, t. 4, n° 483; pour eux la nullité n'est que facultative, et les juges devront se prononcer suivant les circonstances (V. *suprà*, n° 109, et *infrà*, n° 130).

123. Mais les ascendants, les ascendantes veuves, les frères germains et les maris des sœurs germaines ne sont appelés à faire partie du conseil de famille, quel que soit leur nombre, que s'ils se trouvent sur les lieux ou à la distance de deux myriamètres. L'art. 408 ne déroge à la règle tracée par l'art. 407, pour la composition du conseil de famille, que relativement au nombre des membres appelés à faire partie du conseil et non quant aux limites du rayon dans lequel on doit choisir ces membres (Demolombe, t. 7, n° 265; Aubry et Rau, t. 1, § 94, p. 380, note 10; Laurent, t. 4, n° 437; Huc, t. 3, n° 304.

124. En ce qui concerne la faculté de placer les frères germains, les maris des sœurs germaines et leurs enfants dans l'une et l'autre ligne, V. *suprà*, n° 118.

125. Comme on l'a dit au *Rép.* n° 408, les maris des sœurs germaines sont appelés au conseil de famille parce qu'en principe les femmes sont exclues de cette assemblée. Il n'y a d'exception que pour la mère et pour les ascendantes. — Le mari d'une sœur germaine est-il membre du conseil de famille quand sa femme est morte sans enfants issus de leur mariage? V. *suprà*, n° 121.

126. Les ascendants domiciliés dans le rayon de deux myriamètres sont-ils, au même titre que les frères germains, membres nécessaires du conseil de famille? La question est controversée. On s'est prononcé pour l'affirmative au *Rép.* n° 190. V. dans le même sens: Aubry et Rau, t. 1, § 94, p. 380, note 11; Laurent, t. 4, n° 440; Baudry-Lacantinerie, t. 1, n° 1024; Huc, t 3, n° 304.

127. Bien que l'art. 408, 2e al., n'appelle au conseil de famille que les ascendants *valablement excusés*, cette disposition ne s'applique pas seulement aux ascendants qui se sont fait excuser de la tutelle légale, mais à tous les ascendants indistinctement. Les rédacteurs du code, qui ne s'étaient occupés dans les trois articles précédents que de l'hypothèse où le conseil de famille est convoqué pour la nomination d'un tuteur, sont, à tort, partis de l'idée qu'il ne pouvait y avoir lieu à la nomination d'un tuteur datif qu'autant que tous les ascendants se seraient fait excuser (Demolombe, t. 7, n° 261; Aubry et Rau, t. 1, § 93, p. 379, note 8). Ainsi, les ascendants doivent être appelés au conseil de famille, bien qu'il n'ait pas été question de les excuser, quand c'est le survivant des père et mère qui est tuteur, ou quand le dernier mourant a nommé un tuteur testamentaire;

de même, dans les cas de tutelle dative ouverte par le refus de la mère, l'excuse, l'exclusion ou la destitution du survivant des père et mère ou du tuteur testamentaire. En un mot, dans tous les cas où il y a lieu à la tutelle dative sans qu'il y ait eu lieu à la tutelle légitime des ascendants, ceux-ci, bien qu'ils ne soient pas excusés, devront être appelés à faire partie du conseil de famille. Seuls, les ascendants exclus ou destitués de la tutelle ne doivent pas être appelés au conseil (c. civ. art. 445) (Comp. Laurent, t. 4, n° 439; Baudry-Lacantinerie, t. 1, n° 1024; Huc, t. 3, n° 304).

Le défaut de convocation d'un ascendant sera-t-il sanctionné par la nullité absolue ou simplement relative de la délibération? V. *suprà*, n° 122, ce qui est dit au sujet des frères germains.

128. Ainsi qu'il est expliqué au *Rép.* n° 191, ce sont les ascendantes veuves qui sont appelées au conseil de famille, par exception à la règle générale qui en écarte les femmes. Bien que la loi se serve de l'expression impropre : *veuves d'ascendants*, la belle-mère même, à plus forte raison les veuves mariées en secondes noces, sont exclues du conseil par l'art. 442. L'opinion conforme de M. Duranton, citée au *Rép.* n° 191, a été suivie par tous les auteurs (V. Demolombe, t. 7, n° 259; Aubry et Rau, t. 1, § 93, p. 379, note 9; Laurent, t. 4, n° 439; Baudry-Lacantinerie, t. 1, n° 1024; Huc, t. 3, n° 304).

129. — 5° *Parents hors la distance de deux myriamètres, et amis* (*Rép.* n°s 192 à 201). — Le juge de paix, en cas d'insuffisance de parents ou alliés sur les lieux ou dans le périmètre déterminé par l'art. 407 c. civ., doit, aux termes de l'art. 409, convoquer soit des parents demeurant au delà de ce périmètre, soit des habitants de la commune connus pour avoir eu des relations habituelles d'amitié avec le père ou la mère du mineur. Entre ces deux catégories : parents hors de la distance légale, amis domiciliés dans la commune, le choix du juge est facultatif (*Rép.* n° 193; Demolombe, t. 7, n° 266; Aubry et Rau, t. 1, § 94-2°, p. 380; Laurent, t. 4, n° 442; Huc, t. 3, n° 305). Le parent qui demeure hors la distance légale ne peut pas prétendre faire partie du conseil, de préférence à l'ami que désigne le juge de paix (*Rép.* n° 195; Demolombe, t. 7, n° 274; Laurent, *loc. cit.*). Comp. *Rép.* n° 193, et *suprà*, n° 120, où ce même droit est dénié au parent plus proche en degré par rapport au parent moins proche, mais domicilié dans le rayon légal.

130. Il y a lieu d'examiner ici, en thèse générale, une question dont on a rencontré *suprà*, n°s 117, 119, 122 et 127, des applications particulières, et qui a été traitée, spécialement en ce qui concerne le choix des amis de préférence aux parents, au *Rép.* n°s 196 et suiv. Si, dans la composition du conseil de famille, on a, contrairement à la loi et hors des cas prévus par elle, préféré un parent plus éloigné à un parent plus proche, un allié à un parent, ou si l'on a appelé des amis pour composer le conseil de famille, bien qu'il existât des parents dans le rayon légal, cette irrégularité aura-t-elle pour conséquence forcée la nullité de la délibération? Tout d'abord, la jurisprudence inclinait à se prononcer, en pareil cas, d'une façon absolue. Tantôt elle validait la délibération, tantôt elle l'annulait, par des décisions de principes et sans prendre égard aux circonstances et à l'intérêt du mineur (V. dans le sens de la validité : Bruxelles, 15 mars 1806, *Rép.* n° 175; Turin, 5 mai 1810, *Rép.* n° 198; Turin, 10 avr. 1811, *Rép.* n° 175. V. dans le sens de la nullité : Lyon, 15 févr. 1812, *Rép.* n° 174; Rouen, 7 avr. 1827, *Rép.* n° 174). Aujourd'hui, la jurisprudence paraît définitivement fixée en ce sens que, l'art. 409 n'attachant pas la peine de la nullité à l'inobservation de ses prescriptions, la nullité de la délibération ne doit être prononcée nécessairement que quand l'exclusion des parents a été le résultat de la fraude. Hors ce cas, la délibération n'est annulable que si l'intérêt du mineur a souffert de l'irrégularité. — En ce sens il a été jugé : 1° que le juge de paix est le souverain appréciateur de l'idonéité des membres qui doivent composer le conseil de famille; par suite, qu'il a pu n'appeler que des amis à ce conseil, bien qu'il y eût des parents domiciliés à la distance légale, alors que l'état de santé de ceux-ci ne leur permettait pas d'assister à la délibération (Douai, 4 juill. 1855, aff. Marescaux, D. P. 57. 2. 47); — 2° Que l'inobservation des règles prescrites pour la composition des conseils de famille n'entraîne pas la nullité des délibérations du conseil irrégulièrement formé, s'il est reconnu que la famille, soit du côté paternel, soit du côté maternel, a été réellement représentée par ce conseil, et que le mineur ou interdit y a trouvé la garantie que la loi voulait lui assurer; qu'ainsi la nomination du tuteur faite par un conseil dans lequel ont été appelés deux amis, quoique, du côté que ces amis représentaient, il existât des parents domiciliés dans le périmètre légal, est valable, s'il est démontré, d'une part, que l'existence de ces parents était ignorée du juge de paix et que, d'autre part, les intérêts du mineur ou de l'interdit n'en ont pas souffert; qu'en tous cas, la mère tutrice qui a indiqué elle-même les parents et amis dont le conseil de famille a été composé n'est pas recevable à critiquer la composition de ce conseil, sous prétexte que des amis ont été appelés, alors qu'il y avait des parents dans le périmètre légal, ou que les personnes appelées à défaut de parents, n'avaient pas la qualité d'amis (Req. 3 mars 1856, aff. Wey, D. P. 56. 1. 290; 1er avr. 1856, aff. Lenoble, *ibid*; — 3° Que les art. 407 et 409 c. civ. ne disposent pas à peine de nullité, et que la loi laisse aux tribunaux le soin d'apprécier les circonstances qui peuvent autoriser, dans la composition des conseils de famille, des irrégularités exemptes de tout soupçon de dol ou de connivence; qu'en conséquence, un arrêt peut, sans violer aucune loi, valider la délibération d'un conseil de famille composé exclusivement d'amis, alors qu'il existait des parents à la distance légale, mais que des circonstances de fait suffisantes et souverainement appréciées par l'arrêt expliquaient leur exclusion, et alors d'ailleurs que les intérêts du mineur ont été sauvegardés (Req. 4 nov. 1874, aff. Roquebert, D. P. 75. 1. 214; 20 janv. 1875, aff. Meissonnier, D. P. 76. 1. 28 ; Chambéry, 19 janv. 1886, aff. Aymard-Simonet, D. P. 87. 2. 161. Comp. *suprà*, n° 109; *Rép.* n°s 196 et suiv.; Aubry et Rau, t. 1, § 96, p. 393, notes 22 et suiv.; Laurent, t. 4, n° 485; Huc, t. 3, n° 306).

131. On a dit au *Rép.*, n° 201, que des citoyens non parents ni alliés ne sont aptes à faire partie du conseil de famille que sous la double condition du domicile dans la commune et de relations habituelles d'amitié avec le père ou la mère du mineur. D'autre part, c'est au juge de paix qu'appartient le choix des amis appelés à compléter le conseil de famille, non seulement lorsque ce choix lui est abandonné par les parties, mais encore lorsque ces amis lui sont présentés. Si le juge de paix a choisi, comme membres du conseil de famille, des personnes qui sont privées d'une manière absolue de toute *aptitude* à faire partie de ces conseils, les tribunaux auraient-ils encore le pouvoir discrétionnaire d'annuler ou de maintenir la délibération, suivant que les intérêts du mineur auront été ou non suffisamment garantis? L'arrêt de la chambre civile que l'on a cité au *Rép.* n° 201 reconnaissait déjà que la nullité de la délibération n'est facultative pour le juge que dans le cas où l'irrégularité consiste à n'avoir pas observé *l'ordre* de convocation des personnes appelées à faire partie du conseil de famille; que la nullité est obligatoire, au contraire, quand un membre du conseil de famille ne réunissait pas les conditions d'aptitude exigées par la loi (Civ. cass. 19 août 1850, aff. Boisgontier, D. P. 50. 1. 281). Ainsi, lorsqu'un des membres du conseil, appelé à titre d'ami, n'est pas domicilié dans la commune, la délibération doit être nécessairement déclarée nulle. Telle était l'espèce de l'arrêt précité. Dans le même sens, il a été jugé que le pouvoir discrétionnaire qui appartient aux tribunaux pour apprécier le caractère et la gravité des irrégularités commises dans la composition d'un conseil de famille appelé à donner un avis sur une demande en interdiction, ne les autorise pas à méconnaître les causes d'incapacité qui frappent les personnes appelées à y siéger; que, spécialement, ils doivent annuler la délibération d'un conseil de famille à laquelle ont pris part, soit, à défaut de parents, des amis non domiciliés dans la commune, soit une personne dont le père avait, avec le défendeur à l'interdiction, un procès intéressant la fortune de celui-ci, et qui, d'ailleurs, sans être elle-même partie au procès, y avait un intérêt indirect (Chambéry, 13 janv. 1879, aff. Gielly, D. P. 80. 2. 9).

Cependant la théorie consacrée par l'arrêt de la cour de cassation de 1850, paraît bien rigoureuse. La qualité d'ami serait donc essentiellement attachée à ce fait de la résidence dans la commune où s'ouvre la tutelle. A un ami veritable dont l'affection pour les parents du mineur est connue de tous, le juge de paix devra préférer un indifférent, par l'unique motif que celui-ci habite la commune et que celui-là réside aux portes de la ville, ou dans un village voisin. Quant aux relations habituelles d'amitié, on conçoit très bien que le législateur ait fait, de l'affection pour le mineur, une condition d'aptitude à siéger au conseil de famille, et qu'il ait guidé le choix du juge de paix en lui donnant une indication à suivre; mais qu'il s'agisse ici d'une condition essentielle dont l'absence constituerait une inaptitude absolue et vicierait la délibération radicalement, c'est ce que ne dit pas l'art. 409, et c'est ce qu'il est assez difficile d'admettre. Il pourra très bien arriver qu'à défaut de parents ou d'alliés, il n'existe pas dans la commune de personne remplissant la condition d'avoir eu des relations habituelles d'amitié avec le père ou la mère du mineur. Alors la composition du conseil de famille deviendrait chose impossible. Si l'étranger convoqué à défaut de parents n'est pas domicilié dans la commune, s'il n'a pas eu de relations habituelles d'amitié avec les parents du mineur, nous pensons qu'il en doit être comme de l'inobservaiton de l'ordre de préférence légale entre les parents ou alliés : on aura égard aux circonstances, et la délibération sera simplement annulable si l'intérêt du mineur l'exige (Comp. Aubry et Rau, t. 1, § 96, p. 393. note 25; Laurent, t. 4, n° 486). — Il a été jugé en ce sens : 1° qu'en cas d'insuffisance des parents ou alliés, le juge de paix peut compléter le conseil en y appelant des citoyens même n'ayant pas eu avec le défendeur des relations habituelles et suivies, s'il ne se trouve pas dans la localité des personnes remplissant cette condition, sauf au tribunal à peser cette circonstance lorsqu'il aura à statuer sur le fond (Bordeaux, 17 janv. 1860, aff. Courtez, D P. 60. 2. 95); — 2° Que les règles relatives à la composition des conseils de famille, édictées par l'art. 409, c. civ., et spécialement celle qui est relative au devoir du juge de paix de choisir dans la commune même les amis appelés à remplacer les parents, ne sont pas prescrites à peine de nullité; qu'il appartient aux tribunaux d'apprécier les circonstances qui peuvent excuser les irrégularités relevées, quand elles sont exemptes de dol ou de tout caractère préjudiciable pour les intérêts des incapables (Limoges, 17 juin 1889, aff. Durand, D. P. 90. 2. 336); — 3° Que des amis domiciliés hors de la commune où devait se tenir le conseil ont pu être valablement convoqués, s'ils n'en étaient que peu éloignés (de moins d'un kilomètre); que, du moins, l'irrégularité de la composition du conseil de famille n'entraîne pas, en pareil cas, la nullité de la délibération, si elle n'a pas été le résultat de manœuvres frauduleuses et n'a pu entraîner aucun préjudice pour le mineur (Douai, 4 juill. 1855, aff. Marescaux, D. P. 57. 2. 47); — 4° Que le conseil de famille d'un enfant naturel peut être valablement composé d'amis domiciliés même hors de la commune (Douai, 22 juill. 1856, *infrà*, n° 638). — La cour de cassation s'est elle-même écartée du principe qu'elle avait admis dans son arrêt de 1850. En effet, la chambre des requêtes a jugé que la nomination, comme membre du conseil de famille, en qualité d'ami, d'un individu sans relations habituelles d'amitié avec le père ou la mère du mineur, n'entraîne pas la nullité de ce conseil et de ses délibérations, si elle est le résultat d'une erreur et non le produit du dol ou de la fraude; qu'en conséquence, la délibération de ce conseil de famille, qui désigne un tuteur *ad hoc* pour représenter le mineur dans un procès contre son tuteur, est valable, et ce, alors même que le tuteur nommé serait l'individu ainsi appelé par erreur dans le conseil de famille (Req. 19 juill. 1858, aff. Héritier Mathieu, D. P. 59. 1. 13).

132. Au surplus, la loi n'exige des parents ou alliés appelés à faire partie du conseil de famille que cette qualité même; elle n'y ajoute pas la condition qu'ils aient eu, soit avec le père ou la mère du mineur, soit avec le défendeur à l'interdiction, des relations plus ou moins intimes. Il n'est pas permis de se montrer à cet égard plus exigeant que la loi et, quand le conseil a été formé suivant ses prescriptions, la régularité de sa composition ne peut pas être contestée. En ce sens, il a été jugé qu'en matière d'interdiction, est régulière la composition du conseil de famille auquel ont été appelés les plus proches parents ou alliés pris dans la commune où la réunion a lieu, bien qu'ils aient déclaré n'avoir jamais eu de rapports avec le défendeur à l'interdiction ou avoir cessé depuis longtemps tout rapport avec lui, alors d'ailleurs qu'il n'est articulé aucun fait de collusion entre eux et la partie poursuivante (Bordeaux, 17 janv. 1860, aff. Courtez, D. P. 60. 2. 95).

133. Le pouvoir discrétionnaire du juge, pour annuler ou pour maintenir la délibération, trouverait son application dans le cas où l'on ferait valoir que l'un des membres du conseil de famille était sous le coup d'une cause d'exclusion non formellement établie par la loi. On a examiné, au *Rép.* n° 180, l'hypothèse où le mineur est en procès avec l'un des membres du conseil de famille appelé à délibérer au sujet de ce procès. Il a été jugé, depuis : 1° que si la composition du conseil de famille peut en certain cas, être déclarée irrégulière, dans l'intérêt de l'incapable, pour des causes d'exclusion non formellement établies par la loi, les tribunaux sont libres de prononcer ou non la nullité ; qu'ainsi, la décision par laquelle ils refusent d'annuler la délibération d'un conseil de famille portant autorisation d'hypothéquer les biens de l'incapable et, par exemple, les biens dotaux d'une femme séparée de biens, mariée sous l'empire de la coutume de Normandie, bien qu'il se trouvât, parmi les parents ou amis appelés à composer le conseil, des créanciers de cet incapable, échappe à la censure de la cour de cassation (Req. 11 août 1852, aff. De Beaunay, D. P. 54. 1. 318); — 2° Que la délibération du conseil de famille qui nomme un subrogé tuteur *ad hoc*, à raison de l'opposition d'intérêt existant entre le mineur et le subrogé tuteur, n'est pas nulle, par cela seul que ce dernier y a participé, alors surtout que, lui retranché, il restait dans le conseil de famille le nombre de parents nécessaire et que, d'ailleurs, la délibération a été prise à l'unanimité (Grenoble, 11 janv, 1864, aff. Pallavicino, D. P. 65. 2. 57); — 3° Que la présence, dans le conseil de famille, d'une ou plusieurs des parties contre lesquelles le tuteur se propose d'exercer une action au nom du mineur, n'entraîne pas la nullité de la délibération relative à cette action, lorsque l'autorisation sollicitée par le tuteur lui a été accordée à la majorité des voix (Trib. Briey, 24 janv. 1878, aff. Bouchy, D. P. 79. 3. 40. V. cependant Chambéry, 11 janv. 1879, aff. Gielly, D. P. 80. 2. 9).

134. Comme on l'a dit au *Rép.* n° 194, si les parents les plus proches cités pour faire partie d'un conseil de famille ne veulent pas ou ne peuvent pas comparaître, le juge de paix peut permettre d'en appeler d'autres plus éloignés. En effet, même dans le cas où le parent convoqué a fait présenter une excuse, l'art. 414 c. civ. n'exige pas qu'on attende et que l'assemblée soit ajournée. A plus forte raison, cet ajournement ne peut-il être obligatoire lorsqu'il n'a pas été répondu à la convocation. Le défaut de réponse à la convocation équivaut au défaut de présence sur les lieux et permet au juge de paix de composer le conseil de famille avec les éléments indiqués par l'art. 409. En ce sens, il a été jugé que, lorsqu'un parent convoqué à la réunion du conseil de famille d'un mineur n'a, quoique présent sur les lieux, ni répondu à cette invitation, ni fait parvenir d'excuse, le juge de paix ne fait qu'user de son droit en le remplaçant par un ami de la famille (Trib. Lyon, 19 juin 1869, aff. S..., D. P. 70. 3. 104).

§ 2. — De la convocation du conseil de famille. — Lieu d'ouverture de la tutelle. — Domicile (*Rép.* n°s 202 à 224).

135. — I. FORMATION ET CONVOCATION DU CONSEIL DE FAMILLE (*Rép.* n°s 202 à 207, 220 à 224). — Le conseil de famille est convoqué par le juge de paix, soit d'office, soit sur réquisition. Quand il s'agit de la nomination du tuteur, le juge de paix peut convoquer d'office (c. civ. art. 406). Le droit de réquisition appartient dans le même cas aux parents et alliés sans limitation de degré, ou du moins jusqu'au douzième degré. Il appartient encore aux créanciers et autres parties ayant un intérêt pécuniaire (V. *Rép.* n° 202). S'il y a lieu à destitution du tuteur ou du subrogé tuteur, le droit de convocation d'office est expressément attribué au juge de paix par les art. 446 et 426 c. civ. Le droit de réquisition est réservé alors aux seuls parents ou alliés au degré de cousin germain ou à des degrés plus proches. Mais on rentre dans la règle générale, et le droit de convoquer le conseil appartient à tous parents, alliés, créanciers ou autres intéressés, dans l'hypothèse spéciale de l'art. 421 c. civ., c'est-à-dire quand la destitution du tuteur légal est poursuivie pour dol, à défant par lui d'avoir fait nommer le subrogé tuteur avant de s'ingérer dans la tutelle. Le subrogé tuteur a aussi le droit de requérir la convocation du conseil de famille pour la destitution du tuteur (c. civ. art. 446) (*Rép.* n° 203; Demolombe, t. 7, n° 285; Aubry et Rau, t. 1, § 94, p. 382; Laurent, t. 4, n° 452).

136. Quand il s'agit de délibérer sur les intérêts du mineur pourvu d'un tuteur, le juge de paix a-t-il qualité pour convoquer d'office le conseil de famille? MM. Aubry et Rau, t 1, § 94, p. 382, enseignent que la convocation ne peut être faite que sur la réquisition du tuteur ou du subrogé tuteur seul. On a, au contraire, soutenu, au *Rép.* n° 204, que les énonciations des art. 406, 426, 446 ne sont pas limitatives, et nous pensons que le juge de paix, membre et président de droit du conseil de famille, a qualité pour convoquer le conseil dans tous les cas où l'intérêt du mineur paraît l'exiger (Conf. Demolombe, t. 7, n° 280; Laurent, t. 4, n° 452).

Bien que la loi ne mentionne pas le tuteur, il est évident qu'il peut requérir la convocation du conseil de famille chaque fois que l'autorisation de ce conseil est nécessaire pour un acte de la gestion. Il le peut puisqu'il est tenu de le faire. Il a le même droit chaque fois qu'il croit devoir consulter le conseil de famille. Le subrogé tuteur et les membres du conseil ont aussi, croyons-nous, le droit de requérir la convocation pour tout objet rentrant dans les attributions du conseil, pendant la gestion, quand le tuteur ne satisfait pas à ses obligations. Les applications de la loi du 27 févr. 1880 (*infrà*, n° 409) paraissent, notamment, comporter cette solution.

137. La convocation du conseil de famille à l'effet de délibérer sur l'émancipation du mineur ne peut être requise que par des parents ou alliés jusqu'au degré de cousin germain inclusivement ou par le tuteur (c. civ. art. 479) (V. *Rép.* n° 780).

138. Les officiers du ministère public, ne sont pas au nombre des personnes désignées par l'art. 406. Ainsi qu'on l'a dit au *Rép.* n° 205, la jurisprudence et la doctrine sont d'accord pour reconnaître qu'ils n'ont pas le droit de requérir la convocation. — Le ministère public n'ayant pas le droit de requérir, le tribunal n'a pas celui de statuer sur ses réquisitions. D'où il suit que la délibération ordonnée par un jugement rendu sur lesdites réquisitions serait atteinte de nullité (V. les autorités citées au *Rép.* n° 205. *Adde :* Aubry et Rau, t. 1, § 94, p. 382; Laurent, t. 4, n° 452; Baudry-Lacantinerie, t. 1, n° 1026).

139. On reconnaît seulement au ministère public le droit que l'art. 406 accorde à « toute personne » de dénoncer au juge de paix le fait qui donnera lieu à la nomination d'un tuteur. Toutefois la différence est notable entre le droit de *dénonciation* et le droit de *réquisition*. Le juge de paix est tenu de convoquer le conseil de famille quand il en est *requis* par ceux qui sont investis de ce droit. S'il rejette la requête, ces derniers peuvent former appel contre son ordonnance. S'il refuse d'y répondre, ils peuvent le prendre à partie. La *dénonciation* a pour objet de renseigner le juge de paix sur les faits, mais le laisse entièrement libre d'user ou non de son droit de convocation (Laurent, t. 4, n° 454; Huc, t. 3, n° 297).

140. Il n'est pas nécessaire que la convocation soit faite par le juge de paix lui-même. Sans doute, que la convocation ait lieu d'office ou sur réquisition, c'est toujours au juge de paix qu'il appartient de former la liste des membres du conseil de famille en se renseignant soit auprès du requérant, soit auprès de toute autre personne (V. *Rép.* n° 199 et *suprà*, n° 116; Demolombe, t. 7, n°s 275 et suiv.; Aubry et Rau, t. 1, § 94, p. 382 et suiv.; Laurent, t. 4, n° 444). Mais, en agréant les personnes qui lui sont présentées, le juge de paix ratifie le choix qu'en a fait celui qui a provoqué la convocation (*Rép.* n°s 199 et 200). Il ratifie aussi la convocation elle-même; il est censé l'avoir faite. Jugé en ce sens que les membres appelés à composer le conseil de famille chargé de donner son avis sur la demande en nomination d'un conseil judiciaire, peuvent être convoqués par le demandeur, qu'il n'est pas nécessaire qu'ils le soient à la requête du juge de paix (Paris, 4 août 1849, aff. Boisgonthier, D. P. 50. 2. 191).

141. Le pouvoir, qui appartient au juge de paix, de choisir les membres du conseil de famille, de former ce conseil, est-il un pouvoir discrétionnaire? Oui, mais seulement dans certains cas. Ainsi, quand les parents sont en nombre insuffisant sur les lieux, le juge de paix peut, à sa volonté, appeler ou des parents demeurant au delà du périmètre légal ou des amis (V. *suprà*, n° 129). Il a la même faculté quand les parents sont en nombre suffisant sur les lieux, mais qu'il en est un ou plusieurs que leur état de santé rend incapables de siéger (V. *suprà*, n° 134; Douai, 4 juill. 1855, aff. Marescaux, D. P. 57. 2. 47). Il exerce encore un pouvoir discrétionnaire dans le choix des personnes qu'il convoque à titre d'amis, à défaut de parents (Douai, 13 févr. 1844, aff. Leclerq, D. P. 45. 2. 152. V. toutefois *suprà*, n° 131. Comp. Laurent, t. 4, n°s 444 et suiv.). Enfin l'art. 410 lui donne la faculté d'appeler des parents plus proches en degré ou de même degré au delà de la distance de 2 myriamètres, même s'il y a sur les lieux des parents en nombre suffisant (V. *suprà*, n° 120). — Hors ces différents cas, le juge de paix est tenu d'observer les règles tracées par les art. 407 et suiv. c. civ. En cas d'infraction à ces règles, la délibération prise par le conseil irrégulièrement formé est susceptible d'annulation par les tribunaux suivant les distinctions exposées *suprà*, n° 130 et *infrà*, n°s 168 et suiv. — V. aussi Laurent, *loc. cit.*

142. Tout recours est impossible tant que le conseil de famille n'est pas définitivement constitué, car, jusqu'au jour où l'assemblée de famille se réunit, le juge de paix peut modifier la liste qu'il a dressée. Sur les observations qui lui sont faites ou les renseignements qui lui parviennent, il peut convoquer des parents après avoir appelé des amis, des personnes ayant eu des relations habituelles d'amitié avec la famille, après avoir convoqué des personnes ne remplissant pas cette condition. Ceux qu'il avait d'abord choisis n'ont pas le droit de réclamer (Laurent, t. 4, n° 446).

143. Mais quand la liste est arrêtée, les convocations faites, le conseil de famille constitué, la formation du conseil peut-elle être l'objet d'un recours avant toute délibération? M. Laurent (*loc. cit.*) cite un arrêt de la cour de Bruxelles du 18 mai 1844 qui permet aux parents omis par le juge de paix de porter leur réclamation devant le conseil de famille lui-même. On a, d'autre part, rapporté au *Rép.* n° 169 un arrêt de la même cour, du 22 juin 1827, qui reconnaît au juge de paix le droit de statuer en premier ressort sur les oppositions des parents qu'il n'a pas appelés, et ce, pour ne pas permettre aux opposants de retarder la délibération au préjudice du mineur. Ces deux décisions sont critiquables, en ce que, sans pouvoir s'appuyer d'aucun texte, elles accordent des attributions contentieuses, soit au conseil de famille, qui n'est pas une juridiction, soit au juge de paix, qui est un juge d'exception, à compétence limitée. A notre avis, tout recours contre la composition du conseil de famille doit être soumis au juge de droit commun : le tribunal d'arrondissement. Mais, pour que l'action en nullité soit ouverte au profit des personnes qui ont le droit de l'intenter, soit en vertu des dispositions du code civil, soit en vertu de l'art. 883 c. proc. civ. (V. *infrà*, n° 174), il est indispensable que le conseil de famille ait pris une délibération. Jusque-là, personne n'a qualité pour critiquer la composition du conseil par le juge de paix; il ne faut pas, d'ailleurs, qu'on puisse, par une opposition intempestive, causer un préjudice au mineur (Demolombe, t. 7, n° 276; Laurent, t. 4, n° 446). En ce sens, il a été jugé qu'aucune action n'est ouverte à l'effet de critiquer la manière dont un conseil de famille a été composé par le juge de paix, tant que cette assemblée n'a accompli aucun acte dans les limites de sa compétence; que, dès lors, en cas de protestation contre la composition du conseil, l'incident relève de la juridiction gracieuse du juge de paix, et ne peut pas être renvoyé devant le tribunal civil (Bordeaux, 13 juin 1877, aff. Rambaud, D. P. 78. 2. 44).

144. On a dit au *Rép.* n° 222 que le délai pour comparaître doit être réglé par le juge de paix à jour fixe, mais de manière qu'il y ait toujours, entre la citation notifiée et le jour indiqué pour la réunion du conseil, un intervalle de trois jours au moins (c. civ. art. 411). Ce délai de trois jours était, aux termes du même article, 2ᵉ alinéa, augmenté d'un jour par 3 myriamètres toutes les fois que, parmi les membres cités, il s'en trouvait de domiciliés à plus de 2 myriamètres du lieu de réunion du conseil. Sur ce point, l'art. 411 a été modifié par l'art. 4, al. 2, et 7 de la loi du 3 mai 1862. L'augmentation n'est plus aujourd'hui que d'un jour par 5 myriamètres; mais les fractions de 4 myriamètres ou au-dessus augmentent le délai d'un jour entier.

145. On a dit aussi que, suivant un arrêt de la cour de Caen du 30 août 1847 (*Rép.* n° 222 et D. P. 48. 2. 79), l'inobservation des délais de distance a pour sanction nécessaire la nullité tant de la citation que de la délibération prise en l'absence du membre irrégulièrement convoqué. Comme la loi n'exige pour la validité de la délibération que la présence des trois quarts des membres convoqués (V. *Rép.* n° 230 et *infrà*, n° 157), on pourrait critiquer cette décision, qui paraît écarter de la théorie des nullités admises par la jurisprudence, en déclarant la délibération nulle, sans examiner si l'intérêt du mineur est dans son maintien ou dans son annulation (V. *suprà*, n° 130). Mais il faut considérer qu'il s'agit ici d'une nullité substantielle, et qu'il n'y a pas plus de conseil de famille quand les six membres de ce conseil n'ont pas été régulièrement convoqués, que lorsqu'il n'y a pas eu six membres convoqués (Aubry et Rau, t. 1, § 96, p. 392; Laurent, t. 4, n° 455; Huc, t. 3, n° 322). Par application de ce principe, il y aura lieu de reconnaître la nullité d'une délibération prise en l'absence d'un membre convoqué dans le délai légal, mais par lettre ou verbalement, et non par acte d'huissier. Sans doute ce dernier mode de convocation n'est pas indispensable, et si toutes les personnes que le juge de paix, ou l'agent quel qu'il soit de la convocation, a mandées verbalement ou par lettre, se sont rendues à cette invitation, la délibération ne sera pas attaquable pour irrégularité de la convocation. Il en sera de même en cas d'inobservation des délais de distance. Mais si l'une de ces personnes ne se présente pas, on ne peut pas dire qu'elle ait été convoquée, puisqu'elle ne l'a pas été légalement et qu'elle n'a pas encouru l'amende prononcée par la loi. Si la convocation extralégale offre l'avantage d'être moins coûteuse, on voit qu'elle peut quelquefois induire le mineur à des frais beaucoup plus considérables que la citation légale (V. *Rép.* n°ˢ 322 et 224; Laurent, *loc. cit.*).

146. Il n'est pas nécessaire que la citation, donnée dans la forme légale, énonce l'objet de la délibération; mais cette indication devrait, autant que possible, être faite, parce qu'elle permettrait aux membres du conseil de délibérer avec plus de lumière et plus d'utilité pour le mineur (Laurent, t. 4, n° 455).

147. Si un membre du conseil ne comparaît pas et que son excuse soit admise, le juge de paix décidera s'il convient d'attendre ce membre absent ou de le remplacer. Comme on le verra *infrà*, n° 275, la légitimité de l'excuse est laissée à l'appréciation du juge de paix (art. 413), tandis que les excuses de la tutelle sont déterminées par la loi (Laurent, t. 4, n° 456). C'est au juge de paix, non pas au conseil, qu'il appartient de décider s'il y a lieu de délibérer en l'absence du membre empêché, l'assemblée se trouvant d'ailleurs en nombre suffisant. Si l'intérêt du mineur lui paraît exiger une décision contraire, le juge de paix pourra, soit *ajourner* l'assemblée, c'est-à-dire renvoyer la délibération à une époque ultérieure mais indéterminée, soit la *proroger*, c'est-à-dire continuer la délibération à jour fixe. Dans le premier cas, il y aura lieu de faire une nouvelle convocation en observant les délais; dans le second, les membres présents n'ont pas besoin d'être convoqués de nouveau (*Rép.* n° 194 et *suprà*, n° 144; Aubry et Rau, t. 1, § 94, p. 383; Laurent, t. 4, n° 458).

148. — II. LIEU D'OUVERTURE DE LA TUTELLE. DOMICILE (*Rép.* n°ˢ 208 à 219). — Aux termes de l'art. 406 c. civ., la convocation du conseil de famille pour la nomination du tuteur se fait devant « le juge de paix du domicile du mineur ». Il s'agit ici évidemment du lieu où le mineur est domicilié au moment où la tutelle s'ouvre. Or, d'après l'art. 108 c. civ., le mineur non émancipé a son domicile chez ses père et mère ou tuteur. Mais le domicile du tuteur peut changer pendant le cours de la tutelle, et alors se pose la question de savoir si le lieu où le conseil de famille doit être convoqué change aussi avec ce domicile, ou si, au contraire, il est invariable et fixe pendant toute la durée de la minorité, s'il est toujours et nécessairement le même tant pour les actes de la gestion tutélaire que pour la nomination du tuteur et l'organisation de la tutelle. Cette question est traitée au *Rép.* n°ˢ 208 et suiv. Elle a été encore fréquemment agitée dans la pratique depuis la publication du *Répertoire*. Nous l'examinerons d'abord en ce qui concerne l'organisation de la tutelle, et ensuite en ce qui concerne les actes d'administration tutélaire qui requièrent l'intervention du conseil de famille.

149. — 1° En ce qui concerne l'organisation de la tutelle, nomination, destitution, remplacement du tuteur ou du subrogé tuteur, où le conseil de famille doit-il être convoqué? — En matière de tutelle dative, les auteurs et la jurisprudence sont à peu près d'accord pour reconnaître que le conseil de famille doit toujours être convoqué au domicile qu'avait le mineur ou l'interdit à l'époque de l'ouverture de la tutelle, et non pas au domicile du tuteur. En ce cas, il y a un domicile de la tutelle, un domicile du conseil de famille. Ce domicile est nécessairement invariable. Le tuteur qui tient ses pouvoirs du conseil de famille ne peut pas, en changeant de domicile, se soustraire au contrôle des personnes qui l'ont choisi (V. les autorités citées au *Rép.* n° 209. *Adde :* Demolombe, t. 7, n°ˢ 241 et suiv.; Marcadé, t. 2, art. 410, p. 224; Aubry et Rau, t. 1, § 92 *bis*, p. 376, note 1; Baudry-Lacantinerie, t. 1, n° 1021. V. toutefois, en sens contraire : Laurent, t. 4, n°ˢ 117 et suiv. Comp. Huc, t. 3, n°ˢ 299 et suiv.).

150. Mais, en matière de tutelle légale ou testamentaire, on a vu qu'il y avait controverse entre les auteurs (*Rép.* n°ˢ 210 et suiv.). Certains prétendent que la convocation du conseil de famille doit être faite par le juge de paix du domicile du tuteur. Ici le tuteur existe avant le conseil. Il ne tient pas ses pouvoirs de lui. C'est la loi même ou la volonté du dernier mourant des père et mère qui lui a confié la tutelle. C'est à lui qu'il appartient de faire créer le conseil de famille. Le domicile de la tutelle ne peut être alors différent du domicile du tuteur. (V. en ce sens, outre les auteurs et les arrêts cités au *Rép.* n° 210 : Metz, 7 mars 1867, aff. Eyen, D. P. 67. 2. 60; Laurent, *loc. cit.*). — Nous avons critiqué ce système et soutenu que, même pour la nomination, la destitution ou le remplacement du tuteur légal ou testamentaire, le conseil de famille doit toujours se réunir au lieu où la tutelle s'est ouverte. Cette opinion est aujourd'hui celle des auteurs les plus considérables (V. outre les autorités citées au *Rép.* n° 211 : Demolombe, t. 7, n° 249; Aubry et Rau, t. 1, § 92 *bis*, p. 377, note 2; Baudry-Lacantinerie, t. 1, n° 1022; Huc, t. 3, n° 301). De nombreux arrêts se sont également prononcés en ce sens; il a été jugé : 1° que le conseil de famille, chargé de procéder au remplacement du tuteur décédé, doit être convoqué devant le juge de paix du lieu où la tutelle s'est ouverte, et non devant celui du domicile de ce tuteur, fût-il tuteur légitime (Nancy, 1ᵉʳ juill. 1853, aff. Houquard, D. P. 54. 2. 234); — 2° Que la convocation du conseil de famille à l'effet de procéder au remplacement de la mère tutrice légale, décédée, doit être faite au lieu où la tutelle s'est ouverte, c'est-à-dire au lieu où le père prédécédé était domicilié, et non pas au lieu où la mère, tutrice légale, était domiciliée, au jour de son décès, et que la délibération du conseil de famille convoqué, dans ce but, au lieu du domicile de la mère tutrice légale, est nulle, sans qu'il appartienne au juge de la valider, sous le prétexte qu'en fait le conseil de famille ainsi convoqué paraît avoir présenté des garanties suffisantes (Civ. cass. 2 mars 1869, aff. Narbonne, D. P. 69. 1. 199); — 3° Que la compétence du juge de paix et celle des membres du conseil de famille est déterminée pour toute la durée de la minorité par le domicile primitif et naturel du mineur, c'est-à-dire celui qu'il avait lors du décès du premier mourant de ses père et mère; que c'est donc à ce domicile primitif que doit être convoqué le conseil de famille chargé de nommer un tuteur au mineur, alors même que le survivant des père et mère, son tuteur légal, est décédé dans un autre lieu où il avait transféré son domicile (Rouen,

24 févr. 1870) (1); — 4° Que le conseil de famille du lieu de l'ouverture de la tutelle légitime est seul compétent à l'effet de nommer un curateur au mineur émancipé, et que, celui-ci ou son père tuteur ne peuvent, en changeant de domicile, changer la compétence du juge de paix et par suite la compétence du conseil de famille (Metz, 31 mai 1870, aff. Naudé, D. P. 70. 2. 194). A cette théorie peut encore être rattaché un arrêt qui a décidé que, même après la séparation de corps prononcée entre son père et sa mère, l'enfant mineur continue d'avoir son domicile légal chez son père, encore bien que la garde de l'enfant ait été remise à la mère par le tribunal; qu'en conséquence, c'est au domicile du père que le conseil de famille doit être convoqué en cas de décès de la mère (Angers, 5 mai 1885) (2). La même solution est-elle applicable en matière de divorce? V. pour l'affirmative, Huc, t. 1, n° 387. V. toutefois *suprà*, v° *Domicile*, n° 53.

151. — 2° En ce qui concerne les délibérations relatives à l'administration du tuteur, est-ce au domicile d'origine du mineur ou bien au lieu de son domicile légal, c'est-à-dire au domicile du tuteur, que le conseil de famille doit être convoqué ? Au *Rép.* n° 213, on a exprimé l'avis que c'est encore au domicile d'origine que la convocation doit avoir lieu (V. les arrêts en ce sens rapportés *ibid.*, ainsi que l'arrêt de la cour d'Aix, du 7 mars 1846, *Rép.*, n° 211).

Parmi les auteurs cités *suprà*, n° 150, la plupart estiment comme nous (sauf le dissentiment de MM. Laurent et Huc, V. *suprà*, *ibid.*), que le conseil de famille doit être *invariablement* formé au domicile d'ouverture de la tutelle, quelle que soit la qualité du tuteur. Il a été jugé, conformément à cette doctrine, que, dans toute tutelle, le premier conseil de famille à réunir, pour constituer ou compléter l'administration tutélaire, doit être convoqué dans le lieu du domicile originaire du mineur, c'est-à-dire dans le lieu où la tutelle s'est ouverte par le décès du prémourant de ses père et mère; qu'il en est ainsi en cas de tutelle dative et quand il s'agit de nommer le tuteur, comme en cas de tutelle légale et testamentaire, quand il s'agit de nommer un subrogé tuteur; que le conseil de famille constitué à l'origine de la tutelle doit être convoqué au même lieu par le juge de paix et composé d'après les mêmes règles, chaque fois qu'il est appelé à donner son avis ou qu'il accorde une autorisation pour un acte de l'administration tutélaire (C. cass. Belgique, 7 mai 1883) (3). Un autre arrêt concernant, il est vrai, le remplacement d'un tuteur, a admis en principe que : « la tutelle une fois constituée, c'est au lieu où le conseil de famille a été d'abord convoqué que doivent se faire toutes les convocations ultérieures pour le règlement des intérêts du mineur » (Nancy, 28 juill. 1865, aff. Martin, D. P. 66. 5. 477).

152. On a cependant rapporté au *Rép.* n° 214, différents arrêts qui décident, au contraire, que le conseil de famille appelé à délibérer, non plus sur l'organisation de la tutelle, mais sur les actes d'administration du tuteur, doit être convoqué au lieu du domicile légal du mineur. L'arrêt de la chambre des requêtes du 4 mai 1846, cité au *Rép.* n° 214, a jugé que, tant que la tutelle n'est pas complètement organisée, le mineur est réputé n'avoir d'autre domicile que son domicile d'origine; mais qu'il a, lorsque la tutelle est organisée, pour domicile légal, celui de son tuteur, pour tout ce qui concerne les actes d'administration de ce tuteur, pourvu toutefois que les intérêts du mineur ne puissent en éprouver aucun préjudice; qu'ainsi, lorsqu'il s'agit de la nomination ou du remplacement du tuteur ou du subrogé tuteur, le conseil de famille doit être convoqué au lieu de l'ouverture de la tutelle, tandis que cette convocation peut être régulièrement faite au domicile nouvellement acquis par le tuteur, lorsqu'il y a lieu d'autoriser des actes de tutelle et, par exemple, de délibérer sur l'acceptation d'une donation, telle qu'un partage d'ascendant, faite au mineur ou à l'in-

(1) (Narbonne et Comte C. Morel et autres.) — La cour de Rouen était saisie, en vertu du renvoi prononcé par l'arrêt du 2 mars 1869, cité ci-dessus n° 150 2°. — LA COUR ; — Attendu que la tutelle du mineur Prouet s'est ouverte à Saint-Pierre (Réunion), par le décès de son père, qui s'y trouvait domicilié ; que c'est donc le juge de paix de cette localité qui a dû convoquer le conseil de famille pour compléter, par la nomination d'un subrogé tuteur, la tutelle légale de la mère ; que c'est le même conseil de famille présidé par le même magistrat qui a dû délibérer, lors du second mariage de la dame Prouet, sur la question de savoir si la tutelle lui serait maintenue; — Attendu que, bien que le domicile de la dame Prouet se soit trouvé, à la suite de son second mariage, transféré à Saint-Denis, le conseil de famille de son enfant mineur n'a pu subir l'influence de ce changement; que c'est, en effet, le domicile primitif et naturel du mineur qui fixe la compétence du juge de paix, d'après l'art. 406 c. civ., ainsi que celle des membres du cons il de famille, pour toute la durée de la minorité ; que la loi n'a pas admis qu'il pût dépendre d'un tuteur, ou, comme dans l'espèce, d'un cotuteur, de faire varier arbitrairement la composition du conseil en transportant à son gré son propre domicile; — Attendu qu'il suit de là que c'est illégalement que le conseil de famille a été convoqué à Saint-Denis, et que la délibération qui a nommé Pierretti, tuteur du mineur Prouet, est nulle ; — Qu'il y a donc lieu de réformer le jugement du tribunal de Saint-Denis, qui a refusé de prononcer cette nullité, et de renvoyer les parties devant le juge de paix de Saint-Pierre, pour faire procéder à la convocation du conseil de famille et à la nomination du tuteur dans les conditions exigées par la loi ; — Par ces motifs. — Met le jugement dont est appel à néant, déclare nulle la délibération du conseil de famille prise le 18 nov. 1865 sous la présidence du juge de paix de Saint-Denis (Réunion), ainsi que la nomination du tuteur qui s'en est suivie ; ordonne que le conseil de famille du mineur Prouet sera convoqué devant le juge de paix de Saint-Pierre pour procéder à la nomination du tuteur, etc.

Du 24 févr. 1870.-C. de Rouen, aud. solenn.-MM. Lehucher, pr.-Grenier, av. gén.-Lesage, av.

(2) (Bournhonet C. X...) — Le tribunal civil de Mayenne avait prononcé la séparation de corps entre les époux Bournhonet, aux torts du mari. La garde de l'enfant issu du mariage avait été confiée à la mère. La dame Bournhonet meurt. Le conseil de famille est réuni sous la présidence du juge de paix du canton ouest de Mayenne, où la dame Bournhonet était décédée. Ce conseil décida qu'il y avait lieu d'exclure le père de la tutelle et de nommer un tuteur datif. Cette délibération étant soumise à l'homologation du tribunal, le sieur Bournhonet soutint que, son domicile étant à Paris, c'était à Paris que la tutelle s'était ouverte et que, par conséquent le conseil de famille aurait dû être convoqué. Le 15 nov. 1883, le tribunal de Mayenne rejette cette prétention.

Appel par le sieur Bournhonet.

LA COUR; — Considérant qu'il ressort de l'art. 108 c. civ. que les mineurs non émancipés ont leur domicile légal chez leur père, et, à défaut de celui-ci, chez leur mère ou tuteur ; que ces dispositions sont absolues et limitatives; que, s'il en était autrement, il en résulterait qu'un domicile pourrait leur être assigné en dehors de celui fixé par la loi ; — Considérant que la séparation de corps ne modifie en rien ce principe; qu'en effet, il doit en être ainsi alors même que l'enfant a été confié à la garde de la mère; que cette mesure, d'ailleurs d'un caractère provisoire et pouvant même être retirée suivant les circonstances, n'est qu'une modification apportée à l'exercice de la puissance paternelle; que, laissant subsister le droit lui-même, elle est attributive, non de domicile, mais simplement de résidence; — Considérant, en fait, que, par jugement du 1er mai 1872, la dame Bournhonet a été déclarée séparée de corps et de biens, et qu'en outre la garde de son enfant lui a été confiée; qu'à l'époque du décès de la dame Bournhonet, au moment où s'ouvrait la tutelle du mineur, le domicile du père était fixé à Paris; que, dès lors, c'est à Paris que s'est ouverte la tutelle, et que c'est devant le juge de paix de ce domicile, et non devant le juge de paix de Mayenne, que devait être convoqué le conseil de famille dont s'agit; qu'en conséquence, il y a lieu de déclarer la convocation dudit conseil de famille et la délibération, ainsi faites, nulles et non avenues; — Par ces motifs; — Réforme; — Déclare irrégulières et nulles, tant la convocation dudit conseil de famille devant le magistrat, que la délibération prise par suite de cette réunion, etc.

Du 5 mai 1885.-C. d'Angers.-M. Forquet de Dorne, 1er pr.

(3) (Carlier). — Le sieur Gommaire Heylen était décédé à Nylen, canton de Heyst-op-den-Berg, en 1875, laissant six enfants mineurs Sa veuve, Amélie Bartholomeus, se remaria avec le sieur Joseph Carlier, non sans avoir réuni le conseil de famille des mineurs pour se faire maintenir dans la tutelle et se faire adjoindre son second mari comme cotuteur. Les époux Carlier-Bartholomeus transférèrent leur domicile à Emblehem, canton de Santhoven. En 1883, les époux Carlier, voulant obtenir l'autorisation du conseil de famille des mineurs Heylen pour des actes concernant leurs intérêts immobiliers, requirent successivement le juge de paix du canton de Heyst-op-den-Berg et le juge de paix du canton de Santhoven de convoquer le conseil de famille. L'un et l'autre de ces magistrats se déclarè-

terdit, alors d'ailleurs que les intérêts du mineur sont aussi bien protégés, au domicile du tuteur, qu'ils le seraient au lieu de l'ouverture de la tutelle. Depuis cet arrêt, la cour de cassation n'a pas eu à se prononcer de nouveau sur la question.

153. Quel que soit le système adopté sur le domicile qui détermine la compétence du juge de paix et le lieu de la composition du conseil de famille, il semble que la délibération d'un conseil de famille incompétent est frappée d'une nullité radicale, et que les juges ne peuvent la maintenir ou l'annuler suivant les circonstances, en ayant égard à l'intérêt du mineur. Il s'agit, en effet, ici, d'une nullité substantielle, d'une irrégularité qui permet de dire que la délibération est l'œuvre, non du conseil de famille, mais de personnes qui n'avaient pas qualité pour se réunir sous la présidence d'un magistrat incompétent. Or, c'est ce que n'admet pas la chambre des requêtes, dans son arrêt précité du 4 mai 1846, pour l'hypothèse spéciale d'une délibération concernant un acte d'administration de la tutelle, et c'est en cela que son système prête à la critique En laissant incertain le domicile, en permettant de convoquer le conseil de famille au domicile du tuteur sous la réserve toutefois que les intérêts du mineur n'en auront pas souffert, la chambre des requêtes autorise un état de choses des plus préjudiciables à l'ordre public comme à l'intérêt du mineur. Il pourra, en effet, arriver, avec une telle latitude, que deux conseils de famille soient formés dans des lieux différents, existent simultanément, et que l'un autorise un acte que l'autre refuse d'autoriser. D'autre part, la validité de la délibération prise étant subordonnée à l'appréciation que les juges du fait pourront porter ultérieurement sur les garanties données à l'intérêt du mineur par la convocation du conseil de famille à tel ou tel domicile, les tiers ne seront jamais en sécurité sur les actes qu'ils auront passés avec le tuteur, même autorisé par le conseil de famille (V. *Rép.* n° 214). Par ces mêmes motifs, on ne saurait approuver l'arrêt de la cour de Nancy du 28 juill. 1865, cité *suprà*, n° 1 1, qui décide que, bien que le lieu où le conseil de famille a été d'abord convoqué pour la constitution de la tutelle soit celui où doivent se faire toutes les convocations ultérieures et notamment celle pour la nomination, s'il y a lieu, d'un nouveau tuteur, l'inobservation de cette règle, qui n'a d'autre but que la protection du mineur, n'emporte pas nécessairement nullité ; qu'il appartient aux tribunaux d'apprécier, d'après les circonstances, si les intérêts du mineur ont été compromis ou lésés, ou s'ils ont, au contraire, été complètement sauvegardés (Comp. en ce sens : Demolombe, t. 7, n° 251 ; Aubry et Rau, t. 1, § 92 *bis*, p. 377 et suiv.).

Toutes les fois qu'il s'est agi d'une délibération relative, non plus à un acte de l'administration tutélaire, mais à l'organisation de la tutelle, c'est-à-dire à la nomination d'un tuteur ou d'un subrogé tuteur, la jurisprudence s'est nettement prononcée en un sens opposé. Les arrêts de la cour d'Aix du 7 mars 1846 (aff. Imbert, D. P. 46. 2. 171), de la cour de Nancy du 1er juill. 1853 (aff. Hocquard, D. P. 54. 2. 234), de la cour de Rouen du 24 févr. 1870 (*suprà*, n° 150), de la cour de Metz du 31 mai 1870 (aff. Naudé, D. P. 70 2. 194), après avoir déterminé le domicile du mineur et constaté que le conseil de famille avait été réuni dans un autre lieu par un juge de paix incompétent, annulent la délibération de ce conseil, la nomination de tuteur ou de subrogé tuteur qui en a fait l'objet, ou les actes qui en ont été la suite. — La jurisprudence de la cour de cassation n'est pas moins décisive. Dans l'espèce soumise à la chambre des requêtes, le 17 déc. 1849 (D. P. 50. 1. 76), le tribunal de Marseille avait estimé que si, en règle générale, le conseil de famille doit être assemblé au domicile d'origine du mineur, c'est-à dire au lieu où la tutelle s'est ouverte, néanmoins, lorsque sans dol ni fraude, le conseil a été assemblé au domicile du tuteur, sans qu'il y ait eu préjudice pour le mineur, cette circonstance ne peut être, par elle-même, une cause de nullité ; mais le tribunal, constatant

---

rent incompétents Sur le pourvoi en règlement de juges, formé par les époux Carlier, la cour de cassation de Belgique a ainsi statué :

La cour ; — Vu la loi du 25 mars 1876 ; — Vu la demande en règlement de juges des époux Carlier, représentés par Me De Becker ; — Vu l'ordonnance rendue sur la requête des demandeurs, à la date du 16 févr. 1883, par laquelle le juge de paix du canton de Heyst-op-den-Berg s'est déclaré incompétent pour autoriser la convocation du conseil de famille des mineurs Heylen, issus du premier mariage de la demanderesse, épouse Carlier, avec feu Gommaire Heylen, décédé à Nylen, canton de Heyst-op-den-Berg, par le motif que ladite demanderesse, tutrice des mineurs Heylen, et son second époux, Joseph Carlier, cotuteur, sont aujourd'hui domiciliés à Emblehem, canton de Santhoven, et que, partant, le domicile des mineurs, où doit se faire la convocation du conseil de famille, est également transféré dans cette commune, aux termes de l'art. 108 c. civ. ; — Vu l'ordonnance rendue, le 17 mars 1883, par le juge de paix du canton de Santhoven, et par laquelle il se déclare incompétent pour autoriser la convocation du conseil de famille des mineurs Heylen, en se fondant sur ce que le conseil de famille doit être invariablement convoqué dans le lieu où la tutelle s'est ouverte, c'est-à-dire, dans l'espèce, dans la commune de Nylen, canton de Heyst-op-den-Berg ; — Attendu que ces deux ordonnances, rendues sur requête dans une matière non contentieuse, et dans laquelle les requérants n'ont pas d'adversaires, sont définitives et non susceptibles d'appel ; — Attendu qu'il résulte de ces décisions un conflit négatif de juridiction, qui entrave le cours de la justice et qui autorise les requérants à se pourvoir en règlement de juges ; — Attendu qu'il résulte de la combinaison des art. 406 et 421 c. civ., que, dans toute tutelle, le premier conseil de famille à réunir pour constituer l'administration tutélaire doit être convoqué dans le lieu du domicile originaire du mineur, c'est-à-dire dans le lieu où la tutelle s'est ouverte par le décès du prémourant de ses père et mère ; qu'en effet, d'après l'art. 406 c. civ., qui statue pour le cas où il s'agit de la tutelle dative, le conseil de famille qui aura à procéder à la nomination du tuteur sera convoqué par le juge de paix du domicile du mineur ; — Attendu que le domicile du mineur dont il s'agit dans cet article ne peut être celui du tuteur, puisque, dans le cas que l'article prévoit, le mineur n'a point de tuteur ; que le domicile dont parle l'article est donc le domicile propre du mineur, son domicile originaire ; — Attendu que, pour la tutelle légale ou testamentaire, le conseil de famille, qui doit être convoqué au début de la tutelle, pour nommer un subrogé tuteur et pour compléter ainsi l'administration tutélaire, doit se réunir également au domicile originaire du mineur, puisque l'art. 421 c. civ., s'en réfère, pour la convocation et la composition de ce conseil, à la section 1re du titre 10, section qui comprend l'art. 406, précité ; — Attendu que, lorsque les art. 406 et 421 c. civ. statuent ainsi que le conseil de famille à réunir dans les cas qu'ils prévoient doit être convoqué et présidé par le juge de paix du canton où le mineur était domicilié à l'époque de l'ouverture de la tutelle, ces dispositions légales ne font qu'appliquer le principe général, d'après lequel les intérêts des citoyens doivent être débattus devant la juridiction où ils ont leur domicile ; — Attendu que le domicile du mineur est nécessairement le lieu où ses père et mère ont eu leur principal établissement, où ils ont eu le centre de leurs intérêts et de leurs relations ; que c'est le juge de paix de ce domicile qui sera le plus à même de connaître la situation du mineur et de diriger les délibérations du conseil ; et que c'est dans ce lieu que ce magistrat pourra le mieux trouver, pour le composer, des parents, des alliés et des amis de la famille portant intérêt au mineur ; — Attendu que le conseil de famille constitué à l'origine de la tutelle doit être convoqué au même lieu et composé d'après les mêmes règles, chaque fois qu'il est nécessaire qu'il donne son avis ou qu'il accorde une autorisation pour un acte de l'administration tutélaire ; — Attendu qu'il serait contraire aux intérêts du mineur que le lieu de réunion du conseil de famille, chargé de contrôler la gestion du tuteur et d'autoriser les actes les plus importants de son administration, puisse varier suivant les divers domiciles que prendrait successivement le tuteur ; — Attendu, en effet, qu'il résulte des art. 407 à 410 c. civ., qu'un changement du lieu de réunion du conseil de famille modifie nécessairement sa composition ; qu'il suit de là qu'en déplaçant son domicile, le tuteur pourrait se soustraire à la surveillance du conseil de famille constitué au début de la tutelle ; qu'aussi, aucune disposition de la loi ne permet d'admettre que le législateur ait voulu rendre le lieu des assemblées du conseil de famille variable, comme peut l'être le domicile du tuteur ; que si, d'après l'art. 108 c. civ., le pupille a son domicile chez son tuteur, cet article n'a pas d'autre portée que de fixer le lieu où le mineur sera réputé domicilié pour les rapports que pourront avoir les tiers avec le tuteur, qui le représente pour tous les actes de la vie civile (c. civ., art. 450) ; — Attendu qu'il résulte de ces considérations que l'ordonnance du juge de paix du canton d'Heyst-op-den-Berg, dans lequel est située la commune de Nylen, où la tutelle des mineurs Heylen s'est ouverte, a contrevenu aux art. 406 et 421 c. civ., et faussement appliqué l'art. 108 du même code ; — Statuant par voie de règlement de juges, et sans avoir égard à l'ordonnance du 16 févr. 1883, laquelle est déclarée non avenue ; — Renvoie la cause devant le juge de paix de Heyst-op-den-Berg, etc.

Du 7 mai 1883.-C. cass. de Belgique, 2e ch.-MM. Vandenpeereboom, pr.-Dumont, rap.-Faider, pr. gén., c. conf.

qu'en fait les intérêts du mineur avaient pu souffrir de la convocation irrégulière, annulait la délibération qui nommait un curateur à ce mineur émancipé. Ce jugement fut confirmé, par adoption de motifs, le 8 déc. 1848, par la cour d'Aix. La chambre des requêtes rejeta le pourvoi, sur l'unique motif que le conseil de famille du lieu de l'ouverture de la tutelle, même légitime, était seul compétent pour nommer un curateur au mineur émancipé, sans retenir comme résultant de l'arrêt attaqué ce motif que les intérêts du mineur avaient pu souffrir de l'irrégularité commise dans la réunion du conseil de famille. — L'arrêt de la chambre civile du 2 mars 1869 (D. P. 69. 1. 199) est également formel. La cour de la Réunion, par arrêt du 1er juin 1866, avait considéré comme valable la nomination d'un tuteur par un conseil de famille réuni au domicile de la mère tutrice décédée, et non pas au domicile d'origine de la tutelle. Cet arrêt déclarait que la convocation du conseil à Saint-Denis (lieu du décès de la mère tutrice) ne présentait dans l'espèce aucun inconvénient pour les intérêts du mineur. La chambre civile décide « que la règle de compétence, qui, pour l'organisation des tutelles, rattache la convocation du conseil de famille au domicile primitif et naturel des mineurs, s'applique, en général, à toutes les nominations de tuteur et de subrogé tuteur qui peuvent devenir nécessaires pendant la durée de la minorité ; qu'elle ne permettait pas aux juges du fond de rechercher si, en fait, le conseil de famille réuni devant le juge de paix du lieu où la mère tutrice avait eu son dernier domicile, avait présenté, pour la protection des intérêts du mineur, des garanties équivalentes à celles que lui aurait assurées un conseil de famille convoqué au lieu où la tutelle s'était primitivement ouverte ; qu'en se livrant à cette appréciation, la cour de la Réunion a méconnu les conditions essentielles apposées par la loi à la constitution régulière des tutelles ; et, par suite, qu'en maintenant la délibération du conseil de famille qui, pour nommer au mineur Prouet un nouveau tuteur, avait été convoqué par un juge de paix qui n'était pas celui du lieu où la tutelle s'était ouverte, l'arrêt attaqué a faussement appliqué l'art. 108 c. civ., et formellement violé les art. 406, 407, 420 et 121 du même code ».

154. Cependant, ainsi qu'il est expliqué au *Rép.* n° 218, la demande en nullité de la délibération et de l'acte qu'elle a autorisé ne serait pas recevable de la part du tuteur, contre son pupille, si c'était par le tuteur lui-même qu'un conseil de famille eût été formé dans un autre lieu que le domicile d'origine du mineur (V. *Rép.* n° 218 ; Req. 4 janv. 1842, *Rép.* n° 214-1°). Il est évident qu'en pareil cas la nullité n'aboutirait à rien, puisque le tuteur serait garant, vis-à-vis du mineur, des frais de la procédure annulée.

§ 3. — Des délibérations des conseils de famille. — Caractère ; mode de procéder; effets des délibérations (*Rép.* nos 225 à 245).

155. La loi, comme on l'a constaté au *Rép.* n° 225, désigne les actes du conseil de famille tantôt sous le nom de *délibérations*, tantôt sous le nom d'*avis*. Ces expressions ont souvent un sens identique, et les mêmes principes régissent les délibérations et les avis. Cependant quelques auteurs les distinguent, car il est des cas où le conseil de famille est appelé à donner des avis, au sens particulier du mot : la loi fait une obligation au tuteur et même au tribunal de consulter le conseil pour certains actes (V. *Rép.* n° 263 et *infrà*, n° 189). En outre, le tuteur a toujours la faculté de prendre l'avis du conseil de famille au sujet de sa gestion, en dehors même des hypothèses où cet avis est obligatoire; mais, alors, le conseil pourrait se refuser à délibérer, et le tuteur, de son côté, n'est pas tenu de se conformer à l'avis qu'il a sollicité; s'il s'y conforme, il ne sera pas absolument déchargé de toute responsabilité; on devra seulement apprécier sa responsabilité avec plus d'indulgence (Demolombe, t. 7, n° 322; Aubry et Rau, t. 1, § 95, p. 386 et suiv.).

156. Aux termes de l'art. 416 c. civ., le juge de paix préside le conseil de famille. Il doit être assisté du greffier qui rédige la délibération et en délivre expédition ou extrait (V. Décr. 16 févr. 1807, art. 16). Mais, comme le juge de paix ne fait pas acte de juridiction en présidant le conseil de famille, l'assistance d'un greffier assermenté n'est pas nécessaire à peine de nullité. Tout au moins, la délibération ne serait pas nulle par cela seul que le juge de paix y aurait été assisté d'un commis greffier choisi par lui, sans qu'il soit constaté que ce commis greffier a prêté serment (Grenoble, 11 janv. 1864, aff. Pallavicino, D. P. 65. 2. 57).

157. Comme on l'a dit au *Rép.* n° 230, l'art. 415 c. civ. exige la présence des trois quarts au moins des *membres convoqués*, c'est-à-dire non compris le juge de paix (Demolombe, t. 7, n° 303 ; Aubry et Rau, t. 1, § 94, p. 384, note 12; Laurent, t. 4, n° 460; Baudry-Lacantinerie, t. 1, n° 1028). On ne doit pas considérer comme présent le membre qui comparaît seulement pour présenter une excuse et qui se retire après que l'excuse est admise (*Rép.* n° 231). Mais le conseil peut-il valablement délibérer quand, les trois quarts au moins des membres convoqués étant présents ou dûment représentés, plusieurs d'entre eux se refusent à prendre part à la délibération ? L'affirmative a été jugée (Trib. Bruxelles, 11 févr. 1888, aff. Walvaewers, *Pasicrisie belge*, 1888. 3. 128). Mais cette solution est contestable (*Rép.* n° 230). Cependant elle est acceptée par M. Laurent, t. 4, n° 460, et M. Huc, t. 3, n° 310 (V. aussi, dans le même sens, Demolombe, t. 7, n° 305).

158. Pour être valable, la délibération doit être prise à la majorité absolue des membres présents. La voix du juge de paix est, aux termes de l'art. 416 c. civ., prépondérante en cas de partage; mais il faut reconnaître que l'art. 416 n'accorde voix prépondérante au juge de paix que dans le seul cas où le conseil se divise en deux opinions égales. C'est ainsi qu'on entend les mêmes expressions « en cas de partage » dans l'art. 118 c. proc. civ. D'autre part, il serait inadmissible qu'un tuteur pût être élu par deux voix, y compris celle du juge de paix, contre la volonté des cinq autres membres du conseil de famille dont les voix se seraient portées sur cinq individus différents. L'art. 416 ne s'applique donc pas à l'hypothèse où il se forme plus de deux opinions dans le conseil (*Rép.* nos 228 et suiv.; Demolombe, t. 7, nos 311 et suiv.; Aubry et Rau, t. 1, § 94, p. 385, note 14 ; Laurent, t. 4, nos 461 et suiv. ; Baudry-Lacantinerie, t. 1, n° 1028). La voix du juge de paix ne sera ainsi prépondérante que si, les membres présents se trouvant en nombre pair, le conseil se divise en deux fractions égales.

159. S'il se forme plus de deux opinions, comment arrivera-t-on à la majorité absolue? On appliquera d'abord l'art. 117 c. proc. civ. Les minorités les plus faibles devront se réunir à l'une des deux opinions qui ont obtenu le plus de voix; il est, en effet, du devoir des membres du conseil de famille de s'entendre entre eux pour arriver à former la majorité requise (*Rép.* n° 228; Demolombe, t. 7, n° 314 ; Aubry et Rau, *loc. cit.*, note 15). M. Laurent, t. 4, n° 462, soutient, au contraire, qu'en l'absence d'un texte obligeant les membres du conseil de famille à changer d'opinion, on ne peut pas leur étendre par voie d'analogie la disposition tout à fait exceptionnelle de l'art. 117 c. proc. civ. (V. dans le même sens, Huc, t. 3, n° 312)

160. Si les minorités persistent dans leur vote, et, dans toute hypothèse, si l'on admet le système de M. Laurent, comment parviendra-t-on à obtenir une délibération valable? On doit écarter les solutions qui consisteraient à se contenter de la majorité relative (V. *suprà*, n° 158); ... à appeler un ou plusieurs nouveaux membres pour départager le conseil (*Rép.* n° 229). M. Laurent, *loc. cit.*, fait observer avec raison que le texte du code qui fixe le nombre des membres du conseil par ligne s'oppose à ce dernier parti. Le tribunal enfin n'a pas qualité pour se substituer au conseil et prendre une décision. La seule ressource qui reste est de reconstituer le conseil de famille en éliminant les membres qui n'ont pas voulu se rallier à l'une des deux opinions les plus fortes. En persistant dans leurs opinions individuelles et en mettant par suite obstacle à la formation d'une majorité, ils permettent de les considérer comme refusant d'accomplir leur mission au sens de la loi (V. en ce sens : Demolombe, t. 7, n° 317 ; Aubry et Rau, t. 1, § 94, p. 385, note 16, et p. 386, note 17; Laurent, t. 4, n° 462; Huc, t. 3. n° 312). — Il a été jugé qu'en pareil cas c'est au tribunal qu'il appartient d'ordonner la formation d'un nouveau conseil de famille (Aix, 10 mars 1840, *Rép.* n° 228). MM. Aubry et Rau, Laurent et Huc, *loc. cit.*, pensent que la convocation du nouveau conseil de famille n'aurait pas besoin d'être ordonnée par le tribunal, et qu'elle rentre dans la mission générale du juge de paix. Les membres de la minorité auront, d'ailleurs, la ressource d'attaquer la délibération du nouveau conseil devant le tribunal, qui jugera alors si elle est ou non conforme à l'intérêt du mineur.

161. Le juge de paix aurait la faculté de proroger l'assemblée et de former un nouveau conseil de famille, aussi bien dans le cas où les différentes opinions émises auraient réuni chacune le même nombre de voix, que dans celui où, à côté d'une majorité relative, il se serait rencontré des minorités égales (Aubry et Rau, t. 1, § 94, p. 386, note 17).

162. Il résulte des considérations développées au *Rép.* n°s 237 à 244 que, en règle générale, il n'est pas nécessaire pour la validité des délibérations qu'elles soient motivées. Par exception, l'art. 447 c. civ. exige que toute délibération qui prononce l'exclusion ou la destitution du tuteur soit motivée. L'exception se justifie par le caractère de cette délibération, qui est un véritable jugement, sans en avoir toutefois l'autorité (V. *infrà*, n° 291). Elle ne s'étend pas à la délibération qui refuse à la mère de lui conserver la tutelle en cas de convol ; ce n'est pas une destitution (Aubry et Rau, t. 1, § 95, p. 387, note 8; Laurent, t. 4, n° 463).

163. L'art. 883 c. proc. civ., qui établit un recours au profit des personnes qu'il désigne (V. *infrà*, n° 174) contre les délibérations qui ne sont pas unanimes, exige qu'en pareil cas, le procès-verbal mentionne l'avis de chacun des membres du conseil. L'art. 883 exige-t-il par là même que cet avis soit motivé? On a mentionné au *Rép.* n° 243, les divergences qui se sont produites à ce sujet dans la jurisprudence. MM. Demolombe, t. 7, n° 318, Laurent, *loc. cit.*, et Huc, t. 3, n° 313, enseignent que l'art. 883 c. proc. civ. n'a pas dérogé au code civil relativement au principe que les délibérations n'ont pas besoin d'être motivées. Le procès-verbal doit énoncer l'avis de chacun des membres du conseil, mais il peut ne pas énoncer les motifs donnés à l'appui de cet avis.

164. Le juge de paix doit prendre part à la délibération. D'après les décisions judiciaires citées au *Rép.* n° 237, il suffit que le procès-verbal constate implicitement que le juge de paix a voté.

Si la délibération n'est pas unanime, l'art. 883 c. proc. civ. exige que l'avis personnel du juge de paix soit mentionné, comme celui des autres membres du conseil. Il n'est pas nécessaire que cet avis soit motivé (V. *suprà*, n° 163). — L'obligation d'énoncer l'avis de chacun des membres du conseil, quand la délibération n'est pas unanime, existe sans distinction entre les délibérations sujettes à l'homologation du tribunal et celles qui sont exécutoires sans homologation, l'art. 883 c. proc. civ. permettant de recourir aussi bien contre ces dernières que contre les autres (Aubry et Rau, t. 1, p. 387, note 7. V. toutefois l'arrêt cité au *Rép.* n° 242 et Req. 2 août 1860, aff. De Formier, D. P. 60. 2. 495.

165. Les avis et les délibérations des conseils de famille ne sont pas des actes publics, et c'est exclusivement dans l'intérêt privé de la famille que le dépôt des procès-verbaux de ces avis ou délibérations est fait au greffe de la justice de paix. On a cité au *Rép.* n° 259 un arrêt de la cour de cassation, du 30 déc. 1840, suivant lequel le greffier n'est pas obligé de délivrer à tout requérant expédition de ces délibérations. Il convient d'ajouter qu'il n'est pas autorisé à faire cette délivrance, sinon au tuteur, au subrogé tuteur ou aux membres du conseil (Demolombe, t. 7, n° 302; Aubry et Rau, t. 1, § 95, p. 387, note 6; Laurent, t. 4, n° 459). M. Laurent trouve regrettable que les délibérations ne reçoivent aucune publicité, parce que, si elles n'intéressent pas les tiers, elles intéressent du moins ceux qui traitent avec le tuteur. Mais on peut répondre que ces derniers ont toujours le droit, avant de traiter, d'exiger du tuteur la justification de sa qualité et de l'autorisation du conseil quand elle est nécessaire.

166. Le conseil de famille a-t-il qualité pour interpréter ses délibérations quand elles sont obscures, ambiguës, inexactes ou erronées dans leur rédaction? A-t-il qualité même pour rectifier une erreur de fond qu'il a commise, pour rétracter et modifier sa délibération quand elle n'a pas encore reçu d'exécution par un acte passé avec un tiers? Par arrêt du 4 déc. 1878, la cour de Paris a jugé que, sans doute, les conseils de famille n'ont pas le droit de réformer leurs délibérations erronées par des délibérations ultérieures; mais qu'il n'est pas interdit à ces conseils de faire connaître ce qui a été dans leur pensée au moment d'une délibération sujette à discussion. Il s'agissait, dans l'espèce, d'une délibération par laquelle le conseil de famille, à raison de l'opposition d'intérêts entre le mineur et le tuteur, avait nommé un autre représentant du mineur et lui avait donné, au lieu de la désignation de subrogé tuteur *ad hoc*, celle de tuteur *ad hoc*. Par une seconde délibération, le conseil de famille avait rectifié l'acte antérieur, et déclaré que c'était bien un subrogé tuteur *ad hoc* qu'il avait prétendu nommer. Statuant sur le pourvoi, la cour de cassation a décidé qu'en droit, il appartient aux conseils de famille de fixer le véritable sens des dispositions de leurs délibérations relatives à l'organisation de la tutelle et de la subrogée tutelle, quand, par suite de l'emploi d'expressions inexactes ou erronées, elles semblent peu compatibles entre elles et font naître l'incertitude (Req. 5 août 1879) (1). Comme on le voit, la cour d'appel avait reconnu au conseil de famille, le droit d'interpréter ses délibérations: elle lui refusait, au contraire, le droit de les réformer, ce droit n'appartenant qu'aux tribunaux. La chambre des requêtes reconnaît, à son tour, que le conseil de famille peut interpréter une délibération précédente, quand le sens de cette délibé-

(1) (Broust C. Ducrocq et cons.) — Le 18 août 1877, le tribunal civil de Chartres a rendu le jugement suivant : — « Attendu que, par délibération, en date du 6 avril 1874, le conseil de famille de la dame Anastasie-Victorine Ducrocq, veuve Hamard, a nommé Alexandre Ducrocq, tuteur de l'interdite, et Didier, son subrogé tuteur; — Attendu que, par la même délibération, le conseil, prévoyant l'opposition d'intérêts qui existerait entre le tuteur et sa pupille dans les opérations de liquidation et partage des successions des époux Ducrocq-Bridaux, leurs père et mère, a nommé Broust, tuteur *ad hoc* de la veuve Hamard, sa belle-mère; — Attendu que, par une nouvelle délibération du 12 avr. 1877, le même conseil, expliquant son vote sur la nomination de Broust aux fonctions de tuteur *ad hoc*, a déclaré qu'il entendait seulement conférer à Broust les fonctions de subrogé tuteur *ad hoc*; — Attendu que Broust demande la nullité de cette dernière délibération et son maintien dans les fonctions de tuteur *ad hoc* chargé de représenter l'interdite en cas d'opposition d'intérêts avec son tuteur Ducrocq ; — Attendu que les parties de M° Watrin soutiennent au contraire la validité de cette dernière délibération ; — Attendu que le législateur a édicté tout un ensemble de dispositions destinées à assurer la protection des intérêts des incapables, mineurs ou interdits; qu'il a placé à côté d'eux un tuteur et un subrogé tuteur dont il a précisé nettement les attributions, le tuteur chargé d'agir, et le subrogé tuteur de surveiller; qu'il a prévu, dans l'art. 420 c. civ., le cas où le tuteur aurait, dans une affaire déterminée, des intérêts contraires à ceux de son pupille, et, pour ce cas spécial, il a investi le subrogé tuteur des fonctions de tuteur; que, pour ce cas, la personne chargée par le conseil de famille des fonctions de subrogé tuteur, devient de fait le véritable tuteur, et cela par la volonté de la loi, contre laquelle ne sauraient prévaloir les délibérations contraires des conseils de famille; que, décider autrement, ce serait, sous le prétexte plus ou moins fondé de garantir plus efficacement les intérêts du mineur, permettre à ces conseils de remplacer l'organisation qui émane du législateur par telles ou telles autres combinaisons qui varieraient dans chaque cas particulier; qu'ainsi Didier, ayant été nommé subrogé tuteur par la délibération du conseil de famille en date du 6 avr. 1874, le conseil n'a pu investir Broust des fonctions de tuteur *ad hoc*, en vue de l'instance en liquidation de succession des époux Ducrocq père et mère qu'en commettant une erreur de fait et de droit; que cette instance ayant été régulièrement engagée, aux termes de l'art. 420, par Ducrocq, dont les intérêts étaient contraires à ceux de sa pupille, contre Didier, faisant, en vertu de cet article, fonctions de tuteur, il devenait nécessaire de nommer régulièrement à l'interdite un subrogé tuteur pour recevoir la double signification prescrite par l'art. 444 c. proc. civ. ; — Par ces motifs ; — Le tribunal déclare régulière la délibération du conseil de famille du 12 avr. 1877 ; — Déclare Broust mal fondé dans sa demande, l'en déboute, etc. ».

Sur l'appel de M. Broust, la cour de Paris, par arrêt du 4 déc. 1878, a statué ainsi qu'il suit : — « Considérant que, le 6 avr. 1874, sous la présidence du juge de paix de Maintenon, le conseil de famille de la dame Anastasie-Victorine Ducrocq, veuve Hamard, en état d'interdiction, lui a donné pour tuteur son frère Alexandre Ducrocq et pour subrogé tuteur le sieur François Didier, lesquels

ration demeure incertain par suite d'une rédaction vicieuse. En réalité, dans l'espèce, la rédaction n'était pas obscure. Le conseil de famille s'était mis en opposition avec la loi. Il avait commis une erreur, et l'on verra plus loin que cette erreur est fréquente dans la pratique (V. *infrà*, n° 209). Il avait ensuite rectifié cette erreur pour se conformer à la loi, et il avait modifié les pouvoirs par lui conférés au représentant du mineur, en lui retirant la qualité de tuteur *ad hoc*, pour lui attribuer celle de subrogé tuteur *ad hoc*. Le droit d'interprétation que lui reconnaît la chambre des

ont immédiatement accepté ces fonctions; — Considérant qu'après avoir ainsi régulièrement organisé la tutelle, le conseil, en prévision d'une opposition d'intérêts entre le tuteur et sa pupille dans le prochain partage entre le frère et la sœur des deux successions alors ouvertes des père et mère communs, a voulu y pourvoir par avance et a nommé par la même délibération le sieur Broust, gendre de l'interdite, tuteur *ad hoc*, chargé d'agir et de stipuler pour elle dans toutes les opérations du partage prévu; — Considérant qu'au commencement de 1877, le tuteur a introduit l'instance en partage devant le tribunal de Chartres, et l'a dirigée contre le subrogé tuteur Didier; qu'en cet état, le 21 février de la même année, un jugement contradictoire a ordonné la liquidation des deux successions et la licitation préalable de deux maisons, sises à Paris; que, lorsqu'il a fallu, afin d'arriver à l'exécution de cette décision, obéir aux prescriptions des art. 444 c. civ., et 962 c. proc. civ., l'avoué du demandeur s'est arrêté devant les termes de la délibération du 6 avr. 1874, et n'a pas osé considérer comme le subrogé tuteur *ad hoc* le sieur Broust et lui faire, en cette qualité, les significations et les notifications exigées par la loi, avant d'avoir mis en demeure le conseil de famille, à qui revenait la nomination de ce subrogé tuteur *ad hoc*, de s'expliquer sur le rôle qu'il avait entendu confier à Broust par la délibération susvisée; qu'en conséquence, et par une requête au juge de paix de Maintenon, il a demandé et obtenu, le 12 avr. 1877, une nouvelle délibération du conseil, lequel composé, comme il l'était le 6 avr. 1874, a, malgré l'avis contraire du juge de paix, et les vives protestations de Broust, déclaré, à la majorité de cinq voix, que ce dernier avait été qualifié par erreur tuteur *ad hoc*, et n'avait reçu d'autre mission que celle de subrogé tuteur *ad hoc*, rendue nécessaire par le remplacement du tuteur par le subrogé tuteur; — Considérant que Broust s'est empressé de déférer au tribunal de Chartres cette dernière délibération, qui devait, selon lui, être déclarée nulle et considérée comme non avenue; qu'il a, en outre, demandé à être maintenu dans les fonctions de tuteur *ad hoc* à lui conférées par la délibération du 6 avr. 1874, et à suivre, en cette qualité, l'instance en partage, mal à propos entamée, d'après lui, contre le sieur Didier; — Considérant que le jugement dont est appel a, au contraire, reconnu la régularité de la délibération attaquée et débouté Broust de toutes ses prétentions; — Considérant que, devant la cour, Broust reprend ses conclusions de première instance et soutient en outre: 1° qu'en fait c'est à dessein, et en connaissance de cause, qu'en 1874 le conseil de famille l'a chargé, dans les termes les plus précis, d'agir et de stipuler pour l'interdite en qualité de tuteur *ad hoc* dans toutes les opérations du partage; 2° qu'en droit, le conseil pouvait bien juridiquement choisir un tuteur *ad hoc* pour défendre la veuve Hamard dans une affaire d'une nature spéciale, et dans laquelle les connaissances et la position de Broust pouvaient être, pour la protection de l'interdite, de la plus grande utilité; — Sur le premier moyen: — Considérant qu'il ne s'agit au débat que de l'interprétation de la délibération du 6 avr. 1874, et de savoir ce qu'a entendu faire le conseil de famille, lorsque, après avoir nommé le tuteur et le subrogé tuteur par le l'unanimité, il a chargé Broust de représenter la veuve Hamard dans les opérations du partage qu'il prévoyait; qu'il était bien naturel de demander cette interprétation aux auteurs de la délibération elle-même, d'autant plus que c'était encore à eux à nommer le subrogé tuteur *ad hoc*, si cette nomination n'avait pas été faite; — Considérant que, dans sa délibération du 12 avr. 1877, le conseil a nettement reconnu qu'il s'était trompé dans l'expression de « tuteur *ad hoc* » donnée à la nomination de Broust; qu'il ne fallait pas s'arrêter au sens littéral de cette qualification; que, dans la pensée de ceux qui avaient chargé Broust d'agir et de stipuler au partage pour la veuve Hamard, il ne s'agissait que de lui confier les fonctions de « subrogé tuteur *ad hoc*, » pour recevoir tous les actes de procédure exigés par la loi dans l'intérêt de la pupille, et d'exercer pour elle, en cette partie de l'instance, une surveillance utile; — Considérant que, sans doute, les conseils de famille n'ont pas le droit de réformer leurs délibérations erronées par des délibérations ultérieures, que cette réformation est du domaine exclusif des tribunaux, mais qu'il n'est pas interdit à ces conseils de faire connaître ce qui a été dans leur pensée au moment d'une délibération sujette à discussion; — Considérant que, dans cet ordre d'idées, la reconnaissance faite par le conseil, le 12 avr. 1877, ne constitue ni un excès de pouvoir, ni encore moins, comme le prétend Broust, son exclusion illégale du rôle à lui confié dans la tutelle; que rien d'ailleurs, dans la délibération du 6 avr. 1874, n'autorise à penser que le conseil ait eu la crainte de l'insuffisance de Didier pour défendre la pupille, ni songé à donner à Broust, à cause de sa prétendue capacité spéciale, la charge de la représenter au partage; — Considérant enfin que la délibération du 12 avr. 1877, dont Broust demande l'annulation, a répondu au vœu de la loi et aux intérêts de la veuve Hamard, en maintenant ce dernier dans ses fonctions de subrogé tuteur *ad hoc*, nécessaires pour la régularité de la procédure; qu'en conséquence, les premiers juges ont, avec raison, déclaré régulière et valable la délibération attaquée, — Sur le deuxième moyen: — Considérant, qu'en droit, les prétentions de l'appelant sont encore plus inadmissibles; qu'en effet, la législation française, si pleine de sollicitude pour la personne et les biens du mineur et de l'interdit, n'est point favorable à la division des pouvoirs du tuteur ni de ceux du subrogé tuteur, lorsqu'il est appelé à remplacer le tuteur; que, dans toutes les tutelles organisées par elle, elle a proscrit la faculté, reconnue par l'ancienne jurisprudence, de nommer au pupille plusieurs tuteurs; qu'il est même à peu près universellement admis aujourd'hui, qu'on ne peut pas donner un tuteur à la personne et un autre tuteur aux biens de l'incapable, et que ce n'est que dans un cas spécial et expressément indiqué par la loi qu'un protuteur peut être nommé; — En ce qui touche spécialement le subrogé tuteur; — Considérant que l'art. 420 a nettement fixé ses attributions, et qu'il n'est pas au pouvoir des conseils de famille ni des tribunaux de les diminuer, et à plusforte raison de les supprimer, en les confiant à une autre personne; que, d'après l'article précité, les fonctions de subrogé tuteur consistent à agir pour les intérêts du mineur toutes les fois qu'ils sont en opposition avec ceux du tuteur; que ce devoir est permanent, ainsi que la responsabilité qu'il entraîne, et qu'en statuant ainsi, la loi française a précisément voulu prévenir ces nominations de curateurs spéciaux, ordonnées par la loi romaine pour chaque cas particulier d'opposition d'intérêts entre le pupille et son tuteur; qu'il est donc bien certain qu'en droit la demande de Broust n'est pas mieux fondée qu'elle ne l'est en fait; — Adoptant au surplus les motifs des premiers juges; — Confirme ».

Pourvoi en cassation par le sieur Broust. — 1° Violation des art. 883, 884, 889 c. proc. civ., 405, 406 et suiv. c. civ. et des principes régissant les pouvoirs et les délibérations des conseils de famille; — 2° Violation des art. 420 et 838 c. civ. et des principes régissant la tutelle.

LA COUR; — Sur le premier moyen: — Attendu, en droit, qu'il appartient aux conseils de famille de fixer le véritable sens des dispositions de leurs délibérations relatives à l'organisation de la tutelle et de la subrogée tutelle, quand, par suite de l'emploi d'expressions inexactes ou erronées, elles semblent peu compatibles entre elles et font naître l'incertitude; — Attendu, en fait, que, par délibération du 6 avril 1874, le conseil de famille de la veuve Hamard, interdite, a, d'une part, nommé Didier subrogé tuteur, ce qui, aux termes de l'art. 420, c. civ, confère à ce dernier par avance les pouvoirs du tuteur pour toutes les affaires où les intérêts du tuteur sont en opposition avec ceux de l'interdite, et que, d'autre part, il a désigné Broust comme tuteur *ad hoc* pour remplacer le tuteur, à raison de cette opposition d'intérêts, dans les opérations de liquidation, licitation et partage des successions des époux Ducrocq-Bridanne, père et mère communs du tuteur Alexandre Ducrocq et de l'interdite; — Attendu qu'Alexandre Ducrocq ayant engagé contre cette dernière une instance en liquidation et partage desdites successions, a été arrêté dans sa procédure par les prétentions opposées de Didier et de Broust, qui donnaient, chacun, un sens différent à la délibération du 6 avril 1874, et entendaient remplir, chacun, l'office de tuteur; — Attendu que, saisi par lui de la difficulté suscitée par ce conflit, le conseil de famille a déclaré, le 12 avril 1877, « qu'il n'a pu entrer dans son intention, en nommant Broust tuteur *ad hoc*, de lui donner une fonction incompatible avec celle que le subrogé tuteur tient de la loi elle-même; que c'est par suite d'une véritable erreur que la délibération du 6 avril 1874 a dit que le tuteur *ad hoc* représenterait l'interdite et stipulerait pour elle dans les opérations prévues de liquidation, licitation et partage; que l'intention des membres du conseil était seulement de lui conférer, avec la qualification de tuteur *ad hoc* ou plus exactement de subrogé tuteur *ad hoc*, un droit de contrôle et de surveillance sur le subrogé tuteur, pendant qu'il remplirait les fonctions de tuteur »; — Attendu que la cour d'appel de Paris, en décidant que le conseil de famille a ainsi interprété et pu interpréter sa délibération du 6 avril 1874, n'a violé ni les articles de loi, ni les principes invoqués par le pourvoi;

Sur le deuxième moyen; — Attendu que, d'après ce qui précède, Broust n'a été nommé, en réalité, sous une qualification inexacte et erronée, que subrogé tuteur *ad hoc* de l'interdite, que ce moyen manque donc en fait; — Rejette, etc.

Du 5 août 1879.-Ch. req.-MM. Bédarrides, pr.-Petit, rap.-Robinet de Cléry, av.-gén., c. conf.-Lesage, av.

requêtes ne suffisait pas, semble-t-il, à justifier cette rectification qui portait sur une erreur de fond, et non pas sur une erreur de rédaction (Comp. Labbé, Dissertation sur l'arrêt du 5 août 1879).

167. Mais le droit de rétracter, de modifier une délibération, appartient-il au conseil de famille? Cette question paraît devoir être résolue affirmativement. Le conseil de famille, quand il organise la tutelle, ou quand il autorise les actes d'administration du tuteur, exerce une juridiction gracieuse. Ses attributions étaient conférées par la loi romaine au magistrat; certaines législations les ont données aux tribunaux. Les actes de juridiction gracieuse, émanés des tribunaux, n'ont pas, d'après nos lois, l'autorité de la chose jugée. En cette matière, si le tribunal, dessaisi par la sentence qu'il a prononcée, est saisi de nouveau par l'une des parties intéressées, il peut revenir sur sa décision, la modifier, la rétracter, la réformer en conformité de la loi, s'il y a eu une erreur ou une illégalité commise. Les mêmes principes sont applicables aux délibérations des conseils de famille. S'agit-il d'une autorisation donnée au tuteur, le conseil de famille pourra certainement retirer cette autorisation tant que l'acte en vue duquel elle a été donnée n'aura pas été fait. Préoccupé uniquement de l'intérêt du mineur, le conseil de famille, mieux éclairé, peut retirer un consentement qu'il reconnaît avoir donné imprudemment. S'agit-il de la nomination d'un tuteur ou d'un subrogé tuteur, la question sera complexe. Sans doute le conseil de famille ne pourra pas substituer un autre tuteur ou un subrogé tuteur à celui qu'il a nommé, par exemple s'il juge que telle autre personne remplira mieux les fonctions que le tuteur ou le subrogé tuteur nommé, si la personne qu'il préfère est parvenue à l'âge légal ou a transféré son domicile dans l'intervalle des deux délibérations. Ici l'intérêt du mineur n'est pas seul en jeu. Le remplacement du tuteur ou subrogé tuteur équivaudrait à une destitution. Or le tuteur ou le subrogé tuteur ne peuvent être destitués que pour indignité ou pour incapacité, suivant les termes de l'art. 444 c. civ. Mais il en est autrement quand le conseil de famille s'est trompé sur la nomination qu'il avait à faire, ou bien a commis une illégalité dans cette nomination. S'il a nommé un tuteur au lieu d'un subrogé tuteur qu'il avait à nommer, s'il a choisi le subrogé tuteur dans la même ligne que le tuteur, il pourra réparer l'erreur. Autrement, la validité des actes faits par le tuteur irrégulièrement nommé pourrait être contestée plus tard, et il n'y aurait aucun moyen de prévenir ces contestations. On peut bien, il est vrai se pourvoir devant le tribunal contre les délibérations du conseil de famille; mais le tribunal lui-même n'a pas le droit de se substituer à ce conseil pour une nomination de tuteur ou de subrogé tuteur; il ne peut qu'ordonner une nouvelle réunion du conseil de famille. Or, un recours devant le tribunal est inutile, quand l'erreur commise par le conseil de famille est certaine et que personne ne s'oppose à ce qu'elle soit réparée (V. en ce sens : Labbé, Dissertation citée *suprà*, n° 166).

§ 4. — Dans quels cas et par quelles personnes les délibérations du conseil de famille peuvent-elles être attaquées? (*Rép.* n°s 246 à 262).

168. — I. Recours pour vice de forme. — Il est autorisé par la violation des formalités requises par la loi dans la composition, la convocation ou le mode de délibérer du conseil de famille. On sait, toutefois, que la violation de ces formalités n'entraîne pas toujours, et dans tous les cas, la nullité de la délibération (V. *suprà*, n° 109). Il y a nullité absolue de la délibération, et les tribunaux doivent prononcer cette nullité sans examiner si les intérêts du mineur ont souffert un préjudice ou non, quand l'irrégularité signalée consiste dans la violation d'une de ces formes substantielles qui tiennent à l'essence même, au caractère propre de l'assemblée de famille et qui se lient à l'ordre public, formes sans lesquelles on doit dire qu'il n'y a pas de conseil de famille ou qu'il n'y a pas de délibération. Ainsi la délibération sera nulle, de plein droit, si le conseil de famille n'a pas été présidé par le juge de paix (V. *suprà*, n° 115); ... si l'on a convoqué moins de six membres (V. *suprà*, n° 117);... si l'on a délibéré en l'absence d'un membre qui n'a pas été convoqué régulièrement (V. *suprà*, n° 145);.. si l'un des membres qui ont pris part à la délibération était légalement incapable (V. *suprà*, n° 117),... ou représenté par un mandataire incapable (V. *suprà*, n° 113); si le juge de paix n'a pas pris part à la délibération (V. *suprà*, n° 164); si les trois quarts au moins des membres convoqués n'ont pas participé à la délibération (V. *suprà*, n° 157);... si la délibération n'a pas été prise à la majorité absolue des membres présents (V. *suprà*, n° 158);... si, la délibération n'étant pas unanime, le procès verbal ne mentionne pas l'avis individuel des membres du conseil (V. *suprà*, n° 164);... si la délibération qui statue sur l'exclusion ou la destitution du tuteur n'est pas motivée (V. *suprà*, n° 162).

169. Les tribunaux ont, au contraire, un pouvoir discrétionnaire pour annuler, s'il y a lieu, dans l'intérêt du mineur, la délibération attaquée, quand le vice de forme consiste dans une irrégularité qui n'est pas substantielle. Par exemple, la délibération sera simplement annulable si, dans la composition du conseil de famille on n'a pas observé l'ordre de préférence établi par la loi entre les parents et les alliés domiciliés dans le rayon légal (V. *suprà*, n° 130);... si le nombre des membres que devait fournir une des lignes a été formé ou complété par des parents ou alliés de l'autre ligne (V. *suprà*, n° 130);... si l'un des membres du conseil se trouvait dans un cas d'exclusion non formellement prévu par la loi (V. *suprà*, n° 133). Enfin, dans certains cas, il y a controverse, comme on l'a vu, sur le point de savoir s'il s'agit on non d'une formalité substantielle (V. notamment *suprà*, n°s 111, 117, 122, 131, 153); la délibération est alors nulle ou annulable, suivant l'opinion que l'on adopte sur la question.

170. — II. Recours quant au fond. — Les délibérations des conseils de famille, bien qu'elles aient été régulièrement prises en la forme par une assemblée compétente, peuvent être attaquées devant les tribunaux quand elles sont contraires à l'intérêt du mineur. On admet généralement aujourd'hui que les délibérations des conseils de famille sont, en vertu de l'art. 883 c. proc. civ., susceptibles d'un recours aux tribunaux, même quand elles ne sont pas assujetties par le code civil à la formalité de l'homologation et en dehors des cas de recours autorisés par ce code. — Mais, suivant la doctrine de certains auteurs, il faut excepter, en premier lieu, les délibérations par lesquelles le conseil de famille exerce, comme substitué au père, un pouvoir domestique que le père aurait lui-même exercé souverainement. Ainsi les tribunaux ne peuvent pas annuler la délibération par laquelle le conseil de famille accorde ou refuse au mineur une autorisation de mariage ou l'émancipation (Aubry et Rau, t. 1, § 96, p. 390). Il faut excepter, en second lieu, les délibérations par lesquelles le conseil de famille exerce les attributions qui lui sont confiées pour la constitution de la tutelle. Les délibérations par lesquelles il nomme un tuteur, un subrogé tuteur, ne peuvent, suivant ce système, être annulées comme contraires à l'intérêt du mineur, à moins que la personne investie de ces fonctions, ne soit frappée d'une cause d'exclusion ou d'incapacité. Quelle serait, en effet, dit-on, la conséquence d'un jugement qui annulerait la nomination faite par le conseil de famille? Tous les textes et tous les principes refusent au tribunal le droit de choisir de sa propre autorité un tuteur, un subrogé tuteur, un curateur (V. *Rép.* n° 15[illegible] et *suprà*, n° 106). Le tribunal devra donc se borner à maintenir la délibération ou à la déclarer nulle, et, dans ce cas, il renverra les parties devant le conseil de famille qui, hors le cas d'exclusion ou d'incapacité, pourra de nouveau porter son choix sur la personne dont le tribunal viendra d'annuler la nomination. Le conflit pourra se prolonger, au détriment du mineur qui restera privé de tuteur ou de subrogé tuteur (Demolombe, t. 7, n° 336; Aubry et Rau, *loc. cit.*). De même, pour les délibérations qui conservent ou qui retirent la tutelle légale à la mère, en cas de convol : il ressort, dit-on, des termes et de l'esprit de l'art. 395 c. civ. que la décision appartient en dernier ressort au conseil de famille. L'art. 396, en exigeant que le second mari soit nécessairement donné comme cotuteur à la mère maintenue dans la tutelle, démontre que le conseil de famille est seul juge de l'opportunité de ce maintien : décider autrement, ce serait conférer au tribunal, dans ce cas particulier et délicat entre tous, le pouvoir, qu'il n'a jamais, de nommer de sa propre autorité à des mineurs un tuteur non agréé par la famille (Demolombe, t. 7, nos 140 et 167; Aubry et Rau, t. 1, § 96, p. 391). Enfin, d'après les mêmes auteurs, aucun recours ne peut non plus être exercé contre la délibération qui confirme ou qui invalide le choix que la mère a fait d'un tuteur testamentaire. - Il a été jugé, conformément à cette opinion : 1° que les délibérations du conseil de famille qui nomment un tuteur, et spécialement celles qui, en cas de convol de la mère tutrice, retirent la tutelle légale à celle-ci et nomment un tuteur à ses enfants, ne sont pas susceptibles d'être attaquées au fond, mais seulement pour vices de formes; que les seules délibérations du conseil de famille qui puissent être attaquées au fond sont celles qui sont soumises à l'homologation du tribunal (Grenoble, 18 janv. 1854, aff. Ollivier, D. P. 56. 2. 55); — 2° Que la nomination du tuteur, quand elle est le résultat d'une délibération régulière et qu'elle ne soulève aucune question d'exclusion légale, n'est pas susceptible d'être soumise à la revision du tribunal, notamment par la mère qui, ayant perdu la tutelle légale par suite de ce convol, croirait pouvoir critiquer le choix fait par le conseil de famille (Montpellier, 13 juin 1866, aff. Cau, D. P. 68. 1. 162); — 3° Que la délibération du conseil de famille qui refuse de conserver à la mère qui a convolé en secondes noces la tutelle de ses enfants mineurs, ne peut être l'objet d'un recours devant les tribunaux (Angers, 11 nov. 1875, aff. Veuve Roudeau, D. P. 76. 2. 31; Trib. civ. Rouen, 2 juin 1891 (1). V. aussi Paris 6 oct. 1814, *Rép.* n° 241).

171. Le système contraire, auquel on s'est rallié au *Rép.* n° 247, paraît préférable. L'art. 883 c. proc. civ. est une disposition générale applicable, sans aucune exception, à toutes les délibérations du conseil de famille. Cette disposition, a eu pour objet de parer aux inconvénients que la pratique avait révélés dans l'économie du code civil. depuis sa promulgation. Tandis que des intérêts de second ordre, tels que le plus léger emprunt, l'aliénation des moindres objets, ne pouvaient être réglés par le conseil de famille qu'avec l'assentiment des tribunaux, l'intervention de la justice ne pouvait pas être requise quand il s'agissait des intérêts les plus importants des mineurs, tels que le choix fait de leur tuteur, le maintien de la tutelle à la mère en cas de second mariage, l'acceptation des donations ou successions, l'incarcération du mineur demandée pour cause d'inconduite, le consentement ou l'opposition à son mariage, les conventions qui se rapportent à cet acte, l'émancipation, etc. Les délibérations sur ces graves questions, n'étant pas soumises à l'homologation du tribunal, échappaient à tout contrôle. Or ces délibérations peuvent souvent n'être pas unanimes, accuser parfois un dissentiment entre les deux lignes paternelle et maternelle, et n'être en définitive que l'œuvre du juge de paix dont la voix est prépondérante en cas de partage. Rien n'établit, en pareil cas, qu'elles ne soient pas erronées et dangereuses, contraires à l'intérêt bien entendu du mineur, entachées d'aveuglement et de passion. Aussi les auteurs du code de procédure civile ont-ils voulu parer à ces inconvénients en autorisant un recours, sans acception d'espèces, contre toutes les délibérations du conseil de famille qui ne seraient pas unanimes. Le rapport des commissaires du Gouvernement, Berlier et Mouricault, au Corps législatif, qualifie l'art. 883 de « complément au code civil », et dit qu'il établit, « dans l'intérêt du mineur, une surveillance combinée du conseil de famille et de la justice, pour tous les cas, même lorsqu'il s'agit de la nomination du tuteur ». — En ce qui concerne la délibération nommant un

---

(1) (Dame Talabart C. Démarest.) — LE TRIBUNAL; — Attendu que la dame veuve Roudeaux a contracté un second mariage avec le sieur Talabart, et qu'avant de procéder à cette union elle a, conformément à la loi, convoqué le conseil de famille de son enfant mineur, Madeleine-Julie-Lucienne, pour se faire maintenir dans la tutelle; — Attendu que ledit conseil régulièrement composé a, le 24 févr. 1891, décidé à l'unanimité des voix, celle du juge de paix comprise, qu'il n'y avait pas lieu de conserver la tutelle à la mère en cas de convol; — Attendu que c'est dans ces conditions que la dame Talabart, dûment assistée de son nouveau mari, a assigné devant le tribunal de céans tous les membres du conseil de famille, et à toutes fins le subrogé tuteur, à l'effet de voir dire que la délibération du 24 févr. 1891 serait réformée, et qu'en conséquence la tutelle de sa fille mineure lui serait conservée; que les défendeurs résistent à cette action, concluant tout à la fois à l'irrecevabilité et au rejet de la demande au fond; — Attendu, sur ce litige, qu'à ne consulter que le texte même de l'art. 395 c. civ., il est certain que le conseil de famille est seul et sans contrôle investi du droit de statuer sur le point de savoir si la tutelle sera maintenue à la mère qui veut se remarier; qu'en effet, la délibération qui est prise en ce cas et qui a le caractère non d'un simple avis, mais d'une véritable décision, ainsi que le proclame expressément l'art. 395 c. civ.; n'est pas soumise à l'homologation du tribunal, comme celle qui intervient dans les circonstances déterminées par les art. 447 et 448 du même code, et la prévision de ces cas spéciaux est exclusive d'un recours analogue en vertu de l'adage *Qui de uno dicit de altero negat*, avec d'autant plus de raison qu'il n'est permis d'ajouter à la loi dans une matière où tout est de droit étroit et où rien n'a dû être abandonné à l'arbitrage du juge; — Attendu que l'art. 396 qui suit, en déclarant que le second mari sera donné comme cotuteur à la mère tutrice, prouve bien que le conseil de famille statue sans que l'homologation du tribunal soit nécessaire, sous peine d'attribuer aux tribunaux le droit de nommer de leur propre autorité un tuteur non agréé par la famille; — Attendu que cette interprétation de texte n'est pas seulement en harmonie avec la défaveur que la loi attache aux secondes noces, mais qu'elle est également conforme au caractère de la mission légale du conseil de famille qui en pareille occurence a à rechercher discrètement si le mariage de la mère est favorable aux intérêts du mineur, et si le futur est honnête, solvable et bon administrateur, toutes questions délicates, d'une nature intime et confidentielle, dont le conseil est le seul et meilleur juge, et pour l'examen desquelles il importe, même dans l'intérêt de la famille et de l'indépendance du vote, que les membres qui composent le conseil ne soient pas tenus de donner de motifs; qu'aussi bien l'art. 395, contrairement aux dispositions de l'art. 447, n'exige pas que la décision soit motivée, ni même que le tuteur ait été préalablement entendu; — Attendu que cette omnipotence du conseil de famille, si grave qu'elle soit, en ce que la délibération peut être dictée par d'injustes préventions, paraît présenter des inconvénients moins graves que ceux qui résulteraient d'une décision motivée et d'un recours devant le tribunal, avec le bruit, la notoriété et peut-être même le scandale de la publicité de l'audience; — Attendu que vainement, pour faire échec à cette solution en la forme, les mariés Talabart invoquent précisément les art. 447 et 448 c. civ., et particulièrement les dispositions générales déposées dans l'art. 883 c. proc. civ; qu'il n'y a lieu de s'arrêter à aucune de ces objections; — Attendu qu'en effet il ne s'agit pas en pareille matière d'une mesure qui ne puisse être prise qu'autant que la mère, ou son nouvel époux, se trouverait dans un des cas de destitution limitativement prévus par la loi; qu'il y a lieu seulement d'apprécier un ensemble de circonstances desquelles résultera, non la destitution, mais uniquement une décision sur le point de savoir si la tutelle sera ou non maintenue, à l'exclusion de toute expression injurieuse ou offensante, et même aussi de toute question d'honneur et de dignité personnelle; — Attendu, en ce qui concerne l'art. 883, que le texte de cette disposition paraît être sans application dans la cause, la délibération dont il s'agit ayant été prise à l'unanimité, d'autant mieux que l'art. 883, malgré sa généralité, n'a eu en vue, ainsi que le prouvent son intitulé et la rubrique sous laquelle il est placé, que les opinions ou les vœux susceptibles d'être homologués, et enfin les actes de la tutelle déjà constituée, laissant à part tout ce qui touche au personnel et à l'organisation de la tutelle, complètement réglée par le code civil : — Attendu que, si la discussion parlementaire de l'art. 883 révèle bien que le législateur a entendu compléter le code civil, il n'est question dans ces documents du recours aux tribunaux qu'en cas de divergence d'opinion des membres du conseil de famille, et il résulte même de tous les travaux préparatoires que, lorsque la délibération est unanime, elle est à l'abri de tout recours; — Attendu surabondamment que cette opinion est conforme aux motifs d'un arrêt de la cour de cassation du 27 sept. 1816, et qu'elle n'est pas contredite par l'arrêt de la cour de Rouen du 25 nov. 1868 (D. P. 69. 2. 76), qui, tout en adoptant une théorie contraire, renferme les plus expresses réserves en cas de délibération prise à l'unanimité; — Attendu qu'il en ressort que le conseil de famille, agissant en vertu de l'art. 395, fait un acte d'autorité domestique dont les motifs restent cachés dans le secret de la délibération pour se traduire par un refus ou un maintien de la tutelle, et que la décision, ainsi régulièrement rendue par le tribunal de la famille, n'est pas susceptible d'une réformation au fond;

Par ces motifs;

Déclare la demande irrecevable et non fondée en droit; la rejette et ordonne, en conséquence, que la délibération indûment attaquée du 24 févr. 1891 sortira son plein et entier effet.

Du 2 juin 1891.-Trib. civ. de Rouen, 1re ch.-MM. Berchon, pr.-Homais et Frère, av.

tuteur, un subrogé tuteur, un curateur, il est évident que le tribunal, saisi du recours des membres dissidents, devra se borner à déclarer nulle la nomination faite par le conseil de famille. Ce conseil, convoqué de nouveau, devra nommer un autre tuteur ; mais son choix ne pourra pas porter sur la personne dont le tribunal aura, dans l'intérêt du mineur, annulé la nomination. Le recours au tribunal se justifie surtout, en pareille matière, quand il s'agit du maintien de la mère dans la tutelle légale, en cas de convol. Il y a la plus grande analogie entre la situation de la mère que le conseil de famille refuse de maintenir dans la tutelle à raison de son second mariage, et celle du tuteur exclu ou destitué par le conseil de famille. A celui-ci l'art. 448 c. civ. réserve expressément un recours à la justice. Si l'art. 395 c. civ. n'ouvre pas pareil recours à la mère, du moins rien dans le texte de cet article ne fait obstacle à ce qu'elle bénéficie de la disposition postérieure de l'art. 883 c. proc. civ. Si la décision appartient au conseil de famille, rien ne dit que cette décision sera souveraine et sans recours, ni contrôle Sans doute, tandis que, dans le cas de l'art. 448, la destitution du tuteur doit être motivée, l'art. 395 ne paraît pas exiger qu'il en soit de même relativement à la délibération sur le maintien de la tutelle à la mère en cas de convol : mais l'art. 883 c. proc. civ. veut que l'avis de chacun des membres soit mentionné quand la délibération n'est pas unanime. Enfin la question de savoir si, dans l'intérêt bien entendu des enfants, la mère doit être maintenue dans ses fonctions de tutrice, ne présente aucun élément qui ne soit de nature à être parfaitement apprécié par la justice, ou dont la discussion publique offre plus d'inconvénients que les débats auxquels donnent lieu la plupart des questions relatives à l'état des personnes et à la constitution des familles (V. en ce sens, *Rép.* n° 247 ; Laurent, t. 4, n°s 470 et suiv. ; Huc, t. 2, n° 321).

172. C'est dans le sens de cette doctrine que la jurisprudence s'est généralement prononcée. Il a été jugé : 1° que la disposition de l'art. 883 c. proc. civ., d'après laquelle toute délibération du conseil de famille, non prise à l'unanimité, peut être attaquée devant les tribunaux, par le tuteur, par le curateur et par chacun des membres de ce conseil qui ont exprimé un avis contraire, est applicable aux délibérations non soumises à l'homologation du tribunal aussi bien qu'à celles qui y sont assujetties, et qu'il n'y a pas davantage lieu de distinguer entre les délibérations qui règlent les intérêts matériels du mineur et celles qui, prononçant, par exemple, l'émancipation du mineur, touchent à sa capacité ; spécialement, que la délibération non unanime par laquelle un conseil de famille, lors de sa convocation à l'effet d'autoriser le tuteur à agir en justice, refuse indirectement cette autorisation en émancipant le pupille et en lui nommant un curateur est susceptible d'être attaquée en justice par le tuteur (Toulouse, 22 févr. 1854, aff. Cassé-Barthe, D. P. 54. 2. 239) ; — 2° Que les délibérations du conseil de famille qui nomment un tuteur peuvent être attaquées au fond, et non point seulement pour vice de forme, par les membres de ce conseil ; que, quelle que soit l'honorabilité du tuteur nommé à un mineur par le conseil de famille, il y a lieu d'annuler cette nomination, du moment où, à raison de circonstances particulières, elle est préjudiciable au mineur, comme dans le cas, par exemple, où ce tuteur est un fonctionnaire amovible, exposé conséquemment à être obligé de s'éloigner du domicile du mineur, et n'ayant pas, d'ailleurs, assez de fortune pour pourvoir aux besoins de ce dernier, dépourvu de ressources actuelles (Nancy, 3 avr. 1857, aff. Benoît, D. P. 57. 2. 175) ; — 3° Que la délibération du conseil de famille décidant à la majorité que la tutelle ne sera pas conservée à la mère tutrice qui veut se remarier, bien que prise régulièrement, n'est pas souveraine ; qu'elle est susceptible d'un recours devant les tribunaux de la part de la mère qui veut se faire maintenir dans la tutelle. (Agen, 24 déc. 1860, aff. Veuve Duluc, D. P. 61. 2. 20) ; — 4° Que la délibération d'un conseil de famille qui nomme un tuteur n'est pas souveraine ; que le choix de la personne du tuteur peut être déféré aux tribunaux conformément à l'art. 883 c. proc. civ. par les parents opposants, dont le recours est recevable en ce cas, comme dans tous ceux où le conseil de famille n'est pas unanime (Dijon, 14 mai 1862, aff. Godard, D. P. 62. 2. 121) ; — 5° Que la délibération du conseil de famille qui refuse à la mère convolant à de secondes noces le maintien de la tutelle, peut, lorsqu'elle n'est pas unanime, être l'objet d'un recours de la part, soit des membres dissidents, soit même de la mère agissant en sa qualité de tutrice, dont elle n'est pas encore dessaisie, et être réformée, s'il y a lieu, par le tribunal (Rouen, 25 nov. 1868, aff. Balley, D. P. 69. 2. 76 ; Trib. d'Arbois, 4 juill. 1868, aff. De Siffrédi, D. P. 69. 3. 77 ; Paris, 19 nov. 1887, aff. Veuve R..., D. P. 88. 2. 176) ; — 6° Qu'il en est ainsi surtout lorsque, dans le conseil de famille, il y a eu dissidence entre les branches paternelle et maternelle, et que la décision sur la question du maintien de la tutelle s'est trouvée, par suite, abandonnée à l'appréciation du juge de paix (Même jugement du 4 juill. 1868 ; Trib. Saint-Pont, sous Montpellier, 14 mai 1883, *suprà*, n° 77) ; — 7° Que les délibérations du conseil de famille qui n'ont pas obtenu l'unanimité, peuvent être attaquées devant les tribunaux, même dans le cas où elles ne sont pas soumises à l'homologation et où elles ont pour objet, par exemple, de régler les intérêts moraux et religieux des mineurs (Colmar, 19 nov. 1857, aff. Bernard-Lévy, D. P. 59. 2. 36) ; — 8° Qu'il en est de même de la délibération ayant pour objet d'autoriser le tuteur d'une femme interdite à introduire une demande de séparation de corps contre le mari de l'interdite (Dijon, 14 janv. 1891, aff. Leriche, D. P. 91. 2. 223). — V. aussi en ce qui concerne les délibérations relatives au mariage et au contrat de mariage du mineur : Bruxelles, 3 févr. 1827, *Rép.* n° 250 ; Paris, 24 avr. 1837, *ibid.*

173. On remarquera que tous les arrêts analysés ci-dessus paraissent n'admettre le recours fondé sur l'art. 883 c. proc. civ., que dans le cas où, conformément aux termes de cet article, la délibération n'a pas été unanime. Cependant la doctrine reconnaît que les délibérations des conseils de famille peuvent être attaquées quant au fond, comme contraires à l'intérêt des mineurs, même quand elles ont été prises à l'unanimité. L'art. 883 c. proc. civ. semble supposer, il est vrai, que la résolution attaquée n'a pas été unanime ; mais, dit-on, il ne résulte pas nécessairement de là qu'il ait été dans l'intention du législateur d'exclure les demandes dirigées contre les délibérations prises à l'unanimité. De pareilles délibérations pourraient évidemment être attaquées par le tuteur. Elles peuvent l'être également par les membres du conseil de famille (Aubry et Rau, t. 1, § 96, p. 390, note 8 ; Laurent, t. 4, n° 469). C'est aussi ce que l'on a admis au *Rép.* n° 252, conformément à un arrêt de la cour de Colmar, du 14 févr. 1840 (V. toutefois, Trib. civ. Rouen, 2 juin 1891, *suprà*, n° 170).

174. A quelles personnes appartient-il d'attaquer les délibérations ? L'art. 883 c. proc. civ. accorde le droit de se pourvoir, dans l'intérêt du mineur, au tuteur, au subrogé tuteur, au curateur, et aux membres de l'assemblée qui ont été d'un avis contraire à la décision de la majorité (V. *Rép.* n°s 250 et suiv.). Mais, cet article n'étant pas conçu dans des termes restrictifs, on reconnait le même droit aux parents ou alliés qui devaient être appelés au conseil et qui ne l'ont pas été. Même les membres de la majorité qui ont assisté à la réunion du conseil et voté la résolution adoptée pourront attaquer la délibération, soit pour vice de forme, car leur assentiment ne peut pas valider une délibération nulle, soit quant au fond, car s'ils reviennent sur leur propre fait, ce n'est pas dans leur intérêt personnel, mais dans l'intérêt du mineur : c'est ainsi qu'il est permis au tuteur de demander la nullité des actes qu'il a consentis, parce qu'il agit dans l'intérêt de son pupille ; il y a parité de situation pour les membres du conseil de famille. — Il faut assimiler, à ceux qui ont voté la délibération, ceux qui, ayant voté contre, ont acquiescé ensuite à la délibération (Aubry et Rau, t. 1, § 96, p. 389, note 2 ; Laurent, t. 4, n° 466 ; Huc, t. 3, n° 319. V. toutefois Demolombe, t. 2, n° 338).

175. Faut-il reconnaître le même droit aux parents ou alliés du mineur, alors même qu'ils n'étaient pas appelés à faire partie du conseil de famille ? L'art. 883 c. proc. civ. ne les concerne pas ; mais cet article n'est restrictif ni dans ses termes, ni dans son esprit. D'autre part, s'il faut un intérêt pour agir en justice, un intérêt moral suffit ; c'est le seul intérêt des parents dans tous les cas où ils sont admis à attaquer une délibération; on soutient donc qu'il faut ouvrir l'action à tous ceux qui ont mission de veiller aux intérêts du mineur, par suite, même aux parents et alliés qui ne sont pas appelés à faire partie du conseil de famille. — Mais on répond qu'en principe, il n'y a pas d'action sans intérêt et que l'intérêt moral ne suffit que dans les cas où la loi le décide expressément. En ce sens, il a été jugé que l'annulation de la composition du conseil de famille d'un interdit, pour cause d'irrégularité provenant de ce que le juge de paix n'aurait pas appelé les parents ou alliés les plus proches dans chaque ligne, ne peut être demandée que par les membres qui ont concouru à la délibération, ou par ceux qui auraient dû y être appelés; que l'action de ces derniers eux-mêmes est non recevable, s'ils ont des intérêts opposés à ceux de l'interdit et pouvant faire prévoir qu'il y aura litige entre eux (Dijon, 13 janv. 1858, aff. Merci, D. P. 60. 2. 179. V. dans le même sens, Laurent, t. 4, n° 467).

176. Le droit d'attaquer la délibération n'appartient pas au juge de paix qui a présidé le conseil. Les mots *membres de l'assemblée* employés par l'art. 883 c. proc. civ., pour indiquer les personnes qui auront ce droit, ne doivent s'entendre que des parents, alliés ou amis. Si le juge de paix était compris au nombre des personnes admises à se pourvoir contre la délibération, il se trouverait compris par le même article au nombre des personnes contre lesquelles la demande doit être formée quand il aurait été d'avis de la délibération; or on a déjà fait remarquer, au *Rép.* n° 257, que le juge de paix, procédant, quand il préside le conseil de famille, en vertu de ses attributions de magistrat, bien qu'il ne fasse pas acte de juge, ne peut pas être mis en cause (V. en ce sens : Aubry et Rau, t. 1, § 96, p. 389, note 4; Laurent, t. 4, n° 467; Huc, t. 3, n° 319. V. aussi *suprà*, n° 115).

177. Le ministère public n'a pas qualité pour demander la nullité d'une délibération du conseil de famille en matière de tutelle, ni pour interjeter appel des jugements qui homologuent une délibération. On a déjà vu *suprà*, n° 138, qu'il n'a point le droit de requérir la convocation du conseil de famille (V. *Rép.* n° 254; Aubry et Rau, t. 1, § 96, p. 389, Laurent, t. 4, n° 467).

178. Lorsque la délibération du conseil de famille lèse ou compromet les intérêts d'un tiers celui-ci peut-il, pour en empêcher l'exécution, attaquer l'acte en son propre nom? Le code civil ouvre lui-même ce recours au tuteur et au subrogé tuteur destitués ou exclus sans cause légitime;... au tuteur ou au subrogé tuteur dont les excuses, à l'effet de se faire décharger de la tutelle, ont été indûment rejetées (c. civ. art. 440 et 448);... au tuteur à qui le conseil de famille a refusé la faculté de l'aider, dans sa gestion, d'un administrateur salarié ou bien a imposé l'obligation de faire emploi de l'excédent des revenus sur la dépense à partir d'une somme inférieure à celle qu'il avait proposée (c. civ. art. 454 et 455). On doit admettre encore le recours du tuteur qui a été nommé en remplacement d'une autre personne que le conseil de famille avait choisie d'abord, mais qui s'est fait indûment excuser (Aubry et Rau, t. 1, § 96, p. 394). Dans ces diverses hypothèses c'est le fond même de la délibération qui est critiqué. — Mais les tiers peuvent-ils également, en leur propre nom, introduire une instance en nullité, pour vice de forme, de la délibération du conseil de famille, quand ils ont intérêt à s'opposer à l'exécution de cet acte? On doit s'attacher, à cet égard, à la distinction des irrégularités qui sont de nature à entraîner de plein droit la nullité de la délibération et à la faire considérer comme non avenue, et des irrégularités qui rendent simplement la délibération annulable dans l'intérêt du mineur (V. *suprà*, n°s 168 et suiv.). Dans le premier cas, la demande des tiers doit être accueillie; car toute personne à laquelle on opposerait la délibération nulle serait recevable à se prévaloir de sa non-existence (Comp. en ce sens : Civ. cass. 10 mai 1887, aff. Jehanne, D. P. 87. 1. 412). Dans le second cas, la demande du tiers n'est pas recevable, car la nullité dont la délibération est entachée résulte de l'inobservation des règles exclusivement établies dans l'intérêt du mineur; elle est essentiellement relative et ne peut être invoquée que par le mineur ou par ses représentants (Aubry et Rau, t. 1, § 96, p. 395, note 30).

179. Toutefois, si la nullité, même relative, de la délibération qui confère au tuteur l'autorisation de plaider est opposée par le tiers défendeur à l'action que le tuteur a formée en vertu de cet acte, le tribunal ne pourra pas écarter l'exception par une simple fin de non-recevoir; il devra d'abord examiner si les intérêts du mineur ont été suffisamment ou non garantis, et statuer d'abord, en ce qui concerne celui-ci, sur le maintien ou sur l'annulation de la délibération (Aubry et Rau, t. 1, § 96, p. 395. V. dans le même sens : *Rép.* n° 253; Bruxelles, 26 juill. 1831, *ibid.*).

180. L'action doit être formée contre les membres du conseil de famille qui ont voté la délibération, à l'exception toutefois du juge de paix (V. *suprà*, n° 176). Telle est la règle tracée par l'art. 883 c. proc. civ., règle qu'on doit appliquer sans distinction entre les recours pour vice de forme et les recours au fond, car la loi ne distingue pas, et il n'y avait pas lieu de distinguer, toute demande en nullité, même motivée sur un vice de forme, tendant à obtenir que la délibération ne produise aucun effet au fond (*Rép.* n°s 255 et suiv.; Aubry et Rau, t. 1, § 96, p. 389, note 6; Laurent, t. 4, n° 468). Toutefois, lorsque la délibération a été prise à l'unanimité, celui qui l'attaque peut assigner seulement le tuteur, sauf à ce dernier à mettre en cause les membres du conseil de famille ou à ceux-ci à intervenir, s'ils le jugent à propos (Huc, t. 3, n° 320).

181. La règle de l'art. 883 c. proc. civ. souffre-t-elle exception relativement aux délibérations qui prononcent l'exclusion ou la destitution du tuteur? L'art. 883 a-t-il dérogé, dans ce cas, à la disposition de l'art. 448 c. civ., qui prescrit au tuteur de diriger son action contre le subrogé tuteur? V. *Rép.* n° 255, et *infrà*, n° 298.

182. Dans tous les cas, le recours formé par le subrogé tuteur contre la délibération qui l'exclut ou qui le destitue, n'étant pas visé par la disposition spéciale de l'art. 448 c. civ., rentre dans la règle générale de l'art. 883 c. proc. civ. (Aubry et Rau, t. 1, § 96, p. 395, note 33).

183. L'art. 883 reçoit également son application relativement aux recours formés par les parents, alliés ou amis contre une délibération qui aurait admis l'excuse proposée soit par le tuteur, soit par le subrogé tuteur, ou qui aurait refusé de prononcer leur destitution (Aubry et Rau, t. 1, § 96, p. 390), et aussi relativement aux recours ouverts par la loi au profit des tiers qui ont un intérêt personnel à attaquer en leur propre nom la délibération. L'art. 441 c. civ. suppose, en effet, que la demande formée par le tuteur ou le subrogé tuteur pour faire admettre une excuse, doit être formée contre les membres du conseil qui ont rejeté cette excuse, puisqu'il déclare que ces membres pourront être condamnés aux frais de l'instance (Aubry et Rau, t. 1, § 96, p. 395, note 32).

184. Les délibérations des conseils de famille ne sont pas des jugements, et le tribunal d'arrondissement, saisi d'une demande en nullité n'en connaît pas comme juge d'appel, mais comme juge de première instance. Aux termes de l'art. 889 c. proc. civ., les jugements rendus sur délibérations des conseils de famille sont sujets à l'appel, sauf les exceptions qui ont été faites par la loi du 27 févr. 1880 (V. *infrà*, n° 437).

185. Les recours autorisés par l'art. 883 c. proc. civ., sont ouverts contre toutes les délibérations, qu'elles soient ou non sujettes à l'homologation du tribunal (V. *suprà*, n° 170). Si la délibération n'est pas soumise à la formalité de l'homologation, la demande en nullité est portée devant le tribunal, selon le droit commun, directement et par voie d'action principale. Lorsque, au contraire, il y a lieu à homologation, on peut recourir, pour empêcher que cette formalité ne soit accomplie, à la procédure indiquée *infrà*, n° 192, et *Rép.* n°s 269 et suiv.

186. Dans tous les cas, le tuteur, le subrogé tuteur, les membres du conseil de famille qui ne se sont pas opposés à l'homologation, peuvent former, par voie d'action principale, une demande en nullité contre la délibération homologuée (*Rép.* n° 258 et *infrà*, n° 190). — La nullité peut être aussi proposée par voie incidente, quand la demande intervient de la part d'un tiers, au cours d'une instance engagée par le tuteur ou contre le tuteur représentant le mineur, et toujours sans distinction entre les délibérations homologuées ou non homologuées (V. *suprà*, n° 185. En ce sens : Aubry et Rau, t. 1, § 95, p. 388; Laurent, t. 4, n° 465).

187. Le tribunal compétent pour statuer sur les actions tendant à faire annuler une délibération du conseil de famille qui n'a pas encore été exécutée, et ayant pour but d'empêcher cette exécution, est le tribunal de première instance dans le ressort duquel s'est réunie l'assemblée (Aubry et Rau, t. 1, § 96, p. 395).

188. Les voies de recours établies par la loi n'existent qu'à l'égard des résolutions du conseil de famille qui constituent de véritables délibérations. Les avis donnés sur la demande du tuteur ou sur celle de la justice, n'étant pas exécutoires et laissant au tuteur ou au juge la liberté et la responsabilité de la décision à prendre, ne sont pas susceptibles de recours (*Rép.* n° 248; Laurent, t. 4, n° 469 *in fine*).

§ 5. — De l'homologation des délibérations ou avis du conseil de famille (*Rép.* n°s 263 à 275).

189. On a dit au *Rép.* n° 263 que, parmi les résolutions du conseil de famille, les unes, et c'est la règle générale, sont exécutoires par elles-mêmes, les autres ne sont exécutoires, en vertu de dispositions exceptionnelles de la loi, qu'après avoir été homologuées, c'est-à-dire approuvées par le tribunal. Le code civil n'exigeait l'homologation que pour les actes les plus graves de la gestion du tuteur, tels que l'aliénation des immeubles du mineur ou de l'interdit (V. *Rép.* n°s 530 et suiv., et *infrà*, n°s 494 et suiv.). La loi du 27 févr 1880 a étendu la nécessité de l'homologation aux délibérations qui autorisent l'aliénation des meubles corporels appartenant au mineur, ou la conversion de ses titres nominatifs en titres au porteur quand les valeurs faisant l'objet de l'aliénation ou de la conversion représentent un capital supérieur à 1500 fr. (V. *infrà*, n°s 420 et suiv.). La délibération qui prononce l'exclusion ou la destitution du tuteur est également soumise à l'homologation ; mais il n'en est pas de même de la délibération qui nomme un tuteur. l'art. 882 c. proc. civ. dit, en effet, que cette délibération est exécutoire immédiatement, quand le tuteur assistait au conseil de famille, sinon après la notification qui doit lui en être faite dans les trois jours par l'un des membres de l'assemblée désigné par elle à cet effet. En ce sens, il a été jugé que, les délibérations qui nomment un tuteur ou un subrogé tuteur n'étant pas soumises à l'homologation du tribunal, les frais de la procédure mal à propos engagée par le tuteur pour arriver à l'nomologation de la délibération par laquelle il est nommé, doivent être laissées à sa charge (Montpellier, 9 juill. 1869, aff. Poulhariès, D. P. 70. 2. 180).

190. Comme on l'a dit au *Rép.* n° 264, l'homologation n'est pas une décision du juge sur la validité de la délibération. C'est une formalité substantielle et intrinsèque de la délibération, qui la complète et qui lui donne force exécutoire. Mais l'homologation n'apporte aucun obstacle à l'exercice du pouvoir qui appartient au juge de maintenir, d'annuler ou de réformer une délibération sujette ou non sujette à l'homologation, quand cette délibération fait ultérieurement l'objet d'un recours autorisé par la loi (Req. 17 déc. 1849, aff. Gas, D. P. 50. 1. 77; Aubry et Rau, t. 1, § 95, p. 388, note 12; Laurent, t. 4, n° 464).

191. C'est le tribunal civil d'arrondissement qui est appelé à homologuer les délibérations du conseil de famille. On a dit au *Rép.* n° 265 que, par suite, il n'appartient jamais au juge de paix d'homologuer la délibération. Par suite encore, le jugement qui accorde ou qui refuse l'homologation est, en principe, susceptible d'appel (c. proc. civ. art. 889); mais cette règle souffre exception depuis la loi du 27 févr. 1880, dans les cas déterminés par cette loi (V. *infrà*, n° 437).

192. L'art. 888 c. proc. civ. autorise ceux des membres de l'assemblée qui croiront devoir s'opposer à l'homologation à déclarer leur intention par acte extrajudiciaire à celui qui est chargé de poursuivre cette formalité. S'ils ne sont pas appelés en cause, ils peuvent former opposition au jugement. S'ils n'ont pas déclaré leur opposition dans les formes prescrites par l'art. 888, celui qui poursuit l'homologation n'est pas tenu de les appeler en cause; mais ils peuvent intervenir dans l'instance.

Quand, n'ayant pas déclaré leur opposition, ils n'ont pas été appelés et ne sont pas intervenus lors du jugement d'homologation, ils ne sont pas recevables à former opposition à ce jugement (*Rép.* n° 268). On a examiné, *ibid.*, si la voie de l'appel leur est également fermée, et signalé la controverse que soulève, sur ce point, l'application de l'art. 889 c. proc. civ. ainsi conçu: « Les jugements rendus sur délibération du conseil de famille seront sujets à l'appel ». Les partisans de l'affirmative trouvent contradictoire que la voie de l appel soit accordée à ceux à qui l'on refuse le droit d'opposition. Mais on répond que l'art. 888 est conçu en termes généraux et qu'on a pu, dans ce cas spécial et pour plus de célérité, supprimer l'opposition et autoriser l'appel.

Il a été jugé: 1° que les membres du conseil de famille qui n'ont point déclaré par acte extrajudiciaire à la personne chargée de poursuivre l'homologation d'une délibération de ce conseil vouloir s'opposer à cette homologation, ne peuvent interjeter appel du jugement d'homologation (Orléans 16 mai 1868) (1); — 2° Que lorsque aucune opposition d'intérêts n'existe entre l'interdit et son tuteur, le subrogé tuteur n'a pas, pour mettre obstacle à l'homologation d'un avis de parents, d'autres droits que ceux accordés aux membres dissidents du conseil de famille, par l'art. 888 c. proc. civ ; que, par suite, s'il n'a pas formé opposition à la délibération par cet acte extrajudiciaire et n'a pas été partie dans la procédure suivie devant le tribunal, il est non recevable à se pourvoir par la voie de l'appel contre le jugement d'homologation (Orléans, 19 déc. 1884, aff. Chaintreau, D. P. 85. 2. 197. V. en ce sens, Boitard, Colmet-Daâge et Glasson, *Leçons de procédure civile*, t. 2, n° 119; Laurent, t. 4, n° 465; Huc, t. 3, n° 317.) — Mais il a été jugé, en sens contraire, que des membres du conseil de famille, et spécialement le subrogé tuteur, ont le droit d'interjeter appel du jugement qui a homologué une délibération du conseil, alors même qu'ils ne s'étaient pas opposés à l'homologation (Rennes, 4 avr. 1870, aff. Fourcoueffe, D. P. 72. 5. 454). Ce dernier arrêt fait valoir, spécialement en ce qui concerne le droit d'appel du subrogé tuteur, que l'art. 420 c. civ. l'autorise toujours à agir, et notamment à interjeter appel pour le mineur, quand les intérêts du pupille sont en opposition avec ceux du tuteur (V. en ce sens : *Rép.* n° 268 ; Rousseau et Laisney, *Dictionnaire de procédure*, v° *Conseil de famille*, n° 61).

Art. 5. — *De la protutelle* (*Rép.* n°s 276 à 283).

193. Dans les cas prévus par l'art. 417 c. civ., c'est-à-dire lorsqu'un mineur, domicilié en France, possède des biens dans les colonies, ou *vice versa*, la nomination d'un protuteur est-elle obligatoire ou simplement facultative? On a examiné cette question au *Rép.* n°s 277 et suiv., et adopté l'opinion de M. Demolombe, t. 7, n°s 199 et suiv., qui, nonobstant la rédaction impérative de l'art. 417, enseigne que la nomination d'un protuteur n'est de rigueur que lorsqu'elle est réclamée par les personnes qui ont qualité à cet effet : le tuteur, le subrogé tuteur ou le conseil de famille. Les plus récents auteurs soutiennent, au contraire, que la nomination d'un protuteur est toujours obligatoire

(1) (Legendre C. Sédard). — La dame Sédard, tutrice légale de son enfant mineur, s'était fait autoriser par une délibération du conseil de famille à vendre un immeuble appartenant au mineur. La délibération avait été prise contre l'avis de trois membres du conseil. Elle fut homologuée sans opposition par jugement du tribunal de Pithiviers. Mais le sieur Legendre et les deux autres membres de la minorité du conseil interjetèrent appel du jugement. — La cour; — Considérant que si les jugements rendus sur délibération du conseil de famille sont sujets à appel, ainsi que le porte l'art. 889 c. proc civ., aucune dérogation n'a été apportée en cette matière, par le législateur, aux principes qui règlent les appels en général; — Considérant que l'art. 888 c. proc. civ., prévoyant le cas où les membres du conseil de famille voudraient s'opposer à l'homologation, leur a imposé l'obligation de le déclarer par acte extrajudiciaire à la personne chargée de la poursuivre; — Qu'aucune déclaration n'a été faite par les appelants; — Qu'en l'absence de toute déclaration, ils ne pouvaient former opposition au jugement rendu; — Que, n'étant pas parties au jugement d'homologation, ils ne pouvaient également en interjeter appel et être reçus à soumettre à la cour un litige qui n'avait pas été présenté aux premiers juges; — Par ces motifs, etc.

Du 16 mai 1868.-C. d'Orléans, 1re ch.-MM. Duboy d'Angers, 1er pr.-Decous de Laperière, av. gén.-Lafontaine et Dubec, av.

pour l'administration des biens situés dans les colonies (V. en ce sens : Laurent, t. 4, n° 409; Baudry-Lacantinerie, t. 1, n° 1029; Huc, t. 3, n° 355).

194. Doit-il y avoir un protuteur, quel que soit le titre auquel le tuteur exerce ses fonctions? Différents systèmes sont en présence. Au *Rép.* n° 279, on a admis que le conseil de famille ne peut nommer un protuteur que lorsque la tutelle est dative. En matière de tutelle testamentaire, on a reconnu au survivant des père et mère le droit de nommer un protuteur; s'il ne l'a pas fait, le tuteur testamentaire gérera, sous sa responsabilité, tous les biens, y compris ceux d'outre-mer; le pouvoir du tuteur légal n'est restreint par aucune disposition de loi; l'art. 417 est, en effet, placé à la section 4 qui traite de la tutelle déférée par le conseil de famille; d'ailleurs l'ordonnance du 1er févr. 1743 n'admettait pas de protutelle en cas de tutelle légitime (*Rép.* n° 279). Marcadé, t. 2, p. 213, partage cette opinion; mais il permet au tuteur légal de nommer un protuteur, ce qui est inadmissible, le tuteur ne pouvant pas déléguer ses pouvoirs et se décharger de sa responsabilité. M. Demolombe t. 7, n° 203, admet que la protutelle n'est pas nécessaire (V. *suprà*, n° 193), mais peut être réclamée par les parents dans toute tutelle, exception faite du cas où le survivant des père et mère a l'usufruit légal des biens de ses enfants, exception que rien ne justifie et qui mettrait presque toujours obstacle à la protutelle en cas de tutelle légitime.

Mais peut-être vaut-il mieux adopter définitivement le système suivant lequel la protutelle doit et peut être organisée dans toute tutelle. L'art. 417 ne comporte, dans son texte, aucune exception. S'il est placé à la section 4, il convient de reconnaître que la plupart des dispositions de cette section sont applicables à toutes les tutelles ; ainsi les articles qui règlent la composition, la convocation, les délibérations du conseil de famille ; ainsi, l'art. 419 qui impose aux héritiers du tuteur l'obligation de continuer la gestion jusqu'à la nomination d'un nouveau tuteur. Il n'y a d'ailleurs aucun motif rationnel pour que les biens d'outre-mer puissent être gérés utilement par le tuteur légal ou testamentaire, quand la loi reconnaît la difficulté de cette gestion pour le tuteur datif. Sans doute, en cas de tutelle légitime, il y a l'ordonnance du 1er févr. 1743, suivie du silence du code civil ; mais, en dehors d'une volonté manifestée par le législateur, l'art. 417 et les motifs qui ont dicté cette disposition impliquent suffisamment l'abrogation de l'ordonnance de 1743 (V. en ce sens, Laurent, t. 4, n° 410; Huc, t. 3, n° 325).

195. Quand il y a un protuteur et, par conséquent, deux tutelles, il n'y a toujours qu'un seul conseil de famille ; il n'y a lieu à la formation d'un conseil distinct, ni pour la nomination du protuteur (*Rép.* n° 280), ni pour le contrôle des actes de sa gestion (*Rép.* n° 282). Le conseil de famille unique, réuni au domicile du mineur, soit que le mineur ait son domicile sur le territoire continental de la France, soit qu'il l'ait dans les colonies françaises, nomme le tuteur et le protuteur et donne, à l'un comme à l'autre, les autorisations nécessaires pour les actes dont la validité est subordonnée à cette condition. L'assemblée de famille assure ainsi l'unité de direction dans la gestion répartie entre les deux tuteurs (V. en ce sens, Laurent, t. 4, n° 412; Huc, t. 3, n° 326). — Mais il y a lieu à la nomination de deux subrogés tuteurs. L'art. 420 dit, en effet, que, dans toute tutelle, il y aura un subrogé tuteur; or, il y a deux tutelles. D'ailleurs, la mission du subrogé tuteur nommé pour les biens de France rencontrerait quant aux biens d'outre-mer les mêmes obstacles que la mission du tuteur. Dès qu'il y a nécessité de nommer un protuteur, la nomination d'un second subrogé tuteur est également nécessaire (V. *Rép.* nos 281 et 286 ; Aubry et Rau, t. 4, § 103, p. 416, note 4 ; Laurent, t. 4, n° 412 ; Baudry-Lacantinerie, t. 1, n° 1029).

196. Y a-t-il lieu à la protutelle quand le mineur a des biens situés, non dans les colonies, mais à l'étranger? On a cité au *Rép.*, n° 283, les auteurs qui appliquent par analogie l'art. 417 c. civ. à cette hypothèse. Cependant l'art. 417 établit une exception et ne parle que des biens situés dans les colonies. Relativement aux biens situés à l'étranger, dès qu'on sort de l'exception, on rentre dans la règle. Et la règle, c'est l'unité de la tutelle, c'est l'art. 454 qui permet au tuteur, quand l'étendue et la dispersion des biens ne lui permettent pas de gérer lui-même, de s'aider, avec l'autorisation du conseil de famille, d'administrateurs particuliers, gérant sous sa responsabilité (V en ce sens: Massé et Vergé, sur Zachariæ, t. 1, p. 385, note 2; Laurent, t. 4, n° 411; Baudry-Lacantinerie, t. 1, n° 1029; Huc, t. 3. n° 325).

197. Le protuteur étant entièrement assimilable au tuteur, ou plus exactement étant tuteur, toutes les dispositions qui concernent la tutelle lui sont applicables. Il est, notamment, soumis à l'hypothèque légale, et les dispositions qui frappent le tuteur de certaines incapacités (V. *infrà*, nos 555 et suiv., 560) l'atteignent également (Aubry et Rau, t. 1, § 88, p. 367, note 3; Laurent, t. 4, n° 412, p. 523 ; Baudry-Lacantinerie, *loc. cit.*).

Sect. 2. — Du subrogé tuteur (*Rép.* nos 284 à 318).

198. — I. Nomination du subrogé tuteur (*Rép.* nos 284 à 298). — Ainsi qu'il est expliqué au *Rép.* n° 284, l'art. 420 exige qu'il y ait un subrogé tuteur dans toute tutelle. Cette règle est applicable à la tutelle légale du père, à celle de la mère déjà pourvue d'un conseil de tutelle, à la protutelle et à la tutelle officieuse (Demolombe, t. 7, n° 356 ; Aubry et Rau, t. 1, § 103, p. 416, notes 2 et suiv. Laurent, t. 4, n° 421); mais non pas à l'administration légale du père (*Rép.* n° 285) ni aux cas de nomination d'un tuteur *ad hoc* (*Rép.* n° 286; Aubry et Rau. *loc. cit.* p. 417, note 6).

199. La loi veut que le subrogé tuteur soit nommé dès l'ouverture de la tutelle (V. *Rép.* nos 287 et suiv.). Quand la nomination du tuteur est faite par le conseil de famille, le subrogé tuteur, d'après l'art. 422 c. civ., doit être nommé immédiatement après le tuteur. L'art. 423 dit qu'en aucun cas le tuteur ne votera pour cette nomination. Le juge de paix devra constater son abstention. Cette prescription de la loi est tellement impérieuse que sa violation entraînerait la nullité de la nomination du subrogé tuteur. — Mais elle doit être restreinte au cas spécial que vise l'art. 423. Aussi a-t-il été jugé que la délibération du conseil de famille qui nomme un subrogé tuteur *ad hoc*, à raison de l'opposition d'intérêts entre le mineur et le subrogé tuteur, n'est pas nulle par cela seul que ce dernier y a participé, alors surtout que, lui retranché, il restait dans le conseil de famille le nombre de parents nécessaire et que, d'ailleurs, la délibération a été prise à l'unanimité (Grenoble, 11 janv. 1864, aff. Pallavicino, D. P. 65. 2. 57). On peut rattacher cette décision au principe général exposé *suprà*, nos 168 et suiv., d'après lequel l'inobservation des règles prescrites pour la composition des conseils de famille n'entraîne pas la nullité des délibérations du conseil irrégulièrement formé, s'il est reconnu que la famille, soit du côté paternel, soit du côté maternel, a été réellement représentée par ce conseil, et que le mineur ou l'interdit y a trouvé la garantie que la loi voulait lui assurer (V. la note sous l'arrêt précité du 11 janv. 1864).

200. Le conseil de famille a, pour le choix du subrogé tuteur, la plus entière liberté. Comme il peut nommer pour tuteur un parent, un allié ou un étranger, sauf l'application des règles concernant les excuses, il a la même latitude pour la nomination du subrogé tuteur. Toutefois, dans le but de rendre efficace le contrôle du subrogé tuteur, l'art. 423 enjoint au conseil de prendre celui-ci dans la ligne à laquelle le tuteur n'appartient pas. On a dit au *Rép.* n° 290, que cet article doit être entendu en ce sens qu'il interdit de prendre le subrogé tuteur dans la même ligne que le tuteur, mais qu'il n'oblige pas à le prendre dans la ligne opposée. Quand il n'y a de parents que dans la ligne du tuteur, c'est un étranger qui est choisi comme subrogé tuteur; mais s'il y a des parents dans les deux lignes, le conseil est encore libre de porter son choix sur un étranger : il n'est pas forcé de nommer un parent de l'autre ligne Quand il est nécessaire de désigner un étranger, celui-ci ne peut pas se prévaloir de l'excuse mentionnée en l'art. 432 (V. *infrà*, n° 250. V. en ce sens, outre les auteurs et les arrêts cités au *Rép.* n° 290: Aubry et Rau, t. 1, § 105, p. 420, note 2; Laurent, t. 4, n° 424; Baudry-Lacantinerie, t. 1, n° 1034). — Par application du principe posé, quand le tuteur est remplacé par un parent de la ligne à laquelle appartient le subrogé tuteur, il est nécessaire de remplacer également celui-ci (*Rép.* n° 292;

Demolombe, t. 7, n° 327; Aubry et Rau, t. 1, § 106, p. 421 ; Laurent, t. 4, n° 424 ; Huc, t. 3, n° 331).

201. La règle de l'art. 423 est-elle prescrite à peine de nullité? La négative a été jugée par un arrêt de la cour de Douai du 22 juill. 1856 (*infrà*, n° 638). Cet arrêt décide que la délibération qui nomme pour subrogé tuteur un parent appartenant à la ligne du tuteur peut être maintenue si elle a été prise de bonne foi et si les intérêts du mineur ne s'en trouvent pas compromis. Mais nous ne pouvons approuver cette solution. La règle dont il s'agit tient évidemment à l'ordre public, aux conditions essentielles du fonctionnement et du contrôle de la tutelle dans l'intérêt du mineur. Cette règle est inspirée par l'idée que les intérêts du mineur exigent, pour leur pleine garantie, que le subrogé tuteur ne soit pas choisi dans la ligne du tuteur ; il y a présomption légale que les intérêts du mineur sont compromis quand la condition n'a pas été remplie. La nomination du subrogé tuteur, faite en violation de l'art. 423, serait donc atteinte d'une nullité radicale (V. Aubry et Rau, t. 1, § 105, p. 420, note 1 ; Laurent, t. 4, n° 424; Huc, t. 3, n° 331).

202. La règle de l'art. 423 comporte une exception. Elle est applicable « hors le cas de frères germains ». On a exposé au *Rép.*, n° 292, les deux interprétations dont ce texte a été l'objet. Suivant un premier système, la règle comporte exception, en ce sens que le conseil pourra nommer en qualité de tuteur et de subrogé tuteur deux frères germains du mineur. Suivant un autre système, que nous préférons, l'exception doit être entendue en ce sens que, lorsque le tuteur est un frère germain, le conseil de famille peut choisir le subrogé tuteur dans l'une des deux lignes; comme le tuteur en pareil cas, appartient à toutes les deux, on n'a pas voulu que le conseil fût dans la nécessité rigoureuse de choisir un étranger. Telle était la doctrine de M. Demolombe, t. 7, n° 369. MM. Laurent, t. 4, n° 425, Baudry-Lacantinerie, t. 1, n° 1035, et Huc, t. 3, n° 331, sont du même avis.

203. La règle et l'exception établies par l'art. 423 ne concernent textuellement que les parents. On doit les considérer comme applicables aux alliés; car, d'une façon générale, en matière de tutelle, la loi traite de la même manière les parents et les alliés. Elle les appelle dans les mêmes conditions à former le conseil de famille; exceptionnellement, elle compose ce conseil de tous les frères germains et des maris des sœurs germaines (c. civ. art. 408). La subrogée tutelle doit être régie par les mêmes principes (V. *Rép.* n° 294; Aubry et Rau, t. 1, § 105, p. 421 ; Laurent, t. 4, n° 426. V. cependant, Baudry-Lacantinerie, *loc. cit.*).

204. L'exception textuellement établie en faveur des frères germains s'étend-elle à tous les parents qui appartiennent aux deux lignes? Par exemple, si le tuteur est un neveu issu d'un frère germain du mineur, le subrogé tuteur pourra-t-il être pris indifféremment parmi les parents ou alliés de l'une ou de l'autre ligne? L'affirmative est enseignée par MM. Aubry et Rau (*loc. cit.*, p. 421, note 5). Mais on répond que les exceptions ne s'étendent pas quand elles ne sont pas l'application d'un principe. L'exception admise relativement aux frères germains doit d'autant moins être étendue qu'elle déroge à un principe d'ordre public. D'autre part, l'étroite parenté qui justifie l'exception n'existe plus au delà du degré de frère germain (Demolombe, t. 7, n° 370; Laurent, t. 4, n° 426 ; Baudry-Lacantinerie, *loc. cit.*). Ce raisonnement, toutefois, ne nous a pas convaincus. Le principe que le tuteur et le subrogé tuteur ne doivent pas être pris dans la même ligne nous paraît sauf, quand, l'un étant parent ou allié dans les deux lignes, l'autre n'est parent que dans une autre ligne, car chaque ligne est ainsi représentée auprès du mineur.

205. Il est interdit au tuteur de gérer avant d'avoir fait nommer un subrogé tuteur, à peine de destitution s'il y a dol, et dans tous les cas, à peine de dommages-intérêts (V. *Rép.* n°s 296 et suiv.). — Les actes de gestion qu'il accomplira sans avoir fait nommer le subrogé tuteur seront-ils frappés de nullité? On distingue : le mineur pourra demander la nullité s'il s'agit d'un acte où l'intervention du subrogé tuteur était requise par la loi, ou encore si le concours du subrogé tuteur était devenu nécessaire par suite d'une opposition d'intérêts entre le mineur et son tuteur. Il ne le pourra pas si l'acte rentrait dans les attributions que le tuteur peut exercer seul, sauf les dommages-intérêts dont le tuteur sera tenu s'il a causé préjudice au mineur (V. Grenoble, 4 juin 1836, *Rép.* n° 287-2° et v° *Succession*, n° 784. V. aussi *Rép.* n° 298; Aubry et Rau, t. 14, § 103, p. 417; Laurent, t. 4, n° 423).

En ce qui concerne les tiers, il faut distinguer encore : s'ils sont actionnés ou poursuivis par le tuteur, les tiers ne peuvent pas lui opposer une fin de non-recevoir ou un défaut de qualité. S'il s'agit de passer un acte pour lequel la présence du subrogé tuteur est exigée par la loi, ils peuvent refuser de contracter jusqu'à la nomination du subrogé tuteur. S'ils ont contracté sans exiger préalablement cette nomination, il ne leur appartient pas de se prévaloir de la nullité relative de l'acte irrégulier, nullité que le mineur seul a le droit d'invoquer (*Rép.* n° 299 ; Aubry et Rau, *loc. cit.* ; Laurent, *loc. cit.*).

206. — II. FONCTIONS DU SUBROGÉ TUTEUR (*Rép.* n°s 229 à 311). — Le subrogé tuteur est chargé : 1° de surveiller d'une façon permanente l'administration du tuteur ; 2° d'agir pour les intérêts du mineur quand ils sont en opposition avec ceux du tuteur; 3° d'assister à certains actes de la gestion du tuteur (*Rép.* n° 299).

207. 1° La mission principale du subrogé tuteur, sa fonction permanente de surveillance sur la gestion du tuteur, n'est pas expressément établie par le code civil. Elle n'est pourtant pas douteuse en présence des mesures que le code civil autorise et invite le subrogé tuteur à prendre dans l'intérêt du mineur. Le subrogé tuteur doit, en effet, si les circonstances l'exigent, provoquer la destitution du tuteur et poursuivre l'homologation de la délibération qui prononce cette destitution (c. civ. art. 446 et 448. V. *infrà*, n°s 189 et suiv.). Le subrogé tuteur a donc le droit de contrôler les actes qui peuvent motiver la destitution.

Comme moyen de contrôle, le code civil autorise le conseil de famille à décider que le tuteur sera obligé de remettre au subrogé tuteur, annuellement ou à des époques plus éloignées, des états de situation de la fortune du mineur (c. civ. art. 470. V. *infrà*, n° 342). Toutefois, ce moyen de contrôle dépend de la volonté du conseil de famille. En outre, il ne peut pas être imposé au père ou à la mère, investis de la tutelle légale, à l'exception de la mère remariée et maintenue dans la tutelle par le conseil de famille (V. *suprà*, n° 78, et *infrà*, n° 342). Dans le même but, l'art. 444 c. proc. civ. prescrit la signification non seulement au tuteur, mais encore au subrogé tuteur, des jugements rendus contre le mineur et ne fait courir les délais de l'appel qu'à partir de cette double signification. Malgré l'insuffisance de ces moyens de contrôle, personne n'a jamais contesté au subrogé tuteur, investi du droit de faire destituer le tuteur, la mission de surveillance permanente, qui résulte pour lui, à défaut d'un texte précis, de l'esprit et de l'ensemble des dispositions du code civil (V. *Rép.* n° 299; Demolombe, t. 7, n° 371 ; Aubry et Rau, t. 1, § 117, p. 474 et suiv.; Laurent, t. 4, n° 427; Baudry-Lacantinerie, t. 1, n° 1032). Cette mission du subrogé tuteur a reçu une consécration législative dans l'art. 7 de la loi du 27 févr. 1880 (D. P. 80. 4. 47), relative à l'aliénation des meubles incorporels appartenant au mineur, à la conversion de ses titres, à l'emploi de ses capitaux (V. *infrà*, n° 482 et suiv.).

208. 2° Comme on l'a dit au *Rép.* n° 301, le subrogé tuteur, simple agent de surveillance, ne doit pas s'immiscer dans la gestion du tuteur. Le subrogé tuteur n'agit pas ; il n'est ni tuteur, ni remplaçant du tuteur; d'où il suit que, lorsque la tutelle devient vacante par le décès ou par l'absence du tuteur, le subrogé tuteur n'est pas investi des pouvoirs de celui-ci et ne doit pas se charger de la gestion abandonnée; il doit provoquer la nomination d'un nouveau tuteur. Il n'y aurait pas de contrôle possible si le subrogé tuteur, chargé de ce contrôle, intervenait dans la gestion (c. civ. art. 424. V. *Rép.* n° 301; Laurent, t. 4, n° 427; Huc, t. 3, n° 339). Par exception à cette règle, l'art. 420 c. civ. dispose que les fonctions de subrogé tuteur « consisteront à agir pour les intérêts du mineur, lorsqu'ils seront en opposition avec ceux du tuteur ». Il en est ainsi notamment quand le tuteur doit contracter avec le mineur, par exemple prendre ses biens à bail ou lui faire une donation (V. *Rép.* n° 301 ; Aubry et Rau, t. 1, § 117, p. 475). Toutefois, l'intervention du subrogé tuteur n'est pas nécessaire dans les cas prévus par les art. 1055 et 1056 c. civ., quand, en vertu d'un testament, le tuteur institué légataire est grevé de substitution au profit du mineur; en pareil cas, le mineur est représenté par le curateur aux biens substitués (Aubry et Rau, t. 1, § 117, p. 475, note 4).

209. Le subrogé tuteur est encore chargé de représenter le mineur quand il existe, entre ce dernier et son tuteur, une contestation dans laquelle ils figurent comme parties adverses. En pareil cas, il n'y a pas lieu de nommer un tuteur *ad hoc*. Cependant, suivant une pratique vicieuse assez fréquemment suivie, lorsqu'il y a opposition d'intérêts, les conseils de famille nomment pour représenter les mineurs, un tuteur *ad hoc*, vis-à-vis duquel le subrogé tuteur conserve l'exercice de sa mission normale de surveillance. Comme le subrogé tuteur ne doit pas appartenir à la même ligne que le tuteur, on est conduit à choisir le tuteur *ad hoc*, non pas dans la ligne du subrogé tuteur, mais dans la ligne du tuteur, à moins qu'on ne charge un étranger des fonctions de tuteur *ad hoc*. On arrive ainsi à une conséquence directement contraire au vœu de la loi. Le mineur, au lieu d'être représenté par le subrogé tuteur qui ne peut pas être suspecté d'avoir un intérêt conforme à celui du tuteur puisqu'il n'appartient pas à la même branche, se trouve représenté par un tuteur *ad hoc* dont les intérêts personnels peuvent être semblables à ceux du tuteur et se trouver, tout aussi bien que ceux-ci, en opposition avec les intérêts du mineur. On argumente à tort, pour justifier cette pratique, des dispositions des art. 838 et 318 c. civ. Le premier de ces articles prescrit la nomination d'un tuteur *ad hoc* dans le cas d'opposition d'intérêts, non pas entre le tuteur et le mineur, mais entre plusieurs mineurs ayant le même tuteur. Alors la tutelle est dédoublée. Il n'y a aucun inconvénient à ce que les deux tuteurs soient pris dans la même ligne, puisque ni l'un ni l'autre n'est personnellement intéressé soit au succès du mineur qu'il combat, soit à l'échec du mineur qu'il représente. Le subrogé tuteur, normalement choisi dans l'autre ligne, continue d'exercer utilement ses fonctions, à la fois vis-à-vis du tuteur et vis-à-vis du tuteur *ad hoc*. Quant à l'art. 318 c. civ., relatif à l'action en désaveu, on comprend qu'il soit nécessaire de nommer un tuteur *ad hoc* pour représenter un mineur qu'il s'agit d'exclure de la famille; il peut, en effet, arriver que ce mineur ne soit pas en tutelle; il peut arriver aussi qu'il ait sa mère pour tutrice légale: dans le premier cas, il n'y a pas de subrogé tuteur; dans le second cas, le subrogé tuteur est le plus souvent un parent du père putatif, un membre de la famille qui exerce l'action en désaveu. Ces deux dispositions ne permettent pas d'écarter, dans les hypothèses ordinaires d'opposition d'intérêts entre le tuteur et le mineur, l'application de l'art. 420.

210. Mais on a fait observer que l'art. 420 suppose un acte que le tuteur peut faire seul. Ainsi, quand il s'agit d'affermer les biens du mineur, le tuteur peut passer seul bail à un étranger (c. civ. art. 450): il doit être remplacé par le subrogé tuteur, s'il veut prendre ces biens en location pour son compte personnel. L'art. 420 reçoit ainsi son application exacte. Mais, dit-on, quand il s'agit d'un acte pour lequel la loi exige le concours du tuteur et du subrogé tuteur, la disposition de l'art. 420 devient insuffisante; il y a lieu de nommer un nouvel agent de la tutelle à raison de l'opposition d'intérêts entre le mineur et son tuteur. Aucun texte n'exige, en pareil cas que le subrogé tuteur remplace le tuteur de plein droit et soit remplacé lui-même par un subrogé tuteur *ad hoc*. Le conseil de famille aura donc la faculté, soit de nommer un tuteur *ad hoc* pour remplacer le tuteur, soit de nommer un subrogé tuteur *ad hoc* pour remplacer le subrogé tuteur faisant fonctions de tuteur. Il en sera ainsi, notamment, dans les cas prévus par les art. 459 c. civ., 444, 962 c. proc civ. (Lyon, 5 juill. 1877) (1).

Mais cette ingénieuse distinction n'est conforme ni au texte, ni à la pensée de l'art. 420, dont la disposition est absolue. C'est dans la différence de parenté que la loi paraît avoir placé la garantie du mineur, soit quand il s'agit de surveiller le tuteur, soit quand il faut le remplacer et traiter avec lui dans l'intérêt du mineur. Suivant les expressions d'un arrêt de la cour de Rennes, en cas d'opposition d'intérêts entre le pupille et son tuteur, le subrogé tuteur « reçoit alors d'avance, pour ce cas, de son titre même, les pouvoirs d'un tuteur *ad hoc*, sans qu'il soit besoin d'en faire nommer un au mineur ». En conséquence, il a été jugé : 1° que, lorsque les intérêts du tuteur sont en opposition avec ceux du mineur, comme, par exemple, dans le cas où il s'agit, pour celui-ci, de procéder à la liquidation de la communauté ayant existé entre sa mère décédée et son père, sous la tutelle légale duquel il est placé, le subrogé tuteur a qualité, sans qu'il soit besoin de faire nommer un tuteur *ad hoc* au mineur, pour provoquer la réunion du conseil de famille, pour suivre l'homologation de la délibération qu'il a obtenue et interjeter appel du jugement qui lui refuse cette homologation ; et que le subrogé tuteur qui succombe, en pareil cas, soit en première instance, soit en appel, ne doit pas être personnellement condamné aux dépens, s'il n'est pas justifié qu'il ait excédé les bornes de son ministère et qu'il ait voulu compromettre les intérêts du mineur. (Rennes, 24 mai 1851,

---

(1) (Baudin C. Musy.) — LE TRIBUNAL ; — Attendu que la dame veuve Crépu, née Musy, est décédée le 18 oct. 1876, laissant un testament olographe par lequel elle constituait la demoiselle Marie-Josèphe Musy, sa nièce, comme son héritière universelle, et faisant divers legs à de nombreux autres collatéraux, et, notamment, un legs de 10 000 fr. à son neveu, le sieur Marcelin Musy, et un legs de 4000 fr. à chacune de ses petites-nièces, les mineures Lucienne, Marie et Honorine Musy; — Attendu que le sieur Baudin, tuteur *ad hoc* des mineures Musy, a formé contre Josèphe Musy et les autres héritiers de droit de la veuve Crépu une demande en partage de la succession en se fondant sur ce que le testament porterait une fausse date et serait dès lors frappé de nullité; — Attendu que Josephte Musy soutient que le sieur Baudin n'a pas qualité pour représenter régulièrement les mineurs, et qu'ainsi la demande a mal procédé; — Attendu que les mineurs Musy ont originairement pour tuteur le sieur Bourdon; que Désiré Musy étant décédé, le conseil de famille, par une délibération du 9 août 1876, a désigné comme son successeur le sieur Marcelin Musy; que ce dernier ayant, suivant un acte du 12 mai 1876, reçu le sieur Pigutel, renoncé à se prévaloir, soit de la fausseté de la date du testament, soit de toutes autres causes de nullité, et pouvant avoir des intérêts contraires à ceux des mineurs, le conseil de famille, par la même délibération, leur a nommé, comme tuteur *ad hoc*, le sieur Baudin, et l'a autorisé à introduire la demande en partage; — Attendu que, d'après l'art 420 c. civ., et la jurisprudence, le subroge tuteur a mandat légal d'agir pour les intérêts des mineurs, lorsqu'ils sont en opposition avec ceux du tuteur, qu'il doit, dans ce cas, provoquer la nomination d'un subrogé tuteur *ad hoc*, dont la mission est de remplir à son égard les fonctions ordinaires du subrogé tuteur, et de recevoir les notifications prescrites par l'art. 444 c. proc. civ.; — Attendu qu'il n'a pas été constaté par le conseil de famille, et qu'il n'est pas du reste articulé que le sieur Bourdon ait des intérêts contraires à ceux des mineurs ; que c'est à lui, par conséquent, qu'appartenait le pouvoir de représenter légalement ces derniers; que la demoiselle Josèphe Musy a intérêt à ce que cette irrégularité de la procédure ne puisse plus tard lui être opposée, etc. — Appel par le sieur Baudin.

LA COUR ; — Considérant qu'il est justifié que Marcelin Musy a pris, relativement au procès, des engagements personnels qui créent une opposition d'intérêts entre lui et les mineures Musy, et ne lui permettent pas de les représenter dans cette instance; que le conseil de famille a justement apprécié cette situation en nommant un tuteur *ad hoc* qu'il a autorisé à suivre la demande en partage; — Considérant que cette délibération a été vainement attaquée comme contraire à l'art. 420 c. civ., aux termes duquel les fonctions du subrogé tuteur consistent à agir pour les intérêts du mineur, lorsqu'ils sont en opposition avec ceux du tuteur; que cette disposition est sans doute applicable à tous les actes pour lesquels l'intervention du tuteur seul est requise, et qu'elle suffit alors pour assurer complètement la protection des intérêts du mineur; mais qu'elle ne saurait s'appliquer à des actes pour lesquels le code de procédure civile, intervenu postérieurement aux règles du code civil, sur les tutelles, a exigé la double garantie de l'intervention du tuteur et de celle du subrogé tuteur; que, dans ce cas, le subrogé tuteur est appelé au même titre à faire deux actes de ses fonctions, et se trouve dans l'impossibilité de remplir un double rôle; qu'il y a alors nécessité de recourir au conseil de famille pour pourvoir à la représentation du mineur, soit en vertu de ses attributions générales, soit par induction des dispositions de l'art. 838 c. civ.; — Considérant que le choix du conseil n'est soumis à aucune restriction légale et ne doit avoir d'autre règle que l'intérêt du mineur; qu'il est donc libre de nommer un tuteur *ad hoc*, s'il juge préférable de laisser au subrogé tuteur le soin de remplacer le tuteur ; mais que, dans les deux cas, il ne contrevient nullement aux dispositions de la loi sur les tutelles, puisqu'il laisse

aff. Barbe, D. P. 56. 5. 470 ; V. aussi, dans le même sens : Paris, 11 mars 1843, *Rép.* n° 305; 4 déc. 1878, sous Req. 5 août 1879, *suprà*, n° 166); — 2° Que l'assignation donnée par un tuteur à son pupille en nullité ou rescision d'un acte de partage, est valablement signifiée au pupille en la personne et au domicile du subrogé tuteur (Agen, 4 juin 1861, aff. Larie. D. P. 61. 5. 514); — 3° Que le défaut de mise en cause du subrogé tuteur, quand le tuteur a des intérêts opposés à ceux du mineur, entraîne la nullité de la procédure, et que les frais de cette procédure doivent être supportés conjointement par tous ceux qui ont poursuivi l'instance (Agen, 26 mai 1864) (1).

Par voie de conséquence, il faut reconnaître que le tiers, partie adverse du mineur, peut proposer la non-recevabilité de la demande formée au nom de celui-ci non par le subrogé tuteur, mais par un tuteur *ad hoc*. C'est ce que décide implicitement l'arrêt de la cour de Lyon du 5 juill. 1877, précité.

211. En cas d'indivision entre le tuteur et le mineur, le subrogé tuteur peut-il demander au conseil de famille l'autorisation d'agir en partage, quand cet état d'indivision lui paraît contraire à l'intérêt du mineur? On objecte que si l'art. 420 c. civ. ordonne que le subrogé tuteur remplacera le tuteur en cas d'opposition d'intérêts, c'est à la condition que cette opposition d'intérêts existe, qu'elle ait éclaté. Ici c'est le subrogé tuteur lui-même qui provoque la contestation, qui fait naître l'opposition d'intérêts. — Cette objection n'est pas fondée. En cas d'indivision, l'opposition existe au fond; l'état de communauté peut être une source de revenus plus considérable dans le présent; le partage des deux fortunes est une assurance de conservation du patrimoine du mineur dans l'avenir. Il est possible que le tuteur soit plus touché de l'avantage actuel dont il profite que de l'intérêt futur du mineur. On répond que si le tuteur sacrifie l'intérêt du mineur à son intérêt propre, le subrogé tuteur pourra provoquer sa destitution. La mesure est excessive, et la solution ne serait pas toujours à l'avantage du mineur. La destitution est une flétrissure que le tuteur ne peut pas encourir pour avoir subi, peut être à son insu, l'influence de son intérêt propre, mélangé à l'intérêt du mineur. D'autre part, si le subrogé tuteur ne peut pas recourir à cette mesure, il ne faut pas non plus que les intérêts du mineur se trouvent compromis dans une indivision trop prolongée.

L'opposition d'intérêts qui résulte de l'indivision, dit-on encore, n'est pas certaine; elle n'est que possible. Appartient-il au subrogé tuteur de trancher la question? Est-ce au conseil de famille de prononcer? Évidemment non. Le tribunal est seul juge entre le tuteur et le subrogé tuteur. Il faut donc, avant que le subrogé tuteur prenne l'initiative de l'action, qu'un jugement constate préalablement l'opposition d'intérêts. Mais ce sont là des lenteurs et des frais inutiles, et sans qu'il y ait nécessité d'un jugement préalable, le tribunal restera juge de l'opposition d'intérêts. S'il s'agit, en effet, d'une demande soumise à l'autorisation du conseil de famille, d'une demande en partage, par exemple, le conseil de famille apprécie les motifs que le subrogé tuteur fait valoir à l'appui d'une instance immédiate. Si le tuteur ne conteste pas l'opposition d'intérêts, l'autorisation est donnée et le procès suit son cours. Si le tuteur conteste, la délibération, soit qu'elle accorde, soit qu'elle refuse l'autorisation sollicitée par le subrogé tuteur, est susceptible d'un recours devant le tribunal et celui-ci devient, à son tour, juge de l'opposition d'intérêts. En ce sens, il a été jugé que le subrogé tuteur a qualité pour provoquer une délibération du conseil de famille à l'effet d'être autorisé à poursuivre le partage de biens indivis entre le tuteur et le mineur; et que cette autorisation lui est accordée à bon droit si le conseil de famille reconnaît qu'il y a pour le mineur un intérêt pressant à sortir d'indivision (Req. 15 mai 1878, aff. Desrousseaux, D. P. 79 1. 40). Décidé, d'ailleurs, en termes généraux que l'éventualité d'une opposition d'intérêts entre le tuteur et son pupille suffit pour justifier l'intervention du subrogé tuteur dans un procès où le mineur est déjà représenté par son tuteur (Paris, 19 juill. 1870, aff. Héritiers Dabin, D. P. 70. 2. 215).

212. Quel serait le sort des actes passés au nom du mineur, par un tuteur *ad hoc* nommé par le conseil de famille à raison de l'opposition d'intérêts entre le mineur et son tuteur? Nous pensons que, cette nomination étant irrégulière, et le mineur n'ayant pas été valablement représenté, l'acte sera, non pas nul, mais susceptible d'être annulé dans l'intérêt du mineur comme s'il avait été passé par le mineur lui-même (V. *infrà*, n°s 655 et suiv.).

213. Il n'y a pas, en général, opposition d'intérêts entre le tuteur et le mineur, quand ils contractent conjointement, mais chacun dans son intérêt propre, avec un tiers, ou qu'ils plaident contre un tiers dans les mêmes conditions. Ainsi le tuteur représentera valablement le mineur dans une instance

---

le subrogé tuteur remplir l'une des attributions qui lui ont été également conférées par la loi; — Considérant, dès lors, que c'est à tort, que le tribunal a déclaré irrecevable la demande formée par Baudin, en sa qualité de tuteur *ad hoc* des mineurs Musy, et qu'il y a lieu de réformer sa décision; — Par ces motifs; déclare Alphonse Baudin, ès qualité, recevable dans sa demande.

Du 5 juill. 1877.-C. de Lyon, 1re ch.-MM. Millevoye, 1er pr.-Geneste, av. gén.-Dubreuil et Bronchond, av.

(1) (Liauzur C. Liauzur et Laferayrie.) — LA COUR; — Sur le grief pris de la nullité de la procédure faite après le décès de feu Liauzur; — Attendu que, par exploit du 29 nov. 1862, les intimés, agissant comme cohéritiers de Guillaume Liauzur, ont assigné Marie Cépède, en son nom personnel et comme tutrice de ses enfants mineurs issus du mariage avec Jean Liauzur, en reprise de l'instance en partage de la succession dudit Guillaume Liauzur et en constitution de nouvel avoué; — Attendu, qu'au moment du décès de Jean Liauzur, l'instance était pendante devant Me Vaquié, notaire, qui avait été chargé de faire la liquidation des droits respectifs et de prendre des renseignements sur les diverses prétentions des parties; — Que, le décès de Jean Liauzur n'ayant pas été notifié, le notaire s'est cru autorisé à continuer ses opérations commencées seulement le 4 nov. 1859 huit jours avant ce décès, et de les mener à fin; qu'il déclare dans son procès-verbal qu'il avait connaissance de ce décès, et que la veuve s'est présentée volontairement devant lui pour défendre ses droits et ceux des mineurs; — Attendu que, dans cet état de choses, la demande en reprise d'instance doit être examinée sous un double point de vue : 1° sa régularité en la forme; 2° son efficacité pour la validité des poursuites engagées personnellement contre Marie Cépède et contre les mineurs; — Attendu, quant à la régularité, que le jugement rendu par défaut, le 17 déc. 1862, à la suite de l'assignation en reprise d'instance, au lieu de statuer sur cette demande, n'en dit pas un mot et juge directement le fond; ce qui est contraire au texte de l'art. 349 c. proc. civ.; — Que, toutefois, cette irrégularité a été réparée dans le jugement définitif, du 12 juin 1863, lequel, statuant sur l'opposition de Marie Cépède contre le jugement par défaut, déclare l'instance reprise et juge en même temps le fond; — Attendu que ces irrégularités regrettables ne suffiraient pas pour entraîner une nullité de procédure qui n'est pas prononcée par la loi; — Mais attendu, sous le second point de vue, qu'en assignant Marie Cépède, en son nom personnel et comme tutrice de ses enfants mineurs, les intimés ont placé les mineurs en présence de leur mère, dans une instance où sont discutés incidemment les droits que la tutrice peut avoir contre la succession de son mari, père des enfants mineurs; — Qu'en effet, l'intérêt majeur du procès poursuivi par les intimés consiste à faire déclarer nuls des actes passés entre la veuve et son mari; que Marie Cépède ne peut défendre ces actes qu'en soutenant, contre les cohéritiers de Guillaume Liauzur, au nombre desquels sont les mineurs, qu'ils ne sont pas entachés de fraude ni de simulation; et, dans le cas où ils seraient annulés vis-à-vis des tiers (les intimés), en obtenant la garantie contre les mineurs, ainsi qu'elle y a conclu formellement dans le jugement définitif du 12 juin 1863; — Que, dans cette situation, les mineurs, ayant des intérêts contraires à la tutrice, n'ont pas été valablement représentés; qu'ils devaient l'être par le subrogé tuteur, suivant les dispositions de l'art. 420 c. civ.; — Attendu que les prescriptions de cet article sont d'ordre public, et que leur inobservation entraîne la nullité des procédures faites à leur mépris; — Attendu que les intimés, parties poursuivantes dans l'instance en partage, sont responsables des irrégularités procédant de leur fait, et que leur première obligation, à ce point de vue, consistait à procéder légalement contre les mineurs; — Attendu que les mariés Laferayrie ont procédé, comme demandeurs, conjointement avec Louis Liauzur, soit dans l'assignation en partage, soit dans l'assignation en reprise d'instance; que, bien qu'ils aient conclu à leur mise hors d'instance, ils n'en sont pas moins tenus des frais vis-à-vis de l'appelante, conjointement avec Louis Liauzur; — Par ces motifs, etc.

Du 26 mai 1864.-C. d'Agen, ch.-corr.-MM. Joly, pr.-Donnodevie, av. gén.-Jointon fils et Ducas, av.

où ils demanderont tous deux, en qualité d'héritiers *ab intestat*, la nullité d'un testament par lequel un tiers est institué légataire universel; dans une instance en partage dirigée contre tous deux par un tiers et où tous deux contesteraient la qualité de celui-ci (Aubry et Rau, t. 1, § 117, p. 476). Il a été jugé en ce sens : 1° qu'il n'y a pas opposition d'intérêts entre un tuteur et son pupille, dans un procès tendant à les faire condamner l'un et l'autre aux prestations alimentaires établies par les art. 205 et 206 c. civ.; que, par suite, il n'est pas nécessaire de mettre en cause le subrogé tuteur, alors même que le tuteur prétendrait faire peser exclusivement sur son pupille cette obligation alimentaire, si, d'ailleurs, le tuteur, investi de l'usufruit légal des biens du pupille (son enfant), ne peut avoir aucun recours à exercer contre ce dernier, à raison des aliments qu'il aurait payés pour son compte, les aliments devant être prélevés sur les revenus (Req. du 19 mars 1856, aff. Claybrooke, D. P. 56. 1. 251); — 2° Que le concours, dans la personne de la mère, des qualités de tutrice et de cohéritière de son enfant mineur, ne suffit pas pour constituer par lui-même, dans une instance en partage, l'opposition d'intérêts qui ne permet pas au tuteur d agir pour le pupille; qu'en conséquence, en l'absence de tout fait manifestant cette opposition d'intérêts, le mineur est valablement représenté par sa mère dans une instance de cette nature (Civ 30 nov. 1875, aff. Le Cozannet, D. P. 76. 1. 340. V. aussi les arrêts cités au *Rép.* n° 302). — Il a été jugé dans le même sens que la renonciation que le père, tuteur légal de ses enfants, a faite en leur nom à la communauté ayant existé entre lui et sa femme, ne saurait être ultérieurement annulée sous le prétexte qu'il y avait opposition d'intérêts entre le tuteur et ses pupilles et que le subrogé tuteur seul aurait eu qualité pour agir, alors qu'il est constaté par le juge du fond que, cette communauté étant en déficit, son attribution exclusive au père ne présentait aucun avantage pour lui, et que, dès lors, l'opposition d'intérêts alléguée n'existait pas (Req. 20 avr. 1885, aff. Roy, D. P. 85. 1. 170). En thèse générale, cependant, il y a opposition d'intérêts entre le père et les enfants lorsqu'il s'agit pour ceux-ci d'accepter la communauté ou d'y renoncer, et c'est un des cas où le subrogé tuteur doit agir au nom des mineurs (En ce sens, Huc, t. 3. n° 336).

214. L'opposition d'intérêts existe si le contrat ou le jugement à intervenir doit avoir pour objet non seulement de fixer la situation commune du tuteur et du mineur vis-à-vis d'un tiers, mais en même temps de déterminer leurs droits et leurs obligations vis-à-vis l'un de l'autre, ou de faire reconnaître, par voie de transaction et au moyen de sacrifices imposés au mineur, la validité d'un acte, d'un testament, par exemple, conférant au mineur et à son tuteur, des droits distincts ou même communs (Amiens 25 févr. 1837, *Rép.* n° 301-3°; Aubry et Rau, t. 1, § 117, p. 476).

215. Comme on l'a dit au *Rép.* n° 304, le subrogé tuteur a tous les pouvoirs nécessaires pour remplir la mission qui lui est confiée. Ainsi, quand il remplace le tuteur, à raison de l'opposition d'intérêts existant entre celui-ci et le mineur, ses pouvoirs sont égaux à ceux d'un tuteur *ad hoc*. Mais cette règle ne doit être suivie qu'en ce qui concerne spécialement le contrat ou l'instance à l'occasion desquels le subrogé tuteur représente exceptionnellement le mineur. S'il était nécessaire de dessaisir provisoirement le tuteur de toute l'administration de la tutelle, la nomination d'un tuteur *ad hoc* serait nécessaire en vertu de l'art. 424 c. civ. (*Rép.* n° 304, Aubry et Rau, t. 1, § 118, p. 478).

216. Lorsque, à raison de l'opposition d'intérêts, le tuteur est remplacé par le subrogé tuteur, celui-ci doit-il être également remplacé comme subrogé tuteur? L'affirmative est soutenue, car, dit-on, relativement à l'acte ou à l'instance dans lesquels le subrogé tuteur prend la place du tuteur, la subrogée tutelle est vacante, le contrôle cesse; or la loi veut qu'il y ait toujours un subrogé tuteur. Il faut donc nommer non pas un tuteur *ad hoc*, mais un subrogé tuteur *ad hoc* (Paris, 11 mars 1843, *Rép.* n° 305; Laurent, t. 4, n° 427. V. aussi Paris, 4 déc. 1878; Req. 5 août 1879, *suprà*, n° 166). Mais cette solution est combattue, avec raison, par M. Huc. t. 3, n° 335 : « Comment peut-on dire que la subrogée tutelle est vacante alors précisément que la fonction qui la constitue est exercée par son titulaire? La subrogée tutelle n'existe en réalité à l'état actif que lorsqu'une opposition d'intérêts entre le tuteur et le mineur lui permet en quelque sorte de se révéler; en dehors de cette hypothèse elle n'existe qu'à l'état latent La garantie du mineur se trouve dans l'intervention personnelle d'un subrogé tuteur toujours choisi par le conseil de famille. La loi, qui a trouvé cette garantie suffisante, n'a pas imaginé un système plus compliqué, et nous croyons que la nomination d'un subrogé tuteur spécial ou tuteur *ad hoc* n'est pas nécessaire » (V. en ce sens, Rennes, 24 mai 1851, aff. Barde, D. P. 56 5. 470). Toutefois, la nomination d'un subrogé tuteur *ad hoc* devient nécessaire dans les cas prévus par les art. 444 c. proc. civ., 452, 459 c. civ. et 962 c. proc. civ., c'est-à-dire lorsqu'il s'agit de signifier un jugement pour faire courir le délai d'appel contre le mineur, ou de procéder à la vente des meubles ou des immeubles du mineur; la loi veut, dans ces hypothèses, que les intérêts du mineur soient garantis par une intervention spéciale du subrogé tuteur à côté du tuteur; et, quand le subrogé tuteur exerce les fonctions du tuteur, il faut nécessairement qu'une autre personne soit alors chargée d'exercer les fonctions du subrogé tuteur (V. en ce sens, Civ. cass. 1er avr. 1833, *Rép.* v° *Appel civil*, n° 981). Il en est de même quand le subrogé tuteur a des intérêts opposés à ceux du mineur, quand il a, par exemple, à soutenir un procès contre le mineur. — Par application de cette règle, lorsqu'il y a opposition entre les intérêts du mineur et ceux de son subrogé tuteur, la signification nécessaire pour faire courir les délais d'appel doit être faite à un subrogé tuteur *ad hoc*. Mais il faut que cette opposition d'intérêts soit constatée par les juges du fond, par appréciation des circonstances de la cause.

217. Si, nonobstant l'opposition d'intérêts, le tuteur a passé au nom du mineur, un acte pour lequel ce dernier aurait dû être représenté par le subrogé tuteur, cet acte sera-t-il nul? On décide qu'il est seulement annulable dans l'intérêt du mineur, et dans les délais fixés par l'art. 1304 c. civ. Cette nullité, purement relative, ne peut être proposée que par le mineur ou en son nom (V. *suprà*, n° 85. Comp. *infrà*, nos 544 et suiv., 622 et suiv. ; Montpellier. 17 mai 1831, *Rép.* n° 301-5°; Aubry et Rau, t. 1, § 117, p. 476) De même, les jugements rendus contre le mineur qui était représenté par son tuteur, et qui aurait dû l'être par le subrogé tuteur, sont néanmoins susceptibles de passer en force de chose jugée. Le mineur n'a pour les faire tomber que les voies ordinaires de recours; il peut, le cas échéant, les attaquer par la requête civile ou par le pourvoi en cassation (Req. 19 juin 1844, *Rép.* v° *Chose jugée*, n° 234; Agen, 26 mai 1864, *suprà*, n° 210; Aubry et Rau, *loc. cit.*).

218. 3° On a indiqué au *Rép.* n° 299, les obligations particulières que certaines dispositions légales imposent au subrogé tuteur. Le subrogé tuteur, comme on l'a vu *ibid.*, est spécialement chargé d'assister à certains actes de la gestion du tuteur: les inventaires dans lesquels le mineur se trouve intéressé, la vente des immeubles du mineur et la vente de ses meubles corporels (*Rép.* nos 299 et 303). On verra *infrà*, n° 443, que cette mission d'assistance, conférée au subrogé tuteur, n'a pas été étendue par la loi du 27 févr. 1880 à la vente des meubles incorporels appartenant au mineur.

219. L'absence du subrogé tuteur, dûment convoqué, n'invaliderait pas les ventes d'immeubles ou de meubles corporels. Mais, si le subrogé tuteur n'avait pas assisté à ces ventes, faute d'y avoir été appelé, le contrat serait annulable dans l'intérêt du mineur et sur la demande formée par lui ou en son nom (Paris, 25 mars 1831, *Rép.* n° 509-5°; Aubry et Rau, t. 1, § 117, p. 477. — V. aussi, relativement à l'assistance du tuteur aux ventes immobilières, les arrêts cités au *Rép.* n° 303, et v° *Vente publique d'immeubles*, n° 2023-1°).

220. Le subrogé tuteur a-t-il le droit d'appeler des jugements qu'il croit préjudiciables au mineur? Il y a lieu de compléter ici les observations déjà présentées sur cette question, au *Rép.* v° *Appel civil*, nos 477 et suiv., et *suprà*, eod. v°, n° 92. Reconnaître au subrogé tuteur le droit d'appel, c'est admettre une dérogation au principe que le subrogé tuteur ne doit pas intervenir dans la gestion de la tutelle en dehors des cas spécifiés par la loi. On justifie cette dérogation : 1° par le texte de l'art. 444 c proc. civ., qui prescrit la signification, tant au subrogé tuteur qu'au tuteur, du jugement rendu contre le mineur. Dans quel but, si le subrogé tuteur n'a pas le droit d'appel aussi bien que le tuteur ? — 2° Par un passage de l'exposé des motifs où M. Bigot-Préameneu s'exprime en ces termes : « Il (le subrogé tuteur) sera, comme le tuteur, responsable s'ils laissent passer le délai de trois mois depuis la signification qui leur aura été faite, sans avoir pris les mesures prescrites par la loi pour savoir si l'appel doit être interjeté » (Locré, *Législation civile*, t. 22, p. 114) ; — 3° Par l'intérêt du mineur, qui serait compromis par l'inaction du tuteur, si le subrogé tuteur ne pouvait pas suppléer à cette inaction; la disposition de l'art. 444 c. proc. civ. serait alors complètement inutile (V. les autorités citées en ce sens au *Rép.* v° *Appel civil*, n° 477 et suiv., et *suprà*, eod. v°, n° 92).

Mais, à l'appui du système contraire, on fait valoir que l'art. 444 c. proc. civ., en donnant comme point de départ au délai d'appel la double signification faite au tuteur et au subrogé tuteur du jugement rendu contre le mineur, ne concède pas expressément le droit d'appel au subrogé tuteur, et qu'une disposition formelle serait nécessaire pour intervertir la mission de celui-ci et lui conférer exceptionnellement le droit d'agir au nom du mineur, droit que l'art. 420 c. civ. lui attribue seulement en cas d'opposition d'intérêts entre le mineur et son tuteur. D'autre part, l'exposé des motifs peut servir à interpréter la loi, non pas à la faire. M. Bigot-Préameneu, en admettant la responsabilité collective du tuteur et du subrogé tuteur « s'ils laissent » le délai d'appel arriver à son expiration, ne dit pas que le subrogé tuteur sera responsable pour n'avoir pas exercé le droit d'appel. Il sera responsable, mais pour n'avoir pas utilisé les moyens que la loi met à sa disposition à l'effet de contraindre le tuteur à faire son devoir. M. Bigot-Préameneu dit lui-même, quelques lignes plus haut : « Le subrogé tuteur n'est pas alors chargé de la défense du mineur pendant l'appel ». Enfin, l'intérêt du mineur, qui peut être sauvegardé par l'intervention du subrogé tuteur, mais qui pourrait être aussi compromis par un appel intempestif, ne suffit pas à justifier une dérogation à la loi (V. en ce sens : Nancy, 17 juill. 1886, aff. Rabot, D. P. 87. 2. 39, et sur pourvoi, Req. 28 nov. 1887, D. P. 88. 1. 226. V. aussi : les observations de M. le conseiller Lardenois, *ibid.* ; les conclusions de M. l'avocat général Chevrier, rapportées sous Paris, 11 févr. 1874, D. P. 75. 2. 145; Laurent, t. 5, n° 104; Huc, t. 3, n° 334; Garsonnet, *Précis de procédure civile*, n° 665).

221. Cependant l'art. 444 c. proc. civ. doit avoir un but. Il convient donc de rechercher quels sont, en présence de l'inaction du tuteur, les droits du subrogé tuteur ; s'il ne peut pas exceptionnellement exercer le droit d'appel ; comment enfin sa responsabilité pourra se trouver engagée.

On reconnaît d'abord au subrogé tuteur le droit et l'obligation de convoquer le conseil de famille, si le tuteur refuse ou néglige d'appeler du jugement, et si son inaction paraît compromettre les intérêts du mineur. La signification prescrite par l'art. 444 c. proc. civ., dans le système qui dénie le droit d'appel au subrogé tuteur, ne peut avoir d'autre objet que de lui permettre d'exercer sa mission de surveillance. Averti de l'expiration du délai d'appel, il doit vérifier si les intérêts du mineur sont ou non compromis par le jugement, et, en cas d'affirmative, il doit signaler au conseil de famille l'inaction préjudiciable du tuteur. Autrement, a-t-on dit lors de la discussion de l'art. 444 c. proc. civ., le subrogé tuteur serait responsable, si, depuis la signification qui lui a été faite, il laissait passer le délai d'appel « sans avoir pris les mesures prescrites par la loi pour savoir si l'appel doit être interjeté » (Locré, *op. cit.*, t. 22, p. 114. V. en ce sens : Aubry et Rau, t. 1, § 117, p. 477 ; Laurent, t. 5, n° 104 ; Boitard et Colmet-Daâge, *Leçons de procédure civile*, t. 2, n° 682 ; Garsonnet, *op. cit.*, n° 665).

222. Le conseil de famille délibère et décide s'il y a lieu de former appel dans l'intérêt du mineur. Peut-il alors confier le soin de cet appel au subrogé tuteur ? En faveur de l'affirmative, on fait observer que le tuteur a manifesté son intention de ne pas agir ; qu'il a été négligent ; que même il aura peut-être fait constater son refus sur la mise en demeure qu'il aura reçue du subrogé tuteur avant la convocation du conseil de famille. Il y a donc lieu de craindre qu'il n'obéisse pas à l'injonction du conseil, qu'il persiste dans son inaction ou dans son refus. Alors il faudra recourir soit à la mesure de la destitution, soit à l'autorité du tribunal. Avant qu'une solution puisse intervenir, le délai d'appel expirera, et le mineur se trouvera définitivement frappé par la déchéance du droit d'appel. On doit donc admettre, pour éviter cette conséquence et pour assurer l'efficacité de la disposition de l'art. 444 c. proc. civ., que le conseil de famille peut charger le subrogé tuteur de l'exécution de sa volonté, et lui confier spécialement la mission d'émettre l'appel si le tuteur ne le fait pas (V. en ce sens : Nancy, 17 juill. 1886, aff. Rabot, D. P. 87. 2. 39 ; Aubry et Rau, t. 1, § 117, p. 478, note 20). — Cette thèse est pourtant sujette à contestation. Comment le conseil de famille peut-il déléguer au subrogé tuteur un droit qu'il n'a pas lui-même, celui d'interjeter appel au nom du mineur? Comment peut-il modifier la mission légale du subrogé tuteur, qui est de surveiller, non pas d'agir? Comment admettre surtout cette investiture du droit d'appel, donnée au subrogé tuteur par le conseil de famille, dans les instances que le tuteur a le droit d'introduire et de suivre sans l'autorisation du conseil? V. *suprà*, v° *Appel civil*, n° 92 ; Laurent, t. 5, n° 104.

223. Le subrogé tuteur n'a-t-il pas du moins le droit de signifier l'acte d'appel à titre conservatoire et pour empêcher la déchéance qui résulterait pour le mineur de l'expiration du délai? On fait observer, en faveur de cette dérogation aux principes, que le subrogé tuteur ne pourra guère exercer utilement son pouvoir de surveillance et convoquer le conseil de famille avant l'expiration du délai d'appel. Ce délai est quelquefois très court (Comp. c. proc. civ. art. 392, 609, 732, 762). Le plus souvent le subrogé tuteur essayera d'abord de déterminer le tuteur à sortir de son inaction ; ses démarches emploieront une partie du délai, qui expirera avant que le conseil de famille ait été convoqué ou ait pris une décision. Ne vaut-il pas mieux reconnaître au subrogé tuteur le droit de signifier l'acte d'appel à titre conservatoire, sauf à en référer au conseil de famille, qui décidera si l'appel doit être suivi et si le subrogé tuteur pourra le suivre en cas d'inaction du tuteur? On compare la situation du subrogé tuteur à celle du maire. Sous l'empire de l'art. 55 de la loi du 18 juill. 1837, bien que l'appel d'un jugement rendu contre une commune ne pût être formé qu'après autorisation du conseil de préfecture, la jurisprudence reconnaissait au maire qualité pour signifier l'appel à titre conservatoire, sauf à provoquer ensuite l'autorisation du conseil de préfecture avant de suivre sur son appel. Cette jurisprudence a été confirmée par l'art. 122, § 2, de la loi du 5 avr. 1884. N'y a-t-il pas la plus grande analogie entre la situation du maire en pareil cas et celle du subrogé tuteur, à qui l'art. 444 c. proc. civ. prescrit de signifier le jugement rendu contre le mineur? Qu'il forme l'appel d'abord et qu'il invite ensuite le conseil de famille à se prononcer (V. en ce sens : Chauveau sur Carré, *Lois de la procédure*, t. 4, quest. 1592; Rodière, *Compétence et procédure civile*, 4e édit., t. 2, p. 79; Mourlon et Naquet, *Répétitions écrites sur le code de procédure*, p. 719; Garsonnet, *op. cit.*, n° 665. V. aussi Nancy, 17 juill. 1886, précité).

Cependant, même ce droit d'appel à titre simplement conservatoire ne nous paraît pas suffisamment autorisé par l'art. 444 c. proc. civ. Il faut écarter l'argument d'analogie tiré de la loi municipale. L'art. 55 de la loi de 1837 (reproduit par l'art. 122 de la loi du 5 avr. 1884) permettait au maire de faire « tous actes conservatoires ou interruptifs de déchéance » ; et la jurisprudence, par interprétation de cet article, reconnaissait au maire le droit de former l'appel à titre conservatoire. Aucun texte ne confère au subrogé tuteur des droits analogues relativement à la tutelle. Former l'appel, même à titre conservatoire, c'est exposer le mineur aux frais de l'acte d'appel, ensuite à des frais plus considérables, si l'adversaire du mineur poursuit l'instance d'appel sans attendre la délibération du conseil de famille, même à des dommages-intérêts si l'appel est jugé téméraire ; c'est engager en un mot la fortune du mineur; c'est s'ingérer dans la gestion de la tutelle. Et nous ne pourrions reconnaître ce droit au subrogé tuteur qu'en vertu d'une disposition expresse, que l'on ne trouve pas dans l'art. 444 c. proc. civ. (V. *suprà*, v° *Appel civil*, n° 92). Si donc, ensuite de la double signification du jugement rendu contre le mineur, le tuteur ne forme pas l'appel, le subrogé tuteur, pour échapper à la responsabilité qui résulterait pour lui de l'inaction du tuteur, doit se borner à convoquer le conseil de famille. Le conseil décide s'il y a lieu d'appeler ou non. Il prend alors, vis-à-vis du tuteur, telles injonctions que la situation comporte, et, en cas de refus, il peut procéder à la destitution et au remplacement du tuteur, sauf le recours de celui-ci au tribunal.

Toutefois, le subrogé tuteur pourrait valablement interjeter appel pour le mineur dans le cas où il y aurait opposition d'intérêts entre celui-ci et le tuteur (V. *suprà*, n° 215. Comp. Nancy, 17 juill. 1886, aff. Rabot, D. P. 87. 2. 39, et sur pourvoi, Req. 28 nov. 1887, D. P. 88. 1. 226).

224. Les incapacités, qui, par dérogation au droit commun, pèsent sur le tuteur, ne sont pas applicables au subrogé tuteur. Le subrogé tuteur n'est pas tenu, à peine de déchéance, de déclarer dans l'inventaire s'il lui est dû quelque chose par le mineur (c. civ. art. 451). Il peut se rendre cessionnaire de droits et actions contre le mineur et prendre ses biens à loyer ou à ferme, sans qu'au préalable le tuteur ait été autorisé à lui en passer bail, nonobstant l'art. 450, al. 3 (Aubry et Rau, t. 1, § 117, p. 479. — *Contrà* : Demolombe, t. 7, n° 787). Il peut aussi prescrire contre le mineur et recevoir de lui, à titre gratuit, comme toute autre personne. Il peut même se rendre adjudicataire sur vente volontaire ou sur expropriation forcée des biens du mineur (Aubry et Rau, t. 1, § 117, p. 479. V. toutefois, *Rép.* n° 399, et v° *Vente*, n°s 444 et suiv. ; *infrà*, eod. v°). Jugé aussi que le subrogé tuteur peut transiger avec le mineur dûment représenté par son tuteur, pourvu que les formes requises pour la transaction aient été observées (Angers, 29 août 1884, aff. Barrier, D. P. 88. 1. 241).

225. — III. RESPONSABILITÉ DU SUBROGÉ TUTEUR. (*Rép.* n°s 312 à 316). — Ainsi qu'on l'a dit au *Rép.* n° 312, le subrogé tuteur, par cela seul qu'il doit rester étranger à la gestion tutélaire, n'est pas responsable de la mauvaise administration du tuteur. Il en est autrement s'il a provoqué et secondé les fautes commises par le tuteur, en un mot, s'il est lui-même coupable de dol ou de faute grave, équivalente au dol.

226. Le subrogé tuteur est encore responsable de l'inexécution des obligations spéciales que certaines dispositions de la loi lui imposent expressément à peine de dommages-intérêts (*Rép.* n° 313). Ainsi l'art. 424 c. civ. l'oblige, sous peine de dommages-intérêts, à provoquer la nomination d'un nouveau tuteur quand la tutelle devient vacante ou qu'elle est abandonnée par absence. L'art. 1442 c. civ. impose au subrogé tuteur qui n'a point obligé le tuteur à faire inventaire, la responsabilité solidaire de toutes les condamnations qui peuvent être prononcées au profit du mineur. L'art. 2137 c. civ. rend le subrogé tuteur personnellement responsable du défaut d'inscription par le tuteur de l'hypothèque légale du mineur contre ledit tuteur. Mais, sauf ce qui a été dit relativement au dol, la mission générale de surveillance, qui appartient au subrogé tuteur, n'entraîne jamais pour lui de responsabilité. Telle est l'économie de la législation du code civil. — En est-il de même en ce qui concerne les actes de la gestion tutélaire qui font l'objet de la loi du 27 févr. 1880 ? V. *infrà*, n°s 486 et suiv.

227. Le subrogé tuteur est responsable, comme le serait le tuteur lui-même, des actes dans lesquels il remplace le tuteur en vertu de l'art. 420 c. civ. Si, en dehors des cas où la loi l'appelle à remplacer le tuteur, le subrogé tuteur faisait au nom du mineur un ou plusieurs actes isolés de gestion, il devrait être considéré, tant vis-à-vis du mineur qu'à l'égard des tiers, comme un simple *negotiorum gestor* et soumis, comme tel, à la responsabilité de droit commun. S'il avait assumé toute la gestion de la tutelle en écartant complètement le tuteur, il serait traité comme un tuteur de fait ; mais la responsabilité du tuteur ne cesserait pas (V. *Rép.* n° 313 ; Aubry et Rau, t. 1, § 118, p. 478, note 22. V. aussi *infrà*, n° 668).

228. Les biens du subrogé tuteur ne sont pas soumis à l'hypothèque légale du mineur, alors même que de fait il aurait géré la tutelle (*Rép.* n° 308 ; Aubry et Rau, t. 1, § 117, p. 477. V. aussi *infrà*, v° *Privilèges et hypothèques* ; *Rép.*, eod. v° n° 1017).

229. — IV. CESSATION DE LA SUBROGÉE TUTELLE (*Rép.* n°s 317 et 318). — La subrogée tutelle cesse en même temps que la tutelle, par la mort du mineur, par sa majorité et par son émancipation (c. civ. art. 425) ; mais elle ne cesse pas quand la tutelle devient vacante ou est abandonnée par absence ; au contraire, l'art. 424 c. civ. impose en pareil cas, au subrogé tuteur, l'obligation de faire remplacer le tuteur (*Rép.* n° 318). — Jugé, toutefois, que, lorsque la tutelle vient à cesser, la constitution d'une nouvelle tutelle devenant nécessaire, le conseil de famille a le droit, en même temps qu'il nomme un nouveau tuteur, de remplacer le subrogé tuteur, lorsque celui-ci n'a jamais répondu aux convocations du conseil, qu'il s'est complètement désintéressé de ses fonctions, et qu'enfin l'intérêt de l'incapable exige son remplacement (Limoges, 17 juin 1889, aff. Durand, D. P. 90. 1. 336). On sait que le subrogé tuteur devrait être également remplacé, si le conseil de famille avait choisi le nouveau tuteur dans la ligne à laquelle il appartient (V. *suprà*, n° 200).

230. La subrogée tutelle cesse séparément de la tutelle, quand le subrogé tuteur décède ou qu'il est excusé ou destitué (*Rép.* n° 318). Le tuteur n'est pas autorisé à provoquer la destitution du subrogé tuteur (c. civ. art. 426). Il pourrait cependant, comme toute autre personne, dénoncer au juge de paix les faits susceptibles de motiver cette destitution (V. *suprà*, n°s 135 et suiv.). Dans tous les cas, le tuteur ne peut jamais voter dans le conseil de famille convoqué pour délibérer sur cet objet (c. civ. art. 426). — Du reste, le tuteur est obligé de faire les diligences nécessaires pour le remplacement du subrogé tuteur dont les fonctions ont cessé pour une cause quelconque pendant la durée de la tutelle (Arg. art. 421, c. civ. ; Aubry et Rau, t. 1, § 123, p. 499).

SECT. 3. — DES CAUSES DE DISPENSE OU D'EXCUSE, D'INCAPACITÉ, D'EXCLUSION ET DE DESTITUTION DE LA TUTELLE (*Rép.* n°s 319 à 345).

231. Les conseils de famille et les tribunaux peuvent-ils admettre d'autres causes d'excuse que celles qui ont été consacrées par le code civil ? La négative prévaut (V. en ce sens : *Rép.* n° 320 ; Demolombe, t. 7, n°s 446 et suiv. ; Aubry et Rau, t. 1, § 106, p. 422, note 5 ; Laurent, t. 4, n° 508. — *Contrà* : Gand, 4 juin 1852, cité par M. Laurent, *ibid.* ; Huc, t. 3, n° 348).

232. Il ne faut pas confondre l'excuse avec le droit de refuser la tutelle. Ce droit n'est accordé qu'à la mère survivante (V. *suprà*, n° 61). L'excuse est un motif qui dispense de la tutelle ; mais l'appréciation de la légitimité de ce motif appartient au conseil de famille, sauf le recours au tribunal (Laurent, t. 4, n° 492). Si le conseil de famille avait admis des dispenses qui ne constituaient pas des excuses légales, si, au contraire, il avait rejeté des excuses légales, les parties lésées auraient, dans l'un et l'autre cas, le droit de se pourvoir contre la délibération. Le jugement serait susceptible d'appel (V. *suprà*, n° 178 ; Aubry et Rau, t. 1, § 106, p. 422 ; Laurent, t. 4, n° 508).

233. Les excuses sont établies en termes généraux. Il en résulte que tout tuteur, même le survivant des père et mère, peut se prévaloir non seulement des excuses fondées sur un service public, mais aussi des excuses qui sont d'intérêt privé (V. *Rép.* n°s 326 et 330 ; Demolombe, t. 7, n° 409 ; Laurent, t. 4, n° 495 ; Huc, t. 3, n° 341).

234. On a dit au *Rép.* n° 321 que la tutelle est au nombre des droits civils qui n'appartiennent qu'aux nationaux, et qu'un étranger, à moins d'être autorisé à établir son domicile en France, est incapable de devenir tuteur, subrogé tuteur ou membre du conseil de famille d'un mineur français, enfin que le tuteur qui devient étranger ne peut pas conserver la tutelle. Cette opinion est encore aujourd'hui soutenue par la majorité des auteurs. Elle avait été consacrée par les arrêts de la cour de Colmar du 25 juill. 1817 et de la cour de Bastia, du 5 juin 1838, cités au *Rép.* n° 321. Il a encore été jugé, en ce sens, que l'étranger qui n'a pas été autorisé à établir son domicile en France ne peut faire partie d'un conseil de famille, alors même qu'il serait parent de mineurs français (Paris, 21 mars 1861, aff. Gilbert, D. P. 62. 2. 73. V. dans le même sens : Demolombe, t. 7, n°s 245 et 267 ; Aubry et Rau, t. 1, § 77, p. 285 ; § 79, p. 313 ;

§ 104, p. 418; Valette, *Cours de code civil*, t. 1, p. 69, note 1; Gand, *Code des étrangers*, n° 497).

L'aptitude des étrangers à remplir les fonctions de tuteur, de subrogé tuteur et de membres du conseil de famille des mineurs français est, au contraire, admise en thèse générale et dans toute hypothèse, par MM. Pasquale Fèvre et Pradier-Fodéré, *Droit international privé*, n° 198; Laurent, t. 1, n° 455, et t. 4, n° 366, et Huc, t. 3, n° 351). D'autre part, M. G. Demante (*Définition de la qualité de citoyen*, p. 19) a proposé de distinguer entre les étrangers, parents d'un mineur français, et les étrangers non parents. Les premiers, d'après cet auteur, sont aptes, à raison de leur parenté, à l'exercice des fonctions de la tutelle.

La cour de cassation, appelée pour la première fois à se prononcer sur la question, a jugé que l'ascendant étranger peut exercer, en France, les fonctions de tuteur ou de subrogé tuteur de ses petits-enfants français, « attendu, dit l'arrêt, que la tutelle et la subrogée tutelle déférées aux ascendants dérivent, comme la puissance paternelle, du droit naturel de protection et de surveillance qui leur appartient sur leurs enfants et descendants; qu'on ne trouve dans nos lois aucune disposition qui exclue de ces charges de famille les père et mère ou autres ascendants étrangers; que cette exclusion serait contraire aux intérêts des mineurs, pour la défense desquels la tutelle et la subrogée tutelle sont constituées; qu'elle porterait d'ailleurs atteinte au principe d'autorité qui sert de base à la famille » (Civ. rej. 16 févr. 1875, aff. Du Breignon, D. P. 76. 1. 49). Cet arrêt n'a statué que dans l'hypothèse d'une tutelle dative; il a décidé que l'étranger peut être nommé tuteur ou subrogé tuteur de ses enfants ou petits-enfants français. Toutefois, ses motifs conduisent à reconnaître que le père étranger exerce sur ses enfants français la tutelle légale; que la tutelle légitime s'ouvre également au profit de l'ascendant étranger. — La cour de Paris, faisant application de la jurisprudence de la chambre civile et admettant que « la doctrine ainsi formulée par la cour de cassation a une portée étendue; qu'elle affirme d'une manière générale l'aptitude des étrangers à remplir les différentes fonctions tutélaires à l'égard de leurs descendants français; que, par ses termes et ses motifs, elle s'applique aussi bien au cas de la tutelle légale qu'au cas de la tutelle déférée par le conseil de famille, sur laquelle la cour de cassation était appelée à statuer », a jugé que l'ascendant étranger peut exercer en France la tutelle légale de ses petits-enfants français (Paris, 21 août 1879, aff. Baucheron, D. P. 82. 1. 415). La doctrine inaugurée par la cour de cassation se justifie par les considérations les plus élevées, et elle offre dans la pratique, toutes compensations faites, moins d'inconvénient que la doctrine contraire, qui se recommande surtout de traditions remontant à des temps bien différents des nôtres.

La question n'est pas tranchée relativement à la tutelle dative déférée par le conseil de famille à un étranger qui ne serait pas l'ascendant du mineur. Mais les textes ne défendent pas davantage aux étrangers d'exercer la tutelle d'un mineur français qui n'est pas leur descendant. Et dans ce cas, comme dans celui de la tutelle légale, on peut dire que l'exclusion des étrangers pourrait être, le cas échéant, contraire aux intérêts des mineurs pour la protection desquels la tutelle et la subrogée tutelle sont instituées. Enfin, ici, la nomination est pleinement subordonnée au contrôle et à la volonté du conseil de famille.

235. On a examiné au *Rép.* n° 322 si le père pourrait se décharger de la tutelle au moyen d'une démission volontaire, lorsque cette démission a pour but d'éviter une destitution. La raison de douter est que la tutelle constitue pour le père un droit qu'il ne peut abdiquer et une charge dont il ne peut être dispensé que dans les cas expressément prévus par la loi. Cependant la jurisprudence est constante pour reconnaître qu'il peut être exclu ou destitué de la tutelle pour les causes énumérées dans l'art. 444 c. civ. (*infrà*, n° 265) (V. notamment Bordeaux, 31 août 1870, D. P. 70. 2. 129, et Req. 25 mars 1873, D. P. 75. 2. 8). L'art. 448 c. civ. dit que le tuteur peut adhérer à la destitution prononcée contre lui par le conseil de famille. Si donc, au cours de l'instance en destitution dirigée contre lui, le tuteur légal donne sa démission et prévient ainsi la mesure qui menace de le frapper, sa démission est la reconnaissance du bien fondé de l'action; elle vaut acquiescement et prend un caractère irrévocable. Il est de l'intérêt de la famille que cette démission puisse être acceptée et que le père évite ainsi la flétrissure d'une destitution. Il a été jugé que la démission donnée par le père tuteur légal dans de telles conditions est valablement acceptée par le conseil de famille, et que le tuteur démissionnaire ne peut la rétracter (Req. 2 août 1876, aff. Lesueur, D. P. 79. 1. 61. V. dans le même sens les arrêts cités au *Rép.* n° 322).

Art. 1er. — *Des excuses et dispenses* (*Rép.* nos 324 à 345).

236. — 1° *Excuses résultant des dignités ou fonctions publiques ou missions justifiées* (*Rép.* nos 325 à 327). — L'art. 427 c. civ. dispense de la tutelle les personnes désignées dans les titres 3, 5, 6, 8, 9, 10 et 11 de l'acte constitutionnel du 18 mai 1804 (V. leur énumération au *Rép.* n° 325). Cette dispense n'est plus applicable aujourd'hui qu'à celles des personnes désignées dans l'acte de 1804 dont les dignités ou les fonctions ont été maintenues par la constitution républicaine. — On peut se demander si elle s'étend aux ministres. Dans la première édition du code civil, l'art. 427 renvoyait au titre 4 de la constitution du 22 frim. an 8, qui comprenait les ministres. Dans l'édition de 1807, l'art. 427, modifié à raison de l'établissement de l'empire, a renvoyé à l'acte de 1804, dont les titres spécialement visés par l'art. 427 ne mentionnent pas les ministres. Nous pensons, toutefois, qu'on n'a pas voulu leur enlever le bénéfice d'une dispense qu'on accordait même aux conseillers d'Etat; il n'y a là qu'une omission involontaire due au changement apporté dans la rédaction de l'art. 427 (En ce sens, Demolombe, t. 7, n° 403; Aubry et Rau, t. 1, § 107, p. 423, note 2; Huc, t. 3, n° 341. — *Contrà :* Laurent, t. 4, n° 496). Du reste, la question n'offre que peu d'intérêt, les ministres appartenant ordinairement à l'une des deux Chambres, dont les membres sont expressément dispensés. A plus forte raison, doit-on admettre la dispense en faveur du président de la République. L'art. 427 c. civ. comporte évidemment cette application sous le régime actuel. — A l'égard des autres personnes, investies de fonctions publiques et visées par l'art. 427, V. *Rép.* n° 325.

237. L'art. 428 dispense également de la tutelle les citoyens envoyés en mission par le Gouvernement hors du territoire de la République. Cette disposition s'appliquerait aussi bien, et par identité de motif, à une mission dans les colonies françaises qu'à une mission en pays étranger (Aubry et Rau, t. 1, § 107, p. 423, note 5). Toutefois, pour être une cause d'excuse, la mission doit être de quelque durée (*Rép.* n° 325; Aubry et Rau, *loc. cit.*, note 6).

238. Le tuteur légal peut-il invoquer l'excuse qui résulte des dignités, missions ou fonctions publiques? V. *Rép.* n° 326, et *suprà*, n° 233.

239. Suivant la doctrine exposée au *Rép.* n° 327, les excuses établies par les art. 427 et 428 permettent de ne pas accepter la tutelle quand elle est déférée postérieurement aux fonctions, et de s'en démettre quand elle a été acceptée avant que les fonctions publiques n'aient été conférées, mais non pas de s'en démettre quand elle a été acceptée par une personne investie déjà des fonctions publiques qui lui auraient permis de se faire dispenser (En ce sens : Aubry et Rau, t. 1, § 107, p. 424, note 10; Laurent, t. 4, n° 498). — Il convient de rappeler aussi que, dans le cas où le tuteur est investi de fonctions publiques postérieurement à son acceptation de la tutelle, il est tenu, s'il ne veut pas la conserver, de convoquer, dans le mois, un conseil de famille pour procéder à son remplacement (c. civ. art. 431).

240. Lorsque les dignités, fonctions ou missions qui ont motivé l'excuse, ne sont que temporaires, le nouveau tuteur peut, à leur expiration, réclamer sa décharge. Le tuteur excusé peut aussi redemander la tutelle. Mais le conseil de famille est absolument libre de se décider à cet égard au mieux des intérêts du mineur. Il n'y a jamais lieu à un changement de plein droit, et le conseil de famille a la même liberté pour refuser au nouveau tuteur la décharge qu'il demande que pour accéder au désir de l'ancien tuteur qui sollicite sa réintégration dans la tutelle (Demolombe, t. 7, n° 414; Aubry et Rau, t. 1, § 107, p. 424, note 12; Laurent, t. 4, n° 498). — Malgré la rédaction de l'art. 431, § 1, on doit admettre que la faculté de rendre la tutelle à l'ancien tuteur qui a cessé d'être fonctionnaire public, appartient au conseil de famille, aussi bien dans le cas où le tuteur a refusé d'accepter la tutelle à raison des fonctions publiques dont il était investi lors de sa nomination, que dans le cas où il s'est démis de la tutelle, à raison de fonctions qui lui ont été conférées postérieurement à son occupation. Il y a identité de motifs entre les deux situations (Aubry et Rau, t. 1, § 107, p. 424, note 11 ; Laurent, t. 4, n° 498. — *Contrà:* Demolombe, t. 7, n° 415).

241. — 2° *Le grand âge* (*Rép.* n°s 328 à 330). — L'art. 433 c. civ. permet à tout individu, âgé de soixante-cinq ans accomplis, de refuser la tutelle ; au tuteur qui aura été nommé avant cet âge, de se faire décharger de la tutelle à l'âge de soixante-dix ans. Comme on l'a dit au *Rép.* n° 328, la décharge ne peut être obtenue qu'après soixante-dix ans révolus (V. en ce sens, Demolombe, t. 7, n° 422 ; Aubry et Rau, t. 1, § 107, p. 425, note 15 ; Laurent, t. 4, n° 502).

242. Le tuteur qui a été nommé à l'âge de soixante-cinq ans accomplis peut-il se faire décharger de la tutelle quand il parvient à l'âge de soixante-dix ans? On a admis la négative au *Rép.* n° 329, par ce motif que le tuteur ne peut plus invoquer une dispense légale à laquelle il a renoncé (V. en ce sens : Demolombe, t. 7, n° 423 ; Aubry et Rau, t. 1, § 107, p. 425, note 14). Cependant cette solution est toujours controversée. L'art. 433 c. civ., dit-on, accorde deux droits distincts à raison de l'âge : l'excuse à soixante-cinq ans, le droit de démission à soixante-dix, et il n'y a aucune raison pour refuser au tuteur ce dernier droit, sous prétexte qu'il ne se serait pas prévalu du premier (Laurent, t. 4, n° 503 ; Huc, t. 3, n° 343). Il n'est pas douteux, d'ailleurs, que le conseil de famille pourrait agréer la démission du tuteur, en pesant les circonstances qui l'empêcheraient de continuer ses fonctions.

243. L'excuse tirée de l'âge peut être invoquée par le tuteur légitime (V. *Rép.* n° 330, et *suprà*, n° 233).

244. — 3° *Les infirmités* (*Rép.* n°s 331 et 332). — V. les explications données au *Rép.* n°s 331 et suiv., sur l'art. 434 c. civ. (Comp. Aubry et Rau, t. 1, § 107, p. 425-7° ; Laurent, t. 4, n° 504 ; Baudry-Lacantinerie, t. 1, n° 1043).

245. — 4° *Deux tutelles* (*Rép.* n°s 333 à 335). — V. les explications du *Répertoire* sur l'art. 435 c. civ.

Une tutelle comprenant la gestion des biens de plusieurs enfants constitue-t-elle deux tutelles ? La négative est certaine quand ces enfants sont dans l'indivision (V. *Rép.* n° 333). Il faut l'admettre encore quand il y a eu partage, entre les frères et sœurs, des biens qui leur étaient échus en commun ; cette circonstance n'est pas de nature à aggraver considérablement la charge et les difficultés de la gestion tutélaire (Aubry et Rau, t. 1, § 107, p. 426, note 19 ; Laurent, t. 4, n° 505 ; Huc, t. 3, n° 345). Mais peut-on considérer qu'il y a deux tutelles quand l'un des enfants possède, outre sa part divise ou indivise dans la fortune commune, des biens considérables provenant d'une origine différente et devant, par suite, faire l'objet d'une gestion séparée? Oui, d'après MM. Aubry et Rau (*loc. cit.*). Toutefois, on fait observer qu'en ce cas, le conseil de famille n'est pas appelé à nommer plusieurs tuteurs : il n'en nomme qu'un seul; il n'y a donc pas deux tutelles (Laurent, t. 4, n° 505).

246. Une subrogée tutelle doit-elle être assimilée à une tutelle par rapport à l'excuse établie par l'art. 435 c. civ. ? Pour l'affirmative, on fait observer que l'art. 426 c. civ. déclare applicables à la subrogée tutelle tous les cas d'excuse, d'incapacité, d'exclusion ou de destitution admis pour la tutelle. Le texte de cet article et les observations du Tribunat, qui en demanda l'insertion, ne laissent aucun doute à cet égard. Il en résulte qu'une personne, déjà chargée de deux tutelles, peut, en vertu de l'art. 435, se faire excuser d'une subrogée tutelle aussi bien que d'une troisième tutelle. Si l'on n'admettait pas qu'une subrogée tutelle équivaut à une tutelle dans le sens de l'art. 435, il s'ensuivrait qu'une personne déjà chargée d'une tutelle et d'une subrogée tutelle ne pourrait pas refuser une seconde tutelle. On arriverait ainsi à ce résultat tout à fait contradictoire que la même personne pourrait être ou non chargée de deux tutelles et d'une subrogée tutelle suivant l'ordre dans lequel ces nominations seraient survenues (Aubry et Rau, t. 1, § 107, p. 426, note 20). Mais on répond que l'assimilation est impossible. L'excuse est fondée sur le soin que le tuteur est obligé de prendre de la personne et des biens du mineur, soin qui n'incombe pas au subrogé tuteur. En outre, l'application exacte de l'art. 426 c. civ. conduirait à admettre, non pas que deux tutelles dispensent d'accepter une subrogée tutelle, mais que deux subrogées tutelles dispensent d'en accepter une troisième. On peut dire, il est vrai, qu'à plus forte raison, deux tutelles dispensent d'une subrogée tutelle (Huc, t. 3, n° 345). Mais, suivant M. Laurent, t. 4, n° 505, on ne saurait admettre qu'une excuse légale puisse être fondée, non sur un texte de loi, mais sur un raisonnement d'analogie.

247. Comme on l'a dit au *Rép.* n° 335, celui qui est chargé de deux tutelles ne peut, s'il se marie ensuite et devient père, refuser la tutelle de ses propres enfants (Demolombe, t. 7, n° 434; Aubry et Rau, t. 1, § 107, p. 425, note 18 ; Laurent, t. 4, n° 506). Peut-il du moins se faire décharger de l'une des deux autres tutelles ? Non, suivant M. Demolombe, t. 7, n° 434. — V. cependant *Rép.* n° 335.

248. — 5° *Cinq enfants légitimes* (*Rép.* n°s 336 et 337). — Doit-on compter l'enfant conçu comme pouvant compléter le nombre de cinq enfants qui permet au père de s'excuser de la tutelle? On a exprimé au *Rép.* l'avis qu'il pourrait être compté. Mais cette solution n'est généralement pas admise. Les auteurs l'écartent en alléguant que l'enfant conçu n'est réputé né que lorsque son intérêt est en jeu (Demolombe, t. 7, n° 436, Aubry et Rau, t. 1, § 107, p. 427, note 22 ; Laurent, t. 4, n° 507 ; Baudry-Lacantinerie, t. 1, n° 1045). Mais on peut répondre qu'ici l'intérêt de l'enfant est bien indirectement en jeu; si le père est excusé, c'est afin qu'il puisse se consacrer tout entier à ses enfants.

249. — 6° *Le sexe* (*Rép.* n° 338). — En principe, les femmes sont incapables d'exercer la tutelle (V. *infrà*, n° 259). Il n'y a d'exception qu'en ce qui concerne la mère, qui est investie de la tutelle légale et qui peut être nommée, en certains cas, tutrice dative (V. *suprà*, n° 89), et les ascendantes, à qui le conseil de famille peut confier la tutelle dative (V. *infrà*, n° 259).

L'art. 394 c. civ. permet à la mère survivante de refuser la tutelle légale. L'ascendante choisie comme tutrice par le conseil de famille peut-elle invoquer cette disposition? V. pour la négative, *Rép.* n° 338. Mais l'affirmative prévaut dans la doctrine (Demolombe, t. 7, n° 433; Aubry et Rau, t. 1, § 107, p. 424, note 13 ; Baudry-Lacantinerie, t. 1, n° 1046).

250. — 7° *Excuse de la personne non parente ni alliée* (*Rép.* n°s 340 et 341). — Celui qui n'est ni parent, ni allié du mineur ne peut être forcé d'accepter la tutelle, quand il existe, dans la distance de 4 myriamètres, des parents ou alliés *en état de gérer la tutelle* (c. civ. art. 432). Comment faut-il interpréter cette disposition? On soutient, dans un premier système, que l'excuse du tuteur étranger choisi par le conseil de famille devra être admise par cela seul qu'il y aura sur les lieux un parent ou un allié qui ne se trouvera pas dans un des cas d'incapacité ou d'exclusion prévus par la loi. Une autre interprétation livrerait l'étranger à l'arbitraire de la famille (Demolombe, t. 7, n° 417). Mais il vaut mieux considérer que les expressions de l'art. 432 se réfèrent à l'incapacité de fait et non à l'incapacité de droit, celle-ci beaucoup moins fréquente que la première. On a voulu que le conseil de famille fût libre de choisir un étranger de préférence à un parent ou à un allié qui ne serait pas physiquement ou intellectuellement en état de gérer la tutelle. L'arbitraire du conseil de famille n'est, d'ailleurs, pas à craindre, puisque l'étranger choisi comme tuteur peut recourir au tribunal (Laurent, t. 4, n° 500; Huc, t. 3, n° 342).

De même, s'il y avait collusion entre les membres de la famille pour se décharger de la tutelle sur un parent éloigné, celui-ci pourrait, à raison de la fraude, obtenir l'annulation de la délibération qui l'aurait nommé, bien qu'en principe l'excuse établie par l'art. 432 au profit des étrangers ne puisse pas être invoquée par les parents ou alliés du mineur (*Rép.* n° 341 ; Laurent, t. 4, n° 501. V. aussi *suprà*, n° 178).

251. — 8° *Comment les excuses doivent être proposées et jugées* (*Rép.* n°s 342 à 345). — Les causes d'excuses n'étant établies que dans l'intérêt du tuteur, il en résulte que celui-ci doit les proposer. Il en résulte encore qu'il peut y renoncer, et, quand il y a renoncé, il ne lui est plus permis de s'en prévaloir. La renonciation, en cette matière comme en toute autre, peut être expresse ou tacite. Elle est tacite quand le tuteur fait un acte qui suppose nécessairement sa volonté d'accepter la tutelle, par exemple s'il convoque le conseil de famille pour délibérer sur la spécialisation de l'hypothèque légale. La renonciation résulterait encore d'une gestion prolongée de la tutelle, mais non pas d'un acte isolé de gestion, ni même de la gestion provisoire de la tutelle, car cette gestion provisoire est imposée au tuteur par l'art. 440 pendant le litige relatif aux excuses proposées par lui. C'est le conseil de famille qui statue. La délibération est susceptible de recours aux tribunaux (V. *Rép.* n° 342).

252. Aux termes de l'art. 438 c. civ., le tuteur doit proposer ses excuses sur-le-champ quand il est présent à la délibération qui lui défère la tutelle. — L'art. 438 est-il applicable au tuteur nommé quand il n'était pas présent en personne, mais était représenté par un mandataire à la délibération? Non, d'après l'opinion soutenue au *Rép.* n° 343 (V. dans le même sens : Demolombe, t. 7, n° 452; Aubry et Rau, t. 1, § 108, p. 427, note 2).

253. Si le tuteur nommé n'a pas assisté à la délibération, l'art. 439 c. civ. lui permet de convoquer le conseil de famille pour délibérer sur ses excuses; mais il doit faire cette convocation dans le délai de trois jours à partir de la notification qui lui a été faite de sa nomination (*Rép.* n° 343). — Le second alinéa de l'art. 439 augmentait ce délai d'un jour par 3 myriamètres de distance entre le domicile du tuteur et le lieu de l'ouverture de la tutelle. Cette disposition est modifiée par l'art. 4 de la loi du 3 mai 1862, relative aux délais en matière civile et commerciale; le délai est augmenté d'un jour par 5 myriamètres; les fractions de 4 myriamètres et au-dessus comptent pour un jour (Aubry et Rau, t. 1, § 108, p. 427, note 3).

Le délai ne courrait que du jour où le tuteur aurait eu connaissance effective de sa nomination, si la notification avait été faite, en son absence, à son domicile; car la déchéance prononcée par l'art. 439 c. civ. n'est pas une peine; elle repose sur une renonciation présumée, et cette renonciation suppose nécessairement que le tuteur a connu la nomination qu'il avait le droit de décliner (Aubry et Rau. t. 1, § 108, p. 428, note 4).

254. Les délais fixés à peine de déchéance par les art. 438 et 439 c. civ. concernent la tutelle dative et la subrogée tutelle, qui est toujours dative (Aubry et Rau, t. 1, § 108, p. 427, note 1). L'art. 439 s'étend-il par analogie à la tutelle légale et à la tutelle testamentaire, en ce sens que le tuteur devra convoquer le conseil de famille, pour faire valoir ses excuses, dans le délai de trois jours à partir de la connaissance effective qu'il aura de la délation de la tutelle, et ce, à peine de déchéance? L'affirmative est soutenue (Demolombe, t. 7, n° 454). Mais cette doctrine nous paraît devoir être rejetée. Les déchéances ne s'étendent pas d'un cas à un autre. On aboutirait d'ailleurs, en matière de tutelle légale, à des conséquences qu'il répugne d'admettre. Ainsi, le père ou le grand-père qui devient, par la mort de sa femme ou celle de son fils, le tuteur de ses enfants ou de ses petits-enfants serait, à peine de déchéance, obligé de convoquer le conseil de famille dans les trois jours qui suivraient cet événement. La loi n'établit un délai qu'en ce qui concerne les tuteurs datifs et les subrogés tuteurs. Elle n'en impose aucun, soit au tuteur légal, soit au tuteur testamentaire. Ceux-ci peuvent donc proposer les excuses qu'ils ont à faire valoir, tant qu'il n'y ont pas renoncé. Cependant, comme ils sont tenus de gérer provisoirement la tutelle (c. civ. art. 440) et qu'une gestion trop prolongée pourrait être considérée comme une renonciation tacite, ils ne devront pas tarder trop longtemps à convoquer le conseil de famille (Aubry et Rau, t. 1, § 107, p. 428, note 5; Demante, t. 2, n° 185 *bis*; Laurent, t. 4, n° 511; Baudry-Lacantinerie, t. 1, n° 1048; Huc, t. 3, n° 347).

Relativement aux causes d'excuse qui surviennent pendant le cours de la tutelle, il est nécessaire de laisser au tuteur et au subrogé tuteur une plus grande latitude pour se faire décharger de leurs fonctions. Lorsqu'il s'agit de l'excuse fondée sur les services publics, dans les cas prévus par les art. 427 à 429 c. civ., l'art. 431 fixe à un mois le délai dans lequel le tuteur doit convoquer le conseil de famille. Dans les autres cas, il n'y a pas de délai légal. Le conseil de famille appréciera donc si le temps plus ou moins long pendant lequel le tuteur aura gardé le silence et continué la gestion, est de nature à faire présumer de sa part une renonciation (Aubry et Rau, t. 1, § 108, p. 428; Laurent, t. 4, n° 511).

255. L'art. 440 c. civ. ne statue que sur le recours du tuteur dont les excuses ont été rejetées; mais la délibération du conseil de famille, qui prononce l'admission des excuses, est susceptible de recours, soit de la part des membres du conseil de famille, soit de la part des tiers dont les intérêts sont lésés, notamment de la personne qui a été appelée à la tutelle aux lieu et place du tuteur indûment excusé (c. proc. civ. art. 883; Aubry et Rau, t. 1, § 108, p. 428, note 6; Laurent, t. 4, n° 512. V. aussi *suprà*, n° 178). La cause est jugée par le tribunal sommairement et à charge d'appel (c. proc. civ. art. 884 et 889). Provisoirement et jusqu'à la fin du litige, le tuteur est tenu de gérer la tutelle (c. civ. art. 440).

ART. 2. — *Des causes d'incapacité, d'exclusion et de destitution de la tutelle* (*Rép.* nos 346 à 366).

§ 1er. — Des incapacités (*Rép.* nos 348 à 354).

256. — 1° *Les mineurs* (*Rép.* n° 349). — L'art. 442 c. civ. déclare incapables d'être tuteurs ou membres des conseils de famille, d'abord les mineurs, sans distinction entre les mineurs émancipés et les mineurs non émancipés, mais à l'exception du père et de la mère émancipés par le mariage. Le père ou la mère en état de minorité peut faire seul, comme tuteur, les actes qu'il pourrait faire pour son propre compte sans assistance du curateur. Quand aux actes que le mineur émancipé ne peut faire qu'avec l'assistance de son curateur, le père ou la mère ne peut les faire seul comme tuteur. Mais par qui doit-il être assisté? Par le subrogé tuteur des mineurs, répondent la plupart des auteurs (V. *Rép.* n° 349; Demolombe, t. 7, n° 465; Aubry et Rau, t. 1, § 99, p. 400, note 1). Par le curateur du tuteur, dit M. Laurent, t. 4, nos 375 et 514. C'est l'incapacité du tuteur mineur qu'il s'agit de couvrir. Le curateur de celui-ci a seul qualité à cet effet. Aucun texte ne confère cette attribution au subrogé tuteur des enfants. Elle n'est pas, d'ailleurs, dans la mission générale du subrogé tuteur, qui n'est pas d'assister le tuteur, mais de le surveiller et d'agir à sa place, en cas d'opposition d'intérêts (V. aussi en ce sens : Baudry-Lacantinerie, t. 1, n° 998).

257. — 2° *Les interdits* (*Rép.* n° 350). — Doit-on assimiler aux interdits, les aliénés non interdits? Oui, suivant MM. Aubry et Rau, t. 1, § 92, p. 374, note 6. L'assimilation, disent-ils, ne souffre aucune difficulté quant aux personnes qui ont été transférées dans un asile d'aliénés. Elle doit être admise également pour les personnes qui n'ont pas encore été placées dans un établissement de cette nature, toutes les fois que l'état d'aliénation ne peut pas être dénié en fait. D'après d'autres auteurs, il n'y a d'incapacité légale que relativement aux aliénés interdits. Seulement, on pourra toujours écarter l'aliéné de la tutelle. Il est, en effet, excusable pour cause d'infirmité grave à l'ouverture de la tutelle. D'ailleurs, s'il s'agit d'un tuteur datif, il peut être écarté comme n'étant pas, de fait, en état de gérer (V. *suprà*, n° 250), Si l'excuse n'est pas présentée, il pourra à tout moment de la tutelle être révoqué pour cause d'incapacité (Demolombe, t. 7, n° 269; Laurent, t. 4, n° 514. Ce dernier auteur cite en ce sens deux arrêts, l'un de la cour de Bruxelles, du 1er mars 1852, et l'autre de la cour de cassation de Belgique du 9 déc. 1852).

258. L'incapacité prononcée par la loi contre les interdits doit-elle être étendue aux individus pourvus d'un conseil judiciaire? L'affirmative est admise par MM. Aubry et Rau, t. 1, § 92, p. 374, note 7. Mais la négative, qui a été adoptée au *Rép.* n° 350, nous paraît encore devoir être préférée, par les mêmes motifs qui empêchent d'assimiler aux interdits les aliénés non interdits, et sous la réserve des moyens qui permettent d'écarter par voie d'exclusion ou de destitution, le faible d'esprit ou le prodigue (V. en ce sens : *Rép.*

nº 350; Demolombe, t. 7, nº 468; Laurent, t. 4, nº 514; Huc, t. 3, nº 350).

259. — 3º *Les femmes, autres que la mère et les ascendantes* (*Rép.* nº 351). — On a dit au *Rép.* que l'exception en faveur des ascendantes ne peut s'appliquer qu'aux ascendantes veuves, car, si l'ascendant existait, il serait tuteur légitime. Toutefois, le conseil de famille peut nommer une ascendante dans tous les cas où il y a lieu à tutelle dative, ce qui se présente dans diverses hypothèses, même quand il existe des ascendants (V. *suprà*, nº 105). Mais la mère n'est tutrice que quand elle est veuve; si elle se remarie, il appartient au conseil de famille de lui conserver ou de lui retirer la tutelle (V. *suprà*, nº 60).

Doit-on appliquer à l'ascendante qui a été nommée tutrice alors qu'elle était veuve, et qui se remarie, les dispositions applicables à la mère en pareil cas? Oui, suivant M. Demolombe t. 7, nº 472, car l'analogie est manifeste et les raisons de décider sont les mêmes. D'après une autre opinion, l'analogie n'existe pas. La mère est tutrice de droit. C'est le conseil de famille qui nomme l'ascendante. La loi n'apporte aucune restriction à son choix. Il peut nommer l'ascendante remariée. Il ne peut pas écarter, par le seul fait qu'elle se remarie, l'ascendante qu'il a nommée quand elle était veuve. Le second mari ne sera pas cotuteur. Il faudrait un texte exprès pour qu'il en fût autrement. Le conseil de famille devra seulement, ainsi que le subrogé tuteur, exercer une surveillance plus attentive sur la gestion au point de vue de la capacité et de la fidélité (Laurent, t. 4, nº 516).

260. — 4º *Procès avec le mineur* (*Rép.* nºs 352 à 354). — L'art. 442 c. civ. déclare incapables ceux qui ont, ou dont les père et mère ont, avec le mineur un procès dans lequel l'état de ce mineur, sa fortune ou une partie notable de ses biens sont compromis. Cette incapacité peut-elle être étendue par analogie à l'hypothèse où un semblable procès existerait entre le mineur et le conjoint ou l'enfant du tuteur, entre le père ou la mère du mineur et le tuteur? On s'est prononcé pour la négative au *Rép.* nº 353. C'est l'application du principe général qui s'oppose à toute interprétation extensive en matière d'incapacité. D'ailleurs, où s'arrêterait l'extension? Si l'on ne s'en tient pas au texte, on n'a aucune raison de n'appliquer l'incapacité qu'aux hypothèses qui viennent d'être indiquées; l'arbitraire du juge se substituera à la loi pour apprécier en toutes circonstances si l'opposition d'intérêts est assez grave pour déterminer l'incapacité (V. *Rép.* nº 353; Demolombe, t. 7, nºs 475 et suiv.; Laurent, t. 4, nº 513. V. en sens contraire, outre les auteurs cités au *Rép. ibid.*, Aubry et Rau, t. 1, § 104, p. 418, et § 92, p. 374, note 9).

§ 2. — Des causes d'exclusion et de destitution de la tutelle (*Rép.* nºs 355 et 366).

261. La première des causes d'exclusion ou de destitution établies par le code civil est la condamnation à une peine afflictive et infamante (c. civ. art. 443) (V. *Rép.* nº 355). Sont encore frappés d'exclusion ou de destitution, en vertu de l'art. 42 du c. pén., ceux qui ont été privés par un tribunal jugeant correctionnellement du droit d'être tuteur et de faire partie d'un conseil de famille. Dans les deux cas dont il s'agit, l'exclusion ou la destitution de la tutelle est encourue de plein droit, et par le seul effet des condamnations prononcées par le tribunal de répression. Le conseil de famille n'a donc pas à intervenir. Toutefois, comme on l'a dit au *Rép.* nº 355, le père ou la mère frappés d'interdiction légale peuvent être admis, sur l'avis conforme du conseil de famille, à gérer la tutelle de leurs propres enfants, quand l'interdiction a cessé par l'expiration de la peine ou par l'effet de la grâce (c. pén. art. 34-4º); et la même faveur doit être étendue à l'aïeul relativement à la tutelle de ses petits-enfants.

De même, ceux qui ont été privés par un tribunal jugeant correctionnellement du droit d'être tuteurs peuvent être maintenus, sur l'avis conforme du conseil de famille, dans la tutelle de leurs propres enfants, et cela même pendant la durée de la peine principale (c. pén. art. 42) (V. en ce sens: Aubry et Rau, t. 1er, § 104, p. 419, note 7). Cependant l'art. 335 c. pén. excepte de cette faveur les condamnés pour délit d'encouragement de mineurs à la débauche. Ici l'interdiction de la tutelle n'est pas facultative pour le juge correctionnel: elle est attachée par la loi comme peine accessoire à la condamnation; elle est, en outre, absolue: c'est l'interdiction de toute tutelle ou curatelle et de toute participation aux conseils de famille; enfin cette interdiction est temporaire et peut varier de deux à cinq ans, et de dix à vingt ans, si le délit a été commis par le père ou la mère du mineur. Dans le même cas, l'art. 335 c. pén. permet au tribunal de prononcer la déchéance de la puissance paternelle.

262. A la disposition particulière de l'art. 335 c. pén. la loi du 24 juill. 1889 sur la protection des enfants maltraités ou moralement abandonnés (D. P. 90. 4. 15) a substitué un ensemble de dispositions qui établissent, en matière de tutelle, de nouvelles causes d'exclusion ou de destitution. L'art. 1er de cette loi prononce la déchéance de la puissance paternelle de plein droit contre les individus condamnés pour délit de proxénétisme à l'égard de leurs propres enfants, pour crime commis sur leurs enfants, pour complicité de crime commis par leurs enfants, et contre les individus condamnés deux fois pour délit sur la personne de leurs enfants, ou condamnés deux fois pour délit d'excitation habituelle de mineurs à la débauche. — L'art. 2 permet aux tribunaux de prononcer la déchéance de la puissance paternelle contre les père et mère, à raison des condamnations, des faits d'inconduite ou de défaut de surveillance sur leurs enfants qui sont spécifiés audit article (V. *infrà*, vº *Puissance paternelle*). L'art. 8 de la loi est ainsi conçu: « Tout individu déchu de la puissance paternelle est incapable d'être tuteur, subrogé tuteur, curateur ou membre du conseil de famille ». En ce cas encore, l'exclusion ou la destitution a lieu de plein droit; elle est une conséquence de la déchéance de la puissance paternelle, que cette déchéance soit elle-même encourue de plein droit ou qu'elle ait été prononcée par les tribunaux. L'incapacité d'être tuteur, établie par l'art. 8 de la loi du 24 juill. 1889, cesse avec la cause qui l'a produite, quand le père ou la mère, frappé de déchéance, est restitué dans la puissance paternelle après avoir obtenu sa réhabilitation (art. 15).

263. A ces causes d'exclusion ou de destitution, il faut encore ajouter celle qui résulte virtuellement, mais nécessairement, de l'art. 445 c. civ. Cet article écarte du conseil de famille ceux qui ont été exclus ou destitués d'une tutelle. Ceux-là doivent, à plus forte raison, être exclus ou destitués de la tutelle. C'est encore un cas d'exclusion ou de destitution de plein droit, car elle est encourue par le seul effet de l'exclusion ou de la destitution antérieure (Aubry et Rau, t. 1, § 104, p. 419, note 8; Huc, t. 3, nº 355).

264. A la différence des hypothèses que l'on vient d'examiner, l'exclusion ou la destitution pour les deux causes prévues par l'art. 444 c. civ. doit être prononcée par le conseil de famille. Ces deux causes sont: 1º l'inconduite notoire; 2º l'incapacité ou l'infidélité dans la gestion.

On a examiné au *Rép.* nº 356 ce qu'il faut entendre par *l'inconduite notoire*. Il est admis que les faits d'inconduite peuvent être établis par la preuve testimoniale. Mais cette preuve ne peut être autorisée que lorsqu'on allègue une inconduite *notoire*, et non pour permettre des investigations sur des fautes secrètes ou sur une irrégularité de conduite dépourvue de toute notoriété. C'est l'enquête qui ferait le scandale en pareil cas, et qui produirait pour le tuteur la diminution de considération dont la loi redoute les effets pour le pupille. Ces motifs ont fait écarter la preuve qui résulterait d'une correspondance confidentielle, car la justice ne doit pas encourager des indiscrétions préjudiciables au repos des familles (V. *Rép.* nºs 356 et suiv.; Demolombe, t. 7, nº 486; Aubry et Rau, t. 1, § 104, p. 419, note 10; Laurent, t. 4, nº 523. V. aussi *Rép.*, vº *Lettre missive*, nºs 17 et suiv., et *suprà*, eod. vº, nºs 58 et suiv.).

265. Ainsi qu'on l'a constaté au *Rép.* nº 357, le père et la mère peuvent être, comme tout autre tuteur, exclus ou destitués pour cause d'inconduite notoire, car l'art. 444 c. civ. ne fait aucune distinction à cet égard entre le tuteur légal et le tuteur datif. La jurisprudence s'est affirmée de nouveau dans ce sens; mais c'est surtout vis-à-vis du père ou de la mère investis de la tutelle légale que le juge doit faire un usage discret de son pouvoir d'appréciation sur les faits constitutifs de l'inconduite notoire et sur la preuve de ces faits. — Il a été jugé que la mère, tutrice légale de ses enfants mineurs, est destituable pour cause d'inconduite notoire, et que les faits constitutifs de l'inconduite notoire sont souverainement appréciés par les juges du fond ; qu'ainsi il peut être déclaré qu'il y a inconduite notoire, dans le sens de l'art. 444 c. civ., de la part de la mère tutrice qui, après s'être soumise volontairement à la domination d'un homme placé sous la main de la justice, a contracté avec lui, en pays étranger, un mariage radicalement nul, faute d'observation des prescriptions de la loi française, a soustrait ses enfants à l'affection de toute sa famille, a annoncé sa volonté de les en tenir constamment éloignés et a ainsi commis un ensemble d'actes attestant de sa part, sinon un état de démence, du moins un scandale déplorable, dont ses enfants ne doivent pas rester exposés à devenir victimes (Req. 15 mars 1864, aff. Dame X..., D. P. 64. 1. 301). Mais il a été jugé : 1° qu'une faute isolée, suivie de repentir et atténuée autant que possible, ne peut motiver contre la mère tutrice une demande en destitution de la tutelle pour inconduite notoire, alors surtout que cette faute n'a été connue que par les divulgations du demandeur lui-même et au moyen de la violation de lettres confidentielles (Rouen, 24 janv. 1859, aff. de Malherbe, D. P. 60. 2. 24) ; — 2° Que les craintes que peuvent suggérer des faits hautement répréhensibles ne sont pas une cause d'exclusion ou de destitution de la tutelle, quand les faits dont il s'agit se reportent à une époque fort éloignée de l'ouverture de la tutelle et ne se sont plus répétés depuis (Gand, 18 déc. 1880) (1).

266. On a dit au *Rép.* n° 357 que l'exclusion ou la destitution de la tutelle pour inconduite notoire ne porte pas atteinte au droit de jouissance légale des père et mère (V. aussi *Rép.*, v° *Puissance paternelle*, n° 98). Les père et mère conservent dans tous les cas, nonobstant la destitution de la tutelle pour quelque cause que ce soit, certains droits inhérents à la puissance paternelle, comme celui de donner leur consentement au mariage ou à l'adoption de leurs enfants, et celui de les émanciper. Le père et la mère ne peuvent être privés de ces droits qu'en vertu d'une disposition expresse de la loi (V. *infrà*, n° 303). Ainsi, il a été jugé que, bien qu'elle ait été destituée de la tutelle, la mère a toujours le droit d'émanciper ses enfants (Caen, 4 déc. 1867) (2). Cependant l'émancipation peut être annulée par les tribunaux quand il est manifeste que la mère n'a pris cette mesure que pour échapper aux conséquences de la destitution prononcée contre elle et qu'elle n'a pas agi dans l'intérêt de ses enfants (Même arrêt).

267. En est-il de même des droits de garde et d'éducation des enfants? Ces droits, qui sont attachés à la puissance paternelle sont indépendants, pour le père et la mère, des fonctions de tuteur. Le père et la mère ne sont donc pas privés de ces droits par le seul fait de la destitution de la tutelle (V. note sous Req. 5 mars 1855, aff. Abry, D. P. 55, 1. 341. V. aussi *Rép.*, v° *Puissance paternelle*, n°s 73 et suiv.).

Cependant ces droits s'exercent nécessairement sous le contrôle des tribunaux, la bonne éducation des enfants intéressant l'ordre public et l'Etat. Les juges, en prononçant sur la destitution comme tuteur du père ou de la mère, ont donc le pouvoir d'examiner, d'après les circonstances, si les causes qui ont amené la destitution ne doivent pas aussi faire

---

(1) (Rysman *C.* Blauwe.) — LA COUR ; — Vu le jugement dont appel des 7 août et 6 septembre derniers, homologuant une délibération du conseil de famille, en date du 8 juill. 1880, qui prononce la destitution de l'appelant comme tuteur de son enfant mineur, pour cause d'inconduite notoire ; — Attendu que les faits qui ont servi de base à la décision du conseil de famille remontent à une époque déjà éloignée de l'ouverture de la tutelle ; que, notamment, l'imputation principale, qui aurait eu pour résultat la maladie grave de la femme de l'appelant, maladie à laquelle elle aurait succombé, date du commencement de févr. 1878, alors que la tutelle ne s'est ouverte que le 16 juin 1880 ; — Attendu que les agissements du tuteur, pour compromettre l'éducation du mineur ou l'administration de ses biens, doivent se produire au moment où cette gestion s'exerce ou, tout au moins, à une époque très rapprochée de l'ouverture de la tutelle ; qu'il ne suffit pas, pour justifier la destitution du tuteur, des craintes que pourraient suggérer certains faits hautement répréhensibles qui se sont manifestés dans un temps donné et qui ne se sont plus répétés depuis, ni même plus d'un an avant l'ouverture de la tutelle ; — Attendu que si, en 1878 et 1879, l'appelant a contracté quelques dettes, elles doivent être attribuées à un concours de circonstances dont le retour n'est plus guère probable ; — Attendu, au surplus, qu'il résulte de l'avis de trois membres du conseil de famille que, depuis la rentrée de l'appelant chez son père, c'est-à-dire depuis un an et demi, sa conduite ne laisse plus rien à désirer ; que, partant, il n'existe pour le moment aucune raison de priver l'appelant de la tutelle de son enfant ; — Par ces motifs ; — Met le jugement à néant, dit qu'il n'y a pas lieu à homologation de la délibération du conseil de famille qui a destitué l'appelant de la tutelle de son enfant mineur.

Du 18 déc. 1880.-C. de Gand, 1re ch.-M. Grand-Jean, 1er pr.-Goddyn, av. gén., c. conf.-Mechelynck et Dauge, av.

(2) (Veuve Cordhomme *C.* Biard.) — Le 20 juin 1867, jugement du tribunal civil de Valognes ainsi conçu : « Le tribunal ; — Attendu que la veuve Cordhomme, au précédent veuve Fourmy, demande l'annulation de la délibération du conseil de famille de sa fille mineure, prise devant le juge de paix du canton de Sainte-Mère-Eglise, le 26 mars dernier, et par laquelle le sieur Biard a été nommé tuteur de ladite mineure ; que cette prétention se fonde sur ce que : 1° le jugement du 25 juill. 1866, qui la destitue de la tutelle, est frappé de péremption faute d'exécution dans le délai légal ; 2° que la destitution n'enlève pas à la mère le droit d'émanciper ses enfants ; qu'enfin il n'y a plus de tutelle en présence de l'émancipation conférée et tant que cette émancipation ne sera pas annulée par le tribunal compétent ; — Attendu, sur le premier moyen, que le jugement du 25 juillet, dont il s'agit, a été rendu par défaut contre la veuve Cordhomme, faute par elle d'avoir constitué avoué, qu'il lui a été signifié à personne et à domicile le 24 septembre, et que, le 28 novembre suivant, le conseil de famille, régulièrement convoqué devant le juge de paix, a procédé, en exécution dudit jugement, à la nomination d'un tuteur, en remplacement de la tutrice destituée ; — Attendu qu'en la matière, nul mode d'exécution n'est plus positif que la nomination d'un nouveau tuteur ; que la demanderesse l'a si bien compris elle-même qu'elle a protesté contre la décision du conseil de famille dans la réunion où elle s'était rendue ; que cette protestation aurait pu valoir opposition, mais à la condition d'être renouvelée avec constitution d'avoué, dans le délai imparti par la loi ; que, dès lors, le jugement dont il s'agit, ayant été exécuté dans le délai de six mois, et sans avoir été frappé d'opposition, a acquis l'autorité de la chose jugée et que la demanderesse a été et reste dûment destituée de la tutelle qu'elle exerçait sur sa fille mineure ; — Attendu, sur le second moyen, qu'il est hors de doute que la mère tutrice conserve, même après destitution, le droit d'émanciper ses enfants ; mais que ce droit, comme tous ceux qui concernent les mineurs, a exclusivement pour base et pour limite l'intérêt de ces mêmes mineurs ; que la loi a voulu les protéger contre les dangers auxquels les exposent leur faiblesse et leur inexpérience, et que, si elle a délégué cette mission aux personnes que leur qualité de parents devait faire considérer comme les plus propres à la remplir, elle s'est en même temps réservé la faculté d'en surveiller l'accomplissement strict et loyal, en plaçant l'autorité de la justice à côté et, dans certains cas, au-dessus de l'autorité paternelle ; — Attendu que si l'émancipation n'a pas pour résultat évident le seul intérêt du mineur, elle devient donc une fraude à la loi, fraude qui doit nécessairement être réprimée ; qu'il est constant que la destitution de la veuve Cordhomme a été motivée par sa complète incapacité d'administrer la personne et les biens de sa fille et par une immoralité qui s'est révélée par des faits aussi notoires que scandaleux ; — Que la signification du jugement homologuant la délibération qui prononçait cette destitution a eu lieu le 24 sept. 1866 ; que la mineure atteignait sa quinzième année le 10 du mois suivant, et que c'est quelques jours après, le 19, qu'elle s'est empressée de l'émanciper ; — Attendu qu'il est démontré, tant par ces circonstances que par tous les documents et renseignements fournis au tribunal, que cette mesure n'était pour la mère qu'un moyen de rendre illusoires la délibération du 16 juin et le jugement du 25 juillet, et de ressaisir, non seulement sa pernicieuse influence sur une enfant qui, grâce à elle, a été privée de l'éducation la plus élémentaire et ne peut qu'être corrompue par de déplorables exemples, mais aussi et surtout la disposition réelle de revenus relativement importants, dont elle avait perdu la jouissance légale, par suite des secondes noces ; que, dans une telle situation, l'intention frauduleuse de la mère est manifeste, et rend nul l'acte d'émancipation qui en est la conséquence ; — Déclare nul et de nul effet l'acte d'émancipation du 19 octobre dernier ».

Appel par la veuve Cordhomme.

LA COUR ; — Adoptant les motifs des premiers juges ; — Confirme, etc.

Du 4 déc. 1867.-C. Caen, 1re ch.-MM. Ed. Ollivier, 1er pr.-Boivin-Champeaux, 1er av. gén.-Trodlet et Carrel, av.

considérer le père ou la mère destitué comme indigne de conserver l'exercice du droit d'éducation (Demolombe, t. 6, nos 365 et suiv. ; Massé et Vergé sur Zachariæ, t. 2, § 207, note 17. V. aussi *infrà*, n° 303, et v° *Puissance paternelle; Rép.* nos 394 et suiv., et v° *Puissance paternelle*, nos 65 et suiv.). — Il a été jugé en ce sens : 1° que le droit de surveillance ou d'éducation de l'enfant n'est pas essentiellement attaché à la puissance paternelle et peut, par suite, être enlevé à la mère destituée de la tutelle pour inconduite notoire (Req. 3 mars 1856, aff. Wey, D. P. 56. 1. 290); — 2° Que le père et la mère, destitués de la tutelle légale de leurs enfants, peuvent être privés, notamment quand la destitution a été prononcée pour cause d'inconduite notoire, de la garde de ces enfants et de la surveillance de leur éducation (Req. 15 mars 1864, aff. Dame X..., D. P. 64. 1. 301).

268. Ces principes restent applicables sous l'empire de l'art. 2-6° de la loi du 24 juill. 1889, qui permet aux tribunaux de déclarer déchus de la puissance paternelle, « en dehors de toute condamnation, les père et mère qui, par leur ivrognerie habituelle, leur inconduite notoire et scandaleuse ou par mauvais traitements, compromettent soit la santé, soit la sécurité, soit la moralité de leurs enfants » (V. *infrà*, v° *Puissance paternelle*). En effet, si la déchéance de la puissance paternelle, quand elle est prononcée avant toute exclusion ou destitution, entraîne, comme on l'a vu *suprà*, n° 262, l'incapacité d'être tuteur, les effets de l'exclusion ou de la destitution prononcée par le conseil de famille ne sont en rien modifiés par la nouvelle loi. L'exclusion ou la destitution, aujourd'hui comme par le passé, ne portent aucune atteinte aux droits attachés à la puissance paternelle. Seulement, les faits d'inconduite notoire qui auront motivé la mesure prise par le conseil de famille pourront autoriser les tribunaux à prononcer la déchéance de la puissance paternelle, si ces faits présentent un caractère de gravité suffisant. Mais les tribunaux pourraient encore, depuis la loi du 24 juill. 1889 comme par le passé, enlever, au père ou à la mère, la garde et l'éducation de l'enfant, sans toutefois prononcer la déchéance de la puissance paternelle.

269. L'art. 444 c. civ. exclut en outre « ceux dont la gestion attesterait l'incapacité ou l'infidélité » (*Rép.* n° 361). Il a été jugé qu'un tuteur peut être destitué pour incapacité, conformément à l'art. 444 c. civ., sans qu'il soit besoin que les juges, en prononçant sa destitution, relèvent des actes de gestion qui attesteraient son incapacité : la déclaration, par exemple, que ce tuteur n'a pas le degré d'intelligence nécessaire pour administrer les biens du pupille et surtout pour prendre de sa personne les soins qu'exigent son âge et sa condition, satisfait pleinement aux exigences de l'art. 444 (Req. 18 mars 1861, aff. Régnier, D. P. 61. 1. 432).

270. On a combattu au *Rép.* n° 362 l'opinion de M. Demolombe, t. 7, nos 491 et suiv., d'après laquelle le mot *gestion* est employé, dans l'art. 444 c. civ., dans le sens le plus général et, de telle sorte qu'on devrait considérer comme devant être exclu celui qui se serait montré infidèle ou incapable dans la gestion d'une administration quelconque. D'après la doctrine soutenue *ibid.*, la loi n'a entendu parler que de la gestion même de la tutelle (Comp. Laurent, t. 4, nos 524 et suiv.). Mais cette interprétation n'a pas prévalu. Il a été jugé : 1° que les faits de gestion qui peuvent, aux termes de l'art. 444 c. civ., motiver la destitution du tuteur pour cause d'incapacité, ne sont pas seulement ceux qui ont trait à l'administration des biens du pupille, mais aussi tous ceux qui sont de nature à établir qu'il n'offre pas de garanties suffisantes d'aptitude, et qu'il y a péril à laisser entre ses mains le patrimoine du mineur; que, par suite, peut être destitué de la tutelle le tuteur qui a été déclaré en faillite sans avoir pu obtenir un concordat, et qui, en outre, a dissipé la fortune de sa première femme, compromis celle de la seconde, et touché pour son pupille des sommes importantes dont il ne peut justifier l'emploi, qui enfin a manifesté son incapacité dans les spéculations commerciales et industrielles auxquelles il s'est livré (Besançon, 31 août 1870, aff. Roblin, D. P. 71. 2. 50); — 2° Que l'incapacité qui est une cause de destitution de la tutelle s'entend aussi bien de celle dont le tuteur a fait preuve dans la gestion de sa propre fortune, et qui l'a conduit, par exemple, à une mise en faillite, que de celle qui pourrait lui être reprochée dans la gestion des biens du pupille (Aix, 7 janv. 1868. aff. Guitton-Talamel, D. P. 71. 2. 129. V. dans le même sens Huc, t. 3, n° 354).

271. Les deux arrêts cités *suprà* n° 270, celui de la cour de Besançon du 31 août 1870 et celui de la cour d'Aix du 7 janv. 1868, confirment ce que l'on a dit au *Rép.* n° 358 et v° *Faillite*, n° 172, que la faillite n'entraîne pas de plein droit et par elle-même l'exclusion et la destitution de la tutelle. Il n'est pas permis de créer une cause de déchéance en dehors des termes de la loi. Aussi les deux arrêts dont il s'agit ne relèvent-ils la déclaration de faillite que comme un indice de l'incapacité du tuteur et concurremment avec toutes les autres circonstances qui, en dehors de la déclaration de faillite, témoignent de l'incapacité du tuteur et justifient suffisamment sa destitution (V. en ce sens : Demolombe, t. 7, nos 468 et 492 ; Aubry et Rau, t. 1, § 104, p. 419 ; Demangeat sur Bravard-Veyrières, *Traité de droit commercial*, t. 5, p. 70, note 3).

272. Les causes d'exclusion ou de destitution que l'art. 444 c. civ. prévoit sont applicables sans distinction entre les diverses tutelles. On a déjà dit *suprà*, n° 265, que le tuteur légal peut être destitué pour cause d'inconduite notoire ; il peut l'être également pour cause d'incapacité. C'est là toutefois une mesure exceptionnellement grave qui ne doit être prononcée, à l'égard du père, de la mère ou de l'ascendant, investi de la tutelle, qu'avec une extrême circonspection (V. en ce sens : Aix, 7 janv. 1868, aff. Guitton-Talamel, D. P. 71. 2. 129; Trib. Lyon, 19 juin 1869, aff. Grandjean-Fouchy, D. P. 70. 3. 104 ; Besançon, 31 août 1870, aff. Roblin, D. P. 71. 2. 50 ; Bordeaux, 25 mars 1873, aff. de Lascazes, D. P. 75. 2. 8).

273. La pauvreté, l'insolvabilité même ne sont pas une cause d'exclusion de la tutelle (*Rép.* nos 358 et suiv.). En matière de tutelle dative, cette situation pourrait sans doute écarter le choix du conseil de famille. Mais, en matière de tutelle légale, la pauvreté du père ou de la mère ne peut absolument pas motiver leur destitution. En ce sens, il a été jugé que l'insolvabilité, même absolue et dûment constatée du père tuteur légal, ne saurait autoriser à le dépouiller de la tutelle, si son honorabilité est d'ailleurs pleinement reconnue ; que, toutefois, il appartient, en ce cas, au conseil de famille et aux tribunaux de prescrire les mesures les plus propres à sauvegarder les intérêts des mineurs, comme l'emploi de leurs capitaux ou le remploi du prix de leurs immeubles (Bordeaux, 25 mars 1873, aff. de Lascazes, D. P. 75. 2. 8). Un arrêt de la cour de Limoges du 28 févr. 1846 (D. P. 46. 2. 153) autorise, en pareil cas, les mêmes mesures de précaution (V. *infrà*, n° 312).

274. Le père destitué ou démissionnaire peut-il être réintégré dans la tutelle ? V. *Rép.* nos 365 et suiv. — L'affirmative ne paraît pas douteuse en ce qui concerne le père destitué de plein droit par suite de sa déchéance de la puissance paternelle, quand cette puissance lui est ultérieurement restituée en vertu de l'art. 15 de la loi du 24 juill. 1889 (V. *suprà*, n° 262).

Art. 3. — *Des causes d'excuse, d'incapacité et d'exclusion, quant à la composition des conseils de famille* (*Rép.* nos 367 à 375).

275. — I. Causes d'excuse. — Les membres du conseil de famille sont obligés, par l'art. 413 c. civ., de comparaître sous peine d'amende, à moins qu'ils n'aient une excuse légitime. La loi ne définit pas les excuses. Les membres du conseil de famille sont-ils excusables pour les causes qui dispensent de la tutelle? Non pas nécessairement. Ici l'excuse, dont la légitimité est laissée à l'appréciation du juge de paix, est un empêchement de fait qui ne permet pas à la personne convoquée d'assister à l'assemblée. A ce titre, certaines des causes qui dispensent de la tutelle peuvent constituer, selon les circonstances, un empêchement légitime : par exemple, une infirmité. Mais il n'en est pas de même du nombre d'enfants, des tutelles dont on est déjà chargé, des fonctions publiques dont on est investi : elles peuvent excuser des charges permanentes et lourdes d'une tutelle ; elles ne dispensent pas de l'assistance aux rares délibérations d'un conseil de famille (Laurent, t. 4, n° 637. V. *suprà*, n° 147, et *Rép.* nos 220 et suiv.).

276. — II. INCAPACITÉS. — Les causes d'incapacité de la tutelle sont aussi les causes qui rendent incapables de faire partie d'un conseil de famille. C'est ce qui résulte de l'art 442 c. civ. (V. *Rép.* n° 367, et *suprà*, n°s 126 et suiv.).

277. Il importe de s'attacher très exactement aux prescriptions de l'art. 442 c. civ., car l'introduction d'une personne incapable parmi les membres du conseil de famille vicierait la délibération et en entraînerait la nullité. Ici ne s'applique pas le pouvoir que la jurisprudence reconnaît aux tribunaux de maintenir ou d'annuler les délibérations d'un conseil de famille pour la composition duquel on n'a pas observé les prescriptions légales sur le choix des parents et des amis, selon que les intérêts du mineur ont été suffisamment ou non sauvegardés. On doit considérer que l'assemblée de famille n'a pas été constituée par le seul fait qu'on y a appelé un incapable (V. *suprà*, n° 117. — *Contrà :* Laurent, t. 4, n° 543).

278. L'art. 442 ne désigne pas les étrangers parmi les incapables. On a indiqué au *Rép.* n° 321, et *suprà*, n° 234, les motifs qui semblent écarter les étrangers du conseil de famille, comme de la tutelle et de la subrogée tutelle. Mais, comme on l'a vu *ibid.*, la cour de cassation, par son arrêt du 16 févr. 1875 (D. P. 76. 1. 49), a reconnu l'aptitude des étrangers à la tutelle. Par suite de cette jurisprudence nouvelle, les étrangers, aptes à devenir tuteurs ou subrogés tuteurs, pourront, à plus forte raison, être membres d'un conseil de famille. Il a été jugé, en ce sens, que l'étranger, parent d'un mineur français, peut faire partie du conseil de famille de ce mineur (Trib. Briey, 24 janv. 1878, aff. Cyrille Bouchy, D. P. 79. 3. 40; Paris, 21 août 1879, aff. Baucheron, D. P. 82. 5. 416).

279. L'art. 442 c. civ. exclut, en premier lieu, des conseils de famille, les mineurs, le père et la mère exceptés. Le mineur, qui ne peut pas délibérer en son nom propre et pour sa voix personnelle, ne peut pas davantage figurer dans le conseil de famille comme mandataire d'un parent capable (*Rép.* n° 369). De même les femmes, autres que la mère et les ascendantes, ne peuvent pas faire partie du conseil de famille, en qualité de mandataires (c. civ. art. 442-3° ; Laurent, t. 4, n° 538).

280. L'aliéné non interdit est-il incapable de faire partie du conseil de famille quand il a été transféré dans un asile d'aliénés, et même quand il n'a pas été placé dans un établissement de cette nature? V. *suprà*, n° 237.

281. L'art. 442-4° c. civ. exclut du conseil de famille tous ceux qui ont, ou dont les père et mère ont, avec le mineur un procès dans lequel l'état de ce mineur, sa fortune ou une partie notable de ses biens sont compromis. On a examiné au *Rép.* n°s 352 et suiv., et *suprà*, n° 260, si le cas d'exclusion dont il s'agit doit être strictement limité aux conditions déterminées par la loi. Contrairement à l'opinion de plusieurs auteurs, on a décidé que les termes de cet article ne sont susceptibles d'aucune extension. — Il a été jugé qu'un débiteur du mineur qui n'a jamais contesté sa dette, qui offre des garanties suffisantes de solvabilité et qui ne détient aucune valeur appartenant au mineur, peut figurer au conseil de famille et servir de subrogé tuteur (Paris, 10 juill. 1874, aff. Veuve D..., D. P. 76. 2. 188.)

282. On a aussi examiné au *Rép.* n° 368, si les personnes qui peuvent être considérées comme ayant un intérêt personnel dans une question soumise à la délibération du conseil de famille sont capables de faire partie du conseil. L'art. 442 c. civ. ne rangeant pas ces personnes parmi les incapables, nous avons décidé qu'elles peuvent bien être récusées avant la délibération qui les intéresse; mais que, si aucune récusation préalable n'a été exercée, leur participation à la délibération n'emporte pas nullité de celle-ci, comme le ferait, par exemple, la présence, au conseil de famille, d'un individu frappé d'interdiction. En pareil cas, la délibération pourra être attaquée et le tribunal devra la maintenir ou non, suivant que le mineur aura ou non souffert un préjudice (V. en ce sens, Laurent, t. 4, n° 539).

Mais il a été jugé que les individus ayant des intérêts opposés à ceux du mineur ou de l'interdit relativement à un objet soumis à la délibération de son conseil de famille, doivent, du moins, pour cette délibération particulière, être rangés au nombre de ceux qui, aux termes de l'art. 442 c. civ., ne peuvent faire partie de ce conseil; qu'on dirait à tort qu'ils sont seulement dans un cas de récusation et que, par suite, s'ils n'ont pas été récusés avant la délibération, la nullité de cette délibération ne peut plus être demandée (Caen, 29 déc. 1855, aff. Angée, D. P. 56. 2. 291).

283. Sauf le cas d'opposition d'intérêts entre le mineur et les personnes appelées à délibérer en qualité de membres du conseil de famille, on est d'accord pour reconnaître qu'il n'est pas permis de créer par analogie des causes d'incapacité en dehors de celles expressément établies par l'art. 442 c. civ. Ainsi, il n'existe, en principe, aucune incompatibilité entre les fonctions de tuteur ou de subrogé tuteur et celles de membre du conseil de famille. Le tuteur et le subrogé tuteur peuvent et doivent être appelés au conseil, à moins que leurs intérêts personnels ne se trouvent engagés dans la délibération (Demolombe, t. 7, n° 519; Aubry et Rau, t. 1, § 92, p. 375 ; Laurent, t. 4, n° 540), et sauf les cas où la loi défend expressément au tuteur de prendre part à la délibération : par exemple, lorsque le conseil de famille est réuni pour nommer le subrogé tuteur (c. civ. 423) ou pour prononcer sur sa destitution (c. civ. art. 426, § 2.) On a vu *suprà*, n° 199 que ces dispositions n'excluent pas par analogie le subrogé tuteur du vote sur la nomination d'un subrogé tuteur *ad hoc*. Ainsi encore le parent qui provoque la destitution du tuteur peut faire partie du conseil de famille et délibérer sur la destitution (V. *Rép.* n° 372).

De même, quand une délibération du conseil de famille est annulée, aucune disposition légale ne permet d'écarter les membres qui ont concouru à cette délibération, de l'assemblée que le juge de paix doit former pour prendre une nouvelle résolution sur le même objet (Demolombe, t. 7, n° 517; Aubry et Rau, t. 1, § 92, p. 376). Cependant, si le conseil de famille persistait à porter son choix sur le tuteur, le subrogé tuteur ou le curateur dont la nomination a été annulée par le tribunal, et si le tribunal annulait à nouveau cette nomination, le juge de paix devrait faire usage du pouvoir discrétionnaire qui lui appartient pour composer le conseil de famille en dehors des membres récalcitrants (V. *suprà*, n° 160).

284. — III. CAUSES D'EXCLUSION. — Les causes d'exclusion de la tutelle sont, pour la plupart, des causes d'exclusion du conseil de famille. Telles sont la condamnation à une peine afflictive et infamante (c. civ. art. 443 ; c. pén., art. 34-4°); la privation du droit d'être tuteur et de faire partie du conseil de famille prononcée par un tribunal jugeant correctionnellement (c. pén., art. 42-6°), sauf toutefois, dans les deux cas, le droit pour les condamnés de faire partie du conseil de famille de leurs propres enfants (V. *suprà*, n° 261); enfin la déchéance de la puissance paternelle encourue de plein droit ou prononcée judiciairement (L. 24 juill. 1889, art. 1 et 2. V. *suprà*, n° 262).

285. L'art. 445 c. civ. exclut encore du conseil de famille ceux qui ont été exclus ou destitués d'une tutelle pour inconduite notoire, pour incapacité ou pour infidélité dans la gestion. Mais s'il n'y a pas eu exclusion ou destitution prononcée par un conseil de famille, la personne appelée à faire partie du conseil ne peut pas en être exclue pour sa prétendue inconduite notoire, son incapacité ou son infidélité dans la gestion. En ce qui concerne ces deux dernières causes, la question ne peut même pas se poser dans l'opinion de ceux qui décident que l'art. 444 c. civ., n'exclut des fonctions de tuteur que ceux qui se sont montrés incapables ou infidèles dans la gestion d'une tutelle (V. *suprà*, n° 270). D'ailleurs, l'art. 444 c. civ. n'attache à l'inconduite notoire, à l'incapacité ou à l'infidélité, que la peine d'exclusion de la tutelle. Donc il ne prononce pas, en outre, l'exclusion du conseil de famille. La raison de cette distinction est manifeste : l'intérêt du mineur, fort engagé à ce que le tuteur ne soit pas d'une inconduite notoire, passe au second plan quand il s'agit de faire une enquête sur la vie privée des citoyens dans le seul but de les empêcher de délibérer dans un conseil de famille. En fait, l'intérêt du mineur peut être sauvegardé autrement que par l'exclusion. Le juge de paix, chargé de composer le conseil de famille, peut ne pas appeler le parent dont l'inconduite serait notoire (V. en ce sens Laurent, t. 4, n° 541).— Il a été, cependant, jugé que le conseil de famille peut exclure de la délibération sur la destitution pour cause d'inconduite notoire de la mère tutrice légale une personne qui a pris part aux actes d'inconduite (Paris, 10 juill. 1874, aff. Veuve, D..., D. P. 76. 2. 188).

286. Du principe que les causes d'exclusion doivent être strictement limitées aux cas et aux personnes désignées par le texte de la loi, il résulte que le tuteur qui se démet volontairement, même dans le but d'éviter une destitution, n'est pas incapable en vertu de l'art. 445, de faire partie du conseil de famille : il n'est pas destitué (*Rép.* nº 373). Doit-on décider de même à l'égard du tuteur qui a été destitué pour s'être ingéré dans la tutelle (c. civ. art. 421) sans avoir fait nommer un subrogé tuteur? V. *suprà*, nº 206. Sera-t-il exclu des conseils de famille? Non, suivant une première opinion, car l'art. 421 n'emploie pas le mot de *destitution*. Il dit que la tutelle sera *retirée* au tuteur. Et l'art. 445 n'exclut du conseil de famille que le tuteur destitué (Ducaurroy, Bonnier et Roustain, *Commentaire théorique et pratique du code civil*, t. 1, nº 636). Oui, d'après d'autres auteurs, dont nous partageons le sentiment, car il y a certainement destitution. C'est la portée certaine de l'art. 421, quels que soient les termes employés, puisque, dans le cas prévu par cet article, la tutelle est retirée au tuteur quand il y a eu dol de sa part (Demante, t. 2, nº 196 *bis*, III; Laurent, t. 4, nº 542).

287. Mais, comme on l'a admis au *Rép.* nº 367-5º, il ne faut pas considérer comme destituée de la tutelle, ni par conséquent, tenir pour incapable de faire partie du conseil de famille, en vertu de l'art. 445, la mère qui a perdu la tutelle de plein droit en se remariant sans avoir préalablement convoqué le conseil de famille (c. civ. art. 395). On a fait observer *suprà* nº 89, que le convol de la mère n'est pas lui-même un motif suffisant pour le conseil de famille de ne pas maintenir la mère dans la tutelle. Il n'y a donc en elle aucune cause d'indignité qui motive une destitution (V. en ce sens, outre les autorités citées au *Rép.* nº 367-5º, Laurent, t. 4, nº 542, et les arrêts de la cour de Bruxelles, du 28 juin 1824, et de la cour de Liège, du 29 juin 1819, cités par cet auteur).

Art. 4. — *Des personnes qui ont le droit de provoquer les exclusions et destitutions. — Mode de défense du tuteur. — Procédure* (*Rép.* nºs 376 à 389).

288. Le subrogé tuteur est chargé spécialement par l'art. 446 c. civ., de provoquer la destitution du tuteur. Le même droit appartient d'office au juge de paix. Il appartient encore aux parents ou alliés du mineur, mais jusqu'au degré de cousin germain seulement (V. *Rép.* nº 376, et Req. 16 déc. 1829, *Rép.* vº *Puissance paternelle*, nº 78).

289. Sur le droit qui appartient aux personnes qui ont provoqué la destitution, notamment au subrogé tuteur, de prendre part à la délibération, V. ce qui est dit *suprà*, nº 284. — De même, le fils peut faire partie du conseil de famille qui statue sur la destitution de son père (V. *Rép.* nºs 371 et 376 et Req. 16 déc. 1829, cité *suprà*, nº 289; Aubry et Rau, t. 1, § 119, p. 481, note 7).

290. La destitution constituant une sorte de jugement, l'art. 447 c. civ. exige que le tuteur soit entendu ou du moins qu'il soit appelé, et que la délibération du conseil de famille soit motivée quand la destitution est prononcée. Ces dispositions sont prescrites afin de permettre au tuteur de se défendre d'abord devant le conseil de famille, ensuite de se pourvoir, s'il y a lieu, devant le tribunal. Elles sont essentielles. Le tuteur pourra demander la nullité de la délibération, s'il n'a pas été appelé ou si la destitution n'est pas motivée (Lyon, 13 mars 1845, aff. Anier, D. P. 46. 2. 186; Aubry et Rau, t. 1, § 119, p. 481, note 8; Laurent, t. 4, nº 529).

291. L'art. 448 c. civ. permet au tuteur d'adhérer à la délibération qui l'exclut ou le destitue. Alors la destitution est définitive, et le nouveau tuteur entre aussitôt en fonctions. On a examiné au *Rép.* nº 377, si l'acquiescement du tuteur à la délibération du conseil de famille qui prononce son exclusion ou sa destitution peut n'être que tacite. La raison de douter vient de ce que l'art. 448 c. civ. exige qu'il soit fait mention de l'adhésion donnée par le tuteur à la délibération. Mais le paragraphe 2 du même article porte : « s'il y a réclamation, le subrogé tuteur poursuivra l'homologation de la délibération devant le tribunal de première instance, qui prononcera, sauf l'appel ». Ainsi, en n'exigeant l'homologation que dans le cas de réclamation de la part du tuteur, cet article fait voir que l'adhésion du tuteur peut être postérieure et que, par conséquent, la mention de cette adhésion n'est pas rigoureusement nécessaire. Il n'y a donc pas de raison pour ne pas admettre une adhésion tacite (V. les arrêts cités au *Rép.* nºs 377 et suiv. *Adde :* Demolombe, t. 7, nº 506; Aubry et Rau, t. 1, § 119, p. 481, note 9; Laurent, t. 4, nº 528; Huc, t. 3, nº 356). C'est à raison de cette possibilité d'un acquiescement tacite à la destitution, que l'on a admis la faculté pour le tuteur, même pour le père tuteur légal, de donner sa démission pour prévenir le résultat de l'instance en destitution dirigée contre lui. La cour de cassation reconnaît à cette démission le caractère d'un acquiescement à la destitution demandée et admet, en conséquence, qu'elle est valablement acceptée par le conseil de famille et que le tuteur démissionnaire ne peut la rétracter (Req. 2 août 1876, aff. Lesueur, D. P. 77. 1. 61).

292. On doit considérer comme ayant adhéré tacitement à la délibération le tuteur qui, présent à l'assemblée de famille, n'a présenté aucune défense et n'a formulé ni protestation ni réserve contre sa destitution (Aubry et Rau, *loc. cit.*, Laurent, *loc. cit.*). Si le tuteur n'adhère pas à la délibération, la destitution ne sera définitive que lorsque la délibération aura été homologuée par le tribunal. Jusque-là le tuteur destitué reste tuteur et continue sa gestion (*Rép.* nº 379; Demolombe, t. 7, nº 507; Aubry et Rau, t. 1, § 119, p. 483; Laurent, t. 4, nº 529). S'il y a péril à laisser l'administration entre les mains du tuteur destitué, le subrogé tuteur pourra seulement demander l'homologation sans perte de temps et obtenir du tribunal l'exécution provisoire du jugement, en conformité de l'art. 135-6º c. proc. civ.

293. On a dit au *Rép.* nºs 380 et 382 que le subrogé tuteur est spécialement chargé par l'art. 448 c. civ. de poursuivre l'homologation de la délibération qui destitue le tuteur, s'il y a réclamation de la part de celui-ci. Le même droit est reconnu, par l'art. 887 c. proc. civ., à tous les membres du conseil, si le subrogé tuteur n'a pas poursuivi l'homologation dans le délai fixé par la délibération ou dans le délai de quinzaine à défaut de fixation. Ce droit appartient encore à tous les parents ou alliés qui avaient qualité pour provoquer la destitution (V. *suprà*, nº 289 et, outre les autorités citées au *Rép.* nºs 380 et 382, Demolombe, t. 7, nº 503; Aubry et Rau, t. 1, § 119, p. 481, note 10; Laurent, t. 4, nº 530).

294. Le subrogé tuteur ne peut pas se désister de la poursuite et transiger avec le tuteur destitué. La tutelle est d'ordre public en tout ce qui concerne l'intérêt du mineur, qui, en pareil cas, est évidemment engagé (V. en ce sens, Laurent, *loc. cit.*, et trois arrêts de la cour de Bruxelles : 4 avr. 1838, 13 mars 1841, 6 avr. 1846 cités par cet auteur. V. aussi Req. 14 juin 1842, *Rép.* vº *Interdiction*, nº 244-1º).

295. Le tuteur doit-il être appelé dans l'instance en homologation? Malgré les arrêts contraires qu'on a cités au *Rép.* nº 383, l'affirmative est enseignée par la plupart des auteurs. Dans ce système, la demande doit être introduite, non par voie de requête, mais par voie d'assignation donnée au tuteur; elle doit être instruite et jugée comme urgente (c. civ. art. 449) (V. en ce sens : Demolombe, t. 7, nº 503; Aubry et Rau, t. 1, § 119, p. 481, note 11; Laurent, t. 4, nº 531). — L'opinion contraire cependant persiste dans la jurisprudence. Il a été décidé que le jugement qui homologue la délibération d'un conseil de famille, prononçant la destitution d'un tuteur, est valablement rendu sans que le tuteur destitué ait été appelé dans l'instance, « attendu, dit l'arrêt, qu'un tel mode de procédure n'est prescrit ni par l'art. 448 c. civ., ni par les art. 888 et 889 c. proc. civ.; que l'art. 448 le proscrit même implicitement en disant que le tuteur exclu ou destitué peut lui-même, en ce cas, assigner le subrogé tuteur pour se faire déclarer maintenu en la tutelle » (Paris, 8 déc. 1875, aff. Demoiselle Baudin, D. P. 78. 2. 51).

D'après une autre décision, le jugement qui prononce la destitution du tuteur est suffisamment exécuté par la nomination d'un nouveau tuteur, et il n'est pas susceptible de tomber en péremption quand cette nomination est intervenue dans les six mois (Caen, 4 déc. 1867, *suprà*, nº 266).

296. Quelles sont les voies de recours ouvertes au tuteur contre le jugement d'homologation de la délibération qui le destitue de la tutelle? Si ce jugement est contradictoire, il a la voie de l'appel. C'est ce qui résulte formellement de l'art. 448 c. civ., d'après lequel le tribunal de première instance saisi de la demande en homologation ne prononce que sauf l'appel (*Rép.* n° 384). — Mais si le tuteur n'a pas été appelé devant le tribunal de première instance, aura-t-il le droit de former opposition au jugement par défaut qui le destitue? Oui, si l'on admet que le tuteur devait être assigné devant le tribunal, car le droit de tierce opposition appartient, suivant le droit commun, à ceux qui n'ont pas été parties dans une instance où ils avaient le droit de figurer (c. proc. civ. art. 474) (V. en ce sens, Orléans, 12 janv. 1850, aff. Carpentier, D. P. 50. 2. 60; Laurent, t. 4, n° 531). L'arrêt de la cour de Paris du 8 déc. 1875, cité *suprà*, n° 295, admettant au contraire que le jugement d'homologation doit intervenir en chambre du conseil, hors la présence du tuteur, en déduit, par une conséquence logique, que le tuteur destitué ne peut pas former opposition à ce jugement. D'une part, dit cet arrêt, l'art. 888 c. proc. civ. n'attribue le droit d'opposition qu'aux membres du conseil de famille qui, contraires à la délibération, n'ont pas été appelés à son homologation. En n'accordant pas le même droit au tuteur destitué de la tutelle, cet article le lui dénie implicitement. D'autre part, l'art. 448 c. civ. déclare que, s'il y a réclamation du tuteur destitué, le tribunal prononcera, sauf l'appel : ces expressions « sauf l'appel » indiquent la volonté du législateur d'exclure l'opposition, puisque, s'il avait voulu l'admettre, il aurait dit « sauf l'opposition ou l'appel ». Enfin les droits du tuteur destitué sont largement sauvegardés tant par l'appel qui lui est réservé que par l'action principale qu'il peut intenter afin de faire prononcer son maintien dans la tutelle (Conf. les arrêts des cours de Nîmes et de Rennes cités au *Rép.* n° 384).

297. Si le jugement d'homologation est rendu sur requête, le tuteur aura-t-il la faculté, ou d'appeler de ce jugement en vertu de l'art. 448, § 1, ou de se pourvoir par voie d'action principale, conformément au paragraphe 2 du même article? L'arrêt de la cour de Paris du 8 déc. 1875 cité *suprà*, n° 295, reconnaît formellement ce droit d'option au tuteur destitué. Dans l'espèce, le tuteur s'était pourvu par la voie de l'appel, et l'appel a été déclaré recevable. Cependant la chambre civile de la cour de cassation a jugé que le tuteur qui n'a pas été appelé et n'a pas figuré comme partie au jugement par lequel a été homologuée la délibération du conseil de famille le relevant de ses fonctions, n'est pas recevable à interjeter appel de ce jugement; qu'il doit poursuivre l'annulation de la délibération par assignation donnée au subrogé tuteur devant le tribunal de première instance (Civ. rej. 7 avr. 1875, aff. Massiat, D. P. 77. 1. 371). Le motif est pris de ce que le tuteur destitué n'ayant pas été appelé et n'ayant pas figuré comme partie au jugement d'homologation, n'avait pas qualité pour interjeter appel de ce jugement, qui ne mettait pas obstacle à l'exercice de ses droits; que, depuis comme avant le jugement, il pouvait poursuivre, par voie d'action principale, l'annulation de la délibération du conseil de famille qui le destituait. La cour de cassation semble donc admettre qu'en matière de destitution de tutelle la procédure d'homologation de la délibération du conseil de famille change de caractère suivant qu'elle est ou non poursuivie contradictoirement avec le tuteur. Le tuteur a-t-il été appelé à se défendre devant le tribunal saisi de la demande en homologation, la décision qui intervient a le caractère d'un véritable jugement, susceptible d'être attaqué par les voies de recours ordinaires. On devra reconnaître alors au tuteur le droit d'opposition, s'il n'a pas comparu; cela semble du moins très logique. Il aura toujours, qu'il ait ou non comparu sur l'assignation à lui donnée, le droit d'appel que réserve expressément l'art. 448 c. civ. Au contraire, le subrogé tuteur ou le membre du conseil de famille chargé de poursuivre l'homologation pourra saisir le tribunal de sa requête sans appeler en cause le tuteur destitué. En ce cas, le jugement rendu en chambre du conseil ne sera, comme tous les autres jugements d'homologation, qu'un simple acte de surveillance judiciaire, et non pas un jugement proprement dit (V. Req. 17 déc. 1849, aff. Gas, D. P. 50. 1. 77, et *suprà*, n° 190). La décision du tribunal ne sera donc susceptible ni d'opposition ni d'appel de la part du tuteur; et, comme elle n'aura pas l'autorité de la chose jugée, le tuteur pourra poursuivre l'annulation de la délibération homologuée, par voie d'action principale, conformément au paragraphe 2 de l'art. 448.

298. Quand le tuteur destitué intente une action principale pour se faire maintenir dans la tutelle, peut-il se contenter d'assigner le subrogé tuteur, comme le prescrit le paragraphe 2 de l'art. 448? Doit-il au contraire, conformément à l'art. 883 c. proc. civ., diriger son action contre tous les membres du conseil de famille qui ont pris part à la délibération et voté la destitution? En d'autres termes, la disposition générale de l'art. 883 c. proc. civ. a-t-elle dérogé à la disposition spéciale de l'art. 448 c. civ.? On a exposé au *Rép.* n° 385, la controverse à laquelle cette question a donné lieu. On a soutenu que le tuteur ne devait assigner que le subrogé tuteur (V. en ce sens, outre les auteurs cités au *Rép.* n° 385, Aubry et Rau, t. 1, § 96, p. 395, note 34). — Cependant, il a été jugé que l'art. 448 c. civ., antérieur à l'art. 883 c. proc. civ., appartenant d'ailleurs à un corps de lois qui a pour objet de déclarer les droits et non d'en régler l'exercice, ne peut pas être considéré comme une dérogation audit art. 883; qu'en conséquence, le tuteur destitué devra diriger sa demande en maintien dans la tutelle contre tous les membres du conseil de famille qui auront été d'avis de la délibération (Paris, 11 août 1881) (1). V. dans le même sens : Laurent, t. 4, n° 466). Mais il a été jugé, en sens contraire, que la mère tutrice qui défère au tribunal la délibération du conseil de famille, refusant, à raison de son second mariage, de lui maintenir la tutelle, procède régulièrement en assignant, non les membres du conseil de famille qui ont pris part à la délibération, mais le subrogé tuteur (Montpellier, 14 mai 1883, *suprà*, n° 76).

299. Le tuteur peut attaquer la délibération qui le destitue, soit quant au fond, en demandant son maintien dans la tutelle (V. *suprà*, n° 297), soit pour vice de forme, quand le tuteur n'a pas été entendu ou que la délibération n'est pas motivée. Ces formalités n'étant établies que dans l'intérêt du tuteur, la nullité qui résulte de leur inobserva-

---

(1) (Veuve Métoux C. X...) — Par délibération du conseil de famille, la dame Métoux a été destituée de la tutelle de sa fille mineure. Cette dame a demandé son maintien dans la tutelle, en assignant le subrogé tuteur devant le tribunal de la Seine. — Le défendeur a opposé une fin de non-recevoir tirée de ce que la dame Métoux aurait dû diriger son action, conformément à l'art. 883 c. proc. civ., contre tous les membres du conseil de famille qui avaient été d'avis de la délibération prise. Le 20 avril 1880, le tribunal civil de la Seine a statué dans les termes suivants : — « Attendu qu'en accordant au tuteur, au subrogé tuteur, au curateur, et même aux membres du conseil de famille, la faculté de se pourvoir contre les délibérations du conseil, l'art. 833, § 2, dit que « ils « devront former leur demande contre les membres qui auront été « d'avis de la délibération », et qu'en vue de l'exercice de cette action, le paragraphe 1er dispose que, toutes les fois que les délibérations du conseil de famille ne seront pas unanimes, l'avis de chacun des membres qui le composent sera mentionné dans le procès-verbal; — Attendu que la veuve Métoux ne s'est pas conformée à la disposition du paragraphe 2, précité; qu'à la vérité, elle invoque celle de l'art. 448, § 3, c. civ., qui porte que le tuteur exclu ou destitué peut assigner le subrogé tuteur pour se faire déclarer maintenu dans la tutelle; — Mais attendu que l'art. 448 c. civ., antérieur à l'art. 883 c. proc. civ., appartenant d'ailleurs à un corps de lois qui a pour objet de déclarer les droits, et non d'en régler l'exercice, ne peut être considéré comme une dérogation audit art. 883; que le code de procédure civile, intervenu le dernier, et dans le but d'organiser en la forme les actions qui tirent leur principe de la loi civile, doit avoir, en ce qui touche cette forme, une autorité prédominante; — Attendu que l'art. 883 est général; qu'il ne fait aucune exception pour le cas où il s'agirait de la réclamation du tuteur contre une délibération qui prononcerait sa destitution; — Attendu, au surplus, qu'il a eu pour but et qu'il a pour objet de placer le réclamant en face de ses véritables contradicteurs; — Par ces motifs; — Déclare la veuve Métoux non recevable en sa demande, l'en déboute ». — Appel par Mme veuve Métoux.

La cour; — Adoptant les motifs qui ont déterminé les premiers juges; — Confirme.

Du 11 août 1881.-C. de Paris, 2e ch.-MM. Ducreux, pr.-Bernard, av. gén.-Lefebvre et Maugras, av.

tion ne peut être invoquée que par lui (Laurent, t. 4, n° 533).

300. Le sort des frais de l'instance à laquelle donne lieu le recours du tuteur contre la délibération qui le destitue, n'est pas réglé par un texte spécial. Il est donc fixé par le droit commun. Si c'est le tuteur qui succombe dans sa réclamation, il est condamné aux frais. L'art. 441 c. civ., le décide expressément dans le cas où le tuteur succombe dans le recours qu'il a formé contre une délibération qui rejette l'excuse proposée par lui. Si le subrogé tuteur succombe, il est aussi condamné aux dépens, mais comme représentant du mineur, qui les supporte définitivement. Quant aux membres du conseil de famille, qui ont voté la destitution, ils ne peuvent pas être condamnés quand ils ne sont pas en cause. On ne peut pas objecter que l'art. 441 c. civ. permet au tribunal de condamner aux frais les membres du conseil qui ont rejeté l'excuse du tuteur ; en pareil cas, l'action est formée contre eux. Mais quand le tuteur demande la nullité de la délibération qui le destitue, il forme son recours contre le subrogé tuteur, et celui-ci ne représente pas individuellement les membres du conseil qui ont voté la destitution (*Rép.* n° 386 ; Demolombe, t. 7, n° 505 ; Aubry et Rau, t. 1, § 119, p. 482, note 13 ; Laurent, t. 4, n° 534). Toutefois, le subrogé tuteur qui a formé contre le tuteur une demande en destitution dans un esprit d'animosité personnelle, et qui succombe dans cette demande, peut être condamné personnellement aux dépens (Bordeaux, 29 déc. 1890, aff. Cazeaux, D. P. 92. 2e part.).

SECT. 4. — DE L'ADMINISTRATION DU TUTEUR QUANT A LA PERSONNE DU MINEUR (*Rép.* nos 390 à 399).

301. L'art. 450 c. civ. dispose que le tuteur prendra soin de la personne du mineur. Ainsi qu'il est exposé au *Rép.* nos 390 et suiv., la loi confie au tuteur : 1° la garde et l'éducation du mineur, sous le contrôle du conseil de famille ; 2° le droit de correction, mais, à l'exception des père et mère, le tuteur, fût-il l'ascendant du mineur, ne peut exercer ce droit qu'avec l'autorisation du conseil de famille, et d'autre part, il ne l'exerce jamais que par voie de réquisition, non par voie d'autorité (c. civ. art. 468) (V. *infrà*, v° *Puissance paternelle*) ; 3° le droit de former opposition au mariage du mineur, avec l'autorisation du conseil de famille, dans les deux cas prévus par l'art. 174 c. civ., c'est-à-dire quand le mineur, sans ascendants capables de manifester leur consentement, n'a pas obtenu celui du conseil de famille (art. 160), ou quand l'opposition est fondée sur la démence du mineur (art. 175). V. *suprà*, v° *Mariage*, n° 142 ; *Rép.* eod. v°, n° 180 et suiv. ; 4° le droit de provoquer l'émancipation du mineur (c. civ. art. 479) (V. *infrà*, n° 673 ; *Rép.* nos 777 et suiv.).

302. Le pouvoir du tuteur, en ce qui concerne le gouvernement de la personne du mineur, est soumis au contrôle du conseil de famille, qui peut lui donner des instructions sur le mode d'éducation que le mineur doit recevoir en rapport avec sa position sociale et sa fortune, décider par exemple si l'enfant doit résider chez son tuteur ou chez une aïeule, s'il doit être placé en condition ou en apprentissage ou dans une maison d'éducation pour y faire des études scientifiques ou littéraires (V. les arrêts cités au *Rép.* n° 396. V. aussi Demolombe, t. 7, nos 535 et suiv. ; Aubry et Rau, t. 1, § 111, p. 434). — M. Laurent, t. 5, nos 1 et suiv., ne reconnaît pas au conseil de famille un pouvoir aussi étendu. Il est vrai, dit-il, que, dans l'ancien droit, c'étaient les parents du mineur qui réglaient son éducation, son entretien, la profession qu'il devait embrasser (Argou, *Institution au droit français*, t. 1, p. 61) ; mais le code civil, loin de maintenir l'ancien droit, y déroge expressément. C'est au tuteur que l'art. 450 c. civ. confie le soin de la personne du mineur. L'art. 454 ne confère au conseil de famille que le droit de régler la dépense du mineur ; cet article est muet relativement à l'éducation. En principe, le tuteur est donné à la personne, et les biens ne sont que l'accessoire. Le tuteur tient lieu de père au mineur (Pothier, *Traité des personnes*, n° 162). Il a donc pour premier soin et pour premier devoir de diriger l'éducation du mineur. C'est au tuteur de choisir le genre d'éducation qu'il convient de donner au mineur, la profession vers laquelle il faut le diriger d'après ses aptitudes et ses ressources. Le conseil de famille exerce cependant un contrôle indirect, mais effectif sur ce choix. L'art. 454 c. civ. l'investit du pouvoir de régler la dépense du mineur selon l'importance des biens régis. La dépense devant varier beaucoup suivant le genre d'éducation adopté, il en résulte que le conseil de famille aura nécessairement à délibérer sur ce genre d'éducation. Si le tuteur voulait donner au mineur une éducation inférieure à sa situation de fortune, nul doute que le conseil de famille, en réglant le budget annuel, ne puisse inviter le tuteur et le contraindre, à peine de destitution, à se conformer aux volontés de la famille. Si, au contraire, le tuteur voulait donner au mineur une éducation conforme ou même supérieure à sa situation de fortune, mais justifiée dans ce dernier cas par des aptitudes exceptionnelles, et si le conseil de famille n'accordait que des allocations insuffisantes, M. Laurent pense que le tuteur pourrait soumettre le conflit aux tribunaux, et que ceux-ci devraient lui donner gain de cause si l'intérêt bien entendu du mineur demandait qu'il reçût l'éducation choisie par le tuteur. M. Huc, t. 3, n° 371, estime également que le tuteur a seul la direction de l'éducation physique, morale et religieuse du mineur.

303. Le droit de garde et d'éducation du mineur n'est pas de l'essence, mais seulement de la nature du pouvoir tutélaire : il peut donc être séparé de l'administration des biens du mineur. Par suite, quand le survivant des père et mère s'est fait excuser et que la tutelle existe concurremment avec la puissance paternelle, le gouvernement de la personne du mineur reste confié au père ou à la mère, et les pouvoirs du tuteur sont restreints à l'administration des biens ; c'est donc au survivant des père et mère excusé, non pas au tuteur, qu'appartiennent les droits d'éducation, de correction et d'émancipation (*Rép.* n° 390 ; Aubry et Rau, t. 1, § 112, p. 435, note 7 ; Huc, t. 3, n° 370. V. *infrà*, v° *Puissance paternelle ; Rép.* eod. v°, n° 73). — Même destitué de la tutelle, le survivant des père et mère conserve le droit de consentir au mariage ou à l'adoption de ses enfants mineurs et celui de les émanciper (*Rép.* n° 357 et *suprà*, n° 266). Il conserve aussi les droits de garde et d'éducation, à moins que les tribunaux n'aient prononcé contre lui la déchéance de la puissance paternelle ou qu'ils ne l'aient jugé indigne d'exercer les droits dont il s'agit, par appréciation des causes qui ont motivé la destitution (V. Req. 3 mars 1856, aff. Wey, D. P. 56. 1. 290 ; 15 mars 1864, aff. Dame X..., D. P. 64. 1. 301). A ce point de vue, la situation de la mère privée de la tutelle en cas de convol est la même que celle du tuteur légal destitué (V. toutefois *Rép.* nos 394 et 395).

304. La jurisprudence admet le partage des attributions de la tutelle entre un tuteur honoraire, chargé du gouvernement de la personne du mineur, et un tuteur onéraire chargé de l'administration des biens (V. *suprà*, n° 58). Elle admet même que le dernier mourant des père et mère, investi comme tel de la puissance paternelle, peut, en disposant de la tutelle de ses enfants mineurs par un acte de dernière volonté, désigner une autre personne qui, sans avoir la qualité de tuteur, sans être même capable d'en exercer les fonctions, sera chargée de la garde et de l'éducation de l'enfant mineur du testateur. Par exemple, si la personne ainsi désignée est une femme qui n'est pas l'ascendante du mineur, la disposition sera valable alors même que le testateur aurait surabondamment déclaré nommer, en tant que de besoin, tutrice de son enfant, la personne à laquelle il en confiait la garde, cette nomination n'étant faite que pour le cas où elle eût été nécessaire afin d'assurer à cette personne le droit de garde et d'éducation (Rouen, 4 janv. 1883, aff. Durand et Marchand, D. P. 83. 2. 155). Les tribunaux ne pourraient mettre fin à cet état de choses et ordonner la remise de l'enfant à son tuteur, que si l'intérêt bien entendu du mineur l'exigeait. Ainsi la personne désignée par le dernier mourant des père et mère conserverait la garde et l'éducation du mineur, alors même que le tuteur testamentaire encourrait la destitution et que la tutelle dative serait en pareil cas déférée à l'aïeul du mineur (Rouen, 8 mai 1840, *Rép.* n° 293). A plus forte raison, des lettres écrites par cette personne, sous le coup d'actes de procédure tendant à lui enlever la garde de l'enfant, ne justifieraient pas la demande en remise de cet enfant formée par le tuteur, alors surtout que cette personne, aurait depuis lors, modifié son attitude et témoigné de son désir de concorde et de conciliation (Arrêt précité du 4 janv. 1883).

305. Le conseil de famille peut-il exercer un contrôle sur le droit de garde et d'éducation du père ou de la mère investi de la tutelle légale? Nous étions disposés à admettre l'intervention du conseil de famille, au moins dans le cas où la tutelle légale appartient à la mère (V. *Rép.* n° 396). Mais on enseigne généralement que le père ou la mère, tenant le droit de garde et d'éducation qu'il exerce, non pas de sa qualité de tuteur légal, mais de la puissance paternelle dont il est également investi, ne peut avoir à subir aucune restriction dans l'exercice de ce droit de la part du conseil de famille; que, notammant le conseil de famille n'est pas autorisé à tracer au père ou à la mère des instructions sur le mode d'éducation du mineur. En effet, pendant le mariage, le droit du père est absolu. Il n'appartient même pas aux tribunaux d'intervenir dans le mode d'éducation qu'il choisit pour ses enfants. Quand, après la dissolution du mariage, le survivant des père et mère exerce la tutelle, il réunit la puissance paternelle aux fonctions tutélaires. C'est en vertu du premier de ces pouvoirs qu'il dirige l'éducation de ses enfants; c'est comme tuteur qu'il administre les biens. Relativement à l'administration des biens, il est en général soumis au droit commun en matière de tutelle. Quant à l'éducation de l'enfant, il est indépendant du conseil de famille; aussi l'art. 454 c. civ., en accordant au conseil le droit de régler la dépense du mineur, fait-il une exception en faveur des père et mère (Demolombe, t. 6, n°s 384 et suiv.; Aubry et Rau, t. 1, § 111, p. 435, note 8; Laurent, t. 5, n° 3; Baudry-Lacantinerie, t. 1, n° 1055). — Cependant le père n'a plus, à l'égard de l'éducation de ses enfants, le pouvoir illimité qu'il avait pendant le mariage. En général, le mineur possède une fortune personnelle dont le survivant des père et mère a l'usufruit, et l'usufruitier légal doit élever ses enfants selon leur fortune (c. civ. art. 485, n° 2). N'eût-il pas l'usufruit, le tuteur légal est encore obligé d'élever ses enfants selon leur fortune; car les dépenses d'éducation se payent sur le revenu des biens des enfants et varient par conséquent avec l'importance de ces revenus.

306. Par cette même raison que le droit d'éducation de la mère tutrice dérive, non de l'autorité tutélaire, mais de la puissance paternelle, le conseil de famille ne sera pas admis à intervenir dans l'éducation de l'enfant lorsque la mère se sera fait maintenir dans la tutelle légale malgré son convol, ni même lorsque, déchue de la tutelle légale, faute par elle d'avoir convoqué le conseil de famille, préalablement à son second mariage, c'est à elle pourtant que la tutelle dative aura été dévolue (V. *suprà*, n° 89). C'est seulement au point de vue de l'administration des biens du mineur que le conseil de famille exerce pendant la tutelle de la mère remariée et de son mari cotuteur, tous les pouvoirs qu'il tient de la loi vis-à-vis du tuteur datif (V. *suprà*, n° 78). — Il a été jugé que les droits attachés à la puissance paternelle sont inaliénables; qu'ils ne peuvent, dès lors, même en cas de convol de la mère qui en est investie, être l'objet d'aucunes restrictions à l'occasion notamment du maintien de la mère dans la tutelle des enfants nés de son précédent mariage; qu'il en est ainsi, par exemple, des droits relatifs à la personne des enfants; et que, spécialement, l'engagement pris par la mère remariée envers le conseil de famille, qui lui en a donné acte, en la maintenant dans la tutelle des enfants nés de son précédent mariage, de faire conduire ces enfants chez leur aïeul paternel à des époques déterminées, de se concerter avec ce dernier sur la direction à donner à leur éducation et sur le choix d'un état et, en cas de dissentiment, d'accepter la décision souveraine du conseil de famille, doit être réputé non écrit ou, en d'autres termes, n'a que la valeur d'une obligation purement morale, dont l'inaccomplissement ne saurait faire remettre en question le maintien de la mère remariée dans la tutelle de ses enfants, surtout quand il est établi que le conseil de famille n'en a pas fait une condition de la conservation de la tutelle à la mère remariée (Grenoble, 11 août 1854, aff. Abry, D. P. 55. 2. 91, et sur pourvoi, Req. 5 mars 1855, D. P. 55. 1. 341. V. aussi Nîmes, 10 juin 1825, *Rép.* v° *Puissance paternelle*, n° 54-3°; Paris, 21 avr. 1853, aff. L..., D. P. 54. 5. 622; Req. 5 mai 1856 (motifs), aff. Pignard, D. P. 56. 1. 241). Cette conclusion est forcée d'ailleurs s'il est admis que le père ou la mère, même destitué de la tutelle, conserve le droit d'éducation qui lui appartient comme dérivant de la puissance paternelle, à moins qu'il n'en ait été décidé autrement par les tribunaux (V. *suprà*, n° 267). Il est manifeste que le conseil de famille ne peut pas s'ingérer dans l'exercice du droit d'éducation qui ne se rattache pas à la tutelle. S'il en est ainsi relativement au père ou à la mère destitués de la tutelle légale, on doit admettre, à plus forte raison, que le conseil de famille ne pourra pas intervenir dans l'exercice que fera du droit d'éducation la mère qui n'a pas été maintenue dans la tutelle à raison de son second mariage. — Il y a lieu de remarquer, toutefois, que la règle générale de l'art. 454 c. civ. reprend son empire et que le conseil de famille règle la dépense du mineur: 1° quand la mère est maintenue dans la tutelle en cas de convol; 2° quand le tuteur légal est destitué de la tutelle; 3° quand la mère n'est pas maintenue dans la tutelle à raison de son second mariage (V. *suprà*, n° 78, et *infrà*, n° 336). Le conseil de famille exercera donc, indirectement, un certain contrôle sur l'éducation de l'enfant et, le cas échéant, les tribunaux auront à intervenir (V. *suprà*, n° 302).

307. Le pouvoir qui appartient au tuteur de régler l'éducation du mineur (*suprà*, n° 302) n'est entier que si la tutelle s'ouvre lorsque le mineur est encore en bas âge, que son éducation n'est pas commencée, que rien n'est décidé quant à la carrière qu'il embrassera. Sinon, le tuteur devrait, en général, continuer l'éducation choisie par le père. Il en serait pourtant autrement si l'intérêt du mineur commandait un changement d'éducation, par exemple si le père s'était fait illusion sur les aptitudes de son fils, ou si le décès du père avait diminué considérablement les ressources de la famille (Laurent, t. 5, n° 1, p. 7).

308. La désignation du culte dans lequel un enfant doit être élevé ne peut pas être considérée comme une question de simple éducation. C'est d'abord la naissance qui décide du culte, comme de la nationalité auxquels appartiendra l'enfant. Il semble que le droit de changer de foi religieuse et d'abandonner le culte dans lequel il est né ne peut appartenir qu'à l'enfant lui-même quand il est arrivé à la possession de sa raison et de sa volonté. On admet cependant que la puissance paternelle confère au père de famille le droit, en changeant de culte, de faire élever ses enfants dans la religion nouvelle qu'il a embrassée. Quels seront les droits et les obligations du tuteur après la mort des père et mère. Il devra bien évidemment respecter la volonté de ceux-ci, faire donner à l'enfant l'éducation religieuse conforme au culte dans lequel il est né, à moins que le dernier mourant des père et mère n'ait manifesté la volonté que l'enfant soit élevé dans une religion nouvelle (Aubry et Rau, t. 1, § 111, p. 434). — En ce sens il a été jugé que l'intention énergiquement exprimée par le père de famille, avant sa mort, de faire élever ses enfants dans une religion autre que celle dans laquelle ils sont nés, qu'il a nouvellement embrassée lui-même, doit être respectée par le tuteur et le conseil de famille, alors surtout que ce projet avait reçu un commencement d'exécution; qu'il en est ainsi spécialement du cas où un père de famille israélite, s'étant converti à un culte chrétien, a fait donner le baptême à ses enfants à son lit de mort, après les avoir fait instruire dans la même religion, encore bien que la mère serait prédécédée dans le culte israélite (Colmar, 19 nov. 1857, aff. Bernard-Lévy, D. P. 59. 2. 36). Du reste, aucune disposition légale ne règle la matière; on ne peut invoquer que les idées généralement reçues: les tribunaux auront à s'inspirer des circonstances. Dans l'espèce de l'arrêt précité, la solution ne pouvait pas être douteuse puisque le père lui-même avait, de son vivant, décidé et réalisé, pour lui comme pour ses enfants, l'adoption d'un culte nouveau.

M. Laurent, t. 5, n° 4, enseigne que le tuteur a tous les pouvoirs du père à cet égard. Le tuteur tient lieu de père au mineur. Aucun texte ne limite son pouvoir; l'art. 454 c. civ. ne concerne, comme on l'a vu, que la dépense annuelle du mineur; on ne peut pas invoquer cet article pour permettre au conseil de famille d'intervenir dans la question d'éducation religieuse. Or le père avait le droit de faire élever son enfant dans un autre culte que celui dans lequel il est né. Le tuteur aura le même droit si l'intérêt du mineur l'exige. — Cette thèse est trop absolue, et les motifs que M. Laurent fait valoir nous confirment dans la pensée que l'intérêt moral du mineur doit être être pris en considération par les tribunaux pour déterminer, en cette matière, les prérogatives du tuteur.

309. Le tuteur, ayant reçu de la loi le soin de diriger l'éducation du mineur, est investi, par une suite nécessaire de cette attribution, du droit de régler les relations du mineur même avec les membres de sa famille. Ce droit est plus ou moins étendu suivant la qualité du tuteur. Des arrêts ont reconnu que le pouvoir du père exerçant la tutelle légale après le décès de sa femme est absolu; qu'il pouvait, exerçant bien plutôt la puissance paternelle que l'autorité tutélaire, interdire à ses enfants toutes relations avec leurs aïeuls maternels, sans être obligé d'en fournir des motifs qui seraient déférés à l'appréciation des tribunaux (Paris, 21 avr. 1853, aff. L..., D. P. 54. 5. 622; Montpellier, 17 févr. 1855, aff. Jaumes, D. P. 57. 1. 273; Bordeaux, 13 juin 1860, aff. Boulineau, D. P. 61. 2. 92). Cependant la chambre civile, statuant sur le pourvoi formé contre l'arrêt précité de la cour de Montpellier, a cassé cet arrêt, en considérant que, si le père, seul investi du droit de diriger l'éducation de ses enfants, peut leur interdire la visite même des membres de leur famille dont il redoute l'influence, il ne peut du moins user de ce pouvoir vis-à-vis des membres de la famille auxquels l'enfant doit honneur et respect que dans le cas où sa détermination est commandée par d'impérieuses raisons, dont le contrôle appartient aux tribunaux (Civ. cass. 8 juill. 1857, aff. Jaumes, D. P. 57. 1. 273). — Le tuteur datif pourra, lui aussi, régler les communications de l'enfant avec les membres de la famille, même avec la mère destituée de la tutelle et privée de la garde et de l'éducation de ses enfants, si le jugement qui a prononcé contre elle cette double déchéance n'a pas en même temps pris des mesures relatives aux rapports qu'elle aurait dans l'avenir avec ses enfants. La mère aura toujours la faculté de soumettre au conseil de famille les sujets de plainte que lui fournirait la décision du tuteur; elle aura encore la faculté de se pourvoir devant les tribunaux contre la délibération du conseil de famille (Req. 3 mars 1856, aff. Wey, D. P. 56. 1. 290). — On reconnaîtra plus aisément encore au tuteur de l'enfant naturel le droit d'empêcher qu'il ne communique avec les ascendants de sa mère naturelle, si ces communications lui paraissent présenter des inconvénients. Cependant, même en ce cas, les tribunaux pourront être appelés à apprécier, suivant les circonstances, si le tuteur n'a pas abusé de son droit (Paris, 20 juin 1861, aff. Vignon, D. P. 61. 2. 136).

Il a été jugé qu'il appartient aux tribunaux de décider, dans l'intérêt d'un mineur, qu'il restera jusqu'à un âge déterminé sous la garde du tuteur nommé en remplacement de son père, lorsque celui-ci est, à raison des circonstances, dans l'impossibilité de donner à son enfant les soins que réclame sa santé, et qu'en ce cas, il leur appartient également de régler les communications qui doivent avoir lieu entre l'enfant et son père (Req. 2 août 1876, aff. Lesueur, D. P. 77. 1. 61).

310. Ainsi qu'il est dit au *Rép.* n° 399, le tuteur, bien qu'il soit obligé de prendre soin de la personne du mineur, n'est pas tenu de payer de ses propres deniers les frais d'éducation et d'entretien du mineur, à moins qu'il ne soit dans la classe des personnes qui lui doivent des aliments. Si le mineur se trouvait sans fortune, le tuteur devrait faire les démarches nécessaires pour obtenir son admission dans un hospice. Si le mineur était déjà en possession d'un état ou d'un métier qui lui permît de gagner sa vie, le tuteur devrait s'occuper de le placer en condition (V. *suprà*, n° 302); mais il ne pourrait engager ses services que jusqu'à sa vingt et unième année ou jusqu'à son émancipation (Aubry et Rau, t. 1, § 111, p. 433, note 1).

SECT. 5. — DE L'ADMINISTRATION DU TUTEUR QUANT AUX BIENS DU MINEUR (*Rép.* nos 400 à 578).

ART. 1er. — *Du caractère et de l'étendue de l'administration tutélaire quant aux biens* (*Rép.* n° 400 à 406).

311. D'après les dispositions de l'art. 450 c. civ., les pouvoirs du tuteur relativement à la fortune du mineur, sont ceux d'un administrateur indépendant et libre de son action, personnellement responsable de sa mauvaise gestion quand il n'a pas administré les biens de son pupille en bon père de famille. Ces pouvoirs ne sont cependant ni sans contrôle, ni sans garanties, ni sans limites. Le code civil a, dans l'intérêt du mineur, établi la surveillance du subrogé tuteur, institué l'hypothèque légale sur les biens du tuteur, autorisé la destitution de celui-ci pour infidélité, pour incapacité, pour inconduite notoire. En outre, la loi a expressément déterminé certains actes que le tuteur ne peut faire qu'avec l'autorisation du conseil de famille, certains autres pour lesquels il lui faut, en outre de cette autorisation, l'homologation du tribunal, certains actes enfin qui lui sont absolument interdits. En dehors de ces restrictions légales, les pouvoir du tuteur sont-ils susceptibles d'autres modifications, de restrictions plus étendues, qui seraient apportées à son administration par le conseil de famille ou par les tribunaux? On admettra la négative si l'on décide que la tutelle se rattache essentiellement à l'ordre public et que, dès lors, il n'est pas permis de déroger aux règles que le code civil a tracées pour le fonctionnement de cette institution. Au contraire, on reconnaîtra, soit au conseil de famille, soit aux tribunaux, le droit d'apporter des restrictions aux pouvoirs légaux d'administration du tuteur, même du tuteur légal, sans toutefois porter atteinte au droit de jouissance qui résulte de la puissance paternelle, si l'on admet, suivant les termes d'un arrêt de la cour de cassation, « que les tutelles ne tiennent à l'ordre public, qu'en ce qui concerne l'intérêt du mineur ou de l'interdit » (Req. 20 juill. 1842, *Rép.* n° 403-1°).

Des arrêts intervenus dans le sens de l'une et de l'autre opinion sont rapportés au *Rép.* nos 402 et suiv. (V. aussi n° 100). Depuis lors, la jurisprudence paraît s'être affirmée plus nettement en faveur du système qui ne permet pas, soit au conseil de famille, soit aux tribunaux d'apporter des restrictions aux pouvoirs du tuteur, notamment en ce qui concerne le droit qui lui appartient, en vertu du code civil, de toucher les capitaux du mineur et d'en faire emploi librement et sous sa seule responsabilité (V. *infrà*, n° 418 et *Rép.* n° 449). En ce sens, il a été jugé : 1° que le conseil de famille n'a pas le pouvoir de prescrire au tuteur légal (la mère, dans l'espèce) l'emploi ou le mode d'emploi des capitaux composant la fortune mobilière des pupilles, pas plus qu'il n'a le droit d'exiger le placement des revenus dépassant leurs besoins; que, par suite, est nulle la délibération portant que le tuteur légal devra, sous la surveillance du subrogé tuteur, employer en rentes immobilières, au nom des mineurs, les sommes leur revenant dans une succession à laquelle ils sont appelés (Trib. civ. de la Seine, 19 juill. 1864, aff. veuve Painblant, D. P. 64. 3. 108); — 2° Qu'il n'appartient pas aux tribunaux d'intervenir dans les actes d'administration du tuteur, si ce n'est pour statuer dans les cas spécifiés par la loi sur l'homologation des délibérations du conseil de famille qui leur sont soumises qu'en conséquence, la mère survivante, tutrice légale de ses enfants mineurs et usufruitière de leurs biens, ne peut, en l'absence de toute délibération du conseil de famille, être assujettie par le jugement qui homologue la liquidation de la communauté ayant existé entre elle et son mari, à un mode d'emploi déterminé pour les capitaux provenant de cette liquidation, et qu'elle aura à toucher en sa double qualité de tutrice et d'usufruitière (Civ. cas. 25 févr. 1879, aff. Dame Alégatière, D. P. 79. 1. 157. V. dans le même sens, outre les arrêts cités au *Rép.* n° 402, Caen, 30 déc. 1845, aff. Leclerc, D. P. 46. 4. 501; Demolombe, t. 7, nos 143 et suiv.; Aubry et Rau, t. 1, § 89, p. 369, Laurent, t. 4, n° 362).

312. Dans ce système, le conseil de famille ne peut apporter à l'administration du tuteur que des restrictions qui seraient implicitement ou explicitement autorisées par un texte de loi et qui ne porteraient, par conséquent, aucune désorganisation dans le fonctionnement légal de la tutelle. C'est ainsi qu'on reconnaît au conseil de famille le droit d'imposer à la mère remariée et à son mari cotuteur l'obligation de fournir des états de situation au subrogé tuteur. C'est une application de l'art. 470 c. civ., qui n'excepte de cette obligation que le père ou la mère investi de la tutelle légale (Grenoble, 21 juin 1854, aff. Pignard, D. P. 55. 2. 227, et sur pourvoi, Req. 8 mai 1856, D. P. 56. 1. 241). C'est ainsi encore qu'il faudra reconnaître au conseil de famille le droit de déterminer l'emploi qui sera fait par le tuteur du prix des immeubles du mineur aliénés soit volontairement, soit sur licitation. En effet, les art. 457 et 460 c. civ. ne permettent pas au tuteur, fût-ce le père ou la mère, d'aliéner les immeubles du mineur sans l'autorisation du conseil de famille, qui peut indiquer, pour la vente, « toutes les conditions qu'il jugera utiles ».

313. D'autre part, de nouvelles décisions judiciaires ont été rendues en faveur du système suivant lequel les lois relatives à l'administration tutélaire ne sont considérées comme d'ordre public qu'en tant qu'elles établissent des garanties pour le mineur. — Il a été jugé que la clause d'un testament par laquelle le père est privé de l'administration légale des biens légués à son enfant mineur est valable (Civ. rej. 3 juin 1872, aff. Baraton, D. P. 72. 1. 241. V. aussi Orléans, 27 mai 1854, aff. Babenille, D. P. 55. 2. 75; Besançon, 4 juill. 1864, aff. Droz, D. P. 64. 2. 165). Dans le système opposé, cette clause eût été considérée comme contraire à l'ordre public et réputée non écrite (V. sur cette question spéciale *Rép.*, v° *Puissance paternelle*, n°s 86 et suiv., et *infrà*. eod. v°. V. aussi *suprà*, v° *Dispositions entre vifs et testamentaires*, n° 40). En matière de tutelle, il a été jugé que le père peut, sans porter atteinte à aucun intérêt d'ordre public, consentir la modification ou la restriction de certains de ses droits de tuteur légal sur les biens de ses enfants mineurs; qu'il peut, en conséquence, valablement adhérer à la délibération du conseil de famille ordonnant que le prix à provenir de la vente des immeubles du mineur ne pourra être payé qu'en présence d'un subrogé tuteur *ad hoc*, et devra être employé en rentes sur l'Etat ou en obligations hypothécaires; et, lorsque son adhésion a été donnée librement et en pleine connaissance de cause, il ne peut pas demander que cette délibération et ses effets soient considérés comme non avenus (Douai, 21 avril 1873, aff. Rohart, D. P. 74. 2. 147. Comp. en ce sens les arrêts cités au *Rép.* n° 403; Agen, 14 déc. 1830, *Rép.* n° 100; Bordeaux, 25 mars 1873, aff. de Lascazes, D. P. 75. 2. 8). La question a, d'ailleurs, perdu beaucoup d'intérêt depuis la promulgation de la loi du 27 mars 1880, sur l'aliénation et la conversion des valeurs mobilières appartenant à des mineurs; cette loi contient des dispositions spéciales sur l'emploi des capitaux des mineurs (V. *infrà*, n°s 464 et suiv.).

314. On a indiqué au *Rép.* n° 405, à quelle époque commence, pour le tuteur, l'obligation d'administrer la personne et les biens du mineur. MM. Aubry et Rau, t. 1, § 110, p. 432, et Laurent, t. 5, n° 6, décident, suivant la doctrine exposée *ibid.*, que le tuteur légal et le tuteur testamentaire n'entrent pas en fonctions du jour de l'ouverture de la tutelle, mais seulement du jour où ils ont eu connaissance de cette ouverture et se sont trouvés dans la possibilité de gérer. — On a dit au *Rép. loc. cit.* que la loi ne prescrit aucune notification pour avertir le tuteur légal absent que la tutelle lui est déférée, mais qu'une telle notification doit être faite au tuteur testamentaire. M. Laurent, *loc. cit.*, n'admet pas qu'il y ait lieu de faire une notification, soit au tuteur légal, soit au tuteur testamentaire, car la loi seule aurait pu désigner l'autorité chargée de faire cette notification et déterminer les délais pour la faire.

ART. 2. — *Des obligations du tuteur en entrant en fonctions. — Nomination du subrogé tuteur et inventaire. — Vente des meubles. — Règlement des dépenses. — Etats de situation* (*Rép.* n°s 407 à 444).

315. — I. DE LA NOMINATION DU SUBROGÉ TUTEUR ET DE L'INVENTAIRE (*Rép.* n°s 407 à 423). — Dès son entrée en fonctions, le tuteur doit faire nommer le subrogé tuteur. Dans les dix jours qui suivent celui de sa nomination, il doit requérir la levée des scellés, s'il y en a (c. civ. art. 451) (*Rép.* n° 407). — Suivant l'art. 819 c. civ., les scellés doivent être apposés à l'ouverture de toute succession, quand il y a des mineurs parmi les héritiers. Sous l'empire de cette disposition, il y avait toujours lieu d'apposer les scellés à l'ouverture de la tutelle, puisque la tutelle commence au décès du père ou de la mère. Mais les art. 910 et 911 c. proc. civ. ont dérogé au code civil; le scellé ne doit être apposé que si le mineur est sans tuteur; or, quand il s'agit d'un enfant légitime, le mineur a un tuteur, le survivant des père et mère, qui est investi de la tutelle légale (Riom, 30 nov. 1885, aff. Franceschini, D. P. 87. 2. 45; Aubry et Rau, t. 1, § 112, p. 435, note 2; Laurent, t. 5, n° 8. V. Circ. grand-juge, 5 nov. 1808, *Rép.*, v° *Scellés et inventaire*, n° 15). L'apposition des scellés n'étant requise qu'à raison de l'absence du tuteur, et la loi n'exigeant pas que le juge de paix soit présent à l'inventaire, ce magistrat doit, si le tuteur l'en requiert, lever les scellés sans description ni inventaire lorsque toutes les parties sont d'accord pour qu'il soit ainsi procédé (Arrêt précité du 30 nov. 1885). — La loi, d'ailleurs, comme on l'a dit au *Rép.* n° 407, n'attache aucune sanction à l'inobservation du délai de dix jours pour la confection de l'inventaire, sauf la responsabilité du tuteur en cas de dommages résultant du retard.

316. Si le tuteur n'a pas fait d'inventaire ou si l'inventaire est infidèle, on doit admettre que le mineur pourra prouver la consistance et la valeur de ses biens, non seulement par titres ou par témoins, mais aussi par la commune renommée, où au moyen d'un serment *in litem* qu'il offrirait de prêter conformément à l'art. 1369 c. civ. (V. en ce sens, outre les auteurs cités au *Rép.* n° 408, Aubry et Rau, t. 1, § 112, p. 436; Huc, t. 3, n° 393). — L'admission, en ce cas, de la preuve par commune renommée se fonde sur les art. 1415, 1442 et 1504 c. civ. qui permettent d'établir par ce moyen la consistance et la valeur des biens de communauté, quand le survivant des époux n'a pas fait inventaire. M. Laurent, t. 5, n° 11, conteste cette application par analogie des textes ci-dessus indiqués, et n'accorde au mineur, à défaut d'une disposition expresse de la loi, que le bénéfice du droit commun, c'est-à-dire la preuve par témoins ou même par simples présomptions, mais non la preuve par la commune renommée.

317. L'inventaire ne doit contenir que l'énumération, la description et l'évaluation des biens mobiliers. C'est ce qui résulte de l'art. 943 c. proc. civ. Aussi, bien que l'art. 451 c. civ. se serve de l'expression générale de « biens du mineur », l'inventaire ne comprend pas les immeubles, dont il est pourtant d'usage d'énoncer les titres (*Rép.* n° 409; Laurent, t. 5, n° 9). Cependant, d'après MM. Aubry et Rau, t. 1, § 112, p. 436, les immeubles doivent aussi être inventoriés (V. au surplus, *infrà*, v° *Scellés et inventaire*; *Rép.* eod v°, n°s 213 et suiv.).

318. Bien que l'art. 451 c. civ. porte que le tuteur devra faire procéder à l'inventaire dans les dix jours qui suivront *sa nomination*, expression qui n'est strictement applicable qu'au tuteur datif, la disposition de cet article est générale et ne comporte pas d'exception en faveur du survivant des père et mère (*Rép.* n° 410; Aubry et Rau, t. 1, § 112, p. 435, note 1; Laurent, t. 5, n° 9). — Mais si le tuteur vient à mourir, à se faire excuser ou à encourir la destitution, le tuteur qui le remplace n'est pas tenu de faire inventaire, s'il en a été fait un, lors de l'ouverture de la tutelle. En ce cas, le compte que l'ancien tuteur présente à son remplaçant tient lieu d'inventaire au début de la nouvelle gestion. Si, au contraire, l'ancien tuteur avait négligé de faire procéder à l'inventaire, le nouveau tuteur serait obligé d'y procéder, car le compte ne peut pas remplacer l'inventaire: il n'offre pas les mêmes garanties, puisqu'il se fait sans intervention d'un officier public et sans prestation de serment (Aubry et Rau, t. 1, § 112, p. 438, note 16; Laurent, t. 5, n° 9; Huc, t. 3, n° 391).

L'obligation de faire inventaire s'applique non seulement aux biens qui appartiennent au mineur à l'ouverture de la tutelle, mais encore à toutes successions qui peuvent échoir au mineur pendant la gestion du tuteur. Le défaut d'inventaire en ce qui concerne ces successions aurait, pour le tuteur, les mêmes conséquences que le défaut d'inventaire à son entrée en fonctions (*Rép.* n° 427; Aubry et Rau, t. 1, § 112, p. 437).

319. L'art. 451 c. civ. veut que l'inventaire soit fait en présence du subrogé tuteur. On a soutenu que le subrogé tuteur ne peut pas se faire représenter par un fondé de pouvoir (V. les auteurs cités au *Rép.* n° 414). Mais l'art. 451 n'exige pas que le subrogé tuteur soit présent en personne à l'inventaire; il lui laisse donc la faculté d'y figurer par un mandataire. D'autre part, aucune disposition générale n'impose au subrogé tuteur l'obligation de paraître en personne dans les actes pour lesquels son concours est requis (V. en ce sens : Demolombe, t. 7, n° 555 ; Aubry et Rau, t. 1, § 112, p. 436 ; Troplong, *Du contrat de mariage*, t. 2, n° 1298 ; Rodière et Pont, *Du contrat de mariage*, t. 1, n° 767).

320. Le testateur, qui institue le mineur pour héritier, peut-il dispenser le tuteur de faire inventaire? La négative doit être admise, sans distinction entre le testateur qui a des héritiers à réserve et celui qui n'en a pas (*Rép.* n° 415). En faveur de la doctrine contraire, on dit que le testateur, libre de laisser tous ses biens au tuteur, a pu, par suite, le dispenser de l'inventaire, car qui peut le plus peut le moins. M. Laurent, t. 5, n° 16, fait observer que cet adage est inapplicable quand le moins et le plus ne sont pas dans le même ordre d'idées. Le testateur pouvait sans doute donner sa fortune au tuteur, soit ; mais il l'a donnée au mineur. Peut-il, l'ayant donnée au mineur, dispenser le tuteur d'une formalité qui est établie par la loi dans l'intérêt d'un incapable, et qui est destinée à prévenir les détournements? Ce n'est pas demander si le testateur a le droit de faire le *moins* quand il pouvait faire le plus en matière de disposition à titre gratuit ; c'est demander s'il peut faire autre chose, si, parce qu'il avait le droit de disposer de sa fortune, il avait aussi celui de déroger à une loi qui est d'ordre public, en ce qu'elle garantit à l'incapable la possession de la fortune léguée contre les infidélités éventuelles de celui qui la gérera (V. aussi en ce sens : Demolombe, t. 7, n°s 548 et suiv. ; Aubry et Rau, t. 1, § 112, p. 438, note 15).

321. L'art. 451, 2e al., oblige le tuteur à déclarer dans l'inventaire, sur la réquisition qui lui en est faite par l'officier public et qui doit être mentionnée au procès-verbal, s'il lui est dû quelque chose par le mineur. Cette déclaration doit être faite à peine de déchéance. — Ainsi qu'il est dit au *Rép.* n° 416, la déchéance n'est pas encourue, si le notaire ne fait pas la réquisition prescrite par la loi. On a voulu prévenir une fraude de la part du tuteur de mauvaise foi dont la créance serait éteinte. Si la quittance existait dans les papiers du mineur et n'était pas inventoriée, le tuteur pourrait la supprimer plus tard et réclamer de nouveau le payement. Mais il ne fallait pas que la loi fût un piège pour les tuteurs honnêtes, qui, ignorant la disposition de l'art. 451 c. civ., se seraient trouvés déchus faute d'avoir déclaré dans l'inventaire une créance existant réellement. La déchéance ne sera donc encourue que si, sur la réquisition du notaire, le tuteur a refusé de répondre ou s'il a déclaré qu'il ne lui était rien dû. Sa réponse a le caractère d'un aveu auquel la loi accorde pleine foi, comme s'il avait été fait en justice (V. en ce sens, outre les auteurs et les arrêts cités au *Rép.* n° 416 : Aubry et Rau, t. 1, § 112, p. 437, note 14 ; Laurent, t. 5, n° 12 ; Baudry-Lacantinerie, t. 1, n° 1062 ; Huc, t. 3, n° 392). La déchéance n'atteint pas non plus le tuteur qui ignorait, au moment de l'inventaire, sa qualité de créancier (V. *Rép.* n° 417, et les auteurs précités).

322. Le tuteur doit déclarer non seulement qu'il est créancier du mineur, mais aussi pour quelle cause et de quelle somme (*Rép.* n° 420). Il doit faire une déclaration exacte quand la créance est liquide. Si le compte n'est pas liquidé, le tuteur ne peut être tenu qu'à déclarer le chiffre approximatif de la créance. Il sera recevable à réclamer le montant réel de la créance, fût-il supérieur à sa déclaration (*Rép.* n° 419 ; Rouen, 17 août 1839, *Rép.* n° 417).

323. Le tuteur n'est pas tenu de déclarer dans l'inventaire la créance résultant des dépenses qu'il peut avoir faites dans l'intérêt du mineur entre l'ouverture de la tutelle et la confection de l'inventaire. Ces dépenses rentrent dans le compte de tutelle et ne sont pas visées par l'art. 451 c. civ. (Aubry et Rau, t. 1, § 112, p. 437, note 12).

324. L'obligation et la déchéance imposées par l'art. 451 au tuteur ne s'étendent ni au subrogé tuteur (*Rép.* n° 422 ; Demolombe, t. 7, n° 566 ; Aubry et Rau, t. 1, § 112, p. 436, note 10 ; Huc, t. 3, n° 392), ni à la veuve tutrice légale en ce qui concerne sa dot et ses reprises matrimoniales sur la succession de son mari (*Rép.* n° 423 ; Demolombe, t. 7, n° 562 ; Aubry et Rau, *loc. cit.*).

325. Le notaire, en ne faisant pas au tuteur la réquisition prescrite par l'art. 451, commet une faute et engage sa responsabilité vis-à-vis du mineur ; mais cette responsabilité suppose, selon le droit commun, que le mineur éprouve un préjudice. Le mineur n'aura donc pas d'action en dommages-intérêts si la créance que le tuteur n'a pas déclarée et qu'il prétend se faire payer, est une créance réelle et qui n'a pas été soldée. Pour que le mineur puisse demander des dommages-intérêts au notaire, il faut qu'il prouve que la créance dont le tuteur a exigé le payement était éteinte lors de l'inventaire, et que le tuteur est insolvable (*Rép.* n° 418 ; Laurent, t. 5, n° 4 ; Huc, t. 3, n° 392).

326. — II. VENTE DES MEUBLES (*Rép.* n°s 424 à 433). — L'art. 452 c. civ. prescrit au tuteur de faire vendre aux enchères, en présence du subrogé tuteur, dans le mois qui suivra la clôture de l'inventaire, tous les meubles autres que ceux que le conseil de famille l'aurait autorisé à conserver en nature. On a agité la question de savoir si cette disposition, qui s'applique évidemment aux meubles corporels, susceptibles de détérioration et de dépréciation, devait être étendue aux meubles incorporels, tels que créances, rentes sur l'État, actions et obligations. L'affirmative a été jugée (Douai, 28 juin 1843, *Rép.* n° 454). Mais la négative était plus généralement admise (*Rép.* n°s 428 et 454 ; Aubry et Rau, t. 1, § 112, p. 439, note 23 ; Laurent, t. 5, n° 16). Cette question est aujourd'hui tranchée par la loi du 27 févr. 1880, sur l'aliénation et la conservation des valeurs mobilières appartenant aux mineurs et aux interdits (V. *infrà*, n°s 353 et suiv.).

327. Le conseil de famille peut autoriser le tuteur à conserver en nature tout ou partie des meubles. Mais peut-il obliger le tuteur à cette conservation? Suivant l'opinion exprimée au *Rép.* n° 426, le conseil est sans aucun droit à cet égard ; le tuteur peut vendre tous les meubles sans même consulter le conseil (V. en ce sens, Baudry-Lacantinerie, t. 1, n° 1063). MM. Laurent, t. 5, n° 17, et Huc, t. 3, n° 394, enseignent, au contraire, que le pouvoir du tuteur est ici subordonné à l'autorité du conseil de famille. C'est au conseil de désigner les meubles qui devront être vendus, ceux qui seront conservés. Le tuteur devra donc prendre l'avis du conseil de famille avant de procéder à la vente.

328. L'obligation de vendre les meubles concerne aussi bien les meubles qui dépendent des successions échues au mineur pendant le cours de la tutelle que les meubles existant à l'entrée en fonctions du premier tuteur (*Rép.* n° 427 ; Demolombe, t. 7, n° 585 ; Aubry et Rau, t. 1, § 112, p. 439, note 25).

329. Un testateur pourrait-il valablement dispenser le tuteur de l'obligation de vendre les meubles par lui légués au mineur, lors même que celui-ci ne serait pas son héritier à réserve? On s'est prononcé pour la négative au *Rép.* n° 425. MM. Demolombe, t. 7, n° 579, et Aubry et Rau, t. 1, § 112, p. 439, note 26, estiment aussi que cette dispense doit être traitée comme la dispense d'inventaire, et qu'on la réputera non écrite, sauf au conseil de famille à tenir compte des intentions du donateur, lorsqu'il sera appelé à désigner les meubles que le tuteur pourra conserver en nature. Mais MM. Laurent, t. 5, n° 18, et Huc, t. 3, n° 395, appliquent ici la maxime : « Qui peut le plus peut le moins ». La conservation des meubles est facultative pour le conseil de famille ; donc elle n'intéresse ni l'ordre public ni les bonnes mœurs. C'est une question d'intérêt privé. Si elle est désavantageuse pour le mineur, il en résultera seulement que le legs lui sera moins profitable. Le testateur, qui pouvait léguer une valeur de 1000 francs au mineur est libre de ne lui léguer qu'une valeur de 500 francs.

330. Les père et mère sont dispensés de l'obligation de vendre les meubles appartenant à leurs enfants mineurs, tant qu'ils en ont l'usufruit légal. Mais ils doivent faire estimer, à leurs frais et à juste valeur, ceux des meubles qu'ils veulent conserver en nature. Ils ne sont pas dispensés de cette formalité par le fait que l'inventaire contiendrait déjà une estimation de ces meubles ; l'estimation de l'inventaire n'est jamais d'une exactitude rigoureuse, parce que, les meubles devant être vendus aux enchères, leur estimation a peu d'importance. L'art. 453 c. civ. exige, au contraire, une estimation à juste valeur, parce que c'est cette valeur estimative qui sera payée au mineur, si les meubles ne sont pas restitués en nature à la fin de l'usufruit légal (*Rép.* n° 429 ; Demolombe, t. 7, n° 577 ; Aubry et Rau, t. 1, § 112, p. 440, note 28 ; Laurent, t. 5, n° 22). — L'expert est nommé par le subrogé tuteur, qui le choisit librement, même en dehors de la classe des officiers priseurs. L'art. 453 assujettit, en effet, l'expert choisi par le subrogé tuteur à prêter serment devant le juge de paix; ce ne sera donc pas nécessairement un officier public, car celui-ci serait assermenté déjà (Aubry et Rau, *loc. cit.*, note 29. *Contrà :* Demolombe, t. 7, n° 577).

L'usufruit légal cesse quand les enfants ont atteint l'âge de dix-huit ans (c. civ. art. 318). La dispense de vendre cesse alors avec la cause qui l'a fait établir. Le tuteur légal devra donc, à la fin de son usufruit, vendre les meubles que le conseil de famille ne l'autorisera pas à conserver (*Rép.* n° 429; Demolombe, t. 7, n° 576; Aubry et Rau, t. 1, § 112, p. 439; Laurent, t. 5, n° 22; Baudry-Lacantinerie, t. 1, n° 1064; Huc, t. 3, n° 395).

331. Les dispositions de l'art. 453 c. civ. sont applicables au survivant des père et mère usufruitier légal, même quand il n'est pas, en même temps, chargé de la tutelle de ses enfants mineurs. Il pourra donc conserver les meubles en nature, sans que le tuteur puisse les faire vendre et sans que le conseil de famille en ait autorisé la conservation. Mais ces meubles devront être estimés à juste valeur, aux frais de l'usufruitier légal, par un expert du choix du subrogé tuteur. A la fin de l'usufruit, la dispense cessera. L'usufruitier légal devra payer la valeur estimative ou représenter les meubles en nature. Ceux qui seront représentés seront alors vendus par le tuteur, sauf l'autorisation du conseil de famille de les conserver en tout ou en partie. Les conditions de la dispense accordée à l'usufruitier légal sont, en effet, établies par le deuxième alinéa de l'art. 453 dans l'intérêt de tous les mineurs en tutelle, que la tutelle soit gérée par le survivant des père et mère ou par un tuteur datif (Aubry et Rau, t. 1, § 112, p. 440, note 31; Huc, t. 3, n° 395).

332. L'obligation de vendre les meubles du mineur ne s'appliquerait pas au tuteur qui serait usufruitier de ces meubles en vertu d'une convention ou d'un testament. Le tuteur ne serait même pas soumis en pareil cas aux obligations spéciales dont l'art. 453 c. civ. fait la condition de la dispense accordée à l'usufruitier légal. Ici, l'usufruit du tuteur est, malgré la qualité de tuteur, soumis aux règles du droit commun (Aubry et Rau, t. 1, § 512, p. 441).

333. Quelle est la sanction de l'obligation imposée au tuteur de vendre les meubles du mineur? M. Demolombe, t. 7, n° 584, enseigne que le mineur aura le choix ou de reprendre les meubles en nature, avec des dommages-intérêts pour leur dépréciation, ou d'en réclamer l'estimation. — Mais ce droit d'option n'est pas écrit dans la loi, et la responsabilité du tuteur, à raison de la faute qu'il a commise, est régie par le droit commun. Ainsi, d'abord, on doit décider que les meubles qui existent encore à la fin de la tutelle appartiennent au mineur, et celui-ci doit les prendre en l'état où ils sont, sans pouvoir les abandonner au tuteur. Mais le mineur obtiendra la réparation du préjudice qu'il souffre par le fait du tuteur. Les dommages-intérêts comprendront d'abord la différence entre la valeur des meubles à la fin de la tutelle et leur valeur réelle à l'époque où la vente aurait dû avoir lieu. Ils comprendront, en outre, les intérêts que le prix de la vente aurait produits au mineur. Mais on devra tenir compte, en déduction de ces dommages-intérêts, de l'usage que le mineur peut avoir fait des meubles, et il arrivera parfois que leur conservation ne lui aura point causé de préjudice. Le tuteur devra encore la valeur réelle des meubles qui auront péri par cas fortuit et celle des meubles qui auront péri par l'usage, sauf déduction de la valeur estimative du profit qu'ils auront fait au mineur (*Rép.* n° 431; Demolombe, t. 7, n° 584; Aubry et Rau, t. 1, § 112, p. 439; Laurent, t. 5, n° 20; Baudry-Lacantinerie, t. 1, n° 1063). — Toutefois, il a été jugé que le tuteur qui a gardé, sans autorisation du conseil de famille, le mobilier de son pupille, peut n'être déclaré passible des intérêts de la somme représentative de ce mobilier qu'à partir de la cessation de la tutelle, et non à dater de l'époque où la vente prescrite par l'art. 452 c. civ. aurait dû être faite, s'il est constaté que l'omission qui lui est ainsi imputée n'est pas, de sa part, un acte de mauvaise gestion et n'a pas été préjudiciable au mineur (Civ. cass. 9 juill. 1866, aff. Duchamp, D. P. 66. 1. 385). Jugé aussi que le taux des intérêts dont il s'agit a pu être fixé à un chiffre inférieur au taux légal établi pour l'intérêt de l'argent, la dette ayant pour objet une chose mobilière autre qu'une somme d'argent (Même arrêt).

334. Si le tuteur n'a pas vendu les meubles dans le délai d'un mois fixé par l'art. 452, il est certain qu'il est toujours obligé de les vendre même après l'expiration de ce délai. En outre, il pourra devoir des dommages-intérêts équivalents au préjudice que ce retard a occasionné au mineur. Mais le retard seul ne prouve pas que le mineur ait été lésé, car il y a telle circonstance où le tuteur, en ajournant la vente, aura fait acte de bon administrateur (V. Douai, 26 mars 1823, sous Req. 8 déc. 1824, *Rép.* n° 427; Laurent, t. 5, n° 19).

335. Aux termes de l'art. 452 c. civ. la vente doit se faire en présence du subrogé tuteur, aux enchères reçues par un officier public et après des affiches ou des publications dont le procès-verbal de vente fera mention. Le choix de l'officier public chargé de la vente appartient exclusivement au tuteur (*Rép.* n° 430; Demolombe, t. 7, n° 580; Aubry et Rau, t. 1, § 112, p. 438, note 20). — En ce qui concerne la faculté pour le subrogé tuteur d'assister en personne à la vente ou de se faire représenter par un mandataire, V. *suprà*, n° 319, ce qui a été dit sur l'assistance du subrogé tuteur à l'inventaire. — Doit-on, pour la vente des meubles du mineur, observer, outre les règles tracées par l'art. 452, les formes exigées par les art. 617, 620 et 621 c. proc. civ., relativement aux ventes judiciaires de meubles? M. Laurent, t. 5, n° 19, estime que, la disposition de l'art. 452 étant spéciale, il n'y a pas été dérogé par les lois générales sur la procédure (V. dans le même sens, Carré et Chauveau, *Lois de la procédure*, t. 2, quest. 155). Mais l'opinion contraire est généralement admise (Demolombe, t. 7, n° 581; Aubry et Rau, t. 1, § 112, p. 439, note 21. V. au surplus, *Rép.* v° *Vente judiciaire de meubles*, n°s 18 et 21).

336. — III. Règlement des dépenses (*Rép.* n°s 434 à 444). — L'art. 454 c. civ. enjoint au conseil de famille, au début de toute tutelle autre que celle des père et mère, de régler par aperçu et selon l'importance du patrimoine du mineur, la somme à laquelle pourront s'élever annuellement sa dépense personnelle et les frais d'administration de ses biens. Des circonstances exceptionnelles, notamment la modicité et l'insuffisance des revenus du mineur, peuvent autoriser le conseil de famille à fixer les dépenses à une somme supérieure à celle des revenus, déduction faite des charges (*Rép.* n° 435; Demolombe, t. 7, n° 601, p. 382; Laurent, t. 5, n° 23, p. 27).

Cette fixation est variable pendant le cours de la tutelle (*Rép.* n° 436). Elle ne constitue pas par elle-même un traité à forfait, car le conseil ne règle la dépense que par aperçu. Le tuteur ne pourra donc porter en compte que les dépenses qu'il justifiera avoir réellement effectuées, et, d'autre part, il pourra porter en compte les sommes qu'il aura dépensées au delà du chiffre fixé par le conseil de famille; on devra lui allouer, même au delà de ce chiffre toute dépense jugée nécessaire ou même utile; les tribunaux ont à cet égard un pouvoir souverain d'appréciation. — Si le tuteur est le père ou la mère exerçant la tutelle légale en même temps que la puissance paternelle, il est dispensé de faire régler la dépense du mineur par le conseil de famille, mais tenu de supporter les frais d'entretien et d'éducation de l'enfant; alors les tribunaux, avant d'allouer au tuteur l'excédent des dépenses accusé par son compte, devront considérer s'il y a eu insuffisance des revenus de l'enfant, joints aux ressources personnelles du tuteur légal. Il a été jugé, en ce sens, que, contrairement à l'ancien droit, qui ne permettait pas au tuteur de faire pour le mineur des dépenses excédant ses revenus, l'art. 471 c. civ., en décidant que toute dépense utile suffisamment justifiée sera allouée au tuteur, laisse aux tribunaux un pouvoir absolu d'appréciation; que le bénéfice de cette disposition peut être invoqué même par le père qui a été tuteur de ses enfants; qu'en conséquence, lorsque les revenus du mineur, augmentés des ressources personnelles du père, n'ont pu suffire à son entretien et à son éducation, il y a lieu de tenir compte à celui-ci, dans de sages limites, de l'excédent des dépenses qu'il a faites pour cet objet (Lyon, 18 mai 1869, aff. Rivoire, D. P. 70. 2. 5). Il a été jugé de même, relativement au tuteur datif, qu'il est fondé à porter à son crédit, dans le compte de tutelle, les sommes qu'il a dû avancer annuellement pour subvenir aux besoins du mineur, dont le revenu personnel était insuffisant, encore bien que le conseil de famille n'ait pas été appelé à autoriser préalablement ces avances (Caen, 19 févr. 1869, et sur pourvoi, Req. 20 déc. 1869, aff. Lechartier, D. P. 71. 1. 310; Douai, 23 nov. 1874, aff. Brunet, D. P. 76. 2. 83; Paris, 29 janv. 1890, aff. Pellegrin, D. P. 91. 2. 237). — Décidé, toutefois, que le tuteur qui n'a pas été autorisé par le conseil de famille à faire, pour l'éducation du mineur, des dépenses excédant ses revenus, ne saurait élever la prétention d'absorber les capitaux du mineur afin de s'indemniser des avances qu'il aurait faites pour subvenir à ces dépenses (Req. 19 avr. 1886, aff. Pouderoux, D. P. 87. 1. 171).

337. Le conseil de famille peut, au besoin, allouer au tuteur, à titre de forfait, une somme fixe pour l'entretien et l'éducation du mineur, ainsi que pour les frais d'administration de ses biens. Il peut aussi lui abandonner, pour les mêmes causes et au même titre, le montant des revenus du pupille. Ainsi, il a été jugé que, lorsque la délibération du conseil de famille qui a nommé le tuteur lui a fait abandon de la totalité du revenu du mineur, à la condition de pourvoir à tous ses besoins et aux frais de son éducation, le tuteur n'est pas fondé à demander une plus ample allocation de dépenses, sous le prétexte que les revenus auraient diminué, s'il n'a pas provoqué sur ce point une nouvelle délibération du conseil de famille; que, de son côté, le mineur n'est pas fondé à réclamer un excédent de recettes, à moins que ses revenus n'aient reçu une augmentation de quelque importance ou que ses services n'aient été, pour le tuteur, d'une utilité que le conseil de famille n'avait pas prévue (Grenoble, 8 févr. 1866, aff. Bailly, D. P. 67. 2. 71. En ce sens, Aubry et Rau, t. 1, § 112, p. 442. *Contrà :* Laurent, t. 5, n° 24).

338. Le conseil de famille fixe également, à l'ouverture de la tutelle, les frais d'administration des biens du mineur (*Rép.* n° 438). On a critiqué, *ibid.*, l'opinion de M. Demolombe, t. 7, n° 605, qui tire, de cette disposition de l'art. 454, la conséquence que le conseil de famille peut intervenir journellement dans la conduite générale de l'administration tutélaire. M. Laurent, t. 5, n° 26, enseigne, contrairement à cette opinion, que le conseil de famille ne règle par aperçu que les dépenses d'administration à peu près invariables chaque année, telles que les frais de voyage et autres qu'un administrateur est obligé de faire, dépenses qui dépendent de la situation des biens et de leur importance. — L'art. 454 ne s'applique pas aux réparations ordinaires ou aux grosses réparations, d'abord parce qu'il est impossible de prévoir ces dépenses et d'en fixer le chiffre au commencement de la tutelle, ensuite, comme on l'a dit au *Rép. ibid.*, parce qu'il rentre dans les pouvoirs d'administration du tuteur, de décider si ces dépenses doivent être faites, de les exécuter à mesure qu'elles sont nécessaires, et de les régler sans consulter le conseil de famille.

339. Bien que la tutelle soit une charge gratuite, il est permis, dans certains cas, au conseil de famille d'allouer au tuteur, une somme annuelle à titre d'imdemnité (*Rép.* n° 441). Il a été jugé : 1° que, quoique la tutelle soit gratuite, une indemnité peut être allouée au tuteur par le conseil de famille, pour frais de gestion, alors surtout que l'administration du tuteur comprend des biens indivis entre le mineur et ses cohéritiers (Req. 18 août 1854, aff. De Roquelaure, D. P. 54. 1. 387), et que cette indemnité doit être supportée par les cohéritiers du mineur dans la proportion du profit qu'ils ont tiré de la gestion (Même arrêt); — 2° Que l'allocation d'une certaine somme au tuteur à titre de pension annuelle, alors même qu'elle paraîtrait exagérée, n'est pas une cause de nullité de la délibération d'un conseil de famille (Dijon, 14 mai 1862, aff. Godard, D. P. 62. 2. 121); — 3° Que la tutelle est une charge gratuite, en ce sens que le tuteur n'a pas droit à des émoluments, mais que le conseil de famille peut lui allouer, une somme annuelle pour les frais et dépenses occasionnés par son administration (Douai, 5 avril 1865) (1).

340. L'art. 454 c. civ. veut aussi que le conseil de famille spécifie « si le tuteur est autorisé à s'aider dans sa gestion d'un ou plusieurs administrateurs particuliers, salariés et gérant sous sa responsabilité » (*Rép.* n° 442). Le tuteur ne peut pas se substituer un mandataire général dans la gestion de la tutelle (V. *infrà*, n° 343). — Quant aux administrateurs particuliers dont le mandat individuel ne doit embrasser qu'une partie de la gestion, le tuteur peut les choisir sans que le conseil de famille intervienne pour la validité du mandat (Caen, 11 févr. 1888, aff. Nogret, D. P. 88. 2. 315). C'est pour le cas seulement où le tuteur veut faire supporter par le mineur le payement de ces mandataires, que le conseil de famille doit intervenir pour régler la dépense. — Le tuteur est responsable, dans tous les cas, des administrateurs particuliers qu'il a nommés, que le mandat soit gratuit, ou qu'il soit salarié, et quand même, en ce dernier cas, le mandat salarié a été donné avec l'autorisation du conseil de famille (V. Caen, 11 févr. 1888, précité; Demolombe, t. 7, n°s 608 et suiv.; Laurent, t. 5, n° 27; Huc, t. 3, n° 412. V. *infrà*, n° 663).

341. L'art. 454, 1er al., n'est pas applicable à la tutelle légale; en ce cas, le conseil de famille n'est pas appelé à régler par aperçu la dépense du mineur. — Le père ou la mère exerçant la tutelle légale est-il également affranchi de l'autorisation du conseil de famille quand il veut s'aider d'un ou de plusieurs administrateurs salariés? Suivant

(1) (Crinon C. Boutet, Tarlier et autres). — Après le décès du sieur Villette, interdit, des difficultés se sont élevées au sujet de sa tutelle, qui avait été exercée successivement par plusieurs personnes, et en dernier lieu par les sieurs Tarlier et Boutet. Ces difficultés ont été portées devant le tribunal de Cambrai, qui a rendu le jugement suivant : — « Attendu que le compte en discussion a pour éléments l'administration Boutet; — Attendu que ce compte est l'objet de nombreuses critiques; qu'il est allégué que l'administration des biens de l'interdit a été mauvaise, que tous les revenus n'ont pas été régulièrement touchés, que par négligence on a laissé perdre des créances, que les biens ont été loués à des prix inférieurs et sans pots-de-vin, que les tuteurs ont gardé les capitaux pour les faire valoir dans leur intérêt personnel; que néanmoins ils se sont adjugé des honoraires bien que la tutelle doive être gratuite, que de tous ces objets il y a lieu à des dommages-intérêts; — Attendu que, pour répondre à toutes ces critiques, le compte a été soumis à un redressement, qu'il a été établi année par année, que toutes les recettes annuelles et les recouvrements de créances y sont généralement portés; que, quant aux omissions qui peuvent s'y rencontrer, il a été constaté par les documents produits qu'elles concernent des créances irrecouvrables, et que les rendants-compte ont fait toutes les diligences nécessaires pour sauvegarder l'intérêt du pupille; — Attendu que les reproches de négligence et de mauvaise administration ont également disparu devant les justifications produites et devant les résultats qui ont porté les revenus du pupille de 1200 fr. à 8 000 fr., et ont laissé un capital considérable, et que rien ne prouve que les fermages auraient pu être augmentés et accompagnés de pots-de-vin, lorsque certains biens sont restés en friche, faute de locataires, les anciens, loin de vouloir subir une augmentation, ayant trouvé le fermage trop élevé; — Attendu que le tuteur a un délai de six mois pour le placement des capitaux, et qu'il a le même délai pour placer l'excédent des recettes sur les dépenses; que cet excédent ne se connaît et n'existe réellement qu'à la fin de l'année, par la balance que l'on fait des recettes et des dépenses; — Qu'on ne peut obliger un tuteur à faire la balance tous les six mois, puisque, aux termes de l'art. 470 c. civ., le conseil de famille ne peut exiger de lui qu'un état de situation par an; que ce n'est donc qu'à partir de l'arrêté de compte annuel que court le délai de six mois; — Attendu que ce délai n'est accordé que pour trouver le placement; que, si ce placement a été effectué avant l'expiration du délai, il doit être tenu compte des intérêts à partir du jour où les fonds ont été placés, le tuteur ne devant jamais s'enrichir au dépens du pupille; — Attendu que les capitaux ont été placés par compte courant, au lieu de l'être par obligation hypothécaire, mais qu'il est tenu compte des intérêts à raison de 5 pour 100; que si les tuteurs ont profité des intérêts pendant le délai de six mois; ils font néanmoins une bonne position au pupille en lui tenant compte des intérêts à un taux supérieur à celui qu'ils ont touché; — Attendu que ce mode de procéder n'a pas compromis les intérêts du pupille, puisque ses capitaux n'ont jamais cessé de produire intérêts depuis les six mois qui ont suivi leur encaissement ou leur capitalisation; que jamais un placement par hypothèque n'aurait pu obtenir un pareil résultat; qu'il est en effet notoire que, dans ce cas, il serait survenu, sinon des pertes, au moins des temps de chômages pendant lesquels les capitaux seraient restés improductifs, en attendant l'occasion d'un nouveau placement; qu'il ne faut pas oublier que cet état de choses, qui a duré plus de trente ans, a été,

l'opinion qui a été développée au *Rép.* n° 443, le deuxième alinéa de l'art. 454 n'est pas plus applicable au tuteur légal que le premier alinéa. M. Laurent fait justement observer que la question n'offre d'intérêt et ne souffre difficulté que lorsque le survivant des père et mère n'a pas la jouissance légale du bien de ses enfants. Dans le cas contraire, il est parfaitement libre de s'aider d'un administrateur salarié, puisque le salaire est à sa charge, car, usufruitier universel, il doit naturellement supporter les frais auxquels la jouissance donne lieu. Mais le survivant des père et mère est affranchi de l'autorisation du conseil de famille, lors même qu'il n'a pas la jouissance légale et que le salaire des administrateurs particuliers doit être payé sur les revenus du mineur (*Rép.* n° 443; Demolombe, t. 7, n°s 628, p. 403; Laurent, t. 5, n° 38; Huc, t. 3, n° 413).

342. — IV. ÉTATS DE SITUATION. — L'art. 470 c. civ. autorise le conseil de famille à imposer au tuteur l'obligation de remettre au subrogé tuteur, pendant le cours de la tutelle, des états de situation de sa gestion. Le conseil de famille détermine les époques auxquelles ces états devront être remis, sans que le tuteur puisse être astreint à en fournir plus d'un chaque année. — Cette obligation ne peut pas être imposée au survivant des père et mère exerçant la tutelle légale (V. *Rép.* n° 299, et *suprà*, n° 207); mais, comme on l'a dit *suprà*, n° 79, la jurisprudence est constante pour reconnaître que l'obligation dont il s'agit peut être imposée à la mère maintenue dans la tutelle en cas de convol et à son second mari cotuteur. Elle peut être imposée aussi à la mère qui, après avoir perdu la tutelle légale pour n'avoir pas convoqué le conseil de famille avant de se remarier, a été investie de la tutelle dative (V. *suprà*, n° 89).

ART. 3. — *De la gestion du tuteur pendant le cours de la tutelle* (*Rép.* n°s 445 à 578).

343. Le tuteur doit administrer par lui-même; il ne peut pas donner à un tiers le mandat général d'administrer en son nom et sous sa responsabilité toutes les affaires de la tutelle. En pareil cas, le mandataire serait responsable personnellement envers le mineur, non pas comme un simple mandataire, mais comme ayant géré lui-même la tutelle en qualité de tuteur de fait. Les actes que ce mandataire du tuteur aurait passés avec des tiers ne seraient pas, en général, opposables au mineur. Cependant ces actes pourraient être déclarés valables, quand, rentrant dans la classe de ceux que le conseil de famille doit autoriser, avec ou sans l'homologation des tribunaux, ils auraient été effectivement autorisés dans les formes prescrites par la loi, ou bien quand leur validité résulterait des principes sur la gestion d'affaires (*Rép.* n° 445; Demolombe, t. 7, n°s 198 et suiv.; Aubry et Rau, t. 1, § 88, p. 368, notes 7 et 9; Laurent, t. 5, n° 27).

Dans ses rapports avec le tuteur qui lui a abandonné l'administration des biens du mineur, la situation du mandataire est réglée non par les dispositions du titre de la tutelle, mais par les principes du mandat. Il doit rendre au tuteur le compte de sa gestion; il ne peut lui réclamer que les créances dont il justifie la réalité. Par application de cette règle, il a été jugé que, lorsqu'un tuteur a chargé un mandataire de gérer la tutelle à sa place, ce dernier n'a de recours contre lui qu'à la charge de prouver, après reddition d'un compte de mandat régulier, que le tuteur a touché une partie des valeurs pupillaires ou engagé sa responsabilité par un fait personnel; que faute d'avoir fait cette preuve, le mandataire n'est pas recevable à réclamer du tuteur une partie de la somme payée au pupille en vertu d'une transaction survenue entre ce pupille et le mandataire, à l'occasion des comptes rendus par ce dernier comme gérant unique de la tutelle et comme fondé de pouvoirs du pupille devenu majeur (Req. 23 janv. 1872, aff. Voisin, D. P. 72. 1. 196).

§ 1er. — Des actes pour lesquels le tuteur agit seul: payement des dettes, placement des capitaux, acquisition d'immeubles, intérêts des revenus, baux et réparations, créances du tuteur contre le mineur et du mineur contre le tuteur, actions judiciaires (*Rép.* n°s 446 à 493).

344. En dehors des cas pour lesquels il est spécifié que le tuteur devra se pourvoir d'une autorisation, le tuteur a qualité pour faire seul, sans formalités et sous sa responsabilité, tous les actes nécessaires ou même utiles à la conservation, à la mise en rapport et à l'augmentation du patrimoine du mineur. L'art. 450 c. civ. dit, en effet, que le tuteur « représente le mineur dans tous les actes civils ». Il peut donc faire, au nom du mineur, tous les actes qui ne lui sont pas interdits et que le mineur pourrait faire s'il était capable (*Rép.* n°s 400 et suiv. V. en ce sens: Demolombe, t. 7, n°s 529 et 597; Aubry et Rau, t. 1, § 113, p. 445 et 455; Baudry-Lacantinerie, t. 1, n° 1057; Huc, t. 3, n° 372).

M. Laurent, t. 5, n°s 40 et suiv., s'attache à la disposition de l'art. 450 d'après laquelle le tuteur doit *administrer* la fortune du mineur en bon père de famille, pour soutenir qu'en dehors des cas spécifiés par la loi, le tuteur ne trouve dans son mandat que le pouvoir de faire les actes d'administration. Il en était autrement en droit romain; cependant les empereurs finirent par défendre au tuteur les actes d'aliénation. Dans l'ancien droit français, la jurisprudence avait répudié peu à peu cet adage qui paraissait donner au tuteur un pouvoir illimité: *Le fait du tuteur est celui du mineur*. Le code civil emploie le mot *administration* dans un sens déterminé, précis, qui n'est pas l'équivalent du mot *gestion*. L'art. 125, qui accorde l'administration des biens de l'absent aux envoyés en possession provisoire; l'art. 389, qui fait du père, pendant le mariage, l'administrateur des biens personnels de ses enfants mineurs; l'art. 1428, qui confie au mari l'administration des biens personnels de la femme, ne confèrent pas à ces différents administrateurs le pouvoir d'aliéner. L'art. 1421, qui se sert de la même expression pour qualifier les pouvoirs du mari comme chef de la communauté, ajoute textuellement qu'il peut vendre les biens de communauté sans le concours de la femme. Il faut, d'ailleurs, observer que l'art. 1988 dispose que le mandat conçu en termes généraux n'embrasse que les actes d'administration, et qu'il faut un mandat spécial pour aliéner, pour hypothéquer ou faire

non une cause de ruine pour le pupille, mais une cause de véritable prospérité; que si rien ne prouve que les tuteurs se soient enrichis aux dépens de leur pupille, il est évident que leur administration, spécialement en ce qui concerne les intérêts des capitaux, a produit un résultat qui lui a été favorable; Attendu que la tutelle est gratuite, en ce sens qu'il n'est point alloué d'émoluments au tuteur, mais qu'il peut lui être attribué une somme pour les frais et dépenses occasionnés par son administration; que la somme de 350 fr. primitivement allouée a dû profiter à tous les tuteurs qui se sont succédé; que le conseil de famille n'est pas revenu sur sa délibération; que cette délibération doit être considérée comme à forfait dans l'intérêt réciproque de l'administration et de l'administré;... — Attendu que par suite du redressement de son compte, la veuve Tarlier s'est reconnue reliquataire de 7 714 fr. 35 cent.; que la prétention des ayants-compte de faire produire à cette somme des intérêts se capitalisant chaque année est inadmissible; qu'il ne s'agit pas ici de capitaux touchés pendant la tutelle, que cette somme n'est qu'un reliquat qui n'est susceptible de produire intérêts, aux termes de l'art. 474 c. civ., qu'à partir de la clôture du compte;... — Par ces motifs, etc. ».

Appel par le sieur Crinon.

LA COUR; — En ce qui touche les intérêts des capitaux et des recettes sur les dépenses; — Attendu que les comptes des deux tuteurs Tarlier et Boutet sont établis conformément aux règles posées par les art. 455, 456 et 470, c. civ.; — Que les appelants ne prouvent pas que les deux tuteurs aient pu placer à une époque antérieure à celle fixée dans leur compte, les sommes appartenant à l'interdit, ni qu'ils aient profité, dans leur intérêt personnel, de ces capitaux; — Adoptant au surplus les motifs des premiers juges; — En ce qui touche la capitalisation des intérêts du solde du compte de la tutelle Tarlier: — Attendu qu'aux termes de l'art. 474 c. civ., la somme à laquelle s'élève le reliquat dû par le tuteur porte intérêt sans demande à compter de la clôture du compte; — Que cet article est exclusif de toute capitalisation d'intérêts; — Adoptant, au surplus, les motifs des premiers juges; — En ce qui touche la somme de 350 fr. allouée annuellement aux deux tuteurs pour frais d'administration; — Adoptant les motifs des premiers juges; — Confirme, etc.

Du 5 avr. 1865.-C. de Douai, 1re ch.-MM. Dumon, 1er pr.-Morcrette, 1er av. gén.-Cirier (du barreau de Cambrai), Legrand et Talon, av.

d'autres actes de propriété. Les associés eux-mêmes qui sont pourtant propriétaires des biens composant l'actif social, ne peuvent, à défaut de conventions expresses, aliéner les choses, même mobilières qui dépendent de la société (c. civ., art. 1859 et 1860). Par une exception unique, la femme séparée de biens, dont le pouvoir sur sa propre fortune n'est qu'un pouvoir d'administration, est autorisée, par l'art. 1449, à aliéner son mobilier. Aucune exception de cette nature n'est faite en faveur du tuteur. Quant aux tiers qui traitent avec le tuteur, ils ne peuvent pas invoquer leur bonne foi, comme le veut M. Demolombe, t. 3, n° 587, pour faire déclarer valable à leur profit un acte de disposition qui serait nul dans les rapports du mineur avec son tuteur. Leur bonne foi ne peut pas déterminer les droits du tuteur. Ils savent, d'ailleurs, qu'ils traitent avec un administrateur, et ils doivent agir en conséquence (Comp. en ce sens Bordeaux, 24 juin 1859, aff. Cluzant, D. P. 59. 2. 198). — Mais ce système aurait plus d'inconvénients, en pratique, que d'avantages, à raison de la difficulté qu'il y aurait souvent à distinguer un acte de disposition d'un acte d'administration. Il a contre lui, d'ailleurs, l'art. 450 c. civ., qui est précisément le texte par lequel le code définit les pouvoirs du tuteur. Si le tuteur « représente le mineur dans tous les actes de la vie civile », on doit en conclure que le tuteur peut faire au nom du mineur tous les actes qui ne lui sont pas interdits par une disposition expresse ou implicite de la loi. Telle est aussi l'interprétation qui a prévalu en jurisprudence (V. Civ. rej. 3 févr. 1873, *infrà*, n° 354; Req. 4 août 1873, aff. Chemin de fer du Nord, D. P. 75. 5. 468; Trib. de La Rochelle, 9 juill. 1879, *infrà*, n° 357).

345. — I. DU PAYEMENT DES DETTES (*Rép.* n°s 446 à 448). — Le tuteur a le droit et le devoir d'acquitter les dettes du mineur au moyen des sommes qui sont disponibles entre ses mains ; il ne doit pas laisser exercer des poursuites contre son pupille quand la dette réclamée est légitimement due (*Rép.* n° 446). — Il a été jugé que le tuteur d'un interdit n'a pas droit au remboursement des frais et avances qu'il a faits pour contester des demandes formées par des créanciers de l'interdit, alors que ses contestations ont été repoussées et que, d'ailleurs, ces demandes étaient parfaitement et clairement justifiées (Trib. civ. Nérac, 24 févr. 1877, aff. Fauché, D. P. 78. 3. 7).

346. Le tuteur doit payer les dettes exigibles et peut payer même celles qui ne sont pas exigibles, en renonçant au bénéfice du terme, pour affranchir le mineur du payement des intérêts. Mais si la dette non exigible n'était pas productive d'intérêts, ou ne produisait qu'un intérêt inférieur au taux courant des placements de fonds, le tuteur ne devrait l'acquitter que sous la déduction de l'escompte (Demolombe, t. 7, n°s 653 et suiv.; Aubry et Rau, t. 1, § 113, p. 457; Laurent, t. 5, n° 50).

347. Le tuteur est autorisé à se payer à lui-même ce qui peut lui être dû par le mineur, sans être obligé d'appeler le subrogé tuteur à ce payement (Demolombe, t. 7, n° 656; Aubry et Rau, *loc. cit.*)

348. Le droit de payer la dette du mineur implique le droit d'en reconnaître la légitimité. Cependant le tuteur ne peut pas faire une reconnaissance de dette opposable au mineur, en ce sens qu'il ne lui appartient pas de créer par son aveu, au préjudice de son pupille, une dette dont il n'existerait pas d'autre titre. Il a été jugé, en ce sens, que la reconnaissance faite, au nom d'un héritier mineur, par sa mère tutrice, lors de l'inventaire de la succession du défunt, de la créance d'un tiers contre cette succession, n'est pas obligatoire pour le mineur (Bordeaux, 24 juin 1859, aff. Cluzant, D. P. 59. 2. 198. V. aussi *Rép.* n°s 421, 446, et v° *Obligation*, n° 508 ; Demolombe, t. 7, n°s 690 et 692; Aubry et Rau, t. 8, § 751-3°, p. 171; Laurent, t. 5, n° 54). — Mais quand l'existence de la dette du mineur est établie par un titre antérieur ou par des preuves existantes en dehors de la reconnaissance du tuteur, cette reconnaissance est valablement opposée au mineur. Le tuteur a qualité, non seulement pour faire cette reconnaissance, mais aussi pour renouveler le titre et notamment les effets de commerce desquels résulte la dette du mineur. Il a été jugé que, bien que le tuteur ne puisse obliger le mineur par voie d'emprunt ou autrement, il a néanmoins le pouvoir de reconnaître, au nom de ce dernier, les dettes préexistantes et d'en faire le règlement, pourvu qu'il n'aggrave pas la position de son pupille; qu'ainsi le tuteur peut valablement renouveler, au nom du mineur, des lettres de change souscrites par l'auteur de celui-ci, et que la preuve que les lettres de change souscrites par le tuteur au nom de son pupille ne constituent qu'un renouvellement, peut être puisée par les juges du fond dans les divers éléments de la cause, et notamment, soit dans les déclarations faites devant eux par le notaire rédacteur des lettres de change, soit dans un titre émanant de l'auteur du mineur (Civ. rej. 22 juin 1880, aff. Dupy, D. P. 80. 1. 318).

349. Le tuteur peut aussi concourir au règlement du compte ayant pour objet de déterminer le montant de la dette et de la liquider. Il a été jugé : 1° que les règlements de compte faits par le tuteur pour son pupille ont la même force que s'ils avaient été faits, à l'époque de sa majorité, par ce pupille lui-même, qui ne peut, dès lors, en demander la revision que dans les cas de revision autorisés entre majeurs (Req. 25 nov. 1861, aff. Sinivassa Campadamodely, D. P. 62. 1. 131); — 2° Que le règlement des sommes dont le pupille est créancier ou débiteur, est un acte de simple administration qui n'excède pas les pouvoirs du tuteur (Grenoble, 11 janv. 1864, aff. Pallavicino, D. P. 65. 2. 57: — 3° Que le tuteur peut rendre seul un compte de tutelle dû par le mineur du chef de son auteur, qui lui-même était tuteur d'autres mineurs, et constituer son pupille débiteur du reliquat, lorsque, d'ailleurs, la gestion n'a soulevé aucune question de responsabilité, et lorsque aucun des articles du compte n'a été l'objet d'un redressement (Besançon, 16 janv. 1891, aff. Fernot, D. P. 91. 2. 279. V. toutefois, en sens contraire, Laurent, t. 5, n° 54).

350. L'arrêt de la cour de Grenoble du 11 janv. 1864 cité *suprà*, n° 349 décide même que non seulement le tuteur peut éteindre les dettes au moyen des fonds disponibles, mais qu'il peut encore valablement consentir une cession de meubles ou de créances appartenant au mineur, à titre de payement par compensation des dettes du pupille. Mais cette décision peut donner prise à de justes critiques. D'une part, les meubles corporels ne peuvent être vendus, par le tuteur, aux termes de l'art. 452 c. civ., qu'aux enchères et avec des formalités spéciales. Or la dation en payement n'est autre chose qu'une vente dépourvue des formes exigées par la loi. D'autre part, en ce qui concerne les meubles incorporels, c'était, avant la loi du 18 févr. 1880, une question controversée de savoir si le tuteur pouvait les aliéner sans l'autorisation du conseil de famille et s'il était obligé de suivre, pour leur aliénation, les formalités prescrites par l'art. 452 c. civ. (V. *infrà*, n° 353).

351. — II. DU DROIT DE RECEVOIR LES CAPITAUX ET D'EN DISPOSER, AVANT LA LOI DU 27 FÉVR. 1880 (*Rép.* n°s 449 à 452). — Selon l'économie des dispositions du code civil, qui ont été modifiées, comme on le verra *infrà*, § 2, par la loi du 27 févr. 1880, le tuteur a le droit de disposer seul, et sans autorisation du conseil de famille, des capitaux appartenant au mineur. Les actes passés par le tuteur pour l'emploi de ces capitaux sont donc opposables au mineur, et si le placement a été fait avec prudence, le tuteur n'est pas responsables des pertes et des cas fortuits que le mineur doit supporter. Le tuteur peut faire l'emploi des capitaux et des revenus capitalisables, soit en acquisitions immobilières, soit en achat de rentes sur l'Etat, soit en placements sur particuliers, avec ou sans cautions ou garanties hypothécaires. Il n'y a d'exception à la règle qu'en ce qui concerne le prix des immeubles aliénés volontairement ou sur licitation, au sujet desquels il appartient, soit au conseil de famille, soit aux tribunaux, de prendre toutes mesures utiles et notamment de prescrire un mode d'emploi déterminé (c. civ. art. 457, 4e al.; *Rép.* n° 450 ; Demolombe, t. 7; n°s 569 et suiv.; Aubry et Rau, t. 1, § 113, p. 459, note 64; Laurent, t. 5, n°s 59 et suiv.). — L'appréciation de la responsabilité du tuteur, en ce qui concerne l'emploi, appartient souverainement aux tribunaux. Ainsi, il a été jugé : 1° que le placement, fait par un tuteur entre les mains d'un notaire, de capitaux appartenant à son pupille, a pu être considéré, d'après les circonstances, et notamment à raison de la solvabilité notoire de ce notaire et de la fréquence de ces sortes de placements à l'époque où il a eu lieu, comme un emploi suffisant pour mettre le tuteur à l'abri de toute responsabilité, sans que cette appréciation des faits puisse tomber sous la censure de la cour de cassation (Req. 10 déc. 1851, aff. Lambour, D. P. 52. 1. 152); — 2° Que le fait de la part d'un tuteur de laisser en dépôt dans l'étude d'un notaire, pendant plusieurs années, une somme d'argent appartenant à son pupille, peut, selon les circonstances, être considéré comme une faute lourde qui le rende responsable de la perte de cette somme dans le cas où le notaire vient à faire de mauvaises affaires (Nancy, 7 févr. 1861, aff. Barbier, D. P. 61. 2. 200): — 3° Que le tuteur peut faire seul l'emploi des capitaux appartenant au pupille, et qu'il n'est pas responsable de l'insolvabilité des emprunteurs survenue depuis les placements, alors qu'il s'en est rapporté pour leur sécurité au notaire de la famille, et qu'il a fait pour les mineurs ce qu'il aurait fait pour lui-même (Douai, 24 juin 1881) (1).

352. — III. REMPLACEMENT MILITAIRE (*Rép.* n° 453). — V. *infrà*, v° *Organisation militaire;* — *Rép.* eod. v°, n°s 400 et suiv.

353. — IV. ALIÉNATION DES MEUBLES INCORPORELS AVANT LA LOI DU 27 FÉVR. 1880 (*Rép.* n°s 454 à 457). — Les controverses auxquelles cette question a donné lieu, et qui ont abouti à la promulgation de la loi du 27 févr. 1880, sont exposées au *Rép.* n°s 454 et suivants. Il est généralement admis que l'art. 452 c. civ. n'est applicable qu'à la vente des meubles corporels (V. *suprà*, n° 326). Le tuteur n'a donc pas à recourir aux enchères publiques, ni aux formes prescrites par cet article, pour l'aliénation des meubles incorporels. Mais le tuteur a-t-il besoin de l'autorisation du conseil de famille pour aliéner les valeurs mobilières de son pupille? Sur ce point, voici quel était l'état de la jurisprudence au moment où la loi de 1880 a été promulguée.

354. Relativement à la cession des *créances* et des *fonds de commerce* appartenant à des mineurs, la cour de cassation avait jugé que le tuteur ne peut pas céder seul, et sans l'assistance du conseil de famille, les créances non exigibles de son pupille, une telle cession n'ayant pas le caractère d'un acte d'administration, surtout pour en affecter le prix au payement de ses propres dettes (Civ. cass. 12 déc. 1855, aff. Fourmand, D. P. 56. 1. 18). Mais, postérieurement, les deux chambres de la cour de cassation ont adopté une jurisprudence contraire; elles ont décidé : 1° que le tuteur peut procéder à la vente des créances et marchandises faisant partie d'un fonds de commerce et liquider ainsi ledit fonds, sans remplir les formalités prescrites par l'art. 452 c. civ., sauf, toutefois, la responsabilité personnelle qu'il peut encourir s'il n'a pas agi au mieux des intérêts des mineurs (Req. 21 juill. 1873, aff. Veuve Ducharne, D. P. 74. 1. 264); — 2° Que l'aliénation des meubles ou droits incorporels n'est pas assujettie aux formalités prescrites par l'art. 452 c. civ. concernant la vente des meubles des mineurs; spécialement que le tuteur peut employer librement, et sans prendre l'avis du conseil de famille, le mode de vente qui lui paraît le plus avantageux, pour vendre un fonds de commerce appartenant à des mineurs; et que ce pouvoir d'agir seul et sans formalités appartient au tuteur, même quand la vente comprend du matériel et des marchandises (Civ. rej. 3 févr. 1873) (2).

355. Relativement à la vente des *droits de propriété littéraire ou artistique* et à la cession des *offices*, V. *Rép.* n°s 454 et suiv.

356. En ce qui concerne *les rentes sur l'Etat*, la loi du 24 mars 1806, art. 3, accordait au tuteur le droit de transférer, au cours du jour, les inscriptions de rente n'excédant par 50 fr.; passé ce taux, il devait obtenir l'autorisation du conseil de famille. Ces dispositions avaient été rendues applicables aux actions de la Banque de France par le décret du 25 sept. 1813 (*Rép.* n° 456). La délibération du conseil de famille qui autorisait la vente d'une rente de plus de 50 fr. n'avait pas besoin d'être homologuée (Paris, 24 déc. 1860, aff. Trouvé, D. P. 61. 5. 513).

357. Les *rentes sur particuliers* pouvaient être cédées

---

(1) (Corteyn-Pidoux C. Pidoux.) — Le sieur Pidoux, oncle de la dame Corteyn-Pidoux avait, en qualité de tuteur datif de celle-ci pendant sa minorité, laissé entre les mains de Me Boulanger, notaire, les fonds revenant à sa pupille. Me Boulanger étant tombé en déconfiture, le tuteur comprit, dans son compte de tutelle, les obligations hypothécaires que le notaire avait fait souscrire au profit de la mineure. Mais, plusieurs des débiteurs se trouvant insolvables, la dame Corteyn ne voulut pas accepter ces obligations et actionna son tuteur comme responsable de l'insolvabilité des débiteurs. Le tribunal de Montreuil-sur-Mer refusa d'accueillir la demande de la dame Corteyn, par les motifs suivants : — « Attendu que la seule difficulté restant à vider entre les parties consiste à décider si Pidoux-Arquembourg, ayant à tenir compte à la dame Corteyn-Pidoux de la somme de 7010 fr. 27 cent. pour reliquat de son compte de tutelle, est fondé ou non à lui offrir jusqu'à concurrence de sa quote-part, qui est de 2681 fr. 06 cent., les obligations résultant de placements faits par lui, en sa qualité de tuteur, en l'étude de Me Boulanger, notaire à Fruges, suivant actes authentiques énumérés au compte de tutelle rendu devant Me Saunier, notaire à Fruges, le 30 avr. 1880; — Attendu qu'en règle générale, le tuteur peut faire seul l'emploi des fonds appartenant à ses mineurs; qu'aucun texte ne détermine la forme ou le mode de cet emploi, il s'ensuit que le tuteur peut, sous sa responsabilité personnelle, le faire de la manière qui lui paraît la plus utile et la plus avantageuse pour ses mineurs; qu'il en résulte encore que les prêts faits par le tuteur, même sans caution ni hypothèque, pourraient ne pas engendrer de responsabilité contre lui, lors même que les débiteurs seraient ensuite devenus insolvables, si, au moment du prêt, les circonstances étaient telles qu'il n'y aurait eu aucune imprudence de sa part et qu'un bon père de famille eût agi comme lui; — Attendu qu'il résulte des faits du procès et des pièces, qu'après le décès des père et mère de la dame Corteyn-Pidoux, en 1865, le défendeur a été chargé du soin de sa tutelle et de celle de ses frères et sœurs; qu'il a, depuis cette époque et jusqu'au 5 juin 1875, placé les fonds appartenant à ses pupilles entre les mains de débiteurs divers dont le nombre s'élève à seize, suivant actes passés en l'étude de Me Boulanger, notaire à Fruges, la plupart de ces placements étant garantis par une hypothèque; — Attendu que Pidoux-Arquembourg déclare que, pour la sécurité de ces placements, il s'en est rapporté au notaire de la famille, Me Boulanger, jouissant alors de la considération et de la confiance générale, et qu'il a fait pour ses pupilles ce qu'il aurait fait pour lui-même; — Attendu que, dans ces circonstances, Pidoux-Arquembourg, qui n'est qu'un simple artisan dont la bonne foi n'est pas douteuse, puisque, dans le compte de tutelle de deux de ses pupilles, il a pris pour son propre compte leur part dans ses mêmes obligations et les a réglées en espèces, ne peut être rendu responsable de l'insolvabilité survenue d'un ou de plusieurs des débiteurs; — Par ces motifs, le tribunal donne acte à Pidoux-Arquembourg de l'offre par lui faite à la dame Corteyn-Pidoux des seize obligations dont s'agit, jusqu'à concurrence de sa quote-part, dans chacune de ces obligations, et jusqu'à concurrence de 2681 fr. 06 cent., pour solde de son compte de tutelle, déclare cette offre valable et libératoire. — Appel par les époux Corteyn-Pidoux.

LA COUR; — Adoptant les motifs des premiers juges; — Confirme, etc.

Du 24 juin 1881.-C. de Douai, 2e ch.-MM. Duhem, pr.-Chaloupin, av. gén.-D'Hooghe et Maillard, av.

(2) (Robin C. Beauvallet, Foulon et Gaigé). — Le sieur Beauvallet, tuteur des mineurs Vincent, avait vendu, le 12 janv. 1860, par acte sous seing privé, aux sieurs Foulon et Gaigé, deux fonds de commerce à Linas et à Longjumeau, provenant aux mineurs de la succession de leur père. Cette vente, qui comprenait l'achalandage et le matériel nécessaire à l'exploitation des deux fonds était faite pour le prix de 45 000 fr. Par d'autres actes du même jour, les marchandises avaient été vendues aux mêmes pour 80 111 fr., et les lieux affectés à l'exploitation commerciale leur avaient été loués pour douze ans, moyennant 3 000 fr. par an. La mineure Vincent ayant épousé le sieur Robin et se trouvant émancipée par son mariage, Beauvallet lui rendit son compte de tutelle le 25 janv. 1860. Mais ce compte ne fut pas accepté par les époux Robin, qui demandèrent, tant contre le tuteur Beauvallet que contre Foulon et Gaigé, la nullité des actes de vente et de location du 12 janv. 1860, comme ayant été faits à vil prix, en fraude des droits des mineurs Vincent et sans l'observation des formalités prescrites par l'art. 452 c. civ., pour la vente des meubles appartenant aux mineurs. Ces actes furent, en effet, annulés par un jugement du tribunal civil de Corbeil, en date du 24 mars 1870. Mais, sur appel, la cour de Paris, par arrêt du 29 août 1871, réforma ce jugement et déclara les époux Robin mal fondés dans leur demande. Pourvoi en cassation par les époux Robin. — 1er moyen : Violation des art. 450 et 452 c. civ., en ce que l'arrêt attaqué a validé les ventes de fonds de commerce et de marchandises appartenant à des mineurs, bien que ces ventes aient été faites par le tuteur de gré à gré et sans l'autorisation du conseil de famille. — 2e moyen :... (sans intérêt).

LA COUR; — Sur le premier moyen du pourvoi, tiré des art. 450 et 452 c. civ. : — Attendu que les défendeurs soutiennent qu'il

sans l'autorisation du conseil de famille (Trib. civ. La Rochelle, 8 juill. 1879) (1).

358. Il en était de même des *actions, intérêts ou obligations des sociétés civiles ou commerciales* (*Rép.* n° 457 ; Trib. Seine, 14 janv. 1859, aff. Meunier, D. P. 59. 3. 47 ; Demolombe, t. 7, n° 595 ; Aubry et Rau, t. 1, § 113, p. 461 ; Buchère, *Traité des valeurs mobilières*, n° 375). Jugé, toutefois, en sens contraire, que le tuteur ne peut aliéner les actions industrielles appartenant au mineur qu'en observant les formalités prescrites par l'art. 452 c. civ. (Saint-Denis, 25 mai 1866, sous Civ. cass. 29 juin 1869, aff. Morange, D. P. 69. 1. 369). Cet arrêt a été cassé, sans que la cour suprême ait été appelée à se prononcer sur la validité de l'aliénation, le pourvoi n'ayant pas relevé de ce chef un moyen de cassation. La cour de cassation a seulement décidé qu'en pareil cas, le mineur, devenu majeur, qui demande la nullité de l'aliénation d'actions industrielles à lui appartenant, irrégulièrement faite par son tuteur, ne peut réclamer la restitution des dividendes touchés par l'acquéreur que déduction faite de ce que celui-ci, en vertu de la garantie qui lui est due, a le droit de retenir du chef du vendeur, et, spécialement, que déduction faite des dividendes que le tuteur, usufruitier légal des biens du mineur, aurait eu le droit de percevoir à son profit.

359. Les tribunaux qui, ainsi qu'on vient de le voir, reconnaissaient au tuteur le pouvoir d'aliéner les titres appartenant au mineur sans l'autorisation du conseil de famille, ne pouvaient pas être plus rigoureux relativement à la *conversion des titres nominatifs en titres au porteur*. Il a été jugé : 1° que la conversion en titres au porteur, de titres nominatifs d'actions ou d'obligations appartenant au pupille, est un des actes que le tuteur peut faire sans le concours du conseil de famille (Trib. Seine, 10 mai 1870, aff. Rabeau, D. P. 70. 3. 103; Paris, 11 déc. 1871, même affaire, D. P. 72. 2. 75); que, par suite, la compagnie qui a reçu en dépôt des titres appartenant à un mineur, contre délivrance d'un certificat indicatif des numéros, ne peut, au cas où le retrait est demandé par le tuteur, en subordonner la remise à la justification d'une décision approbative du conseil de famille (Mêmes jugement et arrêt). La chambre des requêtes rejeta le pourvoi formé contre l'arrêt de la cour de Paris par ce double motif que la conversion du titre nominatif en titre au porteur, n'implique, pas plus que l'opération réciproque, l'aliénation du titre converti, et que, aucune loi n'imposant au tuteur l'obligation de consulter le conseil de famille avant d'aliéner les meubles incorporels du mineur autres que les rentes sur l'Etat et les actions de la Banque de France, on comprend que la loi n'ait pas exigé pour la conversion plus de garanties qu'elle n'en a établi pour l'aliénation (Req. 4 août 1873, aff. Compagnie du chemin de fer du Nord, D. P. 75. 1. 468). Cet état de la jurisprudence appela la réforme législative de 1880 (V. *infrà*, § 2).

---

est non recevable : 1° parce qu'il y aurait chose jugée sur le grief qu'il soulève ; 2° et parce qu'il est nouveau ; — En ce qui concerne la chose jugée ; — Attendu que les appels principaux interjetés tant par Beauvallet, ancien notaire, que par Foulon et Gagié, remettaient en question la demande des époux Robin, avec tous les moyens sur lesquels elle était fondée ; — Que, par suite, les intimés, qui avaient obtenu gain de cause pouvaient, sans être tenus de former un appel incident, invoquer tous ces moyens devant la cour d'appel, même ceux qui n'avaient pas été admis par le jugement ; — Qu'on ne peut trouver dans les termes des conclusions par lesquelles les intimés ont demandé la confirmation du jugement, en une renonciation à invoquer l'inaccomplissement des formalités prescrites par l'art. 452 c. civ., comme une cause de nullité de la vente, ni un acquiescement susceptible de donner au jugement qui a rejeté ce grief dans ses motifs, l'autorité de la chose jugée; — En ce qui concerne la seconde branche de la fin de non-recevoir : — Attendu que le moyen, tiré de l'inobservation des prescriptions de l'art. 452 c. civ., reposait uniquement sur une violation de la loi et constituait ainsi un moyen exclusivement de droit que la cour d'appel pouvait, alors même qu'il n'aurait pas été expressément reproduit devant elle, reprendre et apprécier ; — Qu'il résulte de l'arrêt attaqué que la cour de Paris a non seulement examiné ce moyen, mais qu'elle l'a repoussé, puisqu'elle a, sur ce point, et en tant que de besoin, adopté les motifs des premiers juges ; — Qu'à tort donc les défendeurs prétendent qu'il n'a pas été déféré aux juges qui ont rendu l'arrêt attaqué et qu'il est nouveau ; — Rejette la fin de non-recevoir ; — Au fond : — Attendu que l'administration dévolue au tuteur dans les termes les plus généraux, par l'art. 450 c. civ., lui donne le pouvoir de faire, comme représentant du mineur, tous les actes concernant la gestion de son patrimoine, sans autres restrictions que celles résultant des dispositions qui exigent expressément l'autorisation du conseil de famille et des textes qui prescrivent l'accomplissement de certaines formalités ou conditions ; qu'en regard de ces pouvoirs, le législateur, pour sauvegarder les intérêts du mineur, a placé la responsabilité du tuteur pour les dommages résultant d'une mauvaise gestion ; — Attendu, d'une part, qu'aucune disposition de la loi n'impose au tuteur l'obligation de se pourvoir de l'autorisation du conseil de famille pour vente des meubles, autres que les rentes sur l'Etat et les actions de la Banque de France ; — Qu'il peut donc, en vertu de la généralité de ses pouvoirs, procéder, seul et sans autorisation, à toutes les ventes mobilières ; — Attendu, d'un autre côté, qu'aucun texte n'oblige le tuteur à observer, pour la vente des meubles incorporels, des formes particulières, telles que des enchères reçues par officier public, après affiches et publications ; — Qu'en effet, les prescriptions de l'art. 452 c. civ. ne sont point applicables aux ventes de meubles ou droits incorporels, mais seulement à celles des meubles corporels que le conseil de famille n'a pas autorisé le tuteur à conserver en nature, parce qu'ils seraient sans utilité pour le mineur et qu'ils pourraient, pendant la durée de la tutelle, occasionner des frais d'entretien, ou subir des détériorations ; — Attendu qu'un fonds de commerce est un meuble incorporel ; — Que si la vente qui en est faite comprend le plus souvent du matériel et des marchandises, c'est que ces objets mobiliers forment un accessoire nécessaire à son exploitation, et qu'il y a entre eux et le fonds de commerce une corrélation intime et une indivisibilité de valeur qui ne permettent pas de les séparer sans de graves inconvénients et un préjudice certain pour le vendeur ; — Qu'une telle vente, lorsqu'elle a quelque importance, entraîne souvent aussi des contrats accessoires, tels que, cession de bail, stipulation de délais pour le payement et de garantie que ne comportent pas les ventes de meubles faites dans les formes et sous les conditions restrictives exigées par la loi dans le cas où elles ont lieu en exécution de ses prescriptions, ou sous l'autorité de la justice ; — D'où il suit que l'arrêt attaqué, en jugeant que Beauvallet avait pu, pour la vente du fonds de commerce appartenant aux mineurs Vincent, employer librement et sans consulter le conseil de famille, le mode de vente qui lui avait paru le plus avantageux, n'a violé ni l'art. 450 ni l'art. 452 c. civ. ; — Sur le second moyen... (sans intérêt) ;

Par ces motifs, rejette les deux premiers moyens du pourvoi ;...

Du 3 févr. 1873.-Ch. civ.-MM. Laborie, pr.-Greffier, rap.-Blanche, 1er av. gén.-c. conf.-Sabatier, Bosviel et Renault-Morlière, av.

(1) (Savary C. Turgué.) — LE TRIBUNAL ; — Attendu que Turgué a fait commandement à Savary d'avoir à lui payer : 1° pour cinq années d'arrérages qu'il disait échues du 25 mars 1878, 225 fr. ; 2° le principal d'une rente perpétuelle, 900 fr. ; 3° les intérêts courus du 25 mars 1878 jusqu'au payement mémoire ; 4° frais faits, 115 fr. ; 5° le coût du commandement, 48 fr. 80 cent. ; en tout, 1288 fr. 80 cent. ; — Qu'à la suite du commandement ainsi fait à Savary, et resté infructueux, Turgué a procédé aux formalités de saisie immobilière ; que le cahier des charges pour parvenir à la vente a été déposé au greffe et que notification de ce dépôt a été faite au débiteur saisi ; que Savary a constitué avoué et signifié des conclusions par lesquelles il prétend que c'est sans droit que Turgué lui a fait commandement et a saisi ses immeubles, et demande, en conséquence, au tribunal de déclarer la saisie nulle, ordonner la radiation de la transcription de la saisie et le condamner pour le préjudice à 200 fr. de dommages-intérêts ; — Attendu en fait que Turgué est devenu propriétaire, en vertu d'un acte cession-transport reçu Lambert, notaire à Aigrefeuille, le 23 juin 1878, à lui consenti par les consorts Guineau, et moyennant une somme de 400 fr., d'une rente annuelle et perpétuelle au capital de 900 fr., due par moitié entre Savary et Marcel ; — Attendu, en droit, que c'est une erreur de prétendre que la vente d'une rente sur particuliers appartenant à des mineurs doit être précédée d'affiches, par analogie de l'art. 452 c. civ., ou de l'autorisation du conseil de famille et de l'homologation du tribunal, par analogie de l'art. 457 du même code ; que la vérité est que, ni l'art. 542, ni l'art. 457 ne s'occupent des biens incorporels des mineurs ; qu'il peut y avoir à cet égard une lacune dans le code mais qu'il n'appartient pas au tribunal de la combler : que la loi spéciale dont on a parlé n'a en vue que les actions de la Banque de France et les rentes sur l'Etat ; que, dans le silence des textes, il semble juridique d'admettre que la loi, voyant dans le tuteur le représentant général du patrimoine pupillaire, le regarde comme capable de faire seul et sans formalités, à l'égard des tiers, les actes pour lesquels il n'est exigé ni conditions, ni formalités, etc.

Du 8 juill. 1879.-Trib. civ. La Rochelle.

360. — V. MAINLEVÉE D'INSCRIPTION. — V. *Rép.* n° 458.

361. — VI. ACQUISITIONS D'IMMEUBLES AVEC LES CAPITAUX DU MINEUR, AVANT LA LOI DU 27 FÉVR. 1880 (*Rép.* n°s 459 à 460). — Ainsi qu'on l'a exposé au *Rép.* n° 459, il est certain que, jusqu'à la loi du 27 févr. 1880, le tuteur a pu, sans autorisation du conseil de famille, faire des acquisitions d'immeubles à titre d'emploi des capitaux de son pupille. En principe, le mineur était tenu d'accepter cet emploi : il ne pouvait pas, devenu majeur, demander contre les tiers la nullité ou la rescision des actes d'acquisition, ni laisser les immeubles acquis au compte du tuteur (V. outre les auteurs cités au *Rép.* n° 459 ; Demolombe, t. 7, n°s 673 et suiv. ; Aubry et Rau, t. 1, § 113, p. 459 ; Laurent, t. 5, n° 60). Il en était, toutefois, autrement, en cas de collusion entre le tuteur et les vendeurs (Demolombe, t. 7, n° 652 ; Aubry et Rau, *loc. cit.*).

Mais le tuteur pouvait-il, sans l'autorisation du conseil de famille, faire pour son pupille des acquisitions d'immeubles, quand il n'avait pas entre les mains la somme nécessaire pour en acquitter le prix ? Quel était le sort de l'acquisition, si le prix était encore dû, en tout ou en partie, lors de la cessation de la tutelle ? On a dit au *Rép.* n° 460, qu'en principe, les acquisitions à terme excédaient les pouvoirs du tuteur, et que, par conséquent, le mineur pouvait les répudier (V. en ce sens : Demolombe, t. 7, n° 677 ; Laurent, t. 5, n° 60). Suivant MM. Aubry et Rau, t. 1, § 113, p. 459, note 65, de semblables acquisitions devaient être maintenues si, commandées par les nécessités d'une bonne administration, elles avaient eu lieu dans l'intérêt bien entendu du mineur. La cour de cassation s'est prononcée en faveur de ce dernier système (Req. 5 janv. 1863, aff. Noël, D. P. 63. 1. 77). Jugé, toutefois, qu'un tuteur n'avait le droit d'acquérir à crédit des immeubles pour le compte de son pupille, en dehors de l'autorisation du conseil de famille, qu'à la condition formelle que ces acquisitions fussent des actes de sage administration ; et qu'il y avait lieu d'annuler les achats d'immeubles dont le prix ne pouvait être acquitté à l'aide du patrimoine actuel du pupille ou d'espérances prochainement réalisables (Nancy, 9 mai 1885, aff. Chiny, D. P. 86. 2. 134). — Au regard du vendeur, le même arrêt décidait qu'aucune condamnation en garantie ne pouvait être prononcée contre le tuteur, à raison de la nullité des acquisitions, lorsque ce vendeur, n'ignorant pas la qualité du tuteur, avait traité avec lui en connaissance de cause et pris part à l'acte irrégulier (Comp. *Rép.* n° 738).

362. Les conditions dans lesquelles le tuteur pouvait acquérir des immeubles au nom du mineur ont-elles été modifiées par la loi du 27 févr. 1880 ? V. *infrà*, n°s 470 et suiv.

363. — VII. EMPLOI DES INTÉRÊTS PRODUITS PAR LES REVENUS ET OBLIGATION DE PLACER LES CAPITAUX, AVANT LA LOI DU 27 FÉVR. 1880 (*Rép.* n°s 441 à 474). — D'après l'art. 455 c. civ., le tuteur doit, en entrant en fonctions, faire déterminer, par le conseil de famille, la somme à laquelle commencera pour lui l'obligation d'employer l'excédent des revenus sur la dépense. Cet emploi devra être fait dans le délai de six mois ; passé ce délai, le tuteur devra les intérêts de la somme non employée. Le tuteur doit donc les intérêts, non pas à compter du jour où il a touché les sommes restées sans emploi, mais seulement à compter de l'expiration du délai de six mois (*Rép.* n°s 463 et suiv. ; Aubry et Rau, t. 1, § 112, p. 443, note 37 ; Laurent, t. 5, n° 28 ; Baudry-Lacantinerie, t. 1, n° 1068 ; Huc, t. 3, n° 413). — Faute d'avoir fait déterminer par le conseil de famille la somme à laquelle commencera pour lui l'obligation d'employer l'excédent du revenu sur la dépense, le tuteur devra les intérêts de toute somme non employée, quelque modique qu'elle soit (c. civ. art. 456).

364. L'application des art. 455 et 456 suppose nécessairement que les sommes non employées constituent un excédent des revenus sur la dépense. Le tuteur n'a pas à demander le règlement prescrit par l'art. 455 et n'a pas de placement à faire, si le revenu du mineur suffit à peine à son entretien (*Rép.* n° 462). Il ne peut y avoir excédent des revenus, et par conséquent le tuteur ne peut devoir des intérêts au mineur, que lorsque, tous comptes faits et toutes dépenses payées, le tuteur conserve un reliquat actif. Ainsi, les dépenses se payant au fur et à mesure qu'il y a lieu de les faire, et les revenus ne se percevant pas toujours régulièrement aux époques de leur échéance, la balance des revenus et des dépenses ne peut pas s'établir pendant le cours de l'année. Quel sera donc le point de départ du délai de six mois ? Il faut rejeter comme arbitraire la décision suivant laquelle la balance du compte doit être arrêtée chaque semestre (V. Rouen, 17 févr. 1842, *Rép.* n° 632). Il y a lieu également d'écarter le système qui fait courir le délai de six mois à compter de la remise au subrogé tuteur des états de situation (V. Bruxelles, 20 juill. 1826, *Rép.* n° 468). Les états de situation sont facultatifs. Le conseil de famille peut ne pas les imposer au tuteur ou ne les prescrire qu'à des intervalles de deux ou trois ans. C'est donc à la fin de chaque année que le tuteur fera le compte des recettes et des dépenses. L'excédent de recettes, s'il y en a, sera placé dans les six mois, s'il atteint le chiffre déterminé par le conseil de famille. A défaut de détermination provoquée par le tuteur, celui-ci devra l'intérêt de l'excédent, quel qu'en soit le chiffre, à compter de l'expiration du délai de six mois (V. en ce sens, Laurent, t. 5, n° 31).

Il a été jugé que, bien que le tuteur qui n'a pas fait déterminer par le conseil de famille la somme à laquelle doit commencer l'emploi, soit passible, après un délai de six mois, des intérêts de toute somme non employée, quelque modique qu'elle soit, ce délai doit être prolongé d'après les circonstances, s'il s'agit de fruits ou de redevances qui ne peuvent se percevoir exactement aux échéances fixées (Besançon, 1er avr. 1863, aff. Veuve Lomont, D. P. 63. 2. 93). Il semblerait plus exact de dire qu'en pareil cas, le délai d'emploi reste fixé à six mois ; mais que ce délai doit être calculé en tenant compte non pas du jour où la perception devait être faite, mais seulement du jour où elle a été réellement faite ou du moins possible à faire. Toutefois, un arrêt a décidé que le délai de six mois, donné au tuteur pour faire emploi de l'excédent des revenus sur la dépense, court du jour même de l'encaissement des revenus par le tuteur (Orléans, 13 nov. 1890, aff. Gouté, D. P. 91. 2. 357).

365. Quant au délai dans lequel le placement des capitaux doit être opéré, il y avait controverse avant la loi du 27 févr. 1880. On avait proposé d'appliquer au tuteur les art. 1065 et 1066 c. civ., au chapitre *Des substitutions*, qui accordent au grevé un délai de six mois pour placer les deniers qui se trouvent dans l'hérédité, et un délai de trois mois seulement pour placer les capitaux remboursés pendant le cours de la substitution. Mais la matière des substitutions est exceptionnelle. On admettait généralement que les art. 455 et 456 étaient applicables ; le tuteur avait donc un délai de six mois pour faire l'emploi des capitaux. Mais il n'y avait pas lieu d'attendre, pour le calcul du délai, le règlement annuel des recettes et des dépenses ; car, les dépenses devant se payer sur les revenus, les capitaux doivent être placés, sans qu'il y ait à se préoccuper de la balance à faire entre les revenus et les dépenses du mineur ; le capital que perçoit le tuteur excède nécessairement la dépense puisqu'il ne doit pas servir à la payer (V. Gand, 21 mai 1833, *Rép.* n° 469 ; Demolombe, t. 7, n° 619 ; Laurent, t. 5, n° 33). La question est aujourd'hui résolue par la loi du 27 févr. 1880, qui oblige le tuteur à faire emploi des capitaux dans un délai de trois mois (V. *infrà*, n° 464).

366. Suivant l'opinion exprimée au *Rép.* n° 471, les intérêts des sommes non employées cessent de courir à partir de la majorité du pupille et, dès lors, le tuteur, quoique conservant encore par devers lui les fonds appartenant à ce pupille et ne lui rendant pas compte de sa gestion, n'est plus tenu que des mêmes intérêts qu'un mandataire qui aurait employé à son usage les sommes à lui confiées. Depuis les arrêts qui ont été cités au *Rép.* n° 470, la question a divisé la jurisprudence. — D'une part, il a été jugé conformément à notre opinion : 1° que le tuteur qui a continué après la majorité de son pupille l'administration des biens de celui-ci, ne doit que les intérêts simples des sommes dont il n'a pas fait emploi, par application des règles de la gestion d'affaires et à titre de dommages-intérêts, et non l'intérêt des intérêts, dû seulement, en vertu de l'art. 456 c. civ., à l'égard des sommes touchées pendant le cours de la tutelle (Dijon, 17 janv. 1856, aff. Simonin, D. P. 56. 2. 94) ; — 2° Que les intérêts ne sont pas dus par le tuteur pour les capitaux du mineur dont il n'a pas fait emploi, après que le mineur a atteint sa majorité, bien que le compte de la tutelle n'ait pas été rendu (Besançon, 1er avr. 1863, aff. Veuve Lomont, D. P. 63. 2. 93); — 3° Que les intérêts des capitaux du mineur, dont il n'a pas été fait emploi par le tuteur, cessent de courir pendant l'intervalle compris entre la fin de la tutelle et l'apurement du compte (Caen, 7 juill. 1871, aff. Dieu-Labrasserie, D. P. 72. 2. 204. V. en ce sens : Demolombe, t. 8, nos 23 et suiv.; Laurent, t. 5, n° 35). — Mais il a été jugé, en sens contraire : 1° que les intérêts sont dus par le tuteur pour les capitaux du mineur dont il n'a pas fait emploi même après que le mineur a atteint sa majorité, tant que le compte de tutelle n'a pas été rendu (Agen, 3 mai 1862, aff. Dissès, D. P. 62. 2. 16); — 2° Que les art. 455 et 456 c. civ., d'après lesquels les revenus du mineur non employés dans les six mois de leur réception portent intérêt de plein droit à partir de l'expiration de ces six mois, pour ce qui excède la somme fixée par le conseil de famille ou pour toute somme quelconque à défaut de cette fixation, est applicable même aux revenus perçus après la majorité ou l'émancipation du pupille et jusqu'à la reddition du compte de tutelle (Civ. cass. 9 juill. 1866, aff. Duchamp, D. P. 66. 1. 387; Rouen, 29 mars 1870, aff. Jouen, D. P. 73. 2. 70; Paris, 31 mars 1876, *infrà*, n° 617; 13 déc. 1877, aff. Routtier, D. P. 78. 2. 71). Jugé, toutefois, que l'obligation de faire emploi cesse à la mort du tuteur; que ses héritiers ne sont comptables que des sommes par lui dues au jour de son décès, et que les intérêts de ces sommes ne peuvent courir contre eux qu'en vertu d'une demande en justice (Arrêt précité du 13 déc. 1877).

Au surplus, la question se rattache à cette autre question plus générale de savoir si les obligations du tuteur cessent de plein droit en même temps que ses fonctions par l'événement de la majorité du pupille, même quand il a conservé de fait et sans rendre compte, postérieurement à cet événement, l'administration du patrimoine pupillaire (V. *infrà*, n° 570; *Rép.* nos 580 et suiv.).

367. Si le tuteur a employé à son profit les deniers pupillaires, il encourt l'application de l'art. 1996 c. civ. aux termes duquel « le mandataire doit l'intérêt des sommes qu'il a employées à son usage, à dater de cet emploi ». La preuve que le tuteur a employé les deniers pupillaires à son profit est à la charge du mineur, comme elle est d'ordinaire à la charge du mandant vis-à-vis de tout mandataire. Quand cette preuve est faite, le tuteur doit les intérêts légaux de la somme qu'il s'est appliquée. Il doit aussi les intérêts des intérêts, sans pouvoir prétendre qu'en vertu de l'art. 1154 c. civ., il faut, soit une convention expresse, soit une demande en justice, pour les faire courir. En effet, le tuteur est soumis à la règle spéciale de l'art. 455 c. civ.; il doit les intérêts de tous les intérêts dont il est débiteur. Or, il est débiteur des intérêts des sommes qu'il n'a pas placées dans le délai de six mois, à compter de l'expiration de ce délai. Il est également débiteur des intérêts des deniers qu'il a employés à son profit, à dater de cet emploi. Il doit donc les intérêts de ces derniers intérêts aussi bien que ceux des premiers (Lyon, 19 août 1853, aff. Collon, D. P. 54. 2. 165; Demolombe, t. 7, n° 613; Laurent, t. 5, n° 29).

368. Les dispositions des art. 455 et 456 c. civ. sont applicables, ainsi qu'il est dit au *Rép.* n° 473, à l'administration du tuteur légal; mais cette application n'a lieu que si le père ou la mère n'ont plus l'usufruit légal des biens du mineur. Il a été jugé, en effet, que le père tuteur et usufruitier légal a le droit de toucher les capitaux dus à ses enfants mineurs et, par exemple, la part leur revenant dans le prix d'une licitation, sans être tenu de fournir caution ou de faire emploi de la somme à recevoir; qu'en conséquence les débiteurs des mineurs ne peuvent résister à la demande en payement formée contre eux par le père tuteur, sous le prétexte de l'insolvabilité de celui-ci (Nîmes, 10 mai 1855, aff. Grégut, D. P. 55. 2. 182. V. en ce sens, Laurent, t. 5, n° 39). — Jugé, d'ailleurs, que la règle suivant laquelle, passé le délai de six mois, le tuteur doit les intérêts des sommes dont il n'a pas fait emploi, peut recevoir exception à l'égard du tuteur légal, eu égard au peu de valeur des biens soumis à son administration et en présence de l'impossibilité démontrée qu'il ait pu régulièrement opérer de six mois en six mois la capitalisation des revenus et en retirer de cette manière un profit personnel (Poitiers, 8 juin 1859, aff. Gadiou, D. P. 59. 2. 215. Comp. les arrêts cités *suprà*, n° 364).

369. On a dit au *Rép.* n° 445 et *suprà*, n° 343 que si le tuteur avait confié à un tiers, ce qu'il n'a pas le droit de faire, le mandat général d'administrer en son nom et sous sa responsabilité toutes les affaires de la tutelle, ce mandataire serait tenu vis-à-vis du mineur de toutes les obligations de son mandant. Il devrait compte au pupille, non pas en qualité de simple mandataire, mais comme ayant géré la tutelle en qualité de tuteur de fait. Nul doute que les dispositions des art. 455 et 456 ne soient applicables à cette gestion. Mais cette application suppose que le mandataire a consenti à se mettre aux lieu et place du tuteur et à supporter les charges imposées à celui-ci. Elle n'aura pas lieu si le mandataire n'a accepté que la gestion de certaines affaires spéciales et déterminées. En ce sens, il a été jugé : 1° que si, pendant la tutelle naturelle et légale de la mère, un tiers a fait, auprès d'elle, les fonctions d'un *negotiorum gestor* officieux, ce dernier n'est pas tenu comme tuteur, mais comme simple mandataire, et qu'en cette qualité il ne devra les intérêts des deniers pupillaires, relativement aux sommes employées à son usage, qu'à dater de cet emploi, et relativement à celles dont il est reliquataire, qu'à partir de la mise en demeure, en conformité de l'art. 1996 c. civ. Paris, 31 mars 1876, *infrà*, n° 617); — 2° Que l'administrateur particulier, gérant seulement une partie de la fortune mobilière du mineur, sous la responsabilité du tuteur et comme mandataire de celui-ci, n'est pas tenu, comme le tuteur, des intérêts composés et n'est soumis qu'aux obligations d'un simple mandataire, mais qu'il ne peut de son côté invoquer contre le mineur que la prescription trentenaire et non la prescription décennale édictée par l'art 475 c. civ. en faveur du tuteur (Req. 3 juill. 1877, aff. Consorts Lainé, D. P. 78. 1. 56).

370. — VIII. BAUX DES BIENS DU MINEUR (*Rép.* nos 475 à 483). — Les dispositions des art. 1418, 1429 et 1430 du titre *Du contrat de mariage*, relatifs aux baux des femmes mariées, sont déclarées applicables aux baux des biens de mineurs par l'art. 1718 c. civ. L'art. 1429 c. civ. ne limite pas la durée des baux que le mari peut faire des biens de sa femme pendant la communauté. Seulement, après la dissolution de la communauté, les baux de plus de neuf ans, conclus par le mari, ne seront obligatoires pour la femme ou pour ses héritiers que pour le temps restant à courir de la période de neuf ans dans laquelle le preneur se trouvera à cette époque. En est-il absolument de même des baux de plus de neuf ans passés par le tuteur? En d'autres termes, les baux sont-ils valables, sauf le droit, pour le mineur devenu majeur, ou ses héritiers, de faire réduire le bail à long terme que le tuteur aurait consenti pendant sa gestion? Plusieurs auteurs résolvent la question négativement. Le bail de plus de neuf ans, dit-on, est considéré en quelque sorte comme un acte d'aliénation. Le terme de neuf ans est la limite extrême des baux qu'il est permis de passer à ceux qui louent le bien d'autrui (Marcadé, sur l'art. 460, n° 3; Demante, t. 1, n° 535; Demolombe, t. 1, nos 639 et suiv.). Le bail de plus de neuf ans serait donc, suivant l'opinion de ces auteurs, entaché d'une nullité radicale, et le tuteur, dit M. Demolombe (*loc. cit.*), « aurait le droit et le devoir de former cette demande en nullité *pendant le cours de la tutelle*, car il représente le mineur et il doit exercer, en son nom, toutes ses actions ». Cette thèse semble contraire aux dispositions rapprochées des art. 1718 et 1429. Le tuteur ne peut pas faire des baux qui obligent le pupille pour plus de neuf ans; en conséquence, les baux consentis pour une plus longue durée doivent être réduits à ce laps de temps; mais, aux termes de la loi, ce droit de réduction ne s'ouvre qu'à la fin de la tutelle, comme celui de la femme commune ne prend naissance qu'à la dissolution de la communauté. Jusqu'à sa majorité, le pupille n'a donc pas d'action, et par conséquent, le tuteur n'a ni le droit ni le devoir d'exercer une action qui n'existe pas encore. Cette solution a été adoptée par la cour de cassation. Elle a jugé que les baux faits par le tuteur, des biens de son pupille, sont valables, quelle qu'en soit la durée, sous la seule réserve du droit qui s'ouvre pour le pupille, à l'époque seulement de sa majorité, de ne les exécuter que pour la période de neuf ans commencée à cette époque; qu'en conséquence, ces baux, quoique faits pour plus de neuf ans, sont obligatoires pendant toute la durée de la minorité, et qu'ils ne peuvent, dès lors, être annulés durant cette période, comme dépassant les pouvoirs du tuteur, sur la demande, par exemple, d'un nouveau tuteur nommé après destitution de celui qui les a consentis (Req. 7 févr. 1865, aff. Fournier, D. P. 65. 1. 219. V. en ce sens : Aubry et Rau, t. 1, § 113, p. 458, note 62; Laurent, t. 5, n° 47; Huc, t. 3, n° 381). — Le tuteur ne pourrait donc pas, pendant la durée de sa gestion, demander la réduction de ces baux, ni s'opposer à leur exécution. A plus forte raison le preneur n'est-il pas recevable à les critiquer (V. aussi *suprà*, v° *Contrat de mariage*, n°s 491 et suiv.).

371. Les baux, de quelque durée qu'ils soient, passés ou renouvelés plus de trois ans avant l'expiration des baux courants, s'il s'agit de biens ruraux, et plus de deux ans avant la même époque, s'il s'agit de maisons, ne sont pas obligatoires pour le mineur ou ses ayants droit, à moins que leur exécution n'ait commencé avant la cessation de la tutelle. Telle est en effet la règle que l'art. 1430 c. civ. établit en ce qui concerne les baux passés par le mari pendant la communauté, et que l'art. 1718 déclare applicable aux baux passés par le tuteur. — Il a été jugé que les dispositions des articles 1718 et 1430 c. civ., d'après lesquelles le tuteur ne peut renouveler les baux des biens du mineur plus de trois ans avant l'expiration du bail courant, s'il s'agit de biens ruraux, et plus de deux ans avant la même époque, s'il s'agit de maisons, ne s'applique pas à une promesse de renouvellement qui a été déclarée, par une appréciation souveraine du juge du fait, se rattacher directement au bail, faire corps avec lui et en former le complément (Civ. rej. 22 févr. 1870, aff. Mercier, D. P. 70. 1. 100). — Les renouvellements, passés dans les limites fixées par l'art. 1430, lieraient le mineur lors même que l'exécution n'en devrait commencer qu'après sa majorité (Demolombe, t. 7, n° 641; Aubry et Rau, t. 1, § 113, p. 458, note 61; Laurent, t. 5, n° 48. — *Contrà :* Duranton, t. 3, n° 545; Zachariæ, § 113, note 8). « L'opinion de ces derniers auteurs, font justement observer MM. Aubry et Rau (*loc. cit.*), contraire au texte des art. 1718 et 1430, doit être rejetée, puisqu'elle enlèverait au tuteur les moyens de faire profiter le mineur des circonstances favorables qui se présenteraient pour la relocation de ses biens ».

372. Relativement à la location des coupes de bois, il faut distinguer entre les bois mis en coupes réglées et les bois de haute futaie. La location des bois mis en coupes réglées est considérée par tous comme une véritable location, quand ces coupes font partie des produits annuels d'un domaine et sont louées comme un accessoire de ce domaine. Si les coupes sont louées séparément, c'est, suivant les uns, une location, suivant les autres, une vente de mobilier; et les auteurs sont en désaccord sur le point de savoir si cette vente est assujettie ou non aux formalités de l'art. 452 (*Rép.* n° 479). — Quant aux bois de haute futaie, ils font partie intégrante de l'immeuble. Il ne saurait donc être question de les louer séparément du domaine. Ils peuvent être vendus, mais alors le tuteur devra se conformer à l'art. 457 c. civ. qui règle les ventes immobilières. Il a été jugé que le tuteur, fût-il usufruitier légal, ne peut, soit en l'une, soit en l'autre de ces qualités, ni abattre, ni vendre ces arbres (Caen, 18 nov. 1863, *infrà*, n° 570).

373. Le tuteur a-t-il le droit de stipuler que le preneur payera par anticipation les loyers ou fermages? On a cité au *Rép.* n° 480 les autorités et les arrêts qui se sont prononcés dans le sens de la négative. Telle est aussi l'opinion de MM. Aubry et Rau, t. 1, § 113, p. 453, note 29. Mais nous avons soutenu la thèse contraire (*Rép.* n° 480. V. dans le même sens, Laurent, t. 5, n° 49).

374. Comme on l'a dit au n° 481 du *Répertoire*, le tuteur ne peut pas louer en son nom, et comme un preneur ordinaire, les biens de son pupille, à moins que le conseil de famille n'ait autorisé le subrogé tuteur à lui en passer bail. Telle est la disposition de l'art. 450 c. civ. — Le tuteur pourrait-il, au lieu de louer les biens du mineur, les cultiver par lui-même? La question est controversée; on a donné (*Rép.* n° 482), les motifs qui ne permettent pas de reconnaître au tuteur cette faculté (*Contrà :* Laurent, t. 5, n° 45). Tout au moins, le tuteur, pour exploiter lui-même, devrait se faire autoriser par le conseil de famille (Arg. art. 450).

375. Le tuteur règle, comme il le juge convenable, les conditions des baux. La loi ne lui prescrit l'observation d'aucune forme spéciale : ni affiches, ni acte notarié, ni autorisation du conseil de famille, ni mise aux enchères. Il peut traiter de gré à gré, et la preuve de la convention est régie par le droit commun (*Rép.* n° 483; Aubry et Rau, t. 1, § 113, p. 458; Laurent, t. 5, n° 46). Le tuteur a, du reste, seul qualité pour donner à bail les immeubles du pupille. La cour de cassation a fait l'application de ce principe dans un cas où un tuteur de mineurs avait loué aux enchères des biens indivis entre ses pupilles et leur mère interdite; la location a été déclarée nulle vis-à-vis de cette dernière, qui n'y avait pas été représentée par son propre tuteur (Civ. cass. 5 avr. 1882, aff. Loncq, D. P. 82. 1. 310).

376. — IX. MESURES CONSERVATOIRES. — Les incapables peuvent faire tous actes conservatoires; à plus forte raison, le tuteur peut-il les faire. Le mari, administrateur des biens de la femme, est, en vertu de l'art. 1428, responsable de tout dépérissement de ces biens, causé par défaut d'actes conservatoires. La même responsabilité pèse sur le tuteur (V. *Rép.* n°s 400 et suiv.).

Ainsi le tuteur a le droit et le devoir d'interrompre la prescription. La citation en justice est un des actes interruptifs de la prescription; mais l'art. 2247 c. civ. décide que l'interruption est non avenue si la citation est nulle en la forme. D'autre part, le tuteur ne peut pas, sans l'autorisation du conseil de famille, former une demande immobilière au nom du mineur. Si la demande est formée sans autorisation préalable du conseil de famille, la citation sera-t-elle nulle? On reconnaît généralement que l'art. 2247 est inapplicable en l'espèce. Le défendeur pourra seulement exiger, au cours de l'instance, que le tuteur produise l'autorisation. A défaut par le défendeur d'avoir exigé cette production, le mineur seul pourrait se prévaloir de l'irrégularité commise. La citation interrompra donc dans tous les cas la prescription (V. *Rép.* n° 492; Demolombe, t. 7, n° 687; Laurent, t. 5, n° 43; Huc, t. 3, n° 443).

377. — X. RÉPARATIONS (*Rép.* n° 484). — Le tuteur peut faire, sans aucune autorisation du conseil de famille, non seulement les réparations d'entretien, mais même les grosses réparations, pourvu qu'elles soient vraiment nécessaires et qu'elles soient exigées par la conservation des biens du mineur, en un mot, que, sous prétexte de réparations, le tuteur n'ait pas entrepris une construction nouvelle. A ces conditions, le traité que le tuteur aura passé avec des tiers pour l'exécution des réparations sera obligatoire pour le mineur, sans qu'il y ait lieu de distinguer si le tuteur avait en mains des fonds suffisants pour solder ces réparations ou si les engagements qu'il a pris entament le capital (*Rép.* n° 484; Aubry et Rau, t. 1, § 113, p. 456, note 50; Laurent, t. 5, n° 44). — Mais le tuteur peut-il employer les deniers pupillaires à des constructions nouvelles ou à des améliorations à faire aux immeubles du mineur? Pour l'affirmative on a fait observer que la loi ne prescrit au tuteur aucun mode particulier de placement (V. en ce sens : Demolombe, t. 7, n° 652; Aubry et Rau, t. 1, § 113, p. 459, notes 64 et 65). Pour la négative, on a répondu que les améliorations et constructions nouvelles sont un acte de propriétaire plutôt que d'administrateur; que la plus-value qui en résulte est rarement l'équivalent de la dépense faite, et qu'on ne peut considérer ces dépenses comme un placement (Laurent, t. 5, n° 62). Aujourd'hui le tuteur qui veut faire un tel placement est-il tenu d'observer les formalités exigées par la loi du 27 févr. 1880 pour l'emploi des capitaux des mineurs? V. *infrà*, n°s 470 et suiv.

378. — XI. CRÉANCES DU TUTEUR CONTRE LE MINEUR ET DU MINEUR CONTRE LE TUTEUR (*Rép.* n°s 485 à 491). — Comme on l'a dit au *Rép.* n° 487 et *suprà*, n° 347, le tuteur, s'il est créancier du mineur, et surtout si sa créance est productive d'intérêts, peut se payer lui-même. Il n'est pas obligé d'appeler le subrogé tuteur à ce payement (V. les arrêts cités au *Rép.* n° 485. *Adde :* Aubry et Rau, t. 1, § 113, p. 458; Laurent, t. 5, n° 56). Mais quand le tuteur n'a pas à sa disposition les sommes nécessaires pour se remplir des avances qu'il a faites pour le compte du mineur, peut-il poursuivre son remboursement pendant le cours de la tutelle? Il faut distinguer : Si la créance du tuteur provient de causes étrangères à l'administration de la tutelle, le tuteur peut se faire rembourser comme tout autre créancier. Si, au contraire, la créance a pour cause la gestion elle-même, par exemple si le tuteur a dépensé pour le mineur plus qu'il n'a reçu, la question est controversée. D'après certains auteurs, le tuteur peut demander au conseil de famille l'autorisation de vendre les biens du mineur pour se rembourser, et, en cas de refus, il a le droit de se pourvoir devant le tribunal contre la délibération (Demolombe, t. 8, n° 49; Laurent, t. 5, n° 56). On a, au contraire, décidé au *Rép.* n° 486, que le tuteur qui a fait volontairement des avances n'a d'autre moyen de s'en récupérer que de les porter dans son compte de tutelle.

Il a été jugé, en ce sens : 1° que le remboursement des avances faites par le tuteur pour le mineur ne peut être réclamé avant l'apurement du compte de tutelle, ni par le tuteur, ni par le syndic de la faillite du tuteur, alors surtout que la créance du tuteur, est inférieure aux créances du pupille contre lui (Rouen, 14 juin 1870, aff. Langlois, D. P. 72. 2. 142); — 2° Que, lorsque le tuteur a fait des avances pour son pupille, la créance qui en résulte n'est qu'un des éléments du compte de tutelle; que, dès lors, la cession que le tuteur a consentie de cette créance n'a d'effet à l'égard du mineur qu'autant qu'il ressort du compte un reliquat actif suffisant au profit du tuteur (Req. 9 déc. 1874, aff. Jandard, D. P. 75. 1. 411. — V. aussi les arrêts cités, *infrà*, n° 379.

379. Les avances que le tuteur a faites pour le compte du mineur sont-elles productives d'intérêts? M. Demolombe, t. 8, n° 47, enseigne que le tuteur peut faire régler sa créance par le conseil de famille et qu'elle produira intérêt à partir de ce règlement. Mais le conseil de famille n'a pas qualité pour attribuer des intérêts à la créance du tuteur. — Cette opinion écartée, il reste à décider si les intérêts courront du jour des avances constatées, conformément à l'art. 2001 c. civ. ou seulement du jour de la demande en justice. M. Laurent, t. 5, n° 57, soutient que ce dernier système, contraire à l'équité, est cependant celui du code civil. Dans l'ancien droit, la plupart des coutumes n'accordaient au tuteur l'intérêt de ses avances qu'à partir de la demande qu'il formait après la clôture des comptes. Telle était aussi la jurisprudence du parlement de Paris (Ferrière, *Dictionnaire de droit*, v° *Intérêts des avances;* Merlin, *Rép.* v° *Intérêts*, § 2, n° 6). Dans les pays de droit écrit, le tuteur avait droit aux intérêts de ses avances, comme tout autre mandataire (Domat, *Lois civiles*, liv. 2, t. 1, sect. 6, n° 5). Or, le deuxième alinéa de l'art. 474 est ainsi conçu : « Les intérêts de ce qui sera dû au tuteur par le mineur ne courront que du jour de la sommation de payer qui aura suivi la clôture du compte ». L'art. 474 consacre ainsi la règle admise dans les pays de droit coutumier, de préférence à celle des pays de droit écrit. Cet article déroge en conséquence à la disposition générale de l'art. 2001 (V. dans le même sens Huc, t. 3, n° 383); le tuteur est traité autrement que le mandataire ordinaire. C'est en ce sens que la jurisprudence s'était fixée d'abord (V. Lyon, 16 févr. 1835, *Rép.* n° 487, et v° *Puissance paternelle*, n° 151; Civ. rej. 11 nov. 1851, *Rép.* n° 623). Mais un revirement s'est opéré depuis la publication du *Répertoire*. L'opinion suivant laquelle le tuteur a droit aux intérêts à partir de chacune des avances qu'il a faites, semble définitivement consacrée. En ce sens, il a été jugé : 1° que le tuteur est fondé à porter à son crédit, dans le compte de la tutelle, les sommes qu'il a dû avancer annuellement pour subvenir aux besoins du mineur dont le revenu personnel se trouvait insuffisant, encore bien que le conseil de famille n'aurait pas été appelé à autoriser préalablement ces avances; qu'il a le droit d'y porter, en même temps, les intérêts de chacune de ces sommes à partir du jour où il l'a déboursée; qu'on estimerait à tort que ces intérêts ne peuvent courir avant la sommation de payer que la loi prescrit de faire au pupille après l'arrêté des comptes (Req. 20 déc. 1869, aff. Lechartier, D. P. 71. 1. 309); — 2° Que les avances faites par une mère tutrice pour l'entretien et la nourriture de son pupille sont productives d'intérêts à partir du jour où elles ont eu lieu (Caen, 6 janv. 1872, aff. Fichet, D. P. 74. 5. 523); — 3° Que le tuteur peut réclamer le remboursement des avances qu'il a faites pour l'éducation et l'instruction du mineur, si elles ont été utiles et ont profité à ce dernier, bien qu'elles n'aient pas été préalablement autorisées par le conseil de famille; qu'il a droit aux intérêts de ces avances, à dater du jour où il les a faites, la règle de l'art. 474 c.civ. étant inapplicable en pareil cas (Douai, 23 nov. 1874, aff. Casier, D. P. 76, 2. 83. V. aussi *infrà*, n° 590).

380. La créance du tuteur contre son pupille peut-elle s'éteindre par compensation, conformément à l'art. 1290? V. *infrà*, v° *Obligation*, et *Rép.* eod. v°, n° 2692.

381. — XII. ACTIONS JUDICIAIRES (*Rép.* n°s 492, 506 et suiv., 511 et suiv., 515). — Le tuteur représente le mineur dans tous les actes de la vie civile, que ces actes soient judiciaires ou extrajudiciaires. Il lui appartient donc, en principe, d'après la nature même de la mission qui lui est confiée, d'exercer seul, et sous sa responsabilité personnelle, tous les droits et actions du mineur, soit en introduisant en son nom des demandes en justice, soit en défendant à celles qui seraient intentées contre lui, soit en poursuivant, par voie d'exécution forcée, la réalisation des droits qui lui appartiennent. D'une manière générale, le tuteur peut donc se passer de l'autorisation du conseil de famille pour ester en justice au nom du mineur. Ce n'est que par exception, dans les cas prévus par la loi, qu'il a besoin de cette autorisation.

382. — 1° *Actions mobilières*. — Le tuteur peut introduire, sans autorisation, les actions mobilières (*Rép.* n° 492; Pau, 26 mai 1879, aff. Veuve Citrain, D. P. 80. 2. 131; Huc. t. 3, n° 442; Aubry et Rau, t. 1, § 114, p. 463; Laurent, t. 5, n° 66).

383. — 2° *Actions possessoires*. — Il a le même droit relativement aux actions possessoires, parce que ces actions, quoique immobilières de leur nature, n'ont qu'un caractère conservatoire et ne compromettent pas le fond du droit. C'est ainsi que l'art. 1428 c. civ. oblige le mari, administrateur des biens de la femme, à former les actions possessoires, tandis qu'il ne lui permet pas d'intenter les demandes immobilières (*Rép.* n°s 492 et 526; Demolombe, t. 7, n° 688; Aubry et Rau, t. 1, § 114, p. 464; Laurent, t. 5, n° 43; Baudry-Lacantinerie, t. 1, n° 1082; Huc, t. 3, n° 442).

384. — 3° *Actions en partage*. — Il faut excepter des actions mobilières que le tuteur peut introduire seul, les actions qui ont pour objet le partage d'une succession, d'une communauté entre époux ou d'une société, même purement mobilière; ces actions sont assimilées par la loi aux actions immobilières, en ce sens que le tuteur doit, pour les exercer, obtenir l'autorisation du conseil de famille (c. civ. art. 465. V. *Rép.* n° 515 et, *infrà*, n° 506).

385. — 4° *Demandes concernant l'état du mineur*. — *Divorce*. — *Séparation de corps*. — La loi ne s'est pas expliquée relativement aux actions qui concernent l'état du mineur. Le tuteur a qualité pour les exercer, c'est du moins l'opinion commune; mais doit-il être préalablement autorisé par le conseil de famille? L'affirmative semble certaine, si l'on observe qu'il résulte de l'ensemble des dispositions du code civil concernant la protection du mineur, notamment des art. 175, 182, 468 et 510 c. civ., que, pour tout ce qui intéresse le mineur, soit quant à sa personne, soit quant à son état, le tuteur ne peut agir qu'avec l'autorisation du conseil de famille. D'autre part, si l'art. 464 exige cette autorisation pour les actions immobilières, c'est parce que, suivant nos anciennes traditions, ces actions ont été considérées comme plus importantes que les actions mobilières; or il est manifeste que les actions qui concernent l'état du mineur offrent un intérêt encore supérieur à celui des actions immobilières. — Cependant la nécessité d'une autorisation du conseil de famille n'est pas acceptée par tous les auteurs. L'autorisation, dit-on, n'a lieu que dans les cas spécifiés par la loi. En dehors de ces cas exceptionnels, la règle générale que le tuteur agit seul au nom du mineur reprend son empire (Paris, 21 août 1841, *Rép.* n° 506; Demolombe, t. 7, n° 694).

Un troisième système a été présenté par M. Laurent, t. 5, n° 82. Les actions concernant l'état du mineur, les demandes en divorce et en séparation sont, suivant cet auteur, si étroitement attachées à la personne, qu'elles ne peuvent être formées que par le mineur lui-même en son propre nom. Contrairement à cette opinion, la cour de Bastia et la cour de cassation ont reconnu au tuteur de l'interdit le droit de demander la nullité du mariage contracté par l'interdit en état de démence (V. Bastia, 8 févr. 1888, aff. Agostini, D. P. 88. 2. 317, et sur pourvoi, Civ. rej. 17 févr. 1890, D. P. 90. 1. 290). Il y a lieu de remarquer, d'ailleurs, que les demandes en divorce et en séparation de corps ne peuvent jamais être introduites par le mineur en tutelle, car le mineur est de droit émancipé par le mariage (V. *infrà*, n° 685). — Ces demandes peuvent-elles être formées par le mineur émancipé assisté de son curateur, sans autorisation du conseil de famille? V. *suprà*, v° *Divorce*, n° 115. Peuvent-elles être formées par le tuteur de l'interdit sans autorisation? V. *suprà*, v° *Divorce*, n°s 117 et suiv.

386. — 5° *Défense.* — Le tuteur peut, sans autorisation, défendre aux actions qu'il ne lui est pas permis d'introduire sans cette condition, notamment aux demandes en partage, aux actions immobilières, à celles qui concernent l'état du mineur (V. *Rép.* n° 492 et 525; Demolombe, t. 7, n°s 680 et 710; Aubry et Rau, t. 1, § 114, p. 463; Laurent, t. 5, n° 66; Huc, t. 3, n° 444).

387. — 6° *Voies d'exécution.* — Le tuteur peut aussi, sans autorisation, diriger des poursuites mobilières ou immobilières contre les débiteurs du mineur (Bruxelles, 12 nov. 1806, cité au *Rép.* n° 524; Aubry et Rau, t. 1, § 114, p. 463; Laurent, t. 5, n° 82). Cependant, pour former une demande tendant à la conversion en vente volontaire d'une poursuite sur saisie immobilière, ou pour se joindre à une pareille demande, le tuteur doit être autorisé par le conseil de famille (c. proc. civ. art. 744; Aubry et Rau, t. 1, § 114, p. 463, note 3).

388. — 7° *Appel.* — Le tuteur a-t-il besoin de l'autorisation du conseil de famille pour interjeter appel? V. *suprà*, v° *Appel civil*, n°s 90 et suiv.; *Rép.* cod. v°, n° 482. — Dans tous les cas, l'exception tirée de ce que le tuteur a, sans autorisation du conseil de famille, interjeté appel d'un jugement intéressant les droits immobiliers du mineur, est tardive si elle est proposée après la signification des conclusions au fond (Bordeaux, 22 mai 1889, aff. Gomy, D. P. 90. 2. 284. V. *suprà*, v° *Exceptions*, n° 125, et les arrêts cités au *Rép.* n° 529-2°, et v° *Demande nouvelle*, n° 246).

389. — 8° *Mesures d'instruction.* — Le tuteur qui figure dans une instance mobilière ou immobilière, soit en qualité de demandeur, soit en qualité de défendeur, peut, sans autorisation du conseil de famille, provoquer toutes les mesures d'instruction qu'il considère comme utiles à l'intérêt du mineur. Il peut, notamment, demander l'interrogatoire sur faits et articles de la partie adverse ou se pourvoir par inscription de faux (Demolombe, t. 7, n° 683; Aubry et Rau, t. 1, § 114, p. 465).

390. — 9° *Aveu.* — Il n'appartient pas au tuteur de faire spontanément un aveu de nature à préjudicier aux droits du mineur. Le conseil de famille ne peut pas davantage l'autoriser à faire un aveu de cette nature. C'est ainsi, comme on l'a dit au *Rép.* n° 421, et *suprà*, n° 348, qu'il n'est pas au pouvoir du tuteur de faire une reconnaissance de dette opposable au mineur, quand il n'existe pas de preuve de la dette. Cependant le tuteur peut avouer des faits qui lui sont personnels et qui se rattachent aux actes de sa gestion (Aubry et Rau, t. 1, § 114, p. 466). — D'autre part, lorsqu'il est interpellé en justice, il doit avouer les faits dont il a trouvé la preuve dans les papiers de la famille. Ainsi, il a été jugé que, bien que le tuteur ne puisse renoncer à une prescription acquise à ses pupilles, il ne peut se refuser, lorsqu'il est interpellé en justice, à représenter ceux des papiers de famille appartenant aux mineurs qui contiennent reconnaissance de la dette et peuvent leur être opposés comme titres interruptifs de la prescription, « car, dit l'arrêt, s'il doit défendre ses pupilles, il serait aussi absurde qu'immoral de supposer qu'il est obligé de le faire par le mensonge et la mauvaise foi » (Agen, 11 août 1853, aff. Cabrié, D. P. 71. 5. 395. V. *infrà*, v° *Obligations*).

391. — 10° *Serment.* — Le tuteur peut-il déférer le serment à la partie adverse, sans l'autorisation du conseil de famille? On doit admettre l'affirmative, s'il s'agit d'une action mobilière. Au contraire, l'autorisation sera nécessaire, s'il s'agit d'une action immobilière à laquelle l'art. 464 c. civ. ne permet pas au tuteur d'acquiescer sous sa responsabilité seule (*Rép.* n° 510). — Cependant, MM. Aubry et Rau, t. 1, § 114, p. 466, pensent qu'en aucune matière il n'appartient au tuteur de déférer le serment litisdécisoire, au nom du mineur, ni au conseil de famille d'autoriser le tuteur à cet effet. La délation de ce serment a le caractère d'une transaction, et les transactions, qui concernent les mineurs sont assujetties à des formes spéciales. Réciproquement, l'adversaire du mineur ne peut pas déférer au tuteur un serment litisdécisoire. Il faut seulement excepter le cas d'une instance relative à quelque acte de la gestion du tuteur. Alors celui-ci peut, en son nom personnel, déférer le serment litisdécisoire au tiers avec lequel il a traité, et, de son côté, l'adversaire du mineur peut déférer le même serment au tuteur, sur un fait personnel à celui-ci (Aubry et Rau, *loc. cit.*).

392 L'adversaire du mineur ne pourrait pas déférer au tuteur le serment de crédibilité sur des faits personnels à l'auteur du mineur. Mais le tuteur peut déférer ce serment et il peut être déféré au tuteur dans les cas exceptionnels prévus par les art. 2275 c. civ. et 189 c. com., c'est-à-dire quand cette délation de serment est autorisée au profit du demandeur auquel le défendeur oppose un moyen de prescription fondé sur l'un ou l'autre de ces articles. Rien ne fait obstacle en effet à ce que le tuteur qui oppose la prescription à la demande formée contre son pupille, soit interpellé d'avoir à jurer : « qu'il ne sait pas que la dette soit due ». Un tel serment ne porte aucune atteinte à la condition du mineur; il n'offre pas le caractère d'une transaction. Il peut être déféré au tuteur, même quand il se rapporte à des faits antérieurs à l'ouverture de la tutelle, car le tuteur a dû se mettre au courant des affaires de famille du mineur et prendre connaissance de sa situation. En ce sens, il a été jugé que le serment de crédibilité, autorisé par l'art. 2275 c. civ. contre le tuteur, sur une courte prescription invoquée au nom du mineur, peut être déféré à la fois à la mère tutrice et au second mari de celle-ci, en sa qualité de cotuteur, et ce, alors même qu'il s'agit de faits antérieurs au second mariage (Trib. de Rennes du 4 janv. 1882) (1).

393. — 11° *Acquiescement, désistement.* — Pour l'acquiescement, il faut distinguer, entre les demandes formées contre

(1) (Botrel C. Veuve Le Pommelec et Marquès di Braga.) — Le docteur Botrel, prétendant qu'il avait, en 1868, donné des soins à l'enfant des époux Le Pommelec, assigna, en 1881, la dame veuve Le Pommelec en payement d'une somme de 440 fr. à titre d'honoraires, la défenderesse étant prise tant comme ayant été commune en biens avec son mari décédé qu'en qualité de tutrice de sa fille mineure. Elle opposa, devant le tribunal de Saint-Malo, saisi de la demande, la prescription fondée sur l'art. 2272 c. civ. Le tribunal, sans s'arrêter à l'exception proposée, ordonna la comparution de la dame veuve Le Pommelec. Celle-ci ne comparut pas et fut condamnée à payer la somme réclamée par le docteur Botrel. Pourvoi de la dame veuve Le Pommelec, et cassation du jugement du tribunal de Saint-Malo, le moyen pris de ce que la décision attaquée avait violé la disposition de l'art. 2272 c. civ. La dame veuve Le Pommelec qui, depuis le jugement du tribunal de Saint-Malo, avait épousé, en secondes noces, M. Marquès di Braga, et qui avait été maintenue dans la tutelle, fut assignée devant le tribunal de Rennes, saisi par le renvoi de cassation, et son mari fut assigné en même temps qu'elle, soit pour la validité de l'instance dirigée contre sa femme, soit en qualité de cotuteur de la mineure Le Pommelec. Les époux Marquès di Braga ayant opposé de nouveau la prescription fondée sur l'art. 2272, c. civ., le docteur Botrel leur déféra le serment dit de crédibilité, autorisé par l'art. 2275. — La dame Marquès di Braga accepta, tant en sa qualité de veuve commune en biens qu'en sa qualité de tutrice, le serment qui lui était déféré; mais elle demandait à prêter ce serment à Paris où elle avait sa résidence. — Le sieur Marquès di Braga soutint, au contraire, que le serment n'était pas pertinent en ce qui le concernait et qu'il n'avait pas à le prêter : 1° parce qu'il n'avait épousé la dame veuve Le Pommelec que postérieurement à la décision du tribunal de Saint-Malo; 2° parce qu'il ne connaissait même pas la dame Le Pommelec au moment où les soins avaient été donnés.

LE TRIBUNAL; — Attendu que le docteur Botrel réclame le payement d'une somme de 440 fr., pour honoraires des soins donnés par lui, dans le cours de l'année 1868, à l'enfant des époux Le Pommelec; — Attendu que la dame veuve Le Pommelec, aujourd'hui épouse Marquès di Braga, et le sieur Marquès di Braga, le mineur, et les jugements intervenus contre le mineur sur une demande formée au nom de celui-ci. Le tuteur peut acquiescer aux demandes formées contre le mineur. Il a même le devoir de le faire si la demande est justifiée, car il ne doit pas exposer le mineur à supporter des frais inutiles. Seulement l'art. 464 c. civ. exige l'autorisation du conseil de famille si la demande concerne les droits immobiliers ou l'état du mineur. Par contre, cette autorisation ne sera pas nécessaire si la demande ne concerne que les droits mobiliers (*Rép.* n° 511). Cependant, la question est discutée. Il a été jugé que le tuteur ne peut, par une signification faite sans protestation, acquiescer à un jugement qui statue sur les droits, même mobiliers du pupille (Toulouse, 29 déc. 1853, aff. Calmels, D. P. 54. 2. 68). Cet arrêt considère l'acquiescement comme équivalant à une transaction ou à une aliénation et semble exiger l'accomplissement des formalités prescrites par les art. 467 ou 457 (V. aussi, Pau 9 mai 1834, *Rép.* v° *Acquiescement*, n° 146).

Dans un autre système on exige, en vertu de l'art. 444 c. proc. civ., pour la validité de l'acquiescement, le concours du subrogé tuteur (Demolombe, t. 7, n° 685. V. en ce sens : Nancy, 25 août 1837, *Rép.* v° *Acquiescement*, n° 146). Mais l'acquiescement donné par le tuteur ne peut être soumis aux formalités exigées pour des actes entièrement dissemblables dans leur nature et dans leurs effets. Le tuteur a qualité pour reconnaître la dette du mineur quand elle est justifiée par d'autres preuves que son aveu. Il a qualité pour la liquider. Il est obligé de la payer quand il a les fonds nécessaires à sa disposition (V. *suprà*, n° 345). On ne lui conteste pas le droit d'acquiescer *de plano* à la demande mobilière formée contre le mineur. Ce droit qu'on lui reconnaît avant jugement, on ne peut pas le lui refuser après le jugement, qui forme une puissante présomption en faveur de la légitimité de la demande (Aubry et Rau, t. 1, § 114, p. 466, note 21; Huc, t. 3, n° 442). — Il a été jugé que le tuteur a qualité pour acquiescer, sans avoir à recourir à l'autorisation du conseil de famille, aux actions qui n'intéressent que les droits mobiliers du pupille (Req. 18 août 1863, aff. Laisney, D. P. 70. 5. 367; Caen, 31 juill. 1876, aff. Delaporte, D. P. 77. 2. 152). Spécialement, le tuteur peut valablement acquiescer, à un jugement interlocutoire rendu sur une demande en responsabilité dirigée contre le mineur (Arrêt précité du 31 juill. 1876. — V. aussi Gand, 21 nov. 1878, *suprà*, v° *Acquiescement*, n° 21).

Mais le tuteur ne pourrait acquiescer, ni seul ni avec l'autorisation du conseil de famille, au jugement rendu contre le mineur sur une demande formée au nom de celui-ci par le tuteur lui-même. On devrait lui refuser ce droit, soit que la demande intéressât les droits immobiliers, soit qu'elle fût purement mobilière; car l'acquiescement constituerait ici une renonciation aux droits du mineur, renonciation que le tuteur n'a pas le droit de faire, ni le conseil de famille d'autoriser (V. Aubry et Rau, t. 1, § 114, p. 466, note 21 et *suprà*, v° *Acquiescement*, n° 21).

394. Quant au désistement, il faut distinguer le désistement de l'instance engagée du désistement qui porte sur le fond du droit. En général, on reconnaît au tuteur le droit de se désister de toute demande qu'il aurait introduite au nom du mineur, soit en matière mobilière, soit même en matière immobilière, et cela sans aucune autorisation du conseil de famille. Ce désistement, en effet, n'éteint que l'instance et laisse intacts les droits que cette instance avait pour objet de faire valoir (Civ. rej. 21 nov. 1849, aff. Lefebvre, D. P. 50. 1. 15; Aubry et Rau, t. 1, § 114, p. 467, note 22; Laurent, t. 5, n°s 68 et 86). — Le désistement qui porterait sur l'action elle-même ou qui serait de nature à neutraliser ou à compromettre l'exercice ultérieur de cette action, ne pourrait pas être opposé au mineur; car ce désistement constituerait une renonciation aux droits du mineur, renonciation qu'il n'est pas au pouvoir du tuteur de faire, et qu'il n'appartient pas au conseil de famille d'autoriser (V. au surplus *suprà*, v° *Désistement*, n° 9; — *Rép.* eod. v°, n°s 23 et suiv.).

395. Le tuteur peut se désister de l'appel qu'il a formé dans une instance où le mineur a figuré comme défendeur. L'autorisation du conseil de famille serait nécessaire si la demande était en matière immobilière; au contraire, cette autorisation serait inutile si la demande n'était que mobilière. En effet, dans ce cas, le désistement est un véritable acquiescement régi par l'art. 464 c. civ. (Demolombe, t. 7, n° 684; Aubry et Rau, t. 1, § 114, p. 467; Laurent, t. 5, n°s 68 et 86). — Il a été jugé que le tuteur d'un interdit ne peut se désister du pourvoi en cassation formé par ce dernier, avant son interdiction, contre un arrêt rendu sur une demande reconventionelle en séparation de corps, qu'avec l'autorisation du conseil de famille, cet arrêt pouvant intéresser les droits immobiliers de l'interdit (Req. 17 mars 1868, aff. De Gissac, D. P. 69. 1. 284). Même dans une instance concernant les droits mobiliers du mineur et même, en ce cas, avec l'autorisation du conseil de famille, le tuteur ne pourrait pas se désister de l'appel qu'il aurait formé, si le mineur était demandeur en première instance; car, dans cette hypothèse, le désistement constituerait une renonciation aux droits du mineur (Aubry et Rau, t. 1, § 114, p. 467, note 24; Laurent, *loc. cit.* V. *suprà*, v° *Désistement*, n° 9).

396. — 12° *Pourvoi en cassation.* — Suivant l'art. 28 du règlement du 28 juin 1738, le pourvoi en cassation ne peut être formé au nom d'un incapable que par son représentant légal. Ainsi il a été jugé que le tuteur d'un mineur espagnol, irrégulièrement nommé conformément à la loi française, ne peut, à peine de déchéance du pourvoi formé au nom du pupille par son ancien tuteur, signifier l'arrêt d'admission rendu sur ce pourvoi (Civ. rej. 19 juin 1878, aff. Camps, D. P. 78. 1. 317. V. *suprà*, n° 32). — Quant au point de savoir si le tuteur a besoin de l'autorisation du conseil de famille pour se pourvoir en cassation, il faut décider, croyons-nous, que cette autorisation lui est nécessaire dans tous les cas, car le pourvoi en cassation constitue une voie de recours exceptionnelle et qui ne saurait être complètement assimilée à l'appel.

§ 2. — De l'aliénation des meubles incorporels ou valeurs mobilières appartenant au mineur ; de la conversion des titres nominatifs en titres au porteur, et de l'emploi des capitaux du mineur, d'après la loi du 27 févr. 1880.

397. — I. OBJET DE LA LOI DU 27 FÉVR. 1880. — Cette loi est intitulée : « Loi relative à l'aliénation des valeurs mobilières appartenant aux mineurs ou aux interdits et à la conversion de ces mêmes valeurs en titres aux porteurs ». Ce titre est incomplet. La loi contient, en outre, des dispositions relatives à l'emploi des capitaux appartenant au mineur ou à l'interdit. Le but général de la loi est de ne pas laisser à l'avenir les valeurs mobilières appartenant au mineur ou à l'interdit à la libre disposition du tuteur, ou à celle du mineur émancipé, même assisté de son curateur.

son mari, déclarent tous deux opposer à la demande la prescription édictée par l'art. 2272 c. civ.; — Attendu qu'aux termes de cet article, l'action des médecins pour leurs visites et opérations se prescrit par un an; qu'en conséquence les défendeurs sont fondés à opposer la prescription à l'action intentée contre eux; — Attendu néanmoins (c. civ. art. 2275) que ceux auxquels la prescription d'un an est opposée ne peuvent déférer le serment à la veuve et aux héritiers ou aux tuteurs de ces derniers, pour qu'ils aient à déclarer s'ils ne savent pas que la chose réclamée soit due; que le sieur Botrel déclare déférer ce serment aux défendeurs; — Attendu que le serment est valablement déféré à la dame Marquès di Braga en sa double qualité de veuve Le Pommelec et de tutrice de son enfant mineur; qu'il l'est aussi valablement au sieur Marquès di Braga, cotuteur de la mineure Le Pommelec; que le cotuteur doit être assimilé au tuteur dans l'application de l'art. 2275; que, chargé d'administrer avec le tuteur, responsable de la gestion de sa femme tutrice, il a comme elle à sa disposition les titres et papiers de famille, et peut rechercher si la dette réclamée est réellement due; — Attendu que, les défendeurs habitant Paris, il y a lieu d'user de la faculté accordée par l'art. 121 c. proc. civ., et d'ordonner que le serment déféré sera prêté par eux devant le tribunal de leur résidence; — Par ces motifs; — Statuant en matière sommaire et en dernier ressort;

Dit que le serment a été valablement déféré à chacun des époux Marquès di Braga.

Du 4 janv. 1882.-Trib. de Rennes.-MM. Souiller, pr.-Dubreuil, subst.-Bodin et Durand, av.

Les valeurs mobilières ne sont pas frappées d'indisponibilité; mais l'opportunité de l'aliénation ou de la conservation de ces valeurs sera jugée par le conseil de famille. L'autorisation de ce conseil sera nécessaire pour procéder à l'aliénation ; il faudra même l'homologation du tribunal quand les valeurs dépasseront 1500 fr. Ainsi les incapables seront garantis contre une fausse appréciation des nécessités de la gestion pupillaire ou contre une vente au-dessous du juste prix. La conversion des titres nominatifs en titres au porteur ne pourra plus se faire sans contrôle et faciliter au tuteur une aliénation occulte et préjudiciable au mineur. Enfin, des mesures sont prises pour la conservation des valeurs qu'il n'y a pas lieu d'aliéner, et pour la sécurité des capitaux provenant d'aliénation, ou de toute autre origine (Bressolles, *Explication de la loi des 27-28 févr.* 1880, p. 11).

398. L'ensemble des dispositions de la loi de 1880 peut se résumer ainsi: 1° l'aliénation de toutes les valeurs mobilières, de quelque nature qu'elles soient, est régie désormais par une règle commune: c'est un acte que le tuteur ne pourra pas faire sans l'autorisation du conseil de famille. Telle est la disposition générale de l'art. 1er. Dès lors, les règles spéciales, antérieurement applicables à certaines valeurs, sont supprimées. L'art. 12 de la loi du 27 févr. 1880 abroge expressément la loi du 24 mars 1806, relative aux rentes, sur l'État, et le décret du 25 sept. 1813, sur les actions de la Banque de France; — 2° Pour assurer l'observation de la défense faite au tuteur d'aliéner les valeurs mobilières sans l'autorisation du conseil de famille, la loi retire au tuteur le pouvoir, que lui reconnaissaient les tribunaux, de convertir, seul et sous sa responsabilité personnelle, les titres nominatifs en titres au porteur. Cette opération est désormais considérée comme une aliénation des titres et soumise aux mêmes conditions et formalités que l'aliénation (art. 10). Bien plus, la loi impose, en sens inverse, au tuteur, l'obligation de convertir en titres nominatifs les titres au porteur appartenant au mineur ou à l'interdit, sauf les cas exceptionnels où le conseil de famille est autorisé à dispenser le tuteur de cette obligation (art. 6). — 3° La conservation des capitaux offrant le même intérêt que la conservation des titres appartenant à l'incapable, il était naturel d'obliger le tuteur à faire emploi de ces capitaux. Telle est la disposition de l'art. 6 de la loi de 1880. Une mesure législative expresse se trouve donc substituée à la règle que les tribunaux avaient tirée, par un argument d'analogie, de l'art. 455 c. civ., relatif à l'obligation d'employer l'excédent du revenu sur la dépense. Rien n'est modifié quant au pouvoir du tuteur de toucher les capitaux et d'en donner quittance. Seulement, le conseil de famille peut prendre des mesures conservatoires, ordonner le dépôt des titres aux porteur conservés ou des capitaux à placer, que ces capitaux proviennent d'aliénation de titres ou de toute autre source. — 4° Le subrogé tuteur reçoit de la loi de 1880 une attribution nouvelle : celle de contrôler les opérations du tuteur effectuées en exécution de cette loi. Le subrogé tuteur aura qualité, après le délai légal de trois mois, pour exiger du tuteur la justification de la conversion des titres ou de l'emploi des capitaux réalisés par l'aliénation des titres ou advenus d'autre part au mineur (V. Félix-Bonnet, *Commentaire de la loi des 27-28 févr.* 1880, p. 1 à 4; Huc, t. 3, nos 396 et suiv.).

399. — II. À QUELLES PERSONNES LA LOI DU 27 FÉVR. 1880 EST APPLICABLE. — Les dispositions que la nouvelle loi a prises dans l'intérêt des incapables sont imposées: 1° aux tuteurs des mineurs et des interdits, et aussi bien aux tuteurs légaux qu'aux tuteurs datifs. « La loi, dit M. Denormandie, dans son rapport au Sénat (*Journ. off.* 7 mai 1878, annexe, n° 215, D. P. 80. 4. 47, note 1), s'applique à tous ceux sans exception qui ont la tutelle de mineurs ou d'interdits, et, par conséquent, au père ou à la mère survivante ». Un amendement présenté par M. de Gavardie, dans le but d'affranchir les père et mère, tuteurs légaux, des obligations imposées par la loi, fut repoussé par le Sénat (Séances des 2 et 24 mai 1878, *Journ. off.* 3 et 24 mai 1878); — 2° Aux subrogés tuteurs, en ce qui concerne les attributions de contrôle qui leur sont confiées sur les actes d'aliénation, de conversion et d'emploi effectués par le tuteur ; — 3° A l'administration de l'Assistance publique et aux administrations hospitalières, en ce qui concerne les biens des mineurs et des aliénés placés sous leur tutelle (art. 8); — 4° Aux administrateurs provisoires des biens des aliénés nommés en exécution de la loi du 30 juin 1838; —5° Aux mineurs émancipés au cours de la tutelle, autrement que par le mariage.

400. Par contre, la loi du 27 févr. 1880 ne concerne pas : 1° Le mineur émancipé par le mariage. L'art. 4 lui accorde expressément le droit d'aliéner ses meubles incorporels, sous la seule condition de l'assistance de son curateur. La condition du mineur marié a paru mériter cette faveur (Bressolles, *op. cit.*, p. 27). Il est juste aussi d'observer que c'est presque toujours la femme qui se marie en état de minorité, et qu'elle sera suffisamment protégée soit par son contrat de mariage, soit par la nécessité de l'autorisation maritale (Deloison, *Traité des valeurs mobilières*, n° 233).

401. 2° Le mineur émancipé pendant le mariage de ses parents. L'art. 4 n'est applicable, en effet, qu'au mineur émancipé au cours de la tutelle. La circulaire du ministre de la justice dit à cet égard : « Le mineur émancipé en dehors du cas de tutelle, c'est-à-dire par le père du vivant de la mère, se trouve, relativement au droit d'aliéner, dans une situation identique à celle du mineur émancipé par le mariage. » Ainsi la loi n'est pas applicable à l'enfant naturel émancipé par la mère exerçant la puissance paternelle. Bien qu'il ne s'agisse pas d'un mineur émancipé pendant le mariage, il s'agit d'une émancipation faite hors le cas de tutelle (Deloison, n° 232).

402. 3° Le père, administrateur légal des biens de ses enfants mineurs. La circulaire précitée du garde des sceaux, en date du 20 mai 1880, le constate. Le rapporteur de la commission du Sénat, M. Denormandie, en a donné pour raisons : la surveillance que les deux époux exercent pendant le mariage l'un vis-à-vis de l'autre, par un sentiment d'instinctive tendresse; l'ensemble des dispositions du code civil, qui affranchissent l'administrateur légal des gênes de la tutelle, et qui ne permettaient pas d'introduire dans le régime de l'administration légale le fonctionnement d'un rouage considéré généralement comme étranger à ce régime, le conseil de famille. Il a dit encore que le père ne pouvait pas être entravé dans l'exercice de son droit de jouissance légale, ni dans celui de la puissance paternelle (Séance du 2 mai 1878, *Journ. off.* du 3 mai, p. 4638). On a fait observer aussi que le cas se présente assez rarement où les enfants ont des biens propres pendant l'administration légale. Un amendement présenté au Sénat portait que « la présente loi sera applicable au père administrateur légal dans les cas : 1° de séparation de corps obtenue contre lui ; 2° de séparation de biens; 3° d'expropriation ; 4° de faillite ou de déconfiture ». Cet amendement fut combattu par le rapporteur et par le garde des sceaux, puis enfin retiré. La jurisprudence, aussi bien que les circulaires ministérielles, reconnait que la portée de la loi est limitée aux tutelles et ne doit pas être étendue au père administrateur légal (Trib. Seine, 27 avr. 1882, aff. Roblot, D. P. 83. 3. 111. V. aussi, Huc, t. 3, n° 242).

403. 4° Le mineur émancipé autorisé à faire le commerce. L'art. 4 de la loi est muet à son égard. On a soutenu pourtant que les nouvelles dispositions législatives étaient applicables au mineur commerçant. On a fait observer que le mineur commerçant, ne bénéficiant pas de l'exception faite en faveur du mineur marié (V. *suprà*, n° 400), est forcément compris dans la règle générale établie pour les mineurs émancipés. Cette règle s'impose à lui, pour tout ce qui n'est pas acte de commerce (c. civ. art. 487; c. com. art. 2). Un argument à l'appui de ce système est fourni par l'art. 12 de la loi du 27 févr. 1880, aux termes duquel « sont abrogées toutes les dispositions des lois qui seront contraires à la présente loi ». Il semble donc que la capacité des mineurs émancipés, relativement à l'aliénation et à la conversion des valeurs mobilières. ne soit plus désormais régie par aucun autre texte que l'art. 4 de la loi précitée. — Mais cette interprétation de l'art. 4 est certainement contraire à la volonté du législateur comme à l'appréciation exacte de la capacité du mineur commerçant. En effet, ce n'est pas au mineur émancipé, c'est au majeur que la disposition fondamentale en cette matière, l'art. 487 c. civ., assimile le mineur commerçant. « Le mineur émancipé qui fait un commerce est réputé *majeur* pour les faits relatifs à ce commerce ».

L'art. 2 c. com. décide en outre que « tout mineur émancipé de l'un ou de l'autre sexe, âgé de dix-huit ans accomplis, qui voudra profiter de la faculté que lui accorde l'art. 487 c. civ. de faire le commerce, ne pourra en commencer les opérations, ni être réputé *majeur*, quant aux engagements contractés par lui pour faits de commerce : 1° s'il n'a été préalablement autorisé par son père ou par sa mère, ou par une délibération du conseil de famille homologuée par le tribunal civil » suivant les différents cas prévus par cet article; « 2° si en outre, l'acte d'autorisation n'a été enregistré et affiché au tribunal de commerce du lieu où le mineur veut établir son domicile ». Ainsi la condition juridique du mineur commerçant est tout à fait distincte de celle du mineur émancipé. Les dispositions de la loi du 27 févr. 1880, qui concernent ce dernier, ne sont pas applicables dans leur généralité au mineur commerçant. Une exception textuelle n'était donc pas nécessaire en faveur de celui-ci pour le soustraire, comme le mineur émancipé par le mariage, à l'application de la règle générale. Cette interprétation est conforme à l'esprit comme au texte de la loi de 1880. En consultant les travaux préparatoires de cette loi, on acquiert la certitude que ses auteurs n'ont pas entendu modifier la condition juridique du mineur commerçant. Dans le principe, le projet de loi ne faisait pas mention du mineur autorisé à faire le commerce. La commission de la Chambre des députés introduisit une addition au projet adopté par le Sénat. La commission n'entendait pas laisser au mineur commerçant toute liberté par rapport aux actes que la loi nouvelle allait réglementer, mais elle voulait affranchir ce mineur des formalités imposées d'une manière générale au mineur émancipé; elle décida que l'assistance du curateur serait nécessaire au mineur commerçant pour les actes dont il s'agit. La rédaction de l'art. 4 fut, en conséquence, arrêtée par la commission dans les termes suivants : « Cette disposition ne s'applique pas au mineur émancipé par le mariage ni au mineur autorisé à faire le commerce. L'un ou l'autre pourra aliéner ses meubles incorporels avec la seule assistance de son curateur ». La mesure proposée par la commission fut l'objet des critiques de M. Durand, député, dans la séance du 7 juin 1879 (*Journ. off.* du 8 juin 1879). L'obligation pour le mineur commerçant de se faire assister de son curateur, disait-il, est incompatible avec la célérité des opérations commerciales. D'autre part, il serait bien contradictoire et bien étrange que le mineur ne pût, sans être soumis à l'assistance de son curateur, aliéner une rente sur l'Etat d'un chiffre minime ou une obligation de chemin de fer, alors qu'il peut se livrer à des opérations considérables, souscrire des lettres de change et des billets à ordre, emprunter avec hypothèque, faire des actes de société pour d'importantes spéculations. La commission se rendit à ces considérations. Dans une séance ultérieure, le rapporteur de la loi, M. Jozon, fit la déclation suivante : « La commission, après nouvel examen, a pensé qu'en effet, il y avait quelques inconvénients à soumettre à certaines formalités gênantes les actes du mineur commerçant, et qu'il convenait de faire disparaître de l'art. 4 tout ce qui concerne les mineurs autorisés à faire le commerce. Votre commission vous propose donc d'en revenir purement et simplement à l'art. 4 tel qu'il avait été adopté par le Sénat (*Journ. off.* du 30 nov. 1879) ». La Chambre des députés et le Sénat se sont ralliés à cette dernière pensée de la commission.

Ainsi l'émancipé par mariage fut seul affranchi, par la disposition textuelle de l'art. 4, des formalités nouvelles dont la loi en préparation entourait l'aliénation et la conversion des valeurs mobilières. En ce qui le concerne, la protection législative fut réduite à l'assistance du curateur dans les actes dont il s'agit. Quant au mineur commerçant, il fut décidé de n'en pas faire mention dans le texte de la loi. Sa condition, sa capacité, l'étendue de ses aptitudes restent déterminées par les art. 3 et 4 c. com. non abrogés, c'est-à-dire qu'il conserve la libre disposition de sa fortune mobilière, comme il a le pouvoir d'hypothéquer ses immeubles dont l'*aliénation volontaire* lui est seule défendue. La circulaire du ministre de la justice en date du 20 mai 1880 (D. P. 81. 3. 70) expose, conformément à ce ce qui vient d'être dit, que l'assistance du curateur n'est pas nécessaire au mineur émancipé autorisé à faire le commerce, pour l'aliénation de ses valeurs mobilières (V. dans le même sens : Bressolles, p. 28, 29, 41 ; Bonnet, p. 5 et suiv., 22 et suiv.; Pierre Dubois, *De l'aliénation des biens de mineurs*, p. 150 et suiv.; Paul Coulet, *Commentaire et explication pratique de la loi du 27 févr.* 1880, p. 38; Deloison, n° 234; Circulaire du directeur de la dette inscrite, du 10 mars 1880, citée par Bioche, *Journal de procédure*, n° 11436; Lyon-Caen et Renault, *Traité de droit commercial*, t. 1, n° 229; Demangeat, sur Bravard-Veyrières, *Traité de droit commercial*, t. 1, p. 90, note 2).

404. 5° La femme séparée de corps et de biens, ou de biens seulement. La femme séparée de biens avait été assimilée jusqu'ici, par la jurisprudence, relativement à la gestion de ses biens, au mineur en tutelle, ou plutôt au tuteur. En vertu de l'art. 1449, c. civ. qui modifie la disposition de l'art. 219 même code, la femme séparée de biens, peut disposer de son mobilier et l'aliéner. En aucun cas, au contraire, elle ne peut aliéner ses propriétés immobilières sans l'autorisation spéciale de son mari, ou, au refus de celui-ci, sans l'autorisation de justice (c. civ. art. 1576). Il faut reconnaître à la femme séparée de biens le droit de recevoir, sans aucune autorisation, le remboursement de ses rentes et de ses créances et celui d'en donner valablement décharge. — Mais peut-elle, sans autorisation de son mari ou de justice, aliéner ses valeurs mobilières? M. Denormandie, dans son rapport au Sénat se prononçait négativement : « Alors, disait-il, qu'il est reconnu que, de la combinaison des art. 217 et 1449 c. civ., il résulte que la femme n'est capable d'aliéner son mobilier que pour les besoins de son administration ». Cependant, malgré des divergences, la jurisprudence et la doctrine, interprétant au sens le plus large la disposition de l'art. 1449, qui permet à la femme séparée de biens de disposer de son mobilier, lui ont reconnu le droit d'aliéner, sans aucune autorisation, toutes ses valeurs mobilières et d'en disposer, comme aussi de convertir librement en titres au porteur ses titres nominatifs (V. *suprà*, v° *Contrat de mariage*, n° 705 et suiv.). Le rapporteur, après avoir constaté cet état de la jurisprudence, après avoir dit : « qu'il importerait essentiellement de protéger la femme contre sa propre faiblesse et contre son inexpérience; que la faculté d'aliéner sans conditions et sans contrôle, entraîne souvent sa ruine et celle de ses enfants » ; qu'il partageait la préoccupation de la commission sénatoriale à cet égard, s'est rallié à la doctrine contraire. Voici en quels termes il s'est exprimé à ce sujet : « La femme, même séparée, dit-on, est incapable, puisqu'elle ne peut accomplir beaucoup d'actes sans l'autorisation de son mari ou de la justice ; sans doute, mais c'est une incapacité relative moins absolue que celle du mineur et de l'interdit; nous ne pouvions rattacher cette question à celles qui avaient fait l'objet spécial du projet de loi du Gouvernement. D'ailleurs, la question relative à la capacité des femmes pourrait comporter plusieurs dispositions et exiger le remaniement de toute la matière qui les concerne. Nous avons donc dû nous borner à signaler ici à la vigilante attention de M. le garde des sceaux une question d'une si réelle gravité ». Ainsi, rien n'est innové par la loi du 27 févr. 1880, en ce qui concerne la condition juridique de la femme séparée de corps et de biens ou de la femme séparée de biens.

405. — III. LOIS SPÉCIALES ABROGÉES PAR LA LOI DU 27 FÉVR. 1880. — Bien que la loi du 27 févr. 1880 ait laissé en dehors de ses dispositions les diverses catégories de personnes que nous venons d'énumérer, elle a cependant abrogé d'une manière absolue (art. 12), la loi du 24 mars 1806 et le décret du 25 sept. 1813. Pour les mineurs émancipés par le mariage, les mineurs émancipés pendant le mariage de leur parents, les mineurs autorisés à faire le commerce, il n'y a plus aucune distinction à faire entre les inscriptions de rente inférieures ou supérieures à 50 fr., ni entre les rentes sur l'Etat et les actions de la Banque de France ou toutes autres valeurs. Quel que soit le montant des inscriptions, quelles que soient la nature et la qualité des valeurs mobilières, le droit et la manière de les aliéner sont les mêmes. L'autorisation du conseil de famille n'est pas nécessaire aux mineurs émancipés par le mariage ou pendant le mariage pour aliéner ces valeurs avec l'assistance de leur curateur, ni au mineur autorisé à faire le commerce pour les aliéner seul. (V. toutefois, en ce qui concerne les rentes sur l'Etat, *infrà*, n° 407).

406. Par cette même disposition, la loi du 27 févr. 1880 met fin à la pratique suivie par le Trésor public à l'égard du père administrateur légal. On lui appliquait les prescriptions de la loi du 24 mars 1806 et du décret du 25 sept. 1813. La circulaire du ministre de la justice dit à cet égard; « Le père administrateur légal pourra donc à l'avenir, et contrairement à la pratique suivie jusqu'ici par le Trésor en matière de rentes, aliéner les valeurs appartenant à ses enfants mineurs ». La circulaire du directeur de la dette inscrite, citée *suprà*, n° 403, porte également: « Le père administrateur pourra donc désormais transférer les rentes appartenant à son fils mineur, sans aucune autorisation, quelle qu'en soit la quotité. » Ainsi, la loi du 27 févr. 1880, produit ce double effet, en sens inverse, de restreindre considérablement les pouvoirs du tuteur et d'étendre, par contre, les droits du père administrateur légal. — Cette solution, toutefois, est contestée. Il faut reconnaître, dit-on, que les formalités exceptionnelles prescrites par la loi du 27 févr. 1880 ne sont pas applicables au père administrateur légal. Il faut reconnaître aussi que la loi de 1806 et le décret de 1813, en admettant qu'ils lui fussent antérieurement applicables, sont abrogés même vis-à-vis de lui. Mais le père n'a que l'administration des biens de ses enfants et si l'administration comprend quelques actes d'aliénation nécessaires, elle ne comprend pas le pouvoir de faire toutes les aliénations. Dans le silence du code, on admet qu'il faut à l'administrateur légal l'autorisation du tribunal pour aliéner les immeubles de ses enfants. Ne lui faudra-t-il pas aussi cette autorisation pour l'aliénation des valeurs mobilières, quand l'esprit nouveau de la législation est de conserver ces biens comme les immeubles et alors que l'abrogation même des textes précités a eu lieu dans la pensée, non pas d'étendre, mais de restreindre les pouvoirs de gestion des représentants des incapables? V. Bressolles, p. 25; Duvert, *Traité du contentieux des transferts*, n° 34 et suiv.

407. L'art. 9 de l'ordonnance du 30 avr. 1831 dispose que la conversion des rentes nominatives en rentes au porteur ne sera pas admise par le Trésor public pour toutes les inscriptions qui représenteront des fonds appartenant à des mineurs. Cet article n'est pas compris dans l'abrogation prononcée par l'art. 12 de la loi du 27 févr. 1880. Ne doit-il pas rester applicable aux mineurs émancipés par le mariage ou pendant le mariage de leurs parents, au mineur commerçant et au père administrateur légal? La question est posée dans la circulaire du garde des sceaux du 20 mai 1880 : « Lorsque les mineurs émancipés que ne régit pas la loi nouvelle voudront convertir des titres nominatifs en titres au porteur, ils seront donc soumis aux règles du droit commun. On peut se demander, toutefois, en ce qui les concerne, si l'art. 9 de l'ordonnance du 29 avr. 1831, d'après lequel les titres de rente appartenant à tous mineurs indistinctement ne peuvent être convertis, ne doit pas encore être considéré comme en vigueur. En effet, cette disposition n'est pas formellement abrogée; elle est remplacée par la loi nouvelle pour les mineurs auxquels s'applique cette loi; mais on ne peut la considérer, au regard des mineurs émancipés par le mariage et de ceux qui n'étaient pas en tutelle, comme contraire au texte de la loi de 1880, puisque l'art. 4 place ces mineurs en dehors de la classe des personnes auxquelles il s'applique et les laisse ainsi dans la situation juridique où ils se trouvaient antérieurement ». De son côté, le ministre des finances a résolu la question affirmativement dans sa circulaire du 10 mars 1880 : « En résumé, dit-il, l'ordonnance du 29 avr. 1831 et le décret du 18 juin 1864 (art. 1er) concernant les rentes mixtes, restent en vigueur » (Bonnet, p. 11 ; Duvergier, *Collection des lois* 1880, p. 57; Huc, t. 3, n° 490). — L'exactitude de cette solution peut être mise en doute. Il est contradictoire de frapper d'une incapacité absolue de convertir les rentes sur l'Etat, des mineurs que la loi de 1880 ne soumet à aucune des formalités qu'elle établit pour l'aliénation de ces rentes ; c'est pourtant ce qui résulterait de l'application de l'art. 9 de l'ordonnance du 29 avr. 1831. En outre, on maintient, entre la conversion des rentes sur l'Etat et celle des autres valeurs mobilières, une distinction que repousse l'ensemble des dispositions de la loi de 1880 (Bressoles, p. 46).

408. En ce qui concerne la conversion des valeurs mobilières autres que les rentes sur l'Etat, les mineurs que ne concerne pas la loi du 27 févr. 1880 sont, ainsi que le constate la circulaire précitée du garde des sceaux, soumis au droit commun. Ainsi, relativement à ces mineurs, l'art. 8 de la loi du 23 juin 1857, relatif aux actions et obligations des sociétés commerciales et industrielles, notamment des compagnies de chemins de fer, conserve tout l'effet que lui a reconnu la jurisprudence. Cet article est ainsi conçu : « Dans les sociétés qui admettent le titre au porteur, tout propriétaire d'actions et obligations, a toujours la faculté de convertir ses titres au porteur en titres nominatifs et réciproquement ». On a vu *suprà*, n° 359, que la jurisprudence a considéré constamment le droit de conversion comme étant de pure administration. Il peut donc être exercé librement et sans aucune autorisation par ceux des mineurs qui ne sont pas atteints par les dispositions de la loi nouvelle.

409. — IV. ALIÉNATION DES MEUBLES INCORPORELS APPARTENANT AU MINEUR. — 1° *Nécessité de l'autorisation du conseil de famille.* — L'art. 1er de la loi du 27 févr. 1880 porte que « le tuteur ne pourra aliéner, sans y être autorisé préalablement par le conseil de famille, les rentes, actions, parts d'intérêts, obligations et autres meubles incorporels quelconques appartenant au mineur ou à l'interdit ». La disposition de cet article s'étend, sans exception, à tous les meubles incorporels, c'est-à-dire à tous droits et actions qui, n'étant, par leur nature, ni meubles, ni immeubles sont réputés meubles suivant la détermination de la loi, en vertu de l'art. 529 c. civ. Ainsi, le tuteur ne peut, à l'avenir, aliéner seul et sans l'autorisation du conseil de famille : 1° l'usufruit des meubles corporels ; 2° les créances ayant pour objet le payement d'une somme d'argent ou de toute autre chose mobilière ; celles dont le capital est inexigible, c'est-à-dire les rentes viagères ou perpétuelles sur l'Etat ou sur les particuliers, garanties ou non par un privilège immobilier ou par une hypothèque ; 3° les droits correspondant à des obligations de faire ou de ne pas faire, notamment les droits résultant, pour le propriétaire d'un fonds, de l'obligation qu'un tiers a contractée à son profit d'y élever des constructions ; 4° les droits personnels de jouissance, même ceux qui portent sur des immeubles, comme les droits des fermiers ou des locataires ; 5° les actions ou intérêts dans les sociétés de commerce proprement dites, ainsi que dans celles qui, bien qu'ayant pour objet des opérations civiles, sont organisées et fonctionnent sous une forme commerciale et constituent des personnes morales, et cela, même quand l'actif de la société comprend des immeubles ; 6° les offices ou, plus exactement, la valeur pécuniaire du droit de présenter un successeur et de stipuler un prix de cession pour la transmission de l'office, accordé aux officiers publics ou ministériels par l'art. 91 de la loi du 28 avr. 1816; sur ce point, la circulaire du garde des sceaux du 20 mai 1880 constate spécialement « que la loi du 27 févr. 1880 s'applique à tous les meubles incorporels quelconques et quelle qu'en soit la valeur ; que, par suite, en cas de cession d'un office, après le décès du titulaire, s'il se trouve des mineurs parmi les héritiers appelés à recevoir le prix, le traité doit être autorisé par le conseil de famille, et lorsque la valeur est supérieure à 1500 fr., il doit être homologué par le tribunal » ; 7° les droits de propriété littéraire ou artistique et ceux qui sont attachés aux brevets d'invention et aux marques de fabrique ; 8° les fonds de commerce, comprenant, dans un ensemble indivisible, les créances, le nom commercial ou la marque de fabrique, l'achalandage, le droit au bail et même les meubles corporels servant à l'exploitation du fonds ; 9° les droits de péage concédés sur des ponts dépendant du domaine public aux entrepreneurs ou constructeurs de ces ponts ; 10° toutes les actions qui ont pour objet l'exercice ou la réalisation d'un droit mobilier, alors même qu'elles tendraient à la délivrance d'un immeuble, réclamé en vertu d'un droit simplement personnel et de jouissance (Bonnet, p. 13 ; Huc, t. 3, n° 398).

410. Dans l'économie de la loi du 27 févr. 1880, les biens que l'on vient d'énumérer, quand ils appartiennent à des mineurs, sont toujours aliénables, quelle qu'en soit la valeur. Mais aussi, quelle qu'en soit la valeur, le tuteur ne peut jamais les aliéner seul. Le principe posé est que le tuteur n'a d'autre qualité que celle d'administrateur et que cette qualité ne comporte pas le pouvoir de disposer des biens du mineur en dehors des nécessités de l'Administration elle-même. Peu importe la valeur du droit que le tuteur veut aliéner; s'agit-il d'une rente de 5 fr., l'autorisation du conseil de famille est nécessaire. Un amendement avait été proposé, pendant la discussion de la loi, pour permettre au tuteur d'aliéner, sans autorisation, les valeurs ne représentant qu'un capital de 1200 fr. Cet amendement fut repoussé sur les observations de M. Jozon. On lit dans son rapport à la chambre des députés (*Journ. off.* du 7 avril, annexes, n° 1314) : « Il arrive le plus souvent que les valeurs appartenant à un mineur sont divisées en actions, en obligations ou titres dont la plupart ne représentent qu'un chiffre inférieur à 1200 fr. de capital. Permettra-t-on au tuteur d'aliéner successivement chacun de ces titres? Le mineur cesserait alors d'être protégé, le tuteur pouvant faire en détail ce qu'il lui serait interdit de faire en bloc. Défendra-t-on au tuteur d'aliéner les titres du mineur, quand ces titres réunis dépasseront la somme fixée? Mais comment empêcher ces aliénations sans se jeter dans des complications inextricables? Il n'existe qu'un système pratique: c'est d'interdire au tuteur toute aliénation en dehors du contrôle et du consentement du conseil de famille ». — Cette rigueur a été critiquée. « Le motif, dit M. Deloison, n° 206, p. 203, que le tuteur pourrait éluder la loi en faisant successivement des aliénations minimes, a si peu de valeur que, plus loin, lorsqu'il s'agira de décider si l'homologation sera toujours nécessaire, cette raison n'arrêtera pas le même législateur, qui établira une démarcation entre les grosses et les petites aliénations. Au reste, le scrupule de l'honorable rapporteur ne devait-il pas être levé par cette réflexion que, pour les rentes sur l'Etat, l'inconvénient qu'il redoutait ne s'était pas présenté depuis 1806 ? » La nécessité de convoquer le conseil de famille pour faire autoriser l'aliénation d'une valeur mobilière de la plus minime importance est onéreuse pour les petites bourses, au grand détriment des intérêts mêmes qu'on voulait défendre (V. aussi Bressolles, p. 33).

411. Quoi qu'il en soit, la disposition de l'art. 1er de la loi du 27 févr. 1880 est absolue. La cour de cassation, par un arrêt du 4 avr. 1881, a reconnu que « l'art. 12 de la loi du 27 févr. 1880 ayant abrogé la loi du 24 mai 1806, la distinction établie par cette loi entre les inscriptions de rentes au-dessus et au-dessous de 50 fr. ne peut plus subsister, et qu'elle est d'ailleurs surabondamment écartée, en ce qui concerne les tuteurs des mineurs ou interdits, par l'art. 1er de la loi nouvelle qui les assujettit, en termes généraux et absolus, à n'aliéner aucune rente ou autre meuble incorporel appartenant à leur pupille, sans y être autorisés par le conseil de famille ». Cet arrêt, faisant application à l'héritier bénéficiaire des conséquences de l'abrogation de la loi du 24 mars 1806, déclare que l'avis du conseil d'Etat du 11 janv. 1808 interdit, en principe, à l'héritier bénéficiaire, d'aliéner, sans y être autorisé par justice, toutes inscriptions de rente sur l'Etat dépendant de la succession qu'il administre, sans que dorénavant cet héritier puisse profiter du tempérament que le même avis du conseil d'Etat avait admis à la rigueur des principes, en permettant à l'héritier bénéficiaire, conformément à la loi de 1806, de transférer, sans autorisation, les inscriptions de rente au-dessous de 50 fr. (Civ. cass. 4 avr. 1881. aff. Darodes, D. P. 81. 1. 241).

412. La prohibition d'aliéner sans l'autorisation du conseil de famille les meubles incorporels du mineur est applicable à toutes les tutelles, mais non à l'administration légale du père pendant le mariage (V. *suprà*, n° 402).

413. Le conseil de famille doit être assemblé conformément aux règles tracées par les art. 405 et suiv. c.; civ. mais il n'est pas nécessaire qu'il soit convoqué spécialement à l'effet d'accorder au tuteur l'autorisation nécessaire pour aliéner. Ainsi cette autorisation sera valablement donnée dans la réunion du conseil de famille qui nommera, s'il y a lieu, le tuteur et le subrogé tuteur, à l'ouverture de la tutelle. Il sera sage de profiter de cette réunion, pour diminuer les frais, surtout quand la fortune du mineur sera modeste (Bressolles, p. 33; Deloison, n° 206, p. 204, note).

414. — 2° *Mesures que le conseil de famille peut prescrire.* — Le second paragraphe de l'art. 1er porte que le conseil de famille, en autorisant l'aliénation, prescrira les mesures qu'il jugera utiles. De quelles mesures s'agit-il? et les pouvoirs du conseil de famille sont-ils illimités? « Sur ce point, dit le rapport fait au Sénat par M. Denormandie, la rédaction du projet du Gouvernement est large; nous aurions voulu la circonscrire ; mais l'embarras pour le faire était assez grand. En effet, les mesures à prendre peuvent être de diverses natures et varier beaucoup, selon l'importance de la succession, la nature des valeurs à employer, la condition sociale des enfants, le programme de leur éducation et de leur avenir. Il a donc paru qu'il était difficile de tout prévoir et par conséquent d'adopter une rédaction limitative ».

415. Le conseil de famille apprécie, sauf les recours judiciaires et les cas d'homologation, l'opportunité de l'aliénation des meubles incorporels du mineur. En matière d'aliénation d'immeubles, l'autorisation ne doit être donnée qu'à raison d'*une nécessité absolue* ou *d'un avantage évident* (c. civ. art. 457). L'art. 1er de la loi du 27 févr. 1880, bien qu'il ait pour objet évident d'assimiler l'aliénation des meubles incorporels à celle des immeubles, ne reproduit pas les motifs sur lesquels le conseil de famille doit baser sa décision suivant l'art. 457. Il semble pourtant que le conseil de famille devra considérer sinon la nécessité absolue d'aliéner, dans tous les cas, du moins, l'avantage évident que peut offrir l'aliénation.

416. Quant aux meubles incorporels autres que les valeurs négociables à la Bourse (V. *infrà*, n° 442), le conseil de famille a plein pouvoir et pleine liberté d'en déterminer le mode d'aliénation, sauf l'homologation du tribunal dans les cas où elle est exigée. Le rapport de M. Denormandie le déclare expressément : « Ces valeurs sont variables à l'infini. Elles se rattachent à tel ou tel commerce ; elles dépendent de telle ou telle industrie ; ce sont des parts ou des droits ou des intérêts, le tout souvent non défini et n'étant l'objet d'aucun marché appréciable. Leur valeur dépend d'une foule de circonstances. S'il est utile, souvent, de les vendre aux enchères publiques, il est parfois indispensable de les réaliser de gré à gré et au mieux des intérêts du propriétaire. Elles peuvent être utilement aliénées sur telle place plutôt que sur telle autre et dans telle ou telle condition. En résumé, et pour les valeurs de cette nature, comme il était impossible d'imposer un mode de procéder, les parties intéressées resteront donc à cet égard dans le droit commun. Le conseil de famille et, en cas d'homologation, le tribunal prescriront ce qui leur semblera le plus utile ».

417. La perception du prix des valeurs mobilières aliénées avec l'autorisation du conseil de famille, n'est qu'un acte d'administration. Le tuteur a qualité pour toucher seul le prix de ces valeurs et pour en donner valable quittance. Ses pouvoirs sont les mêmes à cet égard qu'avant la loi du 27 févr. 1880. Le droit qu'il a, de toucher les capitaux sans faire aucune justification d'emploi, est confirmé par les art. 6 et 7 de cette loi. En effet, on le verra en commentant ces articles, d'une part, les tiers ne sont pas garants du remploi, d'autre part, le subrogé tuteur et le conseil de famille n'ont à exercer leur droit de surveillance et de contrôle sur l'emploi des capitaux du mineur que lorsque le tuteur manque à son obligation de faire emploi de ces capitaux dans les six mois de leur perception. En ce sens, il a été jugé : 1° que le pouvoir qui appartient au tuteur, en vertu de l'art. 450 c. civ., de recevoir, sans l'autorisation du conseil de famille, le montant des créances du mineur, et de consentir la radiation des hypothèques relatives à ces créances, n'a été ni atteint, ni modifié par la loi du 27 févr. 1880 (Trib. Lorient, 23 mars 1881) (1); — 2° Que le tuteur obligé de faire emploi des capitaux du mineur dans le délai

(1) (Minier C. Onfroy de Virey). — LE TRIBUNAL ; — Attendu qu'il s'agit de rechercher le but, l'esprit et la portée de la loi des 27-28 févr. 1880, dont les art. 1, 2 et 6 sont ainsi conçus : « 1. Le tuteur ne pourra aliéner, sans y être autorisé préalablement par le conseil de famille, les rentes, actions, parts d'intérêts, obligations et autres meubles incorporels, appartenant au mineur... 2. Lorsque

de trois mois, à qualité cependant pour les toucher seul hors la présence du subrogé tuteur, sans détermination préalable d'un emploi par le conseil de famille, et sans avoir à justifier de l'emploi qu'il en fera au débiteur qui paye entre ses mains le montant de la créance du mineur (Trib. Saint-Dié, 22 juin 1882 (1). V. en ce sens, Buchère, nos 96 et suiv.).

418. On a relaté au *Rép.* n° 449, et *suprà* n° 311, la controverse qui s'est élevée sur le point de savoir si les règles tracées par la loi pour l'administration tutélaire se rattachent à l'ordre public, et s'il est permis soit au conseil de famille, soit aux tribunaux de déroger à ces règles en apportant des restrictions aux pouvoirs du tuteur, notamment en ce qui concerne l'emploi des capitaux appartenant au mineur. Mais, on l'a dit *suprà*, n° 312, même, dans l'opinion suivant laquelle on doit considérer comme des lois d'ordre public les dispositions qui concernent la gestion tutélaire, il faut admettre que le conseil de famille peut apporter à l'administration du tuteur, les restrictions qui sont implicitement ou explicitement autorisées par un texte de la loi. C'est ainsi qu'on reconnaît au conseil de famille le droit de déterminer l'emploi qui sera fait par le tuteur du prix des immeubles du mineur, aliénés, soit volontairement, soit sur licitation. En effet, les art. 457 et 460 c. civ., en exigeant l'autorisation du conseil de famille, permettent à ce conseil d'indiquer pour la vente « toutes les conditions qu'il jugera utiles ». On admet que ce texte permet au conseil de famille de déterminer l'emploi que le tuteur devra faire du prix des immeubles aliénés. L'art. 1er de la loi du 27 févr. 1880, qui s'inspire des art. 457 et 470, en assimilant l'aliénation des valeurs mobilières à celle des immeubles, en exigeant pour l'une comme pour l'autre, l'autorisation du conseil de famille, contient des expressions équivalentes au texte de ces articles, quand il dit que « le conseil de famille, en autorisant l'aliénation, prescrira les mesures qu'il jugera utiles ». Nul doute que le législateur n'ait voulu consacrer au profit du conseil de famille, quant aux aliénations mobilières, le pouvoir que la jurisprudence lui reconnaissait en vertu du code civil relativement aux ventes d'immeubles. Le conseil de famille peut donc laisser au tuteur, le choix et la responsabitité de l'emploi du prix des valeurs mobilières aliénées; mais si le conseil de famille juge à propos de déterminer cet emploi, le tuteur devra se conformer à la décision du conseil, et sera responsable de l'inexécution de la délibération (V. en ce sens: Dubois, p. 100; Deloison, nos 208 et 222; Bressolles, p. 33).

419. Il faut observer que le conseil de famille ne peut pas autoriser l'aliénation des valeurs indivises qui n'appartiendront au mineur et ne seront mises à la disposition de son tuteur que le jour où, par l'effet d'un partage, elles seront tombées dans son lot. Tout partage dans lequel un mineur est intéressé ne peut avoir lieu que suivant les formes déterminées par les art. 838 et suiv. c. civ., et 976 et suiv. c. proc. civ., et la loi du 27 févr. 1880 n'a pas abrogé ni modifié ces dispositions. En ce sens, il a été jugé que, tant qu'il n'a pas été fait de partage, l'aliénation de valeurs mobilières et spécialement l'aliénation de titres au porteur dépendant d'une succession indivise entre le mineur et des majeurs, ne peut pas être autorisée par le conseil de famille; que, par suite, une société de crédit peut légitimement refuser d'opérer le transfert d'obligations nominatives dépendant d'une succession indivise entre le mineur et des majeurs, même si le tuteur justifie à cet effet de l'autorisation du conseil de famille, tant que ces obligations n'ont pas été placées dans le lot du mineur en vertu d'un partage régulier (Trib. Seine, 23 juin 1880, en note sous Circ. min. just. du 20 mai 1880, D. P. 81. 3. 70; Trib. Seine, 7 déc. 1883 (2), et les autorités citées *infrà*, n° 425).

---

la valeur des meubles incorporels à aliéner dépassera, d'après l'appréciation du conseil de famille, 1500 fr. en capital, la délibération sera soumise à l'homologation du tribunal... 6. Le tuteur devra faire emploi des capitaux appartenant au mineur..., et ce, dans le délai de trois mois, à moins que le conseil ne fixe un délai plus long... ». — Considérant que des rapports faits à la Chambre des députés et au Sénat sur la loi du 27 février, il ressort nettement que le législateur a voulu sauvegarder les intérêts des incapables, en assujettissant les tuteurs personnellement à l'accomplissement de certaines formalités, sans lesquelles ne devront plus être aliénées les valeurs mobilières des pupilles, et en fixant un délai pour l'emploi des capitaux, sans que jamais les tiers débiteurs ou détenteurs soient responsables de l'emploi; que la loi nouvelle a uniquement en vue l'aliénation des valeurs mobilières, qu'elle a jugé convenable d'entourer de certaines garanties, de même que l'art. 457, c. civ., réglemente l'aliénation des immeubles; que ladite loi, en dehors de son objet, c'est-à-dire de l'aliénation des valeurs mobilières, ne modifie en rien le pouvoir donné par l'art. 450, c. civ., au tuteur d'administrer les biens du mineur; — Considérant que recevoir un capital mobilier, c'est faire un acte de pure administration, essentiellement différent d'un acte d'aliénation, et que le législateur de 1880 l'a si bien compris, qu'en obligeant, par l'art. 6 de la loi du 27 février, le tuteur à faire emploi des capitaux dans un délai déterminé, il s'est donné garde d'exiger l'autorisation du conseil de famille pour la perception des valeurs mobilières; que l'on ne saurait suppléer au silence intentionnel de la loi, sans créer une sérieuse entrave à l'administration des tuteurs, et sans causer un préjudice aux mineurs, en les exposant à des frais que le législateur a précisément voulu éviter; — Par ces motifs, etc.

Du 23 mars 1881.-Trib. civ de Lorient.

(1) (Blache C. Blache.) — LE TRIBUNAL; — Attendu que l'art. 6 de la loi du 27 févr. 1880 est ainsi conçu : « Le tuteur devra faire emploi des capitaux appartenant au mineur ou à l'interdit, ou qui leur adviendraient par succession ou autrement, et ce dans un délai de trois mois, à moins que le conseil ne fixe un délai plus long, auquel cas il pourra en ordonner le dépôt comme il est dit à l'article précédent. Les règles prescrites par les articles ci-dessus et par l'art. 455 c. civ. seront applicables à cet emploi. Les tiers ne seront en aucun cas garants de l'emploi », que le texte de cet article est clair et net, et qu'il ne saurait donner lieu à aucune controverse; que le tuteur doit faire emploi des capitaux appartenant au mineur; qu'il jouit, à cet effet, d'un délai de trois mois; que les tiers ne sont jamais garants de l'emploi; que, pour faire l'emploi dont s'agit, le tuteur est évidemment autorisé à toucher tout d'abord les valeurs qu'il faut employer; que l'art. 6 est, il est vrai, muet sur ce droit de toucher, mais que la loi de 1880 n'avait pas besoin de le proclamer parce qu'il résulte de la force des choses et est compris dans le mandat général d'administration du tuteur; que le subrogé tuteur ne peut entraver le tuteur dans l'exercice de ce droit, en lui imposant, par exemple, certaines conditions pour recevoir; que, d'après l'art. 7, le subrogé tuteur n'a qu'une mission, celle de surveiller le tuteur, de voir si ce dernier touche les capitaux du mineur et en fait emploi dans le délai de trois mois, et, le cas échéant, de provoquer la réunion du conseil de famille, devant lequel le tuteur serait appelé à rendre compte de sa négligence ou de ses retards; que le débiteur, qui n'est pas responsable de l'emploi, doit verser ses fonds entre les mains du tuteur, sans exiger que celui-ci lui justifie de l'emploi qu'il en fera; que les mariés Blache, en refusant, le 31 mars 1881, devant le juge de paix de Crest, d'accepter les conditions que Ferdinand Blache voulait leur imposer, et en demandant que la somme de 737 fr. 50 cent., due à la mineure Marie Blache, leur fût versée purement et simplement, pour être ensuite employée dans le délai de trois mois, n'ont fait qu'user du droit qui leur est expressément accordé par l'art. 6 susvisé; qu'ils étaient également fondés à recevoir ladite somme, hors la présence du subrogé tuteur de la mineure et malgré l'opposition faite par ce dernier, le 19 mars 1882, à la délivrance des fonds en l'absence d'un emploi déterminé par le conseil de famille; — Par ces motifs; — Condamne Ferdinand Blache à payer aux mariés Blache ès qualité la somme de 737 fr. 50 cent. qu'il doit à la mineure Blache; — Dit que l'opposition du 19 juin est nulle et non avenue.

Du 22 juin 1882.-Trib. civ. de Saint-Dié.

(2) (Margotin C. Crédit foncier.) — LE TRIBUNAL; — Attendu que Pierre-Constantin-Georges Margotin est décédé à Paris, le 20 juill. 1880, laissant pour héritiers ses quatre frères, Alexandre-Louis, Charles-Alexandre, Pierre-Constant-André-Louis et le mineur Amable-Maurice Margotin; qu'au nombre des valeurs dépendant de la succession, se trouvaient 76 obligations nominatives du Crédit foncier, émission de 1879; qu'une délibération du conseil de famille, du 9 févr. 1882, homologuée par jugement de la chambre du conseil du tribunal civil de Reims, le 20 avril suivant, a autorisé Drouet-Bonnaire, tuteur du mineur Margotin, à vendre les obligations dont s'agit, conjointement avec les cohéritiers dudit mineur, et à signer tous transferts nécessaires à cet effet; que, pour faire exécuter cette décision par le Crédit foncier, qui se refuse à la conversion des titres nominatifs en titres au porteur, les demandeurs s'appuient, tout à la fois, sur les termes du jugement sus-énoncé, et sur les dispositions de la loi du 27 févr. 1880; — Attendu, quant au premier point, que le jugement du 20 avril 1882 est un acte de juridiction gracieuse, qui a eu pour seul objet d'habiliter le tuteur du mineur Margotin à opérer la conversion sus-indiquée, et qu'il n'a aucune force exécutoire, surtout à l'égard des tiers; — Attendu, quant au second

Il a été, toutefois, décidé que, si les art. 1 et 2 de la loi du 27 févr. 1880, ont déclaré nécessaire l'autorisation du conseil de famille, et, à partir de 1500 fr., l'homologation du tribunal, pour les ventes de valeurs mobilières appartenant à des mineurs, ces mêmes articles n'ont pas exigé, lorsque ces valeurs font partie d'une masse encore indivise entre les mineurs et une tierce personne, que cette masse soit partagée préalablement à toute aliénation; que, par suite, le conseil de famille peut autoriser l'aliénation desdites valeurs mobilières indivises, à la condition que ce ne soit pas là un mode indirect de procéder au partage en dehors des formalités protectrices des intérêts des mineurs, établies notamment par les art. 838 c. civ. et 966 c. proc. civ.; que, spécialement, l'aliénation peut être autorisée par le conseil de famille, lorsqu'elle est donnée à la charge de remplacer les valeurs aliénées qui étaient indivises entre les mineurs et leur père, par d'autres valeurs devant être immatriculées indivisément au nom dudit père et de ses enfants, l'indivision continuant ainsi à exister entre eux sur les titres substitués; que, dans ces conditions, le tribunal de première instance qui refuse d'homologuer la délibération du conseil de famille, sous le prétexte qu'un partage eût été nécessaire préalablement à l'aliénation, ajoute à la loi et en méconnaît, par conséquent, les dispositions (Civ. cass. 15 juill. 1890, aff. Panhard, D. P. 90. 1. 361).

420. — 3° *Homologation du tribunal.* — L'homologation du tribunal est exigée par l'art. 2 de la loi du 27 févr. 1880, lorsque la valeur des meubles incorporels à aliéner dépassera, d'après l'appréciation du conseil de famille, 1500 fr. en capital. L'adoption de cette mesure a rencontré, pendant la discussion de la loi, de nombreuses objections. Le projet du Gouvernement n'exigeait dans aucun cas l'homologation du tribunal. Sur la proposition de la commission, le Sénat décida, en première délibération, que l'homologation serait nécessaire quand il s'agirait d'une valeur supérieure à 5000 fr. Lors de la seconde délibération, M. Jules Favre proposa un amendement suivant lequel, dans un but de protection égale pour les petites et pour les grandes fortunes, l'homologation serait nécessaire dans tous les cas et si minine que fût la valeur à aliéner; le tuteur pourrait obtenir l'assistance judiciaire quand il s'agirait d'une valeur inférieure à 5000 fr. Après renvoi à la commission, le Sénat se rangea au système suivant: dans le cas où la délibération du conseil de famille serait unanime, il n'y aurait jamais de recours au tribunal, si importante que fût la valeur à aliéner; mais, en cas de dissidence entre les membres du conseil de famille, l'homologation serait toujours exigée, même pour les plus minces valeurs (*Journ. off.* 26 mai 1878). Devant la Chambre des députés, la commission reprit le premier projet du Sénat, en abaissant à 3000 fr. le chiffre des valeurs dont l'aliénation exigerait l'homologation du tribunal; mais le Gouvernement qui avait primitivement accepté le projet de la commission du Sénat et le chiffre de 5000 fr. se rallia à l'amendement Jules Favre; il consentait seulement à dispenser de l'homologation les aliénations de valeurs inférieures à 50 fr. de revenu. Enfin, sur le rapport de M. Jozon, la Chambre adopta le principe de l'homologation d'après le montant des valeurs à aliéner, et le chiffre à partir duquel l'homologation serait exigée fut arrêté à 1500 fr. Cette solution obtint l'adhésion du Gouvernement et du Sénat (*Journ. off.* 26 janv. 1878, 30 nov. 1879, 6 et 18 févr. 1880. V. note sous les art. 1 et 2 de la loi, D. P. 80. 4. 47).

421. Suivant certains auteurs, la mesure adoptée se justifie pleinement. La délibération du conseil de famille, même quand elle est unanime, n'est pas toujours éclairée ni sage; elle est trop souvent complaisante pour les combinaisons du tuteur. Il n'est jamais inutile que le tribunal la contrôle et qu'il apprécie à son tour tant de questions délicates que peut soulever l'aliénation des valeurs mobilières. Mais ces questions ne sont guère à examiner que si la fortune du mineur a quelque importance. Quand le mineur n'a que peu de ressources, si l'on ne conserve pas les valeurs mobilières, c'est qu'il faut pourvoir à des besoins immédiats, et par exemple à l'entretien ou à l'éducation du mineur. La distinction, admise par l'art. 2, n'équivaut donc pas à la protection des mineurs riches à l'exclusion des mineurs peu aisés. Elle se justifie par la différence même des situations, d'où résulte une différence entre les questions à résoudre, les intérêts à sauvegarder, les mesures à prendre. Ce sont les mêmes motifs qui ont inspiré nos lois, quand elles veulent que les jugements soient en dernier ressort, s'ils n'ont statué que sur une valeur qui n'excède pas 1500 fr., en matière personnelle ou mobilière, et 60 fr. de revenu en matière immobilière. La limite de 1500 fr., adoptée par l'art. 2, est précisément la limite que la loi de 1838 établit pour les jugements en dernier ressort (Bressolles, p. 34; Dubois, p. 101). — Mais M. Deloison, n° 209, critique l'utilité pratique de l'homologation, surtout quand il s'agit d'aliéner des valeurs de bourse. « L'appréciation des motifs qui ont entraîné la délibération du conseil de famille sera, dit-il, très difficile pour des magistrats... A raison de la mobilité de ces valeurs, de leur dépréciation quelquefois subite, elle (la loi) a compris que mille indices divers, des renseignements personnels, des prévisions solidement basées pouvaient motiver une aliénation rapide. Le tribunal a-t-il, en ces matières, une compétence plus spéciale et plus grande que le conseil de famille? » On a dit que la mesure se justifiait surtout par l'utilité de laisser le tribunal juge de l'emploi des fonds indiqué par le conseil de famille; mais, d'une part, cette défiance peut paraître étrange vis-à-vis d'une assemblée de parents; d'autre part, si la délibération, n'est pas unanime, l'art. 883 c. proc. civ. permet toujours aux membres dissidents de recourir contre la délibération, et le jugement contradictoire qui intervient alors est une garantie plus sûre que l'homologation en chambre du conseil.

422. La rédaction de l'art. 2 a soulevé des difficultés d'interprétation que le ministre de la justice, consulté par le ministre des finances, dans l'intérêt des représentants du Trésor et des agents de change, a résolu par sa circulaire du 20 mai 1880 (D. P. 81. 3. 70). D'abord on ne peut pas toujours savoir à l'avance si le produit de l'aliénation dépassera 1500 fr. ou n'atteindra pas cette somme. Les valeurs, même celles qui sont admises à la cote officielle de la Bourse, sont sujettes à de nombreuses fluctuations. Les meubles incorporels dont le conseil de famille autorise l'aliénation pouvaient être d'une valeur inférieure à 1500 fr. à la date de la délibération, et ils peuvent dépasser l'importance de ce chiffre au jour où le tuteur réalise la vente. Réciproquement, valant plus de 1500 fr. quand le conseil de famille a délibéré, ils peuvent être tombés au-dessous de cette estimation au temps de la vente. Dans le premier cas, le tuteur devra-t-il se pourvoir de l'homologation du tribunal? et, dans le second, sera-t-il affranchi de la nécessité de l'obtenir?

Le texte de l'art. 2 a permis au garde des sceaux de fournir une réponse décisive à ces questions. L'homologation du tribunal est exigée lorsque la valeur des meubles incorporels dépassera 1500 fr. en capital « d'après l'appréciation du conseil de famille ». Ce n'est pas la valeur réelle des meubles incorporels à aliéner, soit au temps de la délibération, soit au temps de la vente, c'est, dans tous les cas, l'appréciation du conseil de famille sur cette valeur, qui

---

point, qu'en exigeant l'autorisation préalable du conseil de famille pour l'aliénation des valeurs mobilières appartenant à un mineur, la loi du 27 févr. 1880 n'a eu d'autre but que de sauvegarder ses intérêts et de restreindre les pouvoirs attribués par le code civil au tuteur; qu'elle n'a nullement entendu déroger aux dispositions des art. 838 c. civ., 965 et suiv. c. proc. civ., et priver ainsi le mineur de la protection que ces dispositions légales lui assurent, pour le partage des successions auxquelles il est appelé; que la loi du 27 févr. 1880 vise expressément les valeurs appartenant au mineur lors de l'ouverture de la tutelle, et celles qui lui ont été définitivement attribuées, ou dont il a été mis en possession depuis; qu'elle suppose donc un partage judiciaire préalable, et écarte implicitement les valeurs indivises, qui juridiquement ne peuvent être considérées comme appartenant au mineur et mises à la disposition de son tuteur que le jour où, par l'effet du partage, elles sont tombées dans son lot; — Attendu, dès lors, que la résistance du Crédit foncier est justifiée dans l'espèce, et que la demande des consorts Margotin ne saurait être accueillie; — Par ces motifs;

Déclare les consorts Margotin et Drouet-Bonnaire, ès noms, mal fondés en leur demande.

Du 7 déc. 1883.-Trib. civ. de la Seine, 1re ch.

détermine si l'homologation est ou non nécessaire. Quelles que soient donc les variations survenues dans la valeur réelle des meubles incorporels qu'il s'agit d'aliéner, l'homologation du tribunal sera nécessaire quand le conseil de famille aura apprécié que ces meubles représentent un capital supérieur à 1500 fr. ; elle ne sera pas exigée si le conseil de famille les avait estimés à moins de 1500 fr. « Le législateur s'en remet à l'appréciation du conseil de famille », dit la circulaire du ministre de la justice. « Selon quelles bases procédera le conseil ? On ne peut rien prescrire pour les valeurs qui sont, en elles-mêmes, indéterminées, comme un fonds de commerce, une propriété littéraire, etc., même un office ministériel : le conseil prendra ses indications un peu partout, et, notamment, pour les offices, la pratique administrative, qui calcule leur valeur d'après le revenu net des cinq dernières années d'exercice, fournit une acceptable indication ; mais, pour les créances, les actions ou obligations industrielles, il ne faut pas croire que l'appréciation du conseil soit nécessairement liée par le chiffre nominal de la créance ou le cours actuel de ces valeurs ; le conseil peut et doit toujours, malgré cela, évaluer le meuble incorporel à aliéner, parce qu'une foule de circonstances peuvent modifier les apparentes indications fournies par ce que nous venons de dire » (V. aussi Bressolles, p. 37).

423. L'appréciation du conseil de famille servant seule à déterminer si l'homologation doit être obtenue, il est nécessaire que la délibération mentionne cette appréciation. La circulaire du ministre de la justice contient, à cet égard, les instructions suivantes : « Toutefois, pour éviter toute incertitude, il conviendra d'insérer dans les délibérations les formules suivantes. Si la valeur du titre, rente sur l'Etat, obligation de chemin de fer, etc., n'excède pas 1500 fr. en capital, on ajoutera : « La valeur des titres dont la dési- « gnation précède n'excédant pas 1500 fr., la présente délibéra- « tion n'est pas soumise à l'homologation du tribunal ». Dans l'hypothèse contraire, la délibération contiendra cette mention : « La valeur du titre ou des titres dont la désignation « précède, excédant 1500 fr., la présente délibération sera « soumise à l'homologation du tribunal ». L'appréciation du conseil de famille, ainsi certaine et formellement exprimée dans la délibération, couvre la responsabilité des représentants du Trésor, des agents de change et de tous autres intéressés à la régularité de l'aliénation, notaires, sociétés, etc.

424. Ces règles souffriraient exception si l'appréciation du conseil de famille n'avait pas été faite loyalement et sans fraude à la loi. Si le conseil de famille déclarait que sa délibération n'est pas soumise à l'homologation, bien que la valeur des meubles corporels dont il autorise l'aliénation fût manifestement supérieure à 1500 fr., au moment même de la délibération, les agents de change, les représentants du Trésor ou des sociétés et compagnies financières ou commerciales, ne seraient ni liés ni couverts par la déclaration du conseil de famille. « En cas de refus de la part de ces agents de consentir à un transfert qui leur paraîtrait illégal, les tuteurs n'auraient d'autre voie à suivre que de s'adresser aux tribunaux » (Circ. min. just. 20 mai 1880, D. P. 81. 3. 70 ; Bonnet, p. 17 ; Bressolles, p. 38 ; Coulet, p. 11 et suiv. ; Dubois, p. 101 ; Deloison, n° 210).

425. Ainsi qu'on l'a exposé *suprà*, n° 419, la loi du 27 févr. 1880 n'a pas dérogé aux lois antérieures relatives aux formalités des partages dans lesquels des mineurs sont intéressés et, par suite, le conseil de famille ne peut pas autoriser l'aliénation des valeurs mobilières indivises et non encore échues au mineur par l'effet d'un partage régulier. La circulaire du ministre de la justice a fait application de ce principe, en décidant, sur une question du ministre des finances, que, « dans le cas où un titre de rente d'une valeur de 1500 fr. serait indivis sans attribution de parts entre plusieurs titulaires dont quelques uns seraient sous tutelle, une délibération du conseil de famille ne pourrait pas déclarer que la part revenant à l'incapable représente un capital inférieur à 1500 fr. ». En supposant cette estimation exacte et loyale, la délibération n'eût pas été sujette à l'homologation du tribunal, et le consentement des cohéritiers majeurs intervenant, rien ne s'opposait à la réalisation du transfert par les agents du Trésor. Pourquoi donc ne pas permettre une aliénation conforme à la loi du 27 févr. 1880 ? Le ministre répond : « Une pareille déclaration équivaudrait à un partage ; elle ne peut être insérée dans une délibération du conseil de famille que si elle se borne à consacrer les résultats d'un partage antérieur et régulier. Les transferts demandés sans justification du partage lui-même devraient être refusés ». Un jugement du tribunal de la Seine a consacré la doctrine exposée dans la circulaire ministérielle (Trib. civ. Seine, 23 juin 1880, aff. V..., D. P. 81. 3. 71, note 1. V. Bonnet, p. 18 et suiv. ; Buchère, *Des valeurs mobilières et effets publics*, n° 30 ; Coulet, 2e éd., p. 33. V. toutefois, Civ. cass. 15 juill. 1890, aff. Panhard, D. P. 90. 1. 361, et cité *suprà*, n° 419).

426. Il faut remarquer que la solution consacrée, soit par la circulaire du ministre, soit par la décision du tribunal de la Seine, n'est applicable qu'aux valeurs indivises entre majeurs et mineurs après le décès de leur auteur commun ; il est nécessaire alors de procéder au partage judiciaire avant d'arriver à l'aliénation des titres. Dans le cas où il y a eu un partage anticipé effectué par un ascendant entre ses enfants ou petits-enfants majeurs et mineurs, ce partage « suffit à fixer définitivement la propriété des biens sur la tête de chacun des mineurs ; en conséquence, le tuteur, sans être obligé de recourir aux formalités d'un partage judiciaire, pourra les aliéner, jusqu'à concurrence de 1500 fr., avec l'autorisation du conseil de famille, et, à partir de 1500 fr., avec l'homologation du tribunal ».

427. Dans le cas où la demande en partage de valeurs indivises, provenant de succession ou de donation, aurait été formée par les cohéritiers majeurs contre le mineur, le tuteur répond à cette action, sans autorisation du conseil de famille (c. civ. art. 465. V. *suprà*, n° 386, et *infrà*, n° 506). Le partage venant à être ordonné par jugement et comportant le transfert de la rente ou l'aliénation des autres valeurs indivises à titre de licitation, le tuteur devra-t-il, pour opérer ce transfert ou cette aliénation relativement à la part du mineur, se faire autoriser spécialement à cet effet par le conseil de famille et se pourvoir de l'homologation du tribunal, si la part du mineur représente un capital excédant 1500 fr. ? Nous considérons ces formalités comme inutiles. La loi du 27 févr. 1880 ne concerne que les aliénations volontaires. L'aliénation dont il s'agit est forcée, puisqu'elle équivaut à un partage dont l'art. 815 oblige le mineur à subir la loi, ses cohéritiers n'étant pas tenus de rester dans l'indivision. A quoi bon demander au conseil de famille une autorisation, au tribunal une homologation, qu'ils ne pourraient pas refuser ou dont le refus n'affranchirait pas le mineur et son tuteur de l'obligation de procéder au partage et à la licitation ordonnés par jugement rendu contre eux. L'art. 465 impose au tuteur la nécessité d'une autorisation pour provoquer le partage ; mais il admet que le jugement ordonnant partage peut être obtenu contre lui sans autorisation. Comment cette autorisation serait-elle nécessaire, quand il ne s'agit plus que d'exécuter le jugement ? (Bonnet, p. 19 et suiv. Comp. Demolombe, t. 7, nos 681 et suiv.).

428. Si les valeurs mobilières qu'il s'agit d'aliéner dépendent d'une succession bénéficiaire, l'aliénation n'est-elle pas soumise dans tous les cas à l'autorisation de justice, en même temps qu'à l'observation des règles tracées par la loi du 27 févr. 1880 ? L'art. 796 c. civ. exige que l'héritier bénéficiaire soit autorisé par justice pour vendre les meubles de la succession sujets à dépérissement. Un avis du conseil d'Etat des 17 nov. 1807-11 janv. 1808 (*Rép.* vis *Succession*, n° 833, et *Trésor public*, p. 1125), impose à l'héritier bénéficiaire la nécessité d'une autorisation de justice, pour vendre des rentes sur l'Etat supérieures à 50 fr. On sait que le mineur, même le mineur émancipé, ne peut jamais accepter une succession que sous bénéfice d'inventaire. D'autre part, avant la loi du 27 févr. 1880, la loi du 24 mars 1806 prescrivait l'autorisation du conseil de famille, mais sans exiger en même temps l'homologation du tribunal, pour l'aliénation des rentes sur l'Etat supérieures à 50 fr. Si l'héritier bénéficiaire était mineur, devait-il, pour aliéner des rentes sur l'Etat supérieures à 50 fr. dépendant de la succession, satisfaire tout à la fois au prescrit de l'avis du conseil d'Etat de 1808 et à la loi du 24 mars 1806 ? La négative était généralement enseignée. On admettait que l'autorisation de justice exigée par l'avis de 1808 était remplacée pour le tuteur ou pour l'émancipé assisté de son curateur, par l'autorisation du conseil de famille (*Rép.* v° *Trésor public*, n° 1184; Paris, 24 déc. 1860, aff. Trouvé, D. P. 61. 5. 513; Mollot, *Traité des bourses de commerce*, t. 1, n° 283). — La loi du 24 mars 1806 est abrogée par la loi du 27 févr. 1880 (V. *suprà*, n° 405). D'où cette conséquence que le tuteur et le mineur émancipé au cours de la tutelle devront obtenir l'autorisation du conseil de famille pour aliéner des rentes sur l'Etat même inférieures à 50 fr., et que l'homologation sera nécessaire si le capital représente une valeur supérieure à 1500 fr.

Dans le cas où les rentes dont il s'agit dépendent d'une succession bénéficiaire, l'avis du conseil d'Etat de 1808 doit-il recevoir encore son application? La cour de cassation a jugé que la loi du 27 févr. 1880, en abrogeant celle du 24 mars 1806, n'a pas détruit, en principe, l'autorité de l'avis du conseil d'Etat du 11 janv. 1808 qui, s'appuyant sur les dispositions de la loi de 1806, interdit à l'héritier bénéficiaire d'aliéner sans autorisation de justice les rentes sur l'Etat dépendant de la succession qu'il administre, lorsqu'elles dépassent 50 fr.; que, toutefois, la loi de 1880 a eu pour effet de faire disparaître la distinction, empruntée par cet avis à la loi de 1806, entre les rentes supérieures et celles inférieures à 50 fr.; que, par suite, l'héritier bénéficiaire a besoin d'une autorisation de justice pour aliéner les inscriptions de rente sur l'Etat, quelle que soit la quotité de la rente inscrite et encore bien qu'elle soit inférieure à 50 fr. (Civ. cass. 4 avr. 1881, aff. Parodes, intérêt de la loi, D. P. 81. 1. 241). — Cette décision est contestable. La loi de 1880, en abrogeant la loi de 1806, n'a statué qu'à l'égard des tutelles; elle ne s'est pas occupée de l'héritier bénéficiaire. Sans doute, l'avis du conseil d'Etat de 1808 se référait à la loi de 1806, quand il imposait à l'héritier bénéficiaire, considéré comme un administrateur comptable, la nécessité d'une autorisation de justice pour aliéner les rentes supérieures à 50 fr., que le tuteur ne pouvait aliéner sans l'autorisation du conseil de famille. Mais l'abrogation de la loi de 1806 ne peut avoir pour effet que d'empêcher toute application de l'avis du conseil d'Etat de 1808; sinon l'autorité de cet avis subsiste tout entière, et, en l'absence d'un texte abrogeant expressément, quant à l'héritier bénéficiaire, la distinction empruntée à la loi de 1806, il faudra reconnaître que l'autorisation de justice n'est exigée de l'héritier bénéficiaire, mineur ou majeur, que pour l'aliénation des rentes supérieures à 50 fr. (V. notes 1 et 2 sous l'arrêt précité, D. P. 81. 1. 241).

429. La thèse consacrée en principe par l'arrêt du 4 avr. 1881 conduit logiquement à reconnaître : 1° que l'héritier bénéficiaire majeur est tenu d'obtenir l'autorisation de justice, si minime que soit l'importance de la rente à aliéner; 2° que le tuteur et le mineur émancipé pendant la tutelle sont obligés de se pourvoir de l'autorisation de justice, en sus de l'autorisation du conseil de famille, pour aliéner des rentes sur l'Etat représentant un capital inférieur à 1500 fr., quand ces rentes font partie d'une succession échue au mineur; 3° que l'autorisation de justice est nécessaire, sans égard à la valeur des rentes qu'il s'agit d'aliéner, pour le mineur émancipé par le mariage ou pendant le mariage de ses père et mère, et pour le père administrateur légal, si ces rentes dépendent d'une succession acceptée par le mineur assisté de son curateur ou par le père au nom de son enfant. Cependant, la cour de cassation elle-même a restreint à l'héritier bénéficiaire majeur l'application du principe qu'elle a posé dans son arrêt du 4 avr. 1881. En effet, elle a jugé que le mineur émancipé par le mariage n'est point tenu de demander l'autorisation de justice pour l'aliénation des meubles incorporels, et spécialement des rentes sur l'Etat, qui lui appartiennent à titre d'héritier bénéficiaire, et qu'il peut aliéner ces meubles avec la seule assistance de son curateur (Civ. rej. 13 août 1883, aff. Dame Réveil, pourvoi dans l'intérêt de la loi, D. P. 84. 1. 103).

430. Cette décision invoque deux motifs principaux. D'abord, l'art. 4, § 2, de la loi du 27 févr. 1880 ne fait pas de distinction entre les valeurs mobilières qui proviennent au mineur d'une succession bénéficiaire et celles qui lui appartiennent en vertu d'une autre cause d'acquisition. Les lois sur la tutelle et la curatelle forment un ensemble de garanties qui se suffit à lui-même. C'est ainsi que, sous l'empire de la loi de 1806, on admettait que l'autorisation du conseil de famille suppléait pour le mineur à l'autorisation de justice pour l'aliénation des rentes sur l'Etat supérieures à 50 fr. D'un autre côté, l'avis du conseil d'Etat du 11 janv. 1808 ne concerne que les héritiers bénéficiaires, qui sont des administrateurs comptables, et, par suite, il ne s'applique pas aux mineurs et aux interdits au nom desquels une succession a été acceptée bénéficiairement. L'autorisation de justice n'est exigée, pour l'aliénation des valeurs mobilières, que dans le cas d'une acceptation bénéficiaire *volontaire*, et non pas dans le cas où la succession, dévolue à des mineurs, n'a pu être acceptée que bénéficiairement.

431. Le système adopté par la cour de cassation a été vivement critiqué par M. Lyon-Caen (note sur l'arrêt du 13 août 1883). Suivant cet auteur, la chambre civile introduit une distinction arbitraire entre le bénéfice d'inventaire volontaire et le bénéfice d'inventaire forcé. Il n'y a qu'un bénéfice d'inventaire, tantôt volontaire et tantôt forcé, mais toujours, en principe, sujet aux mêmes lois. C'est ainsi que, d'après la doctrine, l'art. 2146, qui prohibe toute inscription d'hypothèque ou de privilège sur les immeubles d'une succession acceptée bénéficiairement, est applicable au cas d'une succession dévolue à un mineur (*Rép.* v° *Privilèges et hypothèques*, n°s 1441 et suiv.; Massé et Vergé, sur Zachariæ, t. 5, p. 197, § 808, note 15; Pont, *Traité des privilèges et hypothèques*, t. 2, n° 917; Aubry et Rau, t. 3, § 272, p. 333, note 31). D'autre part, l'acceptation bénéficiaire forcée n'est pas imposée seulement aux mineurs et aux interdits : les art. 781 et 782 c. civ. l'imposent encore aux héritiers d'un successible mort sans avoir pris parti, quand ces héritiers ne sont pas d'accord pour accepter ou pour répudier la succession. En ce cas de bénéfice d'inventaire forcé, l'aliénation des valeurs mobilières est entièrement soumise à l'autorisation du tribunal. Pourquoi les incapables seraient-ils dispensés de cette autorisation, sur ce motif que leur acceptation bénéficiaire est forcée? Il y a sans doute des différences entre la situation juridique de l'héritier bénéficiaire majeur et celle du mineur héritier bénéficiaire; mais ces différences résultent ou d'un texte formel de loi ou des principes généraux du droit. Ainsi, le fait de vendre des biens de la succession, sans observer les formalités requises par la loi, entraîne la déchéance du bénéfice d'inventaire (c. proc. civ. art. 988); mais cette déchéance ne peut atteindre que l'héritier bénéficiaire majeur; car, l'acceptation pure et simple étant prohibée pour le mineur, ni le mineur ni son tuteur ne peuvent faire indirectement ce que la loi leur défend de faire directement (Limoges, 30 juill. 1827; *Rép.* v° *Succession*, n° 642; Rouen, 30 août 1828, *Rép.* eod. v°, n° 835-3°). Or la différence entre l'héritier bénéficiaire majeur et le mineur, relativement à l'aliénation des valeurs mobilières, n'est fondée ni sur un texte, ni sur les principes généraux du droit. L'art. 4, § 2, de la loi du 27 févr. 1880, en établissant les formalités nécessaires pour l'aliénation des valeurs mobilières appartenant au mineur, ne distingue pas, ainsi que le constate la cour de cassation, entre celles de ces valeurs qui font partie d'une succession et celles qui proviennent d'une autre origine. Mais cet article n'a pas envisagé l'hypothèse où le mineur réunirait à cette qualité celle d'héritier bénéficiaire. Le mineur qui devient héritier bénéficiaire subit une double restriction à sa capacité d'aliéner les valeurs mobilières comprises dans la succession. En qualité de mineur, il ne peut aliéner ces valeurs que dans les conditions exigées par la loi de 1880. En qualité d'héritier bénéficiaire, il doit obtenir, en outre, et dans tous les cas, l'autorisation de justice. Il y a une raison juridique de décider ainsi : c'est dans l'intérêt du mineur lui-même que sont établies les mesures qui restreignent sa capacité; mais c'est dans l'intérêt des créanciers de la succession que la loi restreint la capacité de l'héritier bénéficiaire. Par l'effet de l'acceptation bénéficiaire, il n'y a pas de confusion des patrimoines. Les créanciers n'ont pour gage que les biens héréditaires et non pas ceux de l'héritier. Par une légitime compensation, la loi veut que les biens héréditaires soient du moins administrés de la façon la plus avantageuse pour les créanciers. C'est ainsi que l'arrêt du 4 avr. 1881, cité *suprà*, n° 428, interdit à l'héritier bénéficiaire d'aliéner, sans l'autorisation de justice, les rentes sur l'Etat même les plus minimes. L'intérêt des créanciers est identique si l'héritier bénéficiaire est mineur ou s'il est majeur. Dans l'un et l'autre cas, le droit de gage des créanciers est restreint aux biens héréditaires. La protection du mineur est assurée, par la loi de 1880. Celle des créanciers de la succession doit être sauvegardée par l'autorisation de justice (V. en ce sens, Buchère, *Traité des opérations de la Bourse*, nos 209 et suiv.).

432. On peut admettre cependant que, lorsqu'il s'agira d'aliéner des valeurs supérieures à 1500 fr., dépendant d'une succession bénéficiaire échue à un mineur, l'autorisation du conseil de famille homologuée par le tribunal sera suffisante; l'homologation du tribunal peut alors tenir lieu de l'autorisation de justice requise par l'art. 796 c. civ. et par l'avis du conseil d'Etat du 11 janv. 1808 (Comp. Buchère, *op. cit.*, n° 210. V. *infrà*, v° *Succession*).

433. Le tribunal, dit l'art. 2 de la loi du 27 févr. 1880, « statuera en la chambre du conseil, le ministère public entendu... ». Il en résulte que la procédure est identique à celle qu'on suit pour l'homologation des délibérations du conseil de famille autorisant des ventes d'immeubles (V. *Rép.* nos 273 et suiv.). L'homologation est poursuivie devant le tribunal de l'ouverture de la succession, si les valeurs à aliéner dépendent d'une succession échue au mineur et non encore partagée, ou au domicile du mineur dans les autres cas (Coulet, p. 14).

434. Si le tuteur ou le membre du conseil chargé de poursuivre l'homologation ne se conforme pas à sa mission dans le délai fixé par la délibération, ou, à défaut de fixation de délai, dans la quinzaine du jour où la délibération est rendue, un des membres du conseil de famille pourra poursuivre l'homologation contre le tuteur ; le subrogé tuteur ou toute personne intéressée, même n'ayant pas fait partie du conseil de famille, pourra au besoin poursuivre l'homologation (Coulet, p. 14. V. *Rép.* n° 269).

435. En cette matière, comme en toute autre où l'homologation est requise, le tribunal ne peut qu'accepter la délibération du conseil de famille ou la rejeter tout entière. Il accorde ou refuse son assentiment à la proposition du tuteur et à la décision du conseil de famille; mais il ne peut pas se substituer à leur volonté, par exemple en déclarant qu'il y aurait plus d'avantage à vendre d'autres valeurs (Deloison, n° 211). On lit dans le rapport de M. Denormandie : « Le conseil de famille et, en cas d'homologation, le tribunal prescriront les mesures utiles ». Mais si l'art. 1 de la loi du 27 févr. 1880 accorde au conseil de famille la faculté de prescrire les mesures utiles, l'art. 2 n'a pas reproduit le texte du rapport précité et n'a pas conféré les mêmes pouvoirs au tribunal; par suite les pouvoirs du tribunal, en matière d'homologation, restent déterminés par les art. 953 et suiv. c. proc. civ., auxquels la loi du 27 févr. 1880 n'a pas dérogé. Le tribunal doit, par suite, se borner, en cette matière, comme en cas de vente d'immeubles (V. *infrà*, n° 520), si la vente ou les conditions sous lesquelles elle est autorisée ne lui paraissent pas admissibles, à refuser l'homologation qui lui est demandée ; il ne peut substituer d'office d'autres mesures à celles qui ont été adoptées par le conseil de famille (Dubois, p. 105).

436. — 4° *Recours contre les délibérations du conseil de famille.* — L'art. 2 de la loi du 27 févr. 1880, ajoute : « le tout, sans dérogation à l'art. 883 c. proc. civ. ». Bien que ces expressions, par la place qu'elles occupent, semblent ne se référer qu'aux délibérations susceptibles d'être homologuées, il faut admettre, à défaut d'une disposition exceptionnelle qui, loin d'exister dans la loi nouvelle, en est certainement exclue par l'art. 2, que l'art. 883 c. proc. civ. est applicable à toutes les délibérations du conseil de famille relatives à l'aliénation des valeurs mobilières. Ainsi, qu'il s'agisse d'une valeur inférieure ou supérieure à 1500 fr., que la délibération soit susceptible ou non d'homologation, qu'elle soit homologuée ou non, qu'elle accorde ou refuse au tuteur l'autorisation qu'il a sollicitée d'aliéner des valeurs mobilières appartenant au mineur, la délibération sera susceptible d'un recours au tribunal par la voie contentieuse, toutes les fois qu'elle ne sera pas unanime (V. *suprà*, nos 168 et suiv.). Rappelons même que, suivant l'opinion de plusieurs auteurs, la délibération, fût-elle unanime, serait encore susceptible de recours au moins de la part du tuteur (V. *suprà*, n° 173). En cas de dissidence, la délibération devra donc mentionner l'avis individuel de chacun des membres du conseil, sans qu'il soit nécessaire de motiver cet avis.

Le recours pourra être formé par le tuteur, le subrogé tuteur, même par les membres de l'assemblée; il sera suivi contre ceux des membres de ce conseil qui ont été d'avis de la délibération, mais non contre le juge de paix (V. *suprà*, n° 180; Coulet, p. 14). Il suit de là que le texte de l'art. 2 manque d'exactitude. Au lieu de ces mots : « le tout sans dérogation à l'art. 883 c. proc. civ. », on eût mieux fait d'indiquer que le tit. 10 du liv. 1, 2e part. c. proc. civ. (art. 882 à 889) serait applicable en son entier, à l'exception toutefois, comme on va le voir, de l'art. 889 (Deloison, n° 212).

437. Le dernier paragraphe de l'art. 2 est ainsi conçu : « Dans tous les cas, le jugement rendu sera en dernier ressort ». Ainsi, relativement aux délibérations sur l'aliénation des meubles incorporels appartenant aux mineurs, la loi écarte l'art. 889 c. proc. civ., aux termes duquel « les jugements rendus sur délibération du conseil de famille, sont sujets à l'appel ». C'est une satisfaction donnée à ceux qui repoussaient la mesure de l'homologation comme entraînant des frais inutiles et des lenteurs préjudiciables au mineur. Le rapporteur de la commission sénatoriale, en voulant préciser la portée de cette suppression du droit d'appel, a fait une observation qui, mal interprétée, pourrait produire une confusion d'idées. « Dans le cas, dit-il, où l'on sera obligé de recourir au tribunal, nous voudrions que le jugement pût être rendu en dernier ressort. Il n'échappera pas au Sénat, en effet, que, lorsque l'affaire aura déjà été examinée par le conseil de famille et par le tribunal, elle aura ainsi subi en quelque sorte deux degrés de juridiction, ce qui est le principe de notre législation » (Discours de M. Denormandie, séance du 25 mai 1878, *Journ. off.* 26 mai, p. 5766). Comme nous l'avons dit *suprà*, n° 184, l'homologation ne peut, sous aucun rapport, être considérée comme l'œuvre d'une juridiction supérieure au conseil de famille. Elle n'est pas distincte de la délibération; elle n'en modifie pas le caractère; elle la complète et lui donne la force exécutoire, mais elle n'ajoute rien à sa validité et ne lui donne pas la force de la chose jugée; si bien que, même homologuée, la délibération peut être annulée par les tribunaux pour toutes les causes de recours prévues par la loi, et sur la demande de toutes personnes autorisées à former ces recours.

438. On a exposé au *Rép.* n° 269 et *suprà*, n° 192, que l'art. 888 c. proc. civ. autorise ceux des membres qui croiront devoir s'opposer à l'homologation d'une délibération du conseil de famille à le déclarer par acte extrajudiciaire et à former opposition au jugement, s'ils n'ont pas été appelés. On a dit que le droit d'appel devant la cour appartient aux membres opposants. On a, en même temps, signalé la controverse qui partage la jurisprudence sur le point d savoir s'il faut reconnaître ou dénier le droit d'appel aux membres de l'assemblée qui n'ont pas le droit de former opposition au jugement d'homologation, à défaut par eux de s'être conformés à l'art. 888. Une première conséquence de la disposition de l'art. 2 de notre loi sera donc, dans tous les cas, de prohiber l'appel, par les membres opposants de l'assemblée de famille, par le tuteur et par le subrogé tuteur, du jugement qui accorde ou qui refuse l'homologation aux délibérations autorisant l'aliénation des valeurs mobilières estimées plus de 1500 fr.

Mais la portée de l'art. 2 est encore plus étendue. Les mots : « dans tous les cas, le jugement rendu sera en dernier ressort » suivent immédiatement ceux-ci : « le tout, sans dérogation à l'art. 883 c. proc. civ. ». Comme on l'a vu, *suprà*, n° 174, l'art. 883 autorise le recours, au tribunal, par voie d'action directe et principale, au profit des membres dissidents de l'assemblée contre toute délibération qui n'a pas été unanime, et permet au tribunal d'annuler, dans l'intérêt du mineur, la délibération sujette ou non sujette à l'homologation, homologuée ou non homologuée. Ce recours subsiste tant contre les délibérations statuant sur des valeurs inférieures à 1500 fr. et non sujettes à l'homologation, que relativement aux délibérations sur une valeur supérieure, soumises à l'homologation et même homologuées. Il s'exerce par voie d'action directe et principale. Il y est statué contradictoirement en audience publique. Or, l'innovation de notre art. 2 est que le jugement statuant sur ces recours ne sera jamais susceptible d'appel. En quoi, loin d'être conforme aux principes de notre organisation judiciaire comme le soutenait le rapporteur, cet article y déroge expressément, puisqu'il limite, dans tous les cas, l'instance au premier degré de juridiction.

439. Si l'annulation de la délibération qui a autorisé l'aliénation des meubles incorporels du mineur était demandée pour vice de forme tenant à l'incompétence de l'assemblée ou à l'irrégularité de sa composition, le jugement serait-il en dernier ressort? Nous ne pensons pas que le législateur de 1880 ait envisagé cette hypothèse, car il semble qu'il s'est exclusivement préoccupé de maintenir les recours motivés quant au fond et réglés par l'art. 883 c. proc. civ. Cependant le texte est trop général et trop absolu pour qu'on y puisse admettre une exception, et, suivant nous, il devra s'appliquer même au cas dont il s'agit.

440. En résumé, suivant la disposition finale de l'art. 2, sont en dernier ressort : 1° les jugements d'homologation, c'est-à-dire les jugements qui donnent ou qui refusent l'homologation à la délibération du conseil de famille autorisant l'aliénation de valeurs mobilières représentant un capital supérieur à 1500 fr.; 2° les jugements qui statuent sur les recours formés en conformité de l'art. 883 c. proc. civ. et motivés par l'intérêt du mineur contre toutes délibérations, sujettes ou non à l'homologation, homologuées ou non, qui accordent ou refusent au tuteur l'autorisation d'aliéner des valeurs mobilières représentant un capital quelconque, inférieur ou supérieur à 1500 fr.; 3° les jugements qui statuent sur les demandes en nullité pour incompétence ou vice de forme dirigées contre toutes délibérations ayant le même objet (V. Bonnet, p. 21; Bressolles, n° 4, p. 39; Coulet, p. 15; Dubois, p. 103; Deloison, n° 212).

441. La conséquence de la disposition finale de l'art. 2 est que, le jugement d'homologation n'étant pas susceptible d'appel, ce jugement a, par lui-même, un caractère définitif et qu'il constitue, pour les intermédiaires de la vente, une garantie pleine et entière, sans qu'il y ait à attendre l'expiration d'aucun délai. Le tuteur n'aura donc pas à produire, en outre de la délibération qui l'autorise et du jugement d'homologation, le certificat de non-opposition et appel émané du greffe et prescrit par l'art. 548 c. proc. civ. (V. Deloison, n° 212; Bressolles, p. 39). Les tiers, agents de change et représentants du Trésor, n'ont à se préoccuper du recours par voie d'action principale que si l'auteur de ce recours a pris soin de le porter à leur connaissance. En effet, l'action ouverte en conformité de l'art. 883 c. proc. civ. n'a pour objet que de permettre aux membres dissidents du conseil de famille de s'opposer à l'exécution d'un acte qui n'est pas encore consommé; elle ne permet pas de porter atteinte au contrat qui a reçu son exécution. En ne formant pas ce recours en temps utile, les dissidents ont renoncé à l'exercice du droit que leur accordait l'art. 883. La responsabilité des intermédiaires sera donc à l'abri, si le recours n'a pas été formé avant la négociation des titres, et même si, bien que formé en temps utile, il n'a pas été mentionné sur la délibération du conseil de famille, ou si l'opposition n'a pas été portée par une autre voie à la connaissance de ces intermédiaires. Leur responsabilité serait au contraire engagée si, par fraude ou par ignorance, ils n'avaient pas tenu compte d'une opposition qui serait mentionnée sur la délibération ou qui leur aurait été notifiée. La responsabilité du tuteur serait certainement engagée s'il négociait les titres au mépris de l'action dirigée contre lui (V. Deloison, n° 212, *in fine*).

442. — 5° *Formes de l'aliénation.* — Aux termes de l'art. 3 de la loi du 27 févr. 1880, « l'aliénation sera opérée par le ministère d'un agent de change, toutes les fois que les valeurs seront négociables à la Bourse, au cours moyen du jour. Le projet du Gouvernement, adopté par le Sénat, portait : « à un cours officiellement déterminé ». La Chambre des députés substitua à ces expressions : « au cours moyen du jour », et cette nouvelle rédaction fut définitivement acceptée par le Sénat. Ainsi, le ministère de l'agent de change est obligatoire, et l'agent de change est tenu de vendre à forfait, à l'ouverture de la Bourse, au cours moyen du jour, ce qui laisse le prix en suspens jusqu'à la clôture, moment où la moyenne est établie. Le mineur ne bénéficiera pas du cours le plus élevé du jour; mais on sera certain du moins que ses titres ne seront pas vendus à un cours inférieur à la moyenne (Bressolles, p. 39).

« Il n'eût pas été sans utilité pratique, dit M. Deloison, n° 213, de s'expliquer plus clairement sur les valeurs négociables à la Bourse. A s'en tenir aux termes de l'art. 3, une valeur négociable est celle que peut négocier l'agent de change ; mais alors, il faudrait exclure toutes les valeurs en banque qu'il ne peut négocier d'après les règlements de la chambre syndicale, qui pour lui font autorité ». M. Buchère, n° 53, soutient que le tuteur sera obligé de s'adresser à un agent, même pour les valeurs en banque, et que celui-ci ne saurait refuser son ministère. Nous ne sommes pas de cet avis et nous croyons que le tuteur pourrait faire vendre en banque les valeurs qui ne seraient pas inscrites à la cote officielle (V. en ce sens, Coulet, p. 17).

443. Relativement à tous les meubles incorporels autres que les valeurs négociables à la Bourse, on a dit *suprà*, n° 416, que le conseil de famille a toute liberté pour en fixer le mode et les conditions de vente. En effet l'art. 1 de la loi permet au conseil « de prescrire toutes les mesures qu'il jugera utiles ». — Cependant, M. Coulet, p. 17, soutient que, pour les valeurs qui ne sont cotées ni en Bourse, ni en banque, le tuteur devra suivre les formalités prescrites par l'art. 452 c. civ. pour la vente des meubles et des objets mobiliers. Cette doctrine est universellement rejetée, même par M. Dubois, p. 57, qui cependant admet que l'art. 452 c. civ. était applicable aux meubles incorporels avant la loi du 27 févr. 1880, à plus forte raison par les auteurs qui enseignent que l'art. 452 ne s'est jamais appliqué qu'aux meubles corporels (V. *suprà*, n° 326). Le texte de l'art. 1er, le commentaire qu'en a fait M. Denormandie dans son rapport au Sénat (*suprà*, n° 416), ne laissent aucun doute sur la question. Le conseil de famille, sous le contrôle du tribunal, quand il s'agit d'un capital supérieur à 1500 fr., décide des formalités à remplir pour la réalisation de la vente. Il le fallait ainsi, parce que les objets aliénables sont d'une très grande variété, que certains d'entre eux, comme les propriétés littéraires, par exemple, ne sont guère susceptibles d'être vendus aux enchères. On ne pouvait donc pas imposer un mode uniforme d'aliénation; on ne pouvait pas non plus tout prévoir; on s'en est remis à la sagesse de l'assemblée de famille (Bonnet, p. 21; Bressolles, p. 39; Dubois, p. 59; Deloison, n° 213, p. 215).

444. Toutes les mesures que l'on vient d'examiner concernant l'aliénation des meubles incorporels du mineur sont applicables à l'aliénation des meubles incorporels appartenant à l'interdit (art. 1. V. *suprà*, n° 399) au mineur émancipé au cours de la tutelle (art. 4), au mineur et à l'aliéné placé sous la tutelle, soit de l'administration de l'Assistance publique, soit des administrations hospitalières, à cette particularité près que les fonctions attribuées au conseil de famille sont remplies par le conseil de surveillance de l'administration de l'Assistance publique et par les commissions administratives (art. 8. V. *infrà*, nos 643 et suiv.), aux aliénés non interdits placés dans un asile public ou privé et pourvus d'un administrateur provisoire (art. 8. V. *suprà*, v° *Aliénés*, n° 113). Mais, en vertu de l'art. 4 de la loi, elles ne sont pas applicables au mineur émancipé par le mariage, ni au mineur émancipé pendant le mariage de ses père et mère (V. *suprà*, nos 400 et suiv.); elles ne sont pas davantage applicables au mineur autorisé à faire le commerce (V. *suprà*, n° 403).

445. — 6° *Sanction des mesures prescrites pour l'aliénation des meubles incorporels appartenant au mineur.* — Si toutes les formalités ont été remplies, si la vente a été réalisée régulièrement après autorisation du conseil de famille et homologation du tribunal, s'il y avait lieu, et avant tout recours des membres de la famille, la vente est inattaquable et définitive. La famille n'a plus aucun droit de recours en vertu de l'art. 883 c. proc. civ. (V. *suprà*, n° 441). Le mineur ne peut pas, invoquant l'art. 1305 c. civ., demander la rescision pour cause de lésion de la vente régulièrement accomplie et évincer le tiers acquéreur. Il est, en effet, reconnu que les actes émanés du tuteur sont inattaquables, aux termes de l'art. 1314 c. civ., quand ils ont été accompagnés des formalités requises par la loi. L'art. 1314 c. civ. ne cite que les actes les plus importants ; mais, après une controverse aujourd'hui close, on est d'accord pour reconnaître que cet article est applicable à tous les actes du tuteur et forme le droit commun. On ne pouvait pas, sans ébranler le crédit du mineur et sans ôter aux négociations toute sécurité, admettre éventuellement la rescision de la vente et l'éviction du tiers acquéreur, quand la vente, régulièrement exécutée, aurait néanmoins porté préjudice au mineur (V. Deloison, n° 213, p. 214. Comp. *Rép.* n° 742).

446. Quelles seront, au contraire, les conséquences d'une vente irrégulière ? Si l'aliénation a été faite sans l'autorisation du conseil de famille, ou sans l'homologation du tribunal, quand le capital excédait 1500 fr., la vente est nulle. Mais cette nullité est relative : l'acquéreur ne peut pas se prévaloir de la nullité. Le mineur a dix ans, à partir de l'événement de sa majorité, pour exercer l'action en rescision que l'art. 1125 c. civ. autorise. Le tiers acquéreur peut être évincé. Le tuteur et les intermédiaires qui ont participé sciemment à l'opération irrégulière sont responsables de la nullité. Le mineur est cependant déchu de son action en nullité relative si, pendant le cours de la minorité, les formalités dont l'inaccomplissement viciait la vente ont été postérieurement remplies. Quand le pupille arrive à sa majorité, sans que l'autorisation tardive dont on vient de parler soit intervenue de la part du conseil de famille, il lui appartient, mais il n'appartient qu'à lui de confirmer la vente. Cette confirmation peut être expresse ou tacite ; elle produit un effet rétroactif, sans préjudice toutefois du droit des tiers (c. civ. art. 1338) (V. Deloison, n° 215 ; Buchère, § 520 ; *Rép.* n° 549 et v° *Obligations*, n° 4557). — Jugé, en ce sens, que la vente de biens de mineurs faite au mépris des prescriptions des art. 457 et 458 c. civ., et de la loi du 27 févr. 1880, doit être déclarée nulle, sans qu'il y ait lieu de rechercher s'il en résultait une lésion pour les mineurs, et alors même que les biens vendus étaient indivis entre les mineurs et leur mère (Besançon, 1er oct. 1888, aff. Veuve Ruet, D. P. 90. 2. 90).

447. Si la vente est régulière, mais si le tuteur n'a pas fait emploi du prix ou bien s'il en a fait un emploi différent de celui que le conseil de famille avait indiqué, la seule garantie du mineur consiste dans la responsabilité du tuteur. La loi du 27 févr. 1880, en attribuant au conseil de famille la faculté de prescrire toutes les mesures qu'il jugera utiles en autorisant l'aliénation des meubles incorporels, lui donne le pouvoir de régler toutes les conditions accessoires de la vente, et notamment d'indiquer l'emploi du prix. On avait d'abord songé à restreindre son choix à certains placements par analogie de l'art. 1066 c. civ., en matière de substitution ; en fin de compte, on lui laissa toute liberté (V. *suprà*, n° 418). — Cette innovation décidée, la loi pouvait faire de la réalisation et de la régularité de l'emploi une condition essentielle à la validité de la vente. C'est ainsi que, pour la vente des immeubles dotaux, les tiers acquéreurs sont responsables des deniers qu'ils donnent en payement et doivent en surveiller le remploi. Mais c'eût été entraver singulièrement la négociation des valeurs mobilières et porter une atteinte grave au crédit du mineur. Aussi le rapporteur du Sénat a-t-il expressément déclaré que les mesures prescrites par le conseil de famille ne seraient pas une condition de validité de la vente, et que les tiers ne seraient jamais responsables de l'emploi. Telle est, du reste, la disposition générale de l'art. 6, qui oblige le tuteur à faire emploi de tous les capitaux appartenant au mineur : « Les tiers ne seront, en aucun cas, garants de l'emploi » (V. note 1 sur l'art. 1 de la loi, D. P. 80. 4. 47).

448. D'ailleurs, le subrogé tuteur a qualité pour exiger du tuteur la justification de l'exécution qu'il a dû donner aux décisions du conseil de famille. Il pouvait déjà trouver à cet égard, une autorité suffisante dans la législation antérieure ; la loi du 27 févr. 1880 (art. 7) confirme, définit ses pouvoirs et leur donne une énergie nouvelle. Mais, comme le fait observer M. Deloison, n° 215, la véritable garantie du mineur, si le tuteur n'a pas obéi au conseil de famille pour l'emploi du prix des meubles incorporels aliénés, c'est la responsabilité du tuteur et, par suite, sa solvabilité.

Notons, avec le même auteur, n° 215, que les cas de rescision des ventes de valeurs mobilières seront probablement très rares, et qu'il ne paraît pas à craindre que les représentants du Trésor, les agents de change, les notaires et les compagnies débitrices des valeurs vendues se prêtent au transfert de ces valeurs dans des conditions contraires à la loi de 1880, et engagent ainsi leur responsabilité. Mais ceci ne concerne que les rentes sur l'Etat, les valeurs négociables en bourse ou négociables, en banque. L'aliénation des autres meubles incorporels, qui peut se faire de gré à gré et sans intermédiaire officiel, sera beaucoup plus sujette à des irrégularités, qui entraîneront éventuellement la rescision de la vente, sur la demande en nullité formée par le pupille dans les dix ans qui suivront sa majorité.

449. — V. CONVERSION DES TITRES NOMINATIFS EN TITRES AU PORTEUR. — L'art. 10 de la loi du 27 févr. 1880 est ainsi conçu : « La conversion de tous titres nominatifs en titres au porteur est soumise aux mêmes conditions et formalités que l'aliénation de ces titres ». On sait que la jurisprudence, maintes fois affirmée, notamment par l'arrêt de la cour de cassation du 4 août 1873 (V. *suprà*, n° 359), considérait sans distinction la conversion des titres nominatifs en titres au porteur ou la conversion des titres au porteur en titres nominatifs comme un simple acte d'administration, que le tuteur ou tout autre administrateur avait le pouvoir d'accomplir. Cette jurisprudence s'en tenait plutôt aux apparences qu'à la réalité de l'opération. Si la conversion des titres au porteur en titres nominatifs constitue un acte d'administration qui assure la propriété du titre, l'opération inverse a un effet tout contraire. Elle ne laisse au propriétaire que « le droit attaché à la possession du titre, transmissible comme la monnaie ou le billet de banque » (Exposé des motifs, *Journ. off.* 27 janv. 1878). Cette opération équivaut donc à l'aliénation. Dans tous les cas, elle facilite extrêmement à l'administrateur des biens de l'incapable une aliénation qui peut désormais s'accomplir sans contrôle ni formalités, par la simple tradition du titre.

Si la jurisprudence avait méconnu l'importance de l'opération qui nous occupe, deux lois, l'une fiscale, l'autre réglementaire, avaient déjà tracé la voie dans laquelle le législateur de 1880 s'est engagé. La loi de finances du 23 juin 1857, art. 8 (D. P. 57. 4. 91), a assujetti toute conversion de titres au droit de transmission, considérant comme un achat la conversion du titre au porteur en titre nominatif, et comme une aliénation l'opération inverse. Précédemment, l'ordonnance du 29 août 1831, art. 3, avait prohibé d'une manière absolue la conversion au porteur des inscriptions de rentes appartenant à des incapables (V. *suprà*, n° 407). Les doléances dont la chambre des notaires de Paris et les compagnies industrielles ou financières se firent l'écho, en face de la jurisprudence qui ne voulait reconnaître dans tous les cas à la conversion des titres que le caractère d'un acte d'administration, décidèrent le Gouvernement à insérer dans son projet de loi la disposition qui est devenue l'art. 10 de la loi de 1880.

La conversion en titres au porteur des titres nominatifs appartenant au mineur n'est pas interdite absolument, sauf la question de savoir si l'art. 9 de l'ordonnance du 29 août 1831, concernant les inscriptions de rente sur l'Etat, est abrogé relativement au tuteur et au mineur en tutelle (V. *suprà*, n° 407). Cette conversion se fera rarement, parce qu'elle sera rarement utile ; mais elle est possible en principe. Seulement elle ne pourra s'effectuer régulièrement que sous la garantie des formalités exigées pour l'aliénation, c'est-à-dire l'autorisation du conseil de famille, quelle que soit la valeur des titres à convertir, et l'homologation du tribunal, si les titres dont le conseil de famille autorise la conversion représentent un capital supérieur à 1500 fr., suivant l'appréciation du conseil de famille (V. *suprà*, n° 422).

450. Bien que la question sorte du cadre d'un traité sur la minorité, il n'est pas sans intérêt d'examiner quelle est la portée de l'art. 10, s'il n'a qu'un intérêt restreint dans les limites de la loi du 27 février 1880 ou s'il doit être considéré comme une règle générale, définissant le caractère de la conversion des titres nominatifs en titres au porteur, assimilant dans tous les cas et vis-à-vis de toutes personnes les conversions de ce genre à l'aliénation même du titre converti. Il était bien dans la pensée des auteurs de la loi que la disposition fût générale, étendue à tous les cas. On lit dans l'exposé des motifs : « L'art. 4 (devenu l'art. 10), conçu dans des termes généraux, arrêtera tous ceux qui n'ont pas des pouvoirs de disposition absolue, en assimilant à une aliénation la conversion des titres au porteur ». M. Denormandie, dans son rapport au Sénat, dit à son tour : « La jurisprudence a été saisie de cette question. Des procès très graves ont été engagés ; les magistrats ont répondu: Nous sommes impuissants, la loi est muette, la conversion n'est pas un acte d'aliénation. C'est pour cela que l'honorable garde des sceaux a pensé avec raison qu'il fallait profiter de la loi actuelle et précisément de ce qu'elle avait pour objet de sauvegarder la fortune des incapables en imposant aux tuteurs certaines formalités protectrices, pour trancher la question que la cour de cassation avait été impuissante à résoudre, et c'est pour cela que nous vous soumettons l'art. 4 devenu l'art. 10, qui a pour objet de décider *que le fait seul de la conversion équivaut à une aliénation* et exige par conséquent l'accomplissement des mêmes formalités ». Le rapport présenté à la Chambre des députés déclare, non moins explicitement, que l'art. 10 introduit d'une manière générale dans nos lois un principe nouveau, qui s'applique quel que soit le propriétaire du titre, langage d'autant plus significatif que, relativement au droit pour la femme séparée de biens d'aliéner librement ses valeurs mobilières, le rapporteur du Sénat avait dit : « Il nous a fallu reconnaître que nous n'avions pas compétence ! » Depuis la promulgation de la loi, une circulaire du directeur de la Dette inscrite aux trésoriers-payeurs généraux, tout en convenant que la question ne le touche pas, pose en principe cependant que l'art. 10 a eu pour objet de réagir législativement contre un arrêt de la cour de cassation du 4 août 1873, qui déclarait que la conversion des titres nominatifs en titres au porteur ne constituait pas un acte d'aliénation, mais simplement un acte d'administration... « L'art. 10, ajoute-t-il, ne fait que généraliser pour toutes les valeurs mobilières la théorie déjà mise en pratique pour les rentes sur l'Etat». On a fait justement observer que l'art. 10 est à peu près inutile au point de vue spécial de la loi de 1880, parce qu'il est difficile d'envisager, en dehors du cas de vente, une hypothèse où il y aurait intérêt pour le mineur à la conversion de ses titres nominatifs en titres au porteur.

Ces considérations ont déterminé les grandes compagnies de chemins de fer à persister dans l'attitude de résistance qu'elles avaient prises en face de la jurisprudence antérieure et à n'autoriser, d'une façon générale, les conversions en titres au porteur que dans les conditions où le propriétaire du titre pourrait réaliser l'aliénation. Cependant, un principe général ne peut être introduit dans une loi spéciale qu'au moyen d'une disposition expresse et cette disposition expresse n'existe pas. Les intentions manifestées par les auteurs de la loi dans l'exposé des motifs, les rapports des commissions, les déclarations des ministres au Parlement, n'ont pas été suivies d'effet. La loi du 27 févr. 1880 est une loi de tutelle, et la disposition de l'art. 10 ne sort pas du cadre de cette loi. La conversion des titres nominatifs en titres au porteur est assimilée à l'aliénation même des titres, mais seulement en ce qui concerne les formalités à remplir par les tuteurs des mineurs ou des interdits, suivant le titre de la loi (V. en ce sens: Deloison, n° 216, p. 218 et suiv.; Bressolles, p. 43 et suiv. V. aussi Dubois, p. 107). On peut souhaiter seulement que, s'inspirant de la pensée des auteurs de l'art. 10, la jurisprudence cesse de considérer seulement comme un acte d'administration, la conversion au porteur (Comp. Buchère, *Traité des opérations de la Bourse*, n°s 805 et suiv.).

451. Comme les dispositions relatives à l'aliénation, les règles tracées par l'art. 10 concernant la conversion au porteur sont applicables au mineur émancipé au cours de la tutelle (art. 4);... au mineur et à l'aliéné placés sous la tutelle de l'Assistance publique ou des administrations hospitalières (art. 8);... aux aliénés non interdits placés dans un asile public ou privé et pourvus d'un administrateur provisoire (art. 8) (V. *suprà*, n° 444, et *infrà*, n°s 643 et suiv.). Mais, d'après ce que l'on vient d'exposer ci-dessus, elles ne sont pas applicables au mineur émancipé par le mariage, ni au mineur émancipé pendant le mariage de ses père et mère (art. 4. V. *suprà*, n° 400 et *infrà*, n° 732) non plus qu'au mineur commerçant (V. *suprà*, n° 403). Seulement, en ce qui concerne ceux des mineurs que ne concerne pas la disposition de l'art. 10, on doit admettre que la conversion au porteur des rentes sur l'Etat reste absolument prohibée par l'art. 9 de l'ordonnance du 29 avr. 1831 (V. *suprà*, n° 407).

452. — VI. CONVERSION DES TITRES AU PORTEUR EN TITRES NOMINATIFS. — L'art. 5 de la loi du 27 févr. 1880 impose au tuteur l'obligation de convertir en titres nominatifs les titres au porteur appartenant au mineur, dont le conseil de famille n'a pas jugé l'aliénation utile ou nécessaire. Cette obligation s'applique : 1° aux titres au porteur qui se trouvent dans le patrimoine du mineur à l'ouverture de la tutelle; 2° à ceux qui adviennent au mineur pendant le cours de la tutelle, par succession, par disposition entre vifs ou testamentaire ou autrement. La disposition de l'art. 5 est entièrement nouvelle. Elle a pour objet de donner une garantie efficace au mineur contre l'infidélité du tuteur, en ne laissant pas à la disposition de celui-ci des valeurs appartenant à son pupille, sous une forme qui permet d'en transmettre la propriété par la simple tradition. Elle constitue le droit commun. — Par exception, le conseil de famille peut autoriser l'aliénation des titres au porteur. Par exception aussi, il peut, comme on le verra ci-après, en autoriser, dans certains cas, la conservation. A défaut d'une décision de cette nature, le tuteur devra toujours opérer la conversion en titres nominatifs (V. Bonnet, p. 25; Bressolles, p. 47; Coulet, p. 20; Deloison, n° 217, p. 221). Les Chambres, en adoptant cette mesure, ne se sont pas arrêtées aux objections de ceux qui prétendaient que l'hypothèque légale était une garantie suffisante pour le mineur (Premier rapport au Sénat, *Journ. off.* 7 mai 1878) ni de ceux qui proposaient de déclarer inaliénables tous les titres au porteur énumérés dans l'inventaire (2° délib. au Sénat, *Journ. off.* 25 mai 1878). L'hypothèque légale n'est une garantie efficace que si le tuteur a des immeubles. L'inaliénabilité du titre mettrait obstacle à la circulation des valeurs mobilières; d'ailleurs, cette inaliénabilité ne serait obtenue qu'en individualisant le titre au porteur et en le dénaturant. La conversion en titres nominatifs a paru « le moyen le plus simple et le moins onéreux » d'assurer la possession du titre à l'incapable (Rapport à la Chambre des députés, *Journ. off.* 7 avr. 1879).

453. L'art. 5 fixe à trois mois le délai dans lequel la conversion en titres nominatifs devra être opérée par les soins du tuteur. Quel est le point de départ de ce délai? L'ouverture de la tutelle, si l'on s'en rapporte au premier paragraphe de l'art. 5. Cette disposition ne concerne que les titres appartenant au mineur au début de la tutelle. Elle est inexacte à un double point de vue. D'abord, les trois mois ne peuvent courir que du jour où commence pour le tuteur l'obligation de gérer, c'est-à-dire du jour où il a eu connaissance effective de sa nomination et possibilité matérielle d'exercer ses fonctions, et ce jour n'est pas nécessairement celui de l'ouverture de la tutelle (V. *suprà*, n° 314). En outre, il ressort, comme on va le voir, du deuxième paragraphe de l'art. 5, que le délai de trois mois ne commence à courir que du jour où le tuteur a été mis réellement en possession des titres qu'il doit convertir. — Le deuxième paragraphe de l'art. 5, concerne les titres qui sont advenus au mineur pendant le cours de la tutelle. Il enjoint au tuteur de les convertir en titres nominatifs « dans le même délai de trois mois, à partir de l'attribution définitive ou de la mise en possession de ces valeurs ». On lit dans le rapport de M. Denormandie : « L'ouverture de la tutelle ou celle d'une succession peuvent ne pas conduire immédiatement le tuteur à la mise en possession des biens de son pupille. Ce pupille, en effet, peut avoir des cohéritiers ou des coïntéressés. Une instance en compte et partage peut être de longue durée, en sorte qu'il nous a paru nécessaire de dire que ce délai ne commencerait à courir qu'à partir de l'attribution définitive ou de la mise en possession des valeurs ».

En définitive, pour les titres qui appartiennent au mineur, aussi bien que pour les titres qui deviennent sa propriété au cours de la tutelle, le délai dans lequel le tuteur devra convertir ces titres est le même : c'est un délai de trois mois; et ce délai a le même point de départ : l'époque où les titres sont à la disposition du tuteur. Ainsi, les titres qui seront mis en la possession du tuteur dès son entrée en fonctions devront être convertis dans les trois mois à dater de cette entrée en fonctions. Les titres qui se trouvaient à l'époque de l'ouverture de la tutelle frappés d'une indisponibilité temporaire par suite de l'existence d'une instance en partage, d'une convention d'indivision, de la constitution d'un nantissement, etc., et les titres dont le mineur deviendra propriétaire au cours de la tutelle, seront convertis dans les trois mois à compter de la remise de ces titres au tuteur (Buchère, n° 409; Deloison, n° 218, p. 222, Bonnet, p. 24, Bressolles, p. 49).

454. Il n'appartient pas au tuteur de proroger le délai de sa propre autorité; mais, suivant l'art. 5, « le conseil de famille pourra fixer pour la conversion un terme plus long ».

455. L'obligation de convertir les titres au porteur cesse quand le conseil de famille en a « jugé l'aliénation nécessaire ou utile ». Ce passage de l'art. 5, § 1, confirme, en ce qui concerne les titres au porteur, les pouvoirs attribués d'une manière générale au conseil de famille à l'égard des valeurs mobilières par l'art. 1. La loi trace au conseil de famille une ligne de conduite, en indiquant que, pour ordonner l'aliénation des titres au porteur, il devra considérer cette aliénation comme *nécessaire ou utile*. Les termes de cette disposition sont moins impératifs que l'art. 457 c. civ., qui n'autorise l'aliénation des immeubles du mineur que pour cause de nécessité absolue ou d'avantage évident (Deloison, n° 218, p. 223. V. *suprà*, n° 415).

456. L'obligation de convertir les titres au porteur en titres nominatifs est irréalisable dans certains cas dont le législateur a dû se préoccuper. « Lorsque, dit le paragraphe 4, soit par leur nature, soit à raison de conventions, les valeurs au porteur ne seront pas susceptibles d'être converties en titres nominatifs, le tuteur devra, dans les trois mois, obtenir du conseil de famille l'autorisation soit de les aliéner avec emploi, soit de les conserver... ». L'art. 5, § 4, prévoit deux hypothèses. Il y a des valeurs au porteur qui « par leur nature » ne sont pas susceptibles d'être converties en titres nominatifs. La loi du 23 juin 1857, art. 8, dit que dans les sociétés qui admettent les titres au porteur, tout propriétaire d'actions ou d'obligations a toujours la faculté de convertir ses titres au porteur en titres nominatifs, et réciproquement. Ainsi les actions des sociétés françaises sont toujours susceptibles d'être converties en titres nominatifs. Mais la disposition de la loi de 1857 ne s'impose pas aux départements, aux villes, aux administrations hospitalières, aux sociétés étrangères. Les obligations de la Ville de Paris, notamment, ne reçoivent pas la forme nominative. — A cette première hypothèse, où la nature du titre s'oppose à la conversion, hypothèse qui avait été seule prévue à l'origine, le Sénat reconnut, sur l'observation de M. Raoul-Duval, qu'il fallait assimiler celle où les valeurs au porteur ne sont pas susceptibles d'être converties « à raison de conventions ». Le mineur est, en effet, tenu de respecter les engagements antérieurs pris par son auteur relativement aux titres dont il devient propriétaire, soit par voie de succession, soit autrement. Il peut se faire que les titres dont il s'agit aient été l'objet d'une convention d'indivision ou d'une constitution de gage, qu'ils aient été syndiqués ou placés en reports, en un mot qu'ils soient indisponibles pour le tuteur en vertu d'une convention et jusqu'à l'expiration du délai fixé par cette convention. Dans le cas de convention d'indivision, la conversion en titres nominatifs serait impossible, non seulement lorsque les titres au porteur auraient été déposés dans une maison de banque en vertu de la convention, mais aussi lorsque ces titres indivis seraient restés à la disposition des héritiers. On ne peut pas exiger, au nom du mineur, que la conversion soit effectuée indivisément sur tous les titres, et priver ainsi les cohéritiers de l'avantage qu'ils peuvent trouver à recueillir dans la forme au porteur les titres qui leur seront attribués par un partage ultérieur. Cette solution devrait être admise même dans l'hypothèse d'une indivision entre le mineur et le survivant de ses père et mère (Deloison, n° 219, p. 224 et suiv.; Bressolles, p. 51).

457. Les termes de l'art. 5, § 4, sont encore trop étroits et par *conventions* il faut entendre tout acte de volonté légalement exprimé qui fait obstacle à la conversion. Ainsi, le titre au porteur peut avoir été légué par testament au mineur pour la nue propriété et à une tierce personne pour l'usufruit. En pareil cas, le titre demeure entre les mains de l'usufruitier et ne se trouve pas à la disposition du tuteur. La conversion est donc impossible, surtout si le legs d'usufruit a été fait avec dispense de caution, d'emploi et même d'inventaire. L'intérêt du mineur ne peut pas imposer à l'usufruitier une mesure de défiance que le testateur n'a pas autorisée vis-à-vis de celui-ci. Le nu propriétaire ne peut, en pareil cas, que faire à ses frais un inventaire qui se bornera au relevé des numéros des titres, sans cote, ni parafe sur les titres eux-mêmes (V. *infrà*, n° 461; Deloison, n° 219, p. 225 ; Bressolles, p. 51).

458. La situation de l'usufruitier légal est différente. Il résulte de l'ensemble des dispositions de la loi du 27 févr. 1880 que l'usufruitier légal doit subir l'application intégrale de cette loi. Il ne peut donc pas s'opposer à la conversion.

L'art. 9 du décret du 18 juin 1864 défend au Trésor de délivrer aux incapables des titres nominatifs munis de coupons au porteur. On s'est préoccupé du point de savoir si cette disposition cessait d'être applicable dans le cas d'usufruit légal. En réalité, l'art. 9 ne concerne pas cette hypothèse, car le titre n'est pas délivré à l'incapable, mais à l'usufruitier légal. La nue propriété du mineur sera donc consacrée par l'établissement du certificat nominatif et l'usufruitier légal jouira de l'avantage des coupons au porteur (Deloison, n° 219, p. 225 et 226, note 1).

459. Dans les deux hypothèses visées par l'art. 5, le tuteur « devra, dans les trois mois, obtenir du conseil de famille l'autorisation, soit d'aliéner les titres au porteur, avec emploi, soit de les conserver ». Ce délai ne peut courir avant l'attribution définitive au mineur des titres dont il s'agit (V. *suprà*, n° 453). Après cette attribution définitive, le délai doit être compté à partir du jour où la conversion sera reconnue impraticable (Bressolles, p. 53; Coulet, p. 26). Les deux dates se confondront ordinairement. Si le tuteur se défend du reproche de retard qui lui serait adressé par la suite, les tribunaux apprécieront (Bressolles, *ibid.*).

460. — VII. CONSERVATION DES TITRES AU PORTEUR NON CONVERTIS. — Dans le cas où la conversion en titres nominatifs est irréalisable, comme aussi dans le cas où le conseil de famille prolonge le délai de trois mois imparti au tuteur pour opérer la conversion, le conseil de famille, s'il n'autorise pas l'aliénation des titres au porteur, peut « prescrire le dépôt de ces titres, au nom du mineur ou de l'interdit, soit à la Caisse des dépôts et consignations, soit entre les mains d'une personne ou d'une société spécialement désignée ». C'est une faculté que l'art. 5, § 4, donne au conseil de famille. (L. 27 févr. 1880, art. 5). Ainsi le dépôt peut être fait, d'abord à la Caisse des consigations. Rappelons que cette caisse, qui ne recevait à l'origine que des dépôts d'argent, est autorisée, par la loi du 28 juill. 1875, à recevoir des titres et valeurs mobilières, soit nominatives, soit au porteur, et qu'elle est impérativement désignée pour recevoir toutes les consignations ordonnées par les lois et jugements. Un décret du 15 sept. 1875 a prescrit les mesures d'exécution de cette loi. En vertu de ce décret, la Caisse perçoit tous arrérages remboursements, primes ou lots afférents au titre déposé, sauf à en faire le payement à qui de droit et moyennant le prélèvement d'un intérêt à 5 pour 100, à partir du soixante et unième jour et sous la déduction d'un droit de garde fixé à 0 fr. 25 pour 100 par an de la valeur du titre déposé (Bressolles, p. 52. V. *infrà*, v° *Trésor public*. — Mais le conseil de famille est libre de choisir tout autre dépositaire et de régler comme il lui convient les conditions du dépôt. Il peut s'adresser à une société privée, à un simple particulier. Il peut désigner la Banque de France, mais celle-ci n'est pas tenue d'accepter le dépôt. Elle ne consent ordinairement à recevoir que les titres appartenant à des déposants capables. Le rapporteur du Sénat (*Journ. off.* 7 mai 1878) a même constaté que, depuis la loi du 28 juill. 1875, la Banque de France avait remis à la Caisse des consignations tous les titres litigieux dont elle était dépositaire.

461. Nonobstant les dispositions de la loi du 27 févr. 1880, les notaires ne doivent pas, dans le but d'assurer la conservation au mineur des titres au porteur qu'ils trouvent dans les inventaires, reprendre l'habitude qu'ils avaient de coter et parafer ces titres. La jurisprudence a décidé que la nature et la destination des titres au porteur ne permettent pas l'application à ces titres du paragraphe 6 de l'art. 943 c. proc. civ. sur la cote et le parafe des papiers héréditaires (Civ. rej. 15 avr. 1861, aff. Mesnager, D. P. 61. 1. 230). En conséquence, une circulaire ministérielle du 31 août 1877 invite les notaires à s'abstenir de coter et parafer les titres au porteur, en ajoutant que « la conservation de ces titres peut être assurée par leur description, et, s'il y a lieu, par la remise entre les mains d'une tierce personne, conformément aux paragraphes 3 et 9 de l'art. 943 c. proc. civ. (V. *infrà*, v° *Scellés-inventaire; Rép.* eod. v°, n° 253). — Ces principes restent applicables. Seulement, c'est au conseil de famille qu'il appartient de désigner la personne à laquelle les titres pourront être confiés. Sa délibération couvrira la responsabilité du notaire. Le conseil peut désigner le notaire lui-même (Coulet, p. 27; Bressolles, p. 48. V. aussi Buchère, *Traité des valeurs mobilières*, n°s 770 et suiv.).

462. La disposition finale de l'art. 5 est ainsi conçue : « Les délais ci-dessus ne seront applicables que sous la réserve des droits des tiers et des conventions préexistantes ». Les délais dont il s'agit sont ceux de conversion et ceux d'option entre l'aliénation et la conservation des titres avec ou sans dépôt. Cette disposition était superflue. Elle confirme l'exception déjà consacrée par l'art. 5, § 4, relativement aux titres dont la conversion est irréalisable en vertu de conventions antérieures. La loi du 27 févr. 1880 ne préjudicie pas aux droits des tiers, ni sous le rapport des mesures qu'elle prescrit, ni sous le rapport des délais impartis pour l'exécution de ces mesures (Bressolles, p. 53).

463. Les mesures prescrites par l'art. 5, relativement à la conversion et à la conservation des titres au porteur, ne concernent que les fonds d'Etat et les actions ou obligations des sociétés de commerce ou des sociétés civiles constituées en la forme commerciale, des compagnies financières ou industrielles. Elles ne sont pas applicables aux titres de créances privées, rédigés au porteur, par des particuliers. Le cas est rare et n'a pas paru présenter assez d'importance pour préoccuper le législateur de 1880 (Bressolles, p. 54).

Les dispositions de l'art. 5 ne concernent pas les mineurs commerçants, les mineurs émancipés par le mariage, les mineurs émancipés pendant le mariage des père et mère (V. *suprà*, n° 451). — Ces dispositions sont-elles applicables au mineur émancipé pendant la tutelle, autrement que par le mariage ? L'affirmative est admise par M. Huc, t. 3, n° 407. Cependant l'art. 5 ne s'occupe que du mineur en tutelle. Quand le mineur émancipé reçoit de son tuteur lors de la reddition du compte, ou recueille, par succession ou autrement, des valeurs mobilières représentées par des titres au porteur, rien ne l'oblige à les convertir en titres nominatifs. Le conseil de famille n'est pas appelé à décider s'il y a lieu de les aliéner avec emploi, ou de les conserver en les déposant en mains tierces. Pour empêcher le mineur d'aliéner ces titres en les transmettant de la main à la main, il existe un moyen que fournit l'art. 482 c. civ. Cet article défend au mineur émancipé de recevoir un capital mobilier sans l'assistance de son curateur, qui doit surveiller l'emploi du capital reçu. Cette assistance du curateur doit être exigée quand le mineur émancipé reçoit des titres au porteur, soit du tuteur qui lui rend son compte, soit de l'héritier qui lui paye un legs, soit de ses cohéritiers qui partagent une succession avec lui. Mais l'art. 482 c. civ. n'est pas applicable au cas où le mineur émancipé se trouve nanti des titres au porteur faisant partie d'une succession, soit en qualité de seul héritier *ab intestat*, soit en qualité de seul légataire universel, investi de la saisine à défaut d'héritier à réserve (Bressolles, p. 54).

464. — VIII. Emploi des capitaux appartenant au mineur. — L'art. 6 impose au tuteur l'obligation de faire emploi des capitaux appartenant au mineur ou à l'interdit. Cette disposition a pour objet principal de consacrer législativement la solution donnée par la jurisprudence à une question qui a été signalée au *Rép.* n° 469, et *suprà*, n° 365, sur la portée de l'art. 455 c. civ. — Cet article oblige le tuteur à faire emploi de l'excédent des revenus sur la dépense, et l'on admettait à bon droit qu'il fallait appliquer cette règle aux capitaux disponibles encaissés par le tuteur pendant sa gestion. L'art. 6 fut ajouté au projet de loi par la commission du Sénat par les motifs qui sont exposés dans le rapport de M. Denormandie : « Il est bien certain que, lorsque l'art. 455 c. civ. parle de l'obligation d'employer l'excédent des revenus, il ne fait pas allusion uniquement à l'excédent de ce qui est intérêts et produits proprement dits, mais à la généralité des sommes touchées par le tuteur ; seulement, la rédaction du code laissant évidemment à désirer, il pouvait être utile de prescrire directement, et par mesure expresse, l'emploi des capitaux. » (*Journ. off.* 7 mai 1878, p. 4974). A la tribune du Sénat, le rapporteur insistait sur ce point : « Il n'en est pas moins vrai, disait-il, que l'art. 455 c. civ. porte seulement les mots « excédent de revenus ». Nous avons pensé qu'il était intéressant d'insérer dans la nouvelle loi une disposition qui oblige directement le tuteur à faire emploi des capitaux » (*Journ. off.* 26 mai 1878, p. 5766).

465. L'obligation d'emploi est applicable en vertu de l'art. 6, tant aux capitaux appartenant au mineur à l'ouverture de la tutelle qu'à ceux qui lui adviendraient plus tard par succession ou autrement. Elle est applicable, notamment, aux capitaux qui proviendraient d'une aliénation régulière de valeur mobilières, effectuée en conformité des art. 1 et 2 de la loi. Elle ne s'applique pas à l'excédent des revenus sur la dépense, qui reste exclusivement soumis à la règle de l'art. 455 c. civ. (V. *infrà*, n° 468).

466. Que doit-on décider si, pendant la tutelle, une valeur mobilière, appartenant au mineur et représentée par un titre nominatif, est remboursée par voie de tirage au sort, ou si cette valeur gagne un lot à titre de prime? Si la société effectue le remboursement ou le payement de la prime en espèces, l'art. 6 est applicable et le tuteur devra employer le capital qu'il reçoit. Si le remboursement ou le payement se fait en titres au porteur, le tuteur n'a pas besoin de se faire autoriser conformément à l'art. 10, à une conversion du titre nominatif en titres au porteur qui n'est pas son fait, et à laquelle il est obligé de consentir, puisqu'elle ne constitue qu'une mesure d'ordre intérieur ne concernant que la société. Le tuteur, devra seulement, en vertu de l'art. 5, convertir en titres nominatifs les titres au porteur qu'il aura reçus, ou bien se faire autoriser par le conseil de famille, soit à aliéner ces titres avec emploi, soit à les conserver (V. le rapport de M. Denormandie, note 1, sous l'art. 6 de la loi, D. P. 80. 4. 47 ; Deloison, n° 217, p. 221, note 1 ; Bressolles, p. 578 ; Coulet, p. 30).

467. L'art. 6 fixe à trois mois le délai dans lequel le tuteur devra faire emploi des capitaux. Il omet d'indiquer le point de départ du délai. C'est le cas d'appliquer par analogie les règles tracées par l'art. 5 relativement à la conversion des titres au porteur en nominatifs. Le délai court à partir de l'attribution définitive des capitaux au mineur, ou de sa mise en possession par les mains du tuteur (Bressolles, p. 18. V. *suprà*, n° 453).

468. L'art. 6 n'étant pas applicable à l'emploi de l'excédent des revenus sur la dépense, le tuteur conserve la faculté d'user du délai de six mois que l'art. 455 lui impartit à cet égard (Bressolles, *loc. cit.;* Huc, t. 3, n° 415. V. *suprà*, n°s 363 et suiv.).

469. En vertu de l'art. 6, le conseil de famille a la faculté d'accorder au tuteur un délai plus long pour l'emploi des capitaux. En ce cas, il peut ordonner le dépôt de ces capitaux conformément aux règles tracées par l'art. 5.

470. Le même article contient une seconde disposition importante : « Les règles prescrites par les articles ci-dessus et par l'art. 455 c. civ. seront applicables à cet emploi ». Ainsi, d'abord l'emploi doit être fait selon les règles prescrites *par les articles ci-dessus*. Quelle est la portée de cette disposition? Le tuteur ne peut-il faire l'emploi qu'avec l'autorisation du conseil de famille, et l'homologation de justice, s'il s'agit d'un capital supérieur à 1500 fr. ?

Il faut mettre à part l'hypothèse où les capitaux représentent le prix de valeurs mobilières aliénées. Le cas est prévu par l'art. 1, qui permet au conseil de famille de « prescrire les mesures qu'il jugera utiles » (V. *suprà*, n° 414). On sait que le conseil de famille a le même pouvoir relativement au prix des immeubles dont il autorise l'aliénation (V. *infrà*, n° 527). Mais que faut-il décider relativement aux capitaux qui proviennent d'une autre origine?

Suivant une première opinion, le tuteur est maître absolu, sous sa responsabilité personnelle, de l'emploi qu'il doit faire de ces capitaux. Tels étaient ses pouvoirs dans l'ancien droit. Sous l'empire du code civil, on discutait seulement sur le point de savoir si le tuteur était obligé de faire l'emploi, en vertu de l'art. 455 c. civ. (V. *suprà*, n° 365): on lui reconnaissait une liberté absolue dans le choix du placement. Pour la validité de l'acte d'emploi, ni l'autorisation du conseil de famille, ni l'intervention du juge n'étaient exigées (V. Pothier, *Introduction au tit. 9 de la coutume d'Orléans*, n° 20; Prévôt de la Janès, cité par M. Denormandie dans son rapport au Sénat, *Journ. off.* 7 mai 1878; *Rép.* n° 400 et *suprà*, n° 365; Bressolles, p. 56). L'art. 6 de la loi du 27 févr. 1880, dit-on, n'a pas innové à cet égard. Rien dans les travaux préparatoires ne manifeste l'intention que le législateur aurait eue de rompre avec la tradition. Le projet de loi présenté par le Gouvernement ne contenait que cinq articles concernant l'aliénation des valeurs mobilières. L'art. 6 n'a été ajouté par la commission du Sénat que dans le seul but de faire cesser la controverse, d'ailleurs éteinte, sur le caractère obligatoire de l'emploi en vertu de l'art. 455 c. civ. Le renvoi aux « règles prescrites par les articles ci-dessus » paraît n'avoir été maintenu que par une inadvertance des rédacteurs de la loi; il se réfère exclusivement à l'art. 5; il signifie que l'emploi des capitaux se fera dans un délai de six mois, comme la conversion des titres au porteur en titres nominatifs, et que cet emploi ne pourra avoir lieu en valeurs mobilières que dans la forme des titres nominatifs (Buchère, n° 32; Bressolles, p. 59).

Dans une autre interprétation, on insiste sur le texte de l'art. 6, qui est rigoureux, précis : il soumet l'emploi des capitaux du mineur aux règles prescrites par les articles précédents. D'où il suit : 1° que l'emploi est assujetti aux mêmes formes que l'aliénation des valeurs mobilières : l'autorisation du conseil de famille, dans tous les cas; l'homologation de justice, si le capital à employer représente une valeur supérieure à 1500 fr.; 2° que l'emploi ne peut être fait qu'en titres nominatifs. Il n'est pas permis de chercher dans les travaux préparatoires des motifs de ne pas appliquer un texte exprès et formel. D'ailleurs, il semble que les rédacteurs de l'art. 6 ont voulu consacrer une modification profonde au droit du code civil. Ils ont non seulement, sans contestation possible, rendu l'emploi obligatoire; mais encore ils ont soumis l'autorité du tuteur, quel qu'il fût, au contrôle du conseil de famille et de la justice. « Ce que nous avons voulu, a dit le rapporteur, c'est que les biens du mineur, son titre, son capital, après liquidation, ne fussent pas exposés à des risques ». On lit aussi, dans le rapport, que le législateur a jugé « utile qu'une mesure protectrice, émanant de lui et imposée par sa sollicitude, vienne prendre, pour ainsi dire, la place de l'époux qui n'est plus là ». Rien n'est donc plus douteux que cette pensée, prêtée aux rédacteurs de la loi, contrairement au texte de l'art. 6, de restreindre à l'art. 5 le renvoi qui vise les règles prescrites par les articles précédents. On ajoute que c'est une innovation heureuse, de ne plus abandonner au tuteur seul le choix des placements, à une époque où tant de valeurs mobilières présentent si peu de sécurité. Il a été jugé, en ce sens, que l'art. 6 de la loi du 27 févr. 1880, relatif à l'emploi des capitaux pupillaires, en édictant que « les règles prescrites par les articles ci-dessus seront applicables à cet emploi », se réfère nécessairement aux règles posées dans les articles précédents, savoir : la conversion en titres nominatifs, l'autorisation du conseil de famille et l'homologation du tribunal; qu'en conséquence, la souscription à des actions émises par une société financière, consentie par le tuteur au nom des mineurs, conformément à une délibération du conseil de famille, est nulle si cette délibération n'a pas été homologuée par justice, lorsque le capital employé représentait une valeur supérieure à 1500 fr. (Paris, 21 mai 1884, aff. De Brantès, D. P. 85. 2. 177. V. dans le même sens : Deloison, n° 223, p. 229 et suiv.; Huc, t. 3, n° 418).

471. Nous ne partageons pas le sentiment de la cour de Paris. Les restrictions que l'art. 6 de la loi du 27 févr. 1880 apporterait à la gestion du tuteur sont tellement contraires aux principes généraux du droit que, s'il avait été dans la pensée du législateur de les établir, il eût manifesté sa décision autrement que par un simple renvoi aux articles précédents. La loi contiendrait une disposition expresse à cet égard : or, on ne trouve même pas dans les travaux préparatoires un indice de cette intention. L'innovation dont il s'agit serait sujette à de justes critiques. Elle compliquerait inutilement la gestion du tuteur; elle serait très onéreuse pour le mineur puisqu'il faudrait, pour le moindre placement, provoquer l'autorisation du conseil de famille et s'adresser à la justice quand le capital à placer serait supérieur à 1500 fr. Enfin, tandis que le tuteur conserverait une entière liberté pour le placement de l'excédent des revenus sur la dépense, il serait assujetti aux formalités de l'autorisation et de l'homologation quant à l'emploi des capitaux. Et cependant le rapport au Sénat révèle que l'intention des auteurs de la loi de 1880 a été d'étendre par une disposition expresse la règle de l'art. 455 et l'obligation d'emploi aux capitaux.

472. Cependant c'est avec raison, à notre avis, que la cour de Paris refuse au tuteur le pouvoir d'employer les capitaux du mineur à une souscription d'actions non libérées. On soutenait, à l'appui de la demande en nullité, premièrement, qu'en vertu de la loi du 27 févr. 1880, la souscription était assujettie à l'autorisation du conseil de famille et à l'homologation du tribunal, comme tout placement de capitaux appartenant au mineur. Ce moyen, qui a motivé la décision de la cour, devait être écarté suivant ce qui vient d'être exposé. On soutenait, en outre, que la société dont il s'agissait étant une société de commerce, la souscription que le tuteur avait faite, au nom du pupille, aux actions de cette société, constituait un acte de commerce, nul comme fait en violation des art. 2 et 3 c. com. La cour, à bon droit selon nous, a déclaré ce second moyen mal fondé. Il est vrai que, suivant une jurisprudence constante, la souscription aux actions d'une société commerciale est considérée comme un acte de commerce (V. *suprà*, v° *Actes de commerce*, n°s 42 et suiv.).

Mais est-il interdit au tuteur de faire, pour le compte de son pupille, un acte isolé de commerce? Non, avec cette restriction toutefois que l'engagement résultant de cet acte pour le mineur est exclusivement régi par le droit civil, soit au fond, quant à la validité de l'obligation, soit au point de vue de la compétence, et, sous ce dernier rapport, l'arrêt de la cour de Paris du 21 mai 1884 nous a paru sujet à critique (V. *suprà*, v° *Commerçant*, n° 75). Ainsi la souscription d'actions d'une société de commerce n'est pas interdite au tuteur par cela seul que la souscription a le caractère d'un acte de commerce.

473. Mais, en écartant le moyen de nullité tiré des art. 2 et 3 c. com., nous pensons que la souscription à des actions non libérées d'une société commerciale ou civile, est un acte interdit au tuteur non autorisé, en vertu des règles générales de la tutelle. En effet, cette souscription est un acte complexe. C'est un emploi, relativement aux sommes que le tuteur verse au moment où il souscrit; mais la souscription comporte, en outre, l'engagement pris au nom du mineur de verser, par la suite, les sommes qui resteront dues jusqu'à libération du titre. Or, même en suivant l'opinion qui permet au tuteur de faire librement emploi des capitaux, on doit reconnaître qu'il ne peut pas engager l'avenir du mineur, sans autorisation et sans homologation, en souscrivant, au nom de celui-ci, des titres non libérés. Généralement, l'époque à laquelle il faudra faire face aux appels de fonds ultérieurs n'est pas déterminée. Cette époque venue, il faudra, dans des conditions peut-être désavantageuses, réunir les capitaux nécessaires au payement. L'obligation, contractée par le tuteur en souscrivant, comporte donc l'obligation soit d'aliéner des biens du mineur, soit de contracter un emprunt, l'échéance venue, pour réaliser les versements à faire sur les titres souscrits; or, ni l'une ni l'autre de ces opérations ne peut être accomplie par le tuteur sans autorisation du conseil de famille et sans l'homologation de justice, dans les cas prévus par la loi de 1880 et par les art. 457 et 464 c. civ. On peut ajouter encore que, tandis que l'emprunt suppose une nécessité absolue ou du moins un avantage évident, la souscription qui engage éventuellement la fortune du mineur ne présente aucun intérêt pour lui, quand le tuteur peut opérer le placement immédiat des fonds disponibles (V. en ce sens : Paris, 13 janv. 1885, aff. Legru, D. P. 85. 2. 177; Deloison, n° 224, p. 234 et suiv.).

474. L'emploi sera fait par le tuteur dûment autorisé, soit en payement de dettes, soit en acquisitions d'immeubles, soit en bonnes valeurs industrielles, soit en rentes sur l'Etat (Dubois, p. 100; Bressolles, p. 60; Deloison, n° 222, p. 229). Il ne pourra jamais se faire en titres au porteur (art. 5). L'art. 1 du décret du 18 juin 1864 décide que les titres de rente nominatifs, munis de coupons au porteur, ne peuvent être délivrés qu'aux rentiers ayant pleine capacité pour disposer de leurs inscriptions. Ces titres ne peuvent donc pas être acquis en emploi par le tuteur, même avec l'autorisation du conseil de famille (Circ. min. de la justice, 20 mai 1880, D. P. 81. 3. 70).

Si les capitaux appartenant par indivis au père tuteur légal et à ses enfants mineurs, sont engagés dans une entreprise industrielle ou commerciale, ou dans un office dont l'exploitation intéresse toute la famille, le conseil de famille pourra approuver ces combinaisons qui constituent un placement sur le père lui-même. La loi du 27 févr. 1880 n'a pas entendu apporter un obstacle à la marche des affaires. C'est ce qui a été dit au Sénat, lors de la seconde délibération (*Journ. off.* 25 mai 1878; Bressolles, p. 60; Deloison, n° 221, p 229; Coulet, p. 29). L'emploi exigé par l'art. 6 ne concerne, d'ailleurs, que les capitaux disponibles à toute époque de la tutelle.

475. L'art. 6 dit encore que les règles prescrites par l'art. 455 c. civ., seront applicables à l'emploi. L'art. 455 contient trois règles : 1° le conseil de famille déterminera la somme à partir de laquelle le tuteur sera obligé de faire emploi de l'excédent des revenus sur la dépense. Cette règle est évidemment inapplicable; — 2° L'art. 455 fixe à six mois le délai dans lequel le tuteur sera tenu d'employer l'excédent des revenus. La loi de 1880 réduit ce délai à trois mois relativement aux capitaux; — 3° L'art. 455 oblige le tuteur négligent au payement des intérêts de l'excédent non employé, à partir de l'expiration du délai d'emploi. D'après la doctrine et la jurisprudence, il doit également l'intérêt des intérêts (V. *Rép.*, n° 470). Cette règle est entièrement applicable à l'emploi des capitaux. Passé le délai de trois mois, le tuteur devra les intérêts composés des capitaux qu'il n'aura pas employés. Mais l'art. 455 exceptant le survivant des père et mère investi de la tutelle légale, il en résulte que le tuteur légal ne devra pas les intérêts des capitaux non employés, dans le délai de trois mois (Bonnet, p. 29; Deloison, n° 224, p. 237; Bressolles, p. 61; Coulet, p. 23).

476. La disposition finale de l'art. 6 est ainsi conçue : « Les tiers ne seront, en aucun cas, garants de l'emploi ». Cette disposition a été introduite pour éviter toute assimilation possible entre la matière de la tutelle et ce qui a lieu, en cas de constitution dotale, pour le remploi des propres de la femme en titres nominatifs : il est de jurisprudence que les établissements débiteurs doivent surveiller le remploi. « Les tiers, dit le rapport de M. Denormandie, ne doivent pas être responsables; il ne faut pas qu'ils aient de motifs, ni même de prétexte, pour refuser leur libération ou pour la retarder ou l'entraver ». Le rapport de M. Jozon à la Chambre des députés précisait la situation des tiers en ces termes : « Les tiers ne pourront être rendus responsables ni de l'utilité ni même de l'existence de l'emploi ». Et le deuxième rapport de M. Denormandie ajoutait : « Les tiers n'auront pas non plus à suivre l'emploi ». Ainsi les tiers ne peuvent opposer aucune fin de non-recevoir au tuteur qui justifie de sa qualité, puisque ni la solidité, ni l'utilité, ni même l'existence du placement ne leur importe (Deloison, n° 224, p. 238 et suiv.; Bressoles, p. 61; Huc, t. 3, n° 420. V. *suprà*, n° 417).

477. Les tiers ne seront responsables en aucun cas, par conséquent, alors même que le conseil de famille, en autorisant l'aliénation de valeurs mobilières appartenant au mineur, aurait inséré, dans sa délibération, une clause pour engager la responsabilité des tiers. L'art. 1, en lui donnant la faculté de prescrire toutes les mesures qu'il jugera utiles, ne lui permet pas de méconnaître la volonté du législateur en ce qui concerne la non-responsabilité des tiers. Et ce que ne pourrait pas faire le conseil de famille, la justice ne le pourrait pas davantage (Huc, t. 3, n° 420).

478. Que faut-il entendre par *tiers?* Ce sont d'abord les acquéreurs des valeurs mobilières aliénées pour le compte du mineur. Cependant, comme le fait très justement observer le rapport de M. Denormandie, l'art. 6 ne parle que d'un « tiers qui a acheté valablement à la suite d'une délibération du conseil de famille. Mais, ajoute le rapporteur, si un tiers se présentait qui aurait eu la témérité d'acheter de la main à la main d'un tuteur non autorisé, il est bien entendu que, par une pareille imprudence, il n'est pas affranchi de toute reponsabilité ». On doit comprendre, parmi les tiers, les établissements financiers qui opéreront le transfert (Sénat, séance du 25 mai 1878, *Journ. off.* 26 mai 1878, p. 5767, observations du rapporteur).

Les notaires et les conservateurs des hypothèques sont-ils des tiers dans le sens de la loi du 27 févr. 1880? Le notaire peut-il passer un acte de quittance, le conservateur des hypothèques peut-il radier l'hypothèque dont le tuteur a donné mainlevée, sans que le tuteur ait justifié de l'emploi du prix? Oui, car aucun article de loi ne leur impose le devoir d'assurer l'exécution des dispositions destinées à protéger les intérêts des incapables. D'autre part, on ne peut pas aggraver les restrictions, nécessairement de droit étroit, que la loi du 27 févr 1880 apporte à la capacité des personnes et à la disposition des biens. Enfin les tiers auraient un motif grave pour refuser ou pour retarder leur libération, si le notaire refusait de passer un acte de quittance, ou le conservateur de radier l'hypothèque, jusqu'à ce que le tuteur eût justifié de l'emploi du prix. On atteindrait de la sorte un résultat directement contraire au but de l'art. 6 (Bonnet, p. 32; *Journal des notaires*, année 1880, art. 22297; *Journal du notariat*, 28 juill. 1880. — *Contrà : Journal des hypothèques*, année 1880, art. 3305).

479. Le conseil de famille peut charger un notaire de suivre et de surveiller l'emploi des capitaux du mineur. La responsabilité de l'officier public dérivera alors, non de la loi, mais de la mission qu'il aura acceptée du conseil de famille. « La commission, dit, en effet, le rapport au Sénat, p. 13, pense que les conseils de famille, avertis par les parties intéressées ou par le juge de paix, quand ils auront à prescrire un emploi, auront soin de libeller leurs délibérations de façon à éviter toute difficulté. Les tiers débiteurs ou détenteurs n'auront ni à suivre ni à surveiller l'emploi; le conseil de famille, en cas d'emplois prescrits par lui, pourra commettre une personne, laquelle serait, en général, soit un des membres du conseil, soit un officier ministériel. Cette personne serait chargée, comme cela se fait souvent, de suivre et de surveiller l'emploi » (Bonnet, p. 33; Deloison, p. 238, note 1).

480. Les dispositions de l'art. 6 sont-elles applicables au mineur émancipé? L'art. 4 déclare applicables à ce mineur les art. 1 et 2 relatifs aux aliénations de valeurs mobilières; mais l'art. 6 ne se rattache pas à l'art. 4. Reste donc l'art. 482 c. civ. suivant lequel le mineur émancipé doit, pour la réception d'un capital mobilier, être assisté du curateur qui surveille l'emploi. Cette disposition est suffisante pour la conservation des capitaux payés au mineur en remboursement d'une créance, de ceux qui proviennent d'une économie de revenus, de ceux qui sont payés en acquit d un legs (Demolombe, t. 8, n° 299; Aubry et Rau, t. 1, § 133, p. 552). Pour éviter toute responsabilité, le curateur qui assiste à la réception des capitaux ne doit signer la quittance que sous la condition que les fonds seront immédiatement appliqués à tel emploi ou du moins déposés, en attendant, entre les mains d'un tiers ou à la Caisse des dépôts et consignations (Demolombe, t. 8, n° 309; Huc, t. 3, n° 485).

481. La loi de 1880 est applicable, dans sa généralité, à tous les tuteurs, même au survivant des père et mère, investi de la tutelle légale (V. *suprà*, n° 399). Il en est ainsi spécialement de l'obligation d'emploi prescrite par l'art. 6. M. Griffe avait soumis au Sénat un amendement ainsi conçu : « En cas de tutelle des père et mère, le conseil de famille pourra décider que les capitaux resteront entre les mains du tuteur, sous la garantie de l'hypothèque légale ». Cet amendement fut retiré par son auteur sur l'observation du rapporteur, M. Denormandie, que « l'amendement n'allait à rien moins qu'à affranchir de cette obligation le tuteur naturel et légal ». — L'obligation de faire emploi s'applique au tuteur légal, même quand il a la jouissance légale des biens de son enfant mineur. Sans doute, il y a là une atteinte à l'usufruit légal ; mais la loi de 1880 ne fait aucune distinction entre le tuteur légal et le tuteur étranger au mineur. Il faut d'abord constituer le patrimoine du mineur, avant que l'usufruit ne s'applique. On doit se conformer aux règles tracées par les art. 5 et 6. L'usufruit ne s'exercera plus sur des capitaux, mais sur les biens immobiliers ou mobiliers acquis en emploi de ces capitaux. D'ailleurs, l'usufruit légal et la tutelle peuvent n'être pas réunis dans les mêmes mains, par exemple si la mère, investie de la jouissance légale, a refusé la tutelle. En pareil cas, le tuteur fera l'emploi prescrit par l'art. 6, et l'usufruit s'exercera après le placement effectué (Dubois, p. 79 et suiv., p. 83 et suiv.). Jugé, en ce sens, que la disposition de l'art. 6 de la loi du 27 févr. 1880, d'après laquelle le tuteur doit faire, dans le délai de trois mois, emploi des capitaux appartenant ou échus au mineur, s'applique sans distinction à tout tuteur, même à celui qui a l'usufruit légal (Douai, 24 juin 1880, et sur pourvoi, Req. 7 mars 1881, aff. Desrousseaux, D. P. 81. 1. 348).

482. — IX. Pouvoirs conférés au subrogé tuteur par la loi du 27 févr. 1880, et responsabilité qui en résulte pour lui. — L'art. 7 de la loi du 27 févr. 1880 est ainsi conçu : « Le subrogé tuteur devra surveiller l'accomplissement des formalités prescrites par les articles précédents; il devra, si le tuteur ne s'y conforme pas, provoquer la réunion du conseil de famille, devant lequel le tuteur sera appelé à rendre compte de ses actes ». D'après cette disposition, le subrogé tuteur doit s'assurer : 1° que le tuteur n'a pas aliéné les meubles incorporels appartenant au mineur, sans l'autorisation du conseil de famille, et sans avoir fait homologuer cette autorisation par le tribunal, s'il s'agit d'un capital supérieur à 1500 fr. (art. 1 et 2 de la loi du 27 févr. 1880); — 2° Qu'il n'a pas converti en titres au porteur les titres nominatifs appartenant au mineur sans remplir les mêmes formalités (art. 10); — 3° Qu'il a eu recours au ministère d'un agent de change en cas d'aliénation ou de conversion autorisées de valeurs négociables à la Bourse (art. 3); —4° Qu'il s'est conformé aux mesures prescrites par le conseil de famille en cas d'aliénation autorisée, et notamment qu'il a fait l'emploi du prix déterminé par le conseil (art. 1, § 2); — 5° Qu'il a converti les titres au porteur en titres nominatifs, dans les trois mois de l'ouverture de la tutelle ou de l'attribution définitive de ces titres au mineur pendant le cours de la tutelle, ou dans le délai plus étendu que le conseil de famille aurait accordé pour la conversion (art. 5); — 6° Qu'il a, dans les trois mois, provoqué de la part du conseil de famille l'autorisation de conserver les titres qui ne sont pas susceptibles d'être convertis en titres nominatifs, et que, cette autorisation accordée, il a effectué le dépôt de ces titres, si le conseil l'a ordonné et dans les conditions où il l'a ordonné (Même article); — 7° Qu'il a fait emploi des capitaux appartenant au mineur, dans les trois mois de l'ouverture de la tutelle ou du recouvrement de ces capitaux ou dans le délai plus étendu accordé par le conseil de famille ; qu'en ce dernier cas, il a effectué le dépôt de ces capitaux si le conseil en a ainsi décidé (art. 6).

Ces pouvoirs sont exercés par le subrogé tuteur dans toute tutelle, les prescriptions de la loi du 27 févr. 1880 s'appliquant à tous les tuteurs, sans distinction du titre auquel ils exercent leurs fonctions (V. *suprà*, n° 399).

483. On est d'accord pour reconnaître que le subrogé tuteur n'a pas qualité pour intervenir aux actes qui font l'objet de la loi du 27 févr. 1880. En ce sens, il a été jugé que, si l'art. 7 de la loi du 27 févr. 1880 impose au subrogé tuteur l'obligation de surveiller l'accomplissement des formalités prescrites au tuteur, notamment en ce qui concerne la conversion des titres au porteur en titres nominatifs, cet article ne lui confère que le droit de convoquer le conseil de famille et d'y appeler le tuteur qui ne se conformerait pas à ses prescriptions; que, par suite, le subrogé tuteur n'est pas recevable à intervenir dans l'instance en homologation des opérations de compte, liquidation et partage d'une succession intéressant le mineur, pour demander au tribunal que les valeurs mobilières attribuées au mineur soient converties en titres nominatifs et que les remboursements qui pourront être effectués pour le compte du mineur à raison de ces titres et valeurs ne puissent avoir lieu qu'en sa présence en sadite qualité; que la seule autorité compétente est le conseil de famille, à qui est attribué le pouvoir de faire au tuteur toutes les injonctions et de lui donner toutes les autorisations utiles au mineur, relativement à l'aliénation et à la conversion des valeurs mobilières qui appartiennent à celui-ci (Trib. Seine, 2 avr. 1881, aff. Bénazé).

484. Depuis, comme avant la loi de 1880, c'est le tuteur qui touche seul les capitaux du mineur et qui seul donne quittance en échange des capitaux qu'il reçoit. Le conseil de famille ne pourrait même pas prescrire l'intervention du subrogé tuteur à la quittance (V. *suprà*, n° 311). Le subrogé tuteur devra seulement s'enquérir avec soin de la consistance de la fortune du mineur au moment de l'ouverture de la tutelle et des biens qui viendront à lui échoir au cours de la tutelle. Comme il est légalement appelé aux inventaires, licitations, ventes et autres opérations nécessaires pour la liquidation des successions (V. *suprà*, n° 218), ce soin lui sera facile. Il pourrait même n'accepter ses fonctions qu'en exigeant préalablement qu'il lui soit donné connaissance exacte de la fortune du pupille (Deloison, n° 227, p. 245). Il pourra s'assurer de la sorte si cette fortune comprend des titres au porteur à convertir en titres nominatifs, des capitaux à employer, des créances à recouvrer, et connaître l'époque des recouvrements à faire. Il saura nécessairement encore si le conseil de famille a été convoqué par le tuteur pour décider quels titres il conviendra d'aliéner, quels titres seront conservés, et connaîtra les mesures prescrites par le conseil soit en cas d'aliénation, soit en cas de conservation. Les délais écoulés, il pourra vérifier si l'aliénation a été faite légalement et selon les prescriptions du conseil de famille, si les titres au porteur, non aliénés, ont été convertis en titres nominatifs, s'il a été fait emploi régulier des prix d'aliénation, des capitaux disponibles à l'ouverture de la tutelle ou recouvrés depuis. — Parfois, cependant, sa surveillance pourra se trouver en défaut, car la loi n'exige pas que le tuteur le prévienne du jour où il exécutera l'opération autorisée par le conseil de famille ; ainsi le subrogé tuteur ne sera pas à même d'empêcher une aliénation ou une conversion de titres négociables à la Bourse, opérée autrement que par ministère d'agent de change. De même, en cas de remboursement anticipé, le subrogé tuteur, ignorant l'époque où le tuteur a touché, ne sera pas à même de surveiller l'emploi du capital, dans le délai prescrit soit par la loi, soit par le conseil de famille. Le contrôle du subrogé tuteur n'eût été complètement efficace que si l'on avait exigé son concours aux opérations du tuteur; mais c'eût été « dénaturer le rôle du subrogé tuteur, tel qu'il a été créé par le législateur, en faire une sorte de cotuteur » (Rapport de M. Denormandie au Sénat, *Journ. off.* 7 mai 1878). Cette considération avait déterminé les auteurs du projet de loi adopté par le Sénat à écarter complètement la surveillance du subrogé tuteur. La Chambre des députés a préféré lui confier des pouvoirs incomplets, mais encore efficaces (V. Bonnet, p. 35 ; Bressolles, p. 65; Coulet, p. 24; Deloison, n° 227, p. 224).

485. D'après le code civil, le subrogé tuteur n'a d'autres moyens de contrôle que les états de situation dont le conseil de famille est libre d'exiger ou non la remise, et qui d'ailleurs ne peuvent pas être imposés au survivant des père et mère (c. civ. art. 470). — Relativement aux actes de la tutelle qui font l'objet de la loi du 27 févr. 1880, le subrogé tuteur peut demander des explications au tuteur sur l'exécution des décisions du conseil de famille et sur l'emploi des capitaux, et même, s'il le juge à propos, requérir la production de toutes pièces justificatives. S'il ne reçoit que des justifications insuffisantes, il doit provoquer la réunion du conseil de famille auquel le tuteur sera tenu de rendre compte de ses actes (L. 27 févr. 1880, art. 7). C'est l'extension du pouvoir, que les art. 446 et 448 c. civ. accordent au subrogé tuteur, de provoquer la destitution du tuteur. Seulement ici le subrogé tuteur n'a plus aucune appréciation à faire des circonstances. Il n'a pas la faculté, mais l'obligation, de convoquer le conseil de famille, par cela seul que le tuteur n'a pas agi en conformité de la loi de 1880 et des décisions du conseil, et quand bien même les irrégularités commises ne seraient pas de nature à motiver la destitution du tuteur pour infidélité ou pour incapacité. Du reste, en saisisssant le conseil de famille, qui seul a mission de jûger le tuteur, le subrogé tuteur met à l'abri sa responsabilité qui cesse aussitôt (Bonnet, Coulet, Deloison, *loc. cit.*).

486. La loi du 27 févr. 1880 a-t-elle étendu la responsabilité du subrogé tuteur? Le rapporteur du Sénat semblait ne voir dans l'article additionnel proposé par la Chambre des députés que l'application, plus nettement exprimée, du devoir de surveillance générale qui incombe au subrogé tuteur en vertu du code civil (2e rapport de M. Denormandie au Sénat, *Journ. off.* 26 janv. 1880). Cependant l'intention certaine des auteurs de l'art. 7 a été, relativement à l'objet spécial de la loi, de préciser les obligations du subrogé tuteur et d'engager sa responsabilité plus étroitement qu'il ne résultait du code civil; mais, suivant le rapport de M. Jozon à la Chambre des députés (*Journ. off.* 7 avr. 1879), la loi laisse aux tribunaux le soin « d'apprécier avec discernement les circonstances de chaque cause, de façon à ne condamner le subrogé tuteur que lorsqu'il y aura une faute ou une négligence réelle à lui reprocher ».

487. Il faut admettre, d'abord, que la responsabilité du subrogé tuteur ne s'étend pas à l'acte même d'aliénation, de conversion ou d'emploi accompli par le tuteur irrégulièrement ou à la non-exécution par le tuteur de l'acte prescrit par le conseil de famille, sauf le cas de connivence et de dol de la part du subrogé tuteur. En effet, l'art. 7 n'impose pas au subrogé tuteur, en cas de négligence de sa part, la responsabilité solidaire que fait peser sur lui l'art. 1442 c. civ. dans le cas spécial que prévoit cet article, relativement aux condamnations encourues par le tuteur. Il n'établit même pour le subrogé tuteur aucune responsabilité des actes du tuteur. Il n'en pouvait pas être autrement, dès qu'on n'admettait pas pour lui le droit de s'immiscer dans la gestion et qu'on ne lui permettait pas d'intervenir aux actes d'aliénation, de conversion ou d'emploi, dès que le tuteur n'avait pas à l'informer de l'époque où il exécuterait les volontés du conseil de famille, dès qu'il n'a pas à concourir au recouvrement des capitaux du mineur, ni aux quittances fournies aux tiers par le tuteur. Sa responsabilité se réduit aux seuls actes par lesquels l'art. 7 l'autorise à manifester son intervention et l'oblige à exercer sa mission de contrôle; elle a lieu : 1° s'il n'a pas exigé du tuteur la justification de l'accomplissement des obligations imposées par la loi nouvelle; 2° s'il n'a pas, en cas d'inexécution de ces obligations, réuni et averti le conseil de famille (Bressolles, p. 66; Deloison, n° 227, p. 246).

488. Le subrogé tuteur ne peut demander de justifications au tuteur que relativement à l'observation des formalités requises par la loi ou des mesures prescrites par le conseil de famille. Il ne doit pas restreindre la liberté d'action du tuteur. Si le conseil de famille a prescrit un placement hypothécaire, le subrogé tuteur n'a pas à vérifier si le gage est suffisant. Si le conseil a prescrit un emploi de capitaux en obligations de chemins de fer, le subrogé tuteur n'a pas à critiquer l'achat fait par le tuteur d'obligations de telle ou telle compagnie. Il faut, mais il suffit, qu'il exige du tuteur la justification d'un emploi conforme aux volontés du conseil de famille ou la justification que les aliénations et les conversions au porteur ont été faites avec les formalités requises, enfin que les conversions en titres nominatifs et l'emploi des capitaux ont eu lieu dans le délai prescrit. Lorsque cette justification est faite par le tuteur, le subrogé tuteur n'a plus rien à faire; il ne devrait pas, par exemple, convoquer le conseil de famille parce que les emplois faits par le tuteur ne lui paraîtraient pas les plus avantageux, ni les plus sûrs qu'on aurait pu choisir. Il n'en serait autrement que si ces emplois attestaient évidemment l'infidélité ou l'incapacité du tuteur au point de rendre sa destitution nécessaire. Ce ne serait plus alors la loi du 27 févr. 1880, ce serait l'art. 446 c. civ. qui ferait au subrogé tuteur une obligation de convoquer le conseil.

489. Même dans le cas où le subrogé tuteur serait en tort pour n'avoir pas exigé du tuteur les justifications qu'il était tenu de lui demander, ou pour n'avoir pas réuni le conseil de famille à défaut par le tuteur d'avoir fait les justifications requises, le tribunal aurait encore à rechercher si les mesures que le subrogé tuteur aurait dû prendre pouvaient être efficaces et dans quelles limites elles l'auraient été. Il faudrait, enfin, pour que le subrogé tuteur pût être rendu responsable, que la responsabilité du tuteur et sa solvabilité fussent insuffisantes pour la garantie du mineur; la loi de 1880 n'impose, en effet, au subrogé tuteur, aucune solidarité avec le tuteur (V. Deloison, n° 227, p. 246 et suiv.). Il a été jugé que, lorsque le tuteur a détourné des fonds appartenant au mineur et destinés à payer ses créanciers, le subrogé tuteur, à qui l'on n'impute pas des faits de collusion, mais simplement un défaut de surveillance, ne peut être rendu responsable des conséquences de la faute commise par le tuteur qu'autant que la réparation du préjudice causé ne pourrait être obtenue du tuteur lui-même; que, dès lors, l'action en dommages-intérêts formée par le mineur devenu majeur ou en son nom pendant la minorité, n'est pas recevable tant qu'il n'a été fait aucune réclamation au tuteur lui-même, auteur du détournement (Trib. Seine, 9 août 1883, aff. Veuve Proust *C.* Lévesque, *La Loi*, du 20 août 1883).

490. — X. DISPOSITIONS RELATIVES A L'APPLICATION DE LA LOI DU 27 FÉVR. 1880. — L'art. 9 de la loi de 1880 est ainsi conçu : « Les tuteurs entrés en fonctions et les mineurs émancipés antérieurement à la présente loi seront tenus de s'y conformer ». Il n'y a là aucune dérogation au principe de la non-rétroactivité des lois; car aucun tuteur, aucun mineur n'avait un droit acquis pour ne pas se soumettre dans l'avenir aux mesures d'ordre public et de procédure établies par la nouvelle loi (Bressolles, p. 69). « Toutefois, dit le rapport de M. Denormandie, pour éviter toutes difficultés, il nous a paru plus prudent de le dire » (V. note sous l'art. 9, D. P. 80. 4. 47). Il a été jugé, par application de l'art. 9, que, depuis la promulgation de la loi du 27 févr. 1880, un tuteur ne peut recevoir le prix d'un immeuble ayant appartenu au mineur et aliéné avant cette époque, mais non encore payé, qu'en se soumettant aux obligations imposées au tuteur pour l'emploi de ce prix par ladite loi; et que la défense de former une demande nouvelle en cause d'appel ne rend pas non recevables des conclusions prises devant la cour par le subrogé tuteur pour faire appliquer au tuteur les dispositions de la loi du 27 févr. 1880 sur l'emploi des capitaux appartenant à son pupille, bien que cette loi n'ait été promulguée qu'après la prononciation du jugement (Douai, 24 juin 1880 et sur pourvoi Req. 7 mars 1881, aff. Desrousseaux, D. P. 81. 1. 348). — Dans l'espèce sur laquelle ont statué ces arrêts, il s'agissait d'un acte commencé, mais non définitivement accompli, avant la promulgation de la loi du 27 févr. 1880. Quant aux actes antérieurement accomplis en conformité du code civil, ils sont à l'abri de toute atteinte. « On craignait, a dit M. Denormandie, que la loi ne vînt porter un certain trouble dans les affaires en général, et spécialement dans des situations acquises, dans des emplois faits. Nous avons déclaré et je déclare encore aujourd'hui que la loi nouvelle respecte les engagements préexistants et les droits des tiers » (Sénat, séance du 5 févr. 1880, *Journ. off.* 6 févr. 1880). C'est ainsi que l'obligation de convertir les titres au porteur en titres nominatifs cesserait devant une convention d'indivision ou tout autre contrat valablement conclu par le tuteur avant la promulgation de la loi (V. *suprà*, n° 456). De même, en ce qui concerne le placement que le père de famille aurait fait dans son industrie personnelle, avant la promulgation de la loi, des fonds indivis entre son enfant mineur et lui-même. Le rapport dit à cet égard : « Quelques personnes ont paru redouter que cette application de la loi aux tutelles en cours ne vînt jeter un trouble dans les affaires de famille liquidées et organisées sous l'empire de la législation actuelle. On a demandé, par exemple, si un père de famille veuf avec des enfants mineurs allait être obligé de modifier sa situation et la composition de sa fortune, de créer distinctement la part de ses enfants, de la réaliser et d'en faire un emploi spécial et personnel. C'est là une erreur absolue. Le conseil de famille est juge. Il a toute liberté pour l'appréciation des emplois, et assurément il pensera bien souvent, et le tribunal, en cas de difficultés, pensera aussi que l'emploi fait par le père de famille sur lui-même et sous la forme ou d'une maison de commerce ou d'une industrie, peut être un très bon emploi ». Le conseil de famille, qui a le pouvoir d'autoriser ce mode d'emploi dans les tutelles qui s'ouvrent depuis la promulgation de la loi du 27 févr. 1880 (V. *suprà*, n° 474), peut, à plus forte raison, ratifier le même emploi quand il a été fait par le tuteur légal avant la nouvelle loi. Mais le conseil de famille peut prescrire pour l'avenir, tout en ménageant le tuteur de bonne foi et en respectant les droits des tiers, toutes les mesures qui seront exigées par les circonstances, soit en vue de la rentrée des valeurs du pupille sous la main du tuteur, soit dans le cas où les placements viendraient à péricliter (Bressolles, p. 69).

491. D'après l'art. 9, les délais prescrits pour l'accomplissement de certains des actes ordonnés par la loi du 27 févr. 1880 ont commencé de courir à partir de la promulgation de la loi, c'est-à-dire de sa publication dans les différentes localités (Décr. 5 nov. 1870). L'art. 9 dit, en se référant soit au tuteur, soit au mineur émancipé : « les délais courront *pour eux* ». Mais aucun des délais établis par la nouvelle loi ne concerne le mineur émancipé; ils ne concernent que le tuteur.

492. L'art. 11 porte que « les dispositions de la loi du 27 févr. 1880 sont applicables à l'Algérie et aux colonies de la Martinique, de la Guadeloupe et de la Réunion. Les délais, en ce qui concerne ces colonies, seront, quand il y aura lieu, augmentés des délais supplémentaires fixés, à raison des distances, par la loi du 3 mai 1862 ». On sait que la loi du 3 mai 1862 a modifié l'art. 73 c. proc. civ. applicable à la France et à l'Algérie. Elle ne concerne pas les Antilles, ni l'île de la Réunion. A l'égard de ces deux colonies, les délais sont fixés par le décret du 22 avr. 1863 (D. P. 63. 4. 118 et 119. V. *infrà*, v° *Organisation des colonies*). Il a été bien entendu que ces décrets, malgré l'absence de toute mention dans l'art. 11, continueront à recevoir leur application (Deuxième rapport de M. Denormandie au Sénat, séance du 5 févr. 1880, *Journ. off.* 6 févr. 1880).

Un décret du 8 avr. 1880 (D. P. 81. 4. 48) a rendu la loi du 27 févr. 1880 applicable également dans les colonies de la Guyane, du Sénégal, des établissements français de l'Inde, de la Cochinchine, de la Nouvelle-Calédonie, des établissements français de l'Océanie, de Saint-Pierre et Miquelon, de Mayotte, de Nossi-Bé et du Gabon.

493. L'art. 11 n'a pas pour objet d'augmenter des délais de distance le délai de trois mois accordé aux tuteurs en exercice lors de la promulgation de la loi. La promulgation et la publication des lois dans les colonies ne sont pas censées faites par celles qui ont lieu en France, sauf addition de délais. Il fallait donc une promulgation spéciale pour faire courir les délais impartis par la loi du 27 févr. 1880. L'augmentation de délai s'applique à l'accomplissement des actes qui, d'après la loi du 27 févr. 1880, doivent être opérés par le tuteur dans un délai déterminé. Cette augmentation a-t-elle lieu de plein droit? On n'en apercevrait pas très bien la raison. Si la tutelle s'ouvre dans les colonies, si le tuteur y reçoit des valeurs ou des capitaux, s'il peut accomplir les opérations exigées par la loi sur les lieux mêmes, on ne voit pas pourquoi le délai imparti au tuteur sur le sol continental de la France serait augmenté de plein droit. Si les opérations ne peuvent avoir lieu dans la colonie, le conseil de famille a le droit d'augmenter le délai (art. 5 et 6). D'autre part, l'art. 11 porte que les délais ne seront augmentés que *s'il y a lieu*. Pourquoi dès lors la loi de 1880 ne s'en tient-elle pas au pouvoir accordé au conseil de famille d'augmenter le délai? Et « quand y aura-t-il lieu » d'appliquer l'augmentation légale selon le vœu de l'art. 11? « Il faut peut-être supposer que le tuteur n'a pas demandé un plus long délai que trois mois, ou que le conseil a refusé celui que le tuteur a demandé, et alors, pour une opération à faire hors de la colonie, le tuteur ne sera censé négligent et responsable qu'après l'expiration du délai de trois mois, augmenté, selon les pays, dans la même proportion que la loi de 1862 augmente les délais ordinaires de procédure dont elle s'occupe » (Bressolles, p. 71). Mais alors l'augmentation légale serait invoquée par le tuteur, en cas de conflit entre le conseil de famille et lui, comme défense à une demande en responsabilité. Ce serait ainsi au tribunal à apprécier la question, et ce cas arrivera très rarement. D'ailleurs, il semble que le conseil de famille conservera le pouvoir soit d'abréger, soit d'augmenter les délais accordés par la loi de 1862 (V. Bressolles, *loc. cit.*; Huc, t. 3, n° 423).

§ 3. — Des actes pour lesquels l'autorisation du conseil de famille est nécessaire : acceptation et répudiation de succession ; acceptation d'une donation ou d'un legs ; action immobilière ; partage (*Rép.* n°s 494 à 529).

494. — I. ACCEPTATION ET RÉPUDIATION DE SUCCESSION (*Rép.* n°s 495 à 501). — Le tuteur ne peut pas accepter ou répudier une succession échue au mineur, sans l'autorisation du conseil de famille. Cependant l'acceptation ne peut avoir lieu que sous bénéfice d'inventaire ; mais, malgré les dispositions des art. 461 et 776 c. civ. à cet égard, l'autorisation est exigée, parce que l'acceptation, même bénéficiaire, peut être onéreuse, pour le mineur, en ce qu'elle l'obligerait, vis-à-vis de ses cohéritiers, au rapport des donations et legs qu'il aurait reçus, en ce qu'elle le rendrait responsable de l'administration de l'hérédité vis-à-vis des créanciers de la succession, et en ce qu'il serait tenu du payement des droits de mutation par décès sur l'actif (*Rép.* n° 495 ; Aubry et Rau, t. 1, § 113, p. 446, note 2 ; Laurent, t. 5, n° 70 ; Baudry-Lacantinerie, t. 1, n° 1078 ; Huc, t. 3, n° 437).

495. L'autorisation est également nécessaire pour l'acceptation des legs universels et des legs à titre universel. — Il a été jugé que l'art. 461 c. civ., qui permet au tuteur d'accepter sous bénéfice d'inventaire, avec l'autorisation du conseil de famille, une succession échue au mineur, est applicable, non seulement aux successions déférées par la loi, mais encore aux legs universels ou à titre universel, même à ceux qui sont faits sans charges ni conditions; et que l'acceptation intervenue, conformément à cet article, soumet le légataire mineur aux mêmes obligations que le majeur (Dijon, 10 juill. 1879, aff. Petitjean, D. P. 80. 2. 129).

496. Une délibération du conseil de famille, postérieure à l'acceptation ou à la renonciation et qui conférerait au tuteur les pouvoirs nécessaires, produirait-elle un effet légal? V., dans le sens de la négative, Civ. cass. 12 mars 1839, *Rép.* v° *Succession*, n° 784, et les auteurs cités au *Rép.* n° 497. V. aussi *Rép.* v° *Obligations*, n° 4520-3°.

497. La délibération du conseil de famille qui autorise le tuteur à accepter ou à répudier une succession ou un legs n'a pas besoin d'être homologuée par le tribunal (*Rép.* n° 498 ; Paris, 2 févr. 1880, aff. Roy, D. P. 83. 1. 61 ; Aubry et Rau, t. 1, § 113, p. 447 ; Laurent, t. 5, n° 70).

498. L'autorisation du conseil de famille est encore nécessaire pour permettre au tuteur de faire l'abandon des biens autorisé par l'art. 802 c. civ., après une acceptation bénéficiaire (Civ. cass. 12 mars 1839, *Rép.* v° *Succession*, n° 784). Mais ne faut-il pas alors que la délibération du conseil de famille soit homologuée par le tribunal? L'affirmative résulte de l'arrêt précité (V. aussi *Rép.* n° 499). MM. Aubry et Rau (t. 1, § 113, p. 447, note 5), toutefois, ne partagent pas cette opinion. L'abandon dont il s'agit ne constitue pas, suivant ces auteurs, une aliénation, car l'héritier bénéficiaire conserve la faculté de reprendre les biens abandonnés ; comme il ne peut plus exercer cette faculté qu'à la charge de désintéresser les créanciers, l'autorisation du conseil de famille est nécessaire pour ce motif seulement, mais il n'y a pas lieu à homologation (V. en ce sens, Douai, 13 août 1855, aff. Vantroyen, D. P. 56. 2. 92).

499. Si, nonobstant l'art. 461 c. civ., le tuteur avait accepté une succession purement et simplement, le mineur pourrait-il revenir contre l'acceptation? L'affirmative est certaine : l'acceptation pure et simple, même avec l'autorisation du conseil de famille, et l'acceptation bénéficiaire ou la renonciation faite sans cette autorisation, peuvent être arguées de nullité dans l'intérêt du mineur (V. *Rép.* v° *Succession*, n°s 954; Aubry et Rau, t. 1, § 113, p. 447).

500. L'art. 462 c. civ. permet, soit au mineur devenu majeur, soit au tuteur autorisé par le conseil de famille, de reprendre la succession répudiée au nom du mineur, si elle n'a pas été acceptée par un autre, mais dans l'état où elle se trouvera lors de la reprise, et sans pouvoir attaquer les ventes et autres actes qui auraient été légalement faits durant la vacance. C'est une application spéciale du droit commun consacré par l'art. 790 c. civ. (*Rép.* n° 501 ; Aubry et Rau, t. 1, § 113, p. 447; Laurent, t. 5, n° 72. V. *Rép.* v° *Succession*, n° 669 et suiv.). La prescription ne court contre le mineur qu'à partir de sa majorité (c. civ. art. 2252). — Mais la prescription court-elle au profit des tiers détenteurs de la succession ou de biens héréditaires pendant tout le temps qui s'est écoulé entre la répudiation faite par le tuteur et la reprise de la succession, soit par le tuteur lui-même, soit par le mineur devenu majeur? V. *Rép.* v° *Prescription*, n°s 779 et suiv.

501. L'autorisation du conseil de famille est nécessaire au tuteur pour exercer le retrait successoral; en effet, l'exercice du retrait constitue une extension de l'acceptation bénéficiaire; en outre, elle emporte pour le mineur l'obligation personnelle de rembourser le prix de la cession, ce qui peut constituer pour lui une opération désavantageuse (Demolombe, t. 7, n° 678; Aubry et Rau, t. 1, § 113, p. 448, note 9. — *Contrà* : Benoît, *Du retrait successoral*, n° 19; Grenoble, 16 août 1858) (1).

502. — II. ACCEPTATION D'UNE DONATION OU D'UN LEGS (*Rép.* n°s 502 à 505). — Les donations faites au mineur ne peuvent être acceptées par le tuteur qu'avec l'autorisation du conseil de famille (c. civ. art. 463). Mais elles peuvent l'être, sans cette autorisation, par tout ascendant, et, par suite, l'autorisation du conseil de famille est inutile quand le tuteur est un ascendant(*Rép.* n° 502; Aubry et Rau, t. 1, § 113, p. 448). Jugé qu'une mère tutrice a pu valablement accepter pour sa fille mineure une donation-partage qui a attribué à sa pupille des immeubles et des meubles moyennant une soulte (Grenoble, 11 janv. 1864, aff. Pallavicino, D. P. 65. 2. 57).

503. On a vu *suprà*, n° 495 que les legs universels ou à titre universel ne peuvent être acceptés par le tuteur sans autorisation du conseil de famille. — Quant aux legs particuliers, s'ils sont faits avec charges, ils ne peuvent être acceptés par le tuteur sans l'autorisation du conseil de famille. Il en est autrement s'ils sont faits sans charges : en effet, ils ne peuvent alors être onéreux pour le mineur, le légataire particulier n'étant pas tenu des dettes de la succession (*Rép.* n° 495; Demolombe, t. 7, n°s 703 et 708; Aubry et Rau, t. 1, § 113, 447 et 448, note 11). M. Laurent, t. 5, n° 73 et 82, enseigne, au contraire, que l'autorisation est toujours nécessaire pour l'acceptation d'un legs particulier (V. dans le même sens : Baudry-Lacantinerie, t. 1, n° 1081, et Huc, t. 3, n° 437 et 440). Ces auteurs argumentent de l'art. 463 c. civ., qui exige l'autorisation du conseil de famille pour l'acceptation d'une donation. — En ce qui concerne la demande en délivrance, le tuteur peut la former seul, s'il s'agit d'un legs mobilier. Pour un legs immobilier, l'autorisation du conseil de famille est nécessaire (*Rép.* n° 504; Aubry et Rau, t. 1, § 113, p. 448, note 11). Toutefois, M. Laurent, t. 5, n° 82, qui dénie au tuteur le droit d'accepter un legs avec ou sans charges, sans l'autorisation du conseil de famille, soutient que la demande en délivrance d'un legs accepté et non contesté peut toujours être exercée par le tuteur seul, et que cette demande n'a jamais le caractère d'une action immobilière, quand bien même il s'agit d'un legs immobilier; la demande en délivrance ne doit pas être confondue avec l'action en revendication de l'immeuble légué.

504. — III. ACTIONS IMMOBILIÈRES (*Rép.* n°s 506 à 511). — Aux termes de l'art. 464 c. civ., le tuteur « ne pourra introduire en justice une action relative aux droits immobiliers du mineur, ni acquiescer à une demande relative aux mêmes droits, sans l'autorisation du conseil de famille ». Mais le tuteur a-t-il besoin de l'autorisation du conseil de famille pour suivre ou reprendre, au nom du mineur, une instance relative à des droits immobiliers, précédemment introduite? Non. L'art. 464 c. civ. dit seulement : le tuteur *ne pourra introduire*. C'est ce que la cour de Metz a jugé le 26 prair. an 13 (V. *Rép.* n° 525; Demolombe, t. 7, n° 712; Aubry et Rau, t. 1, § 114, p. 463). La question a été soumise à la chambre des requêtes; mais le pourvoi n'a pas été examiné, parce qu'il relevait de ce chef un moyen nouveau (Req. 18 févr. 1880, aff. Sassoum ben Kemoun et Ben Olliel, D. P. 80. 1. 351). Jugé, depuis, que le tuteur peut, sans autorisation du conseil de famille, reprendre une instance ayant pour objet des droits immobiliers, qui avait été régulièrement introduite par les auteurs du mineur avant l'ouverture de la tutelle, quel que soit l'état de la procédure (Bordeaux, 22 mai 1889, aff. Goury, D. P. 90. 2. 284).

505. — IV. ACQUIESCEMENT. DÉSISTEMENT (*Rép.* n°s 511 à 514). — V. *suprà*, n°s 393 et suiv. — En ce qui concerne le point de savoir à quelles conditions le tuteur peut, dans une faillite, voter au concordat au nom du mineur, V. *suprà*, v° *Faillite*, n° 916.

506. — V. PARTAGE (*Rép.* n°s 515 à 525). — L'art. 465 c. civ. exige l'autorisation du conseil de famille pour permettre au tuteur de provoquer un partage. Cette autorisation n'est pas nécessaire au tuteur pour répondre à une demande en partage formée contre le mineur (*Rép.* n° 515, et *suprà*, n° 384). La plupart des auteurs enseignent qu'il en est ainsi parce que le partage est un acte d'aliénation. Cependant M. Laurent, t. 5, n° 74, fait observer que le code civil, adoptant une fiction contraire à la réalité, considère le partage, non comme translatif, mais comme déclaratif de propriété. Le véritable motif de la disposition établie par l'art. 464 est, suivant cet auteur, que le législateur n'a pas voulu permettre au tuteur de décider seul si l'intérêt du mineur exige le maintien de l'indivision, malgré les inconvénients qu'elle entraîne, ou, au contraire, le partage immédiat (V. aussi en ce sens : Baudry-Lacantinerie, t. 1, n° 1085; Huc, t. 3, n° 444).

507. La disposition de l'art. 464 c. civ. est applicable à tout partage qui fait cesser l'indivision résultant d'une succession, d'une communauté, d'une société. Elle est applicable aux partages mobiliers comme aux partages immobiliers (*Rép.* n° 515; Demolombe, t. 7, n° 720; Laurent, t. 5, n° 74). Il en résulte que le tuteur qui pouvait, antérieurement à la loi du 27 févr. 1880, aliéner les droits mobiliers du pupille, ne pouvait pas, sans l'autorisation du conseil de famille, céder les droits du mineur dans une succession, une communauté, une société, même purement mobilière (Aubry et Rau, t. 1, § 113, p. 461, note 73; Laurent, *loc. cit.*).

508. L'autorisation du conseil de famille suffit certainement pour habiliter le tuteur à procéder au partage quand ce partage doit être fait en nature. Mais quand il s'agit de liciter des immeubles indivis, ne faut-il pas que la délibération qui autorise le tuteur soit homologuée par le tribunal? V. *infrà*, n° 534.

509. Suivant les arrêts cités au *Rép.* n° 516, la disposition de l'art. 465 c. civ. est d'ordre public. Le défaut de qualité du tuteur qui provoque un partage, sans y avoir été autorisé par le conseil de famille, peut être opposé par les défendeurs à l'instance en partage; car les tiers ont le droit de refuser de contracter avec un mineur qui n'est pas régulièrement représenté, comme aussi de plaider contre lui. Si l'exception est soulevée, elle crée contre la demande en partage une fin de non-recevoir, et les juges doivent accueillir cette fin de non-recevoir; ne pas statuer sur le fond tant que l'autorisation n'est pas produite par le tuteur. — Il a été jugé que la partie contre laquelle une demande en partage a été formée au nom d'un mineur sans autorisation du conseil de famille, peut, si elle a opposé ce défaut d'autorisation devant le tribunal, en exciper devant la cour de cassation pour faire annuler le jugement qui a ordonné le

(1) (Rua C. Rolland.) — LA COUR; — Attendu que, d'après l'art. 465 c. civ., le tuteur pouvant, sans autorisation du conseil de famille, répondre à une demande en partage, Rolland a pu valablement, et par exception, exercer le retrait successoral contre Rua, demandeur en partage de la succession d'Etienne Bonnafous, et l'écarter ainsi de cette succession dans laquelle il n'avait d'autres droits que ceux résultant de la cession que l'un des cohéritiers avait faite à Missel, son débiteur; — Attendu que, le retrait successoral étant un droit qui peut être exercé tant que le partage n'est pas fait et qu'il ne s'est rien passé qui emporte avec soi la renonciation à user de ce droit, Rolland qui a seulement laissé faire les opérations préliminaires du partage, a pu, jusqu'à sa consommation, demander à jouir d'un bénéfice que lui assurait la loi et auquel il n'avait pas renoncé; — Attendu que Rua, en saisissant les immeubles de la succession d'Etienne Bonnafous, ne pouvait pas ignorer que son débiteur n'avait sur ces immeubles qu'un droit éventuel subordonné à l'exercice du retrait successoral, et que, dès lors, il ne peut faire supporter les frais de cette saisie qu'à son débiteur lui-même, et nullement au cohéritier qui, en écartant du partage un cessionnaire, ne peut être tenu que de lui rembourser ce que la cession a coûté et les frais pour arriver au partage, qui ont précédé l'exercice du retrait successoral;

Par ces motifs; — Confirme, etc.

Du 16 août 1858.-C. de Grenoble, 1re ch.-MM. Royer, pr.-Proust, av. gén.-L. Michel et Rossignol, av.

partage sans s'occuper de la fin de non-recevoir (Civ. cass. 5 janv. 1859, aff. Berr, D. P. 59. 1. 34).

Mais l'autorisation du conseil de famille peut valablement intervenir en tout état de cause. Elle suffit alors à valider la procédure, car l'intérêt du mineur est sauvegardé (*Rép.* n° 529; Laurent, t. 5, n° 76; Huc. t. 3, n° 444).

510. La nullité du partage provoqué par le tuteur sans autorisation, tout en étant d'ordre public, est purement relative. Elle ne peut être invoquée que par le mineur seul, quand elle n'a pas été proposée par le défendeur dans le cours de l'instance en partage et avant la décision définitive qui a consommé le partage en l'homologuant. L'adversaire du mineur ne peut pas se prévaloir du défaut d'autorisation pour faire annuler les jugements ou arrêts intervenus au profit du mineur irrégulièrement représenté. Ce droit n'appartient qu'au mineur. De nombreuses décisions sont intervenues en ce sens, par application de l'art. 1125 c. civ., dont la disposition est commune aux actions judiciaires et aux obligations (V. *Rép.* n° 529 et D. P. 59. 1. 34, note).

511. Aux termes de l'art. 466 c. civ., le partage doit être fait en justice pour obtenir à l'égard du mineur tout l'effet qu'il aurait entre majeurs (V. *Rép.* n° 517, et v° *Succession*, n°s 2219 et suiv.).

Cette règle est applicable au partage des meubles comme au partage des immeubles (*Rép.* n° 518); mais elle ne concerne pas les partages d'ascendants qui revêtent les formes de la donation (*Rép.* n° 519; Nîmes, 22 mars 1839, aff. Mathieu; *Rép.* v° *Dispositions entre vifs et testamentaires*, n° 4521-2° et les autres arrêts cités au *Rép.* n° 519).

Quant aux partages transactionnels, V. *infrà*, n° 553.

512. L'expertise exigée par l'art. 466 c. civ. est facultative (*Rép.* n° 520). — Sur les formalités du partage, V. *Rép.* v° *Succession*, n°s 1639 et suiv.

513. Tout partage qui n'est pas fait en justice et avec les formalités exigées par la loi, ne sera considéré que comme provisionnel : telle est la disposition finale de l'art. 466 c. civ. (*Rép.* n° 521). — Les majeurs peuvent-ils, comme le mineur, se prévaloir du caractère provisionnel du partage irrégulièrement accompli? V. *Rép.* v° *Succession*, n° 2223. — Il a été jugé que le partage auquel un mineur prend part n'est considéré que comme un partage provisionnel, lorsqu'il a été opéré en dehors des formalités requises pour la validité du partage entre mineurs et majeurs; que, toutefois, sa nullité, en tant que partage définitif, ne peut être proposée que par le mineur devenu majeur ou par son tuteur, à l'exclusion des parties majeures qui y ont figuré; mais que les parties majeures peuvent se prévaloir de la nullité prononcée à la requête du mineur, pour demander qu'il soit procédé à un nouveau partage entre toutes les parties; qu'en effet, l'action en partage est indivisible, en ce sens qu'elle ne peut être exercée que contre tous les communistes, et l'action en nullité dirigée contre le partage a pour effet, quand elle est accueillie, de remettre toutes les parties dans le même état qu'avant le partage; et qu'il en est ainsi, alors même que l'action en nullité est dirigée contre une vente qui, ayant eu pour objet de faire cesser l'indivision entre toutes les parties, doit être assimilée à un partage (Civ. cass. 5 déc. 1887, aff. Barrier, D. P. 88. 1. 241. V. dans le même sens, Huc, t. 3, n° 447).

514. Le tuteur a-t-il qualité pour faire, sans l'autorisation du conseil de famille, un partage provisionnel? L'affirmative se fonde sur l'art. 840 c. civ., qui déclare que les partages faits sans l'observation des formalités prescrites ne sont que provisionnels, et sur l'art. 818, qui permet au mari seul de demander un partage provisionnel s'il a le droit de jouir des biens de sa femme (Demolombe, t. 7, n°s 723 et suiv.; Aubry et Rau, t. 1, § 113, p. 462; Huc, t. 3, n° 447). Dans le sens de la négative, on objecte que l'art. 840 c. civ. suppose que les copartageants ont voulu faire un partage de propriété; il ne dit pas que le tuteur peut, sans autorisation, faire un partage de jouissance. Il faut écarter, d'autre part, l'art. 818, car le tuteur n'a pas le droit de jouir des biens du mineur. La question à trancher est de savoir si le plus grand avantage du mineur est dans un partage de propriété, un partage de jouissance ou une jouissance indivise. La solution appartient au conseil de famille, qui peut seul autoriser le partage de propriété (Laurent, t. 5, n° 78).

515. — VI. ACTION POSSESSOIRE (*Rép.* n° 526). — V. *suprà*, n° 383.

516. — VII. APPEL (*Rép.* n°s 527 à 529). — V. *suprà*, n° 388.

§ 4. — Des actes à l'égard desquels il y a nécessité, pour le tuteur, d'obtenir l'autorisation du conseil de famille et l'homologation du tribunal : emprunt; hypothèque; aliénation d'immeubles; transaction (*Rép.* n°s 530 à 563).

517. Le texte combiné des art. 457 et 458 c. civ. exige l'autorisation du conseil de famille et l'homologation du tribunal, pour que le tuteur puisse emprunter pour le mineur, aliéner ou hypothéquer ses biens.

518. — I. EMPRUNTS (*Rép.* n°s 531 à 534). — On a signalé au *Rép.* n° 531 la controverse à laquelle a donné lieu la rédaction de l'art. 458 c. civ. La doctrine est constante aujourd'hui pour reconnaître que, par ces mots : « les délibérations du conseil de famille relatives *à cet objet* », on doit entendre les délibérations concernant tous les actes, énumérés dans l'art. 457 c. civ. Pour l'emprunt, comme pour les actes de constitution d'hypothèque ou d'aliénation, l'homologation du tribunal est nécessaire (V. outre les autorités citées au *Rép.* n° 531, Demolombe, t. 7, n°s 730; Aubry et Rau, t. 1, § 113, p. 451, note 23; Laurent, t. 5, n° 94; Baudry-Lacantinerie, t. 1, n° 1088; Huc, t. 3, n° 427).

519. L'autorisation du conseil de famille et l'homologation du tribunal sont-elles nécessaires même quand le tuteur emprunte pour rembourser une dette certaine et exigible du mineur? même quand l'emprunt a pour objet de rembourser une dette hypothécaire et exigible avec subrogation au profit du prêteur? L'affirmative est généralement admise. Il n'y a pas d'exception sans texte (*Rép.* n°s 531 et suiv.; Aubry et Rau, t. 1, § 113, p. 452, note 28; Laurent, t. 5, n° 95). Toutefois, le mineur ne pourra demander la nullité de l'emprunt qu'autant que celui-ci, irrégulièrement contracté, n'aura pas tourné à son profit (*Rép.* n°s 531 à 534; Aubry et Rau, *loc. cit.*; Laurent, *loc. cit.*).

520. L'autorisation du conseil de famille ne peut être accordée que pour cause d'une nécessité absolue ou d'un avantage évident; et la nécessité absolue doit être constatée par un compte sommaire présenté par le tuteur et prouvant que les deniers, effets mobiliers et revenus du mineur sont insuffisants. Telle est la disposition de l'art. 457 c. civ. Elle ne comporte aucune exception (*Rép.* n° 533; Aubry et Rau, t. 1, § 113, p. 452; Laurent, t. 5, n° 94. — *Contrà*: Bordeaux, 17 mars 1843, *Rép.* n° 533). Cependant l'autorisation donnée par le conseil de famille et homologuée par le tribunal ferait présumer que le compte sommaire a été présenté (Gand, 27 mars 1857, cité par Laurent, *ibid.*).

521. Le prêteur est-il obligé de surveiller l'emploi des fonds empruntés par le tuteur? Cette question se présente également au sujet de l'emploi du prix des immeubles aliénés (*Rép.* n° 548). Elle était agitée dans l'ancien droit. La négative doit être admise sous le régime du code civil (V. Paris, 22 germ. an 10, *Rép.* n° 548). — Jugé, en ce sens, que le prêteur qui a fourni les fonds d'un emprunt contracté par le tuteur après l'accomplissement des formalités prescrites par la loi et dans les conditions du jugement homologatif, n'est pas responsable de l'emploi de la somme prêtée, alors même qu'il savait que tout ou partie de cette somme devait être appliquée aux besoins personnels du tuteur..., à moins qu'il n'y ait eu dol et fraude de sa part; que, dans ce dernier cas, l'action en nullité de l'obligation souscrite en faveur du prêteur est prescrite contre le tuteur par dix années révolues depuis le jour où l'acte a été passé; et que, dans le cas où la tutelle appartenait à la mère, la prescription n'a pas été interrompue par le fait du convol de la mère et de la nomination du second mari, en qualité de cotuteur, car celui-ci n'avait aucun droit différent de ceux de la tutrice, surtout en ce qui concerne les actes antérieurs à sa nomination (Alger, 15 juin 1866) (1).

522. L'art. 457, c. civ. permet au conseil de famille de déterminer, en autorisant l'emprunt, toutes les conditions

(1) (Arthès C. Boutin.) — LA COUR; — Attendu, en droit, que lorsque toutes les formalités prescrites par les art. 457 et 458 c. civ. ont été remplies par le tuteur pour être autorisé à emprunter, le prêteur qui fournit les fonds dans les limites et aux

qu'il jugera utiles. Avant la loi du 27 févr. 1880, on admettait que le conseil de famille pouvait, en vertu de cette disposition, ajouter la condition que le prêteur surveillerait l'emploi des fonds. Cette garantie était fort utile en cas d'insolvabilité du tuteur. Quand cette condition était stipulée, le prêteur qui l'avait acceptée était lié par la délibération et dès lors, responsable des fonds empruntés au nom du mineur, si la condition n'était pas exécutée (Laurent, t. 5, n° 94, et Gand, 27 mars 1857, cité par cet auteur). Aujourd'hui, le conseil de famille n'a plus, en matière d'emprunt ni en matière de vente immobilière, le droit d'imposer à l'acheteur ou au prêteur une semblable condition. C'est ce qui résulte de la disposition générale de l'art. 6 de la loi du 27 févr. 1880, suivant laquelle les tiers ne sont, en aucun cas, garants de l'emploi des capitaux appartenant au mineur (V. *suprà*, n° 477. Conf. Huc, t. 3, n° 420).

523. — II. HYPOTHÈQUE (*Rép.* n°s 535 à 539). — L'autorisation du conseil de famille et l'homologation du tribunal sont exigées pour la constitution d'une hypothèque conventionnelle sur les biens du mineur, même quand il s'agit de garantir le payement d'une dette que le tuteur a été précédemment autorisé à contracter (*Rép.* n° 535 ; Aubry et Rau, t. 1, § 113, p. 452; Laurent, t. 5, n° 93).

524. L'hypothèque irrégulièrement consentie par le tuteur est-elle nulle, lors même que l'obligation est valable? V. dans le sens de la nullité de l'hypothèque, outre les auteurs qui sont cités au *Rép.* n° 536 : Aubry et Rau, t. 1, § 113, p. 452, note 24. V. au surplus, *infrà*, v° *Privilèges et hypothèques ; Rép.* eod. v°, n° 727).

525. L'autorisation du conseil de famille et l'homologation du tribunal sont également de rigueur pour transférer une hypothèque sur un autre immeuble du mineur (*Rép.* n° 538; Metz, 18 juin 1824, *Rép.* v° *Privilèges et hypothèques*, n° 2683 ; Aubry et Rau, t. 1, § 113, p. 452). Elles sont nécessaires aussi pour l'établissement d'une antichrèse (Demolombe, t. 7, n° 742; Aubry et Rau, *loc. cit.*, note 25; Pau, 9 août 1837, *Rép.* n° 509-3°).

526. Le mineur peut-il, comme le majeur, consentir, dans son contrat de mariage, la restriction de son hypothèque légale? V. *Rép.* v° *Privilèges et hypothèques*, n° 2593.

527. — III. ALIÉNATION DES IMMEUBLES (*Rép.* n°s 540 à 545). — Aux termes de l'art. 457 c. civ., l'autorisation d'aliéner les immeubles du mineur, comme celle d'emprunter ou d'hypothéquer, ne doit être accordée par le conseil de famille que pour cause d'une nécessité absolue ou d'un avantage évident. Le conseil de famille doit indiquer les immeubles qui devront être vendus de préférence *et toutes les conditions qu'il jugera utiles*. — Quelles sont ces conditions? Elles concernent d'abord le prix. L'art. 953 c. proc. civ. oblige le conseil de famille à indiquer la valeur approximative des biens. Le conseil de famille peut même fixer un prix au-dessous duquel la vente ne pourra pas se faire (Laurent, t. 5, n° 87). Il peut, en outre, déterminer l'emploi qui sera fait du prix. Cet emploi sera le plus souvent indiqué par la cause même qui motivera la vente. Le conseil peut aussi indiquer comment on conservera les deniers provenant de la vente en attendant l'emploi, et notamment laisser ces deniers entre les mains de l'acquéreur, à raison du privilège qui appartient au mineur. — Ces solutions, qui résultent de l'art. 457, dérogent aux principes suivant lesquels il appartient au tuteur de toucher seul et d'employer sous sa responsabilité personnelle les capitaux du mineur (V. *Rép.* n° 402, et *suprà*, n° 351, Laurent, t. 5, n° 87). Des dérogations semblables sont établies par la loi du 27 févr. 1880, relativement à l'emploi du prix des valeurs mobilières aliénées (V. *suprà*, n° 470).

528. Le conseil de famille n'a pas qualité pour déterminer les formes dans lesquelles la vente aura lieu, puisque ces formes sont réglées par la loi (c. proc. civ. art. 953 et suiv.). Cependant, comme les art. 953 à 955 c. proc. civ. accordent aux tribunaux un pouvoir discrétionnaire pour retenir la vente des biens de mineurs à la barre du tribunal ou la renvoyer devant un notaire commis, il a été jugé qu'en matière de vente de biens de mineurs, le conseil de famille, dont l'autorisation est exigée par la loi pour la vente de ces biens, peut exprimer son avis sur l'opportunité de faire la vente devant un notaire commis ou à la barre du tribunal, suivant que l'intérêt du mineur lui paraît commander l'une ou l'autre mesure; que le droit du conseil de famille à cet égard n'est en aucune façon exclu par le pouvoir souverain que la loi reconnaît en cette matière aux tribunaux (Rouen, 20 avr. 1883 (1). V. aussi Civ. rej. 20 janv. 1880, aff Veingartner, D. P. 80. 1. 161).

---

conditions prescrites par le jugement d'homologation n'a point à en surveiller l'emploi ; qu'il est même sans qualité et sans droit à cet effet; que le mineur seul a qualité pour contrôler à sa majorité la gestion de sa fortune au moment où il se fait rendre son compte de tutelle ; que tous ses intérêts sont sauvegardés par l'hypothèque légale que la loi lui confère sur les biens du tuteur ; — Attendu, d'autre part, que, y eût-il eu dol et fraude dans les transactions ainsi passées entre le tuteur et des tiers, toute action est prescrite, aux termes de l'art. 1304, c. civ., dix ans après que le dol a été commis ; — Qu'enfin, aux termes de l'art. 1314, les mineurs sont considérés à l'égard des tiers comme s'ils avaient été en état de majorité pour tous les actes faits avec l'accomplissement des formalités légales ; — Attendu en fait, dans l'espèce, que, par délibération du conseil de famille, en date du 22 mars 1849, la veuve Boutin a été autorisée en qualité de tutrice à emprunter une somme de 10 000 fr. ; que, pour obtenir cette autorisation, elle a établi la situation de la succession et son compte de gestion jusqu'à ce jour ; qu'elle a notamment reconnu devoir une somme de 4 600 fr., empruntée par elle sur sa simple signature pour subvenir à des besoins urgents ; qu'elle a déclaré, en outre, son intention d'aller s'établir en France pour surveiller l'éducation de ses enfants, et de se servir, pour la réalisation de ce projet, d'une partie des fonds dont elle sollicitait l'emprunt ; — Attendu que ces comptes et déclarations ont été vérifiés et approuvés par le conseil de famille ; que cet acte offre de sérieuses garanties de sincérité ; qu'il a été suivi d'homologation par jugement du 31 mars 1849 ; que toutes les prescriptions de la loi ayant été remplies, c'est en vue de cette autorisation régulière que Baudier a fourni les fonds de l'emprunt, et que l'obligation du 6 juill. 1850 lui a été consentie ; — Attendu que, dans ces circonstances, peu importe que Baudier ait été ou non le prête-nom de la dame Speek, que celle-ci fût créancière des 4 600 fr. déclarés par la veuve Boutin, et que partie de l'emprunt ait servi à la rembourser ; que le prêteur, quel qu'il fût, n'avait pas à surveiller l'emploi de l'argent prêté et que la nature de cet emploi ne peut en rien préjudicier à ses droits ; — Attendu, cependant, que, dans son contredit, la dame Boutin vient prétendre, pour obtenir la nullité de ladite obligation, qu'elle a commis un dol ou une fraude ; que ses déclarations devant le conseil de famille ont été mensongères, et qu'elle n'a pas reçu les 10 000 fr. montant de l'obligation, ou que les mineurs dont elle était tutrice n'en ont pas profité ; — Mais attendu qu'il était établi par l'acte d'emprunt que partie des fonds ont été versés à la vue du notaire ; que, d'autre part, la dame Speck, qui reconnaît avoir été remboursée à cette époque des 4600 fr. qui lui étaient dus, justifie qu'elle était réellement créancière de cette somme, et qu'il n'est nullement établi que les dépenses auxquelles elle avait été employée n'eussent point profité aux mineurs ; que, d'ailleurs, c'est là un débat entre eux et leur tutrice, et que la présomption légale d'un emploi profitable existe en faveur de celle-ci, surtout au point de vue des tiers ; — Attendu qu'en admettant encore qu'une somme plus ou moins importante, mais que la dame Boutin allègue être de 2 000 fr., lui ait été remise pour son voyage en France, cette dépense était spécialement autorisée par le conseil de famille ; que le voyage et l'installation ont réellement eu lieu ; que, sous aucun rapport l'obligation du 6 juill. 1850, dont la dame Arthès est devenue régulièrement cessionnaire, ne peut donc être sérieusement attaquée, et que les critiques dont elle est l'objet ne sont pas justifiées ; — Attendu, d'ailleurs, qu'en admettant même que le dol fût prouvé, ce qui n'est pas, l'action serait prescrite, aux termes de l'art. 1304, contre la dame Boutin qui en serait l'auteur et l'a ainsi connue dès le jour de sa comparution devant le juge de paix ; — Que l'adjonction d'un second tuteur en la personne du sieur Dussaux, son second mari, n'a pu modifier en rien cette règle, et faire naître une nouvelle période de prescription non prévue par la loi ; que le cotuteur n'a, en effet, surtout pour les actes antérieurs à sa nomination, aucun droit indépendant et distinct de ceux de la tutrice, et que la prescription court contre la tutelle et non contre tel ou tel individu ; — Attendu, enfin, en ce qui concerne les mineurs, que l'art. 1314 rend également toute action de leur part non recevable dans l'espèce ; — Par ces motifs, infirme, etc.

Du 15 juin 1866.-C. d'Alger, 2e ch.-MM. de Ménerville, pr.-Durand, av. gén.-Rob, Chabert, Moreau et Poivre, av.

(1) (Caumont.) — LA COUR ; — Attendu que si, lorsqu'il s'agit de vente de biens de mineurs, il appartient au tribunal, et, en cas d'appel, à la cour, de statuer souverainement sur la question

529. Sur les formes à suivre pour obtenir l'homologation, V. *Rép.* n° 273, et *suprà*, n°s 189 et suiv.

530. Les tribunaux, qui ont le droit de refuser l'homologation, peuvent-ils, de leur seule autorité, changer ou modifier les conditions réglées par le conseil de famille et introduire d'office d'autres conditions que celles qui ont été prévues par lui? La négative est constante en jurisprudence (V. les arrêts cités au *Rép.* n° 543). Jugé dans le même sens : 1° que les tribunaux saisis d'une demande en homologation de l'avis des parents exigé par la loi pour l'aliénation ou l'hypothèque des immeubles d'un mineur ou d'un interdit, ne peuvent ordonner d'office des mesures non indiquées par cet avis de parents; que, par suite, le jugement qui, sur la demande en homologation d'un avis de parents autorisant l'aliénation de divers immeubles d'un interdit, pour le payement de ses dettes, ordonne la vente d'immeubles autres que ceux désignés dans cet avis, réduit le chiffre de dettes qui y est indiqué, et prescrit d'office un emprunt, afin de diminuer l'étendue de l'aliénation à faire, est entaché d'excès de pouvoir et doit être annulé (Civ. cass. 9 févr. 1863, aff. Veuve Godard, D. P. 63. 1. 85); — 2° Que les tribunaux ne peuvent pas ordonner d'office la vente d'immeubles que, sur la proposition du tuteur, la majorité du conseil de famille a jugé opportun de conserver (Civ. cass. 17 déc. 1867, aff. Veuve Moullin de la Blanchère, D. P. 67. 1. 482. V. dans le même sens : Aubry et Rau, t. 1, § 113, p. 449; Huc, t. 3, n° 427. — M. Laurent, t. 5, n° 88) enseigne au contraire qu'il appartient au tribunal de réformer la délibération du conseil de famille, non seulement quant aux conditions de la vente, mais encore en ce qui concerne la désignation des immeubles à vendre.

531. Si le cahier des charges prescrit d'autres conditions que celles qui ont été arrêtées par le conseil de famille et homologuées par le tribunal, ces clauses sont nulles : telles seraient : celle qui stipulerait que le payement sera fait au tuteur, mais en la présence et du consentement du subrogé tuteur; celle qui ordonnerait de laisser les fonds entre les mains du notaire, en attendant que le placement prescrit par le conseil puisse être effectué (Laurent, t. 5, n° 88, et Bruxelles, 2 août 1851, cité par cet auteur). — Jugé toutefois que la clause de revente sur folle enchère, insérée dans le cahier des charges d'une adjudication sur licitation d'immeubles héréditaires, est obligatoire à l'encontre du cohéritier mineur, devenu adjudicataire, si cette clause a été stipulée avec le concours du tuteur : on objecterait vainement qu'une telle stipulation équivaut à une aliénation des droits immobiliers du mineur ou à une transaction, excédant les pouvoirs du tuteur (Req. 3 août 1848, aff. Achard, D. P. 48. 1. 212). En effet, la clause de résolution ou de folle enchère, insérée dans le cahier des charges d'une licitation, a pour effet de donner au partage un caractère purement conditionnel. L'indivision ne cesse que provisoirement, de sorte que la dépossession du mineur par voie de résolution ou de folle enchère ne peut pas constituer une aliénation : le mineur n'est pas dépouillé d'un droit acquis, mais son titre s'évanouit comme s'il n'avait jamais existé.

532. Sur les formalités prescrites par le code de procédure civile pour l'aliénation des immeubles du mineur, V. *Rép.* n° 544 et v° *Vente publique d'immeubles*, n°s 1963 et suiv.

533. Pour que ces formalités soient nécessaires, il faut que la vente soit réellement l'acte du mineur. Si la vente a été consentie par l'auteur du mineur, le contrat est parfait et sa réalisation par le mineur en qualité d'héritier n'exige plus aucune formalité spéciale. Il a été jugé, en ce sens, que la réalisation par acte notarié d'une vente d'immeubles consentie par un majeur n'est pas soumise, à l'égard des héritiers mineurs du vendeur, aux formalités prescrites pour l'aliénation des immeubles appartenant à des mineurs (Req. 8 mars 1852, aff. Baillargeaux, D. P. 52. 1. 73).

Mais, dès que les mineurs sont vendeurs, les formalités exigées pour la vente des biens de mineur doivent être observées, quand même la vente se ferait pour remplir les conditions d'une donation dûment acceptée par le tuteur (Civ. cass. 25 mars 1861, aff. Marchais et époux Pain, D. P. 61. 1. 202 ; Laurent, t. 5, n° 90. V. *infrà*, v° *Vente publique d'immeubles*).

534. L'autorisation du conseil de famille et l'homologation du tribunal ne sont pas exigées quand il s'agit d'une vente forcée. La question est tranchée par l'art. 460 c. civ. « pour le cas où un jugement aurait ordonné la licitation sur la provocation d'un copropriétaire par indivis » (V. *Rép.* n° 546). Mais l'autorisation du conseil de famille et l'homologation du tribunal ne sont-elles pas nécessaires au tuteur pour poursuivre la licitation d'immeubles appartenant au mineur? Suivant un premier système, l'autorisation du conseil de famille est seule nécessaire en pareil cas. En matière de partage, dit-on, ce n'est pas au tribunal, c'est au conseil de famille seul que le législateur confie l'intérêt de l'incapable. La délibération du conseil de famille suffit puisque la loi n'exige pas que cette délibération soit homologuée. Or la licitation est un équivalent du partage; c'est une opération qui fait cesser l'indivision quand le partage en nature est impossible. Il n'y a aucune raison pour que ce genre de partage soit entouré de garanties particulières. Les art. 457 et 458 c. civ. ne concernent que les aliénations volontaires, puisque le conseil de famille ne doit accorder son autorisation qu'en vue d'une nécessité absolue ou d'un avantage évident. La licitation est une vente forcée, en ce sens qu'elle est nécessitée par l'impossibilité ou par les inconvénients graves d'un partage en nature. Les restrictions apportées aux pouvoirs du tuteur, ayant un caractère exceptionnel, ne doivent pas être étendues par analogie; dès lors, il n'y a pas lieu de tirer un argument *a contrario sensu* de l'art. 460 c. civ., qui affranchit des formalités établies pour les aliénations la licitation ordonnée par un jugement sur la provocation d'un copropriétaire par indivis. La demande en licitation n'est pas un acte d'aliénation proprement dit, c'est une action immobilière. Or, les actions immobilières concernant des mineurs sont soumises à la seule autorisation du conseil de famille, quand elles sont exercées par le tuteur; elles sont dispensées de toute autorisation quand le tuteur, au lieu d'agir, défend à ces actions au nom du mineur. L'art. 460 c. civ. a fait application de ce second principe à l'hypothèse d'une demande en licitation formée par un tiers; mais l'hypothèse inverse reste régie par la règle générale de l'art. 464 c. civ. : l'autorisation du conseil de famille suffit au tuteur pour former la demande; l'homologation n'est pas nécessaire. Sans doute, la licitation entraîne l'aliénation des immeubles indivis, mais le partage comporte également une aliénation de la part de chacun des cohéritiers sur les objets attribués aux autres copartageants. Si l'on objecte que, par suite d'une fiction légale, consacrée par l'art. 883 c. civ., le partage est seulement déclaratif de propriété, la même fiction fera considérer la licitation comme n'ayant aussi qu'un effet rétroactif, au moins quand l'immeuble est adjugé à l'un des copropriétaires. D'ailleurs on ne voit pas quelle serait ici l'utilité d'une homologation. Sans cette formalité, l'aliénation volontaire échapperait au contrôle du tribunal; mais, quand il s'agit d'une licitation, le conseil de famille autorise seulement le tuteur à former la

de savoir si, dans l'intérêt des mineurs, la vente doit avoir lieu à l'audience des criées, ou si elle doit se faire devant un notaire commis, ce droit n'est nullement exclusif de celui du conseil de famille, dont l'autorisation préalable est exigée, de donner son avis sur le mode de vente qui lui paraît préférable; que ce droit, qui n'avait jamais été contesté jusqu'ici, dérive de la nature même des attributions consultatives que la loi confère à l'assemblée de famille en matière de vente de biens de mineurs, et qu'il s'appuie sur la disposition finale de l'art. 457 c. civ., d'après laquelle le conseil de famille doit indiquer en même temps que les biens à vendre toutes les conditions qu'il jugera utiles; que cet avis, qui ne lie pas le juge, est toujours sans inconvénient, et que, dans la plupart des cas, il est susceptible d'être pris en très sérieuse considération par les magistrats; que c'est donc à tort que le tribunal, après le juge de paix, a dénié au conseil de famille le droit d'exprimer son avis sur le mode de vente qui lui paraissait préférable; — Mais attendu que, dans l'espèce, il n'y a pas de raisons suffisantes pour infirmer le jugement qui, eu égard à l'importance des biens à vendre, même en considérant la valeur non de l'ensemble, mais des articles fractionnés, a décidé que la vente se ferait à l'audience des criées; — Confirme le jugement sur requête, rendu le 20 mars 1883 par le tribunal de Rouen.

Du 20 avr. 1883.-C. de Rouen, 2e ch.-MM. Lehucher, pr.-Reynaud, av. gén., c. conf.-Hardouin, av.

demande en justice pour faire ordonner cette mesure. L'aliénation n'a lieu qu'en vertu d'un jugement, et le tribunal examine alors s'il y a lieu ou non d'accueillir la demande formée par le tuteur. L'homologation ferait donc double emploi avec ce jugement (V. en ce sens : Bordeaux, 23 août 1870, aff. Dumoulin, D. P. 71. 2. 143; Laurent, t. 5, n° 75).

Mais, en faveur de l'opinion contraire, on fait observer que les art. 457 et 458 c. civ., tout en ne paraissant concerner que les aliénations volontaires, déterminent, en règle générale, les conditions auxquelles sera soumise l'aliénation des immeubles appartenant à des mineurs. L'art. 460 apporte une dérogation à cette règle, en maintenant au profit des copropriétaires par indivis du mineur le droit qui résulte pour eux de l'art. 815 c. civ. de ne pas rester dans l'indivision. Ni le texte, ni l'esprit de la loi ne permettent d'étendre cette exception; et l'argument *a contrario* tiré de l'art. 460 c. civ. conduit à une solution conforme au droit commun, puisque la nécessité de l'homologation est de règle en matière d'aliénations immobilières. D'autre part, c'est à tort qu'on assimile la licitation au partage proprement dit. Le partage rend le mineur propriétaire en nature d'un lot des biens indivis d'une valeur proportionnelle à ses droits. La licitation, sauf le cas où l'adjudication se fait au profit du mineur, dépouille celui-ci de tous droits sur les immeubles indivis, substitue à ces immeubles un capital mobilier et change l'assiette de la fortune du pupille. Le partage peut presque toujours avoir lieu sans inconvénient. La licitation peut compromettre les intérêts du mineur, si elle est faite en temps inopportun. Enfin, l'homologation judiciaire ne peut pas être considérée comme inutile par ce motif que le tribunal doit nécessairement intervenir pour ordonner la vente. Le juge saisi d'une demande en licitation n'a rien à vérifier que l'impossibilité de procéder au partage en nature, sans qu'il y ait lieu d'imposer un sursis aux parties à raison de l'inopportunité de la mesure reconnue nécessaire. Dans la procédure d'homologation, au contraire, le juge examine seulement la question d'opportunité pour permettre ou refuser au tuteur d'introduire la demande. Il peut même arriver que le tribunal chargé d'accorder l'homologation, c'est-à-dire le tribunal du siège de la tutelle, ne soit pas le même que le tribunal où la demande en licitation doit être portée c'est-à-dire le tribunal de la situation des biens. — Il a été jugé, dans le sens de cette seconde opinion, que l'action en licitation de biens indivis entre un mineur et des tiers n'est valablement exercée par le tuteur qu'autant que la délibération du conseil de famille l'autorisant à agir a été homologuée par le tribunal; qu'en conséquence, l'absence de cette homologation doit faire réputer non avenue la demande du tuteur et attribuer le bénéfice de la poursuite au copropriétaire du mineur qui, de son côté, a provoqué la licitation postérieurement à cette demande, et ce, sans qu'il y ait lieu d'accorder au tuteur un sursis pour lui permettre de régulariser son action (Nancy, 3 juill. 1878, et sur pourvoi, Civ. rej. 20 juin 1880, aff. Veingartner, D. P. 80. 1. 161. V. dans le même sens : Angers, 19 juill. 1851, *Rép.* n° 415; Marcadé, t. 1, sur l'art. 460; Aubry et Rau, t. 1, § 113, p. 451, note 20; Huc, t. 3, n° 435).

Il faut remarquer toutefois que les arrêts précités de la cour de Nancy et de la cour de cassation ne concernent que l'hypothèse d'une demande principale tendant exclusivement à la licitation et formée en dehors d'une instance en partage. Dans la pratique habituelle, la demande tend, d'une manière générale, à obtenir le partage et, subsidiairement, à faire prononcer la licitation pour le cas où la masse comprendrait des biens impartageables. Les art. 457 et 458 c. civ. ne sont pas applicables à cette demande en licitation, qui ne forme qu'un accessoire, un incident de la demande principale en partage. L'action est exclusivement régie par l'art. 465 c. civ., et le tuteur n'est tenu de produire que l'autorisation du conseil de famille (V. Aubry et Rau, *loc. cit.*; Laurent, *loc. cit.* V. aussi la note sous les arrêts précités, D. P. 80. 1. 161).

535. La vente est nécessaire quand les créanciers du mineur poursuivent l'expropriation de ses biens. Par suite, il n'y a pas lieu à l'autorisation du conseil de famille (*Rép.* nos 546 et suiv.). Sur l'obligation pour les créanciers de discuter d'abord le mobilier du mineur en vertu de l'art. 2206 c. civ. V. *Rép.* n° 547 et v° *Vente publique d'immeubles*, nos 124 et suiv.

536. La vente est également nécessaire en cas d'expropriation pour cause d'utilité publique. Ici encore il ne peut être question de l'autorisation du conseil de famille. — En ce qui concerne le règlement de l'indemnité, l'art. 25 de la loi du 3 mai 1841 permet au tuteur d'accepter les offres de l'Administration en vertu d'une autorisation du tribunal donnée sur simple requête. Au contraire, pour rejeter ces offres et procéder sur la demande en règlement d'indemnité devant le jury d'expropriation, le tuteur n'a besoin d'aucune autorisation, ni du conseil de famille, ni de justice (Req. 16 févr. 1846, *Rép.* v° *Expropriation pour cause d'utilité publique*, n° 502; Civ. rej. 13 mars 1861, aff. Roubichon, D. P. 61. 1. 181; Aubry et Rau, t. 1, § 113, p. 451. V. toutefois, Laurent, t. 5, n° 92).

537. Sur l'application des dispositions des art. 457 à 459 à la cession de droits immobiliers, à la constitution d'un usufruit ou d'une servitude V. *Rép.* n° 545. — Relativement à l'échange d'immeubles, on a vu *ibid.* qu'il faut l'autorisation du conseil de famille et l'homologation du tribunal, mais que les formalités judiciaires prescrites par l'art. 459 c. civ. et par le code de procédure civile, ne sont pas exigées, par ce fait qu'elles sont impossibles à suivre en un pareil contrat (*Adde :* Aubry et Rau, t. 1, § 113, p. 450, note 18).

538. Le tuteur peut, sous les mêmes conditions d'autorisation et d'homologation, mais sans observer les formalités judiciaires prescrites par l'art. 459 c. civ. et par le code de procédure civile, consentir la prorogation du délai fixé pour l'exercice d'une faculté de réméré réservée au vendeur sur un immeuble acheté par le mineur ou par son auteur, pourvu toutefois que le délai ne soit pas encore expiré. En effet, le mineur acquéreur sous pacte de réméré, est propriétaire sous condition résolutoire. La prorogation du délai avant son expiration constitue l'aliénation d'un droit immobilier; donc elle doit être autorisée par le conseil et par le tribunal; mais la nature même de ce droit et le caractère du contrat qui intervient au profit du vendeur à réméré ne comporte pas l'observation des formes prescrites pour la vente des biens du mineur. Au contraire, une fois le délai expiré, le mineur est devenu propriétaire incommutable. La prorogation du délai de réméré constituerait alors une véritable revente de l'immeuble définitivement acquis au mineur. Cette revente ne pourrait avoir lieu que dans les formes prescrites par la loi (V. Civ. cass. 18 mai 1813, *Rép.* n° 549-3°; Aubry et Rau t. 1, § 113, p. 450; Laurent, t. 5, n° 90).

539. La vente d'immeubles appartenant au mineur, qui aurait été passée par le tuteur, sans autorisation du conseil de famille, ou sans homologation du tribunal, ou encore sans observation des formalités prescrites par la loi, serait entachée de nullité (*Rép.* n° 549). La nullité est relative et ne peut être proposée que par le mineur ou dans son intérêt. Mais elle est d'ordre public, en ce sens qu'elle doit être prononcée sans qu'il y ait lieu d'examiner préalablement si le mineur a été ou non lésé (Demolombe, t. 7, n° 823; Aubry et Rau, t. 1, § 113, p. 449; Huc, t. 3, n° 427). Il a été jugé, conformément à ces principes : 1° que le mineur peut demander la nullité de la vente des immeubles qui lui appartenaient par indivis avec sa mère tutrice légale, et que celle-ci a vendus sans obtenir les autorisations et sans remplir les formalités prescrites par les art. 457 et suiv. c. civ.; que cette nullité peut également être poursuivie, au nom du mineur, par le tuteur qui a succédé à la mère (Chambéry, 31 mai 1882) (1); — 2° que le tuteur ne peut vendre un immeuble appartenant à son pupille, sans remplir au préalable les formalités prescrites par les art. 457 et suiv. c. civ., et que la vente serait

(1) (Beauquis C. Ruffier.) — La cour; — Attendu que les biens vendus par Jeanne Gaillard, veuve Ruffier, aux frères Beauquis, suivant acte reçu Dorylé, notaire à Annecy, le 20 oct. 1880, étaient, les uns, des biens immeubles par leur nature tels que les étangs et les bâtiments couverts, compris dans la vente; les autres, des immeubles par destination, tels que les appareils

nulle pour cause d'inobservation de ces formalités, même si l'immeuble vendu était indivis entre le tuteur et le mineur; que le mineur, devenu majeur, peut, en pareil cas, demander la nullité de la vente, même avant tout partage de l'immeuble indivis (Chambéry, 28 juill. 1884, aff. Jacquier, D. P. 86. 2. 36); — 3° Que la vente de biens de mineurs faite au mépris des prescriptions des art. 457 et 458 c. civ. et de la loi du 27 févr. 1880 doit être déclarée nulle, sans qu'il y ait lieu de rechercher s'il en résultait une lésion pour les mineurs, et ce, alors même que les biens vendus étaient indivis entre les mineurs et leur mère (Besançon, 1er oct. 1888, aff. Ruet, D. P. 90. 2. 90). — Jugé cependant, en sens contraire, que le mineur qui a consenti une vente immobilière sans l'accomplissement des formalités prescrites par les art. 953 et 954 c. proc. civ., ne peut se prévaloir de l'inobservation de ces articles qu'autant qu'il prouve qu'il a été lésé (Lyon, 17 août 1880, aff. Frère, D. P. 81. 2. 1).

540. La vente serait également nulle si la délibération ne constatait pas l'existence d'une cause de nécessité absolue ou d'un avantage évident. Mais lorsque la délibération renferme sur ce point la déclaration exigée par la loi, la vente ne peut pas être annulée, au préjudice d'un tiers de bonne foi, sur le motif qu'il n'existait, en réalité, ni cause de nécessité absolue ni avantage évident (Aubry et Rau, t. 1, § 113, p. 450). M. Laurent, t. 5, n° 92, enseigne à tort que la vente pourrait être contestée pour ce motif et que le mineur serait recevable à faire la preuve du préjudice qui lui a été causé. Comment les tiers pourraient-ils alors acheter d'un mineur en sécurité?

541. La vente consentie par le tuteur sans autorisation du conseil de famille, sans homologation du tribunal, ou sans observation des formalités prescrites par la loi, peut devenir valable en vertu de la ratification du mineur devenu majeur. Cette ratification est-elle simplement régie par l'art. 1998 c. civ., qui admet que le mandant peut ratifier expressément ou tacitement, ou bien est-elle soumise aux formalités établies par l'art. 1338 c. civ. pour les ratifications en général? Dans le sens de cette dernière opinion, on fait valoir que l'art. 1338 c. civ., s'applique à l'hypothèse où la confirmation d'un contrat entaché de vices de nature à en entraîner la rescision ou la nullité est consentie par la personne qui a été, par elle ou par mandataire, partie à ce contrat. Cette personne renonce au moyen de nullité qu'elle pouvait faire valoir, et la confirmation a pour but et pour résultat de prévenir ou d'arrêter l'action en nullité ou en rescision. Quand le tuteur vend un immeuble sans l'autorisation du conseil de famille, le mineur n'en est pas moins partie au contrat par le fait de son tuteur qui le représente. Seulement l'acte est entaché d'un vice qui peut en motiver la rescision. Il appartient au mineur de renoncer au moyen de nullité; mais, s'il confirme la vente expressément, l'acte de confirmation ne sera valable, en conformité de l'art. 1338, que si « l'on y trouve la substance de cette obligation, la mention du motif de l'action en rescision, et l'intention de réparer le vice sur lequel cette action est fondée ».

On répond à cette théorie que l'art. 1998 c. civ. permet au mandant de ratifier, expressément ou tacitement, sans observer les formes établies par l'art. 1338 c. civ., l'acte que le mandataire a passé au nom du mandant, mais en excédant le mandat reçu. Le tuteur excède ses pouvoirs en vendant un immeuble sans y être régulièrement autorisé. Le mineur n'a pas été valablement représenté à cet acte. Il n'a pas à confirmer un acte qui est à son égard comme s'il n'existait pas; mais il peut se l'approprier en le ratifiant. La ratification peut avoir lieu dans les termes de l'art. 1998 c. civ. Il a été jugé, en ce sens, que lorsque les biens d'un mineur ont été vendus par un mandataire du tuteur en vertu d'une procuration dans laquelle le tuteur alléguait faussement qu'il était autorisé par le conseil de famille, la vente est valable, si le mineur devenu majeur ratifie la vente en donnant une nouvelle procuration, une telle ratification étant soumise à l'art. 1998 c. civ., qui exige seulement la volonté de ratifier, et non pas à l'art. 1338 c. civ., qui soumet à certaines formalités la validité de l'acte de confirmation (Req. 1er juin 1880) (1). — Dans tous les cas, la ratification peut être tacite, de la part du mineur

---

affectés à l'exploitation d'une scierie et attachés aux précédents immeubles en vue de cette exploitation; que ce caractère immobilier ne peut être contesté en présence des termes, soit de l'acte précité, soit de l'acte reçu Rollier, notaire à Annecy, le 4 avril 1865, suivant lequel Jean-François Ruffier avait lui-même acquis les biens dont s'agit des mariés Robert et Garet; — Attendu, d'autre part, qu'il est établi et nullement contesté que, si lesdits immeubles étaient pour la plus grande partie la propriété des mineurs Ruffier, placés sous la tutelle de leur mère, venderesse, cette dernière avait sur eux des droits indivis, soit comme cohéritière, pour un quart, d'un des enfants prédécédés, soit aussi à raison du droit d'usufruit stipulé en son contrat de mariage, acte Grivoz, notaire, du 25 sept. 1876; — Attendu que l'acte de vente du 20 oct. 1880 constate expressément cette situation de la veuve Ruffier, laquelle agit comme venderesse, tant en son nom personnel, en vertu des droits précités, en s'obligeant à ce titre envers les acquéreurs à toutes les garanties légales, qu'en qualité de tutrice de ses enfants mineurs et sous la simple garantie de cette qualité; que c'est donc au regard de ces éléments qu'il y a lieu d'apprécier les questions de nullité ou de validité de la susdite vente, soulevées par les conclusions respectives des parties; — Attendu, quant à la partie des immeubles vendus appartenant à ses enfants mineurs, alors placés sous sa tutelle, que la veuve Ruffier n'ayant pas, préalablement à ladite vente, rempli les formalités et obtenu les autorisations prescrites par les art. 457 et suiv. c. civ., a procédé sans pouvoirs réguliers, et que la vente par elle effectuée dans ces conditions est affectée d'une nullité qui peut être invoquée par les mineurs; que, dès lors, le tuteur de ces derniers, agissant en cette qualité, était recevable et fondé à exciper de cette nullité, et que c'est à bon droit qu'elle a été, en ce qui touche la part de copropriété des mineurs Ruffier, prononcée par le jugement dont est appel;

Mais attendu que le deuxième jugement a étendu cette nullité à la totalité des immeubles vendus par l'acte de 1880, sans en excepter la partie de ces immeubles pouvant revenir en propriété à la veuve Ruffier, à raison des titres et qualités prémentionnés; — Attendu que ce chef de décision ne saurait être maintenu; qu'en effet, au cas de la vente d'un immeuble indivis faite par un des copropriétaires, ladite vente, en ce qui touche la partie des biens appartenant au vendeur, ne peut être considérée comme vente de la chose d'autrui, et qu'il n'y a pas lieu d'étendre à la portion des biens ainsi vendue la nullité prononcée par l'art. 1599 c. civ., alors surtout qu'il est constant que l'état d'indivision où se trouvaient les immeubles vendus a été signalé par l'acte de vente lui-même; que la circonstance que ledit acte n'a pas spécialement déterminé la partie du prix afférente à la portion de biens appartenant personnellement à la veuve Ruffier ne peut, dans l'espèce, faire obstacle à l'application de ces principes; — Attendu qu'il y a lieu de réformer sur ce point le jugement déféré, sans s'arrêter au fait articulé par les opposants, lequel est déclaré sans pertinence au point de vue de la question en litige; — Attendu que, les parties n'ayant formulé aucun autre chef de conclusions en prévision des suites de la solution consacrée par le présent arrêt, il n'y a lieu de rien statuer à cet égard; — Par ces motifs; — Dit et prononce qu'il a été bien jugé par le tribunal d'Annecy, le 4 juill. 1881, en ce qu'il a prononcé la nullité de la vente consentie, le 20 oct. 1880, aux frères Beauquis, par la veuve Ruffier en sa qualité de tutrice de ses enfants mineurs, de la portion indivise des immeubles faisant l'objet de ladite vente et appartenant auxdits mineurs; — Confirme de ce chef; — Mal jugé en ce que ledit jugement, en prononçant d'une manière générale la nullité totale de ladite vente, a aussi étendu cette nullité à la portion indivise des immeubles dont la veuve Ruffier est propriétaire; — Réformant à cet égard; — Déclare la vente dont s'agit valable et régulière pour les droits d'usufruit et la part de propriété appartenant à la veuve Ruffier.

Du 31 mai 1882.-C. de Chambéry.

(1) (Aubry de Maraumont C. Bourgaux et Dejoie.) — Le 11 mai 1877, le tribunal civil de Nantes a rendu le jugement suivant: — « Attendu que, par acte sous seing privé du 25 mars 1872, Paul-Antoine Aubry a vendu à Bourgaux la nue propriété d'une maison sise à Nantes, rue Harroys, n° 18, moyennant la somme de 8200 fr. payée comptant; — Attendu que, d'après les termes de cet acte, Paul-Antoine Aubry stipulait, tant en son nom personnel qu'au nom d'Edmond, de Georges et d'Helmore Aubry, ses frères et sœur, et de François Aubry, son neveu, copropriétaires de l'immeuble, en vertu de dispositions testamentaires de Paul-Marie-Rose Aubry, s'obligeant en outre à réaliser la vente par acte authentique, et à rapporter les pouvoirs de ses covendeurs, le tout dans un délai de huitaine; — Attendu que, si Paul-Antoine Aubry exprimait aussi dans l'acte qu'il se portait fort pour ses coïntéressés, il n'en agissait pas moins avant tout comme leur mandataire exprès; qu'en effet, il avait reçu des susnommés par actes des 20, 21 et 22 oct. 1865, pouvoir de vendre l'immeuble et

devenu majeur, qui exécute volontairement la vente, notamment par le payement du prix (c. civ. art. 1338). Les mêmes principes sont applicables depuis la loi du 27 févr. 1880, à l'aliénation irrégulière des meubles corporels du mineur.

542. Sur les conséquences de l'irrégularité commise dans la composition du conseil de famille qui a autorisé la vente, V. *Rép.* n° 551, et v° *Obligations*, n° 370. V. aussi *suprà*, nos 168 et suiv.

543. Sur la charge de la preuve en ce qui concerne l'irrégularité de la vente, V. *Rép.* n° 553, et v° *Obligations*, n° 367.

544. Quelle est la durée de l'action en nullité de la vente d'immeubles du mineur, faite par le tuteur sans l'observation des formalités légales? Cette action est-elle soumise à la prescription de dix ans établie par l'art. 1304 c. civ. comme l'action en nullité des actes faits par le mineur lui-même? Non, d'après un premier système. En effet, dit-on, quand le tuteur excède ses pouvoirs, il ne représente plus le mineur. Alors ne s'applique plus la maxime de l'ancien droit : *Factum tutoris, factum pupilli.* Dans l'ancien droit, d'ailleurs, la prescription de dix ans ne s'appliquait pas à l'hypothèse d'une vente accomplie sans les formalités légales (V. Pothier, *Traité des personnes*, 1re part., tit. 6, sect. 3, art. 3, § 2); or l'art. 1304 n'est que la reproduction de l'art 134 de l'ordonnance de 1539. On objecte que l'art. 475 c. civ. soumet à la prescription décennale l'action en responsabilité contre le tuteur, pour tous les faits devant entrer dans le compte de tutelle, et que l'action en revendication contre les tiers ne peut pas durer plus longtemps, car le tiers évincé aurait une action en garantie contre le tuteur. Mais rien n'indique que la loi ait voulu limiter en même temps les deux prescriptions. L'interruption de prescription qui prolongerait la durée de l'une des actions ne prolongerait pas la durée de l'autre. En outre, la prescription décennale établie au profit du tuteur n'est pas établie au profit des tiers pour tous les faits du tuteur devant entrer dans le compte de tutelle. Si le tuteur a vendu en son nom un bien du mineur, l'action en revendication du mineur durera trente ans, bien que l'action en responsabilité soit, éteinte par dix ans, et, nonobstant aussi cette circonstance le tiers évincé aura son recours en garantie contre le tuteur. Dans le cas d'une vente sans autorisation, faite au nom du mineur, le tuteur ne sera même pas garant. Comme un mandataire ordinaire qui a donné connaissance de ses pouvoirs et les a ensuite excédés, il ne sera pas responsable vis-à-vis des tiers. Ainsi, en pareil cas, la vente n'étant pas le fait du mineur lui-même ou de son représentant, constitue simplement une vente *a non domino*, ou par un mandataire excédant ses pouvoirs. Il n'y a pas lieu pour le mineur devenu capable d'exercer une action en nullité ou en rescision, mais bien d'agir en revendication. Ce n'est pas le cas d'appliquer la prescription décennale qui frappe, en vertu de l'art. 1304, la première de ces actions. Il faut reconnaître à la seconde la durée de trente ans, selon le droit commun (V. en ce sens : Douai, 20 nov. 1870 (1); Rodière, *Revue de législation*, t. 5, p. 76).

545. Dans un système contraire, on soutient que le

---

de toucher le prix; que, si le mandat de François Aubry, alors mineur, n'était pas régulier, en ce sens qu'il avait été donné par sa mère tutrice, qui ne paraît pas y avoir été légalement autorisée, ce mandat maintenu, ainsi que celui des autres intéressés, pendant une période de huit années, témoigne au moins de l'accord complet et persistant de tous les membres de la famille Aubry pour conférer à Paul-Antoine le soin de vendre aux meilleures conditions possibles; que, d'ailleurs, plusieurs mois après la vente, François Aubry, devenu majeur, a de son plein gré renouvelé expressément ce mandat, par acte daté de Lyon, le 19 août 1872, et qu'il l'a de plus, confirmé dans deux lettres écrites par lui à Paul-Antoine, et où il disait, dans la première : « Je t'envoie « plusieurs pouvoirs pour agir comme bon te semblera », et dans la seconde : « Ainsi donc, plus d'obstacle de mon côté, pour la « réalisation de cette vente »; — Attendu que ces documents constituent, de la part de François Aubry, une ratification complète et absolue de l'acte de vente du 25 mars 1872, etc. »

Sur l'appel de François Aubry, arrêt de la cour de Rennes du 21 févr. 1879, ainsi conçu : En droit : — Considérant qu'aux termes de l'art. 1998, § 1er, le mandant est tenu d'exécuter vis-à-vis des tiers les engagements contractés par le mandataire, conformément au pouvoir qui lui a été donné; que, suivant la doctrine, deux conditions sont nécessaires pour que les tiers aient une action directe contre le mandant; la première que le mandataire ait agi *procuratorio nomine* et non en son propre et privé nom; la seconde, résultant du paragraphe 2 de l'article précité, que le mandataire n'ait pas dépassé les bornes de son mandat, à moins toutefois que le mandant n'ait ratifié *ex post facto* ses agissements; — Qu'enfin la ratification dont il est parlé n'est pas celle de l'art. 1338, c. civ., soumise à des formes et à des énonciations spéciales; qu'elle peut résulter de toute circonstance annonçant une volonté formelle de tenir pour bons les actes faits par le mandataire; — Considérant qu'en matière de vente et d'après les principes du droit français (art. 1583), la vente est parfaite et la propriété acquise de droit à l'acheteur à l'égard du vendeur dès qu'on est convenu de la chose et du prix; — Qu'il suffit donc qu'à un moment donné le mandataire ait été pourvu du pouvoir de vendre, pour que le contrat se soit formé entre son mandant et le tiers acquéreur, sans que la révocation ultérieure du mandat puisse influer sur la validité du contrat, qui a investi celui-ci de la propriété...; — En ce qui touche la procuration donnée par la veuve François Aubry, en son nom et au nom du mineur François Aubry; — Considérant que, bien qu'elle mentionne l'autorisation du conseil de famille, nécessaire aux termes de l'art. 457 c. civ., on soutient que cette autorisation n'avait pas été obtenue, et qu'on n'a fait ni offert la preuve du contraire, mais qu'en tenant pour démontré que cette procuration ait été nulle, le 19 août 1872, postérieurement à la vente, ledit François Aubry, devenu majeur, donnait à Paul Aubry la même procuration que ses cohéritiers, pour vendre et toucher le prix, qu'il y avait là assurément une ratification éclatante des actes faits par le mandataire; qu'au surplus, même avant l'envoi de cette pièce, François n'ignorait pas que son oncle avait mission de vendre, puisque le 19 août il lui écrivait : « Je te demande pardon de t'avoir laissé si longtemps attendre une réponse, mais je tenais à ce que la procuration partît de moi »; il attendait en effet, pour la donner en son nom, le jour de sa majorité, arrivée le 16 août; qu'on peut donc dire qu'au mois d'août 1872, tout au moins, quels qu'aient été les événements postérieurs, le contrat a été formé entre le mandataire, les mandants et l'acquéreur, etc. — Pourvoi en cassation par les consorts Aubry de Maraumont. — 1er moyen : Violation par fausse application des art. 1134, 1120 et 1998, c. civ., en ce que l'arrêt attaqué, d'une part, a considéré comme ayant été fait *procuratorio nomine*, et, comme tel, obligeant les mandants vis-à-vis du tiers acquéreur, un acte de vente dans lequel le vendeur, tout en déclarant agir au nom de ses frères et sœur, copropriétaires de l'immeuble vendu, ne s'est, en fait, faute de procuration régulière, que porté fort pour les absents, en promettant leur ratification, et d'autre part a considéré l'acte de vente ainsi passé par un prétendu mandataire, en l'absence de tout mandat, comme susceptible d'être ratifié, et ratifié par une simple procuration à l'effet de vendre, donnée pour l'avenir, dans l'ignorance par le mandant de la vente déjà réalisée, et aussi sans volonté, dûment constatée de sa part, de ratifier ce qui avait été fait. — 2e moyen :... (sans intérêt).

LA COUR; — Sur le premier moyen du pourvoi, tiré de la violation par fausse application des art. 1134, 1120 et 1998 c. civ. : — Attendu que l'arrêt attaqué constate que, le 25 mars 1872, le sieur Paul-Antoine Aubry, tant en son nom personnel que comme mandataire de ses frères et sœur, avait vendu au sieur Bourgaux une maison sise à Nantes; que, parmi les pouvoirs dont il était muni, se trouvait celui de la dame veuve Alphonse Aubry, agissant comme tutrice de son fils François, encore mineur; que cette procuration portait à tort que la dame veuve Aubry avait reçu du conseil de famille l'autorisation nécessaire à cet effet; — Mais attendu que l'arrêt constate également que, quelques mois après la vente, le sieur François Aubry, devenu majeur, s'empressa de donner à son oncle Paul-Antoine, à la date du 19 août 1872, une procuration semblable à celle des autres vendeurs; que la cour de Rennes, sur le vu de cet acte de mandat et des lettres missives adressées par le mandant à son mandataire, a déclaré que la vente du 25 mars 1872 avait reçu de François Aubry une ratification évidente; — Attendu, d'une part, que c'est à bon droit que l'arrêt attaqué a appliqué à l'espèce les principes de l'art. 1998 c. civ., et non ceux de l'art. 1338; de l'autre, que les appréciations faites de l'acte de mandat du 19 août 1872, sous le rapport des intentions qui y avaient présidé, rentraient dans les pouvoirs souverains du juge; — Rejette, etc.

Du 1er juin 1880.-Ch. des req.-MM. Bédarrides, pr.-Becot, rapp.-Rivière, av. gén., concl. conf.-Defert, av.

(1) (Henno C. Lemaire et Lestienne.) — LA COUR; — Considérant, en fait, qu'il n'est pas contesté que l'appelant a acheté, le 2 oct. 1855, un immeuble sis à Templeuve, appartenant à la dame Lemaire, alors mineure; — Que cette vente a été faite par le sieur Lestienne, défaillant, qui a comparu à l'acte de vente, comme père et tuteur de sa fille mineure, sans avoir au préalable rempli les formalités protectrices exigées par la loi pour la validité de la vente des biens immeubles des mineurs; — Que

tuteur, même lorsqu'il excède ses pouvoirs, représente le mineur en vertu de l'art. 450 c. civ. La vente irrégulière ne laisse donc subsister, au profit du mineur, ni le droit de propriété, ni l'action en revendication. L'inobservation des formalités légales ouvre seulement, au profit du mineur, une action en nullité ou en rescision, qui se prescrit par dix ans; car la vente est considérée alors comme ayant été faite par le mineur lui-même. En combinant l'art. 475 c. civ. et l'art, 1304, qui ont leur commune origine dans l'art. 134 de l'ordonnance de1539, on reconnaît que la prescription de dix ans est forcément applicable à l'action en nullité des ventes irrégulières consenties par le tuteur. Après dix ans, le mineur n'a plus d'action en responsabilité contre son tuteur. S'il pouvait agir en revendication, le tiers évincé aurait un recours en garantie contre le tuteur, et ainsi, même après dix ans révolus, le mineur atteindrait indirectement le résultat qu'il ne peut pas obtenir directement : la responsabilité du tuteur. Ce dernier système a pour lui l'autorité de la cour suprême (Civ. rej. 14 nov. 1826, *Rép.* v° *Prescription civile*, n° 905; Civ. cass. 25 nov. 1835, *Rép.* v° *Obligations*, n° 2894-1°; Req. 7 juill. 1851, aff. Boilay, D. P. 54. 5. 580. V. dans le même sens les autres arrêts cités au *Rép.* v° *Obligations*, n°s 2894 et suiv. *Adde:* Bordeaux, 8 juill. 1863; aff. Navech, D. P. 63. 5. 288; Marcadé, t. 4, art. 1311, n° 2, Aubry et Rau, t. 4, § 339, p. 273, note 13 ; Demolombe, t. 29, n°s 89 et suiv.; Larombière, *Traité des obligations*, t. 4, art. 1304, n° 46).

546. — IV. TRANSACTION (*Rép.* n°s 556 à 563). — La transaction comporte l'abandon d'une partie des droits de celui qui transige, parfois même de droits certains, dans le but d'acheter le repos et d'éviter des frais souvent considérables. Il y faut, pour le tuteur, l'autorisation du conseil de famille; mais cette autorisation ne doit être accordée que sur l'avis de trois jurisconsultes désignés par le procureur de la République; puis la transaction, faite par le tuteur en vertu de l'autorisation du conseil, doit être homologuée par le tribunal. Telle est la disposition de l'art. 467 c. civ. — On a dit au *Rép.* n° 556, que l'autorisation ne peut être accordée que de l'avis conforme des trois jurisconsultes désignés, et non après avoir pris leur avis et quand même cet avis serait défavorable à la transaction (V. en ce sens : Aubry et Rau, t. 1, § 113, p. 453, note 31 ; Laurent, t. 5, n° 96; Huc, t. 3, n° 448).

L'avis des trois jurisconsultes ne doit pas être nécessairement unanime; il suffit que la majorité soit favorable à la transaction. Toutefois, on combat cette opinion en soutenant qu'il ne s'agit pas ici de la délibération d'un corps constitué, mais de l'approbation que la loi demande à trois hommes compétents (V. en ce sens : Laurent, *loc. cit.* Baudry-Lacantinerie, t. 1, n° 1099; Huc, *loc. cit.*).

547. Comme l'art. 467 c. civ. ne fait aucune distinction entre les droits immobiliers et les droits mobiliers, on doit reconnaître qu'il n'appartient pas au tuteur de transiger sur les droits mobiliers du mineur, sans remplir les formalités exigées par ledit article (*Rép.* n° 547; Aubry et Rau, t. 1. § 113, p. 453, note 30; Laurent, *loc. cit.*; Huc, *loc. cit.*). Il a été jugé, conformément à cette doctrine, qu'on doit tenir pour nulle la transaction consentie par la mère tutrice, relativement aux dommages-intérêts dus à ses enfants mineurs par un tiers responsable de la mort de leur père, si les formalités de l'art. 467 c. civ. n'ont pas été observées (Paris, 14 août 1871, aff. Rozier, D. P. 72. 5. 455).

548. Quand le tuteur s'est conformé aux prescriptions de l'art 467 c. civ., la transaction qu'il a faite au nom du mineur est valable au même titre qu'une transaction consentie par une partie majeure (*Rép.* n° 560). Jugé, en ce sens, qu'à l'égard des transactions faites par le tuteur en conformité de l'art. 467 c. civ., il n'y a pas lieu à restitution du mineur pour cause de lésion (Alger, 17 mars 1874) (1). Telle est la solution généralement adoptée, quelque parti que l'on prenne

---

l'appelant reconnaît que la vente ainsi faite était nulle au moment où elle a été consentie ; mais qu'il soutient que la dame Lemaire, ayant atteint sa majorité depuis plus de dix ans, au jour où elle a intenté son action, ne peut plus aujourd'hui, au mépris de la prescription édictée par l'art. 1304 c. civ., faire prononcer la nullité de ladite vente, bien qu'il soit établi que le compte de tutelle qui lui a été rendu ait été complètement muet, tant sur l'aliénation elle-même que sur le prix qu'elle avait produit ; — Considérant que la prescription de dix ans édictée par l'art. 1304 c. civ. repose, en ce qui concerne le mineur, sur la présomption que l'acte attaqué émane du mineur lui-même, ou au moins qu'il en a eu connaissance au moment où il est devenu capable et maître de ses droits, et qu'il a laissé écouler dix années sans exercer l'action en nullité que lui donnait la loi ; — Qu'il en était ainsi sous l'ancien droit, et que notamment Pothier (*Tr. des pers.*, 1re part., tit. 6, sect. 3, art. 3, § 2) enseigne comme un point incontestable et incontesté : que « si un tuteur avait vendu un immeuble de son mineur, il n'en aurait point transmis la propriété à l'acheteur, et que le mineur devenu majeur pourrait, dans les trente ans depuis sa majorité, revendiquer cet immeuble, sans avoir besoin pour cela des lettres de rescision, car on n'a besoin de ces lettres que pour revenir contre son propre fait ». Considérant que, loin d'avoir innové sur ce point et de s'être mis en contradiction avec la coutume de Paris, les rédacteurs du code civil ont pris soin de consacrer les mêmes principes par les termes dont ils se sont servis, par l'ensemble des dispositions des art. 1304 et suiv. qui régissent cette matière, et par l'esprit et la volonté qui se révèlent aussi bien dans les travaux préparatoires que dans l'exposé des motifs et le rapport de M. Jaubert ; — Qu'en vain, pour échapper à une vérité aussi manifeste, on soutient que le mineur est réellement partie dans un acte lorsqu'il y est représenté par son tuteur, parce qu'aux termes de l'art. 450 c. civ., ce dernier représente le mineur dans tous les actes de la vie civile ; qu'une pareille interprétation des règles de la tutelle aurait pour résultat de dépouiller le mineur de toutes les garanties et restrictions protectrices imposées par la loi à l'administration du tuteur, et que, notamment, en ce qui concerne l'aliénation des immeubles pupillaires, le mandat du tuteur n'existe que sous les conditions de l'art. 457, qui se trouve placé sous la même section que l'art. 450 et impose au droit de représentation du tuteur des conditions si formelles et si précises qu'à leur défaut le mandat disparaît, puisqu'il serait alors en opposition directe avec la loi dont il émane ; — Considérant que, dans tous les cas, il est impossible d'admettre que le mineur dépouillé par son tuteur puisse voir prescrire son droit de revendication de l'immeuble aliéné, alors que, par le fait de son tuteur, il a complètement ignoré qu'un immeuble avait fait partie de son patrimoine et avait été aliéné, pendant sa minorité, sans l'accomplissement des formalités légales ; — Que, dans l'espèce, et en fait, il résulte du compte de tutelle, rendu le 21 juin 1857 à la dame Lemaire par son tuteur, que ce dernier ne l'a renseignée, ni sur l'immeuble vendu deux ans auparavant, ni sur le prix de vente par lui touché ; qu'une pareille omission, évidemment volontaire et calculée, équivaut à un dol et permettrait à la mineure, devenue majeure, de recourir contre son tuteur, même dix années après le compte de tutelle, et que, dès lors, il est impossible de soutenir, dans l'espèce, qu'en revendiquant aujourd'hui un immeuble contre le tiers acquéreur, la dame Lemaire essaye de faire indirectement ce que l'art. 475 c. civ., ne lui permettrait pas de faire directement contre son tuteur, puisque son action, fondée sur une omission dolosive et frauduleuse lors de la reddition du compte de tutelle, procéderait bien contre le tuteur et doit, dès lors, aboutir contre le tiers détenteur qui a acheté un bien pupillaire en parfaite connaissance de cause et sans exiger l'accomplissement des formalités légales; — Par ces motifs, confirme;... annule, en conséquence, la vente du 2 oct. 1855, etc.

Du 20 nov. 1870.-C. Douai, 1re ch.-MM. Paul, 1er pr.;-Carpentier, 1er av. gén.;-Allaert et Legrand, av.

(1) (Boccara C. Battandier.) — LA COUR ; — Attendu que, s'agissant d'une action principale en nullité d'une transaction intéressant une mineure, action qui provoque des débats contradictoires, c'est non en chambre du conseil, mais en audience publique et dans la forme ordinaire que la cause doit être jugée ; — Attendu que l'intimé ne conteste plus devant la cour la recevabilité, justement admise par le tribunal, de l'action intentée dans l'intérêt de la mineure par le subrogé tuteur ; — Que la tutrice elle-même, excipant du dol et de la fraude, est recevable à l'établir ; — Sur les prétendues nullités de forme relevées contre la transaction : — Attendu que les premiers juges les ont écartées avec raison, soit parce que plusieurs d'entre elles ne sont pas justifiées en fait, soit parce que les irrégularités commises n'entraînent pas de nullités ; — Qu'il en est ainsi notamment de l'omission du rapport à faire par le juge à la chambre du conseil sur l'homologation de la transaction, omission regrettable, mais dont aucun texte ne prescrit l'observation à peine de nullité ;

Attendu que dans l'espèce il s'agissait bien d'un acte par lequel les parties ont voulu prévenir des contestations imminentes sur la liquidation de l'association qui avait existé entre Battandier et le père de la mineure ; — Que cet acte a été justement qualifié de transaction (art. 2044 c. civ.) ; — Attendu que la transaction a été assortie de toutes les garanties et formalités exigées par les art. 467 et 2045 c. civ. ; — Attendu que le principe posé dans l'art. 1314 c. civ., selon lequel, lorsque les formalités requises à l'égard des mineurs ont été remplies, ils sont,

sur la question de savoir si les contrats régulièrement faits au nom du mineur sont ou non rescindables pour cause de lésion (V. *infrà*, v° *Obligations; Rép.* eod. v°, n°s 363 et suiv.). La validité de la transaction ne peut pas faire doute pour ceux qui dénient au mineur l'action en restitution à l'égard de tous contrats régulièrement accomplis par le tuteur, ces contrats étant aussi valables et définitifs que s'ils avaient été passés par le mineur lui-même en temps de majorité. Dans le système qui s'appuie sur l'art. 1305 c. civ. pour soutenir que le mineur non émancipé, restituable pour lésion « contre toutes sortes de conventions », est restituable même à l'égard des actes régulièrement faits par le tuteur, on excepte les contrats, au sujet desquels, une disposition spéciale interdit l'action en rescision. Tels sont les aliénations d'immeubles et les partages, lorsque les formalités requises ont été remplies (c. civ. art. 1314), et aussi, dans le même cas, les transactions (art. 2052). Si, au contraire, le tuteur n'a pas observé les formalités prescrites par l'art. 467 c. civ., la transaction est nulle. Le mineur seul ou ses ayants droit peuvent en invoquer la nullité. Ils ne sont tenus de prouver l'existence d'aucun préjudice (*Rép.* n° 560, et v° *Obligations*, n° 363 et suiv.; Douai, 10 nov. 1890, aff. Wartelle et Legrand, D. P. 91. 2. 133).

549. Aucune autre formalité que celles qui sont établies par l'art 467 c. civ. n'est prescrite à peine de nullité. Ainsi l'autorisation du conseil de famille n'a pas besoin d'être homologuée. L'homologation n'est prescrite que pour la transaction faite en vertu de l'autorisation du conseil (Laurent, t. 5, n° 96; Huc, t. 3, n° 448). D'autre part, il a été jugé qu'en matière d'homologation d'une transaction intéressant un mineur, le rapport d'un juge à la chambre du conseil n'est pas prescrit à peine de nullité (Alger, 17 mars 1874, *suprà*, n° 548). Si la transaction intervient au cours d'une instance et pour y mettre fin, il semble qu'elle pourrait être homologuée par la cour d'appel (Beltjens, *Encyclopédie du droit civil belge*, art. 467, n° 6; Huc, t. 3, n° 448).

550. On s'est demandé au *Rép.* n° 562, comment il faut procéder pour obtenir la nullité de la transaction homologuée par justice, quand les formalités légales n'ont pas été remplies, s'il y a lieu d'agir par action principale, par opposition au jugement d'homologation ou par appel contre ce jugement. — En ce qui concerne le mineur devenu majeur, il doit agir par action principale (Aix, 3 févr. 1832, *Rép.* n° 180). — Quant aux personnes auxquelles la loi accorde le droit de se pourvoir contre les délibérations du conseil de famille (V. *suprà*, n°s 174 et suiv.), on a pensé qu'il serait plus régulier pour elles de procéder par opposition que par action principale, ou par appel (V. *Rép.* n° 562). Toutefois, il a été jugé : 1° que le jugement d'homologation d'une transaction passée dans l'intérêt d'un mineur par son tuteur est susceptible d'appel, et que, dès lors, le tiers contre lequel l'exécution de ce jugement est poursuivie peut exiger la production du certificat de non-opposition et appel prescrit par l'art. 548 c. civ. (Paris, 8 juill. 1859, sous Civ. rej, 11 juill. 1860, aff. Bouclot, D. P. 60. 1. 305); — 2° Que le jugement sur requête, qui homologue une transaction intéressant un mineur, peut être attaqué par la voie de l'appel; mais que cet appel ne peut être formé que par le tuteur qui a présenté la requête, et non par le mineur émancipé ou devenu majeur, alors même que ce mineur n'aurait pas été régulièrement représenté; qu'il est, d'ailleurs, sans importance, à l'égard de la recevabilité de l'appel, que le jugement, au lieu d'être prononcé en chambre du conseil, ait été rendu par erreur en audience publique, ou que l'appel ait été formé par voie d'assignation, au lieu de l'être par voie de requête (Alger, 5 mai 1873) (1).

551. L'avis des trois jurisconsultes doit précéder la délibération du conseil de famille, et l'autorisation du conseil

---

relativement à ces actes, considérés comme s'ils les avaient faits en majorité, est pleinement applicable aux transactions, comme aux aliénations et aux partages ; — Attendu qu'aux termes de l'art. 2052 les transactions ont, entre les parties, l'autorité de la chose jugée en dernier ressort, qu'elles ne peuvent être attaquées pour cause d'erreur de droit, ni pour cause de lésion ; — Que celle-ci peut, sans doute, être relevée comme le mobile du dol, pour lequel la transaction est toujours attaquable, mais qu'en fait il n'est pas justifié du préjudice qu'on allègue avoir été souffert par la mineure ; — Attendu que la règle que la fraude ne se présume point et doit être établie protège la transaction dont s'agit ; — Que la plupart des circonstances signalées par les appelants ne sont pas établies ; — Que les autres ne constituent pas les manœuvres caractérisées par l'art. 1116 c. civ., et devant être telles qu'il soit évident que, sans ces manœuvres, la tutrice n'aurait pas transigé ; — Qu'il y a donc lieu de rejeter, comme non suffisamment justifiée, l'action en nullité de la transaction du 20 avril 1873 ; — Par ces motifs, confirme.

Du 17 mars 1874.-C. Alger, 1re ch.-MM. Cuniac, 1er pr.-Piette, av. gén.-Genella et Cheronnet, av.

(1) (Seras.) — LA COUR ; — Sur la recevabilité de l'appel : — Attendu que les tribunaux ont reçu du législateur une mission non moins utile que celle qui consiste à juger les différends qui s'élèvent entre les citoyens : c'est d'exercer une sorte de tutelle judiciaire pour la conservation des droits appartenant à des incapables ; — Que si les règles de cette juridiction dite *volontaire* ou *gracieuse* en ce sens qu'elle s'exerce sans débats contradictoires, diffèrent en plusieurs points essentiels, comme la nature des choses le commande, des règles de la juridiction ordinaire, il en est cependant qui leur sont communes ; — Que, sans doute, les actes d'administration ou de tutelle judiciaire qui sanctionnent ou autorisent certains contrats, ne sont pas des jugements proprement dits, produisant l'autorité de la chose jugée et imposant aux tiers la nécessité, pour les faire annuler, de se pourvoir par la tierce opposition ; — Que, sans doute encore, les ordonnances du président rendues sur requête ne sont pas, en général, susceptibles d'appel ; — Mais attendu qu'il en est autrement en ce qui touche l'appel des décisions rendues sur requête par la chambre du conseil ; — Que, d'une part, en effet, en précisant certains cas très peu nombreux où la décision est en dernier ressort, par exemple, le jugement de conversion de saisie immobilière en vente volontaire (c. proc. civ. art. 746), celui qui statue sur la nomination d'un administrateur provisoire placé dans un asile d'aliénés (art. 32 de la loi du 30 juin 1838), nos lois ont présupposé virtuellement la faculté d'appel comme règle ; — Que, d'autre part, cette règle est écrite dans l'art. 99 c. civ. et dans l'art. 858 c. proc. civ. pour la rectification des actes de l'état civil, et dans l'art. 889 c. proc. civ. les homologations d'avis de parents ; — Qu'il n'y a aucune raison de refuser au tuteur qui demande à faire un emprunt, une aliénation ou une transaction dans l'intérêt du mineur, à la femme qui demande l'autorisation d'aliéner ses immeubles dotaux, le recours accordé à celui qui réclame la rectification d'un acte de l'état civil ; — Que si l'art. 889 est placé à la suite de dispositions qui prévoient la possibilité d'un débat sur une délibération de conseil de famille, la généralité des termes de cet article ne permet pas de considérer comme non susceptible d'appel aucune des décisions, quel que soit son objet, rendues sur délibération du conseil de famille ; — Qu'aussi une pratique aujourd'hui incontestée admet comme règle générale les dispositions des art. 99 c, civ. et 858 c. proc. civ. ; — D'où la conséquence que l'on doit regarder comme étant en soi susceptible d'appel la décision qui sur la requête de la dame veuve Tabet, agissant en qualité de tutrice légale de sa fille, aujourd'hui épouse Seras, homologue, en conformité de l'art. 467 c. civ., une transaction intéressant la mineure ;

Qu'il reste à rechercher par qui l'appel peut être relevé, et quel peut en être l'objet ; — Attendu que la faculté d'appel ne saurait appartenir qu'à ceux dont les conclusions ont été repoussées : à la femme qui n'a pas obtenu l'autorisation d'aliéner ses immeubles dotaux, au mari auquel le tribunal a refusé la restriction de l'hypothèque légale, au tuteur à qui on n'a pas accordé l'homologation de la délibération du conseil de famille relative à un emprunt, à une transaction ; — Qu'il est de l'essence de l'appel que celui dont la demande a été accueillie ne puisse pas s'en plaindre, et déférer à la cour la décision provoquée par lui-même ou par ceux qui le représentaient légalement ; — Qu'un nouveau tuteur serait aussi irrecevable que son prédécesseur à appeler d'une décision conforme à la requête de celui-ci ; — — Qu'il en est de même du mineur émancipé ou devenu majeur, alléguât-il qu'il était irrégulièrement représenté ; — Qu'une irrégularité de ce genre peut être la source d'une action en annulation du contrat passé en vertu de l'homologation, ou d'une action en responsabilité entre le tuteur négligent ou de mauvaise foi ; mais qu'elle ne saurait créer une recevabilité d'appel qui, de sa nature, est toujours préjudicielle et indépendante des moyens sur lesquels se fonde l'appelant ;

Attendu, enfin, que la matière ne peut changer de nature juridique par suite de l'erreur qui, en première instance, aurait fait décider en audience publique ce qui aurait dû l'être en chambre du conseil, ou, par suite de cette autre erreur, volontaire ou non, qui aura fait procéder en appel par voie d'assignation et non par voie de requête ; — Que la même matière de

doit précéder la transaction (*Rép.* n° 563). On a cependant admis (*Rép. ibid.*) que la transaction, passée par le tuteur, pourrait être validée rétroactivement par une autorisation et une homologation postérieures (*Contrà :* Laurent, t. 5, n° 96).

552. Les règles que l'on vient d'exposer sont applicables non seulement aux transactions extrajudiciaires, mais encore aux transactions faites par justice sous forme de jugements convenus. Ces jugements doivent être précédés de l'avis conforme de trois jurisconsultes désignés par le procureur de la République et de l'autorisation du conseil de famille; sinon, ils sont annulables dans l'intérêt du mineur (Aubry et Rau, t. 1, § 113, p. 453).

553. Dans la pratique, la forme de la transaction est quelquefois employée en matière de partage. Les partages intéressant des mineurs doivent être faits en justice (V. *suprà* n° 511), de sorte qu'en principe le partage transactionnel n'est possible que s'il y a réellement lieu à transaction; mais dans ce cas, rien n'interdit au tuteur de transiger avec les copartageants du mineur (Huc, t. 3, n° 446). Il a été jugé, en ce sens, que le tuteur peut, moyennant l'accomplissement des formalités prescrites par la loi, transiger au nom du mineur, en matière de partage de biens meubles et immeubles, dans tous les cas où il s'agit, dans l'intérêt du mineur, de mettre fin à une contestation déjà née ou de prévenir une contestation à naître; et que si, dans ce cas, l'indivision prend fin par suite d'une vente transactionnelle, l'accomplissement des formalités requises par l'art. 467 c. civ. rend inutiles celles qui sont édictées pour les partages et licitations dans lesquels des mineurs sont intéressés; que la vente transactionnelle est valable, par conséquent, alors même que l'expertise qui l'a précédée n'a pas été faite par des experts nommés par le tribunal, conformément aux prescriptions de l'art. 466 c. civ. (Angers, 29 août 1884, et sur pourvoi Civ. rej. 5 déc. 1887, aff. Barrier, D. P. 88. 1. 241. V. aussi Angers, 7 août 1874, aff Lavoye, D. P. 75. 2. 35). — L'appréciation du juge qui, après avoir précisé les causes diverses et sérieuses de litige que présentait le partage des biens dont le mineur était copropriétaire, déclare qu'elles motivaient réellement le recours à la transaction pour faire cesser l'indivision, est souveraine (Arrêt précité du 5 déc. 1887).

554. En principe, une transaction doit être considérée comme un tout indivisible. Les juges ne peuvent donc pas maintenir certaines clauses de la transaction et en annuler d'autres. Si la transaction ne peut pas être maintenue pour le tout, elle doit être annulée dans son entier (V. *Rép.*, v° *Transaction*, n° 160). Mais que devra-t-on décider, par application de ce principe, si la transaction intervenue entre une partie majeure, d'une part, et, d'autre part, des coïntéressés, les uns majeurs et les autres mineurs, est annulée dans l'intérêt des mineurs pour inobservation des formalités prescrites pour les habiliter? La nullité s'étendra-t-elle aux coïntéressés majeurs? D'abord, le principe de l'indivisibilité existe-t-il à l'égard des personnes qui ont pris part à la transaction, comme à l'égard des choses qui en ont fait l'objet? C'est une question douteuse, et M. Accarias (*Etude sur les transactions*, n° 151, p. 304 et suiv.) enseigne que la transaction, déclarée nulle vis-à-vis de l'un des contractants, n'est pas nécessairement nulle à l'égard d'un autre partie coïntéressée. Ni les textes du code civil ni les travaux préparatoires n'ont envisagé cette hypothèse. On doit résoudre la question suivant l'intention probable des parties. En principe, il sera rationnel de considérer que la partie qui a transigé simultanément avec un majeur et un mineur coïntéressés, n'a consenti à transiger que pour mettre fin au litige vis-à-vis de ses deux adversaires. Le procès ressuscitant avec le contractant mineur, la partie adverse doit être dégagée vis-à-vis du contractant majeur. Mais cette interprétation n'est pas forcée. Les juges pourront admettre une interprétation différente d'après les circonstances de la cause. Ils auront, à cet égard, beaucoup plus de latitude dans leur appréciation que lorsqu'il s'agit de déclarer, par interprétation de la volonté des parties, la transaction divisible quant à son objet. Mais la nullité de la transaction, prononcée, pour défaut d'autorisation, au profit du mineur, ne peut pas être invoquée par le majeur qui a transigé sur les intérêts communs entre le mineur et lui, à l'encontre de la partie adverse du mineur. La transaction ne fait pas grief à ce majeur; il en a reçu tous les avantages qu'il en attendait; s'il trouve que l'affaire était mauvaise, il ne peut bénéficier de l'omission des garanties établies au profit du mineur seul; quant à lui, capable et maître de ses droits, il ne peut pas, sans invoquer l'erreur, le dol ou la violence, obtenir l'annulation de ses engagements. C'est à la partie adverse seule qu'il appartiendrait d'invoquer l'indivisibilité de la transaction annulée dans l'intérêt du mineur. Cependant, s'il ne s'agissait pas d'une transaction proprement dite, mais d'un partage sous forme de transaction, le principe de l'indivisibilité des partages, résultant de l'art. 840 c. civ., permettrait aux majeurs de profiter de la nullité de la transaction obtenue par les mineurs (Civ. cass. 5 déc. 1887, aff. Barrier, D. P. 88. 1. 241).

§ 5. — Des actes interdits au tuteur : achat des biens; bail à ferme; cession de créances; donations; compromis (*Rép.* n°s 564 à 578).

555. — I. INTERDICTION AU TUTEUR D'ACHETER LES BIENS DU MINEUR (*Rép.* n°s 565 à 570). — Aux termes de l'art. 450, § 3, c. civ., le tuteur ne peut acheter les biens du mineur (V. aussi c. civ. art. 1576). Comme on l'a montré au *Rép.* n° 565, cette prohibition s'étend même aux acquisitions sur adjudication publique (Aubry et Rau, t. 1, § 116, p. 472; Baudry-Lacantinerie, t. 1, n° 1074; Huc, t. 3, n° 385. V. *Rép.* v° *Vente*, n°s 444 et suiv.).

556. La prohibition existe-t-elle encore si le tuteur est copropriétaire par indivis avec le mineur ? On admet généralement la négative. Il a été jugé, en ce sens, que la règle qui défend au tuteur de se rendre acquéreur des biens du mineur ne s'applique pas au cas de licitation de biens indivis entre le mineur et son tuteur (Montpellier, 10 juin 1862, aff. Ballite, D P. 63. 2. 30. V. dans le même sens : *Rép.* n° 566; Demante, t. 2, n° 206 *bis*, II; Aubry et Rau, t. 3, § 351, p. 240; Baudry-Lacantinerie, t. 1, n° 1074; Huc, t. 3, n° 385).

557. Que faut-il décider si le tuteur est simplement usufruitier des biens appartenant à son pupille? Le tuteur pourra-t-il se rendre adjudicataire? Il a été jugé : 1° que la prohibition établie par les art. 450 et 1596 c. civ. ne s'applique pas au cas où le tuteur est usufruitier pour partie de l'immeuble mis en vente, et qu'il importe peu que la vente ait pour objet, non point seulement l'usufruit, mais la pleine propriété de l'immeuble (Paris, 12 avr. 1856, aff. Florat, D. P. 56. 2. 228); — 2° Que le tuteur qui est usufruitier d'immeubles échus par succession aux mineurs et qui, à ce titre, doit être considéré comme l'un des copropriétaires indivis de ces immeubles, a le droit de s'en rendre adjudicataire sur licitation (Arrêt précité de Montpellier, 10 juin 1862). — Cette dernière décision est critiquable. Dans la première espèce, il y avait véritablement indivision entre le tuteur et son pupille. Il n'en était pas de même dans l'espèce que la cour de Montpellier avait à juger; car le nu propriétaire et l'usufruitier ne sont pas copropriétaires d'un bien indivis, et leurs droits respectifs ont des objets distincts.

558. Dans le cas où, par suite de l'état d'indivision, la prohibition d'acheter les biens du mineur cesse pour le tuteur, doit-on nommer au mineur un tuteur *ad hoc* afin de

---

juridiction *volontaire* en première instance ne saurait devenir de juridiction *contentieuse* en appel; que l'appel d'un jugement sur requête ne peut jamais aboutir qu'à un arrêt légalement rendu sans contradiction par cette raison péremptoire qu'il est impossible de condamner en appel celui qui n'a pas été appelé à se défendre en première instance; que nul ne peut être privé du premier degré de juridiction, hors le cas d'intervention en appel ou celui d'évocation; — Que l'intervention est nécessairement volontaire et implique un débat déjà lié entre un appelant et un intimé; — Que l'évocation, qui constitue une exception, ne peut s'exercer en dehors des conditions prévues, et qu'elle suppose d'autant plus la recevabilité de l'appel qu'elle ne s'exerce qu'après infirmation ;

Attendu qu'il ressort de tout ce qui précède que la dame Seras doit être déclarée non recevable dans son appel et renvoyée à se pourvoir ainsi qu'elle avisera ;

Par ces motifs, etc.

Du 5 mai 1873.-C. Alger.-M. Cuniac, 1er pr.

remplacer le tuteur? Il a été jugé qu'il n'est pas nécessaire, en ce cas, de faire nommer un tuteur spécial au mineur (Montpellier, 10 juin 1862, cité *suprà*, n° 556. — V. en sens contraire, outre les auteurs cités au *Rép.* n° 566, Demante, *loc. cit.;* Huc, t. 3, n° 385).

559. Lorsque des constructions appartenant à des mineurs ont été élevées sur le terrain d'autrui, le tuteur peut-il valablement se rendre acquéreur de ce terrain pour son compte personnel? La question s'élevait dans une espèce soumise à la cour d'Agen; mais elle n'a pas été résolue, la cour ayant décidé que, d'après les circonstances de la cause, l'acquisition devait être réputée avoir été faite pour le compte du mineur. Il est certain que la prohibition d'acheter serait inapplicable à notre hypothèse, puisque l'immeuble à vendre est la propriété, non du mineur, mais d'un tiers. On peut soutenir cependant que le tuteur engagerait sa responsabilité en se portant acquéreur. Ayant acquis ainsi le droit d'obliger le mineur à enlever les constructions qui lui appartiennent sur le terrain vendu (c. civ. art. 555), il peut avoir sacrifié à son intérêt propre l'intérêt du mineur, qui était peut-être d'acheter le terrain pour lui-même afin de conserver les constructions. Il aurait manqué, dès lors, à l'obligation que lui impose l'art. 450 c. civ. d'administrer les biens du mineur en bon père de famille et commis une faute lourde engageant sa responsabilité (V. note sous Agen, 27 janv. 1880, aff. Beaumont, D. P. 80. 2. 187; Huc, t. 3, n° 385).

560. La prohibition des art. 450 et 1596 c. civ. s'étend-elle au subrogé tuteur? Cette question, qui était encore très controversée à l'époque de la publication du *Répertoire* (n° 568), a été résolue négativement par un arrêt de la chambre civile de la cour de cassation, qui a fixé la jurisprudence (Civ. cass. 21 déc. 1852, aff. Valois, D. P. 52. 1. 314. V. dans le même sens: Agen, 13 juin 1853, même affaire, D. P. 53. 2. 183; Angers, 29 août 1884, aff. Barrier, D. P. 88. 1. 241; Aubry et Rau, t. 4, § 351, p. 348, note 12; Laurent, t. 5, n° 107, et t. 14, n° 46; Huc, t. 3, n° 385). De même, la prohibition des art. 450 et 1596 n'est pas applicable au curateur du mineur émancipé (*Rép.* n° 570). On a vu aussi *suprà*, n° 94, qu'elle ne concerne pas le curateur au ventre. Mais elle est applicable au cotuteur (*Rép.* n° 569; Paris, 28 janv. 1826, *Rép.* v° *Vente*, n° 448, et au protuteur (V. *suprà*, n° 197).

561. — II. Prise a bail des biens du mineur (*Rép.* n° 571). V. *suprà*, n° 374.

562. — III. Acceptation de la cession d'une créance ou d'un droit contre le mineur (*Rép.* n°s 572 à 576). — Sur la nullité de la cession faite au profit du tuteur, il existe une controverse, qui a été exposée au *Rép.* n° 573. Suivant l'opinion dominante, la nullité de la cession est relative et ne peut être invoquée que par le mineur. Si le mineur prend le parti de faire annuler la cession, la conséquence de la nullité prononcée ne sera pas, comme dans le système romain, de libérer le mineur tant vis-à-vis du cédant que vis-à-vis du cessionnaire. Les choses étant remises en l'état, le cédant reprendra sa créance contre le mineur et sera tenu, d'autre part, de rembourser au tuteur le prix de la cession (V. en ce sens: Aubry et Rau, t. 1, § 116, p. 473, note 9; Baudry-Lacantinerie, t. 1, n° 1074; Huc, t. 3, n° 386). Si le mineur laisse subsister la cession, il a le droit de se faire tenir quitte par le tuteur en lui remboursant les sommes qu'il a réellement déboursées, car le bénéfice que le tuteur a réalisé n'est pas légitime, puisqu'il aurait dû faire pour le compte du mineur lui-même l'opération avantageuse qu'il a faite pour son propre compte (V. en ce sens; Aubry et Rau, *loc. cit.*, note 10. — *Contrà:* Baudry-Lacantinerie, *loc. cit.;* Huc, *loc. cit.*).

563. On a dit au *Rép.* n° 574 qu'on ne doit pas assimiler à la cession le payement fait par le tuteur dans les cas de subrogation légale. Ainsi, dans les hypothèses prévues par l'art. 1251 c. civ., le tuteur qui paye de ses propres deniers la dette du mineur est légalement subrogé dans les droits du créancier (Aubry et Rau, t. 1, § 116, p. 472, note 6). — Le payement avec subrogation conventionnelle doit-il être assimilé à la cession de créance? Non, car il y a des différences essentielles entre la cession et le payement avec subrogation, même quand la subrogation est consentie par le créancier. Ce payement ne confère au tuteur que le droit de répéter ce qu'il a déboursé, et l'opération peut être toute dans l'intérêt du mineur. Toutefois, par appréciation des circonstances, les tribunaux pourraient, le cas échéant, annuler comme constituant une cession l'opération faite sous forme de payement avec subrogation (Demolombe, t. 7, n° 774; Aubry et Rau, t. 1, § 116, p. 473, note 6; Mourlon, *Traité de la subrogation*, p. 29 et 32; Huc, t. 3, n° 386).

564. Si le tuteur achète un héritage appartenant à un tiers et jouissant d'un droit de servitude sur un bien du mineur, il acquiert valablement ce droit de servitude, comme accessoire du fond dominant (Aubry et Rau, t. 1, § 116, p. 472, note 4).

565. La prohibition de l'art. 450, § 3, n'est applicable qu'aux cessions à titre onéreux. Ainsi le tuteur peut valablement acquérir des droits ou actions contre le mineur, par succession, par legs ou par donation (*Rép.* n°s 574 et suiv.; Demolombe, t. 7, n° 760 et suiv.; Aubry et Rau, t. 1, § 116, p. 472). Cette prohibition n'empêche pas davantage que, dans un partage où le tuteur est intéressé, il lui soit fait attribution de la totalité d'une créance de la succession contre le mineur (Demolombe, t. 7, n°s 754 et 762; Aubry et Rau, *loc. cit.*, p. 473, note 7).

566. — IV. Donations (*Rép.* n° 577). — Le tuteur ne peut pas disposer à titre gratuit des biens du mineur. Ni l'autorisation du conseil de famille, ni l'homologation du tribunal ne pourraient lui donner capacité à cet égard, bien qu'il n'existe, à cet égard, aucune disposition prohibitive expresse. Cela résulte du caractère même de la tutelle, qui est un mandat. Il faut seulement excepter les petites libéralités qui sont d'usage (Laurent, t. 5, n° 98).

567. Quand le *de cujus* dont le mineur est héritier faisait partie d'une société, doit-on considérer comme une disposition à titre gratuit, interdite au tuteur, l'acte par lequel celui-ci renonce pour le mineur à la faculté de continuer la société? Cette question avait été décidée affirmativement par un jugement du tribunal de Montpellier du 23 juin 1884, aff. Cavallier, D. P. 87. 1. 65); sur appel, elle n'a pas été résolue par la cour. Elle devait, à notre avis, être tranchée contrairement à l'avis du tribunal. L'intention de faire une libéralité indirecte ne se rencontre pas dans un acte dont le but était de mettre un incapable à l'abri du risque d'une affaire déterminée. — Mais, si l'on reconnaît à cette renonciation le caractère d'un acte à titre onéreux, quelles seront les règles qu'il y aura lieu d'appliquer? L'abandon d'un droit compris dans une hérédité n'est pas mentionné dans la nomenclature des actes que le tuteur peut, aux termes des art. 450 et suiv. c. civ., faire seul ou avec telle ou telle autorisation. On pourrait proposer l'application de la loi du 27 févr. 1880, qui concerne l'aliénation de tous les meubles incorporels quels qu'ils soient; mais on répondrait que l'aliénation suppose la transmission à un tiers du droit dont se dessaisit le cédant; il ne s'agit pas ici d'une aliénation. Les règles de l'art. 467 c. civ. en matière de transaction ne seraient pas d'une application plus exacte. Il semble qu'on devrait traiter cette renonciation comme on traiterait la répudiation de la succession tout entière; l'autorisation du conseil de famille suffirait en vertu de l'art. 461 c. civ. Jugé, au surplus, qu'une pareille renonciation ne peut résulter que d'un acte du tuteur, et non pas seulement d'une délibération du conseil de famille que le tuteur n'a pas exécutée et à laquelle il a, au contraire, opposé des réserves formelles (Montpellier, 23 juin 1884, et, sur pourvoi, Req. 1er mars 1886, aff. Cavallier, D. P. 87. 1. 65).

568. — V. Compromis (*Rép.* n° 578). — Le tuteur ne peut pas soumettre à des arbitres les contestations relatives aux affaires du mineur: l'art. 1004 c. proc. civ. ne permet pas de compromettre sur des affaires sujettes à communication au ministère public, ce qui comprend toutes les affaires intéressant les mineurs (c. proc. civ. art. 83). La prohibition n'est pas restreinte aux droits immobiliers du mineur; elle s'étend aussi à ses droits mobiliers (Demolombe, t. 7, n° 779; Laurent, t. 5, n° 100).

Sect. 6. — De la fin de la tutelle (*Rép.* n°s 579 à 592).

569. Les causes qui mettent fin à la tutelle dans la personne du tuteur, sont: 1° la mort du tuteur, la dégradation civique, la privation du droit d'être tuteur prononcée en vertu de l'art. 42 c. pén., la déchéance de la puissance paternelle prononcée en vertu de la loi du 24 juill. 1889 (V. *suprà*, n° 262), la destitution ou l'exclusion définitive d'une autre tutelle (V. *suprà*, n° 263), l'interdiction du tuteur (V. *suprà*, n° 237). Dans ces différentes hypothèses, la mission du tuteur cesse de plein droit (Aubry et Rau, t. 1, § 119, p. 480). — Les fonctions du tuteur cessent-elles également par la perte de la qualité de Français? MM. Aubry et Rau (*ibid.*) enseignent l'affirmative (V. aussi *Rép.* n° 590); mais la jurisprudence tend à se prononcer dans le sens opposé (V. *suprà*, n° 234); — 2° La destitution encourue pour les causes prévues par l'art. 444 c. civ. (V. *suprà*, n°s 264 et suiv.); — 3° L'acceptation d'une excuse fondée sur une cause survenue depuis l'entrée en fonctions du tuteur (V. *suprà*, n°s 236 et suiv.); — 4° La démission du tuteur agréée par le conseil (V. *suprà*. n° 235); — 5° Le retrait de la tutelle, qui doit être prononcé dans les formes établies pour la destitution, quand il survient au tuteur une infirmité intellectuelle qui, quoique n'ayant donné lieu, ni à interdiction, ni à nomination d'un conseil judiciaire, le rend inhabile à continuer ses fonctions (Aubry et Rau, t. 1, § 119, p. 483); — 6° Le convol de la mère non maintenue dans la tutelle par le conseil de famille; — 7° L'établissement d'une tutelle officieuse, dont l'effet est de faire passer de plein droit au tuteur officieux le gouvernement de la personne et l'administration des biens du mineur (c. civ. art. 365; Aubry et Rau, t. 1, § 119, p. 484); — 8° La délation ou la restitution de la tutelle en vertu d'une délibération du conseil de famille à celui qui s'est fait exempter de la tutelle en vertu des art. 427 et 428 c. civ. Le tuteur qui avait été nommé en remplacement du tuteur exempté cesse aussitôt ses fonctions (c. civ. art. 431; Aubry et Rau, *ibid.* V. *suprà*, n° 240); — 9° L'absence déclarée, quand la tutelle est gérée par le survivant des père et mère (c. civ. art. 142 et 143), ou le seul fait de l'abandon de la tutelle par absence, s'il s'agit de la tutelle légitime des ascendants, de la tutelle testamentaire ou de la tutelle dative (art. 431; *Rép.* n° 589; Aubry et Rau, *loc. cit.*).

La tutelle prend fin dans la personne du mineur, par sa mort, sa majorité ou son émancipation (*Rép.* n° 580).

570. La tutelle est-elle présumée continuer, même après l'événement de la majorité du pupille, tant que le tuteur continue à gérer et n'a pas rendu compte? On a exposé au *Rép.* n°s 581 et suiv. la controverse que cette question a soulevée. L'affirmative est enseignée par MM. Aubry et Rau, t. 1, § 120, p. 484 et suiv.). Selon ces auteurs, les pouvoirs du tuteur cessent de plein droit à la majorité du pupille, sauf dans le cas où la cause qui a mis fin à la tutelle a pu rester ignorée du public. Quant aux obligations du tuteur dérivant de la tutelle, elles persistent toutes jusqu'à la reddition du compte, si le tuteur a conservé de fait l'administration des biens du pupille. Il n'y aurait d'exception à cette règle que s'il résultait en fait de l'ensemble des circonstances que le ci-devant tuteur n'a continué de gérer, à titre de mandataire, que par suite d'un accord ayant opéré en sa personne interversion de qualité (V. en ce sens, outre les autorités citées au *Rép.* n° 581, Agen, 3 mai 1862, aff. Dissis, D. P. 63. 2. 16; Civ. cass. 9 juill. 1866, aff. Duchamps, D. P. 66. 1. 387; Rouen, 29 mars 1870, aff. Jouen, D. P. 73. 2. 70; Paris, 31 mars 1876, *infrà*, n° 617; 13 déc. 1877, aff. Routier, D. P. 78. 2. 71). Ces arrêts décident, par application du système d'après lequel la tutelle continue, que le tuteur doit de plein droit les intérêts des sommes perçues par lui après la majorité du pupille et non employées conformément aux art. 455 et 456 c. civ. (V. *suprà*, n° 366).

Dans un système entièrement opposé, l'on soutient que la tutelle finit avec toutes ses conséquences à la majorité du pupille. Le tuteur qui continue l'administration des biens n'est tenu, à raison de cette gestion, que comme un simple mandataire. Notamment, il ne doit pas de plein droit l'intérêt des sommes perçues et non employées dans les six mois V. en ce sens, outre les autorités citées au *Rép.* n° 582: Grenoble, 16 janv. 1832, *Rép.* v° *Privilèges et hypothèques*, n° 582; Bourges, 28 avr. 1838, *Rép.* v° *Privilèges et hypothèques*, n° 1058; Dijon, 17 janv. 1856, aff. Simonin, D. P. 56. 2. 34; Besançon, 1er avr. 1863, aff. Veuve Lomont, D. P. 63. 2. 93; Caen, 7 juill. 1871, aff. Dieu-Labranises, D. P. 72. 2. 204).

Ainsi qu'on l'a expliqué au *Rép.* n° 583, la question semble devoir se résoudre par une distinction : pour les opérations postérieures à la majorité du pupille, l'ancien tuteur ne doit être considéré que comme un simple mandataire; pour les actes d'administration antérieure à la majorité ou même pour les faits accomplis avant la majorité, mais dont les conséquences fâcheuses pour le mineur ne se sont produites que depuis la majorité, en d'autres termes « pour les actes qui se lient intimement et qui se trouvent connexes aux opérations de la tutelle », le tuteur continue d'être assujetti à toutes les obligations résultant de la tutelle (V. en ce sens Laurent, t. 5, n° 118). — M. Huc, t. 3, n° 451, critique, cependant, cette distinction. Ou il s'agit, dit-il, d'un acte passé pendant la tutelle et produisant ses effets après qu'elle a cessé, et alors c'est véritablement un acte de gestion tutélaire; ou il s'agit d'un acte postérieur à la cessation de la tutelle, et c'est en vain qu'on voudrait le rattacher à la gestion antérieure, car, malgré la connexité invoquée, l'unité prétendue de l'opération serait toujours scindée par l'événement qui a mis fin à la tutelle. Mais ce système nous paraît trop absolu. Si le tuteur, par exemple, avait poursuivi le recouvrement d'une créance dès avant la majorité du mineur et n'avait touché le montant de cette créance qu'après la majorité, il nous semble que la somme reçue par lui serait garantie par l'hypothèque légale.

571. Les règles de la tutelle sont applicables à la gestion du tuteur destitué qui continue de gérer les biens du pupille jusqu'à l'entrée en fonctions du nouveau tuteur (*Rép.* n° 584; Aubry et Rau, t. 1, § 120, p. 485. — *Contrà* : Laurent, t. 5, n° 119).

572. Elles ne sont pas applicables aux héritiers du tuteur, obligés, en cas de mort de celui-ci, à continuer la gestion jusqu'à la nomination d'un nouveau tuteur (c. civ. art. 499). Ils ne sont tenus, à partir du décès de leur auteur, que de la même façon qu'un mandataire ordinaire (*Rép.* n° 585; Aubry et Rau, t. 1, § 118, p. 480; Laurent, t, 5, n° 120). Il a été jugé, en ce sens, que les héritiers ne sont comptables que des sommes dues par le tuteur au jour de son décès, et que les intérêts de ces sommes ne peuvent courir contre eux qu'en vertu d'une demande en justice (Paris, 13 déc. 1877, aff. Routier, D. P. 78. 2. 71).

573. Pour toutes les questions qui se rapportent à l'existence et à la durée de l'hypothèque légale sur les biens du tuteur, V. *infrà*, v° *Privilèges et hypothèques*; — *Rép.* eod. v°, n°s 1060 et suiv.

SECT. 7. — DU COMPTE DE TUTELLE (*Rép.* n°s 593 à 685).

ART. 1er. — *Par qui le compte de tutelle est dû. — A qui il doit être rendu. — A quelle époque, en quelle forme et devant quel tribunal* (*Rép.* n°s 593 à 609).

574. — I. PAR QUI LE COMPTE DE TUTELLE EST DU (*Rép.* n°s 593 à 596). — Le compte de tutelle est dû, comme on l'explique au *Rép.* n° 593, par tout tuteur et par toute personne qui, sans avoir été revêtue de la qualité de tuteur, a provisoirement administré la tutelle. Si les fonctions du tuteur ont cessé par sa mort ou par son absence, l'obligation de rendre compte pèse sur ses héritiers et successeurs universels, ou sur la personne chargée de l'administration de son patrimoine (c. civ. art. 419; Aubry et Rau, t. 1, § 121, p. 486).

575. Lorsque plusieurs pupilles se trouvent soumis à une même tutelle, le tuteur est tenu de leur rendre compte de sa gestion au fur et à mesure que chacun d'eux sort de tutelle (Aubry et Rau, *ibid.*).

576. — II. A QUI LE COMPTE DOIT ÊTRE RENDU, ET, S'IL Y A EU PLUSIEURS TUTEURS, COMMENT ON DOIT PROCÉDER (*Rép.* n°s 597 à 599). — Le compte du dernier tuteur doit comprendre toutes les gestions précédentes (*Rép.* n° 598). Il a été jugé, en ce sens, que lorsqu'il y a eu deux tutelles successives, le second tuteur doit rendre compte non seulement de sa propre gestion, mais aussi de la gestion du tuteur qui l'a précédé, et qu'il est incapable de recevoir une libéralité testamentaire de son ancien pupille devenu majeur, tant que ce double compte n'a pas été rendu et apuré (Besançon, 27 nov. 1862, aff. Reverchon, D. P. 62. 2. 214).

577. — III. A QUELLE ÉPOQUE LE COMPTE DOIT ÊTRE RENDU (*Rép.* nos 600 et 601). — Le code civil, s'écartant des règles de l'ancien droit, n'exige pas du tuteur des comptes provisoires au cours de la tutelle, et se contente des états de situation dont le conseil de famille peut imposer la remise au subrogé tuteur. Le tuteur ne doit rendre qu'un compte définitif à la fin de la tutelle. Il a été jugé, par suite de ce principe, que le tuteur n'étant comptable de sa gestion qu'à la fin de la tutelle, et jusque-là les créances du mineur sur le tuteur étant indéterminées et éventuelles, aucune attribution définitive ne peut être faite, en vertu de ces créances, au profit du mineur, dans le cas où un ordre est ouvert sur le prix d'adjudication d'un immeuble du tuteur vendu au cours de la tutelle (Alger, 12 mai 1880 (1). Comp. Civ. cass. 9 janv. 1855, aff. Alcat D. P. 55. 1. 28).

578. Le mineur devenu majeur est autorisé à débattre avec le tuteur qui rend le compte définitif, non seulement le compte de celui-ci, mais encore les comptes des anciens tuteurs. Le tuteur en exercice est responsable vis-à-vis de l'ex-pupille des forcements en recette ou des retranchements de dépense applicables aux comptes des anciens tuteurs (Demolombe, t. 8, n° 106 ; Aubry et Rau, t. 1, § 121, p. 489). Il a même été jugé que l'obligation, pour le nouveau tuteur, de faire rendre compte par l'ancien tuteur, engage sa responsabilité personnelle, et qu'il ne saurait s'en exonérer en soutenant que celui qui objecte ce défaut de reddition de compte était lui-même héritier du premier tuteur et lui devait dès lors garantie pour le compte qui n'a pas été rendu (Besançon, 27 nov. 1862, aff. Reverchon, D. P. 62. 2. 214). — Jugé, toutefois, que la règle en vertu de laquelle, dans le cas de tutelles successives, le mineur est fondé à demander un compte général au dernier tuteur, ne reçoit pas son application en cas de tutelle légale du père ou de la mère, le mineur étant obligé, en qualité d'héritier de ses parents, de garantir contre les conséquences de leur gestion le tuteur rendant compte (Paris, 31 mars 1876, *infrà*, n° 617).

579. Si les précédents tuteurs n'avaient pas encore rendu leurs comptes ou s'ils n'avaient pas obtenu leur décharge, ils pourraient être actionnés, soit à l'effet de rendre compte, soit à l'effet de débattre leurs comptes, à la requête du dernier tuteur, ou bien à celle du ci-devant pupille. Si le compte des anciens tuteurs a été définitivement apuré, et si le tuteur en exercice leur a donné décharge, cette décharge lie aussi bien le tuteur que l'ex-pupille. Ni l'un ni l'autre ne peuvent agir contre les anciens tuteurs. Le dernier tuteur reste seul responsable vis-à-vis de l'ex-pupille des modifications qui résulteront du débat des anciens comptes. — Cette règle ne comporte exception que dans les cas où la loi autorise le redressement des comptes pour erreur matérielle, faux ou double emploi (c. proc. civ. art. 541), et aussi dans

---

(1) (Laure C. Cardina, René et autres.) — LA COUR ; — Attendu que l'art. 8 de la loi du 23 mars 1855 a eu pour objet de modifier, dans l'intérêt du Crédit foncier, la législation relative aux hypothèques des incapables, en limitant à l'expiration de l'année qui suit la dissolution du mariage, ou la cessation de la tutelle, la dispense d'inscription accordée à l'hypothèque légale ; que, dès lors, quels que soient les termes dans lesquels est conçu l'article précité, il ressort manifestement des intentions et des préoccupations du législateur de l'époque, qu'il a imposé l'obligation de manifester l'hypothèque légale dans l'année qui suit la dissolution du mariage, tout aussi bien aux héritiers de la femme prédécédée, qu'à la femme qui survit à son mari et de laquelle seulement il est parlé dans ledit article ; — Attendu que cette obligation ne cesse pas au cas où les héritiers de la femme prédécédée sont des mineurs placés sous la tutelle de leur père ; qu'en effet, la loi ne fait aucune exception ; qu'une exception de cette nature serait d'ailleurs contraire au but à atteindre, puisqu'il pourrait en résulter, dans certains cas, que l'hypothèque légale de la femme conservât les effets que lui donne l'art. 2135 c. civ., tout en restant occulte pendant plus de vingt années après le décès de celle dont elle était destinée à protéger les droits ; que les héritiers, n'ayant pas plus de droits que leur mère dont ils ne font que continuer la personne, ne peuvent prendre une inscription, après l'expiration du délai fixé par l'art. 8 de la loi du 23 mars 1855, que dans les conditions où celle-ci aurait pu le faire elle-même, c'est-à-dire que cette inscription ne peut dater à l'égard des tiers que du jour où elle a été prise ; que décider, le contraire, ce serait transporter dans le système qui règle le sort de l'hypothèque légale de la femme des dispositions qui ne règlent que l'hypothèque légale du mineur ; — Attendu qu'il suit de là que, faute d'avoir été prise dans l'année qui a suivi le décès de la dame Bério, arrivé le 5 avr. 1871, l'inscription du 27 déc. 1875 ne peut protéger les reprises dotales de celle-ci contre des créances inscrites avant cette dernière date ; — Attendu que la mineure Bério est toutefois protégée par les garanties que le code civil a organisées pour la conservation des droits pupillaires, lesquels, d'après l'art. 450 dudit code, comprennent les dommages-intérêts qui peuvent résulter d'une mauvaise gestion ; — Que l'omission de prendre, dans l'année qui a suivi la dissolution du mariage, l'inscription de l'hypothèque légale, qui appartenait à sa pupille du chef de sa mère, est un fait de cette nature, qui peut engager la responsabilité du tuteur ; — Attendu que si les droits que la mineure Bério tient du contrat de mariage de sa mère ne sont pas garantis contre tous les créanciers par l'hypothèque légale de celle-ci, ils peuvent donc l'être par l'hypothèque pupillaire qui, ayant été inscrite le 26 oct. 1878, remonte, quant à ses effets, à l'ouverture de la tutelle, c'est-à-dire au 5 avr. 1871, et prime ainsi tout autre créancier, puisqu'il n'en existe pas qui soit antérieur à cette date ;

Mais attendu que, aux termes des art. 469 et 470 c. civ., le tuteur n'est comptable de sa gestion que quand elle finit ; que le compte de tutelle ne peut être rendu avant cette époque, et que jusque-là les créances du mineur sur le tuteur sont indéterminées et n'ont qu'un caractère purement éventuel ; qu'elles ne sauraient d'ailleurs être colloquées, avant la fin de la tutelle, sans un grand danger pour le mineur, sur le prix d'un immeuble appartenant au tuteur, puisque ce serait à celui-ci, alors qu'il offrirait moins de garanties que précédemment, que le montant de la collocation serait payé ; que les mesures ordonnées dans l'intérêt du mineur tourneraient ainsi contre lui ; — Attendu qu'il suit de là qu'aussi longtemps que dure la gestion du tuteur, le résultat des prétentions du mineur n'étant pas établi, la collocation des autres créanciers ne peut avoir lieu que sous la condition que le prix à distribuer ne sera pas absorbé par la créance du mineur ; — Attendu que, en pareil cas, il convient qu'après avoir colloqué conditionnellement le mineur au rang de son hypothèque légale, on pourvoie à ce que le montant de la collocation soit conservé pour lui être remis, s'il y a lieu, après le compte de gestion du tuteur ; que, dans l'espèce, le but sera atteint si les créanciers postérieurs en ordre, conditionnellement colloqués, ne sont autorisés à recevoir le montant de leur collocation qu'en fournissant une caution hypothécaire suffisante, et si on dit que, faute par eux de le faire, l'adjudicataire pourra conserver les fonds entre ses mains ou, à son choix, les déposer à la Caisse des dépôts et consignations, après un délai déterminé, les intérêts devant, dans tous les cas, être versés aux mains des créanciers colloqués conditionnellement jusqu'à ce que la mineure soit émancipée ou ait atteint l'âge de dix-huit ans, puisque, jusqu'à l'une ou l'autre de ces époques, la jouissance de ses biens appartient à son père ; — Attendu qu'il résulte de ce qui précède que le jugement dont est appel doit être réformé en ce qu'il a refusé de faire produire ses effets à l'hypothèque légale de la mineure Bério sur les biens de son tuteur, et à l'hypothèque légale de la dame Bério sur les biens de son mari, à dater du jour où cette hypothèque a été inscrite au profit de la mineure Bério, le 27 déc. 1876, et qu'il doit être modifié dans le sens qui vient d'être indiqué ; — Par ces motifs ; — Reçoit l'appel, et y faisant partiellement droit ; — Infirme le jugement attaqué en ce qu'il a rejeté la demande en collocation formée pour la mineure Bério, au nom de son subrogé tuteur ; — Et, réformant le règlement provisoire du 15 avr. 1879 ; — Dit que la mineure Bério sera colloquée : 1° au rang de l'hypothèque légale de sa mère, à la date du 27 déc. 1875, pour la somme de 5000 fr., apport dotal de sa mère et ses accessoires ; — 2° au rang de son hypothèque légale, à la date du 5 avr. 1871, sur les immeubles appartenant à son tuteur, à raison de sa gestion et à titre conditionnel, avant tout autre créancier ; — Dit que les créanciers colloqués par ledit règlement provisoire ne le seront également qu'à titre conditionnel et pour le cas seulement où le prix à distribuer ne serait pas absorbé par la créance de la mineure Bério ; — Dit, en conséquence, qu'ils ne pourront recevoir le montant de leur collocation qu'en fournissant une caution hypothécaire suffisante, et que, faute par eux de ce faire dans le délai d'un mois à partir du jour du règlement définitif, l'adjudicataire pourra, à son gré, conserver les fonds entre ses mains ou les déposer à la Caisse des dépôts et consignations ; — Que, dans ces deux hypothèses, et jusqu'à ce que la mineure soit émancipée ou ait atteint l'âge de dix-huit ans, les intérêts des sommes déposées ou conservées appartiendront aux créanciers utilement colloqués, et que, en cas de dépôt, ils les toucheront sur leurs quittances, etc.

Du 12 mai 1880.-C. d'Alger, 1re ch.-MM. le cons. Perinne, pr.-Cuniac, subst.-Mallarmé et Chéronnet, av.

le cas où les transactions intervenues au sujet des anciens comptes pourraient être annulées comme n'ayant pas été faites en conformité de l'art. 467 c. civ. (Aubry et Rau, t. 1, § 121, p. 489, note 11). — Ces principes sont applicables, soit que les comptes des anciens tuteurs aient été rendus et apurés à l'amiable, soit qu'ils aient été rendus judiciairement; dans cette dernière hypothèse, le mineur pourrait, le cas échéant, attaquer par la voie de la requête civile les décisions judiciaires rendues sur les débats du compte (Aubry et Rau, *ibid.*).

580. La femme tutrice et le mari cotuteur ne doivent présenter qu'un seul et même compte (Conf. *suprà*, nos 80 et suiv.). Toutefois, le tribunal, à qui deux comptes de tutelle séparés ont été présentés par le mari et par la femme non autorisée, a pu valablement, au lieu d'ordonner la reddition d'un nouveau compte unique, régler la situation des parties en s'appuyant sur les titres et quittances produits, alors qu'il était impossible d'accorder entre eux les rendant compte, et que l'affaire était en état, par suite des conclusions au fond de toutes les parties (Req. 19 avr. 1886, aff. Pouderoux, D. P. 87. 1. 171).

581. — IV. FORMALITÉS DE LA REDDITION DU COMPTE (*Rép.* nos 602 à 607). — On a dit au *Rép.* n° 602 que le compte de tutelle n'est pas un acte solennel, et que le code civil n'en a pas soumis la reddition à des formalités spéciales. Le compte peut être rendu à l'amiable, par acte sous seing privé ou devant notaire, ou devant arbitres, au gré des parties. Il peut même être rendu verbalement. L'acte par lequel le mineur devenu majeur reconnaît que son ex-tuteur lui a remis le compte fidèle de sa gestion, avec les pièces justificatives, et déclare qu'il approuve et ratifie tous les actes de cette gestion et en donne pleine et entière décharge, constitue une preuve suffisante de la reddition et de l'apurement du compte de tutelle (Gand, 24 avr. 1882, *Pasicrisie belge*, 82. 2. 212; Huc, t. 3, n° 454. V. toutefois, *infrà*, n° 593). Quand les parties ne s'entendent pas, le compte est réglé judiciairement (c. civ. art. 473. V. *suprà*, v° *Compte* nos 8 et suiv.). — Ces règles sont applicables au mineur devenu majeur. Elles le sont également au mineur émancipé. Il suffit que celui-ci soit assisté de son curateur (c. civ. art. 480). (V. en ce sens, outre les autorités citées au *Rép* n° 603 : Aubry et Rau, t. 1, § 121, p. 487, note 3; Laurent, t. 5, n° 130. — V. toutefois les arrêts en sens contraire, cités au *Rép. ibid.*).

582. Quand le compte de tutelle est rendu par le tuteur démissionnaire ou révoqué ou par les héritiers du tuteur décédé à un nouveau tuteur, ce compte n'est pas davantage soumis à l'approbation du conseil de famille ni à l'homologation de justice (V. *Rép.* n° 605; Aubry et Rau, *loc. cit.*; Laurent, t. 5, n° 131). Cette solution est implicitement admise par un arrêt de la cour de Besançon du 27 nov. 1862 (aff Reverchon, D. P. 62. 2. 214).

583. Le compte rendu au nouveau tuteur doit-il être établi en présence du subrogé tuteur? On s'est prononcé pour l'affirmative au *Rép.* n° 606 (V. dans le même sens, Demolombe, t. 8, n° 56). On objecte : 1° que la réception du compte de tutelle est un acte d'administration que le nouveau tuteur a qualité pour faire seul; que le subrogé tuteur n'est pas autorisé à s'immiscer dans la gestion en dehors des cas spécifiés par la loi; — 2° Qu'il n'y a pas opposition d'intérêts entre le mineur et l'ancien tuteur, qui ne le représente pas, puisqu'il rend compte en son nom personnel; que cette opposition n'existe pas davantage entre le mineur et le nouveau tuteur qui n'a aucun intérêt à diminuer le reliquat du compte de l'ancien; que si cette opposition se présentait exceptionnellement, le subrogé tuteur serait recevable à intervenir; — 3° Que si la présence du subrogé tuteur est exigée à l'inventaire, il n'en résulte pas qu'elle soit nécessaire lorsqu'il s'agit de la reddition du compte de l'ancien tuteur; qu'il n'y a aucune assimilation à faire entre ces deux actes, et qu'il est inexact de dire d'une façon absolue que le compte de l'ancien tuteur tient lieu d'inventaire au début de la nouvelle gestion. En effet, cet inventaire a constaté, une fois pour toutes, l'existence et la valeur des biens meubles du mineur au début de la tutelle. Le mobilier a été aliéné et le prix placé. Les valeurs mobilières ont subi le sort déterminé par le conseil de famille. Il n'y a plus à établir que les recettes et les dépenses. C'est un acte de simple administration, que le nouveau tuteur peut faire seul. L'inventaire primitif et le compte de l'ancien tuteur suffisent pour sauvegarder les intérêts du pupille (Aubry et Rau, t. 1 p. 487, note 2; Laurent, t. 5, n° 131, et Liège, 29 mai 1863, cité par cet auteur). — Malgré ces raisons, nous persistons à penser qu'il sera sage, de la part du nouveau tuteur, de se faire assister du subrogé tuteur, pour recevoir le compte de son prédécesseur. — L'intervention du subrogé tuteur, si elle n'est pas expressément exigée en pareil cas, est tout au moins conforme à l'esprit de la loi.

584. — V. COMPÉTENCE (*Rép.* nos 608 et 609). — L'action en reddition de compte se poursuit devant le tribunal du lieu où la tutelle a été déférée (*Rép.* n° 609). Par exception à cette règle, il a été jugé qu'en cas de décès du pupille, si le tuteur se trouve être héritier à réserve de celui-ci, l'action en reddition de compte de tutelle et de mandat est compétemment portée devant le tribunal de l'ouverture de la succession, accessoirement à la demande en liquidation et partage de la succession (Paris, 31 mai 1851, aff. Veuve Crespiat, D. P. 71. 5. 394).

ART. 2. — *En quoi consiste le compte de tutelle; de quels éléments il se compose, et des effets attachés à la reddition du compte. — Revision du compte. — Intérêts* (*Rép.* nos 610 à 641).

585. Le compte de tutelle se compose essentiellement, comme tout autre compte, du chapitre des recettes et du chapitre des dépenses (c. proc. civ. art. 533) (V. *Rép.* n° 611).

586. — I. CHAPITRE DES RECETTES (*Rép.* nos 613 et 614). — Le chapitre des recettes doit comprendre, en premier lieu, l'actif qui a été constaté à l'inventaire dressé au début de la tutelle. Le tuteur doit, de plus, porter en recettes toutes les valeurs qu'il a reçues pour le compte du pupille, même celles qui auraient été omises à l'inventaire ou celles qui n'étaient pas dues au mineur, si les tiers auxquels elles appartenaient n'en ont pas demandé la restitution (Demolombe, t. 8, n° 109; Aubry et Rau, t. 1, § 121, p. 488; Huc, t. 3, n° 457). Il y a lieu aussi de porter à l'actif les intérêts dont le tuteur se trouve débiteur par application des art. 455 et 456 c. civ. (V. *Rép.* n° 613).

587. — II. CHAPITRE DES DÉPENSES (*Rép.* nos 615 à 623). — L'art. 471 c. civ. veut qu'il soit alloué au tuteur toutes dépenses utiles et suffisamment justifiées (*Rép.* n° 615). Pour apprécier l'utilité de la dépense, il faut se reporter au moment où elle a été faite. Une dépense faite pour la conservation ou l'amélioration d'un immeuble du mineur devrait être allouée au tuteur alors même que cet immeuble aurait péri depuis. — Les dépenses utiles sont dues au tuteur, encore bien qu'elles dépassent, soit le chiffre fixé par le conseil de famille pour les frais de l'entretien du pupille et de l'administration de ses biens, soit même le montant de ses revenus (V. outre les autorités citées au *Rép.* n° 615 : Aubry et Rau, t. 1, § 121, p. 488; Laurent, t. 5, n° 134; Huc, t. 3, n° 457).

588. Les avances faites par le tuteur sans accomplissement des formalités prescrites pour l'emprunt sont-elles productives d'intérêts à son profit pendant le cours de la tutelle? V. *suprà*, n° 379, et *infrà*, n° 600.

Le tuteur a droit à tous ses déboursés, tels que ses frais de voyage; mais il ne lui est dû ni indemnités, ni honoraires pour ses soins et peines (Demolombe, t. 7, n° 610 et t. 8, n° 115; Aubry et Rau, t. 1, § 121, p. 488, note 7. V. toutefois *suprà*, n° 339).

589. Les père et mère ne peuvent pas comprendre dans leur compte, au moins jusqu'à l'époque où leurs enfants atteignent l'âge de dix-huit ans, les dépenses qui sont des charges de l'usufruit légal (*Rép.* n° 616. V. *Rép.* v° *Puissance paternelle et usufruit légal*, nos 117 et suiv.). Il a été jugé qu'il n'y a pas lieu, lors de la reddition du compte de tutelle, d'imputer à la charge du mineur les avances que la mère, remariée sous le régime dotal et propriétaire de biens paraphernaux, a faites pour l'instruction et l'éducation du mineur, afin de parer à l'insuffisance de ses revenus, alors que ces avances n'ont été en réalité, de sa part, que l'accomplissement spontané des obligations consacrées par les art. 203, 206 et 207 c. civ. (Req. 19 avr. 1886, aff. Pouderoux, D. P. 87. 1. 171).

590. Les dépenses doivent être suffisamment justifiées, sans que cette justification soit soumise à des règles particulières (*Rép.* n° 618). D'après la cour de cassation, les tribunaux jouissent d'un pouvoir souverain d'appréciation pour décider si les dépenses du tuteur sont suffisamment justifiées (Req. 15 juin 1880) (1) (V. à cet égard, outre les autorités citées au *Rép.* n° 618 : Demante, t. 2, n° 233 *bis*, 1 ; Demolombe, t. 8, n° 16 ; Aubry et Rau, t. 1, p. 489, § 121 ; Laurent, t. 5, n° 135 ; Huc, t. 3, n° 457).

591. Par application du principe que le tuteur est tenu de justifier les dépenses qu'il porte dans son compte, il a été jugé que le tuteur n'a pas le droit de porter en dépense dans le compte de tutelle une somme représentant les intérêts de la dot constituée au pupille, alors qu'il n'est pas établi qu'elle a été par lui déboursée pour le compte de celui-ci ; qu'il ne suffit pas que, dans la liquidation des successions indivises entre le pupille et ses cohéritiers, cette somme ait été mise à l'actif de la masse partageable pour fixer l'apportionnement du pupille (Civ. cass. 27 août 1877, aff. Chabret du Rieu, D. P. 78. 1. 152).

592. — III. Revision du compte (*Rép.* n°s 624 à 626). — V. *suprà*, v° *Compte*, n°s 37 et suiv. ; — *Rép.* eod. v°, n°s 149 et suiv.

593. — IV. Intérêts (*Rép.* n° 627). — 1° *Intérêts dus par le tuteur* (*Rép.* n°s 628 à 636). — En vertu de l'art. 474 c. civ., le reliquat du compte de tutelle porte intérêt de plein droit en faveur du mineur à dater de la clôture du compte. Cependant, si, le tuteur se refusant ou tardant à rendre compte, il est nécessaire de l'actionner en justice, les intérêts seront dus à partir de la demande (*Rép.* n° 628. V. outre les auteurs cités *ibid.* : Aubry et Rau, t. 1, § 121, p. 490 ; Laurent, t. 5, n° 145 ; Huc, t. 3, n° 461).

594. Les intérêts des sommes dont le tuteur est reconnu débiteur par suite du redressement de son compte de tutelle, ne sont-ils dus qu'à partir du jour où le redressement a été demandé en justice ? V. dans le sens de l'affirmative, l'arrêt de la cour de Douai, du 19 juin 1835, rapporté au *Rép.* n° 629. La question était posée dans une espèce soumise à la cour de cassation (Req. 5 août 1878, aff. Neveu, D. P. 79. 1. 71) ; mais elle n'a pas été résolue. On peut soutenir qu'il faut distinguer. Si les omissions qui ont donné lieu au redressement n'ont pas été volontaires de la part du tuteur, les intérêts ne courront qu'à dater de la demande en revision du compte. Si ces omissions ont été volontaires, il y a lieu de faire remonter le cours des intérêts à la date de la clôture du compte. (V. dans le sens de cette distinction, D. P. 66. 1. 337, note. — V. toutefois, au *Rép.* n° 629, les observations sur l'arrêt de la cour de Douai, précité, et, dans le même sens que ces observations, Laurent, t. 5, n° 146 ; Huc, t. 3, n° 461).

595. La disposition de l'art. 474 est établie en faveur du pupille (Demolombe, t. 8, n° 465). Elle ne peut donc pas lui être opposée, lorsque, par application du droit commun, les intérêts des sommes qui lui sont dues ont couru à partir d'une époque antérieure à la reddition du compte. Jugé, en conséquence, que le tuteur, appelé en concours avec d'autres ayants droit à recueillir une part dans la succession de son pupille décédé, est débiteur à titre d'héritier envers cette succession, de la somme dont il est reliquataire par suite de la tutelle et doit en faire le rapport dans les termes de l'art. 829 c. civ. ; que, par suite, il doit les intérêts de cette somme, conformément à l'art. 856 c. civ., à compter de l'ouverture de la succession, et non pas seulement à partir de la clôture du compte de tutelle (Civ. rej. 13 juin 1881, aff. Lagagne, D. P. 82. 1. 471). Le tuteur n'a, d'ailleurs, pas le droit d'opter entre les deux qualités qu'il réunit en sa personne et de déterminer à quel titre il entend rendre compte des sommes dont il est débiteur (*Rép.* n° 635 et l'arrêt cité *ibid.*).

596. Si le mineur a contre le tuteur des créances indépendantes de la tutelle, ces créances porteront-elles intérêt de plein droit ? La question se réduit à savoir si ces créances doivent figurer dans les recettes et servir à former l'excédent des recettes sur les dépenses, c'est-à-dire le reliquat qui, aux termes de l'art. 474, produit intérêt de plein droit. Il faut supposer que la créance est exigible au moment de la clôture du compte. En ce cas, elle doit être comprise dans le compte. En effet, si elle est antérieure à l'ouverture de la tutelle, elle a été portée dans l'inventaire, et tout ce qui figure comme actif dans l'inventaire doit être compris dans le chapitre des recettes du compte. Si elle est née pendant la durée de la tutelle, elle est entrée dans le patrimoine du mineur, et doit figurer dans le compte comme créance à recouvrer. En outre, la créance étant exigible, le tuteur aurait dû la payer ; le montant en devrait figurer dans les recettes effectives. A défaut de payement, le tuteur en doit les intérêts en vertu de l'art. 455 : il est juste qu'il les doive également comme reliquataire. Enfin, si les intérêts sont accordés de plein droit par l'art. 474, c'est dans la pensée que le mineur sera retenu d'agir contre son tuteur par crainte respectueuse ou par reconnaissance. Ce motif s'applique aussi bien aux demandes concernant une créance antérieure à la tutelle qu'à celle qui a pour objet le reliquat du compte (Laurent, t. 5, n° 143).

Les mêmes considérations conduisent à décider que les créances du mineur contre le tuteur, n'ayant pas pour cause la gestion tutélaire, mais devenues exigibles pendant la tutelle, sont garanties par l'hypothèque légale établie par l'art. 2135 c. civ., et, d'autre part, se prescrivent par dix ans conformément à l'art. 475 (*Rép.* v° *Privilèges et hypothèques*, n° 1049 ; Pont, *Commentaire-traité des privilèges et hypothèques*, t. 1, n° 501). Mais la doctrine contraire relativement à la prescription a été consacrée par la cour de cassation (Req. 31 mars 1845, aff. Molis, D. P. 45. 1. 187 ; Civ. cass. 16 avr. 1851, aff. Lesneven, D. P. 51. 1. 128 ; Lyon, 23 nov. 1850, aff. Veyret, D. P. 51. 2. 241 ; Paris, 16 juin 1875, aff. Charny, D. P. 75. 2. 148). On fait valoir, en ce sens, que la prescription de dix ans n'est pas attachée au fait que le tuteur a porté ou non sa dette dans le compte de tutelle mais au caractère du contrat d'où résulte la dette. La prescription de dix ans est applicable à l'action de tutelle, parce que cette action a pour cause des faits d'administration qui sont fugitifs de leur nature. La prescription de droit commun doit, au contraire, bénéficier au mineur quand sa créance naît d'un contrat étranger à la tutelle (Demolombe, t. 8, n°s 172 et suiv. ; Massé et Vergé sur Zachariæ, t. 1, § 230). — De même, en ce qui concerne l'application de l'art. 474 aux dettes étrangères à la tutelle, il a été jugé qu'en admettant que les sommes omises dans un compte de tutelle produisent des intérêts de plein droit à partir de la date de ce compte, c'est là un privilège de minorité non applicable au cas où l'omission porte sur une créance existant, avant l'ouverture de la tutelle, contre le tuteur, au profit des auteurs du pupille, et, à ce titre, déclarée non soumise à la prescription de l'art. 475, comme ne procédant pas d'un fait de tutelle : les intérêts de cette créance ne courent qu'à partir de la demande, conformément à la disposition de l'art. 1153 (Civ. rej. 1er août 1866, aff. Marteau, D. P. 66. 1. 337).

597. La disposition de l'art. 474 étant exceptionnelle, les intérêts ne courent de plein droit qu'en ce qui concerne le reliquat. Ce reliquat ne peut être obtenu qu'en faisant figurer aux recettes les créances dont le tuteur a touché ou dont il a dû toucher le montant, mais non pas celles qui ne sont devenues exigibles que postérieurement à la cessation de la tutelle. — De même, et à plus forte raison, on ne doit pas porter en recettes les créances qui ne sont nées que postérieurement à la tutelle. Ainsi le tuteur, tenu de restituer une somme que lui a payée indûment l'héritier de son pupille, dans l'opinion que le compte de tutelle constitue-

(1) (Chabret du Rieu C. Dufoussat.) — La cour ; — Sur le moyen unique, tiré de la violation et de la fausse application de l'art. 471 c. civ. : — Attendu que si, aux termes de l'art. 471 c. civ., il ne peut être alloué au tuteur que des dépenses justifiées, il résulte, dans l'espèce, des constatations souveraines de l'arrêt attaqué que les dépenses s'élevant à 34 474 fr. 52 cent., faites par Dufoussat dans l'intérêt de la dame Chabret du Rieu, son ex-pupille, ont été justifiées dans tous leurs éléments ; — Que le moyen manquait donc en fait ;

Rejette, etc.

Du 15 juin 1880.-Ch. des req.-MM. Bédarrides, pr.-Petit, rap.-Rivière, av. gén., c. conf.-Guyot, av.

rait le tuteur créancier du pupille, n'est pas réputé débiteur de cette somme en sa qualité de tuteur et n'en doit pas, dès lors, les intérêts à partir de la clôture du compte (D. P. 66. 1. 385, note 4). Toutefois ces intérêts doivent être alloués, non pas à compter seulement de la demande en justice, mais à partir du versement, quand le tuteur, en recevant la somme à lui remise avant son compte de tutelle, s'est engagé à la restituer avec intérêts dans un certain délai après ce compte, pour le cas où elle ne lui serait pas due (Civ. cass. 9 juill. 1866, aff. Duchamp, D. P. 66. 1. 385).

598. Les intérêts du reliquat de compte dû par le tuteur ne doivent pas être capitalisés à la fin de chaque année pour devenir eux-mêmes productifs d'intérêts (Douai, 5 avr. 1865, *suprà*, n° 339).

599. Ni le tuteur ni ses héritiers ne sont fondés à invoquer la prescription de cinq ans relativement aux intérêts courus depuis la fin de la gestion des deniers tutélaires jusqu'à la demande en reddition de compte, car le chiffre des intérêts se trouvant incertain, et les intérêts n'étant pas, dès lors, exigibles, la prescription quinquennale est ici sans application (Paris, 31 mars 1876, *infrà*, n° 617. V. dans le même sens : Nancy : 19 mars 1830, *Rép.* n° 471 ; Douai, 22 avr. 1857, aff. Meurillon, D. P. 58. 2. 32 ; et sur le même principe : Req. 9 janv. 1867, aff. Grangé, D. P. 67. 1. 101 ; 19 déc. 1871, aff. Duval, D. P. 71. 1. 300).

600. — 2° *Intérêts dus au tuteur* (*Rép.* n°s 637 à 640). — On a dit au *Rép.* n° 637 que le tuteur n'a pas le droit de faire figurer dans le compte de tutelle les intérêts des sommes dont il a fait l'avance au mineur sans l'autorisation expresse du conseil de famille. Plusieurs auteurs enseignent également, ainsi qu'on l'a vu *suprà*, n° 379, que les intérêts ne peuvent courir au profit du tuteur, pour ses avances, que conformément à l'art. 1153 c. civ., du jour de la demande en justice, qu'il peut former, contre le subrogé tuteur. Mais la question est maintenant résolue en sens contraire par la jurisprudence (V. *suprà*, *ibid.*).

601. — V. FRAIS DU COMPTE DE TUTELLE. — Aux termes de l'art. 471 c. civ., les frais du compte de tutelle doivent être avancés par le tuteur, mais restent à la charge du mineur. C'est une application du principe général qui met les frais du compte à la charge de l'ayant droit dans l'intérêt duquel le compte est rendu (*Rép.* n° 641). — Aucune difficulté ne se présente quand le compte est rendu à l'amiable par acte sous seing privé ou devant notaire. Si le compte est rendu en justice, il y a lieu de combiner les dispositions de l'art. 471 c. civ. et celle de l'art. 130 c. proc. civ. suivant lequel la partie qui succombe doit être condamnée aux dépens. Le tuteur supportera les frais des contestations sur lesquelles il sera reconnu en tort; mais on devra déduire de l'ensemble de ces frais ceux occasionnés par le compte même, tels que papier timbré, enregistrement, rédaction, frais qui resteront à la charge du mineur, bien que le compte ait été rendu judiciairement, car la loi ne distingue pas. — Il a été jugé, en ce sens : 1° que les frais du compte de tutelle sont dus par le mineur ou l'interdit, soit que la reddition de compte ait lieu par-devant notaire, soit qu'elle ait lieu en justice; que, par suite, si ce compte soulève des difficultés, les dépens nécessités par la disposition du jugement qui constitue le titre même de reddition de compte, tels que les droits proportionnels d'enregistrement perçus sur le reliquat constaté dans cette disposition doivent rester à la charge du mineur ou de l'interdit, encore que le jugement intervenu leur ait donné gain de cause (Civ. cass. 11 mars 1857, aff. Veuve de Roquelaure, D. P. 57. 1. 124); — 2° Que, bien que le compte de tutelle doive être rendu aux frais du mineur, les dépens occasionnés par les contestations qui s'élèvent entre les parties doivent être supportés, comme dans les autres procès, par la partie qui succombe (Caen, 22 mars 1860, *suprà*, n° 87. V. en ce sens : *Rép.* n° 641 et les arrêts cités *ibid.*; Demolombe, t. 8, n°s 104 et suiv.; Demante, t. 2, n° 202 *bis*; Aubry et Rau, t. 1, § 121, p. 490, note 12 ; Laurent, t. 5, n° 136; Baudry-Lacantinerie, t. 1, n° 1108).

602. Les frais de compte de tutelle sont à la charge du mineur dans toutes les hypothèses où la tutelle prend fin. Bien que l'art. 471 ne prévoie que le cas où le compte est rendu au mineur devenu majeur, on doit appliquer la même règle dans le cas où le compte est rendu aux héritiers du mineur décédé, dans le cas où la tutelle devient vacante par le décès, l'excuse ou l'incapacité du tuteur. — Il en est de même encore si le tuteur est destitué, car, même en ce cas, le compte est rendu dans l'intérêt du mineur. Cependant le tuteur pourrait alors être condamné à payer les frais du compte à titre de dommages-intérêts, car c'est par son dol ou par son inconduite que la destitution est devenue nécessaire et qu'elle a occasionné des frais au mineur. Le tuteur est responsable de ce dommage, comme de tout préjudice qu'il cause au pupille par sa faute (Demante, t. 2, n° 232 *bis*; Demolombe, t. 8, n° 103 ; Laurent, t. 5, n° 137 : Huc, t. 3, n° 456).

ART. 3. — *Des traités intervenus entre le tuteur et le mineur devenu majeur avant la reddition du compte de tutelle* (*Rép.* n°s 642 à 663).

603. L'art. 472 c. civ. déclare nul tout traité qui pourra intervenir entre le tuteur et le mineur devenu majeur, s'il n'a été précédé de la reddition d'un compte détaillé et de la remise des pièces justificatives, le tout constaté par récépissé de l'oyant compte dix jours au moins avant ce traité. L'art. 2045 c. civ. complète et explique cette disposition en déclarant que lorsque le mineur, devenu majeur, transige avec son tuteur sur le compte de tutelle, la transaction n'est valable que si elle est faite conformément à l'art. 472 (V. *Rép.* n° 642).

L'art. 472 s'applique à *tout traité*, c'est-à-dire à toute convention à titre gratuit ou à titre onéreux qui a un rapport direct ou même indirect avec le compte de tutelle, à tout acte dont l'effet sera de décharger le tuteur de l'obligation de rendre compte de son administration (*Rép.* n°s 644 et suiv.). — Il a été jugé en ce sens : 1° que l'art. 472 est applicable même à l'acte par lequel le mineur, devenu majeur, reconnait avoir reçu son compte de tutelle et donne décharge à son tuteur; et qu'on prétendrait à tort restreindre l'application de cette disposition à une transaction sur des articles non justifiés ou à toute autre opération qui n'aurait pas pour but la décharge même du tuteur (Douai, 9 juin 1855, aff. Guilbard, D. P. 56. 2. 79); — 2° Que l'art. 472 c. civ. frappe de nullité l'acte par lequel un mineur devenu majeur renonce, avant la reddition du compte de tutelle, à son hypothèque légale sur certains immeubles de son ancien tuteur et cède à la femme de celui-ci, agissant comme personne interposée, des sommes et valeurs que l'ancien tuteur avait administrées en cette qualité (Riom, 9 janv. 1860) (1); — 3° Qu'un partage passé entre une mère tutrice légale et ses enfants devenus majeurs, sans avoir

(1) (Bouchet Montel *C.* Bouchet.) — LA COUR; — Sur les fins de non-recevoir apposées à l'action de Pierre Bouchet ; — Attendu que quoique la tutelle puisse prendre fin et que l'obligation pour le tuteur de rendre compte puisse naître avant la majorité du pupille, par suite de divers événements, notamment par l'émancipation du mineur (c. civ. art. 467, 471 et 468), néanmoins l'art. 475 ne donne qu'un point de départ à la prescription de l'action en reddition du compte de tutelle, et la fait courir d'une manière générale à compter de la majorité du pupille; — Attendu qu'en disposant ainsi, la loi s'est référée à la règle ordinaire d'après laquelle la prescription ne court pas contre les mineurs pendant leur minorité; — Que ce serait donc faire violence, à la fois, au texte de l'art. 403 c. civ. et aux principes généraux du droit que de donner pour point de départ à la prescription de l'action pupillaire l'émancipation du mineur ou tout autre événement antérieur à la majorité ; — Attendu, en fait, que si l'action de Pierre Bouchet a été intentée plus de dix ans après son émancipation, elle l'a été moins de dix ans à compter de sa majorité ; que cette action est donc recevable : — Attendu qu'il n'y a pas lieu non plus de s'arrêter au moyen tiré par Jean Bouchet de ce que le compte de tutelle ne pouvant, d'après les éléments de la cause, constituer son fils créancier, l'action de celui-ci serait sans intérêt véritable; qu'admettre ce moyen, ce serait préjuger le résultat d'un compte qui n'a été ni régulièrement posé, ni suffisamment discuté, et, par le fait, dispenser le père de rendre à son fils le compte qu'il lui doit, aux termes de l'art. 467 c. civ.

Au fond; — En ce qui touche la validité des actes des 9 mars 1852, 21 nov. 1858, 12 oct. 1854 et 12 juill. 1856; — Attendu que les expressions employées dans l'art. 472 c. civ., et la place même que cet article occupe sous la rubrique *Des comptes de la tutelle*, font assez comprendre qu'en frappant de nullité tout traité intervenu entre le tuteur et le mineur devenu majeur, avant la reddition

été précédé du compte de tutelle dû par la mère, est nul par application de l'art. 472 c. civ., alors même que la tutelle n'a duré que quelques semaines (Paris, 8 mars 1867) (1); — 4° Que la cession de droits successifs consentie au profit du tuteur, avant la reddition du compte de tutelle, par le mari de la pupille, en vertu d'un mandat conféré à celui-ci dans le contrat de mariage, tombe sous l'application de l'art. 472 c. civ. (Montpellier, 18 mars

du compte de tutelle, la loi nouvelle, conforme en cela à l'ancienne jurisprudence, n'a pas interdit indistinctement tout contrat, toute convention entre le tuteur et son ancien pupille avant la reddition du compte de tutelle, mais seulement les traités ou transactions se rapportant aux faits de la tutelle et pouvant avoir pour résultat de dispenser le tuteur de rendre le compte intégral et détaillé de sa gestion; — Attendu que, par les actes des 9 mars 1852 et 12 oct. 1854, Pierre Bouchet a cédé à son père et ancien tuteur divers objets déterminés, et que cette cession, étrangère à la gestion de Jean Bouchet, comme tuteur, n'affranchit ni directement ni indirectement celui-ci de l'obligation de rendre compte intégralement de sa gestion; — Que c'est donc à tort que les premiers juges ont prononcé la nullité de ces actes, en vertu de l'art. 472 c. civ.; — Attendu, d'ailleurs, qu'il n'apparait d'aucun fait de dol ou de fraude qui pût vicier le consentement donné par Pierre Bouchet à ces contrats; — Attendu en ce qui concerne les actes des 21 nov. 1853 et 12 juill. 1856, que si quelques-unes des clauses desdits actes échappent à l'application de l'art. 472 c. civ., comme portant des objets étrangers au compte de tutelle, il n'en est pas de même de quelques autres stipulations, notamment de celles par lesquelles Pierre Bouchet a renoncé à son hypothèque légale sur certains biens et transporté à Anne Montel, troisième femme de Jean Bouchet, les droits qu'il aurait contre son père du chef de sa mère; — Que cette cession, dans laquelle la femme n'était, soit en fait, soit à raison de la communauté d'acquêts stipulée entre les époux Bouchet, qu'une personne interposée, s'appliquant à des sommes et valeurs dont Jean Bouchet aurait eu l'administration en qualité de tuteur de Pierre, et à raison desquelles il aurait eu un compte à rendre, avait pour résultat de dispenser Jean Bouchet de la reddition de ce compte, et tombait ainsi sous l'application de l'art. 472 c. civ.; — Qu'il y a donc lieu d'annuler les stipulations dont il s'agit; — Mais attendu que ce ne sera que par le résultat final du compte à poser que le sort définitif des autres clauses des mêmes actes pourra être déterminé, puisque s'il était reconnu par les débats du compte de tutelle que Bouchet fils n'avait, en réalité, aucune reprise à exercer contre son père, du chef de sa mère, la cession éventuelle et sans garantie qui en aurait été faite n'aurait aucun intérêt, et son annulation ne pourrait réagir sur les autres clauses desdits actes à l'égard desquelles il n'existe aucune cause particulière de nullité; — Qu'il convient donc de renvoyer à statuer sur le sort desdites clauses et sur les conséquences définitives desdits actes, jusqu'à l'apurement du compte de tutelle, en réservant à cet égard les droits des parties, et en réservant spécialement à Jean Bouchet les inductions morales de présomption qu'il pourrait avoir à tirer de ces actes pour apprécier la sincérité de l'acte de liquidation du 17 févr. 1840, et pour déterminer le chiffre réel des reprises dotales de sa seconde femme; — Par ces motifs, dit qu'il a été bien jugé par le jugement dont est appel, en ce qu'il a ordonné que Bouchet père rendrait à son fils le compte de tutelle qu'il lui doit, et renvoie les parties à poser et débattre ce compte devant le tribunal de première instance de Clermont-Ferrand; mal jugé, en ce que les juges ont annulé indistinctement les actes des...; dit que l'acte du 21 nov. 1853 et celui du 21 juill. 1856 sont annulés en tant qu'ils auraient pour effet de dispenser Bouchet père de rendre à son fils le compte intégral de tutelle qu'il lui doit, et d'entraîner l'aliénation des droits et reprises que Bouchet fils aurait à exercer contre son père, du chef de sa mère, etc.

Du 9 janv. 1860.-C. de Riom.

(1) (De Sanzillon *C.* de Sanzillon et de Robien.) — Le 21 avr. 1866, le tribunal de la Seine a statué ainsi qu'il suit : — « En ce qui touche la demande en compte, liquidation et partage : — Attendu que la comtesse de Sanzillon de Meusignac est décédée à Paris le 23 janvier 1854, laissant pour héritiers ses trois enfants; qu'après son décès, il a été dressé par Tandeau de Marsac et son collègue, notaires à Paris, inventaire de tous les biens, meubles et immeubles composant sa succession; — Attendu qu'aux termes de l'art. 815 c. civ., nul n'est tenu de demeurer dans l'indivision; qu'Aurélie de Sanzillon, héritière pour un tiers de la comtesse de Sanzillon, sa mère, a donc le droit de demander le partage de cette succession; — En ce qui touche le mode de partage des immeubles : — Attendu que la loi ne prescrit le partage en nature des immeubles d'une succession que lorsque ce partage peut être immédiatement opéré; — Attendu que les immeubles sont situés, les uns dans le département de la Dordogne, les autres dans celui d'Ille-et-Vilaine, et sont d'une valeur très différente; — Que, pour les partager entre les trois héritiers, il faudrait établir des soultes à la charge d'un ou de plusieurs des copartageants; — Que, d'autre part, Adhémar de Sanzillon est débiteur envers la succession d'une somme de 100 000 fr., et que le tiers des immeubles, joint au rapport qu'il devra faire, dépasserait sa part dans la succession; que la licitation des immeubles, tout en permettant à chaque cohéritier de racheter ceux qui lui conviendront, permettra un partage plus facile de la succession, sans constituer les cohéritiers débiteurs entre eux de sommes plus ou moins importantes; — En ce qui touche la nullité du legs de 20 000 fr. faite au profit d'Aurélie de Sanzillon et de la comtesse de Robien : — Attendu, en principe, que la fausseté de la cause d'un legs indiquée dans un testament, ne vicie pas la libéralité testamentaire, à moins qu'il ne soit certain que le testateur n'eût pas disposé s'il eût connu la fausseté de la cause qu'il attribuait à sa libéralité; — Attendu que la comtesse de Sanzillon a énoncé plusieurs motifs du legs qu'elle faisait à ses filles; qu'en admettant même, ce qui n'est pas établi, que l'un de ces motifs fût erroné, les autres causes indiquées dans son testament suffiraient pour justifier le don qu'elle leur a laissé par préciput et hors part; — Que la demande en nullité de ces legs doit donc être rejetée; — En ce qui touche la demande en nullité du partage du 24 déc. 1855 : — Attendu qu'elle est fondée sur ce que ce partage n'aurait pas été précédé du compte de tutelle prescrit par l'art. 472 c. civ.; — Mais attendu que ce compte n'est exigé que lorsqu'il y a une tutelle effective; qu'en fait, la minorité d'Adhémar de Sanzillon n'a duré que quelques semaines après la mort de son père; que, dans cet intervalle, la mère, tutrice naturelle et légale, n'a rien touché pour le compte de son pupille; que les scellés n'ont été levés et l'inventaire commencé qu'après la majorité dudit Adhémar; que la tutrice n'a donc eu aucun compte à rendre, puisqu'elle n'a rien administré; — Attendu que le partage a été accepté par toutes les parties et exécuté depuis près de dix années, et que le demandeur ne se trouve dans aucun des cas prévus par la loi pour en demander la rescision... » — Appel par le sieur Adhémar de Sanzillon.

La cour ; — En ce qui touche le partage en nature des biens de la succession de la dame de Sanzillon : — Considérant qu'il résulte de la consistance et de la composition de ces biens qu'ils peuvent être commodément divisés en trois lots, et par suite qu'ils sont partageables en nature; que la situation et l'éloignement de ces biens n'empêchent pas que, considérés en eux-mêmes ils ne puissent être commodément divisés et partagés; que la circonstance qu'à raison de leur situation, certains de ces biens pourraient ne pas convenir également à tous les copartageants, ne modifiant pas leur consistance et leur composition, ne saurait faire obstacle à l'exercice du droit de chacun des héritiers de demander et d'obtenir sa part en nature; — Et qu'enfin il importe peu, au point de vue de la possibilité et de la commodité du partage en nature, que l'un des héritiers soit ou puisse être débiteur de ses cohéritiers, les rapports et les droits des copartageants, en tant qu'héritiers, restant indépendants de leurs rapports et de leurs droits en tant que débiteurs et créanciers; — Qu'il suit de là que c'est à tort que les premiers juges ont ordonné la licitation des immeubles dépendant de la succession de la dame de Sanzillon; — En ce qui touche les legs, de 20 000 fr. chacun, faits par la dame de Sanzillon à la dame de Robien et à la demoiselle de Sanzillon : — Adoptant les motifs des premiers juges; — Et considérant qu'il n'est point établi que les motifs, énoncés au testament de la dame Sanzillon, des libéralités par elle faites à ses filles, en soient la cause finale et déterminante; que, dès lors, la fausseté ou l'erreur de ces motifs, en les supposant prouvées, ne sauraient avoir aucune influence sur la validité du legs dont s'agit, et qu'il n'y a lieu, par conséquent, de s'arrêter de ce chef ni aux conclusions principales, ni aux conclusions subsidiaires de l'appelant; — En ce qui touche la nullité du partage de la succession de Sanzillon père : — Considérant que, aux termes de l'art. 472 c. civ., tout traité qui intervient entre le tuteur et le mineur devenu majeur est nul, s'il n'a été précédé de la reddition d'un compte détaillé et de la remise des pièces justificatives dix jours au moins avant le traité; — Considérant qu'Adhémar de Sanzillon, mineur lors du décès de son père, s'est trouvé de droit, comme ses deux sœurs, sous la tutelle de sa mère, qui a eu, en cette qualité, l'administration des biens composant la communauté et des biens propres au défunt; que, quelque courte qu'ait été cette tutelle à l'égard d'Adhémar de Sanzillon, la dame de Sanzillon n'en était pas moins tenue de rendre compte, et que ce compte n'a jamais été rendu dans les termes exprès et rigoureux de l'art. 472; — Considérant que l'acte qui est intervenu en l'absence de ce compte, le 24 déc. 1855, par-devant notaire, entre la mère tutrice et ses enfants, pour la liquidation et le partage de la communauté ayant existé entre la dame de Sanzillon et son mari, et de la succession de ce dernier; ayant eu pour but et pour résultat de déterminer les situations respectives de la mère et de ses enfants par l'établissement de la consistance, soit des valeurs communes, soit des valeurs de la succession, dont la tutrice a eu l'administration, constitue un traité sur les éléments mêmes du compte de tutelle, et tombe par conséquent sous l'ap-

1868) (1); — 5° Que, quelle que soit sa dénomination, un traité qui se rattache à la tutelle et a pour objet de soustraire le tuteur à l'obligation de rendre son compte, en tout ou en partie, est entaché de nullité, quand il n'a pas été précédé de la reddition du compte de tutelle et de la remise des pièces justificatives; que, par suite, lorsque l'ex-tuteur, qui, pendant la minorité, avait irrégulièrement vendu des immeubles appartenant au mineur, s'oblige à compter une somme d'argent représentant le prix à l'ex-pupille, moyennant quoi celui-ci le dégage de toute responsabilité au sujet de ces ventes, cette transaction est nulle tant à l'égard du tuteur que des tiers acquéreurs, si elle est intervenue avant toute reddition de compte (Civ. cass. 21 janv. 1889, aff. Pauthier, D. P. 89. 1. 421).

604. Il a été jugé, par application des mêmes principes, que le traité intervenu sous le titre de pacte de famille, avant la reddition de tout compte de tutelle, entre le tuteur et son ancien pupille, devenu majeur, est nul, comme contraire aux dispositions de l'art. 472 c. civ., alors qu'il a eu en réalité pour objet de régler la position respective du tuteur et du mineur par rapport à la gestion tutélaire, et cela encore bien qu'il imposerait au tuteur l'obligation de rendre incessamment un compte de tutelle, s'il y est ajouté que ce compte, quels que soient ses résultats actifs et passifs, n'aura pour effet que de valider le traité (Lyon, 14 févr. 1852, aff. Pagès, D. P. 55. 5. 457).

605. Les conventions de cette nature seraient nulles, en vertu de l'art. 472 c. civ., alors même qu'elles auraient été insérées dans un contrat de mariage (*Rép.* n° 644; Demolombe, t. 8, n° 67; Aubry et Rau, t. 1, § 121, p. 491).

606. Que faudrait-il décider si le mineur, en recevant une dot de son père ou de sa mère, avait renoncé à exiger d'eux son compte de tutelle, et s'il attaquait plus tard cette renonciation comme contraire à l'art. 472? La demande en nullité devrait être accueillie; mais, en annulant la renonciation, les juges devraient annuler aussi la constitution de dot. En effet, cette constitution présente moins les caractères d'une libéralité que ceux d'une dation en payement. Ce serait du moins une convention d'une nature mixte; on devrait considérer la renonciation comme la cause, et non comme une simple condition de la constitution de dot, et, en conséquence, il n'y aurait pas lieu de la réputer non écrite (Demolombe, t. 8, n° 97; Aubry et Rau, t. 1, § 121, p. 491, note 19.— *Contrà*: Merlin, *Répertoire*, v° *Dot*, § 2, note 7).

607. Par les mots *tout traité*, l'art. 472 c. civ. entend même les actes par lesquels le mineur devenu majeur aurait renoncé, dans l'intérêt de son tuteur, aux garanties destinées à assurer le payement du reliquat du compte tutélaire. Tels seraient les actes par lesquels l'ancien pupille aurait donné mainlevée de son hypothèque légale (*Rép.* n° 648; Montpellier, 20 mars 1852, aff. Lambert, D. P. 55. 2. 88; Riom, 9 janv. 1860, *suprà*, n° 603; Demolombe, t. 8, n° 65; Aubry et Rau, t. 1, § 121, p. 492). Il en serait autrement s'il était établi par preuves indiscutables que la mainlevée a été consentie, non pas dans l'intérêt du tuteur, mais dans l'intérêt de tiers acquéreurs, ou dans celui de créanciers du tuteur (Aubry et Rau, *loc. cit.*). Il a même été jugé que l'art. 472 c. civ. est inapplicable aux obligations que le mineur, devenu majeur, contracte vis-à-vis des tiers, même dans l'intérêt du tuteur; que spécialement l'art. 472 ne saurait s'appliquer à la subrogation dans son hypothèque légale consentie par l'ex-pupille au profit d'un tiers envers lequel son tuteur a, le même jour et par acte séparé, contracté une obligation hypothécaire (Bourges, 20 févr. 1852, aff. Meulé fils, D. P. 55. 2. 111).

608. L'art. 492 est-il applicable aux conventions étrangères au compte de tutelle? On a exposé au *Rép.*, n°s 650 et suiv., la controverse à laquelle cette question a donné lieu, et on a adopté l'affirmative. Cependant la jurisprudence et la doctrine paraissent, au contraire, s'être fixées en ce sens que le mineur devenu majeur n'est pas frappé, jusqu'à la reddition du compte de tutelle, d'une incapacité absolue de contracter avec son tuteur; que l'art. 472 ne prohibe entre eux que les traités sur l'administration du tuteur et n'a voulu annuler que les conventions sur la gestion de la tutelle, qui auraient pour effet de soustraire le tuteur à l'obligation de rendre compte, en tout ou en partie. L'art. 472 n'est donc pas applicable aux conventions qui laissent intactes vis-à-vis du tuteur, et l'obligation de rendre compte et les sûretés destinées à garantir le payement du reliquat. Il n'est pas applicable aux ventes ou cessions d'objets déterminés consenties par le mineur devenu majeur à son tuteur, ni aux transactions sur des difficultés relatives à la liquidation et au partage de droits indivis entre eux, ni aux obligations solidairement contractées envers un tiers de bonne foi par le tuteur et le ci-devant pupille, encore que celui-ci eût subrogé ce tiers dans son hypothèque légale (Aubry et Rau, t. 1, § 121, p. 492, notes 21, 22 et 23. V. *suprà*, n° 607). Il a été jugé, en ce sens : 1° que la disposition de l'art. 472 n'a pas pour effet de rendre impossible toute espèce de contrat entre le tuteur et son ancien pupille, jusqu'à ce que le compte de tutelle ait été régulièrement rendu; qu'elle ne prohibe que les traités qui, sous une dénomination quelconque, se rattacheraient à la tutelle et tendraient à soustraire le tuteur à l'obligation de rendre son compte en tout ou en partie; spécialement, que le traité par lequel il a été convenu entre le tuteur et le mineur émancipé que, jusqu'à la majorité de celui-ci, les immeubles dont les parties étaient copropriétaires resteraient dans l'indivision, ne peut être annulé par application de l'art. 472, bien qu'il ait été passé le jour même où le mineur a reçu un supplément de compte,

---

plication de l'art. 472 c. civ., avec d'autant plus de raison, qu'il renferme un compte de l'administration de la tutrice, compte qui, aux termes dudit article, eût dû précéder de dix jours l'acte de liquidation et de partage dont, pour une partie des valeurs à partager, les résultats de ce compte doivent être le point de départ; — Considérant néanmoins qu'Adhémar de Sauzillon ne demande la nullité de l'acte du 24 déc. 1855 qu'en ce qui touche le partage de la succession de Sanzillon père, et non en ce qui touche le partage de la communauté; qu'il n'y a donc lieu de prononcer que la nullité du partage de la succession de Sanzillon père; — Par ces motifs, etc.

Du 8 mars 1867.-C. de Paris, 5e ch.-MM. Massé, pr.-Descoutures, av. gén.-Gressier, Huard et Sorel, av.

(1) (Cassan C. Tarral.) — LA COUR; — Sur la question unique du procès; la nullité des cessions de droits successifs du 26 avr. 1861 : — Attendu qu'au décès de la dame Rose Maguel, veuve Tarral, Julien Tarral fils aîné fut, par délibération du conseil de famille en date du 13 déc. 1857, investi de la tutelle de sa sœur Louise Tarral, alors mineure; — Attendu que l'avoir de celle-ci se composait principalement et peut-être exclusivement de sa part, dans les successions de son père et de sa mère, d'un oncle et d'un frère, tous décédés; — Attendu que cette tutelle, et par suite l'administration qui en était l'objet, a pris fin le 9 févr. 1859, époque à laquelle Louise Tarral, encore mineure, se maria, avec François-Urbain Cassan; — Attendu que Julien Tarral a donc été tuteur de sa sœur Louise Tarral, du 13 déc. 1857 au 9 févr. 1859, c'est-à-dire pendant une période de temps d'une année, un mois et vingt-cinq jours; — Attendu que, avant de rendre compte, il a, par deux ventes successives, à la date du 26 avr. 1861, fait l'acquisition des droits mobiliers et immobiliers revenant à sa pupille dans lesdites successions paternelle, maternelle et collatérales; — Attendu que ces ventes embrassent, disent les actes, tous les droits immobiliers bien connus des contractants et tous les droits mobiliers, sans exception ni réserve, avaient évidemment pour objet d'exonérer Julien Tarral de tout ou partie du compte qu'il devait rendre; — Attendu que vainement objecte-t-on que ces ventes ont été consenties, non par la pupille elle-même, mais par son mari François-Urbain Cassan; — Attendu que celui-ci traita au nom de sa femme et en vertu des pouvoirs qu'elle lui a conférés par son contrat de mariage; — Attendu que l'irrévocabilité des conventions matrimoniales ne saurait évidemment en modifier la nature; — Attendu que, si le mandataire oblige le mandant, ce ne peut être que dans le cas où le mandant lui-même aurait été obligé s'il avait personnellement contracté; — Attendu que l'art. 472 c. civ. interdit, sous peine de nullité, tout traité entre le tuteur et le mineur devenu majeur, s'il n'a été précédé de la reddition du compte de tutelle et de la remise des pièces justificatives; — Attendu que le sieur Tarral, n'ayant point rendu son compte à sa sœur, n'a donc pu s'en affranchir indirectement par des cessions de droits successifs qui, pour être passés avec le mari de celle-ci, ne l'obligeaient pas moins elle-même, en l'état des pouvoirs qu'elle avait donnés par son contrat de mariage; — Attendu que ces cessions de droits successifs, étant nulles, ne sauraient produire aucun effet; — Réforme, etc.

Du 18 mars 1868.-C. de Montpellier, 1re ch.-MM. Sigaudy, 1er pr.-de la Baume, 1er av. gén.-Lisbonne, av.

s'il ne résulte d'aucune des circonstances de la cause que cette convention fût relative à la gestion de la tutelle (Civ. cass. 4 févr. 1879, aff. Thomas Laurent, D. P. 79. 1. 86); — 2° Que la nullité édictée par l'art. 472 c. civ. n'atteint pas la rétrocession faite par une fille à son père d'un immeuble que le père avait donné en dot à la fille, alors même que, dans le même acte, les droits de la fille dans les successions de sa mère et d'un frère prédécédés ont été fixés à une certaine somme (Bordeaux, 23 juill. 1879) (1). L'art. 472 a aussi été déclaré inapplicable au règlement des droits indivis du mineur et de son tuteur (Caen 10 mars 1857) (2) (V. dans le même sens, outre les auteurs et les arrêts cités au *Rép.* n° 651 : Aubry et Rau, *loc. cit.*; Laurent, t. 5, n° 155; Baudry-Lacantinerie, t. 1, n° 1112; Huc, t. 3, n° 458. — Mais il a été jugé que le traité passé entre le tuteur et son ancien pupille, moins de dix jours après la réception du compte de tutelle, et dont une partie seulement se rattache à la gestion tutélaire, n'en doit pas moins être annulé en entier, si l'acte litigieux formait, dans l'intention des parties, un tout indivisible; et qu'il appartient aux juges d'apprécier souverainement cette intention (Req. 27 déc. 1880, aff. Thomas, D. P. 81. 1. 360).

609. La nullité prononcée par l'art. 472 ne s'étend pas au traité passé entre le tuteur et les héritiers du mineur, car, si ces héritiers sont majeurs, ils n'ont pas besoin d'être protégés contre une influence que le tuteur n'a pas sur eux, ni contre le désir d'être mis immédiatement en possession de la fortune du mineur décédé (*Rép.* n° 653; Civ. cass. 9 juill. 1866, aff. Duchamp, D. P. 66. 1. 385; Paris, 28 mars 1874, aff. Daudeville, D. P. 76. 1. 217; Demolombe, t. 8, n° 78; Aubry et Rau, t. 1, § 121, p. 493; Laurent, t. 5, n° 153). Cependant, si le mineur devenu majeur a fait un traité sur la gestion de la tutelle avant la reddition du compte, l'action en nullité, née dans sa personne, passerait incontestablement à ses héritiers (Laurent, t. 5, n° 153, et Bruxelles, 12 mai 1858, cité par cet auteur).

La nullité qui résulte de l'art. 472 est-elle applicable au traité que le mineur devenu majeur a passé avec les héritiers du tuteur ? Pour l'affirmative, on fait remarquer que l'ex-mineur traite en aveugle quand il n'est pas nanti des pièces justificatives; qu'il y a lieu de le protéger ici, comme lorsqu'il traite avec le tuteur, contre le désir excessif d'entrer en possession de sa fortune (Demolombe, t. 8, n°s 86 et suiv.). En faveur de l'opinion contraire, on répond que le mineur n'a plus d'influence à redouter, ni de ménagements à garder quand il est en présence, non plus de son tuteur, mais des héritiers de celui-ci. D'ailleurs, le texte de l'art. 472 décide la question : il ne prononce la nullité que des traités passés avec le tuteur lui-même; or l'art. 472 est exorbitant du droit commun; en outre, il édicte une nullité; à ce double titre, il n'est pas susceptible d'extension (Aubry et Rau, t. 1, § 121, p. 493; Laurent, t. 5, n° 153; Huc, t. 3, n° 458). La jurisprudence est en ce sens. Elle a, notamment, reconnu valable la convention par laquelle le mineur devenu majeur et héritier de son tuteur a reçu de ses cohéritiers la cession de leurs droits successifs et a, par conséquent, fait abandon de l'action en reddition de compte qu'il pouvait exercer contre eux (Req. 19 mai 1863, aff. Monestier, D. P. 63. 1. 345. Comp. Civ. cass. 9 juill. 1866, aff. Duchamp, D. P. 66. 1. 385). — Il a été jugé, dans le même sens, que lorsque, après la mort du tuteur, sa veuve est restée en possession des biens du pupille, à une époque où celui-ci était déjà parvenu à sa majorité, la gestion qu'elle exerce est régie, non par les règles spéciales à la tutelle, mais par les principes généraux concernant le mandat et la gestion d'affaires; que, par suite, cette gestion peut être l'objet d'un traité entre les parties, sans que le compte en ait été préalablement rendu; qu'ici ne s'applique pas l'art. 472 c. civ., qui déclare nul tout traité conclu entre le pupille

---

(1) (Rivière C. Beaumartin.) — Le 24 mai 1878, jugement du tribunal civil de Bordeaux ainsi conçu : — « Attendu que Rivière ne conteste pas avoir fait avec la dame Beaumartin, sa fille, une convention aux termes de laquelle il s'est engagé à acquérir d'elle la moitié d'un domaine situé au lieu du Pin, commune de Saint-Aubin, dont il lui avait fait donation dans son contrat de mariage, moyennant le prix de 20 000 fr., payables : 6500 fr. le jour où l'acte serait passé, 6500 fr. trois ans après, et 7000 fr. quatre ans après ce second payement, et s'être obligé à passer acte de cette acquisition aussitôt la majorité de la dame Beaumartin; mais qu'il prétend que cette convention est nulle comme ne faisant qu'un avec un traité passé avec les parties, réglant les droits de la dame Beaumartin dans la succession de sa mère et dans ce qui lui était dû par son père, qui avait été son tuteur, sans que ce traité eût été précédé de la remise d'un compte de tutelle et des pièces à l'appui; — Attendu que le traité, convenu au moment même de la promesse de vente, pourrait être nul et susceptible d'être modifié de façon à fixer à une somme différente les droits de la dame Beaumartin, sans que la vente fût nulle, puisqu'elle s'applique à un immeuble dont la dame Beaumartin était précédemment propriétaire, en vertu d'une donation régulière à elle faite par son père lui-même, et que les deux conventions, quoique ayant eu lieu en même temps, sont indépendantes l'une de l'autre; — Attendu, d'ailleurs, que si l'art. 472 déclare nul le traité intervenu entre le tuteur et le mineur devenu majeur sans l'accomplissement des formalités qu'il indique, cette nullité a été édictée dans l'intérêt du pupille lui-même, qui est présumé se trouver encore sous l'influence de son tuteur; que dès lors lui seul peut se prévaloir de cette nullité, et que le tuteur ne peut avoir le même droit; que c'est là une doctrine qui ne peut être contestée; que, par suite, la dame Beaumartin demandant l'exécution du traité, Rivière ne peut en demander la nullité; — Attendu que la promesse de vente vaut vente; — Par ces motifs : — Dit que dans la huitaine du présent jugement Rivière passera acte public de la vente qui lui a été faite par la dame Beaumartin, sa fille; — Et faute par lui de ce faire, dit que le présent jugement vaudra acte de vente ». — Appel par le sieur Rivière.

LA COUR; — Attendu que, le 12 mars 1875, il est intervenu entre le sieur Rivière et les époux Beaumartin un traité par lequel les parties ont élevé la valeur des droits de la dame Beaumartin, dans les successions de sa mère et de son frère, à 20 000 fr. au lieu de 1000 fr., chiffre auquel ces droits avaient été évalués dans son contrat de mariage; que, par une autre clause du même traité, la dame Beaumartin s'est engagée à rétrocéder à son père moyennant 20 000 fr., la partie de la métairie du Pin, qui lui avait été constituée en dot par son contrat de mariage; qu'en outre d'après la convention, il devait être passé acte public de cette vente à la majorité de la dame Beaumartin; — Attendu que, sans méconnaître l'existence de cette convention, le sieur Rivière refuse de l'exécuter, prétendant qu'elle est nulle comme résultant d'un traité qu'il aurait fait avec sa fille avant de lui rendre son compte de tutelle; — Attendu que la nullité édictée par l'art. 472 c. civ. ne peut être invoquée que par le mineur; qu'après avoir traité avec sa fille en connaissance de cause, le sieur Rivière ne peut refuser d'exécuter la convention en alléguant qu'il ne s'était pas conformé préalablement aux prescriptions de la loi relative à la reddition du compte de tutelle; — Attendu, d'ailleurs, que le traité intervenu entre sa fille et lui contient deux stipulations distinctes : l'une ayant pour but de fixer la valeur des droits de la dame Beaumartin dans les successions de sa mère et de son frère, l'autre par laquelle la dame Beaumartin rétrocède à son père un immeuble dont elle était devenue propriétaire par son contrat de mariage; — Attendu que, quoique ces deux stipulations soient contenues dans le même acte, le sort de l'une n'est pas nécessairement lié au sort de l'autre; que la seconde peut exister indépendamment de la première, et n'a nullement pour but de soustraire le tuteur à l'obligation de rendre son compte; qu'en conséquence, elle ne rentre pas sous l'application de l'art. 472 c. civ.; — Par ces motifs; — Confirme.

Du 23 juill. 1879.-C. de Bordeaux, 1re ch.-MM. Izoard, 1er pr.-Calmon, subst.-Lecoq et Girard, av.

(2) (Chiquet et consorts C. Pithou.) — Le 16 févr. 1851, la veuve Pithou avait procédé, avec ses deux enfants devenus majeurs et dont elle avait été la tutrice légale, au partage de la communauté ayant existé entre elle et le père desdits enfants. Cet acte fut attaqué par les créanciers de ces derniers, comme ayant été fait en fraude de leurs droits et, de plus, comme constituant un traité prohibé par l'art. 472 c. civ. Le 8 juin 1854, un jugement du tribunal de Mortagne a repoussé la demande. — Appel par les créanciers.

LA COUR; — Sur le moyen de nullité tiré de l'art. 472 c. civ. : — Considérant que cet article ne s'applique qu'aux traités ayant pour objet direct ou indirect, soit les actes de la tutelle, soit le compte qui doit en être rendu; — Qu'il ne saurait, par conséquent, faire obstacle au règlement des droits indivis qui peuvent appartenir dans une succession échue au tuteur et au mineur, puisque ce règlement, en déterminant la part de ce dernier, détermine en même temps les objets dont le tuteur devra rendre compte, et constitue par cela même un préalable indispensable à ce compte;

Sur le moyen tiré de la simulation (la sincérité de l'acte est reconnue par l'arrêt); — Confirme.

Du 10 mars 1857.-C. de Caen, 1re ch.-MM. Souëf, pr.-Edm. Olivier, av. gén.-Trolley et Bertauld, av.

devenu majeur et son tuteur, moins de dix jours avant la reddition détaillée du compte de tutelle; que cette disposition est également inapplicable aux conventions intervenues entre l'ex-mineur et les héritiers du tuteur (Civ. rej. 28 mai 1879, aff. Dame Scotto, D. P. 80. 1. 463).

610. Mais l'art. 472 est applicable au traité qui intervient entre le tuteur et le mineur émancipé, agissant même avec l'assistance de son curateur (Rennes, 14 janv. 1876, aff. Thomas-Laurent, D. P. 79. 1. 86; Demolombe, t. 8, n° 76; Aubry et Rau, t. 1, § 121, p. 493, note 24).

L'art. 472 doit certainement aussi être appliqué au protuteur et au cotuteur (Aubry et Rau, t. 1, § 121, p. 493). On a cité au *Rép.* n° 643, des arrêts d'après lesquels il faudrait encore étendre son application au père administrateur légal et à toute personne qui aurait administré une tutelle sans avoir la qualité de tuteur. Mais cette extension d'une disposition toute exceptionnelle nous paraît contraire aux principes, et, en ce qui concerne le père administrateur, elle a été rejetée par la jurisprudence (Agen, 17 mars 1854, aff. Dugout d'Albret, D. P. 55. 2. 294; Aix, 9 nov. 1864 et sur pourvoi, Req. 30 janv. 1866, aff. Gabriel, D. P. 66. 1. 172; Aubry et Rau, t. 1, § 123, p. 509, note 49; Laurent, t. 5, n° 153; Huc, t. 3, n° 458).

611. En vertu de l'art. 472, le traité est nul quand il intervient avant la remise préalable d'un compte détaillé, accompagné des pièces justificatives, le tout constaté par un récépissé de l'oyant compte dix jours au moins avant le traité. Il y a nullité si les pièces justificatives n'ont pas été remises à l'appui du compte, du moins si l'oyant n'a pas été mis à même de consulter ces pièces (*Rép.* n°s 654 et suiv.). — Mais faut-il nécessairement que la remise du compte et des pièces soit constatée par un récépissé antérieur au traité? Et faut-il aussi, à peine de nullité, que le récépissé ait été donné dix jours avant le traité? On a exposé au *Rép.*, n°s 656 à 658, la controverse que soulèvent ces deux questions. On a cru pouvoir admettre, avec des décisions de jurisprudence, qu'elles doivent être résolues suivant les circonstances et la bonne foi des parties, et qu'elles relèvent du pouvoir discrétionnaire du juge. MM. Aubry et Rau t. 1, p. 453, note 27, et Laurent, t. 5, n° 151, exigent un récépissé distinct et antérieur de dix jours au traité. Ils n'acceptent pas que ce récépissé puisse être remplacé par une déclaration contenue dans le traité lui-même, émanant soit du notaire rédacteur de l'acte, soit du mineur devenu majeur et constatant que le compte et les pièces ont été remis dix jours auparavant. Le récépissé doit émaner de l'ex-mineur. Il n'est pas nécessaire qu'il ait date certaine par l'enregistrement. Il ne fera foi de sa date entre les parties que jusqu'à preuve contraire, et cette preuve contraire pourra se faire par témoins et par simples présomptions, parce que l'antidate, étant une fraude à la loi, se prouve par tous les moyens de preuve. — Quand le récépissé n'a pas été donné dix jours avant le traité, M. Laurent (*loc. cit.*) enseigne que le traité ne peut pas être déclaré valable quand même il serait constant en fait que le compte et les pièces ont été remis en temps utile à l'oyant. En effet il y a présomption légale que le traité est frauduleux, lorsqu'il a été fait en dehors des conditions prescrites par l'art. 472; or, quand la loi annule un acte sur une présomption de fraude, la preuve contraire n'est pas admise (c. civ. art. 1352) (V. en sens contraire, les arrêts cités au *Rép.* n° 657 et nos observations, n° 658, *in fine*).

612. Le délai de dix jours est un délai franc, dans lequel ne doivent être comptés ni le jour de la reddition du compte et de la remise des pièces justificatives, ni celui de l'apurement du compte (Bordeaux, 29 juill. 1857 (1);

(1) (Authome C. héritiers Biays.) — LA COUR; — Attendu qu'aux termes de l'art. 907 c. civ., le mineur devenu majeur ne peut disposer, soit par donation entre vifs soit par testament, au profit de celui qui a été son tuteur, si le compte définitif de la tutelle n'a été préalablement rendu et apuré; — Attendu que, pour que le compte de tutelle puisse être préalablement apuré à l'amiable, il faut qu'il ait été rendu conformément à l'art. 472 c. civ.; que l'apurement du compte, éteignant complètement l'action du mineur, a tous les effets d'un traité; qu'il doit donc être entouré des mêmes garanties, sans quoi rien ne serait plus facile que d'éluder les sages précautions de la loi; — Que si l'art. 907 ne renvoi pas expressément à l'art. 472, c'est parce qu'il dispose d'une manière générale pour le cas où le compte est rendu en justice, comme pour celui où il est rendu à l'amiable; mais qu'il s'y réfère virtuellement pour ce dernier cas, en exigeant que le compte définitif de la tutelle ait été non seulement rendu, mais apuré; — Attendu que les motifs qui ont dicté l'art. 472 sont les mêmes qui ont dicté l'art. 907, le législateur n'ayant pas voulu que le mineur parvenu à sa majorité pût décharger son tuteur, ni disposer à son profit, avant d'être pleinement édifié sur sa propre situation et sur l'administration de ce dernier; qu'il a donc dû prendre, dans l'un et l'autre cas, les mêmes précautions; que précisément parce que l'art. 907 ne trace aucune forme, ne fixe aucun délai, il a son complément nécessaire dans l'art. 472, sans quoi le compte pourrait être rendu et apuré peu d'heures, peu de minutes avant la donation ou le testament, et ce ne serait qu'une vaine formalité; qu'il répugne, d'ailleurs, que le mineur, qui ne pourrait, avant l'expiration du délai prescrit par l'art. 472, traiter avec son tuteur, le décharger même particulièrement de l'obligation de rendre compte, pût néanmoins disposer de tous ses biens en sa faveur; — Attendu que, d'après cet article, la décharge donnée au tuteur est nulle, si elle n'a été précédée de la reddition d'un compte détaillé avec remise des pièces justificatives, le tout constaté par un récipissé de l'ayant compte, dix jours au moins avant le traité; — Qu'il s'agit de savoir si le délai déterminé par cet article a été observé; — Attendu qu'à part la disposition de l'art. 1033 c. proc. civ., disposition qui ne peut être étendue, la loi n'a point tracé de règle générale pour la computation des jours en matière de délais; que, chaque disposition forme ainsi une règle particulière que l'on doit appliquer selon les termes dans lesquels elle est conçue et l'esprit qui l'a dictée; — Attendu que par ces expressions: « dix jours au moins », employées dans l'art. 472, le législateur a clairement exprimé la volonté que le mineur eût dans tous les cas, dix jours complets pour vérifier le compte et les pièces à l'appui; qu'il faut donc qu'il s'écoule dix jours pleins entre la remise du compte et l'apurement, et qu'on ne doit avoir égard ni au jour où le compte a été remis, ni à celui auquel il est apuré; que ni l'un ni l'autre, en effet, n'est un jour entier, et qu'on ne peut les réunir d'abord parce que la loi compte par jour et non par heures, ensuite parce que, même réunis, ils ne formeraient pas nécessairement vingt-quatre heures, la remise ayant pu être faite le soir et l'apurement le matin; — Que, dans l'espèce, le compte et les pièces ont été réunis, d'après le récépissé, le 11 août, sans indication de l'heure, et l'apurement a eu lieu, le 21 à neuf heures et demie du matin; — Qu'il faudrait donc, pour qu'il se fût écoulé dix fois vingt-quatre heures, que la remise du compte eût été effectuée le 11 à neuf heures et demie du matin au plus tard, ce qui demeure au moins douteux; — Attendu qu'en admettant que le premier jour du terme, *le dies à quo*, doive être en général compté sans délai, ce n'est qu'autant que le texte de la loi se prête à cette interprétation; qu'on pourrait tout au plus l'accepter, si l'art. 472 fixait simplement un délai de dix jours; mais que ces mots: « dix jours au moins », ont une autre signification, une signification extensive, et supposant nécessairement un délai franc; — Attendu enfin qu'il ne s'agit pas ici d'une règle de procédure dont la rigueur doit être plutôt adoucie qu'aggravée; que le délai est établi en faveur du mineur pour le protéger contre les surprises, et que, dans le doute, ce ne serait pas le cas de la restreindre; — Attendu, à un autre point de vue, que le récépissé, daté du 11 août 1843, n'a été enregistré que le 19; que l'acte portant apurement et décharge est du 21 à neuf heures et demie, le testament du même jour à dix heures; que le testateur, qui avait péniblement signé le récépissé, n'a pu signer ni le règlement de compte, ni le testament, « à cause, dit le notaire dans le premier de ces deux actes, de l'excessive faiblesse dont il est atteint par suite d'une grave maladie qui le tient alité »; qu'enfin, il décéda trois jours après; que, d'un autre côté, le tuteur, avec lequel il habitait, et qui en sa qualité de légataire universel, est demeuré en possession de tous les papiers, ne représente ni le compte, ni les pièces justificatives; que, dans ces circonstances, il y a lieu de penser que le récépissé, bien que daté du 11 août, n'a été fait en réalité que le 18 ou le 19, date de l'enregistrement; que, quoi qu'il en soit de la différence de ces deux dates, la précipitation des actes, l'état de faiblesse et l'impuissance de Guillaume Biays au moment où il déclare qu'après avoir examiné et vérifié le compte, il donne décharge à son tuteur, la disparition de ce compte que le tuteur avait d'autant plus d'intérêt à conserver que les circonstances qui environnaient et l'épurement et le testament qui avait suivi de si près devaient rendre ces actes plus suspects, forment un ensemble de présomptions graves et concordantes qui prouvent suffisamment que le récépissé, le compte et l'apurement n'ont été qu'un vrai simulacre préparé en fraude de la loi et des héritiers du sang; afin de relever le tuteur de l'incapacité prononcée par l'art. 907;... — Confirme le jugement rendu par le tribunal de La Réole, le 5 déc. 1856, etc.

Du 29 juill. 1857.-C. de Bordeaux, 1re ch.-MM. de la Seiglière, pr.-Peyrot, av. gén.-Vaucher et Lafon, av.

Aubry et Rau, t. 1, § 121, p. 493, note 28; Huc, t. 3, n° 459).

613. La nullité qui résulte de l'art. 472, n'étant établie que dans l'intérêt du mineur, est purement relative et ne peut être invoquée que par lui; jamais par le tuteur (*Rép.* n° 662; Nîmes, 7 févr. 1852, aff. Evesque, D. P. 55. 5. 457; Bordeaux, 23 juill. 1879, *suprà*, n° 608; Req. 6 août 1888, aff. Gilède, D. P. 89. 1. 339).

Néanmoins, cette nullité pourrait être proposée au nom de l'ancien pupille, par ses héritiers ou par ses créanciers; car il ne s'agit point d'un droit exclusivement attaché à la personne dans le sens de l'art. 1166 (Douai, 24 mai 1854, aff. Everard, D. P. 55. 2. 51; Aubry et Rau, t. 1, § 121, p. 494, note 32. — *Contrà :* Paris, 15 déc. 1830, *Rép.* v° *Privilèges et hypothèques*, n° 1235).

614. Les tiers qui ont contracté avec le tuteur, sur la foi d'une convention conclue ou d'un compte arrêté avec le tuteur, sans l'observation des conditions prescrites par l'art. 472 c. civ., doivent supporter les conséquences de la nullité de cette convention ou de cet arrêté de compte (*Rép.* n° 659). Il en serait cependant autrement dans le cas où les tiers auraient contracté avec le tuteur sur le vu d'une décharge d'apparence régulière, que le pupille ferait annuler plus tard à raison de l'antidate du récépissé; le pupille, ayant alors consenti à l'antidater, ne pourrait s'en prévaloir contre les tiers de bonne foi (Aubry et Rau, t. 1, § 121, p. 494, note 33).

615. Suivant MM. Aubry et Rau, t. 1, § 121, p. 490, le tuteur ne peut pas être dispensé par le donateur ou par le testateur de l'obligation de rendre compte des biens donnés ou légués à son pupille, lors même que ce dernier ne serait pas héritier à réserve du disposant. Cette condition, incompatible avec l'idée d'un administrateur comptable, est contraire à l'institution même de la tutelle, contraire à l'ordre public ; elle doit, par suite, être réputée non écrite en vertu de l'art. 900. — On peut objecter cependant que, si le disposant n'avait pas d'héritier à réserve, il avait le droit de donner ou léguer toute sa fortune au tuteur; il pouvait, ce semble, à plus forte raison, en disposer au profit du mineur sous la condition que celui-ci n'exigerait pas de compte du tuteur (Comp. Demolombe, t. 8, n°s 40 et suiv.). — Il a été jugé que le tuteur ne peut se soustraire à l'obligation de rendre compte de sa gestion, en se fondant sur ce que le mineur devenu majeur a, cédant d'ailleurs en cela à un sentiment de confiance, détruit les pièces justificatives du compte de tutelle qu'il lui avait présentées pour qu'il les examinât; tout ce qui peut résulter de la destruction de ces pièces, c'est que les conséquences qu'elle aurait sur la reddition du compte, par les difficultés et les embarras qu'elle pourrait susciter, devraient retomber sur l'oyant (Douai, 9 juill. 1855, aff. Defontaine, D. P. 56. 2. 79).

616. Bien que le traité intervenu entre le tuteur et son ancien pupille ait été précédé de la remise d'un compte détaillé et des pièces justificatives à l'appui, le tout régulièrement constaté par un récépissé précédant le traité de dix jours, il peut encore être attaqué pour cause d'erreur, de dol ou de violence, conformément au droit commun. Le mineur devenu majeur peut, notamment, demander la nullité du traité si son consentement n'a été obtenu qu'au moyen de manœuvres frauduleuses (Pau, 12 nov. 1879, aff. Darthuy fils, D. P. 80. 2. 220. V. dans le même sens, Civ. cass. 10 févr. 1830, *Rép.* v° *Obligations*, n° 2954. V. aussi v° *Minorité*, n°s 668 et 676; Demolombe, t. 8, n° 165; Aubry et Rau, t. 1er, § 121, p. 495; Huc, t. 3, n° 459).

617. La nullité résultant de l'inobservation des formalités préalables exigées par l'art. 472 est susceptible d'être couverte par une ratification; mais il faut que cette ratification soit précédée de la remise du compte et des pièces justificatives, conformément à l'art. 472 (V. *Rép.* n° 661). Il a encore été jugé en ce sens, depuis la publication du *Répertoire* : 1° que, lorsqu'un compte de tutelle a été rendu par le tuteur à sa pupille devenue majeure, sans la remise préalable des pièces justificatives, la nullité de l'arrêté de ce compte n'est pas couverte par l'approbation que lui aurait donnée le futur mari de la pupille, agissant au nom de celle-ci et comme se portant fort pour elle, à la veille du mariage, ni par l'apport du solde de ce compte au contrat de mariage; que ces actes ne peuvent donc pas constituer une fin de non-recevoir opposable à la demande en reddition de compte de tutelle que les deux époux auraient introduite postérieurement ; que, d'autre part, ces mêmes actes ne peuvent pas motiver, au profit du tuteur, un recours en garantie contre le mari (Paris, 31 mars 1876) (1); — 2° Que les actes de ratification et d'exécution d'un traité qui a pour objet

(1) (Trousseau C. Olive.) — Par le décès de son père, survenu en 1843, la mineure Anna Vaunois s'est trouvée placée sous la tutelle légale de sa mère. — La gestion des biens de la mineure a été exercée simultanément par la tutrice et par M. Adolphe Vaunois, oncle d'Anna Vaunois. — En 1850, décès de la tutrice légale. — Délibération du conseil de famille, en date du 11 avr. 1850, qui confie la tutelle à M. Adolphe Vaunois. — Le 24 août 1862, Anna Vaunois parvient à sa majorité. — Le 23 avr. 1863, son oncle Adolphe Vaunois lui est donné comme conseil judiciaire. Mais il continue d'administrer les biens. — Le compte de tutelle est rédigé le 11 mai 1863 par Me Pottier, notaire, sur les pièces remises par Adolphe Vaunois. La demoiselle Anna Vaunois étant fiancée à un sieur Olive, le contrat de mariage, en date du 4 juin 1864, constatait, comme apport de la future, une somme de 2899 fr. 65 cent. reliquat du compte. Le 6 juin 1864, le sieur Olive, se portant fort pour sa fiancée, approuve le compte. — M. Vaunois est décédé en 1864. — En 1870, le sieur et la dame Olive ont fourni contre la dame Trousseau, héritière du sieur Vaunois, une demande en reddition de compte. La défenderesse a opposé comme fin de non-recevoir l'approbation donnée au compte, et elle a formé une demande en garantie contre le sieur Olive personnellement. Un premier jugement du tribunal de la Seine, en date du 19 août 1872, a statué sur la contestation, en ces termes : — « En ce qui touche la fin de non-recevoir : — Attendu que les art. 479 et suiv. c. civ., en soumettant le tuteur à l'obligation de rendre compte de sa gestion, déterminent les formes dans lesquelles le compte doit être rendu; — Qu'aux termes de l'art. 472, tout traité intervenu entre le tuteur et le mineur devenu majeur est nul, s'il n'a été procédé à la reddition d'un compte détaillé et à la remise des pièces justificatives, constatée par un récépissé dix jours au moins avant le traité; — Attendu qu'il est constant, en fait, que les comptes rendus par Vaunois, aujourd'hui représenté par la dame Trousseau, en sa qualité de tuteur de la demoiselle Vaunois, suivant actes dressés par Me Pottier, les 11 mai 1863 et 4 juin 1864, n'ont été précédés d'aucune remise de pièces justificatives; — Que l'approbation donnée le 6 juin, même mois, auxdits comptes par Olive, stipulant au nom de la demoiselle Vaunois avec laquelle il déclarait devoir incessamment se marier, n'a pu couvrir cette irrégularité; — Que les énonciations du contrat de mariage des époux Olive, relatives à l'apport fait par la dame Olive d'une somme de 2899 fr. 65 cent. formant le reliquat dû par Vaunois à raison de la tutelle de ladite dame et de l'administration de ses personne et biens, n'a pu également donner aux comptes ainsi rendus un caractère définitif et faire disparaître l'irrégularité dont ils sont entachés; — Attendu, dès lors, qu'il n'est même pas nécessaire de rechercher si Olive avait qualité pour recevoir et approuver lesdits comptes au moment où ils ont été rendus; — Qu'ils ne peuvent créer une fin de non-recevoir au profit de la dame Trousseau, contre l'action aujourd'hui dirigée contre elle; — En ce qui touche la demande en garantie, formée par la dame Trousseau contre Olive, comme s'étant porté fort pour la dame Olive ; — Attendu qu'il n'y aurait lieu de statuer sur cette demande qu'autant qu'il interviendrait une condamnation au profit de la dame Olive contre la dame Trousseau; — Par ces motifs, — LE TRIBUNAL ; — sans s'arrêter à la fin de non-recevoir; — Avant faire droit; — Ordonne que dans le mois de la signification du présent jugement par-devant M. Roullin, juge la dame Trousseau, comme représentant Vaunois, sera tenue de rendre aux demandeurs le compte de la tutelle et de l'administration des personne et biens de la dame Olive qe auraient été confiées audit Vaunois ». La dame Trousseau a interjeté appel de ce jugement, et avant que la cour n'ait statué, elle a signifié aux époux Olive le compte dressé par Me Pottier les 11 mai 1863 et 4 juin 1864. Un second jugement a été rendu par le tribunal de la Seine, le 14 août 1874, sur les contestations auxquelles ce compte a donné lieu. Voici un extrait de ce jugement : — « Relativement aux intérêts des sommes non employées (39e et 43e contredits); — Attendu que, dans le complément de compte de tutelle (1864), il a été déduit 1888 fr. 20 cent. pour excédent porté à tort, sur les intérêts, sans autre explication ni décompte; que le tuteur n'a pas été en termes absolus dispensé d'emploi par le conseil de famille; qu'Adolphe Vaunois l'a reconnu lui-même, en faisant divers placements des sommes par lui encaissées, et qui excédaient les frais d'entretien de la mineure; — Qu'il a lui-même porté dans le compte, à son débit, des chiffres d'intérêts qui ne sont l'objet d'aucune demande de rectification ; — Qu'il y a lieu toutefois de dresser un nouveau compte général; — Sur

de soustraire le tuteur à l'obligation de rendre compte, ne changent pas les caractères de ce traité, le vice dont il est lui-même atteint se communiquant auxdits actes, tant que la cause en subsiste (Civ. cass. 21 janv. 1889, aff. Pauthier, D. P. 89. 1. 421).

618. Cependant la nullité d'un traité passé entre un tuteur et ses pupilles devenus majeurs, faute d'avoir été précédé de la reddition du compte de tutelle, ne peut être demandée par l'un des ex-mineurs après le décès du tuteur, lorsqu'ils ont accepté purement et simplement sa succession à laquelle ils étaient appelés pour des parts égales, la confusion dans les mains des pupilles de tous les droits et obligations relatifs au compte de tutelle rendant cette action en nullité sans intérêt (Civ. rej. 7 févr. 1859, aff. Changeux, D. P. 59. 1. 471). En effet, les héritiers du tuteur, en acceptant purement et simplement sa succession, se sont placés, les uns vis-à-vis des autres, dans les liens d'une obligation de garantie relativement au traité dont chacun d'eux poursuivrait la nullité. Cette obligation de garantie se divise entre eux par portions égales, comme leurs droits héréditaires; elle est, dès lors, éteinte par l'effet de la compensation qui met à néant chacune de ces créances et obligations respectives (V. *Rép.*, v° *Obligations*, n° 2743 et suiv.).

---

le second chef : — Attendu que le chiffre de 14314 fr. 88 cent. réclamé pour intérêts, est nécessairement modifié par l'admission et le rejet des divers contredits ; qu'il y a lieu de renvoyer les parties devant l'avoué le plus ancien; — Sur la demande de capitalisation des intérêts : — Attendu qu'elle est conforme à l'art. 1154 c. civ., lequel s'applique généralement à tous intérêts échus de capitaux; — Sur la demande en garantie contre Olive: — Attendu que, si, par acte du 6 juin 1864, il a déclaré avoir trouvé justes les résultats de ce compte, et s'est obligé à le faire approuver par sa femme, cette stipulation ne saurait avoir de valeur juridique; qu'elle a eu pour but d'éluder les prescriptions de l'art. 472 c. civ., et qu'au surplus, aucunes pièces justificatives n'auraient été remises à Olive, lequel n'a pu conséquemment vérifier que les calculs du compte présenté; — Par ces motifs, — LE TRIBUNAL; — condamne dès à présent la dame Trousseau à payer aux époux Olive la somme de 8452 fr. 64 cent.; et pour la fixation du chiffre des intérêts des sommes dont la loi prescrit l'emploi (c. civ. art. 456), et généralement du compte de tutelle et d'administration, renvoie les parties devant l'avoué le plus ancien; — Prononce la capitalisation des intérêts conformément à l'art. 1154 c. civ., lesquels produiront intérêts à compter de la demande; — Dit toutefois que les intérêts des sommes dont le tuteur est déclaré responsable pour titres, argenterie ou autres valeurs non représentées, ne seront calculés dans le compte rectifié qu'à compter du jour de la demande, et ne seront pas capitalisés ». — Le second jugement a été aussi frappé d'appel par la dame Trousseau.

LA COUR; — En ce qui touche l'appel du jugement du 19 avril 1872 : — Adoptant les motifs qui ont déterminé les premiers juges; — En ce qui touche l'appel du jugement du 14 août 1874; — Sur le grief relatif à la somme de 14314 fr. 88 cent. réclamée par les époux Olive, pour intérêts de sommes non employées par le tuteur de la dame Olive : — Considérant que les premiers juges ont fait une saine appréciation, tant des énonciations relatives à cet mploi, contenues dans la délibération du conseil de famille de la mineure Anna Vaunois, dame Olive en date du 11 avr. 1850, que des actes même du tuteur de celle-ci, Adolphe Vaunois, et une juste application de l'art. 456 c. civ.; qu'il y a donc lieu de maintenir, en principe, la sentence dont est appel, en ce qu'elle a renvoyé les parties à compter de ce chef; — Considérant, toutefois, qu'elle n'a pas suffisamment précisé le point de départ du compte à faire, non plus que l'époque à laquelle il doit être arrêté, et qu'il importe d'en déterminer les éléments à cet égard; qu'il y a lieu, en effet, de distinguer entre deux périodes de temps bien tranchées : la première qui s'est écoulée depuis le 16 mars 1849, date de la mort de Léon Vaunois, père d'Anna Vaunois, jusqu'au 11 avr. 1850, jour où Adolphe Vaunois a été investi des fonctions de tuteur par la délibération précitée du conseil de famille; la deuxième qui comprend toute la durée de la tutelle depuis le 11 avril 1870 jusqu'au moment où elle a pris fin par le décès du tuteur, survenu le 10 juin 1864; que, pendant la première, la dame Félicité Dehaïn, veuve Vaunois, a été la tutrice naturelle et légale de sa fille Anna, et qu'Adolphe Vaunois n'a été auprès d'elle qu'un *negotiorum gestor* officieux qui ne pouvait être tenu des obligations du tuteur; qu'en sa qualité de mandataire, il ne devrait d'intérêts que dans les conditions prévues par l'art. 1996 c. civ., et qu'elles ne se rencontrent pas dans l'espèce; que s'il est vrai, en droit, que dans le cas où il y a plusieurs tutelles successives, le mineur est fondé à demander un compte général au dernier tuteur, ce principe ne s'aurait être invoqué quand il s'agit du père ou de la mère, qui ont exercé la tutelle légale, puisque le mineur serait obligé, comme héritier, de garantir le tuteur rendant compte contre les conséquences de leur gestion; qu'il suit de là qu'Adolphe Vaunois n'ayant été, effectivement et légalement, chargé de la tutelle dative que le 11 avr. 1850, c'est seulement de cette date qu'il doit les intérêts des deniers pupillaires, à défaut d'emploi de l'excédent des recettes sur les dépenses, conformément aux articles 455 et 456 c. civ.;

Considérant que vainement la dame Trousseau soutient que la tutelle a cessé à la majorité d'Anna Vaunois, le 24 août 1862, et qu'Adolphe Vaunois ayant alors été nommé son conseil judiciaire, le 23 avr. 1863, c'est uniquement en cette dernière qualité qu'il a administré les biens de la pupille, et que, par suite, il ne pouvait être astreint, depuis le 24 août 1862, aux obligations imposées au tuteur; — Considérant qu'il est de principe, en droit, que lorsque le tuteur a continué de gérer la fortune de son pupille après la majorité de celui-ci, la tutelle est censée continuer tant qu'il n'a pas rendu compte, et qu'il reste, conséquemment, soumis soit à faire emploi des sommes provenant d'excédents des recettes réalisées dans l'intervalle, soit, à défaut d'emploi, au payement des intérêts et des intérêts d'iceux; que cette règle, fondamentale en droit romain, appliquée par l'ancien droit français, est conforme aux principes adoptés par le code civil et ne rencontre plus d'objections dans la jurisprudence; que, dans l'espèce, il est constant que le compte présenté le 11 mai 1863, par Adolphe Vaunois, est sans valeur, puisqu'il n'a pas été précédé de la remise des pièces justificatives; que la nomination du tuteur aux fonctions de conseil judiciaire ne saurait modifier en rien la nature ou l'étendue des obligations que lui imposait la tutelle et ne lui permettait pas de s'y soustraire; qu'ainsi la tutelle n'a fini qu'au jour du décès d'Adolphe Vaunois, arrivé le 10 juin 1864, et que, par suite, le compte à faire devra être dressé, conformément aux règles du droit sur la matière, pour tout l'espace de temps écoulé entre le 11 avr. 1850 et le 10 juin 1864; — Considérant que la dame Trousseau n'est pas plus fondée à invoquer, relativement aux intérêts courus depuis ce jour jusqu'à celui de la demande, la prescription quinquennale aux termes de l'art. 2277 c. civ.; qu'en effet, le montant du reliquat dû en capital par le tuteur n'était régulièrement et définitivement fixé ni au 24 août 1862, ni au 11 mai 1863, ni au 10 juin 1864; qu'il ne l'est pas encore actuellement, puisque le compte présenté par la dame Trousseau a été l'objet tant de contredits produits par les époux Olive que de redressements opérés par le tribunal et sur lesquels la cour aura à statuer; que le chiffre des intérêts, étant évidemment incertain, n'était pas exigible, et que, par conséquent, la prescription quinquennale ne saurait être utilement opposée; — Mais considérant que la dame Trousseau soutient aussi que le cours des intérêts s'est arrêté au jour du décès du tuteur, puisqu'il est certain qu'à cette époque, la dame Olive, sa pupille, avait atteint sa majorité depuis près de deux ans; qu'aux termes de l'art. 419 c. civ., la tutelle est une charge personnelle, qui ne passe point aux héritiers du tuteur; que si les héritiers sont responsables de sa gestion, cette responsabilité ne couvre que les actes accomplis pendant la durée de la tutelle et jusqu'au moment où elle a pris fin; que s'il est incontestable qu'ils sont tenus de la continuer jusqu'à la nomination d'un nouveau tuteur, cette obligation et les conséquences légales qu'elle peut entraîner n'existent évidemment pas à leur charge lorsque le pupille était majeur à l'époque du décès du tuteur dont la tutelle avait continué en fait, et lorsqu'il a pris effectivement l'administration de sa fortune; qu'en réalité la dame Olive, majeure depuis le 24 août 1862, mariée depuis le mois de juin 1864, était en pleine possession de ses droits; qu'il lui appartenait, dès lors, de poursuivre contre la dame Trousseau, fille et héritière d'Adolphe Vaunois, la reddition du compte de tutelle; qu'en cet état, elle était simplement créancière de la succession de ce dernier; que c'était à elle à exercer son droit contre cette succession; mais qu'elle ne pouvait faire courir les intérêts contre l'héritier que dans les termes de l'art. 1153 c. civ., c'est-à-dire par une demande en justice; que la dame Trousseau était de bonne foi, puisqu'elle a dû nécessairement croire, en raison du long silence gardé par les époux Olive, que ceux-ci avaient accepté le compte du 11 mai 1863 et le compte supplémentaire du 4 juin 1864, dont ils avaient même touché le reliquat; qu'il ne pouvait dépendre d'eux, en retardant volontairement l'exercice de leur action de donner lieu à une accumulation d'intérêts ruineuse pour le débiteur, que rien n'avertissait de l'existence possible d'une dette, puisque des actes jusqu'alors inattaqués, établissaient la libération de son auteur; qu'il convient, dès lors, de faire droit aux conclusions de la dame Trousseau et de décider que, dans le compte à intervenir, et qui fixera le chiffre du reliquat dû au 10 juin 1864, ne seront pas compris les intérêts de ce reliquat depuis cette date jusqu'au jour de la demande;

Sur la capitalisation des intérêts depuis ledit jour : — Considérant qu'au moyen de ce qui vient d'être dit, et les intérêts dont la capitalisation est demandée par les époux Olive n'ayant point couru antérieurement à la date de leur exploit introduc-

Art. 4. — *De la prescription de l'action en reddition de compte et de l'action en nullité des traités intervenus entre le tuteur et le mineur devenu majeur* (*Rép.* nos 664 à 685).

619. L'art. 475 c. civ. décide que toutes les actions du mineur contre son tuteur, relativement aux faits de la tutelle, sont éteintes par la prescription de dix ans, à compter de la majorité (*Rép.* nos 664 et suiv.). Cette prescription est applicable à toutes les actions en responsabilité qui ont pour cause un fait dommageable d'infidélité ou de négligence dans l'administration de la tutelle, ou les suites nécessaires de ce fait (*Rép.* no 666). Elle est applicable aussi à l'action en reddition du compte de tutelle (*Rép.* no 667; Aubry et Rau, t. 1, § 121, p. 496; Laurent, t. 5, no 189; Huc, t. 3, no 462).

620. La prescription décennale de l'art. 475 est-elle applicable à l'action en revision ou en redressement du compte? Non, quand il ne s'agit que de rectifier des erreurs de calcul, des doubles emplois, des omissions de reports ou même des omissions de recettes dont le tuteur s'est reconnu comptable dans le compte lui-même. En ce cas, l'action en redressement est née d'un fait postérieur à la tutelle, c'est-à-dire du compte qu'il s'agit de rectifier. On peut ajouter, au point de vue de l'esprit de la loi, que le tuteur n'a pas besoin de consulter ses notes et de recueillir ses souvenirs. Les éléments du débat se trouvent dans le compte même. L'action ne se prescrira donc que par trente ans, à partir de la reddition du compte, conformément au droit commun (*Rép.* no 676; Demolombe, t. 8, nos 160 et suiv. Aubry et Rau, t. 1, § 121, p. 496, note 41; Laurent, t. 5, no 190; Baudry-Lacantinerie, t. 1, no 1116). Toutefois, suivant M. Huc, t. 3, no 462, la prescription, dans cette hypothèse, serait encore de dix ans, par application de l'art. 1304 c. civ.; mais elle ne commencerait à courir que du jour où l'erreur aurait été reconnue.

621. Si l'action en redressement a pour objet de faire réduire des dépenses qui ont été exagérées ou de faire ajouter des recettes qui ont été omises dans le compte de tutelle, alors la base de l'action ne se trouve plus dans le compte lui-même, mais dans les faits de la tutelle. C'est une action en supplément de compte. Cependant il a été jugé que, même dans cette hypothèse, l'action en redressement n'était prescriptible que par trente ans, à partir seulement de la reddition du compte de tutelle (Metz, 10 juill. 1821, *Rép.* no 676); ou par trente ans, courant à dater de la majorité (Lyon, 21 janv. 1854) (1); ou enfin par dix ans courant à partir de la découverte de l'erreur, conformément à l'art. 1304 c. civ (Paris, 10 août 1864) (2). Nous pensons, au contraire, que l'art. 475 est applicable à cette hypothèse et que l'action en redressement qui a pour objet une réduc-

---

tif d'instance, c'est à tort que les premiers juges ont accueilli leur demande de ce chef; qu'il en doit être jugé de même pour les intérêts courus depuis l'instance commencée; que les dispositions de l'art. 1154 c. civ. sont relatives au cas où le chiffre de la dette est certain et où le débiteur, mis en demeure de se libérer, refuse de le faire; que tel est le sens de cet article, clairement expliqué, d'ailleurs, par la condition qui y est exprimée qu'il s'agira d'intérêts dus au moins pour une année entière; qu'il n'en était pas dû antérieurement à la demande, et que la créance des époux Olive n'est pas liquide et ne le sera que par l'apurement du compte; que la dame Trousseau n'est donc pas en retard de payer les intérêts d'un capital encore indéterminé et qui n'avaient pas couru avant l'instance commencée; qu'ainsi il n'y a pas lieu d'ordonner, pour aucune période de temps, postérieur au 10 juin 1864, la capitalisation des intérêts;

Sur le grief d'appel de la dame Trousseau, touchant le recours en garantie de la dame Trousseau contre Olive personnellement: — Adoptant les motifs qui ont déterminé les premiers juges; — Par ces motifs, — Confirme; — Réduit néanmoins, dès à présent, à la somme de, etc.; — Dit que la tutelle d'Adolphe Vaunois a commencé le 11 avr. 1850 et a pris fin le 10 juin 1864; et qu'en conséquence le compte à régler entre les parties sera établi sur cette base; — Dit qu'il n'y a lieu de condamner la dame Trousseau à tenir compte aux intimés des intérêts du reliquat du compte tel qu'il sera fixé au 10 juin 1864, depuis ce jour jusqu'à celui de la demande; — La décharge de toutes dispositions et condamnations prononcées contre elle à cet effet; — Dit qu'il n'y a lieu à capitalisation des intérêts courus depuis ce dernier jour et à courir jusqu'au règlement final; — Ordonne que, pour le surplus, le jugement dont est appel sortira son plein et entier effet.

Du 31 mars 1876.-C. de Paris, 5e ch.-MM. Descoutures, pr.-Chevrier, av. gén.-Léon Duval et Raveton, av.

(1) (Richarme *C.* Richarme.) — Le 24 janv. 1853, le tribunal civil de Saint-Étienne a statué ainsi qu'il suit: — « Attendu que la demande de Michel Richarme porte sur deux catégories distinctes de créances, la première composée d'omissions à son préjudice dans le compte de tutelle qu'il a rendu le 16 oct. 1829 à Denis Richarme, son neveu; la seconde... (étrangère); — Attendu, sur la première série, que le défendeur oppose la prescription décennale, et au besoin dénie les omissions articulées par son oncle; — Attendu que, pour justifier son exception, Denis Richarme invoque les art. 1304 et 475 c. civ.; — Attendu que le premier de ces textes est ici manifestement sans application, car il ne s'agit ni de nullité ni de rescision, mais bien de l'action ouverte par l'art. 541 c. proc. civ., à tout comptable qui se plaint d'erreurs de calcul, de doubles emplois ou d'omissions dans le compte qu'il a rendu de sa gestion; — Attendu que le second n'a qu'un seul but, de régler la durée de l'action de tutelle proprement dite et de la réduire à dix ans; — Qu'il serait superflu de rechercher si cette prescription décennale peut être opposée au tuteur dont l'art. 475 ne parle pas, aussi bien qu'au mineur contre lequel seul il dispose: car l'apurement de compte de 1829 éteint toute action de tutelle entre Michel et Denis Richarme; que ce qu'il importe, c'est de déterminer la nature de l'action sur laquelle il s'agit de statuer et de reconnaître sous le coup de quelle prescription elle tombe; — Attendu que le droit de relever les erreurs commises dans un compte a sa source dans le principe d'équité qui ne permet à personne de s'enrichir au détriment d'autrui; que l'action qu'il engendre s'assimile d'une manière parfaite, soit à la restitution de l'indu, soit à la répétition de ce qui a été utilement payé à la décharge d'un tiers; — Qu'ainsi, elle rentre dans la classe commune des actions personnelles qui ne se prescrivent, aux termes de l'art. 2262, que par trente ans; — Mais attendu, en fait, que plus de trente ans s'étaient écoulés depuis la majorité de Denis Richarme jusqu'à la demande, car le défendeur a accompli sa vingt et unième année le 4 nov. 1822, et l'ajournement porte le 6 nov. 1852; — Attendu, en droit, que, dans l'action ouverte par l'art. 541 c. proc. civ., il faut distinguer quel en est le but. S'il s'agit de relever une erreur de calcul, un double emploi, la date du compte sera nécessairement le point de départ de la prescription, puisque l'action prend alors sa source dans le compte même. S'il s'agit, au contraire, d'une omission à réparer, il faut remonter à l'époque de l'exigibilité de la créance omise, car, en ce cas, l'action ne naît pas du compte; elle existait au jour où la tutelle a pris fin; l'art. 541 ne la crée pas, il la laisse subsister, nonobstant le compte rendu; — Attendu que pour faire ressortir l'exactitude de cette doctrine, il suffirait de signaler les conséquences de l'opinion contraire. Accorder au tuteur trente ans, à partir du compte de tutelle, pour relever des omissions; ne serait-ce pas lui permettre de perpétuer son action par sa propre négligence, et laisser le mineur exposé à se voir attaqué quand le temps l'aurait privé de ses moyens de défense; — D'où il suit que la première partie de la demande de Michel Richarme est réellement repoussée, non pas, à la vérité, par la prescription décennale, mais par la prescription trentenaire; — Attendu, surabondamment, que dans sa requête introductive d'instance, Michel Richarme expose qu'il a commis à dessein plusieurs omissions de dépense dans le compte par lui posé en 1829, afin de grossir le reliquat à sa charge, et détourner par là les poursuites de ses créanciers personnels; que ce honteux aveu ne permettrait pas de rattacher ses répétitions aux cas prévus par l'art. 541 c. proc. civ., qui suppose des omissions tout à fait involontaires; — Par ces motifs, déclare Michel Richarme non recevable à relever les omissions qu'il prétend avoir été faites à son préjudice dans le compte de tutelle par lui rendu à Denis Richarme, son neveu, le 16 oct. 1829, etc. ». Appel par Michel Richarme.

La cour; — Adoptant les motifs, etc.; — Confirme, etc.

Du 21 janv. 1854.-C. de Lyon, 1re ch.-MM. Lagrange, pr.-Valentin, av. gén.-Rombaud, Maurin-Bié et Munier, av.

(2) (Rouvray *C.* Jousse.) — Le 27 déc. 1862, jugement du tribunal civil de Nogent-le-Rotrou, ainsi conçu: — « Attendu que, si aux termes de l'art. 475 c. civ., toute action du mineur contre son tuteur, relativement aux faits de la tutelle, se prescrit par dix ans à compter de la majorité, aux termes de l'art. 1304 du même code, le délai pour intenter une action en nullité d'une convention ne court que du jour où l'erreur ou le dol ont été découverts; que ce principe est également applicable aux actes intervenus entre le mineur et son tuteur; — Attendu, sans qu'il soit nécessaire de rechercher si les différences existant entre les bases du compte de tutelle du mineur Jousse, telles qu'elles ont été établies dans l'acte du 18 nov. 1841, et celles que fournit le procès-verbal de liquidation dressé par Me Cazot le 3 juill. 1862, doivent être attribuées à des dissimulations ayant un caractère dolosif et frauduleux, il suffit d'examiner si, par suite de la fixa-

tion des dépenses, une augmentation des recettes, se prescrit par dix ans à partir de la majorité (V. en ce sens, les auteurs cités au *Rép.* n° 676, et *suprà*, n° 620).

622. Enfin, si l'action en redressement a pour objet des erreurs ou des omissions volontaires de la part du tuteur, présentant le caractère de dol ou de fraude, l'action n'est prescrite, conformément à l'art. 1304 c. civ., que par dix ans à partir de la découverte du dol (*Rép.* n° 676; Toulouse, 7 mars 1855, aff. Veuve Mirabel, D. P. 56. 2. 110; Req. 23 déc. 1856, même affaire, D. P. 57. 1. 105; Aubry et Rau, t. 1, § 121, p. 497). Cependant, d'après un arrêt de la chambre des requêtes du 10 janv. 1821 (*Rép.* n° 676), la responsabilité du tuteur à raison des énonciations dolosives du compte de tutelle ne serait éteinte que par la prescription trentenaire. — M. Laurent, t. 5, n° 190, adopte cette opinion et propose la distinction suivante: L'action en nullité que l'art. 1304 c. civ. déclare prescrite par dix ans suppose un dol consistant en des manœuvres telles que, sans l'emploi de ces manœuvres, l'autre partie n'aurait évidemment pas contracté. Si le tuteur s'était mis dans ce cas, l'art. 1304 serait évidemment applicable, et la prescription décennale aurait pour point de départ la découverte de l'erreur ou la cessation de la violence. Mais les omissions volontaires, par conséquent dolosives, du tuteur dans le compte de tutelle, n'étant ordinairement accompagnées d'aucune manœuvre destinée à vaincre la résistance de l'ancien pupille, ne donnent pas ouverture à une action en nullité (c. civ. art. 1116); dès lors, l'art. 1304 est inapplicable. Il n'y a lieu qu'à l'action en redressement. On reconnaît que la prescription de l'art. 475 ne peut pas être applicable dans cette hypothèse, puisqu'il ne s'agit pas de faits de tutelle. Dès lors, l'action n'est soumise qu'à la prescription trentenaire, conformément au droit commun. — M. Huc, t. 3, n° 463, répond à cette argumentation en observant que la dissimulation frauduleuse, commise par le tuteur, a engendré une erreur au préjudice de l'oyant compte; c'est en invoquant cette erreur qu'il demande le redressement du compte; la prescription ne peut courir contre lui que du jour où il a découvert cette erreur; c'est donc l'art. 1304 qui doit être appliqué.

623. L'action en nullité des traités que le tuteur a passés avec son ancien pupille, sans avoir préalablement satisfait aux dispositions de l'art. 472 c. civ., est-elle prescrite par dix ans à compter de la majorité, conformément à l'art. 475? Suivant un premier système, la prescription décennale est applicable; mais, conformément à l'art. 1304 c. civ., cette prescription ne court qu'à partir de la date de l'acte susceptible d'être attaqué (V. les autorités citées au *Rép.* n° 668). D'après un autre système, la prescription court à compter de la majorité, en vertu de l'art. 475, toutes les fois que le mineur devenu majeur n'allègue, à l'appui de sa demande, que l'inobservation des formalités prescrites par l'art. 472, et que son action en nullité n'a pour but que de faire revivre l'action en reddition de compte. Dans le cas où la demande en nullité a simplement pour but de faire annuler le traité, sans obtenir un nouveau compte, c'est-à-dire si le mineur devenu majeur se propose simplement d'obtenir la décharge d'un reliquat dont le traité, irrégulièrement conclu, l'aurait constitué débiteur, ou d'obtenir la restitution de biens qu'il aurait cédés ou de sommes qu'il aurait payées à son tuteur, le traité pourrait être attaqué dans les dix ans à partir de sa date, conformément à l'art. 1304 c. civ. Enfin si le traité est attaqué pour dol ou pour fraude, la prescription de l'art. 1304 serait encore seule applicable (*Rép.* n°s 668 et suiv.) — MM. Aubry et Rau, t. 1, § 121, p. 494, enseignent que l'action en nullité du traité intervenu sur le compte de tutelle sans avoir observé les formalités exigées par l'art. 472, n'est éteinte que par la prescription de trente ans, à compter de la convention ou de l'acte sujet à l'annulation. La prescription décennale établie par l'art. 1304 est fondée sur une présomption de ratification; or l'acte nul en vertu de l'art. 472 n'est pas susceptible d'être ratifié, tant que les formalités omises ne sont pas accomplies (V. *suprà*, n° 617). Toutefois, si l'action en nullité tendait à obtenir la reddition d'un nouveau compte, l'art. 475 ferait obstacle à ce que cette demande pût être utilement intentée après dix années révolues à compter de la majorité. Mais, même après ce délai, l'action en nullité pourrait être intentée pendant trente ans à compter de la date de l'acte, dans les hypothèses signalées ci-dessus où le mineur devenu majeur, sans prétendre à obtenir un nouveau compte, voudrait seulement faire annuler le traité dans le but d'obtenir sa décharge de la dette résultant pour lui de ce traité, ou la restitution des biens cédés ou des sommes payées au tuteur, en exécution du traité. En dernière analyse, MM. Aubry et Rau (*loc. cit.*, note 35) n'admettraient la prescription décennale, en vertu de l'art. 1304, qu'à compter de la date du traité et sous la réserve que la nullité prononcée tendrait seulement aux fins que l'on vient d'indiquer et n'autoriserait pas le mineur à exiger un nouveau compte, si la demande en nullité n'avait été introduite que dix années révolues à partir de la majorité du pupille (Comp. en ce sens, Demolombe, t. 8, n° 169; *Rép.* n° 669). — M. Laurent, t. 5, n° 191, soutient que la demande en nullité du traité relatif à la tutelle est, comme toutes les actions en nullité, soumise par l'art. 1304 à la prescription décennale; mais, admettant, comme MM. Aubry et Rau, que le traité nul en vertu de l'art. 472, n'est susceptible ni de ratification expresse ni de ratification tacite, tant que le compte n'a pas été rendu, il ne fait courir la prescription décennale qu'à partir de la reddition du compte (V. aussi en ce sens: Baudry-Lacantinerie, t. 1, n° 1113; Huc, t. 3, n° 459; Ortlieb, *Revue critique de législation*, 1875, p. 457). Ainsi, quand dix ans seront révolus depuis la majorité du pupille, celui-ci ne pouvant plus obtenir de compte, l'action en nullité pourra néanmoins encore être intentée; mais elle n'aboutira jamais qu'à décharger le mineur des conséquences du traité lui-même, sans lui permettre de revenir sur les faits de la tutelle en se faisant rendre compte.

624. La cour de cassation, ainsi qu'on l'a constaté au *Rép.* n° 668, avait admis que l'action en nullité du traité prévu par l'art. 472, quand elle n'est pas fondée sur un dol du tuteur, est soumise à la prescription décennale ayant pour point de départ, conformément à l'art. 475, l'époque de la majorité du pupille (Civ. rej. 26 juill. 1819, *Rép.* n° 668-1°; Req. 14 nov. 1820, *ibid.* n° 668-2°). Elle a encore jugé, depuis, que l'action en nullité de l'acte par lequel le mineur, devenu majeur, a donné décharge au tuteur de son compte de tutelle, doit être rejetée comme prescrite, alors qu'au moment où elle est intentée, il s'est écoulé plus de dix ans depuis la majorité du pupille, et même depuis l'époque où est intervenu ledit acte (Civ. rej. 15 févr. 1882, aff. Chrestien, D. P. 83. 1. 111).

625. Lorsque, après la majorité du pupille, les biens de celui-ci continuent à être administrés par le tuteur, la tutelle, suivant une opinion consacrée par plusieurs décisions de jurisprudence, est réputée se prolonger tant que dure la gestion (V. *suprà*, n° 570; *Rép.* n° 581). Conformément à ce système, il a été jugé que, le tuteur qui continue de gérer les biens de son pupille après la majorité ou le décès de celui-ci étant censé les administrer en la même qualité qu'auparavant, la prescription de l'action relative aux faits de la tutelle ne peut courir à son profit tant que dure cette

---

tion inexacte dans l'acte du 18 nov. 1841 des droits du mineur Jousse dans la succession de son père, le compte de tutelle à lui rendu par ledit acte l'a été sur des bases erronées... (suit cet examen); — Attendu qu'il ressort du rapprochement des chiffres qui viennent d'être indiqués que le compte tutélaire du 18 nov. 1841 a été rendu sur des bases erronées; — Attendu que ce n'est que par l'effet de la liquidation à laquelle il vient d'être procédé que l'erreur viciant ledit compte de tutelle a été découverte; qu'il suit de là que Jousse fils est fondé, aux termes des dispositions de l'art. 1304 c. civ., ci-dessus rappelées, à en demander la rescision; — Par ces motifs, déclare nul le compte de tutelle rendu par les sieurs et dame Rouvray au mineur Jousse, etc. ». — Appel par les époux Rouvray.

LA COUR; — Considérant que les frais funéraires qui, aux termes de l'art. 385 c. civ., sont à la charge de la jouissance des biens des enfants, comprennent les frais du deuil de la veuve; — Considérant, en outre, qu'il résulte du travail liquidatif et des faits et circonstances de la cause que le compte de tutelle et la liquidation irrégulière qui lui a servi de base préjudiciaient aux droits du mineur; — Adoptant, au surplus, les motifs des premiers juges; — Confirme, etc.

Du 10 août 1864.-C. de Paris, 4e ch.

administration (Civ. cass. 15 févr. 1882, aff. Chrestien, D. P. 83. 1. 111). — Cette décision est critiquée par M. Huc, t. 3, n° 464. « Si la prescription, dit-il, ne peut courir au profit du tuteur tant que dure la tutelle, c'est parce que le mineur ne peut agir. Mais, quand le mineur est devenu majeur, ou lorsque, étant décédé, il est représenté par des héritiers majeurs, il n'y a plus de raison pour empêcher la prescription de courir. La circonstance que l'ex-tuteur continue, en fait, cette administration, est indifférente puisqu'il dépend des intéressés de faire immédiatement cesser cette administration continuée au delà de son terme normal. Si les intéressés, c'est-à-dire le mineur devenu majeur ou les héritiers majeurs, ne font pas ce qu'ils pourraient faire, la gestion dont il s'agit se trouve prolongée en vertu d'un mandat tacite, et doit, par conséquent, être régie par les principes du mandat ». Le même auteur fait, en outre, remarquer que la théorie de la cour de cassation ne concorde pas avec l'art. 8 de la loi du 23 mars 1855, qui astreint, sans distinction entre les cas où le tuteur a ou non continué de gérer, le mineur devenu majeur, l'interdit relevé de l'interdiction, leurs héritiers ou ayants cause, à inscrire l'hypothèque légale dans l'année qui suit la dissolution de la tutelle, sous peine de perdre le rang attribué à cette hypothèque.

626. La prescription établie par l'art. 475 c. civ. est applicable à la demande en restitution de fruits, fondée sur la déchéance de l'usufruit légal prononcée par l'art. 1442 c. civ. contre l'époux survivant qui, ayant des enfants mineurs, n'a pas fait inventaire après le décès de son conjoint (Rouen, 29 août 1840, *Rép.* v° *Contrat de mariage*, n° 1614; Aubry et Rau, t. 1, § 121, p. 497).

627. Mais cette prescription ne s'étend pas aux actions que le pupille, devenu majeur, exerce contre son tuteur pour des faits qui ne sont pas relatifs à la tutelle. Ainsi, nonobstant l'art. 475, durent trente ans : l'action en partage de biens indivis entre le tuteur et son ancien pupille (Caen, 10 déc. 1859) (1); l'action qui a pour objet le payement des reprises dotales de la mère (*Rép.* n° 682-1°) ; et en général toute action en remboursement de créances dont l'origine est indépendante de la gestion tutélaire (Civ. cass. 16 août 1851, aff. Leneveu, D. P. 51. 1. 128; Bourges, 31 déc. 1862, sous Civ. rej. 1er août 1866, aff. Marteau-Lejeune, D. P. 66. 1. 337 ; Aubry et Rau, t. 1, § 123, p. 497 et suiv. ; Laurent, t. 5, n° 168; Huc, t. 3, n° 464). Il en est ainsi lors même que les créances dues par le tuteur au mineur sont devenues exigibles dans le cours de la tutelle (Demolombe, t. 8, nos 170 et suiv. ; Aubry et Rau, *loc. cit.*). — Décidé, en ce sens, que la prescription de dix ans établie par l'art. 475 c. civ. ne peut être opposée à l'action, exercée par le mineur devenu majeur, en liquidation et partage de la communauté ayant existé entre ses parents et de la succession de sa mère, dont le décès a donné ouverture à la tutelle du mari survivant; et que cette action ne pourrait être écartée par la présomption que lesdites communauté et succession n'avaient compris que des valeurs qui ont fait depuis l'objet de la gestion tutélaire (Paris, 16 juin 1875, aff. Charny, D. P. 77. 2. 148).

628. La prescription établie par l'art. 475 ne s'étend pas davantage aux actions relatives à des créances qui ont pris leur origine dans la gestion tutélaire, mais qui ont été reconnues par le tuteur depuis la cessation de la tutelle, ou qui, par suite de novation, ont été converties en obligations nouvelles, par exemple à l'action en payement du reliquat du compte

---

(1) (Veuve Lamidey C. Deuve.) — Le 15 mars 1856, jugement du tribunal de Pont-l'Evêque ainsi conçu : — « En ce qui touche la demande formée par la veuve Lamidey en partage et liquidation tant de la communauté ayant existé entre elle et feu son mari que de la succession de ce dernier : — Attendu que, loin de contester cette demande, les époux Deuve déclarent y consentir; mais attendu qu'un grave dissentiment s'est produit entre les parties relativement à l'exécution même de cette liquidation, c'est-à-dire relativement à l'étendue des droits que peut avoir à réclamer la dame veuve Lamidey dans la communauté et succession dont il s'agit; — Attendu que la difficulté née des prétentions respectives des parties est de savoir si la veuve a droit de réclamer l'usufruit de la moitié desdites communauté et succession, avec l'option accordée aux héritiers, du moins au cas où il serait décidé que cette moitié d'usufruit excéderait la quotité dont le mari avait droit de disposer, d'exécuter cette disposition ou de faire abandon à la dame veuve Lamidey du quart en pleine propriété dans lesdits biens, ou au contraire si ladite veuve Lamidey ne serait fondée qu'à réclamer un quart en usufruit seulement dans lesdits biens de la communauté et de la succession du sieur Lamidey son mari; — Attendu que, pour résoudre cette difficulté, il faut se reporter au contrat de mariage entre feu Lamidey et sa veuve, demanderesse principale, sur les dispositions duquel cette dernière s'appuie pour justifier sa prétention; — Attendu qu'on lit dans le contrat de mariage les deux clauses suivantes : « Art. 2. Le survivant des « époux, outre la moitié qui lui appartiendra de droit dans ladite « communauté, aura l'usufruit et jouissance, sa vie durant, de « l'autre moitié dont la nue propriété se trouve dévolue aux « héritiers de l'époux prédécédé; — ... Art. 4. Le futur époux « fait donation entre vifs et irrévocable à la future épouse, si « elle lui survit, ce que celle-ci accepte, savoir : s'il ne laisse pas « d'héritiers en ligne directe, de l'usufruit et jouissance de tous « les biens meubles et immeubles qu'il possédera au jour de son « décès, à tout autre titre que celui d'acquêts, le sort de ces « derniers étant irrévocablement fixé par l'art. 2 de ce contrat « auquel il n'est pas dérogé; et si, au contraire, il laisse des descendants, de la moitié, toujours en usufruit, desdits biens « meubles et immeubles; le futur époux prévoyant le cas où la « donation qu'il fait à la future épouse, ainsi réduite de moitié, « excéderait les bornes de la quotité disponible à cause du « nombre d'enfants qu'il laisserait à son décès, déclare que son « intention est, dans ce cas, que sa femme soit traitée le plus « favorablement possible et jouisse à titre d'usufruitière du « maximum dont il puisse, selon les circonstances, disposer en « sa faveur »; — Attendu que l'existence d'un enfant d'un premier lit, Marie-Anne-Rose Lamidey, aujourd'hui femme Deuve, à l'époque où Michel-Thomas Lamidey convola à de secondes noces, soumet l'exécution de ces dispositions envers sa seconde femme à la règle établie pour ce cas par l'art. 1098 c. civ.; — Attendu qu'il faut d'abord considérer que ledit Lamidey, dans les diverses hypothèses prévues dans son contrat de mariage, n'a jamais entendu disposer envers son épouse que de l'usufruit, soit de la totalité, soit d'une quotité déterminée des biens qu'il laisserait à son décès, suivant les cas; que, sous ce premier rapport, l'option que la veuve Lamidey propose subsidiairement à la dame Deuve, au cas où l'on jugerait que la moitié en usufruit qu'elle réclame excéderait la quotité disponible fixé par ledit art. 1098 c. civ., ou d'exécuter cette disposition, ou de lui consentir l'abandon de la pleine propriété de cette quotité disponible, aux termes de l'art. 917 c. civ., serait contraire au vœu du disposant, puisqu'elle pourrait avoir pour effet de contraindre la femme Deuve, comme conséquence de l'exécution des dispositions de son père, à consentir l'abandon de la propriété du quart des biens, tandis que le feu sieur Lamidey n'a jamais entendu disposer que de l'usufruit, dans quelque hypothèse que ce fût; — Mais attendu, d'un autre côté, que ledit art. 917 c. civ. servant de base à cette prétention subsidiaire de la veuve Lamidey, faisant partie du chapitre 3 du livre 3 du code, intitulé *De la portion des biens disponibles et de la réduction*, est étranger aux dispositions contenues dans le chapitre 9 du même code intitulé : *Des dispositions entre époux, soit par contrat de mariage, soit pendant le mariage;* que le législateur n'a pas déclaré étendre les règles de réduction posées dans ledit art. 917, au cas où il s'agit de libéralités de la part d'un époux veuf avec enfants envers son nouvel époux; que cet art. 917 n'a pas, suivant certains auteurs, la portée d'une règle tirée des principes du droit qui s'étend à toute une matière; il ne contient, suivant eux, qu'un expédient destiné à trancher une certaine difficulté, ne pouvant être employé logiquement dans d'autre cas, sous prétexte d'analogie; — Attendu qu'en se référant uniquement à l'art. 1098 c. civ., comme étant la règle unique à appliquer dans l'espèce, posant pour limite extrême à l'étendue des donations dont il parle le quart des biens du disposant, il faut nécessairement faire rentrer dans cette règle la donation d'un époux veuf avec des enfants à son nouvel époux, à tout autre titre qu'à celui de pleine propriété; — Attendu qu'en appliquant cette règle à notre espèce où la disposition a été faite à titre d'usufruit, il faut considérer que le vœu de Lamidey, donateur, clairement exprimé dans la disposition, ayant été, au cas actuel, c'est-à-dire où il laisserait des descendants, de donner à sa nouvelle épouse la moitié de tous ses biens en usufruit, la disposition de cette quotité d'usufruit excéderait la portion disponible, c'est-à-dire le quart des biens du disposant; — Attendu que l'application de la disposition de Lamidey envers sa deuxième épouse doit être faite en considérant que Lamidey, déjà parvenu à un âge assez avancé, a épousé une femme mineure qui n'avait pas encore atteint quarante ans au décès de son mari, et d'un autre côté, que ledit Lamidey dispensait sa femme de fournir caution pour raison de la jouissance de l'usufruit qu'il lui léguait; — Attendu, dans ces circonstances, que les dispositions dudit Lamidey envers son épouse n'étant et ne pouvant jamais être qu'à titre d'usufruit, c'est dans l'art. 1098 c. civ., spécial à la matière, qu'il faut trouver l'interprétation des

tutélaire (Demolombe, t. 8, nos 158 et suiv.; Aubry et Rau, t. 1, § 123, p. 498; Laurent, t. 5, n° 187; Baudry-Lacantinerie, t. 1, n° 1116; Huc, t. 3, n° 464).

629. Au contraire, elle s'étend à l'action en répétition du prix d'immeubles de la mère, vendus par le père tuteur depuis l'ouverture de la tutelle. C'est, en effet, une action pupillaire (Lyon, 23 nov. 1850, *Rép.* n° 682-2°; Aubry et Rau, t. 1, § 123, p. 498, note 46; Laurent, t. 5, n° 186).

630. Elle ne s'applique pas aux divertissements ou recélés commis par l'époux survivant pendant la minorité des enfants mineurs placés sous sa tutelle. Il est vrai, sans doute, que le tuteur avait le devoir de faire un inventaire exact et fidèle; mais les divertissements ou recélés sont indépendants de l'état de minorité ou de majorité des héritiers du conjoint précédé. Ils ne constituent donc pas, par eux-mêmes, des faits de tutelle; partant, l'action à laquelle ils donnent lieu ne peut s'éteindre que par la prescription de droit commun (Civ. cass. 16 avr. 1851, aff. Leneveu, D. P. 51. 1. 128. — *Contrà:* Rennes, 19 mars 1849, même affaire, D. P. *ibid.*).

631. Si la tutelle finit par une cause quelconque dans la personne du tuteur, les dix ans ne commenceront néanmoins à courir qu'à la majorité du pupille, en vertu du principe général qui suspend la prescription en cas de minorité. Ainsi jugé dans le cas de destitution du tuteur (Metz, 10 mars 1821, *Rép.* n° 681. V. en ce sens, Laurent, t. 5, n° 183).

632. De même, le délai de dix ans qui a commencé de courir à partir de la majorité du pupille pourra être interrompu ou suspendu, conformément au droit commun, par les différentes causes d'interruption ou de suspension de la prescription (Civ. cass. 5 juin 1850, aff. Fossart de Rozeville, D. P. 50. 1. 186. *Adde,* dans le même sens, Laurent, *loc. cit.*).

633. Lorsque la tutelle finit par la mort du mineur, la prescription commence à courir immédiatement, si les héritiers du pupille sont majeurs (*Rép.* n° 679; Aubry et Rau, t. 1, § 122, p. 496, note 39; Laurent, *loc. cit.*). Si les héritiers sont eux-mêmes mineurs, la prescription est suspendue, suivant le droit commun, pendant leur minorité (*Rép.* n° 680, et v° *Prescription,* n° 686; Aubry et Rau, *loc. cit.*; Laurent, *loc. cit.*).

634. Si la tutelle finit par l'émancipation du mineur, la prescription de l'art. 475 courra non à partir de l'émancipation, mais à partir de la majorité, car, d'une façon générale, le cours de la prescription est suspendu à l'égard du mineur émancipé (Riom, 9 janv. 1860, *suprà,* n° 603. V. dans le même sens: *Rép.* nos 671 et suiv.; Aubry et Rau, t. 1, § 128, p. 496; Laurent, t. 5, n° 183).

635. La prescription de l'art. 475 est-elle applicable aux actions du tuteur contre son ancien pupille, quand ces actions ont pour origine des faits de tutelle? Oui, dans un premier système, car, l'acceptation de la tutelle produisant des obligations réciproques et corrélatives, les actions qui en naissent doivent être soumises à la même prescription, parce qu'elles reposent les unes et les autres sur un principe indivisible (V. les autorités citées en ce sens au *Rép.* n° 681). Il a été jugé, conformément à cette opinion, que l'art. 475 permet d'opposer une fin de non-recevoir à l'action formée par le tuteur contre le mineur en remboursement des sommes par lui avancées pendant la tutelle (Paris, 14 juill. 1864) (1). — Mais l'opinion contraire a prévalu dans la doctrine et dans la jurisprudence. L'art. 475 ne parle que des actions du mineur contre le tuteur et n'établit exceptionnellement la prescription décennale en faveur du tuteur que par des motifs particuliers à la situation de celui-ci. On ne peut donc pas l'étendre aux actions du tuteur contre le mineur (*Rép.* n° 681; Aubry et Rau, t. 1, § 121, p. 498, note 50; Laurent, t. 9, n° 184; Baudry-Lacantinerie, t. 1, n° 1116). Ainsi, il a été jugé que l'art. 475 c. civ. est inapplicable à l'action formée par le tuteur contre le mineur en réception

---

volontés dudit Lamidey, ou plutôt la règle servant à éclairer l'application de ses dispositions; — Que cet article, statuant que la libéralité ne pourra excéder le quart des biens, et Lamidey n'ayant disposé qu'*en usufruit,* c'est à cette quotité *en usufruit seulement* que sa libéralité doit être limitée; — Attendu qu'une des dispositions dudit Lamidey (art. 4 de sondit contrat de mariage) vient fortifier cette interprétation; en effet, prévoyant le cas où le nombre d'enfants qu'il laisserait à son décès s'opposerait à ce que sa donation de la moitié de ses biens en *usufruit* s'exécutât, c'est-à-dire qu'il pourrait y avoir lieu à restreindre sa disposition à une quotité inférieure au quart de ses biens, eu égard au nombre des enfants, et à fixer à une part d'enfant légitime le moins prenant, aux termes dudit art. 1098, cette part devait nécessairement être fixée en *usufruit* à cause de la volonté de Lamidey de ne disposer qu'en usufruit, comment en serait-il autrement au cas actuel d'une réduction pour excès dans les dispositions; — Par ces motifs, statuant sur la demande formée par la veuve Lamidey en liquidation et partage de la communauté d'acquêts ayant existé entre elle et feu son mari, ainsi qu'à la liquidation et au partage de la succession dudit Lamidey; accordant acte à la femme Deuve de ce qu'elle consent qu'il y soit procédé, et au mineur Lamidey de ce qu'il s'en est rapporté à justice sur ce point, rejetant toutes les prétentions contraires de ladite veuve Lamidey et dudit mineur, son fils, dit et juge que ladite veuve Lamidey n'a droit, en vertu des dispositions contenues art. 2 et 4 de son contrat de mariage du 26 oct. 1835, qu'au quart en usufruit soit de la moitié revenant aux héritiers de feu son mari dans ladite société d'acquêts, soit de la succession de son mari; — Dit que ladite veuve Lamidey exercera ses droits d'usufruit sans être tenue à fournir caution, conformément à l'art. 6 de son contrat de mariage, etc. ». — Appel par la veuve Lamidey.

LA COUR; — Sur la fin de non-recevoir opposée à l'action de la dame Deuve; — Considérant que la demande qu'elle forme est relative à la liquidation des acquêts de communauté ayant existé entre Lamidey, son père, et la dame Cottentin, sa mère; que cette action ne dérive pas de la tutelle à laquelle l'intimée a été soumise, mais qu'elle lui est antérieure; que son père, son tuteur, devait, aux termes de l'art. 1442 c. civ., établir, par un inventaire, la consistance de cette communauté, et qu'il ne l'a pas fait; qu'elle peut donc, nonobstant les dix années écoulées depuis sa majorité, demander à son père le partage de cette société qui lui revenait du chef de sa mère; que l'art. 475 c. civ. ne s'applique pas à une réclamation de ce genre; que cet article n'a en vue que les faits qui résultaient de la tutelle, et non ceux qui lui étaient antérieurs et qui engendraient des droits en dehors de la tutelle elle-même; — Considérant qu'entendue autrement cette disposition aurait des conséquences bien étranges, puisque le majeur conserverait pendant trente ans la faculté de réclamer la liquidation d'une société ayant existé entre les époux, et que le mineur, que le législateur a entouré de tant de sollicitude et pour la conservation des droits duquel il pris tant de précautions se trouverait, après dix ans depuis sa majorité, forclos dans toutes les réclamations qui auraient pour objet des droits ouverts avant qu'il fût tombé en tutelle;

Au fond: — Adoptant les motifs des premiers juges; — Par ces motifs, sans avoir égard à la fin de non-recevoir élevée contre la demande de la dame Deuve, — Confirme, etc.

Du 10 déc. 1859.-C. de Caen, 2e ch.-MM. Le Menuet de la Jugannière, pr.-Farjas, av. gén.-Paris, Trolley et Bertauld, av.

(1) (Cordier C. Hourlier.) — LA COUR; — En ce qui touche le compte de tutelle, savoir: la somme de 2347 fr. réclamée par les appelants, et aussi les deux sommes de 893 fr. et de 1670 fr. réclamées contre eux par Hourlier: — Considérant qu'Hourlier ne peut être réputé avoir renoncé à la prescription de dix ans contre la reddition de compte de tutelle, par cela seul qu'il aurait, en même temps qu'il opposait ce moyen, réclamé de Cordier une somme de 893 fr. dépensée pour lui avant sa majorité; qu'il y a lieu seulement d'examiner si cette réclamation peut être recevable lorsque l'action en reddition de compte est prescrite; — Considérant, à cet égard, que cette prescription n'a pas seulement pour effet d'affranchir le tuteur de toute demande à raison des sommes reçues en cette qualité; qu'elle s'applique aux deux éléments du compte de tutelle, aux recettes et aux dépenses, et met ainsi le mineur à l'abri des réclamations élevées par le tuteur relativement aux faits de la tutelle; que les obligations du tuteur et du mineur sont corrélatives, ainsi que les droits qui en résultent; que si le mineur a l'action directe procédant de la tutelle, le tuteur a, de son côté, l'action contraire, lesquelles sont régies par les mêmes principes; que l'une de ces actions ne peut donc subsister quand l'autre est prescrite; que l'on ne peut admettre que le tuteur puisse avoir pendant plus de dix ans le droit d'élever des réclamations contre le mineur relativement aux faits de la tutelle, lorsque celui-ci, par l'expiration de ce délai, serait non recevable à opposer en compensation les sommes qui auraient été reçues pour lui; que la prescription établie par l'art. 475 c. civ. est fondée sur la présomption que le compte de tutelle a été rendu et, par suite, sur ce que le tuteur et le mineur, devenu majeur, auraient reconnu, par leur silence, ne rien se devoir réciproquement; que c'est donc à tort que la réclamation d'Hourlier contre Cordier a été admise; — Par ces motifs, — Infirme; — Au principal, déboute Hourlier de sa demande, etc.

Du 14 juill. 1864.-C. de Paris, 4e ch.-MM. Tardif, pr.-Dupré-Lasale, av.-gén.-Legros et Le Berquier, av.

du compte de tutelle (Lyon, 11 janv. 1862 (1); Bordeaux, 29 août 1882) (2).

636. La prescription établie par l'art. 475 ne saurait non plus être étendue aux actions intentées contre des curateurs ou des conseils judiciaires (Aubry et Rau, t. 1, § 123, p. 499).

637. Cette prescription pourrait-elle être invoquée par les personnes qui ont géré la tutelle de fait, notamment par la mère qui, ayant refusé la tutelle, a géré provisoirement, en vertu de l'art. 394 c. civ.; par les héritiers du tuteur qui ont géré conformément à l'art. 419; par celui qui s'est excusé de la tutelle et qui, conformément à l'art. 440, a dû la gérer provisoirement? L'affirmative est enseignée par MM. Aubry et Rau, t. 1, § 121, p. 498 (V. en ce sens, Gand, 2 juill. 1858, aff. Van Hecke, *Pasicrisie belge*, 59. 2. 62. Comp. Civ. cass. 15 févr. 1882, aff. Chrestien, D. P. 83. 1. 111). Mais les auteurs plus récents soutiennent la négative. L'art. 475 est une disposition de faveur établie au bénéfice de ceux qui ont exercé la tutelle. Il est inapplicable à la situation des personnes qui ont refusé cette charge ou qui n'en ont pas été investies, ce qui est le cas des héritiers du tuteur. D'ailleurs, il faudrait aller jusqu'à étendre le bénéfice de l'art. 475 à la gestion de la mère survivante qui a perdu la tutelle pour avoir convolé sans avoir convoqué préalablement le conseil de famille. L'usurpation de la tutelle serait ainsi protégée comme l'exercice légal de cette charge (Laurent, t. 5, n° 185; Baudry-Lacantinerie, t. 1, n° 1116; Huc, t. 3, n° 464. V. aussi *suprà*, n° 625).

MM. Aubry et Rau, t. 1, § 121, p. 499, décident également que la prescription décennale est, en vertu de l'art. 475, applicable aux actions dirigées contre le subrogé tuteur, soit à raison des actes de gestion faits par ce dernier, quand il remplace le tuteur dans les cas prévus par le paragraphe 2 de l'art. 420, soit à raison de la responsabilité établie par l'art. 1442. Cette solution ne serait pas admissible dans le système des auteurs qui rejettent la prescription décennale pour les gestions provisoires.

SECT. 8. — DE LA TUTELLE DES ENFANTS NATURELS (*Rép.* n°s 686 à 700).

638. La tutelle de l'enfant naturel appartient-elle de droit au père, ou à son défaut à la mère, qui l'a reconnu? Les auteurs et la jurisprudence sont toujours divisés sur cette question. L'affirmative que l'on a admise au *Rép.* n° 686, a été adoptée par plusieurs arrêts (Douai, 22 juill. 1856 (3); Poitiers, 4 mai 1858, aff. Girardias, D. P. 59. 2. 122; 1er août 1860, aff. Deforges, D. P. 71. 2. 56; Alger,

---

(1) (De Thorigny *C.* N...) — LA COUR; — Attendu que le tribunal a admis contre la répétition de la dame de Thorigny la prescription décennale de l'art. 475 c. civ.,; — Attendu qu'une grande divergence d'opinion s'est produite entre les auteurs sur la question de savoir si la prescription de dix ans, créée par l'art. 475 c. civ., au profit du tuteur contre le mineur, doit être réciproque, c'est-à-dire si elle peut être invoquée par le mineur contre le tuteur; mais qu'avant de recourir à une interprétation doctrinale ou jurisprudentielle, il faut voir si la loi a besoin d'interprétation; que rien ne peut être plus clair que ces termes de l'art. 475 : « toute action du mineur contre son tuteur »; que la raison tirée de la réciprocité est sans force, parce que la réciprocité n'est pas une nécessité légale, et que, dans nombre de dispositions, elle n'existe pas; que la maxime *ubi eadem ratio idem jus*, peut être bonne quand la loi se tait; qu'ici elle ne se tait pas; qu'il est impossible de supposer un oubli de la part du législateur, et que les discours des orateurs du Gouvernement repoussent une semblable supposition; qu'il n'est pas vrai, d'ailleurs, qu'il y ait même raison d'admettre la prescription exceptionnelle de dix ans *contre le tuteur* que *contre le mineur*; qu'après la fin de la tutelle la position de l'un diffère essentiellement de la position de l'autre; que le tuteur qui a rempli un office onéreux et gratuit est tenu, pour établir sa comptabilité, de conserver soigneusement des pièces justificatives pour les plus faibles sommes; que, d'un autre côté, ses immeubles sont frappés d'une hypothèque légale qui peut en paralyser la disposition et qui, avant la loi de 1855 sur la transcription, pouvait se perpétuer indéfiniment; qu'il y avait donc urgence de mettre un terme à cet état de choses qui n'existe pas pour le mineur; — Par ces motifs, dit et prononce, sans s'arrêter à l'exception de prescription proposée, qu'il a été mal jugé par la sentence dont est appel, etc.

Du 11 janv. 1862.-C. de Lyon, 2e ch.-MM. Desprez, pr.-de Plasman av.-gén.-Margerais et Pine-Desgranges, av.

(2) Valtaud *C.* Bardet.) — Le tribunal civil de Bordeaux a, le 15 févr. 1882, rendu le jugement suivant : — « Attendu que Pierre Valtaud a fait assigner son gendre Bardet, comme tuteur légal des enfants nés de son mariage avec la dame Léonie Valtaud, décédée, pour entendre dire qu'il sera procédé à la reddition du compte de tutelle de la dame Valtaud, sa fille; — Attendu que le défendeur s'oppose à cette demande en soutenant qu'elle est non recevable, et que, dans tous les cas, Pierre Valtaud n'a plus aucune réclamation à faire contre les héritiers de sa fille à raison de sa tutelle; — Attendu, en ce qui concerne la fin de non-recevoir tirée de ce qu'il s'est écoulé plus de dix ans depuis la majorité de la dame Bardet, que l'art. 475 c. civ. porte que toute action du mineur contre son tuteur, relativement aux faits de la tutelle, se prescrit par dix ans à compter de la majorité; qu'à la vérité cet article ne parle que de l'action directe du mineur contre son tuteur et est muet sur l'action contraire; mais que l'on comprendrait difficilement qu'alors que l'action du mineur se prescrit par dix ans, celle du tuteur fût de plus longue durée; que l'équité comme l'intérêt du mineur exige la réciprocité; — Attendu, dans tous les cas, que la demande de Pierre Valtaud doit être repoussée au fond...; — Par ces motifs; — Le tribunal déclare Valtaud père non recevable en sa demande, le déclare au surplus mal fondé, l'en déboute, etc. ». — Appel par Valtaud.

LA COUR; — Sur la fin de non-recevoir admise par les premiers juges : — Attendu que Bardet a renoncé devant la cour à soutenir le chef du jugement frappé d'appel, qui déclare applicable à l'action du tuteur contre le mineur la prescription édictée par l'art. 475 c. civ., pour les actions du mineur contre le tuteur, relativement aux faits de la tutelle; que si, quelques auteurs et un arrêt ont assimilé l'une à l'autre la situation du mineur et celle du tuteur, une doctrine imposante a reconnu que les deux actions auxquelles la tutelle peut donner lieu sont absolument différentes dans les conditions de leur existence, et que la prescription ne peut, dans le silence du législateur, être étendue d'un cas à l'autre; — Au fond : — Adoptant les motifs des premiers juges; — Disant droit à l'appel de Valtaud; — Infirme le jugement dans le chef qui a déclaré l'action de Valtaud prescrite et non recevable; — Dit qu'il a été bien jugé au fond, etc.

Du 29 août 1882.-C. de Bordeaux, 2e ch.-MM. Bourgade, pr.-Bregeon et Jollivet, av.

(3) (Walrand *C.* Lisse.) — Le 3 mai 1856, jugement du tribunal civil d'Avesne ainsi conçu : « — Sur la première exception : — Considérant qu'en admettant même qu'on ne puisse considérer comme une reconnaissance de la mère, la déclaration de maternité faite dans l'acte de naissance de son fils, cette reconnaissance résulterait à suffisance de la délibération du conseil de famille, en date du 23 août 1855, dans laquelle la dame Lisse prend la qualité de mère de Noël-Ernest Lisse son fils mineur naturel;

« Sur la deuxième exception : — Considérant qu'il est de jurisprudence que la mère naturelle, comme la mère légitime, est de droit tutrice légale de son enfant naturel, et qu'à ce titre, la demoiselle Lisse a obtenu valablement, par la délibération précitée l'autorisation d'introduire en justice toute demande en délivrance de legs et en partage des biens légués à sondit fils mineur;

« Sur la troisième exception : — Considérant qu'on élève la prétention de voir déclarer nulle par le tribunal cette même délibération comme irrégulière, par la raison que les membres du conseil de famille n'auraient pas été appelés par le juge de paix et qu'ils ne seraient pas tous de la commune de Maubeuge; — Considérant qu'il importe peu que les membres devant composer le conseil de famille aient été appelés par le juge de paix ou qu'ils aient comparu volontairement devant ce magistrat; — Considérant que l'enfant naturel n'ayant pas de parents, et le conseil de famille devant exclusivement se composer d'amis, il appartient aux juges de paix d'apprécier quels sont les citoyens connus pour avoir eu des relations habituelles d'amitié avec le père et la mère du mineur; que cette condition est la plus importante et qu'il peut les rechercher même hors de la commune; que de ce chef, il ne ressort aucune irrégularité;

« Sur la quatrième exception : — Considérant que l'on voudrait faire résulter encore cette nullité de la circonstance que le subrogé tuteur serait cousin par alliance de la mère tutrice; — Considérant que toutes les formalités exigées pour la composition des conseils de famille, et même pour les opérations de la tutelle, ne sont pas d'ordre public; — Considérant que les prescriptions de l'art. 423 c. civ., n'ont pas été édictées à peine de nullité, et que les nullités ne peuvent se suppléer; — Considérant d'ailleurs qu'au point de vue de l'annulation ou du maintien des délibérations irrégulières des conseils de famille, les tribunaux sont souverains appréciateurs des circonstances; qu'ils doivent se guider sur la bonne foi qui a présidé à la convocation du conseil et à ses délibérations, et prendre en considération surtout les intérêts

17 mars 1875 (1). V. dans le même sens : Aubry et Rau, t. 6, § 571, p. 213). Il a été encore jugé, en ce sens : 1° que la mère naturelle est, comme tutrice légale de son enfant, passible de l'aggravation de peine prononcée par l'art. 350 c. pén. contre les tuteurs et tutrices coupables du délit d'exposition et de délaissement d'enfant (Crim. rej. 20 avr. 1850, aff. Levillain, D. P. 50. 5. 217); — 2° Que l'enfant naturel reconnu par un père ou par une mère de nationalités différentes suit la condition du père; qu'en conséquence, lorsque l'enfant naturel est né en France et a été reconnu par son père français, les tribunaux français sont seuls compétents pour prononcer sur les difficultés auxquelles, après la mort du père, la tutelle de l'enfant peut donner naissance, et notamment sur la demande en destitution de la mère tutrice, bien que celle-ci soit étrangère (Req. 22 déc. 1874, aff. Demoiselle Zamit, D. P. 75. 1. 316). Mais, suivant d'autres décisions, les dispositions concernant la tutelle légale ne sont pas applicables aux enfants naturels; il n'y a lieu pour eux qu'à la tutelle dative (Lyon, 11 juin 1856, aff. Delamotte, D. P. 57. 2. 9; 8 mars 1859, aff. Montgirard, D. P. 59. 2. 141; Rennes, 9 janv. 1867 (2); Nîmes, 15 févr. 1887 (3). Cette dernière opinion a pour elle la majorité des auteurs (V. outre ceux indiqués au *Rép.* n° 687 : Demante et Colmet de Santerre, *Cours analytique*, t. 2, n°s 138 *bis;* Girard de Vasson, *Revue critique de législation*, 1857, t. 11, p. 363; Ballot, *Revue pratique de droit français*, 1858, t. 5, p. 179).

639. En admettant que la mère de l'enfant naturel soit tutrice légale, est-elle obligée, si elle se marie avec un autre que le père naturel, de se faire maintenir dans la tutelle par le conseil de famille, conformément à l'art. 375 c. civ.? L'affirmative résulte de plusieurs arrêts (Req. 31 août 1815, *Rép.* n° 695; Lyon, 8 mars 1859, aff. Montgirard, D. P. 59. 2. 141; Caen, 22 mars 1860. En ce sens : Demolombe, t. 8, n° 387; Aubry et Rau, t. 6, § 571, p. 214).

640. Le dernier mourant des père et mère de l'enfant naturel reconnu peut-il lui nommer un tuteur testamentaire? Oui, au moins dans le système qui accorde aux père et

---

du mineur; — Considérant, dans l'espèce, qu'il s'agit d'une demande en délivrance de legs en faveur du mineur Lisse, que le dol ou la fraude n'apparaissent en aucune manière dans la délibération que l'on attaque, et que si les intérêts du mineur peuvent devenir par la suite opposés à ceux du tuteur, on convient qu'ils ne le sont pas dès à présent, et qu'en conséquence la qualité critique du subrogé tuteur n'était pas de nature à les faire péricliter. — Appel.

La cour; — Adoptant les motifs des premiers juges; — Met l'appellation au néant; ordonne que le jugement dont est appel sortira son plein et entier effet, etc.

Du 22 juill. 1856.-C. de Douai 1re ch.-MM. de Moulon, pr.-Dupont, av. gén.-Jules Leroy et Talon, av.

(1) (De Zubeldia C. D'Esperey.) — La cour : — Attendu qu'il n'est point contesté que la dame de Zubeldia soit mère de la jeune Geneviève-Gabrielle de Farges, née d'elle et du baron de Farges, qui l'a reconnue dans l'acte de déclaration de naissance; — Attendu que, le sieur de Farges étant décédé, la tutelle naturelle revient légalement à la mère, contre laquelle, d'ailleurs, aucun motif d'indignité n'est même allégué; — Qu'en cet état, le sieur d'Esperey, invoquant la qualité de tuteur de la mineure, qualité qui lui aurait été conférée par une délibération du conseil de famille réuni en France, à la requête de la sœur du sieur de Farges, a assigné la dame de Zubeldia devant le président du tribunal civil d'Alger, jugeant en référé, pour faire ordonner provisoirement, en attendant l'issue du procès qu'il se proposait d'intenter au principal, que la jeune de Farges serait retirée à la mère et mise dans une pension où celle-ci pourrait la voir aux heures réglementaires, mais sans pouvoir la faire sortir; — Attendu que le juge du référé, basant sa décision sur l'urgence, a rendu l'ordonnance dont est appel conforme à ces conclusions; — Attendu que la cause ne présentait aucun des motifs d'urgence qui aurait pu autoriser cet enlèvement d'un enfant, et surtout d'une jeune fille, à sa mère tutrice; qu'il n'y en avait même pas d'énoncés; — Que, devant le fait avoué et reconnu de la maternité, et en l'absence de toute décision judiciaire, il n'y avait aucune contestation possible du droit de la mère, ni compétition admissible au sujet de la garde de l'enfant; — Que c'est donc à tort que les conclusions de l'appelant, dont la qualité était même contestable, ont été accueillies; — Par ces motifs, infirme.

Du 17 mars 1875.-C. d'Alger.-M. de Ménerville, 1er pr.

(2) (Dupont C. Scordia.) — La cour; — Considérant que si, dans une pensée d'humanité et de progrès, s'écartant seulement en cela de l'ancienne législation qui posait en principe que l'enfant naturel n'avait point de famille, le législateur français lui a accordé, quand il était reconnu, quelques droits soigneusement déterminés sur les biens de ses père et mère, et l'a soumis à l'autorité de la puissance paternelle, il n'a pas entendu pour cela, dans l'intérêt des mœurs publiques, l'assimiler aux enfants issus de l'institution matrimoniale, qui est la base de la société civile; — Que, notamment, la loi n'a dit nulle part que l'enfant naturel reconnu serait nécessairement de plein droit, pendant sa minorité, sous la tutelle de son père et de sa mère; — Que le silence du législateur, qui s'explique particulièrement quant à la mère, par une certaine défiance de la faiblesse de son sexe, qui a fait écarter de la tutelle toutes les femmes autres que les ascendantes légitimes, et qui oblige la mère légitime elle-même, qui se remarie, à se faire maintenir dans la tutelle, ne peut être suppléé par le magistrat à l'aide d'analogies plus ou moins trompeuses ou de considérations étrangères, quelque respectables quelles soient; — Considérant que la discussion de l'art. 390 c. civ., démontre que ce silence a été volontaire, et qu'au point de vue de la tutelle légale, la loi a voulu réserver sa protection et sa sollicitude pour les enfants légitimes; — Considérant, d'ailleurs, que l'enfant naturel reconnu, outre qu'il est placé sous la puissance paternelle, ne demeure point impourvu et sans défense, quant à l'administration de ses biens, s'il en a, puisqu'il peut lui être nommé un tuteur d'office, à la diligence du juge de paix, sous la surveillance et le patronage du ministère public; — Considérant qu'il résulte de ce qui précède que la mère naturelle de l'intimée, n'étant pas sa tutrice légale, n'a eu ni droit ni qualité pour consentir à l'appelante le transport d'une créance de 4000 fr. appartenant à sa fille;

Par ces motifs, confirme.

Du 9 janv. 1867.-C. de Rennes, 2e ch.-MM. Massabiau, pr.-Poulizac, av. gén.-Duquosquer et Brice, av.

(3) (T... C. S...) — La cour; — Attendu que, le 16 juill. 1863, le sieur François T..., aujourd'hui décédé, a présenté à l'officier de l'état civil du quatrième arrondissement de Paris une enfant du sexe féminin, à laquelle il a été donné le prénom de Louise, et qu'il a déclarée comme fille du sieur T... et de la femme S..., âgée de quarante ans, demeurant ensemble, rue Vieille-du-Temple; que T..., par le même acte, s'est déclaré le père de l'enfant; — Attendu que Louise S..., veuve T..., n'a point figuré à l'acte de naissance, mais qu'elle n'a jamais nié sa maternité; qu'elle l'a revendiquée au contraire tant par sa correspondance que par les conclusions en première instance et à la barre de la cour; qu'il est de jurisprudence constante que l'aveu de la mère n'est soumis à aucune constatation spéciale, et qu'il peut s'induire des faits qui ont précédé, accompagné ou suivi la reconnaissance du père; qu'elle doit donc être considérée comme ayant valablement reconnu Louise T...; — Attendu qu'il s'agit de rechercher si elle est la tutrice légale de sa fille naturelle; — Attendu que, la tutelle étant une charge publique qui dérive essentiellement du droit civil, la tutelle légale ne peut résulter que d'un texte précis et formel; — Attendu que, pour les enfants naturels et ceux qui les ont reconnus, ce texte n'existe pas dans la loi française; — Attendu, en effet, que l'art. 390 c. civ. dit expressément qu'après la dissolution du mariage, la tutelle des enfants mineurs appartient au survivant des père et mère; que cette disposition spéciale et impérative n'est pas susceptible de deux interprétations; qu'elle ne s'applique qu'aux enfants légitimes ou légitimés, puisqu'elle suppose la dissolution du mariage; que, par suite, les enfants nés hors mariage ne sont pas soumis à la tutelle légale, et les parents qui les ont reconnus ne sont pas fondés à la réclamer en justice; — Attendu que la loi naturelle, les droits de la nature, le droit romain et le droit coutumier invoqués par la veuve T..., née S..., ne sauraient, en aucun cas, prévaloir contre le code civil; — Attendu que si T... a, par un testament en forme, donné un tuteur à Louise T..., cet acte de dernière volonté doit rester sans effet; qu'il n'était ni son tuteur légal ni l'administrateur de ses biens; qu'il n'avait donc pas qualité pour user d'un droit exclusivement conféré aux père et mère légitimes; — Attendu, dès lors, qu'il n'existe dans l'espèce ni tutelle légale ni tutelle des ascendants, ni tutelle testamentaire, et qu'il y a lieu à la tutelle dative, aux termes de l'art. 405; — Par ces motifs; — Confirme le jugement dont est appel, rendu par le tribunal civil de Marvéjols, le 16 mars 1886, du chef qui a déclaré Louise S..., veuve T..., mère naturelle de Louise T..., et rejeté la tutelle testamentaire conférée par François T...; — Le réforme au contraire par les deux autres chefs; — Et statuant à nouveau; — Dit que la veuve T..., née S..., n'est pas tutrice légale de Louise T...; — Dit qu'il y a lieu de nommer, suivant les formes de droit, un tuteur à la mineure T..., etc.

Du 15 févr. 1887.-C. de Nîmes, 1re ch.-MM. Chaloupin, pr.-Fermaud, subst.-Balmelle et Mausé, av.

mère naturels la tutelle légale (*Rép.* n° 693; Aubry et Rau, t. 6, § 571, p. 214. — *Contrà :* Demolombe, t. 8, n° 386).

641. Suivant MM. Aubry et Rau, t. 6, § 571, p. 213, note 14, le père n'a pas le droit de nommer à la mère de l'enfant naturel un conseil spécial conformément à l'art. 391 c. civ., parce que le père d'un enfant naturel n'a aucune autorité légale à exercer sur la mère (V. toutefois *Rép.* n° 696).

642. Pour l'enfant naturel non reconnu, comme pour celui qui, ayant été reconnu, n'a plus ses père et mère, il y a lieu à la tutelle dative (V. *Rép.* n°s 688 et suiv.).

Sect. 9. — De la tutelle des enfants trouvés, abandonnés ou orphelins admis dans les hospices (*Rép.* n°s 701 à 718).

643. Les notions historiques que l'on a données au *Rép.* n°s 702 et suiv., sur la protection des enfants abandonnés et recueillis dans les hospices, ont été complétées v° *Secours publics*, n°s 129 et suiv. — V. *infrà*, eod. v°. On indiquera seulement ici les particularités relatives à l'organisation de la tutelle de ces enfants.

644. L'art. 1 de la loi du 15 pluv. an 13 porte que « les enfants, admis dans les hospices, à quelque titre et sous quelque dénomination que ce soit, seront sous la tutelle des commissions administratives de ces maisons, lesquelles désigneront un de leurs membres pour exercer, le cas advenant, les fonctions de tuteur; les autres formeront le conseil de tutelle ». En s'appuyant sur ces mots : *à quelque titre et sous quelque dénomination que ce soit*, on a dit que les enfants même légitimes, dès qu'ils sont admis dans les hospices, sont réputés, quant à la tutelle, ne pas avoir de famille (*Rép.* n° 707). Il a été jugé, en ce sens, que le père indigent, qui abandonne ses enfants, est de plein droit dépouillé de la tutelle, laquelle passe au tuteur, nommé par l'administration de l'hospice dans lequel ces enfants sont admis; que, dès lors, l'expropriation d'un immeuble échu à ces enfants par succession, depuis leur admission à l'hospice, est irrégulièrement poursuivie contre le père, considéré comme étant encore tuteur légal; et qu'il y a lieu, à la demande du tuteur administrativement donné à ceux-ci, de prononcer la nullité de l'adjudication intervenue sur une telle poursuite (Trib. civ. du Puy, 29 juill. 1861, aff. Péala, D. P. 62. 3. 14). — Toutefois, la tutelle des commissions hospitalières n'a lieu qu'à l'égard des enfants qui ont été admis dans un hospice à titre permanent; elle ne s'applique pas à ceux qui y sont reçus provisoirement pour y être soignés pendant une maladie (Lagrange, *Les enfants assistés en France*, p. 97).

645. Comme on l'a vu *suprà*, n° 27, la loi du 24 juill. 1889, sur la protection des enfants maltraités ou moralement abandonnés, a organisé une tutelle spéciale pour les enfants dont les père et mère ou autres ascendants ont été déclarés déchus de la puissance paternelle. Le tribunal doit décider si la tutelle de ces enfants sera constituée dans les termes du droit commun (L. précitée, art. 10). Sinon, elle est exercée par l'Assistance publique, conformément aux lois des 15 pluv. an 13 et 10 janv. 1849, ainsi qu'à l'art. 24 de la loi du 24 juill. 1889 (art. 11).

646. On a dit au *Rép.* n° 708, que, dans le cas où un enfant abandonné est placé en apprentissage chez un étranger, la tutelle ne passe pas et ne peut pas être confiée à celui-ci ; elle continue d'appartenir à la commission administrative de l'hospice ou à l'Assistance publique. Toutefois, d'après l'art. 13 de la loi du 24 juill. 1889, toute personne peut, pendant l'instance en déchéance de la puissance paternelle, s'adresser au tribunal par voie de requête, afin d'obtenir que l'enfant lui soit confié. Elle doit déclarer qu'elle se soumet aux obligations prévues par le paragraphe 2 de l'art. 364 c. civ., au titre de la tutelle officieuse. Si le tribunal, après avoir recueilli tous les renseignements et pris, s'il y a lieu, l'avis du conseil de famille, accueille la demande, les dispositions des art. 365 et 370 du même code sont applicables (V. *suprà*, v° *Adoption et tutelle officieuse*, n°s 71 et suiv.). De plus, aux termes du dernier paragraphe du même art. 13 de la loi de 1889, lorsque l'enfant aura été placé par les administrations hospitalières ou par le directeur de l'Assistance publique de Paris chez un particulier, ce dernier peut, après trois ans, s'adresser au tribunal et demander que l'enfant lui demeure confié dans les conditions prévues aux dispositions qui précèdent (V. *infrà*, v° *Puissance paternelle*).

647. Bien qu'un enfant trouvé ait été placé dans un hospice, s'il était déjà pourvu d'un tuteur au moment du placement, il ne passe pas alors sous la tutelle de la commission administrative; il conserve son tuteur, et les biens de celui-ci restent grevés de l'hypothèque légale de la tutelle (Alger, 28 juin 1875, aff. Heldé, D. P. 77. 2. 178). On sait qu'au contraire la tutelle des hospices ne comporte pas la garantie de l'hypothèque légale (V. *Rép.* n° 712).

648. Les enfants assistés qui sont dans les hospices n'ont pas de subrogé tuteur. Il en résulte que les dispositions de la loi qui exigent l'intervention du subrogé tuteur dans divers actes intéressant les mineurs ne sont pas applicables lorsque ces actes sont faits dans l'intérêt d'un enfant assisté. Il en est ainsi, notamment, de l'art. 444 c. proc. civ., qui ne fait courir les délais d'appel contre un mineur non émancipé que du jour où le jugement a été signifié tant au tuteur qu'au subrogé tuteur. Pour un enfant assisté, le délai court du jour de la signification faite à celui des membres de la commission administrative de l'hospice qui exerce la tutelle de l'enfant (Poitiers, 8 déc. 1884, *suprà*, v° *Appel civil*, n° 187).

649. D'après l'art. 6 de la loi du 17 pluv. an 13, les capitaux appartenant au mineur admis dans un hospice doivent être placés dans les monts-de-piété ou à la Caisse d'amortissement (aujourd'hui la Caisse des dépôts et consignations), lorsque les sommes ne sont pas inférieures à 150 fr. Au-dessous de ce chiffre, la commission administrative doit régler l'emploi qu'il convient d'en faire (*Rép.* n° 712). Cet article est modifié par l'art. 8 de la loi du 27 févr. 1880, lequel est ainsi conçu : « Les dispositions de la présente loi sont applicables aux valeurs mobilières appartenant aux mineurs et aliénés placés sous la tutelle, soit de l'administration de l'Assistance publique, soit des administrations hospitalières. Le conseil de surveillance de l'administration de l'Assistance publique et les commissions administratives rempliront à cet effet les fonctions attribuées au conseil de famille ». En conséquence, quelles que soient les attributions réglementaires du receveur de l'hospice relativement aux biens de cet établissement, les valeurs mobilières qui peuvent appartenir ou échoir au mineur placé dans l'hospice ne peuvent être aliénées par le receveur qu'en vertu d'une délibération expresse, soit du conseil de surveillance de l'administration de l'Assistance publique, soit de la commission administrative; et il faut, en outre l'homologation du tribunal si les valeurs qu'il s'agit d'aliéner sont supérieures à 1500 fr. Les mêmes formes devront être suivies pour la conversion des titres nominatifs en titres au porteur. Les opérations ne peuvent être faites que par le ministère d'agent de change, s'il s'agit de valeurs admises à la cote officielle. Les titres au porteur devront être convertis en titres nominatifs dans les trois mois du placement du mineur dans l'établissement ou de l'attribution définitive et de la mise en possession des valeurs qui lui adviendraient par la suite, sauf la faculté pour la commission administrative de fixer un délai plus long. La commission décidera également, en ce qui concerne les titres non susceptibles d'être convertis en nominatifs, s'il y a lieu de les aliéner avec emploi ou de les conserver, et elle pourra, en ce cas, en ordonner le dépôt conformément à l'art. 5 de la loi, le tout sous la réserve des droits des tiers et des conventions préexistantes. Il devra être fait emploi des capitaux du mineur, dans les trois mois, sauf la faculté, pour la commission administrative, de proroger le délai et d'ordonner le dépôt; les tiers ne seront en aucun cas garants de l'emploi (V. *suprà*, n°s 409 et suiv.).

650. L'art. 6 de la loi du 27 févr. 1880 ne spécifie aucun mode d'emploi déterminé des capitaux du mineur (V. *suprà*, n° 475). Le tuteur conserve donc sa liberté d'action et sa responsabilité personnelle en ce qui concerne le choix d'un placement, sauf les cas où les capitaux proviennent de l'aliénation de valeurs mobilières ou de biens immobiliers, auxquels cas l'art. 1 de la loi et l'art. 457 c. civ. permettent au conseil de famille de prescrire toutes mesures qu'il jugera utiles, notamment quant à l'emploi du prix. Doit-on en conclure que les capitaux du mineur placé dans un hospice devront être régis, quant à leur emploi, par l'art. 6 de la loi du 15 pluv. an 13, et que ces capitaux, quand ils excéderont 150 fr., devront être nécessairement placés dans les monts-de-piété ou à la Caisse des dépôts et consignations, s'il n'y a pas de monts-de-piété dans la commune, la commission administrative n'ayant la faculté de régler l'emploi que pour les capitaux inférieurs à 150 fr.? Nous ne le pensons pas. La loi du 15 pluv. an 13 se rapporte à un état de choses qui a été modifié depuis la promulgation de cette loi par l'institution de nombreux établissements de crédit, et notamment par celle des caisses d'épargne. La loi du 27 févr. 1880 inaugure, d'ailleurs, un régime nouveau, et à notre avis, le receveur de l'hospice pourra opérer le placement des capitaux du mineur sous le contrôle réglementaire de la commission administrative applicable à la gestion des biens de l'hospice, sans être astreint aux modes d'emploi spécifiés par la loi de 1815 (V. en ce sens, Lagrange, *op. cit.*, p. 107 et suiv.).

651. Comme le fait observer le rapport de M. Denormandie au Sénat, l'art. 8 de la loi de 1880 n'était pas nécessaire. « Il n'eût pas été douteux que la loi nouvelle fût applicable à ces catégories de tutelle qui sont assimilées, sauf l'hypothèque légale et la responsabilité, aux tutelles de droit commun ». On a pensé cependant qu'une disposition spéciale « pouvait ne pas être inutile » (D. P. 80. 4. 47, note 2).

Cependant la loi nouvelle est sans aucune influence sur la composition des commissions administratives, qui continue d'être déterminée par la législation spéciale des hospices. En effet, dans la séance du 25 mai 1878, M. Denormandie a présenté, sur ce point, l'observation suivante : « Exagérant peut-être un peu la portée de la loi et de notre pensée, on nous a dit : Mais alors il faudra peut-être désormais que les conseils des maisons hospitalières soient composés au moins de six membres, afin d'être en rapport et en analogie avec les conseils de famille. Et voici ce qui peut, en effet, servir de motif à cette observation. C'est qu'en effet la loi du 16 vend. an 5 contient un art. 1 qui est ainsi conçu : « Les « administrations municipales auront la surveillance immé« diate des hospices civils établis dans leur arrondissement. « Elles nommeront une commission composée de cinq ci« toyens, résidant dans le canton, qui éliront entre eux un « président et choisiront un secrétaire ». Peu nous importent les lois qui ont organisé ou qui organiseront l'administration des maisons hospitalières ; ce que nous avons voulu, c'est donner aux conseils qui composent ces maisons, et qui les administrent, des attributions égales à celles que reçoivent les conseils de famille » (D. P. *loc. cit.*).

652. L'art. 8 de la loi du 27 févr. 1880 déclare cette loi applicable aux aliénés non interdits, mais placés dans un établissement public ou privé. Le rôle attribué au conseil de famille est rempli, pour ces aliénés, par la commission administrative de l'établissement. Mais les fonctions de cette commission prennent fin quand un administrateur provisoire des biens de l'aliéné, est nommé en exécution de l'art. 32 de la loi du 30 juin 1838. — L'art. 8 de la loi du 27 févr. 1880 déclare que les dispositions de cette loi sont également applicables aux administrateurs provisoires. On lit dans le rapport de M. Denormandie : « Sur un avis que M. le garde des sceaux a bien voulu nous donner, il nous a paru qu'il y avait avantage à étendre les effets de la loi aux administrateurs provisoires nommés, en exécution de la loi de 1838, pour gérer les biens des aliénés placés dans les établissements publics et privés ; la gestion des biens de ces aliénés donne lieu parfois à des abus reconnus. Il y a un sérieux intérêt à prendre à cet égard les mêmes précautions que pour les mineurs et les interdits » (D. P. *loc. cit.*). A partir de la nomination d'un administrateur provisoire, la commission administrative hospitalière, se trouvant dessaisie de toutes fonctions tutélaires et de toute gestion, l'administrateur provisoire devra convoquer le conseil de famille conformément au droit commun, dans les cas où l'autorisation du conseil est exigée par la loi du 27 févr. 1880 (Paul Coulet, *Commentaire et explication pratique de la loi du 27 févr. 1880*, p. 26). L'homologation du tribunal devra également être obtenue par l'administrateur provisoire dans les cas où, suivant la loi nouvelle, cette homologation est nécessaire (Rapport de M. Denormandie, D. P. *loc. cit.* V. *suprà*, v° *Aliénés*, n° 113).

Sect. 10. — Des tuteurs « ad hoc » ou spéciaux (*Rép.* n°s 719 à 726).

653. Les tuteurs *ad hoc* sont nommés pour représenter les mineurs relativement à certains droits ou dans certains actes spécialement déterminés par la loi (*Rép.* n° 719 ; Aubry et Rau, t. 1, § 88, p. 367). On a énuméré au *Rép.* n° 719, les différents cas qui donnent lieu à la nomination d'un tuteur *ad hoc*. Lorsque, dans un partage, des mineurs placés sous la même tutelle sont en opposition d'intérêts entre eux, chacun d'eux reçoit un tuteur particulier. L'art. 838 c. civ. désigne ces tuteurs sous le nom de tuteurs spéciaux (*Rép.* n° 719, et v° *Succession*, n° 1595). L'art. 1055 veut qu'on nomme un tuteur spécial en matière de substitution (*Rép.* n° 719, et v° *Substitution*, n° 353 et suiv.). L'enfant naturel doit être, en certains cas, pourvu d'un tuteur *ad hoc*, chargé de consentir à son mariage (*Rép.* n° 719, et v° *Mariage*, n° 122). En cas d'expropriation des immeubles de la femme mariée mineure, si le mari majeur refuse de procéder avec elle, le tribunal doit lui nommer un tuteur *ad hoc* en vertu de l'art. 2208 (*Rép.*, v° *Vente publique d'immeubles*, n° 294). — On a exposé *suprà*, n° 209, qu'il n'y a pas lieu de nommer un tuteur *ad hoc* pour représenter le mineur en vue d'actes ou de procès dans lesquels les intérêts du mineur sont opposés à ceux du tuteur. En pareil cas, le mineur est représenté de plein droit par le subrogé tuteur. Il peut y avoir lieu seulement de nommer un subrogé tuteur *ad hoc* (V. cependant les arrêts cités au *Rép.* n° 719).

654. La nomination d'un tuteur *ad hoc* ne peut pas intervenir en dehors des cas spécifiés par la loi. Il a été jugé, en ce sens : 1° qu'on doit tenir pour nulle la délibération d'un conseil de famille qui, du consentement du tuteur, nomme un tuteur *ad hoc* chargé de former contre un tiers une action au nom du mineur (Paris, 9 août 1875, aff. Daniel, D. P. 77. 2. 56). Dans l'espèce, le tuteur se proposait de jouer le rôle de témoin dans un procès où le mineur serait, à cet effet, représenté par un tuteur *ad hoc*, nommé du consentement du tuteur; — 2° Qu'on doit aussi considérer comme nulle la nomination d'un tuteur *ad hoc*, quand cette nomination a été déterminée par l'intention où se trouvait le tuteur de se rendre adjudicataire d'un immeuble du mineur; qu'en effet, cette nomination a été faite en prévision d'une éventualité légalement irréalisable, puisque la loi ne permet pas au tuteur d'acheter les biens du pupille; que, par suite, est nulle l'adjudication faite à la requête du tuteur *ad hoc* sans aucune intervention du tuteur (Liège, 14 avr. 1881) (1). Cette solution est exacte au regard des dispositions des art. 450 et 1596 qui prohibent l'acquisition par les tuteurs des biens des mineurs dont ils ont la tutelle. Il en serait autrement si les biens mis en adjudication appartenaient par indivis au tuteur et au pupille; mais alors, à raison de l'opposition d'intérêts, le mineur devrait être représenté par le subrogé tuteur, suivant l'opinion que nous avons exposée *suprà*, n° 209.

655. Les pouvoirs du tuteur *ad hoc*, dans le cas où la nomination de ce représentant spécial du mineur est autorisée par la loi, sont les mêmes que ceux du tuteur, relativement à l'acte que le tuteur *ad hoc* a mission d'accomplir. Il a été jugé, en conséquence, que le tuteur *ad hoc* représentant du copartageant interdit, défendeur dans la procédure de partage, a qualité pour consentir à la délivrance de la quotité disponible au copartageant gratifié, en s'abstenant d'arguer contre celui-ci de la nullité résultant, pour le

(1) (Dasy C. Mousel.) — Le 26 août 1877, adjudication au profit des époux Mousel d'une maison appartenant aux mineurs Gringoire. Sur le commandement de payer le prix, suivi d'opposition de la part des débiteurs, le tribunal civil d'Arlon a rendu, le 12 févr. 1880, le jugement suivant : « Attendu que le premier moyen invoqué par les demandeurs à l'appui de leur action consiste à soutenir que la vente dont il est fait état n'existe pas...; — Attendu que le tuteur a seul qualité légale pour représenter le mineur dans tous les actes civils, sauf ceux dans lesquels il y a une opposition réelle d'intérêts entre le tuteur et son pupille; que si donc, comme dans l'espèce, un tuteur *ad hoc* a été nommé en vue d'une opposition éventuelle d'intérêts entre le tuteur et le mineur, cette nomination n'est elle-même qu'éventuelle, et la personne sur laquelle le conseil de famille a porté

legs à lui fait, d'une clause de substitution prohibée; qu'en admettant, au surplus, que le tuteur *ad hoc* eût excédé ses pouvoirs par les conclusions qu'il a prises, le jugement d'homologation qui y a statué, et qui est passé en force de chose jugée, aurait couvert cette irrégularité (Req. 27 oct. 1885, aff. Etaix, D. P. 86. 1. 37). — Cet arrêt est rendu par application de l'art. 465 c. civ., en vertu duquel le tuteur peut seul, et sans aucune autorisation, répondre aux actions en partage dirigées contre le mineur où l'interdit. Ce pouvoir est reconnu au tuteur *ad hoc* et comporte pour lui la faculté de consentir une délivrance de legs au copartageant gratifié, sans se prévaloir d'une substitution prohibée dont le legs principal serait entaché. Ce n'est pas là une transaction assujettie aux formalités prescrites par l'art. 467 c. civ., puisqu'il ne s'agit ni de prévenir un procès, ni d'y couper court; c'est un moyen de défense à la demande en partage, et cette défense appartient, dans toute l'étendue des droits qu'elle comporte, au tuteur *ad hoc*, comme elle appartiendrait au tuteur dans l'exercice normal de la tutelle. D'ailleurs, dans l'espèce, le jugement qui avait homologué le partage, sur les conclusions du tuteur *ad hoc*, était passé en force de chose jugée.

656. L'action en désaveu de paternité doit être dirigée contre un tuteur *ad hoc*, sans qu'il soit nécessaire de nommer un subrogé tuteur (*Rép.* n° 722; v° *Appel civil*, n° 983, et v° *Paternité*, n° 172).

657. La règle établie par l'art. 405 c. civ. pour la nomination des tuteurs s'applique même aux tutelles spéciales, sauf dans les cas où il y aurait été dérogé par une disposition exceptionnelle. En conséquence, c'est au conseil de famille, et non pas au tribunal, qu'il appartient de nommer un tuteur *ad hoc* à l'enfant désavoué (Civ. cass. 24 nov. 1880, aff. Riche, D. P. 82. 1. 52. V. dans le même sens : *Rép.* n° 724; C. cass. Belgique, 29 févr. 1872, aff. Boccard, D. P. 72. 2. 9; Trib. de Tours, 13 mai 1875, sous Civ. cass. 18 août 1879, aff. Grandier, D. P. 80. 1. 271 ; Douai, 30 mai 1882, aff. Riche, D. P. 82. 2. 148).

658. On a admis au *Rép.* n° 724, que les parents du côté du mari doivent être appelés à siéger dans le conseil de famille: la composition du conseil est réglée par l'art 407 c. civ. et ne peut pas être arbitrairement modifiée; l'exercice de l'action en désaveu n'élève contre la légitimité de l'enfant aucune présomption susceptible de produire un effet juridique (V. aussi *Rép.*, v° *Paternité et filiation*, n°s 162 et suiv. *Adde :* Aubry et Rau, t. 6, § 545 *bis*, p. 60, note 38; Paris, 21 févr. 1863, aff. Hottin et Dame Cantarel, D. P. 63. 2. 37, et sur pourvoi, Req. 9 mai 1864, D. P. 64. 1. 409; Concl. de M. l'avocat général Desjardins, D. P. 82. 1. 52). On a soutenu, contrairement à cette opinion, que les parents du mari doivent être écartés comme suspects (V. les autorités citées en ce sens au *Rép.*, v° *Paternité et filiation*, n° 162). Toutefois, lorsque la conception de l'enfant désavoué s'est produite après la séparation de corps prononcée ou seulement demandée, on peut admettre que le conseil de famille qui doit procéder à la nomination du tuteur *ad hoc*, chargé de défendre à l'action en désaveu, ne doit comprendre ni le mari, ni les parents de celui-ci, et que le juge de paix doit appeler à leur place des citoyens connus pour avoir eu des relations habituelles d'amitié avec la mère du mineur (Caen, 22 déc. 1880, aff. Aunay, D. P. 82. 2. 53). Alors, en effet, par le seul fait de la déclaration de désaveu du mari, la présomption de paternité tombe, et l'enfant ne peut plus être considéré que comme né d'un père inconnu (V. *infrà*, v° *Paternité et filiation*). Mais les irrégularités commises dans la composition du conseil de famille de l'enfant désavoué, par exemple l'irrégularité consistant en ce que le mari ou ses parents y ont été appelés, ne vicient pas la délibération, s'il résulte des circonstances, d'une part, que ces irrégularités ont été la conséquence d'une erreur involontaire, et, d'autre part, qu'elles n'ont causé aucun préjudice au mineur (Caen, 29 déc. 1880, aff. Houzey, D. P. 82. 2. 53). D'après un arrêt, le tuteur *ad hoc* devrait être nommé par le tribunal, lorsque l'acte de naissance n'indique ni le père ni la mère (Paris, 4 juill. 1853, aff. de H..., D. P. 53. 2. 201).

659. Le tuteur *ad hoc*, chargé de défendre à l'action en désaveu de paternité, a qualité suffisante pour proposer tous les moyens et exceptions qui importent à l'intérêt de l'enfant, y compris ceux concernant la régularité de sa propre nomination. Ce moyen, touchant à l'ordre public, peut être proposé pour la première fois devant la cour de cassation (Civ. cass. 24 nov. 1880, aff. Riche, D. P. 82. 1. 52).

660. Pour le cas où il y a lieu à la nomination d'un *tuteur provisoire*, V. *Rép.* n° 726, et v° *Absence*, n°s 545 et suiv. V. aussi *suprà*, v° *Absence*, n°s 89 et suiv.

Sect. 11. — De la responsabilité du tuteur et du conseil de famille (*Rép.* n°s 727 à 738).

661. On a indiqué au *Rép.* n° 727, les garanties accordées par notre ancien droit au mineur pour assurer la responsabilité du tuteur. Ainsi qu'on l'a exposé au n° 728, le tuteur n'est plus obligé de fournir caution. Dans l'état actuel des choses, les immeubles du tuteur ou du cotuteur sont le seul gage de sa bonne administration. Ces immeubles sont affectés par l'hypothèque légale ; les autres biens du tuteur restent à sa pleine disposition (V. *Rép.*, v° *Privilèges et hypothèques*, n°s 1006 et suiv.). — L'exercice de ce droit hypothécaire peut être cumulé avec celui de l'hypothèque légale de la femme mariée dont le mineur aurait hérité de sa mère. Jugé, en ce sens, que l'enfant mineur d'un commerçant failli peut, après le décès de sa mère, exercer cumulativement sur les biens de son père, tant l'hypothèque légale restreinte dérivant pour sa mère de l'art. 563 c. com. que celle qu'il a de son propre chef à raison de la gestion tutélaire de son père (Colmar, 2 févr. 1857, aff. Syndic Maimbourg, D. P. 58. 2. 61).

662. Aux termes de l'art. 450 c. civ., le tuteur doit administrer les biens du mineur en bon père de famille. Il répond des dommages-intérêts qui pourraient résulter d'une mauvaise gestion. On a déterminé au *Rép.*, n° 729, l'étendue de la responsabilité du tuteur. Le tuteur est un mandataire, qui tient son mandat de la loi. L'art. 1992 c. civ. dit que le mandataire répond non seulement de son dol, mais des fautes qu'il commet dans sa gestion. Il ajoute que la responsabilité relative aux fautes est appliquée moins rigoureusement à celui dont le mandat est gratuit qu'à celui qui reçoit un salaire. On en déduit que le mandataire salarié répond de la faute légère *in abstracto*, de celle qu'un bon père de famille, suivant le type commun, ne commet pas

---

son choix n'acquiert définitivement la qualité légale pour participer à l'acte que si, dans celui-ci, l'opposition d'intérêts prévue s'est réellement réalisée; qu'il n'en peut être autrement, à moins d'admettre que, même en dehors des cas prévus par l'art. 444 c. civ., le conseil de famille aurait le droit de procéder indirectement à une destitution, tout au moins partielle, du tuteur; que, partant, la vente ayant été faite sans le concours de la personne qui seule avait qualité pour y procéder, il n'a pu y avoir vente, le consentement du vendeur ayant fait défaut ».

Appel.

La cour; — Attendu que, la maison dont le prix est réclamé aux intimés appartenant exclusivement aux mineurs Gringoire, la vente ne pouvait, aux termes des lois, avoir lieu qu'en présence de la mère tutrice et du subrogé tuteur, comme l'avait ordonné le tribunal d'Arlon par son jugement du 17 juill. 1877 ; — Attendu que l'adjudication a été faite sans intervention de la tutrice, à la requête d'un sieur Hansquine, nommé tuteur *ad hoc*, par délibération du conseil de famille en date du 8 juill. 1877, pour le cas où la tutrice voudrait se rendre adjudicataire de la maison; — Attendu que la nomination de ce tuteur est radicalement nulle, comme étant faite en prévision d'une éventualité légalement irréalisable; qu'on ne pouvait nommer un tuteur spécial qu'au cas où la tutrice aurait eu des intérêts opposés à ceux de ses enfants; que, dans l'espèce, l'hypothèse unique prévue par le conseil était impossible, puisque les art. 450 et 1596 c. civ. prohibent formellement l'acquisition, par les tuteurs, des biens appartenant à ceux dont ils ont la tutelle; — Attendu que Hansquine était absolument sans qualité pour requérir l'adjudication, à laquelle les mineurs ne sont pas non plus intervenus; qu'il n'y a donc pas eu d'engagement contracté ici par les mineurs, ni par leur représentant légal, et que dès lors la vente doit être considérée comme inexistante, etc.

Du 14 avr. 1881.-C. de Liège, 1re ch.-MM. Parez, pr.-Detroz, 1er av. gén.,-Kléyer et Dupont, av.

dans sa gestion, tandis que le mandataire non salarié ne répond que de sa faute légère *in concreto*, c'est-à-dire de celle qu'il ne commet pas dans le soin de ses propres affaires : il n'est pas tenu d'apporter plus d'attention aux affaires de son mandant qu'il n'en apporte aux siennes, s'il est inexpérimenté. La responsabilité du tuteur est plus étendue. L'art. 450 c. civ. dispose que le tuteur doit administrer en bon père de famille. La loi a voulu que l'administration de la personne et des biens de l'incapable ne pût être confiée qu'à un mandataire expérimenté. Donc le tuteur ne répondra pas seulement de la faute légère *in concreto*. Il répond de la faute légère *in abstracto*. Mais répondra-t-il, en outre, de sa faute la plus légère, s'il n'a pas apporté dans la gestion de la tutelle les soins exceptionnels qu'une intelligence hors ligne, des aptitudes spéciales, lui font donner à ses propres affaires? M. Demolombe, t. 8, n° 121, enseigne l'affirmative. Cependant, en matière d'obligations conventionnelles, le code civil n'admet pas la responsabilité de la faute très légère (V. *Rép.*, v° *Obligations*, n° 686). Le tuteur est moralement en faute quand il n'apporte pas à la tutelle, les mêmes soins qu'à ses propres affaires ; mais sa responsabilité légale est limitée par l'art. 450 : il suffit qu'il ait géré la tutelle en bon père de famille pour que le pupille n'ait aucun recours à exercer contre lui (Laurent, t. 5, n°s 166 et suiv. Comp. les arrêts cités au *Rép.* n°s 729 et suiv.). — Par application des règles de la responsabilité en matière de tutelle, il a été jugé ; 1° que le fait de la part d'un tuteur de laisser en dépôt dans l'étude d'un notaire, pendant plusieurs années, une somme d'argent appartenant à son pupille, peut, selon les circonstances, être considéré comme une faute lourde le rendant responsable de la perte de cette somme dans le cas où le notaire vient à faire de mauvaises affaires (Nancy, 7 févr. 1861, aff. Barbier, D. P. 61. 2. 200) ; — 2° Qu'en principe, le tuteur et l'usufruitier ne sont pas tenus de faire assurer l'immeuble ni le mobilier dont ils ont l'administration ou la jouissance; mais que, lorsqu'ils ont cru cette assurance nécessaire ou utile et que, en cas d'incendie, toute indemnité leur a été refusée, faute par eux d'avoir payé exactement les primes, ils sont responsables du montant de l'indemnité ; — Que toutefois cette responsabilité ne comprend que le chiffre de l'indemnité, déduction faite du sauvetage, s'il y a lieu, et des primes payées, mais non pas les intérêts de cette indemnité, surtout s'il s'agit d'une maison qui n'a pas été reconstruite depuis le sinistre (Besançon, 1er avr. 1863, aff. Veuve Lomont, D. P. 63. 2. 93).

663. La responsabilité du tuteur qui s'est substitué des mandataires spéciaux (V. *suprà*, n° 340) s'apprécie non d'après l'art. 1994 c. civ., mais d'après l'art. 450. Il a été jugé, toutefois, que le fait par une mère tutrice d'avoir donné mandat de recouvrer des sommes communes entre elle et ses enfants mineurs à un tiers expérimenté, parent de son mari et nommé subrogé tuteur des mineurs, ne constitue pas une faute tombant sous l'application de l'art. 450 c. civ., bien que l'insolvabilité survenue du mandataire ait entraîné la perte des sommes par lui reçues (Caen, 11 févr. 1888, aff. Nogert, D. P. 88. 2. 315).

664. L'action en responsabilité que l'art. 450 c. civ. accorde au mineur existe indépendamment de celles qu'il peut avoir contre les tiers, à l'effet d'obtenir l'annulation des actes du tuteur. Il a été jugé, notamment, que l'action donnée aux mineurs contre les tiers par l'art. 481 c. proc. civ. pour faire rétracter, par la voie de la requête civile, les décisions judiciaires que ceux-ci ont obtenues à leur préjudice, est entièrement distincte et indépendante de celle que l'art. 450 c. civ. leur accorde contre leur tuteur, à raison de la négligence ou de la connivence par laquelle il peut avoir compromis leurs intérêts dans les instances où il était chargé de les représenter; que, par suite, les jugements rendus pendant la minorité peuvent être déclarés sans influence sur le compte qui règle les rapports entre le pupille et son tuteur, bien qu'ils n'aient pas été rétractés par la voie de la requête civile et qu'ils soient susceptibles de lier le mineur envers les tiers qui y ont été parties; que, spécialement, une transaction, même homologuée en justice, ne peut être prise comme base du compte de tutelle, lorsqu'il est constaté, en fait, que cette transaction a eu pour objet de consacrer des agissements illicites du tuteur, et que, d'ailleurs, elle n'a pas été revêtue des formalités prescrites par l'art. 467 c. civ. (Civ. cass. 17 févr. 1875, aff. d'Aigneaux, D. P. 75. 1. 217). — Ce même arrêt, faisant application des principes sur la responsabilité résultant de l'art. 450, décide encore que l'arrêt qui condamne un père tuteur à payer à sa fille, à titre de dommages-intérêts, les intérêts des sommes à elle appartenant, depuis le jour de la cessation de l'usufruit légal jusqu'à sa majorité, et même depuis le jour de sa majorité, n'a besoin de constater ni l'emploi desdites sommes fait par le tuteur à son profit, ni sa mise en demeure de les restituer ; il suffit qu'il constate sa mauvaise gestion.

665. Il y a certaines prescriptions qui courent contre les mineurs. Le tuteur sera responsable si, n'ayant pas agi pour interrompre une prescription de cette nature, il l'a laissée s'accomplir pendant la minorité (Pau, 19 août 1850, aff. Leberat, D. P. 51. 2. 5). — Mais, si la prescription ne s'est accomplie que postérieurement à la cessation de la tutelle, alors que le pupille, devenu majeur et maître de ses droits, avait qualité pour agir lui-même et pour interrompre la prescription, le tuteur n'encourt aucune responsabilité. Il a été jugé, en ce sens, que le tuteur n'est pas responsable envers son pupille de la prescription de l'action en garantie qu'il aurait pu, pendant le cours de la tutelle, exercer contre un entrepreneur pour vice de construction, si le délai de dix années n'est expiré que quatre ans après la fin de la tutelle (Paris, 20 juin 1857, aff. De Ruty, D. P. 58. 2. 87. V. dans le même sens, Laurent, t. 5, n° 172).

666. Le tuteur qui soutient, au nom du mineur, un procès injuste et évidemment mal fondé, peut être condamné personnellement aux dépens (*Rép.* n° 732 ; Dijon, 22 déc. 1865, aff. P..., D. P. 66. 2. 39).

667. Outre la responsabilité civile qui résulte de sa mauvaise gestion, le tuteur peut encourir une responsabilité pénale. S'il détourne à son profit ou s'il dissipe les valeurs appartenant à son pupille, il commet un abus de confiance (Crim. rej. 10 août 1850, aff. Poupart, D. P. 50. 1. 250; Crim. cass. 28 avr. 1866, aff. Lombard, D. P. 66. 1. 356, et, sur renvoi, Lyon, 20 juin 1866, *ibid.*, note 4; Crim. rej. 3 févr. 1870, aff. Chalvet de Sauville, D. P. 71. 1. 269; Laurent, t. 5, n° 167. V. *suprà*, v° *Abus de confiance*, n° 91).

668. Le subrogé tuteur, lorsqu'il gère, encourt la même responsabilité que le tuteur (*Rép.* n° 736). Ainsi, le tuteur et le subrogé tuteur peuvent être déclarés conjointement et solidairement responsables de la perte d'une somme appartenant au mineur, lorsque cette perte peut être imputée à la faute que chacun d'eux a commise, le tuteur en laissant imprudemment cette somme dans les mains d'un dépositaire infidèle, et le subrogé tuteur en laissant la tutelle vacante au moment où les diligences d'un tuteur eussent pu prévenir la perte (Nancy, 7 févr. 1861, aff. Barbier, D. P. 61. 2. 200). V. au surplus, en ce qui concerne la responsabilité du subrogé tuteur, *suprà*, n°s 225 et suiv. et n°s 482 et suiv.).

669. Dans l'ancien droit, comme on l'a dit au *Rép.* n° 737, les membres du conseil de famille qui nommaient un tuteur notoirement insolvable étaient rendus responsables de ses malversations. Bien que le code civil n'ait pas expressément consacré cette jurisprudence, M. Laurent, t. 5, n° 181, soutient qu'elle pourrait encore être appliquée, en vertu des principes du droit commun. Les membres du conseil de famille, dit-il, reçoivent un mandat de la loi; ils doivent être responsables s'ils ne le remplissent pas avec les soins d'un bon père de famille.

Sect. 12. — Des actions qui appartiennent au mineur et au tuteur a l'égard des actes accomplis pendant la minorité. — Procédure (*Rép.* n°s 739 à 763).

670. — I. Actions (n°s 739 à 742). — En ce qui concerne les actions que le mineur ou son tuteur peuvent exercer, soit pour faire déclarer la nullité de certains actes pour cause d'incapacité ou pour vice de forme, soit en vue d'obtenir l'annulation de certains actes pour cause de lésion, V. *Rép.*, v° *Obligations*, n°s 363 et suiv., 2892 et suiv.). — En ce qui concerne l'action en reddition de compte que le mineur peut exercer contre son tuteur pendant dix ans à compter de sa majorité, V. *Rép.* n°s 664 et suiv., et *suprà*, n°s 574 et suiv., 619 et suiv. V. aussi *infrà*, v° *Privilèges* *et hypothèques; Rép.* eod. v°, nos 1053 et suiv., 1065 et suiv., et v° *Prescription*, n° 416 et suiv.).

671. Les mineurs sont, aussi bien que les majeurs, inhabiles à se prévaloir d'un acte réprouvé par la loi comme contraire à l'ordre public (par exemple, un traité secret, stipulant un supplément de prix en cas de cession d'office) sauf leur recours contre leurs tuteurs ou administrateurs, s'il y a lieu (Civ. rej. 28 mai 1856, aff. Veuve Lasserre, D.P. 56. 1. 337). D'autre part, il n'y a pas lieu d'annuler, dans l'intérêt du mineur, une convention régulièrement passée par le tuteur, quand elle n'a rien de contraire à la loi. Il en est ainsi, spécialement, d'une convention par laquelle une partie s'engage à provoquer l'adjudication publique d'un immeuble indivis entre elle et ses enfants mineurs, tandis que l'autre partie s'oblige à porter les enchères à une somme déterminée sous la condition que, si l'adjudication a lieu à un prix supérieur, la différence lui sera remboursée par le premier contractant; cette convention ne contient aucune clause illicite et ne constitue ni une vente faite sans prix déterminé, ni même une vente rescindable, quand la lésion n'est pas alléguée (Civ. cass. 19 mars 1879, aff. Burgay, D. P. 82. 1. 404).

Le mineur n'est pas restituable contre les conséquences préjudiciables de ses délits ou quasi-délits (c. civ. art. 1310; v° *Obligations*, n° 2923). Jugé, en ce sens, que le mineur n'est pas restituable contre les engagements nés d'une société commerciale par lui contractée sans autorisation, alors qu'il s'agit d'une société fictive formée sans capitaux et à l'aide d'un titre emprunté, et dans le seul but de procurer au mineur les fonds nécessaires à ses prodigalités (Rouen, 26 avr. 1875) (1).

672. En ce qui concerne : 1° l'action qui compète aux intéressés contre les délibérations du conseil de famille; 2° le droit d'action des tiers relativement à ces délibérations; 3° l'action des tuteurs contre ces mêmes délibérations V. *suprà*, nos 168 et suiv.; *Rép.* nos 246 et suiv.

En ce qui concerne l'incapacité du mineur d'ester en jugement, V. *suprà*, n° 29.

673. — II. PROCÉDURE, COMPÉTENCE, AVIS DE PARENTS, JUGEMENT, OPPOSITION, APPEL, REQUÊTE CIVILE. — Sur la procédure à suivre quand il y a lieu d'appliquer les art. 883 et suiv. c. proc. civ., V. *suprà*, nos 155 et suiv., *Rép.* nos 225 et suiv., 743 et suiv.

674. Quant à la force attachée aux jugements rendus contre des mineurs représentés par leur subrogé tuteur, V. *Rép.* nos 752 et suiv. V. aussi *suprà*, n° 217 et v° *Chose jugée*, n° 146.

675. On a dit au *Rép.* n° 759, relativement au délai d'appel, qu'il ne court utilement contre le mineur qu'autant que le jugement a été signifié tant au tuteur qu'au subrogé tuteur (c. proc. civ. art. 444. V. *suprà*, v° *Appel civil*, nos 183 et suiv.). — Par exception, il a été jugé qu'en matière d'ordre, il suffit, pour faire courir à l'égard du mineur le délai de l'appel, de signifier ce jugement à l'avoué du tuteur dans la forme prescrite par l'art. 762 c. proc. civ; qu'il n'est pas nécessaire de le signifier, en outre, au subrogé tuteur (Limoges, 19 déc. 1862, aff. Croisille, D. P. 63. 2. 92).

676. Les mineurs sont reçus à se pourvoir par la voie de la requête civile, s'ils n'ont pas été défendus ou s'ils ne l'ont pas été valablement (c. proc. civ. art. 481) (V. *Rép.* v° *Requête civile*, nos 156 et suiv.; *infrà*, eod. v°).

CHAP. 4. — De l'émancipation (*Rép.* nos 764 à 856).

SECT. 1re. — DANS QUELS CAS ET SOUS QUELLES CONDITIONS L'ÉMANCIPATION PEUT AVOIR LIEU (*Rép.* nos 764 à 789).

677. — I. ÉMANCIPATION EXPRESSE (*Rép.*, nos 767 à 785). — On a dit au *Rép.*, n° 768, que le juge de paix compétent pour recevoir la déclaration d'émancipation est le juge de paix du domicile du mineur (V. en ce sens: Demolombe, t. 8, n° 194; Aubry et Rau, t. 1, § 130, p. 542; Huc, t. 3, n° 472). D'après M. Laurent, t. 5, n° 197, cette déclaration pourrait être faite devant tout juge de paix.

Dans l'opinion que nous avons adoptée, il y a lieu de se demander quel sera l'effet d'une déclaration faite devant un autre juge de paix que celui du domicile du mineur. Il a été jugé que l'émancipation d'un mineur opérée devant un juge de paix incompétent, c'est-à-dire devant un autre juge de paix que celui du domicile, est nulle; mais que l'annulation de l'acte d'émancipation ne peut être poursuivie que par quiconque justifie d'un intérêt certain (Pau, 13 mars 1888, aff. Barat, D. P. 88. 2. 283). — Sur le second point, cette décision est à l'abri de toute critique, l'intérêt étant la mesure du droit d'agir en justice. Sur le premier point, au contraire, on peut objecter que ni l'art. 477 c. civ. ni aucun autre texte de loi ne prononce la nullité de l'acte d'émancipation, quand il a été dressé dans une justice de paix différente de celle du domicile du mineur. Il semble donc que l'annulation d'un tel acte ne devrait être prononcée que dans les cas de fraude ou de préjudice pour le mineur (V. la note sous l'arrêt précité).

678. Le droit d'émanciper l'enfant mineur est souverain pour le père pendant sa vie, et aussi pour la mère à défaut du père (*Rép.* n° 770; Demolombe, t. 8. n° 215; Aubry et Rau, t. 1, § 129, p. 543; Laurent, t. 5, n° 199).

Ce principe souffrirait exception dans le cas de divorce ou de séparation de corps, s'il était constaté que le père en émancipant son enfant mineur, n'a pas été guidé par le véritable intérêt de celui-ci, et que l'émancipation n'a eu pour objet que de faire fraude à la loi en empêchant l'exécution du jugement qui a enlevé au père la garde de l'enfant (V. en matière de divorce l'arrêt cité au *Rép.* n° 770, *in fine*). En matière de séparation de corps, il a été jugé que, lorsque la garde des enfants a été confiée à la mère par un jugement de séparation de corps, la mère est fondée à demander la nullité de l'acte d'émancipation que le père aurait consenti en faveur des enfants dans le seul but d'éluder les conséquences de la décision qui lui a retiré la garde desdits enfants (Trib. civ. de la Seine, 6 mars 1862, aff. Marquiso de Persan *C.* son mari). — V. aussi Req. 4 avr. 1865,

---

(1) (D. de B... *C.* D...) — LA COUR; — Attendu que si la loi protège l'inexpérience et la faiblesse de l'âge et restitue le mineur même émancipé contre toute convention qui excède les bornes de sa capacité (c. civ. art. 1305), cette protection ne s'étend point aux actes volontaires qui ont revêtu le caractère de quasi-délits (art. 1310); que ce n'est plus le mineur qui, dans ce cas, a été trompé, et que sa responsabilité civile se trouve engagée comme sa responsabilité morale; que nul, en effet, sous peine de violer un principe d'éternelle justice, ne doit bénéficier du préjudice qu'il cause à autrui par sa propre faute (c. civ. art. 1382); — En fait : que la société en nom collectif pour le commerce des vins, formée le 10 août 1869 entre le courtier M... et D... de B..., dont l'émancipation remonte à 1867, n'avait rien de sérieux ni dans ses éléments, ni dans sa durée, ni dans son but; — Que des 250 000 fr. que D. de B... devait fournir à l'industrie de M..., il n'a jamais versé un centime; qu'à ce crédit imaginaire il ajoute un titre d'emprunt et que c'est uniquement pour se créer les ressources nécessaires à ses dissipations que par l'art. 7 il se réserve les trois quarts des bénéfices d'une société dont le terme doit expirer dans deux ans; — Qu'en faisant à D..., pour la somme de 20 685 fr., divers achats de vins qu'il revend immédiatement et sur le prix desquels il remet des fonds à son associé, M... n'est que l'instrument complaisant des prodigalités de l'appelant — Que le refus de de B... de comparaître à l'interrogatoire ordonné par les premiers juges prouve surabondamment qu'il accepte en silence les conséquences d'un acte dont il est le complice, et dont la simulation a ruiné le crédit naissant de D... et entraîné sa faillite; — Que vainement on objecte en son nom que, n'ayant point été autorisé à exercer le commerce, ses engagements sont nuls à raison de son incapacité; — Que ce n'est point en vertu d'une obligation frappée de nullité ou sujette à rescision que l'intimé poursuit son payement, mais en excipant du quasi-délit directement imputable à l'appelant; — Que, loin de porter atteinte à la double garantie dont les art. 2 c. com. et 1305 c. civ. couvrent la minorité, la juste rigueur de l'art. 1310 confirme la règle par une salutaire exception; que l'économie de ces dispositions n'a donc rien d'inconciliable et de contradictoire; — Que, dans les circonstances de la cause, ce n'est point l'inexpérience du débiteur qui a été surprise, mais la bonne foi du créancier; et que si, comme il l'affirme, D. de B... a définitivement abjuré son passé, ce retour à des habitudes régulières lui fait un devoir plus impérieux encore de réparer les suites désastreuses de son imprudence;

Par ces motifs;

Confirme.

Du 26 avr. 1875.-C. de Rouen, 1re ch.-MM. Neveu-Lemaire, 1er pr.-Hardouin, av. gén.-Leberquier (du barreau de Paris) et Marais, av.

aff. Burel, D. P. 65. 1. 387, et *suprà*, v° *Divorce*, n° 618. Comp. Laurent, t. 5, n° 199; Huc, t. 2, n° 351, et t. 3, n° 468).

679. Le père ou la mère, exclus, dispensés ou destitués de la tutelle, la mère remariée et non maintenue dans la tutelle conservent le droit d'émanciper leurs enfants, droit attaché à la puissance paternelle (*Rép.* n°s 771 et 773. V. *suprà*, n°s 266 et suiv.; Aubry et Rau, t. 1, § 129, p. 541; Laurent, t. 5, n° 200; Huc, t. 3, n° 468). Mais les tribunaux peuvent, en pareil cas, réprimer l'abus qui serait fait du pouvoir d'émancipation dans le but d'éluder les effets de la destitution prononcée notamment pour inconduite notoire (V. l'arrêt cité au *Rép.* n° 771). Ils pourraient même aujourd'hui prévenir cet abus en prononçant la déchéance de la puissance paternelle, en vertu de la loi du 24 juill. 1889 (V. *infrà*, v° *Puissance paternelle*).

On a admis au *Rép.* n° 772, l'opinion que la mère autorisée à émanciper l'enfant mineur *à défaut de père*, peut exercer cette prérogative de la puissance paternelle, non seulement quand le père est mort ou déchu de la puissance paternelle, mais aussi quand il est interdit ou absent. MM. Aubry et Rau, t. 1, § 129, p. 542, note 10, Laurent, t. 5. n° 201, Baudry-Lacantinerie, t. 1, n° 1122 et Huc, t. 3, n° 470, partagent ce sentiment. — En vertu d'un décret du 14 déc. 1870 (D. P. 71. 4. 11), applicable pendant la durée de la guerre, la mère a été investie de l'exercice provisoire de la puissance paternelle à défaut du père empêché par suite de la guerre (art. 3). L'art. 4 du même décret autorisait la femme veuve ou la femme qui n'était pas en puissance de mari, à émanciper son enfant en faisant sa déclaration, soit devant le juge de paix de son domicile, soit devant le juge de paix de sa résidence, si ladite veuve ou femme était éloignée de son domicile par le fait de la guerre et sans communication possible.

680. La mère remariée peut-elle émanciper l'enfant de son premier lit sans l'autorisation de son second mari ou de justice? La négative, admise au *Rép.* n° 774, est soutenue par M. Laurent, t. 5, n° 202. « Lorsque la veuve ayant des enfants d'un premier lit, dit-il, convole en secondes noces, la loi veut que son mari soit cotuteur. Pourquoi? Parce que c'est lui qui, en réalité, administrera la tutelle. C'est donc le mari qui dirigera l'éducation des enfants. Qui mieux que lui saura si les enfants méritent d'être émancipés? Et l'on veut qu'il reste étranger à leur émancipation! Remarquons que l'émancipation affranchit, dans ce cas, l'enfant de la puissance paternelle tout ensemble et de la tutelle. La mère, en émancipant l'enfant, met donc fin à la cotutelle du mari. Et elle aurait ce droit sans même que le mari cotuteur le sache! Cela n'est pas admissible. Craint-on l'abus de pouvoir du mari? ou son mauvais vouloir pour les enfants d'un premier lit? L'intervention des tribunaux, auxquels la femme peut recourir, répond à ces craintes ». On objecte à ce système que, dans le cas où le second mari est cotuteur, la tutelle seule est partagée, mais non la puissance paternelle, et que l'émancipation, étant un acte accompli en vertu de cette dernière puissance, doit échapper au contrôle du mari (V. en ce sens : Aubry et Rau, t. 5, § 472, p. 144; Huc, t. 3, n° 471).

681. L'enfant naturel peut-il, comme l'enfant légitime, être émancipé par son père ou par sa mère qui l'a reconnu et qui exerce sur lui la puissance paternelle? L'affirmative est généralement admise (V. *Rép.*, v° *Puissance paternelle*, n° 197; Demolombe, t 8, n°s 273 et suiv.; Aubry et Rau, t. 6, § 271, p. 214; Laurent, t. 5, n° 204; Baudry-Lacantinerie, t. 1, n° 986; Huc, t. 3, n° 475).

682. Le droit d'émanciper le mineur resté sans père ni mère et parvenu à l'âge de dix-huit ans est conféré par la loi au conseil de famille (c. civ. art. 478). Les auteurs décident que la délibération du conseil de famille qui accorde ou qui refuse l'émancipation n'est pas susceptible d'un recours au fond, en ce que le conseil aurait mal apprécié la capacité du mineur. La délibération ne pourrait être attaquée que pour vice de forme (*Rép.* n° 778; Aubry et Rau, t. 1, § 129, p. 543). — Il a été jugé, pourtant, en sens contraire, que la délibération non unanime par laquelle un conseil de famille, lors de sa convocation à l'effet d'autoriser le tuteur à agir en justice, refuse indirectement cette autorisation en émancipant le pupille et en lui nommant un curateur, est susceptible d'être attaquée en justice par le tuteur (Toulouse, 22 févr. 1854, aff. Gasse-Barthe, D. P. 54. 2. 239). Le même arrêt a décidé qu'en pareil cas, le mineur ne doit pas nécessairement être mis en cause, mais que la mise en cause du curateur peut et doit être ordonnée. (V. aussi Metz, 31 mai 1870, aff. Naudé, D. P. 70. 2. 194). Cependant l'annulation de la délibération porte moins atteinte aux droits du curateur qu'à ceux du mineur dont l'état est en question. Pourquoi la présence de celui-ci ne serait-elle pas aussi nécessaire dans l'instance que celle du curateur? En tout cas, la délibération du conseil de famille qui nomme un curateur au mineur émancipé peut être attaquée pour incompétence du juge de paix devant lequel la délibération a été prise (Metz, 31 mai 1870, précité). Et, en cas d'annulation de cette délibération, les dépens peuvent être mis à la charge du mineur comme frais de tutelle (Même arrêt).

683. Le conseil de famille peut-il, en même temps qu'il accorde l'émancipation, restreindre la capacité du mineur émancipé, en lui interdisant certains actes qu'il aurait pu, sans cette restriction, accomplir en vertu du code civil? Non, car les règles sur l'émancipation sont d'ordre public; or, l'art. 6 c. civ. ne permet pas de déroger aux lois qui intéressent l'ordre public (*Rép.* n° 779; Laurent, t. 5, n° 193).

684. Pour les mineurs étrangers, l'émancipation n'est possible qu'autant qu'elle est autorisée par leur loi nationale. Mais elle peut avoir lieu en France dans la forme déterminée par la loi française, conformément à la règle *locus regit actum* (V. *suprà*, v° *Lois*, n°s 396 et suiv.; *Rép.* eod. v°, n°s 481 et suiv. Comp. Huc, t. 3, n°s 477 et suiv.).

685. — II. Émancipation tacite (*Rép.* n°s 786 à 789). — L'émancipation tacite est celle qui résulte du mariage (c. civ. art. 476). On a dit au *Rép.* n° 788, que cette émancipation est irrévocable, alors même que le mariage vient à se dissoudre avant la majorité ou même avant l'âge où l'émancipation expresse est autorisée. Il en est autrement quand le mariage est annulé, hors le cas cependant d'un mariage putatif où l'époux mineur pourrait invoquer sa bonne foi; en ce cas, l'émancipation continuerait de subsister malgré l'annulation du mariage (Aubry et Rau, t. 1, § 129, p. 541; Laurent, t. 5, n° 195; Baudry-Lacantinerie, t. 1, n° 1119; Huc, t. 3, n° 466).

Sect. 2. — Du curateur a l'émancipation (*Rép.* n°s 790 à 799).

686. La loi ne reconnaît pas de curateurs testamentaires. Reconnaît-elle des curateurs légitimes? Il a été jugé, dans le sens de l'affirmative, que la nomination d'un curateur par le conseil de famille, dans les termes de l'art. 480 c. civ., ne s'applique qu'au cas d'émancipation faite par ce conseil; qu'ainsi, lorsque l'émancipation est l'œuvre du père, celui-ci conserve, avec les autres attributs de la puissance paternelle, la curatelle du mineur émancipé; qu'il n'y aurait lieu, en pareil cas, de faire nommer un curateur par le conseil de famille que si le père avait à rendre un compte de tutelle et pour la reddition de ce compte; que, par suite, une action en justice est valablement formée par le mineur que son père a émancipé, lorsqu'elle est intentée avec le concours de son père ou lorsque celui-ci y est ultérieurement intervenu pour ratifier ce qui aurait été fait sans son assistance (Besançon, 8 avr. 1884, aff. Demoiselle Bruges, D. P. 85. 2. 246). Mais on a dit au *Rép.* n° 791, que, d'après l'opinion commune, la curatelle doit toujours être dative; le code n'a pas institué de curatelle légale comme il a institué une tutelle légale, et le seul article qui fasse mention de la désignation du curateur organise sa nomination par le conseil de famille (V. outre les autorités citées au *Rép.* : Douai, 22 déc. 1863, aff. Bail, D. P. 85. 2. 246, en note; Aubry et Rau, t. 1, § 131, p. 546; Demolombe, t. 8, n° 242; Demante, t. 2, n° 248 *bis*; Laurent, t. 5, n° 208; Baudry-Lacantinerie, t. 1, n° 1126; Huc, t. 3, n° 480).

687. Par exception à la règle générale, le mari majeur est de droit le curateur légal de sa femme mineure émancipée par le mariage (*Rép.* n° 792; Aubry et Rau, t. 1, § 131, p. 546, note 3). Plusieurs auteurs cependant enseignent que la femme mariée, mineure émancipée par le mariage, n'a pas de curateur. L'assistance d'un curateur est, pour elle, inutile, puisqu'elle ne peut agir qu'avec l'autorisation de son mari ou celle de justice sur le refus du mari. Sous le régime de la séparation de biens seulement, la femme qui voudra faire, sans l'autorisation de son mari, les actes d'administration pour lesquels elle a capacité, mais que le mineur émancipé ne peut pas faire seul (la réception d'un capital mobilier, par exemple), devra être assistée par un curateur *ad hoc*, nommé soit par le tribunal, soit par le conseil de famille (V. en ce sens : Demante, t. 2, n° 248 *bis*, III; Laurent, t. 5, n° 209 ; Baudry-Lacantinerie, t. 1, n° 1127; Huc, t. 3, n° 480). Mais l'opinion contraire paraît définitivement consacrée. La cour de cassation, en effet, a jugé que le mari est de plein droit le curateur de sa femme mineure; que, dès lors, son autorisation, en qualité de mari, dans les actes pour lesquels celle-ci a besoin d'être assistée de son curateur, équivaut à l'assistance; qu'il n'est pas besoin que la femme soit assistée d'un curateur *ad hoc*, quoique le mari ait à l'acte un intérêt personnel, le recours à un curateur *ad hoc* n'étant exigé que pour le cas où les époux contractent l'un envers l'autre (Req. 4 févr. 1868, aff. Bellet, D. P. 68. 1. 393).

688. Une seconde exception à la règle résulte de l'art. 5, § 3, de la loi du 15 pluv. an 13, relative à la tutelle des enfants admis dans les hospices : le receveur de l'hospice remplit les fonctions de curateur à l'égard des enfants émancipés par la commission administrative sous la tutelle de laquelle ils se trouvaient placés (Aubry et Rau, t. 1, § 131, p. 546, note).

689. En quel lieu doit être convoqué le conseil de famille appelé à nommer un curateur au mineur émancipé ? Suivant un premier système adopté au *Rép.* n° 798, c'est au lieu du domicile du mineur émancipé que le conseil de famille doit être convoqué pour la nomination du curateur : par le fait de l'émancipation, le mineur a pu librement choisir un domicile distinct de celui de ses père et mère ou de son tuteur (V. Laurent, t. 5, n° 210). — D'après une autre opinion, le conseil de famille doit toujours être convoqué au domicile du père si l'émancipation est accordée pendant le mariage, et au lieu d'ouverture de la tutelle si le mariage est dissous, alors même que l'émancipation est faite par le survivant des père et mère investi de la tutelle légale (V. en ce sens, outre les autorités citées au *Rép.* n° 798, Aubry et Rau, t. 1, § 131, p. 546, note 2). Ce système est conforme à la jurisprudence citée *suprà*, n°s 149 et suiv. Quel que soit le lieu de convocation du conseil de famille qui nommera le curateur, ce lieu de convocation demeurera fixe et invariable pendant toute la durée de la curatelle pour l'autorisation des actes que le mineur émancipé, même assisté de son curateur, ne peut faire sans l'autorisation du conseil de famille (*Rép.* n° 798. V. *suprà*, n°s 151 et suiv. — *Contrà :* Laurent, *loc. cit.*).

690. Le conseil de famille a la plus entière liberté dans le choix du curateur. Suivant une disposition abandonnée du projet du code civil, les fonctions de curateur devaient être nécessairement remplies par l'ancien tuteur. Le conseil de famille peut confier ces fonctions à l'ancien tuteur comme à toute autre personne. Il n'y a pas d'objection à tirer de l'art. 480 c. civ., aux termes duquel le compte de tutelle doit être rendu au mineur émancipé assisté de son curateur. Si le curateur est l'ancien tuteur, on nommera pour la reddition du compte un curateur *ad hoc*, comme il y a toujours lieu d'en nommer un quand les intérêts du mineur émancipé sont en opposition avec ceux du curateur (Laurent, t. 5, n° 211 ; Huc, t. 3, n° 481).

691. La curatelle peut-elle être refusée? L'opinion de M. Demolombe, que l'on a combattue au *Rép.* n° 795, et suivant laquelle la curatelle déférée par le conseil de famille, ayant le caractère d'une charge publique, est obligatoire pour celui qui en est investi, a été adopté par MM. Aubry et Rau, t. 1, § 129, p. 539, et Laurent, t. 5, n° 211. M. Huc, t. 3, n° 481, admet cette solution comme imposée par la nécessité, mais il estime qu'il y a sur ce point une lacune dans la loi.

692. Les causes d'excuse de la tutelle ne sont pas applicables de plein droit à la curatelle (*Rép.* n° 596; Aubry et Rau, t. 1, § 129, p. 539). Les causes d'incapacité, d'exclusion ou de destitution lui sont, au contraire, applicables (*Rép. ibid.;* Aubry et Rau, *loc. cit.*). Mais M. Laurent, *loc. cit.*, enseigne que, les incapacités ne s'étendant pas légalement par analogie, le curateur ne sera pas de plein droit atteint par les causes d'incapacité ou d'exclusion qui frappent le tuteur; seulement « le bon sens et le sens moral du conseil de famille suppléeront au silence de la loi ».

693. Le curateur assiste le mineur émancipé; mais, à la différence du tuteur, il n'administre pas les biens; d'où il suit qu'il n'est pas comptable. Si, en fait, il avait administré, il serait responsable, suivant les circonstances, comme un mandataire ou comme un gérant d'affaires.

Quelle est la nature et l'étendue de la responsabilité du curateur relativement à la mission spéciale dont il est chargé? Dans l'ancien droit, on admettait que les curateurs n'étaient responsables de rien envers les mineurs, parce qu'ils n'avaient aucune comptabilité; on ajoutait cependant que, tenus de veiller à l'emploi des deniers remboursés au mineur, ils pouvaient être recherchés, s'ils avaient laissé dissiper ces deniers (Merlin, *Rép.*, v° *Curateur*, § 1, n° 12). Suivant un premier système, le curateur est responsable, d'après les règles du droit commun, de son dol et de sa faute grave. On doit lui appliquer tout à la fois les dispositions des art. 1382, 1383 et 1992 c. civ. (Demolombe, t. 8, n° 258 ; Marcadé, t. 2, art. 482, note 1). Mais cette théorie présente des contradictions. Si l'on applique au curateur l'art. 1992 c. civ., il encourra, comme tout mandataire, la responsabilité générale édictée par l'art. 1137 c. civ., c'est-à-dire celle de la faute légère, sauf à la modérer parce que le mandat du curateur est gratuit. Si l'on fait application des art. 1382 et 1383, le curateur sera responsable, non seulement du dol et de la faute grave, mais de la faute la plus légère, puisque chacun répond du dommage qu'il cause à autrui, par sa négligence ou par son imprudence. — D'après une autre théorie, le curateur, dans le silence du code, ne serait jamais responsable, pas même du défaut d'emploi des capitaux remboursés au mineur (Toullier, t. 2, n° 1297). — MM. Aubry et Rau, t. 1, § 131, p. 547, notes 8 et 9, distinguent entre les différentes attributions du curateur. En règle générale, quand le curateur assiste seulement le mineur émancipé, il ne répond que de son dol, ou de la faute grave assimilée au dol. Par exception, quand le curateur est chargé par la loi d'une mission plus spéciale, notamment quand l'art. 482 c. civ. veut que le curateur assiste le mineur émancipé dans la réception d'un capital mobilier et qu'il surveille l'emploi de ce capital, le curateur est alors assujetti à une responsabilité plus étroite, à celle qui dérive des art. 1382 et 1383, applicables aux obligations qui dérivent de la loi. — Enfin, dans un dernier système, on soutient que le curateur est un mandataire légal, et que, à défaut d'un texte de loi, il y a lieu, par analogie, de lui faire application des règles qui concernent la responsabilité du tuteur. Comme le tuteur, il doit apporter à l'exécution de son mandat les soins d'un bon père de famille; en cas d'inexécution de ce mandat, il répond, comme le tuteur, de sa faute même légère, considérée *in abstracto*. Sans doute, les fonctions sont différentes; mais la responsabilité s'attache au caractère de mandat légal qui est commun aux deux fonctions. Seulement, tandis que le tuteur sera responsable des fautes commises dans l'administration des biens, dans la représentation permanente du mineur pour tous les actes juridiques, le curateur sera responsable au même titre, mais il ne sera responsable que s'il a négligé ses obligations différentes et restreintes, consistant à assister le mineur émancipé dans les cas spécialement déterminés par la loi (Demante, t. 2, n°s 252 et 252 *bis;* Laurent, t. 5, n° 194).

694. Le curateur ne peut se rendre adjudicataire des biens du mineur émancipé (*Rép.* n° 790. V. aussi *infrà*, v° *Vente* ; — *Rép.* eod. v°, n° 449).

SECT. 3. — DES EFFETS DE L'ÉMANCIPATION PAR RAPPORT A LA PERSONNE DU MINEUR ÉMANCIPÉ ET PAR RAPPORT A SES BIENS (*Rép.* n°s 800 à 844).

ART. 1er. — *Des actes que le mineur émancipé peut faire seul* (*Rép.* n°s 802 à 814).

695. — I. ACTES DE PURE ADMINISTRATION (*Rép.* n°s 802 à 807). — Bien que le mineur émancipé ait le droit de toucher les intérêts, arrérages, loyers ou fermages de ses biens, il ne peut pas valablement les recevoir par anticipation ;

car ces sommes ne constituent des revenus qu'au fur et à mesure de leur échéance : c'est les capitaliser que de les recevoir en une fois et d'avance ; l'assistance du curateur est donc nécessaire (*Rép.* n° 802 ; Aubry et Rau, t. 1, § 132, p. 548, note 1 ; Laurent, t. 5, n° 215, Huc, t. 3, n° 483). Toutefois, d'après M. Baudry-Lacantinerie, t. 1, n° 1136, il y aurait lieu d'excepter le cas où le mineur émancipé n'aurait stipulé qu'une légère anticipation, surtout si, en agissant de la sorte, il s'était conformé à un usage constant et reconnu. Ainsi, à Bordeaux, les propriétaires de maisons stipulent ordinairement que les loyers leur seront payés par quartiers et d'avance : nul doute qu'un mineur émancipé ne puisse valablement, après avoir fait un bail dans ces conditions, toucher les loyers aux époques convenues.

696. Les dispositions relatives aux baux que le tuteur est autorisé à passer sont applicables au mineur émancipé (*Rép.* n° 803 ; Aubry et Rau, t. 1, § 132, p. 548, note 2 ; Laurent, t. 5, n° 205 ; Huc, t. 3, n° 483. V. *suprà*, n°s 370 et suiv.).

697. L'art. 481 c. civ. porte que le mineur émancipé ne sera pas restituable contre les actes de pure administration qu'il aura faits, dans tous les cas où le majeur ne le serait pas lui-même. Il ne peut donc pas, en vertu de l'art. 1305 c. civ., demander la rescision de ces actes pour cause de lésion. Cependant il n'est pas *réputé majeur* quant à ces actes, comme le mineur émancipé qui fait le commerce est réputé majeur par l'art. 487 c. civ. pour les faits relatifs à ce commerce. Privé de l'action en rescision, l'émancipé n'en reste pas moins mineur et jouit des autres bénéfices de minorité. S'il agit en justice, la cause sera sujette à communication au ministère public (c. proc. civ. art. 83, n° 6). Il pourra aussi se pourvoir par la requête civile s'il n'a pas été défendu ou s'il ne l'a pas été valablement, comme il appartiendrait de le faire à tout autre mineur (*Rép.* n° 814 ; Turin, 21 mars 1812, *Rép.* v° *Requête civile*, n° 165 ; Laurent, t. 5, n° 221 ; Huc, t. 3, n° 484). — MM. Aubry et Rau t. 1, § 132, p. 552, note 19, enseignent, au contraire, que le mineur émancipé qui a figuré seul dans des contestations mobilières, concernant des choses ou des droits dont il a l'entière disposition, ne peut pas attaquer, en vertu de l'art. 481 c. proc. civ., les jugements rendus contre lui.

698. Le mineur émancipé peut-il aliéner ses meubles corporels, sans l'assistance de son curateur? L'affirmative est admise au *Rép.* n° 806. M. Demolombe, t. 8, n° 278, fait une distinction : la vente de meubles corporels consentie par le mineur émancipé, non assisté de son curateur, n'est valable, selon lui, qu'à la condition qu'elle ne constitue qu'un acte d'administration. Il a été jugé, en ce sens, que la vente d'un mobilier d'une valeur considérable, ne constituant pas un acte d'administration, ne peut être faite valablement par un mineur émancipé sans l'assistance de son curateur (Paris, 18 déc. 1878, aff. Bonnaz, D. P. 80. 1. 61. V. aussi Toulouse, 19 mai 1818, *Rép.* n° 806 ; Huc, t. 3, n° 484). MM. Aubry et Rau, t. 1, § 132, p. 548, note 3, enseignent, au contraire, que le mineur émancipé a capacité pour vendre ses meubles corporels, sans distinction entre ceux qui sont sujets à un prompt dépérissement et ceux qui ne le sont pas, et quelle que soit, d'ailleurs, la valeur des objets aliénés. Il résulte des art. 482 et 484, disent ces auteurs, que le législateur a entendu laisser au mineur émancipé la libre disposition de son mobilier corporel. Ce qui peut, jusqu'à un certain point, expliquer et justifier le système du code civil, c'est, d'une part, l'idée traditionnelle exprimée par l'adage *Mobilium possessio vilis*, et, d'autre part, les grandes difficultés auxquelles aurait donné lieu dans la pratique l'application de la distinction entre les aliénations de simple administration et les autres. — M. Laurent, t. 5, n° 218, considère la question comme insoluble. L'assistance du curateur ne peut pas être requise, car elle n'est exigée par aucun texte. L'art. 452 n'est pas applicable, car le mineur émancipé, qui a sa maison et son ménage, ne peut pas être obligé de vendre ses meubles ; d'ailleurs, les formes prescrites, notamment la présence du subrogé tuteur, ne pourraient pas être observées. Il semble impossible d'exiger l'autorisation du conseil de famille et l'homologation du tribunal en vertu de l'art. 457 relatif aux aliénations immobilières. C'est une lacune du code civil. Mais pour M. Laurent, comme pour MM. Aubry et Rau, si l'on reconnaît au mineur émancipé la capacité d'aliéner ses meubles corporels, le mineur ne sera restituable que dans les cas où le majeur lui-même pourrait être restitué, car ces actes d'aliénation se trouvent assimilés aux actes de pure administration et sont régis par l'art. 481 c. civ.

699. En ce qui concerne l'aliénation des meubles incorporels, V. *infrà*, n°s 731 et suiv.

700. — II. ENGAGEMENTS CONTRACTÉS PAR LE MINEUR ÉMANCIPÉ PAR VOIE D'ACHAT OU AUTREMENT (*Rép.* n°s 808 à 813). — Le mineur émancipé peut s'obliger par contrat, autrement toutefois que par voie d'emprunt (c. civ. art. 484 § 2, et 483), et, à plus forte raison, par voie de cautionnement (V. *infrà*, n° 741).

701. Il peut prendre à bail des meubles ou des immeubles, même pour plus de neuf ans (Troplong, *Du contrat de louage*, t. 1, n° 147 ; Demolombe, t. 8, n° 281 ; Aubry et Rau, t. 1, § 132, p. 549 ; Guillouard, *Traité du contrat de louage* t. 1, n° 48).

702. Il peut passer des traités pour l'entretien ou l'amélioration de ses biens (Aubry et Rau, *loc. cit.*, note 7. V. toutefois *Rép.* n° 807).

703. Il peut faire des acquisitions mobilières. — Peut-il faire seul des acquisitions immobilières? On a admis au *Rép.* n° 809, conformément à la doctrine professée par M. Demolombe, t. 8, n°s 291 et suiv., que le mineur émancipé peut employer ses revenus en acquisitions immobilières ; mais que, si l'immeuble doit être payé au moyen des capitaux, l'assistance du curateur est nécessaire (V. en ce sens : Laurent, t. 5, n° 217 ; Huc, t. 3, n° 483). MM. Aubry et Rau, t. 1, § 132, p. 549, note 7, autorisent le mineur émancipé à faire sans aucune assistance et même à crédit, des acquisitions d'immeubles, sauf le pouvoir laissé aux tribunaux de réduire ses engagements en cas d'excès.

704. Le mineur émancipé peut-il faire des actes de commerce? Il a été jugé, à cet égard, que le mineur émancipé par le fait de son mariage, mais qui n'a pas été spécialement autorisé à faire le commerce, n'est pas justiciable des tribunaux consulaires à raison d'un achat de marchandises, alors même que ces marchandises étaient destinées à son commerce ; que, toutefois, si le vendeur a été de bonne foi, que le prix ne soit point exagéré, que la vente n'excède pas les facultés pécuniaires du mineur, et enfin que ce dernier ait tiré profit des marchandises dans son commerce, il doit être condamné au payement, mais par la voie civile seulement, et non par la voie commerciale (Rouen, 23 juill. 1858, aff. Boutigny, D. P. 59. 2. 216. Comp. Req. 17 août 1841, *Rép.* n° 811 ; Dijon, 8 janv. 1845, aff. Vallach, D. P. 45. 2. 80 ; Nancy, 12 janv. 1875, *suprà*, v° *Commerçant*, n° 73 ; Paris, 17 déc. 1885, *ibid.*).

705. Les engagements pris par le mineur émancipé, en dehors des besoins de l'administration proprement dite, mais en vertu d'un contrat qui ne lui est pas expressément défendu comme l'emprunt, ne sont ni annulables, ni rescindables pour cause de lésion ; mais ils sont réductibles en cas d'excès (c. civ. art. 484, § 2) ; car, à l'égard de ces engagements, l'émancipé n'a pas la pleine capacité que lui accorde l'art. 481 pour l'administration (Aubry et Rau, t. 1, § 132, p. 549 ; Laurent, t. 5, n° 222. Comp. les arrêts cités au *Rép.* n° 809). — Sur l'action en réduction, V. *infrà*, n°s 744 et suiv.

706. Les obligations valablement contractées par le mineur émancipé pour les besoins de l'administration de ses biens, ou qu'il a contractées au delà de ces besoins, mais en dehors de tout emprunt, et sauf l'action en réduction en cas d'excès, peuvent être exécutées sur tous les biens mobiliers et immobiliers du mineur émancipé, conformément aux art. 2092 et 2093 c. civ. En effet, bien qu'il soit interdit à l'émancipé d'aliéner ses immeubles, dès qu'on lui reconnaît la capacité de s'obliger, on doit lui appliquer la règle générale : celui qui oblige sa personne oblige ses biens (Laurent, t. 5, n° 219).

707. Le mineur émancipé peut-il transiger et compromettre sur les engagements par lui contractés en dehors des besoins de l'administration proprement dite? L'affirmative est enseignée par M. Demolombe, t. 8, n° 282. Mais l'opinion contraire nous paraît préférable. Les engagements dont il s'agit, contractés par voie d'achat ou autrement, étant toujours réductibles en cas d'excès, il est inexact de leur appliquer l'art. 481 et de dire que l'émancipé n'est restituable contre ces actes que dans les cas où le majeur lui-même le serait également. D'ailleurs, le mineur émancipé ne peut manifestement pas porter atteinte par transaction ou par compromis à l'action en réduction que la loi établit en sa faveur (Aubry et Rau, t. 1, § 132, p. 550, note 11. V. aussi *Rép.* n° 805).

708. On a signalé au *Rép.* n° 813, la controverse qui s'est élevée sur le point de savoir si le mineur émancipé peut consentir une hypothèque sur ses biens, en garantie des obligations qu'il a valablement contractées, réductibles ou non, et l'on s'est prononcé pour la négative. MM. Aubry et Rau, t. 1, § 132, p. 551, note 12, font valoir en faveur de cette opinion, outre l'argument tiré du texte de l'art. 2124 c. civ., que la constitution d'hypothèque aggrave la position du mineur émancipé, nuit à son crédit et rend plus difficile la transmission de ses immeubles, et que, si le mineur émancipé avait la faculté de consentir des hypothèques sur ses biens, il aurait, par là même, de plus grandes facilités pour abuser de sa capacité (V. aussi *Rép.* v° *Privilèges et hypothèques*, n° 1212; Paul Pont, *Commentaire-traité des privilèges et hypothèques*, t. 2, n° 613).

709. — III. Actions judiciaires (*Rép.* n° 804). — Le mineur émancipé a qualité pour intenter les actions mobilières relatives aux objets dont il a l'administration (Arg. art. 482 c. civ. Quant à ce qu'il faut entendre par *actions mobilières*, V. *suprà*, v° *Action*, n°s 20 et suiv.; *Rép.* eod. v°, n°s 152 et suiv.). A plus forte raison a-t-il qualité pour défendre aux actions ayant le même objet. Il a été jugé, en ce sens, que les tiers exerçant contre le mineur émancipé une action personnelle et mobilière résultant des faits de son administration (dans l'espèce une action en payement de fournitures de vins et de liqueurs, faites au mineur émancipé, tenant une auberge), ne sont pas tenus, à peine de nullité, de diriger leur demande contre le curateur en même temps que contre le mineur (Amiens, 8 févr. 1862) (1).

Le mineur émancipé aurait-il le droit d'ester en justice sans l'assistance de son curateur, si l'instance avait pour objet la réception d'un capital mobilier ou toute autre chose dont il ne peut disposer ou donner décharge qu'avec cette assistance? L'affirmative est enseignée au *Rép.* n° 408. Il a été jugé, en ce sens, que l'incapacité dont est frappé le mineur émancipé de recevoir un capital mobilier sans l'assistance de son curateur, n'empêche pas qu'il ne puisse sans cette assistance actionner le débiteur en payement du capital (Douai, 26 avr. 1865 (2). V. aussi Laurent. t. 5, n° 220). — Mais il a été décidé, en sens contraire, que le mineur émancipé, non autorisé à faire le commerce, ne peut, sans l'assistance de son curateur, actionner celui à

(1) (Lesage *C.* Rousseau.) — La cour; — Attendu qu'Alfred Lesage, né le 20 janv. 1841, mineur émancipé par son mariage en date du 28 avr. 1859, a entrepris le commerce après décès de ses père et mère, sans autorisation préalable du conseil de famille, et sans avoir rempli les formalités prescrites par l'art. 2 c. com.; — Qu'il ne peut, dès lors, être réputé majeur pour faits de commerce, et que les engagements souscrits par lui ne peuvent entraîner la responsabilité attachée aux obligations contractées pour les majeurs; — Que, notamment, ils ne soumettent pas leur auteur à la juridiction consulaire, et que leur exécution, aux termes de l'art. 2 de la loi du 17 avr. 1832, ne peut être garantie par la contrainte par corps; — Qu'ainsi le tribunal de commerce de Péronne n'était pas compétent pour connaître des engagements contractés en 1859 et en 1860 par le mineur Lesage au profit de la dame Rousseau et n'était pas autorisé surtout à prononcer contre lui la contrainte par corps pour le forcer à les remplir; — Au fond, sur la demande en évocation: — Attendu que Lesage, devenu majeur, déclare reprendre l'instance en son nom personnel; — Attendu que les tiers, exerçant contre le mineur émancipé une action personnelle et mobilière résultant des faits de son administration, ne sont pas tenus, à peine de nullité, de diriger leur demande contre le mineur et contre le curateur; — Que la cause est en état de recevoir jugement; — Qu'il est justifié par des factures régulières, contre lesquelles il ne s'élève pas de critiques, que, dans le courant de 1859 et 1860, la veuve Rousseau a fait à Lesage, aubergiste au Vert-Galant, des fournitures de vins et de liqueurs; que ces fournitures loyales, à prix débattu, et d'ailleurs modérées, étaient utiles au mineur exploitant un débit de boissons et qu'il en a profité; — Que Lesage, resté débiteur de la somme de 816 fr. 60 c. envers son vendeur sur le prix de ces vins doit être condamné à payer la somme due, avec les intérêts à partir du jour de la demande qui vaut au moins comme sommation à l'acheteur de payer; — Par ces motifs, statuant sur l'appel relevé par Lesage, lui donne acte de ce qu'il reprend l'instance en son nom personnel, sans aucune assistance; et, sans s'arrêter aux conclusions de l'intimée, lesquelles sont déclarées mal fondées; — Met l'appellation et les jugements des 28 déc. 1860 et 5 juill. 1861 au néant, comme incompétemment rendus; émendant annule lesdits jugements; et, statuant sur la demande d'évocation formée par l'intimée, sans s'arrêter aux conclusions de l'appelant, qui sont déclarées mal fondées, évoque, et faisant droit, condamne Lesage à payer à la veuve Rousseau la somme de 816 fr. 60 c. restant due sur le prix des fournitures faites en 1859 et en 1860, avec intérêts à 5 pour 100 à partir du jour de la demande, etc.

Du 8 févr. 1862.-C. d'Amiens.-MM. Siraudin, pr.-Watteau, av. gén.

(2) (Lubrez-Duhem *C.* Guilbert.) — Le 25 août 1863, le sieur Lubrez-Duhem a reconnu devoir à son gendre, le sieur Guilbert, une somme de 10 000 fr., avec intérêts à compter du 3 juillet précédent. Le 10 septembre suivant, Lubrez-Duhem déléguait à Guilbert, en payement de ladite somme, qu'il déclarait devoir « pour solde de comptes antérieurs », pareille somme à prendre sur celle de 30 000 fr. qui lui était due par le sieur Loubert auquel il avait vendu un fonds de café. Mais la vente faite à Loubert ayant été résolue, le fonds de café fut revendu par Lubrez-Duhem au sieur Cebert, son autre gendre. Le sieur Guilbert, n'ayant pas touché la somme de 10 000 fr. qui lui avait été déléguée, fit sommation à Lubrez-Duhem de lui payer cette somme, puis, conjointement avec sa femme, il l'assigna devant le tribunal de Douai. — Lubrez-Duhem opposa tout d'abord une fin de non-recevoir tirée de ce que Guilbert et sa femme étaient tous deux mineurs et, par suite, incapables de recevoir un capital mobilier sans l'assistance d'un curateur. Au fond, il soutint que la reconnaissance du 25 août 1863 était une libéralité consentie par lui pour tenir lieu de dot à la dame Guilbert, sa fille, et que, d'après l'acte du 10 septembre suivant, cette libéralité ne pouvait s'exécuter que sur le prix de la vente faite à Loubert. — Le 30 nov. 1864, jugement du tribunal de Douai ainsi conçu: — « Sur la fin de non-recevoir opposée à la demande de Guilbert; — Attendu que toute incapacité est de droit étroit et ne peut être étendue au delà de ses termes; que l'art. 482 c. civ., n'empêchait pas Guilbert, mineur émancipé par son mariage, de demander seul et sans assistance de curateur, le 30 mars 1864, le payement d'un capital de 10 000 fr. qu'il n'eût pu alors recevoir seul à la vérité, ce qu'il peut aujourd'hui qu'il est devenu majeur depuis l'introduction de l'instance et avant même le jugement par défaut profit-joint rendu le 1er juill. 1864.

« Au fond: — Attendu que Lubrez-Duhem a reconnu, le 25 août 1863, devoir personnellement à Guilbert cette somme de 10 000 fr., et que, le 10 septembre suivant, il a déclaré affecter au payement de sa dette le prix du café par lui vendu d'abord à un sieur Loubert, puis revendu aux époux Cebert-Lubrez tombés successivement en faillite ou en déconfiture; mais que cette affectation ou délégation, loin d'impliquer une novation qui ne se présume jamais, en était formellement exclusive; — Attendu que cette obligation prise par Lubrez vraisemblablement dans l'espoir de s'acquitter avec le prix du café vendu, était par elle-même pure et simple et non subordonnée à la réalisation de cet espoir, comme le démontrent les documents invoqués et les faits non moins significatifs qui les ont suivis de la part de Lubrez, revendant seul et sans le concours de Guilbert, son café aux époux Cebert, prenant seul part aux opérations de la faillite Cebert, où serait intervenu Guilbert assurément s'il n'avait eu de droit que sur le prix du café dû par Cebert comme gage unique, assignat limitatif de sa créance; — Attendu que cette obligation a pour cause déclarée le règlement de comptes antérieurs dont elle formerait le solde au profit de Guilbert; que fût-elle réellement, au surplus, la représentation d'une dot déguisée sous forme d'obligation, le droit de Guilbert n'en ressortirait pas moins comme dot de sa femme ou équivalent de dot, constituée toujours à titre onéreux à l'égard de Guilbert qui l'aurait reçue avec garantie du constituant pour subvenir aux charges du mariage (c. civ. art. 1540 et 1541); — Que, conséquemment, les règles relatives aux donations ne seraient pas plus applicables au fond que dans la forme à l'obligation litigieuse, quelle qu'en fût la cause réelle; — Qu'à tous les points de vue donc, Lubrez-Duhem ne peut se soustraire à l'exécution de son engagement; — Par ces motifs, sans s'arrêter ni avoir égard à la fin de non-recevoir proposée par Lubrez, le condamne à payer aux demandeurs, pour les causes susdites, la somme de 10 000 fr., etc. ». — Appel par le sieur Lubrez-Duhem.

La cour; — Adoptant les motifs des premiers juges; — Confirme, etc.

Du 26 avr. 1865.-C. de Douai, 1re ch.-MM. Dupont, pr.-de Biouval, subst.-Legrand et Flamant, av.

qui il a vendu des marchandises d'une valeur considérable, tant en payement du prix d'une partie de ces marchandises livrée par lui et de dommages-intérêts pour le préjudice à lui causé par le refus de l'acheteur de prendre livraison du surplus, qu'en résiliation du marché, aussi avec dommages-intérêts, une telle action, ayant pour objet, non des actes de pure administration, mais la réception d'un capital mobilier (Poitiers, 27 mai 1880, aff. Chaniaud, D. P. 81. 2. 18. V. en ce sens, outre les auteurs cités au *Rép.* n° 804, Aubry et Rau, t. 1, § 132, p. 551, et § 133, p. 553. V. aussi *infrà*, n° 715).

710. Le mineur émancipé ne peut pas seul ester en justice soit en demandant soit en défendant, dans les demandes en partage, même lorsqu'elles n'ont pour objet que des valeurs mobilières (V. *infrà*, n° 722).

711. Il peut former les actions possessoires ou y défendre (Aubry et Rau, t. 1, § 132, p. 551 ; Laurent, t. 5, n° 220).

712. Il peut former contre ses débiteurs toutes poursuites mobilières ou immobilières ayant pour objet le recouvrement de ses revenus. Par exception à cette règle, l'art. 744 c. proc. civ. exige l'assistance du curateur quand il s'agit de former une demande tendant à la conversion en vente volontaire d'une saisie-immobilière ou de s'adjoindre à une pareille demande (Aubry et Rau, t. 1, § 132, p. 551, note 17).

713. L'émancipé qui a figuré seul dans une instance concernant des droits ou des engagements à l'égard desquels il n'est pas pleinement réputé majeur, peut attaquer par la voie de la requête civile le jugement prononcé contre lui (*Rép.* n° 814 ; Aubry et Rau, t. 1, § 132, p. 552, note 19 ; Laurent, t. 5, n° 221. Mais V. *suprà*, n° 697).

ART. 2. — *Des actes pour lesquels l'assistance du curateur est nécessaire* (*Rép.* nos 815 à 832).

714. L'assistance du curateur est tout à la fois nécessaire et suffisante au mineur émancipé pour les actes suivants :

1° *La réception du compte de tutelle* (c. civ. art. 480 ; *Rép.* n° 815).

715. — 2° *La réception d'un capital mobilier* (c. civ. art. 482 ; *Rép.* n° 816). — Le mineur émancipé doit-il être assisté de son curateur pour exercer des poursuites tendant au remboursement d'un capital de cette nature ? V. *suprà*, n° 709. — Il a été jugé, dans le sens de la négative, que le mineur émancipé ne peut pas même faire signifier, sans l'assistance de son curateur, le commandement préalable aux poursuites, parce que la mission de signifier un commandement confère à l'huissier le pouvoir de toucher (Douai, 22 déc. 1863, aff. Bail, D. P. 65. 2. 246, en note. V. dans le même sens : Demolombe, t. 8, n° 285 ; Aubry et Rau, t. 1, § 133, p. 553, note 6).

716. — 3° *La cession d'un capital mobilier ou de meubles incorporels par le mineur émancipé tacitement par le mariage ou expressément pendant le mariage de ses père et mère* (*Rép.* nos 817 et suiv.). — Avant la loi du 27 févr. 1880, le mineur émancipé pouvait, avec la seule assistance de son curateur, aliéner tous capitaux ou meubles incorporels. Il n'y avait d'exception que pour les rentes sur l'État, lorsque la totalité des inscriptions qui appartenaient au mineur dépassait 50 fr. de rente, et pour les actions de la Banque de France, lorsque le mineur possédait plus d'une action ou des parts d'action représentant ensemble plus d'une action (L. 24 mars 1806, art. 2 ; Décr. 25 sept. 1813). Ces règles sont aujourd'hui abrogées. D'après l'art. 4 de la loi du 27 févr. 1880, le mineur émancipé au cours de la tutelle, même assisté de son curateur, doit observer pour l'aliénation de ses meubles incorporels les formes prescrites à l'égard du mineur non émancipé. Cette disposition toutefois ne s'applique pas au mineur émancipé par le mariage (art. 4, § 2), ni, bien que la loi ne l'ait pas dit formellement, au mineur émancipé du vivant de ses père et mère et non au cours de la tutelle : ce mineur peut, par suite, avec l'assistance de son curateur, aliéner ses meubles incorporels, quelle qu'en soit la valeur ; c'est ce qui résulte de l'art. 482 c. civ. qui déclare l'assistance du curateur nécessaire et suffisante pour la réception d'un capital mobilier ; l'aliénation d'un meuble incorporel implique la réception d'un capital mobilier (Baudry-Lacantinerie, t. 1, n° 1137. V. *infrà*, nos 731 et suiv.).

717. D'après l'art. 482 c. civ., le mineur émancipé assisté de son curateur peut aliéner ou céder ses capitaux, tandis que l'art. 484 l'oblige à suivre les formes prescrites au mineur en tutelle, quand il veut contracter un emprunt. De là souvent, pour les tribunaux, la nécessité de déterminer avec soin le caractère du contrat passé par le mineur avec la seule assistance de son curateur. Ainsi, il a été décidé que l'acte par lequel un mineur émancipé, en empruntant une somme d'argent, cède et transporte au prêteur, pour sûreté de l'emprunt, pareille somme à prendre dans une de ses créances, avec subrogation dans l'hypothèque qui y est attachée, ne constitue pas une simple cession mobilière, mais a le caractère d'un emprunt, qui doit, à peine de nullité, être précédé des formalités prescrites par l'art. 483 (Req. 19 juin 1850, aff. Collin, D. P. 50. 1. 308). Mais, d'autre part, il a été jugé qu'un acte qualifié de cession de créance a pu être considéré comme constituant, en effet, un véritable transport et non pas un emprunt avec nantissement, quoique la cession ait eu lieu moyennant une somme égale au montant de la créance cédée, que cette somme ait été versée en tout ou en partie avant l'acte de cession, que le cédant ait garanti la solvabilité actuelle et future du débiteur cédé et qu'enfin il se soit obligé à payer lui-même le cessionnaire, pour le cas où le débiteur cédé, auquel le transport n'était pas signifié, se libérerait dans ses mains ; que, par suite, cet acte, s'il émane d'un mineur émancipé, n'est pas soumis aux formalités prescrites, en matière d'emprunt par l'art. 483 c. civ., mais qu'il ne peut, comme toute cession de créance, être consenti par le mineur émancipé sans l'assistance du curateur (Req. 4 févr. 1868, aff. Époux Beliet, D. P. 68. 1. 393). — Ces décisions se justifient l'une et l'autre Dans la première espèce, il s'agissait d'un acte d'emprunt avec nantissement opéré sous la forme d'un transport ; mais l'acte litigieux n'offrait pas le caractère de ce dernier contrat, à défaut par l'émancipé de s'être dessaisi de la créance transportée. L'observation des formalités prescrites par l'art. 483 était donc nécessaire pour sa validité. Dans la seconde espèce, au contraire, il s'agissait bien d'un transport de créance opérant le dessaisissement du cédant, et par suite, aucune des clauses de l'acte ne suffisait à le faire considérer comme un nantissement (V. *Rép.*, v° *Vente*, n° 1680).

Cependant l'arrêt du 4 févr. 1868, n'a pas eu à se prononcer sur le point de savoir si le mineur émancipé, capable de faire un transport de créance avec la seule assistance de son curateur, peut, sans l'observation des formes prescrites par les art. 483 et 484 c. civ., garantir la solvabilité actuelle et future du débiteur cédé. On aurait pu soutenir, à l'appui de l'affirmative, que la stipulation dont il s'agit est l'accessoire du transport et qu'elle ne peut pas être soumise à des conditions d'habilitation plus rigoureuses que celles qui sont exigées pour la validité du transport lui-même. Mais cette clause sort des conditions ordinaires du transport et comme, en principe, il est interdit à l'émancipé de contracter un cautionnement avec la seule assistance de son curateur (V. *infrà*, n° 741 et *Rép.* n° 843), on doit reconnaître que la stipulation de garantir la solvabilité actuelle et future du débiteur cédé, est assujettie, à peine de nullité, aux formes de l'art. 484 c. civ. Le mineur émancipé reste, du moins, tenu : 1° de la garantie de l'existence de la créance, comme une suite légale du transport ; 2° de ses faits personnels suivant le droit commun. Aussi le même arrêt a-t-il jugé qu'en tout cas le mineur émancipé doit tenir compte au cessionnaire du montant de la créance cédée, si le débiteur cédé s'est libéré dans ses mains en l'absence d'une signification de transport, et qu'on doit lui appliquer la maxime que nul ne peut s'enrichir aux dépens d'autrui.

718. Il a encore été jugé que l'acte par lequel un mineur émancipé contracte un emprunt et consent un transport de créance au profit du prêteur, à titre de garantie, est nul en son entier à l'égard du mineur émancipé, si celui-ci a agi en l'absence d'une délibération de son conseil de famille, homologuée par le tribunal, et qu'il appartient au juge du fait de constater souverainement que de l'ensemble des clauses d'un acte, résulte l'existence, non pas d'un simple transport de créance, mais d'un prêt et d'un transport de créance consenti accessoirement pour la garantie de ce prêt (Civ. rej. 28 juill. 1868, aff. Potier, D. P. 68. 1. 403).

719. — 4° *La passation des baux de plus de neuf ans.* — V. *suprà*, n° 686; *Rép.* n° 803.

720. — 5° *L'acceptation d'une donation* (c. civ. art. 935; *Rép.* n° 827). — V. *suprà*, v° *Dispositions entre vifs et testamentaires*, n° 374; *Rép.*, eod. v°, n° 1471).

721. — 6° *L'introduction d'une action immobilière ou la défense à une telle action* (c. civ. art. 482; *Rép.* n°s 821 et suiv.). — Sur la distinction des actions en mobilières ou immobilières, V. *suprà*, v° *Action*, n°s 20 et suiv.; *Rép.*, eod. v°, n°s 152 et suiv. — En ce qui concerne l'acquiescement à une action immobilière, V. *infrà*, n° 740.

Faut-il assimiler aux actions immobilières les actions relatives aux capitaux mobiliers ou aux meubles incorporels du mineur? V. *suprà*, n° 709. Si le mineur émancipé a irrégulièrement introduit une action sans l'assistance de son curateur, l'intervention de celui-ci avant le jugement aura pour effet de régulariser la procédure. Toutefois, si l'intervention se produisait seulement en appel, elle ne validerait que l'assignation donnée par le mineur devant les premiers juges, mais non le jugement rendu sur cette assignation (Poitiers, 27 mai 1880, aff. Chaniaud, D. P. 81. 2. 18; Huc, t. 3, n° 486).

722. — 7° *L'introduction d'une action en partage ou la défense à une action de ce genre* (c. civ. art. 840; *Rép.* n°s 825 et suiv.). — Suivant l'opinion qui prévaut en doctrine et en jurisprudence, l'autorisation du conseil de famille n'est pas nécessaire au mineur émancipé pour procéder au partage définitif d'une succession, d'une communauté conjugale ou d'une société (V. outre les autorités citées au *Rép.* n° 825 : Aubry et Rau, t. 1, § 135, p. 553, note 13; Laurent, t. 5, n° 826; Baudry-Lacantinerie, t. 1, n° 1137. V. aussi *Rép.* v° *Succession*, n° 436. — V. toutefois, en sens contraire : Trib. Dunkerque, 30 mai 1856, aff. Bouret-Borde, D. P. 57. 2. 10).

723. — 8° *L'introduction d'une action concernant l'état ou la personne du mineur ou la défense à une telle action* (*Rép.* n° 828). — Si la loi, dit M. Laurent, t. 5, n° 227, exige l'assistance du curateur pour les actions immobilières, il faut l'exiger à plus forte raison pour les actions d'état; mais on ne saurait aller plus loin et exiger l'autorisation du conseil de famille (V. dans le même sens : Demolombe t. 8, n° 311; Aubry et Rau, t. 1, § 133, p. 554; Huc, t. 3, n° 486). — Relativement à la demande en divorce ou en séparation de corps, V. *suprà*, v° *Divorce et séparation de corps*, n°s 115 et 127.

724. — 9° *L'introduction par la femme mineure d'une demande en séparation de biens ou la défense par le mari mineur à une telle demande* (*Rép.* n° 829. V. dans le même sens : Demolombe t. 8, n° 308; Aubry et Rau, t. 1, § 133, p. 554, note 14; Laurent, t. 5, n° 227; Huc, t. 3, n° 486).

725. — 10° *Le désistement d'une action immobilière ou d'une action concernant l'état ou la personne du mineur.* — Le désistement doit être distingué de l'acquiescement. Le mineur émancipé n'a besoin que de l'assistance de son curateur pour se désister d'une action immobilière; mais l'autorisation du conseil de famille lui est nécessaire pour y acquiescer, au moins suivant l'opinion de la majorité des auteurs (V. *infrà*, n° 740); en effet, le désistement est l'abandon d'une action dont le mineur émancipé, assisté de son curateur, avait le libre exercice, tandis que l'acquiescement constitue la renonciation à l'objet de la demande et peut renfermer une aliénation (V. en ce sens, Aubry et Rau, t. 1, § 133, p. 555, note 19. Comp. *suprà*, v° *Acquiescement*, n°s 21 et suiv., et v° *Désistement*, n° 9).

Dans l'opinion qui assimile aux actions immobilières les actions relatives aux capitaux du mineur (V. *suprà*, n° 709), il est évident que le mineur ne peut se désister de ces actions ni y acquiescer qu'avec l'assistance de son curateur (Aubry et Rau, *loc. cit.*).

726. On s'est demandé au *Rép.* n° 830, si le mineur émancipé auquel le curateur refuse son assistance a quelque moyen de vaincre ce refus. L'opinion de M. Demolombe, t. 8, n° 314, d'après laquelle le mineur aurait le droit de s'adresser au conseil de famille pour faire enjoindre au curateur de l'assister ou se faire nommer un curateur *ad hoc*, est adoptée par MM. Aubry et Rau, t. 1, § 133, p. 555, qui ajoutent même que le mineur émancipé pourrait, en cas de rejet de sa demande par le conseil de famille, se pourvoir devant les tribunaux en annulation de la délibération de ce conseil. Mais ce système est combattu par M. Laurent, t. 5, n° 228, qui demande de quel droit, en vertu de quel texte, le conseil de famille interviendrait en pareil cas et remplacerait, soit définitivement, soit seulement par un curateur *ad hoc*, le curateur qui ne croirait pas devoir prêter son assistance. Suivant cet auteur, le mineur devrait plutôt s'adresser au tribunal. « Les tribunaux, dit-il, ont au moins une compétence générale pour décider toute espèce de contestation, compétence qui fait défaut au conseil de famille. Le tribunal ne contraindrait pas le curateur à assister; il se bornerait à nommer un curateur *ad hoc* ». (V. aussi en ce sens : Baudry-Lacantinerie, t. 1, n° 1138; Huc, t. 3, n° 487). L'opinion de MM. Demolombe et Aubry et Rau nous paraît préférable à celle de M. Laurent, car, puisqu'il s'agit, dans les deux cas, pour le mineur, d'obtenir la nomination d'un curateur *ad hoc*, c'est le conseil de famille qui, d'après la loi, est compétent pour cette nomination et non pas le tribunal.

727. Le curateur, au contraire, ne peut s'adresser, ni au conseil de famille, ni au tribunal pour contraindre le mineur à faire un acte ou à formuler une demande qu'il refuserait de passer ou d'exercer (*Rép.* n° 831; Demolombe, t. 8, n°s 315 et suiv.; Aubry et Rau, t. 1, § 133, p. 555; Laurent, t. 5, n° 228). Il peut néanmoins et même il doit, quand il est appelé à assister le mineur dans une instance judiciaire, user des moyens de droit et de procédure qui lui paraissent utiles à la défense de son pupille (*Rép.* n° 832. — *Contrà* : Laurent, *loc. cit.* V. *suprà*, v° *Interdiction-conseil judiciaire*, n° 239). Il peut aussi provoquer la révocation de l'émancipation (V. *infrà*, n° 746).

ART. 3. — *Des actes pour lesquels le mineur émancipé reste soumis à toutes les formalités prescrites au mineur non émancipé* (*Rép.* n°s 838 et 843).

728. En dehors des actes de pure administration et de ceux pour lesquels l'assistance du curateur est suffisante, le mineur émancipé ne peut faire aucun autre acte sans observer les formes prescrites au mineur non émancipé (c. civ. art. 484), c'est-à-dire l'autorisation du conseil de famille, et, s'il y a lieu, sans l'homologation du tribunal (*Rép.* n° 833). Mais, quand le mineur émancipé a obtenu du conseil de famille et du tribunal les autorisations nécessaires, peut-il agir seul ou doit-il être assisté de son curateur? Cette assistance était exigée dans la rédaction primitive de l'art. 484, tel qu'il avait été proposé par le Tribunat. « Tous autres actes, etc., qui ne seront pas de pure administration, ne pourront être faits que *sous l'assistance du curateur* et suivant les formes prescrites à l'égard du mineur non émancipé ». Mais le conseil d'Etat retrancha de l'article les mots : *sous l'assistance du curateur.* Néanmoins, on avait admis au *Répertoire* que l'assistance du curateur est nécessaire (V. n° 835 et l'intitulé du présent article). V. aussi Demante, t. 2, n° 253 *bis*, VI). On objecte que la loi ne prescrit pas l'assistance du curateur; que cette assistance n'est exigée, dans les actes de moindre importance, que parce qu'elle constitue la seule garantie du mineur émancipé; que, relativement aux actes de disposition, elle est inutile, parce que le mineur émancipé rencontre une garantie bien autrement sérieuse dans l'autorisation du conseil de famille et l'homologation du tribunal (Aubry et Rau, t. 1, § 134, p. 557, note 9; Laurent, t. 5, n° 230). La pratique est constante en sens contraire. De plus, l'art. 4 de la loi du 27 févr. 1880 semble exiger l'assistance du curateur pour l'aliénation des meubles incorporels, autorisée par le conseil de famille. « Le mineur émancipé au cours de la tutelle, *même assisté de son curateur*, dit ce texte, devra observer, pour l'aliénation de ses meubles incorporels, les formes ci-dessus prescrites à l'égard du mineur non émancipé ».

729. — 1° *Emprunts* (*Rép.* n°s 834 et 835). — Il y a, outre la règle générale de l'art. 484, une disposition spéciale, l'art. 483, qui ne permet au mineur émancipé d'emprunter sous aucun prétexte sans l'autorisation du conseil de famille et l'homologation du tribunal. On a admis au

Rép., n° 834, que l'autorisation peut être accordée, non seulement dans les cas de nécessité absolue ou d'avantage évident, conformément à l'art. 457 c. civ., mais même aussi lorsqu'il y a seulement espérance d'un avantage. Mais l'opinion contraire prévaut parmi les auteurs; ils estiment que l'art. 457 c. civ. est applicable aussi bien au mineur émancipé qu'au mineur en tutelle. Ils font observer que le principe consacré par l'art. 484, qui assimile le mineur émancipé au mineur non émancipé pour tous les actes autres que ceux de pure administration, ne figurait pas dans le projet du code civil; il y a été introduit sur la demande du Tribunat. Ce principe une fois admis, l'art. 483 devenait inutile et on aurait dû le supprimer; en tout cas, on ne peut pas l'invoquer comme emportant une dérogation à l'art. 457 (Demolombe, t. 8, n° 322; Aubry et Rau, t. 1, § 134, p. 556, note 1; Laurent, t. 5, n° 232; Baudry-Lacantinerie, t. 1, n° 1142).

Le mineur émancipé ne peut pas contracter un emprunt indirectement (V. les arrêts cités *suprà*, n°s 717 et suiv.).

730. — 2° *Aliénations d'immeubles* (c. civ. art. 484, *Rép.* n° 836).

731. — 3° *Aliénations de capitaux mobiliers ou de meubles incorporels.* — A l'égard de ces aliénations, le code civil ne contenait aucune disposition particulière. L'art. 482 imposant l'assistance du curateur au mineur émancipé pour recevoir un capital mobilier et pour en donner décharge, cette assistance était nécessaire, mais suffisante, pour l'aliénation des meubles incorporels (V. *suprà*, n° 716). — Par exception, la loi du 24 mars 1806 exigea l'autorisation du conseil de famille pour l'aliénation, par le mineur émancipé, des inscriptions de rente sur l'État de plus de 50 fr. Le décret du 25 sept. 1813 déclara cette règle applicable aux ventes de plus d'une action de la Banque de France. L'homologation du tribunal n'était pas requise (Rouen, 29 févr. 1868, aff. Omont, D. P. 69. 2. 212). Mais l'art. 4 de la loi du 27 févr. 1880 a statué que le mineur émancipé au cours de la tutelle, même assisté de son curateur, devra observer, pour l'aliénation de ses meubles incorporels, les formes prescrites par les articles précédents de ladite loi, à l'égard du mineur non émancipé.

732. Toutefois, comme la loi du 27 févr. 1880 est une loi sur la tutelle, la disposition de l'art. 4 ne concerne que les mineurs émancipés pendant le cours de la tutelle (V. *suprà*, n°s 399 et suiv.). L'art. 4, 2° al., dit expressément que la disposition principale du même article ne s'applique pas au mineur émancipé par le mariage. Il faut ajouter qu'elle ne s'applique pas davantage au mineur émancipé pendant le mariage de ses père et mère, ni au mineur émancipé, à défaut de père, par sa mère (V. *suprà*, n° 401). Quelle est donc la capacité de ces deux catégories de mineurs émancipés relativement à l'aliénation des valeurs mobilières? Au lendemain de la loi du 27 févr. 1880, il a été jugé que l'autorisation du conseil de famille était nécessaire, non par application de ladite loi, mais en vertu des dispositions du code civil. L'art. 482, disait-on, ne permet au mineur émancipé, assisté de son curateur, que les actes d'administration, tels que recevoir un capital mobilier et en donner décharge; or l'aliénation des valeurs mobilières ne constitue pas un acte d'administration (Trib. civ. de Lille, 6 août 1881) (1). — Cette opinion n'a pas prévalu. D'après la jurisprudence antérieure à la loi du 27 févr. 1880, le mineur émancipé pouvait aliéner ses valeurs mobilières avec la seule assistance de son curateur. Telle est la capacité que le paragraphe 2 de l'art. 4 a pour objet de conserver au mineur émancipé par le mariage et, d'une façon générale, au mineur qui n'est pas en tutelle lors de son émancipation. « La loi, disait le rapport de M. Denormandie au Sénat, n'est pas faite pour toutes les catégories de mineurs...; nous avons pensé que nous pouvions donner exceptionnellement, aux mineurs émancipés par leur propre mariage, la capacité nécessaire pour faire des actes d'aliénation ». On lit encore dans la circulaire du garde des sceaux, en date du 20 mai 1880, que « de l'ensemble de l'art. 4 ressort la pensée que, d'après le droit commun, l'aliénation des valeurs mobilières peut être effectuée par le mineur émancipé avec la seule assistance de son curateur ». A l'exception de M. Michot (*Commentaire de la loi du 27 févr.* 1880, sur l'art. 4), qui déclare la question insoluble, tous les commentateurs de la loi sont d'accord pour accepter l'interprétation de la circulaire ministérielle (V. Bonnet, p. 25; Paul Coulet, 2° éd., p. 37; Buchère, n°s 119 et suiv.; Deloison, n° 231, p. 255 et suiv.; Huc, t. 3, n° 490).

Non seulement la disposition finale de l'art. 4 a pour effet de maintenir le mineur émancipé par le mariage sous l'empire du droit commun antérieur à la loi de 1880, mais la capacité de ce mineur se trouve plus étendue qu'elle ne l'était avant la promulgation de la loi. La loi de 1806 et le décret de 1813 sont expressément abrogés par l'art. 12 de la loi de 1880. L'exception établie relativement aux rentes sur l'Etat et aux actions de la Banque de France disparaît donc. Les mineurs émancipés en dehors du cours de la tutelle peuvent, avec la seule assistance de leur curateur, aliéner leurs meubles incorporels, de quelque nature et de quelque valeur qu'ils soient. La circulaire du garde des sceaux du 20 mai 1880 déduit la même conséquence de l'abrogation de la loi de 1806 et du décret de 1813, en ce qui concerne l'aliénation des rentes sur l'Etat et des actions de la Banque de France. De même, la circulaire du directeur de la Dette inscrite, du 10 mars 1880, décide que, pour les mineurs émancipés en dehors de la tutelle, le service des transferts n'aura plus à demander une délibération du conseil de famille; mais cette circulaire réclame l'assistance du curateur aussi bien pour la conversion au porteur que pour l'aliénation. Enfin, cette solution a été

(1) (S...) — Les époux S... requièrent la convocation du conseil de famille de la dame S..., afin d'obtenir l'autorisation d'aliéner un titre dotal de rente sur l'Etat. Ordonnance du juge de paix du canton central de Lille, qui rejette la demande par les motifs suivants: — « Nous, juge; — Attendu qu'aux termes de l'art. 482 c. civ., le mineur émancipé peut, avec l'assistance de son curateur, recevoir un capital mobilier et en donner décharge; que cette capacité du mineur émancipé n'a pas été restreinte par la loi du 27 févr. 1880; qu'au contraire, l'art. 4 de cette loi dit formellement que les mesures protectrices édictées par les art. 1 et 2 en faveur des mineurs ne s'appliquent point au mineur émancipé par le mariage; — Attendu que le texte dudit art. 4 ne prête à aucun doute, à aucune ambiguïté; — Mais que, si l'on veut se rendre un compte exact de l'intention du législateur, en formulant le dernier paragraphe de cet article, on trouve dans le rapport de M. Denormandie, devant le Sénat, à la séance du 25 mai 1878, le passage suivant: — « La loi n'est pas faite pour toutes les catégories de mineurs...; nous avons pensé que nous pouvions donner exceptionnellement aux mineurs émancipés par leur propre mariage la capacité nécessaire pour faire des actes d'aliénation »; — Attendu, d'un autre côté, que la circulaire du directeur de la Dette inscrite aux trésoriers-payeurs généraux, en date du 10 mars 1880, pour l'exécution de la même loi, s'exprime ainsi: — « § V. L'art. 4 déclare les dispositions précédentes (celles des art. 1 et 2) applicables aux mineurs émancipés, lorsque l'émancipation a eu lieu au cours de la tutelle; mais les mêmes formalités ne doivent plus être exigées quand le mineur a été émancipé pendant le mariage de ses père et mère, ou lorsque l'émancipation résulte du mariage par lui contracté. Il ne peut y avoir, de ce chef, aucune difficulté d'interprétation. Le service des transferts ne demandera plus de délibération du conseil de famille ni pour le mineur émancipé par ses père et mère, ni pour la *femme mineure agissant avec le concours de son mari* »; — Attendu que c'est à tort que les requérants invoquent la loi du 24 mars 1806; que cette loi a été formellement abrogée par l'art. 12 de la loi du 27 févr. 1880; que vainement aussi on invoquerait, soit le décret du 25 sept. 1813, également abrogé par cette dernière loi, soit les art. 483 et suiv. c. civ.; que ces derniers articles ne prescrivent aucune autorisation du conseil de famille pour la vente des meubles incorporels des mineurs et ne s'occupent même pas de ces sortes de valeurs ».

Appel.

LE TRIBUNAL; — Attendu que le mineur émancipé, même avec l'assistance de son curateur, ne peut faire que des actes d'administration, au nombre desquels l'art. 482 a rangé la réception d'un capital mobilier; — Attendu que l'aliénation d'une rente sur l'Etat a un tout autre caractère que l'encaissement d'une créance échue, et qu'elle est susceptible, quand il s'agit, comme dans l'espèce, d'un titre supérieur à 1000 fr. de rente, de compromettre les ressources du mineur; qu'il y a donc lieu, en pareil cas, de n'autoriser cette aliénation que sur l'avis du conseil de famille; — Attendu d'ailleurs que la loi du 27 févr. 1880, qui a prescrit certaines mesures dans l'intérêt des mineurs autres que ceux émancipés par le mariage, a laissé ceux-ci sous l'empire du droit commun, etc.

Du 6 août 1881.-Trib. civ. de Lille.

consacrée par la jurisprudence en ce qui concerne le mineur émancipé par le mariage (Trib. civ. Dunkerque, 24 nov. 1881 (1); Civ. rej. 13 août 1883, aff. Dame Réveil pourvoi dans l'intérêt de la loi, D. P. 84. 1. 103).

733. En ce qui concerne les valeurs mobilières autres que les rentes sur l'Etat, les sociétés ne pourront guère refuser la conversion au porteur au mineur émancipé en dehors de la tutelle, puisque cette opération, à défaut d'un texte applicable à ce mineur, n'est considérée par la jurisprudence que comme un acte de simple administration. Pour l'aliénation, les sociétés ne pourront exiger que l'assistance du curateur (Deloison, n° 236, p. 258).

734. La capacité du mineur émancipé pour l'aliénation des valeurs mobilières dépend donc exclusivement du mode suivant lequel le mineur a été émancipé. Si le mineur émancipé par le mariage devient veuf, si le mineur émancipé pendant le mariage de ses père et mère devient orphelin, ces événements postérieurs à l'émancipation ne l'obligeront pas à observer les formalités prescrites par la loi du 27 févr. 1880 (Circ. min. just. 20 mai 1880. V. dans le même sens, Huc, t. 3, n° 490).

735. Le mineur émancipé au cours d'une tutelle, astreint par l'art. 4 à se conformer, pour l'aliénation de ses meubles incorporels, aux règles tracées par les trois premiers articles de la loi du 27 févr. 1880, peut, comme ayant l'administration de son patrimoine, provoquer, seul et sans l'assistance de son curateur, la réunion du conseil de famille, à l'effet d'obtenir l'autorisation de ce conseil, et poursuivre, s'il y a lieu, l'homologation du tribunal. Mais une fois pourvu de l'autorisation du conseil et au besoin de l'homologation de justice, il ne pourra procéder à la vente qu'avec l'assistance de son curateur, chargé par l'art. 482 c. civ. de concourir à la quittance et à l'encaissement du prix et de surveiller l'emploi des fonds. L'observation des formes prescrites par la loi pourra être souvent éludée en ce qui concerne les valeurs au porteur; cependant elle est garantie par la responsabilité des agents de change et autres intermédiaires qui se prêteraient à une négociation irrégulière (Deloison, n° 237, p. 260).

736. Les art. 5, 6 et 10 de la loi du 27 févr. 1880 sont-ils applicables au mineur émancipé pendant le cours de la tutelle? Ainsi que nous l'avons exposé, l'art. 4 ne vise que les dispositions des trois premiers articles concernant l'aliénation des valeurs mobilières. On doit en conclure que le mineur émancipé n'est tenu ni de convertir ses titres au porteur en titres nominatifs conformément à l'art. 5, ni de faire emploi de ses capitaux suivant les règles établies par l'art. 6. On a donné pour raison de cette omission du législateur que la plupart des capitaux et des titres appartenant au mineur émancipé auraient subi l'application de la loi pen-

(1) (B...) — Sentence du juge de paix du canton Est de Dunkerque qui refuse de convoquer le conseil de famille de Mme B... à l'effet d'obtenir l'autorisation de ce conseil pour aliéner deux inscriptions de rente sur l'Etat: — « Nous, juge; — En droit: — Attendu que le code civil, ne contenant aucune disposition précise sur la forme de l'aliénation des meubles incorporels appartenant aux mineurs, des doutes s'élevèrent, dès le principe, à la Bourse, au sujet des transferts, et suscitèrent des entraves à la négociation des titres de rente; — Attendu que de là résultèrent les dispositions législatives de 1806 d'abord, puis de 1813, qui eurent pour but de lever ces entraves et ces doutes; — Attendu que ces nouvelles dispositions occasionnèrent de nouvelles controverses sur le point de savoir si elles étaient ou non applicables aux meubles incorporels d'une nature autre que les titres de rente et les actions de la Banque; — Attendu que, selon Demolombe et plusieurs autres auteurs, l'art. 452 c. civ. n'étant applicable qu'aux meubles corporels, aucun texte n'ayant édicté de forme spéciale pour l'aliénation des meubles incorporels du mineur émancipé, cette aliénation ne constituant pas un acte de pure administration, l'émancipé pouvait et devait l'accomplir avec l'assistance de son curateur; — Attendu que cette interprétation de l'ensemble des textes concernant la capacité du mineur émancipé paraît être l'expression la plus juridique du droit commun avant la loi de 1880; — Attendu que ladite loi de 1880, comblant des lacunes dès longtemps signalées, a déterminé dans quelles conditions devait s'opérer dorénavant l'aliénation de tous les meubles incorporels, quels qu'ils puissent être, appartenant à des mineurs, et a textuellement abrogé la loi de 1806 et le décret de 1813; — Attendu qu'il convient de rechercher dans quelle mesure ladite loi a affecté la capacité des mineurs émancipés par le mariage; que l'art. 4 de cette loi, établissant différentes catégories d'émancipés, dit formellement que les mesures de protection prescrites ne s'appliquent pas au mineur émancipé par le mariage; — Attendu que, si l'on veut se rendre un compte exact de l'intention qu'avait le législateur en formulant son exception au profit des émancipés par le mariage, il faut s'inspirer des paroles prononcées au Sénat, dans les séances du 25 mai 1878 et du 17 déc. 1879, par le rapporteur: — « Dans l'art. 4, disait-il le 17 décembre, on assimile, pour l'aliénation de ses meubles incorporels, le mineur émancipé au mineur non émancipé. Toutefois, nous avons fait une exception, et la Chambre des députés également, pour le mineur émancipé par le mariage. Il n'a pas paru possible de laisser le mineur émancipé par le mariage dans la même position que le mineur jouissant seulement de l'émancipation ordinaire et que le mineur non émancipé. Nous sommes donc d'accord avec la Chambre des députés. Toutefois, nous demandons la permission de placer ici une observation *qui peut avoir son importance comme interprétation de la loi*. On peut se demander quelle situation résulte de cette disposition pour le mineur émancipé par le mariage. Aucun des autres articles du projet de loi ne faisant mention de lui, on se trouve amené à cette conclusion: c'est qu'on doit lui *appliquer le droit commun*, et que le projet de loi le laisse absolument dans sa situation actuelle. Et cependant, il faut bien reconnaître que le projet de loi, tel qu'il est libellé, ne laisse même pas le mineur émancipé par le mariage en face de la législation antérieure, car il se termine par un art. 12 ainsi conçu: « La loi du 24 mars 1806 et le décret du 25 sept. 1813 sont abrogés; sont également abrogées toutes les dispositions des lois qui seraient contraires à la présente loi ». Ainsi, quand un mineur émancipé par le mariage demandera quels sont ses droits et ses devoirs relativement aux meubles incorporels lui appartenant, on devra lui dire: « Ce n'est pas la loi de 1880 qui doit être suivie par vous; elle ne s'applique pas à vous; encore moins la loi de 1806 et le décret de 1813, ils sont abrogés. Tout au plus est-ce le code civil, puisque sont abrogées toutes les dispositions des lois contraires à celle de 1880, et le code civil est muet à votre égard! » Cet état, un peu anormal, n'a pas été prémédité; il ne peut résulter que d'une rédaction insuffisante, et pour peu qu'on étudie la discussion du projet de loi, on arrive facilement à en être convaincu. En effet, lorsque la commission de la Chambre des députés lui a présenté le projet de loi dans sa séance du 7 juin 1879, le § 2 de l'art. 4 était ainsi conçu: « Cette disposition ne s'applique pas au mineur émancipé par le mariage, ni au mineur autorisé à faire le commerce; l'un et l'autre pourra aliéner ses meubles incorporels avec la seule assistance de son curateur ». Sur les observations présentées par M. Durand, et concernant uniquement le mineur autorisé à faire le commerce, l'art. 4 a été renvoyé à la commission qui, faisant droit aux idées développées par cet honorable député, a fait complètement disparaître ce mineur du nouvel art. 4. Mais, en y conservant le mineur émancipé par le mariage, la commission de la Chambre des députés a cru inutile de maintenir qu'il pouvait aliéner ses meubles incorporels avec la seule assistance de son curateur. L'addition dans le paragraphe 1 du mot *même* devant ceux *assisté de son curateur* indique bien qu'on considère l'aliénation par le mineur émancipé, avec la seule assistance de son curateur, comme étant aujourd'hui de droit commun; il ne paraît donc pas douteux qu'on reconnaissait au mineur émancipé par le mariage le droit d'aliéner avec la seule assistance de son curateur; mais cette affirmation aurait pu être sinon absolument nécessaire, au moins très utile. *Aussi il nous a paru bon de donner la présente explication* »; Attendu que, quelques jours après la promulgation de la loi et à la date du 10 mars, le directeur de la Dette inscrite adressait aux trésoriers-payeurs généraux, pour l'exécution de ladite loi, une circulaire dans laquelle il s'exprime ainsi (§ 5, *in fine*): « Le second point est prévu par le dernier paragraphe de l'art. 4. *Il ne peut y avoir de ce chef aucune difficulté d'interprétation*. Le service des transferts ne demandera plus de délibération du conseil de famille ni pour le mineur émancipé par ses père et mère, ni pour la femme mineure agissant avec le concours de son mari »; — Attendu, d'autre part, que la Chancellerie, suivant une circulaire du garde des sceaux en date du 20 mai 1880, formulée dans le but d'assurer le fonctionnement prompt et régulier de la loi nouvelle, interprète l'art. 4 ainsi qu'il vient d'être exposé; — Attendu que, de tout ce qui précède, il apparaît que le législateur de 1880 a entendu consacrer, au profit du mineur émancipé par le mariage, le droit d'aliéner ses meubles incorporels avec la seule assistance de son curateur; — Par ces motifs, etc. ». — Appel.

LE TRIBUNAL; — Attendu que si, avant la loi de 1880, l'art. 484 c. civ. était applicable à tous les mineurs émancipés sans distinction, il n'en est plus de même depuis la promulgation de cette dernière loi qui, par son art. 4, a formellement excepté le mineur émancipé par le mariage des formalités édictées pour les autres, mineurs; — Adoptant au surplus les motifs du premier juge, etc.

Du 24 nov. 1881.-Trib. civ. de Dunkerque.

dant le cours de la tutelle; que, d'autre part, l'art. 482 c. civ. suffisait à assurer, par l'assistance du curateur, l'emploi des fonds qui adviendraient au mineur après son émancipation. Cependant aucune mesure de conservation n'est prise relativement aux titres au porteur qui peuvent advenir au cours de l'émancipation. La négociation irrégulière de ces titres ne sera donc empêchée que par la responsabilité des intermédiaires qui se prêteraient à leur aliénation (Deloison, n° 238, p. 260 et suiv.). Au contraire, le mineur émancipé pendant le cours de la tutelle ne pourra pas convertir ses titres nominatifs en titres au porteur sans observer les règles imposées au mineur en tutelle; car l'art. 10, qui soumet la conversion de tous titres nominatifs en titres au porteur aux mêmes conditions et formalités que l'aliénation de ces titres, est applicable à toutes les personnes qui sont placées sous le régime de la loi de 1880, par conséquent au mineur émancipé pendant le cours de la tutelle (Deloison, *ibid.*).

737. — 4° *Constitutions d'hypothèques* (c. civ. art. 484 et 457; *Rép.* n° 837. V. aussi *Rép.* v° *Privilèges et hypothèques*, n° 1211). — Le mineur émancipé ne pourrait constituer une hypothèque sans l'autorisation du conseil de famille et l'homologation du tribunal, même pour la garantie des obligations qu'il a le pouvoir de contracter seul ou avec la seule assistance de son curateur (V. *suprà*, n° 708).

738. — 5° *Transactions* (c. civ. art. 484 et 467; *Rép.* n° 838). — Bien que la transaction soit comprise dans les actes que le mineur émancipé ne peut faire qu'en remplissant les formalités prescrites pour le mineur en tutelle, on admet cependant généralement que le mineur émancipé a le pouvoir de transiger et même de compromettre sur les contestations relatives aux actes de pure administration et aux objets dont il a la libre disposition, tels que ses revenus (V. *Rép.* n° 805; Demolombe, t. 8, n° 282; Troplong, *Des transactions*, n° 45; Aubry et Rau, t. 1, § 132, p. 149, note 4; Baudry-Lacantinerie, t. 1, n° 1142; Huc, t. 3, n° 484). Mais le mineur émancipé par le mariage ne pourrait pas, avec la seule assistance de son curateur, transiger sur ses meubles incorporels, bien que l'assistance du curateur lui suffise pour en disposer. La loi, en effet, a soumis la transaction à d'autres formalités que l'aliénation (V. en ce sens, Troplong, *Des transactions*, n° 46).

739. — 6° *Acceptations ou répudiations de successions* (c. civ. art. 484 et 461; *Rép.* n° 839). — Il a été jugé que le mineur émancipé ne peut, sans l'autorisation du conseil de famille, accepter une succession (Douai, 30 mai 1856, aff. Bouret-Barde, D. P. 57. 2. 10).

Le mineur émancipé peut-il, sans l'assistance de son curateur, se mettre en possession des capitaux dépendant d'une succession qui lui est échue? L'affirmative, admise au *Rép.* n° 840, est enseignée par M. Laurent, t. 5, n° 231. Il en serait autrement toutefois si le mineur avait à donner décharge de ses capitaux à ses cohéritiers ou à un dépositaire; l'assistance du curateur deviendrait alors nécessaire (c. civ. art. 482).

740. — 7° *Acquiescement aux actions immobilières* (c. civ. art. 484 et 464; *Rép.* n° 841. — Suivant quelques auteurs, l'assistance du curateur suffirait au mineur émancipé pour acquiescer à une action immobilière; l'art. 462 c. civ. n'exige, en effet, que cette assistance pour l'introduction d'une telle action (Laurent, t. 5, n° 227; Huc, t. 3, n° 486). Mais la plupart des commentateurs, considérant que l'acquiescement est un abandon du droit, estiment que le mineur émancipé ne peut le consentir valablement qu'avec l'autorisation du conseil de famille (Duranton, t. 3, n° 690; Demante, t. 1, n° 253 *bis*, II; Aubry et Rau, t. 1, § 135, p. 557. V. *suprà*, n° 393).

741. — 8° *Cautionnements* (*Rép.* n° 843). — L'incapacité de se porter caution résulte pour le mineur émancipé tant de la défense d'emprunter que de celle d'aliéner ses immeubles. Il aurait donc besoin, pour contracter un cautionnement valable, de l'autorisation du conseil de famille et de l'homologation du tribunal (Laurent, t. 5, n° 232. V. aussi Bourges, 13 août 1838, *Rép.* n° 835-3°; Paris, 25 juill. 1843, *Rép.* n° 835-4°; Req. 4 févr. 1868, aff. Bellet, D. P. 68. 1. 393, et *suprà*, n° 717. V. toutefois Poitiers, 18 juill. 1866, sous l'arrêt précité du 4 févr. 1868).

ART. 4. — *Des actes qui sont interdits au mineur émancipé* (*Rép.* n° 844).

742. Le mineur émancipé ne peut disposer de ses biens à titre gratuit (c. civ. art. 903 et 904). Il y a exception cependant pour les présents autorisés par l'usage, pour les donations par contrat de mariage, et pour le testament, lorsque le mineur a atteint l'âge de seize ans (V. *suprà*, v° *Dispositions entre vifs et testamentaires*, n°s 93 et suiv.).

743. Le mineur émancipé est incapable de compromettre, sauf sur les droits dont il a la libre disposition (*Rép.* n° 844. V. aussi *suprà*, v° *Arbitrage*, n° 26; *Rép.* eod. v°, n°s 224 et suiv.). M. Laurent, t. 5, n° 237, soutient même que tout compromis est interdit au mineur émancipé d'une manière absolue. Il invoque l'art. 1004 c. proc. civ., qui défend de compromettre sur aucune des contestations sujettes à communication au ministère public. Mais, bien que l'art. 83 c. proc. civ. prescrive de communiquer au ministère public les causes des mineurs, il est inadmissible que le mineur émancipé, qui peut librement disposer de ses revenus, ne puisse pas soumettre à un arbitrage les contestations qui ne portent que sur ces mêmes revenus. Toutefois, ce mineur ne pourrait pas compromettre sur ses capitaux ni sur ses meubles incorporels (V. *suprà*, n° 738).

SECT. 4. — DE LA RÉDUCTION DES OBLIGATIONS CONTRACTÉES PAR LE MINEUR ÉMANCIPÉ EN CAS D'EXCÈS, ET DE LA RÉVOCATION DE L'ÉMANCIPATION (*Rép.* n°s 845 à 856).

744. L'art. 484, § 2, c. civ. décide que les obligations contractées par voie d'achats ou autrement par le mineur émancipé, seront réductibles en cas d'excès (*Rép.* n° 845). Le mineur ne peut faire seul que les actes de pure administration; il ne peut faire avec la seule assistance de son curateur que les actes énumérés par l'art. 482; les actes de disposition lui sont interdits sans l'autorisation du conseil de famille et, s'il y a lieu, l'homologation du tribunal; l'action en réduction s'applique-t-elle à tous les actes d'administration? D'autre part, cette action est-elle applicable aux obligations qui ont pour cause un acte excédant la capacité du mineur émancipé, s'il a fait sans l'assistance de son curateur l'un des actes énumérés par l'art. 482, ou s'il a fait, assisté ou non, mais sans autorisation du conseil de famille, un acte pour lequel cette autorisation était nécessaire?

Il faut reconnaître d'abord que l'action en réduction n'est pas applicable aux choses dont le mineur émancipé a la libre disposition, aux actes qui ne le constituent pas en dépense. Ainsi, il n'y a pas lieu à réduction, si le mineur émancipé a loué ses biens pour un loyer qui ne représente pas la valeur de la jouissance, s'il a vendu ses récoltes à bas prix, s'il a vendu ses meubles corporels au-dessous de leur valeur, sauf la controverse que nous avons signalée sur ce dernier point (V. en ce sens: Aubry et Rau, t. 1, § 132, p. 548 et suiv.; Laurent, t. 5, n° 222; Baudry-Lacantinerie, t. 1, n° 1146. V. *suprà*, n° 698). L'action en réduction n'est applicable qu'aux engagements pris par le mineur émancipé par *promesse* ou par *obligation*, c'est-à-dire aux dépenses qu'il fait en traitant à crédit. Ces dépenses ont lieu surtout par voie d'*achat*; l'art. 484 ajoute *ou autrement*, parce que le mineur a encore d'autres dépenses à faire et qui peuvent être excessives: ainsi la location d'un appartement pour se loger; ainsi, des constructions sur un immeuble qui lui appartient (Laurent, *loc. cit.*; Huc, t. 3, n° 493). Mais, d'après la doctrine communément enseignée, les seuls achats, les seuls engagements réductibles en cas d'excès, sont ceux qui ont le caractère de simples actes d'administration; ainsi, les achats de meubles et même, d'après certains auteurs, les acquisitions d'immeubles que le mineur paye sur ses revenus. Quant aux engagements résultant des actes excédant la capacité du mineur émancipé, c'est-à-dire des actes énumérés par l'art. 482, quand ils ont été faits sans l'assistance du curateur, ou des actes qui doivent être autorisés par le conseil de famille, quand ils ont été faits sans autorisation, ces engagements ne sont pas réductibles, ils sont absolument nuls (Demolombe, t. 8, n°s 270, 318, 333 et suiv.; Larombière, *Théorie et pratique des obligations*, art 1305, n° 6; Troplong, *Traité de la vente*, t. 1, n° 167. V. aussi Toulouse, 14 déc. 1809,

Rép. n° 809; Paris, 15 févr. 1838; 25 juill. 1843, *Rép.* n° 835). Cependant la cour de cassation s'est prononcée pour une application plus large de l'art. 484 c. civ. Elle a jugé: 1° que le droit accordé au mineur émancipé par l'art. 484 c. civ., de faire réduire, en cas d'excès, les obligations par lui contractées, s'applique à toute obligation souscrite par ce mineur et non pas seulement à celles qui rentreraient dans les limites d'une simple administration; que, notamment, la clause par laquelle un mineur émancipé, en achetant un immeuble conjointement avec d'autres individus, s'est soumis à la solidarité pour le payement du prix peut être déclarée excessive, alors même que l'acquisition est maintenue (Req. 29 juin 1857, aff. Labarthe de Molard, D. P. 58. 1. 33); — 2° Que l'achat d'un fonds de commerce fait par une femme mineure émancipée avec le seul concours et l'assistance de son mari et curateur, qui s'oblige solidairement avec elle, n'est pas nul, mais seulement réductible en cas d'excès; que, par suite, il y a lieu de valider cet achat, s'il a pour objet de procurer aux époux un instrument de travail approprié à leur condition, s'il doit leur être profitable et n'a rien d'excessif (Req. 21 août 1882, aff. Veuve Bernier, D. P. 83. 1. 339). Cette jurisprudence a été critiquée. On a dit que l'art. 484, § 2, ne peut avoir toute la portée que lui attribue la chambre des requêtes dans les arrêts qui précèdent; qu'autrement il rendrait inutiles les dispositions des art. 481 et suiv. qui exigent, pour la validité de tous les actes excédant les limites de la simple administration, l'assistance du curateur ou d'autres formalités. Les seules obligations qui, contractées valablement par le mineur émancipé, sont susceptibles d'être réduites par application de l'art. 484, § 2, ce sont les obligations qui, restreintes dans de justes limites, ne constitueraient que des actes d'administration et dont le seul tort est d'être excessives. On comprend toutefois que la jurisprudence se refuse à déclarer absolument nuls des actes passés par le mineur seul, peut-être en dehors des limites de sa capacité, mais alors qu'il suffit de réduire dans une certaine mesure les engagements du mineur pour rendre ces actes utiles et avantageux.

745. Il appartient aux tribunaux d'apprécier s'il y a excès dans les obligations contractées par le mineur. Sur quelle base feront-ils cette appréciation? « Ils prendront en considération, dit M. Baudry-Lacantinerie, t. 1, n° 1146, d'abord la fortune du mineur, car tout est essentiellement relatif en ces matières; telle dépense qui est modérée pour un homme riche sera souvent excessive pour celui dont les ressources sont modiques. Les juges devront faire entrer aussi en ligne de compte l'utilité ou l'inutilité des dépenses. Enfin ils auront égard à la bonne ou à la mauvaise foi des personnes qui ont contracté avec le mineur; ils devront donc, toutes choses égales d'ailleurs, traiter un fournisseur de mauvaise foi plus rigoureusement qu'un fournisseur de bonne foi. Le fournisseur sera de mauvaise foi lorsque, connaissant la situation de fortune du mineur, il aura pu facilement juger que la dépense était excessive ».

746. L'action en réduction autorisée par l'art. 484 c. civ. a été introduite en faveur du mineur et peut être exercée par lui, assisté de son curateur. D'après MM. Aubry et Rau, t. 1, § 132, p. 549, elle ne pourrait être intentée ni par le curateur seul, ni par le père, la mère ou le conseil de famille du mineur (V. aussi en ce sens: Laurent, t. 5, n° 241; Baudry-Lacantinerie, t. 1, n° 1147; Huc, t. 3, n° 493). Cependant, l'art. 485 c. civ. disposant que le mineur dont les engagements auront été réduits pourra être privé du bénéfice de l'émancipation, on en a conclu que les personnes auxquelles appartient le droit de révoquer l'émancipation doivent pouvoir préalablement demander la réduction; autrement le droit de révocation reconnu par la loi au père, à la mère ou au conseil de famille, serait à peu près illusoire (V. en ce sens, Demolombe, t. 8, n°s 347 et suiv. Comp. Paris, 19 mai 1838, *Rép.* n° 847). — MM. Aubry et Rau, et après eux M. Laurent, objectent que le droit de révoquer l'émancipation et le droit de demander la réduction des obligations excessives ne sont pas deux droits connexes dont l'un soit le préliminaire de l'autre; qu'ils sont, au contraire, indépendants l'un de l'autre, puisque, alors même que les engagements du mineur auraient été réduits, l'émancipation peut ne pas être retirée. Mais ces deux droits ne sont pas absolument indépendants, car, d'après l'opinion généralement admise, la révocation n'est possible qu'après la réduction des engagements du mineur ou au moins qu'à la condition que ces engagements ont été jugés excessifs. Nous croyons donc qu'il y a lieu d'admettre ici une dérogation à la règle que les actions du mineur émancipé ne peuvent être exercées que par lui (Comp. *suprà*, v° *Interdiction-conseil judiciaire*, n° 272).

747. L'émancipation pourrait-elle être retirée au mineur en dehors du cas où ses engagements auraient été réduits? La négative, que nous avons adoptée au *Rép.* n° 846, semble prévaloir (V. en ce sens: Trib. civ. Toulouse, 15 nov. 1882 (1); Aubry et Rau, t. 1, § 135, p. 557; Laurent, t. 5, n° 239; Baudry-Lacantinerie, t. 1, n° 1148; Huc, t. 3, n° 497). On admet cependant que la révocation de l'émancipation pourrait avoir lieu alors même que le tribunal aurait refusé de réduire les engagements du mineur, à raison de la bonne foi des tiers, si d'ailleurs il les avait déclarés excessifs (Aubry et Rau, *loc. cit.* et note 1; Huc, *loc. cit.* — *Contrà*: Laurent et Baudry-Lacantinerie, *loc. cit.*). Ces derniers auteurs oublient que le mineur émancipé perdrait le bénéfice de l'action en réduction s'il avait usé de dol vis-à-vis des

(1) (Le Corre C. Pinaud.) — LE TRIBUNAL; — Attendu, en point de fait, que des actes et documents du procès il résulte: — 1° Que, le 9 juin dernier, la dame veuve Le Corre, épouse en secondes noces du sieur Pinaud, a régulièrement émancipé la demoiselle Maria Le Corre, sa fille du premier lit, âgée de dix-neuf ans, dont la tutelle lui avait été conservée lors de son second mariage; — 2° Qu'après cette émancipation, et avant d'avoir rendu leurs comptes de tutelle, les époux Pinaud avaient librement et spontanément remis aux mains de la mineure émancipée une partie importante des valeurs qui lui appartenaient du chef de son père; — 3° Que, le 15 août dernier, Maria Le Corre a quitté le domicile des époux Pinaud pour se loger dans un hôtel meublé de la rue Lafayette, et que, dans les premiers jours de septembre, elle a fait, en compagnie d'un jeune homme qui depuis longtemps la recherche en mariage, le voyage de Saint-Sauveur, pour y conférer, dit-elle, avec son curateur qui se trouvait alors dans cette station thermale; — 4° Que, le 7 octobre suivant, la dame Pinaud a révoqué dans les formes de droit le bénéfice de l'émancipation qu'elle avait conférée à sa fille le 9 juin précédent, sur le fondement que cette dernière avait abandonné le domicile paternel et s'était livrée à des écarts de conduite répréhensibles; — Attendu que c'est dans cet état des faits que la demoiselle Maria Le Corre a introduit devant le tribunal l'instance actuelle, laquelle a pour but de faire annuler l'acte de révocation du 7 octobre dernier et la délibération du conseil de famille qui l'a suivie; — Attendu, en droit, que les effets de l'émancipation sont relatifs à la personne et aux biens; que le principal de ces effets, en ce qui touche la personne, consiste dans la liberté qu'acquiert le mineur émancipé de quitter la maison paternelle et d'aller, venir et demeurer partout où bon lui semble; que, quant aux biens, la matière est strictement régie par les art. 481 et suiv. c. civ.; — Attendu qu'il s'induit des principes généraux en cette matière que l'acte d'émancipation est un acte irrévocable, sauf l'exception prévue et formulée dans l'art. 485 c. civ.; que, si la jurisprudence a étendu les dispositions de cet article aux *engagements* du mineur émancipé qui, sans avoir été *réduits*, ont été, néanmoins, déclarés *excessifs*, elle s'est parfaitement conformée à l'esprit de la loi qui a voulu protéger le mineur émancipé contre ses folles dépenses, comme elle protégera plus tard le majeur contre ses prodigalités; — Attendu qu'il n'est pas prouvé, qu'il n'est même pas allégué dans l'espèce, que, depuis son émancipation, Maria Le Corre ait contracté des *engagements* qui auraient été *réduits* ou déclarés *excessifs*, ou qui même par leur nature paraîtraient susceptibles de *réduction*. — Attendu qu'aucune disposition de loi n'autorise le retrait d'une émancipation acquise, pour des motifs se rattachant exclusivement à la conduite morale du mineur émancipé; que la thèse contraire, créée, peut-on dire, mais soutenue avec une certaine hésitation par un de nos grands jurisconsultes modernes, n'est juridique à aucun point de vue; — Attendu, au surplus, que la théorie de M. Demolombe, fût-elle juridique, serait sans application dans l'espèce; car il n'est relevé à la charge de Maria Le Corre aucun de ces faits de débauche ou de scandale public qui servent de fondement à l'argumentation de l'éminent professeur; — Attendu qu'il s'induit de ces précisions de fait et de droit que l'action de la demoiselle Le Corre est fondée, et qu'il y a lieu de dire droit à sa demande;

Par ces motifs;

Jugeant en matière ordinaire et en premier ressort, déclare nul et de nul effet l'acte de révocation d'émancipation en date du 7 octobre dernier, etc.

Du 15 nov. 1882.-Trib. civ. de Toulouse.-MM. Bonzom, pr.-Baurens, subst., c. contr.-MM. Dufaud et Albert, av.

tiers (c. civ. art. 1310); leur opinion conduirait à cette solution inacceptable que l'émancipation ne pourrait pas être retirée au mineur par cela seul qu'il se serait rendu coupable de dol.

748. Le mineur a-t-il un recours contre l'acte qui lui a retiré l'émancipation? On s'est prononcé au *Rép.*, n° 853, en faveur du recours. Cependant M. Laurent, t. 5, n° 242, propose une distinction qui nous paraît rationnelle. Si la révocation est l'œuvre du père, le mineur ne pourra pas, par voie d'action directe, faire annuler la révocation, parce que l'enfant n'a pas d'action contre son père, à raison de l'exercice de la puissance paternelle. Néanmoins, la révocation peut être nulle en la forme si le père n'a pas observé les formalités prescrites par la loi; elle peut être illégale, si elle a été faite sans que les engagements du mineur aient été réduits ou du moins déclarés réductibles. Le mineur pourrait, en pareil cas, continuer d'agir comme un mineur émancipé, et si la révocation de l'émancipation lui était opposée, il opposerait à son tour, par voie d'exception, la nullité ou l'illégalité de la révocation. Au contraire, si la révocation a été prononcée par le conseil de famille, le mineur pourra toujours se pourvoir, par voie d'action directe, pour faire déclarer la révocation nulle, soit parce que ses engagements n'auraient pas été préalablement réduits, soit parce que les formes légales n'auraient pas été observées; en effet, les délibérations des conseils de famille sont susceptibles d'être attaquées en la forme et au fond. Cependant si, en fait, les engagements du mineur avaient été réduits ou du moins déclarés réductibles, la délibération du conseil de famille serait inattaquable au fond, car elle constituerait l'exercice d'un droit absolu que les tribunaux n'ont pas le droit de contrôler.

749. Dès le jour où l'émancipation aura été révoquée, le mineur, dit l'art. 486, rentrera en tutelle (V. *Rép.*, n°s 851 et suiv.). Mais le mineur ne retombe pas nécessairement sous l'autorité du tuteur qu'il avait avant l'émancipation; c'est une nouvelle tutelle qui s'ouvre et qui doit être déférée, conformément à la loi, soit au tuteur légal, soit à un tuteur datif (Huc. t. 3, n° 499). — Si le mineur n'a pas encore atteint l'âge de dix-huit ans, l'usufruit légal revit au profit du père ou de la mère (*Rép.*, n° 854; Huc, *loc. cit.*).

750. En ce qui concerne les conditions dans lesquelles le bénéfice de l'émancipation peut être retiré au mineur autorisé à faire le commerce, V. *Rép.*, n° 856 et *suprà*, v° *Commerçant*, n°s 66 et suiv.

Table sommaire

des matières contenues dans le Supplément et le Répertoire.

(Les chiffres précédés de la lettre *S* renvoient au Supplément; les chiffres précédés de la lettre *R* renvoient au Répertoire.)

Table des articles du code civil.

Table chronologique des Lois, Arrêts, etc.

MINUTE. — V., outre les mots auxquels renvoie le *Répertoire : suprà*, vº *Jugement*, nºs 130 et suiv.; 316 et suiv.; *infrà*, vº *Obligations*; — *Rép.* vis *Notaire*, nºs 247, 289, 324 et suiv., 467, 481, 531, 584 et suiv.; 600 et suiv.; *Obligations*, nºs 3673 et suiv., et 4266 et suiv.

MIQUELON (ILE DE). — V. *Organisation des colonies;* — *Rép.*, eod. vº, nºs 781 et suiv., 792 et suiv., 801.

MISE AU SECRET. — V. *Procédure criminelle;* — *Rép.* vº *Instruction criminelle*, nºs 632 et suiv., 797.

MISE EN DÉLIBÉRÉ. — V. *Instruction par écrit et délibéré*, passim; — *Rép.* eod. vº; — *Jugement*, nºs 25, 98, 122 et suiv.; *Jugement par défaut*, nº 216; — *Rép.* vis *Instruction par écrit et délibéré*, passim; *Jugement*, nºs 204 et suiv.

MISE EN DEMEURE. — V. outre les mots indiqués au *Rép. : infrà*, vº *Obligations*; — *Rép.* eod. vº, nºs 665 et suiv., 692 et suiv., 717 et suiv., 751 et suiv., 1409 et suiv., 1556, 1615, 2054, 2832 et suiv.

MISE EN JUGEMENT DES FONCTIONNAIRES PUBLICS.

Division.

Sect. 1re. — Historique et législation (*Rép.* nºs 2 à 18).

1. Un décret du 19 sept. 1870 (D. P. 70. 4. 91) a abrogé l'art. 75 de la constitution de l'an 8 qui soumettait, comme on l'a vu au *Rép.* nº 13, à l'approbation préalable du conseil d'Etat les poursuites exercées contre les agents du Gouvernement pour des faits relatifs à leurs fonctions. Le même décret abroge également toutes autres dispositions des lois générales ou spéciales ayant pour objet d'entraver les poursuites dirigées contre des fonctionnaires publics de tout ordre. L'art. 2 de ce décret portait qu'il serait ultérieurement statué sur les peines civiles qu'il pouvait y avoir lieu d'édicter, dans l'intérêt public, contre les particuliers qui auraient dirigé des poursuites téméraires contre des fonctionnaires. Aucune disposition de ce genre n'a été édictée.

2. On a exposé *suprà* (vº *Compétence administrative*, nºs 64 et suiv.) que, d'après la jurisprudence du tribunal des conflits, aujourd'hui acceptée par la cour de cassation, l'abrogation de l'art. 75 de la constitution de l'an 8 n'a porté aucune atteinte au principe de la séparation des pouvoirs et a laissé subsister la prohibition faite aux tribunaux judiciaires de connaître des actes administratifs de quelque espèce qu'ils soient.

3. L'abrogation prononcée par le décret du 19 sept. 1870 de toutes les dispositions des lois générales ou spéciales ayant pour objet d'entraver les poursuites dirigées contre des fonctionnaires publics de tout ordre, laisse également en vigueur les art. 479 et suiv. c. instr. crim. relatifs, comme on l'a vu au *Rép.* nº 15, aux règles de compétence et de procédure qui doivent être suivies pour la poursuite et le jugements des crimes et délits commis par des juges ou des officiers du ministère public, soit hors de leurs fonctions, soit dans l'exercice de ces mêmes fonctions. Elle laisse aussi subsister les dispositions de l'art. 10 de la loi du 20 avr. 1810 (V. *infrà*, nº 17).

4. On a indiqué au *Rép.* nº 17 les principes qui, sous les chartes de 1814 et de 1830 et sous la constitution de 1848 réglaient la responsabilité des ministres et des agents ou dépositaires de l'autorité publique. Aux termes de l'art. 12 de la loi du 16 juill. 1875 (D. P. 75. 4. 114), en toute matière criminelle, le président de la République ne peut être mis en accusation que par la Chambre des députés et jugé que par le Sénat. Les ministres, d'après le même article, peuvent être mis en accusation par la Chambre des députés pour crimes commis dans l'exercice de leurs fonctions, et, dans ce cas, ils sont jugés par le Sénat. En dehors de ces cas exceptionnels, ils sont justiciables des tribunaux ordinaires et ne sont protégés par aucune immunité.

5. L'art. 14 de la loi du 16 juill. 1875 porte qu'aucun membre de l'une et de l'autre Chambre ne peut être poursuivi ou arrêté, en matière criminelle ou correctionnelle, qu'avec l'autorisation préalable de la Chambre dont il fait partie, sauf le cas de flagrant délit.

6. Suivant l'ordre adopté au *Rép.* nº 18, nous examinerons successivement les règles relatives à la mise en jugement des fonctionnaires de l'ordre administratif, et celles qui sont applicables aux fonctionnaires de l'ordre judiciaire.

Sect. 2. — Mise en jugement des fonctionnaires administratifs (*Rép.* nºs 19 à 251).

7. La suppression de la garantie constitutionnelle par le décret du 19 sept. 1870 nous dispense d'examiner les questions relatives à l'application de cette garantie qui ont été traitées au *Répertoire*. Il a été décidé que les agents du Gouvernement pouvaient être poursuivis sans l'autorisation préalable du conseil d'Etat, même à raison de faits antérieurs à la promulgation du décret précité; il n'importe que l'action ait été intentée avant le décret et même qu'il soit intervenu un jugement en premier ressort qui l'ait déclarée, quant à présent, non recevable pour défaut d'autorisation (Civ. cass. 22 avr. 1874, aff. Flamont, D. P. 75. 1. 434). En effet, la garantie créée par l'art. 75 de la constitution de l'an 8 avait été établie, non dans l'intérêt personnel des fonctionnaires publics, mais dans l'intérêt de l'Administration, afin de protéger son action contre des procès vexatoires qui auraient pu l'entraver; elle a donc pu être supprimée sans que les fonctionnaires soient fondés à se prévaloir d'aucun droit acquis, même pour leurs actes antérieurs au décret qui en a prononcé l'abrogation.

Art. 1er. — *Personnes à l'égard desquelles l'autorisation est nécessaire* (*Rép.* nºs 33 à 132).

8. Aux termes de l'art. 61 de la loi du 14 déc. 1789, toute dénonciation portée contre les officiers municipaux pour délits d'administration devait, avant toute délation aux tribunaux, être préalablement soumise à l'administration ou au directoire du département qui, après avoir pris l'avis de l'administration de district ou de son directoire, devait renvoyer, s'il y avait lieu, la dénonciation devant les juges appelés à en connaître. Cette disposition a été formellement abrogée par le paragraphe 2 de l'art. 1 du décret du 19 sept. 1870 (V. *suprà*, nº 1); l'autorisation préalable du préfet n'est donc pas nécessaire pour qu'un officier municipal (spécialement, un conseiller municipal) puisse être poursuivi en police correctionnelle à raison d'un délit d'administration (Crim. rej. 20 juin 1873, aff. Petit, D. P. 73. 1. 390). De même, sous l'empire du décret du 19 sept. 1870, qui a abrogé toutes les dispositions ayant pour objet d'entraver les poursuites contre les fonctionnaires publics de tout ordre, le fait d'un maire d'avoir, par une intervention abusive, causé un scandale public dans une église au moment de l'office, peut être déféré au tribunal correctionnel sans déclaration préalable d'abus par le conseil d'Etat (Trib. corr. de Chambéry, 8 juin 1872, aff. Riguet, D. P. 72. 3. 84).

9. En ce qui concerne les ministres du culte, on a étudié *suprà*, v° *Culte*, n° 192, la question de savoir si la déclaration d'abus constituait un préalable nécessaire aux poursuites judiciaires exercées contre eux.

ART. 2. — *Autorité compétente pour accorder ou refuser l'autorisation* (*Rép.* n°s 133 à 144).

10. Les dispositions spéciales qui, ainsi qu'on l'a vu au *Rép.* n°s 135 et suiv., subordonnaient la mise en jugement des agents de certaines administrations publiques à l'autorisation préalable des chefs de ces administrations ont été abrogées par le paragraphe 2 de l'art. 1 du décret du 19 sept. 1870.

11. La législation coloniale exigeait, ainsi que nous l'avons dit *Rép.* n° 143, l'autorisation du gouverneur pour les poursuites à exercer contre les fonctionnaires (V. *Rép.* v° *Organisation des colonies*, p. 1027, 1031, 1044, 1099, 1102, 1112 et D. P. 75. 4. 57). Cette législation spéciale a été abrogée par le décret du 2 déc. 1880 (D. P. 82. 4. 13) pour les colonies de la Martinique, de la Guadeloupe et de la Réunion, et par le décret du 10 déc. 1880 (D. P. 82. 4. 13), pour la Guyane, les établissements français de l'Inde, du Sénégal, de Saint-Pierre et Miquelon et de la Nouvelle-Calédonie.

12. Depuis l'abrogation, par ce dernier décret, de l'art. 47 de l'ordonnance du 7 sept. 1840, les agents du Gouvernement peuvent être poursuivis sans aucune autorisation (Crim. rej. 13 juill. 1889, aff. Genouille, D. P. 90. 1. 330). Le gouverneur de la colonie qui, pour certains crimes limitativement énumérés dans l'art. 59 de l'ordonnance du 7 sept. 1840, ne peut être poursuivi que suivant certaines formes particulières, demeure, pour tous autres faits criminels ou délictueux, notamment pour un fait d'homicide par imprudence, sous l'empire du droit commun, et la poursuite n'est subordonnée à aucune décision préalable (Même arrêt). Toutefois il ne peut, pour quelque cause que ce soit, être actionné ni poursuivi dans la colonie pendant l'exercice de ses fonctions; l'action et la poursuite doivent être portées devant les tribunaux de France, conformément aux lois en vigueur dans la métropole (Même arrêt).

ART. 3. — *Faits à raison desquels l'autorisation est nécessaire* (*Rép.* n°s 145 à 163).

13. V. *Rép.* n°s 145 et suiv.

ART. 4. — *Procédure* (*Rép.* n°s 164 à 184).

14. En ce qui concerne les poursuites dirigées contre les membres des Chambres législatives, l'autorisation de la Chambre à laquelle appartient le membre prévenu d'un délit est la base nécessaire et légale de toute poursuite exercée contre lui en cours d'une session, et tout acte de poursuite fait sans cette autorisation est frappé de nullité. Il en est notamment ainsi de la citation qui saisit la juridiction criminelle ou correctionelle (Crim. rej. 5 août 1882, aff. Drouhet, D. P. 83. 1. 44).

ART. 5. — *Décisions qui peuvent intervenir sur la demande en autorisation* (*Rép.* n°s 185 à 243).

15. V. *Rép.* n°s 185 et suiv.

ART. 6. — *Caractère et étendue de l'autorisation. — Effets de l'ordonnance qui l'accorde ou qui la refuse* (*Rép.* n°s 244 à 251).

16. V. *Rép.* n°s 185 et suiv.

SECT. 3. — MISE EN JUGEMENT DES FONCTIONNAIRES DE L'ORDRE JUDICIAIRE (*Rép.* n°s 252 à 377).

17. Ainsi qu'on l'a dit *suprà*, n° 3, les art. 479 et 483 c. instr. crim. et 10 de la loi du 20 avr. 1810, aux termes desquels les fonctionnaires et dignitaires y désignés, prévenus de délits emportant une peine correctionnelle, ne peuvent être jugés que par la cour d'appel et seulement sur la poursuite du procureur général, n'ont pas été modifiés par le décret du 19 sept. 1870 qui a abrogé l'art. 75 de la constitution de l'an 8 (Crim. rej. 15 sept. 1871, aff. Rolland de Villargue, D. P. 71. 1. 189; 9 févr. 1872, aff. Guignon, D. P. 72. 1. 202; Crim. cass. 19 févr. 1872, aff. Engelhardt, D. P. 73. 1. 286; Besançon, 23 juin 1873, aff. Perrin, D. P. 74. 2. 145; Douai, 21 déc. 1874, aff. Parent, D. P. 76. 2. 88; Crim. cass. 24 déc. 1874, aff. Marcotte de Noyelles, D. P. 75. 1. 442; 17 mars 1881, aff. Saniez, D. P. 81. 1. 281; 4 juill. 1884, aff. Mazas, D. P. 85. 1. 129; Crim. rej. 21 juin 1889, aff. Numa Gilly, D. P. 89. 5. 263. V. conf. Molinier, *De l'abrogation de l'art. 75 de la constitution de l'an 8*, p. 28 et suiv. — *Contrà :* Duvergier, *Collection des lois*, 1870, p. 335). Le rapport de la commission chargée par l'Assemblée nationale de reviser les décrets du gouvernement de la Défense nationale, consacre expressément cette interprétation. « L'abrogation de l'art. 75 et des arrêtés qui n'en étaient en quelque sorte que des dérivés, est-il dit dans ce rapport, n'enlève une protection abusive qu'aux fonctionnaires de l'ordre administratif. Pour les magistrats soumis aux règles du code de procédure civile sur la prise à partie, et à celles du code d'instruction criminelle pour les délits commis par eux, la situation reste la même » (*Journ. off.* 18 avr. 1872, p. 2614). — En ce qui concerne la prise à partie, V. *infrà*, v° *Prise à partie*.

18. Toutefois si, en ce qui concerne la compétence spéciale créée par les art. 479 et 483 c. instr. crim., cette interprétation ne peut être sérieusement critiquée, on s'est demandé si les dispositions de ces articles qui interdisent la poursuite à tout autre qu'au procureur général ne doivent pas être considérées comme une entrave aux poursuites, et si, par conséquent, elles ne sont pas comprises dans l'abrogation consacrée par l'art. 1, § 2, du décret du 19 sept. 1870. On a fait observer que les auteurs de ce décret avaient entendu donner, à l'abrogation qu'ils prononçaient, la plus large portée, et qu'il était difficile de soutenir que l'attribution exclusive au ministère public de l'action contre les fonctionnaires inculpés d'un délit ne constituait pas une entrave aux poursuites (V. observation sous Civ. cass. 17 mars 1881, aff. Saniez, D. P. 81. 1. 281). Mais ces objections n'ont pas prévalu, et la cour de cassation a décidé que, depuis le décret du 19 sept. 1870, comme antérieurement à ce décret, le procureur général a seul le droit de faire citer directement pour délit devant la première chambre de la cour les fonctionnaires désignés dans les art. 479 et 483 c. instr. crim. et l'art. 10 de la loi du 20 avr. 1810 (Arrêt précité du 17 mars 1881 et Crim. cass. 4 juill. 1884, aff. Mazas, D. P. 85. 1. 129).

19. La jurisprudence décide également que la loi du 29 juill. 1881 sur la presse n'a pas modifié les dispositions précitées en ce qui touche les délits de presse commis par des fonctionnaires publics, même envers d'autres fonctionnaires (Arrêts du 4 juill. 1884 et du 21 juin 1889, cités *suprà*, n° 17; Limoges, 4 avr. 1889, aff. Magadoux, D. P. 91. 2. 301). Toutefois, la question a été sérieusement controversée, comme elle l'avait été précédemment sous l'empire de la loi du 8 oct. 1830 qui attribuait déjà au jury la connaissance des délits de presse. Un arrêt de la chambre criminelle du 14 avr. 1831 (*Rép.* v° *Presse-outrage*, n° 1405), rendu conformément aux conclusions de M. le procureur général Dupin, avait décidé que les juges restaient soumis à la juridiction du jury pour les délits de presse ou les délits politiques par eux commis, dans les cas où les simples particuliers y étaient soumis eux-mêmes ; et que, dans ce cas, ils ne pouvaient invoquer le bénéfice des art. 479 à 483. On a soutenu que la même solution devait être adoptée sous l'empire de la loi du 29 juill. 1881 qui consacre la juridiction du jury en matière de délits de presse d'une manière aussi absolue que la loi du 8 oct. 1830, et que le système qui ferait prévaloir les dispositions de l'art. 479 sur celles de la loi de 1881 était difficile à concilier avec les déclarations du rapporteur de cette loi et le commentaire qu'en a donné la circulaire du garde des sceaux du 4 nov. 1881 (D. P. 81. 3. 106, n° 45); on a ajouté qu'en donnant par l'art. 47 à toute partie lésée, sans distinction, le droit de citation directe devant la cour d'assises, le législateur de 1881 a voulu faire une législation toute nouvelle embrassant dans sa réglementation, pour ce qui concerne les délits de presse, toutes les matières régies par les lois antérieures, et dérogeant d'une façon complète au droit commun (V. observation sous l'arrêt précité du 4 juill. 1884, D. P. 85. 1. 129). Mais la cour de cassation a repoussé cette interprétation et décidé que l'abrogation des art. 479 et suiv. c. instr. crim. et de l'art. 10 de la loi du 20 avr. 1810 ne résulte ni du texte de la loi du 29 juill. 1881, ni de la discussion qui a précédé le vote de cette loi; que, d'une part, en effet, ces articles ne figurent pas au nombre de ceux dont l'art. 68 de la loi du 29 juill. 1881 a prononcé l'abrogation, et que, d'autre part, l'art. 47, § 6, de ladite loi a eu uniquement pour effet, en ce qui concerne la poursuite des délits d'injure et de diffamation dont la connaissance était attribuée aux cours d'assises, de donner à la partie civile le droit de citation directe devant cette juridiction, dans les cas et dans les limites où elle pouvait user auparavant de ce droit devant les tribunaux correctionnels (Arrêt précité du 4 juill. 1884).

20. Nous traiterons successivement, suivant l'ordre adopté au *Rép.* n° 255 : 1° des magistrats auxquels s'appliquent directement les dispositions des art. 479 et suiv. c. instr. crim.; 2° des fonctionnaires ou dignitaires auxquels ces dispositions ont été étendues postérieurement, soit par la loi du 20 avr. 1810, soit par le décret du 15 nov. 1811.

Art. 1er. — *Crimes ou délits commis hors l'exercice des fonctions* (*Rép.* nos 256 à 297).

21. — I. Délits ou crimes des juges inférieurs (*Rép.* nos 256 à 290). — La disposition de l'art. 479 c. instr. crim., aux termes de laquelle les juges de paix, membres des tribunaux correctionnels ou de première instance, ou les officiers chargés du ministère public près de l'un de ces tribunaux, ne sont justiciables que de la cour d'appel à raison des délits correctionnels commis hors de leurs fonctions, doit être appliquée aux magistrats *honoraires:* en conséquence, un juge honoraire peut décliner la compétence du tribunal de police correctionnelle devant lequel il a été cité pour délit de diffamation (Trib. corr. de Die, 29 août 1877, aff. Ollivier, D. P. 78. 3. 6).

22. Ainsi qu'on l'a vu au *Rép.* n° 258, les suppléants des juges de paix sont assimilés aux juges de paix eux-mêmes au point de vue de l'application de l'art. 479 c. instr. crim. (Crim. cass., 20 juill. 1876, aff. R..., sol. impl. D. P. 77. 1. 143; Limoges, 4 avr. 1889, aff. Madagoux, sol. impl., D. P. 91. 2. 301) Crim. rej. 10 avr. 1891, aff. Duris, sol. impl., D. P. 91. 1. 398.

23. On a dit au *Rép.* n° 259 que, d'après la jurisprudence, les greffiers, quoique membres des tribunaux, ne jouissent pas de la juridiction privilégiée établie par l'art. 479 c. instr. crim. en faveur des seuls magistrats, mais qu'ils sont justiciables des tribunaux ordinaires de répression, à raison des délits qu'ils commettent hors de l'exercice de leurs fonctions. La jurisprudence est restée fixée en ce sens (Bordeaux, 26 janv. 1849, aff. François, D. P. 50. 2. 21).

24. Conformément à l'opinion adoptée au *Rép.* nos 263 et 265, il a été décidé que l'art. 479 c. instr. crim. n'est applicable ni aux juges de simple police autres que les juges de paix (Poitiers, 24 juin 1853, aff. T..., D. P. 55. 2. 312), ni aux maires et adjoints remplissant les fonctions du ministère public près les tribunaux de simple police (Même arrêt, et Bordeaux, 25 août 1882) (1). Mais il a été jugé, contrairement à cet arrêt et à la jurisprudence rappelée au *Rép.* n° 266, que le commissaire de police qui exerce les fonctions du ministère public près d'un tribunal de simple police ne peut, pour les délits qui lui sont reprochés en dehors de ses fonctions, être traduit que devant la chambre civile de la cour d'appel, conformément à l'art. 479 c. instr. crim., et non devant le tribunal correctionnel (Limoges, 6 juin 1851, aff. G..., D. P. 53. 2. 77).

25. Ainsi qu'on l'a dit au *Rép.* n° 267, la compétence exceptionnelle instituée par l'art. 479 c. instr. crim. ne doit pas être étendue à des contraventions de simple police (Crim. cass. 27 sept. 1851, aff. Rob, D. P. 51. 5. 111).

26. On a vu au *Rép.* n° 268, que, lorsqu'un magistrat, prévenu d'un délit commis en dehors de ses fonctions, a cessé postérieurement ses fonctions, il n'en reste pas moins justiciable de la cour d'appel pour ce délit. Ainsi la compétence spéciale des cours d'appel, édictée par les art. 479 et suiv., s'étend même à des délits imputés à un magistrat qui a été révoqué de ses fonctions avant les poursuites, lorsque ces délits doivent être jugés en même temps que d'autres délits de même nature, commis à la même époque et par les mêmes moyens, et à raison desquels ce magistrat a été poursuivi antérieurement à sa révocation (Rennes, 30 déc. 1850, aff. Le Bobinnec, D. P. 55. 2. 199).

27. Ainsi qu'on l'a exposé au *Rép.* n° 270, il est de règle que, lorsqu'une poursuite est dirigée simultanément contre une des personnes soumises à la juridiction exceptionnelle réglée par les art. 479 et suiv., et contre d'autres personnes coauteurs ou complices du même délit, la procédure est indivisible et doit se suivre à l'égard de tous les inculpés, tant pour l'instruction que pour le jugement, suivant les formes déterminées par ces articles (Crim. rej., 28 juill. 1882, aff. Bugnot, D. P. 83. 1. 42). Mais il ne saurait en être de même lorsque celui dans l'intérêt duquel cette juridiction exceptionnelle a été édictée, a été laissé d'abord en dehors des poursuites et n'a été traduit devant cette juridiction que postérieurement à la condamnation du coauteur (Même arrêt).

28. La dérogation que l'art. 479 c. instr. crim. apporte aux règles générales de la compétence criminelle doit, ainsi qu'on l'a exposé au *Rép.* n° 274, être renfermée dans les limites tracées par cet article, et n'entraîne par conséquent aucune modification des principes généraux sur la compétence *ratione loci*. La cour d'appel du lieu du délit est donc aussi bien compétente que celle du lieu où le magistrat réside et remplit ses fonctions (Crim. cass., 26 juin 1891, aff. Rabaroust, D. P. 92. 1. 74). En effet, dans les deux cas, les avantages que le législateur a attendus de l'élévation du tribunal appelé à prononcer existent au même degré.

29. Ainsi qu'on l'a vu au *Rép.* nos 277 et suiv. le procureur général a seul le droit de faire citer devant la première chambre civile de la cour d'appel, jugeant correctionnellement, les fonctionnaires dénommés dans les art. 479 et 483 c. instr. crim. et l'art. 10 de la loi du 20 avr. 1810, lorsqu'ils ont commis des délits emportant une peine correctionnelle (Paris, 12 nov. 1867, aff. Macquin, D. P. 67. 2. 177; Crim. cass. 19 févr. 1872, aff. Engelhard, D. P. 73. 1. 286; 17 mars 1881, aff. Saniez, D. P. 81. 1. 281). Le droit de citation directe devant la cour étant ainsi expressément réservé au procureur général, il en résulte qu'un particulier n'est pas recevable à citer devant la première chambre civile de la cour jugeant correctionnellement un préfet à qui il impute d'avoir commis à son préjudice un délit de diffamation (Crim. cass. 24 déc. 1874, aff. Parent, D. P. 75. 1. 442)... ni un juge d'un tribunal civil auquel il impute d'avoir commis à son préjudice un délit de chasse (Douai, 21 déc. 1874, aff. Marcotte de Noyelle, D. P. 76. 2. 88). L'administration des Forêts serait également non recevable à citer directement, devant la première chambre civile de la cour d'appel, un officier de police judiciaire qui aurait commis un délit forestier (Montpellier, 12 nov. 1872, aff. Fabre, D. P. 72. 5. 252). — Cette règle étant d'ordre public, la nullité qui

(1) (Fajol.) — La cour; — Attendu que l'art. 479 c. instr. crim. ne comprend pas dans son énumération les officiers chargés du ministère public près les juges de simple police; — Attendu que cette omission est d'autant plus significative qu'elle ne se reproduit pas dans l'art. 483 du même code; qu'il faut conclure de cette différence de rédaction que, si le législateur a voulu soumettre ces magistrats à une juridiction spéciale pour les délits commis dans l'exercice de leurs fonctions, il a voulu, pour les délits commis hors de ces fonctions, les laisser sous l'empire du droit commun; — Attendu qu'il n'est pas prétendu que les faits reprochés à Fajol aient été commis dans l'exercice de ses fonctions d'officier du ministère public près le juge de police de Villefranche; que, par conséquent, le tribunal correctionnel de Sarlat était compétent pour connaître de ces faits;

Par ces motifs;

Accueillant l'appel du ministère public; — Réforme, etc.

Du 25 août 1882.-C. de Bordeaux, ch. corr.-MM. le cons. Boreau-Lajanadie, pr.-Labroquère, av. gén.

résulte de ce que la cour d'appel aurait été saisie par la partie civile n'est pas couverte par le silence du prévenu et peut être proposée pour la première fois devant la cour de cassation (Crim. cass. 19 févr. 1872, aff. Engelhard, D. P. 73. 1. 286).

30. Mais s'il appartient exclusivement au procureur général de citer directement devant la cour les fonctionnaires dénommés dans les articles précités, la partie civile a, comme on l'a dit au *Rép.* n° 280, le droit d'intervenir dans l'instance (Orléans, 28 juin 1872, aff. Engelhard, D. P. 73. 1. 290. V. conf. Merville, *Revue pratique*, t. 9, p. 282). En outre, l'action civile résultant des délits commis par les fonctionnaires dont il s'agit, soit hors de l'exercice soit dans l'exercice de leurs fonctions, peut être porté directement devant le tribunal civil (Besançon, 13 déc. 1854, aff. Delphis, D. P. 67. 2. 177, note; Crim. cass. 16 déc. 1867, aff. Sirot, D. P. 68. 1. 5; Nancy, 21 déc. 1872, aff. Noiriel, D. P. 73. 2. 7; Crim. cass. 15 déc. 1874, aff. Verlaguet, D. P. 76. 1. 289. V. toutefois, en sens contraire, Paris, 31 janv. 1860, aff. Delalain, D. P. 67. 2. 177, note; 12 nov. 1867, aff. Macquin, D. P. 67. 2. 177).

31. Si le droit de citer devant la cour d'appel les magistrats et fonctionnaires dont il vient être question est exclusivement réservé au procureur général, il n'en est pas de même lorsque, après cassation, sur le pourvoi de la partie civile, d'un arrêt qui a renvoyé des poursuites le magistrat inculpé, l'affaire est renvoyée devant une autre cour, pour statuer sur les intérêts civils. En pareil cas, la cour de renvoi est saisie par l'arrêt de cassation, et la partie civile peut citer directement le magistrat inculpé devant cette cour (Angers, 27 févr. 1884) (1). En effet, la citation ne peut être donnée à la requête du procureur général qui ne s'est pas pourvu contre l'arrêt d'acquittement, puisque l'action publique se trouve éteinte; et si, dans ces conditions, la citation ne pouvait être donnée par la partie civile, l'arrêt de renvoi demeurerait sans exécution.

32. On a exposé au *Rép.* n° 287 que, dans le cas où un des magistrats énumérés dans l'art. 479 c. instr. crim. est accusé d'un crime emportant peine afflictive ou infamante, le procureur général près la cour d'appel et le premier président de cette cour doivent, aux termes de l'art. 480, désigner le premier le magistrat qui exercera les fonctions d'officier de police judiciaire, le second le magistrat qui exercera les fonctions de juge d'instruction. Mais cette désignation ne déroge, pour la suite de l'information et la solution à intervenir, ni à l'ordre habituel ni aux règles ordinaires des juridictions et de la compétence (Bourges, 4 déc. 1890, aff. Duris, D. P. 91. 4. 398).

33. L'ordonnance par laquelle le premier président d'une cour d'appel désigne le magistrat chargé des fonctions de juge d'instruction dans la procédure requise contre un des magistrats énumérés en l'art. 479 c. instr. crim. n'a pas le caractère d'un jugement et, par suite, n'est pas susceptible de pourvoi en cassation (Crim. rej. 24 août 1876, aff. R..., D. P. 77. 1. 143. V. conf. Faustin Hélie, *Traité de l'instruction criminelle*, 5e éd., t. 8, n° 3892).

34. L'arrêt de la chambre d'accusation qui renvoie devant la cour d'assises un notaire démissionnaire accusé d'abus de confiance commis dans l'exercice de sa profession et à une époque où il était suppléant de juge de paix, est entachée de nullité, si les magistrats qui ont exercé dans cette poursuite les fonctions d'officier de police judiciaire et de juge d'instruction n'étaient pas pourvus des délégations exigées par l'art. 480 c. instr. crim. (Crim. cass. 20 juill. 1876, aff. R..., D. P. 77. 1. 143). Mais un suppléant de juge de paix qui ne s'est pas pourvu contre l'arrêt de la chambre des mises en accusation prononçant son renvoi devant la cour d'assises est non recevable, après sa condamnation, à se prévaloir des nullités résultant de ce que le juge d'instruction a procédé aux premiers actes de l'information sans délégation du premier président ni du procureur général, et de ce qu'après cette délégation le substitut aurait signé le réquisitoire définitif, alors que le procureur de la République avait été seul désigné pour exercer les fonctions d'officier de police judiciaire (Crim. cass. 17 août 1876, aff. G..., D. P. 77. 1. 48). Il a été jugé, dans le même sens, que la nullité de l'arrestation d'un juge d'instruction opérée en vertu d'un mandat décerné par le juge d'instruction sans délégation préexistante du premier président est couverte par le défaut de demande en nullité contre l'arrêt de mise en accusation (Crim. rej. 24 sept. 1852, aff. Bellière, D. P. 52. 6. 322. V. conf. Nouguier, *Cour d'assises*, n° 4056).

35. — II. DÉLITS OU CRIMES DES MEMBRES DES COURS D'APPEL (*Rép.* nos 291 à 297). — On a rapporté au *Rép.* n° 291, les dispositions des art. 481 et 482 c. instr. crim. et des art. 10 et 18, loi du 20 avr. 1810, relatifs aux crimes et délits commis par les membres des cours d'appel. Suivant l'interprétation qui nous a paru devoir être préférée (*Rép.* n° 292), les art. 10 et 18 de la loi du 20 avr. 1810 n'ont point eu pour effet d'abroger les articles précités du code d'instruction criminelle. Les copies des dénonciations ou plaintes dirigées contre les membres des cours d'appel doivent donc toujours être transmises à la cour de cassation; mais la cour de cassation doit, en conformité des articles précités de la loi de 1810, désigner soit la cour d'appel d'un autre ressort que celui auquel appartient l'inculpé, soit la cour d'assises du lieu où siège une autre cour d'appel, suivant qu'il s'agit d'un simple délit ou d'un crime emportant peine afflictive ou infamante.

36. Les art. 479 et suiv. c. instr. crim., et spécialement l'art. 482, avaient pour but d'assurer aux magistrats une garantie équivalente à celle qu'assurait aux fonctionnaires de l'ordre administratif l'art. 75 de la constitution de l'an 8 (Faustin Hélie, *Instruction criminelle*, t. 6, n° 2805; D. P. 71. 1. 189, note). Toutefois le décret du 19 sept. 1870, qui a abrogé ce dernier article, a laissé subsister, ainsi qu'on l'a dit *suprà*, n° 17, les dispositions précitées du code d'instruction criminelle. La loi du 31 août 1883 sur la réforme de la magistrature, qui a organisé un système nouveau en matière disciplinaire, n'a également apporté aucune innovation en ce qui concerne la poursuite et la répression des crimes et délits commis par les magistrats, soit en dehors de leurs fonctions, soit dans l'exercice de ces fonctions. Les art. 481 et 482 c. instr. crim., en particulier, n'ont donc pas cessé d'être en vigueur.

37. Ces articles, qui ont pour but de protéger, non seulement le caractère du magistrat inculpé, mais encore la considération du corps auquel il appartient à un titre quelconque, doivent être appliqués aux magistrats honoraires comme aux magistrats en fonctions (Crim. cass. 11 oct. 1850, *Bull. crim.*, n° 351; Req. 7 juill. 1886, aff. Nadault de Buffon, D. P. 86. 1. 297. Comp. *suprà*, n° 21), Si le magistrat inculpé a des complices, ils doivent être poursuivis dans les mêmes formes (Arrêt précité du 7 juill. 1886. V. *suprà*, n° 27).

38. Aux termes de l'art. 481 c. instr. crim., les copies

(1) (De Lorgeril C. Bouvet et Chauchix.) — LA COUR; — Attendu qu'il est vrai qu'en édictant l'art. 479 c. instr. crim., le législateur a eu pour but de protéger les fonctionnaires énumérés audit article contre les actions et procès téméraires ou vexatoires dont ils pourraient être l'objet, mais que, dans l'espèce, les dispositions de cet article ont été observées et ont reçu leur application, puisque le procès a été lié par citation signifiée à Bouvet et Chauchix, à la requête du procureur général près la cour d'appel de Rennes, pour comparaître devant la première chambre de ladite cour: — Attendu que de Lorgeril, partie civile et Bouvet et Chauchix, défendeurs cités, ont été renvoyés par la cour de cassation devant la cour d'appel d'Angers, en l'état de la procédure, pour ce qui concerne les intérêts civils; que la cour d'Angers est, par conséquent, saisie par l'arrêt de renvoi lui-même, et ce, en exécution de l'art. 427 du susdit code; qu'il n'était donc pas nécessaire que le procureur général d'Angers citât de nouveau les susnommés, alors surtout que l'action publique était éteinte; — Attendu d'ailleurs, en fait, que ce n'est qu'avec son approbation que de Lorgeril a fait citer Bouvet et Chauchix à comparaître devant la cour d'Angers; — Attendu, enfin, que si la citation devant la cour de renvoi ne pouvait être donnée qu'à la requête du procureur général, celui-ci s'en abstenant, eu égard à la prescription de l'action publique, les arrêts de renvoi de la cour suprême demeureraient sans exécution; qu'en effet, d'une part, le débat ne pourrait plus être porté devant la cour qu'elle aurait désignée, et que, d'autre part, les tribunaux ordinaires seraient dans l'impossibilité d'en connaître par voie d'action nouvelle, en présence de l'arrêt de cassation saisissant une juridiction supérieure; — Déclare Bouvet et Chauchix mal fondés dans leur demande en nullité de la citation, etc.

Du 27 févr. 1884.-C. d'Angers.-MM. Forquet de Dorne, 1er pr.-Bernard, av. gén.-Jacquemin et Ch. Perrin, av.

des pièces doivent, comme on l'a dit au *Rép.* n° 294, être envoyées, sans aucun retard de l'instruction, au ministre de la justice par l'officier qui a reçu les dénonciations ou les plaintes contre un magistrat prévenu d'avoir commis un délit en dehors de ses fonctions. C'est donc à tort, en pareil cas, que le procureur de la République requiert et que le juge d'instruction ordonne le renvoi du magistrat inculpé devant le tribunal de police correctionnelle : la seule marche légale consiste à adresser au ministre de la justice une copie des dénonciations, plaintes et informations (Crim. règl. de juges, 13 mai 1886, aff. Nadault de Buffon, D. P. 86. 1. 342). La chambre criminelle de la cour de cassation, appelée à régler de juges en présence d'une ordonnance de renvoi ainsi rendue et d'un jugement d'incompétence ultérieurement intervenu, doit faire ce qui aurait dû être fait dès l'origine, c'est-à-dire envoyer au ministre de la justice les plaintes et informations.

39. On a vu au *Rép.* n° 294 que le ministre de la justice, saisi de la plainte, doit transmettre les pièces à la cour de cassation qui doit elle-même renvoyer l'affaire, s'il y a lieu, soit devant la première chambre d'une cour d'appel autre que celle à laquelle appartient l'inculpé, soit devant la chambre d'accusation de cette cour, soit devant un juge d'instruction du ressort. — La question de savoir à quelle section de la cour de cassation doit être attribuée la connaissance d'affaires de cette nature a été controversée. Un arrêt de la chambre criminelle du 15 sept. 1871 (aff. Rolland de Villargues, D. P. 71. 1. 189) a expressément déclaré que la chambre criminelle était compétente pour statuer, parce que la matière était criminelle, dès qu'il s'agissait de l'imputation d'un fait délictueux commis par un magistrat en dehors de ses fonctions, et que ce n'était pas le cas, en pareille circonstance, d'appliquer les règles spéciales tracées par les art. 483 et suiv., c. instr. crim. concernant la poursuite et l'instruction contre les magistrats pour crimes et délits relatifs à leurs fonctions. Mais cette opinion a été complètement abandonnée, et il est admis aujourd'hui que la chambre des requêtes est seule compétente pour autoriser les poursuites dans le cas prévu par l'art. 482, par suite de la combinaison des art. 479 à 503 c. instr. crim., rapprochés de l'art. 80 de la loi du 27 vent. an 8. Le législateur n'a pas voulu que l'autorisation des poursuites fût accordée par des magistrats appelés à connaître des pourvois qui pourraient être formés contre les décisions à intervenir sur le fond (V. conf. Bernard, *Manuel des pourvois*, t. 1, p. 48; Godard de Saponay, *Manuel de la cour de cassation*, p. 133 et 135; Req. 13 oct. 1842, aff. Cahier, D. P. 86. 1. 297, note 1; 11 oct. 1844, aff. Gennevraye, *ibid.*; 1er déc. 1855, aff. Casenave, *ibid.*; 5 févr. 1872, aff. A..., D. P. 72. 1. 145; 7 juill. 1886, aff. Nadault de Buffon, D. P. 86. 1. 297).

40. La chambre des requêtes procède et statue en pareil cas en la chambre du conseil (Req. 7 juill. 1886, cité *suprà*, n° 37). L'autorisation qu'elle accorde ne constitue aucun préjugé sur les conséquences à tirer des pièces communiquées au point de vue de la culpabilité du magistrat inculpé. Aussi plusieurs arrêts contiennent-ils à cet égard de très expresses réserves (V. notamment arrêt précité du 7 juill. 1886. Comp. Crim. rej. 15 sept. 1871, D. P. 71. 1. 189). En effet, ainsi que le fait observer Merlin (*Répertoire* v° *Juge*, n° 14), « il n'entre pas dans les attributions de la cour de cassation d'apprécier les charges qui peuvent s'élever contre le magistrat inculpé; la cour de cassation n'est investie à cet égard ni des fonctions réservées par le code d'instruction criminelle aux chambres du conseil des tribunaux de première instance, ni des attributions conférées par le même code aux chambres d'accusation des cours d'appels; elle n'est appelée qu'à examiner le caractère des faits et à décider s'ils sont, d'après la loi, de nature à nécessiter des poursuites, à l'effet de les constater, et d'en faire punir les auteurs s'il y a lieu ».

ART. 2. — *Crimes et délits commis dans l'exercice des fonctions* (*Rép.* n°s 298 à 364).

41. On a dit au *Rép.* n° 298, que le code d'instruction criminelle établit des règles différentes suivant que le fait a été commis par un magistrat inférieur pris individuellement, ou qu'il a été commis soit par un tribunal entier, soit individuellement par un ou plusieurs membres d'une cour d'appel.

42. — 1° *Magistrats inférieurs considérés individuellement* (*Rép.* n°s 299 à 331). — Ainsi qu'on l'a vu au *Rép.* n° 300, l'art. 483 c. instr. crim. comprend dans sa disposition un plus grand nombre de fonctionnaires que l'art. 479. Lorsqu'il s'agit de faits commis dans l'exercice des fonctions, on doit étendre l'application des règles tracées par ce dernier article, aux juges de police et à ceux qui remplissent près d'eux les fonctions du ministère public, aux membres des tribunaux de commerce et aux officiers de police judiciaire. L'art. 483 c. instr. crim. s'applique, en conséquence, aux maires, lorsqu'ils exercent la police judiciaire en vertu de l'art. 9 du même code. Ainsi le maire qui intervient dans une rixe, ceint de son écharpe, agit en qualité d'officier de police judiciaire; et par suite, il doit, à raison des délits dont il est prévenu en cette qualité, être cité devant la chambre civile de la cour d'appel (Crim. cass. 1er août 1850, aff. Tisserand, D. P. 50. 5. 236).

43. Suivant quelques arrêts, il en serait de même du maire poursuivi pour délit de chasse commis sur le territoire de sa commune (Nancy, 20 avr. 1857, aff. N..., D. P. 62. 2. 182; Crim. cass. 3 avr. 1862, aff. Garnier, D. P. 62. 1. 387; Metz, 14 avr. 1869 aff. Lerouge, D. P. 70. 2. 182). Mais cette interprétation n'a pas été consacrée par la jurisprudence la plus récente. D'après cette jurisprudence, le délit de chasse commis par un maire ou un adjoint sur le territoire de sa commune, n'est pas pour cela réputé commis dans l'exercice des fonctions d'officier de police judiciaire que la loi attribue à ce fonctionnaire (Limoges, 25 févr. 1862, aff. Bouix, D. P. 62. 2. 182, et sur pourvoi Crim. rej. 8 mai 1862, D. P. 68. 5. 235; Grenoble, 16 nov. 1869, aff. Guimet, D. P. 70. 2. 182; Paris, 27 avr. 1872, aff. Bouvry, D. P. 72. 2. 118; Nancy, 27 janv. 1875, aff. Cugnon, D. P. 76. 2. 218. V. Conf. Morin, *Journal de droit criminel*, 1869, n° 8935; Giraudeau et Lelièvre, *La chasse*, n° 938. Dès lors, à défaut de preuve que le délinquant se soit trouvé au moment du fait poursuivi dans l'exercice réel desdites fonctions, c'est devant le tribunal correctionnel, et non devant la première chambre de la cour d'appel, qu'il doit être traduit (Arrêts précités du 16 nov. 1869, 27 avr. 1872 et 27 janv. 1875 et *suprà*, v° *Chasse*, n° 1258). Mais il est réputé s'être trouvé, au moment du délit de chasse par lui commis, dans l'exercice de ses fonctions d'officier de police judiciaire, lorsqu'il a chassé dans un bois où se commettait à sa connaissance, au même moment, un autre délit du même genre que son devoir était de constater (Dijon, 3 janv. 1872, aff. Sarrasin, D. P. 72. 2. 119).

44. On doit également considérer comme ayant agi en qualité d'officier de police judiciaire, et par conséquent comme justiciable de la cour d'appel : 1° le maire qui, pour faire respecter un règlement local sur le mode d'affichage, a lacéré et enlevé une affiche (Cons. d'Et. 8 juin 1867, aff. Moreau, D. P. 69. 3. 101); — 2° le maire qui est illégalement intervenu pour faire relâcher, au moment où on les amenait devant lui à la mairie, des individus arrêtés en flagrant délit de rébellion (Crim. rej. 9 févr. 1872, aff. Guignon, D. P. 72. 1. 202); — 3° le maire qui, requis, en exécution de l'art. 587 c. proc. civ. d'assister à l'ouverture des portes d'un débiteur qui n'a pas voulu laisser procéder à une saisie-exécution, a refusé son concours à cette opération (Cons. d'Et. 18 janv. 1868, aff. Pelletier, D. P. 69. 3. 101).

45. Mais les délits commis par les maires ne sont pas de la compétence de la chambre civile de la cour d'appel, lorsque ces fonctionnaires ont agi non comme officiers de police judiciaire, mais comme agents du Gouvernement ou comme simples particuliers. Tel est le cas d'un maire qui a inséré, dans un arrêté par lequel il a suspendu un garde et dans la correspondance adressée par lui à cette occasion au préfet, au sous-préfet et au procureur de la République, des outrages envers les magistrats à l'occasion de l'exercice de leurs fonctions (Crim. rej. 19 mars 1885, aff. Picquet, D. P. 85. 1. 426). De même, le maire qui organise une battue en temps de neige, pour la destruction des loups et sangliers, agit comme administrateur de la commune, et non comme officier de police judiciaire; il ne peut, en conséquence, lorsqu'il est poursuivi pour délit de chasse, à raison de l'irrégularité de cette battue, invoquer le privilège de juridiction établi par les art. 479 et 483 c. instr. crim. (Trib. corr. de Langres, 25 mars 1885, aff. Garcenet, D. P. 86. 3. 15).

46. Le maire d'une commune agit également comme agent du Gouvernement lorsqu'il préside une assemblée électorale (Caen, 27 janv. 1875) (1). On objecterait à tort que le maire a en pareil cas, la police de l'assemblée qu'il préside, ce droit de police qui a pour but le maintien du bon ordre pendant les opérations électorales ne pouvant être considéré comme un droit de police judiciaire dans le sens des art. 9 et 483 c. instr. crim.

Il en est de même du maire qui, en vue de prévenir des collisions que les divisions politiques paraissent rendre imminentes, a fait opérer au domicile de certains habitants des perquisitions et des saisies d'armes et de munitions de guerre; c'est donc au tribunal correctionnel, et non à la première chambre de la cour d'appel, qu'il appartient de statuer sur le délit de violation de domicile imputé à ce maire à l'occasion des perquisitions par lui ordonnées (Montpellier, 13 nov. 1871, aff. Waills, D. P. 74, 5. 274).

47. Un maire qui adresse une dénonciation contre un habitant à un préfet étranger installé par l'ennemi dans un département français envahi, ne saurait être considéré comme ayant agi dans l'exercice de ses fonctions d'officier de police judiciaire et, par suite, ne saurait invoquer le bénéfice de l'art. 483 c. instr. crim. (Nancy, 21 déc. 1872, aff. Noiriel, D. P. 73. 2. 7).

48. On a exposé au *Rép.* n° 304, que les commissaires de police qui sont tout à la fois des agents du Gouvernement, des magistrats de l'ordre administratif et des officiers de police judiciaire doivent être poursuivis dans la forme prescrite par les art. 483 et 479 c. instr. crim., lorsqu'ils sont poursuivis pour crimes ou délits commis dans l'exercice de leurs fonctions de police judiciaire (Poitiers, 19 sept. 1880, aff. Taupin, D. P. 81. 2. 33). En pareil cas, les fonctions de magistrat instructeur doivent être exercées par le premier président (Même arrêt); et lorsque les actes incriminés ont été commis par le commissaire de police sur les ordres du préfet, bien que ce dernier ait agi dans l'exercice de ses fonctions administratives, le premier président doit, à raison de la connexité, procéder à l'information sur l'ensemble indivisible des faits imputés tant au préfet qu'au commissaire de police (Même arrêt).

49. L'enquête à laquelle un commissaire de police a procédé pour vérifier et constater des faits délictueux, a le caractère d'une enquête judiciaire. Dès lors, au cas où le commissaire de police est accusé de faux à raison de cette enquête, il peut être traduit directement devant la cour d'appel (Crim. rej. 15 févr. 1861) (2). Mais un commissaire de police ne pourrait être cité directement devant la cour à raison d'un délit commis hors de l'exercice de ses fonctions et en dehors même du territoire où il est chargé de les exercer (Bordeaux, 27 nov. 1867, aff. Rullion, *suprà*, v° *Chasse*, n° 1260). — Quant aux inspecteurs de police, ils ne sauraient être considérés comme des officiers de police judiciaire (Crim. cass. 18 avr. 1868, aff. Parent (motifs), D. P. 69. 1. 377. Conf. Faustin Hélie, *Instruction criminelle*, 2e éd., t. 3, n° 1261).

(1) (Lamoureux.) — La cour; — Attendu qu'aux termes de l'art. 479, c. instr. crim., les tribunaux correctionnels connaissent de tous les délits dont la peine excède cinq jours d'emprisonnement et 15 fr. d'amende; — Que cette attribution de compétence est générale et qu'elle ne comporte d'exceptions que celles expressément déterminées par un autre texte de loi; — Que l'art. 479 du même code dispose que. lorsqu'un juge de paix, un membre du tribunal correctionnel ou de première instance, ou un officier chargé du ministère public près ces tribunaux, sera prévenu d'avoir commis, hors de ses fonctions, un délit emportant une peine correctionnelle, le procureur général près la cour d'appel le fera citer devant cette cour, qui prononcera en dernier ressort; — Mais que cet article ne comprenant pas les maires, les a laissés sous l'empire du droit commun par rapport aux faits délictueux qu'ils commettraient hors de leurs fonctions; — Qu'à la vérité l'art. 483 dispose aussi que lorsqu'un juge de paix ou de police, ou un juge faisant partie du tribunal de commerce, ou un officier de police judiciaire, un membre du tribunal correctionnel ou de première instance, ou un officier chargé du ministère public près l'un de ces juges ou tribunaux, sera prévenu d'avoir commis, dans l'exercice de ses fonctions, un délit emportant une peine correctionnelle, ce délit sera poursuivi et jugé comme il est dit à l'art. 479; — Que l'art. 483 ne comprend pas non plus les maires, nominativement et comme maires, mais qu'il s'applique à eux lorsqu'ils exercent la police judiciaire, en vertu de l'art. 9 du même code; — Qu'il s'agit, dès lors, de rechercher si les maires, qui commettent un délit, pendant qu'ils président les assemblées électorales, sont dans l'exercice des fonctions d'officiers de police judiciaire; — Attendu, à cet égard, que le décret-loi des 2-21 févr. 1852 et les lois subséquentes n'ont pas conféré aux maires exclusivement la présidence des assemblées électorales; — Qu'ils l'ont attribuée aussi aux conseillers municipaux et même, dans certains cas, à des particuliers; — Que les conseillers municipaux et les particuliers, qui président ces assemblées ne sont évidemment pas officiers de police judiciaire, puisque, d'une part, ils ne sont pas compris dans la nomenclature de l'art. 9 c. instr. crim., précité, et que, d'autre part, ils n'accomplissent pas une délégation du pouvoir judiciaire; — Que, dès lors, les délits qu'ils commettraient, pendant leur présidence, seraient incontestablement de la compétence des tribunaux correctionnels; — Qu'il en doit être de même à l'égard des maires, parce que les fonctions et les pouvoirs des uns et des autres, comme présidents des assemblées électorales, étant absolument identiques. les délits dont ils se rendraient coupables ne peuvent être soumis à l'appréciation de juridictions différentes; — Qu'il est vrai que l'art. 3 du décret du 5 mai 1855 accorde au président seul la police de l'assemblée électorale; mais que ce droit de police, qui a pour but le maintien du bon ordre pendant les opérations électorales, n'est pas un droit de police judiciaire, dans le sens des art. 9 et 483 c. instr. crim.; — Qu'il est de même nature que celui qui est confié aux présidents des conseils généraux, aux curés et desservants dans leur église; — Attendu en fait qu'il résulte de la citation commise à Lamoureux, le 21 janv. 1875, qu'il est inculpé: 1° d'avoir, le 22 nov. 1874, à Montrabot, dans l'exercice de ses fonctions de maire, présidant le collège électoral réuni pour les élections municipales, et chargé, comme tel, de recevoir les votes, soustrait, ajouté et altéré des bulletins contenant les suffrages des citoyens; — 2° D'avoir, le même jour, par des menaces envers un électeur, et en lui faisant craindre un dommage pour sa personne, influencé le vote de cet électeur; — Que ni l'un ni l'autre ne se sont accomplis dans l'exercice des fonctions d'officier de police judiciaire; — D'où il suit qu'il y a lieu d'accueillir le déclinatoire proposé par Lamoureux; — Par ces motifs, se déclare incompétente; — Renvoie M. le procureur général se pourvoir ainsi qu'il le jugera utile, etc.

Du 27 janv. 1875.-C. de Caen, 1re ch.-MM. Champin, pr.-Boivin-Champeaux, proc. gén.-Tillaye, av.

(2) (Louvet.) — La cour; — En ce qui touche le premier moyen soulevé par le pourvoi, et fondé sur la violation de l'art. 75 de la constitution de l'an 8; — Attendu que s'il est vrai que les commissaires de police réunissent les deux qualités de fonctionnaires administratifs et d'officiers de police judiciaire, ils n'agissent pas toujours avec ce double caractère; — Qu'il convient pour reconnaître et fixer la qualité en laquelle le fonctionnaire a procédé à l'accomplissement d'un acte déterminé de son ministère de considérer la nature de cet acte, son caractère dominant et le résultat auquel il doit légalement aboutir; — Que l'art. 75 de la constitution de l'an 8 n'ayant pour but que de protéger la fonction administrative, il faut en conclure que, si aucun intérêt d'administration n'est engagé dans l'acte dont il s'agit de déterminer le caractère, la garantie de l'art. 75 susvisé ne peut être réclamée; — Attendu que l'enquête confiée par le commissaire central de police d'Alger au commissaire de police Louvet avait principalement pour objet de vérifier et constater des faits délictueux constituant une inculpation de corruption, d'outrage public aux mœurs et de complicité dans une tentative d'avortement, imputés à l'inspecteur de police Jaclot; — Que la constatation de ces faits, constituant des crimes et délits prévus et réprimés par la loi pénale, n'intéressait que la justice, et qu'en procédant à leur vérification, le commissaire de police officier de police judiciaire aux termes de l'art. 9 c. instr. crim., chargé par l'art. 11 du même code de recevoir les rapports, dénonciations et plaintes, et de recueillir les preuves et indices existant à la charge des coupables présumés, accomplissait un acte de ses fonctions d'officier de police judiciaire et procédait en cette seule qualité; que, dans cette situation, Louvet, prévenu d'avoir, en dressant un procès-verbal de dépositions de témoins par lui entendus sur des faits constitutifs de crimes ou de délits, frauduleusement dénaturé la substance que le procès-verbal avait pour objet de constater, et d'avoir fait sciemment usage desdites dépositions ainsi altérées, n'avait aucun droit à la garantie de l'art. 75 de la constitution de l'an 8; et qu'en informant contre lui dans la forme prescrite par les art. 483 et 484 c. instr. crim.; il a été régulièrement procédé;...

Rejette, etc.

Du 15 févr. 1861, Ch. crim.-MM. Vaisse pr.-Caussin de Perceval rap.-Savary, av. gén.-Morin, av.

50. Les gardes champêtres et forestiers peuvent, comme on l'a vu au *Rép.* n° 305, réclamer le bénéfice des art. 479 et 483, lorsqu'ils agissent comme officiers de police judiciaire. Ainsi le délit de coups volontaires qu'un garde champêtre est prévenu d'avoir commis pour faire cesser une contravention dont il a surpris les auteurs en flagrant délit, n'est pas de la compétence du tribunal correctionnel, mais doit être jugé par la première chambre de la cour d'appel (Metz, 16 août 1849, aff. Simon, D. P. 56. 2. 217). Il en est de même des délits de chasse commis par les gardes champêtres dans l'exercice de leurs fonctions.

La première chambre de la cour d'appel est seule compétente pour connaître de la poursuite intentée contre plusieurs individus prévenus de délits de chasse, parmi lesquels se trouvent un préfet et un garde champêtre (Crim. rej. 11 août 1881, aff. Doudeauville, D. P. 84. 5. 279, V. *suprà*, v° *Chasse*, n° 1256). En conséquence, le tribunal correctionnel devant lequel les inculpés ont été cités par la partie civile, et sur appel, la chambre correctionnelle de la cour d'appel doivent proclamer leur incompétence, à l'égard de tous les prévenus, quoique la partie civile se soit désistée de son action en ce qui concernait le préfet et le garde champêtre (Même arrêt). Mais le garde champêtre n'est justiciable de la cour d'appel qu'autant qu'il a agi en qualité d'officier de police judiciaire. Ainsi, il ne peut réclamer le bénéfice de l'art. 483, lorsqu'il est poursuivi à raison d'outrages adressés par lui au président du bureau électoral dans la salle même du vote où il a pénétré en qualité d'électeur et sans être requis (Nîmes, 14 mars 1881) (1). De même, les gardes champêtres n'ayant pas qualité pour rechercher et constater les délits forestiers commis dans les bois de l'Etat, il en résulte qu'un garde champêtre coupable d'un de ces délits ne doit pas être réputé l'avoir commis dans l'exercice de ses fonctions, et, par suite, ne peut être poursuivi *de plano* devant la cour d'appel (Crim. rej. 13 janv. 1849, aff. Philippe, D. P. 49. 1. 71).

51. Les mêmes principes sont applicables aux gardes particuliers (V. *suprà*, v° *Chasse* n° 1257). Ces derniers sont officiers de police judiciaire et doivent être poursuivis dans les formes tracées par l'art. 483 c. instr. crim. lorsqu'ils commettent un délit dans l'exercice de leurs fonctions (Crim. règl. de juges, 19 juill. 1883) (2). Il en est ainsi spécialement lorsqu'ils commettent un vol d'objets confiés à leur surveillance (Même arrêt), ou lorsqu'ils commettent un délit de chasse dans les bois commis à leur surveillance (Gand, 5 juill. 1864, aff. Bohiez, D. P. 69. 5. 217).

Un garde particulier conserve la qualité d'officier de police judiciaire, bien que, sur le terrain confié à sa surveillance par le propriétaire, un tiers locataire du droit de chasse fasse également exercer la surveillance par ses propres gardes. En conséquence, ce garde particulier prévenu d'un délit de chasse commis sur le terrain soumis à sa surveillance est justiciable de la première chambre de la cour d'appel (Nancy, 30 juill. 1890, aff. Bertrand, D. P. 91. 5. 191). — Mais c'est aux tribunaux de droit commun et non à la juridiction instituée par les art. 479 et 483 c. instr. crim. qu'il appartient de connaître de la demande en dommages-intérêts formée contre un garde particulier à raison de la dénonciation au parquet d'un prétendu délit de chasse commis sur un terrain non confié à sa garde (Paris, 10 mai 1872, aff. Richard, D. P. 74. 5. 273).

52. La commission de garde particulier n'est pas un simple mandat prenant fin de droit à la mort de celui qui l'a délivré : le garde particulier ne procède pas au lieu et place de son commettant; il fait ce que celui-ci n'a jamais le droit de faire personnellement. Il ne reçoit pas son caractère d'officier de police judiciaire de sa seule commission, mais de l'acte de l'autorité compétente qui l'agrée en cette qualité et du serment qu'il prête en justice. En conséquence, le défaut de renouvellement de commission et de prestation de serment d'un garde particulier ne met pas obstacle à la compétence de la première chambre de la cour d'appel à raison des délits de pêche commis par cet officier de police judiciaire (Rouen, 26 déc. 1883, aff. Hamelet, D. P. 84. 5. 291. Comp. Crim. rej. 14 mars 1862, aff. Feydeau de Brou, D. P. 63. 5. 347. V. conf. Giraudeau et Lelièvre, *La chasse*, n° 1128 ; Martin, *Code de la pêche fluviale*, n° 479. — *Contrà*, Orléans, 1er déc. 1874, aff. Brinet, D. P. 75. 5. 247, Rousset; *Lois sur la chasse*, p. 109).

---

(1) (Artaud). — LA COUR ; — Attendu que, d'après l'art. 483 c. instr. crim., un garde champêtre, officier de police judiciaire, ne peut être jugé par la cour d'appel, comme il est dit à l'art. 479 du même code, que lorsqu'il est prévenu d'avoir commis, dans l'exercice de ses fonctions, un délit emportant une peine correctionnelle; — Attendu qu'il ne résulte en aucune manière de l'information que le prévenu Artaud ait, le 1er août 1880, exercé un acte quelconque de ses fonctions de garde champêtre dans la salle électorale de Piolenc, ni même qu'il y soit entré en cette qualité; qu'en effet, il a lui-même expressément déclaré au juge de paix du canton ouest d'Orange « qu'il s'était rendu, non pas comme garde mais comme simple électeur, le 1er août, à neuf heures du soir, dans la salle de la mairie de Piolenc, pour y assister au dépouillement du scrutin et surveiller, en sa qualité d'électeur, la sincérité de l'opération »; qu'il n'a jamais prétendu avoir exercé ses fonctions dans la salle électorale; qu'il ne suffit pas qu'il soit resté sur son territoire pour s'y trouver par cela même dans l'exercice de ses fonctions, s'il y commet un délit, mais qu'il est de toute nécessité qu'il soit dans l'exercice réel et effectif de ses fonctions, en commettant ce délit, pour devenir justiciable de la cour d'appel, car l'art. 483 ne protège que la fonction active; qu'ainsi c'est à bon droit que le juge d'instruction d'Orange s'est déclaré compétent; — Par ces motifs, etc...

Du 14 mars 1881.-C. de Nîmes.-MM. Dautheville, pr.-Pironneau, subst.

(2) (Poissonnard.) — LA COUR ; — Vu la demande en règlement de juges formée par le procureur de la République près le tribunal de première instance de Lons-le-Saunier ; — Attendu que, par ordonnance du juge d'instruction près ledit tribunal, en date du 9 juin 1883, Poissonnard (Charles-François) a été renvoyé devant le tribunal de police correctionnelle comme prévenu d'avoir commis des vols de plomb au préjudice tant de l'État que de la Société de tir de Lons-le-Saunier ; — Attendu que, par jugement en date du 20 juin 1883, le tribunal correctionnel de Lons-le-Saunier s'est déclaré incompétent, par ce motif que Poissonnard étant garde assermenté et salarié de la Société de tir, et les vols à lui imputés ayant été commis dans les dépendances de cet établissement, les faits présenteraient le caractère du crime prévu et puni par l'art. 386 c. pén. ; — Attendu que le procureur général près la cour d'appel de Besançon a renoncé à interjeter appel de ce jugement ; — Attendu que l'ordonnance du juge d'instruction et le jugement du tribunal ne sont plus susceptibles d'être réformés par les voies ordinaires, et qu'il résulte de la contradiction existant entre elles un conflit négatif qui interrompt le cours de la justice et qu'il importe de faire cesser; — Vu les art. 525 et suiv. c. instr. crim. et 10 de la loi du 20 avr. 1810 ; — Attendu que le fait imputé à Poissonnard est d'avoir volé, au préjudice du tir de Lons-le-Saunier, dont il était garde particulier, et de l'Etat, certaines quantités de plomb dans les dépendances du tir; — Attendu que de la combinaison art. 16, 17, 18 et 20 c. instr. crim., il résulte que les gardes des particuliers sont officiers de police judiciaire; qu'ainsi, lorsqu'ils commettent un délit dans l'exercice de leurs fonctions, ils doivent être poursuivis dans les formes tracées par l'art. 483 c. instr. crim.; que les gardes sont dans l'exercice de leurs fonctions toutes les fois qu'ils commettent, dans les lieux pour lesquels ils sont assermentés, des délits contre les propriétés confiées à leur surveillance; que la qualité d'officier de police judiciaire qui appartient aux gardes particuliers ne permet pas, quoiqu'ils reçoivent un salaire du propriétaire qui les emploie, de les considérer comme des hommes de service à gages ; qu'ainsi, les vols commis par Poissonnard sont de simples délits correctionnels, dont un officier de police judiciaire se serait rendu coupable ; — Attendu qu'aux termes des art. 479 et 483 c. instr. crim., lorsqu'un officier de police judiciaire est inculpé d'avoir, dans l'exercice de ses fonctions, commis un délit emportant une peine correctionnelle, c'est au procureur général près la cour d'appel qu'il appartient de le poursuivre et de le faire citer devant la première chambre civile de la cour d'appel ; — Attendu que, dans l'état des circonstances ci-dessus exposées, il n'y a lieu de renvoyer la procédure devant la chambre des mises en accusation de la cour d'appel de Besançon, mais de délaisser le procureur général près ladite cour à se pourvoir ainsi qu'il avisera, aux termes des articles de loi précités ; — Réglant de juges ; — Déclare nulle et non avenue l'ordonnance rendue par le juge d'instruction de Lons-le-Saunier ; et, pour être statué sur l'action publique, s'il y a lieu, renvoie Poissonnard, en l'état où il se trouve, ainsi que les pièces de l'affaire, devant le procureur général près la cour d'appel de Besançon, pour être par lui procédé conformément à la loi, etc.

Du 19 juill. 1883.-Ch. crim.-MM. Baudouin, pr.-Dupré-Lasale, rap.-Petiton av. gén.

53. Comme les gardes champêtres et les gardes particuliers, les gardes forestiers sont, ainsi qu'on l'a dit au (*Rép.* n° 306), à raison des délits de chasse commis par eux dans le triage soumis à leur surveillance, justiciables de la première chambre de la cour dans le ressort de laquelle le délit a été commis (Crim. rej. 2 mars 1854, aff. Lapeyre, D. P. 54. 1. 104; Besançon, 27 août 1868, aff. Garnier, D. P. 69. 2. 46). Mais il en est autrement du garde forestier qui se rend coupable d'un délit de chasse en rase campagne, en dehors du triage forestier soumis à sa surveillance et pour lequel il est assermenté (C. sup. de justice du Luxembourg, 12 févr. 1881, aff. B..., D. P. 83. 5. 278).

54. Les préposés des douanes ne sont pas officiers de police judiciaire: en conséquence, ils ne jouissent pas du privilège de juridiction établi par l'art. 483 c. instr. crim., mais sont justiciables du tribunal correctionnel à raison des délits qu'ils commettent dans l'exercice de leurs fonctions (Metz, 29 avr. 1863, aff. Loux, D. P. 64. 2. 70).

Il en est de même des agents et sous-agents des postes (Paris, 28 mai 1869, aff. Rochette, D. P. 69. 2. 108).

55. Les agents de surveillance et gardes des chemins de fer qui sont nommés par l'Administration et dûment assermentés, et que les cahiers des charges des compagnies assimilent aux gardes champêtres, doivent être considérés comme des officiers de police judiciaire dans le sens de l'art. 483 c. instr. crim. En conséquence, le délit de chasse qu'un garde-barrière est prévenu d'avoir commis près de la partie du chemin de fer confiée à sa surveillance doit être poursuivi et jugé conformément aux dispositions des art. 479 et 483 c. instr. crim. (Metz, 4 juin 1855, aff. Schmitt, D. P. 55. 2. 326. V. toutefois, en sens contraire, Rennes, 18 août 1864) (1).

56. Ainsi que nous l'avons dit au *Rép.* n° 321, l'exception tirée de l'incompétence des juges du droit commun, pour connaître des faits imputés à un officier de police judiciaire, peut être opposée en tout état de cause et devant toutes les juridictions (Paris, 10 mai 1872, aff. Richard, D. P. 74. 5. 273).

57. L'art. 483 renvoyant, ainsi qu'on l'a vu au *Rép.* n° 323, à l'art. 479, tout ce qui a été dit, *suprà*, n° 27, du cas où les fonctionnaires visés par ce dernier article ont pour complices des individus étrangers à la magistrature, doit recevoir ici son application. Il a été décidé en ce sens que, lorsqu'un simple particulier est prévenu d'avoir commis un délit de concert avec un officier de police judiciaire, il doit être, comme celui-ci, déféré à la juridiction de la cour d'appel (Crim. règl. de juges, 5 nov. 1874, aff. Procureur général de Bastia, D. P. 76. 1. 510; Civ. cass. 14 juin 1876, aff. Perrin, D. P. 76. 1. 301). Mais des individus traduits en police correctionnelle pour délit de chasse, commis de complicité avec un garde, ne peuvent plus, en appel, soutenir qu'ils auraient dû être cités avec celui-ci devant la première chambre de la cour, si, par suite de l'acquittement du garde, ils restent seuls poursuivis (C. cass. belge, 8 mai 1871, aff. Brédart, D. P. 71. 2. 159).

58. Dans le cas où l'un des magistrats énumérés dans l'art. 483 c. instr. crim. ou un officier de police judiciaire est prévenu d'un délit commis dans l'exercice ou à l'occasion de l'exercice de ses fonctions, le premier président et le procureur général n'ont pas, comme dans le cas prévu par l'art. 480, à désigner les magistrats qui devront instruire et requérir; aux termes de l'art. 484, ainsi qu'on l'a vu au *Rép.* n° 325, ces attributions leur sont conférées à eux-mêmes. *Adde:* Crim. rej. 12 mai 1881, aff. Lamy de la Chapelle, (D. P. 81. 1. 385).

59. D'après une jurisprudence précédemment rappelée (V. *suprà*, n° 29), le procureur général a seul, dans ce même cas, le droit de faire citer directement devant la cour les fonctionnaires visés par l'art. 483 : les dispositions spéciales en cette matière dérogent à celles des art. 64 et 182 c. instr. crim., qui autorisent la partie civile à saisir directement la juridiction correctionnelle (Crim. cass. 17 mars 1881, aff. Saniez, D. P. 81. 1. 281). Le juge d'instruction serait donc, en pareil cas, incompétent pour informer sur la plainte de la partie lésée. Le premier président de la cour d'appel serait seul compétent pour recevoir la plainte et procéder à l'instruction, conformément aux art. 63 et 70 c. instr. crim. (Même arrêt).

60. — 2° *Tribunaux entiers; membres des cours d'appel* (*Rép.* n° 332-364). On a indiqué au *Rép.* n°s 332 et suiv. les formes spéciales prescrites par les art. 485 et suiv. c. instr. crim. pour la poursuite des crimes commis par un tribunal entier ou par un membre d'une cour d'appel dans l'exercice de ses fonctions. En pareil cas, le crime doit être dénoncé au ministre de la justice, et, sur l'ordre du ministre, il est procédé par le premier président et le procureur général de la cour de cassation. Le premier de ces magistrats, sur le réquisitoire du second, désigne un des conseillers pour instruire (Req. 10 avr. 1878, aff. Bastien, D. P. 79. 1. 88); quand l'information est terminée, elle est communiquée, par ordonnance du premier président, au procureur général qui, au vu du dossier, adresse ses réquisitions à la chambre des requêtes. C'est cette chambre qui est compétente pour statuer, comme chambre du conseil, en ce qui touche la suite à donner à l'affaire, sur les réquisitions prises par le procureur général une fois l'information terminée (Même arrêt).

61. Cette procédure doit être suivie, conformément à la règle énoncée au *Rép.* n° 334, alors même que le magistrat en cause, membre d'une cour d'appel au moment de la poursuite, aurait fait partie d'un tribunal de première instance à l'époque où se sont produits dans l'exercice de ses fonctions les faits incriminés (Req. 10 avr. 1878, cité *suprà*,

(1) (Bréaut.) — LA COUR; — Considérant que le prévenu Bréaut fonde sa prétention au titre d'officier de police judiciaire, et par suite au privilège accordé par l'art. 483 c. instr. crim., 1° sur l'art. 23 de la loi du 13 juill. 1845; 2° sur l'art. 64 du cahier des charges annexé au décret du 14 juin 1859; — Qu'il y a donc lieu d'examiner la question à ce double point de vue; — Considérant que Bréaut, agent de surveillance assermenté de la Compagnie du chemin de fer de l'Ouest, puise évidemment dans l'art. 23 de la loi précitée le droit de dresser, concurremment avec les officiers de police judiciaire, des procès-verbaux assujettis à certaines formes par l'art. 24, et dans l'art. 25 la garantie d'une protection qui lui est commune avec les autres agents des compagnies de chemin de fer; mais que le premier de ces articles, loin d'établir une parité complète entre les agents assermentés de la compagnie et les officiers de police judiciaire, les en distingue au contraire par l'opposition des termes qu'il emploie, et leur refuse implicitement le caractère de ces derniers aussi bien que celui des autres fonctionnaires désignés dans cet article en concurrence desquels ils peuvent également instrumenter; — Considérant que le décret du 14 juin 1859 n'approuve expressément que la convention en seize articles du 11 du même mois; que si le visa, dans le préambule de ce décret, du cahier des charges annexé à cette convention entraîne implicitement l'approbation de ce cahier des charges, l'assimilation formelle des agents de surveillance assermentés aux gardes champêtres, insérée dans l'art. 64 de ce cahier des charges, n'est en réalité que l'application de l'art. 23 de la loi du 15 juill. 1845, mais qu'elle n'a trait qu'au droit de verbaliser, qu'à la forme à donner aux procès-verbaux, et que le décret n'a pas voulu sous une dénomination toute différente et par addition à des attributions créées principalement pour d'autres besoins, donner aux agents de surveillance, que la compagnie pourrait nommer et faire assermenter, le caractère les fonctions et les privilèges spéciaux des gardes champêtres, ou modifier un texte précis d'une loi en vigueur, et augmenter le nombre des officiers de police judiciaire limitativement désignés dans l'art. 9 c. instr. crim.; qu'il résulte de ces appréciations que Bréaut, agent dépositaire de l'autorité publique ne peut revendiquer le titre d'officier de police judiciaire, et, par suite, invoquer le privilège de la juridiction exceptionnelle agissant dans les cas prévus par les art. 479 et 483 c. instr. crim.; — Considérant qu'en supposant même que Bréaut eût réellement ce titre, il resterait à rechercher si, au moment de la perpétration du fait délictueux, il agissait dans l'exercice de ses fonctions d'officier de police judiciaire; — Considérant que Bréaut a manifestement une double qualité, celle d'agent de surveillance assermenté, et celle d'employé spécial de la compagnie ayant à accomplir fréquemment et pour ainsi dire incessamment des actes indépendants de ses fonctions de surveillance; qu'il est impossible d'admettre qu'en donnant des ordres à ses subordonnés, en leur prescrivant les précautions nécessaires pour la sécurité d'un train à organiser, ou à expédier, ou en marche, ou en négligeant au contraire de donner cet ordre et de prescrire ces précautions, il ait exercé ses fonctions d'officier de police judiciaire, et non l'autorité et le pouvoir de direction qui lui étaient délégués par l'administration du chemin de fer; — Statuant sur l'exception d'incompétence, confirme, etc.

Du 18 août 1864.-C. de Rennes, ch. corr. M. le cons. Delfaut,-pr.

n° 60). D'une part, en effet, il ne saurait y avoir aucun inconvénient à remettre exceptionnellement à la cour de cassation l'instruction sur un crime imputé à un magistrat et relatif à ses fonctions de première instance; et, d'autre part, il est manifeste que la préoccupation dominante du législateur, en la matière régie par les art. 479 et suiv. c. instr. crim., a été d'assurer une plus grande somme de garanties de fermeté et d'impartialité dans les poursuites à exercer contre les membres de l'ordre judiciaire, en y faisant participer ou en faisant statuer des magistrats d'un degré supérieur à celui auquel appartient le magistrat poursuivi. D'après donc l'esprit de la loi, c'est la qualité du prévenu au moment de la poursuite qui doit être l'élément déterminant de la compétence.

ART. 3. — *Des magistrats, dignitaires et autres personnes auxquelles ont été étendues les dispositions du code d'instruction criminelle* (*Rép.* n°s 365-377).

62. On a dit au *Rép.* n° 366, que, lorsque de grands officiers de la Légion d'honneur, des généraux commandant une division ou un département, des archevêques, des évêques, des présidents de consistoire, des membres de la cour de cassation, de la cour des comptes et des cours d'appel, et des préfets sont prévenus de délits de police correctionnelle, les cours d'appel doivent, aux termes de l'art. 10 de la loi du 20 avr. 1810, en connaître de la manière prescrite par l'art. 479 c. instr. crim. D'après l'art. 18 de la même loi, la connaissance des faits emportant peine afflictive ou infamante dont seront accusés les personnes mentionnées en l'art. 10, est aussi attribuée à la cour d'assises du lieu où réside la cour d'appel. Les dispositions de l'art. 10 de la loi de 1810 sont limitatives et ne peuvent être étendues à des fonctionnaires pris en dehors de ceux auxquels le législateur en a expressément assuré le bénéfice. Ainsi les gouverneurs des colonies, ne figurant pas parmi les fonctionnaires désignés dans cet article, ne peuvent être distraits des tribunaux ordinaires pour être renvoyés devant la première chambre de la cour (Crim. rej. 13 juill. 1889, aff. Genouille, D. P. 90. 1. 330).

63. L'art. 18 de la loi du 20 avr. 1810 se borne à attribuer une compétence exclusive, pour les crimes des fonctionnaires dont il s'agit, à la cour d'assises du chef-lieu de la cour d'appel; mais il ne s'explique pas sur le mode d'information qui devra être suivi en pareil cas. M. Faustin Hélie (*Pratique criminelle*, t. 1, n° 139) a conclu de ce silence que, lorsqu'il s'agit non d'un délit, mais d'un crime, il doit être procédé en la forme ordinaire; par suite, le juge d'instruction serait compétent pour procéder à l'information, et la partie qui se prétend lésée par le crime d'un des fonctionnaires énumérés dans l'art. 10 aurait le droit de provoquer une instruction, conformément à l'art. 63 c. instr. crim. — On ne saurait méconnaître la valeur des arguments invoqués à l'appui de cette interprétation. L'art. 10 renvoie expressément pour le cas de *délit* à l'art. 479 qui ne parle, en effet, que de la poursuite des *délits*. Il ne fait aucune mention des *crimes* qui pourraient être commis par les personnes qu'il désigne et l'on comprendrait difficilement qu'après avoir spécifié en termes explicites les *délits*, le législateur eût omis le cas beaucoup plus grave où il s'agirait d'un crime; cette omission semble d'autant moins vraisemblable que, dans l'art. 18, le législateur s'est occupé des faits emportant peine afflictive ou infamante pour déterminer la juridiction qui serait appelée à en connaître. N'a-t-il pas considéré que, dans le cas où les hauts fonctionnaires ou dignitaires qu'il avait en vue seraient poursuivis pour crimes, ils trouveraient des garanties suffisantes dans les formes de l'instruction criminelle, dans l'intervention nécessaire de la chambre des mises en accusation, et enfin dans les débats de la cour d'assises et dans l'indépendance du jury? et n'a-t-il pas entendu réserver exclusivement aux fonctionnaires de l'ordre judiciaire les dispositions des art. 480 et autres? La question a été résolue en ce sens par plusieurs arrêts (Angers, 21 sept. 1880, aff. Kervennic, D.P. 81. 1. 234, note; Dijon, 26 janv. 1881, aff. Inveneton, *ibid.*, V. conf. D. P. 81. 1. 385).

64. Mais cette interprétation a été repoussée par la cour de cassation, qui a décidé que l'art. 10 de la loi du 20 avr. 1810 n'a pas entendu restreindre aux simples délits la compétence exceptionnelle qu'il édicte; qu'il renvoie virtuellement, pour le cas de crimes, aux articles du code d'instruction criminelle, relatifs aux crimes commis par les fonctionnaires de l'ordre judiciaire; qu'en conséquence, le juge d'instruction est incompétent pour informer sur la plainte intentée contre un préfet pour crime commis dans l'exercice de ses fonctions; que, dans ce cas, le premier président de la cour d'appel est seul compétent pour recevoir la plainte et procéder à l'instruction, conformément aux art. 63 et 70 c. instr. crim. (Crim. rej. 12 mai 1881, aff. Lamy de la Chapelle, D. P. 81. 1. 385).

Table sommaire

des matières contenues dans le Supplément et le Répertoire.

(Les chiffres précédés de la lettre *S* renvoient au Supplément; les chiffres précédés de la lettre *R* renvoient au Répertoire.)

Table des articles du code d'instruction criminelle.

Table chronologique des Lois, Arrêts, etc.

1871

8 mai. C. cass. belge. 57 c.
15 sept. Crim. 17 c., 39 c., 40 c.
13 nov. Montpellier 46 c.

1872

8 janv. Dijon. 43 c.
5 févr. Req. 39 c.
9 févr. Crim. 17 c., 44 c.
19 févr. Crim. 17 c., 29 c.
27 avr. Paris. 43 c.
10 mai. Paris. 51 c., 56 c.
8 juin. Trib. corr. Chambéry. 8 c.
28 juin. Orléans. 30 c.
12 nov. Montpellier. 29 c.
21 déc. Nancy. 30 c., 47 c.

1873

20 juin. Crim. 8 c.
23 juin. Besançon. 17 c.

1874

22 avr. Civ. 7 c.
5 nov. Crim. 57 c.
1er déc. Orléans. 52 c.
15 déc. Crim. 30 c.
21 déc. Douai. 17 c., 29 c.
24 déc. Crim. 17 c., 20 c.

1875

27 janv. Caen 46.
27 janv. Nancy. 43 c.
16 juill. Loi. 4 c., 5 c.

1876

14 juin. Civ. 57 c.
20 juill. Crim. 22 c., 34 c.
17 août. Crim. 34 c.
24 août. Crim. 33 c.

1877

29 août. Trib. corr. de Die. 21 c.

1878

10 avr. Req. 60 c., 61 c.

1880

19 sept. Poitiers. 48 c.
21 sept. Angers. 63 c.
2 déc. Décr. 11 c.
10 déc. Décr. 11 c.

1881

26 janv. Dijon 63 c.
12 févr. C. sup. de just. du Luxembourg. 53 c.
14 mars. Nîmes. 50.
17 mars. Civ. 18 c.
17 mars. Crim. 17 c., 29 c., 58 c.
12 mai. Crim. 58 c., 64 c.
29 juill. Loi. 19 c.
11 août. Crim. 50 c.
4 nov. Circ. garde des sceaux. 19 c.

1882

28 juill. Crim. 27 c.
5 août. Crim. 14 c.
25 août. Bordeaux. 24.

1883

19 juill. Crim. 51.
31 août. Loi. 36 c.
26 déc. Rouen. 52 c.

1884

27 févr. Angers. 31.
4 juill. Crim. 17 c., 18 c.

1885

19 mars. Crim. 45 c.
25 mars. Trib. corr. de Langres. 45 c.

1886

13 mai. Crim. 38 c.
7 juill. Req. 37 c., 39 c., 40 c.

1889

4 avr. Limoges. 22 c.
21 juin. Crim. 17 c.
13 juill. Crim. 12 c., 62 c.

1890

30 juill. Nancy. 51 c.
4 déc. Bourges. 32 c.

1891

10 avr. Crim. 22 c.
26 juin. Crim. 28 c.

MITOYENNETÉ. V. *infrà*, v° *Mur mitoyen-mitoyenneté.*

MONASTÈRE. — V. outre les mots indiqués au *Répertoire, suprà*, v° *Culte*, n°s 271 et suiv., 653 et suiv. ; — *Rép.* cod. v°, n°s 393 et suiv., 662 et suiv.

MONITOIRE. V. *suprà*, v° *Culte*, n° 64; *infrà* v^is *Procédure criminelle; Témoin;* — *Rép.* v^is *Culte*, n° 127; *Instruction criminelle*, n° 13.

MONNAIE.

Division.

---

§ 1er. — Historique, législation, droit comparé (*Rép.* n°s 2 à 32).

1. La législation monétaire de la France a pour base la loi du 7 germ. an 11, dont le texte a été rapporté au *Rép.* n° 380. Cette loi a constitué ce qu'on nomme le système du *double étalon*, qui a donné lieu entre les économistes à de si vives discussions : elle reconnaît l'existence de deux monnaies, l'une d'or, l'autre d'argent, ayant toutes deux force libératoire, et ayant comme lien commun une unité qui est le franc. Cette unité rattache l'une à l'autre les deux monnaies qui ne se différencient que par des poids correspondant à la valeur des deux métaux, et il a été admis par le législateur de l'an 11 que les valeurs différentes de ces deux métaux qui se servent réciproquement de mesure pouvaient être déterminées par la proportion de 1 à 15 1/2 (V. Discours de M. de Parieu au Sénat du 7 avr. 1881, *Journ. off.* 8 avr. 1881).

2. Durant la première moitié de ce siècle, la monnaie d'argent était celle dont l'usage était le plus habituel. Cette situation se trouva profondément modifiée à la suite de la découverte des gisements aurifères de la Californie et de l'Australie et des exportations d'argent considérables nécessitées par le commerce avec l'extrême Orient; vers 1853, l'or commença à affluer et l'argent tendit à se raréfier sur le marché français, ce qui modifia très sensiblement, au préjudice de l'or, le rapport de 1 à 15 1/2 admis en l'an 11. Une perturbation semblable se produisit dans tous les pays de l'Europe. La plupart des Etats cherchèrent le remède dans l'abaissement du titre ou du poids des monnaies d'argent. La France entra dans cette voie par la loi du 2 mai 1864 (D. P. 64. 4. 73); tout en conservant au franc, qui est notre unité monétaire, son titre légal tel que le définit la loi de l'an 11, le législateur de 1864 décida que les pièces d'argent de 50 centimes et de 20 centimes au titre de 9/10 d'argent fin seraient retirées de la circulation et remplacées par de nouvelles pièces au titre de 835 millièmes. Cette mesure et celles du même genre que prirent la plupart des Etats européens eurent pour effet de détruire l'harmonie qui avait existé pour toute la monnaie d'argent entre la France, l'ancien Piémont, la Belgique et la Suisse. En 1865, l'Italie avait la totalité de sa monnaie d'appoint à 835 millièmes, la Belgique à 900, la Suisse à 800; la France en avait une partie à 900 et l'autre partie à 835. Le besoin de rétablir l'accord entre ces Etats provoqua une entente; une conférence monétaire, réunie sur l'initiative de la Belgique, prépara entre les quatre Etats qui viennent d'être nommés une convention qui fut conclue le 23 déc. 1865 et rendue exécutoire en France par une loi du 14 juill. 1866 (D. P. 66. 4. 127).

3. Cette loi décida que les pièces de 2 fr., 1 fr., 50 cent. et 20 cent. seraient désormais au titre de 835 millièmes, et que l'émission en serait limitée à la somme de 239 millions. Il n'était pas d'ailleurs dérogé aux dispositions de la loi du 7 germ. an 11 en ce qui concernait le franc considéré comme base du système monétaire en France. L'union monétaire de 1865, généralement désignée sous le nom d'*Union latine*, qui admettait d'avance, dans ses statuts, l'accession des nations les plus éloignées, détermina un mouvement d'opinion considérable en faveur de la création d'une monnaie universelle internationale. La question de l'unification des monnaies fut soumise aux délibérations d'une nouvelle conférence monétaire internationale, qui se réunit en 1867 et dans laquelle furent représentés tous les Etats de l'Europe et de l'Amérique du Nord. La conférence se prononça en faveur de l'unification des types monétaires, et émit l'avis que cette unification pourrait se réaliser, d'une part, par l'admission générale de l'étalon d'or, et, d'autre part, par l'analogie des types monétaires qui seraient choisis avec les types de l'Union latine, en y joignant toutefois une pièce de 25 fr. qui aurait une grande analogie avec un type répandu dans plusieurs Etats en dehors de l'Union latine.

4. Les circonstances dans lesquelles avaient eu lieu les délibérations de la conférence de 1867 ne tardèrent pas à changer. A la différence de ce qui s'était produit de 1853 à 1867, l'or subit une hausse marquée, et l'argent une dépréciation considérable. Cet état de choses devait être attribué à des causes diverses; il pouvait tenir, dans une certaine mesure, à la progression constante de la production des mines argentifères; mais il eut pour causes principales la diminution de la consommation de l'argent par l'Orient et spécialement par l'Inde, et surtout la substitution de la monnaie d'or à la monnaie d'argent adoptée en 1873 par l'Allemagne. — Sous l'influence de ces causes diverses, le rapport légal entre l'or et l'argent qui était, d'après la loi de l'an 11, de 1 à 15 1/2, se trouva porté au delà de 1 à 17. Il en résulta pour la France un trouble considérable dans sa situation monétaire. Le kilogramme d'argent qui, acheté comme lingot à Londres, marché des métaux précieux, ne coûtait à l'acheteur que 178 fr. 92 cent., était payé à la Monnaie de Paris 204 fr., ce qui laissait à la spéculation un bénéfice très élevé. Les Etats de l'Union latine envoyaient en France leurs écus, les autres Etats y envoyaient des lingots pour les faire fondre dans nos hôtels des monnaies. Tous profitaient de la différence existante entre la valeur nominale de l'argent monnayé et la valeur réelle du lingot qui le fournissait par la fonte et le frappage (V. Rapport de M. Rouland au Sénat, D. P. 76. 4. 119, note 1).

5. Pour remédier aux dangers de cette situation, une loi du 5 août 1876 (D. P. 76. 4. 119) décida que la fabrication des pièces de 5 fr. en argent pour le compte des particuliers pourrait être limitée ou suspendue par décret. Le législateur n'attribuant le mal qu'il voulait conjurer qu'à des causes accidentelles et passagères, ne crut pas devoir, comme l'avaient proposé au Sénat MM. de Parieu et Pagézy, préparer l'abandon du régime monétaire créé par la loi de germ. an 11 et la suppression définitive de la monnaie d'argent; et il décida que la mesure adoptée n'aurait d'effet que jusqu'au 31 janv. 1878. Toutefois, les circonstances ne s'étant pas sensiblement modifiées, les effets de la loi du 5 avr. 1876 furent prorogés par une loi du 31 janv. 1878 (D. P. 78. 4. 21) jusqu'au 31 mars 1879. En exécution de ces deux lois, la fabrication des pièces de 5 fr. en argent, pour le compte des particuliers, fut suspendue par deux décrets du 6 août 1876 (D. P. 76. 4. 120) et du 31 janv. 1878 (D. P. 78. 4. 22).

6. Ce régime a été consacré pour tous les Etats de l'Union latine par la nouvelle convention monétaire conclue le 5 nov. 1878 (D. P. 80. 4. 4) entre la France, l'Italie, la Belgique, la Suisse et la Grèce. L'art. 9 de cette convention porte que provisoirement la frappe de l'argent sera suspendue dans les cinq Etats, et qu'elle ne pourra être reprise chez aucun d'eux sans le consentement unanime des autres. La convention reproduit d'ailleurs, avec quelques modifications, les stipulations de la convention du 23 déc. 1865. L'art. 15 porte que cette convention restera en vigueur jusqu'au 1er janv. 1886, et que si, un an avant ce terme, elle n'a pas été dénoncée, elle sera prorogée de plein droit, d'année en année, par voie de tacite reconduction, et demeurera obligatoire jusqu'à l'expiration d'une année après la dénonciation qui en sera faite.

7. On a dit au *Rép.* n° 17, qu'en dehors des diverses monnaies ayant un cours naturel, il existe une autre sorte de monnaie dite monnaie *obsidionale*, créée dans les villes assiégées et destinée à être reçue dans le commerce par les troupes et par les habitants pour signe d'une valeur intrinsèque spécifiée. Durant la guerre de 1870, des monnaies, de ce genre ont été créées dans plusieurs places investies par l'ennemi. — La jurisprudence a reconnu aux commandants militaires de ces places de guerre le droit d'établir, pour les besoins de l'armée et la facilité des échanges, des monnaies obsidionales ou bons provisoires ayant cours forcé (Trib. police, Besançon, 1er avr. et 6 mai 1871, aff. Nonotte et Rouly, D. P. 71. 3. 104). Il a été également décidé que le refus de ces monnaies créées par l'autorité militaire dans une ville assiégée constitue, de la part des habitants, une contravention de police tombant sous l'application de l'art. 471, n° 15, c. pén. (Mêmes jugements). On peut toutefois se demander si ce n'est pas plutôt l'art. 475, n° 11, c. pén., relatif au refus des monnaies ayant cours légal, qui aurait dû être appliqué.

8. Quant à la falsification des monnaies obsidionales, il a été décidé qu'elle tombe sous l'application de l'art. 139 c. pén. qui réprime la contrefaçon des billets émis par le Trésor public avec son timbre et des billets des banques autorisées (Dijon, 13 avr. 1871, aff. Delorme, D. P. 72. 2. 19). Mais cette solution n'a pas paru à l'abri de toute critique. On a fait observer que des bons obsidionaux émis avec la signature d'un général ou d'un préfet ne pouvaient être confondus avec les effets émis par le Trésor public et portant l'empreinte de son timbre (Dutruc, *Journ. du min. publ.* t. 14, 1871, art. 1496), et qu'il serait plus exact de les considérer comme de simples titres au porteur revêtus de la signature d'un fonctionnaire public et ne pouvant donner lieu qu'à l'application de l'art. 147 c. pén. (V. note sous l'arrêt précité du 13 avr. 1871).

9. — Droit comparé. — 1° *Angleterre.* — La législation monétaire de l'Angleterre, que nous avons résumée au *Rép.* n° 21, n'a subi depuis la publication du *Répertoire* aucune modification qui mérite d'être signalée.

10. — 2° *Belgique.* — La Belgique fait partie, comme on l'a dit *suprà*, n° 2, de l'Union latine, et est conséquemment soumise au régime consacré par la convention du 5 nov. 1878 (V. *suprà*, n° 6), qui a été approuvée par une loi du 27 décembre suivant.

11. — 3° *Suisse.* — La convention monétaire du 5 nov. 1878 y a été rendue exécutoire par sa publication dans la *Feuille fédérale* de 1879 (p. 256). Toutes les monnaies des Etats de l'Union y ont cours légal entre les particuliers (V. *infrà*, n° 33).

12. — 4° *Italie.* — La convention monétaire du 5 nov. 1878 et l'acte additionnel du 20 juin 1879 ont été approuvés par une loi du 1er août 1879 qui donne à toutes les monnaies de l'Union cours légal entre les particuliers (V. *infrà*, n° 33).

13. — 5° *Pays-Bas.* — Une loi du 6 juin 1875 (*Ann. de lég. étr.* 1876, p. 645) a prescrit des mesures provisoires à l'égard du système monétaire. Elle a maintenu la prohibition de la frappe d'argent et autorisé la frappe de pièces d'or de 10 florins. Cette loi, dont le but était de préparer l'introduction du système de l'étalon unique d'or, devait être soumise à une revision avant le 1er janv. 1877. Cette situation a été prolongée par une loi du 9 déc. 1877 (*Ann. de lég. étr.* 1878, p. 537) jusqu'à ce qu'il y fût pourvu ultérieurement. Le ministre des finances, en défendant cette loi, a déclaré que le temps n'était pas encore venu d'adopter définitivement un système monétaire, et que la solution dépendrait des résolutions que prendraient les nations limitrophes avec lesquelles la Hollande entretient des relations commerciales et industrielles.

14. — 6° *Empire allemand.* — Les lois du 4 déc. 1871 et du 9 juill. 1873 (*Ann. de lég. étr.* 1874, p. 121) ont profondément modifié le régime monétaire de l'Allemagne, dont la circulation avait jusque-là été presque exclusivement alimentée par l'argent. La législation nouvelle a été établie sur les bases suivantes : « Les monnaies d'Etat seront remplacées par les monnaies d'or impériales. L'unité de compte adoptée est le mark. Il est émis des pièces d'or de 5, 10 et 20 marks, des pièces d'argent de 20 pfennigs, 50 pfennigs, 1, 2 et 5 marks. Il est frappé 279 pièces de 5 marks avec une livre d'or. L'émission des nouvelles pièces d'argent est limitée à 10 marks par tête d'habitant, et l'on n'est pas obligé de les recevoir en payement pour une somme supérieure à 20 marks. Mais les pièces d'un ou deux thalers existantes sont maintenues provisoirement dans la circulation sur un pied complet d'égalité avec l'or. La relation légale de valeur entre l'or et l'argent est 1 : 15.50 conformément à la loi de l'an 11, le titre de 9/10 de fin. Il est, en outre, émis des monnaies de nickel et de cuivre jusqu'à concurrence de 2 marks 1/2 par habitant. Les monnaies étrangères ou celles des Etats seront démonétisées, quelques-unes sans délai, les autres au bout d'un certain laps de temps, et les obligations payables en ces monnaies deviendront payables en monnaies impériales » (Notice de M. de la Porte, *Bulletin de la Société de législation comparée*, 1874, p. 214 et suiv.). L'exposé des motifs de la loi du 9 juill. 1873 en résume en ces termes le caractère : « C'est un acheminement vers l'unique étalon d'or au moyen de deux mesures corrélatives : le retrait des monnaies d'argent ; l'extension donnée par la loi à la circulation en or ».

15. — 7° *Etats scandinaves.* — Une loi du 30 mai 1873 (*Annuaire de législation étrangère*, 1874, p. 416) a transformé le système monétaire de la Suède. L'unité monétaire était précédemment le *riksdaler* d'argent, dont la valeur était d'environ 1 fr. 40 cent. Depuis la loi de 1873, le *riksdaler* a pris le nom de *couronne*, et l'or est devenu l'unique étalon. Cette réforme a été étendue au Danemark (L. 17 avr. 1875, *Ann. de législ. étrang.*, 1870, p. 802), et à la Norvège (L. du 17 avr. 1875, *Ann. de lég. étrang.*, 1876, p. 802). Le grand-duché de Finlande a également adopté le système de l'étalon unique d'or par une loi du 9 août 1877 (*Ann. de lég. étr.* 1880, p. 753).

16. — 8° *Etats-Unis.* — La législation monétaire des Etats-Unis a passé par des phases diverses. Une loi du 12 juin 1873, ayant pour objet de reviser et amender les lois relatives à la fabrication et à l'essai des monnaies des Etats-Unis, avait fondé le système monétaire sur la reconnaissance de l'unique étalon d'or et restreint l'emploi de l'argent aux monnaies d'appoint. Le congrès vota successivement, dans le cours des années suivantes, un ensemble de mesures destinées à assurer la reprise des payements en espèces dans les caisses de la Confédération et à substituer graduellement l'or aux billets des Etats-Unis. Les difficultés que présenta la mise en circulation de l'or dans les délais prévus donna lieu à des propositions qui avaient pour but de remplacer une partie notable du papier par l'argent; elles mirent en présence les partisans du système qui tendait à faire de l'argent une monnaie légale et ceux qui, tout en consentant à étendre l'emploi de l'argent comme monnaie d'appoint, prétendaient conserver l'or pour fixer l'unité monétaire.

Une première résolution votée par le congrès le 22 juill. 1876 autorisa le secrétaire du Trésor à frapper comme *monnaie subsidiaire* 10 millions de dollars d'argent en échange des billets de banque des Etats-Unis, mais prononça en même temps, en principe, la démonétisation des *trade-dollars* (dollars d'argent) tout en permettant de les mettre en circulation jusqu'à concurrence de la demande de l'exportation. Mais en 1878, à la suite de longues et vives discussions, le congrès se prononça contre le système de l'étalon unique d'or. La loi du 28 févr. 1878 (*Ann. de lég. étr.* 1879, p. 678) autorisa la frappe d'un dollar d'argent comme étalon et lui restitua son caractère de monnaie légale, pour toutes les dettes publiques ou privées, sauf convention contraire. L'art. 2 porte qu'immédiatement après l'adoption de la loi, le président devra inviter les gouvernements qui ont adhéré à l'Union latine, ainsi que les autres nations de l'Europe, à former avec les Etats-Unis une conférence internationale dans laquelle on adopterait un rapport uniforme entre l'or et l'argent et on généraliserait l'emploi du double étalon. Le président des Etats-Unis opposa son *veto* à cette loi, mais la loi ayant, à la suite de ce *veto*, réuni les deux tiers des voix dans chacune des Chambres, fut définitivement adoptée.

TABLEAU DE LA LÉGISLATION.

12-29 déc. 1854. — Décret qui autorise la fabrication de pièces d'or de 100 fr. et de 50 fr. (D. P. 55. 4. 8).

7 avr.-9 mai 1855. — Décret relatif au diamètre des pièces d'or de 5 fr. et de 10 fr. (D. P. 55. 4. 66).

12-21 mars 1856. — Décret qui fixe les époques auxquelles les anciennes monnaies de cuivre cesseront d'avoir cours légal forcé (D. P. 56. 4. 42).

19 févr.-5 mars 1859. — Décret qui retire de la circulation les pièces de 5 fr. en or du diamètre de 14 millimètres (D. P. 59. 4. 16).

18-23 juill. 1860. — Loi qui autorise une nouvelle émission de monnaie de bronze (D. P. 60. 4. 90).

25-30 mai 1864. — Loi relative à la fabrication de nouvelles pièces d'argent de 50 cent. et de 20 cent. (D. P. 64. 4. 73).

14-27 juill. 1866. — Loi relative à la convention monétaire conclue le 23 déc. 1865 entre la France, la Belgique, l'Italie et la Suisse (D. P. 66. 4. 127).

17-24 juin 1868. — Décret qui fixe l'époque à laquelle les anciennes monnaies divisionnaires d'argent de 2 fr., de 1 fr., de 50 cent. et de 20 cent. cesseront d'avoir cours légal et forcé (D. P. 68. 4. 83).

7-8 oct. 1870. — Décret qui autorise le ministre des finances à faire convertir en monnaie, au type de la République, l'argenterie provenant des palais et résidences qui faisaient partie de l'ancienne liste civile (D. P. 70. 4. 95).

25 juin-18 oct. 1871. — Arrêté sur l'organisation de l'administration des monnaies et médailles (D. P. 71. 4. 152).

2-11 août 1872. — Loi qui autorise une nouvelle émission de monnaie de bronze de 10 millions de francs (D. P. 72. 4. 129).

5-6 août 1876. — Loi relative au droit de limiter ou de suspendre la fabrication des pièces de 5 fr. en argent (D. P. 76. 4. 119).

6-7 août 1876. — Décret qui suspend la fabrication des pièces de 5 fr. en argent pour le compte des particuliers (D. P. 76. 4. 120).

31 janv.-1er févr. 1878. — Loi qui proroge le droit de limiter ou de suspendre la fabrication des pièces de 5 fr. en argent (D. P. 78. 4. 21).

31 janv.-2 févr. 1878. — Décret qui suspend la fabrication des pièces en argent pour le compte des particuliers (D. P. 78. 4. 22).

31 juill.-2 août 1879. — Loi relative à l'exécution de la fabrication des monnaies par voie de régie administrative sous l'autorité du ministre des finances (D. P. 80. 4. 7).

31 oct. 1879.-24 janv. 1880. — Décret portant règlement d'administration publique sur la fabrication des monnaies (D. P. 81. 4. 31).

20 nov. 1879.-24 janv. 1880. — Décret portant organisation du service des monnaies et médailles (D. P. 81. 4. 31).

27 déc. 1879.-4 févr. 1880. — Décret relatif au tarif des espèces et matières d'or (D. P. 80. 4. 88).

11-13 août 1886. — Décret relatif aux monnaies étrangères employées à l'étranger aux payements faits au personnel de la marine (D. P. 87. 4. 44).

9 janv.-27 févr. 1889. — Décret relatif aux attributions du contrôleur principal des monnaies (*Bulletin des lois*, nº 20853).

§ 2. — Administration, contentieux (*Rép.* nos 33-38).

17. On a vu au *Rép.* nº 35, que l'administration centrale, qui exerce son autorité et sa surveillance sur tous les établissements monétaires, avait été confiée par l'arrêté du 10 prair. an 11 : 1º à une commission composée d'un président et de deux commissaires généraux; 2º à un bureau formé d'inspecteurs vérificateurs des essais, d'essayeurs et aides-essayeurs; 3º à un conservateur du musée; 4º à un graveur des médailles. — Cette organisation a subi d'importantes modifications. Un décret du gouvernement de la Défense nationale du 10 janv. 1871 a supprimé la commission des monnaies et des médailles, et l'a remplacée par une administration dirigée par un directeur assisté d'un sous-directeur. Un arrêté du chef du pouvoir exécutif du 25 juin 1871 (D. P. 71. 4. 152) a mis les règlements existants en harmonie avec l'organisation nouvelle qui résultait du décret précité.

18. Aux termes de l'arrêté du 25 juin 1871, le service de l'administration centrale des monnaies et médailles est composé : 1º des bureaux de l'administration dirigés par un chef des bureaux; 2º du laboratoire chargé de l'essai des espèces monnayées, des médailles, des lingots et matières d'or et d'argent, etc., dirigé par un vérificateur en chef; 3º du musée monétaire et des médailles, sous la surveillance d'un conservateur; 4º du service de l'inspecteur des essais près les bureaux de garantie; 5º du service du contrôle de la fabrication des timbres-poste, composé d'un contrôleur et des agents placés sous ses ordres (art. 2).

19. Le directeur de l'administration, le sous-directeur, le graveur général chargé de la fabrication des coins et poinçons, les commissaires des monnaies et les directeurs de la fabrication auxquels appartient l'administration particulière de chaque hôtel des monnaies, sont nommés par le chef du pouvoir exécutif, sur la présentation du ministre des finances (art. 7).

20. L'administration des monnaies et médailles est chargée : 1º de diriger la fabrication des monnaies; d'en juger, conformément au tit. 2 de la loi du 7 germ. an 11, le poids et le titre; d'en ordonner la délivrance et l'émission ou d'en prescrire la refonte; 2º de vérifier le titre des espèces étrangères et de proposer la rectification des tarifs qui règlent leur admission au change; 3º de statuer sur les difficultés qui pourraient s'élever entre les porteurs de matières et les directeurs de la fabrication; 4º de surveiller la fabrication des poinçons, matières et coins des monnaies, et celle des poinçons et bigornes pour le service de la garantie; 5º de délivrer, conformément aux lois des 22 vendém. an 6 et 19 brum. an 6, aux essayeurs des bureaux de garantie, les certificats dont ils doivent être pourvus avant d'entrer en fonctions; 6º de statuer sur les difficultés relatives au titre et à la marque des lingots et des ouvrages d'or et d'argent; 7º de la vérification des monnaies altérées ou arguées de faux; 8º de surveiller la fabrication des médailles, d'en faire vérifier le titre, d'en autoriser la délivrance et de proposer au ministre des finances les tarifs de vente; 9º de la conservation des collections qui composent le musée monétaire et des médailles, et de l'exécution de toutes les mesures qu'elle juge utile de prendre ou de proposer au ministre des finances dans le but d'augmenter les collections; 10º de la direction, de la surveillance et du contrôle de la fabrication des timbres-poste, 11º enfin d'assurer l'exécution des lois et règlements sur les monnaies et sur la partie de la garantie réservée à l'administration des monnaies par l'ordonnance du 5 mai 1820 (art. 11).

21. L'arrêté du 25 juin 1871 détermine les attributions spéciales du directeur (art. 12), du sous-directeur (art. 13), du chef des bureaux (art. 14), du graveur général (art. 15), du vérificateur en chef des essais (art. 16), du vérificateur des essais (art. 17), des essayeurs (art. 18), du conservateur du musée (art. 19), de l'inspecteur de la garantie (art. 20), du contrôleur de la fabrication des timbres-poste (art. 21), des commissaires des monnaies (art. 22), du directeur de la fabrication (art. 23), du contrôleur au change (art. 24), du contrôleur au monnayage (art. 25), du contrôleur à la fabrication des médailles (art. 26). Le titre 3 de l'arrêté est consacré aux opérations relatives au jugement du poids et du titre et à la délivrance des espèces fabriquées. Un décret du 20 nov. 1879 (D. P. 81. 4. 42) porte organisation du service des monnaies et médailles. Un décret du 9 janv. 1889 *Bulletin des lois*, n° 20853 détermine les attributions du contrôle principal des monnaies.

§ 3. — Fabrication, surveillance, vérification (*Rép.* n°s 39-45).

22. On a vu au *Rép.* n° 41 que la fabrication des monnaies se faisait par voie d'entreprise. Ce système présentait, entre autres inconvénients, celui de la possibilité d'activer artificiellement, la fabrication dans un intérêt privé et d'émettre ensuite dans la circulation des quantités de numéraire qui ne répondaient pas à des besoins réels. Aussi, à la suite de la conférence monétaire des délégués de l'Union latine qui eut lieu en 1878 (V. *suprà*, n° 6), mit-on à l'étude la substitution de la régie directe par l'Etat, en vigueur dans la plupart des pays étrangers, au système de l'entreprise qui avait souvent donné lieu aux observations des commissions du budget, et, à la suite de cette étude, est intervenue la loi du 31 juill. 1879 (D. P. 80. 4. 7) qui porte que la fabrication des monnaies sera exécutée par voie de régie administrative sous l'autorité du ministre des finances. « Le système de la régie, dit le rapporteur à la Chambre des députés, assure aux porteurs de matières précieuses, la responsabilité de l'Etat; de plus, il permet de réaliser un progrès depuis longtemps réclamé par le commerçe et la Banque de France et qui consiste, en assimilant aux effets négociables du Trésor public les bons de monnaie, à rendre ces derniers transmissibles par la voie de l'endossement ».

23. L'art. 2 de la loi du 31 juill. 1879 porte qu'un décret rendu en forme de règlement d'administration publique déterminera les conditions d'admission au bureau du change des matières propres à la fabrication des monnaies, ainsi que le mode d'émission des bons de monnaies et de délivrance des espèces, et fixera les frais de fabrication conformément au principe posé par l'art. 11, § 1, de de la loi du 7 germ. an 11. Le projet du Gouvernement portait que le décret fixerait ses frais de fabrication *conformément aux dispositions* de l'art. 11 de la loi du 7 germ. an 11. Mais on a fait observer que cet art. 11, après avoir ordonné qu'il ne pourrait être exigé de ceux qui porteraient les matières d'or et d'argent à la Monnaie, que les frais de fabrication, fixe en outre, dans un second paragraphe, la quotité de ces frais, et l'on a ajouté que les frais de fabrication étant moins élevés qu'à l'époque où fut rendu le décret du 7 germ. an 11, il pouvait y avoir inconvénient à viser l'article dans son ensemble. A la suite de ces observations la rédaction du paragraphe a été modifiée.

24. En exécution de l'art. 2 de la loi du 31 juill. 1879, a été rendu le décret du 31 oct. de la même année (D. P. 81. 4. 31) portant règlement d'administration publique sur la fabrication des monnaies. Ce décret fixe les frais de fabrication à exiger des porteurs de matières, par kilogramme, au titre monétaire 900 millièmes, à 6 fr. 70 cent. pour les matières d'or et 1 fr. 50 cent. pour les matières d'argent. Le tarif des matières d'or et d'argent établi conformément à cette disposition doit, comme sous l'empire de la législation antérieure (*Rép.* n° 42), être publié et affiché aux bureaux de change. Un décret du 27 déc. 1879 (D. P. 80. 4. 88) porte que les espèces et matières d'or continueront d'être payées au change de la monnaie, conformément au tarif annexé au décret du 8 avr. 1854 (*Rép.* n° 386).

25. Le décret du 31 oct. 1879 détermine, en exécution de l'art. 5 de la loi du 31 juill. de la même année, le nombre et le mode de prélèvement des échantillons destinés aux vérifications de la commission de contrôle de la circulation monétaire, ainsi que les mesures nécessaires pour garantir leur identité (art. 8 et suiv.). La commission de contrôle chargée de cette vérification qui était précédemment confiée, ainsi qu'on l'a dit au *Rép.* n° 45, à la commission des monnaies, est composée de neuf membres désignés: un par le Sénat, un par la Chambre des députés, un par le conseil d'Etat, un par la cour des comptes, un par le conseil de la Banque de France, deux par l'Académie des sciences et deux par la Chambre de commerce de Paris (L. 31 juill. 1879, art. 4). Cette commission remet, dans le premier mois de chaque année, au président de la République, un rapport sur les résultats de la fabrication effectuée pendant l'année précédente et sur la situation matérielle de la circulation. Ce rapport est publié et distribué au Sénat et à la Chambre des députés (art. 6).

§ 4. — Type monétaire (*Rép.* n°s 46 à 58).

26. On a vu au *Rép.* n° 57 que, sous l'empire de la loi du 7 germ. an 11, et des décrets du 3 mai 1848 et du 12 janv. 1854, les pièces d'or étaient de 5, 10, 20 et 40 fr. et les pièces d'argent d'un cinquième de franc, d'un demi-franc, de 1 fr., de 2 fr. et de 5 fr. Aux termes du décret du 12 janv. 1854, les pièces d'or de 10 fr. devaient être du diamètre de 17 millimètres, les pièces de 5 fr. du diamètre de 14 millimètres. Un décret du 12 déc. 1854 (D. P. 55. 4. 8) a autorisé la fabrication de pièces de 100 fr. à la taille de 31 pièces au kilogramme, au diamètre de 35 millimètres et au poids droit de 32 gr. 2580 ; de pièces de 50 fr. à la taille de 62 pièces au kilogramme, au diamètre de 28 millimètres et au poids droit de 16 gr. 1290. Le même décret a supprimé la fabrication des pièces de 40 fr. Un décret du 7 avr. 1855 (D. P. 55. 4. 66) porte que les pièces de 5 fr. en or seront fabriquées à l'avenir au diamètre de 17 millimètres et celles de 10 fr. au diamètre de 19 millimètres. Les pièces de 10 fr. à l'effigie de Napoléon III et au diamètre de 17 millimètres ont été retirées de la circulation par le même décret, et les pièces de 5 fr. en or du diamètre de 14 millimètres par le décret du 19 févr. 1859 (D. P. 59. 4. 16).

27. L'art. 2 de la convention monétaire conclue le 5 nov. 1878 entre la France, la Belgique, la Grèce, l'Italie et la Suisse (D. P. 80. 4. 4) porte, dans son art. 2, que les types des monnaies d'or frappées à l'empreinte des hautes parties contractantes, sont ceux des pièces de 100 fr. au diamètre de 35 millimètres et au poids droit de 32 grammes 2580, des pièces de 50 fr. au diamètre de 28 millimètres et au poids droit de 16 gr. 1290 des pièces de 20 fr. au diamètre de 21 millimètres et au poids droit de 6 gr. 4516, des pièces de 10 fr. au diamètre de 19 millimètres et au poids droit de 3 gr. 2258, des pièces de 5 fr. au diamètre de 17 millimètres et au poids droit de 1 gr. 6129. Le titre de ces pièces est de 900 millièmes, aux termes de l'art. 9. Le monnayage de ces diverses pièces est libre pour chacun des Etats contractants, à l'exception de celui des pièces de 5 fr. d'or qui est provisoirement suspendu.

28. Les Etats entre lesquels est conclue la convention du 5 nov. 1878 s'engagent à n'émettre des pièces d'argent de 2 fr., de 1 fr., de 50 centimes et de 20 centimes, frappées dans les conditions indiquées par l'art. 4, que pour une valeur correspondante à 6 fr. par habitant. Ce chiffre a été fixé par la convention, en tenant compte des derniers recensements effectués dans chaque Etat, pour la Belgique à 33 millions, pour la France et l'Algérie à 240 millions, pour la Grèce à 10 millions et demi, pour l'Italie à 170 millions, pour la Suisse à 18 millions.

29. On a dit au *Rép.* n° 51 qu'une loi du 6 mai 1852 avait ordonné la refonte de nos monnaies de billon. Un décret du 12 mars 1856 (D. P. 56. 4. 42), rendu en exécution de cette loi, a déterminé les époques auxquelles les anciennes monnaies de cuivre cesseraient d'avoir légalement cours. La somme frappée conformément à la loi du 6 mai 1852 s'est élevée au chiffre de 48 500 000 fr. montant égal à celui que représentaient les anciennes pièces démonétisées. Une loi du 18 juill. 1860 (D. P. 60. 4. 91) a autorisé une nouvelle émission de monnaie de bronze jusqu'à concurrence d'une somme de 12 millions, et a déclaré applicables à cette monnaie les art. 3 et 6 de la loi du 6 mai 1852 ; le premier de ces articles détermine la composition, le poids et le module des pièces, le second ne rend la monnaie de bronze obligatoire que pour une somme inférieure à celle de 5 fr. Ainsi que l'a exposé le rapporteur de la loi, M. Devinck, le chiffre de 12 millions inscrit dans cette loi n'était absolu que comme maximum et restait facultatif comme minimum. Dans ces limites, l'émission devait être subordonnée à l'importance des besoins qui se manifesteraient.

30. Une loi du 2 août 1872 (D. P. 72. 4. 129) a autorisé une nouvelle émission de monnaie de bronze jusqu'à concurrence de 12 millions. Elle déclare également applicables à cette monnaie les art. 3 et 6 de la loi du 6 mai 1852.

§ 5. Monnaies nationales (*Rép.* nos 59 à 70).

31. L'art. 475-11° c. pén. punit, ainsi qu'on l'a vu au *Rép.* n° 64, d'une amende de 6 à 10 fr. ceux qui ont refusé de recevoir les espèces et monnaies nationales non fausses et altérées, selon la valeur pour laquelle elles ont cours. On a dit également au *Rép.* n° 65 qu'aux termes de l'art. 2 du décret du 18 août 1810, la monnaie de cuivre et de billon de fabrication française ne peut être employée dans les payements que pour l'appoint de la pièce de 5 francs, si ce n'est de gré à gré. On doit en conclure que le payement d'une somme de moins de 5 francs peut être effectué entièrement en monnaie de billon ayant cours légal, et que le créancier ou le vendeur ne peut les refuser sans contrevenir à l'art. 475-11°, alors d'ailleurs que son refus n'est pas fondé sur ce que les pièces ne seraient pas françaises ou sur ce qu'elles seraient altérées ou fausses (Crim. cass. 13 juil 1860, aff. Pellet, D. P. 60, 1. 418; 9 nov. 1861, aff. Ducos, D. P. 65. 5. 270). Il a été, spécialement, décidé que le refus de cinq pièces d'un centime, pour un payement d'une somme de cinq centimes, constitue la contravention punie par l'article précité (Arrêt précité du 9 nov. 1861).

32. Sous le régime du cours forcé, le refus du billet de banque comme monnaie légale tombe sous l'application de l'art. 475-11°; mais lorsque le billet de banque présenté est d'une valeur supérieure à la somme à payer, le cours forcé n'oblige pas à effectuer le change de monnaie demandé pour la validité du payement (Crim. rej. 6 janv. 1872, aff. Chemin de fer de Paris-Lyon-Méditerrannée, D. P. 72. 1. 46).

§ 6. Monnaies étrangères (*Rep.* nos 71 à 74).

33. L'art. 475-11° c. pén. n'a eu en vue que l'intérêt de la circulation des monnaies nationales, et le refus par un Français de recevoir des monnaies étrangères ne tombe pas sous la sanction de cette disposition, alors même qu'il s'agit de monnaies appartenant à des pays compris dans la convention diplomatique du 5 nov. 1878. (V. *suprà*, n° 6). Cette convention n'a trait qu'à l'admission des monnaies des Etats de l'Union latine dans les caisses publiques de chacun de ces Etats, et n'établit pas le cours forcé pour les relations entre particuliers (Crim. rej. 29 déc. 1882, aff. Verger, D. P. 83. 1. 433). Il en est autrement en Suisse et en Italie. Dans ces deux pays, le cours international des monnaies de l'Union est absolu, en ce sens qu'il n'est pas restreint, comme en France et en Belgique, aux caisses publiques, mais que les particuliers sont soumis, à cet égard, aux mêmes obligations que les receveurs comptables de deniers publics.

34. Il importe, d'ailleurs, de remarquer qu'en dehors des stipulations relatives à l'admission dans les caisses publiques qui figurent dans la convention, la Banque de France et la Banque de Belgique se sont engagées, dans des termes identiques et avec subordination d'un engagement à l'autre, à recevoir dans leurs caisses les monnaies des Etats de l'Union. C'est ce qui résulte des lettres des 25 oct. et 2 nov, 1878 écrites, la première par le gouverneur de la banque nationale de Belgique, la seconde par le gouverneur de la Banque de France, aux ministres des finances de leurs Etats respectifs, pour leur faire connaître que chacune de ces banques « consent à maintenir, pendant toute la durée de la nouvelle convention, l'engagement qu'elle a pris antérieurement de recevoir les monnaies de payement (pièces d'or et pièces de 5 francs argent) qu'aux termes de la convention de 1865, l'Etat doit accepter dans ses caisses ». Ces lettres sont annexées, à titre de documents officiels, et en vertu des décisions de la conférence, aux procès-verbaux de ses séances des 30 oct. et 4 nov. 1878. Il y est stipulé que les engagements qu'elles renferment ne seraient pas maintenus si l'un des Etats de l'Union supprimait le cours légal des monnaies dont il s'agit, sans y substituer des engagements analogues à ceux de la Banque de France ou de la banque nationale de Belgique pour assurer le cours effectif des monnaies de payement des Etats de l'Union. De leur côté, les représentants de l'Italie et de la Suisse ont déclaré, dans la séance de la conférence du 26 oct. 1878, que ces Etats ne maintenaient les lois qui conféraient sur leur territoire le cours légal entre particuliers aux monnaies de l'Union, et ne restaient même dans l'Union, qu'en considération des engagements des Banques de France et de Belgique.

35. La conférence, monétaire de 1878 a, d'ailleurs, très vivement discuté la question de savoir s'il convenait d'introduire dans tous les Etats de l'Union le cours légal, entre particuliers, des pièces d'or et des pièces de 5 francs en argent, tel qu'il existe en Suisse et en Italie. L'opinion favorable à l'introduction de ce cours légal, sans distinction entre les deux métaux, a été soutenue par le représentant du gouvernement italien. L'opinion opposée a été très énergiquement défendue par le gouverneur de la Banque de France qui, dans une lettre écrite au nom du conseil général de la Banque, a déclaré que ce conseil repoussait de toutes ses forces l'idée de donner le cours légal en France aux monnaies de l'Union latine, sans qu'il y eût lieu de distinguer entre la monnaie d'or et la monnaie d'argent, et qu'il estimait que la monnaie française devait rester seule libératoire et obligatoire en France. Les délégués de la Belgique et de la Suisse ont soutenu un système intermédiaire, qui aurait consisté à accorder le cours légal dans tous les pays de l'Union aux pièces d'or, sans étendre ce privilège à la monnaie d'argent. Ce système a été repoussé; mais il est à remarquer que le Gouvernement français n'a pas opposé, en principe, à cette solution une résistance aussi absolue que la Banque de France. En effet, le procès-verbal constate qu'après avoir résumé la discussion, M. Léon Say, ministre, des finances et président de la conférence, s'est borné à déclarer « que le Gouvernement français ne pouvait pas s'engager dès à présent sur cette question du cours légal des monnaies d'or, qu'il considérait d'ailleurs comme subordonnée aux deux autres questions qui venaient d'être traitées, celle de l'identité des modes de fabrication et celle d'un règlement en commun des charges de l'usure » (V. les observations de M. Th. Ducrocq sur l'arrêt du 29 déc. 1882, D. P. 83. 1. 433, note).

36. L'art. 6 de la loi de finances du 13 mai 1863 (D. P. 63. 4. 54) porte que la valeur des monnaies étrangères en monnaies françaises sera fixée annuellement par un décret, pour la perception du droit de timbre qui a été établi par la loi précitée sur les titres de rentes, emprunts et autres effets publics des gouvernements étrangers, et qui a été abaissé par l'art. 1er de la loi du 25 mai 1872 (D. P. 72. 4. 86). Le décret du 31 déc. 1890 (D. P. 91. 4. 109) fixe la valeur des monnaies étrangères.

37. Aux termes d'un décret du 11 août 1886 (D. P. 87. 4. 64), les monnaies étrangères employées, à l'étranger, aux payements de la solde, du traitement de table et autres allocations personnelles, faits au personnel militaire et civil du département de la marine et des colonies, sont comptées aux parties prenantes au taux d'achat opéré sur marché de numéraire, sur facture ou d'après convention verbale.

§ 7. Monnaie des médailles (*Rép.* nos 75-79)

38. On a dit au *Rép.* n° 78, que l'ordonnance du 24 mai 1832 avait réuni la monnaie des médailles à la commission des monnaies. Ainsi qu'on l'a vu précédemment (*suprà*, n° 17) le décret du 10 janv. 1871 a supprimé la commission des monnaies et médailles et l'a remplacée par une administration dirigée par un directeur assisté d'un sous-directeur. Cette administration est spécialement chargée, aux termes de l'art. 11-8° de l'arrêté du 25 juin 1871 (V. *suprà*, n° 20) de surveiller la fabrication des médailles, d'en faire vérifier le titre, d'en autoriser la délivrance, et de proposer au ministre des finances les tarifs de vente. Aux termes de l'art. 19 de cet arrêté, le conservateur du musée monétaire est spécialement préposé à la conservation et à l'entretien des coins de médailles déposés dans ce musée. D'après l'art. 25, le contrôleur à la fabrication des médailles surveille les opérations de monnayage des médailles et tient les registres qui y sont relatifs : ses attributions, ainsi que celles du commissaire des monnaies, du directeur de la fabrication et du contrôleur au change de Paris, en ce qui concerne la fabrication des médailles, sont déterminées par des règlements spéciaux.

Table sommaire

des matières contenues dans le Supplément et le Répertoire.

(Les chiffres précédés de la lettre *S* renvoient au Supplément; les chiffres précédés de la lettre *R* renvoient au Répertoire.)

Table chronologique des Lois, Arrêts, etc.

MONOPOLE. — V. outre les mots énoncés au *Répertoire* v[is] *Avocat*, n°s 94 et suiv.; *Avoué*, n°s 10 et suiv.; *Commerçant*, n°s 135 et suiv.; *Commune*, n°s 733 et suiv., 374, 580, 1237 et suiv.; *Industrie et commerce*, n°s 88 et suiv.; *Obligations; Voirie.*

MONT-DE-PIÉTÉ.

Division.

Art. 1er. — *Historique et considérations générales. — Législation. — Statistique* (*Rép.* n° 2).

1. — I. Historique et considérations générales. — Législation. — On a donné au *Rép.* n° 2 et suiv., l'historique complet de l'institution des monts-de-piété, depuis leur origine jusqu'à la loi des 24 juin-24 juill. 1851 (D. P. 51. 4. 134). L'histoire du prêt sur gage et des monts-de-piété a, depuis lors, été reprise et exposée avec les plus grands détails par M. Blaize, dans la seconde édition de son traité *Des monts-de-piété et des banques de prêt sur gage* (2 vol., Paris, Pagnerre, 1856); la première partie de cet ouvrage, t. 1, p. 1 à 214, est entièrement consacrée à l'« histoire du prêt sur gage à partir du 13e siècle jusqu'à la fin du 18e »; M. E. Duval, *Le mont-de-piété de Paris*, p. 19 (Coulommiers, Brodard et Gallois, 1886) a donné aussi une notice historique sur le mont-de-piété de Paris. Comp. l'exposé historique contenu dans les notes publiées à propos du différend existant entre le mont-de-piété de Paris et l'assistance publique, par MM. Cochut et Peyron (*infrà*, n° 7).

2. Depuis 1851, divers lois, décrets et règlements ont modifié la législation qui a été exposée au *Répertoire*.

Un décret du 24 mars 1852 (D. P. 52. 4. 100) a donné à l'administration du mont-de-piété de Paris une organisation différente de celle que la loi de 1851 impose aux autres monts-de-piété, mais analogue à celle dont la loi du 10 janv. 1849 a doté l'assistance publique à Paris. Désormais, le mont-de-piété de Paris est administré par un directeur responsable agissant sous le contrôle d'un conseil de surveillance. Un avis du conseil d'Etat du 29 déc. 1852 (1), interprétatif de la loi du 24 mars 1851, a déclaré que les dispositions du titre 1er de ladite loi sont applicables aux monts-de-piété qui ne sont pas autorisés à conserver leurs excédents de recettes.

Depuis 1852, le nombre des succursales du mont-de-piété de Paris a été porté à deux en 1862, puis à trois en 1889 (*infrà*,

---

(1) Le conseil d'Etat, qui, sur le renvoi ordonné par le ministre de l'intérieur, de l'agriculture et du commerce, a pris connaissance d'un rapport sur l'interprétation qu'il convient de donner aux dispositions de l'art. 9 de la loi du 24 juin 1851, sur les monts-de-piété, et spécialement sur les questions de savoir : 1° quels sont ceux des monts-de-piété actuellement existants que cet article désigne par ces termes : « qui ont été fondés comme établissements distincts de tous autres »; — 2° S'il résulte de l'ensemble dudit article qu'aucune des dispositions du titre 1er de la loi n'est immédiatement applicable à ceux des monts-de-piété

n° 170) et le nombre des bureaux auxiliaires qui n'était que de deux a été porté à vingt, par suite de l'ouverture de nombreux bureaux opérée successivement de 1856 à 1891 (*infrà*, n° 172). Les commissaires-priseurs près le mont-de-piété de Paris se voyant menacés par la création de ces bureaux de prêt direct élevèrent des réclamations nombreuses, et obtinrent une satisfaction partielle par le décret du 12 août 1863 (D. P. 63. 4. 142) dont l'art. 1er disposait : « Aucune opération de prêt consentie par le mont-de-piété de Paris ne pourra être supérieure à 10 000 fr. Les bureaux auxiliaires établis par le mont-de-piété ne pourront effectuer aucune opération de prêt supérieure à 500 fr. » (Ce décret a été abrogé par un décret du 2 août 1887 cité *infrà*, n° 3). Toutefois, les commissaires-priseurs furent, en même temps, mis en demeure de décharger les agents de l'administration de la prisée des gages dans les bureaux auxiliaires. Mais, pour éviter l'augmentation de leurs cadres, un arrêté du préfet de la Seine les a autorisés à présenter, à l'agrément de l'administration, des représentants, assesseurs ou commis dont le traitement serait à leur charge (Duval, *op. cit.*, p. 73). Actuellement, les quatorze commissaires-priseurs près le mont-de-piété n'apprécient plus personnellement que 12 pour 100 environ des gages présentés (*Ibid.*), et cependant le bénéfice net annuel de chacun d'eux s'élève à 24 000 fr. environ, déduction faite de toutes charges et frais (Cons. sup. de l'assistance publique, 1re session 1889, fascicule n° 25, p. 49). Aussi un projet de loi actuellement soumis au Parlement tend-il à supprimer les commissaires-priseurs près le mont-de-piété de Paris et à confier l'appréciation des gages à des employés nommés par le préfet de la Seine (V. *infrà*, n° 6).

3. Il convient de signaler encore, comme intéressant l'organisation ou l'administration des monts-de-piété, les dispositions législatives ou réglementaires suivantes : Décret du 5 mars 1851 (D. P. 51. 4. 50), portant création de l'emploi de surveillant des magasins du mont-de-piété de Paris ; — Décret du 8 sept. 1852, portant création d'un mont-de-piété à Alger ; — Décret du 6 mai 1854 (*Bull. des lois*, 1854, n° 1732), portant règlement du mont-de-piété de Reims ; — Arrêté portant que le taux des intérêts et droits pour les prêts consentis par le mont-de-piété de Paris est élevé, à partir du 1er avr. 1854, de 9.50 à 10 pour 100 ; — Instruction générale du 20 juin 1859, relative à la comptabilité des établissements de bienfaisance (le *Bull. off. min. int.* 1865, p. 352 et suiv., donne comme annexe à l'arrêté du 30 juin 1865 le texte des articles de cette instruction, qui sont applicables à la comptabilité des monts-de-piété) (Conf. Duval, p. 560 et suiv) ; — Décret du 25 juin 1860 (*Bull. des lois*, 1860, n° 9927), portant création d'un mont-de-piété à Dunkerque ; — Circulaire du ministère de la justice, du 30 mai 1861 (Duval, p. 600), qui rappelle que, lorsque des objets mis en gage dans les monts-de-piété ont été saisis dans ces établissements, comme pièces à conviction, la justice ne peut en ordonner la remise aux propriétaires que sous réserve expresse des droits de l'administration à laquelle ils ont été donnés en nantissement (Conf. Duval, n° 997 et suiv.) ; — Décret du 31 mai 1862 (D. P. 62. 4. 83), portant règlement général sur la comptabilité publique (V. les articles de ce décret applicables à la comptabilité des monts-de-piété, *Bull. off. min. int.*, 1865, p. 387 et Duval, p. 601) ; — Arrêté ministériel du 20 juin 1863 (*Bull. off. min. int.*, 1865, p. 391, et Duval, p. 606), relatif à l'emploi des timbres mobiles par les comptables publics ; — Décret du 6 août 1863 (*Bull. des lois* 1863, n° 15154), donnant au mont-de-piété de Besançon une administration distincte de celle des hospices ; — Loi de finances du 8 juin 1864 (D. P. 64.4. 89),

actuellements existants, qui n'ont pas été fondés comme établissements distincts ;

Sur la première question : — Considérant que la signification des termes : établissements distincts de tous autres, ressortait clairement de la rédaction primitive de la loi telle qu'elle avait été proposée par le conseil d'Etat et par la commission de l'Assemblée législative ; — Qu'en effet, l'art. 9, après ces mots : « établissements distincts de tous autres », se terminait par ceux-ci : « et ont été autorisés à conserver leurs bénéfices pour former ou accroître leur dotation ». Et, qu'à la suite dudit art. 9, se trouvaient deux autres articles qui étaient ainsi conçus : « Art. 10. Les monts-de-piété qui ont été établis par les hospices au profit des pauvres continueront à être régis par les conditions de leurs actes constitutifs ; néanmoins la séparation des intérêts respectifs pourra être prononcée par décret du Gouvernement, délibéré en conseil d'Etat, sur la demande, soit des administrations des hospices, soit de celles des monts-de-piété, et dans ce cas, les dispositions du titre 1er deviendront applicables ; — Art. 12. Le même arrêté qui prononcera la séparation statuera définitivement sur les conséquences qu'elle doit avoir, notamment sur les restitutions dues aux hospices à raison des bâtiments ou des fonds affectés par eux à l'exploitation des monts-de-piété ». — Considérant que le rapprochement de ces différentes dispositions, ainsi que les explications fournies par le rapport de la commission, établissaient avec évidence que, dans la pensée des auteurs de la loi, il y avait lieu d'entendre par ces mots : établissements distincts de tous autres, ceux des monts-de-piété alors existant qui n'avaient point contracté l'obligation de verser leurs excédents de recette dans la caisse d'un hospice ; — Considérant que si, lors de la deuxième délibération du projet de loi dans le sein de l'Assemblée législative, la disposition ci-dessus reproduite, qui terminait l'art. 9, a été supprimée sur la proposition de la commission elle-même, cette suppression n'a point eu lieu dans le but de modifier le sens primitif de l'article, mais uniquement parce que ladite disposition était considérée comme superflue, la portée de l'art. 9 restant suffisamment caractérisée par les développements du rapport et par le rapprochement des deux articles suivants ; — Qu'à la vérité, lors de la troisième délibération, les deux articles suivants, savoir : les art. 10 et 12 ci-dessus reproduits, lesquels avaient été adoptés par l'Assemblée législative, dans sa deuxième délibération, ont cessé d'être compris dans la loi ; — Mais qu'il ressort du compte rendu de la séance de l'Assemblée législative, dans laquelle cette troisième délibération a été prise, que la suppression desdits articles n'a été l'objet ni d'un vote de l'Assemblée, ni même d'une explication de la part de la commission, et que, dès lors, on ne saurait la considérer comme pouvant altérer le sens que l'Assemblée elle-même avait clairement attaché aux dispositions de l'art. 9, lors de la deuxième délibération.

Sur la deuxième question : — Considérant qu'il résulte du rapprochement des différentes dispositions de la loi du 24 juin 1851 et des explications fournies par les rapporteurs de ladite loi, tant au conseil d'Etat qu'à l'Assemblée législative, qu'il convient pour l'application de la loi, de distinguer les monts-de-piété en trois catégories, savoir : 1° ceux établis à titre purement charitable et qui, au moyen de dons ou de fondations spéciales, prêtent gratuitement ou à un intérêt inférieur au taux légal ; — 2° Ceux qui, ne prêtant ni gratuitement, ni à un intérêt inférieur au taux légal, sont autorisés à conserver leurs excédents de recettes pour former ou accroître leur donation ; — 3° Ceux qui, ne prêtant ni gratuitement, ni à un intérêt inférieur au taux légal, versent tout ou partie de leurs excédents de recettes dans la caisse d'un hospice ou d'un autre établissement charitable par les soins duquel ils ont été fondés ; — Considérant qu'aux termes de l'art. 10, aucune des dispositions du titre 1er de la loi n'est applicable aux monts-de-piété de la première catégorie ci-dessus désignée, à la seule exception des dispositions de l'art. 8 ; — Et, qu'aux termes de l'art. 9, toutes dispositions du titre 1er sont, au contraire, immédiatement applicables aux monts-de-piété de la deuxième catégorie ; — Considérant, en ce qui concerne les monts-de-piété de la troisième catégorie, qu'il ressort avec évidence des discussions ci-dessus visées de l'Assemblée législative que l'intention du législateur a été de ne restreindre à leur égard l'application immédiate des dispositions du titre 1er de la loi, qu'autant que cette application pourrait être de nature à porter atteinte aux intérêts pécuniaires des établissements de bienfaisance appelés, dans l'intérêt actuel des choses, à bénéficier de leurs excédents de recette ; — Que, si les termes de l'art. 9 ne répondent pas d'une manière suffisamment claire à cette intention du législateur, on ne doit y voir qu'une imperfection de rédaction qui ne saurait prévaloir contre les indications formelles fournies à la fois par la discussion de la loi et par les rapports qui ont servi de base à cette discussion ; — Et que, dès lors, il y a lieu d'appliquer immédiatement aux monts-de-piété dont il s'agit toutes celles des dispositions du titre 1er de la loi qui ne portent aucune atteinte aux intérêts pécuniaires et aux droits acquis des établissements charitables par les soins desquels lesdits monts-de-piété ont été primitivement établis.

Est d'avis : 1° que les termes : « établissements distincts de tous autres », qui se trouvent dans l'art. 9 de la loi du 24 juin 1851, désignent les monts-de-piété qui ont été autorisés à conserver leurs excédents de revenus pour former ou accroître leur dotation ; — 2° Que les dispositions du titre 1er de la loi sont immédiatement applicables aux monts-de-piété qui ne sont pas autorisés à conserver leurs excédents de revenus, à la seule exception de celles de ces dispositions qui seraient de nature à porter atteinte aux droits des hospices ou autres établissements de bienfaisance qui profitent, en tout ou en partie, desdits excédents de revenus.

Du 29 déc. 1852, Av. Cons. d'Etat, sect. de l'intérieur, de l'instruction publique et des cultes.

art. 25 relatif au cautionnement des caissiers et gardes-magasins des monts-de-piété ; — Circulaire du ministre de l'intérieur du 27 juin 1864 sur l'application de cet article (*Bull. off. min. int.*, 1865, p. 390; Duval, p. 607) ; — Décret du 11 juin 1864 (D. P. 65. 4. 4), relatif aux incompatibilités entre les fonctions de directeur, caissier et garde-magasin dans les monts-de-piété ; — Circulaire du ministre de l'intérieur du 20 déc. 1864, sur le même objet (*Bull. off. min. int.*, 1865, p. 392) ; — Arrêté du ministre de l'intérieur du 30 juin 1865, portant règlement pour l'administration et la comptabilité des monts-de-piété (*Bull. off. min. int.*, 1865, p. 185 ; une édition spéciale de cet arrêté et du règlement en 197 articles y annexé a été publiée à Paris, chez P. Dupont) ; — Loi municipale du 24 juill. 1867, art. 15 et 17 ; — Décret du 1er févr. 1867 (*Bull. des lois*, 1867, n° 14951), portant suppression du mont-de-piété de Bergues ; — Décret du 14 déc. 1867 (D. P. 68. 4. 66), autorisant la création d'un mont-de-piété à Toulouse ; — Décret du 14 déc. 1867 (D. P. 68. 4. 66) relatif au mont-de-piété de Nantes ; — Décret du 11 juin 1870 (*Bull. des lois* 1870, n° 26670), autorisant la création d'un mont-de-piété à Roubaix ; — Décret du 1er oct. 1870 (D. P. 70. 4. 94), portant (art. 1er) que les objets engagés au mont-de-piété depuis le 19 juill. 1870, consistant en vêtements, sommiers, matelas, couvertures, pour un prêt n'excédant pas 15 fr., seront rendus aux déposants ; — Décret du 12 oct. 1870 (D. P. 70. 4. 96), interprétatif du précédent et portant (art. 1er) que les articles de lingerie consistant en draps de lits et chemises, engagés au mont-de-piété depuis le 19 juill. 1870, pour un prêt n'excédant pas 15 fr., seront rendus aux déposants ; — Décret du 30 janv. 1871 (*Bull. des lois* 1871, n° 545), donnant à l'appréciateur du mont-de-piété de Nîmes les attributions de commissaire-priseur ; — Décret du 20 mars 1872 (D. P. 72. 4. 129), qui érige en établissement distinct le mont-de-piété existant à Brest et administré par la commission de l'hospice de cette ville ; — Décret du 31 janv. 1872 (D. P. 72. 4. 27), relatif à la constitution des cautionnements en rentes sur l'État français ; — Loi 15 juin 1872 (D. P. 72. 4. 112), relative aux titres au porteur ; — Loi du 29 juin 1872 (D. P. 72. 4. 116), relative à un impôt sur le revenu des valeurs mobilières ; — Décret du 6 déc. 1872 (D. P. 72. 4. 118), portant règlement d'administration publique pour l'exécution de cette loi ; — Décret du 7 juin 1875 (D. P. 76. 4. 14), qui dispense les établissements publics de bienfaisance de l'accomplissement des formalités de la purge des hypothèques, pour les acquisitions d'immeubles dont le prix ne dépasse pas 500 fr. ; — Décret du 31 mai 1878 (*Bull. des lois* 1878 n° 11302), autorisant le mont-de-piété de Lyon à admettre, à titre de nantissement, sur la présentation d'un négociant patenté, les étoffes de soie fabriquées en pièce ; — Décret du 24 juill. 1879 (*Bull. des lois*, 1879, n° 8342), autorisant le mont-de-piété de Besançon à augmenter le fonds de roulement au moyen duquel il est pourvu à ses opérations ; — Décret du 11 juin 1881, relatif aux pensions de retraite des employés de la préfecture de la Seine et des administrations annexes (D. P. 82. 4. 61) ; — Décret du 25 juill. 1882, portant règlement sur les pensions de retraite des employés du mont-de-piété ; — Décret du 22 janv. 1883 (*Bull. des lois*, 1883, n° 12949), qui rend applicable à la Guadeloupe la loi du 24 juin 1851 sur les monts-de-piété ; — Arrêté abaissant le taux des intérêts et droits au mont-de-piété de Paris à 9 fr. 50 cent. pour 100, à partir du 1er janv. 1885 ; — Arrêté les réduisant à 8 pour 100 à partir du 1er janv. 1886 ; — Décret du 25 févr. 1886 (*Bull. des lois* 1886, partie supplémentaire n° 23733), portant suppression du mont-de-piété existant à Rouen, et création d'un nouvel établissement régi par la loi du 24 juin 1851 ; ce décret charge le nouveau mont-de-piété de la liquidation des opérations de l'ancien établissement, et du remboursement, au moyen de ses excédents de recettes, du capital avancé par les hospices ; — Arrêté abaissant à 7 pour 100 le taux des intérêts et droits pour les prêts consentis par le mont-de-piété de Paris, à partir du 1er janv. 1887 (1) ; — Arrêté du préfet de la Seine du 4 avr. 1887 supprimant les commissionnaires près le mont-de-piété de Paris, à partir du 1er mai 1887 ; — Décret du 2 août 1887 (*Revue des établissements de bienfaisance*, 1887, p. 272), abrogeant le décret du 12 août 1863 précité, et supprimant la limitation des prêts au mont-de-piété de Paris ; — Décision du ministre des finances réduisant, à partir du 1er mai 1888, à 2 pour 100 l'intérêt des fonds placés en compte courant au Trésor par les établissements de bienfaisance ; — Circulaire du ministre de l'intérieur, du 9 mai 1888, sur le même objet (*op. cit.* 1888, p. 195) ; — Loi de finances du 26 déc. 1890 (D. P. 91. 4. 53), art. 4 élevant à 4 pour 100 la taxe établie sur le revenu des valeurs mobilières par les lois des 29 juin 1872, 21 juin 1875, 28 déc. 1880 et 29 déc. 1884 ; — Décret du 18 avr. 1891 (2), portant création du mont-de-piété de Nice ; — Décret du 21 avr. 1891 (*Bull. des lois*, 1891, *part. suppl.* n° 35842), qui approuve les modifications apportées aux art. 60 et 69 du règlement du mont-de-piété de Toulon ; — Loi du 25 juill. 1891 (D. P. 92. 4. 1), qui autorise le mont-de-piété de Paris à faire des avances sur valeurs mobilières au porteur (V. *infrà*, n° 87, l'historique de cette loi). Le prêt sur valeurs mobilières au porteur a commencé à fonctionner le 2 janv. 1892, au chef-lieu du mont-de-piété de Paris ; le 15 févr. 1892, ce service a été étendu à la

(1) Les intérêts et droits exigés par le mont-de-piété de Paris ont varié ainsi qu'il suit, depuis la fondation de cet établissement :

	Intérêts.	Droit de prisée.	Total
Du 28 déc. 1777 à l'an 4	10 pour 100	0 40 pour 100	10 40 pour 100
Jusqu'au 1er vendém. an 7	30 —	» —	30 —
— 15 fruct. an 7...	24 —	» —	24 —
— 10 flor. an 9.....	30 —	» —	30 —
— 1er germ. an 10..	24 —	» —	24 —
— 1er niv. an 12....	18 —	» —	18 —
— 1er germ. an 12.	15 —	» —	15 —
— 1er oct. 1806....	12 —	» —	12 —
— 1er janv. 1827....	12 —	» 50 —	12 50 —
— 1er janv. 1831...	12 —	» —	12 —
— 1er janv. 1832...	9 —	» —	9 —
— 1er janv. 1843...	9 —	» 50 —	9 50 —
— 1er mai 1847.....	9 —	» —	9 —
— 1er avr. 1854....	9 —	» 50 —	9 50 —
— 1er janv. 1885....	9 50 —	» 50 —	10 —
— 1er janv. 1886...	9 —	» 50 —	9 50 —
— 1er janv. 1887...	8 —	» 50 —	8 50 —

Depuis le 1er janv. 1887, les intérêts et droits sont fixés à 7 pour 100 ainsi décomposés : 3 pour 100 pour intérêts et 3 pour 100 pour frais de régie, proportionnellement au temps couru ; 1 pour 100, droit fixe quel que soit le temps couru De plus, à partir de la même date, le décompte des droits proportionnels se fait par quinzaine, même pour le premier mois. Enfin les prêts de 3, 4 et 5 fr. qui ne séjournent que deux mois en magasin sont exonérés des droits de 6 pour 100 et n'ont à acquitter que le droit fixe de 1 pour 100.

(2) Nous croyons devoir donner *in extenso* le texte de ce décret, qui offre un intérêt spécial, parce qu'il a été rédigé par les sections réunies de l'intérieur et des finances du conseil d'État, et que ses dispositions doivent former en quelque sorte des statuts-types.

18 avr. 1891. *Décret portant création du mont-de-piété de Nice.*

Art. 1. Il est créé, à Nice, un mont-de-piété, sous l'autorité du préfet des Alpes-Maritimes et du ministre de l'intérieur. Cet établissement sera régi, conformément à la loi du 24 juin 1851, par les statuts ci-après.

2. La dotation du mont-de-piété consiste, indépendamment des ressources énumérées à l'art. 3 de la loi du 24 juin 1851 et notamment du montant des dons et legs dont l'acceptation sera autorisée conformément à l'art. 910 c. civ. : 1° dans la somme de 100.000 fr. accordée par le Gouvernement ; 2° en une somme de 140.000 fr. obtenue par la souscription aux 1400 parts de fondateurs créés par les présents statuts.

3. Les parts de fondateurs seront nominatives. Après le prélèvement de tous les frais, il leur sera attribué un intérêt, dont le taux ne pourra jamais dépasser 4 pour 100, à prendre sur les bénéfices.

4. Lorsque les ressources du mont-de-piété le permettront, les parts de fondateurs seront remboursées aux ayants droit, et amorties annuellement au moyen de tirages au sort, dans la mesure et les formes qui seront ultérieurement établies par le préfet, sur la demande du conseil d'administration.

5. Le mont-de-piété est administré par un conseil composé du maire de Nice, président de droit, et de douze membres. Un tiers des membres sera pris dans le conseil municipal, un tiers parmi les administrateurs des établissements charitables, et l'autre tiers parmi les porteurs de cinq parts de fondateurs au moins et domiciliés à Nice. Les administrateurs sont nommés pour trois ans par le préfet.

6. Le conseil d'administration est renouvelé par tiers chaque année ; les deux premiers tiers sont désignés par le sort ; les

deuxième et à la troisième succursale, et, le 1er avr. 1892, à la première succursale et au bureau auxiliaire M; — Décret du 26 févr. 1892 (*infrà*, nº 104), qui autorise le mont-de-piété de Toulouse à prêter sur nantissement de valeurs mobilières au porteur; — Décret 21 mai 1892 qui modifie l'art. 81 du règlement du mont-de-piété de Lyon et autorise cet établissement à abaisser à 2 fr. le minimum des prêts sur nantissements.

4. — II. Statistique. — On a indiqué (*Rép.* nº 19, en note) quels étaient les monts-de-piété qui fonctionnaient en France, à l'époque de la publication du *Répertoire*. Nous donnons, ci-dessous, la liste de ceux qui existent actuellement, en France et en Algérie, avec quelques indications statistiques sommaires sur leur fonctionnement et le chiffre de leurs opérations pendant les exercices 1880, 1883, 1886 et 1889 (1).

5. Le développement des opérations du *mont-de-piété de Paris*, grâce à l'abaissement du taux de l'intérêt des prêts et

---

membres sortants peuvent toujours être confirmés dans leurs fonctions ; mais ceux pris dans le conseil municipal ou les commissions administratives de bienfaisance ne conserveront leur mandat qu'autant qu'ils feront partie desdits conseils ou commissions.

7. Le conseil d'administration pourra nommer, en outre, un certain nombre d'administrateurs adjoints pris parmi les fondateurs, et qui pourront être chargés du service de surveillance, d'inspection et de contrôle, sous l'autorité de l'administrateur délégué qui sera désigné tous les mois.

8. Le conseil d'administration élit chaque année un vice-président toujours rééligible.

9. En l'absence du maire et du vice-président, la présidence du conseil appartient au plus ancien des membres présents et, à défaut d'ancienneté, au plus âgé.

10. Le conseil choisit annuellement son secrétaire; ses fonctions sont gratuites, si elles sont confiées à un des membres du conseil. Le secrétaire est toujours rééligible.

11. Le conseil d'administration se réunit au moins une fois par mois; il pourra être convoqué par le président toutes les fois que celui-ci le jugera nécessaire.

12. Les délibérations du conseil d'administration sont soumises aux règles de tutelle et de compétence édictées par les art. 8, 9 et 10 de la loi du 7 août 1851, en ce qui concerne les commissions administratives des hospices.

13. Le personnel rétribué du mont-de-piété se compose d'un directeur-caissier, d'un garde-magasin, du nombre d'appréciateurs et d'employés nécessaires pour assurer le service de l'établissement, et d'un gardien-concierge.

14. Dans le cas où les opérations du mont-de-piété prendraient un développement important, le conseil d'administration pourra proposer au préfet la nomination d'un directeur dont les attributions de surveillance et de direction générale seraient distinctes des fonctions de caissier.

15. Tant qu'il n'y aura pas de directeur spécial, les fonctions d'ordonnateur seront confiées à un membre du conseil d'administration à ce délégué par le préfet, sur la proposition du conseil.

16. Le directeur-caissier est nommé par le préfet, sur une liste de trois candidats qui lui sera présentée par le conseil d'administration. Les appréciateurs et les employés de tout ordre sont nommés par le conseil d'administration qui fixe aussi le traitement attaché à tous les emplois, par une délibération qui doit être approuvée par le préfet.

17. Le directeur-caissier, le garde-magasin et les appréciateurs prêteront serment entre les mains du préfet et seront tenus de verser dans la caisse de l'établissement un cautionnement dont le montant sera fixé par arrêté préfectoral.

18. Le mont-de-piété prêtera à partir de 3 fr. jusqu'à 500 fr. sur tous les objets susceptibles d'une valeur appréciable, à toute personne connue ou domiciliée et à tous les étrangers qui justifieront de leur identité par une pièce probante ou seront assistés d'un répondant connu et domicilié; les prêts seront faits jusqu'à concurrence des 4/5 de leur valeur au poids, pour les bijoux et objets d'or et d'argent, et jusqu'à concurrence des 2/3 du prix de leur évaluation, pour les linges, hardes, ustensiles et autres effets mobiliers. Lorsque les circonstances le permettront, il pourra être prêté des sommes supérieures à 500 fr., après délibération du conseil approuvée par le préfet.

19. Le taux de l'intérêt perçu sur les emprunts sera fixé par décision du ministre de l'intérieur, après délibération du conseil d'administration et avis du préfet, ce taux ne pourra dépasser, y compris les droits d'appréciation, reconnaissance, magasinage et garde, soixante-quinze centimes par cent francs et par mois.

20. Les prêts seront accordés pour un an, sauf à l'emprunteur la faculté de dégager ses effets avant le terme.

21. Le mont-de-piété de Nice est placé, pour toutes les dispositions non prévues par les articles qui précèdent, sous le régime du règlement ministériel du 30 juin 1865, qui sera publié en même temps que le présent décret et affiché dans les locaux du mont-de-piété.

22. Le ministre de l'intérieur est chargé de l'exécution du présent décret, qui sera inséré au *Bulletin des lois*.

La dotation de 100 000 fr. (art. 2) est prélevée sur le reliquat du produit de la « loterie de Nice », provenant des lots non réclamés après le tirage. — Antérieurement à la création de ce mont-de-piété, il existait déjà à Nice une œuvre du prêt gratuit, fondée en 1590 par la confrérie de la Miséricorde et administrée par les membres de cette association charitable.

(1) TABLEAU I.

MONTS-DE-PIÉTÉ	TAUX POUR 100 des prêts, en 1889 y compris tous droits et frais.	TAUX POUR 100 des capitaux empruntés en 1889 aux particuliers.	MODE D'EMPLOI DES BÉNÉFICES EN 1889.
Aix	5 50	»	Accroissement du capital.
Angers (œuvre du prêt gratuit)	»	»	Payement d'une partie des dépenses d'administration.
Apt	6	»	Acquis à l'établissement.
Arles	5	4	*Id.*
Arras	7 et 10	»	Augmentation de l'actif.
Avignon	4	2	Capitalisé au profit de l'établissement.
Beaucaire	5 50	4	Pas de bénéfices.
Besançon	9 50	4 et 5	Acquis à l'établissement.
Bordeaux	6 50	2 50 et 3	Capitalisé au profit de l'établissement.
Boulogne	9	»	Accroissement du capital.
Brest	10	3 75 à 5	Acquis à l'établissement.
Brignoles	4	»	Œuvres de bienfaisance.
Calais	12 25	4 50 à 5	Diminution du chiffre de l'emprunt.
Cambrai	12	2 50 et 4	Pas de bénéfices.
Carpentras	4	»	Acquis à l'établissement.
Dijon	8 05 sur prêts de 4 fr. et au-dessus	4 et 4 50	Formation d'un fonds dotal pour agrandir l'établissement.
Douai	10	3	Acquis à l'établissement
Dunkerque	12	4	Formation du capital de l'établissement.
Grenoble (œuvre du prêt gratuit)	»	»	Acquis à l'établissement.
Le Havre	9	4 50	Accroissement du fonds de dotation.
Lille (mont-de-piété)	7	3 et 4 50	Acquis à l'établissement.
Lille (œuvre du prêt gratuit)	»	»	
Limoges	8	5	Acquis à l'établissement.
Lisle (Vaucluse)	5	»	Subvention de 300 fr. au bureau de bienfaisance, le reste acquis à l'établissement.

aux nouvelles facilités données à la population, est incessant.

En 1878, le total des opérations atteignait : pour les engagements, pour 1 645 582 articles, la somme de 33 251 012 fr. En 1890, il était, pour 1 520 048 articles, de la somme de 36 344 714 fr. Pour les renouvellements, en 1878, il y a eu 727 359 articles, représentant un total de prêts de 17 371 668 fr., alors qu'en 1890 il y a eu 784 324 objets, représentant une valeur de 21 674 680 fr. Les soldes qui s'élevaient, au 31 déc. 1878, pour 1 667 653 articles, à la somme de 37 055 588 fr., ont atteint en 1884, pour 2 028 632 articles, la somme de 47 587 519 fr.,

TABLEAU I (*Suite*).

MONTS-DE-PIÉTÉ	TAUX POUR 100 des prêts en 1889 y compris tous droits et frais.	TAUX POUR 100 des capitaux empruntés en 1889 aux particuliers.	MODE D'EMPLOI DES BÉNÉFICES EN 1889
Lunéville	9	4	Pas de bénéfices.
Lyon	5 et 8	2 et 3	Partage par moitié avec les hospices.
Marseille	6	2 à 4	Moitié à l'établissement, moitié aux hospices.
Montpellier (œuvre du prêt gratuit)	»	»	Pas de bénéfices.
Nancy	5	4	Versé aux hospices et aux bureaux de bienfaisance.
Nantes	9	3 50 et 4	Versé au fonds de dotation.
Nice (œuvre du prêt gratuit)	»	»	Pas de bénéfices.
Nice (mont-de-piété)	»	»	Le mont-de-piété n'a été créé qu'en 1891 (*suprà*, n. 3).
Nimes	6 50	4	Acquis à l'établissement.
Reims	6	3 50 à 4 25	Acquis à l'établissement.
Roubaix	11	3 75	Capitalisés pour la dotation de l'établissement.
Rouen	10	4	Partie aux hospices, le reste acquis à l'établissement. (dès que ce mont-de-piété aura remboursé aux hospices le capital avancé par eux, il aura la libre disposition de ses excédents de recettes. — Décr. 25 févr. 1886).
Saint-Germain-en-Laye	7 50	4	Acquis à l'établissement.
Saint-Quentin	12	3 50 et 4	Pas de bénéfices.
Tarascon	7	5	Extinction du déficit.
Toulon	6 50	4 et 4 75	Pas de bénéfices.
Toulouse (mont-de-piété)	3, 4 et 7	4	Versé au fonds de dotation.
Toulouse (œuvre du prêt gratuit)	»	»	
Valenciennes	7 50	»	Pas de bénéfices.
Versailles	6 50	2 à 3	Acquis à l'établissement.
Paris	7 (6 25 depuis 1892, pour les prêts sur titres au porteur).	1 an : 3 6 mois : 2 50 3 mois : 2	Partie prélevée selon les besoins de l'établissement, le reste versé aux hospices (V. *infrà*, n° 7).

TABLEAU II. — ENGAGEMENTS, RENOUVELLEMENTS, DÉGAGEMENTS.

	ENGAGEMENTS		NOMBRE DES RENOUVELLEMENTS	DÉGAGEMENTS	
	NOMBRE DES ARTICLES	SOMMES PRÊTÉES		NOMBRE DES ARTICLES	SOMMES PRÊTÉES AU MOMENT DE L'ENGAGEMENT
1880.		fr.			fr.
Paris	1.682.522	35.234.898	733.806	1.496.637	32.560.145
Départements	1.407.968	20.306.972	999.071	1.341.216	18.619.968
Totaux	3.090.490	55.541.870	1.132.877	2.837.853	51.180.113
1883.					
Paris	1.777.395		684.165	1.368.965	33.407.747
Départements	1.497.538		419.452	1.340.467	19.848.316
Totaux	3.274.933		1.103.617	2.709.432	53.256.063
1886.					
Paris	1.440.633	35.840.352	750.674	1.290.253	32.684.153
Départements	1.661.405	20.836.463	520.252	1.481.763	23.101.936
Totaux	3.102.038	61.676.815	1.270.926	2.772.016	55.786.089
1889					
Paris	1.471.556	35.354.813	798.933	1.290.019	32.790.146
Départements	1.713.866	24.528.775	589.954	1.551.385	22.313.993
Totaux	3.185.422	59.883.588	1.388.887	2.841.404	55.104.139

On a calculé que, au mont-de-piété de Paris, les prêts de 3 à 21 fr. sont toujours onéreux pour l'établissement, quelle que soit la durée du séjour du gage en magasin ; ceux de 22 à 82 fr. ne cessent d'être onéreux qu'après un séjour plus ou moins long en magasin ; ceux de 83 fr. et au-dessus sont seuls toujours rémunérateurs (*Annuaire statistique de la Ville de Paris*, 1888, p. 810).

et, en 1891 (30 novembre), pour 1 979 123 articles, la somme de 50 972 308 fr., soit, par rapport à 1878, une augmentation de près de 14 millions. En comparant les perceptions opérées en 1884, 1885 et 1886 avec celles des années 1888, 1889 et 1890, on constate que, pour la première période, les droits ont été de 13 415 600 fr. sur un capital rentré de 168 631 482 fr., alors que, pour la seconde période, qui va de 1888 à 1890, les droits n'ont été que de 10 215 500 fr. sur un capital rentré de 169 024 500 fr. Il en résulte que les emprunteurs ont été réellement exonérés, pendant ces trois derniers exercices, de plus de 3 200 000 fr. de droits. D'après les dernières statistiques, sur 100 gages déposés, 10 environ sont vendus, 1 gage 1/2 est vendu à perte; sur 100 fr. prêtés, 7 fr. sont remboursés par la vente, le déficit de vente est de 0 fr. 15 cent. Par décret du 23 janvier 1892, le compte administratif du mont-de-piété de Paris pour l'exercice 1890 a été réglé :

En recettes à	97 444 668 fr. 10
En dépenses à	92 979 334 15
D'où résulte un excédent de recettes de	4 465 333 fr. 95

TABLEAU III. — VENTES, BONIS.

	NOMBRE des ARTICLES VENDUS	VALEUR estimative au moment de l'engagement.	PRODUIT des VENTES	MONTANT du BONI
		fr.	fr.	fr.
1880.				
Paris	190.249	3.034.988	4.359.964	988.758
Départements	110.111	1.957.302	2.580.137	421.448
TOTAUX	300.360	4.992.290	6.940 101	1.410.206
1883.				
Paris	220.645	3.992.501	5.513.118	1.077.891
Départements	117.648	1.857.136	2.498.941	465.234
TOTAUX	338.293	5.849.637	8.012.059	1.543.125
1886.				
Paris	297.617	»	6.762.114	1.243.562
Départements	148.938	»	3.107.313	497.398
TOTAUX	446.555	»	9.869.427	1.740.960
1889				
Paris	167.278	»	3.963.703	1.019.636
Départements	154.838	»	3.122.389	580.566
TOTAUX	322.116	»	7.086.092	2.600.202

TABLEAU IV. — FRAIS D'ADMINISTRATION, BÉNÉFICES EN 1886.

	FRAIS D'ADMINISTRATION			BÉNÉFICES
	PERSONNEL y compris les remises aux appréciateurs.	MATÉRIEL	TOTAUX	
	fr.	fr.	fr.	fr.
1889.				
Paris	1.719.557	360.179	2.079.736	63.473
Départements	921.101	528.086	1.449.187	496.193
TOTAUX	2.640.658	888.265	3.528.923	559.666

TABLEAU V. — MONTS-DE-PIÉTÉ DE L'ALGÉRIE.

	ENGAGEMENTS		RENOUVELLEMENTS		DÉGAGEMENTS		VENTES	
	NOMBRE	SOMMES	NOMBRE	SOMMES	NOMBRE	SOMMES	NOMBRE	SOMMES
Alger.		fr.		fr.		fr.		fr.
1881	65.261	1.417.429	5.139	235.551	60.764	1.254.005	3.267	64.230
1884	65.176	1.542.535	12.816	550.468	58.576	1.378 523	3.941	80.535
1887	59.948	1.566.989	14.144	667.959	53.360	1.422.139	4.596	111.720
Oran.								
1881	14.860	433.483	140	2.964	8.355	193.139	210	4.835
1884	24.873	525.057	4.637	205.146	24.660	484.922	1.067	24.106
1887	31.684	660.216	9.130	355.601	28.242	548 474	1.344	31.571

Par décret du 23 janv. 1892, le budget primitif du même mont-de-piété, pour l'exercice 1892 a été réglé :

En recettes à....................	96 355 350 fr.
En dépenses à....................	96 322 870
D'où résulte un excédent de recettes de	32 480 (1).

Depuis 1851, six monts-de-piété nouveaux ont été créés. Ce sont ceux d'Alger (Décr. 8 sept. 1852), Dunkerque (Décr. 25 juin 1860), Toulouse (Décr. 14 déc. 1867), Roubaix (Décr. 11 juin 1870), Oran (1880), Nice (Décr. 18 avr. 1891). — Le mont-de-piété de Bergues a été supprimé par décret du 1er févr. 1867, et celui de Saint-Omer en 1872.

6. Plusieurs réformes concernant le fonctionnement des monts-de-piété sont actuellement à l'étude. Elles intéressent plus particulièrement le mont-de-piété de Paris; mais, comme elles pourraient, le cas échéant, être étendues à d'autres monts-de-piété, nous croyons devoir en donner ici une analyse succincte. Lors de sa séance d'ouverture du 13 juin 1888, l'administration a soumis au conseil supérieur de l'assistance publique trois projets relatifs au mont-de-piété de Paris. Le premier avait trait au mode de renouvellement des gages. Il proposait d'exonérer les commissaires-priseurs près le mont-de-piété de Paris de toute responsabilité dans la vente des gages *renouvelés*, et de leur supprimer, par contre, toute rémunération pour l'estimation, qu'ils ne font pas, du reste, de ces gages (2).

Le second projet avait pour objet d'autoriser le mont-de-piété de Paris à prêter sur reconnaissances. Le but que l'on veut atteindre est de donner satisfaction aux besoins des petits emprunteurs et de les délivrer des exigences des « marchands de reconnaissances » qui ont, malgré la loi, établi de véritables agences de prêts sur gage, où ils prêtent au taux de 120 pour 100.

Le troisième projet, qui est d'une importance considérable, allait plus loin; il avait pour objet de supprimer les commissaires-priseurs près le mont-de-piété de Paris et de confier à des employés directs de l'établissement l'appréciation et la vente des gages. On verra, *infrà*, nos 61 et suiv., quelles sont actuellement les attributions des commissaires-priseurs et quelle est l'origine historique du privilège qui leur est conféré. « La compétence des commissaires-priseurs dans l'appréciation de la valeur des gages, leur responsabilité pécuniaire (garantie par le dépôt d'un cautionnement) dans le cas où le prix de vente du gage n'atteindrait pas le montant de l'estimation, écartent les dangers de perte. Ce point de vue a son importance, mais il n'est pas le seul qu'il faille envisager. Il importe de concilier la sécurité des capitaux prêtés au mont-de-piété avec l'intérêt de l'emprunteur, c'est-à-dire du public. Cet intérêt public, qui forme la base essentielle de l'institution du mont-de-piété, paraît, dans l'organisation actuelle, sacrifié à une tendance constante à atténuer les risques résultant des prêts et les responsabilités des commissaires-priseurs. L'emprunteur doit légitimement compter qu'il obtiendra de l'opération du nantissement la plus grande somme d'avantages compatibles avec les garanties nécessaires au remboursement du prêt. Pour cela, le gage doit être évalué à sa valeur réelle. Les commissaires-priseurs, au contraire, préoccupés de leur responsabilité au cas de déficit lors de la réalisation du gage, sont incités à abaisser le taux de leur estimation... C'est sur cette dépréciation du taux d'estimation des gages que repose le commerce du prêt sur reconnaissance. Il est de notoriété publique que le trafic des reconnaissances délivrées par le mont-de-piété a pris à Paris des proportions considérables, malgré les efforts tentés par l'Administration pour le faire disparaître... Si la répression n'a pas donné de résultat, il faut l'attribuer moins aux résistances des brocanteurs qu'à la persistance des emprunteurs du mont-de-piété à s'adresser aux maisons de prêt sur reconnaissances, pour y demander des avances qu'ils sont sûrs d'en obtenir et qu'ils ne trouveraient pas ailleurs. Les brocanteurs avancent en effet, uniformément et pour ainsi dire de droit, une somme égale à 20 pour 100 du prêt consenti par le mont-de-piété. Il est évident que ces commerçants ne commettraient pas l'imprudence d'exposer leurs capitaux, s'ils n'étaient persuadés que le *quantum* des prêts consentis par le mont-de-piété reste bien au dessus de la valeur vénale du gage... En dehors de l'évaluation trop basse des objets présentés en gage, par les appréciateurs, une autre cause concourt à restreindre la quotité du prêt, c'est une proportion trop faible du taux de la somme prêtée, par rapport à la valeur d'estimation. Ce rapport est fixé législativement (aux quatre cinquièmes pour les objets d'or ou d'argent, aux deux tiers pour les autres gages corporels, *infrà*, no 107). ... Le résultat de ces restrictions, conçues d'ailleurs dans le but de protéger le mont-de-piété contre toute éventualité de perte à la vente, est fatal. C'est de faire affluer dans les maisons de prêts sur reconnaissance, les emprunteurs, qui voudront épuiser le crédit fondé sur la mise en gage. La nécessité leur fait accepter les conditions onéreuses imposées par les brocanteurs, notamment le payement d'un intérêt mensuel de 10 pour 100, soit de 120 pour 100 par an. Ce n'est pas tout : le plus souvent l'engagement d'une reconnaissance aboutit à la dépossession définitive de l'objet déposé au mont-de-piété. L'exagération de l'intérêt à payer, la fréquence des démarches à faire pour renouveler l'engagement chez les brocanteurs amènent généralement l'abandon de la reconnaissance. Les emprunteurs perdent ainsi non seulement la propriété des gages mais aussi le boni qui peut être obtenu à la vente. Quant au mont-de-piété lui-même, il perd, par cette limitation, l'occasion d'opérations fructueuses; d'autre part, la transmission des reconnaissances aux mains d'intermédiaires non intéressés à dégager, multiplie les ventes et produit naturellement un avilissement des prix qui peut devenir une nouvelle cause de perte. Le trafic des reconnaissances n'aurait plus de raison d'être si le mont-de-piété pouvait se substituer aux brocanteurs pour consentir un supplément d'avances sur les gages. Il n'est pas besoin de démontrer les avantages qui résulteraient pour le public de cette combinaison au point de vue surtout du taux de l'intérêt et de la simplification des opérations. Il suffit d'établir que cette amélioration ne peut menacer l'intérêt financier du mont-de-piété, ni diminuer les garanties de ses bailleurs de fonds. Nous proposons d'élever le *quantum* du prêt aux neuf dixièmes de la valeur d'estimation. C'est la valeur actuelle des prêts, augmentés du supplément perçu chez les brocanteurs. Le développement de leur commerce montre qu'il était rémunérateur ou tout au moins sans risque pour leurs intérêts (3). Dans tous les cas, l'écart du dixième entre le prêt et l'estimation est suffisant pour assurer le remboursement des frais échus, et, si les déficits de vente venaient à s'accroître en raison de la majoration des prêts, ils seraient largement couverts par la majoration des produits qui en découlent naturellement, sans augmenter les charges générales d'exploitation. Puis, dans notre projet, la vente des gages qui constitue l'unique éventualité de perte, serait le plus souvent écartée, parce que le prêt des neuf dixièmes serait subordonné à l'engagement de ne pas aliéner la reconnaissance, sanc-

(1) Le budget primitif des établissements suivants, pour 1892 a été établi ainsi qu'il suit :

Excédent de recettes	Dépenses	Recettes	Mont-de-piété de	Décrets du
—	—	—	—	—
21 févr. 1891	Bordeaux...	7 882 400 fr.	7 799 800 fr. »	82 600 fr. »
19 nov. 1891	Lyon.......	8 108 513	8 108 033 »	480 »
11 nov. 1891	Marseille...	8 753 300	8 745 450 »	7 850 »
11 nov. 1891	Toulouse...	6 646 400	6 633 554 50	12 845 50

Au mont-de-piété de Lyon, le nombre des nantissements qui, en 1860, était de 138 500 articles pour 2 519 000 fr. de prêts, s'est élevé, en 1875, à 222 205 articles pour 4 152 741 fr.; en 1890, à 430 360 articles, pour 6 648 917 fr. de prêts. Dans ce nombre, les prêts au-dessous de 11 fr. sont compris pour 307 252 articles, et les autres prêts pour 128 108 articles seulement. En 1890, la moyenne des prêts a été de 15 fr. 45 cent. par article.

(2) Pour prix de cette responsabilité, les commissaires-priseurs près le mont-de-piété de Paris ont touché, en 1887, une somme de 107 000 fr., tandis que la perte sur les gages renouvelés ne s'est élevée qu'à 31 000 fr. Ils ont donc fait, de ce chef, un bénéfice de plus de 75 000 fr. (V. *infrà*, no 125).

(3) En 1889, sur 121 029 reconnaissances qui ont produit un boni, 36 000 environ appartenaient à des brocanteurs qui ont touché 50 000 fr.

tionné par le dépôt de ce titre dans les caisses du mont-de-piété contre un récépissé inaliénable. L'expérience démontre que, quand le mont-de-piété reste en relation directe avec l'emprunteur sans interposition de tiers, les opérations se terminent généralement par dégagement ou renouvellement (Conf. *Annuaire statistique de la Ville de Paris*, 1888, p. 810). L'objet mis en gage revêt, en effet, pour son propriétaire, une valeur plus considérable que pour l'acquéreur de la reconnaissance ou pour l'acquéreur aux enchères publiques; il agira donc de manière à en recouvrer la possession tôt ou tard. Le trafic abusif des reconnaissances, dû en partie au mode de prisée, n'est pas le seul effet des errements suivis par les appréciateurs dans l'évaluation des gages. Il convient de signaler les opérations non réalisées par leur fait. Ainsi, en 1885, 45 234 demandes de prêt n'ont pas suivi leur cours, parce que les offres établies sur l'appréciation des commissaires-priseurs pour une somme totale de 1 624 326 fr. n'ont pas été acceptées par les déposants qui les jugeaient inférieures à la valeur réelle de leurs gages » (Exposé des motifs du projet déposé le 20 mai 1890; Conf. *infrà*, n° 62, note). De tels résultats sont dus à la responsabilité pécuniaire des commissaires-priseurs. On a donc pensé qu'il fallait la supprimer; mais, comme elle est la seule raison d'être de ces officiers ministériels, on a proposé de leur substituer, pour le service de la prisée et de la vente, des agents nommés par le préfet de la Seine. Tel est l'objet d'un projet soumis en 1888 au conseil supérieur de l'assistance publique (V. Rapports du directeur de l'assistance publique et de M. Strauss, *Délibér. du cons. sup. de l'assist. publ.*, fascicule, n° 20), et déposé le 20 déc. 1888 par le Gouvernement à la Chambre des députés.

Ce projet fut approuvé par le conseil supérieur de l'assistance publique le 1er févr. 1889 (*Ibid.* fascic. n° 25, p. 45); mais un rapport de M. Arnault à la Chambre (annexe à la séance du 11 juin 1889) conclut au rejet de la proposition indiquant d'autres procédés pour arriver à la suppression du trafic des reconnaissances: 1° transporter dans notre code pénal l'article du code pénal belge qui défend, sous des peines correctionnelles, l'achat habituel des reconnaissances du mont-de-piété; 2° rendre les reconnaissances inaliénables et permettre de requérir la vente dans les trois mois du prêt; 3° permettre au mont-de-piété lui-même de prêter sur reconnaissances, avec des fonds provenant d'une source spéciale, et qui ne se confondraient pas avec l'ensemble des ressources du mont-de-piété; 4° enfin encourager les institutions de prêt gratuit sur les reconnaissances, contre leur dépôt. La Chambre n'eut pas le temps de délibérer sur ce rapport avant l'expiration de son mandat. Le Gouvernement reprit, devant la nouvelle législature, son projet de 1888 et le déposa le 20 mai 1890; il n'a pas encore été discuté, mais semble devoir l'être prochainement. Ce projet supprime le droit de prisée (art. 1er), confie l'appréciation des gages à des employés nommés par le préfet de la Seine (art. 2), permet de porter le montant des prêts aux neuf dixièmes de la valeur des nantissements, si l'emprunteur consent à recevoir une reconnaissance inaliénable (art. 3), charge des ventes des employés choisis par les appréciateurs (art. 4). V. *infrà*, nos 62 et 130.

7. Parmi les questions que soulèvent les projets de réorganisation administrative des monts-de-piété, l'un des points qui ont donné lieu aux controverses les plus vives, est la séparation d'intérêts à établir entre les monts-de piété et les hospices. On a vu (*Rép.* n° 30, et *suprà*, v° *Hospices-hôpitaux*, n° 63), que les bonis non réclamés et les bénéfices des monts-de-piété qui ne constituent pas des établissements distincts sont attribués aux hospices (il n'existe plus aujourd'hui que deux monts-de-piété se trouvant dans cette situation, ceux de Paris et de Saint-Quentin; il y en avait neuf en 1851). Les monts-de-piété intéressés ont toujours protesté contre cette obligation, et réclamé le droit de capitaliser leurs bénéfices, pour les employer à leurs besoins et à la diminution du taux de l'intérêt demandé aux emprunteurs. M. Blaize s'est fait l'interprète de ces revendications (t. 1, p. 276 à 291), et a soutenu en termes énergiques les prétentions des monts-de-piété, au nom de la moralité publique, de l'intérêt des emprunteurs et de la sécurité des établissements eux-mêmes (Conf. D. Arnould, *Avantages et inconvénients des banques de prêt connues sous le nom de monts-de-piété*, 1829, p. 53; A. Beugnot, *Des banques publiques de prêt sur gage et de leurs inconvénients*, 1829, p. 66; de Decker, *Études sur les monts-de-piété en Belgique*, 1844, p. 363; Blaize, *Des commissionnaires au mont-de-piété*, 1844, p. 29; V. aussi rapport de M. de Mortemart sur la loi de 1851, n° 13, D. P. 51. 4. 134. V. *infrà*, n° 28).

C'est surtout à Paris que les inconvénients de la tutelle de l'assistance publique sur le mont-de-piété se sont fait sentir. Par l'effet de l'art. 9 de la loi de 1851, en effet, le mont-de-piété de Paris est placé administrativement au nombre des domaines de l'assistance publique. Les relations entre les deux établissements se trouvent réglées par une série d'anciens règlements et par les traditions administratives (V. l'historique de ces relations rapporté par M. Cochut, *Notes et renseignements concernant les rapports et la situation réciproques du mont-de-piété de Paris et de l'assistance publique*, Paris, Chaix, 1878; Conf. Règlem., 30 juin 1865, art. 41). En fait, le mont-de-piété se libère, vis-à-vis de l'assistance publique, par le versement intégral ou partiel de ses bénéfices, à des dates indéterminées, suivant les échéances de ses emprunts et les besoins du service des prêts. De son côté, l'assistance publique dresse ses budgets sans aucun avis donné au mont-de-piété de ce qui le concerne. Dès qu'un exercice est clos l'excédent des recettes du mont-de-piété est considéré par l'assistance publique comme un bénéfice assuré; elle l'inscrit à l'actif de son budget, puis, après que celui-ci a été régulièrement approuvé, sans que le mont-de-piété ait été consulté, elle revendique la somme, sans s'inquiéter des besoins du mont-de-piété. Si parfois elle laisse le mont-de-piété opérer certains prélèvements, pour faire face à des dépenses urgentes, ce n'est qu'après de longues et laborieuses négociations (Cochut, *op. cit.*, p. 42 et 49). De 1806 à 1876 inclus, l'assistance publique a ainsi encaissé effectivement 23 955 897 fr. 16 cent. (*Ibid.*, p. 43 et suiv.). Les sommes provenant des bénéfices du mont-de-piété ont figuré, en 1889, au sous-chapitre 10 des recettes ordinaires du budget de l'assistance publique pour une somme de 150 000 fr. A partir de 1877, cependant, le mont-de-piété ne versa plus que fort irrégulièrement ses bénéfices à l'assistance publique, prétendant que ces bénéfices lui étaient nécessaires pour l'acquisition, la restauration ou la construction d'immeubles destinés à l'amélioration de ses services. Il se fondait sur la disposition de l'art. 16 des lettres patentes du 9 déc. 1777, portant établissement du mont-de-piété de Paris: « Et lorsqu'il se trouvera des fonds en caisse au delà de ceux nécessaires pour la régie *et les charges* de l'établissement, ils seront appliqués au profit de l'hôpital général de notre bonne ville de Paris ». Ses directeurs, pour mettre fin aux conflits nombreux qu'avait provoqués cette disposition avaient même, à plusieurs reprises, réclamé la séparation complète de ses intérêts et de ceux de l'assistance publique. M. Cochut, *op. cit.*, a indiqué sur quelles bases devraient, selon lui, s'opérer la liquidation des droits de chacune des deux administrations. — M. Michel Möring, directeur de l'assistance publique, dans une note intitulée: *L'assistance publique et le mont-de-piété* (Paris, Grandremy, 1878), lui a répondu. Sans s'opposer formellement à la séparation demandée, il a contesté quelques-unes des allégations apportées par M. Cochut à l'appui du règlement de compte qu'il proposait. Il s'est surtout attaché à démontrer: 1° que l'administration de l'assistance publique, contrairement à l'avis de M. Cochut, est propriétaire de tous les immeubles occupés par le mont-de-piété; 2° que le mont-de-piété doit le crédit, qui est l'instrument de son exploitation, à la garantie hypothécaire assurée à ses bons d'emprunt (*infrà*, n° 150). — Une commission de onze membres ayant été instituée, par décret du 5 avr. 1879 (*Bull. off. min. int.*, 1879, p. 85), « pour examiner s'il y avait lieu de séparer les intérêts du mont-de-piété de ceux des hospices de Paris, et, dans ce cas, de déterminer les conditions auxquelles la séparation pourrait être effectuée », M. Cochut, dans une nouvelle note (*Observations et renseignements complémentaires en réponse au mémoire produit par M. le directeur de l'assistance publique*, Paris, Chaix, 1879), présenta la réfutation du mémoire de M. Möring. Enfin, ce dernier, dans un nouvel opuscule (*L'assistance publique et le mont-de-piété, solu-*

tion proposée par le directeur de l'assistance publique, Paris, Grandremy, 1879), s'est efforcé de démontrer que la séparation demandée serait nuisible aux intérêts du mont-de-piété, aussi bien qu'à ceux de l'assistance publique et des finances municipales; il a proposé, en conséquence, l'adoption d'un *modus vivendi* qu'il croyait de nature à donner satisfaction aux revendications des deux administrations Selon lui, d'ailleurs, l'attribution, actuellement faite aux hospices, des bénéfices du mont-de-piété n'est pas, comme on le croit généralement, un obstacle appréciable à l'abaissement du taux de l'intérêt des prêts; tout compte fait des charges qu'imposerait au mont-de-piété la séparation demandée, il ne pourrait, au moyen de ces bénéfices, arriver à accorder qu'une réduction annuelle d'intérêts de 25 cent. pour 100. — En 1885, M. Peyron, directeur de l'assistance publique, a, dans une nouvelle note (*L'assistance publique et le mont-de-piété*, Paris, Grandemy, 1885), exposé, au nom de l'assistance publique, sur quelles bases juridiques devraient, en cas de séparation, s'opérer la liquidation des droits des deux administrations en cause. L'assistance publique reprendrait tous ses immeubles et recevrait du mont-de-piété toutes les sommes dont elle est créancière envers lui, en principal et intérêts. De son côté, le mont-de-piété acquerrait son autonomie, et se trouverait, pour l'avenir, soumis aux règles posées par la loi de 1851 pour les monts-de-piété existant « comme établissements distincts de tous autres ». Le conseil municipal de Paris, ayant été choisi pour arbitre du litige, nomma une commission spéciale qui, réunie à la commission du contentieux, a fait adopter, sur le rapport de M. Hervieux (séances des 13, 16, 18 et 30 nov. 1885), des décisions desquelles il résulte que, le mont-de-piété étant obligé de verser à l'assistance publique tous ses bonis, sans prélèvement quelconque, et ses excédents de recettes, sous déduction de ses *charges*, il y a lieu de comprendre dans les charges les acquisitions, constructions et restaurations d'immeubles (1).

Art. 2. — *Des monts-de-piété en général* (*Rép.* n° 20 à 69).

§ 1er. — Règles relatives à la création des monts-de-piété. — Autorisation. — Dotation. — Organisation administrative. — Capacité de recevoir. — Biens. — Dettes. — Emprunts. — Gestion et comptabilité administratives. — Tenue des registres — Timbre (*Rép.* n° 20 à 44).

8. L'interdiction de fonder sans autorisation du Gouvernement aucune maison de prêt sur gage, formulée par l'art. 1 de la loi du 16 pluv. an 12 et confirmée par l'art. 411 c. pén. et l'art. 1 de la loi du 24 juin 1851 (*Rép.* n° 21) est toujours en vigueur. Mais la jurisprudence reconnaît aujourd'hui qu'elle ne doit pas s'appliquer aux établissements qui prêtent sur *gages incorporels*; elle ne concerne que ceux qui prêtent sur objets mobiliers proprement dits. Les termes de la loi de l'an 12 et de l'art. 411 c. pén., sont, il est vrai, généraux et absolus et ne distinguent pas entre les gages corporels et incorporels (Comp. l'exposé des motifs de cette loi); aussi, avait-on proposé de n'admettre de restrictions que celles qui résultent formellement d'autres lois plus récentes, telles que la loi du 17 mai 1834, le décret du 24 mars 1848 et les décrets postérieurs, qui ont permis à la Banque de France, au Comptoir d'escompte, au Crédit foncier et à d'autres établissements de faire des avances sur titres, la loi du 28 mai 1858 qui a institué les magasins généraux, les warrants et les prêts sur dépôt de marchandises, la loi du 24 mai 1863 (D. P. 63. 4. 73), modificative du titre 6, liv. 1, c. com., qui autorise et réglemente les avances des négociants sur consignation de marchandises et de valeurs. Mais la cour de cassation a repoussé ce système, qui aurait eu pour effet de porter atteinte à la liberté des avances sur titres, très répandues aujourd'hui, et de gêner ainsi des transactions qui ont pris un développement que les législateurs de l'an 12 et de 1810 ne pouvaient prévoir. Elle considère que l'art. 411 c. pén. « a été édicté en vue de protéger les monts-de-piété, seules maisons de prêt sur gages autorisées, et de punir ceux qui, sans permission, créeraient des établissements de même nature ». Or, d'après les lois et décrets qui ont organisé et réglementé le fonctionnement des monts-de-piété, le prêt sur gage corporel est le seul auquel, jusqu'à une date récente, pouvaient se livrer ces établissements; une loi (L. 25 juill. 1891, *infrà*, nos 87 et suiv.), a été nécessaire pour déroger à ce principe, en faveur du mont-de-piété de Paris. Dès lors, l'art. 411 c. pén. ne doit s'appliquer qu'à ceux qui prêtent sur nantissement de cette nature (Crim. cass. 15 avr. 1876, aff. Mesquida, D. P. 76. 1. 404, et le rapport de M. Dupré-Lasalle, *ibid.*; Crim. rej. 24 janv. 1884, motifs, aff. Picq, D. P. 84. 1. 425. Conf. exposé des motifs de la loi du 23 mai 1863, D. P. 63. 4. 74, n° 11). Jugé spécialement que l'art. 411 c. pén., est inapplicable à l'individu qui prête habituellement de l'argent sur dépôt de titres de pension et de brevets de légionnaires (Crim. cass. 15 avr. 1876, précité; et sur renvoi, Aix, 29 juin 1876 (2); Trib. Mostaganem, 11 janv. 1878, aff. J..., D. P. 79. 3. 63).

9. Mais il y a contravention à l'art. 411 c. pén., dans le

(1) La délibération prise par le Conseil municipal de Paris est conçue dans les termes suivants: « — Le conseil est d'avis: 1° que le mont-de-piété de Paris est une personne morale distincte de l'assistance publique; — 2° Qu'étant obligé de verser à l'assistance publique tous ses bonis sans prélèvement quelconque, et tous ses excédents de recettes sous déduction de ses charges, il y a lieu de comprendre dans les charges les acquisitions, constructions et restaurations d'immeubles; — 3° Qu'à l'exception de la maison de la rue Bonaparte et du terrain de celle de la rue Servan, qui appartiennent à l'assistance publique, tous les immeubles occupés par le mont-de-piété ayant été achetés par lui ou en son nom et payés de ses deniers, sont sa propriété; — 4° Qu'en cas de séparation des deux établissements, le mont-de-piété ne pourra rester en possession de l'immeuble de la rue Servan qu'à la charge de rembourser à l'assistance publique le prix du terrain au cours du jour de la séparation; — 5° Que le règlement de compte des deux administrations devra être, à l'avenir, établi par les soins du conseil municipal, lors de l'examen des comptes et du budget, et que, dès à présent, il y a lieu de fixer la somme existant dans la caisse du mont-de-piété, au 31 mars 1885, à 1 866 149 fr. 74 cent., sur laquelle doivent être prélevées, par ladite administration, les dépenses d'aménagement de la rue Servan.

(2) (Mesquida.) — La cour; — Attendu qu'il résulte de l'instruction que Mesquida prêtait habituellement à des conditions très onéreuses des sommes d'argent à d'anciens militaires, sur le dépôt de leurs titres de pension et de leurs brevets de légionnaires; — Attendu qu'il résulte de l'ensemble de la législation que l'art. 411 c. pén., n'est applicable qu'à ceux qui prêtent habituellement sur effets mobiliers et ne saurait être étendu à ceux qui font des avances sur titres ou autres gages incorporels; — Que cet article n'a été édicté qu'en vue de protéger les monts-de-piété, seules maisons de prêts sur gage autorisées; — Qu'en effet des maisons publiques de prêts sur gages ou monts-de-piété ayant été établies en France par lettres patentes du 9 déc. 1777, toutes les maisons de prêts particulières furent interdites par l'édit du 10 août 1779; la Révolution ayant aboli ces disositions, les maisons de prêt s'étant alors multipliées et ayant donné lieu à de nombreux abus, la loi du 16 pluv. an 12 disposa qu'aucune maison de prêt sur gages ne pourrait être établie qu'au profit des pauvres et avec l'autorisation du Gouvernement, et toutes les maisons autorisées durent opérer leur liquidation; ces prescriptions reçurent leur complément par le décret du 24 mess. an 12, prescrivant l'autorisation des monts-de-piété et le décret du 8 therm. an 13 prescrivant la clôture de tous les établissements similaires; l'art. 411 c. pén., intervenu dans ces circonstances, n'a eu d'autre but que de remettre en vigueur les dispositions pénales de la loi du 16 pluv. an 12, punissant ceux qui ouvraient des maisons de prêt sur gages en dehors des monts-de-piété autorisés par la loi, c'est-à-dire se livrant à des opérations réservées à ceux-ci; or, la loi du 24 mess. an 12, celle du 24 juin 1851, tous les règlements relatifs aux monts-de-piété et la discussion de la loi du 24 juin 1851 pendant laquelle un amendement tendant à permettre à ces établissements de faire des avances sur livrets de caisse d'épargne et titres de pension, a été repoussé, indiquent nettement que les monts-de-piété ne peuvent faire que des opérations sur effets mobiliers; donc l'art. 411 c. pén., destiné à réprimer les actes de ceux qui se livrent aux opérations réservées aux monts-de-piété, est inapplicable à ceux qui, prêtant sur titre de pensions, font des actes étrangers aux opérations réservées à ces établissements; — Attendu, dès lors, que le fait reproché au prévenu ne tombe pas sous le coup des dispositions de la loi pénale; — Acquitte le prévenu de la prévention, etc.

Du 29 juin 1876.-C. d'Aix, ch. corr.-MM. Féraud-Giraud, pr.-Reynaud, av. gén.

fait habituel de prêter avec un intérêt usuraire sur dépôt de *reconnaissances* du mont-de-piété, la détention de ces titres suffisant à investir le porteur de tous les droits du déposant sur l'objet déposé, vis-à-vis du mont-de-piété (Crim. rej. 19 mai 1876, aff. Caen dit Samson, D. P. 76. 1. 404; Trib. Seine, 10e ch. 26 nov. 1889, aff. Berteaux, *Le Droit*, 30 nov. 1889; Trib. Seine, 10e ch. 15 avr. 1890, aff. Veuve Fournier, *Le Droit*, 17 avr. 1890 ; Paris, 7 déc. 1891, aff. Paoletti, *Revue des établissements de bienfaisance*, 1892, p. 118; Trib. Seine, 11 janv. 1892, aff. Maguet, *ibid.* 1892, p. 48; Trib. Toulouse, 3 févr. 1892, aff. Grossac, *ibid.* 1892, p. 148. — V. cependant en sens contraire, quant au caractère incorporel du droit résultant de la reconnaissance : Trib. Seine, 11e ch., 28 août 1888, aff. Honoré, *Le Droit*, 31 août 1888; Trib. Seine. 11e ch. 7 nov. 1889, aff. Veuve Giraud, *Le Droit*, 11 nov. 1889; Paris, 16 avr. 1889, aff. Lacroix, D. P. 90. 2. 342 V. *infrà*, n° 121 et v° *Prêt sur gages*).

10. Pour éviter de tomber sous l'application de la loi pénale, et afin de dissimuler le nantissement et le prêt usuraire, les prêteurs sur gage ont imaginé d'acheter et de revendre à terme, à la même personne, la reconnaissance, avec stipulation que, faute de payement dans un délai déterminé, cette reconnaissance appartiendra définitivement au vendeur. Mais la cour de Paris a jugé (7 juill. 1887, aff. C..., *Revue des établissements de bienfaisance*, 1887, p. 269), que cette opération peut, dans certaines circonstances, être considérée comme *un prêt* affectant un caractère délictueux. Cette jurisprudence a été confirmée plusieurs arrêts et jugements (Paris, 18 avr. 1889, aff. Lacroix, D. P. 90. 2. 342); et 7 déc. 1891 précité; Trib. Seine, 11 janv. 1892 et Trib. Toulouse, 3 févr. 1892 précités) qui décident que l'acte par lequel une personne achetant des reconnaissances du mont-de-piété, les revend immédiatement à son vendeur, avec stipulation que, faute par celui-ci d'en prendre livraison et d'en payer le prix dans un certain délai, elle sera libre d'en disposer, constitue un prêt sur gage et non une vente (Conf. anal. Nancy, 3 mai 1867, aff. Lévy, D. P. 67. 2. 95; Limoges, 18 juin 1888, aff. Balland, D. P. 89. 2. 240).

11. Ainsi deux points sont aujourd'hui établis par la jurisprudence en matière de prêt sur gage: 1° le délit réprimé par l'art. 411 c. pén., n'existe qu'autant que l'établissement présente un caractère de permanence; c'est un délit d'habitude (*infrà*, v° *Prêt sur gages*; — *Rép.* eod. v°, n° 5); — 2° L'art. 44 c. pén. ne s'applique pas aux établissements qui ne prêtent que sur gages *incorporels* (V. *suprà*, nos 8 et suiv.). Toutefois l'usage des prêts sur warrants ne saurait couvrir les actes que l'art. 411 c. pén. a pour but de réprimer, et autoriser l'existence d'une maison qui aurait la spécialité notoire du prêt sur nantissement opéré au profit soit de commerçants sur dépôts de marchandises autres que celles dont ils trafiquent ordinairement, soit même d'individus non commerçants qui achèteraient des marchandises pour s'en faire un moyen de subvenir à leurs dissipations (Crim. rej. 24 janv. 1884, aff. Picq, D. P. 84. 1. 425. Conf. anal. Crim. rej. 19 mai 1876, cité *suprà*, n° 9). — Jugé, d'ailleurs, que l'art. 411 c. pén. ne fait aucune distinction entre les maisons dont les prêts auraient un caractère commercial et celles dont les opérations seraient purement civiles, et que l'application de cette disposition est suffisamment justifiée par les déclarations d'un arrêt qui constate que les prévenus ont fait, sous l'apparence de ventes à la commission, de nombreux prêts sur marchandises déposées à titre de gage entre leurs mains, et que leurs opérations ont constitué non des contrats de commission, mais de véritables prêts sur gages (Crim. rej. 2 août 1890, aff. Bloch, D. P. 90. 1. 191. V. *infrà*, v° *Prêts sur gages*).

12. Il a été jugé que: 1° la loi du 12 janv. 1886, qui a établi la liberté du taux de l'intérêt, ne l'a fait qu'en vue d'un commerce régulier et licite, et que celui qui ne se livre qu'à des pratiques constitutives du délit de tenue illicite d'une maison de prêt sur gages ne saurait bénéficier des dispositions dont il s'agit (Paris, 15 juill. 1887, aff. Vincent, *Revue des établissements de bienfaisance*, 1887, p. 300. Conf. Paris, 7 juill. 1887, aff. C..., *ibid.*, 1887, p. 269; Paris, 7 déc. 1891, aff. Paoletti, *Revue des établissements de bienfaisance*, 1892, p. 118; Trib. Seine, 11 janv. 1892, aff. Maguet, *ibid.*, 1892, p. 48); — 2° L'art. 411 c. pén. ne réprime que les spéculations malhonnêtes auxquelles se livrent des individus non commerçants ou même des commerçants sur des objets mobiliers tout différents de ceux dont ils trafiquent d'ordinaire; il ne s'applique pas aux prêts sur marchandises destinés à subvenir aux nécessités d'un commerce honnêtement exercé (Douai, 21 nov. 1887, aff. Denis, D. P. 88. 2. 302); — 3° Les correspondants des monts-de-piété ne peuvent être poursuivis comme tenant des maisons de prêt sur gage sans autorisation (Trib. Narbonne, 25 oct. 1886, aff. Calvel, *Revue des établissements de bienfaisance*, 1887, p. 12); — 4° L'arrêt qui constate que le prévenu était l'intermédiaire d'un mont-de-piété, lequel a seul prêté et seul reçu les objets livrés à titre de gage ou de nantissement, exclut, par cette constatation, le délit de tenue d'une maison de prêt sur gages (Civ. rej. 4 août 1870, aff. Scarpa, *Bull. crim.* 1870, n° 161, p. 264).

13. L'art. 1er de la loi du 24 juin 1851 est toujours en vigueur. Ainsi, comme on l'a dit (*Rép.* n° 22) : 1° les monts-de-piété doivent être institués comme établissements d'utilité publique; 2° ils ne peuvent l'être que par décret du chef de l'Etat, et avec l'assentiment des conseils municipaux. Cette dernière prescription a été vivement critiquée par M. Blaize (t. 1, p. 223). M. Heurtier l'avait, au contraire, justifiée dans les termes suivants, dans la séance de l'Assemblée du 9 avr. 1851 : « Nous avons municipalisé une institution qui, de sa nature, nous a paru essentiellement communale; nous appelons l'énergie locale à s'emparer des monts-de-piété, à les surveiller, à les administrer, et les catégories que nous avons faites nous semblent une garantie d'excellente administration ». Quoi qu'il en soit, ainsi que le fait justement observer M. Blaize (t. 1, p. 245), c'est à tort que l'on voudrait classer les monts-de-piété parmi les établissements communaux, comme le faisait, en 1847, le rapporteur du conseil d'Etat: « Ce qui constitue le caractère communal, c'est l'obligation imposée aux communes de fournir des subventions, lorsque l'intérêt de l'établissement l'exige. Rien de semblable n'existe pour les monts-de-piété; loin de là, au lieu d'être à la charge des communes, ils doivent être considérés, dans certains cas, comme des caisses de produits instituées indirectement à leur profit ».

14. On a exposé (*Rép.* n° 25 et suiv.) les conséquences qui découlent du principe posé par l'art. 1 de la loi du 16 pluv. an 12 : « Les monts-de-piété ne peuvent être établis qu'au profit des pauvres ». On a dit également (n° 27) que la loi de 1851 (art. 3-2°) a permis aux monts-de-piété de se procurer des fonds par la voie de l'emprunt (Conf. Règlem. 30 juin 1865, art. 22 et suiv.). En fait, cette pratique, non encore autorisée, était cependant fort usitée avant 1851, ainsi que le démontre l'examen du tableau de la situation financière des monts-de-piété en 1851, dressé par M. Blaize (t. 1, p. 232 et suiv.). A cette époque, les monts-de-piété avaient emprunté à titre onéreux 28 054 476 fr. dont 19 261 279 fr. à des particuliers sur 31 801 029 fr. montant des capitaux employés à leurs opérations. Des 44 monts-de-piété alors reconnus, 10 seulement prêtaient avec leurs propres fonds, qui ne s'élevaient qu'à 966 974 fr.; 22 ne possédaient qu'une partie du capital nécessaire pour alimenter leurs opérations; 12 ne possédaient rien en propre et empruntaient la totalité de leurs fonds de roulement (Conf. *Rép.* n° 28). Aujourd'hui, c'est uniquement par l'emprunt que le mont-de-piété de Paris se procure à 2, 2 1/2 et 3 pour 100 les fonds dont il a besoin (Sur le taux auquel se font actuellement les emprunts des divers monts-de-piété, V. le tableau statistique, *suprà*, n° 3). Ces emprunts ont l'inconvénient d'obliger les monts-de-piété à faire supporter à leurs emprunteurs, en outre des frais d'administration, l'intérêt qu'ils payent eux-mêmes pour les sommes qu'ils empruntent; ce fait explique l'élévation et la variabilité du taux de l'intérêt de leurs prêts (V. Blaize, t. 1, p. 280).

15. Les monts-de-piété peuvent ouvrir des emprunts *permanents* sur *bons à ordre* ou *au porteur*, afin de se procurer les ressources nécessaires pour alimenter leurs opérations de prêts sur gage. Il en est ainsi, notamment, au mont-de-piété de Paris (Délib. Cons. d'admin. 19 janv. 1842, approuvée le 4 juin 1842; Duval, n° 488). Les bâtiments du mont-de-piété, les capitaux de roulement existant dans la caisse de cet établissement et les nantissements déposés dans les magasins, servent de garantie spéciale pour les prêteurs. L'art. 45 du règlement du 8 therm. an 13 (*Rép.* p. 399) étend même l'hypothèque de ceux qui font des prêts au mont-de-piété de Paris sur tous les biens dépendant de la dotation des hospices de Paris (V. *infrà*, n° 150).

16. Il faut noter que, aux termes de l'art. 9 de la loi du 25 juill. 1891 (D. P. 92. 4. 1), dans les monts-de-piété qui, comme celui de Paris, font des avances sur nantissements de valeurs mobilières au porteur, le service de ces prêts doit être fait au moyen de capitaux autres que ceux qui sont employés en prêts sur objets mobiliers ; une comptabilité spéciale doit y être organisée, de manière que les deux services restent toujours entièrement distincts. — Sur les motifs de cette disposition, V. *infrà*, n° 89 et 102.

17. En échange des fonds versés, les prêteurs reçoivent des bons, soit nominatifs, soit au porteur, suivant leur demande. La formule de ces bons doit être conforme au modèle annexé au règlement de 1865. Elle comporte les indications suivantes : somme prêtée, intérêts y afférents, échéance du bon, somme à rembourser, et, pour les bons à ordre, indication des nom et prénoms du titulaire. Les formules sont à souche et à talon, et reliées en volumes numérotés, cotés et parafés par un membre délégué par le conseil. Aucun emprunt ne peut être réalisé, ni aucun bon émis, sans autorisation du conseil d'administration (Règlem. 1865, art. 45). A Paris, les bons sont à l'échéance de trois mois, six mois ou un an, au choix du prêteur. M. Duval, n° 497, expose les règles établies pour l'entrée et la sortie des formules de bons de caisse, la réception des placements, l'émission des bons, la confection des bordereaux journaliers et mensuels, la tenue des répertoires, le renouvellement et le remboursement des bons. En 1888, l'emprunt nominal du mont-de-piété de Paris s'élevait à 52 517 451 fr. 45 cent. ; soit : 23 013 797 fr. 65 cent. en bons à ordre et 29 503 653 fr. 80 cent. en bons au porteur.

18. Le taux de l'intérêt servi aux prêteurs est fixé tous les ans par arrêté du préfet, sur la proposition du directeur, et après avis du conseil de surveillance (Règlem. gén. 8 therm. an 13, art. 103 ; Décr. sur la décentralisation, du 25 mars 1852, art. 1). La taxe de 4 pour 100 sur le revenu des valeurs mobilières (L. 29 juin 1872 et 26 déc. 1890, art. 4, D. P. 91. 4. 53) frappe les intérêts servis par le mont-de-piété (Trib. Seine, 11 avr. 1874, aff. Mont-de-piété de Paris, D. P. 74. 3. 103, et sur pourvoi, Civ. rej. 3 avr. 1878, D. P. 78. 1. 178 ; Audier, *Titres au porteur*, n° 109 et suiv.). Le mont-de-piété de Paris prend à sa charge le payement de cette taxe (Duval, n° 495). V. *infrà*, n° 71.

19. Il a été jugé que, à défaut d'une réglementation spéciale ayant force de loi, le caractère des bons à ordre délivrés par l'administration du mont-de-piété à ceux qui lui prêtent de l'argent, doit être apprécié d'après leur nature et leur apparence. Ces bons ayant tous les caractères des billets à ordre, l'administration du mont-de-piété, quoique non commerçante, est justiciable du tribunal de commerce, lorsque, sur le bon en litige, figurent les signatures de commerçants (Trib. com. Seine, 20 févr. 1891, aff. Poulain, *Revue des établissements de bienfaisance*, 1891, p. 304).

20. En cas d'*adirement* de bons *à ordre* des monts-de-piété, les sommes réclamées par les prêteurs ne peuvent leur être remboursées qu'en vertu d'une ordonnance du juge ; on applique alors à ces bons la règle posée par l'art. 152 c. com. pour le cas de perte des lettres de change (Règlem. 1865, art. 48. Conf. Trib. Seine, 6 févr. 1834, aff. P..., cité par Duval, p. 625). Ce remboursement n'est effectué qu'après un délai déterminé par les statuts, pendant lequel les sommes sont conservées par l'établissement à titre de dépôt, et produisent intérêt au profit du propriétaire du bon (*Ibid.*).

En cas d'adirement de bons *au porteur*, on applique les dispositions de la loi du 15 juin 1872 (D. P. 72. 4. 112) sur les titres au porteur (Paris, 12 août 1876, *Le Droit*, 5 oct. 1876 ; Trib. Seine, 9 févr. 1882, aff. Hentz, *Journal des valeurs mobilières*, 1882, p. 136 ; Buchère, *Valeurs mobilières*, n° 948 ; Audier, *Titres au porteur*, n° 4506 ; Desrues et Moret, *Memento théorique et pratique de la possession des titres au porteur*, 3e édit., p. 106. V. cependant Le Gost, *Etude sur les titres au porteur*, n° 247). V. *infrà*, n° 24, et v° *Sociétés*.

21. Est irrecevable à former une action en revendication le propriétaire d'un bon au porteur de mont-de-piété qui n'a pas rempli les formalités prescrites par l'art. 11 de la loi 15 juin 1872 (D. P. 72. 4. 112), et a laissé passer plus de trois ans depuis le jour où le bon lui a été volé, si toutefois le détenteur actuel a ignoré le vol, malgré tous les renseignements pris par lui (Trib. Seine, 25 mars 1891) (1). V. *infrà*, v° *Sociétés*.

22. Lorsqu'un bon est présenté à son échéance dans un

(1) (Sauvage, Vercour et comp. C. Bérod.) — LE TRIBUNAL ; — Attendu que Sauvage, Vercour et comp., banquiers à Liège (Belgique), se disant porteurs légitimes d'un bon du mont-de-piété de Paris de 114 000 fr. de principal, et 3 420 fr. d'intérêts, créé le 4 juill. 1885, à l'échéance du 4 juill. 1886, numéro 215371 du journal de la caisse, et 5425 du journal du contrôle, demandent la mainlevée de deux oppositions faites, la première à son remboursement, suivant exploit de Thiellement, huissier à Paris, en date du 13 oct. 1885, aux mains du directeur du mont-de-piété de Paris, la deuxième à sa délivrance, suivant exploit de Bramard, huissier à Paris, en date du 13 nov. 1886, au greffe du tribunal de la Seine où ledit bon a été déposé à la suite de la saisie qui en a été opérée par ordre du juge d'instruction entre les mains de leur mandataire à Paris, lesdites oppositions pratiquées par Bérod, qui prétend en avoir été dépossédé par vol, et qui en demande la restitution et le remboursement, par des conclusions reconventionnelles ; — Qu'ils soutiennent que Bérod ne justifie, ni de la qualité de propriétaire, ni du vol dont il aurait été la victime ; que, dans tous les cas, n'ayant pas formé sa revendication dans les trois années qui ont suivi le jour du vol, sa demande n'est pas recevable ; — Attendu que Bérod oppose à Sauvage, Vercour et comp. la précarité de leur possession ; qu'il prétend que le nantissement en vertu duquel ils sont porteurs de ce bon serait irrégulier ; qu'ils auraient agi de mauvaise foi en l'acceptant, et qu'ils auraient commis, vis-à-vis de lui, un quasi-délit ; — Attendu que, ainsi qu'il résulte d'une attestation délivrée par le mont-de-piété, Bérod est bien propriétaire dudit bon ; qu'il en a versé dans la caisse, en différentes fois, le montant en principal, soit la somme de 114 000 fr., actuellement augmentée de celle de 3 420 fr., représentant les intérêts ; qu'il résulte également de l'instruction ouverte sur sa plainte, et qui s'est poursuivie pendant trois années, que Bérod a bien été dépossédé de ce bon par suite d'un vol commis à son préjudice le 2 oct. 1885 ; — — En ce qui touche la non-recevabilité ; — Attendu que Bérod n'a pas rempli les formalités prescrites par l'art. 11 de la loi du 15 juin 1872, relative à l'insertion au *Bulletin officiel* des oppositions de la nature des titres soustraits ou perdus, avec l'indication de leurs numéros ; que faute par lui d'avoir ainsi fait obstacle à la négociation régulière de son titre, Sauvage, Vercour et comp. peuvent se prévaloir de leur possession, et que le tribunal ne peut qu'appliquer les principes du droit commun établi par l'art. 2279 c. civ. ; — Attendu qu'il est constant que Bérod n'a introduit sa demande en revendication qu'à la date du 9 déc. 1890, c'est-à-dire plus de trois ans après le jour de sa dépossession ; que c'est donc à bon droit que Sauvage, Vercour et comp. invoquent contre Bérod la prescription édictée par le paragraphe 2 de l'art. 2279, et que la demande de Bérod ne saurait être recevable, à moins toutefois qu'il ne prouve, ainsi qu'il l'allègue dans ses conclusions, l'irrégularité du nantissement ou la mauvaise foi de Sauvage, Vercour et comp. ; qu'il y a lieu d'examiner le mérite de cette prétention ; — Attendu que le bon litigieux a été remis à Sauvage, Vercour et comp., le 14 nov. 1885, par Florent Orban, négociant à Liège, à titre de nantissement d'un crédit que ladite maison de banque lui consentait de la somme de 110 000 fr. dont il disait avoir besoin pour des opérations de vente d'armes au gouvernement serbe ; — Attendu qu'il résulte du document produit que Florent Orban, sollicité par Sauvage, Vercour et comp., avant de conclure le contrat, de leur indiquer la provenance de ce bon et de leur dire à quel titre il le détenait lui-même, leur déclara qu'il l'avait reçu de la banque Hugo Lévy, établie à Paris sous le nom de Banque générale de crédit, à titre de nantissement pour des opérations en cours ; que Sauvage, Vercour et comp. ne consentirent à l'accepter que lorsque la banque Hugo Lévy eut autorisé par lettre Florent Orban à s'en dessaisir et à le leur remettre ; — Attendu que, s'il n'est pas douteux pour le tribunal que Florent Orban ait été de mauvaise foi, et ait connu la provenance suspecte de ce bon ainsi que les différentes circonstances à la suite desquelles la banque Hugo Lévy avait pu se le procurer, il n'en est pas de même à l'égard de Sauvage, Vercour et comp. dont la bonne foi ne saurait être mise en doute ; qu'à la vérité, ainsi qu'il appert de la correspondance, Florent Orban se trouvait, en novembre 1885, dans une situation embarrassée, et que la maison de banque Sauvage manifestait son intention de ne pas lui faire plus longtemps

état de détérioration tel que le caissier ne juge pas pouvoir en faire le remboursement, il est procédé comme lorsqu'il s'agit d'un bon adiré (Duval, n° 523).

23. Il a été jugé que, en cas d'adirement d'un billet de caisse, le mont-de-piété n'a d'autre droit que d'exiger que des précautions soient prises pour qu'il ne soit pas obligé de payer deux fois; les mesures conservatoires prescrites par la loi du 15 juin 1872, notamment par l'art. 5, sont seules applicables en ce cas (Trib. Seine, 9 févr. 1882, aff. Hentz *Journal des valeurs mobilières* 1882, p. 136. Conf. *suprà*, n° 20).

24. Les bons au porteur du mont-de-piété, n'étant pas cotés à la Bourse, peuvent faire l'objet de négociations en banque entre les parties, sans l'intermédiaire des agents de change. En conséquence si, au moment où la vente d'un de ces bons est intervenue, aucune opposition ne frappait le titre, l'acquéreur n'avait à craindre aucune éviction de la part d'un tiers; et, si plus tard une opposition vient à être formée, c'est au possesseur légitime et de bonne foi à agir contre l'opposant pour obtenir mainlevée de ladite opposition (Trib. Seine, 21 juill. 1886, aff. Leroux, *Journ. des val. mobil.* 1886, p. 325. Conf. anal. Civ. cass. 1er juill. 1885, D. P. 85. 1. 393; Civ. rej. 9 mars 1886, aff. Bergeron, D. P. 86. 1. 266).

25. Bien que la loi de 1851 (art. 1) qualifie les monts-de-piété d'établissements d'utilité publique (Comp. *infrà*, n° 156), M. Morgand (*Loi municipale*, t. 2, p. 227) estime qu'on doit leur appliquer les dispositions de l'art. 119 de la loi du 5 avr. 1884 (D. P. 84. 4. 25) relatif aux emprunts à effectuer par les hospices, hôpitaux et *autres établissements charitables* (Comp. *suprà*, v° *Etablissements publics*, n° 3).

26. Sur le système qui consisterait à réunir les monts-de-piété aux caisses d'épargne (*Rép.* n° 29 et *suprà*, v° *Etablissements d'épargne* n° 47 et 56), V. Blaize, t. 1, p. 265 et suiv. Conf. Courtet de l'Isle, *Du crédit en France et de quelques moyens de prospérité publique*; E. Rostand, *La question de l'emploi des fonds des caisses d'épargne ordinaires* (1 vol. Marseille 1890). Le rapport supplémentaire de M. de Mortemart, sur la loi de 1851, s'exprimait en ces termes, relativement à ce point: « On a demandé aussi de pouvoir joindre les caisses d'épargne aux monts-de-piété. Des résultats très heureux ont été obtenus à Metz par cette adjonction. Nous l'avons déjà dit dans la discussion, rien, dans le projet soumis à vos délibérations, ne met obstacle à ce que des mesures semblables soient prises partout ailleurs. Nous avons voulu laisser toute la liberté possible; mais la loi prescrit, elle ne peut pas conseiller » (V. Règlem. 30 juin 1865, art 54).

27. Les monts-de-piété, comme les autres établissements publics, déposent leurs fonds disponibles en compte courant au Trésor, qui leur sert un intérêt (V. Règlem. 30 juin 1865, art. 43 et 44; Instr. gén., 20 juin 1859, art. 756 et suiv). L'intérêt servi aux établissements de bienfaisance, et notamment aux monts-de-piété, était récemment encore de 3 pour 100. Une décision du ministre des finances du 16 avr. 1888 l'a réduit, à partir du 1er mai 1888 à 2 pour 100 (Circ. min. int. 9 mai 1888). A cette époque, le compte courant du mont-de-piété de Paris au Trésor s'élevait à 8 000 000 et lui rapportait 240 000 fr. par an; la nouvelle mesure adoptée par le ministre des finances fait donc perdre à ce mont-de-piété 80 000 fr. par an (*Revue des établissements de bienfaisance*, 1888, p. 261. V. *infrà*, v° *Secours publics*).

28. On a vu, *suprà*, n° 7, que, dans certains monts-de-piété, tous les bénéfices sont attribués aux hospices (*Rép.* n° 30). Dans les monts-de-piété qui constituent des établissements distincts des hospices eux-mêmes, les excédents de recettes sont encore attribués aux hospices ou autres établissements de bienfaisance, lorsque leur dotation suffit tant à couvrir les frais généraux qu'à abaisser l'intérêt au taux de 5 pour 100 (L. 1851, art. 5). Cette attribution est alors faite par le préfet, sur l'avis du conseil municipal (*Ibid.*). Lors de la discussion de la loi de 1851, M. d'Olivier avait demandé: 1° que le minimum du taux des prêts fût fixé à 2 pour 100; 2° que, s'il y avait bénéfice, les hospices n'entrassent en partage qu'autant qu'ils auraient des fonds engagés dans les opérations des monts-de-piété. M. de

---

crédit; — Mais attendu qu'il importe peu, contrairement à ce que prétend Bérod, que Sauvage, Vercour et comp. se soient rendu compte à cette époque, ce qui n'est du reste pas contestable, des embarras financiers de Florent Orban; que la seule question dont le tribunal doit se préoccuper est celle de savoir si Sauvage, Vercour et comp. pouvaient alors douter de son honorabilité et concevoir des soupçons légitimes sur la provenance des garanties qu'il leur proposait; — Attendu que rien dans la cause ne permet au tribunal de le supposer; qu'en effet Florent Orban appartenait à l'une des familles les plus importantes et les plus considérées de la province de Liége; qu'il était le client habituel de la maison Sauvage; que le rang élevé qu'il occupait dans la ville, sa position sociale, la sûreté des relations déjà anciennes qu'il entretenait avec Sauvage, Vercour et comp., étaient de nature à inspirer à ces derniers toute confiance et à écarter d'eux tout motif de suspecter sa loyauté; — Attendu, en outre, que les conditions dans lesquelles est intervenu le contrat, les précautions dont ils se sont entourés, les démarches qu'ils ont faites avant de le consentir, démontrent qu'ils ignoraient les circonstances à la suite desquelles Florant Orban avait été mis par Hugo Lévy en possession de ce bon; — Sur l'irrégularité du nantissement: — Attendu que le contrat ne saurait être critiqué; qu'il s'agissait d'une opération essentiellement commerciale, conclue entre deux commerçants, et qui se trouve constatée, conformément aux règles édictées par les art. 91 et 109 c. com., par la correspondance échangée à ce sujet entre les parties pendant les mois d'octobre et novembre 1884; — Que ce nantissement a servi de couverture à un crédit spécial de 107 292 fr., dont le versement à Florent Orban ne saurait être contesté, et qui a été effectué au moyen de trois chèques sur Paris, en date des 14 et 16 nov. 1884, d'ensemble 82 205 fr., et à la date du 25 du même mois, au moyen d'une valeur de 25 000 fr., payée à Bruxelles; — Qu'au surplus, Sauvage, Vercour et comp. ont été admis, en juillet 1886, à la faillite de Florent Orban pour une somme de 111 695 fr. représentant le capital susénoncé avec les intérêts échus à cette date; que la régularité du nantissement est donc constante; — Attendu, d'autre part, que Sauvage, Vercour et comp. avaient pris la précaution de s'assurer de la disponibilité du bon qui n'était frappé d'aucune opposition au *Bulletin officiel*, et de ne l'accepter qu'après autorisation formelle de la banque Hugo Lévy; qu'aucune faute ne leur saurait donc être reprochée, et que les différents griefs articulés contre eux par Bérod doivent être repoussés; — Attendu, dans ces conditions, qu'il y a lieu de décider que Sauvage, Vercour et comp. sont légitimes porteurs de ce bon, et d'ordonner la mainlevée des deux oppositions pratiquées par Bérod; — Mais attendu que le bon n'était détenu par Sauvage, Vercour et comp. qu'à titre de nantissement; que Bérod en a donc conservé la propriété, et qu'il pourra en obtenir la restitution, à la charge par lui de leur rembourser la somme de 146 577 fr. 67 cent., dont ils justifient être créanciers en principal, intérêts et frais, au 1er mars 1891, par suite de l'ouverture de crédit à laquelle le bon était affecté; — Par ces motifs, dit que Sauvage, Vercour et comp. sont légitimes porteurs du bon du mont-de-piété de Paris, n° 215371 du journal de la caisse et 5425 du journal du contrôle; — Dit que Bérod pourra, dans la huitaine de la signification du présent jugement, se faire remettre par le greffier correctionnel de ce tribunal le bon sus-désigné, sur la simple décharge, nonobstant toute opposition, dont mainlevée entière et définitive est au besoin dès maintenant donnée, à la condition toutefois de lui justifier par une quittance régulière de Sauvage, Vercour et comp. qu'il leur a remboursé la somme de 146 577 fr. 67 cent., dont ils sont créanciers de Florent Orban; — Ordonne en conséquence que le mont-de-piété, nonobstant toutes oppositions, devra, sur la présentation dudit bon, en verser à Bérod, sur la simple décharge, le montant intégral en principal et intérêts courus depuis le nantissement; — Dit que, faute par Bérod d'avoir usé de cette faculté dans ledit délai, Sauvage, Vercour et comp. pourront se faire remettre ledit bon par le greffier correctionnel et en toucher le montant à l'administration du mont-de-piété, en remettre tous intérêts courus depuis le nantissement, nonobstant toutes saisies-arrêts ou oppositions faites tant au greffe qu'au mont-de-piéte, dont il est fait mainlevée dès à présent, en tant que de besoin; — A quoi faire, le greffier et le mont-de-piété contraints, quoi faisant valablement déchargés; — Dit n'y avoir lieu d'allouer des intérêts à Sauvage, Vercour et comp. — Leur donne acte des réserves qu'ils font pour le cas où le montant des sommes touchées du mont-de-piété n'éteindrait pas leur créance, de répéter contre qui de droit les sommes qu'a pu percevoir Bérod à titre d'arrérages depuis le mois de novembre 1885 jusqu'à ce jour sur ledit bon; — Déboute Bérod de ses conclusions reconventionnelles en restitution pure et simple du bon, et le condamne en tous les dépens;

Dit enfin n'y avoir lieu à l'exécution provisoire du présent jugement.

Du 25 mars 1891.-Trib Seine, 5e ch.-MM. Barthelon, pr.-Chérot, subst., c. conf.-Clunet et S. Berryer, av.

Limairac combattit le premier paragraphe de cet amendement, comme favorable au trafic des usuriers qui emprunteraient à 2 pour 100 pour aller prêter à 12, 15, 60 pour 100; et le second comme pouvant porter atteinte à des droits acquis, car, disait-il, les hospices seront nécessairement dans l'une ou dans l'autre de ces deux positions : « Ou bien simples bailleurs de fonds comme tout autre prêteur, et alors ils n'auront évidemment droit qu'aux intérêts qui auront été convenus dans le contrat du prêt; voilà une position qui est nette et tranchée. Ou bien il se serait établi en vertu de contrats antérieurs à la loi actuelle des conventions particulières entre les administrations des hospices et celles des monts-de-piété, et le projet n'entend pas toucher le moins du monde aux droits acquis, aux droits si respectables d'un contrat ». L'amendement fut retiré. On a indiqué, *suprà*, n° 4, tableau 1, quel a été, en 1889, le mode d'emploi des bénéfices des divers monts-de-piété de France.

29. Les ressources diverses dont peuvent disposer les monts-de-piété pour leurs opérations de prêts sont de deux natures: 1° les fonds que les établissements se procurent au moyen d'*opérations financières*, et qui doivent être remboursés aux ayants droit dans un délai plus ou moins éloigné; 2° les fonds qui proviennent des *recettes effectives, capitaux, produits et revenus* leur appartenant (Règlem. 1865, art. 22). Leurs recettes se divisent, d'autre part, en *recettes ordinaires* et *recettes extraordinaires* (*Ibid.*, art. 23). Les recettes provenant des *opérations financières* sont classées dans la catégorie des recettes ordinaires et se rattachent généralement aux opérations suivantes: Emprunts de toute nature; cautionnements; placements en compte courant par les caisses d'épargne, sociétés et autres établissements; placements temporaires; dépôts en garantie pour bons ou reconnaissances adirés; rentrée des prêts par dégagement effectif ou par vente; bonis à liquider; déficits de magasins (*Ibid.*, art. 24). — Les recettes effectives comprennent les *revenus et produits ordinaires* et les *recettes extraordinaires* (*Ibid*, art. 25). Les *revenus et produits ordinaires* se composent en général, des articles suivants: intérêts et tous autres droits de prêt; bonis et droits divers acquis à l'établissement par prescription; recettes provenant d'amendes ou de la suspension d'intermédiaires; intérêts de fonds placés au Trésor; loyers de maisons ou terrains; produits de valeurs mobilières, rentes sur l'État et sur particuliers; subventions annuelles de la commune ou du département; produit des fondations. Les *recettes extraordinaires* se composent en général des articles suivants: excédent de recettes affecté à la formation ou à l'accroissement de la dotation; vente d'objets hors de service; legs et donations; subventions ou recours extraordinaires; produit de la vente des propriétés (*Ibid.*, art. 26).

30. Les dépenses des monts-de-piété se divisent, comme les recettes, d'une part, en *opérations financières* et en *dépenses effectives* ou charges de l'établissement; d'autre part en *dépenses ordinaires* et en *dépenses extraordinaires* (Règlem. 1865, art. 55). Les dépenses qui se rattachent aux *opérations financières* doivent toujours être classées dans la catégorie des dépenses ordinaires et correspondent, en général, aux articles suivants: remboursement de fonds, emprunts; comptes courants avec les caisses d'épargne et autres établissements ou institutions; remboursements de cautionnements; remboursements de placements temporaires; remboursements de dépôts en garantie de bons et reconnaissances adirés; prêts par engagement effectif; payement de bonis aux emprunteurs; remboursements de nantissements perdus (après décharge du garde-magasin); versement aux hospices et autres établissements de bienfaisance de la part attribuée à ces établissements dans l'excédent des recettes et dans les bonis prescrits; dépenses d'ordre de la part revenant au mont-de-piété dans l'excédent de recettes et dans les bonis, dépôts et autres valeurs prescrits. Les *dépenses effectives* comprennent les *charges ordinaires* de l'établissement et les *dépenses extraordinaires*. — Les *charges ordinaires* correspondent notamment aux dépenses suivantes: intérêts d'emprunts divers, intérêts de cautionnements; intérêts de placements temporaires et de comptes courants; intérêts de dépôts en garantie de bons et de reconnaissances adirés; droits de prisée et autres rémunérations des appréciateurs; traitements et gages; indemnités, gratifications et secours; frais de bureau et d'impressions; loyers de maisons; assurance contre l'incendie; entretien des bâtiments; entretien du mobilier; chauffage et éclairage; contributions; dépenses imprévues. Les *dépenses extraordinaires* consistent généralement dans les articles suivants: constructions et grosses réparations; acquisitions d'immeubles; frais d'actes de procédure (même article).

31. Les art. 27 à 59 de l'arrêté de 1865 ont réglementé d'une façon détaillée tout ce qui concerne l'établissement et le règlement des budgets des monts-de-piété; l'assiette et le recouvrement de leurs revenus (Comp. art. 1054 et suiv. de l'instruction générale du ministre des finances du 20 juin 1859); la classification, l'ordonnancement et le payement des dépenses (Comp. art. 981 et suiv., 1020 et suiv., instruction 20 juin 1859; art. 503 et suiv., 520 et suiv.; Décr. 31 mai 1862). V. Duval, n°s 433 à 1067.

32. En principe, les monts-de-piété sont, quant aux règles de la comptabilité, assimilés aux établissements de bienfaisance (L. 1851, art. 2; *Rép.* n° 41). L'arrêté de 1865 a réglementé tout ce qui concerne les écritures et les comptes des monts-de-piété. Il s'occupe successivement de la tenue des écritures en partie double (art. 116), des registres à tenir (art. 117), du livre de détail (art. 118), des rectifications d'écritures (art. 119), de l'unité de caisse (art. 120), du livre de caisse (art. 121), du journal général (art. 122), de la situation de caisse (art. 123), du grand-livre (art. 124 et suiv.), de la correspondance des comptes du grand-livre entre eux (art. 127 et suiv.), de la balance des comptes du grand-livre (art. 145), de la clôture du registre et des opérations (art. 146), de la formation des comptes (art. 147 et suiv.), des justifications à produire (art. 152 et suiv.), des autorités chargées du jugement des comptes (art. 155 et suiv.). Conf. Duval, n° 433 à 820, et *infrà*, v° *Trésor public*. Les art. 97 à 115 du même règlement s'occupent du service des magasins. Conf. Duval, n° 821 à 934, 1260 à 1279, 1377 à 1388.

33. Sur la disposition de l'art. 411 c. pén., qui place sous la sanction d'une pénalité la bonne tenue des monts-de-piété (*Rép.* n° 42), V. *infrà*, v° *Prêt sur gage*.

34. La loi du 24 juin 1851, qui a posé les principes généraux relatifs à l'*administration intérieure* des monts-de-piété est toujours en vigueur. Ses dispositions ont été complétées par le règlement de 1865. Elles s'appliquent, d'ailleurs, à tous les monts-de-piété, sauf à ceux qui sont établis à titre purement charitable; à condition, toutefois, que cette application ne soit pas de nature à porter atteinte aux intérêts pécuniaires des établissements de bienfaisance appelés, en vertu des actes constitutifs de certains monts-de-piété, à bénéficier de leurs excédents de recettes (Av. Cons. d'Ét. 29 déc. 1852, rapporté *suprà*, n° 2). V. *infrà*, n° 74.

35. Les monts-de-piété se divisent en deux catégories: 1° les monts-de-piété *simples*; 2° les monts-de-piété *composés*. Les monts-de-piété simples sont ceux dont le service ne comporte qu'une seule caisse, et où il n'est ouvert qu'un seul bureau pour chaque nature d'opérations effectuées par le public. Les monts-de-piété composés sont ceux où la multiplicité et l'importance des opérations exigent, soit des succursales ou bureaux auxiliaires, soit plusieurs bureaux ou divisions, ou plusieurs caisses (Règlem. 1865, art. 1).

36. L'art. 2 de la loi de 1851 a organisé, a-t-on dit (*Rép.* n° 32), les *conseils d'administration* des monts-de-piété. Lors de la seconde délibération de cette loi, M. Sain avait présenté un amendement qui avait pour but de faire administrer les monts-de-piété par des directeurs responsables, assistés de commissions de surveillance et de placer ceux-ci sous l'autorité du ministre de l'intérieur. Cet amendement était l'art. 1 d'un contre-projet emprunté au texte rédigé en 1847 par M. Duchâtel, annoncé aux Chambres par le roi Louis-Philippe, le 28 décembre de la même année, et déposé par M. Senard sur le bureau de l'Assemblée constituante le 28 août 1848. Ce projet devait avoir pour résultat de ramener les monts-de-piété au véritable objet de leur mission, celui de donner le crédit aux gens pauvres, et, en même temps, de le donner à bon compte. On sait, en effet, l'énormité du taux de l'intérêt pour les petites sommes empruntées pour un court délai. M. Duchâtel voulait: 1° substituer à la commission d'administration un conseil de surveillance, afin que le directeur, devenu responsable, pût imprimer à l'administration le caractère d'unité qui lui manque; 2° introduire la possibilité, pour les monts-de-piété, de se constituer une dotation; 3° supprimer les commissionnaires. L'article présenté par M. Sain fut combattu par M. Heurtier dans les termes suivants : « M. Duchâtel, a-t-il dit, a proposé de substituer un simple comité de surveillance à ce que vous appelez un conseil d'administration; et l'effet de cette substitution, c'est de donner un caractère d'unité remarquable à une administration qui, jusqu'à présent, vous a-t-il dit, en a malheureusement manqué. Je réponds, sur ce premier point à notre honorable collègue que, s'il avait lu attentivement les dispositions du projet que la commission vous soumet, il aurait remarqué que nous laissons au Gouvernement, le conseil d'Etat entendu, le soin de déterminer les attributions du conseil d'administration; que nous nous sommes préoccupés particulièrement de la composition, au point de vue du personnel, de ce conseil d'administration ». Après deux épreuves déclarées douteuses, l'amendement de M. Sain fut écarté. — Quant aux deux autres réformes proposées par M. Duchâtel, on a vu que les monts-de-piété n'ont pas encore obtenu le droit de se constituer une dotation avec tous les bénéfices (*suprà*, n° 28), d'autre part, que les commissionnaires ont été supprimés au mont-de-piété de Paris en 1887 (*suprà*, n° 2, et *infrà*, n° 59 et 162).

37. M. Blaize (t. 1, p. 224 et suiv.) critique vivement le système de la loi de 1851 et se prononce en faveur de celui qu'avait préconisé M. Sain (*suprà*, n° 36) : « Les fonctions du conseil étaient gratuites, collectives et intermittentes, dit-il en parlant du régime antérieur à 1851 conservé par la loi nouvelle. Il résultait de là, d'une part, qu'elles étaient incompatibles avec une responsabilité réelle, car il ne peut y avoir responsabilité, là où il y a gratuité et collectivité; et d'autre part, que, dans une foule de cas, l'administration était entravée par la nécessité d'obtenir l'autorisation ou l'avis préalable du conseil. Cet état de choses avait pour résultat d'entraîner des longueurs interminables dans les affaires dont la solution ne comporte pas de délai, de jeter de l'incertitude dans la direction de l'établissement, et d'affaiblir, lorsqu'il ne la compromettait pas, l'autorité du directeur, l'influence décisive qu'il doit exercer sur ses subordonnés... » — D'ailleurs, ainsi que le fait observer M. Blaize (t. 1, p. 229), l'organisation créée par la loi de 1851 n'était pas encore mise à exécution que le Gouvernement en reconnaissait l'imperfection et substituait, pour le mont-de-piété de Paris, un conseil de surveillance au conseil d'administration (Décr. 24 mars 1852, art. 1, D. P. 52. 4. 100. V. *Rép.* n° 70 et suiv.)

38. Sur les discussions que souleva la question de la composition des commissions administratives, V. D. P. 51. 4. 135, notes. et rapport de M. de Mortemart, n° 9, *ibid.*, p. 138).

39. La nomination des membres des conseils d'administration des monts-de-piété appartient exclusivement au ministre de l'intérieur, à Paris, et aux préfets, dans les départements, en dehors de toute présentation (V. toutefois *infrà*, n° 75). Les lois des 21 mai 1873 et 5 août 1879 ne sont pas applicables à ces conseils; elles visent uniquement les commissions administratives des hospices et des bureaux de bienfaisance. On doit, par conséquent, se borner à leur appliquer la loi du 24 juin 1851, qui n'attribue à personne un droit de présentation. Ainsi les administrateurs pris dans le sein du conseil municipal doivent être, non pas délégués par cette assemblée, mais choisis par le préfet.

Le ministre de l'intérieur, à Paris, et les préfets, dans les départements, ont également le droit de révoquer les membres des conseils d'administration; à moins qu'il ne s'agisse de monts-de-piété établis à titre purement charitable, dont les règlements ne donnent pas un tel pouvoir au préfet (*infrà*, n° 75).

40. Jugé que les membres du conseil d'administration d'un mont-de-piété qui avaient été nommés par application du règlement spécial à cet établissement, pour un nombre d'années déterminé, cessent, par le fait même de l'expiration du temps assigné à leurs fonctions, de faire partie dudit conseil. Et il en est ainsi, alors même que, par un acte administratif dont l'illégalité a été reconnue par décision du conseil d'Etat, ils ont été privés de l'exercice de leurs fonctions pendant une partie du temps pour lequel elles leur avaient été conférées (Cons. d'Et. 21 janv. 1884, aff. Béraud, D. P. 86. 3. 53. Conf. anal. Cons. d'Et. 21 nov. 1884, cité *infrà*, n° 75).

41. On a énuméré au *Rép.* n° 32, les divers fonctionnaires auxquels est confiée l'administration des monts-de-piété. Le *directeur*, dans les monts-de-piété où cet emploi existe, ou agent responsable, est nommé par le ministre de l'intérieur ou par le préfet, sur la présentation du conseil d'administration. En cas de refus motivé par le ministre ou par le préfet, le conseil d'administration est tenu de présenter un autre candidat. Les directeurs peuvent être révoqués, à Paris par le ministre, dans les départements par le préfet (L. 24 juin 1851, art. 2. Conf. Décr. 18 avr. 1891, art. 16, *suprà*, n° 3). A moins de dispositions contraires des statuts et des ordonnances ou décrets d'institution, le directeur est chargé, sous sa responsabilité, de la surveillance de toutes les parties du service. Il prépare et présente les budgets primitifs et supplémentaires, le règlement définitif des budgets de l'exercice clos, les comptes administratifs et tous actes, titres et documents concernant l'administration et la comptabilité du mont-de-piété (Règlem. 1865, art. 2). Le directeur doit procéder tous les ans au récolement du mobilier et en dresser procès-verbal (*Ibid.* art. 4). L'art. 3 du règlement de 1865 énumère les registres que doit tenir le directeur M. Duval, (n°s 58 et suiv.) a exposé en détail quelles sont les diverses attributions du directeur du mont-de-piété de Paris.

42. Un décret du 11 déc. 1864 (D. P. 65. 4. 4). a déclaré les fonctions du directeur de mont-de-piété incompatibles avec celles de caissier, sauf lorsque les statuts contiennent une disposition contraire, et, dans tous les cas, avec celles de garde magasin (Conf. Décr. 18 avr. 1891, art. 13 et suiv. *suprà*, n° 3). Ce décret dispose, en outre, que les directeurs de monts-de-piété qui, sans être en même temps caissiers, sont astreints par les statuts à fournir un cautionnement, cesseront d'être soumis à cette obligation. En effet, le directeur qui n'est pas en même temps caissier n'a le maniement d'aucuns fonds; il ne saurait donc être tenu au versement d'un cautionnement (Conf. Décr. précité 18 avr. 1891, art. 17).

43. Il a été jugé, sous l'empire de l'art. 75 de la constitution de l'an 8, que le directeur d'un mont-de-piété, n'étant ni dépositaire, ni agent de l'autorité publique, mais simple employé d'une administration charitable et municipale, peut être poursuivi sans autorisation du Gouvernement (Douai, 7 août 1856, aff. Guilbert, D. P. 57. 2. 203).

44. Les *caissiers* des monts-de-piété sont nommés par le conseil d'administration, qui détermine leur traitement. Ils sont soumis aux lois et règlements qui régissent les comptables publics (Règlem. 1865, art. 5. Conf. L. 24 juin 1851, art. 2, *in fine*). Ils ne peuvent être installés dans leurs fonctions qu'après avoir justifié de l'arrêté de leur nomination, du versement de leur cautionnement et de leur prestation de serment. Ils prêtent serment devant le préfet du département où le mont-de-piété est situé. Le caissier du mont-de-piété de Paris prête serment devant la cour des comptes (Règlem. 1865, art. 5). Les prescriptions des art. 17 et suiv. du décret du 31 mai 1862, relatives aux incompatibilités, sont applicables aux caissiers des monts-de-piété. En outre, les fonctions de caissier sont incompatibles avec celles de garde-magasin; elles ne peuvent être confiées au directeur qu'en vertu d'une disposition statutaire (Décr. 11 déc. 1864, D. P. 65. 4. 4).

45. Dans les monts-de-piété composés, la responsabilité du caissier s'étend à tous les actes des sous-caissiers et autres agents chargés d'un maniement de deniers, dans la mesure déterminée par l'art. 322 du décret du 31 mai 1862. Le caissier ne peut, à cet égard, dégager sa responsabilité qu'en justifiant qu'il a fait toutes les diligences et pris toutes les précautions utiles (Règlem. 1865, art. 9). Le caissier peut vérifier les caisses et registres des sous-caissiers et autres agents sous ses ordres (*Ibid.* art. 10). Les débets de toute nature produisent intérêts au profit du mont-de-piété, par application des dispositions des art. 368 et suiv. du décret du 31 mai 1862 (*Ibid.* art. 11).

46. Le *garde-magasin* est nommé par le conseil d'administration. Il est pécuniairement responsable de la valeur de tous les nantissements entrés dans les magasins. Il est également responsable des indemnités que le mont-de-piété doit payer aux ayants droit, d'après les statuts, en cas de perte des nantissements, en sus du prix d'estimation (*infrà*, n° 145). Il est responsable des actes de tous les aides ou magasiniers employés sous ses ordres et sous sa surveillance; il possède un droit de surveillance et de vérification sur tous les aides, magasiniers et autres agents ayant l'accès des magasins ou la manipulation des nantissements (Règlem. 1865, art. 14). Les gardes-magasins sont chargés de la conservation du mobilier de l'établissement; ils en sont responsables et doivent, en conséquence, tenir un inventaire de tous les objets appartenant au mont-de-piété (Règlem. 1865, art. 16). Tout déficit à la charge du garde-magasin doit être constaté par un procès-verbal qui est remis au caissier, lequel doit suivre le recouvrement des sommes destinées à désintéresser le mont-de-piété. Le débet du garde-magasin produit intérêts comme ceux des caissiers (Règlem. 1865, art. 15. Conf. Décr. 31 mai 1862, art. 368 et suiv.). Les incompatibilités sont les mêmes pour les fonctions de garde-magasin que pour celles de caissier (Règlem. 1865, art. 13). En outre, le directeur ne peut jamais remplir les fonctions de garde-magasin (Décr. 11 déc. 1864, D. P. 65. 4. 4).

47. Les *cautionnements* des caissiers et des gardes-magasins sont fixés par le préfet, conformément aux règles déterminées par l'art. 25 de la loi du 8 juin 1864 (D. P. 64. 4. 89; Circ. min. int. 27 juin 1864, *Bull. off. min. int.*, 1865, p. 390. Conf. Décr. 18 avr. 1891, art. 17, *suprà*, n° 3). Les cautionnements des autres fonctionnaires sont fixés par le préfet, sur la proposition du directeur (Même loi, art. 20; Duval, n° 50). L'art. 18 du règlement de 1865 pose les règles pour la *revision* des cautionnements des caissiers et gardes-magasins. Il n'a pas été abrogé par la loi du 27 févr. 1884 (D. P. 84. 4. 95), qui ne vise que les comptables des communes, hospices, bureaux de bienfaisance, asiles d'aliénés et dépôts de mendicité.

48. La loi du 8 juin 1864 (D. P. 64. 4. 89), n'autorisant pas les comptables des monts-de-piété à fournir des cautionnements en immeubles ou en rentes sur l'État, leurs cautionnements doivent être versés en numéraire aux caisses des monts-de-piété (Règlem. 1865, art. 21. Conf. instr. gén. 20 juin 1859, art. 1231).

49. Divers comptables d'autres administrations peuvent être assujettis à verser leurs cautionnements dans les caisses des monts-de-piété. Ces versements sont déterminés par des arrêtés préfectoraux (Règlem. 1865, art. 49; Instr. gén. 20 juin 1859, art. 1168 et suiv. et art. 1231). Notamment, les receveurs des hospices et des établissements de bienfaisance qui ont été autorisés par le préfet à réaliser leur cautionnement en numéraire et non en immeubles ou en rentes sur l'État (Ordon. 6 juin 1830, art. 4, *Bull. des lois* 1830, n° 14567) doivent en faire le versement aux caisses des monts-de-piété (Instr. gén. 20 juin 1859, art. 1231). Il en est de même des receveurs des asiles d'aliénés et des dépôts de mendicité (M. Labuze, discours au Sénat, séance du 7 juin 1883, *Journ. off.* 8 juin 1883).

50. Le remboursement des cautionnements se fait, savoir: ceux des comptables, en vertu d'arrêtés préfectoraux appuyés des pièces de libération; les autres, en vertu de décisions des administrations intéressées, également appuyées de leurs pièces de libération (Règlem. 1865, art. 51. Conf. Duval, n° 53).

51. Le taux de l'intérêt des cautionnements versés dans les caisses des monts-de-piété suit la fixation adoptée pour les cautionnements versés à la caisse des dépôts et consignations (Décr. 3 mai 1810, art. 1; Duval, n° 52).

52. Tout mont-de-piété dont les revenus ordinaires dépassent 30 000 fr. doit être pourvu d'un agent spécial, investi des fonctions de *contrôleur*. A moins de dispositions contraires des statuts, le contrôleur est placé sous les ordres immédiats du directeur (Règlem. 1865, art. 158). Le contrôleur suit et constate toutes les opérations effectuées par la caisse; il s'assure de l'exactitude des quittances à souche délivrées par le caissier. Les mandats de payement ne sont exécutoires qu'après avoir été revêtus du visa du contrôle. Le contrôleur doit vérifier au moins une fois par mois les caisses des succursales et des bureaux auxiliaires; cette vérification est constatée par un procès-verbal (même article). Aucun bon à ordre ou au porteur ne peut être délivré sans être revêtu de la signature du contrôleur. Le contrôleur certifie l'exactitude des bordereaux journaliers des bons émis, et reste dépositaire des talons détachés de ces bons. Les bons présentés à l'échéance pour être remboursés doivent être préalablement visés par le contrôleur, après avoir été rapprochés de leur talon. Le contrôleur certifie l'exactitude des bordereaux journaliers des remboursements dressés par le caissier (Règlem. 1865, art. 161). Un agent du contrôle doit toujours assister aux ventes; il tient un carnet sur lequel il inscrit la désignation et le prix de chaque objet, à mesure que la vente est effectuée (*Ibid.*, art. 165).

Les monts-de-piété dont les revenus ordinaires ne dépassent pas 30 000 fr. ne sont pas tenus d'avoir un contrôle spécial relevant de la direction. Dans ces établissements, le contrôle est réservé au conseil d'administration, qui doit déléguer un de ses membres pour en exercer les attributions. L'administrateur contrôleur et les commis placés sous ses ordres font les opérations du contrôle dans la même forme que les contrôleurs spéciaux sauf les exceptions formulées par les art. 171 et suiv. du règlement de 1865 (*Ibid.*, art. 170). Dans les monts-de-piété où il existe des bureaux auxiliaires, des succursales ou des commissionnaires régulièrement accrédités, la surveillance et la vérification de ces services extérieurs peuvent être confiées à des agents auxquels est donné le titre d'*inspecteurs*. Ces inspecteurs prennent connaissance de toutes les parties du service des bureaux auxiliaires, des succursales et des commissionnaires (*Ibid.*, art. 175).

53. Le règlement de 1865 (art. 157 à 175) pose les règles suivant lesquelles les contrôleurs doivent procéder au contrôle de la caisse, à la constatation des malversations, au contrôle des emprunts, des engagements, des dégagements et renouvellements, de la caisse des acomptes, des ventes, des bonis, des magasins.

54. Au mont-de-piété de Paris, les fonctions de chef du contrôle sont exercées par le chef de la comptabilité chargé du contrôle. M. Duval (n°s 73 à 76) énumère les diverses attributions de ce fonctionnaire, et les agents dont il a la surveillance. Sur la façon dont s'opère, au mont-de-piété de Paris, le contrôle et la vérification des diverses opérations, V. Duval, n°s 760 à 786 et 787 à 820 (Conf. Blaize, t. 2, p. 123 à 134).

55. Les caissiers des monts-de-piété situés dans les départements sont placés sous la surveillance des receveurs généraux et particuliers des finances de leur arrondissement, de la même manière que les receveurs spéciaux des communes et des établissements de bienfaisance. Ces receveurs font, dans les monts-de-piété, les vérifications de caisse et de comptabilité prescrites par l'art. 1317 de l'instruction de 1859; ils se font remettre par les caissiers des monts-de-piété, tous les mois, la balance des comptes de leur grand-livre (Règlem. 1865, art. 176; Conf. Inst. gén. 20 juin 1859, art. 1302 à 1322). Les monts-de-piété sont en outre soumis, dans toutes les parties de leur service sans exception, aux vérifications des inspecteurs généraux des services administratifs du ministère de l'intérieur (Règlem. 1865, art. 179; Décr. 18 oct. 1887, art. 6)... et, en ce qui concerne la comptabilité, à celle des inspecteurs des finances (Règlem. 1865, art. 179).

56. Il existe encore d'autres emplois secondaires dans les monts-de-piété: commis expéditionnaires, aides-magasiniers, gagistes, auxiliaires. Nous n'avons pas à préciser ici les attributions de ces employés. M. Duval (n°s 21 à 169), a exposé en détail la composition, les attributions, la responsabilité, les rétributions et la constitution des pensions de retraite de tous les membres du personnel du mont-de-piété de Paris (Conf. Blaize, p. 16 et suiv.).

57. Les *commissionnaires* auprès des monts-de-piété sont des agents particuliers chargés d'être les intermédiaires entre le public et les établissements (Règlem. 1865, art. 187) Moyennant une rétribution dont la quotité est fixée par des arrêtés ou règlements spéciaux, et sous les conditions déterminées par ces règlements, les commissionnaires reçoivent du public les objets présentés en nantissement; ils effectuent au nom des parties les engagements, les dégagements et les renouvellements, et ils peuvent être chargés de remettre aux ayants droit les bonis résultant des ventes (*Ibid.*). Les statuts des monts-de-piété déterminent le mode de nomination des commissionnaires, les cautionnements qu'ils doivent fournir et les conditions sous lesquelles ils doivent exercer leur ministère. Les droits de commission attribués à ces intermédiaires par les règlements spéciaux doivent être calculés sur les prêts du mont-de-piété; le tarif de ces droits doit être constamment affiché dans leurs bureaux. Les commissionnaires doivent exiger de toutes les personnes qui sollicitent leur intermédiaire, les mêmes justifications qu'elles auraient à produire au mont-de-piété (*Ibid.*).

58. L'institution des commissionnaires près les monts-de-piété est fort ancienne. Pour réprimer les abus commis par les courtiers du prêt sur gages, un arrêt du Parlement, en date du 10 août 1779, fait défense à toute personne de faire la commission ou courtage au mont-de-piété sans y être autorisée par l'Administration. Un règlement homologué au Parlement, le 6 sept. 1779, détermine les attributions et les devoirs des commissionnaires. Par l'art. 6, le nombre en était fixé à vingt, avec faculté d'en augmenter ou diminuer le nombre, sauf, si le bureau le jugeait nécessaire, à instituer un ou plusieurs bureaux auxiliaires (V. aussi Blaize, t. 2, p. 192 et suiv.).

59. Lors de la discussion de la loi du 24 juin 1851, la suppression des commissionnaires près les monts-de-piété avait été demandée. La commission de l'Assemblée (Rapport de M. de Mortemart, nos 15 et suiv. et rapport supplémentaire, D. P. 51. 4. 138 et 140), examina la question et proposa à l'Assemblée de décider qu'aucun intermédiaire entre les emprunteurs et les monts-de-piété n'ayant été établi par la loi, la loi n'avait pas à intervenir pour les supprimer. Un membre de l'Assemblée, M. Peupin, avait proposé de remplacer l'art. 6 du projet par l'amendement suivant: « Les commissionnaires aux monts-de-piété sont supprimés. Ils seront remplacés par des bureaux auxiliaires. Les bureaux auxiliaires devront être établis avant le 1er janv. 1853. Ils seront placés sous la surveillance des monts-de-piété dont ils dépendront. Les prêts seront faits dans ces bureaux aux mêmes conditions qu'aux monts-de-piété, sans autres frais ». La proposition de M. Peupin fut combattue par M. Heurtier: « Les commissionnaires, n'ayant pas été institués, reconnus par une loi, il est parfaitement inutile de demander une loi pour les supprimer. Les commissionnaires, comme tant d'autres, sont nés de la nécessité des circonstances, ils exercent une industrie complètement libre. Il n'y a pas la moindre assimilation entre les commissionnaires des monts-de-piété et les officiers ministériels; il faut reconnaître qu'ils ne sont pas non plus des agents au service des monts-de-piété, mais bien de simples mandataires dont le mandat n'a rien de forcé, dont le mandat est simplement facultatif. La commission a examiné les avantages pour et contre la suppression, et elle a reconnu qu'il valait mieux laisser à l'Administration le soin de décider, suivant les cas, suivant les localités, s'il est plus convenable d'établir des bureaux administratifs ou de laisser fonctionner les commissionnaires comme ils l'ont fait jusqu'à présent ». Après une longue discussion et un rapport supplémentaire spécial rédigé par M. Mortemart (D. P. 51. 4. 140, note), l'Assemblée adopta l'opinion de sa commission, et l'art. 6 de la loi disposa: « Il sera pourvu par règlement d'administration publique à tout ce qui concerne l'institution et la surveillance des agents intermédiaires qui sont ou pourraient être accrédités près des monts-de-piété ». On verra, *infrà*, n° 162, que les commissionnaires près le mont-de-piété de Paris ont été supprimés à partir du 1er mai 1887.

60. Les règles à observer par les commissionnaires pour la tenue de leurs écritures, les engagements, les dégagements, les renouvellements, le payement des bonis, sont posées par le règlement de 1865 (art. 188 à 197). M. Duval (n° 1423 à 1630) donne l'exposé complet de l'organisation du service des commissionnaires près le mont-de-piété de Paris antérieurement au 1er mai 1887 (Conf. Blaize, t. 2, p. 192 et suiv.) (V. *infrà*, nos 162 et suiv.).

61. On a exposé (*Rép.* n° 33, conf. *suprà*, v° *Commissaire-priseur*, n° 15; *Rép.* eod. v°, n° 21) que les *commissaires-priseurs* sont chargés exclusivement, dans les villes où il en existe, de toutes les opérations de *prisée* et de *vente* des gages. Cette organisation est contemporaine de la création du mont-de-piété de Paris. M. Arnault (Rapport présenté le 11 juin 1889 à la Chambre des députés au nom de la commission chargée d'examiner le projet de loi concernant le service de la prisée et de la vente des gages au mont-de-piété de Paris) expose en ces termes l'historique de cette institution : « Les maîtres-priseurs, vendeurs de meubles. avaient été institués par un édit de Henri II du mois de février 1556, tant dans un but fiscal que pour réfréner les abus des brocanteurs. On voit que les plaintes contre ces derniers datent de loin. Ces nouvelles charges, n'ayant pas trouvé d'acquéreurs, furent jointes à celles des sergents royaux ordinaires pour ne faire à l'avenir qu'un seul corps. Par un édit de février 1691, cent vingt sergents royaux furent investis du droit de faire les prisées de ventes de meubles sous le titre d'huissiers-priseurs. Ces huissiers-priseurs avaient donc le monopole des prisées, lorsque fut institué en 1777 le mont-de-piété de Paris : de plus il faut savoir que, d'après l'édit de Henri II, ils étaient garants, dans certains cas, de leur prisée, de leur estimation. Cette garantie avait même donné lieu à une coutume assez bizarre, appelée la *crue*. C'était un supplément de prix, du quart à Paris, qui, dans quelques pays et dans certains cas, était dû, au delà du montant de la prisée des meubles, par ceux qui devaient en rendre la valeur... Les huissiers-priseurs disparurent pendant la Révolution; un décret du 17 sept. 1793 confia leurs fonctions aux notaires, greffiers, avoués. La loi du 27 vent. an 9 les rétablit sous le nom de commissaires-priseurs vendeurs de meubles, à Paris. L'art. 1er leur confère le droit de faire exclusivement, à Paris, les prisées des meubles et ventes publiques aux enchères. L'art. 2 sanctionne leur monopole par des peines contre tous ceux, particuliers ou officiers publics, qui s'immisceraient dans ces opérations... Il faut noter que les lois de leur réinstitution ne reproduisent pas l'édit de Henri II sur la responsabilité. Aujourd'hui, les commissaires-priseurs ne répondent plus de leur estimation dans l'exercice *habituel* de leur ministère; aussi la crue a-t-elle été supprimée (V. art. 825 c. civ. et 933 c. proc. civ.). Les estimations sont désormais faites à juste prix, à juste valeur et *sans crue*. Lors donc qu'à la suite de la loi du 16 pluv. an 12, il y eut une réorganisation du mont-de-piété tel qu'il existe encore, le décret du 8 therm. an 13, contenant règlement sur l'organisation et les opérations du mont-de-piété de Paris, se trouva en présence de la corporation des commissaires-priseurs, ayant le monopole des prisées et ventes, sans responsabilité. Dans ses art. 30 à 35, ce décret investit certains de ces officiers de la fonction qui leur revenait d'après leur privilège, mais en même temps il assujettit toute leur compagnie à la responsabilité, qui n'existait plus à leur charge en toute autre circonstance... Ainsi, droit exclusif d'effectuer la prisée, responsabilité de cette prisée vis-à-vis du mont-de-piété, telle a été la situation des commissaires-priseurs dès l'origine, en 1777; telle elle est restée; ajoutons que l'émolument de cette prisée et de cette responsabilité est également resté le même, sans aucune augmentation depuis 1805, à savoir : 50 cent. pour 100 fr. Mais ce décret n'a pas attaché tous les commissaires-priseurs au mont-de-piété : l'art. 30 dit en effet : « *des* commissaires-priseurs... sont attachés *spécialement* ». Comment se fait le choix entre les quatre-vingt-deux commissaires-priseurs? Depuis le 27 vend. an 14 le service du mont-de-piété, prisées et ventes, est fait par quatorze commissaires-priseurs choisis parmi ceux qui ont au moins un an d'exercice : le nouveau venu donne 25 000 fr. à celui dont il prend la place, ou à son représentant, en plus du prix de sa charge; ces 25 000 fr. sont ainsi immobilisés sans intérêt et ils seront remboursés au titulaire actuel par celui qui lui succédera. La nomination au mont-de-piété est faite par le préfet de la Seine sur une présentation en nombre triple faite par la chambre des commissaires-priseurs, et par les appréciateurs du mont-de-piété présidés par le directeur de cet établissement. En fait, il paraît que le service du mont-de-piété ne laisse pas à ceux qui en sont investis le temps d'avoir une autre clientèle; il est même certain que les quatorze commissaires-priseurs ne pourraient suffire à la besogne : il y a en effet 26 bureaux d'engagements qui fonctionnent tous à la fois et pour toutes les sommes. Les prêts qui étaient limités à 500 fr. dans les bureaux auxiliaires, et à 10 000 fr. au grand bureau d'après un décret de 1863, sont illimités partout; chaque jour il y a sept et huit prêts au delà de 1000 fr.;... 250 à 300 articles sont présentés par jour, à certains bureaux. Aussi, les quatorze commissaires-priseurs du mont-de-piété ont-ils été autorisés, à la date du 1er sept. 1863, à se faire assister, suppléer même, par des assesseurs qu'ils payent et dont ils sont responsables. Ces assesseurs sont au nombre de 26; ce qui fait un total de 40 personnes préposées à la prisée, opération très délicate, à raison de la variété des objets et des changements de valeur des pierreries et métaux précieux... En compensation de toutes ces charges, les commissaires-priseurs reçoivent le droit de *prisée* et le droit de *vente*... ».

Le premier de ces droits, qui est de 50 cent. par 100 fr. d'estimation, porte sur tous les articles entrés et sur les renouvellements (Décr. 24 et 25 mars 1852). Depuis le 1er mai 1887, il est supporté par l'administration qui exige de tout prêteur un droit fixe de 1 fr. pour 100, en sus des intérêts et frais de régie proportionnels (*suprà*, n° 2, note). Le second droit, celui de vente, est réglé par quotité, sur le montant du produit des ventes (Règlem. 8 therm. an 13); il est fixé, au commencement de chaque année, par le préfet de la Seine, sur la proposition du directeur et l'avis du conseil de surveillance (Décr. 24 et 25 mars 1852). Il est à la charge des adjudicataires et perçu en sus du montant des adjudications. Ce droit, qui depuis 1805 était fixé à 3 1/2 pour 100, a été abaissé en 1888 à 3 pour 100.

62. L'institution des commissaires-priseurs près les monts-de-piété, cela résulte de l'exposé qui précède, présente un triple inconvénient: 1° les commissaires-priseurs sont incités à abaisser d'une façon exagérée leur estimation (1); 2° leur monopole est onéreux pour les emprunteurs et le mont-de-piété; 3° il favorise le trafic abusif des reconnaissances, qui a pour base l'écart existant entre la somme prêtée et la valeur de l'objet engagé. Pour remédier, dans la mesure du possible, à ces inconvénients, un projet de loi déposé le 20 déc. 1888 par le Gouvernement propose de remplacer les commissaires-priseurs près le mont-de-piété de Paris par des employés nommés par le préfet de la Seine, jouissant d'un traitement fixe, et soumis à un cautionnement. D'après l'art. 3 de ce projet, « le montant des sommes à prêter sera réglé, quant au nantissement d'or et d'argent, aux quatre cinquièmes de leur valeur au poids, et quant à tous autres objets aux deux tiers du prix de leur estimation. Le *quantum* du prêt pourra être porté aux neuf dixièmes de l'estimation, si l'emprunteur le demande et s'il consent à recevoir de son dépôt un récépissé inaliénable. Dans ce cas, la reconnaissance sera conservée par le mont-de-piété ». La commission nommée pour l'examen de ce projet conclut à son rejet (Rapp. de M. Arnault, annexe au procès-verbal de la séance du 11 juin 1889); mais la Chambre n'eut pas le temps de statuer sur ces conclusions avant l'expiration de son mandat. Le projet a été repris par le Gouvernement et déposé de nouveau sur le bureau de la Chambre le 20 mai 1890; il est actuellement soumis à l'examen d'une commission (Conf. *suprà*, n° 6, et *infrà*, n° 130).

63. Au mont-de-piété de Toulouse, depuis le 1er janv. 1886, l'appréciateur responsable qui (par suite du refus des commissaires-priseurs de cette ville) opérait l'appréciation des gages moyennant une rémunération de 50 cent. p. 100, est remplacé par un employé appréciateur à traitement fixe, agissant sous la responsabilité du mont-de-piété (*Rev. des établiss. de bienfaisance*, 1886, p. 286).

64. Sur la nomination, les attributions, la rétribution des commissaires-priseurs près le mont-de-piété de Paris, V. Duval, nos 130 à 139.

65. Il a été jugé que le droit exclusif que l'ordonnance du 26 juin 1816 confère, quant aux prisées et aux ventes publiques concernant les monts-de-piété, aux commissaires-priseurs choisis parmi ceux qui résident au lieu où le mont-de-piété est établi, existe même dans les villes où il n'y a qu'un commissaire-priseur, et où, par suite, le choix dont parle l'ordonnance n'est pas possible (Req. 5 juill. 1864, aff. Pélatan, D. P. 64. 1. 384); et le même droit peut également être invoqué même auprès d'un mont-de-piété dont les statuts impliqueraient la non-intervention d'un commissaire-priseur, à raison des frais qu'elle entraîne, si ces statuts ont été arrêtés à une époque où il n'y avait pas encore dans la ville d'office de commissaire-priseur (Même arrêt).

66. Sur les versements à effectuer à la bourse commune par les commissaires-priseurs attachés aux monts-de-piété, V. *suprà*, v° *Commissaire-priseur*, n° 24; *Rép.* eod. v°, n° 67.

67. On a indiqué au *Rép.* n° 35 que les monts-de-piété doivent aviser au moyen d'assurer une pension de retraite à leurs employés. M. Duval (n° 144 à 169) a étudié d'une façon complète tout ce qui concerne les pensions et secours à allouer aux employés du mont-de-piété de Paris: composition du fonds des pensions, liquidation des pensions, droits à la retraite, déchéances, pensions des veuves et orphelins, décompte des pensions, secours aux employés, à leurs veuves et à leurs orphelins. — V. aussi *infrà*, v° *Pensions*.

68. Ainsi qu'on l'a indiqué au *Rép.* n° 41, les monts-de-piété sont, quant aux règles de comptabilité, assimilés aux établissements de bienfaisance (L. 24 juin 1851, art. 2). Les règles à suivre pour la comptabilité des monts-de-piété ont été tracées par l'instruction générale du 20 juin 1859 et le règlement du 30 juin 1865. — V. *suprà*, nos 29 et suiv.

69. En vertu de l'art. 8 de la loi de 1851, « les obligations, reconnaissances et tous actes concernant l'administration des monts-de-piété sont exempts des droits de timbre et d'enregistrement » (*Rép.* n° 44). Tels sont les procès-verbaux de vente d'effets engagés, actes d'emprunts ou de prêt, baux, quittances d'intérêts et toutes quittances s'appliquant exclusivement aux opérations financières des monts-de-piété, tous les registres quelconques, écrits ou papiers destinés à constater les opérations d'ordre et de comptabilité (Règlem. 1865, art. 35 et suiv.; conf. *ibid.*, art. 49, 53, etc.; V. aussi *suprà*, v° *Enregistrement*, n° 737 et 1369; *infrà*, v° *Timbre*; Décis. min. fin. 11 août 1885, D. P. 85. 5. 213). Les autres actes qui ne sont pas relatifs à l'exploitation des monts-de-piété demeurent assujettis au timbre et à l'enregistrement, d'après les règles posées à l'égard des autres établissements de bienfaisance par les art. 843 et suiv. de l'instruction générale du 20 juin 1859 (Règlem. 1865, art. 35 et suiv.); il en est ainsi, notamment, des actes d'acquisitions immobilières réalisées au profit des monts-de-piété (Décis. min. fin. 11 août 1885, précitée. Conf. *Revue des établissements de bienfaisance*, 1885, p. 46).

70. Il a été jugé que l'art. 8 de la loi de 1851 n'est pas applicable aux cessions de reconnaissances consenties par les emprunteurs à des tiers; ces cessions restent soumises aux règles ordinaires des lois fiscales (Trib. Seine, 1er avr. 1881, aff. M..., cité par Duval, p. 618).

71. La disposition exceptionnelle de l'art. 8 de la loi de 1851, ne doit pas non plus être étendue à d'autres impôts que ceux du timbre et de l'enregistrement. Ainsi, il a été jugé: 1° qu'on ne peut appliquer à la taxe sur le revenu des valeurs mobilières (L. 29 juin 1872, art. 1; 26 déc. 1890, art. 4) l'exemption des droits de timbre et d'enregistrement établie en faveur des actes concernant l'administration des monts-de-piété; cette taxe frappe donc les intérêts des bons au porteur ou à ordre émis par ces établissements (Trib. Seine, 11 avr. 1874, aff. Mont-de-piété de Paris, D. P. 74. 3. 103, et sur pourvoi, Civ. rej. 3 avr. 1878, D. P. 78. 1. 178. V. *suprà*, n° 18); — 2° Que la maison donnée à bail pour le service d'un mont-de-piété n'est pas exempte de la contribution foncière; ce n'est pas là, en effet, une propriété consacrée à un service public et *non productive de revenus* (Cons. d'Et. 7 juin 1855, aff. Mont-de-piété du Havre, D. P. 55. 3. 92).

72. Sur l'emploi des timbres mobiles par les comptables des monts-de-piété, V. Arr. min. fin. 20 juill. 1863, *Bull. off. min. int.*, 1865, p. 391, et *infrà*, v° *Timbre*.

73. Un décret du 7 juin 1875 (D. P. 76. 4. 14) a dispensé tous les établissements publics de bienfaisance de l'accomplissement des formalités de la *purge* des hypothèques, pour

(1) On a constaté qu'en 1889 les commissaires-priseurs près le mont-de-piété de Paris ont refusé 71.500 articles ne pouvant donner lieu, selon eux, à un prêt minimum de 3 fr., et que 33 500 emprunteurs n'ont pas voulu accepter la somme offerte par les commissaires-priseurs (Discours de M. Maury, au Conseil municipal de Paris le 24 déc. 1891, *Bullet. munic.* 25 déc. 1891, p. 2900).

Comp. *suprà*, n° 6.

les acquisitions d'immeubles dont le prix n'excède pas 500 fr.

74. Les dispositions de la loi du 24 juin 1851, sauf celles de l'art. 8, ne sont pas applicables aux monts-de-piété établis à titre purement charitable, et qui, au moyen de dons ou fondations spéciales, prêtent gratuitement ou à un intérêt inférieur au taux légal. Ces monts-de-piété sont régis par les conditions de leur acte constitutif (L. 1851, art. 10). M. de Mortemart, dans son rapport supplémentaire sur le projet de loi de 1851, justifiait ainsi qu'il suit cette disposition : « Un autre ordre d'observations nous a été présenté, mais auxquelles il est facile de donner toute satisfaction : ce sont celles des monts-de-piété établis uniquement au point de vue charitable, et qui ont craint de trouver quelques entraves dans les dispositions de la loi si elles leur étaient appliquées. Ces craintes, messieurs, nous ont paru peu fondées ; mais l'Assemblée, qui ne croit jamais entourer de trop d'encouragements et d'appui les efforts tentés pour venir en aide à ceux qui souffrent, adoptera la rédaction qui dissipera toutes les inquiétudes venues dans le cœur de personnes qui craignent toujours de ne pouvoir faire assez de bien ».

Quant aux monts-de-piété qui ne rentrent pas dans la catégorie de ceux énumérés par l'art. 10, c'est-à-dire qui ne prêtent ni gratuitement ni à un taux inférieur au taux légal, l'art. 9 de la loi de 1851 dit que toutes les dispositions de cette loi leur seront immédiatement applicables, s'ils ont été *fondés comme établissements distincts de tous autres*. Par ces derniers mots, le législateur a entendu désigner les monts-de-piété qui ont été autorisés à conserver leurs excédents de revenus pour former ou accroître leur dotation (Av. Cons. d'Ét. 29 déc. 1852 rapporté *suprà*, n° 2). Ceux mêmes qui ne jouissent pas de cette faculté et qui doivent verser tout ou partie de leurs excédents de recettes dans la caisse de certains établissements de bienfaisance sont également soumis, en principe, aux règles posées par la loi de 1851, à l'exception seulement de celles qui seraient de nature à porter atteinte aux intérêts pécuniaires des établissements appelés, en vertu des actes constitutifs desdits monts-de-piété, à bénéficier de leurs excédents de recettes (Av. Cons. d'Ét. précité). L'historique de la rédaction et du vote de la loi de 1851 ne peut laisser aucun doute sur le bien fondé de cette interprétation de l'art. 9, bien qu'elle paraisse en contradiction avec les termes dudit article (V. Av. Cons. d'Ét. précité).

Ainsi, on doit, au point de vue de l'application de la loi de 1851, distinguer trois espèces de monts-de-piété : 1° ceux qui, au moyen de dons ou de fondations spéciales, prêtent gratuitement ou à un taux inférieur au taux légal ; — 2° Ceux qui, ne prêtant ni gratuitement ni à un taux inférieur au taux légal, sont autorisés à conserver leurs excédents de recettes pour former ou accroître leur dotation ; — 3° Ceux qui, ne prêtant ni gratuitement ni à un taux inférieur au taux légal, versent tout ou partie de leurs excédents de recettes dans la caisse d'un hospice ou d'un autre établissement charitable par les soins duquel ils ont été fondés. Aucune disposition de la loi de 1851, sauf celle de l'art. 8, n'est applicable aux établissements de la première catégorie (L. 1851, art. 10). Toutes, au contraire, sont applicables à ceux de la deuxième catégorie (art. 9). Quant à ceux de la troisième catégorie, l'application de la loi de 1851 n'est restreinte, à leur égard, qu'autant qu'elle serait de nature à porter atteinte aux droits des établissements de bienfaisance qui doivent bénéficier en totalité ou en partie de leurs excédents de recettes (Av. Cons. d'Ét. précité).

75. Il a été jugé que les dispositions de la loi du 24 juin 1851, qui donnent au préfet, dans les départements, le droit de révoquer les conseils d'administration des monts-de-piété (*suprà*, n° 39), sont inapplicables, d'après l'art. 10 de la même loi, aux monts-de-piété établis à titre purement charitable, et qui, au moyen de dons ou fondations spéciales, prêtent gratuitement ou à un intérêt inférieur au taux légal, ces établissements continuant à être exclusivement régis par leurs règlements particuliers ; en conséquence, le préfet ne peut, sans excéder ses pouvoirs, prononcer la dissolution du conseil d'administration d'un mont-de-piété ainsi constitué et nommer de nouveaux membres sans présentations préalable, alors qu'aucune disposition du règlement ne lui confère ce droit (Cons. d'Ét. 3 juin 1881, aff. Ripert, D. P. 82. 3. 116). Il est vrai que, en général, le droit de nomination entraîne celui de révocation (Cons. d'Ét. 28 nov. 1879 et 12 mars 1880, et les arrêts en note, D. P. 80. 3. 51) ; mais ce principe n'est applicable que dans l'hypothèse où les lois et règlements spéciaux n'ont pas déterminé les cas où la révocation peut être prononcée et les formes à suivre pour cette mesure (Conf. anal., Cons. d'Ét. 25 mars 1881, aff. Girault, D. P. 82. 3. 78). — Toutefois, la décision qui annule l'arrêté du préfet ne constitue pas aux membres du conseil dissous le droit de reprendre leurs fonctions, si le temps pour lequel ils étaient nommés est alors expiré (Cons. d'Ét. 21 nov. 1884, aff. Ripert, *Revue des établissements de bienfaisance*, 1886, p. 38. Conf. anal., Cons. d'Ét. 21 janv. 1884, aff. Bérand, D. P. 86. 3. 53).

§ 2. Opérations du mont-de-piété. — Obligations réciproques du mont-de-piété et des emprunteurs. — Responsabilité du mont-de-piété et de ses agents (*Rép.* n° 45).

76. Les conditions des prêts sur nantissement, les justifications à produire par les emprunteurs et le mode d'estimation des objets engagés, sont déterminés par les statuts des différents monts-de-piété (Règl. 1865, art. 60).

77. Afin de distinguer facilement à quel exercice appartient chaque opération du même mont-de-piété, toutes les pièces à remettre au public, et celles qui accompagnent les nantissements, sont imprimées sur des papiers de couleurs tranchées, de manière qu'une couleur employée pour toutes les pièces d'une même année ne soit reproduite qu'après un intervalle d'au moins trois ans (Règl. 1865, art. 61). Les engagements reçoivent une série de numéros d'ordre non interrompue, commençant le 1er janvier de chaque année et se terminant le 31 décembre (*Ibid.*). Les engagements *effectifs* reçoivent les numéros pairs, les *renouvellements* les numéros impairs (*Ibid.*). Le numéro d'ordre assigné à chaque engagement doit être reproduit sur toutes les pièces qui le constatent, et à toutes les inscriptions qui le concernent sur les livres (*Ibid.*).

78. — I. Réception du nantissement (*Rép.* n° 46). — Les dispositions des art. 46 et suiv. du règlement du 8 therm. an 13, cités au *Rép.* n° 46, sont toujours en vigueur. — Au mont-de-piété de Paris, un ordre de service du 30 oct. 1847 a énuméré les pièces qui doivent être acceptées pour la constatation soit de l'identité, soit du domicile de l'emprunteur, lorsque les objets présentés sont des objets à usage (V. Duval, nos 216 et 217). Si les objets présentés consistent en marchandises neuves et de commerce, l'emprunteur doit produire une patente de l'année, en rapport avec les objets engagés, ou fournir un répondant domicilié à Paris, patenté et offrant toutes garanties à l'administration (*Ibid.*, n° 220). Tout déposant est tenu de signer l'acte de dépôt : cette signature, comparée avec celle qui se trouve sur la pièce d'identité produite, permet de s'assurer de l'identité de l'emprunteur. Si le déposant est illettré, l'acte est signé par un répondant (*Ibid.*, n° 219). — Sur la responsabilité encourue par le mont-de-piété, lorsqu'il a accepté un dépôt sans se conformer aux règles prescrites, V. *infrà*, nos 152 et suiv. ; *Rép.* n° 65.

79. A Paris, les mineurs et les femmes mariées non séparées de biens ne peuvent être autorisés à emprunter que s'ils sont munis d'un pouvoir sur papier libre de leur père, tuteur ou mari (Duval, n° 221) ; les militaires (sauf ceux de la gendarmerie et du corps des sapeurs-pompiers) ne sont admis à engager que s'ils sont accompagnés d'un sous-officier de leur compagnie, ou sur la production d'une permission ou d'une feuille de route, pour ceux qui sont de passage à Paris (*Ibid.*, n° 222).

80. — II. Appréciation de la valeur du nantissement, responsabilité des appréciateurs (*Rép.* n° 47). — On a exposé *suprà* nos 61 et suiv., l'historique du monopole des commissaires-priseurs pour l'appréciation des objets offerts en gage aux monts-de-piété. On a dit qu'un projet de loi dont l'adoption semble prochaine a pour objet de substituer aux commissaires-priseurs près le mont-de-piété de Paris des agents spéciaux chargés de l'appréciation des gages (V. aussi *suprà*, n° 6).

81. M. Duval (nos 188 et suiv.) indique en détail de quelle façon il est procédé au mont-de-piété de Paris pour l'appréciation des nantissements offerts, la fixation du montant du prêt et l'établissement des *bulletins de prisée* (Conf. Règlem. 1865, art. 62). Lorsque l'emprunteur désire ne recevoir qu'une partie de la somme qui lui est offerte, le prêt est dit *requis* (Duval, n° 191). Aucun prêt requis ne peut être inférieur au tiers de celui qui pourrait être accordé d'après l'estimation (Duval, *ibid.*).

82. Les principes que l'on a développés *Rép.* n°s 47 et suiv., relativement à la responsabilité des appréciateurs, doivent toujours recevoir leur application dans les monts-de-piété où l'appréciation des gages n'est pas confiée à un simple employé de l'établissement déchargé de toute responsabilité personnelle en cas de déficit dans la vente (Conf. Duval, n°s 140 et suiv.). Une délibération du conseil d'administration du mont-de-piété de Paris, du 10 nov. 1849, approuvée par le préfet de la Seine le 6 déc. 1849, décide que l'administration peut exonérer, en tout ou en partie, les commissaires-priseurs de la responsabilité qui leur incombe, dans certains cas spéciaux, après avis du conseil de surveillance et avec autorisation du préfet.

83. A Paris, les commissaires-priseurs sont responsables du cachetage des nantissements ayant donné lieu à des prêts de 1000 fr. et au-dessus, qu'ils doivent opérer eux-mêmes au moyen d'un timbre spécial (Duval, n° 247).

84. A Paris, les commissaires-priseurs sont responsables des *assesseurs* choisis et rétribués par eux, qui sont chargés de la prisée des gages dans les bureaux auxiliaires. Ils répondent même des estimations faites, en cas d'absence de ces employés, par les chefs des bureaux auxiliaires ou leurs remplaçants (Duval, n°s 1289 et suiv.).

85. Jugé que les commissaires-priseurs, soit de Paris, soit des départements, ont, pour les prisées qu'ils sont chargés de faire aux monts-de-piété sous leur responsabilité, le droit proportionnel de demi-centime par francs fixé par le décret du 8 therm. an 13 : la loi du 18 juin 1843, qui, en règle générale, n'accorde aux commissaires-priseurs, à raison de leurs prisées, que de simples vacations, n'a pas abrogé le décret de l'an 13 spécial aux prisées des monts-de-piété (Civ. cass. 22 août 1865, aff. Pélatan, D. P. 65. 1. 351).

86. Certains objets ne sont pas acceptés en nantissement par le mont-de-piété : effets militaires, décorations, armes à feu, linge malpropre, fourrures, objets de peausserie, etc. (Duval, n° 195).

87. Jusqu'à une date récente, la réception en nantissement de *valeurs mobilières* était également interdite. Une loi du 25 juill. 1891 (D. P. 92. 4. 1) a mis fin à cet état de choses, en ce qui concerne le mont-de-piété de Paris. Les dispositions de cette loi pouvant, aux termes de son art. 11, être rendues applicables, par simple décret, à d'autres monts-de-piété (*infrà*, n° 104), nous croyons utile d'en donner ici un commentaire complet.

88. La réforme introduite par la loi du 25 juill. 1891 constitue une amélioration importante. Elle n'est, d'ailleurs, que la réalisation d'une idée déjà émise, lors de la préparation de la loi du 24 juin 1851. Un paragraphe du projet soumis à cette époque au conseil d'Etat et à la commission parlementaire accordait aux monts-de-piété le droit de prêter sur certains gages incorporels, tels que livrets de caisse d'épargne, brevets de pension, titres nominatifs de rente, etc. (D. P. 51. 4. 138, n° 14). Cette proposition ne fut pas admise; mais il convient de remarquer que le caractère nominatif de ces valeurs fut la critique qui détermina M. Peupin, auteur de la proposition, à se désister tacitement lors des délibérations de l'Assemblée, et que ce fut aussi l'argument dont se servit M. Horace Say, rapporteur devant le conseil d'Etat, pour faire repousser l'amendement introduit par M. Peupin à l'effet de rétablir cet article, qu'il n'avait pas soutenu lors du débat parlementaire. — L'exposé des motifs du projet présenté par le Gouvernement à la Chambre des députés le 15 oct. 1888 (*Journ. off.* 11 janv. 1889) fait connaître le but et la portée de la loi : « Au moment où s'est formée la législation générale de l'an 12 sur le mont-de-piété, l'on ne pouvait prévoir l'importance que prendrait, dans la fortune mobilière, la possession des valeurs incorporelles désignées sous le nom générique de valeurs mobilières. Aussi, en organisant le prêt sur nantissement d'objets mobiliers, le législateur a-t-il laissé en dehors de cette réglementation ces valeurs existant alors à l'état d'exception, mais devenues depuis l'élément le plus considérable du patrimoine individuel. Les rédacteurs de la loi du 24 juin 1851, bien que la situation ait changé à cet égard, se sont référés à la loi antérieure et se sont maintenus dans les limites tracées par leurs devanciers. Cependant, il est impossible de méconnaître qu'une législation réglementant le prêt sur gage est actuellement incomplète, si elle ne tient pas compte de la modification introduite dans la composition de la fortune mobilière par la diffusion indéfinie des valeurs mobilières. Cette modification ne reste pas étrangère à la clientèle du mont-de-piété et fait sentir son action même dans les patrimoines les plus modestes. C'est un fait incontestable que la multiplicité des émissions, la valeur relativement faible des titres, à plus forte raison leur fractionnement en quarts ou en dixièmes, les facilités et délais accordés pour la libération, enfin les primes de remboursement ou lots attachés à certains titres sollicitent vivement l'épargne et attirent les petites économies, en faveur desquelles principalement on multiplie les facilités d'accès à l'acquisition de valeurs mobilières. Les modestes possesseurs de ces titres, ceux qui ont péniblement amassé le capital nécessaire à l'achat d'une ou plusieurs obligations sont, plus que tous autres, exposés à subir les crises de la vie du travailleur; le chômage, la maladie et mille autres causes peuvent les obliger à recourir aux épargnes acquises. Si une nécessité immédiate les oblige à réaliser leurs valeurs, il peut se faire que le moment soit défavorable à leurs intérêts, que les cours soient dépréciés ; dans tous les cas, c'est la consommation définitive du capital amassé, alors qu'un emprunt à court terme d'une somme inférieure à la valeur du titre aurait peut-être pu suffire. Ces inconvénients notoires ont appelé le remède, c'est la négociation d'un emprunt sur dépôt de titres, et cette opération est fréquemment usitée, précisément parce que le nantissement temporaire des valeurs n'aliène pas la propriété et que l'espoir de la recouvrer dans toute sa plénitude excite, lorsque les causes temporaires de gêne ont disparu, à de nouvelles épargnes. Les établissements qui pratiquent les opérations d'avances sur titres ne manquent pas ; mais ceux qui, par leur crédit et l'honorabilité de leur gestion, sont dignes de toute confiance et assurent toute sécurité aux déposants, ne font pas d'avance inférieure à 500 fr. ; ils ne sont donc pas accessibles aux petits emprunteurs qui ne possèdent qu'une obligation de 500 fr. ou des valeurs n'atteignant pas cette somme et n'auraient besoin que d'une somme moindre. Cette catégorie de porteurs de titres n'est pas la moins intéressante; elle est malheureusement la moins expérimentée et la modicité de leur fortune les expose à s'adresser à des maisons de moindre crédit auxquelles leur inexpérience les livre sans défense. Nous avons pensé que le mont-de-piété, qui rend tant de services aux classes laborieuses, pourrait, une fois de plus, leur venir en aide, sans sortir des limites normales de son institution, en complétant ses opérations de prêt sur nantissement par un service d'avances sur titres au porteur ... »

Un rapport sur le projet déposé par le Gouvernement fut présenté le 11 juin 1889 (*Journ. off.* 3 sept. 1889) par M. Arnault, et conclut à son adoption, sauf certaines modifications. Le projet, n'ayant pu être discuté avant l'expiration des pouvoirs de la Chambre, devint caduc, mais fut présenté de nouveau par le Gouvernement, devant la nouvelle législature le 8 mai 1890 (*Journ. off.* 4 juill. 1890). Ce second projet, reproduction textuelle du premier, sauf une modification à l'art. 2 et l'addition de l'art. 9, a été l'objet d'un rapport de M. Ouvré à la Chambre, le 8 juill. 1890 (*Journ. off.* 26, 28 oct. 1890) ; la Chambre l'a adopté avec quelques modifications le 17 mars 1891 (*Journ. off.* 18 mars 1891). Le Sénat, sur le rapport de M. Marquis (*Journ. off.* 16 sept. 1891), amenda le texte adopté par la Chambre (11 juin 1891, *Journ. off.* 12 juin 1891). Enfin, la Chambre, après un nouveau rapport de M. Ouvré (*Journ. off.* 24 août 1891), adopta sans discussion le texte voté par le Sénat (18 juill. 1891, *Journ. off.* 19 juill. 1891).

89. Le rapporteur de 1888, après avoir exposé les avantages de la réforme proposée, ajoutait : « Malgré tous ces motifs, la commission aurait proposé le rejet de ce projet de loi, s'il avait été nécessaire d'admettre ce nouveau genre de prêt comme venant compléter les services du mont-de-piété et s'y confondre. Ce mélange d'une sorte de maison de banque avec la maison de prêt sur gages semblait présenter les plus graves inconvénients. En tout cas, il était impossible sans l'assentiment des prêteurs du mont-de-piété et de l'Assistance publique, devenue garante par hypothèque des capitaux engagés dans les nouvelles opérations ; et on sait quel danger elles peuvent présenter, même sur les valeurs mobilières en apparence les mieux assises... Mais il est heureusement possible d'adopter le projet de loi en le modifiant de façon à éviter ce mélange, qui entraînerait la liquidation du mont-de-piété actuel. Voici comment : il suffit de spécifier que ce nouveau service fonctionnera, si l'on veut, dans les locaux du mont-de-piété, mais avec des fonds spéciaux que celui-ci se procurera comme il le pourra, qu'il y aura donc une comptabilité spéciale, comme l'origine des fonds. Aucune fusion ni confusion entre ces deux services, fusion et confusion des bénéfices : tel est le système adopté par la commission et proposé par elle. Il est bien entendu que les prêteurs qui fourniront ces fonds n'auront à compter ni sur une garantie quelconque de l'Etat, ni sur celle des commissaires-priseurs, étrangers à ce genre d'opérations, ni sur l'hypothèque de l'Assistance publique. Ils n'auront d'autre garantie que les gages et la réserve que le mont-de-piété pourra être autorisé à former, comme un fonds d'assurances contre les catastrophes » (V. *infrà*, nos 149 et suiv.). Le gouvernement adopta cette manière de voir et, dans son second projet, ajouta un article (art. 9), qui donnait satisfaction au vœu de la commission (V. *infrà*, n° 102).

90. L'art. 1 de la loi, reproduction textuelle de l'art. 1 du projet, est ainsi conçu : « Le mont-de-piété de Paris est autorisé à prêter, sur nantissement de valeurs mobilières libérées au porteur, sans que le montant du prêt puisse excéder 500 fr. par opération et par emprunteur ».

Lors du dépôt du premier projet, en 1888, la Banque de France ne consentait pas d'avances sur titres au-dessous de 500 fr. ; le maximum imposé au mont-de-piété correspondait ainsi au minimum fixé par la Banque. Depuis le 28 mars 1890, le conseil de régence a abaissé ce maximum à 250 fr., de telle sorte que la corrélation originairement établie n'existe plus : « Il n'a pas paru cependant qu'il y eût lieu de la rétablir en fixant à 250 fr. seulement le maximum des prêts du mont-de-piété. D'une part, il faut laisser à cet établissement et à sa clientèle une marge qui serait trop restreinte par cette dernière limite, et de l'autre, les emprunteurs de 250 à 500 fr., restant maîtres de leur option, se présenteront à celle des deux caisses où ils jugeront préférable de s'adresser... » (Rapport de M. Marquis au Sénat).

91. L'art. 1 de la loi de 1891 n'admet en nantissement que les valeurs *au porteur*: « Un des caractères essentiels des opérations du mont-de-piété est en effet la rapidité. L'admission de titres nominatifs donnerait naissance à des complications que l'on a voulu écarter » (Rapport de M. Marquis). — Ces valeurs doivent être entièrement *libérées* (même art. V. aussi *infrà*, n° 94).

92. L'art. 2 de la loi du 25 juill. 1891 s'exprime en ces termes : « Les avances seront calculées d'après la cote officielle de la Bourse, en prenant pour base le cours dernier du comptant de la veille. — Le montant en sera fixé dans les proportions suivantes : 80 pour 100 sur les rentes françaises, bons et obligations du Trésor ; — 75 pour 100 sur toutes valeurs portant intérêt au moins chaque année et désignées dans un état annuel soumis par le directeur du mont-de-piété, à l'approbation préfectorale, après avis du conseil de surveillance ». L'art. 2 du projet du Gouvernement était ainsi conçu : « Les avances seront calculées d'après la cote officielle de la Bourse, en prenant pour base le dernier cours du comptant de la veille. — Le montant en sera fixé dans les proportions suivantes : 80 pour 100 sur les rentes françaises, bons et obligations du Trésor ; 75 pour 100 sur les actions et obligations des principales lignes de chemins de fer de la France et des colonies, sur les obligations des villes de France, sur les bons de liquidation (Paris et départements), sur les obligations du Crédit foncier, sur les obligations algériennes, et sur toutes les valeurs portant intérêt au moins chaque année, et désignées dans un état annuel soumis par le directeur du mont-de-piété à l'approbation préfectorale, après avis du conseil de surveillance ; 60 pour 100 sur les actions de jouissance des chemins de fer de l'Est, d'Orléans, de l'Ouest, du Midi et du Nord ». Cette rédaction, amendée par la Chambre, ne fut pas acceptée par le Sénat qui, sur la proposition de sa commission, fit disparaître des paragraphes 4 et 5 l'énumération des titres susceptibles de gager un emprunt de 75 et de 60 pour 100. « Une nomenclature légale de valeurs à recevoir en nantissement n'apporte, à l'administration du mont-de-piété, aucune garantie de l'Etat ; elle n'est pas non plus un moyen de protéger contre les erreurs d'appréciation, puisque cette administration reste maîtresse d'étendre ses opérations à toute autre valeur qui lui paraît constituer un gage sérieux. Enfin cette nomenclature n'aura pas pour effet d'imposer au mont-de-piété, au profit des possesseurs des valeurs énumérées, des prêts qu'il n'aurait pas été disposé à consentir, puisqu'il est de toute évidence qu'il fera figurer de lui-même, sur son état annuel, sans y être contraint par un article de loi, les valeurs depuis longtemps classées au premier rang. Ajoutons encore qu'une énumération législative présente en pareil cas un caractère de fixité et d'immutabilité qui peut n'être pas toujours exempte d'inconvénients » (Rapport de M. Marquis).

93. Par ces mots « portant intérêt chaque année », la commission de la Chambre a voulu exclure les valeurs qui ne sont, en fait, que des billets de loterie.

94. « La durée du prêt et l'intérêt des avances seront fixés par arrêté du directeur, approuvé par le préfet de la Seine qui, après avis du conseil de surveillance, règle le taux des emprunts » (L. 25 juill. 1891, art. 3). Cette rédaction de l'art. 3 est celle du projet du Gouvernement. Le texte voté par le Sénat, et transmis à la Chambre portait : « par arrêté du directeur ». « Il est ici question, disait M. Marquis dans son rapport, de l'arrêté qu'aux termes de l'art. 103 du décret du 8 therm. an 13, le préfet de la Seine prend, au moins une fois l'an, pour fixer le taux de l'intérêt des emprunts faits par le mont-de-piété. Ces emprunts sont ceux que le mont-de-piété contracte pour alimenter sa caisse... La disposition que nous examinons a pour objet de permettre à l'Administration de modifier la durée des avances sur valeurs mobilières, qui est généralement de trois mois dans les établissements de crédit, et de suivre à cet égard les indications qui lui fournira l'expérience, tant sur les convenances de sa clientèle que sur les exigences d'une bonne gestion. Cette durée devant être déterminée chaque année dans l'arrêté concernant les emprunts, c'est évidemment par erreur qu'a été omis dans le texte, avant le mot « arrêté », l'article déterminatif, que nous rétablissons ». M. Ouvré, dans son rapport du 7 juill. 1891, fit la même observation sur l'article placé devant le mot « arrêté », et la Chambre vota sans modification et sans débat le projet tel que l'avait amendé le Sénat. Cependant, l'article, par suite d'une erreur matérielle, a disparu de la rédaction définitive. Il faut donc lire : « par l'arrêté ».

95. L'art. 4 de la loi du 25 juill. 1891 s'exprime ainsi : « L'emprunteur pourra être mis en demeure, pendant la durée du contrat, d'avoir à rapporter une partie de l'avance, si les cours des valeurs ont subi à la Bourse une baisse d'au moins 15 pour 100, et ce, huit jours après une simple mise en demeure par lettre recommandée extraite d'un registre à souche. — La somme à rapporter sera fixée de manière à rétablir entre le montant du prêt et la valeur réduite du nantissement la proportion déterminée par les dispositions de l'art. 2. — Faute par lui de rapporter la somme exigée, le mont-de-piété se réserve le droit de faire vendre à la Bourse, par le ministère d'un agent de change, tout ou partie des valeurs déposées ». Le projet du Gouvernement fixait à 10 pour 100 le montant de la dépréciation ; le Sénat lui substitua la proportion 15 pour 100, chiffre qui figure dans la loi. L'article du projet voté par la Chambre ne contenait pas non plus le deuxième paragraphe de l'article actuel. Ce paragraphe a été ajouté par le Sénat, sur la proposition de sa commission, dont le rapporteur s'exprimait en ces termes : « La différence proportionnelle fixée par l'art. 2, entre le montant de l'avance et le montant de la valeur du nantissement au moment du prêt, constitue un écart de garantie que les fluctations des cours font osciller entre certaines limites. L'art. 4 a pour but de conférer à l'administration du mont-de-piété le droit de le rétablir dans son intégrité primitive, lorsque le titre a été déprécié par une baisse d'une importance déterminée... Cette formule un peu abstraite a l'avantage, en cas de baisse donnant ouverture à rappel de fonds, de prévoir toutes les hypothèses et d'assurer à tous les emprunteurs tenus de rapporter une portion de l'avance, *les mêmes conditions de prêts que s'ils contractaient leur emprunt le jour où se fait le rapport.* A ce point de vue, votre commission s'était même demandé s'il n'eût pas été préférable de décider qu'en cas de baisse atteignant un certain taux, l'emprunteur pourrait être mis en demeure de renouveler son prêt sur la base des cours réduits. Mais en cas de renouvellement les intérêts échus sont exigibles ; de plus, dans le décompte des intérêts, la quinzaine commencée est comptée tout entière; il pouvait en résulter une certaine aggravation aux embarras du débiteur, et ce procédé a été abandonné. Il est incontestable, en effet, que l'obligation du rapport d'une partie de l'avance, en cas de baisse, peut surprendre le petit emprunteur dans un moment difficile et le placer dans l'alternative ou de laisser vendre son titre a des cours défavorables, ou de s'imposer de pénibles sacrifices. Il est vraisemblable, heureusement, qu'une telle éventualité ne se réalisera qu'exceptionnellement. Votre commission a voulu d'ailleurs la conjurer, dans la mesure du possible, en élevant à 15 pour 100 le taux de la dépréciation donnant ouverture au rapport d'une partie de l'avance ».

96. Les art. 5, 6 et 7 de la loi du 25 juill. 1891 posent les règles à suivre, dans le cas où l'emprunteur ne rembourse pas la somme prêtée à l'échéance. L'art. 5 dispose : « Le mont-de-piété pourra faire vendre, dans la même forme, les valeurs déposées, à défaut de remboursement à l'échéance convenue, sans qu'il soit besoin de mise en demeure ni d'aucune autre formalité ». Le projet du Gouvernement, adopté par la Chambre, portait : « Le mont-de-piété *fera* vendre ». A cette formule impérative le Sénat, sur la proposition de sa commission, a substitué la disposition moins rigoureuse « pourra faire vendre », qui, sans dépouiller l'administration du mont-de-piété du droit de réaliser la valeur du gage, lui laisse la faculté, dont elle use d'ailleurs à l'égard des gages corporels, de laisser à l'emprunteur en retard le bénéfice d'un sursis (Séance du 11 juin 1891, *Journ. off.* 12 juin 1891).

97. « Le produit net de la vente servira à rembourser le montant de l'avance en capital, intérêts et frais; le déficit, s'il y a lieu, sera répété contre l'emprunteur » (art. 6). Au Sénat, un des membres de la commission a fait remarquer que le produit de la vente ne pouvait être qualifié de produit *net*, alors qu'il servait à rembourser l'avance en capital, intérêts et frais ; mais d'une part on entend, dans l'article, par produit net, le produit de la vente à la Bourse, déduction faite du montant du courtage, et par les expressions intérêts et frais, on désigne les deux éléments du taux d'ensemble, qui comprend les intérêts proprement dits et les frais d'administration.

98. « L'excédent du produit de la vente (boni) sera tenu à la disposition de l'emprunteur pendant dix ans à partir du jour de la vente. Passé ce délai, il sera inscrit au bénéfice du mont-de-piété » (L. 1891, art. 7). Sur cet article, MM. Halgan, de Carné et Blavier avaient déposé au Sénat un amendement tendant à substituer la prescription trentenaire à la prescription décennale. Le rapporteur le combattit en ces termes : « Les opérations du mont-de-piété sont nombreuses et dépassent, engagements et renouvellements compris, le chiffre de deux millions par année. Il importe, pour éviter dans un tel service des complications qui entraîneraient une augmentation de frais d'administration, de ne pas laisser se prolonger au delà d'une certaine limite le règlement des liquidations de créances. Aussi l'art. 98 du décret de thermidor, à une époque cependant où le nombre des prêts était moins considérable, a-t-il décidé que « les excédents ou *bonis* qui n'auraient pas été retirés dans les trois ans de la date des reconnaissances ne pourraient être réclamés ». De telle sorte que la vente des gages corporels n'étant opérée que quatorze mois après l'engagement, la durée actuelle de la prescription après cette vente ne dépasse pas seize mois. La brièveté de ces délais donne-t-elle lieu à de fréquentes surprises, et les réclamations tardives sont-elles fréquentes? On en jugera par les renseignements suivants : Les excédents prescrits des cinq années de 1876 à 1881 ont donné lieu pendant la première année qui a suivi la prescription à cent soixante-seize réclamations, à trente la seconde année, à deux pendant la troisième et la quatrième réunies; en tout, pour cette période, deux cent huit réclamations s'appliquant dans leur ensemble à une somme totale d'environ 800 fr. Les emprunteurs qui estiment que l'excédent résultant de la vente de leurs gages vaut la peine d'être réclamé le retirent assez rapidement. C'est ainsi qu'en l'année 1881, sur 144 856 *bonis* réclamés en temps utile et représentant une somme de 930 064 fr. 25 cent., 100 bonis seulement, représentant une somme de 928 fr. 70 cent., ont été retirés dans les deux derniers mois de la période triennale de prescription. On est donc fondé à admettre qu'en portant de trois à dix années, pour les excédents des ventes de valeurs mobilières, la durée de la prescription, on n'expose les déposants malheureux à aucun mécompte. Aller plus loin, ce serait imposer à l'administration du mont-de-piété une charge dont sa clientèle serait la première victime ». L'amendement fut rejeté (Séance du 11 juin 1891).

99. Les dix années accordées à l'emprunteur pour réclamer le boni courent seulement à partir *du jour de la vente du gage*, tandis que les trois ans pendant lesquels l'emprunteur, qui a donné en gage un meuble corporel, peut réclamer son boni, commencent à courir du jour même où *la reconnaissance* a été délivrée (Réglem. 8 therm. an 13, art. 98. V. *suprà*, n° 140).

100. Les dix années pendant lesquelles le boni peut être réclamé constituent-elles un délai préfixe et fatal, ou au contraire, cette prescription est-elle soumise aux règles de la prescription ordinaire, notamment en ce qui concerne la *suspension* du cours de la prescription contre les mineurs et les incapables? (c. civ. art. 2252). Des explications échangées au Sénat entre MM. Delsol, Clément, le président et le rapporteur, il résulte qu'il ne s'agit pas, dans l'art. 7, d'une véritable prescription, mais d'une déchéance n'admettant aucune cause de suspension (Séance du 11 juin 1891, *Journ. off.* 12 juin 1891). En effet, la loi prescrit au mont-de-piété de verser à la caisse des hospices le montant de tous les bonis. Une fois le versement opéré, il est hors d'état de répondre à une réclamation qui s'appuierait sur l'existence d'héritiers mineurs, pour invoquer à leur profit la suspension du délai (D. P. 92. 4. 3, note 2).

101. « Les coupons d'arrérages des valeurs déposées en garantie seront remis aux échéances à l'emprunteur qui en fera la demande, sur la représentation du titre d'engagement et sur sa décharge. — Le mont-de-piété ne sera pas tenu de s'assurer si les titres remboursables, avec ou sans prime, sont sortis aux tirages; il ne sera pas obligé davantage de faire d'office l'encaissement de ces valeurs, ni de celles qui ont une échéance déterminée » (L. 25 juill. 1891, art. 8). On avait, devant la commission de la Chambre des députés, proposé deux modifications à ce texte, qui était celui du projet du Gouvernement. La première consistait à rédiger ainsi la fin du premier paragraphe : « ... sur la présentation du titre d'engagement et sur décharge donnée par lui sur ce titre et sur sa souche ». Les auteurs de la seconde proposaient que le mont-de-piété, au lieu de remettre à l'emprunteur les coupons échus, les encaissât lui-même pour en bonifier le compte d'intérêts, et qu'il encaissât aussi les titres sortis aux tirages de remboursement. Mais, sur l'observation de M. le directeur du mont-de-piété qu'il serait, dans la rédaction des reconnaissances, tenu compte de la première des deux propositions, et sur l'exposé qu'il a fait des difficultés pratiques que rencontrerait l'application de la seconde, dont l'effet serait de détourner le mont-de-piété de son véritable but et de le transformer en une maison de banque, les auteurs de ces propositions les ont spontanément retirées.

102. « Le service des prêts sur nantissement de valeurs mobilières libérées au porteur sera fait au moyen de capitaux autres que ceux qui sont employés aux prêts sur objets mobiliers. Une comptabilité spéciale sera organisée, de manière que les deux services restent entièrement distincts » (L. 25 juill. 1891, art. 9). Cet article, qui ne se trouvait pas dans le premier projet, a été ajouté par la commission de 1888 (V. *suprà*, n° 89) et maintenu par le Gouvernement dans son projet de 1890, « pour qu'il ne puisse exister aucune confusion dans l'esprit des bailleurs. C'est seulement avec leur consentement formel que leurs fonds seront employés en prêts sur gages de valeurs mobilières. Il n'en peut être, d'ailleurs, autrement, puisque l'emprunt au mont-de-piété est incessamment renouvelable et que les bailleurs sont toujours libres de laisser ou de retirer leurs apports » (Exposé des motifs de 1890).

103. L'art. 10 de la loi de 1891 dispose que « toutes les prescriptions contenues dans les règlements du mont-de-piété, et non contraires à la présente loi, seront applicables aux opérations d'avances sur titres ». Les règles que nous allons étudier, relativement à la forme des engagements, aux conditions des prêts, à la nature et aux effet des reconnaissances, au renouvellement des engagements, aux payements d'acomptes, aux dégagements, à la responsabilité du mont-de-piété, etc., devront donc être étendues aux opérations de prêts sur titres, comme à celles de prêts sur gages corporels. Les dispositions du règlement du 30 juin 1865, notamment, leur sont applicables, sauf en ce qu'elles ont de contraire aux dispositions de la loi de 1891.

104. Enfin l'art. 11 de la loi de 1891 s'exprime en ces termes: « Le Gouvernement est autorisé à étendre, par décret rendu en la forme des règlements d'administration publique, le bénéfice de la présente loi à d'autres monts-de-piété que celui de Paris ». Cette disposition a été ajoutée, d'accord avec le Gouvernement, par la Chambre des députés. Elle « donne aux monts-de-piété de province une latitude qui peut être utile dans certains centres importants et qui, à condition de s'exercer sous le contrôle du conseil d'Etat et du Gouvernement, ne saurait présenter aucun danger » (Exposé des motifs au Sénat en 1891).

Un décret du 26 févr. 1892 a autorisé le mont-de-piété de Toulouse « à prêter sur nantissement de valeurs mobilières libérées, au porteur, dans les limites et suivant les conditions déterminées par la loi du 25 juillet 1891 ».

105. Voici quels sont les taux et conditions fixés pour les prêts sur titres par l'administration du mont-de-piété de Paris, après avis du conseil de surveillance : « Le mont-de-piété de Paris fera, aux taux et conditions fixés par l'administration, après avis de son conseil de surveillance, des avances dont la proportion est ainsi réglée par l'art. 2 de la loi du 25 juill. 1891 : 80 pour 100 sur les rentes françaises, bons et obligations du Trésor, bons de caisse du mont-de-piété ; 75 pour 100 sur les actions et obligations des principales lignes de chemins de fer de France et des colonies, sur les obligations de la ville de Paris, des villes et des départements français, sur les obligations du Crédit foncier, etc. ; 60 pour 100 sur les actions de jouissance des chemins de fer de l'Est, d'Orléans, de l'Ouest, du Midi et du Nord (1). Le maximum des prêts est de 500 fr. par opération et par emprunteur. Les avances seront faites pour six mois ; ce délai pourra être prolongé. Elles seront remboursables par anticipation au gré de l'emprunteur. Les coupons échus des valeurs données en garantie seront remis sans frais aux emprunteurs sur leur réclamation. L'administration fera vendre sur la demande des emprunteurs, par ministère d'agent de change, les valeurs sur lesquelles elle a consenti des avances. L'emprunteur recevra, en déposant ses valeurs, le montant intégral de l'avance, sans déduction d'aucuns frais, ni droits, ni commissions. L'intérêt, perçu seulement au moment du retrait ou du renouvellement, est pour le moment fixé à 6 pour 100 l'an ; il est calculé d'après le nombre de quinzaines écoulées, toute quinzaine commencée devant être payée en entier ; en outre, pour toute la durée du prêt, il est dû un droit de 25 cent. par 100 fr. prêtés ».

Le nouveau service a commencé à fonctionner le 2 janv. 1892 au chef-lieu de l'administration, rue des Francs-Bourgeois. Il a été étendu le 15 févr. 1892 aux deuxième et troisième succursales, et le 1er avr. 1892, à la première succursale, et au bureau auxiliaire M. Enfin ces opérations se feront dans les différents autres bureaux auxiliaires dès que le personnel sera suffisamment instruit de ses nouvelles fonctions.

106. — III. Engagement. — Prêt. — Conditions du prêt. — Reconnaissance, droits qui en résultent (*Rép.* n° 52). — Après que la somme à prêter en échange du nantissement a été appréciée par les agents du mont-de-piété, l'emprunteur, si l'appréciation lui convient, engage le nantissement et reçoit en argent le montant de cette appréciation, ou partie seulement, si le prêt est *requis*. Le commis-comptable de l'établissement lui remet, en même temps, la *reconnaissance*, après s'être assuré qu'elle est conforme au bulletin de prisée (Duval, nos 224 et suiv.) V. *infrà*, n° 117 et suiv.).

107. Le montant des sommes à prêter est réglé, au mont-de-piété de Paris, aux quatre cinquièmes de la valeur en poids, pour les nantissements composés d'argenterie ou de bijoux en or ou argent, et aux deux tiers du prix de l'estimation des autres effets (Règl. 8 therm. an 13, art. 58. V. aussi, pour le mont-de-piété de Nice, Décr. 18 avr. 1891, art. 18, *suprà*, n° 2). On a vu, *suprà*, nos 93 et 105, quel est le *quantum* des prêts consentis sur nantissement des diverses *valeurs mobilières* au porteur.

108. Jusqu'à 1887, aucune opération de prêt consentie au chef-lieu ou dans les succursales du mont-de-piété de Paris ne pouvait être supérieure à 10 000 fr.; les bureaux auxiliaires ne pouvaient effectuer aucune opération du prêt supérieure à 500 fr. (Décr. 12 août 1863, D. P. 63. 4. 142). Mais un décret du 2 août 1887 a abrogé le décret de 1863 et supprimé, par conséquent, la limitation du chiffre des prêts. La suppression des commissionnaires avait été prononcée par arrêté préfectoral du 4 avril précédent (V. *suprà*, nos 2 et 59, et *infrà*, n° 162), et l'on craignait que la clientèle qui avait l'habitude d'aller chez ces intermédiaires, pour y faire des emprunts supérieurs à 500 fr. qu'elle ne pouvait contracter dans les bureaux auxiliaires, se pliât difficilement à l'obligation de s'adresser au chef-lieu ou aux succursales, et qu'elle fût tentée de s'adresser à des prêteurs clandestins. Pour éviter ce danger, on a voulu rendre plus facile à tous l'accès des bureaux du mont-de-piété, en supprimant la limitation du chiffre des prêts qu'ils consentent. — Dans certains monts-de-piété de province, le chiffre des prêts est encore limité (V. notamment Décr. 18 avr. 1891, art. 8, et *suprà*, n° 2).

109. Le *maximum* des prêts sur dépôt de *valeurs mobilières* au porteur est de 500 fr. par opération et par emprunteur (L. 25 juill. 1891, art. 1, et *suprà*, nos 90 et suiv.).

110. Le *minimum* des prêts est fixé, dans chaque mont-de-piété, d'après les besoins présumés des emprunteurs. Il varie actuellement de 1 fr. à 6 fr., suivant les établissements. A Paris, il est de 3 fr. (Lettres patentes, 9-12 déc. 1777, art. 3. V. aussi Décr. 18 avr. 1891, art. 18, et *suprà*, n° 2). Il est de 2 fr. à Besançon, Cambrai, Limoges, Lyon, etc.; de 1 fr. 50 à Douai et Lille; de 1 fr. à Angers, Arras, Dijon, Nancy, etc.

111. Les *droits à payer* par les emprunteurs se composent, d'une part, de l'intérêt des sommes prêtées ; d'autre part, des frais de manutention, d'assurance des nantissements et autres frais de régie. Le taux de ces droits est fixé en se conformant aux règlements particuliers de chaque mont-de-piété (V. notamment Décr. 18 avr. 1891, art. 19, et *suprà*, n° 2).

112. A Paris, il est établi tous les six mois, par arrêté préfectoral, sur la proposition du directeur, après avis du conseil de surveillance, sans que le taux de 12 pour 100 puisse être dépassé (Règlem. 8 therm. an 13, art. 55; Décr. 24 mars 1852, art. 8). Dans les décomptes, les droits se calculent par demi-mois; la quinzaine commencée est due en entier (Règlem. 8 therm. an 13, art. 57, abrogé par les art. 1 et 2 de l'ordonn. du 20 déc. 1826, rétabli par délibération du conseil du 7 déc. 1841 approuvée par arrêté ministériel du 22 déc. 1842), sauf en ce qui concerne le premier mois qui se paye en entier ; cette dernière restriction a elle-même disparu depuis le 1er janv. 1887, V. *suprà*, n° 2, note). Outre les intérêts et droits alloués au mont-de-piété, les emprunteurs ont à payer un droit d'appréciation, proportionné à la valeur du gage, mais qui reste le même quel que soit la durée du prêt. Actuellement, depuis le 1er janv.

(1) C'est par erreur que le règlement dit que la loi de 1891 a fixé cette proportion de 60 pour 100, pour les avances sur certaines actions de jouissance. Ce taux, proposé par le projet du Gouvernement, n'a pas été admis par le Sénat et ne figure pas dans l'art. 2 de la loi.
(V. *suprà*, n° 93).

1887, les intérêts et droits perçus au mont-de-piété de Paris s'élèvent au total à 7 pour 100 par an ainsi décomposés : 3 pour 100 pour intérêts et 3 pour 100 frais de régie proportionnellement au temps couru, 1 pour 100 droit fixe, quel que soit le temps écoulé. Les prêts de 2, 4 et 5 fr. dont le gage ne séjourne que deux mois en magasin sont exonérés des droits proportionnels de 6 pour 100 et n'ont qu'à acquitter le droit fixe de 1 pour 100. — On a indiqué, *suprà*, n° 2, note, quels ont été les divers taux des droits exigés par le mont-de-piété de Paris, depuis sa fondation.

M. Blaize (t. 1, p. 298 et suiv.) donne des indications fort complètes sur les conditions des prêts dans les différents monts-de-piété de province à l'époque où il a publié son ouvrage.

113. L'intérêt des avances sur dépôt de *valeurs mobilières* est fixé annuellement par arrêté du directeur de l'établissement, approuvé par le préfet, après avis du conseil de surveillance (L. 25 juill. 1891, art. 3, et *suprà*, n° 95). Actuellement, au mont-de-piété de Paris, l'intérêt à payer est fixé à 6 pour 100 l'an, plus un droit de 25 cent. pour 100 pour toute la durée du prêt (V. *suprà*, n° 105).

114. Plusieurs monts-de-piété prêtent gratuitement, c'est-à-dire sans exiger des emprunteurs aucun intérêt ni aucuns frais. Quelques-uns ne prêtent gratuitement que des sommes de peu d'importance et exigent un intérêt pour les prêts plus élevés. M. Blaize (t. 1, p. 304 et suiv.) a étudié en détail l'organisation et le fonctionnement des monts-de-piété de Grenoble, Montpellier, Toulouse et Angers, dans lesquels était pratiqué, en 1856, le prêt gratuit (V. aussi Maudou, *Histoire du prêt gratuit à Montpellier*, 1684-1891 ; Montpellier, Martel, 1892). Actuellement, l'*œuvre du prêt gratuit* est établie dans les villes de Montpellier, Toulouse, Angers, Grenoble, Lille (fondation Masurel) et Nice (confrérie de la Miséricorde). A Toulouse, Lille et Nice, un mont-de-piété ordinaire fonctionne à côté de l'œuvre du prêt gratuit (V. le tableau I, *suprà*, n° 3, note).

115. Nous rappelons que, aux termes de l'art. 10 de la loi de 1851, les dispositions de cette loi, sauf celles de l'art. 8, « ne sont pas applicables aux monts-de-piété établis à titre purement charitable, et qui, au moyen de dons ou fondations spéciales, prêtent gratuitement ou à un intérêt inférieur au taux légal. Ces monts-de-piété sont régis par les conditions de leurs actes constitutifs ». La rédaction de cet article émane de M. Sain. On y lisait d'abord : « les monts-de-piété *continueront à être régis*, etc. ». M. Limayrac proposa, ce qui fut adopté, de mettre : *seront régis*. « C'est afin, a-t-il dit, de comprendre dans la rédaction les établissements à créer aussi bien que les établissements déjà formés » (*Moniteur*, 25 juin, p. 1789). V. *suprà*, n° 74.

116. La *durée* des prêts sur nantissements d'objets mobiliers est fixée par les règlements des divers monts-de-piété. Elle est ordinairement (notamment à Paris, Règlem. 8 therm. an 13, art. 54, et à Nice, Décr. 18 avr. 1891, art. 20) d'une année (Blaize, t. 1, p. 298 et suiv.), avec faculté pour les emprunteurs de dégager leurs effets avant ce terme (Règlem. 1865, art. 66), ou de renouveler l'engagement à son expiration (*ibid.*, art. 79), ou même de faire vendre le gage trois mois après le jour du dépôt (L. 24 juin 1851, art. 7. V. *infrà*, n° 138, et *Rép.* n° 60). — Pour les prêts sur dépôt de *valeurs mobilières* au porteur, la durée du prêt doit être fixée annuellement par arrêté du directeur du mont-de-piété, approuvé par le préfet, après avis du conseil de surveillance (V. *suprà*, n° 95). Actuellement, la durée de ces prêts est, au mont-de-piété de Paris, de six mois (V. *suprà*, n° 105).

117. Après la formation du bulletin de prisée (V. *suprà*, n° 81), l'acte d'engagement est fait au *registre des engagements*. Cet acte contient les indications énumérées par l'art. 62 du règlement de 1865.

118. En même temps que la somme prêtée est comptée à l'emprunteur, il lui est remis une *reconnaissance* (*Rép.* n° 53). Cette pièce étant au porteur (V. *infrà*, n° 130) ne contient pas le nom de l'emprunteur ; elle donne seulement la désignation du nantissement, son estimation, la date et le montant du prêt (Règlem. 1865, art. 62 et suiv. ; V. aussi Règlem. 8 therm. an 13, art. 59 et suiv.). Les conditions du prêt sont rappelées, en forme d'avis, dans la formule de chaque titre (Règlem. 8 therm. an 13, art. 99). — Sur les règles à observer pour la rédaction des reconnaissances, V. Duval, n°s 199 et suiv.

119. Les reconnaissances d'engagements de *valeurs mobilières* au porteur doivent, outre les mentions ci-dessus, contenir l'indication de la date d'échéance du premier coupon à détacher du titre (Rapport de M. Ouvré à la Chambre des députés en 1890, p. 10). Lors de la discussion de la loi de 1891, on s'était même demandé si la reconnaissance ne devrait pas être nominative, afin d'être, sinon absolument inaliénable, au moins d'une aliénation plus difficile ; mais une objection aussitôt soulevée a paru décisive, c'est que cette reconnaissance nominative aurait les plus graves inconvénients pour le cas, par exemple, où l'emprunteur viendrait à décéder avant d'avoir dégagé son titre. La commission de la Chambre « a considéré que ce serait imposer aux ayants droit d'une succession déjà grevée d'emprunts la nécessité de recourir, à grand frais, à l'intervention d'officiers ministériels, pour fournir, soit un inventaire de succession, soit un acte de notoriété en tenant lieu pour la justification des droits des héritiers, et opérer le transfert ; et elle a estimé que ce serait aller contre l'avis donné par le conseil d'Etat en 1851, qui repoussait la proposition de M. Peupin précisément par ce que le dépôt, en nantissement de prêt, d'un livret de caisse d'épargne, d'un brevet de pension ou d'un titre nominatif de rente eût exigé dans les opérations du mont-de-piété l'intervention d'un agent de change et la nécessité d'un transfert entraînant à de gros frais et à de nombreuses complications » (Même rapport. Comp. Rapport de M. de Mortemart, D. P. 51. 4. 138, n° 14). S'appuyant sur ces considérations, la commission a rejeté cette idée, d'accord en cela, avec M. le directeur du mont-de-piété de Paris, entendu sur la question.

120. Sur la nature et les effets juridiques de la reconnaissance, V. *Rép.* n° 53 et suiv.

121. Jugé que la reconnaissance, simple récépissé, ne constitue pas un bien distinct des objets dont elle constate l'engagement, mais qu'elle en est, au contraire, la représentation (Conf. les arrêts cités *suprà*, n° 9) ; que, par conséquent, la personne qui, par un abus de confiance commis à son préjudice, a été dépossédée d'objets engagés plus tard au mont-de-piété, ne peut pas les revendiquer contre les tiers qui détiennent les reconnaissances de bonne foi et en vertu d'un juste titre (Trib. Seine, 7 août 1890, aff. H..., *Le Droit*, 3 sept. 1890. V. toutefois *infrà*, n° 151). Le propriétaire dépossédé n'a contre les tiers détenteurs que l'action dérivant de l'art. 1382 c. civ., en cas de faute, négligence ou imprudence ; en conséquence, il ne peut pas former une demande en revendication contre l'individu qui fait licitement le commerce de reconnaissances du mont-de-piété, encore qu'ils les ait achetées de l'auteur de l'abus de confiance, s'il a dû croire que celui-ci en était légitime propriétaire (Même jugement. Conf. sur la nature de la reconnaissance, les décisions citées *suprà*, n° 9).

122. Décidé que le récépissé provisoire délivré par un commissionnaire près d'un mont-de-piété, en conformité des règlements, ne peut constituer, en dehors desdits règlements, un titre entre les mains du tiers détenteur, alors même que le déposant aurait endossé ce récépissé (Trib. Seine, 2 févr. 1886, aff. Vuillot, et Concl. conf. de M. le substitut Allard, *Le Droit*, 12 févr. 1886). Il n'existe aucun lien de droit entre le tiers porteur et le commissionnaire ; par suite, le tiers porteur n'est pas fondé à réclamer à ce dernier le boni produit par la vente du gage (Même jugement).

123 — IV. Renouvellement de l'engagement. — Payement d'acompte sur le prêt (*Rép.* n° 56). — On a indiqué au *Rép.* n° 56 que, à l'expiration de la durée du prêt, l'emprunteur peut être admis à *renouveler* l'engagement, en se conformant aux conditions imposées par les statuts du mont-de-piété, à charge de payer immédiatement les droits et intérêts échus (Conf. Règlem. 1865, art. 79. V. aussi Règlem. an 13, art. 62 et suiv.). Le renouvellement constitue en réalité un dégagement, immédiatement suivi d'un engagement nouveau ; les formalités inhérentes à ces deux opérations doivent être remplies (Règlem. 1865, art. 79). Il est donc toujours nécessaire d'effectuer une nouvelle prisée (*Ibid.*, art. 81) ; l'emprunteur peut, en conséquence, exiger, au moment du renouvellement, que le gage lui soit représenté (*Ibid.*).

124. Les écritures qui concernent ces opérations sont portées sur un registre spécial, sur lequel on inscrit les renouvellements, après avoir émargé la sortie du gage au registre des engagements (*Ibid.*, art. 79 et 80). Une nouvelle reconnaissance est ensuite délivrée à l'emprunteur, en échange de l'ancienne (*Ibid.*). Le nouveau bulletin de prisée est attaché à l'objet; mais on laisse subsister l'ancien (*Ibid.*, art. 81). Si le gage a perdu notablement de sa valeur, lorsque le renouvellement est demandé, on procède à un dégagement ordinaire, suivi d'un engagement (*Ibid.*, art. 82).

125. Au mont-de-piété de Paris, en cas de demande de renouvellement, on ne procède à la réappréciation du gage que s'il s'agit de nantissements qui ont donné lieu à un prêt dit *des quatre chiffres* (c'est-à-dire de 1000 fr. ou au-dessus), ou consistant en châles et étoffes de laine, sur lesquels on a prêté une somme de 50 fr. ou au-dessus (Duval, nos 336 et suiv.; V. Convention du 2 oct. 1833 entre le mont-de-piété et les commissaires priseurs, Duval, p. 558); cependant le droit d'appréciation est toujours dû, quel que soit le gage dont l'engagement est renouvelé (V. *suprà*, n° 6 et la note). Les objets de *literie* ne peuvent jamais être l'objet d'un renouvellement; ils ne peuvent donner lieu qu'à un dégagement, et, s'il y a lieu, à un rengagement effectif (Duval, n° 339). M. Duval, nos 303 à 335, a exposé, d'une façon complète, les règles suivies au mont-de-piété de Paris pour les renouvellements, le décompte des intérêts et droits, leur inscription au journal des engagements par renouvellement, l'expédition des nouvelles reconnaissances et des bulletins de renouvellement, la perception des intérêts et droits, etc.

126. Le règlement de 1865 (art. 3) accorde, à tous les débiteurs des monts-de-piété, la faculté « d'effectuer le remboursement des prêts et la libération de leurs nantissements au moyen de versements successifs d'*acomptes* » (Conf. *Rép.* nos 56 et 87). » Ces versements sont productifs d'intérêts; ils constituent une épargne dont le déposant peut user à son gré, soit pour la libération de tel nantissement qu'il lui convient de dégager, soit pour le renouvellement d'une ou plusieurs reconnaissances. L'intérêt des sommes versées par les déposants est calculé à un taux égal à celui auquel le mont-de-piété effectue ses prêts, non compris les divers droits fixes ou proportionnels que les statuts et autres décisions permettent à l'établissement de percevoir en sus de l'intérêt... Ce calcul ne porte pas sur les sommes ou fractions de sommes inférieures à 1 fr. » (Même article).

127. Pour être admis à se libérer par acomptes, il faut obtenir la délivrance d'un *livret d'acomptes*, en justifiant, par la production de reconnaissances, de la propriété de nantissements engagés. Les versements successifs sont inscrits sur ce livret par le caissier. Tous les versements, même les plus minimes, sont reçus (Règlem. 1865, art. 74) Le règlement de 1865 (art. 73 à 78) réglemente en détail tout ce qui concerne le dégagement par acomptes et les écritures auxquelles il donne lieu (V. *ibid.*, art. 164).

128. — V. DÉGAGEMENT OU REMBOURSEMENT DU PRÊT. — REVENDICATION D'OBJETS PERDUS OU VOLÉS (*Rép.* n° 57). — « Lorsque, à l'expiration du terme stipulé dans l'engagement, ou avant cette expiration, ou même après cette expiration, si la vente du gage n'a pas encore été effectuée, l'emprunteur présente la reconnaissance et acquitte le montant total de la dette en principal intérêts et droits, le gage doit lui être restitué dans l'état où il se trouvait au moment du dépôt » (Règlem. 1865, art. 66; Conf. Règlem. de l'an 13, art. 65). La reconnaissance étant *au porteur* (V. *suprà*, n° 118), quiconque la présente au mont-de-piété peut retirer le nantissement en remboursant la somme prêtée avec les intérêts et droits (*Rép.* n° 57).

129. Sur les diverses opérations auxquelles donne lieu le dégagement du nantissement, V. Règlem. 1865, art. 68 et suiv.; Duval, nos 255 à 302. — Sur les dégagements par acomptes, V. *suprà*, nos 126 et suiv.

130. On a indiqué au *Rép.* n° 57, les abus auxquels a donné naissance l'application du principe que le gage doit être remis à quiconque est porteur de la reconnaissance. Le trafic des reconnaissances, dit M. Arnault dans son rapport sur le projet de loi concernant le service de la prisée au mont-de-piété de Paris (Annexe à la séance de la Chambre des députés, du 11 août 1889), « est la plaie du mont-de-piété de Paris. La reconnaissance est le titre au porteur délivré à l'emprunteur au moment de la remise du gage: l'emprunteur besogneux emprunte sur cette reconnaissance en la vendant, à réméré ou ferme, à un nouveau prêteur ou acheteur: l'emprunteur à réméré peut dégager la reconnaissance, ou bien ne plus s'en occuper. Dans ce dernier cas, la vente est faite au profit de l'acheteur de la reconnaissance, qui reçoit le boni. Tel est le mécanisme: ainsi le trafic a pour base l'écart entre le prêt et l'estimation: d'où cette conséquence, qu'en augmentant le quantum du prêt, on diminue le champ de trafic. C'est exact, mais cela ne supprime pas le trafic lui-même: car, quel que soit le montant du prêt, il faudra bien toujours laisser un écart, qui servira toujours de base au trafic ». Pour arriver à le supprimer, un projet de loi, dont l'économie a été exposée *suprà*, nos 6 et 62, permet (art. 3), si l'emprunteur le demande, de remplacer la reconnaissance au porteur par un *récépissé inaliénable*; le *quantum* du prêt serait porté, en ce cas, aux neuf dixièmes de son estimation, au lieu des quatre cinquièmes ou des deux tiers suivant les cas (Annexe au procès-verbal de la séance du 20 mai 1890).

131. La remise de la reconnaissance faite par le déposant à un tiers ne donne à ce dernier aucun droit personnel contre le mont-de-piété. Ce tiers n'est que le représentant du déposant; ce que doit lui restituer le mont-de-piété, c'est l'objet engagé lui-même, moyennant le remboursement de la somme prêtée et des intérêts et frais. Lors donc, par exemple, que l'acquéreur d'une reconnaissance s'aperçoit que les objets qu'il a dégagés et qui étaient indiqués comme étant en or, sont en cuivre, il ne peut exercer contre le mont-de-piété aucune demande en restitution (Trib. Seine, 9 mars 1838, aff. C..., cité par Duval, n° 1753). — Un jugement (Trib. de paix, 3e arrond. de Paris, 12 janv. 1888, aff. K..., *Rev. des établiss. de bienfais.*, 1888, p. 75) a aussi décidé que l'acheteur d'une reconnaissance du mont-de-piété contenant une erreur dans la désignation n'a pas de recours contre son vendeur. « Le trafic des reconnaissances, comme le fait observer ce jugement, est donc une opération aléatoire ».

132. Il est incontestable que l'administration du mont-de-piété, en dehors des règles tracées par les lois, décrets et règlements qui la régissent, est soumise aux mêmes obligations que les particuliers, et qu'elle répond comme eux des conséquences de la faute ou de l'imprudence de ses agents et préposés. C'est ce qu'ont décidé un arrêt de la chambre civile du 28 nov. 1832 (*Rép.* v° *Mont-de-piété*, n° 58) et un arrêt de la chambre des requêtes du 21 juill. 1857 (aff. Guilbert, D. P. 57. 1. 394). Dans les espèces de ces arrêts, il s'agissait d'objets soustraits, puis engagés au mont-de-piété, et, plus tard, revendiqués par leur propriétaire. Le mont-de-piété ne consentait à les restituer qu'après remboursement des sommes par lui prêtées aux déposants, et soutenait qu'il lui suffisait de se conformer aux règlements, qui sont la loi de son institution pour être à l'abri de tout recours de la part des tiers. Les arrêts précités ont, au contraire, décidé que « la faute et l'imprudence du mont-de-piété soumettent cet établissement non seulement à la restitution pure et simple des objets sans remboursement du prêt, mais encore éventuellement à des dommages-intérêts, aux termes de l'art. 1383 c. civ... » (Conf. Douai, 7 août 1856, aff. Guilbert, D. P. 57. 2. 203). Il a été jugé, pareillement: 1° que le mont-de-piété de Paris, lorsque l'inobservation par ses agents des prescriptions réglementaires, concernant la constatation de l'identité des déposants, a favorisé l'engagement d'objets détournés, est responsable du préjudice qui en est résulté pour le propriétaire (Paris, 26 déc. 1871, aff. Filon, D. P. 72. 3. 188); — 2° Que, indépendamment des cas spéciaux de responsabilité édictés par des dispositions particulières, le mont-de-piété de Paris est tenu, comme toutes les autres personnes morales et les particuliers, à la réparation du préjudice causé par les fautes de ses employés; en conséquence, les juges du fait déclarent avec raison que cet établissement a commis une faute engageant sa responsabilité, lorsque ses agents ont accepté en nantissement des objets volés qui leur étaient présentés par un individu non domicilié; il leur appartient également de décider, d'après les circonstances de la cause, que le permis de séjour délivré pour un temps limité à un condamné libéré ne peut équivaloir à la condition d'être domicilié à Paris, dont l'emprunteur doit faire la justification (Civ. rej. 6 août 1881, aff. Havard, D. P. 85. 1. 10. Conf. Paris, 24 janv. 1881, aff. Havard, D. P. 81. 2. 54). Ainsi, on doit tenir pour constant que le mont-de-piété ne peut s'abriter derrière ses règlements pour se soustraire à l'application du droit commun (V. *infrà*, nos 151 et suiv.).

133. Que décider, lorsqu'il s'agit de l'acceptation en nantissement, non plus d'objets volés, mais de marchandises engagées par un commerçant qui veut se procurer des ressources dans un moment de gêne, s'il est démontré que la multiplicité des emprunts demandés par ce commerçant a dû avertir le mont-de-piété que ces opérations avaient pour résultat de diminuer notablement l'actif au préjudice des créanciers? Le mont-de-piété doit-il être déclaré responsable vis-à-vis de ces créanciers? Si on s'en tient au droit commun, la réponse ne peut paraître douteuse. Le mont-de-piété a fait des prêts sans précaution ni mesure, mais sans collusion frauduleuse, à un négociant connu et domicilié, alors qu'il était *in bonis*. Mais ses prêts avaient pris fin, ses opérations étaient terminées et réglées, quand était survenue la cessation des payements. Ces opérations ont eu, il est vrai, pour conséquence de diminuer l'actif du failli au préjudice de ses créanciers. Mais il ne s'ensuit pas que ceux-ci aient contre le mont-de-piété une action en réparation de ce préjudice. Ils ne peuvent, en effet, invoquer contre lui ni les art. 1166 et 1167 c. civ., ni les art. 446 et suiv. c. com. Ils ne peuvent pas non plus invoquer les art. 1382 et 1383 c. civ. et s'en tenir au droit commun; ils ne trouveraient nulle part les éléments d'une faute dont ils eussent le droit de demander compte au mont-de-piété. Car d'aucune disposition légale, d'aucun principe du droit civil, il ne résulte que celui qui prête de l'argent à un homme dans la détresse puisse encourir une responsabilité quelconque par sa facilité trop grande à faire ces prêts, quelque abus qu'en ait pu faire l'emprunteur; les créanciers de celui-ci, et ses ayants cause, tenus de respecter, dans toutes leurs conséquences, les conventions par lui faites sans fraude, ne peuvent demander des dommages-intérêts à raison des faits qui, légalement, ne les concernent pas (V. sur ce dernier point, Civ. rej. 31 juill. 1872, D. P. 72. 1. 300).

Mais si, en agissant comme il l'a fait, le mont-de-piété a contrevenu aux dispositions qui le régissent, les créanciers lésés peuvent-ils se fonder sur cette violation de ses règlements pour réclamer des dommages-intérêts? On a vu *suprà*, no 132, que le mont-de piété ne peut opposer les dispositions de ses règlements pour se soustraire à l'application du droit commun; les tiers peuvent-ils, au contraire, s'en faire une arme contre lui? La question s'est posée à l'égard du mont-de piété de Paris, alors que, d'après une délibération prise, le 11 déc. 1844, par le conseil d'administration de cet établissement, et le règlement du 30 juin 1865, concernant sa comptabilité, il doit être remis chaque jour au directeur pour les prêts de 500 fr. et au-dessus faits la veille dans toutes les succursales: premièrement, un bordereau d'engagement indiquant les nom, profession et domicile du déposant ainsi que la désignation des objets engagés et les pièces produites à l'appui du dépôt; deuxièmement, un bordereau des engagements, ce qui permet d'ouvrir à chacun des emprunteurs un compte portant les engagements à leur débit et les dégagements à leur crédit, et, si la balance de ces comptes est de nature à inspirer des doutes, de donner l'ordre aux bureaux de suspendre tout nouveau prêt ou toute nouvelle avance.

Pour l'affirmative, on peut dire que les règlements qui régissent le mont-de-piété existent, comme l'institution elle-même, non dans son intérêt privé, mais uniquement dans l'intérêt public, c'est-à-dire essentiellement dans l'intérêt des particuliers auxquels les opérations du mont-de-piété peuvent profiter ou nuire. N'en faire que des mesures d'ordre intérieur dont le contrôle n'appartient qu'à l'administration seule, c'est en amoindrir la portée et en dénaturer le sens, au détriment de tous. Le mont-de-piété est investi d'un privilège extraordinaire : il a un monopole tel que quiconque l'usurpe commet un délit (*suprà*, nos 8 et suiv.). Ses règlements sont la condition et la garantie de ce privilège. S'il peut impunément les violer, quelle ressource restera aux tiers, à ceux que cette violation a directement et personnellement lésés? Ces règlements constituent une obligation légale, que le mont-de-piété ne peut enfreindre sans faute et sans se rendre responsable à l'égard des tiers, comme le sont les industriels qui ne se conforment pas aux conditions d'autorisation de leurs ateliers classés, les compagnies de chemin de fer qui contreviennent aux prescriptions de leur cahier des charges, les particuliers qui contreviennent à de simples arrêtés de police, etc. (V. notamment Metz, 23 févr. 1870, D. P. 70. 1. 166; Crim. rej. 16 août 1867 (D. P. 68. 1. 47). C'est au reste en ce sens qu'avaient statué les arrêts de 1832 et de 1857 cités *suprà*, no 132, dont le premier constate expressément que « les conditions du règlement n'avaient pas été observées », et trouve, dans cette circonstance, le fondement légitime d'une action en dommages-intérêts. Dans l'espèce, il est vrai, le procès aurait été impossible contre un banquier ordinaire. Mais c'est parce que, en fait, un banquier ordinaire n'aurait guère pu, sans collusion frauduleuse, se livrer aux opérations que le mont-de-piété avait faites avec le failli; car la collusion, déjà probable par la détresse connue du débiteur, serait devenue évidente si celui-ci avait fait des emprunts usuraires ou souscrit des billets de complaisance. Qu'y a-t-il, d'ailleurs, de commun entre un banquier, simple particulier, qui agit à ses risques et périls, et une institution investie d'un monopole, sous des conditions et en vue d'obligations qui lui ont été imposées d'une manière générale et dans l'intérêt de tous? V. en ce sens, Paris, 18 nov. 1872, aff. Souvigny, D. P. 75. 1. 145.

La réponse à ce système, dont on ne saurait méconnaître la force en certaines parties, est dans les règlements eux-mêmes, qui sont en question. En effet, jusqu'au décret du 24 mars 1852, le mont-de-piété de Paris était administré par un conseil, ayant, aux termes d'une ordonnance royale du 3 nov. 1831, le droit de faire des règlements, qui, toutefois, pour devenir obligatoires, devaient être approuvés par le ministre du commerce et des travaux publics. Or, en 1844, le directeur eut la pensée d'opérer la centralisation des écritures, avec renseignements détaillés comprenant le nom des emprunteurs. Il proposa un règlement en ce sens au conseil d'administration qui, trouvant la mesure délicate, consentit cependant à l'autoriser à titre d'essai et sans indication de maximum pour les prêts de chaque particulier. Cette mesure fut bientôt, paraît-il, reconnue d'une pratique à la fois dangereuse et difficile, et ne fut pas soumise à l'approbation ministérielle. Quant au décret du 11 août 1863 (aujourd'hui abrogé, V. *suprà*, no 108), également invoqué par la cour de Paris, et qui interdisait au mont-de-piété de Paris toute opération de prêt supérieure à 10 000 fr., son origine en détermine le sens et la portée. Il a été rendu, comme l'indique un de ses titres, « sur la réclamation des commissaires-priseurs », garants envers l'administration des suites des estimations, dans l'unique but de diminuer les chances d'erreurs (V. *suprà*, no 2). La limitation qu'il édicte est d'ailleurs applicable à chaque « opération de prêt » prise séparément, sans qu'il y ait à s'enquérir si une même personne fait le même jour, ou à des jours différents, plusieurs emprunts. Reste l'arrêté du ministre de l'intérieur du 30 juin 1865. Le premier paragraphe de l'art. 63 est ainsi conçu : « Dans les monts-de-piété composés, chacune des divisions ou chaque bureau auxiliaire forme un bulletin journalier, qui indique les opérations constatées pendant la journée au registre des engagements ». Ce bulletin est transmis au caissier central qui en fait la récapitulation sur l'état de dépouillements journaliers pour servir à la tenue des écritures ». Il résulte de ce texte, et plus encore des modèles auxquels il renvoie, que les bulletins journaliers, comme l'état de dépouillement qui les récapitule, ne contiennent que la constatation matérielle des opérations, sans indication aucune des noms des personnes que ces opérations concernent.

L'analyse de ces documents ne peut guère, croyons-nous, laisser de doutes sur leur nature : ce sont bien des mesures d'ordre intérieur et de régie, dont, par suite, l'inobservation ne peut être invoquée par les tiers comme fondement d'une action en dommages-intérêts. La cour de cassation s'est ralliée à ce système, et, dans un arrêt qui casse l'arrêt précité de la cour de Paris, a posé en principe que le mont-de-piété qui prête à un négociant, sur dépôt de marchandises neuves, quelle que soit la multiplicité des prêts, ne se livre pas à des opérations illicites ; et, en conséquence, s'il ne lui est d'ailleurs imputé aucune collusion frauduleuse avec ce négociant, il ne peut être tenu à des dommages-intérêts à raison de la diminution d'actif qui serait résultée des engagements multipliés de ce négociant au préjudice de ses créanciers (Civ. cass. 12 janv. 1875, aff. Syndic Souvigny, D. P. 75. 1. 145). Un arrêt de la cour de Rouen (29 juill. 1875, même affaire, D. P. 76. 2. 159) a, sur renvoi, confirmé cette jurisprudence et décidé : 1° que le décret organique du 8 therm. an 13 n'autorise le recours des tiers contre le directeur ou autres employés du mont-de-piété, pour fraude, dol ou inexécution des règlements, qu'en cas de vol ou d'illégitimité de la possession des objets déposés par des individus dont l'identité et le domicile n'ont pas été vérifiés;... 2° que le règlement du 11 déc. 1844, le décret du 12 août 1863 et l'arrêté ministériel du 30 juin 1865, relatifs à l'administration du mont-de-piété, ne contiennent que des mesures d'ordre et de police intérieure, dont l'inobservation ne peut être invoquée par les tiers comme fondement d'une action en dommages-intérêts;... 3° que la multiplicité des prêts ne peut constituer, de la part du mont-de-piété, une faute légale à sa charge, lorsqu'il ne lui est imputé ni collusion frauduleuse, ni négligence dans l'exécution des règlements organiques... alors même qu'en faisant à un commerçant des prêts multipliés sur le dépôt de marchandises neuves, il lui aurait facilité les moyens de diminuer son actif au préjudice de ses créanciers, surtout si ce commerçant, en cédant à vil prix les reconnaissances, réalisait les marchandises et se procurait de l'argent à l'insu du mont-de-piété lui-même.

Quoi qu'il en soit, on ne saurait méconnaître que, comme le dit très bien l'arrêt de la cour de Paris, le mont-de-piété avait, dans l'espèce, gravement contrevenu à l'esprit et au but de son institution. Si, en effet, il n'a pas été seulement établi pour venir, suivant les termes de l'avis du conseil d'Etat du 12 juill. 1807, au secours de la classe la plus pauvre de la société, si, pouvant prêter sur marchandises neuves (L. 24 juin 1851, art. 7), il offre une ressource certaine au négociant surpris par des embarras momentanés, il ne saurait être une banque publique, incessamment ouverte au commerçant peu scrupuleux et déterminé, au risque de la banqueroute, à se procurer à tout prix des fonds jusqu'à épuisement de son actif. Il a moralement le devoir de veiller, dans les limites de ce qui est raisonnable et possible, aux intérêts des tiers comme aux siens propres.

134. — VI. VENTE DES NANTISSEMENTS. — OPPOSITIONS (*Rép.* n° 59). — « Les nantissements qui n'ont pas été dégagés, ou qui n'ont pas été l'objet d'un renouvellement avant l'expiration du délai stipulé dans l'engagement, sont susceptibles d'être vendus pour le compte de l'administration du mont-de-piété, jusqu'à concurrence de la somme qui lui est due, sauf, en cas d'excédent, à en faire état à l'emprunteur » (Règlem. 1865, art. 84). — Le directeur peut être autorisé par les statuts de l'établissement à accorder des sursis à la vente (*ibid.*, art. 3), pendant lesquels les intérêts continuent à courir (*ibid.*, art. 84). — La vente des nantissements doit être préalablement autorisée par le président du tribunal civil, qui rend exécutoires les *rôles des gages à vendre* (*ibid* , art. 85). Tant que la vente n'est pas effectuée, l'emprunteur peut dégager son nantissement ou renouveler l'engagement (*ibid.*). — Sur le projet qui a pour objet de confier la vente des gages au mont-de-piété de Paris à des employés directs de cet établissement, V. *suprà*, n° 6, 61 et suiv.

135. Les ventes se font aux enchères publiques et au comptant (Règlem. 30 juin 1865, art. 90. — V. cependant Duval, n° 388 et suiv.). Le règlement du 8 therm. an 13 (art. 72 et suiv.) pour, le mont-de-piété de Paris, et le règlement du 30 juin 1865 (art. 85 et suiv.), pour les autres monts-de-piété, ont réglé en détail tout ce qui concerne les opérations de vente des nantissements (Conf. Duval, n°s 352 à 393).

136. La vente des *valeurs mobilières* au porteur données en nantissement, soit qu'elle ait lieu en vertu de l'art. 4 de la loi du 25 juill. 1891 (V. *suprà*, n° 96) soit qu'elle ait lieu en vertu de l'art. 5 de la même loi (V. *suprà*, n° 97) doit être faite à la Bourse, par le ministère d'un agent de change (V. *suprà*, n° 105).

137. L'art. 88 du règlement de 1865 (Conf. Règlem. an 13, art. 78) sanctionne de nouveau le principe posé par l'ancien règlement (*Rép.* n° 59), et d'après lequel les oppositions à la vente n'empêchent pas que celle-ci ait lieu, sans même y appeler l'opposant, sauf à ce dernier à faire valoir ensuite ses droits sur le boni, s'il y a lieu (V. *infrà* n° 142).

138. On a indiqué au *Rép.* n° 60 que, aux termes de l'art. 7 de la loi de 1851, « tout dépositaire, après un délai de trois mois à partir du jour du dépôt, pourra requérir, aux époques des ventes fixées par les règlements des monts-de-piété, la vente de son nantissement, avant même le terme fixé sur sa reconnaissance. Le prix de cet objet sera remis, sans délai, au propriétaire emprunteur, déduction faite des intérêts échus et du montant des frais fixés par les règlements... ». Cette disposition a pour but de combattre le trafic des reconnaissances. « Il est telle circonstance, dit le rapport de M. de Mortemart sur la loi de 1851, où la vente d'un gage peut être avantageuse, et l'attente d'un an beaucoup trop longue, en augmentant les frais imposés aux emprunteurs. Il est donc utile, pour diminuer ce détestable trafic des reconnaissances, si la loi ne peut l'interdire, de donner aux emprunteurs le moyen de faire vendre leurs nantissements quand ils s'y seront décidés. Trois mois sont un délai qui n'est ni trop court, ni trop long, après lesquels tout emprunteur. ne voulant ou ne pouvant pas retirer son nantissement, aura le droit d'en exiger la vente ; le boni lui sera remis selon la forme et le règlement en vigueur ». L'art. 7 précité ajoute toutefois : « Les marchandises neuves données en nantissement ne pourront néanmoins être vendues qu'après l'expiration du délai d'une année ».

139. — VII. EXCÉDENT OU BONI. — OPPOSITION. — DÉFICIT DANS LE PRODUIT DE LA VENTE (*Rép.* n° 61). — Le premier effet de la vente est de mettre le mont-de-piété en possession des sommes qui lui sont dues, en capital, intérêts et droits (Règlem. 1865, art. 91). La liquidation fait ressortir les différences pouvant exister, en plus (*boni*) ou en moins (*déficit*), entre le prix de vente et le total de la créance du mont-de-piété. — Sur la liquidation du produit des ventes, V. Règlem. 1865, art. 91 et suiv. et Duval, n°s 394 et suiv.

140. Le mont-de-piété doit donner avis à l'emprunteur, par lettre affranchie, de tout boni s'élevant au moins à 1 fr. Le boni non réclamé par l'ayant droit est conservé en dépôt jusqu'à l'expiration du délai fixé par les statuts de l'établissement s'il s'agit de meubles corporels (Règlem. 1865, art. 93). Ce délai est, au mont-de-piété de Paris, de trois ans *à compter de la date de la reconnaissance* (Règlem. 8 therm. an 13, art. 98). Lorsque le gage vendu consistait en *valeurs mobilières* au porteur, le délai pendant lequel le boni doit être gardé à la disposition de l'emprunteur est fixé, par l'art 7 de la loi du 25 juill. 1891, à dix années, qui ne commencent à courir que *du jour de la vente du gage* (V. *suprà*, n°s 99 et suiv.). L'emprunteur qui réclame un boni doit produire sa reconnaissance ; à défaut de ce titre, il doit fournir une décharge spéciale, tant de l'engagement que du boni, avec caution d'une personne solvable (Règlem. 1865, art. 93).

141. Sur les mesures prescrites pour le payement des bonis aux ayants droit, V. Règlem. 1865, art. 94 et 95. Conf. Duval, n°s 402 et suiv.

142. Comme on l'a indiqué *suprà*, n° 137, « les créanciers particuliers des porteurs de reconnaissances peuvent être reçus à former opposition à la délivrance des bonis, pourvu qu'ils soient en état de fournir au mont-de-piété les indications nécessaires pour faire connaître. les reconnaissances sur lesquelles portent leurs oppositions » (Règlem. 1865, art. 96). Il a été jugé que la saisie-arrêt formée entre les mains de l'administration du mont-de-piété, sur les bonis qui peuvent revenir au débiteur saisi, après la vente d'objets déposés par lui, n'est pas subordonnée à l'indication des numéros des dépôts, ni, dès lors, à la désignation de celui des divers bureaux de cette administration où les dépôts ont été effectués, les investigations devant alors porter non sur tous les objets déposés dans ces bureaux, mais seulement sur ceux beaucoup moins nombreux qui ont été ou seront livrés à la vente, et la découverte en étant possible sans de graves et surtout sans d'insurmontables difficultés (Paris, 19 janv. 1867, aff. Quaratesi, D. P. 68.2. 142);...

et que le décret réglementaire du 8 therm. an 13 qui, après avoir posé en principe que le payement des bonis résultant de la vente d'un nantissement se fera sur la remise de la reconnaissance, ou, à défaut de cette reconnaissance, sur une décharge notariée de l'emprunteur, permet aux créanciers du *porteur de la reconnaissance* de saisir ces bonis, ne limite pas la faculté de les saisir aux seuls créanciers de l'emprunteur qui seront en mesure de présenter la reconnaissance : l'emprunteur est réputé muni de la reconnaissance, et ses créanciers sont admis à se faire délivrer les bonis, comme il le pourrait lui-même, en vertu de la disposition générale de l'art. 1166 c. civ., à laquelle le règlement de 1865 n'a voulu ni pu porter atteinte (Même arrêt).

143. Lorsqu'il y a un *déficit* dans le produit de la vente, ce déficit est supporté par les appréciateurs, si les statuts de l'établissement les soumettent à cette responsabilité (Règlem. 1865, art. 92. V. *suprà*, n°s 61 et suiv.); sinon, il est supporté par le mont-de-piété lui-même (V. *suprà*, *ibid.*).

144. Sur la question de savoir si le commissaire-priseur ou le mont-de-piété peut, en cas de déficit, exercer un recours contre l'emprunteur dont le gage a été vendu, V. *Rép.* n° 63. — L'art. 6 de la loi du 25 juill. 1891 a résolu implicitement la question (tout au moins en ce qui concerne les nantissements consistant en *valeurs mobilières*), dans un sens opposé à celui qui avait été adopté (*Répertoire* loc. cit.). Cet article dispose, en effet : «... le déficit, s'il y a lieu *sera répété contre l'emprunteur* » (V. *suprà*, n° 98).

145. — VIII. Perte ou avarie du nantissement. — Perte de la reconnaissance (*Rép.* n° 64). — Les indemnités à accorder aux emprunteurs, lorsque leurs nantissements ont été perdus ou avariés, sont déterminés par les statuts des divers monts-de-piété. — Si le gage perdu est retrouvé, il en est donné avis à l'emprunteur qui peut, s'il le veut, réclamer le nantissement, en remboursant les sommes reçus de l'établissement (Règlem. 1865, art. 67). La plupart des règlements des monts-de-piété, notamment celui de Paris (Règlem. an 13, art. 66 et 67), stipulent qu'en cas de *perte* une indemnité égale au quart de l'estimation doit être, en sus du prix de cette estimation, payée au propriétaire de l'objet; et qu'en cas *d'avarie*, le propriétaire peut abandonner au mont-de-piété l'objet avarié, moyennant le prix d'estimation, si mieux il n'aime le reprendre en l'état où il se trouve, et recevoir comme indemnité la différence entre le montant de l'appréciation faite lors de l'engagement et le montant d'une nouvelle estimation faite par deux appréciateurs de l'établissement.

146. Il est évident, toutefois, que si le nantissement n'est pas *égaré* fortuitement, s'il est vendu, par suite d'une erreur de l'administration, avant le terme fixé pour la durée du prêt, le mont-de-piété est responsable, à raison de cette faute, d'après les termes et dans les limites de l'art. 1382 c. civ., c'est-à-dire qu'il doit réparer entièrement le préjudice causé, en payant non seulement le prix de l'estimation de l'objet, qui est déterminée par sa valeur brute et vénale, mais encore la valeur qu'avait cet objet par rapport à son propriétaire; en un mot, en indemnisant complètement celui-ci. Il a été jugé, par application de ce principe, que l'administration d'un mont-de-piété qui a fait vendre, avant le terme fixé, des objets déposés en gage, encourt, à raison de cette faute, la responsabilité de droit commun, et non celle qui est spécialement édictée par son règlement pour le cas de perte du nantissement, ce dernier cas fortuit ne pouvant se confondre avec celui dans lequel la disparition du gage provient du fait de l'administration elle-même (Req. 13 mars 1883, aff. Mont-de-piété de Bordeaux, D. P. 84. 1. 112; V. en sens contraire, Trib. de paix, 4e arrond. de Paris, 18 oct. 1867, aff. S..., cité par Duval, n° 1724).— Un jugement (Trib. Seine, 17 mars 1864, aff. C..., cité par Duval, n° 1722) a décidé que la remise du gage entre les mains d'une autre personne que son propriétaire doit, au contraire, être considérée comme une perte fortuite donnant seulement lieu à l'indemnité fixée à forfait par les statuts de l'établissement (Conf. Trib. Seine, 27 mars 1873, aff. B..., cité par Duval, n° 1725).

Il a été jugé que l'art. 66 précité du règlement du 8 therm. an 13 ne s'applique pas à la perte d'un objet engagé simultanément avec d'autres, si, au moment du dépôt, il n'a pas été fait d'évaluation particulière de chacun desdits objets: la demande en remboursement de la valeur de l'objet perdu reste alors réglée par les principes du droit commun (Trib. Seine, 11 nov. 1889, aff. Robineau, *Rev. des établiss. de bienfais.* 1890, p. 15, Conf. anal. Trib. Seine, 21 oct. 1864, Duval, n° 1723. V. toutefois, Décr. 4 pluv. an 2, art. 7; *Rép.* n° 19, p. 397). Mais un arrêt de la chambre des requêtes du 12 avr. 1892 (aff. Robineau) a admis le pourvoi formé contre le jugement précité du 11 nov. 1889; la chambre civile n'a pas encore statué.

147. « L'emprunteur qui a perdu sa reconnaissance ne peut dégager le nantissement qu'elle concerne avant l'échéance du terme fixé par l'engagement. Lorsqu'il est admis soit à retirer le nantissement, soit à recevoir le boni résultant de la vente qui en aurait été faite, il est tenu d'en donner une décharge spéciale, avec caution d'une personne reconnue solvable » (Règlem. 1865, art. 70. Conf. Règlem. an 13, art. 61 et 68; Duval, n°s 116 et suiv.).

148. — IX. Garantie des emprunteurs et des prêteurs des monts-de-piété. — Responsabilité des monts-de-piété (*Rép.* n° 65). — Les monts-de-piété sont responsables, sauf leur recours contre qui de droit, de la perte, soustraction, détérioration ou incendie des nantissements. Sont toutefois exceptés de cette garantie les vols et pillages à force ouverte et les accidents extraordinaires en dehors de toute prévoyance humaine (Règlem. 1865, art. 97).

149. Aux termes de l'art. 45 du règlement du 8 therm. an 13, les *emprunts* faits par le mont-de-piété de Paris sont garantis par une « hypothèque générale des biens dépendant de la dotation générale des hospices de Paris ». D'autre part, « les bâtiments du mont-de-piété, ensemble les capitaux versés dans la caisse de cet établissement par l'administration des hôpitaux ... servent également d'hypothèque et de garantie spéciale, tant pour les prêteurs que pour les propriétaires de nantissements » (Conf. *Rép.* n° 65). Ainsi le patrimoine tout entier des hospices sert de garantie aux emprunts faits par le mont-de-piété, pour le service des prêts sur objets mobiliers (quant aux emprunts pour le service des prêts sur titres au porteur, V. *infrà*, n° 150); mais il ne garantit les propriétaires de nantissement que jusqu'à concurrence de la valeur des immeubles occupés par le mont-de-piété et des fonds versés dans la caisse de cet établissement (Cochut, *Notes et renseignements sur les rapports et la situation réciproque du mont-de-piété et de l'Assistance publique*, p. 30; Cochut, *Observations et renseignements complémentaires*, p. 17; Möring, *l'Assistance publique et le mont-de-piété*, p. 6; Arnault, *Rapport à la Chambre des députés*, annexe à la séance du 11 juin 1889; Conf. avis cons. d'Et. 8 therm. an 13, *Rép.* p. 400).

Avant même la promulgation du règlement de l'an 13, la garantie des hospices, bien que non inscrite dans la loi, était déjà réputée exister tout entière, le mont-de-piété étant considéré comme une de leurs dépendances (Cochut, *loc. cit.*, Möring, *loc. cit.*). Cette responsabilité n'a, d'ailleurs, été mise en jeu qu'une seule fois depuis la création du mont-de-piété, lors d'un prêt de 4 millions fait à cet établissement en 1779 par des banquiers génois, lequel prêt avait été déclaré hypothéqué sur les revenus de l'Hôpital général (Cochut, *ibid.*; Möring *ibid.*; Arnault, *loc. cit.*). — On a contesté, mais à tort, croyons-nous, l'existence de cette hypothèque générale, reconnue cependant à la fois par le mont-de-piété et par l'Assistance publique. « En vain dira-t-on qu'elle n'a jamais fonctionné qu'une fois, pour un emprunt de 4 millions à des banquiers génois : qu'importe ! Combien d'hypothèques qui n'ont pas fonctionné, et n'en ont pas moins grevé les immeubles assujettis ! On a dit encore qu'elle n'est pas inscrite, qu'elle ne l'a jamais été. Ce serait une hypothèque de plus dispensée d'inscription. D'ailleurs, l'inscription est nécessaire sur des biens appartenant à des particuliers et qui peuvent être aliénés ou hypothéqués; mais à quoi servirait-elle sur des biens de mainmorte? Ce serait une procédure inutile » (Arnault, *loc. cit.*). V. *infrà*, v° *Privilèges et hypothèques*.

150. On a vu *suprà*, n°s 89 et 102, que, dans les monts-de-piété autorisés à prêter sur nantissement de valeurs mobilières, ce service doit être fait « au moyen de capitaux autres que ceux qui sont employés aux prêts sur objets mobiliers. Une comptabilité spéciale est organisée de manière que les deux services restent entièrement distincts»

(L. 25 juill. 1891, art. 9). Les capitalistes qui fournissent au mont-de-piété de Paris les fonds destinés à ces prêts n'ont donc pas la garantie de l'hypothèque sur les biens des hospices. Ils ne jouissent d'autres sûretés que la valeur des titres déposés en gage et de la réserve que le mont-de-piété peut constituer pour faire face aux catastrophes imprévues (V. *suprà*, n° 89, Rapport de M. Arnault).

151. L'art. 70 du décret du 8 therm. an 13 soustrait le mont-de-piété de Paris à l'application de l'art. 2279, § 2, c. civ., dans le cas où un objet perdu ou volé aurait été remis en nantissement à cet établissement: « Lorsqu'un nantissement sur lequel il aura été accordé un prêt par le mont-de-piété, dit cet article, sera revendiqué pour cause de vol ou pour toute autre cause, le réclamant sera tenu, pour s'en faire accorder la remise: 1° de justifier, dans les formes légales, de son droit de propriété sur l'objet réclamé; 2° *de rembourser, tant en principal qu'intérêts et droits, la somme pour laquelle l'effet a été laissé en nantissement*, sauf d'ailleurs au réclamant à exercer son recours, ainsi qu'il avisera, contre le déposant, l'emprunteur et le répondant, le tout sans préjudice du recours contre le directeur ou autres employés, en cas de fraude, dol ou négligence, dans l'exécution de l'art. 47 des règlements ». C'est par erreur qu'un jugement (Trib. Seine, 7 août 1890, aff. H..., *Le Droit*, 3 sept. 1890) a décidé que « cette disposition spéciale a été implicitement abrogée par l'art. 2279 c. civ., qui a posé plus tard des principes applicables en toute matière ». La promulgation du code civil (30 vent. an 12) est, en effet, antérieure au règlement de l'an 13 (V. *suprà*, n° 121).

152. Il faut noter que l'art. 70 du règlement de l'an 13 excepte les cas de fraude, dol ou négligence, dans l'exécution des règlements (Conf. Douai, 7 août 1856, aff. Guilbert, D. P. 57. 2. 203, et sur pourvoi Req. 21 juill. 1857, D. P. 57. 1. 394, et *suprà*, n° 132), notamment de l'art. 47 du même règlement, aux termes duquel « nul n'est admis à déposer de nantissement, s'il n'est connu et domicilié » (Paris, 26 déc. 1871, aff. Filon, D. P. 72. 2. 188; Paris, 24 janv. 1881, aff. Havard, D. P. 81. 2. 54). C'est à tort, toutefois, qu'en ce cas, on voudrait s'en tenir strictement à la lettre de l'art. 70 et prétendre que le recours du propriétaire de l'objet volé ne peut atteindre que le directeur ou autres employés personnellement, mais non le mont-de-piété lui-même (*Rép.* n° 65; Paris, 26 déc. 1871 et 24 janv. 1881, précités. — V. en sens contraire, Trib. Seine, 12 févr. 1834, *Rép.* n° 81).

153. Il a été jugé, notamment, que l'administration du mont-de-piété commet une faute engageant sa responsabilité: 1° lorsqu'elle accepte un dépôt sur la production d'un simple permis de séjour délivré par la préfecture de police pour des périodes de quelques mois successivement renouvelables (Paris, 24 janv. 1881, aff. Havard, D. P. 81. 2. 54; et sur pourvoi, Civ. rej. 6 août 1881, D. P. 85. 1. 10. Conf. Paris, 26 déc. 1871, aff. Filon, D. P. 72. 2. 188. V. *suprà*, n° 78); — 2° Lorsqu'elle reçoit en nantissement, sans exiger du déposant la présentation d'une patente en règle, des objets visiblement neufs, n'ayant été livrés à aucun usage et rentrant, par conséquent, dans la catégorie des marchandises ou objets de commerce (Paris, 24 janv. 1881, précité; V. *suprà*, n° 78. Comp. toutefois Civ. cass. 12 janv. 1875, aff. Syndic Souvigny, D. P. 75. 1. 145. et sur renvoi Rouen, 29 juill. 1875, D. P. 76. 2. 159, et *suprà*, n° 133).

154. Sur la non-responsabilité des monts-de-piété pour les fautes commises par les *commissionnaires*, V. *infrà*, n° 168; *Rép.* n° 81.

§ 3. — Contentieux. — Compétence (*Rép.* n° 66).

155. Ainsi qu'on l'a indiqué au *Rép.* n° 66, les règles générales de la compétence doivent être suivies pour le jugement des contestations qui naissent entre les monts-de-piété et les personnes non attachées à leur service. Ces établissements étant étrangers à tout esprit de trafic et ne pouvant, par conséquent, être considérés comme faisant le commerce, on leur appliquera les mêmes règles de compétence qu'à toute autre personne non commerçante (*Rép.* n° 66. Conf. *suprà*, v° *Acte de commerce*, n° 293; *Rép.* eod. v°, n° 258).

156. Contrairement à l'opinion émise au *Rép.* n° 66, il a été décidé que les actions judiciaires exercées par ou contre le mont-de-piété de Paris, ne sont pas assujetties à l'autorisation préalable du conseil de préfecture (Civ. rej. 18 déc. 1866, aff. Wittersheim, D. P. 67. 1. 122; Cons. préfect. Seine, 26 avr. 1880, aff. Blondel, D. P. 80. 3. 72. Conf. *suprà*, v° *Etablissement public* n° 14; Bazille, *Des autorisations de plaider nécessaires aux communes et aux établissements de bienfaisance*, p. 220. — *Contrà* : Derouin et Worms, *Traité des autorisations de plaider*, p. 25; Lamarque, *Traité des établissements de bienfaisance*, p. 293). En effet, les *établissements publics* sont seuls tenus de se pourvoir d'une autorisation pour ester en justice (c. proc. civ.art. 1032); cette obligation ne peut donc être imposée aux établissements d'*utilité publique*, comme les monts-de-piété, que si elle est formellement édictée par une loi (V. note, D. P. 80. 3. 72. Conf. anal. Req. 3 avr. 1854, D. P. 54. 1. 244; Caen, 18 mai 1854, D. P. 54. 4. 264). Il a été décidé, en particulier, à l'égard du mont-de-piété de Paris, qu'il résulte des lois administratives auxquelles cet établissement doit se conformer pour plaider, et spécialement du décret du 24 mars 1852, que le directeur représente cet établissement en justice soit en demandant, soit en défendant, et que le conseil de surveillance est appelé à donner son avis sur les actions judiciaires et les transactions, mais qu'il n'y a pas de texte qui lui impose la nécessité de se pourvoir en outre d'une autorisation préalable de l'autorité administrative (Civ. rej. 18 déc. 1866, précité). « Attendu, dit la cour, que la nécessité d'une autorisation préalable pour agir ou défendre en justice est une exception exorbitante qui ne peut être admise ni suppléée par induction; qu'elle est, par sa nature, hors du droit commun, et qu'elle doit être écartée lorsqu'elle n'est pas écrite textuellement dans une loi spéciale ».

157. Le décret du 24 mars 1852 porte que le mont-de-piété de Paris est représenté par son directeur dans les procès qu'il a à soutenir, soit en demandant, soit en défendant (art. 3); et que le conseil de surveillance doit donner son avis sur toutes les actions judiciaires et les transactions (art. 8). Pour les monts-de-piété régis par la loi du 24 juin 1851, des règles analogues devront être appliquées. C'est le conseil d'administration qui donnera au directeur mandat de représenter l'établissement (V. en ce sens, Douai, 7 août 1856, aff. Guilbert, D. P. 57. 2. 203), sans avoir d'ailleurs besoin de mettre le conseil municipal à même de donner l'avis prescrit par l'art. 70-5° de la loi du 5 avr. 1884, puisque, ainsi qu'on l'a expliqué au numéro précédent, le mont-de-piété n'est pas soumis à la nécessité de l'autorisation préalable pour ester en justice. D'après l'exposé des faits contenu dans les motifs de l'arrêt du 7 août 1856, le mont-de-piété défendeur aurait, au contraire, jugé nécessaire de se munir de cet avis et de celui de la commission administrative des hospices.

158. Sur la compétence, en matière de contestations nées entre le mont-de-piété et ses préposés ou employés, V. *Rép.* nos 67 et suiv.

ART. 3. — *Mont-de-piété de Paris* (*Rép.* n° 70).

159. M. Duval, p. 19 et suiv., a donné un historique fort complet de l'organisation du mont-de-piété de Paris, où l'on trouvera exposé en détail tous les points indiqués dans l'aperçu sommaire qui a été donné *Rép.* n° 70 (Conf. Blaize, t. 2, p. 3 et suiv.).

160. Sur les attributions du directeur, du secrétaire général, du caissier et autres fonctionnaires du mont-de-piété de Paris, V. outre ce qui est dit *suprà*, nos 41 et suiv., Duval, nos 58 et suiv.

Sur le service des *prêts sur titres* au mont-de-piété de Paris, V. *suprà*, nos 87 et suiv.

Sur la *statistique* du mont-de-piété de Paris, V. *suprà*, nos 3 et 4.

Sur les *projets* de réforme actuellement à l'étude, V. *suprà*, nos 6 et 130.

§ 1er. — Droits perçus à raison du prêt (*Rép.* n° 71).

161. On a indiqué *suprà*, n° 2, note 1, et nos 111 et suiv., quels sont les intérêts et droits actuellement perçus à raison des prêts, par le mont-de-piété de Paris.

§ 2. — Des commissionnaires (*Rép.* n° 72).

162. On a exposé *suprà*, nos 57 et suiv., les controverses auxquelles a donné lieu l'institution des commissionnaires près des monts-de piété (Conf. *Rép.* nos 74 et suiv.; Blaize, t. 2, p. 192 et suiv.). On a indiqué également *suprà*, n° 59, qu'un arrêté du préfet de la Seine en date du 4 avr. 1887 a supprimé les commissionnaires près le mont-de-piété de Paris, à partir du 1er mai 1887. Différentes délibérations du conseil de surveillance avaient, d'ailleurs, déjà décidé antérieurement la supression par voie d'extinction de tous les bureaux de commissionnaires. De la suppression définitive de cette institution résulte, pour les emprunteurs du mont-de-piété de Paris, un dégrèvement annuel d'environ 300 000 fr. (Monod, Exposé fait au conseil supérieur de l'Assistance publique le 13 juin 1888, *Recueil des délibérations du conseil supérieur de l'Assistance publique*, fasc. 16, p. 14).

163. On a indiqué *suprà*, n° 108, que la suppression des commissionnaires a entraîné, par voie de conséquence, l'abrogation du décret du 12 août 1863, qui limitait à 500 fr. les prêts que pouvaient consentir les bureaux auxiliaires (Décr. 2 août 1887).

164. On a étudié en détail au *Rép.* nos 76 et suiv., la question de savoir quel était le caractère de l'institution des commissionnaires près le mont-de-piété de Paris, quelles étaient les fonctions de ces intermédiaires, quelle était l'étendue de leur responsabilité, et dans quelle mesure leurs actes pouvaient engager la responsabilité du mont-de-piété lui-même. La suppression des commissionnaires nous dispense de revenir en détail sur ces explications. Nous nous bornerons à rappeler sommairement les principales décisions judiciaires intervenues sur ces divers points, depuis la publication du *Répertoire*, et à renvoyer à l'ouvrage de M. Duval (nos 1423 à 1630), pour l'exposé complet de l'organisation des bureaux de commissionnaires, telle qu'elle fonctionnait avant 1887 (Conf. Règlem. 1865, art. 188 à 197, et Blaize, t. 2, p. 327 et suiv.).

165. Des discussions auxquelles on s'est livré sur la nature des fonctions exercées par les commissionnaires, il ressort, ainsi qu'on l'a dit au *Rép.* n° 76, que le caractère privé dominait chez ces agents, et qu'on ne pouvait, en général, les considérer comme des préposés de l'Administration (Conf. Trib. com. Seine, 12 avr. 1870, aff. Cohen, D. P. 71. 3. 24; Blaize, t. 2, p. 329; *suprà*, v° *Acte de commerce*, n° 293). C'est ainsi qu'il a été jugé : 1° que les commissionnaires au mont-de-piété, étant de simples entrepreneurs d'agences d'affaires, intermédiaires entre l'administration et les particuliers, dont le ministère n'est pas obligatoire, et non des fonctionnaires publics, sont réputés commerçants (*Rép.* n° 83. — *Contrà :* Trib. com. Seine, 12 avr. 1870, précité), et les fausses signatures apposées sur leurs registres par les individus, même non commerçants, qui se servent de leur entremise pour engager des objets au mont-de-piété, constituent non des faux en écriture publique ou privée, mais des faux en écriture de commerce (*Rép.* n° 83) ; — 2° Que le commissionnaire, en sa qualité de mandataire de l'emprunteur, a droit, en vertu de l'art. 2001 c. civ., non seulement au remboursement de ses avances, mais encore aux intérêts produits par les sommes avancées (Paris, 22 août 1842, aff. D..., cité par Duval, n° 1742); — 3° Que les commissionnaires au mont-de-piété ne doivent pas, quoiqu'ils soient nommés par le préfet de la Seine, être considérés comme du véritables fonctionnaires publics; par suite, ils peuvent vendre leur clientèle, avec le matériel de leur bureau, sauf le droit de nomination réservé à l'administration : ce dernier droit est seul en dehors de toute convention particulière (Req. 15 janv. 1855, aff. Prévost, D. P. 55. 1. 345. Conf. Paris, 10 août 1850, même affaire, D. P. 51. 2. 157; Req. 12 août 1852, D. P. 52. 1. 217, et le rapport de M. le conseiller Bayle-Mouillard, *ibid.*). En conséquence, le cessionnaire n'est pas fondé à se refuser à l'exécution de la cession, sous prétexte qu'elle aurait pour objet une chose placée hors du commerce (Mêmes arrêts. V. aussi *infrà*, n° 168).

166. Toutefois, ainsi que le fait observer un arrêt (Paris, 29 déc. 1862, aff. Pampin, D. P. 63. 2. 180), s'il est vrai « que les commissionnaires sont des intermédiaires entre le mont-de-piété et les emprunteurs, qu'à l'égard de ces derniers, ils sont des personnes privées chargées d'un simple mandat, ils sont des agents de l'administration vis-à-vis de la direction du mont-de-piété, qui a droit de leur imposer un mode de comptabilité, d'exiger à toute réquisition la communication de leurs registres, et de pourvoir à la conservation des objets déposés, lorsque l'exploitation d'un bureau vient à être suspendue par suite du décès du titulaire ou pour toute autre cause ». Aussi a-t-il été jugé que le directeur du mont-de-piété a le droit, lors du décès d'un commissionnaire audit mont-de-piété, de faire procéder à un inventaire et de faire transporter à l'administration centrale les livres, effets, papiers et valeurs relatifs aux engagements ; et les tribunaux civils sont incompétents pour connaître de la réclamation formée par les héritiers contre une telle mesure (Même arrêt ; Conf. Délib. du comité consultatif du mont-de-piété de Paris du 9 déc. 1861, dans cette espèce, rapportée par Duval, n° 1746; Trib. Seine, 5 nov. 1862, aff. T..., cité par Duval, n° 1747).

167. Il a été jugé que le préfet de la Seine n'est pas tenu, pour prononcer la révocation d'un commissionnaire du mont-de-piété de Paris, de prendre l'avis du conseil de surveillance. L'art. 63 du règlement du 28 juill. 1824, aux termes duquel les commissionnaires au mont-de-piété peuvent être révoqués en cas de violation de leurs devoirs, n'ayant pas limitativement déterminé les cas dans lesquels cette mesure peut être prise, un commissionnaire n'est pas recevable à demander l'annulation, pour excès de pouvoir, de l'arrêté qui a prononcé sa révocation, en se fondant sur ce que les faits qui ont motivé cette mesure étaient licites (Cons. d'Ét. 3 déc. 1880, aff. Aubert, D. P. 82. 3. 116). En effet, lorsqu'une loi ou un règlement laisse à l'Administration le droit de prendre une mesure disciplinaire à l'égard d'un fonctionnaire ou de toute autre personne placée sous son autorité, sans déterminer les cas dans lesquels cette mesure pourra être prise, c'est à elle seule qu'il appartient d'apprécier, sous sa responsabilité, les faits qui peuvent donner lieu à l'application de cette mesure (V. en ce sens, Cons. d'Ét. 16 janv. et 21 mai 1880, D. P. 80. 3. 99-100).

168. Du principe que les commissionnaires au mont-de-piété de Paris ne sont pas les agents ou préposés de cet établissement, mais des intermédiaires auxquels s'adressent les particuliers pour qu'ils aillent en leur lieu et place faire les opérations que ceux-ci ne veulent pas faire directement (V. *suprà*, n° 165), la jurisprudence a déduit la conséquence que l'administration du mont-de-piété ne peut être responsable des engagements faits par l'entremise de ces commissionnaires, à moins qu'elle n'ait commis une faute dans ses rapports avec eux (*Rép.* n° 81; Trib. Seine, 8 avr. 1870, aff. Filon, D. P. 72. 2. 188 ; Civ. cass. 6 août 1884, aff. Havard, D. P. 85. 1. 10, et sur renvoi, Amiens, 20 janv. 1887, D. P. 88. 2. 51. Conf. Trib. Seine, 11 nov. 1836, aff. X.., cité par Duval, n° 1740).

169. Au moment de la suppression des commissionnaires près le mont-de-piété de Paris, les droits que ceux-ci percevaient pour leurs soins et démarches étaient toujours ceux établis par le règlement de 1824 (*Rép.* n° 75. V. aussi *suprà*, n° 57).

§ 3. — Des succursales et des bureaux auxiliaires; de la caisse des acomptes (*Rép.* n° 85).

170. Les *succursales* du mont-de-piété de Paris (*Rép.* n° 85) sont aujourd'hui au nombre de trois : la première établie en 1800, rue Vivienne, a été transférée, en 1813, rue Bonaparte, n° 16, et en 1890, rue de Rennes, n° 112; la seconde a été édifiée, en 1861, rue Servan, n° 2; la troisième a été ouverte, en 1889, rue Chapron, n° 31, et substituée aux anciens bureaux auxiliaires T et Z ; elle peut recevoir en dépôt dans ses magasins 239 000 objets.

171. Toutes les opérations de prêt doivent s'exécuter dans les succursales de la même manière qu'au chef-lieu ; en conséquence, toutes les dispositions prescrites à cet égard sont communes aux succursales (Règlem. 8 therm.

an 13, art. 100; V. *ibid.*, art. 101; Règlem. 1865, art. 180 à 186. V. aussi, sur le fonctionnement des succursales, Duval, n°s 1235 à 1269).

172. Les *bureaux auxiliaires* (*Rép.* n° 86) sont, en 1892, au nombre de vingt, désignés par les lettres A, B, C, D, E, F, G, H, I, J, K, M, N, O, R, S, U, V, X, Y. Tous les gages des bureaux auxiliaires de la rive gauche et du bureau de la rue Brey sont centralisés à la succursale de la rue de Rennes.

173. Les art. 180 à 186 du règlement de 1865 ont posé les principes pour le fonctionnement des bureaux auxiliaires, leurs opérations, leur contrôle, la transmission des nantissements par eux reçus (V. Duval, n°s 1280 à 1415).

174. On a expliqué *suprà*, n° 107, qu'un décret du 2 août 1887 a abrogé le décret du 12 août 1863, qui limitait à 500 fr. le chiffre des prêts que pouvaient consentir les bureaux auxiliaires.

175. Une *annexe*, située rue Malher, n° 9, est spécialement destinée aux opérations d'engagement et de dégagement des effets de literie et autres objets encombrants autres que les meubles. — Sur son organisation, V. Duval, n°s 1270 à 1279).

176. Une amélioration qui a une réelle influence sur la santé générale de la population, en dehors du service direct rendu aux emprunteurs, résulte de l'installation de quatre étuves d'épuration, par la vapeur sous pression, destinées à l'assainissement des matelas, lits de plumes, couvertures, oreillers, traversins, etc., déposés au mont-de-piété de Paris. Au cours de l'année 1890, on a pu ainsi épurer 35,700 gages, composés d'objets de literie (Rapport de M. Maury, au conseil municipal, séance du 24 nov. 1891).

177. Sur la *caisse des acomptes* (*Rép.* n° 87), V. ce qui est dit *suprà*, n°s 126 et suiv. V. aussi Règlem. 1865, art. 73 à 78; Duval, n°s 340 à 351.

Table sommaire

des matières contenues dans le Supplément et le Répertoire.

(Les chiffres précédés de la lettre *S* renvoient au Supplément; les chiffres précédés de la lettre *R* renvoient au Répertoire.)

Table chronologique des Lois, Arrêts, etc.

1816

26 juin. Ordonn. 65 c.

1824

28 juill. Règl. 167 c., 169 c.

1826

20 déc. Ordonn. 112 c.

1830

6 juin. Ordonn. 49 c.

1831

3 nov. Ordonn. roy. 133 c.

1832

28 nov. Civ. 132 c.

1833

2 oct. Conv. 125 c.

1834

6 févr. Trib. Seine 20 c.
12 févr. Trib. Seine. 152 c.
17 mai. Loi. 8 c.

1836

11 nov. Trib. Seine. 168 c.

1838

9 mars. Trib. Seine. 131 c.

1842

19 janv. Délib. Cons. d'adm. 15 c.
22 août. Paris. 165 c.
22 déc. Arr. minist. 112 c.

1843

18 juin. Loi. 85 c.

1844

11 déc. Délib. cons. d'adm. mont-de-piété de Paris. 133 c.
11 déc. Règlem. 133 c.

1847

30 oct. Ordre de services 78 c.

1848

24 mars. Décr. 8 c.

1849

10 janv. Loi. 2 c.
10 nov. Délib. cons. d'adm. mont-de-piété 82 c.

1850

10 août. Paris 165 c.

1851

5 mars. Décr. 1 c., 3 c.
24 mars. Loi. 2 c.
24 juin. Loi. 3 c., 7 c., 8 c., 13 c., 14 c., 26 c., 28 c., 32 c, 36 c., 37 c., 39 c., 41 c., 44 c., 50 c., 68 c., 69 c., 70 c., 71 c., 74 c., 75 c. 88 c., 116 c., 133 c., 138 c., 157 c.

1852

24 mars. Décr. 2 c., 37 c., 61 c., 133 c., 156 c., 157 c.,
25 mars. Décr. 18 c.
12 août. Req. 165 c.
8 sept. Décr. 3 c., 5 c.
29 déc. Av. Cons. d'Ét. 234 c., 74 c.

1854

3 avr. Req. 156 c.
6 mai. Décr. 3 c.
18 mai. Caen. 156 c.

1855

15 janv. Req. 165 c.
7 juin. Cons. d'Et. 71 c.

1856

7 août. Douai. 43 c., 132 c, 152 c., 157 c.

1857

21 juill. Req. 132 c., 152 c.

1858

28 mai. Loi. 8 c.

1859

20 juin. Instr. gén. min. fin. 8 c., 27 c., 31 c., 48 c., 49 c., 55 c., 68 c., 69 c.

1860

25 juin. Décr. 3 c., 5 c.

1861

30 mai. Circul. min. just. 3 c.
9 déc. Délib. com. cons. mont-de-piété de Paris. 166 c.

1862

31 mai. Décr. 3 c., 31 c., 44 c., 45 c., 46 c.
5 nov. Trib. Seine. 166 c.
29 déc. Paris. 166 c.

1863

23 mai. Loi. 8 c.
24 mai. Loi. 8 c.
20 juin. Arr. min. 3 c.
20 juill. Arr. min. fin. 72 c.
6 août. Décr. 3 c.
11 août. Décr. 133 c.
12 août. Décr. 2 c., 3 c., 108 c., 133 c., 163 c.

1864

17 mars. Trib. Seine. 146 c.
8 juin. Loi de finances. 3 c., 47 c., 48 c.
11 juin. Décr. 3 c.
27 juin. Circul. min. int. 3 c., 47 c.
5 juill. Req. 65 c.
21 oct. Trib. Seine. 146 c.
11 déc. Décr. 42 c., 44 c., 46 c.
20 déc. Circ. min. int. 3 c.

1865

30 juin. Arrêté min. int. 3 c., 31 c., 32 c., 133 c.
30 juin. Règlem. 7 c., 14 c., 17 c., 20 c., 26 c., 27 c., 29 c., 30 c., 34 c., 35 c., 41 c., 44 c., 45 c., 46 c., 47 c., 48 c., 49 c., 50 c., 52 c., 53 c., 55 c., 57 c., 60 c., 68 c., 69 c., 76 c., 77 c., 81 c., 103 c., 116 c., 117 c., 118 c., 123 c., 126 c., 127 c., 128 c., 129 c., 133 c., 134 c., 135 c., 137 c., 139 c., 140 c., 142 c., 143 c., 145 c., 147 c., 148 c., 164 c., 171 c., 173 c., 176 c.
22 août. Civ. 85 c.

1866

18 déc. Civ. 156 c.

1867

19 janv. Paris. 142 c.
1er févr. Décr. 3 c., 5 c.
3 mai. Nancy. 10 c.
24 juill. Loi municipale. 3 c.
16 août. Crim. 133 c.
18 oct. Trib. paix. 4e arr. de Paris. 146 c.
14 déc. Décr. 3 c., 5 c.

1870

23 févr. Metz. 133 c.
8 avr. Trib. Seine. 168 c.
12 avr. Trib. com. Seine. 165 c.
11 juin. Décr. 3 c., 5 c.
4 août. Civ. 12 c.
1er oct. Décr. 3 c.
12 oct. Décr. 3 c.

1871

30 janv. Décr. 3 c.
20 déc. Paris. 132 c., 152 c., 153 c.

1872

31 janv. Décr. 3 c.
20 mars. Décr. 3 c.
15 juin. Loi. 3 c., 20 c., 21 c., 23 c.
29 juin. Loi. 3 c., 18 c., 71 c.
31 juill. Civ. 133 c.
18 nov. Paris. 133 c.
6 déc. Décr. 3 c.

1873

27 mars. Trib. Seine. 146 c.
21 mai. Loi. 39 c.

1874

11 avr. Trib. Seine. 18 c., 71 c.

1875

12 janv. Civ. 133 c., 153 c.
7 juin. Décr. 3 c., 73 c.
21 juin. Loi. 3 c.
29 juill. Rouen. 133 c., 153 c.

1876

15 avr. Crim. 8 c.
19 mai. Crim. 9 c., 11 c.
29 juin. Aix. 8.
12 août. Paris. 20 c.

1878

11 janv. Trib. Mostaganem. 8 c.
3 avr. Civ. 18 c., 71 c.
31 mai. Décr. 3 c.

1879

5 avr. Décr. 7 c.
24 juill. Décr. 3 c.
5 août. Loi. 39 c.
28 nov. Cons. d'Et. 75 c.

1880

16 janv. Cons. d'Et. 167 c.
12 mars. Cons. d'Et. 75 c.
26 avr. Cons. préf. Seine. 156 c.
21 mai. Cons. d'Et. 167 c.
3 déc. Cons. d'Et. 167 c.
28 déc. Loi. 3 c.

1881

24 janv. Paris. 132 c., 152 c., 153 c.
25 mars. Cons. d'Et. 75 c.
1er avr. Trib. Seine. 70 c.
3 juin. Cons. d'Et. 75 c.
11 juin. Décr. 3 c.
6 août. Civ. 132 c., 153 c.

1882

9 févr. Trib. Seine. 20 c., 23 c.
25 juill. Décr. 3 c.

1883

22 janv. Décr. 3 c.
13 mars. Req. 146 c.

1884

21 janv. Cons. d'Et. 40 c., 75 c.
24 janv. Crim. 8 c., 11 c.
27 févr. Loi. 47 c.
5 avr. Loi. 25 c.
6 août. Civ. 168 c.
21 nov. Cons. d'Et. 40 c., 75 c.
29 déc. Loi. 3 c.

1885

1er juill. Civ. 24 c.
11 août. Décis. min. fin. 69 c.

1886

12 janv. Loi. 12 c.
2 févr. Trib. Seine. 122 c.
25 févr. Décr. 3 c.
9 mars. Civ. 24 c.
21 juill. Trib. Seine. 24 c.
25 oct. Trib. Narbonne. 12 c.

1887

20 janv. Amiens. 168 c.
4 avr. Arr. préf. Seine. 3 c., 162 c.
7 juill. Paris. 10 c., 12 c.
15 juill. Paris. 12 c.
2 août. Décr. 2 c., 3 c., 108 c., 174 c.
18 oct. Décr. 55 c.
21 nov. Douai. 12 c.

1888

12 janv. Trib. paix 3e arr. de Paris. 131 c.
16 avr. Décis. min. fin. 27 c.
9 mai. Circ. min. int. 3 c., 27 c.
18 juin. Limoges. 10 c.
28 août Trib. Seine. 9 c.

1889

16 avr. Paris. 9 c.
18 avr. Paris. 10 c.
7 nov. Trib. Seine. 9 c.
11 nov. Trib. Seine 146 c.
26 nov. Trib. Seine. 9 c.

1890

15 avr. Trib. Seine. 9 c.
2 août. Crim. 11 c.
7 août. Trib. Seine. 121 c., 151 c.
26 déc. Loi. de finances 3 c., 18 c., 71 c.

1891

20 févr. Trib. com. Seine. 19 c.
25 mars. Trib. Seine. 21.
18 avr. Décr. 3, 5 c., 41 c., 42 c., 47 c., 107 c., 108 c., 110 c., 111 c.
21 avr. Décr. 3 c.
25 juill. Loi. 3 c., 8 c., 16 c., 87 c., 88 c., 91 c., 92 c., 94 c., 95 c., 96 c., 98 c., 101 c., 102 c., 103 c., 104 c., 105 c., 109 c., 113 c., 119 c., 136 c., 140 c., 144 c., 150 c.
7 déc. Paris. 9 c., 12 c.

1892

11 janv. Trib. Seine. 9 c., 12 c.
23 janv. Décr. 5 c.
3 févr. Trib. Toulouse. 9 c.
26 févr. Décr. 3 c., 104 c.
12 avr. Req. 146 c.
21 mai. Décr. 3 c.

MONUMENT.

1. On a dit au *Rép.* n° 1, que le législateur s'est occupé des monuments publics à plusieurs points de vue : 1° sous le rapport de leur édification, de leur entretien et des formalités à remplir pour exécuter les travaux dont ils sont l'objet (V. *Rép.* v° *Travaux publics*, nos 225 et suiv.); — 2° Sous le rapport de l'usage auquel ils sont destinés, comme musées, édifices religieux, bâtiments militaires (V. *suprà*, v° *Culte*, nos 360 et suiv.; *Rép.* eod. v° nos 478 et suiv.; *Rép.* vis *Organisation de l'instruction publique*, nos 90 et suiv.; *Organisation militaire*, nos 681 et suiv.; *Place de guerre*, nos 10 et suiv.); — 3° Sous le rapport de leur gestion, de leur aliénabilité (V. *suprà*, v° *Domaine de l'Etat*, nos 6 et suiv., 18 et suiv.; — *Rép.* nos 45 et suiv., 103 et suiv.); — 4° Sous le rapport des dégradations dont ils peuvent être l'objet (V. *suprà*, v° *Culte*, n° 56; — *Rép.* eod. v°, n° 106; *suprà*, v° *Dommage-destruction*, nos 83 et suiv.; — *Rép.* eod. v°, nos 142 et suiv.). — Indépendamment des bâtiments affectés au service de l'Etat, des départements et des communes, on a fait observer au *Rép.*, n° 4, qu'il existe un certain nombre de monuments qui ne sont destinés à aucun usage public et dont l'objet principal est de célébrer une des gloires de la France, de perpétuer le souvenir d'un événement remarquable ou de servir à l'expiation d'un grand crime ou d'un attentat politique. Outre les statues, dont le nombre s'est considérablement accru dans ces dernières années, plusieurs monuments ayant le caractère qui vient d'être indiqué sont venus s'ajouter, depuis la publication du *Répertoire*, à ceux qui y ont été mentionnés.

2. Parmi les lois et décrets qui ont ordonné l'érection de monuments de cette nature, on doit citer particulièrement : 1° une loi du 30 mai 1873 (D. P. 73. 4. 69), qui a ordonné la reconstruction de la colonne Vendôme, telle qu'elle existait au moment de sa destruction par la Commune; — 2° Une loi du 17 avr. 1879 (D. P. 79. 4. 49), qui a ordonné l'érection d'un monument commémoratif sur l'emplacement de la salle où l'Assemblée nationale constituante a tenu ses séances à Versailles, depuis le 5 mai jusqu'au 15 oct. 1789; — 3° Un décret du 26 mai 1885 (D. P. 86. 4. 6), qui a décidé que le Panthéon serait rendu à la destination que lui avait donnée la loi des 4-10 avr. 1791, et que les restes des grands hommes ayant mérité la reconnaissance nationale y seraient déposés; — 4° Une loi du 10 juill. 1889 (D. P. 90. 4. 93), qui a décidé que les restes de Lazare Carnot, de Marceau, de La Tour d'Auvergne et de Baudin seraient transportés au Panthéon avant le 1er oct. 1889 et qu'un monument commémoratif en l'honneur de Hoche et de Kléber serait élevé dans l'intérieur du temple.

3. — 1° *Bâtiments civils appartenant à l'Etat.* — On a vu au *Rép.* n° 16 que les édifices et bâtiments d'intérêt général appartenant à l'Etat sont administrés par plusieurs ministres. Un décret du 5 juill. 1890 (*Journ. off.* 7 juill. 1890 a rattaché au ministère des travaux publics la direction des bâtiments civils et des palais nationaux. Ces derniers, qui, ainsi qu'on l'a dit au *Rép.* n° 22, faisaient partie du domaine de la couronne, ont été attribués au ministre des travaux publics après la chute de l'Empire par un décret du 5 sept. 1870 (D. P. 70. 4. 86). On indiquera *infrà*, n° 7, le rôle et les attributions du conseil général des bâtiments civils placés sous l'autorité du ministre des travaux publics, ainsi que les attributions de la commission supérieure des bâtiments civils qui se réunit sous sa présidence. — Les monuments historiques dépendent du ministre de l'instruction publique. On analysera plus loin (n°s 11 et suiv.) les dispositions de la loi du 30 mars 1887 et les attributions de la commission des monuments historiques. — Comme on l'a vu au *Rép.*, n° 16, le ministre des cultes règle tout ce qui concerne les édifices diocésains, cathédrales, évêchés et séminaires. On a exposé ailleurs (V. *suprà*, v° *Culte*, n°s 410 et suiv.) les règles applicables à la conservation et à l'entretien de ces édifices. Des instructions très développées et d'une précision remarquable ont été rédigées à l'usage des architectes départementaux par les soins du comité d'inspecteurs généraux, institué au ministère.

4. — 2° *Bâtiments civils des départements et des communes.* — On a exposé ailleurs ce qui concerne les bâtiments appartenant aux départements (V. *Rép.* v° *Organisation administrative*, n°s 205 et suiv.) et aux communes (V. *suprà*, v° *Commune*, n°s 984 et suiv.) et affectés à divers services publics.

5. — 3° *Direction des bâtiments civils et monuments publics; conseil des bâtiments civils; attributions.* — Ainsi qu'on l'a dit au *Rép.*, n° 28, les bâtiments civils et les monuments publics peuvent être l'objet d'une double action de la part de l'administration supérieure : 1° action de conservation et de surveillance; — 2° direction à donner sous le rapport de l'art, de la solidité des travaux et de l'économie aux réparations, constructions et reconstructions; cette action s'exerce : 1° par la direction des monuments publics et historiques; 2° par le conseil des bâtiments civils.

A l'époque de la publication du *Répertoire*, la conservation des monuments historiques était placée dans les attributions du ministère de l'intérieur, et la direction des bâtiments civils dépendait du ministère des travaux publics. Cette direction, ramenée sous l'Empire au ministère de l'intérieur, restituée au ministère des travaux publics en 1870 (V. *suprà*, n° 4), placée en 1881 dans les attributions du ministère des arts qui n'eut qu'une durée éphémère, rattachée au ministère de l'instruction publique par le décret du 30 janv. 1882 (D. P. 82. 4. 104) a, comme on l'a vu *suprà*, n° 4, fait retour, depuis le décret du 5 juill. 1890, au ministère des travaux publics.

6. Ainsi qu'on l'a vu au *Rép.* n° 31, le ministère des travaux publics a sous son autorité le conseil général des bâtiments civils dont un décret du 3 mars 1891 (D. P. 92. 4. 7) a déterminé la composition et les attributions. Ce conseil est composé du directeur des bâtiments civils et des palais nationaux et des quatre inspecteurs généraux des bâtiments civils, membres permanents; de six architectes, qui sont renouvelés par moitié tous les deux ans, au commencement de chaque année : ceux qui ont fait partie du conseil ne peuvent y rentrer qu'après deux années écoulées. Les pensionnaires de l'académie de France à Rome qui ont fini leur stage assistent aux séances du conseil, en qualité d'auditeurs, pendant deux années, et peuvent être adjoints aux membres du conseil pour l'étude des affaires qui leur sont soumises.

Le conseil est appelé à donner son avis sur les projets d'architecture qui lui sont soumis par les diverses administrations de l'Etat, des départements et des communes. Il examine les plans, coupes, élévations, devis, détails d'exécution, cahiers des charges; il apprécie les différents systèmes de construction, la qualité des matériaux, les conditions de la main-d'œuvre. Il s'assure si toutes les pièces qui composent les projets sont étudiées dans les conditions qui garantissent la bonne exécution des travaux. Sur la demande des ministres compétents, il donne son avis sur les pourvois formés devant le conseil d'Etat ou les conseils de préfecture. Il examine les plans généraux d'alignement des villes, les plans partiels pour la formation de nouvelles rues, places et promenades, ainsi que les difficultés qui surviennent entre les administrations locales, les architectes et les entrepreneurs au sujet de la rédaction des projets, de l'exécution des travaux, des règlements de comptes, de l'interprétation des marchés; enfin il peut être appelé à juger les concours ouverts par les administrations pour l'exécution de projets d'édifices publics et à donner son avis sur les projets de monuments à ériger sur les places publiques. Un décret du 23 juill. 1884 (D. P. 85. 4. 20) a rendu l'avis du conseil des bâtiments civils obligatoire pour les modifications aux dispositions relatives à la hauteur des bâtiments dans la ville de Paris.

7. Une commission supérieure des bâtiments civils et des palais nationaux, composée de vingt-neuf membres, a été instituée sous la présidence du ministre des travaux publics par un décret qui porte, comme le précédent, la date du 3 mars 1891 (D. P. 92. 4. 7). Elle délibère sur toutes les questions dont elle est saisie par le ministre, notamment sur l'emplacement et la destination des bâtiments construits ou à construire par l'Etat, sur les questions d'art qui s'y rattachent, sur leur conservation, sur les mesures propres à assurer la bonne exécution des travaux et la régularité des services.

8. Enfin un décret du 17 nov. 1891 (D. P. 92. 4. 60) a réglementé en détail tout ce qui concerne le personnel du service d'architecture des bâtiments civils et des palais nationaux.

9. — 4° *Monuments historiques.* — Le service des monuments historiques, qu'un décret du 16 janv. 1852 avait placé dans les attributions du ministre de l'intérieur et qui avait été rattaché au ministère d'Etat par un décret du 15 déc. 1860, *Bulletin des lois*, n° 8555, a depuis successivement dépendu, sous le Second Empire, du ministère de la maison de l'empereur et du ministère des beaux-arts. Il a été, après le 4 septembre 1870, rattaché au ministère de l'instruction publique, dont il a constamment dépendu depuis cette époque, à l'exception de la courte période pendant laquelle a existé un ministère des arts. — On a mentionné au *Rép.*, n° 33, l'existence de la commission des monuments historiques créée en 1837 par un arrêté de M. de Montalivet, ministre de l'intérieur. La composition de cette commission, plusieurs fois remaniée, a été réglée en dernier lieu par un décret du 27 mars 1879. Elle est chargée spécialement de procéder au classement des monuments historiques qui lui sont signalés, et, lorsqu'ils sont classés, de veiller à leur conservation, à leur restauration et à leur entretien. Elle porte aujourd'hui le nom de *commission des monuments historiques et mégalithiques*.

10. Dès 1871, cette commission avait pris l'initiative d'un projet de loi destiné à assurer la conservation des monuments et objets d'art. A la séance du 27 mai 1878, M. Bardoux, ministre de l'instruction publique et des beaux-arts, déposa ce projet sur le bureau de la Chambre des députés. Renvoyé à l'examen du conseil d'Etat où il a été l'objet d'un débat approfondi, sur le rapport de M. Courcelle-Seneuil, ce projet est devenu la loi du 30 mars 1887 (D. P. 87. 4. 57) relative à la conservation des monuments et objets d'art ayant un intérêt historique et artistique. M. Bardoux, dans son rapport au Sénat, en a résumé en ces termes l'objet et la portée. « Le vrai caractère de la loi que nous vous proposons doit, vis-à-vis des monuments classés, être la limitation de la propriété par l'établissement d'une restriction, d'une sorte de servitude d'utilité publique. Cette loi est destinée à empêcher, dans un intérêt élevé et national, la destruction des monuments anciens et leur appropriation aux besoins et aux goûts de la génération présente ».

11. La loi du 30 mars 1887 détermine le mode de classement des monuments. C'est sous l'autorité du ministre de l'instruction publique et des beaux-arts que les immeubles par nature ou par destination, dont la conservation intéresse l'histoire ou l'art, doivent être classés. S'il s'agit d'un immeuble appartenant à l'Etat, le classement sera prononcé par arrêté du ministre de l'instruction publique, en cas d'accord avec le ministre dans les attributions duquel l'immeuble se trouve placé. Dans le cas contraire, le classement sera prononcé par un décret rendu en la forme des règlements d'administration publique. — S'il s'agit d'un immeuble appartenant à un département, à une commune, à une fabrique ou à tout autre établissement public, il sera classé par arrêté du ministre de l'instruction publique dans le cas où il y aura consentement de l'établissement propriétaire et avis conforme du ministre sous l'autorité duquel l'établissement est placé. En cas de désaccord, le classement sera prononcé par un décret rendu en la forme des règlements d'administration publique. — Si l'immeuble appartient à un particulier, il sera classé, de même, par arrêté du ministre de l'instruction publique, mais il ne pourra l'être qu'avec le consentement du propriétaire. « Cependant, a dit le rapporteur, il peut se faire qu'un immeuble ait un si grand intérêt, au point de vue de l'art, qu'il y ait nécessité de l'acquérir; alors on l'exproprie en vertu de la loi du 3 mai 1841 ».

12. Les effets du classement sont les suivants : 1° l'immeuble est grevé de la servitude définie par l'art. 4, c'est-à-dire qu'il ne peut être détruit, même en partie, ni être l'objet d'un travail de restauration, de réparation ou de modification quelconque, si le ministre de l'instruction publique ou des beaux-arts n'y a donné son consentement ; 2° cet immeuble peut être exproprié pour cause d'utilité publique. L'expropriation peut s'appliquer aux monuments mégalithiques, comme les dolmens, les menhirs, les pierres levées, et, par suite aux terrains sur lesquels ces monuments sont placés. Ces monuments sont de véritables immeubles par destination (Rapport au Sénat).

13. Les art. 8 et suiv. de la loi autorisent également le classement des objets mobiliers appartenant à l'Etat, aux départements, aux communes, aux fabriques et autres établissements publics, dont la conservation présente, au point de vue de l'histoire ou de l'art, un intérêt national. Mais ces dispositions ne sont pas applicables aux objets mobiliers appartenant à des particuliers.

14. L'art. 15 de la loi porte que les décisions prises par le ministre de l'instruction publique et des beaux-arts, en exécution de ladite loi, seront rendues après avis de la commission des monuments historiques. Cet article a soulevé, au sein de la commission du Sénat, la question de la composition de la commission des monuments historiques. Quelques membres ont attaqué le rôle prépondérant des architectes et ont sollicité une modification dans la composition de cette commission; mais la majorité a pensé que c'était s'immiscer dans l'administration, et qu'il fallait, tout en consignant l'observation, laisser tout pouvoir au ministre qui avait la responsabilité entière.

15. L'art. 7 de la loi du 30 mars 1887 portant que les dispositions de cette loi sont applicables aux monuments historiques régulièrement classés avant sa promulgation, les monuments régulièrement classés avant cette époque ne peuvent, aux termes de l'art. 4, être désormais l'objet d'aucun travail de restauration, de réparation ou de modification quelconque, si le ministre de l'instruction publique et des beaux-arts n'y a donné son consentement (Cons. d'Et. 20 déc. 1889, aff. Ville de Nancy, D. P. 91. 5. 349).

16. — 5° *Des bâtiments militaires et de ceux de la marine nationale.* — Les questions relatives soit aux casernes et autres bâtiments militaires donnés aux communes par le décret du 23 avr. 1812 et dont la jouissance reste au ministère de la guerre, soit aux fortifications et autres constructions appropriées au service de la guerre, ont été examinées ailleurs (V. *suprà*, v° *Commune*, n° 985, et *Rép.* v° *Place de guerre*, nos 10 et suiv.). — En ce qui concerne la construction et l'entretien des édifices de la marine, V. *Rép.* v° *Travaux publics*, n° 207.

Table sommaire

des matières contenues dans le Supplément et le Répertoire.

(Les chiffres précédés de la lettre *S* renvoient au Supplément; les chiffres précédés de la lettre *R* renvoient au Répertoire.)

Table chronologique des Lois, Arrêts, etc.

MORT GAGE. — V. *infrà*, v° *Nantissement*; — *Rép.* eod. v°, nos 21 et suiv.

MOULIN. — V. outre les renvois indiqués au *Répertoire*, *suprà*, vis *Action possessoire*, n° 16; *Eaux*, nos 4256 et suiv. 282, 289, 324 et suiv., 425; *Enregistrement*, n° 1400; *Louage*, nos 14, 87, 374; *Patente; Prescription civile; Propriété; Servitude;* — *Rép.* vis *Patente*, n° 180; *Propriété*, nos 122 et suiv.; *Servitude*, nos 138, 691, 1712-2°.

MOYEN NOUVEAU. — V. outre les renvois indiqués au *Répertoire*, vis *Cassation*, nos 419 et suiv.; *Demande nouvelle*, nos 46 et suiv., 89 et suiv; *Obligations; Ordre; Prescription civile; Privilèges et hypothèques;* — *Rép.* v° *Ordre*, n° 986.

MUNICIPALITÉ. — V. outre les renvois indiqués au *Répertoire*, *suprà*, vis *Commune*, nos 142 et suiv., 253 et suiv.; *Obligation; Organisation administrative; Organisation de l'Algérie; Organisation des colonies; Travaux publics; Voirie.*

MUNITIONS. — V. outre les renvois indiqués au *Répertoire*, *suprà*, vis *Armes*, nos 19 et suiv.; *Chasse*, n° 340; et *infrà*, vis *Organisation militaire; Poudres et salpêtres.*

MUR MITOYEN, MITOYENNETÉ. — V. outre les renvois indiqués au *Répertoire*, *suprà*, vis *Action*, n° 12; *Action possessoire*, nos 184 et 194; *Droit rural*, n° 6; *Louage*, n° 102, *Obligations; Propriété; Succession; Travaux publics;* — *Rép.* v° *Droit rural*, n° 14.

MUSÉE, MUSÉUM. — V. *suprà*, v° *Bibliothèque*, n° 49; *Organisation de l'instruction publique;* — *Rép.* eod. v°, nos 84 et suiv., 543 et suiv.

MUTATION (DROIT DE). — V. *Enregistrement*, passim.

FIN DU DIXIÈME VOLUME

PARIS. — IMPRIMERIE P. MOUILLOT, 13, QUAI VOLTAIRE. — 52771